böhlau

VERÖFFENTLICHUNGEN
DER HISTORISCHEN KOMMISSION FÜR POMMERN

Für die Historische Kommission für Pommern
herausgegeben von
Gerd Albrecht, Felix Biermann, Nils Jörn, Michael Lissok und
Haik Thomas Porada

REIHE V: FORSCHUNGEN ZUR POMMERSCHEN GESCHICHTE
Band 56,1

ROLF STRAUBEL

GRUNDBESITZ UND MILITÄRDIENST

KURZBIOGRAPHIEN POMMERSCHER OFFIZIERE (1715 BIS 1806)

TEIL 1: BIOGRAPHIEN

BÖHLAU VERLAG WIEN KÖLN

Für die Unterstützung dieses Vorhabens dankt die
Historische Kommission für Pommern herzlich:

Prof. Dr. Joachim von Below-Dünnow · Familie von Bismarck-Osten · Ernst von Bismarck · Wulff-Eckhard von Borcke · Familienverband von Borcke · Verband der Familie von Dewitz · Lothar von Dewitz · Philip von Dewitz · von Glasenappscher Familienverband · Friedrich Graf von der Groeben · Groeben'sche Familienstiftung Langheim-Liep · von Heydebreckscher Familienverband · Familienverband von Heyden · Felix von Horn · von Kamekescher Familienverband · Sigurd und Barbara von Kleist · Dr. Hans Wolf von Koeller · Peter Christian von Loeper · Familienverband von Loeper · Familienverband von Malotki · Jaspar Frhr. von Maltzahn · von Maltzan und Maltzahn'scher Familienverein · Familienverband von der Marwitz · Dietrich und Helga von der Marwitz · Dr. Hans-Werner von Massow · Pommersche Häuser des Familienverbandes von der Osten · Verband des Geschlechtes von Puttkamer · Curt-Christoph Graf von Schwerin · Familienverband von Schwerin · Verband der Familien von Sydow · Verband der Familien von Zittwitz und von Zitzewitz · Landschaft Mecklenburg-Vorpommern · Stiftung für Ehrenamt und bürgerschaftliches Engagement in Mecklenburg-Vorpommern

Die Arbeit der Historischen Kommission für Pommern wird gefördert durch das Land Mecklenburg-Vorpommern und das Herder-Institut für historische Ostmitteleuropaforschung in Marburg an der Lahn.

Bibliografische Information der Deutschen Nationalbibliothek:
Die Deutsche Nationalbibliothek verzeichnet diese Publikation in der
Deutschen Nationalbibliografie; detaillierte bibliografische Daten sind
im Internet über https://dnb.de abrufbar.

Umschlagabbildungen: Die Ausschnitte aus den Porträts auf der Vorderseite des Umschlags stammen aus den Abbildungen auf den S. 1105–1128 am Ende von Band 2. Dort sind auch jeweils die Bildrechteinhaber aufgeführt.

Korrektorat der Vorbemerkungen: Vera M. Schirl, Wien
Satz und Layout: Punkt für Punkt, Düsseldorf
Umschlaggestaltung: Michael Haderer, Wien
Druck und Bindung: ⊕ Hubert & Co. BuchPartner, Göttingen
Printed in the EU

Vandenhoeck & Ruprecht Verlage | www.vandenhoeck-ruprecht-verlage.com

ISBN 978-3-412-52214-8

Inhaltsverzeichnis

Meinen Kindern Hella und Jakob,
meinen Enkeltöchtern Martha, Clara und Leda.

Geleitwort

Im Herbst des Jahres 2020 gelangte über den früheren Leiter des Politischen Archivs des Auswärtigen Amtes in Berlin, Dr. Ludwig Biewer, eine Empfehlung des langjährigen Direktors des Geheimen Staatsarchivs Preußischer Kulturbesitz in Berlin-Dahlem, Prof. Dr. Jürgen Kloosterhuis, an den Vorstand der Historischen Kommission für Pommern, man möge doch in Erwägung ziehen, ein Manuskript von PD Dr. Rolf Straubel aus Berlin in der Publikationsplanung zu berücksichtigen. Die Vorstandsmitglieder waren sich bei der Lektüre der umfangreichen Untersuchung schnell einig, daß sie es hier mit einem Glücksfall für die Forschung zu tun haben.[1] Derartige Werke entstehen heutzutage allgemein nur noch sehr selten; das gilt besonders für Pommern, einer historischen Landschaft an der südlichen Ostseeküste, die mit dem Ende des Zweiten Weltkrieges und seinen Folgen einen verheerenden Verlust an Quellenmaterial erlitten hat. Dieser führt für die Arbeit der historischen Disziplinen häufig zu unüberwindbaren Problemen.[2] Das ist in den zurückliegenden Jahrzehnten nicht zuletzt an dem spürbaren Rückgang von Untersuchungen für die von diesen Quellenverlusten besonders betroffenen Zeitabschnitte, Teilräume und Themenfelder ablesbar. Ein Beispiel dafür ist die Geschichte Hinterpommerns in der zweiten Hälfte des 17. Jahrhunderts und im 18. Jahrhundert – also das Zeitalter, in dem dieses Gebiet östlich der Oder in den brandenburg-preußischen Konglomeratstaat integriert worden ist.

Während es mittlerweile erfreulicherweise zahlreiche Studien zu Vorpommern gibt, das mit dem Westfälischen Frieden unter schwedische Herrschaft gelangt war, ist die Erforschung der frühen preußischen Geschichte Pommerns weitgehend zum Erliegen gekommen. Das gilt nicht nur für die deutschsprachige, sondern auch für die polnischsprachige Forschung: Diese hat seit der Integration Hinterpommerns in den polnischen Staat ab dem Jahr 1945 für verschiedene Epochen der pommerschen Landesgeschichte Untersuchungen vorgelegt, aber dabei gerade die friderizianische Zeit weitgehend ausgespart.[3]

Für die Historische Kommission für Pommern bietet die Studie von Rolf Straubel nun die Möglichkeit, an Ergebnisse ihrer Arbeit anzuknüpfen, die z. T. bis in ihre eigene Gründungszeit vor dem Ersten Weltkrieg zurückreichen. Damals hatte Fritz Curschmann eine

---

1 Rolf Straubel genießt in Fachkreisen großes Ansehen, u. a. aufgrund seines verdienstvollen Biographischen Handbuchs der preußischen Verwaltungs- und Justizbeamten 1740–1806/15 (= Historische Kommission zu Berlin, Einzelveröffentlichungen Band 85). München 2009.

2 Für einen umfassenden Überblick zu den inner- und außerhalb Pommerns erhalten gebliebenen Archiven und ihren Beständen vgl.: Archivführer zur Geschichte Pommerns bis 1945, bearb. von Heiko Wartenberg (= Schriften des Bundesinstituts für Kultur und Geschichte der Deutschen im östlichen Europa 33). München 2008.

3 Einen aktuellen Einblick in die Entwicklung der Regionalstudien polnischer Historiker bietet Paweł Gut, Die Organisation der historischen Forschung in Polen. Geschichtswissenschaftliche Institutionen und Gesellschaften, in: Die Historische Kommission für Pommern 1911–2011. Bilanz und Ausblick, hg. von Nils Jörn und Haik Thomas Porada (= Veröffentlichungen der Historischen Kommission für Pommern, Reihe V: Forschungen zur pommerschen Geschichte 47). Köln, Weimar, Wien 2018, S. 59–66.

Musterkarte erarbeitet, die für das westliche Hinterpommern die Gliederung in ritterschaftliche Kreise um 1720 rekonstruierte.[4] Diese auch heute noch überaus informative Karte war dazu bestimmt, für den von Curschmann – ein führender Vertreter der Historischen Geographie – angeregten Historischen Atlas von Pommern zu werben. Aus jener Vorarbeit entstand schließlich in dem mit großer Verve vor dem Zweiten Weltkrieg gestarteten Atlasvorhaben die 1935 veröffentlichte Kreiskarte der Provinz Pommern für die Zeit 1817/18, die uns auch eine Vorstellung von der preußischen Verwaltungseinteilung des 18. Jahrhunderts vermittelt.[5] Historiker und Kartographen trieben in Greifswald und Stettin in jenen Jahren einen erheblichem Forschungsaufwand, um im Rahmen des Historischen Atlas chronologisch rückschreitend die Besitzstandskarten für die Zeitschnitte 1780[6], 1628[7] und 1530[8] zu erarbeiten. Dank der farbigen Unterscheidung kann der Betrachter auf diesen Karten mit einem Blick die Zugehörigkeit einer Gemarkung zu landesherrlichem, städtischem, kirchlichem und adligem Besitz erkennen. Überdies lassen sich innerhalb des Lehnsbesitzes der Ritterschaft auch die jeweiligen Familien ausmachen.[9]

Parallel begann die Historische Kommission bereits vor dem Ersten Weltkrieg mit der Erfassung der nichtstaatlichen Archive in der Provinz Pommern. Diese Dokumentation, die bis in den Zweiten Weltkrieg hinein fortgeführt wurde, aber leider nur für einige Kreise abgeschlossen werden konnte, hat einen unschätzbaren Wert, weil fast alle damals noch vor-

---

4 Fritz Curschmann, Die Landeseinteilung Pommerns im Mittelalter und die Verwaltungseinteilung der Neuzeit, in: Pommersche Jahrbücher 12/1911, S. 159–179, mit einer Karte.

5 Pommersche Kreiskarte. Die alten und die neuen pommerschen Kreise nach dem Stande von 1817/18. 3 Blätter, Maßstab 1:350 000, bearb. von Fritz Curschmann, Ernst Rubow, hg. von der Landesgeschichtlichen Forschungsstelle (Historische Kommission) der Provinz Pommern. Mit Erläuterungsheft von Fritz Curschmann (= Veröffentlichungen der Historischen Kommission für Pommern, Reihe III: Historischer Atlas von Pommern, Erste Folge, Abt. I). Stettin 1935.

6 Pommersche Besitzstandskarte von 1780. 3 Blätter, Maßstab 1:350 000, bearb. von Fritz Curschmann, Ernst Rubow, Gertrud Steckhan, hg. von der Landeskundlichen Forschungsstelle (Historische Kommission) der Provinz Pommern. Mit Erläuterungsheft von Fritz Curschmann, Gertrud Steckhan (= Veröffentlichungen der Historischen Kommission für Pommern, Reihe III: Historischer Atlas von Pommern, Erste Folge, Abt. II). Stettin 1939. Diese Karte wurde nach dem Zweiten Weltkrieg noch einmal in leicht überarbeiteter Form veröffentlicht, da die Erstauflage weitgehend verlorengegangen war: Besitzstandskarte von 1780, Maßstab 1:350 000, auf Grund der von der Landesgeschichtlichen Forschungsstelle 1939 herausgegebenen Besitzstandskarte neu bearb. von Franz Engel (= Veröffentlichungen der Historischen Kommission für Pommern, Reihe III: Historischer Atlas von Pommern, Neue Folge, Karte 2). Köln, Graz 1959.

7 Besitzstandskarte von 1628, Maßstab 1:350 000, bearb. von Werner von Schulmann, Franz Engel (= Veröffentlichungen der Historischen Kommission für Pommern, Reihe III: Historischer Atlas von Pommern, Neue Folge, Karte 1). Köln, Graz 1959. Erläuterungsheft zu den Besitzstandskarten von 1628 und 1780 von Werner von Schulmann. Mit einem Vorwort von Franz Engel, Köln, Graz 1959.

8 Besitzstandskarte von 1530, Maßstab 1:350 000, bearb. von Werner von Schulmann (†). Mit Erläuterungsblatt von Roderich Schmidt (= Veröffentlichungen der Historischen Kommission für Pommern, Reihe III: Historischer Atlas von Pommern, Neue Folge, Karte 8). Köln, Wien 1984.

9 Vgl. zu diesem seit knapp drei Jahrzehnten ruhenden Langzeitvorhaben der Kommission: Haik Thomas Porada, Der südliche Ostseeraum in historisch-geographischer Perspektive. Zur Entwicklung des Historischen Atlas von Pommern seit 1911, in: Der Historische Atlas (von Bayern) als Ideengeber und Rezipient historischer Diskurse, hg. von Wolfgang Wüst (= Zeitschrift für bayerische Landesgeschichte 82/2). München 2021 (im Druck).

handenen Familien-, Guts- und Pfarrarchive in Vor- und Hinterpommern am Ende des Zweiten Weltkrieges und in der Nachkriegszeit verloren gegangen sind.[10] Dabei waren jeweils für sich die unmittelbare Kriegseinwirkung, die Flucht und Vertreibung sowie die Bodenreform in der Sowjetischen Besatzungszone Ursachen für die Verluste; in der Summe erwiesen sich diese Faktoren als verheerend für die Überlieferung von Archiven, Bibliotheken, Kunst- und Kulturgut.[11] Selbst die Zahl und der Inhalt der Pfarrarchive in Vorpommern sind in vielen Fällen durch unsachgemäßen Umgang mit diesem kirchlichen Erbe in den vergangenen Jahrzehnten dezimiert worden. Auch für die Erforschung der Sozial-, Wirtschafts- und Alltagsgeschichte des pommerschen Adels bedeutet dieser Traditionsbruch in der Mitte des 20. Jahrhunderts, daß die Quellenlage für viele Fragestellungen auf einen kläglichen Rest geschrumpft ist. Dabei spielt eine große Rolle, daß das staatliche Archivgut aufgrund der zunehmenden Bombengefahr während des Zweiten Weltkriegs aus dem Staatsarchiv Stettin auf mehrere Güter in Vor- und Hinterpommern ausgelagert worden war. Dort wurden diese ausgelagerten Bestände Opfer der Zerstörung und Plünderung ab 1945, so daß oftmals nur Fragmente der einst so reichen historischen Überlieferung für das Land am Meer erhalten geblieben sind.[12]

Genau an dieser Stelle bietet nun die Studie von Rolf Straubel einen großen Mehrwert, weil sie aus dem Geheimen Staatsarchiv Preußischer Kulturbesitz in Berlin-Dahlem und der Staatsbibliothek zu Berlin Preußischer Kulturbesitz sehr viele Informationen zur Geschichte der aus Pommern stammenden adligen Elite in preußischem Militärdienst in der Zeit zwischen dem Nordischen Krieg und den napoleonischen Kriegen bündelt und miteinander verschneidet. In Pommern selbst fehlen dafür die Quellen oder sind nur noch bruchstückhaft vorhanden. Auch in den adligen Familien, die 1945 durchweg von Flucht und Vertrei-

10 Eine Übersicht zu den im Rahmen dieses Projekts bis zum Ende des Zweiten Weltkrieges bearbeiteten Kreise der Provinz Pommern findet sich in: Die Verzeichnung der nichtstaatlichen Archive des Kreises Bütow nach dem Stand von 1939/40 von Erich Winguth (†). Einleitung und Kommentar von Klaus-Dieter Kreplin, Haik Thomas Porada und Dirk Schleinert, in: Baltische Studien – Pommersche Jahrbücher für Landesgeschichte, Neue Folge, Band 86/2000, S. 115–143.

11 Besonders anschaulich wird dies in den Untersuchungen von Vanessa de Senarclens, Spinoza in Hinterpommern: Ein wiederaufgetauchter Bibliothekskatalog von 1756 in kulturwissenschaftlicher Perspektive, in: Das achtzehnte Jahrhundert, Nr. 44/1. Göttingen 2020, S. 51–65, und dies., Verlegt, Verwahrt und Vergessen. Die Bücher aus den ehemaligen deutschen Bibliotheken in Polen, in: Merkur. Zeitschrift für europäisches Denken, Nr. 74, Oktober 2020, S. 77–84.

12 Vgl. dazu grundlegend: Dirk Schleinert, Das Staatsarchiv Stettin von 1939 bis 1945, in: Baltische Studien. Pommersche Jahrbücher für Landesgeschichte NF 99 (2013), S. 111–131, und ders., Zeitgenössische Berichte zu den Anfängen des Landesarchivs Greifswald. Eine kommentierte Quellenedition, in: Baltische Studien. Pommersche Jahrbücher für Landesgeschichte NF 101 (2015), S. 161–181, sowie: Willi Nemitz und Joachim Wächter, Vom Staatsarchiv Stettin zum Landesarchiv Greifswald, in: Pommern – Zeitschrift für Kultur und Geschichte, Jg. 53/3, S. 42–47. Für die nach 1945 unter polnischer Ägide am alten Standort an der Turner-/Ecke Karkutschstraße in Stettin im dafür vom preußischen Staat errichteten Zweckbau aus dem Jahre 1901 wieder zusammengeführten Bestände vgl.: Staatsarchiv Stettin – Wegweiser durch die Bestände bis zum Jahr 1945/Archiwum Państwowe w Szczecinie – Przewodnik po zasobie do 1945 roku, bearb. von Radosław Gaziński, Paweł Gut und Maciej Szukała, hg. von der Generaldirektion der Staatlichen Archive Polens/Naczelna Dyrekcja Archiwów Państwowych. Aus dem Polnischen übersetzt von Peter Oliver Loew (= Schriften des Bundesinstituts für Kultur und Geschichte der Deutschen im östlichen Europa 24). München 2004.

bung sowie häufig vom weitgehenden Verlust der Zeugnisse ihrer Geschichte – Archivalien oder z. B. die oftmals in den Herrenhäusern früher zu sehenden repräsentativen Porträts – betroffen waren, werden teilweise Wissenslücken über die eigenen Vorfahren und deren Lehnsbesitz beklagt.

Für den preußischen Teil Pommerns im 18. Jahrhundert kann mit dem hier vorgelegten Werk in gewisser Weise an die militärgeschichtliche Untersuchung angeknüpft werden, die Georg Tessin mit seiner umfassenden Studie über die deutschen Regimenter der schwedischen Krone 1965–1967 in der Reihe „Forschungen zur pommerschen Geschichte" vorgelegt hat.[13] Bei einem Blick auf den Mehrwert, den Rolf Straubel für die biographische Forschung an dieser Stelle liefert, sei auf die im Auftrag unserer Kommission herausgegebenen „Pommerschen Lebensbilder"[14] sowie deren Fortsetzung in Gestalt des „Biographischen Lexikons für Pommern"[15] verwiesen. Bereits vor einigen Jahren regte der Greifswalder Universitätsarchivar, Dirk Alvermann, im Rahmen einer Jahrestagung unserer Kommission an, für die Frühe Neuzeit ein Handbuch der landesherrlichen und ständischen Funktionsträger für Vor- und Hinterpommern zu erarbeiten, um der Forschung ein verläßliches Nachschlagewerk zur Identifikation von Personen an die Hand zu geben, die in den unterschiedlichen Quellen erwähnt werden. Es wäre nur zu begrüßen, wenn ein solches Projekt eines Tages in Angriff genommen werden könnte. Insofern ist der Vorstand unserer Kom-

13 Georg Tessin, Die deutschen Regimenter der Krone Schweden I: Unter Karl X. Gustav 1654–1660 (= Veröffentlichungen der Historischen Kommission für Pommern, Reihe V: Forschungen zur pommerschen Geschichte 13). Köln, Graz 1965, und ders., Die deutschen Regimenter der Krone Schweden II: Unter Karl XI. und Karl XII. 1660–1718 (= Veröffentlichungen der Historischen Kommission für Pommern, Reihe V: Forschungen zur pommerschen Geschichte 14). Köln, Graz 1967.

14 Pommersche Lebensbilder 1: Pommern des 19. und 20. Jahrhunderts (= Veröffentlichungen der Landesgeschichtlichen Forschungsstelle (Historischen Kommission) für Pommern), hg. v. Adolf Hofmeister, Erich Randt, Martin Wehrmann, Stettin 1934. Pommersche Lebensbilder 2: Pommern des 19. und 20. Jahrhunderts (= Veröffentlichungen der Landesgeschichtlichen Forschungsstelle (Historischen Kommission) für Pommern), hg. v. Adolf Hofmeister, Erich Randt, Martin Wehrmann, Stettin 1936. Pommersche Lebensbilder 3: Pommern des 18., 19. und 20. Jahrhunderts (= Veröffentlichungen der Landesgeschichtlichen Forschungsstelle (Historischen Kommission) für Pommern), hg. v. Adolf Hofmeister, Erich Randt, Martin Wehrmann, Stettin 1934. Pommersche Lebensbilder 4 (Veröffentlichungen der Historischen Kommission für Pommern, Reihe V: Forschungen zur pommerschen Geschichte 15), bearb. von Walter Menn. Köln, Graz 1966. Pommersche Lebensbilder 5: Hugo Gotthard Bloth, Die Kirche in Pommern. Auftrag und Dienst der evangelischen Bischöfe und Generalsuperintendenten der pommerschen Kirche von 1792 bis 1919 (Veröffentlichungen der Historischen Kommission für Pommern, Reihe V: Forschungen zur pommerschen Geschichte 20), Köln, Wien 1979. Pommersche Lebensbilder 6: Werner Schwarz, Pommersche Musikgeschichte. Historischer Überblick und Lebensbilder. Teil 1: Historischer Überblick (Veröffentlichungen der Historischen Kommission für Pommern, Reihe V: Forschungen zur pommerschen Geschichte 21). Köln, Wien 1988. Werner Schwarz, Pommersche Musikgeschichte. Teil 2: Lebensbilder von Musikern in und aus Pommern (= Veröffentlichungen der Historischen Kommission für Pommern, Reihe V: Forschungen zur pommerschen Geschichte 28). Köln, Weimar, Wien 1988. Pommersche Lebensbilder 7: Eckhard Wendt, Stettiner Lebensbilder (= Veröffentlichungen der Historischen Kommission für Pommern, Reihe V: Forschungen zur pommerschen Geschichte 40). Köln, Weimar, Wien 2004.

15 Biographisches Lexikon für Pommern, hg. von Dirk Alvermann und Nils Jörn, Band 1, 2 und 3 (= Veröffentlichungen der Historischen Kommission für Pommern, Reihe V: Forschungen zur pommerschen Geschichte 48, 1–3). Köln, Weimar, Wien 2013, 2015 und 2019.

mission Rolf Straubel zu großem Dank verpflichtet, weil er in ehrenamtlicher Arbeit schon einmal die biographischen Daten für die pommerschen Adligen im preußischen Offizierskorps des 18. Jahrhunderts im vorliegenden ersten Band seiner Studie zusammengestellt hat.

Schließlich sei noch auf ein aktuelles Projekt unserer Kommission verwiesen, das sich der Besitz- und Baugeschichte von mehreren Hundert Herrenhäusern in Vor- und Hinterpommern widmet. In Kooperation mit dem Pommerschen Greif – Verein für pommersche Familien- und Ortsgeschichte veröffentlicht die Historische Kommission für Pommern seit 2020 frei zugänglich für die breite Öffentlichkeit unter der Adresse www.gutslandschaft-pommern.de im Internet historische Informationen und fast 2.000 Fotos pommerscher Herrensitze, die der in Stralsund lebende Vermessungsingenieur Detlef Schnell in jahrzehntelangen Recherchen zusammengetragen hat. Die Schnittmenge zu dem von Rolf Straubel im zweiten Band seiner großangelegten Übersicht zusammengestellten Lehnsbesitz des pommerschen Adels unter preußischer Ägide ist bei den von Detlef Schnell aufgesuchten Gütern sehr groß, so daß die Rezeption der neuen Erkenntnisse für beide Seiten einen Gewinn darzustellen verspricht.

Die landesgeschichtliche Forschung in Pommern leidet seit knapp einem Jahrzehnt darunter, daß der dafür nach dem Mauerfall eingerichtete Lehrstuhl an der Greifswalder Universität nicht wiederbesetzt werden konnte. Das aus den nach Vorpommern ausgelagerten Beständen des Staatsarchivs Stettin nach dem Zweiten Weltkrieg gebildete Landesarchiv Greifswald hat im gleichen Zeitraum etwa drei Viertel seines Personals eingebüßt, zahlreiche Bestände sind aus konservatorischen Gründen seit Jahren nicht mehr benutzbar, die Benutzung der restlichen Bestände aufgrund der mangelhaften Ausstattung teilweise über Monate hinweg nicht möglich.[16] Die Liste der Probleme ließe sich an dieser Stelle auch für andere Bereiche in Wissenschaft und Kultur fortsetzen. So gut es geht, bemühen sich die Mitglieder der Historischen Kommission für Pommern, in ehrenamtlicher Arbeit die auf staatlicher, kommunaler und kirchlicher Ebene in Vorpommern entstandenen Defizite auszugleichen. Dank eines von der Beauftragten des Bundes für Kultur und Medien über das Herder-Institut für historische Ostmitteleuropaforschung zur Verfügung gestellten Etats ist dies auch für Hinterpommern und das östliche Vorpommern möglich. Trotzdem wäre die Publikation der vorliegenden Studie zu „Grundbesitz und Militärdienst. Kurzbiographien pommerscher Offiziere (1715 bis 1806)“ nicht möglich gewesen, wenn nicht Lothar von Dewitz in Mariental bei Helmstedt die alten pommerschen Adelsfamilien und ihre jeweiligen Verbände ermuntert hätte, für die Aufbringung des Druckkostenzuschusses zu spenden. Zugleich konnten auf diesem Wege auch einige der Reproduktionen von Gemälden beschafft werden, die nunmehr auf so anschauliche Art und Weise der Illustration des Buches

16 Eine kritische Analyse der jüngeren Entwicklung des Landesarchivs Greifswald bietet jetzt: Matthias Manke, Traum oder Trauma? Die kurze und verwirrend-verworrene Geschichte des „Landeshauptarchivs für die Pommernakten“, in: Zeitgeschichte regional – Mitteilungen aus Mecklenburg-Vorpommern, Jg. 24/2, 2020, S. 78–90. Im gleichen Kontext wurde auch eine Bewertung der Situation für das Pendant auf polnischer Seite veröffentlicht: Paweł Gut, Staatsarchiv Stettin (Archiwum Państwowe w Szczecinie) und seine Relevanz für die deutsche Zeitgeschichte (1914–1945), in: Zeitgeschichte regional – Mitteilungen aus Mecklenburg-Vorpommern, Jg. 24/2, 2020, S. 91–99.

dienen. Dafür gilt dem Initiator und allen Spendern, die im Impressum des Bandes Erwähnung finden, der aufrichtige Dank der Mitglieder der Historischen Kommission für Pommern. Neben den Porträts aus Privatbesitz wurden den Reihenherausgebern für dieses Vorhaben dankenswerterweise auch Abbildungsvorlagen seitens der Universitätsbibliothek Greifswald, des Mittelpommerschen Museums in Stolp (Muzeum Pomorza Środkowego w Słupsku), der Stiftung Preußische Schlösser und Gärten Berlin-Brandenburg sowie von SKH Georg Friedrich Prinz von Preußen aus dem Eigentum des Hauses Hohenzollern und auf Vermittlung von Dr. Thomas Habeck in Aukrug zur Verfügung gestellt.

Für das in jahrelanger, mühevoller Recherche erarbeitete Manuskript ist der Vorstand der Historischen Kommission für Pommern PD Dr. Rolf Straubel zu großem Dank verpflichtet. Sein unermüdlicher Einsatz, bis hin zur Erstellung des Personen- und Ortsregisters, bei dessen Fertigstellung ihm Lea Hartmann und Tim Pralow behilflich waren, hat für die landes-, orts-, militär- und personengeschichtliche Forschung zu Pommern ein einzigartiges Nachschlagewerk hervorgebracht, das sich hoffentlich bald der gebührenden Wertschätzung erfreuen wird. Der Autor und die Reihenherausgeber sehen diese Publikation als eine Anregung für weitergehende Studien. Sicherlich wird es auch bald Korrekturen und Ergänzungen geben, um deren Mitteilung wir hiermit ausdrücklich bitten, kann auf diese Weise doch unser Bild vom frühneuzeitlichen Staat und seinen Akteuren für das ausgedehnte Territorium an der südlichen Ostseeküste vervollständigt werden.

Grimmen, im Februar 2021 Haik Thomas Porada

Vorbemerkungen

Anliegen der Arbeit

In seinen *Politischen Testamenten* hat König Friedrich II. von Preußen seine Wertschätzung für die Pommern ausgesprochen, wobei er besonders die pommerschen Offiziere und Soldaten im Auge hatte. Seine Bemerkung zielte sowohl auf das besonders starke Engagement der pommerschen Edelleute im Militär als auch auf die Tapferkeit der Mannschaften.[17] Und das, obwohl Hinterpommern erst seit 1648 zu Kurbrandenburg und Vorpommern seit 1715 zur preußischen Monarchie gehörten. Bereits ein erster Blick auf Ranglisten aus dem 18. Jahrhundert zeigt, daß es tatsächlich ungewöhnlich viele pommersche Offiziere gab. Um diese geht es in der vorliegenden Zusammenstellung, nicht aber um die Mannschaften, die freilich zu dem hohen Ansehen ihrer Provinz nicht weniger beigetragen haben. Zu fragen ist, worauf diese große Affinität zum Militär basierte.

Gewiß werden zahlreiche Edelleute gemäß der tradierten Standesvorstellungen gerade im Umfeld der Schlesischen Kriege in die preußische Armee eingetreten sein, um sich unter den Augen des großen Königs auszuzeichnen, um Ruhm, Ehre und materiellen Wohlstand zu erwerben. Kaum geringer dürfte jedoch die Zahl derjenigen gewesen sein, die aus wirtschaftlicher Not den Beruf des Soldaten ergriffen. Seit längerem bekannt ist, daß die im Vergleich zu anderen Landesteilen große Armut des pommerschen Adels, seine hohe Verschuldung, die Zersplitterung des Grundbesitzes in Verbindung mit der Existenz zahlreicher kopfstarker Familien wesentlich zu diesem Phänomen beigetragen hat. Sicher gab es v. a. in Vorpommern auch einige wohlhabende Familien mit ansehnlichem Grundbesitz und einer geringeren Neigung zum Militärdienst, typisch für die Provinz war jedoch die Existenz eines kopfstarken Kleinadels mit geringem Grundbesitz, der zur Daseinssicherung auf den Militärdienst mehr oder weniger angewiesen war.

Dabei ist ein West-Ost-Gefälle unübersehbar. Denn besonders stark war dieser „Militäradel" in *Cassuben*, also in Lauenburg und Bütow und anderen Polen benachbarten Regionen Hinterpommerns anzutreffen. Faßt das bisher Gesagte nur bereits Bekanntes zusammen, so zeigen doch erst die Kurzbiographien und die Zusammenstellung über die Gutsbesitzer das ganze Ausmaß der wirtschaftlich desaströsen Lage des pommerschen Adels. Denn viele Edelleute besaßen nur Gutsanteile im Wert von wenigen tausend, häufig sogar von wenigen hundert Talern, die überdies noch verschuldet waren. Ihre jährlichen Revenuen beliefen sich damit auf Beträge von 50 bis 500 Talern. Davon konnten weder eine mehrköpfige Familie standesgemäß unterhalten noch nötige Investitionen in den Gutsbetrieb vorgenommen werden. War die wirtschaftliche Lage vieler Gutsbesitzer bereits in normalen Zeiten mehr als schwierig, wuchs sich jeder Brand, jede Mißernte zur Katastrophe aus.

Gehörten die Jahrzehnte zwischen 1720 und 1750 zu den eher normalen, wurde Pommern durch den Siebenjährigen Krieg, durch gezielte Verwüstungen der russischen und schwedischen Truppen besonders heimgesucht. 1763 standen viele Adelsfamilien buchstäblich vor dem Nichts, Väter und Söhne waren im Krieg gefallen oder hatten sich aufgrund

17 Friedrich der Große. Die Politischen Testamente. Übersetzt von Friedrich von Oppeln-Bronikowski. Zweite Auflage, München 1936, S. 32, S. 188.

ihrer Abwesenheit nicht um die Güter kümmern können. Besonders in Hinterpommern waren zahlreiche Herrschafts- und Wirtschaftsgebäude zerstört, Inventar war geplündert, Vieh fortgeführt worden, Untertanen waren entlaufen. Zwar stellte Friedrich II. zwischen 1763 und 1786 einige hunderttausend Taler für das Retablissement der verwüsteten Provinz zur Verfügung, dennoch verloren viele Familien ihren angestammten Grundbesitz, andere Geschlechter erloschen ob der großen Menschenverluste im Krieg ganz.[18] Die im Zusammenhang mit dem Wiederaufbau erstellten Akten illustrieren die verheerende wirtschaftliche Lage des pommerschen Adels, sie zeigen seine über Generationen gewachsene Verschuldung und seine damit verbundenen geringen Handlungsspielräume auf, die ihn geradezu in den Militärdienst zwangen. Die vorliegenden Kurzbiographien im 1. Teil dieser Arbeit geben somit wichtige Aufschlüsse über den Rekrutierungsprozeß des preußischen Offizierskorps im 18. Jahrhundert und über die ökonomische Situation des Adels in einer der Kernprovinzen der Monarchie. Letztere läßt sich sodann auch aus der im 2. Teil enthaltenen Aufstellung über die Güter und deren Besitzer entnehmen.

Besonders dramatisch war die Situation vieler Offizierswitwen, die sich seit den siebziger Jahren des 18. Jahrhunderts um eine der bereitgestellten Pensionen bewerben konnten.[19] Die meisten von ihnen waren längst ohne Grundbesitz und mußten sich ihren Lebensunterhalt durch Handarbeiten wie Spinnen, Stricken, Weben verdienen, ihre ledigen Töchter verdingten sich als Wirtschafterinnen, Gesellschafterinnen bei materiell bessergestellten Familien. In ihren zahllosen Gesuchen gaben die Witwen und Waisen detaillierten Einblick in ihre familiären und wirtschaftlichen Verhältnisse. Meist hatte der als aktiver Offizier verstorbene Mann nichts oder nur verschuldeten Grundbesitz hinterlassen. Das Heiratsgut der Frau war längst aufgebraucht oder in Konkursen verlorengegangen. Betuchte Verwandte, die Unterstützungen hätten geben können, gab es nur in seltenen Fällen.

Wurde einer Witwe nach jahrelangem *Supplizieren* eine Pension zugesprochen, handelte es sich dabei um einen Betrag von maximal 100, des öfteren auch nur von 50 Talern, von denen die Witwe nicht nur sich, sondern auch noch Angehörige ernähren sollte. Damit aber ließ sich selbst auf dem platten Land nur ein elendes Dasein fristen, von einem standesgemäßen Leben ganz zu schweigen. Viele dieser in die Bittschriften eingeflossenen Details wurden in die Biogramme aufgenommen, um auf diese Weise den Druck aufzuzeigen, unter dem die angehenden und die Subaltern-Offiziere standen. Sie waren für sich, aber auch im Interesse ihrer Mütter und Schwestern auf eine Militärkarriere angewiesen. Die Aufgabe der sicher nicht immer geliebten Laufbahn war nur bei einer größeren Erbschaft oder einer guten Partie möglich, wurde dann aber in der Regel rasch herbeigeführt.

In den Akten finden sich anschauliche Beispiele für die prekäre wirtschaftliche Lage, in der sich besonders der *cassubische* Adel befand. So berichtete Landrat Ernst Carl Ludwig von Weiher am 12. Juni 1804 über die Umstände der Witwe von Lewinska, geb. von Bichowska, aus Jezow im Krs. Lauenburg, die am 10. Mai d.J. um eine Pension gebeten hatte. Ihr kürzlich verstorbener Mann hatte sie mit vier kleinen Kindern hinterlassen. Aufgrund von Krankheit und Schwächlichkeit konnte sie keine Handarbeit mehr verrichten

18 Vgl. hierzu Herbert Moeglin, Das Retablissement des adligen Grundbesitzes in der Neumark durch Friedrich den Großen, in: FBPG 46. Bd. (1934), S. 28–69, S. 233–274.

19 In dem Bestand Geheimes Staatsarchiv Preußischer Kulturbesitz (künftig: GStA) II. HA., Rep. 13 a, Tit. I bis IV finden sich für Pommern und die Neumark einige hundert Gesuche von Witwen und Waisen mit Hinweisen auf ihre familiäre und wirtschaftliche Situation.

und mußte mangels Vermögen um eine Unterstützung einkommen. Der Landrat zeigte an, daß die Supplikantin und ihr verstorbener Mann gebürtige Pommern waren, *jedoch ist das incolat d. Eltern und des Mannes mit keiner adligen Guts-Possession verbunden gewesen, sie haben zu der nicht geringen Anzahl der adelichen individuen gehört, die wir noch als Erbteil der ehemaligen polnischen Verfaßung zum Erbteil haben. Ohne adeliche Besitzung gehören selbige theils zu den Kathen-Bewohnern mancher Dörfer, sehr öfters selbst zu der dienenden Klasse. Gewöhnt sind dergleichen Menschen gleich der übrigen untern Klasse der Staats-Bewohner, von denen selbige nur das kleine Wort von unterscheidet, aus einen geweiteten Garten, und so lange sie arbeiten können, von ihrer Hände-Arbeit sich zu ernähren.* [...] *Wenn nun hinzu kömmt, daß die Anzahl jener Klaße des sogenannten kleinen Adels nicht geringe, die Menge der Supplicantinnen nicht nur größer sondern zudränglicher wird* [...], stelle das ein erhebliches Problem für den Meliorationsfonds dar.

In der Verfügung des zuständigen Departements an den Landrat vom 22. Juni 1804 hieß es: *daß in der Regel denjenigen Adelichen Wittwen der Lande Lauenburg und Bütow, welche sowohl selbst, als deren verstorbene Ehemänner zur Klasse der kleinen Wirthe, der Büdner, Einlieger oder gar zur dienenden Klasse gehören, keine Pensionen aus dem für Pommersche Adeliche Wittwen und Waisen bestimmten Meliorations-Gelder-Zinsen-Fonds ferner zugesprochen werden können. Nur in dem Fall findet eine Ausnahme von dieser Regel statt, wenn entweder die verstorbenen Ehemänner in diesseitigen Militair-Diensten gestanden, oder eine solche Wittwe Brüder oder Söhne, welche Unterstüzzung bedürfen, im Militair-Dienste hat. Dieser lezte Umstand muß daher auch bey allen dergleichen zu einer Pension sich meldenden Wittwen, und bey den Waisen in Absicht ihrer Väter und Brüder, genau ausgemittelt werden.* Der Landrat von Weiher sollte daher genau untersuchen, ob die beiden Brüder der Witwe wirklich als Leutnant in einem Regiment in Danzig standen.[20]

Bereits am 6. März 1798 war eine Resolution an den Landrat Franz Christoph von Somnitz in Lauenburg ergangen.[21] Danach sollte dieser die Umstände derjenigen Witwen besser beherzigen, die sich um eine Pension aus dem pommerschen Meliorationsfonds bewarben. Wenn nicht wenigstens die Söhne im Militär seien oder der Mann Verdienste um den Staat habe, sollten die Supplikantinnen sofort abgewiesen werden. Denn der Landrat könne selbst ermessen, daß, *wenn alle Witwen im Lauenburgschen, deren Kinder als Knechte und Mägde dienen, auf der Expectanten Liste aufgenommen werden sollten, der ganze Fonds dazu kaum hinreichte, und alle übrigen Kreiser davon gar nicht profitiren würden. Das ist aber dem Zweck dieses Instituts entgegen.*

Schon 1752 war die desolate Lage der Ritterschaft in Lauenburg und Bütow offenbar geworden. Im Zuge der Verteilung neu aufzubringender Kosten für das dortige Landgericht hatte sich nämlich die Bütower Ritterschaft gegen die sog. Lauenburger *Magnaten* gewandt, hatte gegen die ungerechte Verteilung der Lasten geklagt und auf die eigene Armut verwiesen.[22] Die Bütower reichten in diesem Zusammenhang eine Tabelle ein, aus der hervorging, daß in ihrem Distrikt 103 Edelleute zusammen nur 129 (bzw. 109,5) Hufen besaßen.[23] Einige von ihnen hatten nicht einmal Knechte in Lohn und Brot, sondern mußten die anfallenden Feldarbeiten selbst verrichten. In dem Dorf Trzebiatkow lebten damals zwölf

20 GStA, II. HA, Abt. 13 a, Tit. III, Litt L, Nr. 14, unpag.

21 GStA, II. HA, Abt. 13 a, Tit. III, Litt L, Nr. 1, Bd. 2.

22 GStA, I. HA, Rep. 30 Nr. 413 a, Lauenburg-Bütow Justiz-Sachen 1743 bis 1752, Paket 10 187.

23 In Lauenburg und Bütow waren damals 683 Hufen kontributionspflichtig.

Edelleute, darunter kein Schreibkundiger. In Reckow gab es 17 Adlige, von denen nur einer des polnischen Schreibens mächtig war. Das ganze Dorf hatte einen Wert von gerade 1 700 Talern. Gegen sog. *Magnaten*, also Adlige mit größerem Grundbesitz und mit politischem Einfluß, wie die von Somnitz, polemisierten Edelleute wie P.G. von Puttkamer aus Gersdorff.

Laut der von den *Supplikanten* vorgelegten Tabelle bewirtschafteten in Oslawdamerow fünf Edelleute insgesamt 3,5 Hufen. In Stüdnitz besaßen vier Adlige zusammen vier Hufen. In Groß Gustkow kamen auf elf Personen 15 Hufen. In Trzebiatkow gab es sogar 17 Edelleute, die zusammen 18 Hufen bewirtschafteten. Ähnlich war es in Polczen, wo auf zehn Adlige 9,5 Hufen kamen. Dagegen besaß in Groß Pomeiske ein Edelmann allein fünf Hufen. Zu den Klägern gehörten ein von Schmude, ein von Jutrzenka, Alexander V. von Pomeiske, Ludwig von Stendeck und von Kukowsky aus Polczen. Angesichts dieser Ausstattung mit Grund und Boden, wozu noch der Umstand kam, daß viele *cassubische* Edelleute fünf und mehr Kinder hatten, die von ihren Gütchen nicht zu ernähren waren, wundert der Zustrom in den Militärdienst nicht. Der mittlere und höhere Zivildienst war ihnen in der Regel verschlossen, da die Eltern ihren Söhnen weder den Aufenthalt auf einem Gymnasium noch auf einer Universität finanzieren konnten. Jeglicher andere Broterwerb war ihnen bis 1806 verwehrt. Wie die Ranglisten v. a. aus der Zeit vor 1763 zeigen, war den Zeitgenossen der Unterschied in der wirtschaftlichen und sozialen Lage zwischen den pommerschen Edelleuten und denen aus Lauenburg und Bütow bewußt, denn es wurde häufig zwischen den aus Pommern und den aus *Cassuben* stammenden Offizieren geschieden. Zwar gab es diese Differenzierung auch ausgangs des Jahrhunderts noch, sie wurde aber immer weniger gebraucht.[24]

Kleinteiligen Besitz gab es aber keineswegs nur in Lauenburg und Bütow, sondern auch in den Kreisen Neustettin und Rummelsburg, lediglich Gutsanteile besaßen nicht nur *cassubische* Adlige, sondern auch Angehörige namhafter Geschlechter. Dafür mögen die Hertzbergs aus Lottin stehen. Das Gut Lottin bestand im 18. Jahrhundert aus den Anteilen A bis F und diversen Vorwerken, die zum großen Teil in der Hand der Hertzbergs waren. Das Vorwerk Steinburg etwa bestand aus vier Anteilen, die einen jeweils anderen Besitzer hatten. 1777 verkaufte der *Capitain* Moritz Wilhelm von Hertzberg seinen Anteil am Vorwerk Joduth, der aus vier Höfen bestand, für ganze 120 Taler an seinen Bruder George Christoph. Bereits um 1726 hatte George Heinrich von Hertzberg einen Anteil an Lottin im Umfang von neun Morgen Acker geerbt und zahlte seinen Geschwistern ein Erbteil von je 120 Talern aus.[25]

Im Falle von Lottin waren es v. a. die zahlreichen Erbteilungen, die zu einer Zersplitterung des Grundbesitzes und dazu führten, daß die nachgeborenen Söhne dieser kopfstarken Familie ihr Auskommen im Militärdienst suchen mußten. Beispielhaft sei auf den Rittmeister Moritz Heinrich von Hertzberg verwiesen, der im ersten Drittel des 18. Jahrhunderts acht Söhne aus zwei Ehen hatte, die alle versorgt werden wollten. Auch die Güter Barenbusch, Barken, Barkenbrügge und Groß Hertzberg bestanden aus zahlreichen Anteilen und Vorwerken, die verschiedenen Linien der Familie gehörten. Im Unterschied zu den Hertz-

24 Vgl. dazu die jüngst erschienene Arbeit von Chelion Begass, Armer Adel in Preußen. 1770–1830, Berlin 2020 (= Quellen und Forschungen zur Brandenburgischen und Preußischen Geschichte, Bd. 52), u. a. auf S. 46–50. S. 119–128,

25 Hermann Waterstraat, Geschichte des Geschlechts v. Hertzberg, Bd. II, Stettin 1907, S. 382.

bergs handelte es sich bei den von Ramins um eine eher „kopfschwache" Familie, die noch dazu über einen ansehnlichen Grundbesitz verfügte. Erst- und nachgeborene Söhne aus dieser Familie konnten von ihren Gutsrevenuen leben und standen dem Militärdienst deshalb eher reserviert gegenüber. Anzumerken ist, daß es auch in Hinterpommern wenigen Edelleuten oder einzelnen Linien einer Familie ausgangs des 18. Jahrhunderts gelang, durch eine gezielte Heirats- und Arrondierungspolitik größere Güterkomplexe zu erwerben und beachtlichen Wohlstand anzuhäufen. Davon zeugen u. a. damals errichtete Majorate der Familien von Zastrow und von Zitzewitz.

Im Bestand *Manuscripta borussica* in der Handschriftenabteilung der Berliner Staatsbibliothek ist eine Rangliste der preußischen Armee für 1715 überliefert.[26] Diese listet für die Infanterie-Regimenter 1 bis 27 die Offiziere mit ihrem Lebens- und Dienstalter, dem Datum des Patents und die Provinz auf, aus der sie stammten. Angaben über die Herkunft fehlen allerdings für das I-R Nr. 18, die sog. weißen Grenadiere. Diese bleiben daher außerhalb der Betrachtung. Ohne die Regimentschefs wurden für die Auswertung insgesamt 968 Offiziere erfaßt. Obwohl Vorpommern damals eben erst der Monarchie einverleibt wurde, stammten bereits 179 oder 18,5 Prozent jener 968 Personen aus Pommern. Übertroffen wurde ihre Zahl nur von den Kurmärkern mit 204 (od. 21,1 %). Es folgten (Ost-)Preußen mit 147 (od. 15,2 %). Aus der kleinsten der vier betrachteten Provinzen, der Neumark, kamen immerhin noch 105 Personen (od. 10,9 %).

Alle vier Landesteile zusammen brachten es auf 635 oder 65,6 Prozent. D. h. 1715 kamen nahezu zwei Drittel aller Offiziere der damals existierenden Infanterie-Regimenter aus der Kurmark, aus Pommern, Preußen und der Neumark und damit aus den Kernprovinzen der Monarchie.[27] Bei der Kavallerie sah das Bild etwas anders aus. Denn bei den Kürassieren und Dragonern, Husaren-Einheiten gab es damals noch nicht, war die *Equipage* ziemlich kostspielig, weshalb es sich viele Pommern nicht leisten konnten, in eines dieser angesehenen Regimenter einzutreten. Hierauf ist noch zurückzukommen.

Im Jahr 1740 sahen die Verhältnisse bereits merklich anders aus.[28] Für dieses Stichjahr wurden wiederum die Angaben für 26 Infanterie-Regimenter ausgewertet. Da für die I-R Nr. 3, 6 und 19 keine entsprechenden Angaben vorlagen, wurden die I-R Nr. 28 und 29 hinzugenommen. Die Zahl aller erfaßten Offiziere betrug aufgrund der erhöhten Regimentsstärke jetzt 1 843. Davon kamen 510 oder 27,7 Prozent aus Pommern. D.h. im Zuge der Regimentsvergrößerungen suchten und fanden immer mehr Pommern ihr Auskommen im Militär, Ausdruck ihrer prekären wirtschaftlichen Situation. Ihr gewachsenes Gewicht hing auch damit zusammen, daß seit 1715 vermehrt Edelleute aus den vorpommerschen Kreisen Randow, Anklam und Demmin, die früher in schwedische Dienste gegangen waren, nunmehr in die preußische Armee eintraten. Rückläufig war dagegen das Engagement von Adligen aus anderen Landesteilen. So ging der Anteil der Neumärker um rund drei auf 8,1 Prozent zurück. Bei den Kurmärkern fiel der Rückgang mit fast sechs Prozent (auf 15,5%) sogar noch stärker aus. Die Edelleute aus Preußen konnten ihr Gewicht etwas ver-

---

26 Staatsbibliothek Preußischer Kulturbesitz (künftig: Stabi), Ms. boruss. fol. 319.

27 Vgl. dazu Georg Hebbelmann, Das preußische „Offizierskorps" im 18. Jahrhundert: Analyse der Sozialstruktur einer Funktionselite, Münster 1999 (= Hochschulschriften, Bd. 113). Er hat für den Zeitraum von 1763 bis 1786 alle Infanterie- und alle Kavallerie-Regimenter erfaßt und beziffert den Anteil der Pommern auf 13,5 bis 15%: S. 119, S. 154, S. 170.

28 Für 20 Regimenter liegen Angaben für 1740 vor, für weitere sechs solche aus den Jahren 1736 bis 1743.

größern, und zwar von 15,2 (1715) auf jetzt 16,4 Prozent. Das hing aber in erster Linie mit ihrer starken Präsenz in den ostpreußischen Regimentern zusammen, also in den I-R Nr. 2, 4, 11, 14 und Nr. 16, wo sie zwischen 40 und 67 Prozent aller Offiziere stellten.

Wenn ostpreußische Adlige in den Militärdienst eintraten, dann taten sie das um 1740 meist in einem Regiment, das in Königsberg, Bartenstein oder Rastenburg stationiert war. Hingegen waren sie in pommerschen oder kurmärkischen Einheiten nur vereinzelt anzutreffen. War die wirtschaftliche Lage der Edelleute in den neumärkischen Hinterkreisen kaum besser als die der Pommern, so dürfte die der Gutsbesitzer in den Kreisen Cottbus, Sternberg und Königsberg deutlich günstiger und damit der Druck geringer gewesen sein, ein Auskommen im Militärdienst zu suchen. Offiziere aus allen vier Landesteilen erreichten zusammen einen Anteil von 67,7 Prozent aller 1740 erfaßten Personen. Gegenüber 1715 war ihr Anteil also sogar noch leicht gestiegen. Nur bei etwa jedem dritten handelte es sich um einen Adligen aus einer anderen Provinz der Monarchie, etwa aus dem Herzogtum Magdeburg, dem Fürstentum Halberstadt oder einem der westlichen Landesteile. Vielleicht zehn bis 20 Prozent stammten aus dem Ausland, überwiegend aus Schwedisch-Pommern, Kurland, Sachsen, Mecklenburg oder einem anderen Reichsterritorium.

1787 standen in 26 Infanterie-Regimentern insgesamt 1 650 Offiziere, darunter 319 oder 19,3 Prozent Pommern. Das war ein Rückgang um mehr als acht Prozent. Dennoch kamen aus dieser Provinz die weitaus meisten Offiziere, nämlich nahezu jeder fünfte. In Bezug auf die gesamte Armee, also nicht nur auf diese 26 Einheiten, dürfte es bei den absoluten Zahlen aber wohl keine Abnahme, sondern eher noch eine Zunahme gegeben haben. Denn die Zahl der Regimenter war seit 1740 erheblich gestiegen, von ehedem 27 auf mehr als 50. Auch in den in Schlesien und andernorts errichteten neuen Formationen waren zahlreiche Pommern zu finden. Neben den pommerschen Regimentern (Nr. 7, 8, 17 und 22) waren sie v. a. in Berliner Regimentern (Nr. 1, 13, 23, 25, 26, 46) ziemlich stark vertreten. Wenn Neumärker oder Preußen in einem Regiment gar nicht oder nur mit ein oder zwei Offizieren präsent waren, waren Pommern in jedem der 26 Regimenter mit minimal vier und maximal 45 (1740) Personen vertreten.[29]

Wie eine Auszählung für die Regimenter 30 bis 44 ergeben hat, standen hier weitere 130 pommersche Edelleute, inklusive jener 319 wären das 1787 dann 449 pommersche Adlige gewesen. Auffällig dabei die starke Streuung, von minimal vier Offizieren im Infanterie-Regiment Nr. 44 in Wesel bis maximal 19 in der Nr. 36 in Brandenburg an der Havel. Daß dabei landsmannschaftliche Aspekte eine wesentliche Rolle gespielt haben, zeigt das Infanterie-Regiment Nr. 45, in dem 1787 neun Pommern dienten, davon allein sechs aus *Cassuben*, worunter die Zeitgenossen den Kreis Stolp und die Distrikte Lauenburg und Bütow verstanden. Nicht zufällig stand der aus Klein Nossin im Krs. Stolp stehende Obrist Franz Otto von Pirch als Kommandeur in diesem Regiment. Trotz dieser Relativierung ist ähnlich wie für die Neumark (1787 nur noch 4,2% der erfaßten Offiziere) auch für Pommern von einem Rückgang auszugehen, und zwar aus mindestens drei Gründen: Zum einen hat der pommersche und neumärkische Adel im Siebenjährigen Krieg hohe Menschenverluste erlitten, die erst nach Jahrzehnten ausgeglichen werden konnten. Zum anderen wurden

29 Vgl. dazu die Angaben bei Ilona Buchsteiner, Pommerscher Adel im Wandel des 19. Jahrhunderts, in: Geschichte und Gesellschaft, 25. Jg. (1999), Heft 3, S. 342–374, v. a. S. 352–359, über den wachsenden Zustrom v. a. des besitzlosen Adels in den Militärdienst. Sie hat für das 18. Jahrhundert freilich nur einen Teil der pommerschen Vasallen erfaßt.

nach 1740 etliche der neuen Regimenter in Schlesien und anderen Neuerwerbungen errichtet, die ihre Offiziere vorzugsweise aus den den Garnisonen benachbarten Regionen rekrutierten. D.h. pommersche Offiziersanwärter sahen sich mit einer zunehmend größeren Konkurrenz konfrontiert. Drittens ist noch die königliche Personalpolitik zu berücksichtigen, setzte Friedrich II. doch in den ab 1772 in Westpreußen errichteten Regimentern vornehmlich Offiziere aus dem Reich an.

Wenn zwischen 1740 und 1787 der Rückgang des Anteils pommerscher Offiziere geringer ausfiel als der für die Neumark errechnete, so lag das offenbar am wachsenden Zustrom von „Kleinadligen" aus den Distrikten Lauenburg und Bütow. Tatsächlich engagierten sich im letzten Drittel des 18. Jahrhunderts erstaunlich viele Edelleute aus Lauenburg und Bütow im Militär. 1756 standen 37 Adlige aus beiden Regionen als Offiziere im Militärdienst, dazu kamen 16 Fahnenjunker und 26 *cadets*, weitere 15 hatten den Dienst quittiert. Insgesamt waren das 94 Personen. Der Vasallen-Tabelle für 1772 zufolge standen insgesamt 61 Adlige aus beiden Regionen als Offiziere im aktiven Dienst, weitere zehn dienten als Junker oder *Gefreite-Corporal* in einem Regiment und 15 weilten als *cadet* in Stolp oder Berlin. Dazu kamen noch 26 verabschiedete Offiziere. Insgesamt waren das also 112 mit dem Militärdienst verbundene Edelleute. Diese Zahl ist umso erstaunlicher, weil es in Lauenburg und Bütow nur rund 120 Güter gab, die Zahl der Vasallen lag bei 200 bis 250. 1778 stellten beide Distrikte 56 aktive, 27 vormalige Offiziere, 13 Junker und 27 *cadets*. 1805 waren es schließlich 62 aktive, 17 ehemalige Offiziere, ein Junker und 15 *cadets*.[30]

Aber auch aus den anderen 18 vor- und hinterpommerschen Kreisen kamen erstaunlich viele Offiziere. 1756 standen 436 Edelleute im aktiven Dienst, weitere 76 waren erst jüngst eingetreten und über den Rang eines Fahnenjunkers oder Unteroffiziers noch nicht hinausgekommen. Dazu kamen noch 27 *cadets* in Berlin. Einschließlich der 218 verabschiedeten Offiziere besaßen somit 757 Personen direkte Verbindungen zum Militär. Brüggemann zählt in seiner Beschreibung, ohne Lauenburg und Bütow, 1 305 Güter, Vorwerke und adlige Dörfer auf. Einschließlich der v. a. in Hinterpommern zahlreichen Teilgüter und Gutsanteile dürften es aber sogar zwischen 1 500 und 1 750 Besitzungen gewesen sein.[31] Es kann also davon ausgegangen werden, daß aus etwa jeder zweiten Familie, die mit einem Gut oder Gutsanteil angesessen war, ein Mitglied in den Militärdienst eintrat.[32] Unter Einbeziehung derjenigen Adligen, die mit oder ohne Erlaubnis in das schwedische, polnische, sächsische oder hessische Militär eingetreten waren, dürfte der Anteil der Offiziere noch merklich höher gelegen haben.

Für 1763 lassen sich aus den Vasallen-Tabellen folgende Angaben für jene 18 Kreise errechnen: 423 aktive, 256 verabschiedete Offiziere, 28 Junker und Unteroffiziere sowie 14 *cadets*. Zusammen waren das 721 Personen, also nur geringfügig weniger als 1756. 1804 stellten sich die Verhältnisse dann aber etwas anders dar. Jetzt überstieg die Zahl der verabschiedeten Offiziere nämlich die der aktiven (250 gegenüber 243). Zum Teil ist das auf eine

30 Diese Zahlen nach GStA, I. HA, Rep. 30, Nr. 243, Vas.tab. 1756 und Nr. 249, Vas.tab. 1772, 1778, 1805. Aufgrund der Vielzahl von Teilgütern und der unübersichtlichen Gliederung der Vasallen-Tabellen können keine exakten Guts- und Vasallenzahlen angegeben werden. Bei der Zahl der aktiven und verabschiedeten Offiziere können Zählfehler aufgetreten sein.

31 Ludewig Wilhelm Brüggemann, Ausführliche Beschreibung des gegenwärtigen Zustandes des Königl. Preußischen Herzogthums Vor- und Hinterpommern, 2 Teile in 3 Bänden, Stettin 1779–1784.

32 Hebbelmann, Offizierskorps, hat auf S. 113 festgestellt, daß zwischen 15 und 22 % der kurmärkischen Rittergutsbesitzer in der Armee dienten.

eventuell lückenhafte Erhebung zurückzuführen, andererseits spiegelt dies jedoch den damaligen Beförderungsstau wider, nahmen viele Offiziere angesichts geringer Aufstiegschancen und einer offenbar gesunkenen Attraktivität des Dienstes als Leutnant ihren Abschied. Einschließlich der Fahnenjunker und *cadets* brachten es die „Militärs" 1804 auf 522 Personen, also auch hier ähnlich wie in Lauenburg und Bütow ein deutlicher Rückgang gegenüber 1756 und 1763.[33]

Unübersehbar auch, daß in Vorpommern, wo die Zersplitterung des Grundbesitzes noch nicht so fortgeschritten war, wo einzelne Familien noch über Generationen hinweg ihre Stammgüter konservieren konnten, die Affinität zum Militär geringer ausgeprägt war. Nur zum Teil kann das mit der späteren Eingliederung in die preußische Monarchie erklärt werden, mit den stärkeren Verbindungen nach Schwedisch-Pommern. Wesentlicher scheint der geringere wirtschaftliche Druck gewesen zu sein, der ungleich weniger Vorpommern dazu nötigte, ein Auskommen in der Armee zu suchen.

Folgende Angaben mögen das verdeutlichen. In den Kreisen Anklam, Demmin und Randow gab es 1756 zusammen 39 aktive und 28 vormalige Offiziere. Die Zahl der Güter wird mit 188 angegeben. Damit stellte hier etwa jedes dritte Gut einen Offizier. Die hinterpommerschen Kreise Stolp, Schlawe und Rummelsburg brachten es 1756 auf zusammen 108 aktive und 61 vormalige Offiziere, denen mindestens 347 Güter gegenüberstanden. Hier ging also aus fast jedem zweiten Gut ein Adliger in den Militärdienst. Im Distrikt Bütow gab es gerade 17 Güter, von denen die meisten jedoch in bis zu zehn Anteilen mit je einem Besitzer zersplittert waren. 1756 kamen sechs aktive und drei vormalige Offiziere aus Bütow. Sie engagierten sich damals weit weniger oft als die Lauenburger, von denen 1756 33 aktive und elf vormalige gezählt wurden. Aus beiden Regionen kamen aber jeweils zwölf *cadets*. Im letzten Drittel des Jahrhunderts nahm dann v. a. der Zustrom aus dem Distrikt Bütow erheblich zu. Dafür können die Familien von Jutrzenka und von Schmude stehen. 1804 dienten 18 Edelleute aus Bütow im preußischen Heer, weitere vier waren bereits ausgeschieden. Um 1800 stellten allein die Familien Schmude und Gliszinsky mindestens zehn Offiziere.

Die Rangliste für 1715 weist insgesamt 16 Kavallerie-Regimenter aus, von denen zwei wenig später aufgelöst, die Offiziere und Mannschaften umgruppiert wurden. Es handelte sich dabei um die Kürassier-Regimenter Nr. 1 bis 12, um die Dragoner-Regimenter 1 und 3 sowie zwei weitere Dragonerformationen. In diesen Regimentern standen 316 Offiziere, für die die regionale Herkunft angegeben ist. An der Spitze standen die Kurmärker mit 48 Personen (od. 15,2%), gefolgt von den Pommern mit 46 (14,6%). Auf Neumärker entfielen 38 (12,0%) und auf Preußen 35 Personen (11,1%). Alle vier Landesteile brachten es zusammen auf 52,9 Prozent. Während bei der Infanterie damals zwei Drittel der Offiziere aus der Monarchie kamen, war es bei der Kavallerie nur gut jeder zweite. Als Ursache hierfür ist vor allem die Auslandswerbung im Zusammenhang mit den damaligen europäischen Konflikten anzusehen. Ähnlich wie bei der Infanterie kamen auch 1715 die meisten Offiziere aus der Kurmark und Pommern, allerdings lagen die Neumark und Preußen nur wenig zurück.

1740 standen in den zwölf Kürassier-Regimentern dann insgesamt 502 Offiziere, von denen 326 oder 64,9 Prozent aus den Kernprovinzen kamen. An der Spitze standen jetzt die Preußen mit 114 Offizieren (od. 22,7%), gefolgt von den Kurmärkern (99 oder 19,7%) und den Pommern (78 od. 15,5%). Mit einigem Abstand folgten die Neumärker mit 35 Offizie-

33 Vgl. dazu die Ausführungen von Begass, Adel, S. 125–126.

ren (od. 7,0%). Bis 1787 verschoben sich die Gewichte unter den Kürassier-Offizieren dann ganz erheblich, geschuldet der Verlegung von Garnisonen im Zuge der Einverleibung neuer Provinzen. Besonders betroffen war davon Ostpreußen, das alle seine Kürassier-Regimenter an Schlesien verlor. Damit im Zusammenhang ging auch der Anteil der aus den vier Landesteilen stammenden Offizieren um nahezu ein Viertel zurück. Im Gegenzug gewannen dafür die Schlesier an Gewicht.

Bei den Kürassieren hing der recht geringe Anteil der Pommern sicher auch damit zusammen, daß in der zweiten Jahrhunderthälfte in der Provinz mit dem K-R Nr. 5 nur ein Regiment stand, in der Kurmark waren es aber sechs und in Schlesien immerhin noch fünf. In Preußen stand kein Kürassier-Regiment, aber dennoch engagierten sich preußische Adlige in einem solchen, etwa im K-R Nr. 4. Das hing damit zusammen, daß das K-R Nr. 4 vor 1740 in Ostpreußen garnisonierte. Von den 46 Offizieren des Regiments stammten daher 1740 22 aus Preußen und immerhin noch 14 aus Pommern. Da viele Söhne in das Regiment des Vaters eintraten, kamen 1787 noch neun von 43 Offizieren aus dem nunmehrigen schlesischen Regiment. Daß der Standort sehr eng mit der Rekrutierung zusammenhing, zeigt das Kürassier-Regiment Nr. 5.

Während Pommern in anderen Regimentern nur mäßig vertreten waren, standen sie in Belgard 1787 mit 13 Offizieren an der ersten Stelle. Auch Neumärker zog es eher in das pommersche als in andere Kürassier-Regimenter. Den ursächlichen Zusammenhang zwischen Garnison und Herkunft der Offiziere zeigt besonders exemplarisch das K-R Nr. 7. Dieses stand in Salzwedel, Tangermünde, Seehausen, Osterburg. Von den insgesamt 41 Offizieren kamen nämlich sieben aus der Prignitz, acht aus der Altmark, zwei aus der Uckerund einer aus der Mittelmark (zs. 18). In keinem anderen Kürassier-Regiment waren Altmärker und Prignitzer ähnlich stark vertreten. Jede Verlegung eines Regiments in eine andere Region zog folglich Veränderungen in der Herkunft der Offiziere nach sich. Im Falle des K-R Nr. 8 waren es Schlesier, die das in Ohlau, Strehlen, Grottkau und Münsterberg stehende Regiment prägten. Denn 1787 kamen 30 von 41 Offizieren aus diesem Landesteil. 1756 waren es aber nur zehn von 40, d. h. es bedurfte eines längeren Zeitraumes, bis ein Regiment zu einem „heimischen" wurde.[34]

Vergleicht man die Zahlen für 1740 mit denen von 1787, so zeigt sich, daß der Rückgang der aus Preußen stammenden Offiziere in Kürassier-Regimentern wesentlich mit der Verlegung der Einheiten aus Preußen nach Schlesien zusammenhing, denn 1740 hatten sie noch in mindestens vier Regimentern (K-R Nr. 1, 4, 8, 9) einen Anteil von 33 bis 50 Prozent gehabt. Da im Unterschied zu Preußen die in der Kurmark stationierten Formationen ihre Garnisonen behielten, blieben die kurmärkischen Edelleute in diesen Einheiten sehr stark vertreten.

1787 standen in zwölf Kürassier-Regimentern 499 Offiziere, davon kamen eben 9,6 Prozent aus Pommern, also ungleich weniger als bei der Infanterie. 1740 hatten sie noch einen Anteil von 15,5 Prozent erreicht. Da der Zustrom in die Armee insgesamt ungebremst war, müssen für diesen Rückgang andere Faktoren verantwortlich gewesen sein. Und zwar zum einen jene Verlegung von Regimentern aus Preußen nach Schlesien, zum anderen aber die Auswirkungen der Schlesischen Kriege, in deren Gefolge es sich viele pommersche Edel-

34 Vgl. dazu die Angaben bei Hebbelmann, Offizierskorps, S. 109. Danach kamen zwischen 1713 und 1786 weniger als 30 Prozent der Offiziere bis zum *Capitain* aus der Provinz, in der das Regiment seine Garnisonen hatte.

leute einfach nicht leisten konnten, die *Equipage* für eines der kostspieligen Kürassier-Regimenter aufzubringen. Sie verdingten sich daher eher bei den Dragonern oder bei der Infanterie. Noch stärker war der Einbruch bei den Neumärkern, deren Anteil 1787 auf 3,4 Prozent gesunken war, 1740 waren es immerhin noch 7,0 Prozent gewesen. Wenn neumärkische Edelleute in das Militär eintraten, dann aus ähnlichen Gründen wie die Pommern vorzugsweise in die Infanterie.

Gegenteilig verlief die Entwicklung dagegen bei den Kurmärkern. Aus deren Reihen kam in jedem der beiden Stichjahre nahezu jeder fünfte Kürassier-Offizier, ihr Anteil stieg sogar von 19,7 auf 21,4 Prozent an. Ihre Präsenz hing mit der Nähe zu den Garnisonen und v.a. damit zusammen, daß sie von den unmittelbaren Auswirkungen des Siebenjährigen Krieges ungleich weniger betroffen waren als Pommern und Neumärker. Auch war hier die Zersplitterung des Grundbesitzes weniger fortgeschritten. Es gab in der Mittel-, Uckermark, Prignitz zahlreiche größere Güter, deren Besitzer von den Erträgen gut leben und ihre Söhne in die renommierten Kavallerie-Regimenter schicken konnten. Dementsprechend geringer fiel die Neigung der jungen Edelleute aus, in ein Infanterie-Regiment einzutreten.

Der Blick auf Preußen zeigt schließlich, daß die Adligen vornehmlich in ihrem Landesteil dienen wollten und nicht in der Fremde. Auf diese Weise konnten sie, sofern sie über ein eigenes Gut verfügten, von der Garnison aus oder bei Kurzbesuchen die Administration kontrollieren und ggf. in die Wirtschaft eingreifen. Denn sowohl für Kriegs- wie Friedenszeiten finden sich Klagen von Offizieren, die in entlegenen Regionen dienten, daß die Güter während ihrer langen Abwesenheit mangels Kontrolle großen Schaden genommen hätten. In der Heimat zu dienen war durch die „landsmannschaftlichen" Kontakte auch der eigenen Karriere dienlich. 1740, als noch mehrere Kürassier-Regimenter ihre Garnison in Preußen hatten, standen insgesamt 114 preußische Adlige (od. 22,7%) in einem solchen, womit sie vor den Kurmärkern und Pommern lagen. 1787 kamen aber nur noch 33 (od. 6,7%) aus ihren Reihen, womit sie hinter diesen beiden Gruppen rangierten. Der Zusammenhang scheint also zwingend.[35]

1740 stellten Pommern, Neumärker, Kurmärker und Preußen 326 der 502 Kürassier-Offiziere oder 64,9 Prozent. Ihr Anteil lag damit etwa ebenso hoch wie bei der Infanterie. 1787 brachten es die vier Regionen dann aber nur noch auf 41,1 Prozent (abs. 205), was einen Rückgang um nahezu ein Viertel bedeutete. Auch bei der Infanterie ging der Anteil der genannten Provinzen zurück, von rund 68 auf 48 Prozent. Hing das hier in erster Linie mit der Errichtung von Regimentern in den neuen Provinzen wie Schlesien zusammen, so dort mit der Verlegung von Einheiten. Denn die Zahl der Kürassier-Regimenter blieb bis 1806 konstant. Die neuen wie die verlegten Einheiten ergänzten ihre Offiziere weitgehend aus dem näheren Umfeld.

Zu einer partiellen Umschichtung des Offizierskorps im Zuge der Einverleibung neuer Provinzen und dadurch bedingter Verlegung von Regimentern kam es auch bei den Dragonern. Handelte es sich beim D-R Nr. 2, das aus der Teilung des D-R Nr. 1 im Jahre 1725 hervorging, zunächst um ein neumärkisch-pommersches, wurde es nach 1740 zu einem schlesischen. Kamen 1743 noch 15 Offiziere und damit gut 40 Prozent aus Pommern und

35 Für ostpreußische und schlesische Regimenter hat sich über den Zusammenhang von Garnison und regionaler Herkunft der Offiziere u.a. geäußert: Rolf Straubel, „Er möchte nur wißen, daß die Armée mir gehöret." Friedrich II. und seine Offiziere. Ausgewählte Aspekte der königlichen Personalpolitik, Berlin 2012, S. 674–676.

der Neumark, entfielen 1787 48 Prozent auf Schlesier und auf die beiden anderen Regionen nur noch 20,5 Prozent. Als schlesisches Regiment wurde dagegen 1741 das D-R Nr. 11 errichtet, in dem folglich 1787 mehr als die Hälfte der Offiziere aus Schlesien stammte (22 von 41).

Ähnlich wie bei der Infanterie dominierten um 1740/1745 und 1786/1787 die Pommern unter den Dragoner-Offizieren. Erreichten sie um 1745 einen Anteil von 19,4, waren es 1787 20,5 Prozent. Einen Zuwachs erfuhr auch der Anteil der Preußen, von 12,6 auf 15,8 Prozent. Ihre starke Präsenz hing damit zusammen, daß fünf der zwölf Dragoner-Regimenter in Preußen standen. Ging der Anteil der Neumärker von 11,3 auf 7,5 Prozent zurück, und das, obwohl hier drei Einheiten standen, in denen freilich auch viele Pommern dienten, sank er bei den Kurmärkern von 14,0 auf 8,3 Prozent. Letzteres gehörte mit zu den Kehrseiten ihres starken Engagements bei den Kürassieren. Außerdem hatte nur das D-R Nr. 1 Garnisonen in der Kurmark. Aus allen vier Landesteilen kamen um 1745 304 Offiziere oder 57,4 Prozent, 1787 waren es dann 307 oder 52,1 Prozent, also ein leichter Rückgang. Dennoch kam mehr als jeder zweite Dragoner-Offizier auch noch um 1787 aus einer der vier Kernprovinzen.

Um 1740/1745 standen in den 26 Infanterie-, den zwölf Kürassier- und zwölf Dragoner-Regimentern insgesamt rund 700 Offiziere aus Pommern. 1787 lassen sich dann rund 500 Pommern erfassen. Das könnte mit den starken Verlusten im Verlauf der Schlesischen Kriege zusammenhängen, die pommersche Familien erlitten. Andererseits wurden in dieser Zusammenstellung die rund 30 neuen Infanterie-Regimenter, die nach 1740 errichtet wurden, nicht berücksichtigt, fehlen die Husaren, die Grenadier-Bataillone, die Artillerie.[36] Dennoch erstaunt die hohe Zahl der im Dienst befindlichen Edelleute aus Pommern.

Methodisches Herangehen, Probleme der Überlieferung

Es wurden nur Biogramme pommerscher Offiziere erstellt, also von Angehörigen alteingesessener Familien, von in Stettin oder Stargard geborenen Offizierssöhnen, deren Väter nicht aus Pommern stammten und von Fremden, die in diesem Landesteil ein Gut erheiratet oder gekauft hatten. Ausschlaggebend für die Zuordnung war der Vermerk in den Ranglisten über die regionale Herkunft. Das ist insofern nicht unproblematisch, weil diese Angaben nicht immer korrekt sind, tatsächliche oder vermeintliche Pommern werden in einer späteren Rangliste als Neumärker bezeichnet oder ihre Heimat mit Schwedisch-Pommern, Polnisch-Preußen angegeben. Konnte anhand von Akten die Herkunft geklärt werden, wurden die entsprechenden Personen aufgenommen oder weggelassen. Nicht unproblematisch ist das auch deshalb, weil zahlreiche Pommern Güter in der Uckermark oder in der Neumark besaßen, umgekehrt etliche Neumärker auch in Pommern ansässig waren. Daraus resultieren folglich vereinzelte Zuordnungsprobleme, die aber in Kauf genommen wurden. Denn in Bezug auf ihre wirtschaftliche und soziale Lage unterschieden sich die neumärkischen und pommerschen Adligen nur geringfügig voneinander, waren beide Landesteile nicht nur durch Familien wie die von Wedels, von Glasenapps, von Blankensees eng miteinander verflochten. Dafür stehen ob ihrer geographischen Lage besonders die neumärkischen

36 Mit den oben genannten 130 Offizieren aus den I-R Nr. 30 bis 45 wären es 1787 immerhin noch 630 Pommern gewesen.

Kreise Dramburg und Schivelbein. Da in etlichen Ranglisten aus der Zeit vor 1740 die regionale Herkunft der Offiziere nicht angegeben ist, mußte auf die Berücksichtigung dieser Personen, sofern die fehlenden Angaben nicht anderweitig beschafft werden konnten, verzichtet werden. Deshalb kann es sein, daß bei manchen Familien nicht alle Offiziere in die vorliegende Zusammenstellung eingegangen sind.

Von den Zeitgenossen wurde bei der landsmannschaftlichen Zuschreibung teilweise anders verfahren als hier. Das geht aus einer Kabinettsresolution an Minister Otto Carl Friedrich von Voss vom 4. Dez. 1800 hervor.[37] Dieser hatte zuvor das Pensionsgesuch eines Fräulein von Heyden abgelehnt, deren Vater einer alten Familien entstammte und als gebürtiger Pommer in einem Regiment mit Garnisonen in einer anderen Provinz gedient hatte, wo auch die Tochter geboren worden war. Der Minister hatte der Supplikantin die pommersche Herkunft abgesprochen, wurde jedoch eines Besseren belehrt. In der Verfügung an ihn hieß es, nur weil die Tochter nicht in dem Landesteil geboren worden sei, könnten ihr die Rechte pommerscher Adliger nicht entzogen werden. Umgekehrt erhielten die Kinder eines Edelmanns aus einer anderen Provinz, der in Pommern stationiert war und die hier geboren wurden, nicht die Rechte pommerscher Adliger.

Von diesem zuletzt ausgesprochenen Grundsatz wurde in der vorliegenden Arbeit abgegangen. Denn sonst hätte auf die Aufnahme zahlreicher Offiziere, die nicht aus Familien wie den von Massow, von Kameke, von Kleist, von Puttkamer kamen und deren Väter sich aufgrund der lückenhaften Ranglisten keiner Provinz zuordnen ließen, verzichtet werden müssen. Umgekehrt ist freilich nicht ganz einleuchtend, warum ein in Pommern geborener Offizier, der in einem pommerschen Regiment diente, also sein ganzes Leben in diesem Landesteil verbrachte, nicht als Pommer anzusehen ist, nur weil sein Vater nicht von hier gebürtig war. Dazu kommt, daß diese „Neu-Pommern" sich oft dauerhaft hier niederließen und spätestens in der zweiten Generation hier auch ansässig wurden. Gebürtige Pommern, die außerhalb ihrer Heimatprovinz dienten und in der Fremde auch starben, ob dort angesessen oder nicht, wurden hier dennoch mit aufgenommen. Auf deren in der Fremde geborenen Söhne wurde dann aber verzichtet, es sei denn, sie besaßen ein Gut in Pommern oder wurden in den Listen als pommersche Vasallen geführt.

Otto George von Stutterheim, dessen Vater von 1741 bis 1758 im I-R Nr. 17 gestanden hatte, zuletzt als Kommandeur, wurde in Rügenwalde geboren, diente vor seinem Wechsel nach Preußen mehrere Jahre im I-R Nr. 30, erscheint in den Ranglisten als Pommer und wurde deshalb mit einem Biogramm bedacht. Alexander Gustav von Blankenburg wird in den Ranglisten als Neumärker aufgeführt, tatsächlich gehörte er jedoch wie sein Vater in beide Provinzen, weil die Familie Güter in der Neumark und in Pommern besaß. An dieser Familie läßt sich die wirtschaftliche und soziale Verflechtung beider Landesteile wie das Problem ihrer Zuordnung aufzeigen. Auch wenn solche Personen ihren Wohnsitz in der Neumark hatten, wurden sie zu den Pommern gezählt. Ähnliche Verschränkungen gab es zwischen der Kurmark, insonderheit der Uckermark, und Pommern. Dafür stehen Familien wie die von Schwerin, von Winterfeld, von Berg.

Gab es im Zusammenhang mit dem Militärdienst einen beständigen Zuzug von Edelleuten aus anderen Provinzen nach Pommern, wurden umgekehrt Zweige pommerscher Familien in andere Regionen der Monarchie verpflanzt. Dafür mag Ernst Bogislav von Bandemer stehen, der als gebürtiger Pommer zeitlebens in einem Berliner Regiment diente.

37 GStA, II. HA, Abt. 13 a, Tit. III, Litt H, Nr. 13.

Er kaufte sich mit dem Vermögen seiner Frau in der Kurmark an und seine Söhne wurden zu Kurmärkern. Auf diese Weise trug der Militärdienst direkt zum Zusammenwachsen der einzelnen Regionen der Monarchie bei. Wie die Biogramme zeigen, wurden Pommern nämlich auch in Preußen, Schlesien, Magdeburg und Westfalen ansässig, Schlesier und Preußen umgekehrt in Pommern. Letztlich erscheint die Zuordnung der Offiziere zu dieser oder jener Provinz eher zweitrangig, wurde ihr Dasein in erster Linie bestimmt durch die adlige Herkunft, ihre wirtschaftlichen Verhältnisse und den Dienst.

Kauften sich aus anderen Regionen stammende Offiziere in Pommern an und veräußerten die Güter nach weniger als fünf Jahren, beteiligten sich also lediglich an der regen Güterspekulation, wurde auf ihre Aufnahme verzichtet. Beispielhaft verwiesen sei auf den Leutnant Daniel Friedrich von Moltke vom I-R Nr. 22, der im Jahre 1800 das Gut Wulkow im Kreis Saatzig kaufte, aber bereits wenige Monate wieder abstieß. Wie das Gut Leine im Kreis Pyritz zeigt, beteiligten sich Offiziere in erheblichem Maße an der Güterspekulation und trugen dazu bei, daß sich zwischen 1775 und 1800 die Preise teilweise verdoppelten. Manche Güter wechselten alle fünf Jahre den Besitzer, andere sogar im Verlaufe eines Jahres mehrfach. Glückte eine solche Spekulation, konnte binnen kurzer Zeit ein Gewinn von einigen tausend Talern erzielt werden, was allerdings eher die Ausnahme darstellte. Zwar handelte es sich bei den Offizieren in der Regel um die Söhne von Gutsbesitzern, der Landwirtschaft kundig waren aber nur die wenigsten von ihnen. Sie kauften daher Güter zu einem überhöhten Preis und blieben darauf sitzen. Generell ließen sich Edelleute, die selbst nur wenige hundert oder tausend Taler besaßen, dazu verleiten, Güter im Wert von zehn- oder zwanzigtausend Talern zu kaufen. Sie erlegten nur einen Bruchteil des Kauf*pretiums*, übernahmen dafür aber Hypotheken- u. a. Schulden. Binnen kurzer Zeit gerieten sie mit den Zinszahlungen in Rückstand und mußten auf Drängen der Gläubiger das Gut verlassen. Am Ende hatten sie nicht nur das eigene und das Vermögen ihrer Frauen verloren, sondern mußten noch für fremde Schulden haften.

In dem Bestreben, die alten Familien im Besitz ihrer Güter zu konservieren und damit die Rekrutierung der Offiziere aus dem ersten Stand zu sichern, trugen Monarch und Justizbehörden ihrerseits zur wachsenden Güterspekulation bei. Denn sie erließen zwar mehrfach Verbote, adlige Güter an Bürgerliche zu verkaufen, gestatten jedoch fortlaufend Ausnahmen. So bat im Jahr 1800 der *Capitain* von Jagow darum, seine Güter Kopplin und Dargsow A im Krs. Greifenberg, erworben für 17 000 Taler, für 40 000 an den Pächter Klug verkaufen zu dürfen. Ein erstes Gesuch wurde abgelehnt. In einem zweiten Antrag verwies der Offizier auf seine neun Kinder und betonte, drei seiner Söhne dienten bereits in der Armee. Daraufhin bekam er im August 1800 mit Verweis auf das Publikandum vom 30. Juli 1787, wonach bei der Veräußerung adliger Güter an Bürgerliche darauf gesehen werden sollte, daß dies *der Conservation der Familie des Verkäufers* diene, den Konsens. Dieser Fall stellte keineswegs eine Ausnahme dar.

Besonders bei kopfstarken Familien wie den von Kleist oder von Puttkamer ist es mitunter zu Zuschreibungsproblemen gekommen, weil die in den Ranglisten angegebenen Vornamen (Reihenfolge) nicht immer mit denen in der Familiengeschichte korrespondieren. So listet die Rangliste für das Garnison-Bataillon Nr. 3 einen Fähnrich George Friedrich von Kleist auf, in der Offiziernomenklatur wird der spätere Leutnant unter dem nämlichen Namen geführt. Einen George Friedrich mit den zugehörigen Angaben gibt es in der Familiengeschichte aber nicht. Dafür verzeichnet diese den Fähnrich und späteren Ltnt. Rüdiger Anton George Friedrich. Soll dieser unverheiratet gestorben sein, findet sich in den Akten der Hinweis auf eine Ehefrau, die nach dem Tod des Mannes unter *Curatel* gestellt wurde und unter ärmlichen Bedingungen lebte, evt. ein Grund dafür, warum sie in der Familiengeschichte keine Berücksichtigung fand. Auf den einen oder anderen Offizier, v. a. dann, wenn es auch bei der Benennung der Regimenter Widersprüche gibt, mußte daher verzichtet werden.

Standen wie im Falle der von Kleist materialreiche Familiengeschichten zur Verfügung, enthalten die entsprechenden Biogramme nur einen Extrakt aus der Vorlage, es sei denn, in den Akten konnte weiterführendes Material aufgefunden werden, und wurden deshalb mit einem Stern * gekennzeichnet. Auf diese Weise wurde auch bei den von Priesdorff behandelten Generälen verfahren, weshalb sofort erkennbar ist, daß es sich bei diesen Artikeln nur um eine Kompilation bekannter Daten handelt.[38] Auf diese Extrakte aus den Familiengeschichten und Nachschlagewerken sollte nicht verzichtet werden, um ein annähernd adäquates Bild der damaligen Verhältnisse zu zeichnen. Eben deshalb wurden auch lückenhafte Biogramme *cassubischer* u. a. Offiziere aufgenommen, über deren Familien und Laufbahn wenig bekannt ist. Nur so läßt sich nämlich aufzeigen, daß es nicht nur die kopfstarken Familien wie die von Kameke oder von Lettow waren, die den Typ des pommerschen Offiziers prägten. Gerade aus Familien mit nur wenigen Zweigen, aber vielen Kindern, traten oft alle Söhne in den Militärdienst ein. 1802 etwa standen sechs Brüder von Wnuck aus Zemmen im Distrikt Bütow im Militär, der älteste diente als Major, der jüngste war eben als *cadet* eingetreten. Dazu kamen weitere neun *Mutter-Bruder-Söhne* namens Rüdgisch.[39]

Hier ist auch noch eine Bemerkung zu den Familiennamen der pommerellischen Adligen angebracht, die oft einen Doppelnamen bzw. zwei Namen führten, einen deutschen und einen polnischen. Dazu gehören etwa die Geschlechter Jutrzenka-Morgenstern, Chamier-Gli(e)szinsky, Schmude-Smuda, Styp-Rekowsky oder Wantoch-Rekowsky. In den Vasallen- und Offizierslisten tauchen Angehörige dieser u. a. Familien einmal mit dem einen, einmal mit dem anderen Namen auf, was die Zuordnung diverser Personen ebenfalls erheblich erschwert hat. Sie werden hier in der Regel mit ihrem deutschen Namen verzeichnet.[40]

Der in der Kopfzeile des Biogramms angegebene Rang entspricht bei den Offizieren, die nach Jena und Auerstedt im Dienst blieben, dem des Jahres 1806. Ein nach 1815 zum General aufgestiegener Edelmann erscheint also hier als Leutnant oder *Capitain*. Die nach 1806 absolvierten Laufbahnstufen werden in diesen Fällen nur verkürzt abgehandelt, weiteres läßt sich der Offiziernomenklatur, sofern die entsprechenden Personen hier zu finden sind, entnehmen. Um die Zusammenstellung nicht zu überfrachten, wurden die von Priesdorff abgehandelten Generäle ebenfalls nur in verkürzter Form aufgenommen.

Es wurde zwar versucht, möglichst alle pommerschen Offiziere für den Zeitraum von etwa 1715 bis 1806 zu erfassen, die Überlieferung ließ das jedoch nicht immer zu. Denn zum einen enthält der GStA-Bestand I. HA, Rep. 30, Nr. 44, nicht für alle Familien relevante Aktenstücke, Lücken gibt es auch in der Rep. 30 B sowie in den Vasallen-Tabellen

38 Kurt von Priesdorff, Soldatisches Führertum, Bde. 1–10, Hamburg 1937–1942.

39 GStA, II. HA, Abt. 13 a, Tit. III, Litt W, Nr. 33.

40 Vgl. dazu die Arbeit über die Familie Rekowsky: Franz von Wantoch-Rekowski, Versuch einer Geschichte der aus den Landen Bütow und Lauenburg in Pommern stammenden Adelsgeschlechter von Wotoch, von Styp, von Wrycz, und von Gynz Rekowski, Berlin 1887, Nachtrag, Erfurt 1921.

(Rep. 30, Nr. 243, Nr. 249). Sodann ist die Überlieferung für die einzelnen Regimenter sehr unterschiedlich. Gibt es für die einen eine oder sogar zwei, drei Regimentsgeschichten mit diversen Rang- und Abgangslisten sowie mehrere ungedruckte Ranglisten (meist für die Jahre 1740, 1756, 1763, 1775 und 1787), stehen für andere nur wenige ungedruckte Aufstellungen (1740, 1763, 1775) zur Verfügung. Größere Lücken sind v. a. für die Zeit vor 1740 und die nach 1787 zu verzeichnen. Zu den Regimentern mit besonders dichter Überlieferung gehören die I-R Nr. 1, 2, 3, 8, 15, 16, 22 und 23, die K-R Nr. 4, 10 und 13 sowie die D-R Nr. 1 und 5.

Die vorliegenden Biogramme ergänzen die im Geheimen Staatsarchiv überlieferte Offiziernomenklatur in mehrfacher Hinsicht.[41] So wurden hier auch Personen aufgenommen, die dort fehlen, etwa für die Buchstaben A, G, H und R. Auch sind in der IV. HA, Rep. 1 nicht alle Offiziere erfaßt, bestehen insbesondere für die Zeit vor 1740 erhebliche Lücken. Für viele Personen wird bis 1786 nur der letzte Rang, die Einheit und das Datum des Abschieds verzeichnet. Außerdem fehlen v. a. für die kleineren Familien häufig die Vornamen, d. h. der Offizier wird nur mit seinem Familiennamen und seinem Regiment genannt, weshalb Verwandtschaftsbeziehungen bisher nicht rekonstruierbar waren. Sodann liefern erst die aus der I. HA, Rep. 30, Nr. 44, aus der II. HA, Abt. 13 a, aus der Literatur gewonnenen Angaben wichtige Hinweise auf die wirtschaftlichen und sozialen Rahmenbedingungen für die Karriere im Militärdienst.

Andererseits basieren viele Biogramme für die Laufbahnstufen auf der Offiziernomenklatur, was wiederum mit einem Stern * kenntlich gemacht wurde. Unübersehbar ist dabei freilich, daß gerade für Geschlechter wie die von Kleist, von Kameke, von Puttkamer, für die es fundierte Familiengeschichten gibt, die Angaben in der IV. HA, Rep. 1 besonders dicht sind und z.T bis ins späte 17. Jahrhundert reichen, während sich für andere relevante Daten erst für die Zeit nach 1763 finden, die dazu noch lückenhaft sind. Aus dieser unterschiedlichen Überlieferung resultiert eine unübersehbare Diskrepanz hinsichtlich der Länge und Aussagekraft der einzelnen Kurzbiographien. Stehen sich hier doch Artikel mit drei bis vier Zeilen und solche mit dem Umfang von einer Seite und mehr gegenüber. Dies mußte in Kauf genommen werden. Eine Vereinheitlichung wäre entweder auf den Verzicht von zahlreichen Kurzbiographien oder auf die mit Informationsverlusten hinauslaufende Kürzung längerer Biogramme hinausgelaufen.

Eine der wichtigsten Quellen für diese Arbeit bildeten die *Manuscripta borussica* in der Staatsbibliothek zu Berlin, vornehmlich die Bände folio 310 bis 319. In diesen Bänden finden sich Abschriften von Ranglisten aus der Zeit von 1693 bis 1806 und zwar für die I-R Nr. 1 bis 55 und 57, für die Garn.-Bataillone 1 bis 11, für die Grenadier- und Füsilier-Bataillone, für die K-R Nr. 1 bis 13, die D-R Nr. 1 bis 12 und die H-R Nr. 1 bis 10, freilich in unterschiedlicher Dichte und mit teils größeren Lücken. Für die Garnison-Regimenter, von Ausnahmen abgesehen, ist die Überlieferung als eher mangelhaft zu bezeichnen. Gleiches gilt für die Grenadier- und Füsilier-Bataillone, auch für einige Husaren-Regimenter. Von denjenigen Pommern, die in einer dieser Einheiten gedient haben, dürften daher etliche ohne Berücksichtigung geblieben sein. Weitgehend außerhalb der Betrachtung blieben die bei der Artillerie stehenden Offiziere, was wiederum vorrangig mit der mangelhaften Über-

41 GStA, IV. HA, Rep. 1, Nr. 71 bis 94.

lieferung für diese Waffengattung zusammenhängt.[42] Andererseits dienten hier nur relativ wenig pommersche Edelleute.

Zwar sind im GStA in der I. HA, Rep. 96 nahezu lückenlos Ranglisten für die Zeit von 1740 bis 1806 überliefert, sie verzeichnen jedoch nur das Regiment, den Rang und den Familiennamen, nicht aber die für die Zuordnung unentbehrlichen Vornamen, Alters- und Angaben über die Dienstjahre. Sie sind daher nur bedingt „brauchbar", dienten doch mitunter mehrere Familienmitglieder in einem Regiment.

Herangezogen wurden sodann die gedruckten Regimentsgeschichten, von denen für das 18. Jahrhundert für die Infanterie rund 15, teilweise aus den Jahren 1767 und 1778 vorliegen. Bei der Kavallerie sind es ebenfalls etwa 15, wobei sich einige hier wie dort mit mehreren Regimentern beschäftigen. Lassen sich aus den Arbeiten über das I-R Nr. 8 oder das D-R Nr. 5 nahezu alle relevanten Daten entnehmen, fehlt in anderen die Abgangsliste, fehlen Vornamen, Altersangaben oder die Herkunftsprovinz, weisen die Ranglisten große zeitliche Lücken auf. Aber selbst die lückenhaften Regimentsgeschichten stellen eine wichtige Ergänzung zu den ungedruckten Ranglisten und der Offiziernomenklatur dar. Bis 1806 werden sowohl in den gedruckten Regimentsgeschichten als auch in den handschriftlichen Listen für die Kavallerie die Rangbezeichnungen Fähnrich und *Cornet*, *Capitain* und Rittmeister synonym gebraucht. In den vorliegenden Biogrammen wurde eine Vereinheitlichung angestrebt, für die Kavallerie also meist die Begriffe *Cornet* und Rittmeister verwendet.

Eine wichtige Quelle bildeten sodann die gedruckten Familiengeschichten, von denen es für Pommern rund 25 gibt. Diese enthalten in unterschiedlicher Dichte Angaben zu Biographie, zu Laufbahn und Grundbesitz, sparen aber vielfach die problematischen Aspekte aus, etwa die Verschuldung, Fälle von Desertion, uneheliche Kinder und v. a. die unsäglichen Prozesse, die Brüder untereinander, Kinder gegen ihre Eltern, Väter gegen ihre Söhne, Geschlechtsvettern untereinander führten. Für einige namhafte Geschlechter, genannt seien nur die von Borcke und von Stojentin, gibt es zwar gewichtige Urkundensammlungen, aber keine gedruckte Familiengeschichte. Für andere wie die von Bandemer existiert noch nicht einmal eine solche. Die Anzahl der Offiziere aus diesen Familien dürfte mithin noch über der in den Biogrammen genannten gelegen haben. Außerdem gibt es in den Biogrammen für Offiziere aus diesen Familien quellenbedingte Lücken, insbesondere für das familiäre Umfeld.

Da die Angaben in den Familiengeschichten, genealogischen Taschenbüchern, Ranglisten, Akten sich mitunter widersprechen, wurden die entsprechenden Daten in Klammern gesetzt, um so auf die Unklarheiten hinzuweisen. Das betrifft Geburts-, Sterbe- und Dienstjahre, Vornamen, Ränge, Regimenter, Geburtsorte, Eltern, Geschwister, Ehefrauen und nicht zuletzt die Güter. Lassen sich mit Hilfe der Arbeit von Wilhelm von Voß, abgesehen von den sog. sächsischen Regimentern im Siebenjährigen Krieg, von den Frei-, Garnison- und Grenadier-Bataillonen, ab 1740 die Infanterie- und Kavallerie-Regimenter, die in den Quellen meist mit den Namen ihrer Chefs genannt werden, recht genau identifizieren, bereitet das für die Zeit vor 1720 einige Schwierigkeiten.[43] So wurden im Zuge der Errichtung neuer Regimenter Kompanien von hier nach da verschoben, Regimenter wie das D-R Nr. 3 wurden geteilt, aus Dragoner- wurden Kürassier-Regimenter. In den vorliegenden Biogram-

---

42 Und zwar trotz der recht guten Abgangsliste in Stabi, Ms. boruss. fol. 319.

43 Wilhelm von Voß, Die Regiments-Namen der altpreußischen Armee, Berlin 1904.

men werden die Regimenter stets mit der Nummer angegeben, die sie bis 1806 trugen, also I-R Nr. 3 oder I-R Nr. 23. Mit Hilfe der einschlägigen Literatur lassen sich schnell die Chefs, die Garnisonen u. a. relevante Angaben ermitteln.

Die Vornamen sowie deren Reihung und die Altersangaben sind in den Vasallen-Tabellen wie in den Ranglisten des öfteren unzuverlässig, so daß ein Offizier einmal mit diesem, einmal mit jenem Vornamen genannt wird. Differieren dann noch die Altersangaben, ist es fraglich, ob es sich um eine oder mehrere Personen handelt. Als problematisch anzusehen sind mitunter auch die Vornamen der Mütter, Ehefrauen, Töchter, für die sich in den Akten und in der Literatur unterschiedliche Varianten auffinden lassen, für die nämliche Person etwa die Reihung Amalia Sophia Friederika und Amalie Friederike Sophie. Die in den Biogrammen gewählte Schreibweise und Reihung der Vornamen kann also für die Offiziere und ihre Angehörigen Fehler enthalten.

Als recht zuverlässig können nur jene in den Biogrammen aufgelisteten Geburts- oder Sterbedaten gelten, bei denen Tag und Monat genannt werden. Ansonsten handelt es sich um Übernahmen aus einer der Quellen, wobei sich die Angaben oft nicht verifizieren ließen. Genannt werden in der Regel Lebens- und Dienstalter, anhand derer sich das Geburts- und das Alter beim Eintritt in das Regiment errechnen ließ. Nur in den Fällen, wenn sich in den Listen voneinander abweichende Daten finden, wurde ein „ca." oder „um" vor das Jahr gesetzt.

Bei der Schreibweise der Familiennamen wurde nicht auf die im 18. Jahrhundert übliche, die sich von der heutigen mitunter unterscheidet, sondern auf die im 20. Jahrhundert gebräuchliche zurückgegriffen. So haben sich die von Wedell erst ausgangs des 19. Jahrhundert auf von Wedel geeinigt. Die von Puttkamer tauchen vor 1806 in der Regel als von Puttkammer auf, auch bei eigenhändigen Unterschriften. Bei den von Weiher waren im 18. Jahrhundert drei Schreibweisen in Gebrauch: von Weiher, von Weyher und von Weyherr. Ähnlich war es bei den von Kameke (Kamke, Kameke und Kamecke) und von Borcke (Bork, Borck, Borch). Eine gewisse Vereinheitlichung wurde auch bei den Vornamen vorgenommen und Bogislaf, Bogislaff und Bogislav stets Bogislav geschrieben. Die Schreibweise der Orts-, Güternamen folgt der im ersten Drittel des 20. Jahrhunderts üblichen, weicht also häufiger von der bei Brüggemann ab.

Auch bei den Namen der Kreise wurden kleinere Veränderungen vorgenommen. So heißt es hier nicht Demminscher oder Saatziger Kreis, sondern Kreis Saatzig und Kreis Demmin. Ausnahmen bilden nur die vier sog. „Familien-Kreise", für die die damals übliche Schreibweise verwendet wird (Flemmingscher, Ostenscher, Dewitzscher, Borckescher Kreis). In zwei Fällen wurden sodann die Namen verkürzt: aus Demmin- und Treptowscher Kreis wurde Kreis Demmin, aus Daber und Dewitzscher Kreis wurde Dewitzscher Kreis. Ebenfalls beibehalten wurden die zeitgenössischen Bezeichnungen Distrikt Lauenburg und Distrikt Bütow.

Nicht selten haben auch mehrfach vergebene Ortsnamen zu Irritationen geführt. So findet sich in den Offizierslisten ein *Capitain* Wolf Carl Gustav von Sydow aus Dobberphul, der zunächst hier aufgenommen wurde. Allerdings stellte sich dann heraus, daß er weder aus dem Kreis Greifenberg noch aus dem Kreis Pyritz, sondern aus dem Kreis Königsberg kam. In Pommern und der Neumark gab es insgesamt vier Dörfer namens Dobberphul. Der Name Storkow tritt in drei Kreisen auf, wobei die Dörfer in den Kreisen Neustettin und Saatzig jeweils aus zwei Teilen bestanden. Noch häufiger gab es Vorwerke, die mitunter als selbständige Güter bezeichnet wurden, mit dem gleichen Namen. In Pommern existierten damals drei adlige Dörfer, neun adlige Vorwerke, fünf Amtsvorwerke, ein Kämmereivorwerk und ein königliches Dorf namens Neuhof. Grünhof wurden ein Gut, 15 Vorwerke und ein Holzkathen genannt.

In den Biogrammen wird mit Bedacht eine Vielzahl zeitgenössischer Begriffe verwendet und dies durch kursiven Druck kenntlich gemacht (*cassirt*, *dimittirt*), im Anhang werden die Begriffe, sofern nötig, kurz erklärt. Die Schreibweise der Ränge folgt der der Offizierslisten (Cornet und nicht Kornett). Die Offizierslisten weisen zum Teil das genaue Datum der Beförderung aus mit Tag, Monat und Jahr. Für den einzelnen Offizier war das wichtig, wurden doch etwa bei der Revue oft mehrere Ernennungen vorgenommen und beim Dienstalter zählte jeder Tag. Da viele Listen aber keine solchen Daten enthalten, mitunter jedoch sogar zwei Angaben vorliegen (Datum der Beförderung und Datums des Patents), wurde hier, wenn überliefert, lediglich der Monat und das Jahr angegeben.

Aufnahme fanden auch einige Offiziere, die in kursächsischen, polnischen oder schwedischen Diensten gestanden haben, sowie Edelleute, die keine Dienste nahmen. Das erfolgte dann, wenn diese Personen für die Familien- oder Gütergeschichte als wichtig erachtet wurden. Meist hatte zudem der Vater oder einer der Söhne im Militär gedient. Verschiedentlich wurde auch ein vor der Beförderung zum Offizier stehender Gefreite-Corporal berücksichtigt, wenn dieser zu einer auf *dem Fall stehenden Familie* gehörte oder es einen anderen bemerkenswerten Aspekt zu berücksichtigen galt. Hingegen ist für die Zeit um 1806 auf einen eben avancierten Fähnrich in der Regel verzichtet worden, sofern dessen Name in den Quellen nur einmal auftaucht und sich seine Karriere erst nach dem preußischen Zusammenbruch vollzog.

Das Augenmerk bei Zusammenstellung der Biogramme galt sowohl der militärischen Karriere, wobei auf die Erwähnung der Teilnahme an dieser oder jener Schlacht verzichtet wurde, das läßt sich meist aus den Regimentsgeschichten ablesen, nicht aber auf den Erhalt des Ordens pour le mérite oder sogar des Schwarzen-Adler-Ordens, als auch der Skizzierung des sozialen und wirtschaftlichen Umfeldes. Denn letzteres war häufig entscheidend für das Beschreiten der Militärlaufbahn. Wirft man einen Blick auf das Güterverzeichnis im 2. Teil dieser Arbeit, wird das ganze Ausmaß der „Parzellierung" des Grund und Bodens sowie der Güterspekulation deutlich. Viele Güter bestanden aus mehreren Teilen und wechselten im Verlaufe des 18. Jahrhunderts mehrfach den Besitzer. Bloße Vorwerke oder sog. Ackerwerke erscheinen in den Familiengeschichten als ganze Güter. Mitunter sind es sogar nur einzelne Bauernhöfe, die einem adligen Offizier gehörten. Und das nicht nur in Lauenburg und Bütow. V.a. in den genealogischen Taschenbüchern des Uradels und Briefadels werden Offizieren oder anderen Personen Güter zugeschrieben, auf die sie nur ein formales Lehn- oder ein längst verfallenes Anrecht besaßen. Auch wird dabei oft nicht erwähnt, ob es sich um das ganze Gut oder nur um einen Teil handelte. Infolgedessen werden dann mehrere Adlige aufgezählt, die scheinbar alle auf dem gleichen Gut saßen. Geradezu das Gegenstück hierzu bildet die Vasallen-Tabelle für Lauenburg und Bütow für 1756, wo für mehrere Güter jeweils nur ein Besitzer genannt wird, obwohl, wie aus der Auflistung für Bütow 1752 zu ersehen ist, es jeweils mehrere Eigner von Teilstücken gab.

Um die Fußnoten nicht zu überfrachten, werden die meisten Quellen nur in verkürzter Form benannt, so bei den Ms. boruss. nur die Band-Nr., nicht aber die Blattzahl und das Jahr. Im Anhang findet sich daher ein Verzeichnis für den Bestand Ms. borussica folio 311 bis 316, das dem von der Staatsbibliothek erstellten *Rotulus* folgt, aus dem sich für jedes Regiment der Band und die Blattangabe entnehmen läßt. Die Mehrzahl der im GStA ausgewerteten Akten ist nicht paginiert, etwa der umfangreiche Bestand I. HA, Rep. 30, Nr. 44. Folglich wird bei den Quellenangaben nur auf die jeweilige Nummer, den Buchstaben, das Paket verwiesen; ähnlich wird bei den Vasallen-Tabellen vorgegangen, wo auf die Aktennummer und das Jahr verwiesen wird.

Der zweite Teil der vorliegenden Arbeit enthält eine Liste aller adligen Güter in Pommern und ihrer Besitzer für die Zeit von etwa 1740 bis 1804. Für diese Zusammenstellung konnten keine Land-, Grund-, Hypothekenbücher ausgewertet werden, sondern lediglich die familiengeschichtlichen Akten im GStA-Bestand I. HA, Rep. 30, Nr. 44, die Vasallen-Tabellen, die Akten über Allodifikationen, Brüggemanns Beschreibung und seine Nachträge sowie die Familiengeschichten. Diese Auflistung soll v. a. die permanenten Besitzwechsel illustrieren, Indiz für die wirtschaftlich schlechte Lage der Edelleute, womit wiederum ihr Zustrom in den Militärdienst zusammenhing. Aus dieser Liste erhellt auch das ganze Ausmaß der Zersplitterung des Grund und Bodens. Beispielhaft verwiesen sei auf Barnimskunow im Krs. Pyritz, das aus mindestens sieben Anteilen bestand und deren Wert zwischen wenigen hundert und mehr als 5 000 Talern schwankte. Besonders groß war die Parzellierung in Lauenburg und Bütow, die sich freilich nur für wenige Güter und Dörfer genauer dokumentieren läßt.

Trotz der großen Unwägbarkeiten, die damit verbunden sind, wurde eine solche Zusammenstellung versucht. Problematisch deshalb, weil sich die Angaben in den Quellen häufig widersprechen. Wie aus Brüggemanns Beschreibung hervorgeht, wurde ausgangs des 18. Jahrhunderts das alte Landbuch durch ein neues ersetzt. In dem Zuge erhielten Gutsanteile mitunter neue Bezeichnungen, aus B wurde C oder aus D wurde A. Eher selten ließen sich diese Veränderungen jedoch nachvollziehen und berücksichtigen. In den Vasallen-Tabellen für 1756, 1763, 1767 fehlen Güter, werden teils nicht die richtigen Besitzer genannt, wird für Lauenburg und Bütow 1756 nur ein Bruchteil der Gutseigner aufgeführt, was der Vergleich mit den Tabellen für 1771 und 1778 zeigt. Brüggemann hat in seinen Beiträgen zwar für Vorpommern und diejenigen hinterpommerschen Kreise, die der Stettiner Regierung unterstanden, wichtige Ergänzungen und Präzisierungen zu seiner Beschreibung vorgenommen, es fehlen jedoch die Angaben für den Gerichtsbezirk Köslin, also etwa für Cammin, Neustettin, Rummelsburg, Stolp, Lauenburg und Bütow.

Bei den in der Liste genannten Stichjahren handelt es sich sowohl um die Jahre des tatsächlichen Besitzwechsels als auch um Jahre, für die relevante Daten ermittelt werden konnten. Zwar sind im Unterschied zur Mitte des 18. Jahrhunderts für die Jahre 1793 bis 1804 zahlreiche Vasallen-Tabellen überliefert und damit auch die Namen der Gutsbesitzer, aber selbst für diese Zeit gibt es Zuschreibungsprobleme und es werden für Güter oder Gutsanteile unterschiedliche Eigentümer genannt. Unklarheiten werden daher auch in dieser Aufstellung durch Klammern gekennzeichnet.

1. Teil

Biographien A bis Z

Ol Andreas Otto von Aderkas (* 1719, † um 1787)

Vater: Casimir Rudolph († 1722), stand zuerst bei d. weißen Grenadieren im preuß. Militär, als dän. Major in Rendsburg gest., d. Sohn A.O. aus Stolzenfelde bei Stargard (im Krs. Arnswalde) gebürtig; **Mutter**: e. Tochter d. Mindener Präsidenten Peter Christoph von d. Osten; **Bruder**: Christoph Ernst, in Kopenhagen geboren, Juni 1743 Sl im I-R Nr. 19, Mai 1751 Pl, Okt. 1756 Stabs-Cap., seit 1756 Gen.-Adjutant d. Markgrafen Carl, Mrz. 1757 dim.; **Bruder**: Ludwig Leonhard (* 1710), aus d. NM gebürtig, seit 1731 im Militär, stand 1764 als Cap. u. Chef e. Comp. im I-R Nr. 38, 1773 dim.; **Bruder**: Franz Jacob, als Ltnt. im 1. Bat. Garde dim.; **Laufbahn**: seit 1735 im Militär, 1740 als Gefr.corp. im I-R Nr. 7 gen., Nov. 1743 Pl, Okt. 1756 als Cap. d. Orden p.l.m., zuletzt Major im I-R Nr. 7, 1763 wegen bei Torgau erlittener Blessuren ins Garn.-Bat. Nr. 3 nach Kolberg versetzt, 1787 auf Wunsch als Ol nach 52 Dj. dim., wenig später gest., hinterließ seine **Frau**, e. geb. von Oesterling; diese suchte am 19. Aug. 1788 um e. Pension aus d. pomm. Meliorationsfonds nach, d. Antrag wurde am 26. Aug. d.J. abgelehnt, weil sie ein Vermögen von 50 bis 60/m T. gehabt haben soll;

Quellen: GStA, I. HA, Rep. 30, Nr. 43, Generalia, Paket 9232; Stabi, Ms. boruss. fol. 314 (1740 aus Stolzenfelde, 1749 aus Holstein), fol. 316 (aus Dänemark), fol. 316 (d. Bruder im I-R Nr. 38 als Franz Ludwig); Gesch. I-R Nr. 19, S. 100–101; Zedlitz, 1. Bd., S. 82–83; Lehmann, Ritter, S. 48;

GM Johann Ernst (seit Okt. 1731: von) Alemann (* 1684, † 4. Juni 1757) *

Vater: Anton Engelhard, kurfstl. Beamter zu Borgholzhausen in Westf.; **Mutter**: Anna, geb. Ortgießer; **Laufbahn**: April 1711 Fähnrich im D-R Nr. 1, Juni 1717 Ltnt., Juli 1720 Stabs-Rittmstr., Juni 1722 Rittmstr. u. Chef e. Escadron, Aug. 1725 zum D-R Nr. 2, Mai 1734 Major, Juli 1741 Ol, Mai 1745 Orden p.l.m., Juli 1745 Obrist, Mai 1749 Kommandeur d. D-R Nr. 2, Dez. 1750 GM, Nov. 1751 Chef d. D-R Nr. 1, Mai 1755 mit Pension dim.; **Ehefrau**: Abigail Elisabeth, geb. von Borcke (1690–1759); **Güter**: kaufte 1729 e. Teil von Schwarzow im Dewitzschen Krs. von Jürgen Christoph von Schwan, 1731 e. zweiten Teil von Peter Ernst von Tornow, dazu 1730 e. Anteil an Wolchow; erwarb 1744 auf Wiederkauf für 18 Jahre Kankelvitz u. Lessentin im Borckeschen Krs. im Wert von 20/m T., diese wurden 1766 von d. Cap. u. späteren Landrat Wilhelm Friedrich Leopold von Borcke wieder eingelöst;

Quellen: GStA, I. HA, Rep. 30, Nr. 243, Vas.tab. 1755, 1756; Nr. 243 S, Paket 9985; Brüggemann, T. 2/1, S. 339–340; Priesdorff, Nr. 385;

Ltnt. Johann Friedrich Wilhelm (seit 1751: von) Altrock
(* 25. Sep. 1746, † 24. Juni 1820)

Vater: Joachim (* um 1715, † 13. Mrz. 1793), Reichsadelstand v. Mrz. 1751, mecklenbg.-strelitz. Hof- u. Konsistorialrat, Erbherr auf Grabenitz bei Waren; **Mutter**: Julia Marie, geb.

Schulze; **Bruder**: Adolph Friedrich (* 3. Febr. 1743), preuß. Ltnt., zuletzt russ. Major; **Laufbahn**: trat um 1760 ins Regiment ein, Febr. 1773 Pl im I-R Nr. 22, 1779 nach 19 Dj. wegen Invalidität dim.; **Ehefrau**: erheiratete mit Maria Sophia Wilhelmina (1753–1822), e. To. d. Obristen von Butzke, 1781 d. **Gut** Parpart im Krs. Greifenberg für 23/m T.; d. Gut befand sich noch 1804, jetzt im Wert von 30/m T., im Besitz seiner Frau;

Quellen: GStA, I. HA, Rep. 30, Nr. 243, Vas.tab. 1793, 1804; VIII. HA, Slg. A.B. König, Nr. 449, Vas. tab. 1779; Stabi, Ms. boruss. fol. 314; Brüggemann, T. 2/1, S. 439–440; Tb. Briefadel 1908, S. 6;

Rittmstr. Ernst Ludwig von ANCKERSHEIM (* 1682)

aus Pommern gebürtig; **Laufbahn**: seit 1704 im Militär, Mrz. 1714 Rittmstr. im K-R Nr. 6 (du Portail zu Pferd), 1719 u. 1721 als Rittmstr. u. Chef e. Escadron im K-R Nr. 12 gen., vor 1730 abgegangen;

Quellen: Stabi, Ms. boruss. fol. 311, fol. 319;

Gutsbes. Friedrich Ludwig von ANCKERSHEIM (* um 1708)

Vater: Friedrich Adolph († vor 1736), Amtskammerrat, Erbherr auf Rosenfelde im Krs. Greifenhagen; **Großvater**: Christian Mathesius, neumärkischer Oberamtmann, von Kaiser Leopold I. nobilitiert, Bestätigung durch d. brandenburg. Kurfürsten am 19. Sep. 1700, erwarb 1697 vom Ol Frhr. von Greiffenpfeil d. Lehngüter Rosenfelde u. Stecklin für 17/m T. auf Wiederkauf; **Laufbahn**: studierte 1730 in Halle, trat weder in den Militär- noch in d. Zivildienst ein; **Güter**: nach d. Erbteilung mit seinen Schwestern seit 1736 Erbherr auf d. väterlichen Gut Rosenfelde im Wert von 13 800 T., ließ d. Gut 1756 allodifizieren, verkaufte es 1779 d. Landrat Franz Gottlob Frhr. von Steinaecker f. 24/m T.;

Quellen: GStA, I. HA, Rep. 30, Nr. 44, A 4, Paket 9 242; Nr. 243, Vas.tab. 1756, 1767; Rep. 30 B, Nr. 1 bis 2 b, Paket 10 194; Brüggemann, T 2/1, S. 84; Zedlitz, 1. Bd., S. 113–114;

Ol Johann Friedrich von ANCLAM (* 1729)

aus Pommern gebürtig; **Laufbahn**: seit 1746 im Militär, 1755 Sl im I-R Nr. 31, 1764 Cap., vor 1780 Major, 1780 als Ol ins Garn.-Reg. Nr. 6;

Quellen: Stabi, Ms. boruss. fol. 314 (1755: aus Pommern., 1764: aus Brandenburg); Zedlitz, 1. Bd., S. 114, Bd. 5, S. 5–6 (danach aus d. NM);

Ltnt. Franz Ludolph Ferdinand August von ANGERN (* 10. April 1760, † 27. Okt. 1802)

Vater: Johann August Christoph (1732–1777), Cap., Erbherr auf Sülldorf u. Stemmern im Hzgtm. Magdeburg; **Mutter**: Augusta Antoinetta († 1774), einzige To. d. Gl Franz Andreas von Borcke, Erbin seines Gutes Cartlow im Borckeschen Krs.; **Laufbahn**: engagierte sich Mitte 1775 im Militärdienst, Dez. 1775 Standartenjunker im K-R Nr. 3, 1780 als Cornet gen., 1787 Ltnt., Mai 1790 Pl, (noch 1804 als Pl im K-R Nr. 3 gen.); **Güter**: seit 1777 alleiniger Besitzer d. großväterlichen Gutes Cartlow im Borckeschen Krs., dieses hatte 1780 e. Brutto-Ertrag von 986 T., verkaufte es 1785 für 20/m T., später Erbherr auf Bahrendorff u. Stemmern im Hzgtm. Magdeburg;

Quellen: GStA, I. HA, Rep. 30, Nr. 44 A 7, Paket 9242; Stabi, Ms. boruss. fol. 313; Brüggemann, T. 2/1, S. 340; Brüggemann, Beiträge, 2, S. 183; Tb. Uradel 1915, S. 20;

Cap. Franz Bogislav von Apenburg (* 1699)

(**Vater**: Ernst Bogislav, Rittmstr.); **Laufbahn**: seit 1715 im Militär, Jan. 1723 Sl im neuen I-R Nr. 28, Mai 1725 Pl, noch 1730 als solcher gen., 1734 als Cap. *cassirt*; **Güter**: lag um 1728/1730 im Streit mit d. Fähnrich Heinrich Caspar von Apenburg, s.d., u. a. Geschlechtsvettern um e. Anteil an Tonnin im Krs. Wollin;

Quellen: GStA, I. HA, Rep. 30 B, Nr. 28 b, Litt T, Paket 10226; Stabi, Ms. boruss. fol. 314;

Major Friedrich Wilhelm von Apenburg (* 1734, † Juli 1779)

Vater: Erdmann Joachim (1717–1767), Ltnt. in schwedischen Diensten, Erbherr auf Hägenken, Groß Mokratz im Krs. Wollin, seit 1755 auch auf Tonnin im Wert von 17500 T., darauf Schulden von 9359 T.; **Vater-Bruder**: Ernst Friedrich († vor 1767); **Bruder**: Gustav Ludwig (* 1743), stand 1763 als Gefr.corp. bei d. Garde; **Laufbahn**: trat um 1748 in d. Militärdienst ein, 1756 Fähnrich bei d. Garde, Mai 1769 Cap., avancierte hier bis zum Grenadier-Major, erschoss sich im Juli 1779; **Güter**: besaß seit 1767 d. väterlichen Güter 2/3 Groß Mokratz, Hägenken und Tonnin, erwarb 1776 noch d. letzte Drittel von Groß Mokratz; **Schwester**: Juliana Christiana (* um 1724), verh. mit d. Pl Johann Heinrich von Hiller († vor 1768); **Vetter**: Levin Gideon Friedrich von Apenburg (1724–1794), GM, s.d., dieser u. sein Bruder Ernst Bogislav traten d. Lehngüter Tonnin, Groß Mokratz u. Hägenken mit Zustimmung d. Königs Anfang 1781 gegen e. Abfindung von 2/m T. an d. Gebr. Friedrich Eugen Erdmann u. Bernhard Friedrich Heinrich von Hiller ab, s.d., die damals beide als Fähnrich bei d. Garde standen;

Quellen: GStA, I. HA, Rep. 30, Nr. 44, A 3, Paket 9242; Nr. 241 b, Paket 9966; Nr. 243, Vas.tab. 1756, 1767; Brüggemann, Vorpommern, S. 274–275; Gallandi, Prussia, 1928, S. 75; Reinhard, Garde, S. 530, S. 555;

Fähnrich Heinrich Caspar von Apenburg (* 1705)

Vater: Carl Christoph († vor 1729), Erbherr auf Tonnin im Krs. Wollin; **Großvater**: Eggerd Christoph, Erbherr auf Tonnin; **Laufbahn**: seit 1720 im Militär, stand 1730 als Fähnrich im I-R Nr. 21, 1732 als solcher dim.; **Güter**: lag um 1728/1730 im Streit wegen Tonnin mit Friedrich u. Franz Bogislav von Apenburg, Ltnt., s.d., beteiligt auch Wolf Bernd u. Erdmann Joachim von Apenburg; (**verwandt**: Caspar von Apenburg (* 1688), seit 1704 im Militär, stand 1715 als Sl u. Adj. im I-R Nr. 21 im Lager vor Stralsund: Stabi, Ms. boruss., fol. 311);

Quellen: GStA, I. HA, Rep. 30 B, Nr. 28 b, Litt T, Paket 10226 (d. Fähnrich hier als Caspar Matthias); Stabi, Ms. boruss. fol. 311 (Heinrich Caspar);

GM Levin Gideon Friedrich von Apenburg (* 27. Febr. 1724, † 4. Nov. 1794)*

Vater: Ernst Friedrich (* um 1692, † vor 1767), Erbherr auf Tonnin u. ½ Gr. Mokratz, verklagte um 1756 seinen Bruder auf Herausgabe e. Erbquantums von 4/m T.; **Mutter**: Eva Eleonore, geb. von Hanow; **Bruder**: Ernst Bogislav (* um 1717, † 1793), seit 1738 im Militär, 1743 Sl, 1756 Pl im I-R Nr. 24, 1767 als Major auf Wunsch dim.; **Bruder**: Franz Matthias (1729–1762), seit 1747 im Militär, 1756 Fähnrich im I-R Nr. 3, Okt. 1757 Sl, Sep. 1760 Pl, Aug. 1762 vor Schweidnitz gefallen; **Vater-Bruder**: Erdmann Joachim (1717–1767), Ltnt.; **Laufbahn**: 1738 Standartenjunker im D-R Nr. 5, Mai 1741 Fähnrich, April 1744 Ltnt. im K-R Nr. 8, Mai 1753 Stabs-Rittmstr., Aug. 1755 Rittmstr. u. Chef e. Escadron, 1757 Orden pour le mérite, Nov. 1757 Major, Aug. 1758 Ol, Mai 1761 Obrist, Febr. 1762 Kommandeur d. K-R Nr. 8, Sep. 1763 Chef d. D-R Nr. 7, Mai 1766 GM, Mrz. 1781 Chef d. K-R Nr. 1, Inspekteur d. niederschlesischen Kavallerie-Inspektion, Juni 1784 mit Pension dim., Nov. 1794 in Königsberg in Preußen als letzter seines Geschlechts gest.; **Güter**: Erbherr auf Groß Mokratz, Hägenken, Tonnin im Krs. Wollin, auf Orschen in Pr.; **Ehefrau**: Anna Charlotte Pocke (1728–1794); d. GM setzte die beiden Söhne seiner Cousine Juliana Christiana von Hiller, geb. von Apenburg, zu seinen Univ.erben ein: Bernhard Friedrich Heinrich von Hiller (1756–1789), Ltnt., u. Friedrich Eugen Erdmann (1753–1795), Cap., s.d.; nach d. Tod beider Söhne wurde d. Witwe von Hiller Erbin d. GM; sie erwirkte am 13. März 1795 die Legitimation u. Anerkennung ihres unehelich geb. Enkels Friedrich Wilhelm Bernhard Hiller (* 1783), Sohn von B.F.H. u. einer Tochter d. Gardekochs Pfuhl, dieser erhielt am 3. Okt. 1804 d. *venia aetatis*, er besaß damals e. Kapitalvermögen von 13410 T. und sollte nach Absterben d. Großmutter die Güter Groß Mokratz, Hägenken und Orschen erben;

Quellen: GStA, I. HA, Rep. 30, Nr. 44, A 3, Paket 9242; Nr. 243, Vas.tab. 1756, 1763, 1767; Stabi, Ms. boruss. fol. 312, fol. 316 (Bruder E.B.); Gesch. I-R Nr. 3, S. 224 (Bruder F.M.); Reinhard, Garde, S. 534, S. 536; Gallandi, Prussia, 1928, S. 75; Priesdorff, Nr. 563;

Ol Joachim Leopold von Ar(e)nswald (* 1703)

Vater: Hans Gottfried (1664–1730), Fähnrich, auf Blesewitz im Krs. Anklam ansässig; **Bruder**: 1730 Fähnrich (bei Prinz Albrecht Friedrich zu Fuß); **Laufbahn**: 1719 *cadet*, 1730 Fähnrich im I-R Nr. 3, 1735 Sl, 1740 Pl, 1741 Stabs-Cap. im I-R Nr. 3, Aug. 1743 Cap. u. Chef e. Comp. im Garn.-Reg. Nr. 6, Mai 1749 Major, Abschied, nach Kriegsausbruch 1756 Wiedereintritt als Major u. Chef e. Comp. im Garn.-Reg. Nr. 6, 1760 Ol, noch 1764 als Ol genannt, vor 1778 abgegangen;

Quellen: Stabi, Ms. boruss. fol. 315 (1746, 1756: aus Pomm., 1764: aus d. UM); Ms. geneal. fol. 120; Gesch. I-R Nr. 3, S. 187–188 (danach aus d. UM geb.);

Ltnt. Johann Carl Heinrich von Arnim (* 2. Nov. 1785, † 2. Mai 1813)

Vater: Otto Albrecht (1751–1803) *, seit 1782 Erbherr auf Plantikow im Dewitzschen Krs. im Wert von 32250 T., 1797 auf 50/m T. geschätzt, seit 1796 Landrat im Dewitzschen Krs.; **Mutter**: Dorothea Elisabeth (1753–1839), e. To. d. Reg.rates Johann Joachim Loeper; **Bruder**: Wilhelm George Friedrich (1787–1853), 1803 Gefr.corp. im I-R Nr. 22, nach 1806 Major; **Laufbahn**: 1799 Fahnenjunker im I-R Nr. 30, 1803 Fähnrich, 1806 Sl, als Pl im I-R Nr. 9 1813 bei Gr.-Görschen gefallen;

Quellen: GStA, I. HA, Rep. 30, Nr. 243, Vas.tab. 1793, 1797, 1804; Tb. Uradel 1903, S. 64; biogr. Handbuch, S. 18–19 (Vater);

Ltnt. Wilhelm Gustav Heinrich von Arnim
(get. 10. Dez. 1783, † 2. Nov. 1861)

Vater: Friedrich Wilhelm Ludwig (1754–1800), aus d. UM gebürtig, seit 1769 im Militär, 1787 Sl im D-R Nr. 1, Mrz. 1790 mit d. Charakter Cap. dim., seit 1790 Erbherr auf Jagow im Krs. Pyritz, 1797 im Wert von 65/m T.; **Mutter**: Wilhelmine Sophie, geb. von Enckevort (1766–1814); **Vater-Brüder**: Carl Ludolf Bernhard (1753–1828)*, Regierungspräsident in Minden; Hans Heinrich Ludwig (1756–1812), 1793 Ltnt. im D-R Nr. 4; **Bruder**: Otto Friedrich Heinrich (1785–1857), 1804 Fähnrich im I-R Nr. 21, vor 1806 abgegangen, nach 1806 Ol; **Laufbahn**: 1803 Cornet im K-R Nr. 5, 1806 als Sl gen., 1829 Rittmstr. im 2. D-R, **Güter**: saß 1804 zs. mit seinen Brüdern auf d. väterl. Gut Jagow im Wert von 65/m T.;

Quellen: GStA, I. HA, Rep. 30, Nr. 243, Vas.tab. 1793, 1804; Stabi, Ms. boruss. fol. 314 (Vater); Rangliste 1806, S. 114; Brüggemann, Beiträge, 2, S. 111; Probst, 1829, S. 165; Tb. Uradel 1903, S. 47; biogr. Handbuch, S. 15 (Onkel C.L.B.);

Cornet Carl Friedrich von Arnsdorff (* 1696)

aus Pommern gebürtig; **Laufbahn**: Febr. 1721 Cornet im K-R Nr. 1, vor 1731 abgegangen;

Quellen: Stabi, Ms. boruss. fol. 312 (auch als Arenstorff);

Obrist, Hofmarschall Christian Heinrich Wilhelm von Arnstedt
(* 16. Nov. 1713, † 14. Mrz. 1785)

Vater: Wilhelm Christian (1665–1726), Erbherr auf Großwerther in d. Gfsch. Hohenstein, hessen-kasselscher Ol; **Mutter**: Maria Anna Gertrude, geb. von Uder (1683–1755); **Bruder**: Friedrich Wilhelm (* 1710, † 19. Okt. 1766), seit 1728 im Militär, 1730 Gefr.corp. im I-R Nr. 18, 1750 Stabs-Cap., 1756 Cap., zuletzt Major, Erbherr auf Lenz B im Krs. Saatzig, hinterließ drei Töchter: die jüngste Magdalena Friederica war 1774 verh. mit d. Pl, später Cap. Ernst Joachim Friedrich von Voss († 1784) vom I-R Nr. 22, sie bekam im Aug. 1774 d. *venia aetatis*, hatte damals e. Vermögen von 4 183 T.; d. mittelste Tochter Albertina Carolina Christiana (* 1752), verh. mit d. Ltnt. Ernst Friedrich von Paulsdorff; **Laufbahn**: engagierte sich 1729 im Militär, stand 1740 als Cornet im K-R Nr. 2, erhielt als Rittmstr. im Mai 1748 d. Orden p.l.m., 1757 Major im K-R Nr. 2, 1763 Ol, vor 1772 als Obrist abgegangen, nach d. Abschied Hofmarschall d. Prinzen von Preußen in Potsdam; **Güter**: seit April 1760 zs. mit F.W. u.d. **Bruder** Carl Adrian (1716–1800)*, KD- u. Landrat in Halberstadt, Erbherr auf Lenz B und Faulen-Benz C im Krs. Saatzig, sie hatten diese Lehn als Kompensation für Großwerther im Wert von 33/m T. bekommen, im Juli 1769 wurde d. Konkurs über die Güter eröffnet; d. Obrist übernahm beide Güter im Wert von 8 807 T., d. Konkurs erstreckte sich nur über e. Summe von 2 935 T., 1775 wurden d. Güter allodifiziert; d. Obrist verkaufte sie 1777 an d. Cap. Johann Albrecht von Laurens, s.d.;

Quellen: GStA, I. HA, Rep. 30, Nr. 44, A 6, Paket 9 242; Nr. 186 d, Paket 9 840; Nr. 242, Paket 9 969; Nr. 243 (d. Gebr. von Arnstedt nicht in d. Vas.tabelle für 1763 u. 1767); Brüggemann, T. 2/1, S. 268; Stabi, Ms. boruss. fol. 313 (Bruder F.W.); fol. 315; Lehmann, Ritter, S. 40; Tb. Uradel 1904, S. 24; biogr. Handbuch, S. 21–22 (Bruder C.A.);

Ltnt. Alexander Dettloff von ARRAS (* 1698)

Vater: Henning David (* um 1670), kurbrandenburg. Fähnrich, 1730 als Erbherr auf Anteil Neuenkirchen im Krs. Anklam genannt; **Laufbahn**: seit 1721 im Militär, 1728 Ltnt. im D-R Nr. 6, vor 1738 abgegangen; **Güter**: verkaufte zs. mit seinem Vater d. Anteil an Neuenkirchen im Juli 1742 für 7825 T. an d. GFM Curt Christoph Graf von Schwerin, s.d., dieser Anteil bestand aus dem halben Dorf, acht Landhufen u. zwei Morgen; A.D. war 1742 verheiratet u. hatte eine Tochter;

Quellen: GStA, I. HA, Rep. 30 B, Nr. 28 a bis 28 b, Paket 10225; Ms. boruss. fol. 311, Stabi, Ms. geneal. fol. 120; Siebmacher, Bd. 6/9, 1894, S. 3;

Major Johann Christian Julius von ASCHENBACH (* um 1741, † 7. Febr. 1802)

aus Sachsen gebürtig; **Laufbahn**: trat 1758 in d. preuß. Militärdienst ein, stand 1775 als Ltnt., 1778 u. 1787 als Rittmstr. im K-R Nr. 5, zuletzt Major, vor 1796 mit e. jährl. Pension von 400 T. dim.; **Güter**: erwarb im Jan. 1778 d. Gut Gerbin im Krs. Schlawe von Friedrich Ewald von Glasenapp für 6500 T., erwirkte 1787 d. Allodification d. Gutes; verübte e. Tätlichkeit am Schulzen zu Gerbin, wurde deshalb mit e. fiskalischen Strafe von 200 T. belangt, bat 1796 vergeblich mit Verweis auf seine geringe Pension um e. Moderation d. Strafe; **Ehefrau**: e. Tochter († 1783) d. Majors Henning Günther von Münchow auf Groß Satspe im Ftm. Cammin, sie hinterließ drei Kinder; d. **Tochter** Friederique Charlotte Sophie Emilie (* 21. Dez. 1779) erhielt am 2. Mrz. 1802 d. *venia aetatis* zwecks Auseinandersetzung mit ihren Geschwistern, sie hatte e. mütterl. Vermögen von 5600 T. u. sollte d. Gut Gerbin für 11/m T. übernehmen, d. väterliche Erbteil wurde noch reguliert;

Quellen: GStA, I. HA, Rep. 30, Nr. 44, A 8, Paket 9242; Nr. 243, Vas.tab. 1793, 1801; Stabi, Ms. boruss. fol. 311; Brüggemann, T. 2/2, S. 595, S. 872;

Ltnt. von ASCHERSLEBEN († 1763)

Vater: George Wilhelm (1702–1775)*, seit 1740 Direktor, seit 1742 Präsident der Stettiner KDK; **Mutter**: Sophie, e. geb. von Forçade; **Bruder**: Friedrich Wilhelm Sigismund (1738–1782), seit 1758 im Militär, 1764 Pl im I-R Nr. 18, seit 1775 Majoratsherr auf Klockow in d. UM; **Laufbahn**: trat um 1757 in d. Militärdienst ein, 1763 als Ltnt. im I-R Nr. 7 gest.;

Quellen: Stabi, Ms. boruss. fol. 313 (Bruder F.W.S.), fol. 314; biogr. Handbuch, S. 25 (Vater);

Obrist Albrecht Nicolaus von BAEHR (* 1718)

aus Pommern gebürtig; **Laufbahn**: seit 1744 im Militär, 1775 Major u. Chef d. Grenadier-Bat. Nr. 7, 1787 als Obrist u. Chef d. Bat. genannt;

Quellen: Stabi, Ms. boruss. fol. 313;

Ltnt. Carl (Friedrich) von BAEHR (* 1771)

Vater: Otto Wilhelm Ludwig († vor 1788), seit 1774 Erbherr auf Bornzin im Krs. Stolp im Wert von 7/m T., nahm keine Dienste, hinterließ drei Söhne u. vier Töchter; **Mutter**:

Agnese Esther Tugendreich (* um 1738), e. To. d. Cap. Carl Ludwig von Somnitz auf Bewersdorff, sie hatte e. Vermögen von 2/m T., stand seit Mai 1788 auf d. Expectantenliste für eine Pension; **Großvater**: Johann Casimir (* 1702), erbte Bornzin 1741 von seiner Frau Eva Euphrosina, geb. von Stojentin; **Bruder**: Otto (* 1778), April 1786 *cadet* in Stolp, Mai 1789 *cadet* in Berlin, 1800 Ltnt. bei Goltz (?), saß 1804 als vorm. Ltnt. auf Bornzin im Wert von 10/m T.; **Bruder**: Wilhelm (* um 1777), Jan. 1785 *cadet* in Stolp, 1791 dim., 1794 Junker im I-R Nr. 55, 1800 u. 1804 hier als Ltnt. gen., vor 1806 abgegangen; **Laufbahn**: Mrz. 1787 Gefr.corp. im I-R Nr. 55, 1794 als Fähnrich, 1800 u. 1804 als Ltnt. im I-R Nr. 55 gen. (1827 als Ursinus von Baehr d. 2. I-R aggr.);

Quellen: GStA, I. HA, Rep. 30, Nr. 243, Vas.tab. 1763, 1794, 1800, 1804; II. HA, Abt. 13 a, Tit. III, Litt B, Nr. 22; Litt S, Nr. 3; Stabi, Ms. boruss. fol. 314, fol. 907 a; Brüggemann, T. 2/2, S. 944; Stolper Kadetten, S. 19, S. 21;

Obrist Henning Ernst von Baehr (* 1707)

(aus Schwed.-Vorpommern gebürtig); **Laufbahn**: seit 1722 im Regiment, 1740 Sl im I-R Nr. 25, 1740 als Stabs-Cap. ins I-R Nr. 36, Febr. 1757 Major u. Kommandeur d. Grenadier-Bat., 1763 Obrist u. Kommandeur d. I-R Nr. 21, 1765 mit Pension dim.;

Quellen: Stabi, Ms. boruss. fol. 314, Gesch. I-R Nr. 36, S. 73;

Cap. Alexander Wilhelm von Balgen (* 1763)

Vater: Johann Ernst (* 1728, † vor 1801), nahm keine Dienste, Erbherr auf Anteil Gartkewitz im Distrikt Lauenburg, 1771 im Wert von 3 500 fl.; **Mutter**: Marianna, geb. von Malot(t)ky (* 1739), sie hielt sich 1801 in Jezow auf, besaß e. Vermögen von 500 T. u wurde damals auf d. Expectantenliste für e. Pension gesetzt; **Bruder**: Friedrich Leopold (* 1770), April 1784 *cadet* in Stolp, Juli 1786 *cadet* in Berlin, stand 1801 als Sl, 1806 als Pl im I-R Nr. 47 in Glatz, 1814 Cap. im Garn.-Bat. d. 10. I-R; **Laufbahn**: 1778 Junker im Regiment, Okt. 1782 Fähnrich im I-R Nr. 22, 1806 hier als Stabs-Cap. gen., 1811 dim.;

Quellen: GStA, I. HA, Rep. 30, Nr. 249, Vas.tab. 1771, 1778; II. HA, Abt. 13 a, Tit. III, Litt B, Nr. 21; Litt L, Nr. 1, Bd. 2; Stabi, Ms. boruss. fol. 314, fol. 907 a; Rangliste 1806, S. 34, S. 66; Stolper Kadetten, S. 18;

Ltnt. Siegmund Casimir von Balgen (* 1716)

aus Pommern gebürtig; **Laufbahn**: seit 1730 im Militär, stand 1749 als Sl im I-R Nr. 5, vor 1754 abgegangen;

Quellen: Stabi, Ms. boruss. fol. 313;

Cap. Bernhard Philipp von Bandemer (* 1709, † 10. Juni 1742)*

Vater: Hans George (1677–1756), ksl. Cornet, seit 1717 Erbherr auf Soltenitz B im Krs. Neustettin; **Mutter**: Barbara Diana, geb. von Rotenberg, aus beider Ehe 14 Kinder; **Laufbahn**: Mrz. 1723 *cadet* in Berlin, Mrz. 1730 als Fähnrich ins I-R Nr. 25, avancierte hier bis zum Pl u. Adjutant, Juni 1740 als Cap. u. Chef e. Comp. ins I-R Nr. 36 versetzt, 1742 im oberschlesischen Neustadt gest.; **Bruder**: George Friedrich, Mrz. 1727 *cadet* in Berlin, April

1729 Gefr.corp., dann Ltnt. im I-R Nr. 26, auf Werbung in Schwaben gest.; **Bruder**: Adrian (* um 1726, † 12. Aug. 1759), trat als Fahnenjunker ins I-R Nr. 36 ein, Juni 1747 Fähnrich, Mai 1753 Sl, Aug. 1758 Pl, im Aug. 1759 bei Kunersdorf gefallen; **Bruder**: Hans Wilhelm (1725–1788), GM, s.d.; **Bruder**: Ernst Bogislav (* um 1729, † 16. Okt. 1790), seit 1750 im Militär, 1755 Fähnrich, 1764 Stabs-Cap. im I-R Nr. 26, 1771 Cap., Sep. 1774 Major, Mai 1784 Ol, Mrz. 1786 Obrist, Mai 1786 Kommandeur d. Reg., 1790 als Obrist gest., verh. mit Amalia Friederike Christiana, geb. Köppen, Sohn: Gotthold Hans Bogislav (1769–1840), Sohn: Christian August Carl (1774–1859), 1789 Fähnrich im I-R Nr. 26, 1790 ins I-R Nr. 25, 1793 dim., Sohn: Ernst Friedrich Wilhelm, Dez. 1794 vom D-R Nr. 5 dim.; **Schwestern**: Marie, seit 1739 verh. mit d. Ltnt. von Lem(b)cke zu Trabehn († 1757); Juliane Henriette, ehelichte um 1746 d. Landrat Carl Aegidius von der Osten;

Quellen: GStA, I. HA, Rep. 30, Nr. 243, Vas.tab. 1756; Rep. 176, Nr. 1306 (Bruder E.B.); Stabi, Ms. boruss. fol. 314 (B.P. danach 1707 geb.; Bruder E.B.; e. Fähnrich im I-R Nr. 26 ist 1735 gest.); Brüggemann, T. 2/2, S. 769–770; Geschichte I-R Nr. 36, S. 63–64, S. 78, S. 85–86; VIII. HA, Slg. Zitzewitz, F 1 (mit obigen Lebensdaten); Crousaz, Beilage C, S. 33;

Ltnt. Carl Friedrich von Bandemer (* 1713)

aus Pommern gebürtig; **Laufbahn**: seit 1729 im Militär, stand 1737 als Gefr.corp., 1749 als Sl, 1754 als Pl im I-R Nr. 5, vor 1763 abgegangen;

Quellen: Stabi, Ms. boruss. fol. 313;

Ltnt. Carl Friedrich Bogislav von Bandemer (* 17. Okt. 1753, † 27. Aug. 1811)

Vater: Claus Bogislav (get. 22. Mrz. 1724, † 22. Mai 1775), Febr. 1746 Ltnt. bei d. Garde, wenig später abgegangen, Erbherr auf d. väterl. Gütern Wittbeck B u. Wittstock A im Krs. Stolp, Lehnsfolger auf Kukow u. Beckel, seine Güter hatten 1775 e. Wert von zs. 9 300 T., d. Schulden betrugen 5 887 T., hinterließ eine Tochter u. e. Sohn; **Mutter**: Maria Charlotta, geb. von Bandemer; **Schwester**: Charlotta Wilhelmina (* 14. April 1755), verh. von Gutzmerow; **Laufbahn**: trat 1766 in d. Militärdienst ein, Aug. 1768 Fähnrich im I-R Nr. 27, 1774 als Sl in Stendal gen., erhielt im Juni 1775 mit seiner Schwester d. *venia aetatis*, beide hatten zs. e. freies Vermögen von 3 400 T., Juni 1779 als Ltnt. dim.; **Güter**: übernahm nach d. Erbvergleich von Juli 1777 die Güter Kukow und Beckel für 5 525 sowie Wittbeck B und Wittstock A für 3/m T., besaß diese Güter noch 1804, außerdem seit 1780 Wussecken, im Wert von zs. 19/m T.;

Quellen: GStA, I. HA, Rep. 30, Nr. 186 d, Paket 9 842; Nr. 243, Vas.tab. 1756, 1767, 1804; VIII. HA, Slg. Zitzewitz, F 1 (danach geb. 7.10.1753, Vater geb. 1724); Stabi, Ms. boruss. fol. 316; Rangirrolle Saldern; Brüggemann, T 2/2, S. 975–976;

Ltnt. Carl Ludwig von Bandemer (* 1731, † 14. Juli 1796)

Vater: Friedrich Asmus (* um 1685, † 1770), Obrist, s.d., Erbherr auf Reitz u. Veßin, auf d. Vorwerken Neiderzin u. Miß im Krs. Stolp, 1756 im Wert von 18/m T.; (**Bruder**: Paul Joachim (1747–1795), Cap., s.d.); **Laufbahn**: seit 1753 Junker im D-R Nr. 5, Mrz. 1758 Cornet, 1760 in österr. Gefangenschaft, Jan. 1762 Sl, Okt. 1766 wegen *übler Conduite* dim.; **Güter**: Erbherr auf Reitz u. Veßin, verkaufte die Güter im Mai 1781 f. 18 300 T. an d. Major George Ludwig von Katzler;

Quellen: GStA, I. HA, Rep. 30, Nr. 243, Vas.tab. 1756, 1767; Brüggemann, T. 2/2, S. 996; Albedyll, Anhang, S. 65*; Gallandi, Prussia, 1928, S. 262 (hier als Vater Casimir Ernst gen.);

Cap. Christian Ernst von Bandemer (get. 8. Juni 1714, † 30. Aug. 1757)

Vater: Joachim Henning († 1740), Erbherr auf Anteil Wussecken im Krs. Stolp; **Mutter**: Anna Sophia, geb. von Vormann; **Laufbahn**: 1727 *cadet* in Berlin, Jan. 1733 als Gefr.corp. ins Reg., Jan. 1739 Fähnrich im I-R Nr. 14, Mrz. 1739 Sl, vor 1750 Pl, 1756 Stabs-Cap., im Aug. 1757 bei Gr.-Jägersdorf in Preußen gefallen; **Güter**: erbte d. väterlichen Gutsanteil, nach seinem Tod fiel dieser an Matthias Moritz von Bandemer u. 1759 an d. GM Christian Friedrich von Bandemer;

Quellen: GStA, I. HA, Rep. 30, Nr. 243, Vas.tab. 1756 (hier im I-R Nr. 14 gen.: Cap. Ernst Friedrich v. B.); VIII. HA, Slg. Zitzewitz, F 1; Stabi, Ms. boruss. fol. 311; Brüggemann, T. 2/2, S. 960 (auch Erbherr auf Dominke), S. 1019;

GM Christian Friedrich von Bandemer (* 30. Dez. 1717, † 10. Mai 1782)*

Vater: Matthias Moritz (1693–1759), Erbherr auf Wussecken B im Krs. Stolp, 1756 im Wert von 4/m T.; **Mutter**: Agnes Esther, geb. von Natzmer (1694–1764); **Bruder**: Carl Wilhelm (get. 21. Juli 1729, † Dez. 1775), seit 1747 im Militär, 1756 Fähnrich im I-R Nr. 27, 1764 Stabs-Cap., 1772 Cap., 1774 Major; **Bruder**: Gerd Adolph (get. 4. Okt. 1734, † Herbst 1760), 1756 Fähnrich im I-R Nr. 23, 1759 Ltnt., an bei Torgau erhaltenen Blessuren gest.; **Laufbahn**: 1736 Gefr.corp. im I-R Nr. 27, April 1739 Fähnrich, Febr. 1741 Sl, Aug. 1744 Pl, Juni 1752 Cap. u. Chef e. Comp., Jan. 1757 Orden p.l.m., Aug. 1758 Major, Juni 1765 Ol, Mai 1770 Obrist, Dez. 1771 Kommandeur d. I-R Nr. 19, Okt. 1776 Chef d. I-R Nr. 1, Jan. 1777 GM, Mrz. 1778 mit Pension dim., 1782 ledig gest., **Güter**: seit 1759 Erbherr auf ganz Wussecken, verkaufte dieses nebst Anteil Sorchow, 1767 im Wert von 10/m T., darauf Schulden von 6/m T., 1780 für 14/m T. an d. Ltnt. Carl Friedrich Bogislav von Bandemer zu Wittbeck, s.d.;

Quellen: GStA, I. HA, Rep. 30, Nr. 43, Paket 9 232; Nr. 243, Vas.tab. 1756, 1767; Rep. 176, Nr. 1306; VIII. HA, Slg. Zitzewitz, F 1; Stabi, Ms. boruss. fol. 316; Brüggemann, T. 2/2, S. 1 019; Priesdorff, Nr. 631;

Major Christoph Ewald von Bandemer (* um 1722)

Vater: Werner Ernst (* um 1684), sächs. Cap., Erbherr auf Wendisch Buckow im Krs. Stolp, 1755 ohne Güter, hielt sich in Freist auf; **Bruder**: Werner Ernst (1717–1757), seit 1734 im Militär, 1740 Fähnrich im I-R Nr. 17, 1750 u. 1756 als Pl gen., 1757 als Cap. bei Kolin gefallen; **Bruder**: Jacob George (* 1727, † vor 1794), seit 1743 im Militär, 1750 Fähnrich, 1756 Sl im I-R Nr. 17, 1764 Pl, 1787 Major, zuletzt Obrist, kaufte 1780 d. Gut Wobesde im Krs. Stolp für 29/m T., 1794 saßen seine Erben auf d. Gut; **Laufbahn**: trat 1737 in d. Militärdienst ein, 1750 Sl, 1756 Pl im I-R Nr. 21, Febr. 1759 Cap., erlitt im Siebenjährigen Krieg drei Blessuren, 1764 u. 1772 als Cap. gen., 1779 als Major im I-R Nr. 21 mit e. Pension von 72 T. dim.; suchte im Dez. 1786 aus Hödingen bei Weferlingen mit Verweis auf seine Dienstzeit u. seine sechs Töchter um e. Erhöhung d. Pension nach, besaß damals e. kleines Erbzinsgut im Wert von 1 300 T., mußte dafür jährl. 30 T. Erbzins an d. Amt zahlen;

Quellen: GStA, I. HA, Rep. 30, Nr. 243, Vas.tab. 1755, 1756, 1794, 1804; Rep. 96, Nr. 260 B 1; Rep. 176, Nr. 1306; Stabi, Ms. boruss. fol. 311, fol. 316 (Bruder W.E. u. J.G.); Rangirrolle Saldern, I-R Nr. 21; Brüggemann, T. 2/2, S. 946, S. 1017;

Rittmstr. Dietrich von Bandemer (* 1687, † 22. April 1752)

Vater: Dietrich (* 1662, † 19. Juni 1731), Rittmstr., dann Ober-Stallmstr. u. Kammerherr, Erbherr auf Selesen, Silkow u. Gambin im Krs. Stolp; **Bruder**: Peter Otto († 1754), ksl. Cap.; **Bruder**: Joachim Christian (1702–1764), GM, s.d.; **Laufbahn**: seit 1712 im Militär, Aug. 1716 Cornet, Nov. 1719 Ltnt., Mrz. 1728 Rittmstr. im K-R Nr. 4, Aug. 1735 verabschiedet; **Güter**: seit 1731 Erbherr auf Selesen im Krs. Stolp; **Ehefrau**: Ernestine, geb. von Jatzkow; hinterließ keine Leibeserben;

Quellen: GStA, VIII. HA, Slg. Zitzewitz, F 1; Stabi, Ms. boruss. fol. 316; Förster, K-R 4, Abgangsliste, S. 542;

GM Ernst Friedrich von Bandemer (get. 14. Juli 1744, † 12. Nov. 1817) *

Vater: Jacob Ludwig (1709–1747), stand in poln. Diensten, Erbherr auf Prebentow B im Krs. Stolp, hinterließ vier Kinder; **Mutter**: Barbara Clarina, geb. von Kameke, 1767 hieß es, nach d. Vergleich von 1750 sei kein Vermögen vorhanden, d. Witwe u. ihre Kinder wurden vom Ol George Friedrich von Bandemer unterhalten; **Bruder**: George Ludwig (* 1737, † 8. Aug. 1776), seit 1752 Standartenjunker im K-R Nr. 6, Mrz. 1763 Ltnt., 1776 als aktiver Offz. gest.; **Laufbahn**: 1759 Standartenjunker im D-R Nr. 8, Febr. 1761 Cornet, Juli 1766 Sl, Sep. 1777 Pl, Nov. 1784 Stabs-Cap., Juni 1789 Major, Juni 1790 Chef e. Escadron, Juni 1798 Ol, Juni 1799 Obrist im D-R Nr. 8, Okt. 1800 mit Pension u.d. Charakter GM dim., 1817 zu Insterburg gest.; seit 1815 **verheiratet** mit Charlotte Daugel, aus d. Ehe ein Sohn, zwei Tö.;

Quellen: GStA, I. HA, Rep. 30, Nr. 186 d, Paket 9839; Stabi, Ms. boruss. fol. 310, fol. 312 (1763 als Fähnrich bez.), fol. 315 (Bruder G.L.); Monteton, S. 80 (Bruder); Baerensprung, D-R Nr. 8, S. 520, S. 536, S. 546; Priesdorff, Nr. 1004 (hier 1759 als Gefr.corp., 1761 als Fähnrich bez.);

Cap. Ernst Friedrich Wilhelm von Bandemer (* 1768, † 31. Mai 1848)

Vater: Ernst Bogislav (* um 1729, † 16. Dez. 1790), aus Pommern gebürtig, stand von 1746 bis 1756 als Fähnrich im I-R Nr. 26, erhielt als Sl für d. Bataille bei Lissa am 8. Dez. 1757 d. Orden p.l.m., 1764 Stabs-Cap. im I-R Nr. 26, Jan. 1774 als Cap. u. Chef e. Comp. zweite Verleihung d. Ordens p.l.m., Sep. 1774 Major, Mai 1784 Ol, Mrz. 1786 Obrist, Mai 1786 Kommandeur d. I-R Nr. 26, 1790 als Obrist nach 44 Dj. gest., Erbherr auf Diedersdorf, auf Gr.- u. Kleinbeeren bei Berlin; **Mutter**: e. To. d. Geh. Rates u. Kriegszahlmeisters Köppen († 1790); **Bruder**: Christian August Carl (get. 19. Nov. 1774, † 1859), Juni 1789 Fähnrich (im I-R Nr. 26 od. 41), Jan. 1790 ins I-R Nr. 25 versetzt, Nov. 1793 dim., ging auf d. väterliche Gut Diedersdorf, das ihm u. seinen Brüdern gehörte; **Bruder**: Gotthold Hans Bogislav (* 1769, † 23. Mai 1840), Mai 1790 Cornet im D-R Nr. 6, Juni 1792 dim., Mai 1795 wieder angestellt als Sl in d. 2. Ostpreuß. Füsilier-Brigade, Garnison Heilsberg, Nov. 1803 Pl, heiratete 1804 d. Witwe Major von Oertel, geb. Carolina Charlotta Freiin von (Mehling bzw.) We(h)ling († 1828), Okt. 1805 Stabs-Cap. im Füsilier-Bat. Nr. 24, Jan. 1808 mit d. Bat. ins 2. Westpreuß. I-R, Jan. 1812 Cap. u. Chef e. Comp., Sep. 1813 Major, Sep. 1814 Abschied,

1819 als Postmstr. in Quedlinburg versorgt, 1828 als vorm. Major u. preuß. Postdirektor in Quedlinburg gen.; **Laufbahn**: (1785 Junker im K-R Nr. 2), Dez. 1787 Cornet im D-R Nr. 5, Dez. 1789 Sl, erhielt am 9. Jan. 1794 als Sl d. Orden p.l.m., Dez. 1794 dim., Jan. 1795 Charakter Cap., ging nach d. Abschied auf sein Gut Diedersdorf, amtierte nach 1806 als Landrat; **Ehefrau**: Marie Friederike, geb. von Milo;

Quellen: GStA, I. HA, Rep. 176, Nr. 1306; VIII. HA, Slg. Zitzewitz, F 1; Stabi, Ms. boruss. fol. 315; Rangliste 1806, S. 99 (Bruder G.H.B); Lehmann, Ritter, S. 65 u. S. 120 (Vater), S. 303 (E.F.W.);

Obrist Ernst Ludwig von Bandemer (* geb. 6. April 1698, † 14. Jan. 1790)

Vater: Ernst Johann († 1740), poln. Major, Erbherr auf Kunhof im Krs. Stolp; **Bruder**: George Werner (* Mai 1700, † 30. Mai 1760), im pomm. Kunhof geb., engagierte sich 1717 im Militär, 1722 Fähnrich im I-R Nr. 3, 1727 Sl, 1735 Pl, 1740 Stabs-Cap., Aug. 1740 Chef e. Comp., Mai 1753 Major, Juni 1756 Abschied, Erbherr auf Kunhof im Wert von 4/m T., erwarb 1758 d. Gut Wendisch Buckow im Krs. Stolp für 7 100 T. von dem vorm. poln. Obristen George Friedrich von Bandemer, kaufte 1760 Dominke für 5/m T. vom Obristen Friedrich Asmus von Bandemer; **Bruder**: Jacob (* um 1698), 1742 als poln. Cap. gen.; **Laufbahn**: seit 1711 im Militär, Mai 1723 Fähnrich, Mrz. 1729 Ltnt. im I-R Nr. 22, 1740 Cap. u. Chef e. Comp. im I-R Nr. 35, April 1743 ins I-R Nr. 37, Sep. 1752 als Major versetzt, stand 1756 als Major im Garn.-Bat. Nr. 3 in Kolberg, April 1757 Ol, April 1767 nach 49 Dj. als Obrist dim.; **Güter**: löste 1740 das vom Vater verpfändete Gut Kunhof im Krs. Stolp wieder ein; kaufte 1756 für 4600 T. Gambin B, erwarb 1763 aus d. Nachlaß d. verst. Bruders George Werner d. Gut Wendisch Buckow f. 7 100 T., besaß seit 1766 Lankwitz im Wert von 3/m T., später auch noch Dominke; (**Neffe** od. Sohn: Michael Ernst (* 6. Nov. 1743);

Quellen: GStA, I. HA, Rep. 30, Nr. 186 d, Paket 9839; Rep. 176, Nr. 1306; VIII. HA, Slg. Zitzewitz, F 1; Stabi, Ms. boruss. fol. 120, fol. 311 (Cap. im I-R Nr. 35, geb. 1700, seit 1713 im Militär); fol. 316; Brüggemann, T. 2/2, S. 946, S. 963, S. 976, S. 978; Geschichte I-R Nr. 3, S. 200 (Bruder); Taeglichsbeck, S. 262;

Cap. Franz Leopold von Bandemer (get. 9. Jan. 1747)

Vater: George Ernst (get. 26. Sep. 1713, † 7. Aug. 1777), stand in russ. Militärdiensten als Uffz., vor 1756 abgegangen, erbte d. väterliche Gut Gambin B im Krs. Stolp, verkaufte es 1756 für 4600 T. an d. Obristen Ernst Ludwig von Bandemer, 1763 auf ½ Rotten im Wert von 2500 T., 1767 ohne Gut; **Mutter**: Dorothea Sophie, geb. von Bandemer († 1752); Stief-Mutter: Anna Lovisa, geb. von Bandemer (* 1724); **Großvater**: Martin Otto, Erbherr auf Gambin B im Krs. Stolp; **Bruder**: Ernst Heinrich (get. 27. Febr. 1743, † 1. Febr. 1801), stand 1767 als Fähnrich im I-R Nr. 11, 1774 als Sl wegen Kränklichkeit dim., 1793 als Sl bei d. Invaliden-Comp. wieder angestellt; **Bruder**: Friedrich (Wilhelm) Alexander (get. 5. Mrz. 1745, † 6. Sep. 1777), seit 1762 im Militär, 1764 Gefr.corp., 1767 Fähnrich im I-R Nr. 31, 1774 als Sl dim., (als Cap. gest.); **Bruder**: Carl Wilhelm (get. 22. Mrz. 1748, † 14. Sep. 1779), 1767 *cadet* in Berlin, 1779 Sl im I-R Nr. 38, noch 1779 als Sl in Breslau gest.; **Laufbahn**: 1767 *cadet* in Berlin, Febr. 1769 Fähnrich im 2. Bat. Garde, im April 1776 als Ltnt. dim.; hielt sich 1791 als Cap. u. Artillerie-Train-Offz. nahe Stolp auf; suchte um e. Pension für d. Stief-Mutter und d. beiden Stief-**Schwestern** nach: Nicolina Gottlieb Wilhelmina

(* 1759) u. Sophia Helena Jacobina (* 1761), diese mußten zs. mit d. Mutter von d. Zinsen von 500 T. Kapital leben; d. Mutter bekam nach 1793 e. Pension von 100 T.;

Quellen: GStA, I. HA, Rep. 30, Nr. 186 d, Paket 9 839; Nr. 243, Vas.tab. 1756, 1763, 1767; II. HA, Abt. 13 a, Tit. III, Litt B, Nr. 3; VIII. HA, Slg. A.B. König, Nr. 449 (d. Vater hier als Joh. Bogislav); Slg. Zitzewitz, F 1; Stabi, Ms. boruss. fol. 314 (Bruder F.A.), fol. 316 (Bruder C.W.); Brüggemann, T. 2/2, S. 963; Becker, I-R Nr. 11, S. 310, S. 418 (E.H. hier als Friedrich); Reinhard, Garde, S. 531, S. 555 (F.L.);

Rittmstr. Friedrich von Bandemer (* 1752, † Jan. 1803)

Vater: Christian Bogislav (get. Juni 1718, † 7. April 1791), aus Karzenburg im Ftm. Cammin gebürtig, 1734 *cadet* in Berlin, Mai 1740 Gefr.corp., Sep. 1741 Fähnrich im I-R Nr. 1, Juni 1742 als Ltnt. vom I-R Nr. 1 ins Garn.-Reg. Nr. 6, 1758 Pl, 1770 als invalider Cap. bez.; **Mutter**: Sophie Helene, geb. von Lettow; **Großvater**: Ludwig, Erbherr auf Lankwitz im Krs. Stolp; **Bruder**: George Richard († vor 1777), Juni 1756 als Fähnrich im I-R Nr. 32 *cassirt*; **Laufbahn**: seit 1768 im Militär, Nov. 1780 Sl im H-R Nr. 4, Mai 1790 Pl, Mai 1795 Stabs-Rittmstr., Jan. 1798 Rittmstr. u. Chef e. Escadron, 1803 gest.;

Quellen: GStA, VIII. HA, Slg. Zitzewitz F 1 (d. Vater danach 1791 in Breslau mit 90 Jahren gest.?); Stabi, Ms. boruss. fol. 311 (Friedrich, in Schlesien geb.), fol. 313 (Vater, Hinweis auf Cartzenburg);

Obrist Friedrich Asmus von Bandemer (* um 1685, † 24. Aug. 1770)

Vater: Caspar Moritz, Erbherr auf e. Teil von Sorchow im Krs. Stolp, überließ diesen Teil 1709 seinem Sohn F.A.; **Vater-Bruder**: Asmus George von Bandemer; **Bruder**: Matthias Moritz (1693–1759), seit 1712 Erbherr auf Wussecken; **Laufbahn**: stand von 1713 bis 1717 in poln., von 1719 bis 1738 in russischen Diensten, brachte 1724 als russ. Ol u. Gen.-Adjutant e. Escorte von großen Leuten aus Moskau zu König Friedrich Wilhelm I., suchte 1727 um e. Lehnsbrief für die erworbenen Lehn d. Fam. von Woyten nach, weilte als russ. Obrist von ca. 1729 bis 1737 auf *Campagnen* u. a. in Persien, ließ sich Mitte 1738 in Pommern von seiner lasterhaften, dem Trunk ergebenen Ehefrau Anna Gertraud, geb. von Woyten scheiden, zahlte ihr für d. jährl. Unterhalt 120 T., wechselte am 1. Febr. 1738 als Obrist in d. kgl.-preuß Dienst, seit 1740 Chef d. H-R Nr. 3, Juli 1740 Orden p.l.m., d. Reg. wurde am 1. Aug. 1741 bei Kloster Leubus überfallen u. erlitt gr. Verluste, ihm d. Mitschuld dafür gegeben, deshalb 1741 vom König dim., später Kommandant von Peitz, 1763 als vorm. Obrist gen.; **Güter**: von 1709 bis 1722 Erbherr auf d. väterlichen Anteil von Sorchow, 1756 als Erbherr auf Reitz, Veßin nebst Vorwerken im Wert von 18/m T. genannt; **Sohn**: Moritz Friedrich (* um 1711), ging 1729 mit kgl. Erlaubnis mit seinem Vater nach Rußland, weilte einige Jahre auf d. Ritter-Akademie zu St. Petersburg, legte sich hier auf d. *occidentalischen* Sprachen u. auf d. Mathematik, Rückkehr nach Preußen, 1733 Wechsel von den *cadets* als Sl in e. Reg., ging als Pl unter d. russ. GFM Burchard Christoph Graf von Münnich mit in d. Campagne in d. Wallachei; **Sohn**: Carl Ludwig (1716–1796), seit 1735 im Militär, Mai 1741 Cornet im H-R Nr. 3, noch 1749 als Cornet gen., vor Sep. 1750 abgegangen, erbte als jetzt einziger Sohn nach d. Tod d. Vaters d. Güter Reitz u. Veßin und verkaufte sie 1781 an d. Major George Ludwig von Katzler f. 18 300 T.;

Quellen: GStA, I. HA, Rep. 30, Nr. 44, B 18, Paket 9 255 (in den Quellen auch als Asmus Friedrich); Nr. 243, Vas.tab. 1756, 1767; Rep. 176, Nr. 1306; Stabi, Ms. boruss. fol. 314; Brüggemann, T. 2/2, S. 996, S. 1006 (hier d. Hinweis auf d. Vater); König, Helden, T. 1, S. 98; E. Lange, Soldaten, S. 344–345;

Ol George Carl Dietrich von Bandemer (* 11. Dez. 1743, † 2. Okt. 1807)

Vater: Joachim Christian (1702–1764)*, GM, s.d., **Mutter**: Catharina Charlotte, geb. Gräfin von Schlippenbach (1709–1781), 1767 hieß es, es seien mehr Schulden als Vermögen vorhanden; **Bruder**: Dettlev (Dubislav) Ludwig Otto (* 11. Juni 1746, † 10. Sep. 1798)*, April 1763 Cornet im K-R Nr. 7, (Mrz. 1771 zum Artillerie-Train versetzt), 1775 Ltnt., 1785 Rittmstr. im K-R Nr. 7, invalide, für e. zivile Versorgung vorgesehen, seit Sep. 1785 Landjägermstr., Jan. 1787 Oberforstmstr. in Minden, als solcher gest., Erbherr auf Lankwitz im Krs. Stolp, Sohn: Philipp Carl Ludwig (* 30. Mai 1777, † 14. Okt. 1801), Nov. 1792 Cornet im K-R Nr. 7, Febr. 1794 Sl, 1801 Pl, Suizid, Sohn: Heinrich Carl Albert (* 8. Febr. 1781, † 15. Juni 1815), Mrz. 1794 Cornet im K-R Nr. 11, April 1795 Sl, April 1808 ausgeschieden, Aug. 1808 Wiedereintritt, ins brandenburg. K-R, Juni 1809 Abschied mit Pension, Juli 1809 Charakter Rittmstr., 1813 neuerlich eingetreten, 1815 in d. Schlacht bei Fleuri gefallen; **Laufbahn**: Sep. 1760 Cornet im K-R Nr. 4, April 1764 Ltnt., 1775 als Ltnt. gen., Febr. 1778 Stabs-Rittmstr., Juli 1783 Rittmstr., Sep. 1796 Major, Okt. 1799 nach 40 Dj. als Major mit 400 T. pens., Jan. 1801 Charakter Ol; **Güter**: besaß seit 1782 gemeinsam mit seinem Bruder Dettlev (bzw. Dubislav) d. väterlichen Güter, diese hatten um 1800 e. Wert von rund 39/m T. u. waren zu zwei Dritteln verschuldet; d. Erben d. Landjägermstrs. besaßen 1804 neben Gambin A auch Kunhof, Wendisch Buckow, Dominke u. Lankwitz für zs. 29/m T.; Wendisch-Silkow wurde im Frühjahr 1800 für 20/m T. an d. Ltnt. G.E. von Jutrzenka verkauft, s.d.;

Quellen: GStA, I. HA, Rep. 30, Nr. 186 d, Paket 9839; Nr. 243, Vas.tab. 1763, 1793, 1804; Nr. 243 H-K, Paket 9980; VIII. HA, Slg. Zitzewitz, F 1 (danach als Vater d. Rittmstr. Dietrich (1687–1752), G.C.D. gest. 5. Mai 1825, auch teils andere Angaben für D.L.O.); Stabi, Ms. boruss. fol. 315 (Bruder D.L.O.), fol. 316 (1775 als Joachim Carl Dietr.); Brüggemann, T. 2/2, S. 1004–1005; Förster, K-R Nr. 4, S. 284, S. 290, S. 323, S. 343, S. 355, S. 548; Monteton, S. 121 (H.C.A.); Priesdorff, Nr. 457 (Vater); biogr. Handbuch, S. 39–40 (Bruder);

cadet Gerhard (Gerd) Friedrich von Bandemer (* um 1733)

Vater: Gneomar (* um 1695, † 6. Aug. 1763), seit 1728 Erbherr auf ½ Schönenwalde im Krs. Stolp im Wert von 3/m T., erwarb nach 1741 auch d. zweite Hälfte des Gutes; **Vater-Bruder**: Asmus, Vetter: George Christian; **Laufbahn**: 1755 als *cadet* in Berlin gen., 1756 als gewesener *cadet* bezeichnet; **Bruder**: Gneomar Heinrich Leopold (* um 1738), stand 1756 als Gefr.corp. im I-R Nr. 30 in Anklam; **Güter**: ihm fiel nach d. Tod seines Vaters d. ganze Gut Schönenwalde zu, dieses hatte 1763 e. Wert von 8/m T.; G.F. wurde zuletzt 1794 als Erbherr auf d. Gut genannt, dieses befand sich 1800 u. 1804 in d. Händen d. Erben von Carl Wilhelm von Below zu Dünnow im Krs. Schlawe; 1765 bis 1773 auch Erbherr auf ganz Roggatz im Wert von 4/m T.;

Quellen: GStA, I. HA, Rep. 30, Nr. 243, Vas.tab. 1756, 1763, 1767, 1794, 1804; Brüggemann, T. 2/2, S. 997, 1001;

GM Hans Wilhelm von Bandemer (* 25. Mrz. 1725, † 2. Dez. 1788)*

Vater: Hans George (1677–1756), ksl. Cornet, Erbherr auf Wendisch Buckow im Krs. Stolp, auf Soltenitz B u. Hohenholz im Krs. Neustettin; **Mutter**: Barbara Diana, geb. von Rotenberg; **Bruder**: Bernhard Philipp (1709–1742), Cap., s.d. mehr; **Laufbahn**: Mrz. 1741 *cadet* in Berlin, April 1743 Uffz. im I-R Nr. 36, Aug. 1744 Fähnrich, Juli 1748 Sl, Dez. 1756 Pl, Nov. 1759 Stabs-Cap., Febr. 1760 Cap. u. Chef e. Comp., erlitt in d. *Campagnen* schwere Blessuren, Mai 1765 Major, Aug. 1765 Kommandant d. Forts Preußen bei Neiße, Nov. 1769 Ol, Sep. 1787 Obrist u. Kommandant von Glatz, Aug. 1788 GM, in Glatz gest.; **Güter**: besaß seit 1761 zs. mit seinem Bruder Ernst Bogislav d. Gut Soltenitz B nebst Vorwerk Hohenholz im Wert von 6/m T. im Krs. Neustettin; zu seinen Erben gehörte 1793 d. Cap. Carl Adrian von Lem(b)cke, s.d.;

Quellen: GStA, I. HA, Rep. 30, Nr. 243, Vas.tab. 1767, 1793, 1804; Brüggemann, T. 2/2, S. 769–770; Geschichte I-R Nr. 36, S. 85–86 (teils andere Daten als Priesdorff); Priesdorff, Nr. 771;

Ltnt. Jacob Ernst (Albrecht) von Bandemer (get. 1. Aug. 1732)

Vater: Anton (* um 1700, † 1761), gew. *cadet*, seit 1740 Erbherr auf Lankwitz im Krs. Stolp im Wert von 3/m T.; **Großvater**: Ernst Friedrich († 1722), Erbherr auf Wendisch Buckow im Krs. Stolp; **Vater-Bruder**: Joachim Heinrich (* 1701, † vor 1767), Mrz. 1716 Cornet im K-R Nr. 4, noch 1730 als Cornet gen., Juli 1731 Ltnt., Dez. 1737 Rittmstr., Mai 1745 Major, Orden p.l.m., Sep. 1754 Ol, Mai 1756 mit d. Charakter Obrist u. 200 T. Pension dim., wohnte 1763 in Wittichwalde bei Osterode, hinterließ seinen fünf Kindern e. *sehr mittelmäßiges Vermögen*; **Bruder**: Jürgen (George) Friedrich (* um 1731), 1755 u. 1756 als vorm. Uffz. gen.; **Bruder**: Joachim Johann Heinrich (* 13. April 1730, † 1783), Aug. 1750 *cadet* in Berlin, Juli 1756 als Fähnrich ins Garn.-Reg. Nr. 6, Mai 1763 Pl in Cosel, 1777 Stabs-Cap., 1783 als Cap. gest., Sohn: Carl Heinrich Benjamin, Nov. 1798 Fähnrich im I-R Nr. 52, April 1802 Sl, Okt. 1809 als Sl *cassirt*; **Laufbahn**: Sep. 1751 (bzw. 1755) *cadet* in Berlin, 1756 Fähnrich, Juli 1760 Sl im Garn.-Reg. Nr. 6 in Cosel, 1767 als Ltnt. dim.; **Güter**: die Brüder besaßen um 1760 gemeinsam d. Gut Lankwitz, verkauften dieses 1764 ihrer **Schwester** Anna Catharina Charlotta, verh. mit Richard Bogislav Wilhelm von Stojentin; die Brüder besaßen 1767 kein Gut mehr;

Quellen: GStA, I. HA, Rep. 30, Nr. 243, Vas.tab. 1755, 1756 (hier als Jacob Albrecht), 1763, 1767; VIII. HA, Slg. Zitzewitz, F 1 (hier für d. Onkel: 1716 *cadet* in Magdeburg, 1717 *cadet* in Berlin); Stabi, Ms. boruss. fol. 315, fol. 316 (Onkel); Brüggemann, T. 2/2, S. 978 (mit d. Brüdern Joach. Hr. u. Jacob Ernst); Crousaz, Beilage C, S. 35 (J.E. u. Bruder J.J.H.); Gallandi, Prussia, 1928, S. 262 (Onkel); Förster, K-R Nr. 4, S. 157, 178, 210, S. 544 (Obrist J.H.);

Cap. Joachim Bogislav von Bandemer (get. 23. Nov. 1728, † 11. April 1792)

Vater: Valentin († 1736), Erbherr auf Wittbeck A, Wittstock B u. Rotten B im Krs. Stolp; (**Bruder**: Friedrich Gerhard (* Dez. 1723, † 1750), 1750 als Fähnrich im I-R Nr. 44 gest.); **Bruder**: Carl Ludwig (1727–1777), 1745 *cadet* in Berlin; **Laufbahn**: engagierte sich 1746 im Militärdienst, stand 1756 als Sl im I-R Nr. 37, 1758 Pl, 1764 Stabs-Cap., 1767 Cap., 1774 als Cap. u. Chef e. Comp. gen., im Bayerischen Erbfolgekrieg Grenadier-Cap. im I-R Nr. 37, Sep. 1780 auf Wunsch dim.; **Güter**: Erbherr auf Wittbeck A u. Wittstock B f. 4/m T., dazu Rotten B, 1788 auch auf Weitenhagen im Krs. Stolp; 1804 besaß sein **Sohn** Wilhelm (* um 1788) die väterlichen Güter, dazu noch Weitenhagen im Wert von 17/m;

Quellen: GStA, I. HA, Rep. 30, Nr. 243, Vas.tab. 1756 (1756 u. 1767 nur auf ½ Wittbeck gen.), 1767, 1794, 1804; VIII. HA, Slg. Zitzewitz, F 1 (Bruder als Peter Friedrich Gert, geb. Dez. 1723); Stabi, Ms. boruss. fol. 312 (F.G., in d. Abgangsliste), fol. 316; Brüggemann, T. 2/2, S. 1016–1017; Gesch. I-R Nr. 44, S. 41;

GM Joachim Christian von Bandemer (* 19. Nov. 1702, † 28. Sep. 1764) *

Vater: Dietrich (1662–1731), Kammerherr, Oberstallmstr., Erbherr auf Selesen, Wendisch Silkow u. Gambin im Krs. Stolp; **Mutter**: Anna Ernestine, e. geb. von Schmieden; **Bruder**: Dietrich (1687–1752), Rittmstr., s.d.; **Bruder**: Peter Otto, Cap., seit 1754 zs. mit Joachim Christian Erbherr auf Selesen; **Laufbahn**: Juli 1717 *cadet* in Berlin, Okt. 1720 Standartenjunker im K-R Nr. 10, Dez. 1722 Cornet, Nov. 1724 Ltnt., Sep. 1736 Stabs-Rittmstr., Juli 1738 Rittmstr. im K-R Nr. 10, Juni 1743 Major, Sep. 1750 Ol, Febr. 1754 Kommandeur d. D-R Nr. 9, Sep. 1754 Obrist, Okt. 1757 GM, Jan. 1759 Chef d. K-R Nr. 11; **Güter**: besaß seit d. brüderl. Erbvergleich von 1731 Wendisch Silkow u. Gambin A im Wert von 8 661 T., nach dem Tod seiner Brüder nach 1754 alleiniger Erbherr auf Selesen, die Güter hatten 1756 e. Wert von 24/m T., durch seine dienstbedingte Abwesenheit u. d. Siebenjährigen Krieg wurden die Güter runiniert, sie gingen nach d. Tod seiner Witwe an die Söhne; **Ehefrau**: Catharina Charlotte, verw. GM von Krohn, geb. Gräfin von Schlippenbach (1709–1781); **Sohn**: George Carl Dietrich (* 1743), s.d., 1796 Major im K-R Nr. 4, 1799 als Ol nach 40 Dj. verabschiedet, erhielt 1802 e. Kredit über 7 500 T. um sein Gut Selesen im Wert von 33 456 T., das mit 20 450 T. verschuldet war, zu retablieren; **Sohn**: Johann Gustav Joachim (* 1749); **Sohn**: Dettlev (Dubislav) Ludwig Otto (* 4. Juni 1746, † 10. Sep. 1798), stand als Cap. im K-R Nr. 7, 1785 Landjägermstr., 1787 Oberforstmstr. zu Hausberge im Ftm Minden, hinterließ zwei im Militär stehende Söhne u. drei Tö., die alle 1799 noch minderjährig waren;

Quellen: GStA, I. HA, Rep. 30, Nr. 44, B 18, Paket 9 257; Nr. 243, Vas.tab. 1756; II. HA, Abt. 13 a, Tit. I, Litt S, Nr. 32; Brüggemann, T. 2/2, S. 1 004; Schwerin, K-R Nr. 10, T. 3, Anhang; Priesdorff, Nr. 457; biogr. Handbuch, S. 39–40 (D.L.O.);

Obrist Joachim Heinrich von Bandemer (* um 1694, † Aug. 1755)

Vater: Asmus, Erbherr auf Anteil Schönenwalde im Krs. Stolp; **Bruder**: George Christian († 14. Okt. 1765), Erbherr auf ganz Roggatz im Krs. Stolp; **Bruder**: Gneomar (* um 1695, † 6. Aug. 1763), 1725 Fähnrich, 1728 Abschied, Erbherr auf ½ Schönenwalde; **Laufbahn**: seit 1710 im Militär, Jan. 1716 Sl im I-R Nr. 27, Dez. 1724 Cap., 1736 als Cap. u. Chef e. Comp. genannt, Juni 1741 Major, Dez. 1745 Ol, Juni 1747 Orden p.l.m., Juni 1749 Kommandeur d. I-R Nr. 27, Mai 1750 Obrist, Juni 1752 Abschied, ledig u. ohne Güterbesitz verst.;

Quellen: GStA, VIII. HA, Slg. Zitzewitz, F 1; Stabi, Ms. boruss. fol. 316 (nicht in d. Abgangsliste), fol. 319; Lehmann, Ritter, S. 38;

Ltnt. Johann Heinrich von Bandemer (* 1694)

aus d. Nähe von Stolp in Pommern gebürtig; **Laufbahn**: seit 1710 im Militär, Mrz. 1723 Sl im I-R Nr. 29, Dez. 1728 Pl, Dez. 1732 als Ltnt. dim.;

Quellen: Stabi, Ms. boruss. fol. 316 (nicht identisch mit d. späteren Obrist Joachim Heinrich vom I-R Nr. 27);

Cap. Paul Joachim von Bandemer (* Juli 1747, † 1. Mrz. 1795) *

Vater: Casimir Ernst (* 1694), hinterließ zwei Söhne zweiter u. zwei Söhne dritter Ehe; **Laufbahn**: 1760 *cadet*, 1764 ins Regiment, stand 1774 als Gefr.corp. im I-R Nr. 12, avancierte noch bis zum Ltnt., Abschied als Cap. u. (1781) als Tabak-Magazin-Inspektor in

Havelberg versorgt, 1784 u. 1786 genannt, 1795 in Brandenburg an d. Havel gest.; **Bruder**: Christian Ludwig, 1764 als Ltnt. gen.; **Bruder**: Franz Gottlieb (* um 1740, † 22. April 1796), 1752 *cadet* in Berlin, Jan. 1757 ins Reg., 1764 Ltnt. im K-R Nr. 8, Sep. 1769 Cap., stand 1775 als Cap. u. Chef e. Comp. im Garn.-Reg. Nr. 10 (1786 Pl im Grenadier-Bat. Nr. 3 in Magdeburg), April 1786 Major im Garn.-Reg. Nr. 10, 1788 als Major ins Depot-Bat. d. I-R Nr. 42; **Bruder**: Anton Stanislaus (* 9. Mai 1751, † 26. Sep. 1799), 1760 *cadet*, 1763 ins Regiment, 1771 Fähnrich im I-R Nr. 5, Juni 1771 als Sl ins Grenadier-Bat. Nr. 2, hier noch 1783 als Sl gen., April 1785 als Pl ins Grenadier-Bat. Nr. 3, 1787 ins I-R Nr. 44, Mai 1793 Stabs-Cap., Mrz. 1794 Cap. u. Chef e. Comp. im I-R Nr. 44, 1799 als Cap. in Wesel gest.; **Güter**: die vier Brüder erhoben 1766 u. 1786 vergeblich Ansprüche auf die Güter des Obristen Friedrich Asmus von Bandemer, s.d.;

Quellen: GStA, I. HA, Rep. 30, Nr. 44, B 18 f, Paket 9257; VIII. HA, Slg. Zitzewitz, F 1; Stabi, Ms. boruss. fol. 312, fol. 314 (Brüder F.G. u. Anton), fol. 316; Rangirrolle Saldern (1771: Anton); Gallandi, Prussia, 1928, S. 262;

Major Peter Gerhard von Bandemer (* get. 18. Okt. 1701, † 24. Febr. 1762)

Vater: Christoph (* um 1654, † 1732), Erbherr auf Lankwitz, Roggatz u. Rotten im Krs. Stolp; **Mutter**: Cunigunde Sabina, geb. von Schmeling; **Bruder**: Joachim Siegfried († vor 1739), seit 1732 Erbherr auf Lankwitz; **Bruder**: Peter Henning Erdmann (* 1704, † 10. Mrz. 1757), 1720 *cadet*, seit 1723 im Militär, Aug. 1726 Fähnrich, 1740 Pl im I-R Nr. 23, Mai 1747 Orden p.l.m., 1755 Cap., Juni 1756 Major, 1757 als Major an e. hitzigen Brustkrankheit gest., erwarb 1751 Teile von Kukow u. Beckel im Krs. Stolp im Wert von 10/m T., die 1757 an d. Bruder P.G. fielen, besaß e. Forderung über 2/m T., eingetragen auf d. Lehngüter d. Hofrates von Mildenitz; **Laufbahn**: engagierte sich um 1718 im Militärdienst, 1721 Corp. im K-R Nr. 12, Aug. 1723 in d. Grenadier-Garde versetzt, 1726 Fähnrich im I-R Nr. 6, 1736 u. 1739 hier als Pl genannt, stand im Dez. 1740 als Cap. u. Chef e. Comp. im I-R Nr. 34, Jan. 1753 Major, Aug. 1758 Abschied; **Güter**: ihm fiel nach d. Teilungsrezeß von 1732 d. Gut Rotten zu, dieses ging 1739 an seine verwitw. Schwägerin Barbara Hedwig, geb. von Kleist, später verh. von Kleist, übernahm von seinem in der *Campagne* von 1757 gest. Bruder, dem Major P.H.E., die Güter Kukow und Beckel im Krs. Stolp im Wert von 2 666 T.; P.G. hinterließ nur e. uneheliche Tochter, die keinen Anspruch auf d. Lehn hatte, nach seinem Tod 1762 gingen die Güter an Ernst Christoph u. von diesem auf Claus Bogislav von Bandemer auf Wittbeck über;

Quellen: GStA, I. HA, Rep. 30, Nr. 44, B 18, Paket 9255; Nr. 242, Paket 9969; Rep. 96, Nr. 518 E bis H, Nr. 518 J bis M; Rep. 176, Nr. 1306; VIII. HA, Slg. Zitzewitz, F 1 (danach hier d. Vater Claus, Bruder P.H.E. gest. 2.5.1757); Stabi, Ms. boruss. fol. 311, fol. 314, fol. 316 (Bruder P.H.E.); Brüggemann, T. 2/2, S. 975–976; König, Helden, T. 1, S. 99–100 (Bruder P.H.E.); Lehmann, Ritter, S. 37 (Bruder);

Obrist Valentin Ludwig von Bandemer (* 1726)

Vater: Ernst Friedrich (* um 1681), 1745 mit 64 Jahren auf Sorchow gen.; **Vater-Bruder**: Werner Ernst (1680–1761), Cap., auf Wendisch Buckow, siehe mehr bei dessen Sohn Werner Ernst (1718–1757); **Laufbahn**: 1742 *cadet* in Berlin, seit Mrz. 1744 im Regiment, 1746 Fähnrich im I-R Nr. 10, 1751 Sl, 1756 Pl, 1758 Stabs-Cap., Febr. 1762 Cap., 1775 Major im I-R Nr. 10, Okt. 1784 Ol, Mai 1787 Obrist u. Kommandeur d. Grenadier-Bat., im Mai 1790 nach 46 Dj. mit e. Wartegeld von 300 T. pensioniert, bat im Sep. 1790 u. Jan. 1791 aus Belleben bei Halle um e. Erhöhung d. Wartegeldes, machte darauf aufmerksam, in Lüttich schwer erkrankt zu sein, laboriere noch immer an d. Leiden, habe kein eigenes Vermögen, das seiner **Frau** Auguste Sophie, geb. Vitzthum (von Eckstädt), hätte er auf Werbung u. bei anderen Gelegenheiten zugesetzt;

Quellen: GStA, I. HA, Rep. 96, Nr. 260 B 1; Rep. 176, Nr. 1306; Stabi, Ms. boruss. fol. 316; Brüggemann, T. 2/2, S. 1006–1007; König, Helden, T. 1, S. 100–101;

Cap. Werner Ernst von Bandemer (get. 10. Okt. 1718, † 18. Juni 1757) *

Vater: Werner Ernst (* um 1680, † 1761), sächs. Cap., trat 1742 sein Gut Wendisch Bukkow für 3/m T. im Erbkauf an d. Obristen George Friedrich von Bandemer ab, hielt sich 1756 in Freist bei Stolp auf; **Bruder**: Christian (Christoph) Ewald (get. 29. Dez. 1721, † 8. Mai 1787), Juni 1738 *cadet* in Berlin, Febr. 1741 als Gefr.corp. ins I-R Nr. 21, 1745 als Sl, 1756 als Pl gen., 1758 Cap. u. Chef e. Comp., Juni 1773 Major, Mai 1774 Orden p.l.m., Mrz. 1779 auf Wunsch dim., hinterließ sechs Töchter; **Bruder**: Jacob George (* 1727, † 21. Okt. 1788), 1743 ins I-R Nr. 17, 1750 als Fähnrich, 1756 als Sl gen., 1764 Pl, 1766 Stabs-Cap., 1767 Cap., 1773 als Cap. u. Chef e. Comp. gen., Dez. 1778 Major, Nov. 1787 Abschied als Ol, erwarb 1780 für 29/m T. d. Gut Wobesde im Krs. Stolp; **Laufbahn**: seit 1733 im Militär, 1750 u. 1756 als Pl im I-R Nr. 17 gen., bei Kolin 1757 als Cap. gefallen;

Quellen: GStA, I. HA, Rep. 30, Nr. 243, Vas.tab. 1756; VIII. HA, Slg. Zitzewitz, F 1; Stabi, Ms. boruss. fol. 311, fol. 316; Brüggemann, T. 2/2, S. 946, S. 1017; Lehmann, Ritter, S. 121 (Bruder C.E.);

Obrist Heinrich Ferdinand von Bardeleben (* Sep. 1747, † 1. Nov. 1822)

Vater: Johann Sigmund (1705–1753), seit 1723 im Militär, 1740 als Stabs-Cap., 1750 als Cap. u. Chef e. Comp. im I-R Nr. 35 gen., 1753 als Major gest., Erbherr auf Ribbeck in d. Kurmark; **Mutter**: geb. von Sack († 1787); **Bruder**: Gustav Ludwig (1743–1832), seit 1760 im Militär, 1765 Sl, 1779 Pl, 1786 Cap. im D-R Nr. 12, zuletzt hier Ol, vor 1806 abgegangen, seit 1787 verh. mit Friederike Sophie, geb. Gräfin von Küssow (1758–1815) aus Klükken; **Laufbahn**: 1763 Gefr.corp. im I-R Nr. 35, im Dez. 1774 als Sl u. Adjutant im I-R Nr. 12 gen., erhielt im April 1794 als Major im I-R Nr. 12 d. Orden p.l.m., Juni 1804 Obrist, stand 1804 u. 1806 als Obrist u. Kommandeur im I-R Nr. 35, 1822 pens.; **Güter**: saß seit mind. 1793 auf Wartekow im Ftm. Cammin, 1804 im Wert von 50/m T., 1822 auf d. Gut gest.; **Ehefrau**: Julie Lucie, geb. von Blankenburg; **Sohn**: Carl Moritz Ferdinand (1777–1868) *, Juni 1791 Gefr.corp. im I-R Nr. 12, Febr. 1797 Sl, Aug. 1808 Abschied als Cap., Febr. 1810 bei d. brandenburg. Artilleriebrigade als Stabs-Cap. angestellt, Mrz. 1812 Chef e. Comp., Juni 1814 Major, Mrz. 1834 GM, Sep. 1842 Gl, April 1848 Ruhestand, Juli 1850 Charakter als General d. Infanterie;

Quellen: GStA, I. HA, Rep. 30, Nr. 243, Vas.tab. 1793, 1804 (als Carl Heinrich); Stabi, Ms. boruss. fol. 311 (J.S. danach 1754 gest., 1773 u. 1787 standen drei von B. im Reg., H.F. aber nicht), fol. 907 a; Jb. dt. Adel, Bd. 2, S. 17–19; Lehmann, Ritter, S. 307; Priesdorff, Nr. 1 511 (Sohn, H.F. geb. 1748);

Ltnt. Balzer von Bartsch (* 1680)

aus Pommern gebürtig; **Laufbahn**: seit 1700 im Militär, Sep. 1711 Sl im I-R Nr. 4, 1715 hier noch genannt, vor 1728 abgegangen;

Quellen: Stabi, Ms. boruss. fol. 313, fol. 319; Siebmacher, Bd. 6/9, 1894, S. 5 (über diese Familie);

Ltnt. Georg Ludwig von Bartsch (* 1725, † vor 1763)

Vater: Franz Sylvester, Landgerichtsrat in Lauenburg, 1756 Erbherr auf e. Anteil Kl. Perlin; **Mutter**: Maria Elisabeth, geb. von Chmielinsky; **Bruder**: Franz Jacob (* 1733), als Fähnrich bei d. Garde im Siebenjährigen Krieg gefallen; **Bruder**: Johann Ernst (* 1730), seit 1746 im Militärdienst, 1750 Gefr.corp. im I-R Nr. 33, 1754 als Fähnrich vom Regiment desertiert, lebte 1805 zur Miete in Ossecken im Krs. Lauenburg, befand sich in kümmerlichen Umständen; **Schwester**: Anna Elisabeth (* 1727), verwitw. Carl Ludwig von Dargolewsky, sie besaß 1804 e. Vermögen von 500 T., konnte sich von d. Zinsen nicht ernähren, wurde daher auf d. Liste d. Expectanten für e. Pension gesetzt; **Laufbahn**: trat 1743 in d. Militärdienst ein, 1750 Gefr.corp., 1757 Sl im I-R Nr. 9, 1758 desertiert (bzw. im Kriegsverlauf gefallen);

Quellen: GStA, I. HA, Rep. 30, Nr. 243, Vas.tab. 1756; II. HA, Abt. 13 a, Tit. III, Litt D, Nr. 11 (Schwester); Litt L, Nr. 1, Bd. 2 (G.L. danach im Krieg gefallen); Stabi, Ms. boruss. fol. 311 (Bruder J.E.), fol. 315 (G.L. danach desertiert);

Ltnt. Carl Friedrich von Baumgarten (1733–1760)

Vater: Landschöppe in Lauenburg († vor 1756), Erbherr auf 1/3 Paraschin; **Laufbahn**: stand 1756 als Fähnrich im I-R Nr. 26, 1760 als Ltnt. gestorben;

Quellen: GStA, I. HA, Rep. 30, Nr. 243, Vas.tab. 1756; Stabi, Ms. boruss. fol. 314 (nur in d. Abgangsliste);

Major Peter Christoph von Baumgarten (* 1698)

aus d. Distrikt Lauenburg gebürtig; **Laufbahn**: seit 1714 im Militärdienst, 1720 Sergant im I-R Nr. 8, am 12. Mrz. 1720 desertiert, später wieder eingetreten, 1743 Cap. im I-R Nr. 26, Mai 1747 Orden p.l.m., 1756 als Major ins Garn.-Reg. Nr. 10 versetzt, vor 1764 abgegangen; (**Sohn**: Peter Christoph (* 1744), seit 1758 im Militär, 1764 Sl im I-R Nr. 26, 1769 zum Garn.-Reg. Nr. 3 versetzt: Stabi, Ms. boruss., fol. 314);

Quellen: Stabi, Ms. boruss. fol. 314, fol. 315; Lehmann, Ritter, S. 36;

Obrist Friedrich August von Beggerow (* 1737, † 30. Mrz. 1794)

Vater: Philipp Jacob (1700–1760)*, pommerscher KD-, seit 1737 Fi-rat in Berlin; **Mutter**: Julia Dorothea (* 1708), e. To. d. Stettiner Kaufmanns Matthäus Liebeherr; **Bruder**: Otto Philipp (1731–1756), Referendar beim Berlier Kammergericht; **Laufbahn**: trat 1751 in d. Militärdienst ein, 1753 Corporal, 1756 als Fähnrich im I-R Nr. 1, 1757 als Sl, 1764 als Pl gen., Mai 1770 Cap. im I-R Nr. 1, 1785 Ol, Febr. 1793 Obrist, Nov. 1793 mit 600 T. Pension dim.;

Quellen: GStA, I. HA, Rep. 176, Nr. 565; Stabi, Ms. boruss. fol. 313; biogr. Handbuch, S. 52–53 (Vater);

Cap. Heinrich Gustav Ernst von Behr (* 1749)

Vater: Major in hannöverschen Diensten, d. Sohn in Hannover geb.; **Laufbahn**: trat 1771 in preußische Dienste, um hier *sein Glück zu machen*, stand 1775 als Sl, 1787 als Pl im I-R Nr. 30, 1796 als Cap. genannt, vor 1806 abgegangen; **Schwester**: Sophia Wendeline

(* 1746), sie war mit ihrem Bruder in d. Monarchie gekommen u. ließ sich in Demmin nieder; sie stand seit 1788 auf d. Expectantenliste für e. pomm. Pension, lebte anfänglich von Handarbeit u.d. Verkauf von Mobilien; auf Immediatgesuche d. Bruders bekam sie mit CO vom Jan. 1790 e. Pension von 50 T.; e. Bericht d. Magistrates zu Demmin vom Juni 1793 zufolge wurde sie von ihrem Bruder u. Nachbarn unterhalten, sie galt als *faul, unverschämt*, d. *Trunk u.d. Völlerei ergeben*, konnte mit ihrer Pension nicht haushalten, die sie v. a. für Wein, Kaffee u. Kuchen ausgab, u. sollte deshalb in e. Arbeitshaus untergebracht werden od. e. Kurator bekommen, was rechtlich jedoch nicht möglich war; ab April 1796 wurde ihr d. königl. Pension u. e. monatl. Zuschuß ihres Bruders von sechs T. durch d. Magistrat zu Demmin ausgezahlt u. sie unter d. Aufsicht ihres Zimmervermieters gestellt;

Quellen: GStA, II. HA, Abt. 13 a, Tit. III, Litt B, Nr. 37; Stabi, Ms. boruss. fol. 311;

Rittmstr. George Carl Friedrich von Belling (* 1761, † 1816)

Vater: Tido Christoph (* um 1722), Cap. bei Heiderstedt (neumärk. Land-Miliz-Bat.), nach 20 Dj. als Postmstr. in Neuruppin versorgt, Erbherr auf Kremlin im Krs. Soldin; **Laufbahn**: 1778 *cadet* (in Berlin), 1783 Junker im Regiment, April 1784 Cornet, 1793 Sl im H-R Nr. 8, 1806 Rittmstr., geriet bei Lübeck in Gefangenschaft, 1808 mit Pension dim.; **Güter**: erwarb im Mai 1798 d. Gut Tiezow im Krs. Belgard, 1793 mit 10/m T. angegeben, vom Rittmstr. Lorenz Wilhelm von Versen für 40/m T., noch 1804 auf d. Gut genannt,

Quellen: GStA, I. HA, Rep. 30, Nr. 243, Vas.tab. 1793, 1799, 1804; Stabi, Ms. boruss. fol. 315; Ms. geneal. fol. 120 (Vater); Schöning, 5. H-R, S. 168, S. 375, S. 556;

Gl Wilhelm Sebastian von Belling (* 15. Febr. 1719, † 28. Nov. 1779) *

Vater: Johann Abraham († 1755), Ol, Kommandant zu Altena; **Mutter**: Catharina, geb. von Kospoth; **Laufbahn**: 1734 *cadet* in Berlin, Mrz. 1737 Cornet im H-R Nr 1, Mrz. 1741 Sl im H-R Nr. 2, Juni 1741 Pl, Okt. 1745 Stabs-Rittmstr., 1745 Orden p.l.m., Okt. 1746 Rittmstr. u. Chef e. Escadron, Sep. 1747 zum H-R Nr. 6, Mai 1749 Major, Mrz. 1757 Kommandeur d. H-R Nr. 6, Mrz. 1758 Ol, April 1759 Obrist, Jan. 1761 Chef d. H-R Nr. 8, Juli 1762 GM, Mai 1776 Gl, Okt. 1778 Schwarzer-Adler-Orden; **Güter**: erwarb mit d. Heiratsgut seiner **Frau** Catharina Elisabeth, geb. von Grabow († 1774), d. Güter Schojow u. Schwetzkow im Krs. Stolp; Schojow wurde 1763 vom Ltnt. Franz George von Rexin für 11/m T. erworben, Schwetzkow 1772 für 6666 T. von Lorenz von Lettow; seine aus Mecklenburg stammende Frau soll ihm e. Vermögen von 52/m T. eingebracht haben; hinterließ drei **Kinder**, einen unehelichen Sohn Johann Friedrich Wilhelm Ferdinand (* 1766), dieser wurde am 2. Aug. 1777 vom König legitimiert u. nobilitiert, sollte lt. d. im Dez. 1779 publizierten Testament Universalerbe des Vaters werden, starb jedoch als *cadet* in Berlin; d. uneheliche Tochter u. deren Mutter Louisa Hedwig Noffken aus Stolp wurden mit Mobilien u. kleineren Legaten bedacht; d. eheliche **Tochter** Dorothea Henriette Elisabeth war in erster Ehe verh. mit d. Major Christoph Adolph von Meseberg († 1770) vom H-R Nr. 8, aus dieser Verbindung stammten zwei Töchter; nach d. Tod ihres Mannes hielt sich die Tochter, der ihr Vater bis 1781 bereits 24/m T. mütterliches u. großmütterliches Erbe ausgehändigt haben will, gegen d. väterlichen Willen in Berlin auf, soll hier e. liederliches Leben geführt haben, in dessen Ergebnis sie schwanger wurde; d. Gl erwirkte im Dez. 1773 beim König, daß D.H.E. in Berlin unter Hausarrest gestellt, dann im Mai 1774 jedoch nach Küstrin überstellt wurde; d. Tochter weigerte sich beharrlich, d. Kindesvater zu nennen, u. a. deshalb ließ d. Gl ihr Vermögen durch seinen Reg.quartiermstr., darunter ein Haus u. Mobiliar in Lauenburg sowie diverse Obligationen, in Beschlag nehmen; im Febr. 1774 legte d. König jedoch fest, daß d. Vermögen von D.H.E. gegen d. unrechtmäßigen Ansprüche ihres Vaters in Sicherheit gestellt u. Vormündern zur *Conservation* anvertraut werden sollte; d. Ltnt. Ernst Gotthard von Lepel vom I-R Nr. 46 gab an, die Tochter geschwängert zu haben u. wollte sie heiraten, auch diese selbst suchte am 15. Mrz. 1774 in e. Immediatgesuch um d. Heirats-Consens nach; Großkanzler von Fürst drang in d. Gl, diese Verbindung zu gestatten u. damit alle Probleme aus d. Welt zu schaffen, von Belling lehnte jedoch ab, weil d. Ltnt. kein Vermögen besaß, angeblich nicht d. wahre Kindesvater gewesen sei u. nur auf d. Vermögen d. To. spekuliert haben soll; Im Juni 1774 reiste d. Gl nach Küstrin, söhnte sich mit seiner To. aus u. ließ diese wieder auf freien Fuß setzen u. nach Pommern zurückkommen; bereits am 20. Nov. 1774 wurde sie mit d. Cornet Ludwig Franz Ernst Frhr. von der Goltz vom H-R Nr. 8, der zuvor seinen Abschied genommen hatte, getraut; d. Ltnt. von Lepel prozessierte gegen d. nunmehrige Freiin von der Goltz u. pochte auf d. Einhaltung des Eheversprechens, wurde jedoch in mehreren Instanzen abgewiesen, da er keinen schriftlichen *Consens* d. Vaters vorweisen konnte; auch die Ehe mit d. Cornet v.d. Goltz wurde später geschieden; d. To. D.H.E. erwarb 1774 d. Gut Wussow in Lauenburg für 17/m T., erbte 1779 vom Vater d. Güter Schojow u. Schwetzkow, dieses wurde nach 1794 an (Joh. Friedrich Wilhelm) von Stojentin verkauft; D.H.E. besaß noch 1804 die Güter Schojow u. Wussow für zs. 28/m T.;

Quellen: GStA, I. HA, Rep. 30, Nr. 44, B 17, Paket 9254; Nr. 243, Vas.tab. 1793, 1804; Stolper Kadetten, S. 13; Priesdorff, Nr. 533 (die mit General F.E.S. von Goeckingk verh. To. Anna Dorothea (1747–1818) wird in d. Akten nicht gen.); Straubel, Offiziere, S. 514–515;

Fähnrich August Wilhelm von Below (* 20. Juni 1754, † 24. Jan. 1801)

Vater: Martin Friedrich (1703–1768), Major, s.d. mehr zur Familie; **Mutter**: Sophie Friederike, geb. von Boehn (1728–1788); **Laufbahn**: nahm 1775 als Fähnrich seinen Abschied, widmete sich d. Landwirtschaft, später Prälat in Cammin, als solcher u. a. 1797 gen.; **Güter**: erwarb im Juni 1783 aus d. Konkurs d. Ewald Christian von Damitz d. Allodialgüter Groß Möllen u. Klein Möllen im Ftm. Cammin für 28 300 T., darauf Schulden von 24 850 T.; **heiratete** 1793 in zweiter Ehe Friederica Caroline Amalie, e. To. d. verst. Kammerpräs. Nicolaus Bertram von Below (1728–1779), aus d. Ehe zwei Kinder; seine Frau war in erster Ehe mit e. Ltnt. von Blankenburg verh. gewesen, während dieser geschiedenen Ehe wurde e. Teil ihres Vermögens aufgebraucht; sie besaß e. Heiratsgut von 10 480 T., lt. Ehevertrag von Okt. 1793 wurden davon pomm. Pfandbriefe für 10/m T. gekauft u. damit Pfandbriefe in gleicher Höhe auf d. Gütern Möllen abgelöst; 1801 eröffnete d. Hofgericht e. Liquidationsverfahren über d. Vermögen d. Verstorbenen, seine Witwe u. ihre Mutter, der davon jährlich 150 T. zustanden, klagten 1802 d. Zinsen für d. Pfandbriefe ein; d. Güter wurden um 1804 an d. Ltnt. George Heinrich von Schmeling veräußert;

Quellen: GStA, I. HA, Rep. 30, Nr. 44, B 5 a, Paket 9246; Nr. 243, Vas.tab. 1793, 1799, 1804; Fam. gesch., S. 479, Tab. LX;

Cap. Carl Gustav von Below (* 12. Mai 1759, † 18. April 1840)

Vater: Andreas (1725–1800), russ. Major, suchte 1781 um d. Erlaubnis zur *Lehns-Succession* auf d. Güter d. verst. Kammerpräs. Nicolaus Bertram von Below nach, seine Ansprüche u. die seines Sohnes C.G. wurden anerkannt, sie konnten die Güter im Krs. Schlawe jedoch erst 1794 übernehmen; **Mutter**: Catharina, geb. von Baranow (1744–1765); **Bruder**: Andreas (1762–1820), Landmarschall d. livländischen Ritterschaft; **Laufbahn**: trat um 1776 in d. preuß. Militärdienst ein, Aug. 1779 Cornet im D-R Nr. 12, 1786 hier Sl, 1794 als Cap. dim.; **Güter**: erwarb (um 1795) d. Allodialgut Notzkow im Krs. Schlawe für 35/m T., wollte dieses 1798 zwecks Schuldentilgung an e. Bürgerlichen verkaufen, sein Antrag wurde am 8. Okt. 1798 abgewiesen; seit 1799/1800 befand sich d. Gut im Besitz d. Ltnt. Ferdinand von Below; ihm bzw. seinem Vater fielen d. Güter d. verst. Präs. von Below zu; sie erhielten diese jedoch erst nach d. Tod d. Cap. Martin Ernst von Below, s.d., u. nach dem seines Sohnes, d. Landrates Caspar Ludwig, nach 1794; 1799 u. 1804 als Erbherr auf Gaatz im Krs. Stolp, auf Reddentin, Medenick, Pennekow u. Symbow im Krs. Schlawe im Wert von 68/m T. gen.; **Ehefrau**: Charlotte Wilhelmine Sophie, Witwe von Nicolaus Bertram von Below, geb. von Woedtke (1757–1798), sie hatte e. Heiratsgut von 10/m T.; **Sohn**: Carl Ewald Andreas (1783–1842), stand 1801 als Cornet im K-R Nr. 5, vor 1804 als Ltnt. abgegangen;

Quellen: GStA, I. HA, Rep. 30, Nr. 44, B 5 a, Pakete 9245 u. 9246; Nr. 243, Vas.tab. 1793, 1797, 1801, 1804; Stabi, Ms. boruss. fol. 311; Tb. Uradel 1902, S. 73–75; Fam.gesch., S. 404–408, Tab. XXXXVI;

Cap. Eberhard Gustav von Below (* 1722, † 4. April 1761)

Vater: Ambrosius (1670–1725), Major, machte sich in Livland ansässig; **Mutter**: Bela Marg., geb. Freiin von Stackelberg; **Bruder**: Andreas (1725–1800), russ. Major; **Laufbahn**: stand zunächst in russischen Diensten, reichte als Ltnt. um 1747 e. Gesuch um Pardon beim König ein, bat um d. Lehnsanteil Gaatz d. verst. Caspar Friedrich Bogislav von Below; wechselte 1749 in d. preußischen Militärdienst, Dez. 1749 Stabs-Cap. im I-R Nr. 32, Mai 1752 Cap. u. Chef e. Comp., geriet mit d. *Corps* Fouqué 1760 in österr. Gefangenschaft, 1761 in Linz gest.; **Güter**: erhielt im Dez. 1749 d. Lehn d. verst. C.F.B. von Below; verkaufte e. Anteil von Gaatz 1751 für 5/m T. an seinen Vetter, d. Ltnt. Paul Bertram von Below;

Quellen: GStA, I. HA, Rep. 30, Nr. 44, B 5 a, Pakete 9244 u. 9245; Stabi, Ms. boruss. fol. 312; Brüggemann, T. 2/2, S. 962; Tb. Uradel 1902, S. 72–73 (f. Andreas hier 1725–1800); Fam. gesch., Tab. XXXIII, S. 401–403;

Cap. Eccard (Eckard) Friedrich von Below (* 1716)

Vater: Gerd Heinrich (* 1676), Geh. Rat, Hofgerichtspräs. in Stargard; **Mutter**: Eva Tugendreich, geb. von Schöning; **Bruder**: Johann Wilhelm (1729–1775), Cap., s.d., **Laufbahn**: seit 1736 im Militär, Sep. 1746 Cap. im Garn.-Reg. Nr. 11, vor 1757 abgegangen, als Förster im preuß. Lötzen versorgt, ledig verst.;

Quellen: Stabi, Ms. boruss. fol. 314 (danach geb. um 1716); Fam.gesch., Tab. LIV;

Cap. Ernst Bogislav von Below (* 2. Okt. 1744, † 1803)

Vater: Martin Heinrich (1715–1782), seit 1735 im Militär, erhielt am 27. Febr. 1738 mit 23 Jahren d. *venia aetatis*, stand damals als Fähnrich im I-R Nr. 17, sollte anschließend auf Werbung nach Italien gehen, 1740 Sl im I-R Nr. 17, 1742 Abschied, nach 1756 reaktiviert, 1763 u. 1767 als Cap. im Kolberger Land-Bataillon gen., Erbherr auf Dünnow, Muddel, Lindow u. Symbow, dies 1757 verkauft, im Krs. Schlawe; **Mutter**: Charlotte Ernestine, geb. von Schmeling; **Bruder**: Carl Wilhelm (1754–1798), weilte 1763 u. 1767 auf d. Schule, 1782 als Ltnt. gen., 1785 Abschied als Cap., Erbherr auf Dünnow, Lindow u. Muddel, 1793 im Wert von zs. 34/m T., verh. mit Henriette Friederique (* 1776), dritte To. d. Obristen Gerd Bogislav von Below auf Peest, sie erhielt am 2. Juli 1798 als Witwe d. *venia aetatis*, hatte e. väterl. Vermögen von 152 T., ihre Mutter lebte noch, sie hatte in d. Minderjährigkeit ihres Stief-Sohnes Carl Friedrich Wilhelm (* 1788) d. Nießbrauch d. Güter u. besorgte deren Administration; **Laufbahn**: trat um 1763 in d. Militärdienst ein, stand 1767 als Cornet im D-R Nr. 12, 1779 als Sl, 1786 als Stabs-Cap. gen., Juni 1790 dim.; **Güter**: wollte 1788 d. vom Vater verkaufte Gut Lindow mit seinem Vermögen in Höhe von 8/m T. *reluiren*, suchte beim König vergeblich um e. Kredit über 2/m T. nach zwecks Abzahlung d. Meliorationsgelder, d. Vorhaben zerschlug sich; überließ 1788 d. väterl. Güter seinem Bruder, erwarb dafür Groß Raddow, Anteile an Wolkow, das e. jährl. Pacht von 115 T. trug, u. Vogelsang im Borckeschen Krs.; hatte Groß Raddow für 24/m T. vom damaligen Rittmstr. G.L. von Blücher gekauft, der es seinerseits 1777 für e. Pfandschilling von 16 500 T. für 25 Jahre von d. Fam. von Kleist erworben hatte; 1801 auch auf Gienow im Krs. Dramburg im Wert von 35 300 T. gen.; in erster **Ehe** mit Catharina Henriette, geb. Kundenreich († 1787), in zweiter Ehe verheiratet mit Barbara Elisabeth Hedwig, geb. von Zastrow;

Quellen: GStA, I. HA, Rep. 30, Nr. 44, B 5 a, Paket 9246 (Schwägerin); Nr. 243, Vas.tab. 1756, 1763, 1793, 1804; Rep. 96, Nr. 260 B 2; Stabi, Ms. boruss. fol. 311, fol. 316; Brüggemann, T. 2/2, S. 870–871; Tb. Uradel 1902, S. 82–83; Fam.gesch., Tab. LXVII a, S. 560–561;

Cap. Ernst Ludwig von Below (* 1683, † 10. Dez. 1744)

Vater: Paul (Erbherr auf Reddentin im Krs. Schlawe); **Mutter**: Hedwig, geb. von Sikowsky; **Laufbahn**: seit 1698 im Militär, engagierte sich im I-R Nr. 1, (Mrz. 1708 Pl im I-R Nr. 24, 1713 als Pl im I-R Nr. 24 gen.), 1711 zum Pl im I-R Nr. 1 befördert, 1722 als Stabs-Cap. zum Garn.-Bat. nach Geldern versetzt (1731 Cap. beim Stettiner Garn.-Reg.), unbeerbt verst.; erste **Ehefrau**: Armgard Sabine, geb. von Lettow († vor 1738); **Güter**: verkaufte seinen Anteil an Reddentin 1739 an Claus Ludwig von Below;

Quellen: Stabi, Ms. boruss. fol. 313, fol. 316, fol. 319; Fam.gesch., Tab. XXXXIV, S. 394 (danach 1717 SC im I-R Nr. 1); Brüggemann, T. 2/2, S. 886;

Ltnt. Ernst Sigismund von Below (* 14. Nov. 1716, † April 1753)

Vater: Carl Christian (1671–1745), sächsischer Cap.; **Mutter**: Charlotte Juliana, geb. von Lichtenhayn (1685–1736); **Laufbahn**: Okt. 1741 als Fähnrich im D-R Nr. 7 gen., Mai 1744 Ltnt., 1753 in Tilsit gest.;

Quellen: (Baerensprung, S. 509: Okt. 1741 Fähnrich im D-R Nr. 8); Tyszka, D-R Nr. 7, S. 447; Fam. gesch., Tab. XXXVII, S. 356;

Cap. Franz Jacob von Below (* 5. Dez. 1734, † 7. Mai 1799)

Vater: Matthäus Heinrich Christian (1682–1764), seit 1720 Erbherr auf ganz Klein Machmin, seit 1717 auf Groß Strellin im Krs. Stolp; **Mutter**: Veronika, geb. von Puttkamer; **Bruder**: Gerd Ludwig (* um 1731), stand 1756 als Uffz. im I-R Nr. 17; **Bruder**: Friedrich Wilhelm (1739–1795), 1753 Junker, 1756 Gefr.corp. im I-R Nr. 36, Sep. 1757 Fähnrich, Juli 1758 Sl, Juli 1765 Pl, Jan. 1779 als Stabs-Cap. Orden p.l.m., 1781 Cap., Dez. 1785 Major im I-R Nr. 53, Juli 1794 Obrist u. Kommandeur d. I-R Nr. 53; **Laufbahn**: bezog 1752 d. Univ. Königsberg, trat 1756 in d. erste Bataillon Garde ein, im Sep. 1763 nach 7,5 Dj. als Fähnrich mit d. Charakter Cap. dim.; **Güter**: seit 1764 Erbherr auf d. väterlichen Gütern Klein Machmin u. Groß Strellin f. 12/m T., die ihm bei d. Erbteilung durch Los zugefallen waren; veräußerte Groß Strellin 1769 für 10/m T., von 1787 bis 1796 Erbherr auf Darsekow im Wert von 4/m T.; bat im Mrz. 1799 darum, Klein Machmin an e. Bürgerlichen verkaufen zu dürfen, im Mai 1799 hieß es aus Stettin, d. Antrag habe sich erledigt, weil d. Suppl. inzwischen verst. sei, hinterließ fünf Söhne u. zwei Töchter; **Ehefrau**: Dorothee Barbara Christine, geb. von Puttkamer (* 1750, † vor 1799); **Sohn**: Franz Matthias (1770–1851), 1794 Ltnt. im I-R Nr. 36, vor 1800 abgegangen, verh. mit Barbara Charlotte Louise von Below (* 1779); **Sohn**: Carl Ludwig Wilhelm (1772–1842), seit 1786 im Militär, 1794 Ltnt., Mrz. 1804 Stabs-Cap. im I-R Nr. 24, 1812 Abschied als Major, ledig; **Sohn**: Hans Friedrich Heinrich Werner (1784–1847)*, Mai 1794 *cadet* in Stolp, Aug. 1799 ins Grenadier-Bat. von Ingersleben, nach 1815 GM; **Sohn**: Carl Gerhard Wilhelm (1786–1847), Mai 1794 *cadet* in Stolp, Okt. 1797 *cadet* in Berlin, Ltnt.; **Sohn**: George Friedrich Wilhelm (1788–1856), seit Mrz. 1797 *cadet* in Stolp, April 1800 *cadet* in Berlin;

Quellen: GStA, I. HA, Rep. 30, Nr. 44 B 5 a, Paket 9246; Nr. 243, Vas.tab. 1756, 1763, 1794, 1800; Stabi, Ms. boruss. fol. 314 (F.W.); Brüggemann, T. 2/2, S. 994, S. 1009; Geschichte I-R Nr. 36, S. 99 (Bruder F.W.); Reinhard, Garde, S. 544; Stolper Kadetten, S. 32, S. 36; Priesdorff, Nr. 1579 (Sohn H.F.H.W.); Fam.gesch., S. 373–374, Tab. XXX;

Gutsbes. Franz Lorenz von Below (* 10. Juli 1752, † 9. Okt. 1808)

Vater: Gerd Christoph (1714–1763), Erbherr auf Salleske im Krs. Schlawe, hinterließ drei unmündige Kinder; **Mutter**: Barbara Hedwig Corona, geb. von Lettow (1736–1803), bei d. Auseinandersetzung mit ihren Kindern erhielt sie e. Vermögen von 11 670 T., d. Kösliner Hofgericht erklärte sie am 24. Dez. 1782 für unfähig, ihrem Vermögen vorzustehen, sie galt als *einfältig u. von schwachem Verstand*, durch d. *Curatel* sollte d. Vermögen f. d. Kinder konserviert werden; **Schwestern**: Juliane Helene (1751–1816), stand 1793 wie ihr Bruder unter *Curatel*, galt als *blödsinnig*; Charlotte Luise Hedwig (1754–1793), verh. mit d. Obristen u. späteren GM Friedrich Wilhelm von Steinwehr (1733–1809)* vom I-R Nr. 23; **Laufbahn**: besuchte 1763 d. Schule in Salleske u. dann e. Universität; trat nicht in d. Militärdienst ein; seit 1763 Erbherr auf Salleske im Krs. Schlawe, d. Gut trug e. jährliche Pacht von 2/m T., nach Abzug d. Zinsen u. d. *onera* blieben jährlich netto 800 T.; wurde 1783 wegen *Blödsinnigkeit* unter *Curatel* gestellt, seit 1796 bettlägrig; **Ehefrau**: Ernestine Sophie Huldreich, e. geb. von Bonin (* 1751, † 19. Juni 1781), aus d. Ehe d. **Tochter** Barbara Charlotte Louise (* 13. Juni 1779), diese erhielt am 6. Jan. 1800 d. *venia aetatis*, sie hatte e. mütterl. Vermögen von 1 525 T. u. war seit 1797 verh. mit Franz Matthias von Below (1770–1851), 1794 Ltnt. im I-R Nr. 36, Sohn von Franz Jacob auf Klein Machmin, s.d., dieser besaß seit etwa 1795 d.

Gut Wyszychowo bei Danzig, erworben von d. Kaufmann Cowle für 43/m T., von d. Landschaft jedoch nur auf 27/m T. geschätzt; Cowle kündigte 1800 d. Restkaufgeld in Höhe von 13 575 T., weshalb d. To. B.C.L. d. Kösliner Vormundschaftskollegium im Nov. 1800 darum bat, ihr aus d. Aktiva ihres Vaters, dessen alleinige Erbin sie sein würde, e. Kredit über 8/m T. zu geben, d. Kollegium lehnte jedoch ab, weil sie keine hinreichende Sicherheit bieten konnte, auf Wyszychowo waren nämlich Pfandbriefe über 10 425 T. u. d. Restkaufgeld von 13 575 T. eingetragen, die angeblichen Verbesserungen ihres Mannes von 6/m T. wurden bezweifelt; lt. Ehestiftung hatte sie ihrem Mann *illata* von 4/m T. u. d. mütterliche Erbe von 1 525 T. eingebracht, mehr stand ihr nicht zu; sie hatte im Jahr 1800 zwei Töchter;

Quellen: GStA, I. HA, Rep. 30, Nr. 44, B 5 a, Pakete 9245 u. 9246; Nr. 243, Vas.tab. 1763, 1767, 1793, 1804; Brüggemann, T. 2/2, S. 888–889; Priesdorff, Nr. 914 (Schwager); Fam.gesch., S. 376–377, Tab. XXXX;

Obrist Gerd Bogislav von BELOW (* 30. Juli 1726, † 20. Sep. 1786)

Vater: Heinrich (Heino) Friedrich (1681–1750)*, Landrat d. Krs. Schlawe, Erbherr auf Peest, Pustamin u. Palow; **Mutter**: Charlotte Luise, geb. von Wobeser (1719–1757); **Bruder**: Hans Ludwig (1734–1785), engagierte sich 1751 im Militär, stand 1764 als Rittmstr. im K-R Nr. 5, später Geh. Rat u. Kammerpräs. im Ftm. Anhalt-Köthen, Sohn: Wilhelm Adolph Hans Heinrich (1783–1864)* Gl; **Laufbahn**: trat um 1742 in d. Militärdienst ein, stand 1750 als Fähnrich, 1756 als Sl im I-R Nr. 17, 1764 Cap. u. Chef e. Comp., Juli 1773 Major, kommandierte 1778 d. Grenadier-Bat. d. I-R Nr. 17, 1782 Ol, Juni 1783 Orden p.l.m., 1785 Kommandeur d. I-R Nr. 17, 1786 als Obrist nach 44 Dj. gest.; **Güter**: nach d. Vergleich von Aug. 1763 mit seinem Bruder Erbherr auf d. väterl. Gütern Peest B, Palow A u. Nützlin B im Krs. Schlawe im Wert von 15/m T., darauf Schulden von 12/m T. (1767) bzw. 20 570 T., hinterließ seinen acht Kindern kein Vermögen; **Ehefrau**: Friederike Luise, geb. von Below (1746–1798), diese saß 1793 auf d. Gütern ihres verst. Mannes; **Sohn**: Gustav Ernst Ludwig (1767–1794), seit 1778 im Militär, Febr. 1785 Fähnrich im 1. Bat. Garde, Juli 1792 Sl, bei Mainz 1794 gest.; **Sohn**: Friedrich George Wilhelm (1769–1812)*, seit 1782 im Militär, 1787 Fähnrich, 1793 Ltnt. im I-R Nr. 17, Nov. 1794 Abschied nach elf Dj., seit 1794 Erbherr auf Reblin im Krs. Schlawe, bat 1786 vergeblich um e. Expectanz auf e. Stiftsstelle im Hzgtm. Magdeburg, seit 1804 Landrat im Krs. Schlawe; **Sohn**: Heinrich Sigismund Bogislav (1771–1834), seit 1789 im Militärdienst, Mrz. 1789 Sl im I-R Nr. 13, Mrz. 1793 auf Wunsch dim., Landschaftsrat, 1804 Erbherr auf Peest B, Palow B, Nützlin B; **Sohn**: Ferdinand Philipp Lorenz (1777–1830), dieser stand 1799 als Sl im I-R Nr. 12, erhielt am 7. Okt. d.J. d. *venia aetatis*, sein väterl. u. mütterl. Vermögen betrug damals 1 742 T., vor 1806 aus dem I-R Nr. 12 abgegangen, nach 1815 Ol; **Sohn**: Wilhelm Heinrich Gottfried (1782–1853), 1806 Sl im I-R Nr. 17, 1812 dim., 1826 (Cap.) im 21. Landwehr-Reg.; d. **Töchter** Charlotte Louise (* 1773) u. Caroline Wilhelmine (* 1774) besaßen im Jahr 1800 jeweils e. Vermögen von 200 T., konnten von ihren Geschwistern nicht unterstützt werden u. wurden deshalb auf d. Expectantenliste für e. pomm. Pension gesetzt;

Quellen: GStA, I. HA, Rep. 30, Nr. 44, B 5 a, Paket 9246 (Söhne S.H.B. u. F.L.P.); Nr. 243, Vas.tab. 1756, 1763, 1767, 1793, 1804; II. HA, Abt. 13 a, Tit. III, Litt B, Nr. 46; Stabi, Ms. boruss. fol. 311 (Bruder H.L. u. Sohn S.H.B.), fol. 316; Brüggemann, T. 2/2, S. 880; Reinhard, Garde, S. 534, S. 537, S. 545; Tb. Uradel 1902, S. 76–77 (hier nicht alle Söhne); Priesdorff, Nr. 1584 (Neffe); Famgesch., Tab. LV, S. 453–454; biogr. Handbuch, S. 56 (Vater);

Cap. Gerhard (Gerd) von Below (1689–1723)

Vater: Paul Caspar († 1696), Erbherr auf Gaatz im Krs. Stolp, auf Lübzow u. Wusterwitz im Krs. Schlawe; **Mutter**: Sabina, geb. von Sikorsky († 1713); (**Bruder**: Caspar, Ltnt., erbte 1713 d. väterlichen Güter); **Laufbahn**: seit 1706 im Militär, Dez. 1714 Pl im I-R Nr. 1; (zuletzt Cap.);

Quellen: Stabi, Ms. boruss. fol. 319; Fam.gesch., Tab. XXXXIII;

Cap. Hans Heinrich Albrecht von Below (* 1722, † 3. Febr. 1764)

Vater: Paul Bertram (1691–1765), seit 1710 im Militär, 1721 Fähnrich im I-R Nr. 9, Jan. 1723 Sl im I-R Nr. 28, mußte 1725 wegen schwacher Gesundheit seinen Abschied nehmen, seit 1749 Erbherr auf Vilgelow, auch auf Gaatz im Krs. Stolp, Runow, Reblin im Krs. Schlawe, erhielt nach d. Tod d. poln. Majors Adolph Ernst von Schachmann d. zweiten Teil von Reblin im Wert von 4500 T. zum Lehn, darauf Schulden von 2700 T.; **Mutter**: Barbara, geb. von Bandemer; **Bruder**: Nicolaus Bertram (1728–1779)*, Kammerpräsident; **Ehefrau**: Luise Henriette, geb. von Somnitz; **Laufbahn**: stand 1752 als Uffz. im I-R Nr. 11, 1756 als vorm Uffz. gen., im Siebenjährigen Krieg reaktiviert, 1763 Abschied als Cap. vom Land-Bat.; 1764 gest., die väterl. Güter fielen an d. Bruder Nicolaus Bertram von Below, d. späteren Kammerpräs.;

Quellen: GStA, I. HA, Rep. 30, Nr. 44, B 5 a, Paket 9245; Nr. 243, Vas.tab. 1756, 1763, 1767; Brüggemann, T. 2/2, S. 885–886, S. 1013; Fam.gesch., S. 394, Tab. XXXIV; biogr. Handbuch, S. 57 (Bruder N.B.);

Ol Heinrich Carl Christian von Below (* 26. Nov. 1755, † 2. Dez. 1806)*

Vater: Heinrich Balthasar (1703–1769), Cap., Landrat, dann Major bei d. Garde d. Fürsten von Anhalt-Köthen, im Siebenjährigen Krieg preuß. General-Polizei-Meister, 1757 *cassirt*, Erbherr auf Anteil Kösternitz im Krs. Schlawe, dieser geriet vor 1756 in Konkurs u. kam an d. Cap. M.L. von Eichmann, *reluirte* vor 1743 Steglin im Krs. Schlawe, trat es wenig später seiner Mutter ab, von der es an d. Fam. von Eichmann überging; **Laufbahn**: seit 1770 im Militär, Mai 1771 überkompletter Fähnrich im I-R Nr. 21, Dez. 1782 Sl, erhielt im Nov. 1793 als Cap. im I-R Nr. 21 für d. Sturm auf Bitsch d. Orden p.l.m., zuletzt Ol u. Kommandeur d. I-R Nr. 55;

Quellen: GStA, I. HA, Rep. 30, Nr. 243, Vas.tab. 1756 (Vater, als Hans George, Ltnt. a.D.); Stabi, Ms. boruss. fol. 310 (als Carl Heinrich, 1783 als Carl Friedrich), fol. 311; Brüggemann, T. 2/2, S. 891; Lehmann, Ritter, S. 295; Fam.gesch., Tab. XXXXII, S. 389–390 (Vater);

Fähnrich Jacob Eckart von Below (* 4. Okt. 1724)*

Vater: Heinrich (Heino) Friedrich (1681–1750), Landrat im Krs. Schlawe, Erbherr auf Peest B u. Palow; **Mutter**: Charlotte Louise, geb. von Wobeser; **Bruder**: Gerd Bogislav (1726–1786), Obrist, s.d. mehr; **Bruder**: Hans Ludwig (1734–1785), 1756 Sl im K-R Nr. 5, 1764 Abschied als Stabs-Cap., dann Geh. Rat u. Kammerpräsident im Ftm. Anhalt-Köthen; **Laufbahn**: seit 1739 im Militär, Okt. 1746 Fähnrich im I-R Nr. 32, als solcher noch 1750 gen.; als Forstrat in Wolmirstedt versorgt, seit 1773 im Dienst d. Fürsten von Anhalt-Köthen, Geh. Rat u. Direktor;

Quellen: Stabi, Ms. boruss. fol. 312; Brüggemann, T. 2/2, S. 879–880; Fam.gesch., Tab. LV, S. 450;

Cap. Joachim Ernst von Below (* 27. Aug. 1709, † 6. Jan. 1758) *

Vater: Lorenz Jürgen Joachim († nach 1742), Erbherr auf Vorwerk Ponikel im Krs. Rummelsburg u. Datjow im Ftm. Cammin; **Mutter**: Catharina Marg. Johanna, geb. von Froreich; **Laufbahn**: seit 1725 im Militär, 1736 als Ltnt. gen., Febr. 1750 Stabs-Cap. im I-R Nr. 29, zuletzt Cap., als aktiver Offz. 1758 gest.; **Güter**: Erbherr aud Datjow;

Quellen: Stabi, Ms. boruss. fol. 316; Fam.gesch., Tab. XXXIX; nicht in d. Vas.tab. für 1756; nicht bei Brüggemann, T. 2/2, S. 557;

Ltnt. Johann Bogislav von Below (* 12. Aug. 1716, † 28. Nov. 1775) *

Vater: Gerd Heinrich (1676–1743), seit 1729 Präsident d. Hofgerichtes in Stargard, (Erbherr auf Peest u. Palow im Krs. Schlawe); **Mutter**: Eva Tugendreich, geb. von Schöning; **Laufbahn**: seit 1735 im Militär, Okt. 1740 Fähnrich. Juni 1742 Sl im I-R Nr. 22, als solcher noch 1746 gen., 1754 nach 24 Dj. Abschied; seit Aug. 1754 Steuerrat in Ruppin mit Sitz in Lindow; 1775 ohne Leibeserben gest.;

Quellen: Stabi, Ms. boruss. fol. 314 (als Hans Bog.); d. Vater G.H. nicht bei Brüggemann, T. 2/2, S. 879–8 80; Fam.gesch., Tab. LIV, S. 449 (Vater); biogr. Handbuch, S. 56–57;

Ltnt. Johann Christoph von Below (* 1702, † 12. Febr. 1729)

Vater: Christoph (1679–1713), Erbherr auf Lindow, 1709 verpfändet, u. Pustamin im Krs. Schlawe; **Mutter**: Hedwig, geb. von Miltitz; **Laufbahn**: seit 1716 im Militär, 1721 Sergant im I-R Nr. 17, 1722 Fähnrich, 1727 Sl, 1729 an d. Schwindsucht gest.;

Quellen: Stabi, Ms. boruss. fol. 316; Fam.gesch., Tab. LVII, S. 463 (Vater);

Cap. Johann Wilhelm von Below (* 22. Mrz. 1729, † 9. Juni 1775) *

Vater: Gerd Heinrich (1676–1743), Hofgerichtspräsident in Stargard, (Erbherr auf Peest u. Palow im Krs. Schlawe); **Mutter**: Eva Tugendreich, geb. von Schöning; **Vater-Bruder**: Heinrich (Heino) Friedrich (1681–1750), Landrat d. Krs. Schlawe, nach seinem Tod gerieten dessen Güter in Konkurs: Kösternitz im Wert von 13 750 T. ging bei d. *Licitation* für 7 500 T. an d. Cap. u. späteren Gl Martin Ludwig von Eichmann, Stegelin erstand d. Witwe von Below für 2/m T.; **Bruder**: Johann Bogislav (1716–1775) *, Pl, seit 1754 Steuerrat in d. Kurmark, s.d.; **Laufbahn**: seit 1746 Junker im D-R Nr. 5, Mrz. 1747 Cornet, Juni 1752 Sl, Mrz. 1758 Pl, Okt. 1765 Stabs-Rittmstr.; besaß offenbar keine **Güter**; 1775 ledig verst.;

Quellen: GStA, I. HA, Rep. 30, Nr. 44 B, 5 a, Paket 9 244; Albedyll, Anhang, S. 68 *; Fam.gesch., Tab. LIV, S. 449; biogr. Handbuch, S. 56–57 (Bruder J.B.);

Cornet Leopold Siegmund von Below (* 1718)

aus Pommern gebürtig; **Laufbahn**: seit 1734 im Militär, 1740 Cornet im K-R Nr. 9, vor 1749 abgegangen;

Quellen: Stabi, Ms. boruss. fol. 312;

Gl Lorenz Ludwig von Below (* 1692, † 15. Juli 1760) *

Vater: Joachim Felix (1639–1715), bis 1714 Erbherr auf Seehof im Krs. Schlawe; **Mutter**: Elisabeth, geb. von Puttkamer; **Bruder**: Felix Andreas (* 1707, † 31. Mai 1755), seit 1723 im Militär, 1732 Fähnrich im I-R Nr. 15, wechselte Mitte 1740 als Pl ins neue I-R Nr. 34, 1750 hier als Cap. u. Chef e. Comp. gen., 1755 als Cap. dim., seit 1753 verheiratet mit Ursula Luise von Kunheim, (Erbherr auf ½ Pennekow im Krs. Schlawe); **Laufbahn**: 1710 Junker im I-R Nr. 5, Nov. 1713 Fähnrich, Mrz. 1716 Sl im I-R Nr. 6, Dez. 1719 Pl, Aug. 1723 Stabs-Cap., Aug. 1726 Cap. u. Chef e. Comp. im I-R Nr. 29, Sep. 1734 Major beim Feld-Bat. von Beaufort, Juni 1741 Ol, Juni 1743 Kommandeur d. I-R Nr. 32, Jan. 1745 Obrist, Dez. 1749 GM u. Chef d. I-R Nr. 11, Aug. 1758 als Gl dim., ledig verst., setzte in seinem Testament von 1757 seinen Neffen Lorenz Wilhelm von Gottberg, s.d. zum Haupterben ein;

Quellen: Stabi, Ms. boruss. fol. 311 (Bruder F.A.), fol. 316, fol. 319; Brüggemann, T. 2/2, S. 880–881; Becker, I-R Nr. 11, S. 199; Priesdorff, Nr. 379; Fam.gesch., Tab. LVIII, S. 468–470;

Cap. Martin Ernst von Below (* 1719, † 1. Febr. 1793)

Vater: Claus Ludwig (1690–1753), Erbherr auf Pennekow u. Vorwerk Kl.-Waldhof, auf Seehof im Krs. Schlawe; **Mutter**: Esther Louise, geb. von Lettow († 1762); **Bruder**: Ewald Friedrich (* um 1718), seit 1732 im Militär, 1737 Corp. im I-R Nr. 5 (1749 hier nicht gen.), 1754 Sl, 1763 Major u. Chef e. Comp. im I-R Nr. 5, 1768 als Major versetzt, stand im Juni 1774 als Ol im I-R Nr. 25; **Laufbahn**: trat in d. Militärdienst ein, stand 1763 u. 1767 als Cap. im Land-Bataillon in Kolberg; **Güter**: 1748 u. 1756 Erbherr auf d. väterlichen Gütern Pennekow, Seehof, Kl.-Waldhof; erwarb 1765 d. Vorwerk Gr.-Waldhof u. Thienen B im Krs. Schlawe, seit 1780 auch Erbherr auf Reddentin, Runow, Reblin, Symbow, auf Gaatz u. Vilgelow im Krs. Stolp; **Ehefrau**: Margaretha Henriette, geb. von Pirch; **Sohn**: Caspar Ludwig (1745–1794) *, studierte 1763 in Halle, seit 1772 Landrat in Westpreußen; erbte 1793 d. väterlichen Güter Pennekow, Gaatz, Reddentin, Medenick, Symbow, Vilgelow; nach seinem Tod fielen diese an d. Agnaten Cap. Carl Gustav von Below, s.d.;

Quellen: GStA, I. HA, Rep. 30, Nr. 243, Vas.tab. 1756, 1763, 1767; Stabi, Ms. boruss. fol. 313, fol. 314 (Bruder E.W.); Rangirrolle Saldern, Abgangsliste I-R Nr. 5; Brüggemann, T. 2/2, S. 880–881, S. 896; Fam.gesch., Tab. XXXXV, S. 398–399; biogr. Handbuch, S. 56 (Sohn);

Major Martin Friedrich von Below (* 12. Aug. 1703, † 16. Jan. 1768)

Vater: Felix Otto (1665–1722), Erbherr auf Kulsow im Krs. Stolp; **Mutter**: Anna Elisabeth, geb. von Pirch (1680–1719); **Bruder**: Nicolaus Ernst (1706–1760), seit Mrz. 1724 bei d. Artillerie, Jan. 1731 Sl, Nov. 1741 Pl, Dez. 1742 Stabs-Cap., Nov. 1753 Cap., 1758 Major, 3. Nov. 1760 bei Torgau gefallen; **Bruder**: Hans George (1710–1742), seit 1728 im Militär, Juni 1735 Sl im I-R Nr. 29, bei Chotusitz gefallen; **Bruder**: Felix Valentin (1713–1745), seit 1725 im Militär, 1741 Ltnt. im I-R Nr. 10, 1745 als Pl bei Kesseldorf gefallen; **Bruder**: Franz Ludwig (1718–1759), 1741 Ltnt. bei d. Artillerie, als Pl im I-R Nr. 47 bei Kunersdorf gefallen; **Laufbahn**: 1717 *cadet* in Berlin, seit 1718 im Regiment, 1732 Ltnt. im I-R Nr. 15, im Mrz. 1740 noch als Pl im I-R Nr. 15 gen., Aug. 1740 Stabs-Cap. im I-R Nr. 34, Aug. 1743 Cap. u. Chef e. Comp., Aug. 1756 ins neue I-R Nr. 50, Ende 1756 (Major) im I-R Nr. 44, 1758 Chef e. Comp., 1760 in Gefangenschaft, Juni 1763 als Major dim.; **Güter**:

verkaufte 1750 zs. mit seinen Brüdern d. Gut Scharschow im Krs. Rummelsburg, das d. Erben ihres Vaters 1725 auf 24 Jahre von Oswald von Wobeser erworben hatten, für 4 666 T. an Michel Ernst von Boehn auf Besow u. Zignitz; seit 1747 auf Wiederkauf für 25 Jahre Erbherr auf Groß Reetz im Krs. Rummelsburg u. Föhrde im Krs. Schlawe; seit 1768 besaß seine Witwe d. Gut; **Ehefrau**: Sophie Friederike, geb. von Boehn (1728–1788), sie bezifferte ihr Vermögen 1774 auf 1 500 T., jeder Sohn hatte e. solches von 400 T.; **Sohn**: Otto George Friedrich (1747–1789), 1764 Gefr.corp. bzw. Fähnrich im I-R Nr. 34, (1779 Sl im Garn.-Reg. Nr. 7, Sep. 1786 als Stabs-Cap. ins I-R Nr. 57 versetzt), zuletzt Stabs-Cap. im Füsilier-Bat. Nr. 10; **Sohn**: Ferdinand Johann Ernst (1748–1791), weilte 1763 in Halle auf d. kgl. Pädagogium, seit 1766 im Reg., Dez. 1768 Fähnrich im I-R Nr. 36, als Sl im Sep. 1776 ins I-R Nr. 26 versetzt, Dez. 1778 als Sl Orden p.l.m., Mai 1784 Pl im I-R Nr. 26, zuletzt Stabs-Cap., Erbherr auf Groß Reetz; **Sohn**: Friedrich Carl Ludwig (1750–1814), besuchte 1763 d. Schule in Plassow, seit etwa 1765 im Militär, 1772 u. 1786 als Ltnt. im D-R Nr. 9 gen., später Erbherr auf Lugowen, Landstallmstr. in Trakehnen; **Sohn**: August Wilhelm (1754–1801), Fähnrich, s.d.; **Sohn**: Wilhelm Christian Heinrich (1755–1778), seit 1769 im Militär, 1772 Junker im D-R Nr. 9, als Ltnt. gest.; **Sohn**: Bogislav Nicol. Friedrich (1764–1796), 1786 Ltnt. im D-R Nr. 9, 1793 Salzinspektor in (Westpreußen bzw.) Memel; **Sohn**: Theodor Werner Christoph (1765–1839)*, stand von 1783 bis 1807 im D-R Nr. 6, Febr. 1787 Sl, zuletzt Major, später Gl, Erbherr auf Obrotten in Pr.; **Sohn**: Martin Friedrich Carl (* 8. April 1768, † 25.10.1813), (1793 Cornet im D-R Nr. 9) seit 1784 im Militär, 1787 Cornet im K-R Nr. 7, Juni 1794 als Pl im K-R Nr. 7 Orden p.l.m., 1806 Rittmstr., 1813 als Major gest.; d. beiden jüngsten Söhne T.W.C. u. M.F.C. erhielten am 27. Juni 1788 d. *venia aetatis*, ihr Vormund u. Onkel war d. Rittmstr. C.W. von Boehn zu Kulsow, nach Abzug d. Equipagegelder hatten sie e. väterl. Vermögen von 391 bzw. 300 T., d. mütterl. Nachlaß war noch nicht reguliert, sie hatten d. Gut Groß Reetz besessen, das aber hoch verschuldet war; e. Vater-Schwester war d. Witwe von Pirch zu Felstow; **Tochter**: Sophie Louise Elisabeth (1752–1805), verh. mit d. GM Friedrich Ernst von Wrangel (1720–1805);

Quellen: GStA, I. HA, Rep. 30, Nr. 44, B 5 a, Pakete 9 244 u. 9 245; Nr. 243, Vas.tab. 1756, 1763, 1793, 1799; Stabi, Ms. boruss. fol. 311, fol. 312, fol. 313, fol. 314 (Sohn F.J.E), fol. 315, fol. 319 (N.E.); Gesch. I-R Nr. 44, S. 54; Brüggemann, T. 2/2, S. 801–802, S. 806; Monteton, S. 93 (M.F.C.); Orlop, D-R Nr. 6, Anhang, S. 116* (Sohn T.W.C.); Tb. Uradel 1902, S. 78–80; Lehmann, Ritter, S. 317; Priesdorff, Nr. 1248 (Sohn T.W.C.); Fam.gesch., S. 476–480, Tab. LV, Tab. LX;

Ltnt. Nicolaus von Below (* 1700)

aus Pommern gebürtig; **Laufbahn**: April 1716 Fähnrich im I-R Nr. 25, im Febr. 1731 als Sl *desertirt*, im Juni d.J. wurde sein Bild an d. Galgen geschlagen;

Quellen: Stabi, Ms. boruss. fol. 314;

Ltnt. Otto Ernst Wilhelm von Below (* 19. Nov. 1765, † 18. Nov. 1846)

Vater: Heinrich Levin (1726–1786), aus Mecklenburg gebürtig, stand 26 Jahre im preuß. Militärdienst, zunächst Offz. im H-R Nr. 8, seit 1758 Major im Frei-Reg. von Hordt, Mitte 1762 wegen e. schweren Blessur verabschiedet, erhielt e. gutes Attest seines Chefs, d. Obristen Johann Ludwig Graf von Hordt, aus Breslau vom 25. Sep. 1762, darin als *braver u. ehrliebender* Offz. geschildert, erhielt keine zivile Versorgung, von 1764 bis 1767 Erbherr auf Korkenhagen im Krs. Saatzig im Wert von 17/m T, d. Gut wurde gerichtlich wieder verkauft, weil er d. Kaufpretium nicht erlegen konnte, 1777 bis etwa 1790 Pfandbesitzer von Puddenzig, seit 1771 auf d. Erbzinsgut Fürstenflag im Amt Stepenitz, besaß zudem d. väterliche Gut Wendhof in Mecklenburg, hinterließ fünf Kinder; **Mutter**: Eva Sophie, geb. von Bassewitz (1727–1788); **Bruder**: Nicolaus Friedrich Hermann (1750–1816), stand 1767 als Page bei d. Königin, 1779 als Sl im D-R Nr. 12, wegen Invalidität vor 1787 als Cap. dim., seit mind. 1793 Erbherr auf Groß Weckow im Ftm. Cammin im Wert von 20/m T. u. Schinchow f. 4866 T., Sohn: Carl Heinrich (1781–1821), 1801 als vorm. Ltnt. im I-R Nr. 8 gen., Ernst Friedrich Johann (1784–1816), 1801 Ltnt. im I-R Nr. 7, vor 1806 abgegangen; **Schwester**: Beata (* 1750), gab 1802 an, e. Vermögen von 900 T. zu besitzen u. ihren Bruder Otto daraus einige Zeit unterstützt zu haben, sie bat jetzt um e. kgl. Pension; ihre beiden verst. Schwestern Johanna u. Friederike waren nacheinander mit e. Major von Hobe in Schlesien verheiratet gewesen; **Laufbahn**: 1778 Fahnenjunker im I-R Nr. 8, im Bayer. Erbfolgekrieg beurlaubt, 1781 dim., 1783 im D-R Nr. 5 wieder eingetreten, Jan. 1786 Cornet, April 1788 Sl, Juli 1789 nach e. schweren Sturz dim., hatte am 11. Dez. 1786 d. *venia aetatis* bekommen, sein väterliches Vermögen betrug 400 T.; **Güter**: lebte zeitweilig auf Puddenzig; besaß vorübergehend d. Allodialgut Tarnow im Borckeschen Krs., erworben vom GM G.M.S. von Borcke für 11/m T., war 1793 dafür noch Kaufgeld von 6/m T. schuldig, konnte mit d. Gut nicht fortkommen, bat daher im Dez. 1792 um d. Konzession für d. Verkauf an e. Bürgerlichen, das wurde ihm am 18. Febr. 1793 abgeschlagen, d. Gut ging vor 1799 an d. Cap. Johann Vivigenz von Wedel; seit 1799 als Salz-Rendant in Wollin mit jährlich 100 T. versorgt, verlor dieses Amt wegen e. *Kassen-Defectes*, erhielt anschließend e. monatliches Wartegeld von acht T.; 1787 erste **Ehe** mit Amalie Charlotte von Güntersberg (1758–1802), aus dieser Verbindung zwei Töchter und d. **Sohn** Heinrich (Wilhelm bzw.) Friedrich (1792–1850), später Ol; ohrfeigte im Dez. 1803 auf e. *Ressource* in Wollin e. Kaufmann Maske, der ihn zuvor gereizt haben soll, wurde deshalb zu zwei Monaten Gefängnis verurteilt, bat um Moderation d. Strafe, machte in diesem Zusamenhang auf seine mißliche Situation aufmerksam, wollte seit seiner Dimission e. *elender, schwacher Mann* sein, hätte sein Vermögen von 4800 T. während seiner langen Krankheit zugesetzt, mußte für die Pension seiner zwei Töchter monatlich sechs Taler zahlen, konnte seinen Unterhalt während d. Arrestes in Stettin daher nicht selbst bestreiten u. auch d. Fahrt dorthin nicht bezahlen, wollte die Strafe deshalb in Wollin absitzen, nur dies wurde ihm im Febr. 1805 gestattet; **heiratete** zu Michaelis 1803 Caroline von Schöning (* um 1751), diese suchte im Herbst 1805 um d. Scheidung nach, weil er sie *mit Worten u. Schlägen tractire*, e. *ehebrecherischen Umgang mit d. Dienstmagd* Maria Grimm pflege, aus dem d. uneheliche **Sohn** Theodor Wilhelm Daniel (1805–1840) stammte, u. nach e. *Griff in d. Kasse* seinen Posten verloren habe, weshalb er seine Fam. nicht mehr ernähren konnte; sie forderte die jährlichen Zinsen von 180 T. aus ihrer Mitgift für d. eigenen Unterhalt, wurde damit jedoch im Nov. 1805 u. Febr. 1806 abgewiesen, was damit begründet wurde, daß ihm bis zur Scheidung der Nießbrauch ihres Eingebrachten zustünde, sie sollte sich mit d. Hälfte d. gemeinsamen Einkommens in Höhe von 150 T. begnügen u. d. Ende d. Prozesses abwarten;

Quellen: GStA, I. HA, Rep. 30, Nr. 44, B 5 a, Pakete 9245 u. 9246; Nr. 243, Vas.tab. 1767, 1793, 1797, 1804; II. HA, Abt. 13 a, Tit. III, Litt B, Nr. 45 (Schwester Beate mit Angaben über d. Familie); Brüggemann, T. 2/1, S. 267, S. 274; Albedyll. Anhang, S. 75 *; Tb. Uradel 1910, S. 45–48; Fam.gesch., Tab. XVI u. XXII, S. 190–210;

Fähnrich Otto Friedrich von Below (* 1750)

aus Pommern gebürtig; **Laufbahn**: seit 1767 im Militär, Juni 1769 Fähnrich im I-R Nr. 21, 1771 noch hier gen., vor 1783 (ins Garn.-Reg. Nr. 11 versetzt bzw.) abgegangen; (**identisch** mit Heinrich Carl Christian (1755–1806) ?, 1783 Ltnt. im I-R Nr. 21, zuletzt Ol, s.d.);

Quellen: Stabi, Ms. boruss. fol. 310, fol. 311 (1772 als Fr. Otto); Rangirrolle Saldern (I-R Nr. 21);

Ol Otto Heinrich von Below (* 1721, † 27. Mrz. 1767)

Vater: Franz Jacob (1675–1738), Erbherr auf Salleske im Krs. Schlawe; **Mutter**: Marie Juliane, geb. von Massow († 1727); **Bruder**: Gerd Christoph (1714–1763), Erbherr auf Salleske, d. Gut fiel später an seinen Sohn Franz Lorenz (1750–1808), s.d.; **Bruder**: Franz Jacob (1718–1789), seit 1738 im Militär, 1740 Gefr.corp. im Bat. von Kröcher, April 1744 Sl im I-R Nr. 32, noch 1750 als solcher gen., später Münzdirektor in Königsberg, Neffe: Hans Carl Friedrich (1764–1840)*, GM; **Bruder**: Ewald Friedrich (1719–1778), Obrist, ledig; **Bruder**: Matthias Wilhelm (1722–1798)*, 1740 Gefr.corp. im I-R Nr. 21, Sep. 1747 Pl, 1756 Pl, Nov. 1762 Major, Mai 1774 als Ol Orden p.l.m., Juni 1777 Kommandeur d. I-R Nr. 21, Juni 1784 Chef d. I-R Nr. 20, Mrz. 1786 Gl; **Bruder**: Casimir Wedig (1726–1757), trat 1743 ins Militär ein, stand 1750 u. 1756 als Sl im I-R Nr. 21, bei Kolin gefallen; **Laufbahn**: engagierte sich um 1738 im Militärdienst, stand 1756 als Pl im I-R Nr. 27, 1764 Major, (zuletzt Ol u. Kommandeur d. I-R Nr. 34), 1767 als solcher gest.;

Quellen: GStA, I. HA, Rep. 30, Nr. 243, Vas.tab. 1756; Stabi, Ms. boruss. fol. 311 (O.H., gest. als Major im I-R Nr. 34, Brüder M.W. u. C.W.), fol. 314, fol. 316 (1774 nicht mehr gen.); Brüggemann, T. 2/2, S. 888–889; Tb. Uradel 1902 (hier nur d. Brüder G.C. u. F.J.); Priesdorff, Nr. 694 (M.W.), Nr. 1188 (Neffe); Fam.gesch., Tab. XXXX, S. 367–370;

Cap. Werner Jürgen Anton von Below (* 27. Juni 1726, † 10. Nov. 1807)

Vater: Jacob Erdmann (1700–1769), poln. Cap., Erbherr auf Pustamin im Krs. Schlawe, 1775 im Wert von 19 200 T., seine Schulden beliefen sich auf 12 484 T.; **Mutter**: Christiana, geb. von Below, sie besaß *illata* von 4 207 T.; **Bruder**: Paul Jacob (1754–1810)*, von 1774 bis 1792 Erbherr auf Pustamin, im Mai 1775 wurde sein Gesuch um d. *venia aetatis* wegen schlechter Wirtschaftsführung abgelehnt, besaß damals e. freies Vermögen von 3 483 T., verübte 1784 e. Exzess an e. entlaufenen Knecht u. an Untertanen d. Amtsdorfes Kösternitz, wurde deshalb zu e. Geldstrafe von 300 T. verurteilt, 1792 zweite Ehe mit Christiana Charlotta, jüngste To. d. kursächs. Gl Carl Heinrich von Reitzenstein, bat am 30. Juli d.J. vergeblich um d. Kammerherrnschlüssel, begründete das mit seinem jüngst erheirateten Vermögen, seit 1793 Steuerrat im Departement Posen, seine To. Louise (* 7. Nov. 1776) heiratete 1795 d. Geh. Oberrechnungsrat Johann Jacob Ludwig (von) Schultz (* 1769), sie besaß damals e. mütterl. Vermögen von 2 560 T.; **Laufbahn**: 1742 *cadet*, nach vier Jahren ins Regiment, 1756 Ltnt. im I-R Nr. 46, Nov. 1759 vom Reg. *weggeschafft*, anschließend zwei Jahre Cap. im Frei-Regiment Quintus Icilius; bat 1782 um e. Comp. in e. Garn.-Reg., begründete das mit seinen 21 Dj. u.d. Umstand, daß seine zweite Frau Schulden hinterlassen habe, ging drei Ehen ein; 1790 für wenige Monate General-Polizeidirektor; Salzfactor in Driesen; besaß keine Güter, war von seinem Vater als ältester Sohn erster Ehe von der Erbschaft ausgeschlossen worden, weil er seinen Vater mehrfach beschimpft hatte;

Quellen: GStA, I. HA, Rep. 30, Nr. 44, B 5 a, Paket 9245; Nr. 186 d, Paket 9842; Nr. 243, Vas.tab. 1756, 1763, 1767 (je nur Vater u. Bruder gen.); Rep. 96, Nr. 435 B 10; Stabi, Ms. boruss. fol. 316 (Abgangsliste); Brüggemann, T. 2/2, S. 883–884; Tb. Uradel 1902, S. 78; Fam.gesch., Tab. LIX, S. 471–473; biogr. Handbuch, S. 57–58 (Bruder);

Major Hans von BENE(C)KENDORFF (* 1752)

Vater: Curd Heinrich (1689–1761), seit 1705 im Militär, Mai 1713 Pl im I-R Nr. 5, als Cap. 1731 dim., als OB in Greifenberg versorgt; **Mutter**: e. geb. von Thümen (* um 1716), die Witwe bat 1771, 1772 mehrfach um e. Pension, ihr Wunsch wurde im April 1772 vom GM Wichard Joachim Heinrich von Möllendorff unterstützt; **Bruder**: Carl August Wilhelm (1746–1777), seit 1763 im Militär, Juni 1763 (bzw. 1766) Fähnrich, 1775 Sl im I-R Nr. 10, Okt. 1777 als Offz. gest.; **Bruder**: Ernst Ludwig (* um 1751), seit 1770 im Militär, stand 1772 als Gefr.corp., 1784 als Sl im I-R Nr. 18; **Laufbahn**: trat um 1768 in d. Militärdienst ein, 1772 Sl u. Adjutant im I-R Nr. 39, hier noch 1782 als Sl gen., erhielt als Stabs-Cap. im Mai 1793 d. Orden p.l.m., 1806 als Major gen., 1807 pens.;

Quellen: GStA, I. HA, Rep. 30, Nr. 43, Paket 9233; Stabi, Ms. boruss. fol. 313 (Bruder E.L.), fol. 316, fol. 319 (Vater C.H., als Benckendorff), fol. 907 a; Lehmann, Ritter, S. 245 (hier als Hans Friedrich);

Cap. Wilhelm Christoph von BENE(C)KENDORFF (* um 1712) *

aus Pommern gebürtig; **Laufbahn**: April 1731 Fähnrich im I-R Nr. 11, Juli 1735 Sl, 1741 als Pl gen., 1745 Cap., noch 1745 abgegangen;

Quellen: Becker, I-R Nr. 11, S. 122, S. 129, S. 414;

Ltnt. Ar(e)ndt Sigismund von BENKENDORFF (* 1710, † 18. Febr. 1746)

Vater: Erbherr auf Anteil Blankensee im Krs. Pyritz; **Laufbahn**: seit 1724 im I-R Nr. 25, April 1729 Fähnrich, zuletzt Pl, 1736 krankheitshalber ohne Pension dim.; **Güter**: saß auf d. väterlichen Gutsanteil; **Ehefrau**: Floriana Elisabeth († 1778), älteste Tochter von Hans Sigismund von Ker(c)kow auf Pammin im Krs. Arnswalde; d. Witwe verkaufte d. Gutsanteil Blankensee 1750 auf 25 Jahre für 4/m T. an Hans Ludwig von Billerbeck; **Töchter**: Charlotte Hedwig, seit 1775 verheiratet mit Joseph Friedrich von Dewitz auf Daber; d. To. Wilhelmine Elisabeth (* 17. Febr. 1744) bat 1787 als Offizierswaise aus Stargard um e. kgl. Pension, sie besaß e. Kapital von 800 T. u. e. kl. Haus in Stargard, in dem sie mit ihrer Mutter seit 1758 gelebt hatte, im Wert von 400 T., wurde deshalb als vermögend angesehen und nicht auf d. Liste d. Expectanten gesetzt; (**verwandt**: Friedrich Heinrich von Benkendorff (* 1733, † 3. Okt. 1773), aus Pommern geb., seit 1748 im Militär, 1756 Fähnrich im I-R Nr. 39, 1764 Pl u. Adjutant, 1773 als Cap. u. Gen.-Adjutant gest.: Stabi, Ms. boruss., fol. 316);

Quellen: GStA, II. HA, Abt. 13 a, Tit. IV, Litt. B, Nr. 3; Stabi, Ms. boruss. fol. 314; Brüggemann, T. 2/1, S. 132;

Ltnt. Carl Friedrich von BENKENDORFF (* 1744, † 9. Okt. 1770) *

aus Pommern gebürtig; **Laufbahn**: seit 1753 *cadet*, Jan. 1759 Junker im I-R Nr. 19, Nov. 1760 Fähnrich, Okt. 1762 Sl, als Ltnt. 1770 an hitzigem Fieber gest.;

Quellen: Stabi, Ms. boruss. fol. 314; Gesch. I-R Nr. 19, S. 134;

Rittmstr. Balthasar Friedrich von Berg († vor 1752)*

(aus Pommern gebürtig); **Laufbahn**: avancierte (im preuß. Militär) bis zum Rittmstr.; **Ehefrau**: Carolina Ernestina, geb. von Ne(e)hrhoff (* um 1726); **Güter**: erwarb 1746 d. Gut Plötzig im Krs. Rummelsburg, seine Witwe, in zweiter Ehe verh. mit d. Ltnt. Wilhelm Leopold von Mitzlaff, s.d., verkaufte d. Gut 1752 an d. Cap. Martin Friedrich von Zitzewitz, s.d.;

Quellen: Brüggemann, T. 2/2, S. 799;

Ol Carl Siegfried August von Berg (* 1731)*

Vater: Ludwig Christian (* 8. April 1700, † 8. Aug. 1745), April 1717 Cornet im D-R Nr. 5, Mrz. 1722 Sl, Juni 1725 Pl, Nov. 1733 Stabs-Cap., Juli 1737 Rittmstr. u. Chef e. Escadron, Dez. 1741 Major, Juli 1743 auf Wunsch dim., Erbherr auf Kleptow, Werbelow in d. UM, ließ sich in Gollnow nieder; **Mutter**: Sophia, geb. von Schierstedt; **Großvater**: Friedrich Christian (1658–1729), Obrist, Erbherr auf Kleptow u. Schönfeld in d. UM; (Stief-)**Bruder**: Philipp Johann George (1738–1804), Ol, s.d.; **Laufbahn**: 1747 als Junker ins D-R Nr. 5, Mai 1751 Cornet, Sep. 1755 Sl, Febr. 1760 Pl, Juni 1769 Stabs-Rittmstr., Mrz. 1778 Rittmstr. u. Chef e. Escadron, Mrz. 1781 Major, Juni 1786 als Ol wegen Erblindung mit Pension dim.;

Quellen: Albedyll, Anhang, S. 50* (Vater), S. 72; Tb. Uradel 1903, S. 108 (Vater u. Bruder);

Obrist Ernst Friedrich Bogislav von Berg (* 1737, † 14. Juni 1813)*

Vater: Adam Christoph, Stabs-Cap. (im I-R Nr. 3); **Mutter**: e. geb. von Normann; **Großvater**: Jacob Friedrich († 1742), ließ sich in Pommern nieder, war verh. mit e. geb. von Parlow; **Laufbahn**: seit 1755 im Militär, 1756 Gefr.corp., 1757 Fähnrich, Sep. 1762 Pl im I-R Nr. 1, Mai 1782 Cap., 1796 Ol, 1797 Obrist, als Obrist u. Kommandeur d. I-R Nr. 1 (1801) dim.;

Quellen: Stabi, Ms. boruss. fol. 313; Gallandi, 1935, S. 89; (d. Vater nicht in d. Gesch. I-R Nr. 3);

Ol Philipp Johann George von Berg (* 24. Sep. 1738, † 15. Juni 1800)

Vater: Ludwig Christian (1700–1745), Ol im D-R Nr. 5, Erbherr auf Kleptow u. Werbelow in d. UM; **Mutter**: Johanne Louise, geb. von Stettin; **Laufbahn**: trat 1753 in d. Militärdienst ein, Nov. 1763 Pl im I-R Nr. 13, Mrz. 1779 als Cap. Orden p.l.m., 1788 Major, im Jan. 1788 auf eigenen Wunsch als Ol dim.; **Ehefrau** seit 1783: Anna Sophie Friederike, verw. Obrist Joh. Ernst von Ploetz, geb. von Flemming (1746–1813), sie besaß d. Gut Trebenow im Krs. Greifenberg im Wert von 12/m T., außerdem Bresow A u. e. Anteil Wustermitz; **Güter**: seit 1785 Erbherr auf Cartlow im Borckeschen Krs., auch auf Bresow A im Krs. Greifenberg, 1793 hatte Cartlow e. Wert von 18/m T., 1804 von 30/m T.; am 19. Nov. 1804 erhielt d. **Sohn** Carl Christian Philipp (1784–1842) d. *venia aetatis*; seine Mutter hatte zeitlebens d. Nießbrauch d. Güter Cartlow u. Bresow A; bis zu seiner Volljährigkeit bekam C.C.P. jährlich 300 T., dann sollte ihm d. Mutter e. Kapital von 3/m T. auszahlen; d. Sohn war 1804 verh. mit Friederike Christiane Albertine (* 1783), e. To. d. Gl Carl Philipp von Owstien;

Quellen: GStA, I. HA, Rep. 30, Nr. 44, B 27 S, Paket 9260; Nr. 243, Vas.tab. 1793, 1799, 1804; Stabi, Ms. boruss. fol. 311; Lehmann, Ritter, S. 145; Tb. Uradel 1903, S. 108;

Obrist Dieterich Gotthard von BERNER (* 1718, † um 1782)

aus Mecklenburg gebürtig; **Bruder**: Heinrich Detloff (* 1709, † vor 1767), Cap., s.d.; **Schwester** Maria Margaretha Catharina von Berner; **Laufbahn**: trat 1735 in d. preuß. Militärdienst ein, stand 1743 als Sl, 1756 als Pl im I-R Nr. 24, 1774 als Major u. Chef e. Comp. gen., 1782 als Obrist abgegangen u. als Oberforstmstr. in Minden versorgt, wenig später gest.; **Güter**: erbte von seiner Schwester Maria Margaretha Catharina d. Gut Rützenfelde, nach seinem Tod wurde es 1784 für 17 700 T. versteigert;

Quellen: GStA, I. HA, Rep. 30, Nr. 243, Vas.tab. 1756, 1763; Stabi, Ms. boruss. fol. 316 (auch als Baerner, d. Bruder H.D. auch mit d. Geb.datum 1717, D.G. 1756 als Friedrich Gotth., 1774 als Barner); Brüggemann, Beiträge, 1, S. 489–490;

Major Friedrich Christoph von BERNER (* um 1720, † 17. Jan. 1782)

Vater: Otto (Matthias) Christoph, Erbherr auf Biesen in d. Prignitz; **Laufbahn**: trat um 1735 in d. Militärdienst ein, Nov. 1739 Fähnrich im I-R Nr. 7, Nov. 1741 Pl, Okt. 1756 als Cap. Orden p.l.m., 1759 als Major nach (19 Dj.) dim.; **Güter**: im Aug. 1764 kaufte seine **Frau** Friederica Henrietta, geb. von Küssow, d. Gut Pegelow A im Krs. Saatzig u. trat es im Sep. 1765 ihrem Mann ab, 1766 wurde es allodifiziert, es hatte 1767 e. Wert von 12 180 T., darauf Hypotheken von 7 100 T.; hinterließ zwei **Töchter**: Dorothee Sophia Louisa (* 28. April 1761), sie bat am 6. Febr. 1782 um d. *venia aetatis*, Pegelow A soll damals e. Wert von 12/m T. gehabt haben, dazu kam d. Inventar von 3/m u. Kapitalien von 5/m T., dieses väterl. Vermögen von 20/m T. mußte sich d. Suppl. mit ihrer Schwester Wilhelmine Friederike Hedwig teilen, verh. mit d. Cap. Hans George Bernd von Ploetz vom I-R Nr. 7; bei d. Auseinandersetzung mit d. Schwester hatte d. Vermögen von D.S.L. 10 881 T. betragen; sie bekam am 10. Juni 1782 d. *venia*;

Quellen: GStA, I. HA, Rep. 30, Nr. 44, B 27 H, Paket 9 260; Nr. 243, Vas.tab. 1767; Stabi, Ms. boruss. fol. 314; Brüggemann, T. 2/1, S. 273–274; Lehmann, Ritter, S. 48;

Cap. Heinrich Detloff von BERNER (* 1709, † vor 1767)

aus Mecklenburg gebürtig; **Bruder**: Dieterich Gotthard (* 1718, † um 1782), Obrist, s.d.; **Laufbahn**: trat 1729 in d. preuß. Militärdienst ein, 1733 Corp., 1743 Pl, 1756 Cap. u. Chef e. Comp. im I-R Nr. 24, 1759 auf Wunsch dim.; **Güter**: erwarb 1754 d. allodifizierte Gut Rützenfelde im Krs. Demmin, 1763 als vorm. Cap. auf d. Gut genannt, d. Gut fiel 1767 an seine Schwester Maria Margaretha Catharina von Berner;

Quellen: GStA, I. HA, Rep. 30, Nr. 243, Vas.tab. 1756; Stabi, Ms. boruss. fol. 316; Brüggemann, Vorpommern, S. 106;

Ltnt., Kammerdirektor Carl Wilhelm von BESSEL
(* 12. Okt. 1727, † 12. Dez. 1800)*

Vater: George Eberhard (1685–1755), Geh. Rat, Regierungsrat in Magdeburg, von 1725 bis 1755 Pfandbesitzer d. Güter Plantikow u. Cramonsdorf im Dewitzschen Krs.; **Mutter**: Friederike Sophie Christiane, geb. von Hacke (* 1696); **Bruder**: Carl Ludwig (* 1715), seit 1734 im Militär, Juli 1745 Sl im I-R Nr. 32, nach 1750 ins Garn.-Reg. Nr. 10 versetzt, vor 1756 abgegangen; **Laufbahn**: nach d. Studium in Halle ins Militär eingetreten, Nov. 1747

Fähnrich im I-R Nr. 3, Aug. 1755 Sl, erlitt bei Kolin schwere Blessuren, wurde 1758 dim., 1763 bis 1786 Direktor d. Kammerdeputation in Köslin, 1787 bis 1795 Präsident d. Stettiner KDK; **Ehefrau**: Caroline, geb. Winkelmann;

Quellen: Stabi, Ms. boruss. fol. 312 (d. Bruder C.L. danach in Berlin geb.); fol. 314; Ms. geneal. fol. 120; Brüggemann, T. 2/1, S. 316; Gesch. I-R Nr. 3, S. 212 (geb. in Pommern); biogr. Handbuch, S. 73–74;

Cap. Carl Ernst Wilhelm von Besser (* 1. Juli 1762, † 20. Sep. 1803)

Vater: Justus Ernst (1732–1776), aus Sachsen gebürtig, seit 1757 im Militär, Juni 1771 Cap. im Grenadier-Bat. Nr. 2 in Magdeburg; **Mutter**: Charlotte Helene, geb. von Wedel aus Sassenburg (1738–1765); **Bruder**: August Conrad (1765–1808), seit 1776 im Militär, stand 1787 als Sl, 1806 als Cap. im I-R Nr. 47, 1808 als Cap. in Glatz gest.; **Laufbahn**: seit 1775 im Militär, Okt. 1802 Stabs-Cap. im I-R Nr. 23, 1803 als aktiver Offz. gest.; erste **Ehefrau**: Johanne Christine Friederike verw. Fink, geb. Wolf (1768–1799), beider Ehe wurde 1797 geschieden;

Quellen: Stabi, Ms. boruss. fol. 311 (Bruder A.C., aus Magdeburg gebürtig), fol. 316, fol. 907 a; Rangirrolle Saldern (1771, Vater); Tb. Briefadel 1930, S. 46–47;

Ltnt. Albrecht von Bialcky (* 1729)

aus Pommern gebürtig; **Laufbahn**: seit 1745 im Militär, Febr. 1757 Fähnrich, Aug. 1764 Sl im Garn.-Bat. Nr. 4, 1771, 1774 u. 1783 hier noch als Sl gen.;

Quellen: Stabi, Ms. boruss. fol. 310, fol. 312;

Ltnt. August Friedrich Ferdinand von Billerbeck (* 18. Mrz. 1760, † 24. Mrz. 1843)

Vater: Hans Ludwig (* um 1720, † 29. Jan. 1774), bis 1762 Erbherr auf Barnimskunow (F bzw.) G, seit 1750 auf Blankensee, seit 1758 auf Billerbeck A im Krs. Pyritz; **Mutter**: Dorothea Charlotta Sophia, e. Tochter von Balthasar Sigismund Billerbeck (* um 1704), sie erbte von ihrem Vater Billerbeck A; **Laufbahn**: anfangs Leibpage bei d. Königin, engagierte sich 1778 im I-R Nr. 39, 1786 als Fähnrich gen., erhielt später d. Charakter Ltnt.; **Güter**: nach d. Tod d. Vaters gerieten Blankensee u. Billerbeck A in Konkurs; d. Fähnrich besaß 1783 e. mütterliches Vermögen von 5 009, 1786 nur noch ein solches von 1 323 T., die Gläubiger d. verst. Mutter forderten 1786 jedoch 2 849 T., er mußte daher um d. Rest seines Vermögen fürchten; erwarb nach 1793 d. Gut Stresen im Krs. Pyritz im Wert von 20/m T., noch 1804 auf diesem Gut genannt; amtierte 1833 als Postmeister in Freienwalde;

Quellen: GStA, I. HA, Rep. 30, Nr. 44, B 11 a, Paket 9 251; Nr. 243, Vas.tab. 1756, 1767, 1793, 1799, 1804; Stabi, Ms. boruss. fol. 316; Brüggemann, T. 2/1, S. 132; Tb. Uradel 1922, S. 85;

Ltnt. Bernd Bogislav von Billerbeck (* 1698)

aus Billerbeck im Krs. Pyritz gebürtig; **Laufbahn**: seit 1714 im Militär, 1715 Gefr.corp., 1722 Sl im I-R Nr. 12, 1726 auf Wunsch dim.; (**verwandt**: Friedrich Wilhelm (* 1699), aus Janickow im Krs. Neustettin, seit 1715 im Militär, 1722 Fähnrich im I-R Nr. 12; Heinrich

Wilhelm (* 1702), aus Warnitz bei Stargard, 1717 cadet in Berlin, 1722 Sergant im I-R Nr. 12: Stabi, Ms. boruss., fol. 316; Crousaz, Beilage C, S. 31);

Quellen: Stabi, Ms. boruss. fol. 316 (1715 als Ernst Bernd), fol. 319;

Major Bernhard Wilhelm Gottlieb von Billerbeck (* 1731, † 21. Mai 1784)

Vater: George (Jürgen) Wilhelm († um 1772), Stabs-Cap. bei d. Garde, besaß kein Lehngut, wohnte in Bernstein im Krs. Pyritz; **Mutter**: Marie Dorothea Lovisa, geb. von Billerbeck (1689–1776); **Bruder**: Rudolph Joachim (* 18. Juli 1733, † 1791), stand 44 Jahre im Militärdienst, 1773 Sl im Garn.-Reg. Nr. 5, 1782 als Cap. dim., machte sich mit seinem Vermögen von 1/m T. mit e. Bürgerhaus in Bernstein ansässig, erhielt am 22. Aug. 1788 die Erlaubnis, die Schlächterstochter Dorothea Charlotta Listen (* um 1761) zu ehelichen, durfte das, weil er kein Lehngut besaß, wegen seines Alters u.d. langjährigen Dienste; **Laufbahn**: seit 1745 im Militärdienst, 1764 Stabs-Cap. im I-R Nr. 26, Jan. 1774 als Major im Regiment Orden p.l.m., wurde 1784 von seinem Jäger erschossen; **Güter**: erwarb 1766 d. Gut Rehfelde im Krs. Pyritz von d. Familie von Flatow für 18/m T., dieses war seit 1756 allodial, seine Söhne wollten es 1794 an d. Pächter Köpcke verkaufen, bekamen dafür keine Erlaubnis; **Ehefrau**: Christiane Charlotte, geb. von Brederlow; Schwager: Thiede Christoph von Brederlow, Pl im I-R Nr. 13, s.d.; **Sohn**: George Friedrich Gottlieb (get. 7. Dez. 1768, † 1812), diente einige Zeit als Junker im D-R Nr. 1, wegen Schwächlichkeit dim., erhielt am 20.8.1792 die *venia aetatis*, hielt sich damals in Sonnenburg auf, wurde später *pro prodigo* erklärt, stand 1798 als *Supernumerarius* bei d. Stargarder Akzisekasse ohne Gehalt, hatte auch keine Aussicht auf e. solches; besaß zs. mit seinem Bruder Ferdinand Wilhelm Christian (* 28. Nov. 1785), weilte 1799 auf d. Ritterakademie in Brandenburg an d. Havel, 1806 Sl im I-R Nr. 23, 1807 dim., d. Gut Rehfelde; d. Gut wurde 1793 von d. Landschaft auf 14483 T. taxiert u. trug e. Pacht von 1 074 T., d. älteste Sohn hatte Schulden von mehr als 10/m T., wurde v. d. Gläubigern bedrängt, d. Gut sollte 1798 subhastiert u. für mind. 20/m bis 25/m T. verkauft werden, um für d. jüngeren Sohn e. Teil seines Vermögens zu retten u.d. älteren e. Lebensunterhalt zu verschaffen; 1804 besaß d. vorm. Ltnt. vom D-R Nr. 1 Heinrich Christian von Knobelsdorff d. Gut im Wert von 14433 T.;

Quellen: GStA, I. HA, Rep. 30, Nr. 44, B 11 a, Paket 9251; Nr. 243, Vas.tab. 1767, 1793; Stabi, Ms. boruss. fol. 314; Brüggemann, T. 2/1, S. 157; Lehmann, Ritter, S. 120; Tb. Uradel 1922, S. 81 (mit abweichenden Daten);

Ltnt. Carl Constantin von Billerbeck (1749–1820)

Vater: Constantin (1713–1785), Gl, siehe dort mehr zur Familie; **Mutter**: Catharina Dorothea Charlotte, geb. Pöpping; **Laufbahn**: engagierte sich 1765 im K-R Nr. 6, 1775 hier als Ltnt. gen., 1781 nach e. Sturz invalide, 1785 nach 20 Dj. als Ltnt. dim. u. für e. Versorgung notiert, bekam jedoch kein Amt, machte sich daher ansässig; **Güter**: erwarb um 1785 aus d. Konkurs d. Friedrich Sigismund von Grape d. Gut Karwitz im Krs. Schlawe für 16 100 T., nahm dafür Pfandbriefe in Höhe von 10 700 T. auf; d. gesamte väterliche Nachlaß belief sich auf 12 083 T., davon mußte d. älteste Sohn C.C. seinen Geschwistern 5 938 T. auszahlen, 2 038 T. hatte er während seiner Dienstzeit für d. *Equipage* u. a. diverse Ausgaben verbraucht, ihm blieben daher als väterliches Erbe nur 4 062 T., d. Ankauf von Karwitz für d. Unterhalt d. Familie erfolgte daher v. a. mit Darlehen, 5 400 T. an Karwitz waren frei, die mehrheitlich seiner Frau gehörten; d. vorm. Ltnt. lag wiederholt im Streit mit Untertanen, er wollte 1796 d. Hofgericht in Köslin nicht als seinen Gerichtsstand anerkennen u. sich nur e. Regimentsgericht unterwerfen, weil er im Kriegsfall e. Anstellung als Train-Offizier bekommen sollte; beleidigte Mitglieder d. Hofgerichtes, wurde daher zur Untersuchung gezogen; galt als *hitzig, unbesonnen u. d. Trunk ergeben*; sollte 1796 wegen Exzessen gegen Untertanen u. Injurien gegen Mitglieder d. Hofgerichtes zu e. Gefängnisstrafe verurteilt werden; seine zweite **Frau** Albertine, e. geb. von Wahlen-Jürgass u. deren Bruder, Major im H-R Nr. 5, intervenierten mehrfach beim Großkanzler u. erreichten im Dez. 1796 e. Aussetzung d. Personalarrestes, C.C. wurde ernstlich verwarnt u. aufgefordert, sich keinen neuerlichen Übergriff zu erlauben; verkaufte Karwitz vor 1804 an d. Ltnt. von Steinkeller; **Sohn**: Carl (* 1781), 1801 Ltnt. im I-R Nr. 52, vor 1806 abgegangen; **Sohn**: Ludwig (1785–1809), 1801 Cornet im H-R Nr. 2, 1809 als Ltnt. im Schillschen Corps an bei Stralsund erlittenen Blessuren gest.;

Quellen: GStA, I. HA, Rep. 30, Nr. 44, B 11 a, Paket 9251; Nr. 241 b, Paket 9968; Nr. 243, Vas.tab. 1793, 1801; II. HA, Abt. 13a, Tit. I, Litt B, Nr. 18; Stabi, Ms. boruss. fol. 311, fol. 907 a; Tb. Uradel 1922, S. 77;

Gl Constantin von Billerbeck (* 19. Nov. 1713, † 27. Jan. 1785) *

Vater: Gottfried, Cap. (im I-R Nr. 4), bis 1704 Erbherr auf Hohenwalde B im Krs. Pyritz; **Mutter**: Beata Johanna, geb. von Schmeling (1690–1759); **Bruder**: Carl Gottfried, 1753 als Ltnt. gen.; (**Bruder**: Christoph Sigismund (* 1704), 1755 Ltnt. im Berliner Garn.-Reg. u. Erbherr auf Anteil Billerbeck); **Laufbahn**: 1727 *cadet* in Berlin, Juli 1731 Gefr.corp. im I-R Nr. 27, Jan. 1737 Sl, Juni 1740 zum I-R Nr. 35, Jan. 1742 Pl, Aug. 1749 Stabs-Cap., Aug. 1751 Cap. u. Chef e. Comp., Febr. 1757 Major, (Juni 1757 Orden p.l.m.), Sep. 1757 Kommandeur d. I-R Nr. 35, April 1762 Ol, Jan. 1763 mit Pension dim., Sep. 1766 als Kommandeur d. I-R Nr. 43 wieder angestellt, Juli 1767 Obrist, Mai 1771 GM, Jan. 1772 Chef d. I-R Nr. 17, Mai 1784 Gl, Juni 1784 Ritter d. Ordens vom Schwarzen Adler; **Ehefrau**: Catharina Dorothea Charlotte, geb. Pöpping; **Sohn**: Carl Constantin (1749–1820), Ltnt., s.d.; **Sohn**: Gottfried Heinrich (1757–1778), seit 1771 im Militär, 1773 Fähnrich, 1778 als Sl im I-R Nr. 17 gest.; **Sohn**: Leopold Ludwig Ferdinand (* 1764), stand seit 1778 im I-R Nr. 17, erhielt am 4. Dez. 1785 d. *venia aetatis*, April 1786 Sl, vor 1806 abgegangen; **Güter**: besaß von 1752 bis 1753 zs. mit seinem Bruder Hohenwalde B, verkaufte dieses d. Regierungsrat George Christoph von Blankensee;

Quellen: GStA, I. HA, Rep. 30, Nr. 44, B 11 a, Paket 9251; Nr. 243, Vas.tab. 1755, 1756 (C.S. hier als Balthasar S.); Stabi, Ms. boruss. fol. 316; Brüggemann, T. 2/1, S. 146; Taeglichsbeck, S. 263; Priesdorff Nr. 604;

Fähnrich Daniel Bogislav von Billerbeck (* 1697)

aus Pommern gebürtig; **Laufbahn**: seit 1714 im Militär, stand 1721 als Fähnrich im Garn.-Bat. Nr. 1;

Quellen: Stabi, Ms. boruss. fol. 311;

Ltnt. Ernst Bernhard Wilhelm von Billerbeck (* 1734, † 27. Aug. 1778)

Vater: Ernst Bernd (1694–1736), Ltnt., Erbherr auf Billerbeck u. Warsin im Krs. Pyritz; **Mutter**: Barbara Maria, geb. von Kremtzow; **Laufbahn**: 1756 Gefr.corp., 1757 Fähnrich im I-R Nr. 1, 1764 Sl, Mai 1767 Pl, 1778 als Pl gest.; (**verwandt**: Gustav Rudolph von Billerbeck (* 1730), seit 1749 im Militär, 1756 Fähnrich im D-R Nr. 12, vor 1765 abgegangen: Stabi. Ms. boruss., fol. 311);

Quellen: Stabi, Ms. boruss. fol. 313; Tb. Uradel 1922, S. 82;

Cap. Ernst Friedrich von Billerbeck (* 1714, † 6. Juni 1783)

Vater: Ernst Andreas (* 1701, † nach 1747), *Kriegs-Commissarius*, Erbherr auf Anteil auf Blankensee im Krs. Pyritz; **Mutter**: Agnes Margarethe, geb. von Koethen; Stief-**Bruder**: Joachim Ernst (1701–1743), Cap., s.d.; **Bruder**: Balthasar Wilhelm (1714–1766), seit 1730 im Militär (1746 Pl im Grenadier-Bat. Nr. 4), 1750 Pl im Pionier-Reg., hier als Major gest.; **Bruder**: Carl Ludwig († 20. Juni 1757), Okt. 1745 Pl im I-R Nr. 19, April 1754 Stabs-Cap., Juli 1756 Cap. u. Chef e. Comp., bei Prag 1757 gefallen; **Laufbahn**: 1740 Fähnrich im I-R Nr. 3, 1741 Sl, verlor im Nov. 1744 in Böhmen durch e. Kanonenschuß seinen linken Arm, 1745 als Invalide mit d. Charakter Cap. als Gouverneur beim Berliner Pagen-Corps mit e. *Salair* von 300 T. versorgt; **Güter**: erwarb 1752 auf Wiederkauf d. Gut Libbehn B im Krs. Pyritz, dieses geriet nach 1763 in Konkurs u. fiel 1781 an d. Major Bernhard Friedrich von Koethen zu Küstrin, s.d.; erste **Ehefrau**: Anna Maria, geb. von Koethen († 1756); aus d. zweiten Ehe mit e. geb. von Rhaden stammte d. **Sohn**: Carl Friedrich Wilhelm (* 1762); d. Cap. bat am 1. April 1778 um Aufnahme seiner ältesten Tochter Henriette Friederike Elisabeth (* 1764) ins Kloster Heiligengrabe, machte bei dieser Gelegenheit darauf aufmerksam, kein Vermögen zu besitzen, mußte von jährl. 300 T. seine sechsköpfige Familie unterhalten;

Quellen: GStA, I. HA, Rep. 30, Nr. 44, B 11 a, Paket 9251; Nr. 243, Vas.tab. 1756, 1763, 1767, 1793, 1804; Rep. 96, Tit. 435, B. 12; Geschichte I-R Nr. 3, S. 188–189; Gesch. I-R Nr. 19, S. 88–89 (Brüder J.E. u. C.L.), S. 102 (C.L.); Stabi, Ms. boruss. fol. 312 (Bruder B.W.); Tb Uradel 1922, S. 80;

Fähnrich Friedrich Gottl. von Billerbeck (* 1706)

aus Pommern gebürtig; **Laufbahn**: seit 1733 im Militär, Mai 1740 Fähnrich im I-R Nr. 22, vor 1746 abgegangen;

Quellen: Stabi, Ms. boruss. fol. 314;

Ol Friedrich Joachim von Billerbeck (* 1708)

Vater: Joachim Heinrich († 1714), poln. Major, Erbherr auf Blankensee im Krs. Pyritz; **Laufbahn**: Sep. 1719 Fähnrich, Mrz. 1724 Pl im I-R Nr. 22, Jan. 1741 Cap. u. Chef e. Comp., April 1754 Major, 1756 als Ol ins I-R Nr. 58 versetzt; erheiratete mit seiner ersten **Frau** Esther Eleonora verwitw. Majorin von Petersee, geb. von Münchow, d. **Gut** Zeitlitz im Borckeschen Krs., vor 1743 verkauft; in zweiter Ehe verh. mit Elisabeth, geb. von Koethen;

Quellen: Stabi, Ms. boruss. fol. 314 (danach geb. um 1705); Brüggemann, T. 2/1, S. 359–360; Tb. Uradel 1922, S. 81;

Gl Hans Christoph von Billerbeck (* 3. März 1703, † 20. Juli 1777)*

Vater: Caspar († 1709), Erbherr auf Janikow im Krs. Dramburg; **Bruder**: Christoph Sigismund (1704–1775), Ltnt. (im I-R Nr. 3); **Bruder**: Carl Wilhelm (1708–1784), April 1730 Fähnrich im I-R Nr. 16, Juni 1733 Sl, Aug. 1739 Pl, Juni 1740 Abschied; **Laufbahn**: 1718 Gefr.corp. im I-R Nr. 8, Febr. 1725 Fähnrich, Mai 1730 Sl, Mai 1735 Pl, Aug. 1743 Stabs-Cap., Sep. 1745 Cap. u. Chef e. Comp., Juni 1756 Major, (Juni 1757 Orden p.l.m.), Sep. 1758 Ol, Dez. 1758 Obrist, Aug. 1763 Kommandeur d. I-R Nr. 8, Mai 1764 GM, Mai 1764 mit Pension dim., Jan. 1777 Gl; **Güter**: erbte d. väterl. Gut Janikow, seit 1756 Erbherr auf Hohenwalde B (u. d. Vorwerken Goltz u. Janikow) im Krs. Pyritz, hatte diese *reluirt* u. mußte sich deshalb mit d. Reg.rat George Christoph von Blankensee gerichtlich auseinandersetzen; **Ehefrau**: Maria Elisabeth, geb. von Novisadi; **Sohn**: Carl (1738–1780), seit 1754 im Regiment, 1756 als Gefr.corp., 1764 u. 1774 als Pl im I-R Nr. 8 gen., 1776 Cap., 1780 als Cap. gest.; **Sohn**: Carl Ludwig Wilhelm (1740–1761), stand als Pl im Grenadier-Bat. Nr. 1, 1761 bei Kolberg gefallen; **Sohn**: Ewald Sigismund (* 1742, † vor 1784), seit 1760 im Militär, 1764 Fähnrich im I-R Nr. 8, 1772 als Ltnt. wegen *übler Conduite* dim. u. zu Festungsarrest in Küstrin verurteilt; **Sohn**: Moritz August Wilhelm (1752–1794), 1767 auf d. Schule in Stettin, seit 1768 im Militär, Nov. 1768 Fähnrich im I-R Nr. 7, 1787 als Pl gen., zuletzt Stabs-Cap. im I-R Nr. 7, seit 1782 Erbherr auf d. väterlichen Gütern in Pommern u.d. NM, verh. mit Louise Wilhelmine Tessine, geb. von Ramin, hinterließ diese u. e. zehnjährigen Sohn mittellos, sie hatte während d. Ehe ihre Mitgift zugesetzt u. bat daher 1795 um e. Pension;

Quellen: GStA, I. HA, Rep. 30, Nr. 44, B 11 a, Paket 9251; Nr. 243, Vas.tab. 1763, 1767; Stabi, Ms. boruss. fol. 314 (Sohn M.A.W.), fol. 315 (Söhne C. u. E.S.); Brüggemann, T. 2/1, S. 146; Kopka v. Lossow, Offz.liste, S. 7* (Bruder); Priesdorff, Offz.stammliste, S. 38 (Carl); Priesdorff Nr. 546; Tb. Uradel 1922, S. 79;

Obrist Hans Christoph von Billerbeck (* 1713, † 13, Nov. 1790)

Vater: Constantin (* 1673), seit 1689 im Militär, Juni 1696 Cap., Mai 1714 Ol im I-R Nr. 14, 1725 hier als Obrist gen., später Obrist u. Kommandant von Pillau, Erbherr auf Billerbeck C im Krs. Pyritz, hatte 1731 fünf Söhne; **Bruder**: Leopold Carl Bernhard (* um 1708, † 26. Mai 1740), seit 1724 im Militär, stand 1740 als Sl im I-R Nr. 14; **Bruder**: Ernst August (1709–1757), seit 1727 im Militär, Sep. 1735 Ltnt. im Garn.-Reg. Nr. 2, hier noch 1740 genannt, Dez. 1756 Ol im Garn.-Reg. Nr. 11, 1757 gefallen; **Bruder**: Balthasar bzw. Balzer (* 1715, † vor 1765), seit 1731 im Militär, stand 1740 als Ltnt. u. 1756 als Cap. im Garn.-Reg. Nr. 1, seit 1746 Erbherr auf Billerbeck C; (**Bruder**: Constantin (* 1719), seit 1737 im Militär, 1740 Fähnrich im I-R Nr. 14); **Laufbahn**: stand 1756 als Cap. beim 1. Bat. Garde, Okt. 1756 Orden p.l.m., 1763 Cap., 1765 als Obrist von der Armee nach 37 Dj. mit e. Pension von 300 T. dim., bekam dazu noch 300 T. aus d. Glogauer Landrentei, hatte d. Annahme d. Garn.-Reg. Nr. 10 im Nov. d.J. aus gesundheitlichen Gründen abgelehnt, wäre *zu allen Diensten zu Fuß u. zu Pferd gänzlich incapable*; **Güter**: erbte nach d. Tod d. Bruders Balthasar d. väterliche Gut, trat Billerbeck C 1765 für 8/m T. an dessen Tochter Augusta Louisa Friederika von Billerbeck ab, die später mit d. Cap. Friedrich Heinrich von Manteuffel, s.d., verheiratet war, erwarb dafür (mit d. Geld seiner Frau) d. Güter Schlettau u. Reichenbach nahe Halle an d. S.; **Ehefrau**: Rudolfine Caroline Wilhelmine, geb. von Stecher (1739–1801); **Söhne**: Friedrich (* 1756) u. Carl (* 1757), beide hielten sich 1767 bei d. Eltern in Potsdam auf;

Quellen: GStA, I. HA, Rep. 30, Nr. 243, Vas.tab. 1756, 1763, 1767; Rep. 96, Nr. 95 B bb; Stabi, Ms. boruss. fol. 311, fol. 314 (Bruder E.A.), fol. 319 (Vater); Brüggemann, Beiträge, 2, S. 100 (danach lebte Balthasar 1746 noch); Reinhard, Garde, S. 544; Tb. Uradel 1922, S. 80, S. 81 (Bruder B., gest. 1744), S. 89;

Obrist Heinrich Wilhelm von Billerbeck (* 8. Mrz. 1707, † 18. Mrz. 1775)

Vater: Anton Christoph (1655–1734), Cornet, Erbherr auf Warnitz C im Krs. Pyritz; **Mutter**: Esther Margarethe, geb. von Steinwehr († 1724); (**Bruder**: Otto Friedrich (* 1697), seit 1715 im Militär, 1724 Pl im I-R Nr. 22, vor 1736 abgegangen); **Laufbahn**: seit 1717 im Militär, stand 1728 als Cornet im D-R Nr. 6, zuletzt hier Stabs-Rittmstr., 1741 zu d. Husaren versetzt, avancierte bis zum Obristen u. Chef d. H-R Nr. 8, vor 1756 abgegangen, hinterließ seiner Witwe u. sieben unmündigen Kindern kein Vermögen, lt. Attest d. Landrates vom April 1782 hatte jede der vier Töchter für d. Unterhalt jährlich kaum 30 T.; **Güter**: Erbherr auf Warnitz (C, zeitweilig, auf D) F im Krs. Pyritz; **Ehefrau**: Johanna Juliana Louisa, geb. von Schöning († 1789), sie saß 1776 auf Warnitz C u. D; **Sohn**: Anton Ernst Wilhelm (* 10. Mai 1761, † 1811), Mrz. 1778 Junker im D-R Nr. 5, Juni 1780 Cornet, Juni 1783 Sl, wurde 1784 mit d. Gesuch um d. *venia aetatis* abgewiesen, Juni 1792 Pl, Jan. 1796 Stabs-Cap., Okt. 1800 Cap., Nov. 1805 Stabs-Major, April 1807 Chef e. Escadron, Mrz. 1810 als Ol dim., seit mind. 1792 Erbherr auf Warnitz C, D u. F, noch 1804 auf Warnitz C, D u. F im Wert von 20/m T., außerdem 1801 u. 1804 auf Barnimskunow F u. G. im Wert von 8/m u. 18/m T. gen.; **Sohn**: Otto Ernst Heinrich (1764–1826), erbte 1775 mit A.E.W. d. väterliche Gut Warnitz C, 1793 Fähnrich, 1797 Ltnt. im Depot-Bat. von Phul in Templin, hielt sich 1804 als vorm. Ltnt. in Templin auf;

Quellen: GStA, I. HA, Rep. 30, Nr. 44 B 11 a, Paket 9251; Nr. 243, Vas.tab. 1756 (danach * 1700), 1763, 1767, 1793, 1801, 1804; Stabi, Ms. boruss. fol. 311, fol. 314 (O.F.); Brüggemann, T. 2/1, S. 166; Orlop, D-R Nr. 6, Anhang, S. 116*; Albedyll, Ranglisten 1786 u. 1795, T. 2, Anhang, S. 65* (A.E.W.); Tb. Uradel 1922, S. 83;

Ol Joachim Daniel von Billerbeck (* um 1670, † 1718)

aus Pommern gebürtig; **Laufbahn**: seit 1687 im Militär, Juli 1702 Cap. im I-R Nr. 14, (Sep. 1709 bzw.) Mrz. 1712 Ol im I-R Nr. 24, 1718 als Ol in Cottbus gest.;

Quellen: Stabi, Ms. boruss. fol. 311, fol. 316, fol. 319;

Cap. Joachim Daniel von Billerbeck (* um 1710, † vor 1785)

Vater: Thomas († vor 1730), Erbherr auf Barnimskunow F im Krs. Pyritz; **Bruder**: Hans Friedrich, seit 1730 Erbherr auf Anteil, seit 1748 auf ganz Barnimskunow F im Krs. Pyritz **Laufbahn**: seit 1727 im Militär, Dez. 1735 Fähnrich im I-R Nr. 16, Sep. 1737 Sl, Nov. 1741 Pl (mußte nach einer Blessur in d. Schlacht bei Hohenfriedberg 1745 d. Abschied nehmen), April 1749 Stabs-Cap., Juli 1750 als Cap. zum Garn.-Reg. Nr. 8, Sep. 1753 (nach 36 Dj.) dim.; **Güter**: seit 1755 Erbherr auf Barnimskunow F im Wert von 14/m T., darauf Schulden von 9013 T.; seit 1764 auch auf Barnimskunow G; 1767 sollen d. Güter e. Wert von 22/m T. gehabt haben, d. Hypotheken betrugen 15 289, andere Schulden 4 276 T.; konnte d. Zinsen nicht zahlen, d. Kredite nicht tilgen, auf Drängen d. Gläubiger wurde d. Gut daher auf 11 464 T. taxiert u. subhastiert, die **Witwe** Sophie Charlotte, geb. Davidsohn, erstand es für 9/m T., sie besaß von 1773 bis 1790 auch Barnimskunow G, sie geriet vor 1785 jedoch selbst in Bedrängnis u. fürchtete um ihr Vermögen von 4986 T.; 1793 befand sich d. Gut F noch in d. Händen d. Erben von Joachim Daniel, 1798 wurde es an d. Lehnsfolger Anton Ernst von Billerbeck abgetreten;

Quellen: GStA, I. HA, Rep. 30, Nr. 43, Paket 9232; Nr. 44, B 11 a, Paket 9251; Nr. 243, Vas.tab. 1763, 1767, 1793, 1799, 1804; Stabi, Ms. boruss. fol. 311; Ms. geneal. fol. 120; Brüggemann, Beiträge, 2, S. 99; Kopka v. Lossow, Offz.liste, S. 8 *;

Cap. Joachim Ernst von Billerbeck (* 1701, † Juni 1743)

Vater: Ernst Andreas (* 1701, † nach 1747), *Kriegs-Commissarius*, Erbherr auf Blankensee u. Billerbeck im Krs. Pyritz, in zweiter Ehe 1711 verh. mit Agnes Margarethe, geb. von Koethen; **Mutter**: Maria Catharina, geb. von Flatow; Stief-**Bruder**: Balthasar Wilhelm (1714–1766), seit 1729 im Militär, Jan. 1742 Pl im I-R Nr. 49, Febr. 1763 Major, als solcher gest.; Stief-**Bruder**: Ernst Friedrich (1714–1783), Cap., siehe dort mehr; **Vater-Bruder**: Constantin (* 1673), Obrist, Kommandant von Pillau, Erbherr auf Billerbeck; **Laufbahn**: Okt. 1717 *cadet* in Berlin, 1720 Sergant im I-R Nr. 19, 1723 Fähnrich, 1730 Ltnt., 1740 Stabs-Cap. im I-R Nr. 19, erhielt im Mrz. 1741 u. Juni 1742 d. Orden p.l.m., lehnte d. Übernahme e. Garn.-Bat. ab, 1743 als Cap. gest.;

Quellen: Stabi, Ms. boruss. fol. 311, fol. 314; Gesch. I-R Nr. 19, S. 88–89; Crousaz, Beilage C, S. 32; Lehmann, Ritter, S. 8, S. 13; Tb. Uradel 1922, S. 80;

Ltnt. Johann Friedrich von Billerbeck (* 1707)

Vater: Cuno Friedrich († vor 1720), Offizier bei d. Leibgarde, Erbherr auf Anteil Billerbeck im Krs. Pyritz; Stief-Mutter: Ursula Catharina, geb. von Billerbeck; **Mutter**: Lucia, geb. von Damitz; **Bruder**: George Wilhelm, Stabs-Cap. beim 2. Bat. Garde, (Erbherr auf Rehfelde im Krs. Pyritz); **Laufbahn**: trat 1724 in d. Militärdienst ein, stand 1730 als Gefr.corp., 1740 als Sl im I-R Nr. 30, vor 1751 abgegangen; **Ehefrau**: e. geb. von Kröcher;

Quellen: GStA, I. HA, Rep. 30, Nr. 241 b, Paket 9961; Stabi, Ms. boruss. fol. 311; Ms. geneal. fol. 120; Tb. Uradel 1922, S. 81;

Cap. Johann Gottlieb von Billerbeck (* 1730)

aus Pommern gebürtig; **Laufbahn**: seit 1747 im Militär, 1750 u. 1756 Fähnrich im Garn.-Reg. Nr. 2, 1763 Pl, 1774 Stabs-Cap. im Garn.-Reg. Nr. 2;

Quellen: Stabi, Ms. boruss. fol. 314;

Ltnt. Leopold Bernd Constantin von Billerbeck (* 1708)

aus Pommern gebürtig; **Laufbahn**: seit 1724 im Militär, 1730 Gefr.corp., 1740 Sl im I-R Nr. 14, vor 1750 abgegangen;

Quellen: Stabi, Ms. boruss. fol. 311;

Fähnrich Melchior Gottfried von Billerbeck (* 1707)

aus Pommern gebürtig; **Laufbahn**: seit 1726 im Militär, April 1730 Fähnrich im I-R Nr. 20, vor 1740 abgegangen;

Quellen: Stabi, Ms. boruss. fol. 311;

Ol Otto Friedrich von Billerbeck (* 1702, † 1751)

Vater: Heinrich, Cap., Erbherr auf Warnitz C im Krs. Pyritz; **Mutter**: Barbara Tugendreich, geb. von Steinwehr; **Laufbahn**: Febr. 1719 *cadet* in Berlin, 1724 Cornet im D-R Nr. 6, 1725 hier als Ltnt., 1730 als Pl, 1736 als Cap. genannt, zuletzt Major, 1750 als Ol dim.; **Güter**: besaß d. väterl. Gut Warnitz C, dieses fiel nach seinem Ableben an an d. Obristen Heinrich Wilhelm von Billerbeck; aus seiner **Ehe** mit Helena Henrica, geb. von Gladis, stammten zwei **Söhne**: Otto Friedrich (1743–1778) u. Carl Rudolph Wilhelm († 17. Jan. 1808), diese wurden außerehelich geboren, erhielten am 15. Juli 1751 die Legitimation, durften d. väterl. Namen u. d. Wappen führen, waren aber nicht lehnsfähig, konnten jedoch sein Allodialerbe antreten; Otto Friedrich stand als Cap. im I-R Nr. 38, Carl Rudolph diente von 1763–1775 im D-R Nr. 6, zuletzt Sl;

Quellen: GStA, I. HA, Rep. 30, Nr. 44, B 11 a, Paket 9251; Stabi, Ms. boruss. fol. 311, fol. 316 (in d. Abgangsliste I-R 38 1764 bis 1778 kein B.); Brüggemann, T. 2/1, S. 166; Crousaz, Beilage C, S. 33; Orlop, D-R Nr. 6, Anhang, S. 16*, S. 18*, S. 21*, S. 23*, S. 116*;

Ltnt. Paul Wilhelm von Billerbeck (* 1747)

aus Pommern gebürtig; **Laufbahn**: seit 1765 im Militär, Nov. 1774 Sl im I-R Nr. 49, vor 1787 abgegangen;

Quellen: Stabi, Ms. boruss. fol. 314;

Major Johann Carl von Birkholtz (1704–1754)

Vater: Carl Berndt (1666–1746), Rittmstr., Erbherr auf Schilde u. Neu-Lobitz in d. NM; **Mutter**: Charlotte Louise Sophie, geb. von der Goltz (1677–1715); **Bruder**: George Albrecht (1710–1777)*, seit 1744 Direktor, seit 1763 Präsident d. neumärk. KDK, Sohn Carl Philipp Wilhelm (* um 1745), Nov. 1773 Pl im I-R Nr. 36, Nov. 1774 dim.; **Laufbahn**: seit 1721 im Militär, stand 1743 als Ltnt. im D-R Nr. 3, zuletzt Rittmstr., 1748 auf Wunsch (mit d. Charakter Major) dim.; **Güter**: erwarb um 1747 vom KD-rat Bogislav Christoph von Borcke auf Wiederkauf für 30 Jahre die Güter Rosenow u. Aalkist im Borckeschen Krs. für 12/m T.; d. Güter fielen 1754 an d. Bruder G.A.;

Quellen: GStA, I. HA, Rep. 30, Nr. 103, Paket 9 505; Stabi, Ms. boruss. fol. 313; Schöning, D-R Nr. 3, S. 410; biogr. Handbuch, S. 85–86 (Bruder);

Cap. Bernd August von Bismarck (* 16. Juni 1725, † 27. Juni 1758)

Vater: August Friedrich (1695–1742), April 1712 Cornet im Reg. Katte zu Pferd, April 1717 Cap. u. Chef e. Escadron im D-R Nr. 5, Aug. 1727 Major, Juli 1737 Ol, Juli 1741 Obrist, Sep. 1741 Kommandeur d. D-R Nr. 5, Mai 1742 bei Chotusitz schwer verwundet, seit 1725 Erbherr auf Jarchelin u. Kniephof für 16/m T., seit 1727 auf Külz für 7/m, seit 1739 auf Schmelzdorf f. 8 100 T., alle im Dewitzschen Krs.; **Mutter**: Stephanie Charlotte, geb. von Dewitz (1706–1735); **Bruder**: Carl Alexander (1727–1797), seit 1749 Studium d. Rechte in Halle, Cornet im K-R Nr. 4, Febr. 1759 als inval. Ltnt. (mit d. Charakter Rittmstr.) dim., Erbherr auf Schönhausen im Krs. Jerichow; **Bruder**: Ernst Friedrich (1728–1775), seit 1746 im Militärdienst, 1749 Junker im K-R Nr. 7, Febr. 1750 Cornet im K-R Nr. 11, Febr. 1757 Ltnt., 1758 Orden p.l.m., 1760 Rittmstr., 1761 Chef e. Escadron im K-R

Nr. 11, 1764 als Rittmstr. dim., später Schloßhauptmann zu Berlin; **Laufbahn**: Standartenjunker im K-R Nr. 11, 1741 Fähnrich im I-R Nr. 17, 1750 Sl, Mai 1755 nach 18 Dj. dim., (erhielt d. Charakter Cap.); **Güter**: seit 1747 alleiniger Besitzer d. väterlichen Güter im Dewitzschen Krs., auf diesen lagen 1758 Hypotheken von 33 562 T.; erste **Ehefrau**: Johanna Elisabeth, geb. von Steinwehr († 1756); **Sohn**: August Friedrich (1753–1814), seit 1768 im Militär, stand 1772 als Gefr.corp. im I-R Nr. 7, um 1773 wegen schwacher Gesundheit nach vier Dj. als Ltnt. dim., 1777 Cap. im Land-Bataillon in Stettin, (Abschied vom I-R Nr. 17 nach 18 Dj.), Erbherr auf d. väterlichen Gütern, 1797 im Wert von 50/m T., nach Abzug d. Schulden blieben für ihn u. seine **Schwester** Charlotte Henriette (* 1754), verh. mit d. Obristen Jarislav Ulrich Friedrich von Schwerin, s.d., je 9 232 T. frei;

Quellen: GStA, I. HA, Rep. 30, Nr. 186 d, Paket 9 840; Nr. 243, Vas.tab. 1755, 1756; Stabi, Ms. boruss. fol. 314, fol. 315 (Bruder E.F.); Monteton, S. 119 (E.F.); Fam.gesch., S. 119–122, S. 141–146, S. 160–161; Albedyll, Anhang, S. 49*;

Rittmstr. Alexander Gustav von Blankenburg (* 1751)

Vater: George Heinrich (1717–1779)*, seit 1756 Landrat im neumärkischen Krs. Schivelbein, seit 1738 Erbherr auf Moizelwitz A u. Stoltenberg B im Ftm. Cammin sowie auf Schlenzig im Krs. Schivelbein; **Mutter**: Ernestine Leonore, geb. von Wobeser (1722–1795); **Laufbahn**: engagierte sich 1767 im Militärdienst, stand 1775 als Cornet, 1787 als Ltnt. im K-R Nr. 5, zuletzt Pl, 1791 Abschied als Rittmstr.; **Güter**: saß 1787 auf Moizelwitz A u. Stoltenberg B, vor 1793 an seinen Vetter verkauft, d. Ltnt. Ernst Wilhelm Ludwig von Blankenburg (* um 1753), auch Erbherr auf Schlenzig in d. NM; **Ehefrau**: e. geb. von Kaminsky;

Quellen: GStA, I. HA, Rep. 30, Nr. 243, Vas.tab. 1763, 1767, 1793; II. HA, Abt. 13 a, Tit. IV, Litt S, Nr. 1; Stabi, Ms. boruss. fol. 311; Brüggemann, T. 2/2, S. 578, S. 585–586; biogr. Handbuch, S. 90 (Vater);

Ltnt. Carl Leopold Claus von Blankenburg (* 30. Nov. 1755, † 11. Aug. 1807)

Vater: Nicolaus (1703–1767), Ltnt. (im I-R Nr. 6), nach 14 Dj. dim., Erbherr auf Karkow im Ftm. Cammin; **Mutter**: Barbara Elisabeth, geb. von Wobersnow; Stief-**Bruder**: George Friedrich (1744–1778), Erbherr auf Karkow; **Bruder**: Venz Wilhelm (1766–1842), Fähnrich, s.d. **Laufbahn**: Okt. 1772 Fähnrich im I-R Nr. 8, Jan. 1778 Sl, Mrz. 1778 dim.; **Güter**: erbte 1778 von seinem Stiefbruder G.F. das Gut Karkow, 1797 im Wert von 9/m T., besaß dieses bis zu seinem Ableben, 1804 auch auf Ramelow, beide im Wert von zs. (1801: 21/m) 50/m T.;

Quellen: GStA, I. HA, Rep. 30, Nr. 243, Vas.tab. 1756, 1767, 1793, 1804; Brüggemann, T. 2/2, S. 567; Priesdorff, Offz.stammliste, S. 38; Tb. Uradel 1903, S. 124;

kursächs. Cap. Carl Otto von Blankenburg (* 1731, † 21. April 1801)

Vater: Balzer (Balthasar) Friedrich Heinrich (* um 1690, † vor 1741), (seit 1710 im Militär, Mai 1713 Sl, Jan. 1716 Pl im I-R Nr. 23, Jan. 1717 dim.), Erbherr auf Fuhlbeck im Krs. Dramburg; **Mutter**: Maria Anna Elisabeth, geb. von der Osten; **Bruder**: Friedrich Wilhelm

George († 1776), poln. Obrist, Erbherr auf Friedland, Fuhlbeck; **Bruder**: George Bernd (1713–1771), poln. Obrist, Erbherr auf Segefeld; **Laufbahn**: avancierte im kursächsischen Militärdienst bis zum Cap.; **Güter**: schloß zs. mit seinem Bruder F.W.G. 1754 einen Vertrag mit d. Magistrat zu Gollnow über die Anlage einer *Entreprise* im Oderbruch, beide wollten aus eigenem Vermögen die Kolonien Blankenfelde u. Camelshorst anlegen und darauf 44 ausländische Familien ansetzen; Carl Otto erwarb dazu noch d. Dorf Schwarzow bei Naugard; die Gebr. gerieten über d. Vertragsbedingungen in e. langwierigen Streit mit d. Magistrat zu Gollnow; 1777 schloß Carl Otto e. Erbzinsvergleich mit d. Magistrat, der ihm gegen die Zahlung von jährlich 800 T. weitgehende Rechte einräumte; soll Blankenfelde im Wert von 107/m T. weitgehend schuldenfrei hinterlassen haben; außerdem 1782 bis etwa 1800 Erbherr auf Korkenhagen im Krs. Saatzig, dann veräußert, *reluirte* um 1785 Groß Pobloth A u. B, verkaufte es 1790 für 13/m T. an e. bürgerl. Steuer-Revisor; **Ehefrau**: seit 1763 Dorothea Rahel, e. geb. Olsen aus Stettin, diese machte nach 1801 Schulden, weshalb die Kolonien 1806 von der Landschaft sequestriert wurden; aus d. Ehe mehrere Kinder, darunter d. **Sohn** Wilhelm Christian August (* 28. Jan. 1773), 1793 Cornet, 1799 Ltnt. im D-R Nr. 12, (1812 in Rußland verschollen); **Sohn**: Ludwig Ferdinand (1774–1813), 1793 Junker, 1799 Ltnt. im I-R Nr. 22, bei Dennewitz tödlich blessirt; **Sohn**: Friedrich Dionys Ludwig (1786–1850) *, Mai 1800 ins Reg., 1802 Fähnrich im I-R Nr. 22, Mai 1806 Sl, Mai 1808 Pl, seit 1812 im Leib-H-R, 1836 GM;

Quellen: GStA, I. HA, Rep. 30, Nr. 44, B 6, Paket 9 247; Nr. 243, Vas.tab. 1793, 1799; Stabi, Ms. boruss. fol. 316, fol. 319 (Vater ?: Balthasar Friedrich, Ltnt. im I-R Nr. 23); Brüggemann, Vorpommern, S. 177; T. 2/1, S. 299; Tb. Uradel 1903, S. 119; Priesdorff, Nr. 1556 (Sohn F.D.L.);

Obrist Christian Friedrich von Blankenburg (* um 1700, † 26. Juli 1758)

Vater: Christian Ernst, Erbherr auf Wartekow im Ftm Cammin; **Laufbahn**: engagierte sich 1714 im Militärdienst, Juli 1717 Fähnrich im I-R Nr. 10, Juni 1723 Ltnt., Mrz. 1731 Cap. u. Chef e. Comp., Dez. 1745 Major, Febr. 1757 Ol, Mai 1757 Obrist, Träger d. Ordens p.l.m., im Juli 1758 bei Königgrätz als Obrist gefallen; **Frau**: Sabina Regina, geb. Gräfin von Schlippenbach, lt. Ehestiftung von 1738 brachte sie ihm *illata* von 4/m T. ein, erhielt e. Verbesserung von 2/m u. e. Morgengabe von 1/m T., dazu hatte sie e. mütterl. Erbe von 2/m T., machte nach 1763 inges. Forderungen an d. Güter ihres Mannes über 10 250 T. geltend; aus beider Ehe der **Sohn** Friedrich Diederich, seit 1757 im Militärdienst, erhielt im Jan. 1759 d. *venia aetatis*, als Fähnrich im I-R Nr. 7 im Aug. 1759 bei Kunersdorf gefallen; **Güter**: d. Witwe Obrist von Blankenburg ließ durch Urteile d. Kösliner Hofgerichtes von 1768 u. 1769 die Ansprüche d. Lehnsvettern aus Karkow auf Wartekow abweisen, ihre *illata* in Höhe von 7/m T. waren auf d. Gut eingetragen; 1793/1804 befand sich d. Gut in d. Hand d. Majors u. späteren Obristen Carl Heinrich von Bardeleben, s.d.; **Tochter**: Barbara Juliana Lucia; (**verwandt**: Conrad Christan von Blankenburg (1711–1747), seit 1726 im Militär, 1740 Fähnrich im I-R Nr. 21, 1747 als Ltnt. gest.: Stabi, Ms. boruss., fol. 311);

Quellen: GStA, I. HA, Rep. 30, Nr. 44, B 6, Paket 9 247; Nr. 243, Vas.tab. 1756 (als Obrist Johann Heinrich), 1763, 1767; Nr. 244, Paket 9 989; IV. HA, Rep. 11, Nr. 90 (hier als Chr. Ludwig); Stabi, Ms. boruss. fol. 314, fol. 316; Lehmann, Ritter, S. 156;

Ol Christian Heinrich von Blankenburg (* 1680, † vor 1745)

aus Pommen gebürtig; **Laufbahn**: trat um 1697 in d. Militärdienst ein, April 1707 Stabs-Cap. im I-R Nr. 17, Mrz. 1712 Cap., 1714 als Chef e. Comp. ins I-R Nr. 3 versetzt, 1720 Major, 1725 Ol, Mrz. 1727 zum Kolberger Reg. (bzw. ins Garn.-Bat. Nr. 3) versetzt, vor 1740 abgegangen; **Güter**: erwarb 1731 (bzw. 1722) e. Anteil von Ramelow im Ftm. Cammin für 15/m T. von Heinrich Ludwig von Meseritz, verkaufte diesen 1735 (bzw. 1731) an d. Geh. Rat Christoph Hermann von Schweder für 15/m T.; nach d. Tod d. Ol wurde d. Lehnsanteil von Ramelow vacant, d. König wollte d. Anteil d. GM u. Gen.-Adjutanten von Borcke übertragen, dieser verzichtete jedoch, weil Ramelow mit Schulden überhäuft war; C.H. besaß außerdem Karkow im Ftm. Cammin, hinterließ dieses seinem **Sohn**, dem Ltnt. Friedrich Leopold Christian (bzw. Carl Heinrich), von diesem ging es 1745 an seinen Lehnsfolger, d. Ltnt. Nicolaus von Blankenburg;

Quellen: GStA, I. HA, Rep. 30, Nr. 103, Paket 9505; Stabi, Ms. boruss. fol. 319; Gesch. d. I-R Nr. 3, S. 176; Brüggemann, T. 2/2, S. 567, S. 591;

Major Christoph Ulrich von Blankenburg (* 1678)

aus Pommern gebürtig; **Laufbahn**: trat 1694 in d. Miliärdienst ein, (Febr. 1712 Major im D-R von der Albe), 1718 Major im D-R Nr. 6, 1720 abgegangen;

Quellen: Stabi, Ms. boruss. fol. 311; Orlop, D-R Nr. 6, Anhang, S. 116*;

Obrist Dionysius George von Blankenburg (* um 1696, † 30. Sep. 1745)

Vater: Dionysius, seit 1680 Erbherr auf Oerden im Krs. Neustettin; **Mutter**: Elisabeth Maria, geb. von der Goltz; **Bruder**: Wilhelm, Ltnt.; **Laufbahn**: trat 1714 in d. Militärdienst ein, (diente ein Jahr im I-R Nr. 20, acht Jahre im I-R Nr. 6, sechs Jahre im I-R Nr. 28, stand im Mrz. 1729 als Major u. Chef e. Comp. im I-R Nr. 31), 1740 Ol u. Chef e. Comp. im I-R Nr. 17, Träger d. Ordens p.l.m., 1745 als Obrist u. Kommandeur d. Reg. bei Soor gefallen; **Güter**: löste das väterliche Gut Oerden, verpfändet an d. Obristen von Borcke, 1743 für 3 800 T. wieder ein; ließ es im Sep. 1744 allodifizieren; nach seinem Tod fiel Oerden an seinen Bruder-Sohn, den Ltnt. Wilhelm von Blankenburg, der es 1746 dem Oberamtmann Joachim Philipp Holz verkaufte; **Ehefrau**: Louisa Charlotte, geb. Gräfin von Schwerin;

Quellen: GStA, I. HA, Rep. 30, Nr. 44, B 6, Paket 9247; Stabi, Ms. boruss. fol. 314 (danach aus Polen geb.), fol. 316 (1730 nicht im I-R Nr. 17), fol. 246 (Rangliste d. Armee 1739); Lehmann, Ritter, S. 19;

Cap. Friedrich von Blankenburg (* 24. Jan. 1744)

Vater: Dionysius Friedrich (* 1704, † 1757), aus Kolberg, seit 1720 im Regiment, Febr. 1721 Gefr.corp., 1723 Fähnrich im I-R Nr. 1, Aug. 1724 Sl, im Aug. 1726 nach 6,75 Dj. als Sl *cassirt*, stand nach 1752 als Cap. im Stettiner Garn.-Reg. von Stockhausen, seit 1739 Erbherr auf Groß Pobloth im Ftm. Cammin, seit etwa 1751 auch auf Moizelin im Wert von 7 960 T., beide wurden im Siebenjährigen Krieg ruiniert u. gerieten in Konkurs, hinterließ kein Vermögen; **Großvater**: Bernd, Erbherr auf Moizelin, Moltow u. Groß Pobloth im Ftm. Cammin; **Vater-Bruder**: Curt Christoph († vor 1748), auf Moltow; **Vater-Bruder**: Henning Bernd (* 1708, † 17. Juni 1792), konnte wegen eines Fußleidens nicht ins Militär eintreten, diente im Siebenjährigen Krieg als Ltnt. in d. Kolberger Garnison (bei d. Land-Miliz), befand sich zwei Jahre in russ. Gefangschaft in Reval, Erbherr auf Klein Pobloth, seit 1748 auch auf Moltow, verh. mit Clara Gottlieb von der Goltz, beider Vermögen befand sich 1757 in Konkurs, 1758 Vormund d. Kinder seines Bruders Dionysius Friedrich, Groß Pobloth wurde im Krieg von d. Russen ruiniert, subhastiert u. ging verloren; **Vater-Bruder**: Christian Heinrich († vor 1758), Fähnrich, ledig, galt als *blödsinning*, Erbherr auf Anteil Gr. Pobloth im Wert von 4 389 T., hinterließ e. Vermögen von 2 074 T.; **Laufbahn**: befand sich 1758 zs. mit d. Bruder bei d. *cadets* in Berlin, engagierte sich Anfang 1760 im D-R Nr. 2, 1763 als Cornet, 1773 als Sl genannt, nahm 1776 bzw. 1779 nach 19 Dj. Abschied als Cap., bat im Dez. 1786 als Cap. um e. Versorgung; **Bruder**: Bernd Philipp Christoph (* 29. Febr. 1747, † 1815), 1763 als *cadet*, 1782 als Ltnt. im I-R Nr. 23 gen., besaß damals ein Vermögen von ca. 1/m T., 1787 Pl, seit Febr. 1799 Cap. u. Chef e. Comp., 1806 Major im I-R Nr. 23, zuletzt bei d. 2. Ostpreuß. Invaliden-Comp.; **Güter**: nahm zs. mit d. Bruder 1765 d. eingelöste Gut Groß Pobloth u. Feldgut Vorbeck an, sie behielten davon d. vierten Teil frei, außerdem seit 1765 Erbherr auf Zürkow im Wert von 3 329 T.; bezifferte sein Vermögen 1771 auf 1/m T.; verkaufte 1781 Groß Pobloth für 7 500 T. an d. Obristen Christian Ludwig von Kenitz, s.d.;

Quellen: GStA, I. HA, Rep. 30, Nr. 44, B 6, Paket 9 247; Nr. 186 d, Paket 9 839; Nr. 243, Vas.tab. 1756, 1763; Rep. 96, Nr. 257 B; II. HA, Abt. 13 a, Tit. III, Litt B, Nr. 7 (Henning Bernd); Stabi, Ms. boruss. fol. 313 (Vater), fol. 315, fol. 316 (d. Bruder hier als Philipp Christian), fol. 907 a (B.P.C.); Brüggemann, T. 2/2, S. 578, S. 588–589, S. 612;

Major George (Jürgen) Heinrich von Blankenburg (* 1672)

aus Pommern gebürtig; **Laufbahn**: seit 1687 im Militär, Mrz. 1713 Major im I-R Nr. 10, vor 1730 abgegangen;

Quellen: Stabi, Ms. boruss. fol. 316, fol. 319;

Cornet Hans George Christoph von Blankenburg (* 25. Juni 1755)

Vater: Henning Anshelm (* 1720, † um 1776), Prälat, s.d.; **Laufbahn**: engagierte sich 1770 im K-R Nr. 5, machte Schulden u. desertierte 1775 als Cornet von seinem Regiment; ihm wurde d. Desertionsprozeß gemacht, sein Vermögen eingezogen; d. väterliche Nachlaß wurde 1776 auf 50 950 T. beziffert, die Schulden betrugen 43 856 T., so daß für die vier Kinder nur 7 093 T. verblieben; im April 1776 bekamen die drei Geschwister d. Vermögen d. desertierten Cornets in Höhe von 997 T. geschenkt; H.G.C. ging nach Amerika und nahm dort Militärdienste; nach d. Generalpardon von 1786 kehrte er zurück und wollte sein Vermögen, das er mit 2 426 T. angab, vergeblich restituieren;

Quellen: GStA, I. HA, Rep. 30, Nr. 44, B. 6, Paket 9 247; Stabi, Ms. boruss. fol. 311; Tb Uradel 1903, S. 121;

Fähnrich, Prälat Henning Anshelm von Blankenburg (* 1720, † um 1776) *

Vater: George Heinrich (1687, † vor 1738), Ol, Erbherr auf Petershagen u. Moizelwitz im Ftm. Cammin, auf Schlenzig in d. NM; **Mutter**: e. geb. von Podewils; (Stief-Mutter: Anna Sophia, geb. von Dewitz); **Bruder**: George Heinrich (1717–1779), neumärkischer Landrat, seit 1738 Erbherr auf Moizelwitz A u. Stoltenberg B im Ftm. Cammin sowie Schlenzig, NM; **Bruder**: Peter Ludwig (1728–1798), seit 1738 Erbherr auf Petershagen u. Moizelwitz B; **Laufbahn**: stand 1741 als Fähnrich im I-R Nr. 7, erhielt im nämlichen Jahre mit 22 Jahren die *venia aetatis*, (1742 Ltnt. im I-R Nr. 39, im Mai 1742 als Ltnt. dim.), anschließend Prälat des Domstifts Cammin; **Güter**: seit 1738 Erbherr auf Rogzow u. Leppin im Ftm. Cammin; **Sohn**: Friedrich Wilhelm George (1754–1795), seit 1767 im Militärdienst, Febr. 1773 Fähnrich im I-R Nr. 22, Juni 1777 Sl, Juli 1787 Pl im I-R Nr. 38, später als Lazarett-Inspektor in Posen versorgt, erwarb 1781 Neuengrape A im Krs. Pyritz von J.J.C. von Wenden für 10/m T., verkaufte d. Gut 1790 für 15/m T. an d. Pächter Neiße; **Sohn**: Hans George Christoph (* 1755), s.d.; **Sohn**: Henning Dionysius Ludwig (1764–1813), Ltnt., s.d.; **Tochter**: Charlotte Luise Juliane (* 1761), verh. mit d. GM Eberhard von Hager;

Quellen: GStA, I. HA, Rep. 30, Nr. 44, B 6, Paket 9247; Nr. 243, Vas.tab. 1756, 1763, 1767; Stabi, Ms. boruss. fol. 314 u. fol. 316 (H.A. u. Bruder F.W.G.); Brüggemann, T. 2/2, S. 585–586; Tb. Uradel 1903, S. 121–122;

Ltnt. Henning Dionysius Ludwig von Blankenburg (* 15. Febr. 1764, † 9. Okt. 1813)

Vater: Henning Anshelm (* 1720, † vor 1780), Ltnt., Prälat, s.d.; **Laufbahn**: Mai 1774 *cadet* in Stolp, Okt. 1776 *cadet* in Berlin, trat 1780 ins I-R Nr. 26 ein, Okt. 1783 Fähnrich, 1787 als Sl *dimittirt*; **Güter**: erhielt bei d. Erbteilung (1780) mit seinem volljährigen Bruder F.W.G. die Güter Leppin, Rogzow u. Ramelow, dies vor 1804 verkauft, im Ftm. Cammin; bekam auf sein Gesuch am 30.1.1786 die *venia aetatis*, soll damals nur ein freies Vermögen von 3 bis 4/m T. gehabt haben, weil die Güter mit Altschulden belastet waren; erwarb dennoch weitere Güter, z. T. über Wert: 1796 Anteile an Polzin u. Jagertow im Krs. Belgard für 30/m T., 1799 Suckow für 32/m T., 1805 verkauft, 1801 Zimmerhausen f. 75/m T., die beiden letzten waren aber nur auf 25 595 u. 52/m T. taxiert worden, auch auf Cardemin im Ostenschen Krs. für 20/m T.; 1805 gab er an, die väterl. Güter Leppin u. Rogzow sowie Schwartow für 104 300 T. übernommen zu haben, darauf Schulden von 88 667 T., seine beiden Söhne erster Ehe mit Friederike von Zastrow besaßen damals ein mütterliches u. großmütterliches Vermögen von 16 310 T., hypothekarisch abgesichert auf Cardemin A u. B; in zweiter **Ehe** seit 1801 verheiratet mit Johanne Christiane Wilhelmine von Mellin;

Quellen: GStA, I. HA, Rep. 30, Nr. 44, B 6, Paket 9247; Stabi, Ms. boruss. fol. 314; Stolper Kadetten, S. 7; Tb. Uradel 1903, S. 122;

Ltnt. Johann Julius Christian von Blankenburg (* 13. Juni 1767)

Vater: Peter Ludwig (1728–1798), Land-Kavalier, Erbherr auf Petershagen u. Moizelwitz B im Ftm. Cammin; **Mutter**: Johanna Elisabeth (1736–1797), e. To. d. Reg.rates Johann Friedrich Loeper; Stief-**Bruder**: Ernst Wilhelm Ludwig (* 1753), 1767 *cadet*, seit 1769 im Regiment, Juni 1771 Fähnrich im I-R Nr. 36, April 1780 Sl, noch 1793 als Ltnt. gen., 1797 Erbherr auf Moizelwitz, Anteil Stoltenberg, Petershagen u. Strachmin für zs. 54/m T.; **Bruder**: Peter Gottlieb (* 1762), seit 1779 im Reg., Jan. 1785 Sl im I-R Nr. 22, 1797 als Stabs-Cap. gen., vor 1806 abgegangen; **Laufbahn**: seit 1781 im Regiment, 1787 Fähnrich im I-R Nr. 17, April 1788 Sl, vor 1793 abgegangen; **Güter**: seit 1799 Erbherr auf Moizelwitz A u. B, (Stoltenberg B) u. Petershagen im Ftm. Cammin, 1804 im Wert von 16 300 T.; **Ehefrau**: Friederike Gottliebe, geb. (von) Loeper (1779–1801);

Quellen: GStA, I. HA, Rep. 30, Nr. 243, Vas.tab. 1767, 1793, 1797, 1804 (Vater u. Brüder); Stabi, Ms. boruss. fol. 314 (Bruder P.G. u. E.W.L.), fol. 316; Brüggemann, T. 2/2, S. 585–586; Tb. Uradel 1903, S. 123;

Fähnrich Venz Wilhelm von Blankenburg (* 2. Dez. 1766, † 11. Nov. 1842)

Vater: Nicolaus bzw. Claus (1703–1767), Ltnt. bei d. Garde, 1734 nach elf Dj. dim., Erbherr auf Karkow u. Falkenhagen im Ftm Cammin, auf Cartlow in d. NM, hatte aus zwei Ehen vier Tö. u. drei Söhne; **Mutter**: Barbara Elisabeth, geb. von Wopersnow, in zweiter Ehe verheiratet mit e. von Stempel, sie besaß seit 1767 d. neumärk. Gut Cartlow im Wert von 5 333 T.; Stief-**Bruder**, aus d. ersten Ehe d. Vaters: George Friedrich (* 20. Mai 1744, † 1778 bzw. 14.7.1779), seit 1767 Erbherr auf Karkow im Wert von 8 500 T.; Stief-Schwester: Louise Charlotte verh. von Braunschweig, Erbin d. Allodialnachlasses von G.F in Höhe von 951 T.; **Bruder**: Carl Leopold Claus (1755–1807), Okt 1772 Fähnrich im I-R Nr. 8, Jan. 1778 Ltnt., Mrz. 1778 dim. (als Cap.), nach 1779 Erbherr auf Karkow, verh. mit Charlotta Friederica Albertina (* 1759), e. Tochter d. Landrates von Reppert, s.d.; **Laufbahn**: engagierte sich im I-R Nr. 8, Juni 1785 Fähnrich, nahm im Mrz. bzw. Mai 1788 wegen schwacher Gesundheit seinen Abschied; bat im Okt. 1788 um die *venia aetatis*, besaß zu diesem Zeitpunkt ein Vermögen von 3/m T., wollte damit Güter kaufen, erhielt die *venia* am 9. Jan. 1789; **Ehefrau**: Friederike Luise, geb. von Brockhusen (1769–1807); **Güter**: 1804 als Erbherr auf Strachmin (Moizelwitz, Karkow) u. Strippow im Ftm. Cammin im Wert von 36/m T. bzw. 60/m T. gen.;

Quellen: GStA, I. HA, Rep. 30, Nr. 44, B 6, Paket 9 247; Nr. 186 d, Paket 9 839; Nr. 243, Vas.tab. 1804 (als Ventz Ludwig); II. HA, Abt. 13 a, Tit. IV, Litt S, Nr. 1, Bd. 1 (hier als Vincentius, d. Vater 1766 gest.); Tb. Uradel 1903, S. 124; Priesdorff, Offz.stammliste, S. 38;

Cap. Bernhard Friedrich von Blankensee (* Juli 1749, † 11. Juni 1802)

Vater: Anton Christian (1700–1758), seit 1716 im Militär, Juli 1728 Cap. im D-R Nr. 7 (1739 dim.), seit 1752, 1754 Erbherr auf ganz Pumlow im Krs. Belgard; **Mutter**: Ilsa Catharina Maria, geb. von Münchow (1709–1772); **Großvater**: Hans Christoph, tauschte 1704 sein neumärk. Gut Klützkow gegen e. Anteil an Pumlow; **Bruder**: Anton George (1741–1808), 1763 vorm. Ltnt. vom Land-Bataillon von Schmeling; **Laufbahn**: trat um 1764 in d. Militärdienst ein, 1767 als Standartenjunker, 1779 als Sl, 1787 als Pl, 1793 als Cap. im D-R Nr. 12 genannt; **Güter**: besaß zs. mit seinem Bruder d. Gut Pumlow im Wert von 8/m T., beide werden noch 1800 als Besitzer genannt, B.F. war 1801 Erbherr auf Warbelin, Zipkow u. Giesebitz in Krs. Stolp; 1804 saßen seine Erben auf diesen drei Gütern im Wert von zs. 48/m T.;

Quellen: GStA, I. HA, Rep. 30, Nr. 44, R 105, Paket 9 367; Nr. 243, Vas.tab. 1756, 1763, 1767 (d. Vater als A. Ernst), 1793, 1804; Stabi, Ms. boruss. fol. 311; Brüggemann, T. 2/2, S. 659–660; Baerensprung, D-R Nr. 8, S. 503 (Vater); Tyszka, D-R Nr. 7, S. 446; Tb. Uradel 1914, S. 91;

Major Bernhard Philipp Constantin von Blankensee (* 27. Febr. 1732, † 1817)

Vater: Egidius Christian (1678–1749), kursächs. Ltnt., Erbherr auf Schönenwerder A u. Anteil Hohenwalde im Krs. Pyritz, hinterließ fünf Söhne; **Mutter**: Helena Sophia Eleonora, geb. von Birkholtz (* 1705); **Bruder**: Egidius Carl Christoph (1724–1767), seit 1750 im

Militär, April 1757 Pl im D-R Nr. 12, Dez. 1762 Stabs-Cap., 1765 als Cap. gen., Träger d. Ordens p.l.m.; **Bruder**: Hans Wilhelm August (* 1728), seit 1743 im Militär, Juni 1747 Fähnrich im I-R Nr. 4, Juni 1753 Sl, vor 1763 abgegangen, wurde zivil versorgt, Erbherr auf Barrücken in Pr.; **Bruder**: George Christian Ludwig (1729–1757), seit 1745 im Militär, 1750 Cornet, Mrz. 1752 Ltnt. im K-R Nr. 4, Mai 1757 bei Prag gefallen; **Bruder**: Leopold Casimir Magnus (1730–1762), seit 1746 im Militär, 1750 Gefr.corp., 1756 Sl im I-R Nr. 10, im Juli 1762 als Stabs-Cap. gefallen; **Laufbahn**: engagierte sich 1749 im D-R Nr. 3, 1753 Cornet, 1765 Cap., Okt. 1778 Abschied als Major; **Güter**: besaß zs. mit seiner Mutter u. seinen Brüdern seit etwa 1756 d. väterlichen Anteil Schönenwerder A u. Hohenwalde im Krs. Pyritz im Wert von 24/m T., darauf Schulden von 14023 T.; erwarb 1765 vom Reg.rat George Christoph von Blankensee dessen Anteile an den beiden Gütern im Wert von 50500 T., erlegte jedoch weder d. Kaufpreis noch trug er Schulden ab, seit 1769 blieb er auch die Zinsen schuldig; 1767 sollen seine Güter e. Wert von 78634 T. gehabt haben, darauf Hypotheken von 46977 u. andere Schulden von 12522 T.; bat 1770 um e. *Indult*, wurde an d. Gerichte verwiesen; 1772 wurden beide Güter auf Betreiben der Gläubiger verpachtet; 1774 wurde der Liquidationsprozeß über d. Vermögen d. Cap. eröffnet, er schuldete 1775 allein d. Reg.rat von Blankensee seit 1765 16650 T.; 1774 u. 1775 fielen das ganze Gut Schönenwerder u. Hohenwalde an d. Reg.rat G.C. von Blankensee; B.P.C. saß 1801 auf d. Gut Trossin im Krs. Königsberg in d. NM; **Ehefrau**: Henriette, geb. von Wietersheim;

Quellen: GStA, I. HA, Rep. 30, Nr. 44, B 14, Paket 9252; Nr. 186 d, Paket 9835; Nr. 243, Vas.tab. 1756, 1763, 1767; Brüggemann, T. 2/1, S. 161–162; Stabi, Ms. boruss. fol. 311 (Bruder E.C.C.), fol. 313 (H.W.A.), fol. 316, Schöning, D-R Nr. 3, S. 101, S. 198, S. 211, S. 414; Förster, K-R Nr. 4, S. 544; Lehmann, Ritter, S. 156; Tb. Uradel 1914, S. 88;

Ltnt. Carl Friedrich von Blankensee (1772–1792) *

Vater: Cap.; **Mutter**: e. geb. von Podewils; **Laufbahn**: Mrz. 1788 als Junker ins D-R Nr. 5, April 1790 Fähnrich, Juni 1792 Sl, Okt. 1792 im Lazarett an d. Ruhr gest.;

Quellen: Albedyll, Anhang, S. 78 *;

GM Christian Friedrich von Blankensee (* 6. Sep. 1716, † 24. Mai 1757) *

Vater: Wolf Alexander Ernst Christoph (1684–1745) *, Mrz. 1704 Fähnrich im I-R Nr. 17, Mrz. 1708 Ltnt. im I-R Nr. 18, April 1719 Cap. im I-R Nr. 23, April 1743 GM, Juli 1743 Chef d. I-R Nr. 23, vier seiner Söhne fielen in d. Schlesischen Kriegen; **Mutter**: Anna, geb. von Witten († 1731); **Bruder**: George Alexander (1718–1757), seit 1731 im Militär, 1755 Stabs-Cap. im I-R Nr. 31, 1757 als Cap. bei Breslau gefallen; **Bruder**: Friedrich (1726–1760), seit 1740 im Militär, 1756 Pl im I-R Nr. 1, 1757 Stabs-Cap. im I-R Nr. 1, 1760 bei Torgau als Cap. gefallen; **Bruder**: Friedrich Wilhelm (1721–1745), seit 1739 im Militär, 1740 Fähnrich im I-R Nr. 23, als Ltnt. bei Soor gefallen; **Bruder**: Caspar Heinrich Ludwig (1725–1759), seit etwa 1745 im Militär, 1755 als Ltnt. gen., als Pl im I-R Nr. 47 gest.; **Bruder**: Friedrich Wilhelm (* 1731, † 15. April 1803), seit 1744 im Militär, 1755 Sl im I-R Nr. 23, zuletzt Cap., 1763 bis 1766 Oberforstmstr. in Preußen, saß 1801 auf Steinberg im Krs. Arnswalde; **Bruder**: Friedrich Alexander Christoph (* 1725, gest. 12. Mai 1787), seit etwa 1745 im Militär, 1755 als Ltnt. gen., 1763 vorm. Cap. vom I-R Nr. 47, 1787 gest.; **Laufbahn**: Aug. 1731 *cadet* in Berlin, Mai 1735 Gefr.corp. im I-R Nr. 13, Dez. 1735 Fähnrich,

Mai 1739 Ltnt., Juni 1741 Cap. u. Chef e. Comp. im I-R Nr. 18, Juni 1741 Major u. Flügel-Adjutant d. Königs, Febr. 1745 Ol, Mrz. 1745 Kommandeur d. K-R Nr. 4, Mai 1745 Orden p.l.m., Mai 1747 Obrist, Sep. 1754 GM u. Chef d. D-R Nr. 2, 1757 bei Prag schwer *blessirt*, daran gest.; **Güter**: Erbherr auf Reichenbach im Krs. Saatzig im Wert von 30/m T.; seit 1746 in erster **Ehe** verh. mit Marie Juliane, geb. von Flemming (1724–1773), diese brachte ihm e. Mitgift von 5/m T. ein, beide wurden 1752 geschieden, er setzte ihr für d. jährlichen Unterhalt e. Betrag von 600 T. aus, von dem ihr 1766 gerichtlich aber nur e. Teil zuerkannt wurde; **Sohn**: Alexander Sigismund Friedrich (1747–1817), Kammerherr u. Prälat, seit 1770 Erbherr auf Reichenbach, Juni 1798 preuß. Graf, seit 1781 verh. mit Dorothea Auguste von Hagen (1751–1819); A.S.F. wurde 1774 u. 1783 von Maria Elisabeth (* 1753), e. natürlichen To. d. Dekans von Platen bezichtigt, sie unter d. Versprechen d. Ehe geschwängert u. e. Kind gezeugt zu haben, sie verklagte ihn auf d. monatliche Zahlung von 30 T., wurde jedoch abgewiesen, erzielte 1774 (gegen e. Einmalzahlung) e. Vergleich und verzichtete auf alle Ansprüche; 1783 war Maria Elisabeth mit d. Akzisekontrolleur von Lüptow verheiratet u. forderte von d. Prälaten neuerlich Unterhaltszahlungen, weil sie die Kosten f. d. Erziehung d. Kindes nicht bestreiten konnte; A.S.F. bestand auf d. Vergleich von 1774, sie wurde an die Gerichte verwiesen; **Sohn** zweiter Ehe: Christian Friedrich Ludwig (* 1757);

Quellen: GStA, I. HA, Rep. 30, Nr. 44, B 14, Paket 9252; Nr. 186 d, Paket 9838; Nr. 243, Vas.tab. 1755, 1756 (6 Brüder), 1763 (nur F.W. u. F.A.); Stabi, Ms. boruss. fol. 313 (Bruder Friedrich), fol. 314 (Bruder G.A.), fol. 316 (Vater u. zwei F.W.: 1740 Fähnrich, 1755 Sl); Brüggemann, T. 2/1, S. 275; Tb Uradel 1914, S. 88 (teils andere Daten); Priesdorff Nr. 318 (Vater), Nr. 413 (C.F.); biogr. Handbuch. S. 90 (Bruder F.W.);

Cap. Friedrich Christian von BLANKENSEE (* 1690)

aus Pommern gebürtig; **Laufbahn**: trat 1704 in d. Militärdienst ein, stand 1732 als Cap. im I-R Nr. 26, 1737 als Cap. dim.;

Quellen: Stabi, Ms. boruss. fol. 314;

Major George Abraham von BLANKENSEE (* 1749)

Vater: George Christoph (1710–1781), Regierungsrat, Landrat d. Krs. Pyritz, s.d. mehr, seit 1775 Erbherr auf ganz Schönenwerder u. Hohenwalde A im Krs. Pyritz, erworben für 47 640 T., darauf 1787 Schulden von 60 039 T., sein Nachlaß reichte nicht zur Befriedigung d. Gläubiger; **Mutter**: Sophie Elisabeth, geb. Gräfin von Schlippenbach († 1761); Stief-Mutter: Beate Wilhelmine, geb. von Waldow († 31. Mrz. 1799), sie konnte aus d. Konkurs ihres Mannes lediglich 200 T. retten, sie lebte deshalb seit 1781 in großer Dürftigkeit u. erhielt auf mehrfache Gesuche von G.A. 1798 e. Pension von 50 T.; Stief-**Bruder**: Berend (Bernhard) Carl Wilhelm (* 1762), seit 1779 im Reg., Mai 1784 Fähnrich im I-R Nr. 26, 1792 als Sl krankheitshalber pensioniert; Stief-**Bruder**: Friedrich Philipp (* 1763), Mai 1784 Fähnrich beim 1. Bat. Garde, im Aug. 1792 auf Wunsch dim., ging auf sein Gut Malschitz im Distrikt Lauenburg, soll bei dessen Ankauf lt. Aussage d. Stief-Bruders *stark betrogen* worden sein; **Laufbahn**: trat 1763 als Junker ins Regiment ein, stand 1774 als Ltnt., 1787 als Cap. im D-R Nr. 3, 1805 Major, 1809 Ol, 1813 pens., 1814 Charakter Obrist; **Güter**: besaß 1787 zs. mit seinen Stief-Brüdern d. väterlichen Güter, diese wurden auf Antrag von G.A. im Mrz. 1787 allodifiziert u. vor 1793 veräußert;

Quellen: GStA, I. HA, Rep. 30, Nr. 241 b, Paket 9968; Nr. 243, Vas.tab. 1763, 1767; II. HA, Abt. 13 a, Tit. III, Litt B, Nr. 6; Stabi, Ms. boruss. fol. 313, fol. 314 (Bruder B.C.W.); Schöning, D-R Nr. 3, S. 199, S. 211, S. 257, S. 316, S. 418; Reinhard, Garde, S. 533, S. 545;

Reg-, Landrat George Christoph von Blankensee (* 11. Nov. 1710, † 9. Nov. 1781) *

Vater: Wulff Christoph (1676–1717), Obrist in Wismar, Erbherr auf Schönenwerder im Krs. Pyritz im Wert von 14500 T.; **Mutter**: Wilhelmine Sophie, geb. von Bismarck; **Großvater**: Joachim Christoph; **Vater-Bruder**: Peter (1659–1734), GM, s.d.; **Bruder**: Friedrich Wilhelm (1716–1744), seit 1730 im Militär, 1741 Ltnt. im D-R Nr. 4, seit 1742 Rittmstr. im H-R Nr. 2, am 7. Dez. 1744 bei Böhm.-Leipa gefallen; **Laufbahn**: Sep. 1731 Cornet im D-R Nr. 5, Nov. 1735 wegen schwacher Konstitution (als Ltnt.) dim., amtierte von 1760 bis 1772 als Landrat im Krs. Pyritz; **Güter**: seit 1745 Erbherr auf Anteil, seit 1775 auf ganz Schönenwerder, auf Hohenwalde u. Hohengrape; er soll 1781 nichts hinterlassen haben, die Güter befanden sich im Konkurs, die Witwe fürchtete um ihre Mitgift in Höhe von 6/m T.; Schönenwerder u. Hohenwalde standen 1786 unter landschaftlicher Verwaltung u. waren für 2600 T. verpachtet; in zweiter **Ehe** verh. mit Beate Wilhelmine, geb. von Waldow, aus beiden Ehen drei **Söhne**: George Abraham (1750–1828), Major, Erbherr auf Schönenwerder A u. B, auf Hohenwalde, s.d.; **Sohn**: Berend Carl Wilhelm (* 1762), seit 1779 im I-R Nr. 26, Mai 1783 Fähnrich, 1792 als Sl mit Pension dim.; **Sohn**: Friedrich Philipp (1763–1839), stand seit 1783 im 1. Bat. Garde, Mai 1784 Fähnrich, erhielt im Aug. 1792 d. Abschied, erwarb 1792 d. Gut Malschitz im Distrikt Lauenburg für 40/m T., 1783 war es nur auf 28 660 T. taxiert worden, darauf 1797 Schulden von 27 300 T., erhielt im Juli 1797 d. *Consens* zum Verkauf an e. Bürgerlichen, 1801 als Erbherr auf Jellentsch in Lauenburg genannt, dann Landschaftsrat im Dep. Stolp, Erbherr auf Poblotz; die beiden Brüder verkauften nach 1787 ihrem Stief-Bruder G.A. d. väterlichen Güter; (**verwandt**: Ernst Eggert von Blankensee (* 1715), Sep. 1731 *cadet* in Berlin, 1735 Fähnrich im I-R Nr. 14, 1740 noch gen.: Stabi, Ms. boruss., fol. 311; Crousaz, Beilage C, S. 33, als Ernst Eckard);

Quellen: GStA, I. HA, Rep. 30, Nr. 44, B 14, Paket 9252; II. HA, Abt. 13 a, Tit. III, Litt P, Nr. 1 (2. Frau); Brüggemann, T. 2/1, S. 161–162; Albedyll, Anhang, S. 45 * (als Mutter hier Wilhelmine, e. To. d. Feldmarschalls von Arnim); Tb. Uradel 1914, S. 86; biogr. Handbuch, S. 90–91;

General Peter von Blankensee (* 1. Juli 1659, † 22. Aug. 1734) *

Vater: Joachim Christoph (1641–1685), Ltnt., Erbherr auf Schönenwerder im Krs. Pyritz; **Mutter**: Scholastika, geb. von Papstein; **Laufbahn**: 1682 Ltnt. im K-R Nr 5, Mrz. 1688 Stabs-Rittmstr., Okt. 1694 Major, Febr. 1704 Obrist, Okt. 1704 Kommandeur d. K-R Nr. 4, Mai 1713 GM, Mai 1714 Chef d. K-R Nr. 4, Mai 1721 Gl u. Ritter d. Schwarzen-Adler-Ordens, Mai 1733 Gouverneur von Kolberg, Sep. 1733 General v.d. Kavallerie; **Güter**: Erbherr auf Wulkow im Krs. Saatzig; **Ehefrau**: Susanna Maria, geb. von Papstein;

Quellen: Stabi, Ms. boruss. fol. 316; Brüggemann, T. 2/1, S. 286; Priesdorff, Nr. 175;

Ol Wolf Christoph von Blankensee (* 1674)

aus Pommern gebürtig; **Laufbahn**: seit 1692 im Militärdienst, Febr. 1708 Ol im I-R Nr. 5, noch 1715 als solcher gen., vor 1719 abgegangen;

Quellen: Stabi, Ms. boruss. fol. 313 (in d. Liste f. 1709 nicht gen.), fol. 319 (Ranglisten f. 1715 u. 1719; nicht identisch mit Priesdorff, Nr. 318);

Ol Henning Gustav von Blixen (* 1671)

Vater: Hans Christoph (* 1636, † um 1720), kgl.-schwed. Landrat, Erbherr auf Jargenow in Schwed.-Pommern; **Mutter**: Agnes, geb. von Kahlden; **Laufbahn**: seit 1686 im Militär, 1695 Ltnt., 1709 Stabs-Cap., April 1712 Major im I-R Nr. 26, seit 1716 Ol u. Kommandant von Küstrin, unbeerbt verst.;

Quellen: Stabi, Ms. boruss. fol. 314, fol. 319 (aus Pomm. gebürtig); Zedlitz, 1. Bd., S. 252; Gesterding, 1, S. 83–84 (gest. als Ltnt.); nicht bei Siebmacher;

Fähnrich Christian Ludwig von Blücher (* 15. Dez. 1705, † 3. Juni 1776)

Vater: Christian Erdmann (1673–1719), poln. Cap., Erbherr auf Daberkow u. Zimmerhausen im Ostenschen Krs.; **Mutter**: Concordia Virginia, geb. von Colmerin († zw. 1727 u. 1730); **Vater-Bruder**: Vincenz († 1728), Erbherr auf Plate im Ostenschen Krs.; **Laufbahn**: seit 1720 im Militär, 1725 Gefr.corp. im I-R Nr. 29, im Juli 1726 (bzw. 1728) als Fähnrich dim.; **Güter**: 1730 als Erbherr auf Zimmerhausen, Zoven, Liezow, Mackvitz u. Neuenhagen im Ostenschen Krs. genannt; trat 1754 seine Güter d. drei **Töchtern** ab; Anna Dorothea Louisa, verheiratet mit d. Kammerdirektor Victor Siegmund von Miltitz, erhielt 1755 d. Güter Neuenhagen, Mackvitz u. Liezow im Wert von 20/m T.; Beata Sophia Christiana (1734–1786), verh. mit d. KD-rat Christoph Ernst August von Platen (* 1723)*, bekam 1755 d. Güter Zimmerhausen, Gruchow u. Cardemin im Ostenschen Krs., außerdem Anteile an Vanerow, Triglaff u. Batzwitz im Krs. Greifenberg, 1756 im Wert von zs. 41/m T., sie starb 1786 auf ihrem väterl. Gut Zimmerhausen; d. dritte Tochter Augusta Dorothea Ulrica bekam die Geld-Kavel;

Quellen: GStA, I. HA, Rep. 30, Nr. 44, B 4, Paket 9243; Stabi, Ms. boruss. fol. 316 (in d. Abgangsliste als Blichert); Ms. geneal. fol. 120; Brüggemann, T. 2/1, S. 369–370; Fam.gesch., Bd. 2/1, S. 60, S. 71, S. 85; biogr. Handbuch, S. 739;

Rittmstr. Franz Ferdinand Joachim von Blücher (* 10. Febr. 1778, † 10. Okt. 1829)*

Vater: Gebhard Lebrecht (1742–1819)*, Sep. 1760 Cornet im H-R Nr. 8, Jan. 1773 als Stabs-Rittmstr. dim., Mrz. 1787 Major u. Chef e. Escadron im H-R Nr. 8, Juni 1789 Orden p.l.m., Aug. 1790 Obrist, Mrz. 1794 Kommandeur d. Reg., Juni 1794 GM u. Chef d. Reg., Mai 1801 Gl, Okt. 1813 GFM, Juni 1814 Fürst, seit 1777 Erbherr auf Groß Raddow u. Anteil Wolkow im Borckeschen Krs., 1786 auf Sassenhagen A im Krs. Saatzig, von 1792 bis 1797 Erbherr auf Grünenwalde, Ponickel u. Saben im Krs. Rummelsburg im Wert von 25/m T., 1797 bis 1801 auf Grumbkow im Krs. Stolp, 1800 auch auf Nipnow gen.; **Mutter**: Caroline Amalie, geb. Freiin von Mehling (1756–1791); **Bruder**: Gebhard (1787–1834), 1806 Cornet, 1807 Sl im H-R Nr. 8, 1808 als Rittmstr. ausgeschieden, 1815 als Major wieder angestellt, zuletzt Ol; **Laufbahn**: Juni 1792 Cornet im H-R Nr. 8, April 1794 Sl, Juli 1794 Orden p.l.m., Jan. 1805 Pl, Sep. 1806 Stabs-Rittmstr., Mai 1807 Rittmstr., Sep. 1807 Major, Febr. 1813 Kommandeur d. 2. Schles. H-R, Okt. 1813 Obrist, Nov. 1815 Abschied als GM;

Quellen: Schöning, 5. H-R, S. 169, S. 297, S. 375 (je F.F.J.), S. 555, S. 556 (Bruder Gebhard), Lehmann, Ritter, S. 334; Priesdorff, Nr. 899 (Vater), Nr. 1270;

Fähnrich Henning Christian von Blücher (* 1731, † 6. Mai 1757)

aus Pommern gebürtig; **Laufbahn**: seit 1748 im Militär, 1755 Fähnrich im I-R Nr. 23, als Fähnrich bei Prag 1757 gefallen;

Quellen: Stabi, Ms. boruss. fol. 316;

Ltnt. Otto Christoph von Blum(en)feld (* um 1686) *

aus Pommern gebürtig; **Laufbahn**: seit 1704 im Militär, stand 1707 im I-R Nr. 2, Juli 1713 Sl, Juli 1720 auf Wunsch dim.;

Quellen: Stabi, Ms. boruss. fol. 319; Zedlitz, 5. Bd., S. 46; Oelsnitz, S. 342, S. 907;

GM Ewald George von Blumenthal (* 20. April 1722, † 10. Sep. 1784) *

Vater: Heinrich Albrecht (1693–1767), seit 1710 im Militär, April 1713 Sl im I-R Nr. 10, vor 1730 abgegangen, seit 1713 Erbherr auf Quackenburg im Krs. Rummelsburg, seit 1734 auf Egsow im Krs. Schlawe; **Mutter**: Anna Catharina Elisabeth, geb. von Lettow (1702–1743); **Bruder**: Joachim Ewald Christian (1720–1800), EM, seit Okt. 1786 Graf, Erbherr auf Loist u. Groß Möllen im Krs. Pyritz, 1793 im Wert von 135/m T., auch auf Steinhöfel in d. NM; **Bruder**: Werner Heinrich (1725–1804), Obrist, Erbherr auf Quackenburg, s.d.; **Bruder**: Ludwig Albrecht (1733–1759), seit (1748 bzw.) 1751 Junker im D-R Nr. 6, 1755 als Cornet gen., als Pl im D-R Nr. 6 bei Kunersdorf gefallen; **Laufbahn**: 1738 Gefr.corp. im I-R Nr. 17, April 1740 Fähnrich, Mai 1742 Sl, Dez. 1748 Pl, Mai 1757 Orden p.l.m., Juli 1757 Stabs-Cap., Nov. 1757 Cap. u. Chef e. Comp., Nov. 1760 Major, Mai 1771 Ol, Juni 1772 Obrist, Juni 1780 Chef d. I-R Nr. 55, Aug. 1781 GM; **Güter**: Erbherr auf Egsow u. Kummerzin im Krs. Schlawe; klagte 1778 mehrfach e. Forderung über 2/m T. ein, die er auf d. Gut Ristow hatte, das sich im Konkurs F.S. von Grape befand; **Ehefrau**: Barbara Helene (1745–1810), e. To. d. Majors Franz Jacob von Zitzewitz auf Goschen; **Sohn**: Heinrich Gustav Franz (1766–1806), seit 1781 im Militärdienst, Juni 1785 Sl im I-R Nr. 55, Dez. 1795 Pl, Juni 1800 Stabs-Cap., Mai 1806 in Bromberg gest.; **Sohn**: Werner Constantin (1773–1814), Mrz. 1790 Fähnrich im I-R Nr. 17, Nov. 1792 Sl, Dez. 1798 Pl, Jan. 1805 Abschied als Cap., Erbherr auf Egsow, Kummerzin (u. Varzin) im Krs. Schlawe, 1804 im Wert von 5/m T.;

Quellen: Stabi, Ms. boruss. fol. 314 (Sohn H.G.F.), fol. 319 (Vater); Brüggemann, T. 2/2, S. 871; Fam. gesch. S. 143–148; Orlop, D-R Nr. 6, Anhang, S. 27*, S. 116* (Bruder L.A.); Tb. Uradel, 1905, S. 87–88, S. 90; Priesdorff, Nr. 671;

Ol Franz Bernhard von Blumenthal (* 9. Nov. 1708, † 19. Mrz. 1772)

Vater: Franz Bernhard; **Mutter**: Diana Agnes, geb. von Manteuffel; **Laufbahn**: trat um 1725 in d. Militärdienst ein, stand als Ltnt. im I-R Nr. 19, Nov. 1741 Stabs-Cap., Dez. 1741 nach e. Blessur ins Breslauer Garn.-Reg. versetzt (bzw. im Mrz. 1742 als Cap. u. Chef e. Comp. im I-R Nr. 43, noch 1756 hier gen.), Aug. 1756 Major im neuen I-R Nr. 48, Juli 1762 als Ol dim., hinterließ seine Frau u. zwei Töchter; **Güter**: seit 1761 Erbherr auf Lestin A im Ftm. Cammin, verkaufte dieses 1765 seinem Schwager, d. Cap. Immanuel von Tilly; erwarb 1764 d. Gut Naugard vom Major Casimir Ernst von Schmeling; **Ehefrau**: Maria Magdalena (* um 1718), e. To. d. mecklenburg. GM von Tilly, aus beider Ehe zwei Söhne u. zwei Tö., d. Witwe bat am 18. Juni 1772 um e. kgl. Pension, begründete das damit, daß ihr Mann Schulden von

10 629 hinterlassen hatte, ihr Gut wäre zweimal abgebrannt; sie prozessierte 1772 gegen ihren Bruder wegen d. an ihn verkauften Gutes im Wert von 9 666 T.; ihre Hauptgläubiger waren d. Erben d. Obristen von Schmeling mit 6 900 T.; **Sohn**: Franz Ferdinand (1752–1836), 1767 Standartenjunker im D-R Nr. 12, Mai 1770 Sl, 1786 Pl, Mai 1790 Stabs-Cap., Mrz. 1795 Major, Sep. 1798 Chef d. hinterpom. Inval.-Comp.; **Sohn**: Johann Friedrich (1757–1814), seit 1771 im Militärdienst, Juni 1774 Fähnrich, Juli 1778 Sl im I-R Nr. 51, Mrz, 1787 Pl, Mrz. 1793 Stabs-Cap., Mai 1799 Cap. u. Chef e. Comp, Okt. 1805 Major;

Quellen: GStA, I. HA, Rep. 30, Nr. 44, B 44, Paket 9 260; Gesch. I-R Nr. 19, S. 88 (mit teils anderen Angaben); Stabi, Ms. boruss. fol. 311, fol. 312, fol. 313 (auch als Ferdinand Bernh.), fol. 316 (1742 u. 1756 im I-R Nr. 43 als Ferd. Bernh.); Brüggemann, T. 2/2, S. 571–572, S. 580, Fam.gesch., S. 179–181;

Obrist Hans August (seit 2. Okt. 1786 Graf) von Blumenthal
(* 12. Febr. 1722, † 7. Dez. 1788) *

Vater: Adam Ludwig (1691–1760), EM, Erbherr auf Horst u. Blumenthal in d. Kurmark, 1755 auf Ziegenhagen (u. Falkenwalde) im Krs. Saatzig; **Mutter**: Sophie Esther, geb. von Hoym (1697–1733); **Bruder**: Heinrich George (1716–1756), Major, s.d. mehr; **Laufbahn**: engagierte sich 1737 im D-R Nr. 6 in Insterburg, Nov. 1740 Ltnt. im K-R Nr. 13, Aug. 1744 Rittmstr., Juni 1745 Orden p.l.m., April 1747 Major, Sep. 1747 Kommandeur d. K-R Nr. 13, Juni 1755 Ol, Juli 1757 als Obrist dim.; von 1764 bis 1767 Gouverneur d. Prinzen Friedrich Heinrich Carl, e. Bruders d. späteren Königs Friedrich Wilhelm II.; **Güter**: Erbherr auf Horst u. Blumenthal, seit 1760 Erbherr auf Ziegenhagen seit 1757 auf Falkenwalde im Krs. Saatzig; **Ehefrau**: Elisabeth Ulrike Amalia (1741–1808), e. To. d. Gl Leopold Alexander Graf von Wartensleben; **Sohn**: Heinrich Leopold August (1765–1830), Febr. 1786 Cornet im K-R Nr. 10, Febr. 1788 Abschied als Ltnt., Erbherr auf Horst u. Blumenthal in d. Prignitz, erwarb 1792 d. Gut Schönebeck (in d. Mark);

Quellen: GStA, I. HA, Rep. 30, Nr. 243, Vas.tab. 1763, 1767; Brüggemann, T. 2/1, S. 263, S. 287; Schöning, K-R Nr. 13, S. 28, S. 53, S. 61, S. 296–297; Fam.gesch., S. 117–124, S. 125–129; Tb. Uradel 1905, S. 86;

Major Heinrich George von Blumenthal (* 5. Sep. 1716, † 31. Dez. 1756) *

Vater: Adam Ludwig (1691–1760), EM, Erbherr auf Horst, Blumenthal, Dahlhausen in d. Prignitz, auf Ziegenhagen u. Falkenwalde in Pommern; **Mutter**: Sophie Esther, geb. von Hoym (1697–1733); **Bruder**: Adam Ludwig (1717–1754), Schulbesuch in Stettin, Studium an d. Viadrina, 1735 in d. Militärdienst, Fähnrich im I-R Nr. 7, 1739 Sl, 1743 Cap. u. Chef e. Comp., als aktiver Offizier Mrz. 1754 in Stettin gest.; **Bruder**: Otto Friedrich (1720–1745), 1736 ins D-R Nr. 1, 1737 Cornet, 1740 in d. neue K-R Nr. 13, Nov. 1740 Stabs-Rittmstr., Mai 1744 Abschied als Major, 1745 in Berlin gest.; **Bruder**: Hans August (1722–1788), Obrist, s.d.; **Bruder**: Carl Wilhelm Siegfried (1723–1741), als Fähnrich bei Mollwitz gefallen; **Laufbahn**: Besuch d. Gymnasiums in Stettin u. d. Viadrina, dann in d. Militärdienst eingetreten, Mai 1735 Fähnrich im I-R Nr. 24, Jan. 1739 Sl, Juni 1740 Pl im neuen I-R Nr. 37, April 1743 als Cap. ins I-R Nr. 35 versetzt, Mrz. 1753 Major, Dez. 1756 bei Ostritz gefallen;

Quellen: Stabi, Ms. boruss. fol. 314 (A.L., danach 1735 Sl, 1745 Cap.); Schöning, K-R Nr. 13, S. 296–297 (Bruder O.F.); Fam.gesch., S. 109–117, S. 123–125; Taeglichsbeck, S. 264;

Obrist Werner Heinrich von Blumenthal (* 10. April 1725, † 20. Juni 1804)

Vater: Heinrich Albrecht (1693–1767), Ltnt., Erbherr auf Quackenburg im Krs. Rummelsburg, auf Egsow u. Kummerzin im Krs. Schlawe; **Mutter**: Anna Catharina Elisabeth, geb. von Lettow (1702–1743); **Bruder**: Ewald George (1722–1784) GM, siehe dort mehr; **Laufbahn**: (1740 Corp. im I-R Nr. 17), seit 1741 im D-R Nr. 6, Mai 1751 Sl, Juli 1755 Pl, Juli 1758 Stabs-Cap., 1759 Cap. u. Chef e. Escadron, Mrz. 1763 Major, Mai 1773 Ol, 1784 als Obrist dim.; **Güter**: seit 1767 Erbherr auf d. väterl. Gut Quackenburg im Krs. Rummelsburg, 1801 im Wert von 11/m T.; **Ehefrau**: Henriette Agnes Auguste (1743–1814), e. To. d. EM Joachim Ewald von Massow; **Sohn**: Werner Heinrich Ewald (1766–1832), seit Febr. 1781 im I-R Nr. 55, Mrz. 1783 Fähnrich, Juni 1785 Sl, (Sep. 1793 bzw.) Dez. 1795 Pl, (Okt. 1797 bzw.) Juni 1800 Stabs.-Cap., Okt. 1800 Cap., April 1803 Major, Febr. 1812 Ol, April 1812 dim.; **Sohn**: Friedrich Albrecht Ludwig (1774–1813), 1792 Cornet im K-R Nr. 5, Aug. 1795 Sl, Jan. 1804 Pl, Febr. 1807 Rittmstr., 1807 zum D-R Prinz Wilhelm, Mrz. 1812 Chef e. Escadron, 1813 gefallen; **Sohn**: Carl Wilhelm Leopold (1782–1807), Ltnt. im I-R Nr. 7, gefallen bei Kolberg;

Quellen: GStA, I. HA, Rep. 30, Nr. 243, Vas.tab. 1756, 1767, 1793, 1804; Stabi, Ms. boruss. fol. 316; Brüggemann, T. 2/2, S. 800–801; Probst, 1829, S. 164 (F.A.L.); Orlop, D-R Nr. 6, Anhang, S. 24*, S. 27*, S. 29*, S. 31–32*, S. 40*, S. 46–48*, S. 116* (hier auch W.H.E., 1783–1807 im D-R Nr. 6); Fam.gesch., S. 145–150; Tb. Uradel 1905, S. 89–90;

Cap. Johann Sigismund Christoph von Bochen (* um 1737)

aus Pommern gebürtig; **Laufbahn**: engagierte sich 1751 im Militärdienst, stand 1764 als Sl, 1774 als Pl im I-R Nr. 26, 1783 als Cap. mit Pension dim.; **Güter**: besaß 1771 Paraschin B im Distrikt Lauenburg im Wert von 7/m fl., noch 1778 hier genannt;

Quellen: GStA, I. HA, Rep. 30, Nr. 249, Vas.tab. 1771, 1778; VIII. HA, Slg. A.B. König, Nr. 449; Stabi, Ms. boruss. fol. 314;

Ltnt. Anton Sigismund von Bock (* 1765)

Vater: Ltnt. im Bat. Vittinghoff in Kolberg bzw. seit 1774 nach e. Schlaganfall in e. Land-Reg. († 25. Mai 1788); **Mutter**: Juliane Elisabeth, e. geb. von Koseritz aus Sachsen, sie hatte seit 1763 ihren Wohnsitz in Kolberg, sie bat 1788 um e. pomm. Pension, wurde jedoch abgewiesen, weil nicht aus Pommern gebürtig; **Bruder**: Carl Ernst Ludwig (* 1772), Juli 1779 *cadet* in Stolp, Juni 1787 *cadet* in Berlin; **Laufbahn**: Juni 1777 *cadet* in Stolp, Juni 1780 ins I-R Nr. 12, stand 1788 als Ltnt. im I-R Nr. 12, vor 1806 abgegangen;

Quellen: GStA, I. HA, Rep. 30, Nr. 43, Generalia, Paket 9232; Stabi, Ms. boruss. fol. 316 (d. Vater weder 1764 noch 1775 im Garn.-Bat. Nr. 3 gen.); Stolper Kadetten, S. 10, S. 12;

Ltnt. Adam Heinrich von Boeck († 22. Nov. 1757)*

Vater: Christian Friedrich († 1736), ksl. Cap. (bzw. schwed. Rittmstr.), fürstl.-anhalt-bernburg. Oberhofmstr., in d. Gfsch. Mansfeld ansässig; **Mutter**: Christiane Sophie, geb. von Rauchhaupt; **Großvater**: Adam Heinrich (1650–1712), 1699 als Erbherr auf Barnimskunow in Pommern, auf Zabitz u. Freust in d. Gfsch. Mansfeld genannt; **Laufbahn**: Gefr.corp. im I-R Nr. 36, Febr. 1749 Fähnrich, Febr. 1754 Sl, 1757 bei Breslau als Sl gefallen; **Bruder**:

Ludwig Günther Leopold (* 5. Sep. 1725, † 2. Mrz. 1784), seit 1746 im Militär, Febr. 1746 Fähnrich im I-R Nr. 3, Juni 1751 Sl, Sep. 1757 Pl, 1758 Abschied als Cap., 1769 als Cap. ins I-R Nr. 11, April 1772 Major, Okt. 1781 als Ol bei d. Revue in Graudenz dim., verheiratet mit Johanna, e. To. d. Majors Timo Friedrich von Rauchhaupt auf Oppin, Erbherr auf Bönkeim in Preußen; **Bruder**: George Werner (* 1735, † 30. Dez. 1782), Juli 1748 Fahnenjunker im I-R Nr. 36, Jan. 1754 Fähnrich, Febr. 1757 Sl, Juli 1759 Pl, Mai 1765 Stabs-Cap., April 1771 Cap. u. Chef e. Comp., Mrz. 1782 Major;

Quellen: GStA, I. HA, Rep. 176, Nr. 742; Stabi, Ms. boruss. fol. 312 (Bruder L.G.L.), fol. 314 (Bruder G.W., danach aus Mansfeld); Gesch. I-R Nr. 3, S. 212–213 (Bruder L.G.L.); Gesch. I-R Nr. 36, S. 74, S. 96; Becker, I-R Nr. 11, S. 420 (Bruder L.G.L.);

Cap. Moritz Carl Friedrich von Boeck (* 6. Juli 1754, † 3. Febr. 1800)

Vater: Adam Christoph Friedrich (* 1721, † 20. Febr. 1792), aus Pommern gebürtig, stand von 1734 bis 1740 als Gefr.corp. im I-R Nr. 19, nahm im 18. Jahr seinen Abschied, suchte im Mrz. 1756 um Wiedereintritt in e. I-R od. in e. H-R nach, Sep. 1756 Sl u. Adjutant im Garn.-Reg. Nr. 11, vor 1763 abgegangen, Erbherr auf Barnimskunow C, D u. E im Krs. Pyritz, veräußerte diese auf Wiederkauf, erwarb dafür e. Anteil Schlönwitz im Krs. Schivelbein, dieser bestand nur aus e. Kossätenhof von zwei Hufen u. hatte e. Wert von 1 100 T., darauf Schulden von 600 T.; **Mutter**: Dorothea Maria, geb. von Flemming (* 1715); **Bruder**: Johann Friedrich Heinrich Ludwig (* 5. Mai 1746, † 23. Mrz. 1786), seit 1764 im Militärdienst, Juni 1779 Pl im I-R Nr. 46, als solcher noch 1783 genannt, nach 1783 mit d. Charakter Cap. dim. u. als Postmstr. versorgt, ledig verst.; **Bruder**: Wilhelm George Ferdinand († 22. Mai 1792), 1783 Page bei d. Königin, als Pl im I-R Nr. 1 gest.; **Laufbahn**: seit 1770 im Militär, Sep. 1779 Sl im I-R Nr. 46, 1792 hier als Cap. gen., 1800 Cap. im 3. Mousq.-Bat. d. I-R Nr. 46; **Güter**: bat im Nov. 1793 darum, sein Einlösungsrecht auf die bis 1811, 1813 u. 1821 verpfändeten Gutsanteile zum Vorteil seiner Allodialerben verkaufen zu dürfen, sei d. letzte d. Familie u. habe keine Leibeserben, konnte keinen adligen Käufer finden, wollte die Rechte daher an Bürgerliche veräußern, bekam am 19. Jan. 1794 den königlichen *Consens*; d. Anteile Barnimskunow C, D u. E hatten um 1800 e. Wert von zs. rund 21/m T.; **Ehefrau**: Catharina Dorothea, geb. Bernau (1742–1832), **Sohn**: Carl Heinrich Christian (1777–1801), Ltnt. im I-R Nr. 25;

Quellen: GStA, I. HA, Rep. 30, Nr. 243, Vas.tab. 1793, 1804; Nr. 244, Paket 9991; Rep. 96, Nr. 435 B, Bd. 3 (Vater); Rep. 176, Nr. 742; II. HA, Abt. 13 a, Tit. II, Litt B, Nr. 1; Tit. IV, Litt S, Nr. 1; Stabi, Ms. boruss. fol. 313 (W.G.F. danach als Sl am 3.6.1792 gest.), fol. 314, fol. 316; Brüggemann, T. 2/1, S. 130–131;

Obrist Melchior Leberecht von Boe(h)mken (1752–1810)

Vater: (Cap., 1760 bei Torgau gefallen); **Mutter**: Anna Sophia, geb. von Tesmar (* 1722, † Febr. 1783), ihr Mann soll 1775 noch gelebt haben u. damals 73 Jahre alt gewesen sein, 1782 war sie verwitwet, hielt sich 1782 in Wussow auf, wo sie in e. kleinen Strohhütte für drei Taler jährlich zur Miete wohnte u. mit ihren beiden Töchtern zur Bestreitung d. Unterhalts Handarbeiten verrichtete, erhielt Mitte 1782 e. Pension von 50 T.; **Mutter-Bruder**: Christoph von Tesmar (1719–1780), Cap., s.d.; **Laufbahn**: trat 1764 in d. Militärdienst ein, stand 1774 als Fähnrich im I-R Nr. 27, Mai 1778 Sl, 1780 Ltnt. u. Reg.-Adjutant, ging 1790 als Quartier-Mstr.-Ltnt. in d. kgl. Suite, erhielt als Cap. u. Quartier-Mstr.-Ltnt. im Juli 1793 d. Orden p.l.m., 1806 Obrist im I-R Nr. 34, 1810 als Kommandeur d. 9. I-R gest.;

Quellen: GStA, I. HA, Rep. 30, Nr. 43, Paket 9237; Rep. 96, Nr. 435 B, Bd. 3; II. HA, Abt. 13 a, Tit. III, Litt B, Nr. 49; Stabi, Ms. boruss. fol. 310, fol. 316, fol. 907 a; Rangliste 1806, S. VIII-IX; Lehmann, Ritter, S. 265;

Rittmstr. Adam Joachim Wilhelm Friedrich von Boehn
(* 10. Mai 1751, † 1815)

Vater: Michel Ernst (1720–1773), Erbherr auf Besow u. Zignitz im Krs. Schlawe, seit 1764 auf Grumbkow im Krs. Stolp, Geh. Kriegs- u. Landrat; **Bruder**: Moritz Ernst Ludwig (1748–1811), vorm. Referendar, seit 1773 Erbherr auf Besow u. Zignitz im Krs. Schlawe, 1804 im Wert von 14/m T., **Laufbahn**: trat 1765 ins H-R Nr. 8 ein, vor 1772 Cornet, 1778 Sl, Sep. 1784 Pl, 1787 nach 22 Dj. als Rittmstr. dim.; seit 1788 **verheiratet** mit Caroline (1761–1805), e. To. d. Gl von Billerbeck, erheiratete mit ihr d. Gut Groß Massow im Distrikt Lauenburg, aus beider Ehe zwei Töchter u. vier Söhne; **Güter**: seit 1774 Erbherr auf Grumbkow, noch 1793 als Besitzer genannt, verkaufte dieses vor 1804 an Ludwig (Frhr.) von Puttkamer; saß 1802 auf Groß Massow im Wert von 25 500 T., wollte d. Gut 1804 an e. Bürgerlichen verkaufen, wobei d. Erlös entgegen d. Landesgesetzen zu gleichen Teilen an Söhne (üblich d. dritte Groschen) u. Töchter (üblich d. vierte Groschen) gehen sollte; bat 1802 darum, seinen ältesten **Sohn** Constantin Ferdinand (* um 1782) auf die Festung zu bringen, d. Sohn war vier Jahre bei d. *cadets* in Stolp, dann sechs Jahre im I-R Nr. 54, davon zwei Jahre als Fähnrich, hatte ohne Wissen d. Vaters wegen angeblich schwacher Gesundheit d. Abschied genommen, hatte zwei *Mousquetiere* d. I-R Nr. 54 zur Desertion verleitet u. ihnen falsche Pässe ausgestellt, führte e. liederlichen Lebenswandel u. sollte deshalb zur *Correction* als gemeiner Kanonier bei d. Festungsartillerie in Kolberg angestellt werden; d. Antrag wurde im Juli 1802 gebilligt, die Anstellung in Kolberg zerschlug sich jedoch, da die dortige *Compagnie* bereits mit *Bombardiers* übersetzt war; **Sohn**: Carl August (* 1782), Okt. 1799 Fähnrich im I-R Nr. 54 in Graudenz, Sep. 1801 Abschied; **Sohn**: Adam Gustav Wilhelm (1789–1839), nach 1815 Major, als Oberförster versorgt;

Quellen: GStA, I. HA, Rep. 30, Nr. 44, B 9, Paket 9250; Nr. 243, Vas.tab. 1794, 1801, 1804; Nr. 379 a, Paket 10161; Stabi, Ms. boruss. fol. 314 (Sohn C.A.), fol. 315; Brüggemann, T. 2/2, S. 971; Schöning, H-R Nr. 8, S. 549; Jb. dt. Adel, Bd. 1, S. 252;

Ltnt. Alexander Franz von Boehn (* 1777)

Vater: Moritz Ernst Ludwig (1748–1811), vorm. Kammerreferendar, seit 1773 Erbherr auf Besow u. Zignitz im Krs. Schlawe, 1804 im Wert von 14/m T.; **Mutter**: (Franziska), e. Tochter von Henriette Catharina Sophia von Brüsterling (* 1728), Schwester d. Fi-rates F.B. Schönberg von Brenckenhoff (1723–1780); **Vater-Bruder**: Adam Joachim Wilhelm Friedrich (1751–1815), Rittmstr., s.d. mehr zur Familie; **Bruder**: Franz Wilhelm (* 1774), 1793 *cadet* in Berlin, Mrz. 1794 Sl, 1799 Ing.-Ltnt. in Pillau, 1804 Ing.-Ltnt. in Kolberg, im Juli 1807 zum *Corps* d. Gl von Blücher *commandirt;* **Bruder**: Carl Ludwig (* 1775), 1793 *cadet* in Berlin, 1799 Ing.-Ltnt. in Glogau, vor 1804 abgegangen; **Bruder**: Wilhelm (* 1782), Mai 1791 *cadet* in Stolp, Mai 1795 *cadet* in Berlin; **Laufbahn**: Aug. 1787 *cadet* in Stolp, April 1792 *cadet* in Berlin, 1804 Sl im I-R Nr. 12, 1809 dim.;

Quellen: GStA, I. HA, Rep. 30, Nr. 243, Vas.tab. 1794, 1804; VI. HA, Nl Gneisenau, Nr. 691 (F.W. hier als Friedrich); Ms. boruss. fol. 907 a; Brüggemann, T. 2/2, S. 898; Stolper Kadeten, S. 22 (hier als Fr. Alex.), S. 27;

Rittmstr. Carl Friedrich von BOEHN (1693–1731)

aus Pommern gebürtig; **Laufbahn**: seit 1712 im Militär, stand 1714 als Cornet, Okt. 1718 Ltnt., 1724 als Rittmstr. im K-R Nr. 10, 1731 als Rittmstr. gest.;

Quellen: Stabi, Ms. boruss. fol. 311, fol. 319; Schwerin, K-R Nr. 10, T. 1, S. 119, S. 157; Monteton, S. 105;

Rittmstr. Christian August von BOEHN (* 24. Dez. 1745, † 15. Aug. 1797)

Vater: Matthias Friedrich (1702–1767), Uffz., seit 1750 Erbherr auf Scharschow u. Anteil Besow im Krs. Rummelsburg; **Mutter**: Anna, geb. von Gottberg; **Bruder**: Carl Friedrich Erdmann (* um 1743, † um 1768), weilte 1763 auf d. Akademie, erbte d. väterliche Gut; **Laufbahn**: trat 1763 in d. Militärdienst ein, stand 1764 als Junker, 1774 als Sl im D-R Nr. 1, Juni 1780 nach 19 Dj. wegen epileptischer Anfälle als Ltnt. mit d. Charakter Rittmstr. dim.; **Güter**: nahm 1768 d. väterliche Gut Scharschow für 6/m T. an, hier noch 1793 gen.; **Ehefrau**: Juliana Dorothea, geb. von Wobeser (1756–1815), aus beider Ehe zwei Söhne u. zwei Töchter, alle 1797 noch minderjährig, sie bat in d. Jahren 1797 bis 1802 mit Verweis auf ihre Brüder, die als Obristen im Militär standen, vergeblich um e. kgl. Pension; **Sohn**: Heinrich August Ferdinand (1786–1863), seit 1799 als Junker im Reg., Nov. 1803 Ltnt. im I-R Nr. 24, 1820 als (Ltnt.) im 21. Landwehr-Reg. pens.;

Quellen: GStA, I. HA, Rep. 30, Nr. 243, Vas.tab. 1756, 1763, 1767, 1793, 1799, 1804; II. HA, Abt. 13 a, Tit. III, Litt B, Nr. 32; Litt R, Nr. 2; Stabi, Ms. boruss. fol. 314, fol. 907 a; Brüggemann, T. 2/2, S. 806; Jb. dt. Adel, Bd. 1, S. 255–256;

Cap. Christian Ernst von BOEHN (* 1723, † 14. Jan. 1762) *

aus Pommern gebürtig; **Laufbahn**: seit 1740 im Regiment, Sep. 1745 Fähnrich im I-R Nr. 16, Juni 1750 Sl, 1757 Pl, April 1761 Stabs-Cap., im Jan. 1762 an Blessuren gest.; (**verwandt**: Carl Friedrich von Boehn (* 1733), seit 1752 im Militär, 1764 Sl im I-R Nr. 17, 1773 Pl, 1783 als Cap. wegen Invalidität dim.: Stabi, Ms. boruss. fol. 316);

Quellen: Stabi, Ms. boruss. fol. 311; Kopka v. Lossow, Offz.liste, S. 11 *;

Rittmeister Christian Wilhelm von BOEHN (get. 2. April 1733, † 13. Mrz. 1799)

Vater: Johann George (1699–1749), Erbherr auf Kulsow u. Sagerke im Krs. Stolp, hinterließ einen Sohn u. zwei Tö., seine Schulden überstiegen d. Aktiva, so daß d. drei Kinder vom Vater nichts erbten; **Mutter**: Dorothea Agnesa, geb. von Boehn (1696–1781); **Laufbahn**: war sechs Jahre Page beim König, seit 1751 im Reg., 1757 Cornet im K-R Nr. 2, 1763 Stabs-Rittmstr., 1765 dim., suchte im Nov. 1786 aus Kulsow immediat um e. Pension oder e. Versorgung nach; **Güter**: übernahm 1763 von seiner verw. Mutter d. Güter Kulsow u. Sagerke im Wert von 15/m T.; in zweiter **Ehe** verh. mit Sophie Wilhelmine, geb. von Zitzewitz (1760–1798); hinterließ mehrere Tö. sowie drei **Söhne**, darunter Ernst Wilhelm Heinrich

(* 18. Febr. 1785, † 1863), dieser stand 1804 als Sl im I-R 17, 1822 als Cap. im 20. I-R pens., u. bekam auf sein Gesuch d. *venia aetatis*, um sich mit seinen Geschwistern auseinanderzusetzen, sein Allodialvermögen betrug 3 640 T., der Wert d. Lehngüter belief sich nach Abfindung d. Schwestern auf 41 508 T., davon entfiel der vierte Teil auf den Ltnt.; d. Bruder George Ludwig (1780–1862) stand 1804 als Ltnt. im D-R Nr. 9 u. war 1804 bereits majorenn; die Schwester Ernestina Henrietta hatte die *venia aetatis* bereits bekommen; 1804 befanden sich d. väterl. Güter Kulsow, Wendisch Plassow u. Sagerke, jetzt im Wert von 30/m T., in d. Hand d. Erben: George Ludwig (* 1779), 1801 Fähnrich im D-R Nr. 9, 1804 Ltnt., vor 1806 abgegangen, Ernst Wilhelm Heinrich u. von Ludwig (* um 1791), letzterer weilte zu Hause;

Quellen: I. HA, Rep. 30, Nr. 44, B 9, Paket 9 250; Nr. 243, Vas.tab. 1756, 1763, 1767, 1804; Nr. 186 d, Paket 9 834; Rep. 96, Nr. 257 B; Stabi, Ms. boruss. fol. 315, fol. 907 a; Brüggemann, T. 2/2, S. 956; Jb. dt. Adel, Bd. 1, S. 243;

Ltnt. Ludwig Friedrich von Boehn (* um 1695)

aus Pommern gebürtig; **Laufbahn**: seit 1708 im Militär, Jan. 1715 Sl im I-R Nr. 24, 1717 *cassirt*;

Quellen: Stabi, Ms. boruss. fol. 316, fol. 319;

Fähnrich Carl (Friedr.) Christian von Bohlen (* um 1702, † 1. Sep. 1779)

Vater: Curt Christoph (* 1681, † vor 1754), seit 1696 im Militär, Dez. 1711 Stabs-Cap. im I-R Nr. 5, 1729 als Cap. dim.; **Laufbahn**: stand 17 Jahre im Militär, zuletzt Fähnrich; **Güter**: besaß bis 1742 e. Anteil Teterin, seit 1742 Erbherr auf ganz Neuenkirchen im Krs. Anklam, d. Gut wurde zwischen 1759 u. 1762 allodifiziert, hatte 1767 seinen Wohnsitz auf Neuenkirchen; **Sohn**: Henning Christoph (* um 1734, † 1756), seit 1749 im Militär, 1751 Gefr. corp. im I-R Nr. 30, als Fähnrich im Krieg gefallen; **Sohn**: Christoph Leopold (* um 1736, † 1758), stand 1756 als Gefr.corp. im Grenadier-Bat. von Kremtzow, an Blessuren bei Zorndorf als Ltnt. gest.; die **Tochter** Maria Elisabeth Carolina († 1839) war verh. mit Friedrich Adolph Ludwig von Köppern auf Schmuggerow; d. Tochter Charlotta Sophia war verh. mit d. Ltnt. von Niebelschütz;

Quellen: GStA, I. HA, Rep. 30, Nr. 241 b, Paket 9 962; Nr. 243, Vas.tab. 1756, 1763, 1767; Stabi, Ms. boruss. fol. 311 (H.C.), fol. 319 (C.C.); Rangirrolle Saldern, Abgangsliste; Brüggemann, Vorpommern, S. 65; Tb. Uradel 1905, S. 100;

Ltnt. Friedrich Carl Ernst von Bohlen (* 30. Mai 1770, † 1. Febr. 1836)

Vater: Carl Lorenz (* um 1737, † 1779), zuletzt Pl im I-R Nr. 30, 1763 nach 15 Dj. wegen e. bei Leuthen zerschossenen Armes auf Wunsch dim., 1764 als Ober-Billetteur bei der Service-Kommission in Stettin mit d. Prädikat Kriegsrat versorgt, erwarb 1765/1768 von d. Gebr. von Köppern auf Wiederkauf f. 25 Jahre Damen A im Krs. Belgard im Wert von 5/m T.; **Mutter**: Caroline Albertine Elisabeth, geb. von Mellin († vor 1790), sie lebte 1782 in kümmerlichen Umständen, bat mit Hinweis auf ihre drei Söhne um e. Pension, sie hatte 1788 jährliche Gutsrevenuen von 300 T., wovon sie aber Zinsen an d. Landschaft für e. Kredit über 4/m T. zahlen u. für die *onera* aufkommen mußte, so daß von d. Erträgen kaum etwas für d. Familie blieb, 1786 werden 60 T. genannt; erneuerte ihr Gesuch um e. Beihilfe mehrfach, wurde aber nicht berücksichtigt; **Bruder**: Wilhelm Heinrich Ferdinand (* 1771), Aug. 1783 *cadet* in Stolp, Juli 1787 *cadet* in Berlin, Mai 1789 Gefr.corp. im I-R Nr. 8, Juni 1792 Fähnrich, Juli 1784 Sl, Mrz. 1797 auf Wunsch dim.; **Bruder**: Otto Bogislav (* 1777), Aug. 1789 *cadet* in Stolp, Febr. 1792 *cadet* in Berlin, 1804 Akzise- u. Zollrat in Kolberg; **Laufbahn**: Aug. 1783 *cadet* in Stolp, Juni 1786 *cadet* in Berlin, stand 1790 als Fähnrich bei d. Garde, Mai 1792 als Fähnrich zum I-R Nr. 47 versetzt, 1806 nicht im I-R Nr. 47 gen., als Major 1836 in Wesel gest.; **Güter**: d. Kurator d. minderjährigen Gebr. von Bohlen suchte Anfang 1790 darum nach, Damen A an e. Bürgerlichen verkaufen zu dürfen, weil auf d. Gut Schulden von 3 100 T. lagen, sie bekamen am 26. Mrz. 1790 d. *Consens* für d. Verkauf; es wurde noch 1790 für 6 048 T. an d. Eigentümer Piescke verkauft;

Quellen: GStA, I. HA, Rep. 30, Nr. 43, Generalia, Paket 9 232; Nr. 244, Paket 9 991; Rep. 96, Nr. 260 B; Stabi, Ms. boruss. fol. 311 (Vater); Brüggemann, T. 2/2, S. 645; Reinhard, Garde, S. 556; Tb. Uradel 1905, S. 99–100; Stolper Kadetten, S. 18, S. 25; Priesdorff, Offz.stammliste, S. 40 (Bruder W.H.F.);

Major Ludwig Thuro Curth (seit 1745: Graf) von BOHLEN (1740–1816)

Vater: Carl Heinrich Berend (1705–1757), kgl.-schwed. Kammerherr, Reg.rat u. Schloßhauptmann, seit 1745 Graf, Erbherr auf Presenske, dann auf Leplow, Zarrentin in Schwed.-Pommern, **Mutter**: Anna Eleonore, geb. von Normann (1712–1752); **Bruder**: Carl Julius Bernhard (1738–1811), schwed. General; **Laufbahn**: trat in d. preuß. Militärdienst ein, zuletzt Major im H-R Nr. 10, vor 1786 Abschied nach 30 Dj., 1793 vorm. Major; **Güter**: erwarb 1792 d. Güter Strettense, Teterin A u. Panschow A im Krs. Anklam, 1801 hatten die drei Güter e. Wert von 41 190 T.; verkaufte sie vor 1804 an d. Ltnt. Carl Friedrich von Wedel; erwarb im Mai 1802 d. Güter Groß u. Klein Wachlin u. Anteil Roggow im Krs. Saatzig, verkaufte diese 1803 für 46/m T. an Heinrich von Gagern auf Frankenthal in Schwed.-Pommern, geriet mit letzterem darüber in e. Rechtsstreit; (erwarb 1804 Felstow B im Krs. Lauenburg für 15 520 T.); **Ehefrau**, seit 1781: Hedwig Anna, geb. von Bohlen (1758–1833); **Sohn**: (aus erster Ehe od. unehelich) Carl Wilhelm (* um 1774), engagierte sich um 1791 im Militärdienst, 1792 Cornet im H-R Nr. 2, nahm im Nov. 1799 ohne Vorwissen seines Vaters als Sl nach acht Dienstjahren u. drei Monaten d. Abschied, soll seinem Reg.chef zufolge *keine Lust zum Dienst* gehabt haben u. sehr *d. Spiel ergeben* gewesen sein, häufte durch Leichtsinn größere Schulden an, trieb sich nach d. Abschied mit *liederlichen Menschen* in Hamburg, Lübeck u. Rostock herum; am 15. Juni 1800 bat d. Vater immediat darum, d. Sohn arretieren u. an das Gouvernement in Stettin abliefen zu lassen, er konnte jedoch d. Aufenthaltsort von C.W. nicht benennen, weshalb die preuß. Residenten seinen Aufenthalt ermitteln sollten; d. König stimmte am 8. Juli 1800 d. Vorschlag zu, d. Sohn zwecks Besserung auf d. Festung Stettin zu bringen; im Nov. 1801 hielt sich Carl Wilhelm in Breslau auf und bat von dort aus mehrfach um e. Pass, wollte zs. mit seiner Frau, e. geb. Freiin von Rehden aus Leer, nach Wien gehen; auch mehrfache Gesuche seiner Mutter Juliana, verwitw. Major von Bandemer, e. Tochter d. Majors von Franklin, um e. Reisepass für d. Sohn wurden verworfen; bekam mit Ordre vom 25. Febr. 1802 auf e. neuen Antrag d. Mutter d. Erlaubnis, in auswärtige Dienste zu treten, d. Anlegen d. alten Armeeuniform wurde ihm jedoch nicht gestattet; **Sohn**: Carl Friedrich Ludwig (1791–1856), weilte 1801 bei seinem Onkel Carl Julius Bernhard (1738–1811), dem kgl.-schwed. General Graf von Bohlen zu Karlsburg;

Quellen: GStA, I. HA, Rep. 30, Nr. 44, B 27, Paket 9260; Nr. 243, Vas.tab. 1793, 1801, 1804; Zedlitz, 5. Bd., S. 53–55; Ardenne, Geschichte H-R Nr. 2, S. 418; Tb. Uradel, 1905, S. 107 (hier nur d. Sohn C.F.L);

Ltnt., Salzinspektor Philipp Ehrenfried von Bohlen
(* 30. Aug. 1725, † 26. April 1779)

Vater: Carl Friedrich († 1755), Ltnt., bis 1728 Erbherr auf Buse auf Rügen, dann auf Balkenkoppel; **Mutter**: Eva Maria, geb. von Kahlden; **Laufbahn**: avancierte im 2. Bat. Garde bis zum Ltnt., Okt. 1753 als Sl dim., nach d. Abschied als hinterpommerscher Salzinspektor in Stargard mit e. *Salair* von 300 T. versorgt, stand insges. 40 Jahre im Militär- u. Zivildienst; **Ehefrau**: Dorothea Margarethe Charlotte, geb. von Platen (1736–1794), sie bat im Nov. 1779 aus Stargard mit Verweis auf ihre vier Kinder, drei Töchter u. einen Sohn, um eine pomm. Pension, erklärte, daß beider geringes Vermögen während seiner Krankheit zugesetzt wurde; im Mai 1780 galten ihre Umstände als *beklagenswert*, weshalb sie e. Beihilfe verdiene, sie besaß e. Wohnhaus in Stargard, in dem sie mit ihren drei ledigen Töchtern lebte, d. Sohn war inzwischen verst., im Wert von 1/m T., darauf aber Schulden von 700 T., in e. Immediatgesuch vom 1. Aug. 1780 bezifferte sie ihr Vermögen auf 300 T., im April 1790 bekam d. Witwe e. Pension von 100 T.; ihre beiden **Töchter** Christine Sophie Elisabeth (* 1756) u. Elisabeth Friederike Dorothea (1759–1800) erhielten im Dez. 1796 50 T. Pension, d. dritte To. Charlotte (* 1761) war um 1795 gest.;

Quellen: GStA, II. HA, Abt. 13 a, Tit. III, Litt B, Nr. 8 (d. Witwe hier als geb. von Kahlden), Nr. 41 (Töchter); Litt S, Nr. 1; Stabi, Ms. boruss. fol. 310; Tb. Uradel 1905, S. 105 (d. Frau e. geb. von Platen);

Ltnt. Johann von Bojan(-Pustrowsky) (* 1778)

Vater: Paul († um 1793), Land-Kavalier, stammte aus Westpreußen, starb unbegütert in Jezow im Distrikt Lauenburg, hinterließ zwei Töchter u. drei Söhne; **Mutter**: Theresia, geb. von Poblotzky (* um 1743), sie hielt sich in Jezow bzw. Lowitz im Distrikt Lauenburg auf, ihr Bruder, d. damalige Ltnt. Albert (v.d. Bach)-Poblotzky im I-R Nr. 48 bat 1791 aus Wesel um e. Beihilfe für d. Schwester, sie bekam seit Mai 1800 e. Pension von 100 T.; **Bruder**: Albrecht (* 1780), Sep. 1788 *cadet* in Stolp, April 1793 *cadet* in Berlin; **Bruder**: Philipp Jacob (* 1784), Aug. 1793 *cadet* in Stolp, Okt. 1797 *cadet* in Berlin; **Laufbahn**: Juli 1787 *cadet* in Stolp, April 1792 *cadet* in Berlin, seit 1794 im Regiment, Nov. 1798 Sl im I-R Nr. 23, noch 1806 als Sl gen., 1827 Cap. im 5. Landwehr-Reg.;

Quellen: GStA, II. HA, Abt. 13 a, Tit. III, Litt B, Nr. 16 (d. Fam. auch als Bojon); Litt L, Nr. 1 u. 2; Stabi, Ms. boruss. fol. 316, fol. 907 a; Rangliste 1806, S. 18; Stolper Kadetten S. 22, S. 24, S. 30;

Cap. Friedrich Wilhelm von Bomin (* um 1718, † 10. Dez. 1791)

Vater: Jacob Friedrich (seit 1703: von) Bomin (* um 1667, † 1725), aus d. UM gebürtig, seit 1683 im Militär, stand 1715 als Major im Reg. Kronprinz zu Pferd (K-R Nr. 2), zuletzt Ol, Erbherr auf (Dasdorf u.) Kuntzow in Schwed.-Pommern, seit 1719 auf Neetzow u. Anteil Gramzow im Krs. Anklam im Wert von 14/m T.; **Mutter**: Adelheid Tugendreich, geb. von Arnim († 1792); **Laufbahn**: engagierte sich um 1740 im Militärdienst, (Febr. 1744 Pl im I-R Nr. 17), stand 1749 als Pl im I-R Nr. 7, 1756 als Stabs-Cap. nach elf Dj. krankheitshalber dim.; **Güter**: nach d. Teilungsvergleich mit seiner Schwester seit 1737 Erbherr auf d. väterl. Gütern im Krs. Anklam im Wert von 18/m T.; saß 1767 auf d. Gütern Neetzow und einem Teil von Gramzow im Krs. Anklam, dazu auf Jagezow im Krs. Demmin, wohnte auf d. Gut Neetzow; seine Güter hatten 1756 einen Wert von 25/m (Neetzow) und 14/m T. (Jagezow); seit 1756 **verheiratet** mit Sophia Friederica Sigismunda (1737–1792), e. To. d. Gustav Sasse, Erbin von Jagezow im Krs. Demmin u. Cadow im Krs. Anklam; d. Cap. hatte keine Brüder u. keine Söhne, dafür sechs **Töchter**: Adelheid Luise (* 1757, † nach 1820), heiratete 1779 d. Cap. Otto Bogislav Christoph von Parsenow, s.d., Erbherr auf Schmarsow, (sie verkaufte d. väterl. Güter Neetzow u. Anteil Gramzow 1794 an ihre Schwester E.A.); Elisabeth Auguste (1759–1831), seit 1783 verheiratet mit Philipp Friedrich von Luck und Witten (1739–1803), aus d. Mark gebürtig, Jan. 1757 Cornet im D-R Nr. 5, Okt. 1758 Sl, Dez. 1758 ins H-R Nr. 2, Jan. 1764 Pl, Juli 1769 Stabs-Rittmstr., Juni 1775 Chef e. Escadron, Mrz. 1783 Major, Sep. 1790 Ol, Jan. 1793 Obrist, Febr. 1794 mit Pension dim., aus d. Ehe (vier) Söhne, P.F. erwarb 1794 im Auftrag seiner Frau deren väterlichen Güter für 83/m T., diese befanden sich 1801 noch in d. Hand des Obristen von Luck u. wurden dann verkauft; d. To. Brigitte Magdalene (* 25. Mrz. 1773) bat am 17. Jan. 1793 um d. *venia aetatis*, lt. Bericht d. Pupillenkollegiums vom 15. Febr. 1793 hatten d. väterl. Güter e. Wert von 38 816 T., dazu sollen d. Eltern noch e. größere Barschaft hinterlassen haben, B.M. bekam am 11. Mrz. 1793 d. *venia*; zwei ältere Schwestern waren verh. mit d. Major von Blücher u. e. von Plessen, ihre jüngere Schwester Carolina Christine (* 31. Juli 1777) war damals ebenfalls noch unmündig;

Quellen: GStA, I. HA, Rep. 30, Nr. 44, B 27 N, Paket 9 260; Nr. 44 M 80 h, Paket 9 336; Nr. 243, Vas. tab. 1756, 1763, 1767; IV. HA, Rep. 1, Nr. 80, Bl. 236 (Luck); Stabi, Ms. boruss. fol. 314, fol. 319 (Vater); Brüggemann, Vorpommern, S. 59, S. 64–65; Brüggemann, Beiträge, 1, S. 472; Tb. Uradel 1900, S. 571 (v. Luck); Tb Briefadel 1911, S. 89;

Ltnt. Adam Henning von Bonin (* 1704, † 23. Nov. 1759)

Vater: Bernd Eccard (1654–1730), absolvierte e. Studium, trat nicht in d. Militärdienst ein, Erbherr auf Naseband, Crangen, Gellen, Steinfort A, Prelang u. Zemmin im Krs. Neustettin; **Mutter**: Maria Hedwig, geb. von Rohwedel; **Bruder**: Joachim Ernst (1685–1762), Mai 1716 Stabs-Cap. im I-R Nr. 27, (Mai 1718 bzw.) Dez. 1724 Cap. im I-R Nr. 8, Mrz. 1727 Abschied mit Pension, löste mit A.H. zs. d. Vorwerk Stibboborn wieder ein, seit 1731 auf Naseband u. seit 1752 Erbherr auf Klein Zemmin im Krs. Neustettin; **Laufbahn**: Febr. 1719 *cadet* in Berlin, Febr. 1721 Gefr.corp. bei d. Großen Grenadieren in Potsdam, (nach 18 Dj. abgegangen) 1741 als Ltnt. gen.; **Güter**: erhielt bei d. Erbteilung 1730 d. väterlichen Güter Crangen, Gellen, ½ Steinfort, Prelang, 1756 im Wert von 20/m T.; **Ehefrau**: Amalie Catharine, geb. von Zastrow († 1761), beide hatten fünf **Söhne**, darunter Johann Friedrich (1749–1799), Ltnt. s.d.;

Quellen: GStA, I. HA, Rep. 30, Nr. 243, Vas.tab. 1755, 1756; Brüggemann, T. 2/2, S. 747, S. 764–765; Fam.gesch., S. 104–105, S. 129–130; Priesdorff, Offz.stammliste, S. 41 (Bruder J.E., danach geb. 1695); nicht bei Reinhard, Garde;

Major Anton August Friedrich von Bonin (* 20. Dez. 1765, † 27. Mrz. 1826) *

Vater: Christian Friedrich Heinrich (1730–1801), absovierte e. Jurastudium in Halle, 1755 bis 1758 Referendar beim Hofgericht in Köslin, trat aufgrund d. Krieges 1758 in d. Dienst d. Grafen von Schönburg-Glauchau, zuletzt Kanzler u. Konsistorialpräs. in Reuß; **Mutter**: Louise Amalie, geb. von Dieskau (1743–1826); **Bruder**: Carl Heinrich (1772–1814), besuchte d. Gymnasium in Gera, Juli 1787 Gefr.corp. im 1. Bat. Garde, April 1790 Fähnrich, 1792 als Sl ins D-R Nr. 11 versetzt, Sep. 1794 Pl, Nov. 1803 Stabs-Cap., Aug. 1805 nach e. Sturz vom Pferd dim., als Salzfactor in Löwenberg versorgt, 1806 wieder aktiv, Febr. 1813 Cap. bei d. Gendarmerie, 1814 ledig gest.; **Laufbahn**: Juli 1779 *cadet* in Berlin, Mrz. 1781 Gefr.corp. im 1. Bat. Garde, Dez. 1782 Fähnrich, Okt. 1789 Sl, Sep. 1797 Pl, Mrz. 1799 Stabs-Cap., Mrz. 1804 Major u. Chef e. Comp., Dez. 1804 zum I-R Nr. 42 versetzt, 1813 beim 1. Schles. Landwehr-Reg., Dez. 1814 Abschied, in Potsdam ledig gest.;

Quellen: Fam.gesch., S. 144–146, S. 171–174; Reinhard, Garde, S. S. 537 (aus Sachsen geb.), S. 545;

Cap. Anton George von Bonin (* 19. Mai 1698, † 1769) *

Vater: Valentin, Ltnt., auf Dubberteck A im Ftm. Cammin; **Mutter**: Huldreich Marie, geb. von Kameke aus Kordeshagen (* 1674, † nach 1742); **Bruder**: Ernst Bogislav (1702–1756), Ol, s.d.; **Bruder**: Paul Henning (* 1708, † 1757), 1724 *cadet* in Berlin, Dez. 1726 Gefr.corp. im I-R Nr. 21, 1740 als Sl gen., 1750 Cap. u. Chef e. Comp., Juni 1752 Major, Okt. 1756 Orden p.l.m., am 18. Juni 1757 bei Kolin gefallen; **Bruder**: Hans Jürgen (1709–1782), 1725 *cadet* in Berlin, April 1729 Gefr.corp. im I-R Nr. 19, 1741 Fähnrich, Juli 1756 Cap. u. Chef e. Comp. im Garn.-Reg. Nr. 6, Mai 1762 Major, Mrz. 1774 Ol, Kommandeur d. Garn.-Reg. Nr. 6, gest. 1782 in Cosel; **Laufbahn**: Mai 1713 Ltnt. im I-R Nr. 23, Aug. 1714 ins Reg. d. Königs versetzt, 1715 zum I-R Nr. 5, Juli 1722 Cap., nach 1730 als Cap. vom I-R Nr. 5 dim.; anschl. sechs Jahre Cap. in frz. Diensten; **Güter**: seit 1730 Erbherr auf Dubberteck A; **Ehefrau**: seit 1741 verh. mit Dorothea Louise Juliane Henriette, e. To. von Christoph Friedrich von Sydow auf (Vaehlitz) im Krs. Friedeberg in d. NM, aus d. Ehe drei **Söhne**, darunter George Friedrich Valentin (1743–1796), Major, s.d.;

Quellen: GStA, I. HA, Rep. 30, Nr. 43, Paket 9232; Nr. 44, B 8, Paket 9249 (danach in preuß. Diensten nur Uffz., in frz. Cap.); Nr. 186 d, Paket 9839; Stabi, Ms. boruss. fol. 311 (Bruder P.H. als Henning bzw. Heinrich); fol. 315 (Bruder H.J., hier als Joh. George); Gesch. I-R Nr. 19, S. 99; Brüggemann, T. 2/2, S. 559; Fam.gesch., S. 91–92, S. 106–108;

Cap. Bernd Ludwig von Bonin (* 4. Juni 1739, † 21. Febr. 1806) *

Vater: Joachim Ernst (1685–1762), Mai 1716 Stabs-Cap. im I-R Nr. 27, Mai 1718 Cap. u. Chef e. Comp. im I-R Nr. 8, Mrz. 1727 mit Pension dim., seit 1731 Erbherr auf Naseband im Krs. Neustettin, 1756 im Wert von 16/m T., erwarb 1752 Klein Zemmin, hatte seinen Wohnsitz seit 1756 in Belgard; **Ehefrau**: Barbara Sophie († 1763), e. To. von Claus Lorenz von Lettow auf Kriwan; **Vater-Bruder**: Bernd Eccard (1702–1771), 1719 *cadet* in Berlin, Okt. 1720 Gefr.corp. bei d. Großen Grenadieren in Potsdam, Nov. 1739 Ltnt. im I-R Nr. 6, Juni 1740 Major u. Chef e. Comp. im I-R Nr. 39, Mrz. 1745 Ol, Mai 1747 Obrist, Sep. 1752 Kommandeur d. I-R Nr. 45, Mrz. 1759 Chef d. Garn.-Bat. Nr. 9, 1763 Abschied, ledig; **Bruder**: Carl Henning (1740–1758); **Laufbahn**: trat 1753 in d. Militärdienst ein,

Mrz. 1756 Gefr.corp. im I-R Nr. 17, 1757 Fähnrich, Mrz. 1759 als Sl mit d. Charakter Cap. dim.; **Güter**: seit mind. 1763 Erbherr auf d. väterl. Gut Naseband mit Krämerwinkel, verkaufte Klein Zemmin 1764 an e. Freimann; erwarb (1793 bzw.) 1797 Vilnow nebst Vorwerk Klewerhof im Krs. Neustettin für 10740 T., seine Güter hatten 1804 e. Wert von insgesamt 26/m T.; **Ehefrau**: Ulrike Sophie Henriette (* 1750), e. To. d. Cap. Christian Heinrich von Schlieffen (* 1722), sie hatte e. Mitgift von 2/m T.; **Sohn**: Ernst Heinrich Bogislav (1773–1845), besuchte d. Pädagogium in Halle, studierte von 1792 bis 1795 an d. Univ. Halle, dann Referendar bei d. KDK Stettin; **Tochter**: Jacobine Elisabeth Bernhardine (1769–1798), verh. mit d. Cap. Friedrich Lebrecht von Steinkeller (1755–1810) vom I-R Nr. 17, Erbherr auf Ristow;

Quellen: GStA, I. HA, Rep. 30, Nr. 243, Vas.tab. 1756, 1793, 1804; Stabi, Ms. boruss. fol. 316, fol. 319 (1715 stand nur e. Christoph Ernst, seit Nov. 1715 Fähnrich, im I-R Nr. 27); Brüggemann, T. 2/2, S. 764–765, S. 778; Fam.gesch., S. 128–129, S. 154–155; Priesdorff, Offz.stammliste, S. 41 (d. Vater danach 1696 geb.);

Obrist Carl Wedig von Bonin (* 8. Febr. 1728, † 7. Mrz. 1803)*

Vater: George Ernst (1684–1761), Rittmstr., s.d.; **Mutter**: Charlotta Luise, geb. von Sturm; **Laufbahn**: Juni 1743 *cadet*, Nov. 1745 Uffz. im I-R Nr. 47, April 1747 Fähnrich, April 1752 Sl, Juli 1759 Pl, 1759 bei Maxen gefangen, bis 1763 in Gefangenschaft, April 1765 Stabs-Cap., Aug. 1770 Chef e. Comp. im Grenadier-Bat. Nr. 2, Dez. 1775 zum I-R Nr. 47, Febr. 1782 als Grenadier-Major ins I-R Nr. 45, Aug. 1790 Ol, Mai 1792 Obrist, Juni 1795 Kommandant von Küstrin, hier 1803 gest.; **Bruder**: Johann Friedrich (1723–1757), 1742 Fähnrich im I-R Nr. 29, Juni 1745 Cap., 1756 Major, an d. bei Prag erlittenen Blessuren 1757 gest.; **Bruder**: Bogislav Ernst (1727–1797)*, seit 1744 im I-R Nr. 26, Mai 1767 Major im I-R Nr. 19, Mrz. 1786 GM u. Chef d. I-R Nr. 54, Jan. 1793 Gl; **Bruder**: Anton George Ludwig (1729–1777), Juni 1743 *cadet*, Mai 1746 Uffz. im I-R Nr. 26, Nov. 1751 Sl, 1761 Chef e. Comp. im I-R Nr. 24, Juli 1773 Major u. Kommandeur d. Grenadier-Bat., Sohn: George Wilhelm (1772–1854), Sl im I-R Nr. 27, dann im I-R Nr. 51, Mai 1808 Abschied; **Bruder**: Gottlieb Felix (1732–1758), Juni 1752 Fähnrich im I-R Nr. 5, Juli 1756 Sl, Dez. 1757 bei Leuthen *blessirt*, an d. Folgen gest.; **Bruder**: Traugott Siegmund Wilhelm (1734–1804), Okt. 1756 Fähnrich im I-R Nr. 47, Sep. 1759 Sl, bei Maxen gefangen, Juni 1764 Pl, Febr. 1776 Stabs-Cap., Juni 1780 Chef e. Comp. im I-R Nr. 47, April 1791 Grenadier-Major in Glatz, Febr. 1798 Chef e. Bataillons in Silberberg; **Bruder**: Gottfried George Ernst (1737–1810), 1756 Gefr.corp., Mai 1757 Fähnrich im I-R Nr. 35, Jan. 1763 Pl, Mai 1765 Abschied, erhielt später d. Charakter Cap., als Postmeister in Bielefeld versorgt, dann Hofkavalier bei d. Äbtissin zu Herford; **Bruder**: Gottlieb August (1741–1824), Mrz. 1758 Fähnrich im I-R Nr. 38, 1764 als Sl gen., Dez. 1772 wegen e. Blessur Abschied als Cap., als Akziseeinnehmer in Hohenfriedberg versorgt, bekam als solcher e. monatliches *Tractament* von acht T., bat im Dez. 1786 immediat um e. Zulage, stand von 1786 bis 1793 im Stettiner Land-Reg.; 1775 u. später setzte sich d. Cap. mit drei seiner Brüdern dafür ein, ihrer **Schwester** Gotthilf Carolina (* um 1741, † 17. Nov. 1785), e. kgl. Pension zu erwirken, sie hatte zuletzt e. solche in Höhe von 100 T.;

Quellen: GStA, I. HA, Rep. 30, Nr. 43, Pakete 9232, 9235; Rep. 96, Nr. 260 B (Bruder G.A.); Stabi, Ms. boruss. fol. 311 (Bruder G.G.E.), fol. 314, fol. 316; Taeglichsbeck, S. 267 (G.G.E.); Fam.gesch., S. 137; S. 134–140 (Brüder); Priesdorff, Nr. 728 (Bruder B.E.);

Ol Christian Ludwig August von Bonin (* 16. Sep. 1722, † 1. Nov. 1773)

Vater: Ulrich Bogislav (1682–1747), aus Karzin im Ftm. Cammin gebürtig, Cap. im I-R Nr. 2, dann in Ebersdorf beim Grafen von Reuß; **Mutter**: Auguste Sophie, geb. von Geusau († 1732); **Bruder**: Christian Friedrich Heinrich (1730–1801), Kanzler u. Konsistorialpräs. in Reuß-Ebersdorf; **Laufbahn**: trat um 1738 in d. Militärdienst ein, 1740 Cornet im D-R Nr. 7, Mrz. 1742 Ltnt., 1744 zum D-R Nr. 8 versetzt, 1755 Pl, 1758 Stabs-Rittmstr., Nov. 1758 Rittmstr u. Chef e. Escadron, Mai 1760 Major, Mai 1772 Ol u. Kommandeur d. D-R Nr. 8, 1773 als Ol nach 35 Dj. gest.; **Güter**: besaß e. Obligation über 4/m T., verwandte diese, um 1771/1772 d. Gut Karpau bei Tapiau anzukaufen; **Ehefrau**: Auguste Hedwig (1746–1775), e. To. von Philipp Friedrich von Bonin zu Karzin, sie erhielt 1767 d. *venia aetatis*, besaß damals e. Vermögen von 7215 T.; d. Obligation stellte offenbar ihre Mitgift dar; **Sohn**: Friedrich Erdmann (1765–1810), Sep. 1779 Gefr.corp. im I-R Nr. 52, Aug. 1782 Fähnrich, Sep. 1786 Sl, Juni 1797 als Pl zum *Cadetten-Corps* in Berlin, lehrte d. mathemat. u. militär. Wiss., Mrz. 1798 Stabs-Cap., Febr. 1801 Chef e. Comp.; **Sohn**: Ernst Philipp (1767–1810)*, Hofgerichtsrat in Köslin;

Quellen: GStA, I. HA, Rep. 30, Nr. 44, B 8, Paket 9249; Nr. 186 d, Paket 9838 (seine Frau danach geb. 2.4.1746); Fam.gesch., S. 113–119, S. 143–144, S. 168–171; Baerensprung, D-R Nr. 8, S. 509, S. 514–518, S. 524–525 (mit teils anderen Daten als in d. Fam.gesch.); Tb. Uradel 1902, S. 127–129; biogr. Handbuch, S. 106–107 (Sohn);

Cap. Christoph Wedig von Bonin (* 31. Juli 1716, † 9. Dez. 1760)*

Vater: George (1681–1727), seit 1717 Regierungsrat, Erbherr auf Karzin im Ftm. Cammin, hinterließ drei Söhne; **Mutter**: Clara Augusta, e. To. von Casimir Wedig von Bonin auf Alt Döberitz; **Bruder**: Philipp Friedrich (* 27. Aug. 1718, † 28. April 1751), Cornet im K-R Nr. 12, 1739 Abschied, seit 1738 Erbherr auf d. väterl. Gut, erhielt am 4. Aug. 1741 die *venia aetatis*, **Laufbahn**: 1731 Gefr.corp. im I-R Nr. 8, Mai 1735 Fähnrich, erhielt am 9. Juni 1738 d. *venia aetatis*, Mrz. 1740 Sl, Aug. 1743 Pl, Nov. 1751 Cap. u. Chef e. Comp. im I-R Nr. 8, Juli 1755 Chef d. Grenadier-Comp. von Oppen, im Dez. 1760 nach e. bei Torgau erhaltenen Blessur gest.; **Güter**: nach d. Tod d. Bruders Erbherr auf Karzin; verkaufte es 1752 seinem Onkel, d. Gl Anshelm Christoph von Bonin, für 17/m T.;

Quellen: GStA, I. HA, Rep. 30, Nr. 44, B 8, Paket 9249; Brüggemann, T. 2/2, S. 554; Fam.gesch., S. 112–113, S. 140–142; Priesdorff, Offz.stammliste, S. 42;

Ol Ernst Bogislav von Bonin (* 17. Juni 1702, † 31. Dez. 1756)*

Vater: Valentin, Ltnt., Erbherr auf Dubberteck A im Ftm. Cammin; **Mutter**: Huldreich Marie, geb. von Kameke (* 1674); **Bruder**: Anton George (1698–1769), Cap., s.d. mehr zur Familie; **Laufbahn**: Juli 1719 *cadet* in Berlin, Mai 1724 Fähnrich im I-R Nr. 13, Juni 1729 Sl, 1732 zum I-R Nr. 25, 1739 Pl, Juni 1740 Stabs-Cap., Jan. 1744 Major, Mrz. 1746 Ol u. Chef d. 2. Comp. im Garn.-Reg. Nr. 11, zuletzt Kommandeur d. Reg., nach 37 Dj. in Pr.-Holland gest.; **Güter**: Erbherr auf Bonswitz u. Kl. Massow im Distrikt Lauenburg; **Ehefrau**: Charlotte, geb. Cochius (* um 1709, † 15. April 1780), sie hatte urspr. e. Vermögen von 4/m T., verlor dieses durch d. Krieg u. durch d. Gutsankauf d. Mannes, lebte zuletzt in Stolp u. bezog e. Pension von 100 T.; aus d. Ehe drei **Söhne**: Otto Wilhelm Ernst (1739–1787), diente zeitweilig im K-R Nr. 10, erhielt d. Charakter als pomm. Kriegsrat, 1771 Erbherr auf Klein

Massow im Distrikt Lauenburg im Wert von 19150 fl., mußte dieses vor 1777 verkaufen; **Sohn**: Philipp Jacob Bogislav (1740–1797), Dez. 1759 Fähnrich im I-R Nr. 25, Mai 1764 Sl, Aug. 1770 Abschied (als Cap.), (zs. mit d. Bruder O.W.E.) Erbherr auf Bonswitz, 1781 Steuereinnehmer in Lauenburg, **Sohn**: Ludwig Bogislav (1774–1807), Ltnt., S. dort mehr;

Quellen: GStA, I. HA, Rep. 30, Nr. 43, Pakete 9232, 9235; Nr. 249, Vas.tab. 1771; Stabi, Ms. boruss. fol. 311, fol. 314; Brüggemann, T. 2/2, S. 1065; Crousaz, Beilage C, S. 33; Fam.gesch., S. 91–92, S. 107–108, S. 132–133;

Ltnt. Ernst Friedrich Gustav von Bonin (* 8. Juli 1772, † 21. Juni 1794)

Vater: Otto Wilhelm Ernst (1739–1787), Offz. im K-R Nr. 10, hatte e. Patent als a.o. Kriegsrat bei d. pomm. Kammer, verkaufte d. väterl. Gut Klein Massow in Lauenburg, erwarb dafür 1777 Lojow im Krs. Stolp für 13400 T. von Christian Heinrich von Schlieffen; **Mutter**: Marie Magdalene Susanne (1748–1814), e. To. d. Cap. Peter Friedrich von Stojentin auf Giesebitz; **Laufbahn**: Dez. 1786 Junker im D-R Nr. 5, Febr. 1790 Cornet, Mai 1792 Sl, im Juni 1794 in d. *Campagne* erschossen; **Bruder**: Friedrich Wilhelm Bogislav (1764–1833), Sep. 1773 *cadet* in Stolp, April 1776 *cadet* in Berlin, Mrz. 1780 Junker im I-R Nr. 43, Sep. 1783 Fähnrich, Nov. 1787 Sl, April 1791 Abschied, 1804 Erbherr auf Lojow u. Gesorke im Krs. Stolp im Wert von zs. 16/m T.;

Quellen: GStA, I. HA, Rep. 30, Nr. 243, Vas.tab. 1793, 1804 (Bruder); Brüggemann, T. 2/2, S. 979; Albedyll, Anhang, S. 79*; Schwerin, K-R 10, T. 2 (hier kein O.W.E.); Fam.gesch., S. 131–132, S. 158–160;

Ltnt. Friedrich Wilhelm von Bonin (* 1722)

Vater: George (1681–1727), Regierungsrat in Stettin; **Mutter**: Clara Augusta, geb. von Bonin († 1726); **Bruder**: Christoph Wedig (1716–1760), Cap., s.d.; **Laufbahn**: seit 1735 im Militär, stand im Juni 1740 als Sl im I-R Nr. 14, 1742 als Sl im I-R Nr. 39, 1747 als Ltnt. in Königsberg, NM;

Quellen: Stabi, Ms. boruss. fol. 311; fol. 316; Fam.gesch., S. 112–113; S. 142–143;

Cap. Friedrich Wilhelm von Bonin (* 15. Mai 1723, † 21. Febr. 1759)*

Vater: Anshelm Christoph (1685–1755)*, Gl, erwarb 1752 d. Güter Karzin u. Clannin im Ftm. Cammin für 24976 T.; **Mutter**: Luise Christiane (1690–1755), e. To. d. Generals Curt Hildebrand von Loeben; **Vater-Bruder**: Casimir Wedig von Bonin (1691–1752)*, Gl; **Laufbahn**: 1737 Fähnrich im I-R Nr. 26, wechselte im Okt. 1747 vom I-R Nr. 40 als Pl ins I-R Nr. 35, Juni 1751 Stabs-Cap., ging im Mai 1753 als Cap. ins I-R Nr. 5, Nov. 1757 Orden p.l.m., im Febr. 1758 als Cap. dim.; **Güter**: erbte von seinem Vater 1755 d. Güter Karzin u. Clannin im Ftm. Cammin; **Ehefrau**: Louise Charlotte, e. To. d. EM Mathias Christoph von Bredow (1685–1734); sie bat als Witwe 1762 im eigenen u. im Interesse d. unmündigen Sohnes um d. Genehmigung, d. beiden Güter verkaufen zu dürfen; d. Großvater u. Gl hatte 1752 Karzin für 17/m u. Clannin f. 7600 T. erworben, beide Güter trugen 1759/1760 Revenuen von 1640 T., davon kam aber e. erheblicher Teil nicht ein; d. Witwe machte e. Forderung von 10/m T. geltend; am 13. Mrz. 1762 gab d. Pupillenkollegium seine Zustimung dafür, d. Güter f. 18152 T. an d. Rittmstr. u. späteren Landrat Friedrich George

Christoph von Hellermann zu verkaufen; **Sohn**: Christian Friedrich Ferdinand (1755–1813), 1770 Junker im K-R Nr. 10, Okt. 1771 Cornet, Juli 1775 Ltnt., Mai 1786 Abschied, später Kammerherr u. Intendant d. mecklenburg. Hofbühne in Strelitz;

Quellen: GStA, I. HA, Rep. 30, Nr. 44, B 8, Paket 9249; Brüggemann, T. 2/2, S. 553–554; Fam. gesch., S. 119–121, S. 146, S. 174–175; Taeglichsbeck, S. 265; Lehmann, Ritter, S. 61; Priesdorff, Nr. 300 (Vater), Nr. 307 (Onkel);

Rittmstr. George Ernst von Bonin (* 18. Sep. 1684, † 29. Mrz. 1761)*

Vater: Friedrich Wilhelm (1651–1706), Fähnrich, Erbherr auf Bonin im Ftm. Cammin; **Mutter**: Anna Elisabeth, geb. von Schlieben; **Laufbahn**: seit 1705 im Militärdienst, 1710 Cornet im K-R Nr. 8, Sep. 1713 Ltnt., Aug. 1717 Rittmstr. u. Chef e. Escadron, 1724 Abschied wegen Kränklichkeit, trat (im Siebenjährigen Krieg) als Cap. in d. Land-Bat. in Kolberg ein; **Güter**: nahm 1724 d. Gut Bonin für 16/m T. an, darauf Schulden von 11/m T., verkaufte d. väterl. Gut Bonin im April 1754 erblich d. Reg.rat Adrian Joachim von Wenden für 12/m T., die Pension belief sich damals brutto auf 612 u. netto auf 500 T., ließ sich in Bublitz nieder; 1777 hieß es in e. Gutachten über d. Pensionsgesuch e. seiner Töchter, d. *Familie von Bonin sei, von Ausnahmen abgesehen, sehr arm, das sei in ganz Pommern bekannt*; G.E. hatte 17 Kinder aus zwei **Ehen**; in erster verh. mit Barbara Catharina Charlotte, geb. von der Goltz; in zweiter mit Charlotte Luise, geb. von Sturm (1700–1766); acht seiner Söhne traten in d. Militärdienst ein, davon lebten 1775 noch sechs; **Sohn** Carl Wedig (1728–1803), Obrist, siehe dort mehr;

Quellen: GStA, I. HA, Rep. 30, Nr. 43, Paket 9235; Nr. 44, B 8, Paket 9249; Stabi, Ms. boruss. fol. 312, fol. 319; Brüggemann, T. 2/2, S. 549; Fam.gesch., S. 110;

Ltnt. George Friedrich Felix von Bonin (* 16. Sep. 1754, † 3. Sep. 1818)*

Vater: George Caspar (1730–1807), nach d. Studium in Königsberg Erbherr auf d. väterl. Gütern Wogenthin, Jatzthum, Dargen (u. Priddargen) im Ftm. Cammin; **Mutter**: Clara Henriette Sophie († 1761), e. Tochter d. Kammerherrn Joachim Felix von Zarth, sie brachte Dubberteck B als Brautschatz in d. Ehe ein; Stief-**Bruder**: Bogislav Wilhelm (* 1764), Mai 1775 *cadet* in Stolp, April 1781 *cadet* in Berlin, April 1785 Gefr.corp. im 2. Bat. Garde, Sep. 1787 Fähnrich, Dez. 1789 Sl, Okt. 1795 Abschied; Stief-**Bruder**: Philipp Christian Friedrich (1766–1789), Mai 1775 *cadet* in Stolp, April 1781 *cadet* in Berlin, Mai 1787 Sl im Grenadier-Bat. Nr. 5; Stief-**Bruder**: Swantus George Friedrich Ferdinand (1771–1805), Juni 1788 Gefr.corp. im I-R Nr. 54, Juli 1789 Fähnrich, Mai 1794 Sl; Stief-**Bruder**: Otto Friedrich Bernd Heinrich (1784–1803), Okt. 1800 Sl im K-R Nr. 5, 1811 Pl, als Stabs-Rittmstr. dim.; **Laufbahn**: Gymnasium Stargard, 1768 Eintritt ins I-R Nr. 17, Jan. 1772 Fähnrich, April 1778 Sl, Mrz. 1783 wegen Kränklichkeit nach 16 Dj. dim., 1785 bis 1808 Landrat d. Krs. Dramburg, engagierte sich später bei d. Land-Kavallerie; **Güter**: erwarb 1783 von seinem Schwiegervater d. Gut Wutzig in d. NM für 18/m T.; sein Vater übereignete ihm im Mrz. 1790 d. Güter Wogenthin, Dargen, Jatzthum, Priddargen u. Dubberteck B, 1793 im Wert von zs. 24/m T., veräußerte Wutzig 1790; verkaufte 1799 d. Wogenthiner Güter an d. Kammerherrn von St. Julien; 1804 Erbherr auf Plümenhagen, Datjow A u. B u. Jüdenhagen B im Ftm. Cammin im Wert von zs. 12/m T.; **Ehefrau**: Charlotte Caroline, e. To. von Otto Wedig von Bonin;

Quellen: GStA, I. HA, Rep. 30, Nr. 243, Vas.tab. 1756, 1767, 1793, 1804; Stabi, Ms. boruss. fol. 314 (Bruder S.G.F.F. danach am 27. Dez. 1795 gest.), fol. 316 (als George Heinrich); Brüggemann, T. 2/2, S. 608–609;Probst, 1829, S. 165; Fam.gesch., S. 150–151, S. 183–186; Stolper Kadetten, S. 8; biogr. Handbuch, S. 107 (Tätigkeit als Landrat);

Major George Friedrich Valentin von BONIN
(* 6. Mrz. 1743, † 14. Aug. 1796) *

Vater: Anton George (1698–1769), Cap., seit 1730 Erbherr auf Dubberteck A im Ftm. Cammin, s.d.; **Mutter**: Dorothea Louise Juliane Henriette, geb. von Sydow; **Bruder**: Carl Bogislav Ludwig (1744–1790), 1757 *cadet* in Berlin, 1767 Cadetten-Uffz., Dez. 1769 Ltnt. beim Artillerie-Corps in Berlin, Aug. 1786 Pl, Mai 1790 Abschied als Invalide; **Laufbahn**: seit 1756 im Regiment, Febr. 1762 Sl im I-R Nr. 40, Okt. 1770 Pl u. Adjutant, Jan. 1783 Cap. u. Chef e. Comp., Jan 1792 Major; **Güter**: seit 1770 Erbherr auf Dubberteck A, als solcher noch 1793 gen.;

Quellen: GStA, I. HA, Rep. 30, Nr. 43, Paket 9232; Nr. 186 d, Pakete 9835 u. 9839; Nr. 243, Vas.tab. 1767, 1793; Stabi, Ms. boruss. fol. 315, Brüggemann, T. 2/2, S. 559; Fam.gesch., S. 106–107, S. 130–131;

Rittmstr. Gustav Ferdinand Bogislav von BONIN
(* 23. Mrz. 1773, † 17. Jan. 1837)

Vater: Friedrich Fürchtegott (1725–1777), seit 1742 im Militär, 1743 Fähnrich im I-R Nr. 24, Mai 1756 Abschied als Stabs-Cap., erwarb Okt. 1745 bei e. Subhastation d. Güter Elvershagen, Obern-, Niedernhagen, Carnitz im Borckeschen Krs. für 26/m T., kaufte 1753 Klein Raddow; **Mutter**: Ernestine Louise, geb. Gans Edle zu Putlitz (1735–1810); Stief-**Bruder**: Otto Friedrich Fürchtegott (1757–1833)*, hatte 1777 zs. mit seiner Schwester Johanna Antoinette Wilhelmine, verh. von Borcke, e. mütterl. Vermögen von 22 193 T., beide bekamen im Sep. 1777 d. *venia aetatis*, Landschaftsdirektor, Erbherr auf d. väterl. Gütern bis 1794, dann auf Schönenwerder im Krs. Pyritz u. *Entreprise* Fürstenflag im Krs. Saatzig, beide 1804 im Wert von 95 646 T., sowie auf Schönenberg im Krs. Pyritz, 1804 für 36/m T.; **Bruder**: Ernst Friedrich Otto (1761–1822)*, Okt. 1778 Cornet im H-R Nr. 8, Juni 1783 Sl, Jan. 1793 Pl, (Mrz. bzw.) Juni 1793 Orden p.l.m., Febr. 1798 Rittmstr. u. Chef e. Escadron, Sep. 1800 Major, 1801 u. 1804 Mitinhaber d. Güter Darsin, Lupow, Malzkow, Groß Runow u. Zechlin im Krs. Stolp im Wert von 90/m T., Mrz. 1808 Abschied als Ol, Febr. 1814 Kommandant von Danzig, Mrz. 1817 GM, Juli 1819 Abschied als Gl, verh. mit Albertine Friederike Sophie, geb. von Podewils (1772–1828), Sohn: Eduard Wilhelm Ludwig (1793–1865)*, GM, Sohn: Otto Heinrich Ferdinand (1795–1862)*, GM; **Laufbahn**: 1780 in Pension in Magdeburg, 1785 bis Michaelis 1788 auf d. Ritterakademie in Brandenburg an d. Havel, trat 1788 ins H-R Nr. 8 ein, Mai 1790 Cornet, Juni 1792 Sl, Juni 1794 Orden p.l.m., bat am 28. Mai 1796 aus Münster um d. *venia aetatis*, hatte bisher unter d. *Curatel* d. Gen.-Landschaftsrates Johann George (von) Loeper auf Stramehl gestanden, konnte e. gutes Zeugnis seines Reg.chefs vorlegen, sein nächster Verwandter war d. Onkel O.F.F., besaß e. Vermögen von ca. 10/m T., erhielt am 19. Sep. 1796 die *venia*; Aug. 1803 Pl, Aug. 1806 Stabs-Rittmstr., 1811 als Major pens.; **heiratete** im Nov. 1796 Anna Elisabeth Adolphine, geb. Freiin von Plettenberg (1776–1843); **Güter**: erwarb 1808 Gut Tauentzien im Krs. Lauenburg, ließ sich hier nach d. Abschied nieder;

Quellen: GStA, I. HA, Rep. 30, Nr. 44, B 8, Paket 9249; Nr. 186 d, Paket 9843; Stabi, Ms. boruss. fol. 315 (Bruder E.F.O. hier als Chr. Fr.), fol. 316 (Vater); Schöning, 5. H-R, S. 169 (1793 als Aug. Ferd.), S. 557; Fam.gesch., S. 147, S. 177, S. 180, S. 182–183, Tb. Uradel 1902, S. 130, 134; Priesdorff, Nr. 1293 (Bruder E.F.O.), Nr. 1793 u. 1880 (Neffen); biogr. Handbuch, S. 107–108;

Major, Obrist Joachim Ernst von Bonin (* 1697, † 19. Nov. 1755) *

Vater: Christoph Ulrich (1654–1700), holländ. Fähnrich, kurbrandenburg. Rittmstr., Land-Kammerrat zu Bublitz, Erbherr auf Karzin im Krs. Schlawe; **Mutter**: Magdalene, geb. von Puttkamer (1659–1692); **Bruder**: Anshelm Christoph (1685–1755) *, seit 1703 im Militär, Mrz. 1715 Cap. im I-R Nr. 26, Dez. 1724 Ol, Febr. 1733 Kommandeur d. I-R Nr. 14, Sep. 1742 GM, Juli 1745 Gl, Dez. 1745 Ritter d. Schwarzen-Adler-Ordens, Juni 1747 Kommandant von Magdeburg; **Bruder**: Casimir Wedig (1691–1752) *, Juni 1713 Ltnt. im I-R Nr. 22, Juli 1716 Stabs-Rittmstr. im K-R Nr. 11, April 1738 Kommandeur d. K-R Nr. 11, Jan. 1743 Chef d. D-R Nr. 4, April 1743 GM, Mai 1747 Gl, Sep. 1748 Ritter d. Schwarzen-Adler-Ordens; **Laufbahn**: (Mai 1713 Sl im I-R Nr. 23 bzw.) seit 1713 im Regiment, Nov. 1715 Fähnrich im I-R Nr. 27, Dez. 1724 Stabs-Cap., 1736 Cap. u. Chef e. Comp., Juni 1743 als Major ins I-R Nr. 9, Anfang 1745 wegen bei Mollwitz erlittener Blessuren dim., trat anschließend in d. Dienst d. Markgrafen von Brandenburg-Kulmbach, Obrist u. Kommandeur d. Füsilier-Reg., Kommandant von Bayreuth, Geh. Rat, Kammerherr, erwarb 1748 d. **Gut** Schnackenburg im Ftm. Cammin vom Cap. Otto Casimir von Glasenapp; **Ehefrau**: Dorothea Sophie Amalia verwitw. Majorin von Rieutort, To. d. Hofgerichtsrates von Zitzewitz in Köslin; **Tochter**: Sophia Ernestina Hulderica (* um 1748), sie besaß 1774 e. Vermögen von 4 bis 500 T., befand sich in dürftigen Umständen u. mußte sich von Handarbeit ernähren, stand auf d. Expectantenliste für e. Pension;

Quellen: GStA, I. HA, Rep. 30, Nr. 43, Pakete 9232 u. 9235 (Tochter); Stabi, Ms. boruss. fol. 314 (Bruder A.C.), fol. 316, fol. 319 (A.C.); Fam.gesch., S. 96–97, S. 119–124; Priesdorff, Nr. 300 (Bruder A.C.), Nr. 307 (Bruder C.W.);

Cap Joachim Friedrich Bogislav von Bonin (* 3. Juni 1741, † 20. Jan. 1800)

Vater: Ernst Bogislav (1714–1753), Uffz. im D-R Nr. 5, Erbherr auf Klaptow u. Peterwitz im Ftm. Cammin; **Mutter**: Clara Benigna Marie, geb. von Briesen († 1773); **Bruder**: Caspar Otto (1745–1805), seit 1763 im Militär, 1764 Gefr.corp. im I-R Nr. 24, 1774 Sl, 1775 auf Wunsch dim., seit 1774 Erbherr auf Klaptow u. Peterwitz im Wert von 22/m T.; **Laufbahn**: machte als Fähnrich im I-R Nr. 38 d. Siebenjährigen Krieg mit, Juli 1763 Abschied als Ltnt., ging nach Polen u. Ungarn, 1771 Postmstr. in Schlesien; stand 1792 u. 1797 als Cap. im Stettiner Land-Reg.; **Ehefrau**: Christiane Beate Clara, e. To. d. Cap. Anton Christian von Blankensee auf Blankensee u. Pumlow; **Güter**: wurde nach d. Tod d. Mutter 1774 mit e. Betrag von 3809 T. abgefunden, erwarb 1774 d. Gut Moltow (u. Klein Pobloth) im Ftm. Cammin für 7/m T. von seinem Onkel Hans Caspar von Briesen; Moltow wurde 1794 auf 14312 T. taxiert; seine Witwe hatte lt. Testament d. lebenslangen Nießbrauch d. Gutes, sie wollte Moltow 1801 jedoch ohne Subhastation aus freier Hand verkaufen, um für sich und d. drei Kinder e. möglichst hohen Erlös zu erzielen; d. Vormundschaftskollegium hatte keine Einwände u. erteilte ihr am 21. Febr. 1801 d. Erlaubnis, d. Gut wurde an d. Geh. Kommerzienrat von Braunschweig für 25300 T. verkauft; **Sohn**: Johann Caspar Friedrich

(1778–1823), 1792 Junker im K-R Nr. 5, Aug. 1795 Cornet, Okt. 1797 Sl, 1809 Pl, Dez. 1811 Abschied als Stabs-Rittmstr.; **Sohn**: Anton Bernhard Johann (1779–1851), 1792 Junker im D-R Nr. 4, Juli 1794 Cornet, Sep. 1795 Sl, April 1806 Pl, 1811 Abschied als Major; **Neffen**, Söhne von Caspar Otto: Carl Friedrich Otto (1779–1829), Jan. 1795 Cornet im D-R Nr. 10, Okt. 1797 Sl, Okt. 1807 Abschied; Daniel Albert (1780–1825), 1798 Abschied als Cornet vom H-R Nr. 10, 1804 vorm. Ltnt.;

Quellen: GStA, I. HA, Rep. 30, Nr. 44, B 8, Paket 9249; Nr. 243, Vas.tab. 1756, 1767, 1793, 1799, 1804; Brüggemann, T. 2/1, S. 555, S. 578–579; Fam.gesch. S. 134, S. 162–163, S. 192–196; bei Probst, 1829, S. 165 nur e. Bonin, siehe O.F.B.; Tb. Uradel 1902, S. 123;

Ltnt. Johann Friedrich von Bonin (* 23. Jan. 1749, † 24. Sep. 1799)

Vater: Adam Henning (1704–1759), s.d., Ltnt. bei d. Großen Grenadieren in Potsdam, seit 1730 Erbherr auf d. väterl. Gütern Gellen, Crangen, Steinfort A, Prelang im Krs. Neustettin; **Mutter**: Amalie Catharine, geb. von Zastrow († 1761); **Vater-Brüder**: Bernd Eccard (1702–1771), Obrist, zuletzt Chef d. Garn.-Bat. Nr. 9, hielt sich zuletzt in Naseband auf; Joachim Ernst (1695–1762), Cap., auf Naseband, **Vetter**: Bernd Ludwig (1739–1806), Cap. siehe dort mehr; **Bruder**: Ernst Henning (1744–1821), Okt. 1761 Fahnenjunker im I-R Nr. 7, Mrz. 1765 Fähnrich, Okt. 1768 Sl, Nov. 1773 Abschied nach elf Dj., seit 1778 Erbherr auf ganz Wulflazig im Krs. Neustettin, 1797 im Wert von 10100 T.; **Bruder**: Wilhelm (1746–1785), Jan. 1763 Junker im I-R Nr. 26, Juni 1764 Fähnrich, Nov. 1767 Sl, Dez. 1773 Pl, Febr. 1784 Stabs-Cap.; **Bruder**: George Heinrich (1752–1801), Juni 1765 *cadet* in Berlin, Mrz. 1769 Fahnenjunker im 2. Bat. Garde, Jan. 1773 Fähnrich, Nov. 1778 Sl, Mrz. 1785 *cassirt*, erbte 1771 d. väterl. Güter, brachte sein Vermögen durch, trat d. Güter 1781 daher an d. Bruder J.F. ab, suchte im Sep. 1786 immediat mit Hinweis auf seine 21 Jahre bei d. Garde u. zwei kleine Kinder um e. Pension nach; **Laufbahn**: Juni 1764 Junker im I-R Nr. 22, Aug. 1768 Fähnrich, Juni 1776 Sl, Nov. 1781 nach 16 Dj. als Invalide dim.; **Güter**: erwarb 1780 von seinem Bruder G.H. d. väterl. Güter, trotz d. Verkaufs nahm G.H. nach 1780 Schulden von 5/m T. auf d. Güter auf u. brachte J.F. damit in Schwierigkeiten; nach 1800 fielen d. Güter wieder an George Heinrich zurück; in zweiter **Ehe** verh. mit Marie Friederike Albertine, geb. von Vangerow (1765–1846);

Quellen: GStA, I. HA, Rep. 30, Nr. 44, B 8, Paket 9249 (1788 gen. d. Ltnt. Joh. Fr.); Nr. 186 d, Paket 9839; Nr. 243, Vas.tab. 1756, 1763, 1767 (hier 5 Brüder gen.); Rep. 96, Nr. 257 B; Stabi, Ms. boruss. fol. 314; Brüggemann, T. 2/2, S. 747 (hier als J.F., in d. Fam.gesch. als Wilhelm), Fam.gesch., S. 129–130, S. 155–157;

Ltnt. Ludwig Bogislav von Bonin (* 29. Mai 1774, † 12. Aug. 1807)

Vater: Philipp Jacob Bogislav (1740–1797), weilte auf d. JG, Dez. 1759 Fähnrich im I-R Nr. 25, Mai 1764 Sl, Aug. 1770 Abschied als Cap., Erbherr auf Bonswitz im Distrikt Lauenburg, 1771 im Wert von 18/m fl., von 1781 bis 1787 Kreis-Steuereinnehmer in Lauenburg u. Bütow; **Mutter**: Charlotte Friederike, e. To. d. sächs. GM Johann Friedrich von Rexin; **Großvater**: Ernst Bogislav (1702–1756), Ol, s.d., Erbherr auf Bonswitz u. Klein Massow im Distrikt Lauenburg; **Vater-Bruder**: Otto Wilhelm Ernst (1739–1787), stand mit d. Charakter Kriegsrat bei d. pomm. KDK, verkaufte d. väterl. Gut Klein Massow, erwarb dafür 1777 Lojow im Krs. Stolp für 13400 T.; **Bruder**: Ernst Jacob (1773–1800), seit Juli 1789 im Regiment, Juni 1793 Cornet im H-R Nr. 5, Juni 1795 Sl; **Laufbahn**: seit Nov. 1782 *cadet* in Stolp, Mai 1785 Rückkehr zu seinen Eltern nach Bonswitz in Lauenburg, Mai 1790 Cornet im D-R Nr. 8, Juni 1793 Sl, Nov. 1805 Pl, 1807 als aktiver Offz. gest.; **Güter**: erhob 1802 Anspruch auf d. angeblich erledigte Lehngut Dubberteck A im Ftm. Cammin;

Quellen: GStA, I. HA, Rep. 30, Nr. 44, B 8, Paket 9 249; Fam.gesch., S. 107, S. 132–133, S. 161; Makkensen, H-R Nr. 5, Bd. 2, Anhang S. 43 (E.J.); Stolper Kadetten, S. 17; Tb. Uradel 1902, S. 122 (Großvater, Onkel);

Ltnt. Ulrich Bogislav von Bonin (1707–1772)

Vater: Casimir Wedig († 1714), Kammerherr, Amtshauptmann zu Treptow an d. Rega, Erbherr auf Alt Döberitz im Borckeschen Krs.; **Mutter**: Martha Catharina, geb. von Bonin; **Laufbahn**: 1723 auf d. Ritterakademie in Brandenburg an d. Havel, Mrz. 1730 Cornet im K-R Nr. 11, nach neun Dj. Abschied als Ltnt. (zuletzt Geh. Rat bei d. KDK in Stargard); **Güter**: seit 1727 Erbherr auf Alt Döberitz für 19 936 fl., saß 1756 auf d. väterlichen Gütern Alt u. Neu Döberitz im Wert von 16/m T., d. Gutsbesitz gelangte nach 1772 an seine **Tochter** Sophie Auguste Ulrike (* 1735), in erster Ehe verh. mit George Henning von Brockhusen (1728–1777); **Ehefrau**: Antoinette Bernhardine, geb. von Borcke (1712–1776); **Sohn**: Casimir Heinrich (1733–1760), Mai 1751 Gefr.corp. im I-R Nr. 19, Juli 1756 Fähnrich, 1757 Sl, Okt. 1760 an e. Blessur verst.; **Sohn**: Ernst George Bogislav (1737–1758), 1754 Gefr.corp. im I-R Nr. 20, Mrz. 1757 Fähnrich, Dez. 1758 an e. Blessur, erhalten bei Hochkirch, verst.;

Quellen: GStA, I. HA, Rep. 30, Nr. 243, Vas.tab. 1756, 1763; Brüggemann, T. 2/1, S. 335; Gesch. I-R Nr. 19, S. 106 (Sohn C.H.); Fam.gesch., S. 98–100, S. 124–125, S. 149–150;

Cap. Ulrich Bogislav von Bonin (* 12. Sep. 1720, † 27. Sep. 1779)

Vater: Tessen Ulrich (1691–1732), seit 1719 Erbherr auf Plauentin im Ftm. Cammin, erworben für 12 050 fl., hinterließ zwei Söhne; **Mutter**: Sophie Juliane, e. To. d. Landrates Ewald Bogislav von Bonin auf Klaptow; **Bruder**: Otto Wedig (1724–1796)*, seit 1741 im Militär, 1743 Gefr.corp. im I-R Nr. 24, Nov. 1744 Fähnrich, 1749 Abschied als Ltnt., erbte 1748 d. väterliche Gut Plauentin, seit 1765 Landrat im neumärk. Krs. Dramburg, wo er d. Gut Wutzig besaß; **Laufbahn**: engagierte sich um 1737 im Militärdienst, Juni 1740 Corporal im I-R Nr. 1 (bzw. im K-R Nr. 8), 1741 Cornet, Dez. 1743 Ltnt. im D-R Nr. 9, Dez. 1758 Stabs-Rittmstr., Mrz. 1759 Rittmstr. u. Chef e. Escadron, Jan. 1763 Abschied; **Güter**: gab 1750 seine Zustimmung zum Verkauf d. väterl. Gutes Plauentin, das 1748 seinem Bruder O.W. zugefallen war, für 6 666 T. an d. Cap. Caspar von Cronenfels vom I-R Nr. 1;

Quellen: GStA, I. HA, Rep. 30, Nr. 44, B 8, Paket 9 249; Stabi, Ms. boruss. fol. 312, fol. 316 (O.W.); Brüggemann, T. 2/2, S. 586; Fam.gesch., S. 127–128; S. 152–153; biogr. Handbuch, S. 108 (Bruder);

Ltnt. Wichard Friedrich Wilhelm Hr. von Bonin (* 18. Dez. 1782, † 27. Aug. 1813)*

Vater: Bogislav Ernst (1727–1797)*, Juni 1748 Fähnrich im I-R Nr. 26, Mai 1758 Flügel-Adjutant d. Königs, Nov. 1762 Orden p.l.m., Mai 1767 Major im I-R Nr. 19, Mrz. 1786 GM u. Chef d. I-R Nr. 54; **Mutter**: Dorothea Charlotte Juliane, geb. von Grumbkow;

Vater-Bruder: Carl Wedig (1728–1803), Obrist, s.d. mehr; **Laufbahn**: Febr. 1795 cadet in Culm, 1797 auf d. *Académie militaire* in Berlin, Mrz. 1801 Fähnrich im I-R Nr. 25, Juni 1804 Sl, Dez. 1808 Abschied als Stabs-Cap., 1813 Eintritt ins 6. Kurmärk. Landwehr-Reg., Aug. 1813 bei Hagelsberg gefallen;

Quellen: Stabi, Ms. boruss. fol. 314; Fam.gesch., S. 135–136, S. 164–165; Priesdorff, Nr. 728 (Vater);

Obrist Abraham Heinrich von BORCKE (1722–1781)

Vater: Otto Melchior (1679–1758), kulmbach-bayreuth. Obrist; **Mutter**: Anna Margaretha, geb. von Trotzenberg; **Bruder**: Christian Ernst Wilhelm (1715–1783), GM, s.d.; **Laufbahn**: trat 1738 in d. Militärdienst ein, Mrz. 1745 Sl im I-R Nr. 20, Mrz. 1755 Pl, suchte als Cap. im Febr. 1759 immediat um d. Erlaubnis nach, e. Tochter d. verst. Majors Küchmeister von Sternberg **heiraten** zu dürfen, wollte sich durch diese Verbindung verbessern, Nov. 1762 Major im I-R Nr. 20, Juli 1772 Ol, Mai 1774 Orden p.l.m., Mai 1776 Obrist, noch um 1780 im Reg. genannt;

Quellen: GStA, I. HA, Rep. 96, Nr. 435 B, Bd. 16; Stabi, Ms. boruss. fol. 310, fol. 311; Lehmann, Ritter, S. 122; Schwennicke, Bd. 22, Tafel 79;

Cap. (Adolph) Carl Ludwig von BORCKE (1742–1788)*

aus Pommern gebürtig; **Laufbahn**: seit etwa 1759 im Militär, Mai 1761 Sl im D-R Nr. 7, 1778 als Stabs-Cap. gen., 1787 Cap., 1788 als solcher gest.;

Quellen: Stabi, Ms. boruss. fol. 310, fol. 315; Tyszka, D-R Nr. 7, S. 450;

Major Andreas Matthias von BORCKE (* 1688, † 24. Dez. 1740)

Vater: Philipp Steffen (1647–1720), Ltnt., Erbherr auf Kankelvitz, Stargordt, Lessentin im Borckeschen Krs.; **Mutter**: Ilsa Marie, geb. von Zastrow (1658–1725); **Vater-Bruder**: Ernst Matthias († 1728), sächs. Gl; **Laufbahn**: stand seit 1703 im Militär, Sep. 1709 Pl, Juli 1717 Cap. u. Chef e. Comp. im I-R Nr. 22, Aug. 1733 Major; **Güter**: erbte Kankelvitz von seinem Vater, erhielt Lessentin im Borckeschen Krs. im Okt. 1720 von seinem Onkel, verkaufte 1731 einen Hof in Gerzhagen an d. Obristen Ernst Heinrich von Borcke; **Ehefrau**: Hedwig Juliane, geb. von der Mosel († 1737); **Sohn**: Wilhelm Friedrich Leopold (1737–1787), Ltnt., Landrat, s.d.;

Quellen: Stabi, Ms. boruss. fol. 314, fol. 319; Stammbaum Borkischen Geschlechtes, Nr. 155 (Vater), Nr. 154 (Onkel), Nr. 201 (A.M.); Brüggemann, T. 2/1, S. 337, S. 539–540; Tb. Uradel 1903, S. 153;

Major Anton Adrian Sigismund von BORCKE (* 10. Okt. 1764, † 1. Sep. 1808)

Vater: Adrian Heinrich (1733–1793), 1747 Junker im K-R Nr. 10, April 1753 als Cornet ins D-R Nr. 3, Juli 1756 Abschied; erhielt im Febr. 1756 mit 23 Jahren d. *venia aetatis*, Erbherr auf Vorwerk Grünhof, Lowin, Ornshagen u. Pazig im Borckeschen Krs. im Wert von 10/m T., erwarb 1778 Zozenow, Molstow u. Schowanz für 22/m T.; **Mutter**: Charlotte, geb. von Koethen († 1769); **Großvater**: Anton († 1755), Ol, Landrat, auf Grünhof, Lowin, Ornshagen; **Bruder**: Philipp Jost Achaz (1765–1815), 1781 Junker, 1787 Cornet im D-R Nr. 8, 1793 als Sl, 1802 als Pl, 1807 als Cap. im D-R Nr. 8 gen., 1807 pens., 1815 gest.;

Laufbahn: 1782 Cornet im D-R Nr. 6, Dez. 1784 Sl, 1794 Pl, 1798 Stabs-Cap., 1800 Cap., 1803 Major, 1807 als Major dim.; **Güter**: besaß 1793 zs. mit d. Bruder d. väterlichen Güter, dazu noch Molstow, Vogelsang u. Zozenow; d. Brüder verkauften um 1798 d. Güter über e. Bevollmächtigten, der sie um 10/m T. bringen wollte, für 75/m T. an d. damaligen Rittmstr. u. späteren Major Philipp Carl Ludwig von Borcke, s.d.; **Ehefrau**: Wilhelmine, geb. Haubusch;

Quellen: GStA, I. HA, Rep. 30, Nr. 103, Paket 9 508; Nr. 243, Vas.tab. 1756, 1763, 1767, 1793, 1804 (in d. Vas.listen als Anton Heinrich); Stabi, Ms. boruss. fol. 311, fol. 907 a (Bruder P.J.); Brüggemann, T. 2/1, S. 338–339, S. 360; Schöning, D-R Nr. 3, S. 102, S. 411 (Vater); Orlop, D-R Nr. 6, Anhang, S. 48*, S. 50*, S. 59*, S. 63*, S. 66*, S. 68*, S. 71*, S. 116*; Schwerin, K-R Nr. 10, T. 3, Anhang, Offz. liste (Vater); Baerensprung, D-R 8, S. 548–552; Tb. Uradel 1903, S. 150;

Ltnt. Augustin Heinrich von Borcke (* 18. Jan. 1718, † 2. Nov. 1785)

Vater: Ernst Heinrich (* 1686, † vor 1763), hannöv. Obrist, seit 1736 Erbherr auf ganz Gerzhagen im Borckeschen Krs.; **Mutter**: Sophie Magdalene, geb. von Werckmeister (1698–1781); **Großvater**: Heinrich Augustin, Erbherr auf Gerzhagen im Borckeschen Krs.; **Laufbahn**: trat um 1735 in d. Militärdienst ein, stand 1743 u. 1755 als Ltnt. im D-R Nr. 10, um 1757 nach 22 Dj. dim; **Güter**: seit mind. 1763 Erbherr auf d. väterl. Gut Gerzhagen im Wert von 12/m T.; **Ehefrau**: Elisabeth Emerentia, geb. von Borcke (* 1733); **Sohn**: Ernst Augustin Heinrich (* 1768), seit 1784 im Militär, Nov. 1785 Cornet im K-R Nr. 6, 1793 als Sl dim., nahm nach d. Erbvergleich im Febr. 1795 d. väterliche Gut für 24/m T. an, trat es noch im Mai d.J. für 32 236 T. im Erbkauf ab; **Sohn**: Adrian Wilhelm Heinrich (1771–1866), seit 1787 im Regiment, Mai 1790 Fähnrich im I-R Nr. 2, Sep. 1792 Sl, Mrz. 1803 Pl, Sep. 1807 als Stabs-Cap. (mit d. Charakter Major) dim.;

Quellen: GStA, I. HA, Rep. 30, Nr. 243, Vas.tab. 1756, 1763, 1793, 1799; Stabi, Ms. boruss. fol. 311; Brüggemann, T. 2/1, S. 337; Schwerin, K-R Nr. 10, T. 2, S. 231 (im K-R Nr. 6 ein Aug. Wilhelm); Monteton, S. 81; Oelsnitz, I-R 2, S. 554, S. 566, S. 576, S. 907; Tb. Uradel 1903, S. 162;

Cap. Carl (Friedrich) Felix von Borcke (* 1718, † Nov. 1759)

Vater: Melchior Felix (1686–1753), seit 1703 im Militär, Juni 1710 Cap., 1720 Major im I-R Nr. 18, (1730 Ol im I-R Nr. 30), Kommandant von Driesen, Erbherr auf Roggow im Borckeschen Krs.; **Mutter**: Augusta Catharina, geb. von Saldern (1691–1748); **Bruder**: Johann Friedrich (1728–1777), Major, s.d. mehr zur Familie; **Laufbahn**: trat um 1733 in d. Militärdienst ein, stand 1740 als Fähnrich im I-R Nr. 30, zuletzt Pl, nach 16 Dj. mit d. Charakter Cap. dim., 1756 als vorm. Cap. gen.; **Güter**: erwarb mit d. Mitgift seiner Frau 1746 d. väterliche, im Konkurs befindliche Gut Roggow im Borckeschen Krs., das auf 15 752 T. taxiert, nach den Verwüstungen durch die russ. Truppen nach 1763 nur noch auf 10/m T. geschätzt wurde, d. König billigte am 21. Aug. 1747 die beantragte Allodifikation; **Ehefrau**: Esther Benigna Juliana († 1780), jüngste To. d. Landrates von Borcke auf Altwigshagen, lt. Ehestiftung von Jan. 1747 betrug ihr mütterl. u. väterl. Erbe 7/m T., dazu kam das Gegenvermächtnis von 3 500 T., sie flüchtete mit ihrem Mann vor d. russ. Invasion nach Stettin, wo dieser gest. ist; 1759 lagen auf Roggow Schulden von 17 390 T., darunter Forderungen d. Witwe von 14 287 T., ihre beiden Kinder hatten daher kein väterl. Vermögen; **Sohn**: Heinrich Matthias Friedrich (* 1750), seit 1780 alleiniger Erbherr auf Roggow;

Quellen: GStA, I. HA, Rep. 30, Nr. 103, Pakete 9505, 9506; Nr. 243, Vas.tab. 1756, 1763; Stabi, Ms. boruss. fol. 311, fol. 313 (Vater); Brüggemann, T. 2/1, S. 350;

Ltnt. Carl Heinrich Otto (Wilhelm) von Borcke (* 20. Okt. 1771, † 1849)

Vater: Wilhelm Friedrich Leopold (1737–1787), Cap., s.d.; **Mutter**: Friederike Gottliebe Tugendreich, geb. von Winterfeld (1742–1818); **Bruder**: Ernst August Philipp (1766–1850), Ltnt., s.d. mehr; **Laufbahn**: trat in d. Militärdienst ein, (1787 Gefr.corp. im I-R Nr. 7), avancierte im K-R Nr. 1 bis zum Cornet, 1793 hier gen., im Dienst invalide geworden u. (1794) als Ltnt. verabschiedet; **Frau**: Anna Sophia Lovisa, e. To. d. Konsistorialdirektors Gottlieb Friedrich Herr, diese war in erster Ehe mit (Carl Friedrich Heinrich) von Neetzow verheiratet gewesen; **Güter**: seine Frau hatte Mühlendorf A u. D im Borckeschen Krs. im Wert von 5/m T. von ihrem Vater als Mitgift bekommen, sie besaß außerdem seit 1796 Neuenkirchen A im Borckeschen Krs., beide hatten 1796 zs. e. Wert von 13477 T.; sie bekam im Sommmer 1802 d. Erlaubnis, Mühlendorf A u. D für 12/m T. an d. Ökonomen Samuel Gottlieb Gloeden zu verkaufen; Neuenkirchen A als Hauptgut blieb in ihrem u.d. Besitz ihres Mannes;

Quellen: GStA, I. HA, Rep. 30, Nr. 244, Paket 9994; Nr. 243, Vas.tab. 1793, 1804; Stabi, Ms. boruss. fol. 312 (Abgangsliste); Brüggemann, T. 2/1, S. 342–345; Tb. Uradel 1903, S. 154 (hier als C.H.O.W. (1771–1849);

Ltnt. Carl Henning von Borcke (* 1714)

aus Pommern gebürtig; **Laufbahn**: seit 1728 im Militär, Sep. 1738 Sl im I-R Nr. 22, noch 1741 als solcher genannt, vor 1746 abgegangen;

Quellen: Stabi, Ms. boruss. fol. 314;

Ltnt., Kammerdirektor Carl Ludwig August von Borcke (1739–1789)*

Vater: Friedrich Wilhelm (1692–1769)*, EM, Erbherr auf Hueth im Krs. Rees; **Mutter**: Margarethe Helene Bernhardine, e. Tochter d. EM Adrian Bernhard (seit 1740: Graf) von Borcke; **Bruder**: Adrian Heinrich (1736–1791)*, Geh. Fi-rat, seit 1791 Graf, **Laufbahn**: seit etwa 1754 im Militär, (1755 Fähnrich in e. Berliner Reg.), 1764 Pl im I-R Nr. 21, 1765 dim., seit 1774 Kammerdirektor in Magdeburg, 1775 abgegangen;

Quellen: GStA, I. HA, Rep. 30, Nr. 243, Vas.tab. 1755, 1763 (d. Vater als pomm. Vasall); Stabi, Ms. boruss. fol. 311 (danach aus Pomm. gebürtig); biogr. Handbuch, S. 110–112 (aus Kleve geb.), S. 114–115;

Cap., Landrat Carl Wilhelm von Borcke (* 1738, † 29. Mrz. 1797)*

Vater: Peter Christian (* 1703, † vor 1749), Rittmstr., s.d., Erbherr auf Bonin, hinterließ drei Tö. u. einen Sohn; **Mutter**: Esther Amalia, geb. von Kleist, sie setzte sich im Sep. 1749 mit ihren Kindern auseinander, diese besaßen zs. e. Vermögen von 4122 T., sie übernahm 1751 d. Güter Bernsdorf, Negrep u. Labes B im Borckeschen Krs. für 12010 T. für ihren Sohn C.W.; **Großvater**: Peter Christian († 1731), Rittmstr.; **Laufbahn**: stand 1756 als Fahnenjunker im I-R Nr. 24, 1763 auf eigenen Wunsch als Ltnt. dim. (diente 1778/1779 als Cap. im Jäger-Corps von Bischoffswerder); amtierte seit 1787 als Landrat im Borckeschen

Krs.; **Güter**: mußte 1768 d. Güter Bernsdorf, Negrep u. Labes B (bzw. A) abtreten, seit mind. 1756 Erbherr auf Bonin im Borckeschen Krs. im Wert von 12/m T.; erhielt im Sep. 1775 e. Moratorium für drei Jahre, Bonin wurde auf e. Wert von 19 102 T. taxiert, dazu d. Holzkathen Nieveken für 1 266 T. u. Inventar für 1 267, d. ges. Aktiva betrugen 21 636 T., denen Passiva von 9 078 T. gegenüberstanden; **Ehefrau**: Caroline Helene, geb. Wendland, aus beider Ehe vier **Söhne**: Peter Christian Friedrich (1767–1822)*, 1780 Junker im D-R Nr. 12, Juni 1783 Cornet, Nov. 1786 Sl, Jan. 1795 Pl, Dez. 1801 Cap., Sep. 1815 Abschied als GM; **Sohn**: Carl Otto Rüdiger (1772–1846), 1793 Ltnt. im D-R Nr. 7, vor 1804 abgegangen; **Sohn**: Philipp Heinrich (1778–1863), 1793 Fähnrich, 1804 Ltnt. im I-R Nr. 56 (1821 als Major im 9. I-R dim.); **Sohn**: Hans Carl Caesar (* 1781), seit 1794 im Militär, Dez. 1797 Sl im I-R Nr. 24, noch im Mai 1805 als solcher genannt, 1827 Major im 20. I-R, seit 1805 Erbherr auf Bonin im Borckeschen Krs. im Wert von 45 742 T., darauf Pfandbriefe über 39 575 T.;

Quellen: GStA, I. HA, Rep. 30, Nr. 103, Pakete 9 507 u. 9 508; Nr. 243, Vas.tab. 1756, 1763, 1793, 1804; Stabi, Ms. boruss. fol. 312 (Vater); fol. 316 (nur in d. Abgangsliste), fol. 907 a; Brüggemann, T. 2/1, S. 331–332; Brüggemann, Beiträge, 2, S. 175–176; Tb. Uradel 1903, S. 165; Priesdorff, Nr. 1227 (Sohn P.C.F.); biogr. Handbuch, S. 112;

GM Christian Ernst Wilhelm von Borcke (* 1715, † 20. Jan. 1783)*

Vater: Otto Melchior (1679–1755), kulmbach-bayreuth. Obrist; **Mutter**: Anna Margarethe, geb. von Trotzenberg; **Bruder**: Philipp Ernst (1727–1792)*, 1742 Gefr.corp. im I-R Nr. 20, Febr. 1762 Cap., Dez. 1773 Major, Juni 1783 Ol, April 1784 Kommandeur d. I-R Nr. 47, Aug. 1789 Orden p.l.m., Mai 1790 Chef d. I-R Nr. 31, Aug. 1790 GM; **Laufbahn**: Mai 1730 Gefr.corp. im I-R Nr. 20, Jan. 1734 Fähnrich, Febr. 1736 Sl, Aug. 1740 Pl im I-R Nr. 37, Mai 1745 Stabs-Cap., Febr. 1751 Cap. u. Chef e. Comp., April 1757 Major, Mai 1764 Ol, Juli 1767 Obrist, April 1769 Kommandeur d. I-R Nr. 37, Mai 1771 Chef d. I-R Nr. 16, Mai 1771 GM, Dez. 1776 mit Pension dim.;

Quellen: Stabi, Ms. boruss. fol. 310, fol. 311 (C.E.W. u. P.E., beide aus Pomm. geb.), fol. 316; Kopka v. Lossow, Offz.liste, S. 18*; Priesdorff, Nr. 602, Nr. 813;

Rittmstr. Constans Philipp von Borcke (* 1737, † 25. Juni 1773)

Vater: Bogislav Christoph (1703–1759)*, von 1730 bis 1738 KD-rat in Preußen, veräußerte um 1747 sein Gut Rosenow u. Vorwerk Aalkist im Borckeschen Krs. auf Wiederkauf für 30 Jahre an d. Major von Birkholtz; seit 1751 Erbherr auf Schönenwalde mit Vorwerken Jacobsdorf u. Neuhof u. auf Sagen im Borckeschen Krs., d. Güter im Wert von 41/m T., darauf Schulden von rund 31/m T., gerieten nach seinem Tod in Konkurs; seine **Witwe** Auguste Ernestine, geb. von Borcke, saß seit 1777 auf d. Gut Sagen, Schönenwalde ging 1778 an d. poln. Obristen Friedrich Wilhelm Frhr. von Mehling; **Bruder**: Ernst Christoph (* 1743, † 17. Mai 1788), seit 1762 Junker, Okt. 1765 Cornet im K-R Nr. 4, 1775 als Ltnt. genannt, Aug. 1777 als Ltnt. *wegen Melancholie* dim., nach Brieg geschafft, erheiratete im Jan. 1780 mit Sophie Auguste Ulrike verwitw. Cap. Henning George von Brockhusen, geb. von Bonin (* 1735), d. Gut Alt Döberitz im Borckeschen Krs.; **Bruder**: Carl Friedrich Dietrich (* 1748), 1767 Gefr.corp. im I-R Nr. 22, Aug. 1773 Sl, 1780 als Ltnt. zum I-R Nr. 3 versetzt, 1783 hier als Pl genannt, vor 1803 abgegangen; **Laufbahn**: trat um 1752 in d. Militärdienst ein, Sep. 1754 Cornet im K-R Nr. 4, Mai 1757 Ltnt., Nov. 1762 Orden p.l.m., Nov. 1762 Stabs-Rittmstr., Juli 1768 Rittmstr., 1773 im schlesischen Krappitz gest.; **Güter**: *reluirte* nach 1756 beide Teile d. Gutes Schwochow im Krs. Pyritz vom Cap. Friedrich Wilhelm von der Schulenburg bzw. vom Gl Carl Christoph von der Goltz, 1769 hier als Erbherr gen.; **Ehefrau**: Johanna Elisabeth Christiana, geb. von der Osten (* 1740), in zweiter Ehe verh. mit d. Major (Johann Friedrich) von Borcke vom D-R Nr. 5, aus beiden Ehen je ein Sohn, in dritter Ehe verh. mit d. Cap. von Frankenberg, ließ sich von diesem 1798 scheiden; sie saß 1779 u. 1793 auf d. Gut; **Sohn**: August Ludwig Friedrich Christoph (* 1765, † nach 1810), seit 1795 königl. Kammerherr, Stiftsherr in Magdeburg, (1793 auf Kölpin A im Krs. Greifenberg im Wert von 9/m T.), 1799 auf Groß u. Klein Raddow im Borckeschen Krs., auch auf Carnitz, Elvershagen, Anteil Wangerin, Anteil Polchow im Wert von zs. 350/m T., später auf Unheim; **Tochter**: Johanna Constantia Ulrica (* 17. Aug. 1773), sie erhielt als Witwe Cap. von Schmidseck 1794 die *venia aetatis*, ihr väterl. Vermögen betrug 317 T.;

Quellen: GStA, I. HA, Rep. 30, Nr. 44 G, Paket 9285; Nr. 103, Pakete 9505, 9508; Nr. 243, Vas.tab. 1756, 1763, 1799, 1801; Stab, Ms. boruss. fol. 314, fol. 316 (Bruder E.C.); Brüggemann, T. 2/1, S. 163, S. 334–335 (Bruder E.C.), S. 352–353; Förster, K-R Nr. 4, S. 223, S. 270, S. 284, S. 297, S. 546 (C.P.); S. 290, S. 546 (Bruder E.C); Lehmann, Ritter, S. 115; Tb. Uradel 1903, S. 156–157; biogr. Handbuch, S. 111 (Vater);

Cap. Curth (Carl) Felix von Borcke (* 1707)

aus Pommern gebürtig, stammte aus d. Hs. Klaushagen; **Laufbahn**: seit 1724 im Militär, Nov. 1733 Sl im I-R Nr. 24, stand 1741 als Pl im I-R Nr. 22, Jan. 1746 Cap. u. Chef e. Comp., vor 1756 (als Major) abgegangen; (**Töchter**: Louisa Constantia (* 1737, † 13. April 1799) und Esther Maria (* 1735, † im Frühjahr 1800), beide standen 1774 auf d. Expectantenliste für e. pomm. Pension u. zeigten an, daß jede von ihnen jährliche Einkünfte von 50 T. hatte, nach d. Tod ihres Bruders kamen diese aber nicht regelmäßig ein, sie mußten sich daher vom Wollespinnen ernähren, L.C. hatte sich für d. Spinnen e. Insthaus gemietet, beide erhielten 1781 e. Pension von 50 T.);

Quellen: GStA, I. HA, Rep. 30, Nr. 43, Pakete 9232 bis 9235; II. HA, Rep. 13 a, Tit. III, Generalia, Nr. 14, Bd. 1; Stabi, Ms. boruss. fol. 314;

Cap. Erdmann Cordt von Borcke (* 24. Juli 1716, † 1. Dez. 1788)

Vater: George Heinrich (1686–1747)*, 1704 bis 1714 in württemberg. Diensten, Mrz. 1714 Ol im I-R Nr. 25, Mrz. 1719 Kommandeur d. I-R Nr. 15, Mai 1736 Chef d. I-R Nr. 29, Nov. 1736 GM, Mai 1743 Gl, Erbherr auf Altwigshagen im Krs. Anklam, auf Molstow, Zozenow im Borckeschen Krs., (Wisbu im Ostenschen Krs.), verkaufte 1722 Molstow u. Schowanz für 12/m T. an Ernst Christoph von Borcke auf Zozenow; **Mutter**: Maria Anna Margaretha, geb. von Podewils (1697–1785); **Laufbahn**: seit 1736 im Militär, Mrz. 1740 Fähnrich im 2. Bat. d. I-R Nr. 15, 1754 Cap. bei d. Garde in Potsdam, April 1755 nach 19 Dj. als Cap. dim., 1767 als Dompropst zu Kolberg gen.; **Güter**: 1756 u. 1763 Erbherr auf Altwigshagen u. Lübs, auf d. Vorwerken Demnitz, Annenhof, Heinrichshof und Finckenbrück im Krs. Anklam, auf Crienke auf Usedom, seit etwa 1780 auch auf Grabow im Borckeschen Krs.; der Wohnsitz war auf Altwigshagen; 1804 hatten die im Besitz d. Söhne befindlichen Güter e. Wert von: Altwigshagen u. Curtshof von 25 195, Finkenbrück u. Langendamm von 3/m, Erdmannsmühle u. (Wiesenhof) von 5/m, Demnitz, Lübs u. Heinrichshof von 27/m, Grabow u. Negrep von 40/m T., 1801 war e. Wert von insges. 154/m T. angegeben worden; **Ehefrau**: Marie Sophie, geb. von Wedel (1718–1788); **Sohn**: Friedrich George Ludwig (1747–1813)*, diente von etwa 1760 bis 1765 bei d. Provinzial-Husaren, als Ltnt. nach fünf Dj. dim., amtierte von 1784 bis 1792 als Landrat im Krs. Anklam, als Landesdirektor verabschiedet, seine 1792 erworbenen Güter Annenhof u. Auerose hatten 1804 e. Wert von zs. 55/m T. (1801: 85 544), 1804 auch auf Crienke, Suckow u. Gumzin auf Usedom im Wert von 40/m T., sein Sohn Heinrich Friedrich (* 1781) 1794 in Stettin in Pension, stand 1804 als Leutnant im I-R Nr. 57, vor 1806 abgegangen; **Sohn**: Otto Heinrich Albrecht (1749–1813), seit etwa 1763 im Militärdienst, 1773 Sl im I-R Nr. 17, 1785 als Pl nach 22 Dj. dim., 1804 Erbherr auf Dumzin, Karvin B u. Klein Jestin im Ftm. Cammin im Wert von 13/m T.; **Sohn**: Otto Ludwig Friedrich (1758–1834), 1793 Landschaftsdeputierter, (auf Grabow), 1801 auf Neuendorf A im Krs. Anklam im Wert von rd. 23/m T., von seinen sieben Söhnen standen 1804 drei im Militärdienst: Carl (Curt) Heinrich Friedrich (1782–1845), Cornet im H-R Nr. 8, 1806 Sl, 1828 Rittmstr. im 2. Landwehr-Reg., Wilhelm Joachim Heinrich (1783–1813), Fähnrich im I-R Nr. 21, Heinrich Friedrich (1790–1875), Junker im K-R Nr. 5, 1806 Cornet, 1828 Rittmstr. im 2. D-R; (**verwandt**: Carl von Borcke (* 1709) stand 1756 als Ltnt. im 1. Bat. Garde, Juli 1759 als Pl vom 1. Bat. nach 20 Dj. dim., *hat sich* nachher in Berlin *ersäuft*, besaß 1767 d. ges. Hand auf Grabow: I. HA, Rep. 30, Nr. 243, Vas.tab. 1767; Stabi, Ms. boruss., fol. 310),

Quellen: GStA, I. HA, Rep. 30, Nr. 243; Vas.tab. 1756, 1763, 1794, 1804, Stabi, Ms. boruss. fol. 310, fol. 311, fol. 314 (Vater), fol. 907 a; Brüggemann, Vorpommern, S. 55; T. 2/1, S. 338; Probst, 1829, S. 166 (H.F.); Fam.gesch., Bd. 4, S. 598; Reinhard, Garde, S. 544 (hier d. Pl Erdmann Court); Priesdorff, Nr. 258 (Vater), Tb. Uradel, 1903, S. 145–147;

Cap. Ernst von Borcke (* 1721, † vor 1780)*

aus Pommern gebürtig; **Laufbahn**: trat 1741 in d. Militärdienst ein, Febr. 1744 Pl, zuletzt Stabs-Cap. im I-R Nr. 41, 1751 als solcher dim.; hinterließ d. **Töchter** Johanna Flora Carolina Henrietta (* 1752) u. Louisa Wilhelmine († 21. Sep. 1796), sie bekamen als Waisen seit Sep. 1781 zs. e. Pension von 50 T., jene wurde vom Major F.W. von Broecker zu Rienow unterstützt, diese hielt sich Kleve auf;

Quellen: GStA, II. HA, Abt. 13 a, Tit. III, Litt B, Nr. 40 (Töchter); IV. HA, Rep. 11, Nr. 19 (hier als George); Gesch. I-R Nr. 41, S. 82;

Rittmstr. Ernst August Magnus von Borcke (* 29. Juni 1772, † 15. Aug. 1825)

Vater: Peter Matthias George (1743–1784), Landschaftsdirektor, Erbherr auf Bernsdorf, Negrep u. Labes B, seit 1780 auch auf Vorwerk Neuendorf u. Rosenfelde im Borckeschen Krs.; **Mutter**: Auguste Christiane, geb. von Wedel († 1772); **Großvater**: Otto Christian (1709–1747), Erbherr auf Bernsdorf u. Negrep; Stief-**Bruder**: Anton August (* 1776), 1793 auf d. Ritterakademie zu Brandenburg an d. Havel, 1804 Referendar beim Berliner KG; Stief-**Bruder**: George Ludwig (1780–1837), seit 1795 im Militär, 1799 Cornet, 1805 Ltnt. im D-R Nr. 3, 1821 Rittmstr. bei d. Gendarmerie, mit d. Charakter Major 1821 dim.; **Laufbahn**: engagierte sich 1785 im Militärdienst, stand im Juni 1787 als Standartenjunker im K-R Nr. 5, erhielt als Sl am 21. Juli 1794 d. *venia aetatis*, sein Vermögen betrug damals 5 391 T., noch 1799 u. 1801 als Ltnt. gen., um 1803 Abschied mit d. Charakter Rittmstr.; **Ehefrau**: Amalie Elisabeth Henriette (1766–1804), e. Tochter d. Ol Joachim Rüdiger von Kleist auf Ballenberg u. Zwirnitz, sie erbte die väterlichen Güter; **Güter**: einigte sich nach 1793 mit seinen Brüdern u. übernahm d. väterlichen Güter, 1804 im Wert von 50/m T.: Bernsdorf, Labes B, Rosenfelde u. Neuendorf; das vom Rittmstr. Peter Ernst von Wobeser geerbte Gut Altschlage im Krs. Belgard verkauften d. Geschwister vor 1799 an d. Kommerzienrat Johann Conrad Friedrich Sehler;

Quellen: GStA, I. HA, Rep. 30, Nr. 103, Paket 9 508; Nr. 243, Vas.tab. 1793, 1799, 1804; Stabi, Ms. boruss. fol. 311; Brüggemann, T. 2/1, S. 331; Schöning, D-R Nr. 3, S. 316, S. 419 (Bruder G.L.); Fam. gesch. Kleist, Linie Muttrin-Damen, S. 121; Tb. Uradel 1903, S. 165–166;

Ltnt., Landrat Ernst August Philipp von Borcke
(* 20. Aug. 1766, † 20. Sep. 1850) *

Vater: Wilhelm Friedrich Leopold (1737–1787)*, Ltnt., Landrat, s.d.; **Mutter**: Friederike Gottliebe Tugendreich, geb. von Winterfeld (1742–1818); **Großvater**: Andreas Matthias (1688–1740), Major, Erbherr auf Kankelvitz u. Lessentin im Borckeschen Krs.; **Bruder**: Carl Heinrich Otto (1771–1849), Ltnt., s.d.; **Bruder**: Philipp Ludwig (1773–1832), Fähnrich im I-R Nr. 8, vor 1793 abgegangen; **Bruder**: Carl Friedrich Wilhelm Stephan (* 1777), 1798 Ltnt. im I-R Nr. 17, vor 1806 abgegangen; **Bruder**: Adrian Hans Albrecht Ludwig (* 1782), seit 1797 im Militär, 1799 Fähnrich, Aug. 1800 Sl im I-R Nr. 30, stand im Juli 1807 im 2. Pomm. Res.-Bat. in Kolberg, (1827 Major im 14. I-R); **Laufbahn**: trat 1780 als Fahnenjunker ins I-R Nr. 7 ein, 1784 Fähnrich, 1785 Sl, 1788 Adjutant, erhielt auf sein Gesuch am 13. Mrz. 1789 d. *venia aetatis*, 1792 Abschied auf eigenen Wunsch, seit 1797 Landrat d. Borckeschen Krs.; **Güter**: nahm als ältester Sohn auf Bitten d. Mutter d. väterl. Güter Kankelvitz u. Lessentin an, seine Güter hatten inkl. von Cratzig 1804 e. Wert von 120/m T.; erste **Ehefrau**: e. Tochter d. Senators Sanne in Stettin;

Quellen: GStA, I. HA, Rep. 30, Nr. 103, Paket 9 507; Nr. 243, Vas.tab. 1793 (hier 5 Brüder gen.), 1799, 1804; II. HA, Abt. 13 a, Tit. III, Litt, B, Nr. 28 (Mutter); VI. HA, Nl. Gneisenau, Nr. 691 (Bruder L.); Stabi, Ms. boruss. fol. 314, fol. 907 a; Albedyll, Anhang, S. 64* (Vater); Tb. Uradel 1903, S. 153–154 (d. Vater hier als F.W.L., d. jüngste Bruder als Adrian, gest. 1811); biogr. Handbuch, S. 113, S. 115 (Vater);

Major Ernst Curth Gottlieb von Borcke (* 13. Nov. 1757, † 25. Jan. 1838)

Vater: Christian Ernst (* 1731, † 25. Dez. 1792), stand sieben Jahre in e. kursächs. Land-Bat., als Cap. vom Land-Bat. in Stettin dim., seit 1763 Erbherr auf Groß u. Mittel Dewsberg, geerbt von seinem Onkel, d. kursächs. Major Friedrich Achatius von Borcke, sowie auf Buslar C im Krs. Belgard; **Mutter**: Ernestine Friederike, geb. von Manteuffel aus Hohenwardin; **Vater-Bruder**: Rudolph Friedrich Julius (* um 1725), preuß. Ltnt.; **Bruder**: George Friedrich Ludwig (* um 1755, † vor 1799), seit 1768 im Militär, Mai 1773 Fähnrich im I-R Nr. 22, Febr. 1778 Sl, 1793 als Cap. gen.; **Bruder**: Ferdinand (Friedrich) Wilhelm (* um 1769), seit 1793 Ltnt. im I-R Nr. 32, hier noch 1804 gen. (1806 Stabs-Cap., 1814 als Major dim., in Mewe versorgt); **Schwester**: Friederike Charlotte (* 1763), verh. mit d. Ltnt. Friedrich Ernst Heinrich von Versen († 1802), der nach 18 Dj. im D-R Nr. 8 im Jahre 1781 dim. wurde, sie will wegen Unvermögens

d. Eltern keine Mitgift gehabt haben; **Laufbahn**: trat 1772 in d. Militärdienst ein, 1774 Gefr. corp. im I-R Nr. 22, April 1779 Sl u. Adjutant, bat am 9. Okt. u. 17. Nov. 1788 als Sl um d. Legitimation seiner für d. Militärdienst bestimmten drei **Söhne**, erzeugt mit e. Hahnsleben: Ernst Gottlieb, 14 Jahre, Carl August Ferdinand, 13 Jahre, Anton Friedrich Ludwig, 9 Jahre alt, sie erhielten am 25.11.1788 d. Legitimationspatent mit Beilegung d. väterlichen Namens u. Wappens, noch 1790 Sl im I-R Nr. 22, Nov. 1794 Orden p.l.m., 1799 als Cap. u. Inspek.-Adjutant im I-R Nr. 28 in Brieg, 1802 als Major in Brieg genannt, 1804 Major im I-R Nr. 47, 1838 als Obrist gest.; **Güter**: seine Mutter u. ihre beiden noch lebenden Söhne saßen 1804 auf d. beiden Vorwerken Dewsberg im Wert von 6/m T., sie hatte d. Nießbrauch d. Revenuen auf Lebenszeit; **Ehefrau**: Amalie Elisabeth Friederike, geb. von Sarbsky (1796–1863);

Quellen: GStA, I. HA, Rep. 30, Nr. 103, Paket 9 508; Nr. 243, Vas.tab. 1756, 1763, 1793, 1804; Rep. 96, Nr. 260 B; II. HA, Abt. 13 a, Tit. III, Litt V, Nr. 3 (Angaben d. Schwester über d. Fam.); Stabi, Ms. boruss. fol. 314, fol. 907 a; Brüggemann, T. 2/2, S. 646–647; Tb. Uradel 1903, S. 149 (d. unehelichen Söhne hier nicht gen.); Lehmann, Ritter, S. 374;

Obrist Ernst Friedrich von Borcke (* 1699)

Vater: Ernst Matthias (1646–1728), sächs. Gl, Erbherr auf Flackenhagen, d. Sohn E.F. aus Stargard gebürtig; **Mutter**: Ursula Elisabeth, geb. von Edling; **Bruder**: Andreas Adrian (1679–1738), sächs.-poln. Ol, aus d. zweiten Ehe mit Abigail Sophia, geb. von Borcke, d. Sohn: Ernst Philipp (1721–1767), Ol, s.d.; **Bruder**: August Gottlob (* um 1696), preuß. Cap., (sächs. Gl), hatte 1752 als vorm. Cap. seinen Wohnsitz im pomm. Freienwalde, besaß keine Güter, weiter hieß es damals, Elvershagen, Obern- u. Niedernhagen im Borckeschen Krs. befänden sich in d. Hand d. Ltnts. Friedrich Fürchtegott von Bonin; **Bruder**: Ernst Bogislav, sächs. Gl, auf Premslaff; **Laufbahn**: seit etwa 1712 im Militär, Jan. 1723 Pl im neuen I-R Nr. 28, Aug. 1729 Cap., Juni 1745 Major, Juli 1753 Ol u. Kommandeur im I-R Nr. 41, 1755 ins Garn.-Reg. Nr. 9 versetzt, nach 42 Dj. als Obrist dim. **Güter**: (1756 als Erbherr auf Kraatzen im Krs. Soldin im Wert von rd. 30/m T.), 1763 u. 1767 auf Wusterwitz im Krs. Dramburg gen., **Sohn**: Friedrich (* 1743), 1763 Ltnt. im D-R Nr. 12, vor 1767 dim.;

Quellen: GStA, I. HA, Rep. 30, Nr. 243, Vas.tab. 1756, 1763, 1767; IV. HA, Rep. 11, Nr. 19; Stabi, Ms. boruss. fol. 314, Gesch. I-R Nr. 41, S. 80; Stammbaum Borkischen Geschlechts (Vater Nr. 154, E.F. Nr. 192, Brüder Nr. 190–199); Vanselow, Helden-Register, S. 78–81, S. 84–92 (Vater) Tb. Uradel 1903, S. 151 (hier nur E.M. u.d. Söhne A.A. u. A.G.);

Cornet Ernst Heinrich von Borcke (* 1769)

aus Pommern gebürtig; **Laufbahn**: seit 1786 im Regiment, April 1788 Cornet im D-R Nr. 7 (1790 als Sl gen., noch 1790 dim.); (**verwandt**: Otto Alexander von Borcke (* 1772), Mai 1788 Cornet im D-R Nr. 7 (im Jahr 1800 als Ltnt. dim.); **verwandt**: Philipp Jost von Borcke (* 1768), seit 1781 im Militär, 1788 Cornet im D-R Nr. 8, fol. 310);

Quellen: Stabi, Ms. boruss. fol. 310; Tyszka, D-R Nr. 7, S. 472–473, S. 450, S. 452 (keine Vornamen); Rangliste 1806 (damals stand kein Borcke mehr im D-R 7, im D-R Nr. 8 nur ein Cap.);

Obrist Ernst Ludwig von Borcke (* 1701, † 3. Okt. 1772)

Vater: Ernst Christoph († vor 1729), Erbherr auf Zozenow, Gardin C, Molstow u. Schowanz im Borckeschen Krs., hinterließ vier Söhne, davon stand einer um 1730 als Ltnt. in ksl. Diensten; **Bruder**: Christoph Adrian (* 1707, † vor 1746), seit 1723 im Militär, 1724 Gefr.corp., Juni 1731 Sl im I-R Nr. 22, Okt. 1740 Pl, im Juni 1741 hier noch genannt, seit 1729 Erbherr auf Zozenow u. Gardin C im Borckeschen Krs.; **Bruder**: Friedrich Wilhelm (* 1713), Ltnt. (Dez. 1734 Stabs-Cap. im I-R Nr. 22, 1741 hier als Cap. u. Chef e. Comp. gen., Orden p.l.m.), seit 1746 Erbherr auf Zozenow u. Gardin C, verkaufte d. Güter 1747 für 10/m T. an seinen Schwager, d. Ol Carl Friedrich von Platen († vor 1773), verh. mit d. Schwester Sophia Charlotte von Borcke († Mai 1772); **Laufbahn**: seit 1721 im Militär, Juni 1722 Ltnt. im K-R Nr. 1, 1731 hier als Rittmstr., 1740 als Major, 1745 als Obrist genannt, 1745 als Kommandeur ins K-R Nr. 6 versetzt, seit 1749 Kommandant von Minden, hier noch 1756 u. 1767 gen.; **Ehefrau**: Maria Henrietta, geb. von Edling; **Güter**: seit 1729 Erbherr auf d. väterl. Gütern Molstow u. Schowanz; nach 1767 auch auf Zozenow u. Gardin C; im Mai 1773 hatten seine Güter lt. Inventar e. Wert von 19 699 T., dazu kamen Aktiva, d. ges. Nachlaß belief sich auf 24 466 T., die Schulden betrugen 18 268 T., damit blieben 6 198 T. frei, d. Güter fielen nach d. Tod d. Schwester an d. Universalerben, d. Cap. Bogislav Heinrich von Kleist auf Raddow, s.d.;

Quellen: GStA, I. HA, Rep. 30, Nr. 44, K 62, Paket 9 306; Nr. 103, Paket 9 506; Nr. 243, Vas.tab. 1756, 1763; Stabi, Ms. boruss. fol 312, fol. 314 (Brüder C.A. u. F.W.); Ms. geneal. fol. 120; Brüggemann, T. 2/1, S. 360; Monteton, S. 79;

Ol Ernst Philipp von Borcke (* 14. Okt. 1721, † 24. Jan. 1767)

Vater: Andreas Adrian (1679–1738), kursächs.-poln. Ol, Erbherr auf Regenwalde, Gardin, Flackenhagen im Borckeschen Krs.; **Mutter**: Abigail Sophie, geb. von Borcke (1702–1730); **Laufbahn**: trat um 1739 in d. Militärdienst ein, Jan. 1739 Cornet im K-R Nr. 6, 1741 als *Courier-Reiter* zum König, 1742 Ltnt. im D-R Nr. 3, 1753 als Cap., 1765 als Ol u. Kommandeur d. D-R Nr. 3 gen., Juni 1765 dim.; **Güter**: Erbherr auf Regenwalde, Labbuhn, Dorow, Flackenhagen, 2/3 Gardin im Borckeschen Krs., 1756 im Wert von 42/m T.; in erster **Ehe** verh mit Antoinette Caroline, geb. von Borcke (1726–1762), in zweiter 1763 mit Hedwig Gottliebe, geb. von Papstein; **Sohn**: Philipp Carl Ludwig (1746–1828), Major, s.d.; **Sohn**: George Friedrich August (1748–1769), 1763 Cornet im D-R Nr. 3, 1767 Ltnt.;

Quellen: GStA, I. HA, Rep. 30, Nr. 243, Vas.tab. 1756, 1763, 1767; Stabi, Ms. boruss. fol. 313, fol. 315; Brüggemann, T. 2/1, S. 349; Monteton, S. 79; Schöning, D-R Nr. 3, S. 82, S. 101, S. 197, S. 413; Tb. Uradel 1903, S. 151–152;

Fähnrich Felix Benedictus von Borcke (* um 1700)

Vater: (Benedikt), Ltnt. (1702 auf Grabow); **Mutter**: (Ernestine Sophie), geb. von Zastrow, sie saß 1738 als Witwe zu Grabow u. Vorwerk Büssow im Borckeschen Krs.; **Bruder**: (Christian Rüdiger (1695–1746), siehe bei d. Ol Stephan Benedict) Cap., dieser soll sich d. Vermögens seines Bruders bemächtigt haben; **Laufbahn**: seit 1717 Gefr.corp. im I-R Nr. 8, Febr. 1719 Fähnrich, April 1722 *cassirt*, saß seit etwa 1725 im Arrest, wurde am 27. Aug. 1736 aus diesem entlassen, seine Mutter bat im Frühjahr 1738 darum, ihren Sohn F.B. wieder nach Kolberg in d. Arrest zu bringen, er hatte sich darin nicht gebessert u. die Mutter befürchtete, daß er noch mehr Unheil anstellen würde; sollte mit Verfügung vom 13. Juni 1738 wieder nach Kolberg auf d. Festung gebracht werden;

Quellen: GStA, I. HA, Rep. 30, Nr. 103, Paket 9 504; Stabi, Ms. boruss. fol. 315; Priesdorff, Offz. stammliste, S. 42, Nr. 51; Tb. Uradel 1903, S. 162;

Gl Friedrich Adrian von Borcke (* 7. Jan. 1734, † 13. Jan. 1806)*

Vater: (Christian) August Gottlob (1696–1768), aus Rügenwalde, stand zunächst in sächs., seit 1716 in preußischen Diensten, Okt. 1719 Fähnrich im I-R Nr. 7, zuletzt hier Cap., nach 16 Dj. dim., seit 1753 Erbherr auf Premslaff im Borckeschen Krs. im Wert von 8 666 T.; **Mutter**: Elisabeth Eva Lydia, geb. von Wedel (1709–1741), sie hinterließ drei Tö. u. zwei Söhne, diese hatten 1750 e. Vermögen von zs. 4448 T.; **Bruder**: Ernst Leopold (* 6. Aug. 1731), ging ohne Genehmigung in fremde Dienste, deshalb erging 1776 e. Urteil gegen ihn, avancierte in hessen-kasselschen Diensten bis zum Obristen, 1791 erreichte F.A. die Niederschlagung d. Ansprüche d. Fiskus auf d. Vermögen d. ausgetretenen Bruders; **Vater-Bruder**: Ernst Bogislav, poln. Ol; **Großvater**: Ernst Matthias, kursächs. Gl; **Laufbahn**: Jan. 1742 Gefr.corp. im 2. Bat. Garde, Juni 1756 Fähnrich, April 1758 Sl, Jan. 1761 Pl, Febr. 1762 Stabs-Cap., Aug. 1771 Cap. u. Chef e. Comp. im Grenadier-Bat. Nr. 1, Sep. 1782 Major, erhielt auf sein Immediatgesuch vom 13. Dez. 1786, in dem er auf die anderen Offiziere von d. Garde, die beim Jahrestag d. Schlacht bei Leuthen d. Orden bekommen hatten, am 16.12. d.J. ebenfalls d. Orden p.l.m., April 1787 Kommandeur d. Grenadier-Bat. Nr. 1, Juni 1787 Chef d. Füsilier-Bat. Nr. 5, Sep. 1790 Ol, Juni 1792 Obrist, Jan. 1798 Chef d. I-R Nr. 30, Juni 1798 GM, Mai 1805 Gl; **Güter**: seit 1765 Erbherr auf d. väterl. Gut Premslaff im Wert von 8 666 T., 1785 verkauft; nach d. Tod d. GM Heinrich Adrian Graf von Borcke fiel ihm u. seinem Bruder 1790 Stargordt zu, beider Anteile sollen jährl. Revenuen von 200 u. 115 T. gehabt haben, trat seinen Anteil 1792 d. damaligen Rittmstr. u. späteren Major Philipp Carl Ludwig von Borcke ab gegen e. jährliche Zahlung von 100 T. sowie diverse Einmalzahlungen von 2/m, 500 u. 1/m T.; **Ehefrau**: Sophie Elisabeth, geb. Lüdicke (1753–1809), **Söhne**, u.a.: Otto Heinrich (* 1782), nach 1806 Ol; Ewald Wilhelm Felix (1784–1863)*, Gl;

Quellen: GStA, I. HA, Rep. 30, Nr. 103, Paket 9508; Nr. 186 d, Paket 9834; Nr. 243, Vas.tab. 1763; Rep. 96, Nr. 260 B; Stabi, Ms. boruss. fol. 314 (Vater); Brüggemann, T. 2/1, S. 347; Brüggemann, Beiträge, 2, S. 186; Tb. Uradel 1903, S. 151–152 (danach ist d. Vater 1779 gest.); Priesdorff, Nr. 952, Nr. 1651 (Sohn E.W.F.);

GM Friedrich Ludwig Felix von Borcke (* 14. Jan. 1702, † 19. Mai 1751)*

Vater: George Heinrich († 1720), Geh. Justizrat, Präsident d. Ravensbergischen Appellationsgerichtes in Berlin; **Mutter**: Wilhelmine Marie, geb. von Meinders; **Laufbahn**: Aug. 1720 Fähnrich im I-R Nr. 6, Aug. 1722 Sl, Aug. 1729 Pl, Nov. 1731 Cap. u. Chef e. Comp., Juni 1740 Obrist von d. Armee u. Gen.-Adjutant d. Königs, Mai 1742 Orden p.l.m., Nov. 1743 GM, 1751 ohne Leibeserben verst.;

Quellen: Stabi, Ms. boruss. fol. 318; Lehmann, Ritter, S. 157; Priesdorff, Nr. 329;

Cap. Friedrich Otto von Borcke (* um 1728)

Vater: Arnd Philipp († 1734), Landrat im Krs. Greifenberg, Erbherr auf Kölpin A; **Mutter**: d. zweite Ehefrau seines Vaters († 1771), war ihr einziger Sohn; Stief-**Bruder**: Bogislav Christoph (1703–1759)*, KD-rat; **Laufbahn**: trat 1745 in d. Militärdienst ein, stand 1756 als Sl, 1765 als Pl im D-R Nr. 12, 1767 Cap., vor 1772 dim., ging nach d. Abschied zu seiner Frau nach Mömpelgard, wurde hier württemberg. Kammerherr u. Hofmarschall; **Güter**: saß 1756 u. 1767 auf Kölpin A im Krs. Greifenberg im Wert von 8/m T.; **Ehefrau**: e. geb.

von Grolman, Hofdame bei der Herzogin von Württemberg; d. Cap. bat 1772 darum, sein mütterliches Mobiliarvermögen ins Ausland transferieren zu dürfen, auch die Gutsrevenuen sollten ihm dorthin gezahlt werden, beide Anträge wurden abgelehnt; sein mütterliches Vermögen betrug 6552 T., die auf Kölpin A eingetragen waren;

Quellen: GStA, I. HA, Rep. 30, Nr. 243, Vas.tab. 1756, 1763, 1767; Stabi, Ms. boruss. fol. 311; biogr. Handbuch, S. 111 (Bruder);

Cap., Postmeister Friedrich Wilhelm von Borcke (* 1731, † 16. Mrz. 1791)

Vater: Otto Christoph (1677–1755), hessen-kasselscher Gl u. Gouverneur von Rinteln, Erbherr auf Rosenfelde u. Vorwerk Neuendorf im Borckeschen Krs., hinterließ vier Söhne; **Mutter**: sie besaß e. hess. Pension von 200 T., 1773 in Stettin gest.; **Bruder**: Otto George (* 1721, † 18. Juni 1757), 1755 als Cap. in e. Regiment in Wesel gen., bei Kolin gefallen, hinterließ d. Söhne Heinrich Theodor Ferdinand u. Otto Ernst Friedrich; **Bruder**: Heinrich Otto (* 1727, † 1803), Major (in hessischen Diensten); **Bruder**: Maximilian (* 1738), 1756 Fähnrich in hessischen Diensten (vor 1763 gest.); **Laufbahn**: trat um 1747 in hessische Dienste, avancierte hier bis zum (Fähnrich bzw.) Ltnt., wurde 1757 von Friedrich II. als pomm. Vasall reklamiert, erhielt im Siebenjährigen Krieg e. Comp. im Grenadier-Bat. von Ingersleben, nach (25 Dj.) 1763 als Cap. wegen Invalidität dim., verwies im Juni 1782 auf e. Attest d. Gl F.C. von Saldern, *wie er aus d. Dienst gekommen* sei, als Kontrolleur d. Akzisekasse in Pasewalk mit e. monatl. *Salair* von zehn T. versorgt, konnte davon mit seiner Fam. nicht leben, bat in Immediatgesuchen daher um e. Verbesserung, dann als Postmstr. in Löcknitz im Krs. Randow versorgt, konnte sich durch d. Umsetzung nicht verbessern, mußte sein ganzes Vermögen für d. Unterhalt d. großen Familie zusetzen; hinterließ seine Familie in d. *traurigsten Umständen*; in erster **Ehe** verh. mit Elisabeth Blume aus Stettin, aus dieser gingen vier Kinder hervor, von denen drei 1792 noch unversorgt waren; in zweiter Ehe verh. mit Justine Louise, geb. von Neckern (* 1738), ihre Mitgift in Höhe von 500 T. wurde bis zum Ableben d. Mannes verbraucht, d. Witwe erhielt nach vergeblichem Gesuch erst im Jan. 1798 e. Pension von 100 T. aus d. pomm. Meliorationsfonds; zwei **Söhne** (Otto Christoph (* 1766) u. Christian Heinrich (* 1775), zuletzt Ol), dienten 1799 im Militär;

Quellen: GStA, I. HA, Rep. 30, Nr. 243, Vas.tab. 1756; Rep. 96, Nr. 435 B, Bd. 16; II. HA, Abt. 13 a, Tit. III, Litt. B, Nr. 15; Stabi, Ms. boruss. fol. 314 (nicht in d. Listen f. 1755 u. 1764 f.d. Grenad.-Bat. Nr. 2 u. Nr. 3); Brüggemann, T. 2/1, S. 351; Brüggemann, Beiträge, 2, S. 190; Tb. Uradel 1903, S. 159–160 (hier für F.W. keine Daten);

Ltnt. George von Borcke († 1757)

(aus Pommern gebürtig); **Laufbahn**: stand als Sl im I-R Nr. 41, an bei Kolin erlittenen Blessuren 1757 gest.;

Quellen: Gesch. I-R Nr. 41, S. 85;

Cap. George Friedrich von Borcke (* um 1686, † Mrz. 1749)

aus Pommern gebürtig; **Laufbahn**: seit 1701 im Militärdienst, 1729 nach acht Dj. Ltnt. im I-R Nr. 31, Okt. 1738 Cap. im Garn.-Reg. Nr. 7, 1749 als aktiver Offz. gest.; **Güter**: strebte 1744 d. *Reluition* d. Gutes Stramehl an, das bis etwa 1715 im Besitz d. Familie von Borcke gewesen war; **Ehefrau**: Sophia Juliane, geb. von Grape (* um 1691, † um 1777), aus beider Ehe sieben **Töchter**, die kein väterliches Vermögen besaßen, S.J. lebte 1775 zur Miete in e. kl. Häuschen in Geiglitz, besaß damals e. Vermögen von 1 700 T., von dessen Zinsen sie sich ernähren mußte, fünf ihrer Töchter waren noch ledig u. mußten sich in adligen Wirtschaften verdingen, d. sechste To. war e. Pfarrerswitwe u. d. siebente To. war im Kloster Marienfließ; d. Töchter waren zw. 47 u. 68 Jahre alt u. bekamen zs. mit ihrer Mutter im Mai 1775 e. Pension von 50 T. aus d. pomm. Meliorationsfonds; (**identisch**: George Friedrich von Brocke (* 1687), seit 1717 im Militär, stand 1740 als Stabs-Cap. im Garn.-Bat. Nr. 3, hatte damals neun Töchter, in d. Rangliste expl. vermerkt: Stabi, Ms. boruss. fol. 316);

Quellen: GStA, I. HA, Rep. 30, Nr. 43, Paket 9 234; Nr. 103, Paket 9 505; Stabi, Ms. boruss. fol. 313, fol. 314;

Ol George Philipp von Borcke (* um 1701, † 28. Jan. 1773)

Vater: Franz Heinrich († 1739), Geh. Rat, Kammerdirektor in Stettin, Erbherr auf Unheim, Reckow, Labes A u. Gliezig A im Borckeschen Krs.; **Mutter**: Abigail Elisabeth, verwitw. von Schöning, geb. von Borcke († 1762); **Bruder**: Franz Andreas (1693–1766)*, seit 1710 im Militär, Dez. 1715 Cap. im I-R Nr. 20, Jan. 1723 Major im I-R Nr. 28, April 1739 Kommandeur d. I-R Nr. 28, Juli 1745 GM, Jan. 1746 Chef d. I-R Nr. 20, Sep. 1754 Gl, Kommandant von Magdeburg, Träger d. Ordens p.l.m., seit 1737 Erbherr auf Cartlow im Borckeschen Krs. im Wert von 17 433 T.; (**Bruder**: Carl Wilhelm (* 1695), seit 1719 im Militär, 1730 Pl im I-R Nr. 30); **Bruder**: Adrian Bernhard (* 1709), Mai 1724 *cadet* in Berlin, 1729 Fähnrich im I-R Nr. 21, 1740 Pl, 1750 u. 1756 Major u. Chef e. Comp. im I-R Nr. 21, Okt. 1756 Orden p.l.m., 1758 als Ol dim., Erbherr auf Labes A, Piepenhagen B, Gliezig A im Wert von 13/m T., d. Schulden betrugen 8 600 T., verheiratet mit Elisabeth Friederike, geb. Freiin von Hüneke, nach 1767 ohne Leibeserben gest.; **Laufbahn**: engagierte sich 1713 im Militärdienst, stand 1730 als Pl im I-R Nr. 18, Okt. 1741 Major, im Sep. 1747 als Ol zum I-R Nr. 44 versetzt, 1758 dim.; **Güter**: seit 1744 Erbherr auf d. väterl. Gütern Unheim, Reckow, Groß Borkenhagen B u. Vorwerk Kohn im Wert von 14/m T., darauf 1767 Schulden von 12 080 T.; **Ehefrau**: Sabine Elisabeth, geb. von Schöning († 1774); trat seinem **Sohn** George Friedrich Wilhelm (1743–1791), 1767 Junker im I-R Nr. 7, 1770 als Fähnrich wegen schlechter Aufführung *cassirt*, saß 1774 wegen e. Jugendfehlers im Arrest auf Fort Preußen, 1771 Reckow u. Groß Borkenhagen B ab, dieser bekam nach 1773 auch Unheim u. Kohn; 1773, 1774 erhielten d. Gläubiger d. Immission in seine Güter (seit ca. 1772 verh. mit e. von Kleist, er wollte 1783 die Scheidung von ihr nach e. unglücklichen Ehe, für d. zehnjährige Tochter wollte d. Vater sorgen); G.F.W. bat im Sep. u. Dez. 1786 immediat um e. Plazierung als Cap. beim Stettiner Land-Reg., wollte mit d. Gehalt die Schulden tilgen; **Töchter**: Margarethe Philippine, 1779 verh. mit d. Ltnt. Otto Joachim Bernd von Kleist vom K-R Nr. 5; Eva Carolina Louisa (* 11. Okt. 1750), diese beklagte sich seit 1777 mehrfach über d. Stettiner Pupillenkollegium, das d. Aufsicht über ihr großmütterl. Vermögen, wozu Sallentin C im Krs. Pyritz gehörte, vernachlässigt habe;

Quellen: GStA, I. HA, Rep. 30, Nr. 103, Paket 9 507; Nr. 243, Vas.tab. 1756, 1763, 1767, 1793, 1803; Rep. 96, Nr. 260 B; Stabi, Ms. boruss. fol. 311 (Brüder A.B.: 1730 u. 1740 als Bernhard, u. C.W.), fol. 312, fol. 313, fol. 314 (Bruder F.F.); Brüggemann, T. 2/1, S. 159, S. 356; Gesch. I-R Nr. 44, S. 48; Crousaz, Beilage C, S. 33; Tb. Uradel 1903, S. 156 (hier nur G.P.); Priesdorff, Nr. 345 (Bruder Franz Andreas);

Ltnt. George Philipp von Borcke (* 14. Sep. 1735)*

Vater: Otto Philipp (* 1696, † 1744?), seit 1713 im Militär, stand 1740 als Cap. u. Chef e. Comp. im I-R Nr. 18, 1747 als Major ins Reg. Alt-Dohna (I-R Nr. 44) versetzt (1758 als Ol dim.); **Mutter**: Christiana Sophia, geb. von Knoblauch; **Laufbahn**: Mrz. 1757 Fahnenjunker im I-R Nr. 53, 1757 Gefr.corp. beim 3. Bat. Garde, bei Prag Mai 1757 als Verwundeter in österr. Gefangenschaft geraten, 1758 ausgewechselt, Aug. 1760 als Sl ins I-R Nr. 3, Juni 1766 Pl, noch 1767 als Pl gen., vor 1779 abgegangen;

Quellen: Stabi, Ms. boruss. fol. 312 (Abgang I-R Nr. 44), fol. 313 (d. Vater hier als George Philipp), fol. 314; Gesch. I-R Nr. 3, S. 256–257;

Cap. Gottlob Gustav Ehrentreich von Borcke (* 1739)

Vater: Carl Friedrich († 1743), Ltnt., hinterließ seinen drei Söhnen nur e. geringes Vermögen von wenigen hundert Talern; **Bruder**: Franz Carl Wilhelm (1714–1794)*, Juli 1744 Fähnrich im I-R Nr. 36, Juli 1749 Sl, seit Mai 1752 KD-rat in Minden, 1753 dim., Erbherr auf Brallentin u. Krüssow A im Krs. Pyritz, 1804 im Wert von zs. 40/m T.; **Bruder**: Friedrich August Ferdinand (1735–1777); **Laufbahn**: trat 1757 in d. Militärdienst ein, bei Kunersdorf *blessirt*, stand 1760 als Fähnrich im I-R Nr. 43, 1764 als Sl, 1775 u. 1779 hier als Pl. 1787 als Cap. u. Chef e. Comp. gen.; **Güter**: beschwerte sich 1760 bei d. Behörden über seinen Bruder Franz Carl Wilhelm, der ihn um sein Vermögen bringen wollte, hatte zs. mit seinen Brüdern d. Gut Brallentin im Krs. Pyritz geerbt, F.C.W. soll d. Nachlaß d. 1752 gest. Joachim Friedrich von Borcke nach d. Heirat mit dessen Witwe ganz für sich beansprucht haben, überredete d. Suppl. in seiner Minderjährigkeit zu e. nachteiligen Vertrag, dieser sollte für null u. nichtig erklärt werden; traf 1764 mit F.C.W. eine Vereinbarung über Brallentin;

Quellen: GStA, I. HA, Rep. 30, Nr. 103, Paket 9 506; Nr. 243, Vas.tab. 1767; Stabi, Ms. boruss. fol. 316 (als Gustav, aus d. NM geb.); Brüggemann, T. 2/1, S. 133–134; Gesch. I-R Nr. 36, S. 68 (Bruder F.C.W.); biogr. Handbuch, S. 113–114 (Bruder F.C.W.);

Cap. Hans Heinrich von Borcke (* 1681)

aus Pommern gebürtig; **Laufbahn**: seit 1696 im Militär, stand 1721 als Cap. im Garn.-Bat. Nr. 1 in Memel, vor 1740 abgegangen;

Quellen: Ms. boruss. fol. 311;

General, Oberhofmeister Heinrich Adrian (seit 1740 Graf) von Borcke (* 4. April 1715, † 17. April 1788)*

Vater: Adrian Bernhard (1668–1741)*, 1689 Ltnt. bei d. Garde, Febr. 1704 Obrist u. Kommandeur d. I-R Nr. 6, Sep. 1709 GM, Mrz. 1713 Chef d. I-R Nr. 22, Dez. 1728 EM, Juli 1737 GFM, Juli 1740 Graf, seit 1725 auf Ladentin u. Pomellen im Krs. Randow; **Mutter**: Antoinette Hedwig, geb. Freiin von Hallard Elliot; **Laufbahn**: 1730 Junker im D-R Nr. 3, Sep. 1732 Cornet, Mai 1739 Sl im D-R Nr. 2, Aug. 1739 Chef e. Escadron, Juli 1742 Rittmstr. u. Chef e. Escadron im K-R Nr. 6, Juli 1749 Major, Sep. 1751 Gouverneur d. Prinzen Friedrich Wilhelm von Preußen, Juli 1755 Ol, April 1759 Obrist, Mai 1761 GM, Mai 1775 Gl, Dez. 1786 Schwarzer-Adler-Orden, Mai 1787 General von d. Kavallerie; **Ehefrau**: Helene Wilhelmine, geb. von Brandt; **Güter**: erbat 1744 e. Lehnbrief für d. Güter, die seinem

Vater im Aug. 1727 verliehen worden waren, wünschte außerdem d. gesamte Hand auf die Lehn der von Wussow in Vorpommern; Erbherr auf Stargordt u. Crössin im Borckeschen Krs., seit 1752 auf Ladentin u. Pomellen im Krs. Randow im Wert von 36/m T., auf Lassehne, Henkenhagen u. Timmenhagen im Ftm. Cammin, 1767 hatten seine Güter im Ftm. Cammin e. Wert von 70/m T., darauf Hypotheken von 36/m T., **Sohn**: Friedrich Heinrich Christian (1744–1790), Erbherr auf Stargordt, Crössin, Lassehne u. Timmenhagen;

Quellen: GStA, I. HA, Rep. 30, Nr. 43, Paket 9232; Nr. 103, Paket 9505; Nr. 243, Vas.tab. 1767; Brüggemann, Vorpommern, S. 225, S. 228, T. 2/1, S. 353–354; T. 2/2, S. 569, S. 603; Tb. Uradel 1903, S. 151; Priesdorff, Nr. 162 (Vater), Nr. 528;

Cap. Heinrich Otto von Borcke (* um 1747)

Vater: gest. vor 1795, erwarb um 1780 d. Güter Dumzin, Klein Jestin u. Anteil Karvin im Ftm. Cammin aus d. Konkurs d. Rittmstrs. Ewald Christian von Damitz; **Laufbahn**: avancierte im Militärdienst nach 23,5 Dj. bis zum Cap., vor 1793 abgegangen; **Güter**: saß 1795, 1804 als Erbherr auf Dumzin, Klein Jestin u. Karvin B im Wert von 12/m T.;

Quellen: GStA, I. HA, Rep. 30, Nr. 44, D 31, Paket 9265, Nr. 103, Paket 9508; Nr. 243, Vas.tab. 1793, 1797 (als Otto Hr. Albr.), 1804;

Obrist Jo(b)st (Just) Andreas von Borcke (* 1686, † 29. Jan. 1744)

Vater: Achaz († 1716), *Commissarius*, Landrat, Erbherr auf Cratzig (u. Stramehl) im Borckeschen Krs.; **Bruder**: Anton (* um 1678, † 23. Okt. 1755), seit 1699 im Militär, 1722 Major u. Chef e. Comp. im I-R Nr. 12, 1724 auf Wunsch dim., erhielt d. Charakter Ol, später Landrat, seit 1716 Erbherr auf d. väterl. Gut Grünhof im Borckeschen Krs., seit 1726 auch auf ganz Pazig, auf Lowin u. Ornshagen, Sohn: Adrian Heinrich (1733–1793), Cornet im D-R Nr. 3, siehe bei Anton Adrian Sigismund, dieser erbte d. väterlichen Güter; **Laufbahn**: seit 1702 im Militär, 1708 Fähnrich im I-R Nr. 11, 1711 Sl, Mai 1711 Pl, 1719 Stabs-Cap., 1720 Cap. u. Chef e. Comp., 1735 als Major zum I-R Nr. 26 versetzt, 1742 als Obrist mit Pension dim.; **Güter**: erbte von seinem Vater Cratzig im Borckeschen Krs., 1756 im Wert von 9/m T., 1744 fiel es an seine Söhne; **Ehefrau**: Catharina Albertine, geb. von Canitz (1700–1744); **Sohn**: Philipp Christian (* um 1736), Sl, s.d.;

Quellen: Stabi, Ms. boruss. fol. 314, fol. 316, fol. 319; Brüggemann, T. 2/1, S. 334, S. 338–339; Fam. gesch., Bd. 4, S. 689–690; Becker, I-R Nr. 11, S. 412; Tb. Uradel 1903, S. 150;

Major Johann Albrecht Heinrich von Borcke (* um 1717, † 1773)

Vater: Otto Melchior (1679–1758), kulmbach-bayreuth. Obrist; **Mutter**: Anna Margaretha, geb. von Trotzenberg; **Bruder**: Christian Ernst Wilhelm (1715–1783), GM, s.d.; **Laufbahn**: trat um 1732 in d. Militärdienst ein, Dez. 1738 Sl im I-R Nr. 20, Mai 1745 Pl, Mrz. 1755 Stabs-Cap., Okt. 1758 Major im I-R Nr. 20, suchte im Dez. 1758 immediat um d. Erlaubnis nach, e. Tochter d. sächs. Obristen von Gersdorff **heiraten** zu dürfen, sie stammte aus d. sächs. Vogtland u. soll e. Mitgift von 12/m T. gehabt haben, 1764 noch als Major gen.;

Quellen: GStA, I. HA, Rep. 96, Nr. 435 B, Bd. 16; Stabi, Ms. boruss. fol. 311 (1740 als J.A.H., 1750 als Abraham Heinrich, 1756 als Albr. Fr.); Rangirrolle Saldern f. 1771; Schwennicke, Bd. 22, Tafel 79;

Obrist Johann Benedict von Borcke (* 1685)

Vater: Dieterich Rüdiger; **Bruder**: Otto Melchior; **Laufbahn**: seit 1714 im Militär, April 1714 Cap. im I-R Nr. 20, Okt. 1718 Major, Juli 1724 Ol im I-R Nr. 20, Juni 1736 Obrist, als solcher noch 1740 gen., vor 1750 abgegangen;

Quellen: Stabi, Ms. boruss. fol. 311, fol. 319; Fam.gesch., Bd. 4, S. 595;

Ltnt. Johann Carl Christoph von Borcke (* 10. Dez. 1738, † 18. Nov. 1828) *

Vater: Christoph Friedrich Berend (1689–1770) *, seit 1722 Landrat im Borckeschen Krs., Erbherr auf ½ Wangerin oder B, auf Polchow B, Groß Borkenhagen A u. Klein Borkenhagen, Henkenhagen, 1756 im Wert von 50/m T.; **Mutter**: Sophie Margarethe, geb. von der Goltz; **Bruder**: Friedrich Wilhelm (1724–1804), Regierungsassessor in Stettin, seit 1770 Erbherr auf d. väterlichen Gütern; **Bruder**: Ernst Adrian (* 1731), seit 1746 im Militärdienst, Okt. 1748 Fähnrich im I-R Nr. 20, Juni 1755 Sl, vor 1764 als Ltnt. abgegangen; **Laufbahn**: 1756 Gefr.corp. im I-R Nr. 21, 1760 als Ltnt. wegen starker Blessuren verabschiedet; **Güter**: nach d. Tod d. Bruders F.W. seit 1804 Erbherr auf Wangerin B (bzw. A), Gr. u. Kl. Borkenhagen, Gliezig A, Henkenhagen, Labes C, Mühlendorf B, Piepenhagen A, Polchow B, Nievecken, Neuenkirchen u. Prützenow im Borckeschen Krs. im Wert von 100/m T.;

Quellen: GStA, I. HA, Rep. 30, Nr. 243, Vas.tab. 1756, 1763, 1793, 1804; Stabi, Ms. boruss. fol. 311 (Bruder E.A.); Brüggemann, T. 2/1, S. 357–358; Tb. Uradel 1903, S. 154–155; biogr. Handbuch, S. 113 (Vater);

Major Johann Friedrich von Borcke (* 1728, † 4. Okt. 1777) *

Vater: Melchior Felix (1686–1753), seit 1701 im Militär, Juni 1710 Cap. im I-R Nr. 6, später Ol, Kommandant von Driesen, Erbherr auf Roggow im Borckeschen Krs.; **Mutter**: Augusta (Agnese) Catharina, geb. von Saldern (1691–1748); **Bruder** Carl (Friedrich) Felix (* 1718, † 1759), Cap., s.d.; **Bruder**: Gottlob Mathias Siegfried (1717–1797) *, stand von 1734 bis 1781 im D-R Nr. 5, zuletzt Obrist u. Kommandeur, seit 1781 Chef d. D-R Nr. 7, 1782 GM, Juni 1789 Orden p.l.m., 1790 Abschied, Erbherr auf Roggow im Borckeschen Krs., ledig verst.; **Bruder**: Melchior Dietrich (1725–1794), engagierte sich um 1739 im Militärdienst, stand 1757 als Pl im I-R Nr. 48, im April 1763 dim., als Postmstr. in Müncheberg versorgt, hier 1767 u. 1774 genannt; **Laufbahn**: Aug. 1745 Cornet im D-R Nr. 5, Mai 1751 Sl, Mrz. 1758 Pl, Juni 1762 Stabs-Rittmstr., Juli 1770 Rittmstr. u. Chef e. Escadron, Okt. 1775 Major, 1777 als aktiver Offz. in Garz verst.; **Güter**: d. väterliche Gut Roggow im Wert von 10/m T. geriet in Konkurs u. ging 1746 an d. Bruder Carl Felix; (erste) **Ehefrau**: Luise, geb. von Winterfeld; **Sohn**: Ludwig Friedrich (1766–1827), Febr. 1779 Junker, Mai 1782 Cornet im D-R Nr. 5, Jan. 1785 Sl, Dez. 1792 Pl, Juni 1797 Stabs-Cap., Okt. 1800 Cap., Sep. 1806 Stabs-Major, Okt. 1806 gefangen, Juli 1808 inaktiv, 1813 pens., erbte 1797 von seinem Onkel, d. GM G.M.S. von Borcke, d. Gut Roggow, verkaufte es 1798 für 63/m T., besaß 1801 noch e. Forderung auf Roggow über 30/m T., seit 1797 verh. mit Henriette von Steinaecker;

Quellen: GStA, I. HA, Rep. 30, Nr. 243, Vas.tab. 1756, 1763, 1767; Stabi, Ms. boruss. fol. 312 (Bruder als D.M.), fol. 319 (Vater); Brüggemann, T. 2/1, S. 350; Brüggemann, Beiträge, 2, S. 190; Albedyll, Anhang, S. 69 * (J.F.), S. 70 * (Bruder G.M.S.); T. 2, Anhang S. 63 * (Sohn, hier als Fr.Ludw.); Tb. Uradel 1903, S. 143 (hier als Fr. Joh.); Priesdorff, Nr. 686 (Bruder G.M.S.);

Ltnt. Johann Friedrich von BORCKE (* 1739)

aus Pommern gebürtig; **Laufbahn**: seit 1759 im Militär, Juli 1765 Sl, Mai 1778 Pl im Garn.-Reg. Nr. 7;

Quellen: Stabi, Ms. boruss. fol. 313;

Ltnt. Johann Heinrich von BORCKE (* um 1717)

aus Pommern gebürtig; **Laufbahn**: seit 1731 im Militärdienst, Dez. 1738 Sl, Mai 1745 Pl im I-R Nr. 20, noch 1750 hier gen., vor 1756 abgegangen;

Quellen: Stabi, Ms. boruss. fol. 311 (wohl nicht identisch mit d. Ol Jürgen Heinrich von Borcke in Unheim);

Major Martin Philipp von BORCKE (* um 1688)

Vater: Achaz († 1716), *Commissarius*, Landrat, Erbherr auf Cratzig (Stramehl u. Zeitlitz) im Borckeschen Krs.; **Bruder**: Jo(b)st (Just) Andreas (1686–1744), Obrist, s.d.; **Bruder**: Christian Henning; **Laufbahn**: seit 1706 im Militär, Sep. 1713 Ltnt. im I-R Nr. 19, zuletzt als Major gen., im Jan. 1739 dim., ging auf sein pomm. Gut, hier gest.;

Quellen: Stabi, Ms. boruss. fol. 319; Gesch. I-R Nr. 19, S. 83; Stammbaum d. Borkischen Geschlechtes (Vater Nr. 175, M.P. Nr. 228); Tb. Uradel 1903, S. 150;

Fähnrich Otto Ernst Friedrich von BORCKE (* 26. Juli 1756)

Vater: Otto George (1721–1757), als Stabs-Cap. im I-R Nr. 41 bei Kolin gefallen; Stief-Vater: Major Friedrich Wilhelm von Broecker (* 1726, † vor 1801), s.d.; **Großvater**: Otto Christoph (1677–1755), hessen-kasselscher Gl; **Vater-Brüder**: Heinrich, Major; Friedrich Wilhelm, Cap., s.d.; Maximilian, Fähnrich; **Bruder**: Heinrich Theodor Ferdinand (1744–1785); **Laufbahn**: seit 1772 im Regiment, 1774 Gefr.corp. im I-R Nr. 26, 1779 hier als Fähnrich gen., 1781 als solcher desertiert, 1806 für tot erklärt; **Güter**: besaß zs. mit d. Mutter, d. Stief-Vater u.d. Bruder bis 1780 d. Gut Rosenfelde im Borckeschen Krs., das dann verkauft wurde; **Schwestern**: Eleonora Henrietta (* 1756) u. Louisa Wilhelmina (* 1757, † 21. Sep. 1796), sie besaßen 1774 kein väterliches u. kein mütterliches Vermögen u. hielten sich bei ihrem Stief-Vater auf, der sich aber selbst in bedrängten Umständen befand, O.E.F. bat im Okt. 1779 um e. Pension für seine Schwestern, sie bekamen im Sep. 1781 e. solche von zs. 50 T.;

Quellen: GStA, I. HA, Rep. 30, Nr. 43, Pakete 9232 bis 9235; Stabi, Ms. boruss. fol. 314; Brüggemann, T. 2/1, S. 351; Tb. Uradel 1903, S. 159;

Rittmstr. Peter Christian von BORCKE (* 1703, † vor 1749)

Vater: Peter Christian († 1731), Rittmstr., Erbherr auf Bernsdorf, Negrep, Mühlendorf D, Neuenkirchen D, Labes B u. Bonin; **Laufbahn**: seit 1721 im Militär, 1723 Corporal im K-R Nr. 1, 1731 hier als Ltnt. genannt, zuletzt Rittmstr.; **Güter**: nach d. Vergleich von 1731 mit seinem **Bruder** Otto Christian (1709–1747) Erbherr auf Bonin im Borckeschen Krs.; **Ehefrau**: Esther Amalia von Kleist († 1746), aus beider Ehe drei Töchter u. ein Sohn; **Sohn**: Carl Wilhelm (1738–1797), Cap., s.d.;

Quellen: GStA, I. HA, Rep. 30, Nr. 243, Vas.tab. 1756, 1763, Stabi, Ms. boruss. fol. 312; Brüggemann, T. 2/1, S. 331;

Cap. Peter Heinrich von Borcke (* um 1703, † 1745)

Vater: Joachim Rüdiger, seit 1717 Erbherr auf Rosenfelde im Borckeschen Krs., bat 1727 um e. *Indult*, d. Gut befand sich 1737 im Konkurs; **Mutter**: Maria Martha, geb. von Borcke; **Bruder**: Joachim Friedrich († vor 1753), stand 1737 als Ltnt. im I-R Nr. 18, um 1738 dim.; **Vater-Bruder**: Gl Otto Christoph von Borcke; **Laufbahn**: trat 1719 in d. Militärdienst ein, stand 1720 als Corporal, 1727 als Fähnrich, 1730 als Sl im I-R Nr. 18, befand sich 1738 auf Werbung im Reich, 1740 als Stabs-Cap. gen., 1745 in Schweidnitz gest.; **Güter**: d. Bruder J.F. war seit Mai 1729 Erbherr auf d. väterl. Gut Rosenfelde im Borckeschen Krs., er ging nach d. Abschied 1738 auf d. Gut, hier noch 1750 gen.;

Quellen: GStA, I. HA, Rep. 30, Nr. 103, Paket 9504; Stabi, Ms. boruss. fol. 313; Brüggemann, T. 2/1, S. 350–351;

Cap. Peter Rüdiger Heinrich von Borcke (* um 1739, † 31. Mai 1775)

Vater: Richard Wilhelm (1680–1734), schwed. Obrist, Erbherr auf Klaushagen im Borckeschen Krs.; **Laufbahn**: trat 1747 in d. Militärdienst ein, Juli 1756 Gefr.corp. im I-R Nr. 28, Aug. 1756 Sl, 1763 Ltnt. im Grenadier-Bat. von Arnim, 1765 nach 19 Dj. (mit d. Charakter Cap.) dim.; **Güter**: seit mind. 1756 Erbherr auf Klaushagen im Borckeschen Krs. im Wert von 12/m T., hinterließ darauf Schulden von 11750 T., seine Witwe übernahm d. Gut im Gegenzug für ihre Forderungen über 3743 T.; **Ehefrau**: Sophie Elisabeth Magdalene, geb. von Borcke (* 1751), sie brachte ihm e. Mitgift von 1700 T. ein u. hatte lt. Testament ihres Mannes d. Nießbrauch d. Lehngutes Klaushagen auf Lebenszeit, (1784 bzw.) 1797 erwarb sie Gerzhagen f. 36/m T., bezahlte dafür 4/m T., ließ 20/m T. als Hypothek darauf stehen u. nahm e. Kredit über 12/m T. auf; 1804 hieß es, zwischen d. Mutter u. ihren beiden Söhnen *herrsche d. größte Uneinigkeit*; Carl zwang seine Mutter damals dazu, ihm Klaushagen u. Gerzhagen abzutreten, Peter ließ sich im neumärk. Gienow nieder; **Sohn**: Heinrich Friedrich Wilhelm Philipp († vor 1793); **Sohn**: Carl Otto Hellmuth (* 26. Dez. 1772), 1793 Fähnrich im I-R Nr. 7, erhielt als Sl am 7. Sep. 1795 d. *venia aetatis*, sein väterl. Vermögen betrug 455 T., nahm nach acht Dj. als Sl seinen Abschied, 1799 als vorm. Ltnt. gen., seit 1800 Erbherr auf Klaushagen u. Gerzhagen im Wert von 50/m T., mußte seinen Bruder J.G.P. mit 12/m T. abfinden, er bat 1802 um e. staatl. Beihilfe, lt. Bericht d. Stettiner KDK vom Juni 1802 hatten seine Güter inkl. d. Holzungen in Klaushagen e. Wert von 96435 T., sein freies Vermögen betrug 26168 T., mangels Sicherheit wurde im Sep. d.J. e. Unterstützung abgelehnt; **Sohn**: Johann George Peter Ferdinand (* 1774), 1793 Junker im D-R Nr. 3, erhielt am 7. Dez. 1795 d. *venia aetatis*, hatte e. väterl. Vermögen von 113 T., verbüßte 1798 als vorm. Junker wegen Beleidigung d. Pächters zu Klaushagen e. 14tägige Gefängnisstrafe; d. beiden Brüder mußten im Spätsommer 1799 e. vierwöchentliche Gefängnisstrafe wegen Injurien gegen ihre Mutter antreten; **Tochter**: e. verh. von Zadow;

Quellen: GStA, I. HA, Rep. 30, Nr. 43, Paket 9235; Nr. 103, Paket 9508; Nr. 243, Vas.tab. 1756, 1763, 1767, 1793, 1804; II. HA, Abt. 13 a, Tit. III, Litt B, Nr. 30 (Witwe); Stabi, Ms. boruss. fol. 314; Brüggemann, T. 2/1, S. 333–334; Brüggemann, Beiträge, 2, S. 177 (Angabe f. 1738 zu korrig.); Tb. Uradel 1903, S. 161;

Major Philipp Carl Ludwig von Borcke (* 20. Juni 1746, † 1828)

Vater: Ernst Philipp (1721–1767), Ol im D-R Nr. 3, s.d.; **Mutter**: Antoinette Caroline, geb. von Borcke (1726–1762); **Bruder**: George Friedrich August (* 11. Aug. 1747, † 6. Okt. 1769), stand 1763 als Cornet, 1768 als Ltnt. im D-R Nr. 3; **Laufbahn**: 1763 Cornet im K-R Nr. 3, 1768 u. 1775 als Ltnt. gen., erhielt am 9. Jan. 1769 zs. mit d. Bruder d. *venia aetatis*, beide hatten damals e. Vermögen von je 17/m T., 1785 als Rittmstr. vom K-R Nr. 3 dim., 1797 Charakter Major; **Ehefrau**: Johanna Antoinetta Wilhelmine (1755–1782), e. To. d. Cap. Friedrich Fürchtegott von Bonin auf Elvershagen; **Güter**: nach d. Tod d. Bruders seit 1769 alleiniger Besitzer d. väterlichen Güter Regenwalde, Labbuhn, Dorow, Flackenhagen, Gardin im Borckeschen Krs.; seit 1791 auf Crössin im Wert von 7 500 T.; erwarb um 1798 von d. Brüdern Anton Adrian Sigismund von Borcke, s.d., u. Achatius Gustav d. Güter Grünhof, Molstow, Zozenow, Vogelsang für 75/m T.; 1804 als Erbherr auf Stargordt, Crössin, Dorow, Flackenhagen, Gardin, Grünhof, Labbuhn, Lowin, Molstow, ½ Niedernhagen, Ornshagen, Pazig, Regenwalde, Schowanz, Vogelsang u. Zozenow im Borckeschen Krs. im Wert von 250/m T. genannt;

Quellen: GStA, I. HA, Rep. 30, Nr. 103, Pakete 9 506, 9 508; Nr. 243, Vas.tab. 1793, 1799, 1804; Stabi, Ms. boruss. fol. 313; Brüggemann, T. 2/1, S. 349; Brüggemann, Beiträge, 2, S. 189; Fam.gesch. Bonin, S. 148; Schöning, D-R Nr. 3, S. 198, S. 413 (Bruder G.F.A.); Monteton, Abgangsliste, S. 67; Schwerin, K-R Nr. 10, T. 2, S. 225; Tb. Uradel 1903, S. 152;

Ltnt. Philipp Christian von Borcke (* um 1736)

Vater: Jo(b)st (Just) Andreas (1686–1744), Obrist, s.d., Erbherr auf Cratzig im Borckeschen Krs. u. auf Perkuiken in Preußen, Cratzig trug 1747 bis 1748 Revenuen von 474 T.; **Mutter**: Catharine Albertine, geb. von Kanitz (1700–1744); **Bruder**: Friedrich Albrecht (* 1730)*, Kammerdirektor in Königsberg; **Laufbahn**: engagierte sich um 1754 im Militärdienst, 1756 Cornet im D-R Nr. 6, 1758 Sl, Juli 1759 als Sl *cassirt*; **Güter**: besaß von etwa 1745 bis 1760 zs. mit d. Bruder d. väterl. Gut Cratzig im Wert von 9/m T., überließ es dann dem Bruder F.A.;

Quellen: GStA, I. HA, Rep. 30, Nr. 186 d, Paket 9 834; Nr. 243, Vas.tab. 1763 (als Ph. Ernst); Stabi, Ms. boruss. fol. 311; Brüggemann, T. 2/1, S. 334; Wegner, Geschichte, S. 36; Orlop, D-R Nr. 6, Anhang; S. 28–29*, S. 116*; Tb. Uradel 1903, S. 150; biogr. Handbuch, S. 114 (Bruder);

Major Philipp George Wilhelm von Borcke (* um 1704, † 14. Dez. 1744)

Vater: Philipp († nach 1743), Obrist, Erbherr auf Pansin im Krs. Saatzig u. Falkenburg in d. NM; **Laufbahn**: seit etwa 1724 im Militär, 1739 Rittmstr. im K-R Nr. 8, 1744 in Breslau als Major gest.;

Quellen: Stabi, Ms. boruss. fol. 246, fol. 312; Fam.gesch., Bd. 4, S. 689, S. 691–692;

Ol Stephan Benedict von Borcke (* 12. Jan. 1731, † 1. Mrz. 1796)

Vater: Christian Rüdiger (* 1695, † 1746), seit 1714 im Militär, Juli 1720 Ltnt. im I-R Nr. 22, vor 1736 als Cap. dim., Erbherr auf Gliezig B, 1731 verkauft, Labes C, Grabow u. d. Vorwerken Büssow u. Christinenhof im Borckeschen Krs., 1749 hieß es, d. väterl. Vermögen d. fünf Kinder würde durch d. *illata* d. Mutter absorbiert, d. Güter fielen deshalb noch 1749 an seine Witwe für 9 400 T., die d. Gläubiger nicht befriedigen konnte, um 1752 kaufte d. Major Christian Ernst von Schnell Grabow für 5 500 T.; **Mutter**: Abigail Maria, geb. von Dossow; **Bruder**: Caspar Rüdiger (1735–1760), Dez. 1753 Fähnrich im I-R Nr. 35, Nov. 1760 bei Torgau als Pl gefallen; **Bruder**: Christian Magnus (* 1734, † vor 1763), 1756 Fahnenjunker im I-R Nr. 3; **Schwester**: Esther Barbara Juliana verheiratete von Koeller, seit 1793 auf Labes C; **Laufbahn**: engagierte sich 1745 im Militärdienst, Dez. 1749 Cornet im K-R Nr. 6, stand 1763, 1765 als (Stabs-)Rittmstr. beim Gen.-Inspekteur GM Hans Friedrich von Krusemark, 1770 als Stabs-Rittmstr. gen., Jan. 1771 Rittmstr. u. Chef e. Escadron im K-R Nr. 6, Juni 1780 Major, Dez. 1788 nach 42 Dj. als Ol mit e. Pension von 500 T. dim.; besaß keine **Güter**, 1763 u. 1767 ausdrücklich so vermerkt; erwarb aber 1781 aus e. Konkurs d. Gut Dübsow im Borckeschen Krs. für 8 350 T., verkaufte es um 1793 an Ludwig Friedrich Christoph von Borcke auf Unheim für 25/m T., der vom *Kaufpretium* 6 600 T. einbehielt, die sollte d. Ol erst bekommen, wenn er d. Allodifikation d. Gutes erwirkt hatte, was ihm am 14. April 1794 abgeschlagen wurde; auf d. Gut sollen 1794 Schulden von 15/m T. gelegen haben; besaß seit 1793 ein Haus in d. Stadt Wangerin; hinterließ 1796 seiner Frau u. d. sechs Kindern e. Kapital von 6/m T., das aber mit Arrest belegt war; **Ehefrau**: Sophie Ulrike Franziska (* 1752), e. To. d. GM Justus Rudolph von Seelhorst; sie bat 1799 u. 1802 vergeblich um e. Pension, stand seit 1799 auf d. Expectantenliste, sie hatte lt. Vormundschaftskollegium aus d. Nachlaß ihres Mannes 7 631 T. zu fordern, bis Okt. 1802 waren ihr 3 070 T. gezahlt u. für d. Unterhalt d. Fam. verzehrt worden, 2 300 T. waren durch e. Konkurs gefährdet, so daß sie nur noch auf ca. 2 270 T. zu hoffen hatte, bis 1805 bekam sie deshalb keine Pension; **Sohn**: Friedrich Wilhelm (1777–1829), 1793 Fahnenjunker im I-R Nr. 7, (Okt. 1796 bzw.) 1799 Sl, (stand im Dez. 1807 als Sl im Mousq.-Bat. d. I-R Nr. 7 in Kolberg), 1815 als Pl in e. Garn.-Bat. pens.; **Sohn**: Caspar Friedrich (* 1781), 1793 bei d. *cadets* in Stolp, 1799 *cadet* in Berlin;

Quellen: GStA, I. HA, Rep. 30, Nr. 103, Pakete 9 506 u. 9 508; Nr. 243, Vas.tab. 1756, 1763, 1767, 1793; Nr. 243 G, Paket 9 979; II. HA, Abt. 13 a, Titt III, Litt B, Nr. 31; VI. HA, Nl Gneisenau, Nr. 691; Stabi, Ms. boruss. fol. 311, fol. 314 (Vater), fol. 315, fol. 907 a; Brüggemann, T. 2/1, S. 338, S. 341; Taeglichsbeck, S. 266 (Bruder C.R.); 37; Schwerin, K-R Nr. 10, T. 2, S. 71, S. 231, T. 3, S. 35; Monteton, S. 81; Tb. Uradel 1903, S. 162;

Cap., Landrat Wilhelm Friedrich Leopold von Borcke
(* 16. Juli 1737, † 28. Juni 1787) *

Vater: Andreas Matthias (1688–1740), Major, Erbherr auf Kankelvitz, s.d.; **Mutter**: Hedwig Juliane verw. von Wedel, geb. von der Mosel († 1737); **Laufbahn**: 1756 als Volontair ins Regiment, Febr. 1757 Cornet im D-R Nr. 5, Febr. 1760 Sl, Juli 1764 dim., erhielt später d. Charakter Cap., soll während d. Dienstzeit seine Gesundheit zugesetzt haben, amtierte von 1770 bis 1787 als Landrat d. Borckeschen Krs.; **Güter**: besaß als Mündel 1744 e. mütterl. Vermögen von 5/m T., dazu Aktiva über 13 595 T., war damit in d. Lage, alle Lehnschulden zu bezahlen; 1749 wurde sein Vermögen mit 10 818, 1751 mit 10 088 T. angegeben; löste 1766 d. verpfändeten Güter Kankelvitz u. Lessentin im Borckeschen Krs. im Wert von 21/m T. wieder ein, hinterließ 1787 seine Witwe u. sieben unmündige Kinder in *traurigen Umständen*; **Ehefrau**: Friederike Gottliebe Tugendreich, geb. von Winterfeld (1742–1818), sie besaß *illata* von 4/m T. u. e. Gegenvermächtnis von 2/m T., bat im Sep. 1787 immediat um e. Pension, wurde mit Hinweis auf ihre vermeintlich sichere Forderung abgewiesen, erneuerte im Okt. d.J. d.

Gesuch, bezifferte d. jährlichen Brutto-Revenuen d. Güter mit 1 050 T., davon gingen Zinsen u. *onera* in Höhe von 935 T. ab, von d. verbleibenden 115 T. könne sie sich u.d. Kinder nicht ernähren, es blieb jedoch bei d. Ablehnung, (sie saß 1801 auf Anteil Denzin, ganz Naffin u. Zarnefanz im Wert von 36/m T.); **Sohn**: Ernst August Philipp (1766–1850), Ltnt., Landrat, s.d.; **Sohn**: Carl Heinrich Otto (1771–1849), Ltnt., s.d.; **Sohn**: Carl Friedrich Wilhelm (* 6. Jan. 1777), Aug. 1790 *cadet* in Stolp, Jan. 1793 ins I-R 17, vor 1806 abgegangen; **Sohn**: Adrian Hans Ludwig (1782–1811), stand 1805 als Ltnt. im I-R Nr. 30;

Quellen: GStA, I. HA, Rep. 30, Nr. 103, Pakete 9 503, 9 505; Nr. 243, Vas.tab. 1756, 1767, 1793, 1804; II. HA, Abt. 13 a, Tit. III, Litt B, Nr. 28; Stabi, Ms. boruss. fol. 314 (d. Sohn E.A.P hier als C.P.); Brüggemann, T. 2/1, S. 339–340; Stolper Kadetten, S. 27; Tb. Uradel 1903, S. 153–154 (hier als F.W.L., geb. 21.7.1737, d. Angaben f.d. Söhne unterscheiden sich von denen in d. Vas.tab.); biogr. Handbuch, S. 113 (Sohn) u. S. 115;

Major Wilhelm Leopold von Borcke (* um 1725, † 2. Febr. 1801)

Vater: Friedrich Wilhelm (1680–1743)*, April 1704 Rittmstr., Jan. 1712 Major, 1720 als Ol u. Chef e. Escadron gen., April 1723 Kommandeur d. K-R Nr. 9, Juni 1724 Obrist, Aug. 1736 GM, Sep. 1740 Kommandant von Kolberg, Erbherr auf Wangerin A im Borckeschen Krs.; **Mutter**: Margarethe, geb. von Mardefeld; **Laufbahn**: trat 1742 in d. Militärdienst ein, 1744 nach 1,5 Dj. Sl im I-R Nr. 45, 1756 als Ltnt., 1764 als Stabs-Cap. gen., April 1766 Cap. u. Chef e. Comp., noch 1777 als solcher im I-R Nr. 45 gen., Febr. 1778 Major, stand 1783 als Major im Grenadier-Bat. Nr. 2; **Ehefrau**: Christine Marie Elisabeth, geb. von Gersdorff; **Güter**: seit 1744 Erbherr auf Wangerin A, Wurow u. Polchow A im Borckeschen Krs. im Wert von 21/m T.;

Quellen: GStA, I. HA, Rep. 30, Nr. 243, Vas.tab. 1755, 1763, 1767, 1793; Stabi, Ms. boruss. fol. 310 (hier 1783 als Joh. W.L.); fol. 312 (Vater), fol. 316 (1764 als Wilh. Adolph, 1777 als W.L.); Brüggemann, T. 2/1, S. 357–358; Tb. Uradel 1903, S. 156; Priesdorff, Nr. 249 (Vater);

Major Franz George von Borckmann (* 1731)

aus Pommern (bzw. Danzig) gebürtig; **Laufbahn**: seit 1747 im Militär, 1763 als Stabs-Cap. gen., Mrz. 1767 Cap. im I-R Nr. 5, April 1778 Major, noch 1783 als Major im I-R Nr. 5 aufgeführt;

Quellen: Stabi, Ms. boruss. fol. 310, fol. 313; Rangirrolle Saldern; Zedlitz, 5. Bd., S. 62;

Ltnt. Martin Wilhelm von Boriskowsky (* 1776, † 14. Okt. 1806)

Vater: in Trzebiatkow im Distrikt Bütow ansässig († 1785), hinterließ zwei minderjährige Kinder u. e. sehr geringes Vermögen; **Mutter**: Barbara Lovisa, geb. von Gustkowska (* 1750, † 30. Dez. 1798), sie besaß 1791 e. kleinen, verpachteten Anteil an Trzebiatkow, geerbt von ihrer Mutter, e. geb. von Bricht, d. Anteil hatte e. Wert von 1 200 T., darauf Hypotheken von 825 T., sie bewohnte zs. mit ihrer 14jährigen Tochter e. verfallenen *Kathen*, sie war krank u. schwächlich, konnte daher kein Handarbeit für ihren Lebensunterhalt leisten, im Mrz. 1796 bekam sie e. Pension von 75 T. aus d. pomm. Meliorationsfonds; **Laufbahn**: Juli 1786 *cadet* in Stolp, Mai 1790 *cadet* in Berlin, seit 1793 im Regiment, Okt. 1797 Sl im Grenadier-Garde-Bat., als Sl 1806 bei Auerstedt gefallen;

Quellen: GStA, II. HA, Abt. 13 a, Tit. III, Litt B, Nr. 9 (Mutter); IV. HA, Rep. 1, Nr. 71, Bl. 6; Reinhard, Garde, S. 540, S. 543; Stolper Kadetten, S. 20;

Major George Christoph von Borlasch (* 1755) *

aus Hinterpommern gebürtig; (**Bruder**: Johann Friedrich (* 1755, † 16. April 1790), seit 1764 im Militär, Sep. 1771 Sl, Aug. 1779 Pl im Garn.-Reg. Nr. 10, Dez. 1787 Stabs-Cap., 1788 zum Depot-Bat. d. I-R Nr. 35); **Laufbahn**: seit 1770 im Militär, Okt. 1773 Fähnrich im Garn.-Reg. Nr. 10, April 1779 (bzw. 1782) Sl, Mai 1787 ins I-R Nr. 49 versetzt, Juli 1790 Pl, Sep. 1794 Stabs-Cap., Sep. 1797 Cap. u. Chef e. Comp. im I-R Nr. 58, Juni 1806 Major, Dez. 1806 mit Pension dim., Dez. 1808 Chef d. 1. Südpreuß., dann 6. Schlesischen Prov.-Invaliden-Comp., Juni 1811 zur Oberschles. Prov.-Invaliden-Comp., Mai 1817 Kommandeur d. Invaliden-Hauses in Stolp, Juli 1817 Chef d. 1. Oberschles. Prov.-Invaliden-Comp., Mai 1818 zur 11. Invaliden-Comp.; (**verwandt**: 1756 stand ein Michael Ludwig von Borlesch (* 1738), aus Lauenburg gebürtig, seit 1754 im Regiment, als Gefr.corp. im I-R Nr. 32: Stabi, Ms. boruss., fol. 312);

Quellen: GStA, IV. HA, Rep. 1, Nr. 71, Bl. 8; Stabi, Ms. boruss. fol. 314; bei Siebmacher, Bd. 6/9, 1894, S. 9–10 keine Fam. Borlasch, -lesch;

Major Andreas von Born (* um 1753, † 22. Mrz. 1826)

aus Polen gebürtig; **Laufbahn**: trat um 1767 in d. Militärdienst ein, 1774 Fähnrich im I-R Nr. 12, Okt. 1785 Pl, Juni 1790 Stabs-Cap., Aug. 1794 Cap. u. Chef e. Comp., Jan. 1804 Major, Jan. 1811 Postmstr. im Marienburg; **Ehefrau**: Wilhelmine Eleonore Elisabeth (* 8. Febr. 1777), e. To. d. GM Carl Ludwig von Knobelsdorff (1724–1786) * auf Schönow im Krs. Pyritz; sie erhielt am 8. Mai 1797 d. *venia aetatis*, sie hatte e. Vermögen von ca. 10/m T., ihr Vormund war d. Cap. Friedrich Wilhelm Ludwig von Arnim auf Jagow; 1793 befand sich d. Gut Schönow im Besitz ihrer vier Brüder, 1804 im Besitz d. ältesten Bruders Friedrich Ludwig von Knobelsdorff (* 1772), Cap. im D-R Nr. 4, s.d.;

Quellen: GStA, I. HA, Rep. 30, Nr. 44, B 27 p, Paket 9 260; IV. HA, Rep. 1, Nr. 71, Bl. 10; Stabi, Ms. boruss. fol. 316; Brüggemann, T. 2/1, S. 162–163; Priesdorff, Nr. 689 (danach A. von dem Borne);

Cap. Arnd Joachim von Born (1692–1728)

aus Pommern gebürtig; **Laufbahn**: trat 1705 in d. Militärdienst ein, Juli 1714 Sl im I-R Nr. 21, 1720 noch als solcher gen., 1728 als Cap. gest.;

Quellen: Stabi, Ms. boruss. fol. 311, fol. 319 (als Arnold J.); Siebmacher, Bd. 6/9, 1894, S. 9 (danach besaß d. Familie im Krs. Neustettin d. Güter Lümzin, Lestin, Jüdenhagen u. Todenhagen);

Major Baltzer Rüdiger von Borne (* 3. Sep. 1703, † vor 1777)

Vater: Cuno († 1711), auf Anteil Piepstock im Krs. Dramburg; **Mutter**: Catharina Sophie, geb. von (Rufen); **Laufbahn**: seit 1715 im Militär, 1728 Fähnrich im I-R Nr. 6, 1737 Ltnt. im 1. Bat. d. I-R Nr. 6; Juni 1740 Cap. u. Chef e. Comp. im Garn.-Bat. Nr. 4, Febr. 1757 Major im Garn.-Bat. Nr. 4; **Ehefrau**: Johanne Friederike (* 1712), e. To. d. Obristen George von Krosigk aus Alsleben an der Saale; **Güter**: verkaufte 1741 d. väterl. Gutsanteil Piepstock an seinen Schwager, d. Ltnt. Arnd von Schmiedeberg;

Quellen: GStA, I. HA, Rep. 96, Nr. 518 E bis H; Stabi, Ms. boruss. fol. 311, fol. 312 (danach aus Pommern); Fam.gesch., S. 109–110, S. 122–123;

Ltnt. Ewald Gotthelff von BORN(E) (* um 1686)

aus Pommern, gebürtig; **Laufbahn**: seit 1703 im Militärdienst, Jan. 1714 Ltnt. im I-R Nr. 15, als solcher noch 1721 gen., vor 1732 abgegangen;

Quellen: Stabi, Ms. boruss. fol. 311, fol. 319 (hier als Erasmus);

Rittmstr. Franz Heinrich von BORNE (* 1740)

Vater: Lorenz Richard Moritz (* 1701), Rittmstr. in sächs. Diensten, ließ sich mit seiner starken Familie aus Polen um 1750 in Pommern nieder, erwarb 1749 d. Gut Lümzow im Krs. Neustettin von seinem Schwager, d. Ltnt. Friedrich Wilhelm von der Osten, s.d., verkaufte es 1777 an seinen Schwiegersohn Alexander Ludwig von Manteuffel, s.d., außerdem Erbherr auf 1/3 Breitenfelde im westpreuß. Distrikt Konitz, aus seiner ersten Ehe stammten vier Töchter u. ein Sohn, diese hatten 1750 e. mütterl. Erbe von 8 924 T., ihr Vater hatte d. Nießbrauch d. Kapitals u. damit d. Gut Lümzow erworben, wurde im Mrz. 1780 auf Antrag seines Schwiegersohnes, d. Ltnts. A.L. von Manteuffel, wegen seines Vermögens in Westpreußen unter *Curatel* gestellt; **Laufbahn**: trat 1757 ins Reg. ein, stand 1764 als Ltnt. im D-R Nr. 1, 1771 mit d. Charakter Rittmstr. dim.; seine **Schwester**: Esther Hedwig wollte 1772 d. Rittmstr. Franz Ernst von Hertzberg heiraten, nach dreimaliger *Proclamation* sagte er einen Tag vor d. Hochzeit diese auf Druck seines Bruders, d. EM Ewald Friedrich von Hertzberg, ab, weil d. Braut ein uneheliches Kind hatte, er wurde daraufhin auf d. Zahlung von 1/m T. lt. Ehevertrag verklagt;

Quellen: GStA, I. HA, Rep. 30, Nr. 44, H 51, Paket 9288; Nr. 186 d, Pakete 9834, 9835 u. 9842; Nr. 243, Vas.tab. 1756; IV. HA, Rep. 1, Nr. 71, Bl. 10; Stabi, Ms. boruss. fol. 314; Brüggemann, T. 2/2, S. 763–764;

Cap. Franz Ludwig von BORN(E) (* 1743, † 14. Mai 1797)*

Vater: Anton (George) († um 1760), (Ltnt. bei d. Garde), urspr. Erbherr auf Waltersdorf bei Konitz, dann ansässig in Trzebiatkow im Distrikt Bütow, hier wurden die beiden Söhne geboren; **Bruder**: Nicolaus (* 9. Nov. 1746, † Okt. 1783), seit 1763 im Militär, 1779 Sl im I-R Nr. 3, Juni 1781 Pl, als solcher 1783 gest., Sohn: Franz Carl (1782–1865), 1794 *cadet* in Stolp, 1797 *cadet* in Berlin, 1799 zur kurmärk. Füsilier-Brigade von Oswald, noch 1799 als Invalide dim., 1802 bei d. Seehandlung plaziert; **Laufbahn**: seit 1761 im Militär, Mai 1764 Fähnrich im I-R Nr. 18, April 1765 zum Garn.-Reg. Nr. 7, Okt. 1773 Sl, Febr. 1780 Pl, 1788 ins Depot-Bat. d. I-R Nr. 23, Jan. 1790 Stabs-Cap., 1797 gest.;

Quellen: GStA, IV. HA, Rep. 1, Nr. 71, Bl. 10; Stabi, Ms. boruss. fol. 310, fol. 313; Gesch. I-R Nr. 3, S. 269 (Bruder); Fam.gesch., S. 190, S. 192;

Ltnt. George Carl Friedrich von BORNE (* 1746)*

aus Pommern gebürtig; **Laufbahn**: 1758 Gefr.corp. im Garn.-Bat. Nr. 4, Febr. 1760 Fähnrich im I-R Nr. 20, Febr. 1769 als Ltnt. dim.;

Quellen: GStA, IV. HA, Rep. 1, Nr. 71, Bl. 10; Stabi, Ms. boruss. fol. 311;

Cap. Johann von BORNE († 19. April 1759)*

aus Pommern gebürtig; **Laufbahn**: stand zunächst im I-R Nr. 33, dann zur Garde versetzt, seit 1744 im I-R Nr. 41, (1753 Pl, 1757 Cap.), 1759 bei Hof blessirt, an d. Wunden gest.;

Quellen: GStA, IV. HA, Rep. 1, Nr. 71, Bl. 10; Gesch. I-R Nr. 41, S. 86;

Cap. August Adam von BORNSTEDT (* 1733)

aus Pommern gebürtig; **Laufbahn**: seit 1752 im Militär, 1756 Gefr.corp., 1764 Pl im I-R Nr. 43, 1775 Cap. u. Chef e. Comp., Sep. 1776 dim.;

Quellen: GStA, IV. HA, Rep. 1, Nr. 71, Bl. 15; Stabi, Ms. boruss. fol. 316;

Ltnt. Bernhard Heinrich von BORNSTEDT († 3. Juni 1758)*

Vater: Bernhard Heinrich (1690–1752)*, Gl, Besitzer d. Herrschaft Guttentag im schlesischen Krs. Lublinitz, Erbherr auf Goddentow, Prebendow, Anteil Schlaischow u. Zelasen im Distrikt Lauenburg, Eigentümer von Ohra im Territorium d. Stadt Danzig; **Mutter**: Sophie Henriette, geb. von Podewils; Stief-Mutter, seit 1750: Elisabeth, geb. von Weiher; **Bruder**: Friedrich Leopold, lebte 1759 noch im Krs. Oppeln; Stief-**Bruder**: Moritz (* 1751, † vor 1759); **Laufbahn**: trat ins D-R Nr. 9 ein, als Sl an in d. Schlacht bei Krefeld erhaltenen Blessuren gest.;

Quellen: GStA, I. HA, Rep. 30, Nr. 186 d, Paket 9836; Nr. 243, Vas.tab. 1756; IV. HA, Rep. 1, Nr. 71, Bl. 15 (gest. 22.8.1758); Priesdorff, Nr. 341 (Vater);

Fähnrich Curt Friedrich von BORNSTEDT (* 1755)

Vater: Curth Friedrich (* 13. Nov. 1732, † vor 1767), besuchte d. Gymnasium zu Stettin, bat im Febr. 1750 um d. *venia aetatis*, erhielt diese am 24. Mrz. 1757, Erbherr auf Mandelkow im Krs. Pyritz; **Großvater**: Curth Friedrich († vor 1756), Cap., seit 1718 auf Wiederkauf Erbherr auf Mandelkow; **Großmutter**: Charlotta Sophia, geb. von Lentz; **Laufbahn**: trat 1772 in d. Reg. ein, 1774 Fähnrich im I-R Nr. 34, 1781 als Fähnrich dim.; **Güter**: 1793, 1801 als Erbherr auf Mandelkow im Wert von 28/m T. gen.;

Quellen: GStA, I. HA, Rep. 186 d, Paket 9834; Nr. 243, Vas.tab. 1756, 1767, 1804; Stabi, Ms. boruss. fol. 311; Brüggemann, T. 2/1, S. 152;

Ltnt. Hans Ernst Curt von BORNSTEDT (* 1784)

Vater: Hans Friedrich (* 2. April 1755, † 25. Febr. 1806), (Juni 1780 als Ltnt. im I-R Nr. 5 dim.), Erbherr auf Ehrenberg im Krs. Pyritz, 1804 im Wert von 42/m T., auch auf Tucheband in d. Kurmark u. Deetz im Krs. Soldin; **Mutter**: Elisabeth Louise, geb. von Platen; **Vater-Bruder**: Ernst Ludwig (* 1761), aus d. NM gebürtig, seit 1773 im Militär, 1787 Sl, 1793 Ltnt. im I-R Nr. 24, als Stabs-Cap. im Mrz. 1795 auf Wunsch dim.; **Großvater**: Joachim Friedrich (1717–1779), Erbherr auf Küstrinchen; **Bruder**: Ludwig Friedrich Ehrenreich (1782–1850), stand 1799 als Junker, 1804 als Ltnt. im I-R Nr. 21, vor 1806 abgegangen; **Bruder**: August Carl Ehrenfried (1797–1882), Juli 1818 Sl im 8. H-R, Mrz. 1844 Abschied mit d. Charakter Major; **Laufbahn**: seit 1798 im Militär, 1799 Fahnenjunker, Jan. 1803 Fähnrich, Aug. 1805 Sl im 2. Bat. Garde, Juli 1809 als Pl vom Reg. Garde dim., 1818 bis 1820 bei d. Landwehr, zuletzt Cap.;

Quellen: GStA, I. HA, Rep. 30, Nr. 243, Vas.tab. 1793, 1799, 1804 (Vater als August Friedrich); IV. HA, Rep. 1, Nr. 71, Bl. 15–16; Stabi, Ms. boruss. fol. 316 (Onkel); Reinhard, Garde, S. 542; Jb. dt. Adel, 3, S. 36–39 (d. Vater danach: Hans Friedrich);

Ltnt. Otto Wilhelm von Bornstedt (* um 1724, † 1757)

(**Vater**: Otto (* 1675), Cap. in englischen Diensten, Erbherr auf Altenfließ im Krs. Saatzig, 1730 hier gen.); **Laufbahn**: seit 1738 im Militär, stand 1755 als Pl im I-R Nr. 31, 1757 bei Prag gefallen;

Quellen: Stabi, Ms. boruss. fol. 314; Ms. geneal. fol. 120 (Vater?); nicht in GStA, IV. HA, Rep. 1, Nr. 71;

Ltnt. Johann Christian von Bothmer (* 1715)

aus Pommern gebürtig; **Laufbahn**: seit 1733 im Militär, Juni 1750 Pl, stand 1764 im Garn.-Reg. Nr. 6;

Quellen: Stabi, Ms. boruss. fol. 315; nicht IV. HA, Rep. 1;

Major Anton Carl Friedrich von Braunschweig (* 3. Mai 1751, † 13. Juni 1813)

Vater: Felix Heinrich (* 1703), Ltnt., 1753 bis 1756 Erbherr auf Großrambin im Krs. Belgard; **Mutter**: Charlotte Louise, geb. von Münchow; **Laufbahn**: trat um 1764 in d. Militärdienst ein, 1775 Ltnt. im K-R Nr. 5, Juni 1790 Stabs-Rittmstr., Aug. 1795 Rittmstr., Okt. 1800 Major, Febr. 1802 Chef e. Escadron, Febr. 1807 als Ol dim.; **Güter**: bis 1789 Erbherr auf Anteil Klötzin in d. NM, erworben für 1 414 T., 1789 verkauft für 3/m T.; saß 1791 u. 1797 auf Schartow A u. B im Ftm. Cammin im Wert von 8 533 T.; vor 1799 an d. Landschaftsrat Ferdinand von der Heyden veräußert; 1801 als Erbherr auf Datjow A u. B, auf Plümenhagen u. Jüdenhagen B für zs. 12/m T. gen.; lag nach 1806 im Prozeß mit d. Landrat Ernst August Philipp von Borcke zu Kankelvitz; **Ehefrau**: Johanne Gertrude, geb. von Köckritz (1758–1833); **Sohn**: Maximilian Carl Friedrich Heinrich (1781–1837), 1797 Cornet im K-R Nr. 5, 1806 Sl, 1828 Rittmstr. im 4. D-R, 1832 Major u. Kommandeur d. 1. Bat. d. 28. Landwehr-Reg. (in Neuwied);

Quellen: GStA, I. HA, Rep. 30, Nr. 243, Vas.tab. 1793, 1797, 1801; IV. HA, Rep. 1, Nr. 71, Bl. 101; Stabi, Ms. boruss. fol. 311, fol. 907 a; Probst, 1829, S. 163; Tb. Briefadel 1912, S. 105;

Ltnt. Caspar Heinrich von Braunschweig (* 1723, † 1775)

aus Pommern gebürtig; **Laufbahn**: seit 1738 im Militär, Nov. 1753 Sl im Garn.-Reg. Nr. 11, Mai 1757 Pl, Juni 1764 als Ltnt. dim.;

Quellen: GStA, IV. HA, Rep. 1, Nr. 71, Bl. 101 (kz. Notiz); Stabi, Ms. boruss. fol. 314 (1763 als Christian);

GM Christian Friedrich von Braunschweig (* 1720, † 6. Okt. 1787) *

Vater: Christian, Cap., Erbherr auf Karvin (A) im Ftm. Cammin; **Mutter**: Sophie Dorothee, geb. von Damitz (1699–1776), in zweiter Ehe verh. mit d. Rittmstr. Asmus Christian von Münchow, s.d.; **Laufbahn**: 1739 Junker im K-R Nr. 6, Febr. 1740 Cornet, Mai 1744 Ltnt., Okt. 1756 Stabs-Rittmstr., Jan. 1758 Rittmstr. u. Chef e. Escadron, Mrz. 1763 Major, Mai 1775 Ol, Juni 1780 Kommandeur d. K-R Nr. 6, Mai 1782 Obrist, Sep. 1784 Chef d. K-R Nr. 9, Juli 1785 GM; **Güter**: seit 1776 Erbherr auf Karvin C im Ftm. Cammin; **Ehefrau**: Wilhelmine Dorothea, geb. von Schonberg, aus d. Ehe drei Töchter u.d. **Sohn** Wilhelm Friedrich (1780–1817), Nov. 1798 Cornet im H-R Nr. 4, Mrz. 1804 Sl, Juli 1809 d. 1. Schles. H-R aggr., Aug. 1809 ins 1. Westpr. D-R einrangiert, Nov. 1813 Cap. u. Chef e. Comp. im 2. Schles. Landwehr-I-R, Mrz. 1817 dem 6. I-R aggr.;

Quellen: GStA, IV. HA, Rep. 1, Nr. 71, Bl. 101 (Vater u. Sohn); Stabi, Ms. boruss. fol. 312, fol. 315; Brüggemann, T. 2/2, S. 551 (kein Hinweis auf e. väterl. Besitz in Karvin); Schwerin, K-R Nr. 10, T. 2, S. 230–231; Priesdorff, Nr. 716;

Obrist Friedrich Wilhelm von Braunschweig
(* 12. Okt. 1742, † 11. April 1807)

Vater: David Vincenz Friedrich (1711–1763), seit 1731 im Militär, 1735 Cornet im D-R Nr. 5, vor 1740 abgegangen, seit 1750 Landrat im Krs. Pyritz, Erbherr auf Jagow; **Mutter**: Auguste Friederike, geb. von Wedel (1709–1753); **Bruder**: David Friedrich (1744–1809)*, seit etwa 1762 im Militärdienst, 1765 Sl im D-R Nr. 4, Juni 1774 als Cap. dim., Landrat im Krs. Friedeberg in d. NM; **Bruder**: Carl George (1746–1770), 1767 Cornet im D-R Nr. 3, 1770 als Ltnt. gest.; **Laufbahn**: engagierte sich um 1758 im Militärdienst, Nov. 1760 Sl im I-R Nr. 7, Mai 1765 Pl, später Stabs-Cap., Juni 1783 Cap. u. Chef e. Comp., Juli 1790 Major, Juli 1798 Ol, Juni 1800 Obrist im I-R Nr. 7, Jan. 1802 mit Pension dim., mit d. Postamt in Prenzlau versorgt; **Güter**: besaß seit 1763 zs. mit seinen drei Brüdern d. väterl. Gut Jagow im Krs. Pyritz, seit 1774 alleiniger Besitzer d. allodifizierten Gutes; forderte zs. mit d. Bruder David Friedrich im Dez. 1770 e. Entschädigung f. d. Gut Ravenstein, das von 1651 bis 1698 ihren Vorfahren gehört hatte u. dann zu d. Domänen geschlagen worden war; sie wurden damit ebenso abgewiesen wie ihr Vater bereits 1755; erwarb um 1800 d. Allodialgut Falkenberg im Krs. Pyritz für 63/m T., darauf Schulden von 32/m T.; wollte d. Gut Anfang 1802 an d. Amtmann J.G. Zimmermann für 78 250 T. verkaufen, hätte damit e. Gewinn von 15 250 T. erzielt; erhielt am 6. Mrz. 1802 keinen *Consens* für d. Geschäft; wies in e. neuen Supplik vom 8. Febr. 1803 darauf hin, vier Töchter u. drei Söhne zu haben, die bereits im Militärdienst standen, nach seinem Ableben würden die Witwe u. jedes d. sieben Kinder nur 4 125 T. erben, könnten von d. Zinsen nicht leben; würde d. Verkauf von Falkenhagen für jenen Preis erlaubt, könnte seine Familie leidlich leben, wäre ihr Unterhalt gesichert; Mitte 1803 fand sich jedoch e. adliger Interessent u.d. Obrist verkaufte d. Gut für 78 200 T. an e. von Wulffen; er gehörte damit zu d. erfolgreichen Güterspekulanten; **Frau**: Charlotte Luise Henriette, geb. von Wedel (1750–1826); **Sohn**: George Friedrich Wilhelm (1775–1854)*, Mai 1793 Fähnrich im I-R Nr. 7, Juli 1795 Sl, Sep. 1808 als Cap. dim., Juli 1813 Major beim 1. Neumärk. Landwehr-I-R, Nov. 1816 Kommandeur d. 4. I-R, Mrz. 1822 Obrist, Mrz. 1833 GM; **Sohn**: Carl Friedrich Ernst (1778–1842), Aug. 1794 Cornet im D-R Nr. 3, Mrz. 1796 Sl, April 1805 dim., Sep. 1815 mit d. Charakter Major d. Westpreuß. Ulanen-Reg. aggr., Jan. 1816 Rittmstr., Dez. 1818 Major, Mrz. 1831 pens.; **Sohn**: Heinrich Friedrich Philipp (1779–1860), (Nov. 1798 Cornet im H-R Nr. 4, Mrz. 1804 Sl, Nov. 1813 Cap. beim 2. Schles. Landwehr-I-R, 1817 gest.), Cap.;

Quellen: GStA, I. HA, Rep. 30, Nr. 44, B 27, Paket 9261; Nr. 243, Vas.tab. 1763, 1767; Nr. 244, Paket 9993; IV. HA, Rep. 1, Nr. 71, Bl. 101; Stabi, Ms. boruss. fol. 313 (Vater), fol. 314; Brüggemann, T. 2/1, S. 146–147; Schöning, D-R Nr. 3, S. 200, S. 423 (C.G.); Tb. Briefadel 1912, S. 101–103; Priesdorff, Nr. 1470 (Sohn G.F.W.); biogr. Handbuch, S. 129–130 (Vater u. Bruder D.F.);

Cap. Lorenz Conrad von BRAUNSCHWEIG (* 1733, † 16. April 1775)

Vater: Conrad Felix (1706–1768), Erbherr auf (Klötzin im Flemmingschen Krs. bzw. im Krs. Schivelbein u.) Anteil Butzke im Krs. Belgard; **Mutter**: Charlotte Sophie, geb. von Braunschweig († 1770); **Laufbahn**: seit 1748 im Militär, 1755 Fähnrich, 1764 Stabs-Cap. im I-R Nr. 23, 1775 als Cap. ledig verst.;

Quellen: GStA, I. HA, Rep. 176, Nr. 638; IV. HA, Rep. 1, Nr. 71, Bl. 101 (kz. Notiz); Stabi, Ms. boruss. fol. 316 (1755: aus d. NM, 1764: aus Pommern geb.); nicht bei Brüggemann;

Ltnt. Anton Bogislav von BRAUSE (* 1730)

aus Pommern gebürtig; **Laufbahn**: Okt. 1758 Ltnt. im Grenadier-Bat. Nr. 2, stand hier insges. 18 Jahre, seit 1778 Ltnt. im Stettiner Land-Reg. mit e. *Tractament* von monatlich fünf T., hier noch 1785 genannt, hielt sich 1785 in Neuwedel auf;

Quellen: GStA, I. HA, Rep. 96, Nr. 95 L l, Nr. 7; nicht in IV. HA, Rep. 1;

Obrist Siegmund Heinrich von BRAUSE (* um 1730, † 24. Okt. 1793)

aus Polen gebürtig; **Laufbahn**: trat um 1745 in d. preuß. Militärdienst ein, 1775 Rittmstr. u. Chef e. Escadron im K-R Nr. 5, 1784 als Obrist ins D-R Nr. 6 versetzt, 1791 als Obrist nach 46 Dj. mit e. Pension von 400 T. dim., bekam vom König dazu noch e. Zulage von 150 T., erklärte 1792, während seiner Dienstzeit siebenmal versetzt worden zu sein, jeder Umzug habe ihm einige hundert Taler gekostet, hätte kein Vermögen geerbt u. mußte für d. Anschaffung d. *Equipage* u. d. Übernahme d. Escadron Kapital aufnehmen u. sich verschulden; obwohl ihm seine **Frau** Sophia Caroline Bernhardine (* um 1749), e. Tochter d. Amtmanns Johann Gottlieb Waechter († 1762) zu Belgard, 5 800 T. eingebracht hatte, wurde S.H. 1792 wegen Verbindlichkeiten in Höhe von 3/m T. von seinen Gläubigern bedrängt, die auch seine Pension einziehen wollten; hielt sich damals in Klein Dubberow bei Belgard auf, sollte sich mit seinen Kreditoren arrangieren; wohnte zs. mit seiner Frau zur Miete im Dorf Dubberow; um 1793 wurde über sein Vermögen d. Konkurs eröffnet; seine Witwe, die sich beim Landrat Otto Bogislav von Kleist aufhielt, bekam seit 1. Mrz. 1797 e. jährl. Pension von 100 T., sie hatte keine Kinder; (**verwandt**: Carl Wilhelm von Brause (1723–1801)*, GM, Chef d. D-R Nr. 8: Priesdorff, Nr. 712; **verwandt**: Johann Carl (* 1763, † vor 1790), seit 1779 im Militär, 1787 Fähnrich im Garn.-Bat. Nr. 3: Stabi, Ms. boruss., fol. 316);

Quellen: GStA, I. HA, Rep. 30, Nr. 44, B 27 M, Paket 9260; II. HA, Abt. 13 a, Tit. III, Litt B, Nr. 18 (Witwe); nicht in IV. HA, Rep. 1; Stabi, Ms. boruss. fol. 311 (nicht in d. Rangliste f. 1750 u. 1764, nur 1775); Zedlitz, 5. Bd., S. 71 (allg. zur Fam.);

Ltnt. Franz Ludolph von BREDERLOW (* 9. April 1739, † 24. Febr. 1809)*

Vater: Joachim Ludolph (1697–1757), Aug. 1718 Cornet, 1730 Ltnt., Aug. 1733 Rittmstr. im K-R Nr. 4, im Okt. 1741 als Ol verabschiedet, von 1740 bis 1749 Erbherr auf d. väterlichen

Gütern Garz u. Rosenfelde im Krs. Pyritz, erhielt im Juni 1743 auf sein Gesuch zs. mit d. Fähnrich Hans Friedrich u. Christoph Friedrich von Brederlow auf Warsin d. gesamte Hand auf d. Lehngüter Garz, Rosenfelde u. Warsin, (durch seine Ehe) Erbherr auf Hohendorf, Powunden in Preußen, verkaufte 1749 Garz u. Rosenfelde für 40/m T. an Hans von Greifenberg; **Mutter**: Albertine Florentine, geb. von Bodeck (1713–1800); **Großvater**: Franz Henning († vor 1740); **Bruder**: Hans Joachim (1745–1812), Sep. 1763 Cornet im D-R Nr. 8, Mai 1767 Sl, 1772 als Ltnt. dim., Erbherr auf Klaukendorf; **Bruder**: Adam Carl Wilhelm (1754–1804), 1772 Cornet im D-R Nr. 6, Mrz. 1774 Sl, Febr. 1787 dim., Erbherr auf Gr.-Saalau; **Laufbahn**: 1757 Cornet im D-R Nr. 6, 1759 Sl, 1764 als Sl dim.; **Güter**: Erbherr auf Hohendorf u. Gr.-Lauth in Preußen; **Ehefrau**: Charlotte Luise Antoinette verw. Freiin von der Goltz, geb. von der Groeben (1751–1819); (**verwandt**: Sixtus Christoph von Brederlow (* 1744), seit 1762 im Militär, Aug. 1766 Sl im I-R Nr. 13: Stabi, Ms. boruss., fol. 311);

Quellen: GStA, I. HA, Rep. 30, Nr. 44, B 15, Paket 9252; IV. HA, Rep. 1, Nr. 71, Bl. 116 (H.J. u. A.C.W.); Stabi, Ms. boruss. fol. 310, fol. 311 (F.L. danach aus Preußen geb.); Förster, K-R Nr. 4, S. 157, S. 178, S. 543 (Vater); Orlop, D-R Nr. 6, Anhang, S. 29–31*, S. 117*; Tb. Uradel 1903, S. 190 (hier bei Vater u. Söhnen kein Hinweis auf ihren Militärdienst);

Fähnrich Friedrich Wilhelm von Brederlow (* 1715)

aus Pommern gebürtig; **Laufbahn**: seit 1736 im Militär, Mrz. 1738 Fähnrich im I-R Nr. 22, im Juni 1741 als solcher noch genannt, vor 1746 abgegangen;

Quellen: Stabi, Ms. boruss. fol. 314;

Major Thiede Christoph von Brederlow (* 24. Juni 1747, † 8. April 1809)

Vater: Christoph Friedrich (1681–1758), Cornet, Erbherr auf Warsin A, B, C u. E im Krs. Pyritz, auf Anteil Billerbeck f. 6600 T., erworben auf Wiederkauf, war dessen einziger Sohn; **Mutter**: Gottliebe Sophie, geb. von der Goltz; **Laufbahn**: trat 1762 ins I-R Nr. 13 ein, Nov. 1763 Fähnrich, Aug. 1766 Sl, Nov. 1776 Pl, Sep. 1786 Stabs-Cap., im Mai 1787 als Cap. dim., Febr. 1798 Charakter Major; **Güter**: seit 1761 Erbherr auf d. väterl. Gut Warsin A, B, C u. E; auf Antrag seines Vormundes wurde nach 1763 d. Anteil Billerbeck, der nur mittels Krediten erworben worden war, wieder veräußert; erhielt am 9. Jan. 1769 auf sein Gesuch die *venia aetatis*, d. Lehngut Warsin hatte damals e. Wert von 25 200 T., davon waren 5/m allodial, die Schulden betrugen 14966 T., d. Gut war für 1496 T. jährlich verpachtet; 1761 hatte sich T.C. mit seiner Mutter u.d. vier Schwestern auseinandergesetzt, seinen zwei ledigen Schwestern stand e. Aussteuer von je 1726 T. zu, so daß d. Verbindlichkeiten 18769 T. betrugen, 1779 u. 1804 besaß d. Major d. ganze Gut Warsin im Wert von 30/m T.; **Ehefrau**: Caroline Sophie, geb. von Rosenstedt;

Quellen: GStA, I. HA, Rep. 30, Nr. 44, B 15, Paket 9252; Nr. 243, Vas.tab. 1756, 1763, 1767, 1793, 1804; IV. HA, Rep. 1, Nr. 71, Bl. 116; Stabi, Ms. boruss. fol. 311; Brüggemann, Beiträge, 2, S. 133; Tb. Uradel 1903, S. 189;

Ltnt. Adam Carl Franz von Breitenbach (* um 1780)

Vater: Friedrich Bogislav (* 1730), 1753 Fähnrich im Grenadier-Bat. von Retzow, (zuletzt Ltnt., Mrz. 1761 dim.), erhielt d. Charakter Cap., saß 1756 auf Groß Bozepohl u. Lantow, erwarb 1763 d. Gut Labuhn im Distrikt Lauenburg für 12666 T. von Johann von Sarbsky, veräußerte es 1766 an d. Hofrat Benjamin Boniventura von Koch, saß 1771 auf Viterese u. Anteil Chotzlow in Lauenburg im Wert von 31/m fl.; **Laufbahn**: Aug. 1790 *cadet* in Stolp, April 1794 *cadet* in Berlin, Nov. 1796 Fähnrich im I-R Nr. 39, Febr. 1798 Sl, Juli 1802 dim., Dez. 1806 zum 2. Westpreuß. Res.-Bat., Juli 1813 ins 5. Res.-I-R, Sep. 1816 Cap., Aug. 1828 dim.; **Güter**: besaß 1802 d. väterl. Gutsanteile Chotzlow A u. B im Distrikt Lauenburg im Wert von 8/m T., 1804 auf Enzow, Lissow u. Thadden im Wert von 38/m T.;

Quellen: GStA, I. HA, Rep. 30, Nr. 243, Vas.tab. 1756, 1802, 1804; Nr. 249, Vas.tab. 1771; Nr. 413, Paket 10185; IV. HA, Rep. 1, Nr. 71, Bl. 141; Brüggemann, T. 2/2, S. 1068;

Fähnrich Franz Jacob von Bricht (* 1731, † 5. Dez. 1757)

Vater: Paul Ernst, Erbherr auf Anteil Trzebiatkow im Distrikt Bütow; **Laufbahn**: seit 1752 im Militär, 1756 Gefr.corp., 1757 bei Leuthen gefallen;

Quellen: GStA, I. HA, Rep. 30, Nr. 243, Vas.tab. 1756; Stabi, Ms. boruss. fol. 316;

Cap. Adam Ewald von Briesen (* 1722)

aus Pommern gebürtig; **Laufbahn**: seit 1737 im Militär, 1740 Sergant, stand 1756 als Pl im I-R Nr. 2, Aug. 1764 als Cap. dim.;

Quellen: GStA, IV. HA, Rep. 1, Nr. 71, Bl. 173; Stabi. Ms. boruss. fol. 311 (1740: aus d. NM, 1756: aus Pomm., 1763 nicht gen.);

Obrist Christian Erdmann von Briesen (* 6. Dez. 1727, † 23. April 1797)

Vater: Christian Joachim (* um 1691), Erbherr auf Anteil Trienke im Ftm. Cammin; **Bruder**: Ernst Christian, Ltnt., 1749 Erbherr auf Anteil Trienke; **Bruder**: Joachim Erdmann (* um 1725), als Offizier im Siebenjährigen Krieg gefallen; **Bruder**: Hans Caspar (1720–1797), seit 1735 im Militärdienst, 1749 als Ltnt. gen., Jan. 1755 Cap. im Garn.-Reg. Nr. 8, um 1765 nach 30 Dj. dim., erwarb 1766 Moltow u. Klein Pobloth im Ftm. Cammin, veräußerte diese 1774 an d. Ltnt. Joachim Friedrich Bogislav von Bonin, Sohn: Joachim Friedrich (* um 1760); **Laufbahn**: seit 1746 im Militärdienst, Mrz. 1759 Pl im I-R Nr. 42, Sep. 1767 Cap., Juli 1780 Major, Mai 1791 Obrist u. Kommandeur d. I-R Nr. 42, Sep. 1794 pens.; **Güter**: erbte von seinem Vater e. Anteil an Trienke, verkaufte diesen u. e. zweiten Anteil zs. mit seinen Geschwistern 1761, 1762 an d. Witwe Landrat Salomon Meyer; (**verwandt**: Johann Siegmund von Briesen, Cap., verh. mit Regina Hedwig, geb. von Vick, beide verkauften 1751 Crössin im Borckeschen Krs. an d. Witwe GFM von Borcke, geb. von Hallart);

Quellen: GStA, I. HA, Rep. 30, Nr. 241 b, Paket 9962; Nr. 243, Vas.tab. 1756, 1763; IV. HA, Rep. 1, Nr. 71, Bl. 173 (C.E.); Stabi, Ms. boruss. fol. 312 (Bruder J.C.); Brüggemann, T. 2/2, S. 578–579, S. 589; Tb. Uradel 1906, S. 133;

Ltnt. Reinhard Christian von Briesen (* 1704)

aus Pommern gebürtig; **Laufbahn**: seit 1721 im Militär, stand 1738 als Sl im I-R Nr. 4, vor 1749 abgegangen;

Quellen: Stabi, Ms. boruss. fol. 313;

Fähnrich von BROCKHUSEN (* um 1740, † 6. Mai 1757) *

aus Pommern gebürtig; **Laufbahn**: Gefr.corp. im I-R Nr. 8, April 1757 Fähnrich, Mai 1757 bei Prag gefallen:

Quellen: Priesdorff, Offz.stammliste, S. 50;

Cap. Anthon Bogislav von BROCKHUSEN (1748–1827)

Vater: Erdmann Heinrich (1695–1758), seit 1708 im Militär, 1720 Fähnrich im I-R Nr. 21, um 1723 (mit d. Charakter Ltnt.) dim., Erbherr auf Zoldekow C u. Klein Justin F im Krs. Greifenberg, 1756 im Wert von 11/m T.; **Mutter**: Eva Maria, geb. von Lekow; **Bruder**: Joachim Friedrich (1740–1803), Ltnt., siehe mehr bei Gotthilf Joachim Wilhelm (* 1772), Ltnt.; **Laufbahn**: 1763 Gefr.corp. im I-R 32, Mai 1764 Fähnrich, April 1767 Sl, Dez. 1778 Pl, Mai 1787 Stabs-Cap., Okt./Nov. 1787 (bzw. 1790) nach 26 Dj. dim.; **Güter**: seit 1767 Erbherr auf Zoldekow C u. Klein Justin F im Wert von 5 366 T., darauf Schulden von 3 300 T.; bat im Sep. 1796 mit Verweis auf seine 26 Dj. vergeblich um die vakanten Gutsanteile Groß Justin B u. Zoldekow D, e. zweites Gesuch im Mrz. 1797 blieb ebenfalls ergebnislos; verkaufte 1800 Zoldekow C für 16/m T., erwarb 1801 Natzmersdorf im Borckeschen Krs. für 32 500 T., darauf Pfandbriefe über 17 875 T.; erste **Ehefrau**: Auguste Wilhelmine Charlotte Marie, geb. von Grell († 1798); (**verwandt**: George Heinrich von Brockhusen (* 1701), seit 1716 im Militär, 1730 Sl im I-R Nr. 18: Stabi, Ms. boruss., fol. 313);

Quellen: GStA, I. HA, Rep. 30, Nr. 44, B 16 a, Paket 9 253; Nr. 243, Vas.tab. 1756, 1763 (als A. Bogisl.), 1767; IV. HA, Rep. 1, Nr. 71, Bl. 196, Bl. 199; Stabi, Ms. boruss. fol. 311 (Vater, Bruder F.J.), fol. 312; Brüggemann, T. 2/1, S. 432, S. 460; Brüggemann, Beiträge, 2, S. 185, S. 254; Jb. dt. Adel, 1, S. 331;

Ltnt. August George von BROCKHUSEN (* Okt. 1767)

(**Vater**: Henning George († 19. Mrz. 1777), Cap., s.d.; **Mutter**: Sophia Auguste Ulrike, geb. von Bonin); **Laufbahn**: trat 1782 ins I-R Nr. 8 ein, Juni 1787 Fähnrich, Sep. 1789 Sl, Dez. 1791 dim.; **Güter**: erwarb 1795 d. Gut Ramelow im Ftm. Cammin für 23/m T., besaß nur ein eigenes Vermögen von 1 500 T. u. war deshalb im Jahr 1800 noch 21/m T. des Kaufpreises schuldig; bat darum, das Gut an einen Bürgerlichen für 31/m T. veräußern zu können; wurde am 22. Sep. 1800 mit seinem Gesuch abgewiesen; veräußerte Ramelow vor 1804;

Quellen: GStA, I. HA, Rep. 30, Nr. 44, B 16 a, Paket 9 253; IV. HA, Rep. 1, Nr. 71, Bl. 196; Priesdorff, Offz.stammliste, S. 51, Nr. 82;

Ltnt. Balthasar Heinrich von BROCKHUSEN (* 1698)

aus (Riebitz, Krs. Greifenberg in) Pommern gebürtig; **Laufbahn**: (1713 Serg. im I-R Nr. 22), 1720 Fähnrich, 1730 Sl im I-R Nr. 12, vor 1740 abgegangen; (**identisch** mit: (Baltzer bzw.) Balthasar Heinrich (1704–1745), Erbherr auf Bandesow, Cambz, Cummin A, Staarz im Krs. Greifenberg, hinterließ drei Söhne);

Quellen: Stabi, Ms. boruss. fol. 314, fol. 316;

Ltnt. Carl Ferdinand von BROCKHUSEN (* um 1746)

Vater: Joachim George (* 1698, † um 1777), 1717 *cadet* in Berlin, 1728 Sl im I-R Nr. 4, seit 1726 Erbherr auf Riebitz B u. Baldebus B im Krs. Greifenberg im Wert von 6/m T., hinterließ zwei Söhne; **Vater-Bruder**: Heinrich Balthasar (1694–1768), Erbherr auf Natztow, auf Anteil Groß Justin; **Bruder**: Balthasar Friedrich (* um 1729, † 5. April 1780), seit 1745 im Militärdienst, 1749 als *cadet* gen., 1756 Ltnt. im I-R Nr. 26, 1764 als Pl, 1774 als Cap. u. Chef e. Comp. gen., wegen seiner bei Leuthen erlittenen Blessuren im Juli 1776 mit e. Pension von 350 T. dim., verh. mit Charlotte Louise Hedwig, geb. von Ploetz (1737–1797), diese besaß seit 1775 d. Gut Stuchow A im Krs. Greifenberg im Wert von 6700 T., sie will 1780 davon aber nur freie Revenuen über ca. 325 T. jährlich gehabt haben, bekam seit 1791 50 T. Pension; **Bruder**: Joachim Heinrich (* um 1731, † 1757), seit 1745 im Militärdienst, 1750 Gefr.corp., Juli 1753 Fähnrich, 1756 Sl im I-R Nr. 35, am 22. Nov. 1757 bei Breslau gefallen; **Bruder**: Joachim George Henning (* um 1738), Gefr.corp. im I-R Nr. 8, April 1757 Fähnrich, im Mai 1757 bei Prag gefallen; **Laufbahn**: trat um 1768 in d. Militärdienst ein, Jan. 1769 Sl im I-R Nr. 32, Sep. 1780 (bzw. 1788 nach 19 Dj.) dim.; **Güter**: seit 1776 Erbherr auf d. väterlichen Gütern im Krs. Greifenberg; bat 1796 mit Verweis auf seine langjährigen Dienste vergeblich um die Übertragung von Groß Justin B u. Zoldekow D; seine Güter Riebitz B u. Baldebus B hatten 1801 e. Wert von 7/m T.; der älteste seiner drei **Söhne** namens Anton Carl Ferdinand (* 26. Okt. 1784, † 19. Nov. 1871) trat im Jahr 1800 als Junker ins D-R Nr. 5 ein, Sep. 1801 Cornet, Febr. 1804 Sl, 1806, 1807 im Depot, 1813, 1814 Cap. beim 2. Neumärk. Landwehr-Reg.;

Quellen: GStA, I. HA, Rep. 30, Nr. 43, Paket 9236 (Bruder B.F.), Nr. 44, B 16 a, Paket 9253; Nr. 243, Vas.tab. 1763, 1794, 1804; IV. HA, Rep. 1, Nr. 71, Bl. 196; Stabi, Ms. boruss. fol. 312, fol. 314 (Bruder B.F.); Brüggemann, T. 2/1, S. 445; Crousaz, Beilage C, S. 31 (Vater, als Joh. Geo.); Taeglichsbeck, S. 266 (Bruder J.H.); Priesdorff, Offz.stammliste, S. 50 (Bruder J.G.H.); Albedyll, T 2., Anhang S. 59* (Sohn);

Ol Christoph Caspar Leopold von Brockhusen
(* um 1715, † 27. Febr. 1779)

Vater: Philipp, Erbherr auf Groß Justin A u. Zoldekow A; **Bruder**: Adolph († vor 1756), 1740 als Ltnt. gen.; **Bruder**: Philipp Carl (* 1715), seit 1732 im Militär, Aug. 1737 Fähnrich im I-R Nr. 7, in d. ersten schlesischen *Campagne* gefallen; **Bruder**: Jacob Heinrich (* um 1720), 1740 Gefr.corp. im I-R Nr. 8, Nov. 1741 Fähnrich, Okt. 1745 Sl, Aug. 1750 als Cap. dim., als Postmstr. in Eberswalde versorgt; **Laufbahn**: Mai 1735 Fähnrich im I-R Nr. 8, Febr. 1739 Sl, Juni 1743 Pl, Aug. 1750 Major, (1756 Major in e. Garn.Reg.), Nov. 1758 Ol, als Ol im Magdeburger Garn.- bzw. Land-Reg. 1779 gest.; **Güter**: d. Vater trat 1740 seine Güter an d. vier Söhne gegen e. jährliche Unterhaltszahlung von 200 fl. ab; 1743 leistete Adolph den Lehnseid; nach dem Tod von Philipp Carl strengte der Vater e. Klage gegen seine Söhne an, um in d. Mitgenuß der Lehnsportion d. Verstorbenen zu gelangen, d. zuständige Gericht erkannte diese jedoch den drei Brüdern zu; 1756 und 1767 waren die väterlichen Gutsanteile im Wert von 8/m T., darauf Hypotheken über 8200 T., im Besitz des Ol C.C.L., der ohne Leibeserben verstarb; nach seinem Tod fiel Groß Justin A an d. Cap. Anton Victor von Brockhusen u. Zoldekow A an d. Ltnt. Anton Gerhard Adam von Brockhusen; (**verwandt**: ein Adolph von Brockhusen (* 1711), seit 1726 im Militär, stand 1728 als Gefr.corp., 1738 als Sl im I-R Nr. 4: Stabi, Ms. boruss. fol. 313);

Quellen: GStA, I. HA, Rep. 30, Nr. 44, B 16 a, Paket 9253; Nr. 243, Vas.tab. 1756, 1763, 1767; IV. HA, Rep. 1, Nr. 71, Bl. 196; Brüggemann, T. 2/1, S. 431; Priesdorff, Offz.stammliste, S. 49–50 (C.C.L u. J.H.);

großbrit. u. kurhannöv. GM Friedrich August von Brockhusen
(* um 1738, † Febr. 1795)

Vater: Levin Ludwig (* 1701, † 22. Jan. 1763), großbrit. Major, seit 1754 Erbherr auf Groß Justin B u. Zoldekow D im Krs. Greifenberg im Wert von 14566; **Bruder**: Johann Wilhelm Ludwig (* um 1743, † 1785), kurhannöv. Cap., wurde 1765 u. 1775 seines *Successionsrechtes* auf d. pomm. Güter für verlustig erklärt, weil er ohne Erlaubnis in fremde Dienste gegangen war; **Laufbahn**: erhielt 1764 von König Friedrich II. die Erlaubnis, in kurhannöverschen Dienst zu gehen, 1777 als Cap., dann als Major gen., zuletzt GM; **Güter**: seit 1762 Erbherr auf d. väterlichen Gütern; erhielt 1777 auf sein Gesuch e. dreijährigen *Indult* für d. pomm. Güter, diese hatten jetzt nur noch e. Wert von 11296 T., darauf aber Schulden von 10422 T.; nach d. Tod d. GM baten seine fünf **Neffen** aus Oldenburg im April 1796 um e. neuerliche Belehnung mit seinen Gütern, ihr erstes Gesuch war von d. Stettiner Regierung im Mrz. d.J. mit d. Hinweis auf d. Verfehlung ihres Vaters abgelehnt worden; 1796 hafteten auf d. Gutsanteilen immer noch Schulden von 10400 T.; nach mehreren vergeblichen Anträgen erwirkten die Brüder unter der Bedingung die Belehnung, daß sich einer von ihnen auf den Gütern ansetzt und die anderen vier ihm ihre Rechte abtreten; am 21. Juli 1797 legte der münsterische Ltnt. George Bernhard Joseph von Brockhusen in Stettin den Erbhuldigungs- u. Untertänigkeitseid ab, er ging dann wieder zurück nach Osnabrück und wollte sich nach Ablauf d. Pachtjahre 1799 auf seinen pomm. Gütern ansetzen; 1799 hielt sich d. Ltnt. für sechs Monate in Pommern auf, kehrte dann jedoch wieder nach Osnabrück zurück u. bat am 29.3.1800 darum, von der Wohnpflicht entbunden zu werden; 1806 verkaufte er die Güter ohne Genehmigung an pommersche Vettern; 1823 wurde deshalb e. Prozeß gegen ihn eingeleitet;

Quellen: GStA, I. HA, Rep. 30, Nr. 44, B 16a, Paket 9253;

Fähnrich Friedrich Gotthilf Ferdinand von Brockhusen
(* 21. Mai 1785, † 11. Mrz. 1865)

Vater: Gotthilf Joachim George (1749–1796), 1766 Gefr.corp. im I-R Nr. 22, 1774 als Fähnrich ins I-R Nr. 46 versetzt, im Juni 1776 (mit d. Charakter Ltnt.) dim., seit 1765 Erbherr auf Riebitz A u. Baldebus A im Krs. Greifenberg im Wert von 6833 T.; **Mutter**: Eleonora Friederike Marie, geb. von Mellenthin (1747–1806); **Großvater**: Matthias George; **Vater-Bruder**: Anton Gerhard Adam (* 1740), seit Jan. 1759 Fahnenjunker im I-R Nr. 36, Aug. 1763 Fähnrich, Dez. 1768 Sl, Dez. 1779 nach 22 Dj. dim., seit 1780 Ltnt. im Stettiner Land-Reg. mit e. *Tractament* von fünf T. monatlich, seit 1780 Erbherr auf Zoldekow A, 1797 im Wert von 13400 T.; **Laufbahn**: trat 1797 ins I-R Nr. 36 ein, avancierte bis zum Fähnrich, mußte wegen körperlicher Gebrechen 1804 d. Abschied nehmen; erhielt am 31. Juli 1805 die *venia aetatis*; **Güter**: seit 1799 Erbherr auf Riebitz A u. Baldebus A im Wert von 12/m T.;

Quellen: GStA, I. HA, Rep. 30, Nr. 44, B 16a, Paket 9253; Vas.tab. 1756, 1767, 1804; Rep. 96, Nr. 95, L l, Nr. 7 (Onkel); IV. HA, Rep. 1, Nr. 71, Bl. 196 (Vater, Vater-Bruder); Stabi Ms. boruss. fol. 314, fol. 316; Geschichte I-R Nr. 36, S. 106 (A.G.A); Jb. dt. Adel, Bd. 1, S. 327–328;

Ltnt. Friedrich Wilhelm von Brockhusen (* um 1705, † Nov. 1741)*

aus Pommern gebürtig; **Laufbahn**: Gefr.corp. im I-R Nr. 8, Dez. 1727 Fähnrich, Dez. 1734 Sl, Okt. 1737 Pl, 1741 gest.; (**verwandt**: Hans Christoph von Brockhusen (* 1701), seit

1718 im Militär, 1732 Fähnrich im I-R Nr. 15, vor Mrz. 1740 abgegangen: Stabi, Ms. boruss. fol. 311);

Quellen: Priesdorff, Offz.stammliste, S. 76;

Ltnt. Gotthilf Joachim Wilhelm von Brockhusen (* 1772)

Vater: Joachim Friedrich (1740–1803), seit 1757 im Militär, Juli 1763 Fähnrich, Sep. 1766 als Sl im I-R Nr. 33 nach neun Dj. dim., seit 1767 Erbherr auf Groß Justin D u. Klein Justin D im Krs. Greifenberg im Wert von 4633 T., hier noch 1797 gen.; **Vater-Bruder**: Anthon Bogislav (1748–1827), Cap., s.d.; **Bruder**: Friedrich Anton Ludwig (* 1775), seit 1792 im Reg., 1794 Ltnt. im I-R Nr. 39, vor 1799 abgegangen; **Laufbahn**: Mai 1792 Fähnrich im I-R Nr. 39, April 1793 Sl, Mrz. 1800 dim.; **Güter**: saß 1804 auf d. väterl. Gut im Wert von 10/m T.;

Quellen: GStA, I. HA, Rep. 30, Nr. 243, Vas.tab. 1763, 1794, 1799, 1804; IV. HA, Rep. 1, Nr. 71, Bl. 196; Stabi, Ms. boruss. fol. 311 (Vater); Brüggemann, Beiträge, 2, S. 226;

Ltnt. Henning George von Brockhusen (* 20. Mai 1728, † 19. April 1777)*

Vater: Heinrich (Balzer bzw.) Balthasar (1694–1768), Cap., bis 1734 Erbherr auf Anteil Natztow im Krs. Belgard, seit 1736 auf Wiederkauf Besitzer von Groß Justin C, Klein Justin B u. Riebitz C im Krs. Greifenberg, 1756 im Wert von 6666 T.; **Bruder**: Christoph Heinrich Joachim (* 1730), seit 1752 im Militär, 1756 Fähnrich im Garn.-Reg. Nr. 10 in Neiße, Mrz. 1764 als Ltnt. dim.; **Laufbahn**: seit 1746 im Militär, Juni 1752 Fähnrich im I-R Nr. 8, Nov. 1756 Sl, Nov. 1760 Pl, Juni 1764 (mit d. Charakter Cap.) dim., 1777 zu Alt Döberitz gest.; **Güter**: erheiratete 1765 Alt Döberitz im Borckeschen Krs.; **Ehefrau**: Sophie Auguste Ulrike, geb. von Bonin (* 1735), sie ging im Jan. 1780 e. zweite Ehe ein mit d. Ltnt. Ernst von Borcke; **Sohn**: August George Christoph (* 27. Okt. 1767, † 1. Jan. 1831), Juni 1787 Fähnrich im I-R Nr. 8, Sep. 1789 Sl, Dez. 1791 dim., 1793 Erbherr auf Alt Döberitz im Borckeschen Krs., verkaufte d. Gut vor 1799, nach 1806 Erbherr auf Ramelow im Ftm. Cammin;

Quellen: GStA, I. HA, Rep. 30, Nr. 243, Vas.liste 1756, 1763, 1767, 1793, 1799; IV. HA, Rep. 1, Nr. 71, Bl. 196 (H.G. u.d. Bruder); Brüggemann, T. 2/1, S. 334–335; T. 2/2, S. 656–657; Stabi, Ms. boruss. fol. 314 (C.H.J. 1756 nicht gen.), fol. 315 (H.G.); Jb. dt. Adel, Bd. 1, S. 336–337, S. 343; Priesdorff, Offz.stammliste, S. 50 (gest. 10.4.1777);

Ltnt. Joachim Friedrich von Brockhusen (* 1700)

aus Pommern gebürtig; **Laufbahn**: seit 1721 im Militär, 1735 Ltnt. im D-R Nr. 1, vor 1741 abgegangen;

Quellen: Stabi, Ms. boruss. fol. 314; nicht bei Probst, 1841, Abgangsliste;

Major Sigismund Friedrich Wilhelm von Brockhusen (* 1740, † 30. April 1820)

Vater: Carl Christoph (* um 1695, † vor 1777), dän. Major, Erbherr auf (Groß Justin C, Klein Justin B u. Riebitz C im Krs. Greifenberg, seit 1737 auch auf) Koldemanz u. Rensin im Flemmingschen Krs., diese 1756 im Wert von 14/m T., noch 1767 als Erbherr genannt;

Mutter: Wilhelmina Dorothea, geb. von Stossen; **Vater-Bruder**: Michael Friedrich, Cap.; **Schwester**: Louise Henriette verwitw. Major Joachim Bernhard von Kremtzow, s.d.; **Laufbahn**: seit 1754 im Regiment, 1756 Cornet im D-R Nr. 12, zuletzt Ltnt., Juni 1764 (bzw. April 1765) mit d. Charakter Cap. dim., 1806 Charakter Major; **Güter**: seit 1777 Erbherr auf Groß Justin C, Klein Justin B u. Riebitz C im Krs. Greifenberg, 1804 im Wert von 10/m T., 1777 bis 1784 auch auf Koldemanz u. Rensin im Flemmingschen Krs., hatte 1793, 1804 seinen Wohnsitz in Rützenhagen im Krs. Schivelbein; **Sohn**, 1804 gen.: Carl Christian Friedrich (* 1766), Geh. Leg.rat u. Gesandter in Dresden; **Sohn**: Philipp Friedrich (* 1771, † 16. Juni 1815), Juni 1780 bis Mai 1785 *cadet* in Stolp, seit 1787 im Reg., April 1790 Fähnrich im I-R Nr. 36, Sep. 1793 Sl, Jan. 1803 Pl, Febr. 1809 Stabs-Cap., Okt. 1812 zur Gendarmerie, Juli 1813 Adjutant d. Gl Friedrich Wilhelm von Bülow, Aug. 1813 Cap. im 2. Res.-I-R, April 1815 Major im 28. I-R, Juni 1815 gefallen; **Sohn**: Sigismund George Christian (1778–1806), Mai 1787 bis Febr. 1793 *cadet* in Stolp, Febr. 1795 Fähnrich im I-R Nr. 17, Okt. 1797 Sl, Mrz. 1806 gest.; **Sohn**: Bernd Curth Leopold (* 1780, † 16. Febr. 1847), Juni 1790 *cadet* in Stolp, April 1794 *cadet* in Berlin, Okt. 1797 Fähnrich im I-R Nr. 13, Mrz. 1801 Sl, Sep. 1813 pens.; **Sohn**: Heinrich Otto (* 1784), Mai 1793 *cadet* in Stolp, April 1796 *cadet* in Berlin, Sep. 1798 Fähnrich, Febr. 1803 Sl im I-R Nr. 21, Nov. 1808 d. Leib-I-R aggr., April 1810 Pl, Okt. 1810 als Stabs-Cap. dim.; **Sohn**: August Heinrich Ludwig (1787–1851), Nov. 1796 *cadet* in Stolp, Okt. 1802 nach Hause gekommen, Dez. 1811 Sl beim 1. Pom. I-R, Febr. 1817 Pl, Mrz. 1829 als Cap. dim.;

Quellen: GStA, I. HA, Rep. 30, Nr. 243, Vas.tab. 1756, 1793, 1799, 1804; IV. HA, Rep. 1, Nr. 71, Bl. 196 (kz. Notiz für S.F.W., Söhne); Stabi, Ms. boruss. fol. 311; Brüggemann, T. 2/1, S. S. 33–34, S. 431–432; Stolper Kadetten, S. 13, S. 21, S. 25, S. 30, S. 35;

Kammerherr Sigismund Ludwig Joachim von Brockhusen (* 23. Jan. 1769)

Vater: Anton Victor (* 1733, † 6. Okt. 1786), seit 1747 im Militär, 1749 Gefr.corp. im I-R Nr. 8, Juli 1756 Sl im Garn.-Reg. Nr. 7, zuletzt Pl, 1763 als Cap. dim., Erbherr auf Groß Justin A, Zoldekow B u. C im Krs. Greifenberg, 1767 im Wert von 10/m T., war dessen einziger Sohn; Stief-**Mutter**: Dorothea Sophia Hedwig (geb. von Brockhusen); **Großvater**: Anton Joachim (* 1695), seit 1711 im Militär, Dez. 1712 Cornet, Okt. 1720 Rittmstr. im K-R Nr. 2, 1724 abgegangen, hinterließ drei Söhne; **Vater-Brüder**: Hans Carl (* 1731), 1749 Junker im D-R Nr. 5; George Friedrich (1735–1757), seit etwa 1748 Gefr.corp. im I-R Nr. 8, Mai 1755 Fähnrich, Dez. 1756 Sl, Mai 1757 bei Prag gefallen; **Laufbahn**: weilte von 1783 bis 1785 in Pension beim Stettiner Prof. Selle, von diesem als *flatterhaft u. unachtsam* eingeschätzt, bezog dennoch Ostern (1785 od. 1788) d. Univ. Frankfurt an d. Oder für e. dreijähriges Studium d. Kameralwissenschaften, versäumte Kollegien, besuchte *schlechte Gesellschaften*, beging Ausschweifungen, machte Schulden, wurde deshalb von d. Univ. mit Strafen belegt; kehrte 1789 nach Zoldekow zurück; lehnte e. Engagement als Referendar bei d. Stettiner KDK ab, soll weiterhin zu Leichtsinn u. Verschwendung geneigt haben; 1791 bat sein Vormund, der Cap. Johann Fromhold Frhr. von Mirbach, um die *venia aetatis* für S.L.J., machte darauf aufmerksam, daß dieser d. Universalerbe d. verst. Hofgerichtspräsidenten George Freiedrich von Broecker auf Karmzow u. Rieth sei; d. Stettiner Pupillenkollegium lehnte im Febr. 1791 d. Gesuch d. *Curators* mit Hinweis auf dessen früheres Verhalten ab, auch hätten die väterlichen Gutsanteile lt. Inventur vom Juli 1787 nur e. Wert von 14517 T. gehabt, darauf aber Schulden von 13909 T., die landschaftl. Taxe bezifferte d.

Güter jedoch auf 16735 T.; auch ein zweites Gesuch verwarf d. Stettiner Kollegium im April 1791, weil es keine Besserung sah, aufgrund der guten Zeugnisse d. Landrates George Ulrich von Lettow, der Stiefmutter u. d. Vormundes sowie angesichts der uckermärkischern Erbschaft bekam S.L.J. am 9. Mai 1791 die *venia aetatis*; noch 1791 wurde er königlicher Kammerherr; nahm seinen Wohnsitz im uckermärkischen Karmzow; seine **Güter** Carnitz, Gützelfitz, Neides, Moizow, Nitznow, Groß Zapplin, 1797 im Wert von 100/m T., gerieten nach 1800 in Konkurs, 1801 auf Groß Justin A, Zoldekow B u. C, Nitznow, 1804 auf Moizow, Anteil Nitznow u. Zoldekow B u. C im Wert von 50 T. gen.;

Quellen: GStA, I. HA, Rep. 30, Nr. 44, B 16 a, Paket 9253; Nr. 243, Vas.tab. 1756 (Vater-Brüder), 1763, 1767, 1797; Stabi, Ms. boruss. fol. 313, fol. 315 (Großvater, Vater, 1756 als Carl Victor im I-R Nr. 8); Monteton, K-R Nr. 2, S. 55 (Großvater); Priesdorff, Offz.stammliste, S. 50 (Onkel G.F.);

Quellen: Priesdorff, Offz.stammliste, S. 51; (nicht im Jb. dt. Adel);

Cap. Wilhelm Ernst Adolph von Brockhusen
(* 18. April 1773, † 16. Mrz. 1858) *

Vater: Adam Christoph (1718–1791), Erbherr auf Göhren in Mecklenburg, auf Lüskow im Krs. Wollin; **Mutter**: Johanna Luise Friederike, geb. von Behmen († 1793); **Bruder**: Ernst Friedrich George (* 1757), 1793 Kammerherr in Mecklenburg-Strelitz; **Bruder**: Otto Friedrich Balthasar (* 1768, † 21. April 1831), 1785 Junker im D-R Nr. 5, Dez. 1787 Sl, Sep. 1795 Pl, Okt. 1798 Stabs-Cap., Mai 1803 Cap., April 1807 Major, Dez. 1809 Chef e. Escadron, Juni 1813 Ol, Mai 1814 dim. als Obrist mit Wartegeld; **Bruder**: Carl Ludwig Ulrich (* 25. Febr. 1770, † 26. Febr. 1852) *, Sep. 1783 Junker, Sep. 1786 Fähnrich im I-R Nr. 52, Aug. 1788 Sl, Febr. 1799 Pl im I-R Nr. 52, Dez. 1805 Stabs-Cap., 1806/07 beim 1. Pom. Res.-Bat., Mrz. 1808 als Major dim., Aug. 1813 beim 4. Ostpreuß. Landwehr-I-R, April 1815 Kommandant d. Forts Weichselmünde, Okt. 1815 Ol, Mrz. 1821 Obrist, Mrz. 1834 als GM pens.; **Laufbahn**: Juni 1785 Gefr.corp. im I-R Nr. 12, Juni 1787 Fähnrich, Mai 1790 Sl, Nov. 1799 Inspektions-Adjutant d. märkischen Infanterie, Jan. 1800 Pl, Sep. 1801 Stabs-Cap., Sep. 1803 Cap., 1807 inaktiv, April 1813 Adjutant bei General Levin Carl von Heister, Juli 1813 Major u. Adjutant bei Fürst von Blücher, Okt. 1815 Ol, Mrz. 1823 Obrist, Mrz. 1834 Charakter GM, Mrz. 1837 Abschied als Gl; **Güter**: besaß 1793 zs. mit seinen drei Brüdern d. väterliche Gut Lüskow im Krs. Wollin, dieses war *deteriorirt*, deshalb waren seinem Vater bereits Hilfsgelder von 6/m T. in Aussicht gestellt worden, d. Ltnt. bat 1797 u. 1801 vergeblich um Auszahlung dieser Gelder; Lüskow hatte 1801 e. Wert von 12/m T.;

Quellen: GStA, I. HA, Rep. 30, Nr. 243, Vas.tab. 1793, 1799, 1804; II. HA, Abt. 13 a, Tit. I, Litt B, Nr. 28; IV. HA, Rep. 1, Nr. 71, Bl. 199 (hier alle 3 Brüder); Conrady, I-R Nr. 52, S. 336; Priesdorff, Nr. 1524 (Carl), 1527 (Wilhelm);

Fähnrich Wilhelm Gottlieb von Brockhusen (* 1769, † 22. Mai 1789) *

aus Pommern gebürtig; **Laufbahn**: 1786 Gefr.corp. im I-R Nr. 8, Sep. 1787 überkompletter Portepée-Fähnrich, Dez. 1788 Portepée-Fähnrich, Mai 1789 in Stettin gest.;

Major Friedrich Wilhelm von Broecker (* 1. Okt. 1726, † vor 1801)

Vater: August, Obergerichtsrat; **Mutter**: Agneta Veronica, geb. von Ramin; **Laufbahn**: Dez. 1740 Engagement im I-R Nr. 22, 1743 Wechsel ins I-R Nr. 47, Juli 1743 Sl, Aug. 1744 nach Wesel versetzt, Jan. 1753 Pl im I-R Nr. 41, Okt. 1756 Stabs-Cap., Juli 1757 Cap. u. Chef e. Comp., Aug. 1760 Major, Febr. 1767 *cassirt*, hatte die *Compagnie* des bei Kolin gefallenen Obristen Joh. Friedrich Herwarth von Bittenfeld (1698–1757) übernommen, blieb diesem bzw. seiner Witwe Johanna Elisabeth, geb. Harprecht von Harprechtstein, *Compagnie-Gelder* in Höhe von 1 400 T. schuldig, die Witwe führte deshalb e. langjährigen Prozeß gegen den Major; **Ehefrau**: Witwe des bei Kolin gefallenen Cap. Otto George von Borcke (1721–1757), 1768 gest.; Stief-**Söhne**: Heinrich Theodor Ferdinand von Borcke (1744–1785) u. Otto Ernst Friedrich von Borcke (* 1756); **Güter**: besaß nach e. Vergleich mit d. Gebr. Heinrich Otto u. Friedrich Wilhelm von Borcke, s.d., von 1763 bis 1780 zs. mit seiner Frau bzw. seinen beiden Stiefsöhnen das Gut Rosenfelde nebst Vorwerk Neuendorf im Borckeschen Krs., dieses wechselte 1754 für 14 100 T. d. Besitzer, er mußte 1772 und 1775 wegen Zahlungsschwierigkeiten um e. *Indult* bitten, seine Aktiva betrugen 1771 10 613, die Passiva 5 957 T.; das Gut wurde zs. mit dem Vorwerk Neuendorf 1780 an Peter Matthias George von Borcke verkauft; F.W. erwarb dafür 1780 d. Gut Rienow im Borckeschen Krs., 1793 als Erbherr gen., 1797 auf 20/m T. geschätzt; ein leiblicher **Sohn**: George Ludwig Friedrich (* um 1769) hatte 1793 seinen Wohnsitz in Westpreußen;

Quellen: GStA, I. HA, Rep. 30, Nr. 44, B 27 f, Paket 9 259; Nr. 186 d, Paket 9 838 (Stiefsöhne); Nr. 243, Vas.tab. 1763, 1793, 1801; IV. HA, Rep. 1, Nr. 71, Bl. 204 (kz. Notiz); Stabi, Ms. boruss. fol. 311 (1744 nach Wesel versetzt); Brüggemann, T. 2/1, S. 350–351; Gesch. I-R Nr. 41, S. 79, 92–93;

Ltnt., Hofgerichtspräsident George Friedrich von Broecker (1727–1791)*

Vater: Albrecht Friedrich (* 1712, † Mai 1755), 1730 *cadet* in Berlin, seit 1738 Landrat d. Krs. Saatzig, Erbherr auf Buchholz; **Mutter**: Deliane Catharina Constantia, e. geb. von Borcke; **Laufbahn**: Jurastudium in Königsberg und Halle, vom König 1750 als Volontair im preuß. Heer plaziert, Dez. 1750 Cornet im K-R Nr. 11, 1757 als Cornet dim., 1763 als vorm. Ltnt. gen., hielt sich damals zu Buchholz bei Stargard in Hinterpommern auf, amtierte von 1765 bis 1768 als Präsident des Hofgerichtes in Köslin, hatte keine Söhne u. keine Brüder, **Frau**: eine geb. von Knyphausen, **Lehnsvetter**: Ludwig Gustav von Broecker, Cornet im K-R Nr. 10, 1756 bei Lobositz gefallen; **Güter**: besaß bis 1772 d. väterliche Gut Buchholz im Krs. Saatzig im Wert von 20/m T.; außerdem Erbherr auf Rieth (u. Albrechtsdorf) im Krs. Anklam sowie auf Karmzow in d. UM, prozessierte mehr als zwölf Jahre wegen Karmzow (Wert ca. 18/m T.) gegen den Kriegsminister und Gl Carl Heinrich von Wedel (1712–1782) u. dessen Frau Friederike Auguste, e. geb. von Broecker, e. Schwester d. Cornets L.G.; die pomm. Güter Rieth u. Albrechtsdorf, die uckermärk. Güter Trampe u. Karmzow hatten d. uckermärk. Obergerichtsrat Gustav Friedrich von Broecker gehört u. fielen nach dessen Tod 1750 seinem einzigen Sohn zu, dem damaligen Cornet Ludwig Gustav im K-R Nr. 10, gefallen bei Lobositz, dieser wollte Karmzow an seinen Schwager C.H. von Wedel verkaufen, wogegen der spätere Präsident 1756 erfolgreich Einspruch einlegte; verkaufte 1772 d. väterliche Erbgut Buchholz bei Stargard im hinterpommerschen Krs. Saatzig an d. Witwe d. Obristen von Hagen, e. geb. von Klitzing; 1804 befand sich d. Gut Buchholz, Wert 27/m, im Besitz von Bogislav Christlieb von Kleist, s d.,

Quellen: GStA, I. HA, Rep. 30, Nr. 44, B 27 f, Paket 9 259; Nr. 243, Vas.tab. 1756, 1763; Stabi, Ms. boruss. fol. 311 (L.G.); Schwerin, K-R Nr. 10, T. 2, S. 70; Monteton, S. 119 (L.G., 1757 dim.?); biogr. Handbuch, S. 138–139;

Ltnt. Friedrich Constantin von BRONCKY (* 1769, † Febr. 1801)

Vater: Johann Jacob († 1796), saß 1788 auf e. Anteil von Zelasen im Distrikt Lauenburg im Wert von 700 T., der zu zwei Dritteln verschuldet war, gab 1794 an, nach Abzug d. Kreditzinsen jährlich nicht mehr als 15 T. Revenuen zu haben, konnte davon mit seiner Familie nicht leben, hinterließ zwei Söhne u. drei Töchter; **Mutter**: e. geb. von Sarbsky; **Vater-Bruder**: Anton († 1793), wohnte in Klein Krien im Krs. Stolp zur Miete, hinterließ drei Kinder, die von Handarbeit u. Almosen lebten; **Bruder**: Johann Reinhold (1761–1811), trat 1779 in d. Militärdienst ein, Nov. 1783 Sl im H-R Nr. 10, Aug. 1794 Pl, Okt. 1803 Stabs-Rittmstr., 1811 als aktiver Offz. gest.; **Laufbahn**: Mai 1777 *cadet* in Stolp, Juni 1785 *cadet* in Berlin, seit 1787 Gefr.corp. im I-R Nr. 11, Mrz. 1790 Fähnrich, Juni 1793 Sl, 1801 als Sl gest.; d. **Schwestern** Anna Catharina (* um 1776) u. Maria Elisabeth (* um 1782), für die d. Brüder mehrere Gesuche eingereicht hatten, erhielten aufgrund ihrer kümmerlichen Lage im Sep. 1798 e. Pension von 50 T., beide waren zuvor von d. Ltnt. J.R von seinem *Tractament* unterhalten worden, d. Schwester Eva Ernestina war 1793 in e. Kloster gegangen;

Quellen: GStA, I. HA, Rep. 30, Nr. 243, Vas.tab. 1804 (mit anderen Angaben f. d. Brüder); II. HA, Abt. 13 a, Tit. III, Litt B, Nr. 43 u. 44 (auch als Broncken); Litt. L, Nr. 1, Bd. 1; IV. HA, Rep. 1, Nr. 71, Bl. 217; Stabi, Ms. boruss. fol. 316 (Bruder); Stolper Kadetten, S. 10; Becker, I-R Nr. 11, S. 334, S. 341, S. 360; Pauly, S. 557–559;

Cap. Egidius Heinrich von BRÜNNOW (* 1686)

aus Pommern gebürtig; **Laufbahn**: seit 1704 im Militär, Mai 1713 Stabs-Cap. im I-R Nr. 17, Juni 1713 wirkl. Cap., 1717 abgegangen;

Quellen: Stabi, Ms. boruss. fol. 319;

Cap. Ernst Vincenz Ewald von BRÜNNOW (* Dez. 1759, † 16. April 1802) *

Vater: Carl Franz (1720–1791) *, Regierungsrat in Küstrin, erwarb 1762 d. Gut Breitenfelde im Dewitzschen Krs. mit Schönenwalde D für 11 600 T., hinterließ fünf Söhne; **Mutter**: Anna Louisa (* 1736), e. To. d. Cap. Ewald Ehrenreich von Wachholz; **Bruder**: Carl George Ehrenreich (* 1753), seit 1768 im Militär, 1774 Gefr.corp. im I-R Nr. 22, Okt. 1778 Sl, Jan. 1790 Pl, Mai 1793 Stabs-Cap., Mrz. 1796 Cap. u. Chef e. Comp., Febr. 1806 Major, Aug. 1808 dim.; **Bruder**: Friedrich Franz Gotthilf (* 1761, † 29. Jan. 1834), seit 1775 im Militär, Juni 1782 Sl im I-R Nr. 22, Dez. 1792 Pl, Aug. 1794 Stabs-Cap., Okt. 1799 Cap. u. Chef e. Comp., Jan. 1810 Major, Okt. 1812 zur Gendarmerie, Jan. 1814 Kommandeur d. 14. Schles. Landwehr-I-R, Mai 1815 Ol, Mrz. 1818 Obrist, Febr. 1820 mit Pension dim.; **Bruder**: Philipp Wilhelm Gottlieb (* 1768, † 8. Sep. 1800), seit 1783 im Militär, Juni 1787 Fähnrich im I-R Nr. 24, Juni 1788 Sl, Jan. 1795 Orden p.l.m., Okt. 1798 Pl, im Jahr 1800 auf d. Jagd erschossen; **Bruder**: Otto Lupold August (* 1773, † 12. Juli 1793), Mai 1792 Fähnrich im I-R Nr. 39, Mai 1793 Sl, im Juli d.J. an e. Blessur gest.; **Laufbahn**: 1774 Gefr. corp. im I-R Nr. 8, Okt. 1777 Fähnrich, Juni 1782 Sl, Juni 1793 Pl, Jan. 1795 Stabs-Cap., Sep. 1797 Cap. u. Chef e. Comp., 1802 als aktiver Offz. gest.; **Güter**: besaß zs. mit seinen drei Brüdern u. drei Schwestern d. väterliche Gut, welches nach seinem Ableben im Dez. 1802 für 31 500 T. verkauft wurde;

Quellen: GStA, I. HA, Rep. 30, Nr. 243, Vas.tab. 1767, 1793, 1799, 1804; IV. HA, Rep. 1, Nr. 71, Bl. 245; Stabi, Ms. boruss. fol. 314 (d. älteren Brüder alle aus d. NM geb.), fol. 316 (P.W.G. aus Breitenfelde gebürtig); Brüggemann, Beiträge, 2, S. 164; Lehmann, Ritter, S. 393; Priesdorff, Offz.stammliste, S. 52; biogr. Handbuch, S. 141 (Vater);

Major George Vincenz von BRÜNNOW (* um 1677)

aus Pommern gebürtig; **Laufbahn**: seit 1697 im Militär, April 1711 Cap. im I-R Nr. 19, Jan. 1719 als Major wegen Schwächlichkeit dim., ging nach Arnswalde in d. NM;

Quellen: Stabi, Ms. boruss. fol. 319; Gesch. I-R Nr. 19, S. 78;

Major Adam Siegmund (Christian) von Brüsewitz (* um 1720, † 4. April 1762)

Vater: Eggert Siegmund (* um 1671, † vor 1730), Erbherr auf Anteil Cummin im Krs. Greifenberg (bzw. Mulkentin im Krs. Saatzig), hinterließ vier Söhne; **Bruder**: Adam George (* um 1717, † vor 1756), seit 1732 im Militär, Nov. 1740 Fähnrich, Aug. 1742 Pl im I-R Nr. 22, 1749 als Cap. gen., Juli 1750 dim., seit 1743 als Lehnsfolger Erbherr auf Cummin C im Krs. Greifenberg, nach seinem Ableben fiel d. Gut an d. Obristen Ernst Friedrich von Brüsewitz, s.d.; **Laufbahn**: seit etwa 1735 im Militär, Mai 1745 Sl, Dez. 1747 Pl im I-R Nr. 22, 1762 als aktiver Major nach 27 Dj. an e. Krankheit gest.;

Quellen: GStA, I. HA, Rep. 30, Nr. 44, B 10, Paket 9250; Nr. 243, Vas.tab. 1756 (Bruder A.G. auf Cummin); IV. HA, Rep. 1, Nr. 71, Bl. 246 (kz. Notiz für d. Brüder); Stabi, Ms. boruss. fol. 314 (1741 drei Brüsewitz im I-R Nr. 22: Christoph, Juli 1738 Sl, Friedrich, Gefr.corp. aus Mulkentin, Adam, Nov. 1740 Fähnrich, in d. Listen 1741 u. 1746 unterschiedl. Angaben f. A.G.); Ms. geneal. fol. 120 (d. Vater als Hans Eggert auf Cummin); Brüggemann, T. 2/1, S. 420;

Rittmstr. Caspar Magnus Heinrich von BRÜSEWITZ (* 20. Juni 1741, † 29. Dez. 1805)

Vater: (Baltzer bzw.) Balthasar Heinrich (1704–1745), Erbherr auf Bandesow, Cambz, Cummin A, Staarz B im Krs. Greifenberg, hinterließ drei Söhne; **Mutter**: Catharina Wilhelmine, geb. von Borcke (1713–1781); **Bruder**: Carl Friedrich (1738–1811)*, Juni 1753 Junker im D-R Nr. 12, April 1756 Cornet, Mai 1757 Sl, Juni 1763 Pl, Juni 1769 Stabs-Rittmstr., Okt. 1780 Major u. Chef e. Escadron, Juni 1789 Ol im D-R Nr. 12, Mai 1790 Kommandeur d. D-R Nr. 10, Juni 1790 Obrist, Aug. 1794 Orden p.l.m., Sep. 1797 Chef d. D-R Nr. 12, Mai 1798 GM, Mai 1805 Gl, Sep. 1806 Abschied mit Pension, verh. mit Dorothea Albertine Sophie, geb. Gräfin von Wartensleben, gesch. Gräfin von Carnitz (1743–1813), Carl Friedrich war seit 1763 Erbherr auf Staarz B im Krs. Greifenberg, 1797 im Wert von 7/m T.; **Bruder**: August Wilhelm (* 11. Mai 1744, † 1768), seit 1763 im Reg., 1764 Gefr.corp. im I-R Nr. 17, 1768 als Ltnt. gest., 1763 u. 1767 auf Bandesow u. Cummin A gen.; **Laufbahn**: Mai 1759 vom Junker zum Cornet im D-R Nr. 5 befördert, Mai 1763 dim. (mit d. Charakter Rittmstr.); **Güter**: Erbherr auf Cambz, seit 1768 auch auf Bandesow u. Cummin A, 1804 hatten seine Güter Rakitt, Bandesow, Cambz, Cummin, Anteil Brendemühle e. Wert von 42/m T.; **Ehefrau**: Antoinette Henriette, geb. von Brockhusen (1747–1783) aus Groß Justin; **Sohn**: Wilhelm Gustav (1783–1863), 1799 auf d. Gymnasium zu Königsberg, NM, 1804 auf d. Univ. in Frankfurt an d. Oder, wurde vom kränklichen Vater von seinen Reisen zurückgerufen, führte seit Michaelis 1805 d. Wirtschaft, erhielt am

17. Mai 1806 die *venia aetatis*, sein väterl. u. mütterl. Erbteil betrug nach Abzug d. Schulden 30/m T., seit 1806 Erbherr auf d. väterl. Gütern;

Quellen: GStA, I. HA, Rep. 30, Nr. 44, B 10, Paket 9250; Nr. 243, Vas.tab. 1756, 1763, 1767, 1804; IV. HA, Rep. 1, Nr. 71, Bl. 246 (nur d. Bruder C.F.); Albedyll, Anhang, S. 63*; Brüggemann, T. 2/1, S. 413, S. 420; Brüggemann, Beiträge, 2, S. 208; Tb. Uradel 1901, S. 164 (hier nur d. Vater u. d. Sohn C.M.H.); Lehmann, Ritter, S. 341; Priesdorff Nr. 968 (Bruder C.F.);

Ltnt. Christoph von Brüsewitz (* 1711)

aus Pommern gebürtig; **Laufbahn**: seit 1727 im Militär, Juli 1738 Sl im I-R Nr. 22, vor 1746 abgegangen;

Quellen: Stabi, Ms. boruss. fol. 314;

Obrist Ernst Friedrich von Brüsewitz (* 1702, † 24. Mrz. 1778)

Vater: Joachim Ernst (* um 1655, † vor 1731), seit 1670 im brandenburg. Militärdienst, 1698 Rittmstr. im K-R Nr. 5, nahm nach *einigen* 40 Dj. altershalber seine Dimission, Erbherr auf Cummin B im Krs. Greifenberg; **Schwester**: Agnesa Catharina (* um 1704, † 5. Jan. 1795), sie hielt sich 1774 in Cammin auf, besaß e. Kapital von 300 T. u. ernährte sich von Handarbeit, bekam seit Sep. 1775 e. Pension von 100 T.; (**Neffe**: Caspar Magnus Heinrich, Cap., s.d.); **Laufbahn**: seit 1717 im Militär, 1731 Ltnt. in Brandenburg an d. Havel, erhielt Mitte 1745 als Ol d. Orden p.l.m., 1746 Obrist bei d. kgl. Grenadier-Garde, nahm 1754 nach 38 Dj. wegen Blessuren seinen Abschied; **Güter**: seit mind. 1731 Erbherr auf Cummin B, bekam 1762 d. Erlaubnis, seine zwei Bauernhöfe, also Cummin B, im Krs. Greifenberg für 3/m T. an e. Bürgerlichen zu verkaufen, 1754 war sein Gesuch abgelehnt worden, nach Auseinandersetzung mit seiner Schwester und Abzug der Schulden betrug sein freies Vermögen 1/m T., 1778 in Cammin gest.;

Quellen: GStA, I. HA, Rep. 30, Nr. 44 B 10, Paket 9250; II. HA, Abt. 13 a, Tit. III, Litt B, Nr. 35 (Schwester); nicht in IV. HA, Rep. 1, Nr. 71; Stabi, Ms. boruss. fol. 311 (Vater); Ms. geneal. fol. 120; Brüggemann, Beiträge 2, S. 216; Lehmann, Ritter, S. 30;

Cap. Ernst Heinrich von Brüsewitz (* 1716, † 1750)

Vater: Bernd Sigismund († um 1740), stand 1711 als Ltnt. im I-R Nr. 9 (Prinz Georg), 1725 als vorm. Cap. gen., Erbherr auf Görke, bis 1740, und Jatzel im Krs. Greifenberg, hinterließ nur einen Sohn; **Mutter**: Elisabeth Charlotte, geb. von Steinwehr; **Laufbahn**: seit 1730 im Militärdienst, Febr. 1742 Sl im I-R Nr. 40, 1750 als Cap. gest.; **Güter**: von etwa 1740 bis 1750 Erbherr auf Jatzel im Krs. Greifenberg; **Schwester**: Barbara Helena, verh. mit d. Obristen von Tettau, diese bekam als Witwe Obristin von Tettau 1752 von ihrer Mutter d. allodifizierte Gut Jatzel im Wert von 4/m T. übereignet; in zweiter Ehe verheiratet mit Christoph Friedrich von der Osten;

Quellen: GStA, I. HA, Rep. 30, Nr. 44, B 10, Paket 9250; Stabi, Ms. boruss. fol. 315; Brüggemann, T. 2/1, S. 428, S. 430;

Major Moritz Eccard von Brüsewitz (* 1717, † 30. Mrz. 1785)

Vater: Eccard († 1726), Erbherr auf Brendemühle B im Krs. Greifenberg; **Mutter**: Dorothea Lucia, geb. von Koeller; **Laufbahn**: engagierte sich 1738 im Militärdienst, 1740 als Gefr.corp. im I-R Nr. 20 gen., Aug. 1740 Fähnrich im I-R Nr. 36, Febr. 1742 Sl, Jan. 1754 Pl, Febr. 1758 Stabs-Cap., Febr. 1759 Cap. u. Chef e. Comp., geriet bei Maxen in Gefangenschaft, 1767 Cap. im I-R Nr. 36, Nov. 1773 Major, Juni 1781 auf Wunsch vom I-R Nr. 36 dim., seit Juni 1781 Ober-Reise-Stallmeister, 1785 in Potsdam ohne Leibeserben gest.; **Güter**: besaß seit d. brüderl. Vergleich von 1737 d. väterliche Gut im Wert von 3 200 T., darauf 1767 Schulden von 2 850 T.; **Bruder**: Friedrich Ludwig, bei d. brüderlichen Erbteilung von 1737 gen.; **Bruder** Carl Gustav (* 1713, † um 1789) seit 1730 im Militärdienst, 1735 Junker im D-R Nr. 1, 1743 Ltnt. im D-R Nr. 9, im Dez. 1743 u. 1755 als Ltnt. im D-R Nr. 10 in Mohrungen genannt, vor Sep. 1763 abgegangen, 1767 (Ober-)Forstmeister in Preußen, erbte 1785 Brendemühle (B bzw.) C von seinem verst. Bruder M.E., 1804 befand sich Brendemühle (B bzw.) C im Besitz seines Sohnes, d. vorm. Ltnt.s im D-R Nr. 10 Gustav Friedrich Carl von Brüsewitz, der im preuß. Osterode wohnte;

Quellen: GStA, I. HA, Rep. 30, Nr. 43, Paket 9 232; Nr. 243, Vas.tab. 1756, 1767, 1804; IV. HA, Rep. 1, Nr. 71, Bl. 246 (kz. Notiz); Stabi, Ms. boruss. fol. 311 (M.C. u. Bruder C.G.), fol. 312 (Bruder C.G.), fol. 314; Gesch. I-R Nr. 36, S. 93–94; Brüggemann, T. 2/1, S. 414–415;

Obrist Bernhard von Brunner (* 1701)

aus Pommern gebürtig; **Laufbahn**: seit 1722 im Militär, stand 1730 als Ltnt., 1740 als Stabs-Rittmstr. im K-R Nr. 8, Jan. 1745 Major u. Chef e. Escadron, 1756 als Obrist u. Chef e. Escadron im D-R Nr. 12 gen.;

Quellen: Stabi, Ms. boruss. fol. 311, fol. 312; nicht in IV. HA, Rep. 1; nicht bei Siebmacher, Bd. 6/9, hier nur S. 12: von Brunn;

Cap. Johann Friedrich de la Bruyère (* 1760, † Okt. 1819)*

aus Pommern gebürtig; **Laufbahn**: Sep. (bzw. Okt. 1786) Sl im I-R Nr. 40, Aug. 1793 Pl, Okt. 1800 Stabs-Cap., Aug. 1806 Cap. u. Chef e. Comp., Dez. 1813 zum 17. Schlesischen Landwehr-I-R, Mai 1816 pens., Aug. 1816 Charakter Major;

Quellen: GStA, IV. HA, Rep. 1, Nr. 71, Bl. 260; Stabi, Ms. boruss. fol. 315, fol. 907 a;

Cap. Ludwig de la Bruyère (* 1742)

aus Pommern gebürtig; **Laufbahn**: seit etwa 1760 im Militär, Febr. 1762 Sl im D-R Nr. 7, Juli 1785 Abschied als Cap.;

Quellen: GStA, IV. HA, Rep. 1, Nr. 71, Bl. 260 (kz. Notiz); Stabi, Ms. boruss. fol. 315; Tyszka, D-R Nr. 7, S. 450;

Cap. George Rüdiger von Büchow (* um 1687, † 1742)

Vater: Martin Ernst, Erbherr auf Anteil Giesebitz im Krs. Stolp; **Laufbahn**: seit 1707 im Militärdienst, Sep. 1715 Ltnt. im I-R Nr. 19, zuletzt Cap., Mai 1734 dim.; **Güter**: erbte d. väterlichen Gutsanteil; **Ehefrau**: Maria Jacobina, geb. von Massow, aus beider Ehe gingen d.

Sohn Anthon Ernst George (* 1740, † nach 1752) u. d. Tochter Barbara Elisabeth Agnisa (* 1739) hervor, beide besaßen 1750 e. väterl. Vermögen von zs. 2 539 T.; d. Witwe trat d. Anteil Giesebitz 1756 für 5 600 T. an Johann Ernst Friedrich von Stojentin ab; (**verwandt**: ein George Friedrich von Büchow (* um 1750) saß 1794 auf Bonkow im Krs. Stolp: Rep. 30, Nr. 243, Vas.tab. 1794);

Quellen: GStA, I. HA, Rep. 30, Nr. 186 d, Pakete 9 834 u. 9 835; Nr. 241 b, Paket 9 961 (hier als Bychow); Stabi, Ms. boruss. fol. 319 (als Bichow); Brüggemann, T. 2/2, S. 965; Gesch. I-R Nr. 19, S. 82;

Cap. Johann (Ernst Christoph) von Buggenhagen (* um 1723, † 1760) *

Vater: Ernst Christoph (1678–1741), Ltnt. in schwedischen Diensten, löste 1722 d. Gut Regezow auf Usedom für 908 T. wieder ein; **Mutter**: Maria, geb. von Gentzkow; **Bruder**: Jürgen Ernst (1715–1784), schwed. Landrat, auf Buggenhagen in Schwed.-Pommern; **Laufbahn**: seit 1740 im Militärdienst, stand 1752 als Fähnrich, 1756 als Sl u. Adjutant im I-R Nr. 24, als Cap. an e. bei Torgau erlittenen Blessur gest.; **Güter**: seit 1743 Erbherr auf Regezow im Krs. Usedom, verkaufte dieses 1747 für 5/m T. an d. Ltnt. Christoph Adam von Stedingk, s.d.;

Quellen: GStA, I. HA, Rep. 30, Nr. 243, Auszug aus d. Vas.tab. für 1752; Stabi, Ms. boruss. fol. 316; Brüggemann, Beiträge, 1, S. 523; Gesterding, 1, S. 175–178; nicht im Jb. dt. Adel, Bd. 1;

Ltnt. Paul Heinrich von Bulgrin (* um 1695, † 1723)

(**Vater**: Faustin († vor 1714), Erbherr auf Wussecken im Ftm. Cammin); **Laufbahn**: seit 1709 im Militär, (1714 Sergant bei d. Leib-Comp. d. Grenadier-Garde), seit 1717 im I-R Nr. 23, Mrz. 1717 Sl, 1723 als Ltnt. im I-R Nr. 23 gest.;

Quellen: Stabi, Ms. boruss. fol. 316; Brüggemann, T. 2/2, S. 609; Siebmacher, Bd. 6/9, 1894, S. 13–14;

Major Achatz Christoph von Burghagen (* 1740, † 22. Sep. 1822)

aus d. Prignitz gebürtig, evt. e. Bruder d. GM Wilhelm Albrecht von Burghagen (1739–1799) *; **Laufbahn**: seit 1756 im Militärdienst, 1764 Sl u. Adjutant im I-R Nr. 39, 1780 Pl, im Okt. 1788 als Major mit Pension dim.; **Güter**: erwarb vor 1793 d. Gut Pumptow im Krs. Pyritz im Wert von 50/m T., noch 1804 auf d. Gut gen.; **Sohn**: Heinrich Wilhelm August (* 1775, † 14. April 1832), Dez. 1790 Cornet im D-R Nr. 3, Aug. 1794 Sl, Nov. 1804 Pl, Aug. 1807 als Cap. dim.;

Quellen: GStA, I. HA, Rep. 30, Nr. 243, Vas.tab. 1793, 1804; IV. HA, Rep. 1, Nr. 71, Bl. 356 (d. Sohn hier als Carl); Stabi, Ms. boruss. fol. 316; Priesdorff, Nr. 981 (W.A.);

Obrist Ernst Ludwig Philipp von Burgsdorff
(* 6. Mai 1740, † 25. Mrz. 1819)

Vater: Christoph Friedrich (1694–1753), Erbherr auf ¼ Reichenbach im Krs. Saatzig, vor 1749 verkauft, ließ sich dann in d. NM nieder; **Mutter**: Elisabeth Hedwig, geb. von Wedel aus Cossin; **Laufbahn**: 1754 bis 1756 *cadet* in Berlin, 1756 bis 1757 Page bei d. Königin, Mrz. 1757 Gefr.corp. im I-R Nr. 1, Okt. 1760 Fähnrich, Jan. 1763 (bzw. 1764) Sl, Jan. 1774

Pl im I-R Nr. 1, April bzw. Mai 1782 Stabs-Cap., Okt. 1783 Cap. u. Chef e. Comp., Mai 1793 Major, Juni 1795 Kommandeur d. 2. Grenadier-Bat., April 1802 Ol u. Kommandeur d. 3. Bat. in Strausberg, Mai (1803 bzw.) 1805 Obrist, Sep. 1813 mit 600 T. pens.; **Ehefrau**: Johanna Christiane, geb. Totte (1764–1808); (**verwandt**: Caspar von Burgsdorff (* 1708), seit 1727 im Militär, stand 1730 als Gefr.corp. im I-R Nr. 10: Stabi, Ms. boruss. fol. 316);

Quellen: GStA, II. HA, Abt.12, Materien, Vas.-Tab. Nr. 6; IV. HA, Rep. 1, Nr. 71, Bl. 361; Stabi, Ms. boruss. fol. 313; Stammtafeln Burgsdorff, 2. Teil, S. 295, S. 301;

Obrist Friedrich Wilhelm von Butzke (* 1705, † 23. Sep. 1760)

Vater: Lorenz Wolf, Erbherr auf Butzke B im Krs. Belgard; **Laufbahn**: engagierte sich 1722 im Militärdienst, stand 1740 als Pl im I-R Nr. 23, 1745 als Cap. gen., Mai 1747 Orden p.l.m., 1755 als Major gen., im Sep. 1760 an einer Blessur als Obrist gest., hinterließ auf Butzke Aktiva von 5 713 u. Schulden von 7 855 T.; **Ehefrau**: Sophia Eleonora, e. geb. von Blankensee; ihr Bruder, d. Cap. Friedrich Wilhelm von Blankensee vom I-R Nr. 23, war seit 1761 Vormund d. beiden Töchter; **Güter**: erbte d. väterliche Gut Butzke B im Krs. Belgard im Wert von 10/m T., erwarb 1753 d. Gut Parpart im Krs. Greifenberg im Wert von 23 500 T. von d. Witwe GM Joh. Caspar von Hertzberg; 1760 fielen beide Güter an seine Witwe, dann vor 1780 an d. beiden **Töchter** Maria Sophia Wilhelmina, verh. mit d. Ltnt. von Altrock, u. Friederica Louisa; diese verkauften Butzke B, behielten aber Parpart;

Quellen: GStA, I. HA, Rep. 30, Nr. 186 d, Paket 9 837; Nr. 243, Vas.tab. 1756, 1763, 1767; IV. HA, Rep. 1, Nr. 71, Bl. 395 (kz. Notiz, gest. 23.11.1760); Stabi, Ms. boruss. fol. 316; Brüggemann, T. 2/1, S. 439–440, T. 2/2, S. 642; Lehmann, Ritter, S. 37;

Uffz. Joachim Christian von Butzke (* um 1705, † Nov. 1762)

Vater: Bogislav Henning, Erbherr auf Butzke A im Krs. Belgard; **Bruder**: Ulrich Henning (* 1704), seit 1717 im Militär, 1720 Corp., 1730 Ltnt. im K-R Nr. 11, 1740 hier als Rittmstr. gen., dieser überließ J.C. d. väterliche Gut; **Laufbahn**: trat 1726 in d. Militärdienst ein, stand 1730 als Gefr.corp. im I-R Nr. 10, 1756 vorm. Uffz.; **Güter**: erbte von seinem Vater Butzke A im Wert von 3 823 T.; seine Ehefrau starb ebenfalls 1762, beide hinterließen drei **Töchter**: Dorothea Agnisa (* 12. Juli 1741), Sophia Ludovica (* 11. Okt. 1743) u. Maria Christiana (* 18. Juli 1745), diese hatten 1764 e. mütterl. Erbe von 4 600 T., d. Schulden d. verst. Vaters lagen jedoch mit 2 405 T. über d. Aktiva, d. Gut Butzke A geriet in Konkurs u. wurde 1767 d. Ltnt. Anton George von Blankenburg verkauft; d. drei Töchter lebten 1775 in kümmerlichen Umständen in Butzke, sie ernährten sich von Spinnen und Weben u. wurden auf d. Expectantenliste für e. Pension aufgenommen; d. To. Maria Christina heiratete um 1780 d. Schmied Johann Piscke; (**verwandt**: 1730 stand e. Bogislav George von Butzke (1699–1745), aus Belgard gebürtig, seit 1715 im Militär, 1720 Sergant, als Ltnt. im I-R Nr. 10, Dez. 1745 als Cap. an e. Blessur gest.: Stabi, Ms. boruss. fol. 316);

Quellen: GStA, I. HA, Rep. 30, Nr. 43, Pakete 9 232 bis 9 235 (Töchter); Nr. 241 b, Paket 9 962; Nr. 243, Vas.tab. 1756; Stabi, Ms. boruss. fol. 315 (Bruder, als Henning Ulrich), fol. 316; Brüggemann, T. 2/2, S. 642;

Cap. Lorenz (Heinrich) Wedig von Butzke (* 1701, † 1751)

aus Pommern gebürtig; **Bruder**: Friedrich Wilhelm (* um 1705), nahm keine Dienste; **Laufbahn**: seit 1716 im Militär, Mrz. 1723 Fähnrich im I-R Nr. 2, 1740 als Pl genannt, Nov. 1741 als Stabs-Cap. zum I-R Nr. 42 versetzt, 1751 als Cap. im Grenadier-Bat. Nr. 1 gest.;

Quellen: GStA, I. HA, Rep. 30, Nr. 243, Vas.tab. 1755 (hier noch als Vasall gen.); IV. HA, Rep. 1, Nr. 71, Bl. 395 (danach starb 1752 e. Cap. v. B. im I-R Nr. 1); Stabi, Ms. boruss. fol. 311 (hier als Lorenz Wedig; Abgangsliste Grend.-Bat. Nr. 1, danach aus Preußen); Oelsnitz, I-R Nr. 2, S. 910;

Ltnt. Franz Matthias von Bychowsky (1776–1823)

Vater: Matthias (bzw. Jacob), stand nicht im Militär, besaß kein Gut, ernährte sich von Handarbeit, um 1785 in Paraschin gest., hinterließ aus zwei Ehen drei Töchter u. zwei Söhne; **Mutter**: Anna Constantia, geb. von Lewinska (* 1749), Tochter e. Landedelmanns, sie hielt sich 1791 in Reddestow im Distrikt Lauenburg auf; **Bruder**: Andreas Johann (* um 1782), sollte 1792 als *cadet* nach Stolp gehen, hier nicht genannt, stand 1802 als Fähnrich im I-R Nr. 51, 1804 Ltnt., 1811 (als Ltnt.) im 6. I-R dim.; **Laufbahn**: Juli 1785 *cadet* in Stolp, April 1791 *cadet* in Berlin, 1796 Fähnrich im I-R Nr. 17, 1798 Sl, bat 1796 u. 1798 um e. Pension aus d. pomm. Meliorationsfonds für seine Mutter, die in dürftigen Umständen lebte, 1806 Pl im I-R Nr. 17, 1823 als Pl gest.; (**verwandt**: Anton von Bychowsky bzw. Bychofsky (* 1736), seit 1756 im Militär, 1766 Sl im I-R Nr. 30, 1770 als Pl nach 13 Dj. gest.: Stabi, Ms. boruss. fol. 311);

Quellen: GStA, II. HA, Abt. 13 a, Tit. III, Litt B, Nr. 19; Litt L, Nr. 1, Bde. 1 u. 2; Litt L, Nr. 14; nicht in IV. HA, Rep. 1, Nr. 71; Stabi, Ms. boruss. fol. 907 a; Stolper Kadetten, S. 19;

Ltnt. Ignatius von Bychowsky (* 1734)

Vater: Johann, Erbherr auf Anteil Schluschow im Distrikt Lauenburg; **Laufbahn**: 1756 *cadet* in Berlin, stand im Siebenjährigen Krieg als Ltnt. bei Grolmann (Garn.-Reg. Nr. 3), war zwei Jahre in Gefangenschaft, nach 1763 dim.; **Güter**: saß auf e. Anteil Jezow im Distrikt Lauenburg, bat am 11. Dez. 1786 um e. Pension od. e. Versorgung, machte dabei auf seinen Militärdienst aufmerksam, nachdem seine Gebäude abgebrannt waren u. er noch andere Unglücksfälle erlitten hatte, konnte er sich seinen Unterhalt nicht mehr verschaffen;

Quellen: GStA, I. HA, Rep. 30, Nr. 243, Vas.tab. 1756; Rep. 96, Nr. 257 B; nicht in Stabi, Ms. boruss. fol. 316;

Cap. Carl Christian Heinrich von Calbow (* 1742, † Juni 1794)

Vater: Hofrat († 18. Okt. 1769), hinterließ seinen acht Kindern (1782) e. Vermögen von 3500 T., dieses ging im Konkurs Putzar verloren, 1782 wurden als Erben drei im Militär stehende Söhne, vier verh. u. e. ledige Tochter gen.; **Bruder**: Bogislav Friedrich (* 1739), seit 1757 im Militär, 1763 als Ltnt., 1772 u. 1782 als Rittmstr. im K-R Nr. 2 gen., Nov. 1785 als Major dim.; **Bruder**: Heinrich Wilhelm Alexander (* 1751, † 2. Dez. 1813), seit 1770 im Militär, Juni 1775 Sl im H-R Nr. 10, Sep. 1787 Pl, Juli 1793 Stabs-Rittmstr., Aug. 1800 Rittmstr. u. Chef e. Escadron, Mai 1810 Major, Mrz. 1811 mit Pension dim.; **Bruder**: Hans Christoph (* 1740, † 3. Juli 1771), Nov. 1759 Fähnrich, Mrz. 1762 Sl im I-R Nr. 14, 1771 als Sl gest.; (**Bruder**: Ludwig Friedrich (* 1738, † 3. Juni 1767), seit 1752 im Militär, Juni

1759 Sl im H-R Nr. 4, als solcher gest.); **Laufbahn**: trat 1759 in d. Militärdienst ein, Sep. 1762 Fähnrich, Nov. 1765 Sl im I-R Nr. 22, Aug. 1785 Stabs-Cap., Juni 1788 Cap., Juni 1794 gefallen; **Schwestern**: Louise Wilhelmine Friederike (* 5. Febr. 1755), stand 1791 auf d. Expectantenliste für e. Pension, sie hatte e. Vermögen von einigen hundert T. u. hielt sich bei ihrer Schwester Beata Juliana Albertina, verh. mit d. Cap. Johann Friedrich Wilhelm von Owstien, s.d., zu Thurow auf; Maria Dorothea war 1782 verh. mit d. Major von Lüptow; Henriette Luise Charlotte verh. mit d. Ol u. sp. GM Carl Eduard von Tiedemann, Anna Elisabeth Christiane verh. mit e. von Averdick;

Quellen: GStA, II. HA, Abt. 13 a, Tit. III, Litt A, Nr. 1; Litt C, Nr. 13; IV. HA, Rep. 1, Nr. 72, Bl. 7 (hier als Carl Christian); Stabi, Ms. Boruss. fol. 311 (H.C.) fol. 314, fol. 315 (B.F.), fol. 316 (H.W.A., aus Schwed.-Pom.); Monteton, S. 57 (Bruder B.F.);

Ltnt. (George) Carl Friedrich Wilhelm (v.) Cardinal von Widder (* 1771)

Vater: George Friedrich Wilhelm († 1799), aus Teschen in Österr.-Schlesien gebürtig, stand über 30 Jahre als Offz. in preuß. Diensten, zuletzt Ltnt. im K-R Nr. 10, als Invalide dim. u. 1776 im Akzisefach in Tempelburg versorgt, d. Sohn G.C.F.W. wurde in Tempelburg geboren; **Laufbahn**: Juli 1779 *cadet* in Stolp, Juli 1785 *cadet* in Berlin, April 1790 Cornet im H-R Nr. 7, Jan. 1792 Sl, Juni 1793 pensioniert, als Akzise-Einnehmer in Inowraclaw in Südpreußen versorgt, hatte Frau u. Kinder u. galt um 1800 als bedürftig; **Schwester**: Helena Johanna Wilhelmina (* 1776), sie hielt sich 1801 im Krs. Arnswalde auf, gab Aufschluß über Vater u. Bruder u. bat um e. neumärkische Pension, e. zweite **Schwester** namens Susanne Charlotte Henriette befand sich damals in Klütz bei Stargard, wo sie freien Unterhalt genoß;

Quellen: GStA, II. HA, Abt. 13 a, Tit. IV, Generalia, Nr. 19 (als Card. v. Widder); IV. HA, Rep. 1, Nr. 72, Bl. 31 (unter v. Cardinal); Stabi, Ms. boruss. fol. 313 (Abgangsliste H-R Nr. 7); Stolper Kadetten, S. 12;

Major Matthias Ferdinand von Carmer (* 1739, † 9. Juli 1798)

Vater: Johann Wilhelm, kurpfälz. Kammerrat; **Mutter**: Ida Maria, geb. Rademacher; **Bruder**: Johann Heinrich Casimir (1720–1801), EM, Großkanzler, seit 1791 Graf; **Laufbahn**: Gefr.corp. im I-R Nr. 8, Jan. 1759 Fähnrich, Dez. 1760 Sl, Nov. 1770 Pl, Okt. 1779 Stabs-Cap., Jan. 1781 Cap. u. Chef e. Comp., Dez. 1791 Major, Juli 1794 Kommandeur d. Grenadier-Bat. d. I-R Nr. 8, 1798 in Warschau gest.; **Güter**: erwarb 1790 für 20 500 T. d. Gut Mulkenthin im Krs. Saatzig, 1804 im Besitz seiner Erben; besaß e. Anteil an Sallentin im Krs. Pyritz; im Okt. 1804 billigte d. Vormundschaftskollegium d. Verkauf von Sallentin C u. D, d. dem minderj. **Sohn** Heinrich (* um 1791) des verst. Majors gehörten, für 22/m T. an d. Landrat von Schöning; d. Vormund d. Mündels, d. Kriegsrat Friedrich Christoph George von Petersdorff auf Großenhagen, hatte d. Verkauf beantragt; 1776 hatten die beiden Anteile nur e. Wert von 8 826 T. gehabt, lt. Taxe d. Landschaft aber 14 892 T.; (**verwandt**: Johann Wilhelm, 1778, 1779 Major im Frei-Bat. Salenmon, 1788 im Depot-Bat. d. I-R Nr. 44, April 1789 Ol, Dez. 1792 pens.);

Quellen: GStA, I. HA, Rep. 30, Nr. 44, C 30 g, Paket 9 263; Nr. 243, Vas.tab. 1793, 1799, 1801, 1804; IV. HA, Rep. 1, Nr. 72, Bl. 39; Brüggemann, Beiträge, 2, S. 148; Priesdorff, Offz.stammliste, S. 55, Nr. 97;

sächs. Obrist Joachim Matthias von Carnitz (* 1696, † 1740)

aus Pommern gebürtig; **Laufbahn**: trat 1718 in d. Militärdienst ein, Nov. 1718 Cornet im K-R Nr. 10, 1722 als Ltnt. dim., 1730 als Rittmstr. in poln. Diensten genannt, 1737 Ol in sächs. Diensten, als Obrist gest.; **Güter**: wurde Lehnsfolger d. Geh. Rats Friedrich Wilhelm von Carnitz (* 1679), ließ die ihm zugefallenen Güter Carnitz, Moizow, Neides, Nitznow, Pustchow, Dresow u. Gützelfitz im Krs. Greifenberg allodifizieren, löste dazu d. Gut Groß Zapplin A ein; zweite **Frau**: Christiane Sophie, geb. von Uecht(e)ritz, sie zeigte im Dez. 1741 an, daß ihr Mann Hypotheken- u. Wechselschulden in Höhe von 80/m T. hinterlassen habe, deshalb sollten die Güter im Wert von 100/m T. zum Vorteil d. Erben verkauft werden; 1743 wurden von d. Vormund d. Sohnes A.C. d. Güter Dresow u. Pustchow für 23/m T. verkauft; 1750 gingen die anderen Güter an d. einzigen **Sohn** Adolph Carl (* 26. Nov. 1731, † 7. Dez. 1808), dieser hatte seine akademischen Jahre absolviert, amtierte als Legationsrat, legte e. vorteilhaftes Zeugnis d. Landrates George Ulrich von Lettow vor u. erhielt deshalb auf sein Gesuch im Sep. 1754 d. *venia aetatis*; A.C. wurde im Jan. 1761 in d. preuß. Grafenstand erhoben u. zugleich kgl. Kammerherr, später St. Johanniter-Ordens-Kanzler, verkaufte 1798 d. Güter Carnitz, Neides, Nitznow, Moizow, Gützelfitz u. Groß Zapplin A, 1793 nur mit 80/m T. angegeben, für 200/m T. an d. Kammerherrn Sigismund Ludwig Joachim von Brockhusen, mit seinem Ableben 1808 erlosch d. Familie;

Quellen: GStA, I. HA, Rep. 30, Nr. 44, C 28 a, Paket 9262; Stabi, Ms. boruss. fol. 311; Ms. geneal. fol. 120 (lt. Vas.tab. 1731 war A.C. der Sohn von F.W., nicht von J.M.); Brüggemann, T. 2/1, S. 418; Brüggemann, Beiträge, 2, S. 214; Monteton, S. 105 (1722 Abgang vom K-R Nr. 10); Zedlitz, 1. Bd., S. 356–357; Siebmacher, Bd. 6/9, 1894, S. 15;

Cap. Franz Ludwig von Chamier (* 20. Jan. 1767)*

Vater: Ludwig (* 1731, † Sep. 1802), Erbherr auf Zemmen D im Distrikt Bütow im Wert von 1 600 fl.; **Mutter**: e. geb. von Lietzen († 30. Mrz. 1793), sie hatte e. kgl. Pension von 100 T.; **Laufbahn**: Sep. 1779 *cadet* in Stolp, Mai 1782 *cadet* in Berlin, seit 1783 im Regiment, Mai 1787 Fähnrich, Nov. 1790 Sl im I-R Nr. 42, Jan. 1802 Pl, Febr. 1806 Stabs-Cap., Dez. 1807 zum Schles. Res.-Bat., Dez. 1808 zum 1. Ostpr. I-R, Aug. 1809 Chef e. Comp., Mrz. 1813 Kreis-Brigadier bei d. Gendarmerie, Nov. 1814 Major, Aug. 1818 pens., 1839 Bürgermeister in Sensburg; (**Bruder**: Friedrich Wilhelm (* 1786), Okt. 1794 *cadet* in Stolp, Mai 1799 *cadet* in Berlin, seit 1801 im Regiment, Febr. 1803 Portepée-Fähnrich im I-R Nr. 3, Mai 1805 Fähnrich, 1827 als Cap. im 36. I-R pens.); (**verwandt**: ein Thomas von Chamier († 1776), stand als Ltnt. im Reg. von Bornstedt, hinterließ seine Frau Anna Christina, geb. von Lietzen (* 1720) u. zwei Söhne, die 1779 auf e. verschuldeten Anteil Zemmen im Distrikt Bütow saßen, d. Witwe sollte sich erst für e. Pension qualifizieren, d. h. die nötigen Unterlagen beibringen: I. HA, Rep. 30, Nr. 43, Paket 9232);

Quellen: GStA, I. HA, Rep. 30, Nr. 249, Vas.tab. 1771; IV. HA, Rep. 1, Nr. 72, Bl. 72; Stabi, Ms. boruss. fol. 312, fol. 314 (Bruder), fol. 907 a; Stolper Kadetten, S. 13, S. 32; Fam.gesch., T. 2, S. 42;

Cap. Johann Ludwig von Chamier (* Mai 1768, † 20. April 1812)

Vater: Andreas (1727–1809), aus Zemmen gebürtig, Erbherr auf Anteil Moddrow im Distrikt Bütow, d. Gutsanteil war evt. d. Mitgift, d. Erbteil seiner Frau, seit 1799 nach e. Schlaganfall bettlägrig, lebte 1805 noch, hatte drei Söhne, die alle im Militär standen, u.

drei Töchter; **Mutter**: Sophia Elisabeth, geb. von Marck († 1804); **Bruder**: Friedrich Matthias (* 20. Sep. 1770, † 5. Jan. 1813), Juli 1785 *cadet* in Stolp, Juli 1787 *cadet* in Berlin, seit 1789 im Regiment, (Jan. 1791 bzw.) Febr. 1793 Fähnrich beim 2. Bat. Garde in Potsdam, Juli 1795 Sl, Juli 1803 Pl, Aug. 1805 Stabs-Cap., Juni 1810 Cap., als solcher 1813 gest.; **Bruder**: Michael Andreas (* 25. Sep. 1777, † 19. Febr. 1811), Jan. 1788 *cadet* in Stolp, April 1793 *cadet* in Berlin, Sep. 1795 Fähnrich beim 2. Bat. Garde, Febr. 1798 Sl, Aug. 1805 Pl, Juni 1810 Stabs-Cap., 1811 gest.; **Laufbahn**: Juli 1779 *cadet* in Stolp, Juni 1783 *cadet* in Berlin, 1786 Gefr.corp. im I-R Nr. 23, Juni 1787 Fähnrich im I-R Nr. 35, Mai 1790 Sl, Nov. 1798 Pl, Jan. 1806 mit Pension u.d. Charakter Cap. dim.; seit 1803 **verheiratet** mit Louise Charlotte (* 1768), e. To. d. Ltnt.s Joachim Friedrich von Barfuss; **Schwestern**: Johanna Marie (* 1766), diente seit früher Jugend als Wirtschaftsfräulein, seit 1790 Haushälterin beim Landschaftsrat von Tiedemann in Wojanow bei Danzig, hier noch 1804 tätig; d. älteste Schwester war verh. mit e. von Malot(t)ky, der e. kleinen verschuldeten väterl. Gutsanteil bewirtschaftete, d. jüngste Schwester war verh. mit e. von Schmude, der e. Hof von zwei Hufen in Trzebiatkow in Pacht hatte; auch diese beiden Schwestern hatten sich von Jugend an vor ihrer Heirat d. Unterhalt verdient;

Quellen: GStA, I. HA, Rep. 30, Nr. 249, Vas.tab. 1805; II. HA, Abt. 13, a. Tit. III, Litt C, Nr. 10; IV. HA, Rep. 1, Nr. 72, Bl. 72; Stabi, Ms. boruss. fol. 311; Reinhard, Garde, S. 539 (F.M.), S. 541 (F.M. u. M.A.); Taeglichsbeck, S. 272; Stolper Kadetten, S. 12, S. 18, S. 23; Fam.gesch., T. 2, S. 67–71;

Fähnrich Michael von Chamier (* 7. Okt. 1776, † 15. Aug. 1798)

Vater: Franz Ludwig (* 1721), in Zemmen ansässig; **Mutter**: Maria, geb. Nagel; **Laufbahn**: Aug. 1790 *cadet* in Stolp, Juli 1793 *cadet* in Berlin, Okt. 1797 Fähnrich im I-R Nr. 55, 1798 als solcher gest.;

Quellen: GStA, IV. HA, Rep. 1, Nr. 72, Bl. 72; Stolper Kadetten, S. 27; Fam.gesch., T. 2, S. 48;

Ltnt. Carl Ludwig von Chmielinsky (* 1732)

aus Hinterpommern gebürtig; (**Brüder**: Jacob (* 1726), 1772 Cap. bei Lestwitz, Erbherr auf Anteil Kl. Perlin; Nicolaus George, 1772 als Ltnt. gen.); **Laufbahn**: seit 1747 im Militär, 1756 Gefr.corp., Mrz. 1761 Pl im I-R Nr. 20, vor 1771 abgegangen;

Quellen: GStA, I. HA, Rep. 30, Nr. 249, Vas.tab. 1772 (Brüder?); Stabi, Ms. boruss. fol. 311; nicht in IV. HA, Rep. 1, nicht in Rangirrolle Saldern;

Cap. Ernst Ludwig von Chmielinsky (* um 1743)

aus d. Distrikt Lauenburg gebürtig; **Laufbahn**: trat um 1756 in d. Militärdienst ein, 1758 Fahnenjunker im D-R Nr. 9, 1786 als Ltnt. im D-R Nr. 9 gen.; Jan. 1789 Stabs-Cap., Dez. 1791 pens.; (**Güter**: saß 1804 auf Küssow u. Strellentin im Distrikt Lauenburg im Wert von 46/m T.);

Quellen: GStA, I. HA, Rep. 30, Nr. 249, Vas.tab. 1804 (hier als Hans Ernst); IV. HA, Rep. 1, Nr. 72, Bl. 95 (hier als Ludwig Ernst); Stabi, Ms. boruss. fol. 312 (1763 nicht gen.);

Cap. Franz Jacob von CHMIELINSKY (* 1736)

Vater: Matthias (* um 1710), Erbherr auf Anteil Schluschow im Distrikt Lauenburg, 1771 im Wert von 1 200 fl.; **Laufbahn**: 1756 *cadet* in Berlin, seit 1757 im Regiment, 1764 Sl im I-R Nr. 23, 1787 Cap. u. Chef e. Comp., vor 1803 abgegangen;

Quellen: GStA, I. HA, Rep. 30, Nr. 243, Vas.tab. 1756; Nr. 249, Vas.tab. 1772; VIII. HA, Slg. A.B. König, Nr. 449; Stabi, Ms. boruss. fol. 316; nicht in GStA, IV. HA, Rep. 1;

Major Franz Matthias von CHMIELINSKY (* um 1730, † Jan. 1787)

Vater: (Erbherr auf Anteil Klein Perlin B u. Anteil Gartkewitz D im Distrikt Lauenburg, 1771 im Wert von zs. 6 300 fl.); **Bruder**: Christian (* 1725), seit 1744 im Militär, 1750 Fähnrich im I-R Nr. 12, 1752 *wegen Melancholie* als Fähnrich (nach zwölf Dj.) dim., saß 1756 auf Kl. Perlin B im Distrikt Lauenburg; **Bruder**: Ernst (* um 1723), befand sich 1778 als vorm. Ltnt. auf d. Gut; **Bruder**: Jacob Gottlieb (* um 1726, † 25. April 1780), trat um 1744 in d. Militärdienst ein, stand 1750 als Fähnrich im I-R Nr. 12, 1756 Ltnt., 1764 Stabs-Cap., 1774 Cap. u. Chef e. Comp., 1780 als aktiver Major gest., besaß 1771 Kl. Perlin B im Wert von 6 300 fl.; **Laufbahn**: seit 1754 im Militär, 1756 Fahnenjunker im I-R Nr. 29, Mai 1760 Pl, Dez. 1773 Cap. u. Chef e. Comp., 1784 Major im Garn.-Reg. Nr. 5, als solcher 1787 nach 33 Dj. gest., er war der letzte von fünf Brüdern, die alle im Militär gestanden hatten; **Ehefrau**: Caroline Elisabeth (* 1748), e. To. d. um 1787 verst. Cap. von Sydow, sie besaß Gartkewitz D für 1 333 T.; ihr Bruder war d. Obrist Carl Friedrich von Sydow (1745–1807) vom I-R Nr. 42; sie stand seit 1794 auf d. Expectantenliste für e. Pension, bekam bis 1806 aber keine solche, weil sie Guts-Revenuen bezog: **Güter**: 1801 befand sich d. Gut Kl. Perlin B im Wert von 766 T. in d. Hand seiner Witwe, diese hatte d. Nießbrauch d. Gutsanteile, auf denen Schulden von 1/m T. lagen, sie mußte von d. Revenuen aber noch zwei ledige Schwestern ihres Mannes in Kl. Perlin unterhalten;

Quellen: GStA, I. HA, Rep. 30, Nr. 243, Vas.tab. 1756; Nr. 249, Vas.tab. 1771 (s.o. bei Carl Ludwig), 1778, 1804; II. HA, Abt. 13 a, Tit. III, Litt L, Nr. 1, Bde. 1 u. 2; IV. HA, Rep. 1, Nr. 72, Bl. 95 (kz. Notizen); VIII. HA, Slg. A.B. König, Nr. 449; Stabi, Ms. boruss. fol. 316;

Major George Ernst von CHMIELINSKY (* 1706, † 14. Okt. 1758)

Vater: Michael Ludwig, Landgerichts-Assessor in Lauenburg, Erbherr auf Klein Bozepohl; **Mutter**: Catharina Elisabeth, geb. von Korth (bzw. Justina, geb. von Bochen); **Bruder**: Paul Sigmund († 1760), 1744 Pl, 1754 Stabs-Cap., 1756 Cap. im Grenadier-Garde-Bat. Nr. 6, als Major im Sommer 1760 bei Torgau gefallen; **Bruder**: Carl Philipp (1708–1745), sächs. Ol; **Laufbahn**: seit 1724 im Militärdienst, Juli 1728 Fähnrich, Mai 1735 Ltnt. im I-R Nr. 6, Juli 1740 Stabs-Cap., Aug. 1753 Major im Grenadier-Garde-Bat. Nr. 6, im Herbst 1758 als Major u. Kommandeur d. Grenadier-Garde bei Hochkirch gefallen; **Güter**: besaß d. Güter Klein Bozepohl u. Klein Lüblow im Distrikt Lauenburg; seit 1746 **verheiratet** mit Judith Catharina von Köppern (* April 1724); **Sohn**: Johann Ernst Friedrich (* 24. Aug. 1747, † 21. Aug. 1810), Mai 1770 Sl im Grenadier-Garde-Bat., seine Mutter bat 1782 in drei Immediatsuppliken um d. Abschied d. Ltnt.s, dieser habe auch aufgrund seines Alters im Militär *wenig Aussicht auf fortune*, könnte durch d. Erheiratung e. Vermögens von 25/m T. aber sein Glück außerhalb d. Dienstes machen, Okt. 1783 als Pl dim., 1810 als Cap. in Danzig gest.; **Sohn**: Wilhelm Ulrich Melchior (* 2. Mai 1752, † April 1797 bzw. April 1799), seit 1765 im Militär, verkaufte als Fähnrich 1770 zs. mit d. Bruder J.E.F. beider Anteil an Klein Lüblow in Lauenburg, beide waren fortan unbegüterte Vasallen, Mai 1780 Pl im I-R Nr. 27, Mai 1790 Stabs-Cap., Sep. 1793 Cap., 1797 als Cap. gest.;

Quellen: GStA, I. HA, Rep. 30, Nr. 243, Vas.tab. 1756 (hier e. Sohn N.N., 6 Jahre); Rep. 96, Nr. 92 A aa; Rep. 176, Nr. 1652 (G.E. einmal als Major, einmal als Obrist gefallen); IV. HA, Rep. 1, Nr. 72, Bl. 95 (kz. Notizen); Stabi, Ms. boruss. fol. 310 (Sohn), fol. 318; Reinhard, Garde, S. 557 (G.E. u. P.S.); S. 532, S. 558 (Sohn J.E.F.);

Ltnt. Johann Friedrich von Chmielinsky (* 1769, † 27. Jan. 1842)

Vater: Jacob (* 1741, † um 1772), Erbherr auf Paraschin C im Distrikt Lauenburg, hinterließ e. Sohn u. vier Töchter, d. Gutsanteil hatte 1790 u. 1804 e. Wert von 1 333 T.; **Schwester**: Anna Constantia (1762), sie hatte e. Vermögen von 400 T. von e. Großtante geerbt, war *blöden Gesichts* u. an Händen u. Füßen gelähmt, sie stand seit 1786 auf d. Expectantenliste für e. Pension u. bekam im Nov. 1793 50 T., ihre drei unmündigen Schwestern wurden noch damals aus Mitleid von fremden Leuten unterhalten; **Laufbahn**: weil d. Gutsrevenuen in Höhe von 100 T. jährlich nicht für d. Unterhalt d. Geschwister reichten, wurden diese getrennt bei fremden Leuten erzogen, J.F. lebte zs. mit zwei Schwestern fünf Jahre bei Frau von Pirch in Felstow, die auch seine Aufnahme in Stolp ermöglichte, Juni 1777 *cadet* in Stolp, Juni 1781 *cadet* in Berlin, Mai 1787 Fähnrich im I-R Nr. 48, Febr. 1792 Sl, Mai 1803 Pl, Sep. 1809 als Cap. dim., Wechsel in kurfürstl.-hessische Dienste; **Güter**: bezifferte sein freies Vermögen 1789 auf 300 T., besaß d. väterlichen Gutsanteil, dessen Wohn- u. Wirtschaftsgebäude während seiner Minderjährigkeit in Verfall geraten waren, d. Reparaturen u. Neubauten sollten 1 600 T. kosten, sollte auf sein Gesuch daher Meliorationsgelder in Höhe von 300 T. bekommen, diese wurden 1799 ausgezahlt;

Quellen: GStA, I. HA, Rep. 30, Nr. 249, Vas.tab. 1804; II. HA, Abt. 13 a, Tit. I, Litt C, Nr. 17; Tit. III, Litt C, Nr. 9 (Schwester); Litt L, Nr. 1, Bd. 1; IV. HA, Rep. 1, Nr. 72, Bl. 95; Stolper Kadetten, S. 10;

Ltnt. Johann George von Chmielinsky (* 1733)

aus Pommern gebürtig; **Laufbahn**: seit etwa 1750 im Militärdienst, 1756 Gefr.corp. im I-R Nr. 32, Juni 1763 Pl, vor 1774 abgegangen;

Quellen: Stabi, Ms. boruss. fol. 312 (hier als Schmilinsky); nicht in IV. HA, Rep.1;

Obrist Johann Friedrich Heinrich Frhr. von Cocceji (* 1722, † nach 1785)

Vater: Samuel (1679–1755), preuß. Justizminister, Großkanzler, seit 1730, 1734 Erbherr auf Wussecken, Lase, Kleist u. Repkow im Ftm. Cammin; **Mutter**: Johanna Charlotta, e. To. d. Gl Jacob von Beschefer; **Bruder**: Carl Ludwig (1724–1808), Präsident d. Glogauer Oberamts-Regierung; **Bruder**: Carl Friedrich Ernst (1725–1780), 1756 Ltnt. bei d. Garde, erhielt als Stabs-Cap. im Dez. 1757 d. Orden p.l.m., Febr. 1761 Cap. (bzw. Major) im 2. Bat. Garde, im Dez. 1761 als Adjutant zum König, Nov. 1762 als Cap. u. Flügel-Adjutant ohne Abschied dim., später poln. GM, seit 1765 Erbherr auf Repkow u. Kleist; **Laufbahn**: 1742 Fähnrich im I-R Nr. 1, 1747 Sl, Juni 1756 Pl, ging im Aug. d.J. als Adjutant zum GFM Jacob von Keith, Nov. 1757 Cap. u. Flügel-Adjutant, im Siebenjährigen Krieg zeitweilig Gesandter am Schwedischen Hof, Okt. 1762 als Flügel-Adjutant zum Ol von der Armee befördert, Nov. 1770 Obrist u. Gen.-Adjutant d. Königs, Jan. 1778 dim.; **Güter**: seit 1765 Erbherr auf Wussecken u. Lase im Ftm. Cammin, seit 1780 Mitbesitzer von Repkow u. Kleist, 1793, 1797 als Erbherr auf Kleist, Repkow, Lase u. Wussecken im Wert von 53 200 T. gen.;

Quellen: GStA, I. HA, Rep. 30, Nr. 243, Vas.tab. 1756, 1767, 1793, 1797 (hier d. Obrist Friedrich Ernst); IV. HA, Rep. 1, Nr. 72, Bl. 143; Stabi, Ms. boruss. fol. 313, fol. 319; Brüggemann, T. 2/2, S. 609; Lange, S. 469; Lehmann, Ritter, S. 68 (Bruder C.F.E.);

Cap. Michael Lorenz von Collrepp (* 1700, † Dez. 1740)

(**Vater**: Barthold Rüdiger († vor 1719), Cap., Erbherr auf Anteil Veßin u. Vilgelow im Krs. Stolp); **Laufbahn**: seit 1714 im Militär, Febr. 1719 Fähnrich im I-R Nr. 16, Febr. 1723 Sl, Juni 1730 Pl, Sep. 1733 Stabs-Cap., Jan. 1737 Cap. u. Chef e. Comp. im I-R Nr. 16, 1740 als Cap. gest.; **Schwester**: Sophia (* 1706), sie lebte 1774 in Stolp, besaß e. Kapital von 700 T., konnte von d. Zinsen jedoch nicht leben u. bat daher um e. Pension, machte auf ihren verst. Vater Barth. aufmerksam; (**verwandt**: Michel Anton von Collrepp (* 1702), (seine Mutter saß 1730 als Witwe auf Neu Kolziglow im Krs. Rummelsburg), 1717 *cadet* in Berlin, seit 1723 im Militär, April 1728 Fähnrich im I-R Nr. 13: Stabi, Ms. boruss. fol. 311; Crousaz, Beilage C, S. 31, als Wilhelm Anton von Kollrev);

Quellen: GStA, I. HA, Rep. 30, Nr. 43, Paket 9 235; nicht in IV. HA, Rep. 1, Nr. 72, Bl. 163; Stabi, Ms. boruss. fol. 316; Siebmacher, Bd. 6/9, 1894, S. 17; Kopka v. Lossow, Offz.liste, S. 4*; Koglin, S. 281;

Ltnt. Hermann Christoph von Corswant (* 1753)

aus Schwed.-Pommern gebürtig; **Laufbahn**: 1773 Fähnrich im I-R Nr. 51, erhielt Anfang 1786 nach 16 Dj. als Pl d. Abschied zwecks Übernahme d. Güter in Schwed.-Pommern, suchte am 22. Juni 1786 um d. Charakter Cap. nach;

Quellen: GStA, I. HA, Rep. 96, Nr. 95 C cc; Stabi, Ms. boruss. fol. 313);

Cap. Friedrich (Geo.) Gustav von Cosell (* 7. Aug. 1757, † 20. Aug. 1833)

Vater: Johann Carl († 1765), Juni 1716 Fähnrich im D-R v. Albe, Sep. 1718 Ltnt. im K-R Nr. 7, Jan. 1724 Rittmstr., Mai 1737 Major, Nov. 1741 Ol, Juli 1745 Obrist u. Kommandeur d. Reg., Juli 1749 Kommandant d. Feste Draheim, als solcher gest., hinterließ sechs Söhne u. drei Töchter; **Mutter**: Johanna Sophia, geb. von Arnim († 3. Jan. 1803), verlor bei e. Konkurs ihr Vermögen von 2/m T., bezog e. Pension aus d. General-Kriegskasse von 100 T.; **Laufbahn**: seit 1776 im Militärdienst, Okt. 1782 Sl im I-R Nr. 22, Mai 1790 zum Depot-Bat. d. Reg., Sep. 1792 mit 96 T. Pension jährl. dim., Nov. 1804 Charakter Cap., als Postmstr. in Rügenwalde versorgt; **Brüder**: Johann Friedrich (* 5. Juli 1744, † 20. Mrz. 1796), seit 1762 im Reg., Dez. 1768 Pl im I-R Nr. 22, 1775 nach 13 Dj. als Invalide dim. u. versorgt; **Bruder**: Carl Ludwig (* 28. Juli 1746, † 29. Okt. 1793), seit 1761 im Reg., 1774 als Pl im I-R Nr. 27 gen., Febr. 1783 Stabs-Cap., Nov. 1788 Cap. u. Chef e. Comp., Jan. 1793 Major, in d. Bataille bei Kaiserslautern 1793 erschossen; **Bruder**: Friedrich Moritz Günter (* 8. Dez. 1750, † 6. April 1810), 1769 Junker, 1771 Cornet, 1773 Sl im H-R Nr. 5, Juni 1785 Pl, Mai 1792 Stabs-Rittmstr., Mrz. 1795 Rittmstr. u. Chef e. Escadron, Okt. 1805 Major, Febr. 1807 mit Pension dim.; **Bruder**: Dietrich Christoph Gotthold (* 9. Jan. 1752,

† 9. Nov. 1825), Junker im H-R Nr. 5, Okt. 1772 Cornet, Jan. 1775 Sl, Mai 1790 Pl, Febr. 1795 Stabs-Rittmstr., April 1800 Rittmstr. u. Chef e. Escadron, Febr. 1807 Major, Dez. 1808 ins 2. Leib-H-R, April 1811 Kommandeur, Mrz. 1813 Ol u. Kommandant in Graudenz, Aug. 1814 Obrist, Okt. 1815 als GM mit Pension dim.; **Bruder**: Friedrich George Leopold (* 25. Okt. 1754, † 1793), Sl beim Feld-Artillerie-Corps, Juni 1792 Pl, am 2. Juli 1793 vor Mainz gefallen; **Schwester**: Friederike Sophie Leopoldine (* 1764), sie hielt sich 1797 in Stargard auf, lebte in ärmlichen Umständen, litt an Epilepsie, mußte sich durch Handarbeit d. Lebensunterhalt verdienen, bis 1793 hatten sie die beiden gefallenen Brüder unterstützt, erhielt ab Dez. 1799 e. Pension von 50 T., **Schwester**: Louise (* 1753), hatte 1803 jährl. Einkünfte von 28 T. aus Marienfließ;

Quellen: GStA, I. HA, Rep. 30, Nr. 186 d, Pakete 9 838 u. 9 839; Rep. 176, Nr. 1510; II. HA, Abt. 13 a Tit. III, Litt C, Nr. 8 (Schwester); IV. HA, Rep. 1, Nr. 72, Bl. 196; Stabi, Ms. boruss. fol. 314;

Ltnt. Friedrich Wilhelm von Crause (* 1724, † 1. Okt. 1757)

aus Pommern gebürtig; **Laufbahn**: seit 1743 im Militär, Sep. 1751 Sl im I-R Nr. 13, 1757 in Wittenberg an d. Frieseln gest.;

Quellen: Stabi, Ms. boruss. fol. 311;

Cap. August Adam Ernst von Cronenfels (* 24. Juli 1749, † Mai 1788)

Vater: George Wilhelm (* 1704, † 23. Mrz. 1752), seit 1720 Corporal, 1727 Fähnrich, 1730 Sl im I-R Nr. 17, 1740 Cap., 1750 Cap. u. Chef e. Comp., 1752 gest., seit 1729 Erbherr auf Anteil Schözow im Ftm. Cammin, verkaufte diesen 1739 an seinen Bruder C.A.; **Mutter**: Sophia Charlotta, geb. von (Rientort) (* 1729); **Vater-Bruder**: Christoph August (* um 1703, † 16. Jan. 1768), seit 1719 im Militär, 1722 Sergant im I-R Nr. 24, (1733 hier nicht genannt, stand im Siebenjährigen Krieg zehn Jahre als Junker im I-R Nr. 24), geriet 1761 in russ. Gefangeschaft, wurde nach St. Petersburg gebracht, kam 1762 krank von dort zurück, nahm seine Dimission vom Reg., seit 1739 Erbherr auf ganz Schözow im Ftm. Cammin, d. Gut wurde im Krieg runiniert, d. Schulden betrugen 1768 16 280 T., es fiel nach seinem Tod den fünf Töchtern u. d. Witwe, e. geb. von Bohmsdorff († 1792), zu, diese verkauften d. Gut 1781 an d. Gebr. von Gerlach, nach Abzug d. Schulden blieben ihnen 5/m T., sie erwarben dafür Boltenhagen im Krs. Schivelbein; **Vater-Bruder**: Caspar (* 1707, † 12. Febr. 1764), seit 1721 im Militärdienst, 1723 Gefr.corp., 1732 krankheitshalber nach 12 Dj. dim. (später Wiedereintritt), 1739 Pl, 1741 Stabs-Cap. im I-R Nr. 1, 1746 als Cap. u. Chef e. Comp. gen., 1756 Major, 1764 als Obrist im I-R Nr. 1 gest., 1750 bis 1764 Erbherr auf Plauentin im Ftm. Cammin; **Schwester**: Sophia Christiana (* 1751), sie besaß 1774 e. Kapital von 800 T., konnte von d. Zinsen nicht leben, wohnte bei ihrer Tante in Schözow, erhielt 1781 e. Pension von 50 T.; **Laufbahn**: trat 1762 in d. Militärdienst ein, 1764 Fähnrich, Mai 1768 Sl im I-R Nr. 1, Febr. 1779 Pl, Nov. 1786 Stabs-Cap., 1788 gest.; **Güter**: erhob 1768 als Letzter d. Familie Anspruch auf d. angebliche Lehngut Schözow, bezeichnete d. Allodifikation als fehlerhaft; wurde am 17. April 1768 von d. Stettiner Regierung zurückgewiesen, habe unwahre Angaben gemacht, es gebe Allodialerben, d. Allodifikation von Schözow sei vom König bereits am 18. Juni 1750 bewilligt worden;

Quellen: GStA, I. HA, Rep. 30, Nr. 44, C 30 f a, Paket 9263; Nr. 241 b, Paket 9961; II. HA, Abt. 13 a, Tit. III, Litt C, Nr. 7, Nr. 12, IV. HA, Rep. 1, Nr. 72, Bl. 241 (Vater, Onkel Caspar, A.A.E.); Stabi, Ms. boruss. fol. 313, fol. 316 (Vater); Brüggemann, T. 2/2, S. 586–587, S. 595–596;

Ltnt. Heinrich Ludwig August von Czapsky (* um 1765)

Vater: (Theodor Heinrich), Erbherr auf Anteilen in Jannewitz, Krampkewitz u. Klein Wunneschin im Distrikt Lauenburg, vor 1785 gest., seine **Witwe** administrierte diese Güter für ihre beiden Söhne, die im Militär standen, d. Witwe hatte 1781 Meliorationsgelder in Höhe von 4500 T. bekommen u. suchte 1785 um weitere Gelder nach; **Laufbahn**: 1785 Junker, Juni 1787 Cornet im D-R Nr. 6, Okt. 1790 Sl, Aug. 1796 dim.; **Bruder**: Ferdinand Ludwig (* um 1770), Aug. 1792 Cornet im K-R Nr. 5, Dez. 1795 Sl, Febr. 1797 dim.;

Quellen: GStA, II. HA, Abt. 13 a, Tit. I, Litt C, Nr. 13 (Witwe); IV. HA, Rep. 1, Nr. 72, Bl. 265; Stabi, Ms. boruss. fol. 310, fol. 311;

Major Jacob (Wilhelm) von Czarnowsky (1761–1812)

Vater: Casimir (* um 1705), 1771 Erbherr auf Polczen E im Distrikt Bütow im Wert von 1500 fl.; **Bruder**: Johann Christoph (* um 1755), 1802 als Erbherr auf d. väterlichen Gutsanteil im Wert von 466 T. gen.; **Bruder**: Martin (* 1757, † Mrz. 1787), Juni 1769 *cadet* in Stolp, Mai 1770 *cadet* in Berlin, 1774 Gefr.corp., Aug. 1783 Sl im I-R Nr. 1, im Mrz. 1787 als Offz. gest.; **Bruder**: Adam (1765–1825), Mai 1775 *cadet* in Stolp, April 1780 *cadet* in Berlin, Juni 1784 Fähnrich im I-R Nr. 13, Juni 1787 Sl, Mai 1794 als Pl zum I-R Nr. 56, Jan. 1795 Stabs-Cap., Sep. 1800 Cap. u. Chef e. Comp. im I-R Nr. 44, April 1806 Major, Sep. 1813 pens., 1814 bis 1820 bei d. Gendarmerie; **Laufbahn**: Juni 1769 *cadet* in Stolp, Juni 1777 ins Reg., stand 1778 als Cornet im H-R Nr. 8, Mai 1782 Sl, Juni 1792 Pl im H-R Nr. 8, April 1794 Stabs-Rittmstr., Mai 1795 Rittmstr. u. Chef e. Escadron, Febr. 1800 Major, April 1809 Kommandeur d. pomm. H-R, Juni 1809 Ol, Febr. 1812 Obrist, geriet als Obrist u. Kommandeur im Feldzug gegen Rußland 1812 in Gefangenschaft, in dieser 1812, 1813 gest.; **Güter**: besaß 1804 zs. mit d. Major im H-R Nr. 8 Ernst Friedrich Otto von Bonin, s.d., die Güter Lupow, Schloß Canitz, Darsin, Malzkow, Groß Runow, Sorkow, Vangerske, Varzmin u. Zechlin im Krs. Stolp im Wert von 90/m T.;

Quellen: GStA, I. HA, Rep. 30, Nr. 243, Vas.tab. 1804; Nr. 249, Vas.tab. 1771; IV. HA, Rep. 1, Nr. 72, Bl. 270; Stabi, Ms. boruss. fol. 313 (Bruder M.), fol. 315; Schöning, 5. H-R, S. 140, S. 168, S. 558 (hier als Johann Wilhelm); Stolper Kadetten, S. 2, S. 8 (Adam);

Ltnt. Johann Jacob von Czarnowsky (* 1771, † Juni 1813)

Vater: Albert, Landedelmann, stand nicht im Militär; **Mutter**: Florentina Eleonora, geb. von Wittke (* 1738, † 31. Jan. 1802), in erster Ehe verh. mit Johann von Malot(t)ky, aus dieser Verbindung ein Sohn, aus d. zweiten Ehe vier Töchter u. zwei Söhne, erhielt aufgrund ihrer kümmerlichen Lage im Dez. 1797 e. Pension von 50 T.; Zwillings-**Bruder**: Michael (* 1771, † Nov. 1810), Okt. 1785 *cadet* in Stolp, Mai 1789 *cadet* in Berlin, Juli 1793 Fähnrich im I-R Nr. 9, April 1794 Sl, Mrz. 1810 Pl, im Nov. d.J. gest.; Stief-**Bruder**: Johann von Malot(t)ky (* 1760), Ltnt., s.d.; **Laufbahn**: Okt. 1785 *cadet* in Stolp, Mai 1789 *cadet* in Berlin, Juli 1793 Fähnrich im I-R Nr. 9, Mrz. 1794 Sl, 1806, 1807 beim Grenadier-Bat. von Wangenheim, Nov. 1808 beim Kolberger I-R angestellt, Sep. 1810 Pl, April 1813 Stabs-

Cap., Juni 1813 Cap. u. Chef e. Comp., als solcher gest.; **Schwestern**: Dorothea und Constantia, sie bekamen nach d. Jan. 1802 d. mütterliche Pension von 50 T. sowie im Juli 1806 noch e. Zulage von 50 T., sie verrichteten Handarbeit u. hielten sich bei ihrer mit e. von Mach verheirateten Schwester in Paraschin auf;

Quellen: GStA, II. HA, Abt. 13 a, Tit. III, Litt C, Nr. 2; IV. HA, Rep. 1, Nr. 72, Bl. 270; Stolper Kadetten, S. 20;

Ltnt. Franz Wilhelm von DAMBROWSKY (get. 28. April 1740, † 3. Nov. 1760)

Vater: Johann Christian (* um 1710, † 1748), Ltnt. bei d. kursächs. Garde, Erbherr auf Zukowken u. Mühlchen (in Poln.-Preußen bzw.) bei Bütow; **Mutter**: Maria Gottliebe, geb. von Collrepp (* 1703); **Laufbahn**: zuerst Page bei Sophie Dorothea (1687–1757), Mutter d. Königs, dann Page bei Prinzessin Anna Amalia (1723–1787), zuletzt Ltnt. u. Adjutant im I-R Nr. 34, bei Torgau 1760 gefallen; **Schwester**: Maria Ludowica Eleonora (* 1738), sie bat am 31. Aug. 1779 aus Lottin mit Hinweis auf ihren verst. Bruder um e. Pension aus d. pomm. Meliorationsfonds, auch die Brüder ihrer Mutter sollen in d. Schlesischen Kriegen gefallen sein; ihr Vermögen betrug 200 T., sie mußte für ihren Unterhalt Handarbeit leisten u. ihr Mobiliarvermögen veräußern, wurde 1780 auf d. Expectantenliste gesetzt, erhielt aber erst 1789 50 T. jährlich; in e. ihrer Suppliken hatte sie EM von Hertzberg eine für sie nachteilige Protektion für eine Verwandte unterstellt, wurde deshalb zurechtgewiesen;

Quellen: GStA, I. HA, Rep. 30, Nr. 43, Paket 9236 (hier als Damberowsky); Rep. 176, Nr. 1967; II. HA, Abt. 13 a, Tit. III, Litt D, Nr. 15; Stabi, Ms. boruss. fol. 311 (nur in d. Abgangsliste); Tb. Uradel 1924, S. 183 (unter Damerau-Dambrowski);

Cap. Anton Arend von DAMITZ (* 1695)

aus Pommern gebürtig; **Laufbahn**: trat 1711 in d. Militärdienst ein, Aug. 1714 Fähnrich im I-R Nr. 24, 1722 hier als Ltnt. gen., 1724 als Stabs-Cap. ins Küstriner Garn.-Bat. versetzt;

Quellen: Stabi, Ms. boruss. fol. 316, fol. 319;

Ltnt. Anthon Bogislav von DAMITZ (* um 1706)

(**Vater**: Adam Friedrich (1642–1702), Erbherr auf Rabuhn, dann auf Dumzin im Ftm. Cammin; **Brüder**: George Christoph, Ewald, Paul Ernst); **Laufbahn**: trat um 1724 ins I-R Nr. 12 ein, 1740 als Sl genannt, 1742 wegen e. Blessur als Ltnt. (nach 21 Dj.) dim.; **Güter**: nahm nach d. Tod (seines **Bruders**) d. Cap. George Heinrich (1693–1749), s.d., vor 1756 d. Gut Fritzow im Ftm. Cammin in Besitz; bat 1765 vergeblich darum, Fritzow auf Wiederkauf e. Bürgerlichen zu überlassen, konnte es selbst nicht *mainteniren*, 1767 hatte es e. Wert von 6666 T., darauf Schulden von 9666 T., d. *Gut hatte im Krieg vorzüglich gelitten*; will im Militärdienst seine Gesundheit zugesetzt haben; verkaufte Fritzow im Nov. 1773 mit Zustimmung seiner drei Brüder u.d. nächsten Lehnsfolger an Ilsa Catharina Maria, geb. von Münchow, verwitwete Cap. Anton Christian von Blankensee; 1774 fiel es an deren Tochter Dorothea Catharina Lebrecht, geb. von Blankensee, verh. Johann Christoph Müller;

Quellen: GStA, I. HA, Rep. 30, Nr. 43, Paket 9232; Nr. 44, D 31, Paket 9265; Nr. 243, Vas.tab. 1763; Stabi, Ms. boruss. fol. 316; Brüggemann, T. 2/2, S. 560, S. 596–597 (hier fünf Söhne von A.F. gen.);

Cap. Carl Friedrich von Damitz (* 1718)

aus Pommern gebürtig; **Laufbahn**: seit 1737 im Militär, April 1761 Cap. u. Chef e. Comp. im I-R Nr. 32, vor 1774 abgegangen;

Quellen: Stabi, Ms. boruss. fol. 312;

Cap. Christoph Heinrich von Damitz (* 1691, † um 1736)

Vater: (Joachim (1652–1722), Erbherr auf Pleushagen u. Rützow im Ftm. Cammin; **Mutter**: e. geb. von Damitz († 1695)); **Laufbahn**: seit 1710 im Militär, 1721 Sl, 1732 Cap. im I-R Nr. 15, im Juni 1732 dim.; (**Güter**: Erbherr auf Rützow B im Ftm. Cammin; Stief-**Bruder**: Eggerd George (1703–1782), Ltnt., seit 1736 Erbherr auf Rützow B, besaß auch Schulzenhagen B u. Pleushagen);

Quellen: Stabi, Ms. boruss. fol. 311; Brüggemann, T. 2/2, S. 596–597; Tb. Uradel 1908, S. 159;

Ltnt. Eggerd George von Damitz (* 3. Mai 1751, † 18. Jan. 1808)

Vater: Eggerd (Jürgen) George (1703–1782), seit 1721 im I-R Nr. 17, Sergant, April 1730 Fähnrich, nach 18 Dj. um 1739 als Ltnt. wegen Schwächlichkeit dim., 1756 Erbherr auf Pleushagen, Schulzenhagen B u. Rützow B, dies 1768 verkauft, im Ftm. Cammin; d. Güter hatten 1767 e. Wert von 16 179 T., darauf Hypotheken von 10 156 T., hatte 1763 fünf Söhne; **Mutter**: Sophia Margarethe Henriette (* 1718), e. Tochter von George Heinrich von Damitz auf Dumzin; **Vater-Bruder**: Christoph Heinrich (* 1691 † um 1736), Cap., s.d.; **Bruder**: Otto Christoph Ludwig (* 1754), Erbherr auf Pleushagen, s.d. mehr; **Laufbahn**: 1767 Junker im I-R Nr. 22 (als Ltnt. dim.); **Güter**: seit 1781 Erbherr auf Schulzenhagen B; sein Rechtsstreit um d. Gut mit d. Rittmstr. Ewald Christian von Damitz wurde 1791 durch e. Vergleich beigelegt, letzterem wurde e. Lehnstamm von 4 662 zugesprochen, dieser aber von dessen Gläubigern in Besitz genommen; noch 1801 u. 1804 als Erbherr auf Schulzenhagen B, auf Anteilen an Kaltenhagen, Parpart u. auf Kiepersdorf gen.; **Ehefrau**: Amalie Friederike Philippine, geb. von Glasenapp (* 1767), aus d. Ehe mehrere Söhne;

Quellen: GStA, I. HA, Rep. 30, Nr. 43, Paket 9 323; Nr. 44, D 31, Pakete 9 264, 9 266; Nr. 243, Vas. tab. 1763, 1801, 1804; Stabi, Ms. boruss. fol. 316 (Vater); Brüggemann, T. 2/2, S. 597; Tb. Uradel 1908, S. 159, S. 161;

Rittmstr. Ewald Christian von Damitz (* 18. Aug. 1735)

Vater: George Heinrich (1693–1749), Cap., Erbherr auf Dumzin, s.d.; **Mutter**: Charlotte Louise, geb. von Münchow; Stief-**Bruder**: Friedrich Bernhard Heinrich (* 1716), Cap., Erbherr auf Dumzin u. Anteil Arnhausen; **Bruder**: Carl Joachim Friedrich (1721–1766), seit etwa 1736 im Militär, 1742 Fähnrich im Garn.-Reg. Nr. 7, (1745 Ltnt. im I-R Nr. 33), Juli 1750 Pl, 1756 als Stabs-Cap. versetzt, zuletzt Major in Neiße; **Bruder**: George (Jürgen) Heinrich (1731–1766), Cap., Erbherr auf Kaltenhagen; 1763/1764 klagten d. Gebrüder wegen d. altväterl. Gutes Dumzin gegen die Erben d. Majors George Heinrich von Damitz (1700–1753), d. Herzog August Wilhelm von Braunschweig-Bevern unterstützte ihre Supplik auf *Reluition* von Dumzin; **Laufbahn**: stand seit 1753 im H-R Nr. 3, 1763 Sl., 1765 als

Stabs-Rittmstr. Abschied auf eigenen Wunsch, weil ihm jemand im Avancement vorgezogen worden war, hatte im Siebenjährigen Krieg seinen Vorgesetzten zufolge sehr gut gedient; in erster **Ehe** seit 1765 verh. mit Caroline Dorothea, e. To. d. Geh. Rates von Sellentin aus Berlin, beide wurden 1774 geschieden, aus der Ehe drei Töchter; 1780 gab C.D. an, vor acht Jahren von ihrem Mann verlassen worden zu sein, sie mußte seitdem ihre Kinder allein ernähren, sie hatte ihr Vermögen von 4 500 T. in seine **Güter** investiert, die sich seit 1771 in Konkurs befanden; 1782 wollte die geschiedene Rittmeisterin d. Gut Dumzin für die Taxe von 15 426 T. annehmen, hatte darauf e. Gesamtforderung von 7 650 T., die anderen Güter ihres Mannes waren taxiert: Groß Möllen auf 18 335 T., Klein Möllen auf 12 988, Klein Jestin auf 5 171, zs. mit Dumzin waren das 51 920 T., darauf aber Schulden von 39 437 T.; e. Teil d. Güter ihres Mannes, darunter Funkenhagen u. Bornhagen, gingen 1776 an d. GM Peter Christoph von Zitzewitz, die anderen Güter befanden sich seit 1777 in d. Hand d. Gläubiger; d. geschiedene von Damitz hielt sich 1788 im pomm. Treptow an d. Rega auf; 1799 baten ihre drei **Töchter** um e. Pension aus d. pomm. Meliorationsfonds: Christiane (* 1766), hielt sich in Berlin bei ihrer Tante auf, d. Witwe Gen.auditeur von Goldbeck († 1805), Wilhelmine (* 1768), Charlotte (* 1769), beide in Treptow, d. Vermögen d. drei Schwestern bestand 1799 in e. kl. Häuschen in Treptow an d. Rega u. e. Kapital von 200 T., die beiden jüngsten ernährten sich von Sticken u. Nähen; 1805 bekamen Wilhelmine u. Charlotte e. Pension von je 50 T., Christiane hatte e. reiche Erbschaft erhalten u. stand vor der Heirat; d. vorm. Rittmstr. E.C. war in **zweiter Ehe** verh. mit Josepha Appollonia von Schwarzenberg (1749–1839), diese brachte ihm e. Mitgift von 4 500 T. ein, die aber auf d. überschuldeten Gut Schockwitz in Schlesien eingetragen war u. nicht eingezogen werden konnte; er hatte ferner Lehnstammgelder in Höhe von 4 662 T. auf Schulzenhagen, die ihm aber streitig gemacht wurden; er hielt sich 1796 in Berlin auf, war ohne Einnahmen, weil seine Pension 1794 eingezogen worden war u. konnte seine Familie nicht ernähren;

Quellen: GStA, I. HA, Rep. 30, Nr. 44, D 31, Pakete 9 265 u. 9 266; II. HA, Abt. 13 a, Tit. III, Litt D, Nr. 17; Stabi, Ms. boruss. fol. 311, fol. 313 (Bruder C.J.F.), fol. 314; Tb. Uradel 1908, S. 160–161;

Cap. Friedrich Wilhelm von Damitz (* 10. Juli 1726, † Jan. 1790)

Vater: Friedrich Wilhelm (1690–1740), seit 1716 Erbherr auf Rützow D im Ftm Cammin; **Mutter**: Esther Luise, geb. von Kleist (1697–1730); **Vater-Bruder**: Henning Daniel (1680–1758), Cap., von 1712 bis 1754 Erbherr auf Rützow C, überließ dieses 1754 seinen beiden Neffen; **Bruder**: Hennig Wedig (1722–1775), Ltnt., s.d.; **Laufbahn**: trat 1742 ins I-R Nr. 20 ein, Mai 1747 Fähnrich, Juni 1754 Sl, Febr. 1762 Stabs-Cap., im Juni 1764 noch im I-R Nr. 20 gen., (vor 1772 als Cap. dim.); **Güter**: seit 1764 Erbherr auf Rützow C, galt 1767 als *ganz arm*, Rützow C befand sich seit 1774 im Konkurs, es hatte damals e. Wert von 3 575 T., darauf Schulden von 4 691 T., die Revenuen d. Gutes wurden einbehalten, d. Cap. bekam für seinen Unterhalt monatlich vier T.; im Dez. 1774 hieß es, er könne bei seinem Gut nicht konserviert werden, dieses sollte daher subhastiert werden; F.W. wehrte sich 1775 dagegen, daß auch d. Gut Rützow D d. jüngst verst. Bruders in seinen Konkurs auf Drängen d. Gläubiger mit einbezogen werden sollte, danach betrug d. Wert von Rützow D 1775 3 755 T., d. gesamte Nachlaß von H.W. hatte 4 848 T. betragen, die Schulden 2 548 T., damit blieb e. Überschuß von 2 261 T., die dessen Erben für sich beanspruchten; **Ehefrau**: Wilhelmine, geb. Kieselbach (* 1740), To. e. Chirurgen in Magdeburg (bzw. e. Kaufmanns in Stargard), sie hatte e. Brautschatz von 150 T. u. e. Verbesserung von 75 T., befand sich damit 1790 in *armseligen Umständen*, aus d. Ehe zwei Söhne, geb. 1771, u. 1784, die 1798 e. väterl. Vermögen von zs. 4/m T. besaßen; d. Witwe lebte vom Kostgeld ihrer Kinder u. bekam seit 1799 e. Pension von 50 T. u. nach e. Schlaganfall 1806 e. Zulage v. 50 T.; d. jüngere Sohn starb um 1805, d. ältere hatte damit 1806 e. Vermögen von rund 5/m T., zog jährliche Revenuen von 250 T. u. hielt sich als Gesellschafter bei e. Herrn von Damitz in Schulzenhagen auf;

Quellen: GStA, I. HA, Rep. 30, Nr. 44, D 31, Paket 9265; Nr. 243, Vas.tab. 1763; II. HA, Abt. 13 a, Tit. III, Litt D, Nr. 6; Stabi, Ms. boruss. fol. 310, 311; Brüggemann, T. 2/2, S. 594; Tb. Uradel 1908, S. 165;

Major George (Christoph bzw.) Christian von Damitz (* um 1707)

Vater: Ewald, Erbherr auf Schulzenhagen A u. Parpart C im Ftm. Cammin; **Bruder**: Paul Ernst (* 1715), seit 1730 im Militär, stand 1740 als Fähnrich im I-R Nr. 9, 1748 als Sl dim. u. als Postmstr. versorgt; **Laufbahn**: engagierte sich um 1729 im I-R Nr. 25, im Mrz. 1740 als Sl gen., zuletzt Cap., 1752 als Major nach (28 Dj.), dim., hielt sich 1767 als vorm. Major in Berlin auf; **Güter**: 1756 als Erbherr auf d. väterl. Gütern genannt; verkaufte im Sep. 1766 Schulzenhagen A u. Parpart C an seinen **Bruder**, d. Ltnt. Ewald (* um 1708), seit 1727 im Militär, 1740 Fähnrich im Garn.-Bat. Nr. 3 (bzw. diente 27 Jahre im I-R Nr. 9 bzw. Garn. Reg. Nr. 8), 1756 als vorm. Ltnt. gen.; Schulzenhagen A hatte 1767 e. Wert von 8 400 T., darauf Schulden von 7 500 T.;

Quellen: GStA, I. HA, Rep. 30, Nr. 43, Paket 9 323; Nr. 243, Vas.tab. 1756, 1763, 1767; Rep. 96, Nr. 435 D 1; Stabi, Ms. boruss. fol. 314 (hier als George Christoph), fol. 315 (P.E.), fol. 316; Brüggemann, T. 2/2, S. 596–597 (hier auch als Bruder e. Ltnt. George Heinrich);

Cap. George Heinrich von Damitz (1693–1749)

Vater: Adam Friedrich (1642–1702), Erbherr auf Rabuhn, dann auf Dumzin im Ftm. Cammin, war dreimal verheiratet; (**Bruder**: Anthon Bogislav (* um 1706), Ltnt., s.d.); **Laufbahn**: (1732 als Cap. in d. Garnison Kolberg gen., 1742 Major beim *Corps d'ingenieurs*), stand seit April 1745 beim Garn.-Reg. in Berlin; **Ehefrau**: in erster Ehe verh. mit Sophia Gertrud Engel aus Wesel († 1718); in zweiter seit 1719 mit Charlotte Louise von Münchow, verlangte im Okt. 1745 von seinem Schwager, d. Fähnrich George Friedrich von Müchow auf Seeger, s.d., d. Herausgabe d. Ehegeldes seiner zweiten Frau in Höhe von 1/m fl., beide Parteien lagen deshalb seit Jahren im Streit; **Güter**: Erbherr auf Dumzin im Ftm. Cammin, d. Gut befand sich seit 1734 im Konkurs; lag seit mind. 1738 im Streit mit seinen **Kindern** erster Ehe, die auf gerichtlichem Wege die Herausgabe d. Erbes ihres Großvaters mütterlicherseits forderten: Friedrich Bernhard Heinrich (* 1716) u. Sophia Margarethe Henriette (* 1718), beide weilten seit 1736 nicht mehr bei ihrem Vater, der nach d. Konkurs weder ihnen noch seiner zweiten Frau d. Unterhalt gewähren konnte; die beiden Geschwister bezogen jährlich 100 fl. Alimentgelder aus d. Konkursmasse; sie warfen ihrem Vater vor, sie um d. großväterliche Erbe gebracht zu haben; d. Sohn bat d. Kösliner Hofgericht im Sep. 1738 darum, aus d. väterlichen Gewalt entlassen zu werden, sei von seinem Vater vor zwei Jahren aus d. Haus gewiesen worden; er gab bei dieser Gelegenheit an, von seinem 1724 in Wesel verst. Großvater Heinrich Engel 24/m T. geerbt zu haben, nach d. Konkurs d. Vaters blieben ihnen davon kaum 1/m T.; d. Cap. bestritt diese Angaben u. gab an, die beiden Geschwister hätten nur 16/m T. geerbt, dazu habe ihre Mutter Schulden von 14441 T. hinterlassen, weshalb von d. großväterl. Erbe kaum etwas geblieben sei; 1741 unterstellte G.H. dem Sohn, durch seine Klage dazu beigetragen zu haben, d. Dumzin subhastiert werden mußte; 1742 forderte d. Hofgericht d. Magistrat zu Wesel auf, Auskunft über d. Vermögen d. geb. Engel zu geben; d. Sohn Friedrich Bernhard Heinrich avancierte später zum Cap. in e. Land-Bataillon, d. To. war seit 1738 verh. mit Eggerd George von Damitz, s.d.; aus d. zweiten Ehe stammten: **Sohn**: Carl Joachim Friedrich (1721–1766), Major; **Sohn**: George (Jürgen) Heinrich (* 12. Okt. 1731, † Okt. 1766), seit 1746 im Militärdienst, Mai 1754 Sl im Garn.-Reg. Nr. 7, 1756 als Cap. versetzt; **Sohn**: Ewald Christian (* 1735), Rittmstr., s.d.;

Quellen: GStA, I. HA, Rep. 30, Nr. 44, D 31, Paket 9264; Nr. 44, M 77, Paket 9328; Stabi, Ms. boruss. fol. 311, fol. 313, fol. 314; Tb. Uradel 1908, S. 160–161;

Cap. George Heinrich von Damitz (* 27. Aug. 1700, † 15. Mai 1753)

Vater: Peter Wolff († 1702), Erbherr auf Karvin u. Klein Jestin im Ftm. Cammin; **Mutter**: Margarethe Tugenreich, geb. von Flemming († 1745); **Laufbahn**: trat 1712 in d. Militärdienst ein, Mai 1721 Sl im I-R Nr. 1, zuletzt Cap. im I-R Nr. 1, im April 1740 wegen e. Fußschadens (mit d. Charakter Major) dim.; erhob 1736 zs. mit seinem **Bruder** Otto Bogislav (* 1703), 1717 *cadet* in Berlin, 1719 Gefr.corp. im I-R Nr. 13, 1730 Sl, 1736 Ltnt., 1744 als Cap. nach e. Duell, in dem er d. Ltnt. Valentin von Pritz, erschossen hatte, *desertirt*, u. **Bruder**: Henning Wedig (1703–1750), seit 1718 Gefr.corp. im I-R Nr. 22, Juli 1731 Sl, 1736 Ltnt, Aug. 1742 Cap. u. Chef e. Comp. im I-R Nr. 22, Anspruch auf Karvin B; **Güter**: Erbherr auf d. väterl. Gütern, auf Groß u. Klein Möllen, Funkenhagen, Parpart; erwarb nach 1737 aus d. Konkurs d. Gut Dumzin für 16189 T.; **Ehefrau**: Maria Hedwig, geb. von Damitz (1713–1758); **Sohn**: Samuel Friedrich Heinrich (1735–1769), Ltnt., s.d. mehr;

Quellen: GStA, I. HA, Rep. 30, Nr. 44, D 31, Paket 9265; Stabi, Ms. boruss. fol. 313, fol. 314 (Bruder H.W.); Brüggemann, T. 2/2, S. 577; Crousaz, Beilage C, S. 32; Tb. Uradel 1908, S. 164;

Cap. George Heinrich von Damitz (* um 1705)

(**Vater**: Ewald, Erbherr auf Schulzenhagen A u. Parpart C im Ftm. Cammin; **Bruder**: George Christoph (* um 1707), Major, s.d.); **Laufbahn**: engagierte sich 1719 im Militärdienst, 1725 Gefr.corp., 1730 Fähnrich im I-R Nr. 14, 1740 als Pl gen., 1744 nach 25 Dj. Abschied, 1756 u. 1763 als vorm. Cap. gen.; **Güter**: strebte 1733 zs. mit sechs Brüdern u. Vettern, davon fünf aus Schulzenhagen u. zwei aus Pleushagen, die *Reluition* d. Gutes Schulzenhagen an, das sich damals im Pfandbesitz d. Familie von Froreich befand; erwarb 1748 von Hans Christian von Kleist d. Güter Lestin B u. Damitz B im Ftm. Cammin, nach 1756 auch Erbherr auf Kaltenhagen A, seine Güter hatten 1767 e. Wert von 6133 T, darauf Schulden von 7388 T., es hieß damals ausdrücklich, *possessor* habe *im Krieg nicht gelitten*, weil d. Güter – Kaltenhagen – erst nach d. Friedensschluß *reluirt* wurden; verkaufte Lestin B u. Damitz B 1778 an d. Rittmeister Friedrich Lebrecht Rudolph von Schladen, s.d.;

Quellen: GStA, I. HA, Rep. 30, Nr. 43, Paket 9232; Nr. 44, D 31, Paket 9264; Nr. 243, Vas.tab. 1756, 1763, 1767; Stabi, Ms. boruss. fol. 311; Brüggemann, T. 2/2, S. 571–572, S. 577, S. 596–597 (es gab vor 1760 drei Offiziere mit Namen George Heinrich von Damitz, ein Major u. zwei Cap., Verwechslungen daher möglich);

Cap. George Heinrich von Damitz (* 1724)

aus Pommern gebürtig; **Laufbahn**: seit 1742 im Militär, 1759 Stabs-Cap. im sächs. Regiment von Plotho (I-R Nr. 54);

Quellen: Stabi, Ms. boruss. fol. 319;

Cap. Gottlieb Ludwig von Damitz (* 1723)

aus Pommern gebürtig; **Laufbahn**: seit 1744 im Militär, Sep. 1762 Sl im Garn.-Reg. Nr. 10, Juni 1772 Pl, Nov. 1780 Stabs-Cap., als solcher noch 1787 im Garn.-Reg. Nr. 10 gen.;

Quellen: Stabi, Ms. boruss. fol. 314;

Cap. Heinrich Adolph von Damitz (* 1703)

Vater: Peter, Cap., stand 23 Jahre im Militärdienst, Erbherr auf Karvin u. Rabuhn im Ftm. Cammin; **Laufbahn**: 1717 als *cadet* in Berlin gen., stand 1743 als Pl im I-R Nr. 46, im Dez. 1746 zum Garn.-Reg. Nr. 8 versetzt, 1750 als Cap. gen., vor 1756 dim.; **Güter**: erhob 1743 Ansprüche auf die väterlichen Güter, die während seiner Unmündigkeit aus d. Familie gekommen waren; trat 1750 seine Lehnrechte an Rabuhn an Carl Heinrich von Liebeherr ab;

Quellen: GStA, I. HA, Rep. 30, Nr. 44, D 31, Paket 9264; Stabi, Ms. boruss. fol. 316; Brüggemann, T. 2/2, S. 591; Crousatz, Beilage C, S. 31;

Cap. Henning Wedig von Damitz (* 2. Febr. 1722, † 4. Juli 1775)

Vater: Friedrich Wilhelm (1690–1740), Erbherr auf Rützow D im Ftm. Cammin; **Mutter**: Esther Luise, geb. von Kleist (1697–1730); **Bruder**: Friedrich Wilhelm (1726–1790), Cap., s.d.; **Laufbahn**: stand seit 1743 im Grenadier-Bat. Nr. 2, als Ltnt. 1752 wegen *blöden Gesichts* u. *Harthörigkeit* (nach 23 Dj.) mit d. Charakter Cap. dim., am 16. Sep. 1777 attestierte Wilhelm Ludwig von Meusel aus Magdeburg d. verst. Cap. e. gute Dienstführung; **Güter**: saß nach d. Erbvergleich seit 1747 auf Rützow D im Wert von 2 466 T., 1767 darauf Schulden von 2 066, galt als *ganz arm*, d. Gutsanteil wurde seit 1775 von d. Kammerdep. in Köslin administriert; **Ehefrau**: Antoinette Dorothea (* 1736), e. To. d. Ltnt. Rüdiger Ewald von Versen im I-R Nr. 25 (bzw. 30), sie besaß kein Vermögen u. ernährte sich 1777 vom Weben, bat damals mit Hinweis auf Mann, Vater u. d. Bruder Gotthilf (1743–1814), der als Ltnt. im I-R Nr. 36 stand, um e. kgl. Unterstützung, erhielt im Jan. 1779 100 T. Pension; **Sohn** August Ludwig Ferdinand (* 1766, † um 1806), Mai 1774 *cadet* in Stolp, wechselte im April 1775 als *cadet* nach Berlin, seit 1781 im Reg., April 1784 Fähnrich im I-R Nr. 42, April 1788 Sl, um 1806 als Stabs-Cap. gest.;

Quellen: GStA, I. HA, Rep. 30, Nr. 43, Paket 9236; II. HA, Abt. 13 a, Tit. III, Litt. D, Nr. 5; Brüggemann, T. 2/2, S. 593–594; Rangliste 1806, S. 62; Tb. Uradel 1908; S. 165;

Ltnt. Jacob Wilhelm von Damitz (* 1704)

aus Pommern gebürtig; **Laufbahn**: seit 1724 im Militär, stand 1740 als Sl im I-R Nr. 31, vor 1755 abgegangen;

Quellen: Stabi, Ms. boruss. fol. 314;

Ol Johann George von DAMITZ (* 1700)

Vater: Peter Rüdiger (* um 1642), Erbherr auf Karvin A, entleibte um 1690 e. Pommern, hielt sich deshalb noch 1722 in Polen auf; **Vater-Bruder**: Claus Jürgen (1647–1711), Erbherr auf Karvin A; **Schwester**: Sophie Dorothee, 1722 Witwe von Braunschweig, nahm wegen ihrer *illata* nach 1711 d. Gut Karvin A in Besitz u. wollte dieses 1722 verkaufen; **Laufbahn**: trat 1715 in d. Militärdienst ein, im Jahr 1719 vom Gefr.corp. zum Fähnrich im I-R Nr. 1 befördert, stand 1722 als Fähnrich im I-R Nr. 27, 1724 als Ltnt., Aug. 1736 Stabs-Cap., 1745 als Cap. genannt, bat im Juli 1743 immediat darum, auf Werbung gehen zu dürfen, wollte durch d. Werbung seine *Compagnie* verbessern, vor 1756 abgegangen, 1765 als Ol bez.; **Güter**: lag seit 1722 in Streit mit seiner Schwester, die ihm wegen ihrer Forderung über 1/m fl. d. Gut Karvin nicht abtreten wollte; veräußerte Karvin A 1765 auf Wiederkauf für 30 Jahre an d. Ltnt. Friedrich Heinrich von Damitz;

Quellen: GStA, I. HA, Rep. 30, Nr. 44, D 31, Paket 9264; Nr. 243 (nicht in d. Vas.tab. 1756, 1763); Rep. 96, Nr. 83 F f 5; Stabi, Ms. boruss. fol. 313, fol. 316 (nicht in d. Abgangsliste); Brüggemann, T. 2/2, S. 551; Tb. Uradel 1908, S. 166;

Ltnt. Johann George von DAMITZ (* 1722)

Vater: (Christian Heinrich (1684–1748), Ltnt. in dän. u. schwed. Diensten, Erbherr auf Rützow A im Ftm. Cammin; **Mutter**: Anna Sophia, geb. von Stojentin; **Bruder**: Lorenz Wilhelm (* 1724), Gefr.corp., s.d.; **Bruder**: Hans Christian (1727–1750), Ltnt. im Reg. von Kleist; **Bruder**: Carl Friedrich (1730–1758), Ltnt. im Reg. von Borcke); **Laufbahn**: seit 1739 im Militärdienst, 1742 Sl im Garn.-Reg. Nr. 8, vor 1756 abgegangen;

Quellen: Stabi, Ms. boruss. fol. 312, fol. 314 (Bruder H.C. nicht im I-R Nr. 26), fol. 316 (C.F. nicht im I-R Nr. 29); Brüggemann, T. 2/2, S. 593–594; Tb. Briefadel 1908, S. 165 (hier als Henning George mit den Daten 1722–1745);

Ltnt. Johann George Leopold von DAMITZ (* 24. Juni 1743) *

Vater: Friedrich Bernhard Heinrich (* 1716), 1763 vorm. Cap. beim pomm. Land-Bat. in Stettin (bzw. Kolberg), Erbherr auf Dumzin im Ftm. Cammin u. Anteil Arnhausen im Krs. Belgard; **Mutter**: Louisa Agnesa, geb. von Grape († 1761); **Bruder**: Sigmund Heinrich Bogislav (* 1742), Fähnrich im Garn.-Bat. Nr. 4, 1763 als vorm. Ltnt. (vom I-R Nr. 47) gen., seit 1769 Erbherr auf Anteil Arnhausen, s.d.; **Vater-Bruder**: Ewald Christian (* 1735), Rittmstr., s.d.; **Laufbahn**: trat 1757 ins Garn.-Reg. Nr. 4 ein, (Mrz. 1758 Fähnrich), geriet 1758 in österr. Gefangenschaft, April 1762 Fähnrich, April 1763 ins I-R Nr. 3, Mrz. 1764 Sl, 1773 als Pl pensioniert;

Quellen: GStA, I. HA, Rep. 30, Nr. 243, Vas.tab. 1763; Gesch. I-R Nr. 3, S. 262–263; Stabi, Ms. boruss. fol. 312 (auch als Hans G.L.), fol. 314; Brüggemann, T. 2/2, S. 637;

Gefr.corp. Lorenz Wilhelm von DAMITZ (* 1724)

Vater: Christian Heinrich, Ltnt., seit 1731 Erbherr auf Rützow A im Ftm. Cammin; **Bruder**: Carl Friedrich (* 1730), seit 1747 im Militär, 1750 Gefr.corp. im I-R Nr. 20, Juni 1754 Fähnrich, vor 1764 abgegangen, überließ L.E. das väterliche Gut; **Laufbahn**: diente von etwa 1748 bis 1760 im I-R Nr. 16, 1763 vorm. Gefr.corp.; **Güter**: 1763 u. 1767 als Erbherr auf Rützow A im Ftm. Cammin genannt;

Quellen: GStA, I. HA, Rep. 30, Nr. 243, Vas.tab. 1763, 1767; Stabi, Ms. boruss. fol. 311 (Bruder C.F.); Brüggemann, T. 2/2, S. 593–594;

Ltnt. Otto Christoph Ludwig von Damitz (* 22. Mai 1754)

Vater: Eggert (Jürgen) George (1703–1782), Ltnt., Erbherr auf Pleushagen A, Schulzenhagen B u. Rützow B (u. C) im Ftm. Cammin, 1767 im Wert von 16 179 T., darauf Hypotheken von 10 156, andere Schulden 844 T.; **Mutter**: Sophia Margaretha Henriette, geb. von Damitz (* 1718); **Bruder**: Johann Christian (* 1741), sollte eigentlich studieren, auf kgl. Weisung im Febr. 1759 als Gefr.corp. beim I-R Nr. 17 *abgeliefert*, 1764 Fähnrich, 1769 als Ltnt. dim., Erbherr auf Anteil Arnhausen im Krs. Belgard; **Bruder**: Heinrich August Lebrecht (* 1750), stand seit 1764 im I-R Nr. 22, 1767 Fähnrich, Juli 1769 Sl, 1779 in Schlesien als Ltnt. gest.; **Bruder**: Eggert George (1751–1808), 1767 Junker im I-R Nr. 22, Ltnt., Erbherr auf Schulzenhagen B, s.d.; **Bruder**: Friedrich Wilhelm (1755–1773); **Laufbahn**: trat 1771 ins I-R Nr. 17 ein, 1773 als Gefr.corp. gen., 1780 als Sl dim.; **Güter**: seit 1782 Erbherr auf d. väterl. Gut Pleushagen, dieses hatte im Nov. 1783 e. Wert von 4337 T., darauf Schulden von 4290 T.; **Ehefrau** seit Sep. 1782: Josepha Friederica, e. To. d. Kolberger Artillerie-Cap. Arndt; sie suchte in drei Instanzen seit 1783 vergeblich um die Scheidung nach, begründete das mit seiner *boshaften Aufführung*, d. Zweckentfremdung ihrer Mitgift, der Aufnahme von Schulden, sie hielt sich 1784 in Kolberg auf u. sollte gezwungen werden, zu ihm zurückzukehren; d. vorm. Ltnt. verklagte 1783 d. Schwiegervater, seine Frau mit Gewalt aus Pleushagen geholt, die Mitgift in Höhe von 4/m T. noch nicht gezahlt u. das Gut ein Jahr lang für sich genutzt zu haben; wurde wegen d. Mitgiftzahlung an d. Militärgerichte verwiesen; 1801 befand sich Pleushagen im Wert von 3/m T. in d. Hand d. Ltnt. Carl von Hartwig;

Quellen: GStA, I. HA, Rep. 30, Nr. 43, Paket 9 232; Nr. 44, D 31, Paket 9 266; Nr. 243, Vas.tab. 1767 (d. Vater auch als Eggerd George); Rep. 96, Nr. 435, D 1; Stabi, Ms. boruss. fol. 316, fol. 314 (E.G. u. F.W. nicht in d. Listen f.d. I-R Nr. 22); Tb. Uradel 1908, S. 160;

Ltnt. Paul Wedig von Damitz (* 1717)

aus Pommern gebürtig; **Laufbahn**: seit 1731 im Militär, (1742 hier noch nicht gen.) Dez. 1753 Pl im Garn.-Reg. Nr. 8, vor 1763 abgegangen;

Quellen: Stabi, Ms. boruss. fol. 312;

Ltnt., Johanniter-Ritter Samuel Friedrich Heinrich von Damitz (* 29. Okt. 1735, † 12. Nov. 1769)

Vater: George Heinrich (1700–1753), Cap. (bzw. Major), s.d.; **Mutter**: Maria Hedwig, geb. von Damitz (1713–1758); **Bruder**: George Siegmund Bogislav (1737–1758), Ltnt. im K-R Nr. 5; **Bruder**: Paul Wilhelm Caspar (1741–1757), 1756 Gefr.corp., Fähnrich im I-R Nr. 43, gefallen bei Prag, Erbherr auf Anteil Kaltenhagen u. Kiepersdorf im Ftm. Cammin; **Laufbahn**: engagierte sich im Jan. 1750 als Junker im K-R Nr. 5, 1756 als Cornet, 1759 als Ltnt. gen., vor 1764 abgegangen; **Güter**: seit 1758 alleiniger Erbherr auf d. väterlichen Gütern Dumzin, Klein Jestin, Groß u. Klein Möllen, Funkenhagen, Bornhagen, Parpart B u. Kiepersdorf A im Ftm. Cammin; im Jan. 1771 gelangten diese Güter an d. Rittmstr. Ewald Christian von Damitz, s.d.;

d. Nachlaß d. verst. S.F.H. hatte lt. Inventar e. Wert von 63 946 T., darauf Schulden von 52 251 T., damit blieb e. freies Vermögen von 11 694 T.; d. Rittmstr. zahlte keine Zinsen, daher klagten die Gläubiger gegen ihn u. erreichten 1772 e. wirkliche *Immission* in die Güter: d. Kösliner Hofgericht berichtete im April 1773 über d. Status des Rittmeisters: dessen Aktiva betrugen inkl. des Vermögens seiner Frau 68 847 T., die Passiva beliefen sich auf 62 803 T.; d. Güter Funkenhagen, Bornhagen, Parpart B u. Kiepersdorf A gingen aus d. Konkurs 1776 an d. GM Peter Christoph von Zitzewitz; Dumzin, Klein Jestin, Groß u. Klein Möllen blieben in d. Händen d. Gläubiger; 1804 befanden sich die letzteren in d. Händen d. Ltnt. George Heinrich von Schmeling, Dumzin u. Klein Jestin besaß d. Cap. Heinrich Otto von Borcke; (**verwandt**: Heinrich (Henning) Jacob von Damitz (* 1733), seit 1751 im Militär, 1755 Gefr.corp. im I-R Nr. 13, am 4. Febr. 1760 als Ltnt. an e. Blessur gest.: Stabi, Ms. boruss. fol. 311);

Quellen: GStA, I. HA, Rep. 30, Nr. 43, Paket 9 232; Nr. 44, D 31, Paket 9 265; Nr. 243, Vas.tab. 1756, 1763, 1767; Stabi, Ms. boruss. fol. 311; Brüggemann, T. 2/2, S. 577; Tb. Uradel 1908, S. 164;

Ltnt./Major Sigismund Heinrich Bogislav von Damitz
(* 13. Febr. 1740, † 4. April 1813)

Vater: Friedrich Bernhard Heinrich * (1716), Cap. in e. Land-Bat., Erbherr auf Anteil Arnhausen im Krs. Belgard u. Dumzin im Ftm. Cammin, **Mutter**: Louise Agnesa, geb. von Grape († 1761); **Bruder**: Johann George Leopold (* 1741), 1763 Fähnrich im I-R Nr. 47, s.d.; **Laufbahn**: stand fünfzehn Jahre im I-R Nr. (47 bzw.) 44, Mrz. 1757 Ltnt., 1763 reduziert, seit 1782 Ltnt. im Stettiner Land-Regiment mit e. monatl. *Salair* von fünf T., hielt sich 1786 in Polzin auf, konnte von d. *Tractament* mit Frau u. vier Kindern nur kümmerlich leben, bat deshalb am 20. Dez. 1786 um d. Charakter Cap. beim Land-Regiment; (wurde 1797 als Cap. von Labes nach Nikolaiken in Pr. zu e. neuen Invaliden-Compagnie versetzt, zuletzt Major u. Chef d. Invalidencomp. in Fischhausen); **Güter**: seit 1769 Erbherr auf Anteil Arnhausen im Krs. Belgard; d. Gut fiel 1775 an George Heinrich von Zastrow;

Quellen: GStA, I. HA, Rep. 30, Nr. 243, Vas.tab. 1763, 1767 (stand danach angebl. im Garn.-Bat. 3); Rep. 96, Nr. 95 L l, Nr. 7; Nr. 257 D; Brüggemann, T. 2/2, S. 637; Tb. Uradel 1908, S. 160–161;

Major Wedig von Damitz (* 1674)

aus Pommern gebürtig; **Laufbahn**: seit 1686 im Militär, 1710 Cap. u. Chef e. Comp., Febr. 1712 Major im I-R Nr. 9, hier noch 1715 als Major u. Chef e. Comp. gen., vor 1730 abgegangen;

Quellen: Stabi, Ms. boruss. fol. 315, fol. 319;

Ltnt. Johann Christoph Siegmund von Damnitz (* Juni 1726)

Vater: Carl Christoph († 3. Juni 1737), poln. Major, Kammerherr, Oberhauptmann zu Belgard, Erbherr auf Anteil Steinwehr im Krs. Greifenhagen, seit 1728 (bzw. 1733) Erbherr auf Ziezeneff B u. Anteil Reinfeld im Krs. Belgard, seine Güter sollen jährliche Revenuen von 800 T. getragen haben; **Mutter**: e. geb. von Rahmel; **Vater-Bruder**: Johann Casimir, poln. GM, dieser errichtete 1738 sein Testament u. bedachte darin auch seine Neffen: Ernst Ludwig, kursächs. Major von d. Garde zu Pferd, Friedrich Leberecht († vor 1740), sachsen-gothaischer Hofmarschall u. Gl, Philipp Wilhelm (* um 1684, † vor 1740), Rittmstr., s.d.; **Vater-Bruder**: Friedrich Leberecht († 1737), Obrist, sächs. Oberstallmstr.; **Mutter-Schwe-**

ster: Witwe Obrist von Reiskin, geb. von Damnitz, 1746 zu Wutzig in d. NM; **Mutter-Bruder**: Cap. Joachim Christoph von Rahmel; **Bruder**: Carl Ludwig (* Mai 1728), 1748 bei d. *cadets*, 1751 Gefr.corp. im 3. Bataillon Garde, stand damals noch unter *Curatel*, April 1752 bzw. (Juli 1756) Sl im Garn.-Reg. Nr. 7, April 1762 Pl, (1771 als Pl) nach 29 Dj. dim., seit 1784 Ltnt. im Stettiner Land-Reg., hielt sich damals in Alt Damm auf; **Laufbahn**: weilte seit Anfang 1739 zs. mit seinem Bruder in Pflege bei ihrer Tante, d. Witwe Rittmstr. von Damnitz, zu Tangermünde, beide sollten zu Michaelis 1739 aufs JG bzw. zu d. *cadets* in Berlin, waren dafür jedoch noch zu jung; hielten sich bis Michaelis 1742 bei d. Tante auf, die d. Unterhaltskosten für die Neffen für drei Jahre mit 442 T. angab, beide erhielten daneben in Tangermünde durch d. dortigen Konrektor u. d. Kantor *Privat Information*, die jährlich sechs Taler kostete; engagierte sich 1745 im D-R Nr. 3, 1748 als Fähnrich, besaß 1750 zs. mit d. Bruder e. Vermögen von 6899 T., 1753 als Ltnt. gen., 1754 Abschied; **Güter**: d. Gebr. traten 1745 Ziezeneff B für sechs Jahre an d. Major Adam George von Rüchel ab, sie wollten 1751 d. verschuldeten Anteil Reinfeld verkaufen; veräußerten ihre beiden Anteile 1751 u. 1754 an d. KD-rat Christian Albrecht von Hirsch; dieser trat d. ganze Gut Reinfeld 1762 d. Ltnt. Ludwig von Vigny ab;

Quellen: GStA, I. HA, Rep. 30, Nr. 44, D 31, Pakete 9264, 9265; Nr. 186 d, Paket 9834; Rep. 96 Nr. 95 L l, Nr. 7 (Bruder); Stabi, Ms. boruss. fol. 313 (e. Carl Ludwig 1756, 1763 u. in d. Abgangsliste gen.), Brüggemann, T. 2/2, S. 664, S. 681; Schöning, D-R Nr. 3, S. 102, S. 411; Tb. Uradel 1918, S. 188-190;

Rittmstr. Philipp Wilhelm von Damnitz (* 1684, † vor 1740)

Vater: Christoph Siegmund († 1687), schwed. Cap., Erbherr auf Großmellen im Krs. Saatzig, auf ½ Steinwehr im Krs. Greifenhagen, auf Rostin im Krs. Soldin; **Vater-Brüder**: Johann Casimir, sächs.-poln. GM, dieser errichtete 1738 sein Testament u. bedachte darin seine Neffen, darunter auch P.W.; Ernst Ludwig, sächs. Major; Friedrich Leberecht, sächs. Obrist; **Laufbahn**: seit 1708 im Militär, Mrz. 1712 Ltnt. im K-R Nr. 3, Sep. 1718 Rittmstr. u. Chef e. Escadron im K-R Nr. 3, vor 1730 abgegangen; **Sohn**: Johann (Peter) Carl, Major;

Quellen: Stabi, Ms. boruss. fol. 319; Tb. Uradel 1918, S. 190;

Fähnrich Jacob Ludwig von Dargolewsky (* 1761)

Vater: Jacob Reinhold (* um 1717), Erbherr auf Anteil Dzinzelitz im Distrikt Lauenburg, 1771 im Wert von 1500 fl.; **Laufbahn**: 1778 *cadet* in Berlin, 1781 als Fähnrich im I-R Nr. 46 genannt, vor 1783 abgegangen;

Quellen: GStA, I. HA, Rep. 30, Nr. 249, Vas.tab. 1771, 1778; VIII. HA, Slg. A.B. König, Nr. 449; Stabi, Ms. boruss. fol. 316 (nicht in d. Rangliste f. Jan. 1783 (hier e. Jacob Ludwig Diezelsky), nicht in d. Abgangsliste bis Mitte 1783);

Ltnt. George Wilhelm von Dechow (* um 1705)

aus Pommern gebürtig; **Laufbahn**: Febr. 1724 Ltnt. im I-R Nr. 25, 1729 als Ltnt. dim.; hatte 1724 e. Forderung über 1050 T. an d. Witwe Obrist Heinrich von der Osten zu Penkun;

Quellen: GStA, I. HA, Rep. 30 B, Nr. 2 b, Litt J bis Q, Paket 10196; Stabi, Ms. boruss. fol. 314; Siebmacher, Bd. 6/9, 1894, S. 19;

Major Friedrich Wilhelm von DEDENROTH (* 1749, † 1797)

aus Hessen gebürtig; **Laufbahn**: seit 1764 im preußischen Militärdienst, stand 1774 als Sl im I-R Nr. 31, avancierte bis zum Pl, vor 1787 abgegangen, sei als talentierter Offizier von König Friedrich II. geschätzt worden, sollte Gouverneur d. Prinzen Heinrich werden, wurde dann aber Erzieher des seit 1797 regierenden Fürsten Ferdinand von Anhalt-Köthen-Pleß (1769–1830), anschließend Gouverneur an d. *Academie militaire* in Berlin, endlich Major u. Direktor d. *Cadetten-Corps* in Stolp, als solcher Vorgänger d. Majors Ferdinand von Proeck; **Ehefrau**: Anna Christiane, geb. Strasburg (* 1750), hinterließ diese und seine zwei Söhne in kummervollen Umständen, e. **Sohn** stand 1801 als Ltnt. im I-R Nr. 42, 1806 als Pl *desertirt*, e. zweiter war *cadet* in Berlin; d. Witwe lebte von Handarbeit u. Wohltaten, sie bekam e. unregelmäßig gezahlte Pension vom Fürsten von Anhalt-Pleß in Höhe von 10 T.; im Juli 1801 wurde d. Antrag, ihr e. Pension aus d. pomm. Meliorationsfonds zu gewähren, trotz d. positiven Atteste d. Landrates Fr. Bog. von Puttkamer u. d. Majors von Proeck abgelehnt, da weder sie noch d. Mann aus Pommern stammten;

Quellen: GStA, II. HA, Abt. 13 a, Tit. III, Litt D, Nr. 10 (Witwe); Stabi, Ms. boruss. fol. 314, fol. 907 a; Zedlitz, 5. Bd., S. 120–121;

Ltnt. DELATTE (bzw. de LATTE) (* 1716, † 1777)

aus Pommern gebürtig; **Laufbahn**: stand von 1739 bis 1759 im K-R Nr. 1, avancierte bis zum Pl (bzw. Rittmstr.), erlitt bei Kunersdorf e. schwere Blessur am linken Fuß, daher für untauglich für d. weiteren Felddienst erklärt, gegen seinen Willen vom Reg. dim., 1759 beim Stettiner Garnison-Reg. angestellt, bei dessen Reduzierung mit fünf T. monatlich abgedankt; hinterließ 1777 seine **Ehefrau**: Johanne Rosine (* 1725), e. To. d. Amtmanns George Friedrich Jaech, sie *conditionierte* anfänglich als *Wirtschafterin*, erlitt e. Lähmung, daher arbeitsunfähig, sie suchte im Mai 1787 immediat um e. Pension nach, hielt sich damals in Arnhausen im Krs. Belgard auf, die Stettiner Regierung meinte im Okt. d.J., sie könne als Person bürgerlichen Standes nicht auf d. Liste d. adligen Expectanten gesetzt werden, wurde im Mai 1794 dennoch notiert, hielt sich damals beim Landschaftsrat Heinrich Christian von Münchow in Retzin auf, der ihr Unterhalt gewährte, bekam nach dessen Tod mit Verfügung vom Dez. 1796 e. Pension von 50 T.;

Quellen: GStA, II. HA, Abt. 13 a, Tit. III, Litt D, Nr. 9 (Delatte); Litt L, Nr. 7 (als de Latte); Stabi, Ms. boruss. fol. 312 (nicht in d. Ranglisten 1740 u. 1750, nicht in d. Abgangsliste);

Ltnt. Ernst Ludwig von DELITZ (* 1752)

Vater: Carl Ludwig (* um 1710, † vor 1788), Nov. 1733 Fähnrich im anhalt.-dessauischen D-R von Bibra, Dez. 1734 Charakter Fähnrich im I-R Nr. 8, Okt. 1737 Sl, Okt. 1742 dim., seit 1743 Erbherr auf Anteil Temnick im Krs. Saatzig im Wert von 8/m T., verkaufte diesen 1764 an d. Cap. Michael Christian von Schütz, hinterließ seinen vier Söhnen e. Vermögen von 1 500 T.; **Mutter**: Hedwig, geb. von Bornstedt (1716–1790), sie bekam e. Pension von 100 T. aus d. neumärk. Meliorationsfonds; **Großvater**: Adam Sigismund, Erbherr auf Anteil Temnick; **Bruder**: Friedrich (Ferdinand) Wilhelm (1748–1820), 1767 Gefr.corp., 1774 Sl im I-R Nr. 34, 1800 u. 1806 als Major gen., 1820 als Ol gest.; **Bruder**: Carl Friedrich (* 1750), Juli 1768 Fähnrich, Sep. 1786 Pl im I-R Nr. 29, 1800 hier als Major gen., vor 1806 abgegangen; **Bruder**: Johann August Gottlieb (* 1759), seit 1775 im Reg., Dez. 1781 Sl im I-R Nr. 2, Mrz. 1789 Pl, Sep. 1795 Stabs-Cap., Nov. 1801 Cap., Juli 1806 als Cap. auf Wartegeld gesetzt; **Laufbahn**: trat um 1766 in d. Militärdienst ein, Aug. 1772 Fähnrich im I-R Nr. 22, 1775 als Fähnrich nach neun Dj. mit d. Prädikat Ltnt. dim.; **Güter**: erwarb 1775 aus d. Konkurs d. Cap. von Schütz d. väterl. Gut Temnick für 4 115 T., verkaufte es 1790 für 8 425 T. an d. Cap. Otto Wilhelm von Stülpnagel, ließ sich auf Anteil Raakow im Krs. Arnswalde nieder; bat im Dez. 1786 mit Hinweis auf sein geringes Vermögen u. seine acht Kinder darum, ihm seine Pension von 37 T. zu belassen; **Sohn**: Bernhard Ludwig (* 1782), Okt. 1790 *cadet* in Stolp, Mai 1795 *cadet* in Berlin, April 1798 Fähnrich, Okt. 1800 Sl im I-R Nr. 3, noch 1806 als solcher gen., 1815 als Cap. im 3. Neumärk. Landwehr-Reg. pens.; **Sohn**: Otto Leopold (1785–1807), Mai 1796 bis 1801 *cadet* in Berlin, Mrz. 1801 Fähnrich, 1806 als Sl im I-R Nr. 12; **Sohn**: Ferdinand Eugen (* 1788), 1801 *cadet* in Berlin;

Quellen: GStA, I. HA, Rep. 30, Nr. 186 d, Paket 9 839; Nr. 243, Vas.tab. 1756, 1763, 1767; Nr. 244, Paket 9 992; Rep. 96, Nr. 260 D; Stabi, Ms. boruss. fol. 311, fol. 314, fol. 315 (Vater), fol. 316, fol. 907 a; Brüggemann, T. 2/1, S. 281–282; Crousaz, Beilage C, S. 38 (Sohn B.L. u. O.L.); Oelsnitz, I-R Nr. 2, S. 541, S. 565, S. 912 (Bruder J.A.G.); Stolper Kadetten, S. 27 (B.L.); Priesdorff, Offz.stammliste, S. 59 (Vater);

Cap. Philipp Friedrich von Derenthal (* 1723)

Vater: (Friedrich Wilhelm Daniel (1689–1752), Regierungspräsident in Minden; **Bruder**: Friedrich Arnold, 1747 Fähnrich im I-R Nr. 44, 1760 als Sl dim.; **Bruder**: Friedrich Carl Albrecht (1735–1760), trat ins I-R Nr. 5 ein, 1759 Sl, Jan. 1760 Orden p.l.m., als Cap. u. Gen.-Adjutant d. Herzogs Ferdinand von Braunschweig im Okt. 1760 gest.; **Bruder**: Daniel Johann George (1743–1799)*, KD-rat); **Laufbahn**: seit 1741 im Militär, (zuerst im I-R Nr. 5, dann im I-R Nr. 20), 1764 Pl im I-R Nr. 27, 1774 Stabs-Cap., nach 1791 abgegangen; (**verwandt**: Philipp Ludwig Friedrich von Derenthal (* 1744), stand zwölf Jahre als Gen.-Adjutant beim Herzog Ferdinand von Braunschweig in Magdeburg, nahm krankheitshalber 1770 als Pl seinen Abschied, anschließend bis zu deren Tod Hofmarschall bei d. Prinzessin Anna Amalia, erwarb 1792 d. Gut Butow im Krs. Arnswalde für 36 150 T., hier noch 1802 gen.);

Quellen: Stabi, Ms. boruss. fol. 312, fol. 316 (P.F. danach aus Pommern gebürtig); Gesch. I-R Nr. 44, S. 51–52; Rangirrolle Saldern (Abgang I-R Nr. 5); Lehmann, Ritter, S. 82 (Bruder F.C.A.); Tb. Briefadel 1928, S. 107 (hier nur d. Bruder F.C.A); biogr. Handbuch, S. 199–200 (Vater, Bruder Daniel Johann George);

Rittmeister Bernd Siegismund von Dewitz (* 1701, † 1738)

Vater: Bernd Siegismund (1667–1710), kursächs. Cap., Erbherr auf Daber B u. Weitenhagen B im Dewitzschen Krs.; **Mutter**: Johanne Margaretha, geb. von Knorr; **Bruder**: Johann Carl (* 1699); **Laufbahn**: seit 1718 im Militär, Mai 1720 Cornet, Febr. 1728 Ltnt. im K-R Nr. 6, 1738 als Stabs-Rittmstr. gest.; d. väterl. **Güter** wurden 1715 durch d. Vormund u. **Vater-Bruder**, d. Cap. Christian Heinrich von Dewitz (1671–1738) auf Farbezin, schuldenhalber an d. Cap. Joachim Ernst von Dossow verpfändet;

Quellen: Stabi, Ms. boruss. fol. 315 (auch als Bernhard S.); Schwerin, K-R Nr. 10, T. 1, S. 214; Monteton, S. 79; Wegner, 1868, S. 564–567;

Vize-Präsident Carl Joseph von Dewitz (* 15. Jan. 1718, † 17. Jan. 1753) *

Vater: Stephan Ber(e)nd (1672–1728), Ol im Leib-Regiment, Landrat, Erbherr auf Hoffelde, Justemin, Cramonsdorf, Plantikow, Mesow, Voigtshagen im Dewitzschen Krs.; **Mutter**: Louise Emilie († 1760), e. To. d. GM Hans von Zieten auf Logau; **Laufbahn**: studierte an d. Viadrina, seit 1742 Reg.- u. KD-rat in Stettin, 1747 Vize-Präsident d. Stettiner Regierung, 1751 a.o. Gesandter in Wien; **Ehefrau**: Sophie Friederike Albertine (1722–1781), älteste To. d. Kabinettsministers Heinrich Graf von Podewils; 1753 ohne Leibeserben gest., sein Lehn- u. Allodialnachlaß hatte e. Wert von 156 931 T., darauf Schulden von 125 736 T., damit blieben frei 31 194 T., die Netto-Revenuen betrugen 5 159 T., seine **Lehngüter** Haseleu, Hoffelde, Roggow, Voigtshagen, Justemin, Radem, Lasbeck, Mesow, Schloissin A, Weitenhagen A gingen an d. Lehnsvettern Gebr. August Albrecht, Stephan Gottlieb, s.d., u. Bernd Heinrich von Dewitz; die verwitwete Mutter und seine Witwe wurden Erben seines Allodialnachlasses im Wert von 9 124, dazu hatten beide Forderungen an d. Lehngüter von mehreren zehntausend T.; zwischen den Allodial- u. d. Lehnserben entstanden zahlreiche u. langwierige Prozesse; angesichts d. hohen Schulden auf d. Lehngütern bekamen d. Gebr. auf ihr Gesuch am 10. Sep. 1753 vom König d. Erlaubnis, einige Güter auf Wiederkauf auch an Bürgerliche zu veräußern, um möglichst hohe Erlöse zu erzielen und damit Schulden zurückzahlen zu können; die beiden Witwen sprachen sich in Intelligenzblättern jedoch gegen diesen Verkauf aus, so daß Interessenten ihre Gebote zurückzogen; auch bekamen d. Gebr. nicht d. gewünschten *Indult* für zehn, sondern 1755 nur für drei Jahre; d. beiden Witwen unterstellten d. Gebr., bewußt e. Konkurs herbeiführen zu wollen u. d. Güter möglichst gering taxieren zu lassen, um sich auf Kosten d. Gläubiger zu bereichern; die Gebr. warfen ihrerseits d. Witwen vor, zu hohe Forderungen geltend zu machen, um ihnen zu schaden; 1755 wurde d. Wert d. Güter auf 121 200 T. beziffert, darauf Schulden von 125 736 T., davon entfielen allein auf d. Witwe Ol von Dewitz 61 046, auf ihre Schwiegertochter 20 940 T:, d. Gebr. wollten jedoch nur Schulden von 77 675 T. anerkennen, deshalb, wegen d. strittigen Taxen und d. Höhe d. Allodialvermögens schwebte 1755 e. Prozeß zwischen beiden Parteien bereits in d. dritten Instanz; d. poln. Ol August Albrecht von Dewitz wandte sich am 15. Dez 1755 zum wiederholten Male an d. König, drang auf e. Untersuchungskommission u. auf e. schnelles Ende d. laufenden Prozesses; am 23.12. d.J. ging ihm daher die Resolution zu, er selbst habe in diesem Verfahren 60 *Gravamina* eingebracht, die Witwe d. Vizepräs. 16 und die Witwe d. Ol 24, also könne e. solcher Prozeß nicht binnen Jahresfrist beendet werden, d. Bittsteller solle sich ein für allemal beruhigen, sich d. *unnützen Supplicirens* enthalten und König wie Justizdepartement nicht weiter mit seinen Vorstellungen behelligen; d. Schwiegertocher d. Witwe Ol von Dewitz heiratete im Febr. 1756 in **zweiter Ehe** d. KG-Präsidenten Carl Joseph Maximilian Frhr. Fürst von Kupferberg u. geriet wegen ihrer Mitgift in e. Streit mit d. poln. Ol u. damaligen Gen.-Adjutanten d. Kronfeldherrn Graf von Branicky A.A. von Dewitz, d. Ol ließ sich zu *unanständigen, schimpflichen Äußerungen* gegenüber d. Juristen hinreißen u. wurde 1757 ernsthaft zur Mäßigung angehalten; im Sep. 1756 erzielten beide Parteien e. Vergleich, wonach sich d. Witwe Ol von Dewitz mit e. Forderung über 53/m T zufrieden gab, die Lehnsfolger überließen ihr auf Lebenszeit d. Gut Hoffelde nebst Roggow im Wert von 23/m T., dazu bekam sie noch 30/m T., nach ihrem Tod sollte Hoffelde von d. Gebr. f. 23/m T. wieder eingelöst werden; mehrfach baten d. Gebr. von Dewitz in d. Jahren 1757 bis 1761 darum, die rückständigen Zinszahlungen niederzuschlagen u. d. Zinszahlung bis zum Kriegsende auszusetzen, auch wollten sie mit d. Erlös aus verkauften Gütern nach Gutdünken verfahren; 1761 legten sie dann e. Aufstellung über erlittene Kriegsschäden vor, die von d. Stettiner Regierung in Zweifel gezogen wurde;

Quellen: GStA, I. HA, Rep. 30, Nr. 44, D 32, Paket 9267; Gantzer, Fam.gesch., Bd. 2, S. 364–372, S. 665, S. 670; Wegner, 1868, S. 362–365; biogr. Handbuch, S. 203;

Major Carl Ludwig von Dewitz (* 19. Nov. 1734, † 4. Sep. 1791)

Vater: Christian Heinrich (1671–1738), anfängl. sächs., dann Cap. im I-R Nr. 22, (Erbherr auf Farbezin, Schmelzdorf), Groß Benz C, Bernhagen A u. Schönenwalde C im Dewitzschen Krs.; **Mutter**: Catharina Luise, e. geb. von Belling; (Stief-)**Bruder**: Jacob Wilhelm (1720–1771), engagierte sich 1736 als Gefr.corp. im I-R Nr. 22, erhielt am 13. Nov. 1740 als Fähnrich d. *venia aetatis*, noch im gleichen Jahr versetzt, 1742 als Sl im I-R Nr. 39 gen., Aug. 1744 auf Wunsch dim., 1747 als *cassirter* Ltnt. auf d. Festung Küstrin, verlängerte 1747 d. Wiedereinlösung d. Güter Wolkow, Maldewin u. Höckenberg bis 1777, in Arnswalde 1771 in dürftigen Umständen gest., war um 1752 in Mecklenburg e. nicht standesgemäße Ehe eingegangen, daraus der Sohn Carl Ludwig Johann (* 1753), dieser stand 1777 als Ltnt. bei d. Artillerie, u. e. To. Charlotte Lowisa (* 1753), sie war 1774 für e. pomm. Pension notiert; **Schwester**: Amalia Elisabeth († 26. Aug. 1788), seit 1754 verh. mit Johann Daniel von Reppert (1724–1800), Ltnt., dann Landrat im Dewitzschen Krs., s.d.; **Schwester**: Friederica Lovisa (* 1732, † 11. Sep. 1797), sie besaß e. Kapital von 800 T., eingetragen auf Bernhagen, d. Zinsen dafür gingen nur unregelmäßig ein, bekam seit Febr. 1792 e. Pension von 50 T.; **Laufbahn**: 1750 als Junker ins D-R Nr. 5, Aug. 1755 Cornet, Dez. 1757 Sl, Dez. 1763 Pl, Okt. 1777 Stabs-Rittmstr., Juni 1781 Abschied als Major; **Güter**: nach d. brüderlichen Teilung Erbherr auf Groß Benz C, Bernhagen A u. Schönenwalde C im Dewitzschen Krs., 1756 im Wert von 4/m T.; löste 1779 d. Gut Maldevin wieder ein; beklagte sich im 1782 u. im Febr. 1784 über d. Verlust seiner Lehnsrechte an d. Gut Voigtshagen, dieses wurde während seiner aktiven Dienstzeit 1756 von d. Gebr. von Dewitz auf Hoffelde an Johann Christoph von Holtzendorff verkauft; erwarb 1785 Bernhagen B im Dewitzschen Krs. vom Cap. Friedrich Heinrich von Manteuffel, 1793 hatten seine Güter Bernhagen B, Groß Benz B u. Schönenwalde C e. Wert von 8/m T., Höckenberg, Maldevin u. Wolkow von zs. 26/m T.; **Ehefrau**: Charlotte Helene Caroline (1755–1815), e. To. von Stephan Gottlieb von Dewitz in Hoffelde; **Sohn**: Carl Friedrich Ludwig (* 8. Aug. 1787, † 10, Mai 1853), 1801 Junker im D-R Nr. 3, 1802 Cornet, 1804 Ltnt., 1805 (mit d. Charakter Rittmstr.) dim., bat am 16. Sep. 1806 aus Maldevin um die *venia aetatis*, war zu diesem Zeitpunkt bereits verheiratet, wollte über sein Vermögen selbst disponieren, ihm waren zuvor von e. Lehnsvetter zwei Güter in d. Stadt Daber, dazu Groß Benz, Daberkow u. Bernhagen B zugefallen, mußte diese zu Marien 1807 antreten, seine Mutter u.d. Vormund Heinrich August vom Strantz auf Barkow unterstützen d. Gesuch, d. Stettiner Pupillenkollegium sprach sich jedoch dagegen aus, weil Personen unter 20 Jahren ohne Vorlage zwingender Gründe keine *venia* erteilt werden sollte; C.F.L. saß 1801 u. 1804 auf Maldevin, Höckenberg, Wolkow, Bernhagen A u. B im Wert von 44/m T.;

Quellen: GStA, I. HA, Rep. 30, Nr. 43, Paket 9234; Nr. 44, D 32, Paket 9268; Nr. 243, Vas.tab. 1756, 1763, 1767, 1804; II. HA, Abt. 13 a, Tit. III, Litt D, Nr. 13 (Schwester); Stabi, Ms. boruss. fol. 316 (Bruder J.W.); Albedyll, Anhang S. 70*; Wegner, 1868, S. 571–578, S. 581–584; Gantzer, Fam.gesch., Bd. 2, S. 667, S. 671;

Landrat Christian Heinrich von Dewitz (* 4. Juni 1698, † 26. Febr. 1774) *

Vater: Gustav George (1633–1701), Cap., Erbherr auf Groß Benz C im Dewitzschen Krs.; **Mutter**: Elisabeth Ursula, e. geb. von Uckermann; **Laufbahn**: Besuch d. JG in Berlin, bezog 1717 die Univ. Halle, amtierte von 1728 bis 1771 als Landrat im Dewitzschen Krs., im folgte J.D. von Reppert im Amt; **Ehefrau**: Johanna Dorothea, geb. von Strantz († 1749); **Güter**: Erbherr auf Groß Benz C im Dewitzschen Krs., auf Daber u. Anteil Bernhagen; erhob Ansprüche auf d. Güter Radem u. Justemin, prozessierte deshalb gegen die Gebr. A.A. und S.G. von Dewitz zu Hoffelde; auf Antrag der letzteren wurde wegen d. Krieges d. Prozeß bis zum Frieden *sistirt*; beide Güter waren bereits 1756 verkauft worden; seit 1764 auch Erbherr auf Groß Benz A, B u. C; **Sohn**: Gustav Carl Ehrenreich (1728–1763), seit 1754 Referendar bei d. Stettiner Regierung; **Sohn**: Joseph Friedrich (1743–1806), 1759 Page bei König Friedrich II., dann Fähnrich in d. Garde, (erhielt d. Charakter Rittmstr.), Erbherr auf Daber, auf (ganz bzw.) Groß Benz B u. Bernhagen (A bzw.) C, auf Schönenwalde B, zuletzt auch auf Braunsberg u. Daberkow, seine Güter hatten 1804 e. Wert von insges. rund 76 300 T., in erster Ehe verheiratet mit Luise Sophie (1750–1773), e. To. von Stephan Gottlieb von Dewitz;

Quellen: GStA, I. HA, Rep. 30, Nr. 44, D 32, Paket 9268; Nr. 243, Vas.tab. 1756, 1763, 1767, 1793, 1804; Wegner, 1868, S. 536–539, S. 543–550; Gantzer, Fam.gesch., Bd. 2, S. 667, S. 672 (bei J.F. kein Hinweis auf dessen Militärdienst); biogr. Handbuch, S. 203;

Ltnt. Leopold Ludwig von Dewitz (* 10. Sep. 1776, † 24. Sep. 1846)

Vater: Bodo Christoph Balthasar (1734–1792), Geh. Rat, Ober-Hofmarschall in Mecklenburg, Erbherr auf Hoffelde, Mesow, Roggow, Schönenwalde A, Schöneu u. Salmow im Dewitzschen Krs.; **Mutter**: Auguste Christiane, geb. von Brauchitsch (1753–1820); **Bruder**: Friedrich Christian August (1770–1818) *, 1788 Fähnrich im I-R 4, 1789 Sl, 1797 Pl, 1799 Abschied, seit 1801 Landrat im Dewitzschen Krs., 1804 Erbherr auf Hoffelde u. Roggow im Dewitzschen Krs. im Wert von zs. 26/m T.; **Bruder**: Carl Albrecht Lucas (* 1785), 1804 Ltnt. im I-R Nr. 15, vor 1806 abgegangen, Erbherr auf Schöneu im Dewitzschen Krs. im Wert von 10/m T.; **Bruder** Otto Ludwig Christoph (* 1789), seit 1836 Minister in Mecklenburg-Strelitz; **Laufbahn**: trat 1791 in d. Militärdienst ein, stand 1799 als Ltnt. im I-R Nr. 4, 1804 als vorm. Ltnt. gen., engagierte sich 1814 bei d. Gendarmerie, seit 1835 Direktor d. Landschafts-Departements in Stargard; **Güter**: saß seit mind. 1799 auf Mesow im Dewitzschen Krs., das 1776 d. Obristen von Dewitz gehört hatte, im Wert von 15/m T., suchte um Meliorationsgelder für d. Gut nach, verkaufte Mesow 1805, erwarb dafür d. Gut Daber; **Ehefrau**: Caroline, e. To. d. Ministers C.A. (von) Struensee;

Quellen: GStA, I. HA, Rep. 30, Nr. 243, Vas.tab. 1799, 1804; II. HA, Abt. 13 a, Tit. I, Litt D, Nr. 10; Brüggemann, Beiträge, Bd. 2, S. 167–169; Wegner, 1868, S. 462–472, biogr. Handbuch, S. 203–204 (Bruder F.C.A.);

Cap. Ludwig Christian von Dewitz (* 24. Mai 1772, † 19. April 1857)

Vater: Carl Heinrich Friedrich (1732–1802), herzogl.-mecklenburg. Landdrost, Erbherr auf Woggersin in Mecklenburg, auf Wussow, Farbezin, Klein Benz u. Weitenhagen im Dewitzschen Krs., hinterließ sieben Söhne, von denen drei im preußischen, vier im württembergischen u. mecklenburg. Militär dienten, und sechs Töchter; **Mutter**: Johanne Henriette Louise, geb. von Huyssen (1738–1797); **Bruder**: Carl Günther Theodor (1759–1817), trat 1775 ins I-R Nr. 21 ein, Febr. 1782 Sl, 1799 als Cap. gen., zuletzt Major, 1804 Erbherr auf Weitenhagen im Dewitzschen Krs. im Wert von 19/m T., Landrat; **Bruder**: Wilhelm Friedrich Ernst (1760–1820), Febr. 1790 Pl im Füsilier-Bataillon von Rembow zu Stallupöhnen, Febr. 1797 Cap., zuletzt Ol; **Laufbahn**: engagierte sich um 1788 im I-R Nr. 21, 1793 als Fähnrich, 1801 als Ltnt., 1804 als vorm. Cap. gen.; **Güter**: saß 1804 auf d. Gut Wussow im Wert von 45/m T., außerdem auf Klein Benz u. Schloissin für zs. 14/m T., alle im Dewitzschen Krs.; **Ehefrau**, seit 1802: Eleonore Friederike Antonie, geb. von Engel; **Schwester**: Dorothee Marie Christiane (* 6. April 1780, † 1868), sie bat Anfang 1803 um die *venia aetatis*, um sich mit ihren Geschwistern auseinanderzusetzen, ihr Bruder C.G.T. u. d. Vormund Sebastian George von Wedel auf Schwerin befürworteten d. Gesuch, sie hatte e. mütterl. Vermögen von 3 538 T. u. bekam am 20. Jan. 1803 die *venia*;

Quellen: GStA, I. HA, Rep. 30, Nr. 44, D 32, Paket 9 268; Nr. 243, Vas.tab. 1793, 1804; Gantzer, Fam. gesch., Bd. 2, S. 674, S. 676–677; Becker, I-R Nr. 11, S. 339, S. 361 (Bruder W.F.E.); Jb. dt. Adel, Bd. 1, S. 460–474;

Obrist Stephan Gottlieb von Dewitz (* 23. Juli 1723, † 9. Juni 1787)

Vater: Friedrich Wilhelm (1668–1736)*, 1688 Cornet im K-R Nr. 3, Mrz. 1693 Rittmstr., Mai 1709 Ol, Juni 1725 GM, Juni 1736 Gl, Erbherr auf Hoffelde im Dewitzschen Krs.; **Mutter**: Anna Eleonore, geb. von Krafft; **Vater-Bruder**: Stephan (1658–1723)*, 1681 Rittmstr. im K-R Nr. 3, Dez. 1709 Kommandeur d. K-R Nr. 3, Mai 1713 GM, Juli 1714 Chef d. K-R Nr. 8, Mai 1721 Gl; **Bruder**: August Albrecht (* 16. Juli 1721, † 16. Juni 1767), bezog im Febr. 1736 d. JG in Berlin, dann d. Univ. Halle, April 1739 Cornet im D-R Nr. 5, Okt. 1741 Sl, Mai 1751 wegen d. Einschubs fremder Offiziere Abschied als Rittmstr., ging in poln. Dienste, 1754 Cap., 1755 Major, 1757 Ol u. Gen.-Adjutant d. poln. Kronfeldherrn Graf von Branicky, 1765 poln. Obrist, Juni 1767 Suizid, Erbherr auf Wussow u. Hoffelde, 1763 auch auf Mesow, Haseleu, Salmow gen.; A.A. blieb ähnlich wie sein Bruder S.G. bei seinen Prozessen mit d. beiden Witwen von Dewitz sowie d. Landrat von Dewitz bei *seiner vorgefaßten Meinung*, ignorierte d. Ansichten rechtserfahrener Männer, attackierte d. Mitglieder d. Stettiner Regierung u. begegnete 1757 sogar d. KG-Präsidenten von Fürst auf e. *schimpfliche* Art u. Weise; **Bruder**: Bernd Heinrich (* 27. Jan. 1725), 1750 Cornet, dann Ltnt. im K-R Nr. 7, 1754 (bzw. 1755) Abschied nach 17 Dj.; **Laufbahn**: 1736 Aufnahme ins Pädagogium in Halle; engagierte sich um 1740 im K-R Nr. 3, 1741 als Fähnrich, 1754 als Ltnt. gen., Dez. 1755 Stabs-Rittmstr., Aug. 1760 Major, 1764 Abschied als Major, 1781 Charakter Obrist, Jan. 1786 Orden p.l.m.; **Güter**: 1767 Erbherr auf (Daber) Hoffelde und Wussow im Dewitzschen Krs., nach d. Tod d. Bruders A.A. auch auf dessen Gütern, 1767 im Wert von 75/m T., bat 1771, 1780 u. 1787 darum, seine Güter zu allodifizieren, er sei d. letzte seines Fam.zweiges, die Güter sollten nicht in die Hände d. Mecklenburger Linie fallen, will e. großen Teil seines Allodialvermögens in d. Lehngüter gesteckt haben, wollte dieses seiner Frau u. seinen Töchtern zukommen lassen; d. Wert seiner Güter betrug 1788 85 511 T., darauf Schulden von 79 609 T.; bez. 1776 d. Landrat von Reppert als *seinen Feind*, beide führten zahlreiche Prozesse gegeneinander, u. a. wegen d. Güter Radem u. Justemin; gab im Okt. 1771 an, mit d. Gütern zahlreiche Prozesse *geerbt* zu haben, einige von ihnen dauerten schon seit 17 Jahren, die bisherigen Prozesskosten bezifferte er auf

4/m T., ohne die Kosten d. Advokaten in Höhe von mehreren 100 T.; im Juni 1769 meinte er, sein ältester Bruder habe sich 14 Jahre mit diesen Erbsachen *gequält*, gegenwärtig liefen einige 20 Prozesse, er verlangte eine unparteiische Kommission mit mind. einem Berliner Richter, weil d. Stettiner Regierung d. Untertanen gegenüber zu viel Nachsicht zeige; am 28. Dez. 1773 betonte er gegenüber d. Großkanzler, er habe beim pommerschen Landeskollegium das Unglück, *daß ungünstige und wiedrige Verfügungen fast ständig wieder mich ergehen und daher kommt es, daß meine processe kein Ende gewinnen können. Denn will ich nicht alles verlohren gehen laßen*, müsse er mit *schweren Kosten* durch alle Instanzen zu seinem Recht zu gelangen versuchen; d. Major reichte viele Immediatgesuche u. zahlreiche Suppliken an d. Justizdepartement ein, weshalb ihm bereits am 11. Okt. 1770 dieses Decret d. Großkanzlers zugegangen war: dem König gereiche es *zum größten Mißfallen, daß der Offizier selbst die processe durch sein eigenes Betragen vermehrt und verewiget*; so führten d. Major u. sein älterer Bruder A.A., bis zu dessen Tod, zwischen 1765 und 1774 mehrere Prozesse bis zum Tribunal gegen d. angeblich *schikaneusen, zank- u. processüchtigen* Prediger Haehne zu Roggow, um dessen *Translocirung* zu erreichen; **Ehefrau**: Renata Margaretha (1730–1795), e. To. d. Gl Pierre Jacques de Pennavaire; aus d. Ehe ein früh verst. Sohn u. fünf **Töchter**, u. a. Eleonore Henriette (* 1749), seit 1786 verh. mit d. Major Bernd Friedrich von Arnim; Luise Sophie (1750–1773), seit 1766 verh. mit Joseph Friedrich von Dewitz;

Quellen: GStA, I. HA, Rep. 30, Nr. 44, D 32, Pakete 9267, 9268; Stabi, Ms. boruss. fol. 313; Schwerin, K-R Nr. 10, T. 2, S. 70, S. 195, S. 225; Priesdorff Nr. 222 (Vater), Nr. 173 (Onkel); Wegner, 1868, S. 336–346, S. 352–360; Gantzer, Fam.gesch., Bd. 2, S. 319, S. 321, S. 430, 442, 449, 670 (hier keine Hinweise auf seine Prozessucht); Albedyll, Anhang, S. 53* (Bruder A.A., teils mit anderen Angaben);

Rittmstr. Albrecht Ferdinand Alexander von Diericke
(* 1760, † 27. Aug. 1809)

Vater: Christian Friedrich (1709–1783)*, seit 1726 im I-R Nr. 15, Aug. 1750 Cap. u. Chef e. Comp., Juli 1745 Ol im I-R Nr. 49, Febr. 1748 Kommandeur d. I-R Nr. 49, Mrz. 1758 GM, Dez. 1764 Kommandant von Neiße, Mai 1765 Gl, Sep. 1770 mit Pension dim.; **Mutter**: Louise Juliane Friederike, geb. von Graevenitz (1721–1793); **Bruder**: Christoph Wilhelm (1754–1813), seit etwa 1765 im Militär, Nov. 1774 Pl im I-R Nr. 49, Mai 1784 Cap. u. Chef e. Comp., Mai 1793 als Major Orden p.l.m., zuletzt Obrist u. Kommandeur d. I-R Nr. 49; **Bruder**: Johann Ernst (* 1750, † nach 1820), Cornet im K-R Nr. 12, Rittmstr., zuletzt beim Train angestellt, als Postmstr. versorgt; **Laufbahn**: seit 1773 im Regiment, April 1778 Cornet im K-R Nr. 4, Dez. 1782 Ltnt., 1789 als Ltnt. zum Train versetzt, erhielt d. Charakter Rittmstr.;

Quellen: Stabi, Ms. boruss. fol. 311 (J.E. nicht in d. Rangliste 1771 u. 1787, nicht in d. Rangliste 1806), fol. 314 (Bruder C.W., aus Schlesien geb.), fol. 316; Förster, K-R Nr. 4, S. 324, S. 343, S. 547; Jb. dt. Adel, Bd. 1, S. 493–494 (A.F.A. danach aus Stettin gebürtig); Priesdorff, Nr. 476 (Vater, d. Sohn hier als Georg Ferdinand Alex., geb. 24.12.1759);

Ltnt. Caspar Christoph Friedrich von Dietherdt (* 7. Aug. 1707, † 11. Juli 1780)

Vater: Alexander Wedig (* um 1665), aus d. NM gebürtig, seit 1680 im Militär, Mrz. 1709 Major im I-R Nr. 11, Nov. 1715 Ol, 1730 als Obrist in Preußen gen., Erbherr auf Anteil Hohengrape im Krs. Pyritz; **Laufbahn**: seit etwa 1720 im Militär, 1730 Gefr.corp. im I-R Nr. 7, zuletzt Sl, nach 17 Dj. vor 1740 als Ltnt. dim.; **Güter**: erbte Teile von Hohengrape vom Vater, andere Teile erwarb er 1743, auch auf Dorf Bärfelde in d. NM, verkaufte seinen Besitz 1771 für 35/m T. an d. Major Ernst Sigmund von Schöning, s.d.; **Ehefrau**: Susanne Amalie, geb. von Papstein (1717–1764); **Sohn**: Philipp George (1741–1807)*, 1757 Gefr. corp. im D-R Nr. 3, Okt. 1758 Cornet, Mrz. 1762 Sl, Febr. 1776 Stabs-Rittmstr., Mrz. 1783 Major, Sep. 1790 Ol, Okt. 1790 Chef e. Escadron, Jan. 1793 Obrist, April 1793 Orden p.l.m., Nov. 1796 2. Gen.-Intendant d. Armee, Mai 1801 GM, Juli 1804 Direktor d. 1. Dep. im Oberkriegskollegium, Okt. 1804 EM; **Sohn**: Friedrich Sigismund (* 1745), seit 1762 im Regiment, Dez. 1764 Sl im D-R Nr. 4, 1769 zum Garn.-Reg. Nr. 6 versetzt, (Dez. 1774 Sl), Mrz. 1779 Pl; **Sohn**: Carl Christoph (* 1746), 1765 Cornet im D-R Nr. 4, 1778 Sl, 1783 als Cap. dim.; **Sohn**: Alexander August (* 1755), 1767 beim Vater, 1774 Page beim Herzog August Wilhelm von Braunschweig-Bevern, 1800 Ober-Akziserat in Posen;

Quellen: GStA, I. HA, Rep. 30, Nr. 243, Vas.tab. 1756, 1763; Stabi, Ms. boruss. fol. 313, fol. 314, fol. 315 (Sohn F.S., 1774 als Fr. Casimir, Dez. 1764 Sl), fol. 319 (Vater); Ms. geneal., fol. 120; Brüggemann, T. 2/1, S. 144; Schöning, D-R Nr. 3, S. 198, S. 212 (F.S.), S. 257, S. 416 (Sohn P.G.), S. 423 (F.S.); Priesdorff, Nr. 1028 (Sohn P.G.);

Ltnt. Franz von Diezelsky (* 1763)

aus Pommern gebürtig; **Laufbahn**: seit 1779 im Militär, Nov. 1788 Sl im I-R Nr. 22, 1797 hier noch als Sl genannt, vor 1806 abgegangen;

Quellen: GStA, I. HA, Rep. 96, Nr. 255 J, Bd. 1; Stabi, Ms. boruss. fol. 314;

Ltnt. Franz George von Diezelsky (* 1730)

aus d. Distrikt Lauenburg gebürtig; **Laufbahn**: seit 1746 im Militär, 1756 Fähnrich im I-R Nr. 39, 1764 Pl, 1773 mit Pension dim.;

Quellen: Stabi, Ms. boruss. fol. 316;

Ol George Friedrich von Diezelsky (* 1714)*

Vater: Matthias, Erbherr auf zwei Anteilen von Bochow (u. Anteil Dzinzelitz) im Distrikt Lauenburg; **Großvater**: Matthias, Erbherr auf Anteilen von Bochow u. Schimmerwitz in Lauenburg; **Laufbahn**: seit 1727 Gefr.corp. im I-R Nr. 1, 1734 als Junker ins D-R Nr. 6 versetzt, das damals am Rhein stand, 1736 als Junker ins K-R Nr. 4, Dez. 1737 Cornet, Okt. 1741 Sl, Mrz. bzw. Okt. 1742 als Pl ins D-R Nr. 5 versetzt, 1745 Orden p.l.m., Sep. 1756 Stabs-Rittmstr., Nov. 1758 Rittmstr. u. Chef e. Escadron, Nov. 1760 Major, Juli 1770 auf Wunsch nach 43 Dj. Abschied als Ol mit Pension; **Güter**: besaß 1750 zwei Anteile an Bochow, lag damals im Streit mit Nachbarn um Holzungen in Schimmerwitz; ging nach d. Dimission auf sein (neu gekauftes) Gut Chottschow im Distrikt Lauenburg, besaß damals noch Anteile an Bochow; hatte keine Leibeserben, überließ deshalb 1776 sein Gut seinem Schwester-Sohn (d. Ol) Adam Wilhelm von Diezelsky u. dessen Kindern zu Schlaikow; 1778 als unbegüterter Vasall geführt;

Quellen: GStA, I. HA, Rep. 30, Nr. 413, Pakete 10 183 u. 10 185; IV. HA, Rep. 1, Nr. 73 (kein Diezelsky); Stabi, Ms. boruss. fol. 313 (danach seit 1730 im I-R Nr. 1); Brüggemann, T. 2/2, S. 1068 (um 1780 saß d. Ol Adam Wilhelm von Diezelsky auf Chottschow); Albedyll, Anhang S. 66*; Förster, K-R Nr. 4, S. 178, S. 543; Lehmann, Ritter, S. 32 (als G. Heinr.);

Cap. Jacob Ludwig von Diezelsky (* 1759)

Vater: Paul Friedrich (1725–1778), Erbherr auf Dzinzelitz E in Lauenburg im Wert von 1 500 fl., hinterließ seiner Frau u. sieben Kindern e. freies Vermögen von 400 T.; **Mutter**: Maria Dorothea, geb. von Ayken (* 1724, † 15. Okt. 1801), saß 1781 als Witwe mit drei Töchtern u. einem Sohn auf Anteil Dzinzelitz im Distrikt Lauenburg, drei Töchter waren verheiratet; **Laufbahn**: Juni 1771 *cadet* in Stolp, April 1774 *cadet* in Berlin, (seit 1776 im Regiment), Jan. 1782 Fähnrich im I-R Nr. 46, bekam als Stabs-Cap. im I-R Nr. 46 im Mai 1800 d. Erlaubnis, seinen vom Vater 1782 geerbten Anteil an Dzinzelitz im Wert von 500 T., darauf Schulden von 600 T., zu verkaufen; 1806 Cap., 1807 im 2. Ostpr. I-R;

Quellen: GStA, I. HA, Rep. 30, Nr. 379 a, Paket 10161; II. HA, Abt. 13 a, Tit. III, Litt D, Nr. 3 (Mutter); Stabi, Ms. boruss. fol. 316; fol. 907 a, Bl. 40; Brüggemann, T. 2/2, S. 1069–1070; Stolper Kadetten, S. 4;

Obrist Johann Friedrich von Diezelsky (1742–1814)

Vater: Jacob Ernst (1715–1788), Erbherr auf Merzin A im Distrikt Lauenburg im Wert von 5 500 fl., hatte 1771 sechs Söhne, von denen 1771 vier, 1802 alle im Militär standen; **Mutter**: Sophia Gottlieb, geb. von Tauentzien (* 1725, † 24. Juni 1802), To. e. Landedelmanns, sie hatte urspr. e. Vermögen von 2/m T., dieses wurde in d. Wirtschaft u. für d. *Equipage* d. Söhne aufgebraucht, ihre jährl. Revenuen für sich u.d. Töchter betrugen 1791 daher nur noch 50 T., bekam ab Jan. 1793 e. Pension von 100 T.; **Bruder**: Michael Ernst (1752–1840), seit 1769 im Militär, 1787 Ltnt. im D-R Nr. 1, 1792 Stabs-Cap., Dez. 1793 Orden p.l.m., 1804 Major, 1813 als Obrist pens., ließ sich in Wriezen nieder; **Bruder**: Franz Lorenz (* 9. Nov. 1755, † 24. Mrz. 1819), 1771 *cadet* in Berlin, Dez. 1773 Fähnrich im I-R Nr. 8, April 1778 Sl, Dez. 1788 Pl, Juni 1793 Stabs-Cap., Mrz. 1795 Cap. u. Chef e. Comp., Nov. 1801 Major, Mrz. 1811 Ol, Juni 1815 Obrist; **Bruder**: Carl Adolph (1760–1829), Juni 1769 *cadet* in Stolp, Mai 1772 *cadet* in Berlin, seit 1775 im Regiment, 1787 Sl im D-R Nr. 1, 1804 Cap. im D-R Nr. 1, 1814 Ol, als Obrist später pensioniert; **Bruder**: Ferdinand Sigismund (1762–1835)*, Mai 1773 *cadet* in Stolp, April 1775 *cadet* in Berlin, seit 1776 als Gefr.corp. im Regiment, April 1779 Fähnrich im I-R Nr. 21, 1783 noch als solcher gen., 1804 Cap. im I-R Nr. 21, 1820 als Ol d. 4. Potsdamer Landwehr-Reg. pensioniert; **Bruder**: George Heinrich (1765–1844), Mai 1774 *cadet* in Stolp, Mai 1779 *cadet* in Berlin, Sep. 1784 Fähnrich im I-R Nr. 8, April 1788 Sl, im Aug. 1788 dim., ernährte sich um 1800 kümmerlich von d. Landwirtschaft; **Laufbahn**: trat um 1760 in d. Militärdienst ein, stand 1774 als Sl im D-R Nr. 1, 1787 Stabs-Cap., 1792 Major, Aug. 1793 Orden p.l.m., 1806 Obrist u. Kommandeur d. D-R Nr. 1, 1814 pens.; **Güter**: saß 1804 auf Merzin A im Distrikt Lauenburg im Wert von 4/m T., auf d. Gut nach 1814 gest.; **Ehefrau**: Juliana Ottilie Ulrike, geb.

von Holtzendorff (1765–1814); **Sohn**: Philipp Ernst Carl (1785–1809), gefallen als Pl unter Schill bei Dodendorf; **Schwester**: Dorothea (* 1750), sie besaß 1802 e. Vermögen von 70 T., erhielt mit Rücksicht auf ihre Brüder 1803 e. Pension von 50 T.;

Quellen: GStA, I. HA, Rep. 30, Nr. 249, Vas.tab. 1771, 1778, 1804; II. HA, Abt. 13 a, Tit. III, Litt D, Nr. 4, Nr. 20; Litt. L, Nr. 1, Bd. 1 (Mutter); Stabi, Ms. boruss. fol. 310 (Bruder als Friedr. Sigm.); fol. 314, fol. 907 a (F.S.); Probst, D-R Nr. 1, 1841, S. 36, S. 160 (es standen 3 Brüder als Offz. im D-R Nr. 1, alle als Obrist pens.); Priesdorff, Offz.stammliste, S. 59–60 (Brüder F.L. u. G.H.); Stolper Kadetten, S. 1, S. 6 (Bruder F.S.), S. 7; Tb. Briefadel 1922, S. 176–178 (J.F. hier als GM, Daten f.d. Mutter: 1725–1788); Priesdorff, Nr. 1484 (Bruder F.S.);

Ltnt. Johann Matthias von Diezelsky (* 1766)

Vater: Landedelmann († vor 1771), besaß e. Anteil an Schimmerwitz im Distrikt Lauenburg im Wert von 300 T., hinterließ zwei Söhne; **Mutter**: Anna Eleonora, geb. von Wittken (* um 1735), in zweiter Ehe verh. mit Jacob von Lewinsky (* um 1738, † 1792); **Bruder**: Christian Ernst (* 1762), Juni 1777 *cadet* in Stolp, Mai 1779 *cadet* in Berlin, Mai 1786 Cornet, 1791 Ltnt. im H-R Nr. 7, 1800 als Chef e. Escadron zum Bataillon Towarczys versetzt; 1806 als Major gen., 1808 als Ol pens. **Laufbahn**: Juni 1777 *cadet* in Stolp, April 1781 *cadet* in Berlin, 1787 Gefr.corp. im I-R Nr. 33, stand 1791 als Ltnt. im I-R Nr. 7, vor 1806 abgegangen;

Quellen: GStA, I. HA, Rep. 30, Nr. 249, Vas.tab. 1771; II. HA, Abt. 13 a, Tit. III, Litt L, Nr. 1, Bd. 1; Stabi, Ms. boruss. fol. 311, fol. 313 (Bruder); Rangliste 1806 S. 140; Stolper Kadetten, S. 10;

Cap. Melchior von Diezelsky (* 1708)

aus Hinterpommern gebürtig; **Laufbahn**: Sep. 1729 Fähnrich im I-R Nr. 20, Jan. 1734 Pl, Febr. 1746 Cap. u. Chef e. Comp. im I-R Nr. 20, noch 1756 hier als Cap. gen., vor 1764 abgegangen;

Quellen: Stabi, Ms. boruss. fol. 311;

Ltnt. Michael Bogislav von Diezelsky (* 1729)

(**Vater**: Erbherr auf Anteil Dzinzelitz im Distrikt Lauenburg, vor 1756 gest.), d. Sohn aus *Cassuben* gebürtig; **Laufbahn**: trat 1745 in d. Militärdienst ein, 1746 Corporal im Garn.-Reg. Nr. 11, Aug. 1756 Sl, Sep. 1757 Pl, im Dez. 1763 hier noch als Pl gen., vor 1787 abgegangen; (**Güter**: saß 1756 auf e. Anteil von Dzinzelitz in Lauenburg);

Quellen: GStA, I. HA, Rep. 30, Nr. 243, Vas.tab. 1756; Stabi, Ms. boruss. fol. 314;

Obrist Michael Ludwig von Diezelsky (* 1709)

(**Vater**: Erbherr auf Anteil Dzinzelitz im Distrikt Lauenburg, vor 1756 gest.); **Laufbahn**: seit 1725 im Militär, 1740 Sl im I-R Nr. 23, 1755 Cap. u. Chef e. Comp., 1764 Major, Jan. 1774 als Obrist Orden p.l.m., Dez. 1775 Kommandeur d. Invaliden-Corps; (**Güter**: saß 1756 auf e. Anteil Dzinzelitz in Lauenburg);

Quellen: GStA, I. HA, Rep. 30, Nr. 243, Vas.tab. 1756 (danach Cap. bei Itzenplitz); Stabi, Ms. boruss. fol. 316; Lehmann, Ritter, S. 120;

Cap. Peter Bogislav von Diezelsky (* 1705)

aus *Cassuben* gebürtig; **Laufbahn**: seit 1720 im Militär, 1726 Gefr.corp., 1736 Ltnt. im I-R Nr. 27, 1745 Stabs-Cap., vor 1756 abgegangen;

Quellen: Stabi, Ms. boruss. fol 316;

Ltnt. Bogislav von Diringshofen (* 1729, † 21. Jan. 1758)

aus Pommern gebürtig; **Laufbahn**: seit 1746 im Militär, 1756 Fähnrich im I-R Nr. 24, als Ltnt. an bei Prag erlittenen Blessuren gestorben;

Quellen: GStA, IV. HA, Rep. 1, Nr. 73, Bl. 203 (hier als Düringshofen); Stabi, Ms. boruss. fol. 316;

Ltnt. Carl Wilhelm von Diringshofen (* 31. Mrz. 1736, † 3. Jan. 1762) *

Vater: (Carl Friedrich (1702–1763), hess. Jagdjunker); **Laufbahn**: Mai 1757 (überzähliger) Sl im I-R Nr. 8, Jan. 1759 Sl, Nov. 1760 bei Torgau in österr. Gefangenschaft geraten, 1762 in d. Gefangenschaft gest.;

Quellen: GStA, IV. HA, Rep. 1, Nr. 73, Bl. 203; Priesdorff, Offz.stammliste, S. 61 (gest. Jan. 1762); Tb. Briefadel 1920, S. 184 (andere Angaben als bei Priesdorff);

Major Curt Friedrich von Diringshofen (* 28. Sep. 1709, † 27. Jan. 1791)

Vater: Gustav Ludwig (1679–1744), Erbherr auf Sabow im Krs. Pyritz; **Mutter**: Margarete Elisabeth, geb. von Billerbeck (1695–1727); **Bruder**: Bernhard Alexander (1714–1776) *, stand von 1732 bis 1763 im I-R Nr. 8, Mai 1764 GM u. Chef d. I-R 24, Sohn: Carl Friedrich (1766–1840), Aug. 1795 Sl beim Feld-Artillerie-Corps, Jan. 1806 dim., Febr. 1806 Charakter Cap., April 1813 Stabs-Cap. bei d. preuß. Art.-Brigade, Mai 1816 Art.-Offz. in Küstrin, Juli 1831 als Major dim.; Stief-**Bruder**: Gustav Friedrich (1731–1788), seit 1745 im Militär, Sep. 1757 Pl im I-R Nr. 28, 1774 Stabs-Cap., Mai 1784 Major, als aktiver Offz. im Mai 1788 gest.; **Laufbahn**: seit 1725 im Militärdienst, stand 1740 als Fähnrich, 1751 als Pl im I-R Nr. 30, erhielt Febr. 1762 als Major d. gewünschten Abschied; **Güter**: seit 1746 Erbherr auf Sabow, seine Erben saßen noch 1794 auf d. Gut im Wert von 24/m T.; **Ehefrau**: Christina Friederike Dorothea, geb. von Retzdorff (1719–1796); **Sohn**: Gustav Friedrich Wilhelm (* um 1777), stand 1793 als Page beim Herzog Friedrich Carl von Braunschweig-Bevern; (1801 wollte die Witwe d. Majors d. Gut Sabow, welches sie für 33 028 T. angenommen hatte u. worauf Schulden von 19 198 T. lagen, verkaufen); 1804 befand sich d. Gut in d. Hand d. Obristen Johann Caspar von Heyden;

Quellen: GStA, I. HA, Rep. 30, Nr. 243, Vas.tab. 1756, 1763, 1793 1804; Nr. 244, Paket 9997; IV. HA, Rep. 1, Nr. 73, Bl. 203 (als Carl Fr., Bruder als Just Fr.); Stabi, Ms. boruss. fol. 311, fol. 314 (G.F.); Brüggemann, T. 2/1, S. 158; Priesdorff, Offz.stammliste, S. 61 (Bruder B.A.); Priesdorff, Nr. 545 (Bruder B.A.); Tb. Briefadel 1920, S. 186–187;

Major Heinrich Adolph von Dittmarsdorf (* 1706, † 28. Dez. 1759)

Vater: Adolph Christian, seit 1700 Erbherr auf Anteil Kicker im Dewitzschen Krs.; Stief-Vater: Daniel Joachim von Unverferth († um 1740), kurpfälz. Kammerherr, Erbherr auf Schwessow A; **Laufbahn**: Gefr.corp. im I-R Nr. 8, Jan. 1726 Fähnrich, Nov. 1730 Sl, Mai

1735 Pl, Nov. 1741 ins neue Garn.-Reg. Nr. 7 versetzt, 1742 dim. (mit d. Charakter Cap.), Mrz. 1757 als Major beim Garn.-Reg. Nr. 7 angestellt, Febr. 1759 dim., beim Bombardement von Küstrin gest.; **Ehefrau**: Ilse Juliana, geb. von Kleist; **Güter**: verkaufte 1736 d. väterl. Gut für 5 300 fl. an d. Major Carl Ernst von Rothenburg, seit 1743 Erbherr auf Schwessow A im Krs. Greifenberg, das ihm von seiner Mutter zugefallen war; e. **Sohn** soll im Siebenjährigen Krieg gefallen sein; hinterließ einen **Sohn** Caspar Heinrich (1741–1782), seit 1756 im Regiment, Aug. 1758 Fähnrich im I-R Nr. 16, April 1761 Sl, Juli 1772 Pl, April 1782 Cap., Juli 1782 als aktiver Offz. gest., u. drei ledige Töchter; d. Witwe bat 1759 um e. Versorgung ihrer drei Töchter; 1767 befand sich d. Hauptgut Schwessow im Konkurs, (Nemitz hatte e. Wert von 3 566 T., darauf Hypotheken von 3/m T.); **Tochter**: Sophia Helena (* 1734), hielt sich 1774 in Landsberg an der Warthe auf, gab an, vom mütterlichen Erbe nur wenig gerettet zu haben, war deshalb gezwungen, sich bei d. Major von Rohr als *Ausgeberin* zu verdingen, stand auf d. Expectantenliste für e. Pension, 1777 hielt sie sich in Witzmitz auf, hatte sich bis dahin durch Handarbeit u. *conditioniren* ernährt, konnte das krankheitshalber jetzt nicht mehr, e. neues Pensionsgesuch wurde abgewiesen;

Quellen: GStA, I. HA, Rep. 30, Nr. 44, K 62, Paket 9 306; Nr. 243, Paket 9 980; Nr. 244, Paket 9 989; IV. HA, Rep. 1, Nr. 73, Bl. 20 (hier nur d. Sohn C.H.); Stabi, Ms. boruss. fol. 311 (Sohn), fol. 313; Brüggemann, T. 2/1, S. 450; Kopka v. Lossow, Offz.liste, S. 15* (Sohn); Priesdorff, Offz.stammliste, S. 62, Nr. 118;

Ol George Ludwig Christoph von Doeberitz (* um 1737)

Vater: Johann Christoph (* 1698, † Okt. 1738), seit 1715 im Militärdienst, Nov. 1733 Cap. im I-R Nr. 22, seit 1738 Erbherr auf Schönhagen im Flemmingschen Krs. im Wert von 8 266 T., hinterließ zwei Söhne; **Mutter**: Friederica Amalia, geb. von Borcke (1710–1772); **Vater-Bruder**: Caspar Albrecht (* um 1701, † 18. Juni 1757), seit 1719 im Militär, April 1726 Pl im I-R Nr. 22, 1744 Cap. u. Chef e. Comp., Juli 1747 Major im I-R Nr. 22, 1757 als Ol bei Kolin unbeerbt gefallen, Erbherr auf d. väterl. Gut Lentzke in d. Mittelmark; **Bruder**: Hans Heinrich Albrecht (1738–1811)*, 1755 Page beim Prinzen August Wilhelm von Preußen, 1756 Gefr.corp. im I-R Nr. 18, Jan. 1758 Fähnrich, Aug. 1758 Sl, Dez. 1760 Pl, Okt. 1771 Stabs-Cap., Okt. 1776 Cap. u. Chef e. Comp., Nov. 1786 Major, Febr. 1792 Ol, Jan. 1795 Obrist im I-R Nr. 18, Febr. 1795 dim. als GM; **Laufbahn**: trat um 1751 in d. Militärdienst ein, Mai 1755 Fähnrich im I-R Nr. 22, Mai 1763 Stabs-Cap., Dez. 1766 Cap. u. Chef e. Comp., Okt. 1778 nach 27 Dj. als Major dim., erhielt im Mrz. 1787 auf e. Immediatgesuch für seine Verdienste im Siebenjährigen Krieg d. Charakter Ol u.d. Orden p.l.m.; **Güter**: seit 1776 nach d. brüderl. Vergleich Erbherr auf d. väterlichen Gut Schönhagen im Flemmingschen Krs., übernahm es für 9 500 T.; noch 1793, 1799 auf d. Gut im Wert von 8/m T. gen., hatte seinen Wohnsitz zu Friedrichsdorf bei Falkenburg in d. NM; trat Schönhagen 1803 für 25 Jahre an d. Oberamtmann Schmidt ab;

Quellen: GStA, I. HA, Rep. 30, Nr. 241 b, Paket 9 967; Nr. 243, Vas.tab. 1756, 1763, 1767, 1793, 1799; Nr. 244 S, Paket 9 985; IV. HA, Rep. 1, Nr. 73, Bl. 37; Stabi, Ms. boruss. fol. 313 (Bruder), fol. 314; Brüggemann, T. 2/1, S. 44; Lehmann, Ritter, S. 181–182; Priesdorff, Nr. 927 (Bruder);

Ol Bernhard (bzw. Friedrich Bernd) von der DOLLEN
(* 15. Juli.1702, † 31. Januar 1788)

Vater: Bernhard (1672–1732), Erbherr auf Kl.-Luckow in d. UM u. Weißen-Clempenow; **Mutter**: Barbara Sophie, geb. von Gühlen; **Laufbahn**: trat 1720 in d. Militärdienst ein, stand 1730 als Cornet im K-R Nr. 4, 1736 als Ltnt. gen., weilte damals auf Werbung im Reich, Juli 1739 Rittmstr., Nov. 1746 als Rittmeister dim., wechselte vor 1750 als Major zu d. Zieten-Husaren, zuletzt Ol beim Garn.-Reg. (Nr. 6) von Sass in Cosel, im Sep. 1772 dimittiert; **Güter**: seit 1746 Erbherr auf Preetzen im Krs. Anklam, *reluirte* d. Gut für 14/m T., u. auf (Kl.-)Luckow in d. UM; seine beiden Söhne hielten sich 1763 in Prenzlau auf; **Sohn**: Friedrich Wilhelm (1755–1831), April 1768 Junker im D-R Nr. 5, Okt. 1771 Cornet, Nov. 1774 Sl, Febr. 1789 Pl, Febr. (Juni) 1792 Stabs-Cap., April 1793 Orden p.l.m., 1793 als Erbherr auf Preetzen gen., Dez. 1799 Stabs-Major, Mai 1803 Chef e. Escadron, 1806 bei Jena gefangen, Febr. 1814 pensioniert, gest. 22. Okt. 1831 in Berlin; d. **Sohn** Bernhard Friedrich (* um 1746) hielt sich 1793 zu Dollen in d. UM auf, beide waren ledig; 1799 hatte d Gut Preetzen e. Wert von 47/m T. und befand sich im Besitz von Christian Felix Friedrich von Tornow, s.d.; (**verwandt**: Friedrich von Dollen, stand von 1725 bis 1734 im D-R Nr. 6, zuletzt Sl: Orlop, D-R Nr. 6, Anhang, S. 19*; lt. fol. 311 aus d. UM gebürtig);

Quellen: GStA, I. HA, Rep. 30, Nr. 243, Vas.tab. 1756, 1763, 1794, 1804; IV. HA, Rep. 1, Nr. 73, Bl. 81 (Vater, kz. Notiz, u. Sohn F.W.); Stabi, Ms. boruss. fol. 316; Brüggemann, Vorpommern, S. 66; Jb. dt. Adel, 3, S. 122 (Vater Bernard u. Sohn F.W. (1754–1831), zuletzt Ol im D-R Nr. 5); Albedyll, T. 2, Anhang S. 62* (Sohn F.W., geb. 1.1.1754); Förster, K-R Nr. 4, S. 178, S. 544;

Ltnt. Dubislav (Dettloff) von der DOLLEN (* 1708)

aus Pommern gebürtig; **Laufbahn**: seit 1720 im Militär, Mai 1735 Pl im I-R Nr. 22, im Juni 1741 hier noch gen., vor 1746 abgegangen;

Quellen: Stabi, Ms. boruss. fol. 314;

Ltnt. Ludwig von der DOLLEN (* 30. Sep. 1757, † 24. Dez. 1821)*

Vater: Oberforstmeister in Fürstenwalde; **Mutter**: e. geb. Bollhagen; **Laufbahn**: 1772 als Junker ins D-R Nr. 5, Nov. 1774 Cornet, Okt. 1777 Sl, Nov. 1785 auf Wunsch dim.; **erheiratete** mit Johanna (von) Loeper d. **Güter** Pomellen, 1786 im Wert von 43/m T., u. Ladenthin, 1789 im Wert von 26 500 T., im Krs. Randow, 1793 u. 1804 als Erbherr auf d. Gütern genannt, außerdem auf d. Erbzinsgut Winterfelde nebst Pertin. im Krs. Greifenhagen;

Quellen: GStA, I. HA, Rep. 30, Nr. 243, Vas.tab. 1793, 1801, 1804; IV. HA, Rep. 1, Nr. 73, Bl. 81; Albedyll, Anhang, S. 72*;

Ltnt. Siegmund von der DOLLEN (* 1708)

aus Pommern gebürtig; **Laufbahn**: seit 1724 im Militärdienst, Juni 1741 Pl im I-R Nr. 40, im Mrz. 1750 noch als solcher gen., Sep. 1752 dim.;

Quellen: GStA, IV. HA, Rep. 1, Nr. 73, Bl. 81; Stabi, Ms. boruss. fol. 315 (1743: aus Pomm. geb., 1750 aus Mecklenburg);

Ltnt. Johann (Mondry) von Dombrowsky (* 1777, † April 1814)

Vater: Landedelmann († 1795), stand in keinen Diensten, ernährte sich u. seine Familie in Czarndamerow im Distrikt Bütow von Handarbeit, hinterließ vier Söhne; **Mutter**: Maria, geb. von Rekowska (* 1740), sie besaß keinerlei Vermögen, stand seit 1795 auf d. Expectantenliste für e. pomm. Pension; **Bruder**: Matthias (* 1775), Okt. 1787 *cadet* in Stolp, Juli 1790 *cadet* in Berlin, Mrz. 1795 Fähnrich im Depot-Bat. d. I-R Nr. 49, Okt. 1797 Sl, Sep. 1800 dim.; **Laufbahn**: Okt. 1787 *cadet* in Stolp, April 1792 *cadet* in Berlin, Mrz. 1796 Fähnrich im I-R Nr. 3, Okt. 1797 Sl, Aug. 1811 aggr. d. Garn.-Comp. d. Leib-I-R, Nov. 1811 Pl, Sep. 1813 Stabs-Cap., Mrz. 1814 zum Garn.-Bat. d. Kolberger I-R;

Quellen: GStA, II. HA, Abt. 13 a, Tit. III, Litt L, Nr. 1, Bde. 1 u. 2; IV. HA, Rep. 1, Nr. 73, Bl. 85; Stolper Kadetten, S. 23;

Ltnt. Adam Christoph von Dossow (* um 1686, † 1720)

Vater: Hans Adam († 1719), Rittmstr.; **Laufbahn**: seit 1699 im Militär, Sep. 1707 Pl im I-R Nr. 3, 1715 als Pl dim.;

Quellen: Stabi, Ms. boruss. fol. 319; Gesch. I-R Nr. 3, S. 169; Vanselow, Helden-Register, S. 145;

Cap. Adam Richard von Dossow (* 1689)

(**Vater**: Erbherr auf Anteil Cunow bei Bahn im Krs. Pyritz); **Bruder**: Gustav Ludwig (* 1702), 1717 als *cadet*, Gefr.corp. in Berlin gen., Ltnt.; **Laufbahn**: seit 1706 im Militär, im Sep. 1713 als Fähnrich gen., Dez. 1714 Sl im I-R Nr. 26, 1720 als Cap. dim.; **Güter**: trat zs. mit seinem Bruder 1747 d. Dossowschen Anteil an Cunow auf 25 Jahre an Friedrich Wilhelm von Kunow ab; (**verwandt**: Heinrich Wilhelm von Dossow (* 1693), seit 1706 im Militär, 1709 Corp., Mrz. 1715 Fähnrich im I-R Nr. 26, 1718 als Ltnt. dim.: Stabi, Ms. boruss. fol. 314, fol. 319);

Quellen: Stabi, Ms. boruss. fol. 314, fol. 319; Brüggemann, Beiträge, 2, S. 105; Crousaz, Beilage C, S. 31 (Bruder G.L.);

Cap. Carl Lebrecht von Dossow (* 1703, † Jan. 1746)

aus Cunow im Krs. Pyritz gebürtig; **Laufbahn**: 1717 *cadet* in Berlin, stand 1730 als Fähnrich, 1740 als Ltnt. im I-R Nr. 10, Jan. 1746 als Cap. an Blessuren gest.; (**verwandt**: Cap. Joachim Ernst von Dossow († 17. Jan. 1731), seit 1715 Pfandbesitzer von Daber B u. Weitenhagen B im Dewitzschen Krs., Sohn: (Adam Ernst Emanuel (* 1715), 1734 Corp. im D-R Nr. 2: fol. 315) Fähnrich, mußte 1741 d. Güter Daber B u. Weitenhagen B an d. Landrat Christian Heinrich von Dewitz abtreten: Wegner, 1868, S. 564–565);

Quellen: GStA, IV. HA, Rep. 1, Nr. 73, Bl. 118 (hier nur ein Erdmann Anton, Sl im I-R 10, Nov. 1756 gest.); Stabi, Ms. boruss. fol. 316; Brüggemann, T. 2/1, S. 138–139 (1722 e. Ltnt. Adam Heinrich von Dossow gen.); Crousatz, Beilage C, S. 31;

Ltnt. Carl Gottfried von Drosedow (* 1713)

aus Pommern gebürtig; **Laufbahn**: seit 1730 im Militär, Okt. 1735 Fähnrich im I-R Nr. 29, als solcher noch 1740 gen., Aug. 1747 als Ltnt. dim.;

Quellen: Stabi, Ms. boruss. fol. 316; nicht in IV. HA, Rep. 1;

Cap. Gustav Immanuel von Drosedow (* um 1720)

aus Pommern gebürtig; **Laufbahn**: Mrz. 1744 Fähnrich im I-R Nr. 8, Juni 1748 Sl, sollte im Juni 1756 nach 20 Dj. versorgt werden, noch 1756 als Ltnt. ins Stettiner Land-Reg. versetzt, 1758 dim., Okt. 1763 Cap. im Stettiner Land-Regiment, hier noch im Juni 1785 genannt, bezog e. monatliches Wartegeld von 6 T.; **Güter**: besaß 1767 Neurese A im Ftm. Cammin; **Ehefrau**: Sophie Henriette Hedwig, e. To. von Matthias Friedrich von Eichmann (1691–1760), verw. Cap. von Kameke, diese brachte d. Gut Neurese A (Kösternitz u. Anteil Steglin im Krs. Schlawe) in d. Ehe ein; **Sohn**: Ernst Ludwig (* 1763, † 16. Mrz. 1796), nahm keine Dienste, bewirtschaftete die ererbten Güter Neurese (u. Kösternitz), verheiratet mit e. geb. Sehler, hinterließ 1796 seine Frau, eine minderj. To. und e. 1796 geb. Sohn Carl Ludwig, die Witwe besaß 1801 Kösternitz A u. B für zs. 13/m T.; Neurese A war 1804 in d. Hand von Steobanus v. Wriechen;

Quellen: GStA, I. HA, Rep. 30, Nr. 44, D 35 g, Paket 9269; Nr. 243, Vas.tab. 1756, 1763, 1767, 1801; Rep. 96, Nr. 95 L l Nr. 7; IV. HA, Rep. 1, Nr. 73, Bl. 181; Brüggemann, T. 2/2, S. 582–583; Priesdorff, Offz.stammliste, S. 63;

Cap. Otto von Drosedow (* 1723)

aus Pommern gebürtig; **Laufbahn**: seit 1738 im Militär, 1743 als Gefr.corp. gen., Dez. 1750 Sl im I-R Nr. 49, 1763 Cap., vor Juni 1763 abgegangen;

Quellen: GStA, IV. HA, Rep. 1, Nr. 73, Bl. 181; Stabi, Ms. boruss. fol. 314;

Cap. Reinhold Friedrich Nicolaus von Düsterloh (* um 1757, † 16. Mrz. 1834)

aus Kurland gebürtig; **Laufbahn**: trat 1774 in d. Militärdienst ein, Febr. 1779 Sl im I-R Nr. 22, Sep. 1791 Pl, April 1794 Stabs-Cap., Okt. 1798 Cap. u. Chef e. Comp., Okt. 1808 Major, (1827 als Major dim.), 1813 als Postmstr. in Landsberg an d. Warthe versorgt; **Ehefrau**: Johanne Charlotte (verwitw. von Krockow), geb. von Borcke aus Bernsdorff, diese hatte bei d. Auseinandersetzung mit ihren Geschwistern 1796 d. **Gut** Altschlage im Krs. Belgard für 20/m T. übernommen, darauf lagen Schulden von 13/m T.; d. Cap. bat mit Hinweis auf seine vier Kinder, d. Schulden u. d. Gewinn von einigen tausend Talern im Mai 1797 darum, d. Gut an e. Bürgerlichen verkaufen zu dürfen; erhielt am 29. Juli 1797 d. *Consens* zum Verkauf an d. Kommerzienrat Johann Conrad Friedrich Sehler, der zuvor sein Gut Cummerow A im Ostenschen Krs. an d. Cap. Lebrecht Carl Friedrich von Schlichting veräußert hatte;

Quellen: GStA, I. HA, Rep. 30, Nr. 243, Vas.tab. 1797; Nr. 244, Paket 9992; Rep. 96, Nr. 260 D; IV. HA, Rep. 1, Nr. 73, Bl. 209 (hier als Düsterlho); Stabi, Ms. boruss. fol. 314, fol. 907 a;

Cap. Matthias Ernst von Dumröse (1718–1762)

aus Pommern gebürtig; **Laufbahn**: seit 1739 im Militär, 1740 Corp., 1750 Fähnrich, 1756 Ltnt. im I-R Nr. 17, 1762 als Cap. gest.; (**verwandt**: Ltnt. von Domress bzw. Dumress gen. von Koschinsky, Sep. 1763 als Ltnt. vom I-R Nr. 23 auf Wunsch dim.: Stabi, Ms. boruss. fol. 316);

Quellen: Stabi, Ms. boruss. fol. 316 (1740 u. 1750: aus Poln.-Preußen); nicht bei Siebmacher, Bd. 6/9;

Ltnt. August Carl von Eichmann (* 1736)

aus Pommern gebürtig, war nicht verwandt mit d. Kolberger Eichmanns; **Laufbahn**: trat 1751 in d. Militärdienst ein, stand 1751 als Junker, 1756 als Cornet im D-R Nr. 4, 1761 als Ltnt. dim.; **Güter**: besaß 1793 Neuresе B im Ftm. Cammin im Wert von 6/m T., 1804 auch auf Plauentin im Ftm. Cammin, beide für zs. 22/m T.; **Ehefrau**: Auguste Friederike Veronica, geb. von Schmeling (* 1757), **Sohn**: Carl (* 1786), 1799 auf d. Pädagogium in Halle, 1803 auf d. Univ. Halle, 1804 Auscultator, Referendar beim Hofgericht in Köslin; **Sohn**: Wilhelm Heinrich Ludwig Ferdinand (1788–1847), 1802 Cornet, Mai 1803 Sl im D-R Nr. 8, Sep. 1812 Pl, April 1813 Stabs-Rittmstr., Mrz. 1815 Rittmstr. u. Chef e. Escadron, 1828 Rittmstr. im 5. K-R;

Quellen: GStA, I. HA, Rep. 30, Nr. 243, Vas.tab. 1793, 1804; Stabi, Ms. boruss. fol. 313, fol. 907 a; Schöning, D-R Nr. 3, S. 422; Baerensprung, D-R Nr. 8, S. 548–568; Tb. Briefadel 1911, S. 200;

Cap. Bogislav Friedrich von Eichmann (* 1720, † 11. Okt. 1759)

Vater: Matthias Friedrich (* 1691, † 4. Febr. 1760), 1756 als vorm. Kriegsrat gen., seit 1736 Erbherr auf ganz Neurese im Ftm. Cammin, verkaufte 1754 Neurese B seinem Bruder, d. Kriegsrat Immanuel Ernst von Eichmann, behielt Neurese A; **Mutter**: Hedwig Elisabeth, geb. von Damitz; **Laufbahn**: seit 1735 im Militär, Okt. 1740 Fähnrich, Nov. 1745 Ltnt., Sep. 1754 Stabs-Cap. im I-R Nr. 22, 1756 als Cap. zu einem sächs. Reg. versetzt, 1759 als Cap. im I-R Nr. 55 an Blessuren gest.; **Güter**: seine Mutter überließ Neurese A 1760 ihrer Tochter Sophia Henrietta Hedwig verh. von Kameke, in zweiter Ehe verh. mit d. Cap. Gustav Immanuel von Drosedow;

Quellen: GStA, I. HA, Rep. 30, Nr. 243, Vas.liste 1756; IV. HA, Rep. 1, Nr. 74, Bl. 62 (kz. Notiz); Stabi, Ms. boruss. fol. 314; Brüggemann, T. 2/2, S. 582–583;

Obrist Bogislav Friedrich von Eichmann (get. 9. Febr. 1731, † 15. Okt. 1815)

Vater: Joachim Ewald (1683–1766), Landrat, Bgmstr. von Kolberg; **Mutter**: Anna Elisabeth, geb. von Lekow; **Laufbahn**: seit 1747 im Militär, Jan. 1760 Pl im I-R Nr. 46, Mrz. 1778 Cap., Febr. 1786 Major, Jan. 1793 Ol, Jan. 1795 Obrist, Jan. 1796 pens., April 1796 beim Invaliden-Corps plaziert, Juli 1809 zum Berliner Invaliden-Bat.;

Quellen: GStA, IV. HA, Rep. 1, Nr. 74, Bl. 62; Stabi, Ms. boruss. fol. 316; Tb. Briefadel 1935, S. 149;

Major George Heinrich Ewald von Eichmann (* 3. Sep. 1736) *

Vater: Joachim Ewald (1683–1766), Landrat, Bgmstr. zu Kolberg; **Mutter**: Marthe Columbine, geb. von Below (1705–1736); (Stief-)**Bruder**: Bogislav Friedrich (1731–1815), Obrist, s.d.; **Laufbahn**: seit Mrz. 1755 im I-R Nr. 19, Jan. 1758 Fähnrich, Mrz. 1758 Sl, Juni 1763 Pl, Sep. 1772 als Cap. ins Garn.-Reg. Nr. 1 versetzt, stand 1774 als Cap. u. Chef e. Comp. im Garn.-Reg. Nr. 2, Juli 1783 Major, Okt. 1785 dim;

Quellen: GStA, IV. HA, Rep. 1, Nr. 74, Bl. 62; Stabi, Ms. boruss. fol. 314; Gesch. I-R Nr. 19, S. 129–130; Tb. Briefadel 1935, S. 149;

Ltnt. Joachim Carl von Eichmann (* 1718)

aus Pommern gebürtig; **Laufbahn**: seit 1734 im Militär, 1740 Corp., 1750 Ltnt. im K-R Nr. 1, 1753 dim., Okt. 1754 als Postmstr. versorgt;

Quellen: GStA, IV. HA, Rep. 1, Nr. 74, Bl. 62; Stabi, Ms. boruss. fol. 312;

Major Joachim Friedrich von Eichmann (* 1720)

aus Pommern gebürtig; **Laufbahn**: seit 1738 im Militär, avancierte im I-R Nr. 19 bis zum Cap., 1755 ins I-R Nr. 47 versetzt, 1765 ins Garn.-Reg. Nr. 1 nach Memel, stand 1774 hier als Major, Jan. 1780 dim.;

Quellen: GStA, IV. HA, Rep. 1, Nr. 74, Bl. 62; Stabi, Ms. boruss. fol. 311; Gesch. I-R Nr. 19, S. 98;

Gl Martin Ludwig von Eichmann (* 18. Febr. 1710, † 27. Dez. 1792)*

Vater: Emanuel Joachim (1653–1706), Bgmstr. von Kolberg, Landrat d. Ftm. Cammin, 1701 nobilitiert, seit 1704 Erbherr auf Neurese im Ftm. Cammin; **Mutter**: Eleonore Emilie, geb. Winning; Stief-**Bruder**: Joachim Ewald (1683–1766), Landrat, Bürgermeister von Kolberg; Stief-**Bruder**: Johann Friedrich (* 1687), seit 1705 im Militär, stand 1720 als Rittmstr. im K-R Nr. 11, 1740 als Reg.-Quartiermstr. gen., später Kriegsrat; **Bruder**: Matthias Friedrich (1691–1760), seit 1736 Erbherr auf Neurese im Ftm. Cammin; **Bruder**: Bogislav Heinrich (1692–1771)*, Vize-Präsident d. Hofgerichtes in Köslin; **Bruder**: Immanuel Ernst (1695–1773)*, Steuerrat, Erbherr auf Neurese B; **Laufbahn**: 1724 Gefr.corp. im I-R Nr. 17, Juli 1732 Fähnrich, Mai 1735 Sl, Sep. 1740 Pl, Juni 1742 Stabs-Cap., Okt. 1745 Cap. u. Chef e. Comp., Aug. 1756 Major, Okt. 1756 Orden p.l.m., Febr. 1760 Ol, Nov. 1760 Kommandeur d. I-R Nr. 17, April 1761 Obrist, Juli 1766 Chef d. I-R Nr. 48, Juli 1767 GM, ab Okt. 1772 zweimonatiger Arrest, Mai 1781 Gl, Jan. 1791 als General d. Infanterie mit Pension dim.; **Güter**: seit 1751, 1752 Erbherr auf Kösternitz A u. Steglin im Krs. Schlawe, beide Güter wurden 1751, 1753 *allodificirt*, (seit 1783 auf Kösternitz A u. B), 1793 hatte Stegelin e. Wert von 2/m T., Kösternitz A nebst drei Feldgütern von 7 500 T.; **Ehefrau**: Helene Modeste Tugendreich, e. To. d. Generals George Friedrich von Oldenburg;

Qiuellen: GStA, I. HA, Rep. 30, Nr. 243, Vas.tab. 1756, 1793; IV. HA, Rep. 1, Nr. 74, Bl. 62; Stabi, Ms. boruss. fol. 315 (Bruder J.F.), fol. 316; Brüggemann, T. 2/2, S. 582, S. 873, S. 891; Schwerin, K-R Nr. 10, T. 1, S. 193 (Bruder J.F.); Tb. Briefadel 1935, S. 149, S. 151; Priesdorff, Nr. 570; biogr. Handbuch, S. 236–237 (Brüder);

Cap. Adam Friedrich Richard von Eickstedt (* 1. Jan. 1748, † 1811)

Vater: Carl Dubislav (* um 1692, † 1760), (stand 20 Jahre im I-R Nr. 8, Abschied als Cap.) von 1744 bis 1755 Erbherr auf Lestin A u. Damitz A im Ftm. Cammin, erwarb 1754 Wangeritz im Krs. Saatzig für 12 100 T.; **Mutter**: Clara Sophie, geb. von Podewils († 1757); Stief-Mutter: Helene Christine, To. d. Majors Friedrich Wilhelm von Stettin auf Korkenhagen, sie bewohnte 1774 als Witwe e. kl. Haus in Pflugrade im Amt Massow u. hatte jährliche Einkünfte von 50 T., sie stand auf d. Expectantenliste für e. Pension; **Laufbahn**: Febr. 1766 Gefr.corp. im I-R Nr. 17, Mai 1768 Fähnrich, Mrz. 1772 Sl, April 1775 dim., stand 1778 als Cap. im Frei-Corps von Stein; **Güter**: erwarb 1774 d. Gut Dübsow im Borckeschen Krs.

von d. Schwestern von Wachholz für 8350 T., darauf Schulden von 6280 T., d. Gut geriet um 1780 in Konkurs, wurde subhastiert u. an d. Major Stephan Benedict von Borcke vom K-R Nr. 6 verkauft; reichte am 21. Dez. 1804 aus Schivelbein ein Gesuch ein u. forderte d. rückständige Mitgift seiner ersten **Frau** Charlotte Wilhelmine Louise, geb. von Woedtke († 1775) aus Sydow, in Höhe von 3/m T. ein, die ihm sein damaliger Schwiegervater Franz Ludwig Wilhelm von Woedtke († 1794) versprochen hatte, davon gezahlt worden war aber kein Pfennig; zweite Ehefrau: Eva Eleonore Dorothee, geb. von Winterfeld (1758–1841);

Quellen: GStA, I. HA, Rep. 30, Nr. 43, Paket 9235; Nr. 44, E 37, Paket 9272; Nr. 243, Vas.tab. 1755 (Vater, im I-R Nr. 8); IV. HA, Rep. 1, Nr. 74, Bl. 65; Stabi, Ms. boruss. fol. 316 (auch als Adolph Fr. Rich.); Fam.gesch., 1860, S. 242–243 (kein Hinweis auf d. Militärdienst d. Vaters), S. 266–267;

dän. Obrist Alexander Ernst von EICKSTEDT (* um 1713, † 6. April 1756)

Vater: Vivigenz III, (* 1666), (kaiserl. Cap. bzw.) dän. Geh. Rat, GM, zs. mit seinem Bruder Baltin Erbherr auf Hohenholz u. Glasow im Krs. Randow; **Bruder**: Hans Heinrich (1713–1801), General d. Kavallerie in dän. Diensten, dän. EM; **Laufbahn**: 1741 Rittmstr. in dän. Diensten, 1744 Major, 1755 dän. Obrist; **Güter**: seit 1741 Erbherr auf Hohenholz u. Glasow im Krs. Randow im Wert von 38/m T.; **Ehefrau**: Catharina, geb. von Eickstedt (* 1726) aus Rothen-Clempenow, aus beider Ehe drei Töchter;

Quellen: GStA, I. HA, Rep. 30, Nr. 44, E 37, Paket 9721; Nr. 186 d, Paket 9838; Nr. 243, Vas.tab. 1756; Fam.gesch., S. 228–230, S. 251–253;

Cap. Alexander Ernst von EICKSTEDT (* 29. April 1746, † 7. Okt. 1803)

Vater: Friedrich Wilhelm (1707–1784), Cornet im K-R Nr. 5, nach 13 Dj. abgegangen, seit 1740 Erbherr auf Tantow in d. UM u. Radekow im Krs. Randow; **Mutter**: Susanne Louise, geb. von Kunow (* 1721); **Vater-Bruder**: George Valentin (1713–1754), Junker im K-R Nr. 5, in Haft auf d. Festung Küstrin gest:; **Bruder**: George Friedrich (1743–1807)*, 1798 Chef-Präsident d. Stettiner Reg., seit 1784 zs. mit Wilhelm Ludwig Erbherr auf Tantow u. Radekow, Sohn: Ernst Heinrich Friedrich (1786–1830), Ltnt., siehe dort mehr; **Bruder**: Wilhelm Ludwig (1751–1823), Ltnt. im D-R Nr. 1, Juni 1774 dim.; **Bruder**: Carl Heinrich (1754–1793), 1774 Cornet im H-R Nr. 2, Aug. 1778 Sl, Jan. 1792 Pl, Jan. 1793 Stabs-Rittmstr., Mrz. 1793 gest.; **Laufbahn**: seit 1760 im D-R Nr. 12, Jan. 1761 Cornet, Mai 1763 als Cornet ins D-R Nr. 5, Juli 1764 Sl, Nov. 1776 als Cap. dim., ledig verst.; besaß offenbar keine Güter;

Quellen: GStA, I. HA, Rep. 30, Nr. 243, Vas.tab. 1756, 1763, 1767; IV. HA, Rep. 1, Nr. 74, Bl. 65; Probst, D-R Nr. 1, 1841, S. 157 (W.L.); Albedyll, Anhang, S. 69*; Fam.gesch., S. 254 (Vater), S. 271–272 (Brüder), S. 280–282 (Söhne von G.F.); Ardenne, H-R Nr. 2, S. 417 (Bruder C.H.); biogr. Handbuch. S. 238–239;

Gutsbes. Carl (Otto) von EICKSTEDT (* get. 13. April 1703, † Dez. 1775)

Vater: Philipp Bogislav (1668–1713), hessen-kasselscher Cap., Erbherr auf Müggenburg, Salchow, Jarchelin, Mentzlin; **Mutter**: Anna Marie, geb. von Klinckowström (1678–1714); **Bruder**: Wilhelm Gustav (1710–1785), Erbherr auf Salchow u. Mentzlin in Schwed.-Pommern; **Bruder**: Leonhard (1709–1759), Cap., siehe dort mehr; **Laufbahn**: engagierte sich nicht im Militär- und nicht im Zivildienst; **Güter**: seit 1713 Erbherr auf d. väterl. Anteilen an Müggenburg u. Teterin, seit 1740 bzw. 1769 Erbherr auf ganz Müggenburg, auf Teterin B u. seit 1742 Panschow B im Krs. Anklam; bezifferte im April 1765 d. Wert seiner Güter auf 40/m T., darauf Schulden von 13/m T., wurde seit mehreren Jahren von seinen Gläubigern wegen ausbleibender Zinszahlung bedrängt, hatte seinen Wohnsitz 1767 in d. Stadt Anklam; **Ehefrau**: Amalie Melusine, geb. von Stülpnagel († 1775), diese soll ihm e. Mitgift von 12/m T. eingebracht haben, aus der Ehe neun Söhne und fünf Töchter; **Sohn**: Carl Dettloff Leopold (1734–1757), seit 1747 *cadet* in Berlin, 1751 ins I-R Nr. 29, als Fähnrich mit d. Reg. 1756 in Sachsen, 1757 als Ltnt. gestorben; **Sohn**: Wilhelm Sigismund (* 1740), stand 1756 als Gefr.corp. im D-R Nr. 5, vor 1763 im Kriegsdienst gest.; **Sohn**: Philipp Gottlob (1741–1777), Ltnt., s.d.; **Sohn**: Anton Otto Wolf (1744–1778) weilte 1756 auf d. JG in Berlin, stand 1767 als Ltnt. im D-R Nr. 6 in Königsberg, Okt. 1769 dim., seit 1772 Referendar bei d. KDK in Magdeburg, 1778 ledig gest.; **Sohn**: Carl Friedrich Bogislav (1747–1773), wegen Kränklichkeit für d. Dienst untauglich; um 1785 besaßen zwei **Töchter**, die letzten von zwölf Kindern, die väterlichen Güter, 1793 waren die Güter Müggenburg im Besitz von Eva Melusine Caroline von Ketel, geb. von Eickstedt (1736–1812), Frau des Cap. von Ketel, s.d., Allodialerbin u. To. d. verst. Carl Otto von Eickstedt, 1801 verkaufte E.M.C. von Ketel, geb. v. Eickstedt, Müggenburg im Wert von 30/m an die Gebr. Philipp Anton (Ulrich Wilhelm) von Gagern (1774–1807) und Ernst Ludwig Johann Christian von Gagern (1772–1840), beides kgl.-schwed. Tribunals-Advokaten;

Quellen: GStA, I. HA, Rep. 30, Nr. 44, E 37, Pakete 9271 u. 9272; Nr. 243, Vas.tab. 1756, 1763, 1804; IV. HA, Rep. 1, Nr. 74, Bl. 65 (d. Sohn C.D.L. danach gest. 17. Febr. 1758); Brüggemann, Vorpommern, S. 63–64; Fam.gesch., S. 212–214, S. 238–242, S. 264–266; Jb. dt. Adel, 1, S. 571f. (hier Wilhelm Gustav); Tb. Uradel 1912, S. 299 (v. Gagern);

Cap. Carl Wilhelm Gottlieb von Eickstedt (* 9. Nov. 1733, † nach 1806)

Vater: Wilhelm Gustav (1710–1785), geb. zu Müggenburg im Krs. Anklam, stand fünf Jahre als Volontair in hannöv. Diensten, Erbherr auf Salchow in Schwed.-Pommern, wurde durch d. Krieg u. Unglücksfälle ruiniert u. zeitweilig vom Herzog A.W. von Braunschweig-Bevern unterstützt, hinterließ seinen vier Tö. u. vier Söhnen kein Vermögen; **Mutter**: Anna Amalie Margarethe, e. geb. von Neetzow (* 1712) aus Mecklenburg; **Vater-Bruder**: Carl (1703–1775), Erbherr auf Müggenburg, Teterin B, Panschow B im Krs. Anklam, s.d.; **Bruder**: Carl George Philipp (1738–1798), stand 14 Jahre im D-R Nr. 5, als Cap. dim., 1781 u. 1794 als Licent-Inspektor in Königsberg in Pr. gen., nach 1793 krankheitshalber mit Pension entlassen; **Bruder**: Philipp Gustav Wedig (1745–1798), Ol in braunschweig. Diensten, zugl. Adjutant d. Herzogs von Braunschweig-Bevern in Stettin, als königl. Kammerherr u. Gutsbesitzer in Schlesien gest.; **Bruder**: Christoph Friedrich Ludwig (1748–1822), trat 1763 in d. Militärdienst ein, Juli 1769 Sl im I-R Nr. 7, Febr. 1774 nach zwölf Dj. dim., stand 1802 als Pl in d. Invaliden-Comp. zu Swinemünde, bekam monatlich 15 T. *Tractament*, mußte damit e. 15köpfige Familie ernähren, seine Tochter Caroline bekam im Juli 1805 e. Pension v. 50 T.; **Schwester**: Leonhardine Louise Sophie (* 1741), sie besaß e. Vermögen von 500 T., verlor das beim Konkurs d. Cap. von Esbeck, ernährte sich 1799 von Handarbeit u. milden Gaben, erhielt mit CO v. 8. Febr. 1802 zs. mit ihrer Schwester Henriette (* 1754) e. Pension von 100 T.; **Laufbahn**: Nov. 1751 als Junker ins D-R Nr. 5, Sep. 1756 Cornet, Febr. 1758 Sl, Nov. 1764 mit d. Charakter Cap. dim.; Mai 1777 (bzw. 1781) als

Chef d. Usedomschen Tabak-Regie-Brigade versorgt, mit d. Auflösung d. Brigade 1787 auf e. monatliches Wartegeld von 15 T. gesetzt, hatte seinen Wohnsitz zu Usedom, galt e. Attest d. Landrates vom Jan. 1805 zufolge als *sehr bedürftig*, konnte mit seinem geringen *Salair* d. siebenköpfige Familie nicht ernähren, seine Tochter Caroline wurde daher auf d. Expectantenliste für e. pomm. Pension gesetzt; **Güter**: will durch Prozesse seinen Anteil an e. (Gut, Vorwerk) Burglehnhaus in Bärwalde in d. NM verloren haben; erhob zs. mit seinem Bruder C.F.L. Ansprüche auf Müggenburg, wurden auf d. von ihrem Vater mit d. Onkel 1750 geschlossen Vertrag verwiesen u. am 25. Nov. 1802 u. Dez. 1803 abgewiesen; d. vorm. Cap. wurde in d. Jahren 1800 bis 1806 von seinen Gläubigern bedrängt, die e. Arrest auf seine Pension legen ließen; seine Schulden betrugen wenige hundert Taler, die er in kleinen Raten abzahlen sollte, so daß ihm jährlich 200 T. f. d. Unterhalt blieben; **Ehefrau**: Johanna Dorothea Elisabeth, geb. von der Marwitz aus Zernikow;

Quellen: GStA, I. HA, Rep. 30, Nr. 44, E 37, Paket 9272; Nr. 243, Vas.tab. 1794, 1799; II. HA, Abt. 13 a, Tit. III, Litt E, Nr. 3, Nr. 5; IV. HA, Rep. 1, Nr. 74, Bl. 65; Stabi, Ms. boruss. fol. 313 (1756 nur C.W.G. im D-R Nr. 5, 1764 C.W.G. u. A.E.); fol. 314; Fam.gesch., S. 241–242 (für d. Tö. hier andere Daten), S. 265–266 (nur wenige Angaben); Albedyll, Anhang, S. 64* (danach gest. 21.4.1798);

Ltnt. Ernst Heinrich Friedrich von Eickstedt (* 1786, † 15. Jan. 1830) *

Vater: George Friedrich (1743–1807) *, seit 1768 Kammergerichtsrat, 1798 Chef-Präsident d. Stettiner Reg., seit 1784 zs. mit Wilhelm Ludwig Erbherr auf Tantow in d. UM u. Radekow im Krs. Randow; **Mutter**: Ernestine Helene Ulrike, geb. von Enckevort (1769–1798); **Bruder**: Heinrich Carl George (1788–1867), Sep. 1800 Gefr.corp., Sep. 1803 Fähnrich im I-R Nr. 7, Aug. 1805 dim., Juni 1813 Sl beim Pomm.-Nat.-Kav.-Reg., Mai 1814 als Pl dim., seit 1818 bei e. Landwehr-Reg., 1828 als Rittmstr. dim., 1865 Charakter Major; **Laufbahn**: Febr. 1800 Junker im D-R Nr. 5, Mai 1800 Cornet, Febr. 1803 Sl, Mrz. 1812 Abschied als Rittmstr., Mrz. 1813 beim Brandenburg. D-R angestellt, 1814 Abschied als Major; **Sohn**: Heinrich Carl Wilhelm (* 1788), 1800 Junker im I-R Nr. 7, 1805 als Ltnt. dim.;

Quellen: GStA, IV. HA, Rep. 1, Nr. 74, Bl. 66; Albedyll, T. 2, Anhang, S. 67*; biogr. Handbuch, S. 238–239 (Vater);

Cap. George Carl von Eickstedt (* 9. Mrz. 1766, † 22. Mai 1817)

Vater: Vollrath Alexander (1724–1780), 1749 Ltnt. im D-R Nr. 12, 1755 als Cap. dim., seit 1753 Erbherr auf Bristow u. Glasow in Mecklenburg; **Mutter**: Magdalene Christiane Henriette, geb. von Vieregg († 1762); **Laufbahn**: Mai 1783 Fähnrich im I-R Nr. 12, Febr. 1786 Sl, Aug. 1794 Pl, Aug. 1798 mit d. Charakter Cap. dim.; **Bruder**: Ludwig Wilhelm (* 23. Juni 1769, † 7. April 1818), Sep. 1787 Cornet im D-R Nr. 1, Juni 1789 Sl, Sep. 1793 Orden p.l.m., April 1802 Pl, Febr. 1806 Stabs-Rittmstr., Mrz. 1812 als Rittmstr. dim., Erbherr auf Damme u. Wollin in d. UM; **Güter**: erhob zs. mit d. Bruder im Dez. 1793 Anspruch auf d. Lehn Müggenburg, 1793 u. 1795 mit d. Begründung abgewiesen, daß diese Güter nicht d. ganzen Familie, sondern nur einem Zweig gehörten; G.C. hatte um 1800 seinen Wohnsitz (zu Dorotheenwalde im Krs. Randow) in Pommern, d. Brüder besaßen zs. d. Gut Eickstedt in d. UM im Wert von 90/m T.;

Quellen: GStA, I. HA, Rep. 30, Nr. 44, E 37, Paket 9272; IV. HA, Rep. 1, Nr. 74, Bl. 65–66; Probst, D-R Nr. 1, 1841, S. 36, S. 160; Fam.gesch., S. 255–256, S. 272; Lehmann, Ritter, S. 282;

Cap. Joachim Engelhard Ferdinand von Eickstedt (* 1730, † 8. Mai 1787)

Vater: Joachim Christoph (1702–1790), stand zeitweilig (als Junker, Fähnrich, Cap.) im I-R Nr. 24, Erbherr auf Anteil Warsin im Krs. Pyritz, verkaufte seinen Anteil für 2800 T. bzw. 8/m T. an Christoph Friedrich von Brederlow, erwarb dann e. Freischulzengut in Stolzenhagen, mußte auch das verkaufen, soll immer mehr zurückgekommen sein, weshalb seine Söhne kaum etwas von ihm erbten, machte sich in Arnswalde ansässig u. ging eine zweite Ehe ein, aus d. zwei Kinder stammten; **Mutter**: Anna Maria, geb. von Lichten-Scholten aus Stralsund († 1750); **Bruder**: Bernhard Friedrich (1731–1796)*, Juni 1752 Junker im K-R Nr. 7, Febr. 1762 Rittmstr., Dez. 1788 Kommandeur d. K-R Nr. 7, Aug. 1790 GM, dieser besaß mehrere Güter in d. Altmark; **Bruder**: Adam Gottlieb (1733–1792), seit 1752 im I-R Nr. 27, Mai 1763 Pl, Dez. 1774 Cap., Mrz. 1786 Major, im Dez. 1792 als Bat.-Kommandeur im I-R Nr. 27 in Gardelegen gest.; **Bruder**: Balzer (Balthasar) Wilhelm (1737–1792), nahm keine Dienste, siehe bei dessen Sohn Joachim Gottfried, Ltnt.; **Laufbahn**: 1746 *cadet* in Berlin, seit 1748 im I-R Nr. 7, 1759 als Ltnt. gen., als Stabs-Cap. im Nov. 1761 dim. u. versorgt, erhielt d. Amt als Rendant bei d. Akzisekasse in Stettin mit d. Prädikat Kriegsrat; **Ehefrau**: Johanne Charlotte Elisabeth, geb. von Rhaden (1753–1773), aus d. Ehe eine Tochter; bat am 22. Sep. 1786 in e. Immediatgesuch um e. Klosterstelle für seine **Tochter** Johanne Charlotte Friederike (* 1773), gab an, seit 42 Jahren zu dienen, davon 18 Jahre im I-R Nr. 7, er wurde am 4. Okt. 1786 mit d. Gesuch abgewiesen; besaß offenbar keine **Güter**; (**verwandt**: Heinrich Friedrich von Eickstedt (1730–1760), im Herbst 1760 als Sl im I-R Nr. 8 bei Torgau gefallen: Priesdorff, Offz.stammliste, S. 64);

Quellen: GStA, I. HA, Rep. 30, Nr. 44, E 37, Paket 9272; IV. HA, Rep. 1, Nr. 74, Bl. 65; Rangirrolle Saldern, I-R Nr. 27; Stabi, Ms. boruss. fol. 310 (Bruder A.G.), fol. 316; Fam.gesch. S. 237–238, S. 262–264 (fälschlich als KD-rat bez.); Priesdorff, Nr. 819 (Bruder B.F.);

Ltnt. Joachim Gottfried von Eickstedt (* 24. Nov. 1764, † 13. April 1833)

Vater: Balzer (Balthasar) Wilhelm (1737–1792), stand weder im Militär- noch im Zivildienst, war verwachsen, daher fürs Militär ungeeignet, ein Studium konnte ihm sein Vater Joachim Christoph nicht finanzieren, besaß zeitweilig ein Haus in Arnswalde, ließ sich dann mit seiner zweiten Frau in Alt-Damm nieder, lebte zuletzt von d. Unterstützung seines Bruders, d. Majors Adam Gottlieb (1733–1792), der ihm jährlich 40 T. zahlte, und von der Handarbeit seiner zweiten Frau; **Mutter**: e. Tochter d. Pfarrers J.G. Havenstein; Stief-Mutter: Christiane Louise Wilhelmine (* 1757), e. To. d. Pfarrers Johann Wilhelm Oppermann (1717–1789) in Plönzig, sie hielt sich seit Michaelis 1791 in Buchholz im Amt Kolbatz auf, bekam im Juli 1798 e. pomm. Pension; **Großvater**: Joachim Christoph (1702–1790), Cap., auf Warsin im Krs. Pyritz; Stief-**Bruder**: Carl August Ludwig (* 1791), 1810 Fähnrich, Mai 1811 Sl im Leib-I-R, April 1818 Cap., 1846 Obrist; **Schwester**: verh. mit e. Schneider Müller in Arnswalde; **Laufbahn**: anfänglich Erziehung im Hause seines Onkels Joachim Engelhard Ferdinand von Eickstedt in Stettin, s.d., 1776 *cadet* in Berlin, 1782 ins H-R Nr. 6, 1783 ins K-R Nr. 12 versetzt, 1787 Cornet, rückte hier bis zum 2. Sl auf, erhielt 1793 d. gewünschten Abschied, nahm seinen Wohnsitz auf d. erheirateten Gut Silberkopf bei Ratibor; **Ehefrau**: Hedwig Luise Wilhelmine († 1811), e. To. d. Majors im K-R Nr. 12 Friedrich Erdmann Leopold von Kloch;

Quellen: GStA, II. HA, Abt. 13 a, Tit. III, Litt E, Nr. 2 (Vater, Stiefmutter); IV. HA, Rep. 1, Nr. 74, Bl. 65 (hier e. Gottlieb Friedrich, Dez. 1784 Cornet im K-R 12, Jan. 1791 Pl, Juli 1794 dim.), Bl. 66 (C.A.L.); Stabi, Ms. boruss. fol. 311; Fam.gesch. S. 264, S. 276–278;

Cap. Leonhard von Eickstedt (get. 12. Juli 1709, † 21. Mrz. 1759)

Vater: Philipp Bogislav (1668–1713), hessen-kasselscher Cap., Erbherr auf Müggenburg im Krs. Anklam u. Salchow in Schwed.-Pommern; **Mutter**: Anna Marie, geb. von Klinkkowström (1678–1714); **Bruder**: Carl (1703–1775), Erbherr auf Müggenburg, s.d.; **Bruder**: Philipp Bogislav (1705–1733), 1730 Cornet im D-R Nr. 5, erbte 1727 Dargibel im Wert von 7/m T., 1733 fiel d. Gut an d. Bruder Leonhard; **Bruder**: Wilhelm Gustav (1710–1785), auf Salchow; **Laufbahn**: trat um 1723 in d. Militärdienst ein, 1735 Ltnt. im D-R Nr. 1, stand 1743 u. 1750 als (Stabs-)Cap. im D-R Nr. 9, 1756 als Cap. (mit Patent v. April 1752) im Garn.-Reg. Nr. 7 gen., hier 1759 als Cap. gest.; **Güter**: erbte 1733 von seinem Bruder Philipp Bogislav d. Gut Dargibel, verkaufte dieses im Frühjahr 1753 für 15 500 T. an d. GM Otto Martin von Schwerin;

Quellen: GStA, I. HA, Rep. 30, Nr. 44, E 37, Paket 9271; IV. HA, Rep. 1, Nr. 74, Bl. 65; Stabi, Ms. boruss. fol. 312, fol. 313; Fam.gesch., S. 212–214, S. 238–241;

Ltnt. Philipp Gottlob von Eickstedt (* 19. Mrz. 1741, † 22. Aug. 1777)

Vater: Carl (1703–1775), Erbherr auf Müggenburg, Teterin B, Panschow B im Krs. Anklam, s.d.; **Mutter**: Amalie Melusine, geb. von Stülpnagel († 1775), sie brachte ihrem Mann e. Mitgift von 12/m T. ein; **Vater-Bruder**: Wilhelm Gustav (1710–1785), Erbherr auf Salchow in Schwed.-Pommern; **Bruder**: Anton Otto Wolf (1744–1778), seit 1759 im Militär, 1763 Cornet, zuletzt Ltnt. im D-R Nr. 6, seit 1772 Referendar bei d. KDK in Magdeburg; **Schwester**: Eva Melusine Caroline (1736–1812), verh. mit d. Cap. Gwalter Bogislav von Ketel, sie besaß 1793 zs. mit ihrem Mann d. väterl. Güter, verkaufte d. Güter im Aug. 1801 an d. Gebr. von Gagern; **Laufbahn**: 1756 *cadet* in Berlin, 1758 ins I-R Nr. 33, April 1763 Fähnrich, April 1766 als Sl dim., 1777 zu Neuenkirchen ledig gest.;

Quellen: GStA, I. HA, Rep. 30, Nr. 243, Vas.tab. 1756, 1763, 1767; IV. HA, Rep. 1, Nr. 74, Bl. 65; Stabi, Ms. boruss. fol. 311; Fam.gesch., S. 238–240, S. 264–265;

Cap. August Ludwig Maximilian (seit Jan. 1753 Graf) von Eickstedt-Peterswald (get. 7. Juli 1737, † 27. Febr. 1814)*

Vater: Philipp Maximilian (1701–1743), Cap. in frz., dann in sardinischen Diensten, Erbherr auf Coblenz u. Krugsdorf im Krs. Randow, hinterließ e. Sohn u. vier Töchter; **Mutter**: Marie Louise, geb. von Krakewitz († 1768); **Vater-Bruder**: Friedrich Wilhelm (1704–1772), Erbherr auf Gellin u. Grambow, 1753 in d. Grafenstand erhoben, seit 1756 grand maître de la garderobe, EM, 1772 unbeerbt verst.; **Laufbahn**: trat 1752 in d. Militärdienst ein, im Jan. 1753 mit seinem Onkel F.W. in d. Grafenstand mit Beilegung des Namens von Peterswald erhoben, stand 1756 als Fähnrich im I-R Nr. 39, nach 1756 Ltnt. u. Adjutant d. Prinzen Friedrich Franz von Braunschweig, 1761 mit d. Charakter Cap. dim.; erhielt am 15. Aug. 1761 d. *venia aetatis*; 1762 Oberhofmeister bei d. Frau d. Markgrafen Friedrich von Schwedt; seit 1807 Erbkämmerer in Vorpommern; **Güter**: seit 1746 Erbherr auf Coblenz u. Krugsdorf im Krs. Randow im Wert von 28/m T., 1797 inkl. Zarrentin im Wert von 48 900 T.; seit 1772 auch Erbherr auf Gellin u. Grambow, verkaufte diese 1781 für 32/m T. an Wilhelm George Friedrich von Ramin, 1793 u. 1793 auf Groß Latzkow im Krs. Pyritz für 28/m T. gen.; **Ehefrau**: Maria Caroline, geb. Gräfin von Sandrasky;

Quellen: GStA, I. HA, Rep. 30, Nr. 186 d, Paket 9837; Nr. 243, Vas.tab. 1756, 1763, 1767, 1793, 1804; IV. HA, Rep. 1, Nr. 74, Bl. 65 (danach Mrz. 1759 dim.); Brüggemann, Beiträge, 1, S. 499–500; Fam.gesch., S. 246–251, S. 267–270; Zedlitz, 2. Bd., S. 117–118;

GM (Franz) Carl August von Elster (* 28. Aug. 1734, † 20. Aug. 1802) *

Vater: stand zunächst im Füsilier-Reg. Alt-Dohna (Nr. 28 od. 44), dann Cap. im Stettiner Garn.-Reg., hier verst., d. Sohn war aus Sachsen gebürtig; **Mutter**: e. geb. Gräfin von Colloredo (* um 1707), sie hatte ihren Wohnsitz in Alt-Damm, befand sich in d. dürftigsten Umständen, hatte während d. siebenjährigen Blindheit ihres Mannes das letzte Vermögen zugesetzt, bekam deshalb aus d. Armenkasse e. kleine Beihilfe, mit CO v. 27. Dez. 1783 erhielt sie e. Pension von 100 T. aus d. pomm. Meliorationskasse; **Laufbahn**: Mai 1753 *cadet* in Berlin, Aug. 1756 Uffz. im D-R Nr. 1, Mrz. 1757 Cornet, Sep. 1758 Sl, Mai 1769 Pl, Okt. 1772 Stabs-Cap. im D-R Nr. 1, Febr. 1779 Orden p.l.m., Nov. 1783 Major u. Chef e. Escadron im K-R Nr. 12, Juni 1788 ins K-R Nr. 9, Okt. 1790 Ol, Febr. 1793 Obrist, Okt. 1796 Kommandeur d. K-R Nr. 9, Mai 1801 GM, Aug. 1802 Kommandant von Cosel, als solcher gest.; **Ehefrau**: Caroline Catharina Elisabeth, geb. von Seydlitz (1760–1809); **Söhne**: Alexander Johann Gottlob (* 1782), Aug. 1797 Fähnrich im I-R Nr. 28, April 1798 Sl, Mrz. 1801 dim.; Carl Ernst Joseph (* 1787), Sep. 1803 Fähnrich im I-R Nr. 55, Sep. 1805 Sl, Nov. 1808 *cassirt*; August Heinrich Ferdinand (1793–1818), Okt. 1812 Sl im Schlesischen K-R, Mrz. 1818 Suizid; Friedrich Alexander Carl, Juni 1801 Sl in d. oberschles. Füsilier-Brigade, Juli 1804 dim.;

Quellen: GStA, I. HA, Rep. 30, Nr. 43, Paket 9240; IV. HA, Rep. 1, Nr. 74, Bl. 113 (d. Söhne hier mit z.T. anderen Vornamen); Stabi, Ms. boruss. fol. 311 (1787: aus Peitz geb.), fol. 314; Priesdorff, Nr. 1033 (geb. im Lager zu Cussolle, d. Vater kursächs. Cap.);

Obrist Bernhard Friedrich von Enckevort (* 17. Mrz. 1716, † 29. Dez. 1790)

Vater: Bernd Friedrich (1684–1755), kgl.-schwed. Cap., seit 1749 Erbherr auf ½ Vogelsang, auf Anteil Luckow u. Warsin im Krs. Anklam, hinterließ sechs Söhne u. drei Töchter; **Mutter**: Helene Elisabeth, geb. von Meyer (1694–1735); **Bruder**: Gustav Heinrich (1726–1807), Vize-Präsident d. Regierung in Stettin, 1793 u. 1804 Erbherr auf Garz, Marienwerder, Rosenfelde u. Plönzig im Krs. Pyritz im Wert von zs. 76/m T., Sohn: Carl Wilhelm (1777–1821), Referendar beim KG, Febr. 1800 Sl im D-R Nr. 3, Jan. 1804 dim.; **Bruder**: Daniel Nicolaus (* um 1726), seit 1744 im Militärdienst, Juni 1746 Fähnrich im I-R Nr. 7, 1756 als Ltnt. dim., hatte 1767 seinen Wohnsitz in Vogelsang, noch im Jahr 1800 hier gen.; **Bruder**: Johann Philipp (* 20. Aug. 1731), erhielt zs. mit Gotthilf Christian am 4. Juni 1755 d. *venia aetatis*, 1756 Ltnt. im I-R Nr. 7, 1757 als Ltnt. bei Kolin gefallen; **Bruder**: Carl Gottlob (1723–1806), seit 1749 Erbherr auf ½ Vogelsang, dazu auf Anteilen an Lukkow, Warsin und Vorwerk Mönkeberg, bewohnte Vogelsang, Sohn: Carl Friedrich Heinrich (1762–1835); **Bruder**: Gotthilf Christian (* 24. Mrz. 1733), s.d., nahm keine Dienste; **Laufbahn**: weilte auf d. Univ. Halle, April 1738 Fähnrich im I-R Nr. 3, Febr. 1741 Sl, Dez. 1745 Pl, Juli 1756 Stabs-Cap., Nov. 1756 Chef e. Comp., Aug. 1760 Major, zuletzt Obrist beim Berliner *Cadetten-Corps*, Febr. 1790 nach 52 Dj. vom Dienst dispens.; **Güter**: B.F. war bei d. Erbteilung 1749 mit Geld abgefunden worden, besaß deshalb keine liegenden Gründe; aus seiner **Ehe** mit Judith, e. geb. Plantier aus Halle, stammten d. **Sohn** Heinrich, dieser hatte im I-R Nr. 3 gestanden, vor 1801 abgegangen, d. **Töchter** Helena Catharina (* 1761) u. Charlotte Eleonora (* 1763) bekamen e. monatliche Pension von vier T., hielten sich bei ihrer verh. Schwester in Vogelsang auf u. wurden deshalb 1801 von d. Liste d. Expectanten gestrichen; (**verwandt**/Sohn: Christoph Wilhelm († 21. Okt. 1777), Sl im I-R Nr. 3; **verwandt**: Ernst von Enckevort (* 1731), aus Vogelsang, seit 1746 im Militär, stand 1749 als Gefr.corp. im I-R Nr. 7: Stabi, Ms. boruss. fol. 314);

Quellen: GStA, I. HA, Rep. 30, Nr. 44, E 38 C, Paket 9256; Nr. 243, Vas.tab. 1756, 1763, 1804; IV. HA, Rep. 1, Nr. 74, Bl. 149 (danach ist Dan. Nic. 1756 als Ltnt. gest.); Stabi, Ms. boruss. fol. 314 (lt. Abgangsliste I-R Nr. 7 ist e. Ltnt. v. E. 1757 gefallen); Brüggemann, Vorpommern, S. 71; Gesch. I-R Nr. 3, S. 240; Tb. Briefadel 1907, S. 158 (Eltern, Brüder C.G., G.H.);

Gutsbes. Gotthilf Christian von Enckevort (* 24. Mrz. 1733, † 1794)

Vater: Bernd Friedrich (1684–1755), kgl.-schwed. Cap., seit 1749 Erbherr auf ½ Vogelsang, auf Anteil Luckow u. Warsin im Krs. Anklam, hinterließ sechs Söhne u. drei Töchter; **Mutter**: Helene Elisabeth, geb. von Meyer (1694–1735); **Bruder**: Bernhard Friedrich (1716–1790), siehe dort mehr zur Fam.; **Laufbahn**: trat nicht in d. Militärdienst ein, hielt sich 1763 in Vogelsang bei seinem Bruder C.G. auf; erwarb 1766 d. **Gut** Albrechtsdorf im Krs. Anklam; **heiratete** im Nov. 1771 seine Nichte Anna Albertine Christiane von Enckevort (1756–1835), d. To. seines Bruders Gustav Heinrich; sie hatte e. groß- u. mütterliches Erbteil in Höhe von 20/m T.; Gotthilf Christian war seinem Bruder G.H. 10/m T. schuldig, beide prozessierten gegeneinander; Gotthilf Christian verkaufte d. Gut Albrechtsdorf u. kaufte sich in Nemitz ein, Mitte 1796 hatten seine dortigen Grundstücke e. Wert von 4350 T. (ein Wohnhaus, Wirtschaftsgebäude, ein sog. Ackerwerk); d. Ehe wurde (1788 bzw.) 1790 geschieden, er behielt d. Nießbrauch ihres Vermögens, mußte ihr aber e. jährl. Alimente von 200 T. zahlen; d. **Tochter** Eleonore Adelheid (* 2. Juni 1783) bekam am 19. Jan. 1804 d. *venia aetatis*, sie hatte damals e. Vermögen von 5060 T., weitere rund 7/m T. standen ihr noch als Erbschaft zu, sie war verh. mit d. Ltnt. Frhr. von Heycking; (**verwandt**: Carl Friedrich (* 1754, † 1783), seit 1770 im Militär, 1779 Sl im I-R Nr. 3, vor 1803 abgegangen: fol. 314);

Quellen: GStA, I. HA, Rep. 30, Nr. 44, E 38 C, Paket 9256; Brüggemann, Vorpommern, S. 55; Tb. Briefadel 1907, S. 160;

Cap. Jacob Stephan von Enckevort (1757–1832)

aus Pommern gebürtig; **Laufbahn**: seit 1774 im Militär, 1779 Fähnrich im I-R Nr. 3, Juni 1782 Sl, Juni 1791 Pl, Jan. 1793 Stabs-Cap., Jan. 1795 mit Pension dim.;

Quellen: GStA, IV. HA, Rep. 1, Nr. 74, Bl. 149; Ms. boruss. fol. 310, fol. 314;

Cap. Friedrich Erdmann von Engelbrecht (* 1748, † April 1794)

Vater: (Joachim Ernst Heinrich, gest. Mai 1784), Major u. Kommandeur d. pomm. Land-Reg.; **Mutter**: e. geb. von d. Marwitz (* um 1714, † 13. Jan. 1792), sie lebte in dürftigen Umständen u. stand seit 1784 auf d. Liste d. Expectanten für e. Pension im Krs. Greifenberg, sollte mit CO v. Jan. 1792 e. Pension von 100 T. bekommen; **Bruder**: Heinrich Gottfried (1745–1806), seit 1761 im Militärdienst, 1764 Gefr.corp., 1773 Sl im I-R Nr. 17, Juli

1786 Stabs-Cap., Nov. 1787 Cap. u. Chef e. Comp., Juli 1793 Major, Okt. 1798 Kommandeur d. I-R Nr. 17, Juni 1800 Orden p.l.m., Juni 1802 Ol, Juni 1804 Obrist, Okt. 1806 an Blessuren gest.; **Laufbahn**: trat 1763 in d. Militärdienst ein, 1764 Gefr.corp., Nov. 1771 Sl, Juni 1780 Pl im I-R Nr. 22, Juni 1788 Stabs-Cap., Nov. 1788 zum Depot.-Bat. d. I-R Nr. 22; **Schwester**: Sophia (* 1745) verh. mit d. Stabs-Rittmstr. Johann Philipp von Gaedicke (* um 1736, † 1787) im D-R Nr. 1, siehe mehr bei dessen Sohn August Ferdinand (* 1767), diese bekam als Witwe 1791 e. monatliche Pension vom Regiment in Höhe von zehn T., lebte davon mit ihrer Mutter; (**verwandt**: ein Julius Christoph Engelbecht (* 1699) aus Pommern, seit 1715 im Militär, stand 1730 als Ltnt. im K-R Nr. 4, Mai 1741 als Rittmstr. dim.: IV, Rep. 1, Nr. 74, Bl. 136; fol. 316);

Quellen: GStA, I. HA, Rep. 30, Nr. 43, Paket 9240; II. HA, Abt. 13 a, Tit. III, Litt E, Nr. 1 (Mutter); IV. HA, Rep. 1, Nr. 74, Bl. 135; Stabi, Ms. boruss. fol. 314, fol. 316 (Bruder); Lehmann, Ritter, S. 415;

Ltnt. Ludwig Andreas von Es(e)beck (* 1755)

Vater: Friedrich (* um 1718, † 1761), aus Westfalen gebürtig, seit 1735 im Militär, 1740 Corp., 1750 Pl im I-R Nr. 30 in Anklam, 1761 als Cap. an d. bei Torgau erlittenen Blessuren gest.; **Mutter**: e. geb. von Neetzow († 1783), sie bezog seit Mai 1772 e. Pension von 100 T.; **Bruder**: Friedrich Wilhelm (* 1752), seit 1769 im Militär, 1772 Gefr.corp., 1784 Sl im I-R Nr. 7, 1787 u. 1790 als Pl gen., 1797 Stabs-Cap., vor 1806 abgegangen; **Laufbahn**: trat 1771 in d. Militärdienst ein, stand 1775 als Fähnrich, 1787 als Sl im I-R Nr. 30, um 1790 abgegangen; d. **Schwester** Friederica (* 1760), bat 1784 aus Anklam um e. Pension aus d. pomm. Meliorationsfonds; d. Rat d. Stadt Anklam zeigte im April 1788 an, daß d. To. d. verst. Cap. seit 1786 e. monatl. Pension von vier T. aus d. Kämmerei erhielt, mehr zu zahlen war d. Stadt nicht möglich, zumal diese für d. Kolberger Festungsbau 7/m T. schuldig war; Friederica erklärte im Juni 1788, daß ihr Vater ihr 500 T. hinterlassen habe, die wären aber längst verbraucht; sie wurde 1791 auf d. Liste d. Expectanten gesetzt, sie starb aber vor d. Hebung;

Quellen: GStA, I. HA, Rep. 30, Nr. 43, Paket 9240; II. HA, Abt. 13 a, Tit. III, Litt E, Nr. 7; nicht in IV. HA, Rep. 1, Nr. 74, Bl. 182; Stabi, Ms. boruss. fol. 311 (Vater u. Sohn Ludwig), fol. 314 (F.W.);

Cornet Friedrich Ewald von Essen (* 1739)

(**Vater**: Friedrich Wilhelm (* 1690, † vor 1772), aus Anhalt-Bernburg gebürtig, seit 1706 im preuß. Militärdienst, stand 1743 als Major u. Chef e. Escadron im D-R Nr. 10, zuletzt hier Obrist, Juli 1750 dim., seit 1754 für 25 Jahre Pfandbesitzer von einem Teil d. Gutes Gr. Volz im Krs. Rummelsburg; F.E. aus Pommern gebürtig; **Mutter**: Eva Sophie , geb. von Puttkamer (* 1705, † 18. Dez. 1785), sie bezog als Witwe seit Mai 1772 e. Pension von 100 T., hielt sich 1782 in Gadjen im Krs. Rummelsburg auf; **Schwester** (* 1745), verh. mit e. Rittmstr. von Zastrow, wurde von diesem verlassen, stand seit 1775 auf d. Expectantenliste für e. Pension); **Laufbahn**: seit 1756 im Militär, 1758 Cornet im D-R Nr. 9, vor Sep. 1763 abgegangen;

Quellen: GStA, I. HA, Rep. 30, Nr. 43, Paket 9240 (Mutter); Nr. 243, Vas.tab. 1763 (d. Obrist hatte danach keinen Sohn); IV. HA, Rep. 1, Nr. 74, Bl. 188 (Vater, kz. Notiz, F.E. hier nicht); Stabi, Ms. boruss. fol. 311 (Vater ?), fol. 312; Brüggemann, T. 2/2, S. 811; Fam.gesch. Puttkamer 1984, S. 505;

Cap. Otto Ernst von Essmann (get. 16. Sep. 1755, † 3. Febr. 1838)*

Vater: (Jürgen bzw.) George Hermann, aus Mecklenburg gebürtig, diente fünf Jahre in e. sächs. Reg., 1740 Fähnrich im I-R Nr. 36, Juli 1742 Sl, Nov. 1751 als Sl dim., 1756 Wiedereintritt in d. Militärdienst, als Cap. in d. Bataille bei Breslau Nov. 1757 gefallen; **Mutter**: Maria Catharina Johanna, geb. von Grunwald († 1783), hielt sich 1768 in Korkenhagen im Krs. Saatzig auf, bekam seit Mai 1772 e. Pension von 100 T., 1782 zs. mit d. To. in Gollnow im Krs. Saatzig ansässig; **Mutter-Bruder**: von Grunwald, als Ltnt. im I-R Nr. 26 1758 an e. Blessur bei Hochkirch gest.; (**Großvater**: Rittmstr. in dänischen Diensten); **Bruder**: Friedrich Hellmuth Philipp (get. 2. Aug. 1753, † 1. Febr. 1795), *cadet* in Berlin, seit Mrz. 1769 im Reg., Sl im I-R Nr. 44, Juni 1784 Pl, Juni 1785 Inspek.-Adjutant, Nov. 1786 Cap., Okt. 1792 Major u. Chef e. Comp. im I-R Nr. 9, Juli 1793 Orden p.l.m., 1795 gest.; **Laufbahn**: *cadet* in Berlin, seit 1771 im Reg., 1774 Gefr.corp. im I-R Nr. 22, Juni 1777 Fähnrich, Dez. 1779 Sl, Jan. 1792 Pl, Jan. 1794 Stabs-Cap., Okt. 1798 Cap. u. Chef e. Comp., April 1812 Major, Sep. 1813 pens., 1815 Lazarett-Kommandant in Stargard, April 1816 erneut Pension, 1838 in Demmin gest.; lt. vorpomm. Vormundschaftstabelle von 1768 hatten die Brüder gemeinsam mit ihrer **Schwester** Helena Lovisa Friederica (* 1752) auf d. väterl. Erbschaft verzichtet; sie waren alle drei in Mecklenburg geboren, hielten sich beim bzw. nach d. Tod d. Vaters jedoch in Pommern, auf; d. Schwester wohnte in Jacobsdorf bei Massow u. bekam auf Fürsprache d. Bruders F.H.P. im Mai 1790 e. Pension von 50 T.;

Quellen: GStA, I. HA, Rep. 30, Nr. 43, Paket 9237 (d. Vater aus Dänemark); Nr. 186 d, Pakete 9838 u. 9839; II. HA, Abt. 13 a, Tit. III, Litt E, Nr. 6; IV. HA, Rep. 1, Nr. 74, Bl. 184; Stabi, Ms. boruss. fol. 314; Gesch. I-R Nr. 36, S. 68; Lehmann, Ritter, S. 257 (Bruder F.H.P.);

Ltnt. Siegmund Ferdinand Gottlieb von Euen (* 1756)

aus Pommern gebürtig; **Laufbahn**: seit 1771 im Militär, Nov. 1782 Sl im 1. Bat. Garde, im April 1790 dim., ging mit d. Prädikat Kriegsrat nach Breslau;

Quellen: Reinhard, Garde, S. 533, S. 546; nicht in IV. HA, Rep. 1, Nr. 74, Bl. 196;

Major Hans Christoph von Fal(c)kenberg (* 1719, † 1. Mai 1790)

Vater: (Otto Christoph, gest. 10. Juli 1751), als Major u. Kommandant in Wesel od. Moers (bzw. Neiße) gest., H.C. wurde auf e. Gut bei Pasewalk bzw. in d. UM geb.; **Laufbahn**: engagierte sich um 1743 im Militärdienst, diente zunächst im I-R Nr. 25, stand im Siebenjährigen Krieg unter General Constantin Nathanael von Salémon und Oberst von Plotho als Platzmajor zu Dresden u. Wittenberg, 1764 Pl, dann Cap u. Chef e. Comp. im Garnison-Bataillon Nr. 3 (bzw. Nr. 4) in Kolberg, bekam 1769 (bzw. April 1788) die Invaliden-Compagnie in Swinemünde u. d. Charakter als Major, diente insgesamt (53 Jahre im Militär), davon 21 Jahre in Swinemünde; im Mai 1790 als Kommandant in Swinemünde gest., hinterließ seine (zweite) **Frau** Eleonora (* 4. Febr. 1739, † 10. April 1805), e. To. d. Proviant-Magazin-Kommissars Plantikow zu Kolberg, in dürftigen Umständen; hatte sich von seiner ersten Frau, e. geb. Schlesierin († 1789) separiert u. lebte seit etwa 1760 mit seiner Gesellschafterin zusammen, die er erst elf Tage vor seinem Tod mit kgl. Consens heiratete; sein Nachlaß hatte im Okt. 1791 lt. Taxe e. Wert von 124 T., dem standen Schulden von 700 T. gegenüber; die Witwe ernährte sich kümmerlich von Stricken u. Nähen, sie erhielt seit Jan. 1799 e. Pension von 50 T.; **Schwestern**: e. war verh. mit dem Freiherrn von Nievenheim bei Moers; Sophie Catharina Helene (1716–1761) verh. mit d. Gl Joachim Friedrich Christian von Tresckow (1698–1762), aus dieser Ehe stammten Kinder;

Quellen: GStA, I. HA, Rep. 30, Nr. 44, F 43 G, Paket 9275; II. HA, Abt. 13 a, Tit. III, Litt F, Nr. 7; IV. HA, Rep. 1, Nr. 75, Bl. 17 (teils andere Daten als in d. Akten); Stabi, Ms. boruss. fol. 316;

Cap. Carl Christoph von Falzburg (* um 1712, † 1. Mai 1758)

Vater: Cap. († vor 1730), Erbherr auf Nadrense im Krs. Randow, 1730 saß seine Witwe auf d. Gut; **Bruder**: Gustav Heinrich (* 1702, † vor 1756), seit 1720 im Militär, Febr. 1721 Ltnt. im I-R Nr. 22, vor 1736 (mit d. Charakter Cap.) abgegangen; **Bruder**: Axel Friedrich (* 1716), 1749 Cap. in schwedischen Diensten; **Laufbahn**: avancierte im Militärdienst bis zum Cap., stand angeblich im I-R Nr. 22; **Güter**: besaß d. Gut Nadrense im Krs. Randow im Wert von 20 900 T., darauf 1761 Schulden von 12 651 T., d. jährliche Pacht betrug 1765 1 045 T., d. Gut wurde 1765 allodifiziert, **Ehefrau**: Amalia Elisabeth Hedwig, geb. von Strantz, Schwester d. Rittmstrs. George Carl Ehrentreich von Strantz, s.d.; aus beider Ehe nur d. **Tochter** Lovisa Juliana Hedwig (* 31. Aug. 1756, † vor 1805), ihr Vater war d. letzte seiner Familie, d. To. bekam im Nov. 1774 d. *venia aetatis*, sie hatte damals auf d. väterl. Gut e. freies Vermögen von 5/m T. zu stehen, zs. mit d. Mutter bezog sie jährlich nur 300 T. Revenuen; L.J.H. besaß 1787 e. Vermögen von 8 bis 11/m T., Angehörige d. Fam. von Strantz wollten sie wegen unterstellter *Blödsinnigkeit* unter *Curatel* stellen lassen u. ihrem Stiefvater, d. Cap. Leopold Ludwig von Graevenitz vom I-R Nr. 8, die Kontrolle über d. Besitz d. ledigen L.J.H. entziehen, sie wurden am 3. Aug. 1787 jedoch abgewiesen;

Quellen: GStA, I. HA, Rep. 30, Nr. 44, F 43 C, Paket 9275; Nr. 186 d, Paket 9840; Nr. 241 b, Paket 9963; Nr. 243, Vas.tab. 1756 (kein Rang angegeben), 1763, 1767, 1804; Stabi, Ms. boruss. fol. 314 (Bruder G.H., C.C. in d. Ranglisten f. 1724 u. 1736 nicht gen.); Ms. geneal. fol. 120; Brüggemann, Vorpommern, S. 226–227;

Cap. Christian Gottlob von Feilitsch (* 1720, † 5. Jan. 1758)

aus *Cassuben* gebürtig; **Laufbahn**: seit 1740 im Militär, 1743 Fähnrich im I-R Nr. 26, als Stabs-Cap. an bei Leuthen erlittenen Blessuren im Jan. 1758 gest.;

Quellen: GStA, IV. HA, Rep. 1, Nr. 75, Bl. 54; Stabi, Ms. boruss. fol. 314;

Ltnt. Johann Christian von Felstow (* 1720, † 1794)

Vater: Erbherr auf Anteil Felstow im Distrikt Lauenburg; **Laufbahn**: (seit 1735 im Militär, 1740 Corp. im I-R Nr. 17), avancierte bis zum Ltnt.; **Güter**: seit 1787 Erbherr auf Felstow A im Distrikt Lauenburg, geerbt vom Obristen Philipp Jacob von Felstow, s.d.; in zweiter **Ehe** verheiratet mit Marianna, geb. von Zelewsky (* 1768), aus Westpreußen gebürtig, die ihm keine Mitgift eingebracht hatte, sie genoß anfänglich die Revenuen aus d. Gutsanteil, mußte diese jedoch nach e. verlorenen Prozeß ihren Stiefkindern überlassen; sie besaß 1804 zs. mit ihrem **Sohn** e. Vermögen von 2/m T.; ihr Gesuch um e. Pension wurde 1806 abgewiesen;

Quellen: GStA, II. HA, Abt. 13 a, Tit. III, Litt F, Nr. 11;

Ltnt. Martin Friedrich von FELSTOW (* 1755)

Vater: Johann († 1793), bis 1757 Erbherr auf Anteil Paraschin im Wert von 6/m fl. im Distrikt Bütow, diesen hatte ihm seine erste Frau 1744 eingebracht, d. Gut geriet 1756 in Konkurs u. wurde verkauft, J. soll schuldenhalber nach Polen geflüchtet sein, ging drei Ehen ein; **Laufbahn**: Dez. 1773 Fähnrich im I-R Nr. 8, Juni 1778 Sl, Juli 1786 dim., bat am 7. Mai 1788 mit Verweis auf seine 17 Dj. um e. Versorgung; **Güter**: klagte nach 1763 zs. mit seiner **Schwester** Maria Elisabeth von Malot(t)ky, geb. von Felstow, gegen Franz Ludwig von Parasky, Kanzlei-Regent in Lauenburg, dann Bürgermeister in Putzig, dessen Vater Bogislav († 1763) d. Gutsanteil Paraschin 1757 erworben hatte, angeblich war d. Gut unter Wert verkauft worden; d. Ltnt. u. seine Schwester wurden von d. Gerichten mehrfach abgewiesen; erhob in d. Jahren 1790 bis 1796 mit Verweis auf d. Testament seines verst. **Onkels**, d. Obristen P.J. von Felstow, Ansprüche auf Felstow A, zuletzt vom Lauenburger Landvogteigericht am 4. Juli 1796 zurückgewiesen; seinem Vater waren in d. Testament von 1784 1/m fl. als Legat ausgesetzt worden; (**verwandt**: George Otto (* 1725), seit 1739 im Militär, 1740 Corp. im I-R Nr. 17, stammte aus Lauenburg: Stabi, Ms. boruss. fol. 316);

Quellen: GStA, I. HA, Rep. 30, Nr. 44, F 43 F, Paket 9275; Rep. 96, Nr. 260 F; IV. HA, Rep. 1, Nr. 75, Bl. 67; Priesdorff, Offz.stammliste, S. 68;

Ltnt. Philipp Christian von FELSTOW (* um 1759)

Vater: (Michael Lorenz (* um 1728), 1756 als Erbherr auf Anteil Paraschin im Distrikt Lauenburg gen.); **Laufbahn**: Juni 1771 *cadet* in Stolp, April 1773 *cadet* in Berlin, 1779 Gefr. corp., dann Sl im I-R Nr. 31, Jan. 1785 zum Grenadier-Bat. Nr. 5 versetzt, Dez. 1786 dim.; **Güter**: erbte um 1784 vom Obristen Philipp Jacob von Felstow d. Gut Felstow A, Johann Christian von Felstow focht d. Testament d. Obristen an, beide Parteien einigten sich 1787, d. Sl ließ sich mit 10/m fl. abfinden u. überließ seinem Gegner d. Gutsanteil;

Quellen: GStA, I. HA, Rep. 30, Nr. 44, F 43 F, Paket 9275; Nr. 243, Vas.tab. 1756 (Vater?); IV. HA, Rep. 1, Nr. 75, Bl. 67; Stabi, Ms. boruss. fol. 314 (Abgangsliste); Stolper Kadetten, S. 4;

Obrist Philipp Jacob von FELSTOW (* um 1729, † um 1784)

aus Pommern gebürtig; **Bruder**: Michael Lorenz (* um 1719), hielt sich 1756 in Paraschin auf; **Bruder**: Bogislav (* um 1726), 1756 auf d. Gut Felstow; **Laufbahn**: trat um 1745 in d. Militärdienst ein, 1750 Gefr.corp. im I-R Nr. 32, Sep. 1754 Fähnrich, 1756 Ltnt., Mai 1763 Cap. im I-R Nr. 32, Sep. 1765 Major, Mai 1775 Ol, Juli 1779 Obrist, im Sep. 1780 als Obrist dim.; **Güter**: besaß d. Gut Felstow A im Distrikt Lauenburg, 1771 im Wert von 10/m fl.; errichtete am 9. Mai 1784 sein Testament, setzte darin d. Ltnt. Philipp Christian von Felstow zu seinem Universalerben ein; Johann Christian von Felstow sollte e. Legat von 2/m fl. bekommen, dieser klagte gegen d. Univ.erben; beide Parteien schlossen 1787 e. Vergleich, wonach Johann Christian Felstow A inkl. der Schulden von 4/m fl. übernahm und d. Ltnt. Philipp Christian mit 10/m fl. in Gold auszahlte; abgewiesen wurden dagegen d. Ansprüche der Witwe Cap. Anna Margaretha von Carée, geb. von Felstow († 5. Aug. 1791); 1801, 1804 saßen d. Erben d. Obristen auf Felstow A im Wert von 3 333 T.; (**verwandt**: Michael Ernst von Felstow (* 1730), aus *Cassuben*, seit 1746 im Militär, stand 1749 als Gefr. corp. im I-R Nr. 7: Stabi, Ms. boruss. fol. 314);

Quellen: GStA, I. HA, Rep. 30, Nr. 44, F 43 F, Paket 9275; Nr. 243, Vas.tab. 1756; Nr. 249, Vas.tab. 1771, 1778, 1804; IV. HA, Rep. 1, Nr. 75, Bl. 67 (kz. Notiz); Stabi, Ms. boruss. fol. 312;

Ol Jürgen (George) Adolph von Finck (* 1705, † 13. Okt. 1754)

aus Pommern gebürtig; **Laufbahn**: seit 1720 im Militär, 1732 Ltnt. im I-R Nr. 15, im Mrz. 1740 hier als Pl gen., Aug. 1743 Major, zuletzt Ol im I-R Nr. 13, 1754 als aktiver Offz. gest.;

Quellen: GStA, IV. HA, Rep. 1, Nr. 75, Bl. 102; Stabi, Ms. boruss. fol. 311;

Cap August Friedrich von Flatow (* um 1718, † vor 1775)

Vater: Balthasar Rudolph (* um 1675, † um 1750), Erbherr auf Rehfelde im Krs. Pyritz; **Mutter**: Sophia Charlotta Tugendreich, geb. von Dietherdt; **Laufbahn**: engagierte sich 1735 im Militärdienst, 1741 Gefr.corp. im I-R Nr. 22, Jan. 1751 Pl im Garn.-Reg. Nr. 8, vor 1764 als Cap. dim.; seine drei **Brüder** (darunter Hans Wilhelm (1709–1744), seit 1729 im Militär, 1740 Sl im I-R Nr. 25, 1744 als Pl gest.) fielen in d. ersten beiden Schlesischen Kriegen; **Güter**: saß seit 1750 auf d. väterl. Gut, bat im Jan. 1756 mit Hinweis darauf, daß d. Lehn jetzt nur noch auf ihm u. seinen beiden Söhnen im Alter von acht u. 0,5 Jahren ruhte um d. Allodifikation von Rehfelde, außerdem war d. Gut kürzlich völlig abgebrannt; Rehfelde war beim letzten Erbvergleich auf 6 920 T. taxiert worden, darauf jetzt jedoch Schulden von 9 614 T.; d. Gut wurde im Mrz. 1756 allodifiziert, 1767 hatte es e. Wert von 17/m, darauf Schulden von 13/m T.; A.F. will durch d. russische Invasion u. e. lange Kriegsgefangenschaft e. großen Teil seines Vermögens eingebüßt haben; vertauschte Rehfelde 1766 gegen e. Teil von Billerbeck mit d. Major Bernhard Wilhelm Gottlieb von Billerbeck; 1767 auf Billerbeck B genannt, nach seinem Tod wurde d. Gut verkauft; **Ehefrau**: Anna Margarethe, geb. (von) Colomb (* 1719, † 20. April 1782), sie sollte aus d. Gut Billerbeck e. jährl. Unterhalt von 50 T. bekommen, diese gingen aber nicht regelmäßig ein, bekam seit Juni 1780 e. Pension aus d. pomm. Meliorationsfonds, hinterließ zwei Töchter, verheiratet mit Bürgerlichen, d. König schenkte ihnen d. konfiszierte Vermögen d. Bruders bzw. **Sohnes**: Rudolph Friedrich Wilhelm (* 1748, † 18. April 1800), anfänglich Page beim König, stand 1767 als Fahnenjunker im I-R Nr. 26 in Berlin, 1769 als Fähnrich desertiert, hatte zuvor um d. Abschied gebeten, diesen nicht bekommen u. war deshalb ausgetreten, kehrte zurück u. stellte sich, zu vier Jahren Festungsarrest bei Wasser u. Brot verurteilt, sein Vermögen auf Billerbeck in Höhe von 1 536 T. wurde zugunsten d. Invalidenkasse eingezogen, saß d. Strafe in Spandau ab, diente nach d. Haftentlassung von 1773 bis 1787 als Sergant 13 Jahre im Grenadier-Bat. Nr. 3, soll von König Friedrich II. d. mündliche Zusicherung erhalten haben, wieder als Offizier plaziert zu werden, konnte sich wegen seiner vier Kinder aber nicht mehr als Subalterner engagieren, wurde 1787 als Mühlen-Inspektor in Calbe an d. Saale mit e. monatl. Gehalt von 16 T. versorgt, bat am 30. Juli 1788 um d. Rückgabe seines konfiszierten Vermögens, wurde am 8. Aug. d.J. abgewiesen; seit 1793 Mühlen- bzw. Salz-Inspektor in Schönebeck, hier nach 24 Jahren im Militär- u. zwölf im Zivildienst gest., hinterließ seine **Witwe**, e. geb. von Barth aus Sachsen, acht Töchter u. einen Sohn, ihr Gesuch um e. Pension wurde im Jan. 1801 abgewiesen;

Quellen: GStA, I. HA, Rep. 30, Nr. 43, Paket 9232 (Mutter), Paket 9234; Nr. 44, F 40, Paket 9275; Nr. 243, Vas.tab. 1756; II. HA, Abt. 13 a, Tit. III, Litt F, Nr. 12; Stabi, Ms. boruss. fol. 312, fol. 314 (Bruder, Sohn); Brüggemann, T. 2/1, S. 157;

Erblandmarschall Carl Friedrich von Flemming
(* 12. Okt. 1712, † 20. Okt. 1789)

Vater: Curt Gebhard (1688–1739), Erbherr auf Burow im Flemmingschen Krs.; **Laufbahn**: absolvierte e. Studium, kehrte 1734 von d. Akademie zurück u. widmete sich d. Landwirtschaft; seit 1760 Erblandmarschall in d. Nachfolge von Julius Gustav von Flemming; **Ehefrau**: Margarethe Elisabeth Antoinette († 1751), e. Tochter von Anton Wilhelm von Flemming, 1752 zweite Ehe mit Abigail Marie († 1772), To. d. Landrates von Borcke in Wangerin; C.F. hinterließ aus drei Ehen 29 Kinder; **Güter**: seit 1735 Erbherr auf Rönz, Cretlow C, Wietstock D, Batzlaff C im Flemmingschen Krs., (vertauschte 1739 Burow gegen Anteil Klötzin, damit Erbherr auf ganz Klötzin), seit 1747 Erbherr auf Zebbin, Ribbertow, Drammin, Wustermitz C, Wietstock D u. Dußin B im Wert von 50/m T.; (stritt 1749 mit d. Bauern in Matzdorf u. Basenthin um d. Abführung d. Fouragegelder); trat 1757 Klötzin für 8 500 T. f. 30 Jahre an d. Witwe u. Söhne Beggerow ab, löste Klötzin 1778 wieder ein; 1801 befand sich ein Teil seiner Güter in d. Hand d. **Sohnes** dritter Ehe Heinrich Ludwig Ernst Carl (1778–1852), s.d.; führte zahlreiche Prozesse, u. a. gegen die Pächter seiner Güter, kritisierte in diesem Zs.hang die Justizbehörden, die Stettiner Regierung fühlte sich daher am 14. Mai 1773 zu der Einschätzung bewogen, der Erblandmarschall gehöre zu denjenigen, die d. *ordentlichen Lauf d. Rechtssachen nicht mit d. nötigen Ruhe abwarten können*, sei auch nicht imstande, d. *Wesen und d. Umfang d. Justizverwaltung* zu übersehen, beklagte sich deshalb beim König über die pommersche Justizverwaltung;

Quellen: GStA, I. HA, Rep. 30, Nr. 44, F 39, Paket 9 273; Nr. 243, Vas.tab. 1756; Brüggemann, T. 2/1, S. 39, S. 49; Chronik, Bd. 1, S. 359–371;

Ltnt. Carl Heinrich von Flemming (* 1745)

Vater: Joachim Carl (* um 1709, † 16. Juli 1776), diente im Reg. Kronprinz, Erbherr auf Risnow A im Flemmingschen Krs., 1767 im Wert von 6 100 T., darauf Schulden von 7 585 T.; **Mutter**: Henrietta Hedwig Ernestina, e. geb. von Münchow, seit 1777 auf Risnow A, seit etwa 1780 auch auf Lanke B im Flemmingschen Krs.; **Laufbahn**: trat 1759 in d. Militärdienst ein, Okt. 1763 Sl im I-R Nr. 29, wurde 1767 *wahnwitzig* u. vom Reg. im Aug. d.J. zur Mutter geschickt; diese saß 1771 auf Anteil Risnow im Flemmingschen Krs. im Wert von 6/m T., welcher hoch verschuldet war;

Quellen: GStA, I. HA, Rep. 30, Nr. 241 b, Paket 9964; Nr. 243, Vas.tab. 1763 u. 1767 (d. Sohn hier als Caspar Friedrich Leopold); IV. HA, Rep. 1, Nr. 75, Bl. 140; Stabi, Ms. boruss. fol. 311 (1721, 1732 kein Flemming im Reg. Kronprinz), fol. 316; Brüggemann, T. 2/1, S. 38, S. 42;

Obrist Carl Otto von Flemming (* 1737, † 1. Juli 1818)

aus Pommern gebürtig; **Laufbahn**: seit 1757 im Militär, 1764 Fähnrich im I-R Nr. 21, Juli 1766 Sl, 1779 als Pl gen., Dez. 1782 Cap., Juni 1788 Major, Mrz. 1793 Ol u. Kommandeur d. Depot-Bat. vom I-R Nr. 27, Mai 1801 Obrist, Okt. 1802 mit Pension dim.;

Quellen: GStA, IV. HA, Rep. 1, Nr. 75, Bl. 140; Stabi, Ms. boruss. fol. 310, fol. 311; Rangirrolle Saldern; nicht in d. Chronik, Bd. 1;

Ol Conrad Maximilian (seit 1721: Graf) von Flemming
(* 12. Dez. 1712, † 13. Juli 1778)

Vater: Felix Friedrich (1659–1740), preuß. Geh. Rat u. Erblandmarschall von Pommern, seit 1721 Reichsgraf, Erbherr auf Iven im Krs. Anklam; **Mutter**: Dorothea Sophie, geb. von Flemming (1675–1754), **Bruder**: Hans Heinrich (1703–1771), Obrist, s.d. mehr; **Laufbahn**: seit 1732 im Regiment, 1740 Sl im I-R Nr. 25, 1743 Stabs-Cap., noch 1743 als Cap. u. Chef e. Comp. ins I-R Nr. 32 versetzt, stand 1751 als Cap., 1756 als Major im I-R Nr. 32 in Neiße, 1758 Ol, Mrz. 1759 nach 28 Dj. dim., hielt sich nach 1763 in Iven auf; **Ehefrau**: Wilhelmine Luise, geb. Reichsgräfin von Flemming; **Güter**: seit etwa 1772 Erbherr auf Iven im Krs. Anklam; 1778 als vorm. Ol ohne Leibeserben gest., Iven fiel an seinen Neffen Johann Heinrich Joseph;

Quellen: GStA, I. HA, Rep. 30, Nr. 243, Vas.tab. 1756, 1763, 1804; IV. HA, Rep. 1, Nr. 75, Bl. 140 (kz. Notiz); Stabi, Ms. boruss. fol. 312, fol. 314; Chronik, Bd. 1, S. 272–278; Tb Uradel 1902, S. 283, Priesdorff, Nr. 427 (Bruder E.B., hier für den Vater d. Daten 1661–1738);

Rittmstr. Ewald Heinrich von Flemming (* 18. Juli 1690, † um 1741)

Vater: Heinrich (1651–1693), brandenburg. Rittmstr. im Kav.-Reg. von Flemming, Erbherr auf Martenthin; **Mutter**: Lucie (Maria), geb. von Schlieben († 1714); **Bruder**: Adam Jürgen (* 1689), nahm keine Dienste, Erbherr auf Martenthin; **Neffe**: Richard Friedrich (1719–1753), Fähnrich, s.d.; **Laufbahn**: seit 1711 im Militär, stand 1730 als Rittmstr. u. Chef e. Escadron im K-R Nr. 12, vor 1740 abgegangen;

Quellen: Stabi, Ms. boruss. fol. 311; Chronik, Bd. 1, S. 221–222;

Gutsbes. Ferdinand Ludwig Wilhelm von Flemming
(* 23. Aug. 1762, † 2. April 1815)

Vater: Carl Friedrich (1712–1789), Erbherr auf Rönz, Zebbin, Drammin im Flemmingschen Krs., Erblandmarschall, s.d.; **Mutter**: Abigail Marie, geb. von Borcke († 1772); **Laufbahn**: weilte auf d. Gymnasium in Stettin, bezog im Mai 1782 die Univ. Frankfurt für e. Studium der Rechte, führte nach d. Tod d. Vaters e. ausschweifendes Leben; **Güter**: verkaufte 1794 Bresow f. 22/m T. an Franz Berend Johann Sigismund von Flemming; vernachlässigte d. übrigen Güter u. machte Schulden; 1801 wurde über sein Vermögen Konkurs eröffnet, besaß damals noch Rönz, Leussin u. Klötzin; gab in e. Gesuch vom 1. Sep. 1802 an, durch Wucherer um e. großen Teil seines Vermögens gebracht worden zu sein, wurde von jüdischen Wechselgläubigern verfolgt, entzog sich d. Schuldhaft durch die Flucht nach Anhalt-Köthen, wollte jetzt e. Gelegenheit haben, seine drei Lehngüter pfandweise für e. guten Preis zu verkaufen, bat um freies Geleit; erhielt am 1. Okt. 1802 e. *Salvum conductum*; lag 1803 im Streit mit seinem Stief-**Bruder** Heinrich Ludwig Ernst Carl von Flemming, der d. Güter zu e. möglichst geringen Preis erwerben wollte; 1802 war Leussin, von 1793 bis 1806 für 1 260 T. verpachtet, auf 29 721 T. taxiert worden, d. Agnaten wollten dafür jedoch nur 19 150 T. zahlen; 1803 meldete d. *Arrendator* Johann David Oesterreich Forderungen an F.L.W. an, er hatte Leussin seit 1786 für 1 100 u. seit 1793 für 1 260 T. gepachtet, fürchtete wegen des Konkurses d. Güter um seinen *Vorstand* von 2/m T. u.d. Remissionsgelder in Höhe von 8 430 T., gab an, während seiner Pachtzeit d. Wert von Leussin um 30/m T. gehoben zu haben; im April 1804 gingen Rönz, Leussin u. Klötzin für 76 600 T. an Julius Friedrich Wilhelm von Flemming (1751–1837) zu Böck, F.L.W. bekam fortan e. Jahresrente von 350 T.; 1815 ledig u. nahezu mittellos gest.;

Quellen: GStA, I. HA, Rep. 30, Nr. 44, F 39, Paket 9274; Chronik, Bd. 1, S. 373;

Cap. Franz Friedrich von FLEMMING (* 16. Jan. 1706, † 3. Okt. 1760)

Vater: Franz Julius (1664–1719), *Marsch-Commissarius*, Erbherr auf Basenthin B u. Harmsdorf B, auf Matzdorf u. Burow im Flemmingschen Krs.; **Mutter**: Marie Louise, geb. von Diringshofen; **Bruder**: Julius Gustav (1703–1759), Juli 1725 Fähnrich im D-R Nr. 2, seit 1729 Erbherr auf Matzdorf, darauf Lehnschulden von 17 200 fl., seit 1739 auch auf Burow, seit 1747 Erblandmarschall, 1753 klagte d. Vormund d. minderj. Kinder von Johann Wilhelm auf Herausgabe d. Gutes Matzdorf, J.G. war verheiratet mit Agnes Lucretia, geb. von Wedel, aus beider Ehe u. a. die To. Louise Agnesa (* 1730), in zweiter Ehe verh. mit d. Pl, dann Landrat Christian Ludwig von Sydow* auf Helpe; **Bruder**: Johann Wilhelm (1705–1751), seit 1725 Junker, 1729 Cornet im D-R Nr. 6, 1734 Sl, 1739 Pl, 1741 als Ltnt. dim., Ehefrau: Sabine Magdalene (1722–1799), e. To. von Henning Bernd von Witten auf Triebsow, aus d. Ehe zwei Söhne, s.u.; **Bruder**: Hasso Gottlob (1719–1754), von 1729 bis 1754 Erbherr auf Basenthin B u. Harmsdorf B, ledig; **Laufbahn**: trat 1722 ins I-R Nr. 31 ein, Febr. 1729 Fähnrich, Mai 1734 Sl, 1740 als Pl gen., Juni 1745 Stabs-Cap., Jan. 1748 Cap. im I-R Nr. 31, Sep. 1752 nach 30 Dj. dim., ohne Leibeserben verst.; **Güter**: von 1754 bis 1760 Erbherr auf d. väterlichen Gütern Basenthin B u. Harmsdorf B, von 1759 bis 1760 auch auf Matzdorf u. Burow, alle Güter fielen 1760 an seine beiden Neffen; 1763 lagen auf deren Gütern Holzhagen, Pazig, Batzlaff, Basenthin, Baumgarten u. Matzdorf Schulden in Höhe von 68 610 T., vor d. Krieg trugen die Güter jährliche Revenuen von 4520 T., dann nur noch von 1200 bis 1700 T., die laufenden Zinsen konnten nicht mehr bezahlt werden, f. d. Retablierung wurde e. Betrag von 13 144 T. veranschlagt, d. Vormund u. d. Witwe von Joh. Wilhelm traten daher Matzdorf für 27/m T. auf Wiederkauf an d. Cap. George Julius von Witten ab, d. Bruder d. Mutter; **Neffen**: Söhne d. Ltnt.s Johann Wilhelm: Franz Berend Johann Sigismund (1748–1812), bezog 1764 die Viadrina, widmete sich dann d. Landwirtschaft, seit 1770 Erbherr auf Basenthin B, Pazig u. Anteil Batzlaff f. 29 400 T., seit 1789 Erblandmarschall, 1804 auf Basenthin A u. B, auf Harmsdorf, Matzdorf, Bresow, Julius Friedrich Wilhelm von Flemming (1751–1837), bezog 1768 d. Viadrina, widmete sich d. Landwirtschaft, 1770 Erbteilung mit seinem Bruder, erhielt dabei d. Güter Böck, Langendorf, Baumgarten u. Holzhagen im Wert von 35 500 T.; zw. 1760 u. 1768 klagte d. Frau Cap. Lovisa Agnesa von Sydow, geb. von Flemming (* 1730), To. von Julius Gustav, gegen ihre beiden Vettern u. forderte d. Herausgabe ihres väterl. u. mütterl. Erbteils in Höhe von 7/m fl., danach waren Matzdorf, Baumgarten, Böck, Langendorf u. Batzlaff im April 1767 auf 65 113 T. taxiert worden, darauf Schulden von 51 647 T., von d. freien Quatum stünden ihr 3740 bzw. 4666 T. zu, ihre Ansprüche wurden mehrfach abgewiesen;

Quellen: GStA, I. HA, Rep. 30, Nr. 44, F 39, Paket 9273; Nr. 243, Vas.tab. 1756, 1767; IV. HA, Rep. 1, Nr. 75, Bl. 140; Stabi, Ms. boruss. fol. 314; Brüggemann, T. 2/1, S. 30, S. 39–40; Chronik, Bd. 1, S. 382–394, S. 402–403; Orlop, D-R Nr. 6, Anhang, S. 18*, S. 20*, S. 22*, S. 119* (Bruder Joh. Wilhelm); biogr. Handbuch, S. 1000–1001 (Landrat von Sydow);

Gutsbes. Franz Wilhelm Aug. Const. von FLEMMING (* 30. März 1773, † 29. Juli 1836)

Vater: Franz Berend Johann Sigismund (1748–1812), seit 1789 in d. Nachfolge von Carl Friedrich von Flemming auf Zebbin, s.d., Erblandmarschall von Pommern, seit 1760 Erbherr auf Matzdorf, seit 1770 auf Basenthin B, auf Harmsdorf, Pazig, Lanke B, Sager, erwarb 1787 Basenthin A u. Benz, dazu Bresow, kaufte 1803 Zebbin, Ribbertow u. Drammin f. 78 500 T., 1804 soll sein Grundbesitz e. Wert von 152/m T. gehabt haben, war dessen ältester Sohn; **Mutter**: Marie Henriette († 1813), älteste To. d. Kfms., Kommerzienrates Isaac Salingré; **Bruder**: Carl Berend Sigismund (1776–1835), besuchte von 1790 bis 1793 d. Ritterakademie zu Brandenburg an d. Havel, von 1793 bis 1798 die Univ. Halle, 1799 bis 1803 Referendar bei d. Regierung, zuletzt bei d. KDK in Stettin, 1806 bis 1812 Landrat d. Flemmingschen Krs., seit 1805 Erbherr auf Zebbin u. Ribbertow, seit 1813 auch auf Basenthin; **Schwestern**: Sabine Henriette (1771–1822), verh. mit Otto George Heinrich von Zastrow auf Kölpin, Auguste (1775–1835), in zweiter Ehe verh. mit d. Rittmstr. Friedr. Wilh. Melchior von Bardeleben; **Laufbahn**: widmete sich d. Landwirtschaft, übernahm d. väterl. Güter Benz u. Matzdorf; d. Vater bat am 7. Mrz. 1797 darum, seinem ältesten Sohn die **Hochzeit** mit Frl. Henriette Constantia Marie (* 1772), einzige To. d. Finanzrates Constantin Peter Nicolaus de Lattre aus Berlin am 13. April d.J. zu erlauben, wegen d. Fastenzeit war hierfür e. Erlaubnis vonnöten; am 1. Okt. 1802 suchte H.C.M. von Flemming, geb. de Lattre, um die Ehescheidung nach, sie führte seit fünf Jahren mit d. von Flemming auf Benz e. kinderlose u. unzufriedene Ehe, beide Seiten verzichteten auf d. Ausmittelung d. Schuldfrage, sie hatten sich hinsichtlich ihres Vermögens bereits auseinandergesetzt, auch ihre Verwandten waren mit d. Trennung einverstanden; d. Supplikantin machte auf d. Ehen d. Grafen von Carnitz, d. Finanzrates Carl Ludwig von Bose und d. Kammerherrn George Carl Vollrath von Buch aufmerksam, die vom KG aus ähnlichen Gründen geschieden worden wären; mit Reskript vom 2. Okt. 1802 wurde d. Antrag entsprochen, die Ehe ohne Ansetzung e. Sühnetermins zu scheiden, sofern d. angegebenen Umstände zutreffen; F.W.A.C. starb 1836 ohne Leibeserben, die Güter fielen an seinen Neffen Franz Wilhelm Carl (1802–1887). Sohn des Bruders C.B.S.;

Quellen: GStA, I. HA, Rep. 30, Nr. 44, F 39, Paket 9274; Nr. 243, Vas.tab. 1793, 1799, 1804; Chronik, Bd. 1, S. 402–407;

Major Friedrich Wilhelm von FLEMMING (* 7. Jan. 1718, † 4. April 1776)

Vater: Anton Wilhelm (1687–1758), Erbherr auf Schruptow im Krs. Greifenberg f. 16/m T., seit 1754 Erbherr auf Martenthin B, Wustermitz B u. Zarnglaff B im Flemmingschen Krs. f. 8/m T., hinterließ seine zweite Frau, zwei Töchter u. zwei Söhne; **Mutter**: Sophie Hedwig Caroline, geb. von Wenden († 1744); Stief-**Bruder**: Ewald Heinrich (1749–1763); **Laufbahn**: 1737 Fähnrich im Garn.-Bat. Sack in Kolberg, 1740 Sl im I-R Nr. 39, 1742 Pl, 1745 ins I-R Nr. 43 versetzt, 1750 Pl im I-R 43, 1755 Stabs-Cap., Sep. 1764 als Major vom I-R Nr. 43 dim.; **Güter**: seit 1759 Erbherr auf Martenthin B, Wustermitz B u. Zarnglaff B; Schruptow fiel an Ewald Heinrich; lag 1761 im Erbstreit mit seiner Stief-Mutter u. d. Stief-Geschwistern, warf diesen vor, ihm sein mütterliches Erbteil entziehen zu wollen; erbte 1764 vom verst. Stief-Bruder Schruptow; 1767 hatten seine Güter e. Wert von 21/m T., darauf Hypotheken von 17/m T.; seine Kinder setzten sich im Dez. 1779 auseinander, jeder Sohn hatte nach Abzug d. Schulden an d. Lehngütern noch 1 301 T. frei, d. jährliche Pacht betrug 1 110 T., d. Zinszahlungen überstiegen d. Revenuen um 298 T.; **Ehefrau**: Anna Elisabeth, geb. von Schaetzel († 1804), sie pachtete als Witwe d. Gut Schruptow von ihren Söhnen, um sich u. d. beiden Töchter davon zu ernähren; F.W. hinterließ zwei Töchter u. drei Söhne; **Sohn**: Carl Wilhelm Moritz (1759–1794), trat als Gefr.corp. ins I-R Nr. 8 ein, Nov. 1775 Fähnrich, Juni 1780 Sl, Juli 1789 Pl, Juli 1794 Stabs-Cap.; **Sohn**: Friedrich Ludwig Heinrich (1763–1816), seit 1775 Gefr.corp. im I-R Nr. 8, Mrz. 1780 Fähnrich, Juni 1784 Sl, Dez. 1789 dim., Domherr, 1793 u. 1804 Erbherr auf Martenthin A u. B, Cretlow B, auf Wietstock A, Anteilen Wustermitz, Tessin, Zarnglaff im Wert von zs. 17 267 T.; **Sohn**: Christian Adolph Bogislav (1768–1833), Mrz. 1789 Fähnrich im I-R Nr. 8, Febr. 1790 Sl, Juni 1792 nach acht Dj. dim., 1794, 1797 als Erbherr auf Schruptow im Wert von 14/m T. gen., hatte seinen Wohnsitz in Martenthin;

Quellen: GStA, I. HA, Rep. 30, Nr. 43, Paket 9 232; Nr. 44, F 39, Paket 9 273; Nr. 186 d, Paket 9 844; Nr. 243, Vas.tab. 1756, 1794, 1804; IV. HA, Rep. 1, Nr. 75, Bl. 140 (kz. Notiz f.d. Vater; Söhne); Stabi, Ms. boruss. fol. 315, fol. 316; Chronik, Bd. 1, S. 224–228; Priesdorff, Offz.stammliste, S. 69 (Söhne, danach geb. 1756, geb. um 1760 u. 1770);

Ltnt. Hans Friedrich von Flemming (* 1735)

aus Pommern gebürtig; **Laufbahn**: Juni 1750 *cadet* in Berlin, 1756 Fähnrich im Garn.-Reg. Nr. 7 (stand 1775 als Sl im I-R Nr. 55, Juli 1775 Pl, Nov. 1779 dim.);

Quellen: GStA, IV. HA, Rep. 1, Nr. 75, Bl. 140; Stabi, Ms. boruss. fol. 314; Crousaz, Beilage C, S. 35;

Obrist Hans Heinrich (seit 1721: Graf) von Flemming (* 14. Mai 1703, † 15. April 1771)

Vater: Felix Friedrich (1659–1740), preuß. Geh. Rat u. Erblandmarschall von Pommern, Erbherr auf Iven im Krs. Anklam; **Mutter**: Dorothea Sophie, geb. von Flemming (1675–1754); **Bruder**: George Dettloff (1699–1771), stand 1767 als Groß Schatz- und Generalfeldzeugmeister in poln. Diensten, hatte keine Söhne, besaß zs. mit seinen fünf Brüdern das vorpomm. Gut Iven, lehnte den Übertritt in preuß. Dienste ab, Besitzer großer Güter in Polen; **Bruder**: Ernst Bogislav (1704–1764)*, Aug. 1723 Fähnrich im I-R Nr. 1, Mai 1735 Pl, Juni 1739 Cap. im I-R Nr. 17, Juni 1740 Major im I-R Nr. 38, Nov. 1748 Kommandeur des I-R Nr. 38, Okt. 1756 GM, Mrz. 1760 dim., seit 1739 Erbherr auf Basenthin A u. Harmsdorf A, hielt sich 1763 als vorm. GM nach 36 Dj. in Iven auf, ledig; **Bruder**: Carl George Friedrich (1705–1767), trat früh in kursächsische Dienste ein, 1740 Gesandter in Turin, dann in London und Wien, poln. Gl u. kursächs. Minister, lehnte den Wechsel in preuß. Dienste ab, hielt sich 1763 in Wien auf, Sohn: Joh. Heinrich Joseph (1752–1830), 1763 beim Vater in Wien, 1767 in Dresden, setzte als einziger Sohn und Neffe diesen Zweig der Familie fort, 1801 als Erbherr auf Bartow C u. Iven im Krs. Anklam im Wert von 70/m T. gen.; **Bruder**: Wilhelm Heinrich (1707–1774), nahm keine Dienste, hielt sich 1763 im hinterpomm. Drosedow, 1767 in Kolberg auf, 1774 in Basenthin unbeerbt verst.; **Bruder**: Conrad Maximilian (1712–1778), Ol, s.d.; **Laufbahn**: Aug. 1723 Fähnrich im I-R Nr. 29, Jan. 1729 als Cap. ins I-R Nr. 4 versetzt, 1739 als Cap. u. Chef e. Comp. im I-R Nr. 4 gen., 1741 Major, dann Ol im I-R Nr. 28, Sep. 1751 als Obrist (nach 29 Dj.) dim., hielt sich 1767 als vorm. Obrist in Iven auf, 1771 ohne Leibeserben gest.;

Quellen: GStA, I. HA, Rep. 30, Nr. 243, Vas.tab. 1756, 1763, 1804; IV. HA, Rep. 1, Nr. 75, Bl. 140 (kz. Notiz); Stabi, Ms. boruss. fol. 313, fol. 314, fol. 316; Brüggemann, T. 2/1, S. 29–30; Chronik, Bd. 1, S. 272–278; Tb Uradel 1902, S. 283, Priesdorff, Nr. 427 (Bruder E.B., hier für den Vater d. Daten 1661–1738);

GM Heinrich Ludwig von Flemming (* 25. Nov. 1719, † 6. April 1783) *

Vater: Wilhelm Friedrich (1667–1737), 1689 Fähnrich in d. kurbrandenburg. Garde, 1695 Rittmstr. im Kav.-Reg. von Flemming, 1704 als Major abgegangen, Erbherr auf Martenthin A, Teßin B, Wustermitz A u. Cretlow B im Flemmingschen Krs., hinterließ vier Söhne; **Mutter**: Sophie Elisabeth, geb. von Borcke; **Bruder**: Christoph Friedrich (1719–1789), stand seit 1745 im kursächs. Militärdienst, 1747 Major, 1752 Ol, 1771 Geh. Kriegsrat u. Vizepräs. d. Geh. Kriegsrat-Kollegiums, 1780 Gl u. General-Inspecteur d. Infanterie, besaß Güter bei Dresden, seit 1783 alleiniger Besitzer d. Herrschaft Buckow, hinterließ aus zwei Ehen keine Leibeserben; **Bruder**: Wilhelm Sigismund (1721–1757), seit 1739 im Regiment, 1741 Gefr.corp. im I-R Nr. 28, Sep. 1741 Fähnrich, Dez. 1744 Sl, Sep. 1755 Pl, gest. 12. Juni 1757 an e. Blessur, ledig; **Bruder**: Jacob Bogislav (1723–1754), Referendar beim Hofgericht in Köslin, ledig; **Laufbahn**: bezog im Nov. 1735 d. Univ. Halle für d. Studium d. Rechte, 1738 Gefr.corp. im I-R Nr. 29, Mrz. 1739 Fähnrich, Aug. 1742 Sl, Sep. 1747 Pl, Mai 1757 Stabs-Cap., Mrz. 1758 Cap. u. Chef e. Comp., 1759 Major, Mai 1765 Ol, Mai 1771 Obrist, Dez. 1773 Kommandeur d. I-R Nr. 29, Mrz. 1778 GM u. Chef d. I-R Nr. 29, Mai 1782 Kommandant von Breslau; ledig; **Güter**: seit 1757 zs. mit seinem Bruder C.F. Erbherr auf d. väterlichen Gütern Martentin A nebst. Pertinenzien; 1775 alleiniger Besitzer, auch auf Lanke C, Risnow C u. Sarnow C, von 1777 bis 1783 zs. mit C.F. Besitzer d. Herrschaft Buckow;

Quellen: GStA, I. HA, Rep. 30, Nr. 44, F 39, Pakete 9273 u. 9274; Nr. 243, Vas.tab. 1756; IV. HA, Rep. 1, Nr. 75, Bl. 140; Stabi, Ms. boruss. fol. 314 (Bruder W.S.), fol. 316 (hier als Carl Heinrich); Brüggemann, T. 2/1, S. 38–39; Chronik, Bd. 1, S. 215–219; Priesdorff, Nr. 643;

Gutsbes. Heinrich Ludwig Ernst Carl von Flemming (* 3. Okt. 1778, † 18. Nov. 1852)

Vater: Carl Friedrich (1712–1789), Erblandmarschall, s.d., stammte aus dessen dritter Ehe; **Mutter**: Carolina Ludwiga, geb. von Blankenburg (* 1752); Stief-**Bruder**: Ferdinand Ludwig Wilhelm (* 23. Aug. 1762, † 2. April 1815) auf Rönz, s.d.; **Laufbahn**: 1793 bis 1796 auf d. Pädagogium in Halle, bezog 1796 die Univ. Frankfurt, bat am 5. Juli 1798 um die *venia aetatis*, er hatte keine Neigung zum Militärdienst und wollte auch die Studien nicht fortsetzen, um später in d. Zivildienst zu treten, sondern wollte sich d. Ökonomie widmen und deshalb zu Ostern 1799 seine Güter Zebbin, Drammin, Ribbertow selbst übernehmen; bekam e. positives Attest d. Oberschulrates Steinbarth zu Frankfurt, unter dessen spezieller Aufsicht er an d. Viadrina gestanden hatte; auch sein Stief-Bruder Ferdinand auf Rönz sowie der Vormund, Landschaftsrat Heinrich Gottlob Wenzeslaus von der Gablentz auf Fritzow, u. d. **Mutter-Bruder** Rittmstr. Gustav Alexander von Blankenburg zu Schlenzig votierten für d. Gesuch; d. Stettiner Pupillenkollegium unterstützte d. Antrag, d. Supplikant bekam am 19. Nov. 1798 die *venia*; erwarb im Frühjahr 1800 e. Major-Präbende beim Stift St. Bonifaz u. Moritz zu Halberstadt für 12500 T., die ihm e. jährl. Ertrag von 650 bis 750 T. einbringen sollte; bezifferte bei dieser Gelegenheit sein Vermögen auf 100/m T., d.

Stettiner Vormundschaftskollegium lehnte zunächst sein Gesuch ab, e. Kredit über 12/m T. auf seine Güter aufzunehmen; erst mit Deklaration vom 22. Sep. 1800 wurde die Klausel in d. *venia aetatis* aufgehoben, wonach er keine seiner Immobilien veräußern oder verpfänden durfte, bekam erst jetzt d. völlige Disposition über seine liegenden Gründe; wollte im Sep. 1803 die im Konkurs befindlichen Güter seines Stief-Bruders Ferdinand Ludwig Wilhelm für die *Benefiz-Taxe* von 57/m T annehmen, woraufhin d. Prälat von Flemming seine Offerte von 80/m T zurückzog; Ferdinand gab vor, durch diesen niedrigen Erlös ruiniert zu werden, auch würden d. Gläubiger viel Geld verlieren, unterstellte d. Stief-Bruder, sich durch d. Ausübung d. *Benefiz-Taxe* auf seine und d. Kosten d. Gläubiger bereichern zu wollen; auf seinen Antrag wurde d. Bietungstermin für die Güter am 22. Sep. 1803 um drei Monate verlängert; H.L.E.C. verkaufte 1802 Baumgarten für 10/m T., 1803 Zebbin, Ribbertow u. Drammin f. 36/m, 17/m u. 24 500 T., verkaufte 1808 d. 1802 eingetauschte Klein Leistikow wieder, erwarb 1803 Leussin, amtierte als Landrat; seit 1838 Erblandmarschall, 1842 Abschied als Landrat, ließ sich in Berlin nieder,

Quellen: GStA, I. HA, Rep. 30, Nr. 44, F 39, Paket 9 274; Chronik, Bd. 1, S. 359–378;

Ltnt. Johann Friedrich von Flemming (get. 13. Mai 1735, † 19. Sep. 1808)

Vater: Joachim Heinrich (auch Hans Friedrich) (* 1703, † um 1750), seit 1726 auf Bresow A, seit 1745 Erbherr auf Trebenow A u. B im Krs. Greifenberg, auf Wustermitz D im Flemmingschen Krs., hinterließ vier Söhne; **Mutter**: Dorothee Hedwig, geb. von Kameke; **Großvater**: Jacob Henning, schwedischer Rittmstr.; **Bruder**: Adam (* 7. April 1733, † 1769), seit 1750 im Militär, Okt. 1754 Fähnrich im Garn.-Reg. Nr. 8 in Glatz, vor 1756 abgegangen, von 1763 bis 1769 Erbherr auf Trebenow A, verh. mit Maria Sabina Elisabeth, geb. von Petersdorff (* 1732, † 13. Mai 1801), sie mußte Trebenow verlassen, befand sich 1777 in d. größten Armut, erhielt im Juni 1778 e. Pension von 50 T., Sohn Ernst Christian Leopold (* 1765), Mai 1776 *cadet* in Stolp, Juni 1785 *cadet* in Berlin, desertierte 1788 als Gefr.corp. vom I-R Nr. 48, von 1791 bis 1793 wurde e. Desertionsprozeß gegen ihn geführt; **Bruder**: Otto Ludwig (* 24. Aug. 1742, † Juli 1818), (stand 1757 im Garn.-Reg. Nr. 8), 1764 Fähnrich im I-R Nr. 21, 1772 Sl, Dez. 1782 Cap. u. Chef e. Comp., Juni 1788 Major, Mrz. 1793 Ol, Mai 1801 Obrist, Okt. 1802 mit Pension dim.; **Bruder**: Joachim Wilhelm (* 4. Aug. 1744, † nach 1806), trat 1763 in d. Militärdienst ein, 1764 Gefr.corp., 1774 Sl im I-R Nr. 37, Jan. 1779 nach 20 Dj. wegen *Epilepsie* dim., als Feuer-Bürgermstr in Schwiebus mit jährl. 130 T. Gehalt versorgt, 1783 als Feuer-Bürgermeister nach Greifenberg versetzt, verschlechterte sich dadurch, weil hier alles teurer war, erhielt bei d. väterl. Erbteilung d. Gut Bresow A (bzw. B) f. 5 333 T., darauf 1767 Hypotheken von 4 100 T., verkaufte dieses 1777 für 27 Jahre an d. Ol Johann Ernst von Ploetz, erhob 1773 u. 1791 vergeblich Ansprüche auf d. allodifizierte Gut Risnow A; suchte im Mrz. 1788 darum nach, Chef e. Invaliden-Comp. zu werden, konnte von seinen bisherigen Bezügen in Höhe von 130 T. mit Frau u. zwei Söhnen nicht leben; **Laufbahn**: seit etwa 1750 *cadet* in Berlin, Juli 1756 Fähnrich im Garn-Reg. Nr. 7, (1756 Fähnrich im I-R Nr. 37, stand im Feld), geriet 1760 in Gefangenschaft, Sep. 1762 als Sl vom Garn.-Reg. Nr. 7 dim.; **Güter**: seit 1763 Erbherr auf Trebenow B u. Wustermitz D, trat diese 1767 auf Wiederkauf d. Ol Johann Ernst von Ploetz ab, übernahm 1775 auch Trebenow A für d. Taxe von 3 432 T., darauf e. Schuldforderung d. Familie von Petersdorff über 6 134 T., verkaufte dieses 1776 d. GM Carl Christoph von Ploetz, um 1780 war d. Ol Johann Ernst von Ploetz Erbherr auf ganz Trebenow; 1786 u. 1788 mit seinen Ansprüchen auf Bresow B abgewiesen; suchte am 21. Juli 1791 darum nach, ihm u. seinem Bruder Joachim Wilhelm zu Gr.-Glogau d. Vermögen ihres am 24. Aug. 1788 desertierten Neffen, d. Gefr.corp. Ernst Christian Leopold von Flemming vom I-R Nr. 48, zu überlassen, diesem war zunächst kein Verfahren gemacht worden, weil er *Zeichen von Schwachsinnigkeit u. Mängel an Überlegung* gezeigt hatte, aufgrund dieses Antrages wurde ihm jedoch 1792 d. Prozeß gemacht, er wurde als vorsätzlicher Deserteur verurteilt, sein Vermögen in Höhe von 225 T. eingezogen u. im Mrz. 1793 d. beiden Supplikanten zugesprochen; **Sohn**: Ernst Ludwig Friedrich (* 1763), 1787 Fähnrich im I-R Nr. 51, wurde (1784) wegen *Insubordination cassirt* und zu vier Jahren Festung verurteilt, bat am 6. Okt. 1788 um Vergebung seines Jugendfehlers, wollte wieder bei e. Regiment plaziert werden;

Quellen: GStA, I. HA, Rep. 30, Nr. 44, P 86, Paket 9 346; Nr. 243, Vas.tab. 1763; Rep. 96, Nr. 257 F; IV. HA, Rep. 1, Nr. 75, Bl. 140; Stabi, Ms. boruss. fol. 311 (hier als Carl Otto), fol. 312 (Bruder A.), fol. 313 (1762 als Heinrich), fol. 316 (J.F. 1756 nicht im I-R Nr. 37 gen.); Brüggemann, T. 2/1, S. 455; Chronik, Bd. 2, S. 383–391;

Ltnt. Julius Friedrich Gottlob von Flemming (* 1. Mai 1783, † 19. April 1858)

Vater: Julius Friedrich Wilhelm (* 11. Juli 1751, † 5. Sep. 1837), bezog im Juli 1768 d. Univ. Frankfurt, legte sich dann auf d. Landwirtschaft, seit 1770 Erbherr auf Böck im Flemmingschen Krs., seit 1798 auf ganz Schwochow im Krs. Pyritz, dieses 1804 im Wert von 32/m T., trieb e. regen Güterhandel, 1789 u. 1801 auf Dresow u. Pustchow im Krs. Greifenberg im Wert von 45 300 T., 1804 auf Anteil Moratz im Krs. Greifenberg, auf Baumgarten, Klötzin u. Rönz nebst Pertin. gen., seine Güter im Flemmingschen Krs. hatten damals e. Wert von zs. 50 911 T.; **Mutter**: Eleonore Wilhelmine Philippine, geb. von Zastrow († 1799); **Bruder**: Samuel Wedig Carl (1781–1863), 1804 auf d. Akademie, legte sich auf d. Landwirtschaft; **Vater-Bruder**: Franz Berend Johann Sigismund († 1812), Erblandmarschall von Hinterpommern, seit 1770 Erbherr auf Basenthin B u. Harmsdorf B; **Laufbahn**: Jan. 1799 Cornet, Febr. 1803 Sl im K-R Nr. 5, Febr. 1809 d. brandenburg. D-R aggr., Mrz. 1809 einrang., Mai 1809 als Rittmstr. dim., April 1813 Pl beim 2. westpreuß. D-R, Mrz. 1815 zum 8. D-R, April 1815 Stabs-Rittmstr., Juni 1815 Rittmstr., Okt. 1816 mit Pension dim., April 1818 zur Landwehr;

Quellen: GStA, I. HA, Rep. 30, Nr. 243, Vas.tab. 1793, 1799, 1804; IV. HA, Rep. 1, Nr. 75, Bl. 141 (hier als August); VI. HA, Nl Gneisenau, Nr. 691 (als August); Brüggemann, T. 2/1, S. 29–30, S. 32–33; Chronik, Bd. 2, S. 390–399;

Cap. Otto Heinrich von Flemming (* 1712)

Vater: (Otto Friedrich, Erbherr auf Trebenow A im Krs. Greifenberg, 1745 verkauft); **Laufbahn**: seit 1724 im Militär, Mrz. 1739 Sl im I-R Nr. 22, 1742 Cap. im I-R Nr. 43, vor 1750 abgegangen;

Quellen: Stabi, Ms. boruss. fol. 314, fol. 316; Ms. geneal. fol. 120; Brüggemann, T. 2/1, S. 455;

Fähnrich Richard Friedrich von Flemming (* 8. Aug. 1719, † 23. Mrz. 1753)*

Vater: Adam Jürgen (1689–1731), Erbherr auf Martenthin im Flemmingschen Krs.; **Mutter**: Sophie Juliane, geb. von Parlow (1685–1739); **Bruder**: Wilhelm (* um 1715), ging offenbar in fremde Kriegsdienste; **Laufbahn**: trat 1738 in d. Militärdienst ein, stand 1740 als Fähnrich im I-R Nr. 9, als solcher dim.; **Güter**: Erbherr auf Martenthin; **Ehefrau**: Dorothee Marie († 28. Mrz. 1783), To. d. poln. Majors Friedrich Wilhelm von Stettin;

Quellen: Stabi, Ms. boruss. fol. 315; Chronik, Bd. 1, S. 222–223;

Ol August Wilhelm von Fock (* 1736, † Dez. 1791)

Vater: Stephanus Fock (1685–1761), aus Polen gebürtig, 1718 als Dragoner ins Regiment, 1736 Wachtmstr., Mai 1743 Sl, April 1752 Pl im D-R Nr. 5, diente einige 30 Jahre im D-R Nr. 5, im Siebenjährigen Krieg bei Breslau *blessirt*, Mrz. 1758 als Cap. ins Garn.-Reg. Nr. 5 versetzt, 1761 in Cosel gest., hinterließ e. Sohn u. fünf Töchter, A.W. aus (Schwed-)Pommern gebürtig; **Mutter**: Dorothea, geb. Lichterfeld (* um 1713), hielt sich nach 1770 bei ihren Schwiegersöhnen in d. NM auf, bekam auf wiederholte Gesuche ab Trinitatis 1779 e. Pension aus d. neumärk. Meliorationsfonds; (**Vater-Brüder**: Johann Gideon (* 1715), seit 1735 im preuß. Militär, Cap. im I-R Nr. 35, Mrz. 1757 Orden p.l.m., 1757 bei Kolin gefallen, Sohn: Friedrich Adolph (* 1755), aus Potsdam gebürtig, seit 1772 Gefr.corp. im I-R Nr. 35, bat als Ltnt. im Okt. 1782 um e. Pension für seine Mutter, 1785 als Ltnt. dim.; auch d. zweite Onkel soll A.W. zufolge bei Kolin gefallen sein); **Laufbahn**: trat 1753 in d. Militärdienst ein, stand 1756 als Corp., 1765 als Sl, 1776 als Stabs-Cap. im D-R Nr. 12, Sep. 1782 Major, bedankte sich noch im Sep. beim König für d. Beförderung zum Major u. d. Erhalt e. Escadron, Sep. 1790 Ol, 1791 als Ol im D-R Nr. 12 gest.; hinterließ seine zweite **Frau**, e. geb. von Rexin (* um 1742), diese besaß *illata* von 2/m T. u. stand seit 1795 auf d. Liste für e. pomm. Pension, erhielt wegen ihrer jährlichen Revenuen von 80 T. jedoch keine Beihilfe; von seinen zwei **Söhnen** erster Ehe stand der ältere 1795 als Junker bei e. Regiment (Friedrich Wilhelm, Dez. 1797 Fähnrich beim 1. Bat. Garde, Mrz. 1799 Sl, Mrz. 1802 als Sl vom 1. Bat. Garde zum I-R Nr. 40 versetzt, Juli 1803 dim. u. als Forstrat versorgt, Aug. 1814 Cap. u. Adjutant d. GM Fr. Wilh. Leopold Frhr. von Gaudy, Nov. 1815 als Major dim., 1828 als Forstmstr. in Erfurt gest.; Carl Gustav (1785–1835), Okt. 1796 *cadet* in Stolp, Mai 1799 *cadet* in Berlin, Mrz. 1803 Fähnrich im I-R Nr. 17, Mrz. 1805 Sl, Mrz. 1813 zur Garn.-Comp. d. Garde-Reg. zu Fuß, Aug. 1815 als Cap. dim., 1818 Reg.rat in Königsberg);

Quellen: GStA, I. HA, Rep. 96 Nr. 95, F f f; II. HA, Abt. 13 a, Tit. III, Litt F, Nr. 10; Litt L, Nr. 1, Bde. 1 u. 2; IV. HA, Rep. 1, Nr. 75, Bl. 161; Stabi, Ms. boruss. fol. 311 (Onkel: aus Schweden geb.?); Albedyll, Anhang S. 59*, Nr. 155* (Vater); Reinhard, Garde, S. 546, Stolper Kadetten, S. 34 (C.G. aus Wollin gebürtig);

Ltnt. Johann Ludwig Otto von Foelkersamb (* 1742)

Vater: George Ernst Matthias (1715–1755), poln. Major, Erbherr auf Landechow im Distrikt Lauenburg, hinterließ vier Kinder; Stief-Vater: Johann Fromhold von Foelkersamb (* 1719), stammte aus Kurland, seit 1741 im Militär, Jan. 1748 Cornet im K-R Nr. 9, Sep. 1752 dim., heiratete 1753 d. Witwe (Cap.) von Foelkersamb, stand seit Mitte 1756 als Pl, 1759 als Cap. im Garn.-Reg. Nr. 8, genoß seit 1754 lebenslang die Zinsen von 8/m T. aus d. Vermögen seiner verst. Frau, wurde deshalb von d. Vormündern seiner unmündigen Stiefkinder verklagt; **Mutter**: Margarethe Veronica, geb. von Manteuffel († 1754), sie besaß e. Vermögen von 102 966 fl. polnisch, erwarb damit d. Güter Chottschow u. Chottschowke im Distrikt Lauenburg für 43 100 fl., ihre Kinder erster Ehe bekamen e. Abfindung von

39/m fl.; (**Bruder**: Otto Ernst Dietrich (* 1743), aus Preußen gebürtig, seit 1758 im Regiment, Okt. 1758 Fähnrich im I-R Nr. 16, Aug. 1763 Sl, Juni 1764 dim.); **Schwester**: Philippine (* 1740), hielt sich 1802 in Schidlitz bei Danzig auf, besaß keinerlei Vermögen, ihr Bruder konnte sie nicht unterstützen, aufgrund e. Augenschwäche konnte sie keine Handarbeit mehr leisten, d. Landrat bestätigte ihre Bedürftigkeit, sie bekam deshalb im Aug. 1802 e. Pension von 50 T.; **Laufbahn**: stand seit etwa 1760 im Reg., 1764 Cornet im D-R Nr. 1, Jan. 1766 als Sl dim.; **Güter**: saß 1771 auf Malschitz im Distrikt Lauenburg, auch auf Lischnitz u. Dzechlin A im Wert von zs. 101 700 fl.; **Ehefrau**: Helene Henriette, geb. von Weiher; **Sohn**: Otto Friedrich Heinrich (1774–1834), Mai 1790 Cornet im D-R Nr. 9, Jan. 1793 Sl, Okt. 1803 mit d. Charakter Cap. dim., Erbherr auf Bauditten im Krs. Mohrungen; **Tochter**: 1802 verh. mit d. Ingenieur-Ltnt. von Bronikowsky in Graudenz;

Quellen: GStA, I. HA, Rep. 30, Nr. 243, Vas.tab. 1756; Nr. 249, Vas.tab. 1771; Nr. 413, Paket 10 184 (danach ist d. Vater G.E.M. vor 1753 gest.); II. HA, Abt. 13 a, Tit. III, Litt F, Nr. 13 (Schwester); IV. HA, Rep. 1, Nr. 75, Bl. 166 (als Joh. Friedrich; bei Joh. Fromh. kein Hinweis auf Dienst im Garn.-Reg. 8); Stabi, Ms. boruss. fol. 311 (Bruder), fol. 312 (J. Fromh.), fol. 314 (auch als Voelkersam); Kopka v. Lossow, Offz.liste, S. 15* (O.E.D.); Tb. Uradel 1918, S. 241–242;

Obrist, Hofmarschall Isaac von Forçade Marquis de Biaix
(* 1702, † 21. Jan. 1775)

Vater: Johann Quirin (1663–1729)*, aus Frankreich gebürtig, trat nach 1685 in brandenburgische Dienste, 1688 Cap. bei d. Leibgarde, Sep. 1702 Major im I-R Nr. 18, Mai 1718 GM, Jan. 1729 Gl; **Mutter**: Juliane, geb. Freiin von Honstedt; **Bruder**: Friedrich Wilhelm Quirin (1698–1765)*, Sep. 1713 Fähnrich im I-R Nr. 1, Mrz. 1724 Cap. im I-R Nr. 23, Juni 1732 Major, Juli 1743 Kommandeur d. I-R Nr. 23, Jan. 1746 Orden p.l.m., Mai 1747 GM, Juli 1748 Chef d. I-R Nr. 23, Febr. 1757 Gl, Sohn: Friedrich Wilhelm (* 1728), Obrist u. Chef d. I-R Nr. 24; **Laufbahn**: seit etwa 1720 im Militärdienst, 1750 Major im I-R Nr. 18, 1756 Ol, Mrz. 1757 als Obrist dim., später Hofmarschall des Prinzen Friedrich Wilhelm von Preußen; seine **Ehefrau** Anna Elisabeth, geb. Cantenius, besaß seit 1731 d. **Güter** Barsewitz u. Gollin im Krs. Saatzig, für 28/m T. auf Wiederkauf erworben, er wurde nach ihrem Tod 1765 Erbherr auf diesen Gütern; vermachte beide 1772 seiner zweiten Frau Catharina, geb. von Eickstedt;

Quellen: GStA, I. HA, Rep. 30, Nr. 243, Vas.tab. 1755, 1756, 1763, 1767; IV. HA, Rep. 1, Nr. 75, Bl. 182; Stabi, Ms. boruss. fol. 313 (1730 noch nicht im I-R 18 gen.), fol. 246; Brüggemann, T. 2/1, S. 258; Tb. Briefadel 1930, S. 241; Priesdorff, Nr. 188 (Vater), Nr. 371 (Bruder);

Cap. Otto Carl Wilhelm von Fransecky (* Dez. 1770, † Febr. 1807)

Vater: Sigismund Cornelius (* 1731, † 18. Jan. 1787), Mai 1749 Fähnrich im Garn.-Reg. Nr. 6, zuletzt Ingenieur-Cap., Jan. 1779 dim., hinterließ sieben Kinder, darunter mind. drei Söhne, die 1790 bereits als Ltnt. im Dienst standen, sein Vermögen bestand in e. Anteil an Schwessow im Krs. Greifenberg im Wert von 5 175 T., der 1790 im Interesse der Mündel verkauft werden durfe; **Bruder**: Heinrich Johann Sigismund (* um 1761, † 18. April 1835), seit 1777 im Militär, 1787 Sl im I-R Nr. 53, Aug. 1791 Pl, Okt. 1794 Stabs-Cap., stand 1799 als Stabs-Cap. in Thorn, April 1803 Cap. u. Chef e. Comp., Aug. 1808 als Major pens., erheiratete 1798 mit Wilhelmine Ulrike, e. Tochter d. Hofrates Friedrich Steobanus, d. Gut

Schlötenitz C im Krs. Pyritz, verkaufte es im Jahr 1800 für 21/m T., erwarb 1804 Altendorf u. Dargislaff im Krs. Greifenberg für 68 500 T.; **Bruder**: August Friedrich Wilhelm (* 1765), Sep. 1784 Fähnrich im I-R Nr. 22, April 1788 Sl, Juni 1794 Orden p.l.m., Juli 1795 Inspek.-Adjutant bei GM Fr. Wilh. Aug. von Graevenitz, Sep. 1797 Stabs-Cap., April 1800 Cap. u. Inspekt.-Adjutant (Dez. 1800 gest. bzw.) 1816 als Major bei d. Gendarmerie dim.; **Laufbahn**: seit 1783 im Militär, Gefr.corp., Juni 1787 Fähnrich im I-R Nr. 8, Dez. 1789 Sl, Okt. 1797 Pl, Sep. 1802 Stabs-Cap., im Febr. 1807 bei Kolberg gefallen; **Güter**: erwarb Kölpin A im Krs. Greifenberg im Wert von 16/m T., darauf Schulden von 12/m T., verkaufte dieses im Jahr 1800 an d. Witwe von Stempel, geb. von Wachholz, sie starb noch vor Abschluß d. Geschäftes u. hinterließ e. minderj. Sohn, zwecks Rückabwicklung mußte sich d. Cap. mit d. Pupillenkollegium auseinandersetzten; saß 1804 wieder auf d. Gut im Wert von 15/m T.; **Schwestern**: Wilhelmina Dorothea Catharina (* 4. Jan. 1767), Leopoldina Christiana Beata (* 15. April 1771), Charlotta Johanna Carolina (* 9. Mai 1773), Lovisa Friederika Antonia (* 4. Aug. 1775), d. sieben Geschwister besaßen lt. Auseinandersetzungsrezeß vom 24. Jan. 1792 e. Vermögen von 20 187 T., jedes von ihnen von 2 883 T., d. Schwestern qualififizierten sich daher nicht für e. Pension; 1793 hieß es, d. väterl. Vermögen habe sich durch d. Konkurs d. Kfm. Eckert in Kolberg um 8/m T. vermindert, jede Schwester soll nur noch e. Kapital von 1 200 T. besessen haben, von dessen Zinsen sie nicht leben konnten, sie hielten sich bei Herrschaften auf u. wurden von diesen unterstützt; (**verwandt**, Onkel: Wilhelm von Fransecky (* 1736), seit 1750 im Militärdienst, 1773 Pl im I-R Nr. 53, Aug. 1779 als Cap. gest.: IV. HA, Rep. 1, Nr. 75, Bl. 232; Stabi, Ms. boruss. fol. 314);

Quellen: GStA, I. HA, Rep. 30, Nr. 44, F 43 H, Paket 9 275; Nr. 243, Vas.tab. 1793, 1799, 1804; Nr. 244, Paket 9 997; II. HA, Abt. 13 a, Tit. III, Litt F, Nr. 14; IV. HA, Rep. 1, Nr. 75, Bl. 232 (d. Vater hier als Simon Cornelius Ludwig); Stabi, Ms. boruss. fol. 314 (Brüder), fol. 315 (Vater), fol. 907 a; Rangliste 1806, S. 34 (Bruder A.F. als v. Koschnitzky); Priesdorff, Offz.stammliste, S. 70; Lehmann, Ritter, S. 322;

Ltnt. Jacob Siegmund von Friedeborn (* 1723)

aus Köslin gebürtig; **Laufbahn**: seit 1740 im Regiment, 1743 Sl im I-R Nr. 24, 1756 Pl, 1758 auf Wunsch dim.;

Quellen: Stabi, Ms. boruss. fol. 316 (1743: geb. Köslin, 1756: aus Schlesien);

Ltnt. Carl Ludwig von Froreich (* 4. April 1778, † 24. Jan. 1857)

Vater: Ernst Wilhelm (* 1737), Stabs-Rittmstr. im K-R Nr. 5, Jan. 1762 ohne Abschied *weggeschafft*, (Erbherr auf Jüdenhagen im Ftm Cammin), pachtete 1779 d. Gut Plümenhagen bis Mrz. 1783, soll d. Gut *deteriorirt* haben, wurde deshalb bei d. Pachtverlängerung übergangen u. beklagte sich 1784 über Verdrängung, lt. e. Bericht d. Stettiner KDK soll er sich vor Pachtbeginn zum Armenrecht qualifiziert u. d. Armeneid abgelegt haben; **Mutter**: Marie, geb. Matzner; **Laufbahn**: Nov. 1795 Fähnrich, Okt. 1797 Sl im I-R Nr. 23, Okt. 1809 Pl, Okt. 1812 zur Gendarmerie, 1813 Cap. beim 1. Kurmärk. Landwehr-I-R, 1819 beim 2. I-R, Mrz. 1836 Ol, Juni 1837 mit d. Charakter Obrist dim.;

Quellen: GStA, I. HA, Rep. 30, Nr. 43, Paket 9 240; IV. HA, Rep. 1, Nr. 75, Bl. 319 (Vater u. Sohn); Stabi, Ms. boruss. fol. 311 (d. Vater nicht in d. Liste f. 1750); fol. 316, fol. 907 a; Rangliste 1806, S. 18; Tb. Briefadel 1932, S. 150;

Cap. Heinrich Casimir von FROREICH (* 29. Nov. 1703)

(**Vater**: Richard Joachim, seit 1703 Erbherr auf Schulzenhagen B); **Laufbahn**: engagierte sich 1718 im Militärdienst, seit Mrz. 1728 Ltnt. im K-R Nr. 2, 1736 als Ltnt. dim., 1763 Cap. im Garn-Reg. Berlin, 1767 als vorm. Cap. gen.; **Güter**: (von 1734 bis 1741 Pfandbesitzer von Schulzenhagen B u. Parpart A im Ftm. Cammin); seit 1743 Erbherr auf Papenzin im Krs. Rummelsburg, hatte dieses für 25 Jahre von d. Fam. von Ploetz für 5/m T. erworben, vermachte d. Gut in seinem Testament von 1770 d. ältesten Sohn Paul Gustav Ernst, der es 1777 für 3 800 T. an Peter Friedrich von Massow verkaufte; **Ehefrau**: Magdalena Sophia, geb. von Germar; **Sohn**: Friedrich Alexander (1737–1757), Fähnrich bei d. Garde, 1757 in Leipzig gest.; **Sohn**: Heinrich Carl (1738–1760), 1755 *cadet* in Berlin, dann Sl bei d. Garde, Dez. 1760 dim., 1760 in Leipzig gest.; **Sohn**: Paul Gustav Ernst (* 1741), 1755 *cadet* in Berlin, 1764 Sl, zuletzt Pl im I-R Nr. 17, Dez. 1770 dim., erhielt später d. Charakter Cap., hielt sich 1782 bei Konitz in Westpreußen auf; **Sohn**: Ludwig Wilhelm (* 1742), 1755 *cadet* in Berlin, Nov. 1757 Fahnenjunker im I-R Nr. 36, Febr. 1759 Fähnrich, Nov. 1759 in österr. Gefangenschaft, Mrz. 1764 Sl, zuletzt Pl, im Jan. 1779 versorgt;

Quellen: GStA, I. HA, Rep. 30, Nr. 243, Vas.tab. 1756, 1763, 1767; IV. HA, Rep. 1, Nr. 75, Bl. 319 (Söhne); Stabi, Ms. boruss. fol. 314 (L.W.), fol. 315, fol. 316; Brüggemann, T. 2/2, S. 596–597, S. 798; Gesch. I-R Nr. 36, S. 102–103 (Sohn L.W.); Schwerin, K-R Nr. 10, T. I, S. 203–204; Monteton, S. 55;

Ltnt. Johann Gustav von FROREICH (* 1708, † 20. Febr. 1740)*

Vater: Richard Joachim, Erbherr auf Anteil Schulzenhagen im Ftm. Cammin; **Mutter**: Anna Maria, geb. von Münchow; **Bruder**: Alexander Joachim (1701–1724), Juni 1717 *cadet* in Berlin, 1718 Fähnrich im I-R Nr. 3, Jan. 1723 Ltnt. im I-R Nr. 28, 1724 *cassirt*; (**Bruder**: Heinrich Casimir (* 1703), Cap., s.d.); **Laufbahn**: Page beim Fürsten Leopold von Anhalt-Dessau, 1735 Fähnrich im I-R Nr. 3, 1736 Sl, 1740 als aktiver Offz. gest.;

Quellen: Stabi, Ms. boruss. fol. 314; Gesch. I-R Nr. 3, S. 173, S. 183; Brüggemann, T. 2/2, S. 596–597; Crousaz, Beilage C, Nr. 32;

Ltnt. Johann Heinrich von FROREICH (* 21. Mrz. 1745, † 9. Mrz. 1821)

Vater: Lorenz Wedig (1703–1777), Aug. 1727 Fähnrich im I-R Nr. 25, 1731 als Ltnt. *cassirt*, erwarb 1753 Zowen im Krs. Schlawe für 4 500 T. von Heinrich Christian von Walther, tauschte 1772 mit seinem Bruder, d. Major Richard Heinrich, s.d., Zowen gegen Jüdenhagen B u. Todenhagen C; **Mutter**: Catharina Louise, geb. von Versen (1712–1778); **Laufbahn**: seit 1759 im Militärdienst, stand 1764 als Fähnrich im I-R Nr. 27, Okt. 1770 als Sl dim., anschließend *cassirt* u. für vier Jahre auf d. Festung; **Güter**: seit 1780 Erbherr auf den väterlichen Gütern, diese hatten 1793 e. Wert von 12/m T.; mußte um 1797 im Ergebnis e. *Reluitionsklage* d. Gut Jüdenhagen B an d. Major Otto Wilhelm Bogislav von Schmeling abtreten; 1804 gehörte Jüdenhagen B d. Landrat George Friedrich Felix von Bonin im Krs. Dramburg; J.H. saß 1804 auf ganz Linde, ganz Nemmin, ganz Pieleborg, Bärbaum u. Hohenhausen im Krs. Neustettin; **Bruder**: Ulrich Carl (1739–1801)*, Mai 1757 Uffz. im D-R Nr. 4, Juli 1760 Sl, fühlte sich nach d. vom König veranlaßten Untersuchung im Regiment bei d. Vergabe von zwei Escadrons übergangen, verwies in zwei Immediatsuppliken vom Juni u. Okt. 1782 auf seine 27 Dj. u. bez. d. Zurücksetzung als *kränkend u. niederschlagend*, sollte er Fehler begangen haben, resultierten die *blos aus denen mir von meinen Vorgesetzten gegebenen Befehlen*; Juni 1783 Chef e. Escadron, Juni 1791 Obrist im D-R Nr. 4, Dez. 1792 Kommandeur d. K-R Nr. 6, Mai 1798 GM; **Bruder**: Friedrich Reinhold (1748–1830), 1771 als Sl im I-R Nr. 5 gen., Okt. 1781 Pl, Juli 1787 Stabs-Cap. im I-R Nr. 5, Mai 1792 Cap. u. Chef e. Comp., Febr. 1794 Major im Depot-Bat. d. I-R Nr. 30, Okt. 1799 mit Pension dim.; **Bruder**: Otto Ludwig (1747–1821), seit 1766 im Militärdienst, Febr. 1772 Sl im I-R Nr. 20, Mai 1788 Pl, Juni 1791 Stabs-Cap., April 1796 Cap. u. Chef e. Comp. im I-R Nr. 20, April 1801 zur Magdeburger, dann 1803 zur Westfäl. Füsilier-Brigade versetzt, Sep. 1803 Major, Febr. 1814 pens.; (**Bruder**: Albrecht (* um 1761), stand 1797 im I-R Nr. 20);

Quellen: GStA, I. HA, Rep. 30, Nr. 44, F 43 E, Paket 9275; Nr. 243, Vas.tab. 1793, 1804; Rep. 96, Nr. 93 F f 4; IV. HA, Rep. 1, Nr. 75, Bl. 319; Stabi, Ms. boruss. fol. 310, fol. 311, fol. 313, fol. 314 (Vater), fol. 316 (mit Hinweis auf d. Kassation von J.H.); Brüggemann, T. 2/2, S. 566, S. 899; Priesdorff, Nr. 970 (Bruder Ulrich Carl); Tb. Briefadel, 1932, S. 150–151;

Ol Paul Ernst von Froreich (* 22. Jan. 1702, † 5. April 1766) *

Vater: Richard Lorenz (1666–1730), dän. Cap., Erbherr auf Kaltenhagen B im Ftm. Cammin; **Mutter**: Margarethe Clara, geb. von Below; **Bruder**: Richard Heinrich (1705–1775), Major, s.d. mehr zur Familie; **Laufbahn**: engagierte sich 1718 im Militärdienst, stand 1730 als Cornet, 1740 als Ltnt. im K-R Nr. 8, 1750 als Rittmstr. im K-R Nr. 5, 1755 als Major im D-R Nr. 10 gen., Mai 1757 als Ol vom D-R Nr. 10 dim.; **Güter**: besaß d. Gut Ritzig im Krs. Schivelbein, evt. eingebracht durch seine zweite **Frau**: Modeste Sophie Tugendreich, geb. von der Osten († 1762); in dritter Ehe verh. mit Christiane, geb. von Froreich († Mrz. 1788), diese bezog e. Pension von 100 T. u. setzte ihren Bruder-Sohn, d. Ltnt. Joh. Heinrich von Froreich (1745–1821), s.d., zu ihrem Erben ein; **Sohn** erster Ehe: Ernst Friedrich Carl Heinrich (* 1741), seit 1757 im Militär, 1763 u. 1772 als Ltnt. im D-R Nr. 10 gen., zuletzt Stabs-Rittmstr., Dez. 1778 dim.; **Sohn** zweiter Ehe: Wilhelm Leopold (1748–1808) *, seit 1761 im K-R Nr. 8, April 1788 Major im H-R Nr. 6, Juni 1794 Orden p.l.m., Okt. 1805 mit d. Charakter GM dim.; **Sohn**: Ernst Ludwig (1750–1828), seit 1763 im Militär, April 1770 Fähnrich, dann Sl im I-R Nr. 27, Sep. 1782 Pl, Mai 1790 Stabs-Cap., Dez. 1793 Cap. u. Chef e. Comp., Sep. 1797 Major, Nov. 1802 Kommandeur d. 3. Bat., Sep. 1813 pens. (Febr. 1829 gest.); (**verwandt**: Paul Wedig von Froreich (* um 1700), aus Schulzenhagen, seit 1714 im Militär, Sep. 1717 Fähnrich im I-R Nr. 23, 1740 Cap. u. Chef einer Comp. im I-R Nr. 31, 1755 Major im I-R Nr. 31, vor 1764 abgegangen: Stabi, Ms. boruss. fol. 314, 316);

Quellen: GStA, II. HA, Abt. 13 a, Tit. III, Litt F, Nr. 6 (zweite Frau); IV. HA, Rep. 1, Nr. 75, Bl. 319; Stabi, Ms. boruss. fol. 310, fol. 311, fol. 312, fol. 315 (W.L.), fol. 316 (E.L.); Wechmar, H-R Nr. 6, S. 259, S. 262, S. 264; Tb. Briefadel 1932, S. 148–149; Priesdorff, Nr. 1086 (Sohn W.L.);

Major Richard Heinrich von Froreich (* 29. Aug. 1705, † 6. Juni 1775)

Vater: Richard Lorenz (1666–1730), dän. Capitain, Erbherr auf Kaltenhagen B im Ftm. Cammin; **Mutter**: Margarethe Clara, geb. von Below; **Bruder**: Paul Ernst (1702–1766), Ol, s.d.; **Bruder**: Lorenz Wedig (1703–1777), Cap., von 1753 bis 1772 Erbherr auf Zowen im Krs. Schlawe; **Bruder**: Johann Carl (Wilhelm) (1716–1770), seit 1733 im Militärdienst, 1740 Cornet, 1750 Ltnt. im K-R Nr. 8, Sep. 1755 Rittmstr. u. Gen.-Adjutant, Juni 1763 als Major dim., seit 1764 (bzw. 1766) auf Plümenhagen, Jüdenhagen B, Todenhagen C, nach seinem Tod erwarb d. Bruder Richard Heinrich diese Güter; **Laufbahn**: trat 1726 in d. Militärdienst ein, Mai 1726 Cornet im K-R Nr. 5, 1750 als Rittmstr. gen., seit 1756 Major, stand zuletzt als Major im Stettiner Land-Reg.; **Güter**: seit 1743 Erbherr auf Kaltenhagen B u. Schulzenhagen C im Ftm. Cammin, seit 1771 auch Erbherr auf Plümenhagen, Jüdenhagen B und Datjow B, Erbherr auf ganz Borkenhagen u. Kaltenhagen C, tauschte 1772 Jüdenhagen B gegen Zowen im Krs. Schlawe ein, trat dieses noch im nämlichen Jahre seinem Sohn L.H. ab, seine Aktiva sollen 1775 98 585 T. betragen haben, darunter aber auch d. umstrittene *donation* des 1752 verst. Friedrich Alexander Ferdinand Burggraf zu Dohna über 50/m T., die Güter waren mit 46 048 T. Schulden belastet, ohne jene Schenkung betrug der Überschuß nur 2 536 T., d. Güter kamen deshalb im Herbst 1776 unter Administration der KDK; **Ehefrau**: Charlotte Albertine (1722–1797), e. To. von Alexander Magnus von Kunow, sie hatte e. Mitgift von 8 066 T. u. machte 1776 Forderungen von 14 200 T. geltend, 1779 gab sie an, durch Bürgschaften für ihren Mann um ihr Vermögen gekommen zu sein, lebte in *elenden Umständen* u. erhielt im Febr. 1781 e. Pension von 50 T.; **Söhne**: Ludwig Heinrich (1747–1777), Kammerjunker d. Herzogs von Mecklenburg, seit 1772 Erbherr auf Zowen im Krs. Schlawe, vor 1793 verkauft, besaß seit 1775 zs. mit seinen Brüdern Hans Wilhelm u. Friedrich Ernst (1756–1839), Nov. 1782 Sl im I-R Nr. 7, Juli 1789 Pl, Mrz. 1794 Stabs-Cap., Jan. 1802 Cap., Dez. 1813 pens., 1817 Charakter Major, die väterlichen Güter; 1804 saß d. Witwe d. Majors von Schlotheim auf Borkenhagen A, B u. C sowie auf Anteil Schulzenhagen im Wert von zs. 28/m T., sie hatte ihren Wohnsitz in Köslin;

Quellen: GStA, I. HA, Rep. 30, Nr. 44, F 43 E, Paket 9 275; Nr. 243, Vas.tab. 1756, 1763, 1797, 1804; II. HA, Abt. 13 a, Tit. III, Litt F, Nr. 3 (Frau); IV. HA, Rep. 1, Nr. 75, Bl. 319; Stabi, Ms. boruss. fol. 311, fol. 312; Brüggemann, T. 2/2, S. 566–567, S. 587–588, S. 899; Tb. Briefadel 1932, S. 152;

Ltnt. Heinrich Gottlieb Wenzeslaus von der Gablenz
(* 13. Sep. 1753, † 3. Dez. 1818)

Vater: Heinrich Otto (1716–1774), seit 1728 im Militär, 1750 Sl, im Mrz. 1756 Pl im I-R Nr. 38, 1756 als Cap. in e. sächs. Reg. versetzt, Erbherr auf Göhren u. Tamnitz im Krs. Crossen, H.G.W. aus Schlesien gebürtig; **Mutter**: Anna, geb. von Knobelsdorff; **Vater-Brüder**: Christoph Ernst Heinrich (* 1719), Erbherr auf Hermannswalde (bzw. –waldau) in Schlesien; Hans Adolph Heinrich (1724–1798), kursächs. Oberforstmstr.; **Laufbahn**: seit 1770 im Militär, 1774 Junker, 1778 u. 1786 Sl im D-R Nr. 12, vor 1793 abgegangen, amtierte seit mind. 1799 als Landschaftsrat im Departement Treptow; **Güter**: erwarb 1790 bzw. 1795 d. Güter Fritzow u. Raddack im Flemmingschen Krs. für 31/m T. auf 25 Jahre, noch 1804 auf d. Gütern genannt; **Ehefrau**: Clara Juliane Louise, geb. von Puttkamer (1770–1838), **Sohn**: Ludwig (* 1790), 1804 Fahnenjunker im I-R Nr. 12;

Quellen: GStA, I. HA, Rep. 30, Nr. 43, Paket 9 232 (Vater?); Nr. 243, Vas.tab. 1793, 1799, 1804; Stabi, Ms. boruss. fol. 311, fol. 316 (Vater); Ms. geneal. fol. 120 (Vater, Vater-Brüder); Brüggemann, Beiträge, 2, S. 81; Jb. dt. Adel, Bd. 1, S. 648 (hier zwei Geb.daten, auch 11. Sep. 1747); Fam.gesch. Puttkamer 1984, S. 446;

Ltnt. August Ferdinand (Heinrich) von Gaedicke (* 1767)

Vater: Johann Philipp (1737–1787), seit 1757 im Militär, 1774 Pl im D-R Nr. 1, nach 30 Dj. als Stabs-Rittmstr. im D-R Nr. 1 gest., hinterließ fünf Söhne u. zwei Töchter; **Mutter**:

Sophia (* 1745), e. To. d. Majors von Engelbrecht vom pomm. Land-Reg., sie bekam wegen ihrer Mittellosigkeit u. wegen d. im Dienst stehenden Söhne im Febr. 1798 e. Pension von 100 T.; **Bruder**: Julius Philipp Wilhelm (1764–1793), seit 1780 im Militärdienst, 1787 Sl im I-R Nr. 7, 1793 gest.; **Bruder**: Carl Ludwig († 1808), 1793 Junker im Bat. Troschke in Silberberg, 1797 u. 1806 Sl im I-R Nr. 39, 1808 als solcher gest.; **Bruder**: Johann Christian, *1793 cadet* in Potsdam, 1797 wegen e. Fußschadens als *Supernum.* bei d. Akzise in Greifenhagen angestellt; **Laufbahn**: stand 1782 als Gefr.corp. im I-R Nr. 39, 1793 u. 1797 hier als Sl gen., 1806 Pl u. 1. Adjutant, 1827 als Obrist im 20. Landwehr-Reg. pens.;

Quellen: GStA, II. HA, Abt. 13 a, Tit. III, Litt G, Nr. 2, Nr. 15; Stabi, Ms. boruss. fol. 314 (Vater u. J.P.W.), fol. 316, fol. 907 a (1806 standen e. Pl u. e. Sl v. G. im I-R Nr. 39); Rangliste 1806, S. 56–57;

Cap. George Reinhold von GALBRECHT (* um 1725)

Vater: Franz George († 1756), (poln.) Cap., seit 1719 Erbherr auf Viatrow im Krs. Stolp, nach 1719 auch auf ½ Weitenhagen; **Mutter**: Esther Lucretia, geb. von Hoym († 1760); (**Vater-Bruder**: George Wilhelm (1695–1756), Cap., s.d.); **Laufbahn**: avancierte im sächs. Militärdienst bis zum Ltnt., um 1756 Wechsel in preußische Dienste, zuletzt Cap.; **Güter**: übernahm 1765 d. väterl. Gut für 3 500 T., dazu e. Teil von Weitenhagen; 1774 gelangte d. Gut an seinen Neffen Franz Georg Christoph von Pirch, Sohn seiner Schwester, dieser verkaufte es 1775 an Wilhelm Leopold von Mitzlaff;

Quellen: GStA, I. HA, Rep. 30, Nr. 243, Vas.tab. 1755, 1756, 1763; Brüggemann, T. 2/2, S. 949 (hier irrtüml. Angaben zu Vater u. Sohn), S. 1011, S. 1016; Zedlitz, 5. Bd., S. 173;

poln. Cap. George Wilhelm von GALBRECHT (* um 1695, † 1756)

Vater: George Wilhelm († vor 1733), Rittmstr., seit 1695 Erbherr auf Viatrow f. 3/m, seit 1701 Erbherr auf Karwen A im Krs. Stolp im Wert von 4/m T.; **Mutter**: e. geb. von Damitz; **Laufbahn**: avancierte im poln. Militärdienst bis zum Cap.; **Ehefrau**: e. geb. von Hoym; **Güter**: seit 1719 Erbherr auf Viatrow u. Anteil Weitenhagen, 1765 (von seinen Erben) an d. Cap. George Reinhold von Galbrecht verkauft; seit 1733 Erbherr auf Karwen A im Krs. Stolp im Wert von 4/m T., (G.W. bzw.) seine Erben verkauften Karwen A 1772 an d. Cap. Caspar Friedrich von Massow, s.d.;

Quellen: GStA, I. HA, Rep. 30, Nr. 243, Vas.tab. 1756 (hier als Franz; Viatrow bereits verkauft), 1763, 1767 (G.W. lebte damals noch); Brüggemann, T. 2/2, S. 949 (G.W. lebte 1772 noch), S. 1011 (hier als Franz George, 1756 gest.);

Cornet Joachim Ernst von GALBRECHT (* 1729, † 1778)

Vater: Christoph Moritz (* 1681, † vor 1750), seit 1698 im Militär, Febr. 1712 Cap. u. Chef e. Comp. im I-R Nr. 10, vor 1730 als Major abgegangen, hinterließ zwei Tö. u. zwei Sö., diese besaßen 1750 zs. e. Vermögen von 12 545 T.; **Mutter**: e. geb. von Manteuffel († vor 1749), erwarb 1738 d. Gut Schwartow im Ftm Cammin von d. Major Peter Ernst von Podewils; **Bruder**: Christian Ludwig Erdmann (* 1731, † um 1767), seit 1749 Erbherr auf Schwartow B; **Laufbahn**: trat 1749 in d. Militärdienst ein, stand 1750 als Junker im K-R Nr. 5, diente insgesamt acht Jahre (im D-R Nr. 9), um 1758 als Cornet (bzw. mit d. Charakter Ltnt.) dim.; **Güter**: erbte 1749 Schwartow A, saß nach d. Tod d. Bruders 1767 auf d. ganzen Gut, das e. Wert von rund 12 500 T. hatte, darauf Schulden von 9 300 T.; hinterließ seine **Frau** Charlotte Juliane (1723–1801), e. To. d. Obristen von der Goltz (1723–1801), diese hatte 1783 jährliche Einkünfte von zwölf T. aus d. Gut ihres verst. Mannes, dessen Revenuen an d. Gläubiger gingen, u. bekam wegen ihrer kümmerlichen Lage e. kgl. Pension von 50 T.; aus beider Ehe gingen keine Kinder hervor;

Quellen: GStA, I. HA, Rep. 30, Nr. 43, Paket 9237; Nr. 186 d, Paket 9834; Nr. 243, Vas.tab. 1756, 1763, 1767; II. HA, Abt. 13 a, Tit. III, Litt F, Nr. 2; Litt G, Nr. 3; Stabi, Ms. boruss. fol. 311, fol. 319 (Vater); Brüggemann, T. 2/2, S. 598;

Ltnt. Franz Ludwig von Gantzkow (* 1725)

Vater: Eggerd Jürgen (* um 1695), vorm. Fähnrich im D-R Nr. 6, seit 1727 Erbherr auf d. väterl. Gut Sellin im Krs. Greifenberg im Wert von 6700 fl.; **Mutter**: e. geb. von der Osten; **Bruder**: George Bodo (1729–1796), Obrist, s.d.; **Laufbahn**: avancierte im Garn.-Reg. Nr. 7 bis zum Sl, 1749 *cassirt*; **Güter**: verkaufte 1754 d. väterlichen Güter Sellin u. Anteil Deutsch Pribbernow B für 4700 T. seinem **Mutter-Bruder**, d. Obristen Valentin Bodo von der Osten auf Wiederkauf;

Quellen: GStA, I. HA, Rep. 30, Nr. 241 b, Paket 9962; Stabi, Ms. boruss. fol. 313 (hier als Friedrich); Ms. geneal. fol. 120 (Hinweis auf Geb.datum u. Dienst in Angermünde); Brüggemann, T. 2/1, S. 441, S. 451;

Obrist George Bodo von Gantzkow (* 1729, † 30. Mrz. 1796)*

Vater: Eggert Jürgen (* um 1695), Fähnrich, Erbherr auf Sellin im Krs. Greifenberg; **Mutter**: e. geb. von der Osten; **Bruder**: Franz Ludwig (* 1725), Ltnt., s.d. mehr; **Laufbahn**: 1747 als Junker ins D-R Nr. 5, 1750 als Corp. gen., Nov. 1751 Cornet, Dez. 1755 Sl, Nov. 1760 Pl, Febr. 1772 Stabs-Rittmstr., Mrz. 1781 Rittmstr. u. Chef e. Escadron, Juni 1781 Major, Febr. 1789 Kommandeur d. D-R Nr. 5, Aug. 1790 Ol, Juni 1791 Obrist, Okt. 1792 Orden p.l.m., Dez. 1792 auf Wunsch mit Pension dim., 1796 in Crien im Amt Clempenow gest.; **Güter**: *reluirte* 1792 für 6350 T. d. väterliche Gut Sellin, hinterließ keine Leibeserben, d. Gut fiel deshalb an seine Lehnsfolger, d. Gebr. von Gantzkow; d. Ltnt. Carl Wilhelm Ferdinand von Gantzkow vom I-R Nr. 26, Neffe d. Verstorbenen, saß seit April 1797 auf d. Gut, er bekam d. Erlaubnis, d. Gut im Wert von 7/m T. an e. Bürgerlichen zu verkaufen;

Quellen: GStA, I. HA, Rep. 30, Nr. 244, Paket 9992; Rep. 96, Nr. 260 G. (Neffe); Stabi, Ms. geneal. fol. 120 (Vater u. Bruder); Brüggemann, Beiträge, 2, S. 244 (G.B. u. F.L. nicht als Brüder); Albedyll, Anhang S. 78*;

Cap. (George bzw.) Jürgen Ludwig von Gantzkow (* um 1665)

aus Pommern gebürtig; **Laufbahn**: seit 1682 im Militär, Mai 1705 Cap. im (D-R Markgraf Albrecht bzw.) K-R Nr. 11, hier noch 1715 genannt, vor 1720 abgegangen;

Quellen: Stabi, Ms. boruss. fol. 315, fol. 319 (als Gantzke); Schwerin, K-R 10, T. 1, S. 192–193 (als Gantzkow u. Gentzkau);

Ltnt. Joachim Ludwig von Gantzkow (* 1730)

Vater: Johann Ludwig († vor 1740), (* 1709, 1724 Gefr.corp. im I-R Nr. 22), Erbherr auf Deutsch Pribbernow im Krs. Greifenberg, 1756 im Wert von 8666 T., zuletzt in Sellin wohnhaft; **Mutter**: Johanna Tugendreich, geb. von Billerbeck, sie besaß d. Gut Deutsch Pribbernow seit 1740 u. trat es 1763 auf Wiederkauf für 8933 T. d. Kfm. Johann Wesenberg ab, hinterließ ihren Kindern kein Vermögen; **Laufbahn**: seit 1749 im Militär, 1756 Junker, 1764 Ltnt. im D-R Nr. 5, vor 1776 abgegangen; **Schwestern**: Sophia Philippina (* 1729, † 20. Aug. 1790) u. Antoinetta Charlotta (* 1733, † 9. Mai 1808), beide wohnten in Gülzow im Flemmingschen Krs., letztere verdingte sich als Stubenmädchen bei adligen Familien, d. Ltnt. im D-R Nr. 5 suchte 1774 um e. Pension für seine Schwestern nach, beide erhielten aufgrund e. landrätlichen Attestes über ihre Bedürftigkeit im Aug. 1777 e. Pension von 50 T.;

Quellen: GStA, I. HA, Rep. 30, Nr. 43, Pakete 9234 u. 9235; Nr. 243, Vas.tab. 1756; II. HA, Abt. 13 a, Tit. III, Litt G, Nr. 28; Stabi, Ms. boruss. fol 313 (lt. Rangliste v. 1764 im D-R Nr. 5 nur Joh. Ludwig, 1776 nur G.B., 1756 d. Ltnt. G.B u. d. Gefr.corp. J.L.); fol. 314 (Vater?, geb. 1709); Brüggemann, T. 2/1, S. 441; bei Albedyll im Anhang nur G.B. von Gantzkow, s.d.;

Cap. Ludwig (bzw. George Friedrich) von Gantzkow
(* 1767, † 31. Okt. 1837)

Vater: Cap. († vor 1784), wurde im Siebenjährigen Krieg bei Domstädtl in Mähren lahm geschossen, hinterließ Schulden; **Mutter**: e. geb. von Wedel aus Denzig in d. NM, sie bat im Sep. 1784 mit Hinweis auf Mann u. Söhne um e. Pension; **Bruder**: Carl Wilhelm Ferdinand (* 1769), Aug. 1782 *cadet* in Stolp, Juni 1786 *cadet* in Berlin, 1797 als Ltnt. im I-R Nr. 26 gen., vor 1806 abgegangen; **Laufbahn**: trat 1784 in d. Militärdienst ein, Mai 1786 Fähnrich im I-R Nr. 35, Aug. 1804 Stabs-Cap. im I-R Nr. 35, nach 1806 Major u. Chef e. Garn.-Comp., 1836 als Ol dim.; **Güter**: erbte zs. mit d. Bruder C.W.F. als Lehnsfolger d. Obristen George Bodo von Gantzkow d. Gut Sellin im Krs. Greifenberg, beide verkauften es 1797 für 13700 T.;

Quellen: GStA, I. HA, Rep. 30, Nr. 43, Paket 9237; Stabi, Ms. boruss. fol. 311 (1787 als Ludwig), fol. 907 a; Brüggemann, Beiträge, 2, S. 244; Taeglichsbeck, S. 271; Stolper Kadetten, S. 16 (Bruder);

Ltnt. Christian Ernst von Gantzky (* 1732)

aus Pommern gebürtig; **Laufbahn**: trat 1753 in d. Militärdienst ein, Okt. 1764 Pl im I-R Nr. 10, im Jan. 1774 versetzt;

Quellen: GStA, IV. HA, Rep. 11, Nr. 90; Stabi, Ms. boruss. fol. 316;

Ltnt. Wilhelm Otto Siegmund von Gaudecker
(* 28. April 1757, † 11. Juni 1829)

Vater: Johann Sigismund (* 1715, † 1776), aus Preußen gebürtig, seit 1727 im Militär, stand 1740 als Cornet, 1750 als Rittmstr., 1757 als Chef e. Escadron im K-R Nr. 2, 1758 abgegangen, 1776 als Cap. im Garn.-Bat. Nr. 3 nach 48 Dj. gest.; **Mutter**: Sophia Wilhelmina, geb. Freiin von Hertefeld (* 1713, † 1781), sie besaß seit 1764 zs. mit ihrem Mann die Güter Kerstin, Krühne, Krukenbeck u. Gandelin im Ftm Cammin, 1767 im Wert von 45415 T., darauf Hypotheken von 17/m u. andere Schulden von 9/m T., es hieß damals ausdrücklich, *possessor hat im Krieg nicht gelitten*, weil d. Güter erst nach 1763 gekauft wurden; **Bruder**: Samuel Albrecht (* 1753), 1767 Page beim König, stand seit 1770 im K-R

Nr. 2, Okt. 1782 Ltnt., 1793 als Rittmstr., 1806 als Major gen., 1813 als Major pens.; **Schwester**: Wilhelmine Elisabeth (* 1758), sie hatte 1786 nur jährl. Einkünfte von 40 T. u. *lebte von d. Wohltaten ihres Curators*, bekam deshalb im Febr. 1787 e. Pension von 100 T., verlor diese nach ihrer Heirat 1790; **Laufbahn**: im Jan. 1779 als zweitjüngster Cornet im D-R Nr. 8 geführt, noch im Jan. 1783 als Cornet gen., 1784 nach 17 Dj. (als Ltnt.) dim.; **Güter**: besaß die mütterlichen Güter Kerstin, Krühne u. Krukenbeck im Ftm. Cammin, die 1793, 1804 e. Wert von 33 500 T. hatten; seit 1787 **verheiratet** mit Caroline Henriette, geb. von Glasenapp (1768–1799);

Quellen: GStA, I. HA, Rep. 30, Nr. 43, Paket 9232; Nr. 44, G 47 p, Paket 9282; Nr. 243, Vas.tab. 1756, 1763, 1767, 1793, 1804; II. HA, Abt. 13a, Tit. III, Litt G, Nr. 23 (Schwester); Stabi, Ms. boruss. fol. 310, fol. 315 (Vater), fol. 316 (Vater, 1776 gest.); Brüggemann, T. 2/2, S. 560, S. 567–568; Schwerin, K-R Nr. 10, T. 2, S. 229, T. 3, S. 27 (Bruder); Monteton, S. 58 (Bruder); Baerensprung, D-R Nr. 8, S. 528, S. 532; Jb. dt. Adel, Bd. 3, S. 138;

Ltnt. Friedrich Ludwig von Gauvain (* 1734)

(**Vater**: Obergerichtsrat in Stettin), d. Sohn aus Pommern gebürtig; **Laufbahn**: Sep. 1749 *cadet* in Berlin, 1756 Fähnrich im Garn-Reg. Nr. 6, Aug. 1762 Pl im Garn.-Reg. Nr. 6, vor 1774 abgegangen;

Quellen: Stabi, Ms. boruss. fol. 315; Zedlitz, 5. Bd., S. 174; Crousaz, Beilage C, S. 35 (hier als Johann Franz Ludwig von Gauvin);

Ltnt. Siegmund Wilhelm von Gayette (* 1733)

aus Pommern gebürtig; **Laufbahn**: seit 1750 im Militärdienst, Juli 1771 Pl im Garn.-Reg. Nr. 7, 1779 als Invalide versorgt;

Quellen: Stabi, Ms. boruss. fol. 313;

Fähnrich Gustav Heinrich von Gehema (* 1692)

aus *Cassuben* gebürtig; **Laufbahn**: seit 1706 im Militär, Mai 1715 Fähnrich im I-R Nr. 10, vor 1720 abgegangen;

Quellen: Stabi, Ms. boruss. fol. 316; fol. 319 (richtig: Germar?);

Ol Johann George Wilhelm von Gelsdorff (* 1735, † 19. Febr. 1809)

Vater: Bernd Wilhelm (* um 1701, † vor 1763), Fähnrich, seit 1736 Erbherr auf Camnitz C im Krs. Rummelsburg; **Mutter**: Eleonora Sophia, geb. von Lettow; **Bruder**: Christian (Lebrecht) Albrecht (* 1741, † 4. Sep. 1810), seit 1757 im Reg., 1764 u. 1767 Sl im I-R Nr. 12, 1774 Pl, 1785 Abschied als Cap., (1763 als Erbherr auf Klein Schwirsen im Krs. Rummelsburg gen.), 1793, 1804 Erbherr auf Moizelin A u. B im Ftm. Cammin im Wert von 9/m T., Sohn: Christian Albrecht (* 1780), stand 1804 als Pl im I-R Nr. 1, Juni 1811 als Cap. dim., Sohn: Ferdinand (* um 1788), 1804 Fähnrich im I-R Nr. 35, 1807 als Fähnrich bei Kolberg gefallen; zwei **Schwestern**, geb. 1747 u. 1748, ernährten sich 1774 u. 1779 von Handarbeit, suchten vergeblich um e. Pension nach; **Laufbahn**: seit 1752 im Reg., Mrz. 1757 Fähnrich, 1763 Pl im I-R Nr. 35, 1773 noch als Pl gen., 1787 Major, Jan. 1794 als Ol (bzw. Obrist) pensioniert; **Güter**: seit 1766 Erbherr auf Camnitz C, vor 1793 verkauft; d. damalige Major bat im Jan. 1788 darum, d. Tochter d. Stadtsekretärs (Plaene) in Nauen heiraten zu dürfen, er lebte seit zehn Jahren mit ihr zusammen, aus beider Verbindung stammten zwei Kinder, darunter d. **Sohn**: George Albrecht († 14. Okt. 1813), 1809 Ltnt., 1813 Cap. bei d. Märkischen Landwehr-Brigade;

Quellen: GStA, I. HA, Rep. 30, Nr. 186 d, Paket 9 835; Nr. 243, Vas.tab. 1763, 1767, 1804; Rep. 96, Nr. 260 G; Rep. 176, Nr. 2715 (hier als Hans Jürgen Wilhelm); Stabi, Ms. boruss. fol. 311, fol. 316; Brüggemann, T. 2/2, S. 788–789; Taeglichsbeck, S. 267;

Major Otto Leberecht (seit 1735: von) Gerlach (* 2. Nov. 1720, † Dez. 1798)

Vater: Leberecht (1670–1742), Adelserneuerung von 1735, Hofgerichtsrat in Köslin; **Mutter**: Lucia, geb. am Ende (1680–1736); **Bruder**: Friedrich Wilhelm (1711–1780), Geh. Fi-rat, Erbherr auf Ganzkow, Schwemmin, Parsow; **Bruder**: Martin (1716–1760), dän. Cap., seit 1756 Erbherr auf Ganzkow; **Bruder**: Carl Ludwig (1719–1741), seit 1739 im Militär, stand im Mrz. 1740 als Junker im K-R Nr. 2, dann Cornet im D-R Nr. 1; **Laufbahn**: trat 1736 in d. Militärdienst ein, 1743 Cornet im D-R Nr. 9, stand 18 Jahre im D-R Nr. 9, Juli 1756 Pl im Garn.-Reg. Nr. 7, 1758 als Major ins neu formierte H-R Nr. 8 gesetzt, 1759 krankheitshalber dim.; **Güter**: seit 1762 Erbherr auf Zeblin im Ftm. Cammin, verpfändete d. Gut 1765 für 9 200 T. an David Knack, 1773 wurde d. Vertrag verlängert; **Ehefrau**: Anna Sophie, geb. von Kleist;

Quellen: GStA, I. HA, Rep. 30, Nr. 243, Vas.tab. 1763, 1767; Nr. 244, Paket 9 990; Stabi, Ms. boruss. fol. 312, fol. 313 (hier als Lebrecht Otto), fol. 315 (Bruder C.L.); Brüggemann, T. 2/2, S. 560–561, S. 609–610; Schöning, 5. H-R, S. 18, S. 39, S. 544; Tb. Briefadel, 1907, S. 207, S. 211;

Major Ernst Siegmund von Germar (* 1722)

Vater: Johann Bernd (* 1676), aus d. Altmark gebürtig, seit 1689 im Militär, stand 1729 u. 1740 als Stabs-Cap. im Garn.-Bat. Nr. 3, hatte damals vier Söhne u. zwei Töchter, in d. Rangliste von 1740 explizit vermerkt, vor 1757 abgegangen; **Mutter**: e. Tochter d. Kriegsrates Lohbecher; **Bruder**: Ltnt. (1787 im I-R Nr. 7 od. H-R Nr. 8); **Laufbahn**: seit 1738 Gefr. corp. im Garn.-Bat. Nr. 3, 1757 Sl, 1764 Pl, 1787 Major;

Quellen: Stabi, Ms. boruss. fol. 316 (mit Angaben über d. Eltern);

Cap. Friedrich von Germar (* 1751, † 20. Aug. 1796)

Vater: Heinrich (1712–1757), seit 1730 im Militär, 1740 Sl, 1751 Pl im I-R Nr. 30, 1757 bei Prag als Cap. nach 27 Dj. gefallen; seine **Mutter** lebte 1787 in Greifswald, e. Gesuch d. Sohnes um e. Pension für sie blieb vergeblich; **Laufbahn**: trat 1766 in d. Militärdienst ein, Nov. 1770 Fähnrich im I-R Nr. 7, 1787 Stabs-Cap., erkrankte 1791 auf Märschen, wurde invalide, mit e. kl. Pension nach 25 Dj. dim., anschließend fünf Jahre bettlägrig, besaß wie seine Frau kein Vermögen; ging 1784 e. **Ehe** ein mit Ulrike Agnese Friederike, geb. von Krauthoff, aus beider Ehe ein **Sohn** Friedrich (* 1786); seine Witwe bat um e. Pension u. wurde Jan. 1797 auf d. Expectantenliste gesetzt; sie bekam im Dez. 1800 100 T. zugesprochen; d. Cap. hatte noch e. Bruder, der seine Mutter u. vier Kinder unterhalten mußte;

Quellen: GStA, II. HA, Abt. 13 a, Tit. III, Litt G, Nr. 17; Litt R, Nr. 1; Stabi, Ms. boruss. fol. 311 (Vater), fol. 314;

Rittmstr. Leopold Siegesmund von GERSDORFF
(* 5. Aug. 1760, † 6. Mai 1833)

Vater: Carl Gustav (1722–1777), sächs. Cap., Erbherr auf Ober-Kehle im Krs. Trebnitz in Schlesien; **Mutter**: Johanna Maria Luise, geb. von Bredow (* 1735), aus Seefeld gebürtig; **Laufbahn**: seit 1774 im Militär, 1778 als Cornet im H-R Nr. 8 genannt, erhielt als Pl im Juli 1793 d. Orden p.l.m., 1794 als Stabs-Rittmstr. dim.; **Güter**: erheiratete mit seiner zweiten **Frau** Dorothea Sophie Henriette (* 1774), e. To. d. Landrates Balthasar Ludwig von Wobeser (1721–1796), Lubben u. Jassonke im Krs. Rummelsburg im Wert von 15/m T., bat im April 1803 um e. Beihilfe von 3/m T. für seine Güter;

Quellen: GStA, I. HA, Rep. 30, Nr. 243, Vas.tab. 1793, 1799, 1804; Schöning, 5. H-R, S. 140, S. 168, S. 296, S. 551; Fam.gesch. Wobeser, S. 29; Tb. Uradel 1929, S. 268;

Ltnt. August Friedrich von GLASENAPP (* 1721, † vor 1769)

Vater: Joachim Melchior (* 1699), Erbherr auf Groß u. Klein Wardin im Krs. Belgard; **Mutter**: Anna Dorothea, geb. Glasenapp; **Bruder**: Joachim Reinhold (1717–1800), s.d.; **Laufbahn**: 1741 bis 1742 *cadet* in Berlin, Juni 1742 Uffz. im K-R Nr. 1, Juni 1745 als Cornet bei Hohenfriedberg *blessirt*, Orden p.l.m., 1750 Ltnt. im K-R Nr. 5, vor 1764 abgegangen;

Quellen: Stabi, Ms. boruss. fol. 311 (hier als Fr. Aug.); Fam.gesch., 2, Sp. 231–233, Sp. 292; Lehmann, Ritter, S. 30;

Cap. Carl Friedrich von GLASENAPP (* 1720, † 2. Sep. 1772)

Vater: Franz († 1737), *Commissarius*, Erbherr auf Vettrin u. Rozog A im Krs. Schlawe, auf Zarrentin im Krs. Demmin; **Mutter**: Esther Dorothea, geb. von Podewils; **Vater-Bruder**: Joachim Ernst († 1738), Cap.; **Bruder**: Joachim Ernst († 1759), seit 1738 Erbherr auf Nadebahr, Natzlaff u. Rozog B im Krs. Schlawe; **Bruder**: Franz Christian (1712–1771), Hofgerichts-, Land-, Reg.rat, von 1741 bis 1768 Erbherr auf Rochow im Krs. Rummelsburg; **Bruder**: Peter (1713–1787), Landesdirektor, seit 1738 Erbherr auf Zarrentin im Krs. Demmin, auch auf Klinkenberg, seine ges. Güter sollen 1767 e. Wert von 38/m T. gehabt haben, darauf Schulden von 40 638 T.; **Bruder**: Felix Franz (* um 1713, † um 1757), trat weder in den Zivil- noch in d. Militärdienst ein, seit 1738 Erbherr auf Benzin, überließ dieses 1750 seinen Brüdern P. u. C.F.; **Bruder**: Heinrich Andreas (1718–1761), seit 1738 Erbherr auf Vettrin u. Rozog A im Krs. Schlawe, 1767 hatten d. Güter e. Wert von 6/m T., darauf Schulden von 8/m T., weiter hieß es explizit, d. Erben u. Besitzer *könnten sich nicht selbst helfen*; **Laufbahn**: trat 1738 in d. Militärdienst ein, Mrz. 1739 Fähnrich im I-R Nr. 29, Juni 1743 als Fähnrich dim., stand im 7j. Krieg als Cap. im Bat. von Ingersleben; **Güter**: seit 1738 Erbherr auf Barkow im Krs. Demmin, seit 1746 auch auf ganz Kruckow, beide hatten e. Wert von zs. 18 700, darauf Schulden von rund 17/m T.; nahm 1750 zs. mit d. Bruder Peter d. väterliche Gut Benzin in Besitz, 1774 überließen seine Brüder diese Güter ihrer mit d. GM Carl Franz Frhr. von Sobeck (1721–1778) verheirateten Nichte Magdalene Charlotte Friederike (1744–1822), einzige Tochter von Felix von Glasenapp; Benzin, Barkow u. Kruckow waren 1804 im Besitz von Peter Franz Heinrich Frhr. von Sobeck (* 19. Sep. 1773), s.d.;

Quellen: GStA, I. HA, Rep. 30, Nr. 43, Paket 9232; Nr. 243, Vas.tab. 1756, 1763; Stabi, Ms. boruss. fol. 316 (Bruder C.F.); Brüggemann, Vorpommern, S. 56, S. 98, S. 103; T. 2/2, S. 895–896; Fam.geschichte, 2, Sp. 226–228, Sp. 267–276; biogr. Handbuch, S. 312–313 (Franz Christian u. Peter von Gl.);

GFM Caspar Otto von Glasenapp (* 25. Juni 1664, † 7. Aug. 1747) *

Vater: Caspar Otto (1625–1664), Landrat, Erbherr auf Wurchow im Krs. Neustettin; **Mutter**: Ernestine, geb. von Zitzewitz († 1699); **Bruder**: Erdmann (1660–1721) *, GM; **Laufbahn**: 1683 Fähnrich im I-R Nr. 1, 1687 Sl, 1692 Stabs-Cap., Juli 1695 Cap. u. Chef e. Comp., Nov. 1705 Major, Dez. 1709 Ol, Mai 1713 Obrist u. Kommandeur d. I-R Nr. 1, Okt. 1723 GM u. Chef d. I-R Nr. 1, Febr. 1729 auch Kommandant von Berlin, Mai 1732 Gl, Jan. 1735 Ritter vom Schwarzen-Adler-Orden, Dez. 1735 Gouverneur von Berlin, Juni 1740 General d. Infanterie, Juni 1741 GFM, Juli 1742 dim.; **Güter**: Erbherr auf Gramenz B u. Anteil Wurchow im Krs. Neustettin; **Ehefrau**: Anna Margaretha, geb. von Zastrow (1680–1741);

Quellen: Stabi, Ms. boruss. fol. 313, fol. 319; Brüggemann, T. 2/2, S. 751–753, S. 775–776; Priesdorff, Nr. 187 (Bruder), Nr. 209;

Cap. Caspar Otto von Glasenapp (* 28. Sep. 1718, † 4. Mai 1769) *

Vater: Caspar Otto († um 1752), Erbherr auf Kasekow (u. Woltersdorf) im Krs. Randow; **Mutter**: Ilsa Rebecca Tugendreich, geb. von Aschersleben; **Bruder**: George Lupold (1716–1757), Dez. 1730 *cadet* in Berlin, Mrz. 1737 Fähnrich im I-R Nr. 1, 1746 als Pl gen., zuletzt hier Stabs-Cap., seit Mai 1755 Cap. u. Chef e. Comp. im Invalidenhaus zu Berlin; **Bruder**: Wulf Friedrich (get. 3. Mai 1720, † vor 1760), 1734 auf d. Pädagogium in Stettin, Mrz. 1738 *cadet* in Berlin, Juni 1740 Page bei Prinz Heinrich, stand 1757 als Sl im Grenadier-Bat. Nr. 4; **Laufbahn**: Mrz. 1733 *cadet* in Berlin, Mrz. 1737 Gefr.corp. im Bat. von Röseler, 1740 Sergant im Bat. von Kröcher, Juli 1745 Sl im I-R Nr. 32, 1761 als Cap. gen, vor 1764 dim.; **Güter**: übernahm 1760 d. Güter seines verst. Neffen Otto Reinhold, Sohn seiner **Schwester** Appolina Sophia Elisabeth Hedwig (* 1723), Witwe von Joachim Ernst von Glasenapp: Gramenz A, Kussow A, Lübgust A, Storkow B, Zechendorf A, 1767 im Wert von 27 400 T., darauf Hypotheken von 22 020 T.; **Ehefrau**: Kunigunde Sophia Agnes, geb. von Strelitzka; nach d. Tod d. Cap. C.O. fielen d. Güter 1769 an d. Ol Joachim Reinhold von Glasenapp, s.d., der sie 1771 an Paul Wedig von Glasenapp veräußerte;

Quellen: GStA, I. HA, Rep. 30, Nr. 43, Paket 9232; Nr. 44, G 44, Paket 9276; Stabi, Ms. boruss. fol. 312, fol. 313 (Bruder G.L.), fol. 314; Brüggemann, T. 2/2, S. 751–751; Crousaz, Beilage C, S. 33 (Bruder G.L.); Fam.gesch., 2, Sp. 229–230, Sp. 276–277;

Cap. Christoph Franz Philipp von Glasenapp (* 1. Juli 1763, † 17. Febr. 1835)

Vater: Bogislav Wedig (1726–1786), Landkavalier, lahm, daher kein Eintritt in d. Militärdienst, bis 1767 Erbherr auf Anteil Valm im Krs. Neustettin, 1781 wurde sein Gut Kussow B im Krs. Neustettin aus d. Konkurs verkauft, besaß seit 1768 d. Armenrecht, bekam auf Bitten seiner vier im Militär stehenden Söhne 1783 e. jährl. Pension von 72 T.; **Mutter**: Charlotte Marie Catharina († 29. Mai 1805), e. To. d. Ol u. Kommandanten d. Festung Friedrichsburg Johann Alexander von Plotho (* 1715), sie besaß e. väterliches Erbteil von 1 633 T. u. klagte 1780, 1782 d. rückständigen Zinsen ein; **Großvater**: Heinrich Christoph

(1698–1765), 1756 Erbherr auf Anteil Valm u. Anteil Wurchow f. 36/m T.; **Bruder**: Heinrich Caspar Otto (1757–1816), seit 1769 *cadet*, Febr. 1778 Gefr.corp. im I-R Nr. 1, 1780 Fähnrich im I-R Nr. 17, Mrz. 1783 Sl, 1806 Cap. im I-R Nr. 53, als Major dim.; **Bruder**: Carl Ludwig August (1770–1838), Aug. 1789 Cornet im K-R Nr. 2, Mrz. 1794 Sl, Mrz. 1801 Pl, Aug. 1805 Stabs-Rittmstr., Okt. 1805 Rittmstr. u. Chef e. Escadron, Aug. 1807 Major, Febr. 1813 als Ol dim., als Postmstr. in Züllichau versorgt; **Bruder**: Hans Joachim Christian (* 1772), 1791 Fähnrich im I-R 46, 1794 als Ltnt. erkrankt; **Laufbahn**: Okt. 1774 *cadet* in Berlin, seit Mrz. 1781 im 2. Bat. Garde, Juni 1785 Fähnrich, April 1788 Sl, Dez. 1793 Pl, Aug. 1805 Cap. u. Chef e. Comp., 1807 od. 1810 Abschied als Major; **Güter**: Erbherr auf (Klotzen), Storkow A (u. B) im Krs. Neustettin; **Ehefrau**: Wilhelmine Caroline Christiane (1784–1854), e. To. d. GM Johann Wilhelm von Dittmar;

Quellen: GStA, I. HA, Rep. 30, Nr. 44, G 44, Paket 9 276; Stabi, Ms. boruss. fol. 315 (Bruder C.L.A.), fol. 316 (Bruder: als H.O.C.); Monteton, S. 58 (Bruder C.L.A.); Reinhard, Garde, S. 535, S. 538, S. 541; Fam.gesch., 2, Sp. 313–315, Sp. 348–354; Tb. Uradel 1900, S. 328;

Fähnrich Claus(ius) von Glasenapp (* 1723)

aus Pommern gebürtig; **Laufbahn**: seit 1737 im Militär, Jan. 1742 Fähnrich im I-R Nr. 49, vor 1756 abgegangen;

Quellen: Stabi, Ms. boruss. fol. 314; so nicht in d. Fam.gesch.;

Gutsbes. Friedrich Ewald von Glasenapp (* um 1733, † 26. Jan. 1795)

Vater: Joachim (* um 1700, † 18. Mai 1765), 1721 Gefr.corp. im I-R Nr. 24, Erbherr auf Zethun im Ftm. Cammin u. Zirchow im Krs. Schlawe, auf Rozog C u. Gerbin; **Mutter**: Sylvia Sophia, geb. von Steinkeller († 1778); **Laufbahn**: trat weder in d. Militär- noch in d. Zivildienst ein; **Güter**: erbte 1765 d. väterlichen Güter; verkaufte Zirchow 1769 auf 25 Jahre an d. Major Claus Jürgen von Zastrow; Gerbin wurde 1778 (bzw. 1786) veräußert an d. Rittmstr. Johann Christian Julius von Aschenbach; behielt Gut Zethun, dieses hatte 1804 e. Wert von 7/m T.; **Ehefrau**: Elisabeth Friederike († 1809), e. To. d. Rittmstr. Lorenz Richard Moritz von Borne;

Quellen: GStA, I. HA, Rep. 30, Nr. 243, Vas.tab. 1756, 1767, 1793, 1804; Brüggemann, T. 2/2, S. 611, S. 872, S. 898–899; Fam.gesch., 2, Sp. 267, Sp. 321–322;

Cap. Joachim Casimir von Glasenapp (* 6. Juli 1731, † 27. Dez. 1780) *

Vater: Paul Wedig (1701–1776), Erbherr auf Gramenz im Krs. Neustettin, s.d. weiteres zur Fam.; **Mutter**: Barbara Augusta, geb. von Glasenapp (1711–1785); **Laufbahn**: weilte 1749 auf d. Viadrina, trat um 1751 in d. Militärdienst ein, 1756 Fähnrich im I-R Nr. 17, 1758 als Sl dim. (erhielt später d. Charakter Cap.); **Güter**: erhielt bei d. Erbteilung 1777 d. Güter Balfanz, Zülkenhagen, Gramenz A bis C, Bernsdorf, Flackenheide, Grünenwalde im Wert von 108/m T., 1793 wurden sie auf 130 881 T. beziffert; in zweiter **Ehe** seit 1762 verh. mit Margaretha Christiane, geb. von Podewils (1739–1799); **Sohn**: George Wedig (1769–1810), seit 1787 im D-R Nr. 4, 1795 als Ltnt. dim., seit 1782, 1793 Erbherr auf Balfanz, Grünenwalde, Zechendorf u. Zülkenhagen; **Sohn**: Heinrich Friedrich (1770–1810), 1785 Gefr.corp. im I-R Nr. 17, Nov. 1787 Fähnrich, um 1794 als Ltnt. dim., seit 1794 Erbherr auf ganz Gramenz, Flackenheide, Bernsdorf u. Pertinenzien im Wert von rund 85/m T., 1804 auch auf Zuchen u. Vorwerk Schwartow; **Tochter**: Wilhelmina Lowisa Amalia (* 1. Juni 1767), verh. mit d. Ol Johann Friedrich von Quickmann, s.d.;

Quellen: GStA, I. HA, Rep. 30, Nr. 44, G 44, Paket 9277; II. HA, Abt. 13 a, Tit. III, Litt Q, Nr. 1 (Tochter); Stabi, Ms. boruss. fol. 316; Fam.gesch., 2, Sp. 315–319, Sp. 353–363;

Ol Joachim Reinhold von Glasenapp (* 1717, † um 1800)*

Vater: Joachim Melchior (* 1699), vor 1734 Erbherr auf Groß u. Klein Wardin im Krs. Belgard; **Mutter**: Anna Dorothea, geb. von Glasenapp; **Laufbahn**: seit 1733 im Militär, 1740 Gefr.corp. im Bat. von Kröcher, Juli 1745 Sl im I-R Nr. 32, Mai 1751 nach 17 Dj. dim., dann Rittmstr. in frz., Major in württembergischen Diensten, 1760 mit e. *Frei-Dragoner-Corps* in preuß. Diensten, Mrz. 1763 als Ol dim.; erheiratete mit seiner **Ehefrau**: Anna Elisabeth Louise, geb. Freiin von Hundt (* 1724), **Güter** in Geldern; erbte in Pommern 1769 vom Cap. Caspar Otto von Glasenapp d. Güter Gramenz A, Lübgust A, Kussow A, Zechendorf A, Zuchen B, Flackenheide, Vorwerk Wruckhütten im Krs. Neustettin, verkaufte sie 1771 für 30 500 T. an Paul Wedig von Glasenapp; ohne Leibeserben gest.;

Quellen: GStA, I. HA, Rep. 30, Nr. 44, G 44, Paket 9276; Stabi, Ms. boruss. fol. 312; Fam.gesch., 2, Sp. 231–233, Sp. 280–292;

Ol Johann Franz George Bogislav von Glasenapp (* 1. Mai 1743, † 7. Jan. 1799)

Vater: Franz Lorenz (1700–1765), Erbherr auf Bärwalde B im Wert von 5/m T., auf Priebkow (u. Vorwerk Eulenburg) im Krs. Neustettin; **Mutter**: Charlotte Louise Leopoldine, geb. von Wedel († 1752); Stief-Mutter: Benigna Tugendreich, geb. von Münchow (* 1722, † 26. Juni 1799), sie besaß 1775 e. Vermögen von 750 T., ernährte sich von Handarbeit u. erhielt im Sep. 1781 e. Pension von 100 T.; **Großvater**: Franz Eggert (* 1688), Erbherr auf Bärwalde B im Krs. Neustettin; **Bruder**: Paul Ernst August Wilhelm (1755–1832), 1769 Gefr.corp. im I-R Nr. 27, Sep. 1772 Fähnrich, Juni 1774 Sl, nach 1783 Pl, Sep. 1793 Stabs-Cap., Okt. 1793 Orden p.l.m., Okt. 1797 Cap. u. Chef e. Comp., Juni 1800 Major, 1814 Abschied, 1765 bis 1771 Mitbes. von Bärwalde B u. Priebkow; **Laufbahn**: Nov. 1759 *cadet* in Berlin, Febr. 1762 (Junker) im I-R Nr. 27, Mai 1763 Fähnrich, Okt. 1766 Sl, Okt. 1773 Pl, Sep. 1782 Stabs-Cap., Mai 1786 Cap. u. Chef e. Comp., Mai 1790 Major, Mai 1793 Orden p.l.m., Juli 1798 Ol, Jan. 1799 nach 38 Dj. als aktiver Offz. in d. Gfsch. Hoya gest.; in zweiter **Ehe** verh. mit Sophie Dorothea Friederike, geb. von Biedersee (* 1763); **Güter**: besaß von 1765 bis 1771 zs. mit d. jüngeren Bruder d. väterl. Güter, nach e. Vergleich von 1771 alleiniger Besitzer von Priebkow, Bärwalde B, von Lucknitz A (u B); J.F.G. u. P.E.A. erstritten gemeinsam 1764 d. *Reluition* d. Güter Gr. u. Kl. Tarmen im Krs. Neustettin, sie hatten 1770 aber Mühe, d. Reluitionsquantum von 6/m T. aufzubringen, weshalb sie um e. Fristverlängerung baten; 1771 fiel d. Gut an d. Ltnt. J.F.G., 1793 Erbherr auf Bärwalde B u. C, (auf Coprieben C), Feldgut Grabunz, Lucknitz A, Priebkow A u. B, Rothenfließ, Vorwerk Schnakkenburg, Gr. u. Kl. Tarmen, Vorwerk Ziegelkamp im Wert von zs. 12/m T.; **Sohn**: Johann George Friedrich Bogislav (1772–1822), 1793 Sl bei d. Artillerie, 1809 Pl, 1810 Stabs-Cap., 1816 Major; **Sohn**: Johann Franz August Carl (1773–1845), 1790 Fähnrich, Nov. 1797 Sl im I-R Nr. 13, 1811 ins Schles. Res.-Reg. Nr. 19, 1813 Stabs-Cap., 1817 Major bei d. Landwehr, 1830 Charakter Ol; **Sohn**: Johann Albrecht Wilhelm (1786–1847), Jan. 1799 Fähnrich im I-R Nr. 27, Jan. 1803 Sl, Aug. 1813 Cap. beim 3. Neumärk. I-R; **Sohn**: Friedrich Heinrich Bogislav (1788–1859), 1805 Fähnrich im I-R Nr. 3, 1827 Cap. bei d. Landwehr;

Quellen: GStA, I. HA, Rep. 30, Nr. 44, G 44, Paket 9276; Nr. 243, Vas.tab. 1756, 1767, 1793, 1799, 1804; Stabi, Ms. boruss. fol. 310, fol. 316; Tb. Uradel 1900, S. 333; Fam.gesch., 2, Sp. 324–326, Sp. 371–384, Sp. 408–412;

Cap. Leopold Casmir von Glasenapp (1708–1758)*

Vater: Joachim Reinhold († 1734), auf Lübgust A, Gramenz A, Kussow A, Zechendorf A, Storkow B, Steinburg im Krs. Neustettin; **Mutter**: Margaretha Hedwig, geb. von Glasenapp († 1764); **Bruder**: Ernst Joachim (1706–1749), seit April 1724 *cadet*, Sep. 1725 Junker im D-R Nr. 5, 1732 Cornet, 1737 dim.; seit 1734 Erbherr auf Lübgust A u. Gramenz A; **Laufbahn**: Mrz. 1726 *cadet* in Berlin, Mrz. 1730 Fähnrich im I-R Nr. 1, Sep 1734 als Ltnt. zum Bat. Beaufort versetzt, (1740 Pl im I-R Nr. 31), April 1745 Cap. im I-R Nr. 32, 1758 als Cap. bei d. Belagerung von Schweidnitz gefallen: **Güter**: erhielt bei d. Erbteilung von 1734 d. väterl. Güter (Gramenz A, Zuchen B), Storkow B u. Kussow A im Wert von 15 200 fl.; seit 1748 auch auf Lübgust A; diese Güter fielen 1758 an seinen **Neffen** Otto Reinhold (1743–1760), als Fahnenjunker im I-R Nr. 17 bei Torgau gefallen;

Quellen: Stabi, Ms. boruss. fol. 312, fol. 314; Brüggemann, T. 2/2, S. 752; Crousaz, Beilage C, S. 33; Fam.gesch., 2, Sp. 230–231, Sp. 278–280 (bei d. Erbteilung von 1734 werden Gramenz u. Zuchen zweimal aufgeführt), Sp. 323;

Rittmstr. Otto Casimir von Glasenapp (get. 6. Aug. 1704, † 20. Sep. 1771)

Vater: Adam Casimir (* 1667, † vor 1744), Erbherr auf Sanskow, Anteil Zuchen u. Redel im Krs. Belgard, beide 1719 u. 1724 verkauft, auf Klotzen u. Storkow im Krs. Neustettin, Landrat, hinterließ seinen vier Söhnen u. der Tochter ein freies Vermögen von 10 439 T., jeder Sohn erhielt e. Lehnvermögen von 2 409 T.; d. Güter Wurchow u. Storkow hatten 1773 e. Wert von 18 172 T.; **Mutter**: Elisabeth Sophia Dorothea, geb. von Münchow († 1780); **Laufbahn**: Mrz. 1721 *cadet* in Berlin, Sep. 1725 Junker im D-R Nr. 3, 1741 als Ltnt. ins D-R Nr. 4, Dez. 1745 Orden p.l.m., 1748 als Rittmstr. (nach 20 Dj.) dim.; **Güter**: erbte vom GFM Caspar Otto von Glasenapp Anteil Wurchow, Zechendorf C, Althütten u. Storkow A im Krs. Neustettin; **Ehefrau**, seit 1748: Sophia Henriette († 1794), e. To. von Heinrich Christoph von Glasenapp; **Sohn**: Bogislav Heinrich (1749–1804), seit 1768 im Militär, 1773 Ltnt. im K-R Nr. 5, 1791 Rittmstr., Erbherr auf Wurchow A u. B, 1797 im Wert von 23 164 T.; **Sohn**: Adam Wilhelm (1750–1819), 1766 *cadet* in Berlin, seit 1768 im I-R Nr. 27, (1774 Sl im Garn.-Reg. Nr. 1), Abschied als Cap., seit 1774 Erbherr auf Storkow A, 1776 auch auf B genannt, seit 1791 auf Dallentin im Krs. Neustettin, erworben für 19/m T., 1804 hatten Storkow B u. Dallentin e. Wert von zs. 27 164 T., in zweiter Ehe verh. mit Albertine Henriette, geb. von Zitzewitz (1759–1781), die ihm e. Mitgift von 3/m T. eingebracht hatte, 1821 fielen seine Güter an d. Major Christoph Franz Philipp Julius von Glasenapp (1763–1835), s.d.; **Sohn**: Otto Leopold (1752–1821), Ltnt., s.d.;

Quellen: GStA, I. HA, Rep. 30, Nr. 186 d, Paket 9 840; Nr. 243, Vas.tab. 1756, 1767, 1793, 1804; Rep. 96, Nr. 95 G g g; Brüggemann, T. 2/2, S. 756, S. 771; Fam.gesch., 2, Sp. 246–248, Sp. 302–304, Sp. 338–339; Tb. Uradel 1900, S. 326–327; Lehmann, Ritter, S. 33;

Ltnt. Otto Heinrich von Glasenapp (* 26. April 1724, † 1801) *

Vater: Heinrich Christoph (1698–1765), Erbherr auf Klotzen im Krs. Neustettin, seit 1743 auch auf Vorwerk Briesen, Anteil Valm, erwarb 1751 Anteile an Coprieben u. Pazig, seit 1753 auf Vorwerk Osterfelde, seit 1761 auf Gr. u. Kl. Tarmen; **Vater-Bruder**: Landrat Paul Wedig (1701–1776), s.d.; **Großvater**: Otto Casimir (1642–1710), Burgrichter zu Belgard; **Bruder**: Bogislav Wedig (1726–1786), seit 1766 Erbherr auf Anteil Valm u. Lucknitz B, auf d. Vorwerken Osterfelde, Briesen, allesamt 1767 verkauft, sie hatten damals e. Wert von zs. 14940 T., darauf Schulden von 10753 T.; **Bruder**: Gerhard Wedig (1725–1768), (1755 als Cornet, 1756 als Ltnt. im K-R Nr. 6 gen.), seit 1766 auf Anteil Wurchow im Krs. Neustettin, 1767 im Wert von 20200 T., darauf Schulden von 15841 T., geriet in Konkurs; **Laufbahn**: Okt. 1739 *cadet* in Berlin, Juni 1742 als Uffz. ins I-R Nr. 49, zuletzt Ltnt.; **Güter**: erwarb 1751 die Güter Coprieben A u. B sowie Pazig im Krs. Neustettin, erbte 1766 Klotzen, übernahm im Jan. 1767 vom Bruder B.W. Valm u. Briesen, 1767 hatten seine Güter e. Wert von 49 851 T., darauf Schulden von 35 053 T.; besaß 1799 auch die zu Coprieben gehörenden Feldgüter Grünhof u. Parchlin u. weitere Gutsanteile f. zs. 24/m T.; in erster **Ehe** verh. mit Sophia Deliana († 1763), e. To. d. GM Moritz von Galbrecht, in zweiter mit Amalia Constantia, geb. von Kleist (1725–1780); 1804 besaß sein **Sohn** Erdmann Wilhelm (1763–1813) die väterlichen Güter;

Quellen: GStA, I. HA, Rep. 30, Nr. 43, Paket 9232; Nr. 243, Vas.tab. 1756, 1767, 1793, 1799, 1804; Brüggemann, T 2/2, S. 746–747, S. 755–756, S. 772–773; Fam.gesch., 2, Sp. 250, Sp. 304–311, Sp. 346; Tb Uradel 1900, S. 328 (hier nur d. Vater u.d. Bruder);

Ltnt. Otto Leopold von Glasenapp (* 27. Mrz. 1752, † 1821)

Vater: Otto Casimir (1704–1771), Cap., s.d., Erbherr auf Anteil Wurchow, Zechendorf C, Althütten u. Storkow A im Krs. Neustettin, hinterließ vier Söhne u. eine To., seine Güter hatten 1774 e. jährl. Netto-Ertrag von 1 135 T., zu fünf Prozent kapitalisiert e. Wert von 22708 T., die Schulden betrugen 12022 T., darunter d. *illata* d. Mutter mit 5733, inkl. d. Allodialvermögens betrug d. Teilungsmasse 14642 T., hiervon gingen an jeden d. vier Söhne rund 3300 u. an d. Tochter 1715 T.; **Mutter**: Sophia Henriette, geb. von Glasenapp († 1794); **Bruder**: Bogislav Heinrich (1749–1804), stand 1775 als Ltnt. im K-R Nr. 5, 1791 Rittmstr., vor 1793 abgegangen, seit 1774 Erbherr auf Wurchow A u. B, unbeerbt verst.; **Bruder**: Adam Wilhelm (1750–1819), 1766 *cadet*, (seit Aug. 1768 im I-R Nr. 27, als Cap. dim.), seit 1774 auf Storkow A, seit 1791 Erbherr auf Dallentin im Krs. Neustettin, 1793 hatten seine Güter e. Wert von 27 164 T., seit 1805 auf Wurchow A u. B; **Bruder**: Sigismund Ludwig (1759–1777), seit 1774 auf Zechendorf C; **Laufbahn**: Aug. 1766 *cadet*, Aug. 1770 Gefr.corp. im I-R Nr. 46, 1775 Fähnrich, 1781 Ltnt., 1783 nach 17 Dj. auf Wunsch dim., bat nach seiner Genesung im Jan. 1786 vergeblich um d. Plazierung als Pl in e. neuen Regiment; **Güter**: erbte d. väterl. Gut Althütten, d. Teilung fand 1774 unter Leitung d. Vormundes George Wilhelm von Lettow statt, O.L. war nicht zugegen, erhielt durch d. Los d. schlechteste Gut u. beklagte sich 1775 darüber; seit 1777 auch auf Zechendorf C; gab 1777 an, daß sein Vetter, d. Cap. Joachim Casmir von Glasenapp (1731–1780) auf Balfanz u. Gramentz, s.d., d. Abwesenheit d. Fähnrichs nutze, um ihm in *Communion* gelegene Holzungen streitig zu machen; veräußerte im Aug. 1779 (Althütten u.) Zechendorf C für 11700 T. an d. Cap. J.C. von Glasenapp; erwarb im Aug. 1781 aus d. Konkurs d. Bogislav Wedig von Glasenapp d. Gut Kussow B im Krs. Neustettin für 7299 T., will es durch Verbesserungen u. gute Wirtschaft bis 1804 auf e. Wert von 29/m T. gebracht haben; lt. d. Vasallentabelle für 1804 sollen seine Güter Kussow B, Althütten und Binningsche Mühle jedoch nur e. Wert von 4/m T. gehabt haben; suchte am 27. Sep. 1804 immediat darum nach, seinem natürlichen zwölfjährigen **Sohn** Otto Casmir (1793–1845), erzeugt mit d. verst. Anna Sophie Hackebart, d. adligen Namen u. d. Wappen zu verleihen; begründete das damit, keine Hoffnung auf weitere leibliche Erben zu haben, auch wäre sein noch lebender Bruder A.W. unbeerbt; will e. schuldenfreies Vermögen von 27/m T. gehabt haben, dazu kam noch d. Hälfte der Erbschaft seines jüngst verst. Bruders B.H., der 44/m T. hinterlassen hatte; das Legitimationspatent datierte vom 28. Febr. 1805, es enthielt die Einschränkung, wonach d. Sohn O.C. keinen Anspruch auf etwaige Lehngüter d. Vaters besaß;

Quellen: GStA, I. HA, Rep. 30, Nr. 44, G 44, Pakete 9276 u. 9277; Nr. 243, Vas.tab. 1793, 1804; Stabi, Ms. boruss. fol. 313 (Vater), fol. 316; Brüggemann, T. 2/2, S. 771, S. 776, S. 778; Schöning, D-R Nr. 3, S. 61, S. 64, S. 83, S. 421; Fam.gesch., 2, Sp. 302–304, Sp. 334–346, Sp. 388;

Landrat Paul Wedig von Glasenapp (* 11. Juni 1701, † 14. Dez. 1776) *

Vater: Otto Casimir (1642–1710), Landrat, Erbherr auf Balfanz, Klotzen, Zülkenhagen im Krs. Neustettin; **Mutter**: Sophia Elisabeth, geb. von Galbrecht (1682–1742); **Laufbahn**: amtierte (seit etwa 1725) als Landrat im Krs. Neustettin; **Ehefrau**: Barbara Augusta, geb. von Glasenapp (1711–1785); **Güter**: seit 1710 Erbherr auf d. väterl. Gütern Balfanz u. Zülkenhagen; erwarb 1771 vom Ol Joachim Reinhold von Glasenapp, s.d., d. Güter Gramenz A, Lübgust A, Storkow B, Kussow A, Zechendorf A, Zuchen B u. Flackenheide f. 30/m T.; **Söhne**: Otto Gerhard (* 1728, † vor 1776), 1749 auf d. Viadrina, 1756 Referendar; Joachim Casimir (1731–1780), Cap., s.d.; Moritz George (1744–1759); **Töchter**: Margaretha Clara Wilhelmine (1736–1800), verh. mit Otto Casmir von Glasenapp auf Manow, sie erbte 1777 Zuchen A, B u. C nebst Vorwerken im Wert von 17 500 T.; Sophia Louise (1737–1786), verh. mit d. Cap. Franz Bernd Heinrich von Kleist auf Schmenzin, sie erbte 1777 Kussow A, Storkow B, Zechendorf A u. B im Wert von rund 14/m T.; Helene Charlotte Amalie (* 1749, † vor 1786), in zweiter Ehe verh. mit d. Cap. Carl Friedrich von Ingersleben, sie erbte 1777 ganz Lübgust im Wert von 21/m T.;

Quellen: GStA, I. HA, Rep. 30, Nr. 44, G 44, Paket 9276; Nr. 243, Vas.tab. 1756, 1767, 1793, 1804; Fam.gesch., 2, Sp. 202–207, Sp. 252–259, Sp. 315–319; Tb. Uradel 1900, S. 326, 329; biogr. Handbuch, S. 313;

Rittmstr. Peter von Glasenapp (* Juli 1695, † nach 1765)

Vater: Joachim, Erbherr auf Grünhof, Rosnow, Manow u. Anteil Wisbuhr im Ftm. Cammin; **Bruder**: George Caspar, von 1724 bis 1748 Erbherr auf Grünhof u. Rosnow; **Laufbahn**: (Nov. 1713 Fähnrich im I-R Nr. 22), Aug. 1720 Rittmstr. im K-R Nr. 2, Nov. 1726 auf Wunsch dim.; **Güter**: seit 1724 Erbherr auf Manow, Viverow B u. Anteil Seidel, seit 1748 auch auf Grünhof u. Rosnow, auf Anteil Wisbuhr; in zweiter **Ehe** verheiratet mit Clara Louise, geb. von Glasenapp (1702–1758); trat 1765 seinem einzigen **Sohn** Otto Casimir (1728–1779) die Güter Grünhof, Rosnow, Manow, ganz Zewelin, ganz Seidel u. Viverow B ab, alle im Ftm. Cammin gelegen, Otto Casimir hatte seit 1749 an d. Viadrina, dann in Halle studiert, dann 15 Jahre als Referendar beim Hofgericht in Köslin gestanden, er hielt sich 1767 in Manow auf, verkaufte seinen Anteil an Wisbuhr 1774 an d. Major

Friedrich Wilhelm Christoph von Schwerin, O.C. war verh. mit Margaretha Clara Wilhelmine, geb. von Glasenapp (1736–1800), Sohn: Paul Friedrich August Ferdinand (1774–1827), erhielt am 7. Juli 1794 d. *venia aetatis*, sein Vermögen betrug damals 13 543 T., 1799 attestierte d. Landschaft seinen Gütern e. Wert von: Rosnow von 18 384, Zewelin von 17 963 u. Bonin von 14 729 T., zs. von 51 076 T., er selbst gab für Rosnow u. Manow zs. 29 894 T. an, darauf Schulden von 21 043 T.;

Quellen: GStA, I. HA, Rep. 30, Nr. 44, G 44, Paket 9 277; Nr. 243, Vas.tab. 1756, 1767, 1793, 1804; Brüggemann, T. 2/2, S. 573–574, S. 608; Stabi, Ms. boruss. fol. 315 (nicht in d. Liste für 1720), fol. 319; Schwerin, K-R Nr. 10, T. 1, S. 202–203; Fam.gesch., 2 Sp. 225, Sp. 263–267; Tb. Uradel 1900, S. 330;

Ltnt. Reinhold Joachim von Glasenapp (* 1685, † 1716)

Vater: Reinhold, Ltnt., Erbherr auf Gramenz A; **Mutter**: e. geb. von Zitzewitz; **Bruder**: Caspar Otto († 1716), vor Stralsund gefallen; **Laufbahn**: trat 1708 in d. Militärdienst ein, Juni 1714 Sl im I-R Nr. 20, 1716 bei Stralsund gefallen;

Quellen: Stabi, Ms. boruss. fol. 319; Fam.gesch., 2, Sp. 190, Sp. 231;

Ol Daniel Albrecht von Glasow (* 1670)

aus Pommern gebürtig; **Laufbahn**: 1697 als Sergant ins I-R Nr. 16, Febr. 1705 Fähnrich, Juli 1708 Ltnt., April 1712 Cap. im I-R Nr. 16, (1718 Major), wenig später als Ol dim., lebte 1724 als Ol auf seinen Gütern in Preußen;

Quellen: Stabi, Ms. boruss. fol. 311, fol. 319 (hier als Glasau); Kopka v. Lossow, Bd. 1, Anhang, S. 9*;

Cap. Franz George von Glasow (* 1701, † 8. Aug. 1745)*

Vater: Johann Matthias, poln. Major; **Laufbahn**: trat 1719 in d. Militärdienst ein, Mrz. 1721 Fähnrich im I-R Nr. 16, Aug. 1724 Sl, Juli 1732 Pl, Dez. 1735 Stabs-Cap., Dez. 1737 Cap., an bei Hohenfriedberg erhaltenen Blessuren gest. (bzw. gefallen in d. Schlacht bei Soor); **Güter**: Erbherr auf e. Teil von Neu Gutzmerow im Krs. Stolp; **Ehefrau**: Margarethe Jacobine verwitw. Cap. von Stojenthin, geb. von Wobeser (1700–1788), diese besaß 1756 d. Anteil von Neu Gutzmerow im Wert von 4/m T.; **Sohn**: Johann Daniel Ernst (1740–1802), befand sich 1756 auf d. Schule in Zemmin, später Erbherr auf d. ostpreuß. Partheinen, (Enkel-)Sohn: Friedrich Christian Reinhard von Glasow (* 1765), aus Partheinen gebürtig, seine Mutter war e. To. d. Obristen von Roeder in Pillau, Mai 1775 *cadet* in Stolp, Febr. 1777 ins Regiment, Juni 1787 Sl, 1803 Cap. im I-R Nr. 17, am 17. Okt. 1806 als Cap. bei Halle an d. Saale gefallen, verh. mit Henriette Ferdinandine Friederike, geb. von Goeren (bzw. von Goerne), sie bekam am 5.9.1803 d. *venia aetatis*, ihr Vermögen betrug 23 526 T.; die Stief-**Töchter** aus d. ersten Ehe seiner Frau: Lovisa (* um 1729) und Sophia von Stojentin (* um 1733) baten 1777, 1780 vergeblich um e. Pension aus d. pomm. Meliorationsfonds, sie hatten zs. jährl. Einkünfte von 15 T., ihr einziger leiblicher Bruder, der gew. Capitain vom I-R v. Billerbeck, starb 1779, er hatte sie bis dahin unterstützt, Minister C.G.H. von Hoym war e. weitläufiger Verwandter d. Schwestern;

Quellen: GStA, I. HA, Rep. 30, Nr. 44, G 48 (Enkel u. Frau), Nr. 243, Vas.tab. 1756; II. HA, Abt. 13 a, Tit. III, Litt S, Nr. 47; Stabi, Ms. boruss. fol. 311; Kopka v. Lossow, Offz.liste, S. 5*; Stolper Kadetten, S. 8; Tb. Briefadel 1930, S. 276;

Cap. Johann Gott(lieb) von (Chamier-)GLISZINSKY (* 1762, † 1817)

Vater: Andreas (* 1725, † 3. Aug. 1785), 1756, 1771, 1778 als Erbherr auf Anteil Groß Gustkow im Distrikt Bütow gen., 1771 im Wert von 800 fl., hinterließ vier Söhne u. drei Töchter; **Mutter**: Gotthilf Dorothea (* 1734, † 12. Juli 1797), e. To. d. Cap. George Ernst von Bonin sie bekam seit 1788 e. kgl. Pension von 100 T.; **Mutter-Bruder**: Obrist Carl Wedig von Bonin, s.d. mehr; **Bruder**: George Ernst (* 15. Febr. 1757, † 10. Dez. 1824), Juni 1769 *cadet* in Stolp, Mai 1771 *cadet* in Berlin, April 1772 Fähnrich im I-R Nr. 20, als solcher noch 1783 gen., Okt. 1794 als Stabs-Cap. im Füs.-Bat. Müffling d. Orden p.l.m., 1804 Cap. im Füsilier-Bat. 18, 1813 als Cap. pens., verkaufte 1822 d. väterl. Gutsanteil, seit 1801 verh. mit Julie Sophie von Goldbeck (1770–1814) aus Wahrburg bei Stendal; **Bruder**: Gottfried Anton Ludwig (1768–1806), Nov. 1779 *cadet* in Stolp, Juni 1784 *cadet* in Berlin, Mai 1787 Sl im Grenadier-Bat. Nr. 6, (1804 Ltnt. im Füsilier-Bat. Nr. 9), Dez. 1803 Stabs.-Cap., 1806 als Cap. gefallen; **Bruder**: Franz Friedrich (* 1776), Juli 1786 *cadet* in Stolp, April 1791 *cadet* in Berlin, 1798 Fähnrich, 1804 Ltnt. im I-R Nr. 34, 1817 als Major bei d. 2. Westpreuß. Invaliden-Comp. pens.; **Laufbahn**: Juni 1769 *cadet* in Stolp, April 1775 *cadet* in Berlin, 1778 Fahnenjunker im I-R Nr. 19, stand 1787 als Sl im I-R Nr. 17, 1798 als Pl, 1806 als Cap. genannt, 1817 pens.; **Güter**: lt. Bericht d. pomm. KDK vom 30. Sep. 1788 gehörten d. Witwe, ihren drei Töchtern u. vier Söhnen d. Gut Groß Gustkow A im Krs. Lauenburg im Wert von 1/m T., darauf 600 T. Schulden, d. Gebäude (Wohnhaus, Scheune, Stall, Büdnerhaus) waren verfallen, mit Rücksicht auf ihre vier im Dienst stehenden Söhne bekam die Witwe im Okt. 1788 d. Zusage für Meliorationsgelder in Höhe von 600 T., d. Geld wurde in zwei Raten 1789 u. 1797 ausgezahlt; d. **Schwestern** Gotthilf Sophia Dorothea (* um 1763) u. Gotthilf Louisa (* um 1774), die sich von Handarbeit ernährten, erhielten ab Jan. 1799 e. Pension von 75 T.; **Schwester**: Eleonora Gotthilf (* 1767), verh. mit e. von Grabowsky, ließ sich vor 1803 von diesem scheiden, weil er ihren Wechsel zum Katholizismus hatte erzwingen wollen, verzichtete für sich u. zwei Kinder auf die ihr zustehende *Alimentation*, weil er sie bedroht hatte, sie besß 1805 e. Vermögen von 50 T. u. erhielt im Juni 1806 e. Pension von 50 T.;

Quellen: GStA, I. HA, Rep. 30, Nr. 243, Vas.tab. 1756; Nr. 249, Vas.tab. 1771, 1778 (jetzt als Chamier Gliszinsky), 1804; Rep. 176, Nr. 1612; II. HA, Abt. 13 a, Tit. I, Litt. G, Nr. 12 (Mutter); Tit. III, Litt. G, Nr. 7 (Mutter u. Schwestern), Nr. 16, Nr. 31; Litt L, Nr. 1, Bde. 1 u. 2; IV. HA, Rep. 1, Nr. 72, Bl. 72 (nicht unter Chamier); Stabi, Ms. boruss. fol. 310 (Bruder G.E.), fol. 316, fol. 907 a; Stolper Kadetten, S. 2 (J.G. u. G.E.), S. 13 (G.A), S.20 (F.F.); Panske, S. 257 (als Chamier-Gliszinski);

Cap. Heinrich Carl von GLOEDEN (* 1693, † um 1753)

Vater: Felix Heinrich († 1700), Erbherr auf Griebow u. Balitz in Schwed.-Vorpommern; **Mutter**: Barbara Dorothea, geb. von Owstien († 1701); **Laufbahn**: seit 1711 im Militär, Sep. 1715 Pl im I-R Nr. 7, Juli 1729 Stabs-Cap., vor 1740 abgegangen; **Ehefrau**: Agnes Hedwig, geb. von Behr; **Sohn**: Carl Gustav (1733–1810), Erbherr auf Griebow; (**verwandt,** Bruder: Hermann Christian von Gloeden (* 1698), aus Griebow, seit 1715 im Militär, Okt. 1724 Pl im I-R Nr. 7, noch 1730 als solcher genannt: fol. 314);

Quellen: Stabi, Ms. boruss. fol. 314 (aus Vorpomm. gebürtig), fol. 319 (als Johann, Sep. 1715 Sl); Tb. Uradel 1907, S. 257 (hier als Hans Carl);

Cap. Christoph von Gniwkowsky (* 1691)

aus Pommern gebürtig; **Laufbahn**: seit 1710 im Militär, 1736 Cap. im I-R Nr. 27, vor 1754 abgegangen;

Quellen: Stabi, Ms. boruss. fol. 316 (nicht in d. Abgangsliste);

Cap. Joachim Ernst von Goddentow (1704–1781)

aus Pommern gebürtig, **Bruder**: George Albrecht (* um 1700), trat um 1713 in d. Militärdienst ein, stand 1728 als Sl im I-R Nr. 4, vor 1756 abgegangen; **Laufbahn**: seit 1721 Gefr. corp., 1727 u. 1730 Fähnrich im I-R Nr. 17, später Stabs-Cap. im I-R Nr. 33, nach 18 Dj. vor Dez 1740 dim.; **Güter**: 1756 u. 1770 als Erbherr auf Koppenow u. Zdrewen im Distrikt Lauenburg gen., 1778 als unbegüterter Vasall geführt; **Ehefrau**: Maria Anna, geb. Cochius (1715–1780); **Sohn**: Johann Friedrich Ernst (1745–1785)*, Tribunalsrat in Lauenburg; (**verwandt**: Johann Ewald von Goddentow (* 1716), aus *Cassuben*, seit 1731 im Militär, 1741 Corp. im H-R Nr. 3: fol. 314; **verwandt**: ein Ernst von Goddentow (* 1751), aus Pommern, seit 1762 im Militär, stand 1772 als Cornet im D-R Nr. 9: Stabi, Ms. boruss. fol. 312);

Quellen: GStA, I. HA, Rep. 30, Nr. 243, Vas.tab. 1756; Stabi, Ms. boruss. fol. 313, fol. 316; Brüggemann, T. 2/2, S. 994 (hier e. Martin Döring v. G., 1690 auf Anteil Prebendow); Briefadel 1932, S. 166 (keine Angabe zu d. Eltern); biogr. Handbuch, S. 316 (Sohn);

Ltnt. Johann Reinhold von Goddentow (* um 1753)

Vater: Martin Ludwig (* 1696), 1742 poln. Cap., 1727 auf d. Vorwerk Mosens im Amt Preuß. Marck; **Bruder**: Ludwig Leopold (1725–1780), 1773 auf Krotoschin in Polen; **Bruder**: Wilhelm (1753–1809), 1775 Cornet im D-R Nr. 10, Erbherr auf Schmigwalde in Preußen; **Bruder**: Carl Adam (1764–1809), 1792 Pl, Jan. 1795 Orden p.l.m., 1805 Rittmstr. im H-R Nr. 10; **Laufbahn**: seit 1772 im Militär, 1787 Ltnt. im D-R Nr. 10, 1788 nach 17 Dj. als Ltnt. dim., suchte im Aug. 1788 immediat um d. Charakter Cap. nach; kaufte sich 1803 in Westpreußen an;

Quellen: GStA, I. HA, Rep. 96, Nr. 257 G; Rep. 176, Nr. 3073; Stabi, Ms. boruss. fol. 310, fol. 311 (danach aus Cassuben gebürtig); Zedlitz, 2. Bd., S. 246; Lehmann, Ritter, S. 391;

Rittmstr. Friedrich Leopold Günther von Goeckingk (* 19. Mrz. 1775, † 27. Sep. 1853)

Vater: Friedrich Eberhard Sigismund Günther (seit Nov. 1768: von) G. (1738–1813)*, Mrz. 1758 Cornet im H-R Nr. 8, April 1762 Rittmstr. u. Chef e. Escadron, Aug. 1778 Orden p.l.m., Mrz. 1786 Obrist, Mrz. 1787 Kommandeur d. H-R Nr. 8, Febr. 1788 Chef d. H-R Nr. 5, Mai 1789 GM, Dez. 1794 Chef d. H-R Nr. 2, Jan. 1795 Gl, Okt. 1805 mit d. Charakter General d. Kavallerie dim., erwarb 1774 zwei Teile d. Gutes Karzin im Krs. Stolp für 13 100 T., kaufte 1777 auch noch d. dritten Teil für 620 T., veräußerte d. ganze Gut 1781 für 14 300 T. an d. Frau von Johann Ernst Friedrich von Stojentin; 1794 als Erbherr auf Giesebitz A, B, C u. D. im Wert von 20/m T. genannt, vor 1804 wieder verkauft; **Mutter**: Anna Dorothea (1747–1818), e. To. d. Generals W.S. von Belling; **Bruder**: Wilhelm

Friedrich Hans Günther (* 16. Sep. 1766); **Laufbahn**: Mai 1786 als Junker ins H-R Nr. 8, Jan. 1790 Cornet, Mai 1792 Sl, Okt. 1800 Pl, Febr. 1803 als Stabs-Rittmstr. ins K-R Nr. 13, Mrz. 1808 als Major dim.;

Quellen: GStA, I. HA, Rep. 30, Nr. 243, Vas.tab. 1794, 1804; Brüggemann, T. 2/2, S. 949–950; Makkensen, H-R Nr. 5, Bd. 2, Anhang, S. 40 (danach geb. Nov. 1773, hier Vater u. Sohn); Tb. Uradel 1907, S. 214 (F.L.G. danach in Stolp geb.); Priesdorff, Nr. 795 (Vater);

Ltnt. Carl Friedrich von Goehren (* 1776)

Vater: George Friedrich († vor 1799), soll an d. Viadrina studiert haben, trat weder in d. Zivil- noch in d. Militärdienst ein, lebte im vorpomm. Löcknitz von seinen Interessen, verlor bei verschiedenen Konkursen sein Vermögen, verfiel darüber in d. Wahnsinn, lebte 16 Jahre in geistiger Umnachtung; **Mutter**: Dorothea Carolina Louisa, geb. von Jasmund (* 1750, † 16. Dez. 1800), lebte 1799 zs. mit ihren Töchtern, die sich von Handarbeit ernährten, in Alt-Damm; **Laufbahn**: trat um 1792 in d. Militärdienst ein, stand im Jahr 1800 als Sl im I-R Nr. 12, vor 1806 abgegangen; bat am 20. Nov. 1800 um e. Pension für seine Mutter, mit Resolution vom 6. Dez. d.J. sollte sie 100 T. bekommen, sie starb jedoch vor d. Erhalt d. Pension, nach e. neuen Supplik gingen diese 100 T. im Mrz. 1801 an seine beiden **Schwestern** Dorothea Carolina Louisa (* 1777) u. Henrietta (* 1779);

Quellen: GStA, II. HA, Abt. 13 a, Tit. III, Litt G, Nr. 11; Rangliste 1806, S. 23–24;

Obrist Balthasar Friedrich Frhr. von d. Goltz (* 20. Dez. 1708, † 6. Mai 1757)

Vater: Henning Bernhard (1681–1734), poln. Rittmstr., 1698 Erbherr auf d. poln. Gütern Heinrichsdorf, Reppow, Blumwerder, Lazig; **Mutter**: Elisabeth Catharina (1685–1768), e. Tochter von Conrad von Heydebreck auf Parsow; **Bruder**: Joachim Casimir (* 29. Jan. 1710, † 13. Juni 1767), trat 1729 in poln., im Jan. 1731 in preuß. Dienste ein, anfangs Ltnt. (im K-R Nr. 2), seit 1737 im K-R Nr. 3, 1740 hier als Rittmstr. gen., Anfang 1745 auf Wunsch dim., Jan. 1747 als Ol in kursächs. Dienste, 1756 als Obrist dim., bewirtschaftete dann zs. mit d. **Bruder** Franz Günther (1711–1769), Ltnt. im I-R Nr. 26, 1738 als Cap. dim., d. Heinrichsdorfer Güter in Polen; **Bruder**: Henning Bernhard (* 1718, † 30. Aug. 1757), 1737 Fähnrich im I-R Nr. 25, 1740 Ltnt., 1745 Stabs-Cap., 1756 Major, Flügel-Adjutant, bei Gr.-Jägersdorf gefallen; **Laufbahn**: engagierte sich im Nov. 1726 im I-R Nr. 20, 1730 Ltnt., Frühjahr 1741 Cap., Okt. 1741 Obrist-Wachtmstr. im I-R Nr. 42, Mai 1747 Ol, Nov. 1747 Obrist u. Kommandeur d. I-R Nr. 33, (1745 bzw.) Juni 1751 Orden p.l.m., gefallen in d. Schlacht bei Prag; **Güter**: seit 1748 Erbherr auf Kerstin im Ftm. Cammin, erworben von seinem Schwiegervater, dem kursächs. Kabinettsminister Ernst Christoph Graf von Manteuffel, besaß auch Krukenbeck, Gandelin, Krühne u. Jarmel; seine **Ehefrau** Henrietta Johanna Constantina verkaufte 1764 die Güter Kerstin an die Frau d. Rittmstrs. Johann Sigismund von Gaudecker namens Sophia Wilhelmina, geb. Freiin von Hertefeld;

Quellen: GStA, I. HA, Rep. 30, Nr. 243, Vas.tab. 1756, 1767; Stabi, Ms. boruss. fol. 313 (Bruder J.C.), fol. 314 (H.B. nicht in d. Listen 1740 u. 1756 f. d. I-R Nr. 25); Brüggemann, T 2/2, S. 568; Zedlitz, 2. Bd., S. 263; Fam.gesch., Tafel 28, S. 172, S. 175–176 (Bruder J.C.); Lehmann, Ritter, S. 44;

Gl Carl Christoph Friedrich Frhr. von der Goltz
(* 2. Dez. 1707, † 27. Juni 1761)*

Vater: Henning Bernhard (1681–1734), poln. Rittmstr., Erbherr auf Heinrichsdorf in Polen; **Mutter**: Elisabeth Catharina, geb. von Heydebreck (1685–1768); **Bruder**: George Franz Conrad (1704–1747)*, GM, Erbherr auf Heinrichsdorf; **Laufbahn**: Jan. 1724 Gefr. corp. im I-R Nr. 23, Sep. 1726 Fähnrich, April 1731 Sl, Mrz. 1733 Cap. u. Chef e. Comp. im I-R Nr. 26, Okt. 1741 Major, Mai 1747 Ol, Okt. 1751 Kommandeur d. I-R Nr. 26, Febr. 1757 GM, Mai 1757 Chef d. I-R Nr. 24, Febr. 1760 Gl, Mai 1761 Schwarzer-Adler-Orden; **Güter**: erwarb 1752 ½ Klützow im Krs. Pyritz, verkaufte dieses 1753 für 11 365 T. an d. Frau d. Landrates J.A von Oesterling; erstand 1752 auch d. Gut Groß Küssow im Krs. Pyritz vom Landrat J.A. von Oesterling, dessen Wert betrug 76 854, d. gekaufte Retzowsfelde wurde auf 30 719 T. taxiert; hinterließ diese Güter u. seinen Anteil an Heinrichsdorf seiner Witwe und seinen Kindern; sein Nachlaß hatte 1762 e. Wert von 147 146 T., darunter nur die Immobilien inkl. d. poln. Güter mit 123 981 T., d. Passiva einschl. d. Forderungen d. Witwe betrugen 99 414 T.; seine sieben Kinder, darunter fünf Töchter, hatten e. väterl. Vermögen von 37 680 T., inkl. d. mütterl. u. d. Nachlasses d. unbeerbten Brüder in Polen jedoch e. solches von über 100/m T. zu erwarten; **Ehefrau**: Friederica Margaretha, geb. von Burgsdorff, verw. von Sack (1713–1773), sie hatte e. Mitgift von 24/m T. u. machte 1761 Forderungen von insges. 36/m T. geltend; **Sohn**: Carl Alexander (1739–1818), stand 1767 als Flügel-Adjutant beim König in Potsdam, 1784 Cap., seit 1786 Graf, zuletzt Obrist, übernahm um 1780 als damaliger Cap. u. Quartier-Mstr.-Ltnt. d. Generalstabs im Gefolge d. Königs nach d. Auseinandersetzung mit seinen Geschwistern d. Güter Groß Küssow, Retzowsfelde sowie Anteil Heinrichsdorf in Polen; **Sohn**: August Leopold (1750–1822), hielt sich 1767 in Heinrichsdorf auf, 1784 als Ltnt. im I-R Nr. 14 gen., 1785 dim., 1790–1806 Landrat im Krs. Rastenburg; 1804 befand sich Groß Küssow in d. Hand d. EM F.W. von Thulemeyer, es hatte damals e. Wert von 75/m T.;

Quellen: GStA, I. HA, Rep. 30, Nr. 44 G, Pakete 9 285 u. 9 286; Nr. 44 M 80 h, Paket 9 336; Nr. 243, Vas.tab. 1756, 1767, 1804; Brüggemann, T. 2/1, S. 148–149; Fam.gesch., S. 206–207; Priesdorff, Nr. 322 (Bruder), Nr. 445;

Major Heinrich Samuel Gottlieb Frhr. von der Goltz
(* 6. Mrz. 1751, † 31. Mrz. 1816)

Vater: Christian Heinrich Gunther (* 1725, † nach 1770), poln. Starost, Erbherr auf Lüben u. Brotzen in Polen; **Mutter**: Sophie Elisabeth, geb. von Oesterling (* 1729, † nach 1793); **Laufbahn**: seit 1764 im Regiment, 1770 Sl im D-R Nr. 1, Mrz. 1787 Pl, Mai 1788 Stabs-Cap., Mai 1792 mit Wartegeld dim., Juli 1798 Charakter Major, **Güter**: erwarb 1788 von d. Erben d. Kriegsrates Richard Christoph Sydow Schellin im Krs. Pyritz für 22 100 T.; **Ehefrau**: Caroline Wilhelmine, geb. von Kowalski (1753–1821); **Sohn**: Heinrich (Otto) Wilhelm Lorenz (1787–1859), stand 1804 als Junker, 1806 als Cornet im D-R Nr. 1, 1821 als Rittmstr. im 9. Landwehr-Reg. dim., seit 1816 Erbherr auf Schellin;

Quellen: GStA, I. HA, Rep. 30, Nr. 243, Vas.tab. 1793, 1799, 1804; II. HA, Abt. 13 a, Tit. I, Litt G, Nr. 13; Stabi, Ms. boruss. fol. 314, fol. 907 a; Fam.gesch., Tafel 68, S. 404–405; Tb. Uradel 1910, S. 278;

Rittmstr. Hieronymus Constantin Heinrich Frhr. von der Goltz
(* 12. Mai 1752, † um 1796)

Vater: Conrad (1719–1783), stand zuerst im I-R von Kleist, 1741 als Cap. ins I-R Nr. 31, (Orden p.l.m.), 1758 Major im Frei-Reg. Graf von Hordt, 1760 Ol, 1763 Obrist, wegen Blessuren 1763 dim., Erbherr auf Anteil Brotzen u. Kesburg in Polen; **Mutter**: Charlotte Luise Henriette, e. To. d. GFM Heinrich Alexander von Kleist; **Bruder**: Friedrich Christoph Conrad (1749–1812), seit 1765 im Dienst, 1772 Ltnt. im H-R Nr. 8, 1798 Major, 1803 Kommandeur d. 2. Bat., Okt. 1807 als Postmstr. in Köslin versorgt; **Laufbahn**: engagierte sich um 1765 im Militärdienst, 1770 Junker, 1772 Ltnt. im H-R Nr. 8, 1784 als Sl wegen Schwerhörigkeit (nach 21 Dj.) verabschiedet, wollte 1784 seine beiden Güter Nassenhuben u. Hochzeit in d. Danziger Niederung an d. König verkaufen, erhielt 1791 d. Charakter Rittmstr., bekam keine Versorgung, obwohl die ihm angeblich zugesagt worden war, hinterließ kein Vermögen; **Ehefrau**: e. Tochter (* um 1773) von Lorenz Adam Erdmann von Gutzmerow auf Freist, s.d., sie bat 1803 u. 1805 um e. Pension aus d. pomm. Meliorationsfonds, sie hatte keine Kinder, will während d. Ehe ihre *illata* zugesetzt haben, um seine Schulden zu bezahlen, sie ging als Witwe zu ihren Eltern zurück, die sie aber nicht unterstützen konnten, weil sie noch für weitere sieben Kinder sorgen mußten, zwei ihrer Brüder standen im Militärdienst, sie wurde 1805 auf d. Liste d. Expectanten für e. Pension gesetzt;

Quellen: GStA, II. HA, Abt. 13 a, Tit. III, Litt G, Nr. 21; Schöning, 5. H-R, S. 125, S. 548, S. 555; Fam.gesch., S. 259 (seine Frau danach e. geb. v.d. Goltz), S. 261;

Ltnt. Johann Franz von der Goltz (* 1744)

aus Pommern gebürtig; **Laufbahn**: seit 1758 im Militär, stand 1775 als Pl im I-R Nr. 4, vor 1787 abgegangen;

Quellen: Stabi, Ms. boruss. fol. 313 (nicht in d. Rangliste 1763, nur 1775 gen.);

Major Bernhard Friedrich von Gordon (1746–1820) *

Vater: Bernhard Friedrich August (* um 1710, † 1757), Page bei Königin Sophia Dorothea, seit 1725 im Militär, Abschied als Offz. von d. Garde, Wiedereintritt (1756), seit 1744 im H-R Nr. 2, 1750 hier als Ltnt. gen., 1757 ins Garn.-Reg. Nr. 7 versetzt, (an Blessuren gest.); **Mutter**: Elisabeth Clara, geb. von Below, verlor durch e. Prozeß ihr Vermögen; **Schwester**: Ernestine Eleonora, bat 1796 um e. Pension, wurde abgewiesen, weil sie im Stift in Kolberg untergebracht u. damit versorgt war; **Laufbahn**: *cadet* in Berlin, seit 1759 im Militär, 1772 Sl im I-R Nr. 21, Mrz. 1779 Stabs-Cap., stand noch 1783 im Regiment, erhielt im Sep. 1793 als Major für d. Aktion bei Pirmasens d. Orden p.l.m., 1798, 1806 Kommandeur d. 3. Mousq.-Bat. d. I-R Nr. 10 in Lippstadt, 1820 als pens. Major gest.; **Ehefrau**: Johanna, e. To. d. Bürgermeisters Hennenberg in Quedlinburg, aus d. Ehe mehrere Söhne, die alle in d. Militärdienst eintraten;

Quellen: Stabi, Ms. boruss. fol. 311, fol. 315 (Vater), fol. 907 a; Rangliste 1806, S. 87; Zedlitz, 2. Bd., S. 268; Ardenne, H-R Nr. 2, S. 414 (Vater); Lehmann, Ritter, S. 281;

Cap. Friedrich Wilhelm von Gordon (* 1730)

aus Pommern gebürtig; **Laufbahn**: seit 1751 im Militär, Aug. 1764 Pl, Dez. Stabs-Cap., 1787 Cap. u. Chef e. Comp. im Garn.-Reg. Nr. 8;

Quellen: Stabi, Ms. boruss. fol. 312;

Cap. Andreas von Gostkowsky (* 27. Febr. 1730)*

Vater: kam vor 1730 aus Polen, machte sich in Vangerow im Krs. Neustettin ansässig; **Bruder**: Gottfried (1723–1757), seit 1743 im Militär, als Sl im D-R Nr. 2 in Dresden gest.; **Bruder**: Franz Jacob (1724–1757), seit 1740 im Militär, stand 1756 als Sl im I-R Nr. 21, als solcher 1757 bei Criewitz gefallen; **Laufbahn**: Juli 1746 *cadet* in Berlin, seit April 1750 im I-R Nr. 3, Sep. 1756 Fähnrich, Okt. 1757 Sl, Mai 1761 Pl, 1779 als Cap. im I-R Nr. 3 gen., vor 1783 abgegangen;

Quellen: Stabi, Ms. boruss. fol. 310, fol. 311 (Bruder F.J., geb. in Polen); fol. 314 (A. geb. in Pommern); fol. 315 (Bruder G., in Polen geb.); Gesch. I-R Nr. 3, S. 252–253;

Ltnt. Anton (bzw. Adam Ewald) von Gostkowsky (* 1753)

Vater: Philipp Jacob, Erbherr auf Nieder Komsow im Distrikt Lauenburg; **Mutter**: Christiane Dorothea Elisabeth, geb. von Puttkamer (* 1722, † 19. Nov. 1791), sie besaß 1780 e. Vermögen von 500 T., nahm für d. Unterstützung ihres einzigen Sohnes 100 T. Schulden auf, bekam auf dessen Gesuch 1781 e. pomm. Pension von 50 T.; **Laufbahn**: seit 1772 im Militär, 1787 Sl im I-R Nr. 23, 1791 als Pl gen., vor 1797 abgegangen;

Quellen: GStA, I. HA, Rep. 30, Nr. 43, Paket 9236; II. HA, Abt. 13 a, Tit. III, Litt K, Nr. 6 (Mutter); Stabi, Ms. boruss. fol. 316 (als Gustkowsky); Fam.gesch. Puttkamer 1984, S. 232;

Ltnt. Carl Friedrich Wilhelm von Gostkowsky (* 9. Dez. 1776, † 22. Juli 1794)*

Vater: Jacob Gneomar (1743–1810), Erbherr auf Groß Gustkow H im Distrikt Bütow, 1771 im Wert von 1/m fl., 1804 von 333 T.; **Mutter**: Constantia Charlotte, geb. von Rentzell; **Laufbahn**: engagierte sich im I-R Nr. 3, als Ltnt. 1794 (in d. *Campagne*) in Frankfurt am Main gest:, **Bruder**: Carl (* um 1775), stand 1801 als Ltnt. im I-R Nr. 28 in Brieg, vor 1806 abgegangen;

Quellen: GStA, I. HA, Rep. 30, Nr. 249, Vas.tab. 1771, 1778, 1801, 1804; Tb. Briefadel 1928, S. 187;

Ltnt. Carl Leopold von Gostkowsky (* 9. Jan. 1747, † 25. Sep. 1775)*

Vater: Carl Ludwig (* um 1716), Erbherr auf Anteil Groß Gustkow im Distrikt Bütow im Wert von 1/m fl., 1771 hier noch gen.; **Mutter**: Dorothee, e. geb. von Losthin aus Vargow; **Bruder**: Johann Gneomar (* 1743), 1771 bei d. Eltern auf d. Gut, saß 1797 auf e. Ackerhof im Groß Gustkow; **Schwester**: Anna Elisabeth (* 1764), sie besaß 1797 e. Vermögen von 200 T., hielt sich in Glowitz auf u. ernährte sich von Handarbeit; **Laufbahn**: Aug. 1763 *cadet*, Mai 1766 überzähliger Fähnrich im I-R Nr. 19, Okt. 1766 wirkl. Fähnrich, 1775 als Ltnt. am Fleckfieber gest.;

Quellen: GStA, I. HA, Rep. 30, Nr. 243, Vas.tab. 1756; Nr. 249, Vas.tab. 1771; II. HA, Abt. 13 a, Tit. III, Litt Z, Nr. 9 (Schwester, Hinweis auf d. Eltern); Stabi, Ms. boruss. fol. 314; Gesch. I-R Nr. 19, S. 139; Crousaz, Beilage C, S. 35 (hier als Guskowski);

Major Franz Christian von Gostkowsky (1732–1800)

(**Vater**: Erbherr auf Anteil Groß Gustkow im Distrikt Bütow); **Bruder**: Johann Friedrich (1723–1783), 1778 auf Anteil Groß Gustkow im Distrikt Bütow genannt, Sohn: Lorenz Leopold (1761–1815), Major, s.d.; **Laufbahn**: ging im 14. Jahr zu d. *cadets*, stand 1756 als Gefr.corp. im I-R Nr. 21, Juni 1765 Pl, noch 1772 hier als Pl genannt, bekam 1779 nach 33 Dj. eine *Compagnie*, verlor diese nach kurzer Zeit, will im Regiment viele Feinde gehabt haben, bei d. Revue von 1781 wegen vorübergehender Kränklichkeit dim. u. ins Magdeburger Land-Reg. mit e. monatlichen Pension von zehn T. versetzt, gab in e. Immediatsupplik vom 20. Mrz. 1782 an, zwei *Campagnen* mitgemacht u. in fünf Bataillen drei Blessuren erlitten zu haben, wäre wieder genesen u. könnte noch 20 Jahre dienen, zuletzt Major im Land-Reg., in Halberstadt gest.; **Ehefrau**: e. To. d. Cap. Jacob Ewald von Massow († 1786);

Quellen: GStA, I. HA, Rep. 96, Nr. 93 L l 2; VIII. HA, Slg. A.B. König, Nr. 449; Stabi, Ms. boruss. fol. 310, fol. 311; Rangirrolle Saldern, I-R Nr. 21;

Cap. George Christoph von Gostkowsky (* 12. Febr. 1753, † 27. April 1808)

Vater: Johann George († vor 1790), Erbherr auf Anteil Vangerow im Krs. Neustettin; **Mutter**: Sophie, geb. von Rentzell; **Laufbahn**: seit 1767 im Militärdienst, 1773 Gefr.corp., Juni 1775 Fähnrich im I-R Nr. 35, 1787 als Sl, 1792 als Pl gen., Mrz. 1802 Cap. im I-R Nr. 35, 1808 als Cap. gest.;

Quellen: GStA, I. HA, Rep. 30, Nr. 249, Vas.tab. 1771, 1778; Stabi, Ms. boruss. fol. 311; Taeglichsbeck, S. 270;

Cap. George Ludwig von Gostkowsky (* 1762)

Vater: Jacob (* um 1733, † vor 1781), Erbherr auf Ober u. Nieder Komsow im Distrikt Lauenburg, 1771 im Wert von 24 900 fl.; **Mutter**: Elisabeth, e. Schwester d. Cap. von Thadden; **Bruder**: (Jacob) Johann Leopold (* 1765), Juni 1778 *cadet* in Stolp, April 1781 *cadet* in Berlin; **Laufbahn**: Mai 1773 *cadet* in Stolp, April 1776 *cadet* in Berlin, 1780 Fähnrich, 1787 Sl im I-R Nr. 14, 1806 Cap. im I-R Nr. 57, 1806 als Major pens.;

Quellen: GStA, I. HA, Rep. 30, Nr. 249, Vas.tab. 1771, 1778; VIII. HA, Slg. A.B. König, Nr. 449 (d. Vater hier als Johann Paul, gest. 1776); Stabi, Ms. boruss. fol. 311, fol. 907 a; Brüggemann, T. 2/2, S. 1068–1069; Rangliste 1806, S. 77; Crousaz, Beilage C, S. 36; Stolper Kadetten, S. 6, S. 10;

Major Johann Jacob von Gostkowsky (* um 1749, † 1811)

Vater: Franz Matthias (* um 1725, † 1796), Erbherr auf Anteil Groß Gustkow im Distrikt Bütow, mußte diesen schulden- u. altershalber verkaufen, hielt sich 1789 in Damerkow auf, hinterließ drei Töchter u. zwei Söhne; **Bruder**: (Franz Matthias (* 1770), Okt. 1781 *cadet* in Stolp, Juni 1786 *cadet* in Berlin), stand 1789 als Fahnenjunker, 1796, 1798 als Ltnt. im I-R Nr. 28 in Brieg, vor 1806 abgegangen; **Schwester**: Barbara Euphrosina (* 1760), sie mußte sich seit etwa 1775 ihr Brot bei fremden Leuten als *Wirtschaftsfräulein* verdienen, befand sich 1789 in Kunhof im Krs. Stolp *in Condition*, besaß 1796 ein Vermögen von 200 T., sie bekam im Jahr 1800 e. Pension von 50 T.; zwei weitere Schwestern waren verheiratet, die eine mit d. Besitzer von Aalbeck im Distrikt Lauenburg; **Laufbahn**: seit April 1764 im I-R Nr. 48, Juli 1772 Sl, 1789 als Pl, 1798 als Cap. im I-R Nr. 48, 1806 als Major gen., 1811 als Major gest;

Quellen: GStA, I. HA, Rep. 30, Nr. 243, Vas.tab. 1756; Nr. 249, Vas.tab. 1771, 1778; II. HA, Abt. 13 a, Tit. III, Litt G, Nr. 32 (Schwester); Ms. boruss. fol. 312, fol. 907 a; Rangliste 1806, S. 83; Stolper Kadetten, S. 15–16 (F.M.);

Cap. Lorenz Leopold von Gostkowsky (* 28. Aug. 1761, † 8. Dez. 1815)

Vater: Johann Friedrich (* 1723, † Okt. 1783), Erbherr auf Groß Gustkow B im Distrikt Bütow im Wert von 666 T., darauf Schulden von 100 T., d. Gut soll durch Prozesse gelitten haben; **Mutter**: Constantia Friederike, geb. von Puttkamer (* 1739, † 29. Mrz. 1793), sie besaß e. Mitgift von 1/m T., hinterließ fünf Töchter u. zwei Söhne, bekam seit Mrz. 1788 e. Pension von 100 T., ihre Töchter leisteten Handarbeit u. lebten in kümmerlichen Umständen, bekamen im Sep. 1794 zs. e. Pension von 50 T.; **Vater-Bruder**: Franz Christian (1732–1800), Cap., s.d.; **Vater-Bruder**: George Jacob (1734–1759), als Ltnt. im I-R Nr. 32 an einer bei Kay erlittenen Blessur gest.; **Bruder**: Franz Friedrich (1764–1842), 1778 *cadet* in Stolp, (1781 ins Reg. bzw. 1782 als Kadetten-Uffz. gen.), Mai 1786 Cornet im K-R Nr. 10, Nov. 1788 Ltnt., 1802 Stabs-Rittmstr., Okt. 1805 Rittmstr., Nov. 1807 Major, Mai 1809 Abschied, in Groß Gustkow gest.; **Laufbahn**: Juni 1769 *cadet* in Stolp, April 1774 *cadet* in Berlin, Okt. 1782 Sl im I-R Nr. 21, 1793 hier als Stabs-Cap. gen.; 1806 Cap. im I-R Nr. 57, noch 1806 als Major pens. **Ehefrau**: Louise Henriette Margarethe, geb. von Zitzewitz aus Klein Gansen (1770–1824); **Güter**: 1794 wurde d. väterliche Gutsanteil auf e. Wert von 1200 T. beziffert, darauf Schulden von 466 T., d. jährlichen Pachteinnahmen betrugen 55 T., d. sieben Geschwister besaßen zs. e. Vermögen von 700 T.; d. damalige Ltnt. F.F. bezeichnete 1797 d. väterl. Gut als *mittelmäßiges* Bauerngut, dessen Ertrag kaum hinreichte für d. Unterhalt von drei Schwestern, bat für diese deshalb immediat um e. Präbende; 1804 soll Groß Gustkow B, im Besitz d. Brüder, e. Wert von 400 T. gehabt haben;

Quellen: GStA, I. HA, Rep. 30, Nr. 249, Vas.tab. 1771, 1778, 1804; Rep. 96, Nr. 260 G; II. HA, Abt. 13 a, Tit. III, Litt G, Nr. 8, Nr. 30; Stabi, Ms. boruss. fol. 311 (L.L. u. Onkel F.C., 1764 als Goskowsky); Schwerin, K-R Nr. 10, T. 2, S. 222, T. 3, Anhang (Bruder F.F.); Stolper Kadetten, S. 2 (als Gustkowsky); Tb. Briefadel 1928, S. 184; Fam.gesch. Puttkamer 1984, S. 507;

Ol Raphael von Gotsch (* 1727)

aus Preußen gebürtig; **Laufbahn**: engagierte sich 1744 im Militärdienst, Aug. 1749 Cornet im K-R Nr. 6, Aug. 1764 Rittmstr. u. Chef e. Escadron, Juli 1779 Major im K-R Nr. 6, 1789 als Ol u. Commmandeur d. Reg. genannt; **Ehefrau**: Sophia Dorothea Elisabeth († vor 1789), e. To. d. GM Christoph Ludwig von Stille (1696–1752); **Schwager**: Friedrich Wilhelm Ludwig von Stille (1731–1796)*, KD-rat in Lingen; **Schwägerin**, 1789 gen., Witwe Cap. von Cornin, geb. von Stille; **Güter**: über seine Frau Mitbesitzer des Erbzinsgutes Schwabach bei Stettin, das dem GM von Stille vom König geschenkt worden war; der Witwe Cap. von Cornin drohte wegen Schulden d. Personalarrest, sie bat daher die Miterben um die Erlaubnis, d. Fideikommiß aufheben u. d. Erbzinsgut verkaufen zu dürfen; d.

Erben stimmten zu u. im Mai 1791 wurde die *Entreprise* Schwabach für 7 100 an d. Akziseeinnehmer Dreger verkauft; 3 550 T. wurden an die Erben d. GM von Stille ausgezahlt, die andere Hälfte nahm d. Magistrat zu Stettin in Beschlag, der im Rechtsstreit mit d. Erben wegen Bewallungsgeldern lag;

Quellen: GStA, I. HA, Rep. 30, Nr. 44, S 122 Q, Paket 9 380; Stabi, Ms. boruss. fol. 315; biogr. Handbuch, S. 984–985;

Ltnt. Carl August Wilhelm von Gottberg (* 8. Aug. 1783, † 2. April 1848)

Vater: Gustav Wilhelm (1756–1803), vorm. Fähnrich, Landschaftsrat, Erbherr auf Starnitz u. Kriwan im Krs. Stolp, 1804 im Wert von zs. 16/m T.; **Mutter**: Philippine Jacobine, geb. von Wobeser (* 1752), **Bruder**: August Werner Heinrich (1784–1846), 1800 Cornet, 1804 Ltnt. im D-R Nr. 6, 1828 als Major im 3. K-R (mit d. Charakter Ol) pens.; **Bruder**: Heinrich George Otto (1785–1859), 1800 Fähnrich, 1804 Ltnt. im I-R Nr. 17, 1806 Ltnt. u. Gen.-Adjutant, 1812 dim.; **Laufbahn**: seit 1797 im Regiment, 1800 Fähnrich, Febr. 1802 Sl im I-R Nr. 24, 1807 dim.;

Quellen: GStA, I. HA, Rep. 30, Nr. 243, Vas.tab. 1793, 1799, 1804; Stabi, Ms. boruss. fol. 316, fol. 907 a; Tb. Briefadel 1908, S. 366–367;

Cap. Christian Lorenz von Gottberg (* 1702, † vor 1773)

Vater: Franz Döring († um 1735), Cap., Erbherr auf Labüssow, Groß u. Klein Dübsow im Krs. Stolp; **Mutter**: Euphrosine, geb. von Zitzewitz; **Bruder**: Franz Döring (1701–1764), Uffz. im I-R Nr. 11, Erbherr auf Groß u. Klein Dübsow im Krs. Stolp; **Bruder**: Martin Heinrich (1705–1745), seit 1724 im Regiment, stand 17,5 Jahre im I-R Nr. 25, zuletzt Stabs-Cap., im Jan. 1740 als Cap. ins I-R Nr. 36 versetzt, Juni 1743 Major, zeitweilig Mitbesitzer von Labüssow; **Bruder**: Paul Dietrich, Kammerpräs. zu Schleusingen in Henneberg; **Laufbahn**: Sep. 1717 *cadet* in Berlin, 1722 Fähnrich im I-R Nr. 26, 1732 hier als Sl gen., 1736 als Ltnt. (mit d. Charakter Cap.) dim., 1756 als vorm. Capitain gen.; **Güter**: seit 1745 alleiniger Besitzer von Labüssow, 1756 Erbherr auf Labüssow für 6/m T. u. auf Starnitz für 9/m T., noch 1767 auf beiden Gütern gen.; **Ehefrau**: Anna Charlotte, geb. von Puttkamer (* 1717); **Söhne**: Carl Ludwig (1752–1788), kränklich, weilte 1767 beim Vater, später Erbherr auf Redlin; Friedrich August (1754–1759), Gustav Wilhelm (1756–1803); 1773 verkaufte die Witwe d. Gut Labüssow für 5 300 T. an d. Cap. Caspar Heinrich von Zitzewitz; 1804 befand sich Labüssow im Wert von 7/m T. in d. Hand (d. Fähnrichs Gustav) Wilhelm von Gottberg;

Quellen: GStA, I. HA, Rep. 30, Nr. 44, G 47 a, Paket 9 281; Nr. 243, Vas.tab. 1756, 1763, 1767, 1804; Stabi, Ms. boruss. fol. 314 (C.L. u. Bruder M.H.); Brüggemann, T. 2/2, S. 977; Gesch. I-R Nr. 36, S. 65; Crousaz, Beilage C, S. 32; Tb. Briefadel 1908, S. 366–367;

Ltnt. Lorenz Wilhelm von Gottberg (* 1733, † 1790)

Vater: Franz Joachim (* um 1698), Aug. 1718 Cornet im D-R Nr. 1, Mrz. 1720 Abschied; **Mutter**: e. geb. von Below; **Bruder**: Joachim Friedrich (* um 1720), seit 1740 im Militär, 1750 Sl im I-R Nr. 12, Mai 1752 *wegen Händeln* dim.; **Mutter-Bruder**: Gl Lorenz Ludwig von Below (1692–1760)*, setzte in seinem 1757 errichteten Testament seinen Neffen L.W.

zum Haupterben ein; **Frauen**: in erster Ehe verh. mit Veronica Charlotte, geb. von Below, in zweiter mit e. von Kleist, aus beiden Ehen keine Kinder, **Schwester**: Anna Dorothea, geb. von Gottberg, verh. von Jutrzenka; **Neffe**: Joachim von Gottberg; **Laufbahn**: 1752 als Junker ins Regiment, Juni 1756 Fähnrich im I-R Nr. 11, 1757 Sl, Mai 1763 wegen *schlechter Conduite* dim.; **Güter**: erwarb 1766 Lindow im Krs. Schlawe für 20 Jahre auf Wiederkauf; kaufte 1782 Stepen im Ftm. Cammin für 13 550 T., die Landschaft taxierte es später jedoch nur auf 8 599 T., darauf 1790 Schulden von 6 400 T.; 1790 besaß die Witwe von Gottberg d. Gut Stepen;

Quellen: GStA, I. HA, Rep. 30, Nr. 44, G 47 a, Paket 9281; Stabi, Ms. boruss. fol. 316 (Bruder J.F.); Brüggemann, T. 2/2, S. 876; Fam.gesch., S. 21, S. 23; Becker, I-R Nr. 11, T. 1, S. 183, S. 298, S. 416; Priesdorff, Nr. 379 (Onkel); nicht im Tb. Briefadel;

Ltnt. Michael Ernst von Gottberg (* um 1712)

aus Pommern gebürtig; **Laufbahn**: seit 1727 im Militär, 1730 Gefr.corp. im I-R Nr. 17, 1740 Pl, vor 1756 abgegangen;

Quellen: Stabi, Ms. boruss. fol. 316; nicht im Tb. Briefadel 1908;

Ltnt. Peter von Gottberg (* 1696)

aus Pommern gebürtig; **Laufbahn**: seit 1712 im Militär, Okt. 1718 Cornet im K-R Nr. 2, Aug. 1722 Ltnt., 1730 noch als Ltnt. genannt, vor 1739 abgegangen;

Quellen: Stabi, Ms. boruss. fol. 315; Schwerin, K-R Nr. 10, T.1, S. 202–204;

Ltnt. Peter Friedrich von Gottberg (* 1740, † 14. Sep. 1802)

Vater: Franz Döring (1701–1764), vorm. Uffz., seit 1735 Erbherr auf den väterlichen Gütern Groß u. Klein Dübsow, noch 1763 Erbherr auf Dübsow im Krs. Stolp im Wert von 7/m T., war dessen einziger Sohn; **Mutter**: Nikolaine Juliane, geb. von Zitzewitz; **Vater-Brüder**: Paul Dietrich, amtierte 1756 als Kammerpräsident in Schleusingen in d. Gfsch. Henneberg; Christian Lorenz (* 1702, † vor 1773), Cap., s.d.; **Laufbahn**: hielt sich 1756 zur Erziehung bei seinem Onkel in Schleusingen auf; engagierte sich im Militärdienst, 1763 noch aktiv, 1767 als vorm. Ltnt. gen., in zweiter **Ehe** verh. mit Charlotte Elisabeth Witwe von Massow, geb. von Wobeser (* 1740); **Güter**: besaß seit 1767 d. väterl. Gut Groß u. Klein Dübsow bei Stolp; **Sohn**: Franz Wilhelm Friedrich (1765–1818), (seit 1779 im Militär, 1787 Sl im I-R Nr. 17), Salzinspektor in Vorpommern, seit mind. 1800 Erbherr auf Labüssow; **Sohn**: Otto Bogislav (1777–1851), 1794 Fähnrich im I-R Nr. 17, 1800 als Ltnt. gen., vor 1804 abgegangen, Erbherr auf Groß u. Klein Dübsow, 1804 im Wert von 15/m T.;

Quellen: GStA, I. HA, Rep. 30, Nr. 44, G 47 a, Paket 9 281; Nr. 243, Vas.tab. 1756, 1763, 1767, 1794, 1800, 1804; Brüggemann, T. 2/2, S. 960–961; Fam.gesch., S. 22, S. 24; Tb. Briefadel, 1908, S. 365;

Cap. Christian Gottlieb von Grabowsky (* 1746)

Vater: *Land-Cavalier* in Hinterpommern; **Mutter**: e. geb. von Lossow: **Mutter-Bruder:** GM von Lossow; **Bruder**: Wilhelm Ludwig (* 1756), seit 1770 im Militär, Okt. 1773 Fähnrich im I-R Nr. 41, Aug. 1777 Sl, noch 1790 (als Ltnt.) gen.; **Laufbahn**: seit 1764 im Regiment, 1766 Fähnrich im I-R Nr. 30, 1775 Sl, Nov. 1784 Stabs-Cap., hier noch um 1790 gen., vor 1806 abgegangen;

Quellen: Stabi, Ms. boruss. fol. 311, fol. 315 (Bruder); Priesdorff, Nr. 561 od. 569 (Mutter-Bruder);

Cap. Johann von Grabowsky (* 1769, † 1808)

Vater: Martin († 6. Nov. 1790), Erbherr auf e. Anteil von Groß Gustkow im Distrikt Bütow, hinterließ drei Söhne u. drei Töchter; **Mutter**: Maria Elisabeth, geb. von Jarck (1736–1792), sie besaß 1791 zs. mit ihren Kindern e. Gutsanteil in Groß Gustkow im Wert von 4 bis 500 T., wurde im Febr. 1792 auf d. Expectantenliste für e. Pension gesetzt, noch 1792 gest.; **Brüder**: Paul (* 1761) u. Anton, beide *applizirten sich zur Ökonomie* u. hielten sich 1796 in Groß Gustkow auf; **Laufbahn**: Juni 1780 *cadet* in Stolp, Sep. 1782 *cadet* in Berlin, seit 1783 im Regiment, April 1788 Sl im I-R Nr. 13, 1806 als Stabs-Cap. gen., 1808 als aktiver Offz. gest.; **Schwester**: Marianna (* 1773), sie besaß 1796 e. Vermögen von 200 fl., war kränklich u. in kümmerlicher Lage, erhielt im Jan. 1801 e. Pension von 50 T.;

Quellen: GStA, II. HA, Abt. 13 a, Tit. III, Litt G, Nr. 29; Litt L, Nr. 1, Bde. 1 u. 2; Stabi, Ms. boruss. fol. 311, fol. 907 a; Rangliste 1806, S. 12; Stolper Kadetten, S. 13; Panske, S. 251

Ltnt. George Wilhelm von Gramm (* 1713)

aus Pommern gebürtig; **Laufbahn**: seit 1733 im Militär, Sep. 1740 Fähnrich im I-R Nr. 28, 1741 *versetzt unter Braun* (Sep. 1742 Sl im Garn.-Reg. Nr. 6, vor 1756 abgegangen); (**verwandt**: Otto Casimir von Gramm (* 1716), seit 1734 im Militär, Dez. 1738 Fähnrich im I-R Nr. 28, 1742 versetzt ins Garn.-Reg. Nr. 6, 1746 hier nicht gen., auch nicht im I-R 42: fol. 314);

Quellen: Stabi, Ms. boruss. fol. 314 (im Sep. 1740 standen drei von Gramms im Reg., darunter e. Corp. George Wilhelm), fol. 315; nicht bei Siebmacher, Bd. 6/9;

Cap., Landrat Anton Adam Gotthold von Grape
(* 31. Juli 1734, † 4. Jan. 1795) *

Vater: Gustav Heinrich (1690–1737), hannöversch. Rittmstr., Erbherr auf Tetzlaffhagen A u. Anteil Lüttkenhagen im Krs. Greifenberg, 1756 im Wert von 7/m T.; **Mutter**: Anna Elisabeth, geb. von Weiher; **Laufbahn**: seit 1750 im I-R Nr. 22, 1754 Fähnrich, 1756 Sl, 1757 Pl, 1762 Stabs-Cap., 1763 Abschied als Cap.; amtierte von 1792 bis 1795 als Landrat im Krs. Greifenhagen; **Güter**: seit 1760 Erbherr auf Dorfhagen, Tetzlaffhagen A u. (seit 1756 auf) Anteil Lüttkenhagen im Krs. Greifenberg, 1767 im Wert von 17 500 T., darauf Hypotheken von 13 138 T., löste 1767 Dünow A für 9 533 T. u. Damhof für 2 630 T. wieder ein; **Ehefrau**: Friederike Wilhelmine Amalie, geb. von Arnim (1752–1784); **Sohn**: Carl Adam George Rudolph (1778–1846), Besuch d. Schule in Greifenberg, verließ im Sep. 1796 nach vier Jahren d. Akademische Gymnasium in Stettin mit d. Abitur, studierte von Herbst 1796 bis 1798 an d. Viadrina; wollte im Frühjahr 1799 seine Güter selbst bewirtschaften, suchte deshalb um d. *venia aetatis* nach, erhielt gute Atteste durch seinen Vormund Carl Friedrich von Rhein auf Wildenhagen, seinen Onkel, d. Major Franz Otto Heinrich von der Osten vom I-R Nr. 22, seinen Schwager Adam Heinrich von Kleist aus Stargard u. Prof. Otto aus

Frankfurt; lt. Kösliner Pupillenkollegium war d. väterl. Erbauseinandersetzung noch nicht abgeschlossen, d. Suppl. hatte danach e. Vermögen von ungefähr 10/m T., d. Kollegium stimmte ebenfalls für d. Antrag; erhielt d. *venia* am 3. Juni 1799; 1804 hatten seine Güter Damhof, Dorfhagen, Dünow A, Grünhof, Lüttkenhagen, Tetzlaffhagen e. Wert von 60/m T., 1793 waren sie nur auf 41 309 T. geschätzt worden; ging 1805 e. erste Ehe ein mit Amalie Wilhelmine, geb. Steckling († 1851), beide wurden 1818 geschieden;

Quellen: GStA, I. HA, Rep. 30, Nr. 44, G 46, Paket 9 279; Nr. 243, Vas.tab. 1763, 1767, 1793, 1799, 1801, 1804; Stabi, Ms. boruss. fol. 314; Brüggemann, T. 2/1, S. 422–423, S. 454–455, Tb. Uradel 1917, S. 355; biogr. Handbuch, S. 342;

Cap. Friedrich Jacob von Grape (* 1764)

aus Pommern gebürtig; **Laufbahn**: seit 1779 im Militärdienst, 1787 Sl im I-R Nr. 32, 1806 als Cap. gen., 1817 als aggr. Major beim 17. I-R pens.;

Quellen: Stabi, Ms. boruss. fol. 312, fol. 907 a; Rangliste 1806, S. 75;

Ltnt. Friedrich Wilhelm von Grape (* 22. Okt. 1730, † 1758)

Vater: Adam Friedrich (* um 1695, † 1744), Dez. 1713 Fähnrich im I-R Nr. 22, stand 1733 als Cap. im Garn.-Reg. in Stettin, seit 1717 Erbherr auf Dorfhagen im Wert von 9 252 fl., auch auf Tetzlaffhagen im Krs. Greifenberg, wurde 1725 wegen Wildfrevel u. 1728 wegen e. Verstoßes gegen d. Duell-Edict zu Geldstrafen von 200 u. 100 T. verurteilt; **Mutter**: Hedwig Juliane, geb. von Brockhusen; **Großvater**: Adam Wolf, Rittmstr.; **Vater-Bruder**: Gustav Heinrich (1690–1737), hannöv. Rittmstr., Vetter: Anton Adam Gotthold (1734–1795), Cap., Landrat, s.d.; **Vater-Schwester**: Clara Sophia, verh. mit Adam Henning von Kameke (1690–1754), Ol im I-R Nr. 20, zuletzt Kommandant auf d. Regenstein, dieser prozessierte seit 1722 gegen d. Schwager A.F. wegen d. Mitgift seiner Frau in Höhe von 1 700 fl., erwirkte d. *Immission* in mehrere Bauernhöfe; **Bruder**: Gotthilf Erdmann Leopold (1738–1858), seit 1752 im Militärdienst, 1758 als Gefr.corp. im I-R Nr. 38 gefallen; **Schwester**: Charlotta Eleonora (* 1735), mußte sich 1774 von d. Zinsen von 600 T. ernähren; **Schwester**: Anna Louisa (* 1723), verh. mit d. Prediger Wilck zu Güstow bei Stettin, bat im Febr. 1786 um e. pomm. Pension, machte bei d. Gelegenheit darauf aufmerksam, daß d. Cap. A.A.G. seine vier Basen *sehr schlecht behandelt* haben soll; **Laufbahn**: trat 1745 in d. Militärdienst ein, Nov. 1748 Fähnrich, Jan. 1753 Sl im I-R Nr. 33, als Ltnt. 1758 gefallen; **Güter**: 1756 als Erbherr auf Dorfhagen im Wert von 7/m T. genannt; 1760 fiel d. Gut an d. Lehnsfolger, d. Cap. Anton Adam Gotthold von Grape, s.d.;

Quellen: GStA, I. HA, Rep. 30, Nr. 44, G 46, Paket 9 280; Nr. 243, Vas.tab. 1756, 1763, 1767; Rep. 96, Nr. 435 G, Bd. 3; Stabi, Ms. boruss. fol. 311; Brüggemann, T. 2/2, S. 423; Tb. Uradel 1917, S. 356;

Rittmstr. George Friedrich von Grape (* 1679, † 1744)

Vater: Wilcke Jürgen († Aug. 1693), schwed. Ltnt., Erbherr auf (Dorfhagen u.) Schäferei Damhof im Krs. Greifenberg; **Mutter**: Esther Barbara, geb. von Ploetz († vor 1781); **Laufbahn**: trat 1696 in d. Militärdienst, Juli 1708 Ltnt. im Reg. Wartensleben zu Pferd, Juni 1719 Rittmstr. im K-R Nr. 2, 1720 zur Garnison Memel versetzt (im Sep. 1721 nicht im Garn.-Bat. Nr. 1); **Güter**: erbte von seinem Vater Damhof, dieses fiel nach seinem Tod an d. Lehnsfolger;

Quellen: Stabi, Ms. boruss. fol. 315, fol. 319; Brüggemann, T. 2/1, S. 423; Monteton, K-R Nr. 2, S. 55; Tb. Uradel 1917, S. 354–355 (als Jürgen Fr.);

Cap. Gerhard Siegmund von Grape (* um 1700, † 20. Nov. 1777)

Vater: Sigismund († vor 1729), Erbherr auf Karwitz im Krs. Schlawe, war dessen dritter Sohn; **Mutter**: Barbara Catharina, geb. von Wobeser; **Bruder**: Jacob Heinrich (* 1695, † vor 1760), seit 1708 im Militär (Gefr.corp., Okt. 1714 Fähnrich, 1725 Pl im I-R Nr. 26, 1731 als Cap. dim.), stand 1732 u. 1739 als Cap. u. Chef e. Comp. im I-R Nr. 15, Dez. 1740 Ol im I-R Nr. 35, Mai 1743 Obrist, seit Jan. 1746 Chef d. Garn.-Reg. Nr. 4 in Aken an d. Elbe, hier noch 1756 gen., Sohn: Jacob Ludwig (1735–1811)*, Kammerpräs. in Posen; **Bruder**: Hans Bogislav (1697–1747), Major, s.d.; **Bruder**: Erdmann (1712–1748), seit 1727 im Militär, 1732 Gefr.corp. im I-R Nr. 26, 1743 Stabs-Cap., 1748 als Cap. gest.; **Bruder**: Caspar Richard (* 1704, † 1741), Febr. 1720 *cadet* in Berlin, 1724 Cornet im im D-R Nr. 1 (bzw. 2), vor 1735 abgegangen; **Bruder**: Heino Hector (* um 1707, † 1741); **Laufbahn**: trat um 1717 in d. Militärdienst ein, 1725 als Pl im I-R Nr. 26 gen., zuletzt hier Stabs-Cap., im Febr. 1732 wegen Lähmung am Fuß dim.; **Güter**: seit 1739 Erbherr auf d. väterl. Gut Karwitz, seit 1763 auf 25 Jahre auch Pfandbesitzer von Ristow im Wert von 20/m T., Karwitz hatte um 1775 e. Wert von 13 128 T., auf beiden lagen damals Schulden von 8 289 T.; **Ehefrau**: Catharina Elisabeth, geb. von Sydow; **Sohn**: Friedrich Sigismund (* um 1738, † 1806), erwarb 1769 Quatzow im Krs. Schlawe, seit 1772 Erbherr auf Ristow, seit 1777 auf Karwitz; Vater u. Sohn legten im Sep. 1775 e. *status bonorum* vor, danach hatte Quatzow e. Wert von 24 700, Ristow von 36 357, Karwitz von 32 250 T, dazu Mobilien, ihre ges. Aktiva sollen 103 661 T. betragen haben, denen Passiva von 52 003 T. gegenüberstanden; im Mrz. 1776 gab d. Kösliner Hofgericht d. Wert d. Güter aber mit nur 51/m T. an, auch seien d. Meliorationsgelder abzuziehen, so daß sich e. Defect von 9 221 T. ergebe; am 3. Juli 1776 legte Großkanzler von Fürst e. Immediatbericht vor, danach hatte G.S. von Grape sen. 1772 u. 1773 Meliorationsgelder von 20 400 T. bekommen, der Cap. sei aber e. alter Mann von 75 Jahren, der sich habe verleiten lassen; F.S. von Grape habe e. Teil d. Meliorationsgelder in d. Hände bekommen, hätte sie nicht für Verbesserungen verwendet, sondern durch *Schmausen, Spielen, Herumvagiren auf liederlichste Art dependiret*, seit ungefähr sieben Jahren hätte er über 28/m T. Schulden gemacht; seine Mobilien wurden zur Zahlung d. Zinsen gerichtlich in Beschlag genommen, er habe die Siegel aufgerissen u. d. besten Sachen im Wert von 5 bis 900 T. (bzw. 9/m T.) entwendet u. zum Nachteil d. Gläubiger verschleudert; zwecks Konservierung d. Güter für die Kinder sollten d. Güter e. *Indult* von sechs Jahren bekommen, die Kammerdeputation diese verwalten u. F.S. von Grape *pro prodigo* erklärt werden; Mitte 1777 mußte F.S. das Gut Quatzow räumen, im Sep. d.J. hielt er sich in Tychow auf u. bat um e. standesgemäße Alimente für sich u. seine sechs Kinder; Firat von Brenckenhoff nahm die Güter von Marien 1777 bis 1783 in Generalpacht; lt. Kösliner Hofgericht vom Dez. 1781 hatten d. Güter Karwitz (19 367), Quatzow (15 336) u. Ristow (13 964) e. Wert von zs. 32 450 T., die Gläubiger meldeten inkl. Zinsen aber Forderungen von 55 914 T. an; F.S. von Grape war verh. mit Johanna Charlotte, geb. von Krockow († 1776), ihr Bruder Heinrich war d. Obrist u. Kommandeur d. H-R Nr. 2; Söhne bzw. **Enkel**: Hans Siegmund Adam (1761–1823), 1770 Junker, 1778 Cornet im H-R Nr. 8, Sep. 1779 Sl, noch 1786 hier als Sl gen., 1794 als Stabs-Rittmstr. dim. (erhielt später d. Charakter Major), als Postmstr. versorgt; **Enkel**: Jacob Friedrich (1763–1833), Major;

Enkel: Christian Wilhelm (1768–1793), 1787 Fähnrich, Juli 1788 Sl im I-R Nr. 38, 1793 gefallen vor Mainz; d. **Güter** waren 1786 verkauft, so Karwitz an e. Ltnt. Carl Constantin von Billerbeck;

Quellen: GStA, I. HA, Rep. 30, Nr. 44, G 46, Paket 9279; M 77, Paket 9330; Stabi, Ms. boruss. fol. 311 (J.H.), fol. 312 (J.H.), fol. 314 (1725 standen G.S. u. J.H. als Pl im I-R Nr. 26), fol. 315, fol 316 (H.B., C.W.); Brüggemann, T. 2/2, S. 868, S. 884, S. 886; Schöning, 5. H-R, S. 112, S. 140, S. 551; Crousaz, Beilage C, S. 33 (Bruder C.R.); Taeglichsbeck, S. 262 (Bruder J.H.); Tb. Uradel 1917, S. 358–359; biogr. Handbuch, S. 342–343 (Präs. J.L.);

Ltnt. Gustav Friedrich von Grape (1695–1718)

aus Pommern gebürtig; **Laufbahn**: seit 1710 im Militär, Okt. 1714 Fähnrich im I-R Nr. 26, 1718 als Ltnt. gest.;

Quellen: Stabi, Ms. boruss. fol. 314, fol. 319 (hier als Christoph);

Ltnt. Hans Albrecht von Grape (* 1683)

aus Pommern gebürtig; **Laufbahn**: seit 1702 im Militär, Febr. 1710 Pl im I-R Nr. 5, 1716 als Ltnt. abgegangen;

Quellen: Stabi, Ms. boruss. fol. 319; Rangirrolle Saldern, Abgang I-R Nr. 5;

Major Hans Bogislav von Grape (* um 1697, † 18. Febr. 1747)

Vater: Sigismund († vor 1729), Erbherr auf Karwitz im Krs. Schlawe; **Bruder**: Gerhard Siegmund (1700–1777), Cap., s.d. mehr zur Fam.; **Laufbahn**: seit 1714 im Militärdienst, 1720 Fähnrich, 1727 Sl, 1730 Pl im I-R Nr. 17, 1740 Cap. u. Chef e. Comp., zuletzt Major; **Ehefrau**: Sophia Elisabeth († 10. Dez. 1762), e. To. d. Hofgerichtsrates Leberecht von Gerlach; **Sohn**: August Siegmund Lebrecht; **Tochter**: Eleonora Henrietta Johanna (* 14. April 1744), verh. mit d. Ol u. früheren Kommandeur d. Frei-Reg. Graf Hordt (Conrad) Frhr. v.d. Goltz, der 1763 seinen Abschied bekommen hatte u. mit ihr im poln. Brotzen wohnte, sie hatte e. Kapitalvermögen von 2600 T. in Obligationen u. bekam am 3. Jan. 1766 d. *venia aetatis*;

Quellen: GStA, I. HA, Rep. 30, Nr. 186 d, Paket 9837; Stabi, Ms. boruss. fol. 316;

Obrist Steffen Albrecht von Grape (* 1682, † 5. Okt. 1752)

Vater: Ehrentreich Wulff († 1695), Erbherr auf Dorfhagen u. Dünow im Krs. Greifenberg; **Mutter**: Emerentia Julie Sabine, geb. von Mellin; **Laufbahn**: trat 1702 (bzw. 1709) in d. Militärdienst ein, April 1713 Stabs-Cap. im I-R Nr. 23, 1726 Major, Mai 1734 als Major dim., stand 1744 als Obrist im I-R Nr. 45, Febr. 1749 als Obrist dim.; **Güter**: Erbherr auf Werder im Krs. Ruppin, auf Lüttkenhagen B u. Dünow A im Krs. Greifenberg, beide 1743 für 24 Jahre verkauft; **Ehefrau**: e. geb. Freiin Gans zu Putlitz; **Sohn**: Johann Albrecht Dubislav (* 1725, † 4. April 1777), seit 1742 im Militär, (1744 Sl im I-R Nr. 45, 1750 als Sl versetzt), 1755 als Ltnt. im Grenadier-Bat. Nr. 2 gen., Erbherr auf Werder, 1774 verkauft; **Sohn**: Friedrich Wilhelm Siegmund (* 1728, † 19. April 1799), seit 1743 im Militär, 1745 u. 1755 Sl im Grenadier-Bat. Nr. 2, 1764 als Stabs-Cap., 1765 als Cap. u. Chef e. Comp. gen., vor 1775 umgesetzt, zuletzt Major; d. minderj. u. jüngste **Sohn** Franz Joachim Gustav

(* 5. Jan. 1732, † 18. Sep. 1758), aus Werder gebürtig, erwarb 1752 bei Spener in Berlin e. größere Anzahl Bücher, ließ sich hier e. Wechsel über 1 500 T. ausstellen, soll auf d. väterl. Gut Geld entwendet haben, ging heimlich nach Wien, von hier nach Venedig, hatte hier angeblich große Ausgaben, wurde im Juli 1752 in Wien zurückerwartet, d. auswärtige Departement führte wegen ihm e. regen Schriftwechsel mit d. preuß. Geschäftsträgern in Regensburg u. Wien u. ließ zeitweilig in Berlin tätige Handlungsdiener, die ihm bei seiner Flucht geholfen haben sollen, arretieren; hielt sich im Nov. 1752 in Lyon, im Jan. 1753 in Marseille auf, bat immediat um d. Wiederaufnahme in d. Armee, seit 1754 im Regiment, 1755 als Cornet im D-R Nr. 6 gen., als Ltnt. bei Zorndorf gefallen;

Quellen: GStA, I. HA, Rep. 30, Nr. 44, G 46, Paket 9280; Rep. 96, Nr. 435 G, Bd. 8; Stabi, Ms. boruss. fol. 311 (Sohn F.J.G.), fol. 314 (Söhne), fol. 316 (als Stephan Albrecht bzw. Albertus), fol. 319; Brüggemann, T. 2/1, S. 426; Orlop, D-R Nr. 6, Anhang, S. 120*; Tb. Uradel 1917, S. 358 (Vater, gest. 1751);

Ltnt. Friedrich Wilhelm Theodor von Greifenberg (* 1776, † 1816)

Vater: George Friedrich (* 1727, † vor 1801), stammte aus d. Reich, seit 1745 im preuß. Militärdienst, stand 1756 als Sl im I-R Nr. 24, 1764 Stabs-Cap., 1773 als Cap. nach 30 Dj. auf Wunsch dim.; **Mutter**: Erdmuth Maria Hedwig, geb. von Massow (* 1749) aus Falkenhagen, sie besaß im Jahr 1801 e. Kapital von 3/m T., wovon sie d. Zinsen zog, u. e. Haus im Wert von 800 T., war aufgrund von Gicht an Händen u. Füßen gelähmt, stand seit 1801 auf d. Expectantenliste für e. pomm. Pension; **Mutter-Bruder**: Casimir Wedig Gottlob von Massow (1752–1807), Obrist, s.d.; **Bruder**: Wilhelm Carl (* 1779), Sep. 1788 *cadet* in Stolp, April 1794 *cadet* in Berlin, stand 1801 als Ltnt. im I-R Nr. 49, vor 1806 abgegangen; **Bruder**: Carl August (* 1781), Juni 1790 *cadet* in Stolp, Okt. 1794 *cadet* in Berlin, dann Fähnrich im I-R Nr. 8, mußte wegen *Schwächlichkeit* d. Abschied nehmen, hielt sich 1801 bei d. Mutter in Schlawe auf, er hatte e. väterliches Vermögen von 700 T.; **Laufbahn**: Juli 1785 *cadet* in Stolp, Mai 1790 *cadet* in Berlin, seit 1793 im Regiment, Okt. 1797 Sl im I-R Nr. 25, stand noch 1806 als Sl in diesem Reg., 1816 als Cap. bei d. Gendarmerie gest.; (**verwandt**: Carl Siegmund von Greifenberg (* 1720), seit 1737 im Militär, 1740 Gefr.corp. im I-R Nr. 7, Febr. 1745 Sl (1756 als Cap. ins Grenadier-Bat. von Manstein versetzt: Stabi, Ms. boruss. fol. 314);

Quellen: GStA, II. HA, Abt. 13 a, Tit. III, Litt G, Nr. 19 (Mutter); Litt. S, Nr. 2; Stabi, Ms. boruss. fol. 314, fol. 316 (Vater), fol. 907 a; Stolper Kadetten, S. 20, S. 24–25;

Major Gustav Ludwig von Greifenberg (* um 1716)

aus Greifenhagen gebürtig; **Laufbahn**: seit 1734 im Militär, stand 1740 als Gefr.corp. im I-R Nr. 7, Aug. 1744 Pl (als Ltnt. 1756 bei Lobositz gefallen bzw.) 1773 Major im Garn.-Reg. Nr. 5;

Quellen: Stabi, Ms. boruss. fol. 314;

Ltnt., Landrat Gustav Eberhard Frhr. von Greiffenpfeil (1700–1775)

Vater: Melchior, Ol, seit 1697 Erbherr auf Heinrichsdorf, verkaufte d. Güter Stecklin, Rosenfelde, Kehrberg im Krs. Greifenhagen, um Heinrichsdorf schuldenfrei zu machen;

Laufbahn: seit 1712 im Militär, Aug. 1713 Sl im I-R Nr. 24, 1717 auf Wunsch (nach zwölf Dj. mit d. Charakter Cap.) dim., amtierte von 1740 bis 1742 als Landrat im Krs. Greifenhagen; **Güter**: besaß d. väterliche Gut Heinrichsdorf im Krs. Greifenberg, außerdem Jauerstedt in Franken; **Ehefrau**: Barbara Charlotte, e. geb. von Bandemer, sie besaß seit 1775 d. allodifizierte Gut Heinrichsdorf im Wert von 26/m T.;

Quellen: GStA, I. HA, Rep. 30, Nr. 44, G 47 l, Paket 9289; Nr. 243, Vas.tab. 1756, 1767; Stabi, Ms. boruss. fol. 316, fol. 319 (danach um 1695 geb.); Brüggemann, T. 2/1, S. 85; biogr. Handbuch S. 348–349;

Ltnt. Adam Wilhelm von Grell (get. 1. Febr. 1723, † 2. Aug. 1775)

Vater: Heinrich Lorenz (1680–1737), Kammerrat, Erbherr auf Zewitz u. Krampkewitz in Lauenburg; **Laufbahn**: 1740 Gefr.corp. im I-R Nr. 18, 1742 als Fähnrich (mit d. Charakter Ltnt.) dim.; **Güter**: besaß Anteile von Zewitz u. Massow im Distrikt Lauenburg, 1756 im Wert von zs. 15/m T.; seit 1749 Erbherr auf ganz Langböse im Krs. Stolp im Wert von 7/m T., verkaufte dieses 1764 für 8 500 T. an d. Major Nicolaus Friedrich von Wussow, 1767 befand sich d. Gut in d. Hand von Eleonora Albertina Agnesa, geb. von Natzmer, verw. von Stojentin, 1804 in d. Hand von Carl von Zitzewitz; **Ehefrau**: Juliana Margarethe, geb. von Below (1720–1780) aus d. Hs. Salleske; **Sohn**: Friedrich Wilhelm (1754–1778), seit 1766 im Militär, 1770 Junker im H-R Nr. 8, 1772 Cornet, 1778 Sl, im bayerischen Erbfolgekrieg am 29. Aug. 1778 gefallen, hinterließ d. Gut Groß Massow;

Quellen: GStA, I. HA, Rep. 30, Nr. 243, Vas.tab. 1755, 1756 (hier als Friedrich), 1763, 1767; Nr. 249, Vas.tab. 1771; Stabi, Ms. boruss. fol. 313; Brüggemann, T. 2/2, S. 987 (nicht für Zewitz genannt); Schöning, 5. H-R, S. 112, S. 123, 138; Tb. Uradel 1917, S. 362;

Ltnt. Carl Friedrich von Grell (* 11. Juli 1715, † 7. Sep. 1801)

Vater: Nicolaus Josua, stand von 1696 bis 1714 im preuß. Militär, zuletzt Cap. im I-R Nr. 13, seit 1732 auf Wiederkauf für 24 Jahre Besitzer von Klein Weckow im Flemmingschen Krs. (u. auf Falkenhagen) im Wert von 18/m fl., darauf Lehn-Schulden von 10/m fl.; **Mutter**: Barbara Margaretha, Witwe d. schwed. Cap. von Knuth, geb. von Knuth (* 1689), sie besaß 1714 e. Vermögen von 7 020 fl., aus ihrer ersten Ehe zwei Söhne, aus d. zweiten sieben Kinder, ein Sohn stand 1735 bereits im Regiment, zwei bei d. *cadets*; **Großvater**: Ltnt. unter Kurfürst Friedrich Wilhelm (* um 1645), lebte 1735 noch; Stief-**Bruder**: Caspar Henning von Knuth (* um 1708), seit 1732 Erbherr auf Kopplin im Krs. Greifenberg, seit 1740 auf Klein Weckow; **Laufbahn**: trat in d. Militärdienst ein, (stand 1735 im I-R Nr. 30), Abschied als Ltnt.; **Güter**: seit 1741 Erbherr auf Dünow A im Krs. Greifenberg, später wieder verkauft, seit 1768 auf Dünow C, auf Anteil Lüttkenhagen u. Grünhof, 1767 im Wert von 9 500 T., darauf Schulden von 6 333 T.; **Ehefrau**: Margarethe Charlotte verw. von Brüsewitz, geb. von Brockhusen (1719–1786); **Sohn**: Johann Josua Wilhelm (1742–1808), Hofpage d. Königin von Preußen, verh. mit Marie Regine verw. Cap. von Witten, geb. Krohse (1739–1806), seit 1772 Erbherr auf Batzlaff A im Flemmingschen Krs., seit 1788 auf Cummin D im Krs. Greifenberg im Wert von 5/m T., 1801 hatten seine Güter Cummin D u. Dünow B e. Wert von 12 500 T.;

Quellen: GStA, I. HA, Rep. 30, Nr. 243, Vas.tab. 1763, 1767, 1804; Rep. 30 B, Nr. 28 b, Paket 10 226; Brüggemann, T. 2/1, S. 46, S. 433; Tb. Uradel, 1917, S. 360;

Obrist Jacob von Grell (* 1684, begr. 14. Sep. 1739)

Vater: Peter Adam († 1735), Erbherr auf Zewitz u. Massow im Distrikt Lauenburg; **Mutter**: Christiane, geb. von Gutzmerow († 1709); **Laufbahn**: seit 1700 im Militär, stand zunächst bei d. Garde-Grenadieren, 1720 Major, 1730 Ol im I-R Nr. 18, 1739 als Obrist in Spandau gest.;

Quellen: Stabi, Ms. boruss. fol. 313; Tb. Uradel 1917, S. 362;

Rittmstr. Johann Sigismund von Grell (* um 1705)

Vater: Martin Sigmund, Erbherr auf Groß Massow im Distrikt Lauenburg; **Mutter**: Marie, geb. von Zitzewitz; **Bruder**: Friedrich Wilhelm (* um 1711), seit 1730 im Militär, 1738 Gefr.corp. im I-R Nr. 4, Jan. 1742 Sl, Okt. 1747 Pl, vor 1757 (als Stabs-Cap.) abgegangen; **Laufbahn**: seit 1724 im Militär, 1730 Fahnenjunker, 1734 als Cornet, 1739 als Ltnt. im K-R Nr. 10 genannt, 1740 als Rittmstr. in e. anderes Regiment versetzt (zuletzt Cap. im Garn.-Reg. Nr. 8 in Glatz);

Quellen: Stabi, Ms. boruss. fol. 311, fol. 313 (J.S. nicht in d. Ranglisten für 1742 u. 1756), fol. 313 (Bruder F.W.); Schwerin, K-R Nr. 10, 1, S. 160, S. 164; Tb. Uradel 1917, S. 361;

Sergant Lorenz Ludwig von Grell (* 1714)

aus *Cassuben* gebürtig; **Laufbahn**: seit 1727 im Militär, 1738 Sergant im I-R Nr. 4 (**verwandt**: Bernhard Wilhelm (* 1719), seit 1734 im Militär, 1740 Gefr.corp. im I-R Nr. 28: Stabi, Ms. boruss. fol. 314);

Quellen: Stabi, Ms. boruss. fol. 313;

Major Matthias Heinrich von Grell (* Okt. 1736, † nach 1802)

Vater: Nicolaus Lorenz, Erbherr auf Bochow B im Distrikt Lauenburg; **Mutter**: Anna Christiane, geb. von Tesmar (* 1705), in zweiter Ehe verh. von Gruben, aus beiden Ehen fünf Söhne; **Laufbahn**: war fünf Jahre bei d. *cadets* in Berlin, 1757 Junker im I-R Nr. 36, Febr. 1758 Fähnrich, Nov. 1760 Sl, geriet bei Maxen in österr. Gefangenschaft, Juli 1769 Pl, Mrz. 1782 Cap., zuletzt Major, vor 1806 abgegangen; **Güter**: besaß zs. mit seinen **Brüdern** Carl Bogislav (* um 1732, † 7. Dez. 1789), seit 1755 im Militärdienst, 1764 Sl, 1774 Pl im I-R Nr. 12, 1783 als Cap. versorgt, u. Gneomar Alexander (* 1734, † 27. Juli 1794), seit 1753 im Militär, Mai 1761 Sl im Garn.-Reg. Nr. 11, einen Anteil am Gut Bochow im Distrikt Lauenburg im Wert von 5 100 T.;

Quellen: GStA, I. HA, Rep. 30, Nr. 243, Vas.tab. 1801, Nr. 249, Vas.tab. 1778; Stabi, Ms. boruss. fol. 314, fol. 316 (C.B.); Brüggemann, T. 2/2, S. 1065; Geschichte I-R Nr. 36, S. 100–101; Tb. Uradel 1917, S. 362;

GM Carl Ernst von der Groeben (* 6. Febr. 1750, † 27. Jan. 1809) *

Vater: Joachim Heinrich (1705–1768), Rittmstr., Erbherr auf Zamzow im Krs. Dramburg im Wert von 3 130 T., darauf Hypotheken über 7/m T.; **Mutter**: Luise Henriette Sophie, geb. Freiin von Hünicke (1718–1772); **Bruder**: Otto August Heinrich (1741–1810), 1767 Ltnt., Gen.-Adjutant beim Herzog A.W. von Braunschweig-Bevern, zuletzt Ol; **Bruder**:

Wilhelm Ludwig Heinrich (1745–1794), 1767 vom I-R Nr. 12 als Ltnt. ins I-R Nr. 35 versetzt, 1773 hier als Sl, 1787 als Stabs-Cap. gen., Juli 1793 als Major (im I-R Nr. 12) Orden p.l.m.; **Laufbahn**: Mrz. 1764 Junker im D-R Nr. 12, Juni 1766 Cornet, Juni 1769 Sl, Juli 1779 Pl, April 1785 Stabs-Rittmstr., Mai 1790 Major, Dez. 1791 Chef e. Escadron, Juni 1794 Orden p.l.m., Febr. 1797 Kommandeur d. D-R Nr. 12, Juli 1798 Ol, Mai 1800 Obrist, April 1806 als GM mit Pension dim.; in zweiter **Ehe** verh. mit Friederike Luise Henriette, geb. von Platen (1760–1804); **Söhne**: August Carl Wilhelm (1784–1813), (seit 1796 im Reg., Mrz. 1801 Sl im I-R Nr. 18), später Rittmstr.; Johann Carl Ernst (1793–1813), bei Leipzig gefallen; **Güter**: erwarb im Jan. 1782 d. Gut Klein Reichow im Krs. Belgard von d. Frau d. GM Friedrich Wilhelm von Podewils für 8/m T.; bekam im Juni 1789 d. Erlaubnis d. Gut an e. Bürgerlichen zu verkaufen;

Quellen: GStA, I. HA, Rep. 30, Nr. 43, Paket 9232; Nr. 244, Paket 9995; Stabi, Ms. boruss. fol. 311, fol. 312; Lehmann, Ritter, S. 267; Tb. Uradel, 1903, S. 344; Priesdorff, Nr. 1112;

Cap. Carl Wilhelm von der Groeben (* 13. April 1711, † 21. Nov. 1783)

Vater: Christian Otto (1660–1735), Ol, Erbherr auf Treppeln im Krs. Crossen; **Mutter**: Helene, geb. von Schmettau (1680–1754); **Brüder**: Friedrich Ludwig (1708–1791), Cap., Erbherr auf Beisleiden in Pr.; Timotheus Otto (1703–1749)*, Kanzler d. neumärkischen Regierung; **Laufbahn**: amtierte zunächst als Stallmeister u. Schloßhauptmann im Ftm. Sachsen-Saalfeld, dann 16 Jahre im preuß. Militärdienst, zuletzt Cap.; **Güter**: seit 1744 Erbherr auf Falkenberg im Krs. Pyritz, erworben zs. mit seinen Brüdern von d. Gebr. von Hindenburg für 24/m T., s.d.; **Ehefrau**: Auguste Sophie, geb. von Halberstadt († 1759), **Sohn**: August Otto (1749–1829), 1764 Junker, 1778 Sl im D-R Nr. 4, 1789 Stabs-Cap., 1793 als Major mit Pension dim., als Postmeister in Konitz versorgt, saß von 1783 bis 1789 auf d. väterl. Gut Falkenberg, 1789 für 44/m T. verkauft, Sohn: Wilhelm Heinrich Otto (* 1783), 1797 *cadet* in Berlin;

Quellen: GStA, I. HA, Rep. 30, Nr. 243, Vas.tab. 1756, 1767; Brüggemann, T. 2/2, S. 141; Schöning, D-R Nr. 3, S. 213, S. 259, S. 425 (A.O.); Tb. Uradel 1904, S. 340–341; biogr. Handbuch (Bruder T.O.);

Ltnt. Carl Ernst Leopold von Grolman (* 2. April 1773, † 23. Febr. 1829)

Vater: Friedrich George Ludwig (1726–1789), seit etwa 1741 im Militärdienst, zuletzt Obrist u. Kommandeur d. I-R Nr. 17, hinterließ sieben Kinder, darunter vier Töchter, geb. 1768, 1770, 1771 u. 1775; **Mutter**: Sophie Maximiliane, geb. von Schickfus (* 1736); **Bruder**: Friedrich Heinrich Ludwig (1766–1820), aus d. NM gebürtig, seit etwa 1782 im Militär, Sep. 1787 Sl im I-R Nr. 17, nach neun Dj. 1791 abgegangen, (nach 1806 Major), erwarb 1791 d. Gut Grüssow im Krs. Belgard für 20/m T., vor 1799 verkauft, 1801 Erbherr auf Schurow im Krs. Stolp im Wert von 7/m T.; **Schwester** Augusta Charlotte Caroline (1775–1840), sie erhielt am 29. Febr. 1796 d. *venia aetatis*, ihr väterl. u. mütterl. Vermögen betrug damals 2250 T., das ihres Bruders C.E.L betrug 1160 T., sie heiratete 1796 d. Major Johann Arnold (Erich) von Oelffen (* um 1751, † 1820) vom I-R Nr. 32; **Laufbahn**: trat um 1790 in d. Militärdienst ein, stand 1796 als Sl, 1806 als Pl im I-R Nr. 32, 1816 als Major beim (6. Westphäl. Landwehr-Reg.) pens.;

Quellen: GStA, I. HA, Rep. 30, Nr. 44, O 83 c, Paket 9345; Nr. 243, Vas.tab. 1793, 1799, 1804; Stabi, Ms. boruss. fol. 907 a; Rangliste 1806, S. 75; Tb. Briefadel 1907, S. 227–227;

Major Carl Wilhelm von Gruben (* 1725, † Herbst 1800)*

Vater: (Erbherr auf Klein Wunneschin im Distrikt Lauenburg), d. Sohn aus *Cassuben* gebürtig; **Laufbahn**: seit 1745 im Militär, Mrz. 1746 Fähnrich im I-R Nr. 23, später Ltnt., Mai 1755 als Cap. u. Chef e. Comp. ins I-R Nr. 44 versetzt, zuletzt Major, April 1763 dim.; **Ehefrau**: Anna Charlotte (* 1730, † 13. Febr. 1802), geb. in Minden, e. Tochter d. Mindener KD-rates u. späteren Auricher Kammerdirektors Carl Heinrich Bügel († 1748), aus d. Ehe drei Töchter u. zwei Söhne, alle vor 1801 gest., d. Witwe war erblindet u. bekam im Mrz. 1801 e. Pension von 100 T.;

Quellen: GStA, II. HA, Abt. 13 a, Tit. III, Litt G, Nr. 9; Stabi, Ms. boruss. fol. 312, fol. 316; Gesch. I-R Nr. 44, S. 53–54;

Cap. Christian Ernst von Gruben (* 16. Mrz. 1739, † nach 1782)

Vater: Matthias Ernst (1717–1759), Erbherr auf Krampkewitz B u. Klein Wunneschin im Distrikt Lauenburg; **Mutter**: Sophie, geb. von Bychowsky; **Laufbahn**: weilte 2,5 Jahre bei d. *cadets* in Berlin, 1756 Page bei d. Königin-Mutter, Febr. 1757 Fahnenjunker im I-R Nr. 36, Febr. 1758 Fähnrich, Nov. 1759 Sl, von Nov. 1759 (bei Maxen) bis 1763 in österr. Gefangenschaft, Aug. 1767 Pl, Dez. 1781 Cap.; **Güter**: zeitweilig Erbherr auf Krampkewitz B u. Klein Wunneschin; (**verwandt**: Joachim von Gruben (* 1704), aus Krampkewitz, seit 1725 im Militär, stand 1740 als Corporal im I-R Nr. 12: Stabi, Ms. boruss. fol. 316);

Quellen: GStA, I. HA, Rep. 30, Nr. 243, Vas.tab. 1756 (d. Fam. als: Grube, Grubbe, Grube(n)); Stabi, Ms. boruss. fol. 314; Gesch. I-R Nr. 36, S. 100; Tb. Briefadel 1932, S. 193;

Ltnt. Gneomar von Gruben (* 1734)

Vater: Jacob (* um 1711), Erbherr auf Anteil Bochow in Lauenburg); **Bruder**: Carl (* 1741), 1772 als Ltnt. gen.; **Laufbahn**: stand 1772 als Ltnt. in e. Regiment;

Quellen: GStA, I. HA, Rep. 30, Nr. 249, Vas.tab. 1772;

Ltnt. Joh. Friedrich Wilhelm von Gruben (* 19. Mai 1776, † 25. Juli 1844)*

Vater: Johann Ernst Ludwig (1750–1803), (Juni 1773 Fähnrich im Garn.-Reg. Nr. 11), zeitweilig Erbherr auf Krampkewitz B u. Klein Wunneschin im Distrikt Lauenburg, hatte zuletzt auf Lebenszeit d. Genuß d. Revenuen aus d. verschuldeten Gut Ober u. Nie-der Komsow, hinterließ fünf Töchter u. vier Söhne; **Mutter**: Christiane Wilhelmine (* 1754), e. To. von Christian Friedrich von Lettow, sie hatte 1804 nur noch freie Wohnung auf Komsow; **Bruder**: Christian (* 1782, † 1806/1807), seit 1796 im Militär, Jan. 1802 Sl im I-R Nr. 28 in Brieg, 1806 in Auerstedt bzw. an beim Schillschen Corps in Kolberg erlittenen Blessuren 1807 gest.; e. zweiter **Bruder** war 1804 Junker im I-R Nr. 26; **Laufbahn**: seit 1793 im Militärdienst, 1804 Sl im I-R Nr. 30, April 1807 Pl im *Corps* von Schill in Kolberg, avancierte später bis zum Rang e. Majors im 6. I-R, 1816 als Ol dim.; **Güter**: nach 1803 Erbherr auf Ober u. Nieder Komsow u. Bergensin; **Ehefrau**: Sophie, geb. von Mattky;

Quellen: GStA, I. HA, Rep. 30, Nr. 249, Vas.tab. 1804 (hier d. Gebr. Ludwig, Ltnt. im I-R Nr. 30, u. Christian, Ltnt. im I-R Nr. 28, gen.); II. HA, Abt. 13 a, Tit. III, Litt G, Nr. 22; Litt L, Nr. 1, Bd. 2; VI. HA, Nl Gneisenau, Nr. 691 (Bruder hier als Ewald); Stabi, Ms. boruss. fol. 314 (1775 d. Fähnrich Joh. Ludwig v. G), fol. 907 a; Tb. Briefadel 1932, S. 193;

Ltnt. Johann Ludwig von Gruben (* 1754, † vor 1787)

Vater: stand zehn Jahre im D-R Nr. 8, erhielt als Cornet wegen e. Gehörschadens d. Abschied; **Mutter**: Anna Christiane, geb. von Tesmar (* 1705, † vor 1791), in erster Ehe verh. mit Nicolaus Lorenz von Grell; Stief-**Bruder**: Matthias Heinrich von Grell (* 1736), Major, s.d. mehr; **Bruder**: Christian Ernst, etablierte sich zu Lanken in Westpreußen; **Schwester**: Christliebe (* 1748), sie hielt sich 1791 in Bochow auf, besaß e. Vermögen von 50 T., konnte wegen Schwäche keine Handarbeit leisten, erhielt im Juli 1798 e. Pension von 50 T., war seit Nov. 1793 verh. mit d. Verwalter Ernst Hoppe, die Pension wurde deshalb eingezogen; **Laufbahn**: trat 1770 in d. Militärdienst ein, Juni 1773 Fähnrich im Garn-Reg. Nr. 11, als Ltnt. (in Pillau) gest.;

Quellen: GStA, II. HA, Abt. 13 a, Tit. III, Litt G, Nr. 24 (Schwester mit Angaben zur Fam.); Stabi, Ms. boruss. fol. 314;

Major Martin (Friedrich) Heinrich von Gruben (* 1. Nov. 1743, † 21. Juni 1809)

Vater: Peter Adam (1708, † 8. April 1768), Erbherr auf Anteil Krampkewitz E im Distrikt Lauenburg, (verkauft 1765); **Mutter**: e. geb. von Gruben aus Krampkewitz; **Bruder**: Johann George (1748–1803), 1772 als Ltnt., 1778 u. 1800 als Erbherr auf Krampkewitz E im Krs. Lauenburg gen.; **Schwester**: Anna Sophia, verh. von Ustarbowsky in Schimmerwitz; **Laufbahn**: trat um 1762 in d. Militärdienst ein, Nov. 1763 Fähnrich, Mai 1766 Sl im I-R Nr. 13, Mai 1789 Cap., Juni 1794 auf Wunsch als Major mit Pension verabschiedet, hielt sich im Jahr 1800 in Berlin auf, lebte von e. Pension; **Ehefrau**: Caroline Friederike, geb. Milow (1771–1818);

Quellen: GStA, I. HA, Rep. 30, Nr. 249, Vas.tab. 1772, 1778; II. HA, Abt. 13 a, Tit. III, Litt U, Nr. 2 (Schwester); Stabi, Ms. boruss. fol. 311 (Martin Hr.); fol. 315 (hier e. Peter von Gruben (* 1710) 1743 Gefr.corp. im I-R Nr. 40); Tb. Briefadel 1932, S. 192 (hier als Martin Fr.);

Ltnt. Michael von Gruben (* 1702, † 27. Jan. 1767)*

Vater: Jacob († 1727), Erbherr auf Anteil Krampkewitz im Distrikt Lauenburg; **Laufbahn**: (trat um 1725 in d. Militärdienst ein), 1751 jüngster Cornet im D-R Nr. 8, 1755 Sl, 1759 Pl, noch im Jan. 1763 als ältester Pl gen., wenige Monate später nach 38 Dj. als Ltnt. im D-R Nr. 8 dim.; **Güter**: Erbherr auf Anteil Krampkewitz u. Klein Wunneschin; **Ehefrau**: Anna Florentine, geb. von Sydow (* um 1736, † 7. Juni 1791), sie hatte e. Brautschatz von 400 fl., mußte von dessen Zinsen 1777 leben, bekam seit Jan. 1789 e. Pension von 100 T.; **Sohn**: Michael Ludwig (* 1756, † 4. Okt. 1798), wurde *im Feld geboren*, konnte wegen e. *gebrechlichen Arms* nicht ins Militär eintreten, trieb d. Landwirtschaft auf d. vom Vater geerbten Anteil an Krampkewitz, den er zu drei Viertel verschuldet hinterließ, seine Witwe Barbara Elisabeth Eleonore (1754–1826), Tochter e. Landedelmannes namens von Rostken, hatte kein Vermögen eingebracht, wohnte 1799 in e. *Kathen* gen. Ludwigshof, der zum adligen Gut Krampkewitz gehörte, sie ernährte sich u.d. Kinder von Handarbeit, bestritt von d. Erlös auch d. Schulgeld, ihre älteste Tochter war verheiratet mit e. Zinsmann, zwei minderjährige Töchter weilten bei d. Mutter, nach d. Abgang von d. Schule müßten sie d. Landrat zufolge *dienen gehen*, d. Sohn Johann Ludwig (* 1792) war Expectant für d. *Cadetten-Insti-*

tut in Stolp, im Dez. 1800 bekam d. Witwe e. Pension von 100 T.; (**verwandt**: Christian Nathanael von Gruben (* 1713), aus Hinterpommern gebürtig, seit 1731 im Militär, April 1744 Sl im I-R Nr. 33, 1752 als Ltnt. dim.: Stabi, Ms. boruss. fol. 311);

Quellen: GStA, I. HA, Rep. 30, Nr. 243, Vas.tab. 1756 (mit d. Geb.jahr 1722); Nr. 413 a, Paket 10 189 (danach ist d. Sohn 1762 geb.); II. HA, Abt. 13 a, Tit. III, Litt G. Nr. 13 (Witwe, d. Mann auch als Paul); Nr. 14 (Witwe d. Sohnes M.L.); Stabi, Ms. boruss. fol. 310 (Abgangsliste D-R Nr. 8), fol. 312; Baerensprung, D-R Nr. 8, S. 514, S. 515, S. 517, S. 519, S. 520; Tb. Briefadel 1932, S. 190 (Geb.jahr 1702);

Ltnt. Johann Elias von GRÜN(E)BERG (* um 1695, † Sep. 1727)

aus Pommern gebürtig; **Laufbahn**: seit 1714 im Militär, Mrz. 1716 Fähnrich im I-R Nr. 8, Mai 1721 Sl, Jan. 1725 Pl, 1727 als Offz. gest.; (**verwandt**: George Siegmund von Grünberg (* um 1675), 1675 Fähnrich im Bat. von Horn, um 1700 als Ltnt. dim.: Priesdorff, Offz. stammliste, S. 80);

Quellen: Stabi, Ms. boruss. fol. 315 (als von G.); Zedlitz, 2. Bd., S. 292–293 (allgemein zur Fam.); Priesdorff, Offz.stammliste, S. 80 (ohne Adelsprädikat);

Major, Oberforstmstr. Caspar Christian von GRUMBKOW (1696–1764)*

Vater: Christian Steffen (1666–1733), seit 1696 Erbherr auf Anteil Groß Volz im Krs. Rummelsburg; **Bruder**: Ernst Ludwig (1704–1757), Ol, s.d.; **Laufbahn**: trat um 1712 in d. Militärdienst ein, stand 1721, 1730 als Ltnt., 1740 als Cap. im I-R Nr. 9, 1755 als Major dim.; avancierte anschließend zum Oberforstmstr. in Hinterpommern; **Sohn**: Carl Leopold (* um 1740), Ltnt. im Garn.-Bat. Nr. 11, Okt. 1763 dim.;

Quellen: GStA, I. HA, Rep. 30, Nr. 44, G 47 g, Paket 9 284; Nr. 186 d, Paket 9 838; Stabi, Ms. boruss. fol. 314 (Bruder E.L.), fol. 315; Brüggeman, T. 2/2, S. 811; biogr. Handbuch, S. 360 (hier mit e. anderem Geb.jahr);

Obrist Christian von GRUMBKOW (1738–1810)

Vater: Christian (1705–1789), Erbherr auf Anteil Krampkewitz im Distrikt Lauenburg, 1772 im Wert von 1 200 fl:, (**Mutter**: Sophie, geb. von Gruben); **Bruder**: Johann Jacob (1747–1813), erheiratete e. Anteil an Dzinzelitz in Lauenburg; **Laufbahn**: seit 1757 im Militär, Mai 1762 Sl im I-R Nr. 20, Mrz. 1768 Pl, noch 1783 als Pl, 1790 als Cap., 1797 als Major im I-R Nr. 20, 1805 als Obrist im I-R Nr. 44 gen., vor 1806 abgegangen; **Ehefrau**: e. verwitw. von Fuchs, geb. von Stojentin; **Sohn**: Hans Christian Friedrich (* 1774), 1782 *cadet*, 1813 verschollen;

Quellen: GStA, I. HA, Rep. 30, Nr. 249, Vas.tab. 1772; Rep. 96, Nr. 255 J, Bd. 1; Stabi, Ms. boruss. fol. 310, fol. 311; Ms. geneal. fol. 300;

Ol Ernst Ludwig von GRUMBKOW (* 1704, † 1757)

Vater: Christian Steffen (1666–1733), seit 1696 Erbherr Anteil auf Gr. Volz im Krs. Rummelsburg; **Bruder**: Caspar Christian (1696–1764), Oberforstmstr., s.d., beide verkauften d. väterlichen Gutsanteil 1746 an C.L. von Massow; **Laufbahn**: seit etwa 1712 *cadet*, um 1717

Gefr.corp. im I-R Nr. 25, im Mrz. 1722 als Fähnrich ins I-R Nr. 17 versetzt, 1727 als Sl, 1740 als Stabs-Cap., 1750 als Cap. u. Chef e. Comp., im Mrz. 1756 als Major u. Chef e. Comp. im I-R Nr. 17 gen., April 1756 Ol im Garn.-Reg. Nr. 11, 1757 bei Gr.-Jägersdorf gefallen; **Ehefrau**: Sabine Juliane, geb. von Rohr; **Söhne**: Friedrich Ludwig Christian (* 1741), Major, s.d., Franz Wilhelm Caspar (* 1756), Major; Ernst Friedrich Wilhelm († 7. Mai 1766);

Quellen: Stabi, Ms. boruss. fol. 314, fol. 316; Ms. geneal. fol. 300 (St.tafeln v. Grumbkow); biogr. Handbuch, S. 360 (Bruder);

Cap. Ernst Ludwig von Grumbkow (* 1728)

Vater: Ernst Lorenz (1689–1760)*, diente von 1702 bis 1722 als Page u. Offz., seit 1723 KD-rat in Ostpreußen, besaß seit 1732 e. Grundstück in Neidenburg, mußte für d. Bebauung e. Kredit über 2/m T. aufnehmen, wurde von d. Gläubigern bedrängt, bat deshalb 1754 um e. kgl. Vorschuß von 600 T., drei seiner Söhne standen damals im Militär; **Mutter**: Sophie Dorothea, geb. von Below († 1752); Stief-Mutter: Anna Adelgunde, geb. von Tiedemann; **Bruder**: George Christoph (1714–1774), seit 1727 im Militär, 1740 Sl im I-R Nr. 17, vor 1750 als Ltnt. abgegangen, machte sich in Barlomin ansässig, von 1772 bis 1774 Landrat d. westpreuß. Krs. Neustadt; **Bruder**: Philipp Sigmund, Rittmstr. († vor 1787); **Bruder**: Friedrich Wilhelm, Cap. († vor 1787); **Bruder**: Carl Leopold (1736–1800), Cap., Akziseeinnehmer in Preußen; zwei d. Brüder standen 1786 noch im Dienst; **Laufbahn**: seit 1744 im Militär, 1750 Gefr.corp., 1756 Fähnrich im I-R Nr. 17, 1761 als Pl dim. (erhielt später d. Charakter Cap.), sollte angeblich versorgt werden; **Güter**: erhob im Mai 1786 aus d. schlesischen Guhlau bei Lüben Anspruch auf d. Lehngüter d. Familie, namentlich auf Gr. u. Kl. Runow, Zechlin u. Varzmin im Krs. Stolp; nach d. Tod d. GM Philipp Wilhelm von Grumbkow, s.d., waren diese an dessen Tochter Friederica gefallen, die Witwe von Podewils; d. Bericht d. Kösliner Hofgerichtes vom 7. Juni 1786 zufolge hatte d. Supplikant zu Lebzeiten d. Ltnt. Friedrich Wilhelm von Grumbkow († 1787) in Rühstädt in d. Mark keine Aussicht auf Erfolg, denn dieser war e. Sohn des GFM Friedrich Wilhelm (1678–1739), die Witwe von Podewils ihrerseits war e. Enkelin d. EM u. Oberpräsidenten Philipp Otto von Grumbkow väterlicherseits; d. Vormund d. Ltnt. Friedrich Wilhelm wollte die Güter 1779 für diesen in Besitz nehmen, wurde am 29. Dez. 1779 jedoch vom Kösliner Hofgericht abgewiesen, danach standen d. Güter d. Witwe von Podewils zu; ihr folgte der Ltnt. Friedrich Wilhelm als Bruder-Sohn d. EM Philipp Otto, der wiederum e. *Näherrecht* gegenüber d. Supplikanten besaß; **Söhne**: Ernst Friedrich Wilhelm († 7. Mai 1766), Ernst Carl Friedrich Ludwig († 1763), Gustav Gottlob Ludwig Emilius († 1765);

Quellen: GStA, I. HA, Rep. 30, Nr. 44, G 47 g, Paket 9284; Rep. 96, Nr. 435 G, Bd. 3; Stabi, Ms. boruss. fol. 316 (1750 stand e. Fr. Wilh. (* 1719) als Pl im I-R Nr. 17, vor 1756 abgegangen);

Cap. Ferdinand Gottlieb Gustav von Grumbkow (* 14. Mrz. 1756, † 28. Aug. 1813)*

Vater: Ernst Lorenz (1689–1760)*, KD-rat, Bruder d. GFM Friedrich Wilhelm u.d. Oberpräs. Philipp Otto; **Mutter**: Anna Adelgunde, geb. von Tiedemann, sie besaß 1778 d. Gut Sterbenin im Distrikt Lauenburg im Wert von 18/m fl.; Stief-**Bruder**: George Christoph (1714–1774), Cap., nach 1772 Landrat d. Krs. Neustadt in Westpreußen; Stief-**Bruder**:

Ernst Ludwig (* 1728), Cap., s.d.; Stief-**Bruder**: Carl Leopold (1736–1800), Cap., Akziseeinnehmer; **Laufbahn**: seit 1769 im Regiment, Jan. 1771 Fähnrich im I-R Nr. 16, Nov. 1778 Sl, Aug. 1787 Pl, Mai 1790 Stabs-Cap., Okt. 1797 Cap. u. Chef e. Comp., Dez. 1806 Major, Juni 1813 Kommandeur d. 6. Schles. Landwehr-Reg., als Ol an bei Großbeeren erlittenen Blessuren 1813 gest.; **Ehefrau**: Juliane Louisa, geb. von Wegnern (1766–1852);

Quellen: GStA, I. HA, Rep. 30, Nr. 249, Vas.tab. 1778; Stabi, Ms. boruss. fol. 311; Kopka v. Lossow, Offz.liste, S. 18*; Jb. dt. Adel, Bd. 1, S. 739, 745–746; biogr. Handbuch, S. 360 (Vater u. Bruder G.C.);

Ltnt. Friedrich August Otto von Grumbkow (* 1734, † 30. Aug. 1757)

Vater: Philipp Otto (1684–1752), EM, Oberpräsident, hinterließ Kinder aus vier Ehen; Stief-**Bruder**: Philipp Wilhelm (1711–1778), GM, s.d.; Stief-**Schwestern**: Witwe von Podewils, geb. von Grumbkow, auf Lupow; Witwe Gräfin von Eickstedt-Peterswald, geb. von Grumbkow, Frau General von Beust, geb. von Grumbkow; **Laufbahn**: engagierte sich 1750 im Militärdienst, stand 1756 als Sl im Grenadier-Bataillon Nr. 4, 1757 bei Gr.-Jägersdorf in Preußen gefallen, hinterließ keine Leibeserben; **Güter**: seit 1752 Erbherr auf Groß Runow, Zechlin, Varzmin, Vangerske, Darsin, Sorchow im Krs. Stolp f. zs. 40/m T.; besaß 1756 zs. mit seinem Stief-Bruder Philipp Wilhelm d. Güter Stresow u. Borkow im Distrikt Lauenburg; zu seinem Allodialnachlaß gehörte auch e. Kapital von 2/m T., abgesichert auf Stresow u. Borkow, d. drei Halbgeschwister prozessierten wegen dieser 2/m T. viele Jahre gegen Philipp Wilhelm, noch 1782 war d. Angelegenheit nicht abgeschlossen;

Quellen: GStA, I. HA, Rep. 30, Nr. 44, G 47 g, Paket 9284; Nr. 243, Vas.tab. 1756; Stabi, Ms. boruss. fol. 312;

Obrist Friedrich Casimir von Grumbkow (* 1704, † 14. Okt. 1771)

Vater: Friedrich Wilhelm (1678–1739)*, GFM, EM, Erbherr auf Rühstädt in d. Prignitz u. Groß Möllen u. Loist im Krs. Pyritz, darauf Schulden von 52 193 T.; **Mutter**: Sophie Charlotte, geb. von La Chevallerie; **Bruder**: Friedrich Wilhelm Ernst (* 1719, † um 1746), Cap. im I-R Nr. 14, vor 1740 dim., Erbherr auf Rühstädt u. Lübars in d. Kurmark; **Bruder**: Friedrich Wilhelm (* 1723, † 25. Aug. 1787), seit Juni 1734 auf d. Ritterakademie zu Brandenburg an d. Havel, Juni 1740 Fähnrich im I-R Nr. 24, Sep. 1741 Ltnt. im I-R Nr. 41, seit 1750 verh. mit Dorothea von Möllendorff, diese hatte e. Mitgift von 9/m T., beide wurden 1771 geschieden, sie ging vor 1788 e. zweite Ehe ein mit d. Cap. von Zieten; F.W. war Erbherr auf Rühstädt, galt seit 1753 als *blödsinnig*, saß 1755 auf d. Festung Spandau, sollte damals in d. Stadt Spandau zum Ltnt. Kolin gebracht werden, stand unter *Curatel*, sein Vormund war zunächst d. Bruder, dann ab 1770 d. grand maître de la garde-robe u. EM Friedrich Wilhelm Graf von Eickstedt, d. Ltnt. starb 1787 in Graudenz bei seiner To. Dorothea Charlotte Juliane (1752–1800), d. Frau d. GM Bogislav Ernst von Bonin (1727–1797)*, sie besaß 1786 e. Vermögen von 38/m T.; **Laufbahn**: weilte von 1714 bis 1718 auf d. Ritterakademie zu Brandenburg an d. Havel, Jan. 1723 Fähnrich im I-R Nr. 28, Mrz. 1724 Ltnt., Febr. 1728 Cap. im I-R Nr. 21, Aug. 1735 Ol im Garn.-Bat. Nr. 3, Dez. 1749 Abschied als Obrist nach 27 Dj.; **Güter**: schloß 1741 mit seinem Bruder e. Teilungs-Rezeß, übernahm d. väterlichen Besitzungen; will im Siebenjährigen Krieg Schäden von 20/m T. erlitten haben; erhielt am 4. Sep. 1770 d. *Consens* zur Aufnahme e. Kapitals von 4/m T., um d. Güter vor Sequestration u. Subhastation zu schützen; der Wert seiner Güter Groß Möllen u. Loist im Krs. Pyritz betrug um 1775 76 961 T., darauf Schulden von 89 161 T., so daß sich e. Insuffizienz von 12 198 T. ergab, allein d. To. hatte e. mütterl. Erbe von 41 547 T. zu fordern, an rückständigen Zinsen waren 5 810 T. aufgelaufen; **Ehefrau**: Dorothea, geb. Reichsgräfin von Flemming, erheiratete mit dieser nach 1734 d. Gut Hoff im Flemmingschen Krs., 1764 für 26 400 T. verkauft; **Tochter**: Sophia Charlotta (* 31. Jan. 1745), in erster Ehe verh. mit d. Rittmstr. vom K-R Nr. 10 Ludwig Wilhelm Albrecht von Schwerin (1743–1777) aus Dargibel, in zweiter mit d. Major Alexander Christian Heinrich von Legat (1736–1785), s.d., sie besaß seit Sep. 1775 d. väterl. Güter Groß Möllen u. Loist, bat im Herbst 1786 aus Gr. Möllen um e. Unterstützung, sie will sich durch ihre zweite Heirat unglücklich gemacht haben, bei ihrer Heirat sollen d. väterlichen Güter Groß Möllen u. Loist e. Wert von 88 990 T. gehabt haben, darauf Schulden von 51 360 T., sie überließ d. Güter ihrem Mann im Jan. 1778 zu günstigen Konditionen für rund 61/m T. u. ließ sich von ihm zur Löschung ihrer *illata* u. Verbesserung von zs. 14/m T. im Landbuch überreden, dieser nahm gegen ihren Widerstand weitere Schulden auf, ließ sich von Pächtern große Vorschüsse geben, machte Briefschulden u. trieb d. Güter in d. Konkurs; 1786 wurden d. Güter von d. Landschaft verwaltet, sie hatte keine Einnahmen mehr und lebte kümmerlich von Naturalien, die ihr die Pächter lieferten; sie hatte zwei Töchter aus d. ersten Ehe u. einen Sohn zweiter Ehe (* um 1781), die aufgrund d. geringen väterl. Erbes keine standesgemäße Erziehung erhalten konnten;

Quellen: GStA, I. HA, Rep. 22, Nr. 120, Paket 8 527; Rep. 30, Nr. 44, G 47 g, Paket 9 284; II. HA, Abt. 13 a, Tit. III, Litt L, Nr. 17 (Tochter); IV. HA, Rep. 1, Nr. 79, Bl. 176 (von Legat); Stabi, Ms. boruss. fol. 316; Brüggemann, T. 2/2, S. 153–154; Brüggemann, Beiträge, 2, S. 82; Priesdorff, Nr. 161 (hier keine Kinder gen.), Nr. 728 (von Bonin); Leers, Ritterakademie, S. 21, S. 60;

Major Friedrich Ludwig Otto Chr. von Grumbkow (* 23. Juni 1751, † 1816)*

Vater: Ernst Ludwig (1704–1757), Ol, s.d.; **Bruder**: Franz Wilhelm Caspar (1756–1819), seit 1771 im Militär, Mai 1785 Ltnt. im K-R Nr. 2, 1800 als Rittmstr., 1806 als Major gen., 1816 als Ol dim., als Postmstr. in Schlawe versorgt; **Vater-Bruder**: Caspar Christian (1698–1764), Major, s.d.; **Laufbahn**: engagierte sich 1767 im Militärdienst, 1772 Cornet, Juli 1780 Ltnt. u. Adjutant im K-R Nr. 2, seit 1790 Gen.-Adjutant, Juni 1806 Major im K-R Nr. 2, 1816 pens.;

Quellen: Stabi, Ms. boruss. fol. 315 (Bruder F.W.C. als F.O.); Ms. geneal. fol. 300 (St.tafeln Grumbkow); Schwerin, K-R Nr. 10, T. 2, S. 228–229, T. 3, S. 26–27, S. 29; Monteton, S. 55, S. 57 (F.L.C.);

Major Friedrich Nicolaus von Grumbkow (* 15. Mrz. 1730, † 30. Mai 1794)*

Vater: Christian (1690–1739), (ksl.-russ.) Obristwachtmstr., Erbherr auf Nawitz (bzw. Sterbenin) im Distrikt Lauenburg; **Mutter**: Constantine Agnese, e. To. d. Obristen von Blankenburg, in zweiter Ehe verh. mit d. Uffz. Martin Friedrich von Reck (* 1706) im I-R Nr. 17, nach 15 Dj. abgegangen, 1756 Erbherr auf Anteil Nawitz u. Damerkow in Distrikt Lauenburg; **Laufbahn**: Febr. 1745 als Gefr.corp. ins Regiment, Mai 1754 Fähnrich im I-R Nr. 19, erhielt im Dez. 1754 d. *venia aetatis*, Juli 1756 Sl im Garn.-Reg. Nr. 10, Juni 1763 Pl im I-R Nr. 19, Dez. 1778 Cap., als Major u. Chef d. Invaliden-Comp. zu Berlin gest.; **Ehefrau**: Louise Friederike Charlotte, geb. von Haugwitz († 1820);

Quellen: GStA, I. HA, Rep. 30, Nr. 44, G 47 g, Paket 9283; Stabi, Ms. boruss. fol. 314; Ms. geneal. fol. 300 (St.tafeln Grumbkow, danach geb. 1733); Gesch. I-R Nr. 19, S. 100, S. 130; Jb. dt. Adel, Bd. 1, S. 750;

Cap. Friedrich Siegismund von Grumbkow (1749–1821)

Vater: George Christoph (1714–1774), stand von 1736 bis 1755 im I-R Nr. 17; **Mutter**: Dorothea Beata, geb. Freiin von Rosen-Barlomin; **Bruder**: Ernst Christoph (1735–1795), trat 1760 in d. Militärdienst ein, 1764 Fähnrich im I-R Nr. 8, 1771 nach zehn Dj. als Ltnt. wegen kränklicher Umstände dim.; **Bruder**: Johann Adam (1749–1776), seit 1768 im Militär, 1775 Fähnrich im I-R Nr. 44, Juli 1777 als Sl dim.; **Bruder**: Carl Reinhold (1758–1775), wurde als Fahnenjunker (in e. Duell) 1775 erstochen; **Schwester**: Maria Amalia verwitw. von Tesmar (* 1752), aus Barlomin gebürtig, ihr um 1790 verst. Mann Christoph Ernst von Tesmar aus Bochow war im Siebenjährigen Krieg Marschkommissar gewesen, sie hielt sich 1805 bei d. Schwester in Barlomin auf; **Laufbahn**: seit 1769 im Militär, 1775 Fähnrich im I-R Nr. 48, bat als Cap. im I-R Nr. 48 im Sep. 1797 darum, daß ihm nach d. Tod seines Bruders zugefallene Gut Barlomin in Westpreußen seiner mit d. Akziseeinnehmer Brandt verheirateten **Schwester** abtreten zu dürfen; 1806 noch als Cap. im I-R Nr. 48 genannt; 1816 Cap. bei d. kurmärk. Landwehr, als pens. Cap. gest.;

Quellen: GStA, I. HA, Rep. 96, Nr. 260 G; II. HA, Abt. 13 a, Tit. III, Litt L, Nr. 1, Bd. 2 (Schwestern); Stabi, Ms. boruss. fol. 312 (hier auch J.A., lt. Rangliste 1775 geb. 1751 in Pommern), fol. 315 (Bruder E.C. danach aus Poln.-Preußen geb.); fol. 316 (im I-R Nr. 17 kein Offizier G.C.); fol. 907 a; Ms. geneal. fol. 300 (St.tafel Grumbkow); Rangliste 1806, S. 83;

Cap. Friedrich Wilhelm von Grumbkow (* 23. April 1727, † 1. Okt 1792) *

Vater: Ernst George († 1740); **Mutter**: Veronica Agnes, geb. von Budde († 1757); **Bruder**: George Heinrich (* 1729, † Mai 1793), Okt. 1747 *cadet*, Okt. 1755 Fähnrich im Garn.-Reg. Nr. 10, (1756 Fähnrich im I-R Nr. 30), Juni 1763 Pl, stand 1764 als Pl im Garn.-Reg. Nr. 10, vor 1775 abgegangen, als Cap. verst.; **Laufbahn**: Mai 1743 *cadet*, 1746 Gefr.corp. im I-R Nr. 3, Febr. 1752 Fähnrich, Nov. 1756 Sl, Nov. 1759 Pl, Sep. 1765 Stabs-Cap., Juni 1766 Cap. u. Chef e. Comp., als Cap. wegen Blessuren 1771 nach einigen 30 Dj. dim., erhielt e. Pension von 120 T., die nach seinem Tod eingezogen wurde; **Ehefrau**: Christiana Amalia (* 1756), e. To. d. Ltnt. Friedrich Wilhelm von Wedelstaedt (* 1734) auf Moddrow im Distrikt Bütow, sie hatte e. Mitgift von 1325 T., davon wurden 600 T. verbraucht, 750 T. waren auf Hölkerwiese zinsbar angelegt; aus d. Ehe zwei **Söhne**: Ernst Heinrich Wilhelm (* 1786), u. Johann Matthias Leopold (* 1788), u. eine **Tochter** Friederica Amalia (* 1792), d. Witwe wohnte 1793 zur Miete in e. *Kathen* in Heinrichsdorf u. besaß noch e. Vermögen von 129 T., denen Schulden von 155 T. gegenüberstanden, sie bekam seit 1797 e. Pension von 100 T.; (**verwandt**: Friedrich Wilhelm von Grumbkow (* 1723), seit 1739 im Militär, stand 1749 als Sl im I-R Nr. 4, vor 1757 abgegangen: Stabi, Ms. boruss. fol. 313);

Quellen: GStA, II. HA, Abt. 13 a, Tit. III, Litt G, Nr. 18; Litt R, Nr. 2; Stabi, Ms. boruss. fol. 314 (Bruder G.H.); Gesch. I-R Nr. 3, S. 247–248;

Cap. George Leopold von Grumbkow (1766–1830)

Vater: Carl Leopold (1736–1800), Ltnt. im D-R Nr. 9, wurde im Siebenjährigen Krieg invalide, nach 1763 als Zollrendant versorgt, mußte wegen körperlicher Gebrechen auch dieses Amt aufgeben, 1789 mit 100 T. pensioniert, suchte am 24. Febr. 1791 immediat um e. Zulage von 100 T. nach, erhielt nach 1785 d. Charakter Cap.; **Mutter**: Johanna, geb. von Hahn; **Laufbahn**: trat 1782 ins Regiment ein, Dez. 1783 Fähnrich im I-R Nr. 32, 1791 als Ltnt. gen., bat am 9. Mrz. 1791 immediat um e. Zulage für seinen Vater, stand 1806 als Grenadier-Cap. im I-R Nr. 32, 1810 pens., 1824 Steuereinnehmer in Strehlen; **Ehefrau**: Christiane Anna Franziska, geb. Gommert; **Söhne**: George Friedrich Wilhelm (1796–1880), Otto Heinrich Leopold (1804–1868);

Quellen: Stabi, Ms. boruss. fol. 312 (d. Vater nicht in d. Listen f. 1758 u. 1763), fol. 907 a; Ms. geneal. fol. 300 (St.tafeln Grumbkow);

Cap. Nicolaus Martin Friedrich von Grumbkow (1762–1807)

Vater: George Friedrich (1733–1805), 1771 Erbherr auf Nawitz A für 2444 T. im Distrikt Lauenburg, 1801 als Cap. gen.; in erster **Ehe** verh. mit e. To. von Christian von Grumbkow, in zweiter mit Luise von Kleist; **Laufbahn**: Mai 1773 *cadet* in Stolp, April 1776 *cadet* in Berlin, 1780 Fähnrich, 1787 als Sl im I-R Nr. 24 gen., Aug. 1800 Cap. u. Chef e. Comp., noch 1806 als Cap. gen., 1807 als solcher gest.; **Güter**: 1801 Erbherr auf Nawitz (A) C u. D im Wert von zs. 2600 T., Vater u. Sohn, beide als Cap. bez., fungierten 1801 als Zeugen d. Landrates für d. tabell. Nachrichten über d. Witwe Ltnt. Johann Leopold von Mach, die um e. Pension gebeten hatte; 1802 soll d. Vater 78 Jahre alt gewesen sein, d. Cap. im I-R Nr. 24 wurden ab 1806 in vier Raten Meliorationsgelder in Höhe von 8/m T. für Nawitz in Aussicht gestellt;

Quellen: GStA, I. HA, Rep. 30, Nr. 44, G 47 g, Paket 9283; Nr. 243, Vas.tab. 1756 (Ltnt. C.F.); Nr. 249, Vas.tab. 1771, 1778; II. HA, Abt. 12, Materien, Vas.tab., Nr. 1; Abt. 13 a, Tit. III, Litt M, Nr. 26; Stabi, Ms. boruss. fol. 314, fol. 316, fol. 907 a; Ms. geneal. fol. 300; Crousaz, Beilage C, S. 36; Stolper Kadetten, S. 6;

Cap. Peter George von Grumbkow (1682–1732)

Vater: David Christian (* 1642, † um 1697); **Mutter**: Michaela, geb. von Sarbsky; **Bruder**: Paul Döring (1687–1731), seit etwa 1702 im Militär, Mrz. 1710 Fähnrich, Mrz. 1714 Sl im I-R Nr. 4, Mrz. 1717 Pl, 1728 als Stabs-Cap. vom I-R Nr. 4 wegen Krankheit dim.; **Laufbahn**: seit 1698 im Militär, Jan. 1709 Pl im I-R Nr. 4, als solcher noch 1715 gen., vor 1728 (als Cap.) abgegangen; **Ehefrau**: e. geb. von Rexin;

Quellen: Stabi, Ms. boruss. fol. 313 (Bruder), fol. 319 (* 1675); Ms. geneal. fol. 300 (Stammtafel, als Cap. bez.);

GM Philipp Wilhelm von Grumbkow (* 23. Juni 1711, † 21. Sep. 1778) *

Vater: Philipp Otto (1684–1752), EM, Chefpräsident d. pomm. Kollegien; **Mutter**: Henriette Scholastika, geb. von Schlabrendorff; **Bruder**: Friedrich August Otto (1734–1757), Ltnt., s.d.; **Laufbahn**: bezog 1723 d. Ritterakademie Brandenburg an d. Havel, 1727 Univ. Frankfurt an d. Oder, von 1728 bis 1735 in kursächs. Kriegsdiensten, Juli 1739 Cap. u. Chef e. Comp. im I-R Nr. 12, April 1742 Brigade-Major, ab 1743 Ausführung spezieller Aufträge des Königs, Aug. 1745 Major u. Flügel-Adjutant d. Königs, Mai 1747 Ol, Sep. 1753 Obrist, Mai 1757 GM, von 1757 bis 1759 in Kriegsgefangenschaft, seit April 1760 bei d. Armee d.

Prinzen Heinrich; **Ehefrau:** Luise Albertine, geb. Gräfin von Geßler, To. d. GFM; **Güter**: von 1752 bis 1763 zs. mit F.A.O. Erbherr auf Zuchen u. Schübben im Ftm. Cammin im Wert von 27 500 T.; seit 1752 Erbherr auf Lupow im Krs. Stolp f. 12/m T., Sorkow f. 2666, Malzkow f. 6250, Darsow f. 8/m, Schidlitz, Heide u. Schmelz f. 2700, 1756 sollen diese Güter e. Wert von 40/m T. gehabt haben; nach 1757 fielen ihm auch die Güter seines Bruders F.A.O. zu: Groß Runow, Zechlin, Varzmin, Vangerske, Darsin, Sorchow im Krs. Stolp f. zs. 40/m T.; 1760 soll Graf von Tottleben, russ. General, Gemälde im Wert von 6/m T. in Lupow in Beschlag genommen haben, P.W. bat 1765 den König um Unterstützung für d. Rückgabe dieser Gemälde; suchte im Mai 1769 um e. Moratorium nach, bezifferte die Kriegsschäden auf seinen Gütern, die alle an d. Poststraße von Berlin nach Danzig lagen, auf 40/m T., d. Landrat attestierte ihm 32/m T., die Revenuen genügten nicht, um d. Retablissement zu besorgen, auch d. kgl. Pension von 1/m T. nicht, mußte deshalb Kredite aufnehmen; 1779 fielen die Güter an seine einzige **Tochter** Friederike, die Witwe von Podewils; d. GM P.W. hinterließ noch zwei **natürliche Töchter** (* 1. Jan. 1743 u. * 15. Mai 1746), deren Vermögen bestand 1763 in e. Haus in Stolp im Wert von 430 T., Mobilien für 5409 T. u. bis zu ihrer Heirat im Nießbrauch e. Kapitals von 4/m T., welches dann an d. Allodialerben fallen sollte; diese beiden Töchter waren nicht legitimiert, waren vom Vater nur als natürl. Töchter bez. worden, sie mußten sich auf Anfrage d. Pupillenkollegiums d. adligen Titels enthalten u. wurden auch nicht nach d. vollendeten 24. Lebensjahr zur Großjährigkeit zugelassen; (**verwandt**: Philipp Wilhelm von Grumbkow (* 1710), seit 1727 im Militär, 1730 Fähnrich im I-R Nr. 30 (1738 Cap. u. Chef e. Comp. im I-R Nr. 4): Stabi, Ms. boruss. fol. 311, fol. 313);

Quellen: GStA, I. HA, Rep. 30, Nr. 44, G 47 g, Pakete 9283 u. 9284; Nr. 243, Vas.tab. 1756, 1763; Brüggemann, T. 2/2, S. 980–983; Priesdorff, Nr. 451;

Ltnt. Siegfried Reinhold Michael von Grumbkow (1778–1814)

Vater: Johann Jacob (1747–1813), trat weder in d. Militär- noch in d. Zivildienst ein; seine vor 1805 verst. erste Frau Anna Dorothea, geb. von Diezelsky, hatte e. Anteil am Gut Dzinzelitz in Lauenburg besessen, dieser wurde an Peter von Woedtke verkauft, d. Erlös blieb auf d. Gut stehen; von Woedtke trat d. Anteil an e. von Mitzlaff ab, der schlecht wirtschaftete und in Konkurs ging; die von Grumbkows bekamen sechs Jahre lang keine Zinsen, mußten um das den Kindern gehörende Kapital in Höhe von 2300 T. fürchten u. fristeten ihr Leben nur kümmerlich; **Vater-Bruder**: Christian (1738–1810), Obrist, s.d.; **Großvater**: Christian (1705–1789), Erbherr auf Anteil Krampkewitz im Distrikt Lauenburg, 1772 im Wert von 1200 fl; (**Bruder**: Johann Matthias (* um 1774, seit 1782 *cadet* in Stolp, 1787 *cadet* in Berlin, wurde als Offz. im I-R Nr. 34 bei Mainz erschossen); **Bruder**: Franz Adolph (* um 1786), hielt sich 1805 offenbar beim Vater in Schimmerwitz auf, F.A. wurde noch 1808 in Schimmerwitz genannt; **Laufbahn**: Juli 1787 *cadet* in Stolp, April 1792 *cadet* in Berlin, Mrz. 1798 Sl im I-R Nr. 7, geriet im Jan. 1807 als Sl im 3. Mousq.-Bat. d. I-R Nr. 7 vor Kolberg in Gefangenschaft, 1814 als Pl bei d. Gendarmerie gest.;

Quellen: GStA, I. HA, Rep. 30, Nr. 44, G 47 g, Paket 9284; VI. HA, Nl Gneisenau, Nr. 691 (S.R.M.); Stabi, Ms. boruss. fol. 312 (Onkel), fol. 907 a; Ms. geneal. fol. 300 (danach ist S.R.M. 1794 als Offz. im I-R Nr. 34 gefallen); Stolper Kadetten, S. 16–17, S. 22;

Ltnt. Friedrich Sigismund von Güntersberg (* um 1713, † 1751)

Vater: Eggert Henning, Erbherr auf Groß Weckow u. Schinchow im Flemmingschen Krs., veräußerte 1717 d. mittlere u. kleine Gut in Groß Weckow u. Schinchow B auf Wiederkauf an d. Major Wilhelm Friedrich von Flemming, verkaufte 1735 zs. mit beiden Söhnen Ziegenhagen im Krs. Saatzig auf Wiederkauf an d. Major von Mildenitz; **Laufbahn**: seit 1730 im Militärdienst, stand 1734 als Corporal, 1743 als Ltnt. im D-R Nr. 2; **Güter**: 1731 trat ihm sein Vater d. große Gut in Groß Weckow u. Schinchow A ab; 1751 fielen diese an seinen älteren **Bruder** Ernst George (* um 1697, † 1762), dieser löste 1753 die von seinem Vater verpfändeten Güter ein, *reluirte* 1754 Falkenwalde im Krs. Saatzig von d. Frau d. EM Adam Ludwig von Blumenthal, geb. von Woedtke, verkaufte es 1754 wieder an dieselbe für 18 675 T., E.G. war d. letzte Lehnsmann von Güntersberg aus d. Linie Groß Weckow, verh. mit Amalia Sophia von Kleist († 1789) aus d. Hs. Zatkow, aus d. Ehe vier Töchter: Amalie Charlotte (1758–1802) war verh. mit Otto Ernst Wilhelm von Below, s.d., Ernestine Brigitte (* 1757) u. Caroline Sabine Hypolithe (* 1762) waren 1803 noch ledig u. besaßen je 500 T. Vermögen; d. Witwe von E.G. u. ihre vier Töchter saßen 1775 auf ganz Groß Weckow u. ganz Schinchow, 1767 hatte d. Gut e. Wert von 20/m T., darauf Hypotheken von 15 200 T., nach d. Tod d. letzten Lehnsfolgers hatte d. König d. Gut d. Grafen von Schwerin verliehen, d. Witwe verglich sich mit diesem, zahlte e. Abstand von 10/m T., um d. Gut für ihre Töchter zu konservieren u. stürzte sich dadurch in gr. Schulden, Groß Weckow wurde zum Allodium, jede der drei 1786 noch lebenden Töchter hatte damals e. freies Vermögen von 3 175 T.;

Quellen: GStA, I. HA, Rep. 30, Nr. 241 b, Paket 9962; Nr. 243, Vas.tab. 1756; II. HA, Abt. 13 a, Tit. I, Litt G, Nr. 8; Stabi, Ms. boruss. fol. 315; Brüggemann, T. 2/1, S. 45–46, S. 263, S. 287;

Obrist George Wilhelm von Güntersberg (* 1714, † Dez. 1799)

Vater: Ernst Jürgen, Erbherr auf Reichenbach im Krs. Saatzig, war dessen einziger Sohn; **Laufbahn**: 1731 Gefr.corp. im I-R Nr. 8, 1737 Sergant, 1738 Fähnrich, Dez. 1742 Sl, Aug. 1750 Pl, Mai 1757 Stabs-Cap., Nov. 1760 Cap. u. Chef e. Comp., Juni 1772 Major, Jan. 1781 Kommandeur d. I-R Nr. 8, Mai 1781 Ol, Mai 1783 Obrist, Juni 1783 Orden p.l.m., Juni 1785 nach 53 Dj. mit e. Pension von 400 T. dim.; **Güter**: suchte 1769 vergeblich um d. Allodifikation der auf d. Fall stehenden Güter Ziegenhagen (u. Falkenhagen) nach; bat im Febr. 1783 um d. Allodifikation e. Teils d. Gutes Reichenbach, begründete das damit, der letzte seiner Familie zu sein; bat am 4. Mrz. 1787 immediat um die Legitimation seines unehelichen **Sohnes** August Gottlieb, begründete das damit, daß er wegen geringen Vermögens und spätem Avancement nicht heiraten konnte, habe d. Tochter e. in der Kapelle d. großen Königs gestandenen Musikers namens Haendel zu sich genommen u. mit dieser d. Sohn erzeugt; d. König billigte d. Gesuch, d. Sohn A.G. bekam mittels Legitimationspatent vom 6. April 1787 d. natürlichen Adel u.d. Wappen d. Familie von Güntersberg;

Quellen: GStA, I. HA, Rep. 30, Nr. 44, G 43, Paket 9278; Nr. 243 b, Paket 9967; Brüggemann, T. 2/1, S. 287; Priesdorff, Offz.stammliste, S. 23–24;

Ol Carl Ludwig (seit 9. Aug. 1778: von) Günther (* um 1733, † vor 1797)

aus d. Kurmark gebürtig; **Laufbahn**: trat 1749 in d. Militärdienst ein, stand 1764 als Pl im H-R Nr. 8, 1778 als Rittmstr., im Aug. 1778 für seine *Bravour* bei Gabel nobilitiert, 1788 als

Major nach 39 Dj. mit d. Charakter Ol dim.; **Güter**: erwarb 1782 d. Güter Dieck A, Hammer A u. Steinfort B im Krs. Neustettin für 4300 T. von den Erben von Schnell; setzte in seinem Testament vom Mrz. 1794 seinen **Neffen** Carl Wilhelm Günther (* 1768), Sohn d. Chirurgen im Garn.-Reg. Nr. 11, zum Universalerben ein; dieser bekam am 16. Mrz. 1797 d. *Consens*, d. geerbten Güter zu adligen Rechten zu besitzen, sein Gesuch um d. Nobilitierung wurde jedoch abgelehnt; 1799 verkaufte d. Neffe diese Güter für 14/m T. an d. Amtmann Friedrich Dietrich Löwe, jetzt – 1804 – auf Dieck B, Hammer B u. Steinfort C; (**verwandt**: Gl Heinrich Johann Frhr. von Günther (1736–1803), zuerst im K-R Nr. 6, dann im H-R Nr. 5, (Juni 1773 nobilitiert), Juni 1798 Freiherr: Priesdorff, Nr. 791);

Quellen: GStA, I. HA, Rep. 30, Nr. 243, Vas.tab. 1793; Nr. 244, Paket 9992; Schöning, 5. H-R, S. 107, S. 138, S. 549; Zedlitz, 2. Bd., S. 300 (mit abweichenden Angaben); Gritzner, Matrikel, S. 39 (mit Hinweis auf d. Verwechslung d. beiden Günthers);

Major Hans Jürgen von Gumbrecht (* 1682)

aus Pommern gebürtig; **Laufbahn**: seit 1695 im Militär, Mai 1708 Fähnrich im I-R Nr. 1, Febr. 1711 Pl, Febr. 1714 Cap., im Juli 1735 als Major nach 40 Dj. im I-R Nr. 1 dim., für ihn rückte Ewald Wedig von Massow auf;

Quellen: Stabi, Ms. boruss. fol. 313 (auch als H. Joachim Gombrecht, 1735: aus Pommern), fol. 319 (1715: aus d. NM);

Ltnt. Johann Caspar Joseph (von) Gumbrecht (* 1723)

aus Pommern gebürtig; **Laufbahn**: seit 1741 im Militär, Okt. 1742 Fähnrich im I-R Nr. 40, 1749 Sl, 1750 als Sl dim.;

Quellen: Stabi, Ms. boruss. fol. 315; Gesch. I-R Nr. 40, S. 21; Zedlitz, 2. Bd., S. 303 (Adel v. Dez. 1741 für d. Gebr. Abraham Joseph u. Caspar Gumbrich als von Gumbrecht);

Cap. Wilhelm Conrad von Gumbrecht (* 1686)

aus Pommern gebürtig; **Laufbahn**: seit 1700 im Militärdienst, Fähnrich im I-R Nr. 1, Juni bzw. Nov. 1713 als Ltnt. ins I-R Nr. 9 versetzt, 1730 als Cap. u. Chef e. Comp. geführt, vor 1740 abgegangen;

Quellen: Stabi, Ms. boruss. fol. 313, fol. 315, fol. 319 (hier als Gombrecht); nicht bei Siebmacher;

Cap. George Friedrich von Guretzky (* 1753)

Vater: Ernst, Landkavalier († um 1772); **Mutter**: e. geb. von Lem(b)cke aus Soltenitz († 1. Aug. 1788), sie besaß zs. mit ihrer ledigen Schwester Martha von Lem(b)cke († 1792), die e. Pension von 100 T. bekam, e. Gutsanteil im Wert von 3/m T., darauf Schulden von 1500 T., d. Revenuen reichten deshalb nicht zum Unterhalt d. Witwe u. ihrer beiden Töchter; **Bruder**: Emanuel Ernst (* 1747), stand von 1763 bis 1772 im I-R Nr. 22, zuletzt Sl, nahm nach d. Tod d. Vaters seinen Abschied, um d. Mutter in d. Wirtschaft zu assistieren, wollte nach d. Tod d. Mutter im Aug. 1788 zurück in d. Dienst, d. Gutsanteil mußte schuldenhalber verkauft werden, reichte deshalb e. Immediatsupplik ein; **Laufbahn**: trat 1767 in d. Militärdienst ein, 1773 Fähnrich im I-R Nr. 17, dann Sl u. Pl, Juni 1783 Stabs-Cap., als solcher noch 1790, 1792 genannt, vor 1806 abgegangen; seine beiden **Schwestern** Maria, 32 Jahre, u. Clara Juliana, 30 Jahre, bekamen nach d. Tod ihrer Mutter 1788 e. Pension von 50 T. aus d. pomm. Meliorationsfonds;

Quellen: GStA, I. HA, Rep. 96, Nr. 257 G; II. HA, Abt. 13 a, Tit. III, Litt G, Nr. 6; Stabi, Ms. boruss. fol. 316,

Fähnrich Lorenz Adam Erdmann von Gutzmerow
(* 6. Nov. 1754, † 2. Juli 1827)

Vater: Adam Ewald George (1721–1754), Erbherr auf Freist u. Kempen im Krs. Stolp, 1756 im Wert von 6666 T., hinterließ einen Sohn u. zwei Töchter; **Mutter**: Dorothea Maria, e. geb. von Bandemer (1716–1785), sie bat als schwangere Witwe am 16. Juni 1754 darum, falls sie keinen Sohn bekommen sollte, d. Gut Freist ihrem ältesten Bruder Jacob George von Bandemer als Lehn zu übergeben, der als Pl im I-R Nr. 17 stand; **Schwestern**: Eva Luise, verh. mit d. Senator Heyn zu Stolp, Eleonora Nicolaine Friederike (* 1753), sie wurde im Okt. 1767 *zu Fall* gebracht, ihre Mutter bat 1769 um Rückzahlung der Aussteuergelder, die durch den Fall verlorengegangen waren, damit die To. d. poln. Adligen von Rostken heiraten konnte, jeder To. standen aus d. väterl. Erbe 1 194 T. zu, E.N.F. war später verh. mit Johann Lucas von Lewinsky auf Reddestow bei Lauenburg; **Laufbahn**: besuchte 1763 u. 1767 die Schule in Dammen bei Stolp, seit 1768 im Regiment, vor 1774 Gefr.corp. im I-R Nr. 16, Aug. 1774 als Fähnrich zum Garn.-Reg. Nr. 1 versetzt, Mai 1775 *abgeschafft*; **Güter**: besaß d. väterl. Lehngut Freist nebst Vorwerk Kempen im Wert von 6666 T. im Krs. Stolp, dieses wurde auf Antrag seines Vormundes Laurentz von Lettow 1755 allodifiziert; saß noch 1804 als Erbherr auf Freist, jetzt im Wert von 10/m T.; **Ehefrau**: Charlotte Henriette Tugendreich, e. geb. von Mitzlaff; **Sohn**: Carl Friedrich Gerhard (1783–1813), 1799 *cadet* in Berlin, 1804 Fähnrich, Juni 1805 Sl im I-R Nr. 52, als Major u. Kommandeur d. Leib-Füsilier-Bat. d. 8. I-R 1813 bei Lützen gefallen; **Sohn**: Heinrich Friedrich Ludwig (1785–1861), 1799 *cadet* in Berlin, 1804 Fähnrich im I-R Nr. 53, 1806 Sl, 1834 Major im 1. I-R, zuletzt Ol; **Sohn**: Gustav Friedrich Peter (1793–1867), 1804 in Stargard in Pension, später Cap.; **Sohn**: Ernst Wilhelm Ferdinand (* 1797), 1804 bei d. Eltern;

Quellen: GStA, I. HA, Rep. 30, Nr. 44, G 47 a, Paket 9281; Nr. 243, Vas.tab. 1756, 1763, 1767, 1799, 1804; Rep. 176, Nr. 3204; II. HA, Abt. 13, a, Tit. III, Litt G, Nr. 21; Stabi, Ms. boruss. fol. 311, fol. 907 a; Kopka v. Lossow, Offz.liste, S. 19*; Conrady, I-R Nr. 52, S. 337 (C.F.G.); Tb. Uradel 1916, S. 270–271;

Major Bogislav August Heinrich Graf von Hacke
(* 4. Aug. 1772, † 17. Febr. 1848)

Vater. Friedrich Wilhelm (1740–1789), aus Penkun gebürtig, studierte 1756 an d. Viadrina, seit Mrz. 1760 Junker im K-R Nr. 13, Mrz. 1766 Ltnt., Febr. 1777 Abschied mit d. Charakter Major, seit mind. 1763 Erbherr auf Radewitz, Penkun, Petershagen, Luckow, Sommersdorf, Grünz, Neuhof im Krs. Randow, seit mind. 1756 auch auf Stecklin im Krs. Greifenhagen im Wert von 24/m T.; **Mutter**: Antoinette Juliane Charlotte, geb. von Lehwald (1748–1822), sie saß 1801 zs. mit ihren fünf Söhnen auf d. Güter ihres verst. Mannes; **Großvater**: Hans Christoph Friedrich Graf von Hacke (1699–1754)*, 1705 Gefr.corp. im I-R Nr. 6, Jan. 1732 Hof-Jägermeister, Jan. 1734 Cap., Juli 1740 erblicher Grafenstand, Juli

1742 Chef d. I-R Nr. 1, Mai 1743 GM, Mai 1747 Gl, Erbherr auf Radewitz, Penkun, Petershagen, Grünz, verh. mit Sophie Albertine, e. To. d. EM Ehrenreich Bogislav von Creutz; **Bruder**: Carl Wilhelm Alexander (1770–1835), Kammerherr, Hofmarschall d. Prinzen Friedrich von Preußen, nach 1806 Erbherr auf Radewitz, Luckow, Petershagen, Grünz, Sommersdorf; **Bruder**: George Gustav Leopold (1776–1838)*, Mrz. 1789 Junker im K-R Nr. 13, 1804 Rittmstr., Jan. 1807 Major, Dez. 1811 Kommandeur d. Brandenburg. K-R, Juni 1813 Ol, Dez. 1813 Obrist, Nov. 1815 GM; **Bruder**: Wilhelm George Werner (1785–1841), 1801 Junker im K-R Nr. 13, 1804 Cornet, 1806 Pl, Abschied, 1813 bis 1815 Rittmstr. beim 2. Leib-H-R, 1815 dim.; **Bruder**: Eduard Friedrich (1786–1874), 1800 Junker im H-R Nr. 5, 1804 Cornet, 1806 Sl, 1807 Abschied, 1813 bis 1815 im mecklenburg-strelitz. H-R, 1828 kgl. Kammerherr; **Laufbahn**: weilte auf d. Ritterakademie in Brandenburg an d. Havel, seit Febr. 1787 im K-R Nr. 13, Okt. 1787 Cornet, Juni 1791 Ltnt., Mrz. 1796 Abschied, Juli 1798 als Pl wieder eingetreten, Okt. 1798 Stabs-Rittmstr., April 1801 Rittmstr. u. Chef e. Escadron, Okt. 1805 als Major zum D-R Nr. 4, Okt. 1806 bei Jena verwundet, 1809 Abschied, ging auf seine Güter nach Pommern; **Güter**: nach d. Tod ihres Mannes hatte die Mutter der fünf Brüder auf Lebenszeit den Nießbrauch seiner Güter, wozu noch Battinsthal, Penkun, Friedefeld, Storkow, Wollin gehörten, diese fielen später an d. Major B.A.H.; **Ehefrau**: Wilhelmine, geb. von Kummer (1776–1850);

Quellen: GStA, I. HA, Rep. 30, Nr. 44, R 104, Paket 9 366; Nr. 243, Vas.tab. 1756, 1763, 1767 (d. Vater hier als Joh. Christian), 1793, 1804; Rep. 30 B, Nr. 2 b, Paket 10 196; Fam.gesch., 1911, Tafel III, S. 103–127; Schöning, K-R Nr. 13, S. 300–301, S. 304–305, S. 314–315 (Bruder G.G.L.); Priesdorff, Nr. 317 (Großvater), Nr. 1264 (Bruder G.G.L.);

Major Christian Leopold von Hagen (* 1742, † 9. Febr. 1823)

Vater: Hans Sigismund (1698–1755), Obrist, Erbherr auf Naulin B u. C im Krs. Pyritz, 1767 im Wert von 34 143 T., darauf Schulden von 26 993 T.; **Mutter**: Charlotte Sophie, geb. von Klitzing (* 1719); **Großvater**: Tido Christoph (1668–1737), Landrat d. Krs. Soldin, Erbherr auf Naulin B u. C; **Bruder**: Friedrich Werner Tido (* um 1752), stand 1767 als Fahnenjunker im 2. Bat. Garde; **Laufbahn**: engagierte sich 1757 im Militärdienst, Juni 1761 Sl im I-R Nr. 7, Juni 1767 Pl, Dez. 1783 Cap., noch 1790 als Cap. im I-R Nr. 7 gen., Dez. 1793 Major, stand 1806 u. Juli 1807 als Major u. Kommandeur d. 3. Mousq.-Bat. d. I-R Nr. 7 in Kolberg, 1823 als pens. Obrist gest.; **Güter**: von 1771 bis 1779 Erbherr auf Naulin B u. C, verkaufte d. Gut an d. Cap. Samuel Friedrich von Schaetzel; von 1786 bis 1792 Erbherr auf Buchholz im Krs. Saatzig; **Ehefrau**: Luise Tugendreich, geb. von Schöning (1745–1818); **Sohn**: Hans Wilhelm Siegmund (1775–1851)*, aus Stettin gebürtig, Mrz. 1787 Gefr.corp. im I-R Nr. 7, Jan. 1793 Fähnrich, Juli 1794 Sl, Juli 1799 dim., Jan. 1807 als Pl wieder angestellt im Grenadier-Bat. von Waldenfels, Juli 1807 Stabs-Cap., Aug. 1808 ins I-R Nr. 8, Mrz. 1809 Cap. u. Chef e. Comp., Mai 1813 Major, Okt. 1815 Ol, Mrz. 1820 Kommandeur d. II. Bat. d. 30. Landwehr-Reg., Mrz. 1821 Obrist, Mrz. 1828 Abschied mit Pension, Mai 1828 Charakter GM, seit 1798 verh. mit Friederike Dorothea (1777–1825), e. To. d. Cap. Heinrich Wilhelm von Weger vom I-R Nr. 8;

Quellen: GStA, I. HA, Rep. 30, Nr. 44, H 52, Paket 9 290; Nr. 243, Vas.tab. 1756, 1763, 1767; VI. HA, Nl Gneisenau, Nr. 691; Stabi, Ms. boruss. fol. 314, fol. 907 a; Brüggemann, T. 2/1, S. 154–155; Brüggemann, Beiträge, 2, S. 137; Rangliste 1806, S. 35; Tb. Uradel 1904, S. 311 (d. Bruder hier nicht); Priesdorff, Nr. 1426 (Sohn);

Cornet Philipp Sigismund von Hagen (* um 1711)

Vater: Dubislav Philipp († 22. Febr. 1749), Erbherr auf Naulin A (bzw. B) im Krs. Pyritz, Kammerherr; **Großvater**: Hans Joachim (1646–1701)*, GM, Erbherr auf Naulin A im Krs. Pyritz; **Bruder**: 1738 als Ltnt. im Garn.-Bat. von Sack in Kolberg gest:, **Laufbahn**: weilte 3,5 Jahre unter d. *cadets*, seit 1729 Gefr.corp. im I-R Nr. 14, machte d. ersten *Campagnen* am Oberrhein mit, April 1738 Cornet im K-R Nr. 5, *ergab sich d. Trunk*, zeigte e. liederliche Lebensführung, wurde zum Dienst *incapable*, Dez. 1740 *cassirt*; im Mrz. 1741 bat d. Vater darum, P.S. wegen seiner *bösen conduite* auf d. Festung bringen zu lassen, wollte ihm dort monatlich acht T. für seinen Unterhalt zahlen; mit Verfügung vom 21. Aug. 1742 sollten d. Klagen d. Vaters untersucht und anschließend über seinen Antrag befunden werden; **Güter**: verkaufte 1749 d. väterliche Gut Naulin A an d. Cap. Frhr. von Schulz;

Quellen: GStA, I. HA, Rep. 30, Nr. 44, H 52, Paket 9290; Stabi, Ms. boruss. fol. 311; Brüggemann, T. 2/1, S. 155; nicht im Tb. Uradel 1904; Priesdorff, Nr. 106 (Großvater);

Major Sigismund August von Hagen (* 7. Sep. 1748, † 19. Sep. 1813)

Vater: Hans Sigismund (1702–1756), Cap. (im I-R Nr. 10); **Mutter**: Johanna Juliane, geb. von Lehwald; **Bruder**: Hans Christian Friedrich (1747–1817), seit 1762 im Militär, 1779 Pl u. Adjutant im I-R Nr. 3, Mai 1793 als Major Orden p.l.m., Juni 1801 Obrist im I-R Nr. 29, 1806 Obrist u. Kommandeur; **Bruder**: Albrecht Gottlieb (1752–1832), aus d. Ftm. Halberstadt bzw. aus Hzgtm. Magdeburg gebürtig, seit 1768 im Militär, 1775 Cornet im K-R Nr. 3, 1787 als Ltnt. nach 20 Dj. dim., erhielt d. Charakter Rittmstr., erwarb 1787 d. Gut Premslaff im Krs Borcke für 12/m T., 1804 mit 28/m T. angegeben, bekam mit Resolution vom 10. Sep. 1787 Meliorationsgelder in Höhe von 6/m T., erwarb 1796 Reselkow im Ostenschen Krs. für 33/m T., seit 1798 auf Parlin im Krs. Saatzig, 1804 auch auf Gliezig im Dewitzschen Krs. im Wert von 6/m T., amtierte als Landschaftsrat, Sohn: Hans Carl Wilhelm (1780–1826), 1790 bis 1794 *cadet* in Stolp, 1804 Ltnt. im D-R Nr. 4, vor 1806 abgegangen; **Laufbahn**: engagierte sich 1761 im Militärdienst, 1763 Gefr.corp., April 1768 Sl im I-R Nr. 5, 1783 als Pl gen., nach 23 Dj. 1784 mit d. Charakter Cap. dim., als Postmeister in Stargard versorgt, erhielt später d. Prädikat Major; **Güter**: erwarb Sassenhagen A im Krs. Saatzig 1790 vom GM G.L. von Blücher für 22/m T., kaufte Sassenhagen B 1792 für 3675 T., auf beiden Teilen lagen Schulden von 21250 T.; bat Mitte 1795 darum, das Allodialgut Sassenhagen an e. Bürgerlichen verkaufen zu dürfen, begründete das damit, daß es auf d. Gut nur ein mit Stroh gedecktes Pächterhaus gebe, darin könne keine Herrschaft wohnen; die Stettiner Regierung sprach sich in ihrem Bericht vom 20. Aug. 1795 dafür aus, ihn abzuweisen, weil es sich um e. ansehnliches Gut handele und er keine stichhaltigen Gründe vorgebracht habe; verkaufte d. Gut nach 1801 an d. Witwe von Ihlow; **Ehefrau**: Martha Luise, geb. von Werder (1751–1827); **Söhne**: Friedrich Hans Sigismund (* 1780), stand 1799 als Ltnt. im Füsilier-Bat. in Soldau; August Tido (1788–1858), sp. General;

Quellen: GStA, I. HA, Rep. 30, Nr. 44, H 52, Paket 9290; Nr. 243, Vas.tab. 1793, 1799, 1804; II. HA, Abt. 13 a, Tit. I, Litt H, Nr. 1, Litt O, Nr. 1 (Bruder A.G.); Stabi, Ms. boruss. fol. 310, fol. 313 (S.A. u. Bruder A.G.), fol. 316 (Vater 1730 nicht gen.); Rangirrolle Saldern (I-R Nr. 5 für 1771); Rangliste 1806, S. 78 (H.C.F.); Monteton, S. 67 (A.G.); Tb. Uradel 1904, S. 304–306 (d. Sohn F.H.S. hier nicht); Priesdorff, Nr. 1626 (Sohn A.T.)

GM Carl Siegmund von Hainsky (* 1738, † 2. Aug. 1811)*

(**Vater**: Siegfried, seit 1721 Erbherr auf Hebron-Damnitz im Krs. Stolp); **Laufbahn**: Juni 1756 Cornet im D-R Nr. 9, Mai 1757 Sl, Jan. 1764 Pl, April 1775 Stabs-Cap., Sep. 1787 Orden p.l.m., Nov. 1788 Major, Febr. 1795 Kommandeur d. D-R Nr. 9, Mai 1798 Ol, Mai 1799 Obrist, Dez. 1803 mit d. Charakter GM u. Pension dim.; **Ehefrau**: Luise, geb. von Zitzewitz (1762–1829);

Quellen: Stabi, Ms. boruss. fol. 310, fol. 312; Brüggemann, T. 2/2, S. 958; Zedlitz, 5. Bd., S. 206; Priesdorff, Nr. 1054 (keine Angabe d. Vaters);

Fähnrich Levin Christian von Hanow (* 1705)

(**Vater**: Levin Christian († vor 1719), Ltnt., Erbherr auf Anteil Lasbeck im Dewitzschen Krs.); **Laufbahn**: avancierte im Reg. Lottum bis zum Fähnrich, wechselte vor 1730 in kaiserliche Dienste; (**verwandt**: Otto Friedrich von Hanow (* 1747), aus Pommern gebürtig, seit 1761 im Militär, stand 1788 als Sl im Reg. Bosniaken: Dziengel, 2. Ulanen-Reg., S. 130);

Quellen: Stabi, Ms. geneal. fol. 120; Koglin, S. 201; Brüggemann, T. 2/1, S. 314;

Ltnt. Johann Friedrich Ludwig von Hartmann (* 1742)

aus Pommern gebürtig; **Laufbahn**: seit 1757 im Militär, 1764 Sl im I-R Nr. 39, April 1781 Pl, zwischen 1791 u. 1806 abgegangen;

Quellen: Stabi, Ms. boruss. fol. 316;

Cap. Samuel Wilhelm von Hasslinger (* 1737)

aus Pommern gebürtig; **Laufbahn**: seit 1759 im Militär, Mai 1762 Fähnrich im I-R Nr. 42, Aug. 1766 Sl, Nov. 1784 Stabs-Cap., Juni 1788 pens.;

Quellen: Stabi, Ms. boruss. fol. 312;

Gl Ludwig Ferdinand Friedrich (seit 2. Nov. 1768 von) Heising (* 5. Jan. 1738, † 10. Juli 1809)*

Vater: Dietrich Ferdinand (* 1703), seit 1721 im Militär, 1750 Ltnt. im K-R Nr. 5, 1756 Rittmstr., zuletzt Major im K-R Nr. 5, 1759 *cassirt*; **Laufbahn**: 1753 Junker im K-R Nr. 5, Okt. 1756 Cornet, April 1758 Ltnt., Mai 1769 Stabs-Rittmstr., Juni 1772 Rittmstr. u. Chef e. Escadron, Dez. 1780 Major, Mai 1789 Ol, Sep. 1790 Kommandeur d. K-R Nr. 5, Mai 1791 Obrist, Juni 1792 Orden p.l.m.,Sep. 1797 Chef d. K-R Nr. 8, Mai 1798 GM, Mai 1805 Gl, Okt. 1807 mit Pension dim.; **Ehefrau**: Caroline Auguste Johanna, geb. von Kleist (1754–1804); **Sohn**: Friedrich Christian Carl (1775–1834), 1806 Stabs-Rittmstr. im K-R Nr. 5, 1809 als Stabs-Rittmstr. im 2. D-R pens., als Postmstr. versorgt;

Quellen: Stabi, Ms. boruss. fol. 311, fol. 907 a; Priesdorff, Nr. 969;

Ltnt. Gustav Vollradt von Hellermann (* 3. Nov. 1764, † 13. Mai 1835)

Vater: Friedrich George Christoph (1723–1794)*, seit 1741 im Militär, Mai 1748 Ltnt., zuletzt Rittmstr. im K-R Nr. 11, 1761 nach 22 Dj. dim., seit 1767 Landrat im Ftm. Cammin, 1793 als Erbherr auf Karzin, Clannin, Reckow mit Pertin. im Ftm. Cammin im Wert von 29 400 T. gen.; **Großvater**: Vollradt Hellermann (1686–1756), seit 1704 im Militär, 1732 u. 1740 Cap. im 2. Bat. d. I-R Nr. 15, zuletzt Obrist, Kommandeur d. Garn.-Bat. in Kolberg, Adelsbrief vom Juli 1743; **Mutter**: Maria Ludovika, geb. von Tuchsen (1735–1766); **Bruder**: Wilhelm Casimir (1766–1840)*, seit 1785 im Regiment, 1787 Fähnrich im I-R Nr. 24, Aug. 1793 als Sl auf Wunsch dim., seit 1794 Landrat im Ftm. Cammin, Erbherr auf Karzin u. Clannin im Wert von 29 400 T.; **Laufbahn**: engagierte sich um 1782 im Militärdienst, Juli 1787 Sl im I-R Nr. 17, noch 1793 als Ltnt. gen., vor 1797 abgegangen; **Güter**: saß 1797, 1804 auf Gervin u. Feldmark Nesekow im Ftm. Cammin im Wert von 10/m T.; **Ehefrau**: Johanne Amalie, verw. von Lettow-Vorbeck, geb. von Wedel († 1818);

Quellen: GStA, I. HA, Rep. 7, Nr. 13, Litt H 34 n, Paket 554; Rep. 30, Nr. 243, Vas.tab. 1763, 1767; Stabi, Ms. boruss. fol. 311 (Großvater), fol. 315 (Vater F.G. als F.W.), fol. 316; Tb. Briefadel 1909, S. 323; biogr. Handbuch, S. 403 (Vater, Bruder);

Ltnt. Johann Friedrich Wilhelm (seit 1787: von) Herr (* 16. Mrz. 1773)

Vater: Friedrich Wilhelm (1735–1796), pomm. Landsyndikus, Hofrat, Erbherr auf Güstow im Krs. Randow, Adelserneuerung vom 29. Okt. 1787; **Mutter**: Concordia Elisabeth, geb. Simon; **Bruder**: Gottlieb Friedrich (1775–1837), besuchte d. Ritterakademie in Brandenburg an d. Havel, studierte seit Michaelis 1794 in Halle d. Rechte u. Philosophie; **Laufbahn**: engagierte sich im I-R Nr. 17, stand 1796 als Sl in Danzig, 1806 Pl, 1816 als Cap. dim.; **Güter**: schloß noch vor d. Tod d. Vaters zs. mit seinem Bruder eine Punktation über d. Verkauf d. väterlichen Allodialgutes Güstow f. 60/m T.; ihr Vater bat am 7. Mrz. 1796 d. pomm. Pupillenkollegium um die *venia aetatis* für seine Söhne und um die Genehmigung d. Verkaufs, gleich d. Familie befand auch d. Kollegium d. Veräußerung als vorteilhaft für die Mündel, weil das Gut sehr hoch taxiert worden sei, d. Vater hatte d. Gut 1787 für 27/m T. gekauft, darauf ruhten aber landschaftliche Schulden von 15 400 T., außerdem hatte seine geschiedene Frau 29/m T. zu fordern, insgesamt beliefen sich die Schulden d. Hofrates auf 53/m T., die jährl. Nutzung von Güstow wurde mit 2 124 T. angegeben; die Söhne bekamen am 25. April d.J. die *venia aetatis*; die Mutter setzte ihren beiden Söhnen u. d. Tochter, d. Witwe Kriminalrat Effenbarth, e. Pflichtteil von 10/m T. aus; d. Gut wurde vor 1799 an d. Landschaftsdirektor Otto Friedrich Fürchtegott von Bonin für 60/m T. veräußert;

Quellen: GStA, I. HA, Rep. 30, Nr. 44, H 55, Paket 9292; Nr. 243, Vas.tab. 1793, 1799; Stabi, Ms. boruss. fol. 907 a; biogr. Handbuch, S. 413 (Bruder);

Cap. Anton Philipp von Hertzberg (1714–1744)

Vater: Tetzlaff (* 1673), Erbherr auf Anteil Lottin im Krs. Neustettin; **Mutter**: Dorothea Lucretia, geb. von Bonin; **Bruder**: Caspar Friedrich (1702–1770), Cap., s.d. mehr; **Laufbahn**: seit 1725 im Militär, 1736 Ltnt. in e. I-R., 1742 Cap. im I-R Nr. 43, 1744 bei d. Eroberung von Prag gefallen; **Ehefrau**: e. geb. von Loeben; **Sohn**: Anton Friedrich (* 1741, † 24. Juni 1807), seit 1754 im Militär, 1763 Fähnrich im I-R Nr. 4, 1775 Pl, 1787 Cap. u. Chef e. Comp. im I-R Nr. 4 in Elbing, Dez. 1792 pens., Juni 1793 Chef d. Invaliden-Comp. d. I-R Hanstein in Schöneck, erbte von seinem Onkel Caspar Friedrich, der sein Vormund gewesen war, Joduth A; **Sohn**: Carl Philipp (1744–1757), als *cadet* in Berlin gest.;

Quellen: Stabi, Ms. boruss. fol. 313 (Sohn A.F.), fol. 316; Fam.gesch., Bd. 2, S. 373, S. 384, S. 394–395;

Major Casimir Gottfried von Hertzberg (* 1692, † Dez. 1752)

Vater: Caspar Henning († 1702), Erbherr auf Anteil Lottin u. Barenbusch im Krs. Neustettin; **Mutter**: Anna Margarethe, geb. von Hertzberg († 1719); **Laufbahn**: seit 1710 im Militär, Juni 1716 Fähnrich im I-R Nr. 20, Nov. 1719 Sl, April 1730 Stabs-Cap., 1739 Grenadier-Cap., 1740 als Cap. u. Chef e. Comp. genannt, zuletzt Major im Garn.-Reg. Nr. 1; **Güter**: 1730 als Erbherr auf Anteil Lottin gen.;

Quellen: Stabi, Ms. boruss. fol. 311; Ms. geneal. fol. 120; Fam.gesch., Bd. 2, S. 377–378, S. 390–391;

Major, Stallmstr. Caspar Friedrich von Hertzberg (1702–1770)*

Vater: Tetzlaff (* 1673), Erbherr auf Anteil Lottin im Krs. Neustettin; **Mutter**: Dorothea Lucretia, geb. von Bonin; **Bruder**: George Heinrich (1699–1760), seit 1729 im Militär, 1755 Ltnt., zuletzt Cap. im Stettiner Garn.-Reg., Erbherr auf drei der vier Höfe in Joduth; **Laufbahn**: engagierte sich um 1716 im Militärdienst, Gefr.corp. im I-R Nr. 27, Juni 1725 Cornet im D-R Nr. 5, Aug. 1729 Sl, Aug. 1737 Pl, Okt. 1741 als Stabs-Cap. ins D-R Nr. 11 versetzt, stand im Dez. 1741 hier als Cap., Juni 1744 zum kgl. Stallmstr. ernannt, Major in d. *Campagne* von 1744/1745, 1756 bis 1763 Stallmstr. beim Artillerie-Train; **Güter**: seit 1760 Erbherr auf d. Lottiner Vorwerken Joduth A u. Steinburg im Krs. Neustettin im Wert von 2/m T.; hinterließ keine Leibeserben (bzw. e. natürlichen Sohn namens Friedrich Wilhelm u. vererbte diesem e. Anteil an Lottin); Joduth A vermachte er seinem **Neffen** Anton Friedrich (1741–1807), Cap. im I-R Nr. 4; Anteil Steinburg d. Neffen George Caspar von Vangerow;

Quellen: GStA, I. HA, Rep. 30, Nr. 243, Vas.tab. 1756 u. 1763; Stabi, Ms. boruss. fol. 313 (hier als Carl Friedrich); Fam.gesch., Bd. 2, S. 373, S. 382–384, S. 394–395; Albedyll, Anhang. S. 8*, S. 48*;

Cap. Caspar Friedrich von Hertzberg (* 1704, † 5. Juni 1782)

Vater: Caspar Rüdiger (1671–1736), Erbherr auf Anteil Lottin, hatte drei Söhne; **Laufbahn**: 1721 *Bombardier* bei d. Artillerie, April 1731 Sl, Jan. 1738 Pl, Nov. 1741 Stabs-Cap., Okt. 1747 Cap., Aug. 1750 Chef d. Comp. in Glatz, Mrz. 1753 auf Wunsch dim.; **Güter**: seit 1753 Erbherr auf Lottin G im Wert von 700 T. bzw. 2/m T.; erbte 1754 e. Teil d. Vermögens des sächs. Cap. George Friedrich von Hertzberg (1687–1754); hinterließ 1782 d. unehelichen Sohn Friedrich Wilhelm Hertzberg;

Quellen: GStA, I. HA, Rep. 30, Nr. 243, Vas.tab. 1756, 1763; Stabi, Ms. boruss. fol. 319 (Laufbahn, hier als Carl Fr.); Fam.gesch., Bd. 2, S. 372, S. 381 (danach erst seit 1728 im Militär);

Cap. Caspar Friedrich Sylvester von Hertzberg (* 1721, † nach 1774)

Vater: Jürgen Henning (* 1685), Erbherr auf Anteil Joduth im Krs. Neustettin; **Mutter**: Magdalene († 1771), e. To. von Tobias Silvester von Hertzberg auf Lottin D; **Mutter-Bruder**: George Friedrich (1687–1754), kursächs. Cap., erheiratete mit seiner Frau, e. geb. von Kyau, 4700 T., Erbherr auf Lottin D u. Anteil Steinburg, sein Allodialerbe wurde d. Artillerie-Cap., Stallmstr. Caspar Friedrich von Hertzberg, s.d., Lottin D u. Anteil Steinburg gingen an Eustach Wilhelm u. George Caspar von Hertzberg; **Laufbahn**: zuerst *cadet*, dann Page bei d. Königin, 1740 Gefr.corp. im I-R Nr. 35, 1746 Fähnrich im Garde-Grenadier-Bat. von Retzow, vor 1755 dim., nach 1756 Cap. im Stettiner Garn.-Reg., stand 20 Jahre im Dienst, soll von seinem Onkel ermuntert worden sein, d. Dienst zu verlassen, um dessen Erbe in Lottin anzutreten; **Güter**: erhob Anspruch auf d. Erbe seines Onkels George Friedrich von Hertzberg, der seiner Mutter u. ihm nichts vermacht hatte, wollte gegen d. Cap. von d. Artillerie Caspar Friedrich von Hertzberg klagen, s.d., der e. Teil d. Vermögens von George Friedrich geerbt hatte, war aber mangels Finanzen nicht in d. Lage e. Prozeß zu führen; bat 1755 um d. Zulassung zum Armenrecht; seine Ansprüche wurden nach 1763 mehrfach zurückgewiesen;

Quellen: GStA, I. HA, Rep. 30, Nr. 44, H 51, Paket 9288; Rep. 96, Nr. 435, H, Bd. 8; Stabi, Ms. boruss. fol. 311; Fam.gesch., Bd. 2, S. 356–359, S. 378–379, S. 381, S. 391–392, S. 400–401 († 1770, hier als C.F. Silv.);

Ltnt. Caspar George Daniel von Hertzberg (* 1726, † 13. Juni 1760)*

Vater: Christian Rüdiger (* 1653, † nach 1714), Erbherr auf Anteil Lottin u. Anteil Joduth im Krs. Neustettin; **Mutter**: Elisabeth Sophie, geb. von Hertzberg; **Laufbahn**: 1743 als Gefr.corp. ins I-R Nr. 22, Juli 1747 überkompl. Cornet im D-R Nr. 5, Juni 1752 Sl, Nov. 1758 Pl, 1760 in e. Gefecht bei Driesen gefallen;

Quellen: Stabi, Ms. boruss. fol. 314; Fam.gesch., Bd. 2, S. 378–379, S. 392 (danach vor 1717 geboren); Albedyll, Anhang, S. 61* (hier als Johann Caspar, d. Vater evt. Obrist u. Dompropst in Cammin);

Ltnt. Conrad Friedrich von Hertzberg (* April 1729, † 7. Juli 1790)*

Vater: Caspar Moritz (* um 1690), Erbherr auf Bärbaum, Klein Hertzberg, Linde B, Pieleborg B im Krs. Neustettin; **Mutter**: Dorothea Sophie, geb. von Belling; **Bruder**: Joachim Wilhelm (1723–1762), seit 1737 im Militär, 1741 Gefr.corp., Sep. 1750 Pl im I-R Nr. 22, Juli 1762 Orden p.l.m., als Major im I-R Nr. 22 an Blessuren ohne Leibeserben gest., 1756 als Erbherr auf Bärbaum u. Anteil Linde im Wert von 6/m T. gen.; **Bruder**: Hans Caspar (1727–1760), seit 1742 im Reg., 1750 Cornet, als Pl im D-R Nr. 5 gefallen; **Laufbahn**: engagierte sich um 1748 im I-R Nr. 47, 1755 als Fähnrich gen., geriet Nov. 1759 als Sl bei Maxen in Gefangenschaft, 1764 als Pl dim.; **Güter**: seit (1763 bzw.) 1764 Erbherr auf Bärbaum, Klein Hertzberg, Linde B u. Pieleborg B im Krs. Neustettin, seine Erben saßen 1793 auf Bärbaum, Klein Hertzberg, Linde A u. Pieleborg A im Wert von zs. 6/m T.; **Ehefrau**: Johanna Friederike Wilhelmine, geb. von Britzke († 1790), aus d. Ehe vier **Söhne** u. eine Tochter, darunter August Ludwig Wilhelm (1764–1830), seit 1780 im Militärdienst, Mai 1786 Fähnrich im I-R Nr. 35, Dez. 1792 als Ltnt. dim., seit 1792 Erbherr auf Vorwerk Steinburg u. Linde B, seit 1793 auch auf Bärbaum u. Pieleborg B im Wert von 6/m T.; **Sohn**: Conrad Friedrich (1767–1795), trat 1785 in d. Militärdienst ein, Dez. 1790 Sl im 2. Bat. Garde, verkaufte 1793 seine Güter-Kavel an d. Bruder A.L.W.;

Quellen: GStA, I. HA, Rep. 30, Nr. 243, Vas.tab. 1756, 1767, 1793, 1804; Stabi, Ms. boruss. fol. 311 (Abgangsliste I-R Nr. 47), fol. 313 (H.C.), fol. 314 (Bruder J.W.); Fam.gesch., Bd. 2, S. 427–428, S. 431–433, S. 437–440; Reinhard Garde, S. 538, S. 556; Taeglichsbeck, S. 271;

Cap. Erdmann Bogislav von Hertzberg (* 1706, † 14. Mai 1757)

Vater: Jürgen Christoph (* 1675, † vor 1724), kursächs. Ltnt., Erbherr auf Anteil Lottin u. Vorwerk Hohenbüche im Krs. Neustettin; **Mutter**: Helene Juliane, geb. von Manteuffel; **Laufbahn**: Besuch d. Neustettiner Gymnasiums, engagierte sich 1722 im Militärdienst, war drei Jahre *cadet*, Febr. 1731 Fähnrich im I-R Nr. 3, Mai 1735 Sl, 1740 Pl, April 1746 Cap., Mai 1757 an d. Blessuren von Prag gest.; **Güter**: besaß zs. mit seinen Schwestern Anteile an Lottin u. Hochenbüche, 1756 im Wert von 2/m T.; d. **Schwester** Anna Lovisa heiratete George Heinrich von Hertzberg; ohne Leibeserben gest., d. Gutsanteile fielen an Schwäger;

Quellen: GStA, I. HA, Rep. 30, Nr. 243, Vas.tab. 1756; Gesch. I-R Nr. 3, S. 205; Fam.gesch., Bd. 2, S. 374, S. 384–385;

Ltnt. Ernst Bogislav von Hertzberg (* um 1720, † 22. Okt. 1758)

aus Lottin im Krs. Neustettin gebürtig; **Laufbahn**: seit 1738 im Militär, 1740 Gefr.corp. im I-R Nr. 13, Okt. 1748 Pl, 1758 als Ltnt. in Bautzen an e. bei Hochkirch erlittenen Blessur gest.;

Quellen: Stabi, Ms. boruss. fol. 311; (offenbar nicht identisch mit Ernst Bogislav (1711–1759), Cap., siehe bei dessen Bruder Otto Friedrich);

Rittmstr. Ernst Franz Rudolf (seit Sep. 1786 Graf) von Hertzberg (* 6. Aug. 1740, † 30. Mrz. 1805)

Vater: Caspar Detlaff (1684–1753), Cap. in Diensten d. Herzogs von Savoyen, Erbherr auf Lottin A u. Barenbusch B im Krs. Neustettin, seine dritte Ehefrau Agnesa Auguste Hedwig von Schnell ließ sich nach zwei Jahren von ihm scheiden, weil er mit zwei Konkubinen zwei *Hurenkinder* erzeugt u. sie mit Schlägen *tractirt* haben soll; **Mutter**: Johanna Lucretia Luise, geb. von der Goltz; Stief-**Bruder**: Ewald Friedrich (1725–1795), EM, seit 1786 Graf, Erbherr auf Lottin A u. Barenbusch B im Krs. Neustettin, 1753 taxiert auf rund 12 500 T.; **Bruder**: Egidius George Philipp (* 1737), 1756 Fähnrich im I-R Nr. 12, 1770 für verschollen erklärt; **Laufbahn**: engagierte sich als Gefr.corp. im Garn-Reg. Nr. 6, Aug. 1756 Fähnrich, Aug. 1761 Sl, Jan. 1762 zum Reg. Bosniaken versetzt, Mrz. 1762 Pl, Juli 1762 Stabs-Rittmstr. im H-R Nr. 5, Juli 1763 dim. (1770 Stabs-Rittmstr. im K-R Nr. 5, zuletzt Rittmstr.); **Güter**: erbte nach 1795 d. Gut Britz bei Berlin sowie die pomm. Lehngüter seines Bruders E.F.: Barken A u. B, Barkenbrügge B, Barenbusch A, Lottin A u. Joduth B, Babilon u. Raddatzer Krug im Wert von zs. 15 500 T.; **verlobte** sich 1771 mit Hedwiga, e. To. d. Rittmstr. von Borne auf Lümzow, er trat e. Tag vor d. Hochzeit 1772 zurück, weil sein Bruder E.F. die Ehe wegen d. außerehelichen Kindes d. Braut ablehnte; d. Rittmstr. von Borne verklagte E.F.R. und forderte mit Verweis auf d. Ehestiftung vom Nov. 1771 d. Auszahlung von 1/m T.; d. Beklagte mußte 1773 sein Vermögen offenlegen, danach hatte er während seines Kriegsdienstes d. väterl. u. mütterl. Erbteil von 2 150 T. schon aufgebraucht u. bei seinem Bruder noch Schulden von 311 T. aufgenommen; d. Kläger wurde daher abgewiesen; **Ehefrau**: Friederike Luise Dorothea, e. To. von Eustach Wilhelm von Hertzberg auf Gienow;

Quellen: GStA, I. HA, Rep. 30, Nr. 44, H 51, Paket 9 288; Stabi, Ms. boruss. fol. 311 (nicht in d. Liste 1775 u. 1787 f.d. K-R Nr. 5); Dziengel, 2. Ulanen-Reg., S. 66; Fam.gesch., Bd. 2, S. 224–226, S. 229–248 (Bruder Ewald Friedrich), S. 249–250;

Ol Ewald Eustachius von Hertzberg (* 1742)

Vater: Eustach Wilhelm (1700–1763), seit 1719 im Militär, Juni 1731 Pl im I-R Nr. 22, (1741 hier nicht gen.), 1745 als Cap. im I-R Nr. 22 dim., Erbherr auf Gienow im Krs. Dramburg u. Anteil Barenbusch im Krs. Neustettin; **Mutter**: Luise Juliane, geb. von Kaeseke

(† 14. Nov. 1786), hinterließ vier maj. Kinder; Stief-**Bruder**, aus d. ersten Ehe d. Vaters: Friedrich Wilhelm (1741–1815)*, stand von 1755 bis 1797 im K-R Nr. 5, Mai 1805 Gl, dieser verlobte sich 1770 als Stabs-Rittmstr. öffentl. mit e. To. d. Ol von Borcke auf Unheim, seine Braut zog jedoch ihr Jawort zurück u. setzte ihn damit in d. größte Verlegenheit, d. pomm. Reg. sollte ihm im Juli d.J. e. Entschädigung aus ihrem Vermögen von 12/m T. verschaffen; Stief-**Bruder**: Gustav Ludwig (1746–1823), seit 1759 im Militär, 1764 als Ltnt. im K-R Nr. 5 gen., Mai 1771 Abschied als Rittmstr. vom K-R Nr. 5, seit 1784 Erbherr auf Wordel in d. NM; **Laufbahn**: (April 1764 bzw.) Febr. 1765 Cornet im K-R Nr. 13, bat im Juni 1786 als Ltnt. aus Charlottenburg um e. zweimonatigen Urlaub zu seiner Mutter, die auf ihrem Gut Schäden erlitten hatte, 1793 als Major mit 26 Dj. gen., Juli 1798 als Ol mit 1/m T. Pension dim.; **Güter**: 1767 suchte seine Mutter, die d. Güter Linde im Krs. Saatzig u. Anteil Warsin im Krs. Pyritz besaß, um Schutz vor d. Gläubigern nach, beide Güter hatten 1762 e. Wert von zs. 20/m T., darauf aber Schulden von 33 379 T., darunter ihr Heiratsgut von 5 080 T., d. Witwe verkaufte 1779 d. Anteil Warsin an d. Ltnt. Thiede Christoph von Brederlow; d. Ol E.E. war ab ca. 1787 Erbherr auf Linde im Krs. Saatzig im Wert von 18/m T., besaß d. Gut noch 1804; **Sohn**: August Friedrich Wilhelm (* um 1783, † 1825), 1799 Junker, 1804 Cornet im K-R Nr. 1, 1806 Sl, 1825 als Rittmstr. im 4. Ulanen-Reg. gest.;

Quellen: GStA, I. HA, Rep. 30, Nr. 44, H 51, Paket 9 288; Nr. 243, Vas.tab. 1763, 1767, 1793, 1799, 1804; Stabi, Ms. boruss. fol. 311 (Vater, Bruder G.L.), fol. 907 a, Brüggemann, T. 2/1, S. 269; Fam. gesch., Bd. 2., S. 429–430, S. 435–437; Schöning, K-R Nr. 13, S. 304–305; Priesdorff, Nr. 971 (Bruder F.W.);

Cap. Franz Heinrich von Hertzberg (* 1705, † Juni 1758)*

Vater: Moritz Heinrich (* 1677, † um 1740), braunschweig.-lüneburg. Rittmstr., bis 1734 Erbherr auf Groß Hertzberg A im Krs. Neustettin, hatte aus zwei Ehen acht Söhne; **Mutter**: Maria Elisabeth, geb. von Briesen; Stief- **Bruder**: Otto Friedrich (1716–1764), Cap., s.d. mehr; **Laufbahn**: trat 1720 in d. Militärdienst ein, 1725 Corporal, Juli 1728 Fähnrich im I-R Nr. 14, Juni 1732 Sl, Dez. 1738 Pl, Juli 1742 Stabs-Cap., Jan. 1752 Cap., Juni 1753 mit Pension dim.; besaß keine Güter, in (Ost-)Preußen gest.; **Ehefrau**: Dorothea Margarethe, geb. von Brumsee;

Quellen: GStA, I. HA, Rep. 30, Nr. 243, Vas.tab. 1756; Stabi, Ms. boruss. fol. 311; Brüggemann, T. 2/2, S. 753–754; Fam.gesch., Bd. 2, S. 374–375, S. 385–389;

Ltnt. George Caspar von Hertzberg (* 1695, † Dez. 1761)*

Vater: Eustach Caspar (* um 1660, † 1736), *Commissarius*, Erbherr auf Barenbusch A u. Lottin D im Krs. Neustettin; **Mutter**: Dorothea Sophia, geb. von Hertzberg; **Laufbahn**: trat 1716 in d. Militärdienst ein, Jan. 1720 Cornet im K-R Nr. 3, vor 1730 (als Ltnt.) abgegangen, stand anschließend 27 Jahre (als Cap.) im Stettiner Garn.-Reg.; **Ehefrau**: Dorothea Luise, geb. von Restorff; **Güter**: Erbherr auf Barenbusch A u. Lottin D, 1756 im Wert von 3/m T.; **Sohn**: George Wilhelm Christoph (* 1724), seit 1741 im Militär, 1746 Fähnrich im I-R Nr. 42, im Sep. 1748 dim., 1756 als vorm. Ltnt. gen., Aug. 1761 Cap. im Frei-Reg. Quintus Icilius; **Sohn**: Christian Friedrich (1730–1768), 1749 Fähnrich im I-R Nr. 23, Mai 1755 als Sl dim.; **Sohn**: Eustach Carl (* 1732, † 28. Okt. 1803), Sep. 1756 Fähnrich im I-R Nr. 5, Juni 1768 als Stabs-Cap. dim., als Salz-Inspektor in Halle versorgt, Sohn: Friedrich August (1770–1838), seit 1794 im I-R Nr. 36, 1806 Pl, seit 1809 in braunschweig. Diensten, 1828 Gl;

Quellen: GStA, I. HA, Rep. 30, Nr. 243, Vas.tab. 1756; Stabi, Ms. boruss. fol. 312 (Sohn G.W.C.), fol. 313, fol. 316 (Sohn C.F.); Ms. geneal. fol. 120; Brüggemann, T. 2/2, S. 740, S. 762; Fam.gesch., Bd. 2, S. 423–424, S. 428–429; S. 433–435, S. 441–443;

Cap. George Caspar von Hertzberg (* 1705)

aus Pommern gebürtig; **Laufbahn**: seit 1719 im Militär, 1730 Fähnrich im I-R Nr. 9, 1740 als Pl gen., vor 1743 Orden p.l.m., Nov. 1743 Stabs-Cap. im Garn.-Reg. Nr. 10, stand im Siebenjährigen Krieg im Stettiner Garn.-Reg.; **Güter**: Erbherr auf Anteil Barenbusch im Krs. Neustettin im Wert von 3/m T.;

Quellen: GStA, I. HA, Rep. 30, Nr. 243, Vas.tab. 1756 (mit e. anderen Altersangabe); Stabi, Ms. boruss. fol. 315; Lehmann, Ritter, S. 18;

Cap. George Christian Friedrich (seit Sep. 1786: Graf) von Hertzberg (* 14. Mrz. 1768, † 5. April 1846) *

Vater: Johann Carl (1731–1798) *, stand von 1746 bis 1790 im I-R Nr. 14, Sep. 1786 Graf, Aug. 1790 GM, Sep. 1790 Chef d. I-R Nr. 47, Jan. 1796 Gl; **Mutter**: Albertine Dorothea Wilhelmine, geb. von Hohendorff (1739–1799); **Bruder**: Otto Carl Ernst (1764–1825), weilte zs. mit H.C.W. fünf Jahre in d. *École militaire* in Berlin, ihr Vater bedankte sich am 20. Juli 1782 dafür beim König, wollte auch G.C.F. für zwei Jahre nach Berlin schicken, Juni 1782 Fähnrich im I-R Nr. 52, April 1786 Sl, Okt. 1797 Pl, Febr. 1798 Abschied; **Bruder**: Hans Christian Wilhelm (1764–1837), Mai 1782 Fähnrich im I-R Nr. 30, April 1786 Sl, Nov. 1792 Pl, Aug. 1793 Stabs-Cap., Jan. 1794 Orden p.l.m., Sep. 1797 Cap. u. Chef e. Comp. im I-R Nr. 50, Sep. 1798 Major, Mrz. 1809 dem schles. Gouvernement aggregiert, später Landrat in Schlesien; **Laufbahn**: Mai 1780 Gefr.corp., Okt. 1783 Fähnrich im väterlichen I-R Nr. 14, Jan. 1787 Sl, Jan. 1795 Pl, Juni 1796 Stabs-Cap., Juni 1799 Cap. u. Chef e. Comp., Febr. 1808 Major im 3. Ostpreuß. Füsilier-Reg., Okt. 1812 Kreis-Brigadier bei d. Gendarmerie, Dez. 1820 ausgeschieden, Juni 1833 Ol; **Ehefrau**: Charlotte Dorothea verw. Weller, geb. Donaties († 1828);

Quellen: GStA, I. HA, Rep. 96, Nr. 435, H, Bd. 8; Stabi, Ms. boruss. fol. 311 (danach G.C.F. aus Pommern); Rangliste 1806, S. 44; Fam.gesch., Bd. 2, S. 310–312 (Vater), S. 318–320 (Bruder H.C.W. geb. 1768), Tb. Uradel 1904, S. 339–340 (G.C.F. geb. in Schippenbeil); Lehmann, Ritter, S. 303; Priesdorff, Nr. 806 (Vater);

Major George Christoph von Hertzberg (* 1734, † 6. April 1807) *

Vater: Hans Jürgen (1694–1775), kursächs. Ltnt., Erbherr auf Lottin D (bzw. E) u. Barenbusch A im Krs. Neustettin; **Mutter**: Helene Juliane, geb. von Hertzberg; **Bruder**: Moritz Wilhelm (* 1744, † April 1789), seit 1760 im Militär, Juni 1765 Sl, Juni 1769 Pl im Grenadier-Bat. Nr. 2, 1775 Pl im Grenadier-Bat. Nr. 3, Mai 1781 Cap., vor 1787 Cap. im I-R Nr. 41, Jan. 1787 Major, als solcher gest., erstritt 1783 von e. Ltnt. Anton Heinrich Friedrich von Vangerow e. Anteil an Barenbusch u. Lottin G im Wert von 753 T., 1793 saßen seine Erben auf Barken C, Barenbusch B u. Joduth A für zs. 3 667 T.; **Bruder**: Erdmann Bogislav (1736–1803) *, Nov. 1752 Gefr.corp. im I-R Nr. 3, April 1756 Gefr.corp. beim 1. Bat. Garde, Juli 1756 Fähnrich, Nov. 1763 Pl, Sep. 1769 Stabs-Cap., Mrz. 1772 Cap. u. Chef e. Comp. im 1. Bat. Garde, Febr. 1775 Major, Juni 1783 Ol, Juni 1783 Kommandeur

d. 2. Bat. d. I-R Nr. 53, April 1785 Kommandeur d. I-R Nr. 53, Mai 1785 Obrist, Juni 1789 Orden p.l.m., Aug. 1790 GM, April 1791 mit Pension dim., seit 1775 Erbherr auf Lottin (D bzw.) E nebst Feldgütern Steinburg D u. Hohenbüche, 1804 im Wert von 4400 T., Sohn: Carl Moritz Erdmann (1772–1788), 1787 Gefr.corp. im I-R Nr. 14; **Laufbahn**: seit 1750 im Reg., 1756 Uffz. im I-R Nr. 26, Febr. 1757 Fähnrich, Okt. 1758 Sl, Dez. 1761 Pl, Nov. 1769 Stabs-Cap., Nov. 1772 Cap. u. Chef e. Comp., 1778 Major, Mai 1784 Abschied mit Pension; **Güter**: seit 1775 Erbherr auf Lottin D, seit 1780 Erbherr auf Lottin F u. Barkenbrügge F, 1793 im Wert von 3450 T.; **Ehefrau**: Luise, geb. Kappert; **Sohn**: George Wilhelm Friedrich (1786–1836), Juni od. Juli 1806 Cornet im H-R Nr. 8, Jan. 1808 Sl 2. Brandenburg. H-R, schloß sich 1809 von Schill an, Mrz. 1820 ausgeschieden, war nicht lehnsfähig, mußte Lottin E an Geschlechtsvettern abtreten;

Quellen: GStA, I. HA, Rep. 30, Nr. 44, V 125 g, Paket 9383; Nr. 243, Vas.tab. 1793 (Bruder M.W. danach als Cap. gest.), 1804; Stabi, Ms. boruss. fol. 310, fol. 311 (M.W., Sohn von E.B.), fol. 314; Brüggemann, T. 2/2, S. 762; Fam.gesch., Bd. 2, S. 385–386, S. 396–399, S. 404–405; Reinhard, Garde, S. 529, S. 546; Priesdorff, Nr. 807 (Bruder E.B.);

Major George Heinrich von Hertzberg (* Juli 1717, † 19. Sep. 1759)

Vater: Bernd Heinrich († vor 1743), Erbherr auf Anteil Barkenbrügge im Krs. Neustettin; **Mutter**: Agnes Erdmuth, geb. von Lettow († 1760); **Laufbahn**: seit 1735 im Militär, Okt. 1736 Fähnrich im I-R Nr. 29, Jan. 1742 Sl, Juni 1745 Pl, später Cap., Juli 1757 Major, 1759 gefallen; **Güter**: erbte d. väterliche Gut Barkenbrügge D, dieses fiel 1759 an seine Mutter, dann an seine **Schwester**, d. verheiratete Oberförster von Wenckstern;

Quellen: Stabi, Ms. boruss. fol. 316; Brüggemann, T. 2/2, S. 741–742; Fam.gesch., Bd. 2, S. 305–306, S. 317;

Fähnrich Gerhard Henning von Hertzberg (* 1713, † 5. Febr. 1739)*

aus Pommern gebürtig; **Laufbahn**: seit Jan. 1731 im I-R Nr. 3, 1736 Fähnrich, 1739 als solcher gest.;

Quellen: Gesch. I-R Nr. 3, S. 182;

Ltnt. Joachim Christian von Hertzberg (* um 1680, † 1. Aug. 1759)

Vater: Ulrich (* 1644, † nach 1733), Erbherr auf Lottin F im Krs. Neustettin; **Mutter**: Barbara Catharina, geb. von Varchmin; **Laufbahn**: avancierte im preuß. Heer bis zum Ltnt.; **Güter**: Erbherr auf d. väterlichen Gutsanteil, d. Gütchen wurde im Siebenjährigen Krieg von d. Russen ruiniert, trug nach 1763 jährlich 30 T. Pacht, seit 1763 prozessierte d. Major Peter Rüdiger von Hertzberg, s.d., wegen d. Gutsanteils, löste es 1769 ein; **Ehefrau**: Anna Lovisa, e. geb. von Vangerow († 17. Mrz. 1781), sie hatte e. Mitgift von 1550 fl. u. bekam nach 1770 e. Pension (aus d. Meliorationsfonds) von 100 T., aus d. Ehe drei Töchter, darunter d. **Tochter**: Clara Louisa (get. 5. April 1740, † 28. Aug. 1806), diese befand sich 1781 in elenden Umständen, sie war *siech u. bettlägrig*, bekam nach 1781 e. Pension von 100 T. u. wurde vom EM von Hertzberg unterstützt;

Quellen: GStA, I. HA, Rep. 30, Nr. 43, Paket 9240; Brüggemann, T. 2/2, S. 762; Fam.gesch., Bd. 2, S. 294, S. 307–308;

Cap. Joachim Friedrich Christian von HERTZBERG (* 1682)

Vater: Thomas († vor 1689), Erbherr auf Anteil Barkenbrügge im Krs. Neustettin; **Mutter**: Elisabeth, geb. von Hertzberg; **Bruder**: Anton Rüdiger († 1757), 1742 Stabs-Cap. im I-R Nr. 31, 1751 Grenadier-Cap.; **Laufbahn**: seit 1696 im Militär, 1709 Fähnrich, 1710 Ltnt., April 1713 Cap. im I-R Nr. 10, 1720 als Cap. u. Chef e. Comp. gen., vor 1730 abgegangen; **Ehefrau**: Eleonore Benedicte, e. To. d. Ol Christian Henning von Blankensee, aus d. Ehe keine Kinder; (**verwandt**: Christian Rüdiger von **Hertzberg** (* 1692, † 1757), Vater: (Erbherr auf Lottin E im Krs. Neustettin), seit 1714 im Militär, 1755 Cap. im I-R Nr. 31, 1757 als Cap. gest.: Stabi, Ms. boruss. fol. 314; Brüggemann, T. 2/2, S. 762);

Quellen: Stabi, Ms. boruss. fol. 314, fol. 316, fol. 319; Fam.gesch., Bd. 2, S. 288, S. 295–296;

Obrist Joachim Friedrich (Wilhelm) von HERTZBERG (* 1708, † 3. Sep. 1759) *

Vater: Ewald Lorenz (1658–1713), Erbherr auf Anteil Lottin u. Barenbusch im Krs. Neustettin; **Mutter**: Lucretia Rahel, geb. von Hertzberg († 1744); **Bruder**: Lorenz Rüdiger (1708–1744), Cap., s.d. mehr; **Laufbahn**: anfänglich im Dienst d. Herzogs von Savoyen, seit 1725 im I-R Nr. 6 (Garde), Juli 1740 Cap. im I-R Nr. 33, Juli 1744 Major, 1744, 1745 Kommandeur e. Grenadier-Bat., 1751 Major im I-R Nr. 12, Mai 1752 Ol, Juli 1755 Obrist u. Kommandeur d. I-R Nr. 12, an bei Kunersdorf erhaltenen Blessuren ohne Leibeserben gest.; **Güter**: seit 1753 Erbherr auf d. Vorwerk Steinburg A in d. Feldmark Lottin; **Ehefrau**: Charlotte Amalie, geb. von Sack, sie brachte ihm e. Mitgift von 4/m T. ein;

Quellen: GStA, I. HA, Rep. 30, Nr. 243, Vas.tab. 1756; Stabi, Ms. boruss. fol. 311; Brüggemann, T. 2/2, S. 762; Fam.gesch., Bd. 2, S. 221, S. 227–228 (danach auf Steinburg B);

Ltnt. Joachim Wilhelm von HERTZBERG (1739–1771) *

Vater: Joachim Heinrich (1690–1753), Ltnt., Erbherr auf Anteil Lottin im Krs. Neustettin; **Mutter**: Ilse Sabine, geb. von Hertzberg; **Vater-Bruder**: Otto Günther (1687–1756), Cap. s.d.; **Bruder**: George Caspar Friedrich (* Sep. 1736, † 2. Okt. 1758), Mai 1757 Fähnrich im I-R Nr. 26, als solcher bei Hochkirch 1758 gefallen; **Laufbahn**: seit 1754 im Militär, Jan. 1758 Fähnrich im I-R Nr. 26, Jan. 1760 Sl, April 1767 Pl, 1771 als Ltnt. gest.;

Quellen: Stabi, Ms. boruss. fol. 314; Fam.gesch., Bd. 2, S. 302–303, S. 314–315;

GM Johann Caspar von HERTZBERG (* 1685, † 15. Dez. 1745) *

Vater: Dinnies Rüdiger (1635–1730), Erbherr auf Anteilen Hertzberg, Joduth u. Steinburg im Krs. Neustettin; **Mutter**: Elisabeth, geb. von Blankenburg; Stief-Mutter: Abigail, geb. von Kleist; **Laufbahn**: trat 1699 in d. Militärdienst ein, 1701 Junker im I-R Nr. 7, Juni 1702 Fähnrich, Aug. 1705 Ltnt., Febr. 1710 Stabs-Cap., Febr. 1711 Cap. u. Chef e. Comp., Febr. 1720 Major im I-R Nr. 9, Juni 1727 Ol, Dez. 1728 Kommandeur d. I-R Nr. 9, Juli 1738 Obrist, Aug. 1742 Chef d. I-R Nr. 20, April 1743 GM, 1745 bei Kesselsdorf gefallen; **Ehefrau**: Anna Catharina verw. Landrätin von Witte, geb. von Kameke (* 1678);

Quellen: Stabi, Ms. boruss. fol. 315, fol. 319; Fam.gesch., Bd. 2, S. 290–291, S. 297–300, Bd. 3, Stammtafel II. Linie, 1. u. 2. Zweig; Priesdorff, Nr. 308;

Cap. Lorenz Rüdiger von HERTZBERG (* 1708, † 1744) *

Vater: Ewald Lorenz (1658–1713), Erbherr auf Lottin A u. Barenbusch im Krs. Neustettin; **Mutter**: Lucretia Rahel, geb. von Hertzberg († 1744); **Bruder**: Caspar Detlaff (1684–1753), Major im Dienst d. Herzogs von Savoyen, Erbherr auf d. väterl. Gütern; **Bruder**: Ewald Egidius (* 1705, † um 1741), Okt. 1719 Fähnrich im I-R Nr. 5, Jan. 1723 Sl, Dez. 1734 Cap., April 1740 dim.; **Bruder**: Tobias Bogislav († 1745), 1727 Gefr.corp. im I-R Nr. 13, 1731 Ltnt., 1745 gefallen; **Bruder**: Joachim Friedrich Wilhelm (1708–1759), Ol, s.d.; **Laufbahn**: Mrz. 1723 *cadet* in Berlin, 1729 Fähnrich, 1740 Pl im I-R Nr. 31, 1742 Cap. im I-R Nr. 44, 1744 als aktiver Offz. gest.;

Quellen: Stabi, Ms. boruss. fol. 312 (lt. Abgangsliste 1743 gest.), fol. 313 (Bruder E.E.), fol. 314; Ms. geneal. fol. 120 (hier vier Söhne von E.L. gen., C.D. fehlt); Gesch. I-R Nr. 44, S. 38; Crousaz, Beilage C, S. 33; Fam.gesch., Bd. 2, S. 221, S. 224–228 (hier als Rüdiger Lorenz, Ltnt. 1743 gest.); Tb. Uradel 1904, S. 333–334 (Vater u. Sohn C.D.);

Cap. Otto Friedrich von HERTZBERG (* 1716, † 1. Aug. 1764) *

Vater: Moritz Heinrich Daniel (* 1677, † um 1740), kursächs. Ltnt., dann (polnischer bzw.) Rittmstr. in braunschweig.-lüneburg. Diensten, Erbherr auf Anteil Lottin u. Groß Hertzberg; **Mutter**: Gertrud, geb. von Lettow (1694–1776), in zweiter Ehe verh. von Biczowsky, 1774 in Lottin wohnhaft, will das Ihrige durch d. Russen verloren haben, besaß damals e. Vermögen von 300 T., lebte in kümmerlichen Umständen, erhielt im April 1776 e. Pension von 100 T., wenige Wochen später gestorben; Stief-**Bruder**: Hans Jürgen (1694–1775), kursächs. Ltnt., erbte Lottin E u. erwarb noch weitere Gutsanteile; Stief-**Bruder**: George Friedrich Caspar († 2. Okt. 1758), Cap. im Garn.-Reg. Nr. 8 in Neiße; Stief-**Bruder**: Franz Heinrich (1705–1758), Cap., s.d.; **Bruder**: Ernst Bogislav (* 1711, † um 1759), seit 1733 im Reg., (1746 Ltnt. im I-R Nr. 23), Dez. 1748 Pl im I-R Nr. 13, Febr. 1758 Stabs-Cap., Febr. 1759 Cap.; **Bruder**: Moritz Wilhelm Heinrich (1714–1757), Febr. 1746 Sl, seit 1750 Pl im Berliner Garn.-Reg.; **Bruder**: Lorenz Christoph (1715–1751), 1727 *cadet*, seit 1733 im Regiment, 1736 Corp. im I-R Nr. 27, Mrz. 1737 Fähnrich, 1740 als Fähnrich im Garn.-Bat. Nr. 1 gen., Dez. 1744 Sl, 1746 Pl im Grenadier-Bat. Nr. 4, dann Pl im Garn.-Reg. Nr. 11; **Bruder**: Carl Rudolph (1720–1756), 1746 Sl im I-R Nr. 33, Sep. 1751 Pl, 1756 als aktiver Offz. gest.; **Laufbahn**: seit 1739 im Reg., 1740 Gefr.corp. im I-R Nr. 13, Juli 1742 als Fähnrich ins Garn.-Reg. Nr. 7 versetzt, (Mai 1754 bzw.) Juli 1755 Cap., 1760 bis 1762 in österr. Gefangenschaft, Aug. 1764 als Cap. im Garn.-Reg. Nr. 7 in Angermünde gest.; **Ehefrau**: e. To. d. Cap. Hans George von der Marwitz;

Quellen: Stabi, Ms. boruss. fol. 311, fol. 313, fol. 314 (Bruder L.C.), fol. 315 (Bruder G.C.), fol. 316 (Bruder L.C., 1740 kein H. im I-R Nr. 23); Ms. geneal. fol. 120 hier werden sieben Söhne genannt); Fam.gesch., Bd. 2, S. 374–375, S. 385–389; Tb. Uradel 1904, S. 336;

Cap. Otto Günther von HERTZBERG (* um 1687, † 11. April 1756) *

Vater: Joachim Daniel (* 1640, † vor 1741), Erbherr auf ½ Lottin im Krs. Neustettin; **Mutter**: Elisabeth, geb. von Schlieffen; **Bruder**: Peter Rüdiger Magnus (1700–1782), Rittmstr., s.d.; **Bruder**: Paul Daniel Rüdiger (1691–1740), seit 1715 im Militär, 1720 Gefr.corp., 1730 Ltnt. im I-R Nr. 10, im Juli 1740 als Pl gest.; **Laufbahn**: trat 1704 in d. I-R Nr. 10 ein, 1711 Fähnrich, April 1713 Sl, zuletzt Cap., Nov. 1735 dim.; **Güter**: erwarb 1735 ½ Wartenberg in d. Mittelmark; **Ehefrau**: Marie Charlotte, e. geb. von Seydell (1715–1774); **Sohn**: Johann Carl (1731–1798)*, 1746 Gefr.corp. im I-R Nr. 14, Okt. 1756 Pl, Dez. 1762 Cap. u. Chef e. Comp., Dez. 1783 Kommandeur d. I-R Nr. 14, Sep. 1786 preuß. Grafenstand, Juni 1789 Orden p.l.m., Aug. 1790 GM, Sep. 1790 Chef d. I-R Nr. 47, Jan. 1796 Gl, Sep. 1797 mit Pension dim., Sohn: Hans Christian Wilhelm (* 1764), 1806 Major im I-R Nr. 50, Sohn: George Christian Friedrich (1768–1846), Cap., s.d.; **Sohn**: George Wilhelm (1741–1806), 1754 *cadet*, Aug. 1757 Fähnrich im I-R Nr. 25, Okt. 1759 Sl, Mai 1765 Pl, Juni 1771 dim., Juli 1773 Cap. bei d. *cadets* in Berlin, Juli 1787 Major, Dez. 1790 zum Depot-Bat. d. I-R Nr. 57, bat am 21. Dez. d.J. vergeblich darum, in e. Depot-Bat. in d. Nähe von Berlin versetzt zu werden, hätte kein eigenes Vermögen zuzusetzen u. könnte d. hohen Reisekosten nicht aufbringen, Mai 1800 dim.; **Sohn**: Ernst Friedrich (1747–1830), Ltnt. beim 1. Bat. Garde, Sep. 1780 nach 18 Dj. als Pl zum I-R Nr. 55 versetzt, Juni 1784 Stabs-Cap., Mrz. 1786 Cap. u. Chef e. Comp., Dez. 1790 dim.; **Sohn**: August Ludwig (* 1748), 1774 als Sl im I-R Nr. 25 gen., 1778 als Pl mit d. Charakter Cap. dim., als Salzinspektor in Halle versorgt;

Quellen: Stabi, Ms. boruss. fol. 314, fol. 316; Fam.gesch., Bd. 2, S. 291–292, S. 301–304, S. 310–313; Reinhard, Garde, S. 546; Priesdorff, Nr. 806 (Sohn J.C.);

Cap. Otto Wilhelm von Hertzberg (* 23. Mrz. 1760, † 1. Mrz. 1803)

Vater: Peter Rüdiger Magnus (1703–1782), Rittmstr., s.d., Erbherr auf Lottin C im Krs. Neustettin; **Mutter**: Sophia Tugendreich, geb. von Klüx (* um 1727); **Bruder**: Gottlob Ehrentreich Friedrich (1747–1839), seit 1764 im Militär, 1771 Cornet im K-R Nr. 2, 1787 Ltnt., Aug. 1789 Abschied als Rittmstr., ließ sich 1790 in Sachsen nieder, **Laufbahn**: engagierte sich im April 1776 im I-R Nr. 1, Febr. 1779 Fähnrich, Okt. 1783 Sl, Juni 1793 Pl, Nov. 1796 Stabs-Cap., als solcher 1803 gest.; **Ehefrau**: Dorothea Sophia, geb. Rittig, aus beider Verbindung gingen fünf Söhne u. zwei Töchter hervor: **Güter**: wollte im Okt. 1797 d. Gut Barenbusch C im Krs. Neustettin einlösen, berief sich dafür auf das seinem Vater 1768 zuerkannte *Reluitionsrecht*, dieser hatte damals d. erforderlichen 1 201 T. nicht aufbringen können, auch O.W. vermochte das in d. Jahren 1797 bis 1803 nicht; hinterließ seine Familie in dürftigen Umständen; **Sohn**: Otto Wilhelm Dietrich (* 4. Dez. 1785, † 20. Febr. 1858), Juni 1805 Fähnrich im I-R Nr. 34, nach Okt. 1806 inaktiv, Mrz. 1813 als Sl Wiedereintritt ins Militär, Juli 1815 zum Leib-I-R, Aug. 1827 Cap., 1835 Abschied als Major; **Sohn**: Gottlob Friedrich Wilhelm (* 22. Juni 1789, † 18. Mai 1857), Jan. 1805 Fähnrich im I-R Nr. 1, Febr. 1810 Sl, 1812 zur Gendarmerie, Juli 1813 zum brandenburg. I-R, April 1829 Cap., 1842 als Ol dim.;

Quellen: GStA, I. HA, Rep. 30, Nr. 44, H 51, Paket 9 288; Stabi, Ms. boruss. fol. 313, fol. 315 (Bruder G.E.F.); Brüggemann, T. 2/2, S. 761; Monteton, S. 57 (Bruder G.E.F.); Fam.gesch., Bd. 2, S. 303–304, S. 315–317, S. 321–323;

Rittmstr. Peter Rüdiger Magnus von Hertzberg (* 1703, † 13. Juli 1782)

Vater: Joachim Daniel (* 1640, † vor 1741), Erbherr auf Anteil Lottin im Krs. Neustettin; **Mutter**: Elisabeth, geb. von Schlieffen; **Bruder**: Otto Günther († 1756), Cap., s.d.; **Laufbahn**: seit 1715 im Militär, 1717 als Corp. in Berlin gen., Jan. 1725 (bzw. Jan. 1726) Ltnt. im K-R Nr. 2, 1740 hier noch als Ltnt. gen. (bzw. im Mrz. 1742 als Major u. Chef e. Comp.

im I-R Nr. 43 gen., vor 1750 abgegangen), 1746 Abschied als Rittmstr. (hatte im Jan. 1759 d. Aufsicht über d. Artillerie-Train in Breslau, sollte diese abgeben u. wieder auf seinen früheren Posten nach Berlin zurückgehen), bezog vor seinem Tod e. monatliche Pension von zehn T.; **Güter**: Erbherr auf Lottin C im Krs. Neustettin, zeitweilig auch auf Barkenbrügge D u. E, beide 1780 verkauft; **Ehefrau**: Sophia Tugendreich, geb. von Klüx (1722–1798), sie besaß 1783 u. 1786 e. Hof in Lottin, der jährliche Revenuen von 30 T. abwarf, stand seit 1783 auf d. Liste d. Expectanten für e. Pension, verkaufte Lottin C 1789 für 925 T. an d. Major Georg Christoph von Hertzberg für 925 T.; **Sohn**: Gottlob Ehrentreich Friedrich (1747–1839), Rittmstr.; **Sohn**: Otto Wilhelm (1760–1803), Cap., s.d. mehr;

Quellen: GStA, I. HA, Rep. 30, Nr, 43, Paket 9 240; Stabi, Ms. boruss. fol. 315 (1730 u. 1740 als Ltnt. im K-R Nr. 2, nicht im K-R Nr. 6 geführt); fol. 316 (d. Major im I-R Nr. 43); Fam.gesch., Bd. 2, S. 291–292, S. 303–305 (danach als Rittmstr. im K-R Nr. 6 dim.), S. 315–317; Tb. Uradel 1904, S. 339–340 (für d. Vater hier d. Daten: 1681–1733); Schwerin, K-R 10, T. 1, S. 203, S. 204; nicht bei Monteton;

Ltnt. Samuel Rüdiger von Hertzberg (* 1704)

aus Pommern gebürtig; **Laufbahn**: seit 1723 im Militär, 1730 Fähnrich im I-R Nr. 12, 1736 als Ltnt. auf Wunsch dim.;

Quellen: Stabi, Ms. boruss. fol. 316;

Ltnt. Bernhard Christoph Ludwig von Heydebreck (* 16. Aug. 1753, † 1784)

Vater: Otto Christoph (1715–1777)*, Hofgerichtsrat, Erbherr auf Parnow B (u. Tessin B) im Ftm. Cammin, hinterließ einen Sohn u. vier Töchter, sein Vermögen geriet in Konkurs; **Mutter**: Anna Louisa, e. geb. von Damitz (* 1723, † 27. Dez. 1786), sie bekam seit Mrz. 1778 e. Pension von 100 T.; seine vier **Schwestern**, 1787 im Alter von 28 bis 41 Jahren, wohnten *in e. Kathen* zu Parnow u. bekamen im Jan. d.J. d. mütterliche Pension von 100 T. zugesprochen; **Laufbahn**: seit 1767 im Militärdienst, stand 1774 als Gefr.corp. im I-R Nr. 22, 1777 Fähnrich, 1784 als Ltnt. gest.; **Güter**: bat am 18. Dez. 1777 um e. *Indult* für d. Gut Parnow B im Ftm. Cammin; es hatte e. Wert von 5 800 T., darauf aber Schulden von 2/m T.; bekam am 22. Dez. d.J. d. *Indult* für zwei Jahre verbunden mit d. Aufforderung, in dieser Zeit seine Sachen in Ordnung zu bringen; hinterließ 1784 Schulden, Parnow B fiel an d. Rittmstr. George Christoph von Heydebreck;

Quellen: GStA, I. HA, Rep. 30, Nr. 43, Paket 9 240; Nr. 44, H 49, Paket 9 287; II. HA, Abt. 13 a, Tit. III, Litt H, Nr. 12; Stabi, Ms. boruss. fol. 314; Brüggemann, T. 2/2, S. 583; Fam.gesch., S. 127, Tafel 16 (kein Sterbedatum), S. 132–133; biogr. Handbuch, S. 418 (Vater);

Ltnt. Carl Friedrich von Heydebreck (* 24. Mrz. 1728, † 18. Juni 1757)*

Vater: Thomas Friedrich († 25. Juni 1745), Erbherr auf Gliezig im Dewitzschen Krs., verpfändete d. Gut 1729 für 6 700 fl., dann auf Molstow; **Mutter**: Catharina Elisabeth, geb. von Kleist aus Muttrin († 1740); **Bruder**: Heinrich Bogislav (* 1717), stand 1737 als Gefr. corp., 1742 als Fähnrich, 1748 als Ltnt. im I-R Nr. 5, 1749 *cassirt*, 1762 bis 1764 Ltnt. im I-R Nr. 5, wechselte dann in frz. Dienste; **Laufbahn**: engagierte sich 1741 im Militärdienst,

Juni 1747 Fähnrich im I-R Nr. 3, Febr. 1752 Sl, an Blessuren nach d. Schlacht bei Kolin 1757 gest.; **Güter**: erhob zs. mit seinem Vater u. d. Bruder seit mind. 1739 mehrfach Ansprüche auf d. Güter Zuchen u. Schübben im Ftm. Cammin, verbunden mit Klagen gegen d. Landrat Claus von Heydebreck, sie wurden damit wiederholt, zuletzt wohl 1748, abgewiesen; strengte vor Ablauf d. Pfandjahre 1754 d. *Reluition* d. Gutes Gliezig an, konnte dafür die Kosten in Höhe von 5 852 T. jedoch nicht aufbringen, darunter d. *Reluitions-Pretium* von 4 466 T., Meliorationskosten von 1 085 T. u. Prozeßkosten von 300 T., seiner Ansicht nach war auch d. Betrag von 4 466 T. viel zu hoch angesetzt; Gliezig kam vor 1760 von d. Witwe Friese an d. Kaufmann Friedrich Wiebeking;

Quellen: GStA, I. HA, Rep. 30, Nr. 44, H 49, Paket 9 287; Gesch. I-R Nr. 3, S. 209; Brüggemann, T. 2/1, S. 309; Rangirrolle Saldern; Fam.gesch., S. 65, Tafel 10, S. 72–73;

Obrist Claus Adam von Heydebreck (* 26. April 1678, † Dez. 1744) *

Vater: Eggert (1634–1710), Erbherr auf Parnow u. Tessin im Ftm. Cammin; **Mutter**: Esther, geb. von Wachholz († 1717); **Laufbahn**: trat um 1696 in d. Militärdienst ein, stand 17 Jahre im I-R von Heyden (Nr. 10), Aug. 1715 Stabs-Cap. im I-R Nr. 4, 1719 Cap., Juli 1724 Major, Febr. 1738 Ol im I-R Nr. 4, 1742 Obrist;

Quellen: Stabi, Ms. boruss. fol. 313, fol. 319; Fam.gesch., S. 127, Tafel 16, S. 128–129;

Major Friedrich Poppo von Heydebreck (* 28. Dez. 1760, † 21. Aug. 1838)

Vater: Claus Heinrich Poppo (1714–1762), trat 1732 in d. Militärdienst ein, 1736 Gefr. corp. im I-R Nr. 27, vor 1745 (als Cap.) dim.; **Mutter**: Anna Dorothea, geb. von Berg (1729–1781); **Laufbahn**: 1770 *cadet* in Berlin, seit 1777 im Regiment, Mai 1791 Pl im D-R Nr. 9, Dez. 1803 Major, als Major bei d. Gendarmerie 1820 pens.; **Güter**: stellte in e. Immediatsupplik vom 16. Sep. 1796 vor, daß er nach d. Tod seiner beiden Brüder allein berechtigt sei, das kl. Lehngut Gliezig im Dewitzschen Krs. im Umfang von 21 Hufen einzulösen, sein Großvater hatte es 1729 für 4 466 T. pfandweise e. Bürgerlichen überlassen; es wurde 1765 allodifiziert, konnte während seiner Minderjährigkeit aber nicht eingelöst werden; Gliezig befand sich 1796 in d. Hand d. Kammersekretärs Neumann, der es schuldenhalber verkaufen mußte; d. Ltnt. suchte um d. Erlaubnis nach, sein *Reluitions-Recht* auf Gliezig an e. Bürgerlichen verkaufen zu dürfen; 1804 befand sich d. Gut in d. Hand d. Landschaftsrates von Hagen; **Ehefrau**: Wilhelmine, geb. Schach von Wittenau (1779–1835);

Quellen: GStA, I. HA, Rep. 30, Nr. 44, H 49, Paket 9 287; Nr. 243, Vas.tab. 1793, 1804; Stabi, Ms. boruss. fol. 310, fol. 312, fol. 316 (Vater), fol. 907 a; Rangliste 1806, S. 121; Brüggemann, T. 2/1, S. 309; Tb. Uradel 1902, S. 355–356; Fam.gesch., S. 65, Tafel 10, S. 75–76, S. 77, Tafel 11;

Ltnt. George Heinrich von Heydebreck (* 25. April 1707, † 3. April 1736) *

Vater: Christian Friedrich (1670–1719), Erbherr auf Anteilen Tessin u. Schulzenhagen im Ftm. Cammin; **Mutter**: Catharina, geb. von Podewils; **Laufbahn**: seit 1722 im Militär, 1728 Fähnrich im I-R Nr. 4, 1732 als Ltnt. gen., 1736 gest.;

Quellen: Stabi, Ms. boruss. fol. 313; Fam.gesch., S. 89, Tafel 13, S. 94–95;

Major Henning Friedrich von HEYDEBRECK (* 25. Jan. 1750, † 17. Okt. 1820)

Vater: Christoph Friedrich (1703–1758), Erbherr auf Parnow D u. Tessin B im Ftm. Cammin; **Mutter**: Sophia Luisa, geb. von Puttkamer († 1797); **Bruder**: George Christoph (* 9. Juli 1751), 1763 als *cadet* gen., Aug. 1770 Fähnrich im I-R Nr. 47, Sep. 1773 Sl, 1787 Pl, dann Stabs-Cap., 1793 Orden p.l.m., Sep. 1793 Abschied; **Bruder**: Wilhelm Leopold (* 7. Sep. 1752), 1763 als *cadet* gen., Sep. 1769 überkompl. Fähnrich im I-R Nr. 47, 1771 Fähnrich, Jan. 1776 Sl, als solcher noch 1783 gen., erhielt als Stabs-Cap. im Febr. 1793 d. Orden p.l.m., vor 1806 abgegangen; **Laufbahn**: 1763 bei d. königl. Pagen, engagierte sich 1766 im Militärdienst, Aug. 1768 Fähnrich im I-R Nr. 35, 1787 als Pl, 1792 als Stabs-Cap. im I-R Nr. 35 gen., Juli 1800 Major, 1810 als Major pens.; **Güter**: d. väterlichen Güter gerieten in Konkurs, im Okt. 1763 fielen Parnow D u. Tessin B an d. Rittmstr. George Christoph von Heydebreck;

Quellen: GStA, I. HA, Rep. 30, Nr. 186 d, Paket 9839; Nr. 243, Vas.tab. 1756, 1763 (als Henning Friedrich); Stabi, Ms. boruss. fol. 310 (Bruder G.C.), fol. 311 (als Fr. Hr.), fol. 907 a; Brüggemann, T. 2/2, S. 583, S. 602; Taeglichsbeck, S. 269; Isenburg, S. 40 (H.F. danach Febr. 1807 dim., Nov. 1810 gest.); Lehmann, Ritter, S. 231; Fam.gesch., S. 89, Tafel 13, S. 95 (d. Angaben für G.C. u. W.L. hier offenbar verwechselt);

Cap. Jacob von HEYDEBRECK (* 20. Dez. 1688, † 1734)*

Vater: Conrad (1643–1707), Erbherr auf Parsow, Schwemmin, Warnin u. Bitziker im Ftm. Cammin; **Mutter**: Ernestine Louisa, geb. von Thun (1665–1694); **Laufbahn**: zuerst Ltnt. in kursächs. Diensten, nach 1711 Wechsel in preußische, Juni 1713 Cap. im I-R Nr. 17, 1717 abgegangen; **Güter**: verkaufte Parsow B u. Bitziker u. ging nach Polen; **Ehefrau**: Catharina Eleonora, geb. von Witten, aus beider Ehe keine Kinder; (**Tochter**: Friederike Charlotte Catharine (* um 1717), aus d. Distrikt Lauenburg gebürtig, hielt sich 1776 in Alt-Damm auf, hatte jährliche Einkünfte von 66 T., bat vergeblich um e. Pension);

Quellen: GStA, I. HA, Rep. 30, Nr. 43, Pakete 9234, 9235; Stabi, Ms. boruss. fol. 316, fol. 319 (hier als Heidebrecht); Brüggemann, T. 2/2, S. 584; Fam. geschichte, S. 97, Tafel 14, S. 117;

Major Johann Bernd von HEYDEBRECK (* 1. Mai 1713, † 6. Febr. 1779)

Vater: Henning Friedrich (1676–1756), Erbherr auf Parnow C im Ftm. Cammin; **Mutter**: Catharina Lucretia, geb. von der Goltz († 1740); **Laufbahn**: engagierte sich 1728 im Militärdienst, Juni 1740 Sl im Grenadier-Garde-Bat., Juli 1741 Pl, Juni 1745 Stabs-Cap., Mai 1750 dim., April 1753 Cap. im Garn.-Bat. Nr. 3, Febr. 1757 Major, Träger d. Ordens p.l.m., noch 1775 als Major u. Chef e. Comp. im Garn.-Bat. Nr. 3 in Kolberg gen., bat im Sep. 1776 vergeblich um e. Versorgung seiner drei ledigen Töchter, 1779 als Major nach (49 Dj.) gest.; **Güter**: 1756 und 1767 als Erbherr auf Parnow C im Ftm. Cammin genannt, 1767 im Wert von 2200 T., darauf Schulden von 1719 T., weiter hieß es damals über ihn, er sei *arm* u. könne sich *nicht selbst helfen*; (**verwandt**: e. Carl Otto von Heydebreck stand 1737 u. 1739 als Fähnrich im Reg. d. Königs, sein Vater auf Parnow war Mitte 1736 gest.);

Quellen: GStA, I. HA, Rep. 30, Nr. 43, Paket 9232; Nr. 243, Vas.tab. 1756, 1763; Stabi, Ms. boruss. fol. 316; Brüggemann, T. 2/2, S. 583; Lehmann, Ritter, S. 159; Fam.gesch., S. 127, Tafel 16, S. 129–130;

Cap. Otto Friedrich von HEYDEBRECK (1705–1754)*

Vater: Claus (1648–1739), schwed. Cap., Landrat zu Naugard; **Mutter**: Catharina Elisabeth, geb. von Kleist (1692–1757); **Laufbahn**: Page beim Fürsten Leopold von Anhalt-Dessau, seit 1724 im Reg., 1730 Fähnrich im I-R Nr. 3, 1735 Sl, 1740 Pl, 1745 Stabs-Cap., 1746 ins Garn.-Reg. Nr. 1, 1754 in Memel gest.; **Ehefrau**: Johanna Maria, e. To. d. Professors Nicolaus Hieronymus Gundling; **Söhne**: Leopold David Friedrich (* 12. Jan. 1737), Leopold Otto Philipp David (* 25. Jan. 1738), Carl Ludwig Friedrich August (* 5. April 1739), Albrecht Carl Heinrich Moritz (* 13. Jan. 1741);

Quellen: Stabi, Ms. boruss. fol. 311; Gesch. d. I-R Nr. 3, S. 190–191; Fam.gesch., S. 65, Tafel 10, S. 74;

Ltnt. Philipp Christoph Carl von HEYDEBRECK
(* 3. Febr. 1774, † 10. Juni 1813)

Vater: George Christoph (1722–1797), seit 1736 im Militärdienst, 1739 Junker, 1740 Cornet, Dez. 1744 Ltnt. im K-R Nr. 11, 1756 Stabs-Rittmstr., 1761 als Rittmstr. dim., von 1766 bis 1779 Erbherr auf Parsow A u. B im Ftm. Cammin, dann auf Nassow B u. Gülz A im Ftm. Cammin, erworben für 9 200 T., 1793 auch auf Parnow A bis D, auf Kaltenhagen A u. B, auf Warnin A u. B, seine Güter hatten 1793 e. Wert von 28 246 T., hinterließ vier Kinder; **Mutter**: Charlotte Tugendreich verw. von Woedtke, geb. von Wedel; **Vater-Bruder**: Ernst Conrad (* um 1721), Geh. Rat; **Bruder**: George Christian Friedrich (1765–1828)*, Geh. Rat bei d. Aktise in Stettin, Kammerdirektor, Oberpräsident, 1801 Erbherr auf Nassow B, Gülz A u. Warnin im Wert von 10/m T.; **Bruder**: Henning Ernst (1769–1811), Ltnt. im I-R Nr. 39, 1804 Erbherr auf Parnow A bis D u. Tessin B f. 26/m T.; **Laufbahn**: (1787 Junker im K-R Nr. 5), stand 1797 als Sl im D-R Nr. 4, bat am 5. Mrz. 1797 aus Landsberg an d. Warthe um d. *venia aetatis*, sein Regimentschef schätzte ihn als tüchtigen Offizier ein; d. verst. Vater hatte über sein Vermögen disponiert u. festgelegt, daß seine drei Söhne sich die Güter teilen sollten, jeder von ihnen bekam nach Abzug d. Schulden e. freies Vermögen von 12/m T.; das Kösliner Pupillenkollegium befürwortete d. Antrag; erhielt am 8. Mai 1797 die *venia*; nahm 1798 seinen Abschied, ging noch 1798 e. Ehe ein; **Güter**: 1801 auf Rabuhn gen., 1804 Erbherr auf Fritzow, Warnin, Kaltenhagen, (Borkenhagen D) u. Schulzenhagen A im Wert von 40 400 T., nach 1804 auch Erbherr auf Nassow B, Gülz A; **Ehefrau**: Friederike Sophie Christiane, geb. von Knobelsdorff (1775–1849);

Quellen: GStA, I. HA, Rep. 30, Nr 44, H 49, Paket 9287; Nr. 243, Vas.tab. 1793, 1804; Stabi, Ms. boruss. fol. 315 (Vater); Monteton, S. 119 (Vater); Schöning, D-R Nr. 3, S. 425; Tb. Uradel 1902, S. 357, S. 358, S. 360–361; Fam.gesch., S. 119, Tafel 15, S. 151, Tafel 18, S. 152–153; biogr. Handbuch, S. 417 (Bruder G.C.F.);

Obrist Thomas Wedig von HEYDEBRECK (* 25. Juni 1648, † 1723)*

Vater: Caspar Alexander († 1652), Pfandbesitzer e. Anteils von Schulzenhagen im Ftm. Cammin; **Mutter**: Barbara, geb. von Rahmel; **Laufbahn**: seit 1674 im Militär, 1701 Cap., 1705 Major im I-R Nr. 1, d. damaligen Füsilier-Garde, Mrz. 1709 Obrist im I-R Nr. 5, 1718 als Kommandeur d. Reg. dim., seit 1717 Amtshauptmann von Kolberg; in erster **Ehe** verh. mit Barbara Elisabeth, geb. von Rahmel; **Sohn**: Caspar Wedig (* 1683), 1705 Fähnrich im I-R Nr. 1, 1706 Ltnt., vor 1714 als Cap. in Brabant gefallen;

Quellen: Stabi, Ms. boruss. fol. 313 (T.W. nicht in d. Liste f. 1709; C.W. 1705 im I-R Nr. 1 gen.), fol. 319; Fam.gesch., S. 53, Tafel 9, S. 59–61;

Ltnt. August Friedrich von Heyden (* um 1780)

Vater: Leopold Carl Friedrich († 1803), auf Usedom geboren, 1793 als Erbherr auf Schönenwerder bei Stargard im Krs. Pyritz für 60/m T. gen., westpreußischer Ritterschaftsrat, hatte 1801 seinen Wohnsitz in Camnitz bei Konitz, besaß damals auch Carnitz, Neides, Gützelfitz, Groß Zapplin im Krs. Greifenberg im Wert von 100/m T., außerdem auf Briesen u. Valm A bis E im Krs. Neustettin, auf Faulen-Benz A u. Müggenhagen im Krs. Saatzig für 104/m T., sein Vermögen geriet in Konkurs, d. Aktiva waren nicht hinreichend zur Dekkung d. Schulden; **Bruder**: absolvierte e. Studium in Königsberg; **Schwester**: Juliane Wilhelmine (* 1792), verlor beim Konkurs d. Vaters ihr mütterliches Vermögen in Höhe von 2700 T., befand sich 1805 in Pension beim Prediger zu Woldenberg, erhielt im Dez. 1805 e. Pension von 50 T.; **Laufbahn**: trat in d. Militärdienst ein, Okt. 1804 Sl im I-R Nr. 54, (1814 aggr. Pl beim 3. Ulanen-Reg., 1824 Postmstr. in Königsberg in d. NM);

Quellen: GStA, I. HA, Rep. 30, Nr. 243, Vas.tab. 1793 (d Vater L.C.F. danach geb. 1751, d. Söhne Carl Fr. Bog. Const. (* 1782) u. Aug. Jul. Leop. (* 1785)); II. HA, Abt. 13 a, Tit. III, Litt H. Nr. 15; Stabi, Ms. boruss., fol. 314, fol. 907 a;

Ltnt. Carl Julius Bogislav von Heyden (* 4. Dez. 1778, † 1807)

Vater: Friedrich Bogislav (1757–1809), (Cap. im D-R Nr. 4), 1797 Erbherr auf Harmelsdorf u. Müggenhahl im Krs. Saatzig im Wert von 65/m T., hatte seinen Wohnsitz in Stettin, 1804 auf Harmelsdorf, Uchtenhagen A bzw. A, B, C u. E für zs. 56/m T. u. auf Schwenz im Krs. Greifenberg für 50/m T., hier 1809 gest.; **Mutter**: Charlotte Philippine, geb. von Heyden (1753–1786); **Bruder**: Friedrich August Bogislav (1783–1822), stand 1797 als Junker, 1804 als Ltnt. im I-R Nr. 22, 1820 (als Ltnt.) im 2. Stettiner Landwehr-Reg. dim.; **Laufbahn**: 1797 als Cornet im D-R Nr. 4, 1804 als Ltnt. gen., 1807 in d. Dragoner-Brigade von Wedel pensioniert u. gest.;

Quellen: GStA, I. HA, Rep. 30, Nr. 243, Vas.tab. 1797, 1801, 1804; Stabi, Ms. boruss., fol. 907 a; Schöning, D-R Nr. 3, S. 348, S. 427; Tb. Briefadel 1920, S. 403 (hier mit d. Vornamen Boguslaw);

Ltnt. Carl Ludwig Wedig (seit Juli 1732: von) Heyden (* 16. Mai 1712, † 26. Jan. 1789)

Vater: besaß e. Gut in Schwed.-Pommern (* um 1675, † vor 1732), hinterließ sechs Söhne; **Bruder**: Philipp Bogislav (* 1708, † 27. Aug. 1759), seit 1722 im Militär, 1736 Fähnrich, April 1739 Grenadier-Ltnt., 1745 Pl im I-R Nr. 27, 1746 ins I-R Nr. 25 versetzt, 1755 als Cap. u. Chef e. Comp. gen., als Major im I-R Nr. 25 an bei Kunersdorf erlittenen Blessuren gest.; **Bruder**: Dietrich Boguslav (1713–1799), Ltnt., Sohn: Friedrich Bogislav (1757–1809), (Cap. im D-R 4); **Bruder**: August Friedrich (1715–1741), als Ltnt. im I-R Nr. 27 gefallen; **Bruder**: Johann Ernst (* 1718, † 19. Dez. 1757), seit 1731 im Militär, 1745 Sl, 1756 Pl, Cap. im I-R Nr. 27, Jan. 1757 Orden p.l.m., an Blessuren verst.; **Bruder**: Johann Friedrich (* 1723, † 19. Jan. 1758), seit 1740 im Militär, 1745 Sl, 1756 Pl, Jan. 1757 als Cap. im I-R Nr. 27 Orden p.l.m., an Blessuren gest.; **Laufbahn**: seit 1729 im Militär, 1732 Sergant im I-R Nr. 24, 1740 Fähnrich im I-R Nr. 3, 1741 Sl, Dez. 1745 Pl, Juli 1756 ins I-R

Nr. 43, 1760 dim.; **Güter**: erwirkte zs. mit seinem Bruder P.B. im Juli 1732 e. Adel-Brief für d. sechs Gebrüder, sie machten in ihrer Supplik vom 7. Juli d.J. darauf aufmerksam, daß ihr Großvater u. ihr Vater e. Rittersitz in Schwed.-Pomm. besessen hatten, sie wollten ihre dortigen Güter verkaufen u. sich in d. preuß. Monarchie niederlassen, nach 1760 in Mölschow im Amt Pudagla im Krs. Usedom ansässig; **Ehefrau**: Friederica Dorothea (1731–1765), e. To. d. Obereinnehmers Oldehof in Halle; **Söhne**: Leopold Carl Friedrich (* 19. Febr. 1750); Johann Carl Ludwig (* 18. Sep. 1751);

Quellen: GStA, I. HA, Rep. 7, Nr. 13, Litt H 34 n, Paket 554; Stabi, Ms. boruss. fol. 314 (Bruder P.B.), fol. 316 (d. Brüder J.E. u. J.F. nicht in d. Abgangsliste); Gesch. I-R Nr. 3, S. 200–201; Lehmann, Ritter, S. 52; Tb. Briefadel 1920, S. 402–405 (C.L.W. hatte danach d. Rang Major, die Frau als von Oldehoff);

Major Ernst Christoph von Heyden, (* um 1712, † 1763)

Vater: Philipp Ernst (1663–1740), Cap. in frz. Diensten, Erbherr auf Gr. Toitin im Krs. Anklam, 1730 standen seine drei Söhne als Fähnrich, Uffz. u. 1731 als Corp. im I-R Nr. 24, E.C. war d. jüngste Sohn aus d. Hs. Cartlow; **Mutter**: Ida Tugendreich, geb. von Parsenow; **Bruder**: George Balthasar (1708–1773), Cap. im I-R Nr. 24, siehe bei dessen Sohn Johann Carl; **Laufbahn**: trat um 1723 in d. Militärdienst ein, 1731 Corp., 1734 als Fähnrich vom I-R Nr. 24 zum Bat. Beaufort, 1740 Pl im I-R Nr. 31, Sep. 1748 Cap. im I-R Nr. 32 in Neiße, hier noch 1756 als Cap. gen., zuletzt Major, verlor bei der feindl. Einnahme von Schweidnitz das Seinige, 1763 nach 40 Dj. an Blessuren gest.; **Güter**: Erbherr auf Klein Below im Krs. Anklam, d. väterl. Lehngut fiel nach seinem Tod an seinen Bruder George (Jürgen) Balthasar, dann an dessen Söhne Gustav Ernst Moritz und George Peter August, s.d.; **Frau**: Sara Louisa, geb. du Clos (1717–1792), diese bekam aufgrund ihrer dürftigen Umstände seit 1780 e. pomm. Gnadenpension; **Sohn**: George Ernst (1755–1765), 1756 beim Vater in Neiße; **Töchter**: Ernestine († 29. Aug. 1799 zu Brieg), ihr Nachlaß hatte e. Wert von 350 T., und Helene (* 12. Febr. 1756), geb. in Neiße, diese verschaffte sich von 1773 bis 1797 in verschiedenen adligen Häusern ihren Unterhalt, vermochte das dann nicht mehr, beide lebten 1793 in Brieg, befanden sich in dürftigen Umständen, Helene wohnte im Jahr 1800 in Nieder Kaufung bei Hirschberg, bekam mit CO v. 3. Mai 1801 e. Pension von 50 T.;

Quellen: GStA, I. HA, Rep. 30, Nr. 43, Paket 9236; Nr. 243, Vas.tab. 1756, 1763, 1793, 1801, 1804 (auch als E. Christian); II. HA, Abt. 13 a, Tit. III, Litt H, Nr. 13; Stabi, Ms. boruss. fol. 312 (1756 nicht gen.), fol. 314, fol. 316; Ms. geneal. fol. 120; Brüggemann, Vorpommern, S. 56;

Ltnt. Jacob von Heyden (* 1728, † 5. Nov. 1812)

aus Pommern gebürtig; **Laufbahn**: seit 1747 im Militärdienst, stand 1763 als Sl, 1772 als Pl im I-R Nr. 14, vor 1787 (mit d. Charakter Cap.) abgegangen; in erster **Ehe** verh. mit Anna Sophia Albertine, geb. von der Groeben (1730–1781);

Quellen: Stabi, Ms. boruss. fol. 311 (* 1732); Jb. dt. Adel, Bd. 1, S. 813 (kein Vater gen.);

Ltnt. Johann Carl von Heyden (* 1738, † 24. Dez. 1778)

Vater: Friedrich Christian († vor 1756), 1750 Erbherr auf Gr. Toitin im Krs. Anklam, darauf Schulden von 13 999 T., von diesen waren 9 830 T. bereits beglichen, 4 169 standen noch aus; (**Vater-Bruder**: Ernst Christoph (1712–1763), Major, s.d.); **Bruder**: Jochem Ernst (* um 1737, † vor 1763), stand 1756 als Gefr.corp. bei d. Garde, vor 1763 verst; **Bruder**: George Gustav (* um 1741), befand sich 1756 beim Vater-Bruder George Balthasar (1708–1773), Cap., in Cartlow, vor 1763 gest.; **Laufbahn**: hielt sich 1756 bei seinem Onkel in Mecklenburg auf, seit 1758 im Militär, 1764 Sl im I-R Nr. 18, 1778 als Pl in Neustadt (in Schlesien) gest.; **Güter**: Erbherr auf Gr. Toitin, das Gut war an e. von Krauthoff verpfändet;

Quellen: GStA, I. HA, Rep. 30, Nr. 44, H 55 e; Nr. 243, Vas.tab. 1756, 1767; Stabi, Ms. boruss. fol. 313 (J.C.);

Cap. Johann Carl von Heyden (* 10. Nov. 1740, † 27. Mai 1800)

Vater: George Balthasar (1708–1773), seit 1723 im Militär, 1733 Ltnt. im I-R Nr. 24, 1739 auf Wunsch mit d. Charakter Cap. dim., 17 Dj., Erbherr auf Cartlow u. Vorwerk Kl. Below im Krs. Anklam; **Mutter**: Catharina Elisabeth, geb. von Klinggraeff († 1750); **Großvater**: Philipp Ernst (1663–1740), Cap. in frz. Diensten, Erbherr auf Gr. Toitin; **Großmutter**: Ida Tugendreich, geb. von Parsenow; **Bruder**: Philipp Jochen Friedrich (* um 1738) stand 1756 als Gefr.corp. im I-R Nr. 30, vor 1763 gest.; **Bruder**: Gustav Ernst Moritz (* um 1745), nahm keine Dienste, seit 1774 Erbherr auf Gr. Toitin u. Kl. Below im Wert von zs. 18 300 T., 1804 hatten beide Güter e. Wert von zs. 28/m T.; **Bruder**: George Peter August (* um 1755), avancierte bis zum Fähnrich, 1793 u. 1801 als Zolleinnehmer in Luckenwalde genannt; **Laufbahn**: trat um 1761 in d. preuß. Militärdienst ein, 1763 als Fähnrich vom I-R Nr. 24 zum I-R Nr. 15 versetzt, Mrz. 1766 nach sechs Dj. als Fähnrich vom 1. Bat. Garde dim. (erhielt d. Charakter Cap.), hielt sich 1767 in Cartlow auf; **Güter**: J.C. setzte sich 1774 mit seinen beiden Brüdern auseinander u. übernahm d. Gut Cartlow für 38/m T., 1793 noch als Erbherr genannt, damals mit e. Wert von 60/m T., hatte seinen Wohnsitz in Tützpatz; **Ehefrau**: Henriette Dorothea Johanna, e. geb. von Wittken (1752–1836); **Sohn**: George Friedrich Christian (1773–1834), Erbe des 1785 gest. Carl Friedrich von Linden auf Tützpatz, trug auf väterl. Gesuch seit Jan. 1786 den Namen von Heyden-Linden, 1801 auf Bartow u. Wietzow im Krs. Anklam im Wert von 60/m T., auch auf Daberkow, Pritzenow A, Heinrichshagen, Neuenhagen, Philippshof, Plötz, Pripsleben im Krs. Demmin, 1801 im Wert von 200/m T.; **Sohn**: Wichard Wilhelm (1782–1836), Fähnrich im I-R Nr. 25, erhielt 1802 die *venia aetatis*, besaß 1804 als vorm. Fähnrich d. Gut Cartlow im Wert von 48/m T., sein Erbteil betrug mind. 12/m T., in erster Ehe verh. mit Henriette Caroline Friederike von Arnim aus Neuensund, W.W. trug seit 1824 ebenfalls den Namen von Heyden-Cartlow;

Quellen: GStA, I. HA, Rep. 30, Nr. 44, H 55 e (Heyden-Linden); Nr. 243, Vas.tab. 1756, 1763, 1767, 1793, 1804; Stabi, Ms. boruss. fol. 316 (Abgangsliste); Brüggemann, Vorpommern, S. 56, 57, 59; Brüggemann, Beiträge, 1, S. 467; Reinhard, Garde, S. 546; Jb. dt. Adel, Bd. 1, S. 801, 805;

GM Johann Caspar von Heyden (* 9. Aug. 1740, † 11. Sep. 1807) *

Vater: Johann Adolph, Erbherr auf Richlich, Krs. Czarnikau, d. Sohn J.C. aus Steinbusch im Krs. Arnswalde gebürtig; **Mutter**: Abigail Judith, geb. von Krockow; **Laufbahn**: Okt. 1752 *cadet* in Berlin, seit Jan. 1757 im D-R Nr. 1, Aug. 1758 Cornet, April 1760 Sl, Okt. 1772 Pl, Nov. 1778 Stabs-Cap., Juni 1789 Major im D-R Nr. 1, Nov. 1791 Chef e. Escadron, Aug.

1793 Orden p.l.m., Juni 1798 Ol, Mai 1799 Obrist, Mai 1803 Kommandeur d. D-R Nr. 1, Febr. 1806 als GM dim. mit e. Pension von 800 T.; **Ehefrau**: Caroline Wilhelmine Helene, geb. von Belling (1755–1813); sein **Sohn** Friedrich Wilhelm (* 15, Juni 1787) stand 1804 u. 1806 als Cornet im H-R Nr. 8, später Rittmstr., 1822 im 14. Landwehr-Reg., 1824 pens.; **Gut**: saß 1804 auf Sabow im Krs. Pyritz im Wert von 24/m T., nach 1801 von d. Erben C.F. von Diringshofen erworben; (**verwandt**: Samuel von Heyden, im Mai 1792 als Cap. vom 1. Bat. Garde zum I-R Nr. 28 versetzt: Reinhard, Garde, S. 546);

Quellen: GStA, I. HA, Rep. 30, Nr. 243, Vas.tab. 1804; Stabi, Ms. boruss. fol. 314, fol. 907 a (Sohn); Probst, D-R Nr. 1, 1841, S. 159; Lehmann, Ritter, S. 273; Priesdorff, Nr. 1104;

Ltnt. Johann Ernst von Heyden (* 1741)

aus Pommern gebürtig; **Laufbahn**: stand zunächst sieben Jahre im I-R Nr. 41, im Aug. 1768 als Sl in d. Garn.-Bat. Nr. 9 versetzt, hier zuletzt 1777 genannt;

Quellen: Stabi, Ms. boruss. fol. 315;

Ol Carl Andreas von Heyne (* 1692)

aus Pommern gebürtig; **Laufbahn**: seit 1713 im Militärdienst, Juli 1756 Major im Garn.-Reg. Nr. 7, zuletzt Ol, nach 1763 auf Wunsch dim.; (**verwandt**: Carl Gustav von Heyn (* 1668), seit 1686 im Militär, stand 1698 als Rittmstr. im K-R Nr. 5, vor 1711 abgegangen: Stabi, Ms. boruss. fol. 311);

Quellen: Stabi, Ms. boruss. fol. 313; nicht bei Siebmacher;

Obrist Philipp Ernst von Heyne († vor 1725)

aus Pommern gebürtig; (**Bruder**: Alexander, 1694 Cornet im Reg. Dörffling zu Pferd, später Cap.; **Bruder**: Ol von Heyne); **Laufbahn**: stand 1694 als Obrist im Reg. Dörffling zu Pferd; **Güter**: P.E., A. u.d. Ol besaßen 1717, 1719 e. Anteil an Dobberphul im Krs. Pyritz;

Quellen: Stabi, Ms. boruss. fol. 319; Koglin, S. 181 (hier als Heine);

Ltnt. Carl Christian Ludwig (seit 2. Okt. 1786: von) Hill (* 1752, † 13. Okt. 1833)

Vater: Ernst Bogislav (1711–1777), KD-rat in Stettin; **Mutter**: Christine Juliane, geb. Henrici (* 1724); **Bruder**: George Wilhelm (1745–1815)*, KD-rat in Stettin, 1797 Erbherr auf Albrechtsdorf im Krs. Anklam im Wert von 50/m T., 1804 auch auf Voigtshagen, Cramonsdorf u. Anteil Schönenwalde im Dewitzschen Krs. im Wert von 80/m T., Sohn: August Friedrich Wilhelm (* 1784), als Fähnrich im I-R Nr. 7 um 1804 abgegangen, Sohn: George Ludwig (* 1786), 1804 Fähnrich im I-R Nr. 7, 1806 Sl, 1813 im 9. I-R gest.; **Laufbahn**: trat 1773 in d. Militärdienst ein, Juni 1781 Sl im H-R Nr. 7, suchte am 16. Sep. 1784 aus Bromberg immediat um d. Renovation des Adels d. Familie nach, verwies in diesem Zusammenhang auf Vater u. Bruder, im April 1791 als Sl dim.;

Quellen: GStA, I. HA, Rep. 30, Nr. 243, Vas.tab. 1794, 1797; Rep. 96, Nr. 435 H, Bd. 2; Stabi, Ms. boruss. fol. 310, fol. 313; Tb. Briefadel 1909, S. 340–342; biogr. Handbuch, S. 420 (Bruder, s.d. mehr zur Familie);

Cap. Friedrich Eugen Erdmann von HILLER (* 1754, † Jan. 1795)

Vater: Johann Heinrich (* um 1705, † vor 1768 nach 40 Dj.), aus Schlesien gebürtig, stand seit 1725 im Militär, 1746 Pl im D-R Nr. 12, hinterließ seinen Söhnen kein Vermögen; **Mutter**: Juliana Christiana (* um 1724, † um 1804), e. geb. von Apenburg, Schwester d. Grenadier-Majors Friedrich Wilhelm von Apenburg von der Garde, s.d., sie will ihr geringes Vermögen für d. Erziehung d. Söhne zum kgl. Dienst eingesetzt haben, galt als *sehr arm*, wohnte zs. mit ihrer Tochter († 1773) in d. Stadt Wollin, lebte von d. Zinsen e. Kapitals von 1/m T., erhielt im Febr. 1781 e. Pension von 50 T., erbte 1795 d. Vermögen ihrer beiden im Dienst verst. Söhne, sie lebte 1804 noch; **Bruder**: Bernhard Friedrich Heinrich (1756–1789), seit 1771 im Militär, Mrz. 1781 Sl im 2. Bat. Garde, als Pl im Dez. 1789 nach 18 Dj. gest., Sohn: Friedrich Wilhelm Bernhard (* 1783), unehelich geb., stammte aus e. Verbindung mit e. Tochter d. Gardekochs Pfuhl, wurde auf Antrag seiner Großmutter am 13. Mrz. 1795 legitimiert, erhielt d. adligen Namen u.d. Wappen seines Vaters, Jan. 1800 Cornet im D-R Nr. 5, Okt. 1801 Sl, Dez. 1802 Abschied, erhielt am 3. Okt. 1804 d. *venia aetatis*, besaß damals e. Kapitalvermögen von 13 410 T., sollte nach d. Tod seiner Großmutter d. Güter Mokratz u. Hägenken sowie Orschen in Preußen erben; **Laufbahn**: seit 1770 im Regiment, Nov. 1772 Fähnrich, Mrz. 1780 Sl im 2. Bat. Garde, Mrz. 1792 Stabs-Cap., in d. *Campagne* im Jan. 1795 zu Frankfurt am Main nach 26 Dj. als Stabs-Cap. gest.; **Güter**: besaß seit 1781 zs. mit seinem Bruder d. Allodialgüter d. Familie von Apenburg: Tonnin, Groß Mokratz u. Hägenken auf Wollin; in diesen steckte ihr großmütterliches u. mütterliches Erbe; wurde mit seinem Bruder 1794 Universalerbe d. GM L.G.F. von Apenburg, s.d.;

Quellen: GStA, I. HA, Rep. 30, Nr. 44, H 55 G, Paket 9 262; Nr. 186 d, Paket 9 838; Nr. 241 b, Paket 9 966; II. HA, Abt. 13 a, Tit. III, Litt U, Nr. 1; Stabi, Ms. boruss. fol. 311 (Vater); Reinhard, Garde, S. 531, S. 535, S. 538, S. 556; Albedyll, Anhang, S. 85* (Neffe);

Major Curt Ludwig von HINDENBURG (* um 1685/1690)

Vater: Richard Christoph († vor 1730), Erbherr auf ½ Falkenberg im Krs. Pyritz, versuchte seit 1706 vergeblich e. Anteil von Schellin von d. Töchtern von Christian von Hindenburg zu *reluiren*, hatte 1713 fünf lebende Söhne, zwei von ihnen standen 1730 in sächs. Diensten; **Vater-Bruder**: Peter Daniel, Erbherr auf ½ Falkenberg; **Bruder**: Arndt Friedrich (* um 1685, † vor 1744), Nov. 1710 Fähnrich im I-R Nr. 21, um 1717 mit d. Charakter Ltnt. dim., seit 1738 Erbherr auf Anteil Falkenberg im Krs. Pyritz, nahm diesen nach e. Vergleich von d. Witwe seines Bruders Richard Heinrich an; **Bruder**: Peter Christian, 1713 gen.; **Bruder**: Richard Heinrich (* um 1689, † vor 1738), seit 1705 im Militär, Dez. 1712 Rittmstr. im D-R Blankensee, Juni 1721 Major im K-R Nr. 4, Aug. 1735 als Major mit d. Charakter Ol dim., (seine Tochter Louisa Tugendreich, geb. 12. April 1731, besaß 1752 e. Vermögen von 10 400 T.); **Bruder**: Ernst Balthasar, Cap.; **Laufbahn**: avancierte im Militär bis zum Major; **Güter**: verkaufte 1744 zs. mit d. Bruder Ernst Balthasar, damals als Cap. gen., den von Arndt Friedrich geerbten Anteil von Falkenberg für 24/m T. an d. Brüder von der Groeben, darunter d. Cap. Carl Wilhelm, s.d.;

Quellen: GStA, I. HA, Rep. 30, Nr. 186 d, Paket 9 835 (Louisa Tugendreich); Nr. 241 b, Paket 9 961; Nr. 243 S, Paket 9 985; Stabi, Ms. boruss. fol. 316 (Bruder R.H., hier als Hindenberg), fol. 319 (A.F.); Brüggemann, T. 2/1, S. 141; Förster, K-R Nr. 4, S. 157, S. 543 (Bruder R.H.);

Cap. George Wilhelm von Hindenburg (* um 1682, † 1758)

aus Pommern gebürtig; **Laufbahn**: engagierte sich um 1698 im Militärdienst, 1705 Gefr. corp. im I-R Nr. 1, Aug. 1710 Fähnrich, Jan. 1715 Sl im I-R Nr. 24, 1719 als Ltnt. ins Garn.-Bat. Nr. 3 versetzt, stand 1729 u. 1740 als Ltnt., 1756 als Cap. im Garn.-Bat. Nr. 3 in Kolberg, 1758 nach 54 Dj. als Cap. gest.; **Ehefrau**: e. geb. von Witten († 1772); hinterließ drei **Töchter**: Elisabeth Lucretia (* um 1726, † 11. April 1804), Louisa Wilhelmine (* um 1728, † 1785), Helena Dorothea (* um 1732, † 21. April 1804), sie besaßen 1781 zs. e. Kapital von 1 333 T. u. hatten jährl. Revenuen von 67 T., wurden aufgrund ihrer dürftigen Lage auf d. Expectantenliste für e. Pension gesetzt, wohnten in Moratz im Krs. Greifenberg zur Miete, erhielten ab 1793 zs. e. kgl. Pension von 50 T.;

Quellen: GStA, I. HA, Rep. 30, Nr. 44, H 48, Paket 9 287; II. HA, Abt. 13 a, Tit. III, Litt H, Nr. 10 (Töchter); Stabi, Ms. boruss. fol. 313, fol. 316, fol. 319; Brüggemann, T. 2/1, S. 141;

Obrist Otto Friedrich von Hindenburg (* um 1699, † vor 1781)

Vater: Peter Daniel, Erbherr auf Anteil Falkenberg im Krs. Pyritz, erhob seit mind. 1706 zs. mit seinem Bruder Richard Christoph Anspruch auf Schellin; **Bruder**: Joachim Christoph (1687–1727), seit 1705 im Militär, 1708 Fähnrich, Mai 1711 Pl im I-R Nr. 11, 1717 Cap., 1727 gest.; **Laufbahn**: seit 1716 im Militär, 1728 Pl im I-R Nr. 4, 1733 Cap., 1742 Major im I-R Nr. 4, Sep. 1742 Ol, Juni 1753 Orden p.l.m., Sep. 1754 Obrist im I-R Nr. 4, vor 1763 abgegangen, noch 1766 als Obrist gen.; **Güter**: verkaufte 1744 e. Anteil von Falkenberg im Krs. Pyritz an d. Gebr. von der Groeben; etablierte sich in Poln.-Preußen, 1766 auf Limbsee gen., war nach d. Tod d. Cap. George Wilhelm von Hindenburg in Kolberg d. letzte d. Familie von Hindenburg;

Quellen: GStA, I. HA, Rep. 30, Nr. 241 b, Paket 9 963, Nr. 243 S, Paket 9 985; Stabi, Ms. boruss. fol. 313, fol. 319 (Bruder J.C.); Brüggemann, T. 2/1, S. 141; Becker, I-R Nr. 11, S. 412 (Bruder J.C.); Lehmann, Ritter, S. 46;

Obrist Johann Friedrich von Hohendorff (* 11. April 1744, † 24. Sep. 1820)

Vater: Johann Friedrich (1715–1776), aus Preußen gebürtig, seit 1729 im Militär, Jan. 1759 Cap. u. Chef e. Comp., stand 1764 als Cap. im Garn.-reg. Nr. 6, zuletzt Major, in Namslau gest.; **Mutter**: Barbara, geb. von Auerswald, aus Preußen gebürtig; **Laufbahn**: trat 1757 in d. Militärdienst ein, stand 1764 als Sl im I-R Nr. 24, 1774 hier als Pl, 1787 als Major gen., Juni 1801 Obrist, 1820 als pens. Obrist gest.; seit 1783 **verheiratet** mit Johanna Henriette von Quickmann aus Stettin (1760–1790), in zweiter Ehe seit 1791 mit Sabine Charlotte von Hellermann (1763–1850); **Güter**: erwarb vor 1793 d. Gut Buchholz im Krs. Saatzig, verkaufte es im April 1798 für 27 100 T. an d. Rittmstr. Bogislav Christlieb von Kleist; **Sohn**: Johann Friedrich (1784–1813), als Cap. an e. Blessur gest.; **Sohn**: Leopold Heinrich (1785–1813), Ltnt., dann Stadtinspektor in Rügenwalde;

Quellen: GStA, I. HA, Rep. 30, Nr. 243, Vas.tab. 1793, 1799; Stabi, Ms. boruss. fol. 315 (Vater), fol. 316, fol. 907 a; Fam.gesch. Kleist, Linie Muttrin-Damen, S. 254; Tb. Uradel 1930, S. 242;

Cap. Bernd Friedrich von HOLTZENDORFF (* 1693)

aus Pommern gebürtig; **Laufbahn**: seit 1712 im Militär, Mai 1713 Sl im I-R Nr. 23, Juli 1722 als Cap. dim., ging nach Pinnow in d. UM;

Quellen: Stabi, Ms. boruss. fol. 316, fol. 319;

Cap. Hans Paul von HOMBOLDT († Dez. 1739)

Vater: Erdmann Ludwig († 1723), Erbherr auf d. Juchower Vorwerk Zamenz im Krs. Neustettin, Amtshauptmann von Draheim; **Mutter**: eine To. d. preuß. Residenten Beck; **Laufbahn**: weilte im adligen *Cadetten-Corps* zu Kolberg, 1703 Fähnrich im I-R Nr. 10, wechselte dann ins I-R Nr. 14, verlor 1706 vor Turin einen Fuß, als Cap. ins Garn.-Reg. Nr. 3 gesetzt, vor 1729, 1730 dim.; erhielt im Mai 1738 e. preuß. Bestätigung seines Adelstandes; **Ehefrau**: Sophia Dorothea, e. Tochter d. Obristen von Schweder; **Güter**: erwarb im Mrz. 1735 d. Gut Zeblin im Ftm. Cammin auf 30 Jahre für 10/m T. von Joachim Ewald von Kleist, konnte wegen seiner Blessur d. Gut nicht richtig vorstehen, trat es daher im Mrz. 1739 für d. Rest d. Wiederkaufsjahre an Heinrich Ludwig von Meseritz ab, lag anschließend im Streit mit d. Behörden wegen der für Kauf u. Verkauf zu erlegenden Gebühren; **Sohn**: Alexander George (1720–1779), seit 1736 im Militär, 1743 u. 1755 als Ltnt., 1759 als Major im D-R Nr. 10 gen., 1761 Abschied, 1765 Kammerherr beim Prinzen von Preußen; **Sohn**: Ludwig Erdmann (* 1712, † 1750), seit 1728 im Militär, 1730 Corp. im I-R Nr. 17, als Pl im H-R Nr. 8 gest.; **Sohn**: Paul Heinrich (* 16. Juni 1719), 1734 *cadet*, 1735 als Gefr.corp. ins I-R Nr. 19, April 1741 Fähnrich, Juli 1742 Sl, Mai 1751 Pl, Mrz. 1757 Stabs-Cap., Juli 1757 Cap. u. Chef e. Comp., Okt. 1761 als Major auf Wunsch dim.; **Bruder**: Friedrich Wilhelm (* 1720), seit 1736 im Militär, Nov. 1740 Fähnrich im I-R Nr. 22, als Ltnt. vor Ende 1745 in Böhmen gefallen;

Quellen: GStA, I. HA, Rep. 30, Nr. 241 a, Paket 9957 (als Homboldt); Stabi, Ms. boruss. fol. 311 (Sohn A.G.), fol. 314 (F.W.), fol. 316 (L.E. 1747 nicht in d. Rangliste H-R Nr. 8), fol. 316 (im Garn.-Reg. Nr. 3 nicht gen.; hier Ludwig im I-R Nr. 22); Brüggemann, T. 2/2, S. 609–610 (Homboldt); Genealog. Tb. Freiherrl. Häuser 1877, S. 390; Gesch. I-R Nr. 19, S. 108–109;

Ltnt. Friedrich Ferdinand von HORCKER (* Febr. 1783, † Okt. 1827)*

Vater: Christian George Achatz (* 1754), aus d. NM gebürtig, seit 1769 im Reg., 1774 Fähnrich im I-R Nr. 24, 1784 als Pl dim., bat 1786 immediat um d. Charakter Cap., zeitweilig Besitzer od. Pächter von Lümzow im Krs. Neustettin; **Mutter**: e. geb. von Quickmann; **Laufbahn**: Jan. 1797 als Junker ins D-R Nr. 4, Mrz. 1797 Cornet, Okt. 1800 Sl, Mrz. 1809 als Pl dim., Aug. 1813 Krs.-Offizier bei d. Gendarmerie in Lauenburg, von Juni 1817 bis Aug. 1819 Pl im früheren D-R Nr. 5, dann zurück zur Gendarmerie, 1820 ausgeschieden;

Quellen: GStA, I. HA, Rep. 30, Nr. 243, Vas.tab. 1793, 1799, 1804 (Vater hier nicht gen.); Rep. 96, Nr. 95 H h h; Stabi, Ms. boruss. fol. 316 (Vater); Albedyll, T. 2, Anhang, S. 79*;

Ol Carl Gustav von HORN (* 1724)

Vater: Friedrich, schwed. Cap.; **Mutter**: Dorothea Sophie, geb. von Zieten; **Bruder**: Christian Siegmund (* 1714, † nach 1776)*, aus d. Prignitz gebürtig, seit 1730 im Militär, Aug. 1733 Cornet im H-R Nr. 2, Dez. 1735 zum H-R Nr. 1, Okt. 1739 Sl, Aug. 1742 Rittmstr.

im H-R Nr. 1, Febr. 1746 Major, Nov. 1748 Kommandeur d. H-R Nr. 2, Juli 1757 Kommandeur d. K-R Nr. 7, Jan. 1759 GM, Mrz. 1762 dim., Träger d. Ordens p.l.m., bekam keine Pension, seine drei Töchter Louisa (* 1753), Eleonora (* 1755), Henrietta (* 1757) standen seit 1779 auf d. Expectantenliste für e. Pension, sie wiesen 1787 auf ihren Vater-Bruder im I-R Nr. 39 hin, bekamen im Jan. 1789 zs. e. Pension von 100 T., d. älteste To. Christiane Leopoldine starb 1789 als Stiftsfräulein, d. Sohn Siegmund Stephan (* 1755), seit 1771 im Militär, stand 1787 als Fähnrich im Garn.-Reg. Nr. 6; **Laufbahn**: seit 1743 im Militärdienst, 1756 Sl u. Adjutant im I-R Nr. 39, 1764 Pl, 1782 Cap., 1790 als Ol altershalber dim.;

Quellen: GStA, I. HA, Rep. 30, Nr. 43, Paket 9 240; II. HA, Abt. 13 a, Tit. III, Litt H, Nr. 14 (Tö. von C.S.); Stabi, Ms. boruss. fol. 311 (Bruder C.S.), fol. 316 (aus Pomm. bzw. schwed. Pomm.); Lehmann, Ritter, S. 160 (C.S.); Priesdorff, Nr. 493 (Bruder);

Cap. Carl Ludwig von Horn (* 1766)

aus Anklam gebürtig; **Laufbahn**: seit 1781 Gefr.corp. im I-R Nr. 19, Nov. 1801 Stabs-Cap., 1810 als Cap. pens.;

Quellen: GStA, VI. HA, Nl Caprivi, Nr. 3; Stabi, Ms. boruss. fol. 314, fol. 907 a;

Rittmstr. Johann von Horn (* 1738, † vor 1789)

Vater: Carl Gustav (* 1703), aus Pommern gebürtig, seit 1718 im Militär, 1736 Stabs-Cap. im I-R Nr. 27, als solcher noch 1739 gen. (zuletzt Obrist im I-R Nr. 27); **Laufbahn**: zuerst Page bei König Friedrich II., seit 1755 im Reg., Febr. 1760 Sl im I-R Nr. 22, zuletzt Pl, in d. *Campagne* am Fuß verletzt, daher für d. Infanterie untauglich, 1766 zum K-R Nr. 5 versetzt, vor 1775 als Rittmstr. dim. u. als Postmstr. in Demmin versorgt; **Ehefrau**: e. To. d. Cap. von Zepelin im I-R Nr. 27, sie war aus Mecklenburg-Schwerin gebürtig u. besaß e. Mitgift von 2 500 T. in Gold, vier ihrer Brüder standen in preuß. Diensten, darunter Christian Heinrich (* 1728), seit 1748 im Reg., 1750 Fähnrich, 1756 Sl im I-R Nr. 18, 1764 Cap., Juli 1764 dim.; Carl (* 1749), seit 1766 im Militär, 1770 Gefr.corp. im I-R Nr. 27; d. Postdirektor machte e. *Defect* bei d. Postkasse über 420 T., den die Frau nach seinem Tod durch d. Verkauf von Mobilien beglich; durch d. Konkurs seines Vermögens verlor sie ihre *illata* bis auf 300 T., im Mrz. 1797 erhielt sie e. Pension von 100 T. aus d. pomm. Meliorationsfonds: die Witwe starb am 6. Sep. 1807; (**verwandt**: Conrad George von Horn (* 1737), seit 1752 im Militär, 1766 Sl, 1775 Pl im I-R Nr. 10: Stabi, Ms. boruss. fol. 316);

Quellen: GStA, II. HA, Abt. 13 a, Tit. III, Litt H, Nr. 4; IV. HA, Rep. 1, Nr. 94, Bl. 72 (Zepelin); Stabi, Ms. boruss. fol. 311, fol. 313, fol. 314, fol. 316 (d. Vater nur 1736 gen.), fol. 246 (Vater 1739);

Cap. Wilhelm Ludwig von Horn (* 1764)

Vater: Fabian Henning (* um 1716, † 9. April 1791), zuerst Ltnt. im D-R Nr. 8, dann im H-R Nr. 8, (1781 als Sl) nach 36 Dj. dim., erhielt seit 1788 e. Pension von monatlich acht T., hinterließ Frau, zwei Töchter u. zwei Söhne; **Mutter**: Christiane Elisabeth, geb. von Tornow (* 1732, † 26. Febr. 1807), in erster Ehe verh. Lübbecke, aus dieser Ehe ein Sohn; sie mußte sich nach d. Tod ihres Mannes von Handarbeit ernähren, stand 1793 beim Landrat (Gabriel Otto) von Schmeling in Neuenhagen *im Dienst*, wurde jetzt auf d. Expectantenliste aufgenommen, bekam seit 1797 e. Pension von 100 T. aus d. pomm. Meliorationsfonds; **Bruder**: August

Theodor (* 1772), trat 1789 ins I-R Nr. 16 ein, Jan. 1792 Fähnrich, Mrz. 1795 Abschied; **Laufbahn**: seit 1784 im I-R Nr. 16, Okt. 1786 Fähnrich, April 1788 Sl, Sep. 1797 Pl, Okt. 1805 als Cap. dim.; **Güter**: d. Mutter bat im Dez. 1792 aus Neuenhagen bei Köslin mit Hinweis auf ihren Mann u. die beiden Söhne zweiter Ehe darum, d. Sohn erster Ehe, damals Amtmann in Mirchow bei Danzig, d. *Consens* zum Ankauf d. Gutes Wutzkow im Krs. Stolp zu erteilen; parallel dazu reichte Johann Heinrich von Lietzen e. nämliches Gesuch ein, er machte auf seine seit 1769 andauernde Krankheit, seinen Vermögensverfall aufmerksam, nur e. vorteilhafter Verkauf von Wutzkow für 11 400 T. könne ihn vor Dürftigkeit retten, auch wäre d. Amtmann dann in d. Lage seine Mutter zu unterstützen, Wutzkow wurde 1792 von der Landschaft sequestriert; am 28. Febr. 1793 wurde von Lietzen d. Consens erteilt, 1794 u. 1804 saß d. Amtmann Lübbecke, Stief-Bruder d. Cap. W.L., auf Wutzkow im Wert von 5/m T.;

Quellen: GStA, I. HA, Rep. 30, Nr. 243, Vas.tab. 1794, 1804; Nr. 244, Paket 9 991; II. HA, Abt. 13 a, Tit. III, Litt. H, Nr. 1 (Mutter), Litt S, Nr. 2; Stabi, Ms. boruss. fol. 311; Kopka v. Lossow, Offz.liste, S. 22*, S. 25* (Bruder); Schöning, 5. H-R, S. 548 (Sl Friedrich v. H);

Cap. Adrian Joseph von Hoym (* 1695)

aus Pommern gebürtig; **Laufbahn**: seit 1714 im Militär, stand 1728 als Fähnrich, 1738 als Sl im I-R Nr. 4, Jan. 1745 Cap. d. Grenadier-Comp., noch 1749 hier als Cap. gen., vor 1757 abgegangen; (**verwandt**, identisch: George Reinhold von Hoym (* um 1695), Aug. 1715 Fähnrich im I-R Nr. 4: Ms. boruss. fol. 319, als von Hoim);

Quellen: Stabi, Ms. boruss. fol. 313;

EM Carl George Heinrich (seit Okt. 1786 Graf) von Hoym (20. Aug. 1739, † 26. Okt. 1807)*

Vater: Hans Bogislav († 1741), Ltnt. im I-R Nr. 19, im Mai 1741 an bei Mollwitz erlittenen Blessuren gest., Erbherr auf Poblotz im Krs. Stolp; **Mutter**: Auguste Henriette, geb. von Wobeser (1716–1742); **Großvater**: Christian († vor 1730), Landrat, Erbherr auf Poblotz; **Bruder**: Bogislav Ludwig Gneomar († 1761), weilte 1756 auf Kloster Berge; **Vater-Bruder**: George Christoph (* um 1708), seit 1725 im Militär, 1730 Gefr.corp. im I-R Nr. 16, Febr. 1731 Fähnrich, Sep. 1733 Sl, Sep. 1737 Abschied, besaß 1756 als vorm. Ltnt. keine Güter; **Vater-Bruder**: Gneomar (* 1701), stand 1730 als Ltnt. im I-R Nr. 5, 1733 als Ltnt. dim.; **Laufbahn**: 1755 auf d. Schule in Stolp, bezog 1757 die Univ. Königsberg, 1758 die Viadrina, 1762 KD-rat in Breslau, 1767 Kammerdirektor, seit 1769 schlesischer Provinzialminister; **Ehefrau**: Antonie Louise Amalie, geb. Freiin von Dyhern; **Güter**: besaß seit 1741 zs. mit seinem Bruder d. väterl. Gut Poblotz im Wert von 12/m T., 1761 alleiniger Besitzer, noch 1797 hier gen., 1793, 1797 auch auf Bartin, Barvin u. Brünnow im Krs. Rummelsburg für zs. 32/m T., vor 1804 wieder verkauft, seit 1768 Erbherr auf Dyhernfurth in Schlesien; **Schwester**: Esther Wilhelmine (1739–1798), verh. mit d. Landrat Carl von Massow zu Hohenselchow; (**verwandt**: 1740 erhielt e. Ltnt. George Friedrich von Hoym vom I-R Nr. 19 d. Lehn der von Prebentow in Prebentow im Krs. Stolp geschenkt, im April 1742 in Böhmen als Ltnt. gest.: Gesch. I-R Nr. 19, S. 88);

Quellen: GStA, I. HA, Rep. 30, Nr. 243, Vas.tab. 1756, 1767; Stabi, Ms. boruss. fol. 311; Ms. geneal. fol. 120 (1730 werden drei Söhne d. Landrates Chr. gen.); Brüggemann, T. 2/2, S. 992; Kopka v. Lossow, Offz.liste S. 7* (Onkel); Gesch. I-R Nr. 19, S. 86 (Vater); biogr. Handbuch, S. 443–444;

Fähnrich Caspar Ewald von Hoym (* 1692)

aus Pommern gebürtig; **Laufbahn**: seit 1712 im Militär, Juni 1713 Fähnrich im I-R Nr. 22, vor 1724 abgegangen;

Quellen: Stabi, Ms. boruss. fol. 314, fol. 319;

Major Joachim George von Hoym (* 1701)

aus *Cassuben* gebürtig; **Laufbahn**: 1721 Gefr.corp., 1724 Fähnrich im I-R Nr. 1, Nov. 1728 Sl, stand 1732 als Ltnt., 1741 als Cap. im I-R Nr. 1, noch 1746 als Cap. u. Chef e. Comp. im I-R Nr. 1 gen., erhielt 1751 als Major d. Comp. d. umgesetzten GM August Friedrich von Itzenplitz, im Dez. 1752 als Major nach 32 Dj. mit e. Gnadenpension dim.; **Güter**: stritt 1732 mit d. poln. Ol von Janitz um e. Forderung über 4/m fl.;

Quellen: GStA, I. HA, Rep. 30, Nr. 413, Paket 10 181; Stabi, Ms. boruss. fol. 313;

GM Otto Casimir von Hülsen (* 1724)

aus Kurland gebürtig; **Bruder**: Gottfried Christoph (* 1725), stand 19 Jahre im H-R Nr. 5, als Rittmstr. dim., besaß 1769 e. köllm. Gut im Amt Lyck u. hatte seinen Wohnsitz in Lyck; **Laufbahn**: engagierte sich 1740 im preuß. Militär, stand 1750 als Pl im Garn.-Reg. Nr. 1, 1763 hier nicht mehr geführt (1769 auf Pension in Potsdam, 33 Dj., Major im Garn.-Reg. Nr. 1) 1770 als Major gen., Juni 1772 Obrist, 1774 als Kommandeur d. I-R Nr. 51 gen., hatte seinen Wohnsitz in Marienburg, 1793 als GM, Chef e. Bataillons in Aken u. Kommandeur d. Festung Magdeburg gen.; **Güter**: erwarb 1770 von d. Gebr. von Puttkamer d. Gut Mühlenbruch im Krs. Greifenberg für 4 300 T., 1793 hatte es neben Bauernhöfen in Pinnow u. Kölpin e. Wert von 8/m T., verkaufte d. Gut 1797 für 14/m T.;

Quellen: GStA, I. HA, Rep. 30, Nr. 243, Vas.tab. 1793; VIII. HA, Slg. A.B. König, Nr. 449; XX. HA, EM, Tit. 110 g, Nr. 56; Stabi, Ms. boruss. fol. 313, fol. 319; nicht bei Priesdorff; Fam.gesch. Puttkamer 1984, S. 513;

Ltnt. Friedrich (Heinrich) Wilhelm (seit 1742: von) Ingermann (* 1731)

Vater: Johann George, kgl. schwed. Cap., trat in preuß. Dienste, Mrz. 1742 nobilitiert; **Bruder**: Daniel Michael Ernst (bzw. Carl), Febr. 1757 Fähnrich im I-R Nr. 36, Mrz. 1758 Sl, geriet bei Maxen in Gefangenschaft, Aug. 1763 als Sl dim.; **Laufbahn**: seit 1748 im Militär, Gefr.corp. im I-R Nr. 24, Dez. 1755 Fähnrich, erhielt 1763 als Ltnt. d. gewünschten Abschied; (**verwandt**: Carl Friedrich von Ingermann (* 1766), seit 1781 im Militär, Mai 1787 Fähnrich im I-R Nr. 33: Stabi, Ms. boruss. fol. 311; **verwandt**: Heinrich (* 1781), seit 1795 im Militär, Okt. 1800 Sl im I-R Nr. 30, stand Ende 1806 als Sl im Bat. von Borcke in Kolberg, seit Jan. 1807 in Gefangenschaft, 1813 als Ltnt. im 21. I-R pens.: Nl Gneisenau, Nr. 691, Ms. boruss. fol. 907 a);

Quellen: Stabi, Ms. boruss. fol. 316; Gesch. I-R Nr. 36, S. 84 (Bruder); Zedlitz, 3. Bd., S. 37;

Ltnt. Ludwig August Casimir von Ingersleben (* 21. Dez. 1778, † 1848)*

Vater: Carl Friedrich (1739–1788), seit 1757 im Militär, 1764 als Sl, 1773 als Pl im I-R Nr. 17 gen., 1777 als Cap. nach 22 Dj. dim.; **Mutter**: Helene Charlotte Amalie (* 24. Aug.

1749, † vor 1786), e. To. von Paul Wedig von Glasenapp, ihr fiel bei d. Erbteilung 1777 d. ganze Gut Lübgust im Krs. Neustettin zu; **Großvater**: Carl Ludwig von Ingersleben (1709–1781)*, GM; **Bruder**: Carl Wedig Otto (1776–1824), stand als Ltnt. im H-R Nr. 4, nach 1810 Cap. bei d. Landwehr; **Laufbahn**: Aug. 1791 Gefr.corp. im I-R Nr. 12, Sep. 1793 Cornet im K-R Nr. 7, Dez. 1794 Sl, 1806 Pl, Okt. 1808 Stabs-Rittmstr., Okt. 1812 Orden p.l.m., Jan. 1814 Rittmstr., Mrz. 1832 Obrist, Okt. 1834 Charakter GM; **Güter**: bat Ende 1799 um d. *venia aetatis*, um sich mit seinem älteren Bruder auseinanderzusetzen, beide hatten vom Vater nichts geerbt, dessen *Nachlaß war insufficient*; ihr mütterliches Vermögen bestand v. a. in d. Gut Lübgust im Krs. Neustettin, das sie bei d. Auseinandersetzung mit ihren Geschwistern für 20 843 T. angenommen hatten, darauf Schulden von 12 695 T., die Mutter hatte ferner e. Kapital von 2 214 T. hinterlassen, so daß jeder d. beiden Söhne e. freies Vermögen von 5 181 T. besaß; d. Ltnt. konnte e. gutes Attest seines Reg.chefs vom 24. Dez. 1799 vorweisen u. bekam am 13. Jan. 1800 d. *venia aetatis*;

Quellen: GStA, I. HA, Rep. 30, Nr. 44, I 56 F, Paket 9293; Nr. 243, Vas.tab. 1793, 1804; Stabi, Ms. boruss. fol. 316; Fam.gesch. Glasenapp, T. 2, S. 252–259; Priesdorff, Nr. 621 (Großvater), Nr. 1526 (L.A.C.);

Gefr.corp. Bernd Anton von Iwatzhoff (* 1701)

(**Vater**: Anton, 1694 als Ltnt. in d. Garnison Kolberg genannt, erwarb als Cap. 1705 e. Anteil von Trienke B im Ftm. Cammin auf 30 Jahre für 4700 fl.); **Laufbahn**: seit 1717 Gefr.corp. im I-R Nr. 7; (**verwandt**: Lorenz Anton von Iwatzhoff (* um 1700), saß 1730 auf Tessin im Krs. Greifenberg; ein Adam Rudolph von Iwatzhoff (* 1701), stand 1718 als *cadet* in Magdeburg, 1720 als Junker im D-R Sonsfeld (Nr. 2): Ms. boruss. fol. 311, fol. 319, fol. 120);

Quellen: Stabi, Ms. boruss. fol. 314, fol. 319; Brüggemann, Beiträge, 2, S. 248; Zedlitz, 5. Bd., S. 261 (kz. Notiz); nicht bei Siebmacher;

Cap. Friedrich August von Jagow (* 23. Okt. 1746, † 21. Juli 1825)

Vater: Borchard Hartwig (1700–1759), trat um 1726 in d. Militärdienst ein, 1755 Ol u. Kommandeur d. I-R Nr. 51, zuletzt Obrist, gefallen bei Kay am 23. Juli 1759, seit 1740 Erbherr auf Kopplin im Krs. Greifenberg im Wert von 5 966 T., hinterließ vier Söhne u.d. Tochter Wilhelmine; **Mutter**: Amalie Sophie, geb. von Rahmel (1717–1755); **Bruder**: Balthasar Ernst Christian (1740–1767), seit 1759 im Militär, Sep. 1764 Pl im I-R Nr. 10, 1767 als solcher gest.; **Bruder**: George Otto Friedrich (1742–1810), 1756 Gefr.corp. im I-R von Wylich, stand 1764 u. 1775 als Ltnt. im K-R Nr. 8, vor 1787 abgegangen, Erbherr auf Rühstädt, Dallmin u. Lenzerwische in d. Prignitz; **Bruder**: Philipp Wilhelm Bernd (* 20. Nov. 1748), 1767 Fähnrich im I-R Nr. 34, 1774 Sl u. Adjutant, 1780 als Ltnt. *cassirt*; (**Bruder**: Friedrich Wilhelm: 1797 Cap., 1799 Major im D-R Nr. 2); **Laufbahn**: trat Anfang 1760 in d. Militärdienst ein, Mai 1764 Fähnrich, Juni 1767 Sl im I-R Nr. 7, erhielt im Sep. 1768 d. *venia aetatis*, sein Vermögen betrug damals 500 T., 1784 als Pl auf Wunsch nach 23 Dj. (mit d. Charakter Cap.) dim.; **Güter**: übernahm bei d. Auseinandersetzung mit seinen Brüdern 1773 d. Gut Kopplin für 9/m T., darauf Schulden von 10/m T., erwarb Dargsow B im Krs. Greifenberg 1789 für 8/m T. von Carl Friedrich von Rhein; beide Güter sollen 1799 e. Wert von 24/m T. gehabt haben; bekam am 22. Aug. 1800 d. Erlaubnis, d. Güter an e. Bürgerlichen zu verkaufen; ein erstes Gesuch war im April d.J. mit d. Hinweis abgeschlagen worden, seine vorgebrachten Gründe seien nicht erheblich; im zweiten Antrag hatte er seine neun Kinder ins Feld geführt, von denen drei bereits im Militärdienst standen; außerdem sollte der Verkauf der Konservation d. Familie dienen; wollte beide Güter an d. Pächter Klug verkaufen, was e. erheblichen Gewinn für ihn bedeutete, verkaufte Kopplin (1798) für 32/m T. an Ernst Friedrich Gottlieb Klug; saß seit mind. 1795 auf Leine im Krs. Pyritz, 1804 im Wert von 40/m T.; **Sohn**: August Carl Ludwig (* 1780), stand 1799 als Ltnt. im D-R Nr. 2, vor 1806 abgegangen; **Sohn**: Otto Heinrich (* 1782), Cornet im K-R Nr. 5, 1806 Sl, 1813 im brandenburg. D-R gefallen; **Sohn**: Ernst Friedrich Wilhelm (* 1783), 1799 Fähnrich im I-R Nr. 7, vor 1806 abgegangen; d. Söhne Wilhelm Heinrich (* 27. Okt. 1787) u. August Carl Philipp (* 13. Juni 1789) waren 1801 *cadets* in Stolp;

Quellen: GStA, I. HA, Rep. 30, Nr. 186 d, Paket 9 838; Nr. 243, Vas.tab. 1756, 1763, 1793, 1799, 1804; Nr. 244, Paket 9 992; Stabi, Ms. boruss. fol. 311 (Bruder P.W.B), fol. 312 (Bruder G.O.F.), fol. 314 (als F.W.), fol. 316 (Bruder B.E.C.); Brüggemann, T. 2/1, S. 421, S. 433 (als F.A.); Brüggemann, Beiträge, 2, S. 227; Probst, 1829, S. 165 (O.H.); Jb. dt. Adel, Bd. 1, S. 847; Stolper Kadetten, S. 38;

Rittmstr. Johann Dietrich von Janitz (* 1742, † 17. April 1806)

Vater: Peter George (* um 1690), hess. Major, seit 1726 Erbherr auf 2/3 Sorchow im Krs. Stolp; **Mutter**: e. To. d. Ol von Janitz; **Laufbahn**: 1757 Junker im K-R Nr. 10, Febr. (bzw. Okt.) 1759 Cornet, April 1762 Sl, Juli 1762 als Rittmstr. zu d. Bosniaken versetzt, Dez. 1765 Abschied vom H-R Nr. 5, gab später an, *wegen Kabalen* d. GM von Lossow u. dessen *Favoriten* seine Dimission genommen zu haben, wollte um 1785 wieder in d. Dienst zurück; nach 1788 Oberforstmeister in Westpreußen; **Güter**: erbte um 1760 d. väterliche Gut im Wert von 3/m T., erwarb 1780 von der Familie von Bandemer die übrigen Teile von Sorchow für 4/m T., damit Besitzer des ganzen Gutes; bat Anfang Mrz. 1791 darum, d. Gut an e. Bürgerlichen verkaufen zu dürfen, wurde am 14. Mrz. d.J. mit d. Antrag abgewiesen, weil er ledig war, keine Kinder hatte u. seine *Conservation* von e. günstigen Verkauf nicht abhing; veräußerte noch 1791 Sorchow an d. Ehefrau d. Ltnt. Ernst Gustav von Mitzlaff vom H-R Nr. 8; 1804 befand sich d. Gut im Wert von 10/m T. in d. Hand e. von Braunschweig aus Kolberg;

Quellen: GStA, I. HA, Rep. 30, Nr. 44, J 56 G, Paket 9 293; Nr. 243, Vas.tab. 1756, 1763, 1767, 1800, 1804; II. HA, Abt. 13 a, Tit. I, Litt J, Nr. 1; Brüggemann, T. 2/2, S. 1006–1007; biogr. Handbuch, S. 461; Schwerin, K-R Nr. 10, T. 3, Anhang, Offz.liste;

Ltnt. Alexander Magnus von Jan(ne)witz (* 1698) *

aus Pommern gebürtig; **Laufbahn**: seit 1716 Gefr.corp., Mai 1721 Fähnrich im I-R Nr. 8, Febr. 1725 Sl, Okt. 1727 Pl, Okt. 1731 wegen Kränklichkeit auf Wunsch dim.;

Quellen: Stabi, Ms. boruss. fol. 315, fol. 319; Priesdorff, Offz.stammliste, S. 88 (* um 1700);

Fähnrich Friedrich von Jannewitz (* 1761)

aus Pommern gebürtig; **Laufbahn**: seit 1780 im Militärdienst, 1787 Fähnrich im Garn.-Reg. Nr. 1; (zuletzt Ol u. Train-Direktor; **Sohn**: W.E.L. (* 1788), Aug. 1801 *cadet* in Stolp);

Quellen: Stabi, Ms. boruss. fol. 311; Siebmacher, Bd. 6/9, 1894, S. 39–40 (hier als letzter d. pom. Fam. Reinhold Ernst (1756 auf Slaikow) gen.); Stolper Kadetten, S. 53 (nur d. Vornamenkürzel, Sohn?);

Cap. Joachim Diederich von Jan(ne)witz (* um 1695, † Aug. 1726)*

aus Pommern gebürtig; **Laufbahn**: seit 1708 im Militär, Sep. 1714 als Fähnrich ins I-R Nr. 8, Jan. 1716 Sl, Juni 1725 Stabs-Cap., 1726 als Offz. gest.;

Quellen: Stabi, Ms. boruss. fol. 315, fol. 319 (1715 als Joachim v. Pannewitz, 1720 als Jacob Dub. von Jannewitz), Priesdorff, Offz.stammliste, S. 88;

Ltnt. Andreas Ernst (Koehn genannt) von Jaski (* 1768)

Vater: Andreas Leonhard (1742–1813)*, Ltnt. im I-R Nr. 7, 1768 dim., seit 1769 Erbherr auf Anteil Schlaischow in Lauenburg, seit 1777 Landrat im Krs. Mohrungen; **Mutter**: Abigael Veronica († Aug. 1778), e. Tochter d. Lauenburger Landschöppen u. Tribunalrates von Dargolewsky, sie hinterließ fünf unmündige Söhne; **Laufbahn**: Mai 1777 *cadet* in Stolp, Sep. 1782 *cadet* in Berlin, stand 1787 als Sl im Füsilier-Bat. Nr. 14, (Sep. 1794 Orden p.l.m.), 1795 Ingenieur-Ltnt. in Schlesien, noch 1804 als Ing.-Ltnt. genannt; **Güter**: saß 1804 auf Chotzlow, Paraschin A u. Viterese im Distrikt Lauenburg im Wert von zs. 40/m T.;

Quellen: GStA, I. HA, Rep. 30, Nr. 43, Pakete 9235, 9236 (Schwiegermutter); Nr. 249, Vas.tab. 1804; Stabi, Ms. boruss. fol. 314; Lehmann, Ritter, S. 346 (als Franz Andreas); Stolper Kadetten, S. 9 (als E.A., geb. zu Neu Teich bei Danzig); biogr. Handbuch, S. 462 (Vater);

Cap. Franz Christoph von Jatzkow (* 1710, † 25. Aug. 1758)

Vater: (Erbherr auf Jatzkow u. Bebbrow im Distrikt Lauenburg); **Bruder**: Alexander Bogislav (* 1710), seit 1726 im Militärdienst, 1728 Corporal im I-R Nr. 4, 1738 als Fähnrich im I-R Nr. 4 gen., Okt. 1738 Pl, Juni 1753 Stabs-Cap. im I-R Nr. 4, vor 1757 als Cap. versetzt, Aug. 1758 Major im I-R Nr. 49, als solcher noch im Juni 1763 gen., vor 1775 abgegangen; **Laufbahn**: engagierte sich 1728 im I-R Nr. 16, 1730 Sergant, Sep. 1733 Fähnrich, Jan. 1737 Ltnt., April 1741 Pl, Juli 1746 Stabs-Cap., Juli 1749 Cap., 1758 bei Zorndorf gefallen; **Güter**: saß 1756 zs. mit seinem Bruder A. B. auf Jatzkow u. Bebbrow; 1771 besaß Carolina von Lettow, geb. von Jatzkow, Bebbrow für 20 800 fl. u. Jatzkow für 29 700 fl.; (**verwandt**: Constantin von Jatzkow (1740–1758), seit 1757 im Regiment, Sep. 1758 Fähnrich im I-R Nr. 16, an bei Kunersdorf erlittenen Blessuren noch 1758 gest.: Kopka v. Lossow, Offz.liste, S. 15*);

Quellen: GStA, I. HA, Rep. 30, Nr. 243, Vas.tab. 1756; Nr. 249, Vas.tab. 1771; Stabi, Ms. boruss. fol. 311 (1740 als Ernst Gneomar), fol. 313 (Bruder), fol. 314 (Bruder); Kopka v. Lossow, Offz.liste, S. 8*; Siebmacher, Bd. 6/9, 1894, S. 40–41;

Major von Jorck (* um 1720)*

Vater: Jacob (Erbherr auf Anteil Groß Gustkow im Distrikt Bütow); **Mutter**: Adelgunde, geb. von Malschitzky, aus d. Ehe ein Sohn u. vier Töchter; **Laufbahn**: avancierte in e. D-R zum Offz., als Major u. Kommandant von Spandau gest.; setzte in seinem Testament seine älteste **Schwester** Christiane (* 1729, † 1817) zur alleinigen Erbin ein;

Quellen: Cramer, Bd. 1, S. 93–94; Panske, S. 253 (hier d. Fam. als Jarck); Kuntzemüller, Spandau, S. 48–49, hier kein Jorck od. Jarck gen.;

Cap. David von Jorck (* 1721)

aus Pommern gebürtig; **Laufbahn**: seit 1740 im Militärdienst, 1763 Cap. u. Chef e. Comp. im Grenadier-Bat. Nr. 4, als solcher noch im Sep. 1775 genannt, vor 1787 abgegangen;

Quellen: Stabi, Ms. boruss. fol. 312; Siebmacher, Bd. 6/9, 1894, S. 40–41 (danach gab es d. Familien Jorck, Gorck u. Jarck);

Fähnrich Hans Jürgen von Jorck (* 1711, † 1. Mai 1739)

aus Zeinicke in Pommern gebürtig; **Laufbahn**: seit 1728 im Militär, im Dez. 1738 vom Gefr. corp. zum Fähnrich im I-R Nr. 1 befördert, 1739 als Fähnrich im Alter von 27 ¼ Jahren gest.;

Quellen: Stabi, Ms. boruss. fol. 313;

Cap. Johann von Jorck (* 1717, † Dez. 1784)

aus *Cassuben* gebürtig; **Laufbahn**: seit 1744 im Militär, Juni 1753 Sl im Garn.-Reg. Nr. 7, Febr. 1758 Pl, Okt. 1773 Cap., als solcher noch im 2. Quartal 1779 genannt, als Cap. 1784 in Spandau gest.; (**verwandt**: Johann von Jorck (* 1726), seit 1742 im Militär, 1750 Gefr. corp. im I-R Nr. 16);

Quellen: Stabi, Ms. boruss. fol. 313 (aus Pommern bzw. aus Preußen, auch als Gorck);

Ltnt. Ludwig Ephraim von Jorck (1726–1761)

aus Hinterpommern gebürtig; **Laufbahn**: stand seit 1745 im Militär, 1750 Gefr.corp., 1757 Sl im I-R Nr. 9, 1761 als Pl gest.;

Quellen: Stabi, Ms. boruss. fol. 315;

Cap. Martin George von Jorck (* 1732, † Nov. 1777)

aus Pommern gebürtig; **Laufbahn**: seit 1741 im Militär, 1775 Pl im I-R Nr. 37, Nov. 1777 als Stabs-Cap. gest.;

Quellen: Stabi, Ms. boruss. fol. 316;

Ltnt. August Ludwig von Jordan (* um 1765, † 1804)

aus Pommern gebürtig; **Laufbahn**: Febr. 1795 Sl im K-R Nr. 11, 1804 als Sl gest.;

Quellen: Stabi, Ms. boruss. fol. 315; Monteton, K-R Nr. 11, S. 120;

Cap Johann Bernhard von Jordan (* 1744)

aus Pommern gebürtig; **Laufbahn**: seit 1759 im Militärdienst, Nov. 1770 Sl im I-R Nr. 21, Mrz. 1779 Pl, Juni 1783 Stabs-Cap., vor 1806 abgegangen; (**Schwester**: Barbara (* 1747), Tochter e. Ltnt.s, hielt sich 1775 in Zuckers im Krs. Rummelsburg auf, besaß kein Vermögen, diente bei Herrschaften, erhielt 1777 e. Stelle im Frl.-Stift in Kolberg mit jährl. Revenuen von 24 T., leistete dazu Handarbeit: GStA, I. HA, Rep. 30, Nr. 43, Pakete 9234, 9235);

Quellen: Rangirrolle Saldern, I-R Nr. 21 (1771 als Fr. Bernh.); Stabi, Ms. boruss. fol. 310 (1783 als Friedr. Bernhard);

Ltnt., Cap. von JUTRZENKA (* um 1735)

aus Pommern gebürtig; **Laufbahn**: (seit 1755 im Militärdienst, avancierte im I-R Nr. 30 bis zum Sl, 1764 auf Wunsch nach neun Dj. mit d. Charakter Cap. dim.), erhielt e. jährliche Pension von 80 T., suchte im Juni 1778 um e. neuerliche Plazierung in d. Armee nach, angeblich soll es im Bataillon Steinmetz noch vacante Stellen gegeben haben; **Güter**: besaß Zemmen D im Distrikt Bütow; geriet 1805 in e. Streit mit seinem Gutsnachbarn von Wnuck auf Anteil Zemmen, in dessen Verlauf es zu Verbal- u. Realinjurien kam; d. Cap. wurde vom Gericht zu e. neunmonatigen, seine Ehefrau zu e. sechsmonatigen Festungs-Arrest verurteilt; auch die Eheleute von Wnuck sollten für zwei Monate einsitzen; eine Immediateingabe bewirkte die CO vom 6. April 1805 an d. Großkanzler zu untersuchen, ob die Strafe abgemildert werden könnte; in seinem Bericht vom 30. Sep. 1805 stellte H.J. von Goldbeck fest, beide Parteien sollten nicht so hart bestraft werden wie gesetzlich vorgeschrieben, *weil die Gesetze auf diese, den gemeinen Landleuten in ihrer Erziehung und Lebensweise ganz gleichen kleinen Guts-Antheilsbesitzern in einigen Gegenden von Hinter-Pommern nicht passen*: d. Sohn des von Jutrzenka hatte die Pferde seines Vaters auf e. Feld des Nachbarn gehütet, der von Wnuck amtiere als Schulze im Dorf Zemmen, daraus könne schon entnommen werden, *zu welcher Klasse von Staatsbürgern diese Leute, ihres adelichen Standes ohnerachtet zu rechnen sind*; d. Großkanzler fand zudem die Strafen für beide Parteien zu ungleich, für d. Cap. u. seine Frau zu hoch, für die Gegner zu niedrig; er schlug daher vor, von Jutrzenka mit drei Monaten, seine Frau mit vier Wochen, den von Wnuck mit sechs Wochen und seine Frau mit drei Wochen Gefängnis zu bestrafen, wobei d. Strafe im Schloß zu Bütow abgesessen werden könne; d. König billigte am 8. Okt. 1805 diese Vorschläge; im Febr. 1806 bat von Wnuck mit Hinweis auf sechs Brüder u. vier Söhne, die alle im kgl. Dienst standen, um e. weitere Milderung d. Strafe: *Da ich aber sehr arm bin und in meiner kleinen Wirtschaft, wenn ich leben will, selbst mit Handt anlegen muß, so würden ... durch eine 6 wöchentliche Entfernung von Hause meine Umstände gäntzlich zerrüttet*; sein Vorschlag, die Haft- in eine Geldstrafe umzuwandeln, wurde am 21. Febr. 1806 abgelehnt;

Quellen: GStA, I. HA, Rep. 30, Nr. 44, J 57, Paket 9293; Nr. 249, Vas.tab. 1801, 1804 (hier nicht gen.); Stabi, Ms. boruss. fol. 311 (nur in d. Abgangsliste), fol. 316 (1773 stand e. Michel von Jutrzenka als Pl im I-R Nr. 17, geb. um 1738, seit 1749 im Militär, 1778 dim., ging nach (Schlenwitz), hielt sich 1800 als vorm. Cap. in Altmühle bei Tempelburg im Krs. Neustettin auf);

Ltnt. Ernst George von JUTRZENKA (* um 1772)

Vater: Michael George (* um 1734), seit etwa 1755 im Militär, 1764 Sl, 1773 Pl im I-R Nr. 17, 1778 dim., ging nach Schlönwitz im Krs. Schlawe; **Mutter**: e. Tochter d. Reg.feldschers Freymuth; **Vater-Bruder**: (Carl Jacob (* 1745), aus Polen gebürtig, seit 1761 im Militär, 1764 Fähnrich im I-R Nr. 8, 1774 Sl, als Pl Aug. 1778 Orden p.l.m., 1787 Stabs-Cap.) Cap. im I-R Nr. 8 bzw. im Grenadier-Bat. Nr. 1; **Laufbahn**: trat 1786 ins Regiment ein, stand 1788, 1790 als Junker im I-R Nr. 17, mußte krankheitshalber nach zehn Dj. als Ltnt. seinen Abschied nehmen; **Güter**: erwarb im Frühjahr 1800 d. Gut Wendisch Silkow im Krs. Stolp, 1794 auf 10/m T. beziffert, für 20/m T., erlegte 4/m T., übernahm für 9350 T. Pfandbriefe u. 6500 T. Kredite von Privatgläubigern, kaufte für 2/m T. Inventar, suchte um Beihilfen für d. Wiederaufbau d. baufälligen Gebäude nach, sein Gesuch wurde im Okt. 1801 abgewiesen;

Quellen: GStA, II. HA, Abt. 13 a, Tit. I, Litt S, Nr. 32, Tit. III, Litt L, (Nr. 1, Bd. 2); Stabi, Ms. boruss. fol. 315 (Onkel, 1764 als Morgenstern, 1774 Jutrzenka, aus Westpreußen), fol. 316; Lehmann, Ritter, S. 128 (Onkel);

Cap. Ernst Ludwig von Jutrzenka (* 1760)

aus Trzebiatkow im Distrikt Bütow gebürtig; **Mutter**: Anna Dorothea, geb. von Gottberg; **Laufbahn**: Mai 1772 *cadet* in Stolp, April 1774 *cadet* in Berlin, 1782 als Fähnrich gen., Dez. 1784 Sl im Garn.-Reg. Nr. 8, 1788 zum Depot-Bat. d. I-R Nr. 35 versetzt, Juni 1800 Abschied als Stabs-Cap., versorgt; **Güter**: erhob seit mind. 1793 Ansprüche auf Teile d. Erbes d. ohne Leibeserben verst. Ltnt.s Lorenz Wilhelm von Gottberg, s.d., es ging um d. Nießbrauch e. Kapitals in Höhe von 6 860 T., ausgesetzt vom Gl Lorenz Wilhelm von Below;

Quellen: GStA, I. HA, Rep. 30, Nr. 44, G 47 b; Paket 9 281; Stabi, Ms. boruss. fol. 312; Taeglichsbeck, Abgangsliste, S. 277; Stolper Kadetten, S. 5;

Major George von Jutrzenka (get. 22. April 1759, † 31. Jan. 1826)

Vater: Paul (* 1724, † vor 1782), Erbherr auf Anteil Groß Gustkow (K) im Distrikt Bütow, hinterließ zwei Söhne, von denen Michael (* 1756) für d. Militärdienst untauglich war; **Mutter**: Erdmuth (bzw. Theresia) (* 1725, † 13. Febr. 1802), e. To. von Paul von Chamier-Gliszinsky, Erbherr auf Anteil Groß Gustkow, sie besaß 1782 e. kl. Gutsanteil an Groß Gustkow im Wert von 300 T., stand seit 1781 auf d. Expectantenliste für e. Pension aus d. pomm. Meliorationsfonds, galt als *blutarm*, bekam seit Mitte 1791 jährlich 100 T.; **Laufbahn**: Juni 1769 *cadet* in Stolp, April 1773 *cadet* in Berlin, seit 1775 im Reg., 1778 Junker, Okt. 1781 Fähnrich, 1787 Sl im I-R Nr. 47, 1805 Cap. im I-R Nr. 47, 1806 Major, 1826 pens.;

Quellen: GStA, I. HA, Rep. 30, Nr. 43, Paket 9 237; Nr. 249, Vas.tab. 1778; II. HA, Abt. 13 a, Tit. III, Litt. J, Nr. 1; Stabi, Ms. boruss. fol. 310 (1783 als George Wilhelm), fol. 311, fol. 907 a; Stolper Kadetten, S. 2; Panske, S. 258–259;

Cap. Jacob von Jutrzenka (* 1719)

aus Pommern gebürtig; **Laufbahn**: seit 1734 im Militär, 1763 Pl im Garn.-Reg. Nr. 2, Sep. 1767 Cap. u. Chef e. Comp., noch 1774 als solcher gen.; (**Sohn**: Franz (* 1761), 1774 Gefr. corp. in d. Comp. seines Vaters im Garn.-Reg. Nr. 2: Ms. boruss. fol. 314);

Quellen: Stabi, Ms. boruss. fol. 314;

Ltnt. Christian August von Kaersten (* um 1770, † 16. Mrz. 1830)

Vater: Ordensrat († 1794), (saß auf d. Vorwerk Stresow, zu Klein Gluschen im Krs. Stolp gehörig), wurde durch Min. Otto Carl Friedrich von Voss nach d. Erwerbung von Südpreußen im Vermessungsgeschäft angestellt, an e. Brustkrankheit gest., hinterließ vier Söhne u. zwei Töchter; **Mutter**: Wilhelmine e. geb. (Bratz) (* 1749), diese hielt sich 1794 in Massow im Krs. Saatzig auf, bat mit Verweis auf ihren Mann u. drei bereits im Militärdienst stehende Söhne um e. Pension, im Sep. 1798 bekam sie e. Pension von 100 T. aus d. Meliorationsfonds; **Bruder**: Carl Friedrich (* Okt. 1769, † 6. Dez. 1854), April 1787 als Junker ins Regiment, April 1790 Cornet im D-R Nr. 5, Juni 1792 Sl, Mai 1803 Pl, Febr. 1807 Stabs-Cap.,

Aug. 1811 als Major dim.; **Bruder**: Leopold Gotthilf Siegmund († 1826), Dez. 1794 Fähnrich im I-R Nr. 7, Sep. 1797 Sl, Mai 1809 dim., 1822 Hof-Kavalier d. Prinzessin Elisabeth von Braunschweig in Stettin; **Laufbahn**: Mai 1790 Cornet im D-R Nr. 12, Jan. 1793 Sl, Juli 1804 Pl, Juni 1807 Stabs-Rittmstr., Febr. 1813 zur Gendarmerie, Juni 1813 Rittmstr. beim 7. Schles. Landwehr-Kav.-Reg., Mrz. 1820 als Major mit Pension dim.;

Quellen: GStA, II. HA, Abt. 13 a, Tit. III, Litt K, Nr. 13 (Mutter u. Hinweis auf d. Brüder); IV. HA, Rep. 1, Nr. 76, Bl. 218; Albedyll, T. 2, Anhang S. 65* (Bruder C.F.); Zedlitz, 5. Bd., S. 262;

Fähnrich Ernst Ludwig von Kaeseke (* 1717, † Sep. 1741)

Vater: Ewald Friedrich († um 1748), Erbherr auf Linde im Krs. Saatzig u. Anteil Warsin im Krs. Pyritz, 1756 im Wert von 12/m T.; **Großvater**: Bernd Friedrich; **Laufbahn**: seit 1737 im Militär, Nov. 1740 Fähnrich im I-R Nr. 22, wurde als Fähnrich bei Mollwitz 1741 blessirt, nahm nach d. Genesung an d. Belagerung von Neiße teil, im Sep. 1741 an d. Spätfolgen d. Blessuren mit 24 Jahren gest.; **Güter**: nach d. Tod d. Vaters fiel d. Anteil Warsin an d. **Schwester** Louisa Juliana Lucia von Kaeseke, verh. mit d. Ltnt. Eustach Wilhelm von Hertzberg; Linde kam 1751 an d. Schwester Tessina Amalia von Kaeseke;

Quellen: GStA, I. HA, Rep. 30, Nr. 44, K 64 a, Paket 9 308; Nr. 243, Vas.tab. 1756; Stabi, Ms. boruss. fol. 314; Brüggemann, T. 2/1, S. 268–269;

Rittmstr. Balthasar Ernst Alexander von Kahlden (* Nov. 1765)

Vater: stand in preuß. Diensten, Erbherr auf Zicker, Rügen, B.E.A. aus Schwed.-Pommern gebürtig; **Mutter**: e. geb. von Normann; **Laufbahn**: Mrz. 1781 als Junker ins Reg., Sep. 1782 Fähnrich im D-R Nr. 5, Juni 1785 Sl, Dez. 1789 von seiner **Mutter-Bruder**, d. GM George Balthasar von Normann (1721–1795)*, s.d., adoptiert, führte auf dessen Antrag als sein alleiniger Erbe mit Genehmigung vom 4. Dez. 1789 d. Namen von Kahlden-Normann, Mai 1793 Pl, Sep. 1793 Orden p.l.m., Sep. 1795 auf Wunsch als Cap. dim., ging auf d. geerbten Güter auf Rügen, die er 1805 verkaufte; hatte seit 1777 e. unehelichen **Sohn** mit e. Friederike Pilgern in Berlin, zahlte dem Kind bis 1782 monatlich fünf, dann bis 1792 monatlich drei Taler; wurde 1796 gerichtlich belangt, die Alimente seit 1792 nachzuzahlen;

Quellen: GStA, I. HA, Rep. 30, Nr. 44, K 64 K, Paket 9 309; IV. HA, Rep. 1, Nr. 76, Bl. 19; Stabi, Ms. boruss. fol. 313 (1786: von d. Insel Rügen geb.); Albedyll, Anhang S. 80* ; Priesdorff, Nr. 789 (Onkel);

Ltnt. Christian Ernst von Kahlden (* 1773, † 4. Mai 1843)*

aus Pommern gebürtig; **Laufbahn**: seit 1788 im Militär, Juli 1790 Fähnrich im (3. bzw.) Depot-Bat. d. I-R Nr. 52, Mrz. 1795 Sl, Sep. 1807 Pl, Okt. 1807 dim., Juli 1813 im 1. Res.-I-R, Aug. 1814 Stabs-Cap., Mrz. 1815 13. I-R, April 1815 Cap. u. Chef e. Comp., Mrz. 1819 mit Pension dim.;

Quellen: GStA, IV. HA, Rep. 1, Nr. 76, Bl. 19; Conrady, I-R Nr. 52, S. 337;

Ltnt. Detloff von Kahlden (* 1746)

aus Pommern gebürtig; **Laufbahn**: seit 1763 im Militär, 1764 Fähnrich im I-R Nr. 1, Okt. 1769 als Sl dim.;

Quellen: Stabi, Ms. boruss. fol. 313 (1764 aus Pomm., 1769: von d. Insel Rügen);

Rittmstr. Ernst Friedrich Wilhelm Alexander von Kahlden (* 1756) *

Vater: Henning Alexander (1713–1758) *, 1728 Gefr.corp. im I-R Nr. 24, Febr. 1742 Pl im 1. Bat. Garde, Sep. 1754 Obrist, Dez. 1757 GM, erwarb 1743 bei e. *Licitation* e. Anteil an Gottberg im Krs. Pyritz für 10 455 T., seit 1745 Erbherr auf d. ganzen Gut; **Mutter**: Sophie Friederike Wilhelmine (1724–1806), e. Tochter d. Oberhofmeisterin von Kannenberg; **Bruder**: Leopold Wilhelm Ferdinand (1752), trat 1767 in d. Militärdienst ein, Mai 1768 Fähnrich im I-R Nr. 13, 1773 als Fähnrich dim.; **Laufbahn**: Mrz. 1774 Cornet im K-R Nr. 10, Nov. 1778 Ltnt., Sep. 1786 als Rittmstr. dim., bat im Febr. 1790 immediat darum, wieder in d. Armee plaziert zu werden, will nach d. Genesung seiner Großmutter, die ihn zum Abschied veranlaßt hatte, ein *untätiges, ihm lästiges Leben* geführt haben; **Güter**: erbte 1758 zs. mit seinem Bruder u. d. Schwester Gottberg im Krs. Pyritz; d. beiden Brüder besaßen noch 1804 gemeinsam d. Gut Gottberg im Wert von 34/m T., dazu d. Güter Iden, Kannenberg u. Bergen in d. Altmark;

Quellen: GStA, I. HA, Rep. 30, Nr. 243, Vas.tab. 1756, 1767; Rep. 96, Nr. 257 K; IV. HA, Rep. 1, Nr. 76, Bl. 19; Stabi, Ms. boruss. fol. 311 (Bruder); Brüggemann, T. 2/1, S. 142–143; Priesdorff, Nr. 461 (Vater);

Ltnt. Johann Carl Diedrich von Kahlden (* Jan. 1753)

Vater: Cap., J.C.D. aus Mecklenburg gebürtig; **Mutter**: e. geb. von Schwandes († 13. Juli 1775), ihre Pension von 100 T. aus d. pomm. Meliorationsfonds wurde 1775 neu vergeben, ihr Wohnhaus in Alt-Damm für 250 T. verkauft, die Mobilien auf 15 bis 20 T. taxiert, sie hinterließ nur einen Sohn; **Laufbahn**: seit etwa 1767 im Militär, Juni 1772 Fähnrich im I-R Nr. 8, Febr. 1776 Sl, Dez. 1777 *desertirt*;

Quellen: GStA, I. HA, Rep. 30, Nr. 43, Paket 9 234; IV. HA, Rep. 1, Nr. 76, Bl. 19; Stabi, Ms. boruss. fol. 316 (als J.C. Hr., aus Mecklenburg gebürtig); Priesdorff, Offz.stammliste, S. 92;

Ltnt. Ludwig Carl von Kahlden (1776–1813) *

aus Pommern gebürtig; **Laufbahn**: seit 1792 im Regiment, April 1795 Fähnrich, Mrz. 1797 Sl im I-R Nr. 2, Dez. 1806 Pl, April 1810 Stabs-Cap., Mrz. 1812 Cap. u. Chef e. Comp., Sep. 1813 an Blessuren gest.;

Quellen: GStA, IV. HA, Rep. 1, Nr. 76, Bl. 19; Oelsnitz, I-R Nr. 2, S. 577, S. 921;

Obrist Ernst George von Kalckreuth (* 1690, † 3. Dez. 1762) *

Vater: Hans Christoph († nach 1719), stammte aus Pommerzig, E.G. aus Pommern gebürtig; **Mutter**: Margarethe Hedwig, geb. von Storckwitz († 1690); **Laufbahn**: seit 1707 im Militär, Dez. 1714 Fähnrich im I-R Nr. 1, Juli 1717 Ltnt. im K-R Nr. 5, Juni 1724 Rittmstr. u. Chef e. Escadron, Juli 1737 Major, Mai 1740 Kommandeur von Emden u. Chef d. Garnison-Comp., Sep. 1744 Obrist, Sep. 1757 als Chef d. Garn.-Bat. Nr. 12 u. Kommandant zu Emden *cassirt*; **Ehefrau**: Anna Juliane, geb. von Stoessel († 1779); **Sohn**: Wilhelm Heinrich Adolph (1735–1811) *, in Schwedt geb., Aug. 1757 Fähnrich im I-R Nr. 12, Jan. 1771 Cap. im I-R Nr. 33, Juli 1789 Kommandeur d. I-R Nr. 33, Mai 1797 Chef d. I-R Nr. 4, Juni 1798 GM, Mai 1806 Gl, Okt. 1807 dim.;

Quellen: GStA, IV. HA, Rep. 1, Nr. 76, Bl. 38; Stabi, Ms. boruss. fol. 311 (in d. Rangliste d. K-R 5 f. 1730 hieß es ausdrücklich, hat zuvor 14 Jahre bei Wartensleben gestanden), fol. 319; Jb. dt. Adel, Bd. 2, S. 145; Priesdorff, Nr. 956;

Cap. Johann Heinrich von Kalckreuth (* 1703, † 1748)

aus Pommern gebürtig; **Laufbahn**: seit 1718 im Militär, 1733 Ltnt., 1743 Cap. u. Chef e. Comp. im I-R Nr. 24, 1748 als Cap. in Frankfurt an der Oder gest.;

Quellen: Stabi, Ms. boruss. fol. 316; nicht in IV. HA, Rep. 1;

GM Samuel Adolph von Kalckreuth (* 1693, † 14. Okt. 1778)*

Vater: Hans Christoph († 1721), Ltnt., Erbherr auf Guhren in d. NM; **Mutter**: Marie Elisabeth, geb. von Kleist aus Schmenzin; **Laufbahn**: 1710 Gefr.corp. im I-R Nr. 8, Jan. 1716 Fähnrich, Aug. 1720 Sl, Mrz. 1725 Pl, Okt. 1726 Stabs-Cap., April 1731 Cap. u. Chef e. Comp., Okt. 1740 Major, Juli 1746 Ol, Mrz. 1747 Kommandeur d. I-R Nr. 8, Mai 1747 Obrist, Jan. 1757 GM u. Chef d. I-R Nr. 43, Jan. 1758 Chef d. Reg. von Loen (I-R Nr. 56), Aug. 1758 dim., Ritter d. Ordens p.l.m., 1778 in Stettin unverh. gest.;

Quellen: Stabi, Ms. boruss. fol. 315; Priesdorff, Nr. 438 (geb. zu Guhren, Krs. Züllichau; Bruder von E.G.?);

Major Gustav Friedrich von Kali(t)sch (* 1744)

Vater: Johann Friedrich (* 1710), Ltnt., 1774 als Erbherr auf Völzkow im Krs. Schivelbein gen.; **Laufbahn**: seit 1757 im Militär, Sep. 1759 Fähnrich im I-R Nr. 24, Sep. 1760 Sl, Jan. 1767 Pl, Dez. 1778 Stabs-Cap., Dez. 1781 Cap. u. Chef e. Comp., Nov. 1788 Major, Mai 1790 mit Pension dim.;

Quellen: GStA, IV. HA, Rep. 1, Nr. 76, Bl. 53 (als Günther Friedrich); Stabi, Ms. boruss. fol. 316; Ms. geneal. fol. 120, Vas.tab. NM 1774 (Vater);

Gl Christian Ludwig von Kalsow (* 1694, † 1. Okt. 1766)*

Vater: Carl Ferdinand († 1697), Erbherr auf Blankenhagen (u. Suchow) in d. NM, auf Rützenow im Krs. Greifenberg; **Mutter**: Anna Luise, geb. von Dewitz; **Bruder**: Balthasar Ferdinand (* um 1691, † 1739), seit 1707 im Militär, zunächst in hessischen Diensten, Mai 1713 Cap. im I-R Nr. 24, Febr. 1717 Major im I-R Nr. 8, seit Nov. 1722 im I-R Nr. 2, im Juli 1730 als Ol zum I-R Nr. 4 versetzt, Aug. 1733 Obrist im I-R Nr. 4, Erbherr auf Rützenow; **Laufbahn**: Febr. 1716 Gefr.corp. im I-R Nr. 23, Sep. 1716 Fähnrich, Mrz. 1717 zum I-R Nr. 6, Dez. 1719 Sl, Mrz. 1719 Pl, Aug. 1726 Stabs-Cap., Nov. 1730 Cap. u. Chef e. Comp., Juni 1740 Obrist u. Kommandeur d. I-R Nr. 38, Dez. 1744 Chef d. I-R Nr. 43, Jan. 1745 GM, Mai 1750 Gl, 1756, 1757 vom Dienst u. Reg. befreit; erste **Ehefrau**: Marie Louise Dorothea, geb. Herold († 1743); **Güter**: Erbherr auf Zollen u. Blankenhagen in d. NM, erbte 1739 von seinem Bruder Rützenow im Krs. Greifenberg im Wert von 12 500 T.; verkaufte im Herbst 1762 Rützenow für 19 196 T. an d. Kaufmann Johann Wesenberg zu Treptow an d. Rega, wollte mit d. Erlös Schulden auf d. neumärk. Gütern tilgen;

Quellen: GStA, I. HA, Rep. 30, Nr. 44, K 64 e, Paket 9308; Stabi, Ms. boruss. fol. 313 (Bruder), fol. 316, fol. 319 (als Calsow); Brüggemann, T. 2/1, S. 446–447; Oelsnitz, I-R Nr. 2, S. 363, S. 922; Priesdorff, Nr. 324;

Ltnt. Adam (Anton) Berndt von KAMEKE (* 1722, † 26. Okt. 1770) *

Vater: Cartz Bogislav (1676–1749), Ltnt., verkaufte Strippow, erwarb Grüssow u. Lazig B im Krs. Belgard, hinterließ fünf Söhne; **Mutter**: Elisabeth Juliane, geb. von Hechthausen († 1728); Stief-**Bruder**: Cartz (Carl) Bogislav (1707–1781), 1727 Gefr.corp., Sep. 1734 Fähnrich im I-R Nr. 12, April 1739 Sl, Jan. 1742 Pl, Juni 1748 Stabs-Cap., Mai 1750 Cap. u. Chef e. Comp., Sep. 1759 Major, Juli 1765 Ol, Juni 1767 dim., als Ol ledig verst.; Stief-**Bruder**: Anton Julius (1709–1793), Ltnt., Erbherr auf Grüssow u. Lazig, s.d.; **Bruder**: Christoph (Christian) Paul Wedig (1718–1791), seit 1735 Junker, Febr. 1742 Cornet im K-R Nr. 7, Mrz. 1747 Ltnt., 1748 *in Raserei verfallen*, seit 1750 im Irrenhaus in Berlin; **Bruder**: Otto Friedrich (1721–1751), Juni 1742 Cornet im D-R Nr. 9 (bzw. I-R Nr. 2), Dez. 1750 als Ltnt. dim., ledig, beging Suizid; **Laufbahn**: Gefr.corp. im I-R Nr. 8, Mrz. 1740 Fähnrich, Dez. 1742 Sl, Mai 1748 mit Pension dim., 1770 in Strachmin gest.;

Quellen: GStA, I. HA, Rep. 30, Nr. 243, Vas.tab. 1755, 1763, 1767; IV. HA, Rep. 1, Nr. 76, Bl. 68 (Bruder C.B.); Stabi, Ms. boruss. fol. 312 (Bruder O.F.), fol. 315 (Bruder C.W.); Brüggemann, T. 2/2, S. 654–655; Monteton, S. 91?; Fam.gesch., S. 54–56, S. 132–134; Priesdorff, Offz.stammliste, S. 95; Kopka v. Lossow, Offz.liste, S. 7 *;

Major Adam Henning von KAMEKE (* 14. Dez. 1715, † 25. Okt. 1759)

Vater: Henning (George) Jürgen (* 1683, † 24. Dez. 1737), seit 1695 im Militärdienst, Dez. 1715 Fähnrich im I-R Nr. 22, Juni 1719 Major, Juli 1731 Ol im I-R Nr. 22, Ritter d. Ordens p.l.m., Erbherr auf Baldekow im Krs. Greifenberg, war dessen ältester Sohn; **Mutter**: Eleonora Dorothea Juliana, geb. von Grape aus Dorfhagen, sie hatte seit 1737 als Witwe lebenslang den Nießbrauch d. Gutsrevenuen; **Vater-Bruder**: Adam Henning (1690–1754), seit 1711 im Militär, Juni 1716 Sl im I-R Nr. 24, Dez. 1724 Cap. u. Chef e. Comp., Dez. 1745 Ol im I-R Nr. 20, Juni 1747 Orden p.l.m., zuletzt Kommandant auf d. Regenstein, verh. mit Clara Sophia, geb. von Grape; **Bruder**: Leopold George (1725–1781), Major, Erbherr auf Baldekow, s.d.; **Bruder**: Paul Anton (1731–1761), als vorm. Fähnrich bzw. Ltnt. vom I-R Nr. 17 gest., verh. mit Sophie Henriette Hedwig von Eichmann, diese ging e. zweite Ehe ein mit d. Cap. Gustav Immanuel von Drosedow; **Laufbahn**: bezog 1733 die Univ. Frankfurt an d. Oder, Mai 1735 Fähnrich im I-R Nr. 13, Dez. 1738 Sl, Aug. 1740 Pl im I-R Nr. 36, Dez. 1744 Stabs-Cap., Febr. 1745 Chef e. Comp., (1756 Cap., Dez. 1758 Obristwachtmstr.), Jan. 1759 Major, 1759 gefallen bei Dommitzsch nahe Torgau; **Ehefrau**: Sophie Dorothea, e. To. d. GM von Schmettau; **Sohn**: Julius Friedrich August (* 1755, † 28. Sep. 1789), Febr. 1779 Sl in e. Frei-Bat., Sep. 1779 im Garn.-Reg. Nr. 6, Jan. 1781 bei d. Tabak-Administr. versorgt, dann Literat, Hrsg. e. Zs.schr. in Hamburg, verschaffte sich durch Unterricht seinen Lebensunterhalt; **Sohn**: Gustav Wilhelm Ernst (1754–1808), Obergerichtsrat in Stendal; **Sohn**: Carl Gottlieb Henning (* 23. Sep. 1759), seit 1774 im Reg., Mrz. 1777 Fähnrich im I-R Nr. 36, Mrz. 1782 Sl, April 1790 zur Versorgung notiert, Geh. Sekretär;

Quellen: GStA, I. HA, Rep. 30, Nr. 44, K 59, Paket 9302; Nr. 243, Vas.tab. 1793, 1799; IV. HA, Rep. 1, Nr. 76, Bl. 68 (hier als Adam Heinrich), Bl. 69 (A.F.J. u. C.G.H.); Stabi, Ms. boruss. fol. 311

(Onkel A.H.), fol. 314 (Vater, C.G.H.), fol. 319 (Vater); Gesch. I-R Nr. 36, S. 78–79; Brüggemann, Bd. 2/1, S. 412–413; Jb. dt. Adel, Bd. 2, S. 179 (hier Leopold George und dessen Söhne); Fam.gesch., S. 91 (Sohn J.F.A.), S. 134 (A.H., gefallen am 3. Nov. 1759); S. 137 (J.F.A., auch als A.F.J.);

Major Anton Bogislav von Kameke (* 1715, † 8. Febr. 1758) *

Vater: Paul Wedig (1678–1725), Erbherr auf Strippow, verkauft, dann seit 1714 auf Plauentin im Ftm. Cammin, 1719 im Erbkauf Tessen Ulrich von Bonin überlassen, 1721 bis 1736 auf Anteil Schwessin im Krs. Rummelsburg; **Mutter**: Sophie Hedwig, geb. von Zarth (* 1695); **Bruder**: Paul Henning (1713–1745), Major, s.d. mehr; **Laufbahn**: trat 1728 in d. Militärdienst ein, (1730 Corp. im I-R Nr. 10), Mrz. 1737 Fähnrich im I-R Nr. 1, Mrz. 1740 Sl, Okt. 1742 Pl, Jan. 1747 Major im Garn.-Reg. Nr. 8, 1758 gefallen;

Quellen: GStA, IV. HA, Rep. 1, Nr. 76, Bl. 68; Stabi, Ms. boruss. fol. 312, fol. 313, fol. 316; Brüggemann, T. 2/2, S. 586, S. 806; Fam.gesch., S. 54, S. 56, S. 134;

Ltnt. Anton Julius von Kameke (* 7. Aug. 1709, † 26. Sep. 1793)

Vater: Cartz Bogislav (1671–1740), Ltnt., verkaufte Strippow, kaufte Grüssow, erwarb 1721 Lazig B im Krs. Belgard im Wert von 8 163 fl.; **Mutter**: Sophie Dorothea Helene, e. geb. von Schwerin († 1716); Stief-**Bruder**: Adam (Anton) Berndt (1722–1770), Ltnt., s.d. mehr; **Laufbahn**: engagierte sich im Militärdienst, Gefr.corp. im I-R Nr. 16, April 1730 Fähnrich, Febr. 1733 (bzw. 1727 nach 18 Dj.) wegen e. Fußschadens mit d. Charakter Ltnt. dim.; **Ehefrau**: seit 1733 verheiratet mit Barbara Marjane Sophie (1740–1790), e. To. d. Cap. Joachim Christoph von Podewils, aus d. Ehe 14 Kinder, von denen die meisten jung starben; **Güter**: seit 1754 Erbherr auf Lazig B und Grüssow im Krs. Belgard, übernahm die väterl. Güter f. 8/m T., die Schulden sollen 1767 10 400 T. betragen haben; verkaufte Lazig B 1779 seinem Schwiegersohn Otto Christoph von Schurff für 6/m T., veräußerte um 1791 d. Gut Grüssow gegen d. Willen seines Sohnes für 20/m T. an Friedrich Heinrich Ludwig von Grolman, 1804 war Grüssow im Besitz d. Cap. (Bogislav Ernst Ehrenreich) von Münchow; **Sohn**: Gottlob Samuel Paul (* 2. Mai 1751), 1767 unter d. *cadets*, Juli 1769 Fähnrich im I-R Nr. 14, Febr. 1774 Sl, April 1785 Pl, im Aug. 1785 *weggeschafft*, befand sich seit Juli 1788 auf Veranlassung seines früheren Reg.chefs bzw. seines Vaters im Festungsarrest zu Küstrin, hatte im Wirtshaus zu Polzin in trunkenem Zustand mit seinem Schwager, dem vorm. GM Carl Erdmann von Reitzenstein (1722–1789), ein *rencontre* gehabt, beide hatten sich gegenseitig mit d. Degen blessiert, G.S. warf seinem Schwager Verschwendung u. e. Schmälerung d. Vermögens d. Familie vor, wurde nach e. Bericht d. Hofgerichtes in Köslin vom 10. Febr. 1790, wonach d. Duell-Edict nur e. Arreststrafe von ein bis 1,5 Jahren vorsah, aus d. Festungsarrest entlassen, sollte sich aber von d. Eltern u. Schwestern fernhalten, weil er diese tätlich bedroht habe, sei um 1790 mehrfach vom Schlag gerührt worden, e. vierjährige Kur bei Gen.-Chirurg J.C.A. Theden habe ihn wieder zur Gesundheit gebracht, G.S. sprach sich mehrfach gegen d. Allodifikation d. väterl. Güter aus, wollte um 1794 d. Verkauf von Grüssow annulieren lassen, wohnte 1800 mit fünf kleinen Kindern in e. Stube auf d. sog. Feldgut-Freiheit bei Körlin zur Miete, hatte e. monatliche Pension v. sechs Taler, lebte von Almosen; A.J. hinterließ vier **Töchter**: Helene Florentine Amalie (1747–1781), seit 1776 verh. mit d. Cap. Otto Christoph von Schurff († 29. Mrz. 1783) vom I-R Nr. 55; Clara Sophia (* 1750), verh. mit d. GM von Reitzenstein, in zweiter Ehe verh. mit d. Major von Wurmb vom D-R Nr. 12, lebte 1800 von diesem getrennt, hielt sich damals bei ihren beiden ledigen Schwestern auf, galt als *gestört* bzw. von *unglücklichem Gemütszustand*; Louise Henriette (* 1748) u. Albertine Marie (* 1749), beide waren im Jahr 1800 noch ledig, ernährten sich vom Spinnen; jede der vier Töchter hatte bei d. Teilung 1797 e. Vermögen von 2 150 T. erhalten, Pensionsgesuche wurden daher abgewiesen;

Quellen: GStA, I. HA, Rep. 30, Nr. 44, K 59, Paket 9 302; Rep. 96, Nr. 257 K; II. HA, Abt. 13 a, Tit. III, Litt K, Nr. 27 (Töchter); IV. HA, Rep. 1, Nr. 76, Bl. 69 (Sohn G.S.P.); Brüggemann, T. 2/2, S. 655; Fam.gesch., S. 54–55;

Major August Adolph von Kameke (* 1724, † 7. Sep. 1779) *

Vater: Jacob Adolph (* 1690, † 28. Okt. 1744), Mrz. 1713 Cap. im I-R Nr. 20, Okt. 1718 (bzw. Mrz. 1722 als Cap. im I-R 15) pens., Erbherr auf Baumgarten im Krs. Dramburg; **Mutter**: Charlotte Christine, e. To. d. Gl von Hacke; **Bruder**: Carl Friedrich Siegmund (1730–1795) *, GM, s.d.; **Laufbahn**: seit 1739 im Militär, Nov. 1746 Fähnrich im I-R Nr. 28, Sep. 1751 Sl, Febr. bzw. Sep. 1757 Pl, Sep. 1764 Stabs-Cap., Sep. 1765 (bzw. 1768) Cap. u. Chef e. Comp., Juli 1773 Major, 1779 als aktiver Offz. gest.; **Ehefrau**: Sophie Wilhelmine, geb. von Woisky; **Sohn**: Ernst Friedrich (* 1760, † 8. Jan. 1817), seit 1774 im Militär, April 1778 Fähnrich im I-R Nr. 28, Juli 1785 Sl, Nov. 1793 Pl, Okt. 1799 Stabs-Cap., Sep. 1808 Cap., Okt. 1812 zur Gendarmerie, Nov. 1814 Major, Sep. 1816 mit Pension dim., ledig verst.; **Sohn**: Adolph Wilhelm († 3. Nov. 1830), Juli 1784 Cornet im K-R Nr. 8, April 1788 Sl, Okt. 1790 Pl, Okt. 1801 Stabs-, Jan. 1805 Rittmstr., Dez. 1813 pens.;

Quellen: GStA, IV. HA, Rep. 1, Nr. 76, Bl. 68; Stabi, Ms. boruss., fol. 314 (aus Pomm. geb.), fol. 319 (Vater, 1715 im I-R Nr. 20; Fam.gesch., S. 101, S. 104, S. 106, S. 131, S. 134–137;

GM Carl Friedrich Siegmund von Kameke (* 12. Sep. 1730, † 12. Mrz. 1795) *

Vater: Jacob Adolph (* 1690, † 28. Okt. 1744), Cap. im I-R Nr. 20, Erbherr auf Baumgarten im Krs. Dramburg; **Mutter**: Charlotte Christine, e. To. d. Gl von Hacke; **Bruder**: August Adolph (1724–1779), Major, s.d.; **Laufbahn**: Nov. 1742 *cadet* in Berlin, Mai 1747 Uffz. im I-R Nr. 39, Juli 1750 Fähnrich, Dez. 1755 Sl, nach 1756 Orden p.l.m., Jan. 1759 Pl, Mai 1770 Stabs-Cap., Juni 1774 Cap. u. Chef e. Comp. im I-R Nr. 39, April 1782 Major, Aug. 1790 Ol, Juni 1792 Obrist, Aug. 1792 Kommandeur d. I-R Nr. 49, Okt. 1792 Orden p.l.m., Mrz. 1794 als GM dim., Mrz. 1795 an in d. frz. *Campagne* erlittenen Blessuren gest.; **Ehefrau**: Wilhelmine Charlotte Dorothea, geb. von dem Hagen (1744–1827), aus d. Ehe drei Töchter;

Quellen: GStA, IV. HA, Rep. 1, Nr. 76, Bl. 68; Stabi, Ms. boruss., fol. 316 (danach aus Pomm. geb.); Fam.gesch., S. 104, S. 135; Lehmann, Ritter, S. 221; Priesdorff, Nr. 904,

Rittmstr. Carl Wilhelm Henning von Kameke (* 28. Sep. 1763, † 18. Febr. 1842) *

Vater: George (Jürgen) Ewald (1724–1785), Ltnt., s.d., Erbherr auf Gumenz im Krs. Rummelsburg, 1767 im Wert von 9 533 T., darauf Schulden von 10/m T., d. Gut soll im Krieg *vorzüglich gelitten* haben, hinterließ zwei Tö. u. einen Sohn; **Mutter**: Marie Catharine Henriette, geb. Steyetz von Görnitz (1721–1799), sie forderte 1786 aus d. Nachlaß ihres

Mannes 5750 T., d. Forderung war aber unsicher, d. Erbsache verwickelt, weshalb sie sich in e. kümmerlichen Lage befand; 1796 besaß d. Witwe nur noch e. Vermögen von 2/m T., konnte sich u. ihre ledige To. Friederika (* 1746) nur mühsam von d. Zinsen ernähren, beide wohnten in Stolp; ihr Sohn konnte sie nicht unterstützen, er besaß damals kein Gut u. kein Kapital, über d. erheiratete Vermögen verfügte seine Frau; d. **Schwester** Friederika lebte 1801 von d. Zinsen e. Kapitals von 800 T.; **Schwester**: Luise Henriette Sophie Albertine (* 1755), seit 1783 verh. mit Heinrich Sebastian von Holzschuher-Harlach (* 1743, † vor 1801), Major, Chef e. Füsilier-Bataillons; **Bruder**: August Wilhelm (* 1748, † 27. Dez. 1767), Juni 1767 Cornet im D-R Nr. 1; **Laufbahn**: Febr. 1777 Junker im H-R Nr. 8, Juli 1782 Cornet, Dez. 1782 Sl, Aug. 1793 Orden p.l.m., April 1794 Pl, Juli 1794 Stabs-Rittmstr., Sep. 1800 Rittmstr. u. Chef e. Escadron, Sep.1807 Major, Juni 1815 Obrist, Juli 1820 GM, Mrz. 1829 Gl; erste **Ehefrau**: Sophie Charlotte (1756–1814), e. Tochter d. GM August Ferdinand v.d. Schulenburg*, seit 1783 Chef d. H-R Nr. 8, aus d. Ehe drei Söhne, von denen zwei in d. Militärdienst eintraten; **Schwager**: Heinrich Wilhelm Ferdinand von der Schulenburg (1766–1830), aus Stolp gebürtig, nach d. Studium an d. Viadrina, Ltnt. im K-R Nr. 7, 1793 als Erbherr auf Gumenz gen.; **Güter**: saß seit mind. 1799 auf Gumenz nebst Vorwerk, 1804 im Wert von 16700 T.;

Quellen: GStA, I. HA, Rep. 30, Nr. 43, Paket 9240; II. HA, Abt. 13a, Tit. III, Litt K, Nr. 18 (Mutter), Nr. 25 (Schwester F.); IV. HA, Rep. 1, Nr. 76, Bl. 69; Fam.gesch., S. 102, S. 105; Schmidt, Schulenburg, II. T., S. 560–563, S. 617–618; Priesdorff, Nr. 723 (Schulenburg), Nr. 1 322;

GM Christoph Henning von KAMEKE (* 21. Mai 1737, † 7. Febr. 1812)*

Vater: Otto Felix Friedrich (1709–1775)*, Hofgerichts- u. Landrat, von 1736 bis 1766 Erbherr auf Pritzig u. Vorwerk Klein Reetz im Krs. Rummelsburg, seit 1736 auch auf Misdow, nach 1775 wurde Misdow geteilt; **Mutter**: Dorothea Elisabeth, geb. von Lettow († 16. Febr. 1742); **Vater-Bruder**: George Albrecht (1710–1790), Cap., s.d.; **Bruder**: Peter Casimir (1738–1784), Nov. 1758 Fähnrich im I-R Nr. 49, Sep. 1760 Sl, Okt. 1769 Pl, Okt. 1780 Stabs-Cap., Juni 1782 Chef e. Comp., Febr, 1784 gest.; **Bruder**: Wilhelm Felix (1741–1777), Okt. 1759 Fähnrich im I-R Nr. 30, Febr. 1762 Sl, Juli 1767 Pl im Garn-Reg. Nr. 11, Juli 1777 gest.; **Bruder**: Carl Friedrich Albrecht (1744–1810), April 1760 Fähnrich im I-R Nr. 17, Okt. 1762 Sl, Mrz. 1772 Pl, Dez. 1779 Stabs-Cap., Juni 1783 Chef e. Comp., Juni 1789 als Major dim., 1801 Erbherr auf Kratzig im Ftm. Cammin im Wert von 18/m T., auch seit 1788 auf Sarranzig im Krs. Dramburg im Wert von 9200 T.; **Bruder**: Otto Maximilian (1748–1807), 1764 Gefr.corp., Dez. 1766 Fähnrich im I-R Nr. 23, Juli 1773 Sl, Okt. 1780 als Cap. dim., saß 1793 u. 1804 als Erbherr auf Misdow B im Krs. Schlawe, auch auf Klein Reetz im Krs. Rummelsburg, 1804 im Wert von zs. 3500 T.; **Laufbahn**: 1752 *cadet* in Berlin, Mai 1756 Gefr.corp. im I-R Nr. 23, Jan. 1758 Fähnrich, Febr. 1760 Sl, Juni 1763 Pl, Juli 1773 Stabs-Cap., Jan. 1776 Cap. u. Chef e. Comp. im I-R Nr. 25, Nov. 1778 Orden p.l.m., Mrz. 1786 Major, Jan. 1793 Ol, Mrz. 1793 Kommandeur d. I-R Nr. 25, Jan. 1795 Obrist, Okt. 1799 mit d. Charakter GM dim.; **Ehefrau**: Charlotte, geb. von Wülcknitz (1747–1810); **Güter**: saß 1804 auf d. väterl. Gut Pritzig im Krs. Schlawe im Wert von 17/m T.;

Quellen: GStA, IV. HA, Rep. 1, Nr. 76, Bl. 69; Stabi, Ms. boruss. fol. 311 (Bruder W.F.); fol. 314 (1779 als Christian Henning; Brüder P.C. u. W.F.), fol. 316 (C.H. u.d. Bruder O.M.); Brüggemann, T. 2/2, S. 882; Fam.gesch., S. 102–106; Lehmann, Ritter, S. 138; Priesdorff, Nr. 988; biogr. Handbuch, S. 472 (Vater);

Cap. Friedrich Heinrich von Kameke (* 29. Mrz. 1719, † 6. Mai 1757)

Vater: Ernst Bogislav (1674–1726), EM, Erbherr auf Hohenfelde, Kordeshagen u. Strippow im Ftm. Cammin, war dessen einziger Sohn; **Mutter**: Sophia Magdalena, geb. von Barfuss (1688–1756); **Laufbahn**: Mai 1735 Fähnrich im I-R Nr. 12, Aug. 1739 Sl, April 1743 Pl, Mai 1750 Stabs-Cap., April 1756 Chef e. Comp., im Mai 1757 bei Prag gefallen; seit 1754 **verh.** mit Caroline Marie Felicitas, e. geb. Reichsgräfin von Marsigli (1723–1810); **Güter**: besaß die verschuldeten Güter Hohenfelde u. Kordeshagen, die Vorwerke Altenhagen, Magdalenenhof, Niederhof im Ftm. Cammin, die Güter sollen 1757 e. Wert von 48 814 T. gehabt haben, darauf Schulden von mind. 34 500 T., 1758 hieß es sogar, die Passiva beliefen sich auf 82 788 T., weshalb es e. Insuffizienz von 7 578 T. gegeben haben soll; 1763 wurde d. Vermögen d. verst. Cap. auf 105 631, die Schulden auf 106 348 T. beziffert; d. einzige **Sohn** d. Cap. namens Ludwig Carl Friedrich (* 1. April 1757) verstarb in d. Minderjährigkeit; die Güter Hohenfelde u. Kordeshagen gingen deshalb an d. Lehnsfolger Schloßhauptmann Friedrich Paul Graf von Kameke;

Quellen: GStA, I. HA, Rep. 30, Nr. 186 d, Paket 9 839; Nr. 243, Vas.tab. 1756; IV. HA, Rep. 1, Nr. 76, Bl. 68; Stabi, Ms. boruss. fol. 316; Brüggemann, T. 2/2, S. 565; Fam.geschichte, S. 55, S. 134;

Schloßhauptmann Friedrich Paul (seit 1740: Graf) von Kameke (* 9. Mai 1711, † 27. Aug. 1769) *

Vater: Paul Anton (1674–1717) *, 1697 Cap. im I-R Nr. 1, Mrz. 1705 Obrist, Jan. 1706 Ritter d. Schwarzen-Adler-Ordens, Sep. 1709 Kommandeur d. I-R Nr. 18, Mai 1713 GM u. Chef d. neuen I-R Nr. 23, Erbherr auf Strachmin im Ftm. Cammin; **Mutter**: Ilse Anna, geb. von Brünnow; **Laufbahn**: weilte 1732 auf d. Viadrina, wechselte 1738 in d. Militärdienst, stand 1740 als Rittmstr. im K-R Nr. 10, 1743 dim., später Schloßhauptmann zu Berlin; **Güter**: Erbherr auf Strachmin u. Strippow im Ftm. Cammin; **Ehefrau**: Marie (1718–1787), e. Tochter d. russ. Gesandten im Haag Alexander Graf von Golowkin; **Söhne**: Wilhelm Friedrich (1740–1771), KG-rat; Johann Hermann Friedrich Alexander (1743–1806) *, Geh. Fi-rat, dieser saß seit 1770 auf d. Gütern Hohenfelde, Kordeshagen, Strippow, Strachmin u. Warnin C;

Quellen: GStA, I. HA, Rep. 30, Nr. 243, Vas.tab. 1756, 1767; IV. HA, Rep. 1, Nr. 76, Bl. 70 (Vater); Stabi, Ms. boruss. fol. 311; nicht bei Schwerin, K-R Nr. 10; Fam.gesch., S. 52–53, S. 57; Priesdorff, Nr. 177 (Vater); biogr. Handbuch, S. 472–473;

Cap. Friedrich Wilhelm von Kameke (* 8. Mai 1755, † 17. Nov. 1809)

Vater: Daniel Friedrich (1709–1786), Erbherr auf Varchmin A u. Bitzicker B im Ftm. Cammin; **Mutter**: Clara Theresia, geb. von Kameke (* 1739, † nach 1765); **Bruder**: Otto Paul Anton (1759–1782), Juni 1769 *cadet* in Stolp, April 1774 *cadet* in Berlin, Ltnt.; **Bruder**: Jacob (1761–1805), Ltnt., s.d. mehr; **Bruder**: Carl Albrecht (1762–1847), Ltnt.; **Laufbahn**: 1767 *cadet* in Berlin, trat 1770 in d. Militärdienst ein, Febr. 1772 Fähnrich im I-R Nr. 2, Sep. 1774 Sl, Juni 1785 Pl, Mrz. 1789 Stabs-Cap., im Sep. 1792 dim.; **Güter**: saß 1793 auf d. väterlichen Gut Bitzicker B, Varchmin B (bzw. A), 1804 auf Bitzicker A u. B im Ftm. Cammin im Wert von 2/m T.;

Quellen: GStA, I, Rep. 30, Nr. 243, Vas.tab. 1793, 1804; IV. HA, Rep. 1, Nr. 76, Bl. 69; Brüggemann, T. 2/2, S. 605; Oelsnitz, I-R Nr. 2, S. 513, S. 540, S. 553, S. 922; Fam.gesch., S. 86–87;

Cap. George Albrecht von Kameke (* 12. Juli 1710, † 15. Mrz. 1790)

Vater: Heinrich Casimir (1690–1735), dän. Cap., Erbherr auf Kratzig, Varchmin B im Ftm. Cammin, hinterließ drei Söhne; **Mutter**: Agnese, e. To. d. Hofrates Felix von Podewils († 1737); **Bruder**: Otto Felix Friedrich (1709–1775), Hofgerichts-, Landrat; **Bruder**: Bogislav Casimir (1713–1743), Erbherr auf Kratzig; **Laufbahn**: weilte 1726 zs. mit Otto Felix Friedrich auf d. Viadrina, dann Gefr.corp. im I-R Nr. 4, Aug. 1732 Fähnrich, April 1736 Sl, Sep. 1739 *cassirt* u. zugl. ins I-R Nr. 33 versetzt, Juli 1740 Abschied (mit d. Charakter Cap.) bewilligt; **Güter**: seit 1735 Erbherr auf Varchmin B u. Lestin A, seit 1744 auch auf Kratzig im Ftm. Cammin, seit 1766 Erbherr auf Pritzig u. Klein Reetz im Krs. Rummelsburg, auch Erbherr auf Bitzicker C, Varchminshagen C, 1793 sollen Kratzig, Vorwerk Neuenfelde u. Anteil Varchmin e. Wert von zs. 15/m T. gehabt haben; **Ehefrau**: Juliana Wilhelmine (1723–1784), e. To. von Melchior Magnus von Wedel aus Braunsforth, aus beider Ehe keine Kinder;

Quellen: GStA, I. HA, Rep. 30, Nr. 243, Vas.tab. 1756, 1767, 1793; Stabi, Ms. boruss. fol. 313; Brüggemann, T. 2/2, S. 556; nicht in IV. HA. Rep. 1; Fam.geschichte, S. 102–103, S. 132–133;

Ltnt. George Franz Friedrich von Kameke (* 1710)

Vater: Samuel (Henning) Bogislav (* vor 1678, † nach 1710), 1693 brandenburg. Cornet, dann poln. Ol, erwarb Tursche (bzw. Turze) u. Schliewen bei Danzig; **Mutter**: Anna Rosine, geb. von Rüdiger († 1748); **Bruder**: Anton Ernst (* um 1710, † 1742), seit 1724 im Militär, Aug. 1737 Fähnrich im Garn.-Bat. Nr. 2, zuletzt Ltnt., ledig (in Pillau) verst.; **Bruder**: Franz (* um 1710); **Bruder**: Nathanael Bogislav (1722–1757), Ltnt., s.d.; **Laufbahn**: 1732 Fähnrich im I-R Nr. 26, 1738 als Ltnt. dim.;

Quellen: Stabi, Ms. boruss. fol. 314; Fam.gesch., S. 51, S. 54–55 (danach sind d. Angaben für die Söhne Nr. 261 u. Nr. 263 unklar), S. 160;

Ltnt. George (Jürgen) Ewald von Kameke (1724–1785)

Vater: Cartz Henning (1683–1740), seit 1710 Erbherr auf Gumenz; **Mutter**: Helene Elisabeth, e. To. d. Landrates George von Wobeser; **Laufbahn**: Mrz. 1743 Fähnrich im I-R Nr. 29, als Fähnrich ins Garn.-Reg. Nr. 1 umgesetzt, Aug. 1745 Sl, Mai 1746 wegen Krankheit dim. (bzw. Ltnt. im I-R Nr. 22, nach zwölf Dj. dim.); **Ehefrau**: Marie Catharine Henriette, geb. Steyetz von Görnitz (1721–1799); **Güter**: seit 1741 Erbherr auf d. väterl. Gut Gumenz im Krs. Rummelsburg; d. Gut wurde im Siebenjährigen Krieg ruiniert, wandte nach 1763 8600 T. für d. Retablissement auf, diese wollte ihm d. Großkanzler Philipp Joseph von Jariges, e. weitläufiger Verwandter, erstatten, dessen Tod verhinderte die Auszahlung, e. Gesuch um e. Moratorium wurde 1771 abgewiesen; 1804 besaß sein **Sohn**, der damalige Rittmstr. Carl Wilhelm Henning (1763–1842) * vom H-R Nr. 8, s.d., d. Gut Gumenz im Wert v. 16700 T.;

Quellen: GStA, I. HA, Rep. 30, Nr. 44, K 59, Paket 9302; Nr. 243, Vas.tab. 1763, 1767, 1804; Brüggemann, T. 2/2, S. 792–793; Fam.gesch., S. 100–102, S. 133 (Hinweis auf unklare Laufbahn); Priesdorff, Nr. 1 322 (Sohn C.W.H.);

Ltnt. George Friedrich von Kameke (* 17. Okt. 1697, † 24. Aug. 1745)

Vater: Daniel Friedrich (1650–1713), schwed. Cornet, verkaufte Kordeshagen, erwarb Parnow A im Ftm. Cammin, von seinen Erben 1714 abgetreten; **Mutter**: Barbara Hedwig, geb.

von Kameke († 1704); **Laufbahn**: Dez. 1715 Gefr.corp. im I-R Nr. 22, Juni 1718 Sl, 1721 als Pl genannt, Dez. 1725 ins I-R Nr. 30 versetzt, vor 1730 abgegangen ;

Quellen: Stabi, Ms. boruss. fol. 314; Brüggemann, T. 2/2, S. 583; Fam.gesch., S. 53, S. 132;

Major George Friedrich von Kameke (* 1714, † 1780)

Vater: Jürgen Daniel (* 1680, † nach 1727), Erbherr auf Groß Podel im Krs. Stolp, verkaufte d. Gut an d. poln. Gl George Dietrich (Frhr.) von Puttkamer; **Mutter**: e. geb. von Kleist; **Bruder**: George Daniel (* 1727), Febr. 1751 Fähnrich im I-R Nr. 5, April 1753 Sl, Febr. 1758 Pl, Nov. 1760 Stabs-Cap., Sep. 1762 Cap. u. Chef e. Comp. im I-R Nr. 5, 1772 dim., als Major ledig verst.; **Laufbahn**: seit 1727 im Militär, Okt. 1734 Fähnrich im I-R Nr. 5, Dez. 1738 Sl, Juni 1743 Pl, Mrz. 1753 Cap. u. Chef e. Comp. im I-R Nr. 35, Mai 1757 Major, Mrz. 1760 Kommandant d. Fort Preußen bei Stettin, (nach 42 Dj. 1769) 1780 gest.; **Ehefrau**: Louise Henriette Agathe, geb. von Kleist (* 31. Jan. 1740, † 1. Juni 1806), sie heiratete nach 1780 e. Herrn von Borcke auf Unheim, ließ sich von diesem jedoch bald scheiden u. durfte auf Antrag 1792 wieder d. Namen von Kameke annehmen; d. Witwe mußte sich mangels Vermögen von Handarbeit u. d. Unterricht von Kindern ernähren, besaß 1786 nur einige Kleidungsstücke u. Mobilien, wurde daher zum Armenrecht zugelassen, ihre jährl. Einnahmen sollen unter 100 T. gelegen haben, sie suchte 1792 Fi-rat Johann Friedrich (von) Schütz in Schwedt auf u. bat um e. pomm. Pension, wurde 1793 auf d. Liste d. Expectanten gesetzt u. bekam im Aug. d.J. e. Pension von 100 T.; aus d. ersten Ehe zwei **Söhne**: George Heinrich (* 21. Sep. 1764, † 1829), Jan. 1785 Fähnrich im I-R Nr. 22, April 1787 dim., 1788 bei d. Swinemünder Invaliden-Comp., bat im Mai 1790 nach seiner Genesung um eine erneute Plazierung in d. Armee, Aug. 1792 Akzise-Einnehmer zu Bublitz; **Sohn**: August Friedrich (* 16. Mai 1762, † 1806), Mrz. 1780 Fähnrich im I-R Nr. 7, April 1784 Sl, Juli 1786 dim., Nov. 1788 zur Invaliden-Comp. in Bublitz, Sep. 1795 mit Pension dim.;

Quellen: GStA, I. HA, Rep. 96, Nr. 257 K; II. HA, Abt. 13 a, Tit. III, Litt K, Nr. 2 (Witwe); IV. HA, Rep. 1, Nr. 76, Bl. 68–69; Ms. boruss. fol. 313 (Bruder G.D.); Rangirrolle Saldern; Taeglichsbeck, S. 266; Fam.gesch., S. 51, S. 55–56, S. 135 (G.D.);

Obrist George Friedrich Anton von Kameke (* 5. Mrz. 1737, † 30. Dez. 1792)

Vater: Daniel Friedrich (1703–1745), Sep. 1723 Fähnrich im I-R Nr. 9, Mrz. 1728 Sl, Mai 1734 Pl, Sep. 1742 Stabs-Cap., Jan. 1745 Chef e. Comp., als Cap. bei Kesselsdorf gefallen; **Mutter**: Sophie Regine Henriette, geb. von Ploennies (1697–1738); **Bruder**: Heinrich Arnold Friedrich Wilhelm (1743–1827), seit 1761 im Militär, 1764 Fähnrich im I-R Nr. 24, 1766 als Ltnt. auf Wunsch dim., erhielt später d. Charakter Cap., zeitweilig Erbherr auf Freudenthal im Krs. Heiligenbeil, Sohn: George Christian Friedrich (1770–1837)*: April 1785 Junker im D-R Nr. 1, Juli 1787 Cornet, Mai 1788 Sl, Aug. 1793 Orden p.l.m., Okt. 1800 Pl, Febr. 1806 Stabs-Cap., Dez. 1807 Rittmstr. u. Chef e. Escadon, zuletzt GM, Mrz. 1835 Abschied als Gl; **Laufbahn**: Jan. 1757 Cornet im D-R Nr. 1, Mai 1757 Sl, Juni 1767 Pl, Okt. 1772 Stabs-Cap., Febr. 1779 als Cap. Orden p.l.m., Febr. 1779 Major, Dez. 1781 Chef e. Escadron, Juni 1788 Ol, Sep. 1790 Obrist, 1792 zu Steinbach bei Frankfurt am Main gest.; seit 1781 **verheiratet** mit Charlotte Ernestine Dorothea (1768–1810), e. To. d. Obristen J.D.A. Graf (von) Rittberg, s.d.; kam durch sie 1785 in d. Mitbesitz der **Güter** Viezow u. Wutzow im Krs. Belgard im Wert von 26/m T., darauf fremde Schulden in Höhe von 16938 T., d. damalige Major besaß kein eigenes Vermögen, seine Frau mußte ihren Geschwistern 7587 T. auszahlen, ihr eigenes freies Erbteil betrug 2148 T., d. Gutsgebäude waren baufällig, f. d. Retablissement wurden 8800 T. veranschlagt, mit Kab.resolution vom 1. Dez. 1786 bekam d. Major Meliorationsgelder in Höhe von 4400 T., seine Witwe konnte d. Güter nicht konservieren u. verkaufte sie 1793 an Christian Gotthilf von Enckevort; d. Obrist hinterließ vier Kinder, darunter d. **Söhne**: Alexander George August Ludwig (1784–1857), April 1801 Fähnrich im I-R Nr. 24, Mrz. 1803 dim., Aug. 1813 beim 2. Neumärk. Landwehr-I-R, Mrz. 1824 Major; **Sohn**: Paul Daniel Friedrich (1785–1827), *cand. iuris*, Febr. 1804 Fähnrich im I-R Nr. 8, Dez. 1806 Sl, Jan. 1808 ins 1. Pomm. I-R, Juli 1813 Pl, Okt. 1815 Major; d. Nachlaß d. Obristen wurde mit e. Wert von 32 737 T. angegeben, davon gehörten d. Witwe (*illata*, Gegenvermächtnis) 12368 T.;

Quellen: GStA, I. HA, Rep. 30, Nr. 44, K 59, Paket 9302; II. HA, Abt. 13a, Tit. I, Litt K, Nr. 4; IV. HA, Rep. 1, Nr. 76, Bl. 68; Stabi, Ms. boruss. fol. 314, fol. 316 (Bruder); Probst, D-R Nr. 1, 1841, S. 158, S. 160; Fam.gesch., S. 58–59, S. 132 (Vater), S. 135–136, S. 141–142; Jb. dt. Adel, Bd. 2, S. 171; Lehmann, Ritter, S. 141; Priesdorff, Nr. 1 370 (Neffe G.C.F.); Wagner, Heiligenbeil, S. 484–485;

Major (George) Jürgen Lorenz von Kameke (* 1701, † 1762)

Vater: Andreas Adolph (1662–1729), Erbherr auf Schwartow, dann auf Marrin im Ftm. Cammin; **Mutter**: Marie Elisabeth, geb. von Kameke (1670–1711); **Bruder**: Jacob Adolph (1690–1744), seit 1713 im Militär, Mrz. 1713 Cap. u. Chef e. Comp. im I-R Nr. 20, Okt. 1718 dim, Jan. 1719 als Cap. ins I-R Nr. 15, im Mrz. 1721 hier als Cap. u. Chef e. Comp. gen., vor 1732 abgegangen; **Bruder**: Paul Wedig († um 1742), sächs. Cap.; **Bruder**: Heinrich George, russ. Obrist; **Laufbahn**: kgl. Hofpage, seit 1717 im Militär, Mai 1722 nach fünf Jahren als Sergant zum Fähnrich im I-R Nr. 15 befördert, Dez. 1723 Sl, Mrz. 1729 Pl, Mai 1736 Cap., noch 1739 hier als Cap. gen., Mitte 1740 als Major ins I-R Nr. 1, Mai 1741 Orden p.l.m., im Okt. 1742 nach 36 Dj. dim.; **Güter**: 1756 als Erbherr auf Carzig, Schwarzow, Strelowenhagen im Dewitzschen Krs. im Wert von rund 15/m T. genannt; **Ehefrau**: Dorothea Helena, geb. von Flemming (* 1766); d. Major hinterließ vier unmündige **Töchter**, darunter Anna Dorothea Sigismunda (* 1745), seit 1767 verh. mit d. Cap. Anton Victor von Brockhusen, in zweiter Ehe verh. mit Caspar Wilhelm von Paris; Sophie Elisabeth Agnes (* 1745), seit 1764 verh. mit George Adolph von Puttkamer auf Barnow;

Quellen: GStA, I. HA, Rep. 30, Nr. 43, Paket 9240; Nr. 243, Vas.tab. 1756; nicht in IV. HA, Rep. 1, Nr. 76; Stabi, Ms. boruss. fol. 311, fol. 313, fol. 319; Lange, S. 71; Fam.gesch., S. 99, S. 101–102 (als Jürgen), S. 131–134; Lehmann, Ritter, S. 9;

Fähnrich George Lorenz von Kameke (* 1720)

aus Pommern gebürtig; **Laufbahn**: seit 1737 im Militär, im Juni 1740 Corp. im I-R Nr. 10, zuletzt Fähnrich, im Mai 1743 als Fähnrich dim.;

Quellen: Stabi, Ms. boruss. fol. 316; nicht in d. Fam.geschichte;

Cap. George Lorenz von Kameke († 5. Aug. 1745) *

Vater: George (Jürgen) Lorenz (* um 1663), auf Schwartow im Ftm. Cammin, zuletzt in Wisbuhr; **Mutter**: Barbara Sophie, geb. von Manteuffel, aus d. Ehe zwei Söhne u. sechs

Töchter; **Bruder**: Curt Henning; **Laufbahn**: Ltnt. im I-R Nr. 10, Okt. 1743 Cap. u. Chef e. Comp., 1745 nach 36 Dj. gest.; hinterließ seinen vier **Töchtern**, darunter Anna Dorothea Sigismunda, die 1785 um e. Pension bat, ein *sehr mittelmäßiges* Vermögen, das *durch Unglücksfälle u. Prozesse völlig aufgerieben* worden sei;

Quellen: GStA, I. HA, Rep. 30, Nr. 43, Paket 9240; in IV. HA, Rep. 1, Nr. 76, Bl. 68, zw. 1718 u. 1758 kein Cap. Kameke im I-R Nr. 10; Stabi, Ms. boruss. fol. 316 (in d. Liste f. Juni 1740 nur ein Corp. George Laur., in d. Abgangsliste 1740–1745 nur e. Fähnrich v. K.); Fam.gesch., S. 100, S. 102, S. 133;

Cap. Jacob von Kameke (* 16. Okt. 1761, † 15. Okt. 1805)

Vater: Daniel Friedrich (* 30. Sep. 1709, † 2. Mrz. 1786), nahm keine Dienste, seit 1744 Erbherr auf Bitzicker B u. Varchmin A im Ftm. Cammin, seit 1770 auch auf Varchminshagen A; **Mutter**: Clara Theresia (* 1739, † nach 1765), e. Tochter von Otto Felix von Kameke zu Kratzig; **Großvater**: George Heinrich (1672–1727), Erbherr auf Bitzicker B u. Varchmin A; **Großmutter**: Esther Louise, geb. Hertzberg; **Vater-Bruder**: Friedrich Wilhelm (1718–1770), Landrat, seit 1744 Erbherr auf Varchminshagen A im Ftm. Cammin; **Bruder**: Friedrich Wilhelm (1755–1809), Cap., s.d.; **Bruder**: Otto Paul Anton (1759–1782), (preuß. Ltnt. bzw.) Uffz. im Frei-Bat. von Pollitz, soll im 19. Lebensjahr verschollen sein (bzw. Wechsel in österr. Dienste), seine drei Brüder suchten im Aug. 1786 darum nach, d. Bruder vor den gewöhnlichen zehn Jahren zur *Licitation* zu bringen, sollte er sich nicht melden, wollten sie seine Erbportion unter sich aufteilen; **Bruder**: Carl Albrecht (1762–1847), Ltnt., Erbherr auf Varchminshagen A, 1793 im Wert von 4/m T., 1799 unter *Curatel* gestellt; **Laufbahn**: Juni 1769 *cadet* in Stolp, April 1775 *cadet* in Berlin, April 1775 als Gefr. corp. ins I-R Nr. 8, Febr. 1780 Fähnrich, Okt. 1783 Sl, Dez. 1783 mit Pension dim, Okt. 1798 Charakter Cap.; **Güter**: nahm bei d. Auseinandersetzung mit seinen Geschwistern 1786 Varchmin A für 8500 T. an, nach Abzug d. Schulden von 3682 blieben 4817 T. frei, dazu hatte er wie seine Geschwister e. Allodialvermögen von 1777 T., verkaufte d. Gut nach 1801;

Quellen: GStA, I. HA, Rep. 30, Nr. 243, Vas.tab. 1756, 1767; Rep. 96, Nr. 435 K, Bd. 1; II. HA, Abt. 13a, Tit. I, Litt K, Nr. 7; IV. HA, Rep. 1, Nr. 76, Bl. 69; Brüggemann, T. 2/2, S. 605; Crousaz, Beilage C, S. 36; Fam.geschichte, S. 86–87; Priesdorff, Offz.stammliste, S. 96; Stolper Kadetten, S. 3; biogr. Handbuch, S. 472 (Onkel F.W.);

Major Leopold George von Kameke (* 23. Aug. 1725, † 13. Juli 1781)

Vater: Henning (George) Jürgen (1683–1737), seit 1695 im Militär, Mrz. 1707 (bzw. April 1709) Cap. im I-R Nr. 11, 1712 ins I-R Nr. 22 versetzt, Juni 1719 Major, Juli 1731 Ol im I-R Nr. 22, Erbherr auf Baldekow im Krs. Greifenberg; **Mutter**: Eleonora Dorothea Juliana, geb. von Grape; **Bruder**: Adam Henning (1715–1759), Major, s.d. mehr zur Familie; **Laufbahn**: 1735 Gefr.corp. im I-R Nr. 22, April 1745 Fähnrich im I-R Nr. 20, Okt. 1749 Sl, Aug. 1754 Pl, April 1759 Stabs-Cap., Nov. 1760 Cap. u. Chef e. Comp., Juli 1773 Major; **Ehefrau**: Auguste Elisabeth Luise (1745–1814), e. To. des Magdeburger KD-rates Johann Friedrich Oschütz, aus beider Ehe sechs Söhne u. zwei Tö.; **Güter**: saß 1767 auf d. väterlichen Gut Baldekow im Wert von 9955 T., darauf Hypotheken von 6583 T. u. a. Schulden von 1915 T.; seit 1792 befand sich d. Gut Baldekow im Wert von 14/m T. im Besitz d. ältesten **Sohnes** Friedrich Leopold Levin (1765–1810), Juni 1787 Fähnrich im I-R Nr. 7, Jan.

1789 Sl, Okt. 1791 dim., dieser wollte 1795 d. Gut an e. Bürgerlichen verkaufen, wurde damit abgewiesen, Baldekow wurde vor 1801 verpfändet bzw. verkauft, saß 1797 u. 1804 auch auf Geritz, Streckentin u. Thunow im Ftm Cammin im Wert von 38/m T.; **Sohn**: George Ludwig (* 1767); **Sohn**: Wilhelm Leopold Bernhard (1768–1834), Nov. 1786 Fähnrich im I-R Nr. 17, April 1788 Sl, Juli 1794 zum H-R Nr. 1 versetzt, Febr. 1795 Pl, Nov. 1801 Stabs-Rittmstr., von 1809 bis 1814 inaktiv, 1814 Major, 1825 Charakter Ol; **Sohn**: Ludwig Leopold (1771–1845), Ltnt., s.d.; **Sohn**: Friedrich Wilhelm Leopold (1774–1812), Mrz. 1793 Cornet im D-R Nr. 12, Juli 1794 Sl, Dez. 1803 mit Pension dim.; **Sohn**: Carl George (1776–1854), Juni 1793 Cornet im K-R Nr. 5, Febr. 1797 Sl, April 1804 Pl, Febr. 1812 Stabs-Rittmstr., Juni 1812 dim., Juni 1813 Chef e. Escadron, Mrz. 1815 Major, Okt. 1816 als Ol dim.;

Quellen: GStA, I. HA, Rep. 30, Nr. 43, Paket 9232; Nr. 243, Vas.tab. 1767, 1794; IV. HA, Rep. 1, Nr. 76, Bl. 68–70; Stabi, Ms. boruss. fol. 310, fol. 311, fol. 314 (Vater); Fam.geschichte, S. 91; Probst, 1829, S. 164 (C.G.); Becker, I-R Nr. 11, S. 97, S. 410 (Vater);

Ltnt. Ludwig Leopold von Kameke (* 22. Febr. 1771, † 19. April 1845)

Vater: Leopold George (1725–1781), Major, Erbherr auf Baldekow, s.d. mehr zur Familie; **Mutter**: Auguste Elisabeth Luise, geb. Oschütz (1745–1814); **Laufbahn**: Nov. 1789 Fähnrich im I-R Nr. 17, Okt. 1791 Sl, Sep. 1793 nach sechs Dj. dim., Juni 1813 Cap. beim 1. pomm. Landwehr-I-R; **Güter**: erwarb 1793 Groß Pobloth u. Feldgut Vorbeck im Ftm. Cammin vom Amtmann Conrad für 16700 T., darauf Schulden von 8250 T., e. Teil d. Hypotheken sollte mit d. Vermögen seiner Frau in Höhe von 10/m T. getilgt werden; wollte im Jan. 1805 d. Gut an e. Bürgerlichen verkaufen, die Schulden beliefen sich jetzt auf 24646 T., erhielt am 16. April 1805 d. *Consens*, veräußerte Groß Pobloth für 30600 T. an e. Scheunemann u. gewann damit mind. 6/m T.; **Ehefrau**: Charlotte Anna (Wilhelmine) (* 1. Aug. 1779, † 1854), e. Tochter d. Eigentümers Wendland zu Podewils u. e. geb. Loeper; die Frau bekam im Juli 1797 die *venia aetatis*, sie hatte damals e. Vermögen von 5016 T.; L.L. besaß später Varchminshagen u. Bitzicker; **Söhne**: Adolph (1797–1871), Major, Alexander Constantin (1808–1838), Cap.;

Quellen: GStA, I. HA, Rep. 30, Nr. 44, K 59, Paket 9302; Nr. 244, Paket 9995; IV. HA, Rep. 1, Nr. 76, Bl. 70; Fam.geschichte, S. 93;

Ltnt. Nathanael Bogislav von Kameke (* 24. Mrz. 1722, † 18. Juni 1757)

Vater: Samuel (Henning) Bogislav (* vor 1678, † nach 1710), 1693 brandenbg. Cornet, dann poln. Ol, erwarb d. Güter Tursche (bzw. Turze) u. Schliewen bei Danzig; in zweiter Ehe verh. mit Anna Rosine, geb. von Rüdiger († 1748), aus dieser Ehe eine Tochter u. vier Söhne; **Bruder**: George Franz Friedrich (* 1710), Cap., s.d.; **Bruder**: Anton Ernst (1710–1742), stand 1740 als Fähnrich im Garn.-Bat. Nr. 2, als Ltnt. in Pillau ledig verst.; **Laufbahn**: seit 1737 im Militär, 1740 Gefr.corp. im I-R Nr. 17, April 1742 Fähnrich, Okt. 1745 Sl, April 1756 Pl, (Aug. 1757 Stabs-Cap.), 1757 bei Kolin gefallen;

Quellen: Stabi, Ms. boruss. fol. 314 (Bruder A.E.), fol. 316; Fam.gesch. S. 51, S. 54–55, S. 133; nicht in GStA, IV. HA, Rep. 1, Nr. 76;

Cap. Paul Henning von Kameke (* 14. Mrz. 1679, † 28. Dez. 1742)

Vater: Jürgen (* 1646, † um 1701), Erbherr auf Goldbeck im Ftm. Cammin; **Mutter**: Anna Catharina, geb. von Woedtke; **Laufbahn**: seit 1699 im Militärdienst, Mrz. 1707 (bzw. Okt. 1708) Cap. im I-R Nr. 7, Mai 1716 dim., später herzogl.-württemberg. Kammerherr; **Ehefrau**: Johanne Louise, To. d. Oberforstmstrs. von Mörner zu Niegripp bei Magdeburg; **Sohn**: George Achatz Ludwig (1715–1757), Aug. 1740 Sl im I-R Nr. 34, Sep. 1743 Pl, Mai 1755 Stabs-Cap., Mai 1756 Cap. u. Chef e. Comp., Nov. 1757 in d. Bataille bei Breslau gefallen;

Quellen: GStA, IV. HA, Rep. 1, Nr. 76, Bl. 68 (Sohn); Stabi, Ms. boruss. fol. 319; Fam.gesch., S. 49, S. 53, S. 55, S. 131–132, S. 134;

Major Paul Henning von Kameke (* 13. April 1713, † Mai 1745)

Vater: Paul Wedig (1678–1725), verkaufte Strippow, erwarb Plauentin im Ftm. Cammin; **Mutter**: Sophie Hedwig, geb. von Zarth (* 1695); **Bruder**: Anton Bogislav (1715–1758), Major, s.d.; **Bruder**: (Hans Jürgen bzw.) Johann George (1718–1744), Mai 1735 Fähnrich im I-R Nr. 21 in Halberstadt, Juli 1737 Sl, Aug. 1743 Pl, in d. *Campagne* von 1744 ohne Leibeserben gefallen; **Bruder**: Paul Wedig (1721–1757), Cap., s.d.; **Laufbahn**: 1727 *cadet* in Berlin, Dez. 1727 Gefr.corp. im I-R Nr. 8, Jan. 1732 Fähnrich, Aug. 1733 ins I-R Nr. 15, Mai 1735 Sl, Nov. 1741 als Major ins Garn.-Reg. Nr. 7, Mai 1745 bei Templin ohne Leibeserben gest.;

Quellen: Stabi, Ms. boruss. fol. 311, fol. 313; Crousaz, Beilage C, S. 33; Reinhard, Garde, S. 547; Fam. gesch., S. 54, S. 56, S. 132–133; Priesdorff, Offz.stammliste, S. 95;

Cap. Paul Wedig von Kameke (* 1721, † 24. Juni 1757) *

Vater: Paul Wedig (1678–1725), verkaufte Strippow, erwarb Plauentin; **Mutter**: Sophie Hedwig, geb. von Zarth (* 1695); **Bruder**: Paul Henning (1713–1745), Major, s.d.; **Bruder**: Anton Bogislav (1715–1758), Major, s.d.; **Laufbahn**: Okt. 1740 Fähnrich bei d. Garde, Aug. 1742 Sl, Aug. 1750 Pl, April 1756 Stab-Cap., 1757 nach 17 Dj. an Blessuren gest.;

Quellen: Fam.gesch., S. 56, S. 133; Reinhard, Garde, S. 547;

Obrist Zabel Heinrich von Kameke (* 9. April 1729, † 10. Febr. 1798) *

Vater: Adam Henning (1703–1773), Ltnt., nach 13 Dj. im I-R Nr. 27 dim., seit 1743 Erbherr auf Bitzicker A im Ftm Cammin, auf Anteil Kotlow u. Parnow, die Güter hatten 1756 e. Wert von 17933 T., darauf Schulden von 11216 T.; **Mutter**: Anna Hedwig Luise, geb. von Münchow (1712–1772); **Laufbahn**: Mai 1754 Fähnrich im I-R Nr. 39, Mai 1757 Sl, Nov. 1760 Pl, April 1774 Stabs-Cap., Okt. 1774 Chef e. Comp., Nov. 1782 Major, Sep. 1790 Ol, Okt. 1792 Orden p.l.m., Jan. 1793 Obrist, Okt. 1793 Kommandeur d. I-R Nr. 39, Aug. 1794 dim. mit Pension; **Güter**: seit 1773 Erbherr auf Kotlow, Varchminshagen B und Varchmin C, 1797 im Wert von 11/m T., 1804 besaß diese Güter d. Ltnt. Alexander Eugen Wilhelm Henning von Kameke (1777–1854), d. Neffe d. Obristen; **Bruder**: Daniel Wilhelm Henning (1735–1788), Dez. 1755 Fähnrich im I-R Nr. 24, Jan. 1758 Sl, Mai 1760 Pl, April 1766 Inspekt.-Adjutant bei GM Bernhard Alexander von Diringshofen, Juni 1770 Stabs-Cap.,

Okt. 1773 Chef e. Comp., Okt. 1782 Major, Okt. 1788 gest., seit 1773 Erbherr auf Bitzicker A im Wert von 15/m T., 1793 gehörte d. Gut seinen Erben in Frankfurt an d. Oder, deren freies Vermögen 11 040 T. betrug; **Ehefrau**: Wilhelmine Ulrike Sophie, geb. von Massow (1759–1820), sie hatte *illata* von 5 593 T., beider **Sohn**: Alexander Eugen Wilh. Henning (1777–1854), April 1795 Cornet im D-R Nr. 1, Aug. 1798 Sl, Juni 1801 dim., Juni 1813 Rittmstr. im 3. Pomm. Landwehr-Kav.-Reg., Mai 1818 Major, April 1848 Abschied als Ol, dieser erhielt am 4. Dez. 1797 d. *venia aetatis*, ihm gehörten damals ¾ des Gutes Bitzicker, er hatte d. Gut für 17/m T. angenommen, nach Abzug d. Schulden u. Abfindung d. Schwestern blieben ihm 4 873 T. frei, später Erbherr auf Varchminshagen, Landrat;

Quellen: GStA, I. HA, Rep. 30, Nr. 44, K 59, Pakete 9 301 u. 9 302; Nr. 243, Vas.tab. 1767, 1793, 1804; IV. HA, Rep. 1, Nr. 76, Bl. 68; Stabi, Ms. boruss. fol. 316; Brüggemann, T. 2/2, S. 549, 569; Lehmann, Ritter, S. 222; Jb. dt. Adel, Bd. 2, S. 186;

Cap. Carl August Wilhelm von Kaminsky (* 1768)*

Vater: Carl Friedrich (1737–1781), zuletzt Major im K-R Nr. 5; **Laufbahn**: Mai 1775 *cadet* in Stolp, April 1781 *cadet* in Berlin, seit 1783 im Regiment, Aug. 1786 Fähnrich im I-R Nr. 35, Juni 1789 Sl, Jan. 1795 zum *Cadetten-Corps* nach Stolp, Nov. 1796 Stabs-Cap., Mai 1808 als Licent-Inspektor in Swinemünde versorgt;

Quellen: GStA, IV. HA, Rep. 1, Nr. 76, Bl. 75; Stabi, Ms. boruss. fol. 311; Stolper Kadetten, S. 8 (danach aus Dramburg geb.); Taeglichsbeck, S. 272;

Ltnt. Carl Peter Heinrich von Kannewurf (* 6. Sep. 1770, † 28. Sep. 1792)*

Vater: Heinrich Gottlob (1726–1799)*, diente von 1745 bis 1787 im I-R Nr. 30, Jan. 1794 Gl, Febr. 1796 Kriegsminister; **Mutter**: Magdalene Sophie, geb. von Parsenow (* 1747); **Bruder**: Ernst Friedrich Philipp (1773–1836), Dez. 1791 Fähnrich im I-R Nr. 46, Juli 1795 Sl, Sep. 1797 zur 2. Ostpreuß. Füsilier-Brigade, Mai 1802 Pl, Aug. 1805 Stabs-Cap., Febr. 1806 dim., Juni 1813 Major beim 2. Ostpreuß. Landwehr-I-R, Dez. 1813 Kommandeur, Mai 1814 dim.; **Laufbahn**: trat 1783 in d. Militärdienst ein, Juni 1787 Fähnrich im I-R Nr. 30, Jan. 1790 Sl, 1792 in d. *frz. Campagne* an d. Ruhr gest;

Quellen: GStA, IV. HA, Rep. 1, Nr. 76, Bl. 94; Stabi, Ms. boruss. fol. 311; Tb. Uradel 1907, S. 347 (C.P.H. in Demmin geb., d. Bruder in Anklam); Priesdorff, Nr. 754 (Vater);

Ltnt. Caspar George von Kantrzinsky (* 1699)

aus *Cassuben* gebürtig; **Laufbahn**: seit etwa 1717 im Militär, stand im Dez. 1739 u. Sep. 1740 als Ltnt. im H-R Nr. 1, vor 1755 abgegangen; (**verwandt**: Adam Gerhard von Kantrzinsky (* 1691), aus Pommerellen, seit 1709 im Militär, 1741 Sl im I-R Nr. 38: Stabi, Ms. boruss. fol. 316);

Quellen: Stabi, Ms. boruss. fol. 311;

Cap. Friedrich Wilhelm von Kantrzinsky (1727–1771)

aus *Cassuben* gebürtig; **Laufbahn**: seit 1744 im Militär, Juli 1749 Fähnrich im I-R Nr. 28, Aug. 1755 Sl, April 1760 Pl, 1771 als Cap. gest.;

Quellen: Stabi, Ms. boruss. fol. 314;

Cap. Heinrich von KANTRZINSKY (* um 1729, † 1780) *

aus Pommern gebürtig; **Laufbahn**: seit 1744 im Militär, Juni 1756 Fähnrich im Grenadier-Garde-Bat. Nr. 6, Jan. 1758 Sl, Febr. 1762 Pl, Mai 1770 Stabs-Cap., Mai 1772 Cap. u. Chef e. Comp., Mrz. 1778 mit Pension dim.; im Mai 1780 bat seine **Witwe** mit Hinweis auf d. Rang ihres jüngst verst. Mannes aus (Chosnitz) bei Bütow um eine Pension aus d. pomm. Meliorationsfonds;

Quellen: GStA, I. HA, Rep. 30, Nr. 43, Paket 9236; IV. HA, Rep. 1, Nr. 76, Bl. 99; Reinhard, Garde, S. 532 (danach aus d. Mittelmark gebürtig);

Major, Oberforstmeister George Ernst Ludolph von KATZLER (* 5. Sep. 1727, † 18. Febr. 1797) *

Vater: Nicolaus Andreas (1696–1760) *, Aug. 1714 Cornet im K-R Nr. 2, Mai 1741 Ol, Nov. 1741 Kommandeur d. K-R Nr. 2, Juli 1745 GM, Sep. 1747 Chef d. K-R Nr. 10, Sep.1755 Gl, Erbherr auf Grimminghausen in Westfalen; **Mutter**: Maria Cunigunde, geb. von Bardeleben (1696–1767); **Bruder**: Franz Wilhelm (1730–1760), Juni 1748 Cornet im K-R Nr. 10, Mai 1754 Ltnt., Juni 1758 Stabs-Rittmstr., Febr. 1759 Chef e. Escadron, als Rittmstr. im K-R Nr. 6 1760 gest.; **Bruder**: Friedrich August (* 1731), Mrz. 1748 Fähnrich im I-R Nr. 13, Dez. 1751 Sl, Juni 1758 Pl, Jan. 1762 als Cap. dim.; **Laufbahn**: Dez. 1744 Cornet im K-R Nr. 2, Mai 1750 Ltnt., 1756, 1757 bei Lobositz u. Prag Adjutant d. Prinzen August Wilhelm von Preußen, Juni 1758 Stabs-Rittmstr., bei Zorndorf Aug. 1758 als Brigade-Major von d. Kavallerie in d. Suite d. Königs, Okt. 1759 Chef e. Escadron, 1760 unglücklich vom Pferd gefallen, erlitt e. Brustschaden, daher Aug. 1760 als Major dim.; seit Juni 1787 Oberforstmeister in Marienwerder; **Ehefrau**: Sophie Wilhelmine, geb. von Versen (1728–1820); **Güter**: erwarb 1781 d. Güter Reitz u. Vessin im Krs. Stolp für 18300 T. von Carl Ludwig von Bandemer, blieb davon jedoch 12/m T. schuldig, bat 1788 immediat um Meliorationsgelder für d. Gut Reitz, woraufhin seine Vermögensumstände untersucht wurden; im Aug. 1788 bat seine Frau um e. Gratialgut, seine Witwe saß noch 1804 auf Reitz u. Vessin für zs. 19/m T.; **Sohn**: Andreas George Friedrich (1764–1834) *, Jan. 1780 Cornet im H-R Nr. 8, 1794 als Ltnt. gen., Febr. 1798 Chef e. Escadron, Mai 1805 Major, Dez. 1813 GM, Mrz. 1818 Gl, Juni 1825 Ruhestand;

Quellen: GStA, I. HA, Rep. 30, Nr. 243, Vas.tab. 1794, 1804; II. HA, Abt. 13a, Tit. III, Litt K, Nr. 16; IV. HA, Rep. 1, Nr. 76, Bl. 138; Priesdorff, Nr. 353 (Vater), Nr. 1 219 (Sohn); biogr. Handbuch, S. 478–479;

Ltnt. Friedrich Abraham von KEFFENBRINCK (* 21. Febr. 1742, † 27. Sep. 1809)

Vater: Martin Heinrich (1706–1792), Adelserneuerung 1742, Erbherr auf Plestlin im Krs. Demmin, 1767 im Wert von 16/m T., darauf keine Hypotheken, aber Privatschulden bei Geschwistern u. Fremden in Höhe von 16600 T., das Gut soll im Krieg u. durch Unglücksfälle *vorzüglich gelitten* haben, besaß außerdem Oebelitz, Dolgen u. Millienhagen in Schwed.-Pommern; **Mutter**: Margarethe Eleonore, geb. von Elver (1717–1755); **Bruder**: Carl Wilhelm (1735–1794) *, Hofgerichtsrat; **Bruder**: George Gustav (1739–1798), seit 1756 im Militär, Jan. 1757 Cornet im K-R Nr. 5, Jan. 1760 Ltnt., April 1765 dim.; **Bruder**:

Joachim Heinrich Moritz (1745–1820), (1764 Gefr.corp. im I-R Nr. 7), Jan. 1765 Fähnrich im I-R Nr. 8, Okt. 1772 Sl, Jan. 1781 Pl, April 1788 Stabs-Cap., Dez. 1793 Cap. u. Chef e. Comp., Juni 1796 dim., seit 1793 Mitbesitzer von Plestlin im Krs. Demmin im Wert von 16/m T.; **Laufbahn**: Sep. 1758 Cornet im D-R Nr. 8, Jan. 1760 Sl, Nov. 1773 Pl, Mrz. 1780 nach 22 Dj. dim. (mit d. Charakter Rittmstr.); **Güter**: besaß 1793 zs. mit d. Brüdern d. väterliche Gut Plestlin im Wert von 16/m T., dazu alleiniger Erbherr auf Griebenow in Schwed.-Pommern; 1804 zs. mit d. Bruder J.H.M. Besitzer von Plestlin;

Quellen: GStA, I. HA, Rep. 30, Nr. 43, Paket 9232; Nr. 243, Vas.tab. 1763, 1767, 1793, 1804; IV. HA, Rep. 1, Nr. 76, Bl. 165; Stabi, Ms. boruss. fol. 310, fol. 311 (Bruder G.G., danach geb. 1731, 1750 Junker im K-R Nr. 5); Brüggemann, Vorpommern, S. 105; Baerensprung, S. 518, S. 525, S. 529; Tb. Briefadel 1928, S. 285; Priesdorff, Offz.stammliste, S. 99 (Bruder J.H.M., geb. Jan. 1746); biogr. Handbuch, S. 480 (Bruder C.W.);

Cap. Johann Benjamin Friedrich von KEFFENBRINCK
(* 23. Juli 1754, † 2. Mai 1793)

Vater: Julius Friedrich (1714–1775)*, seit 1766 Chef-Präsident d. Stettiner Regierung; **Laufbahn**: trat 1770 ins Regiment ein, Jan. 1774 Fähnrich im I-R Nr. 30, Okt. 1775 Sl, Nov. 1784 Pl, Juni 1791 Stabs-Cap., 1793 als aktiver Offizier an e. Blessur bei Landau gest.; **Ehefrau**: Christine Henriette Margarethe, geb. Edle von Essen († 1829); **Sohn**: August Friedrich Heinrich (1785–1830), Sep. 1799 Fähnrich im I-R Nr. 30, Juli 1802 Sl, Aug. 1808 zum Kolberger I-R, Aug. 1811 Pl, Juni 1813 Stabs-Cap., Juni 1813 zum 2. Garde-Reg., April 1815 Major;

Quellen: GStA, I. HA, Rep. 30, Nr. 243, Vas.tab. 1763, 1767; IV. HA, Rep. 1, Nr. 76, Bl. 165; VI. HA, Nl Gneisenau, Nr. 691; Stabi, Ms. boruss. fol. 311; Tb. Briefadel 1928, S. 287 (gest. 29.3.1793); biogr. Handbuch, S. 480 (Vater);

Cap. Friedrich Wilhelm von KEITH (* 1710, † 24. Febr. 1755)

Vater: besaß zs. mit seiner Frau Vigilantia Elisabeth, geb. von Woedtke, pfandweise Anteile an d. Gütern Lodder u. Poberow im Krs. Rummelsburg; **Bruder**: Peter Christoph Carl (* um 1707), Ol u. Stallmeister in Berlin; **Bruder**: Johann Friedrich (1714–1793)*, Justizdirektor in Preußen; **Laufbahn**: seit 1730 im Militärdienst, 1742 Pl im I-R Nr. 39, 1755 als Cap. gest.; (**verwandt,** identisch: Franz Heinrich von Keith (* 1700), Ltnt., seit 1740 Erbherr auf Anteil Groß Born im Krs. Neustettin im Wert von 666 T.: I, Rep. 30, Nr. 243, Vas. tab. 1756, 1763; Brüggemann, T. 2/2, S. 743–744);

Quellen: Stabi, Ms. boruss. fol. 316, fol. 319 (Hinweis auf Vater u. Brüder, danach Cap. im I-R Nr. 34); Brüggemann, T. 2/2, S. 797, S. 799; biogr. Handbuch, S. 480–481 (Brüder);

Gl Christian Ludwig von KENITZ (* Aug. 1724, † 11. Okt. 1797)*

Vater: Christian Ludwig (1692–1758), aus d. NM gebürtig, seit 1724 im Militär, 1750 Ltnt., 1757 als Rittmstr. im H-R Nr. 2 in e. preuß. Garn.-Reg. versetzt, 1758 als Cap. im Garn.-Reg. Nr. 10 an Blessuren gest.; **Mutter**: Ilse, geb. von Wolde; **Laufbahn**: 1739 Gefr. corp. im I-R Nr. 7, April 1744 Fähnrich, Juni 1745 Sl, Okt. 1752 Pl, Mai 1757 Cap. u. Chef e. Grenadier-Comp., April 1764 Major u. Chef d. Grenadier-Bat. von Lubath, Juni 1772 Ol,

Juni 1773 Orden p.l.m., Dez. 1773 Kommandeur d. I-R Nr. 7, Mai 1776 Obrist, Dez. 1783 Chef d. I-R Nr. 39, Mai 1784 GM, Aug. 1790 Gl, Febr. 1793 mit Pension dim.; in erster **Ehe** verh. mit Catharina Dorothea verw. von Zastrow, geb. von Lohde; **Güter**: erwarb 1764 d. Gut Tarnow im Borckeschen Krs. im Wert von 6/m T., erwirkte im Febr. 1775 dessen Allodifikation, verkaufte es vor 1793 u. erwarb Falkenberg im Krs. Pyritz im Wert von 30/m T.; seine **Schwester** Lovise Juliane (* 1722, † 1798) besaß 1774 kein Vermögen, hielt sich auf d. Gut d. Bruders auf u. lebte von dessen Unterstützung, die ihm schwergefallen sein soll, sie bekam nach etlichen Gesuchen 1781 e. Pension von 100 T. aus d. pomm. Meliorationsfonds;

Quellen: GStA, I. HA, Rep. 30, Nr. 43, Paket 9 237; Nr. 243, Vas.tab. 1767, 1793; Brüggemann, T. 2/1, S. 355–356; Priesdorff, Nr. 700;

Ol George Wilhelm von KER(C)KOW (* um 1748, † Mrz. 1818)

Vater: Hans Sigismund, Erbherr auf Pammin im Krs. Dramburg; **Mutter**: Anna Louisa, geb. von Wedel († 1777), in zweiter Ehe verh. mit d. Notar Gottfried Zülow, sie erbte 1760 von ihrer Schwester Abigail, Witwe Eccard Wilhelm von Kleist, d. Gut Ristow im Krs. Belgard im Wert von 5 666 T.; **Bruder**: Ernst Siegismund (* 1745, † 15. Dez. 1778), seit 1764 im Militär, Nov. 1767 Fähnrich im I-R Nr. 26, Nov. 1770 Sl, Nov. 1778 Pl, im Dez. d.J. an bei Weiskirchen erlittenen Blessuren gest.; **Laufbahn**: Febr. 1763 Fähnrich im I-R Nr. 1, Juni 1766 Sl, Sep. 1778 Pl, befand sich mehrere Jahre, so 1780, auf Werbung in Speyer, Jan. 1784 Stabs-Cap., Febr. 1788 Cap. u. Chef e. Comp., Juni 1795 Major, Jan. 1805 Ol u. Kommandeur d. 3. Mousq.-Bat. d. I-R Nr. 13, Dez. 1813 pens.; **Güter**: in ihrem im Aug. 1775 errichteten Testament setzte d. Mutter beide Söhne zu ihren Universalerben ein, diese bezifferten 1778 d. mütterl. Vermögen auf 12 110 T.; G. Zülow soll sie d. Brüdern zufolge zu d. zweiten Heirat überredet u. sie durch d. Aussetzung von Legaten für sich u. seine Töchter in Höhe von 8 106 T. hinters Licht geführt haben; den beiden Offz. blieben damit als mütterl. Erbe nur noch 4 003 T.; 1780 wollte d. Stiefvater d. damaligen Pl G.W. 4 200 T. zahlen u. d. Gut behalten; 1793 bis 1801 befand sich d. Gut in d. Hand d. Majors von Ker(c)kow, 1797 im Wert von 15/m T., seit 1802 dann in der d. Justiz-Commissarius Zülow;

Quellen: GStA, I. HA, Rep. 30, Nr. 44, K 57 L, Paket 9 295; Nr. 243, Vas.tab. 1793, 1799, 1801, 1804; IV. HA, Rep. 1, Nr. 76, Bl. 212; Stabi, Ms. boruss. fol. 313, fol. 314 (Bruder); Brüggemann, T. 2/2, S. 665;

Ltnt. Hans Ernst Siegismund von KER(C)KOW (* um 1765, † Aug. 1787) *

Vater: Hans Caspar (* 1723, † 21. Nov. 1777), seit 1738 im Militär, Aug. 1744 Cornet im D-R Nr. 4, Jan. 1746 Sl, Okt. 1755 Pl, Sep. 1758 Stabs-Rittmstr., Mai 1763 Major u. Chef e. Escadron, Mai 1775 Ol im D-R Nr. 4; **Mutter**: Anna Louise Deliana, geb. von Puttkamer (1736–1796), in zweiter Ehe verh. mit d. Major Leopold Christian von Woedtke vom D-R Nr. 4, s.d., ließ sich nach dessen Flucht 1782 von ihm scheiden u. nahm wieder d. Namen von Ker(c)kow an; **Laufbahn**: trat ins D-R Nr. 4 ein, Cornet, Juli 1785 Sl, 1787 ertrunken;

Quellen: GStA, I. HA, Rep. 30, Nr. 44, W 142, Paket 9 398; IV. HA, Rep. 1, Nr. 76, Bl. 212; Stabi, Ms. boruss. fol. 313 (Vater); Schöning, D-R Nr. 3, S. 103, S. 199, S. 423 (Vater); Fam.gesch. Puttkamer 1984, S. 266;

Cap. Johann Ephraim von KESTELO(O)TH (* 1741, † Okt. 1803) *

aus Pommern gebürtig; **Laufbahn**: 1756 als Junker ins Regiment, Nov. 1758 Fähnrich im I-R Nr. 11, Juni 1763 Sl, Juni 1765 dim., Sep. 1772 Pl im Garn.-Reg. Nr. 2, Juni 1778 Stabs-Cap., Febr. 1779 Cap. u. Chef e. Comp., Sep. 1787 zum Füsilier-Bat. Nr. 3, Dez. 1791 auf Pension, 1797 beim I-R Nr. 58 plaziert; **Ehefrau**: Anna Catharina Henriette, geb. Ehmann (* 1748); **Sohn**: Ernst Heinrich Leopold (1778–1847) *, April 1794 Gefr.corp. im I-R Nr. 14, Mrz. 1795 Fähnrich, Okt. 1796 Sl, Mai 1807 Pl, Juli 1809 Orden p.l.m., Dez. 1812 Cap. u. Chef e. Comp., Mrz. 1836 GM, 1838 Abschied mit Pension; (**verwandt,** Sohn: Friedrich Wilhelm (* um 1775, † 6. Febr. 1826), stand anfänglich im Artillerie-Corps, Aug. 1793 Cornet beim Reg. Bosniaken, Sep. 1794 Orden p.l.m., Okt. 1797 Sl, Jan. 1806 Pl, Nov. 1807 ins Reg. Ulanen, Febr. 1809 Stabs-Rittmstr., Dez. 1809 Chef e. Escadron, Mrz. 1813 d. Brandenburg. Ulanen-Reg. aggr., Okt. 1815 Major, Mrz. 1817 ausgeschieden: IV. HA, Rep. 1, Nr. 76, Bl. 233; Dziengel, 2. Ulanen-Reg., S. 175, Lehmann, Ritter, S. 345);

Quellen: GStA, IV. HA, Rep. 1, Nr. 76, Bl. 233; Stabi, Ms. boruss. fol. 314; Becker, I-R Nr. 11, S. 299, S. 417; Priesdorff, Nr. 1 557 (Sohn);

Cap. Gwalter Heinrich Wilhelm von KETEL (* 16. Juli 1775, † Jan. 1836)

Vater: Gwalter Bogislav, dän. Cap., erheiratete d. vorpomm. Gut Müggenburg im Krs. Anklam im Wert von 30/m T., das seit 1791 verpachtet war, dann um 1802 an Philipp Anton Ulrich Wilhelm von Gagern verkauft wurde; (Stief-)**Mutter**: Eva Melusine Caroline, e. geb. von Eickstedt, sie besaß auch d. Güter Panschow B u. Teterin B im Krs. Anklam; **Laufbahn**: engagierte sich um 1790 als Junker im D-R Nr. 4, Jan. 1793 Cornet, Mai 1794 Sl, Okt. 1800 mit d. Charakter Cap. dim.; hatte fünf **Schwestern**, darunter Clara Catharina Dorothea Ulrica (* 4. Nov. 1767) und Charlotta Anna Christiana (* 29. Okt. 1779);

Quellen: GStA, I. HA, Rep. 30, Nr. 44, K 64 i, Paket 9 309; Nr. 243, Vas.tab. 1793, 1799, 1804; IV. HA, Rep. 1, Nr. 76, Bl. 235 (hier mit d. Namen Friedrich Wilhelm);

Cap. Hans Friedrich Wilhelm Frhr. von KIRCHBACH, (* 27. April 1727, † 6. Okt. 1800)

Vater: Hans Julius (1663–1745), kgl.-schwed. Gl, Oberjägermstr. im Hzgtm. Pommern, seit 1708 Erbherr auf Hohenmühl(e) in Schwed.-Pommern, seit 1718 auf Padderow im Krs. Anklam, seit 1720 Freiherr, war dessen ältester Sohn, **Mutter**: Agnisa Juliane (* 1757), e. To. d. hessischen Cap. Heinrich Christoph von Schwerin, Erbherr auf Wisbuhr u. Seidel im Ftm. Cammin, **Bruder**: Hans Heinrich Julius (1729–1750), seit 1746 Junker, Juli 1747 Cornet im D-R Nr. 5, als solcher im Okt. 1750 gest.; **Laufbahn**: April 1744 Fähnrich, Jan. 1747 Ltnt. im I-R Nr. 24, Mai 1752 auf Wunsch dim., erhielt später d. Charakter Cap.; **Güter**: seit 1748 Erbherr auf dem vom Vater gekauften Gut Padderow, dazu auf Hohenmühl u. Heinrichshagen in Schwed.-Pomm., hatte seinen Wohnsitz in Padderow, 1797 im Wert von 30/m T.; ohne Leibeserben verst., nach 1800 ging d. Gut und d. Freiherrntitel über an den Lehnsvetter Hans Julius von Kirchbach (1739–1819), hessen-kasselscher Cap., Erbherr auf Hohensee;

Quellen: GStA, I. HA, Rep. 30, Nr. 243, Vas.tab. 1756, 1763, 1767; Rep. 30 B, Nr. 28 b, Litt P, Paket 10226; IV. HA, Rep. 1, Nr. 76, Bl. 281 (H.F.W.); Stabi, Ms. boruss. fol. 316 (Abgangsliste I-R 24); Brüggemann, Vorpommern, S. 65–66; T. 2/2, S. 607–608; Albedyll, Anhang, S. 53 * (Bruder H.H.J.); Fam.gesch., S. 11, S. 20;

Ltnt. Hans Gotthelf von KIRCHBACH (1708–1769)

Vater: Hans Gotthelf (1660–1727), kgl.-schwed. Cap., **Mutter**: Charlotte Ilsabe, geb. von Arenstorff (1660–1713); **Laufbahn**: Aug. 1722 *cadet* in Berlin, 1727 Fähnrich im I-R Nr. 26, 1731 Ltnt., (1737 bzw.) 1738 als Ltnt. dim.; seit Okt. 1738 Erbherr auf Hohen see, Gr.-Bünzow, Klischendorf, Pamitz u. Bömitz in Schwed.-Pommern, mitbelehnt auf Padderow im Krs. Anklam; **verheiratet** mit Magdalena Euphemia, geb. Freiin von Fürstenberg (1710–1778); **Sohn**: Hans Julius (1739–1819), stand 1767 als Cap. in hessen-kasselschen Diensten, 1793 vorm. Cap.; **Sohn**: Gotthelff Gustav Wilhelm (1741–1805), hielt sich 1767 in Gr.-Bünzow auf; **Güter**: 1804 befand sich Padderow im Krs. Anklam im Wert von 30/m T. im Besitz der beiden ledigen Söhne, beide wohnten in Hohensee in Schwed.-Pommern;

Quellen: GStA, I. HA, Rep. 30, Nr. 243, Vas.tab. 1756, 1763, 1767, 1804; Stabi, Ms. boruss. fol. 314; Crousaz, Beilage C, S. 33; Fam.gesch., S. 10–11;

Ltnt. Adam Friedrich von KLEIST (* 1714)*

Vater: Christian Heinrich, bis 1715 Erbherr auf Warnitz A im Krs. Pyritz; **Mutter**: e. geb. von Oesterreich; **Laufbahn**: seit 1724 im Militär, Nov. 1735 Fähnrich im I-R Nr. 2, Febr. 1740 Sl, Jan. 1744 Pl, Aug. 1750 ins Invalidenhaus in Königsberg, unbeerbt gest.;

Quellen: GStA, IV. HA, Rep. 1, Nr. 77, Bl. 18; Stabi, Ms. boruss. fol. 311; Brüggemann, T. 2/1, S. 166 (Vater hier als H.C.); Fam.gesch., Linie Muttrin-Damen, S. 292–294; Oelsnitz, I-R Nr. 2, S. 388, S, 422, S. 923 (danach seit 1723 im Reg.);

Cap. Adam Heinrich von KLEIST (* 20. Febr. 1757, † 3. Juli 1811)*

Vater: Adam Heinrich (1717–1759), Uffz. im I-R Nr. 8, seit 1742 Erbherr auf Kiekow im Krs. Belgard; **Mutter**: Barbara Luise, geb. von Seiger, sie erbte von ihrem Vater d. Güter Barkenbrügge F, Grünhof, Plietenitz, Dieck B, Hammer B u. Steinfort C im Krs. Neustettin, 1763 im Wert von 8/m T., sie hatte ihren Wohnsitz in Kiekow, in zweiter Ehe verh. mit d. Landrat Heinrich Joachim von Woldeck; **Bruder**: Bernhard Wilhelm (1751–1785), Mrz. 1772 Ltnt. im Ingenieur-Corps, stand 1777 in Breslau; **Laufbahn**: Juli 1773 Fähnrich im I-R Nr. 4, Febr. 1776 Ltnt., Juni 1783 Abschied, April 1803 Charakter Cap.; **Güter**: erbte von seinem Vater Kiekow, Muttrin A u. B u. Anteil Döbel im Krs. Belgard, 1767 hatten d. väterl. Güter e. Wert von 7 530 T., darauf Schulden von 6 894 T., verkaufte sie 1799 d. Ltnt. Gustav Ludwig Sigismund von Petersdorff für 85/m T.; **Ehefrau**: Juliane Friederike Wilhelmine, geb. von Grape († 1828);

Quellen: GStA, I. HA, Rep. 30, Nr. 186 d, Paket 9 839; Nr. 243, Vas.tab. 1793 (d. Güter Döbel A u. B, Muttrin A u. B danach in d. Hand d. Ltnt.s Heinrich Casimir v. Kl., Wert 20/m T.), 1799, 1804; IV. HA, Rep. 1, Nr. 77, Bl. 24–25 (A.H. hier als H.A.); Fam.gesch., Linie Muttrin-Damen, S. 540–542;

Obrist Andreas Joachim von KLEIST (* 16. Juli 1678, † 26. Juli 1738)*

Vater: Reimar († 1685), Erbherr auf Schmenzin im Krs. Belgard u. Dargen im Ftm. Cammin; **Mutter**: Herrath Erdmuth, geb. von Kleist (1660–1681); **Laufbahn**: seit 1694 im Militär, 1698 Uffz. im Reg. Dohna, 1702 Fähnrich im I-R Nr. 6 (bzw. 17), 1703 Ltnt., 1709 Stabs-Cap., Juni 1712 Cap. im I-R Nr. 6, Febr. 1713 Major, 1715 Ol, 1728 Obrist, Mrz.

1736 Chef d. I-R Nr. 14; **Güter**: seit 1714 Erbherr auf Anteil Schmenzin im Krs. Belgard; **Ehefrau**: Marie Elisabeth, geb. von Hacke (1700–1758), aus beider Ehe 16 Kindern; **Sohn**: Friedrich Wilhelm (1717–1797), April 1736 Cornet im K-R Nr. 7, Juni 1752 Chef e. Escadron, Juli 1756 Major im K-R Nr. 7, April 1759 dim.; **Sohn**: Wilhelm Adrian (1721–1795), Mrz. 1738 Cornet im K-R Nr. 12, April 1744 Sl, Mai 1753 Stabs-Rittmstr., Juni 1756 Chef e. Escadron, Mrz. 1758 als Major im K-R Nr. 12 dim.; **Sohn**: Ludwig Leopold (1723–1790), Sep. 1740 Fähnrich im I-R Nr. 19, Okt. 1741 Sl, Nov. 1748 Pl, Juni 1756 Stabs-Cap., Mrz. 1757 Cap. u. Chef e. Comp., Dez. 1758 Major, Juni 1765 Ol, Juni 1766 auf Wunsch dim.; **Sohn**: Friedrich Wilhelm Gottfried (1724–1767) *, Juni 1744 Cornet im K-R Nr. 10, Nov. 1756 Major im H-R Nr. 1, Sep. 1757 Orden p.l.m., Mai 1759 Obrist u. Chef d. H-R Nr. 1, Mai 1762 GM; **Sohn**: Friedrich Joachim (1730–1803), Major in e. Frei-Corps; **Sohn**: Friedrich Carl Leopold (1731–1799), Juni 1752 Fähnrich im I-R Nr. 27, Aug. 1758 Pl, Juli 1764 dim. (erhielt später d. Charakter Cap.); **Sohn**: Wilhelm Heinrich (1735–1806), Juni 1753 Cornet im K-R Nr. 10, Okt. 1758 als Ltnt. d. Orden p.l.m., Sep. 1764 Chef e. Escadron, Febr. 1777 Major, Juni 1788 Obrist im K-R Nr. 10, Okt. 1788 mit 600 T. Pension dim.; **Sohn**: Friedrich Ferdinand (1735–1810), Mrz. 1754 Cornet im K-R Nr. 10, Okt. 1768 Chef e. Escadron, Sep. 1777 Major im K-R Nr. 10, Nov. 1788 als Obrist dim.; **Sohn**: Hans Reimar (1736–1806) *, Sep. 1754 Cornet im K-R Nr. 12, Mai 1762 Rittmstr. im H-R Nr. 1, Sep. 1775 Major im H-R Nr. 4, Sep. 1789 als Obrist u. Kommandeur d. Reg. Orden p.l.m., Jan. 1793 GM im H-R Nr. 4;

Quellen: GStA, IV. HA, Rep. 1, Nr. 77, Bl. 14, Bl. 18, Bl. 20–21 (mit teils anderen Daten als in d. Fam. gesch.); Stabi, Ms. boruss. fol. 314 (1713 stand e. Andreas Joch. (* 1680) als Cap. im I-R Nr. 22); fol. 315 (Sohn F.W.); Gesch. I-R Nr. 19, S. 117 (Sohn L.L.); Brüggemann, T. 2/2, S. 669; Fam.gesch., Linie Muttrin-Damen, S. 320–321, S. 329–331, S. 364–371; Priesdorff, Nr. 531 (Sohn F.W.G.), Nr. 862 (Sohn H.R.);

Cap. Anton von Kleist (* 25. April 1727, † 1785) *

Vater: Jürgen (George) Lorenz (* 1679, † 1750), seit 1697 im Militär, zunächst in holländ. Diensten, April 1717 Rittmstr. im D-R Nr. 5, Aug. 1727 Major, Sep. 1731 dim., seit 1717 Erbherr auf Kowalk im Krs. Belgard, erwarb 1748 Reckow im Ftm. Cammin, 1749 Zarnekow im Krs. Belgard; **Mutter**: Agnesa Hedwig, geb. von Zitzewitz; **Bruder**: Ewald Friedrich (1718–1759), Jan. 1736 Fähnrich im I-R Nr. 7, Sep. 1740 Sl, Okt. 1741 Stabs-Cap. im I-R Nr. 42, Febr. 1742 Cap. u. Chef e. Comp, Sep. 1755 Major, Dez. 1758 Ol, Juni 1759 in Glatz gest., seit 1751 Erbherr auf Reckow im Ftm Cammin für 16/m T., trat dieses 1754 d. Bruder M.G. ab; **Bruder**: Martin George (1719–1756), Okt. 1740 Fähnrich bei Persode, Dez. 1743 Sl, Sep. 1746 Pl im I-R Nr. 33, seit Okt. 1750 im I-R Nr. 17, Abschied um 1751, seit 1751 auf Zarnekow, Kowalk u. Dimkuhlen, erhielt bei d. Teilung dazu noch 5 500 T., trat 1756 erneut in d. Militärdienst, bei Lobositz 1756 gefallen, verh. mit Catharina Sophia Auguste, geb. von Kleist (* 1733); **Bruder**: Hans Joachim Gneomar (1720–1806), Major, s.d.; **Laufbahn**: Mrz. 1744 Fähnrich im I-R Nr. 42, Dez. 1747 Sl, Aug. 1757 Pl, Mai 1762 Cap. u. Chef e. Comp., Mai 1763 auf Wunsch dim.; **Ehefrau**: Catharina Sophia Augusta, geb. von Kleist, Witwe seines Bruders Martin George; **Güter**: wurde bei d. brüderl. Erbteilung 1751 mit d. Geldkavel in Höhe von 20/m T. abgefunden; erhielt durch seine Frau im Juli 1763 d. Güter Zarnekow u. Kowalk im Krs. Belgard, seit 1765 auch auf Dimkuhlen; erwarb 1773 Anteil Natztow u. Kammissow sowie 1780 Drenow im Krs. Belgard; **Sohn**:

George Lorenz August Philipp (1766–1829), Okt. 1785 Cornet im K-R Nr. 5, erhielt am 4. Juni 1787 d. *venia aetatis*, sein Vermögen betrug damals 12 400 T., Juni 1790 Ltnt., Jan. 1791 als Ltnt. dim., 1797 Erbherr auf Kammissow A u. B, auf Natztow A u. B im Krs. Belgard für zs. 27/m T., sein Bruder Wilhelm Johann Ludwig (1772–1841), Jan. 1789 Cornet im D-R Nr. 12, Juni 1790 Sl, nahm im Juli 1795 als Ltnt. d. Abschied, saß 1804 auf Dimkuhlen, Drenow, Zarnekow, Kowalk im Krs. Belgard im Wert von 23/m T.;

Quellen: GStA, I. HA, Rep. 30, Nr. 44, K 62, Pakete 9 306, 9 307; Nr. 243, Vas.tab. 1793, 1804; IV. HA, Rep. 1, Nr. 77, Bl. 15 (Vater), Bl. 18 (E.F.), Bl. 19 (bei M.G. kein Hinweis auf Abschied um 1751), Bl. 20 (Anton), Bl. 27–28 (Söhne); Stabi, Ms. boruss. fol. 312, fol. 313; Fam.gesch., Linie Muttrin-Damen, S. 406, S. S. 425–428, S. 432–434;

Ltnt. Anton (Jürgen) George von Kleist (* um 1711, † 6. Febr. 1751)*

Vater: Tessen Erdmann (1675–1736), Erbherr auf Viezow C u. Anteil Wutzow im Krs. Belgard; **Mutter**: (Elise, geb. von Ploetz); **Bruder**: Daniel Friedrich († um 1748), Ltnt., Erbherr auf Poberow; **Bruder**: Bogislav Heinrich († 20. April 1740), Mai 1734 Fähnrich im D-R Nr. 2, Juli 1735 Ltnt.; **Laufbahn**: seit 1725 im Militärdienst, 1731 Cornet im K-R Nr. 1, (vor 1739 als Ltnt. abgegangen); **Güter**: erbte 1736 d. väterlichen Gutsanteile, löste 1742 d. Gut Poberow im Krs. Greifenberg ein; in zweiter **Ehe** verh. mit Juliana Elisabeth, geb. von Koeller;

Quellen: GStA, IV. HA, Rep. 1, Nr. 77, Bl. 18 (B.H.); Stabi, Ms. boruss. fol. 312; Brüggemann, T. 1, S. 440, T. 2/2, S. 674–675, Fam.gesch., Linie Muttrin-Damen, S. 206–208;

Cap. Anton Richard von Kleist (1701–1761)

Vater: Anton Cyriacus (* 1673), Erbherr auf Schönau im Krs. Schlochau; **Mutter**: Christiane, geb. von Lettow; **Laufbahn**: acancierte im preuß. Heer bis zum Cap.; **Güter**: ließ sich nach d. Abschied auf Schönau im westpreuß. Krs. Schlochau nieder: **Ehefrau**: Dorothea Luise († 20. Mai 1790 im 85. Jahr), e. To. von Friedrich Wilhelm von Versen auf Tiezow im Krs. Belgard, aus d. Ehe fünf Töchter u. sieben Söhne; **Sohn**: Anton Wilhelm (1732–1793), Major, s.d. mehr; d. Witwe d. Cap. zog 1786 mit ihrem Vermögen in Höhe von 2/m T. nach Bublitz im Ftm. Cammin, sie erwarb hier ein ansehnliches Bürgergut von drei Hufen Land, mit einem Wohnhaus u. einer Scheune für 1 050 T., weitere 3 bis 400 T. wandte sie für d. Anschaffung von zwei Pferden, Ackergerät u. sonstigem Inventar auf, sie ließ d. Gut durch zwei ihrer Töchter, einen Knecht u. zwei Mägde bewirtschaften, d. Witwe mußte für d. Wirtschaft d. bürgerlichen Abgaben tragen, so daß der Netto-Ertrag jährlich nur 15 T. betragen haben soll; d. beiden **Töchter** Ernestine Elisabeth (* 8. Sep. 1737, † 29. Sep. 1803) u. Dorothea Helene Friederike hatten ihre Mutter 16 Jahre lang gepflegt u. bekamen daher mit Zustimmung d. anderen Geschwister d. mütterliche Erbe; nach d. Tod d. Mutter baten sie um deren Pension in Höhe von 100 T., auf die sie seit Okt. 1796 die Anwartschaft hatten; Dorothea Helene Friederike (* 9. Juli 1740) heiratete im Juli 1791 d. Ltnt. August Friedrich von Kameke (1762–1806) von d. Invaliden-Comp. in Bublitz u. verlor dadurch ihre Pension von 50 T.;

Quellen: GStA, II. HA, Abt. 13 a, Tit. III, Litt K, Nr. 1; Fam.gesch., Linie Muttrin-Damen, S. 17; als A.R. nicht in IV. HA, Rep. 1, Nr. 77;

Major Anton Wilhelm von Kleist (* 7. Juni 1732, † um 1793)*

Vater: Anton Richard (* um 1701, † 1761), preuß. Cap., Erbherr auf Schönau im Krs. Schlochau, s.d.; **Mutter**: Dorothea Luise, geb. von Versen († 1790); **Bruder**: Otto Richard (* 1731, † vor 1815), Juni 1756 Fähnrich im I-R Nr. 46, Mrz. 1758 Sl, Mai 1766 dim., Erbherr auf d. väterl. Gut Schönau; **Bruder**: Joachim Moritz (* 1733, † vor 1815), 1748 *cadet* in Berlin, Mai 1752 Junker im I-R Nr. 36, Okt. 1756 Fähnrich, Febr. 1758 Sl, Sep. 1763 Pl, Nov. 1773 Stabs-Cap., April 1780 Cap. u. Chef e. Comp., Nov. 1786 Major, Febr. 1793 Ol, Febr. 1795 Obrist, Febr. 1796 Kommandeur d. I-R Nr. 20, Aug. 1798 mit Pension dim.; **Bruder**: Johann Bogislav (1735–1815), Aug. 1757 Fähnrich im I-R Nr. 25, Jan. 1761 Sl, 1763 dim., 1803 Cap. beim Land-Reg. in Köslin, erwarb Okt. 1777 Karvin B im Ftm. Cammin auf Wiederkauf, 1801 u. 1804 auf Karvin C im Wert von 1 706 T. gen., Sohn: Johann Bogislav (* 1780), 1797 Junker; **Bruder**: George Ewald (* 1736, † vor 1815), Mai 1757 Cornet im D-R Nr. 12, Mrz. 1759 Sl, Sep. 1769 Pl, April 1778 beim Artillerie-Train plaziert, als Postmstr. in Insterburg versorgt; **Bruder**: Lorenz Wilhelm (* 1748, † vor 1815), Febr. 1764 Fähnrich im I-R Nr. 25, Aug. 1766 dim., Nov. 1772 beim Garn.-Reg. Nr. 2 plaziert, Mai 1773 Sl, Febr. 1779 Pl, Dez. 1780 *cassirt*, ging nach Amerika; **Laufbahn**: Juli 1755 Fähnrich im I-R Nr. 9, Mai 1757 Sl, Sep. 1761 Pl, Juni 1769 Stabs-Cap., Aug. 1771 Cap. u. Chef e. Comp., Juli 1786 Major, im Feldzug 1792, 1793 gest.; zweite **Ehefrau**: Marie Eberhardine Franziska, geb. von Kleist; **Sohn**: Friedrich Wilhelm Werner (1789–1830), Jan. 1806 Fähnrich im I-R Nr. 9, Febr. 1813 als Sl dim.;

Quellen: GStA, IV. HA, Rep. 1, Nr. 77, Bl. 21–22; Stabi, Ms. boruss. fol. 311 (Bruder G.E.), fol. 314 (Bruder L.W., aus Pomm.); fol. 315 (danach aus Pommern), fol. 316 (O.R.); Gesch. I-R Nr. 36, S. 98 (Bruder J.M.); Fam.gesch., Linie Muttrin-Damen, S. 17–21;

Ol Asmus Heinrich von Kleist (* 8. Jan. 1688, † 27. Okt. 1756)*

Vater: Franz Hans († 1733), Erbherr auf Dallentin u. Vorwerk Zamenz im Krs. Neustettin, **Mutter**: Dorothea Maria, geb. von Schweder († 1739); **Bruder**: Zabel George (1702–1762), Major, s.d. mehr zur Fam.; **Laufbahn**: seit 1702 im Militär, stand vier Jahre bei Micrander in Kolberg, Mrz. 1707 Fähnrich im I-R Nr. 26, April 1709 Ltnt., Mrz. 1715 Stabs-Cap., Dez. 1719 Cap. u. Chef e. Comp., nach 25 Jahren sieben Monaten im I-R Nr. 26 in Berlin im Juni 1732 ins Garn.-Reg. Nr. 2 versetzt, Juni 1735 Major (u. Kommandant d. Festung Pillau), Aug. 1743 Ol, Okt. 1756 Suizid;

Quellen: GStA, IV. HA, Rep. 1, Nr. 77, Bl. 14; Stabi, Ms. boruss. fol. 314 (Hinweis auf d. verschied. Reg.), fol. 319; Brüggemann, T. 2/2, S. 747–748, Fam.gesch., Linie Villnow-Raddatz, S. 72–77;

Cap. Bogislav Heinrich von Kleist (* 2. Dez. 1720, † 20. Dez. 1791)

Vater: Bogislav Heinrich (1680–1731), Juli 1709 Cap. im I-R Nr. 6, Mrz. 1713 Major im I-R Nr. 22, Okt. 1718 Ol, seit 1714 Erbherr auf Gissolk im Krs. Neustettin, seit 1719 auf Groß Raddow im Borckeschen Krs.; **Mutter**: Abigail Elisabeth, geb. von Edling **Laufbahn**: seit 1739 im Regiment, Juni 1740 Fähnrich im I-R Nr. 38, Mai 1741 Sl, Febr. 1746 Pl, Dez. 1757 (als Cap.) dim.; **Güter**: seit 1743 Erbherr auf Groß Raddow im Borckeschen Krs., 1777 für 14 500 T. an d. Ol G.L. von Blücher verkauft; 1743 bis 1754 auf Gissolk im Krs. Neustettin, für 3 340 T. verkauft; erwarb 1755 Raddatz im Krs. Neustettin für 27/m T.;

auch auf Kucherow, erbte 1772 vom Ol Ernst Ludwig von Borcke, s.d, d. Güter Molstow, Schowanz u. Zozenow im Borckeschen Krs., verkaufte diese 1778 für 22/m T.; seit 1781 auf Klein Zemmin im Krs. Neustettin, auch seit mind. 1756 auf Klingbeck, seine Güter im Krs. Neustettin sollen damals e. Wert von 35/m T. gehabt haben; in zweiter **Ehe** verh. mit Henriette Juliane, geb. von Versen (* 1733);

Quellen: GStA, I. HA, Rep. 30, Nr. 44, K 62, Paket 9 306; Nr. 243, Vas.tab. 1756, 1763, 1767; IV. HA, Rep. 1, Nr. 77, Bl. 19; Stabi, Ms. boruss. fol. 314 (Vater, in d. Rangliste Mrz. 1713 noch Cap.), fol. 316; Brüggemann, T. 2/1, S. 347–348, T. 2/2, S. 755, S. 778–779; Fam.gesch., Linie Villnow-Raddatz, S. 48–49, S. 51–53;

Rittmstr. Carl Conrad Bogislav von Kleist (* 1697, † vor 1772)

Vater: Melchior Ludwig († nach 1724), weilte auf Universitäten, Erbherr auf Dolgen im Krs. Neustettin u. Dietersdorf in d. NM; **Mutter**: Esther Elisabeth, geb. von Borcke; **Bruder**: Christian Franz Ewald (* 1693, † vor 1772), Aug. 1713 Fähnrich im I-R Nr. 22, Okt. 1716 Sl, Dez. 1716 dim., Erbherr auf (Dolgen u.) Dietersdorf, NM; **Bruder**: Friedrich Ludwig (1694–1757) *, Aug. 1714 Fähnrich im I-R Nr. 1, Nov. 1728 Stabs-Cap., Aug. 1731 Cap., Sep. 1743 Ol im I-R Nr. 43, Juni 1750 Kommandeur d. I-R Nr. 4, Juni 1753 Orden p.l.m., Mai 1756 GM, Okt. 1756 Chef d. I-R Nr. 9, Nov. 1757 bei Breslau gefallen; **Bruder**: Christian Ludwig (* 1697, † vor 1765), Aug. 1716 Fähnrich im I-R Nr. 10, Sep. 1721 wegen *Wahnsinn* dim.; **Laufbahn**: weilte 1714 auf d. Univ., Okt. 1720 Cornet im K-R Nr. 10, Mrz. 1723 Sl, Aug. 1729 Pl, Jan. 1736 Stabs-Rittmstr., Aug. 1738 auf Wunsch dim.; vor 1772 unbeerbt verst.;

Quellen: GStA, IV. HA, Rep. 1, Nr. 77, Bl. 15 (C.F.E. hier ohne Vornamen), Bl. 16; Stabi, Ms. boruss. fol. 311, fol. 313 (Bruder F.L.), fol. 316 (Bruder F.L.); Schwerin, K-R Nr. 10, T. 1, S. 157, S. 160; Fam. gesch., Linie Muttrin-Damen, S. 70–71, S. 73–76; Priesdorff, Nr. 424 (Bruder F.L.);

Ltnt. Carl Friedrich von Kleist (* um 1725, † 2. Dez. 1757) *

kein Hinweis auf d. Elternhaus; **Laufbahn**: seit 1744 im Militärdienst, Mrz. 1749 Fähnrich im I-R Nr. 29, Mai 1753 Sl, 1757 an Blessuren gest.;

Quellen: GStA, IV. HA, Rep. 1, Nr. 77, Bl. 21 (danach gest. 14. Febr. 1758); Stabi, Ms. boruss. fol. 316; Fam.gesch., Linie Muttrin-Damen, S. 621;

Obrist Carl Heinrich von Kleist (* 1708, † 4. Juli 1758) *

Vater: Cartz Ulrich († 1741), dän. Ol, Erbherr auf Drenow im Krs. Belgard; **Mutter**: Barbara Juliana, geb. von Kleist; **Bruder**: Gustav Anton († um 1745), erst dän., dann preuß. Cap.; **Bruder**: Christian Adrian (1706–1778), dän. Geh. Rat u. Kammerherr; **Bruder**: Primislav Ulrich (1711–1781) *, Febr. 1732 Gefr.corp., 1738 Fähnrich im I-R Nr. 15, Febr. 1750 Cap. u. Chef e. Comp., Juli 1754 Major u. Flügel-Adjutant, Jan. 1760 Obrist, 1764 dim., 1765 Kommandant von Kolberg, 1766 GM, seit 1753 Erbherr auf d. väterl. Gut Drenow, seit 1750 auf Ballenberg u. Zwirnitz, 1767 im Wert von 21/m T., darauf Hypotheken von 12 164 T., verkaufte Ballenberg u. Zwirnitz 1774 d. Major Joachim Rüdiger von Kleist, Drenow 1780 d. Cap. Anton von Kleist; **Bruder**: Friedrich Christian (1712–1760), dän. Ltnt., Wechsel in preuß. Dienste, zuletzt Cap. bei d. Artillerie, gefallen bei Torgau;

Laufbahn: Mrz. 1728 Fähnrich im I-R Nr. 26, Juli 1733 Sl, Mai 1735 Pl, Aug. 1741 Stabs-Cap., Jan. 1742 Cap. u. Chef e. Comp., Aug. 1743 zum I-R Nr. 47 versetzt, Dez. 1745 Major, Febr. 1757 Ol, Mai 1757 Obrist, 1758 unbeerbt verst.;

Quellen: GStA, I. HA, Rep. 30, Nr. 243, Vas.tab. 1756, 1763; IV. HA, Rep. 1, Nr. 77, Bl. 17, Bl. 19 (hier bei d. Artillerie nur d. Cap. Dionysius Wilhelm v. K.); Stabi, Ms. boruss. fol. 311 (C.H. u. P.U.), fol. 319 (ein Daniel Wilhelm von Kleist kam im April 1736 zur Artillerie, Nov. 1741 Sl, 1748 als Cap. nach Breslau, 1760 dort gest.: diese Angaben sind identisch mit denen für Dionysius Wilhelm); Fam. gesch., Linie Muttrin-Damen, S. 278, S. 283–288; Priesdorff, Nr. 577 (Bruder P.U.);

Obrist Carl Wilhelm von Kleist (* 20. Sep. 1707, † 1. Mai 1766) *

Vater: Hans Caspar (1647–1711), bis 1707 Erbherr auf Gr. Tychow, dann auf Segenthin im Krs. Schlawe; **Mutter**: Agnesa Catharina, geb. von Blankenburg (1665–1736); **Bruder**: Hans Caspar (1698–1745), Ol, s.d. mehr; **Bruder**: Conrad Friedrich (1699–1746), Dez. 1715 Fähnrich im I-R Nr. 3, Mrz. 1719 Sl, Febr. 1720 Pl, Mai 1724 Stabs-Cap., Juni 1730 Cap. u. Chef e. Comp., Juni 1740 Major im I-R Nr. 37, Juni 1741 zurück ins I-R 3, Mai 1743 Ol, Okt. 1745 Obrist, an bei Kesselsdorf erlittenen Blessuren im April 1746 gest.; **Laufbahn**: Febr. 1720 *cadet* in Berlin, Mai 1725 Fähnrich im I-R Nr. 15, Mai 1732 Sl, Mai 1736 Pl, Juni 1740 Cap. u. Chef e. Comp., (April 1740 bzw.) Febr. 1742 Orden p.l.m., Febr. 1742 Ol, Mai 1750 Obrist, Nov. 1751 Abschied; **Güter**: seit 1751 Erbherr auf Segenthin im Krs. Schlawe, verkaufte d. Gut 1763 an d. Cap. Carl Caspar von Kleist; **Ehefrau**: Eva Luise Eleonore verw. Cap. Friedrich Wilhelm von Einsiedel, geb. von Schlomach (1726–1813), sie erwarb 1749 d. Güter Zützen u. Gersdorf in d. Lausitz, beide ließen sich in Zützen nieder; **Sohn**: Friedrich (1746–1819), Sep. 1763 Cornet im K-R Nr. 8, Nov. 1770 Sl, Nov. 1774 Abschied (als Rittmstr.); **Sohn**: August Wilhelm (1751–1797), Nov. 1764 Fähnrich im I-R Nr. 24, Mrz. 1768 Sl, Dez. 1778 Pl, Mrz. 1781 Abschied als Stabs-Cap., seit 1781 Kammerherr, verh. mit e. To. d. Generals von Tauentzien; **Sohn**: Leopold (1752–1830), sächs. Obrist; (**verwandt**: ein Carl Wilhelm von Kleist († 1776) wurde im Sep. 1752 als Cap. im 1. Bat. Garde dim.: Reinhard, Garde, S. 547);

Quellen: GStA, I. HA, Rep. 30, Nr. 243, Vas.tab. 1756, 1763; IV. HA, Rep. 1, Nr. 77, Bl. 15–16, Bl. 23 (Söhne); Stabi, Ms. boruss. fol. 311; Gesch. I-R Nr. 3, S. 191 (ausführl. zu Conrad Friedrich, hier als Just Conrad); Crousaz, Beilage C, S. 33; Fam.gesch., Linie Tychow-Dubberow, S. 155–156, S. 158–163; Lehmann, Ritter, S. 10;

Major Caspar Dubislav von Kleist (* um 1708, † 6. Febr. 1760) *

Vater: Franz George († nach 1726), Fähnrich, Erbherr auf Zatkow im Krs. Belgard; **Mutter**: Ilse Margarethe, geb. von Kleist; **Laufbahn**: Nov. 1732 Fähnrich im I-R Nr. 11, Febr. 1738 Sl, April 1742 Pl, Juli 1750 zum Garn.-Reg. Nr. 11 versetzt, Juni 1752 Stabs-Cap., Juni 1756 Cap. u. Chef e. Comp. im Garn.-Reg. Nr. 4, Jan. 1759 Major, 1760 gest.;

Quellen: GStA, IV. HA, Rep. 1, Nr. 77, Bl. 18; Stabi, Ms. boruss. fol. 312; Fam.gesch., Linie Tychow-Dubberow, S. 125–128; Becker, I-R Nr. 11, S. 124, S. 414;

Ol Caspar Friedrich von Kleist (* um 1695) *

Vater: Otto († 1724), Ltnt., trat seine Rechte an Kiekow im Krs. Belgard an seinen Bruder ab, ließ sich in Preußen nieder; **Mutter**: Marie Elisabeth, geb. von Rapp, Erbin von Bauditten; **Bruder**: Franz Andreas († um 1735), Juli 1723 Ltnt. im I-R Nr. 8, Dez. 1725 Sl, Jan. 1732 Pl, Mrz. 1735 krankheitshalber dim.; **Laufbahn**: Mrz. 1711 Fähnrich im I-R Nr. 6, April 1713 Sl, Dez. 1715 Pl, 1722 Cap., Mai 1724 (bzw. 1725) Major im I-R Nr. 25, Dez. 1729 abgegangen (als Ol); **Güter**: seit 1724 Erbherr auf d. väterlichen Gütern; ohne Leibeserben verst.;

Quellen: GStA, IV. HA, Rep. 1, Nr. 77, Bl. 14 (C.F.), Bl. 16 (Bruder F.A.); Stabi, Ms. boruss. fol. 314; Fam.gesch., Linie Muttrin-Damen, S. 536–537, S. 539–540;

Ltnt. Christian bzw. Christoph von Kleist (* 1709)

aus Pommern gebürtig; **Laufbahn**: seit 1732 im Militär, Juli 1742 Sl, Juli 1752 Pl im Garn-Reg. Nr. 11, noch 1757 hier als Pl gen., vor Dez. 1763 abgegangen;

Quellen: Stabi, Ms. boruss. fol. 314 (in d. Rangliste Garn-Reg. Nr. 11 vom Dez. 1746 u. v. Mrz. 1757 gen.); nicht identisch mit Christoph Caspar Heinrich, s.d., nicht identisch mit Ewald Friedrich (1719–1782), Cap. s.d., nicht mit Ewald Bogislav, s.d.; im Garn.-Reg. Nr. 11 standen 1746 zwei Offz. namens von Kl.;

Cap. Christian Ewald von Kleist (1699–1751)*

Vater: Sebastian Wilhelm († 1707), bayer. Cap., Erbherr auf Dolgen im Krs. Neustettin; **Mutter**: Dorothea Lucia, geb. von Maltitz († 1750); **Laufbahn**: Aug. 1723 Fähnrich im I-R Nr. 6, April 1729 Sl, Nov. 1731 Pl im I-R Nr. 4, Aug. 1736 Abschied (als Cap.); **Güter**: Erbherr auf Dolgen; erste **Ehefrau**: Hedwig Sophia, geb. von Kleist; **Sohn**: Christian Felix (1745–1772), erhielt als kgl. Leibpage im Febr. 1767 d. *venia aetatis*, Jan. 1768 Fähnrich im 1. Bat. Garde, Erbherr auf Dolgen im Krs. Neustettin, dieses hatte 1767 e. Wert von 5 914 T., die Schulden lagen bei 4 033 T., Juli 1772 als Fähnrich gest.;

Quellen: GStA, I. HA, Rep. 30, Nr. 186 d, Paket 9 838; Nr. 243, Vas.tab. 1756, 1763; IV. HA, Rep. 1, Nr. 77, Bl. 16 (C.E.); Fam.gesch., Linie Muttrin-Damen, S. 72, S. 78–80; Reinhard, Garde, S. 530, S. 547;

Ltnt. Christian Friedrich Heinrich von Kleist (* 24. Dez. 1769, † 12. Juni 1812)*

Vater: Christoph Heinrich (1719–1784), Erbherr auf Gr. Voldekow u. Warnin im Krs. Belgard; **Mutter**: Charlotte Christiane, geb. von Schmiedeberg; **Bruder**: George Wilhelm Anton (1773–1823), Aug. 1792 Fähnrich im I-R Nr. 7, Dez. 1793 Sl, Dez. 1794 auf Wunsch dim., seit 1784 Erbherr auf Groß Dubberow, 1797 im Wert von 12/m T.; **Laufbahn**: seit 1785 im Regiment, Sep. 1787 Fähnrich im D-R Nr. 10, Mai 1790 Sl, April 1800 Abschied, Juni 1808 Charakter Rittmstr.; **Güter**: seit 1784 Erbherr auf Gr. Voldekow u. Vorwerk Geitberg im Wert von 9 900 T.; erwarb im Jahre 1800 d. Gut Reichenau in Preußen, verkaufte dagegen 1801 Gr. Voldekow; **Ehefrau**: Charlotte Sophie, e. geb. Ehrlich (1779–1849);

Quellen: GStA, I. HA, Rep. 30, Nr. 243, Vas.tab. 1793, 1797, 1804; IV. HA, Rep. 1, Nr. 77, Bl. 27–28; Stabi, Ms. boruss. fol. 310, fol. 311, fol. 314 (Bruder G.W.A.); Brüggemann, T. 2/2, S. 675, S. 677; Fam.gesch., Linie Muttrin-Damen, S. 572–575,

Cap. Christian Gustav von Kleist (* 20. Mai 1694, † 5. Jan. 1737)*

Vater: Henning Erdmann (* 1659, † vor 1743), Erbherr auf Haseleu im Dewitzschen Krs.; **Mutter**: Martha Margaretha, geb. von Dewitz (* 1672); **Bruder**: Eccard Wilhelm († vor 1768), Erbherr auf Ristow; **Laufbahn**: stand zunächst in württemberg. Diensten, Dez. 1715 Fähnrich im I-R Nr. 12, Sep. 1719 Sl, Sep. 1723 ins I-R Nr. 28 versetzt, Aug. 1726 (bzw. Sep. 1729) Pl, Sep. 1734 mit d. Charakter Cap. dim., 1737 ohne Leibeserben gest.;

Quellen: GStA, IV. HA, Rep. 1, Nr. 77, Bl. 15; Stabi, Ms. boruss. fol. 314, fol. 316; Fam.gesch., Linie Tychow-Dubberow, S. 64, S. 71;

Ltnt. Christian Leopold Ulrich von Kleist (* 4. Nov. 1730, † 25. Aug. 1758)*

Vater: Franz Ulrich (1688–1757)*, Gl, s.d. mehr zur Fam.; **Mutter**: Christiane Louise Eleonore, geb. Gans Edle zu Putlitz (1705–1736); **Laufbahn**: Jan. 1747 Fähnrich im I-R Nr. 14, Juni 1750 Sl, Mrz. 1757 Pl, 1758 bei Zorndorf gefallen;

Quellen: GStA, IV. HA, Rep. 1, Nr. 77, Bl. 20 (als C.L.U.); Stabi, Ms. boruss. fol. 311 (hier als Christoff Leopold); Fam.gesch., Linie Muttrin-Damen, S. 407–410, S. 442–447; Priesdorff, Nr. 330 (Vater);

Cap. Christoph Caspar Heinrich von Kleist (get. 3. Febr. 1716, † 1796)*

Vater: Philipp Ernst († 1732), Erbherr auf Anteil Zatkow im Krs. Belgard; **Mutter**: e. geb. von Ploetz aus Stuchow; **Bruder**: Joachim Ernst (1719–1760), 1744 Gefr.corp. im I-R Nr. 44, Okt. 1754 Sl im Garn.-Reg. Nr. 10, 1760 als Ltnt. gest.; **Laufbahn**: Aug. 1741 Fähnrich im I-R Nr. 21, Febr. 1742 Sl bei d. Grenadieren d. Garn.-Reg. Nr. 6, Sep. 1750 Pl, Dez. 1757 Stabs-Cap., Mrz. 1758 Cap. u. Chef e. Comp., (1766 Cap. bei d. Grenadieren d. I-R Nr. 28), Sep. 1770 wegen Invalidität (nach 37 Dj.) mit e. Pension von 120 T. dim., machte sich in Brieg ansässig; **Ehefrau**: Rebecca, geb. Ambtschild († vor 1782); **Sohn**: Ernst Wilhelm Julius (1766–1813), April 1786 Fähnrich im I-R Nr. 28, April 1788 Sl, Okt. 1797 Pl, Aug. 1809 Stabs-Cap., Febr. 1813 Wechsel zur Gendarmerie, seit 1798 verheiratet mit Charlotte Sophie Emilie, Tochter d. Majors Heinrich Alexander von Schnell;

Quellen: GStA, IV. HA, Rep. 1, Nr. 77, Bl. 19 (C.C.H.), Bl. 27 (Sohn); Stabi, Ms. boruss. fol. 311 (1753 als Heinrich), fol. 314 (Bruder J.E., Sohn), fol. 315; Fam.gesch., Linie Muttrin-Damen, S. 558–561;

sächs. Rittmstr. Egidius Ewald von Kleist (1717–1776)*

Vater: Egidius Christian (1666–1723), Erbherr auf Krummensee u. Eulenburg im Krs. Schlochau; **Mutter**: Sabina Concordia, geb. von Kleist; **Laufbahn**: avancierte in sächsischen Diensten bis zum Rang e. Rittmeisters, kehrte 1770 in d. preußische Monarchie zurück; dritte **Ehefrau**: Sophia Elisabeth verwitw. von der Goltz, geb. von Oesterling; **Güter**: erwarb im August 1769 aus dem Konkurs des poln. Beamten Martin Bergan für 10/m T. die Güter Altenwalde, Lanzen, Zacherin, Altmühle u. Feldgut Zolnow im Krs. Neustettin, das letzte wurde noch vor 1780 verkauft; seine Witwe Sophia Elisabeth besaß die Güter noch 1793 u. 1804, sie hatte ihren Wohnsitz im westpreuß. Brotzen;

Quellen: GStA, I. HA, Rep. 30, Nr. 243, Vas.tab. 1793 u. 1804; Fam.gesch., Linie Muttrin-Damen, S. 263–265;

Major Erdmann Gottlieb von Kleist (1706–1758)*

Vater: Caspar Henning (1659–1729), brandenburg. Cap., 1697 Abschied, Erbherr auf Gr. Tychow A im Krs. Belgard; **Mutter**: Anna Juliana, geb. von Güntersberg; **Laufbahn**: Juli 1728 Fähnrich im I-R Nr. 4, Mai 1735 Sl, Mrz. 1739 Pl, Jan. 1745 Stabs-Cap., Juni 1750 Cap. u. Chef e. Comp., Nov. 1756 Major, zuletzt Kommandeur e. Grenadier-Bat., gebildet aus Comp. vom I-R Nr. 4 u. 16, im Aug. 1758 bei Zorndorf tödlich verwundet; **Ehefrau**: Ilsa Maria, geb. von Kleist, beide blieben ohne Erben; **Güter**: verkaufte 1754 sein väterl. Groß Tychow A;

Quellen: GStA, IV. HA, Rep. 1, Nr. 77, Bl. 17; Stabi, Ms. boruss. fol. 313; Brüggemann, T. 2/2, S. 672–673; Fam.gesch., Linie Tychow-Dubberow, S. 123–125, S. 127; Kopka v. Lossow, Offz.liste, S. 14*;

Cap. Ernst Bogislav von Kleist (* 1712, † 10. Jan. 1782)

Vater: Joachim Magnus (* 1674, † 1752), seit 1721 Hofgerichtsrat in Köslin, Erbherr auf Egsow im Krs. Schlawe; **Mutter**: Margarethe Hedwig, geb. von Kleist; **Bruder**: George Friedrich (* 1705, † vor 1783), Justizdirektor in Neidenburg; **Laufbahn**: seit 1743 im Militärdienst, Nov. 1743 Fähnrich im Garn.-Reg. Nr. 11, Juli 1752 Sl, Dez. 1756 Pl, Jan. 1766 Stabs-Cap., Juni 1770 Cap. u. Chef e. Comp., Nov. 1778 dim., 1782 in Heiligenbeil gest.; **Ehefrau**: e. geb. von Kameke, aus beider Verbindung keine Leibeserben;

Quellen: GStA, IV. HA, Rep. 1, Nr. 77, Bl. 20; Stabi, Ms. boruss. fol. 314; Fam.gesch., Linie Tychow-Dubberow, S. 73–76; biogr. Handbuch, S. 493–494 (Vater u. Bruder G.F.);

Major Ernst Ewald von Kleist (get. 17. Juni 1710, † vor 1770)*

Vater: Christian Wilhelm (* um 1684, † 1763), dän. Ltnt., Erbherr auf Anteil Gr. Tychow u. Dimkuhlen im Krs. Belgard; **Mutter**: e. geb. von Kleist; **Bruder**: Bernd Dubslaff (* 1705, † 1756), seit 1725 im Militär, Jan. 1729 Fähnrich im I-R (Nr. 3 bzw) 27, 1742 Pl im I-R Nr. 39, 1745 ins I-R Nr. 43 versetzt, Nov. 1745 Stabs-Cap. im I-R Nr. 43, Mai 1746 Cap. u. Chef e. Comp., unbeerbt verst.; **Bruder**: Hans Sigismund (1714–1757), Cap., s.d.; **Bruder**: Joachim Wilhelm (1715–1758), seit 1735 im Militär, Aug. 1743 Sl im I-R Nr. 46, Aug. 1744 Pl, April 1757 Stabs-Cap., Mai 1757 Cap. u. Chef e. Comp., Aug. 1758 bei Zorndorf gefallen; **Laufbahn**: Mai 1735 Fähnrich im I-R Nr. 23, Aug. 1740 Sl im I-R Nr. 39, Okt. 1740 Pl, Sep. 1748 Stabs-Cap., Nov. 1752 Cap. u. Chef e. Comp., April 1758 Major, Jan. 1764 auf Wunsch dim.; **Güter**: Erbherr auf Anteil Dimkuhlen im Krs. Belgard, verkaufte diesen 1765 für 4300 T. an d. Cap. Anton von Kleist auf Zarnekow; **Ehefrau**: Magdalena Luise, geb. von Kleist (1729–1780), aus beider Ehe keine Kinder;

Quellen: GStA, I. HA, Rep. 30, Nr. 243, Vas.tab. 1756, 1763; IV. HA, Rep. 1, Nr. 77, Bl. 17–18; Stabi, Ms. boruss. fol. 313 (Bruder H.S.), fol. 316 (J.W.; 1742 im I-R Nr. 39 nur B.D. gen., 1756 dann E.E.); Fam.gesch., Linie Tychow-Dubberow, S. 134–138 (B.D. stand 1729 nicht im I-R Nr. 3, sondern im I-R Nr. 27, noch 1740 als Grenad.-Ltnt. im I-R Nr. 27 (hier aber als Dubslav bzw. Bernhard Boislav);

Cap. Ewald Friedrich von Kleist (* 1719, † Juni 1782)*

Vater: Dubislav Bernd (1679–1748), Rittmstr., Erbherr auf Kiekow, auf Muttrin A u. Döbel A im Krs. Belgard; **Bruder**: Adam Heinrich (1717–1759), Uffz. im I-R Nr. 8, seit

1742 Erbherr auf Kiekow im Krs. Belgard; **Laufbahn**: Mai 1736 Fähnrich im Garn.-Bat. Nr. 3, Mrz. 1737 ins I-R Nr. 17 versetzt, Nov. 1739 Ltnt., 1756 als Pl ins Garn.-Bat. Nr. 6, Aug. 1756 Stabs-Cap., Dez. 1760 Cap. u. Chef e. Comp., April 1765 Abschied, seit Mai 1776 beim Königsberger Land-Reg. Nr. 2; **Güter**: seit 1742 Erbherr auf Muttrin A u. Döbel A im Krs. Belgard, diese wurden im Siebenjährigen Krieg verwüstet, 1771 wurde über sein Vermögen d. Konkurs eröffnet, beide Güter hatten e. Wert von 6314 T., darauf Schulden von 11 200 T.; 1775 fielen sie an seine Schwägerin, die Witwe A.H. von Kleist, seit 1784 verh. mit d. Landrat Heinrich Joachim von Woldeck, geb. Barbara Louisa von Seiger für 6230 T.; **Ehefrau**: Anna Eleonore, geb. von Schlieffen (* 1722), e. Schwester d. späteren Gl Martin Ernst von Schlieffen in Wesel, beider Ehe wurde geschieden; **Sohn**: Martin Ulrich Heinrich (* 11. Nov. 1756, † 30. Dez. 1806) *, Mai 1778 Fähnrich im I-R Nr. 4, Juli 1783 Sl, Aug. 1793 Pl, Nov. 1795 Stabs-Cap., Febr. 1801 Cap. u. Chef e. Comp., Dez. 1805 mit Wartegeld dim., Ehefrau: Anna Christiane, geb. Schirnick († 1841);

Quellen: GStA, I. HA, Rep. 30, Nr. 44, K 62, Paket 9306; II. HA, Abt. 13 a, Tit. III, Litt K, Nr. 28 (Ehefrau); IV. HA, Rep. 1, Nr. 77, Bl. 18 († 18. Juli 1782); Stabi, Ms. boruss. fol. 313, fol. 315; Brüggemann, T. 2/2, S. 648; Fam.gesch., Linie Muttrin-Damen, S. 538, S. 540–541, S. 543;

GM Ewald George von Kleist (get. 11. Mai 1696, † 11. Okt. 1768) *

Vater: Philipp Hartwig (* 1652, † vor 1721), Erbherr auf Gr. Tychow im Krs. Belgard; **Mutter**: Elisabeth Sophie, geb. von Grape († 1701); **Laufbahn**: Juni 1719 Fähnrich im I-R Nr. 12, Juni 1724 Sl, Juni 1727 *cassirt*, Nov. 1727 Sl im I-R Nr. 25, April 1729 Pl, April 1732 Stabs-Cap. im Bat. von Röseler, Aug. 1737 Cap. u. Chef e. Comp., Mai 1739 Major, 1740 Major u. Chef e. Comp. im Bat. von Kröcher, Mrz. 1743 Ol im I-R Nr. 32, Okt. 1745 Obrist u. Kommandeur d. I-R Nr. 28, Sep. 1754 GM, Sep. 1754 Kommandant d. Fort Preußen bei Neiße, Mai 1758 dim.; hinterließ aus drei Ehen keine Kinder; zweite **Ehefrau**: Essa (bzw. Theresia) Margaretha, geb. von Kleist († 1765), erbte von ihr e. Anteil an Wendisch Tychow; **Güter**: seit 1751 bzw. 1766 Erbherr auf Anteil Wend. Tychow im Krs. Schlawe;

Quellen: GStA, I. HA, Rep. 30, Nr. 243, Vas.tab. 1756; IV. HA, Rep. 1, Nr. 77, Bl. 16; Stabi, Ms. boruss. fol. 314; Brüggemann, T. 2/2, S. 894–895; Fam.gesch., Linie Tychow-Dubberow, S. 51–54; Priesdorff, Nr. 411;

Cap. Ewald Joachim von Kleist (* 1707) *

Vater: George Friedrich († um 1714), Ltnt., Erbherr auf Dallentin im Krs. Neustettin; **Bruder**: Peter Heinrich (* 1699), stand 1714 im I-R Nr. 17, unbeerbt verst.; **Laufbahn**: Febr. 1725 Fähnrich im I-R Nr. 15, Mai 1731 Sl, Juli 1733 dim., Wiedereintritt ins Militär, Aug. 1743 Pl im I-R Nr. 46, Dez. 1746 Stabs-Cap., April 1754 Abschied, ohne Leibeserben gest.;

Quellen: GStA, IV. HA, Rep. 1, Nr. 77, Bl. 16 (hier als Ewald); Stabi, Ms. boruss. fol. 311, fol. 316 (e. Jochim bzw. Jochen v. K. (* 1699), seit 1717 im Militär, Sep. 1720 Fähnrich im I-R Nr. 17, Mrz. 1725 Sl, Aug. 1731 Pl, Jan. 1735 cassirt; Nr. 77, auf Bl. 16); Fam.gesch., Linie Muttrin-Damen, S. 226–227;

Ol Felix Lorenz von Kleist (* 1691, † 22. Febr. 1746) *

Vater: Otto, Erbherr auf Borntin im Krs. Neustettin; **Bruder**: Johann Joachim (1686–1739), 1703 Fähnrich im I-R Nr. 1, 1715 Ltnt. in d. Grenadier-Garde; **Laufbahn**: Juli 1712

Fähnrich im I-R Nr. 10, April 1713 Sl, Juli 1717 Pl, Juni 1723 Stabs-Cap., Okt. 1728 Cap. u. Chef e. Comp., Juli 1738 Major, Mai 1741 Ol, Juni 1745 Kommandeur d. Bat. von Wobeser, d. späteren I-R Nr. 48, 1746 als Ol in Minden unbeerbt verst.;

Quellen: GStA, IV. HA, Rep. 1, Nr. 77, Bl. 15; Stabi, Ms. boruss. fol. 314, fol. 316; Fam.gesch., Linie Muttrin-Damen, S. 291–293;

dän. Cap. Franz Casimir von Kleist (* 1713, † nach 1783) *

Vater: Joachim Ewald (1687–1738), Erbherr auf Zeblin im Ftm. Cammin u. Ruschitz im Krs. Stolp; **Mutter**: Marie Juliane, geb. von Manteuffel; **Bruder**: Ewald Christian (1715–1759) *, zuerst im dän. Kriegsdienst, Febr. 1741 Pl im I-R Nr. 35, Mai 1749 Stabs-Cap., Juni 1751 Chef e. Comp., Febr. 1757 als Cap. zum neuen I-R Hauß (Nr. 55) versetzt, 1759 an e. bei Kunersdorf erlittenen Blessur gest., machte sich als Dichter e. Namen; **Laufbahn**: avancierte in dänischen Kriegsdiensten bis zum Cap.; **Güter**: seit 1759 alleiniger Erbherr auf Ruschitz im Krs. Stolp, dieses hatte 1777 e. Wert von 16 500 T., darauf Schulden von 8 619 T., sein freies Vermögen betrug 6 660 T., d. Gut trug e. jährliche Pacht von 825 T.; infolge e. Milzkrankheit galt d. Cap. seit etwa 1749 als *schwermütig, blödsinnig*, hielt sich bei seiner Schwester, d. Witwe von Ploetz zu Stuchow auf, die d. Behörden seinen Zustand angezeigt hatte, daraufhin unter Kuratel d. Kösliner Hofgerichtes gestellt; die Agnaten erhoben Anspruch auf Ruschitz, unter ihnen d. Ltnt. Otto Joachim Bernd Heinrich von Kleist, s.d., dem es gegen e. jährl. Alimentenzahlung von 200 T. mit Zustimmung d. Kösliner Pupillenkollegiums im Mai 1783 übergeben wurde;

Quellen: GStA, I. HA, Rep. 30, Nr. 44, K 62, Paket 9 306; Rep. 241 b, Paket 9 963; Taeglichsbeck, S. 263 (Bruder E.C.); Fam.gesch., Linie Muttrin-Damen, S. 513–521; ADB, Bd. 16 (1882), S. 113–121 (Bruder E.C.);

Cap. Franz George von Kleist (* 1709, † 13. April 1751) *

Vater: Joachim Henning (1671–1729), Erbherr auf Zarnekow im Krs. Belgard; **Mutter**: e. geb. von Manteuffel; **Bruder**: Matthias Reimar (1708–1756), Cap., s.d.; **Bruder**: Alexander Lorenz (* um 1710, † um 1744), seit 1726 im Militär, Sep. 1735 Fähnrich im Garn.-Bat. Nr. 2, Aug. 1741 Sl, Febr. 1744 Pl (1750 als Ludwig Alexander noch Pl im Garn.-Reg. Nr. 2); **Laufbahn**: April 1724 *cadet* in Berlin, Febr. 1731 Fähnrich im I-R Nr. 25, Mai 1735 Sl, Jan. 1740 Pl, Dez. 1741 Stabs-Cap., Juli 1742 als Cap. u. Chef e. Comp. ins Garn.-Reg. Nr. 4 versetzt; ledig verst.;

Quellen: GStA, IV. HA, Rep. 1, Nr. 77, Bl. 17 (F.G.), Bl. 18 (A.L.); Stabi, Ms. boruss. fol. 314 (F.G. u. Bruder A.L.); Brüggemann, T. 2/2, S. 679; Crousaz, Beilage C, S. 33; Fam.gesch., Linie Muttrin-Damen, S. 394–395, S. 397–398;

Cap. Franz Otto (seit 1804) Kleist von Bornstedt
(* 28. Aug. 1771, † 11. Jan. 1825) *

Vater: Carl Caspar (1734–1808), Okt. 1753 Fähnrich im I-R Nr. 27, Okt. 1756 Sl u. Quartiermstr.-Ltnt. d. Königs, Aug. 1758 Pl, Mai 1763 Abschied als Cap., seit 1763 Erbherr auf Naß Glienke im Krs. Neustettin im Wert von 5/m T., darauf Schulden von 4/m T., erwarb 1763 d. Gut Segenthin im Krs. Schlawe für 10/m T., kaufte 1770 Krolow, seit 1776 auf Pöppelhof, Landschaftsdirektor im Departement Stolp; **Mutter**: Marie Luise, geb. von Boehn (1739–1767); **Großvater**: Franz Ulrich (1688–1757), Gl, s.d.; **Bruder**: Ludwig Carl (1772–1854), Dez. 1786 Gefr.corp. im I-R Nr. 20, Okt. 1788 Fähnrich, Juni 1790 Sl, April 1799 Pl, Febr. 1803 Stabs-Cap., Mai 1813 Kommandeur d. 1. Res.-Bat. d. 1. Pomm. I-R, Juli 1813 Major, Juni 1815 pens.; **Bruder**: Jacob Friedrich (1778–1848), Mrz. 1794 Fähnrich im I-R Nr. 12, Mai 1796 Sl, Febr. 1804 Pl, Sep. 1805 Stabs-Cap., 1807 vom General E.W.F. von Rüchel adoptiert, führte seit 1810 d. Namen von Rüchel-Kleist, Aug. 1813 Ol, April 1820 GM, Mrz. 1833 Gl; **Laufbahn**: Mrz. 1788 Fähnrich im I-R Nr. 1, Mai 1790 Sl, Dez. 1794 Orden p.l.m., Juli 1801 Pl, Juli 1804 Stabs-Cap., Nov. 1807 Abschied als Major; **Ehefrau**: Luise, geb. Gräfin von Schlieffen († 1821); **Güter**: seit 1807 Besitzer d. Fideikommisses Hohenauen I, gestiftet vom Gl Hans Ehrenreich von Bornstedt;

Quellen: GStA, I. HA, Rep. 30, Nr. 243, Vas.tab. 1793, 1804; IV. HA, Rep. 1, Nr. 77, Bl. 28 (F.O. u. Brüder); Fam.gesch., Linie Muttrin-Damen, S. 443–444, S. 449–452; Priesdorff, Nr. 1340 (J.F.);

Gl Franz Ulrich von Kleist (* 2. Febr. 1688, † 13. Jan. 1757) *

Vater: George (1650–1718), Erbherr auf Kowalk im Krs. Belgard; **Mutter**: Anna Ernestine, geb. von Zastrow (1660–1721); **Laufbahn**: 1702 Junker im I-R Nr. 17, Juli 1704 Ltnt., 1705 kurpfälz. Cap., Dez. 1715 Stabs-Cap. im I-R Nr. 24, Febr. 1716 Cap. u. Chef e. Comp., Aug. 1724 Major im I-R Nr. 7, Juli 1737 Ol, Okt. 1739 Kommandeur d. I-R Nr. 2, Mai 1742 Obrist, Okt. 1745 GM, April 1747 Chef d. I-R Nr. 27, Mai 1756 Gl, Ritter d. Schwarzen-Adler-Ordens, Okt. 1756 bei Lobositz schwer blessiert, Jan. 1757 an seinen Wunden gest.; in erster **Ehe** verh. mit Christiane Louise Eleonore, geb. Gans Edle zu Putlitz (1705–1736); **Sohn**: Hans Sigismund (1724–1784), Cap., s.d., **Sohn**: Friedrich Wilhelm (1728–1770) *, 1742 Studium in Halle, Juli 1745 Fähnrich im I-R Nr. 2, Juni 1750 dim., seit Nov. 1750 KD-rat in Königsberg, 1763 *cassirt*; **Sohn**: Christian Leopold Ulrich (1730–1758), Ltnt., s.d.; **Sohn**: Carl Caspar (1734–1808), Cap., Landschaftsdirektor, siehe bei dessen Sohn Franz Otto; **Sohn**: Franz Casimir (1736–1808) *, seit 1755 im I-R Nr. 27, 1777 Ol im I-R Nr. 20, Sep. 1780 Obrist, Juni 1788 GM, Okt. 1788 Chef d. I-R Nr. 12, General von der Infanterie; **Sohn**: Friedrich Otto Gustav (1744–1794), April 1765 Fähnrich im I-R Nr. 34, Dez. 1769 Abschied als Ltnt.; **Güter**: erhielt 1737 vom König d. ges. Hand auf d. Lehngüter von Wilhelm Ludwig Frhr. Müller von der Lühne auf d. Insel Usedom, darunter Mellentin u. Dargen; erwarb 1752 d. Gut Protzen im Krs. Ruppin;

Quellen: GStA, I. HA, Rep. 30, Nr. 243, Vas.tab. 1763, 1767, 1793, 1804; IV. HA, Rep. 1, Nr. 77, Bl. 14 (F.U.); Fam.gesch., Linie Muttrin-Damen, S. 407–410, S. 442–449; Priesdorff, Nr. 330, Nr. 772 (Sohn Franz Casimir); biogr. Handbuch, S. 493 (Sohn F.W.);

Cap. Friedrich Bernhard George von Kleist (* 1737, † 10. Juni 1787) *

Vater: Ewald Jürgen (1700–1748) *, Präsident d. Hofgerichtes in Köslin; **Mutter**: Magdalene Lucretia Juliana, geb. von Platen († 1780), sie erwarb 1764 d. Gut Groß Wardin im Krs. Belgard; **Bruder**: Johann Ludwig (1746–1783), April 1764 Cornet im K-R Nr. 5, Mai 1768 *cassirt*, trat in poln. Dienste, seit 1773 Rittmstr., 1780 als Major gen., ledig verst.; **Bruder**: Samuel Friedrich (1740–1793), 1764 Junker, Sep. 1766 Fähnrich im D-R Nr. 11, Okt. 1773 Sl, Dez. 1784 Pl, Mai 1789 Stabs-Cap., Jan. 1793 Major, Okt. 1793 an e. Blessur verst.; **Laufbahn**: Okt. 1755 Fähnrich im I-R Nr. 42, April 1758 Sl, Mai 1762 Pl, Mai 1767 krankheitshalber mit Wartegeld dim., Sep. 1768 ins Magdeburger Land-Reg., Sep. 1773 Cap. u. Chef e. Comp., 1787 als Cap. unbeerbt verst.; **Güter**: besaß zs. mit seinen Brüder von 1780 bis 1785 Groß Wardin u. Langen B im Krs. Belgard;

Quellen: GStA, IV. HA, Rep. 1, Nr. 77, Bl. 21 (F.B.G.), Bl. 24 (Bruder S.F. als Joh. Samuel); Stabi, Ms. boruss. fol. 312, fol. 313 (Bruder S.F., in d. Liste f. 1786 zweimal gen: als S.F. u. J.S.); Brüggemann, T. 2/2, S. 676; Fam.gesch., Linie Muttrin-Damen, S. 220–224; biogr. Handbuch, S. 492 (Vater);

Cap. Friedrich Carl von Kleist (* um 1726, † nach 1784) *

Vater: Bernd Erdmann (* 1692, † 24. Juni 1745), seit 1712 im Militär, Juni 1714 Fähnrich im I-R Nr. 10, 1725 auf Wunsch dim., Wiedereintritt, Mrz. 1727 Pl im I-R Nr. 9, Febr. 1729 Stabs-Cap. im I-R Nr. 31, Okt. 1729 Cap. u. Chef e. Comp., Nov. 1740 Major im I-R Nr. 31, 1745 gest., seit 1726 Erbherr auf Damen C im Krs. Belgard; **Mutter**: Hermina Elisabeth Carolina, e. To. d. GM von Schmerheim; **Laufbahn**: stand 1745 als Fähnrich im I-R Nr. 24, wegen *übler conduite* abgeschafft, dann jeweils kurz in pfälzischen, österreich., frz., sardinischen Diensten, 1754 wegen *übler Aufführung* zu sechsjährigem Festungsarrest verurteilt u. im Fort Preußen in Stettin inhaftiert, im Frühjahr 1756 entlassen, Juli 1756 Sl im Grenadier-Bat. Nr. 4, 1761 Cap. im Frei-Corps von Kleist, April 1762 vom Grenadier-Bat. Nr. 4 dim.; nach 1763 in spanischen Diensten, geriet um 1768 in Algier in Gefangenschaft, in solcher nach 1784 gest.; **Ehefrau**: Luisa Eleonore, geb. von Kleist; **Güter**: seit 1751 Erbherr auf Damen C, dieses ging 1772 an seinen **Sohn** Friedrich Bernd Christian Heinrich (1753–1798), Sep. 1769 Fähnrich im Garn.-Reg. Nr. 2, Juli 1774 Sl, Juli 1780 Pl, 1787 zum Füsil.-Bat. Nr. 4, Mrz. 1789 Stabs-Cap. im Depot-Bat. I-R Nr. 54, Mrz. 1795 Major beim Depot-Bat. d. I-R Nr. 52, Juli 1798 gest.;

Quellen: GStA, IV. HA, Rep. 1, Nr. 77, Bl. 16 (Vater als Bernd), Bl. 21 (F.C.), Bl. 24 (F.B.C.H. als Fr. Hr.); Stabi, Ms. boruss. fol. 314, fol. 319; Brüggemann, T. 2/2, S. 644–646; Fam.gesch., Linie Muttrin-Damen, S. 569–572;

Ltnt. Friedrich Heinrich Wilhelm von Kleist (* 14. Febr. 1770, † 1845) *

Vater: Friedrich Felix (1746–1792), absolvierte e. Jurastudium, trat nicht ins Militär ein, seit 1784 Erbherr auf Warnin im Krs. Belgard im Wert von 10/m T., seit 1786 auch auf Zatkow B, hinterließ drei Töchter u. drei Söhne; **Mutter**: Agnisa Sabina (* 1744, † 27. Mai 1802), e. To. von Joachim George von Brockhusen, sie besaß 1797 e. Vermögen von 1 644 T.; **Bruder**: Christoph Philipp Anton (1773–1855), April 1791 Gefr.corp. im I-R Nr. 12, Aug. 1793 Fähnrich, Aug. 1794 Ltnt., Mrz. 1795 krankheitshalber mit Pension dim., seit Sep. 1795 bei d. Invaliden-Com. in Labes angestellt, 1805 bis 1812 Erbherr auf Dzinzelitz B, D u. E in Lauenburg; **Bruder**: Felix Ferdinand (1780–1797), als Junker im I-R Nr. 22 gest.; **Laufbahn**: April 1789 Fähnrich im I-R Nr. 8, Mai 1790 Sl, Aug. 1796 auf Wunsch dim., unterstützte nach d. Abschied seine Mutter bei d. Bewirtschaftung d. Gutes, 1810 Landschafts-Deputierter, 1819 Landschaftsrat; **Güter**: 1804 Erbherr auf Warnin u. Zatkow B im Krs. Belgard im Wert von 8/m T.; **Ehefrau**: Johanna, geb. von Versen († 1866), auf Neu Buckow, aus beider Ehe keine Kinder;

Quellen: GStA, I. HA, Rep. 30, Nr. 243, Vas.tab. 1793, 1804; II. HA, Abt. 13 a, Tit. III, Litt. B, Nr. 1; Litt K, Nr. 14; IV. HA, Rep. 1, Nr. 77, Bl. 28 (als Wilhelm); Fam.gesch., Linie Muttrin-Damen, S. 573–577;

Cap. George Ernst von Kleist (get. 5. Juli 1721, † 27. Nov. 1776) *

Vater: Werner (1671–1734), Erbherr auf Klein Dubberow u. Groß Dubberow B im Krs. Belgard; **Mutter**: Clara Christiana, geb. von Lockstaedt; **Bruder**: Friedrich Wilhelm (1715–1757), Mrz. 1740 Fähnrich im I-R Nr. 21, Aug. 1743 Sl, Febr, 1746 Pl, Sep. 1749 Stabs-Cap., 1756 Cap. u. Chef e. Comp., Okt. 1756 Orden p.l.m., 1757 bei Kolin gefallen; **Laufbahn**: Okt. 1741 Fähnrich im I-R Nr. 26, Aug. 1746 Sl, Okt. 1751 Pl, Juni 1756 Stabs-Cap., Dez. 1757 Orden p.l.m., Jan. 1758 Cap. u. Chef e. Comp., Dez. 1761 dim.; **Güter**: seit mind. 1743 Erbherr auf Klein Dubberow u. Groß Dubberow B im Krs. Belgard; unbeerbt verst., d. Lehngüter gingen an d. Lehnsfolger;

Quellen: GStA, I. HA, Rep. 30, Nr. 243, Vas.tab. 1755 u. 1756 (danach stand F.W. im I-R Nr. 26, G.E. hier als J.H.); IV. HA, Rep. 1, Nr. 77, Bl. 19 (F.W.), Bl. 20 (G.E.); Stabi, Ms. boruss. fol. 311 (Bruder F.W.), fol. 314; Brüggemann, T. 2/2, S. 649; Fam.gesch., Linie Tychow-Dubberow, S. 65–66, S. 69–70; Lehmann, Ritter, S. 50, S. 65;

Ol George Heinrich von Kleist (1725–1784) *

Vater: Alexander Michael (* 1684, † 1739), seit 1702 im Militär, Dez. 1709 Fähnrich im I-R Nr. 5, April 1712 Sl, April 1716 Pl, Febr. 1720 Stabs-Cap., Juli 1729 Cap. u. Chef e. Comp. (Mai 1733 als aktiver Offz. gest.), besaß keine Güter, wurde bei d. Erbteilung 1714 mit 2/m T. abgefunden, seine Brüder teilten sich Kowalk u. Dimkuhlen im Krs. Belgard; **Laufbahn**: seit 1739 im Regiment, Juli 1741 Cornet im D-R Nr. 9, April 1746 Sl, Aug. 1756 Pl, April 1758 Stabs-Cap., Jan. 1763 Cap. u. Chef e. Escadron, Juli 1763 Major, Mai 1775 Ol, Mai 1778 auf Wunsch dim.; **Ehefrau**: Caroline Julie, geb. von der Groeben (1745–1823); **Sohn**: Carl Heinrich (1767–1799), Juli 1784 Cornet im D-R Nr. 9, Dez. 1786 Sl, Febr. 1795 Pl, Sep. 1798 Stabs-Rittmstr. im K-R Nr. 13, Nov. 1799 gest.; **Sohn**: George Friedrich (1769–1813), Juni 1785 Fähnrich im I-R Nr. 54, Mai 1788 Sl, Mrz. 1798 Pl, Aug. 1801 Stabs-Cap., 1806, 1807 im 3. Ostpreuß. Res.-Bat., Juli 1807 Cap., Febr. 1809 mit e. Gnadengehalt pens., Mrz. 1809 Charakter Major;

Quellen: GStA, IV. HA, Rep. 1, Nr. 77, Bl. 14 (Vater als Alex. Magnus Mich.), Bl. 19 (G.H.), Bl. 27 (C.H. u. G.F., dieser als Friedrich); Stabi, Ms. boruss. fol. 312, fol. 314 (G.F. als Friedrich), fol. 319; Rangirrolle Saldern, Abgang I-R Nr. 5 (Cap. v. Kl. gest. 1733); Fam.gesch., Linie Muttrin-Damen, S. 414, S. 462–463;

Ltnt. George Heinrich von Kleist (* 31. Mrz. 1753, † 1824) *

Vater: Casimir Henning (1706–1755), Jan. 1731 Fähnrich im I-R Nr. 27, Juni 1735 Sl, Juni 1740 Pl im I-R Nr. 37, Jan. 1744 Stabs-Cap., Juli 1747 Cap. u. Chef e. Comp., seit 1748 Erbherr auf Anteil Mandelatz im Krs. Belgard; **Mutter**: Ernestine Cunigunde, geb. von Briesen; **Vater-Bruder**: Sebastian Heinrich (1714–1774), Mrz. 1739 Fähnrich im I-R Nr. 33, Mai 1757 Cap., Juni 1762 Major, Sep. 1764 Abschied, setzte 1774 seinen Neffen G.H. zu seinem Universalerben ein; **Laufbahn**: seit 1771 im Militär, stand im Mrz. 1773 als Cornet im D-R Nr. 2, vor 1787 abgegangen, später wieder eingetreten, 1795 als Ltnt., 1822 als Cap. gen.; **Güter**: verkaufte 1778 d. väterl. Gut für 25 Jahre an d. Ltnt. Christoph Casimir von Versen, s.d.; seit 1782 Erbherr auf d. schlesischen Gut Andersdorf, hinterließ 1824 keine Leibeserben;

Quellen: GStA, I. HA, Rep. 30, Nr. 186 d, Paket 9 839; IV. HA, Rep. 1, Nr. 77, Bl. 17 (Vater, G.H. nicht in Nr. 77); Stabi, Ms. boruss. fol. 311, fol. 315; Fam.gesch., Linie Tychow-Dubberow, S. 141–145;

Cap. George Wilhelm von KLEIST (* 4. Mrz. 1696)*

Vater: George († 1709), sächsischer Obrist, Erbherr auf Wendisch Tychow im Krs. Schlawe; **Mutter**: Dorothea Esther, geb. von Glasenapp; **Laufbahn**: 1719 Fähnrich im I-R Nr. 11, Mai 1722 Sl, Mai 1735 Stabs-Cap., Aug. 1736 Cap. u. Chef e. Comp., Aug. 1739 dim.; **Ehefrau**: e. geb. Freiin von Geist;

Quellen: GStA, IV. HA, Rep. 1, Nr. 77, Bl. 16; Fam.gesch., Linie Tychow-Dubberow, S. 36–37, S. 40; Becker, I-R Nr. 11, S. 122, S. 413;

Major Gotthilf Christian Ernst von KLEIST (* 7. Okt. 1747, † 12. Dez. 1803)*

Vater: Gotthilf Christian (1682–1757), seit 1697 im Militär, 1703 Ltnt. im I-R Nr. 2, Okt. 1708 Cap., Mrz. 1719 Major, Nov. 1722 ins I-R Nr. 8 versetzt, Sep. 1724 Abschied als Ol, erwarb 1720 Alt-Wuhrow in d. NM, kaufte 1742 Redel im Krs. Belgard, dieses hatte 1767 e. Wert von 10 150 T., darauf Hypotheken über 6653 T.; **Mutter**: Erdmuth Lucretia, geb. von Kleist (1712–1779; **Bruder**: Bogislav Christlieb (1749–1813), Juni 1766 Cornet im K-R Nr. 5, Mai 1771 Ltnt., Okt. 1778 Abschied als Rittmstr., 1774 bis 1784 Erbherr auf Alt-Wuhrow, von 1790 bis 1797 auf Parlin im Krs. Saatzig, seit 1798 auf Buchholz im Krs. Saatzig, 1804 im Wert von 27/m T.; **Laufbahn**: Nov. 1765 Fähnrich im I-R Nr. 22, Juni 1771 Sl, Juni 1777 dim., Mai 1786 Cap. beim Stettiner Land-Reg., Nov. 1797 Chef d. Invaliden-Comp. d. I-R Nr. 7, Mai 1798 Major, April 1799 pens.; **Güter**: 1772 bis 1774 Mitbesitzer von Alt-Wuhrow in d. NM; seit 1777 Erbherr auf Redel im Krs. Belgard, verkaufte dieses 1781 an d. Landrätin Luise Christiane von Winterfeld; **Ehefrau**: Sophie Hedwig, e. To. d. Majors Adam George von Rüchel;

Quellen: GStA, I. HA, Rep. 30, Nr. 186 d, Paket 9 839; Nr. 243, Vas.tab. 1756, 1763, 1767; IV. HA, Rep. 1, Nr. 77, Bl. 23 (hier als Chr. Ernst), Bl. 24 (B.C. als B.); Stabi, Ms. boruss. fol. 314, fol. 319; Fam.gesch., Linie Muttrin-Damen, S. 235–236, S. 253–254;

Cap. Gotthilf Philibert Clemens Frhr. von KLEIST (* 1747, † Febr. 1791)*

Vater: Philibert Hieroynmus Anton (* 1717), Cap. im I-R Nr. 15, seit 1754 in kurcölnischen Diensten, zuletzt Obrist; **Mutter**: Friederike Luise Dorothea, geb. von Kleist († vor 1763); **Laufbahn**: trat 1766 in d. Militärdienst ein, Juni 1767 Fähnrich im I-R Nr. 9, Juli 1773 Sl, Juli 1786 Pl, Mai 1790 Stabs-Cap., 1791 als aktiver Offz. gest.; **Ehefrau**: Maria Theresia, geb. Fischer; **Sohn**: Friedrich Carl Leopld (1777–1850), Mrz. 1794 Fähnrich im I-R Nr. 9, Mrz. 1795 Sl, Febr. 1808 Abschied als Pl, seit Dez. 1813 bei d. Landwehr, Okt. 1835 als Cap. dim.; **Sohn**: Friedrich August (* 1778), Aug. 1804 Fähnrich im I-R Nr. 48, Aug. 1807 dim., später Rittmstr. in westfälischen Diensten;

Quellen: GStA, IV. HA, Rep. 1, Nr. 77, Bl. 24 (G.P.C.); Stabi, Ms. boruss. fol. 315; Fam.gesch., Linie Muttrin-Damen, S. 237, S. 244–246;

Cap. Hans Bernd von KLEIST (* 1. Nov. 1716, † 26. Febr. 1755)*

Vater: Lorenz Christian (1676–1756), Erbherr auf Schwellin im Ftm. Cammin u. Kl. Voldekow im Krs. Belgard; **Mutter**: Maria Elisabeth, geb. von Kleist (1687–1747); **Bruder**: Andreas Joachim (1707–1777), diente vor 1754 als Ltnt. im D-R von Platen, hielt sich 1754 in Polen auf, im Siebenjährigen Krieg Cap. in e. Land.-Reg.; **Bruder**: Reimar (1710–1782)*,

1726 bis 1768 im K-R Nr. 11, Aug. 1758 Orden p.l.m., Sep. 1768 Kommandeur d. K-R Nr. 3, Dez. 1770 Chef d. K-R Nr. 11, Mai 1771 GM, Juni 1775 mit Pension dim., Erbherr auf Schwellin u. Voldekow; **Laufbahn**: trat 1729 ins I-R Nr. 5 ein, Dez. 1732 Fähnrich, Dez. 1734 Sl, April 1741 Pl, Aug. 1743 Cap. u. Chef e. Comp. im I-R Nr. 47, (1746 Abschied), 1755 gest.; **Güter**: seit 1746 Erbherr auf Schwellin im Ftm. Cammin, auf Kl. Voldekow u. Feldgut Gissolk im Krs. Belgard; nach seinem Tod geriet sein Vermögen in Konkurs, Schwellin u. Kl. Voldekow wurden 1755 auf 12 373 T. taxiert, 1764 betrug die Taxe aber nur noch 11 887 T., d. damalige Major Reimar von Kleist, Bruder d. Cap., bot 1764 für d. väterlichen Güter nur 9/m T., was d. Gläubiger ablehnten, erwarb sie 1765 für 11/m T. u. verkaufte beide 1765, 1766 erblich an d. Gl Friedrich Wilhelm Loellhoefel von Loewensprung, s.d.; **Ehefrau**: Philippine Catharina, geb. von der Hagen (1727–1782); **Sohn**: Friedrich Wilhelm Franz (1752–1822), (Juni 1770 bzw.) Febr. 1772 Fähnrich im I-R Nr. 5, Juni 1776 Sl, Juni 1787 Pl, Juli 1787 Cap. u. 2. Adjutant d. regierenden Herzogs von Braunschweig, Okt. 1790 Major von d. Armee, Aug. 1798 Ol, Juni 1800 Obrist, Jan. 1807 dim., Febr. 1815 Gnadengehalt von 600 T.; **Sohn**: Leopold Heinrich Bernd (1753–1825), Jan. 1773 Fähnrich im I-R Nr. 47, Okt. 1774 zum I-R Nr. 51, Mrz. 1786 Pl, Mrz. 1793 Stabs-Cap., Sep. 1797 Cap. u. Chef e. Comp. im I-R Nr. 50. Jan. 1804 Major, Febr. 1816 pens.;

Quellen: GStA, I. HA, Rep. 30, Nr. 44, K 62, Paket 9 306; Nr. 186 d, Paket 9 839; IV. HA, Rep. 1, Nr. 77, Bl. 18 (als Hans Ernst Bernhard, gest. 2. Mai 1755), Bl. 24 (Sohn F.W.Fr.), Bl. 25 (Sohn L.H.B.); Stabi, Ms. boruss. fol. 311 (H.B. gest. 1755 als Cap. im I-R Nr. 47); fol. 313 (1737 als Hans Ernst); Brüggemann, T. 2/2, S. 598–599; Fam.gesch., Linie Muttrin-Damen, S. 328–329, S. 337–344, S. 356–360; Priesdorff, Nr. 598 (Bruder Reimar);

Ol Hans Caspar von Kleist (* 1698, † 14. Juli 1745)*

Vater: Hans Caspar (1647–1711), kurfürstl. Wachtmstr., Erbherr auf Segenthin im Krs. Schlawe; **Mutter**: Agnesa Catharina, geb. von Blankenburg (1665–1735); **Bruder**: Conrad Friedrich (1699–1746), Dez. 1715 Fähnrich im I-R Nr. 3, Mrz. 1719 Sl, Febr. 1720 Pl, Mrz. 1724 Stabs-Cap., Juni 1730 Cap. u. Chef e. Comp., Mai 1743 Ol, Okt. 1745 Obrist im I-R Nr. 3, Dez. 1745 bei Kesselsdorf schwer blessiert, an d. Wunden 1746 gest.; **Laufbahn**: anfänglich ein Jahr in dänischen Diensten, seit 1713 im Militär, Febr. 1714 Fähnrich im I-R Nr. 17, Juli 1716 Sl, Jan. 1723 Pl, Mai 1728 ins I-R Nr. 30 versetzt, Sep. 1729 Stabs-Cap., Juni 1731 Cap. u. Chef e. Comp., Juli 1740 Major im I-R Nr. 1, Jan. 1745 Ol, im Juli 1745 an bei Hohenfriedberg erlittenen Blessuren u. wie sein Bruder unbeerbt gest.; d. Gut Segenthin ging daher an Lehnsfolger;

Quellen: GStA, IV. HA, Rep. 1, Nr. 77, Bl. 15; Stabi, Ms. boruss. fol. 311, fol. 313, fol. 316 (Hinweis auf dän. Dienste), fol. 319; Fam.gesch., Linie Tychow-Dubberow, S. 155–156, S. 158–159;

Cap. Hans Christian von Kleist (* um 1711, 1715, † 1. Aug. 1757)*

Vater: Johann Joachim (1686–1739), 1715 Ltnt. bei d. Grenadier-Garde, Erbherr auf Feldgut Kl. Nemrin, zu Damen B gehörend, im Krs. Belgard; **Mutter**: e. geb. von Brüsewitz; **Laufbahn**: seit etwa 1726 im Militär, (stand im Mrz. 1742 als Stabs-Cap. im I-R Nr. 43), Dez. 1742 (bzw. Mrz. 1743) Cap. u. Chef e. Comp. im I-R Nr. 39, Aug. 1757 gefallen; **Güter**: besaß d. Feldgut Kl. Nemrin im Krs. Belgard, erwarb 1754 e. Anteil an Born im Krs. Dramburg; **Ehefrau**: Eleonora Maria, geb. von Unruhe;

Quellen: GStA, IV, HA, Rep. 1, Nr. 77, Bl. 17 (als Hans Christoph); Stabi, Ms. boruss. fol. 316 (im Mrz. 1742 kein H.C. im I-R Nr. 39, aber im I-R 43, hier Hinweis auf Herkunft aus Dallentin; evt. handelt es sich um zwei Personen); Fam.gesch., Linie Muttrin-Damen, S. 292–294; im Offz.register d. Fam.gesch. ein H.C. im I-R 39 u. I-R 43 mit d. näml. Lebensdaten;

Ltnt., Cap. Hans Joachim von Kleist (* 1718, † 14. Jan. 1790)*

Vater: Johann George († 1743), Erbherr auf Zatkow A im Krs. Belgard; **Mutter**: Barbara Erdmuth, geb. von Paxleben; **Bruder**: Ewald Heinrich († 3. Juli 1744), Mai 1735 Fähnrich im I-R Nr. 19, Jan. 1739 Sl, Juli 1743 Pl im I-R Nr. 19, 1744 gest.; **Bruder**: Reimar (1717–1747), seit 1736 im Militär, 1740 Fähnrich im I-R Nr. 23, zuletzt Pl, auf Werbung gest., seit 1744 Erbherr auf Zatkow A im Krs. Belgard; **Laufbahn**: (engagierte sich im K-R Nr. 8, 1748 Abschied (als Ltnt.), um d. väterliche Gut zu bewirtschaften), im Siebenjährigen Krieg bei d. Belagerung von Kolberg Mrz. 1757 als (Cap.) Ltnt. beim Stettiner Land-Reg. mit monatl. fünf T. *Tractament* angestellt, 1763 nach insges. 21 Dj. entlassen, lebte wegen d. schlechten Zustandes seines Gutes in drückender Armut, bekam deshalb vom König 1784 e. jährliche Pension von 60 T., seit 1782 neuerlich als Ltnt. im Stettiner Land-Reg. angestellt; **Güter**: seit 1749 Erbherr auf Zatkow A im Krs. Belgard; erhielt im Dez. 1789 d. *Consens* zum Verkauf d. Gutes an d. Ökonomie-Inspektor Levin Dieterich Dietz, hatte d. Gesuch damit begründet, keine Mittel für d. Aufbau d. verfallenen Gebäude u. keinen adligen Interessenten gefunden zu haben; in dritter **Ehe** verh. mit Helene Friederica Wilhelmine, geb. von Schmettau, aus dieser Ehe zwei Söhne u. zwei Töchter, d. Mutter hatte 1790 e. Vermögen von 1/m T., die vier Kinder erhielten nach d. Verkauf v. Zatkow e. väterl. Erbe von zs. 550 T., die für ihre Erziehung nicht hinreichten, d. Witwe bat daher seit 1790 mehrfach vergeblich um e. Pension; **Sohn** dritter Ehe: Hans Casimir Ewald (1780–1850), Okt. 1797 Fähnrich im I-R Nr. 17, Nov. 1798 Sl, Aug. 1809 einrang. ins 1. Ostpreuß. I-R, Mai 1810 Pl, Dez. 1813 Cap., April 1815 zur Gendarmerie, 1829 Abschied als Ol; **Sohn** (3. Ehe) Arnold Carl Friedrich (1783–1813), Mrz. 1800 Fähnrich im I-R Nr. 52, Okt. 1803 Sl, Jan. 1808 zum 1. Westpreuß. I-R, Sep. 1808 zum Westpreuß. Grenadier-Bat., April 1813 Pl, Sep. 1813 Stabs-Cap., erlitt im Sep. 1813 e. Blessur, daran ledig verst.;

Quellen: GStA, I. HA, Rep. 30, Nr. 244, Paket 9990; Rep. 96, Nr. 95 L l, Nr. 7 (danach Ltnt.); II. HA, Abt. 13 a, Tit. III, Litt B, Nr. 1; Litt K, Nr. 12 (3. Ehefrau); IV. HA, Rep. 1, Nr. 77, Bl. 18 (Bruder E.H.), Bl. 20 (ein H.J., 1742 Fähnrich im D-R Nr. 3, 1755 als Pl dim.), Bl. 29 (Sohn H.C.E. als H.E., A.C.F. hier als C.F.); Brüggemann, T. 2/2, S. 679; Fam.gesch., Linie Muttrin-Damen, S. 395–396, S. 399–403; Conrady, I-R Nr. 52, S. 336, S. 369 (als Carl);

Ltnt., Landrat Hans Joachim von Kleist (* 24. April 1725, † 1789)*

Vater: Hans Joachim (1685–1753), Regierungsrat, Erbherr auf Sietkow u. Gr. Tychow im Krs. Belgard; **Mutter**: Maria Agnesa, geb. von Kleist; **Bruder**: Franz Lorenz (1714–1767), Cap., siehe bei dessen Sohn O.J.B.; **Bruder**: Dionysius Wilhelm (* um 1718, † 20. Juni 1760), Nov. 1741 Ltnt. bei d. Artillerie, Aug. 1748 Stabs-Cap., 1753 Cap. u. Chef e. Comp. in Breslau, 1760 ledig verst.; **Bruder**: Rüdiger Christian (1726–1778), Major, s.d.; **Laufbahn**: engagierte sich 1739 im Militärdienst, Juni 1742 Cornet im D-R Nr. 3, Juni 1745 Sl, Sep. 1752 Pl, Mai 1755 dim.; amtierte von 1756 bis 1763 als Landrat im Krs. Belgard; **Güter**: seit 1765 Erbherr auf Hoff im Flemmingschen Krs.; **Ehefrau**: Maria Antoinetta, geb. von Münchow († 1799), die Ehe blieb kinderlos;

Quellen: GStA, I. HA, Rep. 30, Nr. 243, Vas.tab., 1755; IV, HA, Rep. 1, Nr. 77, Bl. 20; Stabi, Ms. boruss. fol. 313; Fam.gesch., Linie Muttrin-Damen, S. 404–406, S. 415–419; Albedyll, Anhang, S. 56–57* (Bruder F.L.), biogr. Handbuch, S. 494;

Major Hans Joachim Gneomar von Kleist (* 1720, † 28. April 1806)*

Vater: Jürgen Lorenz († 1750), 1717 Cap. im D-R Nr. 5, 1727 Major, 1731 Abschied, seit 1717 Erbherr auf Kowalk, seit 1737 Erbherr auf Nemitz im Krs. Schlawe; **Mutter**: Agnesa Hedwig, geb. von Zitzewitz; **Bruder**: Ewald Friedrich (1718–1759), Jan. 1736 Fähnrich im I-R Nr. 7, Sep. 1755 Major, Dez. 1758 Ol, Erbherr auf Reckow im Ftm. Cammin; **Bruder**: Martin George (1719–1756), Okt. 1740 Fähnrich im I-R Nr. 33, Sep. 1746 Pl, seit Okt. 1750 im I-R Nr. 17, 1756 bei Lobositz gefallen, seit 1751 Erbherr auf Zarnekow, Kowalk u. Dimkuhlen; **Bruder**: Anton (1727–1785), Cap., s.d.; **Laufbahn**: Aug. 1740 Gefr.corp., Okt. 1740 Fähnrich bei Persode, Jan. 1744 Sl im I-R Nr. 33, Sep. 1748 Pl, Juli 1756 Stabs-Cap., Mai 1757 Cap. u. Chef e. Comp., April 1758 Major, 1760 bis 1763 in österr. Gefangenschaft, April 1763 Abschied; **Güter**: seit 1751 Erbherr auf Nemitz, auf Gr. Soldekow B u. Rattaick B, seit 1752 auch auf Rattaick A, alle im Krs. Schlawe; erwarb Butzke A u. B, kaufte um 1777 Bulgrin im Krs. Belgard für 17 881 T., Anteile an Silesen im Krs. Belgard, erstand 1783 Klein Satspe im Ftm. Cammin für 7 700 T., 1797 hatten seine Güter in d. Krs. Belgard, Schlawe u. im Ftm. Cammin e. Wert von zs. 50/m T., 1804 auf Klein Satspe, Schübben u. Zuchen im Ftm. Cammin im Wert von 75/m T. gen.; **Ehefrau**: Philippine Sophie († 1817), e. Tochter d. KD-rates von Hirsch, dieser hatte d. Güter Zuchen u. Schübben 1763 im Ftm. Cammin für 27 500 T. gekauft, die 1787 im Besitz d. Tochter waren; **Sohn**: George Christian August (1769–1857), seit 1784 Junker im D-R Nr. 12, Okt. 1787 Cornet, Jan. 1790 Sl, Aug. 1803 Pl, April 1806 Stabs-Rittmstr., Dez. 1807 dim., Erbherr auf Nemitz; **Sohn**: Christoph Friedrich Anton (1772–1807), Jan. 1790 Cornet im H-R Nr. 8, Juni 1792 Sl, Juli 1794 Orden p.l.m., April 1802 Pl, April 1806 Stabs-Rittmstr., Juni 1806 dim.;

Quellen: GStA, I. HA, Rep. 30, Nr. 241 b, Paket 9 969; Nr. 243, Vas.tab. 1793, 1804; IV. HA, Rep. 1, Nr. 77, Bl. 19 (hier als Gneomar), Bl. 27 (Sohn G.C.A., als Carl Aug.), Bl. 28 (Sohn C.F.A.); Stabi, Ms. boruss. fol. 311 (Bruder M.G.), Brüggemann, T. 2/2, S. 878; Fam.gesch., Linie Muttrin-Damen, S. 406, S. 425–430;

Cap. Hans Sigismund von Kleist (* 12. April 1714, † 21. Okt. 1757)*

Vater: Christian Wilhelm († 1763), dän. Ltnt., Erbherr auf Anteil Gr. Tychow u. Dimkuhlen im Krs. Belgard; **Mutter**: e. geb. von Kleist; **Bruder**: Bernd Dubslaff († 1756), Jan. 1729 Fähnrich im I-R Nr. 3, 1737 Ltnt., Nov. 1745 Stabs-Cap. im I-R Nr. 43, Mai 1746 Cap., Okt. 1756 Major, Nov. 1756 gest.; **Bruder**: Ernst Ewald (1710–1770), Major, s.d.; **Laufbahn**: Aug. 1738 Fähnrich im I-R Nr. 1, April 1740 Sl, Juli 1745 Pl, Dez. 1752 Stabs-Cap., Sep. 1753 Cap u. Chef e. Comp., 1757 an e. Blessur gest.; **Ehefrau**: Margarethe Elisabeth Wilhelmine, e. To. d. GM Lorenz Ernst von Münchow;

Quellen: GStA, IV. HA, Rep. 1, Nr. 77, Bl. 17 (Bruder B.D.), Bl. 18 (Bruder E.E.), Bl. 19 (H.S. als Joh. S.); Stabi, Ms. boruss. fol. 313, fol. 316 (Bruder E.E.); Fam.gesch., Linie Tychow-Dubberow, S. 134–138;

Cap. Hans Sigismund von KLEIST (* 7. Jan. 1724, † 9. Febr. 1784)*

Vater: Franz Ulrich (1688–1757)*, Gl, siehe dort mehr zur Fam.; **Mutter**: Christiane Louise Eleonore, geb. Gans Edle zu Putlitz (1705–1736); **Laufbahn**: seit 1739 im Militär, Mai 1740 Fähnrich im I-R Nr. 31, Sep. 1742 Sl, Sep. 1748 Pl, Mai 1757 Stabs-Cap., Mrz. 1758 dim., 1784 unbeerbt verst.;

Quellen: GStA, IV. HA, Rep. 1, Nr. 77, Bl. 19; Stabi, Ms. boruss. fol. 314; Fam.gesch., Linie Muttrin-Damen, S. 407–410, S. 442–449;

GFM Henning Alexander von KLEIST (* 4. Mai 1677, † 21. Aug. 1749)*

Vater: Joachim Daniel († 1709), Erbherr auf Raddatz im Krs. Neustettin; **Mutter**: Maria Catharina, geb. von Rahmel (1644–1685); **Laufbahn**: 1699 Fähnrich im I-R Nr. 3, 1702 Ltnt., Juli 1705 Cap. u. Chef e. Comp., Sep. 1709 Major, Jan. 1713 Ol, Okt. 1718 Obrist u. Kommandeur d. I-R Nr. 3, 1722 bis 1726 in kaiserl. Diensten, Juli 1726 Kommandeur d. I-R Nr. 20, Mrz. 1730 Chef d. I-R Nr. 26, Aug. 1733 GM, April 1741 Gl, Juni 1741 Gouverneur von Kolberg u. Ritter d. Ordens vom Schwarzen Adler, Juli 1741 Orden p.l.m., Jan. 1745 General d. Infanterie, Mai 1747 GFM; **Güter**: saß auf Raddatz, seit 1748, 1749 auch Erbherr auf ganz Dallentin im Krs. Neustettin; **Ehefrau**: Albertine, geb. von Biedersee (1700–1731); **Sohn**: Leopold (1719–1787), Mrz. 1736 Fähnrich im I-R Nr. 36 (bzw. 26), Sep. 1738 Sl, Aug. 1741 Pl, Juni 1742 Stabs-Cap. im I-R Nr. 29, Juli 1743 Cap. u. Chef e. Comp., Juli 1753 Major, Dez. 1758 Ol, Mrz. 1759 Obrist, Juli 1759 als Invalide dim., Erbherr auf Alt-Klücken in d. NM; **Sohn**: Wilhelm Christoph (* 1727), seit 1744 im Militär, 1749 Gefr.corp. im I-R Nr. 28, Juli 1756 Sl im Garn.-Reg. Nr. 7, noch 1756 zu e. sächs. Regiment versetzt, nach 1756 Cap. im Land-Bat. von Stosch, zuletzt Major, um 1762 dim.; **Sohn**: Alexander Ludwig (* 1725);

Quellen: GStA, IV. HA, Rep. 1, Nr. 77, Bl. 14, Bl. 18 (Sohn Leopold), Stabi, Ms. boruss. fol. 313 (Sohn W.C.); fol. 316 (Sohn L.); Fam.gesch., Linie Villnow-Raddatz, S. 81–98; Priesdorff, Nr. 245;

Gl Henning Alexander von KLEIST (* 4. Juni 1707, † 20. Jan. 1784)*

Vater: George Heinrich (1674–1743), Erbherr auf Juchow u. Raddatz im Krs. Neustettin; **Mutter**: Maria Catharina, geb. von Kleist (1676–1753); **Bruder**: Richard Christian (1712–1741), seit 1728 im Militär, 1730 Corp. im I-R Nr. 30, Mrz. 1734 Fähnrich, Jan. 1736 Sl, Dez. 1741 in d. *Campgane* gest.; **Bruder**: George Ernst (1716–1785)*, KD-rat, seit 1758 Landrat im Krs. Neustettin, 1756 auf Dallentin gen., seit 1776 Erbherr auf Dolgen im Krs. Neustettin; **Laufbahn**: Sep. 1724 Gefr.corp. im I-R Nr. 1, Jan. 1726 ins I-R Nr. 6, Jan. 1730 Fähnrich, Nov. 1735 Sl, Dez. 1740 als Pl ins 2. Bat. Garde, Mai 1741 Stabs-Cap., Mai 1742 Orden p.l.m., Aug. 1742 ins I-R Nr. 4, Mrz. 1743 Cap. u. Chef e. Comp., Juli 1756 Major, Juni 1759 Kommandeur d. I-R Nr. 4, Febr. 1760 Ol, Febr. 1761 Obrist, Juni 1766 Chef d. I-R Nr. 36, Juli 1767 GM, April 1778 Gl, Juni 1780 Gouverneur von Spandau; **Güter**: seit 1748 Erbherr auf Juchow im Krs. Neustettin, seit 1751 auf Vorwerk Zamenz, seit 1752 auf Vorwerk Falkenhagen; diese Güter hatten 1767 e. Wert von zs. 10/m T., auf ihnen lagen Hypotheken über 6700 T.; **Ehefrau**: Hedwig Charlotte Christine (1725–1765), e. To. d. Generals Franz Ulrich von Kleist; aus d. Ehe acht Tö. u. d. Sohn Friedrich Carl Ulrich (* 1752, † 1757);

Quellen: GStA, I. HA, Rep. 30, Nr. 43, Paket 9232; IV. HA, Rep. 1, Nr. 77, Bl. 17; Stabi, Ms. boruss. fol. 311 (Bruder R.C.), fol. 313; Brüggemann, T. 2/2, S. 754–755; Fam.gesch., Linie Villnow-Raddatz, S. 54–57, S. 60–62; Priesdorff, Nr. 572; biogr. Handbuch, S. 493 (Bruder G.E.);

Ltnt. Henning Alexander von Kleist (* 1709, † vor 1768)*

Vater: Anton Jacob (* 1679, † vor 1739), Erbherr auf Klein Dubberow im Krs. Belgard; **Mutter**: Sophia Ursula, geb. von Kleist († 1739); **Laufbahn**: seit 1729 im Militär, 1740 Gefr.corp. im I-R Nr. 12, Juni 1741 Fähnrich, Mrz. 1745 Sl, Febr. 1749 ins Berliner Garn.-Reg. versetzt, stand nach 1756 bei d. Landmiliz in Berlin, ledig verst.;

Quellen: GStA, IV. HA, Rep. 1, Nr. 77, Bl. 19; Stabi, Ms. boruss. fol. 316; Fam.gesch., Linie Tychow-Dubberow, S. 68, S. 70–71;

Cap. Jacob Heinrich von Kleist (* 1716, † 27. Mai 1758)*

Vater: Friedrich Wilhelm (1678–1726), Erbherr auf Anteil Rattaick im Krs. Schlawe; **Mutter**: Anna Sophia, geb. von Listen; **Laufbahn**: Okt. 1741 Cornet im D-R Nr. 9, Okt. 1743 zum D-R Nr. 10, Aug. 1745 Sl, Juni 1753 auf Wunsch nach 15 Dj. dim.; seit 1757 Cap e. Land-Bataillons, im Verlaufe d. Krieges gefallen; **Güter**: 1748 bis 1752 Erbherr auf Anteil Rattaick, seit Mrz. 1753 auf Poberow im Krs. Greifenberg, 1767 im Wert von 8/m T., darauf Schulden von 7700 T., es hieß damals explizit, ohne kgl. Hilfe sei d. Konkurs unvermeidlich; **Ehefrau**: Juliane Elisabeth, geb. von Koeller (* um 1717, † 8. Juli 1802), sie bekam seit Mai 1772 e. Pension von 100 T., verkaufte Poberow 1779 an d. Ltnt. Caspar Friedrich Wilhelm von Paris für 9/m T., s.d., verklagte diesen wegen ausstehender Kaufgelder; **Sohn**: Ludwig Leopold George (1754–1772), stand 1767 beim königl. Pagenkorps in Potsdam, dann Leibpage d. Königs; die drei **Töchter** d. Witwe hatten seit Jan. 1787 d. Anwartschaft auf d. mütterliche Pension: Auguste Catharina Sophia (* 9. Juni 1756, † 31. Dez. 1794), Louise Margaretha Henrietta († 17. Juli 1802), Anna Christiana, diese heiratete im Juli 1806 d. Gutsbesitzer Johann Müller zu Coeselitz;

Quellen: GStA, I. HA, Rep. 30, Nr. 43, Paket 9232; Nr. 243, Vas.tab. 1756, 1767; II. HA, Abt. 13 a, Tit. III, Litt K, Nr. 4; IV. HA, Rep. 1, Nr. 77, Bl. 20; Stabi, Ms. boruss. fol. 311; Brüggemann, T. 2/2, S. 656; Fam.gesch., Linie Muttrin-Damen, S. 206–210;

Cap. Jacob Heinrich von Kleist (* um 1720, † 7. Febr. 1757)*

Vater: Jacob Henning (1691–1738), Erbherr auf Muttrin B u. Döbel B im Krs. Belgard; **Bruder**: Peter (1720–1772), seit 1753 Erbherr auf Muttrin B u. Döbel B im Krs. Belgard, ohne Leibeserben verst.; **Bruder**: Ewald Friedrich († 1757), Febr. 1725 Fähnrich im I-R Nr. 15, Mai 1731 Sl, Juli 1733 dim., Aug. 1743 Pl beim neuen I-R Nr. 46, Dez. 1746 Stabs-Cap., April 1754 dim.; **Bruder**: Adam Christian (1730–1760), Nov. 1749 Fähnrich im I-R Nr. 46, April 1756 Sl, Okt. 1758 Pl, Juli 1760 als Pl im I-R Nr. 46 bei Landeshut gefallen; **Bruder**: Friedrich Wilhelm (1732–1782), Mai 1757 Fähnrich im I-R Nr. 46, Aug. 1758 Sl, als solcher abgegangen, seit 1772 Erbherr auf Muttrin B u. Döbel B; **Laufbahn**: (seit 1730 bzw. 1735 im Militär), Jan. 1739 Fähnrich im I-R Nr. 14, Juli 1741 Sl, Sep. 1745 Pl, Sep. 1752 Cap. u. Chef e. Comp. im Garn.-Reg. Nr. 2; ohne Grundbesitz u. ohne Leibeserben 1757 gest.;

Quellen: GStA, I. HA, Rep. 30, Nr. 243, Vas.tab. 1756, 1763; IV. HA, Rep. 1, Nr. 77, Bl. 16 (E.F.) Bl. 19, Bl. 21 (A.C.), Bl. 22 (F.W.); Stabi, Ms. boruss. fol. 311 (hier als Heinr. Jacob); fol. 316

(geb. um 1719, seit 1735 im Militär); Fam.gesch., Linie Muttrin-Damen, S. 280–282 (mit and. Angaben f. E.F.);

Cap. Joachim Bernd von Kleist (* 13. Mai 1712) *

Vater: Jürgen Heinrich, bis 1741 Erbherr auf Dargen im Ftm. Cammin; **Mutter**: Dorothea Esther, geb. von Kleist (* 1686); **Laufbahn**: Febr. 1735 Fähnrich im I-R Nr. 26, Jan. 1739 Sl, Juli 1743 Pl, Juni 1750 Stabs-Cap. im I-R Nr. 14, Aug. 1754 Cap. u. Chef e. Comp., Nov. 1757 Abschied, in Dubberteck unbeerbt verst.;

Quellen: GStA, IV. HA, Rep. 1, Nr. 77, Bl. 18 (als Johann Bernhard); Stabi, Ms. boruss. fol. 311 (hier als Joh. Bernhard); Fam.gesch., Linie Muttrin-Damen, S. 328, S. 337;

Major Joachim Erdmann von Kleist (* um 1690, † 22. Dez. 1745) *

Vater: Sebastian Heinrich (1657–1714), dän. Cap., Erbherr auf Mandelatz im Krs. Belgard; **Mutter**: Lucie Juliane, geb. von Kleist; **Bruder**: Casimir Henning (1706–1755), Jan. 1731 Fähnrich im I-R Nr. 27, Juni 1735 Sl, Juni 1740 Pl im I-R Nr. 37, Jan. 1744 Stabs-Cap., Juli 1747 Cap. u. Chef e. Comp., hinterließ d. Sohn George Heinrich (1753–1824), Cap., s.d.; **Bruder**: Sebastian Heinrich (1714–1774), Mrz. 1739 Fähnrich im späteren I-R Nr. 33, Jan. 1744 Sl, Nov. 1748 Pl, Juli 1756 Stabs-Cap., Mai 1757 Cap. u. Chef e. Comp., Juni 1762 Major, Sep. 1764 Abschied; **Laufbahn**: April 1717 Fähnrich im I-R Nr. 27, Juni 1722 Sl, Mrz. 1725 Pl, Jan. 1731 Stabs-Cap., Juli 1735 Cap. u. Chef e. Comp., Aug. 1743 Major, Dez. 1745 an bei Kesselsdorf erhaltenen Blessuren gest.;

Quellen: GStA, I. HA, Rep. 30, Nr. 243, Vas.tab. 1755; IV. HA, Rep. 1, Nr. 77, Bl. 15 (hier als Jochen E.), Bl. 17 (Bruder C.H.), Bl. 19 (Bruder S.H.); Stabi, Ms. boruss. fol. 316; Fam.gesch., Linie Tychow-Dubberow, S. 133, S. 141–145;

Major Joachim Friedrich von Kleist (* 9. Okt. 1728, † 18. Juni 1788) *

Vater: Bernd Christian (1680–1749), seit 1694 im Militär, April 1713 Cap. u. Chef e. Comp. im I-R Nr. 12, 1723 auf Wunsch dim., Erbherr auf Schmenzin im Krs. Belgard, hinterließ fünf Tö. u. drei Sö., diese besaßen 1750 zs. e. Vermögen von 19/m T.; **Mutter**: Hedwig Magdalena, geb. von Kleist († 1754); **Bruder**: Alexander George Wilhelm (1731–1809), Sep. 1752 Cornet im D-R Nr. 3, Okt. 1756 Ltnt., Jan. 1766 Stabs-Rittmstr., Juni 1776 mit Pension dim., Jan. 1789 Charakter als Major, besaß kein Gut; **Bruder**: Franz (Bernd) Heinrich (1734–1814), Aug. 1757 Fähnrich im I-R Nr. 42, Mrz. 1759 Sl, Juli 1763 Pl, April 1764 Abschied (als Cap.), seit 1763 Erbherr auf Schmenzin, erheiratete mit Sophia Louisa von Glasenapp (1765–1781) d. Güter Kussow A, Storkow B, Vorwerk Wruckhütten, Zechendorf A im Krs. Neustettin, 1797 im Wert von 11 758 T., Sohn: George Johann Wilhelm (1767–1849), April 1785 Cornet im D-R Nr. 12, Okt. 1787 Sl, Jan. 1795 Pl, Nov. 1801 Stabs-Cap., Juni 1808 dim.; **Laufbahn**: engagierte sich 1748 im I-R Nr. 24, Mai 1751 Fähnrich, Juli 1756 Sl, Sep. 1759 Pl, Jan. 1762 Stabs-Cap., Juni 1770 Cap. u. Chef e. Comp., April 1780 Major; **Güter**: erwarb Guhrow bei Cottbus; zweite **Ehefrau**: Juliane Ulrike, geb. von Pannewitz (1746–1793); **Sohn**: Bernd Heinrich Wilhelm (1776–1811), 1795 Fähnrich, 1796 Sl bei d. Garde, 1798 Abschied, Dichter; **Sohn**: Leopold Friedrich (1780–1837), Febr. 1795 Fähnrich im I-R Nr. 24, 1797 Ltnt., Juni 1799 zum 2. Bat. Garde, Mai 1806 hier Stabs-Cap., 1811 Abschied als Major;

Quellen: GStA, I. HA, Rep. 30, Nr. 186 d, Paket 9834; Nr. 243, Vas.tab. 1756, 1763, 1793; IV. HA, Rep. 1, Nr. 77, Bl. 21, Bl. 22 (F.H.); Stabi, Ms. boruss. fol. 312 (Bruder F.H.), fol. 313, fol. 316, fol. 319 (Vater); Schöning, D-R Nr. 3, S. 102, S. 198, S. 211, S. 414 (Bruder A.G.W.); Fam.gesch., Linie Muttrin-Damen, S. 332–337, S. 380–382, S. 384–388; Reinhard, Garde, S. 541;

Ol Joachim Rüdiger von Kleist (* 1722, † 7. Okt. 1782)*

Vater: Joachim Ewald (1687–1753), (seit 1701 im Militär, April 1713 Cap. im I-R Nr. 6), 1720 Abschied als Cap., Erbherr auf Woldisch Tychow u. Bolkow B im Krs. Belgard, 1733 verkauft; **Mutter**: Idea Maria, geb. von Borcke († 1738); **Bruder**: Friedrich Wilhelm (1725–1788), Juli 1743 Fähnrich im I-R Nr. 29, Aug. 1747 Sl, Aug. 1755 Pl, Sep. 1759 Stabs-Cap., Mai 1760 Cap. u. Chef e. Comp., Sep. 1770 Major, Mai 1781 Ol, Juni 1782 Obrist, Kommandeur d. Reg., Aug. 1787 Orden p.l.m., 1788 als aktiver Offz. gest.; **Bruder**: Otto Friedrich (* 1734), 1755 *cadet* in Berlin, dann Fähnrich im 2. Bat. Garde, desertierte 1757 beim Rückmarsch von Prag, sein Vermögen in Höhe von 657 T. wurde eingezogen; **Schwester**: Amalia Constantia (1728–1779), in zweiter Ehe verh. mit O.H. von Glasenapp, hinterließ ihren Brüdern 9080 T.; **Laufbahn**: Aug. 1741 Fähnrich im I-R Nr. 24, Aug. 1744 Sl, Mai 1754 Pl, Sep. 1759 Stabs-Cap., Febr. 1760 Cap. u. Chef e. Comp., Sep. 1771 Major, Mai 1782 Ol im I-R Nr. 24; **Güter**: seit 1764 Erbherr auf Woldisch Tychow, erwarb 1774 d. Güter Ballenberg u. Zwirnitz im Krs. Belgard, hinterließ 1782 e. Vermögen von 23235 T.; **Ehefrau**: Johanna Maria Sophie, geb. von Borcke († 1803), aus beider Ehe drei Töchter, denen d. Vater je 3/m T. Taler aussetzte, d. To. Amalie Elisabeth Henriette (1766–1804) war verh. mit d. Rittmstr. Ernst August Magnus von Borcke (1772–1825), sie besaß 1804 die väterlichen Güter Ballenberg, Zwirnitz u. Woldisch Tychow im Wert von 21/m T., außerdem auf Bergen A u. B für 10/m u. Ganzkow für 15/m T.;

Quellen: GStA, I. HA, Rep. 30, Nr. 44, K 62, Paket 9307; Nr. 243, Vas.tab. 1755, 1793, 1804; IV. HA, Rep. 1, Nr. 77, Bl. 19 (hier als Friedrich Rüdiger), Bl. 20 (Bruder F.W.); Stabi, Ms. boruss. fol. 316 (als Joh. Rudolph bzw. Friedr. Rüdiger); Fam.gesch., Linie Muttrin-Damen, S. 118–123; Lehmann, Ritter, S. 183;

Ltnt. Ludwig Philipp Leopold von Kleist (* 23. Juli 1784, † 1. Febr. 1814)*

Vater: Otto Joachim Bernd (1747–1823), Rittmstr., s.d.; **Mutter**: Christiane Eleonore Philippine, geb. von Borcke **Bruder**: Friedrich Franz Christian (1775–1821), Febr. 1790 Cornet im K-R Nr. 5, Juni 1794 Sl, Febr. 1802 Pl, Dez. 1803 Abschied mit Pension, unbeerbt verst.; **Laufbahn**: 1797 *cadet* in Berlin, Juni 1798 Fähnrich im I-R Nr. 52, Okt. 1800 Sl, Dez. 1806 zum 4. Westpreuß. Res.-Bat., April 1808 einrang. beim 1. Westpreuß- I-R, Okt. 1810 Pl, Dez. 1811 als Stabs-Cap. dim., Mai 1813 Stabs-Cap. beim 3. Res.-Bat. d. Kolberger I-R, Juni 1813 zum 8. Reserve-I-R, 1814 an Blessuren gest.;

Quellen: GStA, IV. HA, Rep. 1, Nr. 77, Bl. 29; Stabi, Ms. boruss. fol. 311; Conrady, I-R Nr. 52, S. 336, S. 369; Fam.gesch., Linie Muttrin-Damen, S. 419–423;

Ltnt. Martin Heinrich von Kleist (* um 1720, † 8. Mai 1757)*

Vater: Martin Rüdiger (1682–1762), Erbherr auf Anteil Wendisch Tychow u. Franzen im Krs. Schlawe; **Mutter**: Margaretha Sophia, geb. von Below; **Bruder**: Christian Rüdiger (* um 1721, † 1757), seit 1735 im Militärdienst, 1740 Corp. im I-R Nr. 17, Mai 1742 Fähnrich, Okt. 1745 Sl, Aug. 1756 Pl, an e. Blessur bei Prag 1757 gest.; **Bruder**: Adolph Bogislav († 1760), Dez. 1754 Fähnrich im I-R Nr. 17, Okt. 1756 Sl, Febr. 1758 Pl, Mrz. 1760 Orden p.l.m., April 1760 an e. Blessur gest.; **Bruder**: Joachim Felix (* um 1730, † 1757), seit 1746 im Militär, Jan. 1755 Fähnrich im I-R Nr. 17, 1757 bei Kolin als Ltnt. gefallen; **Laufbahn**: seit 1735 im Militär, 1740 Gefr.corp., Sep. 1740 Fähnrich im I-R Nr. 17, Mai 1742 Sl, Mrz. 1752 Pl, an e. bei Prag erhaltenen Blessur 1757 unbeerbt gest.;

Quellen: GStA, I. HA, Rep. 30, Nr. 243, Vas.tab. 1763; IV. HA, Rep. 1, Nr. 77, Bl. 19, Bl. 20 (C.R.), Bl. 21 (Brüder A.B. u. J.F.), Stabi, Ms. boruss. fol. 316; Fam.gesch., Linie Tychow-Dubberow, S. 43–44, S. 45–46;

Fähnrich Martin Ulrich Henrich von Kleist (* 1683)

aus Pommern gebürtig; **Laufbahn**: seit 1697 im Militär, stand 1706 als Fähnrich im I-R Nr. 4, vor 1715 abgegangen; (**verwandt,** Bruder: Heinrich (* 1682), seit 1700 im Militär, 1706 Ltnt. im I-R Nr. 4, vor 1715 abgegangen: Ms. boruss. fol. 313);

Quellen: Stabi, Ms. boruss. fol. 313, fol. 319; beide so nicht in IV. HA, Rep. 1 u. so nicht in d. Fam. gesch., nicht im Verzeichnis d. Offiziere;

Cap. Matthias Reimar von Kleist (* 1708, † 6. Dez. 1756) *

Vater: Joachim Henning (1671–1729), Erbherr auf Zarnekow im Krs. Belgard; **Mutter**: e. geb. von Manteuffel; **Bruder**: Franz George (1709–1751), April 1724 *cadet* in Berlin, Febr. 1731 Fähnrich im I-R Nr. 25, Mai 1735 Sl, Jan. 1740 Pl, Dez. 1741 Stabs-Cap., Juli 1742 Cap. u. Chef e. Comp. im Garn.-Bat. Nr. 4, 1751 ledig verst:, **Bruder**: Alexander Lorenz (* um 1710, † um 1744), seit 1726 im Militär, Sep. 1735 Fähnrich im Garn.-Bat. Nr. 2, Aug. 1741 Sl, Febr. 1744 Pl; **Bruder**: Bernd Eccard (* 1722), Dez. 1741 Fähnrich im Garn.-Reg. Nr. 7, Febr. 1744 Sl, Febr. 1750 Pl, Jan. 1757 wegen *Wahnsinns* dim.; **Laufbahn**: Juli 1729 Fähnrich im I-R Nr. 18, Sep. 1734 Sl, Nov. 1736 wegen Krankheit verabschiedet, Sep. 1756 Cap. u. Chef e. Comp. im Garn.-Reg. Nr. 11, als solcher noch 1756 gest.; **Güter**: verkaufte 1749 d. väterliche Gut Zarnekow an d. Major Jürgen Lorenz von Kleist; erwarb 1748 d. Gut Zeblin im Ftm Cammin f. 8 200 T.; **Ehefrau**: Christiana Maria, geb. von Reder († 1761), ihre *illata* beliefen sich auf 8/m T.; d. Vermögen des verst. Cap. betrug inkl. d. Gutes Zeblin 8 703 T., darauf Schulden von 5 323 T.; d. Vormundschaftskollegium riet d. Witwe dazu, mit ihrem Vermögen d. Gut für die beiden **Söhne**, die 1757 im Alter von 16 u. 15 Jahren bereits in Kriegsdiensten standen, zu konservieren; sie verkaufte Zeblin jedoch an d. Cap., Landrat Johann (Hans) Joachim von Kleist (1725–1789) * zu Seeger für 10 500 T.; **Sohn**: Otto Rudolph Reder (* 1740), seit 1756 im Militär, 1768 Ltnt. im I-R Nr. 5, ledig verst.; **Sohn**: Caspar Christoph Emanuel (1742–1807), Mrz. 1757 Cornet im D-R Nr. 9, Mai 1761 Sl, April 1771 Pl, Juni 1781 Stabs-Cap., Mrz. 1784 bei d. Tabak-Administration im Netze-Distrikt versorgt, Mai 1791 Charakter Major, stand zuletzt d. Postamt in Schneidemühl vor;

Quellen: GStA, I. HA, Rep. 30, Nr. 44, K 62, Paket 9 306; Nr. 186 d, Paket 9 839; IV. HA, Rep. 1, Nr. 77, Bl. 17 (M.R. u. F.G.), Bl. 22 (Sohn C.C.E. als Emanuel Asmus); Stabi, Ms. boruss. fol. 312 (Bruder F.G.), fol. 313 (Bruder B.E.; Sohn O.R.R. nicht in d. Rangliste f. 1763), fol. 314 (A.L.); Rangirrolle Saldern (danach ist 1763 e. Ltnt. v. Kl. vom I-R 5 desertirt); Fam.gesch., Linie Muttrin-Damen, S. 394–398, S. 397–399; biogr. Handbuch, S. 494 (Landrat J.J. von Kleist);

Ol Nicolaus Christoph von Kleist (* 2. Sep. 1667, † 11. Nov. 1725) *

Vater: Heinrich (* 1627, † vor 1680), Cap., 1663 dim., machte sich in Preußen ansässig; **Mutter**: Clara Margarethe, geb. von Puttkamer; Stief-**Bruder**: Christian Wedig († 1725), polnischer Kammerherr; **Bruder**: Joachim Heinrich († 1712), kursächs. Rittmstr.; **Laufbahn**: Mai 1695 Cornet im K-R Nr. 3, Nov. 1702 Ltnt., Jan. 1708 Stabs-Rittmstr., Dez. 1709 Chef e. Escadron, Jan. 1711 Major, Febr. 1716 Ol, 1725 als aktiver Offz. zu Seehausen gest.; **Güter**: Erbherr auf (Glienke) im Krs. Neustettin; **Ehefrau**: Dorothea Margaretha, geb. von Lepel (1703–1774), aus d. Ehe zwei Töchter;

Quellen: GStA, IV. HA, Rep. 1, Nr. 77, Bl. 14; Stabi, Ms. boruss. fol. 313, fol. 319; Fam.gesch., Linie Muttrin-Damen, S. 33–36;

Major Nicolaus Valentin von Kleist (* 18. Nov. 1713, † 10. Sep. 1764) *

Vater: Steffen Nicolaus († 1717), Ltnt. in österr. bzw. ksl. Diensten, Erbherr auf Damen B im Krs. Belgard; **Mutter**: Barbara Theophila, geb. von Zitzewitz; **Bruder**: Steffen Christoph (1712–1757), Jan. 1733 Fähnrich im I-R Nr. 22, April 1735 dim. (1756 Wiedereintritt), als Ltnt. im Garn-Bat. Manteuffel 1757 gefallen, seit 1733 Erbherr auf Nemitz im Krs. Schlawe, dann auf Anteil Reinfeld (im Krs. Belgard), Söhne: Johann Gottlieb Christoph (1744–1808), seit 1759 im Militär, Aug. 1762 Cornet im D-R Nr. 9, Juli 1766 Sl, Febr. 1780 Pl, April 1786 als Cap. dim., Erbherr auf Damen B, 1797 im Wert von 6 800 T., Landschaftsdirektor, Franz Leopold († 1805), Dez. 1769 Fähnrich im I-R Nr. 11, Juli 1773 Sl, Dez. 1778 dim., als Salzfactor in Rastenburg versorgt; **Laufbahn**: Mai 1735 Fähnrich im I-R Nr. 29, Mai 1741 Sl, April 1745 Pl, Aug. 1755 Stabs-Cap., Juni 1757 Cap. u. Chef e. Comp., Sep. 1759 Major, 1764 unbeerbt verst.; **Güter**: seit 1733 Erbherr auf Damen B im Krs. Belgard; d. Gut fiel 1768 an seinen Neffen, d. Ltnt. Johann Gottlieb Christoph von Kleist;

Quellen: GStA, I, Rep. 30, Nr. 243, Vas.tab. 1756, 1763; IV. HA, Rep. 1, Nr. 77, Bl. 18, Bl. 23 (J.G.C.), Bl. 24 (F.L.); Stabi, Ms. boruss. fol. 312 (J.G.C.), fol. 316; Brüggemann, T. 2/2, S. 644–645; Fam. gesch., Linie Muttrin-Damen, S. 470–473;

Rittmstr. Otto Joachim Bernd Hr. von Kleist (* 4. Aug. 1747, † 1823) *

Vater: Franz Lorenz (1714–1767), 1725 ins I-R Nr. 7, 1730 als Cornet ins D-R Nr. 1, Mai 1735 Sl, Mai 1742 als Pl ins D-R Nr. 5, Okt. 1753 Stabs-Rittmstr., Aug. 1756 als Cap. u. Chef e. Comp. ins Garn.-Bat. Nr. 3 versetzt, um 1763 dim., seit 1754 Erbherr auf Gr. Tychow A u. C im Krs. Belgard, 1767 zs. mit Klein Krössin A für 42 500 T. verkauft, ihr Wert war damals aber nur auf 33/m T. beziffert worden, darauf Schulden von 29 116 T.; **Mutter**: Anna Franziska, geb. von Kleist († 1802), erwarb 1768 Sietkow, 1797 im Wert vo 18/m T.; **Bruder**: Franz Rudolph (1755–1820), Mai 1773 Cornet im K-R Nr. 3, Mrz. 1781 Sl, Dez. 1787 Pl, April 1794 Stabs-, Juli 1800 Rittmstr., Sep. 1806 Major, Sep. 1809 Abschied; **Bruder**: Rüdiger Anton George Friedrich (1763–1794), Ltnt., s.d.; **Laufbahn**: Febr. 1765 Cornet im K-R Nr. 5, Mai 1769 Ltnt., Sep. 1782 Stabs-Rittmstr., Juni 1790 Abschied nach 27 Dj.; **Güter**: verlangte im Febr. 1775, daß ihm d. Gut Ruschitz des unter *Curatel* stehenden Cap. Franz Casimir von Kleist übergeben wird, s.d., er wollte d. Mündel dafür jährlich 200 T. Alimente zahlen; die künftigen Allodialerben verweigerten zunächst ihre Zustimmung; wurde im Dez. 1779 erneut mit seinem Gesuch abgewiesen; erhielt erst nach Einwilligung d. Kösliner Pupillenkollegiums d. Gut; seit 1783 Erbherr auf Ruschitz im Krs. Stolp im Wert von 16 500 T.; seit etwa 1790 auch Erbherr auf Poberow im Krs. Greifenberg, dieses war 1790 auf 14/m T. taxiert worden, darauf Schulden von 9 325 T.; bat im Febr. 1802 um d. *Consens* zum Verkauf von Poberow an e. Bürgerlichen, sei wichtig für d. Konservation d. Familie, d. Suppl. hatte sechs unversorgte Töchter u. zwei im Militär stehende Söhne, bekam im Juni 1802 d. Genehmigung u. verkaufte Poberow im Febr. 1803 für 21 500 T. an d. Amtmann Daniel Gottfr. Rieckmann, machte bei diesem Geschäft e. Gewinn von mind. 5/m T.; seit 1806 zs. mit d. Bruder Franz Rudolph (1755–1820), Mai 1773 Cornet im K-R Nr. 3, Mrz. 1781 Ltnt., 1793 als Pl gen., Sep. 1806 Major, auch Mitbesitzer von Sietkow; erste **Ehefrau**: Christiane Eleonore Philippine, e. To. d. Ol Jürgen Heinrich von Borcke in Unheim, sie besaß 1775 e. Vermögen von 7 690 T.; **Sohn**: Friedrich Franz Christian (1775–1821), Febr. 1790 Cornet im K-R Nr. 5, Juni 1794 Sl, Febr. 1802 Pl, Dez. 1803 Abschied; **Sohn**: Ludwig Philipp Leopold Joachim (1784–1814), Ltnt., s.d.;

Quellen: GStA, I. HA, Rep. 30, Nr. 44, K 62, Paket 9 306; Nr. 186 d, Paket 9 842; Nr. 243, Vas.tab. 1794, 1804; Nr. 244, Paket 9 995; IV. HA, Rep. 1, Nr. 77, Bl. 23; Stabi, Ms. boruss. fol. 313 (Bruder F.R.); Fam.gesch., Linie Muttrin-Damen, S. 415–416, S. 419–423;

Obrist Peter Christian von Kleist (* Nov. 1727, † 21. Nov. 1777) *

Vater: Hans Christian (1685–1749), Erbherr auf Damen A im Krs. Belgard; **Mutter**: Prisca Catharina, geb. von Kleist (1691–1753); **Bruder**: Felix Friedrich (1726–1800), seit 1743 im Regiment, Nov. 1748 Fähnrich im I-R Nr. 25, 1755 Sl, 1764 Cap. u. Chef e. Comp., Mai 1774 Major, Febr. 1779 Abschied; **Laufbahn**: Okt. 1747 Fähnrich im I-R Nr. 26, Okt. 1749 Sl, April 1750 Pl im I-R Nr. 22, Sep. 1753 Cap. u. Adjutant, Okt. 1757 Chef e. Comp., Nov., Dez. 1757 Orden p.l.m., Aug. 1758 Major, Jan. 1760 Ol, Aug. 1760 Obrist, Dez. 1762 auf Wunsch dim.; erbte vom Fürsten Moritz von Anhalt-Dessau 12/m T. sowie Grundstücke in u. bei Stargard; **Ehefrau**: Maria Charlotte († 1781), To. d. Gl Wolf Friedrich von Retzow, sie brachte ihm e. Mitgift von 24/m T. ein, hinterließ ihren vier Kindern je 9/m T.; **Güter**: erwarb 1768 von d. Cap. Anton von Kleist auf Zarnekow d. Güter Gr. Tychow A u. C sowie Klein Krössin A im Krs. Belgard für 42 650 T., hinterließ kein Vermögen; **Sohn**: Friedrich Wilhelm Christian (1764–1820), Okt. 1780 Fahnenjunker im I-R Nr. 18, Aug. 1781 Fähnrich, erhielt im Sep. 1785 d. *venia aetatis*, besaß 9/m T. Vermögen, Febr. 1786 Sl, Okt. 1790 Pl, Febr. 1795 Stabs-Cap., Okt. 1799 Cap. u. Chef e. Comp., Okt. 1805 Major, Juni 1813 beim 6. Kurmärk. Landwehr-I-R, Febr. 1814 dim., als Zolldirektor versorgt; **Sohn**: Hans Jürgen (1771–1844), seit 1786 Junker im D-R Nr. 12, Febr. 1788 Cornet, Mai 1790 Sl, Jan. 1793 dim., 1804 Erbherr auf Kiekow, (ganz) Gr. Tychow, Klein Krössin A (und B) im Krs. Belgard im Wert von 76 600 T., 1843 Landrat d. Krs. Belgard, führte seit 1839 d. Namen Kleist-Retzow;

Quellen: GStA, I. HA, Rep. 30, Nr. 44, K 62, Paket 9 307; Nr. 243, Vas.tab. 1793, 1804; IV. HA, Rep. 1, Nr. 77, Bl. 20, Bl. 26 (Sohn F.W.C.), Bl. 28 (Sohn H.J.); Stabi, Ms. boruss. fol. 311 (Sohn H.J.), fol. 313 (Sohn F.W.C.), fol. 314 (P.C. u. Bruder F.F.); Fam.gesch., Linie Muttrin-Damen, S. 127–144; Lehmann, Ritter, S. 63;

Ltnt. Peter Heinrich von Kleist (* um 1698)

Vater: (George Friedrich († 1714), Ltnt., Erbherr auf Dallentin); **Laufbahn**: trat 1713 in d. Militärdienst ein, stand 1715 als Gefr.corp., 1722 als Sergant im I-R Nr. 12, 1730 hier als Sl geführt; war in d. dreißiger Jahren lange Zeit auf Werbung in Ungarn, stand 1740 als Pl im I-R Nr. 12,

1741 bei Ohlau gefallen (bzw. 1749 zum Landregiment versetzt); **Frau**: Hedwig, e. To. d. vor 1735 verst. Christian Erdmann von Lettow, Erbherr auf Anteil Pritzig im Krs. Rummelsburg, u. von Barbara Maria von Hebron († 1734); seine Frau bat am 23. Dez. 1735 darum, mit *Executionen* und *Immissionen* in ihr **Gut** Pritzig verschont zu werden bis zur Rückkehr ihres Mannes von der Werbung; über d. Nachlaß ihres verst. Vaters war Konkurs entstanden; 1735 waren die *illata* der Supplicantin bereits zum gr. Teil verloren gegangen; schon 1724 waren ihr Vater u. ihre Mutter wegen Forderungen über 700 fl. von d. Gläubigern bedrängt u. verfolgt worden; sie mußte im Mrz. 1736 ihren Gutsanteil an d. Hofgerichtsrat Felix Otto von Kameke abtreten;

Quellen: GStA, I. HA, Rep. 30, Nr. 44, L 67, Paket 9311; Stabi, Ms. boruss. fol. 316; so nicht in IV. HA, Rep. 1; Fam.gesch., Linie Muttrin-Damen, S. 227 (Übereinstimmung fraglich); Brüggemann, T. 2/2, S. 882;

Ol Richard Christian von KLEIST (* 1681, † 27. Okt. 1723) *

Vater: Joachim Daniel († 1709), Erbherr auf Raddatz im Krs. Neustettin; **Mutter**: Maria Catharina, geb. von Rahmel (1644–1785); **Laufbahn**: trat 1697 ins Militär ein, Mrz. 1713 Major im I-R Nr. 22, Okt. 1718 Ol, Jan. 1723 ins I-R Nr. 28 versetzt, noch 1723 in Wesel gest.; **Ehefrau**: e. geb. von Stille;

Quellen: GStA, IV. HA, Rep. 1, Nr. 77, Bl. 14; Stabi, Ms. boruss. fol. 314 (in d. Rangliste f. 1713 als Stabs-Cap. gen., in d. Rangliste 1716: Patent Mrz. 1713 als Major), fol. 319; Fam.gesch., Linie Villnow-Raddatz, S. 78–80, S. 94;

Ltnt. Rüdiger Anton George Friedrich von KLEIST (* 10. Jan. 1763, † 15. April 1794)

Vater: Franz Lorenz (1714–1767), Stabs-Rittmstr. im D-R Nr. 5, Aug. 1756 zum Garn.-Bat. Nr. 3 versetzt, 1763 als Cap. *reducirt*, Erbherr auf Gr. Tychow A u. C im Krs. Belgard; **Mutter**: Anna Franziska († 1802), e. Tochter d. Majors Bernd Erdmann von Kleist; **Bruder**: Otto Joachim Bernd (1747–1823), Rittmstr., s.d. mehr; **Laufbahn**: seit 1780 im Militär, stand zuerst in e. K-R, seit 1783 im Kolberger Bat., Okt. 1786 Fähnrich im Garn.-Bat. Nr. 3, 1788 ins Depot-Bat. d. I-R Nr. 19, Juni 1790 Sl, Mrz. bzw. April 1794 mit 96 T. Pension dim.; **Ehefrau**: Juliana Henriette Eleonore (* 1759), e. Tochter d. Kolberger Senators Dames, sie wurde im ersten Wochenbett *vom Tiefsinn überfallen*, verstärkt durch d. Tod ihres Mannes, auf Weisung d. Kösliner Hofgerichtes wurde ihr Gemütszustand untersucht, sie wurde durch e. Erkenntnis vom 12. April 1797 für *blödsinnig erklärt* u. für beständig unter *Curatel* genommen, sie besaß kein Vermögen u. wurde von ihrer Mutter sowie d. ledigen Schwester, die sich kümmerlich von Handarbeit ernährten, mit unterhalten; im Mai 1803 bekam d. Witwe von Kleist e. Pension von 50 T.;

Quellen: GStA, II. HA, Abt. 13 a, Tit. III, Litt K, Nr. 7; IV. HA, Rep. 1, Nr. 77, Bl. 27; Stabi, Ms. boruss. fol. 316 (d. Vater in d. Abgangsliste d. Garn.-Bat. Nr. 3, R.A.G.F. in d. Liste f. 1787); Fam. gesch. Kleist, Linie Muttrin-Damen, S. 415–416, S. 419–422 (danach ist R.A.G. unverh. gest.)

Major Rüdiger Christian von KLEIST (* 14. Mai 1726, † 16. Aug. 1778) *

Vater: Hans Joachim (1685–1753), Erbherr auf Sietkow u. Gr. Tychow C, Landrat d. Krs. Belgard; **Mutter**: Maria Agnisa, geb. von Kleist († 1759); **Bruder**: Franz Lorenz (1714–

1767), 1732 Cornet im D-R Nr. 5, 1735 Pl, Aug. 1756 ins Garn.-Bat. Nr. 3, Erbherr auf Gr. Tychow A u. C; **Bruder**: Dionysius Wilhelm († 1760), Nov. 1741 Ltnt., Artillerie-Cap. in Breslau; **Bruder**: Hans Joachim (1725–1789)*, Ltnt., Landrat, s.d. mehr; **Laufbahn**: Aug. 1743 Fähnrich im I-R Nr. 2, Mai 1746 Sl, Sep. 1757 Pl u. Gen.-Adjutant d. GM H.W. von Kanitz, Juni 1759 Stabs-Cap., Juni 1760 Cap. u. Chef e. Comp., April 1770 Major, Aug. 1778 im Bayer. Erbfolgekrieg an d. Ruhr gest.; hinterließ keine Leibeserben; **Ehefrau**: Sophia Magdalene, geb. Gräfin von Mellin (1722–1807); **Güter**: seit 1763 Erbherr auf Sietkow im Krs. Belgard, 1767 im Wert von 13333 T., darauf Hypotheken von 10048 T.;

Quellen: GStA, I. HA, Rep. 30, Nr. 243, Vas.tab. 1756, 1763; IV. HA, Rep. 1, Nr. 77, Bl. 19 (Bruder D.W.), Bl. 20; Brüggemann, T. 2/2, S. 670; Schöning, D-R Nr. 3, S. 83, S. 102, S. 411 (H.J); Fam. gesch., Linie Muttrin-Damen, S. 404–405, S. 415–419; Oelsnitz, I-R Nr. 2, S. 423, S. 433, S. 499, S. 513, S. 924; biogr. Handbuch, S. 494 (Bruder H.J.);

Cap. Rüdiger Wilhelm von Kleist (* 1694, † 4. Dez. 1724)*

Vater: Peter Ernst († 1705), kurbrandenburg. Ltnt., Erbherr auf Woldisch Tychow u. Bolkow B im Krs. Belgard; **Mutter**: Esther Elisabeth, geb. von Kleist († 1736); **Bruder**: Joachim Ewald (1687–1753), (seit 1701 im Militär, April 1713 Cap. im I-R Nr. 6), 1720 Abschied als Cap., Erbherr auf Woldisch Tychow u. Bolkow B im Krs. Belgard, 1733 verkauft; **Laufbahn**: seit 1709 im Militär, Febr. bzw. Mrz. 1714 Fähnrich im I-R Nr. 1, Jan. 1716 Sl, April 1719 Pl, Mrz. 1722 Stabs-Cap., 1724 nach 15,5 Dj. im Alter von 30,5 Jahren ledig verst.;

Quellen: GStA, IV. HA, Rep. 1, Nr. 77, Bl. 15; Stabi, Ms. boruss. fol. 313 (danach gest. 30. Aug. 1724), fol. 319; Fam.gesch., Linie Muttrin-Damen, S. 117–120;

Ltnt., Cap. Werner Heinrich von Kleist (* um 1702, † 1765)

Vater: Anton Jacob (* 1679, † vor 1739), Erbherr auf Klein Dubberow im Krs. Belgard; **Mutter**: Sophia Ursula, geb. von Kleist († 1739); **Bruder**: Henning Alexander (* 1709, † vor 1768), Ltnt. s.d.; **Laufbahn**: seit 1717 im Militär, Okt. 1731 Cornet im D-R Nr. 5, Sep. 1736 in e. Garn.-Bat. versetzt, Sep. 1738 als Ltnt. vom Garn.-Bat. Nr. 5 auf Wunsch dim., (nach 1756 Cap. in d. Garn.-Comp. im Fort Preußen in Stettin, nach 44 Dj. abgegangen), 1765 unverh. gest.; (**Ehefrau**: Catharina Elisabeth, geb. (von Berrenstein) (* 1710, † Mrz. 1778), sie war in erster Ehe verh. gewesen mit e. Ltnt. von der Goltz vom I-R Nr. 8, in zweiter mit d. Ltnt., Cap. von Kleist, aus dieser Ehe d. Tochter Louise Henriette Agathe (* 31. Jan. 1740 † 1. Juni 1806), zuerst verh. mit d. Cap. von Kameke, dann mit d. Ltnt. von Borcke auf Unheim, d. Witwe bekam mit CO vom 31. Juli 1776 e. Pension von 100 T.);

Quellen: GStA, I. HA, Rep. 30, Nr. 43, Pakete 9234 u. 9235 (Witwe); IV. HA, Rep. 1, Nr. 77, Bl. 17 (hier als W. Joh. Hr.); Stabi, Ms. boruss. fol. 313; Fam.gesch., Linie Tychow-Dubberow, S. 68, S. 70 (danach unverh.); Albedyll, Anhang, S. 45*;

GM Werner Heinrich von Kleist (* 1703, † 27. Okt. 1765)*

Vater: Caspar Henning († 1704), Erbherr auf Gr. Tychow im Krs. Belgard; **Mutter**: Sabina Elisabeth, geb. von Bonin; **Bruder**: Caspar George (* 1698, † vor 1764), Okt. 1719 Fähnrich im I-R Nr. 27, Mai 1723 Sl, Juni 1730 Pl, Mrz. 1732 als Cap. dim., (Erbherr auf Temnick im Krs. Saatzig); **Laufbahn**: Mai 1719 *cadet* in Berlin, Nov. 1722 Gefr.corp. im I-R

Nr. 23, Juni 1725 Fähnrich, Jan. 1731 Sl, Mai 1735 Pl, April 1741 Orden p.l.m. für Mollwitz, Okt. 1741 Cap. u. Chef e. Comp. im neuen I-R Nr. 42, Sep. 1750 Major, Dez. 1758 Ol, Febr. 1759 Obrist, April 1760 Kommandeur d. I-R Nr. 42, Mrz. 1764 als GM dim.; unbeerbt verst.;

Quellen: GStA, IV. HA, Rep. 1, Nr. 77, Bl. 17 (als H.W.); Stabi, Ms. boruss. fol. 312 (Heinrich Werner), fol. 316 (W.H. u. Bruder C.G.); Fam.gesch., Linie Tychow-Dubberow, S. 153–155; Lehmann, Ritter, S. 160; Priesdorff, Nr. 551 (als Heinrich Werner)

Cap. Wilhelm Christian von Kleist (1737–1801)*

Vater: Peter George (1692–1757), ksl. Cap., seit 1745 Erbherr auf Wendisch Karstnitz, auch auf Rambow im Krs. Stolp im Wert von 7 500 T:, **Mutter**: Hedwig Ernestine, geb. von Boehn; **Bruder**: Franz George (1739–1813), Febr. 1760 Cornet im D-R Nr. 6, Jan. 1762 dim., erhielt später d. Charakter Cap., 1784 u. 1801 als Erbherr auf Wendisch Karstnitz im Wert von 5/m T. gen., vor 1804 verkauft; **Bruder**: Nicolaus Ludwig (1741–1799), Jan. 1760 Cornet im K-R Nr. 4, Mai 1761 Ltnt., Juli 1775 Stabs-Rittmstr., Nov. 1781 Chef e. Escadron, Mrz. 1796 Major, Sep. 1796 mit Wartegeld dim.; **Bruder**: Ewald Heinrich (1742–1802), Sep. 1760 Fähnrich im I-R Nr. 26, Juni 1763 Sl, Mai 1769 Pl, Dez. 1769 dim., seit 1770 Erbherr auf Wendisch Tychow; **Bruder**: Otto Bogislav (1744–1818)*, Jan. 1761 Fähnrich im I-R Nr. 27, Nov. 1763 zum 1. Bat. Garde, Mrz. 1768 Sl, April 1776 Pl, Okt. 1781 als Major dim., von 1788 bis 1806 Landrat im Krs. Belgard, Güter, alle im Krs. Belgard: erhielt 1784 als Lehnsfolger Klein Dubberow u. Groß Dubberow B, darauf Schulden von 23 225 T., erwarb 1788 d. Allodialgüter Battin u. Krampe für 16 120 T., darauf Schulden von 9 250 T., kaufte 1797 Damen A für 10 700, darauf 3 700 T., kaufte 1797 Damen B für 10 500, darauf 5 450 T., 1798 Damen C für 13/m, darauf 5 200, erstand 1800 Groß Dubberow A f. 19/m T., darauf 7 100 T. Schulden, 1802 Arnhausen f. 52 350, darauf Schulden von 42 575 T., d. Landrat O.B. soll 1803 ohne Klein Dubberow Güter im Wert von 122 100 T. u. e. freies Vermögen von 49/m T. besessen haben; **Laufbahn**: Okt. 1756 Fähnrich im I-R Nr. 27, Jan. 1758 Sl, April 1760 Pl, Febr. 1764 als Cap. dim., 1794 als Postmstr. in Inowraclaw gen.; **Güter**: seit 1766 Erbherr auf Wendisch Karstnitz, Rambow u. Felstow f. 8/m T., seine Schulden betrugen 7/m T., verkaufte die Güter 1784 an seinen Bruder Franz George; aus zwei **Ehen** gingen keine Söhne hervor, unter d. Töchtern u. a. Wilhelmine Sophie (1770–1851), verh. mit d. späteren Major Hans Sigismund Adam von Grape;

Quellen: GStA, I. HA, Rep. 30, Nr. 243, Vas.tab. 1756, 1794, 1804; Nr. 244, Paket 9 993; IV. HA, Rep. 1, Nr. 77, Bl. 22–23; Stabi, Ms. boruss. fol. 314 (Bruder E.H.), fol. 316 (Bruder N.L.); Reinhard, Garde, S. 547; Fam.gesch., Linie Tychow-Dubberow, S. 75–82; Förster, K-R Nr. 4, S. 547; biogr. Handbuch, S. 495 (Bruder O.B.);

Major Zabel George von Kleist (* 23. Mai 1702, † Jan. 1762)*

Vater: Franz Hans († 1733), Erbherr auf Vorwerk Zamenz u. Anteil Dallentin im Krs. Neustettin; **Mutter**: Dorothea Maria, geb. von Schweder († 1739); **Bruder**: Asmus Heinrich (1688–1756), Ol, s.d.; **Bruder**: Friedrich Henning Sigismund (1704–1768), seit 1718 im Militär, Mrz. 1730 Fähnrich im I-R Nr. 13, Juni 1732 Sl, Juni 1737 Pl, Mai 1741 Stabs-Cap., Mrz. 1742 Cap. u. Chef e. Comp., 1742 Ol u. von 1742 bis 1768 Kommandant d. Festung Spandau; **Laufbahn**: Juni 1722 Fähnrich im I-R Nr. 23, Okt. 1725 Sl, Febr. 1733 Pl, Juni

1736 Cap. u. Chef e. Comp., Orden p.l.m., Mrz. 1742 wegen Blessuren als Major dim., seit 1757 Chef e. Land-Bat. in Pommern; **Güter**: 1733 bis 1749 Erbherr auf Anteilen von Dallentin u. Vorwerk Zamenz; **Ehefrau**: Perpetua Juliana Bernhardina, geb. von Kleist;

Quellen: GStA, IV. HA, Rep. 1, Nr. 77, Bl. 16; Stabi, Ms. boruss. fol. 316; Brüggemann, T. 2/2, S. 747–748; Fam.gesch., Linie Villnow-Raddatz, S. 72–77; Lehmann, Ritter, S. 18;

Cap. George Friedrich von Klitzing (* 1701)

Vater: Carl Magnus, Cap., Erbherr auf Anteil Arnhausen im Krs. Belgard, G.F. war aus Ziezenow bei Polzin gebürtig; **Mutter**: Barbara, geb. von Zastrow; **Laufbahn**: seit 1714 im Militärdienst, Okt. 1723 Fähnrich im I-R Nr. 22, April 1729 Pl, Juli 1741 Cap. u. Chef e. Comp., vor 1756 abgegangen; **Güter**: verkaufte d. väterl. Gutsanteil in Arnhausen 1750 an d. Fam. von Damitz;

Quellen: GStA, IV. HA, Rep. 1, Nr. 77, Bl. 71 (hier nur ein J.F., Okt. 1709 Fähnrich im I-R Nr. 6, sp. im Garn.-Reg. Nr. 5); Stabi, Ms. boruss. fol. 314; Brüggemann, T. 2/2, S. 636–637;

Ltnt. Lorenz Baltzer von Klitzing (* 1711)

aus Pommern gebürtig; **Laufbahn**: seit 1724 im Militär, Mrz. 1740 Sl im I-R Nr. 22, vor 1746 abgegangen;

Quellen: Stabi, Ms. boruss. fol. 314;

Ltnt. George Heinrich von Kloschinsky (* 1743)

aus d. Distrikt Lauenburg (bzw. Westpreußen) gebürtig; **Laufbahn**: trat um 1755 in d. Militärdienst ein, Mai 1761 Fähnrich im I-R Nr. 26, Mai 1764 Sl, Nov. 1769 Pl, im Nov. 1770 *weggeschafft*, weil er sich nach 1763 mehrfach duelliert hatte, hielt sich 1771 bei seinen Brüdern Gottlob u. Ludwig in Trzebiatkow auf, führte mit diesen zs. e. liederliches Leben, sie begingen Exzesse u. wurden deshalb von ortsansässigen Adligen verklagt, soll sich 1772 in Polen aufgehalten haben, bat im Nov. 1786 aus Neudorf bei Graudenz um d. neuerliche Plazierung in d. Armee; **Bruder**: Anton Ewald (* 1747, † um 1802), Okt. 1767 Fähnrich im I-R Nr. 23, Sep. 1772 Sl, Mai 1786 nach 22 Dj. dim., 1790 Train-Director, Jan. 1792 als Cap. mit Pension gen., um 1802 als Train-Offizier beim Friedens-Depot in Magdeburg gest.; **Bruder**: Michael Ernst (* um 1750), seit 1761 im Militär, Jan. 1768 Cornet im K-R Nr. 2, April 1778 Sl, Okt. 1788 dim.; **Güter**: die drei Offiziere lagen 1779 zs. mit ihrem Bruder Gottlob (* 1753) im Streit mit d. Witwe ihres verst. Bruders Christian Ludwig (* 1742), e. geb. von Glasenapp u. jetzt verheirateten von Malot(t)ky, um den zum Nachlaß gehörenden Gutsanteil Trzebiatkow H, 1771 im Wert von 2 400 fl.;

Quellen: GStA, I. HA, Rep. 30, Nr. 249, Vas.tab. 1771, 1772 (auch als Kloszinsky); Nr. 413, Paket 10 185, Nr. 413 b, Paket 10 188; Rep. 96 Nr. 257 K; IV. HA, Rep. 1, Nr. 77, Bl. 89; Stabi, Ms. boruss. fol. 314 (G.H.), fol. 315 (Bruder M.E.);

Cap. Friedrich Ludwig von Knobelsdorff (* 10. Juli 1772, † 25. Febr. 1834)

Vater: Carl Ludwig (1724–1786) *, Nov. 1743 Cornet im K-R Nr. 5, Juli 1758 Chef e. Escadron, Sep. 1778 Kommandeur d. K-R Nr. 5, Sep. 1782 GM u. Chef d. D-R Nr. 4, seit 1775

Erbherr auf Schönow im Krs. Pyritz, hinterließ vier Söhne, von denen 1801 nur noch zwei lebten; **Mutter**: Ulrike Beate Juliane, geb. von Schöning aus Jahnsfelde (1749–1819), sie besaß als Witwe e. Mobiliarvermögen von 2/m T. u. bekam für ihren Unterhalt aus d. Vermögen d. Kinder jährlich 1/m T., bei e. Wiederverheiratung sollte sie e. Abfindung von 10/m T. erhalten; **Bruder**: Heinrich Christian (* 18. Nov. 1773, † vor 1801), Mrz. 1790 Cornet im D-R Nr. 1, Mai 1792 Sl, April 1799 dim., von etwa 1801 bis 1804 Erbherr auf Rehfelde im Krs. Pyritz im Wert von 14433 T.; **Bruder**: Carl Otto Maximilian (* 31. Mrz. 1780), April 1797 Cornet im K-R Nr. 4, Mai 1798 Sl, erhielt im Nov. 1800 d. *venia aetatis*, im Jan. 1802 dim.; **Bruder**: Ernst Wilhelm (* 6. Nov. 1781, † vor 1801); **Laufbahn**: Juli 1787 Cornet im D-R Nr. 4, Mrz. 1791 Sl, Sep. 1797 Pl, Aug. 1802 Stabs-Rittmstr., Juli 1806 Rittmstr. u. Chef e. Escadron, Sep. 1812 als Major dim.; **Güter**: in seinem 1784 errichteten Testament hatte ihr Vater seinen Söhnen d. Gut Schönow im Krs. Pyritz, von ihm für 33/m T. gekauft, im Wert von 24/m T. zugeschlagen, sie sollten es nach seinem Tod gemeinsam besitzen bis zur Volljährigkeit von Friedrich Ludwig; bei guter Gelegenheit sollte es aber verkauft werden; 1795 trug Schönow e. jährliche Pacht von 2425 T.; 1804 als Erbherr auf Schönow im Wert von 36/m T. gen.; **Schwestern**: Charlotte Louise Amalie (* 8. Juli 1766), verh. mit d. Ltnt. Ernst Franz Christian Wilhelm von Rathenow vom D-R Nr. 4, sie bekam am 24. Mrz. 1789 d. *venia aetatis*, besaß damals e. *mittelmäßiges Vermögen* von 12/m T.; Dorothea Henriette Juliane (* 3. April 1770), verh. mit d. Cap. Ernst Wilhelm Leopold von Sommerfeld, der seit 1781 im D-R Nr. 3 stand u.d. Gut Rackau in Schlesien besaß, sie bekam am 13. Juli 1789 d. *venia aetatis* u. hatte e. Vermögen von ca. 10/m T., mit e. Teil ihrer Mitgift sollten Schulden auf Rackau getilgt werden;

Quellen: GStA, I. HA, Rep. 30, Nr. 44, K 57 O, Paket 9295; Nr. 186 d 2, Paket 9850; Nr. 243, Vas. tab. 1793, 1804; IV. HA, Rep. 1, Nr. 77, Bl. 133–134; Schöning, D-R Nr. 3, S. 259, S. 315; Priesdorff, Nr. 689 (Vater);

Gefr.corp. Ernst Henning von Knuth († Mrz. 1753)

Vater: Caspar (George) Henning (* 1706), Cap., seit 1740 Erbherr auf Klein Weckow im Flemmingschen Krs., erwirkte 1763 d. Allodification, war dessen einziger Sohn; **Mutter**: e. Tochter von Werner Henning von Lockstaedt; **Laufbahn**: stand als Gefr.corp. im I-R Nr. 38, im Frühjahr 1753 gest. (nicht im Siebenjährigen Krieg im Dienst gefallen); sein **Mutter-Bruder**, d. Stabs-Rittmstr. Jacob Werner von Lockstaedt vom K-R Nr. 1, suchte im Mai 1753 mit Hinweis auf d. Tod seines Neffen um d. Anwartschaft auf d. Lehngut Klein Weckow nach, das auf d. Fall stand, auf diesem waren damals Schulden über 8939 T. eingetragen; **Schwester**: Sophie Juliane, verh. mit d. Cap. Bernhard Ludwig von Ploetz, diese bekam nach 1765 zs. mit ihrem Mann d. Gut Klein Weckow;

Quellen: GStA, I. HA, Rep. 30, Nr. 241, Paket 9962; Nr. 242, Paket 9969; Nr. 243, Vas.tab. 1756, 1763 (Vater); Brüggemann, T. 2/1, S. 46; Siebmacher, Bd. 6/9, 1894, S. 45;

Cap. Christoph Friedrich von Koehne (* 1687)

aus Pommern gebürtig; **Laufbahn**: seit 1703 im I-R Nr. 4, Dez. 1713 Fähnrich im I-R Nr. 4, 1728 Stabs-Cap., vor 1738 abgegangen;

Quellen: Stabi, Ms. boruss. fol. 313, fol. 319 (hier als Kohnen);

Ltnt. Albrecht Ludwig von Koeller (* 1746)

Vater: Albrecht (Friedrich) Ludwig (1702–1757), Juli 1723 Fähnrich im I-R Nr. 23, Febr. 1730 Pl, Nov. 1738 Cap., Mai 1747 Orden p.l.m., Nov. 1751 Major, Okt. 1756 als Kommandeur u. Ol ins I-R von Wietersheim (I-R Nr. 50), 1757 in Torgau an e. Epidemie nach über 40 Dj. gestorben, besaß kein Gut, hinterließ seiner Frau u. sechs Kindern e. nur geringes Vermögen; **Mutter**: Clara Juliane Charlotte (* 1728, † 27. Febr. 1801), e. Schwester d. EM F.W. von Derschau, sie gab 1787 an, ihre *illata* zum Unterhalt d. Familie eingesetzt zu haben, erbte von ihrem Bruder 2/m T., bezahlte davon Schulden u. verbrauchte d. Rest zs. mit ihrer Tochter bis 1793, seit 1787 suchte sie mehrfach um e. Pension nach, soll damals noch e. Vermögen von 980 T. gehabt haben, erhielt ab Juli 1794 e. Beihilfe von 100 T.; **Vater-Bruder**: Henning Bogislav (* 1701, † 15. Aug. 1775), Febr. 1719 *cadet* in Berlin, Mai 1723 Fähnrich im I-R Nr. 5, April 1728 Sl, Okt. 1734 Pl, Dez. 1734 auf Wunsch dim., nach 1756 Major im Land-Bat. in Stettin, seit 1746 Erbherr auf Moratz A, auf Anteilen Dobberphul u. Wonneburg, 1767 im Wert von 9/m T., erwarb 1769 d. Allodialgut Bewerdieck, verheiratet mit Anna Catharina, geb. von Apenburg († 3. Mrz. 1794), setzte in seinem Testament vom Dez. 1767 d. drei Kinder seiner verst. Schwester Veronica Sophia von Tornow zu Universalerben seines Allodialnachlasses ein, diese gerieten in Streit mit d. Erben d. Lehngüter, seine Witwe hatte 1781 jährl. Einkünfte von 33 T., bekam seit April 1784 e. Pension von 100 T.; Vetter: d. dän. Gl George Ludwig von Koeller-Banner, setzte sich im Jan. 1788 für e. Pension für seine Tante ein; **Vater-Bruder**: Matthias Friedrich, 1746 als Ltnt. genannt; **Bruder**: Friedrich Wilhelm (* 1747), Major, s.d.; **Schwester**: Albertine (* 1752), sie besaß 1774 e. Vermögen von 666 T., später verh. mit Wilhelm Carl Adolph Graf von Dyhrn zu Schwenz im Krs. Greifenberg; **Laufbahn**: erhielt zs. mit d. Bruder F.W. im Juni 1767 d. *venia aetatis*, war damals überkompl. Fähnrich, Juni 1768 Fähnrich beim Grenadier-Garde-Bat., (Mai 1770 bzw. Mai 1772) Sl, Sep. 1774 dim.; **Güter**: seit 1766 zs. mit d. Bruder F.W., seit 1781 alleiniger Erbherr auf Reckow A im Krs. Greifenberg, 1767 im Wert von 7966 T., darauf Schulden von 6759 T.; A.L. hatte 1793 zwei Söhne u. eine Tochter, konnte aufgrund d. geringen Revenuen seine Mutter nicht unterstützen; nach d. mit seinem Bruder u. d. Lehnsvettern 1791 und 1800 getroffenem Vergleich auch Erbherr auf Reckow B, C u. D, besaß 1804 damit d. ganze Gut Reckow im Krs. Greifenberg im Wert von 30/m T:, **Sohn**: Ludwig August (* 1782), Juni 1790 *cadet* in Stolp, Mai 1795 *cadet* in Berlin, Aug. 1801 Fähnrich im I-R Nr. 30, April 1805 Sl, April 1806 dim.; **Sohn**: Franz George Henning (* 1787), Nov. 1796 *cadet* in Stolp;

Quellen: GStA, I. HA, Rep. 30, Nr. 186 d, Paket 9838; Nr. 243, Vas.tab. 1756, 1767, 1793, 1804; II. HA, Abt. 13 a, Tit. III, Litt K, Nr. 5 (Mutter); IV. HA, Rep. 1, Nr. 77, Bl. 204; Stabi, Ms. boruss. fol. 316 (Vater); Brüggemann, T. 2/1, S. 444; Brüggemann, Beiträge, 2, S. 229, S. 235–236; Crousaz, Beilage C, S. 32 (H.B.); Reinhard, Garde, S. 532, S. 558; Lehmann, Ritter, S. 37 (Vater); Stolper Kadetten, S. 25, 35;

Cap. Erdmann Friedrich von Koeller (* 1702, † vor 1756)

Vater: Erdmann Friedrich († vor 1743), Erbherr auf Reckow D, auf Anteilen an Dobberphul, Grünhof u. Wonneburg im Krs. Greifenberg; **Bruder**: Heinrich Albrecht (1704–1761), Major, s.d.; **Bruder**: Carl Wilhelm († Anfang 1749), Ltnt.; **Laufbahn**: seit 1717 im Militär, 1724 Gefr.corp., April 1726 Fähnrich im I-R Nr. 22, Jan. 1730 Sl, (Jan. 1733 bzw.)

Mrz. 1740 Pl, Dez. 1744 Stabs-Cap., Mai 1745 dim.; **Güter**: seit 1743 Erbherr auf d. väterlichen Gütern im Wert von 4387 T., diese fielen nach seinem Ableben d. Bruder H.A. zu;

Quellen: GStA, IV. HA, Rep. 1, Nr. 77, Bl. 204; Stabi, Ms. boruss. fol. 314; Ms. geneal. fol. 120; Brüggemann, Beiträge, 2, S. 235–236;

Fähnrich Ernst Friedrich von Koeller (* 1694)

aus Pommern gebürtig; **Laufbahn**: seit 1712 im Militär, Okt. 1715 Fähnrich im I-R Nr. 26, vor 1725 abgegangen;

Quellen: Stabi, Ms. boruss. fol. 314 (nicht in d. Liste f. Sep. 1715), fol. 319 (hier als Köhler);

Cap. Ernst Matthias von Koeller (* um 1719, † vor 1799)

Vater: Franz Ernst († vor 1742), Erbherr auf Reckow B u. C, auf Dobberphul A im Krs. Greifenberg; **Bruder**: Franz Ludwig, Ltnt., s.d. mehr; **Bruder**: Joachim Friedrich (* um 1712, † 1766), stand 1740 als Ltnt. im Garn.-Bat. Nr. 3, um 1748 dim., erbte 1742 Reckow B im Wert von 6800 fl.; **Laufbahn**: engagierte sich 1737 im Militär, Juni 1741 Fähnrich, Juli 1743 Sl im I-R Nr. 22, (1752) nach 15 Dj. als Ltnt. dim., stand nach 1756 als Cap. beim Land-Bat.; **Güter**: seit 1742 Erbherr auf Dobberphul A, 1767 im Wert von 8/m T., erwarb 1769 auf Wiederkauf für 3/m T. auch Dobberphul B, seit 1771 auf Dobberphul C im Wert von 3433 T., 1793 auf A, B u. C u. Grünhof für zs. 12/m T. gen.;

Quellen: GStA, I. HA, Rep. 30, Nr. 243, Vas.tab. 1756, 1763, 1767, 1793, 1799; IV. HA, Rep. 1, Nr. 77, Bl. 204 (hier nur Erdmann Friedrich, s.d., im I-R Nr. 22); Stabi, Ms. boruss. fol. 314 (E.M. 1741 u. 1746 gen.); Brüggemann, T. 2/1, S. 422;

Ltnt. Franz Ludwig von Koeller (* 1716, † um 1795)

Vater: Franz Ernst († vor 1742), Erbherr auf Reckow B u. C, auf Dobberphul A im Krs. Greifenberg; **Bruder**: Joachim Friedrich (* um 1712, † 28. Febr. 1766), seit 1728 im Militär, stand 1736 als Gefr.corp. im I-R Nr. 22, 1740 als Ltnt. im Garn.-Bat. Nr. 3, nahm um 1748 nach 22 Dj. seinen Abschied, saß 1756 als vorm. Ltnt. auf Reckow B im Krs. Greifenberg im Wert von 4533 T.; ohne Leibeserben gest., d. Gut fiel an Franz Ludwig; **Bruder**: Ernst Matthias (* 1719, † vor 1799), Cap. s.d.; **Laufbahn**: Juni 1729 *cadet* in Berlin, Dez. 1738 Fähnrich im I-R Nr. 28, Sep. 1741 Sl, Sep. 1751 Pl, Sep. 1754 nach 25 Dj. dim.; **Güter**: erbte 1742 d. väterliche Gut Reckow C im Wert von 2/m fl., übernahm 1762 als Lehnsvetter Reckow D für 4/m T. von den Erben d. Majors Heinrich Albrecht von Koeller, s.d., nach d. Erbauseinandersetzung mit d. Bruder Ernst Matthias seit 1767 auch Erbherr auf Reckow B, besaß damit 1767 Reckow B, C u. D, 1763 sollen seine Güter e. Wert von 10700 T. gehabt haben, darauf Hypotheken von 6/m T. u. andere Schulden von 3978 T., noch 1793 im Alter von 79 Jahren auf Reckow B (C u. D) gen.; um 1795 ohne Leibeserben gest., Reckow B, C u. D fielen an Lehnserben u. befanden sich 1804 in d. Hand d. Ltnt.s Albrecht Ludwig von Koeller, s.d.; (**verwandt**: Ventz Felix von Koeller (* um 1710), seit 1726 im Militär, 1728 Corp., 1738 Sl im I-R Nr. 4: Stabi, Ms. boruss. fol. 313);

Quellen: GStA, I. HA, Rep. 30, Nr. 243, Vas.tab. 1756, 1763, 1767, 1793; IV. HA, Rep. 1, Nr. 77, Bl. 204; Stabi, Ms. boruss. fol. 314, fol. 316 (J.F.); Brüggemann, T 2/1, S. 444; Brüggemann, Beiträge, 2, S. 218; Crousaz, Beilage C, S. 33;

Cap. Friedrich Wilhelm von Koeller (* 1702, † 24. Febr. 1760)

aus Pommern gebürtig; **Laufbahn**: seit 1716 im Militär, 1732 u. Mrz. 1740 Ltnt. im I-R Nr. 15, noch 1740 als Pl vom nunmehrigen I-R Nr. 34 dim., 1748 Pl im Garn.-Reg. Nr. 10 mit Patent v. Sep. 1738, Sep. 1750 Stabs-Cap., 1760 als solcher gest.;

Quellen: GStA, IV. HA, Rep. 1, Nr. 77, Bl. 204; Stabi, Ms. boruss. fol. 311, fol. 314;

Major Friedrich Wilhelm von Koeller (* 1747)

Vater: Albrecht (Friedrich) Ludwig (1702–1757), 1756 Ol u. Kommandeur d. I-R von Wietersheim (I-R Nr. 50); **Bruder**: Albrecht Ludwig (* 1746), Sl, s.d. mehr; **Laufbahn**: trat 1765 in d. Militärdienst ein, Mrz. 1768 Fähnrich im 2. Bat. Garde, Juni 1773 Sl, Mrz. 1781 Pl, Mrz. 1788 Stabs-Cap., Jan. 1795 Cap. u. Chef e. Comp., Febr. 1798 Major, Mai 1799 Chef d. neuen 3. Westpreuß. Prov.-Invaliden-Comp. in Mewe, Nov. 1803 dim., ledig; **Güter**: seit 1782 Erbherr auf Anteil Moratz im Krs. Greifenberg im Wert von 5 192 T., 1797 u. 1804 auf Moratz B für 6 600 T., zuletzt für 8/m T.;

Quellen: GStA, I. HA, Rep. 30, Nr. 243, Vas.tab. 1793, 1797, 1799, 1804; IV. HA, Rep. 1, Nr. 77, Bl. 204; Brüggemann, T. 2/1, S. 437; Reinhard, Garde, S. 531, S. 534, S. 538, S. 556;

Cap. George Heinrich von Koeller (1700–1742)

aus Pommern gebürtig; **Laufbahn**: seit 1716 im Militär, 1730 Sl, 1740 Pl im I-R Nr. 12, 1742 als Stabs-Cap. in Mähren gefallen;

Quellen: Stabi, Ms. boruss. fol. 316;

Major Heinrich Albrecht von Koeller († 1704, † 14. Febr. 1761)

Vater: Erdmann Friedrich († vor 1743), Erbherr auf Reckow D im Krs. Greifenberg, auf Anteilen von Dobberphul, Grünhof u. Wonneburg; **Bruder**: Erdmann Friedrich (* 1702, † vor 1756), Ltnt., s.d.; **Bruder**: Carl Wilhelm († Anfang 1749), Nov. 1738 Fähnrich im I-R Nr. 16, Febr. 1740 Sl, Jan. 1746 Pl, 1749 als aktiver Offz. gest.; **Laufbahn**: seit 1722 im Militärdienst, Febr. 1727 Fähnrich im I-R Nr. 3, Dez. 1731 Sl, Okt. 1736 Pl, Juni 1741 Stabs-Cap., Okt. 1741 Cap. u. Chef e. Comp., Okt. 1756 Major im I-R von Loen (I-R Nr. 56), Jan. 1761 Orden p.l.m., 1761 gest.; **Ehefrau**: Juliane Elisabeth, geb. von Koeller; **Güter**: von 1740 bis 1750 Erbherr auf Görke im Krs. Greifenberg, 1745 im Wert von 7 500 T., darauf Schulden von 7 540 T.; 1756 Erbherr auf Reckow D, Anteilen an Dobberphul u. Grünhof im Krs. Greifenberg im Wert von 4 666 T., diese Güter fielen 1762 an d. Ltnt. Franz Ludwig von Koeller, s.d.;

Quellen: GStA, I. HA, Rep. 30, Nr. 44, K 61 B, Paket 9 300; Nr. 243, Vas.tab. 1756; IV. HA, Rep. 1, Nr. 77, Bl. 204; Gesch. I-R Nr. 3, S. 201; Stabi, Ms. boruss. fol. 311 (Bruder C.W.); Brüggemann, T. 2/1, S. 428; Brüggemann, Beiträge, 2, S. 235–236; Kopka v. Lossow, Offz.liste, S. 9* (Bruder C.W.)

Major Joachim Heinrich von Koeller (1743–1788)

Vater: Henning Ludwig (* um 1694), Ltnt., seit 1742 Erbherr auf Wietstock A im Flemmingschen Krs., 1763 noch hier genannt; **Mutter**: Barbara Charlotta, geb. von Wachholz († 19. Mrz. 1781), sie bezog als Witwe e. Pension von 100 T.; **Laufbahn**: seit 1758 im Militärdienst, Nov. 1763 Fähnrich im 1. Bat. Garde, Jan. 1768 Sl, Okt. 1775 Pl, Nov. 1784 Major im I-R Nr. 21, stand in Quedlinburg in Garnison, Mai 1787 nach (32 Dj.) wegen schwacher Brust dim.; **Ehefrau**: Maria Lovisa (* 1764), e. Tochter d. kgl. Mundschenks Johann David Kleinschmidt in Potsdam; J.H. hinterließ ihr u. drei kleinen Kindern e. Vermögen von 1 333 T., sie mußte davon noch Schulden u. d. *Equipage* d. ältesten Sohnes mit 300 T. bezahlen, sie reichte seit 1789 mehrere Gesuche ein, bekam jedoch erst im März 1798 e. Pension von 100 T.; **Güter**: seit etwa 1767 Erbherr auf Wietstock A im Wert von 4/m T.; **Sohn**: Heinrich Ludwig (* 1781), 1789 im Potsdamer Waisenhaus, dann *cadet*, Okt. 1797 Fähnrich im I-R Nr. 42, April 1800 Sl, Dez. 1807 beim 1. Schles. Res.-Bat., Juni 1811 als Cap. dim.; **Sohn**: Carl Wilhelm (* 1787); **Tochter**: Christina Lovisa (* 1783);

Quellen: GStA, I. HA, Rep. 30, Nr. 243, Vas.tab. 1763, 1767; II. HA, Abt. 13 a, Tit. III, Litt K, Nr. 10 (Witwe u. Kinder); IV. HA, Rep. 1, Nr. 77, Bl. 204 (J.H., d. Sohn hier als Heinrich Ernst); Brüggemann, T. 2/1, S. 47; Reinhard Garde, S. 529, S., 547;

Ltnt. Matthias Friedrich von Koeller (* um 1697, † vor 1766)

Vater: Matthias Friedrich († vor 1712), Erbherr auf Anteil Reckow A im Krs. Greifenberg; **Bruder**: Joachim Christoph; **Laufbahn**: seit 1711 im Militär, Mrz. 1719 Fähnrich im I-R Nr. 24, April 1722 Sl, Aug. 1724 Pl, Mrz. 1727 (bzw. 1729) ins I-R Nr. 29 versetzt, Sep. 1729 (nach 20 Dj.) dim.; **Güter**: seit 1732 Erbherr auf Reckow A im Wert von 13 870 fl., auf Anteilen von Dobberphul u. Wonneburg, die ihm 1739 e. jährlichen Netto-Ertrag von 693 T. einbrachten, für d. Schulden in Höhe von 11 420 T. mußte er Zinsen von 571 T. aufbringen, so daß ihm e. jährlicher Überschuß von nur 111 T. blieb, suchte daher um e. *Indult* nach; 1756 sollen seine Güter, jetzt auch mit Görke u. Wonneburg, e. Wert von 24/m T. gehabt haben, seine Güter fielen 1766 an d. Lehnsfolger Gebr. Albrecht Ludwig, s.d., u. Fr. Wilhelm von Koeller; **Frau**: Euphrosina Eleonora, geb. von Münchow;

Quellen: GStA, I. HA, Rep. 30, Nr. 44, K 61 B, Paket 9 300; Nr. 243, Vas.tab. 1756, 1763, 1767; IV. HA, Rep. 1, Nr. 77, Bl. 204; Stabi, Ms. boruss. fol. 316; Brüggemann, T. 2/1, S. 459; Brüggemann, Beiträge, 2, S. 235;

Cap. Maximilian Friedrich von Koeller (* Okt. 1755, † 10. April 1833)

Vater: Friedrich August (1717–1776), hessen-kasselscher Obrist; **Mutter**: Sophie Ernestine, geb. Freiin von Hutten (1724–1805); **Vater-Bruder**: George Ludwig von Koeller-Banner, dän. General d. Infanterie, dieser wurde zs. mit seinen drei Neffen Lehnsfolger d. verst. Ltnt. Matthias Friedrich von Koeller auf Görke u. Dobberphul C im Krs. Greifenberg; **Bruder**: Carl Ludwig Julius (1753–1833)*, 1774 Fähnrich im I-R Nr. 37, Okt. 1785 nach 20 Dj. als Sl dim., bat im Dez. 1786 um d. Charakter Cap., KD-rat, Oberforstmeister, 1793 Erbherr auf Moratz A, Schwanteshagen, Siegelkow im Krs. Greifenberg im Wert von 34/m T., verkaufte die Güter vor 1795 an seinen Bruder H.G.A.F.; **Bruder**: Hans George Alexander Friedrich (1752–1820)*, 1772 Fähnrich, 1775 Sl im D-R Nr. 7, 1784 als Ltnt. dim., seit 1795 Landrat im Krs. Greifenberg, 1805 Kammerpräsident in Posen, von ca. 1794 bis 1805 Erbherr auf d. *reluirten* Gütern Cantreck, Cantreckshagen, Dieschenhagen, Lüttmannshagen, Hammer, auf Anteilen Dobberphul, Moratz (A), Schwanteshagen, Siegelkow, 1797 im Wert von 85/m T., 1804 von 100/m T.; **Laufbahn**: sollte im Mai 1764 zs. mit seinen Brüdern ins JG aufgenommen werden, 1767 *cadet* in Berlin, Dez. 1773 Fähnrich im

2. Bat. Garde, Mrz. 1780 Sl, Mrz. 1788 Pl, Jan. 1792 Stabs-Cap., Febr. 1798 Cap. u. Chef e. Comp. im I-R Nr. 11 (bzw. 33), Febr. 1798 dim.; **Güter**: 1793 auf Görke u. Wonneburg für 15/m T. gen., seit mind. 1799 Erbherr auf Dobberphul A u. C, Grünhoff u. Wonneburg im Krs. Greifenberg, 1804 im Wert von 20/m T.;

Quellen: GStA, I. HA, Rep. 30, Nr. 243, Vas.tab. 1767, 1794, 1799, 1804; IV. HA, Rep. 1, Nr. 77, Bl. 204; Brüggemann, T. 2/1, S. 422, S. 428; Reinhard, Garde, S. 539, S. 553, Tb. Uradel, 1904, S. 450, S. 454; biogr. Handbuch, S. 510 (Brüder);

Cap. Nicolaus Magnus von Koeller (* um 1701, † 6. Juli 1770)

Vater: Hans Albrecht, Erbherr auf Wonneburg im Krs. Greifenberg; **Bruder**: Albrecht (Friedrich) Ludwig (1702–1757), Ol, siehe bei d. Ltnt. Albrecht Ludwig (* 1746); **Bruder**: Matthias Christoph; **Laufbahn**: seit etwa 1727 im Militär, Aug. 1741 Stabs-Cap. beim neuen Berliner Garn.-Reg., Aug. 1768 Cap. u. Chef e. Comp., 1770 gest., **Güter**: 1756 Erbherr auf Anteil Moratz im Krs. Greifenberg im Wert von 4 666 T., darauf 1767 Hypotheken über 2 226 T.; **Ehefrau**: Louisa Eleonora, geb. von Suckow; d. Cap. wurde 1748 von Anna Elisabeth Thom wegen *defloration* u. Alimentierung e. Ende 1747 geborenen Tochter verklagt, sie hatte bei ihm in Wollin gedient, er ihr nachgestellt u. sie geschwängert;

Quellen: GStA, I. HA, Rep. 30, Nr. 44, K 61 B, Paket 9 300; Nr. 243, Vas.tab. 1756, 1763; IV. HA, Rep. 1, Nr. 77, Bl. 204;

Ltnt. Bernhard Wilhelm von Köppern (* 1733, † 25. Aug. 1758)

aus Pommern gebürtig; **Laufbahn**: seit 1753 im Militär, Juni 1755 Cornet im D-R Nr. 4, Jan. 1758 Sl, 1758 bei Zorndorf gefallen;

Quellen: GStA, IV. HA, Rep. 1, Nr. 77, Bl. 232; Stabi, Ms. boruss. fol. 313; Schöning, D-R Nr. 3, S. 422;

Cap. Hans Heinrich Ludwig von Köppern (* 31. Okt. 1726, † 24. Nov. 1794)

Vater: Philipp Gustav († 1729), Erbherr auf Radebuhr, Schmuggerow, Tutow im Krs. Anklam; **Bruder**: Curt Gustav; **Laufbahn**: 1740 Junker im D-R Nr. 5, April 1744 Cornet, Sep. 1747 Sl, Juli 1756 Abschied nach 16 Dj. als Cap.; **Ehefrau**: seit Okt. 1756 (bzw. 1760) verh. mit Maria Luisa Sophia von Rieben (1737–1801) aus Galenbeck in Mecklenburg; **Güter**: nach d. brüderl. Vergleich vom Juli 1750 fiel ihm d. Gut Radebuhr zu, außerdem Erbherr auf Schmuggerow, hatte hier seinen Wohnsitz; **Sohn**, 1767 genannt: Otto Wilhelm (* um 1756), vor 1767 zeitweilig Junker im K-R Nr. 6; **Sohn**: Friedrich Adolph Ludwig Wilhelm (* 1. Mai 1759, † 27. Okt. 1816), 1772 Junker im D-R Nr. 5, Juli 1773 Cornet, Dez. 1776 Sl, Febr. 1788 Abschied auf eigenen Wunsch, 1790 erwirkte sein Vater für ihn d. Charakter Cap., heiratete im Juli 1785 Carolina Maria Elisabeth von Bohlen (* um 1767, † 1839), diese brachte ihm d. Gut Neuenkirchen im Krs. Anklam ein, erbte um 1804 von seinem Onkel Curt Wilhelm von Köppern die Güter Rossin u. Charlottenhof, zudem seit 1795 Erbherr auf Radebuhr u. Vorwerk Marienthal im Wert von 20 104 T., die Güter d. Familie kamen unter seinem zweiten Sohn Carl Friedrich Hans Detloff (1786–1854/55), 1797 als Junker ins D-R Nr. 5, 1801 Sl, 1805 auf Wunsch dim., in Verfall; **Sohn**: Hans Anthon Carl Melchior (1759–1807), seit 1777 im Militär, Mrz. 1778 Cornet im K-R Nr. 6, Mai 1785

Ltnt., Mai 1790 dim., seit 1795 Erbherr auf Schmuggerow u. Wilhelmshof im Wert von 31 194 T., seit 1796 verh. mit Maria Agnes Gustava von Hertell (1776–1855); **Lehnsvettern**, 1767 gen.: Otto Friedrich Adolph von Köppern, seit 27 Jahren in dän. Diensten, Major bei d. Cavallerie, in Jütland in Garnison, Hans Maximilian (1735–1805), Leutnant im I-R Nr. 24, s.d., Carl Friedrich von Köppern, 25 Jahre, seit 11 Jahren in dän. Diensten, Leibpage beim König, dann Hofjunker,

Quellen: GStA, I. HA, Rep. 30, Nr. 44, K 57 G, Paket 9294; IV. HA, Rep. 1, Nr. 77, Bl. 232; Brüggemann, Vorpommern, S. 67–69; Albedyll, Anhang, S. 56*, S. 73*, S. 87*; Monteton, S. 81 (H.A.C.M.); Tb. Uradel 1917, S. 468;

GM Hans Maximilian von Köppern (* 16. Dez. 1735, † 24. April 1805)*

Vater: Melchior Ulrich, Erbherr auf Tutow, Landrat d. Krs. Anklam; **Mutter**: Catharina Sophie, geb. von Arnim († 16. April 1775), sie genoß zuletzt e. Pension von 100 T., hinterließ einen Sohn u. fünf ledige Töchter im Alter von 34 bis 49 Jahren, letztere erhielten nach zahlreichen Gesuchen im Mai 1779 zs. e. Pension von 100 T., 1796 lebte von ihnen in Templin nur noch d. älteste Schwester Tugendreich Erdmuth Friederike (* 1726); **Bruder**: Otto Friedrich Adolph, dän. GM; **Laufbahn**: 1752 Gefr.corp., Sep. 1756 Fähnrich im I-R Nr. 24, Dez. 1758 Sl, Jan. 1761 Pl, Okt. 1771 Stabs-Cap., Nov. 1777 Cap. u. Chef e. Comp., Jan. 1782 Major, Sep. 1790 Ol, Juni 1791 Kommandeur d. I-R Nr. 24, Mai 1792 Orden p.l.m., Jan. 1793 Obrist, April 1795 Kommandant zu Danzig, Sep. 1797 mit Pension dim., Dez. 1804 Charakter als GM; **Ehefrau**: Charlotte Luise, geb. Bluttke (1771–1792);

Quellen: GStA, II. HA, Abt. 13a, Tit. III, Litt K, Nr. 20 (Schwestern); IV. HA, Rep. 1, Nr. 77, Bl. 232; Stabi, Ms. boruss. fol. 316; Lehmann, Ritter, S. 212; nicht im Tb. Uradel 1917; Priesdorff, Nr. 1071;

Ol Melchior (Ditmar bzw.) Detloff von Köppern (* 1710, † 13. Mai 1793)

Vater: Melchior Christoph, Erbherr auf Güst in Schwed.-Pommern; **Laufbahn**: seit 1727 im Militär, 1729 Gefr.corp., Juli 1733 Fähnrich im I-R Nr. 31, Febr. 1738 Sl, Juni 1742 Pl im I-R Nr. 44, Sep. 1742 Stabs-Cap., Sep. 1746 Chef e. Comp., Febr. 1755 dim. (mit d. Charakter als Ol); **Güter**: 1767 als pomm. Vasall ausgewiesen, mitbelehnt auf Rossin u. Schmuggerow im Krs. Anklam; Erbherr auf Baerenkamp bei Wesel, hier 1793 gest.; **Ehefrau**: Wilhelmine Clara, geb. von Bruen, aus der Ehe keine Söhne;

Quellen: GStA, I. HA, Rep. 30, Nr. 243, Vas.tab. 1767; IV. HA, Rep. 1, Nr. 77, fol. 232; Stabi, Ms. boruss. fol. 314, Geschichte I-R Nr. 44, S. 45; Tb. Uradel 1917, S. 467;

Cap. Balthasar Joachim von Koethen (* 1719, † vor 1793)*

Vater: George Ernst (1686–1760), Erbherr auf Libbehn A im Krs. Pyritz u. Crampe in d. NM; **Mutter**: Ilse Catharina, geb. von Wedel (1702–1766); **Bruder**: George Bogislav (1722–1808)*, Juni 1743 Fähnrich im I-R Nr. 42, Juli 1759 Chef e. Comp., Mrz. 1786 Kommandeur d. I-R Nr. 42, Aug. 1788 Orden p.l.m., Mai 1792 GM; (**Bruder**: Wilhelm Friedrich (1731–1777), seit 1749 im Militär, Juli 1756 Fähnrich im I-R Nr. 29, Febr. 1758 Sl, Febr. 1763 Pl, Dez. 1773 Stabs-Cap.); **Laufbahn**: Mai 1744 Fähnrich im Garn.-Reg. Nr. 7, April 1749 Sl, Mrz. 1753 Pl, Mrz. 1759 Stabs-Cap., Jan. 1764 dim.; **Güter**: seit 1763

Erbherr auf d. väterl. Gut Libbehn, 1767 im Wert von 14/m, die Schulden betrugen 13903 T., darunter Hypotheken von 8003 T., es hieß, er könne sich *nicht selbst helfen*; **Sohn**: Carl August (1773–1820), Juli 1782 *cadet* in Stolp, Aug. 1786 *cadet* in Berlin, Nov. 1792 Fähnrich im I-R Nr. 21, Jan. 1795 Sl, Nov. 1805 Pl, Juni 1813 Cap. beim 2. Pomm. Landwehr-I-R, Febr. 1816 d. 26. I-R aggr., Okt. 1817 mit Pension dim., 1804 als Erbherr auf Libbehn A im Wert von 12/m T. gen.;

Quellen: GStA, I. HA, Rep. 30, Nr. 43, Paket 9232; Nr. 243, Vas.tab. 1763, 1767, 1793, 1804; IV. HA, Rep. 1, Nr. 77, Bl. 240; Stabi, Ms. boruss. fol. 316 (Bruder F.W.); Brüggemann, T. 2/1, S. 151; Stolper Kadetten, S. 16 (Sohn); Priesdorff, Nr. 841 (Bruder G.B.);

Ol Bernhard Friedrich von KOETHEN (* 1724, † 18. Sep. 1794) *

Vater: Peter Valentin (* um 1676), russ. Cap., Erbherr auf Libbehn im Krs. Pyritz; **Mutter**: e. geb. von Billerbeck; **Bruder**: Carl Sigmund (* 1718), hielt sich 1756 in Bernstein auf; **Laufbahn**: Aug. 1743 Pl im I-R Nr. 46, Dez. 1746 Stabs-Cap., April 1754 Cap. u. Chef e. Comp., Sep. 1762 Major, Okt. 1762 Orden p.l.m., Juni 1767 mit e. Pension von 300 T. dim., April 1772 Kommandant von Küstrin, Juli 1788 Ol; **Güter**: seit 1781 Erbherr auf Libbehn B im Krs. Pyritz, erworben bei e. *Licitation* aus d. Konkurs d. Pagen-Hofmeisters Ernst Friedrich von Billerbeck für 11/m T., nach eigener Angabe überteuert gekauft, weil ohne Wohnhaus u. ohne Inventar; er mußte e. kleines Wohnhaus für 1500 T. errichten u. Inventar für 800 T. anschaffen u. sich dafür verschulden; bei e. Taxation wurde Libbehn A 1786 nur auf 8/m T. geschätzt; bezifferte im Okt. 1786 seine Hypotheken auf 5100 T., die Wechselschulden auf 3/m T.; 1787, 1788 wurde ihm e. Beihilfe von 1500 T. zur Schuldentilgung u. zwecks Erhalt d. Gutes bewilligt, gezahlt in zwei Raten, davon 750 T. im Aug. 1789; hatte 1775 fünf **Schwestern** im Alter von 44 bis 62 Jahren, die sich kümmerlich von Handarbeit ernährten u. um e. Pension aus d. Meliorationsfonds nachsuchten, 1782 hatten sie zs. eine solche von 100 T.; **Sohn**: Friedrich Curth (* um 1754, † 1821), Juli 1773 Fähnrich im I-R Nr. 39, Nov. 1775 Sl, Okt. 1788 Pl, Okt. 1793 Stabs-Cap., Febr. 1795 mit Pension dim., saß 1804 auf Libbehn B im Wert von 12/m T.;

Quellen: GStA, I. HA, Rep. 30, Nr. 243, Vas.tab. 1756, 1793, 1799, 1804; Rep. 96, Nr. 94 K 7; II. HA, Abt. 13 a, Tit. I, Litt. K, Nr. 5, Nr. 23; IV. HA, Rep. 1, Nr. 77, Bl. 240 (d. Sohn hier als Carl Friedrich); Stabi, Ms. boruss. fol. 316; Brüggemann, T. 2/1, S. 151; Lehmann, Ritter, S. 112;

Ltnt. Carl Gustav von KOETHEN (* um 1736, † Mrz. 1780) *

aus Pommern gebürtig; **Laufbahn**: Febr. 1758 Fähnrich im I-R Nr. 8, Nov. 1760 Sl, Sep. 1769 Pl, Nov. 1770 zum Stettiner Land-Reg. versetzt, 1780 gest.;

Quellen: GStA, IV. HA, Rep. 1, Nr. 77, Bl. 240; Priesdorff, Offz.stammliste, S. 102;

Cap. Friedrich Wilhelm von KOETHEN (* 1724, † Jan. bzw. 14. Juli 1773)

Vater: Joachim Wilhelm (* um 1680), seit 1696 im Militär, Sep. 1714 Cap. im I-R Nr. 14, vor 1725 als Major abgegangen, Erbherr auf Libbehn B im Krs. Pyritz, war dessen einziger Sohn; **Vater-Brüder**, um 1750 noch am Leben: russ. Cap. Peter Valentin von Koethen; George Ernst; Adam Siegmund (* 1699, † Okt. 1751), Okt. 1741 Pl im Garn.-Reg. Nr. 5, Jan. 1750 Stabs-Cap., Okt. 1751 als aktiver Offz. gest.; **Laufbahn**: seit 1741 im Militär, Jan.

1744 Fähnrich im Garn.-Reg. Nr. 7, Nov. 1748 Sl, Juli 1752 Pl, Febr. 1758 Stabs-Cap., Sep. 1764 Cap. u. Chef e. Comp., 1773 als aktiver Cap. gest.; **Güter**: verkaufte Libbehn B 1752 für 24 Jahre an d. Cap. u. Pagen-Gouverneur Ernst Friedrich von Billerbeck für 12/m T., s.d.;

Quellen: GStA, I. HA, Rep. 30, Nr. 241 b, Paket 9962; IV. HA, Rep. 1, Nr. 77, Bl. 240; Stabi, Ms. boruss. fol. 313, fol. 314 (A.S., 1751 als Carl S.), fol. 319 (Vater, als Johann Wilh.); Brüggemann, T. 2/1, S. 150–151;

Ltnt. August Christian von Kopp (* 1774, † 12. Mrz. 1836)

Vater: Christian Philipp (* 1743, † vor 1801), aus Preußen gebürtig, seit 1760 im Militär, Juni 1763 Cornet im D-R Nr. 12, Juni 1768 Sl, Juni 1770 dim., erheiratete mit Flora Charlotta, geb. Mauve, Witwe d. Ltnt.s Johann Friedrich von Lockstaedt, d. **Gut** Klein Sabow im Dewitzschen Krs. im Wert von 15/m T., in zweiter Ehe verh. mit Maria Friederika Müller, diese saß 1804 auf d. Gut, ihr Stiefsohn A.C. hielt sich 1804 in Schmelzdorf auf; **Laufbahn**: Juli 1795 Fähnrich im I-R Nr. 46, Okt. 1797 Sl, Nov. 1798 dim., Aug. 1815 zum 3. Pomm. Landwehr-I-R, Jan. 1818 zum 1. Kösl. Landwehr-Reg., Mai 1818 Pl, Mrz. 1820 pens.;

Quellen: GStA, I. HA, Rep. 30, Nr. 243, Vas.tab. 1793 (hier als Koop), 1799; IV. HA, Rep. 1, Nr. 77, Bl. 274; Stabi, Ms. boruss. fol. 311 (Vater, hier als Koop); Brüggemann, Beiträge, 2, S. 173;

Cap. Franz Matthias von Koschnitzky (* 1761, † 23. Mrz. 1829)

Vater: Johann Jacob (* 1723), 1771 Erbherr auf Anteil Mittel-Lowitz im Distrikt Lauenburg im Wert von 2760 fl., 1802 auf Anteil Mittel-Lowitz im Wert von 166 T., hatte 1781 drei Söhne; **Bruder**: Johann Friedrich (1759–1844), Juni 1771 *cadet* in Stolp, April 1773 *cadet* in Berlin, Febr. 1779 Fähnrich im I-R Nr. 38, Sep. 1783 Sl, Mrz. 1792 Pl, Jan. 1794 Stabs-Cap., Aug. 1797 Cap. u. Chef e. Comp., 1806 noch als Cap. gen., Okt. 1817 pens.; **Laufbahn**: Mai 1773 *cadet* in Stolp, April 1776 *cadet* in Berlin, 1779 ins Regiment, Juni 1781 Fähnrich, Juni 1787 Sl im I-R Nr. 22, Mrz. 1795 Pl, Okt. 1799 Stabs-Cap., Dez. 1809 Cap., Okt. 1812 zur Gendarmerie, Nov. 1814 Major, Juni 1816 dim.;

Quellen: GStA, I. HA, Rep. 30, Nr. 243, Vas.tab. 1802 (hier als Choznitzki), Nr. 249, Vas.tab. 1771; IV. HA, Rep. 1, Nr. 77, Bl. 318; VIII, Slg. A.B. König, Nr. 449 (als Chosnitzky); Stab, Ms. boruss. fol. 314, fol. 316 (Bruder); Stolper Kadetten, S. 4, S. 6;

Ltnt. Albrecht von Koss (* um 1772, † Juli 1802)

Vater: Erbherr auf Anteil Schimmerwitz im Distrikt Lauenburg († vor 1801), hinterließ vier Söhne; **Mutter**: Elisabeth, geb. von Malschitzka (* um 1733), e. To. von Franz Michael von Malschitzky zu Strellentin u. Schwester d. GM Johann Matthias von Malschitzky (1737–1814), s.d., ihr geringes Vermögen wurde nach d. Tod d. Mannes für d. *Equipierung* d. beiden ältesten Söhne verbraucht, sie ernährte sich 1801 vom Spinnen u. bekam ab Sep. 1801 e. Pension von 50 T.; **Bruder**: Jacob (* um 1770), Dez. 1794 Fähnrich im I-R Nr. 40, Okt. 1797 Sl, nach 1797 dersertiert, ihm sollte daher d. Prozeß gemacht werden; **Laufbahn**: Dez. 1793 Fähnrich im I-R Nr. 24, April 1795 Sl, 1802 als Ltnt. gest.;

Quellen: GStA, I. HA, Rep. 176, Nr. 5061; II. HA, Abt. 13 a, Tit. III, Litt K, Nr. 9; IV. HA, Rep. 1, Nr. 77, Bl. 310;

Major Franz George von Koss (* 1744, † 20. Febr. 1801)

Vater: Michael Franz (1709–1777), Erbherr auf Anteil Schimmerwitz im Distrikt Lauenburg; **Mutter**: Albertina, geb. von Gostkowsky; **Brüder**: Christian Ernst (* um 1746), 1777 Erbherr auf Anteil Schimmerwitz, Ludwig (* um 1741), Carl (* um 1750), beide weilten wie C.E. auf d. Gut; **Laufbahn**: engagierte sich um 1759 im Militärdienst, Okt. 1761 Fähnrich im I-R Nr. 4, Aug. 1766 Sl, Sep. 1772 Pl, Jan. 1779 Stabs-Cap., Juli 1789 Cap. u. Chef e. Comp., Aug. 1793 Major, 1801 gest.; **Güter**: besaß 1771, 1778 d. väterl. Gut Schimmerwitz A im Wert von 3 650 fl., 1801 hatte d. Anteil e. Wert von 1/m T. (jetzt als B);

Quellen: GStA, I. HA, Rep. 30, Nr. 243, Vas.tab. 1756; Nr. 249, Vas.tab. 1771, 1778; Rep. 176, Nr. 5061; IV. HA, Rep. 1, Nr. 77, Bl. 310; Stabi, Ms. boruss. fol. 313;

Fähnrich George Gneomar von Koss (* um 1700)

Vater: Erbherr auf Anteil Bochow im Distrikt Lauenburg, 1739 gest.; **Mutter**: 1723 gest., sie besaß *illata* von 4 320 fl. preußisch; **Laufbahn**: engagierte sich um 1717 im Militär, stand 1720 u. 1730 als Gefr.corp. im I-R Nr. 7, (avancierte im I-R Nr. 2 bis zum Fähnrich), seit 1730 Fähnrich im Bat. von Raders, stand 1732 als Fähnrich im Bat. von Beaufort, nahm 1736 nach 19 Dj. u. vier Monaten seinen Abschied; **Güter**: besaß seit 1739 d. väterliche Gut Bochow (A) im Wert von 4 700 fl., wurde 1741 schuldenhalber von d. Gläubigern aus d. Gut *exmittirt*, seine Klagen gegen d. Entzug d. Gutes wurden abgewiesen;

Quellen: GStA, I. HA, Rep. 30, Nr. 44, K 64 c, Paket 9 308; Stabi, Ms. boruss. fol. 314 (hier als Jürgen Gneomar); Lange, Soldaten, S. 118;

Cap. Johann Carl von Koven (* 1715, † 3. Nov. 1760)

Vater: Johann August, aus d. AM gebürtig, Kanonikus zu St. Pauli in Magdeburg, erwarb 1710 d. Gut Barkow im Krs. Greifenberg; **Mutter**: Dorothea Catharina, geb. von Rangow; **Laufbahn**: Mai 1741 Fähnrich, April 1746 Sl im I-R Nr. 20, Juni 1755 Pl, Juli 1758 Stabs-Cap., Okt. 1758 Cap. u. Chef e. Comp., Nov. 1760 in d. Schlacht bei Torgau gefallen; **Güter**: erbte zs. mit d. Bruder C.F. d. Gut Barkow, beide traten es 1744 bzw. 1746 Carl Ernst von Stranz ab; überließ 1751 d. Bruder C.F. d. Schäferei Damhof, die zu Dorfhagen gehörte u. 1767 vom Cap. A.A.G. von Grape *reluirt* wurde; **Bruder**: Carl Friedrich (* 20. Juli 1720), zu Kniephof bei Naugard, konnte mangels Vermögen nicht studieren, mußte sich d. Ökonomie widmen, verlor beim Bombardement von Küstrin seine ganzen Effecten, nahm nach d. Tod seines **Vater-Bruders**, des anhalt-zerbstischen Rates Johann Julius von Koven, als dessen Agnat d. Gut Damen A im Krs. Belgard in Besitz, wurde im Jan. 1769 mit Frau u. drei kleinen Kindern wegen e. Lehnstamms von 9/m T. von d. Gebr. von Köppern, die Johann Julius von Koven zu seinen Erben eingesetzt hatte, aus d. Gut exmittiert; hielt sich in Damhof, dann in Polzin auf, 1798 wurde ihm d. verbotene *consuliren* u. Schriftstellern bei Strafe untersagt;

Quellen: GStA, I. HA, Rep. 30, Nr. 44, K 64 f, Paket 9 308; IV. HA, Rep. 1, Nr. 78, Bl. 11; Stabi, Ms. boruss. fol. 311; Brüggemann, T. 2/1, S. 413, S. 423; T. 2/2, S. 645;

Gl George Lorenz Simon von Kowalski (* 30. Juli 1717, † 18. Nov. 1796) *

Vater: Joachim († 1732), Erbherr auf Elsenau, Krs. Wongrowitz, dann zeitweilig (erheiratet) auf Schwellin im Ftm. Cammin; **Mutter**: (e. Schwester d. Gl Andreas Joachim bzw. e) geb. von Kleist aus Schmenzin; **Laufbahn**: 1735 Gefr.corp. im I-R Nr. 7, Mrz. 1739 Fähnrich, Aug. 1741 Sl, Mai 1745 Pl, Okt. 1747 Stabs-Cap., Juni 1752 Cap. u. Chef e. Comp., Mrz. 1757 Major, April 1762 Ol, Nov. 1762 Kommandeur d. I-R Nr. 7, Mai 1765 Obrist, Febr. 1771 Chef d. Garn.-Reg. Nr. 7, Mai 1776 GM, Mai 1787 Gl, Mai 1788 dim.; **Ehefrau**: Anna Elisabeth, geb. von Unruh (1729–1799), aus d. Ehe vier Töchter;

Quellen: Stabi, Ms. boruss. fol. 313 (aus Pomm.), fol. 314 (danach aus Pomm. gebürtig), Priesdorff, Nr. 616 (danach geb. zu Elsenau, hier gen. d. Gl A.J. v. Kleist?);

Obrist Carl Friedrich von Krahn (* 1736, † 4. April 1803) *

Vater: (Ltnt., Erbherr auf Krahnsfelde im Amt Lauenburg); **Laufbahn**: Jan. 1757 Cornet im K-R Nr. 7, Dez. 1758 Ltnt., Juni 1769 Stabs-Rittmstr., Aug. 1777 Rittmstr. u. Chef e. Escadron, Okt. 1785 Major, Mai 1791 Ol, Febr. 1793 Obrist, Sep. 1793 Orden p.l.m., Nov. 1794 mit 600 T. pens.; (**Bruder**: Johann Anton (1742–1796), auf d. Vorwerk Krahnshof in Lauenburg geb., seit 1758 im Militär, Sep. 1760 Cornet im H-R Nr. 5, Jan. 1762 Sl, Nov. 1763 Pl, Mrz. 1769 Stabs-Rittmstr., Jan. 1776 Rittmstr. u. Chef e. Escadron, Juni 1785 Major, Juni 1792 Ol, Jan. 1794 Obrist, Febr. 1795 Kommandeur d. H-R Nr. 5, Dez. 1795 nach 38 Dj. pens., hinterließ seine **Ehefrau** Susanna, geb. Floren (* 1752) in dürftigen Umständen, beider Sohn konnte aufgrund schwacher Gesundheit nicht dienen u. hatte d. Vorwerk Krahnshof nur in Erbpacht, d. Witwe stand seit Dez. 1804 auf d. Expectantenliste für e. pomm. Pension; **Bruder**: Christian Heinrich (* 1732), seit 1749 im Militär, 1755 Gefr.corp. im I-R Nr. 13, im Febr. 1758 als Fähnrich blessirt, als Invalide dim.);

Quellen: GStA, II. HA, Abt. 13 a, Tit. III, Litt K, Nr. 15 (Witwe Obrist J.A.); IV. HA, Rep. 1, Nr. 78, Bl. 41; Stabi, Ms. boruss. fol. 311 (C.H.), fol. 312 (J.A., aus d. Mark geb.), fol. 315; Brüggemann, T. 2/2, S. 1050; Schwerin, K-R Nr. 10, T. 2, S. 197, T. 3, S. 36, S. 39; Monteton, S. 92; Lehmann, Ritter, S. 282;

Cap. Albrecht Friedrich von Krausenstein (* 1726, † vor 1793)

(**Vater**: Joachim Heinrich, 1721 als *Possessor* einiger Stücke auf d. Insel Wollin genannt); **Bruder**: (Johann Heinrich bzw.) Joachim Heinrich (* um 1720), seit 1740 im Militär, Juli 1748 Fähnrich im Garn.-Reg. Nr. 5, Okt. 1751 Sl, Mrz. 1756 Pl, Sep. 1765 dim.; (**Bruder**: Christian Bogislav bzw. Christoph Dubislav (* 1721, † 12. Febr. 1764), seit 1740 im Mili-tär, Okt. 1751 Fähnrich im Garn.-Reg. Nr. 5, Nov. 1755 Sl, 1764 gest.); **Laufbahn**: seit 1745 im Militär, Aug. 1750 Fähnrich im I-R Nr. 23, Juni 1756 Sl, Sep. 1758 Pl, Jan. 1761 Stabs-Cap., im April 1763 dim., um 1765 als Salz-Inspector in Halberstadt mit d. Charakter Kriegsrat versorgt; **Güter**: erwarb nach 1767 d. adlige Erbzinsgut Werder im Krs. Wollin im Wert von 4/m T., seine Erben besaßen d. Gut noch 1804; (**verwandt**: Heinrich Wilhelm von Krausenstein (* 1709), aus Werder bei der Swiene, seit 1730 im Militär, Mrz. 1739 Sl im I-R Nr. 7, vor 1749 abgegangen: Stabi, Ms. boruss. fol. 314, nicht in IV. HA, Rep. 1);

Quellen: GStA, I. HA, Rep. 30, Nr. 243, Vas.tab. 1793, 1804; Rep. 30 B, Nr. 2 b, Paket 10 199 (Vater); IV. HA, Rep. 1, Nr. 78, Bl. 76 (C.B. danach gest. 30.3.1764); Stabi, Ms. boruss. fol. 314 (J.H. u. C.B.), fol. 316; Brüggemann, Vorpommern, S. 274; Zedlitz, 3. Bd., S. 171; Siebmacher, Bd. 6/9, 1894, S. 48;

Ltnt. Friedrich Magnus von KRAUSENSTEIN (* 1732, † 2. Okt. 1760)

aus Vorpommern gebürtig; **Laufbahn**: Juli 1750 *cadet* in Berlin, Juli 1756 Fähnrich im I-R Nr. 48, April 1758 Sl, 1760 (bei Torgau) gefallen;

Quellen: GStA, IV. HA, Rep. 1, Nr. 78, Bl. 76; Stabi, Ms. boruss. fol. 312; Crousaz, Beilage C, S. 35;

Cap. Friedrich August von KRAUTHOFF (* 1766, † Juli 1819)

Vater: Friedrich Carl Christoph (* um 1728, † vor 1790), stammte aus Schwed.-Pommern, hatte 1763 seinen Wohnsitz in Tutow im Krs. Anklam, das er pachtweise besaß, hier auch in dürftigen Umständen gest.; **Großvater**: George Christian (* um 1699), 1750 nobilitiert, Pfandbesitzer von Toitin im Krs. Anklam; **Mutter**: Beata Catharina, geb. von Lepel († um 1799); **Bruder**: Ludwig Adolph († 25. Aug. 1829), Mai 1787 Fähnrich im I-R Nr. 11, Juni 1789 Sl, April 1799 Pl, Dez. 1806 Stabs-Cap., Sep. 1807 Chef e. Comp., Jan. 1811 Major, Dez. 1813 Kommandeur d. 5. Schles. Landwehr-I-R, Mai 1815 Ol, Mrz. 1818 Obrist, Mrz. 1820 ausgeschieden; **Laufbahn**: seit 1777 im Militär, Mrz. 1783 Fähnrich im I-R Nr. 30, Juni 1787 Sl, Jan. 1793 Pl, Mai 1794 Stabs-Cap., Okt. 1800 Cap. u. Chef e. Comp., Mrz. 1814 mit Pension dim.; **Schwestern**: Wilhelmine Friederike (* 1765, † Anfang 1797) u. Charlotte (* 1766), sie galten als hilfsbedürftig, wurden von Freunden unterstützt, mußten bis zu deren Ableben ihre Mutter unterhalten, beide standen seit 1790 auf d. Expectantenliste für e. Pension, Charlotte bekam im Mai 1803 e. Pension von 50 T.;

Quellen: GStA, I. HA, Rep. 30, Nr. 243, Vas.tab. 1763, 1767; II. HA, Abt. 13 a, Tit. III, Litt K, Nr. 24 (Schwestern); IV. HA, Rep. 1, Nr. 78, Bl. 78; Stabi, Ms. boruss. fol. 311; Becker, I-R Nr. 11, S. 341 (Bruder L.A.); Zedlitz, 3. Bd., S. 171 (im Sep. 1750 e. George Christian Krauthof in schwed. Pomm. geadelt);

Cap. (Curt) Ernst Christoph von KREMTZOW (* 1723, † Aug. 1758)*

aus Pommern gebürtig; **Laufbahn**: seit 1737 im Militär, im Dez. 1740 als Junker im D-R Nr. 3 gen., Sep. 1741 Cornet im D-R Nr. 4, Mai 1745 Ltnt., Okt. 1757 Stabs-Cap. im D-R Nr. 4, Aug. 1758 bei Zorndorf als Cap. gefallen;

Quellen: GStA, IV. HA, Rep. 1, Nr. 78, Bl. 94 (als Curt Chr.); Stabi, Ms. boruss. fol. 313 (1751 aus d. NM, 1756 aus Pomm.); Schöning, D-R Nr. 3, S. 64, (S. 84), S. 103 (im D-R Nr. 3 u. 4 standen ein v. K. aus Pomm. u. e. v. K. aus d. NM, e. Verwechslung daher möglich);

Major Joachim Bernhard von KREMTZOW (* um 1715, † 1764)

Vater: Jürgen (George) Bernd, Cap., Erbherr auf ¾ d. Gutes Sandow im Krs. Pyritz, überließ 1747 David Oesterreich Krüssow B auf Wiederkauf für 24 Jahre für 5 300 T., 1771 wurde der Wiederkauf bis 1795 verlängert, hinterließ nur e. Sohn; **Laufbahn**: April 1735 Fähnrich im I-R Nr. 22, Dez. 1738 Sl, Okt. 1743 Pl, Okt. 1748 Stabs-Cap., Dez. 1750 Cap. u. Chef e. Comp., Mai 1757 Major, Juni 1757 Orden p.l.m., Febr. 1760 dim. (bzw. als Kommandeur e. Grenadier-Bat. im Krieg gefallen); **Güter**: besaß die väterlichen Anteile an Sandow, löste 1751 noch d. vierten Teil ein, damit Erbherr auf ganz Sandow, dieses hatte 1767 e. Wert von 27 800 T., allein d. Hypotheken beliefen sich auf 15 216 T.; **Ehefrau**: Louise Henriette, geb. von Brockhusen (* um 1728, † 11. Jan. 1798), sie brachte ihrem Mann eine Mitgift von 6 582 T. ein, trat diese jedoch gegen e. jährliche Alimentation von 130 T. ihren Kindern ab;

Landrat George Christian von Puttkamer aus Fritzow vom Sep. 1780 zufolge blieb von d. Revenuen d. verschuldeten u. ruinierten Gutes kaum etwas für d. Unterhalt übrig, d. Witwe bekam deshalb im April 1781 e. Pension von 100 T.; **Sohn**: Friedrich Moritz August (* 1754), Fähnrich im I-R Nr. 22 (bzw. bei Mellin), erhielt wegen schwacher Gesundheit d. Abschied, galt als *gemütsschwach*, stand 1770 zs. mit e. Schwester unter Vormundschaft, Erbherr auf d. väterl. Gut, auf Sandow u. Anteil Krüssow lagen 1770 Schulden von 30 455 T. sein Vormund wollte deshalb e. Moratorium erreichen, d. Gut wurde vor 1786 verkauft; 1793 befand sich Sandow im Besitz von Lupold Christoph von Wedel; 1798 hatte d. Sohn e. väterliches Vermögen v. 5 189 T., d. mütterliche Nachlaß war noch nicht reguliert, soll aber e. Wert von ca. 7/m T. gehabt haben; d. **Tochter** Wilhelmine Luise Friederike († Okt. 1785) war verh. mit d. Ltnt. Johann Albrecht von Petersdorff (1752–1807) vom D-R Nr. 12, letzterer bat 1789 darum, die *Curatel* über seinen *blödsinnigen* Schwager F.M.A. niederlegen zu dürfen; (**verwandt**: Curt Heinrich von Kremtzow (* um 1690), seit 1707 im Militär, 1713 Sl im I-R Nr. 23, 1715 *cassirt*, weil er vor d. Stralsunder *Campagne* d. Dimission gefordert hatte: Ms. boruss. fol. 316; **verwandt**: Carl Samuel von Kremtzow (* 1726), seit 1741 im Militär, am 14. Jan. 1766 als Cap. im D-R Nr. 3 gest.);

Quellen: GStA, I. HA, Rep. 30, Nr. 44, K 59, Paket 9 302 (in d. Quellen auch als Cremtzow); Nr. 243, Vas.tab. 1763, 1767, 1793; II. HA, Abt. 13 a, Tit. III, Litt C, Nr. 1; IV. HA, Rep. 1, Nr. 78, Bl. 94; Stabi, Ms. boruss. fol. 314; Brüggemann, T. 2/1, S. 138, S. 159–60; Schöning, D-R Nr. 3, S. 103, S. 421 (Bruder); Lehmann, Ritter, S. 56;

Cap. August Julius Gneomar (seit Sep. 1786 Graf) von Krockow
(* 1765, † 22. Jan. 1812)*

aus Pommern gebürtig; **Laufbahn**: trat 1781 in d. Militärdienst ein, Okt. 1782 Fähnrich im I-R Nr. 49, als Fähnrich zs. mit Namensvettern 1786 in d. Grafenstand erhoben, April 1788 Sl, Mai 1793 Adjutant d. Gl Nicolaus Heinrich von Schönfeld, Juli 1793 Orden p.l.m., Jan. 1795 Stabs-Cap., Mai 1795 d. I-R Nr. 51 aggr., Febr. 1796 zum I-R Nr. 17, Okt. 1798 Chef e. Comp., Aug. 1808 Major beim I-R in Kolberg, 1812 gest.;

Quellen: GStA, I, HA, Rep. 7, Nr. 13–1, Ltt K, Nr. 67; IV. HA, Rep. 1, Nr. 78, Bl. 125; Stabi, Ms. boruss. fol. 314; Zedlitz, 3. Bd., S. 174; Lehmann, Ritter, S. 258;

Rittmstr. Carl Friedrich von Krockow (* 1696)

aus Hinterpommern gebürtig; **Laufbahn**: 1720 Cornet, Nov. 1722 Stabs-Rittmstr. im K-R Nr. 2, 1730 als Rittmstr. gen., vor 1740 abgegangen;

Quellen: Stabi, Ms. boruss., fol. 315; Schwerin, K-R Nr. 10, T. 1, S. 202–204;

Rittmstr. Caspar Reinhold von Krockow (* 17. Dez. 1719)

Vater: Nicolaus († vor 1736), poln. Obrist; **Mutter**: Sylvia Eleonora; **Laufbahn**: Aug. 1736 Cornet im K-R Nr. 6, Mai 1741 Ltnt., April 1742 als Rittmstr. dim.; **Güter**: erhielt im Okt. 1736 als Junker die *venia aetatis*, seine Vormünder waren d. Rittmstr. von Krockow u. Kammerherr von Weiher, C.R. hatte damals jährl. Revenuen von 5/m fl., dazu hatte er vom Vater e. Kapital von 1 600 fl. geerbt; (besaß 1755 d. Güter Krokow in Poln.-Preußen); sein **Onkel** mütterlicherseits war d. damalige Rittmstr. im K-R Nr. 6 u. nachmalige GM Hans Caspar von Krockow (1700–1759)*;

Quellen: GStA, I. HA, Rep. 30, Nr. 44, C 29, Paket 9262; IV. HA, Rep. 1, Nr. 78, Bl. 125; Stabi, Ms. boruss. fol. 315; Priesdorff, Nr. 389 (Onkel);

Ltnt. Christian Ludwig Friedrich von KROCKOW (* 1749, † 22. Febr. 1785)*

Vater: Anton Friedrich (1714–1778)*, von 1735 bis 1756 in frz. Kriegsdiensten, Mrz. 1757 Obrist u. Gen.-Adjutant, Sep. 1757 Chef d. D-R Nr. 2, Dez. 1757 GM, April 1760 Gl, Jan. 1773 Schwarzer-Adler-Orden, seit 1754 bzw. 1763 Erbherr auf d. väterl. Gütern Polzin B, Jagertow B und Althütten, auf Klockow u. Neu Sanskow B im Krs. Belgard; **Mutter**: Auguste Luise, geb. Freiin von Lüders († 1790), sie erhielt 1782 Meliorationsgelder in Höhe von 12/m T. für d. Güter ihres verst. Mannes; **Vater-Bruder**: Döring Wilhelm Graf von Krockow (1719–1803)*, Gl, s.d.; **Bruder**: Carl Wilhelm (* 1748), seit 1770 im Militär, Sep. 1770 Cornet im D-R Nr. 2, Juli 1773 *desertirt*; **Schwester**: Auguste Christine Friederike (* 1756), verh. mit d. Major Johann George von d. Marwitz vom K-R Nr. 5; **Laufbahn**: Sep. 1766 Cornet im D-R Nr. 2, Sep. 1772 Sl, 1785 gest.; **Güter**: seit 1778 Erbherr auf d. väterlichen Gütern Polzin B, Jagertow B, Althütten, Hammerbach, Bramstädt A, Neu Sanskow B, Klockow u. Ritzerow im Krs. Belgard; seine Mutter hatte nach d. Tod ihres Mannes d. Nießbrauch dieser Güter auf Lebenszeit; 1782 erhielten Sohn u. Mutter vom König 12/m T. für Meliorationen auf d. Gütern; 1793 ging e. Teil d. Güter von d. Sl Ernst Graf von Krockow vom D-R Nr. 12 an d. Ltnt. Henning Dionysius Ludwig von Blankenburg, s.d., 1803 an d. Ltnt. Wolf Carl von Kupperwolf, e. anderer Teil d. Güter im Wert von 16/m T. ging 1793 von der Witwe Gl von Krockow an deren Schwiegersohn, d. Ltnt. Heinrich von Gontard (* 1758, † vor 1797) vom I-R Nr. 39;

Quellen: GStA, I. HA, Rep. 30, Nr. 44, C 29, Paket 9262; Nr. 243, Vas.tab. 1756, 1763, 1767, 1793, 1804; IV. HA, Rep. 1, Nr. 78, Bl. 125; Brüggemann, T. 2/2, S. 659; Priesdorf, Nr. 471 (Vater, hier über d. Bruder: 1773 dim.), Nr. 576 (Onkel);

General Döring Wilhelm (seit Sep. 1786 Graf) von KROCKOW (* 1719, † 1. Juni 1803)*

Vater: Philipp Reinhold (* um 1675), ksl. Cap., Erbherr auf Polzin im Krs. Belgard; **Mutter**: Anna Marie, geb. von Borcke; **Bruder**: Anton Friedrich (1714–1778)*, Gl; **Laufbahn**: Jan. 1736 Gefr.corp. im I-R Nr. 22, Mrz. 1740 Fähnrich, Nov. 1741 Sl, Mai 1746 Pl, April 1754 Stabs-Cap., Aug. 1756 Cap. u. Chef e. Comp., Aug. 1758 Major, Nov. 1760 Ol u. Orden p.l.m., Mai 1764 Obrist im I-R Nr. 22, Juni 1767 Chef d. I-R Nr. 43, Aug. 1767 GM, Jan. 1773 Chef d. I-R Nr. 51, Mai 1781 Gl, Juli 1782 Ritter d. Schwarzen-Adler-Ordens, Febr. 1789 dim. als General d. Infanterie, unbeerbt verst.;

Quellen: GStA, I. HA, Rep. 30, Nr. 243, Vas.tab. 1755; IV. HA, Rep. 1, Nr. 78, Bl. 125; Stabi, Ms. boruss. fol. 314; Lehmann, Ritter, S. 95; Priesdorff Nr. 471 (Bruder A.F.), Nr. 576;

preuß. Ltnt., poln. Ol Ernst Christoph von KROCKOW (* 1739)

aus Pommern gebürtig; **Laufbahn**: seit 1756 im Militär, Mrz. 1757 Cornet im D-R Nr. 6, Mrz. 1760 Sl, Juli 1764 dim., mußte sich im Verlaufe des Krieges zweimal *Equipage* anschaffen und fünf erschossene Pferde ersetzen, nach 7,5 Dj. wegen d. Nervenkrankheit dim., trat nach d. Genesung in poln. Dienste, mußte 1777 krankheitshalber als Ol d. Dienst quittieren, machte sich mit seinem erworbenen Vermögen in d. Monarchie ansässig; **Güter**: erwarb Uhlingen im Distrikt Lauenburg, suchte im Juni 1782 um Meliorationsgelder nach; gab 1782 an, seinen **Neffen** auf seine Kosten habe erziehen lassen, dieser besuchte d. Friedrichs-Schule in Breslau u. wurde von E.C. vor 1782 im I-R Nr. 31 untergebracht, dessen Vater soll in preuß. Diensten gest. sein;

Quellen: GStA, I. HA, Rep. 96, Nr. 435, Bd. 8; IV. HA, Rep. 1, Nr. 78, Bl. 125; Stabi, Ms. boruss. fol. 311; Brüggemann, T. 2/2, S. 1083;

Major Ernst Matthias (seit Sep. 1786 Graf) von Krockow (* um 1726)

aus Pommern gebürtig; **Bruder**: George Friedrich (* um 1727, † 5. Dez. 1757), Sep. 1747 Cornet im D-R Nr. 1, Mai 1755 Sl, 1757 bei Leuthen gefallen; **Bruder**: Wilhelm Albrecht (* um 1728), Nov. 1748 Sl im Garn.-Reg. Nr. 5, Mai 1753 zum Grenad.-Bat. Nr. 6, Mai 1760 Pl, Sep. 1764 dim., 1771 u. 1778 als vorm. Cap. u. Erbherr auf Kl.-Perlin gen.; **Laufbahn**: Dez. 1745 Cornet im K-R Nr. 1, Sep. 1751 Ltnt., Okt. 1759 Stabs-Rittmstr., Dez. 1761 als Major dim.; **Güter**: Erbherr auf Ossecken, Kurow, Wittenberg, Zakenzin im Krs. Lauenburg, 1771 im Wert von zs. 117/m fl.; (**Sohn**: Ernst (* um 1773), Jan. 1790 Cornet im D-R Nr. 12, Juli 1792 Sl, Mrz. 1799 dim., saß 1801 zs. mit d. Bruder E.W. auf Ossecken, bde. auch Erbherrn auf Kurow, Wittenberg u. Zackenzin im Wert von zs. 33/m T.; **Sohn**: Ernst Wilhelm (* um 1781, † 11. Mrz. 1821), Aug. 1798 Cornet im D-R Nr. 1, Juni 1801 Sl, Juli 1809 dim., Jan. 1814 2. Pomm. Kav.-Reg., Jan. 1815 Pl, Okt. 1816 ausgesch. als Rittmstr.); (**verwandt**: Wilhelm von Krockow (* 1765, † 27. April 1825), aus Pommern gebürtig, seit 1780 im Militär, Juni 1783 Fähnrich, Juni 1786 Sl im D-R Nr. 12, Mrz. 1791 mit Pension dim., Febr. 1798 Charakter Cap.: IV, Rep. 1, Nr. 78, Bl. 125, Ms. boruss. fol. 311);

Quellen: GStA, I. HA, Rep. 7, Nr. 13–1, Litt K, Nr. 67 (1786 als Söhne von E.M. gen: Ernst Heinrich u. Wilhelm Albrecht); Rep. 30, Nr. 243, Vas.tab. 1756 (hier d. drei Brüder), 1763; Nr. 249, Vas.tab. 1771, 1778; II. HA, Abt. 12, Materien, Vas.tab. Nr. 1; IV. HA, Rep. 1, Nr. 78, Bl. 125–126; Stabi, Ms. boruss. fol. 314 (Bruder G.F.); Brüggemann, T. 2/2, S. 1073, S. 1077;

Ltnt. Eugen Ernst Graf von Krockow (* um 1782, † 4. Jan. 1833)

Vater: Otto Carl (* um 1734), poln. GM, Ritter d. Stanislaus-Ordens, Erbherr auf Roschitz, Sassin, Neznachow u. Bergensin im Distrikt Lauenburg im Wert von insges. 53 333 T.; (**Großvater**: Ernst Bogislav (* um 1692), ksl. Major, Landrichter in Putzig, Erbherr auf Roschitz); **Bruder**: Johann (* um 1785); **Laufbahn**: Okt. 1797 Fähnrich im I-R Nr. 52, Jan. 1799 versetzt zum I-R Nr. 17, Febr. 1801 Sl, Sep. 1803 dim., Aug. 1819 zum 2. Kösliner Landwehr-Reg., Aug. 1821 dim., 1833 gest.; **Güter**: Erbherr auf Chmelenz bei Lauenburg;

Quellen: GStA, I. HA, Rep. 30, Nr. 44, C 29, Paket 9262; Nr. 243, Vas.tab. 1756, 1801; IV. HA, Rep. 1, Nr. 78, Bl. 126; Brüggemann, T. 2/2, S. 1 064, S. 1 079;

Cap. Gneomar Reinhold von Krockow (* 1694)

aus Hinterpommern gebürtig; **Laufbahn**: seit 1714 im Militärdienst, Juni 1715 Fähnrich im I-R Nr. 26, 1723 Stabs-Cap., (1727 bzw.) 1728 als Cap. ins I-R Nr. 11 versetzt, 1731 abgegangen;

Quellen: Stabi, Ms. boruss. fol. 314, fol. 319; Becker, I-R Nr. 11, S. 412;

Obrist Heinrich Joachim Reinhold (seit Sep. 1786 Graf) von Krockow
(* 18. Juni 1734, † 4. Juli 1796)

Vater: Hans Caspar (1700–1759)*, GM, stand von 1716 bis 1745 im K-R Nr. 6, zuletzt Obrist u. Kommandeur, seit Okt. 1745 Kommandeur d. K-R Nr. 1, Dez. 1750 GM, seit 1757 Chef d. K-R Nr. 1, Erbherr auf Peest A, Thienen A, Palow B u. Nützlin A im Krs. Schlawe; **Mutter**: Sophie Lucretia, geb. von Wulffen (1702–1758); **Bruder**: Caspar Wilhelm (* 1732, † 22. Aug. 1774), Sep. 1748 Cornet im K-R Nr. 1, Sep. 1754 Ltnt., Aug. 1756 Gen.-Adjutant seines Vaters, Nov. 1760 *cassirt*; seit 1763 Erbherr auf d. väterlichen Gütern, diese hatten damals e. Wert von zs. 22 570 T.; **Laufbahn**: Febr. 1753 Cornet im K-R Nr. 6, Jan. 1758 Ltnt., Jan. 1758 Stabs-Rittmstr. im H-R Nr. 6, Juli 1758 Chef e. Escadron, April 1762 Major, Aug. 1772 Ol, Nov. 1779 Kommandeur d. H-R Nr. 2, Dez. 1779 Obrist, Febr. 1783 dim.; **Güter**: löste 1763 d. Güter Dubberzin u. Teile von Schlönwitz im Krs. Schlawe ein, seit 1763 Erbherr auf ¾, seit 1771 auf ganz Franzen im Krs. Schlawe, seit 1773 auf ganz Schlönwitz, seit Dez. 1775 Erbherr auf d. väterlichen Gütern, die zuvor im Besitz d. Bruders gewesen waren; bat im Jan. 1775 darum, d. Testament seines Bruders annulieren zu lassen; dieser hatte mit e. Maria Groth, Tochter e. Halbbauern, einen unehelichen, am 18. Nov. 1765 geborenen Sohn namens Wilhelm gezeugt, der im Taufbuch aber unter e. anderen Namen eingetragen worden war; d. Verstorbene hatte die vormalige Köchin im Nov. 1770 aus d. Untertänigkeit entlassen u. im Aug. 1771 e. Testament errichtet, in d. er d. Sohn für frei erklärte; am 20. Juli 1773 hatte C.W. dann zu Alt-Schottland bei Danzig Maria Groth geheiratet; bei d. Trauung waren die **Schwester** d. Obristen Juliana Charlotta Sophia, geb. von Krockow, und deren Mann Friedrich Sigismund von Grape aus Quatzow anwesend; weil Caspar Wilhelm 1771 seine spätere Frau und den gemeinsamen Sohn zu Universalerben seines Allodialvermögens in Höhe von 13 342 T. gemacht hatte, was die Lehngüter erheblich belastete, focht d. Obrist d. letzten Willen des Bruders an; im Febr. 1775 wurden die meisten Klagepunkte von H.J.R. durch d. Kösliner Hofgericht abgewiesen; **Ehefrau**: in zweiter Ehe verh. von Brauneck († 1802), sie saß auf Gr.-Perlin, das an ihre Töchter fiel; d. Obrist hinterließ 1796 sieben Kinder, darunter d. **Sohn**: Wilhelm Joachim Reinhold (* um 1768, † 29. Sep. 1821), 1777 Junker, April 1787 Cornet im H-R Nr. 8, Mai 1790 Sl, Nov. 1796 nach 15 Dj. dim., 1804 Erbherr auf Peest A, Palow A, Nützlin A, Thienen A im Krs. Schlawe, errichtete 1806 als Rittmstr. e. Frei-Corps in Danzig, Jan. 1807 Major, Aug. 1807 dim., Febr. 1810 d. Charakter als Major abgesprochen u. f. unfähig erklärt, öffentl. Ämter zu bekleiden; **Sohn**: Hans Carl Ernst (* um 1769), Dez. 1787 (bzw. Juni 1788) Cornet, Juni 1790 Sl im D-R Nr. 10, Juli 1798 dim., seit mind. 1799 Erbherr auf Dubberzin u. Schlönwitz im Krs. Schlawe, außerdem auf Franzen, seine Güter hatten 1804 e. Wert von 16 446 T.;

Quellen: GStA, I. HA, Rep. 30, Nr. 44, C 29, Paket 9 262; Nr. 243, Vas.tab. 1756, 1763, 1767, 1793, 1804; II. HA, Abt. 13 a, Tit. I, Litt S, Nr. 31; IV. HA, Rep. 1, Nr. 78, Bl. 125–126; Stabi, Ms. boruss. fol. 312, fol. 315; Brüggemann, T. 2/2, S. 870–872, S. 880; Wechmar, H-R Nr. 6, S. 250, S. 252; Schöning, 5. H-R, S. 141; S. 169 (Sohn); Priesdorff Nr. 389 (Vater, d. Bruder hier nicht gen.);

Ltnt. Ludwig von Krockow (* 1751, † Febr. 1785)

aus Pommern gebürtig, **Laufbahn**: seit 1765 im Militär, Sep. 1766 Cornet im D-R Nr. 2, Sep. 1772 Sl, 1785 gest.;

Quellen: GStA, IV. HA, Rep. 1, Nr. 78, Bl. 125; Stabi, Ms. boruss. fol. 315;

Cap. Johann Christoph von Kropp (* um 1738)

aus Pommern gebürtig; **Laufbahn**: trat um 1760 als Junker ins I-R Nr. 7 ein, Okt. 1763 Fähnrich, Mai 1767 Sl, April 1768 dim. (mit d. Charakter Cap.); wurde 1769 mit d. Salzfactorei in Cammin versorgt u. bekam e. monatliche Pension von sechs Talern bzw. ein *Salair* von 50 T. jährlich, kaufte daneben Roggen für das Magazin in Stettin ein, so 1777 u. 1797, erhielt dafür e. geringe Provision; trat 1778 dem Kaufmann Carl Friedrich Dumstrey die Salzfactorei gegen e. Abstand von 700 T. ab, wollte wieder in d. Militärdienst treten, dieses Vorhaben zerschlug sich, machte daher d. Vertrag mit d. Kaufmann rückgängig u. geriet mit diesem in e. Rechtsstreit über rückständige Gebühren und Zinsen; 1802 hatte von Kropp aufgrund seiner schlechten Vermögenslage das Armenrecht; die 1781 für 616 T. gekauften Häuser in Cammin waren mit mehr als 2/m T. verschuldet; die angeblich vom Herzog von Braunschweig-Bevern geerbten 2500 T. ließen sich nicht nachweisen; die KDK hegte 1802 Bedenken, gegen d. vorm. Capitain wegen 118 T. an Zahlungsrückständen die Exekution zu verhängen; hatte drei **Töchter**, die 1787 12, 9 u. 7 Jahre alt waren, suchte für diese vergeblich um e. Pension aus d. pomm. Meliorationsfonds nach;

Quellen: GStA, I. HA, Rep. 30, Nr. 44, K 64 h, Paket 9309; II. HA, Abt. 13 a, Tit. III, Litt K, Nr. 17 (auch als Joh. Siegmund); IV. HA, Rep. 1, Nr. 78, Bl. 149; Stabi, Ms. boruss. fol. 314 (als v. Kropf, aus Braunschweig, Okt. 1762 Fähn,);

Ltnt. Franz Leopold Heinrich von Krüger (* 1775, † 20. Mai 1852)

Vater: Jacob Heinrich (* um 1737), gew. Rittmstr. u. Gen.-Adjutant in russischen Diensten, (1767 Erbherr auf Zeinicke im Krs. Dramburg im Wert von 12/m T.), saß 1793 u. 1804 auf Trampke im Krs. Saatzig im Wert von 21/m T.; **Schwester**: Amalia Ludovica Dorothea († Juni 1792), als Witwe von Borcke zu Unheim gest.; **Laufbahn**: Mai 1793 Fähnrich im I-R Nr. 22, Febr. 1795 Sl, Aug. 1802 Pl, Mrz. 1810 Stabs-Cap., Okt. 1812 zur Gendarmerie, Sep. 1813 Major, April 1818 Ol, Juni 1825 Obrist, Jan. 1834 dim.; **Güter**: sein Vater kaufte für ihn 1798 e. Anteil an Dalow im Krs. Saatzig im Wert von 15/m T., darauf Schulden von 7700 T., d. jährlichen Revenuen betrugen 582 T. u. waren kaum hinreichend für d. Zinszahlung, bekam daher im Dez. 1799 d. Erlaubnis, d. Gutsanteil an e. Bürgerlichen zu verkaufen; erwarb vor 1804 Altmühle u. Zolnow im Krs. Neustettin für 1500 T.;

Quellen: GStA, I. HA, Rep. 30, Nr. 243, Vas.tab. 1793, 1804; Nr. 244, Paket 9992; IV. HA, Rep. 1, Nr. 78, Bl. 164; VIII, Slg. A.B. König, Nr. 449;

Fähnrich Alexander Ernst von Krummensee (* 1721)

(**Vater**: Alexander Hildebrand (* 1669), aus d. pomm. Freienwalde gebürtig, seit 1687 im Militär, Febr. 1707 Cap., stand 1715 als Cap. im Reg. Heyden zu Fuß (I-R Nr. 9), 1719 als Ol im Kolberger Garn.-Bat., war verheiratet u. hatte zwei Kinder), A.E. aus Kolberg gebürtig; **Laufbahn**: 1740 Gefr.corp. im I-R Nr. 30, Mrz. 1745 Fähnrich im Garn.-Reg. Nr. 10, vor 1764 abgegangen;

Quellen: Stabi, Ms. boruss. fol. 311, fol. 314, fol. 316 (Vater?), fol. 319; nicht in IV. HA, Rep. 1; nicht bei Siebmacher, Bd. 6/9;

Ltnt. Carl Egidius von KRUMMENSEE (* 1735)

aus Pommern gebürtig; **Laufbahn**: seit 1753 im Militär, Okt. 1756 Cornet im D-R Nr. 12, Mai 1757 Sl, Juli 1766 Pl, Juni 1769 dim.;

Quellen: GStA, IV. HA, Rep. 1, Nr. 78, Bl. 183; Stabi, Ms. boruss. fol. 311;

Cap. Martin Otto von KRUMMENSEE (* 1732, † um 1761)

Vater: (Otto Sigismund, Rittmstr., 1723 gen.), M.O. wurde in Anklam geb.; **Laufbahn**: seit 1747 im Militär, Okt. 1749 Fähnrich im I-R Nr. 7, Juni 1752 Sl, Mrz. 1757 als Adjutant d. Herzogs August Wilhelm von Braunschweig-Bevern Pl, Aug. 1757 Stabs-Cap., Jan. 1758 Cap. u. Flügel-Adjutant des Königs, um 1761 gest.;

Quellen: GStA, IV. HA, Rep. 1, Nr. 78, Bl. 183; Stabi, Ms. boruss. fol. 314, fol. 319 (1715 stand ein Otto Friedrich v. K. als Ltnt., 1719 als Rittmstr. im Reg. Schlippenbach zu Pferd);

Cap. Christian von KU(C)KOWSKY (* 1711, † 18. Dez. 1758)

Vater: Erbherr auf (Moddrow bzw.) Polczen im Distrikt Bütow; **Bruder**: Paul Ernst (Cap.); **Laufbahn**: seit 1728 im Militär, Dez. 1738 Fähnrich im I-R Nr. 13, Sep. 1740 Sl, Okt. 1743 Pl, Juli 1749 Stabs-Cap., Sep. 1754 Cap., Okt. 1756 Orden p.l.m., Ende 1758 an e. Blessur gest.;

Quellen: GStA, I. HA, Rep. 30, Nr. 413, Paket 10 183; IV. HA, Rep. 1, Nr. 78, Bl. 264 (danach gest. 9. Jan. 1759); Stabi, Ms. boruss. fol. 311; Lehmann, Ritter, S. 48;

Cap. Philipp von KÜHNE (* um 1695)

Vater: Adrian (* um 1670), Erbherr auf Bonin (im Borckeschen Krs. od. im Ftm. Cammin); **Laufbahn**: seit 1714 im Militär, Sep. 1716 Sergant im I-R Nr. 1, Juni 1721 Sl im I-R Nr. 1, April 1724 als Sl dim., (Wiedereintritt), stand 1730 als Cap. im I-R Nr. 4 (vor 1738 abgegangen); (**verwandt**: 1723 stand Erdmann Ludwig von Kühne (* 1705) aus Storkow in d. NM als Fourier im I-R Nr. 1: Stabi, Ms. boruss. fol. 313);

Quellen: Stabi, Ms. boruss. fol. 313 (1721: aus d. NM; 1738 nicht im I-R 4), fol. 319; Ms. geneal. fol. 120;

Cap. Carl Gustav von KÜHL(EN) (* um 1690, † 1723)

Vater: Caspar Joachim († 1732), Erbherr auf Gottberg im Krs. Pyritz, mit ihm erlosch d. Familie in Pommern; **Laufbahn**: seit 1705 im Militär, stand 1713 als Ltnt., 1722 als Cap. im I-R Nr. 24, als solcher 1723 gest.;

Quellen: Stabi, Ms. boruss. fol. 316 (1713 als Carl Christoph von Kühl); Siebmacher, Bd. 6/9, 1894, S. 49 (e. Fam. von Kühlen auf Gottberg im Krs. Pyritz);

Ltnt. Bernhard Friedrich (seit Aug. 1752: Graf) von KÜSSOW (* 1744, † 5. Mai 1767)

Vater: Joachim Friedrich (1709–1777)*, seit 1733 pomm. Regierungrat, 1752 Graf, Erbherr auf Klein Küssow, Verchland u. Cunow B im Krs. Pyritz; **Mutter**: Dorothea Maria, geb. von Rohwedel; **Laufbahn**: trat um 1758 in d. Militärdienst ein, April 1762 Sl im I-R Nr. 7, 1767 als Ltnt. an d. Blattern gest.; **Schwester**: Friederica Gottliebe, verh. mit d. Obristen Otto Bogislav von Zastrow, sie erbte 1777 d. väterlichen Güter; erhielt vor 1801 d. Erlaubnis, aus ihren Gütern Verchland, Klein Küssow u. Cunow B e. Fideikommiß zu machen, zum ersten Besitzer setzte sie ihren Groß-Neffen ein, d. Ltnt. Friedrich August Christian Leopold Alexander von Zastrow (1777–1825), Sohn von Ernst Wilhelm von Zastrow, d. von 1793 bis 1801 im D-R Nr. 3 gestanden hatte, dieser bekam 1801 die Erlaubnis, sich von Zastrow gen. von Küssow zu nennen, er saß 1804 auf d. o.g. Gütern im Wert von zs. 71/m T.;

Quellen: GStA, I. HA, Rep. 30, Nr. 44, K 58, Paket 9 298; Nr. 243, Vas.tab. 1763, 1767, 1804; IV. HA, Rep. 1, Nr. 78, Bl. 250; Stabi, Ms. boruss. fol. 314; Brüggemann, T. 2/1, S. 149; Gesterding, 1. Slg., S. 275, S. 278; biogr. Handbuch, S. 540 (Vater);

Major Bernhard George Friedrich (seit Aug. 1752: Graf) von Küssow
(* 18. Aug. 1746, † 1802)

Vater: Christian Friedrich (1721–1758)*, seit 1732 im Reg., 1740 Cornet im K-R Nr. 10, 1747 (mit d. Charakter Ltnt.) dim., seit 1749 Landrat im Krs. Soldin, Erbherr auf Megow, 1752 in d. Grafenstand erhoben, erhielt im Nov. 1754 e. Indult für drei Jahre, seine Schulden betrugen 47 541 T.; **Mutter**: Dorothea Eleonora (* 1717), e. To. von George Ehrentreich von Küssow auf Klücken; **Laufbahn**: Dez. 1761 Cornet im K-R Nr. 5, Dez. 1765 Ltnt., Dez. 1780 Stabs-Rittmstr., Sep. 1782 Chef e. Escadron, Okt. 1797 Major, als aktiver Offz. 1802 gest:, **Güter**: seit mind. 1764 Erbherr auf Megow im Krs. Pyritz, eins d. größten Güter in diesem Kreis, Stammhaus d. gräflichen Familie, sein Wert betrug 87 745 T., dieser war durch d. Krieg u. Unglücksfälle jedoch auf 61/m T. gesunken, d. jährl. Pacht betrug nur noch 3 050 T., d. gesamten Aktiva d. verst. Vaters betrugen 65 053, seine Schulden jedoch 87 057 T., nur aufgrund e. finanziellen Intervention ihrer Großmutter (Magdalena, e. geb. von Burgsdorff) besaß jedes d. vier Kinder e. Vermögen von 5 555 T.; Landrat George Heinrich von Blankenburg als Vormund des minderj. Cornet war 1764 d. Ansicht, daß die Familie d. Gut nicht halten könne u. plädierte deshalb für e. Verkauf; lt. Bericht d. Stettiner Reg. vom 17. Mrz. 1773 hatte d. Gut Megow e. Wert von 62/m T. u. war für 3 600 T. verpachtet, d. ges. Aktiva d. Erben d. Landrates von Küssow betrugen 77 962 T., d. Schulden 46 891 T., angesichts d. freien Vermögens von 31 070 T. sprach sie sich für d. beantragten Indult aus, am 22. Nov. 1773 wurde e. solcher auf sechs Jahre gewährt; im Febr. 1796 wurde Megow für 83/m T. an d. Landrat August Ernst von Schöning in Ueckerhof verkauft; **Schwestern**: Christiane Gottlieb Emilie, verh. mit d. Major Sigismund Friedrich Wilhelm von Brockhusen auf Rützenhagen, Dorothea Tugendreich, verh. mit d. Gl Carl Albert Friedrich von Raumer (1729–1806) auf Sorchow, Albertine (1753–1829), verh. mit d. GM Alexander Wilhelm von Arnim in Berlin;

Quellen: GStA, I. HA, Rep. 30, Nr. 44, B 12, Paket 9 252; Nr. 44, K 58, Paket 9 297; Nr. 243, Vas.tab. 1763, 1793, 1804; IV. HA, Rep. 1, Nr. 78, Bl. 250; Stabi, Ms. boruss. fol. 311 (Vater; Sohn hier als Friedrich Ludwig); Brüggemann, Beiträge, 2, S. 117; Gesterding, 1. Slg., S. 277, S. 281; biogr. Handbuch, S. 539–540 (Vater);

Rittmstr. Friedrich Johann Ludwig (seit Aug. 1752 Graf) von Küssow
(* 1746, † 29. Sep. 1813)

Vater: Carl Wilhelm (* 21. Dez. 1721), seit 1739 Erbherr auf Kloxin B u. Klücken im Krs. Pyritz, erhielt am 6. April 1743 d. *venia aetatis*, seit 1752 Graf, 1767 hatten d. Güter e. Wert von 20 967 T., darauf Schulden von 22 753 T.; **Mutter**: Johanna Christiana, geb. von Seck; **Großvater**: George Ehrentreich, Cap.; **Vater-Bruder**: George Friedrich (* 1736), stand 1755 als Gefr.corp. im I-R Nr. 7, 1760 nach vier Dj. als Ltnt. dim., Erbherr auf Griebenow in Schwed.-Pommern; **Bruder**: (Gustav) August Ferdinand (* 1755, † 22. Jan. 1815), Juni 1772 Fähnrich im I-R Nr. 8, Juni 1777 Sl, Juni 1785 Pl, Mrz. 1789 dim., 1794 u. 1804 Erbherr auf Woitfick im Krs. Pyritz im Wert von 32/m T.; **Laufbahn**: April 1765 Cornet im K-R Nr. 5, Jan. 1771 Ltnt., Dez. 1786 überzähliger Stabs-Rittmstr., Febr. 1795 nach 32 Dj. dim.; **Güter**: bat im Mai 1798 aus Dramburg darum, sich in Schwedisch-Pommern niederlassen zu dürfen, sein Vater-Bruder war als dortiger Majoratsbesitzer verst., wollte dessen Nachfolge antreten; bekam am 8. Mai 1798 die Erlaubnis; seit 1798 Majoratsherr auf d. Gütern Quitzin in Schwedisch-Pommern; ohne Leibeserben verst.;

Quellen: GStA, I. HA, Rep. 30, Nr. 43, Paket 9232; Nr. 44, K 58, Paket 9298; Nr. 243, Vas.tab. 1763, 1767, 1804 (Bruder hier als Gustav); IV. HA, Rep. 1, Nr. 78, Bl. 250; Stabi, Ms. boruss. fol. 314, fol. 315; Brüggemann, T. 2/1, S. 147–148; Gesterding, 1. Slg., S. 274, S. 277–278; Priesdorff, Offz. stammliste, S. 106;

Cap. Joachim Balthasar (seit Aug. 1752 Graf) von Küssow (* 1691, † 18. Juli 1755)

Vater: Carl Heinrich, Erbherr auf Kloxin A im Krs. Pyritz; **Mutter**: Sophia Elisabeth, geb. von Wedel; **Bruder**: Carl Leopold, 1722 als Kriegsrat gen., ledig verst.; **Bruder**: Hans Wilhelm (* 1706), trat 1756 als Rittmstr. aus sächsischen in preußische Dienste, vor 1772 ohne Leibeserben gest.; **Laufbahn**: seit 1712 im Militär, stand 1720 als Pl im I-R Nr. 18, 1723 als Stabs-Cap. dim.; **Güter**: seit 1730 Erbherr auf Kloxin A im Krs. Pyritz; **Ehefrau**: Charlotta Juliana, geb. von Sydow, sie soll als Waise von ihren Vormündern zur Ehe mit dem viel älteren Cap. gedrängt worden sein; verlobte sich nach d. Tod ihres Mannes mit d. Ltnt., späteren Cap Friedrich von Oelsnitz (* um 1718) vom I-R Nr. 39, wurde von diesem vor der durch d. Krieg verhinderten Vollziehung d. Ehe geschwängert, mußte deshalb nach d. Konkurs von Kloxin Einbußen an den ihr lt. Ehestiftung ausgesetzten Geldern hinnehmen; **Sohn**: Balthasar Heinrich Ehrenreich (* 9. April 1736, † vor 1789), Okt. 1756 Cornet im D-R Nr. 6, Juli 1758 Sl, Mrz. 1761 Pl, Juli 1763 dim., hielt sich 1773 in Wien auf; **Sohn**: Carl Friedrich (* 17. Dez. 1746, † 14. Jan. 1784), Jan. 1761 Fähnrich im I-R Nr. 14, Dez. 1762 Sl, Dez. 1773 Pl; d. beiden Brüder suchten am 25. April 1765 darum nach, ihr altväterl. Gut Kloxin an e. Bürgerlichen verkaufen zu dürfen, lt. Taxe hatte d. Gut angeblich e. Wert von 43 488 T., darauf Schulden von 29 690 T., von d. jährlichen Pacht in Höhe von 1 600 T. blieben ihnen nach Abzug d. Zinsen nur 115 T. übrig, das wäre für ihren u.d. Unterhalt von fünf Schwestern viel zu wenig; e. Bürgerlicher habe ihnen 39 500 T. geboten; sollte d. Antrag abgelehnt werden, wünschten sie vom König e. Kredit über 20/m T. zu drei Prozent Zinsen; d. Brüder warfen eben damals ihrer Mutter, die d. Gut von 1761 bis 1767 gepachtet hatte, e. schlechte Wirtschaft vor, diese bezeichnete im Gegenzug ihren älteren Sohn als *ungeraten*, beide hätten sie *scandaleus* beschuldigt u. d. vierte Gebot aus den Augen gesetzt; über d. Vermögen d. Cap. J.B. wurde am 16. Juli 1768 d. Konkurs eröffnet, d. Gut mehrfach ausgeboten; lt. Bericht d. Stettiner Reg. vom 17. Jan. 1772 hatte Kloxin A nach e. hohen Taxe e. Wert von 38 349 T., bei d. Subhastation fand sich dafür aber kein Käufer, e. revidierte Taxe belief sich auf 23 075 T., bei d. letzten *Licitation* hätte Gl Christoph Carl von Bülow dafür 21 500 T. geboten, die Gläubiger wollten zu diesem Preis verkaufen, die

Witwe d. Cap. lehnte jedoch ab, weil sie zu hohe Einbußen angesichts ihrer Forderung über 15 600 T. fürchtete; 1778 wurde Kloxin A dann an d. unmündigen Kinder d. Kammerherrn von Schack für 18 500 T verkauft; **Töchter**: Friederica Sophia Juliana (* 27. Juni 1731, † 5. Mai 1798), Wilhelmine Caroline (* 11. Aug. 1735), Louise (* 30. Okt. 1741), Albertine (* 6. Sep. 1755); nachdem e. erstes Gesuch um d. Pension abgelehnt worden war, drohten d. vier Schwester im Jan. 1788 damit, auszuwandern, am 1. Febr. d.J. meinte d. König daraufhin zu Fi-rat J.F. (von) Schütz, *bei ihrer Auswanderung sei kein großer Verlust für d. Staat vorauszusehen*; d. To. F.S.J. hielt sich 1788 in Cammin bei e. Frau von Liebenow auf u. *verrichtete d. Dienste einer Magd*, sie bekam nur d. Nötigste für Essen u. Trinken u. besaß lt. d. Dom-Syndikus e. *Armen-Attest*; d. To. Wilhelmine ernährte sich 1789 in Pyritz vom Spinnen u. a. Handarbeit; zwei d. Töchter erklärten 1789 der *Grafen-Titel falle ihnen lästig*; im April 1790 bekamen d. vier Töchter e. Pension von zs. 100 T.;

Quellen: GStA, I. HA, Rep. 30, Nr. 44, K 58, Pakete 9 297, 9 298; Nr. 243, Vas.tab. 1755, 1756; II. HA, Abt. 13 a, Tit. III, Litt K, Nr. 26 (Töchter); IV. HA, Rep. 1, Nr. 78, Bl. 250 (Söhne); Stabi, Ms. boruss. fol. 313 (J.B.); Brüggemann, T. 2/1, S. 147; Gesterding, 1. Slg., S. 270–271, S. 274, S. 277;

Cap. Albrecht von Kuicke-Studziensky (* 1758, † 16. Mrz. 1801) *

Vater: Michael, Erbherr auf Stüdnitz E im Distrikt Bütow im Wert von 341 T.; **Bruder**: August Michael Bartholomäus (* 1762, † 7. Nov. 1819), Mai 1774 *cadet* in Stolp, April 1776 *cadet* in Berlin, April 1780 Fähnrich im I-R Nr. 12, Mrz. 1785 Sl, Jan. 1793 Pl, Mai 1796 Stabs-Cap., Jan. 1804 Cap. u. Chef e. Comp., Febr. 1814 mit Pension dim.; **Laufbahn**: Juni 1769 *cadet* in Stolp, Mai 1773 *cadet* in Berlin, Jan. 1779 Fähnrich, Febr. 1783 Sl im I-R Nr. 27, Dez. 1792 Pl, Mrz. 1794 Stabs-Cap., Dez. 1797 Cap. u. Chef e. Comp. im 3. Mousq.-Bat. d. I-R Nr. 21, 1801 als aktiver Offz. gest.;

Quellen: GStA, I. HA, Rep. 30, Nr. 249, Vas.tab. 1804; II. HA, Abt. 12, Materien, Vas.tab. Nr. 1; IV. HA, Rep. 1, Nr. 78, Bl. 262; Ms. boruss. fol. 310 (hier als Kuycke); Siebmacher, Bd. 6/9, 1894, S. 50 (d. Familie war danach in *Cassuben* ansässig); Stolper Kadetten, S. 2, S. 7; Panske, S. 239;

Ltnt. Franz von Kuicke (* 1780, † 20. Mrz. 1824) *

Vater: Erbherr auf Anteil Stüdnitz im Distrikt Bütow; **Laufbahn**: Sep. 1787 *cadet* in Stolp, April 1794 *cadet* in Berlin, Febr. 1797 Fähnrich im I-R Nr. 49, 1798 Sl, April 1812 als Pl dim., 1824 in Breslau gest.;

Quellen: GStA, IV. HA, Rep. 1, Nr. 78, Bl. 262; Stolper Kadetten, S. 23; Panske, S. 239;

GM Franz George Gneomar von Kunitzky (* 1735, † 4. Febr. 1799) *

Vater: Franz, Erbherr auf Brück im Distrikt Bütow (bzw. in Westpr.); **Laufbahn**: Juni 1750 *cadet* in Berlin, Juni 1756 Gefr.corp., Jan. 1758 Fähnrich, Nov. 1763 Pl im 1. Bat. Garde, Jan. 1773 Stabs-Cap., Juni 1783 Major, Mai 1784 Ol, Juni 1788 Obrist, Jan. 1793 GM, Chef d. I-R Nr. 44; **Ehefrau**: Anna Sophie Catharina, geb. Denkert (1748–1814); **Schwester**: Anna Dorothea († 30. Mrz. 1803), erhielt auf Fürsprache d. Bruders im Juni 1785 e. Pension von 50 T., sie wohnte seit Anfang 1790 in Potsdam, 1803 in Starnitz im Krs. Stolp gest.;

Quellen: GStA, II. HA, Abt. 13 a, Tit. III, Litt K, Nr. 21 (Schwester); IV. HA, Rep. 1, Nr. 78, Bl. 280; Reinhard, Garde, S. 529, S. 533, S. 547; Priesdorff, Nr. 864;

Major Carl Ludwig von KUNOW (* um 1759, † 3. Mai 1822)

Vater: Friedrich Wilhelm (* 1723, † um 1792), Erbherr auf Cunow vor Bahn u. auf Anteil Schwochow im Krs. Pyritz, auf Langenhagen im Krs. Greifenhagen, d. Güter hatten 1767 e. Wert von 21/m T., darauf Schulden von 12 200 T., erwirkte am 11. Mai 1765 d. Legitimation seiner beiden unehelichen Söhne, sie sollten beide in d. Militärdienst eintreten u. erhielten deshalb d. Namen u. d. Wappen d. Vaters; **Großvater**: Alexander Magnus, Geh. Rat, Hofmarschall, seit 1724 Erbherr auf Langenhagen u. Schwochow; **Bruder**: Friedrich August (* um 1764), dieser hatte sich 1793, 1794 mit C.L. über d. väterlichen Güter geeinigt u. diese übernommen, wollte d. Allodialgut Langenhagen im Mrz. 1795 für 30/m T. an d. Kaufmann Simon verkaufen, 1755 war d. Gut auf 23 043 T. taxiert worden, darauf 1795 Pfandbriefe über 11 500 T. u. e. Verschreibung über 11/m T., d. d. damaligen Ltnt. C.L. gehörte, d. Verkauf wurde mangels stichhaltiger Gründe abgelehnt; **Laufbahn**: 1772 Fahnenjunker, Mrz. 1778 Cornet im K-R Nr. 7, Juni 1784 Sl, Juni 1791 Pl, April 1797 Stabs-Rittmstr., Juni 1801 Rittmstr., Juni 1803 Major, April 1809 als Ol dim.; d. väterlichen **Güter** Langenhagen im Krs. Greifenhagen (u. Cunow im Krs. Pyritz) gingen vor 1799 vom Bruder Friedrich August an Joachim Friedrich von Schmiedeberg;

Quellen: GStA, I. HA, Rep. 30, Nr. 44, K 63, Paket 9 308; Nr. 243, Vas.tab. 1756, 1763, 1767, 1793, 1799; Nr. 244, Paket 9 996 (Legitim.); IV. HA, Rep. 1, Nr. 78, Bl. 280; Stabi, Ms. boruss. fol. 315; Brüggemann, T. 2/1, S. 138–139; Monteton, S. 93;

Cap. Albrecht Ferdinand von KUROWSKY (* 1743, † 9. Sep. 1820)

aus Preußen gebürtig; **Laufbahn**: Sep. 1762 Fähnrich im I-R Nr. 2, Juni 1765 Sl, Okt. 1767 (nach 21 Dj.) mit d. Charakter Cap. dim.; **Ehefrau**: Anna Amalia Margaretha verwitw. von Wussow, geb. von (Brömbsen) (* 1739), sie hielt sich 1804 als gewesene (geschiedene) Cap. von Kurowsky auf d. Gut Deetz im Krs. Soldin auf, 1801 im Wert von 65 500 T., ihre **Güter** Lübzin im Krs. Saatzig u. Goddentow in Lauenburg sollen 1804 e. Wert von 150/m T. gehabt haben; sie besaß in (Ost-)Preußen außerdem d. Gut Grabenhof im Krs. Labiau, **Sohn**: Ludwig (* 1774), (Dez. 1794 Cornet im D-R Nr. 1, Okt. 1797 dim., Mai 1799 als Sl d. D-R Nr. 9 aggr., Mai 1803 als Cap. dim., 1815 Rittmstr. bei d. Gendarmerie, 17.9.1830 gest.); **Sohn**: Friedrich (* 1779), im Jahr 1800 Student in Königsberg;

Quellen: GStA, I. HA, Rep. 30, Nr. 243, Vas.tab. 1799, 1804; II. HA, Abt. 12, Materien, Vas.tab., Nr. 5 a, Nr. 6; IV. HA, Rep. 1, Nr. 78, Bl. 294; Oelsnitz, I-R Nr. 2, S. 500, S. 925;

Cap. Carl Friedrich Erdmann von LANGEN (* 24. Aug. 1768, † 14. Nov. 1813)

Vater: Caspar Rudolph Carl Friedrich (1737–1801)*, aus Sachsen gebürtig, seit 1756 Sl im I-R Nr. 22, Mai 1753 Cap. u. Chef e. Comp., Juni 1788 Kommandeur d. I-R Nr. 22, Juni 1789 Orden p.l.m., Juli 1795 Chef d. I-R Nr. 17, Jan. 1796 GM; **Mutter**: Marianne Elisabeth verw. von Wedel, e. geb. Opterbeck (1737–1819); **Laufbahn**: seit 1783 im Regiment, Juni 1787 Fähnrich im I-R Nr. 22, Mai 1790 Sl, Dez. 1797 Pl, Mai 1801 als Cap. dim.;

Quellen: GStA, IV. HA, Rep. 1, Nr. 79, Bl. 59–60; Stabi, Ms. boruss. fol. 314; Lehmann, Ritter, S. 200; Priesdorff, Nr. 929 (Vater, C.F.E. in Stargard geb.);

Cap. Alexander (seit Febr. 1752: von) Lanius (* 1727)

aus Stargard bzw. Stettin gebürtig; **Laufbahn**: seit 1741 im Militär, Febr, 1743 Fähnrich im I-R Nr. 27, Dez. 1745 Sl, Juni 1752 Pl, Dez. 1757 Stabs-Cap., Jan. 1758 Cap. u. Chef e. Comp., 1758 als aktiver Offz. gest.;

Quellen: GStA, IV. HA, Rep. 1, Nr. 79, Bl. 86; Stabi, Ms. boruss. fol. 316 (nicht in d. Abgangsliste); Zedlitz, 1. Bd., S. 43;

Major Egidius Samuel (seit 1718: von) Laurens (* um 1700)

Vater: Mathias Daniel, Geh. Rat, Pfandbesitzer von Maldevin im Dewitzschen Krs.; **Bruder**: Mathias Daniel (* um 1698), 1731 Hofrat in Stargard, 1749 Reg.rat in Stettin; **Bruder**: Eduard Ludwig (* 1699), seit 1717 im Militär, April 1721 vom I-R Nr. 1 als Fähnrich ins I-R Nr. 24 versetzt, 1733 Pl, um 1736 Stabs-Cap., 1739 als Cap. u. Chef e. Comp. ins Garn-Reg. Nr. 2 versetzt; **Bruder**: Friedrich Johann (1703–1751), Cap. (1749 Major im I-R Nr. 32); **Laufbahn**: stand von 1721 bis 1727, von 1728 bis 1745 im D-R Nr. 6: Mrz. 1721 Cornet, Okt. 1725 Sl, 1732 als Pl, 1742 als Cap. gen., 1746 Major u. Chef e. Escadron im D-R Nr. 12, vor 1756 abgegangen; **Güter**: besaß zs. mit seinen Brüdern d. väterl. Gut; nach ihrem Tod fiel es an ihre Schwester Sophie Charlotte, von dieser ging es 1772 an d. Bürgermstr. u. Postmstr. zu Treptow an d. Rega Egidius Friedrich Laurens;

Quellen: GStA, IV. HA, Rep. 1, Nr. 79, Bl. 134; Stabi, Ms. boruss. fol. 311, fol. 313 (E.L.), fol. 316 (Bruder E.L.); Ms. geneal, fol. 120; Orlop, D-R Nr. 6, Anhang, S. 19*, S. 22*, S. 124*; Brüggemann, T. 2/1, S. 314–315; Zedlitz, 3. Bd., S. 207;

GM Friedrich Gottlieb von Laurens (* 18. Nov. 1736, † 15. Aug. 1803)*

Vater: Friedrich Johann (1703–1751), Juli 1727 Fähnrich im I-R Nr. 3, Jan. 1732 Sl, Dez. 1736 Pl, Aug. 1740 zum I-R Nr. 39, Jan. 1742 Stabs-Cap., Juli 1746 dim., Febr. 1748 Cap. u. Chef e. Comp. im I-R Nr. 49, Sep. 1749 Major, 1751 als aktiver Offz. gest.; **Mutter**: Dorothea Elisabeth, geb. Bertram; **Laufbahn**: 1756 Gefr.corp. im I-R Nr. 5, Okt. 1759 Fähnrich, Nov. 1760 Sl, Juni 1766 Pl, Jan. 1770 Gen.-Adjutant bei Gl F.C. von Saldern, Mrz. 1773 Stabs-Cap., Juni 1777 Cap. u. Chef e. Comp., Okt. 1781 als Major zum I-R Nr. 11 versetzt, Okt. 1784 Kommandeur d. Grenadier-Bat. von Hausen, Okt. 1790 Ol, Dez. 1790 Kommandeur d. I-R Nr. 26, Mai 1792 Orden p.l.m., Mai 1792 Obrist, April 1796 Chef d. I-R Nr. 56, Mai 1798 GM, 1803 ledig verst.; **Güter**: klagte 1792 als Ol gegen die Fideikommißerben der im Mrz. 1773 in Stettin verst. Sophie Charlotte von Laurens, die ihm in e. *Codicill* vom Jan. 1772 e. Legat von 2/m T. beim Erhalt d. Comp. bzw. bei seiner Verheiratung ausgesetzt hatte; er war seit 1777 Chef e. Comp., hatte aber erst im Nov. 1781 e. Abschlag von 300 T. bekommen; er forderte 1792 d. Rückstand von 1 700 T. von d. Erben ein, von: Matthias Julius von Laurens, Major im Ingenieur-Corps zu Neiße, Postmstr. Johann George von Laurens zu Treptow, d. verh. Proviantmstr. von Hülsen, geb. von Laurens, zu Neiße, d. verh. Ltnt. Johanna Amalie von Hohendorff, geb. von Laurens;

Quellen: GStA, I. HA, Rep. 30, Nr. 44, L 69 d 1, Paket 9314; IV. HA, Rep. 1, Nr. 79, Bl. 135; Stabi, Ms. boruss. fol. 313, fol. 316; Gesch. I-R Nr. 3, S. 184–185 (Vater); Lehmann, Ritter, S. 212; Priesdorff, Nr. 949;

Cap. Johann Albrecht von Laurens (* 1716, † vor 1799)

Vater: (Joachim Albrecht (1668–1743)*, 1721 Hofgerichtsrat in Stargard, 1738 zweiter Direktor d. Stettiner KDK; **Bruder**: Matthias Samuel (* 1715, † 28. Mrz. 1756), seit 1734 im Militär, Jan. 1742 Ltnt., Aug. 1746 Stabs-Cap., Sep. 1752 Cap. u. Chef e. Comp. im I-R Nr. 49, 1756 gest.); **Laufbahn**: engagierte sich um 1733 im Militärdienst, Juni 1735 Fähnrich im I-R Nr. 7, Dez. 1739 Sl, Mai 1743 Pl, Okt. 1745 Stabs-Cap., Okt. 1747 Cap. u. Chef e. Comp., Juli 1754 dim.; **Güter**: erwarb 1747 Alt Damerow im Krs. Saatzig, 1767 sollen seine Güter (inkl. Dalow) e. Wert von 17/m T. gehabt haben, darauf Schulden von 10/m T.; seit 1777 Erbherr auf Lenz B u. Faulen-Benz C, seine Güter hatten damals e. Wert von zs. 25/m T.; **Ehefrau**: erhielt 1753 als Cap. die Erlaubnis, Luise Sophie (* 1730, † 9. Jan. 1780), e. To. d. Obristen u. Kommandeurs d. D-R Nr. 5 August Friedrich von Bismarck (1695–1742) zu heiraten, diese hatte e. Mitgift von 8/m T.; suchte am 7. Mrz. 1775 darum nach, seine Ehe scheiden zu lassen, die Verbindung sei *unglückselig*, seine Frau soll sich mit *Domestiquen auf liederliche Art gemein gemacht u. vermischt* haben, sie hätte ihm seine drei Töchter entzogen, hätte ihn dreimal verlassen, sich von Mägden u. Knechten Geld geliehen; d. Bericht d. Stettiner Regierung vom 15. Mai 1775 zufolge hätten sich beide miteinander verglichen u. wollten die Ehe weiterführen; am 29. Mrz. 1780 zeigte d. Kollegium jedoch an, daß nach d. Tod d. Frau die drei **Töchter** im Alter von 20, 18 und 14 Jahren ihrem Vater *entlaufen* wären, die mittlere namens Albertine hielt sich bei ihrem Onkel auf, dem Cap. Carl Alexander von Bismarck (1727–1797) in Schönhausen; am 2. Sep. 1782 verwarf d. Regierung seine Forderung, d. Töchter in sein Haus zurückzuschicken, weil er d. *Auflagen e. natürlichen Vormundes seiner Töchter nicht gerecht* wurde, er habe sie *nicht standesgemäß* erzogen, sondern wie *Bauerntöchter gekleidet*, hätte ihnen d. erforderlichen Schulunterricht vorenthalten, sie die *Arbeit von Knechten u. Mägden verrichten* lassen, so mußten sie Kühe melken, d. Schweine füttern, d. Vieh auf die Weide treiben, er hatte eine Tochter auf d. Straße geschlagen, die zweite mit d. Spaten blau geprügelt u. damit d. *Grenzen d. väterlichen Züchtigung überschritten*; 1783 wurde seine jüngste Tochter, die in e. Pension in Berlin e. *böswilliges Verhalten* gezeigt hatte, zwecks Besserung zu ihrem Vater zurückgeschickt; (**verwandt**: Eduard Ludwig von Laurens, stand von Aug. 1739 bis Mrz. 1745 im I-R Nr. 2, Mai 1739 Cap., als Major an Blessuren gest.: Oelsnitz, I-R Nr. 2, S. 387, S. 926);

Quellen: GStA, I. HA, Rep. 30, Nr. 44, L 69 d 1, Paket 9314; Nr. 243, Vas.tab. 1763, 1767, 1793; IV. HA, Rep. 1, Nr. 79, Bl. 135; Stabi, Ms. boruss. fol. 314; Brüggemann, T. 2/1, S. 262, S. 268; Fam. gesch. Bismarck, S. 119–122, S. 142–145, S. 146 (d. Frau danach 1754 gest.); biogr. Handbuch, S. 557–558 (Vater?);

GM Mathias Julius (seit Dez. 1787: von) Laurens (* 1755, † 5. Mai 1807)*

Adoptiv-**Vater**: Mathias Daniel von Laurens (* um 1698), 1749 Regierungsrat in Stettin; **Laufbahn**: Mrz. 1770 Sl beim Ingenieur-Corps in Glatz, Okt. 1779 Cap. in Neiße, Dez. 1787 nobilitiert, Mai 1789 Ingenieur-Major, bei d. Belagerung von Mainz Orden p.l.m., Jan. 1797 Ol, Juni 1798 Obrist, Nov. 1799 Brigadier d. Festungen in Preußen u. Pommern, Nov. 1804 Mitglied d. Ober-Kriegskollegiums, Aug. 1806 GM, an e. bei d. Verteidigung von Danzig erlittenen Blessur ledig verst.; **Güter**: erwarb 1782 d. Gut Molstow im Krs. Greifenberg für 10/m T., noch 1804 auf diesem Gut nebst Vorwerk Carolinenhof für 15/m T. genannt;

Quellen: GStA, I. HA, Rep. 30, Nr. 243, Vas.tab. 1794, 1804; IV. HA, Rep. 1, Nr. 79, Bl. 135; Brüggemann, Beiträge, 2, S. 229; Priesdorff, Nr. 1105;

Major Franz Ernst von Lebinsky (* 1741, † 29. Nov. 1810)*

aus Pommern gebürtig; **Laufbahn**: seit 1757 im Militär, Juli 1763 1. Fähnrich im Garn.-Reg. Nr. 7, Febr. 1765 Sl, Mrz. (bzw.) Mai 1776 Pl, Juli 1788 Stabs-Cap. im Depot-Bat. d. I-R Nr. 23, Okt. 1791 Cap. u. Chef e. Comp., Juni 1800 Major beim 3. Mousq.-Bat. d. I-R Nr. 23, 1810 gest:;

Quellen: GStA, IV. HA, Rep. 1, Nr. 79, Bl. 155 (als Lebinsky); Stabi, Ms. boruss. fol. 313;

Cap. Johann Wilhelm von Lebinsky (* 1729, † 28. Sep. 1773)*

aus *Cassuben* gebürtig; **Laufbahn**: seit 1752 im Militär, 1756 Gefr.corp., Mrz. 1757 Fähnrich im I-R Nr. 37, Sep. 1758 Sl, Okt. 1762 Pl, Juni 1771 Stabs-Cap., April 1773 Cap. u. Chef e. Comp., 1773 als Cap. gest.;

Quellen: GStA, IV. HA, Rep. 1, Nr. 79, Bl. 155; Stabi, Ms. boruss. fol. 316 (auch als Lipinsky, danach gest. 1775);

Major Alexander Christian Heinrich von Legat
(* 1. April 1736, † 8. April (bzw. Nov.) 1785)

Vater: Anton Wilhelm (1696–1747), Ol, Salzjunker zu Staßfurt im Hzgtm. Magdeburg; **Mutter**: Anna Juliana, geb. von Lockstaedt; **Laufbahn**: seit 1753 im Militär, Aug. 1756 Cornet im K-R Nr. 6, Febr. 1758 Ltnt., Febr. 1765 Stabs-Rittmstr., Okt. 1772 Chef e. Escadron, Dez. 1782 Major, 1785 als aktiver Offz. gest.; zweite **Ehefrau**: Sophia Charlotta (* 31. Jan. 1745) verwitw. Ltnt. von Schwerin, Tochter d. Obristen Friedrich Casimir von Grumbkow, s.d., sie überließ ihm lt. Ehevertrag vom Jan. 1778 d. **Güter** Groß Möllen und Loist im Krs. Pyritz für 60 746 T., obwohl sie e. Wert von 88 990 T. hatten, die Schulden betrugen damals 51 360 T., ihr standen lt. Ehestiftung *illata* von 9 386 T. zu, dazu e. Verbesserung von 4 693 T., er soll sie zur Löschung dieser Summe im Landbuch überredet u. gegen ihren Widerstand größere Schulden aufgenommen haben, ließ sich u. a. von d. Pächtern erhebliche Vorschüsse geben, nach seinem Tod wurden viele Briefschulden vorgefunden u. deshalb der Konkurs bei d. Regierung in Halberstadt eröffnet; d. pomm. Regierung vertrat im Nov. 1786 d. Ansicht, d. Witwe habe sich durch diese zweite Heirat *unglücklich gemacht*, die Güter wurden damals von der Landschaft verwaltet u. gingen 1789 in d. Hände d. EM J.E.C. von Blumenthal über, die Witwe lebte kümmerlich von Naturalien, die ihr d. Pächter lieferten, aus d. ersten Ehe mit d. Ltnt. von Schwerin vom K-R Nr. 10 stammten zwei Töchter, die nur e. geringes väterliches Erbe besaßen u. deshalb nicht standesgemäß erzogen werden konnten; aus d. zweite Ehe d. **Sohn**: Christian Heinrich Carl (1781–1847), nach 1806 Major;

Quellen: GStA, II. HA, Abt. 13 a, Tit. III, Litt L, Nr. 17; IV. HA, Rep. 1, Nr. 79, Bl. 176 (A.C.H., e. Major Wilhelm Victor, stand anfängl. als Uffz. im Leib-H-R, gest. 1847); VIII. HA, Slg. A.B. König, Nr. 449; Stabi, Ms. boruss. fol. 315; Ms. geneal. fol. 120 (Hinweis auf d. Vater); Brüggemann, T. 2/1, S. 153–154; Tb. Uradel 1939, S. 258 (A.C.H. danach geb. in Ueckermünde);

Cap. Carl August von Lehwald (* 1764)*

Vater: Christian Friedrich, aus (Powalke) bei Konitz gebürtig, diente von 1740 bis 1763 im D-R Nr. 12 (bzw. I-R Nr. 14), bat im Mrz. 1786 aus Soltenitz mit Verweis auf seine fünf unmündigen Kinder u. seine Bedürftigkeit immediat um e. Zuschuß für d. *Equipage* d.

Sohnes; **Mutter**: e. geb. von Lem(b)cke aus Soltenitz, sie starb mit ihrem Mann in großer Armut; **Laufbahn**: Juni 1778 *cadet* in Stolp, April 1780 *cadet* in Berlin, 1784 als Gefr.corp. ins I-R Nr. 19, Mrz. 1786 Fähnrich, Juni 1787 Sl, Jan. 1795 Pl, Juni 1800 Stabs-Cap., Nov. 1801 Cap. u. Chef e. Comp., Juni 1813 zum 3. Kurmärk. Landwehr-I-R, Okt. 1814 dim., Jan. 1815 Charakter Major; **Schwestern**: Sophia Rosina, Anna Renetta u. Juliane Dorothea, sie erhielten im Dez. 1800 e. Pension von 100 T. aus d. pomm. Meliorationsfonds, hielten sich in Neustettin auf;

Quellen: GStA, I. HA, Rep. 96, Nr. 435 L, Bd. 3; II. HA, Abt. 13 a, Tit. III, Litt N, Nr. 1 (Schwestern); IV. HA, Rep. 1, Nr. 79, Bl. 201–202 (d. Vater hier nicht); VI. HA, Nl Caprivi, Nr. 3 (Rangliste 1803); Stabi, Ms. boruss. fol. 311 (d. Vater nicht in d. Ranglisten 1746 u. 1756), fol. 314; Stolper Kadetten, S. 10;

Major Anton Heinrich Friedrich von Le(c)kow
(* 9. Jan. 1730, † 28. Juli 1779) *

Vater: Johann George (1698–1768), Mai 1745 Cap. u. Chef e. Comp. im Garn.-Reg. Nr. 8, Juli 1750 Major, Febr. 1758 Ol, 1762 mit d. Reg. in Gefangenschaft, 1763 nicht wieder eingereiht; **Mutter**: Charlotte Luise, geb. von Barthelt († 1738); **Laufbahn**: 1749 ins Reg. Garde, April 1752 als Cornet ins D-R Nr. 5, Dez. 1755 Sl, April 1756 Reg.-Adjutant, Febr. 1757 Gen.-Adjutant d. GM Carl Friedrich von Meier, April 1761 Pl, Sep. 1766 als Major u. Chef e. Escadron ins H-R Nr. 7, 1779 dim.;

Quellen: GStA, IV. HA, Rep. 1, Nr. 79, Bl. 162 (danach am 4. Sep. 1779 gest.); Albedyll, Anhang, S. 63–64*; Tb. Uradel 1915, S. 416;

Major Anton Bernhard von Lem(b)cke (* um 1712, † Sep. 1776)

Vater: Hans Christoph, Fähnrich, Erbherr auf Anteil Soltenitz A im Krs. Neustettin; **Bruder**: Franz Christoph (* um 1705, † vor 1767), Erbherr auf Anteil Soltenitz (A) im Krs. Neustettin, 1767 im Wert von 2 200 T., d. Erben hatten Schulden von 1 633 T.; **Laufbahn**: seit 1728 im Militär, Mrz. 1740 Cornet im K-R Nr. 6, Juni 1744 Ltnt., April 1757 Stabs-Rittmstr., Mrz. 1759 Rittmstr. u. Chef e. Escadron, Aug. 1764 Major, Mai 1773 dim., 1776 gest.; **Güter**: nach d. Tod seiner Brüder u. seiner Lehnsvettern Erbherr auf ganz Soltenitz A im Wert von 2 200 T., darauf Hypotheken von 1 500 T.; dieses wurde nach seinem Tod zw. 1776 und 1782 von d. Gebr. Carl Adrian, s.d., u. Joh. Bogislav von Lem(b)cke erstritten;

Quellen: GStA, I. HA, Rep. 30, Nr. 44, L 68, Paket 9 314; Nr. 243, Vas.tab. 1756, 1763, 1767; IV. HA, Rep. 1, Nr. 79, Bl. 226 (hier als Lembke); Stabi, Ms. boruss. fol. 311, fol. 315; Brüggemann, T. 2/2, S. 769–770; Monteton, S. 80; Schwerin, K-R Nr. 10, T. 2, S. 70;

Cap. Carl Adrian von Lem(b)cke (* 4. Jan. 1754)

Vater: George Friedrich (* um 1710, † vor 1767), (1729 Serg. im I-R Nr. 31, später) kursächs. Ltnt., Erbherr auf Trabehn u. Vorwerk Grünebüche im Krs. Neustettin, 1767 im Wert von 6/m T., darauf Schulden von 3 500 T., hinterließ 1756 vier Söhne; **Mutter**: Erdmuth Maria, geb. von Bandemer; **Bruder**: George Friedrich (1740–1760), Jan. 1758 Fähnrich im I-R Nr. 24, Sep. 1759 Sl, Aug. 1760 bei Liegnitz gefallen; **Bruder**: Anton Wilhelm (* 1744, † vor 1771); **Bruder**: Johann Bogislav (* 10. Aug. 1748, † 19. Mrz. 1784), 1767 *cadet*, Sl im I-R Nr. 23, 1784 Suizid; **Laufbahn**: 1767 *cadet* in Berlin, 1771 setzte er sich mit seinem Bruder J.B. u. seinen fünf Schwestern auseinander, jeder Bruder hatte damals e. Vermögen von 1 352 T., erhielt im Nov. 1774 d. *venia aetatis*, 1774 Gefr.corp. bei d. Garde, Juli 1781 Sl im 2. Bat. Garde, wegen e. Erkrankung Juli 1787 als Cap. dim.; **Güter**: 1771 bis 1784 gemeinsam mit seinem Bruder J.B. Besitzer d. väterlichen Gutes; beide gelangten im Ergebnis e. *Reluitions*prozesses um 1782 in d. Besitz von Soltenitz A im Krs. Neustettin, mußten für d. Inbesitznahme e. größeren Kredit aufnehmen; suchte im Frühjahr 1794 mit d. Hinweis darauf, daß er keine Söhne hätte u. die Lehn auf d. Fall stünden, um d. Allodifikation seiner Lehngüter Trabehn, Soltenitz A u. B nach; lt. Bericht d. Stettiner Reg. vom 16. Mai 1794 hatte Trabehn 1771 e. Wert von 4 821 T., darauf Schulden von 3 423 T., Soltenitz A wurde 1792 mit e. Wert von 3 028 T. angegeben, darauf Schulden von 2 400 T., Soltenitz B hatte 1738 e. Wert von 2/m T. gehabt, darauf Schulden von 1 500, Soltenitz B mit Vorwerk Hohenholz hatte d. Suppl. 1790 von seinem verst. Mutter-Bruder, d. GM u. Kommandanten von Glatz Hans Wilhelm von Bandemer, s.d., für 4/m erworben, hierauf Schulden von 2 600 T., sein Antrag wurde am 11. Juni 1794 abgewiesen; will 1797 d. Letzte seiner Familie gewesen sein; erwirkte nach e. dritten Antrag am 1. Dez. 1797 d. Allodifikation von Trabehn u. Anteilen Soltenitz; **Schwester**: Catharina Louise (* um 1752), sie hielt sich 1774 in Trabehn auf, besaß e. Kapital von 300 T., von dessen jährl. Zinsen von sieben Talern sie leben mußte, ernährte sich daneben von Handarbeit, besaß keine wohlhabenden Verwandten, pflegte d. 1784 verst. Bruder J.B. bis zu dessen Tod, stand seit 1772 auf d. Liste d. Expectanten, bekam im Febr. 1788 e. Pension von 50 T. aus d. pomm. Meliorationsfonds;

Quellen: GStA, I. HA, Rep. 30, Nr. 44, L 68, Paket 9 314; Nr. 186 d, Paket 9 839; Nr. 243, Vas.tab. 1756, 1763, 1767, 1793, 1804 (e. Anton auf Soltenitz ist um 1800 gest., ein George auf Trabehn lebte 1804 noch); II. HA, Abt. 13 a, Tit. III, Litt L, Nr. 26 (Schwester); IV. HA, Rep. 1, Nr. 79, Bl. 226; Brüggemann, T. 2/1, S. 771–772; Reinhard, Garde, S. 535, S. 556;

Obrist Egidius Christoph Immanuel von Lem(b)cke (* 1707, † 14. Jan. 1767)

Vater: Egidius (Erbherr auf Soltenitz A im Krs. Neustettin); **Bruder**: Johann George (* 1698, † vor 1747), seit 1715 im Militär, stand 1730 als Ltnt. im I-R Nr. 9, 1740 noch als Ltnt. gen., 1741 als Pl versetzt, Erbherr auf Soltenitz A; **Bruder**: Tobias Otto (* 1712, † 25. Aug. 1758), seit 1728 im Militär, Okt. 1734 Fähnrich im I-R Nr. 22, Dez. 1738 Sl, Juli 1743 Pl, Dez. 1747 Stabs-Cap., Juni 1750 Cap. u. Chef e. Comp., Mrz. 1757 Major, bei Zorndorf 1758 gefallen, 1747 bis 1758 Erbherr auf Anteil Soltenitz A, suchte im Mai 1755 um Hilfen für d. Wiederaufbau ruinierter Gebäude in seinem Dorf nach; **Schwester**: Maria Martha (* um 1711), sie besaß 1774 e. Kapital von 300 T. u. lebte als Wirtschaftsfräulein bei d. Ol Bernd Gustav von Schnell auf Dieck A; **Laufbahn**: seit 1720 im Militär, 1730 als Gefr. corp. im I-R Nr. 30 gen., April 1731 Fähnrich, Nov. 1735 Sl, Juli 1740 Pl, Juli 1742 Stabs-Cap., Febr. 1746 Cap. u. Chef e. Comp., Juli 1758 Major, April 1763 als Invalide dim., Okt. 1763 Chef d. Berliner Garn.-Reg., 1767 als Obrist verst.; **Güter**: seit 1758 Erbherr auf Soltenitz A, nach seinem Tod fiel d. Gut an d. Major Anton Bernhard von Lem(b)cke († 1776), s.d.;

Quellen: GStA, I. HA, Rep. 30, Nr. 44, L 68, Paket 9 314; Nr. 243, Vas.tab. 1756 (T.O. als Fr. O.), 1763, 1767; IV. HA, Rep. 1, Nr. 79, Bl. 226 (hier als Lembke, Tobias Otto als Otto); Stabi, Ms. boruss. fol. 311, fol. 314 (T.O.); Brüggemann, T. 2/2, S. 769–770;

Ltnt. Jacob Friedrich von LEM(B)CKE (* 1738)*

aus Pommern gebürtig; **Laufbahn**: trat 1754 in d. Militärdienst ein, Mai 1757 Fähnrich im I-R Nr. 3, Okt. 1758 Sl, Juli 1759 bei Kay verwundet u. in russ. Gefangenschaft geraten, Jan. 1761 als Invalide anderweitig versorgt;

Quellen: GStA, IV. HA, Rep. 1, Nr. 79, Bl. 226; Gesch. I-R Nr. 3, S. 220–221;

Ltnt. Carl Ludwig von LENTZ (1718–1750)

aus Pommern gebürtig; **Laufbahn**: seit 1731 im Militär, Mrz. 1741 Fähnrich im Garn.-Reg. Nr. 7, 1750 als Pl gest.;

Quellen: Stabi, Ms. boruss. fol. 313;

Ol Friedrich Rudolph von LENTZ (* um 1727, † um 1787)

Vater: Christoph Gottfried († 1750), Erbherr auf Müggenhahl im Krs. Saatzig; **Bruder**: Otto Gottlieb (* 26. Aug. 1735, † 29. Mai 1757), Nov. 1751 Fähnrich im I-R Nr. 22, Mai 1755 Sl, 1757 an e. bei Prag erhaltenen Blessur gest.; **Laufbahn**: Nov. 1745 Fähnrich im I-R Nr. 22, Mai 1750 Sl, Aug. 1756 Pl, Okt. 1757 Stabs-Cap., Mai 1759 Cap. u. Chef e. Comp., Juni 1767 Major, Mai 1775 Ol, Juli 1778 als Invalide dim.; **Ehefrau**: Charlotte, geb. von Uckermann; **Güter**: 1755 u. 1756 als Erbherr auf Roggow A im Krs. Saatzig im Wert von 7/m T. genannt, d. Gut wurde aber schon 1755 an d. Major Bogislav Rudolph von Uckermann verkauft; seine Frau bat am 10. Aug. 1764 darum, ihren Ehemann mit d. Gütern ihres durch Blessuren *wahnwitzig* gewordenen Bruders Friederich Leopold von Uckermann, s.d., zu belehnen, der als Cap. im I-R Nr. 2 gestanden hatte u. sich auf Fort Preußen in Stettin befand; d. Gesuch wurde am 3. Okt. 1764 abgewiesen; d. Güter gingen 1765 an die Lehnsfolger; F.R. war seit 1765, 1766 Erbherr auf Müggenhahl im Krs. Saatzig, als solcher Lehnsfolger d. verst. Ltnt. Adam George von Lentz († 1753), der nur d. To. Anna Louisa hinterlassen hatte, verh. mit d. Cap. Johann Ehrentreich von Weiher, s.d.; Müggenhahl hatte 1767 e. Wert von 11 368 T., darauf Hypotheken von 7 988 T., seine anderen Schulden betrugen 2 599 T.; d. Cap. von Tschirschky u. seine Frau Dorothea Helena, geb. Buchner, erwarben im Mrz. 1788 von d. Erben d. Ol von Lentz d. Gut Müggenhahl für 20 200 T., im Mrz. 1790 wollte d. Frau d. Cap. d. Gut an e. Bürgerlichen verkaufen, was abgelehnt wurde, im Sep. 1790 wurde Müggenhahl sequestriert; (**verwandt**: Peter August von Lentz (* 1702), aus Müggenhahl bei Stargard gebürtig, seit 1719 Gefr.corp. im I-R Nr. 7);

Quellen: GStA, I. HA, Rep. 30, Nr. 44, L 67 b, Paket 9 314; Nr. 243, Vas.tab. 1755, 1756, 1763, 1767; IV. HA, Rep. 1, Nr. 79, Bl. 245; Ms. boruss. fol. 314 (Bruder O.G., F.R. als Fr. Ludwig); Brüggemann, T. 2/1, S. S. 271, 284–285; Tb. Uradel 1919, S. 448;

Ltnt. Friedrich Wilhelm von LENTZ (* 1705)

aus Pommern gebürtig; **Laufbahn**: seit 1724 im Militärdienst, Febr. 1737 Fähnrich im I-R Nr. 8, Juni 1740 Sl im Stettiner Garn.-Reg., Sep. 1743 Pl im Garn.-Reg. Nr. 11, 1746 noch gen., um 1756 abgegangen;

Quellen: GStA, IV. HA, Rep. 1, Nr. 79, Bl. 245; Stabi, Ms. boruss. fol. 314;

Ol Christoph Carl von Lepel (* 1670)

(**Vater**: Joachim († vor 1701), Erbherr auf Parpart; **Bruder**: Otto Gustav (1657–1735)*, GM); C.L. aus Pommern gebürtig; **Laufbahn**: seit 1689 im Militär, Juli 1704 Rittmstr. im Regiment Wartensleben zu Pferd, Febr. 1716 Major im K-R Nr. 5, Nov. 1721 Ol, als solcher noch im Mrz. 1730 im K-R Nr. 5 gen., vor 1740 abgegangen;

Quellen: Stabi, Ms. boruss. fol. 311, fol. 319; Priesdorff, Nr. 212 (O.G.);

Ltnt. Dietrich Heinrich Adolph Bernhard von Lepel (1767–1815)

Vater: Bernhard Philipp (1738–1787)*, Mrz. 1758 Fähnrich im I-R Nr. 46, Nov. 1759 Sl, Mai 1765 (mit d. Charakter Cap.) dim., als kurmärk. Städte-Forstmeister versorgt; **Mutter**: Catharina Elisabeth, geb. von Schütz (1748–1823); **Bruder**: Friedrich Wilhelm (1774–1840)*, Jan. 1787 Gefr.corp. im Füsilier-Bat. Nr. 20, Mai 1790 Sl, Febr. 1803 zur westfäl. Füsilier-Brigade, April 1804 Pl, April 1809 Cap., April 1818 Obrist, Nov. 1825 mit d. Charakter GM ausgeschieden; **Bruder**: Adolph Ernst Aurelius (1783–1847), April 1802 Fähnrich im I-R Nr. 25, April 1803 dim., 1826 in Stralsund als vorm. hannöv. Ol gen.; **Laufbahn**: Febr. 1787 Sl im Füsilier-Bat. Nr. 20, Nov. 1796 dim. (erhielt später d. Charakter Cap.); **Güter**: seine Mutter erhob 1798 im Namen ihrer drei Söhne Ansprüche auf ein Sechstel der von ihren fünf Schwägern aus Wieck erstrittenen Neuendorfer Gütern auf Usedom, sie klagte auf d. Herausgabe eines Anteils an d. Gütern bzw. auf e. Anteil an d. *Kaufpretium* über 114/m T.; **Ehefrau**: Charlotte Friederike Auguste, geb. von Stechow († 1833);

Quellen: GStA, I. HA, Rep. 30, Nr. 44, L 69 e, Paket 9316; IV. HA, Rep. 1, Nr. 79, Bl. 260–261; Jb. dt. Adel, Bd. 2, S. 420 (nur d. Vater u. d. Sohn A.E.A.); Priesdorff, Nr. 1397 (Bruder F.W.); biogr. Handbuch, S. 569 (Vater);

Cap. Ernst Friedrich Sigismund von Lepel (* 1767, † 2. Okt. 1828)

Vater: Philipp Sigismund (1738–1815)*, Mrz. 1758 Cornet im D-R Nr. 1, Mai 1761 Sl, Juni 1764 nach elf Dj. dim., seit 1783 Landrat im Krs. Wollin, Usedom, seit 1767 Erbherr auf Schnatow im Krs. Greifenberg, bat 1772 u. 1773 vergeblich um e. Indult, bezifferte d. Aktiva auf 17 160 T., darunter d. Gut mit 14/m, d. Schulden betrugen 12 324 T., um 1782 erhielt d. Amtmann Conrad d. Gut Schnatow in Erbpacht; übernahm 1774 d. väterl. Gütern Chinnow, Reckow u. Swantust im Krs. Wollin für 18 500 T., sie wurden 1785 nach e. Ertrag auf 25 321 T. taxiert, darauf Pfandbriefe für 16 925 T., d. Güter wurden seit 1784 von d. vorpomm. Landschaftsdirektion administriert, dann von e. Pächter von Heyden bewirtschaftet, d. Landrat, der e. hitziges u. auffahrendes Temperament hatte, mußte deshalb Chinnow verlassen u. mit seiner 14köpfigen Familie e. Wohnung in Swinemünde nehmen, seine zweite Frau reichte zahlreiche Immediatgesuche e. u. bekam um 1788 e. kgl. Geschenk von 10/m T. zum Erhalt d. Güter für d. Familie, dennoch mußten diese nach 1793 veräußert werden; **Mutter**: Ernestine Eleonore, geb. von Barfuss († 1774), Stief-Mutter: Catharina Friederike Caroline, geb. von Lepel (* 1753); **Großvater**: Ernst Friedrich (* 1704), 1756 als Erbherr auf Chinnow, Reckow, Swantust im Krs. Wollin gen.; **Bruder**: Alexander Wilhelm Carl (* 1772, † Dez. 1797), mit 17 Jahren ins Reg., Mai 1789 Cornet im K-R Nr. 10, Sep. 1795 Fähnrich beim Depot-Bat. d. I-R Nr. 57, Okt. 1797 Sl; **Bruder**: Friedrich Ernst August (1773–1810), ging mit 16 J. ins Reg., Jan. 1795 Fähnrich im I-R

Nr. 23, Juni 1797 Sl, Mai 1805 Pl, Juni 1807 dim.; Stief-**Bruder**: Friedrich Wilhelm Philipp (1780–1864), Jan. 1797 Gefr.corp. im I-R Nr. 7, Okt. 1797 Fähnrich, Jan. 1802 Sl, Aug. 1808 ausgesch., Febr. 1813 Pl bei d. Gendarmerie, Jan. 1815 Stabs-Cap., Juni 1815 Cap., Okt. 1836 Major, Juli 1845 als Ol dim.; Stief-**Bruder**: Friedrich Carl Leopold (1788–1842), April 1807 Fähnrich im I-R Nr. 7, Mai 1807 Sl, April 1809 dim.; **Laufbahn**: trat mit 16 Jahren ins Reg. ein, Juni 1787 Cornet im D-R Nr. 12, Nov. 1789 Sl, Dez. 1797 Pl, Mrz. 1804 Stabs-Cap. Nov. 1805 beim Train angestellt, 1806 als Kreis-Steuereinnehmer in Südpreußen versorgt, verlor diesen Posten 1807, dann pensioniert; besaß keine **Güter**, seine Stief-Mutter erhob jedoch Ansprüche auf d. väterlichen Güter Neuendorf auf Usedom bzw. auf ein auf diesen ruhendes Kapital; **Ehefrau**: Wilhelmine Charlotte, geb. von Unruh (1768–1849);

Quellen: GStA, I. HA, Rep. 30, Nr. 44, L 69 e, Pakete 9316 u. 9317; Nr. 243, Vas.tab. 1756, 1763, 1767, 1793, 1804; IV. HA, Rep. 1, Nr. 79, Bl. 260–261; Stabi, Ms. boruss. fol. 314 (Vater); Brüggemann, Vorpommern, S. 284; T. 2/1, S. 447; Jb. dt. Adel, Bd. 2, S. 408–409 (nur d. Brüder F.E.A., F.W.P., F.C.L.); biogr. Handbuch, S. 569 (Vater);

Major Ernst Wilhelm von Lepel (* 1737, † Juni 1790)

Vater: Jürgen Heinrich (1715–1796); **Laufbahn**: seit 1751 im Militär, Nov. 1756 Fähnrich im I-R Nr. 25, Febr. 1759 Sl, Juni 1763 Pl, Aug. 1771 Stabs-Cap., Mrz. 1778 Cap. u. Chef e. Comp., Dez. 1786 Major, 1790 als aktiver Offz. gest.; **Brüder**: Jürgen Heinrich (1736–1760), Gotthilf Lebrecht (1740–1760), beide 1760 bei Liegnitz gefallen;

Quellen: GStA, IV. HA, Rep. 1, Nr. 79, Bl. 260; Stabi, Ms. boruss. fol. 314 (1764 als E.W., 1779 als Carl W.);

Ol Felix Ludwig Adam von Lepel (* um 1746, † 21. Mrz. 1834)

Vater: Jürgen Heinrich (* 1715, † 16. Okt. 1796), Erbherr auf Wieck in Schwed.-Pommern, sieben seiner Söhne standen 1782 im preuß. Militär; **Bruder**: Ernst Gotthardt (* 1746, † 12. Sep. 1819), Jan. 1765 Fähnrich im I-R Nr. 46, Aug. 1767 Sl, Juli 1778 Pl, Mrz. 1786 Stabs-Cap., Okt. 1790 Cap. u. Chef e. Comp., Okt. 1797 Major, Nov. 1808 als Ol mit Pension dim.; **Bruder**: Friedrich (1753–1813), Jan. 1772 Fähnrich im I-R Nr. 25, Sep. 1776 Sl, Okt. 1784 invalide, als Postmstr. in Freystadt in Schlesien versorgt, 1803 Charakter Cap.; **Bruder**: Friedrich Wilhelm (* 1768, † 27. Dez. 1825), Sep. 1785 Fähnrich im I-R Nr. 23, April 1788 Sl, Okt. 1799 Pl, April 1804 Stabs-Cap., Juni 1812 als Cap. dim.; **Bruder**: Franz Heinrich Erich, Erbherr auf Wieck; **Laufbahn**: 1764 Gefr.corp., Dez. 1766 Fähnrich im I-R Nr. 25, Febr. 1771 Sl, Mrz. 1778 Pl, Mrz. 1786 Stabs-Cap., Mai 1789 Cap. u. Chef e. Comp., Mrz. 1796 Major, Aug. 1799 Kommandeur d. 3. Mousquet.-Bat., Dez. 1802 mit 400 T. Pension dim., Jan. 1803 Charakter als Ol; **Güter**: erstritt zs. mit seinen Brüdern 1796, 1797 d. Güter Neuendorf, Netzelkow, Görmitz, Lütow auf d. Insel Usedom, diese hatte d. verst. Major Joachim Friedrich von Lepel, s.d., vor 1785 zuerst seinem einzigen Sohn, nach dessen Tod seinem Enkel Peter von Lepel vermacht; sein Testament von 1784 war durch e. Lehnsprozeß für ungültig erklärt worden; F.L.A. übernahm d. Güter von seinen Brüdern für 114/m T., 1804 als alleiniger Besitzer genannt, lt. Vas.tab. hatten sie e. Wert von 90/m T.;

Quellen: GStA, I. HA, Rep. 30, Nr. 44, L 69 e, Paket 9316; Nr. 243, Vas.tab. 1793, 1799, 1804; IV. HA, Rep. 1, Nr. 79, Bl. 260–261 (hier als Felix Ludwig Friedrich); Stabi, Ms. boruss. fol. 314;

Ltnt. Friedrich Peter Wilhelm Philipp von Lepel
(* 19. Okt. 1778, † 22. Mrz. 1827)

Vater: Carl Mathias Friedrich (* 1739, † 1791), Mrz. 1758 Cornet im D-R Nr. 5, April 1761 Sl, Juni 1762 ohne Abschied dim., erhielt d. Charakter Rittmstr., Pächter d. Amtsvorwerks Sophienhof im Krs. Demmin; **Mutter**: Wilhelmine Charlotte Christiane, geb. von Lepel (1746–1778); **Laufbahn**: Nov. 1795 Cornet im D-R Nr. 12, Okt. 1798 Sl, Febr. 1800 dim., Juni 1813 Eintritt ins 2. Pomm. Landwehr-I-R, Jan. 1814 Pl, Nov. 1814 dim.; **Güter**: ein erstes Gesuch um d. *venia aetatis* wurde am 18. Mai 1800 abgewiesen, hatte während d. Militärdienstzeit beträchtliche Schulden aufgenommen u. ohne Vorwissen d. Vormundes u.d. Pupillenkollegiums seinen Abschied genommen; erneuerte d. Antrag im Febr. 1801, wollte durch d. Ankauf e. Gutes sein Vermögen verbessern; dieses war durch d. Verlust e. Prozesses auf 10617 T. gesunken, sein **Großvater** mütterlichseits Joachim Friedrich, s.d., hatte ihm d. Neuendorfer Güter auf Usedom vermacht, die von Lepels aus Wieck in Schwed.-Pommern hatten d. Testament jedoch angefochten u. waren 1796, 1797 in d. Besitz dieser Güter gekommen; d. Ltnt. legte 1801 Atteste vor, wonach sich seine Wirtschaftsführung gebessert habe, u. a. ein solches seines Vormundes, d. Justizbürgermeister Regen in Anklam; bekam am 14. Mrz. 1801 d. *venia aetatis*; in erster **Ehe** verheiratet mit Marianne, geb. Radzikowska († 1830);

Quellen: GStA, I. HA, Rep. 30, Nr. 44, L 69 e, Paket 9316; Nr. 243, Vas.tab. 1767; IV. HA, Rep. 1, Nr. 79, Bl. 260 (Vater hier als Joh. Fr.), Bl. 261 (als Philipp Wilhelm); Jb. dt. Adel, Bd. 2, S. 421; Tb. Uradel 1900, S. 550;

Ltnt. Friedrich Wilhelm (seit Aug. 1749: Graf) von Lepel (1716–1783)

Vater: Otto Gustav (1657–1735)*, Okt. 1690 Rittmstr. im K-R Nr. 2, Juni 1714 Obrist, Aug. 1721 GM, Erbherr auf Anteil Böck im Krs. Randow; **Mutter**: Scholastica Luise, geb. von Blankensee (1681–1745); **Laufbahn**: Mai 1735 Fähnrich im I-R Nr. 20, Okt. 1740 Sl, Aug. 1744 Adjutant d. GM Johann Caspar von Hertzberg, Jan. 1746 nach elf Dj. dim.; seit 1737 Ritter d. Johanniter-Ordens; **Güter**: forderte am 23. Mrz. 1745 die Erbschaft seiner 14 Tage zuvor verst. Mutter ein; erbte von seinem Vater Blankensee B, dazu Böck B, d. Vorwerk Nassenheide u. Plöwen A im Krs. Randow, e. anderen Teil kaufte er 1771 vom Gl Friedrich Ehrenreich von Ramin; Johanniter-Ritter; erwarb vor 1770 d. Güter Frauenhagen u. Kuhweide in d. UM, hatte damals e. Forderung von 28 300 T. auf d. Gütern Neuendorf auf Usedom; zeigte im Frühjahr 1770 an, sein Vermögen an seinen Sohn abtreten u diesem e. *Curator* bestellen zu wollen, reservierte sich für seinen Unterhalt e. jährl. Betrag von 1 600 T, dazu freie Kost u. Logis, nach d. Rückkehr von d. Univ. sollte d. Sohn jährlich nicht mehr als 600 T. für d. Unterhalt erhalten, jeder Tochter wollte er 1/m T. für d. Aussteuer u. 6/m T. Mitgift geben; **Ehefrau**: Amalie Eleonore, geb. Henckel von Donnersmarck (1720–1783); **Sohn**: Wilhelm Heinrich Ferdinand (* um 1755), königl. Kammerherr, 1793 u. 1804 als Erbherr auf Nassenheide, ½ Blankensee, Böck u. Neuhof im Krs. Randow gen., 1787 inkl. Holzungen auf 87 087 T. taxiert;

Quellen: GStA, I. HA, Rep. 30, Nr. 44, L 69 e, Paket 9315; Nr. 243, Vas.tab. 1756, 1763, 1767, 1793, 1804; IV. HA, Rep. 1, Nr. 79, Bl. 260; Stabi, Ms. boruss. fol. 311; Brüggemann, Vorpommern, S. 214–215; Priesdorff, Nr. 212 (Vater);

Obrist Gustav Philipp Ernst von Lepel (* 1710, † 18. Juni 1757)*

Vater: Ernst Andreas (1672–1756), Cap.; **Bruder**: Joachim Friedrich (1713–1784), Major, s.d.; **Laufbahn**: seit 1725 im Militär, Gefr.corp. im I-R Nr. 1, im Dez. 1729 (bzw. 1730) als Fähnrich ins I-R Nr. 25 versetzt, Juni 1732 Sl, Mai 1735 Pl, April 1741 Stabs-Cap., Okt. 1741 Cap. u. Chef e. Comp., Okt. 1745 Major, Mai 1747 Orden p.l.m., Febr. 1757 Ol, Mai 1757 Obrist, Juni 1757 bei Kolin gefallen;

Quellen: GStA, I. HA, Rep. 30, Nr. 243, Vas.tab. 1756; IV. HA, Rep. 1, Nr. 79, Bl. 260; Stabi, Ms. boruss. fol. 313, fol. 314; Lehmann, Ritter, S. 36;

Ltnt. Hans Friedrich von Lepel (* um 1725, † 3. Juni 1757)*

aus Pommern gebürtig; **Laufbahn**: 1744 Gefr.corp. im I-R Nr. 8, Okt. 1747 Fähnrich, Juni 1754 Sl, an bei Prag erlittenen Blessuren 1757 gest.;

Quellen: GStA, IV. HA, Rep. 1, Nr. 79, Bl. 260; Priesdorff, Offz.stammliste, S. 109;

Major Joachim Friedrich von Lepel (1712–1784)

Vater: Ernst Andreas (1672–1756), Cap.; **Bruder**: Gustav Philipp Ernst (1709–1757), Obrist, s.d.; **Laufbahn**: Juni 1733 Fähnrich im I-R Nr. 3, Okt. 1736 Sl, Juni 1741 Pl, Dez. 1745 Stabs-Cap., Juni 1751 Cap. u. Chef e. Comp. im I-R Nr. 12, Sep. 1759 Major, Mrz. 1764 dim.; **Güter**: seit 1754 Erbherr auf Neuendorf, Netzelkow, Görmitz, Lütow im Krs. Usedow u. Wollin, erwarb diese für 50/m T. von d. Brüdern u. Vormündern d. *blödsinnigen* früheren Majors u. Flügel-Adjutanten Carl Matthias von Lepel (* 1705), seit 1720 im Militär, 1728 u. 1734 Ltnt. im I-R Nr. 24, seit 1740 Cap. im I-R Nr. 7, 1747 Major, der sich bei seinem Bruder, d. Reg.rat Martin Friedrich, in Stralsund aufhielt; erhielt 1754 e. neuen Lehnbrief, verpachtete die Güter vor 1756 an e. Amtsrat, auf d. Gütern lagen Schulden von 40/m T., 1767 von 49 850 T., sie sollen damals jährliche Revenuen von 2 550 T. getragen haben; **Sohn**: Leopold Wilhelm Friedrich Jochen (* um 1749, † 15. Dez. 1788), 1766 königl. Page, Gefr.corp. im I-R Nr. 26, Nov. 1768 Fähnrich, Febr. 1770 dim., Juli 1773 im I-R Nr. 53 wieder eingestellt, Juli 1773 Sl, Juni 1777 Pl, April 1785 (als Cap.) dim., 1788 ohne Leibeserben gest.; seine **Tochter** Catharina Friederike Caroline (* 1753) war verheiratet mit d. Landrat P.S. von Lepel; **Güter**: vermachte in seinem Testament vom 5. Nov. 1783 seinem einzigen Sohn L.W.F.J. Neuendorf, Netzelkow, Görmitz u. Lütow f. 50/m T. u. damit für weniger als d. Hälfte ihres Wertes; für d. Fall e. frühen Todes d. Sohnes sollten d. Güter an d. **Enkel** d. Erblassers fallen, an Friedrich Peter Philipp Wilhelm, s.d., d. Sohn d. Cap. von Lepel auf Sophienhof; diesem wurden d. Güter von d. fünf Brüdern von Lepel aus Wieck jedoch erfolgreich streitig gemacht;

Quellen: GStA, I. HA, Rep. 30, Nr. 43, Paket 9 232; Nr. 44, L 69 e, Pakete 9 315, 9 316; Nr. 243, Vas. tab. 1756, 1763, 1767; IV. HA, Rep. 1, Nr. 79, Bl. 260 (Vater u. Sohn); Gesch. d. I-R Nr. 3, S. 167;

Cap. Anton Heinrich von Lettow (get. 20. Mrz. 1703, † 29. April 1739)

Vater: Claus Heinrich (* um 1665, † 1742), Landrat, Erbherr auf Klenzin im Krs. Stolp, seit 1696 wiederkäuflich auf Dammen im Krs. Stolp; **Mutter**: Barbara Hedwig, e. To. d. Cap. Curt Ludwig von Hindenburg auf Falkenberg; **Bruder**: Ewald Jürgen (1698–1777), Obrist, s.d.; **Laufbahn**: seit 1718 im Militär, Dez. 1723 Fähnrich im I-R Nr. 29, Dez. 1729 als Cap. dim.; **Ehefrau**: Adelheid Sophie, geb. von Lettow (1709–1742);

Quellen: Stabi, Ms. boruss. fol. 316; nicht in IV. HA, Rep. 1, Nr. 79; Fam.gesch. 1882, 2, S. 65, S. 96–98;

Major Bogislav Lorenz von Lettow (* 18. Juli 1727, † vor 1804)

Vater: Claus Lorenz († 1747), seit 1735 Erbherr auf Kriwan im Krs. Stolp im Wert von 4700 T.; **Mutter**: Anna Elisabeth, geb. von Wachholz; **Bruder**: Johann Ludwig (* 3. Juli 1720, † 30. Aug. 1757), Dez. 1740 Fähnrich im I-R Nr. 14, Mrz. 1743 Sl, Juli 1748 Pl, Mrz. 1757 Stabs-Cap., im Sommer 1757 bei Groß-Jägersdorf gefallen; **Laufbahn**: engagierte sich 1742 im Militärdienst, Okt. 1745 Fähnrich im I-R Nr. 17, April 1755 Sl, Aug. 1757 Pl, Nov. 1760 Stabs-Cap., Mai 1762 Chef e. Comp., Dez. 1773 Major, Dez. 1778 dim.; **Güter**: erbte 1747 d. väterl. Gut Kriwan, erhielt im Febr. 1754 d. Erlaubnis, d. Gut f. 5 100 T. an d. Landrat Joachim Rüdiger von Massow verkaufen zu dürfen, zuvor hatten seine Mutter u.d. ältere Bruder ihre Zustimmung gegeben, von d. Erlös wollte d. damalige Fähnrich e. anderes Gut kaufen; erwarb 1757 Hölkewiese A im Ftm. Cammin im Wert von 7/m T. vom Reg.direktor Andreas Christoph von Münchow, seit 1770 Erbherr auf Natzlaff nebst Vorwerken, auf Rozog B im Krs. Schlawe, auch auf Nadebahr im Ftm. Cammin; besaß d. Gut im Wert von 10/m T. noch im Jahr 1799, 1801 wurden seine Erben auf Hölkewiese gen.; **Ehefrau**: Elisabeth Helene, geb. von Blumenthal;

Quellen: GStA, I. HA, Rep. 30, Nr. 44, L 67, Pakete 9 312, 9 313; Nr. 243, Vas,tab. 1767, 1799; IV. HA, Rep. 1, Nr. 79, Bl. 290–291; Stabi, Ms. boruss. fol. 316; Brüggemann, T. 2/2, S. 877–878, S. 955; Fam.gesch. 1882, 2, S. 157–158;

Ltnt. Christian Friedrich von Lettow (* um 1756, † um 1833)

Vater: Heinrich Ludwig (1720–1790), GM in polnischen Diensten, Chef d. kgl. Leibgarde zu Pferd, seit 1776 Erbherr auf Mühlenkamp, Drawehn B u. Klein Karzenburg im Ftm. Cammin; **Mutter**: Henriette Lucretia, e. To. d. poln. Majors Friedrich Wilhelm von Lettow, s.d.; **Bruder**: Ludwig Robert (* um 1760), engagierte sich als Referendar bei d. Kammerdeputation in Köslin, mußte um 1793 d. Abschied nehmen, hatte von seinem Vater 4 500 Dukaten geerbt, diese waren beim Bankhaus Tepper in Warschau angelegt u. gerieten 1793 in dessen Konkurs; er konnte d. Geld nicht einziehen u. kam deshalb in Schwierigkeiten; hatte 1798 Forderungen an d. vorm. poln. Major von Freyer in Lemberg, der ehedem sein Bevollmächtigter im Konkursverfahren Tepper gewesen war, dieser schuldete ihm 3/m Dukaten, wurde angehalten, sich an die zuständigen österr. Gerichte zu wenden, um d. Forderung einzuziehen, seit 1781 Erbherr auf Kl. Karzenburg B, besaß 1793 u. 1804 Kl. Karzenburg im Wert von 5/m T., (außerdem Mühlenkamp), wohnte auf d. Vorwerk Vettrinchen; **Laufbahn**: seit 1773 im Militärdienst, Okt. 1775 Fähnrich im I-R Nr. 42, Aug. 1780 Ltnt., Sep. 1781 als Ltnt. dim.; **Güter**: seit 1781 Erbherr auf Mühlenkamp u. Drawehn B, die Güter fielen vor 1793 an seinen Bruder; in erster **Ehe** seit 1783 verh. mit Friederike Charlotte, älteste To. d. Obristwachtmstrs. Ernst Heinrich von Zastrow, durch sie zeitweilig Erbherr auf Heinrichsdorf im Krs. Rummelsburg;

Quellen: GStA, I. HA, Rep. 30, Nr. 44, L 67, Paket 9 313; Nr. 243, Vas.tab. 1793, 1799, 1804; IV. HA, Rep. 1, Nr. 79, Bl. 294; Stabi, Ms. boruss. fol. 312; Brüggemann, T. 2/2, S. 553; Fam.gesch. 1882, 2, S. 126, S. 161–162;

Rittmstr. Christoph George von LETTOW (* 14. Juli 1697, † 1. Juni 1768)

Vater: (George bzw.) Jürgen († 1. Juni 1709), Ol, Erbherr auf Anteil Bial u. Klein Schwirsen im Krs. Rummelsburg; **Mutter**: Albertine, e. To. d. Cap. Heinrich Casimir von Kameke auf Cratzig; **Bruder**: Alexander Carl (1701–1763), Okt. 1715 *cadet* in Berlin, Jan. 1718 (als Uffz. *cassirt*), seit 1725 Erbherr auf Bial; **Laufbahn**: seit 1715 im Militär, Okt. 1718 Cornet im K-R Nr. 9, 1730 hier als Ltnt. gen., vor 1740 abgegangen, 1756 als vorm. Rittmstr. bez.; **Güter**: zunächst zs. mit d. Bruder, dann alleiniger Besitzer der väterl. Güter; verkaufte Bial 1764 an Gerd Wedig von Schmeling; Klein Schwirsen ging nach seinem Tod an d. Lehnsfolger, d. Ltnt. Ewald Christian von Lettow; **Ehefrau**: e. geb. von Kameke; **Sohn**: George Carl Casimir (1739–1760), Aug. 1757 Fähnrich im I-R Nr. 17, Febr. 1758 Sl, (an Blessuren) am 14. Dez. 1760 gest.;

Quellen: GStA, I. HA, Rep. 30, Nr. 243, Vas.tab. 1756, 1763; Vater u. Sohn nicht in IV. HA, Rep. 1, Nr. 79; Stabi, Ms. boruss. fol. 312; Fam.gesch., 1882, 2, S. 152–153 S. 301;

Ltnt. Christoph Heinrich von LETTOW (* 17. Aug. 1742, † 1. Sep. 1821)

Vater: Christoph Johann Friedrich (1713–1787), Ltnt., Landjäger in d. Gfsch. Hohenstein, s.d.; Stief-**Mutter**: Friederike († nach 1794), e. To. d. KD-rates Walter in Halberstadt; C.H. hatte sechs **Brüder**, darunter: Adam Carl Gerhard (1756–1822), im Okt. 1800 als Rittmstr. im K-R Nr. 6 mit 300 T. Pension dim., Dez. 1800 Charakter Major, dieser erbte 1793 von seinem **Vater-Bruder**, d. GM Heinrich Wilhelm von Lettow, d. Güter Ribbekart, Völzin, Ravenhorst im Krs. Greifenberg, 1804 im Wert von 36/m T.; **Bruder**: Johann Wilhelm (1765–1823), im Aug. 1792 mit d. Charakter Rittmstr. vom K-R Nr. 6 dim., erbte vom GM Heinrich Wilhelm d. Gut Wangeritz; **Laufbahn**: Febr. 1764 Fähnrich im I-R Nr. 21, Aug. 1768 Sl, Jan. 1777 Pl, 1782 ins Garn.-Bat. Nr. 4 versetzt, Juni 1783 nach 24 Dj. dim., als Hegemeister in d. Gfsch. Hohenstein mit 75 T. versorgt, konnte davon seine Familie nicht ernähren, mußte daher aus d. eigenen Vermögen jährlich 100 T. zusetzen, seit 1790 Förster zu Dingelstedt bei Halberstadt mit 175 T., hatte 1795 fünf Kinder, bat am 20. Dez. 1795 darum, seinen einzigen **Sohn** Johann Gottfried Christoph (Christian) (1767–1840), später Ratsförster in Quedlinburg, erzeugt außer d. Ehe mit seiner jetzigen Ehefrau Marie Elisabeth Müller († vor 1809), zu legitimieren, dieser sollte lehns- u. successionsfähig gemacht werden, um d. Lehngüter d. verst. GM Heinrich Wilhelm von Lettow übernehmen zu dürfen, die nicht an d. Brüder d. Supplikanten fallen sollten; d. Antrag wurde am 18. Jan. 1796 abgelehnt; **Güter**: erbte 1793 von d. Onkel H.W. von Lettow die Güter Medewitz A u. Wittenfelde B im Krs. Greifenberg, 1797 im Wert von 9/m T.;

Quellen: GStA, I. HA, Rep. 30, Nr. 44, L 67, Paket 9313; Nr. 243, Vas.tab. 1797; IV. HA, Rep. 1, Nr. 79, Bl. 293 (hier als Christian Hr.), Bl. 294 (Bruder A.C.G.), Bl. 295 (Bruder J.W.); Brüggemann, Beiträge, 2, S. 237; Jb. dt. Adel, Bd. 2, 435; Fam.gesch. 1882, 2, S. 162–165;

Ltnt. Christoph Johann Friedrich von LETTOW
(* 19. Nov. 1713, † 10. Jan. 1787)

Vater: Adam Christoph (* um 1688, † 1761), Erbherr auf Klein Karzenburg C im Ftm. Cammin; **Mutter**: Dorothea Christine, geb. von dem Borne († 1770); **Bruder**: Heinrich Wilhelm (1714–1793)*, 1728 Eintritt in poln. Dienste, Nov. 1741 Pl im I-R Nr. 42, Mrz.

1744 Stabs-Cap., Dez. 1747 Chef e. Comp., April 1758 Major, Aug. 1762 Orden p.l.m., April 1764 Kommandeur d. I-R Nr. 42, April 1765 Ol, Aug. 1767 Obrist, Okt. 1776 Chef d. I-R Nr. 46, Jan. 1777 GM, 1779 wegen Krankheit dim., Erbherr auf Kl. Karzenburg C, 1793 in Ribbekart gest., seine Güter Medewitz A, Ravenhorst, Ribbekart u. Völzin hatten 1793 e. Wert von 35 916 T., hinterließ d. Sohn George Wilhelm (1762–1842)*, April 1783 Fähnrich im I-R Nr. 46, Dez. 1805 Cap. im I-R Nr. 50, Mai 1815 Obrist, April 1820 GM; **Laufbahn**: Mai 1744 Fähnrich im I-R Nr. 21, wurde in d. Schlacht bei Kesselsdorf invalide, Jan. 1746 Sl, (Aug. 1746) dim., anschließend als Landjäger in Königsthal in d. Gfsch. Hohenstein versorgt; erhielt auf Betreiben seines Bruders, d. damaligen Obristen von Lettow, am 3. Mai 1775 die Versicherung, daß die auf d. Fall stehenden Edlingschen Lehn Ravenhorst, Medewitz u. Wangeritz auf ihn fallen sollten, falls d. Obrist sterben sollte; bat am 16. Juni d.J. mit Hinweis auf seine schlechte Vermögenslage und darauf, daß von seinen sechs Söhnen bereits fünf im königlichen Dienst standen, darum, die Chargengebühren für jene Anwartschaft in Höhe von 550 T. niederzuschlagen, d. Antrag wurde entsprochen; **Sohn**: Christoph Heinrich (1742–1821), Ltnt., Oberförster, s.d.; **Sohn**: Adam Carl Gerhard (1756–1822), Aug. 1776 Cornet im K-R Nr. 6, Okt. 1783 Sl, Mai 1790 Pl, April 1793 Stabs-Rittmstr., Juli 1796 Rittmstr., Okt. 1800 mit 300 T. Pension. dim., Dez. 1800 Charge Major, 1797 u. 1804 Erbherr auf Ribbekart, Ravenhorst, Völzin im Krs. Greifenberg im Wert von 27/m T.; **Sohn**: Johann Wilhelm (1765–1823), Jan. 1783 Cornet im K-R Nr. 6, Dez. 1788 Sl, Mai 1792 Pl, Aug. 1792 als Rittmstr. dim., 1804 Erbherr auf (Pansin u.) Wangeritz im Krs. Saatzig im Wert von 13/m T.;

Quellen: GStA, I. HA, Rep. 30, Nr. 44, L 67, Paket 9313; Nr. 243, Vas.tab. 1793; IV. HA, Rep. 1, Nr. 79, Bl. 290–291, Bl. 293–295; Stabi, Ms. boruss. fol. 312 (Bruder H.W.); Priesdorff Nr. 623 (Bruder), Nr. 1 344 (George Wilhelm); Jb. dt. Adel, Bd. 2, S. 435;

Uffz. Claus Albrecht von Lettow († 22. Mrz. 1767)

Vater: Claus Henning; **Mutter**: Margarethe, geb. von Massow aus Rohr; **Laufbahn**: stand viele Jahre als Uffz. im I-R Nr. 17, wurde bei Stralsund 1715 für d. weiteren Dienst untüchtig; **Güter**: erbte von seinen Eltern kein Lehngut, keinerlei Vermögen; verkaufte 1724 seinen Anteil an Warbelow im Krs. Schlawe, kaufte e. Anteil von Hölkewiese, verkaufte diesen 1745 wieder; veräußerte 1736 seinen Anteil an Pritzig im Krs. Schlawe; seit 1741 ohne Lehnbesitz; suchte am 28. Okt. 1754 aus Schwessin um d. auf d. Fall stehenden Lehn d. Familie von Gutzmerow nach, seine Frau war e. Vater-Schwester d. im Juni 1754 verst. Adam Ewald von Gutzmerow auf Freist u. Vorwerk Kempen im Krs. Stolp, sie hatte e. Mitgift von 4/m fl. preußisch bekommen sollen, durch Prozesse ging ihr d. Geld jedoch verloren; d. Suppl. ernährte sich kümmerlich von Arrenden, hatte sechs Söhne im Militärdienst, die auf Zuschüsse d. Eltern angewiesen waren; **Ehefrau**: Dorothea Maria, geb. von Gutzmerow († 1761); **Sohn**: Bogislav Friedrich (* 30. Juni 1726, † 30. Jan. 1758) 1743 *cadet* in Berlin, Okt. 1746 Uffz. Im I-R Nr. 46, Okt. 1753 Fähnrich, Dez. 1756 Sl, 1758 an bei Leuthen erhaltenen Blessuren gest; **Sohn**: George Wilhelm (* 1728, † Dez. 1757), seit 1743 bei d. *cadets* in Berlin, Juli 1748 ins (I-R Nr. 26), Jan. 1752 Fähnrich im I-R Nr. 25, Mai 1756 Sl, Dez. 1757 bei Leuthen gefallen; **Sohn**: Johann Christian (* 6. Juni 1731, † Febr. 1771), 1747 *cadet* in Berlin, April 1751 Gefr.corp. im I-R Nr. 19, Juni 1756 Sl im Garn.-Reg. Nr. 8, April 1764 zum Garn.-Reg. Nr. 6 versetzt, Febr. 1765 Pl, 1771 gest:, **Sohn**: Conrad Ewald Gottlob (* 26. Nov. 1742, † 23. Jan. 1799), 1757 *cadet* in Berlin,

Juni 1763 Fähnrich im I-R Nr. 13, Mai 1765 Sl, Dez. 1772 Pl, Sep. 1782 Stabs-Cap., Jan. 1786 Chef e. Comp., Nov., 1785 Major; **Sohn**: August Ferdinand (* 8. Juli 1745, † 19. Nov. 1782), 1759 *cadet* in Berlin, Jan. 1763 ins (I-R Nr. 18), Juli 1766 Fähnrich im I-R Nr. 47, Juni 1769 Sl, Jan. 1779 Pl, 1782 zu Burg gest.;

Quellen: GStA, I. HA, Rep. 30, Nr. 44, M 80, Paket 9 333; IV. HA, Rep. 1, Nr. 79, Bl. 291–293; Brüggemann, T. 2/2, S. 882; Stabi, Ms. boruss. fol. 311 (Sohn A.F.); Fam.gesch. 1882, 2, S. 120, S. 154–155, S. 171–172;

Major Claus Sigismund von Lettow (* 1715, † 16. Juni 1787)

Vater: George Christian (* um 1684, † vor 1743), Ltnt., Erbherr auf Anteil Pritzig im Krs. Schlawe; **Mutter**: Ernestine, geb. von Grape; **Bruder**: George Erdmann (* um 1718, † 6. Mai 1757), seit 1736 im Militärdienst, Okt. 1739 Fähnrich im I-R Nr. 17, April 1742 Sl, Mrz. 1746 Pl, 1757 bei Prag gefallen; **Schwester**: Erdmuth Elisabeth († 1797), 1783 als Witwe Ol Adolph Christian von Seiger zu Küstrin genannt; **Laufbahn**: Aug. 1743 Fähnrich im I-R Nr. 8, Mrz. 1744 Ltnt. beim Stettiner Garnison-Reg., Febr. 1757 zum Garn-Reg. Nr. 3 versetzt, Febr. 1757 Pl, Nov. 1767 Stabs-Cap., Mrz. 1776 Chef e. Comp., Dez. 1786 Major; **Güter**: besaß offenbar keine liegenden Gründe; **Ehefrau**: Hippolyta Elisabeth, e. To. d. Bernhard Friedrich von Petersdorff auf Schlötenitz u. Schwester d. kursächs. Obristen Samuel von Petersdorff, beider Ehe wurde 1755 geschieden; **Sohn**: Carl Ernst Ludwig (1746–1826)*, zuerst in sächs. Diensten, April 1773 Pl im I-R Nr. 51, Mai 1782 Cap., Mrz. 1788 Major, Juni 1798 Obrist, April 1802 Kommandeur d. I-R Nr. 51, Mai 1804 GM, Sep. 1804 Chef d. I-R Nr. 41; **Sohn**: Leopold Friedrich Ewald († um 1800), seit 1763 in sächsischen Diensten, 1772 Sl, Jan. 1777 Pl, stand im Dez. 1786 als Pl im Reg. Graf von Brühl in Zittau, bekam auf sein Gesuch d. Erlaubnis, in sächs. Diensten bleiben zu dürfen; **Sohn**: Otto Heinrich Lorenz (1753–1819), zunächst in sächs. Diensten, April 1773 Sl im I-R Nr. 51, Mai 1782 Pl, Mrz. 1788 Stabs-Cap., Okt. 1797 Chef e. Comp., Nov. 1803 Major, Sep. 1813 pens., erheiratete mit Anna Benigna von Lübtow (1754–1801) die Güter Miradau u. Buschkau im Krs. Preuß-Stargard, Sohn: Friedrich Leopold Sigismund (1786–1818), Nov. 1798 Fähnrich im I-R Nr. 52, April 1802 Sl, Sep. 1809 ausgeschieden, Sohn: Johann Heinrich (1788–1855), Aug. 1805 Sl im I-R Nr. 17, Mai 1813 ins I-R Nr. 20, 1821 als Cap. pens.;

Quellen: GStA, I. HA, Rep. 30, Nr. 44, L 67, Paket 9 313; IV. HA, Rep. 1, Nr. 78, Bl. 290 (hier als Nicol. Siegm., Bruder G.E.), Bl. 294 (O.H.L.); Stabi, Ms. boruss. fol. 313, fol. 316 (hier als Nicolaus); Fam.gesch., 1882, 2, S. 122, S. 156–157, S. 172–176, S. 194–200; Jb. dt. Adel, Bd. 2, S. 452–453; Priesdorff, Offz.stammliste, S. 109; Priesdorff, Nr. 1 067 (Sohn C.E.L.);

Ltnt. Erdmann Ernst Ewald von Lettow (* 1760, † 10. Juni 1794)

Vater: George Wilhelm (1719–1796), Erbherr auf Drawehn A, Hohenborn u. Kl. Karzenburg A im Ftm. Cammin, 1767 im Wert von 18/m T., darauf Schulden von 9 576 T., ging drei Ehen ein; **Mutter**: Anna Hedwig, geb. von Bandemer; **Großvater**: Christian, poln. Ol, Erbherr auf Drawehn A u. Hohenborn; **Laufbahn**: seit 1773 im Militärdienst, April 1778 Fähnrich im I-R Nr. 22, Nov. 1781 Sl, Jan. 1789 nach 16 Dj. auf Wunsch dim.; **Güter**: Erbherr auf d. väterl. Gütern Drawehn A, Hohenborn u. Kl. Karzenburg A, 1793 nur auf Hohenborn f. 7/m T. gen.; **Ehefrau**: Johanne Amalie, geb. von Wedel;

Quellen: GStA, I. HA, Rep. 30, Nr. 243, Vas.tab. 1767; IV. HA, Rep. 1, Nr. 79, Bl. 294; Stabi, Ms. boruss. fol. 314; Brüggemann, T. 2/2, S. 558; Fam.gesch.1882, 2, S. 103–104, S. 141–143; Jb. dt. Adel, Bd. 2, S. 445;

Ltnt. Erdmann Otto Friedrich von Lettow (* 22. Okt. 1717, † 20. Sep. 1760)

Vater: Caspar Gideon († 1735), Syndikus d. Camminer Dom-Kapitels, Erbherr auf Gervin B im Krs. Greifenberg; **Mutter**: Judith Elisabeth, geb. Winter; **Bruder**: Franz Joachim (1718–1797), seit 1764 Erbherr auf Gervin B u. Pertinenzien, s.d. mehr; **Laufbahn**: Juli 1734 *cadet* in Berlin, Dez. 1738 Gefr.corp. im I-R Nr. 33, Aug. 1743 Fähnrich im I-R Nr. 43, Mai 1747 Sl im I-R Nr. 47, Juni 1756 Pl, 1760 (bzw. 20. Nov. 1759 bei Maxen) gest.; **Güter**: seit 1742 Erbherr auf d. väterlichen Gut Gervin B, dieses hatte 1756 e. Wert von 8/m T.; 1764 fiel d. Gut an seinen Bruder Franz Joachim, dieser besaß 1767 auch Anteil Broiz, Prust B, Natelvitz C, Muddelmow D, seit 1773 dazu ganz Wollenburg im Ostenschen Krs., d. Güter hatten 1767 e. Wert von 27 879 T., darauf Hypotheken von 22 306 T.; seit mind. 1793 befanden sich d. Güter in d. Hand von Bogislav Franz von Steinkeller;

Quellen: GStA, I. HA, Rep. 30, Nr. 243, Vas.tab. 1756, 1763, 1767, 1793, IV. HA, Rep. 1, Nr. 78, Bl. 291; Stabi, Ms. boruss. fol. 311; Fam.gesch. 1882, 2, S. 85–86, S. 120;

Ltnt. Ernst Casimir von Lettow (* Jan. 1715)

Vater: George Christian (* um 1680, † 1732), Erbherr auf Plötzig im Krs. Rummelsburg; **Mutter**: Anna Elisabeth, geb. von Massow; **Bruder**: Rüdiger Ewald Valentin (1721–1757), S. dort mehr zur Familie; **Laufbahn**: 1728 *cadet* in Berlin, Mai 1738 Gefr.corp. im I-R Nr. 24, 1740 Fähnrich, 1743 Sl, 1746 als Ltnt. wegen *Wahnwitz* dim., bei Groß-Glogau ertrunken; **Güter**: reichte im Nov. 1740, im Okt. 1742 u. Mrz. 1743 Immediatsuppliken ein u. beschwerte sich darüber, daß d. Kösliner Hofgericht es verabsäumt habe, nach d. Tod seines Vaters rechtzeitig e. Vormund zu bestellen; ihre Mutter allein habe es nicht verhindern können, daß die Nachbarn d. Grenzen d. Güter verletzt, Holzungen und Heiden ruiniert hätten, auch wären die Pächter mit d. Arrende im Rückstand geblieben; d. Supplikant sei sechs Jahre nach d. Tod d. Vaters erstmals nach Hause gekommen u. habe viel Unordnung angetroffen; wegen d. fehlenden Vormundschaft hätten zwei Schwestern *außer Stande geheiratet* und dadurch *unsere adeliche Familie prostituirt*; er habe in seinen 14 Dienstjahren keinen Groschen von zu Hause bekommen; obwohl d. Güter nach seiner Angabe e. Wert von mind. 10/m T. hätten u. nur mit wenigen hundert Talern verschuldet waren, sollte Plötzig auf Drängen d. Gläubiger bereits 1740 subhastiert werden; in e. Verfügung vom 29. Okt. 1743 an d. Ltnt. hieß es, seiner Mutter hätte es oblegen, die Einsetzung e. Vormundschaft zu beantragen, dies wäre unterblieben, somit habe sich d. Familie die *üblen Folgen selbst zuzuschreiben*, auch er selbst hätte bei seiner Anwesenheit in Pommern 1738 für Abhilfe sorgen können; noch deutlicher wurde d. Resolution vom 14. Nov. 1743, danach seien d. Beschwerden d. Offz. über d. Hofgericht unbegründet, er solle sich seiner *anzüglichen Expressionen* gegen dieses enthalten u. d. kgl. Kollegien *gebührenden Respekt zeigen*, durch sein *eigenrichterliches* Benehmen trage er selbst zur Verlängerung d. Prozesse bei; tatsächlich konnte d. Familie von Lettow d. Güter nicht konservieren, denn 1752 befanden sich diese in d. Hand d. Cap. Martin Friedrich von Zitzewitz zu Techlipp;

Quellen: GStA, I. HA, Rep. 30, Nr. 44, L 67, Paket 9311; Stabi, Ms. boruss. fol. 316 (hier als Ernst Caspar); Brüggemann, T. 2/2, S. 799; Fam.gesch. 1882, 2, S. 105, S. 143–145;

Cap. Ewald George (bzw. Jürgen) von Lettow (* 1705)

Vater: Werner (1668–1737), Erbherr auf Groß Machmin im Krs. Stolp; **Mutter**: Catharina Sophia Elisabeth, geb. von Lettow (1685–1748); **Bruder**: Werner (1706–1779), Major, S. dort mehr; **Laufbahn**: seit 1720 im Militär, April 1725 Fähnrich im I-R Nr. 16, Mrz. 1730 Sl, Juni 1733 Abschied, (1740 Cap., sp. Ol);

Quellen: Stabi, Ms. boruss. fol. 311; Fam.gesch. 1882, 2, S. 66–67, S. 98–99; Kopka v. Lossow, Offz. liste, S. 6*;

Obrist Ewald Jürgen (George) von Lettow (* 1698, † 30. Jan. 1777)

Vater: Claus Heinrich (* um 1665, † 1742), Landrat, Erbherr auf Klenzin im Krs. Stolp; **Mutter**: Barbara Hedwig, geb. von Hindenburg; **Bruder**: Anton Heinrich (1703–1739), Cap. s.d.; **Laufbahn**: Nov. 1718 Fähnrich im I-R Nr. 14, Sep. 1724 Sl, Juli 1731 Pl, Febr. 1733 Stabs-Cap., Dez. 1735 Chef e. Comp., Dez. 1743 zum I-R Nr. 12 versetzt, Dez. 1744 Major, Sep. 1753 Ol, Febr. 1757 Obrist, April 1760 Chef d. Garn-Reg. Nr. 4, Febr. 1763 nach 45 Dj. mit Pension dim.; **Ehefrau**: Anna Gertrud, geb. von Pomeiske (* um 1711, † 1782); **Tochter**: Corona Dorothea Hedwig, seit 1750 verh. mit d. Rittmstr. im K-R Nr. 4 Joachim Heinrich von Puttkamer, Erbherr auf Glowitz; **Güter**: besaß seit 1742 d. väterl. Gut Klenzin im Wert von 9/m T., hatte 1767 darauf keine Hypotheken, aber andere Schulden in Höhe von 7/m T., trat dieses 1773 seinem **Sohn** ab, d. Cap. Nicolaus Heinrich (1738–1794), s.d.;

Quellen: GStA, I. HA, Rep. 30, Nr. 243, Vas.tab. 1756, 1763; IV. HA, Rep. 1, Nr. 79, Bl. 290–291; Brüggemann, T. 2/2, S. 974; König, Helden, 2, S. 411; Fam.gesch. 1882, 2, S. 65, S. 96–98, S. 135, S. 166;

Gutsbes. Franz Joachim von Lettow (* 6. Nov. 1718, † 21. Juli 1797)

Vater: Caspar Gideon († Febr. 1735), seit 1726 Landrat d. Ostenschen Krs., Syndikus d. Domkapitels zu Cammin; **Mutter**: Judith Elisabeth, e. To. d. Kolberger Landrates u. Bgmstr.s Franz Joachim Winter; **Bruder**: Erdmann Otto Friedrich (1717–1760), Ltnt., s.d.; **Bruder**: George Caspar (1724–1741); **Vater-Brüder**: Johann Ernst, Kammerdirektor, s.d.; George Heinrich (1668–1732); **Ehefrau**: Louise Catharina, e. To. d. Ol Henning (George) Jürgen von Kameke; **Laufbahn**: besuchte d. hallische Pädagogium, schrieb sich im Aug. 1735 für d. Rechte an d. Univ. Halle ein, erhielt am 31. Mrz. 1737 d. *venia aetatis*; trat weder in d. Zivil- noch in d. Militärdienst ein; widmete sich d. Landwirtschaft; erbte zs. mit seinem Vetter, d. Landrat George Ulrich von Lettow (1714–1792)*, d. Gut Natelvitz A im Ostenschen Krs. vom verst. Onkel, d. Geh. Rat, Kammerdirektor Johann Ernst von Lettow, dieser hatte d. Gut 1723 von d. Fam. von der Osten für 19 100 fl. pomm. gekauft; sie schlossen während ihrer Minderjährigkeit mit d. Witwe d. Geh. Rats 1734 e. Vergleich, den sie später als nachteilig empfanden u. deshalb aufheben lassen wollten; lt. Testament durfte die Witwe d. Haus in Stettin mietfrei bewohnen, außerdem mußten ihr d. Neffen noch e. jährliche Alimente von 180 T. (bzw. 450 T.) zahlen; da diese Zahlungen ausblieben, verklagte die Witwe, die sich angeblich um Harmonie bemüht haben will, 1735 die Testamentserben; dieser Prozeß dauerte bis 1748, sie will dadurch Kosten in Höhe von 3/m T. gehabt haben; 1773 schlossen d. beiden Bruder-Kinder einen Vergleich, demzufolge d. Gut Natelvitz an d.

Landrat George Ulrich fiel; **Güter**: seit 1752 Erbherr auf Anteil, seit 1773 auf ganz Wollenburg im Ostenschen Krs.; besaß seit 1738 e. Anteil von Broiz, seit 1741 Prust B, 1756 auf Anteilen Broiz, Prust, Wollenburg u. Mudddelmow im Wert von 28/m T. gen., seit 1764 Erbherr auf Gervin B im Krs. Greifenberg, noch 1793 hier gen., ohne Leibeserben gest.; 1804 saß auf Broiz u. Gervin B Bogislav Franz Ewald von Steinkeller, Wollenburg u. Muddelmow D gehörten damals d. Witwe Cap. von Platen;

Quellen: GStA, I. HA, Rep. 30, Nr. 44, L 67, Pakete 9311, 9312; Nr. 243, Vas.tab. 1763, 1793, 1804; IV. HA, Rep. 1, Nr. 79, Bl. 291 (Bruder E.O.F.); Brüggemann, T. 2/2, S. 368–369, S. 375, S. 427–428; Fam.gesch. 1882, 2, S. 85–86, S. 118–119; biogr. Handbuch, S. 571 (G.U.);

poln. Major Friedrich Wilhelm von Lettow (* um 1690, † 1763)

Vater: Heinrich Ludwig († 1726), Erbherr auf Anteil Drawehn im Ftm. Cammin; **Mutter**: Maria Elisabeth, geb. von Rhaden; **Bruder**: Heinrich Ludwig (* um 1689), seit 1706 im Militärdienst, Febr. 1710 Fähnrich im I-R Nr. 10, April 1711 Pl, Juni 1723 Stabs-Cap., Dez. 1723 als Oberjäger in Minden versorgt, zuletzt Oberforstmeister; **Bruder**: Christian Ludwig bzw. Lucius, poln. GM, dessen Sohn u. Neffe von F.W.: Heinrich Ludwig (* um 1720, † 1790), 1766 Ol in poln. Diensten, Aug. 1790 in Warschau als GM gest., seit 1776 Erbherr auf Drawehn B u. Mühlenkamp; **Laufbahn**: avancierte in poln. Diensten bis zum Major, vor 1754 abgegangen; zweite **Ehefrau**: Dionysia Amalia Louise, geb. von Blankenburg († 1781), diese hatte ihm *illata* von 4200 T. eingebracht, die auf Mühlenkamp eingetragen waren; d. **Tochter** Henriette Lucretia bekam im Dez. 1754 d. Erlaubnis, ihren in poln. Diensten als Cap. stehenden Cousin Heinrich Ludwig von Lettow (1720–1790) zu heiraten; **Güter**: *reluirte* 1744 Kl. Karzenburg, erbte Mühlenkamp mit Pertinenzien in Drawehn im Ftm. Cammin; klagte seit 1738 gegen d. Pfarrer Trenker zu Drawehn, warf diesem Exzesse, e. unordentlichen Gottesdienst vor, d. Pfarrer seinerseits beschwerte sich über säumige Gehaltszahlungen u. e. schleppenden Kirchenbau; im Febr. 1745 wurde d. Pfarrer bis zum Abschluß d. fiskalischen Untersuchung wegen beschuldigter Schwängerung seiner Dienstmagd suspendiert; d. Güter d. Majors sollen 1762 e. Wert von 15/m T. gehabt haben, darauf Schulden von mind. 8200 T., konnte wegen d. Kriegsschäden keine Zinsen zahlen, wurde deshalb von d. Erben d. GM David Hans Christoph von Lüderitz bedrängt, die e. Kapital von 3/m T. zu fordern hatten; sie befanden sich seit etwa 1753 im Konkurs; während seiner langen Abwesenheit von d. Gütern sollen seine Untertanen widerspenstig geworden sein, sie hätten Gehöfte in Brand gesetzt u. e. Verwalter erschlagen, nach seiner Rückkehr aus d. Kriegsdienst wollte er die Dienste wieder in *gehörige Ordnung* bringen und sich bei d. Untertanen in *Autorität* setzen, begegnete diesen mit Härte u. Strafen; daraufhin seien 62 seiner Untertanen nach Polen entflohen, wurde deshalb und wegen fünf wüst liegenden Bauernhöfen in e. Inquisitionsprozeß gezogen und im Juli 1753 zu e. Festungsarrest von sechs Monaten verurteilt, wurde im Febr. 1754 nach Kolberg gebracht, im April d.J. sollte d. Strafe um weitere sechs Monate erhöht werden; im April 1754 wurde d. dreimonatige Zuchthausstrafe d. Ehefrau, verhängt wegen d. harten Behandlung von Untertanen, in e. Geldstrafe von 50 T. umgewandelt, sie sollte sich jedoch künftig aller Tätlichkeiten enthalten; stellte 1753 auf Anraten d. pomm. KDK e. Justitiar auf seinen Gütern an, der die Entflohenen aus Polen zurückholen, für e. ordentl. Einziehung d. Abgaben u. Verrichtung d. Dienste sorgen sollte, mit d. dazu bestallten Notar Christian Siegmund Leopold aus Köslin geriet d. Major bald in Streit u. bez. ihn bereits 1754 als seinen *ärgsten Feind*; im Juni 1759 wurde d. Bublitzer Schloß-Sekretär, Amtsjustitiar u. Akziseinspektor Crusius neuer Jusititar in Mühlenkamp; 1764 wurden seine Güter Kl. Karzenburg, Mühlenkamp u. Drawehn an d. Landrat Hans Joachim von Kleist verkauft; 1766 fielen sie an d. poln. Major u. späteren Obristen Heinrich Ludwig von Lettow, e. Bruder-Sohn d. Majors Friedrich Wilhelm; zw. 1764 u. 1774 schwebte e. Reluitionsprozeß zw. d. Landjäger Christoph Johann Friedrich von Lettow in d. Gfsch. Hohenstein u. d. poln. Obristen Heinrich Ludwig von Lettow, ersterer konnte d. *Reluitionssumme* von 2 393 T. für Kl. Karzenburg B jedoch nicht aufbringen;

Quellen: GStA, I. HA, Rep. 30, Nr. 44, L 67, Pakete 9 311, 9 312; Nr. 243, Vas.tab. 1756, 1763, 1767; Stabi, Ms. boruss. fol. 319 (Bruder H.L.); Fam.gesch. 1882, 2, S. 60, S. 92–94, S. 126;

Major Friedrich Wilhelm von LETTOW (* 3. Juni 1713, † Sep. 1770)

Vater: Christian Rüdiger (* um 1680, † 13. Sep. 1748), Erbherr auf d. 4. Teil von Pritzig im Krs. Schlawe, im Juli 1730 für 5/m fl. verkauft, u. auf Klein Reetz im Krs. Rummelsburg; **Mutter**: Maria Essa, geb. von Grape († Jan. 1736), aus beider Ehe sechs Tö. u. ein Sohn; **Laufbahn**: seit 1729 im Militär, Okt. 1740 Cornet im D-R Nr. 3, April 1741 (bzw. 1740) ins neue D-R Nr. 4, Febr. 1745 Sl, Aug. 1751 Pl, Mai 1757 Stabs-Cap., Sep. 1758 Orden p.l.m., April 1759 Major u. Chef e. Escadron, Mai 1769 mit Pension dim.; **Güter**: verkaufte d. väterliche Gut Klein Reetz im Krs. Rummelsburg 1749 an d. Hofgerichtsrat Felix Otto von Kameke;

Quellen: GStA, IV. HA, Rep. 1, Nr. 79, Bl. 290; Stabi, Ms. boruss. fol. 313; Schöning, D-R Nr. 3, S. 65, S. 84, S. 199, S. 423; Fam.gesch. 1882, 2, S. 109–110, S. 148–149; Lehmann, Ritter, S. 76;

Cap. George Friedrich von LETTOW (* 1695)

aus Pommern gebürtig; **Laufbahn**: seit 1716 im Militär, 1718 Cornet im D-R Nr. 6, 1725 als Cap. abgegangen;

Quellen: Stabi, Ms. boruss. fol. 311; Orlop, D-R Nr. 6, Anhang, S. 124*;

Ltnt. George Friedrich Ludwig (Wilhelm) von LETTOW (* 1. Mai 1753, † 13. Jan. 1821)

Vater: George Ulrich (1714–1792)*, seit 1739 Landrat, Geh. Rat u. Direktor d. Krs. Greifenberg, Erbherr auf Natelvitz A im Ostenschen Krs., auf Wendisch Pribbernow A im Krs. Greifenberg; **Mutter**: Beate Catharina, geb. von Schmiedeberg (1719–1802); **Bruder**: George Henning (* 1740), weilte 1755 auf d. Schule, Ltnt. im I-R Nr. 24, erwarb 1788 d. Gut Starpel im Krs. Züllichau für 60/m T. vom Obristen Hans Caspar von Knobelsdorff; **Bruder**: Adam Franz Carl (* um 1751, † 1771), als Student in Halle gest.; **Laufbahn**: trat 1768 in d. Militärdienst ein, Okt. 1769 Fähnrich im I-R Nr. 24, Sep. 1774 Sl, Okt. 1783 Pl, Febr. 1788 dim., seit 1794 kgl. Kammerherr; **Güter**: seit 1792 Erbherr auf Natelvitz A, seit 1792 auch auf Wendisch Pribbernow A, 1804 hatten d. väterl. Güter e. Wert von 22/m T., saß auf Starpel im Krs. Züllichau; **Ehefrau**: Friederike Caroline, geb. Freiin von der Goltz (1763–1836); **Sohn**: Carl Max George (1784–1852), nach d. Aufenthalt auf d. Ritterakademie in Brandenburg an der Havel, dem Studium in Frankfurt u. Halle 1806 Fähnrich beim 2. Neumärk. Res.-Bat., Jan. 1808 Sl, April 1815 Cap, 1833 dim:, **Sohn**: Friedrich

Wilhelm Ludwig Alex (1785–1847), Juli 1798 Junker, Okt. 1800 Cornet im D-R Nr. 4, April 1803 Sl, Okt. 1807 dim., Mrz. 1814 Pl beim 1. Neumärk. Landwehr-Kav.Reg., Febr. 1816 Abschied als Rittmstr.;

Quellen: GStA, I. HA, Rep. 30, Nr. 243, Vas.tab. 1756, 1767, 1794, 1804; IV. HA, Rep. 1, Nr. 79, Bl. 293 (als F.W., kein G.H. im I-R Nr. 24); Stabi, Ms. boruss. fol. 316 (als Friedrich Ludwig; G.H. nicht in d. Abg.liste); Fam.gesch. 1882, 2, S. 113–115, S. 153, S. 169–170; Jb. dt. Adel, Bd. 2, S. 450; biogr. Handbuch, S. 571 (Vater);

Fähnrich Hans Albrecht von Lettow (* 1697)

aus Hinterpommern gebürtig; **Laufbahn**: seit 1710 im Militärdienst, 1722 Fähnrich im I-R Nr. 24, 1723 auf Wunsch dim.;

Quellen: Stabi, Ms. boruss. fol. 316;

Cap. Hans Albrecht von Lettow (* 1707, † 16. Jan. 1758) *

Vater: Hans Jürgen († 1735), Erbherr auf Klein Schwirsen A im Krs. Rummelsburg; **Bruder**: Christian George (* 1717), seit 1733 im Militär, Mai 1735 Fähnrich im I-R Nr. 23, Jan. 1739 ins spätere I-R Nr. 33, Mrz. 1744 Sl im I-R Nr. 33, Juli 1750 Pl, Mai 1757 Cap., Juli 1763 dim.; **Laufbahn**: Mrz. 1732 Fähnrich im I-R Nr. 19, Juni 1735 Sl, April 1741 Pl, Jan. 1745 (bzw. Nov. 1747) Stabs-Cap., Jan. 1748 (bzw. Juli 1751) Cap. u. Chef e. Comp., Jan. 1758 an bei Leuthen erlittenen Blessuren gest.; **Güter**: saß seit etwa 1740 auf d. väterl. Gut, Klein Schwirsen A fiel 1758 an d. Bruder C.G., dieser wurde noch 1768 als Erbherr gen., nach seinem Tod kam es um 1770 an d. Ltnt., KD-rat Werner Ernst von Lettow; (**verwandt**: Hans Albrecht (* 1712), seit 1724 im Militär, Mai 1738 Fähnrich im I-R Nr. 33: Stabi, Ms. boruss. fol. 311);

Quellen: GStA, IV. HA, Rep. 1, Nr. 79, Bl. 290; Stabi, Ms. boruss. fol. 311 (Bruder C.G.); Gesch. I-R Nr. 19, S. 104; Brüggemann, T. 2/2, S. 808; Fam.gesch. 1882, 2, S. 150–151 (danach sind d. Angaben für d. Bruder Christian George bzw. Christian Wilhelm unsicher, hierbei kann es sich um eine oder um zwei Personen handeln);

Cap. Jacob Bogislav von Lettow (* 1739, † 10. Mai 1790) *

Vater: Caspar Benjamin, angebl. 1754 im Amtsdorf Schmolsin gest.; **Bruder**: Carl Wilhelm Ludwig (* 1745), 1761 ins Regiment, Aug. 1763 Fähnrich im I-R Nr. 16, Okt. 1764 wegen *incorrigibl. Conduite cassirt*, ging nach Polen; **Bruder**: Carl Friedrich (* um 1732), 1749 *cadet* in Berlin, Sep. 1753 Uffz. im I-R Nr. 23, Okt. 1756 Fähnrich, 1757 an Blessuren gest.; **Laufbahn**: 1753 *cadet* in Berlin, seit 1761 im Regiment, Juni 1763 Fähnrich im 2. Bat. Garde, Mrz. 1769 Sl, Okt. 1777 Pl, Febr. 1784 Stabs-Cap., Mrz. 1786 Cap. u. Chef e. Comp., Nov. 1788 dim., April 1789 pens., Mai 1790 ledig verst.;

Quellen: GStA, IV. HA, Rep. 1, Nr. 79, Bl. 292; Fam.gesch. 1882, 2, S. 125, S. 160; Kopka v. Lossow, Offz.liste, S. 16* (Bruder C.W.L.); Reinhard, Garde, S. 530–531, S. 534, S. 556;

Ltnt. Joachim Christian von Lettow (* 31. Juli 1705, † 1757)

Vater: Werner (* 1668, † 1737), Erbherr auf Groß Machmin, Landrat im Krs. Stolp; **Mutter**: Catharina Sophia Elisabeth, e. geb. von Lettow (1685–1748); **Bruder**: Werner (1706–

1779), Major, S. dort mehr; **Laufbahn**: 1721 zu d. *cadets* nach Berlin, Okt. 1723 Gefr.corp. im I-R Nr. 1, Sep. 1724 Fähnrich, Mrz. 1729 Sl, Mai 1735 Pl, Juni 1738 als Pl nach 19 Dj. dim.; **Güter**: seit 1741 Erbherr auf Bedlin im Krs. Stolp für 6400 T., 1756 auch auf Groß Machmin, beide hatten 1767 e. Wert von 21 264 T., d. Schulden lagen bei 15 782 T., Bedlin ging nach seinem Tod 1775 an d. Sohn J.E.; **Ehefrau**: Barbara Louise, geb. von Below; **Sohn**: Gerhard Wilhelm Friedrich (* 10. Juni 1748), Nov. 1768 Fähnrich im I-R Nr. 17, Sep. 1773 Sl, Mrz. 1778 dim.; **Sohn**: Joachim Ewald (1752–1801), Sep. 1772 Fähnrich im I-R Nr. 25, Juli 1774 Sl, Dez. 1778 dim., seit 1775 Erbherr auf Bedlin im Wert von 6/m T., nicht verh., Vater außerehelicher Kinder: Ewald Friedrich Ferdinand (* 1786), Wilhelm August Carl (* 1793), die Söhne führten keinen Adel, außerdem drei Töchter; **Sohn**: Franz Lorenz (1754–1798), Mai 1774 Fähnrich im I-R Nr. 25, Dez. 1778 Sl, Sep. 1788 Pl, Juli 1790 Stabs-Cap., Mrz. 1798 Chef e. Comp., 1798 gest., (war seit 1775 Erbherr auf Groß Machmin), verkaufte d. väterliche Gut 1780 für 16/m T. an seinen Bruder Werner Jacob (1745–1803), Mrz. 1761 Cornet im D-R Nr. 6, Dez. 1765 Sl, Okt. 1776 Pl, Juni 1780 dim., erhielt später d. Prädikat Cap., W.J. wurde noch 1794 u. 1801 als Erbherr auf Groß Machmin gen.;

Quellen: GStA, I. HA, Rep. 30, Nr. 186 d, Paket 9839; Nr. 243, Vas.tab. 1756, 1763, 1793; IV. HA, Rep. 1, Nr. 79, Bl. 292 (Werner Jacob), Bl. 293–294 (Söhne G.W.F., J.E. u. F.L.); Stabi, Ms. boruss. fol. 313, fol. 314 (d. Sohn F.L. 1779 als Franz Ludwig); Brüggemann, T. 2/2, S. 943; Fam.gesch. 1882, 2, S. 66–67, S. 99, S. 136; Orlop, D-R Nr. 6, Anhang S. 124* (Sohn Werner Jacob);

Cap. Joachim Christoph von LETTOW (* um 1720, † 27. April 1776)

Vater: Christian Bogislav (* um 1693, † 1762), poln. Cap., Erbherr auf Kl. Karzenburg D im Ftm. Cammin; **Mutter**: Eva Catharina, e. geb. von Versen († 1772); **Bruder**: Valentin Ludwig (1722–1760), April 1736 *cadet* in Berlin, Febr. 1741 ins I-R Nr. 19, Sep. 1745 Fähnrich, Jan. 1748 Sl, Juli 1756 Pl, Jan. 1758 Stabs-Cap., Febr. 1760 Cap., Herbst 1760 bei Torgau gefallen; **Bruder**: Ewald Richard (1728–1789) Sep. 1745 *cadet* in Berlin, Nov. 1749 Uffz. im I-R Nr. 32, Juli 1756 Fähnrich, Jan. 1758 Sl, Juni 1764 Pl, Sep. 1764 dim.; **Bruder**: Otto Bogislav (1736–1805), Jan. 1756 von d. *cadets* als Junker ins D-R Nr. 5, Nov. 1758 Cornet, Juni 1762 Sl, Okt. 1772 Pl, Juni 1781 Stabs-Cap., Febr. 1789 mit d. Charakter Major dim., erhielt Sep. 1794 (1795) d. Invaliden-Comp. d. I-R Nr. 53, 1805 in Graudenz gest.; (**Schwester**: Ernestine (* 1735, † 30. Nov. 1795), besaß 1774 e. Vermögen von 250 T., bekam seit Juni 1781 e. Pension von 50 T., ernährte sich von Handarbeit; e. zweite Schwester war verh. mit e. Bürgermeister Schmidt); **Laufbahn**: seit Juli 1742 bei d. *cadets* in Berlin, Mrz. 1743 Uffz. im I-R Nr. 3, Febr. 1746 Fähnrich, Juli 1752 Sl, Juni 1755 wegen Krankheit zum Garn.-Reg. Nr. 4 versetzt, Juli 1757 Pl, Juni 1763 Stabs-Cap. im I-R Nr. 14, Juni 1771 Cap. beim Königsberger Land-Reg., 1776 in Königsberg ledig verst.; **Güter**: saß 1767 auf d. väterl. Gut Kl. Karzenburg D, verkaufte dieses um 1780 an Friedrich von Gostkowsky;

Quellen: GStA, I. HA, Rep. 30, Nr. 243, Vas.tab. 1756, 1767 (mit z. T. anderen Angaben); II. HA, Abt. 13 a, Tit. III, Litt L, Nr. 19 (Schwester); IV. HA, Rep. 1, Nr. 78, Bl. 291–292; Stabi, Ms. boruss. fol. 311, fol. 312; Gesch. I-R Nr. 19, S. 107 (Bruder V.L. mit anderen Vorn.); Albedyll, Anhang S. 74* (Bruder O.B.); Fam.gesch. 1882, 2, S. 101–102, S. 139–141;

Cap. Joachim Ewald von Lettow (* um 1729, † 25. Aug. 1758)

Vater: Adam Christoph (* um 1688, † 1761), Erbherr auf Kl. Karzenburg C im Ftm. Cammin; **Mutter**: Dorothea Christine, geb. von dem Borne († 1770); **Bruder**: Christoph Johann Friedrich (1713–1787), Ltnt., s.d. mehr zur Fam.; **Laufbahn**: Sep. 1740 *cadet* in Berlin, Jan. 1742 Uffz. im I-R Nr. 9, Nov. 1745 Fähnrich im I-R Nr. 7, Mrz. 1750 Sl, Okt. 1756 Pl, Aug. 1757 Stabs-Cap., 1758 als Stabs-Cap. bei Zorndorf gefallen;

Quellen: GStA, IV. HA, Rep. 1, Nr. 79, Bl. 291; Stabi, Ms. boruss. fol. 314; Fam.gesch. 1882, 2, S. 94–96, S. 134;

Ltnt. Johann Carl Casmir von Lettow (* um 1721, † 14. Dez. 1760)

Vater: George Heinrich (1668–1732), Studium im Wittenberg, Erfurt, Jena, Halle u. Leipzig, seit 1705 Nachfolger seines Vaters als Präpositus zu Treptow an d. Rega, Dr. theol., 1710 pomm. Konsistorialrat; **Mutter**: Elisabeth Juliane, geb. von Versen (1690–1754); **Bruder**: George Ulrich (1714–1792)*, seit 1739 Landrat d. Krs. Greifenberg, Erbherr auf Natelvitz A im Ostenschen Krs., auf Anteil Broiz u. Wendisch Pribbernow A im Krs. Greifenberg, seine Güter hatten 1767 e. Wert von 18 600 T., darauf Hypotheken von 9 360 T., d. anderen Schulden betrugen 13 677 T., Söhne: George Henning (* um 1740), (Ltnt. im I-R Nr. 24), George Friedrich Ludwig (1753–1821), Ltnt., s.d.; **Schwester**: Hedwig Wilhelmine (* 1728, † 29. Mai 1798), stand seit 1783 auf d. Expectantenliste für e. Pension, besaß jährl. Zinseinnahmen von 15 T., bekam seit Dez. 1792 e. Pension von 50 T.; **Laufbahn**: Aug. 1757 Fähnrich im I-R Nr. 17, Febr. 1758 Sl, bei d. Belagerung von Kolberg 1760 gest.; **Ehefrau**: Magdalena Henrietta, geb. von Borcke; **Güter**: übernahm bei d. Erbteilung 1739 d. Gut Streckenthin B im Krs. Greifenberg für 7 787 T., darauf 1763 Schulden von 6 336 T.; vermachte in seinem Testament d. Gut seiner Frau, diese konnte d. im Krieg verwüstete Gut aus eigenen Kräften nicht retablieren, sie wollte es daher für 10/m T. an d. Amtmann Friedrich Boneß verkaufen, am 18. Jan. 1764 wurde d. *Consens* erteilt;

Quellen: GStA, I. HA, Rep. 30, Nr. 243 S, Paket 9985; II. HA, Abt. 13 a, Tit. III, Litt L, Nr. 20 (Schwester); IV. HA, Rep. 1, Nr. 79, Bl. 292 (J.C.C.); Stabi, Ms. boruss. fol. 316 (G.F.L.); Fam.gesch. 1882, 2, S. 82–83, S. 113–116; biogr. Handbuch, S. 571 (Bruder G.U.);

Geh. Rat, Kammerdirektor Johann Ernst von Lettow (7. April 1671, † 16. Juli 1733)

Vater: George Heinrich († 1705), Konsistorialrat; **Mutter**: Sophia Agnes, To. d. Rentmstrs. Ernst Wahlen in Treptow; **Laufbahn**: Gym. Stettin, 1690 Univ. Jena, 1692 Wittenberg, 1696 Dr. d. Rechte, 1696 Assessor im Scabinats-Kollegium in Stargard, 1717 Reg.rat in Stettin, 1718 Vizedirektor, 1719 Geh. Rat, 1724 Direktor d. KDK; **Güter**: erwarb 1722 d. Gut Wendisch Pribbernow im Krs. Greifenberg, auch Erbherr auf Broiz, diese beiden Güter gingen 1738 an seine Vettern Franz Joachim u. George Ulrich von Lettow; kaufte 1723 Prust (Doeberitz, Dummadel) im Krs. Greifenberg, erwarb 1728 Natelvitz A im Borckeschen Krs. für 13/m T.; in zweiter **Ehe** verh. mit Martha Catharina, geb. von Bonin (1690–1728), aus d. Ehe d. Sohn Friedrich Otto (1726–1732); in dritter Ehe verh. mit Charlotte Louise, e. To. d. Cap. Bernd Christoph von Küssow auf Kl. Küssow u. Verchland; beide errichteten im Aug. 1730 e. Ehestiftung, derzufolge sie Anspruch auf e. Mitgift in Höhe von 3/m T. sowie auf e. väterl. u. mütterl. Erbteil von 1/m T. hatte; nach d. Tod ihres Mannes sollte sie für ihren jährlichen Unterhalt 600 T. (bzw. 450, 180 T.) bekommen od. d. Revenuen von Natelvitz in Höhe von 600 T. einziehen; sie prozessierte seit 1735 gegen d. Testamentserben u. Neffen ihres Mannes, d. Landrat George Ulrich und Franz Joachim von Lettow, s.d., strittig war d. Höhe d. jährlichen Alimente u. d. Besitz d. Hauses in Stettin; um 1748, 1750 konnte d. Streit beigelegt werden; **Schwager**: Joachim Friedrich von Küssow;

Quellen: GStA, I. HA, Rep. 30, Nr. 44, L 67, Paket 9312; Brüggemann, T. 2/1, S. 369; Fam.gesch. 1882, 2, S. 56, S. 83–85;

Ltnt. Johann Peter Jacob von Lettow (* 17. Mai 1768, † 22. Juli 1839)

Vater: Werner Ernst (1738–1789)*, 1753 Gefr.corp., Aug. 1756 Fähnrich im I-R Nr. 38, Dez. 1756 Sl, Okt. 1759 Pl, Juli 1763 dim., amtierte von 1772 bis 1783 als Land- u. KD-rat, Abschied nach 31 Jahren im Militär- u. Zivildienst, Erbherr auf Gadjen, Wocknin, Klein Schwirsen im Krs. Rummelsburg, d. Güter hatten 1767 e. Wert von 14144 T., d. Hypotheken betrugen 7073, d. anderen Schulden 2271 T., war dessen einziger Sohn; **Mutter**: Rahel Friederika, geb. von Below (1740–1773); Stief-Mutter: Elisabeth Louise, geb. von Gaudi; **Laufbahn**: 1782 Gefr.corp., Juni 1787 Fähnrich im I-R Nr. 54, Juni 1789 dim.; am 31. Mrz. 1788 wurde d. Gesuch d. Vaters abgelehnt, d. Sohn die *venia aetatis* zu geben, weil dieser noch nicht 20 Jahre alt war, J.P.J. hatte damals ein mütterl. Vermögen von 2478 T.; erhielt am 1. Mai 1789 auf sein eigenes Gesuch d. *venia* u. schied wenig später (als Ltnt.) aus d. Militärdienst aus; übernahm d. väterl. **Gut** Klein Schwirsen, dazu Bial, besaß diese noch 1804, damals auch auf Wocknin, alle hatten zs. e. Wert von zs. 13800 T.; **Ehefrau**: Ernestine Charlotte, geb. von Bonin (1767–1815)

Quellen: GStA, I. HA, Rep. 30, Nr. 44, L 67, Paket 9313; Nr. 243, Vas.tab. 1793, 1804; IV. HA, Rep. 1, Nr. 79, Bl. 292, 295; Stabi, Ms. boruss. fol. 314, fol. 316 (Vater); Jb. dt. Adel, Bd. 2, S. 447; Tb. Uradel 1900, S. 559; biogr. Handbuch, S. 571 (Vater);

Ltnt. Jürgen (George) Friedrich von Lettow (* um 1685)

Vater: Paul Rüdiger, Erbherr auf Groß Reetz im Krs. Rummelsburg u. Föhrde im Krs. Schlawe; **Mutter**: Barbara Maria, geb. von Manteuffel († 1722); **Laufbahn**: 1702 Corporal, Okt. 1708 Ltnt. im K-R Nr. 9, vor 1720 abgegangen;

Quellen: Stabi, Ms. boruss. fol. 312; Fam.gesch., 2, S. 86, S. 120 (für Vater u. Sohn keine Lebensdaten);

Fähnrich Ludwig Ewald von Lettow (* 26. Juli 1757, † Dez. 1780)*

Vater: Johann Albrecht (1709–1768), April 1728 *cadet* in Berlin, Mrz. 1730 Gefr.corp. im I-R Nr. 23, 1741 Ltnt. im I-R Nr. 33, verkaufte 1719 d. väterliche Gut Misdow im Krs. Schlawe, zeitweilig Erbherr auf Anteil Pritzig im Krs. Schlawe; **Mutter**: Louise Maria, geb. von Lettow (1723–1798); **Bruder**: Ewald Christian (1750–1789), seit 1768 im Militär, Sep. 1773 Fähnrich im I-R Nr. 33, April 1778 Sl, Dez. 1787 Pl, 1789 ohne Leibeserben gest.; **Bruder**: Johann Friedrich (1754–1794), Okt. 1776 Fähnrich im I-R Nr. 34, Sep. 1782 Sl, April 1792 Pl, Mrz. 1794 Stabs-Cap., ohne Erben gest.; **Bruder**: Valentin Wilhelm (1761–1818), Juni 1769 *cadet* in Stolp, April 1774 *cadet* in Berlin, Okt. 1783 Fähnrich im

I-R Nr. 44, Mai 1787 Sl, Febr. 1794 Pl, Dez. 1799 Stabs-Cap., Sep. 1813 pens.; **Laufbahn**: Juni 1769 *cadet* in Stolp, Mai 1770 *cadet* in Berlin, Juli 1775 ins I-R Nr. 11, Dez. 1776 Fähnrich, 1780 als solcher gest.;

Quellen: GStA, IV. HA, Rep. 1, Nr. 79, Bl. 294 (d. Vater hier nicht); Stabi, Ms. boruss. fol. 311 (Brüder E.C., J.F.); Brüggemann, T. 2/2, S. 882; Becker, I-R Nr. 11, S. 315, S. 420; Stolper Kadetten, S. 1; Fam.gesch. 1882, 2, S. 124–125, S. 158–160;

Ltnt. Moritz Wilhelm von Lettow (* 1737, † 17. Dez. 1757) *

(aus d. Ftm. Minden gebürtig); (**Bruder**: George Ludwig (* 1720), seit 1738 im Militär, Sep. 1739 Fähnrich, Mai 1741 Sl, Juni 1746 Pl, Okt. 1751 dim.); **Laufbahn**: seit 1752 im Militär, im Mrz. 1756 als Gefr.corp. im I-R Nr. 10 gen., Nov. 1756 Fähnrich, Nov. 1757 Ltnt., im Dez. d.J. gest.;

Quellen: GStA, IV. HA, Rep. 1, Nr. 79, Bl. 290, Bl. 292; Stabi, Ms. boruss. fol. 316; Fam.gesch. 1882, 2, Anhang, S. 40 (nichts zu d. Eltern);

Cap. Nicolaus (bzw. Claus) Heinrich von Lettow (get. April 1738, † 27. Aug. 1794)

Vater: Ewald George (1698–1777), Obrist, s.d, Erbherr auf Klenzin im Krs. Stolp im Wert von 9/m T.; **Mutter**: Anna Gertrud, geb. von Pomeiske (1711–1782); **Großvater**: Claus Heinrich, Landrat, auf Klenzin; **Laufbahn**: trat 1752 in d. Militärdienst ein, Juni 1756 Fähnrich im I-R Nr. 12, Juli 1757 Sl, Mrz. 1764 Pl, April 1769 als Cap. nach 19 Dj. dim., erhielt wegen seiner schweren Blessuren e. Pension von 100 T.; **Güter**: 1773 trat ihm sein Vater d. Gut Klenzin ab; erwarb 1782 Dammen im Krs. Stolp für 15/m T., um Klenzin *richtig nutzen zu können*; noch 1794 als Erbherr auf Klenzin gen., hatte seinen Wohnsitz jedoch in Bütow; **Ehefrau**: Caroline Sophia († 1817), e. Tochter d. Ol Friedrich August von Behmen (bzw. Boehn) im I-R Nr. 24; **Sohn**: Ewald George Alexander (1770–1840), Aug. 1785 Cornet im D-R Nr. 9, Sep. 1787 Sl, Mrz. 1795 Pl, Mai 1795 dim., 1800 u. 1804 Erbherr auf Klenzin f. 15/m u. Bedlin f. 6/m T., (1804 auch auf Groß Machmin im Wert von 7/m T.), verh. mit Barbara Wilhelmine Sophia Johanna (1778–1825), jüngste To. d. Landschaftsrates Friedrich Johann George Ernst von Zitzewitz († 5. Sep. 1800) auf (Kl. Gansen) u. Zirchow im Krs. Stolp, sie hatte e. Mitgift von 6/m T.;

Quellen: GStA, I. HA, Rep. 30, Nr. 243, Vas.tab. 1793, 1804; II. HA, Abt. 13 a, Tit. III, Litt L, Nr. 16 (Witwe); IV. HA, Rep. 1, Nr. 79, Bl. 291, Bl. 295; Stabi, Ms. boruss. fol. 316; Brüggemann, T. 2/2, S. 974; Fam.gesch. 1882, 2, S. 96–98, S. 135–136, S. 166;

Ltnt. Paul Heinrich von Lettow (* 16. Nov. 1696, † 11. Juni 1766)

Vater: Adam Heinrich, 1700 als Erbherr auf Gadjen im Krs. Rummelsburg, 1715 auf Dieck im Krs. Neustettin gen.; **Mutter**: Maria Magdalena, geb. von Massow; **Laufbahn**: seit 1711 im Militär, stand 1722 als Sl im I-R Nr. 24, 1726 auf Wunsch (mit d. Charakter Cap.) dim.; erwarb 1727 Eckartswalde im Krs. Sorau, ließ sich nach d. Abschied dort nieder; in erster **Ehe** verh. mit Elisabeth Sophie verwitw. von Kyau, geb. von Kummerstaedt; **Sohn**: Gottlob Heinrich (1727–1758), geb. zu Lübben, Mai 1752 Fähnrich im I-R Nr. 25, Aug. 1756 Sl, Aug. 1757 Pl, an bei Leuthen erlittenen Blessuren gest.; **Sohn**: George Wilhelm (1730–

1802), aus Sachsen, Sep. 1747 *cadet* in Berlin, Jan. 1757 Cornet im D-R Nr. 10, Mrz. 1758 Sl, Juni 1763 Pl, April 1770 Stabs-Cap., Nov. 1778 Cap. u. Chef e. Escadron, Mrz. 1779 Major, Juni 1788 Ol, Juni 1790 pens.;

Quellen: GStA, IV. HA, Rep. 1, Nr. 79, Bl. 291–292 (Söhne); Stabi, Ms. boruss. fol. 316; Fam.gesch. 1882, 2, S. 78, S. 107–108, S. 146–147;

Major Peter Ernst von Lettow (* um 1701, † 6. Mai 1757)

Vater: Jürgen Ulrich († vor 1713), Ol, Erbherr auf Gadjen im Krs. Rummelsburg, in erster Ehe verh. mit e. von Lettow, in zweiter mit Christiane Agnes von Massow, hinterließ zwei Söhne erster, beide vor 1742 gest., einen Sohn zweiter Ehe; **Laufbahn**: 1718 *cadet*, 1720 Corp., Okt. 1723 Fähnrich im I-R Nr. 10, Okt. 1728 Sl, Mai 1735 Pl, Juni 1740 Cap. u. Chef e. Comp. im I-R Nr. 38, noch 1756 hier als Cap. gen., Febr. 1757 als Major zum I-R Nr. 43, Mai 1757 in d. Schlacht bei Prag geblieben; **Güter**: erbte nach d. Tod seines ältesten Stief-**Bruders** George Friedrich († 9. April 1734) Anteil Camnitz u. Gadjen, welches d. Vater auf Erbkauf von d. Fam. von Massow gekauft hatte; G.F. kümmerte sich nicht groß um Gadjen, so daß die Nachbarn von Massow u. von Steinkeller d. Grenzen d. Gutes schmälern konnten; er verklagte d. Nachbarn wegen *Turbation* u. machte in e. Gesuch v. 15. Febr. 1742 darauf aufmerksam, wegen seines Kriegsdienstes lange von zu Hause abwesend gewesen zu sein; bei einem Urlaub in Pommern hätten ihn Untertanen auf die Verstöße d. Fam. von Massow u. von Steinkeller aufmerksam gemacht, woraufhin er e. Klage in Köslin einreichte; er bat jetzt um d. Einsetzung e. Kommission, da er als Offizier von d. Armee unabkömmlich sei; seit 1746 auch Erbherr auf Anteil Wocknin im Krs. Rummelsburg im Wert von 4/m T., zeitweilig auch Besitzer von Camnitz B; **Ehefrau**: Agnes Clara (1708–1779), e. To. von Werner Ernst von Lettow; beider **Sohn**: Werner Ernst (1738–1789)*, Aug. 1756 Fähnrich im I-R Nr. 38, Dez. 1756 Sl, Okt. 1759 Pl, Juli 1763 (als Cap.) dim., amtierte von 1772 bis 1783 als Land- u. KD-rat, seit 1765 bzw. 1770 Erbherr auf Gadjen u. ganz Wocknin;

Quellen: GStA, I. HA, Rep. 30, Nr. 44, L 67, Paket 9311; IV. HA, Rep. 1, Nr. 79, Bl. 290, Bl. 292; Stabi, Ms. boruss. fol. 316; Brüggemann, T. 2/2, S. 791, S. 813–814; Fam.gesch. 1882, 2, S. 110–112, S. 149–150; biogr. Handbuch, S. 571 (Sohn);

Ltnt. Rüdiger Ewald Valentin von Lettow (* 12. Mai 1721, † 5. Dez. 1757)

Vater: George Christian (* um 1680, † 1732), Erbherr auf Plötzig, Püstow u. Vorwerk Vanzog im Krs. Rummelsburg, hinterließ neun unmündige Kinder; **Mutter**: Anna Elisabeth, geb. von Massow; **Bruder**: Hector George (* 28. April 1709), 1728 *cadet* in Berlin, 1732 als Junker ins I-R Nr. 27, Okt. 1740 als Fähnrich zum I-R Nr. 36, Febr. 1745 Ltnt., Mrz. 1752 dim., verkaufte Plötzig u. Püstow 1752 für 3250 T. an d. Cap. Martin Friedrich von Zitzewitz, entwich anschließend nach Polen, verh. mit Barbara Charlotte Maria, geb. von Borcke; **Bruder**: Ernst Casimir (* 1715), Ltnt. s.d.; **Bruder**: Ewald Christian (1731–1782), April 1748 *cadet* in Berlin, Sep. 1751 als Gefr.corp. ins I-R Nr. 33, Juli 1756 Fähnrich, Jan. 1758 Sl, Juni 1764 Pl, Sep. 1764 dim., erbte 1768 Klein Schwirsen im Krs. Rummelsburg, erwarb 1770 d. Vorwerk Selberg, zu Vettrin gehörig, im Krs. Schlawe, verkaufte es an d. Obristen Friedrich Ernst von Wrangel, **erheiratete** d. Gut Borkow im Krs. Schlawe mit Elisabeth Hedwig von Stojenthin (* um 1718, † 1797); **Schwestern**: Maria Louise verw. Capitain Joh. Albrecht von Lettow, geb. von Lettow (1723–1798), sie bekam e. Pension von 100 T., unterhielt davon sich u.d. Schwester A.R.; Anna Reichmuth verw. Jaedecke (Gaedicke), geb. von Lettow (1728–1805), diese besaß bis 1798 e. Vermögen von 100 T., zog davon jährl. Interessen von drei T., hielt e. Dienstmagd, führte zs. mit dieser d. Wirtschaft d. Schwester M.L., erhielt ab Aug. 1799 e. Pension von 50 T.; **Laufbahn**: Mrz. 1740 (Gefr.corp.) im I-R Nr. 24, Sep. 1745 Fähnrich, Jan. 1749 Sl, Sep. 1756 Pl, 1757 in d. Schlacht bei Leuthen gefallen;

Quellen: GStA, I. HA, Rep. 30, Nr. 44, L 67, Pakete 9311, 9313; II, HA, Abt. 13a, Tit. III, Litt G, Nr. 12 (Schwestern); IV. HA, Rep. 1, Nr. 78, Bl. 219; Stabi, Ms. boruss. fol. 316; Gesch. I-R Nr. 36, S. 68 (Bruder H.G.); Brüggemann, T. 2/2, S. 895–896; Fam.gesch. 1882, 2, S. 105, S. 143–145;

Cap. Valentin Wilhelm (Ludwig) von Lettow
(get. 9. Juni 1761, † 3. Juni 1818)

Vater: Johann Albrecht (1709–1768), 1728 *cadet* in Berlin, Mrz. 1730 Gefr.corp. im I-R Nr. 23, 1741 Ltnt. im I-R Nr. 33, (dim. als Cap.), d. Sohn L.E. wurde in Pritzig im Krs. Schlawe geb.; **Mutter**: Maria Louise (1723–1798), e. To. von George Christian von Lettow († 1732); **Bruder**: Ludwig Ewald (* 26. Juli 1757, † Dez. 1780), Juni 1769 *cadet* in Stolp, Mai 1770 *cadet* in Berlin, Juli 1775 ins I-R Nr. 11, Dez. 1776 Fähnrich, Dez. 1780 in Königsberg gest.; **Mutter-Schwester**: Anna Reichmuth von Lettow (1728–1805), verh. Jaedecke; **Laufbahn**: Juni 1769 *cadet* in Stolp, April 1774 *cadet* in Berlin, Mai 1778 Gefr. corp. im I-R Nr. 44, Okt. 1783 Fähnrich, Mai 1787 Sl, Febr. 1794 Pl, Dez. 1799 Stabs-Cap., Sep. 1813 mit Pension dim.; **Güter**: besaß keine liegenden Gründe; setzte sich 1797 dafür ein, seiner Mutter u. seiner Tante, das Vermögen d. ohne Erben verst. Ltnt.s Joachim Christian von Puttkamer, s.d., zu Pritzig in Höhe von rund 1/m T. zukommen zu lassen, die Schwestern wollen weitläufig mit d. Verstorbenen verwandt gewesen sein; d. Gesuch wurde am 4. Dez. 1797 vom Hofgericht in Köslin abgewiesen;

Quellen: GStA, I. HA, Rep. 30, Nr. 44, L 67, Paket 9313; IV. HA, Rep. 1, Nr. 39, Bl. 295; Fam.gesch. 1882, 2, S. 124, S. 159; Becker, I-R Nr. 11, S. 315, S. 420 (mit teils anderen Angaben); Stolper Kadetten, S. 1 (L.E. hier als E.L);

Ol Werner von Lettow (* 16. Aug. 1706, † 26. Jan. 1779)

Vater: Werner (1668–1737), studierte in Königsberg, Krakau u. Utrecht, seit 1700 Erbherr auf Groß Machmin u. Bedlin im Krs. Stolp, seit 1712 Landrat d. Krs. Stolp; **Mutter**: Catharina Sophia Elisabeth, geb. von Lettow (1685–1748); **Bruder**: Lorenz (* 1718, † um 1781), zeitweilig Auscultator bei d. KDK in Gumbinnen, vor 1756 abgegangen, verh. mit Cordula von Jatzkow; **Bruder**: Ewald George (Jürgen) (* 1705), Cap., s.d.; **Bruder**: Joachim Christian (1705–1757), Ltnt., s.d.; **Laufbahn**: seit 1721 Junker im D-R Nr. 6, Juli 1729 Cornet, Nov. 1734 Ltnt., Dez. 1741 Stabs-Cap., Febr. 1745 Chef e. Escadron, Sep.1751 Major, Mai 1756 Ol, April 1759 dim., **Güter**: seit 1738 Erbherr auf Bedlin, 1740 an d. Bruder J.C. abgetreten, seit 1741 Erbherr auf Groß Machmin, trat 1749 seinem Bruder Lorenz ¼ des Gutes Dammen ab, dieser besaß seit 1750 d. ganze Gut Dammen im Wert von 8/m T., d. Bruder starb um 1781, seine Erben verkauften d. Gut 1781 an Nicolaus Heinrich von Lettow zu Klenzin; Werner hinterließ keine Erben, d. Gut Groß Machmin fiel deshalb 1777 an seinen Bruder-Sohn, d. Ltnt. Franz Lorenz von Lettow, u. 1780 an d. Ltnt. Werner Jacob von Lettow (1745–1803);

Quellen: GStA, I. HA, Rep. 30, Nr. 243, Vas.tab. 1756, 1763; IV. HA, Rep. 1, Nr. 79, Bl. 290; Stabi, Ms. boruss. fol. 311; Brüggemann, T. 2/2, S. 958, S. 983–984; Fam.gesch. 1882, 2, S. 66, S. 100; Orlop, D-R Nr. 6, Anhang, S. 124*;

Ltnt. Andreas Ignatius von Lewinsky (* 1773, † 1. Mai 1822)

Vater: Jacob (* um 1738, † 1792), *Land-Cavalier*; **Mutter**: Anna Eleonora, verwitw. von Diezelsky, geb. von Wittken (* 1735), hielt sich in Schimmerwitz im Krs. Lauenburg auf, stand seit 1792 auf d. Expectantenliste, bezog jährliche Gutsrevenuen in Höhe von vier T. u. acht Groschen, erhielt im Sep. 1797 e. Pension von 50 T.; Stief-**Bruder**: Johann Matthias von Diezelsky (* 1769), Ltnt., s.d.; **Laufbahn**: Juli 1785 *cadet* in Stolp, Mai 1788 *cadet* in Berlin, Aug. 1794 Fähnrich im I-R Nr. 54, Nov. 1796 Sl, Jan. 1801 Pl, Febr. 1807 *cassirt*, 1822 in d. Charité gest.;

Quellen: GStA, II. HA, Abt. 13 a, Tit. III, Litt L, Nr. 1, Bd. 1 u. 2, Nr. 6; IV. HA, Rep. 1, Nr. 79, Bl. 313; Stolper Kadetten, S. 18;

Ltnt. Ferdinand Erdmann Friedrich von Lewinsky (* 13. Mai 1778, † 19. Mrz. 1814)*

Vater: Johann Friedrich († 1825), nach 1804 Erbherr auf Kempen im Krs. Stolp, auf Buckowin, hier 1801 gen., u. nach 1804 auf Reddestow im Krs. Lauenburg; **Mutter**: Eleonore Nicolaine Friederike, geb. von Gutzmerow; **Bruder**: Friedrich Carl (* 21. Aug. 1780); **Bruder**: Heinrich Friedrich Wilhelm († 6. Mrz. 1828), Sl; **Laufbahn**: Aug. 1786 *cadet* in Stolp, April 1792 *cadet* in Berlin, Febr. 1795 Fähnrich im I-R Nr. 38, Juli 1799 Sl, Okt. 1805 dim., Juni 1813 beim 3. Westpreuß. Landwehr-I-R, Mrz. 1814 Cap., 1814 im Duell geblieben; **Güter**: Erbherr auf Hammer im Krs. Rummelsburg; **Ehefrau**: Theresia Ernestina Friederike Hedwig verwitw. Cap. Gustav Franz Ehrenreich von Rieck, geb. von Reckow (1772–1826);

Quellen: GStA, IV. HA, Rep. 1, Nr. 79, Bl. 313; Stolper Kadetten, S. 21; Tb. Briefadel 1930, S. 501;

Ltnt. Franz von Lewinsky (* 1765)

aus Jezow im Distrikt Lauenburg gebürtig; **Laufbahn**: Mai 1779 *cadet* in Stolp, April 1780 *cadet* in Berlin, 1781 ins Regiment, Juli 1783 Fähnrich im I-R Nr. 34, Mrz. 1788 Sl, Mai 1790 zum Depot-Bat. d. Reg., Dez. 1797 *cassirt*;

Quellen: GStA, I. HA, Rep. 176, Nr. 5459; IV. HA, Rep. 1, Nr. 79, Bl. 313; Stolper Kadetten, S. 11;

Ltnt. Johann von Lewinsky (* um 1758, † 1. Mrz. 1787)*

aus d. Distrikt Lauenburg gebürtig; **Laufbahn**: 1775 ins Reg., Aug. 1778 Fähnrich im I-R Nr. 17, Dez. 1782 Sl beim Garn.-Bat. Nr. 3, 1787 gest.;

Quellen: GStA, I. HA, Rep. 176, Nr. 5459; IV. HA, Rep. 1, Nr. 79, Bl. 313;

Ltnt. Xaver Ignatz von Lewinsky (* 1777, † 12. Aug. 1834)

Vater: Landedelmann, in Lowitz im Krs. Lauenburg ansässig; **Mutter**: e. geb. von Kowalick (bzw. Kowalek); (**Bruder**: Franz Friedrich (* 1775, † 12. Jan. 1814), aus Lowitz gebürtig, Juli 1787 *cadet* in Stolp, Juni 1790 *cadet* in Berlin, April 1793 ins I-R Nr. 21, Mrz. 1795

Fähnrich beim Depot-Bat. d. Reg., Dez. 1797 Sl im 3. Mousq.-Bat. d. I-R Nr. 21, April 1803 wegen *schändlicher Behandlung e. Bürgertochter* dim., Juni 1813 ins 3. Pomm. Landwehr-Reg., 1814 gefallen); **Laufbahn**: Juli 1787 *cadet* in Stolp, Juli 1790 *cadet* in Berlin, 1794 ins Regiment, Okt. 1797 Fähnrich im I-R Nr. 48, Nov. 1801 Sl, Jan. 1810 als Pl dim., Juni 1813 als Cap. ins 3. Pomm. Landwehr-I-R, April 1814 dim., Juni 1815 als Cap. ins 3. Neumärk. Landwehr-I-R, Okt. 1822 dim., Mrz. 1823 Charakter Major, 1834 gest.;

Quellen: GStA, I. HA, Rep. 176, Nr. 5459; IV. HA, Rep. 1, Nr. 79, Bl. 313; Stolper Kadetten, S. 22;

Rittmstr. Heinrich Gustav von Liebeherr (* 5. Sep. 1770, † 26. Dez. 1824)

Vater: Carl Albrecht (1726–1793), 1756 Referendar bei d. Stettiner Reg., später General-Landschaftsrat, seit 1762 Erbherr auf Woitfick im Krs. Pyritz, bat 1774 um e. Indult, bezifferte seine Aktiva auf 28 800 T., darunter d. Gut mit 20/m T., die Schulden beliefen sich auf 19 500 T., hinterließ e. Sohn erster Ehe, eine Tochter u. zwei Söhne zweiter Ehe; **Mutter**: Wilhelmine Luise, geb. von Brüsewitz (1736–1773); **Großvater**: Matthäus Heinrich (1693–1749), Bürgermeister von Stettin, Reichsadelstand von 1731; Stief-**Bruder**: Julius Friedrich Wilhelm (* 1760), seit 1774 im Militärdienst, Fähnrich im I-R Nr. 7, Dez. 1783 Sl, Mai 1790 Pl, Juni 1796 Stabs-Cap., Sep. 1797 dim.; **Bruder**: Carl Friedrich Wilhelm (* 13. Okt. 1769, † 10. Okt. 1842), 1787 Gefr.corp., Juni 1789 Fähnrich im I-R Nr. 17, Mai 1790 Sl, erhielt am 6. Mai 1793 d. *venia aetatis*, Okt. 1798 Pl, Dez. 1802 Stabs-Cap., Okt. 1808 dim., als Postmeister zu Braunsberg versorgt, erbte nach 1810 d. Majoratsgut Steinhagen in Mecklenburg-Schwerin; **Schwester**: Wilhelmina Henrietta (* 1769), besaß 1795 e. Vermögen von 1 900 T., qualifizierte sich damit nicht für e. pomm. Pension; **Laufbahn**: Juni 1787 Cornet im D-R Nr. 12, Nov. 1789 Sl, Okt. 1798 Pl, Nov. 1805 Stabs-Rittmstr., Sep. 1809 Rittmstr., Juli 1811 dim., Juni 1813 Major bei e. Landwehr-Kav.-Reg.; **Güter**: erhielt am 31. Mai 1793 d. *venia aetatis*, wollte sich mit seinen Geschwistern auseinandersetzen, deshalb sollte d. väterliche Gut Woitfick verkauft werden; besaß wie d. Bruder C.F.W. damals ein großelterl. u. mütterl. Vermögen von 1 300 T., d. Nachlaß d. Vaters war noch nicht reguliert; d. Gut im Wert von 20/m T. wurde vor 1799 an Gustav Graf von Küssow verkauft;

Quellen: GStA, I. HA, Rep. 30, Nr. 44, L 69 I, Paket 9 318; Nr. 243, Vas.tab. 1756, 1767, 1793, 1804; IV. HA, Rep. 1, Nr. 79, Bl. 340 (d. Stiefbruder hier als Joh. Fr.); Brüggemann, T. 2/1, S. 169; Tb. Briefadel 1910, S. 472 (Vater, Bruder);

Cap. Friedrich Carl Ludwig von Liebenau (* 18. Mrz. 1764, † 10. Dez. 1841) *

Vater: George Ludwig Wilhelm (1732–1795), aus Memel gebürtig, in Templin gest., im Siebenjährigen Krieg Ltnt. bzw. Stabs-Rittmstr. im Kleistschen Frei-Corps, Aug. 1763 Sl im K-R Nr. 6, Juni 1765 wegen *schlechter conduite* (nach 36 Dj.) dim. (erhielt später d. Charakter Rittmstr.), unvermögend, bei d. Tabak-Administration versorgt, Vorsteher d. Tabakplantagen in Templin, nach deren Aufhebung pensioniert, suchte im Febr. 1782 aus Templin um d. Charakter Major nach, der Voraussetzung für d. Heirat mit e. Witwe Major von Bassewitz aus Mecklenburg war, diese besaß e. Vermögen von 15/m T., d. Ehe kam nicht zustande, hinterließ einen Sohn, geb. in Oschersleben, u. zwei Töchter; **Mutter**: Marie Juliana Luise, geb. von Steinaecker (1739–1833), sie ließ sich um 1776 von ihrem vermögenslosen Mann scheiden, wurde zuvor durch dessen *üble Wirtschaft* um ihr Vermögen gebracht, sie hatte um 1778 e. Affaire mit d. Kommerzienrat Walter in Fiddichow, daraus e. uneheliches

Kind, lebte mit ihren Kindern von *mildtätigen Gaben*, sie erhielt mit Verfügung vom Okt. 1794 e. Pension von 94 T., ihre Tochter Charlotte, die sich bis dahin als Gesellschafterin in adligen Häusern ihren Unterhalt verdient hatte, bekam im Juni 1802 d. Anwartschaft auf d. mütterliche Pension; **Großvater**: Ludwig Wilhelm (1700–1775), aus Sachsen gebürtig, seit 1721 im preuß. Militärdienst, 1750 Pl im Garn-Reg. Nr. 1, zuletzt Cap., nach 36 Dj. vor 1763 versorgt als Ökonom d. kgl. Waisenhauses in Königsberg in Pr., verh. mit Anna Barbara von der Hagen, aus d. Ehe fünf Söhne, von denen drei im Siebenjährigen Krieg gefallen sind, e. vierter starb 1764 als Ltnt. in Potsdam; **Vater-Brüder**: Carl Friedrich (* 1727), Mrz. 1758 Cornet im D-R Nr. 7, Mai 1759 Sl, Dez. 1760 *cassirt*, Ludwig Wilhelm (* 1728), April 1744 Sl im Garn.-Reg. Nr. 1, Juni 1746 Pl, Mai 1755 versorgt, (stand im Siebenjährigen Krieg als Ltnt. im K-R Nr. 6), Johann Albrecht (* 1730, † 18. Okt. 1759), Okt. 1758 Cornet im D-R Nr. 7, Sep. 1759 bei Torgau gefallen; Christian Gottlieb (1735–1763), Ltnt. im Garn.-Reg. Nr. 7, 1763 gefallen, Heinrich Wilhelm (1738–1764), Sl im I-R Nr. 18; **Mutter-Bruder**: Franz Christian Gottlob Frhr. von Steinaecker (1750–1832), Landrat im Krs. Greifenhagen, Erbherr auf Rosenfelde; **Schwester**: Anna Helene Dorothea (1766–1831), verh. mit d. Forstmeister Wilhelm Frhr. von der Horst; **Laufbahn**: April 1783 Fähnrich im I-R Nr. 7, Juli 1786 Sl, Dez. 1793 Pl, Okt. 1798 Stabs-Cap., April 1805 Cap. u. Chef e. Comp., April 1813 zum Res.-Bat. d. 2. Schles. I-R, Jan. 1814 Major beim Garn.-Bat. d. 1. Schles. I-R, April 1820 ausgesch., Febr. 1832 Charakter Ol; **Ehefrau**: Caroline Eleonore Antoinette, geb. von Flemming aus Schruptow (1767–1845);

Quellen: GStA, I. HA, Rep. 96, Nr. 94 R 4 (hier teils andere Angaben als in d. IV. HA, Rep. 1); II. HA, Abt. 13 a, Tit. III, Litt G, Nr. 2; Litt L, Nr. 8; IV. HA, Rep. 1, Nr. 79, Bl. 343; Stabi, Ms. boruss. fol. 311 (Großvater), fol. 313 (e. Sl v. L. wurde 1763 vom G-R 7 zu d. Frei-Hus. versetzt; H.W. 1764 im I-R 18); fol. 314; Zedlitz, 3. Bd., S. 236; Tb. Briefadel 1909, S. 650–651 (danach hatte d. Großvater mind. 7 Söhne);

Fähnrich Carl von Lieberman (* 1763)

aus Pommern gebürtig; **Laufbahn**: 1779 Gefr.corp., Mrz. 1782 (bzw. April 1781) Fähnrich im I-R Nr. 21, Okt. 1784 desertiert;

Quellen: GStA, IV. HA, Rep. 1, Nr. 79, Bl. 350; Ms. boruss. fol. 310;

Cap. Carl Friedrich Ludwig Lieberman von Sonnenberg (* 1764, † 25. Febr. 1835) *

Vater: Valentin Ludwig (1739–1812), Major s.d.; **Mutter**: Anna Regina, geb. Thomasky (* 1736, † vor 1782); **Laufbahn**: seit 1777 im Militär, April 1782 Sl im Grenadier-Bat. Nr. 7 (bzw. Füsilier-Bat. Nr. 12), Juni 1790 Pl, Febr. 1795 Stabs-Cap. im Füsilier-Bat. Nr. 3, April 1796 zum Füsilier-Bat. Nr. 12, Dez. 1797 Cap. u. Chef e. Comp., Nov. 1806 Major, Febr. 1809 zum 1. Schles. I-R, Mrz. 1811 mit Pension dim.;

Quellen: GStA, IV. HA, Rep. 1, Nr. 79, Bl. 350; Rep. 11, Nr. 23; Stabi, Ms. boruss. fol. 313; Tb. Briefadel 1916, S. 581;

Ltnt. Carl Heinrich (Lieberman) von Sonnenberg (1740–1785)

aus *Cassuben* gebürtig; **Laufbahn**: seit 1757 im Militär, 1763 Cornet im D-R Nr. 8, 1766 Sl, 1781 Pl, 1785 als Ltnt. nach 26 Dj. gest.;

Quellen: GStA, IV. HA, Rep. 1, Nr. 88, Bl. 271 (danach am 22. Febr. 1761 als Fähnrich in d. Gefangenschaft gest.); Stabi, Ms. boruss. fol. 310, fol. 312; Baerensprung, D-R Nr. 8, S. 519, S. 521, S. 527, S. 534 (als von Sonnenberg);

Obrist George Matthias von LIEBERMAN (get. 1. Okt. 1702, † Jan. 1760)

Vater: Johann Ludwig († 1726), 1718 Gefr.corp. im I-R Nr. 25, (1728 als Sl dim.), 1717 bis 1727 auf Anteil Chorow im Krs. Rummelsburg, seit 1717 Erbherr auf Anteil Lodder im Krs. Rummelsburg, seit 1717 auch auf Anteil Groß Krien im Krs. Stolp; **Mutter**: Dorothea Maria, geb. von Piscurski; **Bruder**: Ernst Ludwig (1701–1733), seit 1717 im Militär, 1718 Gefr. corp., Sep. 1723 Fähnrich im I-R Nr. 25, Juli 1727 Sl, Mai 1728 dim., seit 1729 Erbherr auf Groß Krien im Wert von 7 100 T.; **Bruder**: Carl Friedrich (1700–1771); **Laufbahn**: seit 1720 im Militär, Juni 1728 Fähnrich im I-R Nr. 24, Dez. 1732 Sl, Juni 1739 Pl, Juni 1740 Cap. u. Chef e. Comp. im I-R Nr. 37, Mai 1745 Major, Febr. 1751 Kommandeur d. I-R Nr. 37, Sep. 1752 Orden p.l.m., Juni 1755 Ol, Sep. 1755 (als Obrist) dim.; **Ehefrau**: Marianne Maria Dorothea, geb. von Bojanowsky; **Sohn**: George Friedrich (1750–1817), Sep. 1769 Fähnrich im I-R Nr. 26, Sep. 1772 Sl, Juni 1781 Pl, Juni 1789 Stabs-Cap., Mrz. 1795 Cap. u. Chef e. Comp., Mai 1799 Major, 1815 Etappen-Kommandeur, Juli 1816 pens., 1817 gest.;

Quellen: GStA, IV. HA, Rep. 1, Nr. 79, Bl. 350; Stabi, Ms. boruss. fol. 314 (Vater, Sohn: aus Schlesien gebürtig; I-R 25: E.L.), fol. 316, fol. 319; Brüggemann, T. 2/2, S. 789, S. 797, S. 954; Zedlitz, 3. Bd., S. 236–237; Lehmann, Ritter, S. 45; Tb. Briefadel 1916, S. 579, S. 582;

Major Valentin Ludwig LIEBERMAN von Sonnenberg (* 13. Febr. 1739, † 22. April 1812)

Vater: Carl Friedrich (1700–1771), weilte neun Jahre am dänischen Hofe, seit 1743 Erbherr auf Hölkewiese B im Ftm. Cammin; **Mutter**: Christiane Maria, geb. von Kleist (* um 1700, † 28. Febr. 1780), besaß e. Vermögen von 1/m T., setzte dieses während ihrer Krankheit zu, bekam seit Aug. 1779 e. Pension von 100 T.; **Bruder**: Bogislav Ernst (1731–1774), seit 1744 im Militär, Febr. 1749 Fähnrich im I-R Nr. 26, Dez. 1752 Sl, Mrz. 1758 Pl, Nov. 1760 Stabs-Cap., Dez. 1761 Cap. u. Chef e. Comp., Jan. 1768 Orden p.l.m., April 1769 Major im I-R Nr. 39, Sep. 1774 als Major gest., seine Witwe saß 1793 mit d. Söhnen Ewald Friedrich Christian (* 1775), 1799 als Sl vom I-R Nr. 1 dim., u. Carl Ludwig (1785–1806), Fähnrich im I-R Nr. 33, auf Hölkewiese B; **Bruder**: Carl Friedrich (1736–1815), seit 1750 im Militär, Aug. 1757 Fähnrich im I-R Nr. 21, Okt. 1759 Sl, Aug. 1768 Pl, Juni 1776 Stabs. Cap., Mrz. 1779 Cap. u. Chef e. Comp., Sep. 1783 Major, Nov. 1784 dim., Nov. 1788 Chef d. Provinzial-Invaliden-Comp. im magdebg. Mansfeld; **Bruder**: Matthias (* um 1737), weilte 1767 beim Vater auf d. Gut, noch 1791 hier gen.; **Schwester**: Sophia (1737–1789), bekam zuletzt aufgrund ihrer bedürftigen Lage e. Pension von 50 T.; **Laufbahn**: seit Mitte 1756 im Reg., 1756 Corp. im I-R Nr. 1, Mai 1757 Fähnrich, Aug. 1760 Sl, Dez. 1762 nach d. *Verlust von Gliedern* dim., bez. sich selbst als *Krüppel*, um 1767 als Proviantmeister in Pillau versorgt, Juni 1782 Charakter Cap., Juli 1799 Charakter Major, damals noch als Proviantmeister in Pillau tätig; **Ehefrau**: Carolina Ernestina, geb. von Zastrow († Nov. 1790), aus d. Ehe d. Tochter Friederike Wilhelmine (* 1786); **Güter**: die Frau besaß e. Anteil an Gut Reinfeld im Krs. Rummelsburg, von ihr 1779 für 1 667 T. angenommen; C.E. hinterließ nach Abzug d. Schulden 3 829 T., davon sollten lt. Testament ¾ oder 2 871 T. an die

Tochter F.W., an d. Witwer ¼ od. 957 T. fallen; V.L. wollte d. Gutsanteil 1791 aber für 4/m annehmen; 1793 saß d. vorm. Cap. auf Reinfeld A im Wert von 4/m T., er hatte f. d. Gut vor 1786 Meliorationsgelder in Höhe von 1 500 T. bekommen, nach 1786 wurden ihm noch einmal 1 500 T. angewiesen, davon 750 T. bis 1797 gezahlt, verkaufte Reinfeld A vor 1804; aus seiner ersten Ehe mit Anna Regina Thomasky aus Königsberg (* 1736, † vor 1782) stammte der **Sohn** Carl Friedrich Ludwig (1764–1835), Major, s.d.;

Quellen: GStA, I. HA, Rep. 30, Nr. 44, L 69 n, Paket 9 320; Nr. 243, Vas.tab. 1763, 1767, 1793 (d. Daten für B.E. u. seine Söhne sind nicht stimmig); II. HA, Abt. 13 a, Tit. I, Litt. L, Nr. 9, Tit. III, Litt L, Nr. 21; IV, Rep. 1, Nr. 79, Bl. 350; Stabi, Ms. boruss. fol. 311, fol. 313, fol. 314, Brüggemann, T. 2/2, S. 564–564; Lehmann, Ritter, S. 118; Tb. Briefadel 1916, S. 579, S. 581;

Cap. Bartholomäus Reinhold von Lietzen (* 1711)

aus *Cassuben* gebürtig; **Laufbahn**: seit 1729 im Militär, April 1736 Fähnrich im I-R Nr. 4, Nov. 1740 Sl, Jan. 1745 Pl, Okt. 1747 mit d. Charakter Cap. dim., Aug. 1753 Cap. u. Chef e. Comp. im I-R Nr. 42, Mrz. 1759 wegen Blessuren als Invalide dim. u. versorgt; (**verwandt**: Peter Friedrich von Lietzen aus *Cassuben* (* 1696, † 4. Dez. 1740), seit 1715 im Militär, Juli 1718 Fähnrich im I-R Nr. 4, Juli 1721 Sl, April 1726 Pl, Aug. 1736 Stabs-Cap., Mrz. 1739 Cap. u. Chef e. Comp., 1740 gest.: IV. HA, Rep. 1, Nr. 80, Bl. 14; Ms. boruss. fol. 313);

Quellen: GStA, IV. HA, Rep. 1, Nr. 80, Bl. 14; Stabi, Ms. boruss. fol. 312 (in d. Abgangsliste d. I-R Nr. 42), fol. 313;

Ltnt. Carl Heinrich von Lietzen (* 1755, † 19. Jan. 1786)*

aus Pommern gebürtig; **Laufbahn**: 1774 Gefr.corp. im I-R Nr. 16, Nov. 1778 Fähnrich, Dez. 1781 Sl, 1786 als aktiver Offz. gest.;

Quellen: GStA, IV. HA, Rep. 1, Nr. 80, Bl. 14; Stabi, Ms. boruss. fol. 311 (hier als Friedr. Siegmund); Kopka v. Lossow, Offz.liste, S. 20*;

Cap. Carl Matthias von Lietz(en) (* 1722, † vor 1784)

Vater: Christian Heinrich (* 1698, † 9. Juli 1769), Erbherr auf Anteil Wutzkow im Krs. Stolp, 1756 im Wert von 600 T., seit 1745 auch auf ganz Gliesnitz im Wert von 2 040 T.; **Mutter**: e. geb. von Puttkamer; **Bruder**: George Friedrich (* um 1719, † 29. April 1763), seit 1738 im Regiment, 1740 Gefr.corp. im I-R Nr. 25, 1742 als Sl versetzt, Aug. 1742 Pl im Garn.-Reg. Nr. 6, Juni 1756 Stabs-Cap., Juli 1760 Chef e. Comp., 1763 gest.; **Bruder**: Carl Christian (* um 1731), stand 1756 als Uffz. im I-R Nr. 16, hielt sich 1767 in Buckowin im Distrikt Lauenburg auf; **Bruder**: 1771 als Junker vom D-R Nr. 6 verabschiedet, ging anschließend nach Polen in d. Dienst d. litauischen Kanzlers, seine Geschwister beantragten 1791 e. Todeserklärung, damals konkurrierten *fünf Branchen dürftiger Erben* um sein Vermögen in Höhe von 423 T.; **Schwester**: Catharina Christliebe (1725–1805), verheiratet mit d. Cap. Friedrich Wilhelm von Schwichow, s.d.; **Laufbahn**: seit 1738 im Reg., Mai 1742 Fähnrich im I-R Nr. 16, Jan. 1746 Sl, Jan. 1756 Pl, Sep. 1758 Stabs-Cap., Mai 1763 dim. (bzw. nach Sep. 1761 an Kriegsblessuren gest.), als Licent-Inspektor in Königsberg in Pr. versorgt; **Ehefrau**: Charlotte Hedwig, geb. von Puttkamer (* 1735, † vor 1766); **Güter**: seit 1765 Erbherr auf 1/6 Anteil Wutzkow im Wert von 600 T., seit 1765 (bzw. 1770) auf

Gliesnitz, dieses fiel vor 1784 an seine beiden **Söhne** Carl Wilhelm Heinrich u. Peter Friedrich Ewald; 1794 befanden sich Wutzkow A u. B im Wert von 5/m T. in d. Hand des Amtmanns Lübbecke;

Quellen: GStA, I. HA, Rep. 30, Nr. 44, L 66, Paket 9310; Nr. 243, Vas.tab. 1756, 1763, 1767 (danach war G.F. Salzinspektor), 1794; IV. HA, Rep. 1, Nr. 80, Bl. 14; Stabi, Ms. boruss. fol. 314 (Bruder G.F.), fol. 315 (G.F.); Brüggemann, T. 2/2, S. 965; Kopka v. Lossow, Offz.liste, S. 10*; Slg. Zitzewitz, F 43 (Daten f.d. Vater); Fam.gesch. Puttkamer 1984, S. 233 (C.H.);

Fähnrich Christian Friedrich von Lietzen (* 1768)*

aus Pommern gebürtig; **Laufbahn**: seit 1783 im Militär, April 1786 Fähnrich im Garn.-Bat. Nr. 2, 1788 ins Depot-Bat. d. I-R Nr. 17, Jan. 1790 wegen *schlechter conduite* abgegangen;

Quellen: GStA, IV. HA, Rep. 1, Nr. 80, Bl. 14 (hier als Christoph Fr.); Stabi, Ms. boruss. fol. 316;

Cap. Christoph Ludwig von Lietzen (* 1724, † Febr. 1777)*

(**Vater**: Erbherr auf Anteil Wutzkow im Krs. Stolp); **Laufbahn**: seit 1739 im Militärdienst, 1749 Gefr.corp., Aug. 1753 Fähnrich im I-R Nr. 1, Juli 1756 Sl im Garn.-Reg. Nr. 6, Sep. 1756 Pl, Aug. 1762 Stabs-Cap., Sep. 1769 Cap. u. Chef e. Comp., 1777 gest.; (**verwandt**: Christoph Friedrich von Lietzen (* 1715), stand 1740 als Fähnrich im I-R Nr. 12, 1742 als Ltnt. in Neiße gest.: Stabi, Ms. boruss. fol. 316);

Quellen: GStA, IV. HA, Rep. 1, Nr. 80, Bl. 14; Stabi, Ms. boruss. fol. 313 (mit Hinweis auf seine Herkunft aus Wutzkow); fol. 315;

Major Franz Carl von Lietzen (* um 1720)

(**Vater**: Erbherr auf Anteil Wutzkow im Krs. Stolp); **Laufbahn**: Juni 1745 Fähnrich im I-R Nr. 13, Okt. 1748 Sl, Febr. 1758 Pl, Febr. 1760 Stabs-Cap., Mai 1762 Cap. u. Chef e. Comp., Dez. 1772 Major, (Dez. 1776 Orden p.l.m.), Jan. 1777 mit 300 T. pensioniert, als Oberforstmstr. in Halberstadt versorgt, als solcher 1783 von seiner Nichte Anna Louisa genannt; **Bruder**: Peter Friedrich, Uffz. im Garn.Bat. Nr. 3 in Kolberg, nahm 1734 seinen Abschied, ging nach Danzig, wurde dort von d. russ. Truppen aufgehoben u. nach Rußland abgeführt; **Güter**: verkaufte vor 1756 d. väterlichen Gutsanteil, d. Erbteil des in Rußland verschollenen Bruders in Höhe von 160 T. wurde unter Vorbehalt d. Schwestern ausgezahlt; **Schwestern**: Maria Erdmuth u. Anna Louise Gottlieb, beide besaßen 1756 e. Kapital von 1/m fl.; d. Schwester Catharina Juliane (* um 1720, † 25. Okt. 1791) verwitwete Ltnt. Franz Jacob von Losthin († 1774) lebte 1778 auf e. kl. Gutanteil zu Vargow im Krs. Stolp im Wert von 800 T., sie konnte sich und ihre beiden Tö. von 22 u. 16 Jahren davon nicht ernähren, d. Sohn Carl Reinhold von Losthin stand beim Militär in Neiße, die Witwe bekam auf Fürsprache d. Majors im Sep. 1781 e. Pension von 100 T. aus d. pomm. Meliorationsfonds;

Quellen: GStA, I. HA, Rep. 30, Nr. 44, L 66, Paket 9310; II. HA, Abt. 13a, Tit. III, Litt L, Nr. 4, Nr. 24; IV. HA, Rep. 1, Nr. 80, Bl. 14; Stabi, Ms. boruss. fol. 311; Lehmann, Ritter, S. 126 (als Fr. Wilh.);

Gutsbes. Johann Heinrich von Lietzen (* um 1742, † 1797)

(**Vater**: Erbherr auf Anteil Wutzkow im Krs. Stolp, wurde 1760 völlig ausgeplündert, lebte hier 1763 in mißlichen Umständen, **Bruder**: Carl Matthias (* 1722), Cap., s.d.); **Laufbahn**:

Nov. 1753 als Alumne ins JG in Berlin aufgenommen, erhielt 1759 d. Pyritzer Stipendium für drei Jahre bis 1762, ging 1760 vom JG ab und bezog die Univ. Königsberg für e. Studium d. Rechte, wurde von d. russ. Truppen gezwungen, bei ihren Magazinen zu arbeiten, konnte daher seine Studien nicht absolvieren, ging nach Danzig zum Kammerherrn von Weiher, um von d. Magazinen loszukommen, hielt sich im Mai 1763 beim Kammerherrn von Weiher in Occalitz bei Lauenburg auf, die Fortzahlung seines noch ausstehenden Stipendiums für zwei Jahre sollte nach der Wiederaufnahme d. Studiums erfolgen, (belegte 1764, 1765 e. jurist. Kurs in Königsberg), trat wegen schwacher Gesundheit nicht in Dienste; zwei **Brüder** standen 1760 im Militärdienst; **Güter**: bewirtschaftete d. väterlichen Anteil des Gutes Wutzkow, war seit 1770 wegen Lahmheit bettlägrig, mußte 1793 d. Anteil Wutzkow schuldenhalber verkaufen, hinterließ seiner **Frau** Anna Louisa, geb. von Bandemer aus Schönwalde im Krs. Stolp (* um 1740) 1797 e. Vermögen von 2/m T., was ihrer *illata* entsprach, aus d. Ehe keine Kinder, die Witwe bat 1804 und 1805 um e. Pension aus dem pomm. Meliorationsfonds, sie besaß 1805 nur noch 800 T., deshalb im Jan. d.J. auf d. Expectantenliste gesetzt;

Quellen: GStA, I. HA, Rep. 30, Nr. 44, L 66, Paket 9310 (evt. identisch mit Carl Christian, Bruder d. Cap. Carl Matthias, s.d.); II. HA, Abt. 13 a, Tit. III, Litt L, Nr. 15;

Cap. Lorenz Bogislav von Lietzen (* 1720) *

aus Pommern gebürtig; **Laufbahn**: seit 1738 im Militär, Mrz. 1750 Cornet im D-R Nr. 6, Sep. 1753 Sl, Mrz. 1758 Pl, Jan. 1762 Stabs-Cap., Mrz. 1766 dim.;

Quellen: GStA, IV. HA, Rep. 1, Nr. 80, Bl. 14; Stabi, Ms. boruss. fol. 311; Orlop, D-R Nr. 6, Anhang, S. 124*;

Cap. Lorenz Christian von Lietzen (* 1734, † 12. Febr. 1776) *

aus Pommern gebürtig; **Laufbahn**: seit 1750 im Militär, Gefr.corp. im I-R Nr. 16, Juni 1756 Sl im I-R Nr. 48, Mrz. 1761 Pl, Jan. 1768 Stabs-Cap., Mrz. 1770 Cap. u. Chef e. Comp., als Cap. 1776 gest.;

Quellen: GStA, IV. HA, Rep. 1, Nr. 80, Bl. 14 (hier als L. Wilh.); Stabi, Ms. boruss. fol. 312;

Ltnt. Friedr. Matthias Bernhard (seit Aug. 1794: von) Lilienthal (* 4. Aug. 1787, † 18. Mrz. 1853) *

Vater: Johann Philipp († 1803), Erbherr auf Fritzow in Schwed.-Vorpomm., Pächter d. Domäne Liepen bei Anklam, Reichsadel vom 21. Aug. 1794, F.M.B. in Liepen geboren; **Mutter**: Maria Sophie, geb. Hoyer, sie benötigte für d. *Equipage* ihrer beiden ältesten Söhne 2/m T., bat deshalb am 9. Febr. 1803 aus Grambzow in Mecklenburg um d. Freigabe von 344 T., die nach d. Wechsel ihres Mannes nach Mecklenburg mit Arrest belegt worden waren; **Bruder**: Carl Philipp Wilhelm (1785–1836), Febr. 1803 Cornet im D-R Nr. 5, Jan. 1805 Sl, Nov. 1805 dim., 1807, 1808 beim 2. Brandenburg. H-R, Okt. 1809 d. D-R Königin aggr., Juni 1812 als Pl dim., Aug. 1814 3. Pomm. Landwehr-Kav.-Reg., Aug. 1817 ins 2. Stettiner Landwehr-Reg., Juni 1825 ausgeschieden; **Bruder**: Johann Heinrich Ludwig (1789–1813), Juli 1806 Fähnrich im I-R Nr. 6, April 1807 Sl, Aug. 1808 Sl beim Kolberger I-R, Aug. 1813 Pl, 30. Nov. 1813 gefallen; **Laufbahn**: Febr. 1803 Cornet im D-R Nr. 5,

Mrz. 1805 Sl, stand im Dez. 1807 bei d. Kavallerie d. Corps von Schill in Kolberg, 1807/08 beim 2. Brandenburg. H-R, Mai 1812 ins D-R Königin einrangiert, Aug. 1816 Pl, Mai 1821 Rittmstr. u. Chef e. Escadron, Mrz. 1837 pens., Mai 1845 Charakter Major; seit 1810 **verheiratet** mit Caroline Christiane Sophie, geb. von Briesen (1788–1839);

Quellen: GStA, I, HA, Rep. 30, Nr. 44, L 70, Paket 9320; IV. HA, Rep. 1, Nr. 80, Bl. 26; VI. HA, Nl Gneisenau, Nr. 691; Tb. Briefadel 1908, S. 652;

Cap. Carl August von der LINDE(N) (* 1763, † 6. Mai 1831)*

aus Pommern gebürtig; **Laufbahn**: seit 1776 im Militär, Dez. 1781 Fähnrich im I-R Nr. 54, Juni 1785 Sl, Nov. 1796 Pl, Okt. 1798 Stabs-Cap., April 1803 Cap. u. Chef e. Comp. im I-R Nr. 54, nach 1806 inaktiv; Juni 1813 beim 2. Westpreuß. Landwehr-I-R, Juli 1815 als Major auf Wartegeld, Sep. 1817 pens.;

Quellen: GStA, IV. HA, Rep. 1, Nr. 80, Bl. 38; Stabi, Ms. boruss. fol. 314;

Ltnt. Carl Friedrich von LINDEN (* um 1715, † 1779)

Vater: Carl († 1721), Erbherr auf Broock, Hohenbüssow, Siedenbüssow, Buchholz u. Tellin im Krs. Demmin, hinterließ drei Söhne; **Mutter**: Barbara Luise, geb. von Schwerin; **Vater-Bruder**: Gottfried († um 1733), Erbherr auf Gottberg im Krs. Pyritz, seine To. Elisabeth lag wegen Broock im Rechtsstreit mit ihren drei Vettern; **Bruder**: Christian Bogislav (1707–1769)*, Okt. 1723 Junker im I-R Nr. 24, Jan. 1724 Fähnrich, Dez. 1732 Pl, Aug. 1759 Obrist, Febr. 1760 Kommandeur d. I-R Nr. 24, Aug. 1760 GM, Dez. 1760 Chef d. I-R Nr. 26, Träger d. Ordens p.l.m., Dez. 1764 dim., Erbherr auf Broock, Buchholz, Hohen- u. Siedenbüssow im Krs. Demmin, 1797 im Wert von 115/m T.; **Bruder**: Detloff Gustav Friedrich (* 1711, † vor April 1761), absolvierte e. Studium in Halle, erhielt am 27. Aug. 1733 zs. mit C.F. d. *venia aetatis*, seit 1733 Erbherr auf Siedenbüssow u. Tellin im Krs. Demmin; **Laufbahn**: 1732 Cornet im D-R Nr. 5, April 1739 Sl, Sep. 1741 dim.; **Güter**: besaß 1756 Daberkow A im Krs. Demmin, Anteil Pritzenow u. Wietzow im Krs. Anklam; erwarb im Juli 1775 aus d. Konkurs von Maltzahn d. Gut Tützpatz im Krs. Demmin für 62/m T., geriet anschließend in Konflikt mit Gläubigern aus Mecklenburg, die entgegen d. Kaufvertrag noch Forderungen auf Tützpatz anmeldeten; 1779 ohne Nachkommen als letzter seines Geschlechts gest., seine Erben nahmen d. Namen Heyden-Linden an; (**verwandt**: Johann von Linden (* 1745, † 24. April 1812), seit 1762 im Militär, 1764 Fähnrich im I-R Nr. 26, 1774 Pl, Febr. 1784 Cap., Sep. 1797 als Major zum 3. Bat. versetzt, Nov. 1801 Bat.-Kommandeur, Dez. 1809 pens.: GStA, IV. HA, Rep. 1, Nr. 80, Bl. 38; Stabi, Ms. boruss. fol. 314);

Quellen: GStA, I. HA, Rep. 30, Nr. 44, L 69 h, Paket 9318; Nr. 243, Vas.tab. 1756, 1763, 1767; Rep. 30 B, Nr. 2 b, Litt L Nr. 3, Paket 10196 (danach ist d. Vater Carl 1716 im Feld gest.); IV. HA, Rep. 1, Nr. 80, Bl. 38 (C.B., C.F. hier nicht); Stabi, Ms. boruss. fol. 316 (Bruder C.B.); Brüggemann, Vorpommern, S. 72, S. 99, S. 109; Albedyll, Anhang S. 48*; Priesdorff, Nr. 523 (Bruder C.B.);

Ltnt. Carl George von der LINDEN (* 1772, † 30. Okt. 1843)*

aus Pommern gebürtig; (**Bruder**: Carl August (1763–1831), Cap. s.d.); **Laufbahn**: seit 1789 im Regiment, Mai 1794 Fähnrich im I-R Nr. 54, Dez. 1795 Sl, Nov. 1803 Pl, Aug. 1811 d. 4. Ostpreuß. I-R aggr., Aug. 1811 Stabs-Cap., 1812 ins 16. I-R, Sep. 1813 Cap. (Juli

1815 4. Res. I-R, Sep. 1815 Cap., Mrz. 1815 16. I-R), April 1815 Major, Sep. 1826 als Ol mit Pension dim., 1843 in Elbing gest.;

Quellen: GStA, IV. HA, Rep. 1, Nr. 80, Bl. 38; Stabi, Ms. boruss. fol. 314; Kopka v. Lossow, Offz.liste, S. 41 * (auch als George Carl);

Cap. Joseph Wilhelm von der LINDE(N) (* 1765, † 13. Okt. 1838) *

aus Pommern gebürtig; **Laufbahn**: trat 1784 in d. Militärdienst ein, Mai 1787 Fähnrich im I-R Nr. 14, Mai 1788 Sl, Mrz. 1797 Pl, Okt. 1799 Stabs-Cap., Sep. 1807 Cap. u. Chef e. Comp., Jan. 1808 (ins) 3. Ostpreuß. Reg., Okt. 1811 Major, Juli 1815 Ol, April 1816 Kommandeur e. Garn.-Bat., April 1820 ausgeschieden, Juli 1835 Charakter Obrist;

Quellen: GStA, IV. HA, Rep. 1, Nr. 80, Bl. 38: Stabi, Ms. boruss. fol. 311; Rangliste 1806, S. 44;

Fähnrich Jacob Friedrich von LIPINSKY (* 1745) *

geb. zu Trzebiatkow im Distrikt Lauenburg (bzw. in Polen); **Laufbahn**: fünf Jahre *cadet* in Berlin, Sep. 1765 Fähnrich im I-R Nr. 3, Dez. 1766 dim.; (**verwandt**: Matthias (* 1742), 1772 als Ltnt. gen., Sohn von Andreas (* 1715), Erbherr auf Anteil Trzebiatkow im Distrikt Bütow: GStA, I. HA, Rep. 30, Nr. 249, Vas.tab. 1772, evt. identisch mit Matthias Heinrich (1740–1801), s.d.);

Quellen: Gesch. I-R Nr. 3, S. 231;

Cap. Johann Paul von (Gant-)LIPINSKY (* um 1765, † 14. Mrz. 1839)

Vater: Albrecht (* um 1717, † Ende 1790), Erbherr auf Zemmen F im Distrikt Bütow im Wert von 1/m fl., hinterließ seine Frau u. eine ledige To. in großer Dürftigkeit; **Mutter**: Dorothea, geb. von Bialcky (* 1741, † 10. Nov. 1805), sie besaß kein Vermögen, mußte ihren Lebensunterhalt durch Handarbeit verdienen, stand 1791 auf d. Expectantenliste für e. pomm. Pension, bekam im Mai 1800 e. solche von 50 T.; **Vater-Bruder**: Matthias (1736–1792), Obrist, s.d.; **Vater-Bruder**: Matthias Heinrich (1740–1801), seit 1758 im Militär, Mrz. 1764 Fähnrich im I-R Nr. 33, Juni 1766 Sl, Nov. 1778 Pl, Febr. 1786 Stabs-Cap., Juli 1789 Cap. u. Chef e. Comp., Mai 1797 Major, Jan. 1798 dim.; **Laufbahn**: seit 1783 im Regiment, Mrz. 1786 Fähnrich im I-R Nr. 11, April 1788 Sl, Juni 1795 Pl, Juni 1802 Stabs-Cap., Juni 1807 Cap. u. Chef e. Comp. im 2. Ostpr. I-R, Mai 1813 zum Garn.-Bat. d. 2. Ostpr. I-R, April 1820 ausgeschieden; (**verwandt**: ein Ernst Bogislav von Lipinsky starb 1762 als Sl im I-R Nr. 47: Stabi, Ms. boruss. fol. 311);

Quellen: GStA, I. HA, Rep. 30, Nr. 249, Vas.tab. 1771; II. HA, Abt. 13 a, Tit. III, Litt L, Nr. 1, Bde. 1 u. 2; Litt. L, Nr. 13 (Mutter, Hinweis auf d. beiden Onkel); IV. HA, Rep. 1, Nr. 80, Bl. 75; Stabi, Ms. boruss. fol. 311 (Onkel M.H.); Becker, I-R Nr. 11, S. 333, S. 341, S. 359; S. 557–561;

Obrist Matthias von LIPINSKY (1736, † 6. Mai 1792)

Vater: Lucas († 1754), Erbherr auf Piechowitz in Polen, schickte wegen d. dortigen Unruhen 1732 seine Frau, e. geb. von Wollschlaeger, u. d. Kinder nach Pommern, blieb selbst auf seinem Gut; **Bruder**: Michael (* 1728), stand seit 1750 im Militär, Aug. 1756 Fähnrich im I-R Nr. 42, April 1758 Sl, Mai 1763 Pl im I-R Nr. 42, im Aug. 1769 wegen Blessuren dim.;

beide Brüder baten 1771, 1772 d. preuß. Behörden darum, sie dabei zu unterstützen, d. väterlichen Nachlaß nach Pommern zu ziehen; **Laufbahn**: Juni 1756 Fähnrich beim Grenadier-Garde-Bat., Dez. 1758 Sl, Mai 1762 Pl, Mai 1772 Stabs-Cap., Jan. 1777 Cap. u. Chef e. Comp., Juni 1781 Major, Febr. 1789 Kommandeur d. I-R Nr. 30, Aug. 1790 Ol, Juni 1791 Obrist, 1792 als aktiver Offz. gest.; **Ehefrau**: e. geb. von Arnim;

Quellen: GStA, I. HA, Rep. 30, Nr. 413, Paket 10 185; IV. HA, Rep. 1, Nr. 80, Bl. 75; Stabi, Ms. boruss. fol. 311, fol. 312 (Bruder), fol. 315; Reinhard, Garde, S. 532, 536;

Rittmstr. Otto von Lippicke(n) (* 1715, † 25. Mrz. 1758)

aus Pommern gebürtig; **Laufbahn**: 1732 Junker im K-R Nr. 2, Aug. 1740 Cornet, Dez. 1741 Ltnt., Mai 1750 Stabs-Rittmstr., Juli 1755 Rittmstr. u. Chef e. Escadron, 1758 gest.

Quellen: GStA, IV. HA, Rep. 1, Nr. 80, Bl. 77 (hier als v. Lipcken); Stabi, Ms. boruss. fol. 315 (1740: aus Meck.bg., 1750, 1757 aus Pomm., jeweils als Lippicken);

Cap. Alexander George Friedrich von Lochow (* 29. Febr. 1756)

Vater: Friedrich Wilhelm († 1759), Dez. 1745 Fähnrich im I-R Nr. 5, Febr. 1752 Sl, Juni 1754 wegen schwerer bei Kesselsdorf erlittener Blessuren dim., sollte anderweit versorgt werden, erhielt e. Proviantbedienung in Stolp; **Mutter**: Helena Dorothea, geb. Schiebel von Schiebelstein († 14. Jan. 1800) aus Zirchow bei Stolp, sie bezog seit Dez. 1773 e. Pension von 100 T.; **Bruder**: Johann Wilhelm (* 8. Aug. 1757); **Bruder**: Carl Christian Gottlieb (* 16. Sep. 1759), Juni 1769 *cadet* in Stolp, April 1774 *cadet* in Berlin, April 1782 Fähnrich im I-R Nr. 19, Mai 1786 Sl, Juni 1793 Pl, Okt. 1797 Stabs-Cap., Nov. 1804 Cap. u. Chef e. Comp., Okt. 1809 dim.; **Laufbahn**: 1773 Junker im I-R Nr. 23, Jan. 1779 Fähnrich, Jan. 1784 Sl, Okt. 1794 Pl, Febr. 1799 Stabs-Cap., Febr. 1804 Cap. u. Chef e. Comp., Juni 1808 dim.;

Quellen: GStA, I. HA, Rep. 30, Nr. 43, Paket 9 233 (hier als Lochow), Paket 9 240; Nr. 186 d, Paket 9 839; IV. HA, Rep. 1, Nr. 80, Bl. 109 (als Lochau, d. Bruder als Chr. Gotthard); Stabi, Ms. boruss. fol. 314 (C.C.G. von der Lochau), fol. 316 (A.G.F. als v. Lochau); Stolper Kadetten S. 2 (Bruder, von Lochow);

Fähnrich Carl Heinrich Ferdinand von Lochow (* 1778)

Vater: Proviant-, *Feld-Commissarius* († vor 1796); **Mutter**: Maria Magdalena (* 1750), e. Tochter d. Feldwebels Zunow im I-R Nr. 47, sie stammte aus Burg bei Magdeburg, hatte 1796 ihren Wohnsitz in Alt-Damm, lebte geschieden von ihrem Mann, besaß kein eigenes Vermögen, lebte von Handarbeit, e. Pensionsgesuch wurde abgewiesen, weil sie nicht aus Pommern stammte; **Bruder**: Gottlieb August (* 1777), seit 1793 Gefr.corp. im I-R Nr. 41 (1807 Sl bei d. II. Ostpreuß. Füsilier-Brigade); **Laufbahn**: Nov. 1796 Gefr.corp. im I-R Nr. 1, Sep. 1798 Fähnrich, Jan. 1799 zum I-R Nr. 7 versetzt, Febr. 1800 *desertirt*;

Quellen: GStA, I. HA, Rep. 30, Nr. 43, Paket 9 340; Nr. 186 d, Paket 9 839; IV. HA, Rep. 1, Nr. 80, Bl. 109;

Rittmstr. Carl von Lockstaedt (* Mrz. 1755, † Okt. 1819)*

aus Pommern gebürtig; **Laufbahn**: seit Jan 1771 Junker im H-R Nr. 5, Juli 1773 Cornet, Febr. 1776 Sl, Juli 1791 Pl, Mrz. 1795 Stabs-Rittmstr., Juni 1803 Rittmstr. u. Chef e. Escadron, Mrz. 1807 Major, Dez. 1808 zum 1. H-R, Juni 1812 als Ol mit Pension dim.;

Quellen: GStA, IV. HA, Rep. 1, Nr. 80, Bl. 117; Mackensen, H-R Nr. 2, Bd. 2, Anhang, S. 35;

Ltnt. (Carl) Philipp Friedrich von Lockstaedt (* 1767)

Vater: Carl Friedrich (* 29. Jan. 1744, † vor 1776), 1763 Fähnrich im I-R Nr. 38, nach sechs Dj. als Ltnt. dim., seit 1766 Erbherr auf Hindenburg im Dewitzschen Krs.; **Mutter**: e. geb. von Weiher; **Großvater**: Adolph Heinrich (* um 1699, † 1760), seit 1715 im Militär, 1741 als Major im I-R Nr. 25 dim., Erbherr auf Klein Leistikow im Dewitzschen Krs.; **Laufbahn**: engagierte sich im H-R Nr. 8, Mrz. 1789 Cornet, bat im April 1790 um d. *venia aetatis*, Mrz. 1792 Sl, April 1793 dim.; **Güter**: seit 1776, 1778 Erbherr auf Hindenburg im Dewitzschen Krs. im Wert von 4/m T., auch auf Carow im Borckeschen Krs., seine Mutter hatte auf Lebenszeit d. Nießbrauch d. Revenuen von Carow; saß noch 1804 auf Carow, jetzt im Wert von 20/m T., erbte von seinem **Vater-Bruder** Johann Adolph nach e. Vergleich mit dessen Schwester u. Miterbin Charlotta Eleonora, der er 5/m T. zahlte, 1793 Klein Leistikow u. Maskow im Dewitzschen Krs. im Wert von 20/m T., verkaufte Klein Leistikow u. d. väterl. Gut Hindenburg nach 1793; sein Gut Maskow wurde 1804 auf 20/m T. taxiert;

Quellen: GStA, I. HA, Rep. 30, Nr. 44, L 69 K, Paket 9318; Nr. 243, Vas.tab. 1763, 1767, 1793, 1799, 1804; IV. HA, Rep. 1, Nr. 80, Bl. 117 (e. C.F. hier im I-R Nr. 32); Stabi, Ms. boruss. fol. 314 (Großvater); Brüggemann, T. 2/1, S. 333;

Cap. Christian Heinrich von Lockstaedt (* um 1739, † vor 1784)

Vater: Adolph Heinrich (* um 1699, † 1760), Aug. 1721 Fähnrich im I-R Nr. 25, Mai 1725 Sl, Juni 1729 Pl, Okt. 1734 Stabs-Cap., Mai 1735 Cap. u. Chef e. Comp., Okt. 1741 als Major nach 29 Dj. dim., Erbherr auf Maskow, Anteil Gr. Sabow, Klein Leistikow u. Hindenburg im Dewitzschen Krs., auf Anteil Standemin im Krs. Belgard, soll d. Tochter zufolge im Siebenjährigen Krieg 30/m T. verloren haben, d. Güter hatten 1767 e. Wert von 10304 T., darauf Schulden von 6300 T., hinterließ eine To. u. drei Söhne; **Mutter**: e. geb. von Wenden († 1761), verwitw. Cap. Heinrich von Ploetz, ihre Mitgift bestand in e. Teil d. Gutes Standemin, sie wurde bei d. russ. Invasion im Herbst 1761 von d. Russen umgebracht; **Bruder**: Carl Friedrich (* 29. Jan. 1744), vorm. Ltnt. im I-R Nr. 38, seit 1766 Erbherr auf Hindenburg im Dewitzschen Krs.; **Bruder**: Johann Adolph (* 4. Dez. 1750, † 5. Okt. 1792), besuchte 1763 u. 1766 d. Schule zu Treptow, seit 1766 Erbherr auf Klein Leistikow u. Gr. Sabow im Dewitzschen Krs., zuletzt Landschaftsdep. zu Klein Leistikow, Lehnsfolger auf d. Gütern wurde sein Neffe, d. Ltnt. (Carl) Philipp Friedrich von Lockstaedt, s.d., zu Carow im Borckeschen Krs.; **Schwester**: Charlotta Eleonora (* 1746), ihr mütterliches Vermögen ging im Siebenjährigen Krieg verloren, d. Rest von 200 T. verlor sie im Prozeß um Standemin, sie besaß e. Armen-Attest u. stand seit 1782 auf d. Expectantenliste für e. Pension, 1788 hatte sie Schulden von 585 T., sie führte ihrem Bruder J.A. mehr als 20 Jahre lang d. Wirtschaft, bekam seit Febr. 1792 e. Pension von 50 T., erbte nach d. Tod d. Bruders 4600 T., beglich ihre Schulden in Höhe von 1800 T. u. verlor aufgrund ihres nunmehrigen Vermögens d. Pension; **Laufbahn**: Gefr.corp. im I-R Nr. 7, Juli 1756 Sl im Garn.-Reg.

Nr. 7, Mrz. 1761 Pl, 1762, 1763 dim. (mit d. Charakter Cap.); **Güter**: nach d. Auseinandersetzung mit seinen Brüdern seit 1766 Erbherr auf Maskow im Dewitzschen Krs. im Wert von 11/m T., darauf Hypotheken von 6 048 T., andere Schulden 3 715 T., d. Gutsanteil Standemin im Krs. Belgard besaßen die Brüder 1763, 1767 gemeinsam, verzichtete um 1763 auf seine Rechte an Klein Sabow; Maskow ging vor 1784 an d. Bruder Johann Adolph;

Quellen: GStA, I. HA, Rep. 30, L 69 K, Paket 9 318; Nr. 186 d, Paket 9 839; Nr. 243, Vas.tab. 1756 (auch als Christoph Hr.), 1763, 1767, 1793, 1799, 1804; II. HA, Abt. 13 a, Tit. III, Litt L, Nr. 22 (Schwester); IV. HA, Rep. 1, Nr. 80, Bl. 117; Stabi, Ms. boruss. fol. 313, fol. 314 (Vater); Brüggemann, T. 2/1, S. 314, T. 2/2, S. 671;

Major Johann Christoph von Lockstaedt (* 1713, † 17. Jan. 1789)

Vater: Werner Henning († 1738), Erbherr auf Vorwerk Crössin im Borckeschen Krs.; **Mutter**: Esther Barbara, geb. von der Osten; **Bruder**: Friedrich Wilhelm (* 1719), seit 1737 im Militär, Sep. 1738 Fähnrich im I-R Nr. 29, zuletzt Ltnt., Juni 1743 als Ltnt. dim.; **Bruder**: Jacob Werner (1721–1758), seit 1739 im Militärdienst, Mai 1741 Cornet im K-R Nr. 1, Okt. 1742 Sl, Jan. 1747 Gen.-Adjutant d. GFM Wilhelm Dietrich von Buddenbrock, Dez. 1750 Stabs-Rittmstr., April 1757 Rittmstr. u. Chef e. Escadron, Jan. 1758 als Offz. gest.; **Laufbahn**: zuerst in österr. Diensten, Mrz. 1747 Rittmstr. u. Chef e. Escadron im H-R Nr. 5, Febr. 1760 Major, Juni 1763 dim.; **Güter**: die Mutter u. ihre Söhne verkauften d. Gut Crössin 1741 an d. Witwe Gans Edle zu Putlitz, d. Major verzichtete um 1763 auf seine Rechte an Klein Sabow; er ließ sich in Preußen nieder, Erbherr auf Gablicken u. Heibutten im Krs. Lötzen; **Ehefrau**: Charlotte Louise, geb. Freiin Schenk zu Tautenburg († um 1786); **Sohn**: Carl Christoph (1757–1819), seit 1770 im Militär, Juli 1773 Cornet, Febr. 1776 Sl im H-R Nr. 5, Juli 1791 Pl, Mrz. 1795 Stabs-Rittmstr., Juni 1803 Rittmstr. u. Chef e. Escadron, Mrz. 1807 Dez. 1808 Major im 1. H-R, Juni 1812 als Ol pens., Okt. 1819 gest.;

Quellen: GStA, I. HA, Rep. 30, Nr. 44, R 109 m, Paket 9 368; IV. HA, Rep. 1, Nr. 80, Bl. 117; Stabi, Ms. boruss. fol. 312 (Bruder J.W., Sohn), fol. 313 (C.H.), fol. 316 (Bruder F.W.), fol. 907 a; Brüggemann, T. 2/1, S. 334; Mackensen, H-R Nr. 5, Bd. 2, Anhang, S. 20; Jb. dt. Adel, Bd. 3, S. 208;

Ltnt. Johann Friedrich von Lockstaedt (* um 1707, † vor 1766)

Vater: Paul Ernst Friedrich († vor 1741), Cap., Erbherr auf Klein Sabow im Dewitzschen Krs.; **Laufbahn**: seit 1725 im Militärdienst, 1735 Ltnt. im D-R Nr. 1, nach 16 Dj. um 1742 als Ltnt. dim.; **Güter**: saß 1756 auf Klein Sabow im Wert von 8/m T., hier noch 1763 gen.; hinterließ keine Söhne; nach seinem Tod fiel d. Gut an die **Witwe** Flora Charlotta, geb. Mauve, diese war in zweiter Ehe verh. mit Christian Philipp Wilhelm von Kopp (* um 1752), der zehn Jahre im D-R Nr. 12 stand, als Ltnt. dim.; d. Witwe bezifferte d. freien Wert ihres Gutes im Dez. 1786 auf 7 563 T.; Sohn zweiter Ehe: August Christian von Kopp (1774–1836), Ltnt., s.d.;

Quellen: GStA, I. HA, Rep. 30, Nr. 44, R 109 m, Paket 9 368; Nr. 243, Vas.tab. 1756, 1763, 1793, 1804; nicht in IV. HA, Rep. 1, Nr. 80, Bl. 117; Stabi, Ms. boruss. fol. 314;

Cap. Martin Ludwig von LOCKSTAEDT (* 1694) *

aus Pommern gebürtig; **Laufbahn**: seit 1711 im Militär, Nov. 1714 Fähnrich im I-R Nr. 25, Mai 1715 Sl, Mrz. 1716 Pl, Mrz. 1728 als Stabs-Cap. ins I-R Nr. 30 versetzt, Sep. 1729 dim.;

Quellen: GStA, IV. HA, Rep. 1, Nr. 80, Bl. 117; Stabi, Ms. boruss. fol. 314, 319;

Ltnt. Ludwig Friedrich von LOEBEN (* um 1740 † 1758)

Vater: Rudolph Gottlob (* 1704, † Nov. 1775), aus d. sächs. Niederlausitz gebürtig, 1723 ins K-R Nr. 1, Sep. 1731 Cornet im D-R Nr. 5, Sep. 1737 Sl, (Mai 1741 bzw.) Jan. 1742 Pl, Orden p.l.m., 1745 bei Hohenfriedberg blessiert, Aug. 1756 als Cap. ins Garn.-Bat. Grolman versetzt, 1763 als Cap. mit seiner Comp. reduziert u. mit monatlich acht Talern pensioniert, d. Sohn wurde in e. pomm. Garnison geboren; **Mutter**: Anna Sophia, geb. von der Dollen (* 1703, † 28. Aug. 1784), 1775 in Pasewalk ansässig, will ihr Vermögen bis auf 500 T. für ihren Mann zugesetzt haben, lebte kümmerlich von d. Interessen e. Kapitals von 500 T., verwies auf ihren im Krieg gefallenen Sohn, erhielt im Jan. 1778 e. Pension von 100 T., hinterließ keine Kinder; (**Großvater**: Curth Hildebrand (1661–1730), Gl u. Gouverneur von Kolberg); **Laufbahn**: Febr. 1758 Fähnrich im I-R Nr. 18, Aug. 1758 Sl, (Mrz. 1759 dim. bzw.) am 22. Okt. 1758 in Bautzen an bei Hochkirch erlittenen Blessuren gest.;

Quellen: GStA, I. HA, Rep. 43, Pakete 9234, 9240; IV. HA, Rep. 1, Nr. 80, Bl. 125 (Vater), Bl. 126 (d. Sohn danach dim.); Stabi, Ms. boruss. fol. 313 (lt. Abg.liste I-R Nr. 18 an Blessuren gest.); Albedyll, Anhang, S. 57*; Lehmann, Ritter, S. 17; Priesdorff, Nr. 176 (Großvater?);

Gl Friedrich Wilhelm LOELLHOEFEL VON LOEWENSPRUNG (* 16. Mrz. 1717, † 12. Febr. 1780) *

Vater: George Albrecht (1683–1733), KD-rat in Königsberg; **Mutter**: Anna Regina, geb. von Schroetter; **Laufbahn**: 1731 Junker im K-R Nr. 8, Juni 1736 Cornet, Jan. 1743 Ltnt., Sep. 1749 Stabs-Rittmstr., Dez. 1753 Rittmstr. u. Chef e. Escadron, Mrz. 1757 Major, Aug. 1758 Ol, Aug. 1758 Kommandeur d. K-R Nr. 8, Orden p.l.m., Febr. 1763 Kommandeur en chef d. K-R Nr. 5, Sep. 1764 GM, Mrz. 1771 Chef d. K-R Nr. 5, Aug. 1777 Gl; **Ehefrau**: Eleonore Luise, geb. von Broesigke (1731–1795), hinterließ keine Leibeserben; **Güter**: erwarb 1765, 1766 die Güter Schwellin im Ftm. Cammin u. Kl. Voldekow im Krs. Belgard vom damaligen Rittmstr. Reimar von Kleist; erwirkte am 23. Dez. 1765 ihre Allodifikation; d. Güter fielen nach 1780 zunächst an die Witwe, vor 1793 wurden sie dann von d. Major Joachim Ernst von Woedtke gekauft, s.d., sie hatten 1793 e. Wert von zs. 27/m T.;

Quellen: GStA, I. HA, Rep. 30, Nr. 44, L 69 h, Paket 9318; Nr. 243, Vas.tab. 1756, 1763, 1767, 1793, 1804; Brüggemann, T. 2/2, S. 598–599; Priesdorff, Nr. 556;

Fähnrich Johann Samuel Ferdinand von LOEPER (* 20. Dez. 1787, † 19. April 1876)

Vater: Johann George (1750–1820) *, Referendar bei d. Stettiner Regierung, im Sep. 1786 nobilitiert, General-Landschaftsrat, seit 1775 Erbherr auf Stramehl, Schmorow u. Zachow im Borckeschen Krs., seine Güter hatten 1804 e. Wert von 150/m T.; **Mutter**: Benigna Ulrike (1756–1834), e. To. d. Stettiner Reg.rates Johann Joachim Loeper; **Bruder**: Johann George Friedrich (1778–1856), Mrz. 1800 Fähnrich im I-R Nr. 36, April 1803 Sl, 1807 kein Zeugnis d. Wohlverhaltens, Erbherr auf Stramehl, hier 1827 gen.; **Bruder**: Johann Ludwig (1786–1850), Landschaftsrat; **Bruder**: Johann Wilhelm (1790–1872), 1805 Junker im I-R Nr. 7, 1808 als Ltnt. dim., später Cap.; **Laufbahn**: Nov. 1804 Fähnrich im I-R Nr. 22, Juni 1807 Sl, Aug. 1808 zum Kolberger I-R, Juni 1813 Pl, Juni 1813 zum 2. Garde-Reg. z.F., April 1814 Stabs-Cap., April 1815 Cap. u. Chef e. Comp., Aug. 1820 als Major dim., April 1822 Pension; **Güter**: Erbherr auf Stölitz, Dummadel u. Wurow im Ostenschen Krs.;

Quellen: GStA, I. HA, Rep. 30, Nr. 243, Vas.tab. 1793, 1804; IV. HA, Rep. 1, Nr. 80, Bl. 143 (J.G.F. hier als Fr. Aug.); VI. HA, Nl Gneisenau, Nr. 691; Brüggemann, T. 2/1, S., 354–355; Tb. Briefadel 1916, S. 609, S. 612; biogr. Handbuch, S. 585–586;

GM Carl Ludwig Gottlob (seit Nov. 1736 Loewenberger von) Schoenholtz (* 1712, † 6. Nov. 1789)*

Vater: Ludwig Schoenholtz (1686–1757), von 1716 bis 1757 Pfarrer in Marwitz u. Velten, Nov. 1736 nobilitiert, d. Sohn war aus Pommern gebürtig; **Mutter**: Marie Sophie, geb. Krüger; **Laufbahn**: 1744 Junker, Juni 1745 Cornet im D-R Nr. 1, Juli 1749 Sl, Mai 1757 Pl, Orden p.l.m., Nov. 1760 Stabs-Cap., Mai 1769 Cap. u. Chef e. Escadron, Mai 1771 Major, Dez. 1781 Kommandeur d. D-R Nr. 1, Mai 1782 Ol, Sep. 1784 Obrist, Mai 1788 als GM mit Pension dim.; **Ehefrau**: Anna, geb. Blessing;

Quellen: GStA, IV. HA, Rep. 1, Nr. 86, Bl. 168; Stabi, Ms. boruss. fol. 314 (in d. Ranglisten immer als von Schoenholtz); Probst, D-R Nr. 1, 1841, S. 158; Zedlitz, 3. Bd., S. 292; Brandenbg. Pf.buch, T. 2/2, S. 778 (Vater); Priesdorff, Nr. 770;

Cap. George Friedrich von Loewenclau (* um 1718)

aus Pommern gebürtig; **Laufbahn**: seit 1734 im Militär, Nov. 1742 Fähnrich im I-R Nr. 5, Dez. 1745 Sl, Juni 1754 Pl, Mrz. 1758 Stabs-Cap., Okt. 1759 Cap. u. Chef e. Comp., Sep. 1762 *cassirt*, suchte im Dez. 1782 um e. neuerliche Plazierung nach, gab damals an, wegen Blessuren d. Abschied erhalten zu haben, sei genesen u. wollte Offz. in einem d. neuen Reg. werden;

Quellen: GStA, I. HA, Rep. 96, Nr. 435 L, Bd. 3; IV. HA, Rep. 1, Nr. 80, Bl. 166; Stabi, Ms. boruss. fol. 313, Rangirrolle Saldern, Abgangsliste;

Cap. Gottfried Ulrich von Loewenclau (* um 1715, † 24. Aug. 1790)

Vater: (Carl, schwed. Cap.; **Bruder**: Carl Leopold (* 1727, † 3. Mrz. 1769), in Schwed.-Pomm. geb., Mrz. 1754 Fähnrich im I-R Nr. 44, Mai 1759 Sl, Nov. 1765 Pl, 1769 gest.); **Laufbahn**: Mai 1754 Fähnrich im I-R Nr. 26, Juli 1756 Sl, Febr. 1759 dim. (mit. Charakter Cap.); **Ehefrau**: Engel Theodora (Elisabeth) Francisca (1736–1812, e. To. von George Wilhelm von Uckermann auf Karkow; **Güter**: erwarb 1765 Groß Wachlin A u. Klein Wachlin sowie Roggow A im Krs. Saatzig von d. Lehnsfolgern d. verst. Cap. Friedrich Leopold von Uckermann, s.d., d. Güter hatten 1767 e. Wert von 17 350 T., d. Hypotheken betrugen 8 250 T., d. anderen Schulden beliefen sich auf 10 426 T., es hieß damals auch, hat d. *Kauf-Pretium nicht bezahlt*, vor wenigen Wochen seien einige Höfe abgebrannt, für deren Retablissement wären 2/m T. nötig; verpachtete Groß Wachlin 1776 auf sechs Jahre für

650 T. jährlich, geriet 1779 in e. Rechtsstreit mit d. Pächter, der bis nach 1783 andauerte; seit 1778 auch Erbherr auf Groß Wachlin B; veräußerte seine Güter Gr. u. Kl. Wachlin 1787 für 20/m T.; erwarb von d. Gläubigern von Sydow vor 1786 die auf 30/m T. taxierte u. bei Stettin gelegene *Entreprise* Bergland mit d. Dörfern Friedrichshof, Wilhelmsfelde u. Lanckenfelde für 16/m T., bekam dafür e. Anleihe d. Landschaft von 13450 T.; setzte in seinem Testament seine Frau u.d. sechs Kindern zu Universalerben ein; 1791 fand e. provisorische Auseinandersetzung d. Erben d. Cap. statt, dabei fiel d. Erbzinsgut Bergland, das 1784 auf 20150 T. taxiert worden war u. von dem jährlich 1680 T. Erbzins an d. Stettiner Kämmerei abgeführt werden mußten, an seine Witwe; mit Zustimmung d. Pupillenkollegiums durfte d. Erbzinsgut 1796 öffentlich verkauft werden; **Sohn**: Johann Caspar Wilhelm (* Mrz. 1764, † 24. Febr. 1804)*, 1779 Gefr.corp., Aug. 1783 Fähnrich im I-R Nr. 8, Juni 1787 Sl, Nov. 1794 Pl, Okt. 1797 Stabs-Cap., Sep. 1802 Cap. u. Chef e. Comp., 1804 zu Warschau als aktiver Offz. gest.; **Sohn**: Otto August (* 1778), Okt. 1794 Fähnrich im I-R Nr. 44, Mai 1796 Sl, Juni 1798 dim., Mrz. 1799 Erlaubnis, in fremde Dienste zu gehen, erhielt am 21. Okt. 1799 d. *venia aetatis*, hatte e. väterliches Vermögen von 7/m T.;

Quellen: GStA, I. HA, Rep. 30, Nr. 44, L 69 l, Paket 9319; Nr. 243, Vas.tab. 1767; Rep. 96, Nr. 435 L, Bd. 3; IV. HA, Rep. 1, Nr. 80, Bl. 166; Gesch. I-R Nr. 44, S. 64 (Bruder); Brüggemann, T. 2/1, S. 284–285; Brüggemann, Beiträge, 2, S. 159; Priesdorff, Offz.stammliste, S. 112 (Sohn J.C.W.);

Major Anton Carl von LOEWENFELD (* 1747, † 26. Sep. 1810)*

aus Pommern gebürtig; **Laufbahn**: seit 1760 im Militär, Juni 1762 Fähnrich im Garn.-Reg. Nr. 7, Mrz. 1765 zum I-R Nr. 23, Febr. 1768 Sl, April 1782 Pl, Mrz. 1789 Stabs-Cap., Dez. 1792 Cap. u. Chef e. Comp. im I-R Nr. 28, Okt. 1799 zum 3. Mousq.-Bat. versetzt, Febr. 1801 Major;

Quellen: GStA, IV. HA, Rep. 1, Nr. 80, Bl. 162; Stabi, Ms. boruss. fol. 316; Zedlitz, 3. Bd., S. 293;

Cap. August Christoph von LOEWENFELD (* 1744, † 6. Juli 1806)*

aus Pommern gebürtig; **Laufbahn**: seit 1761 im Militär, Juli 1766 Fähnrich, Sep. 1769 Sl im I-R Nr. 42, Mai 1781 Pl, Okt. 1792 mit Pension dim., Juni 1793 Cap. d. Invaliden-Comp. im I-R Nr. 29, 1806 als Offz. gest.;

Quellen: GStA, IV. HA, Rep. 1, Nr. 80, Bl. 162; Stabi, Ms. boruss. fol. 312;

Sergant Eggert Heinrich von LOJOW (* 1695)

aus Pommern gebürtig; **Laufbahn**: seit 1712 im Militär, 1721 Sergant im I-R Nr. 17;

Quellen: Stabi, Ms. boruss. fol. 316; Siebmacher, Bd. 6/9, 1894, S. 55–56;

Ltnt. Johann George von LOJOW (* um 1692)

aus Hinterpommern gebürtig; **Laufbahn**: seit etwa 1705 im Militär, Mrz. 1713 Sl, im Mai 1721 als Pl vom I-R Nr. 1 nach 14 Dj. dim.;

Quellen: Stabi, Ms. boruss. fol. 313 (hier als Logow), fol. 319 (als Logau);

Gl Mathias Ludwig von Lossow (* 7. Okt. 1717, † 12. Okt. 1783) *

Vater: Johann George (1670–1746), poln. Ol, Verweser d. Amtes Oletzko, M.L. aus Bandesow gebürtig; **Mutter**: Johanna Constantine, geb. von Zastrow aus Bandesow im Krs. Stolp; **Laufbahn**: Aug. 1731 *cadet* in Berlin, Mai 1734 Gefr.corp. im I-R Nr. 1, April 1738 Fähnrich, April 1740 Sl, Aug. 1740 als Pl zur Garde, Nov. 1743 Stabs-Cap., Febr. 1744 Cap. u. Chef e. Comp. im I-R Nr. 1, Juni 1753 Major beim Grenadier-Bat. Nr. 4, Dez. 1755 Kommandeur, für Strehlen Orden p.l.m., Dez. 1758 Ol, Febr. 1759 Obrist, Okt. 1765 Chef d. I-R Nr. 41, Mai 1766 GM, Aug. 1777 Gl, Mai 1782 mit Pension dim.; **Ehefrau**: Charlotte Louise, geb. Schneider (1732–1810); **Sohn**: Johann Friedrich Constantin (1767–1848), stand von 1781 bis 1786 im I-R Nr. 41, seit 1787 im I-R Nr. 29, Nov. 1795 Pl im I-R Nr. 21, Jan. 1801 Cap., Dez. 1803 Major, Aug. 1814 GM, Mrz. 1824 Gl;

Quellen: Stabi, Ms. boruss. fol. 312 (1746 Cap. im Grenad.-Bat. Nr. 4), fol. 313, fol. 315; Priesdorff, Nr. 569, Nr. 1282 (Sohn, als Lossau);

Cap. Carl Reinhold von Losthin (* 1756, † Mrz. 1826)

Vater: Franz Jacob (* 1717, † 1774), seit 1735 im Militär, 1740 Gefr.corp. im I-R Nr. 33 (bzw. Gefr.corp. im I-R Nr. 12), April 1744 Sl im Garn.-Bat. Nr. 9 in Geldern, vor 1756 abgegangen, seit 1751 Erbherr auf Vargow B im Krs. Stolp; **Mutter**: Catharina Juliane, geb. von Lietzen (* um 1720, † 25. Okt. 1791), sie bekam seit Sep. 1781 auf Fürsprache ihres Bruders, d. Majors u. späteren Oberforstmstrs. Franz Carl von Lietzen (* um 1720), s.d., e. Pension von 100 T.; **Laufbahn**: 1765 im Waisenhaus zu Potsdam, seit 1773 *cadet* in Berlin, 1775 Gefr.corp., Okt. 1780 Fähnrich im I-R Nr. 49, Mai 1782 Sl, Juli 1793 Pl, Okt. 1797 Stabs-Cap., Febr. 1806 Cap. u. Chef e. Comp., Juni 1813 Kommandeur e. Bat. bei d. schles. Landwehr, Dez. 1813 mit Pension dim.; **Güter**: in e. Supplik vom Mrz. 1778 aus Vargow bat seine Mutter um e. kgl. Pension, wies dabei hin, daß ihr Hof in Vargow vor zwölf Jahren abgebrannt sei, dieser hatte e. Wert von ca. 800 T., er war wegen ihrer Armut erst z.T. retabliert, konnte sich davon nicht ernähren, sie hatte noch zwei unversorgte Töchter: Anna Louisa (* 1746), bat 1783 um e. Pension, Renata Christiana (* 1755), diese war 1791 noch ledig u. besaß e. Vermögen von 250 T., bekam im Aug. 1797 e. Pension von 50 T.; (**verwandt**: Franz Jacob von Losthin (* 1747), Aug. 1763 *cadet* in Berlin, 1767 Fähnrich im I-R Nr. 39, als solcher noch 1770 gen.: Stabi, Ms. boruss. fol. 316; Crousaz, Beilage C, S. 35);

Quellen: GStA, I. HA, Rep. 30, Nr. 43, Paket 9236; II. HA, Abt. 13a, Tit. III, Litt L, Nr. 24 (Schwester R.C.); IV. HA, Rep. 1, Nr. 80, Bl. 216; Stabi, Ms. boruss. fol. 311, fol. 314, fol. 315, fol. 316, fol. 904 a; Brüggemann, T. 2/2, S., 1010;

Ol (Daniel) Johann Ernst von Losthin (* 1731) *

Vater: Christian (* um 1679), noch 1756 als Erbherr auf Anteil Vargow im Krs. Stolp im Wert von 400 T. gen.; **Laufbahn**: seit 1747 im Militär, Aug. 1756 Fähnrich im I-R Nr. 40, Juni 1758 Sl, Mai 1760 Pl, Okt. 1770 Cap. u. Chef e. Comp., Jan. 1783 Major, Sep. 1790 Ol, Dez. 1791 pens.;

Quellen: GStA, I. HA, Rep. 30, Nr. 243, Vas.tab. 1756 (hier als Daniel Ernst); IV. HA, Rep. 1, Nr. 80, Bl. 216 (als Joh. Ernst); Stabi, Ms. boruss. fol. 315;

Ltnt. Ernst Friedrich von Losthin († Febr. 1746)

Vater: Jacob († vor 1751); **Bruder**: Christian Gneomar, seit 1751 Erbherr auf Vargow A im Krs. Stolp im Wert von 850 T.; **Laufbahn**: 1736 Fähnrich im I-R Nr. 3, 1740 Sl, 1744 Pl, Febr. 1746 an bei Kesselsdorf erlittenen Blessuren gest.; **Güter**: löste 1743 Vargow A mit Zustimmung seines Vaters wieder ein, nach seinem Tod fiel d. Gut an d. Bruder C.G.;

Quellen: nicht in GStA, IV. HA, Rep. 1, Nr. 80, Bl. 216; Gesch. I-R Nr. 3, S. 191; Brüggemann, T. 2/2, S. 1009–1010 (hier Jacob als Vater d. Ltnts. Ernst Friedrich gen., C.G. als Bruder);

Cap. Wilhelm von Losthin (* 1732) *

aus Pommern gebürtig; **Laufbahn**: seit 1750 im Militär, Febr. 1758 Fähnrich im I-R Nr. 21, Mai 1763 Sl, Mai 1771 Pl, Juni 1777 Stabs-Cap., Mrz. 1779 Cap. u. Chef e. Comp., Dez. 1782 dim.;

Quellen: GStA, IV. HA, Rep. 1, Nr. 80, Bl. 216; Stabi, Ms. boruss. fol. 311 (1779 als Friedrich Michel v. L.);

Cap. Wilhelm Gneomar von Losthin (* 1765, † Aug. 1820)

Vater: Christian Gneomar, seit 1751 Erbherr auf Vargow A im Krs. Stolp im Wert von 850 T., hinterließ drei Söhne; **Mutter**: Christina Elisabeth, geb. von Schmude (* 1720), sie besaß 1781 e. Vermögen von 900 T.; **Vater-Bruder**: Ernst Friedrich († 1746), Ltnt., s.d.; **Bruder**: Michael Heinrich (1762–1839)*, Mai 1773 *cadet* in Stolp, April 1775 *cadet* in Berlin, Mrz. 1780 Fähnrich im I-R Nr. 31, Sep. 1781 Sl, Okt. 1783 Inspek.-Adjutant bei General Bogislav Friedrich von Tauentzien, Sep. 1785 als Inspek.-Adjutant zu GM Fr. Wilhelm von Goetzen, Sep. 1789 Cap., Jan. 1798 Major, Jan. 1801 Kommandeur d. Grenadier-Bat. vom I-R Nr. 49, Juli 1808 Ol, Febr. 1809 Kommandeur d. 2. Schles. I-R, Juni 1810 Orden pour le mérite, Febr. 1811 Obrist, Mai 1814 GM, Sep. 1815 Abschied als Gl; **Laufbahn**: Mai 1776 *cadet* in Stolp, April 1777 *cadet* in Berlin, Mai 1785 Fähnrich im I-R Nr. 36, April 1788 Sl, Okt. 1797 Pl, Jan. 1803 Stabs-Cap., Juli 1809 Cap., Mrz. 1811 zur pomm. Garn.-Comp., Mai 1813 1. pomm. I-R Garn.-Bat., April 1817 als Major dim., 1820 gest.; **Güter**: seit mind. 1794 Erbherr auf Vargow A im Wert von 4/m T., 1802 bezifferte er d. Wert seines Gutes auf 8/m T., darauf Pfandbriefe über 3/m T., suchte um e. Beihilfe über 5/m T. nach, 1804 Besitzer des ganzen Gutes (A bis D);

Quellen: GStA, I. HA, Rep. 30, Nr. 243, Vas.tab. 1756, 1794, 1800, 1804; II. HA, Abt. 13 a, Tit. I, Litt S, Nr. 32; IV. HA, Rep. 1, Nr. 80, Bl. 216; Brüggemann, T. 2/2, S. 1009–1010; Crousaz, Beilage C, S. 36 (Bruder M.H.); Stolper Kadetten, S. 5, S. 9; Priesdorff, Nr. 1 218 (Bruder M.H., hier mehr zur Familie);

Major Samuel Friedrich Heinrich von Lubath (* 1756, † 4. Okt. 1834)

Vater: Carl Emilius (* 1711, † 17. April 1762), aus d. Mittelmark gebürtig, stand zeitlebens in d. Garnison Demmin (bzw. Anklam), seit 1725 im Militär, Mrz. 1731 Fähnrich im I-R Nr. 30, Jan. 1735 Sl, Okt. 1738 Pl, April 1742 Stabs-Cap., Juni 1743 Cap. u. Chef e. Comp., Mai 1757 Major, April 1762 Ol, einen Tag nach seiner letzten Beförderung zum Kommandeur e. Grenadier-Bat. im I-R Nr. 30 bei Torgau gest.; **Mutter**: e. geb. (Pension) aus Demmin († 1793), Tochter e. Torschreibers; **Vater-Brüder**: Johann († 17. Dez. 1744), Nov. 1735

Fähnrich im I-R Nr. 30, Okt. 1740 Sl, als solcher 1744 gest.; Martin († Aug. 1743), Febr. 1723 Fähnrich im I-R Nr. 1, Aug. 1724 Sl, Juli 1732 Pl, April 1740 Stabs-Cap., Mai 1740 Cap. u. Chef e. Comp. im I-R Nr. 37, 1743 in Groß-Glogau gest. **Laufbahn**: aus Hochachtung für seinen Vater soll Gl Joachim Friedrich von Stutterheim d. Sohn S.F.W. beim I-R Nr. 30 angestellt u. dann bei seiner Umsetzung von Anklam nach Königsberg mitgenommen haben, stand seit 1774 im Regiment, Sl im I-R Nr. 2, Sep. 1786 Pl, Dez. 1790 Stabs-Cap., Mrz. 1798 Cap., Juni 1806 Major, Febr. 1810 mit d. Charakter Ol dim.; **Schwestern**: Maria Elisabeth (* 1752) u. Sophia Dorothea (* 1753), beide hatten sich bis dahin von Handarbeit *redlich ernährt*, suchten im Jan. 1805 aus Demmin mit Verweis auf Vater u. Bruder um e. Pension aus d. pomm. Meliorationsfonds nach, sie besaßen damals e. Kapital von je 500 T., mußten davon aber jährlich zusetzen;

Quellen: GStA, II. HA, Abt. 13 a, Tit. III, Litt D, Nr. 2; Litt L, Nr. 28 (Schwestern, Hinweis auf d. Onkel); IV. HA, Rep. 1, Nr. 80, Bl. 226 (d. Ol hier als F.W., lt. d. Schwestern: Samuel Fr. Hr.); Stabi, Ms. boruss. fol. 311, fol. 316; Oelsnitz, I-R Nr. 2, S. 541, S. 565, S. 576, S. 928;

Cap. Bogislav Ferdinand von Lübtow (* 10. Dez. 1759, † 25. Juli 1812)*

Vater: Johann Jacob (* um 1713, † vor 1791), 1771, 1778 als Erbherr auf Lübtow (B bzw.) D im Distrikt Lauenburg im Wert von 600 fl. genannt, hatte vier Söhne; **Mutter**: Dorothea Sophia, geb. von Lebinsky; **Bruder**: Johann Jacob (* um 1747), seit 1766 im Militär, Nov. 1770 Fähnrich im I-R Nr. 7, 1774 als solcher nach 7 Dj. dim., später Erbherr auf Gr. Lübtow D im Wert von 1 800 fl.; **Bruder**: Paul Gottlieb (* 1753, † 1816), Juni 1769 *cadet* in Stolp. Mai 1771 *cadet* in Berlin, 1778 Sl im Grenadier-Bat. Nr. 10, Jan. 1787 Pl, Juni 1790 Stabs-Cap., Mai 1795 Chef e. Comp., Jan. 1806 Major u. Bat.-Kommandeur, Direktor d. Kriegsschule in Breslau, seit 1791 in erster Ehe verh. mit Johanne Wilhelmine Charlotte, To. d. Salzfactors Giersberg; **Laufbahn**: Juni 1769 *cadet* in Stolp, April 1773 *cadet* in Berlin, 1779 Gefr.corp., dann Fähnrich, Nov. 1783 Sl im I-R Nr. 25, Juni 1792 Pl, Okt. 1797 Stabs-Cap., Mrz. 1802 Cap. u. Chef e. Comp., Febr. 1810 Major; **Ehefrau**: Caroline Louise Henriette, e. To. d. Regimentsquartiermeisters Hichtel; (**verwandt,** identisch mit d. Vater Joh. Jacob?: Jacob Bogislav von Lübtow (* 1715), seit 1730 im Militär, Dez. 1735 Fähnrich, Mrz. 1739 Sl im I-R Nr. 16, Jan. 1742 Abschied: Stabi, Ms. boruss. fol. 311, Kopka v. Lossow, Offz.liste, S. 8*);

Quellen: GStA, I. HA, Rep. 30, Nr. 249, Vas.tab. 1771, 1778; Rep. 176, Nr. 5347; IV. HA, Rep. 1, Nr. 80, Bl. 264; VIII, HA, Slg. A.B. König, Nr. 449; Stabi, Ms. boruss. fol. 314; Stolper Kadetten, S. 2;

Ltnt. Carl Bogislav von Lübtow (* 1693)

aus Pommern gebürtig; **Laufbahn**: trat 1715 in d. Militärdienst ein, stand 1725 als Fähnrich im I-R Nr. 26, seit 1727 Ltnt. in e. Garn.-Comp. in Emden, (1732 Ltnt. im Bat. von Beaufort), 1734 hier noch genannt, vor 1740 abgegangen;

Quellen: Stabi, Ms. boruss. fol. 311, fol. 314;

Cap. Carl Friedrich von Lübtow (* 16. Jan. 1757, † 17. Mai 1835)

Vater: Carl Friedrich († vor 1792), Erbherr auf Lübtow B im Distrikt Lauenburg; **Mutter**: Barbara Louisa, geb. von (Suborzewska); **Bruder**: Franz Matthias (* um 1749), 1771 u. 1778 als Erbherr auf Groß Lüblow C im Wert von 2 100 fl. genannt; **Laufbahn**: Juni 1769 *cadet* in Stolp, Mai 1771 *cadet* in Berlin, seit 1774 im Regiment, 1778 Fahnenjunker, 1779 Fähnrich im I-R Nr. 3, Jan. 1783 Sl, Mai 1792 Pl, Mrz. 1796 Stabs-Cap., Febr. 1803 Cap. u. Chef e. Comp., Aug. 1810 Major, Dez. 1813 pens.; **Ehefrau**: Friederike Ernestine, geb. von Windheim;

Quellen: GStA, I. HA, Rep. 30, Nr. 249, Vas.tab. 1771, 1778; Rep. 176, Nr. 5347; IV. HA, Rep. 1, Nr. 80, Bl. 264; Stabi, Ms. boruss. fol. 310, fol. 314; Stolper Kadetten, S. 2;

Ltnt. Christian Anton von Lübtow (1754–1809)

(**Vater**: Joachim, 1756 als Erbherr auf Anteil Klein Lüblow u. Anteil Lübtow in Lauenburg gen.); **Mutter**: Catharina, geb. von Diezelsky († 18. Dez. 1788), sie bezog seit Mai 1772 e. Pension von 100 T., gest. zu Jezow im Distrikt Lauenburg; **Bruder**: Johann Wilhelm (* 1737), 1756 als Fähnrich im Garn.-Reg. Nr. 8 gen., hatte 1788 seinen Wohnsitz in Zelasen im Distrikt Lauenburg; **Schwester**: Abigail verwitw. von Wittke, geb. von Lübtow; **Neffe**: Franz Ferdinand von Wittke (* 1. Sep. 1778), seit Okt. 1786 *cadet* in Stolp, April 1792 *cadet* in Berlin; **Laufbahn**: seit 1769 im Regiment, Jan. 1775 Fähnrich im I-R Nr. 44, später Sl, 1788 ins Depot-Bat. d. I-R Nr. 44, Dez. 1791 pens.;

Quellen: GStA, I. HA, Rep. 30, Nr. 243, Vas.tab. 1756; II. HA, Abt. 13a, Tit. III, Litt L, Nr. 3 (Mutter); IV. HA, Rep. 1, Nr. 80, Bl. 264; Stabi, Ms. boruss. fol. 312 (J.W. nicht in d. Rangliste f. 1756);

Cap. Ernst Genomar von Lübtow (* um 1744)

Vater: George, Erbherr auf Anteil Lübtow im Distrikt Lauenburg; **Bruder**: Michael Christian (* um 1749, † vor 1800), 1771, 1778 Erbherr auf Lübtow C im Wert von 6600 fl, 1785 auch Erbherr auf Kerschkow in Lauenburg, hinterließ u. a. d. Sohn George Ernst Bogislav, **Laufbahn**: trat um 1761 in d. Militärdienst ein, 1764 Junker im D-R Nr. 1, 1774 als Sl genannt, Mrz. 1783 Pl, Sep. 1787 Stabs-Cap. im D-R Nr. 1, Mai 1788 dim., Dez. 1790 Postmstr. in Angermünde;

Quellen: GStA, I. HA, Rep. 30, Nr. 243, Vas.tab. 1756; Nr. 249, Vas.tab. 1771, 1778; II. HA, Abt. 13a, Tit. I, Litt L, Nr. 6 (Bruder); IV. HA, Rep. 1, Nr. 80, Bl. 264; Stabi, Ms. boruss. fol. 314;

Cap. Ludwig Wilhelm von Lübtow (* 1760, † 24. Jan. 1836)

Vater: Johann Gneomar (* um 1718, † 1790), 1771 Erbherr auf Groß Lüblow A, Groß Lüblow B u. Klein Lüblow B im Distrikt Lauenburg im Wert von 18600 fl., hatte drei Söhne; **Mutter**: e. geb. von Lübtow (* 1730), sie besaß 1794 zs. mit ihren zwei Töchtern e. Gutsanteil im Wert von 1333 T.; **Bruder**: Johann Ferdinand (1755–1789), seit 1771 im Militärdienst, 1778 Cornet im H-R Nr. 10, Juni 1780 Sl, 1789 als aktiver Offz. gest.; **Bruder**: Friedrich Ernst (* um 1765), Mai 1777 *cadet* in Stolp, Mai 1779 *cadet* in Berlin, (Mai 1782 Gefr.corp. im I-R Nr. 11 bzw.) Fähnrich im Garn.-Reg. Nr. 1, 1784 dim., hielt sich nach d. Abschied bei seinem Vater auf, dieser bat im April 1786 um e. erneute Plazierung d. Sohnes, konnte letzteren von seinem verschuldeten Gutsanteil nicht unterhalten, weil er noch etliche Töchter ernähren mußte; **Laufbahn**: *cadet* in Berlin, seit 1777 im Regiment, Okt. 1780 Fähnrich im I-R Nr. 16, (Mai 1784 bzw.) Juni 1787 Sl, Mai 1790 Pl, Okt. 1796 Stabs-Cap., (Mrz. bzw.) Juli 1801 Cap. u. Chef e. Comp., Jan. 1808 beim IV. Ostpreuß. I-R, Aug. 1809

Major, Mrz. 1813 Kreis-Brigadier bei d. Gendarmerie, Dez. 1820 dim., Juli 1833 Ol; **Ehefrau**, seit Mai 1792: Marie Wilhelmine Charlotte, e. To. d. Landesdirektors Julius Wilhelm von Ostau;

Quellen: GStA, I. HA, Rep. 30, Nr. 249, Vas.tab. 1771, 1778; Rep. 96, Nr. 435 L, Bd. 3; II. HA, Abt. 13 a, Tit. III, Litt L, Nr. 1, Bde. 1 u. 2; Litt L, Nr. 10; Rep. 176, Nr. 5347; IV. HA, Rep. 1, Nr. 80, Bl. 264; Stabi, Ms. boruss. fol. 311; Kopka v. Lossow, Offz.liste, S. 20*; Stolper Kadetten, S. 9;

Major Michael Gottlieb von Lübtow (1724–1795)

Vater: Matthias Ernst, Erbherr auf Anteil Lübtow, auf Bichow u. *Kathen* Koppelin im Distrikt Lauenburg; **Bruder**: Franz, 1756 als Erbherr auf Anteil Lübtow gen.; **Bruder**: Carl Ernst (1713–1757), seit 1728 im Militärdienst, 1730 Corp. im I-R Nr. 16, Dez. 1735 Fähnrich, Dez. 1738 Sl, Mai 1742 Pl, Juni 1750 Stabs-Cap., April 1752 Cap. u. Chef e. Comp., an bei Gr.-Jägersdorf im Aug. 1757 erlittenen Blessuren gest.; **Laufbahn**: seit 1738 im Reg., Nov. 1741 Fähnrich im I-R Nr. 16, April 1745 Sl, Aug. 1752 Pl, Aug. 1758 Cap. u. Chef e. Comp., Juli 1772 Major, Nov. 1774 wegen kränkl. Umstände dim. (bei Ausbruch d. Bayer. Erbfolgekrieges Kommandeur d. 2. Bat. d. I-R Nr. 16, wurde während d. Marsches krank, aus d. Lager bei Nachod nach Neiße gebracht u. im Nov. 1778 gegen seinen Willen dim., *abgeschafft*), erhielt keine Versorgung, nach mehreren Immediatgesuchen schließlich mit e. Pension von 100 T. bedacht; **Güter**: 1771, 1778 auf Bichow B im Distrikt Lauenburg im Wert von 9500 fl. gen.; suchte am 1. Febr. 1787 vergeblich um e. Gratialgut nach, verwies auf seine 40 Dj., auf Frau, drei Kinder u. seine schlechte Vermögenslage; **Ehefrau**: Maria Dorothea, geb. von Calbow (* 1737); **Sohn**: Friedrich Wilhelm Carl (* 17. Mrz. 1769, † 1855), Juli 1779 *cadet* in Stolp, Juni 1783 *cadet* in Berlin, Juli 1787 Sl im Füsilier-Bat. Nr. 3, Nov. 1799 dim.; **Sohn**: Friedrich Ferdinand Leopold (get. 4. Jan. 1771, † 24. Sep. 1813), Juni 1780 *cadet* in Stolp, Juni 1786 *cadet* in Berlin, Mai 1788 Sl im Füsilier-Bat. Nr. 3, Mai 1804 Pl, Jan. 1808 zum 1. Westpreuß. I-R, Juli 1810 Stabs-Cap., Nov. 1812 Chef e. Comp., 1813 als aktiver Offz. in Prag gest.; (**verwandt**: Franz von Lübtow (* 1701), seit 1721 im Militär, 1728 Corp. im I-R Nr. 4: Stabi, Ms. boruss. fol. 313);

Quellen: GStA, I. HA, Rep. 30, Nr. 44, L 69 d, Paket 9314; Nr. 243, Vas.tab. 1756; Nr. 249, Vas.tab. 1771, 1778; Rep. 176, Nr. 5347; IV. HA, Rep. 1, Nr. 80, Bl. 264 (kz. Notiz: Nov. 1778 abgeschafft); Stabi, Ms. boruss. fol. 311; Kopka v. Lossow, Offz.liste, S. 8* (Bruder C.E.), S. 10* (danach 1774 dim.); Stolper Kadetten, S. 12–13 (Söhne);

Obrist George Hartwig von Lüderitz (* 1700, † 1778)*

Vater: Gerhard Friedrich (* 1650, † vor 1726), Erbherr auf Weißen in d. Prignitz; **Mutter**: Margarethe Ehrentraut, geb. von Platen; **Bruder**: David Christoph (* 1688, † 28. Jan. 1749), April 1706 Fähnrich im I-R Nr. 7, Mai 1710 Sl, 1713 als Pl gen., Sep. 1716 Stabs-Cap., Aug. 1718 Cap. u. Chef e. Comp. im I-R Nr. 7, Aug. 1725 Major, Mrz. 1739 (als Ol) dim., seit 1741 Erbherr auf Rosenhagen in d. Prignitz; **Laufbahn**: seit 1716 im Militär, Febr. 1720 Fähnrich im I-R Nr. 7, Sep. 1725 Sl, Nov. 1730 Pl, Mai 1736 Stabs-Cap., Mrz. 1737 Cap. u. Chef e. Comp., Juni 1745 Major, Juni 1755 Ol, Febr. 1757 Obrist, Mrz. 1757 dim.; **Güter**: erwarb 1765 für 44/m T. Cunow bei Bahn von F.W. von Kunow, d. Gut fiel 1778 an seine **Tochter** Wilhelmine Friederike verh. von Schmiedeberg, 1793 u. 1804 wurde Cunow nur noch mit 36/m T. angegeben;

Quellen: GStA, I. HA, Rep. 30, Nr. 243, Vas.tab. 1767, 1793, 1804; IV. HA, Rep. 1, Nr. 80, Bl. 273; Stabi, Ms. boruss. fol. 314; Brüggemann, Beiträge, 2, S. 105; Tb. Uradel 1919, S. 467, S. 469;

Cap. Jacob Albrecht von Lüskow (* um 1707, † 18. Aug. 1758)

Vater: Balthasar Erdmann (* um 1677, † 1739), Erbherr auf Anteil Blesewitz, auf Butzow u. ½ Lüskow im Krs. Anklam, hinterließ neun Kinder; **Bruder**: Heinrich Christoph, vor 1751 Erbherr auf Blesewitz, verh. mit Lucretia von Kloeden; (**Bruder**: Bogislav Erdmann (* 1706), seit 1724 im Militär, 1728 Ltnt. im D-R Nr. 6, noch 1728 abgegangen); **Laufbahn**: engagierte sich im I-R Nr. 24, nahm 1728 als Fähnrich nach zwölf Dj. seine Dimission, erhielt später d. Charakter Cap.; **Ehefrau**: Charlotte Juliane, e. geb. von Wrede (bzw. Wieden); **Sohn**: Erdmann Hans Christoph (* um 1736, † 18. Juni 1757), stand 1756 als Leibpage beim König, Gefr.corp. im 1. Bat. Garde, bei Kolin gefallen; d. Cap. J.A. hatte 1758 Aktiva von 26 130 u. Passiva von 31 189 T.; hinterließ als letzter d. Familie fünf **Töchter**: Anna Juliana (1734–1798), verh. mit d. Major Ulrich Christoph von Parsenow (1719–1766), sie verzichtete 1758 auf alle Rechte an d. väterl. Gütern, Ulrike Barbara Sophie, 1771 verh. mit d. Major, sp. GM Gideon Friedrich von Wolky, s.d., Dorothea Elisabeth Augusta (* um 1736), Henriette Charlotta (* um 1735), verh. mit d. Landrat Christian Ludwig von Restorff u. Beata Hedwig von Lüskow (* um 1748), verh. Major von Berg; **Güter**: seit 1739 Erbherr auf ½, seit 1741 auf ganz Lüskow, auf Blesewitz u. Butzow im Wert von 65/m T.; verpfändete 1751 Blesewitz auf 25 Jahre an Johann Christian Müller; bat am 21. Juli 1757 nach d. Tod seines einzigen Sohnes vergeblich um d. Allodifizierung seiner Güter; 1758 lagen auf Lüskow u. Butzow Schulden von 31 189 T.; die Güter gerieten nach 1763 in Konkurs, 1772 lagen auf Lüskow u. Butzow Schulden von 44 397 T., davon 35 274 Kapital u. 9 123 T. Zinsen; d. Töchter d. Cap. baten im Febr. 1772 vergeblich darum, d. väterl. Güter an d. Geh. Stiftsrat Brüning für 35/m T. verkaufen zu dürfen; Butzow u. Lüskow wurden 1773 für 20 750 T. von d. Cap. Jarislav Ulrich Friedrich u. d. Cap Curt Friedrich Christoph Gebr. von Schwerin, s.d., vom I-R Nr. 7 gekauft; die Töchter Dorothea, Henriette u. Beata von Lüskow baten in d. Jahren 1774 bis 1778 mehrfach um e. Pension aus d. pomm. Meliorationsfonds;

Quellen: GStA, I. HA, Rep. 30, Nr. 44, H 55 b, Paket 9 290 (e. Cap. Christoph Dettloff v. L. auf ½ Lüskow ist um 1741 gest.); Nr. 44, L 69 f, Paket 9 318; Nr. 243, Vas.tab. 1756, 1763, 1767; Stabi, Ms. boruss. fol. 314, fol. 316 (J.A. nur in d. Abgangsliste I-R 24); Brüggemann, Vorpommern, S. 57–58; Zedlitz, 3. Bd., S. 317; Orlop, D-R Nr. 6, Anhang, S. 125*; Dt. Herold, 38 (1907), S. 104;

Major Hans Gotthard Benno von Lüttitz (* um 1768, † 14. Febr. 1832)

Vater: Hans Rudolph, Erbherr auf Petersdorf in Schlesien; **Laufbahn**: engagierte sich 1782 im Militärdienst, Dez. 1784 Cornet im D-R Nr. 11, Mai 1788 Sl, Juli 1793 Pl, Nov. 1794 Stabs-Rittmstr., Sep. 1800 Rittmstr., April 1801 zum D-R Nr. 1 versetzt, Febr. 1806 Major, Dez. 1810 dim.; **Güter**: erwarb um 1802 d. Gut Kloxin im Krs. Pyritz für 69/m T., d. Landrat bez. d. Kaufpretium als überhöht, er schätzte d. Wert auf unter 60/m T.; d. Gut war für jährlich 3 100 T. verpachtet, allein d. jährl. Zinszahlungen betrugen jedoch 3 500 T., so daß d. Rittmstr. zuschießen mußte; versuchte seit 1803 d. Gut wieder zu verkaufen, wobei bei d. *Licitation* auch Bürgerliche zugelassen werden sollten, um e. höheren Preis zu erzielen; e. Verkauf an d. Ltnt. von Heycking im Frühjahr 1803 kam nicht zustande; im Aug. 1805 erhielt H.G.B. d. Erlaubnis, Kloxin an d. Ökonomen Carl Heinrich Gaedicke aus Schwed.-Pommern für 88/m T. zu verkaufen; **Brüder**: Rudolph, kursächs. Cap.; Christian, Gutsbesitzer in Schlesien;

Quellen: GStA, I. HA, Rep. 30, Nr. 243, Vas.tab. 1804; Nr. 244, Paket 9993; IV. HA, Rep. 1, Nr. 80, Bl. 300 (hier als H. Gottfried B.) Stabi, Ms. boruss. fol. 313;

Cap. Alexander Ferdinand Ignatz von MACH (* Aug. 1764, † 5. Nov. 1831) *

Vater: Ernst, 1756 Erbherr auf Anteil Schluschow im Distrikt Lauenburg; (**Bruder**: Hans Jacob, 1800 Cap. im I-R Nr. 19); **Laufbahn**: Juni 1787 Fähnrich im I-R Nr. 39, Okt. 1788 Sl, Nov. 1793 pens., April 1794 Charakter Cap., Jan. 1799 als Postmstr. in Pyritz versorgt, als solcher im Jahr 1800 genannt; **Güter**: 1804 als vorm. Cap. u. Erbherr auf Gaffert u. Grünheide im Krs. Stolp im Wert von 10/m T. gen.; **Ehefrau**: Dorothea Sophia (1766–1848), Tochter von Hans Felix von Pirch, s.d., geschiedene Gräfin von Wartensleben; **Sohn**: Hans Ferdinand (* 11. Mrz. 1797), 1806 *cadet* in Stolp;

Quellen: GStA, I. HA, Rep. 30, Nr. 243, Vas.tab. 1804; Rep. 176, Nr. 6348 (hier A.F.I., auch ein Joh. Jac. Dietr., 1763 in Westpr. geb., 1796 SC beim Depot.-Bat. d. I-R 19, in d. Rep. 1 als J.Fr.); IV. HA, Rep. 1, Nr. 81, Bl. 6 (A.F.I., hier kein H.J., nur d. Cap. Joh. Fr., s.d.); Stabi, Ms. boruss. fol. 907 a (1806 kein Cap. v. M. im I-R Nr. 19); Stolper Kadetten, S. 46;

Ltnt. Ernst von MACH († 8. Dez. 1749) *

aus Pommern gebürtig; **Laufbahn**: Aug. 1742 Fähnrich im I-R Nr. 44, als Sl 1749 gest.;

Quellen: GStA, IV. HA, Rep. 1, Nr. 81, Bl. 6 (kz. Notiz); Stabi, Ms. boruss. fol. 312 (Abgangsliste I-R 44); Gesch. I-R Nr. 44, S. 41;

Ltnt. Franz von MACH (1706–1742)

aus Pommern gebürtig; **Laufbahn**: seit 1722 im Militär, Mrz. 1729 Fähnrich, Nov. 1734 Sl im I-R Nr. 29, im Mrz. 1740 noch als solcher gen., am 12. Mai 1742 bei Czaslau gefallen;

Quellen: Stabi, Ms. boruss. fol. 316, nicht in IV. HA, Rep. 1, Nr. 81;

Cap. Jacob Leopold von MACH (* 14. Juni 1745)

Vater: Christian Adam († 22. Sep. 1761), Erbherr auf Gartkewitz A im Distrikt Lauenburg; **Mutter**: Eva Sophia, geb. von Brockhusen; **Bruder**: Adolph (* 1739), 1771 als Erbherr auf Gartkewitz A im Wert von 6500 fl. genannt, 1801 auf Gartkewitz A für 2666 T. u. Kl. Perlin A für 5/m T.; **Laufbahn**: 1762 Gefr.corp., Juni 1763 Fähnrich im I-R Nr. 44, Jan. 1775 als Ltnt. dim., erhielt später d. Charakter Cap.; **Güter**: 1801 als Erbherr auf Merzinke im Krs. Lauenburg im Wert von 5/m T. gen.; **Sohn**: Johann Christoph (* um 1779), April 1794 Fähnrich im I-R Nr. 14, Jan. 1795 Sl, Febr. 1802 Pl, Frühjahr 1807 Suizid; **Sohn**: Wilhelm Ernst (* um 1787, † 6. Aug. 1824), 1801 Junker im I-R Nr. 17, Febr. 1804 Fähnrich, Mai 1806 Sl, Juni 1813 beim 3. Westpreuß. Landwehr-Kav.-Reg., Mrz. 1819 Rittmstr.;

Quellen: GStA, I. HA, Rep. 30, Nr. 243, Vas.tab. 1756; Nr. 249, Vas.tab. 1771, 1801, 1804; IV. HA, Rep. 1, Nr. 81, Bl. 6 (danach wurde e. Ltnt. v. M. vom I-R 44 im Jan. 1775 dim.; J.C. u. W.E.); Gesch. I-R Nr. 44, S. 69;

Ltnt. Joachim Christian von Mach (* um 1700, † 1762)

aus *Cassuben* gebürtig; **Laufbahn**: seit 1715 im Militär, 1719 Gefr.corp. im I-R Nr. 17, stand dann mehr als 30 Jahre im I-R Nr. 31, Febr. 1729 Fähnrich, im Juni 1740 hier als Pl gen., war vor 1740 beständig auf Werbung im Reich, machte d. ersten beiden Schlesischen Kriege mit, 1747 wegen Blessuren u. Kränklichkeit dim., besaß kein eigenes **Gut**; hinterließ seiner Witwe u. zwei unmündigen Tö nur e. geringes Vermögen, d. Tochter C.G. besaß 1786 e. Kapital von 150 T., war krank u. bettlägrig; **Ehefrau**: Anna Margarethe, geb. von Felstow (* 2. Mrz. 1722, † 5. Aug. 1791), in zweiter Ehe verh. mit d. poln. Cap. von Careé, sie bat 1781 als Witwe Cap. von Careé zs. mit d. **Tochter** erster Ehe Constantia Gottlieb von Mach (* um 1750) um e. Pension aus d. pomm. Meliorationsfonds, gab an, bei zwei Konkursen 3 500 fl. sowie die Zinsen dafür verloren zu haben, hätte sich bisher von Pachtungen ernährt u. zuletzt d. *Gütchen* ihres Bruders bewirtschaftet, mußte dieses nach seiner Dimission räumen; Bruder: Obrist Jacob Philipp von Felstow, s.d.; die Witwe bekam im April 1784 e. Pension von 50 T., d. Tochter erhielt seit Nov. 1793 50 T.;

Quellen: GStA, I. HA, Rep. 30, Nr. 43, Paket 9 240; II. HA, Abt. 13 a, Tit. III, Litt L, Nr. 1, Bd. 1; Tit. M, Nr. 28 (Tochter); Stabi, Ms. boruss. fol. 314;

Cap. Johann Christoph von Mach (* 1734, † 13. Jan. 1792)

aus Hinterpommern gebürtig; **Mutter**: Silvia Christina, geb. von Below (* um 1704), sie war seit 1765 Witwe, hatte fünf Töchter u. e. Sohn, legte im Jan. 1776 ihr Armen-Attest vor, um in d. Genuß e. kgl. Pension zu kommen, von ihr wurde im Febr. 1776 d. Nachweis gefordert, daß ihr Sohn wirklich als Offizier dient, auch sei (in Berlin bzw. Stettin) *keine adlige Familie von Mach* bekannt; **Laufbahn**: Juni 1749 *cadet* in Berlin, 1755 Fähnrich im Garn.-Reg. Nr. 5, im Sep. 1773 hier als Stabs-Cap. gen., 1788 beim Depot-Bat. d. I-R Nr. 5, 1792 gest.;

Quellen: GStA, I. HA, Rep. 30, Nr. 43, Paket 9 235; IV. HA, Rep. 1, Nr. 81, Bl. 6; Stabi, Ms. boruss. fol. 314 (nur in d. Liste d. Garn.-Reg. 5 für 1764); Crousaz, Beilage C, S. 35;

Cap. Johann Friedrich von Mach (* 1756, † 11. Juni 1832)

Vater: Ltnt. bei Bornstedt († vor 1787), d. Sohn aus Lauenburg gebürtig; **Mutter**: e. Tochter († vor 1787) d. Land-Kavaliers von Tockerska; **Bruder**: stand 1787 als Ltnt. bei Bornstedt; **Laufbahn**: seit 1774 im I-R Nr. 17, Fähnrich, Juni 1783 Sl, 1787 zum Garn.-Bat. Nr. 3, 1788 beim Depot-Bat. d. I-R Nr. 19, Dez. 1795 Stabs-Cap., Okt. 1802 Cap. u. Chef e. Comp., Sep. 1813 pens.;

Quellen: GStA, IV. HA, Rep. 1, Nr. 81, Bl. 6; Stabi, Ms. boruss. fol. 311, fol. 316 (in d. Liste d. Garn.-Bat. Nr. 3 für 1787 Hinweise auf d. Eltern u.d. Bruder);

Ltnt. Johann Jacob von Mach (* 1782, † 30. Sep. 1847)

Vater: Johann Joseph (* 1750), Erbherr auf Groß Lüblow B im Distrikt Lauenburg, 1802 zeigte Landrat Ernst Carl Ludwig von Weiher an, daß sich d. Eltern d. Fähnrichs kümmerlich vom Fischen ernährten, sie besaßen nur e. Gutsanteil von der Größe e. Kossäten-Hofes, der zudem völlig verschuldet war; **Großvater**: Johann Jacob (* um 1713, † um 1775), Erbherr auf Anteil Groß Lüblow (B) im Wert von 500 T., hinterließ d. Söhne Christoph (* 1746), Johann (* 1750) u. Anton (* 1751), sie besaßen d. väterl. Gutsanteil gemeinsam u. verrichteten daneben Handarbeit; **Vater-Schwester**: Marianna Ludovica von Mach, diese genoß 1802 e. Pension von 50 T.; **Bruder**: Adolph David (1778–1807), Aug. 1787 *cadet* in Stolp, April 1793 *cadet* in Berlin, Juni 1795 Fähnrich im I-R Nr. 57, Mai 1796 Sl, als solcher 1807 gest.; **Laufbahn**: Juli 1790 *cadet* in Stolp, Okt. 1794 *cadet* in Berlin, Febr. 1800 Fähnrich im I-R Nr. 8, suchte im Febr. 1802 vergeblich um e. Pension für seine Eltern nach, Mai 1802 Sl, Dez. 1807 ausgeschieden, Jan. 1813 zum Garn.-Bat. d. Kolberger I-R, Febr. 1814 zum 9. Reserve-I-R, Mrz. 1814 Pl, Sep. 1815 Cap. beim 3. Westpreuß. Landwehr-I-R, Mrz. 1822 ausgeschieden, 1844 Charakter Major,

Quellen: GStA, I. HA, Rep. 30, Nr. 249, Vas.tab. 1771, 1804 (hier nur A.D. als Offz. gen.); II. HA, Abt. 13 a, Tit. III, Litt M, Nr. 31; IV. HA, Rep. 1, Nr. 81, Bl. 6; Rangliste 1806, S. 60; Stolper Kadetten, S. 22–23, S. 26;

Fähnrich Johann Joseph Ferdinand von Mach (1785–1828)

(**Vater**: Ernst, 1756 Erbherr auf Anteil Schluschow im Distrikt Lauenburg; **Bruder**: Alexander Ferdinand Ignatz (1764–1831), Cap., s.d.; **Bruder**: August Friedrich (* 1788), Juni 1797 *cadet* in Stolp, Mai 1803 *cadet* in Berlin, Gefr.corp. im I-R Nr. 39, Aug. 1807 Fähnrich im *Infant.-Corps* von Schill in Kolberg, Aug. 1808 Sl beim Leib-I-R, schloß sich 1809 d. Schillschen Zug an, Aug. 1810 zum Deserteur erklärt, wechselte in d. großherzogl.-badischen Dienst, Mai 1820 als badischer Cap. pensioniert, lebte 1827 in Pommern), J.J.F. war aus Schluschow gebürtig; **Laufbahn**: Okt. 1796 *cadet* in Stolp, Dez. 1800 *cadet* in Berlin, seit 1802 im Regiment, Mai 1805 Fähnrich im I-R Nr. 7, Aug. 1807 Sl beim Schillschen Corps, Aug. 1808 zum Leib-I-R, April 1815 Cap., Aug. 1820 als Major dim., 1828 gest.;

Quellen: GStA, IV. HA, Rep. 1, Nr. 81, Bl. 6, Bl. 8; VI. HA, Nl Gneisenau, Nr. 691; Stolper Kadetten, S. 35–36 (J.J.F. u. A.F. aus Schluschow gebürtig);

Ltnt. Johann Leopold von Mach (* 1745)

Vater: Johann, Erbherr auf Anteil Gartkewitz im Distrikt Lauenburg; **Laufbahn**; trat 1760 in d. Militärdienst ein, 1763 Gefr.corp. im I-R Nr. 4, fiel nach 13 Dj. als Ltnt. um 1773, 1776 in d. *Wahnsinn*, wurde auf Weisung d. Königs auf d. Festung Kolberg gebracht, dann nach 26 Jahren in d. Charité nach Berlin, hielt sich noch 1803 dort auf; **Ehefrau**: Henriette Albertine (* 1750), e. To. d. Majors Johann Dietrich von Krusemarck vom Garn.-Reg. Nr. 2 u. e. von Selasinsky aus Jezow, sie ernährte sich bis zu e. Schlaganfall im Jahr 1801 von Handarbeit, war dazu danach nicht mehr in d. Lage, befand sich in dürftigen Umständen u. bekam deshalb 1804 e. Pension von 50 T.; **Tochter**: verheiratet mit e. von Krensky;

Quellen: GStA, I. HA, Rep. 30, Nr. 243, Vas.tab. 1756; II. HA, Abt. 13 a, Tit. III, Litt. L, Nr. 1, Bd. 2; Litt M, Nr. 4; Stabi, Ms. boruss. fol. 313, fol. 314 (Schwiegervater);

Cap. Peter Heinrich von Mach (1693–1745)

aus d. Distrikt Lauenburg gebürtig; **Laufbahn**: seit 1710 im Militär, Mrz. 1715 Fähnrich im I-R Nr. 10, 1720 als Fähnrich, 1730 als Ltnt., 1740 als Cap. u. Chef e. Comp. gen., im Dez. 1745 bei Kesselsdorf als Cap. gefallen;

Quellen: Stabi, Ms. boruss. fol. 316, fol. 319;

Ltnt. Ernst von MACHNITZKY (* 1775, † 21. Mrz. 1841)

aus Pommern gebürtig; **Laufbahn**: seit 1789 im Militär, Dez. 1791 Fähnrich im I-R Nr. 19, Nov. 1794 Sl, Sep. 1805 Pl, Dez. 1812 Stabs-Cap., Okt. 1814 Cap. beim Lützower Frei-Corps, seit Jan. 1816 bei e. Garn.-Bat., Juni 1825 Charakter Major;

Quellen: GStA, IV. HA, Rep. 1, Nr. 81, Bl. 14; VI. HA, Nl Caprivi, Nr. 3 (Rangliste 1803); Ms. boruss. fol. 907 a; Zedlitz, 3. Bd., S. 333;

Ltnt. Michael Ernst von MAHLEN (* 1710)

aus Pommern gebürtig; **Laufbahn**: seit 1724 im Militär, Sep. 1746 Pl im I-R Nr. 32, noch 1756 als solcher hier genannt, vor 1764 abgegangen;

Quellen: Stabi, Ms. boruss. fol. 312 (1740 u. 1750 nicht gen.); nicht in IV. HA, Rep. 1, Nr. 81, Bl. 39;

Fähnrich Christian (Ernst) Friedrich von MALOT(T)KY (* 1765, † Mai 1789)

Vater: Caspar Matthias (* 1735, † 13. Juli 1788), Okt. 1758 Fähnrich im I-R Nr. 26, Nov. 1760 Sl, 1762 Ltnt. im Stettiner Land-Reg., als solcher noch 1785 genannt, hielt sich damals in Chottschow bei Bütow auf, Erbherr auf Anteil Groß Gustkow im Krs. Bütow, nach sechsjähriger Krankheit gest., hinterließ seine Frau, eine Tochter u. fünf Söhne in *größter Dürftigkeit*; **Mutter**: Barbara Eleonora, geb. von Zürson (* 1742), To. e. Landedelmanns zu Groß Gustkow, zwei ihrer Brüder standen als Offz. im Heer, s.d., sie besaß 1788 zs. mit d. Kindern e. Anteil an Groß Gustkow im Wert von 2/m T., der zu 2/3 mit Pfandbriefen belastet war, erhielt nach e. zehnjährigen Wartezeit im Dez. 1795 e. Pension von 50 T. jährlich zugesprochen; **Bruder**: Franz Matthias (* 1771), 1778 *cadet* in Stolp, stand im I-R Nr. 34, nach d. *frz. Campagne* gest.; (**Bruder**: George Anton (* um 1772, † Okt. 1823), aus Trzebiatkow, Aug. 1786 *cadet* in Stolp, Mai 1788 *cadet* in Berlin, Mai 1794 Fähnrich im I-R Nr. 14, April 1795 Sl, Dez. 1806 Pl beim 3. Ostpreuß. I-R, Aug. 1809 Stabs-Cap., Okt. 1811 zur Garn.-Comp. d. 3. Ostpreuß. I-R, Mrz. 1813 dim.); **Bruder**: Johann Peter Carl (1776–1818), Juli 1786 *cadet* in Stolp, April 1791 *cadet* in Berlin, Sep. 1794 Sl bei d. Magdeburger Füsilier-Brigade, stand im Juli 1805 im Füsilier-Bat. Nr. 5 in Hildesheim, Aug. 1808 Pl beim 2. Pomm. I-R, Nov. 1812 Stabs-Cap., Juni 1813 Chef e. Comp., Jan. 1817 Major beim 1. Posener Landwehr-Reg.; **Bruder**: August Ferdinand (* 1783), Mai 1793 *cadet* in Stolp, April 1796 *cadet* in Berlin, Mrz. 1801 Fähnrich im I-R Nr. 51, Nov. 1805 Sl, Nov. 1807 mit Pension dim., 1812 bei d. Gendarmerie angestellt, April 1826 Postmstr. in Gnesen; **Laufbahn**: Mai 1775 *cadet* in Stolp, Mai 1779 *cadet* in Berlin, Mai 1787 Fähnrich im I-R Nr. 53, 1789 Suizid;

Quellen: GStA, I. HA, Rep. 30, Nr. 249, Vas.tab. 1778, 1804; Rep. 96, Nr. 95 L l, Nr. 7; II. HA, Abt. 13 a, Tit. I, Litt. G, Nr. 9; Tit. III, Litt. L, Nr. 1, Bd. 1 (Mutter); Litt. M, Nr. 1 (Mutter, danach standen 1805 noch drei Brüder im Militär); IV. HA, Rep. 1, Nr. 81, Bl. 60; Stolper Kadetten, S. 8 (als Christian Ernst), S.20, S. 30 (A.F.);

Ltnt. Johann von MALOT(T)KY (* 1760)

Vater: Johann, Landedelmann; **Mutter**: Florentina Eleonora, geb. von Wittken (1738–1802), in zweiter Ehe verh. von Czarnowsky, sie besaß 1795 e. Vermögen von 100 T., verrichtete damals wie ihre drei ledigen Töchter zweiter Ehe Handarbeit, um d. Lebensunterhalt zu verdienen; Stief-**Bruder**: Johann Jacob von Czarnowsky (1771–1813), Ltnt., s.d.;

Mutter-Bruder: Michael Ernst von Wittken (* um 1723), Erbherr auf Jezow A im Distrikt Lauenburg; **Laufbahn**: seit 1778 im Militär, Mrz. 1795 Pl im I-R Nr. 52, stand im Febr. 1806 als Pl im 3. Bat. d. I-R Nr. 52 in Lyck (bzw. Danzig), gab an, daß sich seine militärische Karriere durch d. frühere Plazierung im Garn.-Reg. Nr. 2 verzögert habe, suchte damals um e. Pension für seine jüngere Stief-Schwester nach, 1807 pens.; (**verwandt**: George Ernst von Malo(t)tky (1752–1778), seit 1765 im Militär, 1773 Fähnrich im I-R Nr. 17, Aug. 1778 als Sl gest.: GStA, IV. HA, Rep. 1, Nr. 81, Bl. 59; Stabi, Ms. boruss. fol. 316; **verwandt**: Carl Heinrich von Malot(t)ky (1782–1858), seit 1795 im I-R Nr. 42, Okt. 1797 Fähnrich, Nov. 1800 Sl, Mai 1814 ausgeschieden, Mai 1818 Pl beim Kösliner Landwehr-Reg., Febr. 1823 dim.: IV. HA Rep. 1, Nr. 81, Bl. 59; Kopka v. Lossow, Offz.liste, S. 42*);

Quellen: GStA, II. HA, Abt. 13 a, Tit. III, Litt C, Nr. 2; Litt L, Nr. 1, Bd. 1; nicht in IV. HA, Rep. 1, Nr. 72, Nr. 81, Nr. 82/2; Stabi, Ms. boruss. fol. 907 a; Conrady, I-R Nr. 52, S. 337;

Fähnrich Johann Thomas von Malo(t)tky (* 1740, † 30. Juni 1765)*

aus *Cassuben* gebürtig; **Laufbahn**: 1752 *cadet*, Juli 1763 Fähnrich im I-R Nr. 36, 1765 als Fähnrich gest.;

Quellen: Gesch. I-R Nr. 36, S. 86;

Obrist Christian Ernst von Malschitzky (* 1750, † 18. Febr. 1835)*

Vater: Franz Matthias († 1767), Erbherr auf Vargow D im Krs. Stolp im Wert von ca. 1 500 T.; Stief-**Mutter**: Sophie Philippine, e. geb. von Zitzewitz (* 1730, † 26. Mai 1802), sie bezog aufgrund ihrer kümmerlichen Lage seit Mai 1772 e. Pension von 100 T.; **Bruder**: Ewald Ludwig (1764–1800), Mai 1772 *cadet* in Stolp, April 1775 *cadet* in Berlin, Fähnrich im I-R Nr. 31, Mai 1785 Sl, Sep. 1794 Pl, Okt. 1798 Stabs-Cap., 1800 gest.; **Laufbahn**: Leibpage des Königs, Mrz. 1774 Sl im I-R Nr. 1, Sep. 1783 Pl, Febr. 1788 Stabs-Cap., April 1788 Cap. von d. Armee u. *Sous Gouverneur* d. Prinzen Louis, Jan. 1793 Major, Dez. 1793 Chef d. Geh. Kriegskanzlei mit d. Prädikat Geh. Kriegsrat, Mrz. 1801 Ol, Mai 1804 Obrist, Dez. 1808 mit Pension vom Dienst entbunden; **Schwestern**: Barbara Margaretha Hedwig u. Sophia Friederika Wilhelmina, d. Ltnt. suchte 1780 um e. Pension für d. beiden nach, die sich in dürftiger Lage befanden;

Quellen: GStA, I. HA, Rep. 30, Nr. 43, Paket 9 236; IV. HA, Rep. 1, Nr. 81, Bl. 62; Stabi, Ms. boruss. fol. 313, fol. 314; Brüggemann, T. 2/2, S. 1010; Stolper Kadetten, S. 5; Fam.gesch. Zitzewitz, S. 397;

Ltnt. Franz Matthias von Malschitzky (* 1769)

(**Vater**: Christian Ludwig (* um 1735), Erbherr auf Groß Gustkow C im Distrikt Bütow im Wert von 2 400 fl); **Laufbahn**: Juni 1780 *cadet* in Stolp, Juni 1786 *cadet* in Berlin, Nov. 1791 Fähnrich im I-R Nr. 42, Sep. 1793 Sl, Mai 1799 dim.;

Quellen: GStA, I. HA, Rep. 30, Nr. 249, Vas.tab. 1771, 1778; IV. HA, Rep. 1, Nr. 81, Bl. 62; Stabi, Ms. boruss. fol. 312; Stolper Kadetten, S. 13 (aus Gustkow geb.);

Ol Johann Friedrich von Malschitzky (1738–1801)

Vater: Jacob, Erbherr auf Anteil auf Groß Gustkow im Distrikt Bütow; **Laufbahn**: 1756 *cadet* in Berlin, 1764 Sl im I-R Nr. 27, Mai 1780 Cap., Mai 1789 Major, April 1793 Orden p.l.m., Jan. 1795 mit Pension u. d. Charakter Ol dim.;

Quellen: GStA, I. HA, Rep. 30, Nr. 243, Vas.tab. 1756; IV. HA, Rep. 1, Nr. 81, Bl. 62; Stabi, Ms. boruss. fol. 310; fol. 316; Lehmann, Ritter, S. 237;

GM Joh. Matthias von Malschitzky (* Juni 1737, † 18. Nov. 1814) *

Vater: (Franz Michael), Erbherr auf Anteil Gartkewitz (bzw. Strellentin) im Distrikt Lauenburg; **Mutter**: e. geb. von Gotzkowsky (richtig: Gostkowsky bzw. e. geb. Bialke); **Bruder**: Franz Michael (* 1743, † 7. Jan. 1814), seit 1765 im Militär, Sl im D-R Nr. 7, Okt. 1787 Pl, Jan. 1790 Stabs-Cap., Okt. 1798 Major u. Chef e. Escadron, Juni 1802 dim.; **Bruder**: pens. Ltnt. von d. Grenadier-Garde, 1801 gen.; **Schwester**: Elisabeth (* 1733), verh. von Koss, hielt sich 1801 zu Damerkow auf; **Laufbahn**: 1750 *cadet* in Berlin, Juli 1756 Gefr.corp. im I-R Nr. 13, Febr. 1758 Fähnrich, Febr. 1759 Sl, Juni 1765 Pl, Juni 1773 Stabs-Cap., Jan. 1777 Cap. u. Chef e. Comp., Jan. 1786 Major, Mai 1793 Ol, Jan. 1795 Obrist, April 1796 Kommandeur d. I-R Nr. 13, Nov. 1799 Chef d. I-R Nr. 28, Mai 1800 GM, 1807 dim.; **Ehefrau**: Henriette Charlotte Catharina, geb. Sonntag (1756–1843), aus d. Ehe eine Tochter u. fünf **Söhne**, u. a. Johann Maximilian Leopold (1781–1817), Sep. 1797 Fähnrich im I-R Nr. 13, Dez. 1798 Sl, Juni 1809 als Cap. dim., Mai 1816 dem 22. I-R aggr., Ludwig Franz Carl (1782–1812), 1806 Sl im I-R Nr. 20; (**verwandt**: Ludwig von Malschitzky (* 1732), seit 1750 im Militär, 1755 Gefr.corp. im I-R Nr. 13, Febr. 1758 Ltnt., 12. Aug. 1759 bei Kunersdorf gefallen: Stabi, Ms. boruss. fol. 311);

Quellen: GStA, II. HA, Abt. 13 a, Tit. III, Litt K, Nr. 9 (d. Witwe von Koss wies 1801 auf ihre Eltern u. Brüder hin); IV. HA, Rep. 1, Nr. 81, Bl. 62 (d. Bruder v.d. Grenad.-Garde hier nicht); Stabi, Ms. boruss. fol. 311, fol 315 (Bruder F.M.); Tyszka, D-R Nr. 7, S. 452; Priesdorff, Nr. 997 (nur d. Mutter Gotzkowsky gen.);

Fähnrich Michael Ludwig von Malschitzky (* 1718)

aus Pommern gebürtig; **Laufbahn**: seit 1733 im Militär, stand 1743 als Fähnrich im I-R Nr. 49, vor 1756 abgegangen;

Quellen: Stabi, Ms. boruss. fol. 314; nicht in IV. HA, Rep. 1, Nr. 81;

GM Peter Ewald von Malschitzky (* 20. Mrz. 1731, † 2. Nov. 1800) *

Vater: Ernst, Erbherr auf Vargow im Krs. Stolp; **Mutter**: Margarethe, geb. Steinke; **Laufbahn**: Juni 1748 *cadet* in Berlin, Juli 1756 Gefr.corp. im D-R Nr. 1, Jan 1757 Cornet, Dez. 1757 Sl, April 1761 als Pl zum K-R Nr. 2, Nov. 1764 Stabs-Rittmstr., Juni 1767 Rittmstr. u. Chef e. Escadron, Juni 1780 Major, Juni 1789 Ol, Jan. 1791 zum K-R Nr. 7, Mai 1791 Obrist, Juni 1791 Kommandeur d. K-R Nr. 7, Okt. 1792 Orden p.l.m., Febr. 1797 Chef d. K-R Nr. 2, Mai 1798 GM; erste **Ehefrau**: Caroline Wilhelmine, geb. von Mützschefall; **Sohn**: Carl Ludwig Friedrich (1769–1839), Mai 1790 Fähnrich im I-R Nr. 36, Nov. 1793 Sl, April 1803 Pl im I-R Nr. 36, April 1810 Stabs-Cap., wechselte Juni 1812 mit Erlaubnis in mecklenbg.-strelitzsche Dienste; **Sohn**: Otto Adolph Ernst (* 1775, † 15. Dez. 1809), Okt. 1792 Fähnrich im I-R Nr. 30, Aug. 1793 Sl, Mrz. 1804 Pl im I-R Nr. 30, 1809 gest.; **Schwestern**: Eva Eleonora (* 1729) u. Charlotte Louise (* 11. Jan. 1734), verwitwete von Jorck, beide hielten sich in Großnossin im Krs. Stolp auf, hatten von ihren Eltern nichts geerbt, mußten sich deshalb als Wirtschafterinnen bei Herrschaften verdingen, E.E. bezifferte 1775 ihr Vermögen auf 200 fl., beide waren alters- u. krankheitshalber dazu um 1785 nicht mehr in d. Lage u. lebten von *milden Gaben*, d. damalige Major P.E. setzte sich 1786 für e. Pension für seine Schwestern ein; zwei seiner **Neffen** von Jorck standen 1786 als Offz. im Garn.-Reg. Nr. 2;

Quellen: GStA, II. HA, Abt. 13 a, Tit. III, Litt M, Nr. 17 (Schwestern), Litt S, Nr. 3; IV. HA, Rep. 1, Nr. 81, Bl. 62 (C.L.F. als Ludwig Wilhelm); Stabi, Ms. boruss. fol. 315; Lehmann, Ritter, S. 221; Priesdorff, Nr. 964;

Obrist Albrecht Hermann von Maltzahn (* 19. Jan. 1687, † 17. Mai 1742) *

Vater: Axel Albrecht (1653–1692), schwed. Cap., Erbherr auf Tützpatz u. Gülz im Krs. Demmin; **Mutter**: Catharina Juliane, geb. von Wolffradt (1664–1724), aus d. Ehe vier Töchter u. ein Sohn; **Laufbahn**: trat 1707 in d. schwedischen Militärdienst ein, Dez. 1720 Abschied als Major, Patent vom Mai 1720 als Rittmstr. im K-R Nr. 1 in Riesenburg, 1729 Major, April 1732 Ol, Dez. 1739 Obrist, 1740 Kommandeur d. K-R Nr. 1 in Marienwerder, Mai 1742 bei Chotusitz gefallen; **Ehefrau**: Sophie Anna Louise (1709–1772), älteste To. d. russ. Feldmarschalls Burchard Christoph Graf von Münnich, aus d. Ehe eine Tochter u. drei Söhne, die vor d. Vater verst. sind; **Güter**: erbte d. väterlichen Güter Tützpatz u. Gülz im Krs. Demmin; *reluirte* zs. mit Lehnsvettern 1731 d. Güter Vanselow, Pensin u. Leppin im Krs. Demmin; legte in seinem Testament vom Mrz. 1741 fest, daß seine Frau lebenslang im Besitz d. Güter Tützpatz, Gülz, Vanselow u. Pensin bleiben sollte, d. Wert seiner Güter gab er mit 100/m T. an, die Schulden mit rund 70/m, davon 43/m T. Forderungen Fremder u. 18/m T. seiner Frau; im Dez. 1743 einigten sich d. Lehnsvettern (u. d. Witwe) über d. Verteilung d. Güter d. verst. Obristen: Leppin u. Vanselow gingen an d. Cap. Hans Berndt von Maltzahn, Gülz an d. Landrat Axel Albrecht von Maltzahn, Tützpatz u. Pensin fielen an d. Sarower Brüder, d. Rittmstr. Gustav Adolph († 31. Okt. 1766) u. d. Oberhofmstr. Carl Friedrich von Maltzahn;

Quellen: GStA, I. HA, Rep. 30, Nr. 44, M 80 e, Paket 9 335; Rep. 30 B, Nr. 2 b, Tit. M 1, Paket 10 196; Stabi, Ms. boruss. fol. 312; Fam.gesch., 2. Abt., 3. Bd., S. 115–119, S. 120–129;

Ltnt. Dietrich (Friedrich) Christoph von Maltzahn (* 16. Sep. 1726, † 18. Dez. 1775) *

Vater: Hans Berndt (1687–1747), Cap., Erbherr auf Leppin, Vanselow (u. Schossow) im Krs. Demmin u. Wolde in Mecklenburg; **Mutter**: Marie Sophie, e. geb. von Waldow (1696–1739); **Bruder**: Bogislav Helmuth (1724–1800), Jan. 1742 Fähnrich im I-R Nr. 29, seit 1743 Adjutant, April 1745 Sl, Mai 1753 mit d. Charakter Cap. dim., Erbherr auf Schossow im Krs. Demmin u. Wolde (in Mecklenburg); **Laufbahn**: trat 1744 in d. Militärdienst ein, April 1746 Fahnenjunker im I-R Nr. 13, Mrz. 1751 Sl, im April 1758 krankheitshalber dim.; amtierte von 1766 bis 1771 als Landrat im Krs. Demmin; **Güter**: seit 1753 Erbherr auf Vanselow, Leppin u. von 1753 bis 1756 auf Schossow im Krs. Demmin; erwarb 1774 d. Gut Utzedel im Krs. Demmin für 16 340 T.; **Ehefrau**: Gustava Magdalene, geb. von Maltzahn (1738–1804); **Sohn**: Hans Gustav (1764–1829), Mrz. 1782 als Junker ins D-R Nr. 5, Dez. 1782 Cornet, Nov. 1785 Sl, Aug. 1793 Pl, Okt. 1797 Stabs-Cap., April 1798 Abschied, seit 1796 Erbherr auf Vanselow u. Leppin im Wert von 24 829 T.; **Sohn**: Carl Albrecht Helmuth (1766–1832) *, KD-rat in Küstrin, seit 1796 auf Utzedel im Wert von 28/m T.; **Sohn**: Ludwig Peter (1770–1794), Jan. 1786 Junker im D-R Nr. 5, Febr. 1789 Cornet, Mai 1790 Sl, seit 1792 Adjutant, im Feldzug 1794 im Aug. in Kaiserslautern an d. Ruhr gest.;

Quellen: GStA, I. HA, Rep. 30, Nr. 243, Vas.tab. 1756, 1763; IV. HA, Rep. 1, Nr. 81, Bl. 71 (für D.C. kz. Notiz, Sohn H.G.), Bl. 72 (Sohn L.P.); Stabi, Ms. boruss. fol. 311; Brüggemann, Vorpommern, S. 103, S. 109; Brüggemann, Beiträge, 1, S. 495; Albedyll, Anhang, S. 79* (Sohn L.P.), S. 82* (Sohn H.G.); Fam.gesch., 2. Abt., 3. Bd., S. 159–163 (B.H.), S. 174–178; biogr. Handbuch, S. 611–612;

Ltnt. Ernst August von Maltzahn (* um 1742, † 1782)

Vater: Adam (George) Jürgen (* um 1682, † vor 1764), stand 22 Jahre im Militär, zuletzt Major, 1756 Erbherr auf ¾ Dalow, auf Anteil Neu Damerow u. Uchtenhagen A im Krs. Saatzig; **Großvater**: Adam Reinhard, Obrist; **Mutter**: Dorothea Christiana, geb. von Schöning; **Laufbahn**: stand 1756 als Gefr.corporal im I-R Nr. 22, Sep. 1760 Sl, Juli 1767 Pl, 1776 dim.; **Güter**: erhielt auf sein Gesuch am 9. Aug. 1764 d. Allodifikationsversicherung für ¾ Dalow, Uchtenhagen A u. (1/16) Neu Damerow A u. C im Krs. Saatzig, die e. Wert von 14/m T. hatten, darauf Schulden von 9 280 T., damit blieben ihm, seiner Mutter, d. Schwestern Elisabeth Gottlieb verh. Hofrätin von Beggerow u. Frl. Louisa Christiana e. freies Vermögen von 4 720 T.; d. Güter gerieten nach seinem Tod in Konkurs u. wurden im Febr. 1787 vom Cap. von Mellenthin für 16 650 T. erworben;

Quellen: GStA, I. HA, Rep. 30, Nr. 44, M 80 e, Paket 9 335; Nr. 243, Vas.tab. 1756, 1763, 1767; Rep. 96, Nr. 435 M, Bd. 5; Stabi, Ms. boruss. fol. 314 (hier als Carl Friedrich); Brüggemann, T. 2/1, S. 283 (hier als Ernst August, desgl. in Rep. 30, Nr. 44); Brüggemann, Beiträge, 2, S. 157; Vater u. Sohn nicht in d. Fam.gesch., 2. Abt., 3. Bd.; nicht in IV. HA, Rep. 1;

Ltnt. Friedrich von Maltzahn († 7. Mrz. 1808)

aus Pommern gebürtig; **Laufbahn**: April 1794 Fähnrich im I-R Nr. 2, Sep. 1795 Sl, Aug. 1799 zum I-R Nr. 52, Dez. 1806 Pl, Jan. 1808 zum 1. Westpreuß. I-R;

Quellen: GStA, IV. HA, Rep. 1, Nr. 81, Bl. 72; Oelsnitz, I-R Nr. 2, S. 929; Conrady, I-R Nr. 52, S. 336, S. 368;

Cap. Gustav Carl von Maltzahn (* 21. Okt. 1754, † 20. Aug. 1813)

Vater: August (1730–1786), zs. mit seinem Bruder Erbherr auf Sarow, Tützpatz u. Philippshof im Krs. Demmin, 1769 gingen d. Güter in Konkurs; **Mutter**: Lucia Hedwig, geb. von Oldenburg; **Bruder**: August Ludwig Albrecht (1759–1829), seit 1777 im Regiment, Cornet im K-R Nr. 5, Nov. 1785 Ltnt., Okt. 1791 mit Pension dim., Dez. 1805 Charakter Rittmstr.; **Bruder**: Carl Helmuth Friedrich (* 22. Jan. 1757, † 1. Mrz. 1835), Cornet im K-R Nr. 5, Sep. 1782 Ltnt., Juni 1785 dim., vorpomm. Erblandmarschall, seit 1784 Erbherr auf Sarow u. Ganschendorf im Krs. Demmin, 1797 im Wert von 80/m T.; **Laufbahn**: 1772 Cornet im D-R Nr. 5, Dez. 1775 Ltnt., Juni 1780 auf Wunsch als Cap. dim.; **Güter**: erwarb 1792 Buschmühle, Jatzkow u. Leistenow im Krs. Demmin für 80/m T., erzeugte in Leistenow mit e. *Ausgeberin* mehrere uneheliche Kinder, verkaufte d. Güter 1798 für 103/m T. an d. hessen-kassel. Rittmstr. Carl Gottfried von Bolte;

Quellen: GStA, I. HA, Rep. 30, Nr. 243, Vas.tab. 1793, 1804; IV. HA, Rep. 1, Nr. 81, Bl. 71; Stabi, Ms. boruss. fol. 313; Brüggemann, Beiträge, 1, S. 484–485; Fam.gesch., 2. Abt., 3. Bd., S. 223–227;

Obrist Helmuth Dietrich von Maltzahn (* 9. Dez. 1761, † 15. Dez. 1826) *

Vater: Bogislav Helmuth (1724–1800), seit 1742 im Militär, April 1745 Sl im I-R Nr. 29, Mai 1753 als Cap. dim., Erbherr auf Wolde in Mecklenburg, mecklenbg.-schwerischer Hofmarschall; **Mutter**: Dorothea Barbara Elisabeth, e. geb. von Maltzahn (1732–1801) aus Cummerow **Laufbahn**: 1774 Junker im K-R Nr. 10, Juni 1777 Cornet im H-R Nr. 2, Juni 1781 Sl, Mai 1790 Rittmstr. u. Inspek.-Adjutant bei General von Ernst Sylvius von Prittwitz, Juni 1794 Major u. Orden p.l.m., Juni 1804 Ol, Dez. 1804 Chef e. Escadron im D-R Nr. 7, Juni 1806 Obrist, Nov. 1806 Kommandeur d. litauischen D-R, 1812–1813 Kommandant von Memel, Nov. 1813 als GM dim.; besaß keine Güter, ledig verst.;

Quellen: GStA, IV. HA, Rep. 1, Nr. 81, Bl. 71; Stabi, Ms. boruss. fol. 315, fol. 316 (Vater im I-R Nr. 29); Tyszka, D-R Nr. 7, S. 454; Fam.gesch., 2. Abt., 3. Bd., S. 166–173; Lehmann, Ritter, S. 322; Priesdorff, Nr. 1 193;

Rittmstr. Helmuth Dietrich von Maltzahn
(* 13. Aug. 1763, † 14. Mrz. 1836)

Vater: Christoph Gustav Friedrich (1733–1792), vorpomm. Erblandmarschall, seit 1759 Erbherr auf Rothmannshagen, Pinnow, Zettemin u. Duckow im Krs. Demmin, erwarb vor 1785 aus d. Konkurs d. Obristen Dietrich Gotthard von Berner d. Allodialgut Rützenfelde im Krs. Demmin für 17700 T., hinterließ fünf Töchter u. fünf Söhne; **Mutter**: Diedericke Eleonore, geb. von Zülow (1736–1819); **Großvater**: Axel Albrecht (1693–1781), Erblandmarschall in Vorpommern; **Vater-Bruder**: Helmuth Burchard Hartwig (1729–1797) *, seit Sep. 1765 Graf von Plessen, von 1753 bis 1755 preuß. Gesandter am schwedischen Hof, seit 1761 Majoratsherr auf Ivenack in Mecklenburg, 1781 u. 1793 als Erbherr auf Cummerow, Leuschentin u. Sommersdorf im Krs. Demmin gen.; **Bruder**: Albrecht Joachim (* 1762), erbte d. Majorat Ivenack in Mecklenburg, 1804 auch Erbherr auf Cummerow, Duckow, Leuschentin u. Sommersdorf im Krs. Demmin im Wert von 164/m T.; **Bruder**: Hans Dietrich (1768–1835), seit 1781 im Militär, Sep. 1784 Cornet im K-R Nr. 3, Sep. 1789 dim., seit 1797 Erbherr auf Rothmannshagen u. Rützenfelde im Wert von 63 700 T., seit 1801 auch auf Pinnow und Zettemin; **Bruder**: Carl Ludwig (1771–1800), (1786 bzw.) Febr.1788 Cornet, April 1791 Ltnt. im K-R Nr. 10, Sep. 1797 Abschied, seit 1797 Erbherr auf Pinnow, Zettemin u. Carlsruhe im Wert von 50/m T.; **Bruder**: Friedrich Burchard (1773–1837), Juni 1788 Cornet im K-R Nr. 10, Mrz. 1794 Ltnt., Aug. 1796 Abschied, von 1797 bis 1801 Erbherr auf Duckow im Krs. Demmin im Wert von 14/m T., dann auf Lenschow in Mecklenburg, preuß. Kammerherr, 1801 Hofmarschall bei König Friedrich Wilhelm III.; im Nov. 1792 baten d. beiden jüngsten Brüder C.L. u. F.B. zs. mit ihrer Schwester Augusta Carolina (* 1769) um die *venia aetatis*; d. väterliche Vermögen wurde mit 106 710 T. angegeben, damit entfielen auf jeden der fünf Söhne 15701 T., auf jede Tochter 5640 T:, die Supplikanten bekamen am 13. Dez. 1792 d. gesuchte *venia aetatis*; **Laufbahn**: 1778 Cornet im K-R Nr. 3, Mai 1786 Sl, Mai 1790 Pl, 1792 Adjutant bei GM Ernst Christian von Kospoth, Jan. 1797 als Rittmstr. dim.; **Güter**: erhielt 1797 bei d. brüderlichen Auseinandersetzung Gültz u. Prützen im Krs. Demmin im Wert von 140 865 T.; in zweiter Ehe seit 1799 verh. mit Wilhelmine von Brockhusen; seit 1835 Erblandmarschall von Vorpommern;

Quellen: GStA, I. HA, Rep. 30, Nr. 243, Vas.tab. 1793, 1799; IV. HA, Rep. 1, Nr. 81, Bl. 71–72; Stabi, Ms. boruss. fol. 313; Fam.gesch., 2. Abt., 3. Bd., S. 201–206, 4. Bd., S. 17–19, S. 20–22, S. 78–80, S. 108–109; biogr. Handbuch, S. 612 (Onkel H.B.H.);

Fähnrich Friedrich Wilhelm Ferdinand von Manikowsky (* 1755, † vor 1793)

(**Vater**: Cap., im Siebenjährigen Krieg gefallen; **Mutter**: Hedwig Charlotta, e. geb. von Kameke (* 1725), bezog seit Mai 1772 e. Pension von 100 T., hielt sich 1782 zu Baldekow im Krs. Greifenberg auf, wohnte 1793 in Broiz zur Miete, besaß kein Vermögen u. hatte damals keine Kinder mehr), d. Sohn F.W.F. aus Pommern gebürtig; **Laufbahn**: seit 1773 im Militär, Sep. 1775 Fähnrich im Garn.-Reg. Nr. 11, Mrz. 1776 desertiert;

Quellen: GStA, II. HA, Abt. 13 a, Tit. III, Litt G, Nr. 1 (Mutter); IV. HA, Rep. 1, Nr. 81, Bl. 86 (hier kein Cap. gen., nur e. Fähnrich im Garn.-Bat. Nr. 3, 1755 dim.); Stabi, Ms. boruss. fol. 314 (1746 stand e. Xaver Joh. Mich. v. M. (* 1721), aus Polen geb., als Fähnrich im Garn.-Reg. Nr. 11);

Obrist Alexander Ludwig von Manteuffel (* um 1743, † 10. April 1815)

Vater: Franz, aus Poln.-Preußen gebürtig, ließ sich vor 1778 in Pommern nieder, hatte drei Söhne im preuß. Militärdienst; **Bruder**: Carl Sigismund (* um 1740), Cap., s.d. mehr zur Fam.; **Laufbahn**: engagierte sich 1760 im Militärdienst, 1774 Pl im I-R Nr. 24, später Stabs-Cap., Jan. 1787 Chef e. Comp., Dez. 1792 Major, Jan. 1795 Orden p.l.m., Mai 1801 Ol, Mrz. 1804 Obrist u. Kommandeur d. 3. Mousq.-Bat., Aug. 1809 zur *Cassation* u. zweijährigem Festungsarrest in Spandau verurteilt; **Ehefrau**: e. geb. von Borne; **Güter**: erwarb 1777 Lümzow im Krs. Neustettin von seinem Schwiegervater, d. Rittmstr. Lorenz Richard Moritz von Borne, ließ diesen 1780 von d. westpreuß. Reg. unter *Curatel* stellen wegen d. Verkaufs von Breitenfelde an e. von Grabowsky; veräußerte sein Gut nach 1793;

Quellen: GStA, I. HA, Rep. 30, Nr. 44, M 70, Paket 9322; Nr. 186 d, Paket 9844; Nr. 243, Vas.tab. 1793; IV. HA, Rep. 1, Nr. 81, Bl. 100–101; Stabi, Ms. boruss. fol. 316; Tb. Uradel 1902, S. 589 (nur wenige Angaben); Lehmann, Ritter, S. 393;

Ltnt. August von Manteuffel (* 1774, † 2. Mrz. 1826) *

Vater: Cap.; **Mutter**: e. geb. von Lettow (* 1737), stand seit 1780 auf d. Expectantenliste für e. Pension, ihr Vermögen betrug damals 100 T., sie lebte von Handarbeit u. mildtätigen Unterstützungen, hielt sich zuerst in Bärwalde, dann in Drawehn im Ftm. Cammin auf, bekam im April 1786 e. Pension von 100 T.; **Laufbahn**: 1789 Gefr.corp. im Füsilier-Bat. von Hinrichs, Jan. 1793 Sl, Sep. 1806 Pl, April 1813 beim 2. Pomm.-Brigade-Garn.-Bat., Aug. 1814 Stabs-Cap., Juni 1815 Cap., Juni 1815 8. Garn.-Bat., April 1820 ausgeschieden;

Quellen: GStA, I. HA, Rep. 30, Nr. 43, Pakete 9236 u. 9240 (Mutter); IV. HA, Rep. 1, Nr. 81, Bl. 101; Rep. 11, Nr. 23;

Major August Lebrecht von Manteuffel (* 1704)

aus Pommern gebürtig; **Laufbahn**: trat 1725 in d. Militärdienst ein, Okt. 1743 Cap. u. Chef e. Comp. im Garn.-Reg. Nr. 11, 1752 hier als Major gen., vor Mrz. 1757 abgegangen; **Ehefrau**: Helena Elisabeth, e. To. d. Landrates Caspar Gideon von Lettow, sie brachte ihm d. **Güter** Cummerow A u. Justin C im Ostenschen Krs. ein, beide wurden 1742 d. Rittmstr. Carl Ludwig von Schlichting verkauft;

Quellen: Stabi, Ms. boruss. fol. 314; Brüggemann, T. 2/1, S. 365; nicht in IV. HA, Rep. 1, Nr. 81, Bl. 100;

Ltnt. August Ludwig von Manteuffel (* 1736)

aus Pommern gebürtig; **Laufbahn**: seit 1755 im Militär, April 1763 Sl im I-R Nr. 33, Dez. 1764 desertiert;

Quellen: GStA, IV. HA, Rep. 1, Nr. 81, Bl. 100 (1764 im Garn.-Reg. Fouqué?); Stabi, Ms. boruss. fol. 311;

Ltnt. Bogislav Wilhelm von Manteuffel (* 9. April 1776, † 30. Mrz. 1849)

Vater: Heinrich Christoph (* 22. Jan. 1745, † vor 1809), 1763 Fähnrich im I-R Nr. 4, im Jan. 1767 dim., Erbherr auf Quisbernow u. Buslar im Krs. Belgard, hatte 1755 e. Vermögen von 10 854 T., erhielt am 16. Mai 1767 die *venia aetatis*; **Mutter**: Henriette Modeste Hedwig, geb. von Zlottnicka (1744–1813), aus d. Ehe drei Söhne u. eine Tochter; **Großvater**: Ewald Heinrich († 7. Mai 1755), Erbherr auf Quisbernow, dessen Witwe starb am 31. Juli 1759; **Bruder**: Ernst (Ewald) Friedrich (* 31. Dez. 1767, † 13. Dez. 1850), Juni 1787 Fähnrich im I-R Nr. 46, Aug. 1790 Sl, Okt. 1793 dim., gelangte durch seine Heirat nach 1802 in den Besitz d. Güter Lestin, Drosedow im Ftm. Cammin; **Bruder**: George Christoph Ferdinand (1772–1846), Ltnt., s.d., **Laufbahn**: stand 1793 als Junker im I-R Nr. 22 in Stargard, Sep. 1794 Fähnrich, Aug. 1795 Sl im I-R Nr. 22, Sep. 1798 dim.; hielt sich nach d. Abschied bei seinem Vater in Quisbernow auf, wurde im April 1802 wegen e. lebensgefährlichen Tätlichkeit gegen Christian Friedrich Tetzlaff, Kutscher im Dienste des von Petersdorff, zu einem zweimonatigen Festungsarrest verurteilt, e. Geldstrafe wurde ausgeschlossen, wurde im Juni 1802 zur Verbüßung d. Strafe auf d. Festung Kolberg gebracht; **Güter**: 1835 Erbherr auf Ganzkow bei Belgard, 1849 gest.;

Quellen: GStA, I. HA, Rep. 30, Nr. 44, M 70, Pakete 9 321 u. 9 322; Nr. 243, Vas.tab. 1756, 1763, 1793, 1804; IV. HA, Rep. 1, Nr. 81, Bl. 101; Fam.gesch. 1882, III. Abt., Stamm Poplow, S. 84–85, S. 102–103,

Ltnt. Carl Bogislav von Manteuffel (* 1730, † 20. Mai 1800)

Vater: George (Jürgen) Heinrich (1694–1755), Erbherr auf Reselkow B im Ostenschen Krs. (bzw. in Greifenberg); **Mutter**: Sophia Tugendreich, e. To. d. Rittmstr. von Horcker; **Bruder**: George Anthon (* 1731, † 5. Mai 1759), 1750 Gefr.corp. im I-R Nr. 43, 1756 Fähnrich, 1759 als Ltnt. gest.; **Bruder**: Johann Henning (* 1734, † Mrz. 1762), seit 1754 im Militär, 1756 Gefr.corp. im I-R Nr. 32, 1762 als Fähnrich gest.; **Laufbahn**: engagierte sich um 1747 im Militärdienst, 1750 Gefr.corp. im I-R Nr. 43, 1756 Fähnrich, (im Mrz. 1761 als Pl im Garn.-Reg. Nr. 7 auf Wunsch dim.); **Güter**: 1756 besaßen d. Gebr. d. Güter Reselkow B, Lestin u. Damitz im Krs. Greifenberg im Wert von 11/m T.; C.B. verkaufte als (Cap.) 1761 d. 1755 eingelösten Güter Lestin A u. Damitz A für 30 Jahre an d. Ol Franz Bernhard von Blumenthal: veräußerte Reselkow B 1765 an d. Prediger Johann Simon Müller; seine Mutter u. sein **Schwager**, d. Ltnt. von Vigny, prozessierten 1764 gegen ihn, er wurde als *ungeraten* bezeichnet, soll während d. *Campagne* ohne Abschied aus d. Dienst gegangen sein u. habe d. Mutter aus d. Güter gedrängt, sie fürchtete um ihr Kapital in Höhe von 4 800 T.; seit 1786 **verheiratet** mit e. geb. von Brümmke (bzw. v. Bröhmke) aus d. Hs. Wugarten im Krs. Friedeberg in d. NM; beide hielten sich in Plate auf, er bezog e. monatliche Pension von fünf T., die nach seinem Tod eingezogen wurde; d. Witwe bat 1801 um e. Pension aus d. pomm. Meliorationsfonds; **Schwester**: verh. mit e. Cap. von Winning;

Quellen: GStA, I. HA, Rep. 30, Nr. 44, M 70, Paket 9321; Nr. 243, Vas.tab. 1756; II. HA, Abt. 13a, Tit. III, Litt M, Nr. 14 (Frau); IV. HA, Rep. 1, Nr. 81, Bl. 100; Stabi, Ms. boruss. fol. 313 (Abgangsliste Garn.-Reg. Nr. 7), fol. 316; Brüggemann, T. 2/1, S. 444; Slg. Zitzewitz, F 44;

Cap. Carl Sigismund von Manteuffel (* um 1740)

Vater: Franz, aus Poln.-Preußen gebürtig, ließ sich vor 1778 in Pommern nieder, hatte drei Söhne im kgl. Militärdienst; **Großvater**: Mathias Joachim, poln. Cap.; **Bruder**: Alexander Ludwig (1743–1815), Obrist, s.d.; **Bruder**: August Bogislav (Johann) (* um 1742, † 15. Jan. 1823), seit 1758 im Militärdienst, 1764 Sl, 1774 Pl im I-R Nr. 37 in Gr.-Glogau, Mai 1784 Chef e. Comp., Aug. 1796 Major, Juni 1812 Ol, Dez. 1813 pens.; **Bruder**: Franz Ewald, 1778 genannt; **Laufbahn**: stand als Ltnt. im Grenadier-Bat. von Benckendorff (Nr. 3), Mai 1764 (mit d. Charakter Cap.) dim., hielt sich 1787 in Westpreußen auf, erhob damals zs. mit seinen beiden Brüdern Ansprüche auf Grandhoff u. Schmuckenthin, alte Lehngüter ihrer Familie, wurde am 24. Juni 1787 abgewiesen; seit Herbst 1804 Lehnsfolger d. verst. Majors Ewald Wilke von Manteuffel auf Gervin A im Krs. Greifenberg;

Quellen: GStA, I. HA, Rep. 30, Nr. 44, M 70, Paket 9322; IV. HA, Rep. 1, Nr. 81, Bl. 100 (d. Offz. im I-R Nr. 37 hier als Johann, in d. Akten als A.B.), Bl. 101; Stabi, Ms. boruss. fol. 311 (1756 kein M. im Grenad.-Bat. Nr. 3); fol. 316 (Bruder A.B.); Tb. Uradel 1902, S. 589;

Ltnt. Caspar Heinrich von Manteuffel (* 1760, † Mrz. 1790)

Vater: George (1705–1779); **Laufbahn**: Juni 1770 *cadet* in Stolp, April 1773 *cadet* in Berlin, 1777 ins Reg., Juni 1778 Fähnrich im I-R Nr. 5, Mai 1784 Sl, Mrz. 1790 gest.;

Quellen: GStA, IV. HA, Rep. 1, Nr. 81, Bl. 101; Stabi, Ms. boruss. fol. 310; Stolper Kadetten, S. 4;

Ltnt. Christian Heinrich Ewald von Manteuffel (* 24. Febr. 1785, † 4. Mai (bzw. Okt.) 1857)

Vater: George (Gerhard) Ewald (1730–1787), Cap. im I-R Nr. 24, Erbherr auf Collatz u. Vorwerk Groß Nemrin im Krs. Neustettin, auf Jeseritz u. Neu Sanskow A im Krs. Belgard im Wert von 27/m T.; **Mutter**: Catharina Charlotte Dorothea, geb. von Winterfeld (* 1759); **Vater-Bruder**: Hans Heinrich (1727–1801), Major, s.d. mehr zur Fam.; **Bruder**: Johann Friedrich Wilhelm (1781–1830), besuchte d. JG in Berlin, weilte im Mai 1803 seit 3,5 Jahren auf d. Univ. Halle, erhielt am 12. Mai 1803 die *venia aetatis*, bekam bei d. Erbteilung 1809 die Güter Redel, Gr. u. Klein Wardin, Jeseritz im Krs. Belgard zugesprochen; **Schwester**: Ulrike Maximiliane Philippine (1773–1829), verh. mit Christoph Friedrich von Sobbe (1742–1805), Major im K-R Nr. 5, Erbherr auf Schilde in d. NM; **Laufbahn**: besuchte d. Gymnasium in Königsberg in d. NM, engagierte sich 1800 im K-R Nr. 5, Febr. 1803 Cornet, Okt. 1805 Sl, Dez. 1807 dim.; bat im April 1806 als Ltnt. im K-R Nr. 5 um die *venia aetatis*, um sich mit seinem älteren Bruder auseinanderzusetzen, sein Vormund war Hans Jürgen von Kleist auf Gr. Tychow, beide Brüder standen seit 1787 unter Vormundschaft; hatte zs. mit seinem Bruder e. väterl., mütterl. u. großmütterl. Vermögen von 73434 T.; in erster Ehe seit 1812 verh. mit Wilhelmine Christiane Alexandrine, geb. von Sobbe;

Quellen: GStA, I. HA, Rep. 30, Nr. 44, M 70, Paket 9322; Nr. 243, Vas.tab. 1793, 1799, 1804 (mit anderen Angaben für d. Brüder); IV. HA, Rep. 1, Nr. 81, Bl. 101; Brüggemann, T. 2/2, S. 746; Fam. gesch. 1882, III. Abt., Stamm Poplow, S. 57–62, S. 71–83; Probst, 1829, S. 165;

Cap. Christoph Heinrich von Manteuffel (* 1716, † 10. Sep. 1793)

Vater: Heinrich Erdmann († 1759), Erbherr auf Rottenow im Krs. Greifenberg; **Mutter**: Ursula Elisabeth, geb. von Benkendorff; **Laufbahn**: seit 1739 im D-R Nr. 1, 1746 als Ltnt. gen., Mai 1751 mit d. Charakter Cap. dim., stand d. eigenen Angabe vom Nov. 1784 zufolge von 1738 bis 1753 im D-R Nr. 1, als Invalide dim., trat 1757 wieder ein, erhielt e. Comp. im Kleistschen Land-Bat. in Kolberg, stand dort drei Belagerungen aus, geriet bei d. Übergabe in russ. Gefangenschaft; **Güter**: saß 1756 auf Rottenow im Krs. Greifenberg im Wert von 12/m T., darauf 1767 Schulden von 8 206 T., suchte 1784 um Hilfen für sein neumärk. Gut Ritzig nach; zweite **Ehefrau**: Henriette Caroline, geb. von Lepel († 1798), sie erbte 1793 d. Gut Rottenow; **Sohn**: Johann Christoph (* um 1754, † vor 1793);

Quellen: GStA, I. HA, Rep. 30, Nr. 243, Vas.tab. 1756, 1767, 1793, 1804; Rep. 96, Nr. 435, Bd. 6; IV. HA, Rep. 1, Nr. 81, Bl. 100 (als Cap. im D-R Nr. 1 dim); Stabi, Ms. boruss. fol. 314 (1746 u. 1751 gen.); Brüggemann, T. 2/1, S. 446; Fam.gesch. 1882, III. Abt., Stamm Poplow, S. 53, S. 64–65;

Major Curth Heinrich von Manteuffel (* 27. Okt. 1728, † 10. Jan. 1802)

Vater: Jürgen Steffen († vor 1756), Erbherr auf Sternin, Seebeck, Goehl u. Kölpin B im Krs. Greifenberg, d. Güter trugen 1752 1 177 T. Revenuen, sie hatten 1756 e. Wert von 24/m T., darauf Schulden von 22 063 T.; **Bruder**: George (Jürgen) Steffen (* 16. Nov. 1731), 1756 Fähnrich im I-R Nr. 24 (1759 bei Kay gefallen); **Bruder**: Ewald Wilke (* 18. Nov. 1738, † 8. Sep. 1804), seit 1754 im Militärdienst, 1756 Gefr.corp., Mai 1760 Sl, Dez. 1766 Pl im I-R Nr. 22, dann Stabs-Cap., Okt. 1782 Chef e. Comp., Sep. 1791 als Major dim., seit 1779 Erbherr auf Kölpin B im Krs. Greifenberg für 5/m T., löste 1798 Gervin A für 5 768 T. ein, seine Güter hatten 1801 e. Wert von 16/m T.; **Laufbahn**: engagierte sich um 1744 im Militärdienst, 1756 Sl, 1764 Cap., 1774 Major im I-R Nr. 24 in Frankfurt, Jan. 1783 dim.; **Güter**: besaß 1756 zs. mit seinen Brüdern d. väterlichen Güter; seit 1779 alleiniger Besitzer von Sternin im Krs. Greifenberg für 21/m T., trat d. Gut 1788 seiner **Ehefrau** Sophia Henrietta Eleonora, geb. von Mellin, für 23 200 T. ab, diese saß noch 1804 auf Sternin u. Streckenthin B für 30/m T.; erwarb 1775 Kölpin C, Brückenkrug, Streckenthin A, Vorwerk Grandhof, Pinnow B u. Schmuckenthin f. 18/m T. von d. Erben d. GM Adam von Weiher; kaufte 1778 d. im Konkurs befindliche Gut Drosedow im Krs. Greifenberg unter d. Taxwert von 28 159 T.; hatte 1793 seinen Wohnsitz in Sternin, d. Güter hatte damals e. Wert von 60/m T., 1797 von 80/m T., (1801 auch auf Damitz, Lestin A u. B im Ftm. Cammin für 16/m T.), ohne Leibeserben gest.; 1804 besaß d. Schwiegersohn, d. Ltnt. Ewald Friedrich von Manteuffel (* 1767), verh. mit seiner Tochter Friederike Sophie Henriette († 1826), d. Güter Schmuckenthin, Streckenthin A, Grandhof, Brückenkrug, Wendisch Pribbernow, Drosedow im Wert von 80/m T.;

Quellen: GStA, I. HA, Rep. 30, Nr. 44, M 70, Pakete 9 321 u. 9 322; Nr. 186 d, Paket 9 835; IV. HA, Rep. 1, Nr. 81, Bl. 100; Stabi, Ms. boruss. fol. 314 (Bruder E.W.), fol. 316 (1756 als Ernst Hr., Bruder Georg Christoph, Fähnrich); Brüggemann, T. 2/1, S. 424; Brüggemann, Beiträge, 2, S. 222, S. 240, S. 245; Tb. Uradel 1902, S. 589;

Obrist Franz Christoph von Manteuffel (* um 1691, † 10. Okt. 1759) *

Vater: Franz Heinrich (1650–1722), Erbherr auf Vorwerk Kl.-Poppelow, Jagertow A, Lümzow im Krs. Neustettin, auf Petershagen im Ftm. Cammin; **Mutter**: Elisabeth Esther, geb.

von der Osten; **Bruder**: Christian Alexander (* 1692, † 1758), seit 1714 im Militär, April 1715 Fähnrich im I-R Nr. 25, Mrz. 1716 Ltnt., Juli 1729 Stabs-Cap. im I-R Nr. 25, 1732 *cassirt*, Erbherr auf Jagertow A; **Laufbahn**: engagierte sich um 1709 im Militärdienst, (Nov. 1715 Pl im I-R Nr. 27, 1722 als Stabs-Cap. dim.), 1729 Cap. im I-R Nr. 31, 1740 Major, Mai 1743 Ol, Nov. 1745 Obrist u. Kommandeur d. I-R Nr. 31, seit Sept. 1748 Chef d. Garn.-Reg. Nr. 11, gest. in Schweidnitz 1759 im 68 Jahr und im 48. Dj., hinterließ e. Sohn; **Güter**: verkaufte Lümzow 1729 für 11/m T. an d. Landrat Egidius Christoph von der Osten; erbte 1758 von seinem Bruder Jagertow A u. Vorwerk Kl.-Poppelow; **Ehefrau**: Maria Margarethe, geb. von dem Knesebeck; **Sohn**: Friedrich George Christian (1738–1796), Obrist, s.d.;

Quellen: Stabi, Ms. boruss. fol. 314, fol. 316, fol. 319 (Bruder C.A.); König, Helden, 3. Teil. S. 18; Brüggemann, T. 2/2, S. 651, S. 763; Fam.gesch. 1882, III. Abt., Stamm Poplow, S. 34–36, S. 51–52 (mit teils anderen Daten); Tb. Uradel 1902, S. 594; nicht in IV. HA, Rep. 1, Nr. 81;

Obrist Friedrich George Christian von Manteuffel (* 1738, † April 1796)

Vater: Franz Christoph (1691–1759), Obrist, s.d.; **Mutter**: Maria Margarethe, geb. von dem Knesebeck; **Vater-Bruder**: Christian Alexander († 1758), Cap., Erbherr auf Jagertow A u. Vorwerk Kl.-Poppelow im Krs. Belgard; **Laufbahn**: seit 1754 (bzw. 1763) im Militärdienst, Juni 1774 Cap. im I-R Nr. 55, Juni 1784 Major, Juni 1791 Ol, Febr. 1792 zum I-R Nr. 51, Febr. 1793 Obrist u. Kommandeur d. Depot-Bataillons von Hollwede im I-R Nr. 55; **Güter**: Erbherr auf Jagertow A u. Vorwerk Kl.-Poppelow, 1767 im Wert von 11/m T., darauf Hypotheken von 5 320 T., verkaufte jenes 1768, dieses 1775 an d. Gl Heinrich von Manteuffel (1696–1778);

Quellen: GStA, IV. HA, Rep. 1, Nr. 81, Bl. 100; Brüggemann, T. 2/2, S. 651; Fam.gesch. 1882, III. Abt., Stamm Poplow, S. 51–52, S. 63 (hier andere Altersangaben f. d. Vater), Priesdorff, Nr. 425 (Gl Heinrich);

Cap. Friedrich Heinrich von Manteuffel (* 18. Nov. 1743, † 16. Juni 1824)

Vater: George Friedrich (1702–1780), Cornet im K-R Nr. 3, Juni 1724 (als Ltnt.) dim., 1756 Erbherr auf Hohenwardin, Zuchen u. Anteil Polzin im Krs. Belgard; **Mutter**: Anna Luise, geb. von Wedel; **Großvater**: Bernd Ewald (* 1673), Erbherr auf Hohenwardin; **Schwester**: Sophia Louisa, verheiratet mit d. Ltnt. Johann Carl von Alten-Bockum, seit 1765 Erbherr auf Anteil Zuchen, seit 1778 auf d. ganzen Gut, beide mußten Zuchen vor 1791 verkaufen, aus d. Ehe acht Kinder, ihr Mann hatte e. Pension von 60 T., die für d. Unterhalt d. Fam. nicht genügte, sie suchte daher im Nov. 1791 um e. Beihilfe nach; **Laufbahn**: engagierte sich 1762 im I-R Nr. 17, Juni 1764 als Fähnrich gen., Dez. 1766 als Ltnt. dim., hielt sich 1767 als vorm. Ltnt. bei seinem Vater auf, Juli 1768 Charakter Cap.; **Güter**: seit 1766 Erbherr auf d. väterl. Gütern Hohenwardin, Gurkow, Polzin A, Buslar B u. Alt Sanskow; verkaufte 1803 Langen B im Krs. Belgard für 20/m T.; 1804 Erbherr auf Gurkow u. Polzin A im Wert von 14/m T., auf Hohenwardin für 18/m T., auf Alt Sanskow f. 8/m T.; **Ehefrau**: Augusta Louisa Friederika, geb. von Billerbeck (1752–1806); **Sohn**: Friedrich August Wilhelm (1771–1846), Jan. 1790 Cornet im D-R Nr. 2 in Lüben, Mai 1792 Sl, Okt. 1794 Orden p.l.m., Okt. 1805 Pl, Sep. 1806 Stabs-Cap., Juli 1808 Rittmstr., Febr. 1809 dim., Mai 1825 Charakter Major; **Sohn**: Anton Ludwig Heinrich (1772–1824), Junker im I-R Nr. 20, später in russ. Diensten; **Sohn**: August Carl Julius (1775–1812), Juni 1793

Cornet im H-R Nr. 8, April 1794 Sl, Jan. 1804 Pl, Sep. 1807 Stabs-Rittmstr., (1813) in russ. Gefangenschaft gest.; **Sohn**: Ewald Heinrich Constantin (1780–1868), seit 1794 im Dienst, Febr. 1798 Cornet im H-R Nr. 8, Mrz. 1803 Sl, Jan. 1807 als Rittmstr. dim.; **Sohn**: Wilhelm Otto Christoph (1782–1865) Jan. 1802 Cornet im H-R Nr. 7, April 1805 Sl, Okt. 1812 zur Gendarmerie, Mrz. 1816 Pl, Dez. 1820 ausgesch.; **Sohn**: Carl Friedrich Theodor (1784–1859), Juli 1803 Cornet im H-R Nr. 7, Sep. 1805 Sl, Okt. 1812 zur Gendarmerie, April 1813 dim.; **Sohn**: Friedrich Ludwig August (1790–1870), Aug. 1806 Cornet im H-R Nr. 8, Jan. 1808 beim pomm. H-R, Juli 1815 Pl, Nov. 1822 Rittmstr., Mrz. 1825 als Major dim.;

Quellen: GStA, I. HA, Rep. 30, Nr. 243, Vas.tab. 1756, 1763, 1767, 1793, 1804; IV. HA, Rep. 1, Nr. 81, Bl. 100–101 (hier e. Fähnrich A.H.L., gest. Sep. 1789 im I-R Nr. 1); Stabi, Ms. boruss. fol. 316; Slg. Zitzewitz, F. 44 (d. Vater danach gest. 31. Juli 1766); Brüggemann, T. 2/2, S. 676–677, S. 682; Schwerin, K-R Nr. 10, T. 1, Abgangsliste K-R Nr. 3; Fam.gesch. 1882, III. Abt., Stamm Polzin, S. 108–119; Lehmann, Ritter, S. 360;

Ltnt. George Christoph Ferdinand von Manteuffel (* 1773)

Vater: Heinrich Christoph (* 22. Jan. 1745, † vor 1809), seit 1757 im Militär, 1763 Fähnrich im I-R Nr. 4, Jan. 1766 als Ltnt. dim., erhielt später d. Charakter Cap., Erbherr auf Quisbernow u. Buslar A im Krs. Belgard, 1797 im Wert von zs. 18/m T.; **Mutter**: Henriette Modeste Hedwig, geb. von Zlottnicka (1744–1813), im Okt. 1790 soll sie als Witwe e. Supplik eingereicht haben; **Bruder**: Ernst Friedrich (* um 1770), Juni 1787 Fähnrich im I-R Nr. 46, Aug. 1790 Sl, Okt. 1793 dim., seit 1793 verh. mit Friederike Sophie Henriette, e. To. d. Majors Curt Heinrich von Manteuffel in Sternin, s.d., 1834 in Lestin bei Romahn in Pommern; **Bruder**: Bogislav Wilhelm (1776–1829), Ltnt., s.d.; **Laufbahn**: Dez. 1789 Fähnrich im I-R Nr. 8, Juni 1792 Sl, Aug. 1795 dim. bzw. nahm während d. *poln. Campagne* ohne väterl. Erlaubnis seine Dimission, hielt sich in Quisbernow auf; am 8. Mrz. 1800 bat d. Vater darum, seinen Sohn zur *Correction* auf d. Festung Stettin zu bringen, G.C.F. soll sein Vermögen verschwendet, seinen Vater durch Drohungen u. Vorwürfe beleidigt sowie mit dem Messer bedroht haben, mit kgl. Resolution vom 12. Jan. 1801 wurde genehmigt, daß d. Sohn bis zur Besserung auf d. Fort Preußen gebracht wird, seit 24. Febr. d.J. befand sich G.C.F. auf d. Festung, am 23. Mrz. d. J. suchte d. vorm. Cap. darum nach, d. Sohn wieder zu entlassen, dem wurde mit Verfügung vom 14. Mai 1801 entsprochen, April 1814 Cap. beim 2. Neumärk. Landwehr-Res.-Bat.;

Quellen: GStA, I. HA, Rep. 30, Nr. 44, M 70, Paket 9322; IV. HA, Rep. 1, Nr. 81, Bl. 100–101 (hier als Carl Wilhelm Ferdinand); Stabi, Ms. boruss. fol. 313; Fam.gesch. 1882, III. Abt., Stamm Poplow, S. 84–85, S. 102–103;

Cap. George Lorenz von Manteuffel (* 1730, † 4. Nov. 1771)

Vater: Bogislav, dieser hatte e. Lehnsfehler begangen, d. Sohn erwirkte im Jan. 1765 d. Verzeihung; **Großvater**: Venz Jürgen, verpfändete 1714 d. Hälfte d. Gutes Drosedow an (Friedrich Albrecht) von Schlabrendorff; **Laufbahn**: 1746 Corporal, Juni 1754 Sl im I-R Nr. 22, Sep. 1762 Cap. u. Chef e. Comp., 1771 als Cap. gest.; **Güter**: *reluirte* nach 1763 d. Gut Drosedow im Krs. Greifenberg vom Obristen Peter Christian von Kleist u. dessen Frau, geb. von Retzow, nach seinem Tod geriet d. Gut in Konkurs u. fiel 1778 an d. Major Curth Heinrich von Manteuffel;

Quellen: GStA, I. HA, Rep. 30, Nr. 241 b, Paket 9963; IV. HA, Rep. 1, Nr. 81, Bl. 100 (kz. Notiz); Stabi, Ms. boruss. fol. 314, Brüggemann, T. 2/1, S. 424;

Major Hans Heinrich von Manteuffel (* 20. Juli 1727, † 1801)

Vater: Ewald Jürgen (1705–1744), Erbherr auf Vorwerk Jeseritz im Krs. Belgard; **Mutter**: Regina Maria, geb. von Waldow († 1757); **Vater-Bruder**: Heinrich (1696–1778)*, stand von 1714 bis 1756 im I-R Nr. 24, April 1758 Gl, erbte von diesem Sanskow; **Bruder**: Gerhard (Gerdt) Ewald (1730–1787), trat 1746 ins I-R Nr. 24 ein, d. Regiment seines Onkels, 1756 als Fähnrich, 1764 als Pl, 1774 als Cap. gen., Dez. 1778 ohne Abschied dim., Erbherr auf Collatz u. Vorwerk Groß Nemrin im Krs. Neustettin, auf Jeseritz u. Neu Sanskow A im Krs. Belgard, in erster Ehe verh. mit Friederike Christiane Wilhelmine von Birkholtz (1753–1780), To. d. neumärk. Kammerpräs. auf Schilde; **Laufbahn**: engagierte sich um 1741 im Militärdienst, stand zunächst im I-R Nr. 22 in Stargard, wechselte 1753 ins D-R Nr. 5, 1764 Stabs-Rittmstr. im H-R Nr. 1, 1775 Rittmstr u. Chef d. 9. Escadron im H-R Nr. 1, Sep. 1781 nach 40 Dj. als Major dim.; **Güter**: seit 1779 Erbherr auf Jagertow A u. Groß- u. Kl.-Poppelow im Krs. Belgard; 1799 hatten seine Güter Jagertow e. Wert von 7500 T. u. Poppelow von 20/m; hatte seinen Wohnsitz im westpreußischen Brotzen, 1781 erworben vom Major Georg Eccard von Puttkamer; **Ehefrau**: Ernestine Henriette, Witwe Landrat Heinrich Immanuel Traugott von Schwemmler, geb. von Uechtritz; **Sohn**: Oswald Heinrich (* um 1773, † Jan. 1799), Juni 1790 Cornet im K-R Nr. 5 in Dramburg, Aug. 1792 Sl; **Töchter**: Friederike Henriette (1773–1828), verh. mit d. Landrat George Friedrich Felix von Bonin im neumärk. Kallies, sie erbte 1801 Brotzen u. Gr.-Poppelow; Ernestine Henriette (1775–1863), verh. mit d. poln. GM Franz Michael von Wedelstaedt; H.H. bat im Mrz. 1800 darum, seinem Sohn Johann Carl, erzeugt mit seiner Haushälterin Auguste Wolter, d. Adel zu verleihen;

Quellen: GStA, I. HA, Rep. 30, Nr. 44, M 70, Pakete 9321 u. 9322; IV. HA, Rep. 1, Nr. 81, Bl. 100–101; Stabi, Ms. boruss. fol. 311, fol. 316; Brüggemann, T. 2/2, S. 651; Fam.gesch. 1882, III. Abt., Stamm Poplow, S. 47, S. 56–62; Priesdorff, Nr. 425 (Gl Heinrich);

Fähnrich Johann Franz von Manteuffel (* 1770, † 26. Okt. 1787)

aus Pommern gebürtig; **Laufbahn**: 1785 Gefr.corp. im I-R Nr. 54, Dez. 1786 Fähnrich, 1787 als solcher gest.;

Quellen: Stabi, Ms. boruss. fol. 314;

Obrist Paul Anton von Manteuffel (* 5. Sep. 1707, † 3. April 1773)*

Vater: Ewald (1645–1732), Erbherr auf Collatz u. Jeseritz im Krs. Neustettin, auf Sanskow im Krs. Belgard; **Mutter**: Barbara Agnes, geb. von Kameke aus Cratzig; Stief-**Bruder**: Heinrich (1696–1778)*, diente von 1714 bis 1756 im I-R Nr. 24, Juni 1742 Orden p.l.m., 1758 Gl, 1756 Erbherr auf Collatz im Krs. Neustettin im Wert von 16/m T.; **Bruder**: Ewald Jürgen (1705–1744), Erbherr auf Jeseritz; **Neffe**: Hans Heinrich (1727–1801), Major, s.d.; **Laufbahn**: Schulbesuch in Neustettin, engagierte sich 1723 im Militärdienst, stand 17 Jahre im I-R Nr. 22, Mai 1735 Sl, 1741 Pl im I-R Nr. 37, 1750 u. 1756 Cap. u. Chef e. Comp., 1756 Major, Kommandeur e. Grenadier-Bat., Febr. 1760 Ol, Febr. 1761 Obrist, April 1763 Abschied; seit 1763 Erbherr auf Schadewalde bei Lauban; **Ehefrau**: Friederike Dorothea, geb. Freiin von Dyhrn, To. von Melchior Abraham auf Herzogswalde; **Kinder**: Friedrich Ewald (* 1756, † vor 1773); Anna Friederike (* 1756), sie lebte 1778 in Küstrin, besaß Schadewalde, erbte 1779 von ihrem Onkel Heinrich 3/m T.;

Quellen: GStA, IV. HA, Rep. 1, Nr. 81, Bl. 100 (kz. Notiz); Stabi, Ms. boruss. fol. 314, fol. 316 (P.A. u. Bruder Heinrich); König, Helden, 3. T., S. 19; Fam.gesch. 1882, III. Abt., Stamm Poplow, S. 32–33, S. 48, S. 56–57; Priesdorff, Nr. 425 (Bruder H.);

Cap. Wedig Bogislav von Manteuffel (* um 1685, † 31. Okt. 1721)

Vater: Franz Heinrich (1650–1722), Erbherr auf Gr.- u. Vorwerk Kl.-Poppelow, (Lümzow, Petershagen) u. Jagertow im Krs. Belgard, **Mutter**: Elisabeth Esther, geb. von der Osten; **Bruder**: Hans Erdmann († 1722), Cap. in frz. Diensten; **Bruder**: Eggert Casimir († 1729), Cap. in sächs. Diensten, **Bruder**: Christian Alexander (* 1691, † 17. Nov. 1758), seit 1712 im Militär, Mrz. 1716 Sl im I-R Nr. 25, 1731 als Stabs-Cap. *cassirt*; **Bruder**: Franz Christoph (1691–1759), Obrist, s.d. mehr zur Fam.; **Laufbahn**: seit 1704 im Militär, Dez. 1714 Stabs-Cap. im I-R Nr. 1, 1717 ins I-R Nr. 24 versetzt, 1721 als Cap. im I-R Nr. 24 gen., Erbherr auf Poppelow im Krs. Belgard;

Quellen: Stabi, Ms. boruss. fol. 313, fol. 314 (Bruder C.A.), fol. 319; Fam.gesch. 1882, III. Abt., Stamm Poplow, 34–36, S. 49–51;

Major Zabel Ludwig von Manteuffel (* 1730, † Mai 1786)

aus Pommern gebürtig; **Laufbahn**: seit 1747 im Militär, 1750 Gefr.corp., Juli 1753 Fähnrich im I-R Nr. 35, 1757 als Sl, 1763 als Stabs-Cap., 1773 als Cap. u. Chef e. Comp. gen., Juni 1785 Major, 1786 als aktiver Offz. am Schlag gest.;

Quellen: GStA, IV. HA, Rep. 1, Nr. 81, Bl. 100; Stabi, Ms. boruss. fol. 311; Taeglichsbeck, S. 266;

Ltnt. Carl Gustav von Manteuffel-Zoege (* um 1740, † vor 1777)

Vater: Christian Friedrich († 1772), aus d. Holsteinischen gebürtig, Cap. in dänischen Diensten, mußte wegen Ehrenhändeln aus d. dän. Diensten flüchten u. sein erheiratetes Vermögen preisgeben, ging in preußische, engagierte sich im I-R Nr. 39, dann Ltnt. im Stettiner Bat. von Tettau, geriet bei d. Belagerung von Kolberg in russ. Gefangenschaft, 1762 wegen starker Blessuren nach mehr als 30 Dj. dim. u. als Akzisekontrolleur zu Rügenwalde versorgt; **Mutter**: e. geb. von Ramin, aus d. Ehe zwei Söhne; Stief-Mutter: Johanne Christine Eleonore (* 1725), To. d. pomm. Oberamtmanns Johann Wilde zu Wildenbruch, sie suchte im Jan. 1777 aus Rügenwalde um e. Pension nach, ernährte sich vom Spinnen, sei bisher von ihrem ältesten Sohn unterstützt worden, der jetzt aber gest. wäre, stand seit 1777 auf d. Expectantenliste u. erhielt im Juli 1779 e. Pension von 100 T., sie bat im Juni 1786 um e. Versorgung od. Pension für ihren Sohn C.F.; **Bruder**: Christian Friedrich, engagierte sich um 1762 im Militär, stand 1777 u. 1779 als Sl im I-R Nr. 19, Sep. 1783 Pl, Mai 1786 dim.; **Laufbahn**: trat 1757 in d. Militärdienst ein, April 1759 Sl, Mai 1766 Pl im I-R Nr. 20, April 1774 dim.;

Quellen: GStA, I. HA, Rep. 30, Nr. 43, Paket 9235; IV. HA, Rep. 1, Nr. 81, Bl. 100 (C.G.), Nr. 94, Bl. 156 (C.F.); Stabi, Ms. boruss. fol. 311 (C.G., aus d. Prignitz geb.);

Ltnt. Anton August von **Marck** (* 1736) *

(**Vater**: Erbherr auf Anteil Reckow im Distrikt Bütow, d. Sohn aus Pommern gebürtig; **Bruder**: Ludwig: saß 1756 auf d. väterl. Gutsanteil); **Laufbahn**: 1756 Gefr.corp. im I-R Nr. 1, Mai 1757 Fähnrich, April 1758 Sl, Jan. 1765 Pl im I-R Nr. 1, Okt. 1768 als Pl desertiert;

Quellen: GStA, I. HA, Rep. 30, Nr. 243, Vas.tab. 1756 (A.A. hier als Friedrich); IV. HA, Rep. 1, Nr. 81, Bl. 113; Stabi, Ms. boruss. fol. 313;

Ltnt. Arnold Friedrich von **Marck** (* 1719, † 16. Mai 1758)

(**Vater**: Erbherr auf Anteil Reckow im Distrikt Bütow); **Bruder**: Johann, Erbherr auf d. väterlichen Gutsanteil; **Laufbahn**: Sep. 1745 Fähnrich im I-R Nr. 13, Nov. 1749 Sl, stand 1755 auf Werbung in Schaffhausen, nahm im Sep. 1755 Ulrich Bräker in preußische Dienste, erlangte durch dessen autobiogr. Schriften Nachruhm, 1758 als Ltnt. gest.;

Quellen: GStA, IV. HA, Rep. 1, Nr. 81, Bl. 113; Stabi, Ms. boruss., fol. 311; Kloosterhuis, Donner, Blitz u. Bräker, S. 141, S. 143, S. 149;

Ol Ernst Ludwig von **Marck** (* um 1722, † 29. Nov. 1793) *

Vater: Gefr.corp. im I-R Nr. 8 († 1748), Erbherr auf Moddrow im Distrikt Bütow, verkaufte d. Gut vor seinem Ableben an einen von Schmude; **Laufbahn**: Aug. 1741 Fähnrich im I-R Nr. 8, Sep. 1745 Sl, weilte von 1747 bis 1749 auf Werbung im Reich, 1756 Pl, Jan. 1759 Stabs-Cap., Nov. 1760 Cap. u. Chef e. Comp., Mai bzw. Juli 1774 (1776) als Major ins I-R Nr. 11 versetzt, Mai 1784 Ol, Okt. 1785 zum Garn.-Reg. Nr. 2 versetzt, 1789 Ol im Depot-Bat. d. I-R Nr. 17, Juni 1790 dim.; **Güter**: betrieb seit 1750 vergeblich d. *Reluition* d. väterlichen Gutes, gab damals an, wegen seines Werbegeschäftes nichts vom Verkauf d. Gutes gewußt zu haben, konnte ihn daher nicht verhindern;

Quellen: GStA, I. HA, Rep. 30, Nr. 413, Paket 10 183; IV. HA, Rep. 1, Nr. 81, Bl. 113; Stabi, Ms. boruss. fol. 316; Becker, I-R Nr. 11, S. 314, S. 421; Priesdorff, Offz.stammliste, S. 116;

Cap. George Ludwig von **Marck** (* um 1730, † 26. Sep. 1778)

Vater: Johann Friedrich, diente sechs Jahre im I-R Nr. 8, Erbherr auf Anteil Moddrow im Distrikt Bütow; **Laufbahn**: seit 1751 im Militär, Juni 1756 Fähnrich im I-R Nr. 1, Mai 1757 Sl, Febr. 1760 Pl, Jan. 1765 Stabs-Cap., Mai 1768 Cap. u. Chef e. Comp.; **Güter**: 1778 als Erbherr auf Moddrow C im Distrikt Bütow im Wert von 4/m fl. genannt;

Quellen: GStA, I. HA, Rep. 30, Nr. 243, Vas.tab. 1756; Nr. 249, Vas.tab. 1778; IV. HA, Rep. 1, Nr. 81, Bl. 113; Stabi, Ms. boruss. fol. 313;

Rittmstr. Leopold von **Marck** (* Sep. 1749, † 27. Aug. 1787)

aus Pommern gebürtig; **Laufbahn**: Nov. 1763 als Junker ins H-R Nr. 5, April 1766 Cornet, Mrz. 1769 Sl, Juni 1771 als Pl zum Corps Bosniaken, Mrz. 1778 Stabs-Rittmstr., Mai 1786 Rittmstr. u. Chef e. Escadron, 1787 gest.;

Quellen: GStA, IV. HA, Rep. 1, Nr. 81, Bl. 113 (kz. Notiz); Mackensen, H-R Nr. 5, Bd. 2, Anhang, S. 31;

Ltnt. Paul Ludwig von MARCK (* um 1738, † 26. Jan. 1782)

Vater: Christoph, Erbherr auf Anteil Klein Gustkow im Distrikt Bütow; **Laufbahn**: 1752 als Junker ins D-R Nr. 5, Mrz. 1758 Cornet, Aug. 1761 Sl, Juli 1772 Pl, Juni 1779 *wegen Trunkes abgeschafft*; **Güter**: 1778 als Erbherr auf Anteil Klein Gustkow im Wert von 1 800 fl., genannt; lag 1780 im Streit mit d. Obristwachtmstr. Johann Mathias von Pradzinsky wegen e. Forderung über 652 fl.; 1782 ledig auf seinem Gut Klein Gustkow gest.;

Quellen: GStA, I. HA, Rep. 30, Nr. 44, M 76 b, Paket 9 326 (P.L. lebte 1788 noch?); Nr. 243, Vas.tab. 1756; Nr. 249, Vas.tab. 1778; IV. HA, Rep. 1, Nr. 81, Bl. 113; Brüggemann, T. 2/2, S. 1 087; Albedyll, Anhang S. 70*;

Cap. Carl (August) Gustav von MARDEFELD (* 1703)

(**Vater**: Axel Arwed, schwed. Obrist; **Bruder**: Otto Conrad (* 1697), seit 1722 im Militär, (in d. Rangliste von 1729 noch nicht gen.), 1740 Sl im Garn.-Bat. Nr. 3, vor 1757 abgegangen); **Laufbahn**: seit 1718 Gefr.corp. im I-R Nr. 21, 1730 Ltnt., 1740 Stabs-Cap., 1743 als Cap. ins I-R Nr. 47, 1756 zu Manstein (I-R Nr. 53 od. Grenadier-Bat. v. M.) versetzt; **Güter**: Söhne, namentlich nicht aufgeführt, d. Obristen wurden bei d. Huldigung von 1721 als *Possessoren* von Pensin im Krs. Demmin gen.;

Quellen: GStA, I. HA, Rep. 30 B, Nr. 23 b, Paket 10216 (1721 Söhne d. Obristen auf Pensin gen.); IV. HA, Rep. 1, Nr. 81, Bl. 119 (hier nicht gen., dafür aber vier andere: im H-R Nr. 8, D-R Nr. 6, D-R Nr. 10, I-R Nr. 45); Stabi, Ms. boruss. fol. 311, fol. 316 (Bruder O.C.); Zedlitz, 3. Bd., S. 355–356 (danach gab es seit 1748 keinen Träger dieses Namens mehr in d. preuß. Monarchie);

Major Christian Adam MARSCHALL VON BIEBERSTEIN (* 1732, † 8. Febr. 1786)

Vater: Ludwig Friedrich (* um 1700, † um 1765), aus d. Gfsch. Mansfeld gebürtig, seit 1716 im Militär, Juni 1718 Ltnt. im D-R Nr. 1, 1720 u. 1724 als Ltnt. gen., vor 1735 als Cap. abgegangen, erwarb um 1732 d. Güter Quatzow u. Reddichow im Krs. Schlawe vom Ltnt. Ernst (Boguslaff) Bogislav von Zitzewitz, bekam dafür 10/m T. von seinem Bruder, d. Ol Busso Wilhelm aus Bennstedt, Gfsch. Mansfeld, von 1731 bis 1740 auch auf Schmarsow; **Mutter**: e. Tochter d. Dekans von Podewils, diese brachte ihrem Mann als Mitgift d. Güter Rumbske, Rowen u. Zedlin im Krs. Stolp im Wert von rund 20/m T. ein; **Laufbahn**: engagierte sich um 1750 im Militärdienst, 1756 Fähnrich, Nov. 1759 Pl im I-R Nr. 46, April 1773 Cap. u. Chef e. Comp., noch 1783 als Cap. im I-R Nr. 46 gen., 1786 als Major in Berlin gest.; **Güter**: verkaufte d. väterl. Gut Quatzow mit Vorwerk Reddichow 1769 an Friedrich Sigismund von Grape; behielt d. Güter im Krs. Stolp, 1767 als Erbherr auf Rumbske, Rowen, Zedlin gen., besaß diese bis mind. 1780; (**verwandt**: August Friedrich Marschall von Bieberstein († 1767), Obrist u. Kommandant von Kolberg);

Quellen: GStA, I. HA, Rep. 30, Nr. 44, M 80 f, Paket 9 336; Nr. 243, Vas.tab. 1755, 1756, 1763, 1767, 1804; Stabi, Ms. boruss. fol. 314, fol. 316; Brüggemann, T. 2/2, S. 884, S. 999;

Ltnt. David Bernhard Friedrich von der Marwitz
(* 28. Okt. 1753, † 8. Aug. 1787)

Vater: Christian Friedrich (1702–1772), seit 1717 im Militär, 1730 als Ltnt., 1740 als Rittmstr. im K-R Nr. 12 gen., Juli 1743 Major u. Chef e. Escadron, als Obrist u. Kommandeur d. K-R Nr. 12 im Jan. 1758 dim., Erbherr auf Leine im Krs. Pyritz; **Mutter**: Louise Helena Tugendreich verw. von Drachstedt, geb. von Sydow (1720–1757); **Großvater**: Bernd (1661–1726) *, GM, Erbherr auf Leine; **Laufbahn**: 1773 als Junker ins D-R Nr. 5, Mai 1775 Cornet, erhielt 1776 die *venia aetatis*, *wirtschaftete übel* mit seinem Vermögen, sollte deshalb auf Weisung d. Gl Christoph Carl von Bülow ohne Genehmigung keine Schulden mehr aufnehmen dürfen, Mrz. 1778 Sl, Dez. 1782 auf Wunsch dim., befand sich 1786 in d. Festung Küstrin; **Ehefrau**: Dorothea, geb. von der Marwitz, beide wurden 1786 geschieden; **Güter**: besaß seit 1778 d. väterliche Gut Leine im Krs. Pyritz im Wert von 40/m T.; verkaufte es nach 1780 an d. Major Gebhard Hans Friedrich von Pirch, s.d., für 37 500 T., nach Abzug d. Schulden blieben ihm nur 9/m T.; 1804 besaß d. vorm. Cap. Friedrich August von Jagow d. Gut Leine;

Quellen: GStA, I. HA, Rep. 30, Nr. 44, M 71, Paket 9 323; Nr. 186 d, Paket 9 838; Nr. 243, Vas.tab. 1763, 1767, 1804; IV. HA, Rep. 1, Nr. 81, Bl. 153 (kz. Notiz für d. Vater, d. Sohn fehlt); Stabi, Ms. boruss. fol. 311 (Vater); Priesdorff, Nr. 180 (Großvater); Albedyll, Anhang, S. 71 *; Redern, Stammtafeln Marwitz, S. 148;

Fähnrich George Ludwig von der Marwitz (* 1733)

aus Pommern gebürtig; **Laufbahn**: seit 1751 im Militär, 1756 Fähnrich im I-R Nr. 1, vor 1764 abgegangen;

Quellen: Stabi, Ms. boruss. fol. 313;

Major Johann George von der Marwitz (* 21. Mai 1750, † 7. Jan. 1804)

Vater: Christian (1705–1775), Landrat d. Krs. Friedeberg, Erbherr auf Falkenstein; **Mutter**: Sophie Luise, geb. von Brüsewitz (1727–1758); **Bruder**: Balthasar Constantin (1754–1783), seit 1769 im Militär, April 1778 Fähnrich im I-R Nr. 20; **Bruder**: Carl Fides (1756–1793), seit 1768 im Militär, 1770 Fähnrich im I-R Nr. 39, Mrz. 1781 Sl; **Laufbahn**: Ltnt. im K-R Nr. 5, Juni 1783 Stabs-Rittmstr., zeitweilig Inspektions-Adjutant d. pomm. Kavallerie, Juli 1788 als Major dim.; **Ehefrau**: Auguste Christine Friederike (* 1756), e. To. d. Gl Anton Friedrich von Krockow (1714–1778) *; **Sohn**: Ludwig (1783–1839), nach 1806 Landrat im Krs. Saatzig; **Sohn**: Heinrich (1785–1807), Sep. 1801 Cornet, Aug. 1803 Sl im D-R Nr. 3, 1807 in Tilsit gest.; **Güter**: seine Frau übernahm bei d. Teilung mit ihren Geschwistern 1791 d. Gut Klockow mit Anteil Bramstädt im Krs. Belgard im Wert von (8/m T. bzw.) 14 600 T., d. Major bewirtschaftete d. Gut zeitweilig, wollte es im Okt. 1795 an d. *Commissions*-Rat Dietz verkaufen; erhielt am 21. Dez. 1795 d. *Consens* zum Verkauf an e. Bürgerlichen, sofern d. Käufer kein Kaufmann wäre, veräußerte im Febr. 1796 Bramstädt A, Klockow A u. B für 16 500 T. an Johann Schmieden;

Quellen: GStA, I. HA, Rep. 30, Nr. 243, Vas.tab. 1793, 1797; Nr. 244, Paket 9 991; IV. HA, Rep. 1, Nr. 81, Bl. 153, Bl. 154 (1806 stand e. Ludwig als Ltn. im D-R 3, einer als Ltnt. im D-R 4); Stabi, Ms. boruss. fol. 311 (J.G. nicht in d. Listen 1764 u. 1775 f. d. K-R Nr. 5), fol. 316 (C.F.); Brüggemann, T. 2/2, S. 652; Priesdorff, Nr. 471 (Gl v. Krockow); Tb. Uradel 1905, S. 501; Redern, Stammtafeln Marwitz, S. 122–123;

Cap. Ludwig Sigismund Casimir von der Marwitz
(* 17. Mai 1760, † 5. Mai 1845)

Vater: Albrecht Bernd Ludwig (1707–1793), Erbherr auf Bärfelde in d. NM (u. Babbin im Krs. Pyritz); **Mutter**: Johanna Charlotte Amalie, geb. von der Marwitz (1718–1779); **Bruder**: Otto Friedrich (1751–1820), Cap., Erbherr auf Bärfelde; **Laufbahn**: engagierte sich im D-R Nr. 1, zuletzt Sl, Jan. 1786 mit d. Charakter Cap. dim.; **Güter**: 1804 als Erbherr auf Rosenow im Borckeschen Krs. im Wert von 35/m T. genannt, auch auf Runow u. Winningen in d. NM für 50/m T., seit 1804 auf Rützenow im Krs. Greifenberg; **Ehefrau**: Elisabeth Marianne, geb. von dem Borne aus Berneuchen (1762–1849); **Sohn**: Carl Heinrich Wilhelm (1785–1862), seit 1797 im Militär, Nov. 1799 Fähnrich, Nov. 1803 Sl im I-R Nr. 35, 1806 Sl u. Adjutant, Sep. 1811 dim., später Landrat d. Krs. Greifenberg; **Sohn**: Friedrich Ludwig Elias (1785–1851), Jan. 1802 Cornet im D-R Nr. 4, Sep. 1806 Sl, April 1810 bzw. 1811 als Sl im 3. D-R dim., hielt sich 1822 in Kölpin auf;

Quellen: GStA, I. HA, Rep. 30, Nr. 243, Vas.tab. 1804; IV. HA, Rep. 1, Nr. 81, Bl. 153–154; Stabi, Ms. boruss. fol. 311 (Sohn C.H.W., aus Westpr. geb.), fol. 314 (L.S.C., Abgangsliste); fol. 907 a; Tb. Uradel 1905, S. 507–508;

Ltnt. Wilhelm Friedrich Ernst von der Marwitz
(* 8. Mai 1781, † 6. Mai 1840)

Vater: Anton (* 1750, † 1825), seit mind. 1794 Erbherr auf Klein Nossin im Krs. Stolp; **Mutter**: Ernestine Gottliebe, geb. von Goddentow (1746–1822); **Bruder**: (Ludwig Ferdinand bzw.) Franz (1782–1807), Nov. 1798 Fähnrich im I-R Nr. 46, Aug. 1800 Sl, Okt. 1805 pens.; **Laufbahn**: Dez. 1798 Fähnrich im I-R Nr. 26, Jan. 1802 Sl, 1806, 1807 beim Schillschen Corps, April 1808 als Stabs-Cap. dim., Nov. 1813 Kreis-Brigadier bei d. Gendarmerie, Sep. 1814 Cap., Mrz. 1819 als Major dim.;

Quellen: GStA, I. HA, Rep. 30, Nr. 243, Vas.tab. 1793, 1804; IV. HA. Rep. 1, Nr. 81, Bl. 154; Stabi, Ms. boruss. fol. 314; Tb. Uradel 1905, S. 505–506;

Ltnt. August Ernst Wilhelm von Massow (* 9. Aug. 1771, † 29. Mai 1853) *

Vater: Carl August (* 1729, † 10. Mrz. 1778), stand von 1750 bis 1766 im D-R Nr. 8, 1757 u. 1763 als Ltnt. gen., Juli 1766 nach 16 Dj. als Stabs-Rittmstr. dim., seit 1753 Erbherr auf Seelitz im Krs. Rummelsburg, seit 1759/1764 auch auf Woblanse, beide hatten 1780 e. Wert von 18 690 T., darauf Schulden von 19 172 T., d. größten Posten machte d. Heiratsgut seiner Frau aus, hinterließ drei Söhne; **Mutter**: Anna Dorothea Juliana, e. To. d. EM Valentin von Massow, sie heiratete in zweiter Ehe e. von Normann, ihr Vermögen betrug 1778 14 291 T.; **Bruder**: Carl Friedrich Heinrich (1770–1851) *, Juni 1788 Fähnrich im I-R Nr. 43, April 1790 Sl, April 1791 ins I-R Nr. 33 versetzt, Mai 1797 Pl, Mai 1799 Stabs-Cap., Jan. 1801 Cap., Okt. 1804 Major, Dez. 1805 Chef e. Comp. im I-R Nr. 50, 1821 GM, Erbherr auf Woblanse, 1804 im Wert von 15/m T., seit 1802 verheiratet mit Franziska Friederike Caroline (* 1783), e. To. d. Generals François André Jacquier de Berney von Favrat; **Bruder**: Valentin Wedig Ewald (1768–1788), nahm wegen Kränklichkeit keine Dienste; **Laufbahn**: Mai 1790 Fähnrich im I-R Nr. 26, 1792 zum I-R Nr. 8 versetzt, Juni 1793 Sl, Juni 1796 dim., engagierte sich 1813 bei d. Landwehr; **Güter**: seit 1796 Erbherr auf d. väterl. Gut Seelitz im Krs. Rummelsburg; noch 1804 auf d. Gut im Wert von 15/m T. genannt;

Quellen: GStA, I. HA, Rep. 30, Nr. 243, Vas.tab. 1756, 1799, 1804; II. HA, Abt. 13 a, Tit. III, Litt P, Nr. 32; IV. HA, Rep. 1, Nr. 81, Bl. 172–173; Ms. boruss. fol. 310, fol. 312 (C.A.); Brüggemann, T. 2/2, S. 808; Fam.gesch. 1878, S. 117–118, S. 149–153, Priesdorff, Nr. 1369 (Bruder C.F.H.);

Ltnt. Carl Heinrich Ludwig von Massow (* 8. Mai 1777, † 1808)*

Vater: Carl (1735–1807)*, 1750 als Fahnenjunker ins I-R Nr. 16, 1755 Fähnrich, stand 16 Jahre im Militär, zuletzt Quartiermstr.-Ltnt. beim König, Dez. 1766 dim., seit 1777 Landrat im Krs. Randow, 1793 Erbherr auf Hohenselchow u. d. Kolonien Friedrichsthal u. Heinrichshof im Krs. Randow für 40/m T.; **Mutter**: Esther Wilhelmine, geb. von Hoym (1739–1798), Schwester d. späteren schlesischen Provinzialministers; **Laufbahn**: Mrz. 1794 als Junker ins D-R Nr. 5, Sep. 1795 Cornet, April 1798 Sl, Sep. 1801 auf Wunsch dim., **verheiratet** mit Julie, geb. von Blumenthal, 1808 gest.; **Güter**: saß 1804 auf Bartin u. Barvin im Krs. Rummelsburg im Wert von 32/m T.;

Quellen: GStA, I. HA, Rep. 30, Nr. 243, Vas.tab. 1793, 1799, 1804; IV. HA, Rep. 1, Nr. 81, Bl. 171 (Vater), Bl. 173; Albedyll, Anhang, S. 84* (Sohn); Fam.gesch. 1878, S. 144–145, S. 183; biogr. Handbuch, S. 622–623 (Vater);

Obrist Casimir Wedig Gottlob von Massow
(* 29. Mrz. 1752, † 29. April 1807)*

Vater: Hans Valentin († 1754), (* 1700, Sep. 1717 cadet in Berlin, 1718 Fähnrich im I-R Nr. 3), Erbherr auf Falkenhagen im Krs. Rummelsburg, 1767 im Wert von 2 200 T., darauf Hypotheken von 1 200 T.; **Mutter**: Barbara Veronica, e. To. d. Cap. Erdmann Casimir von Massow; **Laufbahn**: seit 1766 im Militär, 1767 Fahnenjunker im I-R Nr. 33, Aug. 1773 Sl, Mai 1784 Pl, Mrz. 1790 Stabs-Cap., Okt. 1790 Cap., Mai 1793 Orden p.l.m., Juni 1793 Major, 1795 Chef e. Comp. im I-R Nr. 42, Nov. 1801 Kommandeur d. Grenadier-Bataillione d. I-R Nr. 8 u. 42, Juni 1802 Ol, Juni 1804 Obrist im I-R Nr. 42, nach d. Schlacht bei Eylau im April 1807 gest:, **Ehefrau**: e. geb. von Blumenthal, aus d. Ehe vier Töchter; **Güter**: seit 1774 Erbherr auf Falkenhagen, verkaufte 1780 d. väterl. Erbgut für 4 500 T. an d. KD-rat Valentin George Anton von Massow;

Quellen: GStA, IV. HA, Rep. 1, Nr. 81, Bl. 172; Stabi, Ms. boruss. fol. 311; Brüggemann, T. 2/2, S. 791; Fam.gesch. 1878, S. 95–96, S. 122–123; Crousaz, Beilage C, S. 32 (Vater); Lehmann, Ritter, S. 249;

Cap. Caspar Friedrich von Massow (* 1732, † 27. Jan. 1813)

Vater: Lorenz Felix († 1736), Ltnt., seit 1730 Erbherr auf Anteil Karwen im Krs. Stolp, war dessen dritter Sohn; **Mutter**: Maria Hedwig, geb. von Zitzewitz († 1771), sie bat im Dez. 1755 aus Not immediat um e. Vorschuß von 8/m T. bzw. darum, ihrem Sohn C.E. *Equipage*-gelder in Höhe von 160 T. zu zahlen; **Bruder**: Anton Richard, Ltnt. im I-R Nr. 7, im Nov. 1760 nach sieben Dj. bei Torgau gefallen; **Bruder**: Christoph Bogislav (* um 1731, † 1759), 1756 Fähnrich im I-R Nr. 24, als Ltnt. im Juli 1759 bei Kay gefallen; **Bruder**: Christian Ernst (1735–1758), seit 1748 im Militär, 1756 Fähnrich im I-R Nr. 17, im Aug. 1758 als Ltnt. bei Zorndorf gefallen; **Laufbahn**: engagierte sich 1746 im Militärdienst, 1750 Gefr.corp., 1756 Fähnrich im I-R Nr. 10, im Mai 1763 als Stabs-Cap. dim.; **Güter**: seit 1772 Erbherr auf ganz Karwen im Krs. Stolp, von 1772 bis 1796 auch Besitzer von Grapitz; erwarb im Juli 1781 d.

Güter Kosemühl, Kose, Lessacken, Klein Rakitt u. Swante im Krs. Stolp u. Groß Wunneschin, Teile von Klein Wunneschin u. Krampkewitz in Lauenburg für 43/m T. von d. westpreuß. Landrat Johann Joachim von Brunn*; dieser klagte im Frühjahr 1782 noch ausstehende 9 337 T. d. *Kauf-Pretiums* ein; d. Cap. seinerseits belangte von Brunn beim Hofgericht in Bromberg wegen Wuchers, weil letzterer diese Güter im Juni 1781, also nur drei bis vier Wochen vor ihrem Geschäft, für 34/m T. von d. Erben d. Fi-rates von Brenckenhoff erstanden hatte; er beglich d. größten Teil d. Kaufgeldes, ließ aber 8/m T. mit Arrest belegen; suchte am 11. Mai 1784 u. 12. April 1785 darum nach, von Brunn dieser Summe für verlustig zu erklären, weil es sich bei d. Landrat um d. bgl. Sohn e. Amtsrates aus Mecklenburg-Strelitz handle, der keine Genehmigung zum Ankauf adliger Güter in Pommern gehabt habe, dieses Geld solle ihm *zum Besten seiner Familie* u. für d. Melioration d. Güter überlassen werden; in d. Resolution vom 25. April 1785 an Caspar Friedrich hieß es, daß der von Brunn ihm d. Kosemühlschen Güter höher, als er sie selbst erstanden, verkauft hat, ist *kein unerlaubter Wucher*, das Gesuch die 8/m T. *für verlustig zu erklären, findet als widerrechtlich nicht* statt, d. Kaufkontrakt zwischen beiden könne nicht angefochten werden, durch d. Ankauf d. Güter durch d. Supplikanten sei d. *königliche Intention erreicht*, wonach *adlige Güter nicht in bürgerliche Hände kommen* sollten; ob von Brunn ein Edelmann sei, müsse erst noch untersucht werden; am 19. Mai 1785 wurde dann auch seine Bitte abgelehnt, den Prozeß in Bromberg niederzuschlagen; verkaufte bis auf Groß u. Anteil Klein Wunneschin diese Güter bis 1799, erwarb eben damals Bansekow, Liepen u. Dresow im Krs. Stolp für rund 36/m T., 1804 wurde deren Wert jedoch nur mit 18/m T. angegeben; **Ehefrau**: Elisabeth Helene, geb. von Lettow († 1808); **Sohn**: Franz Werner Bogislav (1766–1787), Fähnrich im 1. Bat. d. I-R Nr. 15, s.d.; **Sohn**: Ferdinand Caspar Christoph (1771–1808), Mai 1788 Fähnrich bei d. Garde, Mrz. 1792 Abschied als Sl, 1804 Erbherr auf Wussecken im Krs. Schlawe; **Sohn**: Friedrich Gustav Adolph (1776–1808), Mai 1795 Cornet im D-R Nr. 9, Sep. 1798 als Sl dim., dieser saß 1804 auf Groß Wunneschin in Lauenburg;

Quellen: GStA, I. HA, Rep. 30, Nr. 44, M 80, Paket 9 334; Rep. 96, Nr. 435 M, Bd. 7; IV. HA, Rep. 1, Nr. 81, Bl. 171 (kz. Notiz, d. Bruder C.E. danach 20. Dez. 1758 gest.), Bl. 172–173 (Söhne); Stabi, Ms. boruss. fol. 316; Fam.gesch. 1878, S. 111, S. 140–142, S. 177–179; biogr. Handbuch, S. 142 (Brunn);

Major Caspar Otto von Massow (1701–1749)

Vater: Anton Christoph († 1708), Erbherr auf Mahnwitz im Krs. Stolp; **Mutter**: Abigail, geb. von Krockow; **Bruder**: Hector Bogislav, poln. Cap.; **Bruder**: Lorenz Felix († 1736), Ltnt.; **Laufbahn**: 1717 als Corp. bei d. *cadets* in Berlin gen., 1722 Fähnrich, 1733 Ltnt. im I-R Nr. 24, Mai 1742 bei Chotusitz *blessirt*, 1743 Cap. u. Chef e. Comp. im I-R Nr. 24, 1749 als Major gest.; **Güter**: verkaufte 1738 d. väterliche Gut Mahnwitz für 8/m T. an d. Rittmstr. Franz Jacob von Zitzewitz; **Ehefrau**: e. geb. von Pann(e)witz;

Quellen: Stabi, Ms. boruss. fol. 316; Brüggemann, T. 2/2, S. 985; Fam.gesch. 1878, S. 83–84, S. 111; Crousaz, Beilage C, S. 31, S. 32;

Ol Caspar Otto von Massow (* 1745, † 15. Sep. 1827)*

Vater: Hector Christian (* um 1710, † 28. Okt. 1748), seit 1725 im Militär, Gefr.corp. im I-R Nr. 1, Juni 1737 als Fähnrich ins Berliner Garn.-Reg. versetzt, zuletzt Ltnt., Erbherr auf

Kl. Volz, Camnitz A u. Anteil Lodder im Krs. Rummelsburg; **Mutter**: Juliana Sophia, geb. von Pirch († 1752); **Laufbahn**: seit 1762 im Militärdienst, 1763 Cornet, 1774 Sl im D-R Nr. 9, 1784 Pl, April 1791 Stabs-Rittmstr., Nov. 1794 Major, Febr. 1795 Chef e. Escadron, Dez. 1802 mit Pension dim., Febr. 1803 Charakter Ol; **Güter**: Erbherr auf Kl. Volz, Camnitz A u. Lodder (B bzw.) A; verkaufte 1773 Lodder A für 2 800 T. an d. Cap. Christian Casimir von Reckow; (erwarb 1796 Gr. Volz für 12 300 T.) saß 1804 auf Groß u. Kl. Volz im Wert von zs. 8 500 T.; **Ehefrau**: Antonia Barbara Friederika, geb. von Pirch (* 1771), aus d. Ehe vier Söhne u. zwei Töchter;

Quellen: GStA, I. HA, Rep. 30, Nr. 243, Vas.tab. 1763, 1767, 1793, 1804; IV. HA, Rep. 1, Nr. 81, Bl. 173; Stabi, Ms. boruss. fol. 312, fol. 313 (Vater); Brüggemann, T. 2/2, S. 788; Fam.gesch. 1878, S. 153–154; S. 191–192;

Cap. Christian Lüdeke von Massow (* um 1691, † vor 1781)

Vater: Werner Ludwig, Erbherr auf Anteil Groß Schwirsen im Krs. Rummelsburg; **Bruder**: Peter Ludwig (* um 1698, † 1743), seit 1711 im Militär, 1723 Ltnt. im I-R Nr. 9, 1730 als Pl gen., 1743 als Cap. gest., Erbherr auf Anteil Groß Schwirsen; **Laufbahn**: engagierte sich um 1707 im Militär, (1715 Stabs-Cap. bei d. Weißen Grenadieren), stand 1720 als Cap. im I-R Nr. 18, 1738 als Cap. dim.; **Güter**: 1743 bis 1758 Erbherr auf Anteil Groß Schwirsen (kl. Hof), seit 1758 als Lehnsfolger Erbherr auf Kafzig im Krs. Rummelsburg, noch 1767 als vorm. Cap. hier gen.; **Ehefrau**: Theresia Dorothea, geb. von Lettow (* 1708, † Okt. 1787), sie hatte 1782 Revenuen von jährlich 50 T., erhielt 1784 e. Pension von 100 T.; beider **Sohn**: Peter Friedrich (* um 1740), nahm keine Dienste, um 1780 u. 1793 als Erbherr auf Kafzig gen., dessen Söhne: Werner Friedrich (* 1763), 1793 als Junker im D-R Nr. 1 gen., saß 1804 auf d. Gut Kafzig im Wert von 6/m T., Sohn: Carl Ludwig (* 1777), 1793 gen.;

Quellen: GStA, I. HA, Rep. 30, Nr. 243, Vas.tab. 1763, 1767, 1793; II. HA, Abt. 13 a, Tit. III, Generalia, Nr. 2, Bd. 9 (Witwe); Stabi, Ms. boruss. fol. 313 (als Chr. Lüdecke, 1720 als Chr. Ludwig), fol. 315 (Bruder P.L.), fol. 319; Brüggemann, T. 2/2, S. 794–795, S. 807; Fam.gesch. 1878, S. 154; Fam.gesch. 1931, S. 474, S. 476;

Ltnt. Dettlev Otto Ernst von Massow (* 1776)

Vater: Peter Christian (* 1723, † 10. Dez. 1795), fünf Jahre *cadet*, seit 1746 im Garn.-Bat. Nr. 3, 1757 als Ltnt., 1764 u. 1775 als Pl, 1782 als Stabs-Cap. gen., April 1787 nach 42 Dj. Cap. u. Chef e. Comp., 1788 zum Depot-Bat. d. I-R Nr. 19 in Küstrin versetzt, Juni 1793 Chef d. Invaliden-Comp. d. I-R Nr. 19 in Seelow, als solcher gest., hinterließ einen Sohn u. e. Tochter; **Schwester**: Charlotte, hielt sich im Herbst 1800 bei Baurat Manger in Potsdam auf, bekam mit CO von 6. Jan. 1801 e. Pension von 50 T., sie heiratete später (George Friedrich) von Münchow zu Groß Satspe bei Belgard; **Laufbahn**: seit 1792 im Militär, Nov. 1794 Fähnrich, Okt. 1797 Sl im Grenadier-Garde-Bat., Febr. 1806 Pl, Juli 1809 Stabs-Cap., April 1813 beim 2. Res.-I-R Chef e. Comp., Dez. 1813 Major, Juni 1815 als Ol dim., Okt. 1816 Postmstr. in Schlawe, 1820 Postmstr. in Landeshut;

Quellen: GStA, II. HA, Abt. 13 a, Tit. III, Litt M, Nr. 27 (Schwester, Hinweis auf d. Vater); IV. HA, Rep. 1, Nr. 81, Bl. 172–173; Stabi, Ms. boruss. fol. 316; Reinhard, Garde, S. 540, S. 543; Fam.gesch. 1878, S. 301–303, S. 336;

Ltnt. Ernst Bogislav von Massow (* um 1720, † 4. Juni 1745)

Vater: Valentin, seit 1694 Erbherr auf Anteil Waldow, seit 1718 auf ganz Waldow im Krs. Rummelsburg; **Mutter**: Amalie, geb. von Below; **Bruder**: Hans Jürgen Detleff (1686–1761) *, stand seit mind. 1710 im I-R Nr. 6, Gl, s.d.; **Laufbahn**: trat 1740 in d. Militärdienst ein, 1741 Fähnrich im I-R Nr. 1, 1745 als Ltnt. an bei Hohenfriedberg erlittenen Blessuren gest.;

Quellen: Stabi, Ms. boruss. fol. 313, fol 319 (1715 standen e. Ewald, seit Nov. 1713 Sl, u. e. Peter Ernst, seit Mrz. 1713 Fähnrich, im I-R Nr. 6); Fam.gesch. 1878, S. 81–82, S. 105–107; Fam.gesch. 1931, S. 410, S. 413 (hier als Ewald Bogislav); Priesdorff, Nr. 279 (Bruder);

Cap. Ernst Christian von Massow (* 1675, † Aug. 1718)

aus Pommern gebürtig; **Laufbahn**: seit 1690 im Regiment, Okt. 1708 Cap. im I-R Nr. 2, noch 1715 als solcher genannt, 1718 gest.;

Quellen: Stabi, Ms. boruss. fol. 319; in d. Fam.gesch. 1878 nicht im Verz. d. Offz. im Anhang; Oelsnitz, I-R Nr. 2, S. 342, S. 929;

Major Ewald von Massow (* 20. Jan. 1731, † 4. Aug. 1784)

Vater: Joachim Ewald (1697–1769), seit 1714 im Militär, 1728 Cap. im I-R Nr. 24, 1737 Major, 1741 Ol, 1750 Abschied, Kammerpräsident in Königsberg, Okt. 1753 EM, dirigier. Minister von Schlesien, Erbherr auf Bartin im Krs. Rummelsburg, seit 1736 auf Zezenow im Krs. Stolp; **Mutter**: Elisabeth Sophia, geb. von Massow; **Bruder**: Carl (1735–1807) *, seit 1750 im Regiment, Dez. 1752 Fähnrich im I-R Nr. 16, Mrz. 1757 Sl, 1759 Gen.-Adjutant, 1761 bis 1762 Quartier-Mstr.-Ltnt. beim Herzog Aug. Wilh. von Braunschweig-Bevern, Dez. 1766 dim., seit 1777 Landrat im Krs. Randow, seit 1787 vorpomm. Landesdirektor, von 1768 bis 1777 Erbherr auf Zezenow u. Dargeröse im Krs. Stolp, seit 1784 auf Bartin u. Barvin im Krs. Rummelsburg, verkaufte diese 1789 an d. Cap. Johann Franz Gottlob von Massow; **Schwester**: Henriette Agnes Auguste (1743–1814), verh. mit d. Obristen Werner Heinrich von Blumenthal, s.d.; **Laufbahn**: Nov. 1747 Gefr.corp. im I-R Nr. 24, Juli 1750 Fähnrich, Jan. 1761 Stabs-Cap., Juni 1767 Cap., Sep. 1774 Major, April 1780 Abschied vom I-R Nr. 24; **Güter**: 1768 überließ ihm sein Vater Bartin, Treten, Barvin, Gewiesen im Krs. Rummelsburg u. weitere Gutsanteile für zs. 41 734 T.; reichte am 20. Sep. 1779 e. Immediatgesuch ein u. bat d. König um e. Kredit über 11 869 T. oder um e. *Indult* von sechs Jahren, bezifferte darin d. Wert seiner Güter auf über 60/m T., die Schulden beliefen sich auf 51 320 T., davon entfielen auf seinen Bruder allein 27 131 u. auf d. Schwester 11 869 T., obwohl letztere ihre Zinsen regelmäßig bekam, wollte sie ihr Kapital ausgezahlt bekommen, wozu er nicht in d. Lage war; sie hatte bereits d. Subhastation d. Güter beantragt; seine Supplik wurde am 27. Sep. 1779 abgewiesen, d. Gläubiger müßten vor d. Gewährung e. Moratoriums erst gehört werden; am 5. Jan. 1781 bat d. Major immediat um e. Zahlungsaufschub von drei Monaten, er hatte u. a. seit 1777 Schulden bei e. Kaufmann in Frankfurt am Main über 5 900 T.; in seiner Bittschrift gab er an, daß d. Gut Treten 1773 auf 27 522 taxiert worden sei, später wurde es auf 21 681 T. herabgesetzt, darauf alte Schulden von 9 049 T., seine Gläubiger drängten auf d. *Execution* gegen ihn; **Ehefrau**: Augusta Helena, geb. von Pann(e) witz; d. Major starb ohne Leibeserben, seine Güter fielen an den Bruder Carl;

Quellen: GStA, I. HA, Rep. 30, Nr. 44, M 80, Paket 9334; IV. HA, Rep. 1, Nr. 81, Bl. 171–172; Stabi, Ms. boruss. fol. 316; Brüggemann, T. 2/2, S. 783–784; Fam.gesch. 1878, S. 113–114, S. 143–146; biogr. Handbuch, S. 622 (Carl);

poln. Fähnrich Ewald Ludwig von Massow (* um 1709)

Vater: Hans Wedig (1678–1753), kursächs. Rittmstr., Erbherr auf Woblanse im Krs. Rummelsburg; **Mutter**: Sophia Louisa, geb. von Kameke (1693–1753); **Bruder**: Friedrich Eugen (1719–1874), Obrist, siehe dort mehr zur Fam.; **Laufbahn**: vom Vater von früh auf für d. kgl. Dienst erzogen, *cadet* in Berlin, soll davon *ziemlich profitiret* haben, dann Junker im K-R Nr. 10, machte sich hier nur *anfangs ziemlich gut*, sein Chef, d. Ol Carsten Friedrich von Schenck, bat dann d. Vater, d. Sohn zurückzunehmen, weil er *kleberichte Hände* hätte; jetzt ins D-R Nr. 1 geschickt, erwies sich hier als *gantz incorrigible*, hat *Laster mit Lastern gehäuft*, wurde vom damaligen Major Adam Joachim von Podewils *abgeschafft*; zuletzt sechs Wochen Uffz. im I-R Nr. 19, beging *Exzesse*, zeigte *e. blutschlechte Lebensart*, war *täglich so besoffen*, daß er *nie zum Dienst gebraucht* werden konnte, stahl e. Corporal ein Hemd, um es *zu versaufen*, versteckte sich zwei Tage, um nicht auf die Wache ziehen zu müssen; wurde von hier aus ins Zuchthaus nach Spandau gebracht; d. Vater wollte mit E.L. *noch eine Probe* machen, er kam daher ohne Abschied auf freien Fuß u. wurde Fähnrich in polnischen Diensten, auch dort vom Regiment weggejagt, hielt sich anschließend in Preußen u. Kurland auf, ernährte sich vom Betteln, wurde im Bezirk d. Küstriner KDK aufgegriffen u. zum Vater geschickt; sei zum *Sünden-Knecht geworden*, mit dem *nichts auszurichten* wäre; in e. Immediatgesuch vom 21. Jan. 1749 bat d. Vater daher darum, d. *ungeratenen, ruchlosen u. versoffenen* Sohn lebenslang auf d. Festung Kolberg zu bringen, für dessen Unterhalt wollte er jährlich 100 T. zahlen; d. König wies e. Untersuchung an, die die väterlichen Angaben überprüfen sollte; die aus d. drei Regimentern u. von verschiedenen Behörden eingezogenen Nachrichten bestätigten die Vorwürfe; am 19. Mai 1749 wurde Obrist Vollradt (von) Hellermann angehalten, d. Ewald Ludwig von Massow auf Lebenszeit auf d. Festung Kolberg zu verwahren;

Quellen: GStA, I. HA, Rep. 30, Nr. 44, M 80, Paket 9333; Fam.gesch. 1878, S. 115 (als Ewald, nur kz. Notiz);

Major Ewald Valentin von Massow (* 1716, † 8. Juni 1766)

Vater: Paul Anton (* 1664, † um 1745), (sächs. Kriegshauptmann), Major, seit 1713 Pfandbesitzer auf Grumbkow im Krs. Stolp im Wert von 8/m T.; **Mutter**: Barbara Esther, geb. von Zitzewitz; **Bruder**: Paul Anton (1710–1766), seit 1725 im Militärdienst, 1740 Pl im I-R Nr. 23, 1741 Cap., 1753 Major im I-R Nr. 37, Juni 1758 dim., Erbherr auf Weißholz bei Glogau; **Schwestern**: Margaretha Agnesa, verh. mit Friedrich Wilhelm von Zitzewitz (1713–1757) auf Muttrin u. Budow, gefallen 18. Juni 1757; e. zweite Schwester war verh. mit d. Cap. George Anton von Büchow auf Anteil Giesebitz; **Laufbahn**: trat um 1731 ins D-R Nr. 1 ein, stand 1746 hier als Rittmstr., Mai 1755 als Rittmstr. u. Chef e. Escadron ins D-R Nr. 5 versetzt, Febr. 1758 Major, (Mrz. 1758 bzw.) Febr. 1759 Abschied mit Pension; **Güter**: seit etwa 1745 Erbherr auf Grumbkow, 1756 im Wert von 9/m T., verkaufte dieses 1764 f. 10 500 T. an d. Geh. Rat Michael Ernst von Boehn; **Ehefrau**: Johanna Sophia, geb. von Burgsdorff aus Reitwein in d. NM; **Sohn**: Ewald Friedrich (1761–1827), 1781 Cornet im K-R Nr. 3, Sep. 1786 Sl, Okt. 1791 Pl, Dez. 1793 dim., Juli 1801 Charakter Rittmstr., Erbherr auf Tankow in d. NM;

Quellen: GStA, I. HA, Rep. 30, Nr. 44, M 80, Paket 9 333; Nr. 186 d, Paket 9 839; Nr. 243, Vas.tab. 1756; IV. HA, Rep. 1, Nr. 81, Bl. 171 (E.V. u. P.A.), Bl. 172 (Sohn); Ms. boruss. fol. 314, fol. 316; Brüggemann, T. 2/2, S. 971; Probst, D-R Nr. 1, 1841, S. 156; Fam.gesch. 1878, S. 82–83, S. 107–108, S. 135; Albedyll, Anhang S. 60*;

Obrist Ewald Wedig von Massow (* 1693, † 5. Juni 1745)

Vater: Hans Christoph, Erbherr auf Rohr im Krs. Rummelsburg; **Mutter**: Elisabeth Magdalena, geb. von Massow **Laufbahn**: seit 1710 im Militär, 1726 Cap. im 2. Bat. d. I-R Nr. 6, Juli 1735 als Major ins I-R Nr. 1, rückte hier für H.G. von Gumbrecht ein, s.d., Mai 1740 Ol u. Kommandeur d. I-R Nr. 1 (bzw. I-R Nr. 22), als Obrist im I-R Nr. 1 an e. bei Hohenfriedberg erhaltenen Blessur gest., **Güter**: Erbherr auf ½ Rohr; **Ehefrau**: Louisa Christina, geb. von Schierstedt, aus d. 1735 geschlossenen Ehe keine Kinder; zu ihrer Sicherheit waren ihr in d. Ehestiftung seine Güter überschrieben worden; sie trat seine Güter 1748 an d. Präsidenten Valentin von Massow ab;

Quellen: GStA, I. HA, Rep. 30, Nr. 44, M 80, Paket 9 333; Rep. 96, Nr. 518 E bis H; nicht in IV. HA, Rep. 1, Nr. 81; Ms. boruss. fol. 313 (1740 als Ol zu Alt-Borcke), fol. 314 (im Juni 1741 Ol im I-R Nr. 22); Brüggemann, T. 2/2, S. 804–805; Fam.gesch. 1878, S. 77–78, S. 99–100;

Fähnrich Franz Werner Bogislav von Massow (* 2. Nov. 1766, † Jan. 1787)*

Vater: Caspar Friedrich (1732–1813), Ltnt., s.d. mehr; **Bruder**: Friedrich Lorenz Wilhelm (* 1765, † vor 1796), Referendar in Berlin; **Bruder**: Ferdinand Caspar Christoph (* 1771, † vor 1808), Mai 1788 Fähnrich bei d. Garde, Juni 1791 Sl, Mrz. 1792 Abschied; **Laufbahn**: seit 1781 im Militär, Aug. 1786 Fähnrich beim 1. Bat. Garde, 1787 ertrunken;

Quellen: GStA, IV. HA, Rep. 1, Nr. 81, Bl. 172; Reinhard, Garde, S. 534, S. 548; Fam.gesch. 1878, S. 140–142, S. 177–180;

Cap. Friedrich von Massow (* 1710, † 15. Dez. 1745)

Vater: Caspar Otto (1665–1736), EM, Oberpräsident aller pomm. Kollegien, Erbherr auf Varzin im Krs. Schlawe, auf Wussow im Krs. Rummelsburg, auf Dobberphul im Krs. Pyritz; **Mutter**: Maria Charlotta, geb. von Carnitz (1680–1737); **Bruder**: Joachim Ewald (1697–1769)*, seit 1713 im Militär, 1722 u. 1728 als Cap. u. Chef e. Comp. im I-R Nr. 24 gen., 1737 Major, 1741 Ol, 1750 Abschied, 1751 Präsident d. KDK zu Königsberg, 1753 schlesischer Provinzialminister, 1767 als Erbherr auf Bartin, Barvin, Treten, Gewiesen u. Grünhof gen.; **Laufbahn**: seit 1727 im Militär, stand 1737 als Cap. u. Chef e. Comp. im I-R Nr. 5 in Magdeburg, war für längere Zeit auf Werbung in Aachen, so von 1739 bis 1740, 1745 bei Kesselsdorf gefallen; **Güter**: nach d. brüderl. Teilung seit 1736 Erbherr auf d. Allodialgut Dobberphul im Krs. Pyritz im Wert von 30 500 T., darauf Lehngelder von 7/m T., dieses fiel 1745 seinem Bruder zu, d. damaligen Kammerpräsidenten; nach d. Tod d. Cap. meldete sich Maria Elisabeth Blees aus Aachen, erklärte sein **Frau** resp. jetzige Witwe zu sein u. erhob Anspruch auf d. hinterlassenen Mobilien u.d. Gut; beide sollen am 23. Juni 1739 in Aachen geheiratet, er sie in e. Testament von 1740 zu seiner Erbin erklärt haben; die Geschwister d. verst. Cap. bezeichneten sie als *frühere Bademagd* u. als *Concubine*; mit Verfügung vom 12. Mai 1746 an d. Gl Anshelm Christoph von Bonin sollte d. Verlassenschaft d.

Verstorbenen an dessen Geschwister verabfolgt, die angebliche Ehefrau dagegen an d. pomm. Gerichte verwiesen werden, jene Trauung sei ohne *Consens* u. ohne vorherige Proklamation erfolgt;

Quellen: GStA, I. HA, Rep. 30, Nr. 44, M 80, Paket 9333; nicht in IV. HA, Rep. 1, Nr. 81; Stabi, Ms. boruss. fol. 313; Brüggemann, T. 2/1, S. 139–140, T. 2/2, S. 895, Fam.gesch. 1878, S. 84–87, S. 113–114 (kz. Notiz, kein Sterbedatum); Rangirrolle Saldern, Abgangsliste Nr. 152;

Obrist Friedrich Eugen von MASSOW (1719–1774)

Vater: Hans Wedig (1678–1753), kursächs. Rittmstr., Erbherr auf Woblanse, Seelitz u. Wussecken im Krs. Schlawe; **Mutter**: Sophia Louisa, geb. von Kameke (1693–1753); **Bruder**: Ewald Ludwig, Fähnrich, s.d.; **Bruder**: Caspar Otto (* 1718, † 15. Febr. 1758), stand seit 1732 im Militärdienst, 1742 Sl im I-R Nr. 39, 1756 Pl, 1758 Cap., seit 1753 Erbherr auf Woblanse im Wert von 12 140 T., soll e. unehelichen Sohn hinterlassen haben; **Bruder**: Hans Wedig (* um 1715, † vor 1753), seit 1730 im Militär, 1740 Ltnt. im I-R Nr. 9, vor 1750 abgegangen; **Bruder**: Carl August (* um 1730, † 1778), seit 1749 im Militärdienst, stand 1759 als Ltnt. im D-R Nr. 8, 1764 Stabs-Cap., 1766 nach 16 Dj. dim., seit 1753 Erbherr auf Seelitz, seit 1759 auch auf Woblanse, hinterließ u. a. d. Sohn: Carl Friedrich Heinrich (1770–1851)*, seit 1785 im I-R Nr. 43, 1804 Major, zuletzt GM; **Laufbahn**: trat 1735 in d. Militärdienst ein, 1743 Pl, 1756 Stabs-Cap. im I-R Nr. 24, 1764 Major, im Okt. 1773 als Obrist mit 400 T. Pension dim.; **Güter**: seit 1752 Erbherr auf Cunsow, seit 1753 auf Wussecken im Krs. Schlawe; mußte sich 1763 zs. mit Carl August mit Alimenteforderungen der Mutter d. Kindes ihres verst. Bruders auseinandersetzen, angeblich soll Caspar Otto d. Sohn 600 T. u. jährliche Zahlungen ausgesetzt habe; **Ehefrau**: Maria Elisabeth, geb. von List, verw. von Sonnentag (1724–1798), aus d. Ehe drei Töchter u. d. **Sohn**: Wilhelm Anton (1761–1815), Cap., s.d.;

Quellen: GStA, I. HA, Rep. 30, Nr. 44, M 80, Paket 9334; IV. HA, Rep. 1, Nr. 81, Bl. 171 (kz. zu F.E. u.d. Brüdern); Stabi, Ms. boruss. fol. 312, fol. 315 (Bruder H.W., hier als Joh. Wiedigand), fol. 316; Fam.gesch. 1878, S. 88, S. 117–118; Priesdorff, Nr. 1369 (C.F.H.);

Cap., Oberforstmstr. Friedrich Gottlob von MASSOW (* 23. Sep. 1754, † 6. Juni 1833)*

Vater: Paul Anton (1710–1766), seit 1725 im Militär, 1741 Cap. u. Chef e. Comp. im I-R Nr. 37, Juni 1758 als Major dim., 1756 ohne Güter in Pommern, Erbherr auf Weißholz bei Glogau; **Mutter**: Charlotte Eleonora, geb. von Bojanowsky; **Bruder**: Carl Ludwig Ewald (1748–1808)*, Landrat d. Krs. Guhrau; **Laufbahn**: Sl im I-R Nr. 18, April 1788 Pl, Dez. 1790 Stabs-Cap., Aug. 1793 dim., als Oberforstmstr. in West- u. Südpreußen versorgt; **Ehefrau**: Johanna Carolina Hermina verwitw. Obristin von Schaetzell, geb. von Retzow (1753–1804); **Sohn**: Alexander Johann Friedrich (1782–1853), Mai 1798 Fähnrich im I-R Nr. 26, Juli 1801 Sl, Jan. 1812 Pl, Juli 1813 Stabs-Cap. im Leib-I-R Nr. 8, April 1814 Cap., Mrz. 1817 Major, Okt. 1825 Abschied als Ol; **Sohn**: Eugen Carl Rudolph (1784–1864), Mai 1802 Fähnrich im I-R Nr. 39, Mrz. 1805 Sl, Juli 1809 dim., trat in österr. Dienste; **Sohn**: Friedrich Wilhelm (1786–1859), April 1804 Fähnrich im I-R Nr. 39, Juli 1809 als Ltnt. dim., nahm österr. Dienste, trat im Mrz. 1812 in d. preuß. Landwehr ein, Juni 1813 Cap., 1825 dim.; **Sohn**: Friedrich Johann (1790–1814), 1814 als Ltnt. gefallen;

Quellen: GStA, I. HA, Rep. 30, Nr. 243, Vas.tab. 1756; IV. HA, Rep. 1, Nr. 81, Bl. 172, S. 173–174 (Söhne); Stabi, Ms. boruss. fol. 316 (Vater, dieser aus Pomm. geb.); biogr. Handbuch, S. 623 (Bruder), S. 624 (F.G.); Fam.gesch. 1878, S. 107–108, S. 133–134, S. 169–174;

Ltnt. Friedrich Wilhelm von MASSOW (* 1723, † 15. Juni 1758)

aus Pommern gebürtig; **Laufbahn**: seit 1740 im Militärdienst, 1743 Fähnrich im I-R Nr. 46, 1758 als Ltnt. gest.;

Quellen: GStA, IV. HA, Rep. 1, Nr. 81, Bl. 171 (danach gest. 21. Juli 1758); Stabi, Ms. boruss. fol. 316;

Ol George Adrian von MASSOW (* 1670)

aus Pommern gebürtig; **Laufbahn**: trat 1687 in d. Militär ein, Mrz. 1706 als Cap. ins I-R Nr. 16, Febr. 1712 Major, Mrz. 1717 wegen Blessuren als Ol dim.;

Quellen: Stabi, Ms. boruss. fol. 319; Kopka v. Lossow, Bd. 1, S. 230, Abgangsliste S. 13*;

Obrist George Heinrich von MASSOW (* um 1710, † 5. Nov. 1775)*

Vater: Marten Otto, bis 1718 Erbherr auf Anteil Malzkow im Krs. Stolp; **Mutter**: Adelgunda Margaretha, geb. von Münchow; **Bruder**: Gottfried Ernst (* um 1718, † 22. April 1776), seit 1734 im Militärdienst, Febr. 1746 Ltnt. im K-R Nr. 9, 1757 noch als Ltnt., 1763 als Rittmstr. u. Chef e. Escadron im K-R Nr. 9 gen., Okt. 1768 als Major *cassirt*, in Spandau bei seinem Bruder gest.; **Laufbahn**: trat um 1726 in d. Militärdienst ein, 1730 Gefr.corp., Jan. 1741 Pl im I-R Nr. 17, 1748 Chef e. Comp., Nov. 1756 Orden p.l.m., 1759 Major, Jan. 1762 Kriegsgefangenschaft, 1768 Obrist u. Kommandant von Spandau, ohne Leibeserben gest., von seinem Vermögen blieb nach Bezahlung d. Schulden nichts übrig; hatte zu Lebzeiten seine beiden **Schwestern** unterstützt: Barbara Sabine u. Eva Christine (* 1727, † 15. Sep. 1797), gab ihnen in Spandau Kost u. Logis, nach seinem Tod bekamen sie auf Gesuch d. Obristen von Kalckstein e. Pension von 60 T., Eva Christine erhielt seit Mrz. 1792 noch weitere 50 T.; Barbara Sabine hielt sich 1797 in Groß Massow bei Lauenburg auf;

Quellen: GStA, II. HA, Abt. 13 a, Tit. III, Litt M, Nr. 24 (Schwester Eva); IV. HA, Rep. 1, Nr. 81, Bl. 171–172; Stabi, Ms. boruss. fol. 312 (Bruder G.E.), fol. 316 (in d. Liste f. 1764: als George Henning, in d. Abgangsliste gen., aber nicht 1740 u. 1756); Fam.gesch., 1878, S. 99, S. 128–129; Lehmann, Ritter, S. 50;

Major George Ulrich von MASSOW (* um 1724, † 10. Nov. 1781)

Vater: Adrian Rüdiger, seit 1735 Erbherr auf Prebentow C im Krs. Stolp; **Mutter**: Ernestina Elisabeth, geb. von Zastrow († 1756); **Bruder**: Hans Joachim Rüdiger (* um 1719, † 10. Sep. 1764), seit 1735 im Militär, 1740 Gefr.corp., 1756 Sl im I-R Nr. 17, Mrz. 1760 als Cap. Orden p.l.m., 1764 Cap., zuletzt Major, seit 1756 auf Prebentow C, unbeerbt verst.; **Laufbahn**: seit 1741 im Militärdienst, stand 1743 als Corp. im I-R Nr. 24, 1756 als Sl, 1764 als Cap., 1780 als Major dim.; **Güter**: erbte 1764 d. väterl. Gut Prebentow C im Krs. Stolp, erwirkte 1769 dessen Allodifikation, besaß auch Bansekow, Liepen u. Dresow im Krs. Stolp; **Ehefrau**: Sophia Amalia, e. To. d. Cap. Mattheus von Wesenbeck; **Sohn**: Carl Gustav (1773–1820), Mai 1793 Fähnrich im I-R Nr. 35, April 1794 Sl, Febr. 1797 dim., erbte d. väterl. Güter Bansekow, Liepen u. Dresow, verkaufte d. Güter 1798 für 36 300 T. an August Ludwig von Maltzahn, der sie 1799 d. Cap. Caspar Friedrich von Massow überließ;

Quellen: GStA, I. HA, Rep. 30, Nr. 44, M 80, Paket 9 334; IV. HA, Rep. 1, Nr. 81, Bl. 171–172 (kz. Notiz, d. Bruder H.J.R. danach gest. 3. Okt. 1764); Stabi, Ms. boruss. fol. 316 (1743 als George Albr.); Brüggemann, T. 2/2, S. 994–995; Taeglichsbeck, S. 273 (Sohn); Fam.gesch. 1878, S. 79, S. 101–102, S. 129–131, S. 319; Lehmann, Ritter, S. 83 (Bruder);

Ltnt. Hans Christoph von Massow (* 1708, † 5. Mrz. 1775)

Vater: Jürgen, Erbherr auf Anteil Plötzig im Krs. Rummelsburg; **Mutter**: Sabina, geb. von Massow; **Bruder**: Christian Lorenz, verkaufte 1740 d. väterlichen Gutsanteil Plötzig auf 30 Jahre f. 1 200 T.; **Laufbahn**: seit 1726 im Militär, 1729 Gefr.corp., 1740, 1757 u. 1764 als Ltnt. im Garn.-Bat. Nr. 3 genannt, 1775 als Sl gest., stand 52 Jahre im Kolberger Land-Bataillon, will im Dienst das Seinige zugesetzt haben, hinterließ keine Kinder; **Güter**: konnte d. *Reluitionsquantum* von 2 308 T. für e. Anteil Groß Volz nicht aufbringen, wurde deshalb vom Kösliner Hofgericht am 29. Nov. 1769 *praecludirt*; **Ehefrau**: Anna Ephrosina, geb. von Schlieffen (* um 1713, † Nov. 1787), sie bat nach d. Tod ihres Mannes um e. Pension aus d. pomm. Meliorationsfonds, bekam um 1778 e. solche in Höhe von 50 T., e. Gesuch um e. Zulage von 1781, begründet mit ihrem Alter, ihrer Krankheit, d. gänzlichem Mangel an eigenem Vermögen, wurde abgelehnt; ihre Schwester Eleonora Dorothea verh. Ltnt. von Rusch, geb. von Schlieffen, war im Herbst 1780 gest.;

Quellen: GStA, I. HA, Rep. 30, Nr. 43, Paket 9 232; IV. HA, Rep. 1, Nr. 81, Bl. 172 (kz. Notiz); Stabi, Ms. boruss. fol. 316 (in d. Listen f. 1729, 1740, 1757, 1764, in d. Abgangsliste gen.); Fam.gesch. 1878, S. 71–72, 95–97;

Gl Hans Jürgen Detleff von Massow (* 21. Juni 1686, † 24. Juli 1761) *

Vater: Valentin, Erbherr auf Gersdorf im Distrikt Bütow, dann auf Waldow im Krs. Rummelsburg; **Mutter**: Amalie, geb. von Below; **Bruder**: Ernst Bogislav (1720–1745), Ltnt., s.d.; **Laufbahn**: Mrz. 1710 Sl im I-R Nr. 6, Dez. 1713 Pl, Mrz. 1715 Cap., Febr. 1718 Major, Juni 1724 Ol, Mai 1733 Obrist, Febr. 1737 Kommandeur d. I-R Nr. 6, Mai 1741 GM, Okt. 1750 Gl, bezog seit 1752 e. Pension von 1/m T., diese fiel 1761 an seine Schwester-Kinder; in erster **Ehe** verh. mit Anna Sabine, geb. von Massow; in zweiter mit Ursula, geb. von Pomeiske;

Quellen: GStA, I. HA, Rep. 96, Nr. 518 E bis H (als (Johann) George), 1726 Ol im dritten Bat. d. I-R Nr. 6; Stabi, Ms. boruss. fol. 319 (1715 Cap. im Leib-Bat. Grenadiers); Fam.gesch. 1878, S. 81–82, S. 105–106; Priesdorff, Nr. 279;

Ol Heinrich Ewald von Massow (* 1725, † 18. April 1801)

Vater: Erdmann Casimir († 1731), Cap., Erbherr auf Cunsow u. Treblin im Krs. Rummelsburg, auf Sanskow im Krs. Stolp; **Mutter**: Dorothea Hedwig, geb. von Lettow; **Laufbahn**: seit 1743 im Militärdienst, 1747 Fähnrich im I-R Nr. 33, Sep. 1748 Sl, Mai 1757 Pl, April 1763 Cap. u. Chef e. Comp., Aug. 1765 Major, als Ol im Nov. 1778 dim.; **Güter**: erbte d. väterlichen Güter, veräußerte 1748 Cunsow an d. kursächs. Rittmstr. Hans Wedig von Massow, verkaufte Sanskow 1773 für 7 300 T. an d. Cap. Friedrich von Zitzewitz zu Brotzen; Treblin war bereits 1735 seiner Mutter überlassen worden, die es mit ihrer zweiten Ehe in d. Familie von Puttkamer einbrachte; **Ehefrau**: Johanna Friederika Christiane, geb. von Schweinitz (1746–1803); **Sohn**: Ferdinand Carl Ludwig (1778–1863), April 1794 Cornet im D-R Nr. 11, Febr. 1795 Sl, Mrz. 1813 Pl, 1831 Abschied als Ol; **Sohn**: Heinrich Erdmann Gotthard (1784–1865), Dez. 1801 Cornet im D-R Nr. 13, Mrz. 1804 Sl, Juli 1812 Pl, seit 1824 bei d. Landwehr, zuletzt Ol;

Quellen: GStA, IV. HA, Rep. 1, Nr. 81, Bl. 172 (kz. Notiz), Bl. 173 (Söhne); Stabi, Ms. boruss. fol. 311; Brüggemann, T. 2/2, S. 790, S. 809, S. 1000; Fam.gesch. 1878, S. 87, S. 114–115, S. 146–147;

Ol Jacob Christoph (-ian) von Massow (* um 1685, † vor 1741)

Vater: Jacob Caspar († vor 1706), Erbherr auf Wussecken im Krs. Schlawe; **Mutter**: Maria Juliana, geb. von Flemming; **Laufbahn**: trat um 1704 in d. Militärdienst ein, Aug. 1710 Pl im I-R Nr. 1, Mai 1721 Major, zuletzt hier Ol, 1732 als Kommandant nach Draheim versetzt, vor 1741 als Ol gest., Erbherr auf d. väterl. **Gut**;

Quellen: Stabi, Ms. boruss. fol. 313; fol. 319; Fam.gesch. 1878, S. 78, S. 101;

Cap. Jacob Ewald von Massow (* 6. April 1710, † 25. April 1786) *

Vater: Otto Christian, Erbherr auf Anteil Zuckers im Krs. Rummelsburg; **Laufbahn**: Jan. 1725 *cadet* in Berlin, 1735 Fähnrich im I-R Nr. 21, 1740 Sl, 1750 Cap. u. Chef e. Comp., Juni 1755 als Cap. mit Pension dim.; **Güter**: Erbherr auf Anteil Zuckers u. auf Vorwerk Billerbeck, verkaufte dieses 1752 an d. damaligen Kammerpräs. Valentin von Massow f. 1 400 T., soll bei e. Kreditgeschäft d. größten Teil seines Vermögens (40/m T.) verloren haben; **Ehefrau**: Johanna Dorothea, geb. Stefanie († 1772); **Sohn**: Ewald Heinrich Ludwig (1759–1792), seit Sep. 1785 Sl im I-R Nr. 27, 1792 als Ltnt. gest.; **Sohn**: Carl August Samuel (1760–1832), Mrz. 1783 Fähnrich im I-R Nr. 46, Mrz. 1786 Sl, Febr. 1796 Pl, Mai 1798 Stabs-Cap., Dez. 1806 Chef e. Comp., 1807 dim., 1813 Kreis-Brigadier bei d. Gendarmerie,

Quellen: GStA, IV. HA, Rep. 1, Nr. 81, Bl. 171 (J.E., kz. Notiz), Bl. 172 (Söhne); Stabi, Ms. boruss. fol. 311; Brüggemann, T. 2/2, S. 804–805; Crousaz, Beilage C, S. 33; Fam.gesch. 1878, S. 84, S. 111–113, S. 142–143;

Obrist Joachim Anton von Massow (* 1706, † 23. Juni 1781) *

Vater: Ernst Lorenz († 1758), Erbherr auf Turzig, Gesifze u. Börnen im Krs. Rummelsburg; **Mutter**: Esther Adelheid, geb. von Massow († 1760); **Laufbahn**: seit 1723 im Militär, 1733 als Cornet, 1734 Ltnt. als Ltnt. im D-R Nr. 2 genannt, Juni 1743 Stabs-Rittmstr., Mai 1745 Orden p.l.m., Mai 1749 Rittmstr., Nov. 1751 Major, Mai 1756 Ol, 1758 ins K-R Nr. 5 versetzt, Febr. 1759 Obrist, 1760 Kommandeur d. D-R Nr. 7, 1762 dim.; **Ehefrau**: Catharina Sophia († 1798), e. Tochter d. Obristen Johann Eberhard von Tettau; **Güter**: erheiratete mit seiner Frau d. Güter Kl. Steegen, Guttenfeld u. Blumenstein im Krs. Pr. Eylau, erbte d. väterl. Gut Turzig im Krs. Rummelsburg, prozessierte deshalb nach 1763 gegen seine Schwester Dorothea Adelheid, seit 1725 verh. mit George Christoph von Boehn auf Zignitz, wegen zwei Bauernhöfen im pomm. Turzig, die seine verst. Eltern ihrer Enkelin Adelheid Agnesa von Woedtke, geb. von Boehn, zum Dank für d. im Alter geleistete Pflege überschrieben hatten; verkaufte d. Gut im April 1765 seinem Neffen, d. Geh. Rat Michael Ernst von Boehn; **Sohn**: Julius Eberhard Wilhelm (1750–1816) *, 1773 Direktor d. Landvogteigerichtes in Konitz, 1784 Chef-Präs. d. pomm. Reg., 1798 EM;

Quellen: GStA, I. HA, Rep. 30, Nr. 44, M 80, Paket 9334; Nr. 243, Vas.tab. 1756, 1767, 1793, 1804; IV. HA, Rep. 1, Nr. 81, Bl. 171 (kz. Notiz); Stabi, Ms. boruss. fol. 315; Brüggemann, T. 2/2, S. 810; Tyszka, D-R Nr. 7, S. 448; Fam.gesch. 1878, S. 109–111, S. 136–139, S. 175; Lehmann, Ritter, S. 26; biogr. Handbuch, S. 624–625 (Sohn);

Cap., Landrat Johann (Anton) Franz Gottlob von Massow (* 1. Dez. 1761, † 18. Nov. 1805) *

Vater: Bogislav George (1717–1780), Erbherr auf Brünnow im Krs. Rummelsburg, war dessen zweiter Sohn; **Mutter**: Veronica Louise, geb. von Versen (1731–1774); **Laufbahn**: seit 1779 im Militär, Dez. 1782 Fähnrich im I-R Nr. 17, erhielt am 2. Aug. 1784 die *venia aetatis*, um sich mit seinen Geschwistern auseinanderzusetzen, bekam e. gutes Attest seines Chefs, d. Obristen Friedrich George Ludwig von Grolman, sein *Curator* war George Conrad von Massow zu Groß Schwirsen, hatte damals e. schuldenfreies Vermögen von 5609 T., April 1785 wegen *blöden Gesichts* Abschied nach sechs Dj. als Fähnrich (erhielt später d. Charakter Cap.); amtierte seit 1786 als Landrat im Krs. Rummelsburg; **Güter**: erbte 1780 zs. mit seinen drei Schwestern d. väterliche Gut im Krs. Rummelsburg; sein Vater hatte dieses 1757 bei d. Teilung mit seinen Brüdern für 8500 T. angenommen, darauf ruhten keine Lehnschulden; mußte seinen Schwestern e. Abfindung von 4250 T. zahlen, aus d. väterlichen Allodialvermögen erhielten diese zs. 3493 T.; erwarb 1789 vom Landesdirektor Carl von Massow d. Güter Bartin, Barvin, beide vor 1797 verkauft, Treten, Gewiesen u. Vorwerk Grünhof im Krs. Rummelsburg f. 75300 T., 1804 hatten Treten u. Gewiesen zs. e. Wert von 35/m T.; **Ehefrau**: eine geb. von Rosenberg († 1808), aus d. Ehe mehrere **Söhne**, darunter Carl Wilhelm Bogislav (1786–1833), Nov. 1801 Fähnrich, Okt. 1805 Sl im I-R Nr. 18 in Potsdam, Nov. 1807 dim., stand 1818 bei d. Landwehr in Köslin; Friedrich August George (1788–1850), Jan. 1802 Cornet im D-R Nr. 6, Mai 1805 Sl, Juni 1813 Rittmstr. beim 1. Westpreuß. Landwehr-Kav.-Reg., 1821 als Major pens.; 1801 befand sich Brünnow in d. Hand d. vorm. Ltnt.s Carl Friedrich von Massow (* um 1773), 1804 besaß es Carl Gustav von Below auf Gaatz im Krs. Stolp;

Quellen: GStA, I. HA, Rep. 30, Nr. 44, M 80, Paket 9334; Nr. 243, Vas.tab. 1763, 1793, 1801, 1804; IV. HA, Rep. 1, Nr. 81, Bl. 173 (Sohn C.W.B.); Stabi, Ms. boruss. fol. 316 (Abgangsliste, hier andere Angaben als im Lebenslauf); Brüggemann, T. 2/2, S. 787–788; Fam.gesch. 1878, S. S. 131–132, S. 163, S. 207–209; biogr. Handbuch, S. 624;

Ol Nicolaus George von Massow (* 1711, † um 1785) *

Vater: Lütcke Ernst, Erbherr auf Anteil Wocknin im Krs. Rummelsburg; **Laufbahn**: 1720 Corp., Okt. 1727 Fähnrich im I-R Nr. 8, Dez. 1732 Sl, Okt. 1744 Cap. u. Chef e. Comp., Nov. 1756 Major, Nov. 1763 mit d. Charakter Ol dim.; **Güter**: Erbherr auf Anteil Wocknin, verkaufte diesen 1770 zs. mit seinem **Bruder**, d. Cap. Jacob Nathanael († 1772), an d. Cap. u. späteren KD-rat Werner Ernst von Lettow f. 910 T.; beide besaßen seit 1758 Groß Schwirsen im Krs. Rummelsburg; **Neffe**: George Conrad (* 1743), Universalerbe seines Onkels N.G., seit 1774 Erbherr auf Groß Schwirsen u. Vorwerk Mallenzin, hier noch 1804 gen., beide hatten damals e. Wert von 8/m T.;

Quellen: GStA, I, HA, Rep. 30, Nr. 243, Vas.tab. 1793, 1804; IV. HA, Rep. 1, Nr. 81, Bl. 171 (kz. Notiz); Stabi, Ms. boruss. fol. 315; Brüggemann, T. 2/2, S. 807, S. 813–814; Famgeschichte 1878, S. 119, S. 154–155, S. 193–194; Priesdorff, Offz.stammliste, S. 117;

Ltnt. Peter Ernst von Massow (* 1691)

aus Hinterpommern gebürtig; **Laufbahn**: seit 1706 im Militär, Mai 1716 Sl im I-R Nr. 25, 1726 als Sl dim.;

Quellen: Stabi, Ms. boruss. fol. 314; Fam.gesch. 1878, S. 318 (hier nur e. P.E., 1746 Ltnt. in Anklam);

Cap. Philipp Gustav von Massow (* 9. Juli 1747, † 29. Mai 1821)

Vater: Jacob Reinhold (* 1705), trat um 1723 in d. Militärdienst, stand 1730 als Serg. im I-R Nr. 17, (als Ltnt. bzw. Cap. dim.), diente im Siebenjährigen Krieg als Cap. im Stettiner Garn.-Reg., als solcher noch 1763 gen., seit 1738 Erbherr auf Neu Kolziglow im Krs. Rummelsburg, mußte dieses vor 1776 schuldenhalber verkaufen, bezog 1774 e. Pension von zehn T. monatlich, hatte seinen Wohnsitz nahe Bütow; **Mutter**: Catharina Maria, geb. von Puttkamer (1708–1767); **Bruder**: Jacob Ludwig (1740–1799), trat um 1757 in d. Militärdienst ein, 1764 Sl im I-R Nr. 12, 1772 (Pl), Mrz. 1785 Chef e. Comp., Dez. 1789 Major, Juni 1791 mit Pension dim., Juli 1791 Charakter Ol, *reluirte* 1783 d. Gut Gr. Volz im Krs. Rummelsburg f. 6300 T. von d. Major George Caspar von Wedelstaedt; **Bruder**: Carl Friedrich (1743–1815), seit 1756 im I-R Nr. 3, 1759 Fähnrich, Juli 1762 Sl, 1779 Stabs-Cap., Juni 1782 Cap. u. Chef e. Comp., Juni 1790 Major, Aug. 1793 Orden p.l.m., Okt. 1797 Ol im I-R Nr. 20, Mai 1803 Obrist, Sep. 1813 pens.; **Schwester**: Barbara (* 1750), hielt sich 1774 bei ihrer verh. Schwester in Pottack auf, lebte von Almosen, P.G. suchte vergeblich für sie um e. Pension nach; **Laufbahn**: 1756 *cadet* in Berlin, trat um 1764 ins Regiment ein, Juni 1765 Fähnrich, 1772 Ltnt. im I-R Nr. 13, 1776 Ltnt. u. Adjutant, 1782 Pl, Okt. 1787 Stabs-Cap., Jan. 1794 Cap. u. Chef e. Comp., Okt 1794 dim.; **Güter**: trat 1783 seine Rechte an Gr. Volz im Krs. Rummelsburg an seinen Bruder Jacob Ludwig ab; hielt sich nach d. Abschied in Oberschlesien auf, dort verst.;

Quellen: GStA, I. HA, Rep. 30, Nr. 243, Vas.tab. 1756, 1763, 1767, 1804; IV. HA, Rep. 1, Nr. 81, Bl. 172; Ms. boruss. fol. 310, fol. 316; Geschichte I-R Nr. 3, S. 259; Brüggemann, T. 2/2, S. 795; Fam. gesch. 1878, S. 121–122, 155–158;

Cap. Valentin von Massow (* um 1716, † Mai 1751)

aus Pommern gebürtig; **Laufbahn**: seit 1733 im Militär, stand im Jan. 1739 als Sl im I-R Nr. 13, 1740 Pl im I-R Nr. 35, Mai 1751 als Cap. gest.;

Quellen: GStA, IV. HA, Rep. 1, Nr. 81, Bl. 171 (gest. 5. Juni 1751); Stabi, Ms. boruss. fol. 311; Taeglichsbeck, S. 263; nicht in d. Aufstellung über die Offz. in d. Fam.gesch. von 1878;

Ol, Hofmarschall Valentin von Massow (* 19. Mrz. 1752, † 20. Aug. 1817) *

Vater: Valentin (1712–1775), EM, Erbherr auf Rohr, Billerbeck, Brandenheide, Schwessin im Krs. Rummelsburg; **Mutter**: Johanna Friederika, geb. Freiin von Krausen (1728–1803); **Bruder**: Valentin George Anton (1740–1786), Pl im I-R Nr. 41, 1763 dim., als KD-rat in Halberstadt angesetzt, stammte aus d. ersten Ehe d. Vaters, siehe bei V.A.E.; **Bruder**: Friedrich Ewald Ernst (1750–1791) *, Kammerpräsident in Marienwerder, seit 1775 Erbherr auf Schwessin, Scharnitz u. Waldow im Krs. Rummelsburg; **Laufbahn**: engagierte sich 1765 im K-R Nr. 10, Jan. 1772 Ltnt., Mai 1781 Stabs-Rittmstr., Nov. 1788 Rittmstr. u. Chef e. Escadron, Nov. 1788 Major, Jan. 1791 Abschied als Ol, 1792 Hofmarschall beim Kronprinzen, nach 1797 zugleich Intendant d. kgl. Schlösser u. Gärten, 1809 Ober-Hofmarschall; **Ehefrau**: Charlotte Auguste Johanne (1766–1835), e. To. d. EM Joachim Ewald Christian Graf von Blumenthal, aus d. Ehe mehrere Kinder, geb. ab 1793; **Güter**: 1793 als Erbherr auf Scharnitz, ganz Schwessin u. Waldow gen., 1804 auf Rohr, Brandenheide, Rummelsburg A bis C, Falkenhagen A bis D, Schwessin A bis C, Reinfeld A u. B, Groß Möllen u. Loist im Krs. Pyritz, Steinhöfel u. Demnitz in d. NM genannt, die er teils geerbt, teils gekauft hatte; die Güter hatten e. Wert von ca. 150/m T., Angaben über die Verbindlichkeiten liegen nicht vor;

Quellen: GStA, I. HA, Rep. 30, Nr. 243, Vas.tab. 1767, 1793, 1804; IV. HA, Rep. 1, Nr. 81, Bl. 172; Gesch. I-R Nr. 41, S. 88, (Bruder V.G.A. als G.F.); Brüggemann, T. 2/2, S. 804–805; Schwerin, K-R Nr. 10, T. 2, S. 220–221; Monteton, S. 107; Fam.gesch. 1878, S. 124–128, S. 160–163; biogr. Handbuch, S. 623–624 (F.E.E.);

Major Valentin Andreas Ernst von Massow (* 29. Okt. 1766, † 18. Dez. 1817)

Vater: Valentin George Anton (* um 1740, † 1786)*, Ltnt. im I-R Nr. 41, Mai 1760 Pl, 1763 Abschied als Cap., von 1764 bis 1774 KD-rat in Halberstadt, zuletzt Landschaftsrat im Dep. Stolp, seit 1775 Erbherr auf Rohr u. Vorwerken, auf Rummelsburg B im Krs. Rummelsburg; **Mutter**: Maria Elisabeth, e. geb. Freiin von Schellersheim; **Laufbahn**: engagierte sich 1782 im K-R Nr. 1 in Breslau, Jan. 1785 Cornet, erhielt erst nach mehrfachen Gesuchen im Juni d.J. 500 T. aus e. Legat seines Großvaters, d. 1781 gest. Geh. Rates Paul Carl Andreas Frhr. von Schellersheim, ausgezahlt, bestimmt für seine *Equipage*; d. Kösliner Pupillenkollegium hatte d. Auszahlung zunächst verweigert, weil lt. großväterlichem Testament diese 500 T. für seine Versorgung bestimmt waren, die Beförderung zum Offizier für d. Kollegium jedoch keine Versorgung darstellte; für seine Enkelin Luise (* 1765) hatte d. Geh. Rat 1774 1 500 T. ausgesetzt; d. vorm. KD-rat hatte im Febr. 1785 angegeben, von seinem Vater völlig verschuldete Güter übernommen zu haben, weshalb ihm d. Aufbringung der 800 T. für d. Equipage d. Sohnes schwer falle; Sep. 1789 Sl, Sep. 1791 Pl, Nov. 1801 Stabs-Rittmstr., Juli 1802 Rittmstr., Juli 1806 Major, 1815 Kommandant in Patschkau, Juli 1816 mit Pension dim.; **Güter**: nach dem Tod d. Vaters fielen ihm Rohr, Billerbeck, Falkenhagen u. kl. Gutsanteile im Krs. Rummelsburg für insges. rund 62/m T. zu; verkaufte diese 1799 an seinen Onkel, d. Hofmarschall Valentin von Massow, s.d.;

Quellen: GStA, I. HA, Rep. 30, Nr. 44, M 80, Paket 9 334; Nr. 243, Vas.tab. 1793; IV. HA, Rep. 1, Nr. 81, Bl. 172; Stabi, Ms. boruss. fol. 312; Fam.gesch. 1878, S. 158–159, S. 194; biogr. Handbuch, S. 625–626 (Vater);

Major Valentin Rüdiger von Massow (* um 1702)

Vater: Christian Ludwig († um 1722 bzw. noch 1743 als Erbherr auf Vorwerk Mallenzin im Krs. Rummelsburg gen.); **Mutter**: Ursula Maria, geb. von Lettow; **Bruder**: Christian Ludwig (* 1703, † 29. Dez. 1757), seit 1720 im Militär (1724 als *cadet* gen.), 1732 Sl im 2. Bat. d. I-R Nr. 15, Mrz. 1740 Pl im I-R Nr. 15, stand im Dez. 1740 als Cap. u. Chef e. Comp. im I-R Nr. 34 (1746 Cap. im I-R Nr. 46), 1750 Major u. Chef e. Comp. im I-R Nr. 34, 1756 als Erbherr auf ½ Mallenzin gen., 1757 als Major in Chemnitz gest.; **Laufbahn**: trat 1719 in d. Militärdienst ein, 1724 als Fähnrich gen., bekam 1724 zs. mit seinem Bruder e. *Curator*, stand 1740 als Cap. u. Chef e. Comp. im I-R Nr. 23, zuletzt Major, im Febr. 1751 wegen

Unpäßlichkeit dim:, unbeerbt verst.; **Güter**: d. Brüder besaßen keine Güter, sie stritten seit mind. 1724 gegen d. kaiserl. Cap. Ernst Bogislav von Massow, der 1715 u. 1721 e. Vergleich mit ihrem Vater über dessen Zeit als Mündel geschlossen hatte, d. Landrat von Massow zu Groß Schwirsen, Vater d. ksl. Cap. E.B., war Vormund von Christian Ludwig sen. gewesen u. hatte nie Vormundschaftsrechnungen abgelegt, weshalb sich d. Gebrüder übervorteilt fühlten; (**verwandt**: ein Christian Ludwig (* 1691), seit 1707 im Militär, stand 1720 als Cap. im I-R Nr. 18: Stabi, Ms. boruss. fol. 313);

Quellen: GStA, I. HA, Rep. 30, Nr. 44, M 80, Paket 9 333; IV. HA, Rep. 1, Nr. 81, Bl. 171 (V.R. hier nicht, Bruder C.L., gest. 29. Dez. 1756); Stabi, Ms. boruss. fol. 311 (Bruder C.L.), fol. 316 (V.R.); Fam.gesch. 1878, S. 154, S. 192;

Cap. Wilhelm Anton von Massow (* 21. Dez. 1761, † 1. Aug. 1815)

Vater: Friedrich Eugen (1719–1774), Obrist, auf Cunsow u. Wussecken, s.d.; **Mutter**: Maria Elisabeth, geb. von List, verw. von Sonnentag (1724–1798); **Laufbahn**: stand 1779 als Fähnrich im I-R Nr. 24, Okt. 1783 Sl, Mai 1790 Pl, April 1794 Stabs-Cap., im Dez. 1800 auf Wunsch dim.; **Güter**: bat Anfang 1781 um d. *venia aetatis*, um sich mit seiner Mutter u. d. Geschwistern auseinanderzusetzen, d. Gesuch wurde abgelehnt, weil er noch keine 20 Jahre alt war; *Curator* war George Conrad von Massow auf Groß Schwirsen; lt. Bericht d. Kösliner Pupillenkollegiums vom 21. April 1781 hatte d. Obrist d. pomm. Güter Cunsow u. Wussecken sowie Rantzow im Krs. Cottbus hinterlassen, damit unterstanden die Mündel d. Küstriner u.d. Kösliner Collegium, was d. Geschäfte erschwerte; d. Vater d. Obristen hatte d. Allodialgut Cunsow 1748 für 7 900 T. gekauft u. im Okt. 1756 seinem Sohn abgetreten; Wussecken war e. Lehngut, das Friedrich Eugen bei d. brüderl. Teilung für 8 266 T. angenommen hatte; 1779 waren beide Güter zu sechs Prozent taxiert worden, danach hatte Wussecken e. Wert von 4 616, Cunsow von 5 200 T.; d. Obrist hatte beide f. 16 166 T. angenommen, ihr aktueller Wert war damit um 6 529 T. geringer; für d. Sohn errechnete d. Kollegium e. Vermögen von 3 918 T., jede Tochter sollte 1 306 T., die Witwe 2/m T. erhalten; **Güter**: 1793 als Erbherr auf Cunsow im Wert von 9/m T. gen., von seiner Mutter erbte Wilhelm Anton Gallinchen bei Cottbus, hier gest.;

Quellen: GStA, I. HA, Rep. 30, Nr. 44, M 80, Paket 9 334; Nr. 243, Vas.tab. 1793, 1799, 1804; IV. HA, Rep. 1, Nr. 81, Bl. 172; Stabi, Ms. boruss. fol. 316; Fam.gesch. 1878, S. 116–117, S. 148–149;

Ltnt. Wilhelm Franz Ernst von Massow (* 8. Okt. 1784, † 21. Sep. 1859)*

Vater: George Conrad (* 1743), wurde im Dez. 1773 Erbe seines Onkels, d. Ol Nicolaus George von Massow, seit Mai 1774 Erbherr auf Groß Schwirsen u. Vorwerk Mallenzin im Krs. Rummelsburg; **Mutter**: Barbara Sophia, geb. von Boehn; **Großvater**: Jacob Nathanael († 1772), Cap.; **Bruder**: Ferdinand (* 1781), (1806 Pl im Bat. von Rosen, 1816 als Cap. im 11. Garn.-Bat. mit Pension dim., 6. Jan. 1824 gest.); **Laufbahn**: Mai 1799 Fähnrich, Sep. 1803 Sl im I-R Nr. 51, Febr. 1808 zum 1. Westpreuß. I-R versetzt, Juni 1808 wegen gesundheitlicher Gebrechen, erlitten beim Bombardement von Danzig, als Pl dim.; **Ehefrau**: Wilhelmine Juliane Johanne, geb. von Zitzewitz (* 1783); besaß d. väterlichen **Güter** Groß Schwirsen u. Mallenzin;

Quellen: GStA, I. HA, Rep. 30, Nr. 243, Vas.tab. 1793, 1804; IV. HA, Rep. 1, Nr. 81, Bl. 173 (nur W.F.E.); Brüggemann, T. 2/2, S. 807–808; Fam.gesch. 1878, S. 155, S. 193–194, S. 242–243, S. 331;

Cap. Ernst Wilhelm von Mederjahn († 23. Dez. 1800)

Vater: (Christian Ernst, seit Febr. 1742 bei d. Artillerie, Okt. 1746 Sl, Nov. 1752 als Pl nach Memel versetzt, 1757 *cassirt*) Ltnt. bei d. Artillerie († 1774), stand 28 Jahre im Dienst, hinterließ drei Kinder; **Mutter**: e. geb. von Rückert (* um 1737), lebte 1780 mit ihrer Tochter in großer Dürftigkeit in Stettin, bat im Jan. d.J. um e. pomm. Pension, konnte d. verlangten Atteste beibringen, wurde 1781 auf d. Liste d. Expectanten aufgenommen, bezog seit 1782 e. Pension d. Stadt Stettin in Höhe von 34 T.; **Bruder**: 1780 *cadet* im Großen Waisenhaus in Potsdam; **Laufbahn**: 1780 Uffz. bei d. Artillerie, Mai 1788 als Sl dim., als Proviant-Meister versorgt, Dez. 1797 Charakter Cap., 1800 gest.;

Quellen: GStA, I. HA, Rep. 30, Nr. 43, Pakete 9237 (hier als von Maederjahn bzw. von Meederjan) u. 92340; IV. HA, Rep. 1, Nr. 81, Bl. 247 (ohne Adelsprädikat); Stabi, Ms. boruss. fol. 319 (d. Vater Medryan bzw. Medina?, E.W. als Medrian);

Cap. Ernst Friedrich Theodor von Meerst(a)edt (* 11. Aug. 1750, † Juli 1793)

Vater: Ernst George August († vor 1770), aus (Rotheim) in d. Gfsch. Hanau gebürtig, trat 1741 als Ltnt. in preuß. Dienste, seit 1743 im H-R Nr. 8, erhielt im Aug. 1745 als Pl d. Orden p.l.m., steckte sein ganzes Vermögen in d. Escadron, verlor bei Schweidnitz d. ganze Husaren-Equipage, Jan. 1759 (nach 23 Dj.) *cassirt*, ließ Frau u. Kinder in sehr schlechten Umständen zurück; **Mutter**: Renata Sophia, geb. von Petersdorff († 8. Mrz. 1773), in zweiter Ehe verh. mit d. Cap. von Kalckstein vom Berliner Garn.-Reg.; **Schwester**: Louisa Amalia Renata (* 20. Dez. 1762), ihr Vormund bat 1776 um e. Pension aus d. pomm. Meliorationsfonds für d. Mündel, sie besaß 1776 e. väterl. u. mütterl. Vermögen von 27 T. u. hielt sich in Alt-Damm auf, bekam nach zahlreichen Gesuchen, befürwortet u. a. von ihrem (Onkel), d. Major Curth Friedrich von Petersdorff zu Großenhagen, im Okt. 1787 e. Pension von 25 T.; **Laufbahn**: seit Aug. 1763 im Regiment, Febr. 1772 Sl im I-R Nr. 41, Aug. 1782 Pl, April 1789 Stabs-Cap., Mai 1792 Cap. u. Chef e. Comp., Juli 1793 bei Mainz gefallen;

Quellen: GStA, I. HA, Rep. 30, Nr. 43, Paket 9234; IV. HA, Rep. 1, Nr. 81, Bl. 252 (E.F.T), Bl. 327 (Vater); Stabi, Ms. boruss. fol. 315; Lehmann, Ritter, S. 33;

Cap. Ernst Sigismund von Meinicke (* 1741)

Vater: Peter (1698–1775) *, Juni 1720 Cornet im K-R Nr. 5, Febr. 1741 Rittmstr. u. Chef e. Escadron, Sep. 1750 Ol u. Kommandeur d. K-R Nr. 9, Mrz. 1757 GM u. Chef d. D-R Nr. 3, Jan. 1761 mit Pension dim., d. Sohn E.S. war aus Pomm. gebürtig; **Mutter**: Philippine Luise, geb. von Lobenthal (1721–1803); **Laufbahn**: seit 1757 im Militär, 1763 Ltnt. im D-R Nr. 8, 1772 als Ltnt. im D-R Nr. 9 gen., zuletzt Stabs-Cap., Nov. 1784 dim.;

Quellen: GStA, IV. HA, Rep. 1, Nr. 81, Bl. 262; Stabi, Ms. boruss. fol. 312; Priesdorff, Nr. 449 (Vater);

Cap. Bernhard Bogislav von Mellenthin (1721–1780)

aus Pommern gebürtig; **Laufbahn**: seit 1738 im Militär, (1750 Sl im Garn.-Reg. Nr. 2) 1764 Cap. u. Chef e. Comp. im Grenadier-Bat. Nr. 2, Juni 1769 dim.;

Quellen: GStA, IV. HA, Rep. 1, Nr. 81, Bl. 282; Stabi, Ms. boruss. fol. 314 (1745 u. 1755 noch nicht im Grenad.-Bat. Nr. 2); fol. 314 (1750 e. Behrend Boguslav Sl im Garn-Reg. Nr. 2);

Cap. Caspar Heinrich Friedrich von Mellenthin
(* 3. März 1754, † 13. April 1826)

Vater: Caspar Heinrich (1717–1781)*, seit 1732 im Militär, 1741 als Fähnrich im I-R Nr. 38 gen., stand 20 Jahre im Regiment, 1746 dim., erhielt d. Charakter Major, von 1755 bis 1777 Landrat d. Krs. Saatzig, Erbherr auf Woltersdorf, 1767 im Wert von 21 500 T.; **Mutter**: Sophie Ernestine, geb. von Borcke (1734–1773); **Vater-Bruder**: Curth (Carl) Julius (1730–1785), seit 1752 im Militär, 1764 Pl im I-R Nr. 12, 1774 Pl, als Cap. 1785 gest.; **Laufbahn**: engagierte sich um 1766 im Militärdienst, avancierte im D-R Nr. 12 bis zum Ltnt., Juni 1777 nach 14 Dj. mit d. Charakter Cap. verabschiedet; **Güter**: 1781 bis 1794 Erbherr auf Woltersdorf im Krs. Saatzig, 1799 saß auf diesem Gut im Wert von 92/m T. Claus George von Schmeling; C.H.F. hatte 1800 seinen Wohnsitz in Stargard; in erster **Ehe** verheiratet mit Eleonore Louise Sophie von Arnim (1759–1801); **Sohn**: Ernst Ferdinand Wilhelm (1783–1835), Aug. 1798 Fähnrich im I-R Nr. 12, Juni 1801 Sl, Jan. 1805 zum I-R Nr. 14, April 1809 Pl, Nov. 1811 Stabs-Cap., Nov. 1812 als Cap. mit Pension dim., Aug. 1813 zum 5. Res.-I-R, Sep. 1813 Cap., Juli 1815 als Major dim., Erbherr auf Arnhausen u. Heyde im Krs. Belgard; **Sohn**: Otto Jobst Ferdinand (1787–1859), Febr. 1802 Cornet im K-R Nr. 5, Febr. 1804 Sl, Nov. 1809 dim., Juni 1813 Rittmstr. beim 1. Neumärk. Landwehr-Kav.-Reg., Aug. 1814 mit Pension dim., auf Rehfelde u. auf Glambeck im Krs. Arnswalde; **verwandt**: Ernst Heinrich von Mellenthin (* 1732), seit 1750 im Militär, Mai 1755 Fähnrich im I-R Nr. 22, 1759 als Ltnt. an e. Blessur gest.: Stabi, Ms. boruss. fol. 314);

Quellen: GStA, I. HA, Rep. 30, Nr. 44, M 72, Paket 9 323; Nr. 243, Vas.tab. 1763, 1793, 1799, 1804; IV. HA, Rep. 1, Nr. 81, Bl. 282 (C.H. u. Söhne, Onkel); Stabi, Ms. boruss. fol. 316 (Vater, Onkel); Probst, 1829, S. 165; Jb. dt. Adel, Bd. 2, S. 567; biogr. Handbuch, S. 634 (Vater);

Rittmstr. (Hans) Christoph von Mellenthin (* 1658)

aus Pommern gebürtig; **Laufbahn**: trat um 1677 in d. Militärdienst ein, 1703 als Fähnrich, 1705 als Ltnt. gen., Febr. 1711 Cap. (bei d. Markgraf Albrecht-Dragonern bzw.) im K-R Nr. 11, 1720 Rittmstr. im K-R Nr. 11, vor 1725 abgegangen;

Quellen: Stabi, Ms. boruss. fol. 315, fol. 319; Schwerin, K-R Nr. 10, T. 1, S. 192–193 (Hans Christian bzw. Christof, -oph);

Cap. Friedrich Wilhelm August Graf von Mellin
(* 23. April 1719, † 1. Okt. 1760)

Vater: Carl Gustav (1670–1738), schwed. GM, Graf, Erbherr auf Damizow im Krs. Randow; **Mutter**: Beata Dorothea, geb. von Rotermund; **Laufbahn**: trat um 1731 in d. Militärdienst ein, Mai 1735 Fähnrich im I-R Nr. 8, Nov. 1740 Sl, Juli 1743 Cap. im I-R Nr. 46, Okt. 1746 dim.; **Ehefrau**: Luise verwitw. Gräfin von der Goltz, geb. von Holwede; **Güter**: erbte d. väterlichen Güter Schöningen, Damizow, Keesow, Schillersdorf u. Schönenfeld im Krs. Randow; trat Schöningen 1747 seiner Mutter, 1756 seinem **Schwager** ab, d. GM George Bernhard Graf von Mellin (1704–1785)*, 1787 verkauften dessen Erben d. Gut Schöningen für 49 600 T. an d. Witwe d. Generals Wilhelm Heinrich Frhr. von der Goltz, die es noch 1804 besaß; 1761 fielen d. hinterlassenen Güter d. Cap. F.W.A., auf denen Schulden von 74 789 T. lagen, an seinen Lehnsfolger, d. GM George Bernhard Graf von Mellin; 1762 wurde Schillersdorf zwecks Schuldentilgung an d. Kaufmann Knuth Olssen für 24/m T.

verkauft; 1774 trat d. GM G.B. die Güter Damizow, Keesow u. Schönenfeld an seinen Sohn ab, d. Kammerherrn August Wilhelm Graf von Mellin, dieser wollte d. drei Güter 1796 für 107 500 T an d. Witwe von Ramin, geb. Gräfin von Hacke, verkaufen, darauf Schulden von 57 300 T., für d. Überschuß wollte er sich in Südpreußen u. in Schwed.-Pommern ankaufen; d. Behörden sahen d. Ankauf in Schwed.-Pommern als Emigration an u. wollten deshalb e. Teil d. Erlöses mit Arrest belegen;

Quellen: GStA, I. HA, Rep. 30, Nr. 44, M 73, Pakete 9 324 u. 9 325; Nr. 243, Vas.tab. 1756, 1763; IV. HA, Rep. 1, Nr. 81, Bl. 288; Stabi, Ms. boruss. fol. 316; Priesdorff, Nr. 540 (Schwager); Brüggemann, Vorpommern, S. 232; Tb. Uradel 1917, S. 548;

Ltnt. George Magnus Graf von Mellin (* 1716, † um 1745)

Vater: Carl Gustav (1670–1738), schwed. GM, Erbherr auf Schöningen, Damizow im Krs. Randow; **Mutter**: Beata Dorothea, geb. von Rotermund; **Bruder**: Friedrich Wilhelm August (1719–1760), Cap., s.d. mehr; **Laufbahn**: trat 1733 in d. Militärdienst ein, Febr. 1735 Cornet im D-R Nr. 5, Sep. 1739 Sl, Aug. 1745 als Invalide dim.,

Quellen: Stabi, Ms. boruss. fol. 313; Albedyll, Anhang, S. 51 *;

Cap. Gotthilf Christian Curth von Mellin (* 4. Aug. 1748, † 24. Juni 1800)

Vater: Henning Christian (* 1703, † 15. Mrz. 1769), Jan. 1716 *cadet* in Magdeburg, 1722 Fähnrich, 1733 Pl, 1743 Cap. im I-R Nr. 24, Aug. 1747 Orden p.l.m., 1756 Ol, 1757 Obrist u. Kommandeur d. I-R Nr. 24, erhielt 1760 d. Garn.-Reg. Nr. 11, als Obrist gest., seit 1752 Erbherr auf Milchow im Flemmingschen Krs. im Wert von 4 915 T., erwarb 1757 vom Kriegsrat Christian Ernst August von Platen u. dessen Frau, e. geb. von Blücher, die Güter Vanerow, Triglaff B u. Batzwitz A im Krs. Greifenberg für 16 200 T., erlegte 3 500 T. in bar u. übernahm d. Schulden von 7 400 u. 6/m T., 1767 hatte Milchow e. Wert von 8/m T., darauf eingetragen d. *illata* seiner Frau in Höhe von 4 333 T. u. d. Verbesserung mit 1 444 T.; **Mutter**: Christine Henriette, geb. von Kauderbach († 1781); **Vater-Bruder**: George Matthias (* 1705), seit 1723 im Militär, 1730 Sl, 1740 Pl im I-R Nr. 21, 1747 als Cap. dim.; **Bruder**: Gustav Heinrich (* 1742, † 17. Sep. 1760), als Ltnt. im I-R Nr. 24 bei Landeshut gefallen; **Laufbahn**: trat im Frühjahr 1767 ins I-R Nr. 17 ein, 1769 Fähnrich, erhielt am 21. Aug. 1769 d. *venia aetatis*, 1773 als Sl gen., zuletzt Pl im I-R Nr. 17, Juni 1782 dim., Juni 1783 Charakter Cap.; **Güter**: erhielt bei d. Erbteilung mit Mutter u. Schwester im Juli 1769 d. Allodialgüter Vanerow u. Batzwitz A für 10 681 T., d. Lehngüter Triglaff B u. Milchow für 11 096 T., nach Abzug d. Schulden blieben ihm e. freies Allodial- u. Lehnvermögen von 6 703 T.; erwarb 1779 Lasbeck A u. B im Dewitzschen Krs.; 1793 u. 1799 als Erbherr auf Milchow u. Triglaff im Krs. Greifenberg genannt, auch auf Ganz, Garz, Gieskow u. Schnatow sowie auf Gruchow im Krs. Greifenberg im Wert von 60/m T., besaß letztere Güter als Lehnsfolger von Joachim Wilhelm Friedrich von Mellin; **Ehefrau**: Sophie Henriette Johanne, geb. von Schmeling (1754–1839); G.C.C. hinterließ im Jahr 1800 drei minderjährige **Töchter**, seine Güter hatten e. Wert von 130 344 T., d. Schulden beliefen sich auf 114 401 T.; bei e. Teil d. Güter handelte es sich um Lehn anderer Geschlechter, um durch deren Ansprüche d. Vermögen d. Töchter nicht zu schmälern, wurde mit Billigung d. Stettiner Pupillenkollegiums d. ganze Erbschaft gegen Zahlung von 45/m T. an d. beiden Männer d. älteren Töchter verkauft: Caroline Henriette von Mellin (* 2. Juli 1782) war verh. mit d.

Cap. Heinrich Victor Sigismund von Oertzen aus Mecklenburg, Johanne Christiane Wilhelmine, verh. mit d. Cap. von Henning Dionysius Ludwig von Blankenburg zu Zimmerhausen; jede d. drei Töchter hatte 1802 e. väterl. Erbteil von 3 bis 4/m T., d. Rest d. Vermögens befand sich in d. Hand d. Witwe;

Quellen: GStA, I. HA, Rep. 30, Nr. 44, M 73, Pakete 9324 u. 9325; Nr. 243, Vas.tab. 1756, 1763, 1767, 1793, 1799; IV. HA, Rep. 1, Nr. 81, Bl. 288; Stabi, Ms. boruss. fol. 311 (Onkel G.M.); fol. 316 (G.C.C. im I-R 17; Bruder G.H. nur in d. Abgangsliste I-R 24); Brüggemann, T. 2/1, S. 40, S. 426–428, S. 447, S. 456; Crousaz, Beilage C, S. 32 (Vater, als Heinrich Chr.); Lehmann, Ritter, S. 39 (Vater); Tb. Uradel 1917, S. 551–552;

Major Joachim Henning von Mellin (* 1704, † 4. Juni 1745)

Vater: Otto Martin († vor 1735), Erbherr auf Deutsch Puddiger im Krs. Schlawe, auf Vanerow, Batzwitz, Ganz, Schnatow im Krs. Greifenberg; **Mutter**: Margaretha, geb. von Podewils; **Bruder**: Otto Heinrich (1709–1751), (seit 1725 im Militär, 1730 Sergant im I-R Nr. 30), 1732 Fähnrich im Bat. von Beaufort, 1740 Pl im I-R Nr. 31, (1744 Stabs-Cap. im Bat. von Wobeser, d. späteren I-R Nr. 48); **Laufbahn**: trat 1719 in d. Militärdienst ein, Dez. 1722 Fähnrich im I-R Nr. 1, Aug. 1724 Sl, 1738 hier als Ltnt. gen., April 1740 Cap. u. Chef e. Comp. im I-R Nr. 1, bei Hohenfriedberg 1745 als Major gefallen; **Güter**: wollte 1738 zs. mit seinem Bruder Vanerow u. Batzwitz im Krs. Greifenberg von (Christian Ludwig) von Blücher *reluiren*;

Quellen: GStA, I. HA, Rep. 30, Nr. 44, M 73, Paket 9324; nicht in IV. HA, Rep. 1, Nr. 81; Stabi, Ms. boruss. fol. 311 (O.H.); fol. 313, fol. 314 (O.H.); Tb. Uradel 1917, S. 543;

Ltnt. Joachim Wilhelm Friedrich von Mellin (* 25. Sep. 1748, † 4. Aug. 1784)

Vater: Wilhelm Heinrich (1708–1768)*, Hofgerichtsrat, seit 1740, 1748 Erbherr auf Ganz, Garz u. Giesekow im Krs. Greifenberg; **Vater-Bruder**: Joachim Friedrich (* um 1705), als Ltnt. nach 19 Dj. vor 1740 vom Bat. Beaufort dim.; **Laufbahn**: trat 1765 in d. Militärdienst ein, stand 1767 als Gefr.corp. im I-R Nr. 7, wegen Kränklichkeit 1775 nach acht Dj. als Ltnt. dim.; **Güter**: erbte d. väterlichen Güter (im Wert von 6/m T., darauf Hypotheken von 4500 T.), diese fielen nach seinem Tod an d. Cap. Gotthilf Christian Curth von Mellin, s.d.; **Ehefrau**, seit 1776: Sophia Eleonora (get. 6. April 1739), e. Tochter von Bogislav Ernst von Zastrow zu Risnow, ihre Mitgift betrug 400 T., sie mußte nach d. Tod ihres Mannes dessen Güter räumen, kaufte um 1786 Rarvin A im Krs. Greifenberg, soll d. Gut um 1795 mit einem Vorteil von einigen 1/m T. an d. Ol Otto George Bernd von Werner, s.d., verkauft haben, hatte als Witwe 1797 e. Capital von 2/m T. auf Rarvin zu stehen, zog davon jährlich 80 T. Zinsen, besaß in d. Vorstadt von Cammin ein Haus mit Wirtschaftsgebäuden, pachtete Ackerland u. ließ dieses durch Knechte u. Mägde bewirtschaften, um sich d. nötigen Unterhalt zu verschaffen; sie mußte um 1806 d. Pachtung aufgrund ihres Alters aufgeben, galt jetzt als bedürftig u. wurde auf d. Expectantenliste für e. Pension gesetzt;

Quellen: GStA, I. HA, Rep. 30, Nr. 243, Vas.tab. 1756, 1763, 1767; II. HA, Abt. 13 a, Tit. III, Litt M, Nr. 10; Brüggemann, T. 2/1, S. 426–427; Tb. Uradel 1917, S. 546; biogr. Handbuch, S. 635 (Vater);

Ltnt. Peter Ernst von Meseritz (* 1703)

aus Pommern gebürtig; **Laufbahn**: seit 1719 im Militärdienst, stand 1731 als Cornet im K-R Nr. 1, 1739 als Ltnt. dim.;

Quellen: GStA, II. HA, Abt. 13 a, Tit. IV, Litt S, Nr. 1 (d. Rittmstr. Joachim Ernst von Meseritz saß 1787 auf d. Gut Meseritz im Krs. Schivelbein, das sein Vater Heinrich Ludwig bis zu seinem Tod am 24. Sep. 1765 besessen hatte); Stabi, Ms. boruss. fol. 312; Bagmihl, Bd. 5, S. 122–123;

Rittmstr. Carl Bleichert Ernst (seit 1768: von) MEYENN (* um 1753, † um 1800)

Vater: Peter Ernst, Kriegsrat, erwarb 1762 d. Güter Wodarg u. Werder im Krs. Demmin für 90/m T. von d. Major Gustav Philipp von Walsleben, im Febr. 1768 nobilitiert; **Bruder**: Ernst Friedrich († 18. Jan. 1792), Ltnt., Erbherr auf d. väterl. Gütern, ohne Leibeserben verst.; **Bruder**: Leopold Heinrich Ernst (* um 1758), als Cornet im D-R Nr. 2 nach 8,5 Dj. dim., 1793 Erbherr auf d. Gütern Mellentin auf d. Insel Usedom, 1797 im Wert von 80/m T., besaß auch Güter in Mecklenburg; **Laufbahn**: engagierte sich um 1768 im Militärdienst, stand 1775 als Cornet im K-R Nr. 5, vor 1787 (als Ltnt. mit d. Charakter Rittmstr.) dim.; **Güter**: saß nach d. Tod d. Bruders E.F. auf d. Gütern Wodarg u. Werder, diese hatten e. Wert von 100/m T., seine Gesuche um Allodifizierung wurden 1793 und. 1794 abgelehnt; 1804 waren Werder u. Wodarg im Besitz (seines Neffen) Carl Friedrich Leopold (* 1783); **Schwester**: Catharina Margaretha Ernestina (* 1766), sie war 1787 verh. mit d. Sl Ernst Christian von Randow vom I-R Nr. 30 u. hatte am 21. Sep. 1787 beim Erhalt d. *venia aetatis* e. Vermögen von 46/m T., das sie f. d. Ankauf e. Gutes verwenden wollte;

Quellen: GStA, I. HA, Rep. 30, Nr. 44, M 80 k, Paket 9 337; Nr. 243, Vas.tab. 1763, 1767, 1793, 1801, 1804; Stabi, Ms. boruss. fol. 311, fol. 313 (1774 stand e. Fähnrich Ernst v. M. im D-R Nr. 3, Juni 1775 dim.);

Ltnt. George Ernst (seit April 1771: von) MEYER (* 1754, † 16. Juli 1831)

Vater: Matthias Friedrich (* um 1713, † vor 1788), diente bei d. Husaren *von d. Pique auf*, zuletzt Rittmstr. im H-R Nr. 8, für seine Verdienste im Siebenjährigen Krieg im April 1771 nobilitiert, erhielt zugleich e. Incolatsdipom für Lauenburg u. Bütow, zog d. Geld seiner Kinder in Höhe von 40/m T. aus England u. kaufte damit Güter im Distrikt Lauenburg, erwarb von (Nicolaus Friedrich) von Wussow 1770, 1771 die Güter Prebendow u. ½ Zelasen für 11/m T., 1778 mit 32/m fl. angegeben, kaufte von Johann George Bernhard Frhr. von Weydenberg d. Güter Enzow, Lissow u. Tadden für weitere 20/m T., vergab Kredite in Höhe von 5 833, 1 500 u. 2 500 T. an adlige Gutsbesitzer d. Region, 1778 als Erbherr auf Prebendow u. Zelasen A gen.; Stief-**Mutter**: Agnes, e. To. von George von Bandemer, sie galt als arm, bekam im Dez. 1788 e. Pension von 100 T. aus d. pomm. Meliorationsfonds; **Schwester**: Eva Edelgunde (* 1753), verh. mit Johann George Bernhard Frhr. von Weydenberg; **Laufbahn**: engagierte sich 1767 im Militärdienst, 1770 Junker im H-R Nr. 8, Juni 1777 Sl, Sep. 1788 als Pl dim., Sep. 1814 Rittmstr. beim 2. Westpreuß. Landwehr-Kav.-Reg., Mai 1816 mit Pension dim.;

Quellen: GStA, I. HA, Rep. 30, Nr. 249, Vas.tab. 1771 u. 1778; Nr. 379 a, Paket 10161; II. HA, Abt. 13 a, Tit. III, Litt M, Nr. 6, Litt L, Nr. 1, Bd. 1 (Stief-Mutter); IV. HA, Rep. 1, Nr. 81, Bl. 219 (d. Vater hier nicht); Stabi, Ms. boruss. fol. 315; Schöning 5. H-R, S. 125, S. 139, S. 549 (d. Vater hier nicht gen.); Gritzner, Matrikel, S. 36;

Junker August Friedrich von Miltitz (* um 1762)

Vater: Cap. († vor 1764), stand zuletzt im Garn-Reg. Nr. 1 in Memel; **Mutter**: Christina Louisa verwitw. Cap. Johann Nicolaus von Wobeser (1728–1776), verwitw. Cap. von Miltitz, geb. Schiebel von Schiebelstein (* um 1743); **Laufbahn**: trat um 1776 im 14. Jahr als Junker ins H-R Nr. 5 ein, machte die (letzte) *Campagne* von 1778/1779 mit, ihm wurden vier Junker zum Offizier vorgezogen, nahm deshalb um 1779 d. Abschied; **Güter**: seine Mutter erwarb 1782 von ihrem Bruder Alexander Friedrich Schiebel von Schiebelstein, Rittmstr. im D-R Nr. 6, s.d., d. Gut Zirchow im Krs. Stolp f. 6/m T.; A.F. mißhandelte gemeinsam mit seiner Mutter Untertanen, wurde deshalb 1791 zu vierjährigem Festungsarrest in Kolberg verurteilt, die Mutter erhielt e. einjährige Gefängnisstrafe, 1792 in zweiter Instanz auf vier Wochen ermäßigt; A.F. hatte e. Hang zu Ausschweifungen u. *Excessen*, galt als *incorrigible*, deshalb wollte d. Mutter sein dauerhaftes Verbleiben auf d. Festung; sie wurde im Dez. 1791 zum Armen-Recht zugelassen, ihre Aktiva inkl. d. Gutes betrugen damals 6756 T., die Passiva 7093; A.F. kaufte um 1796 seiner Mutter d. Gut Zirchow f. 12500 T. ab, mußte dafür größere Kredite aufnehmen, geriet in Konflikt mit seinen Gläubigern u. verlor d. Gut, dieses war 1800 im Besitz von Friedrich Johann George Ernst von Zitzewitz; A.F. hielt sich 1799 in Strippow bei Kolberg auf; Stief-**Bruder**: Johann George Friedrich von Wobeser (1774–1842), Ltnt., s.d.;

Quellen: GStA, I. HA, Rep. 30, Nr. 44, M 75, Paket 9326; Nr. 44 W 136, Paket 9394; Nr. 243, Vas. tab. 1794, 1800; d. Vater nicht in d. IV. HA, Rep. 1, Nr. 82; Stabi, Ms. boruss. fol. 311 (d. Vater nicht in d. Listen f. 1740, 1750, 1763 f. d. Garn.-Reg. Nr. 1); Brüggemann, T. 2/2, S. 1 023;

Ltnt. August Lebrecht von Miltitz (* um 1704)

Vater: Claus Siegmund († vor 1730), Erbherr auf ½ Klein Podel u. ½ Daber im Krs. Stolp, 1730 saß seine Witwe auf diesen Gütern; **Brüder**: Hans Siegmund (* um 1699), stand 1749 als Cap. in sächs. Diensten, zuletzt Major; George (* 1700), 1730 Cornet im D-R Nr. 9, vor 1743 abgegangen; Carl (* 1707), 1730 Ltnt. im D-R Nr. 9, vor 1743 abgegangen; Gustav (* 1711), 1749 Ltnt. bei Bredow; Wilhelm Gottfried, Ltnt., s.d.; **Laufbahn**: 1730 *cadet*, seit 1733 im Regiment, 1735 Cornet im D-R Nr. 1, stand 1743 als Ltnt. im D-R Nr. 9, noch 1756 hier gen., vor 1758 abgegangen; **Güter**: besaß zs. mit seinen Brüdern d. väterl. Güter, sie verkauften diese 1756 d. Cap. George Ernst von Pirch, s.d.;

Quellen: GStA, I. HA, Rep. 30, Nr. 243, Vas.tab. 1755 (auf Klein Podel), 1756 (jeweils nur A.L. gen., jetzt ohne Güter); nicht in IV. HA, Rep. 1, Nr. 82, Bd. 1; Stabi, Ms. boruss. fol. 312; Ms. geneal. fol. 120 (1730 werden sechs Söhne von C.S. gen., A.L. hier als Fr.); Brüggemann, T. 2/2, S. 993;

Major Victor Siegmund von Miltitz (1720–1784)*

Vater: Nicolaus (1691–1754), seit 1704 im Militär, Mai 1713 Cap. im I-R Nr. 23, Jan. 1721 wegen e. lahmen Armes dim., Erbherr auf Zarrentin, dann auf (Rüpkow bzw.) Rubenow bei Anklam; **Mutter**: Elisabeth Florine, geb. von Tresckow; **Bruder**: Friedrich Bogislav (* 1721), seit 1733 im Militär, Mai 1745 Pl im I-R Nr. 13, 1749 hier noch als solcher gen. (am 27. Okt. 1756 in Dresden als Cap. an e. Blessur gest.); **Bruder**: Philipp Sigismund (1732–1799), seit 1751 im Militär, 1755 Gefr.corp. im I-R Nr. 13, Aug. 1756 Ltnt., Mrz. 1774 als Cap. ins I-R Nr. 52 versetzt, 1781 Cap. beim Proviant-Fuhrwesen d. Armee; **Bruder**: Hans Dieterich (* 1733), 1749 Page bei d. Königin-Mutter, April 1770 Cap. im 2. Bat.

Garde, als Major im Aug. 1779 ins I-R Nr. 48 versetzt, Dez. 1786 Orden p.l.m., nachträglich für Leuthen, vor 1787 abgegangen; **Laufbahn**: 1733 Gefr.corp, 1740 als Ltnt. vom I-R Nr. 24 ins I-R Nr 30, 1749 als Ltnt. im 1. Bat. Garde gen., Sep. 1752 nach 15 Dj. als Major dim., seit Mai 1754 erster Direktor der Stettiner KDK; **Ehefrau**: Anna Dorothea Louisa, geb. von Blücher (1732–1760), erheiratete mit ihr die **Güter** Neuenhagen, Mackvitz u. Liezow im Ostenschen Krs. im Wert von 20/m T., seit 1761 waren diese in seinem alleinigen Besitz; Neuenhagen, Mackvitz u. Liezow befanden sich seit 1785 im Besitz seiner ältesten **Tochter** Sophia Philippina Charlotta, verheiratet mit d. vor 1793 verst. Major Adolph von Roth (* um 1740), s.d., die Witwe von Roth wurde noch 1804 auf d. Gütern gen.;

Quellen: GStA, I. HA, Rep. 30, Nr. 243, Vas.tab. 1756, 1767, 1793, 1804; nicht in IV. HA, Rep. 1, Nr. 82, Bd. 1; Stabi, Ms. boruss. fol. 311 (P.S. u. F.B. aus Schwed.-Pomm.), fol. 316, fol. 319; Ms. geneal. fol. 120; Brüggemann, T. 2/1, S. 369–370; Reinhard, Garde, S. 530 (Bruder H.D.); Lehmann, Ritter, S. 178, S. 548; biogr. Handbuch, S. 649;

Cap. Wilhelm Gottfried von Miltitz (* 1715, † Juni 1757)

Vater: Claus Siegmund, Erbherr auf ½ Klein Podel u. ½ Daber im Krs. Stolp; **Bruder**: August Lebrecht (* 1704), Ltnt., s.d. mehr; **Laufbahn**: seit 1729 im Militär, 1740 Fähnrich, 1750 Ltnt., 1756 Pl im I-R Nr. 10, 1757 als Stabs-Cap. an Blessuren gest.; **Güter**: 1755 als Erbherr auf ½ Daber im Krs. Stolp gen.; (**verwandt**: Ernst Friedrich von Miltitz, 1732 Fähnrich, Febr. 1738 Sl im I-R Nr. 11, 1740 versetzt ins I-R Nr. 37 (Sep. 1741 als Pl gest.: Becker, I-R Nr. 11, S. 124, S. 413); Stabi, Ms. boruss. fol. 316 (hier als Heinrich Ernst));

Quellen: GStA, I. HA, Rep. 30, Nr. 243, Vas.tab. 1755 (danach stand e. Wilhelm im I-R Nr. 14); Stabi, Ms. boruss. fol. 316; Brüggemann, T. 2/2, S. 993;

Ltnt. Carl Gotthilf von Mis(s)bach (* um 1747, † 1778)

Vater: Christian Ehrentreich (1717–1757), Ltnt., Erbherr auf Grüneberg im Krs. Arnswalde; **Mutter**: Sophie Luise, geb. von Wedel; **Bruder**: Hans Magnus Ewald (* um 1743, † 1784), trat 1761 in d. Militärdienst ein, Sep. 1763 Sl im I-R Nr. 7, zuletzt Stabs-Cap., vermachte seinen natürlichen Kindern, erzeugt mit Dorothea Nitze, To. e. Hausiererin, d. Allodialnachlaß u.d. väterliche Gut Grüneberg im Krs. Arnswalde, Sohn: Johann Ernst Carl (* 1778), 1801 Ltnt. im I-R Nr. 39; Sohn: Ferdinand Magnus (* 1780), 1801 Ltnt. im I-R Nr. 50; **Laufbahn**: seit 1764 im Militärdienst, Febr. 1771 Sl im I-R Nr. 7, im Bayer. Erbfolgekrieg gefallen; erbte zs. mit seinen Brüdern nach 1767 d. **Gut** Runow im Krs. Saatzig von ihrer Großmutter Eleonora Constantia von Wedel, geb. von Woedtke; **Bruder**: Ernst Sigismund Ferdinand (* um 1752), arbeitete nach d. Studium als Referendar, verließ diese Laufbahn u. widmete sich d. Landwirtschaft, 1793 als Ritterschaftsrat bei d. neumärk. Landschaft genannt, saß 1801 auf Neu-Lobitz im Krs. Dramburg im Wert von 18/m T.; nach d. Tod d. Brüder seit etwa 1778, 1784 Erbherr auf ganz Runow im Krs. Saatzig; hier noch 1793 genannt; focht im Frühjahr nach d. Tod seines Bruders H.M.E. dessen Testament an, bezeichnete d. Mutter von dessen beiden Söhnen u.d. To. als *maitresse*, d. verst. Stabs-Cap. hatte ihm u. seiner Schwester Johanne Barbara Sophia verh. Cap. von Wedel jeweils nur 1/m T. ausgesetzt, während d. väterl. Gut u. der Allodialnachlaß an d. beiden Neffen u.d. Nichte gehen sollten; (**verwandt**: ein Sl von Misbach wurde im Aug. 1742 vom I-R Nr. 1 dim.: Stabi, Ms. boruss. fol. 313; **verwandt**: ein Ferdinand Magnus von Mißbach aus Pommern war von 1793 bis 1796 *cadet* in Berlin, 1796 ins I-R Nr. 50, 1806 hier als Sl gen., 1817 Major im 7. I-R: fol. 907 a; Crousaz, Beilage C, S. 36);

Quellen: GStA, I. HA, Rep. 30, Nr. 44, M 80 m, Paket 9 337; Nr. 243, Vas.tab. 1793, 1799; Stabi, Ms. boruss. fol. 314; Brüggemann, T. 2/1, S. 276–277; Tb. Briefadel, 1918, S. 593;

Ltnt. Felix George Moritz von Mitzlaff (* 5. Aug. 1768, † 1844)

Vater: Wilhelm Leopold (1721–1781), Ltnt., s.d. mehr; **Mutter**: Carolina Ernestina verw. von Berg, geb. Ne(e)hrhoff von Holderberg (* um 1727); **Laufbahn**: Juni 1778 *cadet* in Stolp, Dez.1781 dim., seit 1783 im Regiment, Juni 1787 Fähnrich im I-R Nr. 17, Aug. 1789 Sl, Nov. 1792 nach 15 Dj. dim., saß 1801 als vorm. Ltnt. auf Dzinzelitz B im Krs. Lauenburg im Wert von 3/m T., später auch Erbherr auf Linde, soll seiner geschiedenen Frau zufolge kein Vermögen besessen haben; **Ehefrau**: Corona Dorothee Hedwig (* 1750), e. To. von Peter George von Puttkamer († 1812), Erbherr auf Gersdorf im Distrikt Bütow; sie erhielt bei d. (mütterlichen) Erbteilung 3/m T., überließ diese ohne Sicherheit ihrem Mann, der d. Ihrige auf *schlechte Art* durchbrachte u. ließ sich dann von ihr scheiden, aus d. Ehe keine Kinder; sie hielt sich 1801 in Paraschin auf, besaß kein Vermögen mehr u. mußte sich von Handarbeit ernähren, bekam im Mai 1803 e. Pension von 50 T. aus d. pomm. Meliorationsfonds;

Quellen: GStA, II. HA, Abt. 13 a, Tit. III, Litt M, Nr. 5; IV. HA, Rep. 1, Nr. 82, Bd. 1, Bl. 125 (danach Aug. 1832 gest.); Stolper Kadetten, S. 11; Tb. Uradel 1924, S. 484; Fam.gesch. Puttkamer 1984, S. 542–543 (kein Hinweis auf d. Scheidung);

Major Franz Ernst von Mitzlaff (* 15. Juni 1681, † 11. Febr. 1722)

Vater: Johann Bernd (1634–1703), Erbherr auf Karzin u. Dammen im Krs. Stolp; **Mutter**: Maria Augusta, geb. von Mitzlaff; **Bruder**: Bernd Daniel (* 1660, † 1715 bzw. 13. April 1719), seit 1693 im Militär, Jan. 1705 Ltnt. im D-R Nr. 3, 1715 vor Stralsund gefallen; **Laufbahn**: seit 1701 im Militär, stand 1715 u. 1720 als Rittmstr. u. Chef e. Escadron im K-R Nr. 10, 1722 als Major gest.; **Ehefrau**: Sophia, geb. von Thiele, sie saß 1737 auf Anteil Karzin im Wert von 1 233 T., mußte diesen später abtreten;

Quellen: Stabi, Ms. boruss. fol 311, fol. 313 (Bruder), fol. 319; Slg. Zitzewitz, F 46 (hier als Franz Gustav); Brüggemann, T. 2/2, S. 949–950; Schöning, D-R Nr. 3, S. 42, S. 52 (Bruder B.D. gefallen vor Stralsund); Monteton, S. 105; Tb. Uradel 1924, S. 485 (B.D. gest. 1719, F.E. gest. um 1723);

Cap. Johann Bernhard von Mitzlaff (1730–1768)

Vater: Ambrosius Ernst (* 1687, † vor 1750), seit 1704 im Militär, 1713 Fähnrich im I-R Nr. 24, vor 1715 abgegangen, (zuletzt Ol), seit 1745 Erbherr auf Anteil Karzin im Krs. Stolp, hinterließ zwei Tö. u. e. Sohn; **Laufbahn**: trat 1746 in d. Militärdienst ein, stand 1750 als Corp., 1756 als Fähnrich, 1764 als Pl im I-R Nr. 17, 1768 als Cap. gest.; **Güter**: 1756 ohne Gutsbesitz, löste 1767 d. väterlichen Gutsanteil Karzin B für 2/m T. ein, darauf Hypotheken von 1 950 T., dieser geriet nach seinem Tod in Konkurs u. fiel 1770 an d. Ltnt. Wilhelm Leopold von Mitzlaff, s.d.; (**verwandt**: Christian Friedrich von Mitzlaff (* 1721, † Mrz. 1744), seit 1737 Gefr.corp., April 1741 Fähnrich im I-R Nr. 16: Kopka v. Lossow, Offz.liste, S. 10*);

Quellen: GStA, I. HA, Rep. 30, Nr. 186 d, Paket 9 834 (d. verst. Vater 1750 als Ol bez.); Nr. 243, Vas. tab. 1756, 1767; Stabi, Ms. boruss. fol. 316, fol. 319 (Vater); Brüggemann, T. 2/2, S. 949–950;

Ltnt. Wilhelm Leopold von MITZLAFF (* 1721, † 29. Jan. 1781)

Vater: Carl Gustav (1674–1751), schwed., poln. Cap., Erbherr auf Anteil Schwuchow im Krs. Stolp; **Mutter**: Catharine Marie, geb. von Bandemer (1682–1757); **Bruder**: Carl Friedrich (1701–1742), seit 1722 im Dienst, 1730 Fähnrich im I-R Nr. 17, 1740 Pl, 1742 als Pl gest.; **Bruder**: Daniel Henning (1709–1755), seit 1728 im Militär, 1740 Sl im I-R Nr. 23, Jan. 1753 als Cap. u. Chef e. Comp. ins I-R Nr. 33 versetzt, 1755 als Cap. im I-R Nr. 33 in Glatz gest.; **Bruder**: George Moritz (1703–1742), seit 1722 im Dienst, 1730 Fähnrich im I-R Nr. 17, 1740 Pl, 1742 als Pl bei Czaslau gefallen; **Bruder**: Franz Gustav (1707–1789)*, 1727 Junker im D-R Nr. 2, Nov. 1734 Cornet, Juni 1737 Sl, Febr. 1746 Stabs-Rittmstr., April 1754 Rittmstr. u. Chef e. Escadron, 1756 Erbherr auf 1/6 Karzin u. ½ Schwuchow im Wert von 4/m T., Febr. 1757 Major, April 1762 Kommandeur d. D-R Nr. 2, Aug. 1767 Ol, Juni 1769 Obrist, Sep. 1770 Chef d. D-R Nr. 11, Aug. 1771 GM, Aug. 1775 Orden pour le mérite, Mrz. 1778 mit Pension dim., 1789 in Frankfurt gest., Ehefrau: Johanna Rosine, geb. Lauterbach, aus d. Ehe drei Söhne: Carl Gustav Benjamin (* 1772), Cap. (im D-R Nr. 11), Friedrich Wilhelm Bogislav (1774–1853), Cap., Johann Daniel (* 1778, † 24. Juli 1794), 1794 als Fähnrich im I-R Nr. 32 an Blessuren gest.; **Bruder**: Ernst Bogislav (1725–1777), seit 1744 im Militär, zunächst neun Jahre im I-R Nr. 17, 1750 als Gefr.corp. gen., April 1752 ins I-R Nr. 10, 1756 Ltnt., Juni 1763 Cap. im I-R Nr. 10, als solcher 1777 gest., verh. mit Johanna Carolina, geb. von Gresten, aus d. Ehe eine Tochter; **Laufbahn**: Jan. 1742 Fähnrich im I-R Nr. 36, April 1746 dim. (mit. d. Charakter Ltnt.); **Güter**: hielt sich 1756 zu Rochow bei Schlawe auf, 1763 als Erbherr auf Kl. Volz im Krs. Rummelsburg gen., löste 1770, 1771 zwei Teile von Karzin im Krs. Stolp ein, 1779 wieder verkauft, erwarb 1778 von seinem Bruder Franz Gustav das ganze Gut Schwuchow für 7 300 T., verkaufte dieses 1780 für 9 550 T. an d. Major, Ol Carl Sigismund von Pirch, erwarb 1775 Viatrow im Krs. Stolp f. 3 400 T., zeitweilig auch Erbherr auf Rochow u. Püstow; **Ehefrau**: Carolina Ernestina verw. von Berg, geb. (Nehrhoff von Holderberg bzw.) von Ne(e)hrhoff (* um 1727), aus beider Ehe vier Söhne u. sechs Töchter, sie besaß 1781 e. Vermögen von 6/m T., jedes Kind soll 1/m T. besessen haben, 1789 betrug ihr Vermögen noch 1 500 T., bekam im Mrz. 1796 e. Pension von 100 T.; **Sohn**: Carl Wilhelm (1750–1809), seit 1764 im Regiment, 1773 Fähnrich, 1787 Pl im I-R Nr. 17, (mit d. Charakter Major dim.), 1794 als Erbherr auf Viatrow gen.; **Sohn**: Ernst Gustav (1763–1849), Mai 1772 *cadet* in Stolp, April 1775 ins Regiment, 1778 als Junker gen., (Juni 1783 Sl), 1791 als Sl vom H-R Nr. 8 dim., von 1791 bis 1794 Erbherr auf Sorchow im Krs. Stolp, saß 1801 auf Viatrow, welches d. Vater seinen zehn Kindern hinterlassen hatte, 1804 auf Viatrow, Dammen u. Anteil Gloddow, Dochow u. Großendorf im Wert von zs. 27/m T.; **Sohn**: Felix George Moritz (1768–1844), Ltnt., s.d.; **Sohn**: Gotthilf Christian Daniel (1765–1792), Mai 1774 *cadet* in Stolp, April 1775 *cadet* in Berlin, seit 1781 im Regiment, Mai 1787 Sl im I-R Nr. 49, als solcher 1792 gest., von 1781 bis 1792 Erbherr auf Viatrow;

Quellen: GStA, I. HA, Rep. 30, Nr. 44, M 74, Paket 9 326 (1724 Nennung aller Geschwister); Nr. 243, Vas.tab. 1756, 1763, 1767, 1794; II. HA, Abt. 13 a, Tit. III, Litt M, Nr. 3 (Frau); nicht in IV. HA, Rep. 1, auch d. Brüder u. Söhne nicht; Stabi, Ms. boruss. fol. 314 (G.C.D.), fol. 315 (Juni 1783 Sl Carl Gottlob), fol. 316 (Brüder u. Söhne); Gesch. I-R Nr. 36, S. 65–66; Brüggemann, T. 2/2, S. 1 004; Stolper Kadetten, S. 5, S. 6, Priesdorff Nr. 605 (Bruder Franz Gustav); Tb. Uradel 1924, S. 482–483 (d. Sohn G.C.D. hier nicht); d. GM nicht im Tb Uradel;

Ltnt. Johann Heinrich von Mogg (* 1738)

aus Pommern gebürtig; **Laufbahn**: seit 1755 im Militärdienst, 1756 Gefr.corp. im I-R Nr. 34, 1758 als Ltnt. bei (Kraenow) gefallen;

Quellen: Stabi, Ms. boruss. fol. 311; in GStA, IV. HA, Rep. 1, Nr. 82, Bd. 1 nur e. Major Friedrich Ludwig von Mogg († 1797) im I-R Nr. 48, lt. Ms. boruss. fol. 312 1728 in Preußen geb.;

Ltnt. Friedrich Detloff (seit 1776 Reichsgraf) von Moltke (* 28. Aug. 1750, † 2. Sep. 1825) *

aus Mecklenburg gebürtig; **Laufbahn**: seit 1765 im preußischen Militärdienst, stand 1774 als Pl im I-R Nr. 2, Juni 1776 dim., 1804 preuß. Ober-Jägermstr., 1810 Prädikat Exzellenz; in erster Ehe seit 1777 **verheiratet** mit Friederike Charlotte Antonie verwitw. Herzogin von Holstein-Beck, geb. Gräfin von Dohna-Leistenau (1758–1786), in zweiter Ehe seit 1787 mit Charlotte Eleonore (* 1764), To. d. Gl Johann Bernhard von Prittwitz; **Güter**: saß 1793, 1804 auf Schossow u. Wolde im Krs. Demmin, 1797 im Wert von 70/m T., außerdem Erbherr auf Kastorf (Casdorf), Zwiedorf (Zwindorf), Schmorsow in Mecklenburg, auf Dorotheenwalde in Preußen; **Sohn**: Adam Friedrich (1782–1818), Aug. 1796 Cornet im D-R Nr. 6, Okt. 1797 Sl, Nov. 1807 Stabs-Rittmstr., Juni 1808 als Major dim.; **Sohn**: Franz Friedrich (1788–1813), Jan. 1805 Cornet im K-R Nr. 10, Juli 1811 Pl im K-R Nr. 13, 1813 Rittmstr. u. Adjutant d. Generals Gebhard Lebrecht von Blücher;

Quellen: GStA, I. HA, Rep. 30, Nr. 243, Vas.tab. 1793, 1804; IV. HA, Rep. 1, Nr. 82, Bd. 1, Bl. 170; Stabi, Ms. boruss. fol. 311; Zedlitz, 3. Bd., S. 421–422; hist.-herald. Handbuch 1855, S. 613;

Cap. Ernst Heinrich von Montjommery (* 1688, † 1724)

aus Pommern gebürtig; **Laufbahn**: seit 1702 im Militär, Okt. 1712 Sl im I-R Nr. 3, 1718 Cap. u. Chef e. Comp., Mrz. 1722 dim.;

Quellen: Stabi, Ms. boruss. fol. 319; Gesch. I-R Nr. 3, S. 173;

Fähnrich Heinrich Franz Friedrich du Moulin (* 1761)

Vater: Franz (1723–1761), stammte aus d. Schweiz, seit 1745 im preuß. Militärdienst, 1756 Sl im I-R Nr. 37, im Nov. 1761 als Pl bei d. Belagerung von Kolberg gest.; **Mutter**: Maria Amalia (* 1742), e. To. d. Obristen von Ricardy, der zuletzt seinen Wohnsitz im Glogauer Departement gehabt hat, sie soll in zweiter Ehe mit d. Major von Schon verheiratet gewesen sein, ließ sich von diesem scheiden, soll ihr väterl. Vermögen durch widrige Umstände u. unverschuldet verloren haben, hatte d. Nießbrauch e. Kapitals von 2/m T., das ihrem Sohn gehörte, sie gab im Mrz. 1788 an, seit 20 Jahren in Predigerhäusern zu leben u. sich von Handarbeit zu ernähren, sei mit 19 Jahren Witwe geworden, hielt sich damals in Köslin auf, habe hier *die Jugend von Distinction in Information genommen*, u. a. die Tochter d. Obristen Friedrich George Ludwig von Grolman, sie stand seit 1788 auf d. Expectantenliste für e. pomm. Pension; **Laufbahn**: Aug. 1769 *cadet* in Stolp, April 1774 *cadet* in Berlin, Okt. 1780 als Gefr.corp. vom I-R Nr. 13 nach Kolberg versetzt, stand als Fähnrich im Garn.-Reg. Nr. 3, 1782 (bzw. 1784) als Fähnrich ohne Abschied entlassen, angeblich Schwächlichkeit bzw. epileptischer Anfälle halber; **Ehefrau**: Sophia Charlotta, e. To. Kolberger Kaufmanns

Kleisen, aus d. Verbindung zwei Kinder, geb. 1784 u. 1785, H.F.F. verdingte sich als Hauslehrer, reiste im Frühjahr 1787 ab u. ließ seine schwangere Frau sitzen, Bürgermstr. u. Rat zu Stolp suchten im Sep. 1787 für d. Frau um e. pomm. Pension nach;

Quellen: GStA, II. HA, Abt. 13 a, Tit. III, Litt F, Nr. 2; Litt M, Nr. 12 (Mutter), Nr. 16 (Ehefrau); Stabi, Ms. boruss. fol. 316, Stolper Kadetten, S. 3;

Ltnt. Carl Heinrich Sebastian von der MÜLBE (* 1718)

aus Pommern gebürtig; **Laufbahn**: seit 1734 im Militär, Juni 1738 Pl, stand 1748 als solcher im Garn.-Reg. Nr. 10, vor 1764 abgegangen;

Quellen: Stabi, Ms. boruss. fol. 314;

Major Johann Carl Daniel (seit 28. Sep. 1774: von) MÜLLER (* um 1744, † Sep. 1819)

Vater: Johann Simon Müller (1715–1780), Pfarrer, erwarb 1747, 1750 u. 1769 drei Teile d. Gutes Reselkow im Ostenschen Krs.; **Mutter**: Eleonore Sophie Catharina, e. To. d. Pfarrers Höpfner zu Kölpin; **Laufbahn**: engagierte sich 1761 im Militärdienst, stand 1763, 1767 (als Sl) im H-R Nr. 6, im Sep. 1774 nobilitiert, Febr. 1778 Pl, Sep. 1782 Stabs-Rittmstr., Nov. 1788 Chef e. Escadron, 1792 als Major pens.; **Güter**: erwarb 1769 Reselkow D für 2/m T., erhielt im Sep. 1779 von seinem Vater Reselkow A, B u. C, verkaufte d. ganze Gut 1788 für 11 510 T. an d. Justiz-*Commissarius* Johann Friedrich Laurens; (**Ehefrau**: e. geb. von Blankensee, sie saß 1793 auf Fritzow u. Anteil Rützow im Wert von 14 498 T., J.C.D. 1797 als Erbherr auf Fritzow u. Mechentin im Ftm. Cammin im Wert von 24/m T. gen.; **Sohn**: Carl Christoph (* um 1775), 1793 Ltnt. im D-R Nr. 12, 1804 als Erbherr auf Rützow A bis D im Ftm. Cammin im Wert von 20/m T. gen.);

Quellen: GStA, I. HA, Rep. 30, Nr. 44, M 80 h, Paket 9 336; Nr. 243, Vas.tab. 1763, 1767, 1797; IV. HA, Rep. 1, Nr. 82, Bd. 2, Bl. 75; Stabi, Ms. boruss. fol. 315 (1786 nicht gen.); Brüggemann, T. 2/1, S. 444; pomm. Pf.buch, 2. T., S. 131; Wechmar, H-R Nr. 6, S. 256, S. 259, S. 261;

Cap. Albrecht Friedrich von MÜNCHOW (* um 1712, † 1762)

Vater: Alexander Philipp († vor 1740), Erbherr auf Anteil Marrin im Ftm. Cammin, verkaufte diesen auf Wiederkauf 1710 u. 1734 an d. Konsistorialrat Bogislav Liebeherr, galt lt. Aussage d. Gl Hans Friedrich von Platen im Unterschied zu seinem Bruder Bernhard als *vagabund*, dem man kein Geld anvertrauen dürfe, wurde auf Veranlassung d. Sohnes um 1732 *pro prodigo* erklärt; **Bruder**: Valentin (* 1716), seit 1731 im Militär, 1735 Cornet im D-R Nr. 1, Mai 1741 als Ltnt. dim. (bzw. im April 1741 bei Mollwitz gefallen); **Laufbahn**: trat 1727 in d. Militärdienst ein, 1731 Uffz. im Garn.-Bat. in Geldern, Aug. 1737 Sl im Bat. von Kröcher, stand 1742 als Pl im Feld-Bataillon von Kröcher, Dez. 1749 Cap. im I-R Nr. 32, 1756 als Chef d. 10. Comp. gen., 1762 bei Schweidnitz nach 35 Dj. gefallen; **Güter**: löste 1750 e. Anteil von Marrin für 6/m T. wieder ein, darauf Schulden von 3 533 T., hatte seit 1731 gegen d. Konsistorialrat Liebeherr prozessiert; besaß keine Leibeserben, bat deshalb 1756 u. 1759 vergeblich um d. Allodifizierung seines Gutsanteils, der nach seinem Tod an seine Tochter fiel, d. Anteil hatte 1767 e. Wert von 7/m T., darauf Hypotheken von 4/m T.; **Tochter**: Friederike Henriette Charlotte (1746–1805), sie besaß 1775 e. Vermögen von 500 T., mußte von deren Zinsen leben, erhielt im Juni 1781 e. Pension von 100 T.; **Schwester**: Dorothea Elisabeth (* 1727), bat im Mrz. 1774 um e. Pension mit d. Hinweis, daß sie ihr geringes Vermögen beiden Brüdern für die Anschaffung d. *Equipage* ausgehändigt, allein d. Cap. A.F. 1 100 T. für d. Übernahme d. Comp. vorgeschossen habe, sie besaß 1774 noch e. Capital von 200 T. u. verrichtete Handarbeit, erhielt 1781 e. Pension von 100 T.; **Schwester**: Sophia Friederica (* 1710, † 12. Dez. 1800), verwitw. Franciscus von Kleinsorge (* 1716, † vor 1772), F. aus Westfalen gebürtig, zunächst in württemberg. Diensten, Dez. 1741 Pl im D-R Nr. 12, Juni 1751 dim., sie bezog seit Mai 1772 e. Pension von 100 T. u. bat 1787 darum, diese nach ihrem Tod ihrer Tochter Friederike (* 1740) zu gewähren, in diesem Zusammenhang führte sie ihre beiden Brüder an, die im kgl. Dienst gefallen sind: d. Ltnt. im D-R Nr. 1, gefallen bei Mollwitz, u. d. Cap. vom I-R Nr. 32, der bei d. Einnahme von Schweidnitz erschossen worden ist;

Quellen: GStA, I. HA, Rep. 30, Nr. 43, Paket 9 234; Nr. 44, M 77, Pakete 9 328 u. 9 329; Nr. 243, Vas. tab. 1756; Nr. 243 L bis M, Paket 9 981; II. HA, Abt. 13 a, Tit. III, Litt K, Nr. 3 (Schwester S.F.); IV. HA, Rep. 1, Nr. 77, Bl. 11 (Kleinsorge), Nr. 82, Bd. 2, Bl. 120; Stabi, Ms. boruss. fol. 311, fol. 312, fol. 314 (1740 als Johann Albrecht); Brüggemann, T. 2/2, S. 574–575;

Rittmstr. Alexander Joachim von Münchow (* 1713)

aus Pommern gebürtig; **Laufbahn**: seit 1730 im Militär, 1732 Gefr.corp. im I-R Nr. 16, 1741 Cornet im H-R Nr. 3, Jan. 1742 Sl im H-R Nr. 5, 1743 Pl, Jan. 1745 Rittmstr. u. Chef e. Escadron, Okt. 1756 Abschied;

Quellen: GStA, IV. HA, Rep. 1, Nr. 82, Bd. 2, Bl. 121; Stabi, Ms. boruss. fol. 312, fol. 314; Mackensen, H-R Nr. 5, Bd. 2, Anhang, S. 15;

Kammerherr Alexander Wilhelm von Münchow (* um 1740, † um 1803)

Vater: George Friedrich (* um 1702, † 1761), sächsischer Major, (zuletzt Ol im Garn.-Reg. Nr. 5, Febr. 1760 dim.), erbte 1742 von d. sächs. Ol Anton von Münchow Zerrehne u. Vorwerk Zabelsberg im Ftm. Cammin, hielt sich als Adjutant König Augusts III. etliche Jahre in Polen auf, wurde dadurch u. durch d. Siebenjährigen Krieg verhindert, seine Lehnsansprüche auf d. Güter Neu Buckow durchzusetzen; **Mutter**: Johanna Christiana, geb. von Conradi; **Großvater**: Alexander Adam, Erbherr auf Zabelsberg im Ftm. Cammin; **Schwester**: Christiana Dorothea Amalia, sie hielt sich in d. achtziger u. neunziger Jahren bei ihrem Bruder auf u. verfaßte für diesen zahlreiche Suppliken, reichte solche auch im eigenen Namen ein; **Laufbahn**: wurde in Dresden geb. u. besuchte hier Schulen, weilte dann von 1762 bis Michaelis 1766 auf Universitäten, trat weder in d. Zivil- noch in d. Militärdienst ein; kam erst 1766 nach Pommern, 1772 zum kgl. Kammerherrn ernannt; **Güter**: erbte 1764 d. väterlichen Güter Zerrehne u. Zabelsberg im Wert von 8 640 T., 1793 mit 20/m T. angegeben, darauf Forderungen seiner Mutter über 4 830 u. seiner Schwester von 1/m T.; besaß diese bis zu seinem Tode; klagte d. Auszahlung e. Lehnstammes über 1 200 T. auf Klein Satspe ein, wurde damit am 18. Dez. 1776 abgewiesen, erneuerte d. Klage u. suchte seit mind. 1782 um d. *Reluition* d. Güter Neu Buckow nach, die sein Vater angeblich bereits in d. fünfziger Jahren für sich erstritten hatte; seine Klagen u. die entsprechenden Untersuchungen von Hofgericht, pomm. Regierung u. Kammergericht füllten mehr als zehn Aktenbände; in e. Resolution vom 11. Mrz. 1799 an d. Kammerherrn hieß es, erst müsse die Frage entschieden werden, ob er zur Pfandeinlösung der Güter Neu Buckow überhaupt berechtigt sei; am 18. Juli 1803 wurde seine *Reluitionsklage* zum wiederholten Male abgewiesen, ihm jedoch freigestellt, beim Kammergericht d. Weg d. Appellation einzuschlagen; am 7. Mai 1792 meinte d. Hofgericht in Köslin, es werde unaufhörlich mit Beschwerden über d. Kammerherrn behelligt, weil *ihm wegen seines eigenmächtigen Verfahrens kein Justitiarius, und weil er am Ende Process mit ihnen anfängt, weiter dienen will*; und am 11. Jan. 1798 hieß es in e. Bericht d. Kammergerichtes, A.W., *welcher jeden Rechtsgelehrten, der über seine Angelegenheiten anderer Meinung ist, als er selbst, schon partheiische zu finden gewohnt ist*; d. Kammerherr stritt nicht nur mit seinen *Commissarien*, die seine Belange nicht energisch genug wahrnahmen oder denen Fehler unterliefen, sondern warf d. pommerschen Justizkollegien vor, ihn mit Absicht zu schikanieren, ihm nicht zu seinem Recht zu verhelfen; hielt sich in d. achtziger u. neunziger Jahren in Dresden, besuchte von hier aus wegen seiner Krankheit Bäder, u. Berlin auf; gegen ihn wurden mehrere fiskalische Untersuchungen geführt, u. a. wegen harter Bedrückung von Untertanen, auch soll er e. aus Kolberg *echappirten Dieb*, dessen Familie in Zerrehne wohnte, verheimlicht u. ihm dann e. Wink zur Flucht gegeben haben; um 1803 unbeerbt verst., seine Güter gingen an d. Landrat Alexander Zabel von Münchow;

Quellen: GStA, I. HA, Rep. 30, Nr. 44, M 77, Pakete 9331 u. 9332; Nr. 243, Vas.tab. 1756, 1763, 1767; Brüggemann, T. 2/2, S. 610–611;

Ltnt. Anton Joachim von MÜNCHOW (* 1705, † Mai 1741)

aus Pommern gebürtig; **Laufbahn**: seit 1722 im Militär, 1740 Ltnt. im I-R Nr. 10, im Mai 1741 als Pl an Blessuren gest.;

Quellen: Stabi, Ms. boruss. fol. 316;

Rittmstr. Asmus Christian von MÜNCHOW (* 1708, † vor 1763)

Vater: Anton († vor 1730), Erbherr auf Alt Buckow im Ftm. Cammin, Rottow u. Schlennin im Krs. Belgard, hinterließ vier Söhne; **Bruder** George Heinrich (* um 1698, † 1782), Ltnt. s.d.; **Bruder**: Bogislav Friedrich (* 1701), seit 1718 im Militär, 1728 Fähnrich im I-R Nr. 4, vor 1749 als Cap. abgegangen; **Laufbahn**: seit 1728 im Militär, 1730 Junker, 1735 Ltnt. im D-R Nr. 1, 1741 nach 20 Dj. (mit d. Charakter Rittmstr.) dim.; **Güter**: überließ 1736 seinem Bruder G.H. d. väterl. Güter, seit 1749 Erbherr auf Karvin C im Ftm. Cammin, 1767 im Wert von 2/m, darauf Hypotheken von 1900 T., im Aug. 1776 starb seine **Witwe**, Sophie Dorothee, geb. von Damitz (* 1699), sie hatte e. Pension von 100 T.; Stief-**Sohn**: 1763 als Rittmstr. erwähnt, zuletzt GM: Christian Friedrich von Braunschweig (1720–1787), s.d., dieser erbte 1776 Karvin C;

Quellen: GStA, I. HA, Rep. 30, Nr. 243, Vas.tab. 1756, 1763; Stabi, Ms. boruss. fol. 313 (B.F.), fol. 314; Ms. geneal. fol. 120; Brüggemann, T. 2/2, S. 550–551;

Ol Bernhard Friedrich von MÜNCHOW (* um 1726)

Vater: Friedrich Wilhelm (* um 1696, † vor 1773), seit 1740 Erbherr auf Lazig A u. Tessin A im Ftm. Cammin, auf Datjow B, seit 1767 auch auf Nassow B u. Gülz A; **Mutter**: Ilsa Hedwig, geb. von Kameke (* um 1705), sie besaß 1773 d. Güter ihres verst. Mannes im

Wert von 25 133 T., darauf Schulden von 17 833 T., darunter ihr Vermögen von 9 466 T., ihr Schwiegersohn Joachim Carl von Flemming auf Risnow prozessierte von etwa 1758 bis 1775 gegen sie zwecks Herausgabe d. Brautschatzes seiner Frau Henriette Ernestine Hedwig in Höhe von 1 333 T., sie war nicht *liquide* u. bat deshalb um e. *Indult*; **Bruder**: Carl Detloff (* 1727, † 6. Juni 1778), seit 1746 im Militär, Sep. 1759 Pl im I-R Nr. 29, Juni 1771 Cap., 1778 gest.; **Bruder**: Carl Wilhelm (* um 1741), seit 1747 im Militär, Febr. 1764 als Stabs-Cap. vom I-R Nr. 25 dim., hielt sich 1774 in Tessin auf; **Bruder**: George Ernst Ludwig (* 1746), stand 1767 als Gefr.corp. im 1. Bat. Garde, Okt. 1769 Fähnrich, Okt. 1781 Pl, Mai 1792 als Major zum I-R Nr. 36 versetzt, Mai 1799 Ol, Mai 1801 Obrist, Dez. 1802 pens. (1817 gest.); **Laufbahn**: trat 1744 in d. Militärdienst ein, 1750 Cornet im K-R Nr. 5, 1756 Ltnt., stand 1758 als Rittmstr. vor Olmütz, April 1764 Major im K-R Nr. 10, April 1776 als Ol verabschiedet; **Güter**: erwarb 1770 von seinem Vater Nassow B u. Gülz A, verkaufte diese 1779 an d. Rittmstr. George Christoph von Heydebreck; Lazig A u. Tessin A befanden sich 1804 im Besitz d. Majors Ludwig Wilhelm von Münchow (1747–1813), s.d.;

Quellen: GStA, I. HA, Rep. 30, Nr. 44, M 77, Pakete 9 329 u. 9 330; Nr. 243, Vas.tab. 1756, 1763, 1793, 1804; Nr. 243 S, Paket 9 985, IV. HA, Rep. 1, Nr. 82, Bd. 2, Bl. 121; Stabi, Ms. boruss. fol. 311, fol. 314 (Bruder C.W.), fol. 316 (Bruder C.D.); Brüggemann, T. 2/2, S. 570–571, S. 580, Schwerin, K-R Nr. 10, T. 2, S. 220, S. 222; Reinhard, Garde, S. 530, S. 533, S. 548 (Bruder G.E.L.);

Ol Bogislav Ernst von Münchow (* 1705)

Vater: Erbherr auf Anteil Barzelin im Ftm. Cammin; **Bruder**: George Anton (* 1695, † nach 1764), Cap. s.d. mehr; **Laufbahn**: seit 1715 im Militär, Nov. 1724 Sl, Dez. 1729 Pl im I-R Nr. 29, Okt. 1745 Major, noch 1750 im Reg., im Aug. 1755 als Ol ins Garn.-Reg. Nr. 5 versetzt, Febr. 1760 dim., 1764 als vorm. Ol gen.; **Güter**: überließ 1738 zs. mit seinen Brüdern d. väterlichen Gutsanteil an Barzelin seiner Schwägerin Margaretha Agnesa verwitw. Otto Christoph von Münchow, geb. von Britzke;

Quellen: GStA, IV. HA, Rep. 1, Nr. 82, Bd. 2, Bl. 121 (kz. Notiz); Stabi, Ms. boruss. fol. 316; Brüggemann, T. 2/1, S. 547 (Nennung von fünf Brüdern); Crousaz, Beilage C, S. 32 (e. Bog. Emil war 1717 *cadet* in Berlin);

Cap. Bogislav Ernst Ehrenreich von Münchow (* 11. Nov. 1746, † 2. Mrz. 1807)

Vater: Christian (Erich) Ernst (1695–1750), seit 1735 u. 1740 Erbherr auf Nassow A, Leikow B, Kursewanz B im Ftm. Cammin; **Mutter**: Elisabeth Luise, geb. von Steinkeller (* 1714, † 6. Mrz. 1787), sie besaß seit 1750 d. Güter ihres Mannes, veräußerte diese 1755 für 30 Jahre auf Wiederkauf, ernährte sich kümmerlich, bekam im Juli 1782 e. Pension von 50 T.; **Laufbahn**: *cadet* in Berlin, stand dann d. eigenen Angabe zufolge 30 Jahre im I-R Nr. 46 in Berlin, wurde im Bayer. Erbfolgekrieg bei Kloster Duxhahn blessirt, zuletzt Sl, im Juli 1781 als Cap. dim.; **Güter**: (seit 1785) Erbherr auf d. väterl. Besitzungen; diese hatten 1804 e. Wert von zs. 6/m T.; im Juli und Dez. 1796 vom Kösliner Hofgericht zu e. 14tägigen Festungsarrest u. zur Erlegung d. Gerichtskosten verurteilt, hatte zuvor e. Cap. von Kameke, aus Grüssow gebürtig, evt. Gottlieb Samuel Paul (* 1751), Sohn d. Ltnt.s Anton Julius, s.d., beide kannten sich aus ihrer Zeit als *cadet*, der drei Jahre lang *gratis* in e. Kathen in Nassow gewohnt hatte, d. Diebstahls von 300 T. bezichtigt, konnte das nicht nachweisen, hatte sich bei d. Durchsuchung d. Habseligkeiten von Kamekes, der e. *maitresse* und drei Kinder bei sich hatte, e. Orden p.l.m. besaß u. d. *Trunk liebte*, wohl Übergriffe u. Injurien geleistet; Suppliken um Erlaß d. Strafe wurden abgelehnt; **heiratete** 1798 Christiana Caroline Wilhelmine verwitw. Major von Salisch, geb. von Wedel († 1801), sie hatte aus ihrer ersten Ehe zwei minderj. Söhne, die 1798 bei d. *cadets* waren, ihr väterl. Erbe bestand v. a. in e. Haus in Polzin, das für 600 T. verkauft werden sollte;

Quellen: GStA, I. HA, Rep. 30, Nr. 44, M 77, Paket 9 332; Nr. 243, Vas.tab. 1756, 1793, 1804; IV. HA, Rep. 1, Nr. 82, Bd. 2, Bl. 121 (kz. Notiz); Stabi, Ms. boruss. fol. 316 (Abgangsliste I-R 46); Brüggemann, T. 2/2, S. 579–580; Tb. Uradel 1938, S. 368;

Ltnt. Carl Philipp von Münchow (* 1751, † 19. Juni 1798)

Vater: Daniel Heinrich (* um 1716), Erbherr auf Eichenberge im Krs. Neustettin im Wert von 8/m T.; **Bruder**: Alexander Zabel Ernst (1746–1815)*, stand von 1762 bis 1774 im I-R Nr. 4, Abschied als Cap., seit 1786 Landrat im Krs. Neustettin, Erbherr auf Eichenberge, seit 1780 auch auf Nemmin A u. Linde C, 1793 auf Eichenberge, Vorwerk Hohenhausen, Linde B u. C, Nemmin A u. B, Pieleborg B u. C, 1804 nur noch auf Eichenberge u. Wuckel; **Bruder**: Ludwig Heinrich Friedrich (1750–1768), 1764 Gefr.corp., 1767 Fähnrich im I-R Nr. 22, 1768 nach fünf Dj. gest.; **Laufbahn**: 1767 als *cadet* gen., Febr. 1772 Fähnrich im I-R Nr. 36 in Brandenburg an d. Havel, erhielt im April 1782 als Sl nach 14 Dj. wegen schwacher *Constitution* d. gewünschte Dimission (später Ltnt. im Land-Regiment in Magdeburg, dann in Stettin), bekam zuletzt e. Invaliden-Pension von 80 T., lebte davon mit Frau u. Kind, diese wurde nach seinem Tod eingezogen; **Ehefrau**: Caroline (* 1760), e. To. d. Landedelmanns Carl Heinrich von Liebeherr zu Rabuhn im Ftm Cammin, u. von Clara, geb. von Rahmel, ihr Vater starb zu Rabuhn in dürftigen Umständen; die Witwe Ltnt. von M. stand seit 1798 auf d. Expectantenliste für e. Pension aus d. pomm. Meliorationsfonds, sie hatte e. ledige To. von 15 Jahren u. ein Vermögen von eben 400 T.; hielt sich 1798 in Groß Poplow bei Polzin auf; sie besaß keine Brüder, keine Verwandten, die sie unterstützen konnten; sie erneuerte ihr Pensionsgesuch am 5. Juli 1800, wurde am 13. Juli d.J. zur Geduld angehalten; im Dez. 1803 wurde sie bei d. Vergabe e. Pension von 100 T. übergangen;

Quellen: GStA, I. HA, Rep. 30, Nr. 243, Vas.tab. 1756, 1767, 1793; II. HA, Abt. 13 a, Tit III, Litt M, Nr. 11; IV. HA, Rep. 1, Nr. 82, Bd. 2, Bl. 121; Stabi, Ms. boruss. fol. 313 (Bruder A.Z.E. 1763 Gefr. corp. im I-R 4), fol. 314; biogr. Handbuch, S. 669 (Bruder A.Z.E);

Ltnt. Casimir Wilhelm von Münchow (* 1728, † 12. Aug. 1759)

Vater: Henning Franz (1687–1747)*, Hofgerichtspräsident, Erbherr auf Zarnefanz, Naffin u. Denzin im Krs. Belgard, auf Gervin im Ftm. Cammin; **Bruder**: Ludwig Otto (* 1724, † 12. April 1752), seit Okt. 1740 Gefr.corp. im I-R Nr. 34, 1750 hier als Sl u. Adjutant genannt, 1752 als Sl gest.; **Bruder**: Carl Bernd Friedrich (* um 1732, † vor 1764), 1755 Page bei Prinz Heinrich; **Laufbahn**: avancierte im I-R Nr. 47 bis zum Ltnt., als solcher 1759 bei Zorndorf gefallen; **Güter**: besaß seit 1747 mit seinen Brüdern d. väterlichen Güter, sie hinterließen keine Leibeserben, d. Güter fielen an ihre vier Schwestern, die 1764 e. Erbteilung vornahmen;

Quellen: GStA, I, Rep. 30, Nr. 243, Vas.tab. 1755 u. 1756; IV. HA, Rep. 1, Nr. 82, Bd. 2, Bl. 121 (C.W. u. L.O.); Stabi, Ms. boruss. fol. 311 (I-R Nr. 34, I-R 47, Abgangsliste, 1750 als Wilhelm); Brüggemann, T. 2/2, S. 678–679; biogr. Handbuch, S. 670 (Vater);

Ltnt. Christian Anton von Münchow (* um 1695, † 1716)

aus Pommern gebürtig; **Laufbahn**: seit 1708 im Militär, Aug. 1714 Sl im I-R Nr. 24, 1716 als Ltnt. in Spandau gest.; (**verwandt**: George Heinrich von Münchow (* um 1695), seit 1708 im Militär, Juni 1714 Fähnrich im I-R Nr. 24, 1717 als Ltnt. wegen Händeln *cassirt*: Ms. boruss. fol. 316, fol. 319);

Quellen: Stabi, Ms. boruss. fol. 316, fol. 319;

Ol Christian Günther von Münchow (* um 1702, † 15. Sep. 1753)*

Vater: Anton Reinhold, Erbherr auf Barzelin, Nedlin, Zabelsberg im Ftm. Cammin; **Mutter**: Margarethe Elisabeth, geb. von Brüssow; **Bruder**: Lorenz Ernst (1700–1758)*, 1716 Gefr.corp. im I-R Nr. 1, Aug. 1724 Pl, Mai 1735 Cap., 1745 Orden p.l.m., Nov. 1750 Kommandeur d. I-R Nr. 1, Dez. 1757 GM u. Chef d. I-R Nr. 28; **Neffe**: Otto Alexander Friedrich (1739–1822), Major, s.d.; **Laufbahn**: seit etwa 1714 im Militärdienst, Anfang 1739 Stabs-Cap., Okt. 1739 Cap. u. Chef e. Comp. im I-R Nr. 1, als solcher noch 1741 gen., 1742 Major im Garn.-Reg. Nr. 7, 1753 als Ol gest.; **Sohn**: Otto Lorenz (* um 1741), Ltnt., s.d.;

Quellen: GStA, IV. HA, Rep. 1, Nr. 82, Bd. 2, Bl. 121; Stabi, Ms. boruss. fol. 313 (als Günther Christoph, geb. 1702, Bruder L.E.), fol. 319 (Bruder); Ms. geneal. fol. 120; Tb. Uradel 1903, S. 604 (als Günth. Christoph, geb. 1713); Priesdorff, Nr. 462 (Bruder);

Cap. Christian Heinrich von Münchow (* um 1729, † vor 1797)

geb. zu Giesen bei Märkisch-Friedland in Poln.-Preußen; **Laufbahn**: Ltnt. im H-R Nr. 8, Okt. 1758 (mit d. Charakter Rittmeister) dim., wurde dann wegen seiner Blessuren u. seines Alters (als Cap.) beim Stettiner Land-Regiment mit e. *Salair* von monatlich acht T. angestellt, nach 1763 Abschied wegen Kränklichkeit, seit 1779 erneut im Stettiner Land-Reg., Juli 1782 Cap., als solcher noch im Juni 1785 genannt, hielt sich in Polzin auf; **Güter**: nahm auf Anraten seiner Vater-Schwester Barbara Catharina von Münchow, seit 1736 verwitwete Landrat Reymer von Manteuffel, ihr Gut Krolow im Krs. Schlawe 1763 f. 16/m T. an, bezifferte d. Kriegsschäden auf 6/m T., will es retabliert haben, blieb mit seinen Zinszahlungen in Rückstand, wurde deshalb von seinen Gläubigern mit Exekution bedroht, bat im Nov. 1766 vergeblich um e. *Indult*, im Sep. 1767 um e. kgl. Gnadengeschenk, will von d. Kreditoren in d. Konkurs getrieben worden sein, im Dez. 1770 fiel d. Gut für mehr als 8/m T. an d. Cap. Carl Caspar von Kleist zu Segenthin; seit 1774 **verheiratet** mit Dorothea Charlotta (* 1743), e. To. d. Cap. Anton Friedrich von Zozenow, sie will ihre Mitgift in Höhe von 1 502 T. wegen seines geringen *Tractaments* zugesetzt haben, noch zu Lebzeiten ihres Mannes wurde über dessen Vermögen d. Konkurs eröffnet, sie verlor dabei ihr Heiratsgut; aus d. Ehe gingen keine Kinder hervor; sie bezeichnete 1797 ihre 18jährige Ehe als unglücklich; ihr Mann hinterließ sie in *großer Dürftigkeit*, weshalb sie um e. Pension aus d. pomm. Meliorationsfonds bat; ihr Gesuch unterstützte d. Obrist von Schlieffen zu Groß-Silber bei Reetz, ihr Mutter-Bruder, sie bekam im Mai 1800 e. Pension v. 50 T.; drei ihrer Brüder standen 1793 im Militärdienst;

Quellen: GStA, I. HA, Rep. 30, Nr. 44, M 77, Pakete 9 329, 9 330; Rep. 96, Nr. 95 L l, Nr. 7; II. HA, Abt. 13 a, Tit. III, Litt B, Nr. 1; Litt M, Nr. 7; IV. HA, Rep. 1, Nr. 82, Bd. 2, Bl. 121 (kz. Notiz); nicht bei Schöning, 5. H-R, Abgangsliste;

Cap. Christian Heinrich von MÜNCHOW (* um 1730, † 7. Dez. 1792)

aus Pommern gebürtig; **Laufbahn**: stand 18 Jahre im Militärdienst, erlitt im Siebenjährigen Krieg Blessuren, 1763 (mit d. Charakter Cap.) ohne Versorgung dim., später als Cap. beim Land-Regiment angestellt; seit Aug. 1780 Postwärter in Polzin, bekam dafür monatlich 1 T. 12 Gr., zuletzt fünf T., behielt d. *Salair* als Cap. beim Land-Reg., mußte zur *Sicherheit d. Postdienstes* 1784 e. Haus kaufen, ausbauen u. e. Caution in Höhe von 300 T. stellen, zu d. Grundstück gehörten neben d. Haus e. Scheune u. e. Hof, es hatte 1787 e. Wert von 896 T. u. war mit 200 T. versichert, darauf Schulden von 700 T., wegen seiner ärmlichen Umstände wurde seine To. bei e. Frl von Reckow in Stolp erzogen; erlitt 1787 e. Brandschaden von 169 T., bat um e. Beihilfe für d. Wiederaufbau, weil er als *alter, ungesunder Mann*, der für Medikamente u. Kurkosten erhebliche Mittel aufwenden mußte, mit seinem Verdienst nicht auskommen konnte; wurde wegen Schulden in Höhe von 250 T. beim Hofgericht in Köslin verklagt; d. Kaution für d. Dienst hatte seine 70jährige Schwester gezahlt, die das Geld dann aber selbst benötigte, mußte daher, weil er d. 300 T. selbst nicht aufbringen konnte, d. Amt als Postwärter aufgeben, trat es gegen e. monatliche Zahlung von drei T. an e. Polziner Bürger ab; Steuerrat Johann George Ludwig Lüdemann meinte 1788 über ihn, er könne sich *trotz erhaltener Wohlthaten nicht beruhigen*, Min. Hans Ernst Dietrich von Werder attestierte ihm dagegen e. gute Arbeit bei d. Post; erhielt kurz vor seinem Ableben e. Pension von 150 T.; **Ehefrau**: Friederike Marie Elisabeth, geb. von Damitz aus Dumzin († vor 1791); **Tochter**: Friederike Ernestine Charlotte (* 1772, † Mai 1794), sie bekam nach d. Ableben ihres Vaters e. Pension von 50 T., zuletzt verheiratet mit d. Post-*Commissarius* Baerwalde in Polzin;

Quellen: GStA, II. HA, Abt. 13 a, Tit. I, Litt M, Nr. 6 (danach war d. Frau e. geb. von Zozenow), Tit. III, Litt M, Nr. 30 (es gab in Polzin offenbar zwei Cap. namens C.H. von Münchow, Verwechslungen möglich);

Obrist Christian Johann von MÜNCHOW (* 1706, † 22. Nov. 1759)

Vater: Alexander Johann, Cap., Erbherr auf Sassen im preuß. Krs. Mohrungen; **Mutter**: Maria Christina, geb. von Hendrich; **Bruder**: Jürgen Anton, 1767 als Cap. gen.; **Laufbahn**: engagierte sich 1720 im Militärdienst, stand 1746 als Major im D-R Nr. 12, im Mrz. 1756 als Ol u. Chef d. 3. Escadron gen., im Dez. 1759 an Blessuren aus d. *Affaire* bei Maxen (als Obrist) gest.; **Ehefrau**: Agnesa Ulrica, geb. von Münchow († 1765), seit 1764 auf Nemmin A, Pieleborg C u. Linde C im Krs. Neustettin, sie hinterließ zwei Söhne u. zwei Töchter, alle minderjährig, ihr Vermögen wurde 1767 auf 10 937 T. beziffert, darauf Schulden von 5 948 T., so daß d. vier Kindern 4 989 T. blieben; **Güter**: sie ließ 1749 e. Teil d. Gutes Barzelin im Ftm Cammin einlösen; besaß zeitweilig ganz Barzelin im Wert von 5 223 T., wollte d. ruinierte Gut im Mai 1763 für 8 300 T. an d. Beamten Schenck verkaufen, bekam dafür keine Genehmigung; veräußerte es 1765 für 7 300 T. an d. Grenzpostmeister zu Memel Johann Christian Witte, der e. Bevollmächtigten in Stolp besaß, Wittes Frau soll in Danzig e. Vermögen von 40/m T. besessen haben, das ins Land gezogen u. für d. Ankauf verwendet werden sollte, Witte erhielt im Dez. 1767 d. *Consens* zum Ankauf; **Sohn**: Johann August Ludwig (* um 1757, † Mrz. 1781), seit 1773 im Militär, 1779 als Fähnrich gen., als Fähnrich im I-R Nr. 8 gest.; **Sohn**: Friedrich Alexander Otto Richard (* 1751, † 10. Mrz. 1802), seit 1766 im Militärdienst, Dez. 1768 Fähnrich im I-R Nr. 36, Dez. 1777 Sl, stand 1796 als Stabs-Cap. im I-R Nr. 36, besaß von 1778 bis 1780 d. mütterl. Güter, verkaufte diese an d.

Cap. Alexander Zabel Ernst von Münchow; erhob im Dez. 1792 Lehnsansprüche auf d. Gut Grüssow im Krs. Belgard, wollte es für 12 200 fl. erstehen, obwohl sein Vater bereits am 3. Juli 1748 *praecludirt* worden war, ihm entstanden dadurch Kosten in Höhe von ca. 50 T., über die er sich 1797 beschwerte, d. Cap. wurde im Mai 1796 *praecludirt*;

Quellen: GStA, I. HA, Rep. 30, Nr. 44, M 77, Pakete 9 329, 9 332; Nr. 186 d, Paket 9 839; Nr. 243, Vas.tab. 1756, 1767; Stabi, Ms. boruss. fol. 311, fol. 314 (Sohn F.A.O.R.); Brüggemann, T. 2/2, S. 547, S. 765; Tb. Uradel 1903, S. 601;

Ltnt. Ernst Friedrich Leopold von Münchow (* um 1767, † 3. Nov. 1844)

Vater: Henning (Heinrich) Christian (1733–1794), Nov. 1752 *cadet* in Berlin, Juli 1756 Fähnrich, (Mrz. 1756 bzw.) Juli 1760 Sl im Garn.-Reg. Nr. 7, nach acht Dj. um 1764 dim., stand seit 1784 als Ltnt. im Stettiner Land-Reg. mit fünf T. monatlich, seit 1767 Erbherr auf Retzin A im Krs. Belgard, als Landschaftsrat u. Erbherr auf Retzin gest.; **Mutter**: Dorothea Louise, geb. von Kleist; **Vater-Brüder**: Ernst Richard (* um 1735, † 1804), Ol, s.d.; George Friedrich (* um 1737, † vor 1790), seit 1754 im Reg., 1755 Gefr.corp. im I-R Nr. 25, 1764 Ltnt., noch 1769 hier als Ltnt. gen., nach d. brüderl. Teilung seit mind. 1764 Erbherr auf d. väterl. Gut Wuckel; Peter Henning (* um 1739, † vor 1790), 1767 Fähnrich im I-R Nr. 43; **Bruder**: August Friedrich Christoph (* um 1771), 1790 Fähnrich im I-R Nr. 55, 1794 Sl, Nov. 1794 Orden p.l.m., (1801 Pl, vom Urlaub ausgeblieben); **Laufbahn**: engagierte sich 1780 im Militärdienst, 1787 Gefr.corp. im I-R Nr. 33, Juli 1789 Fähnrich, Sep. 1792 Sl, machte d. letzten Feldzug in Polen mit, in dieser Zeit starb sein Vater, mußte wegen d. geerbten Gutsbesitzes im Juni 1795 d. Abschied nehmen; **Güter**: ihr Vater hinterließ drei kleine Dörfer: d. Vorwerk Granzin 1803 im Wert von 4 507 T., Retzin A für 10 755 T., beide im Krs. Belgard, darauf Schulden von 7 800 T., außerdem Wuckel im Krs. Neustettin; ihr Onkel, d. Ol Ernst Richard in Zirkwitz, hatte d. Brüdern seinen Erbanteil an Wuckel geschenkt, dieses Gut war baufällig u. hoch verschuldet, sie wollten es daher, weil sie es aus eigenen Kräften nicht retablieren und von Schulden entlasten konnten, verkaufen, e. adligen Interessenten konnten sie nicht finden, sie baten daher am 20. Febr. 1796 darum, Wuckel auf Wiederkauf für 25 Jahre an d. Amtmann Stern zu Schilde für 5 900 T. verkaufen zu dürfen, ihr Gesuch wurde am 7. Mrz. d.J. mit d. Hinweis abgelehnt, sie sollen e. adligen Käufer finden; 1804 saß d. Landrat Alexander Zabel Ernst von Münchow auf Wuckel u. Eichenberge, s.d.; im Aug. 1803 wurde d. Gesuch d. Ltnts. E.F.L. abgelehnt, Retzin A an e. Bürgerlichen zu verkaufen, seine Umstände galten als nicht so schlecht;

Quellen: GStA, I. HA, Rep. 30, Nr. 44, M 77, Paket 9 332; Nr. 243, Vas.tab. 1756, 1763, 1767, 1793; IV. HA, Rep. 1, Nr. 82, Bd. 2, Bl. 122; Stabi, Ms. boruss. fol. 311, fol 313; Brüggemann, T. 2/2, S. 664–665, S. 774–775, Crousaz, Beilage C, S. 35; Lehmann, Ritter, S. 374; Tb Uradel 1903, S. 602; Tb. Uradel 1938, S. 365–366;

Major Ernst Philipp (seit Nov. 1741 Graf) von Münchow (* 1713, † vor 1758)*

Vater: Christian Ernst (1671–1749), Präsident d. KDK in Küstrin; **Mutter**: Eleonore Philippine, geb. Chalkowska von Chalkowo (bzw. von Chevallerie) (1693–1741); **Bruder**: Ludwig Wilhelm (1709–1753)*, im Nov. 1741 mit d. beiden älteren Brüdern in d. Grafenstand erhoben, seit Mrz. 1742 schlesischer Provinzialminister; **Bruder**: Carl Gustav (1717–

1780), als Major im D-R Nr. 6 1761 dim., seit 1741 Graf, Erbherr auf Mikrow u. Swante, siehe mehr bei dessen Sohn Wilhelm Gustav; **Bruder**: Friedrich Leopold († um 1745); **Bruder**: Alexander Christoph (1726–1806), seit 1743 im Militärdienst, 1750 Cap. im I-R Nr. 43, Jan. 1757 als Major dim. (erhielt später d. Charakter Obrist), von 1741 bis 1745 zs. mit Friedrich Leopold Erbherr auf d. Gütern Kosemühl, Groß u. Klein Rakitt, Wottnogge, Swante, Wutzkow u. Lessacken im Wert von 32/m T., verkaufte diese 1746 an d. Bruder Ernst Philipp, verh. mit Wilhelmine Dorothea von Münchow (1730–1805), beider Sohn: Wilhelm Ernst (1754–1829), Ltnt.; **Laufbahn**: Nov. 1730 Cornet im D-R Nr. 5, Dez. 1733 Sl, Sep. 1739 Pl, Juni 1740 Major u. Flügel-Adjutant d. Königs, Mai 1745 Abschied; **Ehefrau**: Louise Tugendreich verw. von Somnitz, geb. von Sydow; **Güter**: seit 1746 Erbherr auf Kosemühl, Groß u. Klein Rakitt, Wutzkow u. Lessacken im Krs. Stolp im Wert von 21 600 T.; hatte seinen Wohnsitz in Berlin; erhielt am 28. Mai 1749 e. *Indult* auf drei Jahre, seine Schulden betrugen damals 15 900 T.; verkaufte 1752 Wottnogge u. Groß Rakitt für 10 666 T. an Martin Neufeld; soll 1756 e. Vermögen von 31 494 T. u. Schulden von 31 141 T. gehabt haben, darunter Forderungen seiner Frau über 7/m T.; seine übrigen Güter gerieten 1758 in Konkurs, sie wurden 1766 ür 24/m T. an d. Cap. Friedrich Wilhelm von Somnitz verkauft;

Quellen: GStA, I. HA, Rep. 30, Nr. 44, M 77, Paket 9 329; Nr. 243, Vas.tab. 1756; IV. HA, Rep. 1, Nr. 82, Bd. 2, Bl. 121; Stabi, Ms. boruss. fol. 316 (A.C.); Brüggemann, T. 2/2, S. 951–953; Albedyll, Anhang S. 46*; Orlop, Anhang, S. 126*; Tb. Uradel, 1903, S. 599; Tb. Uradel 1938, S. 359 (Alexander Christoph u. Sohn); biogr. Handbuch, S. 670 (Vater u. Bruder);

Ol Ernst Richard von MÜNCHOW (* um 1735, † 1804)

Vater: Asmus (Erasmus) Heinrich (* um 1699, † 1756), Erbherr auf Wuckel im Krs. Neustettin; **Neffe**: Emst Friedrich Leopold (1768–1840), Ltnt., s.d. mehr zur Familie; **Laufbahn**: Okt. 1756 Fähnrich im I-R Nr. 8, Febr. 1758 Sl, Dez. 1761 Pl, Aug. 1772 Stabs-Cap., Juni 1774 Cap. u. Chef e. Comp., Juni 1784 Major, Dez. 1788 nach 38 Dj. mit d. Charakter Ol dim.; **Güter**: erwarb im Nov. 1784 d. Gut Zirkwitz im Krs. Greifenberg aus d. Konkurs d. entwichenen Majors Leopold Christian von Woedtke vom D-R Nr. 4 für 17 010 T., darauf Pfandbriefe für 11/m T.; erwirkte im Juni 1787 d. Allodifikation d. Gutes, um es später seinen Töchtern vererben zu können; lebte seit 1777 mit seiner Hauswirtschafterin Catharine Louise Wittenberg (* 1749), Tochter e. Feldwebels vom I-R Nr. 17 zs., der nach seinem Abschied als Einnehmer versorgt worden war, aus dieser Beziehung stammten zwei 1789 noch lebende **Töchter**: Henriette Sophia Augusta (* 1782) u. Wilhelmina Ernestina Louise (* 1785); E.R. bat seit Nov. 1789 mehrfach darum, ihm die Trauung mit d. Mutter seiner Kinder zu erlauben, um diese angesichts seiner zunehmenden Leibesschwäche versorgt zu sehen; e. öffentliches Aufgebot war am 13. Nov. 1789 geschehen, d. Pfarrer Johann Ernst Stenger zu Zirkwitz hatte keine Einwände, solche gab es seitens d. Familie von Münchow auch nicht; während seiner Militärdienstzeit hatte d. Ol nicht heiraten wollen, weil ihm e. solcher Schritt bedenklich erschien; in e. Gutachten d. pomm. Regierung v. 15. Mrz. 1790 war d. Gesuch mit Verweis auf d. Edikt vom 8. Mai 1739 abgelehnt worden, über d. Militärdienst d. Vaters d. Braut hatte nichts ermittelt werden können, zudem soll die Wittenberg vor 1777 an öffentl. Orten *das Würfelspiel als Metier* betrieben haben; im April 1790 legte d. Ol auf Aufforderung e. schriftliche Erklärung seines noch lebenden **Bruders** Henning (Heinrich) Christian (1733–1794), Juli 1756 Fähnrich im Garn.-Reg. Nr. 7, 1764 als Sl auf

Wunsch dim., seit 1767 Erbherr auf Retzin A bei Polzin, vor, der mit d. Ehe einverstanden war; weitere Immediatgesuche d. Ol u. seiner Braut wurden vom geistl. Departement am 7. Juni, 4. Okt., 25. Okt. 1790 abgelehnt; nachdem sich d. Major Otto Alexander Friedrich von Münchow, s.d., aus Berlin u. d. Cap. Bernhard Carl Johann von Münchow (1749–1817) vom I-R Nr. 23 als Vettern d. Suppl. für die Heirat ausgesprochen hatten, erteilte d. König am 28. Febr. 1791 d. *Consens* zur Trauung; e. neuen Gutachten d. pomm. Reg. zufolge erwiesen sich auch die Vorwürfe gegen d. Lebensführung d. Braut vor 1777 als nicht stichhaltig;

Quellen: GStA, I. HA, Rep. 30, Nr. 44, M 77, Paket 9 330; Nr. 241 b, Paket 9 968; Stabi, Ms. boruss. fol. 315; Priesdorff, Offz.stammliste, S. 123; Tb. Uradel 1903, S. 602 (Bruder, Neffe);

Cap. Felix Adrian von MÜNCHOW (* um 1703, † 1760)

Vater: Hans Albrecht, Cap.; **Vater-Bruder**: Christian Ernst (1671–1749), neumärk Kammerpräs.; **Bruder**: Henning Detloff († vor 1740), Cap., Erbherr auf Lazig A im Ftm. Cammin, dieses hatte 1720 e. Wert von 10 200 fl. (soll im Okt. 1726 seiner von ihm zeitweilig separirten Ehefrau Elisabeth Eva, geb. von Ploetz, 4 200 fl. an Bargeld u. Pretiosen f. 1/m T. gestohlen u. damit nach Polen zu e. von Manteuffel gegangen sein, hinterließ Lazig ganz verschuldet, wohnte 1731 jedoch wieder auf d. Gut); **Laufbahn**: engagierte sich um 1722 im Militärdienst, Juni 1723 Cornet im K-R Nr. 5, 1737 wegen Kränklichkeit Abschied, daraufhin 19 Jahre ohne Brot, engagierte sich 1756 beim Garn.-Reg. Nr. 10, avancierte hier bis zum Cap.; **Güter**: erbte zs. mit seinem **Bruder** Christian Erich Lazig A, beide verkauften es 1740 an ihren Vetter Friedrich Wilhelm von Münchow; **Ehefrau**: Juliana Charlotte, geb. von Aschersleben (* um 1697, † 11. Aug. 1776), sie erhielt nach 1774 e. Pension von 100 T., ihre **Tochter** Sophie Dorothee († 13. Mai 1803) bekam seit Febr. 1789 e. Pension von 50 T. aus d. pomm. Meliorationsfonds, ihr Sohn erster Ehe war d. Major von Braunschweig;

Quellen: GStA, I. HA, Rep. 30, Nr. 43, Paket 9 233; Nr. 44, M 77, Paket 9 327; II. HA, Abt. 13 a, Tit. III, Litt M, Nr. 22 (Mutter u. Tochter); Stabi, Ms. boruss. fol. 311; Brüggemann, T. 2/2, S. 570;

Cap. Friedrich Heinrich von MÜNCHOW (* um 1725, † 1765)

(**Vater**: Peter Heinrich (* um 1688, † 1745), seit 1707 im Militärdienst, 1715 u. 1716 als Ltnt. gen., 1740 Major im I-R Nr. 12, 1745 als Ol in Schweidnitz an Blessuren gest., seit 1716 Pfandbesitzer von Kuhts im Krs. Schlawe); **Laufbahn**: engagierte sich 1741 im Militärdienst, stand 1750 als Sl im I-R Nr. 12, 1764 als Cap., 1765 in Prenzlau gest.; **Güter**: seit 1745 Pfandbesitzer von Kuhts, dieses wurde 1747 von d. Familie von Natzmer wieder eingelöst und Gustav Erdmann von Schlieffen verkauft; im Aug. 1748 wurde d. Ltnt. F.H. bei d. Behörden vorstellig u. klagte 3/m T. ein, die Veronica Jacobina von Schlieffen, geb. von Zitzewitz, ihm u. seinen Miterben aus d. Verkauf noch schuldig war; (**verwandt**: e. Valentin George von Münchow (* um 1714) engagierte sich um 1732 im Militärdienst, stand 1740 als Sergant, 1750 als Pl im I-R Nr. 12, 1752 auf Wunsch dim.: Stabi, Ms. boruss. fol. 316);

Quellen: GStA, I. HA, Rep. 30, Nr. 44, M 77, Pakete 9 328, 9 329; IV. HA, Rep. 1, Nr. 82, Bd. 2, Bl. 121; Stabi, Ms. boruss. fol. 316; Brüggemann, T. 2/2, S. 874–875;

Rittmstr. Friedrich Wilhelm von Münchow († vor 1767)

aus Pommern gebürtig; **Laufbahn**: avancierte im K-R Nr. 13 bis zum Stabs-Rittmstr.; **Güter**: Erbherr auf Marrin B im Ftm. Cammin im Wert von 7/m T., darauf 1767 Hypotheken über 4/m T., soll d. Gut durch Unglücksfälle verloren haben; **Tochter**: Johanna Charlotta (* 1720), hielt sich 1780 bei Verwandten in Wordel in Westpreußen auf, bat im Nov. 1780 um e. pomm. Pension, stand 1782, 1784 auf d. Expectantenliste;

Quellen: GStA, I. HA, Rep. 30, Nr. 43, Pakete 9232, 9240 (im Juli 1782 hieß es explizit, daß F.W. bei d. Garde du Corps gestanden haben soll); nicht in IV. HA, Rep. 1, Nr. 82, Bd. 2, nicht bei Brüggemann, nicht bei Schöning, K-R 13;

Cap. Friedrich Wilhelm von Münchow (* 28. April 1728) *

Vater: Gustav Bogislav (1686–1766) *, 1703 Fähnrich im I-R Nr. 10, April 1707 Sl im I-R Nr. 19, Sep. 1715 Cap., Okt. 1717 Major, Juli 1724 Ol, Febr. 1728 Kommandeur d. I-R Nr 25, Mai 1735 Obrist, Juni 1740 Chef d. neuen I-R Nr. 36, Juni 1742 Orden p.l.m., Sep. 1742 GM, Juli 1745 Gl, Dez. 1745 Ritter d. Schwarzen-Adler-Ordens, Aug. 1747 Gouverneur von Spandau; **Mutter**: Antoinette Philippine, geb. von Borstell (1701–1730); **Großvater**: Bernhard Christian, brandenburg. Cornet, Erbherr auf Kosemühl im Krs. Stolp; **Laufbahn**: 1747 auf d. Univ. Halle, Dez. 1748 Fähnrich im I-R Nr. 36, Jan. 1754 Sl, Juli 1757 Pl, Mrz. bzw. April 1758 als Cap. verabschiedet; avancierte später zum Kanzler d. St. Johanniter-Ordens; 1763 **Ehe** mit Therese Wilhelmine von Lehwald;

Quellen: GStA, IV. HA, Rep. 1, Nr. 82, Bd. 2, Bl. 121; Stabi, Ms. boruss. fol. 311 (danach fiel e. Wilhelm als Sl im I-R Nr. 47), fol. 314 (Vater), fol. 319 (Vater); Gesch. I-R Nr. 36, S. 75–76; Priesdorff Nr. 301 (Vater);

Ltnt. George (Alexander Henning) von Münchow (* 12. Sep. 1779, † 17. Juni 1859)

Vater: Alexander Zabel Ernst (1746–1815) *, Ltnt. im I-R Nr. 4, 1774 als Capitain dim., seit 1786 Landrat im Krs. Neustettin, Erbherr auf Eichenberge u. Wuckel; **Mutter**: Friederike Marie Louise, geb. von Münchow; **Laufbahn**: seit 1792 Junker im H-R Nr. 8, avancierte bis zum Sl, 1806 dim., 1813 beim Pomm.-National-Cavallerie-Reg. wieder eingetreten, 1842 als vorm. Major in Danzig genannt; **Bruder**: Carl (* um 1791), 1804 bei d. *cadets* in Stolp;

Quellen: GStA, I. HA, Rep. 30, Nr. 243, Vas.tab. 1793, 1804; Schöning, 5. H-R, S. 170, S. 554 (hier nur als Henning); Tb. Uradel 1903, S. 606 (als George Alexander Henning); biogr. Handbuch, S. 669 (Vater);

Cap. George Anton von Münchow (* 1691, † nach 1764)

(**Vater**: Erbherr auf Barzelin u. Nedlin im Ftm. Cammin); **Bruder**: Bogislav Ernst, Ol, s.d.; **Bruder**: Asmus Heinrich († vor 1764); **Bruder**: Rüdiger Daniel († vor 1764); **Bruder**: Otto Christoph (1695–1736), seit 1713 im Militär, Juli 1714 Fähnrich im I-R Nr. 13, Mrz. 1718 Pl, stand noch 1730 als Pl im Regiment, verh. mit Margaretha Agnesa, geb. von Britzke († 1740), beider To. Agnesa Ulrica, verh. mit d. Obristen Johann Christian von Münchow; **Laufbahn**: seit 1710 im Militär, Jan. 1715 Fähnrich im I-R Nr. 4, 1728 als Stabs-Cap., 1738 als Cap. u. Chef e. Comp. im I-R Nr. 4 gen., vor 1747 abgegangen; **Güter**: 1730 als Erbherr auf Anteil Barzelin u. Nedlin im Ftm. Cammin gen., überließ zs. mit seinen

Brüdern 1738 d. verwitw. Schwägerin Margaretha Agnesa e. Anteil an Barzelin, Anteil Nedlin u. Gülz B; (**verwandt**: ein George von Münchow (* um 1708), seit 1724 im Militär, Okt. 1756 Cap. im Garn.-Reg. Nr. 11: Stabi, Ms. boruss. fol. 314);

Quellen: GStA, I. HA, Rep. 30, Nr. 241 b, Paket 9963; Stabi, Ms. boruss. fol. 313 (1728 u. 1738 jeweils als Anton), fol. 319; Ms. geneal. fol. 120 (1730 G.A. als Cap. gen., geb. um 1695); Brüggemann, T. 2/2, S. 547;

Fähnrich George Friedrich von Münchow (* um 1702, † vor 1764)

Vater: Ewald († 1719), Erbherr auf Seeger, Vorwerk Kl. Zabelsberg, Nassow B, Gülz A im Ftm Cammin u. Anteil Valm im Krs. Neustettin, hinterließ seinen drei Söhnen u. sechs Töchtern e. Vermögen von 29 650 T.; **Mutter**: Elisabeth, geb. von Ramin; **Bruder**: Rüdiger Andreas († vor 1750), Ltnt., erhielt als ältester Sohn d. Güter Nassow B, Gülz A u. Valm, mußte zu d. Geld-Kavel 9 805 fl. beisteuern, nach seinem Tod fielen die Güter an d. Bruder G.F., der d. Witwe d. Ltnts. abfand; **Bruder**: Carl Ewald († um 1743), sachsen-weißenfelsischer Hofrat, bekam als jüngster Sohn d. Geld-Kavel in Höhe von 6 535 T., dieser soll viel Geld aus Pommern nach Sachsen gebracht u. dort in seinem *alchimistischen Labor* verbraucht haben; **Laufbahn**: avancierte im Heer bis zum Fähnrich, Abschied nach 12 Dj.; **Ehefrau**: Euphrosine, geb. von Kleist; **Güter**: erhielt durch d. Erbvergleich von 1724 d. Güter Seeger u. Kl. Zabelsberg im Wert von 14/m T., mußte zu d. Geld-Kavel 9 805 fl. beitragen, d. Kapital sollte jedoch als Lehn auf d. Gütern stehen bleiben u. verzinst werden; wurde 1736 von Carl Ewald beim Kösliner Hofgericht wegen Zinsrückständen verklagt u. aus d. Gütern exmittiert; ging nebst Frau u. Kindern zu seiner Schwiegermutter von Kleist nach Damen, fand hier nur e. kümmerlichen Unterhalt; bis 1742 will G.F. für die Prozesse um seine Güter 1 200 fl. aufgebracht haben; für d. Rückübertragung d. Güter an d. Fähnrich setzte sich u. a. dessen Schwager ein, d. Ltnt. Nicolaus Friedrich von Kleist (* um 1713) vom I-R Nr. 29; bekam nach d. Tod d. jüngsten Bruders seine väterlichen Güter zurück, sah sich seit etwa 1736 auch mit Klagen seiner **Schwestern** konfrontiert, darunter (Agnes Hedwig), d. Witwe d. kursächs. Ol Anthon von Münchow, seiner ältesten Schwester, u. Charlotte Louise, verh. mit d. Cap. George Heinrich von Damitz, diese forderte 1745 d. Auszahlung ihrer Mitgift von 1/m fl., dazu d. rückständigen Zinsen seit 1726; seit etwa 1750 auch Erbherr auf Nassow B u. Gülz A; suchte seit 1752 mehrfach vergeblich um e. *Indult* nach, die Güter sollen damals e. Wert gehabt haben von: Seeger 7 030 T., Zabelsberg 7 552, Nassow 3 031, Gülz 4 273 u. Valm 906 T., zs. 22 794 T., d. Hofgericht bezifferte ihren Wert aber nur auf 17 474 T.; um 1752 wurde d. Konkurs über seine Güter eröffnet, (d. verw. Ol Agnes Hedwig von Münchow d. Güter Seeger u. Zabelsberg zugeschlagen); **Sohn**: George Wilhelm († 24. Nov. 1755), seit Mai 1754 Fähnrich im I-R Nr. 36, dieser bat 1754 u. 1755 mehrfach um e. *Indult* u. warf d. Hofgericht in Köslin vor, *in allen Stücken contrair gegen seinen Vater* zu sein; George Friedrich verkaufte 1756 Seeger u. Kl. Zabelsberg an d. Landrat Hans Joachim von Kleist;

Quellen: GStA, I. HA, Rep. 30, Nr. 44, M 77, Pakete 9 328, 9 329; Nr. 243, Vas.tab. 1756, 1763; Brüggemann, T. 2/2, S. 579, S. 599; Gesch. I-R Nr. 36, S. 69;

Cap. George Friedrich (Wilhelm) von Münchow (1744–1802)

Vater: Henning Günther (* 1700, † 16. Nov. 1752), trat 1715 in d. Militärdienst ein, 1729 Pl im I-R Nr. 31, 1740 Cap. u. Chef e. Comp., zuletzt Major, seit 1742 Erbherr auf ganz

Groß Satspe im Ftm Cammin, prozessierte 1744 gegen d. damaligen Ol Hans Gustav von Münchow, 1767 hatte d. Gut e. Wert von 8 620 T., darauf Schulden von 7 889 T., d. Erben d. Majors könnten sich deshalb *nicht selbst helfen*, hinterließ drei Söhne; **Mutter**: Vigilantia Sophia, geb. von Schönebeck († 28. Mai 1797), sie bekam seit Juni 1772 e. Pension von 100 T. u. hielt sich 1792 bei ihrem Schwiegersohn in Belgard auf, d. Major von Aschenbach vom K-R Nr. 5, s.d.; **Bruder**: Bernhard Carl Johann (1749–1817), seit 1763 im Militär, 1767 Fähnrich im I-R Nr. 23, 1787 als Pl, 1793 als Cap. gen., 1806 Major, 1817 bzw. 1818 als pens. Major gest.; **Bruder**: Friedrich Ludwig (* 1750), seit 1763 im Militär, 1767 Junker, Aug. 1768 Fähnrich im I-R Nr. 22, 1778 als Sl gen., Jan. 1785 Pl, noch 1793 als Ltnt. gen.; **Laufbahn**: trat um 1760 in d. Militärdienst ein, 1764 Fähnrich im I-R Nr. 18, 1784 als Pl, um 1786 als Stabs-Cap. gen., 1787 als Cap. ins Garn.-Reg. Nr. 7 versetzt, (1793 als Cap. im I-R Nr. 18 gen.), zuletzt Chef d. Invaliden-Comp. d. I-R Nr. 19, Abschied um 1795; **Güter**: übernahm von seiner Mutter d. väterl. Gut im Wert von 12/m T., 1799 und 1802 als Erbherr auf Groß Satspe im Wert von 12/m T. gen.; **Ehefrau**: Charlotte Sophie, geb. Köpke († 1829);

Quellen: GStA, I. HA, Rep. 30, Nr. 43, Paket 9 232; Nr. 186 d, Paket 9 839 (Bruder B.C.J. geb. 13.11.1746); Nr. 243, Vas.tab. 1756, 1763, 1767, 1793, 1799, 1804; IV. HA, Rep. 1, Nr. 82, Bd. 2, Bl. 121; Stabi, Ms. boruss. fol. 313 (G.F.), fol. 314 (H.G. u. F.L.), fol. 316 (B.C.); Tb. Uradel 1903, S. 605;

Ltnt. George Heinrich von MÜNCHOW (* um 1698, † 1782)

Vater: Anton, Erbherr auf Alt Buckow im Ftm. Cammin, Rottow u. Schlennin im Krs. Belgard; **Bruder**: Asmus Christian (* 1708, † vor 1767), Rittmstr., s.d.; **Laufbahn**: seit 1717 im Militär, 1730 Sl im I-R Nr. 17 (bzw. im Garn.-Bat. Nr. 3), vor 1740 abgegangen; **Güter**: seit 1736 Erbherr auf Alt Buckow im Ftm. Cammin, 1767 auch auf Rottow u. Schlennin, d. Güter hatten e. Wert von 14 366 T., darauf Hypotheken von 9 800 T.; erbte 1768 vom hannöver. GM Hans Gustav von Münchow, s.d., d. Güter Neu Buckow u. Klein Satspe; verkaufte Klein Satspe 1774 an d. Ltnt. Carl Wilhelm von Woedtke; **Ehefrau**: Sabine Sophie, geb. Neuenherz; **Tochter**: Sophia Dorothea; G.H. starb ohne lehnsfähige Erben, seine nächsten Agnaten überließen Alt u. Neu Buckow sowie Anteil Schlennin seinem Schwiegersohn, d. Ltnt. Christoph Casimir von Versen (* um 1751); (**verwandt**: George Valentin von Münchow (* 1714), seit 1732 im Militär, stand 1740 als Sergant im I-R Nr. 12: Stabi, Ms. boruss. fol. 316);

Quellen: GStA, I. HA, Rep. 30, Nr. 44, M 77, Paket 9 332; Nr. 243, Vas.tab. 1756, 1763, 1767, 1793, 1804; Stabi, Ms. boruss. fol. 316; Ms. geneal. fol. 120; Brüggemann, T. 2/2, S. 550–551 (hier d. Vater u.d. Bd. Söhne gen.);

hannöv. Gl Hans Gustav von MÜNCHOW (* um 1692, † 1768)*

Vater: Alexander Asmus († vor 1724), Erbherr auf Neu Buckow, Klein Satspe im Ftm. Cammin; **Bruder**: Bernd George (* um 1678, † 1757), Gl in sächsischen Diensten, seit 1724 Erbherr auf Klein Satspe (u. Anteil Schlennin); **Laufbahn**: avancierte in hannöverschen Diensten bis zum Rang e. Gl; **Güter**: seit 1724 Erbherr auf Neu Buckow, seit 1757 auch auf Kl.-Satpse (u. Anteil Schlenning); ohne Leibeserben gest., die **Güter** fielen 1768 an d. nächsten Lehnserben, d. Ltnt. George Heinrich von Münchow, s.d.; um Neu Buckow u. Klein

Satspe prozessierten Mitglieder d. Familie seit d. Verpfändung im Jahr 1655, darunter d. sächs. Ol George Friedrich u. dessen Sohn, d. kgl. Kammerherr Alexander Wilhelm von Münchow, s.d.; d. Ltnt. George Heinrich starb 1782, wegen d. Verschuldung d. Güter erhielten die Lehnserben nur 5 200 T.; in d. Besitz d. Güter kam jetzt d. Ltnt. Christoph Casimir von Versen;

Quellen: GStA, I. HA, Rep. 30, Nr. 44, M 77, Pakete 9 331 u. 9 332; Brüggemann, T. 2/2, S. 550–551;

Fähnrich Joachim Heinrich von Münchow (* 1726)

aus Pommern gebürtig; **Laufbahn**: seit 1739 im Militär, Aug. 1746 Fähnrich im I-R Nr. 22, vor 1756 abgegangen;

Quellen: Stabi, Ms. boruss. fol. 314;

Ltnt. Ludwig August von Münchow (* 1745, † 7. Juni 1770) *

Vater: Andreas Christoph († 1758) *, Regierungsdirektor in Küstrin, Erbherr auf Groß Karzenburg u. Mersin im Ftm. Cammin, beide Güter hatten 1757 e. Wert von 40 953 T., darauf Schulden von 19 863, von 1749 bis 1757 auch Erbherr auf Hölkewiese, verkaufte dieses zwecks Schuldentilgung, d. Erlös wurde vom Hofgericht in Beschlag genommen, suchte im Mrz. 1758 um e. *Indult* nach; **Laufbahn**: trat 1758 in d. Militärdienst ein, stand 1763 als Sl im I-R Nr. 4, 1770 als aktiver Offz. gest.; **Güter**: besaß seit 1758 zs. mit seinem **Bruder** Ernst Otto Carl (* 1740), Fähnrich, Groß Karzenburg u. Mersin; diese gerieten in Konkurs u. kamen 1765 aus d. Familie;

Quellen: GStA, I. HA, Rep. 30, Nr. 44, M 77, Paket 9 329; Stabi, Ms. boruss. fol. 313; Tb. Uradel 1903, S. 605; Brüggemann, T. 2/2, S. 552, S. 564; biogr. Handbuch, S. 669 (Vater);

Major Ludwig Wilhelm von Münchow (1747–1813)

aus Pommern gebürtig; **Laufbahn**: seit 1763 im Militär, 1764 Gefr.corp. im I-R Nr. 37, 1774 Sl, 1787 Stabs-Cap., Juni 1793 als Cap. Orden p.l.m., Mrz. 1800 Major; ließ sich nach d. Abschied nach 1806 bei Polnisch-Wartenberg in Schlesien nieder (bzw. 1813 als aktiver Offz. gest.); (**Güter**: 1797 als Erbherr auf Lazig A u. Tessin A im Ftm. Cammin im Wert von 8/m T. gen.);

Quellen: GStA, I. HA, Rep. 30, Nr. 243, Vas.tab. 1797, 1804 (als George Wilhelm); Stabi, Ms. boruss. fol. 316, fol. 907 a; Lehmann, Ritter, S. 252 (hier als Gustav Ludwig Wilhelm);

Major Otto Alexander Friedrich von Münchow (* 2. Sep. 1739, † 1. April 1822)

Vater: Lorenz Ernst (1700–1758) *, 1716 Gefr.corp. im I-R Nr. 1, Mai 1720 Fähnrich, Dez. 1721 Sl, Aug. 1724 Pl, Mrz. 1732 Stabs-Cap., Mai 1735 Cap. u. Chef e. Comp., Okt. 1742 Major, Nov. 1750 Kommandeur d. I-R Nr. 1, Juni 1751 Ol, Sep. 1754 Obrist, Dez. 1757 GM u. Chef d. I-R Nr. 28, 1758 an Blessuren nach d. Schlacht bei Leuthen gest.; **Mutter**: Charlotte Elisabeth, geb. von Stechow (1719–1771); **Vater-Bruder**: Christian Günther (1702–1753), Ol im Garn.-Reg. Nr. 7, s.d.; **Laufbahn**: engagierte sich 1753 im Militärdienst, 1756 Gefr.corp. im I-R Nr. 1, d. Reg. seines Vaters, 1757 Sl, Dez. 1773 Cap. im I-R Nr. 1, zuletzt Major im Garn.-Reg. Nr. 2; als Postmeister in Rastenburg versorgt; befürwortete 1791 d. Heirat seines Vetters, d. Ol Ernst Richard von Münchow, s.d., mit d. Tochter e. bürgerlichen Feldwebels;

Quellen: GStA, I. HA, Rep. 30, Nr. 44, M 77, Paket 9330; IV. HA, Rep. 1, Nr. 82, Bd. 2, Bl. 121; Stabi, Ms. boruss. fol. 313; Priesdorff, Nr. 462; Tb. Uradel 1903, S. 604;

Major Otto Casimir von Münchow (* um 1713, † Juni 1757)

Vater: George Friedrich (* um 1682, † nach 1746), wurde 1743 mit ganz Clannin im Ftm. Cammin belehnt, hatte 1730 vier Söhne; **Bruder**: George Ernst (* um 1708), seit 1722 im Militär, Mrz. 1728 Fähnrich im I-R Nr. 20, 1730 hier noch gen., vor 1740 abgegangen; **Bruder**: geb. um 1715, 1749 Ltnt. im I-R Nr. 18, vor 1750 abgegangen; **Bruder**: geb. um 1718, 1749 Ltnt. im I-R Nr. 26 od. 27; **Laufbahn**: engagierte sich 1725 im Militärdienst, 1730 Gefr.corp., Nov. 1736 Sl im I-R Nr. 28, hier noch 1740 gen., 1745 ins I-R Nr. 43 versetzt, stand 1750 als Cap. im I-R Nr. 43, 1757 als Major in Brandeis in Böhmen nach 32 Dj. gest. bzw. gefallen; **Güter**: erwarb 1746 von seinem Vater Clannin, verkaufte es 1753 d. Gl Anshelm Christoph von Bonin; **Ehefrau**: e. geb. Freiin von Richthofen aus Schlesien; **Tochter**: Beata Elisabeth Dorothea (* 1751), sie hielt sich 1778 zu Schmuggerow bei Anklam beim Cap. (Hans Heinrich Ludwig) von Köppern auf, der sie unterstützte, bat um e. Pension aus d. pomm. Meliorationsfonds, sie besaß e. väterl. u. mütterl. Erbe von 270 T., hatte keine Geschwister u. keine nahen Verwandten, erhielt im Dez. 1780 e. Pension von 50 T., sie heiratete am 12. Juli 1794 d. Ol Henning Christoph von Rhein vom D-R Nr. 5, Erbherr auf Wildenhagen im Ftm. Cammin, ihre Pension wurde eingezogen;

Quellen: GStA, II. HA, Abt. 13 a, Tit. III, Litt M, Nr. 19; IV. HA, Rep. 1, Nr. 82, Bd. 2, Bl. 121; Stabi, Ms. boruss. fol. 311 (Bruder G.E.), fol. 313 (1750 kein Ltnt. v. M. im I-R Nr. 18, keiner im K-R 2); fol. 314, fol. 316; Ms. geneal. fol. 120 (Hinweis auf d. Vater u. d. vier Söhne, alle im Militär); Brüggemann, T. 2/2, S. 554;

Ol Otto Friedrich von Münchow (* 1706)

aus Pommern gebürtig; **Laufbahn**: seit 1721 im Militär, 1730 als Cornet im K-R Nr. 4 gen., Mai 1737 Ltnt., 1750 als Rittmstr. gen., Sep. 1752 Major im K-R Nr. 4, Sep. 1754 als Ol verabschiedet;

Quellen: GStA, IV. HA, Rep. 1, Nr. 82, Bd. 2, Bl. 121; Stabi, Ms. boruss. fol. 316; Förster, Geschichte, S. 178, S. 210, S. 544;

Ltnt. Otto Lorenz von Münchow (* um 1741)

Vater: Christian Günther (* um 1702, † 1753), Ol im Garn.-Reg. Nr. 7, s.d.; **Laufbahn**: diente (14 Jahre) in e. H-R, 1766 als Ltnt. dim.; amtierte 1793, 1801 als Landschaftsdirektor im Departement Treptow an der Rega; **Güter**: übernahm 1767 e. Teil von Nedlin u. Kursewanz A (bzw.) B im Ftm. Cammin von d. Erben d. Ol Ewald Bogislav von Münchow; erwarb 1773 vom Postdirektor zu Memel Johann Christian Witte für 11/m T. d. zweiten Anteil Nedlin u. Barzelin sowie Anteil Gülz für 11/m T., verwandte dafür d. Brautschatz seiner Frau in Höhe von 4/m T., 5/m T. blieben als Hypothek auf d. Gütern stehen; seine

Güter Barzelin A u. B, Kursewanz A (bzw. B), Nedlin A u. B sowie Gülz B im Ftm Cammin hatten 1804 e. Wert von 9 400 T.; **Ehefrau**: Amalia Lovisa (* 3. Okt. 1750), e. To. d. verst. Adam Henning von Bonin;

Quellen: GStA, I. HA, Rep. 30, Nr. 186 d, Paket 9 840; Nr. 243, Vas.tab. 1767, 1793, 1804; Brüggemann, T. 2/2, S. 547; Tb. Uradel 1903, S. 604 (d. Vater hier als Günther Christoph, geb. 1713);

Cap. Paul Sigismund (Siegfried) von MÜNCHOW (* 1690)

Vater: Anton Reinhold (* um 1662), lebte 1730 noch, Erbherr auf Barzelin, Nedlin, Gülz u. Zabelsberg im Ftm Cammin, hatte insges. sechs Söhne; **Mutter**: Margarethe Elisabeth, geb. von Briesen (bzw. von Brüssow), sie lebte 1738 noch, ihre vier ältesten Söhne standen damals im Kriegsdienst; **Bruder**: Lorenz Ernst (1700–1758) *, 1716 Gefr.corp. im I-R Nr. 1, Dez. 1721 Sl, Mai 1735 Cap. u. Chef e. Comp., Nov. 1750 Kommandeur d. I-R Nr. 1, Sep. 1754 Obrist, Dez. 1757 GM u. Chef d. I-R Nr. 28; **Bruder**: Ewald Bogislav (* 1705, † vor 1767), seit 1720 Corporal im K-R Nr. 5, April 1728 Ltnt. im K-R Nr. 5, war 1738 auf Werbung, 1740 noch als Ltnt. gen., 1749 Rittmstr., um 1750 versetzt, zuletzt Ol mit 35 Dj., Erbherr auf Anteil Nedlin u. Kursewanz A; **Bruder**: Christian Günther (* um 1702, † 1753), zuletzt Ol im Garn.-Reg. Nr. 7, s.d.; **Laufbahn**: seit 1710 im Militär, Sep. 1711 Cornet im Reg. Prinz Friedrich zu Pferd, Sep. 1717 Ltnt. im K-R Nr. 5, nach 25 Dj. vor 1730 als Cap. dim.; **Güter**: saß nach seinem Abschied auf e. Anteil Nedlin im Ftm. Cammin; war 1736 von e. Vetter (Christian Ehrenreich) von Münchow auf Kursewanz beleidigt worden, griff diesen im Beisein von Zeugen daraufhin in dessen eigenem Haus an, gab ihm e. starke Ohrfeige, so daß dieser für tot zu Boden gefallen sei, wurde im Ergebnis e. Prozesses daraufhin zu e. vier-, dann dreijährigen Festungsarrest verurteilt; im Jan. 1738 auf die Festung Kolberg gebracht zur Verbüßung seines Arrestes; sein Bruder Lorenz Ernst, damals Cap. im I-R Nr. 1, bat immediat darum, seinem Bruder, d. Festungsarrest zu erlassen, wurde abgewiesen; mit Ordre vom 27. Sep. 1738 sollte P.S. nach e. knapp neunmonatigem Aufenthalt aus d. Festung Kolberg entlassen werden;

Quellen: GStA, I. HA, Rep. 30, Nr. 44, M 77, Paket 9 327; Stabi, Ms. boruss. fol. 311, fol. 319; Ms. geneal. fol. 120 (Vater u. sechs Söhne, d. Angaben über diese sind nicht stimmig); Priesdorff, Nr. 462 (Bruder L.E.); Tb. Uradel 1903, S. 604 (hier nur L.E. u. C.G. bzw. G.C. gen.);

Ol Peter Heinrich von MÜNCHOW (* um 1688, † 1745)

aus Pommern gebürtig; **Laufbahn**: trat 1707 in d. Militärdienst ein, Okt. 1713 Sl im I-R Nr. 12, 1720 Pl, 1730 Cap. u. Chef e. Comp. im I-R Nr. 12, 1740 als Major gen., Orden p.l.m., zuletzt Ol u. Kommandeur d. I-R Nr. 12, 1745 in Schweidnitz an Kriegsblessuren gest.; **Ehefrau**: Elisabeth Tugenreich, geb. von Finck; **Sohn**: Friedrich Siegmund (1728–1750), 1745 bis 1746 auf d. Ritterakademie in Brandenburg an d. Havel, dann Junker im D-R Nr. 1, am 2. Sep. 1750 in Wriezen gest.;

Quellen: Stabi, Ms. boruss. fol. 316, fol. 319; Lehmann, Ritter, S. 19; Leers, Zöglinge, S. 77;

Obrist Richard (Daniel) von MÜNCHOW (1703–1757)

aus Pommern gebürtig; **Laufbahn**: seit 1724 im Militär, 1750 Major u. Chef e. Comp. im I-R Nr. 21, 1756 Ol, Okt. 1756 Orden p.l.m., 1757 als Obrist bei Kolin gefallen; seine

Witwe, e. geb. von Rössing, hatte jährliche Revenuen von nur 300 T., sie bat daher im Juli 1763 mit Verweis auf d. 40 Dj. ihres Mannes um e. Unterstützung;

Quellen: GStA, I. HA, Rep. 96, Nr. 435 M, Bd. 3; IV. HA, Rep. 1, Nr. 82, Bd. 2, Bl. 121; Stabi, Ms. boruss. fol. 311; Lehmann, Ritter, S. 48;

Ltnt. Wilhelm Gustav Graf von MÜNCHOW (1751–1805)

Vater: Carl Gustav (1717–1780), (seit 1735 im Militär, 1739 Cornet im D-R Nr. 3), im Nov. 1741 in d. Grafenstand erhoben, 1742 als Pl im D-R Nr. 6, 1745 als Stabs-Cap., 1755 als Cap. gen., 1761 als Major verabschiedet, seit 1741 Erbherr auf d. vom Vater 1732 für 6933 T. gekauften Gut Mikrow im Krs. Stolp, dieses wurde im April 1746 allodifiziert, erwarb 1767 d. Güter Zierwenz u. Neitzkow im Krs. Stolp im Wert von 17/m T., ließ diese 1768 allodifizieren; **Mutter**: Sophie Agnes, geb. von Borcke; **Bruder**: Carl Christoph Alexander (1755–1817), 1770 Junker, Sl im H-R Nr. 8, 1786 dim., seit 1780 Erbherr auf Zierwenz u. Neitzkow, später Erbherr auf Quatzow; **Vater-Bruder**: Ernst Philipp, Major, s.d. mehr zur Fam.; **Laufbahn**: engagierte sich 1765 im H-R Nr. 8, zuletzt Sl, 1781 nach 16 Dj. wegen e. Gehörschadens dim.; **Güter**: seit 1771 Erbherr auf Mikrow nebst Vorwerken im Krs. Stolp; erhob zs. mit seinem Bruder im Mrz. 1781 Anspruch auf d. Gut Alt Buckow bei Belgard, damals im Besitz d. Ltnt. George Heinrich von Münchow († 1782), s.d., der ohne Leibeserben war, beide wurden im Dez. d.J. abgewiesen; erwarb 1781 d. Gut Cusserow bei Schlawe vom Cap. Carl Ludwig Bogislav von Rahmel für 15 300 T., suchte im Jan. 1784 um dessen Allodifikation nach, um 1800 verkauft; erwarb 1794 Viezig, Landechow u. Anteile an Krampkewitz u. Wunneschinke im Krs. Lauenburg für 75 500 T. vom Landrat George Christoph von Wussow, war 1800 von d. Kaufsumme noch 54/m T. schuldig, sein Gut Mikrow wurde von d. Landschaft damals auf 27 200 T. taxiert, darauf Hypotheken u. Wechselschulden über 25/m T., im Aug. 1801 betrug sein freies Vermögen 22 933 T.; **Ehefrau**: Maria Regina, geb. von Schaffnich; 1804 standen seine beiden **Söhne** Ferdinand (* 1783), 1809 als Rittmstr. dim., und Wilhelm (* 1784), 1819 als Rittmstr. im 3. K-R pens., als Ltnt. im D-R Nr. 6, d. Sohn Valentin (* 1786) studierte in Frankfurt an d. Oder;

Quellen: GStA, I. HA, Rep. 30, Nr. 44, M 77, Paket 9330; Nr. 243, Vas.tab. 1767, 1804; II. HA, Abt. 13 a, Tit. I, Litt L, Nr. 10; IV. HA, Rep. 1, Nr. 82, Bd. 2, Bl. 121 (Vater, kz. Notiz); Stabi, Ms. boruss. fol. 907 a; Schöning, 5. H-R, S. 548–549; Orlop, D-R Nr. 6, Anhang, S. 22*, S. 27*, S. 126* (Vater); Tb. Uradel 1903, S. 599;

Ltnt. Anton Ernst von NATZMER (* 1699)

aus Pommern gebürtig; **Laufbahn**: seit 1713 im Militär, Okt. 1718 Cornet im K-R Nr. 1, 1731 hier als Ltnt. genannt, vor 1740 abgegangen;

Quellen: Stabi, Ms. boruss. fol. 312 (in d. Rangliste 1723, 1731 gen., nicht in d. Abgangsliste);

Obrist Carl Friedrich von NATZMER (* 1697, † 23. Mrz. 1773)

Vater: Nicolaus Heinrich (* um 1662, † 1726), seit 1688 im Militär, Febr. 1712 Major im K-R Nr. 2, zuletzt Ol, Erbherr auf Rettkewitz im Distrikt Lauenburg; **Mutter**: Sophie Elisabeth, geb. von Pirch; **Bruder**: George Christoph (1692–1751)*, Dez. 1712 Cornet im K-R Nr. 6, Okt. 1719 Rittmstr., Juli 1732 Major, Dez. 1737 Kommandeur d. K-R Nr. 4, Juli

1741 Chef d. H-R Nr. 4, Juni 1750 GM; **Bruder**: Wulf Christian Heinrich (* um 1708, † 1759), Ol, siehe mehr bei dessen Sohn L.W.S. (1750–1818), Cap.; **Laufbahn**: Aug. 1718 Cornet im K-R Nr. 2, Febr. 1720 Ltnt., Okt. 1730 Rittmstr. u. Chef e. Escadron, Mrz. 1740 noch Rittmstr. im K-R Nr. 2, Nov. 1740 Major im D-R Nr. 1, Okt. 1743 zum D-R Nr. 9, Juli 1746 Ol, Mai 1747 Obrist, Juli 1752 wegen Invalidität dim., war 22 Jahre lang an Krücken gebunden, bekam e. Pension von 268 T. aus d. Hofstaatskasse; **Güter**: 1756 als Erbherr auf Anteil Rettkewitz (u. Schwartow) gen., bezifferte in seinem Testament vom Febr. 1767 seinen Gutsanteil auf e. Wert von 11/m T., vermachte seiner Frau d. lebenslangen d. Nießbrauch d. Revenuen, nach ihrem Tod sollte ganz Rettkewitz an d. Sohn J.A.H übergehen, der seine vier Geschwister dann abfinden sollte; seine **Witwe** Charlotte, geb. von Freyburg (1716–1799), diese hatte ihm 2400 T. an *illata* eingebracht, bat 1795 darum, ihr hochverschuldetes Allodialgut Schwartow an einen Bürgerlichen verkaufen zu dürfen, um e. möglichst hohen Erlös zu erzielen, sie selbst konnte es angesichts ihres Alters nicht mehr selbst bewirtschaften, d. Söhne ihr dabei nicht assistieren, die Witwe hatte Schwartow u. Vorwerk Schwartowke 1787 aus d. Konkurs des Johann Friedrich von Somnitz f. 25 100 T. gekauft, darauf Schulden von rd. 16/m T., d. Gut wurde von ihrem Schwiegersohn bewirtschaftet, dem Kriegsrat u. früheren Domänenbeamten Kummer, weil d. Gut zu d. größten im Distrikt Lauenburg gehörte, wurde d. Verkaufsgesuch an e. Bürgerlichen auf Antrag d. westpreuß. Regierung im Febr. abgewiesen; **Sohn**: Wilhelm Nicolaus Friedrich (* um 1739, † vor 1795), Okt. 1756 Cornet im D-R Nr. 9, April 1758 Sl, Juli 1766 Pl, Mai 1778 Stabs-Rittmstr., Juli 1784 dim.; **Sohn**: Johann Alexander Hartwich (1741–1798), 1756 Page beim Prinzen August Wilhelm von Preußen, April 1758 (Cornet) im D-R Nr. 9, Sep. 1762 Sl, (Aug. 1767 gest.), als Invalide (mit d. Charakter Cap.) dim., erwarb im Okt. 1776 e. Anteil an Rettkewitz für 8/m T.; **Sohn**: George Carl (1758–1830), Sep. 1780 Fähnrich im I-R Nr. 32, Dez. 1783 Sl, Dez. 1792 Pl, Mrz. 1793 Stabs-Cap., Mai 1796 Chef e. Comp., April 1800 als Postmeister in Freystadt versorgt;

Quellen: GStA, I. HA, Rep. 30, Nr. 44, N 81 a, Paket 9338; Nr. 243, Vas.tab. 1756; Nr. 249, Vas.tab. 1771, 1778 (hier d. drei Söhne gen.); II. HA, Abt. 13a, Tit. III, Litt N, Nr. 3 (Witwe, Sohn J.A.H.); IV. HA, Rep. 1, Nr. 83, Bl. 38 (J.A.H. danach 1767 gest.); Stabi, Ms. boruss. fol. 312, fol. 315, fol. 319 (Vater); Brüggemann, T. 2/2, S. 1022, S. 1078; Monteton, S. 56; Tb. Uradel, 1906, S. 527 (Daten f. J.A.H. wie oben); Priesdorff, Nr. 383 (Bruder G.C.);

Johanniter-Ritter Carl Friedrich von Natzmer
(* 21. Mrz. 1716, † 19. Sep. 1797)

Vater: Dubislav (1679–1751), Erbherr auf Vellin im Krs. Schlawe u. Warbelow im Krs. Rummelsburg; **Mutter**: Hedwig, geb. von Wolde (1693–1756); **Laufbahn**: absolvierte e. Studium, trat weder in d. Zivil- noch in d. Militärdienst ein; **Güter**: 1756 als Erbherr auf d. väterlichen Gütern Vellin u. Warbelow aufgeführt, besaß außerdem seit 1739 Gutzmin und von 1754 bis 1763 Ristow im Krs. Schlawe, trat um 1775, 1780 Gutzmin, Vellin, Warbelow seinem Schwiegersohn ab, d. damaligen Major Wulf Heinrich von Natzmer, s.d., nahm sie nach dessen Tod 1787 wieder in Besitz; **Ehefrau**: Wilhelmine Juliane, geb. von Platen (1724–1779), die in d. Vasallentabelle für 1756 aufgeführten vier Söhne starben alle im Kindesalter; hinterließ zwei **Töchter**, die wegen der väterlichen Lehngüter jahrelang gegen die Agnaten d. Geschlechts prozessierten: Dorothea Hedwig Charlotte (1749–1827), verh. mit d. Obristen Wulf Heinrich von Natzmer, s.d, in zweiter Ehe mit d. GM Otto Ludwig von Wobeser, sie besaß später zeitweilig d. väterliche Gut Vellin; Clara Luise Wilhelmine (* 1759), verh. mit Ewald Heinrich von Kleist auf Tychow; d. To. Friederike Sophie Elisabeth (1761–1782), verh. mit d. Major Friedrich von Schwerin war bereits verst.;

Quellen: GStA, I. HA, Rep. 30, Nr. 243; Vas.tab. 1756, 1767; Brüggemann, T. 2/2, S. 895; Tb. Uradel 1906, S. 531;

Ltnt. Carl Friedrich von Natzmer (* 1736, † 13. Nov. 1810) *

aus Pommern gebürtig; **Laufbahn**: seit 1762 Gefr.corp. im Garn.-Reg. Nr. 1, Sep. 1767 Fähnrich, Juli 1773 Sl, Sep. 1780 Pl, Juni 1785 dim. u. als Polizei-Bürgermeister in Rastenburg versorgt; **Ehefrau**: Anna Catharina, geb. von Blumberg; **Sohn**: Ernst Oldwig (1783–1831), Cap., **Sohn**: Hans Gottlieb Wilhelm (1785–1845), Sep. 1802 Fähnrich im I-R Nr. 16, Nov. 1805 Sl, Nov. 1808 als Cap. dim., Aug. 1815 Cap. in e. Landwehr-Reg., 1837 Charakter Major;

Quellen: GStA, IV. HA, Rep. 1, Nr. 83, Bl. 38 (C.F.), Bl. 39 (Sohn H.G.W.); Stabi, Ms. boruss. fol. 311 (danach aus Pommern geb.); Tb. Uradel 1906, S. 532 (kein Hinweis auf d. Vater, C.F. geb. Jan. 1735);

Major Claus Dubislav von Natzmer (* 1709) *

aus Pommern gebürtig; **Laufbahn**: Mrz. 1732 Cornet im D-R Nr. 1, Mai 1735 Ltnt., Okt. 1743 zum neuen D-R Nr. 9, Nov. 1747 Stabs-Cap., Juni 1752 Chef e. Escadron, Mrz. 1757 Major, Juni 1759 dim.;

Quellen: GStA, IV. HA, Rep. 1, Nr. 83, Bl. 38; Stabi, Ms. boruss. fol. 312 (hier als Nicolaus Dubislav);

Major Claus Ludwig von Natzmer (* 23. April 1728, † 28. April 1805)

Vater: Ernst Bogislav (* um 1674, † Febr. 1763), Erbherr auf ½ bzw. Rötzenhagen B u. C im Krs. Schlawe, 1767 im Wert von 11 500 T., darauf Hypotheken über 6700 u. a. Schulden von 3720 T.; **Mutter**: Adelheid Marie, geb. von Puttkamer (1694–1754); **Bruder**: Ewald George (1720–1773) *, Grodgerichtsrat, Tribunalspräsident in Lauenburg; **Bruder**: Heinrich Bogislav (1721–1758), seit 1736 im Militär, Okt. 1742 Cornet, Mrz. 1745 Ltnt. im D-R Nr. 2, Jan. 1758 an Blessuren gest.; **Bruder**: Johann Detloff (* Juni 1724), 1744 Gefr. corp im I-R Nr. 8, Juli 1747 Fähnrich, Juli 1754 Sl, Dez. 1758 Pl, Mrz. 1764 Stabs-Cap., Juni 1764 Cap. u. Chef e. Comp., Mrz. 1770 dim., Mrz. 1782 Wiederanstellung beim Stettiner Land-Reg., Mai 1784 Chef e. Comp., Mai 1786 Platzmajor, Dez. 1786 Major, April 1788 auf Pension, von 1768 bis 1780 Erbherr auf Rötzenhagen C im Krs. Schlawe; **Laufbahn**: Juli 1748 Cornet im D-R Nr. 4, Aug. 1751 Sl, Sep. 1758 Pl, Juli 1760 Stabs-Cap., Jan. 1775 Major und Chef e. Escadron, 1782 *cassirt*, suchte am 1. Nov. 1786 mit Hinweis auf 40 Dj. u. seine dürftige Lage um e. Beihilfe nach; **Güter**: seit 1763 Erbherr auf (dem großen Hof in bzw.) Rötzenhagen B, verkaufte dieses 1766 an seinen Bruder Ewald George, es geriet nach dessen Tod in Konkurs u. fiel 1779 an d. Obristen Ernst Ludwig von Bandemer; saß seit mind. 1793 auf Lustebuhr im Ftm. Cammin, 1797 im Wert von 16/m T.;

Quellen: GStA, I. HA, Rep. 30, Nr. 44, N 81 a, Paket 9338; Nr. 243, Vas.tab. 1756, 1793, 1797; IV. HA, Rep. 1, Nr. 83, Bl. 38; Stabi, Ms. boruss. fol. 313, fol. 315 (Bruder H.B.); Brüggemann, T. 2/2, S. 887; Schöning, D-R Nr. 3, S. 103, S. 199, S. 424; Tb. Uradel 1906, S. 519; Priesdorff, Offz.stammliste, S. 125 (Bruder J.D.); biogr. Handbuch, S. 676 (Ewald George);

Ltnt. Dubislav Friedrich Wilhelm von NATZMER
(* 22. Mrz. 1753, † 25. Juni 1821) *

Vater: Friedrich Wilhelm Felix (1727–1765), Erbherr auf Ruwen in d. NM u. Kuhts im Krs. Schlawe, dieses 1747 verkauft; (**Mutter**: Charlotte verwitw. Röhrchen, geb. Fesken); **Laufbahn**: seit 1769 im Militär, Juli 1773 Cornet im D-R Nr. 7, Aug. 1776 Sl, Mai 1785 ins D-R Nr. 8 versetzt, Mai 1790 Pl, Jan. 1793 zur Invaliden-Comp. d. I-R Nr. 30, Juli 1809 zur 2. Vorpomm. Prov.-Invaliden-Comp., Mrz. 1810 Stabs-Cap., 1821 gest.;

Quellen: GStA, IV. HA, Rep. 1, Nr. 83, Bl. 38 (hier als Fr. Wilh.); Stabi, Ms. boruss. fol. 310 (als Dub. Fr., aus Pommern gebürtig); Brüggemann, T. 2/2, S. 874; Tb. Uradel 1906, S. 518;

GFM Dubislav Gneomar von NATZMER (* 14. Sep. 1654, † 13. Mai 1739) *

Vater: Joachim Heinrich († 1671), Landrat, Erbherr auf Vellin, Gutzmin, Lubow u. Wobeser im Krs. Schlawe; **Mutter**: Barbara, geb. von Weiher; **Laufbahn**: 1676 Ltnt. beim Leib-D-R, 1683 Rittmstr. u. Chef e. Escadron, Juni 1688 Ol u. Kommandeur d. späteren K-R Nr. 10, Okt. 1689 Obrist, Sep. 1696 GM, Dez. 1704 Gl, Mai 1715 General von d. Kavallerie, Dez. 1715 Ritter d. Schwarzen-Adler-Ordens, Juni 1728 GFM; erste **Ehefrau**: Sophie Tugendreich, geb. von Wreech († 1688);

Quellen: GStA, IV. HA, Rep. 1, Nr. 83, Bl. 38 (kz. Notiz); Stabi, Ms. boruss. fol. 319; Tb. Uradel 1906, S. 531; Priesdorff, Nr. 107;

Rittmstr. Heinrich Ernst von NATZMER (* 1710, † 15. Nov. 1737)

aus *Cassuben* gebürtig; **Laufbahn**: Mrz. 1728 Cornet im K-R Nr. 10, Juli 1730 Sl, Mai 1734 als Rittmstr. u. Chef e. Escadron ins K-R Nr. 4 versetzt, ging mit kgl. *Consens* im April 1737 als Freiwilliger im Kampf gegen d. Türken zur ksl. Armee, im Nov. 1737 vor Belgrad gefallen, seine Escadron im K-R Nr. 4 wurde neu vergeben;

Quellen: GStA, IV. HA, Rep. 1, Nr. 83, Bl. 38; nicht in d. Abgangsliste in Stabi, Ms. boruss. fol. 311; Schwerin, K-R Nr. 10, T. 1, S. 160; Förster, K-R Nr. 4, S. 175, S. 543;

Cap. Leopold Wolfgang Sigismund von NATZMER
(* 23. Febr. 1750, † 16. April 1818)

Vater: Wulf Christian Heinrich (* um 1708, † 29. Mrz. 1759), April 1729 Cornet im K-R Nr. 6, Sep. 1736 Ltnt., Okt. 1741 Rittmstr. u. Chef e. Escadron im H-R Nr. 4, Okt. 1744 Major, Febr. 1746 Kommandeur u. Ol im H-R Nr. 7, Okt. 1753 dim. (als Obrist in Stettin gest.), Erbherr auf Landechow in Lauenburg (u. Langböse im Krs. Stolp), erwarb 1747 Zierwenz u. Neitzkow im Krs. Stolp für 14/m T., darauf 1767 Hypotheken von 12/m T.; **Mutter**: Sophie Charlotte, geb. Gräfin von Geßler (1723–1776), in zweiter Ehe verh. mit d. Grafen (Do Rourky bzw.) Orowsky; **Bruder**: Carl Friedrich (* 12. Mrz. 1758, † 1820), 1767 *cadet* in Berlin, 1774 Junker im I-R Nr. 49; **Laufbahn**: Febr. 1770 Fähnrich im I-R Nr. 32, Aug. 1773 Sl, Aug. 1779 dim. (mit d. Charakter Cap.); bat im Juni 1782 aus Breslau um d. Zulassung zum großen Examen in Berlin, wollte anschließend bei e. KDK plaziert werden, gab an, früher Schulen besucht u. sich nach d. Abschied einschlägige Kenntnisse verschafft zu haben; **Güter**: seine Mutter besaß seit 1767 d. ganze Gut Langböse im Krs. Stolp im Wert von 9 500 T., darauf Schulden von rund 3 500 T.; L.W.S. bat am 2. Mai 1780 erfolgreich darum, d. Gut bei d.

Familie zu lassen u. deshalb d. Vermögen seines 1780 ausgetretenen Bruders, d. Gefr.corp. Carl Friedrich vom I-R Nr. 49, in Höhe von 4473 T. an ihn u. seine Schwester auszuzahlen; d. Gut Langböse ging vor 1782 an seine **Schwester** Eleonora Albertina Agnesa über, in erster Ehe verh. von Stojentin, in zweiter mit dem Breslauer Kammerassessor Glaubchrist Benjamin Rahtz; d. ausgetretene Carl Friedrich wurde im Dez. 1785 *pardonnirt* u. durfte ins Land zurückkehren, er besaß 1794 Langböse, verkaufte es vor 1804 jedoch an Carl von Zitzewitz; d. vorm. Cap. gehörte zu d. Agnaten, die Ansprüche auf d. Güter Vellin und Gutzmin des verst. Comthurs Carl Friedrich von Natzmer (1716–1797) erhoben, dessen drei verh. Töchter prozessierten jedoch gegen d. Lehnsvettern, Mitte 1804 wurde d. Cap. auf d. seit fünf Jahren laufenden Prozeß verwiesen; L.W.S. war dreimal verheiratet, aus d. zweiten Ehe u. a. d. **Sohn** Ernst Moritz Leopold (1781–1859), Juni 1797 Cornet im H-R Nr. 1, Dez. 1799 Sl, Febr. 1810 Pl, Dez. 1810 Stabs-Rittmstr., 1812 bei d. Gendarmerie, Mrz. 1843 Obrist;

Quellen: GStA, I. HA, Rep. 30, Nr. 44, N 81 a, Paket 9338; Rep. 96, Nr. 435 N, Bd. 1; IV. HA, Rep. 1, Nr. 83, Bl. 38 (W.C.H. u. L.W.S.), Bl. 39 (Sohn); Stabi, Ms. boruss. fol. 312; Brüggemann, T. 2/2, S. 977–978, S. 1022; Tb. Uradel 1906, S. 527;

Obrist Nicolaus Gustav Friedrich Leopold von Natzmer (* 31. Aug. 1732)

Vater: George Christoph (1692–1751)*, seit 1710 im Militär, Dez. 1712 Cornet im K-R Nr. 6, zuletzt hier Major, Aug. 1736 Ol im K-R Nr. 4, Dez. 1737 Kommandeur d. K-R Nr. 4, Juli 1741 Chef d. neuen H-R Nr. 4, Juni 1750 GM; **Mutter**: Elisabeth verw. von Wallmoden, geb. Dietrichs (1712–1782); **Laufbahn**: Sep. 1748 Cornet im väterlichen H-R Nr. 4, nach 1756 Sl, Dez. 1758 Pl, Mrz. 1763 Stabs-Rittmstr., Nov. 1770 Chef e. Escadron, Juli 1773 Major im H-R Nr. 10, Okt. 1782 Kommandeur d. Reg., Mrz. 1786 Ol, Juni 1788 Obrist, Jan. 1790 mit Pension dim.; **Ehefrau**: e. geb. von Lojewsky; besaß wie sein Vater kein Gut in Pommern, das großväterliche Gut Rettkewitz in Lauenburg befand sich um 1780 in d. Hand seines **Vetters** Johann Alexander Hartwich von Natzmer (1741–1798), seit 1755 im Militär, April 1758 Cornet im D-R Nr. 9, Sep. 1762 Sl, (zuletzt Cap. bzw. 1767 als Ltnt. gest.);

Quellen: GStA. IV. HA, Rep. 1, Nr. 83, Bl. 38 (hier als Leopold Friedrich; danach d. Vetter J.A.H. im Aug. 1767 gest.); Stabi, Ms. boruss. fol. 315 (Vater); Brüggemann, T. 2/2, S. 1078 (danach befand sich Rettkewitz um 1780 im Besitz d. Ltnt. J.A.H.); Schwerin, K-R Nr. 10, T. 1, S. 214; Monteton, S. 79 (Vater); Priesdorff, Nr. 383 (Vater); Tb. Uradel 1906, S. 526;

Obrist Wulf Heinrich von Natzmer (* 25. Juni 1735, † 9. Jan. 1787)

Vater: Wulf Heinrich Ernst (1699–1770), Mai 1718 Cornet im K-R Nr. 6, Okt. 1719 Ltnt., um 1723 abgegangen, herzogl.-sächs. Amtshauptmann in Schkopau; **Mutter**: Johanna Sidonia, geb. von Trotha (1705–1771); **Bruder**: Joachim Friedrich Ernst (* 1725), zuerst in sächs. Diensten, Febr. 1746 Sl im H-R Nr. 4, Dez. 1749 Pl, Sep. 1757 dim., Mai 1760 als Stabs-Rittmstr. ins K-R Nr. 8, Mai 1762 dim.; **Bruder**: Hans Christoph (1743–1807)*, 1762 bis 1773 in hessischen Diensten, Mai 1773 Cap. im I-R Nr. 52, Mai 1788 Kommandeur d. I-R Nr. 52, Febr. 1793 Obrist, Juni 1794 Orden p.l.m., Mai 1799 GM; **Laufbahn**: April 1756 ins 1. Bataillon Garde, 1760 Sl, Nov. 1763 Stabs-Cap., Mrz. 1768 Cap. u. Chef e. Comp., Jan. 1773 Major, Febr. 1775 dim., Sep. 1786 Obrist, Nov. 1786 Kommandant von Kolberg, Jan. 1787 gest.; **Güter**: ihr Vater W.H.E. besaß keine Güter in d. preuß. Monarchie, aber d. gesamte Hand auf d. Lehngüter d. Familie in Pommern, 1770 suchte d. Cap. W.H. gemeinsam mit seinen beiden Brüdern um d. ges. Hand auf d. Lehngüter d. von Natzmers im Krs.

Schlawe nach; besaß von 1771 bis 1780 d. Gut Wobesde im Krs. Schlawe, erworben von seinem Schwiegervater Carl Friedrich von Natzmer für 18/m T., verkauft für 29/m T., dieser trat ihm um 1775, 1780 auch Gutzmin, Vellin u. Warbelow ab; **Ehefrau**: Dorothea Hedwig Charlotte, geb. von Natzmer (1749–1827), in zweiter Ehe seit 1789 verh. mit d. GM Otto Ludwig von Wobeser (1745–1805), aus d. Ehe mehrere Söhne, u. a. der **Sohn**: Carl Friedrich Heinrich (1769–1822), Nov. 1786 Fähnrich im I-R Nr. 25, Dez. 1788 Sl, April 1797 dim., Jan. 1810 Charakter Cap., seit 1799 Erbherr auf Vellin u. Gutzmin im Krs. Schlawe, 1804 im Wert von zs. 17/m T. (1804 auch auf Lubow, Ristow); **Sohn**: Wilhelm Dubislav (1770–1842)*, 1784 Gefr.corp., Juni 1787 Fähnrich im I-R Nr. 52, Dez. 1789 Sl, Febr. 1799 Pl, Dez. 1806 Stabs-Cap., Aug. 1808 Cap. beim Leib-I-R, Juni 1810 Major beim 1. Ostpreuß. I-R, Sep. 1811 Kommandeur d. 1. Ostpreuß. Grenadier-Bat., Juli 1813 Kommandeur d. 8. Res.-I-R, April 1814 Ol, Mrz. 1815 20. I-R., Okt. 1815 Obrist, Mai 1821 2. Kommandant von Danzig, Dez. 1827 als GM mit Pension dim.; **Sohn**: Friedrich Wulf Ernst (1776–1810), Leib-Page, Febr. 1790 Sl im I-R Nr. 35, Sep. 1798 dim.; **Sohn**: Felix Ferdinand (1780–1815), Okt. 1795 Fähnrich im I-R Nr. 43, Okt. 1797 Sl, Febr. 1809 als Pl dim., 1809 beim Corps d. Herzogs von Braunschweig-Oels, 1814 Ol, an bei Ligny erlittenen Blessuren gest.; **Sohn**: Leopold Anton Oldwig (1782–1861), Febr. 1795 Gefr.corp. im 1. Bat. Garde, Jan. 1798 Fähnrich, April 1800 Sl, Okt. 1805 Pl u. Adjutant, bat damals wegen d. bevorstehenden *Campagne* um die *venia aetatis*, d. Nachlaß seines Vaters war unzureichend, deshalb hatte die Mutter vor der zweiten Ehe ihren Kindern 1 244 T. ausgesetzt, auf d. Supplikanten entfielen 242 T., er hatte jedoch noch ein größeres Erbteil von seinem Großvater mütterlicherseits, dem Comthur Carl Friedrich von Natzmer (1716–1797) auf Vellin, zu erwarten, d. Ltnt. erhielt am 26.11.1805 die *venia*, Okt. 1815 GM, Juni 1825 Gl, Abschied 1848;

Quellen: GStA, I. HA, Rep. 30, Nr. 241 b, Paket 9964; IV. HA, Rep. 1, Nr. 83, Bl. 38–39; Stabi, Ms. boruss. fol. 311, fol. 315 (Sohn W.D.), fol. 315 (Vater, geb. 1706); Brüggemann, T. 2/2, S. 1017; Monteton, S. 79 (Vater); Reinhard, Garde, S. 540, S. 548; Tb. Uradel, 1906, S. 522–525; Priesdorff, Nr. 978 (H.C.), Nr. 1 006 (O.L. von Wobeser), Nr. 1 379 (L.A.O.), Nr. 1406 (W.D.);

Ltnt. Ernst Bogislav von Neckern (1730–1794)*

Vater: Nicolaus Heinrich (1699–1745), Erbherr auf Blumenhagen in d. UM; **Mutter**: Nicolaine Sophia, geb. von Wobeser († 1794); **Bruder**: Ludwig Leberecht (1740–1816)*, KD-rat; **Bruder**: Carl Friedrich (1734–1777), Hofkavalier; **Bruder**: Alexander Wilhelm (1742–1808), 1767 Referendar in Küstrin, Erbherr auf Blumenhagen; **Laufbahn**: avancierte in d. preuß. Armee bis zum Ltnt., vor 1767 abgegangen; **Güter**: erbte zs. mit seinen Brüdern d. Gut Rakitt A im Krs. Pyritz von ihrem **Vater-Bruder** Martin Friedrich, sie verkauften es 1768, Ludwig Leberecht löste es 1770 wieder ein, es geriet in Konkurs u. wurde 1781 erneut verkauft;

Quellen: Brüggemann, T. 2/1, S. 156–157; Brüggemann, Beiträge, 2, S. 121; biogr. Handbuch, S. 677 (Bruder L.L.);

Cap. Carl Felix von Ne(e)hrhoff (* um 1728)

Vater: Carl Friedrich Heinrich (* um 1670), preuß. Ltnt. (bzw. Cap., 1730 als Erbherr auf Heinrichsdorf im Krs. Rummelsburg gen.), hatte seinen Wohnsitz in Plötzig im Krs. Rummelsburg; **Mutter**: Catharina (* um 1700), sie hielt sich 1774 in Karzin im Krs. Stolp auf, besaß e. Vermögen von 200 T. u. lebte von d. *Wohltaten* ihres Schwiegersohns; **Schwester**:

Carolina Ernestina (* um 1726), in erster Ehe verh. mit d. Rittmstr. Balthasar Friedrich von Berg, s.d, in zweiter mit d. Ltnt. Wilhelm Leopold von Mitzlaff, s.d.; **Laufbahn**: trat 1743 in d. Militärdienst ein, 1749 Gefr.corp., Juni 1750 Fähnrich im I-R Nr. 4, Juni 1756 Sl, 1763 hier als Pl gen., zuletzt Stabs-Cap., Okt. 1768 dim.;

Quellen: GStA, II. HA, Abt. 13 a, Tit. III, Litt M, Nr. 3 (Witwe v. Mitzlaff); IV. HA, Rep. 1, Nr. 83, Bl. 73 (hier als Nehrhoff); Stabi, Ms. boruss. fol. 313; Brüggemann, T. 2/2, S. 799 (hier: Neerhof); nicht bei Siebmacher;

Cap. Christoph Friedrich von Neetzow (* 1667)

aus Pommern gebürtig; **Laufbahn**: seit 1684 im Militär, stand 1706 als Cap. u. Chef e. Comp. im I-R Nr. 4, vor 1715 abgegangen;

Quellen: Stabi, Ms. boruss. fol. 313, fol. 319;

Cap. Ernst Christoph Friedrich von Neetzow (* um 1753, † vor 1802)

Vater: Gottlieb Christoph, 1740 Erbherr auf Eichhorst, dann auf Salchow in Schwed.-Pommern, seit 1757 auf Jarchelin im Dewitzschen Krs.; **Laufbahn**: engagierte sich um 1768 im D-R Nr. 12, rückte bis zum Sl auf, Juni 1786 dim., Abschied nach 18 Dj., Mrz. 1787 Charakter Cap.; **Ehefrau**: heiratete im April 1793 (bzw. 1794) in Fritzow Luise Ursula Anna, geb. von Puttkamer (* 1746), E.C.F. setzte in seinem Testament vom 6. Mrz. 1802 seine Frau zur Universalerbin ein, zeitlebens sollte sie d. Genuß d. Revenuen seines Vermögens haben, nach ihrem Ableben sollte dieses jedoch an die Söhne seiner Schwestern fallen; **Güter**: erwarb 1791 Tonnin im Krs. Wollin für 25/m T., 1804 besaß seine Witwe d. Gut; **Schwestern**: Marie Sophie Luise, verh. mit Friedrich Christian Balthasar von Krauthoff, s.d.; Charlotte (1758–1823), verh. mit Friedrich Wilhelm von E(s)sebeck (* 1753, † Sep. 1802), aus Soest gebürtig, seit 1769 im Militär, Cap. im I-R Nr. 7;

Quellen: GStA, I. HA, Rep. 30, Nr. 44, N 82 d, Paket 9 340; Nr. 243, Vas.tab. 1793, 1799, 1804; IV. HA, Rep. 1, Nr. 83, S. 109 (unter Netzow); Tb. Uradel 1920, S. 621; Fam.geschichte Puttkamer 1984, S. 445;

Major Jacob Wilhelm von Neetzow (* um 1743, † 1. März 1800)

Vater: Adolph Friedrich (* 1715, † 1784)*, (Rittmstr.), Erbherr auf Kagenow im Krs. Anklam im Wert von 15 800 T., amtierte von 1763 bis 1784 als Landrat; **Mutter**: Ulrike Sophie, e. geb. von Ellver (* um 1708, † April 1793); **Großvater**: Bernd Ludwig, Rittmstr., 1724 als Erbherr auf Kagenow gen.; **Vater-Bruder**: Carl Wilhelm (* 1720), aus Schwed.-Pommern gebürtig, 1740 Gefr.corp. im I-R Nr. 30, 1751 u. 1756 hier als Sl gen., Mai 1760 als Stabs-Cap. auf Wunsch dim., ging anschließend in schwedische Dienste, stand 1763, 1767 als schwed. Major in Stralsund; **Bruder**: Carl Friedrich Heinrich (* um 1737, † Febr. 1795), hielt sich 1767 beim Vater auf dessen Gut auf, (Erbherr auf Neuenkirchen in Schwed.-Pommern), 1793 Erbherr auf Kagenow, wohnte damals aber in Hinterpommern; **Bruder**: Christoph Friedrich (* Jan. 1740, † März 1794), studierte 1756 in Königsberg, engagierte sich 1757 im Militärdienst, stand 1763 als Sl im I-R Nr. 4 im preuß. Liebstadt, 1775 Stabs-Cap., um 1780 Cap., Dez. 1786 Major, Dez. 1792 Kommandeur d. I-R Nr. 4, im Jan. 1794 in Elbing als Ol u. Kommandeur d. I-R Nr. 4 gest., sein Nachlaß hatte e. Wert von 8 029 T., davon erhielt jeder seiner drei noch lebenden Brüder und jede der zwei Schwestern 1 605 T.; **Bruder**: Philipp August (1741–1759); **Bruder**: Hans Ludwig (* 1748), 1763 Page beim Herzog von Mecklenburg, seit 1765 im Militärdienst, stand 1767 als Cornet im K-R Nr. 2, Jan. 1768 dim., 1770 nach Indien ausgewandert, 1799 für tot erklärt; **Laufbahn**: trat 1757 ins preuß. Heer ein, stand 1767 als Ltnt. im I-R Nr. 9 in Hamm, Mai 1787 Stabs-Cap., Jan. 1790 Cap. u. Chef e. Comp., Mrz. 1793 Major im I-R Nr. 9, Nov. 1794 pensioniert, diente insgesamt 38 Jahre, machte seit 1757 alle *Campagnen* mit; **Ehefrau**: Sophie Friederike, geb. Risse (1740–1812); **Güter**: übernahm bei d. Erbteilung am 15. April 1796 d. väterliche Gut Kagenow im Krs. Anklam für 28 836 T., mußte dafür auch die väterlichen Schulden übernehmen; Gut Kagenow im Wert von 30/m fiel nach 1800 an seinen **Sohn** Carl Friedrich Wilhelm (* Aug. 1770, † Aug. 1898?), Mai 1787 Fähnrich im I-R Nr. 9, Sep. 1789 Sl, Jan. 1794 mit Pension dim., als Salzfactor in Anklam versorgt, Mrz. 1800 Charakter als Stabs-Cap., seit 1788 verh. mit Dorothea Sophia, geb. von Eickstedt († 1841); **Schwestern**, 1796 genannt: Sophie Eleonora verh. Cap. von Winterfeld zu Steinmocker, Maria Henriette Caroline verh. von Parsenow zu Zemmin; (**verwandt**: Bernd Ludwig von Neetzow (* 1700), seit 1719 im Militär, Sep. 1723 Pl im I-R Nr. 22: Stabi, Ms. boruss. fol. 314);

Quellen: GStA, I. HA, Rep. 30, Nr. 44, N 82 d, Paket 9 340; Nr. 243, Vas.tab. 1756, 1767 (d. Vater hat danach nicht gedient), 1793, 1799, 1804; IV. HA, Rep. 1, Nr. 83, Bl. 67, Bl. 109 (Bruder H.L. u. Onkel C.W.); Ms. boruss. fol. 311 (Onkel), fol. 313 (Bruder C.F.), fol. 315; Brüggemann, Vorpommern, S. 61–62; Tb. Uradel, 1920, S. 621, S. 622 (hier als St.datum f. C.F.W. 1898!!); biog. Handbuch, S. 678 (Vater);

Major (Carl) Siegmund Friedrich von Nesse (* 1716, † 1. Jan. 1761)

aus Pommern gebürtig; **Laufbahn**: Mai 1735 Fähnrich im I-R Nr. 10, Sep. 1739 Sl, Juli 1743 Pl u. Adjutant d. Fürsten Dietrich von Anhalt-Dessau, 1745 Cap. im Garn.-Reg. Nr. 11, stand 1746 u. 1757 als Cap. im Grenadier-Bat. Nr. 4, Jan. 1758 Major, 1761 (an bei Torgau erhaltenen Blessuren) gest.;

Quellen: GStA, IV. HA, Rep. 1, Nr. 83, Bl. 97 (als S.F.); Stabi, Ms. boruss. fol. 312; Zedlitz, 3. Bd., S. 455 (C.S.F., danach aus Pomm. gebürtig);

Obrist George Ernst von Nettelhorst (* 1704, † 12. Juni 1757)

Vater: Dionysius Ernst, Erbherr auf Warbelow im Krs. Stolp; **Laufbahn**: stand 1730 als Ltnt., 1739 als Cap. im I-R Nr. 6, seit 1748 im Garn.-Reg. Nr. 10, 1756 als Obrist u. Chef d. Garn.-Reg. Nr. 10 in Habelschwerdt gen.; **Güter**: seit 1752 alleiniger Besitzer d. Gutes Warbelow im Krs. Stolp im Wert von 5/m T.; **Ehefrau**: Charlotta Helena, geb. Freiin von Trach, in zweiter Ehe verh. mit d. Grafen von Reichenbach zu Goschütz;

Quellen: GStA, I. HA, Rep. 30, Nr. 243, Vas.tab. 1756; IV. HA, Rep. 1, Nr. 83, Bl. 104 (kz. Notiz); Stabi, Ms. boruss., fol. 319; Ms. geneal. fol. 120; Brüggemann, T. 2/2, S. 1014–1015; Lange, Soldaten, S. 266 (von 1748 bis 1757 Chef d. Reg.);

GM Carl Ludwig von Normann (* 22. April 1705, † 23. April 1780) *

Vater: Philipp Martin (* um 1676), zu Busdorf bei Greifswald, 1730 auf Werder im Krs. Demmin gen.; **Laufbahn**: Mrz. 1722 *cadet* in Berlin, Aug. 1723 Junker im I-R Nr. 6, Sep. 1725 Sl im D-R Nr. 1, Sep. 1728 Stabs-Rittmstr., Febr. 1741 Rittmstr. u. Chef e. Escadron im D-R Nr. 3, April 1741 Major im D-R Nr. 4, Juli 1745 Ol, Juli 1749 Obrist, Sep. Kommandeur d. D-R Nr. 4, Mai 1755 GM, Juni 1755 Chef d. D-R Nr. 1, 1757 Orden p.l.m.,

April 1761 dim.; **Ehefrau**: Amalie, geb. von Waldow; **Güter**: Nov. 1740 mit Gut Werder belehnt, nahm d. Gut f. 10/m T. an; prozessierte 1742, 1743 gegen d. Gebr. von Walsleben, die d. Gut Werder für 3 450 T. *reluiren* wollten; trat d. Gut um 1750 an d. Fam. von Walsleben ab; (seine Frau saß 1756 auf Osseck im Distrikt Lauenburg),

Quellen: GStA, I. HA, Rep. 30, Nr. 44, N 82 c, Paket 9 339; Nr. 243, Vas.tab. 1756 (hier e. Frau Obrist v. N. gen.), 1763; IV. HA, Rep. 1, Nr. 83, Bl. 250; Stabi, Ms. boruss. fol. 313, fol. 314; Ms. geneal. fol. 120; Fam.gesch., S. 166 (Vater), S. 172, Stammtafel IV, Hs. Jarnitz; Priesdorff, Nr. 420;

Obrist Ernst Anton von Normann (* um 1733, † 30. Mrz. 1796)

Vater: Arend Franz, schwed. Ltnt.; **Laufbahn**: trat um 1750 in d. Militärdienst ein, Febr. 1757 Fähnrich im I-R Nr. 30, Febr. 1759 Sl, Nov. 1762 Pl, Febr. 1772 Stabs-Cap., Nov. 1773 Cap. u. Chef e. Comp., Okt. 1783 Major, bat im Febr. u. Nov. 1786 vergeblich um d. Legitimation seiner mit Charlotte Theodora Klevenow erzeugten Söhne, die in d. Militärdienst treten sollten, Okt. 1790 Ol, Okt. 1792 Orden p.l.m., Jan. 1793 Obrist; suchte am 14. Juni 1793 aus d. Lager bei Mainz um d. Legitimation seiner außer d. Ehe erzeugten **Kinder** nach: Ernst Ludwig, Louise Johanne Friederike (* 1774), Elisabeth Ulrica Maria (* 1778), Carl Wilhelm Christian u. Sophie Louise Friederike (* 1783), am 23. Aug. 1793 wurde für sie e. Legitimationspatent ausgefertigt, sie erhielten e. Rechte ehelicher Kinder, Namen u. Wappen d. Vaters, jedes d. Kinder besaß e. Vermögen von 1 600 T., sie sollen aber keine Aussicht auf e. weiteres Erbe gehabt haben, d. Schwestern bekamen auf Fürsprache d. GM Ernst Wilhelm Philipp von Rüchel im Dez. 1797 zs. e. Pension von 100 T.; **Güter**: besaß offenbar keine liegenden Gründe in Pommern; **Sohn**: Ernst Ludwig (* 1771), erhielt im Sep. 1793 als Sl im I-R Nr. 37 d. Orden p.l.m., stand 1806 als Pl im I-R Nr. 37, nach 1806 Cap. bei d. schlesischen Gendarmerie; **Sohn** Carl Wilhelm Christian (* 1781, † 19. Juni 1807), Okt. 1797 Fähnrich im I-R Nr. 30, Okt. 1798 Sl, erhielt am 22. Juli 1804 d. *venia aetatis*, hatte e. Vermögen von 850 T., Mai 1807 Pl, im Juni 1807 bei Kolberg gefallen;

Quellen: GStA, I. HA, Rep. 30, Nr. 44, Nr. 82 c, Paket 9 339; Rep. 96, Nr. 260 N; II. HA, Abt. 13 a, Tit. III, Litt N, Nr. 5 (Töchter); IV. HA, Rep. 1, Nr. 83, Bl. 250–251; Fam.gesch., S. 177, S. 186, Stammtafel VI, Hs. Jarnitz; Lehmann, Ritter, S. 221, S. 281;

Cap. Franz Bogislav von Normann (* 1701, † 13. Mrz. 1746)

Vater: Ernst (* um 1664), 1685 Erbherr auf Müggenburg, 1730 als Erbherr auf Thurow im Krs. Anklam genannt; **Mutter**: Agnes Elisabeth, geb. von Ramin; **Laufbahn**: trat um 1716 in d. Militärdienst ein, Juni 1729 Sl im I-R Nr. 7, vor 1740 (mit d. Charakter Cap.) abgegangen, 1746 ohne Leibeserben gest.; **Güter**: Thurow fiel nach seinem Ableben an d. Landjägermstr. Hans Bogislav Graf von Schwerin;

Quellen: Stabi, Ms. boruss. fol. 314; Ms. geneal. fol. 120; Brüggemann, Vorpommern, S. 70; Fam. gesch., S. 123–124 (d. Angaben über d. Vater S. 123 unkorrekt, siehe dagegen Stammtafel I, Hs. Dubnitz);

GM George Balthasar von Normann (* 3. April 1721, † 14. Mai 1795)*

Vater: Bogislav Balthasar (* um 1689, † 1760), Erbherr auf Poppelwitz auf Rügen, besaß d. Anwartschaft auf Hohenmocker u. Tenzerow im Krs. Demmin; **Mutter**: Anna, geb. von

Jorck (bzw. York); **Bruder**: Caspar Heinrich (1717–1767)*, Kammerdirektor in Breslau; **Laufbahn**: Nov. 1737 Junker im D-R Nr. 5, Dez. 1740 Cornet, Aug. 1742 Sl, Sep. 1751 Pl, Nov. 1758 Stabs-Rittmstr., April 1761 Rittmstr. u. Chef e. Escadron, Juni 1769 Major, Mrz. 1781 Kommandeur d. D-R Nr. 5, Mai 1782 Ol, Juni 1782 Orden p.l.m., Juni 1783 Obrist, Jan. 1789 Chef d. D-R Nr. 4, Mai 1789 GM, Nov. 1792 dim.; **Güter**: Erbherr auf Poppelwitz auf Rügen; unbeerbt verst.;

Quellen: GStA, I. HA, Rep. 30, Nr. 243, Vas.tab. 1756; IV. HA, Rep. 1, Nr. 83, Bl. 250; Albedyll, Anhang, S. 74*; Fam.gesch., S. 122, S. 124, Stammtafel I, Linie Dubnitz; Priesdorff, Nr. 789; biogr. Handbuch, S. 693–694 (Bruder);

Obrist Johann Alexander von Normann (* 8. Juli 1743, † 12. Nov. 1799)

Vater: Caspar Ernst (1696–1748), aus d. Krs. Cottbus gebürtig, seit 1713 im Militär, stand 1717 als Ltnt. im D-R Nr. 3, 1740 als Cap. u. Chef e. Escadron, zuletzt Major im D-R Nr. 3, Erbherr auf Ilmersdorf im Krs. Cottbus; **Mutter**: Johanna Louise, geb. von Barfuss; **Bruder**: Wilhelm Erdmann (1734–1806), Juli 1756 Cornet im D-R Nr. 3, Nov. 1757 Ltnt., Aug. 1763 dim., Jan. 1771 Charakter Rittmstr.; **Bruder**: August Christian (1736–1807), Nov. 1754 Cornet im D-R Nr. 4, Okt. 1757 Sl, Dez. 1762 Pl, Juni 1766 Stabs-Cap., Juni 1774 als Major dim., nach 24 Dj. im Forstfach versorgt, als Oberforstmstr. zu Königsberg in d. NM gest.; **Bruder**: Otto Lebrecht (* 1737), Dez. 1756 Fähnrich im I-R Nr. 5, am 18. Okt. 1758 bei Lissa gefallen; **Laufbahn**: trat 1758 in d. Militärdienst ein, April 1759 Cornet im D-R Nr. 3, Aug. 1762 Sl, 1772 Pl, Febr. 1776 Stabs-Rittmstr., Okt. 1786 Major, Juni 1789 Orden p.l.m., Sep. 1791 Chef e. Escadron, Jan. 1793 Ol, Jan. 1795 Obrist, Aug. 1796 Kommandeur d. D-R Nr. 3, 1799 zu Friedeberg gest.; **Güter**: erwarb nach d. Tod d. Cap. Caspar Friedrich von Schwan, s.d., im Sep. 1780 Döringshagen A, Düsterbeck B u. Fanger im Dewitzschen Krs., 1787 hatten d. Anteile e. Wert von 16 029 T., darauf Schulden von 18 509 T., erhielt am 12. Juni 1787 d. Erlaubnis, diese Anteile an d. Oberamtmann Gottlob Andreas Waldemann zu verkaufen, veräußerte sie für 19 370 T.; auch Erbherr auf Hänchen u. Krieschow im Krs. Cottbus; **Ehefrau**: Friederike Auguste, geb. von Bojanowska;

Quellen: GStA, I. HA, Rep. 30, Nr. 244, Paket 9 990; IV. HA, Rep. 1, Nr. 83, Bl. 250; Stabi, Ms. boruss. fol. 313 (Vater); Brüggemann, T. 2/1, S. 307–309; Schöning, D-R Nr. 3, S. 198, S. 417; Lehmann, Ritter, S. 200; Fam.gesch. 1894, S. 119–120, Stammtafel III Linie Dubnitz;

Ol Johann Gustav von Normann (* 28. Okt. 1742, † 1. Mrz. 1811)*

Vater: Jürgen Ernst, schied 1727 als Offz. aus dän. Diensten, Erbherr auf Lebbin auf Rügen; **Mutter**: Ilsabe Catharine, geb. von Oldenburg; **Bruder**: Franz Bogislav Carl (1745–1800), Dez. 1760 Fähnrich im I-R Nr. 35, Mrz. 1762 Sl, April 1774 Pl, Nov. 1784 Stabs-Cap., Mrz. 1791 Cap. u. Chef e. Comp., Mai 1794 Major im I-R Nr. 56, Okt. 1799 Kommandeur d. I-R Nr. 56, Sep. 1800 (als Obrist) gest.; **Laufbahn**: trat 1757 in d. Militärdienst ein, Sep. 1764 Fähnrich im I-R Nr. 31, Sep. 1765 Sl, Sep. 1776 Pl, Aug. 1780 Stabs-Cap., Sep. 1781 Cap. u. Chef e. Comp., Jan. 1795 Major, Juni 1805 Ol, Okt. 1805 Kommandeur d. I-R Nr. 31; besaß offenbar kein Gut;

Quellen: GStA, IV. HA, Rep. 1, Nr. 83, Bl. 250; Stabi, Ms. boruss. fol. 314 (1787: aus Pomm., 1774: aus Schwed.-Pomm gebürtig); Taeglichsbeck, S. 268 (Bruder); Fam.gesch., S. 176, S. 180, Stammtafel VI, Hs. Jarnitz;

Cap. Mich(a)el Philipp von NORMANN (* 12. Juli 1733, † 19. Mrz. 1779) *

Vater: Joachim Christoph, Erbherr auf Tribbevitz auf Rügen; **Mutter**: e. geb. von Hoben; **Laufbahn**: trat 1748 in d. Militärdienst ein, (Okt. 1755 bzw.) Okt. 1756 Fähnrich im I-R Nr. 35, Nov. 1757 Sl, Dez. 1760 Pl, April 1762 Stabs-Cap. beim Garn.-Reg. Nr. 7, nach Juni 1763 dim; **Güter**: seit 1763 Erbherr auf (Gr.-)Tribbevitz; **Ehefrau**: Magdalena Johanna, geb. von Häusler; **Sohn**: Adolph Friedrich Christoph (* 1765), Ltnt.;

Quellen: GStA, IV. HA, Rep. 1, Nr. 83, Bl. 250; Stabi, Ms. boruss. fol. 311; Taeglichsbeck, S. 266; Fam.gesch., S. 137, S. 141, S. 143, Stammtafel I u. III Linie Tribbevitz;

Ltnt. Johann Carl von OEHRLING (* 1715)

Vater: Johann Andreas (* 1681), Major in schwedischen Diensten, 1730 auf Panschow im Krs. Anklam genannt; **Laufbahn**: trat 1732 in d. Militärdienst ein, 1733 Corporal, 1743 Pl im I-R Nr. 24, noch 1743 aus Müllrose desertiert;

Quellen: GStA, I. HA, Rep. 30, Nr. 241 b, Paket 9 961; Stabi, Ms. boruss. fol. 316; Ms. geneal., fol. 120; Siebmacher, Bd. 6/9, 1894, S. 65 (d. Fam. besaß danach 1730 Neuenkirchen im Krs. Anklam);

Cap. Ernst George von OERTZEN (1767–1850)

Vater: Hans Sigismund Christoph (1732–1794), Erbherr auf Wendorf, Ankershagen in Mecklenburg; **Mutter**: Sophie Christiane, geb. von Kospoth; **Laufbahn**: Dez. 1785 Cornet im D-R Nr. 4, Juli 1787 Sl, Febr. 1795 dim., (erhielt später d. Charakter Cap.); **Güter**: erwarb vor 1799 d. Gut Groß Latzkow im Krs. Pyritz im Wert von 34/m T., noch 1804 auf d. Gut genannt; **Ehefrau**: Henriette Wilhelmine Auguste, geb. von Braunschweig;

Quellen: GStA, I. HA, Rep. 30, Nr. 243, Vas.tab. 1793, 1799, 1804; IV. HA, Rep. 1, Nr. 84, Bl. 43; Tb. Uradel 1903, S. 651;

Ltnt. Heinrich Victor Sigismund von OERTZEN (* 22. Mrz. 1771, † 18. Okt. 1813)

Vater: Adolph Friedrich Theodor (1747–1796), Erbherr auf Klockow, Kotelow, Lübbersdorf in Mecklenburg; **Mutter**: Ida Margarete Ernestine, geb. von Dewitz aus Miltzow; **Laufbahn**: engagierte sich um 1784 im preußischen Militärdienst, Mrz. 1787 Cornet im K-R Nr. 5, Mai 1791 Sl, Juli 1795 Pl, Sep. 1797 dim. (als Major im Garde-K-R bei Leipzig gefallen); **Ehefrau**, seit 1797: Henriette Caroline Luise, geb. von Mellin († 1829), erheiratete mit ihr die **Güter** Triglaff, Gruchow, Vanerow im Krs. Greifenberg im Wert von 50/m T., Erbherr auf Wendorf in Mecklenburg für 120/m T.;

Quellen: GStA, I. HA, Rep. 30, Nr. 243, Vas.tab. 1804; IV. HA, Rep. 1, Nr. 84, Bl. 43 (hier kein Hinweis auf seinen Wiedereintritt u. Tod); Stabi, Ms. boruss. fol. 311; Tb. Uradel 1903, S. 643;

Ltnt. Friedrich Ernst von OESTERLING (* 1755, † 16. Febr. 1779)

aus Pommern gebürtig; **Laufbahn**: seit 1769 im Militär, stand 1777 als Ltnt. im D-R Nr. 3, als solcher 1779 gest.,

Quellen: GStA, IV. HA, Rep. 1, Nr. 84, Bl. 54; Stabi, Ms. boruss. fol. 313; Schöning, D-R Nr. 3, S. 211 (aus d. NM geb.), S. 414;

Rittmstr. Wilhelm Moritz Magnus von Oesterling (* 1755)

Vater: Joachim Abraham (1724–1783)*, seit 1752 Landrat im Krs. Greifenhagen, seit 1773 im Krs. Pyritz, bis 1752 Erbherr auf Groß Küssow, dann auf ½ Klützow im Krs. Pyritz, seine Güter waren 1751 mit 42 538 T. verschuldet, mußte deshalb Groß Küssow verkaufen, erwarb 1774 Rosenow im Borckeschen Krs. für 8 100 T.; **Mutter**: Lybica Charlotta Abigail, geb. von Wedel, diese kaufte 1753 vom Ol Carl Christoph Frhr. von der Goltz d. halbe Gut Klützow f. 11 365 T. zurück, das ihr Mann zuvor veräußert hatte; **Laufbahn**: trat um 1769 in d. Militärdienst ein, stand 1775 als Cornet im K-R Nr. 5, 1787 als Ltnt. gen., Juni 1789 als Ltnt. dim., Juli 1798 Charakter als Rittmstr.; **Güter**: nach d. Erbvergleich von 1783 Erbherr auf Rosenow u. Vorwerk Ober-Aalkist im Borckeschen Krs., mußte d. Gut 1799 für 14/m T. d. Kammerherrn August Ludwig Friedrich Christoph von Borcke abtreten; saß 1793 auf d. ganzen Gut Klützow im Krs. Pyritz, dieses hatte 1804 e. Wert von 36/m T.; seine **Frau**, e. geb. von Zastrow, lebte seit 1796 von ihm getrennt u. bemühte sich 1797 um d. Scheidung, sie warf ihm Mißhandlung vor;

Quellen: GStA, I. HA, Rep. 30, Nr. 44, O 83 b, Paket 9 345; Nr. 243, Vas.tab. 1767, 1793, 1797 (als Ernst Ludwig?), 1804; IV. HA, Rep. 1, Nr. 84, Bl. 54; Stabi, Ms. boruss. fol. 311; Brüggemann, Beiträge, 2, S. 191; biogr. Handbuch, S. 700–701 (Vater);

Cap. Ernst Friedrich von Oesterreich (* 1690)

aus Pommern gebürtig; **Laufbahn**: seit 1706 im Militär, Mai 1707 Corp. im I-R Nr. 1, Mai 1713 Fähnrich im I-R Nr. 11, 1716 Ltnt., Aug. 1723 als Cap versetzt zum I-R Nr. 7, 1730 hier noch als Cap. u. Chef e. Comp. genannt, vor 1740 abgegangen;

Quellen: Stabi, Ms. boruss. fol. 314, fol. 319; Becker, I-R Nr. 11, S. 412 (als Oestenreich); nicht in GStA, IV. HA, Rep.1;

Ltnt. George Sebastian von Oesterreich (* 1704, † 27. April 1740)

aus Hohengrape im Krs. Pyritz gebürtig; **Laufbahn**: seit 1720 im Militär, Aug. 1724 vom Gefr.corp. zum Fähnrich im I-R Nr. 1 befördert, 1740 als Ltnt. im I-R Nr. 1 gest.;

Quellen: Stabi, Ms. boruss. fol. 313 (als Oestenreich u. Oesterreich);

Major Joachim Friedrich von Oesterreich (* 1704, † Sep. 1759)

Vater: (Christian Friedrich, Erbherr auf Linde im Krs. Saatzig); **Bruder**: Sigismund Christoph (* 1699, † 1755), 1719 Fähnrich im I-R Nr. 11, Mai 1722 Pl, 1735 Cap., Aug. 1745 Major, Sep. 1750 Orden p.l.m., am 27. Aug. 1755 als Ol im 56. Lebensjahr gest., hinterließ seine Frau, e. geb. von Roeder; **Laufbahn**: seit 1719 Gefr.corp., Jan. 1730 Sl, Mrz. 1739 Pl im I-R Nr. 29, April 1745 Cap. u. Chef e. Comp. im I-R Nr. 29, 1750 noch als Cap. gen., 1759 als Major gefallen; **Güter**: erhob 1732 Anspruch auf e. Anteil an Gut Linde im Krs. Saatzig, bezeichnete Ewald Friedrich von Kaeseke als seinen Vetter, dessen Familie stehe nur noch auf vier Augen; wurde mit seinem Anspruch an die Fam. von Wedel auf Cremzow verwiesen;

Quellen: GStA, I. HA, Rep. 30, Nr. 243, L bis M, Paket 9 981; Rep. 96, Nr. 435 O, Bd. 1; Stabi, Ms. boruss. fol. 316, nicht in IV. HA, Rep. 1, Nr. 84; Becker, I-R Nr. 11, S. 122, S. 128, S. 174, S. 415 (Bruder S.C., auch als Oestenreich); Siebmacher, Bd. 6/9, 1894, S. 65; Lehmann, Ritter, S. 42 (S.C. stand danach im Reg. Schultze);

Obrist Tessen Bernd von Oesterreich (* 1688)

aus Pommern gebürtig; **Laufbahn**: seit 1703 im Militär, Corp. im I-R Nr. 1, Mai 1707 als Serg. ins Reg. Markgraf Philipp (I-R Nr. 12), Dez. 1713 Sl im I-R Nr. 12, 1722 Pl, 1730 Cap. u. Chef e. Comp., noch 1740 als Cap. im I-R Nr. 12 gen., 1750 Ol, 1750 als Obrist u. Kommandant von Neiße plaziert;

Quellen: Stabi, Ms. boruss. fol. 316, fol. 319 (hier als Berend);

Cap. Hans Adam von Oldenburg (* 1680)

aus Pommern gebürtig; **Laufbahn**: seit 1696 im Militär, Dez. 1703 Cap. im I-R Nr. 14, noch 1715 als solcher genannt, vor 1725 abgegangen; (**verwandt**: Christoph von Oldenburg (* 1703), aus Stüdnitz im neumärk. Krs. Dramburg, seit 1719 im Militär, 1725 Gefr. corp. im I-R Nr. 14: Ms. boruss. fol. 311);

Quellen: Stab, Ms. boruss. fol. 311, fol. 319;

GM George (Jürgen) Friedrich von Oldenburg (* 1694, † 6. Jan. 1758)*

Vater: Joachim Friedrich, Erbherr auf Neu-Stüdnitz im Krs. Arnswalde; **Mutter**: Sophie, geb. von Beerfelde; (G.F. aus Pommern gebürtig); **Laufbahn**: 1709 Junker im K-R Nr. 9, Jan. 1714 Fähnrich im I-R Nr. 17, Juli 1716 Sl, Sep. 1722 Pl, Aug. 1731 Stabs-Cap., Juni 1732 Cap. u. Chef e. Comp., April 1741 Major, Mai 1742 Orden p.l.m., Juli 1745 Ol, Mai 1747 Obrist, Nov. 1758 Kommandeur d. I-R Nr. 17, Febr. 1757 GM, Mrz. Dez. 1757 Chef d. I-R Nr. 9; erste **Ehefrau**: Modeste Sophie verwitw. von Wedel, geb. von Beneckendorff; **Sohn**: Hans Heinrich Jürgen, Major im Grenad.-Bat. Nr. 1, Sep. 1782 mit 250 T. pens.;

Quellen: GStA, IV. HA, Rep. 1, Nr. 84, Bl. 81 (hier nur d. Sohn, d. GM nicht); Stabi, Ms. boruss. fol. 316 (hier jeweils als Jürgen Fr., 1721 u. 1730: aus Pomm., 1740: aus d. NM); Priesdorff, Nr. 441;

Ol, EM, Regierungspräsident Alexander Friedrich von der Osten (* 15. Juli 1668, † 10. Nov. 1736)*

Vater: Heinrich Adam (1626–1683), brandenburg. General-Quartiermstr., Erbherr auf Karstorf in Mecklenburg; **Mutter**: Ursula, geb. von Heydebreck; **Bruder**: Christoph Heinrich (1660–1718), schwed. Cap., seit 1692 Erbherr auf Warnitz im Krs. Königsberg in d. NM, Sohn: Balthasar Heinrich (1694–1744), Major im I-R Nr. 8, Stammvater d. Fam.zweiges Warnitz; **Bruder**: Heinrich Adam († 1729), 1694 brandenburg Ltnt., 1717 als Rittmstr. bez., Erbherr auf Karstorf in Mecklenburg; **Bruder**: Carl (* um 1672, † 1724), württemberg. Cap., Landrat d. Ostenschen Krs., Erbherr auf Witzmitz B, Reselkow u. Pinnow A im Ostenschen Krs.; **Laufbahn**: engagierte sich im brandenburg. Militärdienst, 1684 Uffz., 1689 Ltnt., 1693 Rittmstr, 1709 Ol, 1718 EM, seit 1726 Regierungspräsident in Halberstadt; **Güter**: Erbherr auf Stölitz u. Natelvitz B im Ostenschen Krs., 1726 soll d. EM Aktiva in Höhe von 28 658 T. gehabt haben, darauf Schulden von 24 583 T., d. Güter gerieten in Konkurs u. wurden 1740 für 27/m T. an d. Ltnt. Christoph Friedrich von Schladen verkauft, s.d.; **Ehefrau**: Eva Catharina, geb. von Barfuss, aus beider Ehe drei 1736 unversorgte Kinder, d. Witwe hatte e. Forderung an d. Konkursmasse von 4 900 T. u. prozessierte deshalb seit 1736 gegen d. halberstädt. Reg.rat Günther, der e. Forderung von 2 600 T. geltend machte u. ihre Mobilien in Beschlag genommen hatte; 1746 bezifferte sie ihre zehnjährigen Prozesskosten auf 1/m T.; **Söhne**: Levin Heinrich (1701–1745), Obrist; Friedrich Wilhelm (1712–1764)*, 1735 bis 1750 Regierungsrat in Halberstadt;

Quellen: GStA, I. HA, Rep. 30, Nr. 44, O 83 a, Pakete 9342 u. 9343; Rep. 30 B, Nr. 28 b, Paket 10226; Brüggemann, T. 2/1, S. 373; Fam.gesch. 1960, S. 136–141; biogr. Handbuch, S. 708;

Cap. Carl Albrecht von der OSTEN (* um 1720)*

aus Pommern gebürtig; **Laufbahn**: Okt. 1743 Sl im I-R Nr. 19, Nov. 1752 Pl, Febr. 1755 zum Cap. befördert u. wegen seiner bei Hohenfriedberg erlittenen Blessuren ins *Kriegs-Commissariat* gesetzt;

Quellen: Gesch. I-R Nr. 19, S. 98;

Ltnt. Carl Friedrich von der OSTEN (* 1698)

aus Pommern gebürtig; **Laufbahn**: trat 1718 in d. Militärdienst ein, Aug. 1731 Ltnt. im Garn.-Reg. Nr. 2, als solcher noch im Mai 1738 gen. (1750 stand in diesem Reg. ein Major Friedrich Joachim von der Osten, beide evt. identisch: Rep. 1, Nr. 84, Bl. 146);

Quellen: Stabi, Ms. boruss. fol. 314;

Ltnt. Carl Friedrich August von der OSTEN (* 1762)

Vater: Friedrich Wilhelm (1721–1786), Kammerherr, s.d., Erbherr auf Plate, Zowen, Bandekow, Heydebreck im Ostenschen Krs., 1767 im Wert von 86/m T.; **Bruder**: August Wilhelm Heinrich (1760–1834), avancierte im I-R Nr. 39 bis zum Ltnt., vor 1793 abgegangen, zeitweilig auf Reinfeld A u. B im Krs. Belgard, 1792 verkauft, 1799 Erbherr auf Vorwerk Plate u. Zowen im Wert von 50/m T., 1804 auch auf Altenhagen u. Justin A im Wert von zs. 62/m T., Landschaftsdeputierter, (Sohn: Hans Carl (* 1780), 1801 Ltnt. im D-R Nr. 4, vor 1806 abgegangen); **Laufbahn**: trat 1776 in d. Militärdienst ein, Aug. 1784 Sl im I-R Nr. 24, Dez. 1789 als Sl dim.; **Güter**: nach 1786 Erbherr auf Heydebreck A u. B im Ostenschen Krs., außerdem auf Piepenburg, 1804 im Wert von zs. 58/m T., auf Bandekow u. Kutzer im Ostenschen Krs. im Wert von 40/m T., auf Muddelmow A (bzw. B) im Ostenschen Krs. im Wert von 2500 T.; (**verwandt**: Johann Friedrich von der Osten (* um 1753), seit 1768 im Militär, stand 1772 als Gefr.corp. im I-R Nr. 7: Stabi, Ms. boruss. fol. 314);

Quellen: GStA, I. HA, Rep. 30, Nr. 244, Paket 9990; Nr. 243, Vas.tab. 1767, 1793, 1799, 1801; IV. HA, Rep. 1, Nr. 84, Bl. 146 (hier e. Sl Alex. im I-R 39, Mrz. 1793 dim.), Bl. 147 (C.F.A.); Stabi, Ms. boruss. fol. 316; Brüggemann, Beiträge, 2, S. 199–200; Fam.gesch. 1960, S. 125;

Ltnt. Christoph Henning von der OSTEN (* 22. Aug. 1774, † Dez. 1842)

Vater: Friedrich Wilhelm (1734–1784), April 1756 Fähnrich im 1. Bat. Garde, April 1758 Sl, Dez. 1763 Stabs-Cap., Febr. 1765 wegen schlechter Gesundheit d. Abschied bewilligt, Erbherr auf Geiglitz A, Justin A u. Gr. Zapplin (A bzw.) B im Ostenschen Krs.; **Mutter**: Esther Elisabeth Felicitas, geb. von Wedel (1748–1820); **Bruder**: Carl Friedrich Felix (1772–1808), trat nicht in d. Militärdienst ein, Erbherr auf (Reinfeld u. Ritzerow im Krs. Belgard u.) Klein Leistikow im Dewitzschen Krs.; **Bruder**: George Wilhelm Felix (1773–

1811), Ltnt., s.d.; **Bruder**: George Christoph Leopold (1776–1823), Dez. 1792 Fähnrich im I-R Nr. 22, Febr. 1795 Sl, Febr. 1795 dim.; **Laufbahn**: Okt. 1792 Fähnrich im I-R Nr. 17, Okt. 1794 Sl, Febr. 1798 dim.; **Güter**: bat am 20. Dez. 1796 um die *venia aetatis*, um sich mit seinen majorennen Brüdern auseinanderzusetzen, zählte damals 23 Jahre; die vier Brüder hatten von ihrem Vater u. einem Onkel die Güter Geiglitz A, Justin A und Groß Zapplin A sowie Witzmitz A, Cummerow C u. Cardemin geerbt; d. älteste Bruder C.F.F., Erbherr auf Klein Leistikow, sollte mit Geld abgefunden werden, d. Suppl. wollte Witzmitz u. Cummerow annehmen, der zweitälteste G.W.F. d. väterliche Stammgut Geiglitz erhalten u. d. jüngste G.C.L. Cardemin, Justin u. Groß Zapplin bekommen; d. Brüder hatten sich unter Hinzuziehung des Vormundes, d. Cap. Gotthilf Christian Curth von Mellin auf Triglaff, darüber geeinigt, d. Teilung wurde jedoch noch modifiziert; d. Suppl. C.H. erhielt am 22. Mai 1797 die *venia*; sein Bruder bekam die *venia* am 25. Sep. 1797; C.H. saß 1804 auf Witzmitz A, Muddelmow C u. E im Wert von 20/m T.; **Ehefrau**: Dorothea verw. von Bokkelberg, geb. Schüler (1769–1847);

Quellen: GStA, I. HA, Rep. 30, Nr. 44, O 83 a, Paket 9 344; Nr. 243, Vas.tab. 1801, 1804; IV. HA, Rep. 1, Nr. 84, Bl. 146–147; Fam.gesch. 1960, S. 151, S. 197, S. 199 (G.C.L.), S. 252 (Bruder C.F.F.), S. 254 (G.W.F);

Major Christoph Philipp von der OSTEN (* 21. Juli 1730, † 27. Dez. 1797)

Vater: Philipp Ludwig (1685–1744), sächs. Cap., bis 1703 Erbherr auf Justin B im Krs. Greifenberg, bis 1729 auf Woldenburg im Ostenschen Krs., verkaufte 1724 Cummerow A u. Justin C; **Mutter**: Lucia Tugendreich, geb. von Diringshofen (1704–1754); **Laufbahn**: seit 1748 im Militär, 1764 u. 1774 als Cap. u. Chef e. Comp. im I-R Nr. 34 gen., zuletzt Major, Okt. 1783 mit Pension dim., Juni 1794 Chef d. hinterpomm. Invaliden-Comp. in Labes, Okt. 1795 *cassirt*; e. **Sohn** erster Ehe wurde als Fähnrich im I-R Nr. 24 wegen schlechter *conduite* (Schulden) 1785 *cassirt*, zwei Immediatgesuche d. Vaters um e. neue Plazierung wurden im Febr. 1786 abgewiesen; in zweiter **Ehe** verh. mit Margarethe Elisabeth Wilhelmine, geb. von Münchow (* 1738); **Sohn**: Otto Albrecht Ludwig (1772–1841, Mrz. 1789 Cornet im D-R Nr. 1, Mai 1790 Sl, Aug. 1793 als Sl Orden p.l.m., Febr. 1803 Pl, Juli 1808 zum D-R Prinz Wilhelm, Okt. 1808 Stabs-Cap., Mrz. 1813 Rittmstr., Nov. 1813 Major, Mrz. 1824 Obrist, Dez. 1830 als GM dim.; **Sohn**: Heinrich Philipp (1781–1839), Dez. 1797 Fähnrich im I-R Nr. 22, Sep. 1800 Sl, Mai 1810 dim., Okt. 1812 zur Gendarmerie, Juni 1813 Cap. bei d. Landwehr, Juni 1815 *cassirt*; **Sohn**: Leberecht Maximilian Carl, Ltnt.;

Quellen: GStA, I. HA, Rep. 96, Nr. 435 O, Bd. 2; IV. HA, Rep. 1, Nr. 84, Bl. 146–148; Stabi, Ms. boruss. fol. 311 (1764 als Carl Ph., aus d. UM), fol. 316 (Sohn 1. Ehe); Brüggemann, T. 2/1, S. 365; Lehmann, Ritter, S. 269; Fam.gesch. 1960, S. 149; Priesdorff, Nr. 1456 (Sohn O.A.L);

Ltnt. Curth Christian von der OSTEN (* 4. Dez. 1748, † 9. Jan. 1820)

Vater: Christoph Friedrich (1714–1777)*, Landrat d. Ostenschen Krs., Erbherr auf Pinnow A u. Witzmitz B, 1767 im Wert von 26 700 T., darauf Schulden von 22 194 T., hatte 1763 sechs Söhne im Alter von 14 bis 21 Jahren; **Mutter**: Ilsabe Dorothea, geb. von der Osten; Stief-Mutter: verwitw. Obrist von Tettau, geb. Barbara Helena von Brüsewitz (1714–1797); **Bruder**: Carl Heinrich (* 1742, † April 1788), trat 1758 in d. Militärdienst ein, wurde im Krieg *blessirt*, stand 1764 als Fähnrich im I-R Nr. 39, im Nov. 1771 als Sl *ab-*

geschafft (bzw. Febr. 1772 dim.), verh. mit Sophia Helena (* 1734), e. To. d. Majors Heinrich Adolph von Dittmarsdorf, s.d., aus beider Ehe keine Kinder, d. Witwe hielt sich in Schwessow auf, d. Lehnsvermögen ihres verst. Mannes war an dessen Bruder C.C. gefallen, sie bezog aus seinem Allodialnachlaß jährl. Revenuen von 40 T., die für ihren Unterhalt nicht reichten, bekam seit Juli 1795 e. Pension v. 50 T. aus d. pomm. Meliorationsfonds, im Sep. 1801 noch e. Zulage von 50 T.; **Bruder**: Julius Friedrich (1744–1772), seit 1758 im Militär, 1763 Sl im I-R Nr. 4; **Bruder**: Christoph Ludwig (* 1745), 1763 Page in Schwedt; **Laufbahn**: Juli 1764 Fahnenjunker im I-R Nr. 36, Juli 1765 Fähnrich, Aug. 1772 als Ltnt. dim.; seine Stief-Mutter Helena besaß von 1778 bis 1797 d. **Güter** Witzmitz B u. Pinnow A, sie fielen 1797 an C.C., seine Güter hatten 1804 e. Wert von 24/m T., **Ehefrau**: Friederike Henriette Dorothea, geb. von Miltitz, **Sohn**: Victor Ferdinand Carl (1783–1865), Okt. 1797 Fähnrich, Mai 1801 Sl im I-R Nr. 36, Nov. 1808 als Pl dim.; **Sohn**: George August Adolph (1785–1855), Mai 1799 Fahnenjunker, April 1802 Fähnrich im I-R Nr. 51, Dez. 1805 Sl, Mai 1809 d. 2. Ostpreuß. I-R aggr., Jan. 1810 dim., 1846 Landrat d. Krs. Regenwalde; **Sohn**: Leopold Leberecht Christoph (1788–1853)*, Okt. 1803 Cornet im K-R Nr. 5, Juni 1811 dim., Mai 1846 als GM verabschiedet; (**verwandt**: Carl Friedrich von der Osten (* 1748), stand 1763 als Gefr.corp. im I-R Nr. 4: Ms. boruss. fol. 313);

Quellen: GStA, I. HA, Rep. 30, Nr. 243, Vas.tab. 1756, 1763, 1793, 1799, 1804; II. HA, Abt. 13 a, Tit. III, Litt O, Nr. 7 (Witwe von C.H.); IV. HA, Rep. 1, Nr. 84, Bl. 146, Bl. 148; Stabi, Ms. boruss. fol. 316 (danach Febr. 1772 dim.); Gesch. I-R Nr. 36, S. 107 (C.C.); Priesdorff, Nr. 1769 (L.L.C.); Fam.gesch. 1960, S. 141, S. 258, S. 260; biogr. Handbuch, S. 707 (Vater);

Referendar Egidius George Wilhelm von der Osten
(* 20. Okt. 1747, † nach 1810)

Vater: Casimir Gerhard (* 1708, † 1760 bzw. 1773), Landrat d. Krs. Neustettin, seit 1742 Erbherr auf (Pinnow u.) Burzen, 1767 im Wert von 10/m T., darauf Hypotheken von 5 200, andere Schulden von 2 700 T.; **Laufbahn**: weilte 1767 auf Schulen, anschließend Referendar beim Hofgericht in Köslin, gab d. Zivilfach jedoch auf; **Güter**: nach d. Auseinandersetzung mit seiner Mutter u. seinen Schwestern seit 1773 Erbherr auf Burzen; trat Pinnow 1773 seinem Vetter Friedrich Wilhelm von der Osten ab; seit 1796 auf Lümzow, (seit 1804 auf Hasenfier); beschwerte sich 1797 darüber, daß seine *Reluitions*klage wegen Cummerow abgewiesen worden sei, machte in d. Zs.hang darauf aufmerksam, daß sein Vater bei d. Invasion der Russen 1758 großen Schaden erlitten habe, u. a. durch d. Verlust d. ganzen Inventars, er sei von d. russ. Soldaten durch Schläge u. Verbrennen d. Füße mißhandelt worden, flüchtete deshalb ins polnische Zastrow, d. Landrat sei im Mrz. 1760 an den Folgen dieser Torturen gest:,

Quellen: GStA, I. HA, Rep. 30, Nr. 44, O 83 a, Paket 9 344; Nr. 186 d, Paket 9 839; Nr. 243, Vas.tab. 1763, 1767 (hier je Erben d. Landrates); Brüggemann, T. 2/2, S. 767; Fam.gesch. 1960, S. 124–125 (hier d. St.datum d. Vaters 1773);

Ltnt. Ferdinand Christian August von der Osten
(* 13. Febr. 1777, † 2. Dez. 1837)

Vater: George Julius Felix (1745–1827), Landrat d. Ostenschen Krs., seit 1769 Erbherr auf Wisbu A im Ostenschen Krs., siehe mehr bei dessen Vater Peter Christoph (1702–1769); **Mutter**: Sophia Elisabeth, geb. Zlottnicka; **Laufbahn**: Mai 1794 Cornet im D-R Nr. 12,

Mrz. 1795 Sl, Juli 1799 dim.; **Ehefrau**: Johanna Dorothea (1778–1827), e. To. d. Müllers Johann Jacob Zitzewitz aus Greifenberg, Erbherr auf Zirkwitz im Krs. Greifenberg im Wert von 36/m T., dieser soll 1803 zs. mit seiner einzigen Tochter e. Vermögen von 54 692 T. gehabt haben; **Güter**: saß 1804 auf Klein Zapplin mit Pertin. im Wert von 28/m T.;

Quellen: GStA, I. HA, Rep. 30, Nr. 44, O 83 a, Paket 9 344; Nr. 243, Vas.tab. 1793, 1801, 1804; IV. HA, Rep. 1, Nr. 84, Bl. 148; Fam.gesch. 1960, S. 127, S. 196;

Ol Franz Carl Otto von der Osten (* 1746, † 6. Dez. 1813)

Vater: Carl (1697–1767), Erbherr auf Klützow A im Krs. Pyritz, verkaufte d. Gut 1765 an d. Landrat Joachim Abraham von Oesterling; **Mutter**: Elisabeth, geb. von Lepel; **Bruder**: Gustav (* 1741 † 22. März 1766), seit 1757 im Militär, 1764 Sl u. Adjutant im I-R Nr. 1; **Bruder**: Johann Otto Leopold (* 1748), seit 1763 im Militärdienst, stand 1764 als Gefr. corp. im I-R Nr. 24, 1768 als Ltnt. zum Bat. Courbière versetzt, Dez. 1779 dim.; **Laufbahn**: trat um 1760 in d. Militärdienst ein, Mai 1766 Sl im I-R Nr. 22, Juni 1786 Stabs-Cap., Jan. 1790 Chef e. Comp., Aug. 1795 Major, April 1799 Kommandeur d. Grenadier-Bat. d. I-R Nr. 22, Juni 1806 Ol, Sep. 1813 pens.; **Güter**: bat zs. mit seinen Brüdern 1765 um d. angeblich auf d. Fall stehenden Güter d. verst. Cap. Carl Heinrich von Wussow: Lübzin u. Güstow; d. Antrag wurde am 13. April 1765 abgewiesen, weil d. Lehn nicht vakant waren; d. Brüder waren nach d. Verkauf d. väterl. Gutes ohne Grundbesitz; suchte 1781 vergeblich um Belehnung mit d. Gut Schellin d. Fam. von Hindenburg nach;

Quellen: GStA, I. HA, Rep. 30, Nr. 44, O 83 a, Paket 9 344; Nr. 243, Vas.tab. 1763, 1767; IV. HA, Rep. 1, Nr. 84, Bl. 146; Stabi, Ms. boruss. fol. 313 (Bruder Gustav), fol. 314, fol. 316; Brüggemann, T. 2/1, S. 148; Fam.gesch. 1960, S. 119 (hier als Franz Heinrich Otto, ohne Daten; J.O.L. als Cap.);

Cap. Friedrich Ernst Siegfried von der Osten (* 1723, † Mai 1757) *

aus Pommern gebürtig; **Laufbahn**: seit 1735 im Militär, Juni 1742 Fähnrich im I-R Nr. 22, Febr. 1745 Sl, Febr. 1751 Pl im I-R Nr. 22, Okt. 1756 Stabs-Cap., 1757 als Cap. bei Kolin gefallen;

Quellen: GStA, IV. HA, Rep. 1, Nr. 84, Bl. 146; Ms. boruss. fol. 314;

Cap. Friedrich Wilhelm von der Osten (* 1717)

Vater: Egidius Christoph (1661–1741), Erbherr auf Pinnow, Burzen u. Lümzow im Krs. Neustettin, Landrat d. Krs. Neustettin, war dreimal verheiratet; **Mutter**: Martha Marie, geb. von Borcke († 1729); Stief-**Bruder**: Matthias Conrad (1691–1748)*, Präsident d. kurm. KDK; Stief-**Bruder**: Johann Otto Heinrich (1693–1749), Obrist, s.d. mehr zur Familie; **Bruder**: Casimir Gerhard (1708–1773), Landrat d. Krs. Neustettin; **Bruder**: Philipp Adrian (1710–1745), seit 1726 im Militär, 1734 Cornet im D-R Nr. 2, 1743 hier als Ltnt. gen., als Ltnt. im Febr. 1745 zu Neustadt in Oberschlesien gest.; **Laufbahn**: trat um 1735 in d. Militärdienst ein, Junker im D-R Nr. 2, Jan. 1736 Cornet, Okt. 1742 Ltnt., Juni 1755 Stabs-Cap., Mrz. 1758 als Stabs-Cap. vom D-R Nr. 2 dim.; **Güter**: besaß seit 1742 zs. mit d. Bruder P.A. d. väterl. Gut Lümzow, seit 1746 alleiniger Besitzer, verkaufte es 1749 seinem Schwager Lorenz Richard Moritz von Borne, seit 1773 alleiniger Erbherr auf Pinnow im Krs. Neustettin, 1767 im Wert von 25 400 T., darauf Schulden von rd. 15/m T.;

Quellen: GStA, I. HA, Rep. 30, Nr. 43, Paket 9232; Nr. 243, Vas.tab. 1793; IV. HA, Rep. 1, Nr. 84, Bl. 146; Stabi, Ms. boruss. fol. 315 (P.A. u. F.W.); Brüggemann, T. 2/2, S. 763, S. 766–767; Fam.gesch. 1960, S. 124;

Kammerherr, Landrat Friedrich Wilhelm von der Osten (* 23. Febr. 1721, † 27. Mrz. 1786) *

Vater: Matthias Conrad (1691–1748), Präsident d. kurm. KDK, Erbherr auf Plate u. Piepenburg im Ostenschen Krs., (auf Lümzow im Krs. Neustettin), 1719 soll er e. Aktivvermögen von 28 166, Schulden von 21 599 T. gehabt haben; **Mutter**: Clara Sophie, geb. von Blücher (1700–1721); **Vater-Bruder**: Johann Otto Heinrich (1693–1749), Obrist, siehe dort mehr zur Fam.; **Laufbahn**: studierte seit 1740 in Frankfurt u. Leipzig; erhielt am 2. März. 1744 d. *venia aetatis*; seit 1745 königl. Kammerherr; amtierte von 1778 bis 1786 als Landrat d. Kreises Osten; **Güter**: am 3. März 1746 wurde d. Vergleichs- u. Kaufbrief zw. F.W. u. seinem Vater von d. Behörden *confirmirt*, zuvor waren mit CO vom 26. Febr. d.J. d. Güter für allodial erklärt worden; lt. Vergleich vom 21. Okt. 1745 übernahm d. Kammerherr für 56/m T. d. ganze Gut Bandekow, Kutzer, d. Ackerwerk Altenhagen, d. ganze Gut Piepenburg u.d. Kornmühle in Plate; sein mütterl. u. großmütterl. Erbe in Höhe von 40/m wurden auf d. Kaufpreis angerechnet, 16/m T. zahlte F.W. an seinen Vater bzw. an die Kreditoren; in ihrem Testament von 1728 hatte die Hofrätin von Blücher festgesetzt, daß ihr Schwiegersohn Matthias Conrad nur d. Nießbrauch ihres Nachlasses im Wert von damals 15/m T. haben, d. Kapital selbst dann an ihren Enkel F.W. gehen sollte, d. mütterliche Erbe wurde 1732 auf 3 267 T. beziffert; erwarb 1750 aus d. Konkurs seines Vaters d. Allodialgut Plate (gr. Schloßgut) nebst Zowen für 10/m T.; saß 1756 auch auf Heydebreck, sein Grundbesitz soll damals e. Wert von 86/m T. gehabt haben; seine Güter hatten 1767 e. Wert von 66/m T., darauf Hypotheken von 29 400 T., die anderen Schulden betrugen 32 300 T.; **Ehefrau**: Charlotte Henriette, geb. von Liebeherr (1734–1791); **Sohn**: August Wilhelm Heinrich (1760–1834), stand seit 1776 im I-R Nr. 39, 1782 Sl, Mrz. 1793 dim.; **Sohn**: Carl Friedrich August (* 1762), Ltnt., s.d. mehr;

Quellen: GStA, I. HA, Rep. 30, Nr. 44, O 83 a, Pakete 9 342 u. 9 343; Nr. 243, Vas.tab. 1756; IV. HA, Rep. 1, Nr. 84, Bl. 146 (kz. Notiz, d. Sohn als Alex.); Stabi, Ms. boruss. fol. 316 (d. Sohn als Alex.); Fam.gesch. 1960, S. 124–125; biogr. Handbuch, S. 708–709;

Ltnt. George Wilhelm Felix von der Osten (* 10. Juni 1773, † 17. Nov. 1811)

Vater: Friedrich Wilhelm (1734–1784), April 1756 Fähnrich im I-R Nr. 15 a, April 1758 Sl, Dez. 1763 Stabs-Cap., im Febr. 1765 nach 15 Dj. wegen schlechter Gesundheit auf Wunsch vom 1. Bat. Garde dim., Erbherr auf Geiglitz A, auf Justin A u. Groß Zapplin A im Ostenschen Krs.; **Mutter**: Esther Elisabeth Felicitas, geb. von Wedel (1748–1820), sie saß 1793 als Vormünderin ihrer Kinder auf d. hinterlassenen Gütern im Wert von 24/m T.; **Großvater**: Carl Wilhelm (1703–1748), dän. Cap., Erbherr auf Geiglitz A, seit 1743 auch auf Justin A, Anteil Wollenburg, Groß Zapplin A u. Anteil Reselkow im Ostenschen Krs.; **Bruder**: Carl Friedrich Felix (1772–1808), (nach 1804 Erbherr auf Reinfeld u. Ritzerow im Krs. Belgard, die Güter wurden 1804 auf 150/m T. taxiert, darauf lagen Schulden von 83/m T., f. d. Hypotheken mußten jährlich Zinsen von gut 4/m T. gezahlt werden); **Bruder**: Christoph Henning (1774–1842), Ltnt. s.d.; **Bruder**: George Christoph Leopold

(1776–1823), Dez. 1792 Fähnrich im I-R Nr. 22, Febr. 1795 Sl, Febr. 1799 dim., Erbherr auf Geiglitz A (u. B), 1804 im Wert von 44/m T.; **Laufbahn**: Mai 1790 Fähnrich im I-R Nr. 22, Mai 1793 Sl, Jan. 1795 dim.; **Güter**: (verkaufte d. väterlichen Güter im Ostenschen Krs. vor 1799 an d. Kammerherrn Sigismund Ludwig Joachim von Brockhusen), seit 1792 Erbherr auf Groß u. Klein Jannewitz im Distrikt Lauenburg, auch auf Krampkewitz A, Puggerschow, Klein Wunneschin A, 1801 u. 1804 sollen seine Güter e. Wert von 135/m T. gehabt haben, d. Schulden werden nicht genannt; in erster **Ehe** 1794 verh. mit Ernestine Christiane Charlotte, geb. von Podewils (1769–1797), in zweiter 1804 mit Johanne Wilhelmine Gottliebe, geb. von Breitenbach;

Quellen: GStA, I. HA, Rep. 30, Nr. 44, O 83 a, Paket 9344; Nr. 243, Vas.tab. 1801, 1804; IV. HA, Rep. 1, Nr. 84, Bl. 146 (Vater), Bl. 147 (G.W. u. G.L.); Brüggemann, T. 2/1, S. 366; Fam.gesch. 1960, S. 151, S. 252, S. 254;

Ltnt. Hans Ludwig von der Osten (* 1719)

aus Pommern gebürtig; **Laufbahn**: seit 1737 im Militär, 1741 Gefr.corp., Dez. 1744 Fähnrich im I-R Nr. 22, im Mrz. 1746 noch als solcher genannt, vor 1756 abgegangen;

Quellen: Stabi, Ms. boruss. fol. 314;

Cap. Heinrich Carl von der Osten (get. 8. Mai 1732, † 27. Aug. 1811)

Vater: Christian Ludwig (1698–1752), kgl.-schwed. Cap., Erbherr auf Penkun u. Wollin im Krs. Randow; **Mutter**: Beate Elisabeth, e. geb. von Sydow (1705–1778); **Laufbahn**: engagierte sich im preuß. Militärdienst, (Pl im I-R Alt-Stutterheim Nr. 30, April 1759 als Cap. dimittiert); **Ehefrau**: seit 1753 verh. mit Eleonore Henriette (1737–1782), zweite To. von Carl Friedrich von Sydow (1698–1763) auf Blumberg, Landrat im Krs. Randow; **Güter**: erwarb 1763 von seinem Schwiegervater d. Gut Blumberg im Krs. Randow für 100/m T., mußte deshalb einen Prozeß über drei Instanzen gegen drei Brüder von Sydow führen, Söhne d. verst. Landrats George Wilhelm (1699–1767), 1777 wurden die Ansprüche der Familie von Sydow auf Blumberg endgültig abgewiesen; trat 1756 Penkun im Tausch gegen die uckermärk. Güter Frauenhagen u. Kuhweide sowie gegen e. Zahlung von 30/m T. an d. Witwe Gl Sophie Albertine Gräfin von Hacke, geb. von Creutz ab; ersteigerte 1772 Kasekow im Krs. Randow für 15/m T.; **Sohn**: Henning Friedrich (* 11. Nov. 1756, † 31. Juli 1810), seit 1771 Junker im D-R Nr. 1, 1780 u. 1787 hier als Sl gen., Febr. bzw. Mrz. 1789 dim., Dez. 1798 Charakter Cap., 1810 Suizid; **Sohn**: Heinrich Carl (* 11. Juli 1759, † 29. Mrz. 1849), Sep. als Junker ins D-R Nr. 5, Aug. 1776 Cornet, Juni 1780 Sl, Mai 1790 Pl, Febr. 1791 auf Wunsch als Cap. dim., in erster Ehe verh. mit Caroline von Enckevort († 1794), erwarb 1792 von seinem Vater d. Gut Blumberg für 90/m T., übernahm 1792 auch Kasekow für 24/m T.;

Quellen: GStA, I. HA, Rep. 30, Nr. 44, O 83 a, Paket 9343; Nr. 44, S 122 b, Paket 9374; Nr. 243, Vas. tab. 1763 u. 1767 (danach hat H.C. sen. nicht gedient); IV. HA, Rep. 1, Nr. 84, Bl. 146 (H.C. sen., Zuordnung fraglich), Bl. 147 (Söhne H.C.); Stabi, Ms. boruss. fol. 311 (d. Pl im I-R Nr. 30 stammte aus Mecklenburg, auch stimmt d. Alter nicht); Brüggemann, Vorpommern, S. 192, 215; Brüggemann, Beiträge, 1, S. 497; Probst, D-R Nr. 1, 1841, S. 155, S. 158; Albedyll, Anhang, S. 76*; Fam.gesch., 1960, S. 116–117 (danach soll H.C. Cap. gew. sein);

Ltnt., Geh. Rat Joachim Berend von der Osten (1701–1757)*

Vater: Joachim Berend (1669–1757), Landrat d. Krs. Randow, Erbherr auf Wartin; **Mutter**: Beate Augusta, geb. von Arenstorff; **Laufbahn:** weilte 1719 auf d. Ritterakademie in Brandenburg a. d. Havel, Febr. 1721 Fähnrich im I-R Nr. 25, 1725 Sl, Abschied nach elf Dj., erhielt später d. Charakter Geh. Rat; **Güter** seit 1735 Erbherr auf Wartin im Krs. Randow, 1756 auf 100/m T. taxiert, 1760 überstiegen d. Schulden d. Aktiva seines Nachlasses um ca. 7/m T.; **Ehefrau**: Marie Henriette, e. geb. Freiin von Vernezobre, hinterließ um 1757 acht unmündige Kinder; **Sohn**: Franz Carl Heinrich Ludwig (1739–1799)*, Kammerdirektor;

Quellen: GStA, I. HA, Rep. 30, Nr. 243, Vas.tab. 1756; Fam.gesch. 1960, S. 119; biogr. Handbuch, S. 708 (Sohn mit Hinweisen auf d. Vater);

Obrist Johann Otto Heinrich von der Osten (* 2. Aug. 1693, † 1749)

Vater: Egidius Christoph (1661–1741), Erbherr auf Pinnow, Burzen u. Lümzow im Krs. Neustettin, erhielt im Aug. 1732 die Lehnbriefe für diese Güter, Landrat d. Krs. Neustettin; **Mutter**: Anna Barbara, geb. von Carnitz († 1701); **Bruder**: Matthias Conrad (1691–1748)*, Präsident d. kurm. KDK; Stief-**Bruder**: Casimir Gerhard (1708–1773)*, Landrat d. Krs. Neustettin; Stief-**Bruder**: Philipp Adrian (1710–1745), seit 1726 im Militär, 1734 als Cornet, 1743 als Ltnt. im D-R Nr. 2 gen., im Febr. 1745 zu Neustadt in Oberschlesien gest., sein Erbe in Höhe von 4715 T. ging Nov. 1746 mit je 1 178 T. an seine vier Brüder; Stief-**Bruder**: Friedrich Wilhelm (* 1717), Cap., s.d.; **Laufbahn**: seit 1710 im Militär, Mai 1713 Fähnrich im I-R Nr. 23, Aug. 1714 Sl, Dez. 1715 ins I-R Nr. 27 versetzt, 1726 Stabs-Cap. im I-R Nr. 27, 1736 Cap., 1745 hier als Major, 1749 als Obrist gen.; **Güter**: übernahm 1739 von seinem Vater im Erbkauf d. Gut Pinnow im Krs. Neustettin für 23/m T., darauf Schulden von 18 603 T., will es v. a. mit d. Mitgift seiner Frau gekauft haben, sein mit d. Vater 1739 geschlossener *Contract* sollte deshalb 1749 confirmiert werden, um d. Kapital d. Frau gegenüber d. Gläubigern abzusichern; d. Obrist hinterließ nur Töchter, seine Witwe bat 1749 um d. Allodifikation d. Gutes; eine Untersuchung d. Hofgerichtes ergab, daß es sich bei Pinnow um kein erledigtes Lehn handelte, sondern das es e. Stammgut d. von der Osten war; die Agnaten lehnten d. Allodifikation ab u. zogen d. Angaben über d. Höhe d. Mitgift in Zweifel; die Schulden wurden jetzt auf 14 438 T. beziffert, darunter e. Lehnstamm von 6/m T., Pinnow ging nach 1749 an d. Brüder d. Obristen;

Quellen: GStA, I. HA, Rep. 30, Nr. 44, O 83 a, Paket 9 343; nicht in GStA, IV. HA, Rep. 1, Nr. 84; Stabi, Ms. boruss. fol 315 (Brüder) fol. 316 (J.H.O. nicht in d. Liste für 1740, nicht in d. Abgangsliste), fol. 319; Brüggemann, T. 2/2, S. 766–767; Fam.gesch. 1960, S. 124–125 (nur mit Geb.datum); biogr. Handbuch, S. 706–707, S. 710;

Ltnt. Leopold Maximilian von der Osten (* 1774, † 1806)

Vater: Major († vor 1781); **Mutter**: e. geb. von Münchow, hielt sich 1801 zu Alt-Damm auf, bekam auf Gesuch ihres Sohnes mit CO vom 30. Mrz. 1801 e. Pension von 100 T.; **Laufbahn**: Nov. 1792 Fähnrich im I-R Nr. 25, Mrz. 1795 Sl, Okt. 1805 Pl, 1806 an Blessuren in Naumburg gest.;

Quellen: GStA, II. HA, Abt. 13 a, Tit. III, Litt O, Nr. 8 (Mutter); IV. HA, Rep 1, Nr. 84, Bl. 147; Stabi, Ms. boruss. fol. 314 (danach aus Ruppin geb.);

Cap. Otto Siegfried von der Osten (* 15. Dez. 1736, † 1772) *

Vater: George Ehrenreich (1702–1762), seit 1729 Erbherr auf Witzmitz A, Cummerow C u. Muddelmow C im Ostenschen Krs., auf Anteil Cardemin im Krs. Greifenberg, 1756 im Wert von insges. 21/m T.; **Mutter**: Dorothea Maria, geb. von Manteuffel; **Bruder**: George Christoph (1732–1801), 1756 Junker im D-R Nr. 5, im Siebenjährigen Krieg Ltnt. bei d. Landmiliz, seit 1764 Erbherr auf d. väterl. Gütern Witzmitz A, Cummerow C u. Muddelmow C, (von 1789 bis 1801 auch auf Cardemin im Krs. Greifenberg), d. Güter hatten 1793 e. Wert von zs. 20/m T.; **Bruder**: Friedrich Leopold (* 1741, † 1768), 1763 als Gefr.corp., 1764 u. 1767 als Fähnrich im I-R Nr. 17 gen.; **Laufbahn**: 1750 als Junker ins I-R Nr. 36, Sep. 1756 Fähnrich, Jan. 1758 Sl, Aug. 1763 Pl, Juni 1767 auf Wunsch dim., erhielt d. Charakter Cap.; **Güter**: ging auf sein Gut Strehlow bei Prenzlau;

Quellen: GStA, I. HA, Rep. 30, Nr. 243, Vas.tab. 1756, 1763, 1767; IV. HA, Rep. 1, Nr. 84, Bl. 146 (kz. Notiz f. O.S.); Stabi, Ms. boruss. fol. 316 (F.L., im April 1773 als Ltnt. dim.?); Gesch. I-R Nr. 36, S. 88; Brüggemann, T. 2/1, S. 374, S. 417–418; Brüggemann, Beiträge, 2, S. 197 (d. Angaben für Cardemin sind andere als in d. Fam.gesch.); Fam.gesch. 1960, S. 151 (danach geb. 1735); bei Albedyll, Anhang, kein George Christoph;

Cap. Peter Christoph von der Osten (* 30. Dez. 1702, † 24. Sep. 1769)

Vater: George Caspar (1660–1736), dän Cap., Erbherr auf Wisbu B u. Anteil Bandekow im Ostenschen Krs.; **Mutter**: Helene Juliana, geb. von Lepel; **Laufbahn**: stand 1733 als Fähnrich im I-R Nr. 24, zuletzt Ltnt., nahm 1737 seinen Abschied mit d. Charakter Cap.; **Güter**: seit 1745 Erbherr auf Wisbu A u. B; bat 1749 zs. mit seinem **Bruder** George Bogislav (* 1707), seit 1726 im Militär, 1730 Junker, 1740 Cornet im K-R Nr. 3, 1749 Ltnt., Jan. 1750 dim., um die Annulierung d. Testamentes ihres im nämlichen Jahr verst. **Bruders** Friedrich Jacob, der darin am 17. März d.J. seinen Nachlaß mehrheitlich Fremden u. nicht d. Familie vermacht habe, sie begründeten das damit, daß F.J. bereits in gesunden Tagen *seiner Sinne nicht vollkommen mächtig gewesen* sei, habe zuletzt (u. bei Abfassung seines letzten Willens) an e. *hitzigen Fieber* gelitten; lt. Testament sollte G.B. 200 T., die To. von P.C. 400 T. haben, ausdrücklich hieß es hier, Peter Christoph bekomme nichts, dieser habe sich das *selbst zuzumeßen, daß er nicht mehr Zuneigung gegen mich gehabt und die Brüderliche Liebe gantz hintenan gesetzt*; d. ausgesetzte Summe betrug insgesamt rund 1 750 T.; das, was Friedrich Jacob von seiner Tante, der Witwe Christiane Charlotte von Lepel geerbt hatte, vermachte er seiner Schwester Catharina Juliana; P.C. suchte 1756 darum nach, seinen ältesten **Bruder** Christoph Joachim (* 1696), der seit 1714 von zu Hause abwesend war, für tot erklären zu lassen; **Ehefrau**: Hedwig Elisabeth, geb. von Zastrow (* 1717); **Sohn**: Carl Erdmann (* 1743), 1763 Gefr.corp. im I-R Nr. 17; **Sohn**: George Julius Felix (1745–1827) *, 1764 Gefr.corp. im I-R Nr. 24, 1768 Abschied als Ltnt., seit 1786 Landrat d. Ostenschen Krs., seit 1769 Erbherr auf Wisbu A, B u. C im Wert von 13 433 T., 1804 von 40/m T., um 1800 auch als Erbherr auf Zirkwitz gen., erwarb um 1800 Klein Zapplin im Krs. Greifenberg, trat dieses vor 1804 F.C.A. ab, Sohn: Ferdinand Christian August (1777–1837), Mai 1794 Cornet, Mrz. 1795 Sl im D-R Nr. 12, Juli 1799 dim., Sohn: Wilhelm Otto Sigismund (1783–1841), Nov. 1798 Fähnrich im I-R Nr. 7, Febr. 1802 Sl, Mai 1809 dim.;

Quellen: GStA, I. HA, Rep. 30, Nr. 44, O 83 a, Paket 9 343; Nr. 243, Vas.tab. 1763, 1767; IV. HA, Rep. 1, Nr. 84, Bl. 146 (G.B.), Bl. 148 (F.C.A. u. W.O.S.); Stabi, Ms. boruss. fol. 313 (G.B.), fol. 316;

Brüggemann, T. 2/1, S. 373–374; Fam.gesch. 1960, S. 126–127 (hier Peter Christoph als Sohn von George Caspar); biogr. Handbuch, S. 709 (G.J.F.);

Major Philipp Ludwig von der Osten (* 24. Juli 1711, † 1797?)

Vater: Henning George (1683–1757), Erbherr auf Cummerow u. Vorwerk Rübenhagen im Ostenschen Krs., bis 1724 auch auf Justin; **Mutter**: Dorothea Sophie, geb. von Billerbeck; **Schwester**: Sophia Charlotta (* 1722), hielt sich 1774 bei d. Bruder in Sellin auf, besaß kein Vermögen, bat um e. Pension, wies darauf hin, daß d. Major von seinem Gut nicht leben könnte; **Laufbahn**: trat um 1725 in d. Militärdienst ein, Mai 1740 Pl im I-R Nr. 28, 1754 Cap., Febr. 1759 Major im I-R Nr. 28, Sep. 1764 dim.; **Güter**: besaß seit etwa 1760 als Universalerbe seines Onkels, d. Obristen Valentin Bodo von der Osten, s.d., d. Güter Sellin u. Deutsch Pribbernow B im Krs. Greifenberg; **Ehefrau**: Sophia Henrietta, geb. von Schlichting (* 1746), aus d. Ehe keine Kinder, sie wurde bereits 1791, 1793 als Witwe auf Sellin gen.;

Quellen: GStA, I. HA, Rep. 30, Nr. 44, L 67, Paket 9311; Nr. 243, Vas.tab. 1763, 1767, 1799; IV. HA, Rep. 1, Nr. 84, Bl. 146 (kz. Notiz); Stabi, Ms. boruss. fol. 314; Fam.gesch. 1960, S. 148–149;

Obrist Valentin Bodo von der Osten (* 29. Nov. 1699, † 1757)

Vater: Philipp Joachim (1630–1708), Ltnt., Erbherr auf Wollenburg u. Natelvitz im Ostenschen Krs.; **Mutter**: Dorothea Juliane, geb. von Boehn; **Bruder**: Philipp Ludwig (1685–1744), kursächs. Cap.; **Bruder**: Andreas Friedrich (1686–1755), poln. Cap., russ. GM; **Bruder**: George Eggert (1692–1743), Major; **Laufbahn**: engagierte sich 1717 bei d. Artillerie, Mrz. 1721 Sl, 1726 Pl, 1731 Stabs-Cap., 1741 Major, 1750 Ol, 1755 Obrist, stand 1756 als Obrist u. Chef e. Artillerie-Bat. in Dresden, als solcher 1757 an e. Blessur gest.; **Güter**: erwarb 1754 vom Ltnt. Franz Ludwig von Gantzkow, s.d., die Güter Sellin u. Deutsch Pribbernow B im Krs. Greifenberg für 4700 T.; nach seinem Tod fielen diese an seinen Neffen u. Universalerben, d. Major Philipp Ludwig von der Osten, s.d.;

Quellen: GStA, I. HA, Rep. 30, Nr. 241 b, Paket 9962; Nr. 243, Vas.tab. 1756; nicht in IV. HA, Rep. 1, Nr. 84; Stabi, Ms. boruss. fol. 319 (Laufbahn); Brüggemann, T. 2/1, S. 375, S. 441, S. 451; Fam.gesch. 1960, S. 148–149 (nur als Cap. gen.);

Cap. August George Carl Philipp von Owstien
(* 21. Juni 1771, † 15. Mrz. 1847)*

Vater: Carl Philipp (1736–1811)*, Mai 1751 Gefr.corp. im I-R Nr. 7, Mai 1763 Cap., Febr. 1787 Kommandeur d. I-R Nr. 7, Juni 1789 Orden p.l.m., Aug. 1790 GM, Jan. 1796 Gl, Sep. 1807 dim.; **Mutter**: Dorothea Elisabeth gesch. von Brause, geb. Ulrich; **Laufbahn**: Juni 1787 Fähnrich im I-R Nr. 7, Dez. 1789 Sl, Okt. 1798 Pl, Sep. 1802 Stabs-Cap., Okt. 1810 Cap., Febr. 1812 mit Pension dim., Juli 1813 9. Res. I-R, Febr. 1814 Major, Mrz. 1815 21. I-R, Mrz. 1817 Ol, Juni 1825 Kommandant von Graudenz, Mrz. 1834 als GM dim.; **Schwester**: Dorothea Friederike Caroline (* 4. April 1770, † 5. Sep. 1803), verh. mit d. Cap. Johann Friedrich Wilhelm von Owstien (1747–1801), s.d., dessen Vermögen geriet in Konkurs, seine Witwe hatte keinerlei Besitz, auch ihr Vater will kein Vermögen besessen haben, auf Gesuch d. Gl bekam D.F.C. daher im Aug. 1802 e. Pension von 100 T., nach ihrem Tod ging d. Pension auf Antrag d. Bruders an ihre beiden Söhne von fünf u. drei Jahren, diese sollten die Pension bis zur Aufnahme bei d. *cadets* genießen;

Quellen: GStA, II. HA, Abt. 13 a, Tit. III, Litt O, Nr. 9 (Schwester); IV. HA, Rep. 1, Nr. 84, Bl. 193 (Vater u. Sohn); Stabi, Ms. boruss. fol. 314 (hier als Aug. Wilh.); Priesdorff, Nr. 804 (Vater); Nr. 1820 (A.G.C. geb. in Stettin);

Cap. Johann Friedrich Wilhelm von Owstien (* 30. Okt. 1747, † 6. Jan. 1801) *

Vater: Hans Gustav Adolph, Erbherr auf Ziethen u. Kl. Bünsow in Schwed.-Pom.; **Mutter**: Caroline, geb. von Averdick; **Laufbahn**: Nov. 1762 Junker im D-R Nr. 5, Juli 1764 Cornet, Okt. 1766 Sl, Dez. 1776 (als Cap.) dim., bat im Juni 1786 immedat um d. Abschied als Cap., verwies auf d. Verkauf seiner Güter in Schwed.-Pommern u. d. Ankauf von Thurow; **Güter**: verkaufte 1780 d. väterl. Güter, pachtete Cremzow; erwarb Mrz. 1786 von d. Familie von Schwerin d. Gut Thurow im Krs. Anklam für 16575 T., darauf Schulden von 18257 T.; verkaufte Thurow 1799 mit kgl. Genehmigung an August Friedrich Ludwig Meißner, hatte es nicht länger *mainteniren* können, sein Vermögen geriet in Konkurs, 1801 war noch unklar, ob alle Gläubiger befriedigt werden konnten; erste **Ehefrau**: Beata Juliana Albertina, geb. von Calbow († 1795), aus dieser Verbindung fünf Söhne, darunter d. **Sohn**: Johann Carl Christoph (* 1778, † 1807), Aug. 1794 Fähnrich im I-R Nr. 22, Aug. 1795 Sl, Juli 1804 Pl, Mai 1807 an Blessuren gest.; **Sohn**: Carl Heinrich Julius (* 1779), Aug. 1794 Cornet im D-R Nr. 4, Dez. 1795 Sl, Febr. 1807 dim.; **Sohn**: Friedrich August (* 1782), 1797 Junker im I-R Nr. 30; in **zweiter Ehe** verheiratet mit d. ältesten Tochter d. Gl Carl Philipp von Owstien namens Dorothea Friederike Caroline († 1803), aus dieser Beziehung zwei Söhne;

Quellen: GStA, I, Rep. 30, Nr. 243, Vas.tab. 1794, 1797; Nr. 244, Paket 9992; I, Rep. 96, Nr. 95 O o o; IV. HA, Rep. 1, Nr. 84, Bl. 193 (J.F.W., Söhne, C.H.G. als George); Albedyll, Anhang, S. 69*;

Ltnt. Bogislav Heinrich von Paczkowsky (* 1713)

aus Falkenwalde im Krs. Saatzig gebürtig; **Laufbahn**: seit 1730 im Militär, Mai 1735 Fähnrich im I-R Nr. 22, April 1741 Sl, April 1745 Pl, vor 1756 abgegangen;

Quellen: Stabi, Ms. boruss. fol. 314 (auch als Aug. Heinrich, aus Polen);

Ltnt. Gustav Heinrich Ludwig von Pann(e)witz (* 1785, † 1827)

Vater: Carl Gustav Sigismund (* 1749, † 12. Aug. 1815), aus Schlesien gebürtig, seit 1764 im Militär, 1765 Junker, 1779 u. 1786 Pl im D-R Nr. 12, 1787 Stabs-Cap., 1806 Obrist u. Kommandeur d. D-R Nr. 12, 1813 pens., 1793 in Garnison in Greifenberg, 1804 in Meseritz, erwarb 1790 d. Gut Rützenow im Krs. Greifenberg für 25/m T., trat dieses 1804 seinem Sohn C.W.A. für 40/m T. ab; **Mutter**: Johanna Sophie Amalie, geb. Wesenberg aus Treptow (1760–1810); **Großvater**: Maximilian Sigismund (1715–1791)*, seit 1740 in preuß. Diensten, Febr. 1746 Pl im H-R Nr. 6, Juni 1763 Kommandeur d. D-R Nr. 12, Juni 1774 GM u. Chef d. K-R Nr. 8, Mai 1785 Gl, Erbherr auf Wienskowitz in Schlesien; **Vater-Bruder**: Gustav Ferdinand (1755–1818), Major im D-R Nr. 10; **Bruder**: Carl Wilhelm August (1781–1858), seit 1794 im Militär, 1801 Ltnt. im D-R Nr. 12, 1804 als vorm. Ltnt. gen., verkaufte Ende 1804 Rützenow für 63/m T.; **Bruder**: Wilhelm Friedrich Leopold (1787–1856), 1804 *cadet* in Kalisch, nach 1806 Cap., im Forstfach versorgt; **Laufbahn**: seit 1800 im Regiment, Dez. 1803 (bzw. Dez. 1804) Sl im I-R Nr. 24, stand im Dez. 1807 als Sl im Füsilier-Bat. von Moeller in Kolberg, als Major im 20. Landwehr-Reg. gest.;

Quellen: GStA, I. HA, Rep. 30, Nr. 243, Vas.tab. 1794, 1799, 1804; VI. HA, Nl. Gneisenau, Nr. 691; Stabi, Ms. boruss. fol. 311, fol. 316, fol. 907 a; Priesdorff, Nr. 611 (Großvater); Tb. Uradel 1922, S. 658–659 (danach G.H.L. gest. 1833);

Obrist Christoph Jacob von Papstein (* 1713)

aus Pommern gebürtig; **Laufbahn**: seit 1730 im Militär, 1763 u. 1767 als Ol im D-R Nr. 8 gen., 1772 Obrist, 1777 als Obrist nach 45 Dj. dim.;

Quellen: Stabi, Ms. boruss. fol. 310 (aus d. NM; nicht identisch mit J.C. (geb. 1715, im D-R Nr. 3), fol. 312 (1763, 1772: aus d. NM);

Cap. Ernst Egidius von Papstein (* 28. Febr. 1716, † 26. Juli 1757)

Vater: Christoph Henning († 22. Jan. 1736), Rittmstr. im Leib-D-R, Erbherr auf Anteil Barnimskunow, Blumberg, Pumptow im Krs. Pyritz, auf Mannsfelde im neumärk. Krs. Friedeberg; **Mutter**: (Sabina Elisabeth, geb. von Kahlenberg bzw.) e. geb. von Schöning; (Stief-) Großvater: Gl Peter von Blankensee; **Vater-Bruder**: Joachim Balthasar († 1760), Erbherr auf Blumberg im Krs. Pyritz, dieses fiel 1760 an seinen einzigen Sohn: d. Regierungsrat Peter Ludwig († 20. Aug. 1776); **Brüder**: Henning Friedrich (* 1. Sep. 1718), 1738 Gefr. corp. im I-R Nr. 7, erhielt 1739 d. *venia aetatis*, Carl Rudolph (* 24. Mai 1722), Peter Heinrich (1726–1744), seit 1732 Erbherr auf Pumptow; Stief-**Bruder**, aus d. ersten Ehe d. Vaters mit e. geb. von Oesterling: Hasso Ernst (* um 1713), stand 1730 als Junker, 1732 als Corporal im K-R Nr. 4, 1739 Cornet im D-R Nr. 3, vor Dez. 1740 abgegangen, von 1738 bis 1750 Erbherr auf Wulkow im Krs. Saatzig, seit 1744 zs. mit J.C. Erbherr auf Pumptow; Stief-**Bruder**: Jacob Christoph (* um 1715), 1732 Page beim Gl von Blankensee, 1740 Ltnt. im D-R Nr. 3, 1753 Cap., Aug. 1762 als Major d. Orden p.l.m., 1765 Major im D-R Nr. 3 in Berlinchen, im Mai 1771 als Obrist mit Pension dim.; **Laufbahn**: engagierte sich um 1729 im Militär, 1738 als Ltnt. im D-R Nr. 1 gen., erhielt im Mai 1739 d. *venia aetatis*, im Mrz. 1756 als Cap., aber noch ohne Escadron, im D-R Nr. 10 gen., erkrankte 1757 im Lager bei Insterburg, wurde nach Königsberg gebracht, wo er im Juli d.J. starb; **Ehefrau**: Helena Augusta, e. To. d. Cap. Bernd Christoph von Küssow († 1744) auf Klein Küssow u. Verchland; **Sohn**: Ernst August (1754–1781), seit 1771 im Militär, 1774 Gefr.corp., 1780 Ltnt. im I-R Nr. 26, in Berlin gest., e. zweiter **Sohn** namens Henning (* 1752) war zunächst Page gewesen, seit Juli 1770 Gefr.corp. im I-R Nr. 13, starb als Fähnrich am 3. Febr. 1780 in Berlin; **Güter**: 1739 bekamen die vier minderj. Söhne d. verst. Rittmeisters C.H. die gesamte Hand an d. Gütern Blumberg u. Pumptow; Barnimskunow A befand sich seit 1738 in d. Hand d. Stief-Bruders u. Cornets Hasso Ernst von Papstein, dieser war seit 1738 auch Erbherr auf Wulkow im Krs. Saatzig, verkaufte es 1750 auf Wiederkauf f. 25 Jahre an d. Amtmann Andreas Jordan, 1773 war Wulkow im Besitz d. Ltnt.s Caspar Otto von Wedel; Hasso Ernst besaß von 1746 bis 1770 auch d. Gut Pumptow u. hielt sich 1767 auf seinem Gut Guhden im neumärk. Krs. Königsberg auf, ihm fiel 1776 ferner d. Gut Blumberg zu, sein Sohn Wilhelm Ernst (* um 1745) war seit 1770 Erbherr auf Pumptow, dessen Sohn George Wilhelm Heinrich (* 1775), stand 1801 u. 1806 als Sl im K-R Nr. 5 u. wurde 1807 als Rittmstr. pens.; 1783 erhob Hasso Ernsts Sohn Carl Ferdinand (* um 1761) Ansprüche auf d. im väterlichen Konkurs befindliche Gut Blumberg, wurde im Juli 1785 abgewiesen, bekam es später aber zugesprochen, 1801 u. 1804 hier gen., Wert: 26 686 T.; d. Cap. Ernst Egidius hatte sein halbes Gut Mannsfelde im Krs. Friedeberg verkauft, sich im preuß. Krs. Osterode angekauft, d. Gut wurde durch d. Russen ruiniert, seine Witwe verkaufte es u. hielt sich 1780 bei ihrem älteren Sohn in Berlin auf;

Quellen: GStA, I. HA, Rep. 22, Nr. 236, Paket 8680; Rep. 30, Nr. 43, Paket 9236; Nr. 44, P 99 g, Paket 9357; Nr. 243, Vas.tab. 1763, 1767, 1804; Brüggemann, T. 2/1, S. 130–131, S. 133, S. 286; Stabi, Ms. boruss. fol. 311 (E.E. u. Sohn Henning); fol. 314 (1756 stand e. Cap. Egidius Ernst v. P. im Garn.-Bat. Nr. 2; Sohn E.A.); Schöning, D-R Nr. 3, S. 66, S. 82, S. 102, S. 197, S. 413 (Bruder J.C.);

Ltnt. Sigismund Friedrich von PAPSTEIN (* 1717) *

Vater: Friedrich Wilhelm († 1739), Erbherr auf Pumptow u. Blumberg im Krs. Pyritz; **Laufbahn**: 1732 Gefr.corp., Dez. 1734 Cornet im D-R Nr. 5, Sep. 1739 Sl, April 1744 Pl, Mai 1751 Abschied (ledig gest.);

Quellen: Albedyll, Anhang, S. 53 *;

Cap. George Gottfried Ludwig von PARASKY (* 1761)

Vater: Franz Ludwig (* um 1719, † vor 1794), 1771 Kanzlei-Regent in Lauenburg, 1778 Justizbürgermeister im westpreuß. Putzig, stand 30 Jahre im Dienst, Erbherr auf Paraschin A im Distrikt Lauenburg im Wert von 7 300 fl., hinterließ vier Kinder; **Mutter**: e. geb. von Zitzewitz (* um 1721), sie hatte jährliche Einkünfte von nur 106 T., wurde deshalb 1794 für e. Pension notiert; (**Vater-Bruder**: Johann Friedrich (* 1720), seit 1743 im Militär, Aug. 1748 Sl im Grenadier-Bat. Nr. 6, vor 1763 abgegangen); **Laufbahn**: Juni 1769 *cadet* in Stolp, April 1775 *cadet* in Berlin, 1779 Gefr.corp., Juni 1783 Fähnrich im I-R Nr. 21, erhielt im Dez. 1793 als Stabs-Cap. d. Orden p.l.m., 1795 als Cap. gen., stand mit seinem Reg. am Rhein, wurde um 1798 als Ober-Zolleinnehmer in Halberstadt versorgt; d. **Gut** Paraschin A ging nach 1778 in fremde Hände u. befand sich 1801 in denen d. Fam. von Breitenbach;

Quellen: GStA, I. HA, Rep. 30, Nr. 249, Vas.tab. 1771 u. 1778; II. HA, Abt. 13 a, Tit. III, Litt L, Nr. 1, Bde. 1 u. 2; Stabi, Ms. boruss. fol. 310, fol. 311; Stolper Kadetten, S. 1; Lehmann, Ritter, S. 299;

Ltnt. Caspar Friedrich Wilhelm von PARIS (* 1742)

Vater: Carl Ludwig (* um 1696, † 1774), Ltnt. im Garn.-Reg. in Stettin, hinterließ zwei Söhne u. zwei Töchter; **Mutter**: Maria Charlotta (* 1715, † 1781), e. To. d. Hofrates, Garnison-*Medicus* u. Prof. am Stettiner Gymnasium Crüger, sie besaß 1775 e. Vermögen von 150 T. u. lebte notorisch in dürftigen Umständen, suchte deshalb um e. Pension nach, 1775 auf d. Liste d. Expectanten gesetzt; **Bruder**: Carl Ludwig (* 1749), seit 1764 im Militärdienst, Jan. 1774 Sl im I-R Nr. 33, 1785 als Sl dim., erhielt später d. Charakter Cap., seit etwa 1784 Erbherr auf d. Allodialgut Gandelin im Ftm. Cammin, erworben für 8/m T., verkaufte es 1788 an d. früheren Haushofmeister d. Herzogs von Braunschweig-Bevern Julius Friedrich August Seele für 8 500 T., erwarb 1786 Anteil Pleushagen im Ftm. Cammin von Otto Christoph Ludwig von Damitz für 7 087 T., verkaufte es 1791 für 10 300 T. an e. Amtmann; kaufte um 1785 Anteil Temnick im Krs. Saatzig, wollte diesen 1789 wieder verkaufen, um 1793 veräußert, erwarb nach 1793 mit d. Vermögen seiner Frau Groß Gluschen, 1804 als Erbherr auf Grapitz, Kl. u. Gr. Gluschen im Krs. Stolp im Wert von 25/m T. gen., vor Jan. 1813 gest.; **Laufbahn**: trat um 1756 in d. Militärdienst ein, stand 1764 als Fähnrich im I-R Nr. 9, Juli 1764 Sl, Juli 1769 dim., seit 1772 Ltnt. beim Stettiner Garn.-Reg. mit e. monatl. *Tractament* von fünf T., hier noch 1785 genannt; **heiratete** 1775 Anna Dorothea Sigismunda, geb. von Kameke, d. drei Kinder u. e. Vermögen von 3 700 T. mit in d. Ehe einbrachte, erwarb 1779 von d. Witwe d. Cap. Anton George von Kleist d. **Gut** Poberow im Krs. Greifenberg im Wert von 9 250 T., darauf Schulden von 7 447 T., blieb d. *Kaufpretium* von 1 552 schuldig, wurde deshalb von d. Witwe verklagt; d. Prozesse sollen ihm in vier Jahren 1/m T. gekostet haben; seine Frau ließ sich von ihm scheiden u. erwirkte wegen ihrer Forderung über 2 633 T. 1787 d. Subhastation d. Gutes; dieses ging ihm 1789 verloren; **Schwester**: Anna Charlotta (1748–1804), lebte in sehr dürftigen bzw. *erbärmlichen* Umständen in Stettin, bekam nach wiederholten Gesuchen 1789 e. Pension von 50 T. aus d. pomm. Meliorationsfonds; **Schwester**: verh. mit George Paul († vor 1783), dieser stand 36 Jahre als Uffz. bei d. Garde du Corps, als Schloßinspektor in Stettin versorgt, hatte dieses Amt elf Jahre inne, hinterließ sie mit drei kleinen Kinder; (**verwandt**: Ernst Bogislav von Paris (* 1700), seit 1717 im Militär, stand 1730 als Sergant im I-R Nr. 12: fol. 316);

Quellen: GStA, I. HA, Rep. 30, Nr. 43, Paket 9 232, Paket 9 234; Nr. 44, P 87, Paket 9 347; Nr. 243, Vas.tab. 1804; Rep. 96, Nr. 95 L l, Nr. 7; II. HA, Abt. 13 a, Tit. III, Litt P, Nr. 20 (Schwester); Stabi, Ms. boruss. fol. 311 (Bruder), fol. 315; Brüggemann, T. 2/1, S. 440;

Ltnt. Carl Albrecht Franz von Parlow (* 12. Sep. 1743, † 19. Juni 1805)

Vater: Friedrich Wilhelm († 1751), Erbherr auf Parlow, war dessen einziger Sohn; **Laufbahn**: trat 1762 ins I-R Nr. 7 ein, Nov. 1762 Fähnrich, 1767 nach fünf Dj. (als Ltnt.) dim.; **Güter**: seit 1753 Erbherr auf Parlow u. Tessin A im Krs. Greifenberg, 1750 im Wert von 12 296 T., darauf Schulden von 11 945 T.; 1737 hatte Großkanzler von Cocceji die Anwartschaft auf d. Güter d. Familie erhalten, weil Friedrich Wilhelm von Parlow damals d. einzige Agnat gewesen war, d. Lehngüter auf d. Fall gestanden hatten; im Febr. 1787 bat d. vorm. Ltnt. darum, daß seine Frau d. beiden Güter nach seinem Tod besitzen darf, sie hatte ihm durch ihre Mitgift erlaubt, Schulden zu tilgen und den Besitz zu konservieren; d. Erben d. Großkanzlers wurden mit 2 500 T. abgefunden u. d. Güter am 16. Febr. 1787 allodifiziert; noch 1804 als Erbherr auf d. Gütern genannt; Ende 1805 besaß seine **Witwe** Anna Charlotta, geb. von Wedel, d. Güter; im Jan. 1806 bat Carl Friedrich von Wedel aus Hanseberg bei Königsberg in d. NM darum, d. Namen u. Wappen der von Parlow annehmen und sich künftig von Wedel-Parlow nennen zu dürfen; seine Verwandte Anna Charlotta geb. von Wedel im pomm. Parlow, die ohne Leibeserben war, hatte ihn zu ihrem Universalerben eingesetzt; im Juni 1805 sei d. pommersche Linie der Familie von Parlow mit Carl Albrecht Franz ausgestorben; am 8. Febr. 1806 bekam Carl Friedrich von Wedel auf Hanseberg vom König die Erlaubnis zur Führung d. Namens von Wedel-Parlow;

Quellen: GStA, I. HA, Rep. 30, Nr. 44, P 95, Paket 9 365; Nr. 242, Paket 9 969; Nr. 243, Vas.tab. 1756, 1767, 1793, 1804; Stabi, Ms. boruss. fol. 314; Brüggemann, T. 2/1, S. 439;

Ltnt. Erasmus Bogislav Ernst von Parsenow (* 1721, † vor 1771)

Vater: Christian Albrecht (1681–1736), schwed. Cap., Erbherr auf Schmarsow, Osten, Reudin u. Teusin im Krs. Demmin (u. auf Müssentin, Tutow, Wittenwerder, Zemmin im Krs. Anklam); **Mutter**: Margarethe Dorothea, geb. von Schwerin (1680–1751); **Bruder**: Ulrich Christoph Friedrich (* um 1719, † 1766), preuß Cornet, bayer. Major, s.d.; **Bruder**:

Philipp Hans Carl (* um 1712, † 1776), seit 1733 im Militär, stand 1740 als Sl im I-R Nr. 23, im Juni 1743 dim., Erbherr auf Schmarsow, Osten, Reudin, Teusin im Krs. Demmin, siehe mehr bei dessen Sohn O.B.C. v. P.; **Laufbahn**: seit 1739 im Militär, 1743 Pl im I-R Nr. 24, 1748 auf Wunsch dim.; **Güter**: besaß 1756 d. Anwartschaft auf d. Güter Schmarsow im Krs. Demmin, auch auf Rakow in Schwed.-Pommern, (Erbherr auf Müssentin im Krs. Anklam) ; **Ehefrau**: Hedwig Auguste, geb. von Behr († nach 1790);

Quellen: GStA, I. HA, Rep. 30, Nr. 243, Vas.tab. 1756, 1763, 1767 (E.B.E. u. Bruder P.H.C.); Stabi, Ms. boruss. fol. 313 (Bruder U.C.F.), fol. 316 (Bruder P.H.C.); Brüggemann, Vorpommern, S. 107–108; Schöning, D-R Nr. 3, S. 420; Tb. Uradel 1916, S. 615–616;

Gutsbes. Ludwig von Parsenow (* um 1717, † 4. April 1769)

Vater: Philipp Erdmann (1686–1752), vorm. Cap., Landrat, Erbherr auf Müssentin im Krs. Anklam; **Bruder**: Otto Hans Carl (1710–1761)*, Kammerdirektor in Minden; **Laufbahn**: nahm keine Dienste, hatte seinen Wohnsitz in Anklam; **Güter**: seit 1753 Erbherr auf Müssentin im Wert von 19 200 T., darauf Schulden von 5 310 T.; **Ehefrau**: seit 1756 verh. mit Sophia Juliana Carolina Charlotta, geb. von Winterfeld aus d. Hs. Steinmocker († 1777), aus d. Ehe keine Söhne, L. wollte seine einzige **Tochter** Hedwig Sophia Eva Dorothea in d. Besitz d. Gutes bringen, bat deshalb im Sep. 1767 um d. Allodifikation d. Gutes Müssentin, d. Lehnsfolger aus d. Familie lehnten das ab; **Schwester**: Charlotte Elisabeth Friederica, verh. mit Carl Friedrich von Glasenapp († Sep. 1772), Cap., Landrat im Krs. Demmin, Erbherr auf Barkow u. Benzin; **Schwester**: Lovisa Ulrica (* 1720, † 10. Mai 1782), hielt sich 1774 in Crien im Krs. Anklam auf, sie bekam aus d. väterl. Gütern e. jährliche Alimente von 100 T. inkl. d. Hausmiete, aller *menage* unerachtet konnte sie damit nicht auskommen, zudem hatte nach d. Tod d. Brüder aller Zuschuß aufgehört, sie wurde daher auf d. Liste d. Expectanten für e. Pension aufgenommen;

Quellen: GStA, I. HA, Rep. 30, Nr. 44, P 99 h, Paket 9 357; Nr. 243, Vas.tab. 1756, 1763, 1767; Brüggemann, Vorpommern, S. 64; Tb. Uradel 1916, S. 617; biogr. Handbuch, S. 720 (Bruder);

Cap. Otto Bogislav Christoph von Parsenow (* 1747, † 2. Juli 1812)

Vater: Philipp Hans Carl (* um 1712, † 30. Jan. 1776), seit 1733 im Militär, stand 1740 als Sl im I-R Nr. 23, Juni 1743 als Ltnt. dim., seit 1744 Erbherr auf Schmarsow (1771: 43/m T.), Osten, Reudin (1771: 32/m T.) und Teusin im Krs. Demmin, 1767 im Wert von 75/m T., darauf Schulden von 66 901 T.; **Mutter**: Amalia Hedwig, geb. von Arnim († um 1760); **Bruder**: Philipp Valentin Carl (* 1750, † 23. Dez. 1788), 1767 Page bei Friedrich Wilhelm Prinz von Preußen, 1786 Pl im I-R Nr. 18; **Laufbahn**: engagierte sich um 1766 im Militärdienst, Sep. 1772 Sl im 2. Bat. Garde, Nov. 1778 dim. (mit d. Charakter Cap.); **Güter**: besaß seit 1777 die väterlichen Güter, suchte 1778 um e. *Indult* von sechs Jahren nach, Schmarsow soll damals mit 12/m T. belastet gewesen sein; bat im Dez. 1786 beim König vergeblich um e. Darlehen über 30/m T., bezifferte d. Wert seiner Güter auf mehr als 100/m T., darauf aber altväterl. Schulden von 70/m T., ihm war e. Kredit gekündigt worden, befand sich deshalb in Zahlungsschwierigkeiten, wollte die Güter vor d. Konkurs retten; noch 1804 als Erbherr auf Jagezow, Reudin, Osten, Schmarsow u. Teutin im Wert von 130/m T. genannt; **Ehefrau**: Adelheid Luise, geb. von Bonin; **Sohn**: Friedrich Wilhelm Ludwig (* um 1781, † 1830), seit Nov. 1796 im K-R Nr. 13, zuletzt hier Sl, Jan. 1804 als Pl ins K-R Nr. 5 versetzt, vor 1806 abgegangen, später Erbherr auf Müssentin, Kl. Teutin, Tutow, Wittenwerder;

Quellen: GStA, I. HA, Rep. 30, Nr. 44, P 99 h, Paket 9357; Nr. 186 d, Paket 9838; Nr. 243, Vas.tab. 1756, 1767, 1804; Stabi, Ms. boruss. fol. 313 (Bruder), fol. 316 (Vater); Brüggemann, Vorpommern, S. 107–108; Schöning, K-R Nr. 13, S. 308–309; Reinhard, Garde, S. 531, S. 555; Tb. Uradel, 1916, S. 615–616 (danach gest. 1777);

Ltnt. Philipp von Parsenow (* 24. Okt. 1751, † 7. März 1814)

Vater: August (1714–1765), seit 1753 Erbherr auf Kl. Toitin, Zemmin, Müssentin (u. Cadow), seit 1762 auch auf Tutow u. Vorwerk Wittenwerder, Landrat d. Krs. Anklam, seine Güter hatten 1767 e. Wert von 39 600 T., darauf gerichtl. Schulden von 11 939 T., die ges. Schulden sollen 44 558 T. betragen haben; **Mutter**: Dorothea Esther Elisabeth, e. geb. von Glasenapp; **Vater-Brüder**: Otto Hans Carl (* um 1710, † Dez. 1761), Kammerdirektor in Minden, seit 1753 Erbherr auf Tutow u. Wittenwerder; Ludwig (1717–1769), Gutsbesitzer, s.d.; **Großvater**: Philipp Erdmann (1686–1752), vorm. Cap., pomm. Landrat, Erbherr auf Müssentin, Zemmin; **Bruder**: Carl Friedrich August (1753–1772), Fähnrich im I-R Nr. 30; **Bruder**: August Heinrich Rudolph (1758–1772), Fähnrich im I-R Nr. 30; **Bruder**: Franz Friedrich Carl (1764–1793), Landrat, seit 1773 Erbherr auf Müssentin u. Kl. Toitin, diese fielen 1793 an d. Bruder Philipp; **Laufbahn**: stand 1767 als Gefr.corp. im I-R Nr. 30 in Anklam, 1775 Sl, 1776 auf Wunsch (nach 12 Dj.) dim.; **Güter**: seit 1773 Erbherr auf Zemmin, 1803 verpfändet, auf Tutow u. Vorwerk Wittenwerder, seit 1793 auch auf Müssentin u. Kl. Toitin, 1797 hatten seine Güter e. Wert von 25 052 T., 1801 wurden 82 333 T. angegeben; **Ehefrau**: Maria Henriette Caroline, e. geb. von Neetzow (* 1819); **Sohn**: Peter Friedrich Wigand Carl Philipp (* Juni 1782, † Nov. 1820), Juni 1798 Cornet im K-R Nr. 11, 1804 u. 1806 hier als Ltnt. gen., 1809 dim., Erbherr auf Müssentin, Tutow u. Werder;

Quellen: GStA, I. HA, Rep. 30, Nr. 186 d, Paket 9838; Nr. 243, Vas.tab. 1756, 1763, 1767, 1794, 1804; Stabi, Ms. boruss. fol. 311, fol. 315 (d. Sohn als Carl Philipp), fol. 907 a; Brüggemann, Vorpommern, S. 64; Tb. Uradel 1916, S. 616; biogr. Handbuch, S. 720;

preuß. Cornet, bayer. Major Ulrich Christoph Friedrich von Parsenow (* um 1719, † 1766) *

Vater: Christian Albrecht (1681–1736), schwed. Cap., seit 1708 Erbherr auf Schmarsow, Osten, Reudin u. Teusin im Krs. Demmin, Müssentin, Tutow, Wittenwerder im Krs. Anklam; **Mutter**: Margarethe Dorothea, geb. von Schwerin (1680–1751); **Bruder**: Philipp Hans Carl (* um 1714, † 1776), Ltnt. im I-R Nr. 23, 1743 abgegangen, seit 1744 auf d. väterl. Gütern, siehe mehr bei dessen Sohn O.B.C.; **Bruder**: Erasmus Bogislav Ernst (* 1721, † vor 1771), Ltnt., s.d.; **Laufbahn**: seit 1738 im Reg., 1740 Cornet im D-R Nr. 3, noch 1740 dim., diente von 1741 bis 1748 in d. bayer. bzw. kaiserl. Armee, zuletzt Major; **Güter**: besaß d. Anwartschaft auf d. Güter Schmarsow, Reudin, Teusin im Krs. Demmin; **Ehefrau**: Anna Juliana, geb. von Lüskow (1734–1798);

Quellen: GStA, I. HA, Rep. 30, Nr. 243, Vas.tab. 1756; Stabi, Ms. boruss. fol. 316; Ms. geneal., fol. 120; Brüggemann, Vorpommern, S. 107–108; Schöning, D-R Nr. 3, S. 66, S. 420; Tb. Uradel 1916, S. 616;

Major Erdmann Joachim von PAULSDORFF (* 1705, † um 1777)

Vater: Claus Heinrich, Ltnt., Erbherr auf Paulsdorf B im Flemmingschen Krs.; **Laufbahn**: (seit 1722 im Militär, 1724 Corp., Okt. 1729 Sl im I-R Nr. 22), zuletzt Major mit 28 Dj.; **Güter**: übernahm nach d. Tod d. Vaters Paulsdorf B, besaß seit 1747 auch das in Konkurs geratene Paulsdorf A im Wert von 7/m T., das Gut wurde im Siebenjährigen Krieg ruiniert u. geriet in Konkurs; seine Güter hatten 1767 e. Wert von 23 866 T., darauf Hypotheken von 21 189 T.; Stief-**Bruder**: Ernst (Friedrich) Heinrich (* 1724), seit 1741 im Militär, 1750 u. 1756 als Sl, 1764 als Cap. im I-R Nr. 38 gen., Sep. 1770 Major im I-R Nr. 33, Sep. 1781 als Major im I-R Nr. 33 mit d. Charakter Ol dim.; E.H. bedankte sich am 23. April 1782 aus Wollin f. d. ihm gewährte Pension von 150 T., könne davon aber seine Familie nicht unterhalten, bat daher um d. vor d. Vakanz stehende Kommandanten-Stelle in Stettin, gab an, seine Söhne für d. Dienst in d. Armee erziehen zu wollen; erklärte in e. zweiten Gesuch vom 5. Nov. 1784, er sei als Major u. 3. Stabs-Offz. im I-R Nr. 33 nicht in d. Lage gewesen, in d. *letzten kurzen Krieg diese Nation zur Treu(e) gegen ihren König zu bewegen*, habe zuvor 32 Jahre bei e. anderen Regiment gestanden u. hier in vier *Bataillen* u. zwei Belagerungen *mit Nutzen gedient, sein Blut mit Freuden für d Ruhm vergossen*, meinte als Offz. d. I-R Nr. 33 unverdient in Ungnade gefallen zu sein u. bat d. König darum, ihm Gerechtigkeit widerfahren zu lassen; E.H. übernahm im Sep. 1777 für 6718 T. d. in Konkurs geratene Gut Paulsdorf B seines verst. Bruders; 1804 war d. Gutsanteil B im Wert 9 500 T. im Besitz von Gotthilf Ludwig von Paulsdorff (* um 1770), Ltnt. im D-R Nr. 4; **Schwestern**: Catharina Eleonora (* 1722) u. Agnisa Lucretia (* 1724, † 16. Mrz. 1787), beide baten 1774 um e. pomm. Pension, sie besaßen zs. e. Erbteil von 1/m T., eingetragen auf Paulsdorf, d. Kapital sei durch Prozesse vermindert worden, stünde auf e. verschuldeten Gut u. damit auf d. Fall, auch blieben die Zinsen aus, sie bekamen 1781 e. Pension von 100 T.; **Schwester**: Sophie Charlotte, geb. von Paulsdorff, verh. von Paulsdorff (* 1705, † 24. Dez. 1778), sie bezog seit Sep. 1776 e. Pension von 100 T., hinterließ e. Sohn Ernst, Ltnt., u. drei Enkel;

Quellen: GStA, I. HA, Rep. 30, Nr. 44, A 6, Paket 9 242, P 99 L, Paket 9 359; Nr. 243, Vas.tab. 1793, 1804; Rep. 96, Nr. 94 R r 2; Stabi, Ms. boruss. fol. 311 (Bruder E.H.); fol. 314, fol. 316 (E.H.); Brüggemann, T. 2/1, S. 40–41;

Ltnt. Ernst Friedrich von PAULSDORFF (* 1733, † Febr. 1794)

Vater: Ernst Wilke, Erbherr auf Paulsdorf A im Flemmingschen Krs.; **Laufbahn**: seit 1744 im Militär, 1750 Gefr.corp., 1756 Fähnrich im I-R Nr. 38, 1763 nach 19 Dj. wegen Blessuren als Ltnt. dim.; **Ehefrau**: Albertina Carolina Christiana (* 1752), e. To. d. Majors Friedrich Wilhelm von Arnstedt, lt. Ehestiftung von 1779 hatte sie e. Forderung auf d. Gut über 5 783 T., aus beider Ehe gingen sieben Kinder hervor, sie bezog seit April 1800 e. Pension von 100 T.; **Güter**: *reluirte* 1773 Paulsdorf A für 9 519 T., hatte 1787 auf d. Gut Schulden von 11 258 T., darunter die *illata* seiner Frau; suchte 1787 um Beihilfen für sein Gut nach, Wohnhaus u. Stallgebäude waren baufällig, ihre Wiederherstellung sollte 3 021 T. kosten, die er aus eignen Kräften nicht aufbringen konnte, d. Gut war für jährlich 440 T. verpachtet, d. Zinsen für Pfandbriefe über 5 475 T. betrugen 226 T., die *onera* weitere 30 T., so daß jährlich nur 183 T. blieben, zu wenig für d. Unterhalt d. Ltnt.s, seiner Frau, von vier Töchtern u. drei Söhnen, d. Familie galt d. Landrat zufolge als *bedürftig*; im Jahr 1800 sollte f. Paulsdorf A e. Beihilfe von 1 500 T. gezahlt werden; **Sohn**: Ernst Heinrich Ludwig (* 1779), Juli 1788 *cadet* in Stolp, April 1793 *cadet* in Berlin, seit 1794 im Regiment, 1797 als Fähnrich gen., Mrz. 1799 Sl im 2. Bat. Garde, als solcher noch 1806 gen., 1824 als aggr. Cap. beim 24. I-R dim., saß 1804 auf Paulsdorf A (bzw. B) im Wert von 9 500 T.; **Sohn**: Gotthilf Friedrich (* 1786, † 23. Febr. 1799), Juni 1796 *cadet* in Stolp, als solcher 1799 gest.; **Tochter**: Sophia Johanna Dorothea, verh. mit d. KD-rat Franz (Friedrich) Gottlob von Seydlitz in Köslin;

Quellen: GStA, I. HA, Rep. 30, Nr. 243, Vas.tab. 1793, 1804; II. HA, Abt. 13 a, Tit. I, Litt P, Nr. 2, Nr. 11; Stabi, Ms. boruss. fol. 316 (1750 standen e. Sl u. e. Gefr.corp. im I-R 38), fol. 907 a; Brüggemann, T. 2/1, S. 40–41; Reinhard, Garde, S. 542; Stolper Kadetten, S. 24, S. 34;

Ltnt. Ludwig Gotthilf Erdmann von Paulsdorff (* 8. Nov. 1769, † 9. Aug. 1830) *

Vater: Ernst Ludwig (1723–1791), (seit 1741 im Militär, Sep. 1770 Major im I-R Nr. 33, 1781 als Ol dim.) Obrist, Assessor beim Ober-Kriegskollegium; **Mutter**: Rahel Dorothea, geb. von Lüttichau (1733–1789); (**Vater-Bruder**: Erdmann Joachim (1705–1777), Major, s.d.); **Laufbahn**: 1784 Gefr.corp. im I-R Nr. 22, 1787 Junker im D-R Nr. 4, Aug. 1787 Cornet, Juli 1781 Sl, Juli 1801 Pl, Mai 1809 d. neumärk. D-R Nr. 3 aggr., Mrz. 1812 Major, Okt. 1815 Ol, Mrz. 1819 Obrist, Mrz. 1829 Abschied als GM; ging drei **Ehen** ein, in zweiter verh. mit Henriette Helene Charlotte (* 1777), e. To. d. GM Hans Carl Ludolph von Strantz, beide wurden 1817 geschieden; **Güter**: besaß nach d. Erbauseinandersetzung mit seiner einzigen Schwester Anna Henriette verh. Cap. von Woisky seit 1795 Paulsdorff B (bzw. A) im Flemmingschen Krs. im Wert von 9/m T., noch 1804 als Erbherr genannt;

Quellen: GStA, I. HA, Rep. 30, Nr. 243, Vas.tab. 1793, 1799, 1804; Stabi, Ms. boruss., fol. 311 (d. Major im I-R Nr. 33: Ernst Heinrich); Brüggemann, Beiträge, 2, S. 86; Albedyll, T. 2, Anhang, S. 79* (mit anderen Angaben zu d. Eltern, d. Geb.jahr); Priesdorff, Nr. 1 441;

Major Martin Gneomar von Pawelsz (* Okt. 1758, † 27. Juni 1820)

Vater: Carl Friedrich Bogislav († 1772), Erbherr auf Anteil Varzmin im Krs. Stolp im Wert von 800 T., darauf Schulden von 920 T.; hinterließ eine Tochter u. drei Söhne, d. To. Eva Eleonora († 1805) u.d. Sohn Johann Moritz hatten schwere Augenleiden; **Mutter**: Margaretha (* um 1720, † 1780), e. geb. von Pawelsz, hinterließ Schulden von 800 T.; **Mutter-Bruder**: Michael Wenzeslaus (1725–1780), Major, s.d., dieser suchte im Sep. 1779 aus Naugard um e. Pension für seine vermögenslose Schwester in Varzmin nach; **Bruder**: Michael Bogislav († vor 1796), wollte sich im H-R Nr. 8 engagieren, um d. *Sclaverei auf d. ärmlichen Gütchen* u. d. Sorge für d. Mutter u. zwei Geschwister zu entgehen, wurde vom Vormund u. d. Mutter davon jedoch abgehalten, setzte sich im Okt. 1784 unter Assistenz d. Justizbürgermeisters Knüppel mit seinen Geschwistern auseinander, d. ganze Verlassenschaft inkl. Inventar betrug 565 T., mußte 423 T. auszahlen, ihm selbst blieben nur 141 T., denen Schulden über 1 223 T. gegenüberstanden, bat im Nov. 1786 immediat um e. Beihilfe, besaß 1788 d. väterlichen Gutsanteil, bekam für diesen 400 T. Meliorationsgelder, zuletzt Glasschreiber in d. Glashütte Kosemühl, verheiratet mit Barbara, geb. von Pirch (* 1742), aus beider Ehe eine Tochter u. d. Söhne: Ernst Jacob (* 1776), Juni 1793 *cadet* in Stolp, April 1794 *cadet* in Berlin, 1795 ins Reg., 1796 Junker im Füsilier-Bat. Nr. 5; Franz Michael (* 1778), April 1792 *cadet* in Stolp, April 1794 *cadet* in Berlin, 1795 ins Regiment, stand 1796 als Junker im I-R Nr. 38, Aug. 1798 Fähnrich, Sep. 1801 Sl, Mai 1810 mit Wartegeld dim., Sep. 1811 Charakter als

Cap.; **Laufbahn**: Juni 1771 *cadet* in Stolp, April 1774 *cadet* in Berlin, (seit 1775 im Regiment), stand 1779 als Cornet, 1786 als Sl im D-R Nr. 12, 1792 Pl, 1795 Rittmstr., 1800 Major im D-R Nr. 12, 1816 Ol, Abschied als Obrist, 1817 vorm. Obrist in Stargard; in erster Ehe **verheiratet** mit Barbara Elisabeth, geb. von Beneckendorff († 1795);

Quellen: GStA, I. HA, Rep. 30, Nr. 43, Paket 9240; Rep. 96, Nr. 260 P (Bruder M.B.); Rep. 176, Nr. 7537; II. HA, Abt. 13a, Tit. III, Litt P, Nr. 14, Nr. 17 (d. Fam. auch als Pawels, Pawelcz); Stabi, Ms. boruss. fol. 311; Siebmacher, Bd. 6/9, 1894, S. 69; Stolper Kadetten, S. 4, S. 28–29;

Major Michael Wenzeslaus (Woitislav) von Pawelsz (1725–1780)

aus *Cassuben* gebürtig; **Laufbahn**: trat 1743 in d. Militärdienst ein, stand 1746 als Junker, 1756 als Sl, 1765 als Stabs-Rittmstr. im D-R Nr. 12, 1780 als Major gest.; seine **Witwe** Juliana Levina verw. Joh. Christoph von Holtzendorff, geb. von Beneckendorff, besaß 1780 d. Güter Cramonsdorf, Anteil Schönenwalde u. Voigtshagen im Dewitzschen Krs., verkaufte diese 1781, 1783 an Otto Gottlieb Sigismund von Ramin auf Piepstock, der Verkauf wurde 1784 jedoch rückgängig gemacht, d. Witwe besaß beide Güter noch in d. Jahren 1793 u. 1799 im Wert von 30/m T.;

Quellen: GStA, I. HA, Rep. 30, Nr. 243, Vas.tab. 1793, 1799, 1804; Rep. 176, Nr. 7537; II. HA, Abt. 13a, Tit. III, Litt P, Nr. 9; Stabi, Ms. boruss. fol. 311;

Rittmeister Carl Heinrich von Paxleben (* 1722, † nach 1788)

Vater: Peter Heinrich (* um 1695, † vor 1755), seit 1720 Erbherr auf Mechentin A im Ftm. Cammin, seit 1743 Erbherr auf Mechentin B, hinterließ vier Söhne; **Bruder**: Hans Christian (* um 1718), seit 1733 Gefr.corp. im I-R Nr. 5, 1737 Pl, vor 1749 abgegangen, 1756 als vorm. Cap. bez., seit 1780 im Stettiner Land-Reg., hier noch 1785 mit fünf T. *Tractament* monatlich genannt, hielt sich damals in Rützow bei Kolberg auf, seit 1755 Erbherr auf Mechentin A im Wert von 6/m T.; **Bruder**: Adam Moritz (1725–1770), seit 1740 im Militärdienst, 1750 Sl, 1764 Cap. u. Chef e. Comp. im I-R Nr. 43; **Bruder**: Friedrich Wilhelm (* 1730), stand 1755 als Ltnt. bei Knobloch (I-R Nr. 10); **Laufbahn**: 1739 als *cadet* gen., diente bis 1741 als Gefr.corp. im I-R Nr. 11, wechselte 1741 ins K-R Nr. 9, Jan. 1746 Cornet im K-R Nr. 9, 1757 als Ltnt. gen., erlitt in d. drei Schlesischen Kriegen mehrfach Blessuren, wurde dadurch dienstuntauglich, 1763 nach 24 Dj. als Stabs-Rittmstr. ohne Versorgung dim., später als Stabs-Cap. im Stettiner Land-Regiment mit e. Wartegeld von monatlich fünf T. angestellt; **Güter**: seit 1755 Erbherr auf Mechentin B, 1767 taxiert auf 8/m T., darauf Hypotheken von 8300 T.; 1768 wurde d. Konkurs über Mechentin A eröffnet, im Mai 1776 ging Mechentin B in Konkurs, sein Wert war 1775 auf 4345 T. geschätzt worden, darauf aber Schulden von 6398 T.; d. Rittmstr. bat im Jan. 1779 u. im Febr. 1782 um Erhalt seines Gutes; suchte 1782 als Letzter seines Geschlechtes um e. Beihilfe von 4220 T. zur Einlösung von Mechentin B nach, das im Dez. 1781 für 4220 T. an d. Fi-rat Friedrich Wilhelm von Gerlach gegangen war; d. Schulden d. Rittmstrs. betrugen 7800 T., darunter 7425 T. Lehnschulden, von denen 1705 T. auf seine beiden **Schwestern** Charlotta Wilhelmina († 19. Mai 1788) u. Benigna Friederica († 30. März 1788) entfielen; Mechentin A war bereits 1775 an von Gerlach verkauft worden; seine Gesuche wurden abgewiesen, Mechentin A u. B blieben im Besitz d. Geh. Fi-rates von Gerlach; d. beiden Schwestern hatten lebenslang freies Wohnrecht auf d. Gut u. bezogen seit Mai 1772 e. Pension von 100 T., C.H., der mit ihnen zusammen gelebt u. gewirtschaftet hatte, bat nach ihrem Tod um diese Pension, weil er von seinem Wartegeld nicht leben konnte, wurde im Juni 1788 jedoch abgewiesen; (**verwandt**: Johann Friedrich (* 1718), seit 1740 im Militär, stand 1741 als Gefr. corp. im I-R Nr. 1: Stabi, Ms. boruss. fol. 313);

Quellen: GStA, I. HA, Rep. 30, Nr. 44, P 99, Paket 9 356; Nr. 243, Vas.tab. 1755, 1763, 1767; Rep. 96, Nr. 95 L l, Nr. 7; II. HA, Abt. 13 a, Tit. III, Litt P, Nr. 16 (Schwestern); Stabi, Ms. boruss. fol. 312, fol. 316 (Bruder A.M., Bruder F.W. im I-R Nr. 10 nicht gen.); Brüggemann, T. 2/2, S. 576; Siebmacher, Bd. 6/9, 1894, S. 70 (danach erlosch d. Fam. vor 1787);

Ltnt. Friedrich Wilhelm von Paxleben (1729–1757)

aus Pommern gebürtig; **Laufbahn**: seit 1746 im Militär, 1750 Gefr.corp. im I-R Nr. 17, 1756 Sl im I-R Nr. 21, 1757 als Ltnt. bei Kolin gefallen;

Quellen: Stabi, Ms. boruss. fol. 311, fol. 316;

Rittmstr. Heinrich Christian von Paxleben (* 1685)

aus Pommern gebürtig; **Laufbahn**: seit 1704 im Militär, April 1710 Ltnt., Jan. 1714 Rittmstr. im K-R Nr. 4, im Mrz. 1716 als Invalide verabschiedet;

Quellen: Stabi, Ms. boruss. fol. 316; Förster, K-R Nr. 4, S. 138, S. 542;

Cap. Ernst Heinrich von Pelchrzim (* 1764)

Vater: George Joachim († 10. Febr. 1795), geb. in Bobreck im Ftm. Teschen, zunächst in sächs. Diensten, wechselte nach d. Kapitulation bei Pirna in preuß. Dienste, 1757 ins I-R Nr. 58, 1763 wegen Blessuren als Cap. *reducirt*, seit 1771 Cap. beim Stettiner Land-Reg. mit e. monatlichen *Tractament* von sechs T., bat im Febr. 1791 aus Briesen bei Schivelbein immediat um e. Zulage, weil er mit seiner Fam. von d. *Tractament* nicht leben konnte, als Cap. beim pomm. Land-Reg. 1795 gest., hinterließ vier Kinder; **Mutter**: Auguste Friederike, geb. von Winterfeld (* 1737); **Bruder**: Carl August Friedrich (* 1768), 1787 Gefr.corp., Okt. 1799 Pl im I-R Nr. 18, 1806 Stabs-Cap., 1820 als Major bei d. Gendarmerie pens.; **Laufbahn**: seit 1784 im Militär, 1787 als Fähnrich gen., April 1789 Sl im I-R Nr. 13, 1806 als Stabs-Cap. gen., 1812 Inspector bei d. Stadtvogtei in Berlin;

Quellen: GStA, I. HA, Rep. 96, Nr. 257 P; II. HA, Abt. 13 a, Tit. IV, Litt S, Nr. 1, Bd. 1 (hier d. Brüder mit d. Namen Ernst Christian Friedrich u. Carl August Wilhelm); Stabi, Ms. boruss. fol. 311, fol. 313 (C.A.F.), fol. 907 a; Rangliste 1806, S. 7, S. 12;

Ol Friedrich Albrecht von Perbandt (* 1705, † 4. Sep. 1756)

Vater: Fabian Albrecht († 1715), Cap. im D-R Markgraf Albrecht; **Mutter**: Dorothea Elisabeth, geb. von Hülsen; **Laufbahn**: 1718 als Junker ins Reg., Febr. 1724 Cornet im D-R Nr. 5, Juni 1725 Sl, Juni 1734 Pl, Sep. 1737 Stabs-Rittmstr., Mrz. 1743 Rittmstr. u. Chef e. Escadron, Juli 1747 Major, Juli 1755 Ol, Sep. 1756 in d. Quartieren bei Dresden gest.; **Ehefrau**: Wilhelmine Amalie Charlotte, geb. von Stettin, aus beider Ehe sieben Kinder; **Güter**: erwarb 1741 von seiner Schwiegermutter Johanna Eleonora, geb. von Schönfeld († 1741), d. Witwe d. kursächs. Majors Friedrich Wilhelm von Stettin, d. Gut Korkenhagen im Krs. Saatzig für

7 404 T., bewirkte anschließend dessen Allodifikation; seine **Tochter** Johanna Sophia Beate bat im Mrz. 1764 darum, d. Gut an e. Bürgerlichen verkaufen zu dürfen, dieses ging jedoch noch 1764 an d. Major Heinrich Levin von Below; **Tochter**: Anna Dorothea Helene (1748–1828), seit 1776 verh. mit d. späteren Gl Hermann Johann Ernst von Manstein (1742–1808)*; **Tochter**: Wilhelmine (* 1741), bat 1787 um e. pomm. Pension, im Mrz. 1788 setzte sich ihr Schwager, d. damalige Major von Manstein, aus Berlin für sie ein, sie hatte damals e. Vermögen von 800 T., konnte von d. Zinsen jedoch nicht leben, war zudem kränklich, wurde für e. Pension notiert, bekam ab 1795 50 T.; **Sohn**: Friedrich Erdmann (1737–1776), Ltnt. (im I-R Nr. 32), verh. mit Wilhelmine Amalie, geb. von Wedel († 25. Mai 1793), sie hatte zuletzt e. Pension von 100 T. aus d. neumärk. Meliorationsfonds bezogen; **Enkel**: Carl Friedrich (1768–1839), stand 1793 zs. mit seinem Bruder als Ltnt. im I-R Nr. 34, im Jahre 1800 als vorm. Train-Offz. gen., unversorgt, nach 1806 Major, Kommandeur d. *Cadetten-Corps*; **Enkel**: Ernst Heinrich Wilhelm (1773–1848)*, 1806 Sl im I-R Nr. 34, nach 1815 GM;

Quellen: GStA, I. HA, Rep. 30, Nr. 243, Paket 9980; II. HA, Abt. 13 a, Tit. III, Litt P, Nr. 24 (To. Wilhelmine); Tit. IV, Generalia, Nr. 11; Brüggemann, T. 2/1, S. 267; Albedyll, Anhang S. 57*; Jb. dt. Adel, Bd. 2, S. 777; Priesdorff, Nr. 903 (Manstein), Nr. 1435 (Enkel);

Cap. Bernhard Friedrich von Petersdorff (* 1727, † 18. Juni 1757)

Vater: George Ludwig († vor 1755), Cap. in schwedischen Diensten, seit 1736 Erbherr auf Schlötenitz B im Krs. Pyritz im Wert von 9 500 T.; **Bruder**: Ludwig Samuel (* um 1723, † vor 1765), stand 1745 als Cap. in frz. Diensten, weil er ohne Erlaubnis in fremde Dienste gegangen war, sollten ihm d. Erträge seines Vermögens in Höhe von 500 T. nicht ausgezahlt werden, avancierte dann in sächsisch-polnischen Diensten bis zum Obristen, Gen.-Adjutant von Heinrich Graf von Brühl, hielt sich zs. mit d. poln. König zu Beginn d. Siebenjährigen Krieges auf d. Königstein, dann in Warschau auf, nahm Anfang 1757 seinen Abschied, ging von Warschau nach Danzig, machte von hier aus e. Tour in vermeintlichen Erbangelegenheiten nach Hinterpommern, u. a. zu e. von Below in Pinnow u. zu (Carl Siegmund) von Pirch in Lübzow; weilte im Sep. 1757 in Hamburg; ihm wurden verdächtige Umtriebe unterstellt, deshalb berichteten die preußischen Residenten in Danzig u. Hamburg über seinen Umgang; **Laufbahn**: engagierte sich 1740 im I-R Nr. 22, 1741 Gefr.corp., Mai 1744 Sl, April 1754 Pl, als Cap. bei Kolin 1757 gefallen; **Güter**: bat 1755 darum, d. väterliche Gut Schlötenitz B zu allodifizieren, George Heinrich u. Otto Ehrentreich von Suckow, Söhne d. Vorbesitzers, traten ihre Rechte ab, daraufhin wurde d. Gut allodifiziert; seit 1756 nach d. Auseinandersetzung mit seinen Geschwistern alleiniger Besitzer von Schlötenitz B; 1765 war d. Gut im Besitz von Anna Hedwig von Petersdorff, verh. Obristin Paul Henning von Steinwehr, s.d., einzige **Schwester** d. Gebrüder B.F. u. L.S., sie hatte 1750 gemeinsam mit Bernhard Friedrich e. Vermögen von 1 200 T. gehabt;

Quellen: GStA, I. HA, Rep. 30, Nr. 44, P 86, Paket 9 346; Nr. 243, Vas.tab. 1756, Stabi, Ms. boruss. fol. 314; Brüggemann, T. 2/1, S. 161;

Ltnt. Carl Christoph von Petersdorff (* 1765)

aus Pommern gebürtig; **Laufbahn**: seit 1780 im Militär, 1787 Cornet im K-R Nr. 2, 1793 als Sl dim.;

Quellen: Stabi, Ms. boruss. fol. 315; Monteton, Abgangsliste, S. 57;

Major Curth Friedrich von PETERSDORFF (* 19. Nov. 1717, † 5. Okt. 1790)

Vater: Jacob Ernst (* 1693), Ltnt. (bzw. Cap.), wurde 1731 in Stettin wegen e. Schuldbürgschaft für d. Gebr. von Ramin arretiert u. mußte sein Gut Lütkenhagen A im Krs. Saatzig 1736 Johann Christoph von Holtzendorff für 7 500 verpfänden; **Mutter**: Renate, geb. von Ramin; (**Bruder**: Bogislav Julius († vor 1769), Ltnt.); **Bruder**: George Ernst (* 1719, † 6. Mai 1757), seit etwa 1738 im Militär, Gefr.corp. im I-R Nr. 8, Nov. 1740 Fähnrich, Aug. 1743 Sl, Okt. 1752 Pl, Mai 1757 bei Prag gefallen; **Laufbahn**: Aug. 1737 Fähnrich im I-R Nr. 8, Mai 1741 Sl, Sep.1745 Pl, Juni 1756 Cap. u. Chef e. Comp., Juni 1764 als Major dim.; **Güter**: seit 1763 Erbherr auf Lütkenhagen A, seit 1764 auf Buddendorf, seit 1775 auf Resehl u. 1/3 Speck, 1767 hatten seine Güter e. Wert von 19 800 T., darauf Hypotheken von 13 040 T., andere Schulden von 7 800 T., weiter hieß es damals, er habe die *ausstehenden Schulden* von 14 986 T. *nicht zur Bezahlung d. Reluitions pretii einziehen* können, seit 1769 Erbherr auf Großenhagen u. ½ Burow im Krs. Saatzig, seit 1779 auf Schönhagen; führte von 1769 bis 1783 Prozesse gegen d. Referendar Friedrich Wilhelm Erdmann Moritz von Petersdorff, s.d., wegen strittiger Holzungen u. zweier Bauernhöfe in Puddenzig; bat im Juni 1782 mit Verweis auf seine 30 Dj., die in drei Campagnen erlittenen Blessuren u. seine sieben Kinder um Meliorationsgelder für seine Güter; wurde 1784 vom Hofmeister seiner Söhne wegen Gotteslästerung denunziert u. deshalb zur Untersuchung gezogen, 1793 wurden seine Güter, ohne Schönhagen, auf 62 500 T. geschätzt; **Ehefrau**: Marie Charlotte, geb. von Petersdorff aus Jacobsdorf (1745–1795); **Söhne**: George Christoph Friedrich (1771–1845), Kriegsrat, s.d.; Gustav Ludwig Sigismund (1773–1825), Ltnt. s.d.;

Quellen: GStA, I. HA, Rep. 30, Nr. 43, Paket 9 232; Nr. 44, P 86, Paket 9 346; Nr. 243, Vas.tab. 1756, 1767, 1793, 1804; Rep. 96, Nr. 435 P, Bd. 1; Stabi, Ms. geneal. fol. 120 (Hinweis auf zwei Söhne im I-R Nr. 8); Brüggemann, T. 2/1, S. 261, S. 264, S. 269–270; Priesdorff, Offz.stammliste, S. 129 (als Cord Friedrich, Bruder G.E.); Tb. Uradel 1904, S. 592;

Cap. Curth Julius von PETERSDORFF (* 1695)

Vater: George, Erbherr auf Großenhagen im Krs. Saatzig; **Mutter**: Marie Luise, geb. von Koeller; **Bruder**: Jacob Ernst (* 1683), Cap.; **Laufbahn**: Juli 1714 Fähnrich im I-R Nr. 10, noch 1720 als Fähnrich gen., 1730 Pl im I-R Nr. 30, Dez. 1741 Cap. im I-R Nr. 42, Aug. 1753 nach 30 Dj. *cassirt*, hielt sich 1756 u. 1767 in Brieg auf, besaß kein Gut; **Ehefrau**: Helena, geb. von Sydow; **Sohn**: George (Balthasar) Wilhelm (* 1728), 1755 Fähnrich im I-R Nr. 42, als Cap. e. Frei-Bataillons bei Breslau gefallen; **Sohn**: Curth (Carl) Martin (* um 1729, † 15. Jan. 1786), trat 1745 in d. Militärdienst ein, Sep. 1751 Fähnrich im I-R Nr. 13, 1755 als Ltnt. gen., Mrz. 1761 Stabs-Cap., Dez. 1766 Cap., Jan. 1774 Orden p.l.m., Nov. 1776 Major, 1786 als Major u. Kommandeur d. I-R Nr. 13 nach 40 Dj. gest.; **Sohn**: Christian (Christoph) Wilhelm (* 1733), 1749 Gefr.corp. im I-R Nr. 42, Sep. 1750 Fähnrich, Juni 1751 Pl, Okt. 1771 Cap. im I-R Nr. 42, Nov. 1778 als Major dim.;

Quellen: GStA, I. HA, Rep. 30, Nr. 243, Vas.tab. 1756, 1763, 1767; Stabi, Ms. boruss. fol. 311, fol. 312 (1746 als Carl Jul.), fol. 316; Brüggemann, T. 2/1, S. 274; Tb. Uradel 1904, S. 591, S. 595 (C.J. danach Cap. im I-R Nr. 35);

GM Eggert Christian von Petersdorff (* 13. Mrz. 1707, † 1. Juli 1783) *

Vater: Melchior Christian (1666–1732), Ltnt., Erbherr auf Buddendorf im Krs. Saatzig, hatte 1731 fünf Söhne im königlichen Kriegsdienst; lag 1731 im Streit mit d. Cap. Jürgen Ludwig von Petersdorff in Klützow; **Mutter**: e. geb. von Flemming aus Bresow; **Bruder**: Johann (Joachim) Wilhelm (* um 1697), seit 1713 im Militärdienst, 1718 Cornet, 1731 Ltnt. im K-R Nr. 1, vor 1739 abgegangen; **Bruder**: George Christoph (* 1699), seit 1716 im Militärdienst, 1718 Fähnrich im I-R Nr. 3, 1721 Sl, 1727 Pl, 1734 Stabs-Cap., 1735 Chef e. Comp., erlitt 1742 bei (Gr.-)Glogau e. schwere Blessur am Fuß, daraufhin im Okt. 1742 als Major zum Garn.-Reg. Nr. 5 versetzt; **Bruder**: Hans Heinrich (* 1701), 1717 *cadet* in Berlin, seit 1718 im I-R Nr. 4, 1728 als Sergant gen., vor 1738 als Fähnrich gest.; **Bruder**: Albrecht Friedrich (* um 1705, † vor 1767), seit 1722 im Militärdienst, 1735 Ltnt. im D-R Nr. 1, 1743 Stabs-Cap. im D-R Nr. 10, vor 1755 abgegangen; **Laufbahn**: Mrz. 1721 *cadet* in Berlin, Nov. 1724 Gefr.corp. im I-R 14, Juli 1728 Fähnrich, Juni 1732 Sl, Febr. 1735 Pl, Juli 1743 Stabs-Cap. Juli 1744 Cap. u. Chef e. Comp., Sep. 1756 Major, April 1759 Kommandeur d. I-R 14, Jan. 1761 Ol, Mai 1764 Obrist, Jan. 1768 Chef d I-R Nr. 10, Mai 1770 GM, Aug. 1781 Gl, unbeerbt verst.; **Güter**: verkaufte 1764 sein Gut Buddendorf im Krs. Saatzig im Wert von 14/m T. an d. Major Curth Friedrich von Petersdorff, s.d.;

Quellen: GStA, I. HA, Rep. 30, Nr. 44, P 86, Paket 9346 (auch als Eg. Christoph); Nr. 243, Vas.tab. 1756; Stabi, Ms. boruss. fol. 311, fol. 312, fol. 316; Brüggemann, T. 2/1, S. 261; Gesch. d. I-R Nr. 3, S. 186; Crousaz, Beilage C, S. 31; Priesdorff, Nr. 589;

Ltnt., Assess. Friedrich Wilhelm Erdmann Moritz von Petersdorff (* 13. Dez. 1736, † 1801)

Vater: Otto Erdmann (1706–1744), Erbherr auf ½ Puddenzig u. Lütkenhagen B im Krs. Saatzig; **Bruder**: George Ludwig Henning (* 27. Jan. 1740, † 1801), Ltnt., s.d.; **Vater-Bruder**: Henning Christian (1708–1770), Ltnt., s.d.; **Laufbahn**: will in jüngeren Jahren in Halle studiert haben, konnte darüber jedoch keine Zeugnisse vorlegen; engagierte sich Ende 1754 im Militärdienst, Gefr.corp. im I-R Nr. 22 in Stargard, wegen *übler conduite*, hatte sich d. *Trunk ergeben* u. kam mit seinem *Tractament* nicht aus, im Nov. 1756 als Sl zum Garn.-Reg. Nr. 7 versetzt, stand in Berlin in Garnison, hatte mit dortigen Nachtwächtern *Lärm*, ließ sie durch Soldaten mit d. Gewehr bedrohen, wurde deshalb 1759 *cassirt* u. zu drei Jahren Festungsarrest verurteilt, die er vollständig abgesessen hat; seit Mai 1775 Referendar bei d. Stettiner Regierung, zeigte als solcher in seinen Arbeiten *gute Einsichten u. Jurisprudenz*, galt als fleißig u. lernbegierig; wurde Anfang April 1777 durch d. Major Curth Friedrich von Petersdorff auf Großenhagen, beide überzogen sich seit 1769 wechselseitig mit Prozessen, beim Großkanzler denunziert: wäre beim Regiment *cassirt* worden, habe nicht studiert u. sich d. Stelle als Referendar erschlichen, führe auf seinen Gütern e. schlechte Wirtschaft; in ihrem Bericht vom 23. April 1777 zerpflückte d. Regierung d. Anwürfe, wies etwa darauf hin, daß er seit 1763 d. Schulden auf Lütkenhagen von 5163 auf 2504 T. reduziert habe; d. Kollegium nahm Partei für d. Referendar u. meinte, diese Anschuldigungen machten ihn *nicht ungeeignet für d. königlichen Dienst*; er wollte im Frühjahr 1778 in Berlin d. große Examen ablegen, d. Stettiner Kollegium erteilte ihm e. gutes Zeugnis über seine Führung als Referendar, hätte seine Jugendfehler längst abgelegt; hielt sich am 28. Juni 1778 in Berlin auf, am 1. Juli d.J. wurde ihm mitgeteilt, er könne nicht zum Examen zugelassen werden, weil er ob seines Vorlebens keine Aussicht auf e. Amt im Justizfach habe; arbeitete später als

Assessor beim Stadtgericht in Gollnow; bat im April 1786 vergeblich darum, ihm e. Comp. bei einem d. neuen Regimenter zu geben; **Güter**: seit 1762 Erbherr auf d. väterl. Gut Lütkenhagen B, 1767 im Wert von 5 250 T., darauf Hypotheken von 4 164 T., seit 1773 auch auf Puddenzig, überließ dieses im Jan. 1777 pfandweise auf 24 Jahre d. Major Heinrich Levin von Below; 1790 befand sich Puddenzig im Besitz d. Ltnt.s Otto Ernst Wilhelm von Below, 1803 besaß es d. Landschaftsdep. Friedrich Wilhelm von Ploetz zu Weckow; 1787 bis 1803 klagten d. Lehnsvettern von Petersdorff gegen die Überlassung von Puddenzig u. Anteil Lütkenhagen an den von Below bzw. den von Ploetz, Kläger waren: Major Curth Friedrich zu Großenhagen, Kriegsrat George Christoph Friedrich zu Großenhagen, Ltnt. Christian Friedrich zu Jacobsdorf, Ltnt. Bernd Julius zu Stargard, Cap. Johann Albrecht zu Reetz, vorm. Ltnt. Gustav Ludwig Sigismund; (**verwandt**: Friedrich von Petersdorff (* 1744), seit 1761 im Militär, 1764 Gefr.corp. im I-R Nr. 7: Stabi, Ms. boruss. fol. 314);

Quellen: GStA, I. HA, Rep. 30, Nr. 44, P 86, Paket 9 346; Nr. 186 d, Paket 9 835; Nr. 243, Vas.tab. 1763 (danach d. Bruder als Hr. Chr., Ltnt. im I-R 46); Stabi, Ms. boruss. fol. 311 (J.A.), fol. 313; Brüggemann, T. 2/1, S. 265–266; Slg. Zitzewitz, F 48;

Ltnt. George Balzer von Petersdorff (* um 1724)

sein **Vater** (Curth Julius, stand 1730 als Ltnt. in Küstrin) besaß keine Güter, beide stammten aus der Linie Rehsehl im Krs. Saatzig; **Laufbahn**: trat um 1737 in d. Militärdienst ein, avancierte im I-R Nr: 23 bis zum Ltnt., im Febr. 1751 wegen Excessen auf d. Wache *cassirt* und für ein Jahr nach Spandau gebracht, hielt sich 1754 in Sachsen auf;

Quellen: GStA, I. HA, Rep. 30, Nr. 243, Auszug aus d. Vas.tab. für 1754; Stabi, Ms. boruss. fol. 316 (Abgangsliste I-R 23); Ms. geneal. fol. 120;

Kriegsrat George Christoph Friedrich von Petersdorff (* 19. Aug. 1771, † 19. Nov. 1845)

Vater: Curth Friedrich (1717–1790), Major, s.d.; **Mutter**: Marie Charlotte, geb. von Petersdorff aus Jacobsdorf (1745–1795); **Bruder**: Gustav Ludwig Sigismund (1773–1825), Ltnt., s.d.; G.C.F. hatte sechs **Schwestern**, darunter Wilhelmine Auguste Monika (* 1775), verh. mit Wilhelm von Stempel auf Zirchow im Krs. Schlawe; **Laufbahn**: war zu schwach für d. Militärdienst, wollte sich daher d. Zivilfach widmen; absolvierte von 1791 bis 1793 ein zweijähriges Jurastudium in Frankfurt an d. Oder, legte im April 1793 e. akademisches Zeugnis über seine Führung auf d. Univ. von Prof. Huth vor; stand 1794 als Referendar bei d. Stettiner Kammer, 1801 als Kriegsrat bez., später Landrat; **Güter**: bat am 7. Mai 1795 aus Großenhagen um die *venia aetatis*, als sein Vormund fungierte d. Bruder seiner Mutter: Christian Friedrich von Petersdorff auf Jacobsdorf; wollte sich nach erlangter Großjährigkeit mit Mutter u. Geschwistern auseinandersetzen; d. Stettiner Pupillenkollegium berichtete am 22. Juli 1793 über seine Führung und d. Vermögensverhältnisse, nach d. Taxe hatten die Güter e. Wert von 51 397 T., die Revenuen zu fünf Prozent gerechnet waren es jedoch 70 026 T., so trug Großenhagen jährlich 960 T., Buddendorf 1 030 und Speck 600; die Schulden beliefen sich auf 40 078 T., darunter Forderungen der Witwe über 11 422 T.; nach der Ertragstaxe blieb somit ein freies Vermögen von 29 948 T., davon ging der 4. Pfenning mit 2 722 T. an die Töchter d. verst. Majors, für die beiden Söhne blieben 27 225 T., nach Abzug des noch nicht inventarisierten Allodialvermögens blieben für jeden Sohn rund 10/m T.; noch im Juli 1793 bekam G.C.F. die *venia aetatis*; 1804 hatten seine Güter Buddendorf, Dolgenkrug, Großenhagen mit Anteil Burow, Lütkenhagen u. ½ Rehsehl e. Wert von zs. 66/m T.; in erster **Ehe** verh. mit Johanna Christiane Rahel, geb. von Blankenburg (1780–1827), aus d. Ehe mehrere Kinder;

Quellen: GStA, I. HA, Rep. 30, Nr. 44, P 86, Paket 9 346; Nr. 243, Vas.tab. 1793, 1801, 1804; Tb. Uradel 1904, S. 592;

Ltnt. George Ludwig Henning von Petersdorff (* 27. Jan. 1740, † 1801)

Vater: Otto Erdmann (1706–1744), Erbherr auf Puddenzig u. Lütkenhagen B im Krs. Saatzig; **Bruder**: Friedrich Wilhelm Erdmann (1736–1801), Sl, s.d. mehr zur Fam.; **Laufbahn**: trat in e. Berliner Regiment (I-R Nr. 25) ein, mußte nach elf Dj. wegen Invalidität als Ltnt. seinen Abschied nehmen; **Güter**: nach d. brüderl. Vergleich von Dez. 1762 Erbherr auf Puddenzig im Krs. Saatzig, 1767 im Wert von 3 436 T., darauf Schulden von 3 297 T., d. Gut geriet in Konkurs u. fiel 1773 d. Bruder F.W.E. zu; G.L.H. soll nach d. Aussage seiner Tochter zeitweilig auch Erbherr auf Lütkenhagen gewesen sein, besaß zuletzt kein eigenes Vermögen mehr, mußte seine Familie von e. Pension von 100 T. ernähren, starb in großer Dürftigkeit; **Ehefrau**: e. geb. von Zadow († vor 1800) aus Spechtsdorf bei Märk.-Friedland, aus beider Ehe zwei Töchter; e. To. war 1804 verh. mit d. Ökonomie-Inspektor Borck zu (Dietrichsdorf), lebte mit diesem in dürftigen Umständen; **Tochter**: Charlotte Albertine (* 1780), geb. in Lütkenhagen, hielt sich seit ihrem 12. Lebensjahr bei fremden Leuten auf, erlernte bei Frau von Blankenburg auf Korkenhagen d. Hauswirtschaft, erwarb seit ihrem 15. Lebensjahr ihren Unterhalt selbst, stand u. a. als Wirtschafterin bei Frau von d. Dollen auf Pomellen, war seit 1804 bei Frau von Flemming in Zebbin, *führte* hier d. *ländliche Hauswirtschaft*, ihr *Honorar* (Unterhalt u. Kleidung) reiche nur für d. laufenden Bedürfnisse, suchte im Dez. 1804 um e. Pension nach, im Juli 1805 gab d. Landrat Auskunft über ihre Lebensumstände, er zeigte u. a. an, daß die von Petersdorff in Puddenzig u. Jacobsdorf d. Supplikantin gar *nicht mehr als Verwandte ansehen* würden, sie erhielt im Dez. 1805 e. Pension von 50 T. zugewiesen;

Quellen: GStA, II. HA, Abt. 13 a, Tit. III, Litt P, Nr. 25; Brüggemann, T. 2/1, S. 265–266;

Ltnt. George Wilhelm von Petersdorff (* 1697)

aus Pommern gebürtig; **Laufbahn**: seit 1713 im Militär, Mai 1724 Sl im I-R Nr. 29, Mai 1730 als Ltnt. dim.;

Quellen: Stabi, Ms. boruss. fol. 316;

Fähnrich Gottlob Julius Albert von Petersdorff (* 1753, † 19. Okt. 1777)

Vater: Sigismund Albrecht (* um 1722, † vor 1778), seit Okt. 1750 Erbherr auf Schönhagen B im Krs. Saatzig im Wert von 1/m T., hinterließ zwei Töchter u. einen Sohn; **Mutter**: Sophia Elisabeth, geb. von Münchow (* 1717, † 24. April 1802), **Vater-Brüder**: George Friedrich, Cap., Johann Bogislav Julius, Cap., s.d.; **Laufbahn**: seit 1771 im Regiment, Mrz. 1772 Fähnrich im I-R Nr. 13, als solcher 1777 gest.; seine Mutter zeigte im April 1779 an, daß auf d. Gut Schulden von 233 T. hafteten, nach Abzug d. Unkosten blieb für sie u. beide Töchter nur wenig übrig, aufgrund e. Schadens am Arm konnte sie auch keine Wolle zum Nebenverdienst mehr spinnen; sie bekam im Dez. 1779 e. Pension von 100 T.; trat Schönhagen 1779 an d. Lehnsfolger ihres verst. Mannes ab, d. Major Curth Friedrich von Petersdorff, s.d.;

Quellen: GStA, I. HA, Rep. 30, Nr. 43, Pakete 9235 u. 9236; Stabi, Ms. boruss. fol. 311; Brüggemann, T. 2/1, S. 279;

Ltnt. Gustav Ludwig Sigismund von Petersdorff (* 11. Juli 1773, † 21. Juli 1825)

Vater: Curth Friedrich (1717–1790), Major, Erbherr auf Speck A im Flemmingschen Krs., s.d.; **Mutter**: Marie Charlotte, geb. von Petersdorff (1745–1795); **Bruder**: George Christoph Friedrich (1771–1845), s.d. mehr zur Fam.; **Laufbahn**: 1786 Gefr.corp. im I-R Nr. 8, Juli 1789 Fähnrich, Nov. 1791 Sl, Juli 1793 dim., Nov. 1806 Pl von d. Kavallerie, Dez. 1810 Stabs-Rittmstr., Okt. 1813 d. Frei-Corps Lützow aggr., Aug. 1814 Rittmstr., Mrz. 1815 zu d. Ulanen versetzt, Aug. 1816 als Major dim.; **Güter**: erhielt auf sein Gesuch am 21. Juli 1794 die *venia aetatis*, setzte sich 1794, 1795 mit seinen Geschwistern über die väterlichen Güter auseinander, erhielt Buddendorf, Speck u. Rehsehl im Taxwert von 28 878 T., darauf Schulden von 28 123 T., damit blieben ihm nur 755 T.; er hatte Speck für 10 175 T. angenommen, konnte es für 16/m T. verkaufen und aus d. Erlös Schulden tilgen; nahm bei d. Teilung Rehsehl für 2 370 T. an, sein Bruder George Christoph Friedrich bot ihm dafür 8 150 T., d. vorm. Ltnt. blieb damit nur d. Hauptgut Buddendorf; mit d. Auflage, 2 500 T. aus d. Erlös für d. Bau e. Wohnhauses in Buddendorf zu verwenden, erhielt er Mitte 1796 die Erlaubnis zum Verkauf von Rehsehl an seinen Bruder; im Jahr 1800 als Erbherr auf ganz Döbel u. ganz Muttrin im Krs. Belgard gen., 1804 nach d. Verkauf von Döbel auf Muttrin im Wert von rd. 17/m T.; **Ehefrau**: Caroline Luise, geb. Rauche (1775–1849); 1804 befand sich Buddendorf in d. Hand d. älteren Bruders; G.L.S. hielt sich im Juli 1809 in Königsberg auf u. beklagte sich über die Verzögerung bei d. Allodifikation der Güter Muttrin, Zatkow, Döbel u. Kiekow;

Quellen: GStA, I. HA, Rep. 30, Nr. 44, P 86, Paket 9346; Nr. 243, Vas.tab. 1793, 1799, 1801, 1804; Brüggemann, Beiträge, 2, S. 151; Priesdorff, Offz.stammliste, S. 130; Tb. Uradel 1904, S. 594;

Ltnt. Henning Christian von Petersdorff (* 8. Juni 1708, † 4. Juli 1770)

Vater: Friedrich Wilhelm (1662–1708), Erbherr auf Jacobsdorf, Speck, Anteil Großenhagen, Lütkenhagen B u. Puddenzig im Krs. Saatzig; **Mutter**: Elisabeth, geb. von Mildenitz; **Bruder**: Otto Erdmann (1706–1744), Erbherr auf ½ Puddenzig u. Lütkenhagen B im Krs. Saatzig; **Laufbahn**: seit 1728 im Militär, 1730 Cornet im K-R Nr. 5, 1740 Ltnt., vor 1750 (nach 18 Dj.) abgegangen; **Güter**: erbte von seinem Vater Jacobsdorf u. Anteil Speck im Krs. Saatzig, 1767 im Wert von 8 400 T., darauf Hypotheken von 6 274 T.; **Ehefrau**: Sophie Luise, geb. von Barfuss († 1765); **Sohn**: Christian Friedrich (1746–1808), 1763 u. 1767 Gefr.corp. im I-R Nr. 7, vor 1772 abgegangen, seit 1776 auf Jacobsdorf u. Anteil Speck, 1804 auf Jacobsdorf im Wert von 30/m T.; **Sohn**: Bernhard Julius (* 1749), 1767 Gefr.corp., 1779 Sl im I-R Nr. 3, 1782 wegen Gebrechen mit e. Pension von 60 T. dim.; **Sohn**: Johann Albrecht (1752–1807), war sechs Jahre bei d. *cadets*, stand seit 1770 im D-R Nr. 12, 1779 u. 1787 als Sl gen., vor 1793 nach 21 bzw. 25 Dj. abgegangen, 1801 als (vorm.) Cap. zu Reetz gen., verh. mit e. To. d. Majors von Kremtzow, 1804 Erbherr auf Puddenzig im Krs. Saatzig im Wert von 9/m T.;

Quellen: GStA, I. HA, Rep. 30, Nr. 243, Vas.tab. 1756, 1763, 1767, 1793, 1804 (Sohn J.A.); Stabi, Ms. boruss. fol. 311, fol. 314 (B.J.); Brüggemann, T. 2/1, S. 265–266; Tb. Uradel 1904, S. 588–590;

Cap. Johann Bogislav Julius von PETERSDORFF (* um 1717)

Vater: Friedrich Albrecht († 1722), Cap., Erbherr auf Rehsehl u. Neuendorf im Krs. Saatzig; **Mutter**: Dorothea Louisa, geb. von Wedel, seit 1725 auf Schönhagen B im Krs. Saatzig im Wert von 1/m T.; **Vater-Bruder**: Jürgen (George) Ludwig, Cap., bis 1725 Erbherr auf Schönhagen im Krs. Saatzig; **Bruder**: George Friedrich (* um 1713, † 22. Nov. 1757), trat 1730 in d. Militärdienst ein, stand 1740 als Sl, 1750 als Pl, 1756 als Stabs-Cap. im I-R 18, 1757 als Cap. bei Breslau gefallen; **Bruder**: Sigismund Albrecht (* um 1722, † vor 1778), seit 1750 Erbherr auf Schönhagen im Krs. Saatzig; **Laufbahn**: engagierte sich 1734 im Militärdienst, 1740 Sergant im I-R Nr. 12, 1750 Sl, 1756 als Cap. zum I-R Nr. 55 versetzt; **Güter**: J.B.J. überließ 1750 zs. mit George Friedrich d. jüngsten Bruder S.A. d. Gutsanteil Schönhagen im Wert von 1/m T.; **Sohn**: Gottlob Julius Albrecht (* 1752, † 19. Okt. 1777), als Fähnrich im I-R Nr. 13 gest.;

Quellen: GStA, I. HA, Rep. 30, Nr. 243, Vas.tab. 1756; Stabi, Ms. boruss. fol. 311, fol. 313 (Bruder G.F.), fol. 316; Ms. geneal. fol. 120; Brüggemann, T. 2/1, S. 279; Brüggemann, Beiträge, 2, S. 154; Slg. Zitzewitz, F 48;

Major Jacob Gustav von PFENNING (* 1726)

aus Pommern gebürtig; **Laufbahn**: seit 1744 im Militär, 1763 als Ltnt., 1775 als Rittmstr., 1788 als Major im K-R Nr. 9 genannt, vor 1806 abgegangen;

Quellen: Stabi, Ms. boruss. fol. 312 (1763 ohne Adelsprädikat, 1788 mit); Rangliste 1806, S. 130; nicht bei Siebmacher, Bd. 6/9;

Gefr.corp. Johann Albrecht von PHILIPPI (* 1722)

Vater: Obrist († vor 1730), seit 1722 Erbherr auf 1/3 Cunow bei Bahn im Krs. Pyritz, hinterließ zwei Söhne, d. Erben verkauften d. Gutsanteil 1735 an die von Kunow; **Laufbahn**: seit 1737 im Militär, 1741 Gefr.corp. im I-R Nr. 22, vor 1746 abgegangen;

Quellen: Stabi, Ms. boruss. fol. 314; Ms. geneal. fol. 120; Brüggemann, T. 2/1, S. 138–139;

Ltnt. Franz Wilhelm Alexander von PIESZKOWSKY (* 1685)

aus d. Distrikt Lauenburg gebürtig; **Laufbahn**: seit 1699 im Militärdienst, stand 1706 als Sl im I-R Nr. 4, vor 1715 abgegangen;

Quellen: Stabi, Ms. boruss. fol. 313, fol. 319;

Ltnt. Franz Wilhelm (Alexander) von PIESZKOWSKY (* 1758)

aus Pommern gebürtig; **Laufbahn**: trat 1771 in d. Militärdienst ein, stand 1775 als Fähnrich im I-R Nr. 4, 1787 als Sl gen., vor 1806 abgegangen;

Quellen: Stabi, Ms. boruss. fol. 313;

Cap. Andreas Jochen (Johann) von PIRCH (* 1704)

aus *Cassuben* gebürtig; **Laufbahn**: seit 1724 im Militär, 1733 Ltnt., 1743 Cap. im I-R Nr. 24, *ersäufte* sich 1743 als Cap. bei Frankfurt an d. Oder; (**verwandt**: Anton Ernst von Pirch (* 1709), seit 1725 im Militär, 1730 Fähnrich im I-R Nr. 30: Stabi, Ms. boruss. fol. 311);

Quellen: Stabi, Ms. boruss. fol. 316;

Major Anton Friedrich von Pirch (* 28. April 1760, † 31. Mrz. 1834)

Vater: Anton Johann (* 1712), seit 1726 im Militär, 1740 Fähnrich im I-R Nr. 31, Mrz. 1750 Pl im I-R Nr. 32, nahm als Ltnt. 1754 seinen Abschied, seit 1753 Erbherr auf Wundichow u. seit 1755 auf d. Vorwerk Kartke im Krs. Stolp, 1756 im Wert von 6/m T., saß noch 1767 auf d. Gütern; **Mutter**: Friederike Louise, geb. von Zitzewitz; **Bruder**: Ernst Heinrich (1759–1820), Juni 1769 *cadet* in Stolp, April 1773 *cadet* in Berlin, seit 1775 im Regiment, 1786 Pl im D-R Nr. 9, (1792 hier nicht genannt), 1806 Major im D-R Nr. 9, 1807 in d. Dragoner-Brigade Langen, 1820 als Postmstr. in Braunsberg gest.; **Bruder**: Nicolaus Ludwig (* 1766), Mai 1774 *cadet* in Stolp, Mai 1779 ins Regiment, 1787 Sl im I-R Nr. 17, vor 1806 abgegangen; **Laufbahn**: Juni 1769 *cadet* in Stolp, April 1773 *cadet i*n Berlin, seit 1776 im Regiment, Mrz. 1786 Sl beim 2. Bat. Garde, zuletzt Cap., Mai 1805 als Major ins I-R Nr. 36, 1814 pens.; **Güter**: seit 1775 besaßen d. drei Brüder d. väterlichen Güter gemeinsam, d. Nießbrauch hatte jedoch ihre Mutter auf Lebenszeit; 1804 alleiniger Erbherr auf Wundichow im Wert von 8/m T.; **Ehefrau**: Christiana Charlotte Sophie, geb. von Alvensleben (1770–1855);

Quellen: GStA, I. HA, Rep. 30, Nr. 243, Vas.tab. 1756, 1767, 1804; Stabi, Ms. boruss. fol. 310 (Bruder E.H.), fol. 312 (E.H., Vater hier als A. Julius), fol. 314, fol. 316 (Bruder N.L.), fol. 907 a; Brüggemann, T. 2/2, S. 1019; Reinhard, Garde, S. 535, S. 538, S. 556; Stolper Kadetten, S. 1, S. 7; Tb. Uradel 1923, S. 493–494;

Ltnt. Bartel Eggert von Pirch (* 1684)

aus Pommern gebürtig; **Laufbahn**: seit 1703 im Militär, Nov. 1713 Ltnt. im I-R Nr. 9, vor 1730 abgegangen;

Quellen: Stabi, Ms. boruss. fol. 319;

Ltnt. Carl Ferdinand von Pirch (* 12. Mrz. 1766)

Vater: Carl Siegmund (* 1730, † 17. Sep. 1788), s.d., diente im I-R Nr. 34, zuletzt Ol, 1782 nach 40 Dj. dim., erwarb d. Gut Leine im Krs. Pyritz; **Mutter**: Clara Sophie, geb. von Pirch, diese besaß 1805 Forderungen ihres verst. Mannes in Höhe von 11/m T. auf d. im Konkurs befindlichen Güter Mellen d. Ltnts. Carl Anton von Wedel, s.d., sie hatte seit vier Jahren keine Zinsen mehr bekommen u. fürchtete um ihr Kapital; **Laufbahn**: engagierte sich 1784 im D-R Nr. 1, erhielt im Jan. 1789 als Cornet die *venia aetatis*, sein freies Vermögen betrug 30/m T., bekam während seiner Dienstzeit von d. Eltern e. Zulage, nahm keine Schulden auf, seine Vorgesetzten attestierten ihm e. gute Führung; im Dez. 1789 als Ltnt. verabschiedet; **Güter**: besaß d. väterliche Gut Leine im Krs. Pyritz im Wert von 40/m T., verkaufte dieses vor 1795 an d. Cap. Friedrich August von Jagow; (**verwandt**: Ferdinand Ulrich von Pirch (* 1769), seit 1783 im Militär, stand 1787 als Gefr.corp. im I-R Nr. 4: Stab, Ms. boruss. fol. 313);

Quellen: GStA, I. HA, Rep. 30, Nr. 44, P 94, Paket 9 356; W 129 a, Paket 9 389 (für d. Vater gibt es unterschiedl. Angaben, so über d. Rang u.d. Sterbedatum, auch als C. Sigismund); Nr. 243, Vas.tab. 1793, 1799, 1804; Stabi, Ms. boruss. fol. 311, fol. 314; Probst, D-R Nr. 1, 1841, S. 158;

Ol Carl Siegmund von Pirch (* um 1730 , † 17. Sep. 1788)

Vater: Claus (* um 1691, † vor 1764), Ltnt., seit 1741 Erbherr auf Lübzow im Krs. Stolp im Wert von 8/m T., besaß außerdem d. väterliche Gut Nipnow, erhob 1754 Anspruch auf d.

angeblich vakanten Lehn der Familie von Gutzmerow für seine vier Söhne, die alle im kgl. Dienst standen, drei von ihnen fielen im Siebenjährigen Krieg; **Mutter**: verw. Christian Friedrich von Reckow, geb. von Lettow; **Bruder**: Gerhard Hans Friedrich (1722–1782), Major, s.d.; **Bruder**: Joachim (Johann) Ernst (1724–1757), seit 1740 im Militär, Jan. 1746 Cornet im K-R Nr. 6, Febr. 1754 Ltnt., 1757 als Stabs-Rittmstr. in Liegnitz gest.; **Bruder**: Friedrich Leopold (1725–1758), seit 1740 im Militär, 1750 u. 1756 als Sl im I-R Nr. 34 gen., 1758 als Cap. bei Domstädtl gefallen; Stief-**Bruder**: Ltnt. Bernhard Friedrich von Rekkow; **Laufbahn**: trat 1746 in d. Militärdienst ein, 1750 Gefr.corp., 1755 als Fähnrich gen., 1756 Sl im I-R Nr. 34, Okt. 1762 als Cap. Orden p.l.m., 1764 Cap. u. Chef e. Comp., 1774 Major im I-R Nr. 34, 1782 als Ol nach 40 Dj. dim.; **Güter**: seit 1764 Erbherr auf Lübzow u. Nipnow im Krs. Stolp; (auch Erbherr auf Leine im Krs. Pyritz), saß 1793 als vorm. Ol auf seinem Gut Lübzow; **Ehefrau**: Clara Sophie, geb. von Pirch; **Sohn**: Carl Ferdinand (* 1766), s.d., lt. Bericht d. Vormundschaftskollegium von 1788 hieß d. Vater Carl Sigismund, war zuletzt Obrist, erwarb d. Gut Leine im Krs. Pyritz, darauf e. Lehnstamm d. Fam. von der Marwitz über 9/m T., u. starb am 17. Mai 1788;

Quellen: GStA, I. HA, Rep. 30, Nr. 44, P 94, Paket 9 356; Nr. 243, Vas.tab. 1755 (vier Söhne im Militär), 1756 (nur G.H.F. als Offz. gen.), 1767, 1793; Stabi, Ms. boruss. fol. 311 (C.S. u. F.L.); fol. 315 (J.E.); Brüggemann, T. 2/2, S. 980; Schwerin, K-R Nr. 10, T. 2, S. 71; Monteton, S. 80 (jeweils J.E.); Albedyll, Anhang S. 70* (Bruder); Lehmann, Ritter, S. 112;

Cap. Ernst Bogislav von Pirch (* 1711)

aus *Cassuben* gebürtig; **Laufbahn**: seit 1729 im Militär, 1732 Gefr.corp. im I-R Nr. 15, Mrz. 1740 hier als Ltnt. gen., stand im Dez. 1740 als Pl im I-R Nr. 34, Okt. 1746 Cap. u. Chef e. Comp. im I-R Nr. 49, 1756 hier noch als Cap. genannt, vor Juni 1763 abgegangen;

Quellen: Stabi, Ms. boruss. fol. 311, fol. 314;

Cap. Ernst Carl von Pirch (* 1766)

aus Pommern gebürtig; **Laufbahn**: seit 1783 Junker im D-R Nr. 9, (1792 hier nicht genannt), 1806 Cap. im D-R Nr. 9, 1809 dim., ließ sich bei Preuß.-Holland nieder;

Quellen: Stabi, Ms boruss. fol. 310 (1792 nur e. Friedrich Wilhelm August, geb. 1767, seit 1781 im Reg., Jan. 1788 Pl, evt. sind beide identisch); fol. 312 (1786 kein F.W.A.), fol. 907 a;

Ltnt. Franz George Christoph von Pirch (* 1748, † vor 1791)

Vater: Anton (Adolph) Ernst (* 1709, † vor 1770), seit 1725 im Militär, 1730 Fähnrich im I-R Nr. 30, vor 1740 als Ltnt. abgegangen, 1756 Erbherr auf Chotzlow im Distrikt Lauenburg; **Bruder**: Anthon (* 1753); **Laufbahn**: stand 1772 als Ltnt. im I-R Nr. 30 (bzw. 31: von Borcke); **Güter**: 1778 als Erbherr auf Anteil Chotzlow in Lauenburg im Wert von 5 333 fl. gen.; **Ehefrau**: Friederika Wilhelmina, geb. Gräfin von Wersowitz (* 1762), seine Witwe hielt sich 1792 zu Wutzkow im Krs. Stolp auf, sie hatte e. Vermögen von 1/m T. u. lebte zs. mit ihren drei Kindern von den Zinsen; **Tochter**: Friederike (* 1779); **Sohn**: Franz Adolph Ludwig (* 1780), Mai 1788 *cadet* in Stolp, Okt. 1794 *cadet* in Berlin, **Sohn** Carl George Heinrich (* 1781), Mai 1788 *cadet* in Stolp, Mai 1795 *cadet* in Berlin;

Quellen: GStA, I. HA, Rep. 30, Nr. 243, Vas.tab. 1756; Nr. 249, Vas.tab. 1771 u. 1778; II. HA, Abt. 13a, Tit. III, Litt P, Nr. 7; Litt S, Nr. 3; Stabi, Ms. boruss. fol. 311 (Vater; F.G.C. 1764, 1775, 1782 nicht im I-R Nr. 30; nicht in d. Abgangsliste I-R Nr. 31); Brüggemann, T. 2/2, S. 1068; Stolper Kadetten, S. 24 (Söhne);

Cap. Friedrich Ulrich von Pirch (1697–1732)

aus Pommern gebürtig; **Laufbahn**: seit 1712 im Militär, stand 1722 als Ltnt. im I-R Nr. 24, 1732 als Stabs-Cap. gest.;

Quellen: Stabi, Ms. boruss. fol. 316;

Major Gebhard Hans Friedrich von Pirch (* 1722, † 24. April 1782)*

Vater: Claus (* um 1691), vorm. Ltnt., 1755, 1756 als Erbherr auf Lübzow im Krs. Stolp im Wert von 8/m T. gen., hatte damals vier Söhne im Militärdienst; **Mutter**: e. geb. von Lettow; **Bruder**: Carl Siegmund (* 1730), Ol, siehe dort mehr; **Laufbahn**: zunächst Page beim König, 1739 als Gefr.corp. zum 2. Bat. Garde, Aug. 1742 als ältester Cornet ins D-R Nr. 5, April 1744 Sl, Sep. 1753 Pl, Febr. 1759 Stabs-Rittmstr., Okt. 1765 Rittmstr. u. Chef e. Escadron, Mai 1771 Major, 1782 als lediger u. aktiver Offz. gest.; **Güter**: klagte 1746 zs. mit seinen Brüdern e. Forderung ihres (verst.) Onkels, d. Ol von Stojentin vom K-R 12, über 8/m T. ein, eingetragen auf d. Gütern d. Landrates Heinrich (Heino) Friedrich von Below; erwarb 1781 d. Gut Leine im Krs. Pyritz für 37 500 T. von d. Ltnt. David Bernd Friedrich von der Marwitz;

Quellen: GStA, I. HA, Rep. 30, Nr. 44, B 5 a, Paket 9244; Stabi, Ms. boruss. fol. 313; Albedyll, Anhang S. 70*;

GM George Lorenz von Pirch (* 5. Mrz. 1729, † 18. Okt. 1797)*

Vater: George Ernst (* 1695, † vor 1765), kursächs. Cap., Erbherr auf Klein Nossin im Krs. Stolp, seit 1756 auch auf Anteil Klein Podel u. Daber; **Mutter**: Dorothea Elisabeth Luise, geb. von Somnitz (1701–1781); **Vater-Brüder**: Michael Lorenz, kursächs. Gl u. Kommandant auf d. Königstein, Nicolaus Dubislaff (* um 1693), kursächs. Gl in Freiberg; **Bruder**: Franz Otto (1733–1813)*, 1752 kursächs. Fähnrich, Okt. 1756 als Pl in preuß. Dienste, Juli 1770 Major im I-R Nr. 45, 1774 Orden p.l.m., Juli 1779 Kommandeur d. I-R Nr. 45, Mai 1789 GM, Juni 1792 (zweite Verleihung) Orden p.l.m., Jan. 1795 Gl; **Bruder**: Nicolaus Heinrich (1736–1808)*, 1754 Fähnrich im I-R Nr. 33, Mai 1757 Sl, Juli 1763 Pl, Mai 1785 Major, Juni 1802 GM; **Bruder**: Carl Friedrich (* um 1749, † vor 1767), 1756 Page beim König; **Bruder**: Johann Ernst (* 6. April 1744), 1756 Page beim König in Potsdam, Fähnrich im Grenadier-Bat. von Lestwitz, dann Fähnrich im I-R Nr. 20, 1773 Major in frz. Diensten; **Laufbahn**: Nov. 1745 Sl in d. kursächs. Armee, Aug. 1749 Cap., seit Okt. 1756 Cap. u. Chef e. Comp. im preuß. I-R Nr. 51, 1757 Orden p.l.m., Sep. 1758 Flügel-Adjutant d. Königs, Aug. 1760 Major, Aug. 1767 Ol, Mai 1771 Obrist, Mai 1773 Kommandeur d. I-R Nr. 52, Sep. 1777 Chef d. Garn.-Reg. Nr. 2, bat im Febr. u. Dez. 1790 um d. Charakter GM, Nov. 1793 GM; **Ehefrau**: Henriette Caroline Maximiliane, geb. von Neefe († 1806), aus d. Ehe zwei Töchter; **Güter**: seit 1765 nach d. brüderlichen Vergleich Erbherr auf Klein Nossin, von 1765 bis 1766 auch Erbherr auf ½ Klein-Podel u. ½ Daber, verkaufte diese 1766 an d. Cap. Martin Friedrich von Zitzewitz; seine Güter hatten 1767 e. Wert von 5/m T., darauf Schulden über 4 300 T.;

Quellen: GStA, I. HA, Rep. 30, Nr. 43, Paket 9 232; Nr. 243, Vas.tab. 1756, 1767, 1793, 1804; Rep. 96, Nr. 257 P; Stabi, Ms. boruss. fol. 311 (Bruder N.H.), fol. 315; Brüggemann, T. 2/2, S. 990 u. 993; Tb. Uradel 1923, S. 492–493; Priesdorff Nr. 880, Nr. 781 (Franz Otto), Nr. 1042 (Nicolaus Heinrich);

Cap. George Siegmund von Pirch (* 1708, † 18. Juni 1757) *

Vater: Anton Gneomar († vor 1745), dän. Offizier, Erbherr auf Wundichow im Krs. Stolp; **Mutter**: Anna, geb. von Grell (bzw. Christiane, geb. von Puttkamer); **Bruder**: Christian Ernst (* um 1710, † Juli 1745), stand als Fähnrich im I-R Nr. 25, 1736 dim., fing Händel mit d. Starosten George von Weiher zu Buckowin an, wurde deshalb auf d. Schloß Lauenburg arretiert, ließ sich hier zu Exzessen gegenüber d. Wachpersonal hinreißen, sollte deshalb auf d. Festung Kolberg gebracht werden, zuvor im Lauenburger Arrest an d. Wassersucht gest.; **Bruder**: Anton Johann (* um 1712), seit 1726 im Militär, stand 1740 als Fähnrich im I-R Nr. 32, zuletzt Ltnt., vor 1755 dim., seit 1753 Erbherr auf Wundichow u. Kartke im Krs. Stolp; **Laufbahn**: engagierte sich 1727 im Militärdienst, 1735 Fähnrich im I-R Nr. 3, 1736 Sl, 1741 Pl, Juni 1747 Stabs-Cap., Mai 1753 Chef e. Comp., im Juni 1757 bei Kolin erschossen; **Neffe**: Anton Friedrich (1760–1834), Major, s.d.;

Quellen: GStA, I. HA, Rep. 30, Nr. 243, Vas.tab. 1755, 1756, 1767; Nr. 413, Paket 10 182; Stabi, Ms. boruss. fol. 314 (Bruder A.J.); Gesch. d. I-R Nr. 3, S. 208; Brüggemann, T. 2/2, S. 1 019;

Ltnt. Gerhard Friedrich von Pirch (* um 1685)

aus Pommern gebürtig; **Laufbahn**: seit 1706 im Militär, Sep. 1712 Ltnt. im K-R Nr. 8, vor 1720 abgegangen;

Quellen: Stabi, Ms. boruss. fol. 312, fol. 319;

Gutsbesitzer Hans Felix von Pirch (* 1736)

Vater: Ernst Friedrich (* 1689, † 26. Sep. 1761), seit 1708 im Militär, Sep. 1712 Fähnrich, Aug. 1715 Sl im I-R Nr. 3, 1717 ins K-R Nr. 5, 1721 Abschied als Cap., Erbherr auf Poganitz im Krs. Stolp; **Mutter**: Clara Sophia, geb. von Zarth; **Großvater**: Claus Curt, Erbherr auf Poganitz im Krs. Stolp; **Bruder**: Ewald George (1727–1797) *, Hofgerichtspräsident in Köslin, hinterließ seiner Schwester Dorothea Elisabeth (* 1726) sein Vermögen, sie besaß zunächst nur e. Kapital von 300 T., genoß deshalb von 1792 bis 1799 e. Pension von 50 T.; **Laufbahn**: weilte auf d. JG in Berlin, zeitweilig *cadet*, trat wegen schwacher Gesundheit jedoch nicht in d. Militärdienst ein; **Güter**: seit 1764 Erbherr auf d. väterlichen Gut Poganitz im Wert von 5/m T., darauf Schulden von 3 909 T., erwarb 1777 Sochow für 4 900 T., seine Mutter überließ ihm nach 1762 Groß Gluschen im Wert von 5/m T., 1767 mit 3 752 T. belastet, verkaufte dieses um 1797, saß 1804 auf Poganitz u. Sochow, auf d. Gütern Hypotheken von 4/m T.; **Ehefrau**: e. To. von George Friedrich von Pirch in Nossinke, aus beider Ehe vier Söhne u. drei Töchter; **Sohn**: Ferdinand (* 1764), seit 1779 im Militär, 1787 Sl im I-R Nr. 17, 1793 noch als solcher gen., vor 1806 abgegangen; **Sohn**: Friedrich (* um 1771), (1793 Ltnt., 1797 Ltnt., 1804 Cap. im D-R Nr. 9); **Sohn**: Heinrich (* um 1775), weilte 1804 beim Vater; **Tochter**: Dorothea Sophia (1766–1848), in erster Ehe 1782 verh. mit Christian Wilhelm Ludwig Graf von Wartensleben (1742–1812), Cap., s.d., in zweiter seit 1794 mit d. Major Alexander Ferdinand Ignatz von Mach (1764–1831), s.d.;

Quellen: GStA, I. HA, Rep. 30, Nr. 243, Vas.tab. 1756, 1763, 1767, 1793, 1804; II. HA, Abt. 13a, Tit. III, Litt P, Nr. 21 (Schwester); Stabi, Ms. boruss. fol. 310, fol. 311 (Vater), fol. 312 (1792 kein Friedrich im D-R Nr. 9); fol. 316 (Ferd. im I-R Nr. 17), fol. 319 (Vater); Gesch. I-R Nr. 3, S. 170 (Vater); Brüggemann, T. 2/2, S. 967, S. 994, S. 1006; biogr. Handbuch S. 736 (Ewald George);

Cap. Hans Gustav Nicolaus von Pirch (* 24. Juli 1768, † 22. Dez. 1825)

Vater: Franz Otto (1733–1813)*, zunächst in kursächs., seit 1756 in preuß. Kriegsdiensten, 1757 Cap. im Grenadier-Bat. Nr. 2 in Magdeburg, 1770 Major im I-R Nr. 45, Mai 1789 GM, Jan. 1795 Gl; **Mutter**: Charlotte Friederike, geb. Winckelmann; **Bruder**: George Dubislav (1763–1838)*, seit 1774 im Militär, Gefr.corp. im I-R Nr. 45, Juli 1780 Fähnrich, Dez. 1786 Sl, Febr. 1795 Stabs-Cap., Nov. 1797 Major, Mai 1809 Ol, Febr. 1812 Obrist, Juni 1813 GM, Dez. 1813 Orden p.l.m., Juli 1815 Gl, Juni 1816 Roter-Adler-Orden, Sep. 1816 Abschied mit Pension; **Bruder**: Otto Carl Lorenz (1765–1824)*, 1775 Gefr.corp. im I-R Nr. 45, Juli 1777 Fähnrich, Jan. 1787 Sl, Jan. 1795 Stabs-Cap., Jan. 1798 Cap., Mai 1802 Major, Mrz. 1809 Gouverneur d. Prinzen Wilhelm, Febr. 1810 Ol, Aug. 1812 Obrist, Juni 1813 GM, Okt. 1815 Orden p.l.m., Dez. 1815 Abschied als Gl mit Pension; **Bruder**: Erst Friedrich (* 24. April 1766), Jan. 1784 Fähnrich im I-R Nr. 48, 1788 Sl, Orden p.l.m., 1796 Stabs-Cap. bei d. oberschles. Füsilier-Brigade, 1805 Abschied, wechselte in englische Dienste; **Bruder**: Christoph Wilhelm Rüdiger (1767–1846)*, seit 1778 im Militär, 1779 Gefr.corp. im I-R Nr. 45, Dez. 1785 Fähnrich, Juli 1788 Sl, April 1800 Pl, Juni 1803 Stabs-Cap. im I-R Nr. 45, 1808 Cap. u. Chef e. Comp. im Kolberger I-R, Dez. 1812 Major, Mrz. 1834 Abschied mit d. Charakter GM; **Bruder**: Ferdinand Ulrich (* 1770), 1781 Junker im I-R Nr. 9, Juli 1784 Junker im I-R Nr. 4, Mrz. 1788 Fähnrich, 1789 Sl, 1792 Gen.-Adjutant, Juni 1794 Quartiermstr.-Ltnt. im Generalstab, 1797 Pl, 1799 Inspektions-Adjutant d. Warschauer Inspektion, 1800 Stabs-Cap., 1802 Cap.; vor 1806 abgegangen; **Bruder**: Wilhelm Carl Gottlob (* 1777, † 3. Juli 1846), Gefr.corp. im I-R Nr. 8, Okt. 1791 Fähnrich, Dez. 1791 Sl, im Jan. 1797 zum I-R Nr. 22 versetzt, Dez. 1802 Pl, Okt. 1806 in frz. Gefangenschaft, Nov. 1808 für e. zivile Versorgung notiert, 1809 als Elbzoll-Rendant in Jerichow versorgt, Juni 1809 Prädikat Cap., 1824 Steuerrat in Wolgast; **Laufbahn**: seit 1774 im Militär, stand 1787 als Fähnrich im I-R Nr. 45, 1806 Stabs-Cap. u. Gen.-Adjutant, stand von 1810 bis 1815 im I-R Nr. 2, als Ol abgegangen, zuletzt Obrist u. Kommandant von Saarlouis;

Quellen: Stabi, Ms. boruss. fol. 316; Ms. geneal. fol. 190 (H.G.N. u. Brüder); Oelsnitz, I-R Nr. 2, S. 934; Rangliste 1806, S. 91; Tb. Uradel 1923, S. 492; Priesdorff, Offz.stammliste, S. 131 (Bruder W.C.G., hier als C.W.G., geb. 1775); Priesdorff, Nr. 781 (Vater), Nr. 1210 (Bruder G.D.), Nr. 1213 (Otto Carl L.), Nr. 1514 (Christoph W.R.);

Ltnt. Hans Lorenz von Pirch (* 1708)

aus Pommern gebürtig; **Laufbahn**: seit 1726 im Militär, stand 1737 als Sl im I-R Nr. 5, vor 1749 abgegangen;

Quellen: Stabi, Ms. boruss. fol. 313;

Ltnt. Johann von Pirch (get. 15. Juli 1770, † 1856)

Vater: Johann (1715–1781), Erbherr auf Polczen F im Distrikt Bütow im Wert von 1 350 fl., hinterließ sechs Kinder; **Mutter**: Marianna, geb. von Gowinska (1726–1797); **Bruder**:

Michael (get. Aug. 1773), Sep. 1781 *cadet* in Stolp, Juli 1787 *cadet* in Berlin, 1794 Junker im I-R Nr. 34, vor 1806 abgegangen; **Bruder**: Adam (get. Jan. 1778, † 1857), Okt. 1787 *cadet* in Stolp, April 1793 *cadet* in Berlin, Mrz. 1798 Sl im I-R Nr. 3, noch 1806 hier als Sl gen., 1820 als Pl bei d. Gendarmerie pens. (mit d. Charakter Cap.); **Laufbahn**: Mai 1781 *cadet* in Stolp, Juni 1786 *cadet* in Berlin, 1794 Fähnrich im I-R Nr. 40, 1795 hier als Ltnt. gen., bat im Febr. 1795 aus Schweidnitz um e. Pension für seine Mutter, vor 1806 (mit d. Charakter Cap.) abgegangen u. als Postmstr. versorgt;

Quellen: GStA, I. HA, Rep. 30, Nr. 249, Vas.tab. 1771; II. HA, Abt. 13 a, Tit. III, Litt L, Nr. 1, Bd. 1; Litt P, Nr. 8 (Mutter); Stabi, Ms. boruss. fol. 314 (Bruder Adam), fol. 907 a; Stolper Kadetten, S. 15, S. 23; Panske, S. 233–234;

Cap. Lorenz Friedrich von Pirch (* um 1715, † 1786)

Vater: Gerd († vor 1730), Erbherr auf Gaffert im Krs. Stolp im Wert von 6/m T.; **Bruder**: Claus Jürgen (1711–1743), 1730 Gefr.corp., Juni 1737 Sl im I-R Nr. 13, 1743 als Ltnt. gest.; **Bruder**: Ernst Bogislav (* 1712), 1730 Gefr.corp. im I-R Nr. 15, 1739 Sl, stand 1756 als Cap. in Neiße; **Vater-Bruder**, 1767 gen.: Nicolaus Dubislaff (* um 1693), ehedem kursächs. Gl in Freiberg, hielt sich in Klein Nossin auf; **Laufbahn**: seit 1732 im Militär, 1738 als Cornet im D-R Nr. 6, 1742 als Pl gen., 1744 ausgeschieden, erhielt später d. Charakter Cap.; **Ehefrau**: Dorothea (* um 1734), e. To. d. sächs. Cap. George Ernst von Pirch auf Klein Nossin, aus d. Ehe ein Sohn, George Friedrich, 1791 Erbherr auf Gaffert, u. vier Töchter, d. Mitgift von Dorothea hatte 1 500 T. betragen, ihre gesamten Forderungen beliefen sich 1788 auf 4 284 T., eingetragen auf Gaffert, dazu kam e. jährl. Hausmiete von 15 T., jede Tochter besaß e. Vermögen von 900 T., d. Witwe soll durch zwei Brände bis 1799 d. größten Teil ihres Vermögens verloren haben; **Güter**: L.F. war seit 1744 Erbherr auf Gaffert, 1767 hatte sein Gut e. Wert von 5/m T.; 1790 gehörten seinen Erben zwei Teile von Klein Gustkow im Distrikt Bütow: Margaretha Carolina verh. Ltnt. von Schweder, Ernestine verh. Kriegsrat von Grabowsky in Bromberg, Louisa Henrietta Tugendreich von Pirch (* 7. Juli 1769) u. Clara Friederica von Pirch (* 10. Mrz. 1771), beide noch minorenn; d. Gut sollte subhastiert werden, weil die majorenne Schwester die Teilung forderte; Klein Gustkow bestand aus drei Teilen, die beiden kleineren hatten Lorenz Friedrich von Pirch gehört, jetzt seinen drei (bzw. vier) Töchtern, sie waren für zs. 1 833 T. gekauft worden, d. dritte u. größte Teil wurde für 4 866 erworben u. befand sich bis 1796 im Pfandbesitz der Gebr. von Schmude: Christian Friedrich, Ltnt. im D-R Nr. 5, u. Franz Christian, Ltnt. im H-R Nr. 7; die beiden Ltnt. wollten alle drei Gutsteile 1790 für 6 200 T. kaufen u. bekamen dafür die Erlaubnis; 1804 besaß d. vormalige Cap. Alexander Ferdinand Ignatz von Mach d. Gut Gaffert, s.d.;

Quellen: GStA, I. HA, Rep. 30, Nr. 44, P 94, Paket 9 356; Nr. 243, Vas.tab. 1756, 1763, 1767, 1793, 1804; II. HA, Abt. 13 a, Tit. III, Litt P, Nr. 6; Stabi, Ms. boruss. fol. 311 (L.F. u. C.J., dieser 1740 als Nicolaus George); Ms. geneal. fol. 120 (1730 drei Brüder gen.); Brüggemann, T. 2/2, S. 963; Orlop, D-R Nr. 6, Anhang, S. 23*, S. 127*;

Major Martin Siegmund von Pirch (* 1684)

aus Pommern gebürtig; **Laufbahn**: seit 1697 im Militär, 1720 Cap., 1730 Major im I-R Nr. 18, erhielt 1731 e. Compagnie in Küstrin;

Quellen: Stabi, Ms. boruss. fol. 313;

Ltnt. Otto Heinrich von Pirch (* 1694, † 24. Aug. 1726)

aus Pommern gebürtig; **Laufbahn**: seit 1709 im Militär, Juni 1716 Fähnrich im I-R Nr. 16, Nov. 1718 Sl, Juli 1724 Pl, 1726 an d. roten Ruhr gest.;

Quellen: Stabi, Ms. boruss. fol. 311; Kopka v. Lossow, Offz.liste S. 3*;

Major Johann Benjamin (seit Febr. 1790: von) Planitzer (* 1738, † 13. April 1798)

aus Sachsen gebürtig; **Laufbahn**: trat 1758 in d. preußischen Militärdienst ein, stand im Jan. 1763 als Cornet, im Nov. 1772 als Sl, im April 1778 als Pl im H-R Nr. 8, Dez. 1786 Stabs-Rittmstr., April 1793 Rittmstr., wurde im Febr. 1790 nobilitiert, Jan. 1791 Chef e. Escadron, Mrz. 1793 Orden p.l.m., Dez. 1793 Major, Febr. 1798 pensioniert, noch 1798 gest:, **Güter**: seit mind. 1793 Erbherr auf Warbelow im Krs. Stolp im Wert von 8/m T.;

Quellen: GStA, I. HA, Rep. 30, Nr. 243, Vas.tab. 1793, 1797 (hier als Friedrich); IV. HA, Rep. 1, Nr. 85, Bl. 12; Schöning, 5. H-R, S. 104, S. 108, S. 124, S. 139, S. 168, S. 296, S. 552 (in d. Ranglisten immer als Adliger geführt); Ledebur, 2. Bd., S. 202; Lehmann, Ritter, S. 233;

Rittmstr. Adam Anton von Platen (* 1687)

aus Pommern gebürtig; **Laufbahn**: seit 1708 im Militär, Jan. 1712 Ltnt. im (K-R Nr. 4 bzw.) D-R Blankensee, Mai 1715 Cap., Jan. 1719 Rittmstr. im K-R Nr. 8, als solcher noch 1730 gen., vor 1740 abgegangen;

Quellen: Stabi, Ms. boruss. fol. 312, fol. 316, fol. 319; nicht in GStA, IV. HA, Rep. 1, Nr. 85 (A.A. evt. e. Bruder d. Generals H.F.: Priesdorff Nr. 232);

Ltnt. Carl von Platen (* 1777, † 12. Jan. 1817)*

aus Pommern gebürtig; **Laufbahn**: (1793 bis 1797 *cadet* in Berlin), Okt. 1797 Fähnrich, Nov. 1798 Sl im I-R Nr. 35, Sep. 1807 Pl im Füsilier-Bat. von Moeller in Kolberg, Okt. 1812 zur Gendarmerie, Jan. 1813 zum Res.-Bat. d. 1. Pomm. I-R, Juni 1813 Pl, Juli 1813 2. Res.-I-R, Mrz. 1814 Stabs-Cap., Mrz. 1815 14. I-R, April 1815 Cap. u. Chef e. Comp., 1817 als aktiver Offz. gest.;

Quellen: GStA, IV. HA, Rep. 1, Nr. 85, Bl. 18; VI. HA, Nl Gneisenau, Nr. 691; Stabi, Ms. boruss. fol. 311; Taeglichsbeck, S. 274;

Ol Carl Friedrich von Platen (* um 1696, † um 1751)*

aus d. Prignitz gebürtig; **Laufbahn**: trat 1713 in d. Militärdienst ein, Juli 1716 Sl im I-R Nr. 20, 1719 als Pl gen., Nov. 1729 Cap. u. Chef e. Comp. im I-R Nr. 20, noch 1740 hier als Cap. gen., nach 28 Dj. als Ol dim.; **Güter**: erwarb 1747 von seinem Schwager, d. Ltnt. Friedrich Wilhelm von Borcke, d. Güter Zozenow u. Gardin C im Borckeschen Krs.; **Ehefrau**: Charlotta Sophia, geb. von Borcke, diese erbte nach d. Tod ihres Mannes um 1751 d. Güter Zozenow u. Gardin C, hier noch 1767 gen.; ohne Leibeserben gest.;

Quellen: GStA, I. HA, Rep. 30, Nr. 243, Vas.tab. 1756, 1763, 1767; IV. HA, Rep. 1, Nr. 85, Bl. 16 (C.L. nicht d. 1752 gest. Ol im I-R Nr. 32); Stabi, Ms. boruss. fol. 311, fol. 319; Brüggemann, T. 2/1, S. 360;

Cap. Carl Hartwig von PLATEN († 28. Mai 1742)

aus Pommern gebürtig; **Laufbahn**: 1738 ins I-R Nr. 16 versetzt, Jan. 1739 Cap. u. Chef e. Comp., Mai 1742 gest.;

Quellen: Kopka v. Lossow, Offz.liste, S. 9*; nicht in GStA, IV. HA;

Major Ernst Alexander Otto von PLATEN (* 21. April 1756, † 7. Juni 1794)*

Vater: Dubislav Friedrich (1714–1787)*, 1723 bis 1736 im K-R Nr. 10, Aug. 1736 Rittmstr. im K-R Nr. 4, 1755 Kommandeur d. D-R Nr. 1, Mrz. 1757 GM u. Chef d. D-R Nr. 8, Febr. 1787 General d. Kavallerie, 1763 Erbherr auf Puzernin u. Anteil Fritzow im Ftm. Cammin, seit 1770 Erbherr auf Rarfin im Krs. Belgard; **Mutter**: Susanne Charlotte Sophie, geb. Freiin von Cocceji († 1794); **Bruder**: Friedrich Leopold (1740–1787), 1758 Cornet, Febr. 1759 Ltnt. im K-R Nr. 10, Sep. 1777 Rittmstr., Mai 1781 Major, als aktiver Offz. gest.; **Bruder**: Carl Wilhelm Christian (1741–1758), als Cornet im K-R Nr. 11 gefallen; **Laufbahn**: seit 1770 im Militär, 1772 Junker, dann Sl im D-R Nr. 9, Nov. 1786 Rittmstr. u. Adjutant d. Gl von Platen (im D-R Nr. 8), seines Vaters, Juni 1789 Quartiermeister-Ltnt., Juni 1790 kgl. Flügel-Adjutant, Nov. 1791 Major u. Chef d. 2. Escadron d. H-R Nr. 7, 1794 bei Seelze in Polen gefallen; **Ehefrau**: geb. Freiin von Schorlemmer; **Sohn**: Wichard Otto Ludwig (1794–1822), Pl, verkaufte 1822 d. großväterliche Gut Rarfin im Krs. Belgard;

Quellen: GStA, I. HA, Rep. 30, Nr. 243, Vas.tab. 1793, 1799, 1804; IV. HA, Rep. 1, Nr. 85, Bl. 17; Stabi, Ms. boruss. fol. 311 (Vater, 1730 als Dubislav Herm.), fol. 312; Brüggemann, T. 2/2, S. 661–662; Schwerin, K-R Nr. 10, T. 2, S. 220–221 (Bruder F.L.); Tb. Uradel 1903, S. 685–686; Priesdorff, Nr. 447 (Vater);

Cap. Ernst Friedrich Samuel von PLATEN (get. 15. Sep. 1747, † Mai 1790)

Vater: George Ernst (1719–1778), Dekan beim Domkapitel zu Cammin, Erbherr auf Sager im Krs. Belgard im Wert von 10/m T., 1767 betrugen seine Schulden 19 300 T., über sein Vermögen wurde 1776 d. Konkurs eröffnet; **Mutter**: Cornelia Sophie, geb. von Bodeck († 1751), ihr standen lt. Ehepakten 13/m T. zu, gegen d. Trauung, die in d. kathol. Kirche zu Elbing vollzogen worden war, hatte d. Ltnt. George Matthias von Puttkamer vom I-R Nr. 16 geklagt, der ebenfalls auf e. Verbindung mit d. Frl. gehofft hatte, auf ihr Vermögen wurde deshalb zeitweilig Arrest gelegt; **Großvater**: Hans Friedrich (1668–1743)*, General d. Kavallerie, seit 1729 Erbherr auf Rarfin im Krs. Belgard; **Vater-Bruder**: Leopold Johann (1725–1780), GM, s.d.; **Laufbahn**: trat 1764 in d. Militärdienst ein, Jan. 1765 jüngster Fähnrich im D-R Nr. 8, dem Reg. seines **Vater-Bruders** Dubislav Friedrich (1714–1787)*, erhielt im Dez. 1768 d. *venia aetatis*, Jan. 1769 jüngster Sl, April 1781 jüngster Pl, Juni 1788 Stabs-Rittmstr., 1790 als solcher gest.; **Güter**: Sager war bereits 1752 mit Schulden von 9 600 T. belastet, E.F.S., 1785 als Erbherr gen., verlor durch d. Konkurs d. Vaters deshalb sein mütterliches Vermögen;

Quellen: GStA, I. HA, Rep. 30, Nr. 44, P 99 i, Paket 9358; Nr. 243, Vas.tab. 1763, 1767; IV. HA, Rep. 1, Nr. 85, Bl. 17; Ms. boruss. fol. 310; Brüggemann, T. 2/2, S. 661, S. 666; Baerensprung, D-R Nr. 8, S. 520, S. 522, S. 528–529, S. 535, S, 537–539; Tb. Uradel 1903, S. 686; Priesdorff, Nr. 232 (Großvater); Nr. 447 (Onkel D.F.), Nr. 504 (L.J.);

Ltnt. Friedrich August von Platen (* 15. April 1748, † 11. April 1813)

Vater: Hartwig Christian (* 1716), Erbherr auf Starpel u. Wallwitz in d. NM; **Mutter**: Sophie Marie Philippine, geb. von Wahlen-Jürgass (1720–1794); **Laufbahn**: trat um 1761 in d. Militärdienst ein, im Nov. 1772 als Sl im H-R Nr. 8 gen., im Mrz. 1778 als Ltnt. dim.; **Güter**: erheiratete mit seiner **Ehefrau** Friederike Wilhelmine, e. geb. von Rexin, d. Gut Klein Bozepohl im Distrikt Lauenburg, sie bat 1787 u. 1788 mit Hinweis auf d. kleine Gut u. ihre sechs Kinder vergeblich um e. Stiftsstelle für ihre Tochter Johanna, d. Gut hatte 1801 e. Wert von 10300 T.; **Sohn**: Ewald (1785–1813), stand 1801 als Junker im I-R Nr. 17, Jan. 1802 Fähnrich, Dez. 1804 Sl, 1813 bei Leipzig gefallen; **Sohn**: August Carl (1786–1813), 1801 Junker im I-R Nr. 35, Jan. 1803 Fähnrich, April 1805 Sl, Sep. 1807 Pl, an bei Leipzig erlittenen Blessuren 1813 gest.;

Quellen: GStA, I. HA, Rep. 30, Nr. 44, P 99 i, Paket 9358; Nr. 249, Vas.tab. 1778 (als Aug. Wilhelm), 1801; IV. HA, Rep. 1, Nr. 85, Bl. 16, Bl. 20 (Söhne); Schöning, 5. H-R, S. 123–124, S. 547 (hier als Friedrich); Tb. Uradel, 1903, S. 676;

Cap. Friedrich Heinrich Philipp von Platen (* 1765, † 27. Juni 1831)

Vater: Christoph Ernst August (* 1723) *, amtierte von 1754 bis 1763 als KD-rat, seit 1762 Erbherr auf Lasbeck im Dewitzschen Krs. u. (seit 1756 bzw.) 1763 auf Cardemin A im Ostenschen Krs., diese gerieten in Konkurs, seine Schulden lagen 1772 mit 5791 T. über d. Aktiva, weshalb er austrat, seit 1779 Direktor d. schwed. Hofgerichtes in Greifswald; **Mutter**: Beate Sophia Christiana, geb. von Blücher (1734–1786), Erbherrin auf Zimmerhausen, Gruchow u. Cardemin im Ostenschen Krs., sie bat 1771 um e. *Indult*, ihre Güter sollen damals e. Wert von 54/m T. gehabt haben, darauf Schulden von 47 446, ihre Netto-Revenuen beliefen sich auf jährlich 2500 T.; **Bruder**: George Christoph August (1768–1822), Jan. 1787 Fähnrich im I-R Nr. 51, April 1788 Sl, Mai 1799 Pl, Dez. 1803 Stabs-Cap., Jan. 1811 Cap., Jan. 1814 Major, Dez. 1819 als Ol dim.; **Bruder**: Carl Sigmund Friedrich (1771–1845), Mai 1790 Fähnrich im I-R Nr. 4, Jan. 1793 Sl, Mrz. 1801 Pl, Jan. 1806 Stabs-Cap., Mai 1809 zum Leib-I-R, Mrz. 1812 Chef e. Comp., Mrz. 1813 als Major dim., 1836 Charakter Ol; **Laufbahn**: 1782 Gefr.corp., Nov. 1784 Fähnrich im I-R Nr. 36, Jan. 1788 Sl, Jan. 1797 Pl, Mrz. 1802 Stabs-Cap., Okt. 1804 zum I-R Nr. 58 versetzt, Jan. 1808 zum II. Westpreuß. I-R, Febr. 1809 Chef e. Comp., Juni 1813 Major, Okt. 1815 Ol, Mrz. 1817 ausgeschieden; **Güter**: bat am 9. Mrz. 1789 um die *venia aetatis*, machte damals darauf aufmerksam, daß er als ältester Sohn nach d. Tod der Mutter ihre Güter Zimmerhausen, Cardemin u. Gruchow im Borckeschen Krs. für 36/m T. angenommen hatte, mußte sie zwecks Teilung mit seinen sechs Geschwistern jedoch 1788 wieder verkaufen, trat sie für 39/m T. ab, sein Erbteil in Höhe von 3197 T. war vom Vormund bei der Bank zu zwei Prozent Zinsen angelegt worden, konnte d. Kapital jetzt zu vier Prozent unterbringen; erhielt am 8. Juni 1789 die *venia aetatis*;

Quellen: GStA, I. HA, Rep. 30, Nr. 44, P 99 i, Paket 9358; IV. HA, Rep. 1, Nr. 85, Bl. 18; Stabi, Ms. boruss. fol. 314; Brüggemann, T. 2/1, S. 365, S. 375–376; Tb. Uradel 1903, S. 696; biogr. Handbuch, S. 739 (Vater);

Ltnt. Friedrich Leopold von Platen (* 1756)

aus Pommen gebürtig; **Laufbahn**: seit 1770 im Regiment, 1774 Cornet, Juni 1786 Sl im D-R Nr. 11, Okt. 1786 dim.;

Quellen: GStA, IV. HA, Rep. 1, Nr. 85, Bl. 17; Stabi, Ms. boruss. fol. 313;

GM Leopold Johann von Platen (* 12. Mrz. 1725, † 11. Dez. 1780)*

Vater: Hans Friedrich (1668–1743)*, General, Erbherr auf Rarfin im Krs. Belgard; **Mutter**: Hippolyta Juliane, geb. von Podewils (1684–1768); **Bruder**: George Ernst (1719–1778), Dekan; **Bruder**: Dubislav Friedrich (1714–1787),* General, siehe bei dessen Sohn E.A.O.; **Laufbahn**: April 1737 Cornet im D-R Nr. 1, Febr. 1741 Sl, Juli 1752 Stabs-Rittmstr., Aug. 1756 Rittmstr. u. Chef e. Escadron im D-R Nr. 1, Febr. 1757 Major, Mrz. 1757 Kommandeur d. D-R Nr. 1, Juni 1757 Orden p.l.m., Juni 1757 Obrist, Mrz. 1758 Chef d. D-R Nr. 11, Mrz. 1759 GM, Sep. 1770 dim.; **Güter**: seit 1743 Erbherr auf Rarfin im Krs. Belgard, 1767 im Wert von 17500 T., darauf Hypotheken von 21266 T., d. Gut fiel 1780 an seinen Bruder D.F.; **Ehefrau**: Dorothea, geb. von Eickstedt (1733–1795); **Sohn**: Heinrich August Ferdinand Leopold (* 1763, † 28. Nov. 1828), trat 1777 in d. Militärdienst ein, Juni 1787 Sl im I-R Nr. 22, Aug. 1794 Pl, Okt. 1798 Stabs-Cap., Okt. 1808 dim., Ehefrau: Charlotte, geb. von Zastrow, d. Cap. besaß kein Gut in Pommern;

Quellen: GStA, I. HA, Rep. 30, Nr. 43, Paket 9232; Nr. 243, Vas.tab. 1756, 1763, 1767; IV. HA, Rep. 1, Nr. 85, Bl. 16 (kz. Notiz), Bl. 17 (d. Sohn hier als Heinrich Friedrich); Stabi, Ms. boruss. fol. 314; Brüggemann, T. 2/2, S. 661–662; Lehmann, Ritter, S. 57; Tb. Uradel 1903, S. 686; Priesdorff, Nr. 232 (Vater), Nr. 447 (Bruder D.F.), Nr. 504;

Ltnt. August Ferdinand von Ploetz (* 14. Sep. 1782, † 28. Aug. 1837)

Vater: Hans George Bernd (* 16. April 1742, † 6. Aug. 1803), seit 1757 im Militär, Nov. 1762 Pl im I-R Nr. 7, 1785 als Cap. nach 27 Dj. dim., sollte als Major d. Armee *conservirt* werden, seit mind. 1793 Erbherr auf Klücken im Krs. Pyritz, 1799 im Wert von 45/m T., erwarb 1780 bzw. 1781 Suckow an d. Ihna für 15300 T., 1799 für 32/m T. verkauft, hatte seinen Wohnsitz in Stettin; **Mutter**: Wilhelmine Friederike Hedwig, geb. von Berner (1756–1820); **Bruder**: George Wilhelm (1787–1844), 1804 Fähnrich im I-R Nr. 7, Nov. 1811 dim., Febr. 1814 Sl u. Adjutant, mit d. Charakter Cap. dim.; **Laufbahn**: Sep. 1797 Cornet im D-R Nr. 5, Jan. 1800 Sl, Mrz. 1805 dim.; **Güter**: besaß zs. mit seinem Bruder 1804 d. väterliche Gut Klücken, später auch Erbherr auf Woitfick; **Ehefrau**: Sophie Catharine Caroline, geb. von Maltzahn (1785–1852);

Quellen: GStA, I. HA, Rep. 30, Nr. 243, Vas.tab. 1793, 1799, 1804; IV. HA, Rep. 1, Nr. 85, Bl. 53 (Vater), Bl. 54; Stabi, Ms. boruss. fol. 314 (Vater), Tb. Uradel 1907, S. 600–602;

Cap. Bernhard Ludwig von Ploetz (* 24. Sep. 1725, † 12. Mai 1770) *

Vater: Eggert George (1689–1758), kursächs. Offz., Erbherr auf Schwenz A im Krs. Greifenberg im Wert von 4/m T.; **Mutter**: Hedwig Eleonore, geb. von Witten (1689–1757); **Bruder**: George Friedrich (1719–1757), seit 1736 im Militärdienst, 1740 Corporal im I-R Nr. 7, seit 1744 Pl, 1755 auf Werbung im Reich, Okt. 1756 als Stabs-Cap. d. Orden p.l.m., Juli 1757 als Cap. bei Prag gefallen; **Bruder**: Eggert Carl (1720–1760), 1737 als Junker ins D-R Nr. 5, Sep. 1741 Cornet, Mai 1745 Sl, Aug. 1755 Pl, Nov. 1760 Stabs-Rittmstr., Nov. 1760 an bei Leuthen erlittenen Blessuren gest.; **Laufbahn**: 1742 als Junker ins D-R Nr. 5, Mai 1744 Cornet, Mai 1751 Sl, Febr. 1757 Pl, Nov. 1760 für seinen verst. Bruder E.C. zum Stabs-Rittmstr. aufgerückt, Juli 1764 dim.; **Ehefrau**: Sophie Juliane, geb. von Knuth; **Güter**: verkaufte 1765 d. väterl. Gut Schwenz A für 7 600 fl., seit 1765 Erbherr auf Klein Weckow im Flemmingschen Krs., hatte dieses mit seiner Frau erheiratet, 1767 im Wert von 12/m T., darauf Hypotheken über 8 900 T., d. anderen Schulden betrugen 1 185 T.; **Sohn**: Friedrich Wilhelm Eggert (1768–1826), nahm keine Dienste, Erbherr auf Klein Weckow im Wert von 12/m T., erhielt auf sein Gesuch am 14. Sep. 1789 d. *venia aetatis*, sein Vermögen belief sich auf 2 386 T., dazu kamen jährliche Revenuen von 600 T. aus d. Fideikommiß d. Familie;

Quellen: GStA, I. HA, Rep. 30, Nr. 44, P 89 a, Paket 9 347; Nr. 243, Vas.tab. 1756, 1763, 1793, 1804; IV. HA, Rep. 1, Nr. 85, Bl. 53 (B.L. u. Brüder); Stabi, Ms. boruss. fol. 314 (Bruder G.F., hier als G.H.); Albedyll, Anhang, S. 61 *, S. 64 *; Lehmann, Ritter, S. 48; Tb. Uradel 1907, S. 592;

Obrist Carl Bogislav von Ploetz (* 1717, † 5. Mai 1792) *

Vater: Jacob Bogislav (* 1671), Rittmstr. im Leib-Reg. (vor 1715 abgegangen), Erbherr auf Zirzlaff B im Krs. Wollin u. Kuckelow B im Flemmingschen Krs.; **Mutter**: e. geb. von Brockhusen; **Großvater**: Christoph, Ol, Erbherr auf Kuckelow B; **Bruder**: Philipp Christoph, 1741 gen.; **Laufbahn**: Sep. 1736 Fähnrich im I-R Nr. 8, Mrz. 1741 Sl, Okt. 1744 Pl, Juli 1755 Stabs-Cap., Nov. 1756 Cap. u. Chef e. Comp., Dez. 1761 Major, Mai 1772 Ol, Mai 1775 Obrist, Dez. 1775 als Invalide dim.; **Güter**: erbte von seinem Vater Kuckelow B im Flemmingschen Krs. im Wert von 4/m T., darauf waren d. *illata* seiner Mutter mit 3 864 T. versichert, auch Erbherr auf Zirzlaff B im Krs. Wollin; erwirkte im Okt. 1763 d. Allodifikation beider Güter;

Quellen: GStA, I. HA, Rep. 30, Nr. 241 b, Paket 9 962; nicht in IV. HA, Rep. 1, Nr. 85; Stabi, Ms. geneal. fol. 120; Brüggemann, T. 2/1, S. 37–38; Priesdorff, Offz.stammliste, S. 132; Tb. Uradel 1907, S. 597;

Major Carl Gustav von Ploetz (* 9. Juni 1743, † 1. Febr. 1796)

Vater: Balthasar Heinrich (1694–1761), Erbherr auf Stuchow B u. Medewitz B im Krs. Greifenberg, hinterließ drei Söhne u. fünf Töchter; **Mutter**: Sophie Sabine, geb. von Kleist, ihre *illata* betrugen 4 280 T.; **Bruder**: Franz Heinrich Christian (1740–1819) *, stand von 1755 bis 1789 im I-R Nr. 34, Mai 1789 Kommandeur d. I-R Nr. 13, Juni 1792 Obrist, April 1796 Chef d. I-R Nr. 42, Juni 1802 Orden p.l.m., Mai 1805 Gl; **Bruder**: Christian Friedrich Wilhelm (1745–1816) *, diente von 1759 bis 1790 im I-R Nr. 24, seit 1790 im I-R Nr. 18, Aug. 1796 Kommandeur, Mai 1800 Obrist, Mai 1801 als Kommandeur d. I-R Nr. 18 Orden p.l.m., 1804 Erbherr auf Stuchow A, Anteilen Medewitz u. Staarz im Krs. Greifenberg für

15/m T., Jan. 1811 GM, Aug. 1814 als Gl dim.; vier seiner **Schwestern** besaßen ein väterliches u. e. mütterl. Vermögen von je 200 T., sie bekamen daher seit Mai 1772 zs. e. Pension von 100 T.; **Laufbahn**: trat um 1760 in d. Militärdienst ein, 1764 Fähnrich im I-R Nr. 17, 1773 Sl, Febr. 1783 Stabs-Cap., Sep. 1786 Cap. im I-R Nr. 17, Nov. 1786 Chef d. Grenadier-Comp., Juni 1792 Major, als aktiver Offz. 1796 gest.; **Güter**: übernahm nach d. Teilung mit seinen Geschwistern 1766 d. väterlichen Güter Stuchow B u. Medewitz B im Krs. Greifenberg, Stuchow B hatte 1767 e. Wert von 6666 T., d. Schulden lagen bei 6850 T.; **Ehefrau**: Wilhelmine Juliane (* 1766, † 1850), jüngste To. d. Gl Constantin von Billerbeck; d. damalige Stabs-Cap. C.G. bat am 10. Dez. 1785 um d. *venia aetatis* für seine Frau, mit ihrem Vermögen von rund 5/m T. wollte er seine Güter verbessern, d. Frau bekam d. *venia* am 16. Jan. 1786; aus beider Ehe gingen zwei Söhne hervor, die während ihrer Minderjährigkeit verstarben; nach seinem Tod lag d. Witwe d. Majors im Streit mit ihren beiden Schwägern wegen ihrer *illata* u. e. Lehnstammkapitals auf Stuchow;

Quellen: GStA, I. HA, Rep. 30, Nr. 44, P 87 a, Paket 9347; IV. HA, Rep. 1, Nr. 85, Bl. 53–54; Stabi, Ms. boruss. fol. 311 (Bruder F.H.C.), fol. 316; Brüggemann, T. 2/1, S. 454; Tb. Uradel 1907, S. 596–597; Lehmann, Ritter, S. 416; Priesdorff, Nr. 905 (Bruder F.H.C.), Nr. 1170 (C.F.W.);

Ltnt. Christian Friedrich (Bernd) von Ploetz
(* 15. Okt. 1745, † 23. Mrz. 1823)

Vater: Friedrich Bernd (1701–1753), Cap., s.d., Erbherr auf Krakow C im Krs. Randow, 1767 im Wert von 13/m T., darauf Hypotheken von 10300 T.; **Mutter**: Amalie Elisabeth, geb. Gräfin von Küssow (1715–1794); **Bruder**: Hans George Bernd (1742–1803), Cap., siehe bei dessen Sohn August Ferdinand; **Laufbahn**: engagierte sich 1761 im Militärdienst, Mai 1762 Fähnrich, Mrz. 1765 Sl im I-R Nr. 7, Juni 1775 nach 14 Dj. als Ltnt. dim.; amtierte 1793 u. 1803 als Rat bei d. vorpommerschen Landschaft; **Güter**: seit 1778 nach d. brüderlichen Teilung Erbherr auf Krakow C u. 2/3 d. Holzung Günnitz, 1801 im Wert von 17/m T., vor 1804 verkauft; (später Erbherr auf Vanselow); **Ehefrau**: Anna Catharina (1753–1793), e. To. d. Landrates Carl Bogislav von Ramin († 1788), seine Frau hatte e. Vermögen von 8200 T., angelegt auf d. Gut Daber im Krs. Randow; aus beider Ehe gingen drei Söhne u. drei Töchter hervor; lt. Testament seiner Frau sollte d. Witwer bis zur Großjährigkeit d. Kinder im Besitz ihres Vermögens bleiben; **Sohn**: Friedrich August (* 1783), stand 1797 als Gefr.corp. im I-R Nr. 30, 1801 Fähnrich, vor 1806 abgegangen;

Quellen: GStA, I. HA, Rep. 22, Nr. 237, Paket 8680; Rep. 30, Nr. 43, Paket 9232; Nr. 44, P 89 a, Paket 9347; Nr. 243, Vas.tab. 1763, 1767, 1793, 1804; IV. HA, Rep. 1, Nr. 85, Bl. 53; Stabi, Ms. boruss. fol. 314; Brüggemann, Vorpommern, S. 224–225; Tb. Uradel 1907, S. 600, S. 602 (hier kein Sohn F.A., geb. 1783);

Ltnt. Eggert von Ploetz (* 1694)

(**Vater**: Eggert (1638–1695), Erbherr auf Schwenz A im Krs. Greifenberg); **Laufbahn**: trat 1709 in d. Militärdienst ein, stand 1720 als Ltnt. im K-R Nr. 11, vor 1730 (*wegen d. Liebe zum Branntwein*) abgegangen;

Quellen: Stabi, Ms. boruss. fol. 315; Schwerin, K-R Nr. 10, T. 1, S. 193, S. 195; Tb. Uradel 1907, S. 592 (hier e. Eggert George (1689–1758), Sohn von Eggert, stand in sächs. Diensten);

Ltnt. Ernst Friedrich von PLOETZ (* 1708)

aus Pommern gebürtig; **Laufbahn**: seit 1725 im Militär, 1730 Sergant, 1740 Sl im I-R Nr. 30, vor 1750 abgegangen;

Quellen: Stabi, Ms. boruss. fol. 311 (1730 als Bernh. Fr.);

Ltnt. Ernst George von PLOETZ (* 19. Febr. 1725, † 6. Jan. (April) 1795)

Vater: Carl Moritz (1697–1763), seit 1717 im Militär, 1720 Quartier-Mstr. im K-R Nr. 11, Cornet, vor 1730 abgegangen, Erbherr auf Deuthin A im Krs. Greifenberg, 1756 im Wert von 5/m T.; **Mutter**: Sophie Hedwig, geb. von Wachholz (1696–1757); **Bruder**: Ewald Heinrich (1731–1757), seit 1749 im Militär, stand 1756 als Fähnrich im I-R Nr. 42 (bzw. 1756 Fähnrich im I-R Nr. 39), am 6. Mai 1757 bei Prag gefallen; **Laufbahn**: engagierte sich um 1736 im Militärdienst, 1756 Ltnt. im H-R Nr. 7, Juli 1758 nach 25 Dj. ohne Abschied dim.; **Güter**: seit 1764 Erbherr auf Deuthin A, 1767 im Wert von 4/m T., darauf Hypotheken über 1 300 T., verkaufte dieses 1769 (u. erwarb dafür Anteil Rarvin); 1793 als Erbherr auf Deuthin B im Wert von 6/m T. gen.; **Ehefrau**: Eleonora Sophia Elisabeth, geb. von Lepel (* 1743) aus Chinnow, sie stand seit 1795 auf d. Expectantenliste für e. pomm. Pension, ihr Mann hatte e. monatl. Pension von acht T., die mit seinem Tod wegfiel, Deuthin (B) ging an d. Lehnsvettern, damit blieb d. Witwe, die ihr Vermögen für d. Erziehung d. einzigen Sohnes aufgebraucht hatte, nichts zum Leben, erhielt im April 1799 e. Pension von 50 T.; **Sohn**: Christian Friedrich Wilhelm (1774–1794), seit 1790 im Reg., 1793 Fähnrich, als Ltnt. im D-R Nr. 12 in d. *poln. Campagne* vor Warschau an d. Ruhr gest.;

Quellen: GStA, I. HA, Rep. 30, Nr. 44, P 89 a, Paket 9 347; Nr. 243, Vas.tab. 1756, 1763, 1767, 1794; II. HA, Abt. 13 a, Tit. III, P, Nr. 13 (Frau); Litt S, Nr. 1 (Mutter); IV. HA, Rep. 1, Nr. 85, Bl. 53 (E.G.), Bl. 54 (Sohn, hier als Carl); Stabi, Ms. boruss. fol. 315 (Vater); Tb. Uradel 1907, S. 599 (hier als George Ernst);

Ltnt. Ernst Heinrich von PLOETZ (* 1686)*

aus Pommern gebürtig; **Laufbahn**: trat 1705 in d. Militärdienst ein, (Juni 1715 Fähnrich im I-R Nr. 3), stand 1720 als Ltnt. im K-R Nr. 11, vor 1725 abgegangen;

Quellen: Stabi, Ms. boruss. fol. 315; Schwerin, K-R Nr. 10, T. 1, S. 193–195 (im Mai 1720 d. Ltnt.s Ernst u. Eckart (bzw. Eggert, s.d.) v. Pl. genannt, beide hielten sich um 1725 in Preußen auf, *sind Liebhabers von Branntwein*);

Ltnt. Ernst Wilhelm von PLOETZ (* um 1700)*

(aus Pommern gebürtig); **Laufbahn**: 1721 Fähnrich im I-R Nr. 3, 1726 Sl, Jan. 1730 zur Küstriner Besatzung versetzt, seit 1732 im H-R Nr. 2, 1734 *cassirt*;

Quellen: Gesch. I-R Nr. 3, S. 178; Ardenne, H-R Nr. 2, S. 412;

Major Ferdinand Joachim von PLOETZ (get. 2. Mai 1748, † 15. Juni 1829)

Vater: Joachim Heinrich (* um 1696, † vor 1756), Major, Erbherr auf Batzwitz B im Krs. Greifenberg; **Mutter**: Eleonore Elisabeth, geb. von Wenden (1720–1799), **Bruder**: Leopold Carl Heinrich (1738–1816), Ol, s.d. mehr zur Fam.; **Laufbahn**: 1763 Page beim Herzog A.W. von Braunschweig-Bevern, 1767 Fähnrich, Mrz. 1780 Sl im I-R Nr. 39, später Pl,

Okt. 1788 Stabs-Cap., Okt. 1793 Cap. u. Chef e. Comp., Aug. 1796 Major, Mrz. 1809 Ol, Juni 1813 Kommandeur d. 1. Schles. Landwehr-Reg., April 1815 als Obrist mit Pension dim.; **Güter**: nahm 1774 bei d. Auseinandersetzung mit Mutter u. Geschwistern d. ganze Gut Batzwitz im Krs. Greifenberg an, das aus zwei Teilen im Wert von 4/m u. 7/m T. bestand, darauf ruhten 1786 Pfandbriefe in Höhe von 7/m T., d. mütterliche Vermögen belief sich auf 3/m T., die mit jährlich fünf Prozent zu verzinsen waren, d. sonstigen Schulden wurden mit 1/m T. angegeben; d. Ltnt. bezifferte d. jährlichen Revenuen auf 550 T., nach Abzug d. Zinsen von 503 T., d. *onera* u. Unterhaltskosten in Höhe von 100 T. ergab sich e. Verlust von 53 T.; er wollte d. Gut für d. Familie konservieren u. suchte deshalb um Meliorationsgelder nach, im Juli 1787 sollte er 2 500 T. bekommen; F.J. konnte d. Gut behaupten u. trat es 1794 seinem Bruder ab, d. Ol L.C.H., 1804 hatte es e. Wert von 16/m T.;

Quellen: GStA, I. HA, Rep. 30, Nr. 243, Vas.tab. 1763, 1793, 1804; II. HA, Abt. 13 a, Tit. I, Litt P, Nr. 6; IV. HA, Rep. 1, Nr. 85, Bl. 53–54; Brüggemann, Beiträge, 2, S. 209; Tb. Uradel 1907, S. 595;

Cap. Friedrich Bernd von Ploetz (* 8. April 1701, † Juni 1753)

Vater: Hans Bertram (1656–1736), Erbherr auf Krakow C im Krs. Randow u. Wartenberg in d. NM; **Mutter**: Anna Sophie, geb. von Schöning (1663–1723); **Bruder**: Hans Siegmund (* um 1700), Ltnt. in preuß. Diensten, vor 1742 abgegangen, saß auf Wartenberg; e. zweiter Bruder (* um 1692) war Ltnt. in schwedischen Diensten; **Laufbahn**: seit 1716 im Militär, 1730 Sl im I-R Nr. 12, 1740 Pl, 1745 wegen kränklicher Umstände als Cap. dim.; **Güter**: seit 1736 Erbherr auf Krakow C; **Ehefrau**: Amalie Elisabeth, geb. Gräfin von Küssow (1715–1794); **Sohn**: Hans George Bernd (1742–1803), Major, Erbherr auf Krakow C, auf Klücken, Suckow, Pegelow, siehe bei dessen Sohn A.F.; **Sohn**: Christian Friedrich (1745–1823), Ltnt., s.d.;

Quellen: Stabi, Ms. boruss. fol. 316 (danach aus d. NM gebürtig); Ms. geneal. fol. 120; Tb. Uradel 1907, S. 600, S. 602;

Cap. Heinrich von Ploetz (* 1692)

aus Stargard in Pommern gebürtig; **Laufbahn**: seit 1707 im Militär, Juni 1714 Pl im I-R Nr. 27, 1726 hier als Stabs-Cap. genannt, vor 1736 abgegangen;

Quellen: Stabi, Ms. boruss. fol. 316, fol. 319;

Ltnt. Heinrich Gottlob von Ploetz (* um 1738, † 11. Juli 1760) *

Vater: Otto Adrian (* 1695, † vor 1741), Erbherr auf Anteil Stuchow im Krs. Greifenberg; **Mutter**: Johanne Charlotte, geb. von Massow; **Laufbahn**: engagierte sich um 1743 im Militärdienst, stand 1756 als Corporal im I-R Nr. 17, als Sl an e. bei Landeshut erlittenen Blessur 1760 gest.;

Quellen: GStA, I. HA, Rep. 30, Nr. 44, P 89 a, Paket 9 347; nicht in IV. HA, Rep. 1, Nr. 85; Stabi, Ms. boruss. fol. 316; Tb. Uradel 1907, S. 597;

Ltnt. Joachim Christoph von Ploetz (* um 1735, † 27. Jan. 1793) *

Vater: Caspar Henning (1690–1757), hessen-kasselscher Rittmstr., nach 28 Dj. dim., Erbherr auf Staarz A, (Stuchow) u. Medewitz B im Wert von 6 666 T.; **Mutter**: Luise Charlotte

Ottilie, geb. von der Osten († 1739); **Laufbahn**: trat 1750 in d. Militärdienst ein, Gefr.corp. im I-R Nr. 8, stand 1756 als Fähnrich im Garn.-Reg. Nr. 7, Mrz. 1761 nach elf Dj. als Fähnrich abgegangen, erhielt später d. Charakter Ltnt. (bzw. 1760 Fähnrich, 1762 Sl im D-R Nr. 6, Juli 1763 als Ltnt. dim.); **Güter**: nach d. Erbvergleich mit seiner Schwester seit 1763 Erbherr auf d. väterlichen Besitzungen, nach d. Tod d. Ltnt.s wurde 1793 Konkurs über sein Vermögen eröffnet, Staarz A im Wert von 4230 T. kam unter d. Administration d. Landschaft; (1796 wurde es an d. Obristen Carl Friedrich von Brüsewitz für 10700 T. verkauft, 1800 an d. Obristen Friedrich Wilhelm von Ploetz für 8/m T. auf 25 Jahre); **Ehefrau**: Juliane, geb. von Kameke (1750–1792); **Sohn**: Carl Heinrich (1783–1830), seit 1799 im Militär, Mrz. 1801 Fähnrich im I-R Nr. 58, April 1803 Sl, Sep. 1806 dim., 1813 bei d. Landwehr, 1804 als Erbherr auf Staarz A, Medewitz B u. Deuthin B im Krs. Greifenberg im Wert von 20/m T. gen.;

Quellen: GStA, I. HA, Rep. 30, Nr. 44, P 89 a, Paket 9347; Nr. 243, Vas.tab. 1756, 1767 (J.C. als vorm. Ltnt. im D-R Nr. 6), 1793, 1804; IV. HA, Rep. 1, Nr. 85, Bl. 53 (der im Juli 1763 dim. Ltnt. v. D-R Nr. 6 war Christ. Fr. Wilh. v. Pl., siehe bei L.C.H), Bl. 54 (Sohn); Stabi, Ms. boruss. fol. 311 (im Mrz. 1757 kein P. im D-R 6); Orlop, D-R Nr. 6, S. 32* (in d. Rangliste 1761 gen., nicht in d. Abgangsliste); Tb. Uradel 1907, S. 598;

Cap. Joachim Dettloff von Ploetz (* um 1700)

Vater: Asche Bernd (1661–1713), Erbherr auf Krakow B im Krs. Randow; **Mutter**: Euphrosina, geb. von der Dollen (1671–1749); **Bruder**: Hans Christoph (1705–1761), Obrist, siehe bei dessen Sohn J.S.E.; **Laufbahn**: seit 1713 im Militär, 1720 Sl, 1730 Pl, 1740 Stabs-Cap. im I-R Nr. 12, 1741 auf Wunsch dim.;

Quellen: Stabi, Ms. boruss. fol. 316; Ms. geneal. fol. 120; Brüggemann, T. 2/1, S. 224; Tb. Uradel 1907, S. 602–603 (Vater u. Bruder);

Cap. Joachim Heinrich von Ploetz (* 20. Sep. 1729, † 28. Okt. 1775)*

Vater: Michael Christoph (1687–1765)*, Geh. Rat, Hofgerichtsrat, Erbherr auf Stuchow A u. Medewitz C im Krs. Greifenberg; **Mutter**: Dorothee Luise, geb. von Schönbeck (1693–1761); **Laufbahn**: 1748 als Junker ins D-R Nr. 5, Juli 1752 Cornet, Sep. 1756 Sl, April 1761 Pl, Juli 1765 Abschied (erhielt später d. Charakter Cap.); **Ehefrau**: Louise Charlotte Hedwig, geb. von Ploetz (1738–1797), in zweiter Ehe seit 1777 verh. mit d. Cap. Balthasar Friedrich von Brockhusen; **Güter**: seit 1765 Erbherr auf Stuchow A u. Medewitz C, 1767 im Wert von 6666 T., darauf Schulden von 3064 T., weiter hieß es, da er noch andere Schulden über 3789 T. hat, wird er sich *nicht konservieren* können; d. Güter gingen nach seinem Tod an d. Lehnsfolger, d. Ltnt. Joachim Christoph von Ploetz, dieser überließ sie d. Witwe d. Cap. J.H.; **Schwestern**: Charlotte Emerentia (1727–1777) u. Caroline Amalie (1731–1801), beide hielten sich 1774 bei ihrem Bruder auf, konnten aus d. verschuldeten Gutsanteil jedoch ihre jährliche Alimente von 50 T. nicht erhalten, sie befanden sich in e. kümmerlichen Lage u. bekamen nach 1780 e. Pension von 100 T.;

Quellen: GStA, I. HA, Rep. 30, Nr. 43, Pakete 9232 u. 9234; Nr. 243, Vas.tab. 1756, 1763, 1767; IV. HA, Rep. 1, Nr. 85, Bl. 53 (kz. Notiz); Brüggemann, T. 2/1, S. 453–454; Albedyll, Anhang S. 64*; Tb. Uradel 1907, S. 598; biogr. Handbuch, S. 741 (Vater);

Major Joachim Heinrich von Ploetz (* 18. Mrz. 1733, † 17. Mai 1790)*

Vater: Carl Christoph (1684–1755), Ltnt., Erbherr auf Schwenz C im Krs. Greifenberg im Wert von 6/m T.; **Mutter**: Ilse Juliane, geb. von Witten (1696–1782); **Bruder**: Carl Ludwig (1729–1795), trat um 1747 ins Militär ein, Mai 1755 als Fähnrich im I-R Nr. 8 dim., nach 1756 Ltnt. im Land-Bat. von Schmeling, Erbherr auf Schwenz C, hielt sich 1756 auf d. Gut auf, 1767 im Wert von 6666 T., seine Schulden betrugen 5558 T., verkaufte es 1777 an d. Fi-rat Franz Balthasar Schönberg von Brenkenhoff, erwarb 1778 e. Anteil an Rakitt im Krs. Greifenberg, 1793 auf dem (ganzen) Gut mit Louisenhof im Wert von 12/m T. gen.; **Laufbahn**: Mai 1748 als Junker ins D-R Nr. 5, Sep. 1753 Cornet, Okt. 1756 Sl, Juni 1762 Pl, Juli 1772 Stabs-Rittmstr., Okt. 1782 als Major Chef d. Leib-Escadron, Mai 1790 in Pasewalk als aktiver Offz. gest.; **Ehefrau**: Eleonore, geb. von Hanow;

Quellen: GStA, I. HA, Rep. 30, Nr. 43, Paket 9232; Nr. 243, Vas.tab. 1756, 1763, 1767, 1793; IV. HA, Rep. 1, Nr. 85, Bl. 54; Stabi, Ms. geneal. fol. 120; Brüggemann, T. 2/1, S. 450; Albedyll, Anhang S. 76* (hier fälschlich als Bruder von Eggert Carl u. Bernd Ludwig bez.); Tb. Uradel 1907, S. 596 (hier als J. Henning);

Obrist Johann Ernst von Ploetz (* 1705, † 29. April 1782)

Vater: Hans Ernst († 1735), seit 1729 auf Wiederkauf Erbherr auf Moratz B im Krs. Greifenberg; **Mutter**: Barbara Juliane, geb. von Witten; **Bruder**: Carl Christoph (1711–1776)*, April 1727 Gefr.corp. im I-R Nr. 22, Mai 1740 Sl, Jan. 1745 Pl, Juni 1752 Cap., Nov. 1760 Orden p.l.m., Aug. 1767 GM, April 1768 Chef d. I-R Nr. 22; **Laufbahn**: engagierte sich um 1720 im Militärdienst, 1732 Fähnrich im I-R Nr. 15, 1739 u. 1740 hier als Grenadier-Sl gen., Mai 1753 Major u. Chef d. Grenadier-Bat.s Nr. 6, 1755 Major im Garn.-Reg. Nr. 8, Febr. 1758 als Ol dim., später Obrist u. Chef d. *Cadetten-Corps*; **Güter**: seit 1747 Erbherr auf Stregow im Krs. Greifenberg, erworben auf Wiederkauf für 30 Jahre; trat das vom Vater geerbte Gut Moratz B 1776 an Julius Friedrich Wilhelm von Flemming ab; erwarb 1777 für 27 Jahre d. Gut Bresow im Krs. Greifenberg, machte 1777 u. 1781 aus seinen Gütern Stregow und Bauernhöfen in Dobberphul u. Rarvin im Wert von 12/m T. u. einem Kapital e. Fideikommiß für die Familie von Ploetz in Höhe von insges. 24257 T., d. jährlichen Revenuen in Höhe von je rund 600 T. sollten an d. beiden Ältesten d. Linien zu Batzwitz u. Klein Weckow gehen; erbte nach 1776 von seinem verst. Bruder d. Gut Trebenow im Krs. Greifenberg; **Ehefrau**: Anna Sophie Friederike, geb. von Flemming (1746–1813), aus d. Ehe keine Leibeserben, d. Frau wurde im Testament von 1777 d. Gut Trebenow A u B im Wert von 11/m T. nebst Inventar zugesprochen, sie war in zweiter Ehe seit 1783 verh. mit d. Major, Ol Philipp Johann George von Berg, s.d.;

Quellen: GStA, I. HA, Rep. 30, Nr. 44, P 87 a, Paket 9347; Nr. 243, Vas.tab. 1763; IV. HA, Rep. 1, Nr. 85, Bl. 53 (kz. Notiz, C.C. hier nicht); Stabi, Ms. boruss. fol. 311, fol. 314 (Bruder C.C.); Brüggemann, T. 2/1, S. 415, S. 437, S. 453; Priesdorff, Nr. 573 (Bruder);

Ltnt. Johann Sigismund Ernst von Ploetz (* 25. Mrz. 1754, † 17. Juni 1810)

Vater: Hans Christoph (1705–1761), seit etwa 1719 im Militärdienst, 1730 Fähnrich im I-R Nr. 9, 1740 Ltnt., 1750 Cap. u. Chef e. Comp., 1757 Major im I-R Nr. 9, zuletzt Obrist, gefallen bei d. Belagerung von Kolberg Ende 1761, seit 1729 Erbherr auf Krakow B im Krs. Randow; **Mutter**: Charlotte Elisabeth, geb. von Küssow (* 1718); **Laufbahn**: seit 1769 im

Militärdienst, Jan. 1771 Fähnrich im I-R Nr. 7, Juni 1781 nach 14 Dj. als Sl dim.; **Güter**: seit 1761 auf Krakow B im Krs. Randow, nach 1793 veräußert, erwarb 1780 Nadrense im Krs. Randow für 20/m T., noch 1804 hier gen.; **Ehefrau**: Wilhelmina Dorothea Charlotta (* 24. Febr. 1764), jüngste To. d. Obristen Wilhelm Christoph von Schack, sie hatte 1782 e. Vermögen von 2310 T., ihr anfängliches Gesuch um d. *venia aetatis* zog sie zurück;

Quellen: GStA, I. HA, Rep. 30, Nr. 44, P 89 a, Paket 9347; Nr. 243, Vas.tab. 1756, 1763, 1793, 1804; IV. HA, Rep. 1, Nr. 85, Bl. 53 (Vater u. Sohn); Stabi, Ms. boruss. fol. 314, fol. 315 (Vater); Brüggemann, Vorpommern, S. 224; Brüggemann, Beiträge, 1, S. 509; Crousaz, Beilage C, S. 33 (e. Christoph Philipp, geb. 1708, war seit Mai 1722 *cadet* in Berlin, 1725 Fähnrich im I-R Nr. 9); Tb. Uradel 1907, S. 603;

Ol Leopold Carl Heinrich von Ploetz (* 1738, † Juni 1816)

Vater: Joachim Heinrich (* um 1696, † vor 1756), trat 1714 in d. Militär ein, April 1717 Cornet, Juli 1729 Rittmstr. im K-R Nr. 4, Mrz. 1744 als Major zum Garn.-Reg. Nr. 11, Erbherr auf Batzwitz B im Krs. Greifenberg, hinterließ fünf Söhne; **Mutter**: Eleonore Elisabeth, geb. von Wenden (* 1720, † 15. Juli 1799), 1763 als Witwe auf Batzwitz B (u. Anteilen an Gruchow, Triglaff) gen., durch Unglücksfälle u. Unterstützung d. Söhne soll ihr Vermögen 1786 nur noch 650 T. betragen haben, lebte daher in kümmerlichen Umständen, bekam dank Fürsprache d. Söhne im Jan. 1793 e. Pension von 100 T., aus d. Ehe fünf Söhne, davon fielen ihrer Angabe nach zwei im Siebenjährigen Krieg; **Vater-Bruder**: Johann Ernst, Obrist u. Chef d. *cadets*, s.d.; **Bruder**: August Heinrich Christian (1741–1757), Gefr.corp. im I-R Nr. 22, gefallen bei Kolin; **Bruder**: Christian Friedrich Wilhelm (1742–1763), Fähnrich im Garn.-Reg. Nr. 7, 1761 zum D-R Nr. 6, als Ltnt. Juli 1763 dim.; **Bruder**: Johann Ludwig (1744–1824), seit 1760 im Militärdienst, Dez. 1760 Sl im I-R Nr. 7, später Pl, Juni 1783 Stabs-Cap., Febr. 1787 Cap. u. Chef e. Comp., Juni 1795 Major im I-R Nr. 57, Juni 1806 Ol, Juni 1811 Postmstr. in Zehdenick; **Bruder**: Ferdinand Joachim (1748–1829), Obrist, s.d., seit 1774 Erbherr auf Batzwitz A u. B; **Laufbahn**: engagierte sich 1753 im Militärdienst, 1756 Junker, 1763 Ltnt. im D-R Nr. 2, 1773 Pl, bat im Juni 1782 als Cap. um d. Beförderung, Sep. 1786 Major, Jan. 1790 Chef e. Escadron, Jan. 1793 Ol, Febr. 1793 Abschied; **Güter**: besaß 1767 Batzwitz B (u. Anteil Gruchow) zs. mit seinen beiden Brüdern J.L u. F.J., d. Wert betrug 8160 T., darauf Schulden von 10/m T.; d. ganze Gut ging 1774 an d. Bruder F.J. über, dieser überließ es 1794 für 16/m T. d. Ol L.C.H.;

Quellen: GStA, I. HA, Rep. 30, Nr. 44, P 89 a, Paket 9347; Nr. 243, Vas.tab. 1756, 1763, 1767, 1804; II. HA, Abt. 13 a, Litt P, Nr. 4; IV. HA, Rep. 1, Nr. 85, Bl. 53–54; Stabi, Ms. boruss. fol. 314, fol. 315, fol. 316; Brüggemann, T. 2/1, S. 413–414; Förster, K-R Nr. 4, S. 157, S. 178, S. 543 (Vater); Tb. Uradel 1907, S. 595;

Cap. Gebhard Wedig Edler von Plotho (* 1730, † 29. Jan. 1773)

Vater: Hans Gebhard (* 1678, † 28. Okt. 1743), aus d. Hzgtm. Magdeburg gebürtig, seit 1693 im Militär, Febr. 1710 Cap. im I-R Nr. 17, 1721 als Major gen., Sep. 1729 Ol, Chef e. Comp. im I-R Nr. 17, zuletzt Kommandant d. Festung Friedrichsburg, seit 1729 Erbherr auf Loppenow im Krs. Greifenberg im Wert von 13600 T., hinterließ fünf Söhne; **Bruder**: Johann Alexander (* 1715, † vor 1787), seit 1739 im Militär, 1749 Sl im I-R Nr. 4, 1757 Stabs-Cap., zuletzt Cap., Mrz. 1760 Abschied, erhielt bei d. brüderlichen Erbteilung 1743 durch Los d. väterliche Gut Loppenow für 12460 T.; **Bruder**: Werner Heinrich

(* 1717, † 18. Mai 1788), seit 1734 im Militär, 1740 Fähnrich, 1756 Pl im I-R Nr. 23, Mai 1756 zum Garn.-Reg. Nr. 10, Juli 1756 Cap., April 1771 Major, Dez. 1776 Ol im Garn.-Reg. Nr. 10, 1788 zum Depot-Bat. d. I-R Nr. 49; **Bruder**: Friedrich Wilhelm (1718–1757), seit 1732 im Militär, 1740 Sl im I-R Nr. 17, 1750 Pl, 1756 Stabs-Cap., Nov. 1756 Orden p.l.m., 1757 bei Kolin gefallen; **Bruder**: Ernst Friedrich (1737–1776), April 1751 *cadet* in Berlin, 1756 Fähnrich, April 1760 Sl im Garn.-Reg. Nr. 10, Jan. 1763 Pl, Jan. 1776 Stabs-Cap., noch 1776 gest.; **Schwester**: Friederica Sophia (* 1730), verlor ihr Vermögen beim Bombardement von Küstrin, besaß 1775 nur noch 400 T., erhielt 1781 e. Pension von 100 T.; **Laufbahn**: trat um 1749 in d. Militärdienst ein, 1756 Fähnrich, Febr. 1759 Pl im I-R Nr. 13, Jan. 1766 Stabs-Cap. im I-R Nr. 13; 1772 zum Garn.-Reg. Nr. 1, Sep. 1772 Cap., als solcher 1773 gest.; **Güter**: 1781 besaßen d. Gebr. Joh. Alexander u. Werner Heinrich d. Gut Loppenow, beide hatten keine Leibeserben, d. Gut stand daher auf d. Fall, nach d. Tod von J.A. fiel d. Gut an W.H., dann an dessen Witwe; e. **Vetter** d. beiden, d. Rittmstr. Friedrich Werner von Plotho (* 1739) vom K-R Nr. 9, aus d. Hzgtm. Magdeburg gebürtig, seit 1754 im Militär, suchte deshalb d. Mitbelehnung auf d. Gut, die Familien von der Osten u. von Blücher protestierten jedoch dagegen; d. Witwe Ol W.H. Edler von Plotho erhielt im Nov. 1788 d. Erlaubnis, d. Gut an Christian Weissig verkaufen zu dürfen, 1789 veräußert;

Quellen: GStA, I. HA, Rep. 30, Nr. 243, Vas.tab. 1756, 1763, 1767; Nr. 243 L bis M, Paket 9981; IV. HA, Rep. 1, Nr. 85, Bl. 61; Stabi, Ms. boruss. fol. 311, fol. 313 (Bruder J.A.), fol. 314 (W.H., E.H.), fol. 316 (Vater u. W.H.), fol. 319 (Vater); Brüggemann, T. 2/1, S. 433–434; Crousaz, Beilage C, S. 35 (Bruder E.F.);

Cap. Albert (Adalbert) von Poblotzky (get. 24. Febr. 1760, † Mai 1805)*

Vater: Jacob, zu Roslasin im Amt Lauenburg gen.; **Laufbahn**: Aug. 1784 Fähnrich im I-R Nr. 48, Sep. 1787 Sl, Mrz. 1797 zum I-R Nr. 44, Okt. 1797 Pl, Jan. 1805 Stabs-Cap., noch 1805 gest.;

Quellen: GStA, I. HA, Rep. 176, Nr. 7181 (hier als Poblocki); IV. HA, Rep. 1, Nr. 85, Bl. 71 (unter d. Namen Poblotzky bzw. v.d. Bach);

Ltnt. Carl Martin von Poblotzky (* 2. Nov. 1770, † 1. Juli 1823)*

Vater: Melchior (Michel) Albert (* 1740, † vor 1804), Erbherr auf Dzinzelitz A im Distrikt Lauenburg, 1771 im Wert von 3500 fl., bat im Juni 1782 mit Blick auf seine drei Söhne um e. Beihilfe für sein kleines *Gütchen*; **Mutter**: Dorothee Elisabeth, geb. von Wittke; **Bruder**: Johann Friedrich Wilhelm (* 1769, † 17. Sep. 1813), Juni 1778 *cadet* in Stolp, Juni 1784 *cadet* in Berlin, Mai 1790 Fähnrich im I-R Nr. 36, April 1794 Sl, Nov. 1803 Pl, Mrz. 1810 als Stabs-Cap. dim., Juni 1813 Major beim 3/2 Westpreuß. Landwehr-I-R, im Sep. 1813 gefallen; (Stief-**Bruder**: Franz Reinhold (1782–1843), Ltnt., s.d. mehr); **Laufbahn**: Juni 1778 *cadet* in Stolp, Juni 1785 *cadet* in Berlin, April 1792 Ingenieur-Ltnt., Nov. 1793 Orden p.l.m., Okt. 1808 mit ½ Gehalt in Breslau angestellt, Febr. 1810 Stabs-Cap., Nov. 1810 Lehrer bei d. Kriegsschule in Breslau, Nov. 1811 als Major mit Pension dim.; **Ehefrau**: Charlotte Sophie Friederike, geb. von Stein;

Quellen: GStA, I. HA, Rep. 30, Nr. 249, Vas.tab. 1771; Rep. 176, Nr. 7181 (unter d. Namen Poblocki); IV. HA, Rep. 1, Nr. 85. Bl. 71 (Poblotzky); VIII. HA, Slg. A.B. König, Nr. 449 (1774 d. Söhne Johann u. Carl, e. andere Mutter als bei F.R., s.d.); Stolper Kadetten, S. 11; Lehmann, Ritter, S. 291;

Ltnt. Franz Reinhold von Poblotzky (* 1782, † 25. Juni 1843)

Vater: Melchior (Michel) Albert (* 1740, † vor 1804), stand nicht im Militär, 1771 Erbherr auf Dzinzelitz A im Wert von 3 500 fl., hinterließ sieben Kinder, d. Gut mußte nach seinem Tod verkauft werden; **Mutter**: Charlotte, e. geb. von Rostken aus Zelasen, sie erhielt nach d. Tod d. Mannes e. Pension von 48 T.; (Stief-)**Bruder**: Johann Carl Friedrich (* 1772), Jan. 1803 Fähnrich im I-R Nr. 44, Jan. 1805 Sl, Dez. 1810 als Pl dim.; (Stief-)**Bruder**: Carl Martin (1770–1823), Ltnt. s.d., **Laufbahn**: Aug. 1790 *cadet* in Stolp, Mai 1795 *cadet* in Berlin, Okt. 1799 Fähnrich im I-R Nr. 17, Sep. 1803 Sl, 1809 auf ½ Gehalt gesetzt, Aug. 1813 zum 3. Westpreuß. Landwehr-I-R, Mrz. 1814 Cap., Febr. 1816 dim.; F.R. suchte im April 1805 um e. Pension für seine jüngste **Schwester** Christiana Philippa Henriette (* 1787) nach, diese besaß kein Vermögen, lebte bei d. Mutter in Reddestow u. ernährte sich von Handarbeit, sie wurde im Juni 1805 auf d. Expectantenliste für e. Pension gesetzt; d. **Schwester** Charlotte Gottliebe war damals verh. mit einem Einwohner zu Nawitz, Wilhelmine Ernestine mit einem Fischer in Reddestow;

Quellen: GStA, I. HA, Rep. 30, Nr. 243, Vas.tab. 1804 (nur d. Söhne Johann, nicht identisch mit J.F.W., Carl u. Ludwig gen., d. Ltnt. im I.R Nr. 17 hier als Ludwig); II. HA, Abt. 13 a, Tit. III, Litt P, Nr. 29; IV. HA, Rep. 1, Nr. 85, Bl. 71; Stolper Kadetten, S. 11, S. 27;

Rittmstr. Jacob von Poblotzky (* 1766, † 28. Sep. 1824)*

aus Lowitz im Distrikt Lauenburg gebürtig; (**Bruder**: Albert († Mai 1805), Aug. 1784 Fähnrich im I-R Nr. 48, Sep. 1787 Sl, bat im Mrz. 1791 aus Wesel um e. Beihilfe für seine verh. Schwester von Bojan in Jezow, A. soll seinem Vater e. kgl. Beihilfe von 500 T. für d. Bau e. Hauses in Lowitz beschafft haben, Mrz. 1797 ins I-R Nr. 44, Okt. 1797 Pl, Jan. 1805 Stabs-Cap.); **Laufbahn**: Mai 1774 *cadet* in Stolp, Mai 1779 *cadet* in Berlin, seit 1781 Junker im H-R Nr. 4, Sep. 1786 Cornet, Febr. 1790 Sl, Febr. 1801 Pl, Jan. 1806 ins H-R Nr. 9, Okt. 1806 Stabs-Rittmstr., Jan. 1807 dim., Mai 1807 zum Corps Blücher, Okt. 1812 Rittmstr., Juni 1813 zum 2. Pomm. Landwehr-Kav.-Reg., Febr. 1816 Abschied;

Quellen: GStA, II. HA, Abt. 13 a, Tit. III, Litt L, Nr. 1, Bd. 1 (Schwester); IV. HA, Rep. 1, Nr. 85, Bl. 71 (?Bruder Albert, hier als v.d. Bach); Stabi, Ms. boruss. fol. 311; Stolper Kadetten, S. 7;

Cap. Johann von Poblotzky (* 1739, † 3. Juni 1782)

Vater: Jacob, Erbherr auf Anteil Nawitz im Distrikt Lauenburg; **Laufbahn**: seit 1757 im Militär, Mai 1762 Sl im I-R Nr. 42, Okt. 1771 Pl, zuletzt Stabs-Cap.;

Quellen: GStA, I. HA, Rep. 30, Nr. 243, Vas.tab. 1756; IV. HA, Rep. 1, Nr. 85, Bl. 71; Stabi, Ms. boruss. fol. 312;

Cap. Adam von Podewils (* 1690, † vor 1752)

(**Vater**: Felix, Hofrat, Erbherr auf Woizel im Borckeschen Krs.); **Laufbahn**: seit 1711 im Militär, Mai 1713 Fähnrich im I-R Nr. 23, Jan. 1716 Sl, Okt. 1718 als Cap. dim., ging nach Woizel; **Sohn**: Adam Heinrich (1728–1794), nahm keine Dienste, seit 1752 Erbherr auf Woizel u. Anteil Zülzefitz, Sohn: Ernst Christian Friedrich (1763–1838), Cap., s.d.;

Quellen: GStA, I. HA, Rep. 30, Nr. 243, Vas.tab. 1767; Stabi, Ms. boruss. fol. 316, fol. 319, fol. 624; Brüggemann, T. 2/1, S. 358–359;

Ltnt. Adam Christoph Friedrich von Podewils (* 7. Febr. 1746)

Vater: Christoph Friedrich († 1762), seit 1740 Erbherr auf Kosegger u. Malnow im Ftm. Cammin, hinterließ e. Sohn u. drei Töchter; **Mutter**: Barbara Helena, geb. von Blankenburg; **Mutter-Bruder**: Prälat von Blankenburg; **Vetter**: George Heinrich von Podewils, wurde 1756 für *blödsinnig* erklärt; **Laufbahn**: engagierte sich 1759 im Militärdienst, April 1763 Sl im I-R Nr. 7, Aug. 1765 wegen Krankheit (als Cap.) dim.; **Güter**: seit 1762 Erbherr auf d. väterl. Gütern; setzte sich 1763 mit seinen Schwestern auseinander, er stand damals bei d. Armee in Sachsen, jede Schwester sollte 3 333 T. aus d. Lehnvermögen bekommen, was von ihm als nachteilig bez. wurde, drang seit seinem Abschied auf e. Herabsetzung dieser Summe auf 2 866 T. u. wurde deshalb in e. Prozeß mit seinem Schwager von Rauter zu Arensdorff in Preußen verwickelt; erhielt am 8. Febr. 1766 die *venia aetatis*, die Güter hatten damals zu fünf Prozent gerechnet e. Wert von 20/m T., nach Abtragung d. Schulden u. Auszahlung d. Schwestern blieben ihm 9/m T. frei; 1767 wurde ihr Wert auf 25 466 T. beziffert, d. Hypotheken betrugen 7 975, d. anderen Schulden 8 088 T.; noch 1804 als Erbherr auf Kosegger u. Malnow im Wert von 20 500 T. genannt; A.C.F. ging drei **Ehen** ein; **Sohn**: Samuel Christian Friedrich (* 11. Nov. 1767), stammte aus d. ersten Ehe d. Vaters mit e. geb. Loeper, nahm keine Dienste, erhielt am 20. Mrz. 1789 d. *venia aetatis*, hatte e. mütterliches u. großväterl. Vermögen von 12 606 T., erwarb damit nach 1793 d. Gut Podewils im Krs. Belgard, 1804 als Erbherr genannt; **Sohn**: Heinrich Friedrich (1781–1852), Okt. 1798 Cornet im K-R Nr. 13, Nov. 1799 Sl, Mai 1806 Pl, Mrz. 1808 Stabs-Rittmstr., Dez. 1811 Rittmstr., Sep. 1813 Major, Okt. 1815 Ol, Nov. 1817 als Obrist dim., Mrz. 1852 gest.;

Quellen: GStA, I. HA, Rep. 30, Nr. 44, P 90, Pakete 9 349, 9 350; Nr. 243, Vas.tab. 1756, 1763, 1767, 1804; IV. HA, Rep. 1, Nr. 85, Bl. 75 (kz. Notiz), Bl. 78 (Sohn); Ms. boruss. fol. 314 (A.C.F.); Brüggemann, T. 2/2, S. 556, S. 573; Schöning, K-R Nr. 13, S. 320–321 (Sohn H.F.);

GM Adam Joachim (seit Nov. 1741 Graf) von Podewils (* 9. Febr. 1697, † 23. Juni 1764) *

Vater: Ernst Bogislav (1651–1718), kurhannöv. Obrist, Erbherr auf Crangen u. Suckow im Krs. Schlawe; **Mutter**: Barbara Catharina, geb. von Dewitz († 1742); **Bruder**: Heinrich (seit 15. Nov. 1741 Graf) von Podewils (1695–1760) *, EM, Erbherr auf Suckow u. Quesdow im Krs. Schlawe, auf Jannewitz im Krs. Rummelsburg, auf Hasenfier im Krs. Neustettin, **Bruder**: Otto Friedrich Christoph (1702–1760), seit Nov. 1741 Graf von, Erbherr auf Wussow im Krs. Rummelsburg; **Laufbahn**: Juli 1719 Cornet im K-R Nr. 10, Juli 1722 Ltnt., Juli 1724 Stabs-Rittmstr., Juli 1726 Cap. u. Chef e. Comp. im D-R Nr. 1, Sep. 1731 Major, Mai 1741 Ol im K-R Nr. 5, Dez. 1741 Orden p.l.m., Mai 1742 Kommandeur d. K-R Nr. 5, Mai 1743 Obrist, Mai 1747 GM, Juni 1753 dim.; seit 1727 verh. mit Maria Charlotte, geb. von Krockow († 1750); **Güter**: Erbherr auf Varzin im Krs. Schlawe, Wussow, Wendisch Puddiger, Dubberzin im Krs. Rummelsburg; 1764 fielen d. Güter an d. Lehnsfolger; (**verwandt**: George Albrecht von Podewils (* 1693), seit 1710 im Militär, 1720 Pl im I-R Nr. 18, 1730 Cap. (1732 als Cap. gest.): Ms. boruss. fol. 313; **verwandt**: Ernst Friedrich (* 1683), seit 1701 im Dienst, 1720 Sl im I-R Nr. 18: Stabi, Ms. boruss. fol. 313);

Quellen: GStA, I. HA, Rep. 30, Nr. 44, P 90, Paket 9 348; IV. HA, Rep. 1, Nr. 85, Bl. 75 (kz. Notiz); Stabi, Ms. boruss. fol. 311, fol. 314; Tb. Uradel 1910, S. 576–577; Priesdorff, Nr. 336; biogr. Handbuch, S. 744–745 (Heinrich);

Ltnt. Carl Bogislav Felix von Podewils (1738–1826)

Vater: Hans Heinrich (1707–1777), Cap., Erbherr auf Vorwerk B u. Käseke im Krs. Demmin, s.d. mehr; **Mutter**: Juliane Margarethe, geb. von Leiskow (1709–1778); **Bruder**: Ernst Peter (1737–1791), Cap., Landrat im Krs. Demmin; **Laufbahn**: engagierte sich 1758 im Militärdienst, Sep. 1763 Sl im I-R Nr. 22, Aug. 1768 nach elf Dj. dim.; **Güter**: besaß seit 1777 zs. mit seinen Geschwistern d. väterl. Güter; 1793 zs. mit d. **Bruder** Friedrich Gustav, seit mind 1801 allein auf Käseke, Vorwerk B u. Beggerow, 1804 betrug ihr Wert 24/m T.; **Ehefrau**: Beate Marie Elisabeth, geb. von Engel; **Sohn**: Hans Friedrich Peter (1784–1849), Dez. 1803 Fähnrich bei d. Garde, Febr. 1808 als Sl dim., 1818 bis 1823 Dienst bei d. Landwehr, später Erbherr auf Crangen, Vorwerk, Sanzkow; **Sohn**: Carl George Heinrich (* 1788, † 6. Sep. 1813), Nov. 1804 Cornet im D-R Nr. 3, Sep. 1805 Sl, April 1810 Abschied, Juli 1813 beim Jäger-Detachement d. Brandenburg. D-R, bei Dennewitz gefallen; **Sohn**: Wilhelm Gustav Bogislav (1790–1822), Junker im D-R Nr. 3, geriet 1806 bei Lübeck in Gefangenschaft, auf Ehrenwort entlassen, nahm seinen Abschied, ging auf d. väterl. Güter, trat 1810 in württemberg. Dienste, ging im April 1812 mit nach Rußland, wurde dort verwundet; nahm um 1816 d. väterl. Güter an, wollte diese verpachten, bat Mitte 1817 darum, als Major in württemberg. Diensten bleiben zu dürfen, erhielt am 4. Sep. 1817 d. *Auswanderungs-Consens*; (**verwandt**: Friedrich (bzw. Ferdinand) von Podewils (* um 1750), Ltnt. im D-R Nr. 8, 1771 nach sechs Dj. dim., bat im Mrz. 1782 aus Penken in Ostpreußen um d. Wiederanstellung im Militär, wäre seit fünf Jahren wieder völlig genesen, acht seiner Brüder dienten im Heer; Rep. 96, Nr. 435 P, Bd. 6; Stabi, Ms. boruss. fol. 310);

Quellen: GStA, I. HA, Rep. 30, Nr. 44, P 90, Paket 9 350; Nr. 243, Vas.tab. 1793, 1799, 1804; IV. HA, Rep. 1, Nr. 85, Bl. 78; Stabi, Ms. boruss. fol. 314; Schöning, D-R Nr. 3, S. 317 (Sohn C.G.H.); Tb. Uradel, 1910, S. 573–574;

Cap. Christoph Bogislav von Podewils (* um 1731, † Sep. 1799)

Vater: Matthias Heinrich († 1759), Ltnt., Erbherr auf Großrambin im Krs. Belgard; **Bruder**: Johann Heinrich (* 1718, † 1756), als Pl im Grenadier-Bat. Nr. 1 gest.; **Bruder**: Joachim Ernst († 1757), Ltnt.; **Laufbahn**: seit 1749 im Militär, 1755 Fähnrich im I-R Nr. 25, zuletzt Sl, im Juni 1761 als Stabs-Cap. dim.; **Güter**: seit 1757 Erbherr auf Großrambin im Krs. Belgard; dieses hatte um 1795 e. Wert von 12/m T., 1804 war d. Gut in d. Händen der Erben d. verst. Cap.;

Quellen: GStA, I. HA, Rep. 30, Nr. 243, Vas.tab. 1755, 1756, 1767, 1799, 1804; IV. HA, Rep. 1, Nr. 85, Bl. 75 (kz. Notiz); Stabi, Ms. boruss. fol. 311 (evt. sind J.H. u. J.E. identisch); fol. 314;

Major Christoph Friedrich von Podewils (* um 1722, † 1. Dez. 1779)

Vater: George Matthias († vor 1749), seit 1726 Erbherr auf Anteil Langen A im Krs. Belgard; **Mutter**: Dorothea Maria, geb. von Massow; **Bruder**: Henning (Heinrich) George (* um 1717, † nach 1779), seit 1733 im Militär, 1740 Gefr.corp. im I-R Nr. 28, Jan. 1745 Sl, Sep. 1755 Pl, 1762 als Cap. *cassirt*; **Laufbahn**: trat um 1741 in d. Militärdienst ein, Okt.

1746 Sl im I-R Nr. 32, noch 1756 als solcher hier gen., stand 1764 als Cap. u. Chef e. Comp., 1779 als Major im I-R Nr. 38, 1779 in Breslau gest.; **Güter**: zunächst mit Mutter u. Bruder, seit 1772 alleiniger Besitzer d. ganzen Gutes Langen A; dieses befand sich 1793 zs. mit Langen B in d. Hand d. Familie von Manteuffel; erwarb 1777 zs. mit d. Bruder Retzin B im Krs. Belgard, dieses fiel 1779 d. Cap. H.G. zu;

Quellen: GStA, I. HA, Rep. 30, Nr. 243, Vas.tab. 1756, 1763, 1767; IV. HA, Rep. 1, Nr. 85, Bl. 75–76; Stabi, Ms. boruss. fol. 314 (H.G.), fol. 316; Ms. geneal. fol. 120; Brüggemann, T. 2/2, S. 653, S. 665;

GM Constantin Guido von Podewils (* 30. Mrz. 1703, † 17. April 1762)*

Vater: Ernst Bogislav, poln. Obrist, Erbherr auf (Penkun im Krs. Randow u.) Dollstädt im Krs. Pr. Eylau; **Mutter**: Sabine Veronica, geb. von Weiher; **Laufbahn**: 1718 Gefr.corp. im I-R Nr. 11, Aug. 1723 Sl im I-R Nr. 6, Mrz. 1734 Pl, Sep. 1738 Stabs-Cap., Juni 1740 Obrist u. Gen.-Adjutant von König Friedrich II., Sep. 1742 Kommandeur d. I-R Nr. 28, Mai 1747 GM, Sep. 1748 mit Pension dim., Aug. 1756 interimist. Kommandant von Stettin; **Ehefrau**: Sophie Dorothea, geb. Gräfin von Lehndorff;

Quellen: GStA, IV. HA, Rep. 1, Nr. 85, Bl. 75 u. 76; Stabi, Ms. boruss. fol. 318; Priesdorff, Nr. 337;

Cap. Curth (Carl) Ernst Adrian Heinrich von Podewils (* 30. April 1755, † 10. Nov. 1805)

Vater: Franz Wilhelm (1705–1780)*, Cap., Regierungsrat, s.d.; **Laufbahn**: engagierte sich um 1770 im Militärdienst, 1775 als Fähnrich, 1779 u. 1787 als Sl im I-R Nr. 43 gen., Jan. 1790 Pl, Aug. 1794 Stabs-Cap., 1805 als Chef e. Comp. gest.; **Güter**: wollte 1790 u. 1794 d. Gut Podewils im Wert von 15/m T. *reluiren*, das sich im Besitz d. Amtsrates Pockrandt befand, der es 1789 für 19 800 T. gekauft hatte; d. Offizier besaß d. hierfür nötige Geld jedoch nicht u. wollte deshalb e. Kredit vom König; sein Antrag wurde abgelehnt; 1804 befand sich Gut Podewils im Besitz von Samuel Christian Friedrich von Podewils aus Kosegger, s.d.;

Quellen: GStA, I. HA, Rep. 30, Nr. 44, P 90, Paket 9 350; Nr. 243, Vas.tab. 1767, 1793, 1804; IV. HA, Rep. 1, Nr. 85, Bl. 76; Stabi, Ms. boruss. fol. 316 (1775 u. 1787 als Carl Hr.); Brüggemann, T. 2/1, S. 149–150; biogr. Handbuch, S. 744 (Vater);

Major Ernst Bogislav von Podewils (* 1705, † 3. April 1752)

geb. zu Freudenthal bei Danzig; **Laufbahn**: seit 1720 im Militär, 1740 als Cap. gen., 1752 als Major im I-R Nr. 14 in d. Garnison Heiligenbeil nach 32 Dj. gest., hinterließ kein Vermögen; **Ehefrau**: Barbara Charlotta (* um 1717, † 28. April 1799), e. To. d. Majors Bogislav Theodor von Weiher, verließ nach d. Tod d. Mannes d. Garnison u. ging mit ihren unmündigen Kindern nach Pommern, sie hatte ursprüngl. e. Vermögen von ca. 2 300 T., büßte das aber v. a. im Siebenjährigen Krieg ein; sie bat seit 1788 mehrfach um e. Pension, Suppliken für sie reichte auch ihr Bruder ein: der damalige Oberrechnungs- u. spätere Geh. Fi-rat Johann Heinrich Ferdinand von Weiher (1753–1809)*, ihr Bruder Franz Ferdinand (1752–1797) mußte wegen körperlicher Gebrechen d. Militärdienst verlassen, er war Erbherr auf Stresow u. Borkow im Distrikt Lauenburg, ein dritter Bruder soll bei Soor 1744 gefallen sein; d. Witwe, die von ihren Brüdern unterhalten wurde, erhielt ab Juni 1792 e. Pension von 100 T.; **Tochter**: Eleonore, diese suchte u. erhielt im Mai 1799 d. Pension ihrer verst. Mutter;

Quellen: GStA, II. HA, Abt. 13 a, Tit. III, Litt L, Nr. 1, Bd. 1; Litt P, Nr. 3 (d. Rat zeigte 1788 an, daß ihr Vater 1787 gest. ist); IV. HA, Rep. 1, Nr. 85, Bl. 75; Stabi, Ms. boruss. fol. 311; biogr. Handbuch, S. 1080 (Schwager);

Cap. Ernst Christian Friedrich Albrecht von Podewils (* um 1763, † 24. Dez. 1838)

Vater: Adam Heinrich (* 1728, † 27. Okt. 1794), seit 1752 Erbherr auf Woizel, Aalkist A u. Zülzefitz im Borckeschen Krs., hinterließ drei major. Tö., einen major. u. drei minor. Söhne; **Mutter**: Barbara Elisabeth, geb. von Wachholz; **Bruder**: George Heinrich (* um 1758, † Mrz. 1793), seit 1773 im Militär, Cornet im D-R Nr. 2, Sep. 1782 Sl, Jan. 1790 Pl, Aug. 1792 Stabs-Cap., Sep. 1792 Orden p.l.m., am 30. Mrz. 1793 in d. *Affaire* bei Gundersheim in d. Pfalz erschossen; **Bruder**: Johann George Friedrich Richard (* um 1775, † 12. Febr. 1815), Mai 1790 Fähnrich im I-R Nr. 7, Dez. 1793 Sl, Juli 1798 zum I-R Nr. 40 versetzt, Aug. 1806 Pl, Mrz. 1812 als Cap. dim.; **Bruder**: Carl George Adolph (* um 1777, † Mrz. 1801), Dez. 1792 Fähnrich im I-R Nr. 22, Sep. 1794 Sl, Jan. 1797 Pl; **Bruder**: Heinrich Otto Ludwig (* um 1778, † 6. Nov. 1846), Juni 1793 Fähnrich im I-R Nr. 17, Febr. 1795 Sl, Dez. 1804 Pl, Aug. 1808 als Cap. dim.; **Laufbahn**: Mrz. 1783 Cornet im D-R Nr. 3, Juni 1786 Sl, Nov. 1795 Pl, Febr. 1798 als Cap. dim.; **Güter**: wollte im April 1797 alle Güter für 44 344 T. annehmen, die lt. Taxe e. Wert von nur 37 923 T. hatten, davon Woizel u. Aalkist f. 27 907, Zülzefitz f. 7 146 T., die jährl. Revenuen betrugen 2 160 T., d. Pupillenkollegium lehnte d. Gesuch am 20. Mai 1797 ab, bis zur Volljährigkeit d. jüngsten sollten d. Güter in d. Hand aller Brüder verbleiben, erst dann sollte die Teilung erfolgen; saß 1801 auf d. väterl. Gütern Woizel, d. sog. kleinen Gut in Zülzefitz sowie e. Anteil am Vorwerk Aalkist im Borckeschen Krs. im Wert von 36/m T.; *reluirte* im Febr. 1800 d. Gut Zirchow A im Krs. Schlawe von Joachim Caspar von Glasenapp für 4/m T. für seine Brüder J.G.F.R, C.G.A. u. H.O.L.; erwirkte im April 1805, daß Zirchow A, welches d. minderj. Söhnen d. verst. Ltnt.s Carl George Adolph von Podewils gehörte, für 10/m T. an d. Pl von Bonin vom H-R Nr. 8 verkauft werden durfte; d. Gut war bisher für 325 T. verpachtet gewesen, d. Taxe belief sich auf 6 663 T., d. Genehmigung wurde erteilt, weil d. minderjährigen Söhne, die e. Vermögen von 4 950 T. hatten, dabei e. Gewinn von 2/m T. erzielten; in erster **Ehe** seit 1798 verh. mit Albertine Luise Friederike, geb. von Brockhusen (1775–1812); (**verwandt**: Otto Felix von Podewils (* 1721), aus Woizel, seit 1738 im Militär, stand 1740 als Gefr.corp. im I-R Nr. 7: Stabi, Ms. boruss. fol. 314);

Quellen: GStA, I. HA, Rep. 30, Nr. 44, P 90, Paket 9 350; Nr. 243, Vas.tab. 1756, 1763, 1767, 1794, 1799, 1804; IV. HA, Rep. 1, Nr. 85, Bl. 76, Bl. 78; Brüggemann, T. 2/1, S. 358–359; Schöning, D-R Nr. 3, S. 258, S. 416; Lehmann, Ritter, S. 219; Tb. Uradel, 1910, S. 575;

Ltnt., Landrat Ernst Friedrich von Podewils (* 1716, † 28. Mai 1782)*

Vater: Ewald (1711–1758), Cap. im Stettiner Garn.-Reg., als solcher u. a. 1736 gen., Erbherr auf Neuhof, Battin, Crampe, Klein Rambin u. Groß Reichow im Krs. Belgard, 1767 im Wert von 14/m T., darauf Schulden von 11/m T.; **Mutter**: Sophie Louise, geb. von Beerfelde; **Bruder**: Ludwig Christian (1727–1783)*, Geh. Legationsrat, seit 1758 auf Battin u. Crampe, 1767 im Wert von 10 500 T., darauf Schulden von 10/m T., verkaufte diese 1776 d. GM Friedrich Wilhelm von Podewils, s.d.; **Laufbahn**: engagierte sich 1738 im Militärdienst, Mrz. 1740 Gefr.corp. im I-R Nr. 15, 1742 Fähnrich im I-R Nr. 43, vor 1750 (als

Ltnt.) dim., amtierte von 1753 bis 1762 als Landrat im Krs. Belgard; **Güter**: beklagte sich 1774 über e. zu niedrige Taxe für sein Gut Groß Reichow, er bezifferte d. Wert auf 12/m T., die Taxe betrug jedoch nur 3 250 T., sein Vater hatte es für 4 862 T. eingelöst; Klein Rambin hatte e. Ertragstaxe von 4/m T., auf allen drei Güter lagen Schulden von 8 300 T., die fast alle aus d. letzten Krieg herrührten;

Quellen: GStA, I. HA, Rep. 30, Nr. 43, Paket 9 232; Nr. 44, P 90, Paket 9 349; Stabi, Ms. boruss. fol. 311, fol. 316; Brüggemann, T. 2/2, S. 643, S. 657–658; biogr. Handbuch, S. 745–746;

Fähnrich Ewald Bogislav von Podewils (* 1714)

aus Pommern gebürtig; **Laufbahn**: trat 1729 in d. Militärdienst ein, stand 1741 als Fähnrich im I-R Nr. 38, vor 1750 abgegangen;

Quellen: Stabi, Ms. boruss., fol. 316;

Cap. Ferdinand Bernhard von Podewils (* 1710)

aus Pommern gebürtig; **Laufbahn**: (1726 Fähnrich im I-R Nr. 11, 1732 Ltnt., 1740 versetzt als Cap. ins neue I-R Nr. 43), 1750 Cap. u. Chef e. Comp. im I-R Nr. 43;

Quellen: GStA, IV. HA, Rep. 1, Nr. 85, Bl. 75 (hier nur ein Carl Benjamin von P. im I-R Nr. 43, 28. Aug. 1756 als Major in Schweidnitz gest.); Stabi, Ms. boruss. fol. 316 (1742 stand nur e. Fähnrich v. P. im I-R 43; 1750 standen zwei v. P. im I-R 43: F.B. aus Pommern u. C.B aus Preußen, dieser avancierte 1756 zum Major); Becker, I-R Nr. 11, S. 413 (Carl Benjamin);

Cap., Reg.rat Franz Wilhelm von Podewils (1705–1780)*

Vater: George Joachim († um 1720), Major, Erbherr auf Anteil Groß Latzkow im Krs. Pyritz; **Laufbahn**: Juni 1728 Fähnrich im I-R Nr. 25, 1729 dim., als Regierungsrat angesetzt, 1743 als Reg.rat in Stettin gen., im Siebenjährigen Krieg Cap. im Land-Bat.; **Bruder**: George Friedrich, Landrat u. Direktor d. Krs. Schivelbein; **Güter**: verkaufte 1733 d. väterl. Gut im Krs. Pyritz, erwarb e. Anteil an Glötzin im Krs. Belgard, veräußerte diesen 1748 auf 24 Jahre an d. Witwe Franz Hoyer; hatte im Dorf Groß Latzkow 1737 bis 1739 ebenso seinen Wohnsitz wie seine **Schwester**; geriet 1737 mit dieser und ihrem Mann, d. Major Curt Ernst von Wedel (* um 1665, † 1739) in e. Konflikt; Hintergrund war sein *skandalöses* Zusammenleben mit e. Maria Elisabeth Müller, e. *lasterhaften Weibsstück*, von der er zwei Söhne und der er e. Haus u. Land in Berlinchen zur Versorgung gekauft hatte; die Müllern soll d. Frau d. Majors ungebührlich begegnet sein, sich sogar an ihr vergriffen haben, soll Zwietracht zwischen Bruder u. Schwester gesät haben; Major von Wedel veranlaßte seinen Schwager, d. GM George Friedrich Heinrich von Borcke in Wesel, zu e. Supplik an d. König, woraufhin sie gemäß e. Weisung am 17. Sep. 1737 als *Exempel für andere liederliche Personen* aufgehoben und ins Stockhaus nach Stargard gebracht wurde; d. Reg.rat tractirte seine Schwester verbal u. tätlich mit Schlägen u. Tritten, soll auch gedroht haben, ihren Mann zu erschießen, weshalb er mit Orde vom 31. Aug. 1737 auf d. Festung Kolberg gebracht wurde, durfte angesichts seiner Besserung am 20. Okt d.J. die Festung wieder verlassen; Major von Wedel bat am 28. Nov. 1737 darum, die Müllern so lange im Arrest zu lassen, bis sie ins Spinnhaus verbracht werden kann; nach Stellung e. Kaution durch F.W. wurde sie am 6. Dez. 1737 aus d. Arrest entlassen, mußte jedoch in Stargard verbleiben, erst am 3. April 1738 konnte sie d. Stadt verlassen und nach Berlinchen zurückkehren; im Dez. 1738 forderte d. Müllern Genugtuung für d. erlittenen Arrest, die Majorswitwe sollte ihr d. entstandenen Kosten u. Schäden ersetzen; d. Schwester verklagte d. Reg.rat 1738 u. verlangte von ihm *satisfaction*, am 15. Dez. 1738 wurde sie vom Hofgericht jedoch beschieden, daß durch d. Arrest für F.W. die Injuriensache zwischen beiden Parteien abgetan sei; ähnlich das Reskript an ihn, der am 6. Mai 1739 in Berlin darum gebeten hatte, keine weiteren Privatprozesse gegen ihn zuzulassen, vom 9. Mai 1739, wonach d. Kösliner Hofgericht angewiesen sein, e. Vergleich zw. Bruder und Schwester zu erreichen, Grundlage für die *privat satisfaction*; **Sohn**: Heinrich Constantin (* um 1748), Ltnt., s.d.; **Sohn**: Curth (Carl) Ernst Adrian Heinrich (1755–1805), Cap., s.d.;

Quellen: GStA, I. HA, Rep. 30, Nr. 44, P 90, Paket 9348; biogr. Handbuch, S. 744; Ms. boruss. fol. 314;

Landrat Friedrich Heinrich Graf von Podewils
(* 19. Nov. 1747, † 28. Mai 1804) *

Vater: Otto Christoph (1719–1781), EM, seit 1741 Graf, Erbherr auf Gusow in d. Mark, auf Wusterwitz, Deutsch Puddiger, Balentin, Schmarsow im Krs. Schlawe, auf Dochow, Zipkow, Großendorf u. Warbelin im Krs. Stolp; **Mutter**: Amalia Albertina Sophie, geb. von der Marwitz; **Laufbahn**: studierte an d. Viadrina u. trat in d. Zivildienst ein, seit Dez. 1774 KD-rat in Halberstadt, seit 1777 Landrat im märkischen Krs. Lebus, resignierte 1781, **Ehefrau**: Friederike Amalie Albertine, geb. von Blumenthal; **Güter**: besaß neben d. märkischen Gütern Gusow, Tempelhof u. Schmargendorf in Pommern die Güter Wusterwitz, Balentin u. Deutsch Puddiger, 1793 im Wert von 38/m T., seit 1781 auch auf Zipkow, Dochow, Großendorf u. Warbelin im Krs. Stolp, 1804 besaßen seine Erben nur noch die Güter Wusterwitz, Balentin u. Deutsch Puddiger, die anderen waren veräußert worden;

Quellen: GStA, I. HA, Rep. 30, Nr. 243, Vas.tab. 1793, 1804; Brüggemann, T. 2/2, S. 896–897, S. 1022–1023; biogr. Handbuch, S. 744–746;

Rittmstr., Gesandter Friedrich Werner Graf von Podewils (1741–1809) *

Vater: Heinrich (1695–1760) *, Kabinettsminister, seit 1741 Graf, Erbherr auf Suckow, Groß u. Klein Quesdow, Lantow im Krs. Schlawe, auf Jannewitz im Krs. Rummelsburg u. Hasenfier im Krs. Neustettin; **Mutter**: Sophie Henriette, geb. Freiin von der Schulenburg (1704–1750); **Bruder**: Carl Ernst George (1738–1789), Geh. Legationsrat; **Bruder**: Wilhelm Adam Otto (1739–1770), Prälat; **Laufbahn**: 1757 Cornet im K-R Nr. 10, Febr. 1759 Sl, Mai 1773 dim., erhielt später d. Charakter Rittmstr.; (1778) königl. Kammerherr, von 1786 bis 1790 preußischer Gesandter in Wien, dann Ober-Hofmarschall in Berlin; seit 1762, 1770 Erbherr auf d. väterlichen **Gütern** in Pommern, Hasenfier hatte 1804 e. Wert von 20/m T., d. Güter im Krs. Schlawe von 46/m T. u. Jannewitz von 14/m T; ohne Leibeserben gest.;

Quellen: GStA, I. HA, Rep. 30, Nr. 243, Vas.tab. 1756, 1767, 1804 (auf d. Gütern seine Erben gen.); IV. HA, Rep. 1, Nr. 85, Bl. 75; Brüggemann, T. 2/2, S. 891–892; Schwerin, K-R Nr. 10, T. 3, Anhang, Offz.liste; Tb. Uradel 1910, S. 576–577;

GM Friedrich Wilhelm von PODEWILS (* 1723, † 11. Sep. 1784) *

Vater: Peter Ernst (1690–1755), seit 1707 im Militär, 1730 Cap. u. Chef e. Comp. im I-R Nr. 21, 1737 Major im I-R Nr. 26, 1741 Ol, 1745 Obrist u. Kommandeur d. Reg., seit Juni 1749 Obrist u. Kommandant d. Festung Friedrichsburg, Erbherr auf Anteil Glötzin im Krs. Belgard, 1767 im Wert von 8 933 T., darauf Schulden von 11 474 T.; **Mutter**: Margarethe, geb. von Manteuffel; **Bruder**: Sebastian Carl Alexander (1744–1778), seit 1758 im Militär, Jan. 1760 Fähnrich, 1763 Sl u. Adjutant im I-R Nr. 35, 1773 Pl, 26. Juli 1778 als aktiver Offz. gest.; **Laufbahn**: 1738 Junker im K-R Nr. 10, (1742 Orden p.l.m.), Mai 1744 Cornet im K-R Nr. 13, Aug. 1744 Ltnt., Sep. 1755 Rittmstr u. Chef e. Escadron im H-R Nr. 1, Mrz. 1757 Major, Febr. 1759 zum D-R Nr. 6, April 1760 Ol, Juni 1762 Kommandeur d. D-R Nr. 6, Sep. 1764 Obrist, Juni 1769 Chef d. K-R Nr. 9, Sep. 1769 GM; **Ehefrau**: Eleonore Antonie Josepha verw. von Spiller, geb. von Woisky, aus d. Ehe vier Töchter; **Güter**: seit 1755 Erbherr auf d. väterl. Gutsanteil Glötzin, seit 1767 auf ganz Glötzin; erwarb 1776 auch Crampe u. Battin; trat Glötzin, Battin, Crampe u. Klein Reichow 1780 seiner Frau ab; diese verkaufte Glötzin 1780 an d. GM Carl Erdmann Frhr. von Reitzenstein; (**verwandt**: Friedrich Wilhelm (* 1759), seit 1771 im Militär, 1775 Cornet im K-R Nr. 9: Stabi, Ms. boruss. fol. 312);

Quellen: GStA, I. HA, Rep. 30, Nr. 243, Vas.tab. 1756, 1763, 1767; IV. HA, Rep. 1, Nr. 85, Bl. 75 (Vater), Bl. 76 (F.W. u. Bruder S.C.A.); Stabi, Ms. boruss. fol. 311 (Bruder), fol. 314 (1756 e. Major F.W. v. P. im H-R 3); Brüggemann, T. 2/2, S. 649–650, S. 662–663; Taeglichsbeck, S. 268 (Bruder); Schöning, K-R Nr. 13, S. 296–297; Orlop, D-R Nr. 6, Anhang, S. 127 *; Priesdorff, Nr. 582;

Ltnt. George (Jürgen) Heinrich von PODEWILS (* 1707)

Vater: Michael Heinrich (* um 1675), Erbherr auf Zietlow im Krs. Belgard, hatte 1730 drei Söhne; **Vater-Bruder**: Christoph Friedrich († 1762) zu Kosegger; **Brüder**: Michael Friedrich (* um 1720), Uffz., s.d. mehr, u. Bogislav Carl; **Laufbahn**: seit 1725 im Militär, 1729 Corporal im I-R Nr. 31, später als Ltnt. gen.; verkaufte 1746 zs. mit d. Bruder B.C. das väterl. **Gut** für 30 Jahre an Christian Remter; hielt sich bis zu deren Tod bei seiner Mutter († vor 1761) in Bernhagen auf, dann bei d. Tochter seiner Schwester, d. Frau d. Ltnt. von Reppert; wurde Anfang 1756 auf Betreiben seines damals noch lebenden Bruders und d. Onkels C.F. in Kosegger für *blödsinnig* erklärt und unter *Curatel* d. Onkels gestellt; hatte e. geraume Zeit lang d. frühere Amme u. Köchin seiner Nichte als *Beischläferin* gehabt, versprach dieser d. Ehe und zeugte mit ihr e. Sohn; ließ sich von Pfarrer Engel zu Plantikow im Frühjahr 1759 ohne vorherige *Proclamation* und wider d. Edikt von 1739 trauen, angeblich geschah das auf seinem Totenbett; Ende 1759 bat d. *Curator* um Annulierung d. Ehe u. darum, daß d. Mündel zu ihm nach Kosegger gebracht werde; d. Onkel Christoph Friedrich unterstellte d. Frau Ltnt. von Reppert, sich auf Kosten d. Mündels bereichern zu wollen, G.H. wiederum warf d. Vormund vor, ihn zu mißhandeln und sich seines Vermögens bemächtigen zu wollen; d. pomm. Regierung plädierte in ihrem Bericht vom 18. Jan. 1760 dafür, die Ehe zu annulieren, weil ohne vorherige Proklamation geschehen u. d. Vormund seine Einwilligung nicht gegeben hatte, allerdings sollte G.H. nicht nach d. Strenge d. Gesetzes mit Verlust von Schild u. Helm bestraft werden; eben damals prozessierte d. Vormund auch gegen Ltnt. Johann Daniel Samuel von Reppert wegen e. Darlehns, das dieser von G.H. bekommen hatte;

Quellen: GStA, I. HA, Rep. 30, Nr. 44, P 90, Paket 9 349; Stabi, Ms. boruss. fol. 624; Ms. geneal. fol. 120; Brüggemann, T. 2/2, S. 680;

Fähnrich George Ludwig von Podewils (* 1745)

aus Pommern gebürtig; **Laufbahn**: seit 1763 im Militär, im Nov. 1766 als Fähnrich aus d. I-R Nr. 1 dersertiert;

Quellen: GStA, IV. HA, Rep. 1, Nr. 85, Bl. 75; Stabi, Ms. boruss. fol. 313;

Major Hans Carl von Podewils (* 1747, † 23. April 1793)*

Vater: Peter (1709–1778), seit 1730 im Militär, Mrz. 1733 Fähnrich im I-R Nr. 1, 1735 auf ein Jahr nach Spandau in Arrest (1736 dim.) gebracht, Erbherr auf Sanzkow, Strelow B u. Anteil Hohenmoker im Krs. Demmin; **Mutter**: e. geb. von Kneitlingen; **Bruder**: Heinrich Peter (1749–1809)*, seit 1764 im Militär, 1766 Fähnrich im I-R Nr. 30, 1775 Sl, noch 1775 auf Wunsch dim., seit 1792 Landrat, seine Güter Hohenmocker, Sanzkow, Tenzerow hatten 1797 e. Wert von 87 813 T.; **Bruder**: Ferdinand (* 1756), 1767 in Sanzkow; **Laufbahn**: Dez. 1763 als Junker ins D-R Nr. 5, Juli 1764 Cornet, Nov. 1766 Sl, Juni 1783 Pl, Febr. 1789 Stabs-Cap., Mai 1792 Stabs-Major, Dez. 1792 Chef e. Escadron, im April 1793 auf d. Marsch am Fieber ohne Leibeserben verst.;

Quellen: GStA, I. HA, Rep. 30, Nr. 243, Vas.tab. 1756, 1767; IV. HA, Rep. 1, Nr. 85, Bl. 75 (Bruder H.P., H.C. hier u. Bl. 76 nicht); Stabi, Ms. boruss. fol. 311 (Bruder P.H.), fol. 313 (Vater); Albedyll, Anhang, S. 78*; biogr. Handbuch, S. 745 (Bruder H.P.);

Cap. Hans Heinrich von Podewils (* April 1707, † 17. Okt. 1777)

Vater: Joachim Friedrich († 1726), schwed. Cap., Erbherr auf Sanzkow im Krs. Demmin; **Mutter**: Eva Elisabeth, geb. von Viereck(e) (1688–1749); **Bruder**: Peter (1709–1778) Fähnrich, seit 1733 Erbherr auf Sanzkow, Strelow B, Anteil Hohenmocker; **Bruder**: Carl Christoph (* 1715), seit 1736 im Militär, Fähnrich im I-R Nr. 5, Dez. 1756 Stabs-Cap. im Garn.-Reg. Nr. 11, vor 1763 abgegangen, seit 1745 Erbherr auf Gr. u. Vorwerk Klein Wardin im Krs. Belgard, die Güter befanden sich von 1754 bis 1764 im Besitz seiner Frau, Sohn Carl Heinrich Christoph (* um 1738), seit 1758 im Militär, Dez. 1763 Sl, Sep. 1779 Stabs-Cap. im I-R Nr. 46, *krank, kann nicht zur Comp.*, avancierte im Mrz. 1783; **Laufbahn**: diente als Uffz. im I-R Nr. 3, im Siebenjährigen Krieg Cap. im Land-Bataillon in Stettin; **Güter**: seit 1733 Erbherr auf Vorwerk A im Krs. Demmin im Wert von 17 397 T., außerdem auf Anteil Hohenmocker u. Beggerow; seine Güter wurden im Siebenjährigen Krieg von d. Schweden ruiniert, bezifferte d. erlittenen Schaden auf 10/m T., 1767 sollen seine ges. Schulden 15 975 T. betragen haben, bat daher um e. *Indult*, der ihm am 25. Mai 1767 für zwei Jahre gewährt wurde; suchte im Febr. 1770 um d. Verlängerung d. Moratoriums nach; im Nov. 1771 hatte Vorwerk lt. Taxe e. Wert von 35 753 T., die Bauernhöfe in Hohenbüssow waren damals bereits für 3 300 verkauft worden, zwei Höfe in Beggerow wurden mit 2 434 T., die beiden Häuser in Demmin mit 2 280 T. angeschlagen, die Aktiva betrugen damit 40 468 T., nach Abzug von Schulden u. Zinsen blieb e. freies Vermögen von 23 367 T., am 15. Juni 1772 bekam d. frühere Cap. e. *Indultum moratorium* auf drei Jahre; **Ehefrau**: Juliane Margarethe, geb. von (Lüskow bzw.) Leiskow (1709–1778); **Sohn**: Ernst Peter (1737–1791)*, seit 1755 im Militär, 1756 Junker, 1765 Pl im D-R Nr. 4, Dez. 1778 Abschied als Stabs-Cap. vom D-R Nr. 4, 1788 bis 1791 Landrat d. Krs. Demmin, seit etwa 1780 Erbherr auf Vorwerk A, Sohn Heinrich Paul Friedrich (1783–1843), Ltnt. im I-R

Nr. 22, vor 1804 abgegangen, Sohn Carl Wilhelm (* 1780), Assessor bei d. Stettiner KDK, 1801 Erbherr auf Vorwerk A; **Sohn**: Carl Bogislav Felix (1738–1826), Ltnt., s.d.; **Sohn**: Friedrich Gustav (* um 1744), seit 1763 im Militär, 1767 Cornet im D-R Nr. 12, zuletzt Pl, Juni 1783 (als Cap.) dim., saß 1797, 1804 als vorm. Cap. zu Kriesow in Mecklenburg, später mecklenburg. Cap.;

Quellen: GStA, I. HA, Rep. 30, Nr. 43, Paket 9232; Nr. 44, P 90, Pakete 9349, 9350; IV. HA, Rep. 1, Nr. 85, Bl. 76 (C.H.C. im I-R Nr. 46 u. Sohn E.P.); Stabi, Ms. boruss. fol. 311, fol. 313 (Bruder Peter), fol. 314, fol. 316 (C.H.C.); Schöning, D-R Nr. 3, S. 199, S. 212, S. 423 (Sohn E.P.); Tb. Uradel, 1910, S. 572–574; biogr. Handbuch, S. 743–744 (Sohn E.P.);

Ltnt. Heinrich Constantin von Podewils (* um 1748)

Vater: Franz Wilhelm (1705–1780), Cap., Reg.rat, s.d.; **Bruder**: Curth (Carl) Ernst Adrian Hr. (1755–1805), Cap., s.d.; **Bruder**: Ltnt. im D-R Nr. 7 († 13. Juni 1781); **Schwester**: Sophia Eleonora Philippina (* 1748), verdiente sich als Wirtschafterin bei adligen Herrschaften ihren Lebensunterhalt, vermochte das aufgrund von *Zufällen* u. Krankheiten nicht mehr, bat daher um e. Pension u. wurde 1780 auf d. Expectantenliste gesetzt, gab in diesem Zusammenhang Aufschluß über Vater u. Brüder, erhielt vor 1788 e. Pension; **Laufbahn**: stand seit 1764 im Militär, 1772 Fähnrich im I-R Nr. 14, Juni 1782 als Sl dim., bat im Okt. 1782 um d. Charakter Cap.;

Quellen: GStA, I. HA, Rep. 30, Nr. 43, Paket 9236 (für d. Vater auch d. Sterbedatum 1768); Rep. 96, Nr. 435 P, Bd. 6; IV. HA, Rep. 1, Nr. 85, Bl. 76 (H.C. u. Brüder); Stabi, Ms. boruss. fol. 311, fol. 314 (Vater);

Fähnrich Heinrich Jochem (Joachim) von Podewils (* 1717)

aus Pommern gebürtig; **Laufbahn**: seit 1734 im Militär, 1740 Fähnrich im Garn.-Bat. Nr. 3, vor 1757 abgegangen; (**verwandt**, identisch: ein Joachim Heinrich Ernst von Podewils starb als Pl im Grenadier-Bat. Nr. 1 am 11. Aug. 1756);

Quellen: GStA, IV. HA, Rep. 1, Nr. 85, Bl. 75 (J.H.E.); Stabi, Ms. boruss. fol. 311 (J.H.E.), fol. 316;

Ltnt. Heinrich Wilhelm von Podewils (* um 1720, † um 1759)

Vater: George Friedrich, Landrat u. Direktor d. Krs. Schivelbein († vor 1748); **Mutter**: Maria Helena, geb. von Münchow; **Bruder**: Bogislav George Friedrich (* 1717. † vor 1755), seit Herbst 1740 Fähnrich im I-R Nr. 34, 1750 hier als Sl gen., seit 1749 Erbherr auf Cantreck; **Bruder**: Adrian (* um 1726, † 16. Nov. 1760), seit 1746 im Militär, 1756 Ltnt. im I-R Nr. 23, 1760 gest.; **Laufbahn**: seit 1738 im Militärdienst, stand 1740 als Gefr.corp. im I-R Nr. 29, um 1753 nach 15 Dj. als Ltnt. dim.; **Güter**: seit 1749 Erbherr auf Podewils im Krs. Belgard, seit 1755 Erbherr auf d. Gütern Cantreck, Dieschenhagen, Hammer u. Lüttmannshagen im Krs. Greifenberg im Wert von 36/m T.; nach seinem Tod gingen d. Güter an d. Bruder Adrian und von diesem 1760 an die älteste Schwester, die Witwe Major von Wreede, geb. Sophia Dorothea von Podewils († 1776);

Quellen: GStA, I. HA, Rep. 30, Nr. 243, Vas.tab. 1756, 1763, 1767; IV. HA, Rep. 1, Nr. 85, Bl. 75 (kz. Notiz für Adrian); Stabi, Ms. boruss. fol. 311 (B.G.F.), fol. 316 (in d. Liste f. 1740, 1750 nicht gen.), fol. 624; Ms. geneal. fol. 120; Brüggemann, T. 2/1, S. 416–417;

Ltnt. Johann von Podewils (* 1719)

aus Pommern gebürtig; **Laufbahn**: seit 1733 im Militär, stand 1749 als Pl im I-R Nr. 4, vor 1757 abgegangen; (**verwandt**: Johann Carl Bogislav von Podewils (* 1740), seit Herbst 1756 im Militär, 1757 Gefr.corp. im I-R Nr. 4, vor 1763 abgegangen: Ms. boruss. fol. 313);

Quellen: Stabi, Ms. boruss. fol. 313;

Uffz. Michael Friedrich von Podewils (* um 1720)

Vater: Michael Heinrich (* um 1675), Erbherr auf Zietlow im Krs. Belgard; **Bruder**: George (Jürgen) Heinrich (* 1707), Ltnt., s.d.; **Bruder**: Bogislav Carl (1717–1757), seit 1734 im Militär, 1740 Fähnrich, 1750 Pl im I-R Nr. 17, Dez. 1756 Orden p.l.m., 1757 als Cap. an bei Kolin erlittenen Blessuren gest., verkaufte zs. mit G.H. 1746 d. väterl. Gut auf 30 Jahre an Christian Remter; **Laufbahn**: engagierte sich um 1743 im D-R Nr. 12, 1745 hier als Uffz. genannt; ging freiwillig ins Regiment, um sich d. **Eheverlöbnis** mit Helene Sophie Henriette, To. d. Ltnt. von Podewils in Großrambin, zu entziehen, er wollte ihr durch seinen Schritt *alle Hoffnung auf d. Ehe nehmen* u. e. etwaigen *Prozeß zu Wasser machen*; er wurde am 13. Sep. 1743 u. 13. Febr. 1744 zur Vollziehung d. Ehe verurteilt; sie bat am 20. Sep. 1744 aufgrund d. Eheversprechens darum, aus seinem Gut Zietlow *alimentirt* zu werden; d. pomm. Konsistorium sprach ihr am 6. April 1745 e. Betrag von 500 T. zu, auch wenn die *Copulation* noch nicht vollzogen worden war; (M.F. starb um 1745, seine beiden Brüder verkauften Zietlow 1746 auf 30 Jahre); (**verwandt**, Vater: 1767 starb e. Michael Heinrich von Podewils in Zietlow, hinterließ seine Frau Maria Elisabeth, geb. von Heydebreck, u. sieben Kinder, die beiden Söhne Friedrich u. Bogislav hatten als Major u. Cap. im Militär gestanden);

Quellen: GStA, I. HA, Rep. 30, Nr. 44, P 90, Paket 9349; Stabi, Ms. boruss. fol. 316 (Bruder B.C.); Brüggemann, T. 2/2, S. 680; Lehmann, Ritter, S. 51 (B.C.);

Ltnt. Otto Friedrich Graf von Podewils (* 23. Okt. 1745, † 1812)

Vater: Otto Friedrich Christoph (1702–1760), seit 1719 Erbherr auf Crangen, Bosens, Bursin, Kummerow, Drenzig, Buckow, Lazig, Söllnitz im Krs. Schlawe, im Nov. 1741 in d. preuß. Grafenstand erhoben; **Vater-Bruder**: Adam Joachim (1697–1764), GM, s.d.; **Bruder**: Ernst Ludwig (* 19. Sep. 1744), seit 1769 Erbherr auf Crangen, Bosens, Bursin, Kummerow, Drenzig, Lazig, Söllnitz im Krs. Schlawe; **Bruder**: Adam Heinrich August (* 3. Febr. 1747), seit 1765 im Militär, Okt. 1771 Sl im 3. Bat. Garde, Juli bzw. Aug. 1781 als Pl dim., seit 1769 Erbherr auf Buckow, Wendisch Puddiger, Chorow, Misdow A u. Schwarzin im Krs. Schlawe, will im Bayer. Erbfolgerkieg sein Vermögen zugesetzt haben, 1804 auch auf Crangen, Kummerow, Drenzig, Lazig, Söllnitz; **Laufbahn**: engagierte sich um 1765 im Militärdienst, Aug. 1771 Sl im 2. Bat. Garde, später Pl, Mrz. bzw. Mai 1783 dim.; **Güter**: seit 1769 Erbherr auf d. väterl. Gütern Wintershagen u. Nesekow im Krs. Stolp, 1804 im Wert von 19/m T.;

Quellen: GStA, I. HA, Rep. 30, Nr. 186 d, Paket 9839; Nr. 243, Vas.tab. 1756, 1793, 1804 (danach vor 1804 gest.); II. HA, Abt. 13 a, Tit. I, Litt P, Nr. 16 (Bruder A.H.A.); IV. HA, Rep. 1, Nr. 85, Bl. 76; Brüggemann, T. 2/2, S. 867–870; Reinhard, Garde, S. 531, S. 555; Tb. Uradel 1910, S. 576–577 (O.F. gest. 1812);

Ltnt. Johann Michael von Po(c)krzwinitzky (* 1743)

aus Pommern gebürtig; **Laufbahn**: engagierte sich 1758 im Militärdienst, stand 1774 als Pl im I-R Nr. 26, vor 1784 abgegangen;

Quellen: Stabi, Ms. boruss. fol. 314 (1764: aus Preußen, 1774: aus Pommern, nicht in d. Abgangsliste);

GM Nicolaus Alexander von Pomeiske (* 4. Juni 1717, † 20. Mai 1785) *

Vater: Claus Asmus; **Mutter**: Dorothea Emilie, geb. von Pirch; **Laufbahn**: Juli 1733 Junker im D-R Nr. 1, Okt. 1738 Cornet, Mai 1741 Sl, Juli 1752 Stabs-Rittmstr., Febr. 1757 Rittmstr. u. Chef e. Escadron, Juni 1757 Orden p.l.m., Mrz. 1758 Major, Juli 1757 Ol, Mrz. 1758 Kommandeur d. D-R Nr. 1, April 1761 Chef d. D-R Nr. 9, Sep. 1764 GM, Aug. 1777 Gl; **Ehefrau**: Helene Sophie, geb. von Koschembahr (1733–1817), aus d. Ehe zwei Söhne, geb. 1763 u. 1764, beide vor 1785 gest.; **Güter**: 1756 u. 1771 als Erbherr auf Groß Pomeiske im Distrikt Bütow im Wert von 36/m fl. gen.; 1802 saßen d. Erben d. Gl auf d. Gut; (**verwandt**: Franz Albrecht von Pomeiske (* 1711), aus (Suckow) bei Bütow, seit 1729 im Militär, stand 1730 als Gefr.corp. im I-R Nr. 17: Stabi, Ms. boruss. fol. 316);

Quellen: GStA, I. HA, Rep. 30, Nr. 243, Vas.tab. 1756; Nr. 249, Vas.tab. 1771; IV. HA, Rep. 1, Nr. 85, Bl. 129 (kz. Notiz); Stabi, Ms. boruss. fol. 312, fol. 314; Brüggemann, T. 2/2, S. 1088–1089; Priesdorff, Nr. 554;

Rittmstr. Friedrich Johann von Prebentow (* 1736)

aus *Cassuben* gebürtig; **Laufbahn**: trat 1755 in d. Militärdienst ein, stand 1756 als Cornet, 1763 u. 1772 als Ltnt. im D-R Nr. 10, Nov. 1776 als Stabs-Cap. nach 21 Dj. dim.; **Güter**: 1756 als Erbherr auf Chinow, Enzow, Tadden u. Hammer im Distrikt Lauenburg gen., 1763 saß Johann George Bernhard Frhr. von Weydenberg auf d. Gütern;

Quellen: GStA, I. HA, Rep. 30, Nr. 243, Vas.tab. 1756 (als Ernst); IV. HA, Rep. 1, Nr. 85, Bl. 196 (kz. Notiz, als Prebendow); Stabi, Ms. boruss. fol. 310, fol. 311 (1763 als Ernst Christian, aus Polen geb.);

Ltnt. Lorenz Gerhard von Prebentow (* 1694)

aus Hinterpommern gebürtig; **Laufbahn**: seit 1709 im Militärdienst, Sep. 1715 Fähnrich im I-R Nr. 15, 1721 Ltnt., vor 1732 abgegangen; (**verwandt**: Ernst Christoph von Prebentow (* 1684), aus d. Distrikt Lauenburg gebürtig, Jan. 1713 nach sieben Dj. als Ltnt. im I-R Nr. 1 dim: Stabi, Ms. boruss. fol. 313);

Quellen: Stabi, Ms. boruss. fol. 311, fol. 319;

Ol Hans Ludwig Ernst von Preuss (* 9. Juli 1724)

Vater: Joachim Valentin (* 1683, † vor 1763), Cap., bis 1722 Erbherr auf Zülzefitz B im Borckeschen Krs. im Wert von 1933 T., seit 1737 Pfandbesitzer auf Heydebreck B im Ostenschen Krs. im Wert von 2666 T., 1756 hier noch gen.; **Mutter**: Anna Elisabeth, geb. von Steinbach; **Bruder**: Carl Friedrich (* um 1722), seit 1735 im Militär, Okt. 1758 Cap. im D-R Nr. 7, 1764 nach 30 Dj. dim.; **Laufbahn**: 1738 *cadet* in Berlin, 1742 Junker im I-R Nr. 15, 1743 Fähnrich im I-R Nr. 42, Mai 1747 Sl, Aug. 1755 Pl, Juni 1759 Cap. u. Chef e. Comp., Juli 1773 Major u. Chef e. Grenadier-Bat., Mrz. 1779 Orden p.l.m., Sep. 1780 als Ol mit 200 T. pens., bat im Okt. 1782 aus Stargard immediat um e. Vermehrung seiner

Pension; **Ehefrau**: Helene Amalie, geb. von Wedel; **Güter**: verkaufte zs. mit seinem Bruder d. Gut Heydebreck B 1777 für 2/m T. an d. Kammerherrn Friedrich Wilhelm von der Osten;

Quellen: GStA, I. HA, Rep. 30, Nr. 243, Vas.tab. 1756, 1763, 1767; Rep. 96, Nr. 435 P, Bd. 3; IV. HA, Rep. 1, Nr. 85, Bl. 211 (kz. Notiz); Stabi, Ms. boruss. fol. 310, fol. 312, fol. 315 (Bruder); Ms. geneal. fol. 120; Brüggemann, T. 2/1, S. 367; Brüggemann, Beiträge, 2, S. 200; König, Helden, T. 3, S. 201–202; Tyszka, D-R Nr. 7, S. 449; Siebmacher, Bd. 6/9, 1894, S. 72; Lehmann, Ritter, S. 145;

Obrist Johann Heinrich von Preuss (* um 1670, † Juli 1726)

aus Pommern gebürtig; **Laufbahn**: zunächst Quartier-Mstr. (im I-R Nr. 4), 1694 Ltnt. im Reg. Flemming zu Pferd, 1704 Major, Jan. 1711 Obrist im K-R Nr. 6, noch im IV. Quartal 1716 als Obrist im K-R Nr. 6 gen., 1720 auf Wunsch dim.; besaß seit 1700 d. **Gut** Eilenstedt bei Halberstadt; **Ehefrau**: Clara Maria, geb. von Schacht;

Quellen: Stabi, Ms. boruss. fol. 311, fol. 319; Vanselow, Helden-Register, S. 392- 395 (hier als Jochim Henning);

Ltnt. Christian August von Prew (1724–1757)

(**Vater**: Offz. in Stettin); **Laufbahn**: seit 1742 im Militär, Okt. 1747 Sl im I-R Nr. 7, 1757 bei Prag als Ltnt. gefallen; (**verwandt**: ein Johann Gottfried von Preu (* 1691) aus d. Oberpfalz gebürtig, stand 1721 als Sl, 1730 als Pl im I-R Nr. 17: Ms. boruss. fol. 316);

Quellen: Stabi, Ms. boruss. fol. 314;

Ltnt. Ernst Joachim von Pritz (* um 1690)

aus Pommern gebürtig; **Laufbahn**: seit 1703 im Militär, Mai 1713 Sl im I-R Nr. 23, April 1714 Pl, Jan. 1721 ins I-R Nr. 30 versetzt, 1730 Pl im I-R Nr. 30, vor 1740 abgegangen;

Quellen: Stabi, Ms. boruss. fol. 311, fol. 316, fol. 319;

Cap. Hans Lorenz von Pritz (* 1707, † 19. Mai 1747)

Vater: (Valentin bzw.) Heinrich, Kaufmann in Kolberg, hinterließ mind. drei Söhne, seine Witwe (* um 1685) machte im Mrz. 1755 darauf aufmerksam, daß drei ihrer Söhne im Verlaufe von 3,5 Jahren im kgl. Dienst gest. sind u. bat darum, ihrem Enkel Johann Moritz Elias Valentin (* 1744) Vormünder zu geben u. ihn ins JG aufnehmen zu lassen; **Bruder**: Hans Samuel (1696–1756), GM, s.d.; **Bruder**: Valentin (* 1715), aus Hinterpommern gebürtig, Mai 1730 *cadet* in Berlin, Juni 1737 Fähnrich im I-R Nr. 13, wurde 1744 als Ltnt. vom Cap. von Damitz (bei e. Duell), *hinterlistig* erschossen; (**Bruder**: Heinrich Ludwig (* 1714), aus Kolberg, seit 1734 im Militär, 1740 Fähnrich im I-R Nr. 31); **Laufbahn**: seit 1723 im Militär, stand 1746 als Cap. u. Chef e. Comp. im I-R Nr. 1, 1747 als aktiver Offz. gest.; (**Sohn**: Johann Friedrich (* 1734, † 27. Mai 1770), seit 1749 im Militär, 1756 Fähnrich im I-R Nr. 1, 1770 als Cap. im I-R Nr. 1 gest., wenig später soll d. Familie erloschen sein); (**verwandt:** Johann von Pritz (* 1701), aus Kolberg, seit 1717 im Militär, 1721 Sergant, 1730 Fähnrich im I-R Nr. 17, vor 1740 abgegangen: fol. 316; **verwandt**: Valentin Christian von Pritz (* 1728), seit 1746 im Militär, 1756 Fähnrich im I-R Nr. 24, 1764 Pl, noch 1764 auf Wunsch dim. u. versorgt: Stabi, Ms. boruss. fol. 316);

Quellen: GStA, I. HA, Rep. 96, Nr. 435 P, Bd. 3; Stabi, Ms. boruss. fol. 311 (Bruder Valentin), fol. 313, fol. 314 (H.L.), fol. 319 (1694 stand ein Fähnrich Joh. Valentin Pretz in d. Garnison Kolberg); Crousaz, Beilage C, S. 33 (Bruder Valentin); Siebmacher, Bd. 6/9, 1894, S. 73;

GM Hans Samuel (seit Aug. 1721: von) Pritz
(* 14. Jan. 1696, † 7. Dez. 1756) *

Vater: Heinrich, Kaufmann zu Kolberg; **Mutter**: Maria, geb. Friese; **Laufbahn**: seit 1715 im Reg., Okt. 1718 Fähnrich im I-R Nr. 3, Jan. 1720 Sl, Aug. 1721 nobilitiert, Juli 1725 Pl, Okt. 1731 Stabs-Cap., Mai 1735 Cap. u. Chef e. Comp., Juli 1740 Major, Jan. 1745 Ol, April 1746 Kommandeur d. I-R Nr. 3, Mai 1747 Obrist, Juni 1747 Orden p.l.m., Okt. 1756 GM u. Chef d. I-R Nr. 30, Dez. 1756 unbeerbt verst.;

Quellen: Gesch. I-R Nr. 3, S. 21; Zedlitz, 4. Bd., S. 54; Lehmann, Ritter, S. 37; Priesdorff, Nr. 432;

Obrist Johann Jacob (seit Aug. 1721: von) Pritz (* 1697, † 17. Mai 1742)

Vater: (Valentin bzw.) Heinrich, Kaufmann zu Kolberg; **Bruder**: Hans Samuel (1696–1756), GM, s.d. mehr; **Bruder**: Hans Lorenz (1707–1747), Cap., s.d.; **Schwester**: Anna Maria (* 1704, † 16. Okt. 1783), bat 1774 um e. pomm. Pension, ihre Eltern hatten ihr nichts hinterlassen, machte auf ihre drei Brüder aufmerksam, die als Obrist u. Cap.s im preuß. Dienst gefallen bzw. gestorben waren, sie hielt sich damals bei ihrer Schwester Catharina Charlotte in Belgard auf, d. verh. Praepositus Thym, u. befand sich in kümmerlichen Umständen, bekam seit 1780 e. Pension von 100 T.; **Laufbahn**: seit 1712 im Militär, Dez. 1715 Fähnrich im I-R Nr. 24, 1716 als Fähnrich ins I-R Nr. 6 versetzt, 1721 nobilitiert, 1726 als Pl, 1737 u. 1739 als Cap. im 1. Bat. d. I-R Nr. 6 genannt, stand im Dez. 1740 als Obrist u. Chef e. Comp. im I-R Nr. 34, 1742 als Obrist u. Kommandeur d. I-R Nr. 34 (bzw. 42) gefallen;

Quellen: GStA, I. HA, Rep. 30, Nr. 43, Pakete 9233 bis 9240 (Schwester); Rep. 96, Nr. 518 E bis H, Nr. 518 K; Stabi, Ms. boruss. fol. 311, fol. 316, fol. 319; Siebmacher, Bd. 6/9, 1894, S. 73; Priesdorff, Nr. 432 (Hinweis auf d. drei Brüder: H.S., J.J. u. Johann, dieser soll im Mai 1757 als Cap. im I-R Nr. 1 gest. sein, identisch mit Hans Lorenz?);

Ol Johann Matthias von Prondzinsky (* 1718)

aus *Cassuben* gebürtig; **Laufbahn**: seit 1738 im Militär, stand 1750 als Cornet, 1756 als Ltnt. im K-R Nr. 8, Febr. 1761 als Rittmstr. d. Orden p.l.m., 1764 Major im K-R Nr. 8, 1775 Ol im K-R Nr. 4, Febr. 1778 als Ol u. Kommandeur d. K-R Nr. 4 dim.;

Quellen: GStA, IV. HA, Rep. 1, Nr. 85, Bl. 260; Stabi, Ms. boruss. fol. 312, fol. 316; Lehmann, Ritter, S. 99;

Ltnt. Peter George von Prondzinsky (* 1773, † 16. April 1840)

aus Hölkewiese im Ftm. Cammin gebürtig; **Laufbahn**: Juli 1785 *cadet* in Stolp, Mai 1788 *cadet* in Berlin, Juni 1794 Sl bei d. 1. Ostpreuß. Füsilier-Brigade, noch 1806 hier als Sl gen., Jan. 1808 zum 2. Ostpreuß. I-R, Juli 1808 Pl, Jan. 1811 Stabs-Cap., April 1813 Cap., 1813 Orden p.l.m., April 1815 Major, 1816 beim 2. Düsseldorfer Landwehr-Reg., Mrz. 1828 Ol, Mai 1831 als Obrist dim.; (**verwandt**: ein Johann Ernst von Prondzinsky (* 1772), aus Pommern gebürtig, seit 1787 im Militär, Juni 1790 Sl im I-R Nr. 28: Ms. boruss. fol. 314);

Quellen: GStA, IV. HA, Rep. 1, Nr. 85, Bl. 260; Stabi, Ms. boruss. fol. 907 a; Pauly, I-R Nr. 11, S. 591; Stolper Kadetten, S. 19 (aus Heldkewies, als Bronsinsky);

Major von PROPHALOW († 1778)

aus Pommern gebürtig; **Laufbahn**: diente lange Jahre in e. I-R od. Kav.-Reg., stand im Siebenjährigen Krieg als Major im Land-Reg., 1763 reduziert, in Wangerin gest., hinterließ seine **Frau**: Friederica Elisabeth Gottlob, geb. von Blankensee (* 1728), aus d. Ehe keine Kinder, sie stand seit 1779 auf d. Expectantenliste für e. pomm. Pension, lebte kärglich von d. Zinsen e. Kapitals von 368 T., ihre jährl. Einkünfte lagen unter 20 T., bekam mit CO vom 12. Sep. 1784 e. Pension von 50 T.;

Quellen: GStA, I. HA, Rep. 30, Nr. 43, Pakete 9235 u. 9240; nicht in IV. HA, Rep. 1, Nr. 85, Bl. 262 (hier nur ein Fähnrich von Prophalow aus Pommern, im Mrz. 1772 vom I-R Nr. 40 dim.); Ms. boruss. fol. 315 (e. Fähnrich im I-R Nr. 53, Juli 1774 *weggeschafft*);

Ltnt. George Wilhelm von PROPHALOW (* 1728, † 18. Juni 1757) *

aus Pommern gebürtig; **Laufbahn**: seit 1744 im Reg., Juni 1747 Fähnrich im I-R Nr. 3, Juni 1755 Sl, bei Kolin 1757 gefallen;

Quellen: Geschichte I-R Nr. 3;

Major Christian von PUSTAR (* 1724, † 11. Jan. 1780)

aus Pommern gebürtig; **Laufbahn**: trat 1745 in d. Militärdienst ein, 1756 Sl im I-R Nr. 27, 1764 Stabs-Cap., Jan. 1766 Cap., 1780 als Major im I-R Nr. 27 gest.; (**verwandt**: Friedrich Wilhelm von Pustar, Mrz. 1742 Ltnt. im D-R Nr. 8, 1755 Pl: Baerensprung, D-R Nr. 8, S. 509, S. 515; **verwandt**: Lebrecht von Pustar (* 1723), aus Pommern, 1740 u. 1750 Gefr. corp. im I-R Nr. 35: Ms. boruss. fol. 311);

Quellen: GStA, IV. HA, Rep. 1, Nr. 85, Bl. 313; Stabi, Ms. boruss. fol. 316; Rangirrolle Saldern (I-R Nr. 27 1771);

Ltnt., Major Erdmann Magnus von PUSTAR (* um 1709, † vor 1764)

aus Pommern gebürtig; **Laufbahn**: stand 15 Jahre im I-R Nr. 23, Dez. 1738 als Ltnt. wegen Schaden an d. Füßen dim. (avancierte nach 1756 in e. Land-, Garn.-Reg. zum Major); **Güter**: seit 1735 Erbherr auf Cummin D, erwarb 1748 Dünow C im Krs. Greifenberg für 3/m T., beide Güter hatten 1756 e. Wert von 8400 T.; **Ehefrau**: Antoinetta Juliana, geb. von Iwatzhoff, diese trat 1764 Cummin D u. Dünow C an ihre **Tochter** Sophia Catharina von Pustar ab, welche 1768 Dünow C an Carl Friedrich von Grell verkaufte; d. To. heiratete 1764 George Jacob Ewald von Puttkamer (1740–1772) auf Fritzow; (**verwandt**: Hans George von Pustar (* 1705), seit 1720 im Militär, 1730 Sergant im I-R Nr. 10: Stabi, Ms. boruss. fol. 316);

Quellen: GStA, I. HA, Rep. 30, Nr. 243, Vas.tab. 1756; Stabi, Ms. boruss. fol. 316 (Abgangsliste); Brüggemann, T. 2/1, S. 420, S. 426; Brüggemann, Beiträge 2, S. 216; Fam.geschichte Puttkamer 1984, S. 446; Siebmacher, Bd. 6/9, 1984, S. 73;

Major George Carl Gans Edler zu PUTLITZ (* 1. Mrz. 1737, † 1. Mrz. 1818)

Vater: Johann Peter (1697–1739), Pächter von Neuenhagen, (Machwitz) u. Rützenhagen im Amt Rügenwalde; **Mutter**: Regina Hedwig, geb. Freiin von der Dicken-Oley, aus d. Ehe drei Töchter u. zwei Söhne; **Bruder**: Adrian Friedrich (1735–1805)*, 1747 Page beim König, Mrz. 1755 Gefr.corp. im 1. Bat. Garde, Febr. 1757 Fähnrich, Nov. 1763 Pl im 1. Bat. Garde, Jan. bzw. April 1773 nach 26 Dj. als Cap. u. Chef e. Comp. zum neuen I-R Nr. 51 versetzt, Sep. 1773 Major, Juni 1783 Ol, Mai 1785 Obrist, Aug. 1786 Kommandeur d. I-R Nr. 51, Aug. 1790 GM, April 1791 mit Pension dim., (Erbherr auf Dummadel im Krs. Greifenberg u. Stölitz im Ostenschen Krs.), Ehefrau: Amalie Albertine, geb. Freiin von Schroetter; **Laufbahn**: seit 1751 im Militär, Nov. 1763 Pl u. Adjutant im 1. Bat. Garde, Okt. 1775 nach 28 Dj. als Cap. *cassirt* (erhielt später d. Charakter Major); **Güter**: erwarb 1789 d. Vorwerk Stölitz im Ostenschen Krs., Anteil Dummadel u. Natelvitz B im Krs. Greifenberg für 50/m T., 1801 auf ganz Dummadel, 1804 wurde d. Wert mit 60/m T. angegeben; **Ehefrau**: Sophie Charlotte Albertine, geb. von Arnstedt (1757–1842); **Sohn**: Ludwig Ernst Carl (* 1776, † 18. Jan. 1832), 1793 in d. *école militaire* in Berlin, Febr. 1795 Fähnrich im I-R Nr. 57, Juni 1795 Sl, Sep. 1806 Pl, Sep. 1811 dim., Okt. 1811 Charakter Stabs-Cap.; **Sohn**: Otto Heinrich Wilhelm (* 1780, † 10. Jan. 1846), 1793 Junker, Febr. 1795 Fähnrich im 1. Bat. Garde, Jan. 1798 Sl, Dez. 1804 Pl, Mai 1806 Stabs-Cap., Mai 1810 Cap., April 1812 als Major dim., Okt. 1812 zur Gendarmerie, Febr. 1820 als Ol dim.; **Sohn** Theodor (1795–1812), Fähnrich im H-R Nr. 8;

Quellen: GStA, I. HA, Rep. 30, Nr. 243, Vas.tab. 1793, 1794, 1804; IV. HA, Rep. 1, Nr. 85, Bl. 343–344; Stabi, Ms. boruss. fol. 313 (Bruder A.F.); Brüggemann, Beiträge, 2, S. 204; Stammtafeln Putlitz, 1887, Tafel 9; Reinhard, Garde, S. 529, S. 537, S. 540, S. 549; Priesdorff, Nr. 811 (Bruder);

poln. Obrist Adolph Ludwig von PUTTKAMER (* 1692, † vor 1799)*

Vater: Hans (1671–1736), Erbherr auf Kremerbruch, Zuckers u. Darsekow im Krs. Rummelsburg; **Mutter**: Anna Eleonore, geb. von Wobeser; **Bruder**: Jacob Caspar (1711–1788), seit 1736 Erbherr auf Kremerbruch, gab 1751 zs. mit seiner Schwester vor, Erbe d. verst. Witwe von Meseritz zu Schwessin zu sein, lag 1769 im Streit mit d. EM Valentin von Massow wegen d. von Roggenbuckschen Lehn in Schwessin, erstand 1780 aus d. Konkurs von A.L. dessen Güter Zuckers u. Darsekow; **Laufbahn**: seit 1719 im preuß. Militärdienst, 1725 Fähnrich im I-R Nr. 26, 1729 als Ltnt. *cassirt*, Wechsel in d. polnischen Dienst, zuletzt Obrist (bzw. Ol) in d. *litauischen Crohn-Armee*, weilte d. eigenen Angabe nach seit 1756 wieder in d. Monarchie; **Güter**: erhielt bei d. Auseinandersetzung mit seinem Bruder 1737 Zuckers u. Darsekow; wurde seit 1741 mehrfach zitiert, um d. Lehnseid zu leisten, die Schreiben erreichten ihn in Polen jedoch nicht bzw. blieben bei seiner Mutter, d. Bruder liegen; wurde deshalb 1754 d. Felonie beschuldigt, ihm d. Lehnrecht abgesprochen; reichte am 5. Jan. 1762 e. Immediatgesuch aus Berlin ein, machte auf d. fremden Dienste u.d. widrigen Umstände aufmerksam, die ihn an d. Eidesleistung gehindert hätten, bezeichnete die Felonie als unbegründet und bat darum, sie aufzuheben; der aus Stettin angeforderte Bericht fiel positiv für ihn aus, es hieß am 5. Mrz. 1762 darin, seine Güter wären vor geringem Wert u. außerdem ganz verschuldet; sollte mit Reskript vom 23. Mrz. 1762 deshalb in seinem Lehnrecht restituiert werden; übernahm anschließend Zuckers u. Darsekow wieder, diese hatten 1767 e. Wert von 8 466 T., darauf Schulden von 8 600 T.; lt. d. Vasallentabellen für 1763 u. 1767 bewirtschaftete d. Bruder J.C. jedoch die Güter, diese gerieten 1780 in Konkurs u. fielen an Jacob Caspar; d. Ol lebte in d.

neunziger Jahren als vorm. Offizier in Schidlitz bei Danzig; **Ehefrau**: Elisabeth, e. geb. Skaadi, aus beider Verbindung d. **Sohn** Adolph Ludwig (1727–1796)*, Kammerpräsident;

Quellen: GStA, I. HA, Rep. 30, Nr. 43, Paket 9232 (1767: Erben Ol v. Puttk.); Nr. 44, P 93, Paket 9353; Brüggemann, T. 2/2, S. 789–790, S. 806; Fam.gesch. 1984, S. 323–325 (danach zw. 1702 u. 1705 geb.); biogr. Handbuch, S. 758–759 (Sohn);

Ol Alexander Heinrich von Puttkamer (* um 1743, † 14. Okt. 1806)

Vater: Peter George (* 1711, † vor 1760), Gefr.corp. im I-R Nr. 8, Nov. 1734 Fähnrich, Febr. 1737 Sl, Sep. 1740 zum Garn.-Bat. Nr. 4 versetzt, Juni 1741 dim., hielt sich dann zeitweilig auf Sabow im Krs. Pyritz auf, von 1741 bis 1750 Erbherr auf Anteil Klockow im Krs. Belgard, verbüßte von 1747 bis 1753 wegen Realinjurien e. sechsjährige Festungsstrafe in Kolberg; **Mutter**: Sophie Louise, geb. von Lockstaedt († 1752); **Vater-Bruder**: Michael Friedrich (1708–1747) Cap., S. dort mehr zur Fam.; **Bruder**: Eugen (1745–1813), seit 1762 im Militär, stand als Pl im D-R Nr. 7, Mai 1788 Stabs-Cap., Jan. 1790 Offz. beim Train, später Postmstr. in Jauer; **Bruder**: Gustav (1747–1823), seit 1763 im Militär, 1774 Sl, Juni 1778 Pl im Garn.-Reg. Nr. 2, Juli 1779 wegen schlechter *Conduite* abgegangen, bat im Jan. 1786 immediat um d. Plazierung in e. d. neuen Reg., sei 1779 wegen e. *Übereilung weggekommen*, besitze nicht d. geringste Vermögen, habe die letzten sieben Jahre in d. größten Armut zugebracht, Sep. 1787 beim Stettiner Land-Reg. plaziert, Juli 1794 zur 3. Schles. Invaliden-Com. versetzt, Juni 1811 Wartegeld; **Laufbahn**: *cadet*, engagierte sich 1758 im Regiment, 1764 Fähnrich, dann Pl im I-R Nr. 23, April 1784 Stabs-Cap., Mrz. 1789 Chef e. Comp., Okt. 1795 Major, Juni 1806 Ol, im Okt. 1806 bei Jena gefallen; **Ehefrau**: Amalia Florentina, geb. von Lockstaedt (* 4. Okt. 1765), sie bekam auf ihr Gesuch am 4. Mai 1787 die *venia aetatis*, beide waren zu diesem Zeitpunkt bereits verheiratet, sie besaß e. väterliches Erbteil von 2/m T., angelegt auf Klein Sabow, beide wurden 1795 geschieden; **Güter**: mit d. Erbteil seiner Frau gedachte er 1787 e. Gut anzukaufen, es kam aber offenbar nicht dazu;

Quellen: GStA, I. HA, Rep. 30, Nr. 44, P 93, Paket 9354; Rep. 96, Nr. 94 Y y 5; IV. HA, Rep. 1, Nr. 85, Bl. 315 (Vater), Bl. 316–317 (A.H. u. Brüder); Stabi, Ms. boruss. fol. 314 (Bruder G.), fol. 315 (Eugen); fol. 316; Priesdorff, Offz.stammliste, S. 137 (Vater); Tyszka, D-R Nr. 7, S. 450; Fam.gesch. 1984, S. 489–491;

poln. Cap. Ans(h)elm Friedrich von Puttkamer († 15. Juni 1750)*

Vater: George Lorenz († nach 1710), seit 1686 Erbherr auf Deutsch Karstnitz u. Benzin im Krs. Stolp; **Mutter**: Anna Dorothee, geb. von Puttkamer; **Bruder**: Bogislav Ulrich († Okt. 1740), erbte 1714 d. väterlichen Güter, seit 1724 Landrat d. Krs. Stolp; **Laufbahn**: avancierte im poln. Militärdienst bis zum Cap.; **Ehefrau**: Dorothee Hedwig, verwitw. von Massow, geb. von Lettow († vor 1776); **Güter**: seit 1738 Erbherr auf Neuhof, seit 1748 auf Wussowke im Krs. Rummelsburg; Stief-**Sohn**: Ewald Heinrich von Massow, Ol; **Sohn**: Nicolaus (Claus) Ans(h)elm (1736–1807), seit 1756 Erbherr auf Wussowke, Treblin u. Fließhof, 1767 im Wert von 21 950 T., darauf Hypotheken von 15 735 T., die anderen Schulden betrugen 7 066 T., weiter hieß es damals, soll *vorzüglich gelitten* haben, kann sich *nicht selbst helfen*; seit 1776 auch auf Neuhof, 1804 hatten seine Güter, inkl. Treblin, e. Wert von 24 800 T.;

Quellen: GStA, I. HA, Rep. 30, Nr. 43, Paket 9232; Nr. 243, Vas.tab. 1804; Brüggemann, T. 2/2, S. 814, S. 809, S. 947–948; Fam.gesch. 1984, S. 448–451;

Ltnt. Anton Henning von PUTTKAMER (* um 1729, † 16. Dez. 1759)

Vater: Anton Henning (1688–1740), seit 1704 im Militär, Dez. 1715 Pl im I-R Nr. 17, vor 1730 (als Cap.) abgegangen, seit 1724 Erbherr auf Mühlenbruch, Pinnow A u. Kölpin D im Krs. Greifenberg; **Mutter**: Margarethe Hedwig, geb. von Puttkamer (* um 1690), sie saß 1756 als Witwe auf d. Gütern im Wert von 45/m T.; **Laufbahn**: trat in d. Militärdienst ein, soll als Ltnt. im Garn.-Reg. Nr. 10 gestanden haben, vor 1756 abgegangen, wurde wegen seiner *dissoluten Lebensart* zu lebenslangem Festungsarrest (in Kolberg) verurteilt; machte in d. Haft d. Bekanntschaft des Notars Christian Sigismund Leopold, verlobte sich mit dessen Tochter Anna Elisabeth u. setzte sie auf Drängen von Vater u. Tochter zur Universalerbin seines Allodialnachlasses ein; seit 1760 prozessierten die Söhne d. Cap. Peter Christian von Puttkamer, als nächste Lehnsfolger des Verstorbenen, um d. Testament für nichtig erklären zu lassen;

Quellen: GStA, I. HA, Rep. 30, Nr. 44, P 93, Paket 9353; Nr. 243, Vas.tab. 1755, 1756; nicht in IV. HA, Rep. 1, Nr. 85; Stabi, Ms. boruss. fol. 314 (A.H. nicht in d. Rangliste 1748), fol. 316 (Vater), fol. 319; Brüggemann, T. 2/1, S. 438; Fam.gesch. 1984, S. 511, S. 514;

Cap. Carl Ernst Wilhelm von PUTTKAMER (* 1769, † 19. Dez. 1811)*

aus Pommern gebürtig; **Laufbahn**: 1788 Gefr.corp. im I-R Nr. 8, Mai 1790 Fähnrich, Juni 1792 zum I-R Nr. 26 versetzt, Nov. 1792 Sl, Nov. 1802 Pl, Febr. 1806 Stabs-Cap., 1811 gest.;

Quellen: GStA, IV. HA, Rep. 1, Nr. 85, Bl. 318; Priesdorff, Offz.stammliste, S. 138; so nicht in d. Fam. gesch. von 1984;

Ltnt. Carl Friedrich von PUTTKAMER (* 1764, † 10. Dez. 1814)*

aus Pommern gebürtig; **Laufbahn**: seit 1780 im Militär, Fähnrich im Garn.-Reg. Nr. 2, April 1787 Sl im Füsilier-Bat. von Baehr (Nr. 12), April 1795 Pl, Aug. 1796 zur 1. Ostpreuß. Füsilier-Brigade, Nov. 1808 Stabs-Cap., Febr. 1812 als Major dim.;

Quellen: GStA, IV. HA, Rep. 1, Nr. 85, Bl. 318; Stabi, Ms. boruss. fol. 313; so nicht in d. Fam.gesch. von 1984;

Cap. Carl Friedrich Wilhelm von PUTTKAMER (* Aug. 1737, † 24. Juni 1799)*

Vater: George Bernd (* 1699, † vor 1768), Erbherr auf Vietzke B, auf Marsow A im Krs. Stolp; **Mutter**: Beate Elisabeth, geb. von Kameke (1718–1778), sie bat 1774 als *arme Offizierswitwe* aus Lauenburg um e. pomm. Pension, hatte damals zwei Töchter u. zwei Söhne, der eine hielt sich in Vietzke auf, d. andere stand im I-R Nr. 8, beide Töchter weilten bei d. Mutter, sie besaßen zs. e. Kapital von 1/m T. u. lebten von d. Interessen, die aber nicht regelmäßig eingingen, 1777 war d. jüngste Tochter Augustine Marie Charlotte (* 1741) verh. mit d. Ltnt. Carl von Bursky; d. Mutter bekam in ihrem letzen Lebensjahr e. Pension von 100 T., d. Tochter Antonia Louisa Tugendreich (* 1731, † 2. Jan. 1791), erhielt seit Jan. 1783 e. Pension von 100 T.; **Bruder**: George Adolph Heinrich (* 1740, † vor 1774), seit 1755 im Militär, 1756 Corp. im D-R Nr. 12, Dez. 1758 als Ltnt. dim.; **Bruder**: Jacob Ernst Bogislav (1743–1777), 1760 Fähnrich im I-R Nr. 8, Dez. 1761 Sl, Juni 1774 Pl, April 1777 als aktiver Offz. in Stettin gest.; **Laufbahn**: 1757 Wechsel von d. *cadets* in e. Reg., 1763 Cap.; **Güter**: seit 1768 Erbherr auf Vietzke A u. Marsow A, seit 1770 auf ganz Vietzke,

1781 auch auf Schurow im Krs. Stolp, 1796 für 20/m T. verkauft; **Ehefrau**: Charlotte Eleonore Henriette, geb. von Zitzewitz (1742–1815), aus beider Ehe keine Kinder;

Quellen: GStA, I. HA, Rep. 30, Nr. 43, Pakete 9 233 bis 9 235 (danach hieß d. Mutter Barbara Erdmuthe, geb. 1712); Nr. 243, Vas.tab. 1756, 1763 u. 1767 (kein Hinweis auf die Reg.), 1767; IV. HA, Rep. 1, Nr. 85, Bl. 315 (Bruder G.A.H.), Bl. 316 (J.E.B.); Stabi, Ms. boruss., fol. 311 (Bruder G.A.H., geb. 1738); Brüggemann, T. 2/2, S. 1012–1013; Priesdorff, Offz.stammliste, S. 138 (J.E.B.); Fam. gesch. 1984, S. 263 (d. Mutter als Beate Elisabeth), S. 269;

Ltnt. Carl Friedrich Wilhelm von Puttkamer (1746–1772)

Vater: Erdmann Joachim († um 1763), Erbherr (auf Ristow, Rötzenhagen im Krs. Schlawe u.) Schwetzkow im Krs. Stolp; **Mutter**: Catharina Ingeborg Charlotte, geb. von Rexin; (Stief-)**Bruder**: Franz Friedrich (1735–1823)*, GM; Stief-**Bruder**: Jacob Bogislav (1736–1816), Cap., s.d. mehr zur Fam.; **Laufbahn**: seit 1762 im Militärdienst, 1764 Fähnrich im I-R Nr. 34, 1772 als Ltnt. gest.;

Quellen: GStA, IV. HA, Rep. 1, Nr. 85, Bl. 316; Stabi, Ms. boruss. fol. 311; Priesdorff, Nr. 1007 (Bruder F.F.); Fam.gesch. 1984, S. 264, S. 270 (mit teils anderen Angaben);

Cap. Carl Heinrich von Puttkamer (* um 1723, † 3. April 1775)*

Vater: Peter Christian († 27. Sep. 1723), Cap., verkaufte 1712 Rabuhn im Ftm. Cammin; **Mutter**: e. To. d. GM Paul Friedrich Graf von Schlippenbach, aus dieser zweiten Ehe drei Söhne; **Großvater**: Claus Henning († um 1712), seit 1703 Erbherr auf Rabuhn im Ftm. Cammin; **Bruder**: Peter Christian (1721–1778), seit 1740 im Militär, Ltnt. im D-R Nr. 5, Juni 1752 (mit d. Charakter Cap.) dim., seit etwa 1755 in Sachsen auf (Jiedlitz) ansässig; **Bruder**: Friedrich Wilhelm (* 1723), seit 1743 im Militär, 1750 Fähnrich im I-R Nr. 38, noch im Sep. 1750 dim., (erhielt später d. Charakter Cap.), 1767 als vorm. Cap. bez., stand damals bei d. Tabak-Ferme in Freistadt in Preußen, seit 1763 Erbherr auf Mühlenbruch im Krs. Greifenberg; **Laufbahn**: engagierte sich um 1737 im Militärdienst, 1743 Junker im D-R Nr. 9, 1758 als Ltnt., 1767 u. 1772 als Cap. im D-R Nr. 9 gen., 1775 als Stabs-Cap. gest.; **Güter**: d. Gebr. besaßen gemeinsam d. Gut Mühlenbruch im Krs. Greifenberg; 1763 wurden die zwei älteren Brüder genötigt, d. jüngsten d. Gut abzutreten, obwohl dessen *üble Wirtschaft* bekannt gewesen sei, (war deshalb vom Garn.-Reg. Nr. 8 *cassirt* u. im Feb. 1753 zu Festungsarrest verurteilt worden); er machte gleich im ersten Jahr Schulden u. vertrieb Untertanen, sie nahmen d. Gut wieder an sich, F.W. bekam d. Armen-Recht zugesprochen; seit 1764 prozessierte d. jüngste Bruder gegen d. älteren u. erwirkte die Subhastation von Mühlenbruch; 1770 wurde es für 4 300 T. an d. Major u. späteren Obristen u. Kommandeur d. I-R Nr. 43 Otto Casimir von Hülsen verkauft; d. Gebr. erhoben 1768 bis 1772 vergeblich Anspruch auf d. Güter Nossin u. Kleschinz;

Quellen: GStA, I. HA, Rep. 30, Nr. 44, P 93, Pakete 9 353, 9 354; Nr. 243, Vas.tab. 1756, 1763, 1767; IV. HA, Rep. 1, Nr. 85, Bl. 315 (Brüder), Bl. 316 (kz. Notiz); Stabi, Ms. boruss. fol. 312 (1743 als C.H., 1758 als Ernst Hr.), fol. 316 (Bruder F.W.); Brüggemann, T. 2/1, S. 438; Brüggemann, Beiträge, 2, S. 230; Fam.gesch. 1984, S. 510–513;

Cap. Carl Heinrich Leopold von Puttkamer (* 1760, † Mrz. 1809)

Vater: Christian Ernst (* um 1715, † vor 1783), (Cap. in russ. Diensten), wurde durch d. Heirat Erbherr auf Labuhn im Distrikt Lauenburg, d. Gut wurde im Siebenjährigen Krieg durch d. Russen zweimal ausgeplündert u. mußte deshalb verkauft werden, vom Erlös blieben ihm nur 2/m T., zog zu seinem Bruder nach Glowitz im Krs. Stolp, d. Ol Joachim Heinrich, s.d., hinterließ seiner Witwe nur 1/m T.; **Mutter**: Anna Florentine, geb. von Sarbsky (* um 1725, † 4. Dez. 1797), sie bezifferte ihr Vermögen 1794 auf 700 T. u. gab an, daß ihr Mann nicht gedient habe, sie bewohnte in Glowitz e. *Kathen*, für den sie jährlich acht T. Miete, dazu für Feuerung zwölf T. zahlen mußte, für Kleidung, Kost u. d. Unterhalt e. Magd blieben ihr 20 T., bekam seit Jan. 1796 e. Pension von 100 T.; e. **Bruder** soll 1798 in Westpreußen ansässig gewesen sein u. sich in schlechten Umständen befunden haben; **Schwester**: Anna Catharina Charlotta (* 1762), sie besaß e. Vermögen von 400 T., konnte wegen kränklicher Umstände keine Handarbeit leisten, bekam seit 1803 e. Pension von 50 T.; **Laufbahn**: Juni 1769 *cadet* in Stolp, April 1773 *cadet* in Berlin, Okt. 1779 Gefr.corp. im I-R Nr. 23, Okt. 1782 Fähnrich, Mai 1786 Sl, Sep. 1795 Pl, Juni 1800 Stabs-Cap., 1807 dim., in Gr.-Glienicke bei Spandau gest.;

Quellen: GStA, II. HA, Abt. 13 a, Tit. III, Litt P, Nr. 5, Nr. 23; Litt S, Nr. 3; IV. HA, Rep. 1, Nr. 85, Bl. 318; Stabi, Ms. boruss. fol. 314 (1729 e. Chr. E. aus Kublitz bei Stolp (* 1709), Corp. im I-R Nr. 31); Stolper Kadetten, S. 1; Fam.gesch. 1984, S. 543 (Hinweis auf d. russ. Dienst), S. 546,

Cap. Carl Leopold von Puttkamer (* 1730, † 29. April 1768) *

Vater: Franz George (1703–1774), Fähnrich, seit 1731 Erbherr auf Niemitzke u. Anteil Damerkow im Krs. Stolp, seit 1767 auf (Kleschinz u.) Schottofske, seit 1772 auf Lossin, alle im Krs. Stolp; **Mutter**: Catharina Christiane, geb. von Zitzewitz; **Bruder**: Otto Wilhelm (1735–1808), seit 1753 im 2. Bat. Garde, Juni 1766 Pl, zuletzt Cap., (April 1784 dim. bzw.) Febr. 1783 als Oberforstmstr. in Gumbinnen versorgt, hielt sich 1795 in Krampe bei Stolp auf, Sohn: Ernst Wilhelm Ferdinand (1785–1829), Legitimationspatent vom 25. Dez. 1795; **Bruder**: Johann Christian Ernst (1746–1814), Ltnt., s.d., seit 1775 auf Niemitzke, Damerkow B u. Jerskewitz B; **Laufbahn**: stand seit 1745 im 1. Bat. Garde, zuletzt Sl, Sep. 1759 nach 14 Dj. als Pl zum Grenadier-Bat. Nr. 2 versetzt, bekam hier e. Comp., 1765 als (Stabs-)Cap. dim.; **Ehefrau**: Margarethe, geb. von Pirch (1741–1821); **Güter**: seit 1766 Erbherr auf d. väterl. Gütern Niemitzke u. Anteil Damerkow, diese fielen 1768 an d. Vater zurück, gingen dann an d. Bruder J.C.E.;

Quellen: GStA, I. HA, Rep. 7, Nr. 13, Litt P 67 (E.W.F.); IV. HA, Rep. 1, Nr. 85, Bl. 316 (C.L. hier nicht), Bl. 317 (Bruder O.W., 1783 versorgt); Brüggemann, T. 2/2, S. 987–988; Reinhard, Garde, S. 530, S. 555 (Bruder O.W.); Fam.gesch. 1984, S. 568, S. 570–572. S. 577 (E.W.F.);

GM Christian Ernst von Puttkamer (* 24. Okt. 1706, † 29. Jan. 1771) *

Vater: Marcus († 1714), Erbherr auf Deutsch Plassow u. Kublitz im Krs. Stolp; **Mutter**: Erdmuth Regine, geb. von Kleist (1673–1744); **Bruder**: George Caspar (1702–1759), Cap., s.d.; **Laufbahn**: Aug. 1723 *cadet* in Berlin, Febr. 1729 Gefr.corp. im I-R Nr. 39, Mai 1732 Fähnrich, Jan. 1736 Sl, Jan. 1742 Pl, Sep. 1747 Stabs-Cap. im I-R Nr. 31, Sep. 1748 Cap. u. Chef e. Comp., Sep. 1755 Major, Mai 1758 Ol, Nov. 1759 Kommandeur d. I-R Nr. 31, Febr. 1760 Obrist, Juni 1765 Chef d. I-R Nr. 23, Mai 1766 GM, Mai 1766 Chef d. Garn.-Reg. Nr. 7, 1771 ohne Leibeserben verst.;

Quellen: GStA, IV. HA, Rep. 1, Nr. 85, Bl. 316 (danach gest. 15. Sep. 1771); Stabi, Ms. boruss. fol. 314; Priesdorff, Nr. 562; Fam.gesch. 1984, S. 564, S. 567–568;

Ol Christian Gneomar von Puttkamer (* 1706, † 12. Nov. 1760)

Vater: Zabel Christian († vor 1730), Erbherr auf Nossin A, Niemitzke, Anteilen an Jersekwitz u. Damerkow im Krs. Stolp; **Mutter**: Anna, geb. von Pirch; **Bruder**: Franz George (1703–1774), Fähnrich, seit 1731 Erbherr auf Niemitzke, Anteil Damerkow, seit 1783 auch auf Jerskewitz B, seit 1767 auf (Kleschinz u.) Schottowske, seit 1772 auf Lossin; **Laufbahn**: engagierte sich 1722 im Militärdienst, stand 1730 als Fähnrich im I-R Nr. 17, 1740 als Pl gen., erhielt als Cap. im Juli 1747 d. Orden p.l.m., 1750 u. 1756 als Cap. u. Chef e. Comp. gen., 1756 bis 1757 Kommandeur e. Grenadier-Bat., 1760 als Ol u. Regimentskommandeur d. I-R Nr. 17 im 38. Dj. an e. bei Torgau erhaltenen Blessur gest.; **Ehefrau**: Eva Marie Henriette († 25. Nov. 1756), e. To. d. Gl Ernst August von La Motte de la Chevalerie; aus d. Ehe zwei Söhne u. drei Töchter; **Güter**: 1731 Erbherr auf Gloddow, Jerskewitz C u. Nossin B, 1743 Ankauf von Saviat, 1746 von Nossin A, alle im Krs. Stolp; nach seinem Tod verzögerte sich die Erbauseinandersetzung wegen d. Abnahme d. Vormundschaftsrechnungen bis Ende 1774, d. Lehngüter Gloddow u. Anteil Großnossin hatten zs. e. Wert von 4 100 T., nach Abzug d. Schulden blieb e. freies Lehnquantum in Höhe von 1 233 (bzw. 3 340) T., davon ging d. Hälfte an d. noch lebenden Sohn, d. andere Hälfte an d. drei Schwestern; die Allodialgüter Anteil Großnossin u. Saviat hatten zs. e. Wert von 3 500 T., inkl. e. Hauses in Köslin betrug d. Allodialvermögen 16 231 T.; im Nov. 1774 bekam d. **Sohn** August Christian Ludwig (1755–1836)*, stand von 1772 bis 1779 im D-R Nr. 6, 1773 als Cornet gen., zuletzt Sl, später KD-rat in Posen, e. Betrag von 4 639 T., d. **Tochter** Henriette Clara Christiane (* 1751), verh. mit d. Cap. Justus Ernst von Besser im Grenadier-Bat. v. Voss in Magdeburg, 4 224 T.;

Quellen: GStA, I. HA, Rep. 30, Nr. 44, P 93, Paket 9 354; Nr. 243, Vas.tab. 1756; IV. HA, Rep. 1, Nr. 85, Bl. 315 (kz. Notiz); Stabi, Ms. boruss. fol. 316; König, Helden, 3. T., S. 248; Orlop, D-R Nr. 6, Anhang, S. 127* (Sohn); Lehmann, Ritter, S. 38; Fam.gesch. 1984, S. 566, 568–569; biogr. Handbuch, S. 759–760 (Sohn);

Cap. Claus Dietrich von Puttkamer (* 1702, † 11. Mrz. 1745)*

Vater: Bartholomäus Nicolaus († nach 1706), seit 1699 auf Kleschinz B u. Damerkow im Krs. Stolp; **Mutter**: Marie Sophie, geb. von Vormann; **Bruder**: Ernst Friedrich, Ltnt., Erbherr auf Schottofske im Krs. Stolp; **Laufbahn**: trat 1718 in d. Militärdienst ein, stand 1730 als Ltnt. im I-R Nr. 9, noch 1740 hier als Ltnt. gen., 1745 als Cap. bei d. Grenadieren ohne Leibeserben gest.;

Quellen: Stabi, Ms. boruss. fol. 315; Fam.gesch. 1984, S. 503; S. 507;

Rittmstr. Claus Jürgen von Puttkamer (* 1695)*

Vater: Peter Christian († 1710), Major, erwarb 1698 Mühlenbruch u. Anteil Kölpin im Krs. Greifenberg, Moizelin im Ftm. Cammin; **Mutter**: Dorothee, geb. von Seger; **Laufbahn**: trat 1715 in d. Militärdienst ein, Febr. 1720 Ltnt. im K-R Nr. 2, um 1724 als Rittmstr. abgegangen; **Güter**: verkaufte 1724 Mühlenbruch;

Quellen: Stabi, Ms. boruss. fol. 315; Monteton, S. 55; Fam.gesch. 1984, S. 511–512 (als Nicolaus George);

Major Ernst Ludwig von Puttkamer (* 1689, † um 1751)

Vater: Christian (* um 1656, † um 1723), (brandenburg. od. poln.) Ltnt., bis 1690 Erbherr auf Barnow im Krs. Rummelsburg, dann auf Anteil Malzkow im Krs. Stolp; **Mutter**: Agnes Ilse, geb. von Podewils; **Bruder**: George Christian (* um 1693, † nach 1752), Cap., s.d.; **Laufbahn**: seit 1706 im Militär, Juni 1713 Fähnrich, Febr. 1716 Pl, Aug. 1725 Cap. im I-R Nr. 22, im Juni 1741 hier noch als Cap. gen., vor 1746 abgegangen (bzw. 1744 Major im I-R Nr. 42, Dez. 1745 versetzt ins I-R Nr. 40, April 1746 dim.); **Güter**: Erbherr auf Anteil Schwessin im Krs. Rummelsburg;

Quellen: Stabi, Ms. boruss. fol. 314, fol. 319; Fam.gesch. 1984, S. 290–292;

Cap. Franz Gottlieb von Puttkamer (* 14. Okt. 1755, † 8. Febr. 1795)

Vater: Carl Gustav (1703–1771), seit 1720 im Militärdienst, Aug. 1726 Fähnrich im I-R Nr. 16, April 1730 Sl, Nov. 1735 Pl, Dez. 1741 Stabs-Cap., Okt. 1743 Cap., Nov. 1745 krankheitshalber dim., seit 1771 als Lehnsfolger d. verst. Peter Ernst von Puttkamer Erbherr auf Jeseritz u. Deutsch Buckow im Krs. Stolp; **Mutter**: Charlotte Luise, geb. von Puttkamer (1714–1782); **Bruder**: Carl Gustav (1751–1814)*, KD-rat, seit 1795 Erbherr auf Jeseritz, Deutsch Buckow u. Reddies; **Bruder**: Otto Wilhelm (1753–1778), Ltnt., s.d.; **Laufbahn**: seit 1769 im Militärdienst, 1774 Fähnrich im I-R Nr. 34, um 1780 Sl, Juli 1787 Pl, Juni 1790 Stabs-Cap., Aug. 1793 Chef e. Comp., 1795 als aktiver Offz. unbeerbt verst.; **Güter**: seit 1781, 1782 Erbherr auf d. väterl. Gütern Jeseritz, Deutsch Buckow für 6/m T., auf Reddies für 7/m T., diese fielen 1795 an d. Bruder Carl Gustav;

Quellen: GStA, IV. HA, Rep. 1, Nr. 85, Bl. 317; Stabi, Ms. boruss. fol. 311 (hier als Franz Gottlob); Brüggemann, T. 2/2, S. 945–946; Kopka v. Lossow, Offz.liste, S. 6* (Vater); Fam.gesch. 1984, S. 235–238; biogr. Handbuch, S. 760 (C.G.);

Major Franz Heinrich von Puttkamer (* 9. Mai 1688, † 20. Jan. 1755)

Vater: Peter George (* um 1656, † 1724), erheiratete 1682 Pansin u. Anteil Henkenhagen im Krs. Saatzig, hinterließ acht Söhne; **Mutter**: Eva Deliane, geb. von Borcke (1666–1734); **Laufbahn**: seit 1713 im Militär, April 1714 Fähnrich im I-R Nr. 1, Sep. 1720 Pl (1722 Ltnt. im I-R Nr. 24), 1723 Cap. im I-R Nr. 1, Juli bzw. Aug. 1740 als Major im I-R Nr. 1 nach 28 Dj. dim.; **Bruder**: Lorenz George (1688–1747), Kammerherr; **Bruder**: Matthias Friedrich (1696–1740), Rat beim Hofgericht in Stargard; **Bruder**: Adrian Ernst (1699–1772)*, von 1725 bis 1743 KD-rat in Küstrin, dann in Stettin, Erbherr auf Pansin und Anteil Henkenhagen im Krs. Saatzig, 1756 im Wert von 44/m T.; **Bruder**: August Döring (* um 1700), nahm keine Dienste, seit 1725 zs. mit seinen Brüdern bis zu ihrem Vergleich von 1752 Mitbesitzer von Pansin u. Henkenhagen; erbte von seinem Bruder L.G. 1 694 T., auf diese wurde 1753 Arrest gelegt, um zu verhindern, daß er mit diesem Kapital außer Landes geht; hatte zuvor mehrfach immediat um d. Genehmigung zur Trauung mit seiner Wirtschaftsbedienten Catharina Temcke, Tochter e. Verwalters, gebeten, er hatte diese als Waise zu sich genommen und mit ihr zwei Söhne gezeugt, am 21. Sep. 1751 wurde sein Gesuch abgelehnt, neuerliche Abweisung 1753, jetzt mit d. Hinweis auf d. Edikt vom 8. Mai 1739, wonach keiner von Adel außer seinem Stand heiraten sollte, ihm wurde bedeutet, d. *Concubinat* sofort zu beenden, die *Weibsperson sofort von sich zu schaffen* und allen *verdächtigen Umgang* mit ihr zu *meiden*; A.D. lebte damals in Alt-Damm;

Quellen: GStA, I. HA, Rep. 30, Nr. 44, P 93, Paket 9353; nicht in IV. HA, Rep. 1, Nr. 85; Stabi, Ms. boruss. fol. 313 (F.H.); Brüggemann, T. 2/1, S. 272; Fam.gesch 1984, S. 260, S. 265–267; biogr. Handbuch, S. 759 (A.E.);

Obrist Franz Heinrich von Puttkamer (* 25. Aug. 1715, † 3. Juni 1775) *

Vater: Joachim Heinrich († 1730), Erbherr auf Görshagen u. Schlackow B, auf Anteil Vietzke im Krs. Stolp; **Mutter**: Barbara Elisabeth, geb. von Puttkamer (1684–1763); **Bruder**: Peter George (1714–1775), Obrist, s.d.; **Laufbahn**: engagierte sich 1732 im Militärdienst, stand 1746 u. 1756 als Ltnt. im D-R Nr. 1, Juni 1757 Orden p.l.m., 1764 Major im D-R Nr. 1, 1764 mit d. Charakter Obrist dim.; **Güter**: seit 1748 Erbherr auf Schlackow B im Wert von 6/m fl., 1748 bis 1770 auf Vietzke B im Wert von 2325, nach d. Tod d. **Bruders** Joachim (1722–1760) seit 1760 auch auf Görshagen für 8666 T., 1775 gingen d. Güter (bis auf Vietzke B) an d. nächsten Agnaten, d. Ltnt. Franz Ludwig George von Puttkamer, s.d.; **Ehefrau**: Henriette Eleonore, geb. von Puttkamer († 1780);

Quellen: GStA, I. HA, Rep. 30, Nr. 243, Vas.tab. 1756, 1763, 1767; IV. HA, Rep. 1, Nr. 85, Bl. 315–316 (kz. Notiz); Stabi, Ms. boruss. fol. 314; Brüggemann, T. 2/2, S. 968; Probst, D-R Nr. 1, 1841, S. 156; Lehmann, S. 58; Fam.gesch. 1984, S. 264–265, S. 271–272;

Cap. Franz Johann Ulrich von Puttkamer (* 9. Febr. 1746, † 5. Jan. 1823)

Vater: Franz Joachim (1712–1783), Ltnt., seit 1747 alleiniger Erbherr auf Versin, seit 1754 auf Reinwasser, seit 1770 auch auf Viartlum, alle im Krs. Rummelsburg; **Mutter**: Barbara Ursula, geb. von Zitzewitz (1710–1780); **Bruder**: Jacob George Gottlieb (1748–1823), von 1769 bis 1798 Erbherr auf Reinwasser, seit 1781 auf Barnow u. Alt Kolziglow, seit 1783 auf Neu Kolziglow, seit 1798 auf Reinfeld; **Vater-Brüder**: Nicolaus Lorenz (1703–1782) *, Gl, seit 1762 Kommandant von Stettin; George Ludwig (1715–1759) *, GM, Chef d. H-R Nr. 4; **Laufbahn**: engagierte sich 1762 im Militärdienst, April 1762 Fähnrich im I-R Nr. 7, Juli 1764 Pl, Juni 1784 Stabs-Cap., Jan. 1789 auf eigenen Wunsch dim.; **Güter**: seit 1776 Erbherr auf Versin u. Viartlum; 1777 hatte seine Schwägerin Anna Catharina Elisabeth in Reinwasser, e. To. d. Gl Alexander von Kleist, e. Forderung an ihn über 4/m T., dabei handelte es sich wohl um ihre *illata*, eingetragen auf seinen Gütern, mit diesem Geld soll F.J.U. größere Bauten auf seinem Gut vorgenommen haben; seit 1796 auch Erbherr auf Darsekow im Wert von 4/m T.; 1799 hatte Versin e. Wert von 14/m T. u. Viartlum von 7100 T.; **Ehefrau**: Charlotte Albertine, geb. von Kleist (1767–1842), aus d. Ehe drei Söhne u. drei Töchter; **Sohn**: Franz Heinrich (1785–1834), 1806 Ltnt. im D-R Nr. 6, 1811 als Rittmstr. dim.;

Quellen: GStA, I. HA, Rep. 30, Nr. 44, P 93, Paket 9354; Nr. 243, Vas.tab. 1767, 1793, 1799, 1804; IV. HA, Rep. 1, Nr. 85, Bl. 317; Stabi, Ms. boruss. fol. 314; Priesdorff Nr. 466 (Onkel N.L.), Nr. 468 (Onkel G.L.); Fam.gesch. 1984, S. 358–362, S. 376–380;

Ltnt. Franz Ludwig George von Puttkamer (* 17. Mrz. 1742, † 8. Aug. 1817)

Vater: Adrian Ernst (1699–1772), KD-rat in Küstrin *, seit 1752 Erbherr auf Pansin im Krs. Saatzig u. (seit 1775) Henkenhagen A, 1756 im Wert von 44/m T., seit 1764 auf Lenz A; **Mutter**: Anna Luise, geb. Freiin von der Goltz (1715–1785); **Bruder**: Heinrich Otto Ernst (1733–1759), 1756 Fähnrich im I-R Nr. 7, als Ltnt. bei Kay 1759 gefallen; **Laufbahn**: Mrz. 1757 Gefr.corp. im I-R Nr. 8, Jan. 1758 Fähnrich, Nov. 1760 Sl, Jan. 1765 dim., ging auf seine

Güter: seit 1772 Erbherr auf Pansin u. Lenz A im Krs. Saatzig, auf Anteil Henkenhagen im Borckeschen Krs., seit 1775 auf Anteil Görshagen, Anteil Schlackow im Krs. Stolp, 1793 für zs. 70/m T., seit 1796 auf Pammin im Krs. Dramburg, seit 1799 auf Vietzke u. Marsow A im Krs. Stolp, 1804 hatten seine Güter Görshagen, Lenz B, Schlackow u. Vietzke (inkl. Marsow) e. Wert von 25/m T., inkl. Pammin im Krs. Arnswalde waren es 90/m T.; **Ehefrau**: Nicolaa Dorothea Ludovika, geb. von Schöning (1758–1789); aus d. Ehe fünf Kinder, darunter d. **Sohn** Ernst Friedrich George (1787–1824), Ltnt., Erbherr auf d. väterl. Gütern; **Töchter**: Louise Ernestine Friederike (1783–1813), Henriette Catharina Gottliebe (1784–1824), diese beiden erhielten am 20. Dez. 1802 die *venia aetatis*, jede d. beiden hatten e. mütterl. Vermögen von 449 T., Amalie Charlotte Wilhelmine (1786–1817), diese erhielt am 20. Dez. 1804 die *venia aetatis*, sie hatte ebenfalls e. mütterliches Vermögen von 449 T.;

Quellen: GStA, I. HA, Rep. 30, Nr. 44, P 93, Paket 9 355; Nr. 243, Vas.tab. 1756, 1804; IV. HA, Rep. 1, Nr. 85, Bl. 315 (H.O.E.), Bl. 316 (kz. Notiz); Stabi, Ms. boruss. fol. 314 (H.O.E.); Priesdorff, Offz.stammliste, S. 138; Fam.gesch. 1984, S. 266, S. 272, S. 274; biogr. Handbuch, S. 759 (Vater);

Ltnt. Friedrich von Puttkamer (* 1766)

aus Pommern gebürtig; **Laufbahn**: seit 1782 im Militär, Sep. 1784 Fähnrich im D-R Nr. 12, Juni 1787 Sl, Mrz. 1793 dim.;

Quellen: GStA, IV. HA, Rep. 1, Nr. 85, Bl. 318; Stabi, Ms. boruss., fol. 311;

Landrat Friedrich Bogislav von Puttkamer (* 15. April 1732, † 11. Mrz. 1806) *

Vater: Bogislav Ulrich († 1740), Landrat, Erbherr auf Deutsch Karstnitz u. Benzin im Krs. Stolp; **Mutter**: Clara Constantia, geb. von Wobeser († 1779); **Bruder**: George Henning (1728–1814), Gl, s.d.; **Laufbahn**: amtierte von 1771 bis 1806 als Landrat im Krs. Stolp; **Güter**: hatte mit seiner ersten **Frau**, der Witwe Henriette Dorothea von Thiele, geb. von Hainska († Jan. 1776), das Gut Hebron-Damnitz im Krs. Stolp im Wert von 10/m T. erheiratet, sie besaß 1763 e. Vermögen von 7 854 T., er von 2/m T., noch 1804 auf d. Gut gen.; Stief-**Sohn**: Johann Christoph von Thiele (* 1747), seit 1762 im Militär, 1764 Fähnrich im I-R Nr. 25, Juni 1771 als Ltnt. dim.; d. Landrat setzte sich 1777 mit seinem unmündigen **Sohn** George Bogislav Heinrich (1765–1813) bzw. seinen Vormündern wegen dessen mütterlichen Erbteil in Höhe von 3/m T. auseinander; lt. Vormundschaftskollegium betrug dieses jedoch 5 121 T., die auf Hebron-Damnitz eingetragen wurden; d. Landrat durfte d. Gut bis zur Volljährigkeit des Sohnes annehmen, sollte ihm dieses dann aber für 10/m T. abtreten; G.B.H. war seit 1780 im Regiment, Juni 1785 Cornet im K-R Nr. 5, Mai 1790 Ltnt., Juni 1794 Pl, Juli 1795 Adjutant d. Gl Ludwig Friedrich Alexander Prinz von Württemberg, Febr. 1797 Stabs-Rittmstr., Mai 1798 Rittmstr., Juni 1800 d. D-R Nr. 3 aggr., Mrz. 1801 Gen.-Adjutant d. Gl Ludwig Ernst von Voss, Dez. 1801 Stabs-Major beim D-R Nr. 13, 1807 in frz. Gefangenschaft, Aug. 1809 dim.; aus seiner ersten Ehe ging d. Sohn Heinrich Friedrich Jesco hervor (1803–1876);

Quellen: GStA, I. HA, Rep. 30, Nr. 44, P 93, Paket 9 354; IV. HA, Rep. 1, Nr. 85, Bl. 318; Nr. 90, Bl. 125 (Stiefsohn); Stabi, Ms. boruss. fol. 311, fol. 314 (Stiefsohn, hier als Joh. Siegfried); Fam.gesch. 1984, S. 449–451, S. 461–462; biogr. Handbuch, S. 760;

Ltnt. George Adolph von PUTTKAMER (* Dez. 1738, † Febr. 1778) *

Vater: Leopold Wilhelm (1703–1747), holländ. Ol; **Mutter**: Elisabeth, geb. van Ketelaer (1716–1760); **Laufbahn**: seit 1755 im Militär, Mrz. 1756 Gefr.corp. im D-R Nr. 12, Dez. 1758 als Ltnt. dim.; **Bruder**: Wilhelm Ludwig (1739–1820), GM, s.d.; **Güter**: seit 1763 Erbherr auf Barnow u. Alt Kolziglow im Krs. Rummelsburg, 1767 im Wert von 8 600 T., darauf Hypotheken von 7 173 T.; trat sie 1774 seinem Bruder W.L. ab; **Ehefrau**: Sophie Elisabeth Agnes, geb. von Kameke (* 1742, † 1780), hinterließ drei Söhne u. drei Töchter; **Sohn**: George Ludwig Leopold (1766–1788), 1777 *cadet* Berlin, Juni 1785 Fähnrich, Mai 1787 Sl bei d. Grenadier-Garde in Potsdam, Mrz. 1788 Suizid; **Sohn**: Carl August (1772–1813), Juni 1780 *cadet* in Stolp, Juni 1786 *cadet* in Berlin, Sep. 1792 Fähnrich im I-R Nr. 46, Febr. 1796 Sl, Nov. 1805 Pl, Juli 1809 als Cap. dim.; **Sohn**: Franz Ernst Nicolaus (1775–1846), Juli 1784 *cadet* in Stolp, Mai 1790 *cadet* in Berlin, Dez. 1793 Fähnrich im I-R Nr. 39, Febr. 1795 Sl, Aug. 1809 als Pl dim.; drei **Töchter** wurden im Jan. 1787 auf d. Expectantenliste für e. pomm. Pension aufgenommen, jede von ihnen hatte e. Vermögen von 200 T., wovon sie sich nicht unterhalten konnten;

Quellen: GStA, I. HA, Rep. 30, Nr. 43, Paket 9232; II. HA, Abt. 13 a, Tit. III, Litt R, Nr. 2; IV. HA, Rep. 1, Nr. 85, Bl. 315 (G.A.), Bl. 318 (Söhne); Stabi, Ms. boruss. fol. 311; Brüggemann, T. 2/2, S. 783; Reinhard, Garde, S. 536, S. 558; Stolper Kadetten, S. 14, S. 19; Fam.geschichte 1984, S. 293–296 (danach ist G.L.L. 1794 gest.), S. 306;

Cap. George Caspar von PUTTKAMER (* 1702, † Nov. 1759) *

Vater: Marcus († 1714), Erbherr auf Deutsch Plassow im Krs. Stolp; **Mutter**: Erdmuth Regine, geb. von Kleist; **Bruder**: Christian Ernst (1706–1771), GM, s.d.; **Laufbahn**: Fähnrich im I-R Nr. 3, Nov. 1735 Sl, Nov. 1736 ins I-R Nr. 5, 1754 als Cap. ins I-R Nr. 46, 1759 an bei Kunersdorf erlittenen Blessuren gest.;

Quellen: GStA, IV. HA, Rep. 1, Nr. 85, Bl. 315 (kz. Notiz, hier als Caspar); Stabi, Ms. boruss. fol. 313 (als George Caspar); Gesch. I-R Nr. 3, S. 180 (hier als George Joh. Heinrich); Fam.gesch. 1984, S. 564, 567–568;

Cap. George Christian von PUTTKAMER (* um 1693, † nach 1752) *

Vater: Christian (* 1656, † um 1723), Ltnt. in brandenburg. bzw. polnischen Diensten, Erbherr auf Anteil Malzkow im Krs. Stolp; **Mutter**: Agnes Ilse, geb. von Podewils; **Bruder**: Ernst Ludwig (* 1689, † um 1751), Major, s.d.; **Laufbahn**: seit 1707 im Militär, (stand neun Jahre als Uffz. im I-R Nr. 18), Juni 1715 Fähnrich, Mrz. 1716 Sl, Juni 1727 Cap. im I-R Nr. 25, 1740 als Cap. dim. u. beim *Corps de cadets* versorgt; **Güter**: bis 1752 Erbherr auf Anteil Malzkow;

Quellen: Stabi, Ms. boruss. fol. 314, fol. 319 (danach 1691 geb.); Fam.gesch. 1984, S. 290–292;

Landrat George Christian von PUTTKAMER (* 23. Jan. 1716, † 1. Febr. 1789) *

Vater: Caspar Friedrich (* um 1680, † 1729), russ. Cap., Erbherr auf Grünenwalde, Ponikkel u. Saben im Krs. Rummelsburg; **Mutter**: Ursula Anna, geb. von Wobeser (1690–1758); **Laufbahn**: amtierte von 1756 bis 1765 als Landrat im Krs. Rummelsburg, von 1765 bis 1789 als Landrat im Flemmingschen Krs.; **Ehefrau**: Clara Albertine, geb. von Puttkamer

(† 1808), sie bat im April 1789 um e. pomm. Pension, begründete das mit d. 50 Dj. ihres verst. Mannes u.d. Umstand, daß sie aus d. Gütern nur jährl. Einnahmen von 150 T. bezog, erhielt im Dez. 1794 100 T. Pension; **Güter**: löste 1750 d. väterl. Güter Grünenwalde, Ponickel u. Saben im Krs. Rummelsburg wieder ein, diese hatten 1767 e. Wert von 11/m T., darauf Hypotheken von 6478 T., andere Schulden von 2322 T.; außerdem seit 1740 Erbherr auf Fritzow u. Raddack im Flemmingschen Krs., diese hatten 1767 e. Wert von zs. 32/m T., darauf Hypotheken über 20073 T., beide wurden 1786 auf 40383 T. taxiert, die Hypotheken wurden auf 21853 T. beziffert; erwarb im Sep. 1784 d. Gut Tribsow B im Krs. Greifenberg auf 20 Jahre für 11/m T. von d. Ltnt. Carl Henning Gustav von Witten vom I-R Nr. 7 in Stettin; d. Vorbesitzer hatte d. Gut von 1779 bis 1787 an e. Oesterreich verpachtet, dieser beklagte sich 1785 über e. unzulässige Erhöhung seiner Pacht, wurde jedoch darauf hingewiesen, daß d. Käufer e. Gutes nicht an d. alten Pachtvertrag gebunden sei; **Sohn**: Jacob Ewald (* 15. Nov. 1740, † 22. Juli 1772); **Enkel**: Friedrich Albert Theodor (1767–1853), Sep. 1784 Cornet im D-R Nr. 4, Juni 1787 Sl, bekam am 17. April 1789 d. *venia aetatis*, hatte zs. mit seiner Schwester e. Vermögen von 1166 T., Mrz. 1793 dim., seit 1790 Prälat in Cammin; 1789 bis 1792 u. ab 1797 Erbherr auf d. väterlichen Gütern: Grünenwalde, Ponickel u. Saben im Krs. Rummelsburg, auf Fritzow u. Raddack im Flemmingschen Krs.; veräußerte sie 1801 an d. Ritterschaftsrat Leopold Carl Friedrich von Heyden;

Quellen: GStA, I. HA, Rep. 30, Nr. 43, Paket 9232, Nr. 44, P 93, Paket 9354; II. HA, Abt. 13a, Tit. III, Litt P, Nr. 12 (Witwe), Nr. 32 (G.C.); IV. HA, Rep. 1, Nr. 85, Bl. 318 (F.A.T. als Friedrich); Brüggemann T. 2/1, S. 35–36; Bd. 2/2, S. 792; Fam.gesch. 1984, S. 443–447; biogr. Handbuch, S. 761;

Major George Eccard von PUTTKAMER (* 1724, † 15. April 1782)

Vater: Andreas († vor 1735), Erbherr auf Starkow u. Viartlum im Krs. Rummelsburg, war zweimal verheiratet; **Mutter**: Anna Elisabeth, geb. von Manteuffel, sie heiratete als Witwe 1735 d. Ltnt. Joachim Christoph von Lettow; Stief-**Bruder**: Anton Casimir (1715–1742), seit 1734 im Militär, 1738 Sl im I-R Nr. 13, 1742 als aktiver Offz. gest., seit 1734 Erbherr auf Sellin, Bergsellin u. Starkow im Krs. Rummelsburg im Wert von 9800 T., verpfändete diese 1737 für 10/m T. an Franz Jacob von Puttkamer, 1751 gingen sie für 17/m an Wilhelm Gottfried Graf von Wersowitz; **Laufbahn**: 1741 Corp. im I-R Nr. 22, Nov. 1745 Sl, Juni 1752 Pl im I-R Nr. 22, Juli 1762 als Cap. d. Orden p.l.m., Mai 1763 als Major dim.; **Güter**: hielt sich im Juli 1763 in Brotzen auf, gab an, von Jugend an gedient zu haben, habe nach d. letzten *Campagne* d. Dimission bekommen, sein Stief-Bruder sei im Feldzug von 1742 gefallen, dieser hatte d. Güter Sellin d. jetzt verst. F.J. von Puttkamer für 24 Jahre überlassen, die Pfandjahre waren 1762 abgelaufen, G.E. wollte die Güter Sellin, Bergsellin u. Starkow jetzt *reluiren*, wurde mit seinem Antrag an d. Hofgericht in Köslin verwiesen; erhielt im Ergebnis d. *Reluitions*prozesse die Güter zurück, 1767 als Erbherr auf Sellin, Bergsellin u. Starkow genannt (wohnte damals im poln. Brotzen); seit 1770 auch Erbherr auf e. eingelösten Viartlum; verpfändete d. Güter Sellin u. Starkow 1770 an seinen Schwager Christian Lorenz von Gottberg zu Starnitz, verh. mit seiner Schwester Anna Charlotte (* 1717), kaufte sich dafür in Westpreußen ein; bis 1782 auch Erbherr auf Anteil Standemin im Krs. Belgard; unbeerbt verst., d. Güter fielen an seine Allodialerben;

Quellen: GStA, I. HA, Rep. 30, Nr. 243, Vas.tab. 1763, 1767, 1799, 1804; IV. HA, Rep. 1, Nr. 85, Bl. 316 (kz. Notiz); Stabi, Ms. boruss. fol. 311 (Bruder A.C. danach 1741 gest.), fol. 314; Brüggemann, T. 2/2, S. 808–809, S. 811; Lehmann, Ritter, S. 106; Fam.gesch. 1984, S. 355, S. 359 (hier als G. Eckart);

Obrist George Ewald von Puttkamer (* um 1682, † 1. Aug. 1748)*

Vater: George Ewald († 1703), Erbherr auf Lossin im Krs. Stolp; **Mutter**: Anna Sophie, geb. von Lettow; **Laufbahn**: seit 1719 zunächst in russ., dann in poln. Diensten, zuletzt poln. Ol, wechselte 1743 in preußische Dienste, seit 1743 Obrist (Patent v. Nov. 1741) u. Chef d. Garn.-Reg. Nr. 11, 1748 in Angerburg gest.; **verh.** mit Marie Helene, geb. Majus, aus dieser Ehe eine **Tochter** namens Johanna Charlotte; **Güter**: verpfändete d. väterlichen Güter Lossin u. Anteil Kublitz im Krs. Stolp 1712 an d. Ol Christian von Lettow;

Quellen: Stabi, Ms. boruss. fol. 314; Brüggemann, T. 2/2, S. 979–980; Lange, Soldaten, S. 269; Fam. gesch. 1984, S. 502, S. 505;

Gl George Henning von Puttkamer (* 1. Aug. 1728, † 14. Jan. 1814)*

Vater: Bogislav Ulrich († 1740), Landrat d. Krs. Stolp, seit 1714 Erbherr auf Deutsch Karstnitz u. Benzin; **Mutter**: Clara Constantia, geb. von Wobeser († 1779); **Bruder**: Friedrich Bogislav (1732–1806)*, von 1771 bis 1806 Landrat d. Krs. Stolp, s.d.; **Laufbahn**: 1743 *cadet* in Berlin, Okt. 1748 Gefr.corp. im I-R Nr. 25, Mai 1751 Fähnrich, Nov. 1755 Sl, Aug. 1758 Pl, Jan. 1762 Stabs-Cap., Mai 1765 Cap. u. Chef e. Comp. im I-R Nr. 25, Aug. 1778 Major, Mai 1782 Kommandeur d. Reg., Juni 1787 Ol, Nov. 1788 Orden p.l.m., Juni 1789 Obrist, Febr. 1793 Chef d. I-R Nr. 36, Jan. 1794 GM, Mai 1800 Gl, Mai 1802 Roter-Adler-Orden, Sep. 1805 dim., **Güter**: seit 1763 bzw. 1769 Erbherr auf Deutsch Karstnitz u. Benzin im Wert von 11 222 T., darauf 1767 Hypotheken von 6 866 T., andere Schulden von 4 233 T., d. Angaben von G.H. aus d. Jahre 1796 zufolge war d. Gut seit 1740 verpachtet, Wohnhaus u. Wirtschaftsgebäude waren verfallen, konnte sie aus eigenen Kräften nicht aufbauen u. bat deshalb um Meliorationsgelder, will seit 1780 nicht mehr auf d. Gütern gewesen sein, d. Baukosten wurden im Jahr 1800 auf mind. 10/m T. beziffert, bekam bis 1803 3/m T. Hilfen ausgezahlt, d. Güter trugen damals 600 T. Pacht u. wurden auf zs. 11/m T. taxiert; **Ehefrau**: Jeanette Amalie Sophie (1756–1811), e. To. d. Gl Johann George Wilhelm Frhr. von Keller (1710–1785)*; **Sohn**: Carl Friedrich Christian (1780–1836), Mrz. 1795 Fähnrich im I-R Nr. 25, Okt. 1797 Sl, April 1807 Pl, Febr. 1809 d. Brandenburg. D-R aggr., Sep. 1815 mit Charakter Major dim.; **Sohn**: Wilhelm Friedrich Eduard (1782–1858), Juni 1795 Fähnrich im I-R Nr. 36, Sep. 1797 Sl, Dez. 1808 aggr. Pl. beim Leib-I-R, April 1812 Cap., Okt. 1815 Ol, Nov. 1816 ausgeschieden;

Quellen: GStA, I. HA, Rep. 30, Nr. 243, Vas.tab. 1756, 1763; II. HA, Abt. 13 a, Tit. I, Litt P, Nr. 21; IV. HA, Rep. 1, Nr. 85, Bl. 317 (G.H.), Bl. 318 (Söhne); Stabi, Ms. boruss. fol. 314; Brüggemann, T. 2/2, S. 947–948; Priesdorff, Nr. 597 (Gl v. Keller, dessen Tochter danach * 1751), Nr. 891 (G.H.); Fam.gesch. 1984, S. 449–451 (seine Frau danach geb. 12.4.1756), S. 468; biogr. Handbuch, S. 760 (Bruder);

Ltnt. George Ludwig Fabian (Frhr.) von Puttkamer
(* 18. Jan. 1781, † 25. Aug. 1841)

Vater: (Frhr.) George Dietrich (1733–1795), poln. Cap., Erbherr auf Wollin (u. Wendisch Plassow) im Krs. Stolp; **Mutter**: Marie Wilhelmine Friederica, geb. Gräfin von Wersowitz (1759–1832), die Eltern ließen sich 1785 scheiden; **Bruder**: George Wilhelm Swenzo (1782–1849), siehe dort mehr zur Fam.; **Laufbahn**: engagierte sich im Militärdienst, Okt. 1797 Fähnrich im I-R Nr. 17, Dez. 1798 Sl, bat im Mrz. 1803 aus Danzig um die *venia aeta-*

tis, sein Vormund Friedrich Ludwig von Zitzewitz auf Zemmin unterstützte d. Gesuch; besaß e. Vermögen von 7 143 T. aus d. väterlichen u.d. Verlassenschaft seiner Vater-Schwester, dazu weitere 2 991 T. aus verschiedenen Legaten, so daß sein ges. Vermögen 10 154 T. betrug; im Dez. 1803 dim.; stand von 1819 bis 1820 in e. pomm. Landwehr-Reg.; **Güter**: erwarb 1804 von General G.L. von Blücher Grumbkow u. Schäferei Dumbrowe im Krs. Stolp; **Ehefrau**: in erster Ehe seit 1803 verh. mit Charlotte Caroline (1785–1826), To. d. Cap. Caspar Heinrich von Zitzewitz auf Dumröse;

Quellen: GStA, I. HA, Rep. 30, Nr. 44, P 93, Paket 9355; IV. HA, Rep. 1, Nr. 85, Bl. 319; Fam.gesch. 1984, S. 621, S. 631–632, S. 657–658;

Cap. George Matthias von Puttkamer (* 1713, † 7. Okt. 1762) *

Vater: Peter Friedrich († 1729), Erbherr auf Zettin im Krs. Rummelsburg; **Mutter**: Judith Rosine, e. To. d. Majors Hans Matthias von Glasow; **Laufbahn**: Jan. 1737 Fähnrich im I-R Nr. 16, Juli 1739 Sl, Juni 1743 Pl, Nov. 1749 als Stabs-Cap. dim.; lag 1744 im Streit mit d. späteren Dekan George Ernst von Platen wegen dessen ehelicher Verbindung mit Frl. Cornelia Sophie von Bodeck, die er selbst hatte heiraten wollen, beschwerte sich darüber, daß d. Trauung in d. kathol. Kirche zu Elbing stattgefunden hatte; **Güter**: seit 1729 Erbherr auf Zettin, auch auf Poberow (A u. B); Poberow A u. Zettin B hatten 1767 e. Wert von 17 930 T., darauf Hypotheken von 7 369, d. weiteren Schulden d. Besitzers betrugen 6 630 T.; in zweiter **Ehe** verh. mit Charlotte Wilhelmine, geb. von Stojentin; **Sohn**: August Carl Lebrecht (1755–1818), Erbherr auf Zettin A u. B u. Poberow A u. B im Krs. Rummelsburg, 1782 auf Wustrow u. Gloddow, 1798 auf Pottack, seine Güter hatten 1804 e. Wert von 38 600 T., 1801 u. 1804 als Landschaftsdirektor gen., verh. mit Charlotte Jacobine Luise, geb. von Wobeser (* 1769), Sohn: Eugenius Carl Ludwig (1788–1860), 1806 Sl im D-R Nr. 9; (**verwandt**: George Ludwig von Puttkamer, April 1739 Fähnrich im I-R Nr. 16, Nov. 1741 Sl, April 1749 Pl, Nov. 1749 dim., im Okt. 1750 gest.: Kopka v. Lossow, Offz.liste, S. 9*, aufgrund d. unterschiedl. Laufbahnstufen nicht identisch mit G.M., in d. Fam.gesch. kein G.L.);

Quellen: GStA, I. HA, Rep. 30, Nr. 44, P 99 I, Paket 9 358; Nr. 186 d, Paket 9 839 (hier noch e. Sohn F.W., geb. 1754); Nr. 243, Vas.tab. 1756; IV. HA, Rep. 1, Nr. 85, Bl. 315 (G.M.); Brüggemann, T. 2/2, S. 815; Kopka v. Lossow, Offz.liste, S. 8*, Fam.gesch. 1984, S. 409, S. 411–413;

Ltnt. George Wilhelm Swenzo (Frhr.) von Puttkamer (* 11. Mrz. 1782, † 2. Sep. 1849)

Vater: (Frhr.) George Dietrich (1733–1795), 1754 poln. Cap., Erbherr auf Wollin (u. Wendisch Plassow), seit 1772 auf Groß Podel im Krs. Stolp, (auf Jassen in Bütow), hinterließ sieben Söhne u. vier Töchter aus zwei Ehen, davon waren 1802 neun noch minderjährig; **Mutter**: Marie Wilhelmine Friederica, geb. Gräfin von Wersowitz (1759–1832), beider Ehe wurde 1785 geschieden, weil sie einen *verdächtigen Umgang* mit d. Cap. Lorenz Wilhelm von Somnitz zu Bewersdorf gehabt hatte, ihr gehörte d. sechste Teil d. Gutes Wartin im Krs. Randow im Wert von 6 800 T., dazu kam e. Kapitalforderung; weil sie ob ihres *Fehltritts* d. Grund zur Ehescheidung gegeben hat, bekam ihr Mann aufgrund d. beiderseitigen Testaments vom Jan. 1778 u. d. Vergleichs vom Mrz. 1784 d. Hälfte ihres Vermögens mit 4 300 T., d. Kinder, d. beim Vater blieben, e. Pflichtteil in Höhe von 1 433 T.; sie besaß von etwa 1785 bis 1795 e. Haus in Stargard; **Bruder**: George Friedrich Lorenz (1778–1833), 1796 Cornet im D-R Nr. 6, Juni 1798 Sl, noch 1806 im D-R Nr. 6, Dez. 1807 als Rittmstr. vom K-R Zieten dim., vom Juni 1813 bis Nov. 1815 Rittmstr. im 3. Pomm. Landwehr-Kav.-Reg., seit 1796 Erbherr auf Groß Podel; **Bruder**: George Ludwig Fabian (1781–1841), Okt. 1797 Fähnrich im I-R Nr. 17, Dez. 1798 Sl, Dez. 1803 dim., seit 1804 Erbherr auf Grumbkow, s.d.; **Bruder**: Carl Dietrich (1787–1812), Nov. 1805 Cornet im D-R Nr. 6 (bzw. im D-R Nr. 5), Sep. 1807 Sl, 19. Nov. 1812 gefallen; **Bruder**: George Ferdinand (1792–1836), Erbherr auf Wollin; **Laufbahn**: Dez. 1797 Fähnrich im I-R Nr. 22, Jan. 1800 Sl, Nov. 1802 dim.; bat am 2. Juli 1802 aus Köslin um d. *venia aetatis*, seine Stiefmutter hatte sich zuvor mit d. Kindern beider Ehen auseinandergesetzt, noch vor seinem Tod hatte d. Vater e. Verkafelung d. Güter vorgenommen, dabei hatte d. Supplikant d. Gut Jassen in Bütow bekommen, nach Abzug d. Schulden hatte dieses e. Wert von 5 643 T., dazu kamen noch 1 400 von seiner verst. **Tante** Esther Agnes (1732–1797), verh. mit d. Gl Peter Christoph von Zitzewitz, sein Vermögen betrug damit 7 043 T., die beiden Vormünder, d. Rittmstr. Friedrich Ludwig von Zitzewitz zu Zemmin u. Friedrich Franz von Zitzewitz auf Goschen, stimmten d. Antrag zu, er galt als solider junger Mann, bekam am 21. Aug. 1802 die *venia*; **Güter**: seit 1794 Erbherr auf Jassen u. Anteil Neuendorf in Bütow; veräußerte Neuendorf 1809 u. überließ Jassen 1818 seiner **Ehefrau** Johanna Charlotte (1784–1859), e. To. d. Rittmstr.s Friedrich Wilhelm von Zitzewitz auf Notzkow, sie hatte ihm e. Mitgift von 3/m T. eingebracht;

Quellen: GStA, I. HA, Rep. 30, Nr. 44, P 93, Paket 9355; II. HA, Abt. 13 a, Tit. I, Litt P, Nr. 10 (Mutter); IV. HA, Rep. 1, Nr. 85, Bl. 318–319; Fam.gesch. 1984, S. 597, S. 614, S. 631–632, S. 657–659;

Ltnt. Gerhard Bogislav von Puttkamer (* 26. Mai 1758, † 18. Mrz. 1800)

Vater: Joachim Ernst (1696–1772), seit 1715 im Militär, 1732 Ltnt. im Bat. von Röseler, (1740 Cap. u. Chef e. Comp. bei Röseler), seit 1723 Erbherr auf Schlackow A, seit 1745 auch auf Marsow C im Krs. Stolp, seine Güter hatten 1756 e. Wert von 8/m T.; **Mutter**: Sabine Luise, geb. von Below (1725–1787); **Laufbahn**: Sl im D-R Nr. 8, April 1789 nach 15. Dj. dim.; **Güter**: seit 1773 Erbherr auf Schlackow A u. Marsow C, seit 1786 auch auf Marsow B; unbeerbt verst.;

Quellen: GStA, I. HA, Rep. 30, Nr. 243, Vas.tab. 1756, 1767; IV. HA, Rep. 1, Nr. 85, Bl. 317 (kz. Notiz); Stabi, Ms. boruss. fol. 310, fol. 314 (Vater, 1740 als Christian Ernst); Brüggemann, T. 2/2, S. 1000–1001; Fam.gesch. 1984, S. 268, S. S. 274 (hier Abschied 1778),

Major Gottlieb August (Frhr.) von Puttkamer (* 15. Mai 1752, † 11. April 1827) *

Vater: (Frhr.) Alexander Dietrich (1712–1771), Jurastudium in Halle, 1735 Rat beim Hofgericht in Köslin, seit 1740 Landrat d. Krs. Stolp, erwarb 1742 Wendisch Plassow für 8/m T., 1769 geriet d. Gut in Konkurs; **Mutter**: Barbara Sophie, geb. von Below (1721–1758); **Schwester**: Anna Charlotte (1747–1802), hielt sich 1774 in Rügenwalde auf, besaß kein Vermögen, diente als Wirtschafterin bei Herrschaften u. wurde von Verwandten unterstützt, sie stand seit 1775 auf d. Expectantenliste für e. Pension, im Okt. 1783 supplizierte d. Ltnt. G.A. für sie, machte damals darauf aufmerksam, daß noch zwei seiner Brüder im Dienst standen, sie bekam mit CO vom 31. Okt. 1783 e. Pension von 50 T.; **Laufbahn**:

Febr. 1771 Fähnrich im I-R Nr. 25, Febr. 1773 Sl, Mai 1782 Pl, Mai 1789 Stabs-Cap., Jan. 1795 Cap. u. Chef e. Comp., Dez. 1805 Major, Juli 1809 ohne Abschied dim., später Haus Administrator in Berlin; **Ehefrau**: Juliane Henriette Ulrike, geb. Troschel (1773–1832)

Quellen: GStA, I. HA, Rep. 30, Nr. 43, Pakete 9235 u. 9240; IV. HA, Rep. 1, Nr. 85, Bl. 317; Stabi, Ms. boruss. fol. 314; Fam.gesch. 1984, S. 611–613 (Vater u. Sohn als Frhrn.);

Fähnrich Henning Rüdiger von Puttkamer (* 1700, † 26. Juni 1738) *

Vater: Rüdiger (1658–1712), Erbherr auf (Lubben) Barkotzen u. Lazig A im Krs. Rummelsburg; **Mutter**: Elisabeth Maria, geb. von Puttkamer († 1744); **Laufbahn**: seit 1718 im Militär, 1725 Fähnrich im D-R Nr. 2, vor 1734 abgegangen; **Güter**: Erbherr auf Barkotzen u. Lazig A im Krs. Rummelsburg; **Ehefrau**: Eleonore Elisabeth, geb. von Lettow († 1764); **Sohn**: Ludwig Ernst (1732–1784), Cap., s.d.;

Quellen: Stabi, Ms. boruss. fol. 311, fol. 315; Brüggemann, T. 2/2, S. 782–783; Fam.gesch. 1984, S. 300–303;

Cap. Jacob Bogislav von Puttkamer (* 14. Okt. 1736, † 4. Juni 1816)

Vater: Erdmann Joachim († um 1763), Erbherr (auf Ristow u. Rötzenhagen im Krs. Schlawe), seit 1737 auch auf Schwetzkow im Krs. Stolp, nach 1763 durch seine zweite Frau Catharina Ingeborg Charlotte, geb. von Rexin, verkauft; **Mutter**: Susanne Luise, geb. von Kameke († 1740); **Bruder**: Franz Friedrich (1735–1823)*, 1754 Gefr.corp. im I-R Nr. 7, Mai 1757 Fähnrich, April 1758 Sl, Nov. 1760 Pl, Nov. 1768 Stabs-Cap., Febr. 1771 Cap. u. Chef e. Comp., Nov. 1786 Major, Jan. 1794 Ol, Juli 1795 Kommandeur d. I-R Nr. 7, Jan. 1796 Obrist, Mai 1798 Orden p.l.m., Okt. 1800 als GM dim., ledig; Stief-**Bruder**: Carl Friedrich Wilhelm (1746–1772), Ltnt., s.d.; **Laufbahn**: engagierte sich um 1752 im Militärdienst, stand 1756 als Gefr.corp. im I-R Nr. 17, 1764 als Pl, 1773 als Cap. gen., im Mrz. 1779 als Cap. im I-R Nr. 17 dim., ging nach Rotten; seine **Ehefrau** Anna Hedwig, geb. von Bandemer, besaß seit 1777 d. **Gut** Rotten A im Krs. Stolp im Wert von 2/m T., bekam 1794 d. Erlaubnis, d. *unbeträchtliche Gut* an e. Bürgerlichen zu verkaufen; d. vorm. Cap. bat am 6. Sep. 1805 aus Stolp um die Legitimation von zwei unehelichen **Söhnen**, erzeugt mit Anna Christina Hoffmeier, To. e. Zeugmachers in Stolp: Gottlieb Lebrecht Hoffmeier (* 17. Nov. 1787) u. Carl Friedrich Wilhelm Hoffmeier (* 16. Febr. 1790), beide befanden sich 1805 auf d. Lateinschule d. hallischen Waisenhauses; die beiden Söhne sollten nach d. Willen d. Vaters legitimiert werden, d. Namen Puttkamer tragen dürfen, aber nicht in d. adligen Stand treten; der Antrag wurde am 19. Sep. 1805 abgelehnt, d. Supplikant könne sie unter d. Namen Hoffmeier legitimieren, er müsse dafür aber e. neuen Antrag stellen;

Quellen: GStA, I. HA, Rep. 30, Nr. 44, P 93, Paket 9355; Nr. 243, Vas.tab. 1756, 1763, 1794, 1804; IV. HA, Rep. 1, Nr. 85, Bl. 316 (kz. Notiz), Bl. 317 (Bruder F.F.); Stabi, Ms. boruss. fol. 316 (in d. Listen v. 1756, 1764, 1773, Abgangsliste); Brüggemann, T. 2/2, S. 998 (Ehefrau auf Rotten), S. 1003; Priesdorff Nr. 1 007 (Bruder); Fam.gesch. 1984, S. 264, S. 270;

Major Jacob Bogislav von Puttkamer (* 21. Aug. 1753, † 30. April 1846) *

Vater: Erasmus George (* 1724, † 20. Jan. 1754 bzw. 1757), Erbherr auf Anteil Schluschow im Distrikt Lauenburg; **Mutter**: Barbara Elisabeth, geb. von Lewinska (1714–1793), sie soll im Siebenjährigen Krieg verarmt sein, bezog seit Mai 1772 e. Pension von 100 T., d. ganze Vermögen ihrer vier Kinder betrug nur wenige 100 T.; **Bruder**: Carl Ludwig (1748–1776), 1770 Fahnenjunker, Cornet im H-R Nr. 8, 1775 dim.; **Bruder**: Johann Ernst (1750–1805), 1764 *cadet* in Berlin, (1764 Gefr.corp., Mai 1768 Sl im I-R Nr. 24), Dez. 1776 Sl im I-R Nr. 26, bat als Pl im Okt. 1787 aus Berlin darum, seiner einzigen Schwester d. Anwartschaft auf d. mütterliche Pension von 100 T. zu erteilen, Mrz. 1791 Stabs-Cap. Juni 1793 Cap. einer Invaliden-Comp. d. I-R Nr. 26 zu Bernau, Nov. 1799 Major; **Schwester**: Anna Dorothea, ernährte sich kümmerlich von Handarbeit, bekam im Okt. nach Gesuchen ihrer Brüder e. Pension von 50 T., sie heiratete im Dez. 1796 e. Herrn von Selasinsky aus Zelasen, dieser war bei d. Kreditkasse mit 2 100 fl. verschuldet, ihre Mitgift betrug 100 T., d. Pension wurde eingezogen; **Laufbahn**: kgl. Page, Juni 1773 Fähnrich im 2. Bat. Garde, Aug. 1779 Sl, Juni 1785 Pl, Okt. 1790 Stabs-Cap., Aug. 1797 Cap. u. Chef e. Comp. im 2. Bat. Garde, Sep. 1800 Major, Juli 1809 Kommandeur d. Garde-Invaliden-Bat., Juni 1812 Ol, Juni 1815 Obrist, April 1819 Kommandant von Potsdam, Juni 1823 Charakter als GM, Juni 1843 Charakter Gl; **Ehefrau**: Anna Hedwig Auguste, geb. von der Groeben (1774–1825);

Quellen: GStA, II. HA, Abt. 13 a, Tit. III, Litt P, Nr. 31 (danach war d. Mutter e. geb. von Lipinska, gest. 5. Okt. 1791 zu Ossecken); IV. HA, Rep. 1, Nr. 85, Bl. 317 (J.E. u. J.B.); Stabi, Ms. boruss. fol. 314 (Bruder J.E.); Reinhard, Garde, S. 535, S. 538, S. 541; Priesdorff, Nr. 1 386; Fam.gesch. 1984, S. 718–720;

Major Jacob Wilhelm von Puttkamer (* um 1730, † Okt. 1799) *

Vater: Claus Michael († 1749), Major in poln. Diensten, Erbherr auf Damerkow A im Krs. Stolp; **Mutter**: Tugendreich, geb. von Massow; **Laufbahn**: seit 1744 im Militär, 1750 Corp. im I-R Nr. 17, 1751 Fähnrich im 1. Bat. Garde, Febr. 1762 nach 15 Dj. als Pl zum D-R Nr. 7 versetzt, Juni 1769 Cap. im Grenadier-Bat. Nr. 2, Juni 1786 aus Magdeburg als Major ins I-R Nr. 48 nach Wesel versetzt, Jan. 1792 Kommandeur d. Depot.-Bat. d. I-R Nr. 48 in Wesel; **Güter**: saß 1767 auf Damerkow A im Wert von 1 800 T., darauf Hypotheken von 550 u. andere Schulden von 650 T.; verkaufte d. Anteil 1783, machte sich zeitweilig bei Wesel ansässig;

Quellen: GStA, I. HA, Rep. 30, Nr. 43, Paket 9232; IV. HA, Rep. 1, Nr. 85, Bl. 317; Stabi, Ms. boruss. fol. 310, fol. 314; Rangirrolle Saldern, Grenad.-Bat. Nr. 2 1771; Brüggemann, T. 2/2, S. 957; Reinhard, Garde, S. 549; Fam.gesch., S. 566, S. 569;

Obrist Joachim Christian von Puttkamer (* um 1717, † 28. Mrz. 1776)

Vater: Peter Heinrich († 1731), Erbherr auf Mühlenbruch im Krs. Greifenberg; **Mutter**: Sophie Helene, geb. von Ploetz (1660–1731); **Laufbahn**: engagierte sich 1737 im Militärdienst, 1740 Gefr.corp. im I-R Nr. 9, 1750 Sl, 1757 Pl, 1764 Major, (1775 bzw.) 1776 als Obrist im I-R Nr. 9 gest.; **Güter**: Erbherr auf Rünte u. Anteil Gohr bei Hamm; **Ehefrau**: Elisabeth Dorothea, geb. Deutecom; **Sohn**: Friedrich Carl Anton (1755–1834), seit 1768 im Militärdienst, 1774 Fähnrich, später Sl im I-R Nr. 9, Jan. 1790 Pl, Okt. 1792 Stabs-Cap., Juli 1794 Cap. u. Chef e. Comp., Okt. 1803 Major, Juli 1808 dim., Juni 1815 zur Gendarmerie, Mrz. 1816 Ol, 1829 Charakter Obrist;

Quellen: GStA, IV. HA, Rep. 1, Nr. 85, Bl. 316 (J.C., gest. 1776), Bl. 317 (Sohn); Stabi, Ms. boruss. fol. 315; Fam.gesch. 1984, S. 512, S. 514–515 (danach sind d. Angaben für J.C. u. seinen Vater fraglich, d. Obrist soll 1795 gest. sein);

Ltnt. Joachim Christian von Puttkamer (* um 1727, † 24. Juni 1797)

Vater: Joachim Heinrich (* um 1687, † 1743), Landkammerrat bei d. Stettiner KDK, Erbherr auf Pottack im Krs. Rummelsburg, angeblich ledig verst., in d. alten Fam.gesch. von 1880 heißt es jedoch richtig, *starb ohne lehnsfähige Descendenz*, tatsächlich hatte er einen Sohn, erzeugt um 1727; **Großvater**: Nicolaus († 1705), Erbherr auf Pottack; **Mutter**: Witwe Anton Adrian von Massow auf Billerbeck, geb. Anna Elisabeth von Massow aus d. Hs. Gr. Voltz, geb. in Wussecken; J.H. soll als Vormund die junge Witwe von Massow geschwängert u. sie erst kurz vor seinem Tod geheiratet haben, allerdings war d. Eheschließung umstritten; sie führte seit ca. 1730 e. Prozeß gegen J.H., da er sich zunächst geweigert hatte, sie zu ehelichen, prozessierte dann gegen Hans Ewald von Puttkamer, d. Lehnsfolger ihres Mannes, wegen e. Abfindung, Suppliken an d. Gerichte unterschrieb sie als Witwe von Puttkamer, so 1745; **Laufbahn**: trat in d. Militärdienst ein, avancierte bis zum Ltnt.; besaß keine Güter, weil nicht *lehnsfähig*; als vorm. Offizier unbeerbt zu Pritzig bei Schlawe gest., sein Nachlaß hatte e. Wert von 906 T., er wurde beim Hofgericht in Köslin deponiert, Anspruch auf d. Erbe erhob u. a. die Witwe Cap. von Lettow;

Quellen: GStA, I. HA, Rep. 30, Nr. 44, L 67, Paket 9313; Nr. 44, P 93, Pakete 9353, 9354; Brüggemann, T. 2/2, S. 800; Fam.gesch. 1880, S. 471 (Tanten), S. 485 (Vater); Fam.gesch. 1984, S. 407, S. 410 (keine genauen Daten f. d. Vater, J.C. wird nicht gen.);

Ol Joachim Heinrich von Puttkamer (* 1706, † 5. Juni 1775) *

Vater: Claus George († vor 1739), Erbherr auf d. sog. Oberhof in Glowitz im Krs. Stolp; **Mutter**: Clara Gottliebe, geb. von Stojentin; **Bruder**: Peter George (* um 1712, † 1782), Ltnt., 1777 Erbherr auf Gersdorf A u. B im Distrikt Bütow; **Bruder**: Johann Christoph (* 1717), Ltnt., s.d.; **Bruder**: Franz Wilhelm (* 1719), 1738 Page beim Prinzen Dietrich von Anhalt Dessau (stand im Sep. 1740 als Cornet im H-R Nr. 1); **Schwestern**: Catharina Marie (* 1702, † 26. Mai 1782) u. Clara Gottliebe (* 1707, † 17. Juni 1784), beide besaßen 1774 e. Kapital von je 300 T., lebten von Handarbeit u. wurden von ihrem Bruder J.H. unterstützt, erhielten im April 1780 e. Pension von 100 T.; **Laufbahn**: engagierte sich 1728 im Militärdienst ein, Juli 1736 Ltnt. im K-R Nr. 6, 1744 als Stabs-Rittmstr. zum K-R Nr. 4, Mrz. 1744 Rittmstr., 1750 hier als Rittmstr. gen., Febr. 1752 Major, Juni 1756 Ol, 1757 bei Prag schwer *blessirt*, Febr. 1758 dim., Träger d. Ordens p.l.m., hielt sich seit dem Abschied in Dessau auf, lebte hier von der Gnade des Füsten Eugen, wurde von d. pomm. Regierung *citiert*, bat am 4. Juni 1775 darum, in Dessau bleiben zu dürfen, begründete das damit, daß d. Revenuen von Glowitz nicht für seinen Bruder, die beiden Schwestern und die Fam. d. Supplikanten reichen würden, wies auf seine beiden ältesten Söhne hin, die breits als Offz. dienten; **Güter:** seit 1749 Erbherr auf ganz Glowitz im Krs. Stolp im Wert von 14/m T., darauf 1775 Schulden von 6/m T.; **Ehefrau**: Corona Dorothee Hedwig (* 1778), e. To. d. Obristwachtmstr. Ewald George von Lettow auf Klenzin; **Sohn**: Friedrich Ludwig Eugen (1752–1816), seit Herbst 1775 Junker im K-R Nr. 3, 1782 als Ltnt. dim., seit 1797 Erbherr auf Glowitz, 1804 im Wert von 15/m T., **Sohn**: Moritz Heinrich Ewald (1755–1797), Cornet im K-R Nr. 6, Aug. 1782 Ltnt., Dez. 1788 Pl, Dez. 1792 Stabs-Rittmstr., Dez. 1794 Rittmstr., Okt. 1797 gest.; **Sohn**: Carl Wilhelm Leopold (1765–1794), seit 1779 im Militär, Aug. 1785 Fähnrich im I-R Nr. 22, Nov. 1788 Sl, Juni 1794 gefallen, 1793 als Erbherr auf Glowitz A u. B im Krs. Stolp im Wert von 15/m T. gen.;

Quellen: GStA, I. HA, Rep. 30, Nr. 43, Pakete 9234 u. 9237 (Schwestern); Nr. 243, Vas.tab. 1756, 1775; IV. HA, Rep. 1, Nr. 85, Bl. 315 (J.H.), Bl. 317–318 (Söhne); Stabi, Ms. boruss. fol. 311 (Bruder F.W.), fol. 314 (Sohn C.W.L.), fol. 315, fol. 316; Monteton, S. 81 (M.H.E.); Förster, K-R Nr. 4, S. 210, S. 544; Lehmann, Ritter, S. 165; Fam.gesch. 1984, S. 539, S. 541–542, S. 544–545;

Ltnt. Joachim Heinrich von PUTTKAMER (* 1728)

aus Pommern gebürtig; **Laufbahn**: trat 1746 in d. Militärdienst ein, Juli 1756 Fähnrich im Garn.-Reg. Nr. 7, 1763 als Pl reduziert;

Quellen: GStA, IV. HA, Rep. 1, Nr. 85, Bl. 316 (hier nur e. Ltnt. im Garn.-Reg. Nr. 6, Sep. 1765 dim.; in d. Rangliste 1764 aber kein Puttk.); Stabi, Ms. boruss., fol. 313 (in d. Rangliste 1756 f.d. Garn.-Reg. Nr. 7 u. in d. Abgangsliste); so nicht in d. Fam.gesch. 1984;

Ltnt., Landrat Johann Adolph August Wilhelm von PUTTKAMER (* 28. Aug. 1777, † 16. April 1853)

Vater: Jacob Caspar (1711–1788), Erbherr auf Kremerbruch, seit 1780 auch auf Zuckers, von 1780 bis 1787 auf Darsekow, alle im Krs. Rummelsburg; **Mutter**: Henriette Luise, geb. von Wobeser (1747–1828); **Vater-Bruder**: Adolph Ludwig (* 1692, † vor 1799)*, s.d., preuß. Ltnt., poln. Obrist, Erbherr auf Zuckers u. Darsekow, beide Güter gingen aus seinem Konkurs zum Nachteil d. Gläubiger für die *Benefiz-Taxe* von 6466 T. an Jacob Caspar; **Bruder**: Caspar Friedrich Bogislav (1773–1852), 1787 Gefr.corp. im I-R Nr. 17, Mai 1790 Fähnrich, Juni 1793 Sl, Sep. 1795 dim., seit 1788 bzw. 1795 Erbherr auf Kremerbruch, 1804 im Wert von 9/m T.; **Laufbahn**: Jan 1793 Cornet im H-R Nr. 8, Juli 1794 Sl, Juli 1800 dim.; erhielt auf sein Gesuch am 9. Juli 1796 die *venia aetatis*, hatte aus d. väterl. Nachlaß d. **Gut** Zuckers im Krs. Rummelsburg bekommen, sein Vermögen betrug 8213 T., davon entfielen auf Zuckers 5866 T., sein Vormund Peter Friedrich von Gottberg auf Dübsow und seine Mutter befürworteten d. Antrag, bekam von Regiment e. gutes Attest, war schuldenfrei; amtierte von 1805 bis 1843 als Landrat d. Krs. Rummelsburg; **Ehefrau**: Auguste Ernestine Charlotte, geb. von Puttkamer (1786–1835) aus Poberow;

Quellen: GStA, I. HA, Rep. 30, Nr. 44, P 93, Paket 9355; IV. HA., Rep. 1, Nr. 85, Bl. 318 (kz. Notiz, als Adolph; Bruder C.F.B.); Stabi, Ms. boruss. fol. 316 (Bruder C.F.B.); Fam.gesch. 1984, S. 325–327, S. 338; biogr. Handbuch, S. 758 (Onkel u. Vetter);

Ltnt. Johann Caspar von PUTTKAMER (* 1690)

aus Pommern gebürtig; **Laufbahn**: seit 1708 im Militär, 1737 Pl im I-R Nr. 5, vor 1749 abgegangen;

Quellen: Stabi, Ms. boruss. fol. 313;

Ltnt. Johann Christian Ernst von PUTTKAMER (* 6. April 1746, † 14. April 1814)

Vater: Franz George (1703–1774), Fähnrich, seit 1730 Erbherr auf Niemitzke u. Anteil Damerkow im Krs. Stolp, seit 1772 auch auf (Kleschinz u.) Schottofske, seit 1783 auf Jerskewitz B; **Mutter**: Catharina Christiane, geb. von Zitzewitz; **Bruder**: Carl Leopold (1730–1768), s.d., seit 1746 im Militärdienst, April 1762 Stabs-Cap. im D-R Nr. 7, 1765 nach 19 Dj. als Cap. dim., von 1766 bis 1768 Erbherr auf Niemitzke u. Damerkow; **Bruder**: Otto Wilhelm (1735–1808), stand als Ltnt. im 3. Bat. Garde, hier 1773 als Pl gen., erhob 1763 zs. mit Carl Leopold Ansprüche auf die Güter d. verst. Ltnts. Friedrich Leopold von Puttkamer: Lossin, Kleschinz u. Schottofske, seit etwa 1784 Oberforstmeister in Gumbinnen *, erhielt als solcher für Leuthen nachträglich im Jan. 1787 d. Orden p.l.m., seit 1775 Erbherr auf Lossin u. Kublitz im Krs. Stolp, seit 1785 auch auf Krampe u. Vorwerk Mellin, 1804 hatten seine Güter e. Wert von zs. 24/m T.; **Laufbahn**: engagierte sich 1766 im D-R Nr. 7, zuletzt Ltnt., Jan. 1775 nach neun Dj. als Ltnt. dim.; **Güter**: seit 1775 Erbherr auf Niemitzke u. Damerkow B für 5/m T. u. auf Jerskewitz B für 2 285 T., seit 1783 auf Damerkow A, 1804 hatten seine Güter Niemitzke, Feldmark Samuzke u. ganz Damerkow e. Wert von zs. 10/m T., erbte 1808 nach d. Tod d. Bruders dessen Güter; **Ehefrau**: Luise Henriette, geb. von Boehn (1752–1821), aus d. Ehe sechs Söhne u. zwei Töchter, die **Söhne** Otto Christian August (* 1777) und Carl Friedrich Wilhelm (* 1778), Mai 1791 *cadet* in Stolp, April 1793 *cadet* in Berlin, sollen bei d. Garde gestanden u. in d. Campagne von 1795 ihr Leben verloren haben, **Sohn**: Ferdinand Ernst Heinrich (1782–1813), Mai 1791 *cadet* in Stolp, April 1796 *cadet* in Berlin, Sep. 1800 Fähnrich im I-R Nr. 24, Sep. 1802 Sl, Mrz. 1812 Pl, Sep. 1813 Stabs-Cap., als Cap. im 7. I-R an Blessuren gest.;

Quellen: GStA, I. HA, Rep. 30, Nr. 44, P 93, Paket 9 355; Nr. 243, Vas.tab. 1804; IV. HA, Rep. 1, Nr. 85, Bl. 316 (kz. Notiz), Bl. 319 (Sohn F.E.H.); Stabi, Ms. boruss. fol. 310, fol. 315 (Bruder C.L.), fol. 316, fol. 907 a; Brüggemann, T. 2/2, S. 957, S. 987–988; Reinhard, Garde, S. 530; Tyszka, D-R Nr. 7, S. 449, S. 470; Stolper Kadetten, S. 27; Lehmann, Ritter, S. 180; Fam.gesch. 1984, S. 568, S. 570–572, S. 574–576 (Söhne Nr. 988–993); biogr. Handbuch, S. 762 (Onkel);

Ltnt. Johann Christoph von Puttkamer (* 1717, † nach 1782)

Vater: Claus George († vor 1739), Erbherr auf d. sog. Oberhof in Glowitz im Krs. Stolp; **Mutter**: Clara Gottliebe, geb. von Stojentin; **Bruder**: Joachim Heinrich (1706–1775), s.d. mehr zur Fam.; **Laufbahn**: trat um 1733 in d. Militärdienst ein, stand 1743 als Ltnt. im D-R Nr. 9, wechselte nach 21 Dj. ins Garn.-Reg. Nr. 6, diente hier weitere neun Jahre, Sep. 1765 als Pl dim., galt als *schwermütig*; **Güter**: wurde 1739 mit Geld abgefunden; seine **Schwester** Clara Gottliebe (* um 1707, † 17. Juni 1784), die wie C.M. 1775 e. Vermögen von 300 T. besaß, sich deshalb von Handarbeit ernähren mußte, machte im Mai 1782 aus Glowitz auf d. schlechte Lage ihres alten u. invaliden Bruders J.C., den sie versorgen mußte, aufmerksam u. bat um e. weitere Unterstützung; sie bezog zs. mit ihrer **Schwester** Catharina Marie (* 1702, † 26. Mai 1782) seit April 1780 e. Pension von 100 T. aus d. pomm. Meliorationsfonds;

Quellen: GStA, I. HA, Rep. 30, Nr. 43, Pakete 9 234 u. 9 237 (Hinweis d. Schwester auf seine Laufbahn); IV. HA, Rep. 1, Nr. 85, Bl. 315; Stabi, Ms. boruss. fol. 312, fol. 315 (bei Sass 1756 u. 1764 nicht gen.); Fam.gesch. 1984, S. 539, S. 543;

Cap. Johann Peter von Puttkamer (* 22. Nov. 1734, † 4. Juli 1805)

Vater: Johann Peter (1696–1745), bis 1734 Erbherr auf Kublitz, auf Jeseritz im Krs. Stolp; **Mutter**: Anna Christiane, geb. von Puttkamer (* 1690) aus Jeseritz; **Laufbahn**: trat um 1750 in d. Militärdienst, (stand 1756 als Ltnt. im Garn.-Bat. Nr. 9), Mrz. 1767 Pl im Grenadier-Bat. Nr. 2 in Magdeburg, Aug. 1778 Cap., 1787 Chef d. 10. Comp. d. I-R Nr. 45, im Mai 1792 als

Cap. vom I-R Nr. 45 nach 42 Dj. mit Pension dim.; **Ehefrau**: ließ sich ohne *Consens* 1764 vom Garnisonprediger mit Christine Augustine von Dyhrn (* um 1744, † 1808) trauen; bat im Herbst 1786 König Friedrich Wilhelm II. um d. nachträglichen *Consens* u.d. Legitimierung d. Kinder, beides wurde am 6. Okt. 1786 zugestanden; am 3. Sep. 1792 wurden durch Beschluß d. Gesetzkommission alle von Offizieren ohne kgl. Genehmigung geschlossenen Ehen für nichtig erkannt; **Güter**: *reluirte* 1789 d. altväterliche Gut Deutsch Plassow im Krs. Stolp im Wert von 7/m T. von d. Witwe Obrist von Bandemer, geb. von Zastrow; das Gut war seit 1742 in fremden Händen gewesen; ließ sich nach seiner Verabschiedung hier nieder; suchte 1803 um d. Erlaubnis nach, d. Gut an e. Bürgerlichen verkaufen zu dürfen, sein Wert wurde jetzt auf 15/m T. beziffert, die Schulden auf 9/m T., wurde am 8. Dez. 1803 abgewiesen; **Sohn**: Johann Peter Gottlieb Wilhelm († nach 1823), seit 1791 verh. mit Albertine Christiane Henriette, geb. von Puttkamer (* 1768, † nach 1813); d. vorm. Cap. J.P. beschwerte sich im Frühjahr 1796 immediat darüber, d. Alimente für d. Unterhalt d. unehelich erzeugten Kinder seines Sohnes zahlen zu müssen, war vom Kösliner Hofgericht dazu angehalten worden; d. Sohn war majorenn, verheiratet u. hatte *Umgang* mit zwei Frauen gehabt, die als Mägde unter d. Aufsicht seiner Ehefrau gewesen waren; mit Verfügung vom 6. Juni 1796 wurde d. frühere Offizier angewiesen, die Alimente zu zahlen; J.P.G.W. bat am 12. Sep. 1806 darum, die Ehe seines Vaters wegen der späteren kgl. Zustimmung von Anbeginn an als gültig anzusehen, Verwandte würden Ansprüche gegen ihn geltend machen, die ihn in Dürftigkeit setzten; machte darauf aufmerksam, daß sein Vater 1764 an e. hitzigen Fieber sterbend niedergelegen habe, ließ sich deshalb überstürzt trauen; wurde noch im Okt. d.J. aufgefordert, d. *Consens* von 1786 vom Lehnsdepartement einzuholen u. vorzulegen;

Quellen: GStA, I. HA, Rep. 30, Nr. 44, P 93, Paket 9355; Nr. 244, Paket 9995; IV. HA, Rep. 1, Nr. 85, Bl. 317 (kz. Notiz); Stabi, Ms. boruss. fol. 310, fol. 315; Rangirrolle Saldern f. 1771; Fam. gesch. 1984, S. 567, 570, 574;

Cap., Landrat Lorenz Friedrich von PUTTKAMER
(* 28. Sep. 1741, † 20. Jan. 1814) *

Vater: Franz Ludwig (1713–1766), Erbherr auf Anteil Nossin u. Anteil Kleschinz im Krs. Stolp; **Mutter**: Margarethe Sophie, e. geb. von Boehn († 1780); **Bruder**: Johann Wilhelm (1739–1801), seit 1766 auf Großnossin C, auch Erbherr auf Schottofske im Krs. Stolp; **Laufbahn**: 1757 Cornet im D-R Nr. 12, zuletzt hier Ltnt., Juni 1764 mit d. Charakter Cap. dim., amtierte von 1789 bis 1805 als Landrat im Flemmingschen Krs.; zweite **Ehefrau**: Eleonore Dorothee Caroline, geb. Moldenhauer (1764–1838); **Güter**: Erbherr auf Zemlin im Flemmingschen Krs., 1797 im Wert von 18/m T., außerdem 1804 auf Großnossin im Krs. Stolp im Wert von 12/m T., auf Kleschinz f. 6/m u. Schottofske für 3/m T.;

Quellen: GStA, I. HA, Rep. 30, Nr. 243, Vas.tab. 1797, 1804; IV. HA, Rep. 1, Nr. 85, Bl. 316; Stabi, Ms. boruss. fol. 311 (in d. Rangliste 1756 nicht gen.); Brüggemann, T. 2/2, S. 989; Fam.gesch. 1984, S. 674–676; biogr. Handbuch, S. 762;

Major Lorenz George von PUTTKAMER (* 1700)

Vater: Joachim, Erbherr auf Glowitz; **Laufbahn**: seit 1716 im Militär, diente zunächst im I-R Nr. 19, im Aug. 1740 als Cap. u. Chef e. Comp. ins Garn.-Bat. Nr. 1 versetzt, stand 1750 als Major im Garn.-Reg. Nr. 1, noch 1756 im Regiment, vor 1763 abgegangen;

Quellen: Stabi, Ms. boruss. fol. 311; Gesch. I-R Nr. 19, S. 84–85; Fam.gesch. 1984, S. 535–536, S. 539 (angebl. zuerst in russ. Diensten);

Ltnt. Lorenz Heinrich Frhr. von Puttkamer (* 25. Juli 1728, † Okt. 1782)

Vater: (Frhr.) George Dietrich (1681–1754), kgl. poln. Gl, Erbherr auf Wollin, 1754 hatten d. Güter Wollin u. Groß Podel im Krs. Stolp e. Wert von zs. 40/m T., dazu kam noch e. Kapitalbesitz von 18/m bis 20/m T., in seinem Testament vermachte er jeder d. beiden jüngeren Töchter 10/m T., die älteste wurde wegen ihrer zweiten Heirat mit e. kathol. Edelmann enterbt, die beiden Söhne bekamen die Güter; **Mutter**: Esther Anna, geb. von Somnitz (1697–1760); **Bruder**: (Frhr.) George Dietrich (1733–1795), poln. Cap. siehe bei dessen Sohn G.W.S.; Stief-**Bruder**: (Frhr.) Alexander Dietrich (1712–1771), seit 1740 Landrat d. Krs. Stolp, von 1742 bis 1769 Erbherr auf Wendisch Plassow im Krs. Stolp, 1767 im Wert von 8/m T., darauf Hypotheken von 10 888 T.; **Laufbahn**: bezog d. Univ. Königsberg u. Marburg, Fähnrich in landgräflich-hessischen Diensten, engagierte sich 1750 im K-R Nr. 5, 1756 Ltnt., Mrz. 1758 als Ltnt. dim., soll insgesamt 24 Jahre gedient haben; **Güter**: seit etwa 1755 Erbherr auf Groß Podel im Krs. Stolp, überließ dieses 1772 seinem Bruder G.D. für 20/m T.; kaufte 1764 Jassen im Distrikt Bütow für 10 700, nahm dafür Kredite bei Amtmann Hackebeck über 3 214 u.d. Geschwistern von Somnitz über 3 685 T. auf, blieb mit seinen Zahlungen in Rückstand, deshalb wurde Jassen 1780 vom Lauenburger Landgericht in Beschlag genommen u. durch d. pomm. KDK administriert; erwarb ebenfalls 1764 Buchwalde im Distrikt Bütow für 14/m T. von Anton Christoph von Wussow, s.d., hatte bis 1770 dafür aber nur 1 200 T. gezahlt u. war überdies die Zinsen schuldig geblieben; d. Verkäufer prozessierte gegen L.H. u. erreichte im Febr. 1772 dessen Exmittierung aus d. Besitz; d. vorm. Ltnt. beklagte sich über d. Landgericht in Lauenburg u. v. a. über d. dortigen Assessor Johann Peter von Sulicki; zwecks Schuldentilgung schloß L.H. 1781 e. Vertrag mit d. Kaufmann Michael Westphal aus Stolp über e. Holzlieferung im Umfang von rund 5 500 T., auch darüber entstanden Irritationen; **Ehefrau**, seit 1779: Marianna Victoria Catharina, (geb. von Tokav-Torkarska); L.H. errichtete am 13. Okt. 1782 e. Testament u. setzte darin seine Frau zur Universalerbin ein, ihr wurden darin auch d. Allodialgüter Jassen, Buchwalde u. Wussowke, bei denen es sich um keine Fam.güter handelte, zugesprochen; nach d. Tod ihres Mannes, d. große Schulden hinterlassen hatte, wurde e. Liquidationsprozeß eingeleitet; sein Testament wurde von ihrem Schwager George Dietrich angefochten, d. Prozeß zw. beiden Parteien war im Juni 1787 noch nicht entschieden, in d. ersten beiden Instanzen war die Witwe unterlegen; sie hatte ihrem Mann 4/m T. eingebracht u. bestand u. a. auf deren Auszahlung; George Dietrich, er fungierte zu diesem Zeitpunkt als Verwalter d. Güter Jassen, untersagte 1785 auch d. Kfm. Westphal d. weitere Holzabfuhr, dieser sollte bereits mehr Holz geschlagen haben, als ihm in d. Vertrag erlaubte; d. Güter Jassen, Buchwalde u. Wussowke „erbte" d. Bruder George Dietrich;

Quellen: GStA, I. HA, Rep. 30, Nr. 44, P 93, Pakete 9 353, 9 354; IV. HA, Rep. 1, Nr. 85, Bl. 315 (kz. Notiz); Fam.geschichte 1984, S. 597–600 (danach unverh.), S. 611 (Bruder A.D.), S. 657 (Bruder G.D.);

Ltnt. Ludwig Constantin von Puttkamer (* 1752, † 14. April 1814)

aus Pommern gebürtig; **Laufbahn**: seit 1770 im Militär, 1774 Cornet im D-R Nr. 11, 1779 u. 1786 hier als Sl genannt, Juni 1788 dim.;

Quellen: GStA, IV. HA, Rep. 1, Nr. 85, Bl. 317; Stabi, Ms. boruss. fol. 313 (hier als Lud. Const. u. als Ludwig Ernst); so nicht in d. Fam.gesch. 1984;

Cap. Ludwig Ernst von Puttkamer (* 1732, † Aug. 1784)

Vater: Henning Rüdiger (1700–1738), Fähnrich, s.d., Erbherr auf Barkotzen u. Lazig A im Krs. Rummelsburg; **Mutter**: Eleonore Elisabeth, geb. von Lettow († 1764); **Schwester**: Anna Eleonore (* 1736) verh. von Wedelstaedt, setzte sich mit dieser 1762 auseinander; **Laufbahn**: *cadet*, Juli 1756 Fähnrich im I-R Nr. 19, Jan. 1758 Sl, 1761 Pl, April 1762 Abschied als Cap.; **Güter**: seit 1762 bzw. 1766 Erbherr auf Barkotzen u. Lazig A, 1767 im Wert von 4 100 T., darauf Hypotheken von 3 500 T.; **Ehefrau**: Marie Sophie, geb. von Puttkamer (1744–1804) aus Wustrow, aus d. Ehe keine Kinder; sie war in zweiter Ehe seit 1788 verh. mit d. Cap. Johann Wilhelm von Thadden; sie bat als Witwe Major von Thadden Mitte 1800 um d. Verkauf von Barkotzen, das sie seit 16 Jahren besaß; lt. Bericht d. Stettiner Reg. vom 7. Nov. 1800 stand sie weder im Land- noch im Hypothekenbuch als Besitzerin verzeichnet, Barkotzen war e. Lehn d. Familie von Puttkamer, sie konnte deshalb ihren Mann nicht beerben, auch wenn sich noch kein Agnat gemeldet hatte, ihr Antrag wurde am 27. Nov. d.J. abgewiesen; in e. zweiten Gesuch vom 30. Dez. 1800 hob sie ihre *illata* in Höhe von 3 552 T. hervor, die den Wert d. Gutes überstiegen, wurde am 3. Jan. 1801 erneut abgewiesen; 1804 befanden sich Barkotzen, Vorwerk Sophienthal, Alt- u. Neu-Lazig bzw. Lazig A für zs. 6/m T. in d. Hand von Ludwig Christian Jacob von Puttkamer (1773–1829), Sohn von Jacob Caspar in Kremerbruch;

Quellen: GStA, I. HA, Rep. 30, Nr. 44, P 93, Paket 9 355; Nr. 243, Vas.tab. 1763, 1767; IV. HA, Rep. 1, Nr. 85, Bl. 316; Gesch. I-R Nr. 19, S. 112 (hier als E.L.); Fam.gesch. 1984, S. 302–303, S. 325–326 (d. Suppliken d. Witwe von Thadden widersprechen d. Angaben in d. Famgesch., wonach Ludwig Barkotzen schon seit 1793 besaß);

GM Martin Anton (seit Aug. 1737 Frhr.) von Puttkamer (* 10. Aug. 1698, † 9. Sep. 1782) *

Vater: Henning Brand (1641–1720), Erbherr auf Barnow im Krs. Rummelsburg; **Mutter**: Barbara Maria, geb. von Puttkamer (1670–1758); **Laufbahn**: seit 1712 im Militär, Mrz. 1715 Fähnrich (beim Bat. von Schwendy, Dez. 1715 zum bzw.) im I-R Nr. 24, Juni 1717 Sl, Sep. 1720 Pl, Jan. 1724 Stabs-Cap., Mrz. 1730 Cap. u. Chef e. Comp. im I-R Nr. 24, Mai 1739 Major, Sep. 1741 Ol u. Kommandeur d. neuen I-R Nr. 42, Juli 1745 Obrist, Jan. 1750 mit d. Charakter GM dim.; **Ehefrau**: Helene Dorothea Luise, geb. Freiin von Schönaich (1708–1793); **Sohn**: Hans Christian Leopold (1744–1809), 1763 Cornet im D-R Nr. 2, 1773 Ltnt., vor 1787 (als Cap.) abgegangen; **Güter**: besaß (durch seine Frau) Guttwohne im Krs. Oels sowie andere schlesische Güter;

Quellen: GStA, IV. HA, Rep. 1, Nr. 85, Bl. 315 (M.A.); Stabi, Ms. boruss. fol. 312, fol. 315 (Sohn H.C.L.), fol. 316, fol. 319; Priesdorff, Nr. 396; Fam.gesch. 1984, S. 288, S. 297–298;

Cap. Michael Friedrich von Puttkamer (* 24. Dez. 1708, † 15. Mai 1747)

Vater: Ernst († 1734), seit 1708 Erbherr auf Klockow u. Bramstädt B im Krs. Belgard; **Mutter**: Regina, geb. von Wojen; **Bruder**: Daniel Christian (* um 1693, † 1779), Uffz., Erbherr auf Bramstädt B, Sohn: George Ernst (1748–1820), seit 1762 im Militär, Aug. 1768 Sl,

Aug. 1785 als Pl im I-R Nr. 22 dim., saß 1797 auf Bramstädt B, hatte seinen Wohnsitz in Carsbaum in d. NM, 1820 als Cap. gest.; **Bruder**: Peter George (* 1711, † vor 1760), 1744 vorm. Ltnt., übernahm 1741 Klockow im Krs. Belgard für 5 442 T., sollte seinen Bruder mit 591 und die beiden Schwestern mit 1 333 T. abfinden, tat das nicht, wurde deshalb von ihnen verklagt; am 18. April 1748 wegen schwerer Tätlichkeiten an d. Ltnt. von Lockstaedt u. dessen Leuten zu e. sechsjährigem Festungsarrest verurteilt, den er in Kolberg verbüßte; mußte 1750 Klockow an seine Schwestern abtreten; **Laufbahn**: trat in d. Militärdienst ein, stand zunächst im I-R Nr. 19, Mai 1741 Pl im neuen Garn-Reg. Nr. 6, 1743 als Stabs-Cap. ins I-R Nr. 42, im Juli 1744 *cassirt*; **Güter**: trat 1735 zs. mit seiner Mutter d. sog. Berggut Klokkow auf Wiederkauf f. zwölf Jahre an d. Pfarrer Samuel Bernhardi ab; überließ 1741 zs. mit d. ältesten Bruder Daniel Christian e. Anteil am Gut Klockow d. Bruder Peter George;

Quellen: GStA, I. HA, Rep. 30, Nr. 44, P 93, Paket 9252 u. 9353; IV. HA, Rep. 1, Nr. 85, Bl. 317 (G.E.); Stabi, Ms. boruss. fol. 312, fol. 314 (G.E.); Brüggemann, T. 2/2, S. 652; Gesch. I-R Nr. 19, S. 86–87; Fam.gesch. 1984, S. 488–490;

Cap. Nicolaus Heinrich von Puttkamer (* 1709, † 6. Mai 1757)*

Vater: Johann († vor 1761), Erbherr auf Anteil Jerskewitz im Krs. Stolp; **Mutter**: Anna Hedwig, geb. von Woyen († nach 1761); **Laufbahn**: Gefr.corp. im I-R Nr. 8, Jan. 1734 Fähnrich, Juli 1736 Sl, Sep. 1742 Pl, Mrz. 1747 Stabs-Cap., Nov. 1751 Cap. u. Chef e. Comp., 1757 bei Prag gefallen; **Güter**: erbte von seinem Vater Anteil Jersekwitz im Wert von 800 T., stand vor d. Einlösung d. Güter Lossin u. Kublitz im Krs. Stolp im Wert von 9/m T., es kam infolge seines Todes dazu nicht mehr;

Quellen: GStA, I. HA, Rep. 30, Nr. 243, Vas.tab. 1756; Nr. 243 G, Paket 9979; IV. HA, Rep. 1, Nr. 85, Bl. 315; Priesdorff, Offz.stammliste, S. 137; Fam.gesch. 1984, S. 504, S. 507–508;

Gl Nicolaus Lorenz von Puttkamer (* 8. Okt. 1703, † 3. Dez. 1782)*

Vater: Andreas Joachim (1665–1721), Erbherr auf Versin im Krs. Rummelsburg; **Mutter**: Margarethe Dorothee, geb. von Below (1684–1755); **Bruder**: Franz Joachim (1712–1783), Ltnt., 1740 dim., Erbherr auf Versin, Reinwasser u. Viartlum; **Bruder**: George Ludwig (1715–1759)*, Nov. 1737 Cornet im K-R Nr. 4, Juli 1740 Ltnt. im H-R Nr. 3, Jan. 1742 Rittmstr. u. Chef e. Escadron, Okt. 1745 Major, Aug. 1753 Ol, Sep. 1755 Obrist u. Chef d. H-R Nr. 4, Dez. 1757 GM, Aug. 1759 bei Kunersdorf gefallen, Sohn: Carl Ernst Ludwig (1751–1801), aus Schlesien gebürtig, seit 1764 im Militär, April 1768 Fähnrich, Juni 1783 Pl im I-R Nr. 7, Jan. 1789 Stabs-Cap., Jan. 1792 als Stabs-Cap. im I-R Nr. 7 dim., seit mind. 1793 Erbherr auf Sellin, Berg-Sellin u. Starkow im Krs. Rummelsburg, Sohn: Friedrich Heinrich (1752–1788), seit 1767 im Militär, 1774 als Sl gen., Jun. 1782 Pl im I-R Nr. 34; **Laufbahn**: Mrz. 1718 Gefr.corp. im I-R Nr. 1, Juni 1721 Fähnrich, Aug. 1723 Sl, April 1729 Pl, Mrz. 1733 Stabs-Cap., Okt. 1735 Cap. u. Chef e. Comp. im I-R Nr. 7, Jan. 1742 Major, Mai 1742 (bzw. 1745) Orden p.l.m., Juli 1749 Ol, Sep. 1752 Kommandeur d. I-R Nr. 7, Sep. 1753 Obrist, Mai 1757 GM, Mrz. 1758 Chef d. I-R Nr. 9, Juni 1759 dim., April 1762 Kommandant von Stettin, Aug. 1767 Gl; zweite **Ehefrau**: Dorothea Elise, geb. von Laurens († 1786);

Quellen: GStA, IV. HA, Rep. 1, Nr. 85, Bl. 315 (N.L. u. G.L.), Bl. 317 (C.E.L. u. F.H.); Stabi, Ms. boruss. fol. 314 (auch als Nicol. Ernst, Bruder G.L.), fol. 319; Fam.gesch. 1984, S. 354–359, S. 376–378 (Bruder G.L., Neffen), Priesdorff, Nr. 466, Nr. 468 (Bruder G.L.);

Ltnt. Otto Bertram von PUTTKAMER (1692–1744)

Vater: Johann Peter († vor 1725), Rittmstr., Erbherr auf Anteil Jeseritz im Krs. Stolp u. Anteil Reblin im Krs. Schlawe; **Mutter**: Anna Elisabeth, geb. von Below; **Bruder**: Franz Jacob (1702–1755), bis 1746 Erbherr auf Anteil Jeseritz; **Bruder**: Carl Gustav (1703–1771), 1717 *cadet* in Berlin, Aug. 1726 Fähnrich im I-R Nr. 16, April 1730 Sl, Nov. 1735 Pl, Dez. 1741 Stabs-Cap., Okt. 1743 Cap., Nov. 1745 wegen Krankheit dim.; **Laufbahn**: seit 1706 im Militär, (Nov. 1713 Sl im I-R Nr. 6), Febr. 1716 Pl im I-R Nr. 20, noch 1720 als solcher gen., vor 1730 abgegangen (mit d. Charakter Cap.); in zweiter **Ehe** verh. mit Eva Maria verwitw. von Voigt, geb. von Benckenhoff;

Quellen: Stabi, Ms. boruss. fol. 311, fol. 319; Kopka v. Lossow, Offz.liste S. 6* (Bruder C.G.); Fam. gesch. 1984, S. 229–230, S. 234–235;

Ltnt. Otto Wilhelm von PUTTKAMER (* 9. Febr. 1753, † 17. Sep. 1778)*

Vater: Carl Gustav (1703–1771), Cap., Erbherr auf Reddies im Krs. Rummelsburg, auf Jeseritz u. Deutsch Buckow im Krs. Stolp; **Mutter**: Charlotte Luise, geb. von Puttkamer (1714–1782); **Vater-Bruder**: Otto Bertram (1692–1744), Ltnt., s.d.; **Bruder**: Carl Gustav (1751–1814), KD-rat in Königsberg in Pr., 1795 Erbherr auf Deutsch Buckow u. Jeseritz im Krs. Stolp, auf Reddies im Krs. Rummelsburg; **Bruder**: Franz Gottlieb (1755–1795), Cap., s.d.; **Laufbahn**: seit 1768 im Militär, 1773 Fähnrich im I-R Nr. 17, 1777 Ltnt., 1778 als aktiver Offz. gest.;

Quellen: GStA, IV. HA, Rep. 1, Nr. 85, Bl. 316 (kz. Notiz); Stabi, Ms. boruss. fol. 316; Fam.gesch. 1984, S. 235–238;

Ltnt. Peter Christian von PUTTKAMER (* 1687, † 1718)

aus Pommern gebürtig; **Laufbahn**: seit 1711 im Militärdienst, Nov. 1713 Sl im I-R Nr. 26, 1718 als Ltnt. gest.;

Quellen: Stabi, Ms. boruss. fol. 314 (auch als Peter Christoph), fol. 319; (nicht identisch mit d. in d. Fam.gesch. von 1984, S. 511 genannten Personen);

Obrist Peter George von PUTTKAMER (* um 1713, † 22. Aug. 1775)*

Vater: Joachim Heinrich († 1730), Erbherr auf Görshagen u. Schlackow B im Krs. Stolp; **Mutter**: Barbara Elisabeth, geb. von Puttkamer (1684–1763); **Bruder**: Franz Heinrich (1715–1775), Obrist, s.d. mehr zur Familie; **Laufbahn**: 1731 zu d. *cadets*, 1734 Fahnenjunker im I-R Nr. 31, Okt. 1740 Fähnrich im neuen I-R Nr. 35, Dez. 1743 Sl, Juni 1751 Pl, Okt. 1756 Stabs-Cap., Febr. 1757 Cap., Mrz. 1760 Major, Aug. 1767 Ol, Juni 1771 Obrist, erhielt Mai 1772 d. Garn-Bat. Nr. 4, 1775 in Aken im 62. Jahr gest.;

Quellen: GStA, IV. HA, Rep. 1, Nr. 85, Bl. 316; Stabi, Ms. boruss. fol. 311, fol. 312; Brüggemann, T. 2/2, S. 968; König, Helden, 3. T., S. 247–248; Taeglichsbeck, S. 264; Fam.gesch. 1984, S. 271;

Obrist Werner Friedrich von PUTTKAMER (* um 1695, † 2. Jan. 1771)

Vater: Jacob (1653–1719), Erbherr auf Anteil Vietzke im Krs. Stolp u. Rötzenhagen im Krs. Schlawe; **Mutter**: Barbara Agnisa, geb. von Boehn; **Laufbahn**: trat 1712 in d. Militärdienst ein, Aug. 1715 Fähnrich im I-R Nr. 17, 1721 als Sl, 1727 als Pl, 1740 als Cap. im I-R Nr. 17 gen., Juli 1747 Orden p.l.m., 1750 Major, Juni 1751 Ol, 1756 Obrist, erhielt 1757 d. Garn.-Reg. Nr. 1, Kommandant von Memel, 1771 (1772) als aktiver Offz. gest.; **Ehefrau**: Barbara Louise Ludovica, geb. von Boehn;

Quellen: GStA, IV. HA, Rep. 1, Nr. 85, Bl. 316 (kz. Notiz, danach gest. 2. Jan. 1772); Stabi, Ms. boruss. fol. 311, fol. 316, fol. 319; König, Helden, 3. T., 246–247; Fam.gesch. 1984, S. 259, S. 263 (gest. 2. Jan. 1771);

Obrist Wilhelm Ludwig von Puttkamer (* 15. Dez. 1739, † 8. Febr. 1820) *

Vater: Leopold Wilhelm (1703–1747), Ol in holländ. Diensten; **Mutter**: Elisabeth, geb. van Ketelaer (1716–1760); **Bruder**: George Adolph (1738–1778), Ltnt., s.d.; **Laufbahn**: trat 1756 in holländische, Febr. 1761 Wechsel in preußische Dienste als Sl bei d. Artillerie, Sep. 1772 Pl, Okt. 1777 Stabs-Cap., Sep. 1783 Cap. u. Chef e. Comp., Jan. 1793 Major im 2. Artillerie-Regiment, Juli 1793 Orden p.l.m., April 1795 Ol, Dez. 1797 Kommandeur d. 3. Artillerie-Regiments, Juni 1800 Obrist u. Chef d. Garnison-Artillerie in Cosel, Mai 1807 Kommandant von Cosel, Juli 1807 GM, Febr. 1809 Ruhestand; in erster **Ehe** verheiratet mit Sophie Elisabeth, geb. von Kameke († 1780), Witwe seines Bruders G.A., in zweiter Ehe seit 1798 **verheiratet** mit Helene Charlotte Ernestine, geb. von Zitzewitz (1768–1815); **Güter**: erwarb 1774 von seinem Bruder Barnow u. Alt Kolziglow im Krs. Rummelsburg für 13 700 T., veräußerte diese 1781 an Jacob George Gottlieb von Puttkamer für 15 700, darauf Schulden von 10 577 T., trat an diesen auch d. 1778 geerbte Neu Kolziglow ab; stritt 1782 mit d. Käufer über d. Vertragsmodalitäten; W.L. bat um 1781 um e. Pension für seine drei Stief-**Töchter**, die von ihren Eltern kein Vermögen geerbt hatten, erneuerte als Cap. von d. Artillerie von Berlin aus am 1. April 1789 sein Gesuch, hatte Dorothee Jacobine Caroline Sophie (1765–1815), Albertine Christine Henriette (* 1768) u. Charlotte Juliane Wilhelmine (1771–1812) gemeinsam mit anderen Verwandten bis jetzt unterhalten, könne das wegen d. Anwachsens d. Familie nicht weiter tun, lt. Attest d. zuständigen Landrates vom 18. Dez. 1780 hielten sich d. drei Schwestern in *fremden Häusern* auf, nach d. Verheiratung ihrer beiden älteren Schwestern bekam Charlotte im Juli 1795 e. Pension von 50 T.;

Quellen: GStA, I. HA, Rep. 30, Nr. 44, P 93, Paket 9 354; II. HA, Abt. 13 a, Tit. III, Litt P, Nr. 19 (Charlotte danach gest. 5.10.1802); IV. HA, Rep. 1, Nr. 85, Bl. 315 (Bruder); Brüggemann, T. 2/2, S. 783; Priesdorff, Nr. 1 130; Fam.gesch. 1984, S. 293–295;

Ol Johann Friedrich von Quickmann (* 1743, † 1797)

Vater: Thomas Heinrich (1714–1779), Hofrat, Erbherr auf Buslar A im Krs. Pyritz, erwarb 1778 Schlötenitz A u. B, d. Güter hatten (1767) e. Wert von 27 280 T., darauf Schulden von 22 200 T.; (**Vater-Bruder**: Friedrich Wilhelm (* 1694), seit 1715 im Militär, stand 1727 als Rittmstr. im D-R Nr. 7); **Großvater**: Landrat, wurde 1701 nobilitiert; **Bruder**: Johann Heinrich (1736–1775), seit Okt. 1757 Gefr.corp. im I-R Nr. 1, 1764 Ltnt. im I-R Nr. 1, 1775 als Pl gest.; **Bruder**: Johann Jacob (1738–1781), seit 1752 im Reg., 1756 Gefr.corp., 1764 Pl im I-R Nr. 24, 1781 als Cap. gest., hinterließ seiner Frau, e. geb. von Pann(e)witz, kein Vermögen, d. König zog d. Adel d. Familie in Zweifel, weshalb d. zuständige Landrat im Mai 1782 über d. verst. Cap. berichten mußte; **Bruder**: Johann Carl (* 1746), 1764 Junker, 1767 als Sl im I-R Nr. 26 gen, 1774 als Pl, Mrz. 1784 Stabs-Cap., 1797 als Major mit

Pension dim.; **Laufbahn**: trat 1759 in d. Militärdienst ein, April 1762 Fähnrich, Mai 1769 Sl im I-R Nr. 22, 1782 als Pl gen., Juni 1787 Cap., zuletzt Major, 1796 Abschied als Ol, anschließend als Direktor d. *École militaire* in Berlin plaziert, hier gest.; **Güter**: bat am 6. Sep. 1782 zs. mit d. Bruder Johann Carl darum, Schlötenitz A u B an e. Bürgerlichen verkaufen zu dürfen, um Buslar zu behaupten, sie bekamen noch im Sep. d.J. die Erlaubnis hierfür; verkaufte 1784 zs. mit d. Miterben Buslar A für 38/m T. an seinen Schwager, d. Ltnt. Christian George Achatz von Horcker vom I-R Nr. 24; e. anderer Schwager war d. Cap. Johann Friedrich von Hohendorff im I-R Nr. 24; zweite **Ehefrau**: Wilhelmina Lowisa Amalia (* 1. Juni 1767), e. To. d. Cap. Joachim Casimir von Glasenapp in Balfanz, d. Witwe hatte 1797 e. leibliche Tochter von fünf u. zwei Stieftöchter von 13 u. acht Jahren, sie besaß nur e. geringes Vermögen u. konnte davon mit ihren Töchtern nicht standesgemäß leben, bat daher um e. Pension, erhielt im Mrz. 1798 e. solche von 100 T.; (**verwandt**: Johann Christian von Quickmann (* 1766), seit 1785 im Regiment, Mai 1787 Fähnrich im I-R Nr. 47, vor 1806 abgegangen: Stabi, Ms. boruss. fol. 311);

Quellen: GStA, I. HA, Rep. 30, Nr. 241 b, Paket 9962; Nr. 243, Vas.tab. 1763, 1767; Nr. 244, Pakete 9990 u. 9992; II. HA, Abt. 13 a, Tit. III, Litt Q, Nr. 1 (Witwe); Stabi, Ms. boruss. fol. 314, fol. 315 (Onkel ?), fol. 316; Brüggemann, T. 2/1, S. 134–135;

Ltnt. Anton Ernst von Rahmel (1730–1780)

aus Pommern gebürtig; **Laufbahn**: trat 1753 in d. Militärdienst ein, stand 1764 u. 1775 als Sl im Garn.-Bat. Nr. 3, 1780 als Pl nach 25 Dj. gest.; lebte 1773 von seiner Frau geschieden, aus beider Ehe zwei minderjährige Töchter, die unter Vormundschaft gestellt werden sollten; (**verwandt**: Friedrich von Rahmel (1730–1757), seit 1743 im Militär, 1756 Sl im I-R Nr. 22, 1757 nach 13 Dj. bei Kolin gefallen: Stabi, Ms. boruss. fol. 314);

Quellen: GStA, I. HA, Rep. 30, Nr. 186 d, Paket 9841; Stabi, Ms. boruss. fol. 316;

Ltnt. Carl Franz Heinrich von Rahmel (1777–1829)

Vater: Carl Ludwig Bogislav (1743–1795), Cap., s.d.; **Laufbahn**: stand 1806 als Pl im I-R Nr. 17, befand sich im Okt. 1807 in frz. Gefangenschaft in Chalons-sur-Marne, hielt sich nach seiner Rückkehr aus d. Gefangenschaft im Mai 1808 in Königsberg auf, 1827 Major im 21. Landwehr-Reg.; **Güter**: lag seit mind. 1800 im Rechtsstreit mit d. Grafen von Podewils zu Gusow über die Güter Wusterwitz, Balentin u. Schmarsow im Krs. Schlawe; 1801 saß d. vorm. Landrat Friedrich Heinrich Graf von Podewils (1747–1804)* auf d. Gütern, 1804 seine Erben; d. ersten beiden Instanzen entschieden für d. Ltnt., in erster Instanz wurde Graf von Podewils angehalten, die Güter zu Marien 1804 abzutreten gegen e. *Reluitions-Pretium* von 25 598 T., d. zweite Instanz statuierte d. Reluitionssumme jedoch auf d. Doppelte; im Mai 1808 befand sich d. Rechtsstreit noch in d. Schwebe; **Ehefrau**: seit 1810 in Königsberg verh. mit Juliane Emilie Prenzel;

Quellen: GStA, I. HA, Rep. 30, Nr. 44, P 90, Paket 9350; Nr. 243, Vas.tab. 1793, 1804; Stabi, Ms. boruss. fol. 907 a; Tb. Uradel 1915, S. 622; biorg. Handbuch, S. 744 (Landrat von Podewils);

Cap. Carl Ludwig Bogislav von Rahmel (* 1743, † 12. Jan. 1795)

Vater: Christian (Christoph) Bogislav (1708–1777), seit 1724 im Militärdienst, 1730 Uffz. im I-R Nr. 17, 1740 als Pl, 1755 als Cap. im I-R Nr. 23 gen., Sep. 1758 als Major d. Orden p.l.m., im April 1763 auf eigenen Wunsch dim., Erbherr auf Cusserow im Krs. Schlawe, nach d. Tod d. Bruders G.G. auch auf ½ Weitenhagen im Krs. Stolp; **Mutter**: Maria Tugendreich, geb. von Kienitz; **Vater-Bruder**: Gerhard George (* um 1698), seit 1714 im Militär, 1721 u. 1730 als Fähnrich im Garn.-Bat. Nr. 1 in Memel gen., Erbherr auf ½ Weitenhagen im Wert von 8/m T., sein Sohn Joachim Bogislav (1732–1756) fiel als Cornet im K-R Nr. 5 bei Lobositz 1756, G.G. starb ohne Leibeserben, d. Gut fiel an d. jüngeren Bruder; **Laufbahn**: trat 1758 in d. Militärdienst ein, stand 1764 als Sl im I-R Nr. 23, im Dez. 1771 als Stabs-Cap. dim.; **Güter**: 1772 trat ihm sein Vater Cusserow für 8/m T. ab, erhielt auch ½ Weitenhagen, seit 1773 auf ganz Weitenhagen; wollte Cusserow 1778 auf 25 Jahre an e. namens Krüger verpachten, d. Gesuch wurde mit Hinweis auf Mißbräuche bei langfristigen Pachtungen abgewiesen; verkaufte 1781 Cusserow für 15 300 T. an Wilhelm Gustav Graf von Münchow; **Sohn**: Carl Franz Heinrich (1777–1829), Ltnt., Major d. Landwehr, s.d.;

Quellen: GStA, I. HA, Rep. 30, Nr. 43, Paket 9235; Nr. 243, Vas.tab. 1756, 1767; Stabi, Ms. boruss. fol. 311 (Onkel G.G., geb. 1698), fol. 316; Ms. geneal. fol. 120 (G.G. danach geb. 1709); Brüggemann, T. 2/2, S. 1015–1016; Lehmann, Ritter, S. 75 (Vater); Tb. Uradel, 1915, S. 622;

Cap., Landrat Caspar Friedrich von Rahmel (* 22. Mai 1727, † 1795)*

Vater: Ernst Alexander (1698–1741), Erblandküchenmeister von Pommern, Erbherr auf Bulgrin im Krs. Belgard; **Mutter**: Anna Maria, geb. von Kleist (* 1704); **Bruder**: Henning Christian (1731–1787), Cap., Erbherr auf Dallentin, s.d.; **Bruder**: Anton Ernst (1732–1780), engagierte sich 1753 im Militärdienst, stand 1764 u. 1775 als Sl im Garn.-Reg. Nr. 3 in Kolberg, hier 1780 als Pl gest.; **Laufbahn**: trat 1743 in d. Militärdienst ein, Okt. 1747 Fähnrich, Juni 1753 Sl im I-R Nr. 4, im Mrz. 1757 hier noch als Sl gen., nahm wegen Kriegsblessuren vor Sep. 1763 (nach 22 Dj.) seinen Abschied als Cap.; amtierte von 1763 bis 1770 als Landrat im Krs. Belgard; **Ehefrau**: Louise Christiane, geb. von Maltzahn (1738–1814); **Güter**: besaß zs. mit Henning Christian von 1746 bis 1764 d. Gut Ritzerow im Krs. Belgard, sie überließen dieses d. Gl Anton von Krockow; von 1746 bzw. 1764 bis 1773 Erbherr auf d. väterl. Bulgrin, verkaufte dieses 1773 d. Major Hans Joachim Gneomar von Kleist zu Nemitz; erwarb 1766 d. Gut Rabuhn im Ftm. Cammin aus d. Konkurs seines Schwagers Carl Heinrich von Liebeherr für 10 200 T.; seine Güter hatten 1767, 1768 e. Wert von 12 356 T., darauf Schulden von 10 610 T.; Rabuhn war 1795 für 950 T. verpachtet, Beschwerden d. Arrendators Joachim Friedrich Müller über angebliche Bedrückungen durch d. vorm. Landrat wurden am 13. Juli 1795 abgewiesen; seine Witwe bat im Nov. 1797 um d. Erlaubnis, d. kl. Landgut Rabuhn, das e. Lehngut d. Familie von Damitz sei, an d. Gutsbesitzer Johann Schmieden zu Klockow für e. guten Preis verkaufen zu dürfen, sie will keinen adligen Interessenten gefunden haben; lt. Bericht d. Stettiner Regierung vom 26. Dez. d.J. war sie Universalerbin ihres Mannes geworden, d. Gut sei 1764 auf 14 138 T. taxiert worden, jetzt könne sein Wert doppelt so hoch liegen, es gebe keinen Grund für e. Ausnahme von d. allg. Regel, ihr Gesuch wurde deshalb am 22. Jan. 1798 abgelehnt; im Febr. d.J. wurde sie erneut vorstellig, ihrem verst. Mann habe e. Interessent 1792 26/m T. geboten, ihr hingegen seien 1797 von Edelleuten nur 22/m T. geboten worden, die Offerte von Schmieden belaufe sich jedoch auf 36/m T., was ihr e. Gewinn von 14/m bringe; auf d. Gut lagen Pfandbriefe von 4 200, dazu kamen andere Schulden von 5/m T., die angebotenen 22/m T. wären ihr zu wenig; am 26. Febr. 1798 wurde auch dieses Gesuch abgewiesen; 1801 saß dann d. vorm. Ltnt. Carl Philipp Christoph von Heydebreck auf d. Gut;

Quellen: GStA, I. HA, Rep. 30, Nr. 43, Paket 9232; Nr. 44, R 105, Paket 9367; Nr. 243, Vas.tab. 1756, 1767, 1791, 1801, 1804; Stabi, Ms. boruss. fol. 313, fol. 316 (A.E.); Brüggemann, T. 2/2, S. 591, S. 640, S. 666, S. 748; biogr. Handbuch, S. 767–768;

Ltnt. Erdmann Christian von Rahmel (1693–1759)

Vater: Peter Christian († um 1693), Erbherr auf Lustebuhr im Ftm. Cammin (auf Altschlage, Damerow im Krs. Belgard); **Laufbahn**: diente vor 1740 acht Jahre als Offz. im I-R Nr. 15, seit 1757 Ltnt. im Garn.-Reg. von Stockhausen in Stettin; **Güter**: geriet 1714 mit e. Ltnt. von Wobersnow in Streit, sollte wegen e. Verstoßes gegen d. Duelledikt mit e. dreijährigen Festungsarrest bestraft werden, nach mehreren Interventionen wurde d. Delikt schließlich mit e. Geldstrafe von 300 T. geahndet; lag zw. 1738 u. 1746 mit d. Pfarrer Zwilipp Wüstenberg im Streit um d. Pfarrhufe; bat im Jan. 1746 um e. *Indult* für sein Gut Lustebuhr, dieses soll e. jährl. Ertrag von 1/m T. gehabt haben, darauf Schulden von 5/m T.; wollte d. Gut für seine beiden Söhne konservieren, die beide als Offz. dienten; verkaufte d. väterl. Anteil an Lustebuhr im Dez. 1748 an d. Geh. Justizrat Ludwig Heinrich von Broich f. 12/m T., zeigte 1750 an, daß d. Kauf-Pretium im Konkurs schuldenhalber weggegangen sei, er habe vom Erlös nichts behalten, er wohnte 1750 mit seiner zweiten **Frau** Barbara Elisabeth verw. von Schwan, geb. von Flemming, auf d. Gut seines Stiefsohnes Caspar Friedrich von Schwan, s.d.; erwarb 1751 von diesem d. Gut Düsterbeck A im Dewitzschen Krs. für 3600 T., darauf Schulden von 3503 T., mußte 1757 um e. *Indult* bitten; **Sohn**: Christian Adolph (* um 1717), seit 1735 im Militärdienst, stand 1741 als Sergant im I-R Nr. 38; **Sohn**: Eccard Gustav (1724–1758), seit 1740 im Militär, stand 1750 als Sl, im Mrz. 1756 als Pl im I-R Nr. 10, im Juli 1756 mit Pension dim.;

Quellen: GStA, I. HA, Rep. 30, Nr. 44, R 105, Paket 9367; Stabi, Ms. boruss. fol. 316 (Söhne); fol. 319 (1715 kein Rahmel im I-R 15); fol. 246 (1739 kein Rahmel im I-R Nr. 159); Ms. geneal. fol. 120 (E.G.); Brüggemann, T. 2/2, S. 572–573; Tb. Uradel 1915, S. 616;

Fahnenjunker Ewald Richard von Rahmel (* um 1720)

Vater: George (Jürgen) Richard († vor 1743), Erbherr auf Anteil Rattaick u. Kösternitz B im Krs. Schlawe, auf Viverow A im Ftm. Cammin, hinterließ drei Söhne; **Bruder**: Peter Christian (* um 1711), 1730 Page in Berlin, seit 1732 im Regiment, 1734 Junker im K-R Nr. 6, noch 1740 als solcher gen., 1748 als Cornet bzw. Ltnt. dim.; **Bruder**: Philipp Friedrich (* um 1712, † 1746), seit 1733 im Regiment, 1740 Fähnrich im I-R Nr. 21, 1746 als Ltnt. gest., beide besaßen seit 1743 d. väterl. Güter Kösternitz B u. Viverow A; **Laufbahn**: engagierte sich 1735 als Gefr.corp. im I-R Nr. 19, dann als solcher zum I-R Nr. 39 versetzt, nahm 1742 seinen Abschied, ging nach Pommern u. nahm d. väterl. Gut Rattaick B in Besitz, verkaufte dieses 1748 an d. Major Jürgen Lorenz von Kleist; trat jetzt als Fahnenjunker ins H-R Nr. 8 ein, will von e. Major schikaniert worden sein, weil er dessen Haushälterin geheiratet hatte, u. desertierte deshalb; ging nach Danzig, von hier dann aus Not als Corporal in dänische Dienste; ließ sich nach seinem Abschied in Kopenhagen nieder, hatte 1772 einen Sohn von 20 Jahren u. drei Tö. von 25, 13 u. 9 Jahren; wurde 1771 vom Hofgericht in Köslin *citirt*, weil seine Mutter ihm in ihrem im Jan. 1771 publizierten Testament 400 T. ausgesetzt hatte; richtete e. Gesuch um Begnadigung an d. König; aus d. Akten geht nicht hervor, ob er in d. Monarchie zurückgekehrt ist und ob d. Behörden e. Desertionsprozeß gegen ihn angestrengt haben;

Quellen: GStA, I. HA, Rep. 30, Nr. 44, R 105, Paket 9 367; Brüggemann, T.2/2, S. 606, S. 873–874, S. 885; Stabi, Ms. boruss. fol. 311 (Bruder P.F.), fol. 315 (Bruder P.C.); Monteton, S. 79 (P.C.); Ms. geneal. fol. 120 (Vater u. Söhne, P.F. lebte danach 1749 noch);

Cap. Henning Christian von Rahmel (* um 1731, † 21. Nov. 1787)

Vater: Ernst Alexander (1698–1741), Erblandküchenmeister von Pommern, Erbherr auf Bulgrin im Krs. Belgard; **Mutter**: Anna Maria, geb. von Kleist (* 1704); **Bruder**: Caspar Friedrich (1727–1795), Cap., Landrat, s.d.; **Laufbahn**: engagierte sich um 1752 im Militärdienst, stand 1753 als Gefr.corp. im I-R Nr. 29, 1756 als Fähnrich (im I-R Nr. 4) gen., diente im Siebenjährigen Krieg als Cap. im Kleistschen Land-Bat., nach 1763 dim.; **Güter**: veräußerte 1754 zs. mit seinem Bruder Caspar Friedrich drei Bauernhöfe in Pumlow für 900 T. an d. Cap. Anton Christian von Blankensee, beide waren damals noch unmündig, ihr Schwager u. Vormund Carl Heinrich von Liebeherr stimmte d. Verkauf zu; verkaufte 1764 Ritzerow u. erwarb dafür Dallentin im Krs. Neustettin 1764 vom Landrat George Ernst von Kleist für 11/m T.; hinterließ Ende 1787 zwei minderjährige **Töchter** erster Ehe u. e. unbeerbte Witwe, die Töchter hatten e. mütterl. Erbe von 5/m T. zu fordern, die Witwe ihre *illata*; d. Schwestern Wilhelmina u. Maria baten am 20. Okt. 1788 um d. *venia aetatis*, d. Gesuch wurde von ihrem Vormund Caspar Wilhelm von Hertzberg, von ihrem Vetter, d. Landrat Alexander Zabel Ernst von Münchow, u. d. Onkel Caspar Friedrich von Rahmel unterstützt, sie zogen d. Gesuch nach d. Mitteilung zurück, wonach d. *venia* nicht zum Verkauf d. Gutes berechtige; d. älteste To. wurde im Okt. 1789 majorenn u. drang jetzt zwecks Auseinandersetzung auf d. Verkauf d. Gutes, die zweite To. erreichte 1790 d. Volljährigkeit; d. vorm. Cap. Adam Wilhelm von Glasenapp erwarb 1791 Dallentin aus d. Konkurs für 19/m T., d. Erlös reichte nicht für d. Befriedigung aller Forderungen d. Gläubiger; Cap. von Glasenapp wollte d. Gut 1805 an e. Bürgerlichen verkaufen, sein Gesuch wurde am 21. Juni 1805 abgewiesen;

Quellen: GStA, I. HA, Rep. 30, Nr. 44, R 105, Paket 9 367; Nr. 243, Vas.tab. 1756, 1767, 1793, 1804; Nr. 244, Paket 9 993; Brüggemann, T. 2/2, S. 666, S. 748;

Major Joachim Christoph von Rahmel (* um 1700, † 1761)

Vater: Balthasar Wedig († 1725), Erbherr auf Lübchow im Ftm Cammin; Stief-**Mutter**: Sophia, geb. von Borcke; **Laufbahn**: stand 1733 als Ltnt., 1746 als Cap. im Garn.-Reg. in Stettin, zuletzt Major; **Güter**: prozessierte 1733 gegen seine Stief-Mutter wegen d. Gutes Lübchow, das ihr nach 1725 wegen ihrer *illata* zugefallen war, konnte die geforderten 24/m fl. pommersch nicht aufbringen; verkaufte es 1737 d. damaligen Hof- u. späteren Regierungsrat Samuel Gottlieb Loeper; 1746 klagten Lehnsvettern von Rahmel, darunter d. Fähnrich Christian Adolph aus Neustadt u.d. Ltnt. Eccard Gustav vom I-R Nr. 10, s.o., gegen d. Überlassung d. Gutes an Loeper, angeblich sollen d. Verkäufer u.d. Hofrat unter sich e. besonders hohen Preis ausgemacht haben, um d. Agnaten abzuschrecken; 1747, 1748 erwirkte Loeper d. Allodifikation d. Gutes u. blieb in seinem Besitz; seit 1755 Erbherr auf Anteil Retzin A im Krs. Belgard, erworben für 2 333 T von d. Witwe Schwartz, d. Gut wurde im Krieg ruiniert; **Sohn**: (August) Wilhelm Leopold (* 1749), Ltnt., s.d.;

Quellen: GStA, I. HA, Rep. 30, Nr. 44, R 105, Paket 9 367; Stabi. Ms. geneal. fol. 120 (1730 nur seine Stiefmutter gen.); Brüggemann, T. 2/2, S. 572, S. 665;

Ltnt. (August) Wilhelm Leopold von Rahmel (* 12. Mrz. 1749)

Vater: Joachim Christoph († 1761), Major, s.d., Erbherr auf Lübchow; zuletzt auf Retzin A, hinterließ nur einen Sohn; **Laufbahn**: 1761 als *cadet* gen., stand 1768 u. 1770 als Fähnrich im I-R Nr. 29, April 1773 Sl, im Dez. 1780 dim.; **Güter**: Retzin A im Krs. Belgard befand sich nach d. Tod d. Vaters im Konkurs u. unter d. Verwaltung d. Pupillenkollegiums, d. Fähnrich hatte 1768 e. mütterl. Vermögen von 666 T., konnte dieses aber nur erlangen, wenn d. väterl. Gut hoch genug verkauft werden konnte, um d. Forderungen d. Gläubiger, die vor der d. Sohnes Priorität hatten, zu befriedigen; 1771 betrug die Konkursmasse 1 538 T., die Schulden 1 239 T., nach Abzug weiterer Verbindlichkeiten verblieben für d. Fähnrich lediglich 98 T.;

Quellen: GStA, I. HA, Rep. 30, Nr. 44, R 105, Paket 9 367; Nr. 186 d, Paket 9 839; Stabi, Ms. boruss. fol. 316; Brüggemann, T. 2/2, S. 664–665;

Cap. Friedrich Curt George von Ramin (* 6. Okt. 1753, † 20. Okt. 1846)

Vater: Jürgen Wilhelm (1721–1759), Cap. im I-R Nr. 24, s.d.; **Mutter**: Juliane Gottliebe Elisabeth, geb. von Oertzen (1729–1777); **Bruder**: Wilhelm Heinrich Bernd (* 18. Sep. 1755), 1774 Fähnrich, 1783 als Ltnt. vom I-R Nr. 12 dim., 1793 u. 1801 als Erbherr auf Brunn u. ½ Günnitz im Krs. Randow gen., 1797 im Wert von 13 814 T.; **Laufbahn**: seit 1768 im Regiment, 1772 Gefr.corp. im I-R Nr. 7, erhielt im Mai 1776 d. *venia aetatis*, um sich mit seinen Brüdern auseinanderzusetzen, d. drei Brüder hatten e. großväterliches Erbe von zs. 45/m T., F.C.G. genoß dazu noch d. Zinsen von 20/m T., 1784 als Sl nach 14 Dj. auf eigenen Wunsch dim., suchte im Aug. 1786 immediat mit Verweis auf seine 16 Dj. um d. Charakter Cap. nach, erhielt diesen später; **Güter**: erwarb 1784 Wartin im Krs. Randow für 70/m T., kaufte 1804 Brunn u. ¾ von Günnitz im Krs. Randow; **Ehefrau**: Eleonore Henriette Anna, geb. von Ramin; **Sohn**: Moritz Carl Friedrich (1782–1805), 1801 auf d. Gymnasium in Stettin, 1804 auf d. Viadrina; **Sohn**: Ludwig Friedrich Otto (1789–1819), 1804 Cornet im H-R Nr. 5, vor 1806 abgegangen, nach 1806 Rittmstr., Erbherr auf Brunn u. Günnitz;

Quellen: GStA, I, HA, Rep. 30, Nr. 186 d, Paket 9 842; Nr. 243, Vas.tab. 1793, 1804 (hier als Jürgen Carl Friedrich); Stabi, Ms. boruss., fol. 314, fol. 316 (Bruder); Tb. Uradel 1905, S. S. 667, S. 669;

Major Idel Adolph von Ramin (* um 1710, † 1785)

Vater: Friedrich Ehrenreich (* 1690, † vor 1750), Erbherr auf Ploetz im Krs. Demmin, auf Woltersdorf u. Brüssow in d. UM; **Mutter**: Maria Elisabeth, geb. von Pfuhl (* 1684); **Bruder**: Friedrich Ehrenreich (1709–1782) *, stand von 1725 bis 1759 im I-R Nr. 25, 1767 Gl u. Gouverneur von Berlin; **Laufbahn**: 1756 zunächst als Uffz. in e. sächs. Reg. angesetzt, stand 1761 als Ltnt. im Frei-Regiment Quintus Icilius, zuletzt Cap., um 1763 dim., erhielt d. Charakter Major; **Ehefrau**: seit etwa 1750 verh. mit Eleonora Juliana, geb. von Glasenapp, sie brachte ihm d. Gut Kasekow ein, sie war zum Zeitpunkt d. Trauung minderjährig, hielt ihn für e. *reichen Cavalier*, wollte über seine materiellen Umstände nicht unterrichtet gewesen sein, überließ ihm d. völlige Disposition über Kasekow, welches mit in seinen Konkurs geriet; **Güter**: besaß nach d. Vergleich von 1737 d. Gut Ploetz im Krs. Demmin im Wert von 28 832 T., auch auf Kasekow im Krs. Randow, diese gerieten 1756 in Konkurs, seine Schulden beliefen sich 1756 auf 62 545 T., beide Güter wurden nach Kriegsende veräußert; Ploetz erwarb d. Gl F.E. von Ramin; Kasekow kaufte 1772 Heinrich Carl von der Osten; nach d. Tod d. Gl 1782 gelangte Ploetz wieder an d. Major, wurde jedoch von dessen Gläubigern in Beschlag genommen; dagegen klagten d. drei Schwiegersöhne des Majors: der Major Hans Friedrich Wilhelm von Trebra vom I-R Nr. 30, später Obrist im I-R Nr. 34, d. Major Joachim Siegmund von Reibnitz vom I-R Nr. 11 u. d. Cap. Christian Hartwig von Winterfeld vom *Corps de cadets*; sie wollten Ploetz, das 1756 e. Wert von 49 246 T. hatte, selbst übernehmen u. sich mit d. Gläubigern arrangieren, d. Administration d. Gutes ging jedoch an d. Landschaft;

Quellen: GStA, I. HA, Rep. 30, Nr. 44, R 104, Pakete 9362 u. 9364; Nr. 243, Vas.tab. 1756; Priesdorff, Nr. 514 (Bruder); Tb. Uradel 1905, S. 670;

Fähnrich Johann Adolf Friedrich von Ramin (* 1752)

Vater: Christian Friedrich (1714–1762)*, Vizepräsident d. Stettiner Regierung, seit 1755 Erbherr auf Ramin, Schmagerow, Retzin, Labehn im Krs. Randow; **Mutter**: Anna Dorothea Margaretha, geb. Gräfin von Schwerin; **Laufbahn**: seit 1770 im Militär, stand 1772 als Gefr.corp. im I-R Nr. 7, 1777 als Fähnrich dim.;

Quellen: GStA, I. HA, Rep. 30, Nr. 243, Vas.tab. 1756; Stabi, Ms. boruss., fol. 314; Tb. Uradel 1905, S. 664–665; biogr. Handbuch, S. 768 (Vater); Brüggemann, Vorpommern, S. 229–230;

Cap. Jürgen Wilhelm von Ramin (* 27. Jan. 1721, † 12. Aug. 1759)

Vater: Jürgen Bernd (1693–1775), Landrat im Krs. Randow, Erbherr auf Stolzenburg, Pampow, Lenzen, Brunn, Salzow, Schmagerow, Sonnenburg, Retzin, Daber im Krs. Randow, bezifferte sein Vermögen 1755 auf 200/m T., die Söhne gingen dagegen von 300/m T. aus, wollte damals für jeden seiner Söhne e. Majorat in Höhe von 25/m T. stiften, Jürgen Wilhelm u. Carl Bogislav sprachen sich dagegen aus, fühlten sich dadurch in ihrem Erbe verkürzt, d. Vater soll seitdem d. Sohn C.B. *gehaßt* haben; **Mutter**: Elisabeth Eleonore, geb. von Ramin (1698–1727), aus beider Ehe fünf Söhne; **Bruder**: Christian Friedrich (1714–1762)*, Regierungspräsident, Erbherr auf Ramin, Schmagerow; **Bruder**: Carl Bogislav (* um 1716)*, nahm 1741 als Ltnt. seinen Abschied vom I-R Nr. 24, später Schloßhauptmann beim Markgrafen von Schwedt, 1767 bis 1777 Landrat im Krs. Randow, seit 1754 Erbherr auf Sparrenfelde, 1776 auf Daber im Krs. Randow; **Bruder**: Otto Ludwig (1723–1777), (Mrz. 1742 Ltnt. im D-R Nr. 8), Ltnt. im D-R Nr. 7, 1756 *Volontair* bei d. Armee, seit 1776 Erbherr auf Stolzenburg im Krs. Randow; **Laufbahn**: trat um 1736 in d. Militärdienst ein, 1743 Pl im I-R Nr. 24, 1756 Stabs-Cap., 1759 bei Kunersdorf als Cap. gefallen, hinterließ fünf Kinder, darunter d. **Sohn**: Friedrich Curt George, Cap., s.d.; **Sohn**: Wilhelm Heinrich Bernd (* 1755), seit 1767 im Reg., 1774 Fähnrich im I-R Nr. 12, vor 1793 als Ltnt. abgegangen, Erbherr auf Brunn im Krs. Randow; **Sohn**: Otto Gottlieb Sigismund (* 21. Mrz. 1757), erhielt am 2. Jan. 1778 d. *venia aetatis*, besaß seit d. brüderl. Teilung e. Geldkavel in Höhe von 14292 T., wollte sich mit e. Gut ansässig machen; **Sohn**: Moritz George Julius (* 3. Okt. 1758, † 24. April 1780), stand 1779 als Cornet im K-R Nr. 2, befand sich im Herbst d.J. auf Werbung in Mecklenburg, erhielt auf sein Gesuch am 30. Mrz. 1780 d. *venia aetatis*, besaß e. väterl. u. mütterl. Vermögen von 14403 T.;

Quellen: GStA, I. HA, Rep. 30, Nr. 44, R 104, Pakete 9361 u. 9362; Nr. 186 d, Paket 9843, Nr. 186 d 2, Paket 9849; Nr. 243, Vas.tab. 1756; Stabi, Ms. boruss. fol. 316 (hier als George Wilh.; C.B. nur in d. Abgangsliste); Barensprung, S. 509 (O.L., 1742 Ltnt. im D-R Nr. 8?); Tyszka, D-R Nr. 7, S. 446 (1742 wurde e. Ltnt. von Ramin cassirt); Tb. Uradel 1905, S. 664, S. 667, S. 669; biogr. Handbuch, S. 768 (Brüder C.B. u. C.F.);

Cap. Carl Wilhelm von Ramthon bzw. – thoun (* 1724)

aus Pommern gebürtig; **Laufbahn**: stand seit 1744 im Militär, Jan. 1756 Sl im Garn.-Reg. Nr. 7, 1761 als Pl zu e. Grenadier-Bat. versetzt, 1775 als Cap. u. Chef e. Comp. im Grenadier-Bat. Nr. 5 gen.; machte in e. Immediatsupplik vom 18. Jan. 1786 darauf aufmerksam, seit 44 Jahren zu dienen, wäre seit zehn Jahren d. älteste Cap., sei 13 Jahre lang nicht *avancirt*, sein gegenwärtiger Bataillonschef von Larisch wäre ihm vorgezogen worden, wollte als Major in e. Garn.-Reg. versetzt werden, weil seine Kräfte jetzt erschöpft wären; bat im Dez. 1786 darum, gleich d. anderen ältesten Cap. in d. I-R zum Major ernannt zu werden;

Quellen: GStA, I. HA, Rep. 96, Nr. 95 R r r, Nr. 257 R (als Ramthau); Stabi, Ms. boruss. fol. 313, fol. 314; so nicht bei Siebmacher (hier nur Rambow u. Rangow, S. 74–75);

Ltnt. August von Rangow (1741–1768)

Vater: Tiburtius Johann (1690–1750)*, Reg.rat, Erbherr auf Triglaff A im Krs. Greifenberg; **Mutter**: Hedwig Juliane, geb. von Steinwehr (* um 1710, † 24. April 1778), ihre drei Söhne starben vor 1776 im Militärdienst, ihren Angaben zufolge soll d. Sohn G.H.A. im I-R Nr. 24 als Cap. gefallen sein, sie erhielt im Mrz. 1777 e. Pension von 100 T.; **Mutter-Bruder**: Obrist Paul Henning von Steinwehr; (Stief-)**Bruder**: Johann Carl Friedrich (1725–1769), Dekan in Kolberg; **Bruder**: George Heinrich Anthon (1737–1759), 1755 *cadet* in Berlin, 1756 Gefr.corp. im I-R Nr. 24, 1759 als Fähnrich bei Kay blessirt u. gest. (bzw. als Cap. im Reg. Schwerin gefallen); **Bruder**: Christian August Wilhelm (1742–1762), bei Reichenbach gest., stand (als Fähnrich im I-R Nr. 7) im Corps von Bevern; **Schwester**: Dorothea Charlotte Wilhelmina († 1795), Witwe Rittmstr. A.H.W. von Schnell, s.d., sie bezog 1773 e. Pension von 100 T. u. unterstützte damit ihre Mutter; **Laufbahn**: seit 1757 im Militär, Nov. 1761 Sl im I-R Nr. 7, 1768 als Pl gest.;

Quellen: GStA, I. HA, Rep. 30, Nr. 43, Pakete 9233 u. 9234; Nr. 243, Vas.tab. 1756; Stabi, Ms. boruss. fol. 314, fol. 316 (Bruder G.H.A. 1759 bei Kay als Fähnrich gest.); Brüggemann, T. 2/1, S. 455–456; biogr., Handbuch, S. 769 (Vater); Tb. Briefadel 1928, S. 467–468;

Major Friedrich Heinrich Ludwig von Rangow (* 21. Aug. 1752, † 7. Juni 1828)

Vater: Johann Carl Friedrich (1725–1769), Dekan in Kolberg, Erbherr auf Triglaff A (u. Anteil Batzwitz) im Krs. Greifenberg, 1767 im Wert von 5333 T., darauf Schulden von 6391 T., d. Güter gerieten nach seinem Tod in Konkurs, hinterließ zwei Söhne u. zwei Töchter, alle minderjährig; **Mutter**: Henriette (Sophia Wilhelmina), geb. von Münchow (1727–1806), sie verlor ihr Vermögen von 3/m T. beim Konkurs d. Gutes Triglaff, mit d. Mitgift hatte ihr Mann d. Dekanat gekauft; **Mutter-Bruder**: Bernhard Friedrich von Münchow (* 1726), Ol, s.d.; **Bruder**: Carl Philipp Wilhelm (1764–1827), Mai 1774 *cadet* in Stolp, Mai 1779 *cadet* in Berlin, Leibpage beim König, (im Nov. 1786 als Ltnt. vom I-R Nr. 52 ins I-R Nr. 25 versetzt, avancierte hier zum Pl, 1796 als Stabs-Cap. ins I-R Nr. 50 versetzt); stand 1806 als Cap. im I-R Nr. 50, 1827 Obrist, Kommandeur von Minden; **Laufbahn**: seit 1769 im Militärdienst, 1777 Cornet, 1779 u. 1787 als Sl im D-R Nr. 12 gen., erhielt im Nov. 1794 als Stabs-Cap. im D-R Nr. 12 d. Orden p.l.m., vor 1806 als Major abgegangen, als Postmeister in Aschersleben versorgt;

Quellen: GStA, I. HA, Rep. 30, Nr. 43, Paket 9241; Nr. 44, R 102 a, Paket 9365; Stabi, Ms. boruss. fol. 311 (F.H.L.), fol. 314 (C.P.W.), fol. 316 (Onkel), fol. 907 a; Brüggemann, T. 2/1, S. 455–456; Rangliste 1806, S. 68 (C.P.W.); Conrady, I-R Nr. 52, S. 364 (C.P.W.); Stolper Kadetten, S. 7 (C.P.W.); Lehmann, Ritter, S. 382: Tb. Briefadel 1928, S. 467–468;

Rittmstr. Isaac Rapin de Thoyras (* um 1740)

Vater: Jacob Benjamin († 1763), Reg.rat, Richter d. frz. Kolonie in Stettin; **Bruder**: Carl Friedrich (* 1751) *, Obergerichtsrat; **Bruder**: Anton Ludwig (* 1747), seit 1762 im Militär, 1764 Sl im I-R Nr. 34, 1772 als Ltnt. dim., 1781 Postmstr. in Oranienburg; **Laufbahn**: trat um 1759 in d. Militärdienst ein, 1760 als Cornet im D-R Nr. 8 gen., Jan. 1763 jüngster Sl, Jan. 1774 ältester Sl, Jan. 1776 Pl, Nov. 1782 Stabs-Rittmstr., Jan. 1786 ältester Stabs-Rittmstr., noch im Jan. 1789 als solcher im D-R Nr. 8 geführt, 1790 nach 31 Dj. dim.;

Quellen: Stabi, Ms. boruss. fol. 310, fol. 311 (Bruder A.L.); Baerensprung, S. 518–519, S. 525–526, S. 529, S. 532, S. 538; biogr. Handbuch, S. 770 (Bruder);

Ltnt. Peter Adam von Reck (* 1760)

Vater: Albrecht (* um 1708, † vor 1782), 1756, 1771 u. 1778 als Erbherr auf Groß Damerkow A im Distrikt Lauenburg im Wert von 500 fl. gen.; **Mutter**: Margaretha Dorothea, geb. von Gruben (* 1718, † 12. Mai 1790), sie hatte 1782 fünf Söhne, von denen vier im Militär standen, erhielt im Mrz. 1783 e. Pension von 100 T.; **Bruder**: Michael Benjamin (* um 1749), 1778, 1782 Erbherr auf Anteil Damerkow im Wert von 700 T., 1804 als Erbherr auf Aalbeck f. 10/m u. (ganz) Groß Damerkow f. 4155 T. gen.; **Bruder**: Christian Thomas (* 1744), seit 1757 im Militär, 1764 Fähnrich im I-R Nr. 18, Nov. 1786 Cap. im Depot-Bat. d. I-R Nr. 17, 1804 vorm. Cap.; **Bruder**: George Albrecht (* 1750), 1771 Gefr.corp., 1778 Fähnrich im I-R Nr. 18, 1784 Sl, 1790 als Ltnt. gen., Okt. 1799 als Pl abgegangen; **Bruder**: Andreas Reinhold (* um 1764), 1778 als *cadet* in Stolp, 1781 als *cadet* in Berlin gen., 1790 Fähnrich im I-R Nr. 34, 1804 Ltnt. im I-R Nr. 4, vor 1806 abgegangen; **Laufbahn**: Juni 1769 *cadet* in Stolp, April 1774 *cadet* in Berlin, trat um 1778 ins Reg. ein, stand 1787 als Sl im I-R Nr. 14, Anfang 1790 dim., galt als *tiefsinnig*;

Quellen: GStA, I. HA, Rep. 30, Nr. 43, Paket 9237; Nr. 243, Vas.tab. 1756; Nr. 249, Vas.tab. 1771, 1778, 1804; II. HA, Abt. 13 a, Tit. III, Litt L, Nr. 1, Bd. 1; Stabi, Ms. boruss. fol. 311, fol. 313 (Bruder G.A.); Stolper Kadetten, S. 2 (P.A.);

Ltnt. Christian von Reckow (* 1760)

aus Pommern gebürtig; **Laufbahn**: seit 1776 im Militär, 1787 Sl im I-R Nr. 51, vor 1806 abgegangen;

Quellen: Stabi, Ms. boruss. fol. 313, fol. 907 a;

Rittmstr. Friedrich von Reckow (* 1716)

aus Pommern gebürtig; **Laufbahn**: seit 1735 im Militär, stand 1750 als Rittmstr. im K-R Nr. 5, 1756 Chef e. Escadron, vor 1764 abgegangen;

Quellen: Stabi, Ms. boruss. fol. 311;

Cap. Joachim Christian Caspar von Reckow (* 1726, † 15. Okt. 1777)

Vater: Peter Ewald (* 1703), Ltnt., seit 1737 u. 1755 wiederkäuflich auf zwei Anteilen Falkenhagen im Krs. Rummelsburg, 1767 im Wert von 3 033 T., darauf Hypotheken von 1 933 T.; **Mutter**: e. geb. von Meischleritz († 1791); **Bruder**: Ewald Leopold (1734–1787), Cap., Erbherr auf Camnitz im Krs. Rummelsburg, siehe bei Leopold August Ewald; **Laufbahn**: stand als Pl im I-R Nr. 47 in Burg bei Magdeburg, diente im Siebenjährigen Krieg als Brigade-Major, 1764 wegen Blessuren mit d. Charakter Cap. dim.; **Güter**: seit 1763 Erbherr auf ganz Lodder im Krs. Rummelsburg im Wert von 3 600 T., d. Hypotheken betrugen 1/m T., die anderen Schulden 3 400 T.; in zweiter **Ehe** verh. mit Charlotta Agnisa, geb. von Boehn (* 1744, † 18. April 1801), diese will mit ihrer Mitgift seine Schulden bezahlt haben, sie mußte 1777 d. Gut Lodder verlassen, ging nach Pollnow im Krs. Schlawe, ihr Bruder, d. Rittmstr. Christian August von Boehn im D-R Nr. 1, s.d., suchte im Jan. 1786 um e. Unterstützung für seine Schwester nach, diese bat 1787 um e. kgl. Pension, bezifferte ihr Vermögen auf 400 T., erhielt im Mai 1790 e. Pension von 100 T.; **Sohn** erster Ehe: Johann Heinrich Carl Friedrich (* 1766), Mai 1776 *cadet* in Stolp, Mai 1779 *cadet* in Berlin, stand 1793 als Ltnt. im I-R Nr. 46 (1806 Stabs-Cap., 1820 als Ol bei d. Landwehr pens.), Erbherr auf Lodder A u. B im Wert von zs. 7/m T., vor 1799 verkauft; **Sohn**: Leopold August Eduard (* 7. Jan. 1769, † 29. April 1835) *, Mai 1776 *cadet* in Stolp, Okt. 1782 *cadet* in Berlin, Juni 1787 Gefr.corp., Juni 1790 Fähnrich im I-R Nr. 42, Sep. 1793 Sl, Juni 1803 Pl, Okt. 1806 Stabs-Cap., Aug. 1807 Orden p.l.m., Aug., 1808 Cap. u. Chef e. Comp. im Kolberger I-R, Jan. 1812 Major, Mrz. 1821 GM, Mrz. 1834 als Gl mit Pension dim.; **Tochter**: Theresia Ernestina Friederike Hedwig (* 15. Jan. 1772), sie bat im Juli 1789 mit Verweis auf Vater u. zwei Brüder, die beide im Militärdienst standen, um e. Pension, ihr jüngerer Bruder stand damals im I-R Nr. 42, wurde 1791 auf d. Expectantenliste für e. Pension gesetzt; lt. Bericht d. Pupillenkollegiums vom Sep. 1789 hatte jedes Kind jährliche Revenuen von 30 bis 36 T., d. Kurator d. unmündigen Geschwister meinte im Aug. 1789, jeder der drei habe bei e. künftigen Auseinandersetzung nicht mehr als maximal 900 T. aus d. deteriorierten u. verschuldeten Gut zu erwarten; d. Gut Lodder wurde nach 1793 an d. Major George Caspar von Wedelstaedt verkauft; (**verwandt**: Carl von Reckow (1726–1757), seit 1741 im Militär, 1756 Sl im I-R Nr. 21, 1757 bei Kolin gefallen: Stabi, Ms. boruss. fol. 311);

Quellen: GStA, I. HA, Rep. 30, Nr. 43, Paket Nr. 9 240; Nr. 243, Vas.tab. 1763, 1767, 1793; II. HA, Abt. 13 a, Tit. III, Litt R, Nr. 4 (Frau), Nr. 15 (Tochter); Stabi, Ms. boruss. fol. 311 (J.C.C. in d. Abgangsliste d. I-R 47 1764 gen.), Nr. 312 (Sohn E.A.); Brüggemann, T. 2/2, S. 791–792, S. 797; Stolper Kadetten, S. 9 (Sohn, hier als Aug. Chr.); Priesdorff, Nr. 1359 (d. Onkel E.L. hier als Vater angegeben);

Ltnt. Johann George von Reckow (* 1702)

aus Pommern gebürtig; **Laufbahn**: seit 1716 im Militär, 1720 Gefr.corp., Jan. 1728 Sl im I-R Nr. 20, 1740 als Pl genannt, vor 1750 abgegangen;

Quellen: Stabi, Ms. boruss. fol. 311;

Cap. Leopold August Ewald von Reckow (* 1770)

Vater: (Johann) Ewald Leopold (1734–1787), aus Falkenhagen gebürtig, seit 1751 im Militär, 1756 Gefr.corp. im I-R Nr. 21, 1764 Pl, 1765 mit d. Charakter Cap. dim., erwarb (nach 1780) Camnitz A, B u. C im Krs. Rummelsburg, 1804 im Wert von 9/m. T.; **Mutter**: Hedwig Beate (1745–1804), e. To. e. Pfarrers Andreas Müller in Sachsen; nach d. Tod ihres Mannes erstellte sie zs. mit d. Vormundschaftskollegium e. Inventar über dessen Nachlaß: die Güter hatten e. Wert von 8 770 T., inkl. d. Mobilien betrugen die Aktiva 10 069 T., ihre Mitgift u.d. Verbesserung beliefen sich auf 12/m T., die Schulden d. Mannes insges. 18 500 T., damit ergab sich e. Insuffizienz von 8 400 T., d. jährl. Gutsrevenuen betrugen brutto 481 T., die *onera* beliefen sich auf 90, d. jährlichen Zinszahlungen 218 T., ihr blieben für d. Unterhalt d. Familie somit 173 T., für d. baufälligen Gebäude konnte sie damit nichts erübrigen; sie saß als Witwe 1793 bis 1804 auf Camnitz A, B u. C, aus beider Ehe fünf Söhne u. sechs Töchter; **Vater-Bruder**: Joachim Christian Caspar (1726–1777), Cap., s.d., Vetter: Leopold August Eduard (1768–1835)*, Cap., nach 1806 GM; **Bruder**: Bernhard Friedrich (* 1771), Juni 1780 *cadet* in Stolp, (1787 Gefr.corp. im I-R Nr. 7) Juni 1787 ins I-R Nr. 19, 1804 Sl im I-R Nr. 30, 1806 als Pl gen., Mrz. 1807 Stabs-Cap. im 3. Mousq.-Bat. d. I-R Nr. 30 in Kolberg, 1816 als Cap. im 16. Garn.-Bat. pens.; **Bruder**: Johann Joseph (* 1771), seit Juni 1780 *cadet* in Stolp, Juni 1787 ins I-R Nr. 19, 1804 Sl im I-R Nr. 7, Mrz. 1807 Stabs-Cap. im 3. Bat. von Borcke in Kolberg; **Bruder**: Eugen Gideon (* 1775), Juni 1785 *cadet* in Stolp, Mai 1790 *cadet* in Berlin, 1804 Sl im I-R Nr. 17, vor 1806 abgegangen; **Bruder**: Ferdinand Aegidius (* 1782), Mai 1791 *cadet* in Stolp, Mai 1795 *cadet* in Berlin, 1804 Sl im I-R Nr. 19, 1827 als Cap. bei d. Gendarmerie pens.; **Schwestern**, geb. zwischen 1767 u. 1786, drei starben vor 1792; **Laufbahn**: Juni 1780 *cadet* in Stolp, Juni 1784 *cadet* in Berlin, im Febr. 1786 bat d. Vater immediat um d. Plazierung d. Sohnes im I-R Nr. 17, stand 1787 als Gefr.corp., 1804 als Pl im I-R Nr. 17, 1806 Stabs-Cap., 1811 als Cap. pens.; (**verwandt**: Bernhard Friedrich von Reckow (* 1716), seit 1735 im Militär, 1741 Sl im I-R Nr. 38: Stabi, Ms. boruss. fol. 316);

Quellen: GStA, I. HA, Rep. 30, Nr. 243, Vas.tab. 1794, 1799, 1804 (hier jeweils L.A. Ewald als ältester Sohn); II. HA, Abt. 13 a, Tit. III, Litt R, Nr. 2, Nr. 8 (Mutter: sie hatte 1788 fünf, nicht sechs Söhne); VI. HA, Nl Gneisenau, Nr. 691 (B.F.); Stabi, Ms. boruss. fol. 311 (Vater), fol. 316, fol. 907 a; Stolper Kadetten, S. 14, S. 19, S. 27; Priesdorff, Nr. 1 359 (L.A. Eduard, kein Bruder, sondern e. Vetter);

Cap. Carl Ludwig von Re(c)kowsky (* 1763, † 31. Mai 1843)

im pomm. Heinrichsdorf geboren, die Eltern hielten sich 1776 in Kl. Karzenburg im Ftm. Cammin auf, seine Mutter zählte 1787 70 Jahre, C.L. bat damals um e. Pension für seine Mutter, die (seit 17 Jahren) verwitwet war; **Laufbahn**: Mai 1776 *cadet* in Stolp, April 1777 *cadet* in Berlin, seit 1780 im Regiment, Mrz. 1785 Fähnrich im 2. Bat. Garde, Mrz. 1788 Sl, Okt. 1796 Pl, Febr. 1798 Stabs-Cap., Mrz. 1805 Cap., Aug. 1809 Chef d. Garn.-Comp. d. Garde-Reg., Febr. 1812 Major, Febr. 1816 Ol;

Quellen: GStA, II. HA, Abt. 13 a, Tit. III, Litt R, Nr. 16; Reinhard, Garde, S. 535, S. 538, S. 541; Fam. gesch., S. 71, Nachtrag 1921, S. 78; Stolper Kadetten, S. 9;

Ltnt. Franz Johann von Re(c)kowsky (* 25. Okt. 1767, † 17. Okt. 1813)

Vater: Joseph († 1787), 1781 Erbherr auf Stüdnitz F im Distrikt Bütow; **Mutter**: Magdalena, geb. von Lipinsky; (**Bruder**: Matthias (* 1757), aus Stüdnitz, Juni 1769 *cadet* in Stolp, Mai 1770 *cadet* in Berlin, 1774 Gefr.corp. im I-R Nr. 29); **Laufbahn**: Juli 1783 *cadet* in Stolp, Juni 1786 *cadet* in Berlin, 1787 ins Regiment, Juni 1790 Fähnrich im I-R Nr. 49, Aug. 1793 Sl, Febr. 1796 mit Pension dim., Mrz. 1797 wieder ins Reg., Okt. 1805 Pl, Juli 1808 Cap., Febr. 1810 Major, Orden p.l.m., Aug. 1811 mit Pension dim., Juni 1813 zum 13. Landwehr-Reg., 1813 gefallen; **Ehefrau**: Friederike Wilhelmine, e. To. d. Majors Carl von Goertz;

Quellen: Stabi, Ms. boruss. fol. 316; Fam.gesch., S. 78–79, S. 171, Tafel VII; Stolper Kadetten, S. 3, S. 17 (Bruder); Panske, S. 240–247;

Ltnt. Jacob von Re(c)kowsky (* 17. Aug. 1778, † 24. Mai 1828)*

aus Borntuchen im Amt Bütow gebürtig; **Laufbahn**: Juli 1789 *cadet* in Stolp, Juli 1793 *cadet* in Berlin, 1795 ins I-R Nr. 34, Okt. 1797 Fähnrich, Okt. 1798 Sl, Juni 1810 Pl, Jan. 1812 dim., Okt. 1812 Stabs-Cap. bei d. Gendarmerie, Dez. 1821 mit d. Charakter Major dim.;

Quellen: Fam.gesch., S. 72, S. 80; Stolper Kadetten, S. 25;

Major Johann Ernst Ferdinand von Re(c)kowsky (* 8. Dez. 1748, † 22. Okt. 1804)

Vater: Christian Ernst (1721–1798), Grodgerichtsassessor, Erbherr auf Schlaischow A im Distrikt Lauenburg, 1771 im Wert von 17 300 fl., 1802 von 11/m T., hatte vier Söhne; **Mutter**: Renate Florentine, geb. von Sarbsky (1731–1766); **Bruder**: Friedrich Christian (1759–1834), Juni 1769 *cadet* in Stolp, Mai 1771 *cadet* in Berlin, Mrz. 1775 ins I-R Nr. 1, (als Fähnrich wegen e. Jugendtorheit, d. Einschlagen von Fenstern, dim., bat im Nov. 1786 immediat um d. erneute Plazierung in d. Armee), stand 1804 als Ltnt., 1806 als Stabs-Cap. im Füsilier-Bat. von Oswald, 1812 als Cap. dim., 1827 (Major) in d. 7. Invaliden-Comp.; **Bruder**: Matthias Constantin (1761–1816), 1801, 1804 auf d. väterl. Gut gen.; **Bruder**: Franz Carl George (1763–1839), Mai 1775 *cadet* in Stolp, April 1776 *cadet* in Berlin, seit 1779 im Reg., Juli 1784 Sl im D-R Nr. 9, 1804 Rittmstr., 1806 Major, 1813 pens.; **Laufbahn**: Okt. 1762 *cadet* in Berlin, Nov. 1765 ins D-R Nr. 9, 1772 als Ltnt. gen., Mrz. 1789 Pl, erhielt im Nov. 1794 als Stabs-Cap. im D-R Nr. 9 d. Orden p.l.m., 1801 u. 1806 als Major gen., 1813 als Major pens.; **Ehefrau**: Caroline Henriette Albertine, geb. Gräfin von Hülsen (1773–1848); **Güter**: besaß 1801 zs. mit seinen drei Brüdern d. väterl. Gut im Wert von 11/m T.;

Quellen: GStA, I. HA, Rep. 30, Nr. 243, Vas.tab. 1756, 1802; Nr. 249, Vas.tab. 1771, 1778; Rep. 96, Nr. 257 R (Bruder F.C.); Stabi, Ms. boruss. fol. 310, fol. 312 (als J.E. Ferd.), fol. 907 a; Stolper Kadetten, S. 2, S. 8; Fam.gesch., S. 158–159, Tafel V; Lehmann, Ritter, S. 374; Tb. Briefadel 1942, S. 415–416;

Ltnt. Johann Heinrich von Re(c)kowsky (* 1729)

aus Pommern gebürtig; **Laufbahn**: seit 1748 im Militär, 1750 Corp., 1756 Fähnrich im I-R Nr. 38, 1764 Pl, vor 1779 abgegangen;

Quellen: Stabi, Ms. boruss. fol. 316;

Ltnt. Johann Matthias von Re(c)kowsky (* 1724, † 1. Mrz. 1749)

Vater: George (1688–1747), Landedelmann, Erbherr auf Anteil Rettkewitz im Distrikt Lauenburg; **Bruder**: Christian (1721–1747); **Laufbahn**: trat 1737 in d. Militärdienst ein, Mrz. 1745 Sl im I-R Nr. 4, 1749 als aktiver Offz. gest.;

Quellen: Stabi, Ms. boruss. fol. 313; Fam.gesch., S. 80, S. 156, Tafel V;

Cap. Paul Ernst von Re(c)kowsky (* 1709, † 17. April 1776)

Vater: Gregor, Landedelmann, Erbherr auf Anteil Groß Gustkow im Distrikt Bütow; **Bruder**: Jacob George (1705–1775), Mrz. 1723 *cadet* in Berlin, Sep. 1725 Junker im D-R Nr. 3, 1750 Sl im Garn.-Reg. von Lüderitz, 1773 Stabs-Cap. im Berliner Land-Reg.; **Laufbahn**: Dez. 1721 *cadet* in Berlin, Febr. 1729 ins I-R Nr. 4, 1738 als Fähnrich gen., Dez. 1740 Pl, stand 1750 u. 1756 als Cap. im I-R Nr. 4, vor 1757 abgegangen; **Güter**: 1756 als Erbherr auf Anteil Groß Gustkow im Distrikt Bütow gen.; **Ehefrau**: Eva Philippine, geb. von Deppen aus Agnitten in Preußen;

Quellen: GStA, I. HA, Rep. 30, Nr. 243, Vas.tab. 1756; Stabi, Ms. boruss. fol. 313; Fam.gesch., S. 77, S. 155–156; Tb. Briefadel 1942, S. 416;

Major Gustav von Reder(n) (1760–1825)

aus Pommern gebürtig; **Laufbahn**: seit 1775 im Militär, 1788 als Ltnt., 1806 als Major im K-R Nr. 9 gen., 1807 dim., 1814 Obrist bei d. mittelrheinischen Landwehr, 1825 gest.;

Quellen: Stabi, Ms. boruss. fol. 312, fol. 907 a; Rangliste 1806, S. 130; Siebmacher, Bd. 6/9, 1894, S. 76 (Fam. in Schwed.-Pom.);

Ltnt. Victor von Reichenbach (* 1774)

Vater: Franz Heinrich († vor 1793), Major, erwarb 1767 von seinem Schwiegervater, d. schwed. Major Christoph Adam von Stedingk, d. Gut Regezow im Krs. Usedom, 1786 auch auf Zinzow, Rubenow u. Borrentin im Krs. Anklam gen., 1801 im Besitz seiner Erben u. im Wert von 42 629 T.; **Mutter**: e. geb. von Stedingk; **Laufbahn**: stand 1787 als Gefr.corp. im I-R Nr. 7, wurde wegen seiner schlechten Aufführung immer wieder zurückgesetzt, seine Mutter erwirkte deshalb u. zu seiner Besserung d. Versetzung zum I-R Nr. 55, rückte hier zum Offz. auf; nahm nach d. *Campagne* (von 1793, 1794) als Minderjähriger ohne Vorwissen seiner Mutter d. Abschied, auch wollte d. Regiment ihn loswerden; ging 1797 nach Berlin, um vom König e. zivile Versorgung zu erbitten, die vom Reg. eingezogenen Nachrichten fielen für ihn negativ aus; am 1. Okt. 1798 bat seine Mutter aus Zinzow im Krs. Anklam immediat darum, ihren *incorrigiblen Sohn* zu arretieren u. auf d. Festung zu bringen; lt. Bericht d. Stettiner Regierung vom 7. Dez. 1798 hatte d. Sohn d. Abschied genommen, obwohl d. Einkünfte aus seinem Vermögen nicht für d. Unterhalt ausreichten, er habe in einem Jahr die Revenuen von fünf Jahren durchgebracht; bereits im Aug. 1793 hatte d. GM Friedrich Christian Carl von Holwede d. Sohn e. *üble conduite* attestiert; d. Ltnt. befand sich seit 11. Okt. 1798 auf d. Berliner Hausvogtei; mit Ordre vom 5. Jan. 1799 sollte er auf d. Festung, im Mrz. 1799 dann jedoch nach Spandau gebracht werden;

Quellen: GStA, I. HA, Rep. 30, Nr. 44 R 109 q, Paket 9 370; Stabi, Ms. boruss. fol. 314; Brüggemann, Vorpommern, S. 263;

Obrist George Nicolaus von Reichmann (* 1702)

aus d. Nähe von Stettin gebürtig; **Laufbahn**: seit 1719 im Militär, stand 1746 und 1751 als Cap. u. Chef e. Comp. im Garn.-Reg. Nr. 5, 1773 Obrist, stand 1777 als Kommandant in Magdeburg;

Quellen: Stabi, Ms. boruss. fol. 314; Nachrichten v.d. Armee 1777, S. 111;

Major Ernst Carl Siegmund von Reitzenstein (* 1746)

aus Pommern gebürtig; **Laufbahn**: trat 1761 in d. Militär ein, will im Siebenjährigen Krieg seine Gesundheit eingebüßt haben, stand 1764 als Ltnt. im D-R Nr. 4, noch 1778 als Sl genannt, zuletzt (Stabs-)Cap., 1785 dim., erhielt auf sein Gesuch aus Hammer bei Küstrin am 27. Jan. 1786 d. Prädikat Major; (evt. **verwandt** mit d. GM Carl Erdmann von Reitzenstein (1722–1789): Priesdorff, Nr. 578);

Quellen: GStA, I. HA, Rep. 96, Nr. 95 R r r; Stabi, Ms. boruss. fol. 313; Schöning, D-R Nr. 3, S. 212 (Rangliste f.d. D-R Nr. 3), S. 424;

Obrist Caspar Friedrich von Rentzell (* 18. Dez. 1741, † 14. April 1817) *

Vater: Joseph Wolfgang Heinrich, († 16. Jan. 1757), Ltnt.; **Mutter**: Catharina Elisabeth, geb. von Wedelstaedt († 8. Febr. bzw. 23. Febr. 1757); (**Vater-Bruder**: Christoph Friedrich (1702–1778), Gl, Vetter: Johann George Friedrich Kunath (* 1744), Mai 1767 als Sl im I-R Nr. 23 legitimiert, Aug. 1778 dim.); **Laufbahn**: Mrz. 1757 *cadet* in Berlin, Mai 1757 Gefr.corp. im I-R Nr. 41, Mai 1760 Fähnrich, Okt. 1761 Sl, Febr. 1771 Pl, Okt. 1777 Stabs-Cap., Mrz. 1782 Cap. u. Chef e. Comp., Jan. 1791 Major, Nov. 1794 Orden p.l.m., Mai 1800 Ol, Mai 1802 Obrist, Jan. 1804 Kommandeur d. I-R Nr. 41, Dez. 1804 Kommandeur d. III. Bat. d. I-R Nr. 9, Nov. 1806 inaktiv, Jan. 1813 Abschied mit Pension, Sep. 1813 Kommandant von Minden, Jan. 1815 Charakter GM; **Ehefrau**: Anna Catharina Elisabeth, geb. Brüggemann (1740–1816); **Sohn**: Caspar Christian Friedrich (1773–1820), Cap.;

Quellen: Stabi, Ms. boruss., fol. 315 (C.F. danach aus Pommern geb.); Gesch. I-R Nr. 41, S. 99 (d. Vater hier als George Friedrich, † 14. Febr. 1757); Priesdorff, Nr. 559 (Onkel?, Vetter), Nr. 1231;

Ltnt. George Heinrich von Rentzell (* April 1741, † 12. Juni 1800)

aus Pommern gebürtig; **Laufbahn**: trat 1763 in d. Militärdienst ein, stand 1764 als Fähnrich im I-R Nr. 23, 1778 hier als Ltnt. gen., seit April 1778 Gen.-Adjutant d. Gl Christoph Friedrich von Rentzell (1702–1778) *; Chef d. I-R Nr. 23, später als Hofstaats-Holzverwalter versorgt; bat im Aug. 1781 als Ltnt. im I-R Nr. 23 um e. Pension für seine **Schwester** Anna Louise (* 1747 in Gr. Herzberg), die sich damals in Salleske bei Stolp aufhielt, wo sie einige Unterstützung erhielt; im Okt. 1786 wurden seine Söhne legitimiert: George Wilhelm (1768–1815), Major bei d. Artillerie, Christoph Ferdinand (1773–1832), Cap., später Geh. Exped. Sekretär im Kriegsministerium;

Quellen: GStA, I. HA, Rep. 30, Nr. 186 d, Paket 9839; Stabi, Ms. boruss. fol. 316; Priesdorff, Nr. 559 (Gl C.F.); Tb. Briefadel 1918, S. 705–706;

Ltnt., Landrat Johann Daniel Ludwig von Reppert
(* 1. Mrz. 1724, † 16. Febr. 1800) *

Vater: Christian (1686–1742), herzogl.-sachsen-coburgischer Hofadvokat; **Mutter**: e. geb. Leucksenhof; **Bruder**: Heinrich Sebastian (1718–1800) *, Gl, stand von 1738 bis 1784 im K-R Nr. 8, seit Juli 1784 Chef d. K-R Nr. 11; **Bruder**: Johann Christian Gottfried (* 1725), seit 1742 im preuß. Militär, stand 1756 als Cornet, 1764 als Rittmstr. u. Chef e. Escadron, 1775 als Major im K-R Nr. 8, vor 1787 abgegangen; **Bruder**: August Friedrich (* 1720), seit 1740 im preuß. Militär, 1779 als Rittmstr. u. Chef e. Escadron, 1786 als Major, 1793 als Obrist im H-R Nr. 7 gen., im Mrz. 1794 mit 600 T. Pension dim.; **Laufbahn**: diente von 1743 bis 1763 im D-R Nr. 12, 1756 als Ltnt. gen., amtierte von 1772 bis 1795 Landrat im Dewitzschen Krs.; **Ehefrau**: Amalia Elisabeth (1732–1788), e. To. von Christian Heinrich von Dewitz auf Farbezin u. Schmelzdorf im Dewitzschen Krs., aus d. Ehe fünf Töchter u. drei Söhne; **Güter**: erwarb 1758 Justemin u. Vorwerk Amalienburg im Dewitzschen Krs. von d. Gebr. August Albrecht u. Stephan Gottlieb von Dewitz auf Hoffelde, kaufte 1764 d. Gut Radem im Dewitzschen Krs. vom KD-rat Christoph Ernst August von Platen auf Zimmerhausen; seine Güter hatten 1767 e. Wert von 17 600 T., darauf Hypotheken über 6 947 T. u. a. Schulden von 2 200 T., weiter hieß es, *possessor* hat d. Güter erst nach d. Krieg gekauft, also *die Kriegsschäden nicht erlitten*; 1797 wurden seine Güter auf 37/m T. geschätzt; verwaltete auf dessen Wunsch bis zum Ausscheiden aus d. aktiven Dienst die Güter seines **Schwagers**, des Majors Carl Ludwig von Dewitz auf Maldewin, s.d.; d. Major protestierte 1772 nicht nur gegen die Bestallung von J.D.L. als Landrat, sondern beide überzogen sich wechselseitig mit langjährigen Prozessen wegen d. Verkaufs u.d. Verwaltung ihrer Güter; dabei ging es um Zahlungsmodalitäten, strittige Grenzen, Jagdrechte, Untertanen; 1781 verklagte d. Major von Dewitz den Landrat wegen überhöhter Rechnungen für die Verwaltung seiner Güter, so hatte von Reppert sich für die Führung d. Geschäfte e. jährl. Gehalt von 50 T. gezahlt, ihm wurden jedoch nur 25 T. zugebilligt, weshalb er 450 T. zurückzahlen mußte; lt. Stettiner Regierung trugen beide Parteien *Schuld an der Vielzahl und der Länge der Prozesse*; **Sohn**: Carl Friedrich August (* 16. Mrz. 1762), engagierte sich 1774 im K-R Nr. 8, 1775 Junker in d. Escadron seines **Vater-Bruders** J.C.G., 1787 als Ltnt., 1797 als Rittmstr. gen., vor 1801 abgegangen; **Sohn**: Christian Wilhelm Gottlob (* 5. April 1768), seit 1780 im H-R Nr. 7, Juni 1786 Cornet, 1797 als Pl, 1801 als Stabs-Rittmstr. im H-R Nr. 7 gen., stand damals nahe Warschau in Garnison, noch 1806 im aktiven Dienst, 1808 als Rittmstr. pens.; **Sohn**: Daniel Friedrich (* 22. Juni 1770), trat ins D-R Nr. 12 ein, 1797 u. 1801 als Pl genannt, vor 1806 abgegangen; **Töchter**: Charlotta Friederica Albertina (* 6. April 1759), verh. mit Carl Leopold von Blankenburg auf Karkow, s.d.; Amalia Wilhelmina Carolina (* 11. Mrz. 1765), verh. mit d. Major, späteren Postmstr. zu Prenzlau von Grell; 1801 führten die Brüder Klage gegen ihre Schwestern wegen d. väterlichen Testamentes;

Quellen: GStA, I. HA, Rep. 30, Nr. 43, Paket 9 232; Nr. 44, R 109 o, Paket 9 369; Nr. 243, Vas.tab. 1793; Stabi, Ms. boruss. fol. 310 (Sohn C.W.G.), fol. 311 (J.D.L.), fol. 312 (Sohn C.F.A., Bruder J.C.G.), fol. 313 (Sohn C.W.G., Bruder A.F.), fol. 907 a; Brüggemann, T. 2/1, S. 311; Priesdorff, Nr. 715 (Bruder H.S.); biogr. Handbuch, S. 796 (J.D.L.);

Ltnt. August Christoph von Rexin (* 24. Jan. 1778, † 28. Juni 1843)

Vater: Johann Christoph (1741–1808), preuß. Cap., Erbherr (auf Woedtke u. Gnewin im Distrikt Lauenburg,) auf Schidlitz u. adlig Bielsk in Westpreußen; **Mutter**: Charlotte Constantine Juliane, geb. von Wussow († 1789); **Bruder**: Franz Carl George (1772–1791), als Junker im I-R Nr. 33 gest.; **Bruder**: Johann Ernst Friedrich (1775–1829), Aug. 1784 *cadet* in Stolp, Mai 1790 *cadet* in Berlin, nach 1806 Cap.; **Laufbahn**: Juli 1786 *cadet* in Stolp, April 1793 *cadet* in Berlin, seit 1795 im Regiment, Okt. 1797 Fähnrich im Grenadier-Garde-Bat., Juni 1800 Sl, 1826 als Major im 24. I-R pens.;

Quellen: Stabi, Ms. boruss. fol. 907 a; Reinhard, Garde, S. 540, S. 543; Stolper Kadetten, S. 19, 21; Tb. Uradel 1930, S. 515;

Ltnt. Franz Albrecht von Rexin (* 1748)

Vater: Franz George (* um 1711), seit 1728 Gefr.corp. im I-R Nr. 24, Jan. 1733 Fähnrich, 1737 als Ltnt. auf Wunsch dim., nach d. Vergleich mit seiner Mutter Ingeburg Sophia, geb. von Kettwig, u. seinen Geschwistern seit 1738 Erbherr auf Schojow im Krs. Stolp im Wert von 5 333 T., verkaufte d. Gut 1763 an d. GM Wilhelm Sebastian von Belling, s.d.; 1771 Erbherr auf Groß Bozepohl im Distrikt Lauenburg im Wert von 29 600 fl.; **Großvater**: Franz George, Erbherr auf Schojow; **Laufbahn**: seit 1765 im Militär, 1772 Cornet im H-R Nr. 8, im Dez. 1772 als Sl *cassirt*;

Quellen: GStA, I. HA, Rep. 30, Nr. 243, Vas.tab. 1756, 1763; Nr. 249, Vas.tab. 1771; VIII. HA, Slg. A.B. König, Nr. 449 (d. Sohn danach Ltnt. im I-R Nr. 7); Stabi, Ms. boruss. fol. 315, fol 316; Brüggemann, T. 2/2, S. 1001–1002; Schöning, 5. H-R, S. 125;

Ltnt. Heinrich August von Rexin (* 1751)

Vater: Franz Ludwig (* um 1701, † 1768), poln. GM, Erbherr auf Tauentzien; **Mutter**: Euphrosina Ludovica Elisabeth, geb. von Rexin, sie saß 1771 als Witwe auf Tauentzien im Distrikt Lauenburg im Wert von 29 500 fl., außerdem auf Liebenthal, Bärwalde, Bahrenbruch in Polen im Wert von 160/m fl:, **Brüder**: Michael Ernst (* 1737), vorm. poln. Cap., Franz Theodor (* 1739), poln. Cap., George (* 1740), Starost zu Marienburg; **Laufbahn**: seit 1768 im Militär, 1771 Fähnrich, 1775 Sl im I-R Nr. 4, vor 1787 abgegangen;

Quellen: GStA, I. HA, Rep. 30, Nr. 249, Vas.tab. 1771; VIII. HA, Slg. A.B. König, Nr. 449; Stabi, Ms. boruss. fol. 313; Tb. Uradel 1930, S. 515, S. 517 (hier e. Friedrich Aug. Lucas (* 1753), poln. Ltnt., d. Brüder mit teils anderen Vornamen u. Daten);

Cap. Johann Bogislav von Rexin (* um 1744, † um 1786)

Vater: Barthold Friedrich (* 1691, † 1760), Erbherr auf Rexin B u. C im Krs. Stolp, 1756 im Wert von 3/m T.; **Bruder**: Franz Ernst (* 1721, † um 1786), seit 1733 im Militärdienst, 1740 Gefr.corp., Juli 1743 Sl im I-R Nr. 29, Jan. 1750 Pl, im April 1763 als Cap. dim., erbte 1768 Rexin C für 1 222 T.; **Bruder**: George (* 1743), 1755 auf d. Schule; **Schwestern**: Dorothea Juliana (* 1724, † 23. Aug. 1793) u. Esther Hedwig (* 1734), beide hielten sich 1775 u. 1786 in Rexin auf, jede besaß e. Vermögen von 133 T., sie standen seit 1774 auf d. Expectantenliste für e. Pension, zwei weitere Schwestern waren bereits verst., erhielten im Dez. 1792 e. Pension von 50 T.; **Laufbahn**: weilte 1755 auf d. Schule, trat um 1761 in d.

Militärdienst ein, stand 1767 als Fähnrich, 1773 als Sl im I-R Nr. 17, 1786 nach 24 Dj. als Stabs-Cap. wegen Invalidität dim.; **Güter**: erbte 1768 Rexin B im Wert von 2444 T. u. erwarb 1779 Rexin A im Krs. Stolp für 4400 T.;

Quellen: GStA, I. HA, Rep. 30, Nr. 243, Vas.tab. 1755, 1763, 1767; II. HA, Abt. 13a, Tit. III, Litt R, Nr. 11 (Schwestern, mit Hinweis auf d. Brüder); Stabi, Ms. boruss. fol. 316; Brüggemann, T. 2/2, S. 996–997;

Ltnt. Johann Gottfried von Rexin (* 1694)

aus Pommern gebürtig; **Laufbahn**: seit 1712 im Militär, Nov. 1720 Fähnrich im I-R Nr. 1, Okt. 1722 Sl, Aug. 1724 Pl, vor 1738 abgegangen;

Quellen: Stabi, Ms. boruss. fol. 313, fol. 319;

poln. Cap. Michael Ernst von Rexin (* 1738, † 27. Juni 1801)*

Vater: Carl Ludwig (1737–1776), poln. Ol, Erbherr auf Woedtke, Chinow, Hammer im Distrikt Lauenburg; **Mutter**: Albertine Catharina, geb. von Somnitz (1741–1794); **Laufbahn**: avancierte in d. poln. Armee bis zum Cap.; **Güter**: seit mind. 1785 Erbherr auf Woedtke und Gnewin im Distrikt Lauenburg; **Ehefrau**: Charlotte Ludovica, geb. von Rexin (1752–1794); (**verwandt**: Michael Ernst von Rexin aus *Cassuben* (* 1701), seit 1716 im Militär, stand 1728 als Sl im I-R Nr. 4, vor 1738 abgegangen: Ms. boruss. fol. 313);

Quellen: Brüggemann, T. 2/2, S. 1084; Tb. Uradel 1930, S. 515;

Obrist Adrian Gottlieb (Gottlob) von Rhein (* um 1745, † 1805)

Vater: Henning Otto (* 1691, † vor 1763), aus Stargard gebürtig, seit 1710 im Militär, Juli 1714 Fähnrich im I-R Nr. 13, Juli 1716 Pl, noch 1720 als Pl gen., vor 1730 abgegangen (bzw. 1737 als Ltnt. dim.), seit 1718 Erbherr auf Wildenhagen A u. Dargsow A im Krs. Greifenberg im Wert v. 6/m T., hinterließ fünf Söhne; **Mutter**: Hedwig, geb. von Manteuffel; **Vater-Bruder**: Joachim Friedrich († vor 1756), Ltnt.; **Bruder**: Friedrich Ernst (Ehrentreich) (* um 1729, † Mai 1783), seit 1747 im Militär, 1756 Cornet, 1767 Pl im D-R Nr. 12, seit 1779 Major u. Chef e. Escadron, 1783 als Kommandeur d. D-R Nr. 12 ohne Leibeserben verst.; **Bruder**: Henning Christoph (* 1733, † 16. Okt. 1799), 1749 als Junker ins D-R Nr. 5, Sep. 1753 Cornet, Febr. 1757 Sl, Mai 1763 Pl, Juni 1775 Stabs-Cap., Juni 1785 Cap. u. Chef e. Escadron, Juni 1786 Major, Dez. 1792 auf Wunsch als Ol mit Pension dim., Erbherr auf Wildenhagen A (bzw. B) im Krs. Greifenberg im Wert von 10/m T., seit April 1790 (bzw. 1792) verheiratet mit Wilhelmine Elisabeth (* 1758, † 1793), e. To. d. Cap. J.S. von Gaudekker, zweite Ehe im Juli 1794 mit Beata Elisabeth Dorothea († 1820), e. To. d. 1757 in Böhmen gefallenen Majors O.C. von Münchow vom I-R Nr. 43, d. Ol hinterließ e. Sohn (* 1791), diesem wollte seine (Stief-)Mutter d. Gut im Wert von 11/m T. konservieren, davon waren aber nur 4/m T. frei; **Bruder**: Carl Otto (* um 1735, † 1788), studierte 1756 in Halle, seit 1763 Erbherr auf d. väterl. Gütern Wildenhagen A u. Dargsow A, 1767 hieß es, kann sich *nicht selbst helfen, da seine väterlichen Schulden ihm nichts freies lassen*, Wildenhagen A hatte um 1780 e. Wert von 9/m T., darauf Schulden von 6600 T., als Landschaftsrat bez., unbeerbt verst.; **Bruder**: Anthon Leopold (* um 1736, † vor 1763), seit 1754 Gefr.corp. im I-R Nr. 43; **Bruder**: George Bogislav (* um 1744, † Frühjahr 1801), absolvierte e. Studium, 1767 auf d. väterl. Gut, saß 1786, 1798 als Pfandbesitzer auf d. von Manteuffelsche Gut Gervin, bezifferte im Dez. 1786 seine jährl. Revenuen auf 80 T., konnte davon seine fünfköpfige Familie u. die fünf *Domestiquen* nicht unterhalten, suchte immediat um e. Zuschuß nach, im Jahr 1800 wurde sein Ackerwerk bei Köslin schuldenhalber unter Wert für 2460 T. verkauft, verheiratet mit Henriette Wilhelmine Gertraud (* 1753), e. To. d. Obristen (u. Kommandanten von Spandau) von Arnstedt, Sohn: Franz Friedrich Wilhelm (* 1776), Juli 1785 *cadet* in Stolp, Juni 1790 *cadet* in Berlin, 1801 Ltnt. im I-R Nr. 49, vor 1806 abgegangen, Töchter: Wilhelmine Philippina Constantia (* 1783) u. Louisa (* 1787), beide besaßen kein Vermögen, waren 1801 nach d. Tod ihres Onkels H.C. bei fremden Leuten untergebracht, weil ihnen d. Verwandten nicht mehr helfen konnten; **Laufbahn**: trat um 1760 ins D-R Nr. 8 in Insterburg ein, im Jan. 1761 als Cornet, 1767 als Sl gen., Jan. 1777 jüngster Pl, Jan. 1785 zweitjüngster Stabs-Cap., Juni 1788 Cap., Jan. 1789 Major, Jan. 1799 Ol, Jan. 1800 Obrist, Juni 1802 Orden p.l.m., zuletzt Obrist u. Chef d. D-R Nr. 8, vor Jan. 1806 gest.;

Quellen: GStA, I. HA, Rep. 30, Nr. 44, R 103, Paket 9365; Nr. 243, Vas.tab. 1756 (danach soll d. Vater 20 Jahre im K-R 12 gestanden haben, evt. e. Verwechslung mit M.F., s.d.), 1767, 1794; II. HA, Abt. 13 a, Tit. III, Litt R, Nr. 12 (Nichten); Stabi, Ms. boruss. fol. 311 (d. Vater als Heinrich O., Bruder F.E.), fol. 319 (Vater); Brüggemann, T. 2/1, S. 421, S. 457; Baerensprung, D-R Nr. 8, S. 521, S. 526–527, S. 533–534, S. 538, S. 545–546, S. 550; Albedyll, Anhang S. 78* (Bruder H.C.); Lehmann, Ritter, S. 417;

Gutsbes. Christoph Friedrich von Rhein (* um 1691)

Vater: Jacob (Tyde) Thiede (1659–1736), Erbherr auf Wildenhagen B u. Wietstock C im Krs. Greifenberg; **Bruder**: Joachim Friedrich (* 1684, † vor 1756), Ltnt., hinterließ einem unehelichen Sohn 1/m fl., das Geld wurde diesem von Lehnsvettern streitig gemacht; **Bruder**: Henning Otto (* 1691, † vor 1763), Pl im I-R Nr. 13, siehe mehr bei dessen Sohn A.G. (1745–1806), Obrist; **Laufbahn**: trat weder in d. Zivil- noch in d. Militärdienst ein; **Güter**: besaß die väterlichen Güter Wildenhagen B u. Wietstock C; **Sohn**: Matthias Heinrich (* um 1729), seit 1746 im Militär, 1750 Sergant im I-R Nr. 38, vor 1756 abgegangen, 1767 Erbherr auf Wietstock C im Wert von 6/m T., seine Schulden betrugen 4148 T.; **Sohn**: Carl Friedrich (* um 1731), Erbherr auf Wildenhagen B u. Dargsow B, dieser wurde noch in d. Jahren 1793 bis 1804 auf Wildenhagen B (bzw. A) im Wert von 10/m T. sowie auf Wietstock B genannt;

Quellen: GStA, I. HA, Rep. 30, Nr. 44, R 103, Paket 9365; Nr. 243, Vas.tab. 1756, 1767, 1793, 1804; Stabi, Ms. boruss. fol. 311 (Bruder, hier als Heinrich Otto), fol. 316, fol. 319 (Bruder H.O.); Brüggemann, T. 2/1, S. 457;

Ltnt. Heinrich August von Rhein (* um 1734)

Vater: (Erbherr auf Anteil Dargsow im Krs. Greifenberg); **Bruder**: Otto Friedrich (1732–1757), 1750 Gefr.corp., seit Mai 1752 Fähnrich im I-R Nr. 35, erhielt im Juni 1756 als Fähnrich d. *venia aetatis*, seine beiden jüngeren Brüder dienten damals ebenfalls bereits, besaß 1756 gemeinsam mit d. Brüdern e. Anteil an Dargsow im Wert von 2666 T., als Pl am 22. Nov. 1757 bei Breslau gefallen; **Bruder**: Bogislav Leopold (* 1739, † vor 1801), seit 1755 im Reg., 1756 Gefr.corp. im I-R Nr: 20, vor 1764 abgegangen, verh. mit e. geb. von Paulsdorff, beide sollen geerbt, schlecht mit d. Erbe gewirtschaftet u. ihr Vermögen durchgebracht haben, d. zuständige Landrat sprach sich deshalb 1801 gegen e. Pension für d. Witwe aus; **Laufbahn**: engagierte sich um 1752 im Militärdienst, stand 1756 als Gefr.corp.

im I-R Nr. 17, Sep. 1756 Sl im Garn.-Reg. Nr. 11, 1763 als vorm. Ltnt. gen.; **Güter**: besaß zs. mit seinen Brüdern e. Anteil an Dargsow im Krs. Greifenberg, hatte 1763 hier seinen Wohnsitz;

Quellen: GStA, I. HA, Rep. 30, Nr. 186 d, Paket 9 836; Nr. 243, Vas.tab. 1755, 1756, 1763; Stabi, Ms. boruss. fol. 311 (Bruder O.F.), fol. 314; Brüggemann, T. 2/1, S. 421; Tagelichsbeck, S. 266 (Bruder O.F.);

Ltnt. Matthias Friedrich von Rhein (* 1697)

aus Pommern gebürtig; **Laufbahn**: seit 1715 im Militär, 1721 Cornet im K-R Nr. 12, Mrz. 1723 Sl im I-R Nr. 28, 1730 hier noch als Sl genannt, um 1732 dim.;

Quellen: Stabi, Ms. boruss. fol. 311, fol. 314;

Ltnt. Christian Friedrich von Rhoeden (* 1693)

aus Pommern gebürtig; **Laufbahn**: seit 1712 im Militär, (1715 Wachtmstr.), Mai 1720 Ltnt. im K-R Nr. 2, im Jan. 1723 hier noch gen., vor 1730 abgegangen; (**verwandt**: Wilhelm von Rhoeden (* 1704), aus Pommern, seit 1724 Junker im K-R Nr. 2, 1730 als Cornet ins K-R Nr. 4, vor 1740 von hier abgegangen: Stabi, Ms. boruss. fol. 315, Monteton, S. 55);

Quellen: Stabi, Ms. boruss. fol. 315; Schwerin, K-R Nr. 10, T. 1, S. 203;

Cap. Friedrich Wilhelm von Rhoeden (1703–1742)

aus Pommern gebürtig; **Laufbahn**: seit 1722 im Militär, stand 1740 als Pl im I-R Nr. 18, 1742 als Stabs-Cap. auf d. Rückmarsch aus Böhmen gest.;

Quellen: Stabi, Ms. boruss. fol. 313;

Cap. Friedrich Wilhelm von Rhoeden (* 1729, † 1783)

Vater: Hans Nicolaus (* um 1690, † 1756), seit 1705 im Militär, Mai 1715 Ltnt. im K-R Nr. 2, noch 1720 hier als Ltnt. gen., vor 1730 abgegangen, zuletzt Cap. im Stettiner Land-Reg., in Stettin gest., Erbherr auf 1/2 Winningen im Krs. Dramburg u. ¼ Runow im Krs. Saatzig; **Mutter**: Sophie Eleonore, geb. von Lekow (1701–1766); **Vater-Bruder**: Adam Friedrich (* 1700), aus d. NM gebürtig, seit 1714 im Militär, stand 1740 als Cap. u. Chef e. Comp. im I-R Nr. 18, erhielt 1745 eine Garn.-Comp. in Preußen; Stief-**Bruder**: Hans Heinrich Adam (1715–1784), 1740 Cornet im K-R Nr. 5, 1745 als Ltnt., 1750 als Stabs-Rittmstr. gen., 1756 Chef e. Escadron, 1764 als Major gen., zuletzt Obrist, 1772 dim., stiftete e. Fideikommiß von 3/m T. für d. jeweils ältesten Sohn; **Bruder**: Carl Christian Theodor (* 1733), seit 1748 im Militär, 1750 Gefr.corp. im I-R Nr. 43, 1755 als Fähnrich gen.; **Bruder**: (Carl) George Leopold Askan (* 1735, † 1791), stand von 1751 bis 1769 im K-R Nr. 5, zuletzt als Stabs-Rittmstr., Mai 1769 Abschied, dann 19 Jahre Cap. beim Berliner Land-Reg. mit e. jährl. *Tractament* von 72 T., Erbherr auf Schlönwitz im Krs. Schivelbein, bat im Mai 1784 mit Verweis auf seine fünf Kinder u. seine schlechten Umstände um e. Teil d. Pension seines eben verst. Bruders, hinterließ 1791 fünf Söhne, von denen drei bereits im Militär standen, u. eine To., sie hatten zs. e. väterliches Vermögen von 2 200 T.; **Laufbahn**: seit 1742 im Regiment, 1750 Sl im I-R Nr. 43, 1783 als vorm. Cap. in Schweidnitz gest.;

Quellen: GStA, I. HA, Rep. 96, Nr. 95 R r r; II. HA, Abt. 13 a, Tit. IV, Litt S, Nr. 1 (Bruder G.L.A.); Stabi, Ms. boruss. fol. 311 (Brüder), fol. 313 (Onkel), fol. 315 (Vater), fol. 316 (als Röden, 1750: F.W. aus Pomm., C.C.T. aus d. NM; 1764 beide hier nicht mehr), fol. 319 (Vater 1715, aus Pommern geb.); Ms. geneal. fol. 120; Brüggemann, T. 2/1, S. 276–277; Schwerin, K-R Nr. 10, T. 1, S. 202 (Vater); Tb. Uradel 1915, S. 658, S. 660;

Ltnt. Ewald Fromhold von Rieck (* 1763)

Vater: George Friedrich (* um 1721), Erbherr auf Anteil Hammer im Krs. Rummelsburg; **Vater-Bruder**: George Christian (* 1729, † vor 1781); **Laufbahn**: Mai 1773 *cadet* in Stolp, April 1774 verabschiedet, (anfänglich im Garn.-Reg. Nr. 11 plaziert, bat am 25. Febr. 1791 als Sl im Depot-Bat. d. I-R Nr. 55 mit Verweis auf seine 17 Dj. um d. Versetzung in e. Füsilier-Bat.), stand 1793 als Ltnt. im Füsilier-Bat. von Oswald, vor 1799 abgegangen; **Güter**: 1793 auf Hammer B für 1 500, 1804 als Erbherr auf Hammer A u. B für zs. 3 700 T. gen.;

Quellen: GStA, I. HA, Rep. 30, Nr. 243, Vas.tab. 1793, 1799, 1804; Rep. 96, Nr. 257 R; VIII. HA, Slg. A.B. König, Nr. 449; Stabi, Ms. boruss. fol. 314 (J.E.); Brüggemann, T. 2/2, S. 793; Stolper Kadetten, S. 5;

Ltnt. Victor von Rieck (* 1761)

(**Vater**: Johann Ehrenreich (* 1726), aus Hinterpommern gebürtig, seit 1743 Junker im D-R Nr. 12, 1756 Sl, 1765 Pl, Sep. 1772 Cap. im Garn.-Reg. Nr. 11, vor 1787 abgegangen, Erbherr auf Anteil Hammer im Krs. Rummelsburg); **Laufbahn**: 1775 Gefr.corp., Juni 1785 Sl im Garn.-Reg. Nr. 11; (**verwandt**: ein Johann Jacob von Rieck aus Hammer in Pommern (* 1700), seit 1721 im Militär, stand 1725 als Corp. im I-R Nr. 29: Ms. boruss. fol. 316);

Quellen: Stabi, Ms. boruss. fol. 311 (J.E.), fol. 314 (1775 als Joh. Carl Vict., aus Österr.); Brüggemann, T. 2/2, S. 793; Siebmacher, Bd. 6/9, 1894, S. 78;

Ltnt. Alexander Paul von Rietz (* 1755)

Vater: Ltnt. im H-R Nr. 8; **Bruder**: Martin Friedrich (* 1754), 1765 im Waisenhaus Potsdam; **Bruder**: Johann Ferdinand (* 1756), 1765 in Potsdam; **Laufbahn**: Juni 1765 *cadet* im Potsdamer Waisenhaus, seit 1770 im Militär, Aug. 1775 Sl, Jan. 1782 Pl im Garn.-Reg. Nr. 6;

Quellen: Stabi, Ms. boruss. fol. 310 (Hinweis auf Vater, Brüder) fol. 315 (jeweils als von Rietz; d. Vater nicht in d. Liste H-R 8 für 1747); Schöning, 5. H-R (d. Vater nicht in d. Listen f. 1760, 1761 u. 1763 auf d. S. 61–62, S. 67–68, S. 102–104 u. nicht in d. Abgangsliste gen.);

Cap. Borchard Ludwig Graf von Rittberg (* 1. Nov. 1763, † 28. Nov. 1825)

Vater: Johann Dietrich Arnold (1707–1785), Obrist, s.d., hinterließ aus zwei Ehen fünf Söhne; **Mutter**: Augusta, geb. Freiin von Eickstedt (1728–1784); (Stief-)**Bruder**: August Johann (* 1756), trat 1769 in d. Militärdienst ein, Okt. 1772 Sl im I-R Nr. 2, wurde im Sep. 1776 ohne Abschied vom König d. Landes verwiesen u. über d. poln. Grenze gebracht, trat 1777 in herzoglich-braunschweigische Dienste, wollte sich im Aug. 1783 mit nach Amerika einschiffen, war am Tag der Abreise jedoch nicht anwesend, galt seitdem als verschollen; wurde am 4. Dez. 1795 öffentlich *citirt* u. am 12. April 1796 für tot erklärt, sein Vermögen in Höhe von 4/m T. wurde in Beschlag genommen, um es für d. Fiskus einzuziehen; **Lauf-**

bahn: seit 1778 im Regiment, April 1785 Sl im I-R Nr. 17, erhielt als Ltnt. am 10. April 1786 d. *venia aetatis*, hatte damals e. Vermögen von 2/m T., Juli 1793 Pl, Okt. 1797 Stabs-Cap., Nov. 1801 Cap., Dez. 1813 zum Ersatz-Bat., Mai 1814 dim., Juni 1814 Charakter Major; **Güter**: erbte zs. mit seinem Bruder, der 1786 als Ltnt. im I-R Nr. 36 stand, Viezow u. Wutzow im Krs. Belgard; ihr Vater hatte Aktiva von 28 102 u. Schulden von 32 526 T. hinterlassen, sie mußten deshalb die Güter für 26 105 T. an ihren Schwager verkaufen, d. Obristen George Friedrich von Kameke; als väterl. u. mütterl. Erbteil bekam jedes Kind 1786 2 258 T.; bereits 1786 suchten die beiden Ltnt.s darum nach, ihnen d. Vermögen d. verschollenen Bruders auszuhändigen; im Mai 1797 erneuerte d. Pl B.L. aus Danzig diesen Antrag, er wurde jedoch am 17. Juli u. 15. Nov. 1797 abgewiesen;

Quellen: GStA, I. HA, Rep. 30, Nr. 44, R 109 r, Paket 9 370; Nr. 186 d 2, Paket 9 850; Stabi, Ms. boruss. fol. 314 (1782 kein Rittberg im I-R Nr. 36), fol. 316; Oelsnitz, I-R Nr. 2, S. 513, S. 938; Kopka v. Lossow, Offz.liste, S. 43*;

Obrist Johann Dietrich Arnold (seit 1751: Graf) von Rittberg (* 28. April 1707, † 10. Sep. 1785)

Vater: Johann Rembert (1654–1734), dän. Cap., Erbherr auf Sassendorf bei Soest; **Mutter**: Helene Elisabeth (1679–1733), e. To. d. russ. Generalfeldzeugmeisters Graf von Münnich; **Bruder**: Anton Günther Albert (1698–1763), poln. GM, Erbherr auf Litschen, Branden, Gilwe im Krs. Marienwerder; **Bruder**: Johann Wilhelm Florens (* 1719, † 28. Jan. 1791), seit 1735 im Reg., 1740 Fähnrich im I-R Nr. 3, Febr. 1744 Sl, Mai 1750 Pl, 1755 als Cap. dim., hielt sich 1767 in Berlin auf; **Laufbahn**: seit 1722 im Militär, 1746 Major im D-R Nr. 1, 1756 Obrist, im Mrz. 1757 dim.; **Güter**: saß 1767 als vorm. Obrist auf Viezow u. Wutzow im Krs. Belgard, seine Güter hatten e. Wert von 25 500 T., darauf Hypotheken von 13 733, d. weiteren Schulden betrugen 15 616 T.; in zweiter **Ehe** seit 1753 verh. mit Augusta, geb. Freiin von Eickstedt (1728–1784); 1793 besaß seine To., die verw. Obrist von Kameke, die Güter, sie wohnte in Greifenhagen, 1804 befanden sich Viezow u. Wutzow im Wert von 58/m T. in d. Hand d. Stettiner Kammerpräs. Carl Heinrich Ludwig Frhr. von Ingersleben; **Sohn**: Johann Wilhelm Ludwig (* 16. April 1752), 1767 Gefr.corp. im D-R Nr. 1, 1774 Fähnrich, zuletzt Ltnt., Nov. 1783 als Cap. dim.; **Sohn**: George Albrecht (1758–1812), seit 1770 im Regiment, 1786 Sl im D-R Nr. 9, vor 1806 abgegangen; **Sohn**: Borchard Ludwig (1763–1825), Cap., s.d.; **Sohn**: Johann Wilhelm (* 1765), Mai 1776 *cadet* in Stolp, Mai 1779 ins K-R Nr. 5, vor 1787 abgegangen, später schwed. Cap.;

Quellen: GStA, I. HA, Rep. 30, Nr. 43, Paket 9 232; Nr. 243, Vas.tab. 1763, 1767, 1804; Stabi, Ms. boruss. fol. 312 (Sohn G.A. hier als G.W.), fol. 314 (J.D.A. 1724, 1735 nicht im D-R 1); Gesch. I-R Nr. 3, S. 199–200; Zedlitz, 4. Bd., S. 116–117; hist.-heraldisches Tb., 1855, S. 779–780; Probst, D-R Nr. 1, 1841, S. 156, S. 157 (Sohn J.W.L.); Stolper Kadetten, S. 9;

Ltnt. Carl August von Roeder (* 1779)

Vater: August Carl (* 1737) aus Sachsen-Weimar gebürtig, zunächst Cap. in württembergischen Diensten, 1763 dim., dann (1770) als Ltnt. im K-R Nr. 5 angestellt, diente als solcher 15 Jahre, wurde nach e. Sturz invalide u. bekam d. Dimission, 1778 als Cap. beim Train d. Artillerie angestellt, 1779 dim., sollte e. Pension bekommen, ging aber leer aus, befand sich in armseligen Umständen, vor 1799 auf d. Weg von Belgard nach Körlin erfroren, setzte während seiner Dienstzeit d. Vermögen seiner Frau zu; **Mutter**: e. geb. Freiin von Raschau aus Sachsen († 24. Aug. 1799), sie lebte in dürftigen Umständen u. bekam daher im Juli 1782 e. Pension von 50 T., hatte zuletzt e. solche von 72 T.; **Mutter-Bruder**: Ltnt. Frhr. von Raschau zu (Rosenau) in Sachsen, C.A. wurde bei diesem bis 1787 erzogen; **Laufbahn**: Juli 1787 *cadet* in Stolp, April 1794 *cadet* in Berlin, stand 1799 als Sl im I-R Nr. 3, vor 1806 abgegangen, suchte am 1. Okt. 1799 aus Halle um e. Pension für seine **Schwestern** nach: Caroline Auguste Louisa (* 1771) u. Louisa Charlotte Ernestina (* 1772), beide hielten sich 1799 in Körlin auf, sie besaßen kein Vermögen u. erhielten im Sep. 1801 zs. e. Pension von 100 T.;

Quellen: GStA, II. HA, Abt. 13 a, Tit. III, Litt R, Nr. 3 (Mutter), Nr. 13 (Schwestern); Stabi, Ms. boruss. fol. 311 (Vater); Rangliste 1806, S. 31; Stolper Kadetten, S. 22;

Ltnt. Johann Adam von Roenne (* um 1690, † vor 1764)

aus Pommern gebürtig; **Laufbahn**: avancierte bei Arnim (I-R Nr. 5) bis zum Ltnt., nahm nach neun Dj. seinen Abschied; **Güter**: erwarb bis 1728 das aus mehreren Teilen bestehende Gut Dübsow im Borckeschen Krs. auf Wiederkauf, dieses hatte 1756 e. Wert von 8730 T.; **Ehefrau**: e. geb. von Wachholz († 1764), aus beider Ehe keine Leibeserben, sie vermachte d. Gut ihren beiden Nichten;

Quellen: GStA, I. HA, Rep. 30, Nr. 243, Vas.tab. 1756; Stabi, Ms. geneal. fol. 120; Brüggemann, T. 2/1, S. 335–336; Siebmacher, Bd. 6/9, 1894, S. 79;

Major George von Roepke (* 1658)

aus Pommern gebürtig; **Laufbahn**: seit 1674 im Militär, stand 1706 als Major u. Chef e. Comp. im I-R Nr. 4, vor 1715 abgegangen; (**verwandt**: Hans Jacob von Roepke (* 1708), seit 1725 im Militär, 1728 Sergant im I-R Nr. 4: Ms. boruss. fol. 313);

Quellen: Stabi, Ms. boruss. fol. 313, fol. 319; Siebmacher, Bd. 6/9, 1894, S. 79;

Major Johann Heinrich (George) von Roepke (* 1728)

(**Vater**: Lucas George (* 1702), aus Pommern gebürtig, seit 1719 im Militär, 1728 Fähnrich, 1738 Sl im I-R Nr. 4, vor 1749 abgegangen); **Laufbahn**: engagierte sich 1746 im Militär, stand 1749 als Gefr.corp. im I-R Nr. 4, 1763 Pl, 1775 Cap., im Juni 1787 als Major im Garn.-Reg. Nr. 1 gen., 1788 ins Depot-Bat. d. I-R Nr. 16 versetzt (1789 als Major im I-R Nr. 16 dim.);

Quellen: Stabi, Ms. boruss. fol. 311, fol. 313; Kopka v. Lossow, Offz.liste, S. 24* (J.H.G.);

Ltnt. Ernst Ludwig von Roggenbuck (* 1725, † 23. Mai 1774)

Vater: Peter Ludwig (* um 1685), Erbherr auf Anteil Schwessin im Krs. Rummelsburg, hatte 1730 drei Söhne von 17, fünf u. zwei Jahren; (**Bruder**: Caspar (* um 1713), seit 1727 im Militärdienst, stand 1763 als Sl im Garn.-Reg. Nr. 1); **Laufbahn**: seit 1743 im Militär, 1750 als Fähnrich im I-R Nr. 43 gen., 1756 Sl, 1774 hier als Sl (evt. als letzter d. pomm. Zweigs d. Fam.) gest.;

Quellen: GStA, I. HA, Rep. 30, Nr. 243, Vas.tab. 1756 (hier e. Fähnrich Friedrich gen.); Stabi, Ms. boruss. fol. 311 (Caspar), fol. 316, fol. 319 (Vater); Ms. geneal. fol. 120;

Corp. Peter August Leopold von Roggenbuck (* 1730)

Vater: Hans Jacob (* um 1675), Erbherr auf Anteil Schwessin im Krs. Rummelsburg; (**Schwester**: Dorothea Sophia (* 1732, † 25. Juli 1801), sie besaß 1775 e. Kapital von 258 T., hatte jährliche Zinseinnahmen von sieben Talern, stammte aus Schwessin, bekam im Febr. 1785 e. Pension von 50 T., 1801 in Reddies verst.); **Bruder**: Franz Jacob, d. Gebr. von R. wurden 1743 mit Anteilen am Gut Schwessin belehnt, beide starben (vor 1763) ohne Leibeserben, ihr Lehnsfolger wurde Peter Valentin von Roggenbuck († vor 1769), verheiratet mit e. geb. von Roggenbuck (ab Febr. 1769 soll keiner aus d. Familie von Roggenbuck mehr gelebt haben), dessen Tochter Agathe Dorothea (* 1762) heiratete d. Sekretär d. Domkapitels zu Cammin Anton Justus Schmidt († 15. Okt. 1805), aus beider Ehe vier Töchter, sie hatte urspr. e. Vermögen von 2/m T., mußte dieses während d. Krankheit ihres Mannes bis auf 600 T. zusetzen, gab im Aug. 1805 an, daß ihre Geschwister alle in früher Jugend gest. sind; **Laufbahn**: seit 1746 im Militär, 1750 Corporal im I-R Nr. 14; (**verwandt**: im April 1790 starb d. Stabs-Cap. von Roggenbuck vom Füsilier-Bat. d. I-R Nr. 52: Conrady, I-R Nr. 52, S. 367);

Quellen: GStA, I. HA, Rep. 30, Nr. 243, Vas.tab. 1756 (hier e. Joh. Jacob (* um 1734), Fähnrich); II. HA, Abt. 13a, Tit. III, Litt S, Nr. 26 (To. v. P.V.); Stabi, Ms. boruss. fol. 311; Ms. geneal. fol. 120; Brüggemann, T. 2/2, S. 806–807; Siebmacher, Bd. 6/9, 1894, S. 78–79 (danach starb d. Familie 1769 in Pommern aus, existierte aber in (Ost-)Preußen weiter);

Cornet Berend Christoph von Rohwedel (* 1710)

aus Pommern gebürtig; **Laufbahn**: seit 1727 im Regiment, stand 1734 als Cornet im K-R Nr. 10, 1738 dim.;

Quellen: Stabi, Ms. boruss. fol. 311; Schwerin, K-R Nr. 10, T. 1, S. 164;

Cap., Landrat Hans von Rohwedel (* 1740, † 12. Okt. 1785) *

Vater: George Friedrich (1711–1765), Ltnt., seit 1755 Landrat im Krs. Dramburg, Erbherr auf Wusterwitz im Krs. Dramburg; **Mutter**: Anna Sabina, geb. von Küssow († 1778); **Bruder**: Friedrich Abraham Ernst (1735–1793), Landschafts-Syndikus d. Neumark; **Laufbahn**: avancierte im I-R von Lestwitz bzw. im Grenadier-Garde-Bat. bis zum Cap., um 1767 *cassirt*; nach 1772 für 3,5 Jahre Landrat im Krs. Inowraclaw, zuletzt Kreis-Steuereinnehmer in Schwiebus; **Güter**: erwarb 1776 d. Gut Kitzerow im Krs. Saatzig; **Ehefrau**: Auguste Juliane, geb. von Brederlow (1749–1823);

Quellen: GStA, VIII. HA, Slg. A.B. König, Nr. 449; Stabi, Ms. boruss. fol. 312 (1756 u. 1764 nicht im I-R 32), fol. 314 (1755 u. 1764 nicht im I-R 31), Brüggemann, T. 2/1, S. 267; biogr. Handbuch, S. 825;

Cap. Hans Andreas von Rosen (1710–1753)

Vater: Andreas Gottlieb (1672–1736), schwed. Obrist, Erbherr auf Kaiseritz auf Rügen; **Mutter**: Dorothea Christiane, geb. von Usedom († 1756); **Bruder**: Carl Nicolaus (1702–1760), hessischer Cap., Erbherr auf Kaiseritz; **Laufbahn**: stand 1744 als Cap. u. Chef e. Comp. im I-R Nr. 45, 1753 als Cap. gest.;

Quellen: Stabi, Ms. boruss. fol. 316 (H.A. danach aus Pomm. geb.); Tb. Briefadel 1937, S. 475;

Ol Carl Hans Gustav von ROSENSTEDT (* 1730, † 6. Sep. 1798)

Vater: Balthasar Gottfried (* um 1692, † um 1756), schwed. Cap., seit 1729 Erbherr auf Jamikow u. Cummerow im Krs. Randow; **Bruder**: Balthasar Gottfried (* um 1721, † vor 1793), trat nicht in d. Militärdienst ein, hinterließ mind. einen Sohn (B.G.F.); **Bruder**: Wilhelm Christian (* 1735), Uffz. im I-R Nr. 37, vor 1756 abgegangen; **Laufbahn**: 1744 als Junker ins D-R Nr. 5, Okt. 1746 Cornet, Nov. 1751 Sl, Mrz. 1758 Pl, Jan. 1763 Stabs-Rittmstr., Juli 1772 Rittmstr. u. Chef e. Escadron, Okt. 1777 Major, Febr. 1787 als Ol mit Pension dim.; **Güter**: seit etwa 1756 zs. mit d. Bruder Besitzer d. väterlichen Liegenschaften, trat seine Rechte 1787 für 16/m T. d. Bruder B.G. ab; **Neffe**: Balthasar Gustav Friedrich (1765–1805), 1781 als Junker ins Regiment, Jan. 1783 Cornet im D-R Nr. 5, Jan. 1786 Sl, Jan. 1792 auf Wunsch dim., sein Vater trat ihm 1794 Jamikow u. Cummerow für 38 400 T. ab; d. Ol C.H.G. bat am 5. Sep. 1798 aus Cammin um d. Legitimation der mit seiner Köchin Dorothea Friederica Bielcke außer der Ehe erzeugten Tochter Dorothea Carolina (* 17. Aug. 1783), die in d. Tf. d. Zunamen Levezow erhalten hatte, diese sollte d. Rechte ehelicher Kinder, seinen Namen u. Wappen erhalten; in seinem Testament vermachte d. ledige Ol von seinem Vermögen in Höhe von 16/m T. der Tochter seiner Schwester, e. verh. von Brederlow, 5/m T., d. Sohn d. Schwester 5/m T., d. Schwester, e. verh. Cap. von (Heysse) 2/m T., d. unehelichen Tochter 3/m T., deren Mutter sollte sein Wohnhaus in Cammin bekommen; d. Tochter erhielt am 10. Dez. 1798 d. Legitimationspatent, wurde aber nicht in d. väterl. Stand erhoben, weil das lt. Einschätzung d. Regierung *wegen ihres mittelmäßigen Vermögens kein Glücksumstand* für sie sein dürfte;

Quellen: GStA, I. HA, Rep. 30, Nr. 44, R 109 K, Paket 9 368; Nr. 243, Vas.tab. 1756, 1763, 1767, 1793, 1804; Brüggemann, Vorpommern, S. 218; Brüggemann, Beiträge, 1, S. 504–505; Albedyll, Anhang S. 72* (danach 1801 gest.), S. 76* (Neffe);

Fähnrich Christian Ludwig von ROSEY (* 1747, † 11. Mai 1776)

Vater: Ludwig Imbert (1697–1757)*, Cap., Landrat im Krs. Pyritz, seit 1740 Erbherr auf Hasselbusch, 1767 im Wert von 16/m T., darauf Hypotheken von 13 800 T., d. anderen Schulden betrugen 7 053 T.; **Mutter**: Jacobine Louise, e. geb. von Dewitz (* 1712, † vor 1771), ihre Forderungen betrugen 1767 7 664 T.; **Bruder**: Stephan Imbert (* 1732), seit 1754 im Militär, 1756 Gefr.corp. im I-R Nr. 18, im Jan. 1759 als Sl abgegangen (erhielt später d. Prädikat Cap.); **Laufbahn**: stand seit 1764 im I-R Nr. 22, 1769 als Fähnrich dim.; **Güter**: seit 1771 Erbherr auf Hasselbusch im Krs. Pyritz, dieses geriet in Konkurs u. wurde 1779 an August Ernst von Schöning verkauft; 1785 hatte sein Bruder S.I., vorm. Cap., noch e. mütterl. Erbteil von rund 1 300 T. zu fordern; C.L. hinterließ e. **Sohn** Carl Friedrich Ludwig (* 1775), im Okt. 1799 Sl im D-R Nr. 12 in Sprottau, vor 1806 abgegangen, diesem stand e. Lehnstamm von 2 962 T. zu; d. **Witwe** d. Fähnrichs war in zweiter Ehe verh. mit e. von Drygalski;

Quellen: GStA, I. HA, Rep. 30, Nr. 43, Paket 9 232; Nr. 44, R 109 n, Paket 9 369; Stabi, Ms. boruss. fol. 313 (Bruder S.I.), fol. 314; Brüggemann, T. 2/1, S. 145; biogr. Handbuch, S. 831 (Vater);

Cap. Franz George von ROSS (* 1669)

aus *Cassuben* gebürtig; **Laufbahn**: seit 1686 im Militärdienst, stand 1706 als Cap. im I-R Nr. 4, vor 1715 abgegangen;

Quellen: Stabi, Ms. boruss. fol. 313, fol. 319; Siebmacher, Bd. 6/9, 1894, S. 79 (hier nur e. Fam. von Rose);

Major Otto Heinrich von Rossow (* um 1700)

aus Warnitz im pomm. Krs. Pyritz gebürtig; **Laufbahn**: seit 1716 im Militär, 1724 Sergant im I-R Nr. 22, Dez. 1725 Sl, Jan. 1733 Pl, Juli 1743 Cap. u. Chef e. Comp. im I-R Nr. 22, stand 1751 als Cap. u. Chef e. Comp. im Garn.-Reg. Nr. 5, 1764 Major im Garn.-Reg. Nr. 5, vor 1773 abgegangen; (**verwandt**: Ernst Bogislav von Rossow (* 1687), seit 1705 im Militär, 1715 Sl im I-R Nr. 12, 1719 wegen *Händeln cassirt*: Ms. boruss. fol. 316, fol. 319; **verwandt**: Christian Balthasar von Rossow (* 1696), aus Temnick im Krs. Saatzig, (Sohn von Doennis, Danies od. Sigmund, Erbherr auf Anteil Temnick), seit 1710 im Militär, 1715 Sergant im I-R Nr. 12, 1717 als Fähnrich gest.: fol. 316);

Quellen: Stabi, Ms. boruss. fol. 314; Brüggemann, T. 2/1, S. 167 (hier gen. e. Cap. von Rossow auf Warnitz D); d. Fam. nicht bei Siebmacher;

Cap. Franz Matthias von Rostken (1759–1811)

Vater: (Erbherr auf Anteil Dzinzelitz im Distrikt Lauenburg); **Mutter**: Maria Eleonora, geb. von Trzebiatkowska (* 1713), sie hatte 1787 drei Söhne, die als Subalterne in d. Armee standen, besaß e. Vermögen von weniger als 200 T. u. wurde 1787 auf d. Expectantenliste für e. pomm. Pension gesetzt; **Bruder**: Gneomar (* 1744), seit Frühjahr 1763 im Militär, Sep. 1763 Gefr.corp. im I-R Nr. 4, 1775 als Sl, 1787 als Pl im I-R Nr. 4 gen.; **Bruder**: Jacob Friedrich (* 1761), Mai 1773 *cadet* in Stolp, Sep. 1774 *cadet* in Berlin, bedankte sich im Okt. 1782 als Fähnrich im I-R Nr. 33 für d. kgl. Zuschuß von 50 T. für seine *Equipage*, Okt. 1785 Sl im I-R Nr. 33, als solcher noch im Juni 1787 genannt, 1806 Cap., 1815 Major bei d. schles. Landwehr, als Ol pens.; **Laufbahn**: Mai 1772 *cadet* in Stolp, April 1774 *cadet* in Berlin, 1775 Gefr.corp., Mai 1785 Sl im I-R Nr. 49, 1806 als Stabs-Cap. im 3. Mousq.-Bat. d. I-R Nr. 49 gen., 1811 als solcher gest.;

Quellen: GStA, I. HA, Rep. 96, Nr. 95 R r r (Bruder J.F.); Nr. 435 R, Bd. 3; II. HA, Abt. 13 a, Tit. III, Litt. L, Nr. 1, Bd. 1 (Mutter); Stabi, Ms. boruss. fol. 311 (Bruder J.F.), fol. 313 (Bruder Gneomar), fol. 907 a; Rangliste 1806, S. 72; Kadetten Stolp, S. 5;

Ltnt. Martin Wilhelm von Rostken (* 1765)

Vater: Johann († 1781), besaß kein Gut u. kein Vermögen, hinterließ Frau u. Kinder in *elenden Umständen*; **Mutter**: Eleonora Lovisa (* 1741, † 14. Mai 1796), e. To. von Johann von Dumröse, Pächter e. kl. Anteils von Dzechlin im Distrikt Lauenburg, sie lebte 1786 von Handarbeit u. Almosen, stand auf d. Expectantenliste für e. pomm. Pension, hielt sich 1788 in Lauenburg auf, drei ihrer Schwäger von Rostken standen damals als Subalterne im Heer, erhielt im Sep. 1792 e. Pension von 100 T.; **Bruder**: Michael Ernst (* 1773, † 26. Febr. 1790), Mai 1782 *cadet* in Stolp, Mai 1788 *cadet* in Berlin, als solcher gest.; **Laufbahn**: 1785 Fahnenjunker, stand 1788 als Fähnrich im I-R Nr. 25, 1789 als Ltnt. im Füsilier-Bat. Nr. 7 gen., garnisonierte 1790 in Namslau, im Mai 1795 Ltnt. bei d. Schlesischen Armee (1806 stand ein Pl von Rostken in d. 2. Warschauer Füsilier-Brigade, 1817 als Cap. beim 8. Garn.-Bat. pens., 1826 gest.); **Schwester**: Dorothea Friederica, 1796 verh. Voss zu Zakrzow in Westpreußen; (**verwandt**: Johann Bogislav von Rostken (* 1740), seit 1755 im Militär, stand 1756 als Gefr.corp. im I-R Nr. 17: Ms. boruss. fol. 316);

Quellen: GStA, II. HA, Abt. 13 a, Tit. III, Litt L, Nr. 1, Bd. 1; Litt R, Nr. 5 (Mutter); Stabi, Ms. boruss. fol. 907 a; Stolper Kadetten, S. 16;

Fähnrich Michael Heinrich von Rostken (* 1707)

aus *Cassuben* gebürtig; **Laufbahn**: seit 1725 im Militär, 1734 vom Gefr.corp. zum Fähnrich im I-R Nr. 1 befördert, vor 1746 abgegangen;

Quellen: Stabi, Ms. boruss. fol. 313 (hier als Rostky; evt. identisch mit Michael Reinhold, Cap., s.d.);

Cap. Michael Reinhold von Rostken (* 1707, † vor 1789)

aus Pommern gebürtig; **Laufbahn**: stand 1756 als Cap. im Berliner Garn.-Reg., nach 1763 mit e. Pension von vier T. monatlich dim.; **Güter**: besaß 1756 Reddestow im Distrikt Lauenburg; **Ehefrau**: Charlotte Gottliebe († um 1789), e. Schwester d. Obristen von Thadden; nach d. Tod d. Cap. ging seine Pension von 48 T. an seine Witwe; **Tochter**: Charlotte, geb. zu Zelasen, verheiratet mit Melchior (Michel) Albert von Poblotzky auf Anteil Dzinzelitz in Lauenburg;

Quellen: GStA, I. HA, Rep. 30, Nr. 243, Vas.tab. 1756; II. HA, Abt. 13 a, Tit. III, Litt P, Nr. 29 (Frau u. Tochter);

Corp. Nicolaus von Rostken (* 1695)

aus Felstow in Pommern gebürtig; **Laufbahn**: seit 1716 im Militär, 1730 Corp. im I-R Nr. 18 (**verwandt**: George Ernst (* 1694), seit 1725 im Militär, 1728 Corporal im I-R Nr. 4: Ms. boruss. fol. 313);

Quellen: Stabi, Ms. boruss. fol. 313;

Major Adolph von Roth (* um 1740, † vor 1793)

aus Löbitz bei Naumburg in Thüringen gebürtig; **Laufbahn**: seit 1754 im (sächs., seit 1756 im preuß.) Militärdienst, Sep. 1759 Sl im I-R Nr. 13, Dez. 1766 Pl, Jan. 1777 Stabs-Cap., zuletzt Cap., Okt. 1787 dim., erhielt später d. Charakter Major; **Ehefrau**: Sophia Philippina Charlotta, e. To. d. Majors, Kammerdirektors Victor Siegmund von Miltitz, s.d., sie bekam bei d. Erbteilung mit ihren Geschwistern 1785 d. **Gut** Neuenhagen nebst Mackvitz u. Liezow im Ostenschen Krs. im Wert von 34 500 T., 1804 wurde d. Wert d. Güter mit 66/m T. angegeben; **Sohn**: Sigismund Heinrich Theodor (1788–1813), stand 1804 als Junker, 1806 als Cornet im K-R Nr. 5, 1813 als Sl an Blessuren gest.;

Quellen: GStA, I. HA, Rep. 30, Nr. 243, Vas.tab. 1793, 1799, 1804; Stabi, Ms. boruss. fol. 311, fol. 907 a; Brüggemann, Beiträge, 2, S. 201;

Rittmstr. Ernst von Rothenburg (* um 1765)

Vater: Friedrich Ernst (* um 1714), stand 20 Jahre im K-R Nr. 10, 1743 als Ltnt. dim., 1756 Hofmarschall beim Markgrafen Friedrich von Schwedt, Erbherr auf Kicker im Dewitzschen Krs. im Wert von 7/m T.; **Großvater**: Carl Ernst (* um 1685), anfänglich Offz. in d. Garde, stand 1746 als Major im Stettiner Garn.-Reg., seit 1735 auf Anteil Kicker im Dewitzschen Krs.; **Vater-Bruder**: Carl Gebhard Ludwig (* um 1720), Gefr.corp. im I-R Nr. 8, Nov. 1742

Fähnrich, Jan. 1746 Sl, Juni 1754 auf Wunsch dim.; (Stief-**Bruder**: Friedrich Wilhelm Johann Valentin Alexander (* um 1766), Rittmstr. im H-R Nr. 5, 1804 Dompropst in Kolberg u. Erbherr auf Kicker im Dewitzschen Krs. im Wert von 20/m T.; Stief-**Bruder**: Ernst Friedrich (* um 1773), 1806 Sl im D-R Nr. 11, 1814 Rittmstr. im 4. Schles. Landwehr-Kav.-Reg., 1823 pens.); **Laufbahn**: trat 1781 in d. Militärdienst ein, stand 1786 als Cornet im H-R Nr. 2, 1793 Ltnt., 1794 als Rittmstr. dim.; **Güter**: besaß e. mütterliches Vermögen von 10/m T., vom Stettiner Pupillenkollegium bei d. Bank angelegt; angesichts niedriger Zinsen erwarb sein Vater für ihn e. Präbende beim Stift Unser Lieben Frauen in Halberstadt für 9 300 T., d. Hofmarschall bezahlte dafür aus d. eigenen Vermögen 4 300 T., 5/m T. sollte der Sohn aufbringen, weshalb dieser im Nov. 1785 d. Stettiner Behörde um die Genehmigung hierfür ersuchte;

Quellen: GStA, I. HA, Rep. 30, Nr. 44, R 109 m, Paket 9 368; Nr. 243, Vas.tab. 1756, 1767, 1793 (d. Vater als Ernst Curth, d. Sohn im H-R 2 als Fr. Herm.), 1804; Stabi, Ms. boruss. fol. 311 (Abgangsliste K-R 10, 1740 d. Ltnt. Christ. Curth Fr.), fol. 312 (1786 u. 1806 kein R. im H-R 5); fol. 315, fol. 907 a (E.F.); Brüggemann, T. 2/1, S. 312–313; Schwerin, K-R Nr. 10, 1, S. 164 (hier 1739 e. Ltnt. Christ. Curt Friedrich von R. (* um 1712), seit 1727 im Reg., 1743 dim.); Ardenne, H-R Nr. 2, S. 417; Priesdorff, Offz.stammliste, S. 147 (Onkel C.G.L.);

Cap. Johann George von Rothenburg (* um 1690)

aus Pommern gebürtig; **Laufbahn**: trat 1706 in d. Militärdienst ein, Mrz. 1715 Sl im I-R Nr. 26, 1725 hier als Stabs-Cap. genannt, 1728 als Cap. u. Chef e. Comp. nach Küstrin versetzt; (**verwandt**: Bogislav von Rothenburg (* 1686), aus Pommern gebürtig, seit 1702 im Militär, Jan. 1715 Sl im I-R Nr. 14: Ms. boruss. fol. 319);

Quellen: Stabi, Ms. boruss. fol. 314 (1715 als Rautenberg, 1725 als Rotenberg, in d. Abgangsliste 1728 als Rothenburg), fol. 319 (1715 u. 1725 als Rotenberg);

Ltnt. Friedrich Adolph (seit Nov. 1786: von) Rudorff (* 1780, † 7. Juni 1815) *

Vater: Wilhelm Heinrich (1741–1832) *, 1758 Husar im H-R Nr. 8, Juni 1761 Sl, Nov. 1786 nobilitiert, Mrz. 1787 Rittmstr. u. Chef e. Escadron im H-R Nr. 8, Jan. 1789 Orden p.l.m., Mai 1796 Kommandeur d. H-R Nr. 2, Mai 1799 Obrist, Okt. 1805 Chef d. H-R Nr. 2, Mai 1806 GM, Sep. 1813 Abschied; **Mutter**: Eva Renate, geb. von Grell aus Lauenburg (1754–1832), aus d. Ehe fünf Söhne, alle in Lauenburg bzw. Stolp geboren, alle traten in d. Militärdienst ein; **Bruder**: Wilhelm (* 1779), avancierte nach 1806 bis zum Ol; **Bruder**: Ferdinand (* 1781, † 9. Nov. 1807), stand 1806 als Sl im H-R Nr. 1, 1807 an e. Blessur in Treptow an d. Rega gest.; **Bruder**: Carl Moritz Alexander (1784–1846), Juni 1794 *cadet* in Stolp, Sep. 1798 ins Füsilier-Bat. von Pelet, 1806 Sl in d. Niederschles. Füsilier-Brigade, 1827 Major im 17. Landwehr-Reg., 1846 als vorm. Obrist gest.; **Laufbahn**: Mai 1793 *cadet* in Stolp, Aug. 1796 *nach Hause gekommen*, Mai 1798 Sl im H-R Nr. 1, stand im Mrz. 1808 als Sl bei d. Kavallerie d. Schillschen *Corps* in Kolberg, 1815 als Rittmstr. im 4. Kurm. Landwehr-Kav.-Reg. gest.;

Quellen: GStA, VI. HA, Nl Gneisenau, Nr. 691; Stabi, Ms. boruss. fol. 907 a; Zedlitz, 4. Bd., S. 136–137; Stolper Kadetten, S. 29 (F.A. geb. 1783), S. 32; Priesdorff, Nr. 1097 (Vater, hier auch d. Söhne gen.);

Major Adam Siegfried von Rüchel (* um 1705)

Vater: Adam Siegfried (* um 1665), Wachtmstr., Erbherr auf Carsbaum im neumärk. Krs. Schivelbein, als solcher noch 1728 genannt, hatte damals vier Söhne von 17 bis 25 Jahren, von denen drei im Militär standen; **Bruder**: George Heinrich (* 1704), seit 1719 im Militär, zunächst Gefr.corp. im I-R Nr. 29, stand 1729 als Sl im I-R Nr. 31, vor 1740 abgegangen; **Bruder**: Gustav Wilhelm (* 1707), seit 1726 im Militär, 1730 Gefr.corp. im I-R Nr. 14, vor 1740 versetzt, um 1756 nach 30 Dj. als Cap. im Grenadier-Bat. von Lossow dim.; **Laufbahn**: trat 1721 in d. Militärdienst ein, stand 1725 als Gefr.corp. im I-R Nr. 14, 1740 als Sl, 1750 hier als Cap. gen., vor 1763 als Major nach 40 Dj. abgegangen; **Güter**: d. Brüder A.S. u. G.W. erwarben 1764 d. Gut Haseleu im Dewitzschen Krs. für 10/m T., darauf Schulden von 6/m T., sie waren damals unbeerbt; **Schwester**: verh. Cap. von Kühn, geb. von Rüchel, sie besaß um 1780 Haseleu;

Quellen: GStA, I. HA, Rep. 30, Nr. 43, Paket 9232; Nr. 243, Vas.tab. 1763, 1767; VIII. HA, Slg. A.B. König, Nr. 449 (d. Bruder auch als Eustachius Wilhelm); Stabi, Ms. boruss. fol. 311, fol. 314; Ms. geneal. fol. 120 (neumärk. Vas.tab.); Brüggemann, T. 2/1, S. 309, S. 311;

Ltnt. Caspar Friedrich von Rüchel (1717–1758)

Vater: Adam George (1692–1757), Cap. beim Garn.-Reg. in Stettin, seit 1735 Erbherr auf Ziezeneff A im Krs. Belgard, trat dieses 1755 seinem Schwiegersohn Matthias Döring von Somnitz ab, seit 1745 auch auf Ziezeneff B, erwarb 1752 d. Gut Natzmersdorf im Borckeschen Krs. aus d. Konkurs von Somnitz für 5900 T. zugunsten seiner drei als Ltnt. dienenden Söhne, bat im Jan. 1755 um d. Erlaß d. *Consens*gebühren von 133 T.; **Mutter**: Agnesa Auguste Hedwig, geb. von Schnell; **Bruder**: Siegmund Friedrich (1719–1754), trat 1740 in d. Militärdienst ein, Juli 1743 Fähnrich im I-R Nr. 42, Mai 1747 Sl, im Aug. 1754 als Sl gest.; **Bruder**: Martin (1721–1757), seit 1736 im Militär, Okt. 1742 Fähnrich im I-R Nr. 35, 1750 als Sl gen., am 18. Juni 1757 als Pl im I-R Nr. 35 bei Kolin gefallen; **Bruder**: Ernst Wilhelm Philipp (1754–1823), Gl, siehe dort mehr; **Schwager**: Matthias Döring von Somnitz, seit 1755 auf Ziezeneff A; **Laufbahn**: Okt. 1740 Fähnrich im I-R Nr. 8, 1758 als Sl bei Hochkirch gefallen; (**verwandt**: Valentin Friedrich von Rüchel (* 1723), seit 1741 im Militär, 1756 Pl im I-R Nr. 27, 1764 Cap., 1774 Major, Sep. 1776 als Ol Orden p.l.m., Juni 1779 Obrist u. Chef d. Garn.-Bat. Nr. 4: Stabi, Ms. boruss. fol. 310, fol. 316 (nicht in d. Abgangsliste); Lehmann, S. 126);

Quellen: GStA, I. HA, Rep. 30, Nr. 243, Vas.tab. 1755; Rep. 96, Nr. 435 R, Bd. 3; Stabi, Ms. boruss. fol. 311 (Bruder Martin), fol. 312 (im I-R Nr. 42 nur ein Moritz, 1754 als Sl gest.); Ms. geneal. fol. 120 (hier 1749 d. Vater Adam George u. die drei Söhne genannt); Brüggemann, T. 2/1, S. 343; T. 2/2, S. 680–681; Taeglichsbeck, S. 264 (Martin); Priesdorff, Offz.stammliste, S. 148;

Gl Ernst Wilhelm Philipp von Rüchel (* 21. Juli 1754, † 13. Jan. 1823) *

Vater: Adam George (1692–1757), 1713 Fähnrich im I-R Nr. 8, Jan. 1716 dim. (Major im I-R Nr. 8), zuletzt Cap. bzw. Major im Stettiner Garn.-Reg., seit 1735 Erbherr auf Ziezeneff A im Krs. Belgard, drei seiner Söhne fielen im Siebenjährigen Krieg, war zuletzt zwölf Jahre bettlägrig, seine Frau mußte in dieser Zeit vom Ihrigen zusetzen, sein Vermögen bestand lt. e. Attest d. zuständigen Landrates vom April 1775 aus e. Gütchen von 1,5 Bauernhöfen im

Draheimischen Amtsdorf Klaushagen im Krs. Neustettin, es hatte e. Wert von 550 T., darauf Schulden von 200 T., nach Abzug d. Zinsen u. *onera* blieben d. Witwe jährlich kaum 30 T. Revenuen, sie hatte zudem für d. *Equipage* d. Sohnes Schulden aufnehmen müssen; **Mutter**: Agnesa Auguste Hedwig, geb. von Schnell (* um 1715), sie bekam seit Febr. 1775 e. monatliche Pension von sechs T., ihr Sohn suchte im Juli 1775 um e. Pension aus d. Meliorationsfonds für sie nach, er konnte sie von seinem monatlichen *Tractament* von neun Talern nicht unterstützen, sie erhielt im Sep. 1776 e. Pension von 100 T.; **Bruder**: Caspar Friedrich (1717–1758), Ltnt., s.d.; **Schwester**: Sophie Hedwig (* 1752), hielt sich 1775 bei d. Mutter auf; **Laufbahn**: Jan. 1767 *cadet* in Berlin, Mrz. 1770 Gefr.corp. im I-R Nr. 27, Sep. 1772 Fähnrich, Dez. 1774 Sl, Juni 1782 Cap., Nov. 1786 Major, Juni 1790 Orden p.l.m., Nov. 1790 Flügel-Adjutant d. Königs, Febr. 1792 Ol, Febr. 1793 Obrist, Febr. 1793 Kommandeur d. I-R Nr. 34, Juli 1793 GM, Okt. 1793 Chef d. I-R Nr. 30, Jan. 1794 Roter Adler-Orden, Jan. 1798 Kommandeur d. I-R Nr. 15 b, Mai 1799 Gl, Mai 1802 Ritter d. Ordens vom Schwarzen Adler, Aug. 1805 Chef d. I-R Nr. 2, Dez. 1806 Generalgouverneur von Ostpreußen, Juli 1807 mit Pension dim.; **Ehefrau**: Caroline Henriette († 1784), e. Tochter d. Hofmarschalls Christian Heinrich Wilhelm von Arnstedt (1713–1785); in zweiter Ehe verh. mit Johanna Philippine Elisabeth, e. To. d. Fi-rates Ernst von Ernsthausen; **Güter**: 1793 als Erbherr auf Haseleu im Wert von 10/m T., 1804 auch auf Amalienburg, Justemin, Radem, Friedrichsgnade im Wert von zs. 82/m T. gen.;

Quellen: GStA, I. HA, Rep. 30, Nr. 43, Paket 9234 (danach ist d. Vater A.G. erst im Febr, 1775 gest. mit 82 Jahren); Nr. 243, Vas.tab. 1793, 1804; Stabi, Ms. boruss. fol. 316; Brüggemann, T. 2/2, S. 680–681; Priesdorff, Offz.stammliste, S. 147 (Vater); Priesdorff, Nr. 878;

Fähnrich Gustav Heinrich von Rüchel (* 1696)

aus Pommern gebürtig; **Laufbahn**: seit 1712 im Militär, trat als Gemeiner ins I-R Nr. 8 ein, später Sergant, Jan. 1720 Fähnrich im I-R Nr. 8, Sep. 1720 *cassirt*;

Quellen: Stabi, Ms. boruss. fol. 315; Priesdorff, Offz.stammliste, S. 147;

Ltnt. Ernst Ludwig von Rüdgisch (* um 1736, † 2. Febr. 1793)

Vater: Michael Ernst († vor 1771), Erbherr auf Jellentsch im Distrikt Bütow, hatte 1756 sieben Söhne, trat sein Gut 1770 an d. Sohn J.F. ab; **Bruder**: Johann Friedrich (* 1736, † vor 1789), seit 1755 im Militär, 1757 Sl im Grenadier-Bat. Nr. 4, (1772 als vorm. Major von d. Garde gen.), seit 1781 im Stettiner Land-Reg. angestellt, Okt. 1782 Cap., hier noch im Juni 1785 gen., 1771 Erbherr auf Jellentsch; **Bruder**: George Anton (* um 1742, † vor 1787), ließ sich nach d. Schulbesuch in Danzig nieder, unbegütert verst., verh. mit e. To. d. Kfms. Hingsten zu Danzig, sie stand als Witwe seit 1787 auf d. Expectantenliste für e. Pension, hielt sich in Jellentsch auf, ihre drei Söhne standen 1788 im *Cadetten-Corps*, u. a.: Friedrich Anton (1770–1842), Aug. 1781 *cadet* in Stolp, Juni 1785 *cadet* in Berlin, später Ingenieur-Offz. in d. Festung Silberberg, Johann Ludwig (1774–1851), Sep. 1782 *cadet* in Stolp, Mai 1790 *cadet* in Berlin, 1798 Ltnt. im I-R Nr. 48, 1814 Cap. beim 1. Pomm. I-R; **Bruder**: Carl Wilhelm (* um 1753), 1772 *cadet* in Berlin, Nov. 1773 Gefr.corp. im I-R Nr. 49, vor 1787 abgegangen; **Bruder**: Matthias Christian (* 1753), 1772 *cadet* in Berlin, 1774 Fähnrich im I-R Nr. 27, 1775 desertiert; **Schwester**: Maria Juliana (* um 1748, † 1802), verh. von Wnuck, ihren Angaben von 1802 zufolge standen damals neun Bruder-Söhne (Neffen) im

Militärdienst, davon einer als Ltnt. beim Ingenieur-Corps, einer als Ltnt. im I-R Nr. 8, einer als Fähnrich im I-R Nr. 47; **Laufbahn**: 1752 *cadet* in Berlin, Nov. 1763 Sl im 1. Bat. Garde, im Nov. 1770 *wegen Tollheit* dim., ging nach Jellentsch bei Bütow, bezog e. monatl. Pension von fünf T.; **Güter**: 1778 als Erbherr auf Jellentsch im Wert von 8/m fl. genannt, besaß d. Gut offenbar zs. mit seinen Brüdern; hinterließ Frau u. Kinder in düftigen Umständen; **Ehefrau**: Sophia Friederike Wilhelmine, geb. von Wittke (* 1755), diese besaß 1795 e. Vermögen von 2/m T., aus beider Ehe fünf Kinder, darunter d. **Söhne** Carl Ernst Friedrich, 1795 *cadet* in Berlin, u. Johann Ludwig (1783–1853), 1798 Junker im I-R Nr. 54, 1800 Fähnrich, 1805 Sl, 1809 in hessischen, dann in österr. Diensten, kehrte um 1813 in d. preuß. Militär zurück, 1833 Major im I-R in Frankfurt an d. Oder, 1854 vorm. Ol; d. Witwe S.F.W. ging 1796 e. neue Ehe ein mit d. Stadtkämmerer Brose in Bütow; (**verwandt**: Johann Wilhelm von Rüdgisch, Mai 1763 Stabs-Cap. im Grenadier-Bat. Nr. 4; **verwandt**: Peter Rudolph von Rudickow (* 1694), seit 1714 im Militär, 1721 Sergant im I-R Nr. 17: Ms. boruss. fol. 316);

Quellen: GStA, I. HA, Rep. 30, Nr. 243, Vas.tab. 1756; Nr. 249, Vas.tab. 1771, 1778; Rep. 96, Nr. 95 L l, Nr. 7 (Bruder J.F., hier als Joh. Ferd.); Nr. 257 R; Rep. 176, Nr. 7759; II. HA, Abt. 13 a, Tit. III, Litt L, Nr. 1, Bd. 1; Litt R, Nr. 9; Stabi, Ms. boruss. fol. 316 (Bruder M.C.); Reinhard, Garde, S. 529, S. 549; Stolper Kadetten, S. 15, S. 17;

Major Johann Friedrich von Rül(l)mann (* 1721)

aus Pommern gebürtig; (**Bruder**: Wilhelm Melchior (Philipp) (* 1734), zuerst in schwedischen Diensten, seit 1756 im H-R Nr. 1, zuletzt als Cornet, Mrz. 1758 Pl im H-R Nr. 8, 1760 Stabs-Rittmstr., Jan. 1761 Rittmstr., Juli 1761 Major u. Kommandeur d. 2. Bat., im Aug. 1762 bei Teplitz in Böhmen als Major gefallen); **Laufbahn**: anfänglich in schwedischen Diensten, seit (1744 bzw.) 1755 im H-R Nr. 1, zuletzt hier Pl, Mrz. 1758 Rittmstr. u. Chef e. Escadron im H-R Nr. 8, Nov. 1760 Major, Jan. 1761 Kommandeur d. H-R Nr. 8, im Juli 1761 wegen Blessuren verabschiedet;

Quellen: Stabi, Ms. boruss. fol. 315; Schöning, 5. H-R, S. 18–19, S. 61, S. 67–69, S. 72;

Sergant Christoph Heinrich von Rütz (* 1679)

aus Rützenhagen in Pommern gebürtig; **Laufbahn**: seit 1695 im Militär, 1705 Sergant im I-R Nr. 1, d. damaligen Garde;

Quellen: Stabi, Ms. boruss. fol. 313; Siebmacher, Bd. 6/9, 1894, S. 82;

Ltnt. Michael Leopold von Rustky bzw. Rustke (1733–1763)

Vater: Erbherr auf Anteil Schimmerwitz im Distrikt Lauenburg; **Bruder**: Johann Jacob (* 1715), saß 1758 auf d. väterlichen Gutsanteil im Wert von weniger als 1/m T.; **Laufbahn**: 1755 *cadet* in Berlin, stand 1758 als Fähnrich im I-R Nr. 13, im Okt. 1763 als Ltnt. auf d. Werbung gest.;

Quellen: GStA, I. HA, Rep. 30, Nr. 243, Vas.liste 1756; Nr. 413, Paket 10 184; Stabi, Ms. boruss. fol. 311;

Ltnt. Friedrich Albrecht von Saint Paul (* 1726, † 1788)

aus Kolberg gebürtig; **Laufbahn**: engagierte sich 1745 im I-R Nr. 24, 1756 als Sl genannt, wurde in d. *Bataille* bei Prag im Mai 1757 schwer *blessirt*, 1759 als Ltnt. nach 19 Dj. (auf Wunsch) dim., nach 1763 als Kämmerer in Kolberg versorgt, hinterließ seiner Fam. kein Vermögen; **Ehefrau**: Dorothea Louise (* 1739), e. Tochter d. Uffz. Brandt vom I-R Nr. 24, dieser nahm nach 36 Dj. 1762 wegen schwerer Blessuren d. Abschied; 1788 gest., aus d. Ehe drei früh verst. Söhne u. e. **Tochter**, 1798 verheiratet mit d. Stabs-Cap. von Heyden vom I-R Nr. 19; d. Witwe gab um 1798 d. Bewirtschaftung e. Bauernhofes in Bodenhagen, der der Kolberger Kämmerei gehörte, auf, weil von d. Revenuen nichts übrig blieb, sie bekam im April 1800 e. Pension von 50 T., im Juli 1805 e. Zulage von 50 T.;

Quellen: GStA, II. HA, Abt. 13 a, Tit. III, Litt P, Nr. 15 (Witwe); Stabi, Ms. boruss. fol. 316;

Ltnt. Heinrich Carl Eduard von Salisch (* 1784)

(**Vater**: Heinrich Rupert (* 1740, † 27. Juli 1795), aus Sachsen gebürtig, seit 1756 im preuß. Militärdienst, Jan. 1785 Cap. im I-R Nr. 22, zuletzt Major u. Chef d. Invaliden-Comp. d. I-R Nr. 22; **Mutter**: Christina Carolina Wilhelmina, geb. von Wedel; **Vater-Bruder**: Friedrich August Joseph (* 1744, † 8. Mrz. 1805), seit 1759 im Militär, Juni 1787 Stabs-Cap. im I-R Nr. 22, gest. als vorm. Major in Graudenz; **Bruder**: Friedrich Wilhelm Rupert (1787–1853), *cadet* in Stolp, nach 1806 Ol); **Laufbahn**: Sep. 1793 *cadet* in Stolp, Mai 1798 *cadet* in Berlin, seit 1799 im Regiment, Mrz. 1804 Sl im I-R Nr. 52;

Quellen: Stabi, Ms. boruss. fol. 314, fol. 907 a (danach ist e. Fähnrich v. S. im I-R Nr. 52 1808 gest.); Conrady, I-R Nr. 52, S. 337; Stolper Kadetten, S. 30 (H.C.E. war aus Stargard geb., d. Eltern hielten sich 1793 in Polzin auf), S. 37; Tb. Uradel 1912, S. 716;

Cap. Johann Friedrich August von Salisch (* 1765, † 1818)

Vater: Johann Christoph († vor 1780), wurde im Siebenjährigen Krieg als Ltnt. im I-R von Roebel (Nr. 55) invalide, beim Licent-Amt in Stolpmünde versorgt, hinterließ zwei Söhne u. e. Tochter; **Mutter**: Leopoldine Sophia, geb. von Krusemarck (1739–1803) aus d. Prignitz, sie ernährte sich nach d. Tod ihres Mannes von Handarbeit, stand seit Mai 1780 auf d. Expectantenliste, bekam seit 1790 e. Pension von 100 T., ihre *gemütskranke* **Tochter** erhielt 1803 auf Fürsprache d. Bruders J.F.A. e. Pension von 50 T.; **Bruder**: Ewald Leopold (* 1773), Juni 1780 *cadet* in Stolp, Aug. 1787 *cadet* in Berlin, April 1791 ins I-R Nr. 14, soll d. Schwester zufolge 1803 noch im Militär gestanden haben, vor 1806 abgegangen; **Laufbahn**: Juni 1771 *cadet* in Stolp, April 1775 *cadet* in Berlin, stand 1788 als Ltnt., 1803 als Stabs-Cap. im I-R Nr. 34, 1818 als Major bei d. Gendarmerie gest.;

Quellen: GStA, II. HA, Abt. 13 a, Tit. III, Litt S, Nr. 3, Nr. 9, Nr. 38; Stabi, Ms. boruss. fol. 907 a; Crousaz, Beilage C, S. 36 (E.L.); Stolper Kadetten, S. 4, S. 13,

Ltnt. George Wilhelm von Sarbsky (* um 1738, † 1. Dez. 1788)

Vater: Thomas Wladislaus († um 1762), poln. Cap., Erbherr auf Anteil Sarbske im Distrikt Lauenburg, war dessen ältester Sohn; **Mutter**: Anna Florentina, geb. von Schwichow (* um 1711, † 1778); **Bruder**: Johann Ferdinand (1747–1804), Cap., s.d. mehr zur Fam.; **Lauf-**

bahn: diente im Siebenjährigen Krieg im I-R Nr. 5, mußte wegen schwacher Gesundheit 1763 als Ltnt. d. Abschied nehmen, auf e. Reise Ende 1788 plötzlich verst., hinterließ Frau, zwei Töchter u. einen Sohn in *kläglichen Vermögensumständen*, so das Landvogteigericht im Juni 1790; **Ehefrau**: Henriette Sophia (* 1742, † 14. Mrz. 1806), e. To. d. polnischen Majors von Sarbsky († vor 1756), 1756 u. 1771 saß dessen Witwe Sophia Elisabeth, geb. von Schwichow, auf d. Gut; d. vorm. Ltnt. G.W. besaß 1778 d. väterl. Gutsanteil, 1784 dann Erbherr auf Puggerschow A im Distrikt Lauenburg, dieser Anteil hatte e. Wert von 3/m T., war jedoch zu zwei Dritteln mit Pfandbriefen belastet; d. Witwe zeigte 1789 an, daß ihr Gütchen e. jährliche Pacht von 150 T. trug, sie mußte an d. Landschaftskasse 82 T. Zinsen zahlen, dazu kamen noch Lasten, Gebühren u. Zinsen für d. Meliorationsgelder, für sie u. die Kinder blieben jährlich nur 30 T., seit Michaelis 1788 befand sich Puggerschow in Sequestration der Landschaft, weil sie mit d. Zinszahlung in Rückstand geraten war, erst nach zahlreichen Gesuchen bekam sie im Dez. 1795 e. Pension von 50 T.; **Sohn**: Ferdinand Johann George Bogislav (* 1777), Juli 1787 *cadet* in Stolp, April 1793 *cadet* in Berlin, avancierte in e. I-R bis zum Ltnt., nahm auf Drängen d. Mutter um 1800 seinen Abschied, um ihr in d. Wirtschaft zu helfen; 1804 mußte d. Witwe Puggerschow verkaufen, ihr Gesuch, den Sohn, der jetzt ohne Unterhalt war, e Pension od. e. Anstellung beim Invaliden-Corps zu geben, wurde abgelehnt;

Quellen: GStA, I. HA, Rep. 30, Nr. 243, Vas.tab. 1756, Nr. 249, Vas.tab. 1771; II. HA, Abt. 13 a, Tit. III, Litt S, Nr. 6 (Witwe); Brüggemann, T. 2/2, S. 1078; Stolper Kadetten, S. 22;

Cap. Johann Ferdinand von Sarbsky (* 1747, † um 1804)

Vater: Thomas Wladislaus († um 1762), Cap. d. poln. Kronarmee, etablierte sich nach seinem Abschied im Distrikt Lauenburg, besaß d. vierten Teil d. Allodialgutes Sarbske oder Sarbske A, 1771 im Wert von 6/m fl., hinterließ drei Söhne u. vier Töchter; **Mutter**: Anna Florentina, geb. von Schwichow (* um 1711, † 1778), zwei ihrer Söhne befanden sich 1774 bereits im Militärdienst, sie mußte sich, ihren dritten Sohn u. vier Töchter von einem Hof in Sarbske ernähren; **Bruder** George Wilhelm (* um 1738, † 1788), Ltnt., s.d.; **Bruder**: Thomas Franz (* 1742, † 27. Mrz. 1822), seit April 1762 im I-R Nr. 44, Aug. 1763 Fähnrich, Sep. 1770 Sl, 1778 als Ltnt. gen., Juni 1784 Stabs-Cap., Nov. 1788 Cap., Sep. 1797 Chef d. 3. Bat. im I-R Nr. 2, Febr. 1798 Major, 1808 bei d. Garn.-Comp. d. Reg., Sep. 1809 Ol, Juli 1811 mit d. Charakter Obrist dim., besaß kein Gut; im Febr. 1784 baten die **Schwestern** Christiana Henrietta (* 1747, † um 1795) u. Johanna Veronica (* 1760) um e. Pension aus d. pomm. Meliorationsfonds, sie besaßen zs. e. Vermögen von 1 333 T., eingetragen auf d. Gut Sarbske, Johanna Veronica war 1796 verh. mit d. Prediger Sebald zu Mikrow im Krs. Stolp; **Laufbahn**: seit 1763 im Regiment, Sep. 1767 Fähnrich im I-R Nr. 16, Sep. 1772 Sl, Juni 1782 Pl, Juli 1787 Stabs-Cap., Febr. 1790 zum Füsilier-Bat. Nr. 3 versetzt, Mrz. 1790 aufgrund e. *schlechten Gesichts* als Cap. beim Artillerie-Train in Berlin plaziert, noch 1790 zum Ponton-Train nach Königsberg versetzt, 1795 mit monatlich 15 T. Wartegeld dim., ging mit Frau u. Kindern auf sein Gut, hatte e. Anteil von seinen Eltern geerbt u. zwei weitere gekauft; **Güter**: beim Vergleich d. Geschwister um 1775 hatte d. väterl. Gutsanteil e. Wert von 4 666 T., darauf 1785 Schulden von 2 900 T., Wohn- u. Wirtschaftsgebäude waren verfallen, d. Schwestern C.H. u. J.V. baten deshalb um staatliche Beihilfen, 1787 wurden 2 190 T. bewilligt, die in zwei Raten gezahlt wurden; d. vorm. Cap. saß 1804 auf Sarbske A, B u. C im Wert von 25 500 T., im Jahr 1800 waren seine Gesuche, d. Gut an e. Bürgerlichen verkaufen zu dürfen, abgelehnt worden; **Ehefrau**: Henrietta, geb. Stürmer (* um 1768), To. e. Königsberger Domänenbeamten, aus d. Ehe zwei Töchter;

Quellen: GStA, I. HA, Rep. 30, Nr. 43, Paket 9234; Nr. 44, S 122 o, Paket 9380 (in d. Akten auch als Sarbske, mit. d. Vornamen Theodor); Nr. 249, Vas.tab. 1771, 1778, 1804; Nr. 379 a, Paket 10161; II. HA, Abt. 13 a, Tit. I, Litt S, Nr. 24, Nr. 43; Tit. III, Litt L, Nr. 1, Bd. 1; Litt S, Nr. 24; IV. HA, Rep. 1, Nr. 88, Bl. 101 (hier d. Bruder Th. Franz als Serbske); Stabi, Ms. boruss. fol. 311, fol. 312; Gesch. I-R Nr. 44, S. 69 (Bruder); Oelsnitz, I-R Nr. 2, S. 567, S. 939; Kopka v. Lossow, Offz.liste, S. 17*;

Fähnrich Franz von SARNOWSKY (* 1785)

Vater: Jacob († Ende 1803), Einwohner in Paraschin, stammte aus Westpreußen, hinterließ vier Waisen in *kümmerlichen Umständen*, zehn Söhne waren bereits vor d. Vater gest. **Mutter**: Philippina, geb. von Wyschetzka (* 1747), e. Tochter von Theodor von Wyschetzky in Mittel-Lowitz in Lauenburg, ihr Vater besaß hier e. *kleine Acker-Nahrung*, sie ernährte sich u. d. drei Töchter von Handarbeit, war dazu altershalber jedoch nicht mehr in d. Lage, sie wurde, nachdem General Christian George Ludwig von Strachwitz am 22. Juli 1804 d. Angaben über ihren Sohn bestätigt hatte, auf d. Expectantenliste für e. Pension gesetzt; **Laufbahn**: war d. eigenen Aussage zufolge vier Jahre *cadet* in Stolp u. zwei Jahre *cadet* in Berlin, seit Frühjahr 1803 im I-R Nr. 43, stand im Juli 1804 als vierter Gefr.corp. im Reg., hatte nur sein *Tractament* u. befand sich seinem Chef zufolge in *sehr dürftigen Umständen*; 1806 als Fähnrich im I-R Nr. 43 geführt, 1813 als Cap. im 12. Schles. Landwehr-I-R dim. u. als Kontrolleur in Guttentag versorgt;

Quellen: GStA, II. HA, Abt. 13 a, Tit. III, Litt S, Nr. 25 (Mutter, Aussagen d. Sohnes v. 22.7.1804, lt. eigener Angabe 1785 geb.); Stabi, Ms. boruss. fol. 907 a; Rangliste 1806, S. 80; Stolper Kadetten, S. 37 (hier e. Joseph, geb. 16. Mrz. 1788);

Fähnrich Ludwig von SCHACHMANN (* 1700, † vor 1752)

Vater: Jacob George († vor 1729), Erbherr auf ¾ Reblin im Krs. Schlawe; **Bruder**: Adolph Ernst († 19. Aug. 1752), stand 1730 als Uffz. im I-R Nr. 17, als Major (in poln. Diensten) gest.; **Laufbahn**: seit 1717 im Militär, (1725 Gefr.corp. im I-R Nr. 26), 1727 Fähnrich im D-R Nr. 5, 1730 auf Wunsch dim.; **Güter**: saß seit 1729 auf d. väterlichen Gut, dieses fiel nach seinem Tod an d. Bruder;

Quellen: Stabi, Ms. boruss., fol. 313, fol. 314, fol. 316 (d. Bruder 1740, 1750 nicht im I-R Nr. 17); Ms. geneal. fol. 120; Brüggemann, T. 2/2, S. 885; Albedyll, Anhang, S. 42*;

Major Friedrich Christoph von SCHACK (* 17. April 1725, † 23. Dez. 1773)

Vater: Hans Christian (* 1680, † 24. Sep. 1741), Rittmstr. in holländ. Diensten, Erbherr auf Anteil Prüllwitz u. Kloxin C im Krs. Pyritz; **Mutter**: Henriette Charlotte, geb. von Waldow; **Bruder**: Hans Friedrich (1729–1800), seit 1743 im Militär, 1745 Gefr.corp. im I-R Nr. 21, Juni 1751 Fähnrich, Dez. 1751 Abschied, erbte von seinem Vater e. Anteil an Prüllwitz, machte sich in Groß Latzkow ansässig, ohne Leibeserben gest.; **Laufbahn**: April 1747 Fähnrich im I-R Nr. 26, Aug. 1748 Sl, Juni 1756 Pl, Jan. 1758 mit d. Charakter Cap. dim., Dez. 1758 als Cap. u. Chef e. Comp. beim Berliner Kadettenhaus angestellt, Nov. 1768 Major; **Güter**: erbte von seinem Vater Prüllwitz C u. e. Anteil an Kloxin im Krs. Pyritz, 1752 lagen auf d. Gutsanteilen Schulden von 14819 T., verkaufte diese mit Zustimmung d. Bruders um 1754 an d. Ol Otto Bogislav von Schack, der bereits ¾ von Prüllwitz besaß, für 15/m T.; **Ehefrau**: Wilhelmine Sophie, geb. von Stephanie (1742–1769), zwei Söhne starben im Kindesalter;

Quellen: GStA, I. HA, Rep. 30, Nr. 44, S 112, Paket 9 371; Stabi, Ms. boruss. fol. 311 (Bruder H.F.), fol. 314; Brüggemann, T. 2/1, S. 156; Fam.gesch., Prillwitzer Linie, S. 82–83;

Cap. Friedrich Ludwig von Schack (* 1748)

aus Pommern gebürtig; **Laufbahn**: seit 1760 im Militär, Okt. 1778 als Pl u. Gen.-Adjutant Orden p.l.m., Dez. 1782 Stabs-Cap. im I-R Nr. 21, vor 1806 abgegangen;

Quellen: Stabi, Ms. boruss. fol. 310, fol. 311; Lehmann, Ritter, S. 136 (hier als Hans Fr. Ludw.);

Ltnt. Gottfried von Schack (* 1667)

aus Pommern gebürtig; **Laufbahn**: engagierte sich 1687 im Militärdienst, Febr. 1707 Ltnt. im K-R Nr. 1, als solcher noch im Dez. 1714 genannt, vor 1723 abgegangen;

Quellen: Stabi, Ms. boruss. fol. 312;

Major Hans Friedrich von Schack (* 1715, † 12. Juni 1767)

Vater: Hans Friedrich (1669–1715), dän. Ol, Erbherr auf Anteil Prüllwitz u. Kloxin im Krs. Pyritz; **Mutter**: Louise Henriette, geb. von Fabian († 1756); **Bruder**: Friedrich Eugenius (* 1715, † 17. Aug. 1751), Juli 1725 *cadet* in Berlin, 1733 Ltnt., Juni 1735 Sl im I-R Nr. 7, 1738 Werbeoffizier im Reich, 1751 als Major unbeerbt verst.; **Laufbahn**: seit 1732 im Dienst, Mrz. 1738 Cornet im D-R Nr. 3, Okt 1740 Sl, April 1741 ins D-R Nr. 4, Febr. 1757 Stabs-Rittmstr., April 1759 Major, Juni 1765 als Major ins K-R Nr. 2, 1767 wegen *Schwermut* Suizid; **Güter**: die Brüder erbten von ihrem Vater Anteile an Prüllwitz u. Kloxin u. verkauften sie an d. Ol Otto Bogislav von Schack;

Quellen: GStA, I. HA, Rep. 30, Nr. 44, S 112, Paket 9 371; Stabi, Ms. boruss. fol. 313 (H.F. als H. Christian, -oph), fol. 314 (F.E. nur in d. Rangliste I-R 7 f. 1740 gen.); Schöning, D-R Nr. 3, S. 65 (H.F. als Hans Christian), S. 103, S. 199, S. 422; Brüggemann, T. 2/1, S. 156; Crousaz, Beilage C, S. 33 (F.E.); Fam.gesch., Prillwitzer Linie, S. 42–43;

Major Johann George von Schack (* 1753, † 3. Juli 1794) *

aus Pommern gebürtig; **Laufbahn**: seit 1770 im Militär, Aug. 1786 Pl im 1. Bat. Garde, Nov. 1787 als Gouverneur zum Kronprinzen, erhielt im Nov. 1793 als Major von d. Armee u. Adjutant beim Kronprinzen von Preußen d. Orden p.l.m., 1794 gest.;

Quellen; Reinhard, Garde, S. 533, S. 550; Lehmann, Ritter, S. 291;

Major Otto Friedrich Ludwig von Schack (* 3. Febr. 1763, † Sep. 1815)

Vater: Gneomar Bernd Wilhelm (1730–1776), 1749 Gefr.corp. bei d. Garde, dann Studium in Frankfurt an d. Oder, später kgl. Kammerherr, Erbherr auf Prüllwitz, auf Kloxin C u. D im Krs. Pyritz, 1793 im Wert von 80/m T., seine Erben saßen 1793 auf Kloxin A bis D; **Mutter**: Juliane Maria Louise (1738–1769), e. To. d. Gl Adam Friedrich von Wreech;

Großvater: Otto Bogislav (1696–1762), seit 1713 im Militärdienst, Febr. 1714 Sl im K-R Nr. 10, Okt. 1718 Pl, Mrz. 1720 Rittmstr., Aug. 1729 Major, Juni 1739 Ol, Aug. 1739 ins K-R Nr. 12, Juli 1740 ins D-R Nr. 3, April 1741 Kommandeur d. D-R Nr. 4, Aug. 1742 Abschied als Obrist, seit 1754 Erbherr auf ganz Prüllwitz u. Kloxin C im Krs. Pyritz, besaß außerdem Güter in Sachsen; **Vater-Bruder**: Otto Friedrich (* 1725, † vor 1762), Aug. 1749 Fähnrich beim 2. Bat. Garde, Juli 1754 Sl, April 1756 Abschied; **Bruder**: Bogislav Wilhelm (1766–1794), Febr. 1780 Johanniter-Ritter, kgl. Kammerherr u. Legationsrat, gest. 1794 als Kavalier bei d. preuß. Gesandschaft in Wien; **Laufbahn**: 1777 Junker im K-R Nr. 10, Mai 1780 Cornet, Mai 1784 Ltnt., Juni 1786 Johanniter-Ritter, Dez. 1794 Orden p.l.m., Febr. 1796 Stabs-Rittmstr., Jan. 1802 Chef e. Escadron, Aug. 1803 Major, nahm während seiner Militärdienstzeit gr. Schulden auf, 1815 Suizid; **Güter**: bat am 12. Nov. 1796 darum, Kloxin A bis D an e. Bürgerlichen verkaufen zu dürfen, hatte vom Vater C u. D geerbt, A wurde vom Vormund aus d. Konkurs von Küssow für 18 500 T. gekauft, B wurde im April 1787 von Carl Wilhelm Graf von Küssow für 5 300 erworben, lt. Bericht d. Stettiner Reg. betrug d. Wert d. Gutes Kloxin 1796 28 407 T.; d. Gut Prüllwitz wurde 1779 für 38 830 T. angenommen, darauf Schulden von 29 423 T., auf Kloxin A waren 16/m T. eingetragen, auf d. anderen Teilen weitere 5 100 T.; die Gläubiger hatten wegen ausstehender Zinsen die Revenuen mit Arrest belegt; d. Kollegium schätzte aufgrund d. gestiegenen Preise d. Wert d. Güter höher als angegeben ein, bei e. ordentl. Wirtschaft sei d. Rittmstr. in d. Lage, beide Güter zu konservieren; sein Antrag wurde deshalb am 20. Dez. 1796 abgewiesen; verkaufte im Juni 1797 d. ganze Gut Kloxin für 61/m T. an d. GM George Ferdinand von Damm (1717–1797), veräußerte im Juli 1799 d. Hauptgut Prüllwitz nebst Lindenbusch, 1797 mit 80/m T. angegeben, für 170/m T. an d. Fi-rat August Heinrich (von) Borgstede;

Quellen: GStA, I. HA, Rep. 30, Nr. 44, S 112, Paket 9 371; Nr. 243, Vas.tab. 1753, 1793, 1799; Schwerin, K-R 10, T. 3, Anhang Offz.liste (Großvater, hier z. T. andere Angaben als in d. Fam.gesch.); Schöning, D-R Nr. 3, S. 64, S. 420 (Großvater); Famgesch., Prillwitzer Linie, S. 64–71;

Obrist Wilhelm Christoph von Schack (* Okt. 1731, † 6. Jan. 1781)*

Vater: Otto Friedrich (1670–1751), holländischer General, besaß keine Güter in Pommern, nur d. ges. Hand auf Prüllwitz im Krs. Pyritz; **Mutter**: Levine Rebekka, geb. von Wintzingerode; **Bruder**: Otto Franz Christian (1726–1800), 1752 Cap. in holländ. Diensten, seit Febr. 1761 Major im preuß. Frei-Bataillon seines Bruders, 1762 bis 1766 Aufenthalt in Holland, Aug. 1766 Cap. u. Chef e. Comp. im Garn.-Reg. Nr. 8, Okt. 1786 Major, seit 1788 im Depot-Bat. d. I-R Nr. 35, 1793 Chef d. Invaliden-Comp. d. Reg.; **Laufbahn**: 1752 Cornet in holländ. Diensten, Dez. 1758 Cap. im preuß. Frei-Bataillon Quintus Icilius, Dez. 1760 Major, errichtete e. eigenes Frei-Corps, Okt. 1763 als Major ins I-R Nr. 8, Mai (bzw. Juni) 1771 Ol, Mai 1773 Obrist, Okt. 1779 Kommandeur d. I-R Nr. 8, 1781 in Stettin gest.; **Ehefrau**: Charlotte Sophie, geb. von Pollitz († 1804); **Sohn**: Heinrich Otto (1755–1815), seit Febr. 1770 im I-R Nr. 8, Aug. 1773 Fähnrich, Juni 1777 Sl, Juni 1784 Pl, Mai 1790 Stabs-Cap., Nov. 1794 Cap. u. Chef e. Comp., Jan. 1795 Major im I-R Nr. 57, Okt. 1800 Kommandeur d. Grenadier-Comp. d. I-R Nr. 37 u. 57, Juni 1806 Ol, Okt. 1808 als Obrist dim.;

Quellen: GStA, I. HA, Rep. 30, Nr. 243, Vas.tab. 1756, 1766; Stabi, Ms. boruss. fol. 312 (Bruder O.F.C.), fol. 315; Fam.gesch., Prillwitzer Linie, S. 84–90; Isenburg, I-R 35, S. 45 (Bruder O.F.C); Priesdorff, Off.stammliste, S. 23;

Cap. Samuel Friedrich von Schaetzel (* 1733, † vor 1804)

Vater: (Samuel Fabian (* 1697, † vor 1774), aus Preußen gebürtig, seit 1714 im Militär, 1720 Gefr.corp. im I-R Nr. 8, zuletzt Cap., vor 1728 abgegangen), d. Söhne aus Preußen gebürtig; **Mutter**: Elisabeth, geb. von Stechow (* 1702), sie hielt sich 1774 in Carnitz im Krs. Greifenberg auf, wies auf ihre beiden Söhne hin, die sie bisher unterhalten hatten, ihre Tochter war verh. mit e. von Flemming zu Schruptow; **Bruder**: Christoph Friedrich (1740–1784), 1757 Gefr.corp. im I-R Nr. 35, Febr. 1758 Fähnrich, Juli 1762 als Sl d. Orden p.l.m., 1764 als Sl dim., Mai 1765 ins Garn.-Reg. Nr. 7, (1775 als Major im Garn.-Reg. Nr. 10 gen.), nach d. Verlust d. Gesichtes 1782 nach 38 Dj. als Ol ohne Pension dim., bat im Dez. 1782 um d. Anwartschaft auf d. Postamt in Pyritz, verh. mit e. geb. von Lichnowsky, hinterließ dieser außer e. Haus in Pyritz kein Vermögen, aus beider Ehe eine Tochter u. zwei Söhne, die 1782 zu d. *cadets* sollten, d. ältere Sohn war 1775 in Neiße geboren; **Laufbahn**: seit 1748 im Militär, Mai 1755 Fähnrich im I-R Nr. 35, 1763 Pl, (1765 bzw.) Juli 1767 nach 18 Dj. als Pl (mit d. Charakter Cap.) dim.; **Güter**: erwarb 1765 Naulin A, seit 1779 auch auf Naulin B im Krs. Pyritz, besaß seit 1779 damit d. ganze Gut Naulin u. 1/6 Pitzerwitz, 1797 im Wert von 24/m T.; erwarb 1784 Mellenthin im neumärk. Krs. Soldin; **Sohn**: Carl Friedrich (Ferdinand) Wilhelm (* 1771), 1793 auf d. Viadrina, 1800 Ltnt. im D-R Nr. 1, Juli 1804 als Cap. dim.; **Sohn**: Friedrich August Ferdinand (* 1774), 1793 auf d. Viadrina, 1800 Referendar in Stettin;

Quellen: GStA, I. HA, Rep. 30, Nr. 243, Vas.tab 1767, 1793, 1801, 1804; Rep. 96, Nr. 435 S, Bd. 2 (Ol v. S); Stabi, Ms. boruss. fol. 311 (1763 S.F. als Pl, C.F. als Sl im I-R 35), fol. 313 (in d. Abgangsliste Garn.-Reg. 7 kein S.), fol. 314 (1775 im Garn-Reg. Nr. 10 nur d. Major Carl Fr. v. S., geb. 1730?, Patent als Major v. 1762), fol. 315; Brüggemann, T. 2/1, S. 154–155; Isenburg, 1910, S. 38 (Abgangsliste Nr. 103 S.F., Nr. 123 C.F.), S. 266, S. 267 (C.F.); Probst, D-R Nr. 1, 1841, S. 159 (Sohn); d. Vater nicht bei Priesdorff, Offz.stammliste;

Ltnt. Johann Friedrich von Schaikofsky (* 1761)

aus Pommern gebürtig; **Laufbahn**: seit 1776 im Militär, 1787 Sl im I-R Nr. 14, vor 1806 abgegangen;

Quellen: Stabi, Ms. boruss. fol. 311;

Major Friedrich Ferdinand von Scharden (1740–1794)

Vater: Hofrat, Ober-Postmstr. in Stettin; **Mutter**: d. Tochter e. Hofpredigers; **Laufbahn**: Okt. 1758 Fähnrich im I-R Nr. 11, Juni 1763 Sl, April 1772 Pl, Mrz. 1783 Cap. u. Chef e. Comp., 1791 Major, 1793 zur Invaliden-Comp. d. Reg., 1794 gest.; (**verwandt**: Carl Friedrich von Scharden (* 1742), seit 1759 im Militär, 1764 Sl u. Adjutant im I-R Nr. 17, 1773 Pl, 1784 als Cap. nach 24 Dj. gest.: Stabi, Ms. boruss. fol. 316);

Quellen: Stabi, Ms. boruss. fol. 312; Becker, I-R 11, S. 299, S. 310, S. 315, S. 333, S. 422;

Major Hans Joachim von Sche(e)len (* 1704)

Vater: Hans Christoph (* 1670), Major; **Laufbahn**: seit 1726 im Regiment, Jan. 1731 Ltnt. im K-R Nr. 6, Dez. 1741 Rittmstr. u. Chef e. Escadron, Okt. 1756 Major, vor 1764 abgegangen; (verwandt, **Sohn**: Christian David von Scheel (* 1743), seit 1760 im Militär, Jan. 1763 Cornet im H-R Nr. 8, im April 1763 *reducirt*: Ms. boruss. fol. 315, Schöning, 5. H-R, S. 103, S. 106);

Quellen: Stabi, Ms. boruss. fol. 315;

Ol Adolph (Adam) Friedrich von SCHENCK (* 1700)

aus Pommern gebürtig; **Laufbahn**: seit 1717 im Militär, 1720 Corp., 1730 Cornet, 1740 Ltnt. im K-R Nr. 2, (1742 Stabs-Rittmstr. im K-R Nr. 3, 1750 u. 1754 Major im K-R Nr. 3), 1757 als Ol im K-R Nr. 2 dim.; (**verwandt**: 1740 stand e. Corporal Friedrich Wilhelm von Schenck (* 1713), aus Pommern, seit 1729 im Militär, im K-R Nr. 2: Ms. boruss. fol. 315);

Quellen: Stab, Ms. boruss. fol. 313, fol. 315; Monteton, S. 66; Schwerin, K-R Nr. 10, T. 1, S. 25 (1742, K-R Nr. 3), S. 70 (1756 Ol im K-R Nr. 2);

Ltnt. Friedrich Wilhelm von SCHENCK (* 1725)

aus Pommern gebürtig; **Laufbahn**: seit 1742 im Militär, Sep. 1746 Sl im I-R Nr. 32, noch 1756 als solcher hier gen., vor 1764 abgegangen;

Quellen: Stabi, Ms. boruss. fol. 312;

Ol Alexander Friedrich Schiebel von SCHIEBELSTEIN (* um 1738)

Vater: Johann Conrad (* um 1694), Ltnt., 28 Dj., seit 1742 Erbherr auf Anteil Franzen im Krs. Schlawe, seit 1747 zs. mit seinem Bruder Erbherr auf Zirchow im Krs. Stolp; **Vater-Bruder**: Alexander Martin (* um 1714), Rittmstr., seit 1747 auf Zirchow, seit 1760 Erbherr auf Anteil Franzen; **Großvater**: Alexander, seit 1739 auf Zirchow im Krs. Stolp; **Bruder**: Valentin George (* um 1736), 1756 *cadet* in Berlin, 1766 als Ltnt., 1775 als Stabs-Rittmstr. im K-R Nr. 7 genannt, 1776 *melancholisch* gest.; **Laufbahn**: 1756 *cadet* in Berlin, 1757 Junker im K-R Nr. 6, Mai 1763 Ltnt., Jan. 1771 Stabs-Rittmstr., Sep. 1784 Major im K-R Nr. 6, 1792 Ol, Dez. 1792 als Ol mit 500 T. Pension dim.; **Güter**: suchte als letzter der Familie im Jan. 1778 um d. Allodifikation d. väterlichen Gutes Zirchow nach, bekam am 14. Mrz. 1778 d. Allodifikations-Versicherung, verkaufte im Aug. 1782 Zirchow für 6/m T. an seine Schwester Christina Louisa verw. Cap. von Wobeser;

Quellen: GStA, I. HA, Rep. 30, Nr. 241 b, Paket 9966; Nr. 243, Vas.tab. 1756, 1763, 1767; Stabi, Ms. boruss. fol. 315; Brüggemann, T. 2/2, S. 871–872, S. 1023; Schwerin, K-R Nr. 10, T. 2, S. 197 (V.G.), S. 230, S. 231 (A.F.), S. 232, S. 234 (V.G.), T. 3, S. 35 (A.F.); Monteton, S. 81, S. 92 (V.G.);

Cap. George Friedrich von SCHIMONSKY (* 1735)

aus Hinterpommern gebürtig; (**Bruder**: George Peter (* 1736), seit 1758 im Militär, Nov. 1762 Sl im I-R Nr. 49, vor 1775 abgegangen; **Bruder**: Dietrich Lebrecht (1740–1826)*, stand von 1758 bis 1805 im I-R Nr. 49, Mai 1806 GM; **Bruder**: Christian Friedrich (1745–1813)*, von 1761 bis 1797 im I-R Nr. 49, Sep. 1797 Kommandeur d. I-R Nr. 50, Sep. 1809 GM); **Laufbahn**: trat 1758 in d. Militärdienst ein, 1764 Sl im I-R Nr. 31, 1774 Pl, 1779 als Stabs-Cap. ins I-R Nr. 38 versetzt, Dez. 1779 Cap. u. Chef e. Comp., als solcher noch im April 1789 gen., vor 1806 abgegangen;

Quellen: Stabi, Ms. boruss. fol. 314 (1763 standen drei Schimonsky im I-R Nr. 49, 1775 noch zwei), fol. 316; Priesdorff, Nr. 1092 (D.L.), Nr. 1155 (C.F., die beiden Generäle waren Brüder, Bd. aus Stolp geb.);

Major Christoph Friedrich von Schladen (1711–1780)

Vater: (Hans Christoph († 1743), Obrist u. Kommandeur d. K-R Nr. 6; **Mutter**: e. geb. von Spiegel; **Bruder**: Friedrich Gottlieb (* 1729), aus Aschersleben im Hzgtm. Magdeburg gebürtig, 1751 als Junker ins I-R Nr. 19, April 1762 Cap., stand 1784 als Major im I-R Nr. 19); **Laufbahn**: Sep. 1731 vom Junker zum Cornet im D-R Nr. 5 befördert, Mrz. 1737 Sl, Mai 1741 Pl, Aug. 1745 als Invalide dim., engagierte sich im Siebenjährigen Krieg erneut im Militär, zuletzt Major u. Kommandeur d. Land-Bat.s von Kleist in Kolberg; **Güter**: erwarb 1740 aus d. Konkurs d. EM, Rep.präs. Alexander Friedrich von der Osten Stölitz u. Natelvitz B im Ostenschen Krs. für 27/m T., außerdem seit 1748 Erbherr auf Dummadel, auf Anteil Pinnow A; seit 1753 prozessierte Landrat Christoph Friedrich von der Osten zu Witzmitz gegen d. Ltnt., um Pinnow zu *reluiren*, lt. Urteil vom April 1764 mußte d. Major C.F. seinen Anteil an Pinnow A räumen u.d. Landrat übergeben; 1767 hatten d. Güter e. Wert von 35/m T., darauf Hypotheken von 15 800 T., d. anderen Schulden d. Majors betrugen 13/m T.; 1780 fielen die Güter (seiner Tochter) d. Rittmeisterin Johanna Juliana Maria von Schladen, geb. von Schladen zu, von ihr 1789 an d. Major George Carl Gans Edler zu Putlitz verkauft; e. **Schwester** (1730–1803) war verh. mit e. von Biedersee († vor 1784), der zunächst im K-R Nr. 2, dann im Magdeburger Land-Reg. als Cap. gedient hatte, dieser hinterließ seiner Frau u. drei minderj. Kindern kein Vermögen, die Witwe hielt sich 1784 im pomm. Stölitz auf u. ernährte sich vom Nähen u. Spinnen, sie bekam aufgrund ihrer prekären Lage 1785 e. Pension von 50 T.; (**verwandt**: Gottlob Friedrich von Schladen (* 1767), aus Pommern gebürtig, (Sohn von Johanna Juliana Maria), seit 1782 im Militär, stand 1786 als Cornet im D-R Nr. 12, bat im Mrz. 1786 aus Stölitz um d. vakante Amt als Landrat im Ostenschen Krs.: GStA, I. HA, Rep. 96, Nr. 435 S, Bd. 3; Stabi, Ms. boruss. fol. 311);

Quellen: GStA, I. HA, Rep. 30, Nr. 43, Paket 9232; Nr. 243, Vas.tab. 1756, 1763, 1767; Nr. 243 P, Paket 9983; II. HA, Abt. 13 a, Tit. III, Litt B, Nr. 5 (Schwester); Brüggemann, T. 2/1, S. 373–374; Brüggemann, Beiträge, 2, S. 204; Gesch. I-R Nr. 19, S. 126 (Bruder?); Albedyll, Anhang S. 55* (danach in Stölitz geb.);

Cap. Christoph Simon (Siegmund) von Schlichting (* 1698)

aus Pommern gebürtig; **Laufbahn**: trat 1714 in d. Militärdienst ein, (1725 als Fähnrich im I-R Nr. 26 gen., 1732 als Ltnt. auf d. Regenstein versetzt), seit Aug. 1740 Pl im I-R Nr. 35, April 1742 als Cap. ins Garn.-Bat. Nr. 8, vor 1756 abgegangen;

Quellen: Stabi, Ms. boruss. fol. 311, fol. 312, fol. 314; Taeglichsbeck, S. 262;

Cap. Lebrecht Carl Friedrich von Schlichting (get. 20. Juli 1747)

Vater: Carl Ludwig (* 1703, † 29. Mrz. 1769), 1742 Rittmstr. in preuß. Diensten, 1755 Ol in kursächs. Diensten, zuletzt Ol (bzw. Obrist) bei der Landmiliz in Stettin, seit 1742 Erbherr auf Cummerow A u. Justin C im Ostenschen Krs. im Wert von 8/m T., seine Schulden sollen 1767 18/m T. betragen haben, hinterließ drei Söhne u. zwei Töchter, geb. 1741 u. 1744; **Mutter**: Catharina Magdalena, geb. von Tresckow (1724–1786), büßte bei dem überschuldeten *Gütchen* einen Teil ihres Ehegeldes ein, nach Bezahlung d. Zinsen blieb nichts für d. Unterhalt, sie bat im Jan. 1775 um e. Pension, wurde jetzt u. später jedoch abgewiesen, weil sie noch e. Gut besaß; **Bruder**: Curth Fürchtegott George (get. 22. Jan. 1751, † 1823)*,

1766 Junker im D-R Nr. 8, April 1767 Cornet, Okt. 1770 Sl, Juli 1784 Pl, Juli 1789 Stabs-Cap., Jan. 1792 Major, Mrz. 1795 Chef e. Escadron, Mai 1800 Ol, Mai 1802 Obrist im D-R Nr. 8, Nov. 1807 Charakter GM, 1813 Abschied mit Pension; **Bruder**: Wilhelm Hans Christoph (get. 26. Dez. 1756), 1769 Junker, Mai 1782 Ltnt. im K-R Nr. 3, 1801 Rittmstr., 1813 pens.; **Laufbahn**: 1763 Junker im D-R Nr. 1, 1767 Cornet, 1769 Sl, mußte aus gesundheitl. Gründen als Pl seinen Abschied nehmen, bat im Juni 1786 um d. Charakter Cap., stand 1793 als Cap. mit d. Artillerie-Train in Frankreich, noch 1801 als Cap. beim Artillerie-Train gen.; **Güter**: besaß seit 1787 d. vom Vater geerbte Gut Cummerow A u. Justin C im Wert von 14/m T., 1799 auf Cummerow A, B u. C u. Justin B u. C für zs. 40/m T.; lag im Jahre 1800 im Streit mit Egidius George Wilhelm von der Osten auf Burzen um die Rechte auf Cummerow; verkaufte seine Güter im April 1804 für 83 300 T. an d. Ltnt. Otto Friedrich Bernhard von Stutterheim; saß 1801 auch auf ½ Pritten im Krs. Dramburg, seine **Ehefrau** Johanna Modesta Sigismunda, geb. von Damnitz (* 1767), saß auf d. zweiten Hälfte von Pritten; (**verwandt**: Christoph Siegmund von Schlichting (* 1698), seit 1713 im Militär, 1732 Pl im I-R Nr. 26: Stabi, Ms. boruss. fol. 314);

Quellen: GStA, I. HA, Rep. 30, Nr. 43, Paket 9234; Nr. 44, S 122 y, Paket 9381; Nr. 243, Vas.tab. 1763, 1767, 1793, 1803; II. HA, Abt. 12, Materien, Vas.-Tab. Nr. 6; Stabi, Ms. boruss. fol. 310 (Bruder), fol. 314 (als Carl Aug.); Brüggemann, T. 2/1, S. 365; Brüggemann, Beiträge, 2, S. 197–198 (hier als Carl Fr. L.); Schwerin, K-R Nr. 10, T. 2, S. 225 (Bruder W.H.C. als W.F.), T. 3, S. 18 ; Priesdorff, Nr. 1 136 (Curth F.G.);

Ltnt. Christian Heinrich von Schlieffen (* 6. Jan. 1722, † vor 1801)

Vater: Ernst Detloff († 17. Sep. 1724), Erbherr auf Kl. Soldekow, Gr. Soldekow A u. Leikow im Krs. Schlawe; **Mutter**: Dorothea Barbara, geb. von Crassow († 1. Aug. 1752); **Bruder**: Peter Gustav Erdmann († vor 1756); **Bruder**: Ernst Adolph Detloff (* 1718), seit 1732 im Militär, 1743 Pl, 1756 Cap. im I-R Nr. 24, nahm noch 1756 seinen Abschied, verh. mit Louise von Zieten, lebte auf Trebnitz bei Müncheberg; **Laufbahn**: trat 1735 ins D-R Nr. 1 ein, wechselte dann ins I-R Nr. 36, Mai 1742 Fähnrich, Mai 1748 Sl, bekam Febr. 1749 nach 15 Dj. d. gewünschten Abschied u. bezog seine **Güter**: seit 1748 Erbherr auf Kl. u. Gr. Soldekow A im Krs. Schlawe; **Ehefrau**: Veronica Jacobine Gottliebe, e. To. von George Gneomar von Zitzewitz auf Techlipp, diese war in erster Ehe verh. gewesen mit Peter Gustav Erdmann von Schlieffen, erbte von diesem d. Gut Kuhts im Krs. Schlawe; von ihrem Bruder Martin Friedrich von Zitzewitz bekam sie d. Gut Lojow im Krs. Stolp, d. Ltnt. C.H. verkaufte Lojow 1752 auf 25 Jahre für 11/m T.; aus d. Ehe d. **Sohn**: Christian Friedrich Ferdinand (* 8. Sep. 1762); **Sohn**: Joachim (Heinrich) Adolph (* 8. Okt. 1769), dieser stand 1793 als Ltnt. im K-R Nr. 5, tauschte 1794 mit d. Ltnt. Graf von Kalckreuth vom K-R Nr. 10 d. Platz, 1799 Ltnt. im K-R Nr. 10, 1803 als Stabs-Rittmstr. dim., 1804 Erbherr auf d. väterl. Gütern Gr. u. Kl. Soldekow u. Kuhts; 1802 wurden vier Geschwister von Schlieffen genannt: Major in Potsdam, Cap. in Königsberg, vorm. Cap. zu Zierwenz (* um 1760), Dorothea Henrietta von Schlieffen, verh. mit d. Cap. v. Podewils auf Kosegger);

Quellen: GStA, I. HA, Rep. 30, Nr. 44, S 122 w, Paket 9380; Nr. 243, Vas.tab. 1756, 1763, 1767, 1793, 1804; Stabi, Ms. boruss. fol. 316 (Bruder E.A.D); Brüggemann, T. 2/2, S. 874, S. 890–891; Fam.gesch. 1780, S. 299–302, S. 303; Gesch. I-R Nr. 36, S. 67; Schwerin, K-R Nr. 10, T. 3, S. 6; Monteton, S. 108;

Ltnt. Christoph Friedrich von SCHLIEFFEN (* um 1690)

aus Pommern gebürtig; **Laufbahn**: im Mrz. 1711 vom Fähnrich zum Ltnt. im I-R Nr. 1 befördert, vor 1715 abgegangen;

Quellen: Stabi, Ms. boruss. fol. 313;

Ltnt. Christ. Heinrich von SCHLIEFFEN (* 1667)

aus Pommern gebürtig; **Laufbahn**: seit 1685 im Militär, 1705 Ltnt. im I-R Nr. 1, vor 1715 abgegangen;

Quellen: Stabi, Ms. boruss. fol. 313, fol. 319;

Cap. George Heinrich von SCHLIEFFEN (1715–1757)

Vater: George Heinrich (1674–1751); **Mutter**: Anna, geb. von Braunschweig; **Bruder**: Johann Leo (1719–1777)*, Hofgerichtsrat; **Laufbahn**: seit 1734 im Militär, 1740 als Fähnrich, 1750 als Pl, 1756 als Cap. im I-R Nr. 17 gen., Nov. 1756 Orden p.l.m., bei Kolin 1757 als Cap. gefallen;

Quellen: Stabi, Ms. boruss. fol. 316; Fam.gesch. 1780, S. 313–314, Stammtafel G; Lehmann, Ritter, S. 51; biogr. Handbuch, S. 880 (Bruder);

Ol Heinrich Wilhelm von SCHLIEFFEN (* 14. Nov. 1756, † 29. Dez. 1842)*

Vater: Johann Leo (1719–1777)*, KG-, Hofgerichtsrat, zeitweilig Erbherr auf Reckow im Ftm. Cammin, d. Söhne wurden in Stettin geboren; **Mutter**: Dorothea Elisabeth (1733–1764), e. To. d. dänischen Majors von Tuchsen; **Bruder**: Johann Ernst Ludwig (* 14. Sep. 1758), Juni 1769 *cadet* in Stolp, Mai 1772 *cadet* in Berlin April 1774 Gefr.corp. im I-R Nr. 13, Sep. 1786 als Ltnt. dim., bat im Herbst 1786 dreimal vergeblich um d. Charakter Cap., erhielt diesen erst später; **Bruder**: Carl Friedrich (* 23. März 1763), Mai 1772 *cadet* in Stolp, April 1776 *cadet* in Berlin, seit 1779 im Reg., beklagte sich als Gefr.corp. im Juni 1782 darüber, bei d. Beförderung zum Fähnrich übergangen worden zu sein, ein Graf von Wartensleben sei ihm vorgezogen worden, wollte überkompl. Fähnrich werden, Sep. 1785 Sl im I-R Nr. 13, Juni 1794 Pl, Mai 1798 Cap., Juni 1802 Major, stand 1806 als Inspekt.-Adjutant bei General E.W.P. von Rüchel, Aug. 1807 Abschied, Aug. 1807 Ol, Mrz. 1811 mit d. Charakter Obrist dim., 1812 in d. Grafenstand erhoben; **Laufbahn**: seit 1768 im Militär, Nov. 1771 Gefr.corp. im I-R Nr. 17, Sep. 1773 Fähnrich, Aug. 1778 Sl, April 1785 Pl, April 1790 Stabs-Cap., Juni 1792 Cap. u. Inspektions-Adjutant, Jan. 1795 Major, Aug. 1795 Gouverneur d. Prinzen Heinrich, Mrz. 1804 d. I-R Nr. 15 b aggr., Juni 1805 Ol, Okt. 1805 zum I-R Nr. 30, Juli 1808 Obrist, April 1812 Graf, Juni 1813 GM u. Direktor d. Invalidenwesens, Mrz. 1817 Gl, Juni 1825 Abschied; **Güter**: d. Ltnt. H.W. bat 1786 für sich u. seine beiden Brüder um d. ges. Hand auf d. Lehngüter d. Familie von Schlieffen, im Dez. 1786 wurde ihr Gesuch gebilligt;

Quellen: GStA, I. HA, Rep. 30, Nr. 241 b, Paket 9967; Rep. 96, Nr. 95 S s s (Bruder); VI. HA, Nl. Schlieffen, Nr. 1; Stabi, Ms. boruss. fol. 311 (Bruder C.F.), fol. 316; Fam.gesch. 1780, S. 314; Rangliste 1806, S. XVI (Bruder); Stolper Kadetten, S. 3, S. 5 (Brüder); Handbuch grf. Hs. 1855, S. 871–872; Priesdorff, Nr. 1 195; biogr. Handbuch, S. 880 (Vater);

Ltnt. Johann Melchior von SCHLIEFFEN (1744–1773)

Vater: Johann Christoph (1697–1759), aus Kolberg gebürtig, seit 1715 im Militär, 1720 u. 1730 Sergant im I-R Nr. 10, stand 20 Jahre im I-R Nr. 10, zuletzt Uffz., seit 1738 bzw. 1742 für 25 Jahre Pfandbesitzer von Braunsberg im Dewitzschen Krs. im Wert von 9/m T., 1766 erwirkte seine Witwe Anna Catharina, geb. von Ritter († 19. Dez. 1788) e. Verlängerung d. Vertrages um weitere 15 Jahre, 1767 lagen auf d. Gut Schulden von 4 480 T., d. Witwe besaß 1774 e. Forderung auf Braunsberg über 700 T. u. bekam e. jährl. Hausmiete von zehn T., erhielt ab Okt. 1780 e. Pension von 50 T.; **Schwestern**, 1789 gen.: eine war verh. mit d. Kaufmann Lorenz Schwedler in Kolberg, d. zweite mit d. Pfarrer Schmidt zu Rützow bei Schivelbein, d. dritte mit e. von Glasenapp; **Laufbahn**: trat 1760 in d. Militärdienst ein, Nov. 1761 Sl im I-R Nr. 7, 1770 wegen kränklicher Umstände dim.; **Güter**: seit 1769 Erbherr auf Braunsberg im Dewitzschen Krs., hinterließ 1773 seine **Frau** Dorothea Albertina (* 1746, † 4. Mai 1805), e. To. d. GM Jonathan Friedrich von Finck*, u. zwei Töchter, sie gab 1777 an, durch d. Konkurs ihres Mannes 3/m T. verloren zu haben, nach d. Behandlung d. Kreditoren konnte sie nur 513 T. retten; d. Witwe D.A. erhielt im Jan. 1789 d. Pension ihrer verst. Schwiegermutter in Höhe von 50 T., hatte dazu noch 80 T. aus d. Vermächtnis d. Fam. von Schlieffen, sie saß noch 1793 u. 1799 auf Braunsberg im Wert von 8 500 T.; **Tochter**: Henriette Caroline Albertine (* 1766), verh. mit d. aus Kaucken in Litauen gebürtigen Ltnt. von Manstein vom D-R Nr. 1, er hatte zehn Jahre im Reg. gestanden, sie ließ sich nach vier Jahren unglücklicher Ehe von diesem scheiden, er war d. *Trunk ergeben*, besaß kein Vermögen u. hatte sie *mißhandelt*, aus d. Ehe zwei Kinder, sie ging nach d. Scheidung zu ihrer Mutter nach Greifenhagen, erbte 1805 von d. Mutter 1 300 T., konnte von d. Zinsen jedoch nicht leben, wurde im Sommer auf d. Expectantenliste für e. Pension gesetzt; d. zweite **Tochter** war verh. mit e. Blanck, der e. Vorwerk bei Tempelburg besaß;

Quellen: GStA, I. HA, Rep. 30, Nr. 43, Paket 9 240; Nr. 243, Vas.tab. 1756, 1767, 1793, 1799; II. HA, Abt. 13 a, Tit. III, Litt M, Nr. 9 (Tochter); Litt S, Nr. 5 (Mutter); Stabi, Ms. boruss. fol. 314, fol. 316; Brüggemann, T. 2/1, S. 306; Fam.gesch. 1780, Stammtafel G; Priesdorff, Nr. 373 (Schwiegervater);

Obrist Otto Wilhelm von SCHLIEFFEN (* 1727)

Vater: Hans Michael (1684–1752), 1708 Fähnrich in d. Füsilier-Garde König Friedrichs I., 1711 Ltnt., um 1715 dim., später Cap. bei d. pomm. Miliz (bzw. im Garn.-Bat. Nr. 3), Erbherr (auf Giesekow u. Lüttkenhagen im Krs. Greifenberg), auf Schlönwitz in d. NM; **Mutter**: Anna Helene, geb. von Petersdorff († 1742); **Bruder**: Johann Friedrich (1718–1760), Gefr.corp. im I-R Nr. 8, Febr. 1739 Fähnrich, Aug. 1741 Sl, Nov. 1745 Pl, Nov. 1756 Cap., an bei Torgau erlittenen Blessuren gest., hinterließ seine Frau Dorothea Sophia, geb. von Walther (* 1729, † 22. Juni 1798), sie bezog seit Mai 1772 e. Pension von 100 T.; **Bruder**: Martin Ernst (1732–1825)*, stand von 1757 bis 1786 in hessen-kasselschen Diensten, April 1789 Gl in preuß. Diensten, Gouverneur von Wesel, hielt sich 1801 in Kassel auf; **Laufbahn**: engagierte sich 1742 im Militär, Nov. 1748 Sl, Aug. 1759 Cap. im I-R Nr. 7, Nov. 1768 Major, 1781 als Obrist zum I-R Nr. 12 versetzt, vor 1798 dim., hatte 1801 seinen Wohnsitz in Stargard; (**Güter**: machte sich um 1786 auf Groß-Silber in d. NM ansässig);

Quellen: Stabi, Ms. boruss. fol. 314, fol. 316 (d. Vater 1719, 1730, 1740 nicht im Garn.-Bat. Nr. 3 gen.); Fam.gesch. 1780, S. 222–230; Priesdorff, Offz.stammliste, S. 154 (Bruder J.F., danach geb. 1715); Priesdorff, Nr. 776 (Bruder M.E.);

General Carl Friedrich Graf von SCHLIPPENBACH
(* 7. Sep. 1658, † 9. Jan. 1723) *

Vater: Christoph Carl (1624–1660), schwed. Obrist, Tribunalspräs., Erbherr auf Wollin u. Stepenitz im Flemmingschen Krs.; **Mutter**: Helene Elisabeth, geb. Freiin von Braunfalck; **Laufbahn**: 1675 Fähnrich in schwedischen Diensten, Okt. 1686 kurbrandenburg Obrist, 1694 Chef d. Reg. Anhalt zu Pferd, Mrz. 1696 GM, Dez. 1704 Gl, Okt. 1713 Gouverneur von Kolberg, Mai 1715 General von d. Kavallerie, Erbherr auf Schönermark, Schapow u. a. Gütern im Krs. Prenzlau; in erster **Ehe** verh. mit Barbara, geb. von Bülow († 1689);

Quellen: Stabi, Ms. boruss. fol. 319; Brüggemann, T. 2/1, S. 14–15; Priesdorff, Nr. 103;

Fähnrich Franz von SCHLOCHOW (* 1751, † Jan. 1778)

Vater: Michael Ernst († vor 1768), Erbherr auf Bichow im Distrikt Lauenburg, hinterließ zwei Tö. u. einen Sohn; (**Mutter**: Maria Dorothea, geb. von Woyen (* um 1705), sie bat im April 1774 um e. Pension, verwies dabei auf d. im Militär stehenden Sohn); **Laufbahn**: stand 1771 als Gefr.corp. beim Reg. in Berlin, 1775 Fähnrich im I-R Nr. 1, 1778 als Fähnrich gest.; **Güter**: saß 1771 als Erbherr auf Bichow im Distrikt Lauenburg im Wert von 8/m fl.; (**verwandt**: e. Wilhelm von Schlochow (* 1760), stand 1783 als Gefr.corp. im I-R Nr. 1: Stabi, Ms. boruss. fol. 313);

Quellen: GStA, I. HA, Rep. 30, Nr. 243, Vas.tab. 1756; Nr. 249, Vas.tab. 1771; Nr. 413 a, Paket 10 189 (Vormundschaftstab. 1768); Stabi, Ms. boruss. fol. 313 (1775 u. 1778 als Friedrich Wilhelm);

Ltnt. Johann Wilhelm von SCHLOCHOW (* zw. 1723 u. 1735, † 1799)

Vater: Joachim George († 1776), stand in keinen Diensten, Erbherr auf Schlochow im Distrikt Lauenburg, im Siebenjährigen Krieg verarmt, betätigte sich dann als Krs.einnehmer im Distrikt Lauenburg; **Bruder**: Friedrich (Franz) Ernst (* um 1745, † 1778), seit 1763 im Militär, stand 1773 als Sl im I-R Nr. 17, in d. *Campagne* von 1778 gest.; (**Bruder**: Friedrich Wilhelm († Jan. 1778) als Fähnrich im I-R Nr. 1 gest., evt. identisch mit Franz, s.d.); **Schwester**: Charlotte Louise (* 1737), sie besaß 1786 e. Vermögen von 666 T., fand ihren Unterhalt 1789, 1791 als Gesellschafterin, Haushälterin bei Obrist George Lorenz von Pirch teils auf dessen oberschlesischen Gütern, teils in Schidlitz, bekam aufgrund d. Intervention d. Obristen seit Juni 1792 e. Pension von 50 T., sie erwähnte in ihren Suppliken zwei Brüder, wovon d. eine 1778 gest. war; **Schwester**: Dorothea Gottlieb (* 1732), verheiratet mit Johann Friedrich von Thadden, sie war 1804 Witwe, hatte drei Tö. u. gab damals an, d. Familie von Schlochow sei mit ihren Brüder ausgestorben; **Laufbahn**: weilte 1757 auf d. Univ. Königsberg, konnte wegen schwacher Konstitution nicht ins Heer eintreten, besorgte im Siebenjährigen Krieg Kreisgeschäfte im Distrikt Lauenburg (bzw. diente d. eigenen Angabe zufolge als Ltnt. im I-R Nr. 1 u. I-R Nr. 17); **Ehefrau**: Barbara Elisabeth (1744–1803), e. To. von Johann Adolph von Zitzewitz auf Budow; ihr Mann war lange Jahre krank u. soll in dieser Zeit sein Vermögen zugesetzt haben, sie besaß keinerlei Vermögen, mußte für d. Beerdigung ihres Mannes d. letzten Mobilien verkaufen, erhielt im Sep. 1801 e. Pension von 50 T.; **Güter**: in e. Immediateingabe aus Schidlitz bei Danzig vom 10. Dez. 1784 bat d. vorm. Ltnt. um e. ziviles Amt, wollte Landrat in Westpreußen werden, wies darauf hin, daß er d. väterliche Gut 1769 schuldenhalber verkaufen mußte; soll d. Schwester zufolge einige Zeit Kreissteuereinnehmer gewesen sein, legte d. Amt nieder, verkaufte d. Gut u. zog nach

Paraschin, ging dann nach Danzig; bedankte sich am 13. Mai 1788 aus Schidlitz bei Danzig für d. Anwartschaft auf e. Gratialgut, litt zuletzt an d. Schwindsucht, 1799 in Ribienke im Distrikt Lauenburg im Alter von 76 Jahren gest.;

Quellen: GStA, I. HA, Rep. 30, Nr. 243, Vas.tab. 1756; Rep. 96, Tit. 435 S, Bd. 3, Nr. 260 S; II. HA, Abt. 13 a, Tit. III, Litt L, Nr. 1, Bd. 2; Litt S, Nr. 3, Nr. 8, Nr. 37; Stabi, Ms. boruss. fol. 313 (Bruder F.W.); fol. 316 (F.E.); Siebmacher, Bd. 6/9, 1894, S. 85 (allg. zur Fam.);

Ltnt. von SCHLUSCHEWSKY (* um 1765)

Vater: stand als Ltnt. im I-R Nr. 8, wegen Blessuren im Laufe d. Siebenjährigen Krieges dim., Erbherr auf Anteil Schluschow im Distrikt Lauenburg, vor 1785 gest.; **Mutter**: Barbara, geb. von Lewinsky (* 1735), sie besaß keinerlei Vermögen, erhielt im April 1800 e. Pension von 50 T.; **Bruder**: Ltnt. im I-R Nr. 17; **Laufbahn**: avancierte im I-R Nr. 39 bis zum Ltnt., 1791 als solcher gen.; (**verwandt**: Jacob von Sluszewski bzw. Schluschewsky (* 1729), aus Lauenburg gebürtig, seit 1740 im Militär, 1750 Sl im I-R Nr. 9, 1751 dim.: GStA, IV. HA, Rep. 1, Nr. 88, Bl. 215 (hier nur dieser Ltnt.); Ms. boruss. fol. 315); (eventuell **identisch** mit: Alexander Ferdinand Ignatz von Mach (1764–1831), Ltnt., s.d.);

Quellen: GStA, I. HA, Rep. 30, Nr. 249, Vas.tab. 1771 (hier e. Andr. von Mach Sluszewski); II. HA, Abt. 13 a, Tit. III, Litt L, Nr. 1, Bd. 1 (Mutter); IV. HA, Rep. 1, Nr. 88, Bl. 215 (hier nur d. Ltnt. Jacob, 1751 dim., s.o.); Stabi, Ms. boruss. fol. 315 (d. Vater nicht in d. Abgangsliste); Brüggemann, T. 2/2, S. 1081 (d. Fam. als Sluszewski); bei Priesdorff, Offz.stammliste, kein Slu- oder Schluschewski;

Rittmstr., Landrat Gregorius Friedrich von SCHMALENSEE (1720–1783)*

Vater: Cordt Friedrich, schwed. Rittmstr., Erbherr auf Dönnie, Boltenhagen, Zettelvitz, Bartelshagen in Schwed.-Pommern; **Mutter**: Magdalena Dorothea, geb. von Ferber; **Brüder**: Cordt Friedrich (* um 1725), holländ. Cap., Erbherr auf Pantlitz in Schwed.-Pom.; Michael Gustav (* um 1717), holländ. Cap., Erbherr auf Dönnie u. Boltenhagen; **Laufbahn**: avancierte in kursächsischen Diensten bis zum Rittmstr., amtierte von 1752 bis 1783 als Landrat im Krs. Wollin; **Güter**: Erbherr auf Stolpe im Krs. Usedom im Wert von 33/m, darauf 1767 Hypotheken über 23 976 T., andere Schulden von 3/m T., 1772 wurde e. Gesuch um e. *Indult* abgewiesen, d. Gut war 1774 für 1 600 T. auf acht Jahre verpachtet; **Ehefrau**: Sophie Elisabeth Dorothea, geb. von Schwerin († 1782); **Sohn**: Gregorius Gustav (* 1755, † vor 1784), seit 1773 im Militär, 1774 Gefr.corp. im I-R Nr. 12; 1784 sollte das Erbe zwischen d. beiden **Töchtern** als d. einzigen Erben reguliert werden; die ältere To. Anna Sophia Bernhardina war heimlich von zu Hause entwichen, hatte gegen d. Willen ihrer Eltern 1781 außerhalb Landes d. Handlungsdiener Johann David Joachim Schmidt aus Swinemünde geheiratet u. sollte deshalb enterbt werden, d. väterliche Allodialgut Stolpe, 1754 für 33/m T. erworben, 1772 auf 31 600 T. taxiert u. mit 24 327 T. belastet, sollte für e. moderaten Preis an die jüngere To. Philippine Helene Dorothee fallen; 1804 befand sich d. Gut im Besitz d. jüngeren To., die mit e. von Krauthoff verheiratet war; (**verwandt**: Johann Andreas Friedrich (* 1758), aus Schwed.-Pomm., seit 1771 im Militär, Juni 1780 Fähnrich im I-R Nr. 20, 1783 noch als solcher gen.: Stabi, Ms. boruss. fol. 310);

Quellen: GStA, I. HA, Rep. 30, Nr. 43, Paket 9 232; Nr. 44, S 122 n, Paket 9 380; Nr. 243, Vas.tab. 1763, 1793, 1804; Stabi, Ms. boruss. fol. 316 (Sohn G.G.);

Ltnt. Ulricus Magnus von Schmalensee (* 1729)

aus Pommern gebürtig; **Laufbahn**: seit 1749 im Militär, Mai 1753 Sl im Grenadier-Bat. Nr. 6, vor 1763 abgegangen;

Quellen: Stabi, Ms. boruss. fol. 311;

Ltnt. Carl Adolph Friedrich von Schmeling (* 28. Febr. 1785, † 27. Aug. 1813)

Vater: Gabriel Otto (1747–1826)*, seit 1775 Landrat im Krs. Schlawe, Erbherr auf Rötzenhagen; **Mutter**: Marie Charlotte, geb. von Diringshofen; **Bruder**: Otto Ludwig Wilhelm (1788–1844), 1801 *cadet* in Berlin, nach 1815 Obrist in d. 1. Grenad.-Brigade; **Bruder**: Gustav Friedrich (1790–1832), 1801 *cadet* in Stolp, nach 1815 Major im 33. I-R; **Laufbahn**: Junker im Regiment, Jan. 1803 Sl im I-R Nr. 24, als solcher noch im Mai 1805 genannt, Aug. 1812 als Pl dim., Juni 1813 Cap. im 4. Kurmärk. Landwehr-I-R, Aug. bei Hagelberg im Fläming gefallen;

Quellen: GStA, I, Rep. 30, Nr. 243, Vas.tab. 1793, 1799, 1804; IV. HA, Rep. 1, Nr. 86, Bl. 7 (C.A.F.); Stabi, Ms. boruss. fol. 316, fol. 907 a; Tb. Uradel 1906, S. 711–712 (hier als Ernst Adolf); biogr. Handbuch, S. 885–886 (Vater);

Major Carl Ludwig von Schmeling (* 1742, † 12. Sep. 1809)*

in Rußland geboren; **Laufbahn**: Gefr.corp. im I-R Nr. 8, Juni 1764 Fähnrich, Aug. 1772 Sl, Aug. 1778 Pl, Dez. 1788 Stabs-Cap., Aug. 1794 Cap. u. Chef e. Comp., Juli 1798 Major, Juli 1809 Ol, 1809 in Stettin gest.;

Quellen: GStA, IV. HA, Rep. 1, Nr. 86, Bl. 6; Priesdorff, Offz.stammliste, S. 155; Fam.gesch. 1933, S. 40 (C.L. soll nicht d. pomm. Fam. angehört haben);

Obrist Casimir Ernst von Schmeling (* 28. Aug. 1701, † 2. Nov. 1768)

Vater: Joachim Christoph (1659–1724), Erbherr auf Neubelz, Giesekow, Datjow im Ftm. Cammin; **Mutter**: Anna Sophie, geb. von Damitz († 1753); **Laufbahn**: engagierte sich 1716 im Militärdienst, stand 1732 als Pl, 1743 als Cap. im I-R Nr. 23, zuletzt Major, nach 36 Dj. im Dez. 1752 mit d. Charakter Obrist dim., von 1756 bis 1763 als Ol bzw. Obrist Chef e. Land-Miliz-Bataillons in Kolberg, Jan. 1759 Orden p.l.m.; **Güter**: erwarb 1749 Papenhagen im Krs. Greifenberg u. Naugard im Ftm. Cammin f. zs. 8/m T., 1752 Neuenhagen A u. Gr.Streitz B (u. Jüdenhagen) im Ftm. Cammin für zs. 17 666, seine Güter hatten 1762 e. Wert von zs. 25 666 T., darauf Schulden von 18 466 T., sie waren im Krieg durch d. Russen *ruinirt* worden, verkaufte 1764 Papenhagen (u. Naugard), um die anderen Güter zu entschulden, hinterließ bei seinem Ableben Schulden; **Ehefrau**: Albertine Helene Christiane, geb. von Kleist (1722–1769); **Sohn**: Ernst Carl Alexander (1743–1809), Rittmstr., s.d.; **Sohn**: Casimir Heinrich Leopold (1749–1801), 1763 *cadet*, (1767 Fähnrich im I-R Nr. 17), Okt 1786 Pl im I-R Nr. 14, Sep. 1788 Stabs-Cap., Mai 1792 Cap. u. Chef e. Comp., Aug. 1794 Orden p.l.m., Jan. 1795 als Major mit Pension dim., erbte 1788 zs. mit e. Bruder 6 292 T. vom verst. Obristen Leopold von Kleist; **Sohn**: Claus George (1753–1836), 1763 *cadet*, (Erbherr auf Neubelz); **Tochter**: Wilhelmina Ernestina (* 1754), sie hatte 1774 e. Vermögen von 1 703 T., damals hieß es, sie werde dieses bei d. bevorstehenden Konkurs jedoch zum großen Teil verlieren;

Quellen: GStA, I. HA, Rep. 30, Nr. 44, S 119, Paket 9 373; Nr. 243, Vas.tab. 1756, 1767, 1793, 1804; IV. HA, Rep. 1, Nr. 86, Bl. 6–7; Stabi, Ms. boruss. fol. 310, fol. 314; Brüggemann, T. 2/1, S. 439, T. 2, S. 548; Baerensprung, D-R Nr. 8, S. 517–518; Lehmann, Ritter, S. 78, S. 340; Tb. Uradel 1906, S. 698–702;

Cap. Caspar Otto von Schmeling (* 19. Aug. 1706, † 29. Sep. 1775)

Vater: George Bogislav (1654–1719), Erbherr auf Anteil Gr. Streitz A u. Todenhagen B im Ftm. Cammin; **Mutter**: Barbara Ernestine, geb. von Bonin (1679–1734); **Bruder**: Bogislav Friedrich (1703–1774), stand 1733 als Cornet im K-R Nr. 12, zuletzt Ltnt., Dez. 1742 als Rittmstr. dim., Erbherr auf Todenhagen, auf Dresow u. Pustchow im Krs. Greifenberg, auf Diekow im Krs. Soldin, 1767 im Wert von 23/m T., darauf Hypotheken von 22400 T., (**Bruder**: Erdmann Casimir, stand 1733 als Junker im K-R Nr. 6, vor 1740 abgegangen; **Bruder**: Gerd Wedig (* 1711), seit 1731 im Militär, 1733 Junker, 1740 Cornet im K-R Nr. 1, 1745 als Ltnt. dim., (erhielt d. Charakter Cap.), 1756 als Erbherr auf Jüdenhagen B u. Todenhagen C im Ftm. Cammin gen., 1764 verkauft, 1767 Erbherr auf Bial im Krs. Rummelsburg im Wert von 8 100 T., darauf Schulden von 7 017 T., unbeerbt); **Laufbahn**: April 1728 Fähnrich im I-R Nr. 25, April 1728 Sl, zuletzt Pl, 1735 nach 20 Dj. mit d. Charakter Cap. dim.; **Güter**: Erbherr auf Gr. Streitz A, Neuenhagen B u. Todenhagen B, 1747 waren diese mit 11 157 T. verschuldet; 1767 hatten seine Güter inkl. Giesekow e. Wert von 23 643 T., darauf Hypotheken von 7 466, die sonstigen Schulden betrugen 10 731 T.; in erster **Ehe** verh. mit Margarethe Elisabeth, geb. von Below; er bat 1747 um d. Scheidung von seiner Frau, diese soll sich *d. Suff ergeben* u. in diesem Exzesse begangen haben, er müsse das seit neun Jahren ertragen, sie hatte ihm e. Mitgift von 2 631 T. eingebracht, deshalb wollte er ihr jährlich 100 fl. pommersch aussetzen, die Ehe wurde 1748 geschieden; aus d. zweiten Ehe mit Elisabeth von Damitz (1725–1777) gingen drei Töchter u. vier Söhne hervor, darunter d. **Sohn**: Carl George Ludwig (1755–1832), seit 1768 im Militär, Nov. 1772 Fähnrich im I-R Nr. 7, erhielt im Dez. 1776 d. *venia aetatis*, besaß damals e. Vermögen von 1 600 T., 300 T. für seine *Equipage* hatte er schon bekommen, Mrz. 1778 Sl, April 1783 (nach 18 Dj.) dim., Erbherr auf Neuenhagen B u. Gr. Streitz A im Ftm. Cammin; Gr. Streitz wurde 1788 auf 15 268 T. taxiert, darauf Schulden von 9 575 T., erlitt diverse Unglücksfälle, die sein Vermögen schmälerten; war verheiratet mit Henriette Caroline Friederike, e. To. d. Obristen von Grolman in Köslin, der mehrere Immediatgesuche für d. Ltnt. einreichte; seine Frau trennte sich vor 1791 von ihm; C.G.L. bekam bis 1797 Beihilfen über 6/m T., noch 1804 auf seinen Gütern genannt; **Sohn**: Otto Wilhelm Bogislav (1752–1817), seit 1762 im Militär, 1767 als Fähnrich, 1773 als Sl im I-R Nr. 17 gen., Juni 1782 Pl, Juli 1784 Stabs-Cap., Okt. 1790 Chef e. Comp., Febr. 1796 Major, Juni 1806 Ol, Juni 1807 als Obrist dim., seit etwa 1775 Erbherr auf Todenhagen (A bzw.) B im Wert von 8 100 T., d. Gebäude befanden sich in baufälligem Zustand, für ihr Retablissement u. andere Verbesserungen wurden 3/m T. benötigt, die d. Offz. nicht aufbringen konnte, stand seit 1785 auf e. Liste d. Hilfsbedürftigen, bekam im Jahr 1800 1/m T.;

Quellen: GStA, I. HA, Rep. 30, Nr. 44, S 119, Paket 9 373; Nr. 186 d, Paket 9 842; Nr. 243, Vas.tab. 1756, 1767, 1793, 1804; II. HA, Abt. 13 a, Tit. I, Litt S, Nr. 28; IV. HA, Rep. 1, Nr. 86, Bl. 5–6; Stabi, Ms. boruss. fol. 314, fol. 316 (Sohn O.W.B.); Brüggemann, T. 2/2, S. 601; Tb. Uradel 1906, S. 706–707;

Rittmstr. Ernst Carl Alexander von Schmeling
(* 7. Febr. 1743, † 21. Jan. 1809)

Vater: Casimir Ernst (1701–1768), Obrist, s.d.; **Mutter**: Albertine Helene Christiane, geb. von Kleist (1722–1769); **Laufbahn**: 1759 Cornet im D-R Nr. 8, 1761 Sl, Nov. 1768 als Ltnt. nach zehn Dj. dim., erhielt später d. Charakter Rittmstr.; **Güter**: Erbherr auf Neuenhagen A, Gr. Streitz B u. Jüdenhagen im Ftm. Cammin, 1804 auf Neuenhagen, Naugard u. Gr. Streitz B (bzw. A) im Wert von 26/m T.; in zweiter **Ehe** verh. mit Caroline, geb. von Brüsterling, diese erwirkte am 4. Mai 1790 d. Legitimation ihres unehelich geb. Stief-Sohnes George Heinrich (1773–1854), letzterer wurde als fähig zu allen Zivil- und Militärbedienungen erklärt, durfte d. väterliche Allodialerbe annehmen, d. Anrecht auf e. Lehngut d. Familie von Schmeling blieb ihm jedoch versagt; **Sohn**: G. H., Juni 1793 Cornet im D-R Nr. 8, Mrz. 1795 Sl, Dez. 1803 dim.; **Sohn**: Carl (Alexander Magnus) Ludwig Wilhelm (1780–1850), Nov. 1796 Cornet im D-R Nr. 8, Okt. 1800 Sl, Sep. 1802 dim.; **Sohn**: Johann Ferdinand Leopold (* 1780), Aug. 1801 Sl bei d. 1. Ostpreuß. Füsilier-Brig., Mai 1803 *cassirt*, Dez. 1803 Erlaubnis, in fremde Dienste zu gehen; **Sohn**: Maximilian Claus Ernst Alexander (1786–1866), Jan. 1803 Fähnrich im I-R Nr. 17, Jan. 1805 Sl, Mrz. 1808 dim.; **Sohn**: Magnus Carl Friedrich (1788–1846), Jan. 1805 Fähnrich im I-R Nr. 36, Mrz. 1809 als Pl dim.;

Quellen: GStA, I. HA, Rep. 30, Nr. 44, S 119, Paket 9 373; Nr. 243, Vas.tab. 1756, 1767, 1793, 1804; IV. HA, Rep. 1, Nr. 86, Bl. 5–7 (hier werden z. T. andere Vornamen für d. Söhne gen.); Baerensprung, D-R Nr. 8, S. 517–518; Tb. Uradel 1906, S. 699–702 (Söhne teils andere Vornamen);

Ltnt. Franz George Leopold von Schmeling (* 1782, † 14. Okt. 1813)

Vater: Claus George (1753–1836), 1793 als Erbherr auf Neubelz, (Plümenhagen), Datjow C, Giesekow im Ftm. Cammin im Wert von 24/m T. gen., verkaufte d. Güter vor 1799 an d. Kriegsrat Ernst Ludwig Friedrich von Wedel, 1797 u. 1798 als Erbherr auf Woltersdorf im Krs. Saatzig im Wert von 92/m T. gen., 1804 auf Temnick für 13/m, hatte seinen Wohnsitz in Flackensee in d. NM; **Mutter**: Wilhelmine Friederike Sophie, geb. von Kleist (* 1762); **Bruder**: Carl Wilhelm Heinrich (1778–1816), Mrz. 1795 Fähnrich im D-R Nr. 12, Dez. 1797 Sl, Okt. 1803 ins H-R Nr. 2 versetzt, Mai 1807 Pl beim Corps von der Marwitz, Juli 1809 als Stabs-Rittmstr. ins Brandenburg. Ulanen-Reg., Juni 1813 Major, Sep. 1815 als Ol dim.; **Bruder**: Philipp Christoph (1783–1847), stand 1797 als Junker im D-R Nr. 12, Okt. 1798 Cornet, Febr. 1800 Sl, 1807 beim Frei-Corps von der Marwitz, April 1812 als Pl pens.; **Bruder**: Alexander Claus (1785–1849), 1801 Junker im I-R Nr. 22, Aug. 1802 Fähnrich, Nov. 1805 Sl, Febr. 1809 dim., Juni 1813 beim 3. Pomm. Landwehr-I-R, Juli 1815 Cap., Mrz. 1818 Chef e. Comp. beim 19. I-R, Juni 1828 Major, Mrz. 1831 mit Pension dim.; **Laufbahn**: Juli 1795 Fähnrich im I-R Nr. 7, Okt. 1797 Sl, im Nov. 1813 als Pl im 2. Res.-I-R (bzw. im 14. I-R) an bei Leipzig erlittenen Blessuren gest.;

Quellen: GstA, I. HA, Rep. 30, Nr. 243, Vas.tab. 1793, 1799, 1804; IV. HA, Rep. 1, Nr. 86, Bl. 6 (Franz, C.W.H. hier als Friedrich), Bl. 7 (A.C., P.C.); VI. HA, Nl Gneisenau, Nr. 691; Ms. boruss. fol 907 a; Tb. Uradel 1906, S. 702;

Ltnt. Friedrich George Christian von Schmeling
(* 31. Jan. 1788, † 10. Juni 1832)*

Vater: Carl George Ludwig (1755–1832), Ltnt. im I-R Nr. 7, Erbherr auf Streitz A u. Neuenhagen B im Ftm Cammin, 1804 im Wert von 17/m T.; **Mutter**: Henriette Caroline Friederike, geb. von Grolman; **Großvater**: Caspar Otto (1706–1775), Cap., s.d. mehr zum Vater C.G.L. **Laufbahn**: seit 1801 im Militär, Dez. 1803 Fähnrich, Juli 1806 Sl im I-R Nr. 7, stand im Juli 1807 im Füsilier-Bat. in Kolberg, Aug. 1808 beim Kolberger I-R einrang., Mrz., Juni 1810 mit d. Charakter Cap. dim., Mrz. 1813 Pl bei d. Jägern d. Pomm. Grenadier-Bat., Febr. 1817 als Major zum 30. I-R, Mrz. 1820 Bat.-Kommandeur im 9. Landwehr-Reg., 1834 gest.;

Quellen: GStA, I. HA, Rep. 30, Nr. 243, Vas.tab. 1793, 1804; IV. HA, Rep. 1, Nr. 86, Bl. 7 (hier als Carl Fr. George); VI. HA, Nl Gneisenau, Nr. 691; Ms. boruss. fol. 907 a; Tb. Uradel 1903, S. 707;

Cornet Friedrich Wilhelm von Schmeling (* 1727, † 28. Okt. 1780)

Vater: Christoph Claus (* 1695, † 23. Dez. 1745), seit 1710 im Militär, Dez. 1714 Cornet, 1720 Rittmstr. im K-R Nr. 11, 1730 hier als Major gen., Mai 1738 Ol, zuletzt Obrist, Erbherr auf ganz Giesekow u. Neubelz im Ftm. Cammin, hinterließ zwei Tö. u. einen Sohn; **Mutter**: Dorothea Elisabeth, geb. von Wulffen († vor 1762); **Laufbahn**: seit 1746 im Militär, Aug. 1751 Cornet im K-R Nr. 11, 1758 als solcher dim., wurde als Ritter in d. Johanniter-Orden aufgenommen; **Güter**: besaß seit 1762 d. Güter Neubelz, Giesekow, Datjow C u. Jüdenhagen A, 1767 im Wert von 15 055 T., d. Hypotheken betrugen 4 550 T.; seit 1799 saß d. vorm. Kriegsrat Ernst Ludwig Friedrich von Wedel auf Neubelz u. Giesekow;

Quellen: GStA, I. HA, Rep. 30, Nr. 43, Paket 9 232; Nr. 186 d, Paket 9 835; Nr. 243, Vas.tab. 1756 (hier als Christ., Cornet im K-R Nr. 11); Vater u. Sohn nicht in IV. HA, Rep. 1, Nr. 86; Stabi, Ms. boruss. fol. 315 (Vater; F.W. in d. Abgangsliste K-R 11); Schwerin, K-R Nr. 10, T. 1, S. 103, S. 194 (Vater), T. 2, S. 25, S. 64 (Vater), S. 70 (e. F.W. Aug. 1751 Cornet im K-R Nr. 11, 1757 als Ltnt. gefallen ?); Brüggemann, T. 2/1, S. 547–548;

Ltnt. Gerhard von Schmeling (* 1684)

aus Pommern gebürtig; **Laufbahn**: seit 1701 im Militär, 1715 als Sl im I-R Nr. 21 im Lager vor Stralsund gen., vor Nov. 1716 abgegangen;

Quellen: Ms. boruss. fol. 311;

Major Gerhard Heinrich von Schmeling (* 1707, † 15. Dez. 1756)

Vater: Burchard Heinrich († 1730), Erbherr auf Gr. Streitz A im Ftm. Cammin; **Laufbahn**: seit 1723 im Militär, 1730 Fähnrich, 1740 Pl im I-R Nr. 21, 1744 zum D-R Nr. 6 versetzt, avancierte hier bis zum Cap., im Dez. 1748 als Major zu d. grünen Husaren versetzt, 1750 Major u. Chef e. Escadron im H-R Nr. 1, 1756 als Major u. Kommandeur d. H-R Nr. 1 gest.; **Güter**: Erbherr auf d. väterl. Gr. Streitz A im Ftm. Cammin; **Ehefrau**: Clara Lovisa, geb. von Schmeling (* 1703, † 24. Okt. 1788), ihre Mitgift in Höhe von 1/m T. hatte ihr Mann im Dienst zugesetzt, sie lebte 1774 in Todenhagen im Ftm. Cammin u. lebte von d. Mildtätigkeit d. Cap. von Schmeling, (ihres Bruders Caspar Otto (1706–1775, s.d.), sie bekam im Aug. 1775 e. Pension von 50 T., ohne Leibeserben in Köslin verst., am 28. Okt. 1788 benannte d. zuständige Pfarrer ihre Bruder-Kinder: Cap. von Schmeling im I-R Nr. 17, Ltnt. von Schmeling, Ltnt. von Schmeling auf Gr. Streitz, Ltnt. von Schmeling in (Ost-)Preußen, Ltnt. von Schmeling im D-R Nr. 4, Frau Cap. von Schmeling in Köslin sowie Schwester-Kinder namens von Below;

Quellen: GStA, II. HA, Abt. 13, Tit. III, Litt S, Nr. 14 (Frau); IV. HA, Rep. 1, Nr. 86, Bl. 5 (kz. Notiz); Stabi, Ms. boruss. fol. 311; Orlop, D-R Nr. 6; S. 130*;

Cap. Siegfried Henning von Schmeling (* um 1713, † 6. Aug. 1766)

Vater: Burchard Heinrich († 1730), Erbherr auf Gr. Streitz A im Ftm. Cammin; **Bruder**: Gerhard Heinrich (1707–1756), Major, s.d., **Bruder**: Otto Wedig (* um 1714, † vor 1764), stand 14 Jahre im Militärdienst; Stief-**Bruder**: Nicolaus († vor 1764), Obrist; **Laufbahn**: stand seit Okt. 1726 im I-R Nr. 2, Mrz. 1741 Sl, Mai 1746 Pl, im Juni 1750 zum Garn.-Bat. Nr. 2 versetzt, 1763 Cap. im Garn.-Reg. Nr. 2, hier als Cap. 1766 gest.; **Güter**: erbte von seinem Bruder Gerhard Heinrich Gr. Streitz A, verkaufte dieses 1764 d. Cap. Caspar Otto von Schmeling;

Quellen: GStA, I. HA, Rep. 30, Nr. 44, S 119, Paket 9 373; Nr. 243, Vas.tab. 1756, 1763; IV. HA, Rep. 1, Nr. 86, Bl. 5 (kz. Notiz); Stabi, Ms. boruss., fol. 314; Brüggemann, T. 2/1, S. 601; Oelsnitz, I-R Nr. 2, S. 388, S. 422, S. 941;

Major Wilhelm Ludwig von Schmeling (* 15. Dez. 1759, † 26. Aug. 1836)

Vater: Bogislav Friedrich (1703–1774), seit 1723 im Militär, 1733 Cornet im K-R Nr. 12, 1740 Ltnt., Dez. 1742 als Rittmstr. dim., Erbherr auf Todenhagen B im Ftm. Cammin, auf Dresow u. Pustchow im Krs. Greifenberg, auf Diekow im Krs. Soldin, 1767 zs. im Wert von 23/m T., darauf Hypotheken von 22 400 T., nahm nach d. Abschied seinen Wohnsitz in Diekow; **Vater-Bruder**: Caspar Otto (1706–1775), s.d. mehr; **Schwester**: Henriette (* um 1748, † 30. Juli 1794), geb. in Dresow, ging mit d. Vater später in d. NM, nach d. Tod d. Mutter geriet deren Vermögen in Konkurs, dabei verlor d. Tochter ihr Erbteil in Höhe von 3/m T., sie bekam seit Juli 1793 e. Pension von 50 T.; **Laufbahn**: Juni 1777 Cornet im D-R Nr. 4, Dez. 1779 Sl, Mai 1792 Pl, Febr. 1793 Stabs-Cap., Sep. 1800 Cap., Mai 1802 Major, Aug. 1802 dim., Juni 1813 beim 4. Kurmärk. Landwehr-Kav.-Reg., Mrz. 1814 Ol, Okt. 1815 Obrist, Febr. 1816 pens.;

Quellen: GStA, I. HA, Rep. 30, Nr. 243, Vas.tab. 1756, 1763; II. HA, Abt. 13 a, Tit. III, Litt S, Nr. 46 (Schwester, mit Hinweisen auf Vater u. Bruder); IV. HA, Rep. 1, Nr. 86, Bl. 5–6; Stabi, Ms. boruss. fol. 311 (Vater);

Major Carl Friedrich von Schmettau (* 1752, † 17. Okt. 1806)

Vater: Hans Carl Friedrich († vor 1767), bis 1744 Erbherr auf Klein Karzenburg B, d. Gut wurde dann eingelöst, erheiratete mit Friederika Augusta u. Anna Catharina, Töchter von Conrad Friedrich von Lettow, d. Gut Camnitz B im Krs. Rummelsburg, 1767 im Wert von 5 142 T., darauf Schulden von 1 890 T., soll im Siebenjährigen Krieg durch d. Russen sein Vermögen (u. sein Leben) verloren haben; **Großvater**: Timotheus, seit 1723 auf Wiederkauf für 20 Jahre Erbherr auf Klein Karzenburg B im Ftm. Cammin; **Bruder**: Heinrich August (1753–1817), seit 1766 im Militär, 1775 Fähnrich im I-R Nr. 10, Mrz. 1785 Pl, Juli

1790 Stabs-Cap., Jan. 1795 Cap. u. Chef e. Comp., Sep. 1797 Major beim I-R Nr. 58, Sep. 1802 Kommandeur d. Reg., Jan. 1808 II. Westpreuß. I-R, Mai 1809 Ol, Sep. 1809 als Obrist mit Pension dim.; **Laufbahn**: trat 1766 in d. Regiment ein, stand 1773 als Fähnrich, dann als Sl im I-R Nr. 17, Febr. 1783 Pl, April 1788 Stabs-Cap., Juli 1793 Cap. u. Chef e. Comp., Okt. 1797 Major, Okt. 1806 an Blessuren gest.; bat im Mrz. 1782 u. Dez. 1790 um e. Pension für seine **Schwestern**: Louise Amalia (* 1747), sie hielt sich 1782 in Camnitz, 1798 bei ihrem Bruder in Danzig auf, bezog aufgrund ihrer traurigen Umstände seit Juni 1791 e. Pension von 50 T., u. Witwe Cap. Hans Joachim von Kleist († Jan. 1790), s.d., geb. Helene Friederica Wilhelmine von Schmettau, zu Zatkow im Krs. Belgard;

Quellen: GStA, I. HA, Rep. 30, Nr. 43, Paket 9237; Nr. 243, Vas.tab. 1756, 1767; Rep. 96, Nr. 435 S, Bd. 14; II. HA, Abt. 13 a, Tit. III, Litt B, Nr. 1; Litt S, Nr. 40 (Schwester L.A.); IV. HA, Rep. 1, Nr. 86, Bl. 18; Stabi, Ms. boruss. fol. 316; Brüggemann, T. 2/2, S. 553, S. 788;

Cap. Christoph Wilhelm Ulrich Schmidt von Schmidtseck (* 7. Aug. 1716, † 23. Jan. 1780)

(**Vater**: Siegmund Ernst (* 1671, † 6. Jan. 1756), aus d. Hzgtm. Magdeburg gebürtig, stand seit 1689 im Militärdienst, 1719 Major u. Chef e. Comp. im Kolberger Garn.-Bat., 1740 in Kolberg als Major gen., 1756 hier als Ol (bzw. Obrist u. Kommandeur) gest., hatte 1719 zwei Söhne u. fünf Töchter, 1740 einen Sohn u. vier Töchter; **Schwester**: Catharina Dorothea (* 1727, † 11. April 1796), besaß 1774 keinerlei Vermögen, befand sich *in condition*, hielt sich in Nippoglense im Krs. Stolp auf, verwies in Suppliken auf ihren Vater, d. verst. Obristen in Kolberg, d. zuständige Landrat befürwortete ihr Gesuch um e. pomm. Pension, bekam im Mai 1779 zs. mit H.E. e. solche in Höhe von 100 T.; **Schwester**: Helena Elisabeth (* 1718, † 6. Febr. 1798), diese hatte ihren Wohnsitz in Kolberg, lebte von Handarbeit u. suchte mehrfach um e. Beihilfe nach, d. Verwandten könnten ihr nicht helfen, erhielt ebenfalls um 1780 e. Pension); **Laufbahn**: engagierte sich im Militär, April 1739 Cap. u. Flügel-Adjutant, d. Patent wurde 1750 ausgefertigt (später Cap. in ksl. Diensten); **Güter**: von 1750 bis 1773 Erbherr (Pfandbesitzer, Pächter) auf Warnin A im Ftm. Cammin; **Ehefrau**: Anna Sophia (* 1726, † 4. Okt. 1765), e. Tochter d. Landrates Conrad Tessen von Heydebreck (1680–1760); **Tochter**: Charlotta (* 1750), sie hielt sich 1774 in Notzkow auf, besaß kein Vermögen u. bat um e. pomm. Pension; (**Tochter**: Wilhelmine Henriette (1752–1836), verh. mit d. Rittmstr. F.W. von Zitzewitz, s.d.);

Quellen: GStA, I. HA, Rep. 30, Nr. 43, Pakete 9234 bis 9236; Nr. 243, Vas.tab. 1756 u. 1763 (als Erbherr gen., aber kein Rang); II. HA, Abt. 13, Tit. III, Litt S, Nr. 36 (Schwestern); IV. HA, Rep. 1, Nr. 86, Bl. 23 (Vater, C.W.U. hier u. auf Bl. 24 nicht); Stabi, Ms. boruss. fol. 310 (kein C.W.U.), fol. 316 (Vater); Lange, Soldaten, S. 467 (C.W.U.); Fam.gesch. Zitzewitz 1927, S. 558; Fam.gesch. Heydebreck; S. 119, Tafel 15 (Tochter u. Schwiegersohn, beide in Spandau gest.);

Cap. Ernst Friedrich von Schmiedeberg (* 1761, † 3. April 1818)

(**Vater**: Christian Ernst († vor 1774), Erbherr auf Petznick im Krs. Dramburg; **Mutter**: Anna, geb. von Wedel (* 1735), sie hatte 1784 vier Töchter, von denen sich zwei bei ihr in Petznick aufhielten); **Laufbahn**: 1774 *cadet* in Berlin, Mrz. 1784 Cornet im K-R Nr. 13, Okt. 1787 Sl im D-R Nr. 12, Juli 1793 dim., Febr. 1798 Charakter als Cap.; **Güter**: erwarb im Aug 1792 Reinfeld A u. B im Krs. Belgard vom Ltnt. August Wilhelm Heinrich von der

Osten für 28 200 T., noch 1804 auf diesem Gut gen.; **Ehefrau**: e. geb. von Wedel; **Sohn**: Ernst Friedrich August (* 1785), Nov. 1794 *cadet* in Stolp; **Sohn**: August Friedrich Wilhelm (* 1788), Dez. 1797 *cadet* in Stolp;

Quellen: GStA, I. HA, Rep. 30, Nr. 243, Vas.tab. 1793, 1797, 1804; IV. HA, Rep. 1, Nr. 86, Bl. 78; Ms. geneal. fol. 120 (neumärk. Vas.tab. 1774); Stolper Kadetten, S. 43, S. 46;

Major Gustav Bernhard von SCHMIEDEBERG (* 1733) *

aus Pommern gebürtig; **Bruder**: Johann Ernst (1741–1784), seit 1756 im Militär, Juli 1762 Sl, 1775 als Pl im I-R Nr. 10 gen., Okt. 1782 Cap., 1784 gest.; **Laufbahn**: seit 1754 im Militär, 1756 Gefr.corp., 1757 Fähnrich, 1764 Pl, Mai 1774 Stabs-Cap. im I-R Nr. 1, April 1779 Cap., Jan. 1787 Major, Nov. 1793 als Major mit 400 T. pensioniert;

Quellen: GStA, II. HA, Abt. 12, Pommern, Materien, Vas.tab. Nr. 6 (1801 werden drei Majore von Schmiedeberg als unangesess. Vasallen im Krs. Dramburg gen.: Carl, August u. Ernst); IV. HA, Rep. 1, Nr. 86, Bl. 78; Stabi, Ms. boruss. fol. 313, fol 316 (Bruder J.E. mit d. Hinweis, daß beide Brüder waren);

Ltnt. Heinrich Ernst von SCHMIEDEBERG (1728–1757)

Vater: (auf Storkow bei Stargard im Krs. Saatzig), **Laufbahn**: seit 1743 im Militär, 1749 Gefr.corp. im I-R Nr. 7, 1757 als Ltnt. bei Prag gefallen; (**verwandt**: George Heinrich von Schmiedeberg (* 1698), seit 1714 im Militär, 1730 Pl im I-R Nr. 18, Juli 1738 als Stabs-Cap. dim.: Stabi, Ms. boruss. fol. 313);

Quellen: GStA, IV. HA, Rep. 1, Nr. 86, Bl. 78; Stabi, Ms. boruss. fol. 313;

Ltnt. Johann Heinrich von SCHMIEDEBERG (* 1688)

aus Pommern gebürtig; **Laufbahn**: seit 1705 im Militärdienst, Febr. 1714 Fähnrich im I-R Nr. 26, 1717 als Ltnt. *desertirt*;

Quellen: Stabi, Ms. boruss. fol. 314, fol. 319;

Cap. Ludwig von SCHMIEDEBERG (* 1733)

aus Pommern gebürtig; **Laufbahn**: seit 1747 im Militär, 1756 Fähnrich im I-R Nr. 21, 1764 Pl, Mrz. 1769 Stabs-Cap., um 1775 zivil versorgt; (**verwandt**: Gottfried von Schmiedeberg, Febr. 1754 Fähnrich im I-R Nr. 36, Febr. 1757 Sl, Nov. 1759 Pl, bei Maxen gefangen, Aug. 1763 dim.: Gesch. I-R Nr. 36, S. 84);

Quellen: Stabi, Ms. boruss., fol. 311; nicht in IV. HA, Rep. 1, Nr. 86;

Ltnt. Friedrich von SCHMIEGELSKY (* 1707)

aus Pommern gebürtig; **Laufbahn**: seit 1725 im Militär, 1734 Corporal, 1743 Ltnt. im D-R Nr. 3, vor 1756 abgegangen;

Quellen: Stabi, Ms. boruss., fol. 315;

Ltnt. Albrecht von SCHMUDE (* 1779, † 25. Mrz. 1833)

Vater: (Erbherr auf Anteil Polczen), A. aus Polczen im Distrikt Bütow gebürtig; **Laufbahn**: Aug. 1790 *cadet* in Stolp, April 1794 *cadet* in Berlin, Okt. 1797 Fähnrich im I-R Nr. 54, Mrz. 1799 Sl, Juli 1809: soll nicht wieder angestellt werden, Administrator zu Langböse;

Quellen: GStA, IV. HA, Rep. 1, Nr. 86, Bl. 97; Stolper Kadetten, S. 27;

Major Christian Jacob von SCHMUDE (get. 10. Febr. 1745, † 25. Febr. 1803)

Vater: Christian Ernst (1724–1785), Erbherr auf Groß Gustkow E im Distrikt Bütow im Wert von 400 fl. (bzw. 500 T.), hinterließ aus zwei Ehen sechs Söhne u. drei Töchter; **Mutter**: Henriette, geb. von Malschitzky (1719–1757), aus dieser Ehe drei Söhne; Stief-**Mutter**: e. geb. Schiebeln (1750–1792), To. e. Pächters, sie besaß kein eigenes Vermögen, stand seit Juli 1787 auf d. Expectantenliste für e. Pension; **Bruder**: Franz Ludwig (get. 20. Okt. 1746, † 15. Dez. 1816)*, Aug. 1763 *cadet* in Berlin, 1767 Fähnrich im I-R Nr. 34, 1774 als Sl im I-R Nr. 34 gen., Juli 1781 wegen e. Brustschadens dim., 1783 als mittelmärkischer Brigade-Inspektor bei d. Akzise mit Sitz in Brandenburg an d. Havel versorgt, bekam e. Gehalt von 600 T., mußte davon jedoch seine mit gr. Kosten verbundenen Bereisungen d. ganzen Mittelmark bestreiten, bat daher im Herbst 1786 um e. Zulage von 200 T. od. um d. Versorgung mit e. Tabak-Magazin, Okt. 1800 KD-rat in Kalisch; **Bruder**: Johann George (get. 11. Sep. 1749), Sep. 1776 als Sl vom I-R Nr. 42 zum I-R Nr. 31 versetzt, Sep. 1781 dim., zuletzt Senator in Brieg; (Stief-)**Bruder**: (Johann) Matthias Friedrich (* 19. April 1772), Nov. 1787 *cadet* in Stolp, Juni 1790 *cadet* in Berlin, Okt. 1794 Fähnrich im I-R Nr. 4, April 1795 zum Depot-Bat., Okt. 1796 (als Ltnt.) *cassirt*; (Stief-)**Bruder**: Carl Anton (get. 12. Nov. 1775, † 8. Aug. 1825), Juli 1786 *cadet* in Stolp, Mai 1790 *cadet* in Berlin, April 1793 Fähnrich im I-R Nr. 14, Mai 1794 Sl, Mai 1804 dim., Okt. 1813 Cap. beim 2. Schles. Landwehr-I-R, April 1815 zu e. Ersatz-Bat., Dez. 1817 zum 4. Breslauer Landwehr-Reg.; (Stief-)**Bruder**: Gottlieb (* 1783), 1804 auf d. Gut; **Laufbahn**: Aug. 1763 *cadet* in Berlin, 1767 Fähnrich, Aug. 1771 Sl im I-R Nr. 20, April 1784 Pl, Juni 1790 Cap., Okt. 1790 Chef e. Comp. im I-R Nr. 24, Okt. 1798 Major, Dez. 1802 dim. mit 400 T. Pension, 1803 gest.; **Güter**: die Gebr. besaßen 1801 Groß Gustkow D im Wert von 300 T.;

Quellen: GStA, I. HA, Rep. 30, Nr. 243, Vas.tab. 1756; Nr. 249, Vas.tab. 1771, 1778, 1804; Rep. 96, Nr. 260 S (Bruder F.L.); Rep. 176, Nr. 9 218; II. HA, Abt. 13 a, Tit. III, Litt S, Nr. 30; IV. HA, Rep. 1, Nr. 86, Bl. 96–97; Stabi, Ms. boruss. fol. 310, fol. 311, fol. 312, fol. 314; Crousaz, Beilage C, S. 35; Stolper Kadetten, S. 20, S. 23, GHbA, Bd. 52 (1972), S. 397 (hier als J.C., als Stiefmutter Anna Dorothea Schröder, geb. 1760); biogr. Handbuch, S. 894 (Bruder F.L.);

Ltnt. Franz Christian (Christoph) von SCHMUDE
(get. 21. Febr. 1748, † 6. Dez. 1784)*

Vater: Ernst Ludwig (* 1726, † vor 1805), (seit 1779) Erbherr auf Gr. Gustkow F (bzw. E) im Distrikt Bütow im Wert von 1 500 fl., 1786 verkauft; **Mutter**: Anna Elisabeth, geb. von Schlochow (* 1724, † 25. Mai 1805), sie hatte für d. *Equipage* ihres Sohnes F.C. 600 T. aufgebracht, bekam seit 1790 e. Pension v. 50 T.; **Bruder**: Paul Anton (* 1737, † vor 1771), seit 1750 im Militär, 1756 Fahnenjunker im I-R Nr. 14, Sep. 1756 Fähnrich im Garn.-Reg. Nr. 11, vor 1763 abgegangen; **Schwester**: Sophie Henriette, sie bekam seit Nov. 1779 e. Pension von 100 T., heiratete 1790 d. früheren Pl vom I-R Nr. 4 u. damaligen Salz-Inspektor

Nicolaus Ernst von Tesmar in Elbing, s.d., d. halbe Pension fiel jetzt an ihre Mutter; **Laufbahn**: trat 1766 in d. Militärdienst ein, Mai 1767 Fähnrich im I-R Nr. 13, im Dez. 1784 als Sl u. einziger Sohn gest.; (**verwandt**: Paul Ludwig von Schmude (* 1779), seit 1796 im Militär, Febr. 1803 Sl im 2. Bat. Garde: Reinhard, Garde, S. 542);

Quellen: GStA, I. HA, Rep. 30, Nr. 243, Vas.tab. 1756; Nr. 249, Vas.tab. 1771, 1778; II. HA, Abt. 13 a, Tit. III, Litt S, Nr. 10 (Mutter), Nr. 35 (Schwester); IV. HA, Rep. 1, Nr. 86, Bl. 97; Stabi, Ms. boruss. fol. 311, fol. 314 (Bruder P.A.); GHbA, Bd. 52 (1972), S. 402;

Ltnt. Jacob Ignatius von SCHMUDE (* 19. Juli 1758, † 18. Jan. 1794) *

Vater: Paul Ernst (* um 1713, † 1793), Erbherr auf Trzebiatkow I u. Q im Distrikt Bütow; **Mutter**: Appollonia, geb. von Jutrzenka; **Bruder**: Johann (* 1766, † 9. Nov. 1857), Juni 1780 *cadet* in Stolp, Mai 1782 *cadet* in Berlin, Nov. 1786 Fähnrich im I-R Nr. 46, Mai 1789 Sl, Jan. 1799 Pl, Jan. 1804 Stabs-Cap., Sep. 1809 dim., April 1813 beim 4. Kurmärk. Landwehr-I-R, April 1815 Major, April 1825 als Ol dim.; **Laufbahn**: Mai 1773 *cadet* in Stolp, April 1774 *cadet* in Berlin, Fähnrich im I-R Nr. 12, Okt. 1783 Sl, Juni 1791 Pl, im Jan. 1794 bei Kaiserslautern gefallen;

Quellen: GStA, IV. HA, Rep. 1, Nr. 86, Bl. 97; Stolper Kadetten, S. 6, S. 14; Panske, S. 265, GHbA, Bd. 36 (1965), S. 421–422;

Major Johann Christian Friedrich von SCHMUDE (* 24. Dez. 1749, † 3. April 1826)

Vater: Franz Christian (* um 1719, † 14. Sep. 1753), Erbherr auf Anteil Kl. Gustkow im Distrikt Lauenburg u. seit 1752 auf Vieschen im Krs. Stolp im Wert von 7 135 T., darauf 1767 Hypotheken von 4 966 T., d. anderen Schulden betrugen 2 042 T., hinterließ vier Kinder, diese besaßen 1766 e. Vermögen von zs. 12/m fl.; **Mutter**: Sophia Elisabeth, geb. von Pirch (1720–1796), sie besaß kein eigenes Vermögen, lebte 1780 von d. geringen Revenuen d. Gutes, das ihren Söhnen gehörte; **Mutter-Bruder**: Lorenz Friedrich von Pirch auf Gaffert; **Vater-Bruder**: Ernst Ludwig, Erbherr auf Anteil Groß Gustkow; **Bruder**: Johann Gottlieb (1752–1776), 1774 Cornet im D-R Nr. 12, zuletzt Ltnt.; **Bruder**: Franz Christian (get. 6. Juni 1754, † Mrz. 1802), 1772 Cornet im H-R Nr. 3, Juni 1776 Sl im H-R Nr. 7, Mai 1790 Pl, April 1792 Rittmstr., Okt. 1793 Major, Dez. 1794 Chef e. Escadron im H-R Nr. 4, Nov. 1798 Kommandeur d. 2. Bataillons, 1802 gest.; **Laufbahn**: 1768 als Junker ins Regiment, Febr. 1770 Cornet im D-R Nr. 5, Okt. 1772 Sl, Okt. 1788 Pl, Mai 1792 Stabs-Cap., Juli 1794 Orden p.l.m., Juni 1797 Stabs-Major, Dez. 1799 Chef e. Escadron, Juni 1813 zum 1. Pomm. Landwehr-Kav.-Reg., Chef e. Escadron, Sep. 1815 als Ol pensioniert, 1826 gest.; erste **Ehefrau**: Anna Adelaide Albertine, geb. Gräfin von Mellin (1778–1807); **Güter**: Klein Gustkow A, 1771 im Wert von 13/m fl., mußte wegen Schulden vor 1782 für 4 866 T. verkauft werden; d. Brüder Joh. Christian Friedrich u. Franz Christian nahmen nach d. Auseinandersetzung mit ihren Geschwistern im Dez. 1779 d. Gut Vieschen gemeinsam für 8/m T. an; im Okt. 1784 baten d. Brüder immediat um e. Beihilfe für d. baufällige Gut Vieschen, für das ihre Mutter bereits Meliorationsgelder in Höhe von 3 400 T. bekommen hatte, d. veranschlagten Reparaturkosten betrugen 5 950 T., die ihnen gewährten 4/m T. sollten für d. Wiederaufbau d. herrschaftlichen Wohnhauses, f. Wirtschaftsgebäude und Inventar verwendet werden; 1796 lagen d. beiden Offz. im Streit mit Kammerdirektor

J.O. von Wobeser, der Vieschen *reluiren* wollte; Vieschen war e. Lehn d. von Wobeser und von diesen 1735 an d. Cap. Otto Bogislav von Schwerin, 1752 von letzterem an Franz Christian von Schmude verkauft worden; d. beiden Offz. wollten auf d. könig. Geschenk von 4/m T. nicht verzichten, d. Kammerdirektor d. Gut aber nur für 5 699 T. zurückkaufen, d. Verkaufspreis von 1735, d. Brüder forderten jedoch inkl. d. königl. Beihilfe 9 919; von Wobeser war zu keinem Vergleich bereit, beide Parteien wurden im Aug. 1796 an die Gerichte verwiesen; 1804 befand sich d. Gut in d. Hand d. Kammerdirektors; d. Major J.C.F erwarb im Sep. 1803 d. Gut Reckow nebst Pertinenzien im Borckeschen Krs. für 54/m T.;

Quellen: GStA, I. HA, Rep. 30, Nr. 44, S 122 p, Paket 9 380; Nr. 249, Vas.tab. 1771, 1778; Nr. 413 a, Paket 10 189; Rep. 176, Nr. 9 218 (teils andere Daten); II. HA, Abt. 13 a, Tit. I, Litt S, Nr. 4; IV. HA, Rep. 1, Nr. 86, Bl. 97 (hier als Joh. Fr., in Nr. 44 als Chr. Fr., d. Bruder als Franz Joseph); Stabi, Ms. boruss. fol. 310, fol. 313 (Bruder: als Franz Joseph); Brüggemann, T. 2/2, S. 1011–1012; Brüggemann, Beiträge, 2, S. 188; Albedyll, T. 2, Anhang, S. 62* (danach geb. 23.12.1752); GHbA, Bd. 52 (1972), S. 399–402;

Ol Johann Christian Jacob von Schmude (* 1746, † 2. April 1808)*

Vater: Matthias Friedrich († um 1774), Erbherr auf Anteil Moddrow im Distrikt Bütow, seit 1755 Erbherr auf Pottack im Krs. Rummelsburg, hinterließ drei Söhne u. zwei Töchter; **Mutter**: Maria Lovisa, geb. von Stojentin (* um 1722, † Dez. 1779), saß 1775 auf Anteil Pottack im Wert von 3 500 T., darauf Schulden von 1 100 T., benötigte d. freie Vermögen für d. Unterhalt d. Familie, konnte d. Gut nicht instandsetzen, sie hatte urspr. sechs Söhne u. vier Töchter, zwei Söhne starben während d. russ. Besetzung von Pommern, einer wurde 1758 von seinen Kameraden im Kadettenhaus zu Berlin ermordet, 1775 hatte sie noch fünf lebende Kinder, ihr Gesuch um e. Pension wurde abgewiesen, weil sie noch Vermögen besaß; (**Bruder**: Franz Ludwig (* 1748), (Juli 1798 Fähnrich im I-R Nr. 48, April 1802 Sl, 1832 gest. bzw.), 1806 Cap. im I-R Nr. 26); **Bruder**: Matthias Friedrich (1751–1779), seit 1766 im Dienst, April 1770 Fähnrich im I-R Nr. 21, Okt. 1779 als Ltnt. gest.; **Bruder**: George Ludwig (* 1766, † 1786), 1780 als Junker ins Regiment, Juli 1781 Fähnrich im I-R Nr. 11, 1784 Sl, als solcher gest.; **Schwester**: Barbara Charlotta Juliana (* 1757), hielt sich 1779 mit d. Schwester Dorothea Jacobina (* 1755) in Lubben im Krs. Rummelsburg auf, beide ernährten sich von Handarbeit, B.C.L. zog im Frühjahr 1792 zu ihrem Bruder J.C.J. nach Königsberg, um diesem d. Wirtschaft zu führen, bekam seit Nov. 1790 e. Pension v. 50 T., heiratete im Nov. 1793 d. Stabs-Cap. Ernst August Franz von Hanstein vom I-R Nr. 11; **Laufbahn**: 1758 *cadet* in Berlin, wurde während d. russ. Besetzung Berlins durch Tottleben gefangen, verletzt, aber kuriert, 1762 als Junker ins Regiment, seit Juli 1763 Fähnrich im I-R Nr. 11, Jan. 1778 Pl, Okt. 1785 Stabs-Cap., Dez. 1790 Cap. u. Chef e. Comp., Mrz. 1798 Major, Aug. 1802 Kommandeur d. 3. Mousq.-Bat., Mai 1805 Ol, 1808 gest.; **Güter**: 1793 auf d. väterl. Gut Pottack nebst Olsewitz u. Steinberg im Wert von 4/m T. genannt, um 1798 verkauft an August Carl Lebrecht von Puttkamer;

Quellen: GStA, I. HA, Rep. 30, Nr. 43, Paket 9 234; Nr. 243, Vas.tab. 1756, 1793, 1804; Rep. 176, Nr. 8 918; II. HA, Abt. 13 a, Tit. III, Litt S, Nr. 33 (Schwester); IV. HA, Rep. 1, Nr. 86, Bl. 96–97; Stabi, Ms. boruss. fol. 311 (Bruder M.F.), fol. 907 a (1806 kein Schmude als Cap. im I-R Nr. 26); Brüggemann, T. 2/2, S. 800; Becker, I-R Nr. 11, S. 310, S. 315, S. 327, S. 333, S. 341, S. 359;

Cap. Johann Christoph von Schmude (* 2. Nov. 1760, † 29. Mrz. 1833)

Vater: Johann Friedrich (1726–1775), 1771 Erbherr auf Zemmen A im Distrikt Bütow im Wert von 1 050 fl.; **Mutter**: Anna Catharina, geb. Führmann; **Vater-Bruder**: Martin Christoph (* um 1732), trat um 1751 in d. Militärdienst ein, 1764 Pl im I-R Nr. 12, Juli 1769 versorgt; **Laufbahn**: engagierte sich um 1778 als Junker im Militärdienst, damals fungierte als sein *Tutor* Matthias von Wnuck auf Zemmen C, Okt. 1779 Sl im I-R Nr. 53, Juni 1790 Pl, Juli 1794 Stabs-Cap., Sep. 1794 Orden p.l.m., Juni 1801 Cap. u. Chef e. Comp., Juni 1813 Major im 2. Westpreuß. Landwehr-I-R, Mai 1816 auf Wartegeld, Jan. 1827 pens., Febr. 1827 Charakter Ol, 1833 gest.;

Quellen: GStA, I. HA, Rep. 30, Nr. 249, Vas.tab. 1771, 1778; Rep. 176, Nr. 9 024; IV. HA, Rep. 1, Nr. 86, Bl. 96–97; Stabi, Ms. boruss. fol 314; Lehmann, Ritter, S. 345;

Major (Johann) Jacob von Schmude (* 1732)

Vater: Christoph († vor 1756), Erbherr auf Zemmen B im Distrikt Lauenburg, 1756 u. 1771 saß seine Witwe Anna, geb. von Chamier (* um 1717), auf d. Gut im Wert von 1/m fl.; **Laufbahn**: seit Juli 1750 als Corp. im Reg., 1756 Gefr.corp., Sep. 1764 Stabs-Cap. im I-R Nr. 10, Okt. 1768 Cap. u. Chef e. Comp., noch 1775 u. 1777 als Cap. gen., Mai 1785 Major, Dez. 1791 pens.; **Ehefrau**: Auguste Marie Wilhelmine, geb. von Steuben; (**verwandt**: e. Franz Ludwig von Schmude starb 1750 als Pl im I-R Nr. 47: Ms. boruss. fol. 311, Abgangsliste I-R 47);

Quellen: GStA, I. HA, Rep. 176, Nr. 9 024; IV. HA, Rep. 1, Nr. 86, Bl. 97; Stabi, Ms. boruss. fol. 316 (1777 mit Angaben zur Person);

Ltnt. Matthias Christoph von Schmude (* um 1738)

Vater: Christoph (* um 1700, † vor 1778), Erbherr auf Zemmen G im Distrikt Bütow im Wert von 950 fl.; **Mutter**: Dorothea Sophia, geb. Scheeren; **Brüder**: Johann (* um 1735), Paul (* um 1742), Franz (* um 1746), alle drei befanden sich 1771 auf d. väterlichen Gut; **Laufbahn**: Febr. 1759 ins Regiment, Nov. 1760 Fähnrich im I-R Nr. 41, Nov. 1764 Sl, Febr. 1773 *cassirt*;

Quellen: GStA, I. HA, Rep. 30, Nr. 243, Vas.tab. 1756; Nr. 249, Vas.tab. 1771, 1778; IV. HA, Rep. 1, Nr. 86, Bl. 96; Stabi, Ms. boruss. fol. 315; Gesch.I-R Nr. 41, S. 100;

Cap. Alexander Ludwig von Schnell (* um 1720)

aus Pommern gebürtig; **Laufbahn**: (Mrz. 1740 Fähnrich im I-R Nr. 8, Juli 1742 Sl, Juli 1743 zum Stettiner Garn.-Reg. versetzt), stand 1745 als Cap. im Garn.-Reg. in Stettin; **Güter**: Erbherr auf Klaushagen (im Flemmingschen Krs. od. im Borckeschen Krs.); seine einzige **Tochter** Agnesa Auguste Hedwig heiratete 1743 d. Cap. Caspar Detlaff von Hertzberg auf Anteil Lottin im Krs. Neustettin; A.L. geriet in Streit mit seinem Schwiegersohn, weil dieser sich zwei Konkubinen gehalten u. mit diesen zwei Kinder gezeugt haben soll, auch habe er d. To. A. A. H. geschlagen; beider Ehe wurde geschieden; A. A. H. heiratete in zweiter Ehe d. Cap. Adam George von Rüchel auf Ziezeneff; (**verwandt**: Johann Friedrich von Schnell (* 1702), aus Vilnow im Krs. Neustettin, seit 1722 im Militär, 1740 Sergant im I-R Nr. 7: Stabi, Ms. boruss. fol. 314);

Quellen: GStA, I. HA, Rep. 30, Nr. 44, H 51, Paket 9 288; Fam.gesch. Hertzberg, Bd. 2, S. 225; Priesdorff, Offz.stammliste, S. 157 (hier Andreas, geb. um 1720);

Rittmstr. Anton Henning Wedig von Schnell (* um 1739, † vor 1773)

Vater: Conrad Lebrecht (* 1704), seit 1723 im Militär, 1730 Gefr.corp. im I-R Nr. 7, Erbherr auf Vilnow im Krs. Neustettin, trat dieses 1747 auf Wiederkauf für 4200 an Martin von Puttkamer ab, 1767 wurde d. Vertrag um 20 Jahre verlängert; **Großvater**: Henning Wedig, Cap.; **Laufbahn**: stand 1757 als Junker im D-R Nr. 3, Aug. 1759 als Cornet bei Kunersdorf *blessirt*, im Aug. 1762 als Ltnt. *cassirt*, erhielt später d. Charakter Rittmstr.; **Ehefrau**: Dorothea Charlotte Wilhelmina († 6. April 1795), e. To. d. Regierungsrates von Rangow, aus d. Ehe sieben Kinder, von denen 1783 noch ein Sohn lebte; **Sohn**: Wilhelm Ludwig Ferdinand, 1771 noch minderjährig, befand sich 1781 im Berlin-Potsdamer Pagenkorps, stand 1788 als Junker im I-R Nr. 51, Mai 1790 Fähnrich, Okt. 1790 dim.; **Güter**: A.H.W. verließ vor 1771 Frau u. Sohn *böswillig*, soll nach Hamburg gegangen sein, deshalb trat sein Vater dem Enkel W.L.F. das Gut Vilnow ab, dieses war bis 1787 für 4760 T. verpfändet; nach e. Bericht vom Mai 1778 soll die Frau e. *ungebührlichen Lebenswandel geführt*, soll mit e. Handlungsdiener und e. geschiedenen Mann zs.gelebt haben, gegen sie liefen damals Injurienklagen, auch wurde sie d. Diebstahls bezichtigt, war wegen dieser Delikte aber noch nicht verurteilt worden, sie bekam seit Juni 1773 eine Pension von 100 T. aus d. pomm. Meliorationsfonds, hielt sich seit 1781 bei Verwandten in Berlin auf; bat im Jan. 1783 um die Erlaubnis, e. Berliner Glasermeister heiraten zu dürfen, d. Verbindung soll für ihren u.d. Unterhalt S. Sohnes notwendig gewesen sein, d. Pension sollte ihr aber weitergezahlt werden;

Quellen: GStA, I. HA, Rep. 30, Nr. 43, Paket 9235; Nr. 44, S 122 n 1, Paket 9380; Rep. 96, Nr. 435 S, Bd. 4; II. HA, Abt. 13 a, Tit. III, Litt S, Nr. 13 (Frau); IV. HA, Rep. 1, Nr. 86, Bl. 121 (1762 wurde e. Ltnt. v. S. im D-R Nr. 3 cassirt); Brüggemann, T. 2/2, S. 774; Stabi, Ms. boruss. fol. 313, fol. 314 (Vater); Schöning, D-R Nr. 3, S. 173, S. 412;

Ol Bernd (Bernhard) Gustav von Schnell (* um 1700, † vor 1780)

Vater: Bogislav Friedrich (* um 1663, † vor 1753), seit 1703 Erbherr auf Dieck A, Hammer A u. Steinfort B im Krs. Neustettin, hatte 1730 drei Söhne; **Bruder**: Christian Ernst (* um 1697), Obrist, s.d.; **Laufbahn**: seit 1721 im Militär, 1730 Cornet, 1735 Ltnt., 1746 Cap. u. Chef e. Escadron im D-R Nr. 1, 1756 Major, Febr. 1757 versetzt, 1759 Ol im sächs. Reg. von Plotho (I-R Nr. 54), 1763 als vorm. Ol gen.; **Güter**: seit 1753 Erbherr auf Dieck A, seit 1776 auch auf Hammer A und Steinfort B, d. Güter hatten 1767 e. Wert von 4/m T., darauf Schulden von 2320 T.; seine **Witwe**, e. geb. von Graevenitz († 1781), erwirkte 1780 die Allodifikation dieser Güter, die ihr vom König geschenkt worden waren, Dieck u. Hammer hatten zs. nur e. Wert von 650 T.; diese waren seit 1781 im Besitz d. Rittmstr. Carl Ludwig von Günther (* um 1737); (**verwandt**: Christian Heinrich von Schnell (* 1692), seit 1708 im Militär, Juli 1714 Fähnrich im I-R Nr. 9, vor 1730 abgegangen: Ms. boruss. fol. 319);

Quellen: GStA, I. HA, Rep. 30, Nr. 43, Paket 9232; Nr. 44, S 122 n 1, Paket 9380; Nr. 243, Vas.tab. 1756, 1767; Stabi, Ms. boruss. fol. 314; Ms. geneal. fol. 120 (1730 Vater u. Söhne); Brüggemann, T. 2/2, S. 748; Probst, D-R Nr. 1, 1841, S. 156;

Obrist Christian Ernst von Schnell (* um 1697, † vor 1763)

Vater: Bogislav Friedrich († vor 1753), Erbherr auf Dieck A, Hammer A u. Steinfort B im Krs. Neustettin; **Bruder**: Bernd Gustav (* um 1700), Ol, s.d. mehr; **Laufbahn**: seit 1715 im

Militärdienst, Okt. 1723 Sl im I-R Nr. 22, Juli 1738 Cap. u. Chef e. Comp., Dez. 1744 Major, noch 1752 als Major gen., zuletzt Ol, Okt. 1754 nach 39 Dj. als Obrist dim.; **Güter**: erwarb 1752, 1753 d. Güter Grabow im Borckeschen Krs. von d. Witwe Cap. Christian Rüdiger von Borcke für 5 500 T., seit 1753 auch Erbherr auf Hammer A u. Steinfort B im Krs. Neustettin; kam durch seine erste **Ehefrau**, e. To. d. *Kriegs-Commissarius* Paul Granz, in d. Besitz des Gutes Drenow im Ftm. Cammin, 1767 hatten die drei Güter e. Wert von zs. 20 333 T., darauf Schulden von 12 373 T.; in zweiter Ehe verh. mit e. geb. von Ramelow; Drenow fiel an seinen **Sohn** Paul Leopold (* 1743, † vor 1770) und von ihm an d. **Tochter** zweiter Ehe Charlotta Augusta Christiana (* 31. Aug. 1753), verh. mit d. Cap. Hans Vollrad von Krosigk vom I-R Nr. 22, diese besaß 1771 e. Vermögen von 4 527 T.; **Tochter**: Friederica Sophia Abigail (* 11. Dez. 1751), diese bat im Nov. 1772 aus Stargard um d. *venia aetatis*, sie besaß seit d. Erbteilung von 1770 e. väterliches Vermögen von 5 110 T.;

Quellen: GStA, I. HA, Rep. 30, Nr. 43, Paket 9 232; Nr. 103, Paket 9 506; Nr. 186 d, Pakete 9 839 u. 9 840; Nr. 243, Vas.tab. 1756, 1767; IV. HA, Rep. 1, Nr. 86, Bl. 121 (kz. Notiz, sein Bruder B.G. hier nicht); Stabi, Ms. boruss. fol. 314; Brüggemann, T. 2/2, S. 558–559;

Ltnt. Friedrich Lebrecht von Schnell (* um 1755, † Mai 1803)

aus Pommern gebürtig; **Laufbahn**: seit 1768 im Militär, 1772 Sl im I-R Nr. 2, April 1782 zum Garn.-Reg. Nr. 11 versetzt, Dez. 1785 Pl, 1788 bei d. Garnison in Lyck, Mai 1792 dim., 1803 gest.;

Quellen: GStA, IV. HA, Rep. 1, Nr. 86, Bl. 120; Stabi, Ms. boruss. fol. 314; Oelsnitz, I-R Nr. 2, S. 941;

Cap. Heinrich Alexander von Schnell (* um 1735)

Vater: George Wulff (* um 1695), Ltnt., bis 1749 Pfandbesitzer von Dallentin im Krs. Neustettin, hatte damals vier Söhne im Alter von elf bis 21 Jahren; **Großvater**: Wolf Ernst, Ltnt., Erbherr auf Gienow in d. NM u. seit 1691 auf Anteil Dallentin; **Bruder**: George Ernst (* 1729), seit 1746 im Militär, 1750 Fähnrich im I-R Nr. 21, 1754 *cassirt*, galt als *ungeraten*, wurde im Armenhaus Kreuzburg untergebracht, von dort entlaufen, sein Verbleib war 1790 unbekannt; **Bruder**: Daniel Erdmann, als Junker im I-R Nr. 33 gest.; **Bruder**: Richard Silvester, Sl im I-R 17, nach d. Schlacht bei Breslau 1761 an Blessuren gest.; **Laufbahn**: engagierte sich 1755 im Militärdienst, Mai 1761 Sl im I-R Nr. 28, 1787 nach 40 Dj. Cap. in Brieg; bat am 14.1.1790 darum, seinen natürlichen Sohn zu legitimieren, d. Supplikant will d. letzte seines Geschlechtes gewesen sein, konnte dafür aber keinen Nachweis führen; d. Hofgericht zu Köslin kam nach einschlägigen Recherchen zu dem Schluß, daß der Verbleib einiger Mitglieder der Familie unklar sei, wahrscheinlich aber wäre der Cap. nicht der letzte seines Geschlechtes, sein Gesuch um Legitimation d. Sohnes wurde daher mehrfach abgewiesen; noch im April 1791 als Cap. im I-R Nr. 28 genant; **Güter**: verzichtete um 1791 auf seine Lehnrechte auf Vilnow; (**verwandt**: Carl Ludwig von Schnell (* 1731), stand seit 1749 als Gefr.corp. im I-R Nr. 34: Ms. boruss. fol. 311);

Quellen: GStA, I. HA, Rep. 30, Nr. 44, S 122 n 1, Paket 9 380; Stabi, Ms. boruss. fol. 311 (Bruder G.E.); fol. 314, fol. 316 (Bruder R.S. nur in d. Abgangsliste I-R 17); Ms. geneal. fol. 120; Brüggemann, T. 2/2, S. 747–748; nicht in IV. HA, Rep. 1, Nr. 86;

Cap. Bernd Christian von SCHÖNBECK (* 1686)

(**Vater**: Hans, 1694 als Obrist d. Garnison Kolberg genannt, d. Sohn) aus Kolberg gebürtig; **Laufbahn**: seit 1705 im Militär, Mrz. 1707 Sl im I-R Nr. 12, Dez. 1713 Cap., April 1714 zum I-R Nr. 8, Dez. 1715 als Cap. u. Chef e. Comp. zum I-R Nr. 24, Sep. 1720 auf Wunsch dim.; (**Tochter**: Margaretha Charlotta (* 1736), sie besaß 1774 e. kleines Haus in Körlin u. e. Kapital von 500 T., womit sie sich behelfen mußte, suchte damals um e. Pension nach);

Quellen: GStA, I. HA, Rep. 30, Nr. 43, Paket 9234 (Tochter?); Stabi, Ms. boruss. fol. 315, fol. 319; Zedlitz, 4. Bd., S. 189 (danach hieß d. pomm. Familie von Schönebecke); Priesdorff, Offz.stammliste, S. 159 (* um 1685); Priesdorff, Nr. 164 (d. Vater evt. Berend Christian (1645–1718), aus Rügenwalde, Dez. 1696 Kommandant von Kolberg, Sep. 1709 GM);

Ltnt. Bogislav von SCHÖNFELD (* 1720)

aus Pommern gebürtig; **Laufbahn**: seit 1736 im Regiment, stand 1743 als Ltnt. im D-R Nr. 2, vor 1756 abgegangen;

Quellen: Stabi, Ms. boruss. fol. 315; nicht in IV. HA, Rep. 1, Nr. 86 u. nicht ident. mit d. GM Nicolaus Heinrich von S.: Priesdorff, Nr. 821;

Cap. Carl Ludwig von SCHOENHOLTZ (* 1728, † 26. April 1771)

(**Vater**: KD-rat in d. Stettiner KDK, hinterließ e. starke Familie, darunter drei Söhne), C.L. aus Pommern gebürtig; **Schwester**: Friederike, hielt sich in Stettin auf u. bat 1771 u. 1775 um e. pomm. Pension, verwies dabei auf ihre drei bereits verst. Brüder, von denen zwei bei d. Garde u. d. dritte als Cap. im Reg. Prinz von Preußen gedient hatten; **Bruder**: e. Sl v. Schoenholtz vom 1. Bat. Garde starb im Juni 1756; **Laufbahn**: seit 1746 im Militär, 1764 Cap. im I-R Nr. 18, 1771 als aktiver Offz. gest.; (**verwandt**: Franz Siegmund (* 1725), aus Pommern, seit 1746 im Militär, 1750 Sergant im I-R Nr. 20, vor 1756 abgegangen: Stabi, Ms. boruss. fol. 311);

Quellen: GStA, I, Rep. 30, Nr. 43, Paket 9234; IV. HA, Rep. 1, Nr. 86, Bl. 167; Stabi, Ms. boruss. fol. 310 (Sl bei d. Garde), fol. 313;

Rittmstr. Friedrich von SCHOENHOLTZ (* 1737)

aus Pommern gebürtig; **Laufbahn**: stand anfängl. in württemberg. Diensten, seit 1758 in preußischen, Dez. 1764 Sl im H-R Nr. 6, Jan. 1778 Pl, Juni 1788 Rittmstr. u. Chef e. Escadron, Juni 1790 auf Wartegeld gesetzt;

Quellen: GStA, IV. HA, Rep. 1, Nr. 86, Bl. 168 (kz. Notiz); Stabi, Ms. boruss. fol. 315; Wechmar, H-R Nr. 6, S. 253, S. 256, S. 259–260;

Obrist Heinrich Wilhelm von SCHOENHOLTZ (* 1720)

aus Pommern gebürtig; **Laufbahn**: seit 1737 im Militärdienst, 1741 Fähnrich im I-R Nr. 38, 1756 Ltnt., 1764 Cap., 1774 Major, 1787 Obrist;

Quellen: Stabi, Ms. boruss. fol. 316; nicht in IV. HA, Rep. 1, Nr. 86;

Ltnt. Carl Christoph George Leop. von Schöning (* 29. Juli 1783)

Vater: August Ernst (1745–1807)*, seit 1784 Landrat im Krs. Pyritz, Erbherr auf Ueckerhof, Muscherin, Suckow an d. Plöne, Sallentin, Megow, Hasselbusch, seine Güter hatten 1804 e. Wert von über 200/m T.; **Mutter**: Friederike Amalie, geb. von Papstein († 1790); **Bruder**: August Peter Friedrich (1780–1858)*, weilte 1797 auf d. Wilhelms-Gymn. in Berlin, seit 1804 Landrat im Krs. Pyritz; **Laufbahn**: seit Mai 1797 im K-R Nr. 10, Mrz. 1800 Cornet, Jan. 1802 Sl, Okt. 1807 dim., April 1813 d. K-R Nr. 13 aggr., April 1814 als Stabs-Rittmstr. dim., Mai 1818 Major bei d. Landwehr; erhielt am 20. Mai 1807 zs. mit seinen beiden jüngsten Schwestern, geb. 1786 u. 1787, die *venia aetatis*, jeder von ihnen besaß ein Vermögen von 5/m T.

Quellen: GStA, I. HA, Rep. 30, Nr. 44, S 110 a, Paket 9371; Nr. 243, Vas.tab. 1793, 1804; IV. HA, Rep. 1, Nr. 86, Bl. 172; Fam.gesch. 1830, S. 104; biogr. Handbuch, S. 899 (Vater u. Bruder);

Major Christian Ludwig von Schöning (* 1739, † 12. Febr. 1807)*

Vater: Wilhelm Richard (1709–1781), Landrat d. Krs. Soldin, Erbherr auf Plönzig, seit 1754 Erbherr auf Cossin B im Krs. Pyritz (mit Vorwerk Mützelburg), erworben für 14/m T., mußte dafür 9/m T. Schulden *contrahiren*, 1769, 1770 befand sich Cossin in Konkurs, lt. e. Bericht d. Stettiner Regierung betrug d. Vermögen d. Familie 13448 T., die Schulden 17692 T., d. Landrat konnte durch e. kgl. Gnadengeschenk in Höhe von 4500 T. e. Vergleich mit seinen Gläubigern erreichen, 1772 fiel d. Gut für 14400 T. an seine Frau, die *illata* von 3466 T. besaß u. sich von ihm 1768 *separirt* hatte, u. an vier Söhne, die dem Landrat jährlich 240 T. Alimente zahlten; **Mutter**: Eleonore Sophie, geb. von Papstein († 1784), aus beider Ehe zwölf Kinder, fünf Söhne standen 1768 im Militär, drei davon damals auf Werbung, d. Vermögensumstände von E.S. galten 1775 als sehr schlecht, sie hatte jährlich kaum 50 T. Revenuen, ihre sechs Töchter mußten sich daher von Handarbeit ernähren, d. Brüder erwirkten nach 1775 für ihre Mutter e. Pension von 100 T.; **Bruder**: Ernst Emanuel Sigismund (1743–1823)*, 1758 bis 1792 im I-R Nr. 2, Juni 1792 Kommandeur d. I-R Nr. 11, Juni 1798 GM, Okt. 1806 Abschied mit d. Charakter Gl, Erbherr auf Lübtow A im Krs. Pyritz, 1804 im Wert von 25/m T., Sohn: Joachim Moritz (* 1. Jan. 1778), 1805 als Ltnt. im I.R Nr. 11 dim.; **Bruder**: Friedrich Ludolph (* 1741, † 2. Nov. 1801), seit 1757 im Dienst, Nov. 1760 Sl im I-R Nr. 7, Juli 1764 Pl, April 1782 Cap., Dez. 1789 Major, Dez. 1793 pens., *reluirte* Krüssow C u. verkaufte es 1793 für 3400 T., 1793 u. 1801 als Erbherr auf Klemmen im Krs. Pyritz im Wert von 30/m T. gen.; **Bruder**: Richard Ehrentreich (1747–1806), Juni 1765 Cornet im H-R Nr. 6, Nov. 1770 Sl, Juli 1782 Pl, Nov. 1786 Stabs-Rittmstr., Mai 1788 dim.; d. Brüder Ludwig, Friedrich, Ernst u. Richard baten im Mrz. 1774 um e. Pension für ihre sechs unversorgten Schwestern, damals zwischen 19 u. 34 Jahren alt, R.E. war seit mind. 1793 Erbherr auf Cossin A u. B, 1804 im Wert von 46/m T., jetzt auch auf Klemmen für 30/m T.; **Laufbahn**: Okt. 1756 Fähnrich im neuen I-R Nr. 55, Mai 1757 Sl, Dez. 1759 mit d. Reg. bei Meißen in österr. Gefangenschaft, 1763 ins I-R Nr. 36, Juli 1769 Pl, Juni 1781 Stabs-Cap., Jan. 1783 Cap. u. Chef e. Comp. im I-R Nr. 36, Juli 1789 Major, Nov. 1793 pensioniert; **Güter**: erhob am 13. April 1791 zs. mit seinen drei Brüdern Anspruch auf d. Erbportion des aus d. Festung Stettin entlassenen u. nach Ostindien gegangenen ältesten **Bruders** Leopold Henning Joachim (1734–1779), seit 1750 im Militär, 1756 Cornet im D-R Nr. 12, 1761 als Ltnt. dim., aus d. Verlassenschaft d. verst.

Kammerpräsidenten Hans Friedrich von Schöning (1717–1787)*, d. unbeerbt verst. war u.d. Lehngüter Lübtow u. Klemmen im Krs. Pyritz besessen hatte; die vier Offz. hatten sich bereits im Sep. 1789 mit d. drei Schwestern u. Allodialerben d. verst. Präsidenten auseinandergesetzt; d. abwesende Bruder wurde nach d. Verabschiedung als Ltnt. vom D-R Nr. 12 als Brigadier bei d. Regie angestellt u. nahm 1774 Kriegsdienste bei d. holländischen Ostindischen Compagnie, seit 1777 gab es von ihm keine Nachrichten mehr; er soll ohne Consens aus d. Lande gegangen sein, deshalb sollte sein Erbteil vom Fiskus eingezogen werden; d. Brüder konnten e. Totenschein aus Amsterdam besorgen, wonach L.H.J. am 28. Okt. 1779 in Ostindien gest. war, außerdem widerlegten sie sein heimliches Entweichen; sie konnten d. Lehngüter jetzt unter sich aufteilen: d. Obrist u. spätere Gl E.E.S. saß 1793, 1804 auf Lübtow A im Krs. Pyritz im Wert von 25/m T.; d. Major Christian Ludwig bekam Lübtow B im Wert von 25/m T.; der Major Friedrich Ludolph (bzw. Leopold) saß 1793, 1799 auf Klemmen im Wert von 30/m T., nach seinem Tod fiel es an d. Rittmstr. Richard Ehrentreich, der seit mind. 1793 auch Erbherr auf Cossin A u. B für 46/m T. war;

Quellen: GStA, I. HA, Rep. 30, Nr. 43, Paket 9234; Nr. 44, S 110 a, Paket 9371; Nr. 243, Vas.tab. 1793, 1799, 1801, 1804; II. HA, Abt. 13 a, Tit. III, Litt S, Nr. 39; IV. HA, Rep. 1, Nr. 86, Bl. 172; Stabi, Ms. boruss. fol. 314; Gesch. I-R Nr. 36, S. 101; Fam.gesch. 1830, S. 65–66, S. 72–74; Wechmar, H-R Nr. 6, S. 253, S. 258 (Bruder R.E.); Priesdorff, Nr. 957 (Bruder E.E.S.); biogr. Handbuch, S. 900–902 (Vater u. Präs. H.F.);

GM Emanuel von Schöning (* 3. Sep. 1690, † 16. Mai 1757)*

Vater: Martin, Tuchmacher u. Wirt in Stargard; **Mutter**: Regina, geb. Henning; **Laufbahn**: 1705 Grenadier im I-R Nr. 3, April 1713 Fähnrich im I-R Nr. 17, Febr. 1715 Sl, April 1720 Pl, Sep. 1727 Stabs-Cap., Mai 1732 Cap. u. Chef e. Comp., 1739 auf Werbung in Italien, Okt. 1739 Major im I-R Nr. 17, Mai 1742 Orden p.l.m., Mai 1742 Ol, Juli 1745 Obrist, Okt. 1747 Kommandeur d. I-R Nr. 17, Nov. 1748 Kommandeur d. I-R Nr. 12, Mai 1751 vom Kommando d. Reg. enthoben u. zum König nach Potsdam, Sep. 1753 GM, Nov. 1756 Kommandeur d. I-R Nr. 46, 1757 an Folgen e. Blessur verst.; **Ehefrau**: Auguste Christiane, e. To. d. Generals George Friedrich von Oldenburg; **Söhne**: Friedrich Ludwig (* 1749, † 2. Nov. 1801), seit 1763 im Militär, Aug. 1768 Sl im I-R Nr. 7, 1787 als Cap. gen., Dez. 1789 Major, Dez. 1793 pens., Carl Heinrich (1750–1824)*, seit 1765 im Militär, stand 1774 als Sl im I-R Nr. 24, Okt. 1782 Pl, nahm im April 1788 seinen Abschied, später Landrat;

Quellen: GStA, IV. HA, Rep. 1, Nr. 86, Bl. 171 (kz. Notiz), Bl. 172 (Söhne); Stabi, Ms. boruss. fol. 314 (Sohn F.L., nicht identisch mit d. Major F.L.), fol. 316 (hier auch d. Sohn C.H., geb. 1750); Famgesch. 1830, S. 43–47 (d. Vater d. GM soll d. Fam. v. S. angehört haben u. in fremden Diensten gewesen sein, e. Bruder d. GM war Fi-rat in Berlin; d. älteste Sohn hieß danach Fr. Aug., Ltnt. im I-R Nr. 7, auf Werbung in Lüttich gest.); Priesdorff, Nr. 406; biogr. Handbuch, S. 900 (Sohn Carl Heinrich);

Major Ernst Wilhelm von Schöning (1718–1784)*

Vater: Hans Ernst (1684–1752), *Commissarius*, Erbherr auf Lübtow A u. B sowie auf Klemmen im Krs. Pyritz; **Mutter**: Margarethe Tugendreich, geb. von Burgsdorff; **Bruder**: Hans Friedrich (1717–1787), seit 1752 Erbherr auf Lübtow A, KD-rat, später Kammerpräsident; **Bruder**: Joachim Ludwig (1720–1774), stand 16 Jahre im Kriegsdienst bei d. schwarzen Husaren u. zuletzt als Ltnt. bei d. Bosniaken, Aug. 1762 (mit d. Charakter Rittmstr.) dim., seit 1762

Erbherr auf Klemmen im Krs. Pyritz im Wert von 11/m T., d. Hypotheken betrugen 10 384 T., d. anderen Schulden betrugen 5 537 T., ohne Leibeserben verst., d. Gut fiel an seine drei Brüder; **Bruder**: Siegmund Christoph (* 1727), seit 1742 im Militärdienst, 1750 Cornet im K-R Nr. 2, 1757 Ltnt., 1763 als Rittmstr. im K-R Nr. 2 gen., Febr. 1767 als Major dim., nach 1774 Erbherr auf Klemmen im Krs. Pyritz, vor 1785 gest.; **Laufbahn**: *cadet* in Berlin, 1738 ins I-R Nr. 18, 1740 hier als Fähnrich, 1750 als Pl gen., Mai 1754 nach 18 Dj. dim., nach Kriegsausbruch 1756 ins I-R Nr. 7, 1763 nach 25 Dj. Abschied als Major; **Güter**: seit 1752 Erbherr auf Lübtow B u. drei Bauernhöfen in Klemmen im Krs. Pyritz, dieses hatte 1767 e. Wert von 17 333 T., darauf Hypotheken von 10 190 T., die anderen Schulden betrugen 2 666 T.;

Quellen: GStA, I. HA, Rep. 30, Nr. 43, Paket 9 232; Nr. 243, Vas.tab. 1756, 1763, 1767; IV. HA, Rep. 1, Nr. 86, Bl. 171; Stabi, Ms. boruss. fol. 313, fol. 315 (Bruder S.C., hier auch als Christian); Brüggemann, T. 2/1, S. 151–152; Fam.gesch. 1830, S. 71, S. 79–80;

Major (Moritz) Ernst Sigmund von Schöning (* 1699, † 12. Mrz. 1778)

Vater: Hans Heinrich (1657–1734), Ol, Erbherr auf Ueckerhof u. Suckow an d. Plöne im Krs. Pyritz; **Mutter**: Anna Gottliebe, geb. von Sack; **Bruder**: Hans Lupold (1698–1742), Okt. 1716 Cornet im K-R Nr. 4, Mrz. 1728 Rittmstr., Mai 1742 bei Czaslau gefallen; **Bruder**: Ludolph Ernst (1710–1743), 1740 Sl im I-R Nr. 14, Aug. 1742 (als Cap.) dim.; **Bruder**: August Heinrich (* 1715), seit 1731 im Militär, (1738 Cornet im D-R Nr. 6, 1739 versetzt), 1741 Pl im I-R Nr. 38, Febr. 1744 dim., Erbherr auf Muscherin im Krs. Pyritz f. 25/m T., unbeerbt verst.; **Laufbahn**: seit 1716 im Militär, stand von 1721 bis 1744 im D-R Nr. 6: 1728 als Sl, 1732 als Pl, 1742 als Major gen., 1744 abgegangen, 1756 als vorm. Major gen.; **Güter**: nach d. Tod d. Bruders Hans Lupold seit 1742 Erbherr auf Ueckerhof für 12/m T. u. Suckow im Krs. Pyritz für 25/m T., seit 1771 auch auf Hohengrape im Krs. Pyritz für 40/m T.; **Ehefrau**: Catharine Tugendreich, geb. von Papstein; **Sohn**: August Ernst (1745–1807)*, seit 1781 Erbherr auf Muscherin, seit 1784 Landrat im Krs. Pyritz; **Sohn**: Friedrich David Jacob (1750–1788), 1768 als Junker ins D-R Nr. 5, Juli 1770 Cornet, Juli 1773 Sl, Juni 1777 auf Wunsch als Cap. dim., saß auf Hohengrape im Krs. Pyritz, vor 1787 verkauft, u. seit 1787 auf Gr. u. Kl. Wachlin u. Roggow A im Krs. Saatzig, 1793 im Wert von 20/m T., verh. mit Sophie, geb. von Wedel, 1788 ohne Leibeserben verst.;

Quellen: GStA, I. HA, Rep. 30, Nr. 243, Vas.tab. 1756, 1763, 1767, 1793, 1804; IV. HA, Rep. 1, Nr. 86, Bl. 172; Stabi, Ms. boruss. fol. 311 (E.S. u. Bruder L.E.), fol. 316 (Brüder A.H. u. H.L.); Brüggemann, T. 2/1, S. 165–166; Fam.gesch. 1830, S. 98–100; Orlop, D-R Nr. 6, Anhang, S. 19*, S. 22*, 130*; Förster, K-R Nr. 4, S. 157, S. 178, S. 543 (Bruder H.L.); Albedyll, Anhang, S. 69* (Sohn F.D.J.); biogr. Handbuch, S. 899 (Sohn A.E.);

Cap. Alexander von Scholten (* 29. April 1705, † 25. Aug. 1758)

Vater: Claus Jurg (1665–1735), Erbherr auf Hölkewiese B im Ftm. Cammin; **Bruder**: Christian Friedrich (* um 1710), seit 1723 im Militär, Juli 1731 Fähnrich, Mai 1735 Sl im I-R Nr. 22, Dez. 1741 Pl, Mai 1746 Stabs-Cap., Juli 1747 Cap., Juni 1752 dim. bzw. anderweit versorgt, besaß von 1755 bis 1761 d. Gut Schnackenburg im Ftm. Cammin; **Laufbahn**: seit 1719 im Militär, Juni 1729 Fähnrich im I-R Nr. 16, Juli 1732 Sl, Dez. 1737 Pl, Juni 1743 Stabs-Cap., Sep. 1745 Cap. u. Chef e. Comp., 1758 bei Zorndorf (als Major) gefallen; **Güter**: besaß zs. mit d. Bruder seit 1735 Hölkewiese B, beide verkauften es im Mrz. 1743 an

Carl Friedrich von Lieberman; **Ehefrau**: Luise Sophie Wilhelmine, geb. von Coske († 7. Jan. 1755); **Sohn**: Friedrich Wilhelm (* 1. Jan. 1755, † 9. April 1819), Sl im Feld-Artillerie-Corps, Febr. 1792 Orden p.l.m., Nov. 1792 Pl, Aug. 1794 Stabs-Cap., Mai 1799 Cap. u. Chef e. Comp., Juni 1809 als Major dim., Sep. 1813 d. brandenburg. Artillerie-Brigade aggr., Juli 1815 Ol, Mrz. 1816 dim., Juni 1816 Charakter Obrist, Adelsernerung, -bestätigung vom 5. Juli 1798, Ehefrau: Marie Philippine Amalie, geb. Sieburg (1770–1840);

Quellen: GStA, IV. HA, Rep. 1, Nr. 86, Bl. 190 (danach ist A. 1752 gest.), Bl. 191 (F.W.); Stabi, Ms. boruss. fol. 311, fol. 314 (Bruder); Brüggemann, T. 2/2, S. 564–565, S. 595 (Bruder); C.F. nicht in d. Vas.tab. 1756 (hier e. S. auf 1/3 Klein Schwirsen); Kopka v. Lossow, Offz.liste, S. 7*; Lehmann, Ritter, S. 211; Tb. Briefadel 1920, S. 817 (bei Zorndorf gefallen);

Cap. Johann (George) Friedrich Wilhelm (seit Mrz. 1768: von) Schon (* 25. Sep. 1767, † 11. Febr. 1814)*

Vater: Johann Joseph (1717–1771), aus Ungarn gebürtig, seit 1746 im Dienst, am 7. Mrz. 1768 nobilitiert, 1764 als Major u. Chef e. Escadron im H-R Nr. 8 gen., 1771 als aktiver Offz. gest.; **Mutter**: Johanna Christiane, geb. von Eitz; **Bruder**: Johann Carl Joseph (* 11. Mrz. 1765, † 9. Juni 1818)*, zu Tempelburg in Pomm. geb., Mai 1772 *cadet* in Stolp, April 1776 *cadet* in Berlin, Mrz. 1779 Gefr.corp. im I-R Nr. 8, Mrz. 1780 Fähnrich, Juni 1785 Sl, Juli 1794 Pl, Mrz. 1795 Stabs-Cap., Febr. 1800 Cap. u. Chef e. Comp. im I-R Nr. 8, Okt. 1808 Major, Okt. 1811 Kommandeur d. I-R Nr, 2. Dez. 1813 Obrist, Mai 1814 Orden p.l.m., Dez. 1815 Kommandant von Graudenz, Mrz. 1817 GM; **Laufbahn**: Juli 1780 *cadet* in Stolp, Juni 1785 *cadet* in Berlin, 1787 ins Regiment, Juli 1788 Fähnrich im I-R Nr. 24, Mai 1790 Sl, April 1802 Pl, Dez. 1804 Stabs-Cap. im I-R Nr. 24, Juli 1809 Cap., Dez. 1811 Major, Aug. 1813 Kommandeur d. Westpreuß. Grenadier-Bat., Dez. 1813 Ol, 1814 gefallen;

Quellen: GStA, IV. HA, Rep. 1, Nr. 86, Bl. 202; Stabi, Ms. boruss. fol. 315 (Bruder J.C.J.), fol. 316; Zedlitz, 4. Bd., S. 193; Schöning, 5. H-R, S. 107, S. 546 (Vater); Stolper Kadetten, S. 5, S. 14 (J.F.W. danach geb. 1771 in Tempelburg); Priesdorff, Nr. 1 287 (Bruder);

Cap. George Thomas Frhr. Sch(o)ulz von Ascheraden (* 1718, † vor 1765)

Vater: (Carl Ludwig, schwed. Kammerherr, Erbherr auf Zarnekow in Schwed.-Pommern); **Laufbahn**: stand im Nov. 1741 als Sl im Garn.-Reg. von Bardeleben, Mrz. 1746 als Cap. dim.; **Güter**: erwarb 1749 Naulin A im Krs. Pyritz von d. Familie von Hagen, nach seinem Tod geriet es in Konkurs u. fiel 1765 an d. Cap. S.F. von Schaetzel;

Quellen: GStA, I. HA, Rep. 30, Nr. 243, Vas.tab. 1756; IV. HA, Rep. 1, Nr. 87, Bl. 85; Brüggemann, T. 2/1, S. 154–155; Bagmihl, 1, S. 28;

Cap. Friedrich Wilhelm von der Schulenburg (* 14. Juni 1726)

Vater: Daniel Levin Andreas (1690–1752), seit 1716 Präpositus in Greifenhagen, erwarb 1728 Schwochow A im Krs. Pyritz für 6666 T., seit 1736 Landrat d. Krs. Greifenhagen; **Mutter**: Elisabeth Anna, geb. von Schönebeck (1693–1751); **Bruder**: Ernst Hans Ludwig (1716–1758), seit 1736 im Militär, 1741 Cornet im K-R Nr. 5, 1750 Ltnt., 1756 Rittmstr., 1758 als Major im K-R Nr. 5 vor Schweidnitz gefallen; **Laufbahn**: seit 1746 im Militär, Okt. 1748 Fähnrich im I-R Nr. 7, stand 1760 als Ltnt. im Frei-Bataillon Collignon (Courbiere), April 1763 (als Cap.) dim.; **Güter**: seit 1752 Erbherr auf d. väterl. Gut, das verschuldet war; verkaufte es 1756 für 27 350 T. an d. Gl Carl Christoph von der Goltz, dieser erlegte d. *Kaufpretium* jedoch nicht, sondern zahlte d. Gläubigern d. Cap. F.W. jährlich 900 T. Zinsen; d. Gutsanteil wurde noch im Krieg vom Rittmstr. Constans Philipp von Borcke nach e. zehnjährigen Prozeß mit hohen Kosten *reluirt*, s.d.; 1765 wurde d. Cap. als mutwilliger *Bankrottier* eingeschätzt, verbüßte e. vierjährige Arreststrafe; **Ehefrau**: Marie Rosine, geb. Didelot de Montigny (1724–1828), sie gab 1798 an, daß ihr Mann d. Gut Schwochow im Ergebnis e. zehnjährigen *Reluitions*prozesses verloren habe, sei aus Gram darüber verstorben, sie mußte sich durch d. *Unterricht adliger Fräuleins in Musik u. allerhand weiblicher Wissenschaften ernähren*, war 1798 ohne Bedienung u. damit ihne Verdienst; **Sohn**: Wilhelm Theodor (1763–1810), wurde unter Aufsicht d. Frau d. Ministers Julius August Friedrich Frhr. von der Horst erzogen, besaß frz. u. poln. Sprachkenntnisse, seit Sep. 1774 *cadet* in Berlin, 1778 Junker im I-R Nr. 7, Juni 1784 Sl, Aug. 1792 (bzw. 1793) nach 18 Dj. Abschied (als Cap.), weil keine Aussicht auf *Avancement* u. wegen d. Unterhalts d. Familie, hielt sich 1798 in Greifenhagen auf, mußte e. Familie von acht Personen ernähren, besaß kein Vermögen, seine Mutter, die bei ihm weilte, bat vergeblich um e. Pension für d. Cap., sie selbst hatte seit Sep. 1798 e. Pension von 50 T. aus d. pomm. Meliorationsfonds; W.T. machte sich 1803 in Westpreußen ansässig;

Quellen: GStA, I. HA, Rep. 30, Nr. 44, G, Paket 9 286; II. HA, Abt. 13 a, Tit. III, Litt S, Nr. 19 (Frau); IV. HA, Rep. 1, Nr. 87, Bl. 69–70 (kz. Notiz); Stabi, Ms. boruss. fol. 311 (Bruder E.H.L.); fol. 314; Brüggemann, T. 2/1, S. 163–164; Schmidt, Schulenburg, II. T., S. 513–514, S. 567–568, S. 621;

Cap. Otto Christoph von Schurff (1738–1783)

aus Mecklenburg gebürtig; **Laufbahn**: seit 1758 im preuß. Militärdienst, Nov. 1770 Ltnt., stand 1774 im I-R Nr. 54, 1783 als Cap. gest.; **Ehefrau**: e. To. d. Ltnt. Anton Julius von Kameke; **Güter**: erwarb 1779 von seinem Schwiegervater d. Gut Lazig B im Krs. Belgard; nach seinem Tod fiel das Gut im Wert von 5/m T. an seine **Tochter** Amalia Leopoldina Sophia, e. verh. von Zadow, die 1799 in Collatz, 1804 in Alt-Wuhrow in d. NM wohnte;

Quellen: GStA, I. HA, Rep. 30, Nr. 243, Vas.tab. 1793, 1799, 1804; IV. HA, Rep. 1, Nr. 87, Bl. 132; Stabi, Ms. boruss. fol. 314; Brüggemann, T. 2/2, S. 654–655; Siebmacher, Bd. 6/9, 1894, S. 88;

Cap. Caspar Friedrich Christoph von Schwan (* um 1737, † 8. Dez. 1778)

Vater: George Christoph († vor 1737), seit 1732 Erbherr auf Döringshagen B im Dewitzschen Krs.; Stief-Vater: Erdmann Christian von Rahmel (1693–1759), Ltnt., s.d.; **Mutter**: Barbara Elisabeth, geb. von Flemming, ihre *illata* beliefen sich auf 1 616 T., für d. Sohn erster Ehe waren auf d. Gut 766 T. eintragen; **Laufbahn**: 1752 als *cadet* gen., sein Stief-Vater bat im Mai 1755 um e. Urlaub für d. *cadet*, der seine schwer erkrankte Mutter noch einmal sehen sollte, 1757 Fähnrich im I-R Nr. 33, Febr. 1760 Sl u. Adjutant, Aug. 1765 Pl u. Adjutant, im Dez. 1778 als Stabs-Cap. im Gefecht bei Dittersbach gefallen; **Güter**: Erbherr auf Düsterbeck A im Dewitzschen Krs., verkaufte dieses 1751 an seinen Stief-Vater, nach dessen Tod fiel es an ihn zurück; seit 1763 Erbherr auf Düsterbeck A im Wert von 4/m T.; 1779 kam es an seine Erben; erwarb 1778 Döringshagen A, Fanger u. Düsterbeck B im Dewitzschen Krs. vom Hofmarschall Friedrich Ernst von Rothenburg für 7 150 T., darauf Schulden von 4/m T., sie fielen im Sep. 1780 an d. Cap. Johann Alexander von Normann vom D-R Nr. 3;

Quellen: GStA, I. HA, Rep. 30, Nr. 44, R 105, Paket 9367; S 121, Paket 9373; Nr. 242, Paket 9969; Nr. 243, Vas.tab. 1756, 1763; IV. HA, Rep. 1, Nr. 87, Bl. 146 (kz. Notiz); Stabi, Ms. boruss. fol. 311; Brüggemann, T. 2/1, S. 307–308;

Cap. George (Jürgen) Heinrich von Schwan (* 1689, † vor 1754)

Vater: Hans Heinrich, Erbherr auf Döringshagen A, Düsterbeck B u. Fanger im Dewitzschen Krs.; **Bruder**: Johann Friedrich, kgl.-großbrit. Obrist; **Laufbahn**: trat 1705 in d. Militärdienst ein, Okt. 1713 Sl im I-R Nr. 12, 1722 hier als Pl genannt, 1730 als Cap. wegen schwacher *Leibes-Constitution* dim.; **Güter**: 1749 als Erbherr auf Fanger, Döringshagen A u. Düsterbeck B im Dewitzschen Krs. genannt; **Ehefrau**: Agnesa Tugendreich, geb. von Gloeden, aus beider Ehe keine Leibeserben, d. Witwe verkaufte d. Güter 1762 d. Amtsrat Sydow, darunter Döringshagen A im Wert von 10/m T., seit 1754 in ihrem Besitz;

Quellen: Stabi, Ms. boruss. fol. 316, fol. 319; Ms. geneal. fol 120; Brüggemann, T. 2/1, S. 307–309;

Ltnt. Friedrich Moritz Franz Carl von Schwandes (* 21. Aug. 1754, † 25. April 1779)

Vater: Moritz Christian (* um 1685), aus Pommern gebürtig, seit 1703 im Militär, Sergant im I-R Nr. 3, Okt. 1713 Sl, Dez. 1715 Stabs-Cap. im I-R Nr. 27, Jan. 1723 zum I-R Nr. 28, 1723 u. 1730 hier als Cap. u. Chef e. Comp. genannt, Mai 1734 auf Wunsch dim., Okt. 1736 Ol im späteren I-R Nr. 33, Febr. 1742 zum Garn.-Reg. Nr. 7, Dez. 1744 *cassirt*; **Laufbahn**: trat 1768 in d. Militärdienst ein, 1771 Gefr.corp. im I-R Nr. 5, Mrz. 1771 überkompletter Fähnrich, 1773 Sl im I-R Nr. 53, 1779 als Ltnt. bei Habelschwerdt gefallen; (**verwandt**: e. Pl von Schwandes desertierte 1743 aus d. I-R Nr. 33);

Quellen: GStA, I. HA, Rep. 30, Nr. 186 d, Paket 9839; IV. HA, Rep. 1, Nr. 87, Bl. 150; Stabi, Ms. boruss. fol. 311, fol. 313 (Vater u. Sohn), fol. 314 (Vater), fol. 316 (Vater); Gesch. I-R Nr. 3, S. 169 (Vater); Rangirrolle Saldern, Liste f. 1771;

Ltnt. Friedrich von Schweder (* 1696)

aus Pommern gebürtig; **Laufbahn**: seit 1711 im Militär, Jan. 1715 Fähnrich im I-R Nr. 24, 1716 als Fähnrich in d. Königs Regiment versetzt und zum Sl befördert;

Quellen: nicht in IV. HA, Rep. 1, Nr. 87; Stabi, Ms. boruss. fol. 316, fol. 319; 1739 nicht im I-R Nr. 6, nicht bei Reinhard Garde; Tb. Briefadel, S. 718 (evt. George Friedrich, Sohn von George Gabriel (1666–1739);

Major George (Gabriel) Bogislav von Schweder (* um 1712, † vor 1799)

Vater: George Gabriel (1666–1739), Erbherr auf Datjow A u. Todenhagen A im Ftm. Cammin; **Laufbahn**: engagierte sich um 1727 im Militärdienst, stand 1750 als Stabs-Cap., 1756 als Cap. im I-R Nr. 17, Nov. 1756 Orden p.l.m., Aug. 1761 (nach 37 Dj.) als Major dim; **Güter**: seit 1739 Besitzer der väterlichen Güter, seit mind. 1765 auch auf Mersin, 1793 Erbherr auf Datjow C, Mersin u. Todenhagen (A) im Wert von zs. 19/m T.; **Ehefrau**: Henriette Justine, geb. von Humboldt, aus d. Ehe u. a. d. **Sohn**: George (Jürgen) Friedrich (1761–1828), seit 1773 im Militär, Okt. 1779 Fähnrich im I-R Nr. 47, Dez. 1785 Sl, Dez. 1791 dim., 1799 u. 1804 als Erbherr auf Mersin, Datjow C u. Todenhagen (A) im Wert von

19/m T. gen.; **Sohn**: August Wilhelm (1762–1827), seit 1778 im Militär, 1783 Fähnrich, Jan. 1784 Sl im I-R Nr. 1, Mai 1792 Adjutant beim Prinzen von Baden im I-R Nr. 20, Jan. 1793 Orden p.l.m., Aug. 1794 Stabs-Cap., Mai 1795 aggr. beim I-R Nr. 20 u. Adjutant d. Chefs, April 1797 Cap., Jan. 1801 Major, Juni 1804 ins I-R Nr. 4 einrangirt, Okt. 1807 dim., Aug. 1815 Kommandeur d. 2. Elb-Landwehr-Res.-Bat., Nov. 1815 als Ol dim.;

Quellen: GStA, I. HA, Rep. 30, Nr. 44, S 122 v, Paket 9 380; Nr. 243, Vas.tab. 1756, 1763, 1767, 1793, 1799, 1804; IV., Rep. 1, Nr. 87, Bl. 174 (A.W.), Bl. 175; Stabi, Ms. boruss. fol. 310, fol. 311 (Söhne), fol. 316; Rangliste 1806, S. XVI-XVII; Brüggemann, T. 2/2, S. 557 (danach als Bog. Gabriel), Lehmann, Ritter, S. 50, S. 231; Tb. Briefadel, 1907, S. 718;

Rittmstr. Johann Hermann (seit Sep. 1786 von) Schweder (* 1744, † 31. Dez. 1805)

Vater: Johann Heinrich; **Mutter**: Charitas, geb. Hamel; **Bruder**: Friedrich August (* 1745, † Aug. 1802), Okt. 1787 Pl im Feld-Artillerie-Corps, Mai 1792 Stabs-Cap., Nov. 1793 Orden p.l.m., Jan. 1795 Cap. u. Chef e. Comp., Mai 1799 Major, 1802 gest., Sohn: Carl Wilhelm August († 1806), Fähnrich im I-R Nr. 23, bei Jena gefallen; **Laufbahn**: seit 1762 im Militär, 1778 Cornet im H-R Nr. 8, Juni 1781 Sl, in d. *Campagne* von 1790 von seinem Chef zum Train-Offz. vorgeschlagen u. beim Proviant-Train angestellt, suchte nach dessen Reduzierung am 27. Nov. 1790 um d. Charakter Rittmstr. nach, Juli 1794 Rittmstr. u. Train-Offz., Nov. 1799 als Postmstr. in Bernau versorgt, **Ehefrau**: Margaretha, geb. von Pirch, sie zeigte am 24. April 1806 an, daß ihr Mann sie nicht in d. Witwenkasse eingekauft hat, er hätte kein eigenes Vermögen besessen u. ihr Schulden von 1 600 T. hinterlassen, durch d. Verkauf von Mobilien konnte sie bereits 400 T. abtragen, sie bekam damals e. Pension von 100 T., ihr Gesuch um e. weitere Pension wurde abgewiesen; **Sohn**: Wilhelm Friedrich Gustav;

Quellen: GStA, I. HA, Rep. 96, Nr. 257 S; II. HA, Abt. 13 a, Tit. III, Litt S, Nr. 28 (Witwe); IV. HA, Rep. 1, Nr. 87, Bl. 174 (J.H., † 31.1.1805), Bl. 176 (F.A.); Stabi, Ms. boruss. fol. 315; Schöning, 5. H-R, S. 140; Tb. Briefadel 1907, S. 717–718; Lehmann, Ritter, S. 291;

Gutsbes. Philipp Ernst von Schweder (* um 1720, † vor 1762)

Vater: Christoph Hermann (1678–1741), Geh. Rat, Erbherr auf Ramelow, (Neuenhagen, Anteil Streitz im Ftm. Cammin); **Laufbahn**: trat weder in d. Zivil- noch in d. Militärdienst ein; **Güter**: 1756 als Erbherr auf Ramelow im Ftm. Cammin genannt, d. Gut wurde durch d. Familie von Blankenburg *reluirt* u. befand sich seit 1762 in d. Hand d. Prälaten Anshelm Henning von Blankenburg; **Schwester**: Dorothea Charlotta, verh. Obristin von Wartenberg;

Quellen: GStA, I. HA, Rep. 30, Nr. 243, Vas.tab. 1756; Tb. Briefadel 1907, S. 718; Brüggemann, T. 2/2, S. 591–592;

Ltnt. Adolph Hermann Carl von Schwerin (* 13. April 1767, † 2. April 1793)

Vater: Carl Magnus (1715–1775)*, Febr. 1729 *cadet* in Berlin, 1736 Sergant unter d. *Corps de cadets*, Mai 1737 Fähnrich im I-R Nr. 26, erhielt im Aug. 1737 d. *venia aetatis*, besaß damals d. Gut Stolpe auf Usedom, Sep. 1740 Sl, Mrz. 1750 Cap. im I-R Nr. 42, Jan. 1761 Orden p.l.m., Juni 1767 Kommandeur d. I-R Nr. 47, Juni 1767 Chef d. I-R Nr. 21, Aug. 1767

GM, Jan. 1773 Chef d. I-R Nr. 43; **Mutter**: Eva Friederike, geb. von Winterfeld (1742–1804); Stief-**Bruder**: Magnus Carl Ferdinand (1746–1810), seit 1761 im Regiment, Jan. 1762 Fähnrich im I-R Nr. 47, Juni 1764 Sl, Jan. 1773 Pl, Dez. 1784 Stabs-Cap., Mai 1787 Cap. u. Chef e. Comp., Okt. 1792 Major, Nov. 1798 Kommandeur d. I-R Nr. 47, Juni 1800 Ol, Mai 1803 Obrist, Dez. 1805 Kommandant von Silberberg, Febr. 1809 mit Pension dim.; Stief-**Bruder**: Gustav Heinrich (1747–1768), als Sl im I-R Nr. 47 gest.; Stief-**Bruder**: Wilhelm Heinrich (1748–1815), Cap., s.d.; Stief-**Bruder**: Friedrich Leopold Dietrich (1749–1808), Major, s.d.; Stief-**Bruder**: Alexander Friedrich (1752–1807), Aug. 1770 Fähnrich im I-R Nr. 47, Juli 1773 Sl, Dez. 1773 zum I-R Nr. 43 versetzt, Okt. 1786 Pl, April 1790 Stabs-Cap., Aug. 1794 Cap., Mai 1800 Major; **Bruder**: Friedrich Ludwig August (1769–1822), Dez. 1788 Fähnrich im I-R Nr. 25, Juli 1792 Sl, Jan. 1803 Pl, noch Jan. 1803 Stabs-Cap. im I-R Nr. 43, April 1804 als Cap. dim., Jan. 1812 Charakter Major, Juni 1818 als Landrat versorgt; **Laufbahn**: April 1784 Fähnrich im 1. Bat. Garde, Nov. 1790 Sl, (noch 1790 bzw. Mai 1792) als Sl zum I-R Nr. 32, Dez. 1792 Pl, 1793 bei Koblenz an d. Ruhr gest.;

Quellen: GStA, IV, HA, Rep. 1, Nr. 87, Bl. 210 (M.C.F.), Bl. 211 (A.H.C. † Mrz. 1793, F.L.A.); Stabi, Ms. boruss. fol. 311 (Bruder M.C.F. hier als Carl Fr., geb. in Pomm.; G.H., aus Pomm.), fol. 314; Reinhard, Garde, S. 550; Tb. Uradel 1905, S. 732–733 (danach geb. in Burg); Priesdorff, Nr. 574 (Vater);

Major Carl Otto von Schwerin (1672–1708)*

Vater: Henning Bernd, preuß. Oberstallmstr. († 1705), **Mutter**: Catharina Elisabeth, geb. von Schmeling; **Laufbahn**: seit 1689 im Militär, 1705 Major im I-R Nr. 1, 1708 gest.;

Quellen: Stabi, Ms. boruss., fol. 313; Famgesch., 2. Bd., Tafel XIV, Linie Willmersdorf;

Cap. Carl Otto Christoph von Schwerin (* 1716, † 2. Mrz. 1766)

Vater: Otto Bogislav (1683–1737), Cap. in schwed. Diensten, bis 1732 Erbherr auf Starnitz im Krs. Stolp, ab 1735 auf Vieschen im Krs. Stolp; **Mutter**: Anna Sophie, geb. von Schwerin, sie verkaufte Vieschen 1752 mit Einwilligung ihrer drei Söhne für 7/m T. an Franz Christian von Schmude; **Bruder**: Philipp Bogislav (* 1721, † 18. Juni 1757), seit 1736 im Militär, Jan. 1745 Fähnrich, Juli 1745 Sl u. Adjutant im I-R Nr. 7, Dez. 1753 Pl, Mrz. 1757 Stabs-Cap., 1757 bei Kolin gefallen; **Bruder**: Ludwig Leopold (* 1729, † 1759 bzw. 28. Dez. 1760), seit 1747 im Regiment, 1749 Gefr.corp. im I-R Nr. 7, Mai 1750 Fähnrich, Okt. 1752 Sl, Mai 1757 Pl, 1759 als Cap. an bei Kunersdorf erlittenen Blessuren gest.; **Laufbahn**: seit 1731 im Militär, 1733 Corp., Mai 1735 Fähnrich im I-R Nr. 24, April 1738 Sl, Okt. 1740 Pl, Juni 1742 Stabs-Cap., Nov. 1748 Cap. u. Chef e. Comp. im I-R Nr. 24, Okt. 1758 auf Wunsch dim.; **Ehefrau**: Luise Dorothea († 1787), To. d. Kammerrates Curd Wilhelm Loewenberger von Schoenholz, erheiratete mit ihr d. **Güter** Ragow u. Mertz im Krs. Beeskow-Storkow;

Quellen: GStA, IV. HA, Rep. 1, Nr. 87, Bl. 207, Bl. 210; Stabi, Ms. boruss. fol. 314 (Bruder P.B.), fol. 316; Brüggemann, T. 2/2, S. 1011–1012; Fam.gesch., 2. Bd., S. 299- 301;

GFM Curt Christoph (seit Juli 1740: Graf) von Schwerin (1684–1757)*

Vater: Ulrich (1648–1697); **Mutter**: Anna Lucretia, geb. von Ramin (1653–1745); **Bruder**: Hans Bogislav (1683–1747), Geh. Rat, Landjägermstr.; **Laufbahn**: 1698 in Leyden, 1699 in Greifswald eingeschrieben, 1700 Fähnrich in mecklenburg. Diensten, 1703 Ltnt., 1707

Obrist, 1718 GM, 1720 Wechsel als GM in preuß. Dienste, 1723 Chef d. I-R Nr. 23, 1731 Gl, 1740 GFM u. in d. Grafenstand erhoben, 1757 bei Prag gefallen; in erster **Ehe** seit 1708 verh. mit Ulrike Eleonore Freiin von Krassow (1693–1754), hinterließ keine Kinder; **Güter**: Erbherr auf Schwerinsburg, Ducherow, Löwitz, Neuendorf, Wussecken, Panschow, Drewelow, Teterin, Müggenburg, Stretense u. Wietstock im Krs. Anklam; nach 1763 auf diesen Gütern Heinrich Bogislav Dettlof Graf von Schwerin (1743–1791), eine Neffe des GFM, 1799 dann dessen minderj. Söhne, u. a. Philipp Friedrich Bogislav (1779–1870), Ltnt., s.d.;

Quellen: GStA, I. HA, Rep. 30, Nr. 243, Vas.tab. 1756, 1793; Priesdorff, Nr. 201 (ausführl. zur Laufbahn); Tb. Uradel, 1905, S. 738;

Ltnt. Curth Christoph Caspar von SCHWERIN
(* 7. Mrz. 1770, † 29. Sep. 1828) *

Vater: Otto Alexander (1709–1773), stand in dän. Kriegsdiensten; **Mutter**: Friederike Sophie Charlotte, geb. von Arensdorff († 1775); **Bruder**: Johann George Wilhelm (1760–1812), Juli 1790 Fähnrich im I-R Nr. 7, Dez. 1793 Sl, Okt. 1805 Pl, Mrz. 1804 als Cap. dim.; **Laufbahn**: Mai 1792 Fähnrich im Grenadier-Garde-Bat., Dez. 1793 Sl, April 1803 Pl, Juni 1809 Stabs-Cap., Dez. 1811 als Holz-Administrator in Königs Wusterhausen versorgt;

Quellen: GStA, IV. HA, Rep. 1, Nr. 87, Bl. 211; Reinhard, Garde, S. 539, S. 543 (aus Pomm.); Tb. Briefadel 1905, S. 734 (hier als Carl Curt Christoph, geb. zu Drevelow);

Major Friedrich Dietrich Leopold von SCHWERIN
(* 24. Okt. 1749, † Mrz. 1808) *

Vater: Carl Magnus (1715–1775) *, GM; **Mutter**: Friederike Charlotte, geb. von Falken (1715–1762); Stief-**Bruder**: Adolph Hermann Carl (1767–1793), Ltnt., s.d. mehr über d. Vater u. Geschwister; **Laufbahn**: Juli 1766 Fähnrich, Jan. 1770 Sl im I-R Nr. 20, Jan. 1784 Pl, Mrz. 1789 Stabs-Cap., Aug. 1795 Cap. u. Chef e. Comp., Juli 1801 Major im I-R Nr. 33, 1808 ohne Leibeserben in Silberberg gest.;

Quellen: GStA, IV. HA, Rep. 1, Nr. 87, Bl. 210; Stabi, Ms. boruss. fol. 310, fol. 311 (danach aus Pommern geb.); Tb. Uradel 1905, S. 732 (geb. Berlin); Priesdorff, Nr. 574 (Vater);

Ltnt. Friedrich Julius von SCHWERIN (* 1714)

aus Pommern gebürtig; **Laufbahn**: seit 1730 im Militär, 1735 Ltnt. im D-R Nr. 1, vor 1741 abgegangen;

Quellen: nicht in IV. HA, Rep. 1, Nr. 87, Bl. 207; Stabi, Ms. boruss. fol. 314; Probst, D-R Nr. 1, 1841 (nicht in d. Abgangsliste, siehe bei Otto Carl (1711-1757), identisch?);

Cap. Friedrich Wilhelm (seit Juli 1740: Graf) von SCHWERIN
(* 1729, † um 1800)

Vater: Hans Bogislav (1683–1747), Geh. Rat, Landjägermstr., seit Juli 1740 Graf, Erbherr auf Putzar, Glien, Sarnow, Boldekow, Zinzow, Rubenow, Borrentin, Thurow im Krs. Anklam; **Mutter**: Charlotte, geb. von Arnim (1710–1779); **Vater-Bruder**: Curt Christoph Graf von Schwerin (1684–1757)*, GFM; **Bruder**: Wilhelm Friedrich Carl (1738–1802)*, Dez. 1755 Fähnrich im I-R Nr. 24, Jan. 1758 Sl, Mrz. 1758 Cap. u. Flügel-Adjutant, Mai 1762 Major, Mai 1772 Ol, April 1773 Wechsel zum I-R Nr. 51, Mai 1776 Obrist, Juni 1782 Kommandeur d. Reg., April 1784 zum I-R Nr. 53, Mai 1784 GM, April 1785 zum I-R Nr. 52, Aug. 1790 Gl, Mai 1793 Gouverneur von Thorn, Mai 1795 Abschied, am 17. Aug. 1802 gest., Erbherr auf Borrentin, Curtshagen, Neuendorf im Krs. Anklam, um 1785 dem Major Franz Heinrich von Reichenbach verpfändet; **Bruder**: Heinrich Bogislav Dettlof (1743–1791), befand sich 1756 auf d. Ritterakademie zu Brandenburg an d. Havel, 1763 auf d. Univ. Halle, Dez. 1764 Cornet im K-R Nr. 6, Juni 1769 dim., später Erbherr auf d. väterl. Gütern; **Laufbahn**: zunächst als Legationsrat im diplomatischen Dienst, Okt. 1751 Fähnrich im I-R Nr. 24, Juli 1756 Sl, Aug. 1756 Adjutant d. GFM v. Schwerin, Mai 1757 als Cap. *dimittirt*, saß 1767/1768 auf d. Zitadelle in Spandau; **Güter**: besaß 1767 u. 1793 die väterlichen Güter Putzar, Glien, Boldekow, 1797 im Wert von 31 970 T., 1801 befanden sie sich in anderer Hand;

Quellen: GStA, I. HA, Rep. 30, Nr. 243, Vas.tab. 1756, 1763, 1767, 1768, 1794; IV. HA, Rep. 1, Bl. 87, S. 210; Stabi, Ms. boruss. fol. 316; Tb. Uradel 1905, S. 738 (Vater u. Bruder H.B.D.); Priesdorff, Nr. 201 (Onkel), Nr. 701 (Bruder W.F.C.);

Major Friedrich Wilhelm Christoph von Schwerin
(* Juli 1736, † 26. Mrz. 1799)*

Vater: Felix Bogislav (1701–1745), Obrist, Kommandeur d. Garde, bei Hohenfriedberg gefallen, Erbherr auf Anteil Wisbuhr im Ftm. Cammin, 1767 im Wert von 10/m T., darauf Schulden von 6/m T.; **Mutter**: Friederike Sophie, geb. von Bredow († 1771); **Bruder**: Wilhelm Heinrich Ferdinand (1739–1758), Fähnrich im Garde-Grenadier-Bat., gefallen bei Hochkirch; **Bruder**: Friedrich Wilhelm Felix (1740–1809)*, Aug. 1756 Gefr.corp. im I-R Nr. 15, Mrz. 1768 Pl, Aug. 1779 Cap. u. Chef e. Comp., Dez. 1786 Orden p.l.m., Jan. 1795 Obrist, Febr. 1796 Kommandeur d. Reg. Garde, Mai 1800 GM, Aug. 1800 mit Pension dim., Erbherr auf Ragow u. Wisbuhr, bat im Mai 1786 mit Hinweis auf sein geringes Vermögen um Meliorationsgelder für Wisbuhr im Ftm. Cammin; **Laufbahn**: Jan. 1758 Fähnrich im 1. Bat. Garde, Nov. 1763 Pl, Jan. 1773 Cap. u. Chef e. Comp., Sep. 1773 Major von d. Armee, Febr. 1777 dim.; **Güter**: seit 1772 Erbherr auf Anteil, seit 1774 auf ganz Wisbuhr im Ftm. Cammin, 1797 u. 1801 im Wert von 17/m T.; in erster **Ehe** verh. mit Friederike Sophie Elisabeth, geb. von Natzmer († 1782);

Quellen: GStA, I. HA, Rep. 30, Nr. 186 d, Paket 9 835; Nr. 243, Vas.tab. 1756, 1767, 1793, 1801; Rep. 96, Nr. 435 S, Bd. 17; IV. HA, Rep. 1, Nr. 87, Bl. 210; Brüggemann, T. 2/2, S. 607–608; Reinhard, Garde, S. 530, S. 534, S. 538, S. 556; Tb. Uradel 1905, S. 743; Priesdorff, Nr. 999 (Bruder F.W.F.);

Major George Christoph von Schwerin (* 1703, † 20. Mai 1754)*

aus Vorpommern gebürtig; **Laufbahn**: 1717 *cadet* in Berlin, 1721 Fähnrich im I-R Nr. 6 (Garde), Aug. 1722 Sl, 1730 Pl, Mai 1735 Cap. u. Chef e. Comp. im I-R Nr. 31, Sep. 1748 Major, 1754 als aktiver Offz. gest.;

Quellen: GStA, IV. HA, Rep. 1, Nr. 87, Bl. 207; Stabi, Ms. boruss. fol. 314; Crousaz, Beilage C, S. 31;

Cap. George Wilhelm von Schwerin (* 1711, † 22. Nov. 1758) *

Vater: Philipp Julius (* 1684); **Laufbahn**: seit 1731 im Militär, Nov. 1734 Cornet im D-R Nr. 2, April 1738 Ltnt., Dez. 1751 Stabs-Cap., Mrz. 1756 Cap., Nov. 1758 an Blessuren gest.;

Quellen: GStA, IV. HA, Rep. 1, Nr. 87, Bl. 207; Stabi, Ms. boruss. fol. 315; Fam.gesch. 2. Bd., S. 380 (kein Hinweis auf d. Eltern);

Ol Hans Bogislav von Schwerin (* 2. Juli 1736, † 13. April 1798)

Vater: Friedrich Julius (1699–1747) *, Jan. 1717 Fähnrich im I-R Nr. 10, Aug. 1721 Pl im I-R Nr. 24, April 1724 Cap. u. Chef e. Comp., Mai 1742 Obrist, Juni 1743 Chef d. neuen I-R Nr. 32, Dez. 1743 GM u Kommandant von Neiße, Erbherr auf Bartow, Janow, Lanzkron, Neuendorf, Rehberg im Krs. Anklam; **Mutter**: Elisabeth Wilhelmine, geb. von Wulffen (* 1714); **Bruder**: Christoph Wilhelm (1733–1759), Juni 1749 Fähnrich im I-R Nr. 13, Mai 1754 Sl, Mrz. 1759 an seinen Blessuren gest.; **Bruder**: Baltzer (Balthasar) Friedrich Julius (1732–1803) *, 1765 nach zwölf Dj. bei d. KDK in Glogau als KD-rat verabschiedet, Erbherr auf d. väterl. Gütern Bartow, Neuendorf, Rehberg, Lanzkron, 1801 im Wert von 70 537 T., ohne Leibeserben verst., d. Güter fielen an seinen Neffen C.A.B.; **Bruder**: Carl Gustav (1737–1758), gefallen als Ltnt.; **Bruder**: Philipp Adolph (1738–1815) *, 1752 Page bei Prinz Heinrich, Mai 1757 Fähnrich im I-R Nr. 35, Febr. 1758 Sl, Nov. 1762 Cap. u. General-Adjutant bei Prinz Heinrich, Sep. 1770 Major, Mai 1781 Ol, Mai 1783 Obrist, Mai 1789 GM, Juli 1789 Chef d. I-R Nr. 26, Nov. 1794 arretiert, Juni 1795 mit Pension dim.; **Laufbahn**: Sep. 1751 Fahnenjunker, Nov. 1754 Fähnrich im I-R Nr. 36, Juli 1757 Sl, Nov. 1759 Pl, Sep. 1766 Stabs-Cap., Nov. 1773 Cap. u. Chef e. Comp., Dez. 1781 als Major dim., erhielt d. Charakter Ol; **Güter**: 1793 u. 1797 als Erbherr auf Hohenbrünzow u. Strehlow im Krs. Demmin im Wert von 40/m T. gen.; **Sohn**: Carl August Bogislav (1775–1831), April 1792 Cornet im K-R Nr. 11, Dez. 1793 Sl, Mrz. 1796 dim., seit 1803 Erbherr auf Bartow, Rehberg, Lanzkron, Neuendorf im Krs. Anklam, auf Hohenbrünzow im Krs. Demmin, dieses 1801 im Wert von 40/m T.;

Quellen: GStA, I. HA, Rep. 30, Nr. 243, Vas.tab. 1756, 1763, 1767, 1793; IV. HA, Rep. 1, Nr. 87, Bl. 210, Bl. 211 (C.A.B. hier als Wilhelm?); Stabi, Ms. boruss. fol. 314 (Bruder H.B), fol. 316 (Vater); Tb. Uradel 1905, S. 743; Priesdorff, Nr. 325 (Vater), Nr. 786 (Bruder P.A.); Gesch. I-R Nr. 36, S. 97 (H.B); biogr. Handbuch, S. 937 (Bruder B.F.J.);

Major Hans Sigismund von Schwerin (* 1707, † 1. Dez. 1757) *

Vater: Hans Alexander (1672–1710), Erbherr auf Drewelow im Krs. Anklam; **Bruder**: Otto Alexander (1709–1773), seit 1755 in dän. Kriegsdienten; **Laufbahn**: seit 1723 im Militär, 1740 Sl, Okt. 1747 Stabs-Cap. im I-R Nr. 18, Okt. 1750 Cap. u. Chef e. Comp., 1757 Major, 1757 bei Leuthen gefallen;

Quellen: Stabi, Ms. boruss., fol. 313; Fam.gesch. 2. Bd., S. 42, S. S. 46 (gest. 5. Dez.);

Obrist Jarislav Ulrich Friedrich von Schwerin (* 12. Okt. 1737, † 19. Aug. 1813)

Vater: Curt Christoph (1688–1753), Erbherr auf Auerose, d. Gut im Krs. Anklam hatte 1766 e. Wert von 14413 T.; **Mutter**: Emerentia Libussa, geb. von Bohlen (1708–1770);

Bruder: Jochen Ernst Detlof (1740–1760), 1756 Page beim Herzog A.W. von Braunschweig-Bevern, Mai 1758 Fähnrich im I-R Nr. 7, Aug. 1759 Sl, Nov. 1760 an Blessuren nach d. Schlacht bei Torgau gest.; **Bruder**: Balthasar Philipp Wilhelm (1744–1774), seit 1760 im Militär, April 1763 Sl, Febr. 1771 Pl im I-R Nr. 7, 1774 nach 17 Dj. gest., 1772 bis 1774 Erbherr auf Auerose im Krs. Anklam; **Bruder**: Curt Friedrich Christoph (1747–1829), 1764 Gefr.corp., Aug. 1765 Fähnrich im I-R Nr. 7, Nov. 1768 Sl, erhielt eben damals d. *venia aetatis*, besaß e. freies Vermögen von 1 355 T., Nov. 1780 Pl, Dez. 1786 Stabs-Cap., Dez. 1789 Cap. u. Chef e. Comp., Okt. 1800 Major, Sep. 1813 pens., (22. Nov. 1818 gest.), seit 1773 zs. mit d. Bruder J.U.F. Erbherr auf Lüskow u. Butzow im Krs. Anklam; **Schwester**: Dorothea Elisabeth (* 1728), sie suchte 1781 wegen ihres unzureichenden Kapitals von einigen 100 T. um e. Pension nach; **Schwester**: Barbara Wilhelmina (* 1739), sie besaß 1782 e. Vermögen von 500 T., ihre Verwandten konnten sie wegen d. eigenen starken Familien nicht unterhalten, bat deshalb um e. Pension, 1790 betrug ihr Kapital 1 200 T.; **Laufbahn**: engagierte sich im Militärdienst, stand 1756 als Gefr.corp. im I-R Nr. 7, Mrz. 1757 Fähnrich, Aug. 1757 Sl, Jan. 1760 Pl, Dez. 1763 Stabs-Cap., Nov. 1768 Cap. u. Chef e. Comp., Dez. 1783 Grenadier-Major, Okt. 1790 Ol., Febr. 1793 Obrist, im Dez. 1793 pens.; **Güter**: erwarb 1773 zs. mit d. Bruder C.F.C. aus d. Konkurs d. Erben d. Cap. Jacob Albrecht von Lüskow, s.d., die Güter Lüskow u. Butzow im Krs. Anklam für 20 750 T.; sie bedienten sich dabei d. Geh. Stiftsrates Brüning, der ihnen d. *Kauf-Pretium* vorschoß, d. Güter in Pacht nahm u. seinerseits an Unterpächter weitergab; d. Gebr. von Schwerin wurden deshalb d. *Simulation* beim Kauf bezichtigt u. e. Untersuchung durch d. Regimentsgerichte eingeleitet, die von 1776 bis 1778 lief; es konnte jedoch nicht nachgewiesen werden, daß sie d. Geh. Stiftsrat nur ihren Namen geliehen hatten, um d. Verbot der Güterankaufs durch Bürgerliche zu unterlaufen; besaß seit 1774 zs. mit d. Bruder C.F.C. und von 1782 bis 1792 allein d. väterliche Gut Auerose, 1792 für 55/m T. verkauft; für Lüskow u. Butzow wurde 1801 e. Wert von 30 400 T. angegeben; d. Obrist hatte seinen Wohnsitz in Stettin; **Ehefrau**: Charlotte Henriette, geb. von Bismarck (1754–1784), sie besaß e. Vermögen von 10/m T.; **Sohn**: George Christian Wilhelm (1773–1812), Juli 1790 Fähnrich im I-R Nr. 7, Dez. 1793 Sl, Okt. 1805 Pl, Mrz. 1807 als Cap. dim., 1812 als pens. Cap. gest.; **Sohn**: Carl August Curt (1781–1821), Okt. 1797 Fähnrich im I-R Nr. 7, Okt. 1798 Sl, Mrz. 1809 als Pl dim., seit Jan. 1818 Pl im 1. Stettiner Landwehr-Reg., Febr. 1821 gest.; **Sohn**: Heinrich Detlof Jarislav (1784–1832), Dez. 1800 Fähnrich im I-R Nr. 7, Mai 1804 Sl, Mrz. 1809 als Pl dim., Aug. 1813 Cap. beim 2. Kurmärk. Landwehr-I-R, Jan. 1818 zum 1. Stettiner Landwehr-Reg., Mrz. 1820 zum 2. Landwehr-Reg., Febr. 1825 als Cap. im 2. Landwehr-Reg. pens.;

Quellen: GStA, I. HA, Rep. 30, Nr. 43, Paket 9240 (Schwestern); Nr. 44, H 55 B, Paket 9290; Nr. 243, Vas.tab. 1756, 1794, 1804; IV. HA, Rep. 1, Nr. 87, Bl. 210 (Bruder C.F.C. danach 1818 gest.), Bl. 211–212 (Söhne); Stabi., Ms. boruss. fol. 314, fol. 907 a; Brüggemann, Beiträge, 1, S. 464; Tb. Uradel 1905, S. 735–736;

Obrist Otto Carl von Schwerin (* 1711, † 18. Juni 1757)

Vater: Philipp Julius (* um 1684), schwed. Cap., verkaufte 1719 d. geerbten Güter Hohenmocker u. Stecklin; (**Brüder**: Friedrich Wilhelm (1712–1742), Ol im I-R Nr. 34, 1742 bei Chotusitz gefallen; Philipp Bogislav (1715–1757), als Cap. 1757 gefallen); **Laufbahn**: Sep. 1728 Cornet im D-R Nr. 1, April 1733 Ltnt., Febr. 1741 Stabs-Rittmstr., Jan. 1742 Chef e.

Escadron, Dez. 1744 Major im D-R Nr. 1, Juni 1751 als Ol zum K-R Nr. 11 versetzt, Juni 1755 Obrist u. Kommandeur d. K-R Nr. 11 Okt. 1756 Orden p.l.m., 1757 bei Kolin gefallen;

Quellen: GStA, IV. HA, Rep. 1, Nr. 87, Bl. 207; Stabi, Ms. boruss. fol. 311 (F.W. nicht in d. Abgangsliste I-R 34), fol. 314; Probst, D-R Nr. 1, 1841, S. 156; Fam.gesch. 2. Bd. S. 299, S. 302;

Gl Otto Martin (Detlof) von SCHWERIN (* 21. Juni 1701, † 14. Aug. 1777) *

Vater: Johann George (1668–1712), Obrist; **Mutter**: Maria Esther, geb. von Dockum; **Laufbahn**: 1714 Cornet im K-R Nr. 2, Aug. 1718 Ltnt., Aug. 1723 Stabs-Rittmstr., Dez. 1723 Rittmstr. u. Chef e. Escadron, Juli 1733 Major im K-R Nr. 2, 1741 Ol, Mai 1742 Obrist, Kommandeur d. D-R Nr. 5, Juli 1745 GM, Juni 1755 Gl, Febr. 1757 dim., zog sich auf seine Güter zurück; **Güter**: Erbherr auf Busow u. Dargibel im Krs. Anklam; **Frau**: Esther Marie, geb. Freiin von Quadt; **Sohn**: Friedrich Carl (Curt) Otto (1736–1757), 1751 als Junker ins D-R Nr. 5, Juni 1752 Cornet, Juli 1756 Sl, 1757 in d. Quartieren in Sachsen gest.; **Sohn**: Ludwig Wilhelm (1743–1777), Jan. 1757 Cornet im K-R Nr. 10, Okt. 1758 Ltnt., Okt. 1768 als Rittmstr. im K-R Nr. 10 dim.; **Sohn**: Moritz Friedrich Wilhelm (1745–1829), 1756 in Berlin auf Schulen, seit 1761 im Militär, 1763 Cornet, 1773 Sl im D-R Nr. 2, Okt. 1782 Pl, Juni 1785 dim., bat im Jan. 1786 mit Verweis auf seine 24 Dj. u. d. krankheitsbedingten Abschied um d. Charakter Cap., Erbherr auf Dargibel u. Busow, dies nach 1773 abgetreten, Dargibel hatte 1801 e. Wert von 25 515 T., amtierte als Landrat d. Krs. Anklam, verh. mit Helene Eleonore Marianne, geb. Freiin von Stosch, beider Sohn: Otto Wilhelm Carl (1782–1859), Nov. 1795 Junker im D-R Nr. 5, Juni 1797 Cornet, Dez. 1799 Sl, 1813 Rittmstr. im 1. Kurmärk. Landwehr-Kav.-Reg., 1816 Abschied als Major, Sohn: Ludwig Moritz August (1785–1857), Mai 1801 Fähnrich im I-R Nr. 30, April 1804 Sl, April 1808 dim., Jan. 1818 beim 1. Stettiner, Mrz. 1820 beim 2. Stettiner Landwehr-Reg., April 1825 dim.;

Quellen: GStA, I. HA, Rep. 30, Nr. 243, Vas.tab. 1756, 1763, 1767; Rep. 96, Nr. 435 S, Bd. 17; IV. HA, Rep. 1, Nr. 87, Bl. 210–212; Stabi, Ms. boruss. fol. 315 (Sohn M.F.W. als Friedrich), fol. 907 a; Albedyll, Anhang, S. 57 * (Sohn F.C.O.); T. 2, Anhang, S. 72 * (Enkel O.W.C.); Schwerin, K-R Nr. 10, T. 3, Anhang, Offz.liste (Sohn L.W.); Tb. Uradel 1905, S. 739; Priesdorff, Nr. 338;

Ltnt. Philipp Friedrich Bogislav Graf von SCHWERIN (* 1779, † 16. Aug. 1870) *

Vater: Heinrich Bogislav Dettlof (1743–1791), Cornet, General-Landschaftsrat, Erbherr auf Ducherow, (Drewelow), Wussecken, Louisenhof, Busow, Schwerinsburg im Krs. Anklam, hinterließ fünf Söhne; **Mutter**: Anna Beate Luise, geb. von Ramin (1752–1826); **Bruder**: Carl Heinrich Ludwig Wilhelm (* 1777), Mrz. 1794 Cornet im K-R Nr. 2, Okt. 1796 Sl, Sep. 1802 dim., Aug. 1839 Landschafts-Direktor, Erbherr auf Putzar; **Bruder**: Carl Christoph Adolph (* 1781), Febr. 1796 Fähnrich im I-R (Nr. 52), Mrz. 1792 zum I-R (Nr. 12), April 1798 Sl, Febr. 1801 zum I-R Nr. 30 versetzt, 1804 hier als Ltnt. gen., Okt. 1807 dim., Jan. 1818 beim 1. Stettiner Landwehr-Reg.; **Bruder**: Curt Ernst Heinrich (* 1784), Mai 1798 Fähnrich im I-R Nr. 34, Sep. 1800 (als Ltnt.) dim., April 1809 Erlaubnis in fremde Dienste zu gehen; **Laufbahn**: Juli 1795 Cornet im D-R Nr. 12, Dez. 1797 Sl, Nov. 1809 als Rittmstr. dim., Juni 1813 Rittmstr. beim 5. Kurmärk. Landwehr-Kav.-Reg., Febr. 1816 dem 8. H-R aggr., Mrz. 1829 Major im 11. H-R, Mrz. 1833 als Ol dim.; **Güter**:

1801 saßen d. minderjährigen Geschwister Grafen von Schwerin auf Schwerinsburg, Ducherow, Busow, Löwitz, Putzar, Glien, Sophienhof, Louisenhof, Boldekow, Wussecken im Wert von 377 487 T.;

Quellen: GStA, I. HA, Rep. 30, Nr. 243, Vas.tab. 1794, 1797, 1804; IV. HA, Rep. 1, Nr. 87, Bl. 211–212; Tb. Uradel 1905, S. 738;

Cap. Wilhelm Heinrich von Schwerin (* 29. Sep. 1748, † 24. Mai 1815)

Vater: Carl Magnus (1715–1775)*, GM; **Mutter**: Friederike Charlotte, geb. von Falken (1715–1762); Stief-**Bruder**: Adolph Hermann Carl (1767–1793), Ltnt., s.d mehr; **Laufbahn**: seit 1765 im Militär, Juni 1768 Fähnrich im I-R Nr. 21, Mai 1771 Sl, Mrz. 1779 Pl, Juni 1785 Stabs-Cap., Sep. 1786 zur Versorgung notiert, 1791 als Forstrat in Halberstadt u. Hohenstein versorgt;

Quellen: GStA, IV. HA, Rep. 1, Nr. 87, Bl. 210; Stabi, Ms. boruss. fol. 310, fol. 311 (aus Pommern); Tb. Uradel 1905, S. 732 (geb. Berlin); Priesdorff, Nr. 574 (Vater);

Ltnt. Ferdinand Siegmund von Schwichow (* 1680)

aus *Cassuben* gebürtig; **Laufbahn**: seit 1702 im Militär, Jan. 1715 Sl im I-R Nr. 4, Okt. 1717 Pl, vor 1728 abgegangen;

Quellen: Stabi, Ms. boruss. fol. 313, fol. 319;

Cap. Friedrich Wilhelm von Schwichow (get. 6. Dez. 1722, † 24. Mrz. 1792)

Vater: Moritz Woitzlaff, seit 1704 Erbherr auf Bochowke im Krs. Stolp im Wert von 1 100 T., hinterließ drei Söhne; **Mutter**: Anna Sophia, geb. von Puttkamer; **Bruder**: Johann Paul (* 1730), engagierte sich um 1749 im I-R Nr. 7, April 1762 Cap., zeigte im Mrz. 1782 als Major im I-R Nr. 7 aus Stettin immediat an, daß er gerade zwei Söhne seines ältesten Bruders als Offizier *equipirt* u. nun d. Nachricht bekommen habe, daß sein 1767 als Major vom D-R Nr. 9 dim. mittelster Bruder Michael Ernst, s.d., u. dessen Frau zu Freudenthal (im Krs. Rosenberg) gest. sind u. sieben kleine Kinder hinterlassen haben, d. Suppl. war ledig u. nicht in d. Lage, diese Waisen, deren Erbteil verschuldet war, zu versorgen, er bat d. König, darum, sich dieser Waisen anzunehmen, J.P. wurde noch 1787 als Major gen., Juni 1788 Ol, Juli 1789 pens.; **Laufbahn**: seit 1736 im Militär, 1740 Corp. im I-R Nr. 17, 1750 Sl, avancierte bis zum Pl, wurde wegen starker Blessuren nach 18 Dj. invalide, um 1760 abgegangen, 1775 als Ltnt. im Stettiner Land-Reg. angestellt, Juli 1782 Stabs-Cap., bekam e. kgl. Pension von 100 T., hielt sich 1785 in Büchow bei Wutzkow auf; **Güter**: besaß seit 1753 nach d. Erbauseinandersetzung mit seinen beiden Brüdern Bochowke im Wert von 2/m T.; **Ehefrau**: Catharina Christliebe (* 1725, † 5. Mrz. 1805), e. Tochter von Christian Heinrich von Lietzen, sie hielt sich 1797 in Gersdorf auf, erhielt aus d. General-Kriegskasse e. monatliche Pension von vier T., konnte nur kümmerlich davon leben, bat daher um e. Pension aus d. pomm. Meliorationsfonds, sie bekam im Sep. 1797 50 T.; **Sohn**: Johann Friedrich Wilhelm (get. 17. Mrz. 1756, † 1814), Sl im I-R Nr. 7, Febr. 1784 Pl, Dez. 1793 Stabs-Cap., Sep. 1798 mit. Pension dim., seine Frau, e. geb. von Laurens, nahm 1795 Alt Damerow im Krs. Saatzig für 13 400 T. an, 1804 soll Alt Damerow e. Wert von 40/m T. gehabt haben, außerdem Erbherr auf Lenz B für 10/m T.; **Sohn**: Johann Friedrich Michael Ernst (1759–1823)*,

Aug. 1769 *cadet* in Stolp, Mai 1773 *cadet* in Berlin, Febr. 1778 Gefr.corp. im 1. Bat. Garde, Mrz. 1780 Fähnrich, Aug. 1786 Sl, erhielt auf e. Immediatgesuch im April 1788 d. Anwartschaft auf d. Wussowschen Lehngüter Curow u. Lübzin, Dez. 1794 Pl, Aug. 1795 Stabs-Cap., Mrz. 1799 Major im 1. Bat. Garde, Nov. 1799 Chef e. Comp., Juni 1813 Ol, Dez. 1813 Obrist, Dez. 1815 GM; **Sohn**: August Wilhelm (get. 12. Juni 1766), 1794 Erbherr auf Bochowke im Wert von 2/m T., saß 1797 auf Gersdorf u. Petersdorf u. bewirtschaftete ersteres selbst; 1804 auf Bochowke ein von Lisnefsky;

Quellen: GStA, I. HA, Rep. 30, Nr. 243, Vas.tab. 1794, 1804; Rep. 96, Nr. 260 S (Bruder J.P.); Rep. 176, Nr. 8 369; II. HA, Abt. 13 a, Tit. III, Litt S, Nr. 15; IV. HA, Rep. 1, Nr. 87, Bl. 221; Stabi, Ms. boruss. fol. 314, fol. 316; Brüggemann, T. 2/2, S. 944; Reinhard, Garde, S. 533, S. 537, S. 540 (J.F.M.E.); Priesdorff, Nr. 1260 (Sohn J.M.F.E.);

Cap. Jacob George von SCHWICHOW (* um 1681, † 1721) *

Vater: George Christian, Erbherr auf Schwichow im Distrikt Lauenburg; **Laufbahn**: seit 1698 im Militär, stand 1704 als Fähnrich im I-R Nr. 3, Sep. 1712 Cap., im Nov. 1721 als Cap. verabschiedet, noch 1721 gest.;

Quellen: Stabi, Ms. boruss. fol. 319; Gesch. I-R Nr. 3, S. 172;

Ltnt. Johann Joachim von SCHWICHOW (* 1765)

Vater: Johann George († um 1770), Landedelmann, Erbherr (auf Gr. u. Kl. Schwichow bzw.) auf Anteil Nieder-Lowitz im Distrikt Lauenburg, mußte d. *Gütchen* schuldenhalber verkaufen, hinterließ zwei Tö. u. einen Sohn; **Mutter**: Sophia Gottlieb, geb. von Bandemer (* um 1730, † 7. Febr. 1796), sie besaß ursprünglich e. Vermögen von 500 T., gab davon d. Sohn 277 T. für dessen *Equipage*, d. Rest ging an d. Töchter, von denen e. mit e. Müller, d. zweite mit e. Schulmeister in Westpreußen verheiratet war, sie wohnte 1790 *bei gemeinen Leuten als Einliegerin in e. Kathen* zu Dzinzelitz, weil es ihr *an Vermögen für d. Miete e. Wohnung fehlte*, dazu war sie lt. Anzeige d. Pfarrers Magunna seit Wochen krank, bekam im Sep. 1791 aufgrund ihrer kümmerlichen Lage e. Pension von 75 T.; **Laufbahn**: seit 1779 im Militärdienst, stand 1787 als Fähnrich im I-R Nr. 37, wurde bei Mainz schwer *blessirt*, erhielt deshalb als Sl im April 1794 d. Abschied mit e. Pension;

Quellen: GStA, II. HA, Abt. 13 a, Tit. III, Litt L, Nr. 1, Bd. 1; Litt S, Nr. 12; nicht in IV. HA, Rep. 1, Nr. 87, Bl. 221; Stabi, Ms. boruss. fol. 316;

Major Michael Ernst von SCHWICHOW (get. 23. Nov. 1723, † 28. Febr. 1782) *

Vater: Moritz Woitzlaff, Erbherr auf Bochowke im Krs. Stolp; **Mutter**: Anna Sophia, geb. von Puttkamer; **Bruder**: Friedrich Wilhelm (1722–1792), Cap., s.d. mehr; **Laufbahn**: seit 1738 im Militär, 1743 Cornet im D-R Nr. 9, 1758 Ltnt., 1763 als Stabs-Rittmstr. im D-R Nr. 9 gen., Dez. 1767 als Major dim.; **Güter**: 1769, 1779 als Erbherr auf Freudenthal im Krs. (Rosenberg) genannt; **Ehefrau**: Marie Luise, geb. (Bahtz) († Febr. 1782), sie hinterließ sieben Kinder, d. jüngste war eben 0,75 Jahre alt; **Sohn**: Michael Ernst (* 1769), Leibpage bei Friedrich II., Nov. 1786 Sl im I-R Nr. 2, Nov. 1788 dim., bat im Dez. 1788 mit Hinweis auf seine Armut um e. Geldgeschenk von 400 T. für e. Kur; **Sohn**: Friedrich Wilhelm (bzw. Johann Wilhelm) (* 1772), *cadet* in Culm, 1787 *cadet* in Berlin, 1795 Sl im K-R Nr. 6, Febr. 1798 dim.;

Quellen: GStA, I. HA, Rep. 96, Nr. 260 S; Rep. 176, Nr. 8 369; IV. HA, Rep. 1, Nr. 87, Bl. 221 (Söhne), Bl. 222 (kz. Notiz für M.E.); Stabi, Ms. boruss. fol. 312; Monteton, S. 81 (Sohn F.W.); Oelsnitz, I-R Nr. 2, S. 943;

Cap. Michael Ernst Scorck (* 1739)

Vater: (Johann Ludwig (* 1709), aus *Cassuben*, seit 1745 im Militär, stand 1756 als Corp. im D-R Nr. 12), d. Sohn war aus *Cassuben* gebürtig; **Bruder**: Carl Ludwig (* 1748), seit 1764 im Militär, 1774 Sl im I-R Nr. 37, Juni 1782 Pl, Aug. 1789 Stabs-Cap., Aug. 1793 als Stabs-Cap. pens., Dez. 1793 Chef d. Bromberger Invaliden-Comp., April 1798 Major, Febr. 1799 mit Pension dim.; **Laufbahn**: seit 1757 im Regiment, 1764 u. 1774 Sl im I-R Nr. 9, 1787 als Stabs-Cap. gen., vor 1806 abgegangen; (**verwandt**: Ludwig von Scorck (* 1703), aus Gustkow bei Bütow, seit 1720 im Militär, stand 1720 als Corp., 1730 als Sergant im I-R Nr. 17: Stabi, Ms. boruss. fol. 316);

Quellen: GStA, IV. HA, Rep. 1, Nr. 88, Bl. 1 (nur d. Bruder C.L.); Stabi, Ms. boruss. fol. 311 (J.L. als Sckorcky), fol. 315 (auch als Sckorck, in d. Rangliste 1777 Hinweis auf d. Bruder C.L.), fol. 316;

Major Just Friedrich Carl von Seelhorst (* 27. Nov. 1755, † 16. Aug. 1812)*

Vater: Justus Rudolph (1700–1779)*, geb. in Kirchlötzen in Hannover, stand von 1719 bis 1769 im D-R Nr. 5, Juni 1769 Chef d. K-R Nr. 6, Sep. 1769 GM, d. Bd. Söhne wurden in Pasewalk u. Ueckermünde geboren; **Mutter**: Florentine Dorothea, geb. von der Dollen (1719–1781); Stief-**Bruder**: Moritz Rudolph (* 1753, † Juni 1815), 1768 Junker im D-R Nr. 5, Juni 1769 Cornet, Juli 1772 Sl, April 1788 Pl, Jan. 1791 Stabs-Rittmstr., Jan. 1794 Stabs-Major, Okt. 1798 Chef e. Escadron, Mai 1804 Ol, Mai 1806 Obrist, Juli 1808 inaktiv, 1813 pens.; **Laufbahn**: trat 1769 in d. Militärdienst ein, Juni 1771 Cornet, Mrz. 1778 Sl im K-R Nr. 6, Sep. 1784 Pl, Dez. 1792 Stabs-Rittmstr., Juni 1793 Rittmstr., Juli 1799 Major, Juli 1803 Chef e. Escadron, Okt. 1811 dim.; **Schwester**: Luise Dorothea Ernestine (* 1759), in 1. Ehe verh. mit d. Major Christian von Weyrach vom K-R Nr. 6, in zweiter mit d. Major Adolf von Kalckreuth vom K-R Nr. 6; **Schwester**: Sophie Ulrike Franziska (* 1752), verh. mit d. Ol Stephan Benedict von Borcke (1731–1796), s.d.;

Quellen: GStA, IV. HA, Rep. 1, Nr. 88, Bl. 35; Stabi, Ms. boruss. fol. 315; Schwerin, K-R Nr. 10, T. 2, S. 231, T. 3, S. 32; Monteton, S. 82; Albedyll, T. 2, Anhang, S. 62* (Bruder M.R., hier als R.M.); Priesdorff, Nr. 579 (Vater);

Cap. Ernst Loth(ar) von Seers (* 1729)

Vater: Philipp Lothar (1700–1767)*, stand seit 1716 bei d. Ingenieurs, Mai 1734 Major, Jan. 1742 Ol im Pionier-Reg. Nr. 49, Febr. 1757 GM u. Chef d. I-R Nr. 49, E.L. wurde in Stettin geb.; **Mutter**: Françoise, geb. de Laurent; **Schwester**: Susanne Luise, verh. mit d. Ingenieur-Obristen Johann von Balby; **Laufbahn**: seit 1750 im Militärdienst, Mai 1750 Fähnrich im I-R Nr. 49, bei Kay im Juli 1759 schwer *blessirt*, April 1763 Stabs-Cap., Okt. 1768 als Cap. dim.;

Quellen: GStA, IV. HA, Rep. 1, Nr. 88, Bl. 105 (als Sers, d. Vater hier nicht); Stabi, Ms. boruss. fol. 314; Zedlitz, 4. Bd., S. 209; Priesdorff, Nr. 442 (Vater);

Cap. Caspar Adrian von Seiger (* 1695)

Vater: Adolph Christian († vor 1719), 1701 als Erbherr auf Anteil Reinfeld im Krs. Rummelsburg gen.; **Bruder**: Adolph Christian, Cap. (evt. identisch mit d. Vater von G.G., s.d.); **Laufbahn**: seit 1714 im Militär, 1725 Sergant, 1732 Sl im I-R Nr. 26, 1743 Cap., seit 1752 Kommandant von Küstrin;

Quellen: Stabi, Ms. boruss. fol. 314; Siebmacher, Bd. 6/9, 1894, S. 90;

Cap. George Gottlieb von Seiger (* 1743, † 30. Juni 1791)

Vater: Adolph Christian (* 1702, † vor 1783), seit 1717 im Militär, 1730 Sergant im I-R Nr. 7, vor 1730 umgesetzt, zuletzt Ol in Küstrin, Erbherr auf Reinfeld B bei Rummelsburg, verkaufte 1744 e. Anteil von Falkenhagen im Krs. Rummelsburg, e. Lehn d. Fam. von Seiger, an Hans Valentin von Massow; **Mutter**: Erdmuth Elisabeth, geb. von Lettow († 1797); (**Großvater**: Caspar von Seiger, 1690 auf Anteil Falkenhagen gen., bzw. Adolph Christian († vor 1719), auf Anteil Reinfeld); **Laufbahn**: engagierte sich um 1759 im Militärdienst, stand 1764 als Fähnrich im I-R Nr. 24, 1774 als Pl gen., Okt. 1782 Stabs-Cap. im I-R Nr. 24, Juni 1788 Cap. u. Chef e. Comp., 1791 auf d. Marsch in Köslin gest.; **Güter**: Erbherr auf Reinfeld B im Krs. Rummelsburg, versicherte 1782, der einzige noch lebende Angehörige d. Familie von Seiger zu sein, verkaufte Reinfeld B für 1 500 T. an Barbara Sabina, geb. von Bandemer, verwitwete GM von Kleist zu Wendisch Tychow, in zweiter Ehe verh. mit (George Wilhelm) von Lettow auf Drawehn;

Quellen: GStA, I. HA, Rep. 30, Nr. 244, Paket 9 991; IV. HA, Rep. 1, Nr. 88, Bl. 62; Stabi, Ms. boruss. fol. 314 (Vater, dieser evt. identisch mit Caspar Adrian), fol. 316; Brüggemann, T. 2/2, S. 791, S. 803; Siebmacher, Bd. 6/9, 1894, S. 90;

(Offz.) Joachim Caspar von Seiger († 4. Juni 1745) *

Vater: Fromhold Wilhelm († vor 1745), seit 1730 Erbherr auf Barkenbrügge F, Grünhof, Plietenitz, Dieck B, Hammer B u. Steinfort C, hinterließ einen Sohn u. eine Tochter **Laufbahn**: diente im preuß. Heer, 1745 bei Hohenfriedberg gefallen; **Schwester**: Barbara Louise, in erster Ehe verh. mit Adam Heinrich von Kleist († 1759), in zweiter (um 1780) verh. mit d. Landrat Heinrich Joachim von Woldeck, seit 1745 alleinige Besitzerin d. väterlichen Güter, 1793 u. 1804 wurden d. Erben des Landrates von Woldeck auf Anteil Barkenbrügge A, Dieck A, Grünhof, Plietenitz und Anteil Hammer gen.;

Quellen: GStA, I. HA, Rep. 30, Nr. 243, Vas.tab. 1793 (hier auf Barkenbrügge A, Dieck A, Hammer B); Brüggemann, T. 2/2, S. 741–743 (mit d. Anteilen wie 1730);

Major Carl Friedrich von Selasinsky (* 1747, † Mrz. 1800)

aus Hinterpommern gebürtig; **Laufbahn**: seit 1762 im Regiment, Mai 1763 Fähnrich im I-R Nr. 20, 1774 Pl im I-R Nr. 37, Sep. 1782 Stabs-Cap., Mai 1784 Cap., Febr. 1799 Major, Mrz. 1800 als Major gest.; setzte sich im Juli 1797 aus Fraustadt für seine **Schwester** Anna Gottliebe verwitw. Ltnt. C.B. von Selasinsky ein, s.d., die e. Pension bekommen sollte, er gab an, sie bisher unterstützt zu haben, sei durch d. Erhalt d. *Companie* aber ganz erschöpft, besaß selbst kein Vermögen u. hatte e. eigene Familie;

Quellen: GStA, II. HA, Abt. 13 a, Tit. III, Litt Z, Nr. 5 (Schwester); IV. HA, Rep. 1, Nr. 88, Bl. 66; Stabi, Ms. boruss. fol. 316;

Ltnt. Christian Bogislav von SELASINSKY (* um 1730, † 2. Febr. 1785)

Vater: (Johann, auf Anteil Zelasen im Distrikt Lauenburg); **Laufbahn**: (stand 1756 als Dragoner mit 13 Dj. im D-R Nr. 12), zuletzt Ltnt. im D-R Nr. 12 mit 24 Dj., vor 1765 abgegangen; **Güter**: besaß d. väterlichen Gutsanteil im Wert von 555 T., darauf Schulden von 492 T., hinterließ lt. *Manifestationseid* vom 5. Mrz. 1788 lediglich Mobilien im Wert von fünf T.; **Ehefrau**: Anna Gottliebe, geb. von Selasinska (* um 1742, † 1. April 1807), sie bat seit 1786 mehrfach um e. Pension für sich u. d. drei Kinder, von denen ein Sohn *gestört* war u. deshalb öfter *bewacht u. gebunden* werden mußte; ihr Bruder Carl Friedrich, s.d., stand 1797 als Cap. im I-R Nr. 37 u. supplizierte für sie; im Juli 1798 bekam sie e. Pension von 100 T.;

Quellen: GStA, I. HA, Rep. 30, Nr. 243, Vas.tab. 1756; II. HA, Abt. 13 a, Tit. III, Litt L, Nr. 1, Bd. 2; Litt Z, Nr. 5 (hier als Zelasinsky, Hinweis d. Witwe auf d. Dienst ihres Mannes als Ltnt. im D-R 12); Stabi, Ms. boruss. fol. 311 (nicht in d. Ranglisten 1756 u. 1765);

Cap. Ernst von SELASINSKY (* 1749, † Aug. 1794) *

(**Vater**: Christian, Erbherr auf Anteil Zelasen im Distrikt Lauenburg); **Laufbahn**: seit 1763 im Militär, 1774 Sl, dann Pl im Garn.-Reg. Nr. 2, Mrz. 1784 Cap., 1788 ins Depot-Bat. d. I-R Nr. 4, Aug. 1790 Chef e. Comp., Okt. 1790 ins I-R Nr. 55, Aug. 1794 gefallen;

Quellen: GStA, I. HA, Rep. 30, Nr. 243, Vas.tab. 1756; IV. HA, Rep. 1, Nr. 88, Bl. 66; Stabi, Ms. boruss. fol. 314;

Ltnt. Ernst Wilhelm von SELASINSKY (* 1748)

aus Hinterpommern gebürtig; **Laufbahn**: seit 1764 im Regiment, Mrz. 1768 Fähnrich, April 1772 Sl im I-R Nr. 20, vor 1783 abgegangen;

Quellen: Stabi, Ms. boruss. fol. 310, fol. 311; Rangirrolle Saldern, I-R Nr. 20 für 1771; nicht in IV. HA, Rep. 1, Nr. 88, Bl. 66;

Cap. Franz George von SELASINSKY (* 1692)

aus Pommern gebürtig; **Laufbahn**: seit 1707 im Militär, April 1714 Fähnrich im I-R Nr. 3, Mai 1722 Stabs-Cap., Febr. 1723 als Cap. ins I-R Nr. 28 versetzt, hier noch 1730 als solcher gen., 1738 als Cap. dim.;

Quellen: Stabi, Ms. boruss. fol. 314, fol. 319; Gesch. I-R Nr. 3, S. 173;

Ltnt. Franz Ludwig von SELASINSKY (* 1740) *

aus Pommern gebürtig; **Laufbahn**: Juli 1758 Fähnrich im I-R Nr. 36, geriet 1759 bei Maxen in Gefangenschaft, Aug. 1763 Sl, Nov. 1765 dim.;

Quellen: GStA, IV. HA, Rep. 1, Nr. 88, Bl. 67; Gesch. I-R Nr. 36, S. 86;

Major Heinrich Ferdinand von SELASINSKY (* 1750, † 14. Okt. 1806) *

(**Vater**: Friedrich, Erbherr auf Anteil Zelasen im Distrikt Lauenburg; **Schwester**: Maria Gottlieb (* 1741, † 29. April 1800), sie stand seit 1781 auf d. Expectantenliste für e. Pension, wies auf d. Vater in Zelasen u. ihre beiden Brüder hin, die als Subalterne in d. Armee standen, erhielt im Jan. 1789 e. Pension von 50 T.), H.F. aus Pommern, gebürtig; **Laufbahn**: seit 1769 im Militär, 1774 Fähnrich im I-R Nr. 34, Mrz. 1788 Pl, Dez. 1790 Stabs-Cap., Mrz. 1794 Cap., Juni 1805 Major, 14. Okt. 1806 bei Auerstedt gefallen;

Quellen: GStA, II. HA, Abt. 13 a, Tit. III, Litt Z, Nr. 10 (Schwester?; Bruder: Michael Gneomar (1753–1801) ?, Cap., s.d.); IV. HA, Rep. 1, Nr. 88, Bl. 66; Stabi, Ms. boruss. fol. 311;

Cap. Johann von Selasinsky (* um 1763, † 25. Sep. 1837)

Vater: Johann, Erbherr auf Zelasen C im Distrikt Lauenburg im Wert von 1 666 fl.; **Laufbahn**: trat 1781 in d. Militärdienst ein, Juli 1786 Fähnrich im I-R Nr. 9, April 1788 Sl, April 1794 Pl, Juni 1796 Stabs-Cap., April 1814 Bat.-Kommandeur beim 1. Westfäl. Landwehr-I-R, Aug. 1815 Major, Mrz. 1817 ausgeschieden;

Quellen: GStA, I. HA, Rep. 30, Nr. 249, Vas.tab. 1771; IV. HA, Rep. 1, Nr. 88, Bl. 66; Stabi, Ms. boruss. fol. 315, fol. 907 a; Rangliste 1806, S. 84;

Cap. Michael Gneomar von Selasinsky (* 1753, † Juni 1801)

Vater: Johann Ernst († vor 1771), Erbherr auf Zelasen B im Distrikt Lauenburg, 1771 saß seine **Witwe** Catharina, geb. von Gruben (* 1723, † 1. Juni 1782) auf d. Gut im Wert von 3 330 fl., ihre drei Söhne u.d. Tochter Maria Gottlieb hatten 1770 e. Vermögen von zs. 439 fl., sie lebte in äußerster Armut, mußte sich von Handarbeit ernähren u. stand seit 1774 auf d. Expectantenliste für e. Pension; **Bruder**: Paul Reinhold (* 1751, † 1804), stand 1771 als Fähnrich, 1778 als Sl im Garn.-Reg. Nr. 8, Dez. 1784 Pl, 1788 zum Depot-Bat. d. I-R Nr. 34, Mrz. 1794 pens., April 1794 als Ltnt. zur Invaliden-Comp. d. I-R Nr. 2; **Bruder**: Matthias Ernst (* 1755), weilte 1771 u. 1778 auf d. väterl. Gut; **Laufbahn**: 1770 *cadet* in Berlin, Juli 1777 Fähnrich im I-R Nr. 26, Dez. 1784 zum Garn.-Reg. Nr. 7 versetzt, Febr. 1793 Pl beim Depot-Bat. d. I-R Nr. 46, Okt. 1797 Stabs-Cap., 1801 hier gest.;

Quellen: GStA, I. HA, Rep. 30, Nr. 43, Paket 9 233 (d. Vater auch als Franz); Nr. 243, Vas.tab. 1756; Nr. 249, Vas.tab. 1771, 1778; Nr. 413 a, Paket 10 189 (d. Fam. in d. Quellen auch als Zelasinsky); IV. HA, Rep. 1, Nr. 88, Bl. 66; Stabi, Ms. boruss. fol. 312 (Bruder P.R.), fol. 314;

Cap. Friedrich Wilhelm von Selchow (* 24. Juni 1769, † 5. Mai 1845)

Vater: Johann Heinrich Christian (1732–1795), Dr. iur., landgräfl. hessen-kasselscher Geh. Rat u. Kanzler d. Univ. Marburg; **Mutter**: Johanna Dorothea, geb. von Hanstein (1747–1827), sie hatte um 1800 ihren Wohnsitz im hessischen Marburg, d. Cap. bez. sich selbst als Ausländer; **Laufbahn**: Dez. 1788 Fähnrich im I-R Nr. 51, Okt. 1792 Sl, Dez. 1803 Pl, Dez. 1804 mit d. Charakter Cap. dim., seit 1823 Landrat im Krs. Lauenburg; **Güter**: 1804 als Erbherr auf Rettkewitz im Krs. Lauenburg im Wert von 39/m T. gen., hatte von d. Kaufpretium jedoch nur 10/m T. bezahlt; **Ehefrau**: Friederike Ludovika Amalie, geb. Kummer (1783–1864);

Quellen: GStA, I. HA, Rep. 30, Nr. 249, Vas.tab. 1804; IV. HA, Rep. 1, Nr. 88, Bl. 70; Tb. Uradel 1900, S. 775–776; Jb. dt. Adel, Bd. 3, S. 476;

Cornet George Sigismund August Freiherr von Seld
(* 20. April 1761, † 9. Febr. 1837)*

Vater: Johann Carl Ludwig (1724–1809), aus Pommern gebürtig, preuß. Ol, Erbherr auf Boltenhagen im Krs. Schivelbein, auf Steinbrück in Mecklenburg; **Mutter**: Catharina Elisabeth, geb. von Keuler (1728–1802); **Laufbahn**: 1779 Junker im H-R Nr. 7, Aug. 1783 Cornet, Juni 1786 dim., Juni 1813 als aggr. Cap. beim 6. Schles. Landwehr-I-R angestellt, April 1815 (als Major) pens.; **Güter**: Erbherr auf Russow in Mecklenburg, mecklenburg.-strelitz. Kammerherr; **Ehefrau**: Ernestine Charlotte Sophie, geb. Freiin von Blomberg (1771–1833);

Quellen: GStA, IV. HA, Rep. 1, Nr. 88, Bl. 83; Stabi, Ms. boruss. fol. 313 (G.S.A. aus Pomm. geb.); Genealog. Tb. Freiherrl. Hs. 1897, S. 955;

Obrist Johann (Carl) Friedrich von Sellin (* 1743, † 14. Okt. 1806)*

aus Pommern gebürtig; **Laufbahn**: Juni 1760 Cornet im H-R Nr. 7, Mai 1761 Sl, Juni 1771 Pl, Sep. 1778 Orden p.l.m., Sep. 1779 Stabs-Rittmstr., Mai 1788 Rittmstr. u. Chef e. Escadron, Jan. 1792 Major, Okt. 1797 Kommandeur d. H-R Nr. 7, Mai 1800 Ol, Mai 1803 Obrist, im Okt. 1806 an Blessuren gest.; **Sohn**: Carl Wilhelm († 27. Nov. 1834), Sep. 1803 Cornet im H-R Nr. 7, Okt. 1805 Sl, Febr. 1809 zur 1. Schles. Hus.-Brigade, Dez. 1813 Pl, Juni 1815 Rittmstr., Jan. 1820 als Major ausgeschieden, später Landrat d. Krs. Wartenberg; **Sohn**: Carl Friedrich Ernst († 5. Dez. 1857), Nov. 1805 Cornet im H-R Nr. 7, Dez. 1807 Sl, Mrz. 1812 ins 1. Schles. H-R einrangirt, Jan. 1816 als Rittmstr. dim., Aug. 1833 Chef e. Escadron im 6. Ulanen-Reg.;

Quellen: GStA, IV. HA, Rep. 1, Nr. 88, Bl. 81; Stabi, Ms. boruss. fol. 310, fol. 313; Zedlitz, 4. Bd., S. 212; Siebmacher, Bd. 6/9, 1894, S. 91; Lehmann, Ritter, S. 132;

Ltnt. (Carl Ludwig) Alexander von Seydlitz (* 1764)

aus Pommern gebürtig; **Bruder**: Carl Ernst (* um 1763, † Mrz. 1810), seit 1782 im Militär, Mai 1786 Fähnrich im I-R Nr. 25, Okt. 1788 Sl, Sep. 1801 Pl, Okt. 1805 Stabs-Cap., 1810 als solcher gest.; **Bruder**: Gustav Leopold, Febr. 1787 Cornet im H-R Nr. 3, Febr. 1791 Sl, April 1799 Pl, Okt. 1805 mit d. Charakter Rittmstr. dim., als Steuereinnehmer in Falkenberg versorgt; **Laufbahn**: seit 1780 im Militär, Sep. 1782 Cornet, April 1785 Sl im D-R Nr. 12, Juni 1787 dim.; **Güter**: von mind. 1793 bis 1801 als Erbherr auf Risnow A im Krs. Greifenberg im Wert von 10/m T. (1797: 3 400 T.) gen., besaß dazu noch einen Bauernhof in Lanke; (**verwandt**: Johann Heinrich von Seydlitz (* 1755), Dez. 1772 Fähnrich im Garn.-Reg. Nr. 2);

Quellen: GStA, I. HA, Rep. 30, Nr. 243, Vas.tab. 1793 (C.E. als E.F.), 1801, 1804 (1793 als Carl Ludwig, 1801 als Alex., Hinweis auf d. drei Brüder); IV. HA, Rep. 1, Nr. 88, Bl. 120 (d. Ltnt. im H-R Nr. 3 als August); Stabi, Ms. boruss. fol. 311, fol. 314; Stolper Kadetten S. 12 (e. Carl Ernst Ludwig (* 1767) aus Köslin, von Aug. 1779 bis Mai 1782 cadet in Stolp);

Cap. Dettloff Otto von Sichter(n) (* 1713, † Sep. 1750)

aus Pommern gebürtig; **Laufbahn**: Dez. 1727 *cadet* in Berlin, Juli 1737 Fähnrich im I-R Nr. 13, 1750 als Stabs-Cap. gest.; (**verwandt**: Heinrich Gottfried von Sichtern (* 1700), aus

Mecklenburg gebürtig, seit 1715 im Militär, 1740 Major im I-R Nr. 35, 1745 als Major ins I-R Nr. 30 versetzt, 15. Dez. 1745 bei Kesselsdorf gefallen: Stabi, Ms. boruss. fol. 311; Taeglichsbeck, S. 262, Isenburg, S. 34);

Quellen: GStA, IV. HA, Rep. 1, Nr. 88, Bl. 134; Stabi, Ms. boruss. fol. 311; Crousaz, Beilage C, S. 33 (als Dittlof Otto); nicht bei Siebmacher, Bd, 6/9;

Cap. Ernst Christoph von Siegroth (* 1707)

aus Pommern gebürtig; **Laufbahn**: seit 1721 im Militär, Sep. 1748 Cap. im I-R Nr. 32, noch 1756 als solcher gen.;

Quellen: Stabi, Ms. boruss. fol. 312; nicht in IV. HA, Rep. 1;

Ltnt. Anton von Sikorsky (* 18. Mai 1760, † 20. Mai 1856) *

Vater: Matthias, 1780 Erbherr auf Polczen H im Distrikt Bütow, 1804 im Wert von 500 T.; **Mutter**: Christina, geb. von Czarnowsky; **Bruder**: Joseph (* 1768), Okt. 1781 *cadet* in Stolp, Juni 1784 *cadet* in Berlin, Sep. 1788 Sl beim Feld-Artillerie-Corps, Dez. 1793 Orden p.l.m., Sep. 1805 Pl, Febr. 1809 zur Preuß. Art.-Brigade, Juni 1809 Stabs-Cap., Juli 1811 Cap., April 1812 als Major mit Pension dim.; **Laufbahn**: Mai 1782 *cadet* in Stolp, Juni 1786 *cadet* in Berlin, Mai 1791 Fähnrich im I-R Nr. 48, Mai 1793 Sl, Juli 1810 Pl, Dez. 1811 als Stabs-Cap. mit Pension dim.; **Ehefrau**: Therese, geb. von Kleist (1770–1857);

Quellen: GStA, II. HA, Abt. 12, Materien, Vas.tab. Nr. 1, Nr. 4; IV. HA, Rep. 1, Nr. 88, Bl. 176; Stolper Kadetten, S. 15–16 (danach A. geb. 1767); Panske, S. 236; Lehmann, Ritter, S. 297;

Fähnrich Simon von Sikorsky (get. 12. Okt. 1777, † Dez. 1797) *

Vater: Christoph, Erbherr auf Klonzen C im Distrikt Bütow; **Mutter**: Marianna, geb. von Gawryszec; **Laufbahn**: Aug. 1790 cadet in Stolp, Juli 1793 cadet in Berlin, Febr. 1795 Fähnrich im I-R Nr. 9, 1797 als solcher gest.;

Quellen: GStA, IV. HA, Rep. 1, Nr. 88, Bl. 176; Stolper Kadetten, S. 27; Panske, S. 236–237;

Gutsbes. Peter Franz Heinrich Ernst Frhr. von Sobeck (* 19. Sep. 1773)

Vater: Carl Franz (1721–1778) *, bis 1756 in kursächs. Diensten, seit Okt. 1756 im preuß. Militär, Nov. 1768 Chef d. I-R Nr. 30, Mai 1770 GM, seit mind. 1774 Erbherr auf Kruckow im Krs. Demmin; **Mutter**: Magdalene Charlotte Friederike (1744–1822), einzige To. von Felix von Glasenapp; **Laufbahn**: besuchte d. Friedrichswerdersche Gymnasium in Berlin, studierte an d. Viadrina; trat weder in d. Militär- noch in d. Zivildienst ein; bewirtschaftete seit 1794 das väterliche Gut Kruckow im Krs. Demmin; erhielt auf Wunsch seiner Mutter am 4. April 1796 d. *venia aetatis*, seit 1798 kgl. Kammerherr; **Güter**: seine Mutter hatte zeitlebens den Nießbrauch der von ihrem Onkel, d. Landesdirektor Peter von Glasenapp, hinterlassenen Güter Zarrentin, Leussin u. Klinkenberg im Krs. Demmin, 1797 im Wert von 60/m T., nach ihrem Tod gingen diese an den Sohn über;

Quellen: GStA, I. HA, Rep. 30, Nr. 44, S 122 t, Paket 9380; Nr. 243, Vas.tab. 1763, 1793, 1804; Brüggemann, Vorpommern, S. 98; Priesdorff, Nr. 590 (Vater);

Major Carl Gustav von Solda(h)n (* 1690)

aus Pommern gebürtig; **Laufbahn**: stand zunächst 24 Jahre in kgl.-schwedischen Diensten, zuletzt Cap., wechselte 1729 als Cap. zu d. preußischen Husaren, stand im Dez. 1739 als Major im H-R Nr. 1, im Sep. 1740 hier noch als Major u. Chef e. Escadron genannt, vor 1755 abgegangen;

Quellen: Stabi, Ms. boruss. fol. 311; nicht in IV. HA, Rep. 1, Nr. 88, Bl. 245;

Ltnt. Carl von Somnitz (* 1731)

aus Pommern gebürtig; **Laufbahn**: seit 1746 im Militär, 1750 Gefr.corp., 1756 Fähnrich im I-R Nr. 21, 1764 Pl, Juni 1768 mit Pension dim.;

Quellen: GStA, IV. HA, Rep. 1, Nr. 88, Bl. 266; Stabi, Ms. boruss. fol. 311;

Ol Carl (Curt) Otto von Somnitz (* 1742, † 19. Febr. 1814)

Vater: Carl Ludwig (1702–1788), Uffz., seit 1740 Erbherr auf ganz Bewersdorf im Krs. Stolp im Wert von 8/m T.; **Großvater**: Peter Christoph (1662–1725); **Vater-Bruder**: Heinrich Wilhelm (* um 1691, † vor 1752), seit 1706 im I-R Nr. 23, Mai 1713 Fähnrich, Jan. 1716 Sl, 1722 Pl, Mrz. 1724 Cap. im I-R Nr. 23, im Aug. 1729 ins I-R Nr. 29 versetzt, stand 1730 als Cap. u. Chef e. Comp. im I-R Nr. 29, im Sep. 1738 dim., Erbherr auf ½ Bewersdorf; **Vater-Bruder**: Caspar Otto († vor 1752), Cap. in russ. Diensten, Erbherr auf ½ Bewersdorf, hinterließ drei Tö.; **Mutter**: Henriette, e. To. d. Obristen von Natzmer; **Bruder**: Lorenz Wilhelm (* 1748), seit 1765 im Militär, Juli 1773 Sl im I-R Nr. 36, Juli 1780 auf Wunsch dim., erhielt d. Charakter Cap., seit 1780 Erbherr auf Bewersdorf, 1804 im Wert von 8/m T.; e. zweiter **Bruder** (Philipp Heinrich, Cap., s.d.), saß zeitweilig als vorm. Cap. auf Jellentsch bei Bütow; **Laufbahn**: seit 1756 im Militärdienst, stand 1764 als Sl, 1773 als Pl im I-R Nr. 17, bat am 23. Juni 1786 d. König darum, ihm 500 T. zu schenken, schuldete seinem Bruder e. Betrag in dieser Höhe u. konnte diesen von seinem *Tractament* nicht zurückzahlen, besaß kein Vermögen, Juni 1787 Cap. im I-R Nr. 17, Juli 1787 Major im Garn.-Bat. Nr. 3, 1788 im Depot-Bat. d. I-R Nr. 19, Juni 1797 Kommandeur d. 3. Bat. im I-R Nr. 37, Mai 1805 Ol, Okt. 1808 wegen d. Kapitulation von (Gr.-)Glogau nicht wieder angestellt, Sep. 1809 Pension, 1814 gest.; **Ehefrau**: e. geb. Hesse, Witwe Geh. Rat von Graumann († 1780); **Güter**: meldete im Okt. 1803 aus Zduny als Agnat seine Rechte auf Grumsdorf u. Gönne an, wurde im Nov. d.J. abgewiesen, weil er d. Termin im Dez. 1802 hatte verstreichen lassen, seine Entschuldigungsgründe wurden als vorgeschoben abgewiesen, es blieb beim Zuschlag für die Güter an e. von Goeden; **Sohn**: Carl Ludwig Friedrich (* Juni 1783, † 1857), Mai 1797 Junker im D-R Nr. 5, Mai 1799 Cornet, Juni 1800 Sl, Juni 1813 Rittmstr. u. Chef e. Escadron beim Pomm. Landwehr-Reg., Mrz. 1830 Major, Jan. 1852 Abschied als Ol;

Quellen: GStA, I. HA, Rep. 30, Nr. 44, S 114, Paket 9372; Nr. 243, Vas.tab. 1756, 1767; Rep. 96, Nr. 435 S, Bd. 20; IV. HA, Rep. 1, Nr. 88, Bl. 266; Stabi, Ms. boruss. fol. 314 (Bruder L.W.), fol. 316; Tb. Uradel, 1901, S. 811; Brüggemann, T. 2/2, S. 943–944; Albedyll, T. 2, Anhang S. 63–64* (teils andere Angaben als im Tb. Uradel);

Erbkämmerer Christoph von Somnitz (1714–1766)

Vater: Christoph (1684–1722), Landrichter, Erbherr auf Massow im Distrikt Lauenburg; **Mutter**: Catharine, geb. von Krockow († nach 1767); **Laufbahn**: fungierte als Erbkämmerer d. Herzogtums Hinterpommern; **Ehefrau**: Sophie Constantia, geb. von Weiher; **Güter**: 1756 als Erbherr auf Charbrow u. Vorwerk Heyde, Speck u. Kathen Babidol sowie Labenz im Distrikt Lauenburg gen., 1770 im Wert von 75/m fl., besaß dazu Güter in Polen für 50/m fl.; **Sohn**: Franz Christoph (* 1742)*, poln. Ol, Erbherr auf Bebbrow, dann auf Jatzkow, von 1795 bis 1800 Landrat in Lauenburg u. Bütow; **Sohn**: Carl Heinrich (* um 1755, † 1818), Erbherr auf Charbrow u. Freist;

Quellen: GStA, I. HA, Rep. 30, Nr. 243, Vas.tab. 1756; Nr. 249, Vas.tab. 1770; Brüggemann, T. 2/2, S. 1 066–1067; Tb. Uradel, 1901, S. 809; biogr., Handbuch, S. 963–964 (Sohn F.C.);

Reg.-, Landrat Franz von Somnitz (1717–1770)*

(**Vater**: Erbherr auf Schwartow); **Laufbahn**: seit 1742 pomm. Regierungsrat, 1760 Oberhauptmann in Lauenburg, Landrat; **Güter**: 1756 als Erbherr auf Schwartow u. Schwartowke im Distrikt Lauenburg genannt; **Sohn**: Johann Friedrich (* um 1745), dieser suchte 1780 vergeblich um e. Moratorium nach, Schwartow hatte damals e. Wert von ca. 20/m T., die jährlichen Revenuen betrugen 1/m T., nach Abzug d. Kreditzinsen in Höhe von 852 T. blieben ihm jährlich nur 148 T., er konnte wegen Überschuldung keine Sicherheit bieten und wurde deshalb angehalten, sich mit seinen Gläubigern zu einigen;

Quellen: GStA, I. HA, Rep. 30, Nr. 44, S 114, Paket 9 372; Nr. 243, Vas.tab. 1756, 1804; Brüggemann, T. 2/2, S. 1 081; biogr. Handbuch, S. 963;

Ltnt. (Franz) Friedrich von Somnitz (* um 1778, † 15. Mrz. 1826)*

Vater: Franz Christoph (* 1742), poln. Ol, Landrat, Erbkämmerer von Hinterpommern, 1804 Erbherr auf Bebbrow, Jatzkow u. Uhlingen im Distrikt Lauenburg für zs. ca. 29/m T.; **Laufbahn**: April 1797 Cornet im D-R Nr. 1, April 1799 Sl, Dez. 1807 ins D-R Prinz Wilhelm, Mrz. 1813 Pl, Jan. 1814 Stabs-Rittmstr., Mrz. 1815 ins 7. D-R, Juni 1815 Rittmstr., Sep. 1815 Chef e. Escadron; **Bruder**: Carl (* um 1783), Jan. 1802 Cornet im D-R Nr. 8, Dez. 1803 Sl, Juni 1805 dim., diente nach 1815 bei d. Landwehr;

Quellen: GStA, I. HA, Rep. 30, Nr. 249, Vas.tab. 1778, 1804; IV. HA, Rep. 1, Nr. 88, Bl. 266; Probst, D-R Nr. 1, 1841, S. 161;

Ol Friedrich Rudolph von Somnitz (* um 1725. † 18. Sep. 1790)

Vater: Lorenz Friedrich († vor 1752), Ltnt., bis 1730 Erbherr auf Grumsdorf im Ftm. Cammin; **Mutter**: Gertrud Elisabeth, geb. von Britzke; **Bruder**: Caspar Lorenz (* 1720, † vor 1755), seit 1735 im Militär, 1750 Sl im I-R Nr. 17; **Bruder**: Ludwig Dubislav (* 1725, † vor 1755), seit 1742 im Militär, Mai 1745 Fähnrich im I-R Nr. 22, 1751 Sl im Garn.-Reg. Nr. 5; **Bruder**: Matthias Christoph (* um 1728), Cap., s.d.; **Bruder**: Carl Gottfried, Fähnrich; **Laufbahn**: seit 1738 im Militärdienst, April 1752 Pl, stand 1756 im Garn.-Reg. Nr. 7, Nov. 1760 Cap. u. Chef e. Comp., Okt. 1773 Major, 1788 Major beim Depot-Bat. d. I-R Nr. 36, Mrz. 1789 Ol, 1790 gest.; **Güter**: seit 1755 Erbherr auf Grumsdorf im Ftm. Cammin, seit etwa 1780 auch auf Gönne u. Anteil Sparsee im Krs. Neustettin; 1801 befanden sich

Grumsdorf u. Gönne in d. Hand d. vorm. Cap. George Friedrich von Somnitz, s.d.; (**Sohn**: Friedrich Rudolph († 1815), Nov. 1798 Cornet im K-R Nr. 11, Febr. 1803 Sl, Juli 1815 gest.; **Sohn**: Carl Friedrich Ludwig: Mai 1799 Cornet im D-R Nr. 5, Juni 1800 Sl, Okt. 1812 bei d. pomm. Gendarmerie, Juni 1813 Rittmstr. beim 2. Pomm. Landwehr-Reg., 1830 Major, 1852 Abschied; Legitimationspatent für beide Söhne vom 30. Nov. 1786);

Quellen: GStA, I. HA, Rep. 30, Nr. 243, Vas.tab. 1767; Rep. 47, Tit. XI b, Paket 15700; IV. HA, Rep. 1, Nr. 88, Bl. 266; Stabi, Ms. boruss. fol. 313, fol. 314 (Bruder L.D. im I-R Nr. 22 u. im Garn.-Reg. Nr. 5); fol. 316 (C.L.); Brüggemann, T. 2/2, S. 563; Monteton, S. 121 (Sohn F.R.);

Obrist Friedrich Wilhelm von Somnitz (* 1734, † 1799)

Vater: Heinrich Wilhelm († vor 1747), Major, Erbherr auf Groß Wunneschin u. ½ Schurow, seit 1736 auch auf Zierwenz u. Neitzkow im Krs. Stolp, hinterließ zwei Tö. u. zwei Sö., diese besaßen 1750 e. väterl. Vermögen von zs. 10/m T.; **Mutter**: Louisa Tugendreich, geb. von Sydow, in zweiter Ehe verh. mit d. Major u. Flügel-Adjutanten Ernst Philipp Graf von Münchow; **Bruder**: Ludwig Heinrich (August) (* 1735, † 4. Mrz. 1776), seit 1753 im Regiment, 1756 als Fähnrich, 1757 als Ltnt., 1773 als Stabs-Cap. im D-R Nr. 6 gen., erbte d. väterl. Gut Groß Wunneschin; **Laufbahn**: Juni 1753 Cornet im D-R Nr. 9, Okt. 1756 Sl, Mai 1761 Pl, Dez. 1767 Stabs-Cap., Mai 1778 Cap., Febr. 1780 Major, Jan. 1789 Kommandeur, Mai 1789 Ol, Sep. 1790 Obrist, Dez. 1794 mit Pension dim., 1799 gest.; **Güter**: seit 1755 Erbherr auf ½ Schurow im Krs. Stolp, verkaufte dieses 1763 an d. Gebr. Riß für 4500 T., strebte 1776 in d. Nachfolge seines verst. Bruders d. *Reluition* d. Allodialgutes Groß Wunneschin im Distrikt Lauenburg an, dieses war 1760 zunächst verpfändet, im Dez. 1762 von Ludwig Heinrich jedoch für 8253 an d. Lebaer Holzhändler Johann Christoph Mampe verkauft worden, erwarb im Okt. 1766 die im Konkurs befindlichen Güter im Krs. Stolp Kosemühl, Kose u. Klein Rakitt seines Stief-Vaters für 24/m T., trat diese im Mai 1774 seiner Mutter ab, der Witwe Gräfin von Münchow;

Quellen: GStA, I. HA, Rep. 30, Nr. 44, M 77, Paket 9329; S 114, Paket 9372; Nr. 186 d, Paket 9835; Nr. 243, Vas.tab. 1756; IV. HA, Rep. 1, Nr. 88, S. 266 (für L.H. hier nur kz. Notiz; für F.W. ausführl.); Stabi, Ms. boruss. fol. 310, fol. 311, fol. 312; Brüggemann, T. 2/2, S. 952, S. 1003, S. 1022; Orlop, D-R Nr. 6, Anhang, S. 130* (Bruder L.H.);

Cap. George Friedrich von Somnitz (* 28. April 1754, † 1816)

Vater: Matthias Döring (1729–1766), stand seit 1745 als Gefr.corp. im Garn.-Reg. Nr. 8, erhielt im Nov. 1746 d. *venia aetatis*, 1748 bis 1752 Erbherr auf Natzmersdorf im Borckeschen Krs. im Wert von 7/m T., 1755 bis 1762 Erbherr auf Ziezeneff A im Krs. Belgard im Wert von 4/m T., hinterließ zwei Söhne u. eine Tochter; **Mutter**: Hippolyta Ernestine, geb. von Rüchel († Okt. 1801), sie bezog seit Mai 1772 e. Pension von 100 T.; **Großvater**: Friedrich (1699–1740), weilte auf d. Viadrina, erhielt 1721 die *venia aetatis*, Erbherr auf Drenow im Krs. Belgard im Wert von 20/m T.; **Großmutter**: Augusta Charlotta, geb. von Brand, diese schloß 1750 e. Vergleich mit ihren drei Kindern, der Sohn Matthias Döring bekam Natzmersdorf im Wert von 7/m T., darauf Schulden v. 4246 T., die Tö. Hedwig u. Albertine Aussteuergelder in Höhe von zs. 1333 T., dazu freie Kost u. Logis; **Bruder**: Martin Heinrich (* 1. April 1755), 1767 *cadet* in Berlin, Gefr.corp., Juni 1774 Fähnrich im I-R Nr. 8, Juni 1778 Sl, Mrz. 1783 dim., ging außer Landes, wurde um 1798 für tot erklärt;

Laufbahn: stand 1766 als Page bei d. Königin, Dez. 1766 Fähnrich im I-R Nr. 20, Sep. 1772 Sl, stand bis 1786 im I-R Nr. 20, mußte krankheitshalber d. Dienst aufgeben, suchte im Juni 1786 um d. Charakter Cap. nach, erhielt diesen später, wurde mit e. kleinen Amt bei d. Akzise im Juni 1786 versorgt u. dim., machte Schulden, veruntreute Effekten, amtsenthoben; **Ehefrau**: Victoria Amalia, geb. von Borcke; **Güter**: im Nov. 1795 starb in Magdeburg d. Ltnt. von Somnitz vom I-R Nr. 20 als Erbherr auf Grumsdorf u. Gönne, d. Cap. George Friedrich nahm 1797 als Agnat die Güter im Wert von 37 565 T. an, ohne selbst Kapital zu besitzen, mußte daher größere Kredite aufnehmen, um die anderen Agnaten auszuzahlen, hatte 1801 Schulden in Höhe von 42/m T., auf Drängen d. Gläubiger wurden d. Güter unter Sequester gestellt; auf Antrag seines **Onkels**, d. Gl Ernst Friedrich Philipp von Rüchel, wurde George Friedrich 1801 *pro prodigo* erklärt;

Quellen: GStA, I. HA, Rep. 30, Nr. 44, S. 114, Paket Nr. 9 372; Nr. 186 d, Paket 9839; Rep. 96, Nr. 435 S, Bd. 20; IV. HA, Rep. 1, Nr. 88, Bl. 266 (nur kz. Notizen für bde. Brüder); Stabi, Ms. boruss. fol. 310, fol. 311, fol. 315; Brüggemann, T. 2/2, S. 563; Tb. Uradel 1901, S. 810; Priesdorff, Offz. stammliste, S. 162 (Bruder M.H. danach geb. Dez. 1754); biogr. Handbuch, S. 964;

Cap. Gottfried von Somnitz (* 1687)

aus Pommern gebürtig; **Laufbahn**: trat 1703 in d. Militärdienst ein, April 1712 Fähnrich, Jan. 1713 Sl im I-R Nr. 16, Juli 1721 Stabs-Cap., noch im Juli d.J. zum Garn.-Bat. Nr. 3 nach Kolberg versetzt, vor 1730 abgegangen;

Quellen: Stabi, Ms. boruss. fol. 311, fol. 316, fol. 319; Kopka v. Lossow, T. 1, Anlage, S. 12*;

Ltnt. Lorenz Rudolph von Somnitz (* 1692)

aus Pommern gebürtig; **Laufbahn**: seit 1710 im Militär, Febr. 1715 Fähnrich im I-R Nr. 23, Mrz. 1716 Sl, im Jan. 1719 (bzw. 1722) dim., *weil er nicht Lust zu dienen*; ging nach Stargard;

Quellen: Stabi, Ms. boruss. fol. 316, fol. 319;

Cap. Matthias Christoph von Somnitz (* 1728, † vor 1780)

Vater: Lorenz Friedrich († vor 1752), Ltnt., Erbherr auf Grumsdorf im Ftm. Cammin; **Mutter**: Gertrud Elisabeth, geb. von Britzke; **Bruder**: Friedrich Rudolph (1725–1790), Major, s.d. mehr zur Familie; **Laufbahn**. trat 1747 in d. Militärdienst ein, 1750 Gefr.corp., 1756 Fähnrich im I-R Nr. 34, bei Landeshut wurde ihm d. linke Arm lahmgeschossen, zuletzt Stabs-Cap., im Juli 1764 als solcher wegen d. lahmen Armes dim., **Güter**: seit 1752 Erbherr auf Gönne im Krs. Neustettin, d. Gut fiel nach 1767 an seine Brüder; (**verwandt**: Friedrich Christoph von Somnitz: 1735 Fähnrich, Febr. 1738 Sl im I-R Nr. 11, 1739 abgegangen: Becker, I-R Nr. 11, S. 124, S. 413);

Quellen: GStA, IV. HA, Rep. 1, Nr. 88, Bl. 266; Stabi, Ms. boruss. fol. 311; Brüggemann, T. 2/2, S. 563;

Cap. Philipp Heinrich von Somnitz (* um 1755)

(**Vater**: Carl Ludwig (1702–1788), Uffz., seit 1740 Erbherr auf ganz Bewersdorf im Krs. Stolp im Wert von 8/m T.; **Bruder**: Carl (Curt) Otto (1742–1814), Ol, s.d.); **Laufbahn**: 1774 Junker, 1779 Sl im I-R Nr. 23, Mrz. 1783 auf Wunsch wegen kränklicher Umstände dim., suchte am 12. Aug. 1784 immediat um d. Charakter Cap. nach, gab an, 17 Geschwister gehabt u. von seinem Vater kein Vermögen geerbt zu haben, wollte sein Glück jetzt durch e. Heirat machen, erhielt im Okt. 1785 d. Charakter Cap.; **Güter**: (saß zeitweilig als vorm. Cap. auf Jellentsch bei Bütow); erwarb 1783 d. Gut Gumbin im Krs. Stolp mit d. Vermögen seiner Frau; er wollte Meliorationen vornehmen, die er selbst nicht finanzieren konnte, u. bat deshalb im Dez. 1785 um e. Beihilfe in Höhe von 3600 T., Gumbin galt durch d. Siebenjährigen Krieg u. d. lange Verpachtung als ruiniert, d. Cap. will sein eigenes Vermögen im Dienst zugesetzt haben u. mußte deshalb bereits für d. Ankauf Schulden aufnehmen; seine Jahr für Jahr eingebrachten Gesuche wurden stets abgewiesen; Anfang 1790 gab er an, wieder genesen zu sein und wollte zurück in d. Militärdienst, möglichst als Cap. in e. Depot-Bat., andernfalls wünschte er e. Gnadenpension oder jene Beihilfe von 3600 T.; 1792 wurde d. Gut Gumbin durch d. Cap. Casimir Friedrich von Vormann *reluirt*;

Quellen: GStA, I. HA, Rep. 96, Nr. 435 S, Bd. 20; II. HA, Abt. 13 a, Tit. I, Litt S, Nr. 19; IV. HA, Rep. 1, Nr. 88, Bl. 266; Stabi, Ms. boruss. fol. 316; Brüggemann, T. 2/2, S. 971;

Cap. Ludwig Joachim Friedrich von Staffelt (* 1758, † 16. Jan. 1833)*

aus Pommern gebürtig; **Laufbahn**: seit 1776 im Militär, Sep. 1782 Sl im I-R Nr. 49, Juli 1790 Pl, Dez. 1794 Stabs-Cap., Mai 1802 Cap. u. Chef e. Comp., Juli 1809 aggr. d. 1. Schles. I-R, Juli 1811 Major, Aug. 1812 zur Gendarmerie, Okt. 1812 Kreis-Brigadier in Oberschlesien, Dez. 1820 ausgeschieden; **Ehefrau**: e. geb. von Schulz; **Sohn**: August Friedrich Ludwig (* 10. Febr. 1805), Expectant in Stolp;

Quellen: GStA, IV. HA, Rep. 1, Nr. 88, Bl. 369 (Staffeld, Carl Joachim Ludwig); Stabi, Ms. boruss. fol. 314 (e. Ltnt. v. S. im I-R Nr. 7, aus Mecklenburg geb., wurde 1781 dim: Bruder?); Siebmacher, Bd. 6/9, 1894, S. 94 (Staffelde); Stolper Kadetten, S. 59;

Ltnt. Christoph Adam von Stedingk (* 9. April 1715, † 1. Dez. 1791)

Vater: Adolph Friedrich (1683–1768), Cap., Erbherr auf Lentschow, Pinnow, Libbnow, Zarrentin in Schwed.-Pommern; **Mutter**: Sophie Eleonore, geb. von Lepel (* 1693); **Laufbahn**: seit 1735 im preuß. Militärdienst, stand 1743 als Pl im I-R Nr. 24, Aug. 1744 dim. (bzw. avancierte bei Alt-Jeetze (I-R Nr. 30) bis zum Ltnt.), nach 1763 schwedischer Major, Schloßhauptmann von Wolgast; **Ehefrau**: Christine Charlotte, geb. Gräfin von Schwerin (1721–1789); **Güter**: von 1747 bis 1767 Erbherr auf Regezow auf Usedom, verkaufte d. Gut an seinen Schwiegersohn, d. Major Franz Heinrich von Reichenbach; besaß in Schwed.-Pommern d. Güter Lentschow, Pinnow, Zarrentin; seine beiden **Söhne** Curt Bogislaus Ludwig (1746–1837) u. Victor (1751–1823) avancierten im schwedischen Militärdienst bis zum Feldmarschall bzw. General-Admiral;

Quellen: GStA, I. HA, Rep. 30, Nr. 243, Vas.tab. 1756, 1763, 1767; IV. HA, Rep. 1, Nr. 88, Bl. 412; Stabi, Ms. boruss. fol. 311 (1740 e. Fähnrich Conrad v. S. im I-R Nr. 30, seit 1735 im Militär, vor 1751 abgegangen), fol. 316; Siebmacher, Bd. 6/9, 1894, S. 94; Tb. Uradel 1922, S. 821–822;

Major Bartholomäus Ludwig von Stein (* 1726, † 24. Juni 1773)

aus Pommern gebürtig; **Laufbahn**: seit 1742 im Militär, 1755 Sl im I-R Nr. 23, 1764 Cap. u. Chef e. Comp., 1773 als Major gest.; (**Ehefrau**: e. geb. von Platen, sie besaß 1787 e. Vermögen von 1080 T., d. Berliner Stadtpräs. Johann Albrecht Philippi bat im Juni 1787 immediat um e. Pension für d. Witwe, von ihren beiden **Söhnen** war d. älteste namens Friedrich Christoph (* 1766) damals Fähnrich im I-R Nr. 23, Febr. 1801 Pl, 1807 Cap. im I-R Nr. 47, d. jüngste in d. *École militaire*);

Quellen: GStA, I. HA, Rep. 96, Nr. 260 S (Witwe u. Söhne); nicht in IV. HA, Rep. 1, Nr. 89; Stabi, Ms. boruss. fol. 316;

Ltnt. Carl Friedrich Frhr. von Steinaecker (* 1778)

Vater: Franz Christian Gottlob (1750–1832)*, Cornet im K-R Nr. 8, erhielt im Juni 1771 d. *venia aetatis*, hatte damals e. Vernögen von 7 579 T., seit 1773 Erbherr auf Klein Zarnow, vor 1793 verkauft, seit 1774 Landrat im Krs. Greifenhagen, in zweiter Ehe seit 1788 verheiratet mit Sophie verwitw. Kabinettsrat Stelter, geb. Jahn, erwarb 1779 Rosenfelde für 24/m T., noch 1793 u. 1804 auf diesem Gut genannt; **Mutter**: e. To. d. Grafen von Sparr; **Bruder**: Franz (1780–1862), 1793 Junker im I-R Nr. 22, Aug. 1803 Fähnrich im I-R Nr. 34, Nov. 1805 Sl, Juli 1808 als Pl dim., Mrz. 1814 Volontair, Jan. 1817 Charakter Major; **Bruder**: Philipp Heinrich (1783–1862), 1797 Page in Potsdam, Mrz. 1800 Fähnrich im I-R Nr. 30, Mrz. 1803 Sl, Juni 1809 d. Garde-Reg. aggr., Juni 1811 Pl, April 1813 Stabs-Cap., Aug. 1813 Cap., April 1816 Major, 1817 zur Landwehr, 1838 als Obrist dim.; **Laufbahn**: Mai 1792 Junker im D-R Nr. 1, Dez. 1793 Cornet, Dez. 1794 Sl, Okt. 1807 dim., April 1813 zur Gendarmerie, April 1813 Pl, Febr. 1815 Stabs-Rittmstr., Juni 1815 Rittmstr., Aug. 1818 als Major dim.;

Quellen: GStA, I. HA, Rep. 30, Nr. 243, Vas.tab. 1793, 1804; IV. HA, Rep. 1, Nr. 89, Bl. 10; Probst, D-R Nr. 1, 1841, S. 161; biogr. Handbuch, S. 976 (Vater);

Ol Christian Carl Frhr. von Steinaecker (* 14. Mai 1744, † 18. Dez. 1817)

Vater: Franz Christian Bruno († 30. Okt. 1750), Erbherr auf Haldem im Ftm. Minden, Brumby im Hzgtm. Magdeburg, auf Lindow B u. Nipperwiese A u. B im Krs. Greifenhagen; **Mutter**: Anna Louise, geb. von Sydow († 28. Dez. 1784), saß seit 1751 auf d. pomm. Gütern, sie will ihr Vermögen bei d. russ. Invasion im Siebenjährigen Krieg verloren haben, erhielt im Okt. 1780 e. Pension von 50 T.; **Bruder**: Friedrich Wilhelm (* 1745)*, 1762 zs. mit d. Bruder C.C. vom König als Fähnrich im Frei-D-R von Kleist plaziert, wechselte 1763 als Cornet ins K-R Nr. 12, Dez. 1763 Ltnt., 1771 als Ltnt. dim., ihm fiel beim Erbrezeß von 1765 d. Gut Brumby im Wert von 26 363 T. zu, seit 1792 Landrat im Hzgtm. Magdeburg; **Bruder**: Franz Christian Gottlob (1750–1832), siehe mehr bei dessen Sohn Carl Friedrich (* 1778), Ltnt.; **Laufbahn**: seit Jan 1759 auf d. Ritterakademie in Brandenburg an d. Havel, 1762 im Frei-D-R von Kleist, 1763 Cornet im D-R Nr. 11, erhielt 1764 von seiner Mutter e. jährl. Alimente von 100 u. e. Zulage von 150 T., sie will für d. *Equipage* d. beiden ältesten Söhne zs. rund 3 200 T. bezahlt haben, bekam am 15. Mai 1764 d. *venia aetatis*, hatte wie seine Brüder e. freies Vermögen von 7 589 T., 1774 als Ltnt. im D-R Nr. 11 gen., Mrz. 1786 Stabs-Rittmstr., Mai 1791 Major, Jan. 1793 Chef e. Escadron, (Mrz. 1793 mit Pension dim.), Dez. 1793 als Major im D-R Nr. 11 Orden p.l.m., Aug. 1794 als Ol dim.; **Güter**: seit Dez. 1764 Erbherr auf 4/5 Lindow u. 1/5 Nipperwiese im Krs. Greifenhagen, die anderen Anteile gehörten zur Herrschaft Wildenbruch, Lindow 1753 taxiert auf 32 885 T., 1764 beide zs. verpachtet für 1 600 T., 1804 im Wert von 34/m T.; **Schwestern**: Friederica Charlotte Louisa (* 11. Okt. 1741), 1763 verh. mit d. Major von Schildt, Erbherr auf Brückermark im Krs. Zauche u. Warchau im Hzgtm. Magdeburg, erhielt am 29. Juli 1763 die *venia aetatis*; Marie Louise, seit

1763 verh. mit d. Sl Ludwig Wilhelm von Liebenau vom K-R Nr. 6, Juni 1765 wegen *schlechter Conduite* dim., beider Ehe galt als unglücklich u. wurde um 1776 geschieden, sie will durch ihn um ihr Vermögen gekommen sein, bat 1784, 1789, 1792 vergeblich um e. pomm. Pension; d. frühere Scharfrichter in Greifenhagen, spätere Kommerzienrat u. Leder-Fabricant in Fiddichow Johann Christoph Walter gab ihr vor 1778 e. Eheversprechen, schwängerte sie u. ließ sie dann sitzen; im Mrz. 1778 bat dieser Walter darum, die jüngste Schwester Anna Sophia Eleonora von Steinaecker (* 1749) heiraten zu dürfen, diese soll e. Vermögen von 7/m T. gehabt haben, das er in seine *Fabrique* investieren wollte; nach anfänglicher Weigerung gab d. Mutter wegen d. Schwangerschaft d. To. im Juli 1778 ihre Zustimmung; d. drei Brüder lehnten diese *scandaleuse Verbindung* jedoch ab u. baten die Behörden darum, die beiden Schwester wegen d. *unanständigen Umgangs* mit Walter aufheben zu lassen; wiederholte Gesuche d. Kommerzienrates um d. Heirats-*Consens* wurden abgelehnt, zuletzt im Mrz. 1780 mit d. Hinweis, daß er e. schändliche Verbindung zu Anna Sophia Eleonora aufgenommen habe, bevor er rechtmäßig von seiner ersten Frau geschieden war;

Quellen: GStA, I. HA, Rep. 30, Nr. 44, S 122 h 4, Paket 9 378; Nr. 243, Vas.tab. 1793, 1804; IV. HA, Rep. 1, Nr. 79, Bl. 343 (Liebenau); Nr. 89, Bl. 10; Stabi, Ms. boruss. fol. 313; Brüggemann, T. 2/1, S. 80–81, S. 84–86; Lehmann, Ritter, S. 300; biogr. Handbuch, S. 976–977 (Brüder);

Cap. Friedrich Lebrecht von STEINKELLER (* 7. Febr. 1755, † 31. Okt. 1810)

Vater: Jacob Ewald (1705–1757), seit 1720 im Militär, 1731 Cornet im K-R Nr. 1, 1737 Ltnt., 1739 als Stabs-Rittmstr. dim., nahm bei d. brüderl. Teilung 1732 d. väterliche Gut Rötzenhagen A im Krs. Schlawe für 5 240 T. an, darauf Schulden von 2 775 T., in erster Ehe verh. mit Dorothea Hedwig, verw. von (Seiger), geb. von der Osten, diese hatte e. Mitgift von 5/m T., mit der d. Schulden getilgt wurden; **Mutter**: Agnese Lucia Margaretha, e. geb. von Lettow (* 1733), sie erwarb bei d. *Licitation* das in Konkurs geratene Gut ihres Mannes für e. überhöhten Preis von 9/m T., wollte es im Herbst 1765 mit Hilfe ihres Bruders für ihre Söhne konservieren u. einen Teil ihrer *illata* retten, 1767 beliefen sich d. Hypotheken auf 6 572 T., d. Gut gehörte 1777 ihren Söhnen, sie selbst befand sich damals in kümmerlichen Umständen, wurde deshalb im April 1777 auf d. Expectantenliste für e. pomm. Witwenpension aufgenommen, bat seitdem mehrfach vergeblich um e. Pension, so 1782; **Vater-Bruder**: Hans Caspar, bis 1754 Erbherr auf Anteil Ristow im Krs. Schlawe; **Bruder**: Bogislav Franz Ewald (1754–1825), seit 1772 im Militär, 1773 Gefr.corp. im I-R Nr. 17, hielt sich 1777 bei seinem Onkel (Franz Joachim) von Lettow in Broiz im Krs. Greifenberg auf, erbte dieses Gut; **Laufbahn**: trat Anfang 1773 in d. Militärdienst ein, Juni 1773 Gefr. corp., 1787 als Sl u. Adjutant im I-R Nr. 17 gen., Juni 1789 Pl, Okt. 1792 dim., Mrz. 1798 Charakter als Cap.; erste **Ehefrau**: Jacobine Elisabeth Bernhardine, geb. von Bonin (1769–1798); **Güter**: Erbherr auf Ristow nebst Vorwerk Charlottenhof u. Anteil Rötzenhagen im Krs. Schlawe, hatte d. Gut aus d. Konkurs d. Friedrich Sigismund von Grape im Aug. 1786 für d. Meistgebot in Höhe von 16 300 T. erstanden, d. Vorbesitzer hatte Beihilfen von 9 200 T. bekommen, die von ihm vorgenommenen Meliorationen trugen jedoch weniger ein als d. jährliche Canon betrug (153 T.); 1789 gab d. Ltnt. an, daß das Dorf Ristow ganz verfallen sei, er habe sich durch d. Ankauf, wodurch d. Gut d. Familie erhalten werden sollte, von Geld entblößt, konnte daher aus eigenen Kräften die verfallenen Gebäude nicht wiederherstellen, d. gesamten Retablissementskosten betrugen 8 890 T., von denen er ab 1801 4 400 T. erstattet bekommen sollte;

Quellen: GStA, I. HA, Rep. 30, Nr. 43, Paket 9235; Nr. 243, Vas.tab. 1756, 1793, 1804; II. HA, Abt. 13 a, Tit. I, Litt S, Nr. 20; Tit. III, Litt S, Nr. 2; IV. HA, Rep. 1, Nr. 89, Bl. 35; Stabi, Ms. boruss. fol. 312 (Vater, in d. Liste v. Juni 1740 noch gen.), fol. 316; Tb. Uradel 1926, S. 682, S. 694;

Cap. Christian Ludwig von Steinwehr (* um 1712)

Vater: Johann Rudolph, Erbherr auf Schwessow D im Krs. Greifenberg, trat d. Gut 1702 wiederkäuflich an Heinrich von Meseritz ab, 1717 auf Vorwerk Henkenhagen gen.; **Bruder**: Paul Henning (1700–1778), Obrist, s.d.; **Bruder**: Friedrich Wilhelm (* 1705, † 1741), Aug. 1729 Cornet im K-R Nr. 5, seit 1736 Erbherr auf Prust A; **Bruder**: Ewald Adam Ernst († Mrz. 1767), Cornet im D-R Nr. 12, zeitweilig Erbherr auf Schwessow B; **Laufbahn**: trat um 1728 in d. Militärdienst ein, 1734 von d. *cadets* ins Reg., vier Jahre Uffz. im I-R Nr. 41, 1744 zum I-R Nr. 21, 1749 als Ltnt. nach 21 Dj. vom I-R Nr. 21 dim.; meldete sich bei Kriegsausbruch 1756 wieder zum Dienst, Febr. 1757 Pl im Garn.-Reg. Nr. 4, 1763 als Pl reduziert, erhielt später d. Charakter Cap.; **Güter**: überließ das vom Bruder geerbte Gut Prust A im Febr. 1742 dessen Witwe Veronica Margaretha, geb. von Wedel, in zweiter Ehe verh. mit d. Cap. Carl Friedrich von Neckern; wollte nach seinem Ausscheiden aus d. Dienst im Mai 1763 Prust A *reluiren*, das von seiner Schwägerin 1751 für 3 800 T. an d. Prediger Matthaeus Heinrich Liebeherr für 25 Jahre verkauft worden war; wurde von d. Stettiner Regierung auf d. Rechtsweg verwiesen; stand 1768 als Akzisekontrolleur in Hamm, wurde von hier aus mit Beschwerden über d. Stettiner Regierung vorstellig, soll durch seine Stief-Mutter in seinem Erbe verkürzt worden sein;

Quellen: GStA, I. HA, Rep. 30, Nr. 44, S 113, Paket 9371; Nr. 243, Vas.tab. 1756, 1763; IV. HA, Rep. 1, Nr. 89, Bl. 48 (kz. Notiz); Stabi, Ms. boruss. fol. 311, fol. 312; Gesch. I-R Nr. 41, S. 80; Brüggemann, Beiträge, 2, S. 230 (hier d. drei Brüder P.H., C.L. u. E.A.E. gen., letzterer lebte 1770 noch; als Vater hier Johann Rudolph);

Ltnt. Ernst Christoph Friedrich von Steinwehr (* 28. Febr. 1778)

Vater: Ewald Adam Ernst (* 1723, † 20. Juni 1787), seit 1740 im Militär, diente im ersten Schlesischen Krieg als Fähnrich im I-R Nr. 8, 1750 noch als Fähnrich gen., (nach 18 Dj.) vor 1755 dim., seit 1757 u. 1771 Erbherr auf Schwessow B, C, seit 1778 auch auf Schwessow D im Krs. Greifenberg, 1787 im Wert von 15 800 T., darauf Schulden von rund 14/m T., von 1770 bis 1775 auch auf Morgow im Krs. Greifenberg, hinterließ zwei Tö. von zehn u. drei Jahren, einen Sohn von neun Jahren; **Mutter**: Dorothea (* 1748), e. To. von Jacob Ewald von Wachholz zu Molstow, vormals Cap. im D-R Nr. 2, sie brachte ihrem Mann e. Mitgift von 250 T. ein u. besaß 1793 e. Vermögen von 800 T., nach mehreren Gesuchen bekam die Witwe im Juli 1795 e. Pension von 50 T. aus d. pomm. Meliorationsfonds; **Großvater**: Daniel Christoph (* um 1677, † um 1757), Erbherr auf Prust A u. bis 1714 auf Schwessow A im Krs. Greifenberg, verh. mit e. geb. von Wachholz; **Laufbahn**: trat um 1793 in d. Militärdienst ein, Jan. 1795 Cornet im D-R Nr. 12, wollte 1796 trotz d. beträchtlichen Kosten für seine militärische Karriere seinen Abschied nehmen, wurde von diesem Schritt vom Stettiner Vormundschaftskollegium abgehalten; Febr. 1797 Sl, für seine *Equipage* u. die Abtragung alter Schulden wurde 1798 e. Kredit von 1 200 T. aufgenommen; bat am 24. April 1799 als Ltnt. im D-R Nr. 12 aus d. südpreuß. Kosten um d. *venia aetatis*, besaß d. drei väterlichen Gutsanteile, wollte jetzt d. vierten Anteil von e. Ltnt. von Winterfeld erwerben, hatte sich im April 1790 mit seiner Mutter u. seinen Geschwistern auseinandergesetzt, d. Lehnstaxe für d. **Güter** betrug damals 12 659 T., d. gesamte Vermögen 13 186 T., die Schulden beliefen sich auf 13 397 T., d. Anteile waren für jährlich 920 T. verpachtet, lt. Pupillenkollegium neigte er zu Ausgaben, die seine Einnahmen überstiegen, andererseits wurde der Ankauf d. vierten Teils von Schwessow als vorteilhaft betrachtet, zudem lag d. Wert seiner Anteile über d. Taxe; bekam am 10. Aug. 1799 d. *venia* mit d. Einschränkung, sein Vermögen nicht zu verschulden u. keine Grundstücke zu veräußern; nach e. neuen Supplik bekam er am 13. Jan. 1800 d. Erlaubnis, Schulden für d. Ankauf d. vierten Gutsanteils aufzunehmen; im Juni 1800 nahm er seinen Abschied vom Regiment, wollte ab Marien 1802 d. Gut Schwessow selbst bewirtschaften; verkaufte im Jan. 1803 Schwessow B, C u. D im Wert von 24/m T. an die Witwe Krause;

Quellen: GStA, I. HA, Rep. 30, Nr. 44, S 113, Paket 9371; Nr. 243, Vas.tab. 1756, 1767, 1793, 1801, 1804 (in d. Akten werden zwei Fähnriche Ewald Adam Ernst in zwei Reg. gen.); II. HA, Abt. 13 a, Tit. III, Litt S, Nr. 18; IV. HA, Rep. 1, Nr. 89, Bl. 49 (hier als Ernst Siegismund); Stabi, Ms. boruss. fol. 315 (Vater E.A.E. im I-R Nr. 8); Brüggemann, T. 2/1, S. 451;

Ol Ernst Philipp von Steinwehr (* um 1705) *

(aus Pommern gebürtig); **Laufbahn**: seit 1725 im D-R Nr. 6, 1732 Sl im D-R Nr. 6, 1742 Stabs-Rittmstr., 1755 Major, Juli 1757 als Ol dim.;

Quellen: GStA, IV. HA, Rep. 1, Nr. 89, Bl. 48; Stabi, Ms. boruss. fol. 311 (danach aus d. Hzgtm. Magdeburg geb.); Orlop, D-R Nr. 6, Anhang, S. 19 *, S. 22 *, S. 26 *, S. 131 *; Siebmacher, Bd. 6/9, 1894, S. 95;

Ltnt. Friedrich Wilhelm von Steinwehr (* 1707)

aus Pommern gebürtig; **Laufbahn**: trat 1722 in d. Militärdienst ein, stand 1735 als Ltnt. im D-R Nr. 1, vor 1741 abgegangen;

Quellen: Stabi, Ms. boruss. fol. 314 (in d. Rangliste 1735 gen., nicht in d. Abgangsliste); Probst, D-R Nr. 1, 1841 (nicht in d. Abgangsliste);

Fähnrich George (Jürgen) Bogislav von Steinwehr (* 1691)

aus Pommern gebürtig; **Laufbahn**: seit 1708 im Militär, Okt. 1714 Fähnrich im I-R Nr. 22, vor 1724 abgegangen;

Quellen: Stabi, Ms. boruss. fol. 314, fol. 319;

Obrist Heinrich Joachim von Steinwehr (* 1701, † 12. Aug. 1759)

Vater: Erbherr auf Anteil Morgow im Krs. Greifenberg; **Bruder**: Caspar Friedrich (* 1702, † vor 1763), Cap., siehe bei dessen Sohn Richard Joachim Erdmann; **Laufbahn**: trat 1717 in d. Militärdienst ein, 1724 Sergant im I-R Nr. 22, 1730 Sl im I-R Nr. 30, 1741 Cap. im I-R Nr. 38, 1756 als Major gen., als Obrist an d. bei Kunersdorf erhaltenen Blessuren 1759 gest.; **Güter**: 1756 als Erbherr auf Morgow u. Nemitz im Krs. Greifenberg in Wert von zs. 13 333 T. gen.; war unbeerbt, hatte Morgow B geerbt u. Morgow A 1753 für 2 726 für seinen Bruder u. dessen beiden Söhne *reluirt;* Morgow A u. B fielen 1770 an d. Lehnsfolger, d. Fähnrich Ewald Adam Ernst von Steinwehr;

Quellen: GStA, I. HA, Rep. 30, Nr. 241 b, Paket 9962; Nr. 243, Vas.tab. 1756; IV. HA, Rep. 1, Nr. 89, Bl. 48 (kz. Notiz); Stabi, Ms. boruss. fol. 311, fol. 314, fol. 316; Brüggemann, Beiträge, 2, S. 230;

Rittmstr. Jacob Heinrich von Steinwehr (* 1685, † Nov. 1715)

aus Pommern gebürtig; **Laufbahn**: seit 1702 im Militärdienst, Dez. 1709 vom K-R Nr. 1 zum K-R Nr. 10 versetzt, stand 1715 als Rittmstr. im K-R Nr. 10, 1715 vor Stralsund als Rittmstr. gefallen;

Quellen: Stabi, Ms. boruss. fol. 311, fol. 319; Schwerin, K-R Nr. 10, T. 1, S. 119, S. 122;

Obrist Paul Henning von Steinwehr (* 1700, † vor Dez. 1778)

Vater: Johann Rudolph, Erbherr auf Schwessow D im Krs. Greifenberg, trat d. Gut 1702 wiederkäuflich an Heinrich von Meseritz ab; **Bruder**: Christian Ludwig (* 1712), Cap., s.d. mehr; **Bruder**: Ewald Adam Ernst († 1767), Cornet; **Schwager**: Tiburtius Johann von Rangow (1690–1750), verh. mit seiner Schwester Hedwig Juliane (1710–1778); **Laufbahn**: trat um 1715 in d. Militärdienst ein, Dez. 1721 Fähnrich, Dez. 1725 Pl im I-R Nr. 22, Sep. 1738 Cap. u. Chef e. Comp., Nov. 1745 Major, stand im Juni 1757 als Ol im Lager bei Prag, benötigte damals Geld für d. *Campagne*, seine Lehnsvettern verweigerten ihm d. Aufnahme e. Kredites über 2/m T., Mai 1759 als Obrist wegen Invalidität dim.; **Güter**: löste 1730 d. von seinem Vater verkaufte Gut Schwessow D im Wert von 8/m T. wieder ein; verkaufte es um 1754 (zs. mit d. Vorwerk Henkenhagen) an d. Landrat Joachim Abraham von Oesterling; zw. beiden entstand darüber e. Rechtstreit; seit 1770 Erbherr auf Schwenz B, hatte d. Anteil mit Schulden übernommen, mußte daher im April 1775 um e. *Indult* nachsuchen; veräußerte d. Gut 1777 an Fi-rat Schönberg von Brenkenhoff; **Ehefrau**: Anna Hedwig, geb. von Petersdorff, diese erbte um 1760 von ihrem Bruder, d. Ltnt. Bernhard Friedrich von Petersdorff, s.d., d. Gut Schlötenitz B im Krs. Pyritz; sie verkaufte es zs. mit ihrem Mann 1778 an d. Hofrat Thomas Heinrich von Quickmann; d. Obrist verst. ohne Leibeserben, Schwessow D ging 1778 an d. Fähnrich Ewald Adam Ernst von Steinwehr;

Quellen: GStA, I. HA, Rep. 30, Nr. 44, O 83 b, Paket 9345; Nr. 44, S 113, Paket 9371; Nr. 243, Vas. tab. 1763, 1767; IV. HA, Rep. 1, Nr. 89, Bl. 48 (kz. Notiz); Stabi, Ms. boruss. fol. 314 (1724 als Heinrich Paul); Brüggemann, T. 2/1, S. 160–161, S. 449–451; Brüggemann, Beiträge, 2, S. 230;

Cornet Richard Joachim Erdmann von Steinwehr (* 1747, † Mrz. 1767)

Vater: Caspar Friedrich (* um 1702, † vor 1763), seit 1717 im Militärdienst, 1724 Gefr. corp. im I-R Nr. 22, 1729 Fähnrich im I-R Nr. 31, nach 24 Dj. (mit d. Charakter Cap.) vom I-R Nr. 31 dim., Erbherr auf Anteil Schwessow u. seit 1739 auf Schwenz B im Krs. Greifenberg im Wert von 14666 T.; **Mutter**: e. geb. von Flemming; **Vater-Bruder**: Heinrich Joachim (1701–1759), Obrist, s.d.; **Bruder**: Caspar Heinrich Ehrentreich (* 1751, † vor 1770), 1767 auf Anteil Schwessow, Schwenz B, (Morgow u. Nemitz) im Wert von 35/m T. gen.; **Laufbahn**: stand 1763 als Junker, 1765 als Cornet im D-R Nr. 12, Mrz. 1767 als solcher im Dienst verst.; **Güter**: besaß 1763 zs. mit d. Bruder Anteile an d. Gütern Schwessow, Schwenz, (Morgow u. Nemitz) im Krs. Greifenberg im Wert von zs. 35/m T.; nach beider Tod fielen die Güter an Lehnsfolger;

Quellen: GStA, I. HA, Rep. 30, Nr. 243, Vas.tab. 1756, 1763, 1767; IV. HA, Rep. 1, Nr. 89, Bl. 48; Stabi, Ms. boruss. fol. 311, fol. 314 (Vater); Brüggemann, T. 2/1, S. 449–451;

Ltnt. Wilhelm Dietrich von Steinwehr (* 1706)

aus d. Nähe von Stargard in Pommern gebürtig; **Laufbahn**: Febr. 1720 *cadet* in Berlin, 1728 Fähnrich, Dez. 1734 Pl im I-R Nr. 5, vor 1749 abgegangen;

Quellen: Stabi, Ms. boruss. fol. 313; Crousaz, Beilage C, S. 33;

Fähnrich Carl Ernst Gerhard von Stempel (* 8. Febr. 1785)

Vater: Gerhard Wilhelm (1735–1792), aus Kurland gebürtig, seit 1749 im preuß. Militärdienst, stand 1763 als Sl im Garn.-Reg. Nr. 1, vor 1774 abgegangen, (Erbherr auf Cartlow im Borckeschen Krs.); **Mutter**: Caroline Wilhelmine, geb. von Wachholz († vor 1805); **Laufbahn**: Nov. 1798 Fähnrich im I-R Nr. 8, Mrz. 1801 dim., 1806, 1807 Volontair beim Schillschen Corps, Febr. 1808 als Ltnt. dim. mit d. Erlaubnis, in fremde Dienste zu gehen, dann herzogl.-braunschweig. Rittmstr. (gefallen in Spanien); **Güter**: erbte von seiner Mutter e. kl. Gut (namens Schievelbein) im Wert von 2 800 T., wollte dieses selbst bewirtschaften u. bat deshalb 1805 um d. *venia aetatis*, sein väterliches Vermögen wurde auf 3 698 T. beziffert, erhielt am 22.5.1805 d. venia; **Ehefrau**: Henriette Ernestine Wilhelmine, geb. von Wedel;

Quellen: GStA, I. HA, Rep. 30, Nr. 44, S 123, Paket 9 381; IV. HA, Rep. 1, Nr. 89, S. 57 (hier nur C.E.G.); Stabi, Ms. boruss. fol. 311 (Vater); Brüggemann, T. 2/1, S. 340 (d. Vater nicht auf Cartlow gen.); Siebmacher, Bd. 6/9, 1894, S. 96; Tb. Uradel 1911, S. 675–676;

Cap. Ernst Heinrich von Stendeck (* 1721)*

aus Pommern gebürtig; **Laufbahn**: seit 1739 im Dienst, stand 1750 u. 1756 als Ltnt. im I-R Nr. 10, Juni 1758 Cap., im Okt. 1768 als Cap. dim.;

Quellen: GStA, IV. HA, Rep. 1, Nr. 89, Bl. 60; Rep. 11, Nr. 90; Stabi, Ms. boruss. fol. 316; nicht bei Siebmacher, Bd. 6/9;

Cap. George Friedrich von Stendeck (* um 1747, † Nov. 1800)

Vater: Thomas Ludwig (* um 1719), Erbherr auf Moddrow A im Distrikt Bütow, 1771 im Wert für 12/m fl., 1801 auf Moddrow A u. B im Wert von 2 650 T., noch 1804 im Alter von 84 J. gen., A u. B sollen jetzt e. Wert von 5 650 T. gehabt haben; **Bruder**: Anton Ludwig (* um 1749, † Jan. 1793), seit 1763 im Militär, 1771 Gefr.corp., Mai 1787 Stabs-Cap. im I-R Nr. 28, Juni 1791 Cap. u. Chef e. Comp., 1793 gest.; **Laufbahn**: trat um 1766 in d. Militärdienst ein, Okt. 1770 Sl im I-R Nr. 42, Juni 1782 Pl, Mai 1790 Stabs-Cap., bat am 26. Jan. 1793 vom Werbeplatz Lübeck aus mit Hinweis auf seine 30 Dj. u. durch Einschub verursachte Zurücksetzung um d. Comp. seines verst. Bruders im I-R Nr. 28, April 1793 Cap. u. Chef e. Comp. im I-R Nr. 42, im Herbst 1800 gest.;

Quellen: GStA, I. HA, Rep. 30, Nr. 243, Vas.tab. 1756; Nr. 249, Vas.tab. 1771, 1778, 1804 (danach lebte George als vorm. Cap. mit 57 J. noch); Rep. 96, Nr. 257 S; IV. HA, Rep. 1, Nr. 89, Bl. 60; Stabi, Ms. boruss. fol. 312, fol. 314;

Ltnt. Martin Friedrich von Stendeck (* 1732, † 2. Dez. 1767)

aus Pommern gebürtig; **Laufbahn**: Okt. 1750 *cadet* in Berlin, 1756 Fähnrich, 1764 als Sl im I-R Nr. 48 gen., 1767 als Pl gest.;

Quellen: GStA, IV. HA, Rep. 1, Nr. 89, Bl. 60 (kz. Notiz); Stabi, Ms. boruss. fol. 312; Crousaz, Beilage C, S. 35 (hier als M.F. v. Stenck);

Major Friedrich Wilhelm von Stettin († 15. April 1723)

(**Vater**: Erbherr auf Korkenhagen im Krs. Saatzig); **Laufbahn**: stand als Ltnt. im I-R Nr. 1, nahm vor 1694 seinen Anschied, (später poln. Major), als Letzter d. Geschlechts 1723 gest.; **Güter**: als Erbherr auf Korkenhagen genannt; **Ehefrau**: Johanna Eleonora, geb. von Schönfeld († vor 1742); **Tochter**: Dorothee Marie († 1783), verh. von Flemming;

Quellen: Stabi, Ms. boruss. fol. 313, fol. 319 (1694 nicht mehr gen.); Brüggemann, T. 2/1, S. 267; Siebmacher, Bd. 6/9, 1894, S. 96;

Ltnt. Hans Alexander Siegfried von Steuben (* um 1740)

Vater: Wilhelm August (* 24. April 1699, † 27. April 1783), Ingenieur-Major zu Küstrin; **Mutter**: Maria Justine, geb. von Jagow (* 1707); **Bruder**: Friedrich Wilhelm August Ludwig Gerhard (1730–1794), amerikanischer General; **Schwester**: Dorothea Maria Justiana verw. von Canitz, geb. von Steuben; **Laufbahn**: seit 1754 Page bei Königin Elisabeth Christine, 1758 Eintritt ins H-R Nr. 8, avancierte bis zum 3. Pl, erlitt 1761 in Böhmen e. schwere Blessur, Aug. 1769 dim., anschließend zivil versorgt, zuletzt Akzise-Kassen-Kontrolleur in Treptow an d. Tollense; wollte im April 1795 zs. mit seiner Schwester, die in Woldenberg in d. NM lebte, das Erbe des in Amerika verstorbenen Bruders antreten, dieser hatte in seinem Testament die europäischen Verwandten jedoch explizit ausgeschlossen; bat im Febr. 1796 mit Verweis auf seine 39 Jahre im kgl. Dienst darum, seinen 14jährigen, mit einer Uffz.tochter vom H-R Nr. 8 gezeugten Sohn zu legitimieren, dieser sollte in d. Militärdienst eintreten, sein Gesuch wurde am 17. Mrz. 1796 abgelehnt; die Familie besaß in Pommern kein **Gut**;

Quellen: GStA, I. HA, Rep. 30, Nr. 44, S 122 u, Paket 9380; IV. HA, Rep. 1, Nr. 89, Bl. 91; Tb. Uradel 1906, S. 778–779 (Vater u. Bruder F.W.A.L.);

Cap. Johann Carl Friedr. Ludwig von Stockhausen (* 19. April 1775, † 4. Juli 1843) *

Vater: Johann Friedrich Gustav (1743–1804) *, in Schlesien als Sohn e. Offz. geb., 1757 Gefr. corp. im I-R Nr. 30, April 1796 Kommandeur d. I-R Nr. 30, Febr. 1799 Chef d. I-R Nr. 37, Mai 1799 GM; **Mutter**: Luise Henriette Friederike, geb. von Ziegler (1759–1814); **Großvater**: Hans Gottfried (1686–1759), Obrist u. Chef d. Land-Reg. Nr. 4 in Stettin; **Laufbahn**: Mai 1790 Fähnrich im I-R Nr. 30, Okt. 1792 Sl, Okt. 1797 Pl, Mrz. 1803 Stabs-Cap., Sep. 1807 als Major dim., Nov. 1813 als Major d. 10. Res.-I-R aggr., Okt. 1823 bis Okt. 1829 Militär-Gouverneur d. Prinzen Albrecht, Aug. 1830 als GM dim., Hofmarschall d. Prinzen Albrecht, Okt. 1840 Charakter Gl; **Güter**: sein Vater erbte d. Gut Sparrenfelde im Krs. Randow von seiner Schwester, d. verh. Landschaftsrätin von Wussow, die es 1785 für 10 500 T. vom Cap. Otto Friedrich Christian von Rohr gekauft hatte; d. Allodialgut wurde 1801 auf 15 862 T. taxiert, darauf Schulden von 12 500 T.; nach d. Tod seines Vaters fiel d. Gut an d. Stabs-Cap., der es 1805 an d. Bürgerlichen verkaufen wollte; am 16. April 1805 wurde dieser Verkauf gebilligt; **Ehefrau**: Henriette Caroline Marie, geb. Meyer (1777–1850);

Quellen: GStA, I. HA, Rep. 30, Nr. 243, Vas.tab. 1804; Nr. 244, Paket 9997; IV. HA, Rep. 1, Nr. 89, Bl. 123; Priesdorff, Nr. 982 (Vater), Nr. 1450;

Cap. Bogislav Heinrich von Stojentin (* 1730, † 10. Juli 1779) *

Vater: Franz Ernst (* 1690, † 4. Sep. 1734), seit 1709 im Militär, Sep. 1714 Fähnrich im I-R Nr. 16, Dez. 1717 Sl, 1723 Pl, Mai 1726 Stabs-Cap., 1734 gefallen, Erbherr auf Alt Gutzmerow im Krs. Stolp im Wert von 2/m T.; **Mutter**: Margarethe Jacobine, geb. von Wobeser (1700–1788), in zweiter Ehe verheiratet mit d. Cap. Franz George von Glasow, s.d., sie besaß 1756 e. Anteil von Neu Gutzmerow im Wert von 4/m T.; **Laufbahn**: engagierte sich 1749 im Militärdienst, 1756 Gefr.corp. im I-R Nr. 17, Mrz. 1760 als Sl Orden p.l.m., 1764 Pl, 1773 Cap., im Okt. 1776 schenkte ihm d. König d. Paradepferd d. verst. GM Peter Heinrich von Stojentin, s.d., als Cap. im I-R Nr. 17 1779 gest.; **Güter**: erbte vor 1755 d. väterliche Gut Alt Gutzmerow, verkaufte es 1764 für 7/m T. an Wilhelm Gottfried Graf von Wersowitz; **Schwestern**: Louise Caroline (* 1729) und Sophia Clara (* 1733), beide besaßen um 1780 jährlich zusammen Einkünfte von 15 T., sie wurden von ihrem Bruder unterstützt u. bekamen nach dessen Tod im Sep. 1786 d. Pension ihrer verst. Mutter in Höhe von 60 T.;

Quellen: GStA, I. HA, Rep. 30, Nr. 43, Paket 9232 (Schwestern); Nr. 243, Vas.tab. 1755, 1756, 1763; II. HA, Abt. 13 a, Tit. III, Litt S, Nr. 47; IV. HA, Rep. 1, Nr. 89, Bl. 149; Brüggemann, T. 2/2, S. 971–972; Stabi, Ms. boruss. fol. 316 (1764 als Ernst Bogislav), fol. 319 (Vater); Kopka v. Lossow, Offz.liste, S. 3 * (Vater); Lehmann, Ritter, S. 83;

Cornet Carl Ludwig von Stojentin (* um 1725, † um 1770)

Vater: Daniel, Ltnt., 1741 als Erbherr auf Anteil Giesebitz im Krs. Stolp gen., 1761 für 3200 T. verkauft; **Mutter**: Catharina Elisabeth, geb. von Zitzewitz; **Laufbahn**: trat ins K-R Nr. 1 ein, 1746 als Cornet *cassirt*; (**Güter**: 1756 als vorm. Rittmstr. gen., saß auf Kl. Volz im Krs. Rummelsburg); **Ehefrau**: Barbara Helene, geb. de Nooß; **Sohn**: Carl Rudolph (1766–1813), Cap., s.d.;

Quellen: GStA, I. HA, Rep. 30, Nr. 243, Vas.tab. 1756; Stabi, Ms. boruss. fol. 312; Brüggemann, T. 2/2, S. 965; Tb. Uradel 1903, S. 814;

Cap. Carl Rudolph von Stojentin (* 8. Jan. 1766, † 23. Dez. 1813) *

Vater: Carl Ludwig (* um 1725, † um 1770), Cornet, s.d.; **Mutter**: Barbara Helene, geb. de Nooß; **Laufbahn**: Juli 1779 mit 13 Jahren *cadet* in Berlin, April 1783 ins Regiment, Mai 1787 Fähnrich im I-R Nr. 29, April 1790 Sl, Febr. 1799 Pl, April 1803 mit d. Charakter Cap. dim. u. als Holzinspektor u. Rendant in Schlesien versorgt; **Ehefrau**: Susanna Elisabeth, geb. Dumont (1770–1835);

Quellen: GStA, IV, HA, Rep. 1, Nr. 89, Bl. 150; Stabi, Ms. boruss. fol. 316; Fam.gesch., S. 297; Tb. Uradel 1903, S. 814;

Major Caspar Ernst von Stojentin (* 1679)

aus Pommern gebürtig; **Laufbahn**: seit 1696 im Militär, Febr. 1712 Rittmstr., stand 20 Jahre im K-R Nr. 8, Mai 1720 Major u. Chef e. Escadron im K-R Nr. 12, als solcher noch 1730 gen., vor 1740 abgegangen;

Quellen: Stabi, Ms. boruss. fol. 311, fol. 319; nicht in IV. HA, Rep. 1, Nr. 89, Bl. 149;

Cap. Ernst Friedrich von Stojentin (* 1719)*

Vater: Ernst Asmus († vor 1742), seit 1717 Erbherr auf Anteil Vixow im Krs. Stolp; **Bruder**: Joachim Heinrich (* um 1728), Major, s.d. mehr zur Fam.; **Laufbahn**: 1733 Page beim Fürsten Leopold von Anhalt-Dessau, seit 1736 im I-R Nr. 3, 1740 Fähnrich, 1743 Sl, Sep. 1746 Pl, bei Kesselsdorf *blessirt*, erhielt deshalb im Febr. 1752 als Cap. e. Comp. bei d. Invaliden in Küstrin, seit 1763 bei d. pomm. Landmiliz, Okt. 1782 Stabs-Cap., noch 1790 als Stabs-Cap. beim Stettiner Land-Reg. gen.; **Güter**: kaufte u. erbte zwei Anteile an Giesebitz im Krs. Stolp, verkaufte diese 1771 für 6500 T. an Johann Ernst Friedrich von Stojentin; (erwarb 1764 Schorin A im Krs. Stolp für 5500 T.); erhob nach 1787 Ansprüche auf d. Gut Darsow, hatte seine Rechte jedoch an d. Linie Schorin abgetreten;

Quellen: GStA, I. HA, Rep. 30, Nr. 44, S 122 l, Paket 9379; Rep. 96, Nr. 95 L l, Nr. 7; IV. HA, Rep. 1, Nr. 89, Bl. 149 (kz. Notiz); Gesch. I-R Nr. 3, S. 197–198; Brüggemann, T. 2/2, S. 965, S. 1 002;

Fähnrich Franz Gustav von Stojentin (* 1727, † vor 1763)

Vater: Claus Jacob (* 1695, † 1744), seit 1712 im Militär, 1720 Fähnrich im I-R Nr. 10, Erbherr auf Schorin A im Krs. Stolp; **Laufbahn**: trat 1746 in d. Militärdienst ein, stand 1756 als Fähnrich im Garn.-Reg. Nr. 1 in Memel, vor 1763 gest.; **Güter**: seit 1744 Erbherr auf Schorin A, seine Schwestern verkauften d. Gut 1764 für 5500 T. an d. Cap. Peter Friedrich von Stojentin;

Quellen: GStA, I. HA, Rep. 30, Nr. 243, Vas.tab. 1756; Stabi, Ms. boruss. fol. 311, fol. 316 (Vater); Brüggemann, T. 2/2, S. 1 002;

Ltnt. Franz Heinrich von Stojentin (* 1705)

aus Darsow im Krs. Stolp gebürtig; **Laufbahn**: Febr. 1720 *cadet* in Berlin, Okt. 1723 Gefr. corp. im I-R Nr. 29, Sep. 1729 Fähnrich, Mai 1735 Sl, noch 1740 als solcher gen., 1743 als Ltnt. im Garn.-Reg. Nr. 10 versorgt; (**verwandt**: Johann Heinrich von Stojentin (1701–1749), seit 1715 im Militär, 1740 Fähnrich im I-R Nr. 35, Febr. 1749 als Sl gest.: Stabi, Ms. boruss. fol. 311; Taeglichsbeck, S. 264);

Quellen: nicht in GStA, IV. HA, Rep. 1, Nr. 89, Bl. 149 (hier e. Ltnt. im I-R Nr. 28); Stabi, Ms. boruss. fol. 316; Fam.gesch., S. 295;

Ltnt. Friedrich Ernst von Stojentin (* 1711)

aus Pommern gebürtig; **Laufbahn**: seit 1728 im Militär, 1740 Sl im I-R Nr. 17, vor 1750 abgegangen;

Quellen: Stabi, Ms. boruss. fol. 316;

Ltnt. Friedrich Otto von Stojentin (* 1769, † Mai 1803)

Vater: stand zuletzt als Pl im Grenadier-Bat. Nr. 5 in Glogau (Sep. 1766 dim.), erhielt 1779 in Magdeburg e. Versorgung, auf d. Reise dorthin 1780 in Berlin erkrankt u. gest.; **Mutter**: e. geb. Reiche(n) (* um 1734, † Jan. 1807), sie hielt sich 1786 u. 1795 in Berlin auf, lebte von Handarbeit u. Almosen, stand seit Nov. 1786 auf d. Expectantenliste für e. Pension, erhielt ab Jan. 1795 50 T.; **Laufbahn**: im Aug. 1786 als Gefr.corp. gen., Okt. 1787 Fähnrich im I-R Nr. 13, Juni 1790 Sl, Nov. 1799 als Pl zum I-R Nr. 44 versetzt, Nov. 1802 zum neuen I-R Nr. 60 versetzt, 1803 gest.;

Quellen: GStA, II. HA, Abt. 13 a, Tit. III, Litt S, Nr. 16 (Mutter); Litt T, Nr. 9; IV. HA, Rep. 1, Nr. 89, Bl. 149 (Vater?), Bl. 150; Stabi, Ms. boruss. fol. 311 (danach in Berlin geb.);

Ltnt. George Bogislav von STOJENTIN (* 1733)

aus Pommern gebürtig; **Laufbahn**: seit 1749 im Militär, Sep. 1756 Sl im Garn.-Reg. Nr. 11, vor 1763 abgegangen;

Quellen: Stabi, Ms. boruss., fol. 314;

Ltnt. George Ernst von STOJENTIN (* 1700, † 1755)

Vater: Friedrich († vor 1730), Erbherr auf Darsow im Krs. Stolp, hinterließ zwei Söhne, seine Witwe lebte 1730 noch; **Bruder**: Franz Ernst; **Laufbahn**: seit 1718 im Militärdienst, 1725 Cornet, 1734 Ltnt. im D-R Nr. 2, 1743 dim.;

Quellen: Stabi, Ms. boruss. fol. 311, fol. 315; Ms. geneal. fol. 120; nicht in IV. HA, Rep. 1, Nr. 89; Fam. gesch., S. 248 (danach G.E. aus Darsow gebürtig), Stammbaum, Darsower Linie (hier als Ernst Jürgen?);

Cap. George Ernst von STOJENTIN (* 1708)

aus Pommern gebürtig; **Laufbahn**: seit 1726 im Militär, Mai 1735 Pl im I-R Nr. 28, Sep. 1751 Stabs-Cap., 1755 als Cap. ins Garn.-Reg. Nr. 5 versetzt, vor 1764 abgegangen;

Quellen: Stabi, Ms. boruss. fol. 314;

Cap. George Gottlieb von STOJENTIN (* 1744)

aus Pommern gebürtig; **Laufbahn**: trat 1760 in d. Militärdienst ein, Dez. 1763 Sl im I-R Nr. 7, Febr. 1784 Stabs-Cap., Juni 1784 auf eigenen Wunsch wegen Blindheit 1784 dim.;

Quellen: GStA, IV. HA, Rep. 1, Nr. 89, Bl. 150; Stabi, Ms. boruss. fol. 314 (lt. d. Ranglisten einmal aus Pomm., einmal aus d. NM gebürtig);

Ltnt. Heinrich August Friedrich Wilh. von STOJENTIN (* 1768, † 26. Nov. 1793)

Vater: August Ferdinand (1742–1774), weilte 1755 in d. Schule, 1763 auf d. Univ. Frankfurt an d. Oder, seit 1766 Erbherr auf d. väterl. Gut Schorin B im Krs. Stolp; **Mutter**: Dorothea Philippine, geb. von Kleist († 1773); **Bruder**: Philipp Adrian Bernhard Tetzlaff (1772–1844), Dez. 1789 Fähnrich im I-R Nr. 24, Mrz. 1792 Sl, stand 1793 als zweiter Sl im Reg., erhielt im Jan. 1794 d. *venia aetatis*, sein Vermögen betrug 5 500 T., im Jan. 1794 auf Wunsch dim., 1804 Erbherr auf Darsow u. Schorin A u. B im Wert von zs. 16/m T.; **Laufbahn**: seit 1783 im Regiment, Juni 1787 Fähnrich im I-R Nr. 24, April 1788 Sl, als solcher 1793 gest.; **Güter**: beide Brüder besaßen 1793 Darsow nebst Vorwerken im Krs. Stolp u. e. Anteil an Schorin, ihr freies Vermögen an beiden Gütern betrug zs. 11/m T.;

Quellen: GStA, I. HA, Rep. 30, Nr. 44, S 122 l, Paket 9 379; Nr. 243, Vas.tab. 1793, 1804; IV. HA, Rep. 1, Nr. 89, Bl. 150; Stabi, Ms. boruss. fol. 316; Brüggemann, T. 2/2, S. 1 002; Fam.gesch., S. 310–311; Tb. Uradel 1903, S. 812–813;

Cap. Joachim Christoph von Stojentin (* um 1712, † vor 1777)

Vater: Peter Otto, bis 1738 Erbherr auf Langböse im Krs. Stolp; **Bruder**: Michael Siegmund (* 1710), verkaufte d. väterliche Gut 1747 an d. Ltnt. Adam Wilhelm von Grell; **Vater-Bruder**: Peter Heinrich, GM, s.d.; **Laufbahn**: trat 1731 in d. Militärdienst ein, 1740 Sergant im I-R Nr. 12, 1750 Pl, 1756 ins sächs. Reg. von Oldenburg (I-R Nr. 9) versetzt, Febr. 1760 dim., 1765 als Cap. gen.; **Güter**: löste 1765 Prebentow A u. B im Krs. Stolp ein, verkaufte beide Anteile 1773 für 4450 T. an Otto Christoph von Stojentin (* um 1743); erwarb im Nov. 1771 für 10768 T. d. ganze Gut Vixow im Krs. Stolp; **Ehefrau**: Sophia Margaretha, geb. von Bandemer; **Sohn**: Ewald Friedrich Heinrich (* um 1770), Dez. 1786 Cornet im D-R Nr. 9, Jan. 1789 Sl, Febr. 1794 dim., saß 1793, 1804 als Erbherr auf Vixow im Wert von 10/m T., 1801 auch auf Langböse für 9/m T.;

Quellen: GStA, I. HA, Rep. 30, Nr. 243, Vas.tab. 1763, 1767, 1793, 1804; IV. HA, Rep. 1, Nr. 89, Bl. 149–150; Stabi, Ms. boruss. fol. 310, fol. 316; Brüggemann, T. 2/2, S. 994–995, S. 977–978;

Cap. Joachim Friedrich von Stojentin (* 1712, † Okt. 1757)

Vater: Peter George (* um 1680, † um 1756), nahm keine Dienste; **Mutter**: Barbara Eleonora, geb. von Natzmer, seit 1707 auf Borkow im Krs. Schlawe; **Bruder**: Johann George (* um 1710), seit 1723 im Militär, Nov. 1738 Sl im I-R Nr. 28, Febr. 1748 dim.; **Laufbahn**: trat 1726 in d. Militärdienst ein, stand 1740 als Fähnrich, 1750 als Pl, 1756 als Stabs-Cap. im I-R Nr. 10, im Okt. 1757 als Cap. gefallen; **Güter**: d. Vater u. beide Söhne wurden 1756 auf Borkow im Krs. Schlawe gen.;

Quellen: GStA, I. HA, Rep. 30, Nr. 243, Vas.tab. 1755, 1756; IV. HA, Rep. 1, Nr. 89, Bl. 149 (J.G. u. J.F., dieser danach 14. Dez. 1757 gefallen); Stabi, Ms. boruss. fol. 314, fol. 316 (J.G.); Brüggemann, T. 2/2, S. 867;

Major Joachim Heinrich von Stojentin (* 1728)

Vater: Ernst Asmus († vor 1742), seit 1717 Erbherr auf e. Anteil Vixow im Krs. Stolp; **Bruder**: Ernst Friedrich, Cap., s.d.; (**Bruder**: Franz George (* 1719), seit 1736 im Militär, 1750 Sl im I-R Nr. 12, 1756 als Ltnt. ins sächs. Reg. von Hauß (I-R Nr. 55) versetzt); **Laufbahn**: trat 1743 in d. Militärdienst ein, Jan. 1750 Fähnrich, Febr. 1759 Pl, Dez. 1766 Cap. im I-R Nr. 20, bat im Juni 1782 mit Verweis auf seine Blessuren um d. vakante Amt d. Ober-Zolleinnehmers in Lohburg, April 1784 Major, Mai 1785 dim., bedankte sich am 21. Juni 1785 für d. Erhalt d. erledigten Postmstr.stelle in Dessau, **Güter**: verkaufte zs. mit seinen beiden Brüdern 1742 d. väterl. Gut für 2433 T. an Michael Siegmund von Stojentin (* 1710);

Quellen: GStA, I. HA, Rep. 96, Nr. 435 S, Bd. 8; IV. HA, Rep. 1, Nr. 89, Bl. 150; Stabi, Ms. boruss. fol. 310, fol. 311, fol. 316 (F.G.); Rangirrolle Saldern, I-R Nr. 20 für 1771; Brüggemann, T. 2/2, S. 1014;

Junker Johann Friedrich von Stojentin (1735–1755)

Vater: Adrian Heinrich (1696–1767), sächs. Fähnrich, Erbherr auf Schorin B im Krs. Stolp; **Mutter**: Magdalene Juliane Helene, geb. von Schwerin († 1746); **Bruder**: August Ferdinand (1742–1774), siehe mehr bei dessen Sohn H.A.F.W.; **Laufbahn**: 1755 als Junker im D-R Nr. 1 gest. (bzw. 1763 stand e. J.F. als Offz. im D-R Nr. 1);

Quellen: GStA, I. HA, Rep. 30, Nr. 243, Vas.tab. 1755, 1756, 1763; IV. HA, Rep. 1, Nr. 89, Bl. 150 (H.A.F.W.); Brüggemann, T. 2/2, S. 1002; Fam.gesch., S. 231–232; Tb. Uradel 1903, S. 812–813 (hier nur A.H., A.F. u. H.A.F.W.);

Fähnrich, Rittmstr. Johann Friedrich Wilhelm von Stojentin (* 15. Okt. 1766)

Vater: Richard Bogislav Wilhelm, Ltnt., s.d. (bzw. Carl Rüdiger Bogislav Wilhelm, Ltnt.); **Laufbahn**: stand zunächst als Junker bei d. Garde in Potsdam, soll sich wegen e. Klagesache an Kabinettsrat Johann Christian Friedrich Stelter tätlich vergangen haben, kam deshalb in Arrest, Mrz. 1787 als Fähnrich ins Garn.-Reg. Nr. 3 nach Kolberg versetzt, im Nov. 1787 dim.; ging in russ. Dienste, avancierte hier zum Cap.; war 1791 in Pommern zurück u. drang auf d. Auszahlung seines Vermögens von 125 T.; saß 1803 als vorm. Rittmstr. auf d. Festung zu Stettin, war von seiner Frau, e. geb. von Damitz geschieden, diese soll ihm angeblich einige 1/m T. gestohlen haben; **Güter**: 1800 u. 1804 als Erbherr auf Schwetzkow im Krs. Stolp im Wert von 6/m T. gen.;

Quellen: GStA, I. HA, Rep. 30, Nr. 44, S 122 l, Paket 9379; IV. HA, Rep. 1, Nr. 89, Bl. 150;

Cap. Peter Friedrich von Stojentin (* 1708)

(**Vater**: Caspar Ernst (* 1679), seit 1696 im Militär, Mrz. 1705 Ltnt. im K-R Nr. 8, noch 1710 hier als Ltnt. gen., Febr. 1712 Rittmstr., wechselte um 1716 ins K-R Nr. 12, 1720 u. 1730 als Major im K-R Nr. 12 gen., zuletzt hier Ol, 1740 dim., aus d. Linie Vixow, 1741 gen.); **Laufbahn**: seit 1724 im Militär, 1730 Corp. im I-R Nr. 17, 1740 Pl, vor 1750 mit d. Charakter Cap. dim., (1764 Erbherr auf Schorin A im Krs. Stolp);

Quellen: nicht in GStA, IV. HA, Rep. 1, Nr. 89; Stabi, Ms. boruss. fol. 311 (C.E.), fol. 312 (C.E.), fol. 316, fol. 319 (C.E.); Fam.gesch., S. 247–250 (Vater, S. 248, P.F. hier nicht), S. 260–261;

Ltnt. Peter Friedrich von Stojentin (* um 1715, † 1757)

Vater: Johann Peter, Erbherr auf Anteil Giesebitz im Krs. Stolp; **Laufbahn**: Mai 1730 *cadet* in Berlin, um 1737 ins Reg., stand 1740 als Gefr.corp. im I-R Nr. 12, 1745 als Fähnrich bei Hohenfriedberg *blessirt*, 1750 Sl im I-R Nr. 12, 1757 in e. Gefecht bei Reichenbach gefallen; **Güter**: erhob 1740 zs. mit seinem Vater vergeblich Anspruch auf e. (weiteren) Anteil an Giesebitz, 1745 u. 1747 abgewiesen, d. Gut wurde 1749 Anton von Bychow zugesprochen; **Sohn**: Johann Ernst Friedrich (* 3. Okt. 1748), erbte 1767 e. Anteil von Giesebitz, erhielt im Aug. 1769 d. *venia aetatis*, hatte damals e. Vermögen von 4406 T.; erwarb 1771 für 6500 T. e. zweiten Gutsanteil vom Cap. Peter Friedrich von Stojentin, s.d., besaß um 1780 d. ganze Gut Giesebitz im Krs. Stolp; (**verwandt**, identisch: Peter Friedrich von Stojentin (* 1715), seit 1729 im Militär, 1759 Cap. im sog. sächs. Regiment von Plotho (I-R 54): Ms. boruss. fol. 319; **verwandt**: Johann George von Stojentin (* 1708), seit 1723 im Militär, Nov. 1738 Sl im I-R Nr. 28, Febr. 1748 als Ltnt. dim.: IV. HA, Rep. 1, Nr. 89, s.u., Stabi, Ms. boruss. fol. 314);

Quellen: GStA, I. HA, Rep. 30, Nr. 44, S 122 l, Paket 9379; Nr. 186 d, Paket 9839; IV. HA, Rep. 1, Nr. 89, Bl. 149 (P.F. u. J.G.); Stabi, Ms. boruss. fol. 314 (Joh. George), fol. 316; Brüggemann, T. 2/2, S. 965; Fam.gesch., S. 262–263, S. 296;

Cap. Peter Friedrich von Stojentin (* 1729, † vor 1793)

Vater: Philipp, Erbherr auf Anteil Giesebitz im Krs. Stolp; **Großvater**: Joachim Heinrich, Erbherr auf Anteil Giesebitz; **Laufbahn**: 1764 u. 1771 als Cap. gen:, **Güter**: erwarb 1764 e. Anteil von Giesebitz im Wert von 3 400 T., verkaufte seine geerbten u. gekauften Anteile an Giesebitz 1771 an Johann Ernst Friedrich von Stojentin für 6 500 T.; seit 1764 auch auf Schorin A im Wert von 5 500 T., erworben von d. Schwester seiner Frau;

Quellen: GStA, I. HA, Rep. 30, Nr. 243, Vas.tab. 1767, 1793; Brüggemann, T. 2/2, S. 965, S. 1 002;

GM Peter Heinrich von Stojentin (* 1713, † 12. Sep. 1776) *

Vater: Johann George, Erbherr auf Neu Gutzmerow im Krs. Stolp; **Mutter**: Sophie Catharina, geb. von Bandemer; **Bruder**: Jacob George (* 26. Juli 1714, † 6. April 1772), 1731 Eintritt ins I-R Nr. 5, 1734 Fähnrich, April 1737 Sl, Juni 1743 Pl, 1754 Stabs-Cap., Okt. 1756 Cap. u. Chef e. Comp. im I-R Nr. (54), April 1760 Ol im I-R Nr. 44, 1772 als Obrist im I-R Nr. 44 gest.; **Bruder**: Johann Friedrich (* 1720, † 1757), seit 1738 im Regiment, 1741 Fähnrich, 1756 Pl im I-R Nr. 38, 1757 in Breslau an hitzigem Fieber gest.; **Laufbahn**: 1728 Gefr. corp. im I-R Nr. 16, Febr. 1733 Fähnrich, Nov. 1735 Sl, Sep. 1736 zum I-R Nr. 6 versetzt, Aug. 1740 Stabs-Cap. im I-R Nr. 39, Juni 1742 Cap. u. Chef e. Comp., Nov. 1752 Major, Dez. 1758 Ol, Dez. 1758 Kommandeur d. I-R Nr. 39, Febr. 1759 Obrist, Juli 1764 GM u. Chef d. I-R Nr. 27, Mai 1774 Orden p.l.m.; ohne Leibeserben verst.; **Güter**: seit 1743 Erbherr auf Neu Gutzmerow im Krs. Stolp im Wert von 4 200 T.; verkaufte d. Gut im Dez. 1774 für 6 500 T. an Friedrich Graf von Wersowitz;

Quellen: GStA, I. HA, Rep. 30, Nr. 243, Vas.tab. 1756 (hier als Carl), 1763, 1767; IV. HA, Rep. 1, Nr. 89, Bl. 149; Stabi, Ms. boruss. fol. 313 (Bruder J.G.), fol. 316 (P.H. u. Bruder J.F.); Brüggemann, T. 2/2, S. 972; Gesch. I-R Nr. 44, S. 57 (Bruder J.G.); Priesdorff, Nr. 552;

Ltnt. Richard Bogislav Wilhelm von Stojentin († vor 1770)

Vater: (Carl Wilhelm Bogislav); **Laufbahn**: (e. Rüdiger Bogislav (* 1735), stand 1756 als Gefr.corp. im Garn.-Reg. Nr. 7); stand 1763, 1766 als Ltnt. im Reg.; **Güter**: löste um 1763 d. Gut Schwetzkow im Krs. Stolp im Wert von 6/m T. ein, seine **Witwe** Anna Catharina Charlotta, geb. von Bandemer, verkaufte es 1770 an Lorenz von Lettow zu Dammen;

Quellen: GStA, I. HA, Rep. 30, Nr. 243, Vas.tab. 1767; IV. HA, Rep. 1, Nr. 89, Bl. 149 (e. Ltnt. v. St. wurde im Sep. 1766 als Ltnt. im Grenad.-Bat. Nr. 5 dim., e. zweiter im Dez. von hier dim. s.o. bei F.O.); Brüggemann, T. 2/2, S. 1 003;

Rittmstr. George Carl Ehrentreich von Strantz (* 13. Juni 1734, † 13. Mai 1801)

Vater: Carl Ernst (1707–1790), seit 1730 Erbherr auf Barkow im Krs. Greifenberg, 1767 im Wert von 13 400 T., darauf Schulden von 7 500 T., weiter hieß es damals, d. Gut habe im Krieg *vorzüglich gelitten*, d. Besitzer könne sich *kaum conservieren*, geschweige denn seinen im kgl. Kriegsdienst stehenden *Söhnen assistieren*; **Mutter**: Wilhelmine, geb. von Küssow (1714–1745); **Bruder**: Heinrich August (1735–1814), 1756 auf d. Viadrina, dann Ltnt. im Grenadier-Bat. von Ingersleben in Magdeburg, nach zehn Dj. abgegangen, seit 1775 Erbherr auf Barkow im Krs. Greifenberg, 1797 im Wert von 14/m T., verh. mit Wilhelmine

Sophie Jacobine, geb. von Dewitz (1734–1777), Sohn: August Joseph Wilhelm (* 1787), 1801 Junker im I-R Nr. 30, 1806 Fähnrich, 1834 Pl; **Bruder**: Gustav Adolph (* 1740, † 26. Febr. 1764), 1756 Gefr.corp. im I-R Nr. 39, 1764 als Sl gest.; **Bruder**: Friedrich Ferdinand (1741–1793), 1756 Page bei Herzog Franz von Braunschweig, 1764 Sl im I-R Nr. 39, später Cap., Juni 1790 Major, 17. Nov. 1793 in d. *Affaire* bei Biesingen gefallen, Söhne: Carl Friedrich Ferdinand (1774–1852), Mai 1790 Fähnrich im I-R Nr. 39, Dez. 1792 Sl, April 1800 Pl, April 1805 Stabs-Cap., April 1809 dim., Nov. 1815 wieder angenommen, April 1834 Charakter Ol, Ludwig Heinrich Leopold (1780–1856), April 1793 Fähnrich im I-R Nr. 39, Nov. 1793 Sl, 1803 Pl, Juli 1813 Major, Mrz. 1822 Obrist, Mrz. 1832 Charakter GM, Mrz. 1842 als Gl pens., Gustav Adolph (1784–1865), April 1799 Fähnrich im I-R Nr. 18, Juli 1802 Sl, Juni 1809 ins Reg. Garde einrang., Mai 1811 Pl, Juni 1813 Major, Mrz. 1822 Obrist, Mrz. 1833 GM, Mrz. 1842 Gl; **Bruder**: Joachim Leopold (* um 1748), seit 1764 im Regiment, 1767 Ltnt. im D-R Nr. 7 in Tilsit, Mai 1786 Stabs-Cap., Jan. 1790 Major, Okt. 1790 Chef e. Escadron, Juli 1798 Ol, Sep. 1798 mit Pension dim.; **Laufbahn**: Jan. 1757 Cornet im K-R Nr. 12, Sep. 1759 Ltnt., Aug. 1769 aufgrund d. Lähmung e. Armes als Rittmstr. mit e. Pension von 100 T. dim., als Servis-Rendant in Stettin versorgt, suchte im Juli 1782 immediat um e. Zuschuß für d. Hausbau nach, bat im Mai 1788 mit Hinweis auf seine acht Kinder um e. Invaliden-Comp., sei bereits einmal übergangen worden, wollte im Mai 1790 in d. jetzigen *Campagne* als Cap. beim Train angestellt werden; **Ehefrau**: e. To. d. Predigers Progan zu Nadrense bei Stettin († 1799), aus d. Ehe neun Kinder; G.C.E. hinterließ 1801 kein Vermögen, die Söhne waren damals teils unter d. *cadets*, teils bereits bei d. Regimentern, **Sohn**: Johann Carl Leopold (1780–1820), Okt. 1797 Fähnrich im I-R Nr. 7, Nov 1798 Sl, Aug. 1809 Pl, Juni 1813 Cap. beim 1. Kurmärk. Landwehr-Reg., Febr. 1816 d. 18. I-R aggr., Juli 1816 Wechsel ins 23. I-R, Dez. 1819 ausgesch.; **Sohn**: Christian Ferdinand (1781–1810), Febr. 1802 Fähnrich im I-R Nr. 22, April 1805 Sl, Aug. 1808 zum Kolberger I-R; **Sohn**: Daniel Friedrich Wilhelm (1784–1833), Junker im I-R Nr. 30, Aug. 1805 Fähnrich, Mai 1813 Sl beim Kolberger I-R, Juli 1813 zum 9. Res.-I-R, Aug. 1815 Pl, Juli 1816 auf Wartegeld, April 1820 ausgesch.; **Sohn**: Friedrich Wilhelm August (1786–1813), 1798 *cadet* in Stolp, 1802 *cadet* in Berlin, Junker im I-R Nr. 17, Aug. 1806 Fähnrich, April 1810 aggr. Sl beim Reg. Garde zu Fuß, Mai 1813 gefallen; **Sohn**: Hans Ernst Albrecht (1789–1813), *cadet* in Stolp, Juli 1807 Fähnrich beim 2. Pomm. Res.-Bat., Aug. 1808 Sl beim Leib-I-R, an e. bei Lützen erhaltenen Blessur 1813 gest.; **Sohn**: Ludwig Heinrich Otto (1791–1801), als *cadet* in Stolp gest.; **Töchter**: Friederike, die ältere, lebte 1805 in Alt-Damm von eigner Hand, *führte sich schlecht*; die jüngere Amalie, 1805 im Alter von 22 Jahren, war bei August Ferdinand Graf von Küssow zu Woitfick bei Pyritz, der die Vermögenslose aus Mitleid bei sich hatte; Henriette Marie Auguste Jeanette war 1805 26 Jahre alt, sie lebte wegen d. großen Armut ihrer Eltern seit sechs Jahren im Hause d. Herrn von Dewitz in Daber, sie hatte von ihrer Familie nichts zu erwarten, ein Verwandter war der pensionierte Major von Strantz zu Tilsit, der nur e. Pension besaß, ein zweiter Vater-Bruder war e. Mann von 70 Jahren, der auf d. Gut Barkow bei Greifenberg lebte, dieser hat wenig Vermögen u. zwei Kinder, H.M.A.J. wurde am 3. Juli 1805 auf d. Liste für eine Pension gesetzt;

Quellen: GStA, I. HA, Rep. 30, Nr. 43, Paket 9 232; Nr. 243, Vas.tab. 1756, 1763, 1794; Rep. 96, Nr. 257 S; Nr. 435 S, Bd. 22; II. HA, Abt. 13 a, Tit. III, Litt S, Nr. 42; IV. HA, Rep. 1, Nr. 89, Bl. 196–198 (hier kein A.J.W. im I-R Nr. 30); Stabi, Ms. boruss. fol. 311, fol. 315 (J.L.), fol. 316 (Brüder G.A. u. F.F.); Tyszka, D-R Nr. 7, S. 451; Jb. dt. Adel, Bd. 3, S. 481–484; Priesdorff, Nr. 1 480 (L.H.L.), Nr. 1 510 (G.A.);

Cap. Michael von Stre(h)litzky (* 1687)

aus Pommern gebürtig; **Laufbahn**: seit 1704 im Militär, Aug. 1713 Fähnrich im I-R Nr. 25, 1728 als Stabs-Cap. dim. (trat später in kaiserl. Dienste, als Cap. dim.); **Güter**: besaß von 1727 bis 1755 zs. mit seiner **Frau** Eleonora Barbara, geb. von Besowka, Wulflazig B im Krs. Neustettin im Wert von 7/m T., trat dieses vor 1767 an seine Bruder-Tochter ab, d. verh. von Frankenberg;

Quellen: GStA, I. HA, Rep. 30, Nr. 243, Vas.tab. 1756, 1767; nicht in IV. HA, Rep. 1; Stabi, Ms. boruss. fol. 314, fol. 319; Brüggemann, T. 2/2, S. 775;

Cap. Albrecht von Studzinsky (* 1750)

Vater: Michael (* um 1730), Erbherr auf Anteil Stüdnitz im Distrikt Bütow, 1802 im Wert von 341 T.; **Laufbahn**: stand 1802 als Cap. im I-R Nr. 21, vor 1806 abgegangen; **Bruder**: Michael (* 1764), stand 1802 als Cap. im I-R Nr. 12, vor 1806 abgegangen;

Quellen: GStA, I. HA, Rep. 30, Nr. 243, Vas.tab. 1802; nicht in IV. HA, Rep. 1, Nr. 89, Bl. 271 (hier nur Peter Paul, aus Westpreußen, stand im I-R Nr. 17, zuletzt Cap. im I-R Nr. 55); Stabi, Ms. boruss. fol 311 (A. 1783 noch nicht im I-R 21), fol. 907 a;

Cap. Leopold von Stülpnagel (* 1706)

aus Pommern gebürtig; **Laufbahn**: seit 1724 im Militär, stand 1742 als Pl im Garn.-Reg. Nr. 7, 1758 als Stabs-Cap. dim.;

Quellen: Stabi, Ms. boruss. fol. 313 (in d. Abgangsliste als Joachim);

Major Otto George von Stutterheim (* 1752, † 1. Okt. 1817)*

Vater: Joachim Friedrich (1715–1783)*, Mai 1732 Gefr.corp. im I-R Nr. 18, Mrz. 1741 Cap. im I-R Nr. 17, Febr. 1747 Major, Mrz. 1757 Kommandeur d. I-R Nr. 17, Jan. 1759 GM u. Chef d. I-R Nr. 30, Aug. 1767 Gl, Nov. 1768 Chef d. I-R Nr. 2; **Mutter**: Sophie Therese, e. geb. von Lettow aus Drawehn (1719–1807); **Bruder**: August Ludwig (1750–1826)*, 1764 Gefr.corp. im I-R Nr. 30, Sep. 1766 Fähnrich, Juni 1773 als Pl ins I-R Nr. 53, Juni 1776 Stabs-Cap., Juli 1778 Cap. u. Chef e. Comp., April 1789 zum I-R Nr. 55 versetzt, Juli 1790 Major, Aug. 1794 Orden p.l.m., Juni 1800 Obrist, Mrz. 1807 GM, Mrz. 1824 Charakter als General d. Infanterie; **Laufbahn**: 1765 Gefr.corp. im I-R Nr. 30, Aug. 1766 Fähnrich, Nov. 1768 Sl im I-R Nr. 2, Jan. 1773 Pl, Aug. 1778 Stabs-Cap., April 1780 Cap. u. Chef e. Comp., Mrz. 1789 Abschied, Aug. 1798 Charakter Major; **Güter**: seit 1789 Erbherr auf Borken, Köskeim u. Schatten in Preußen, seit 1801 auch auf Stettenbruch, Salzbach u. Ernsthof; **Ehefrau**: Wilhelmine Friederike, geb. von Anhalt (1770–1802);

Quellen: GStA, IV. HA, Rep. 1, Nr. 89, Bl. 298; Stabi, Ms. boruss. fol. 311 (O.G., in Rügenwalde geb.), fol. 314 (A.L); Oelsnitz, I-R Nr. 2, S. 513, S. 540, S. 945; Fam.gesch., S. 143–144, S. 146; Priesdorff, Nr. 501 (Vater), Nr. 1 116 (Bruder, hier als Ludwig August, geb. 1751);

Cap. Joseph Ignatius von Suchten († 14. Aug. 1827)*

aus Pommern gebürtig; **Laufbahn**: Gefr.corp. im Garn.-Reg. Nr. 2, Febr. 1779 Fähnrich, Mrz. 1784 Sl, 1788 zum Depot-Bat. d. I-R Nr. 52, Jan. 1791 ins I-R Nr. 11, April 1795 Pl,

Mai 1800 Stabs-Cap., Dez. 1806 zum 3. Pomm. Res.-Bat., Mai 1807 Chef e. Comp. im I-R Nr. 11, Juli 1809 mit Pension dim., Aug. 1809 Charakter Major;

Quellen: GStA, IV. HA, Rep. 1, Nr. 89, Bl. 313; Stabi, Ms. boruss. fol. 314 (1774 noch nicht im Garn.-Reg. Nr. 2); Becker, I-R Nr. 11, S. 341, S. 359; Pauly, S. 557–559, S. 560–561;

Cap. Hans Asmus Siegmund von Suckow († 17. Mai 1742)

Vater: (Hans Friedrich), dän. Ol, Okt. 1741 als Ol im D-R Nr. 3 angesetzt, an bei Chotusitz erhaltenen Blessuren 1742 gest.; **Laufbahn**: stand zunächst in dän. Diensten, Okt. 1741 als Stabs-Rittmstr. im D-R Nr. 5 angestellt, im Mai 1742 als Stabs-Rittmstr. bei Chotusitz gefallen; **Ehefrau**: e. geb. von Suckow aus Württemberg, To. e. ksl. Generals; H.A.S. hinterließ e. **Sohn** namens Hans Jacob, dieser wurde 1765 für Pegelow A im Krs. Saatzig abgefunden; trat 1766 Schlötenitz C d. Hofrat Friedrich Steobanus ab; (**verwandt**: Hans Siegismund von Suckow (* 1708), seit 1721 im Militär, stand 1730 als Sergant im I-R Nr. 10: Stabi, Ms. boruss. fol. 316);

Quellen: GStA, I. HA, Rep. 30, Nr. 241 b, Paket 9 963; Brüggemann, T. 2/1, S. 161, S. 274; Albedyll, Anhang, S. 49* (hier als Ernst);

Ltnt. Hans Friedrich von Suckow (1704–1740)

(**Vater**: Hans Christian (1682–1715), seit 1713 im Militär, Okt. 1713 Major im I-R Nr. 12, 1715 an e. Blessur gest.); **Laufbahn**: seit 1722 im Militär, 1730 Fähnrich, 1740 Pl im I-R Nr. 12, noch 1740 in Prenzlau gest.;

Quellen: Stabi, Ms. boruss. fol. 316 (d. Vater 1715 als Hans Christoph), fol. 319 (Vater);

Ltnt. Otto Ehrentreich von Suckow (* 1718)

aus Hinterpommern gebürtig; **Bruder**: George Heinrich (* 1717), seit 1732 im Militär, 1741 Sl im I-R Nr. 37, 1750 Pl, 1756 Cap. u. Chef e. Comp., April 1757 dim.; **Laufbahn**: trat 1738 ins Militär ein, 1740 Gefr.corp. im I-R Nr. 13, Ltnt. (vor 1750 mit d. Charakter Cap. dim.); **Güter**: d. Gebr. u. Ltnt.s verkauften 1748 ihren Anteil an Kitzerow im Krs. Saatzig an Frl. Juliana Tugendreich von Wedel, 1767 im Wert von 9 900 T., d. Schulden betrugen damals 7 921 T.;

Quellen: GStA, IV. HA, Rep. 1, Nr. 89, Bl. 317 (kz. Notiz für G.H.); Stabi, Ms. boruss. fol. 311, fol. 316 (Bruder); Brüggemann, T. 2/1, S. 267;

Major Carl Ludwig von Sydow (* 3. Dez. 1690, † 30. Juni 1757)

Vater: Hans Joachim († 1708), dän. Cap., Erbherr auf Anteil Gollmitz in d. UM; **Mutter**: Marie Louise, geb. von Ramin († 1713); **Bruder**: August Heinrich (1698–1745), seit 1714 im Militär, Aug. 1718 Fähnrich, Juli 1722 Sl im I-R Nr. 23, 1740 als Cap. gen., 1745 als Major im I-R Nr. 23 bei Soor gefallen, Söhne: Carl August (1734–1767), seit 1757 im Militär, 1766 Sl im I-R Nr. 30, noch 1766 dim., Heinrich August (1743–1795), seit 1757 im Militär, Mai 1760 Ltnt. im K-R Nr. 12, 1769 als Rittmstr. dim., im Forstfach in Schlesien versorgt, Friedrich August (1744–1794), seit 1760 Junker im I-R Nr. 49, 1763 Fähnrich, 1772 als Ltnt. im I-R Nr. 49 nach e. Duell dim., bat wiederholt um e. neuerliche Plazierung, sollte lt. Ordre vom

6. Sep. 1775 nicht wieder angestellt werden, bat im Juni 1782 um e. Versorgung bei d. Tabak-Administration, 1785 d. I-R Nr. 53 aggr., 1786 Pl, 1790 Stabs-Cap., erhielt 1793 als Cap. d. Invaliden-Comp. d. I-R Nr. 53; **Bruder**: Valentin Detlov (1704–1759), 1723 Junker im K-R Nr. 12, Nov. 1741 Rittmstr., 1751 Major, Juni 1755 Ol, bei Kunersdorf als Obrist u. Kommandeur d. K-R Nr. 12 gefallen, Söhne: Johann Hans George (1747–1821), seit 1762 im Militär, 1765 Cornet im K-R Nr. 12, 1773 Ltnt., Okt. 1787 Stabs-Rittmstr., Nov. 1793 Major, Juni 1803 Ol, Juni 1805 Obrist, Dez. 1813 dim., Carl Wilhelm (1749–1837), Sep. 1766 Cornet im K-R Nr. 12, Sep. 1770 Ltnt. im K-R Nr. 9, bat im Okt. 1782 um d. *Consens* zur Eheschließung, wollte 10/m T. erheiraten, Nov. 1786 Stabs-Rittmstr. (im K-R Nr. 7), Aug. 1789 Rittmstr., Okt. 1797 Major u. Chef e. Escadron, Dez. 1813 dim.; **Laufbahn**: engagierte sich um 1702 im Militär, zunächst zwei Jahre in schwedischen, dann 10,5 Jahren in mecklenburgischen, seit etwa 1714 in preußischen Diensten, stand 1721 als Cap. u. Chef e. Comp., 1730 als Major im I-R Nr. 17, vor 1740 dim.; **Ehefrau**: Euphrosina Gottliebe († 1739), e. To. von Peter Friedrich von Zitzewitz, sie vererbte ihrem Mann d. **Gut** Zemmin im Krs. Stolp im Wert von 8/m T.; in zweiter Ehe verh. mit Marie Henriette Louise, geb. von Schwerin (1721–1777); **Sohn**: Carl Bogislav Gottlieb August (* 8. April 1743, † 24. April 1795), trat in keine Dienste, Erbherr auf Zemmin, 1765 im Wert von 14/m T., darauf Schulden von 11 666 T., erwarb später Karzin im Krs. Stolp, hier 1794 gen.; verheiratet mit Margarethe Amalia, geb. von Weiher (1747–1816) aus Buckowin, sie besaß 1801 e. Vermögen von 6/m T., aus beider Ehe drei Töchter und vier Söhne: Carl George Heinrich (1772–1827), Mai 1788 Cornet im D-R Nr. 9, Mai 1790 Sl, Dez. 1798 dim., Erbherr auf Terpen u. Woritten in Ostpreußen, später Landrat im Krs. Mohrungen; Ludwig August Friedrich Wilhelm (1773–1853), Mai 1790 Cornet im D-R Nr. 7, Juli 1794 Sl, Jan. 1805 Pl, 1807 Orden p.l.m., Juli 1807 dim., Juni 1808 Charakter als Cap., Juni 1813 Rittmstr. beim Ostpreuß. Landwehr-Kav.-Reg., 1825 Charakter Major; Franz Johann Bogislav (1775–1840), Cornet im D-R Nr. 7, 1798 dim., 1801 als Erbherr auf Karzin im Krs. Stolp im Wert von 10/m T. gen., vor 1804 verkauft; Ferdinand Philipp Gustav (1784–1861), Nov. 1798 Fähnrich im I-R Nr. 17, Dez. 1802 Sl, Okt. 1812 zur Gendarmerie, Febr. 1813 als Pl dim.;

Quellen: GStA, I. HA, Rep. 30, Nr. 241 b, Paket 9963; Rep. 96, Nr. 435 S, Bd. 23; II. HA, Abt. 13 a, Tit. III, Litt S, Nr. 23; IV. HA, Rep. 1, Nr. 89, Bl. 352–355; Stabi, Ms. boruss. fol. 310, fol. 311 (V.D. erst in d. Rangliste f. 1750 im K-R 12 gen., 1787 nur e. Carl Friedr. (* 1732), Rittmstr. im K-R Nr. 12), fol. 316; (C.L. danach aus Pommern); Brüggemann, T. 2/2, S. 1 020–1 021; Genealogie Sydow, 1897, S. 56–60;

Ol Carl Ludwig von Sydow (* 4. Jan. 1731, † 1. Juni 1801)

Vater: George Wilhelm (1699–1767), seit 1715 im Militär, 1721 Fähnrich, 1725 als Pl im I-R Nr. 17 dim., seit 1739 Erbherr auf ganz Woltersdorf, verkaufte d. Gut 1752 an seinen Bruder Carl Friedrich (1698–1763), G.W. amtierte seit 1754 als Landrat im Krs. Randow, lebte zuletzt in Alt-Damm, soll in größter Armut verstorben sein; **Mutter**: Sabine Eleonore, geb. von Sydow (1697–1777) aus d. Hs. Gollmitz, sie bekam nach 1767 e. Pension von 100 T.; **Vater-Bruder**: Gustav Adolph (1715–1772), GM, s.d.; **Laufbahn**: 1746 Eintritt ins I-R Nr. 32, 1747 Wechsel als Junker ins D-R Nr. 5, Mai 1751 Cornet, Sep. 1753 Sl, Febr. 1760 Pl, Juni 1769 Stabs-Cap., Okt. 1777 Cap. u. Chef e. Escadron, Okt. 1780 Major, April 1788 wegen Invalidität als Chef d. Depot-Comp. zum I-R Nr. 1 versetzt, 1795 Ol, Juni 1801 als Ol im 3. Mousq.-Bat. d. I-R Nr. 1 in Strausberg nach 53 Dj. gest.; prozessierte von

1764 bis 1777 zs mit seinen beiden **Brüdern** August Sigismund (1728–1772), Sep. 1750 Cornet, 1764 Rittmstr. im K-R Nr. 12, u. Christian Bernhard (1736–1794), Major, s.d., gegen Heinrich Carl von der Osten wegen des Gutes Blumberg; **Ehefrau**: seit 1773 Anna (* 1740), e. To. e. Amtmanns Reichel im Ftm. Ansbach, aus beider Ehe zehn Kinder, sie besaß 1801 kein Vermögen u. keine Pension, weil ihr Mann sie wegen d. Unterhalts d. vielköpfigen Familie nicht bei d. Witwenkasse unterbringen konnte, auf Gesuch ihrer Söhne bekam sie im Febr. 1802 e. Pension von 100 T.; **Sohn**: George Wilhelm (1774–1835), Okt. 1794 Fähnrich im I-R Nr. 46, Okt. 1797 Sl, Jan. 1808 zur Füsilier-Brigade Moeller, Aug. 1808 zum Kolberger I-R, (April 1811 Pl im 9. I-R, Juli 1813 Cap., Nov. 1821 Major), Juli 1823 Kommandeur d. Füsilier-Bat.; **Sohn**: August Bernhard (1777–1835), Okt. 1796 Fähnrich im I-R Nr. 46, Okt. 1797 Sl, Juli 1803 dim., später in russ. Diensten; **Tochter**: verheiratet mit d. Cap. u. Platzmajor von Schenck in Kolberg;

Quellen: GStA, I. HA, Rep. 30, Nr. 44, S 122 b, Paket 9374; II. HA, Abt. 13 a, Tit. III, Litt S, Nr. 20 (Witwe); IV. HA, Rep. 1, Nr. 89, Bl. 352 (Bruder A.S.), Bl. 353 (C.L. u. C.B.), Bl. 355 (Söhne); Albedyll, Anhang, S. 73*; Genealogie Sydow, 1897, S. 54; Genealogie Sydow 1969, S, 99–100; biogr. Handbuch, S. 1001 (Vater);

Major Christian Bern(har)d von Sydow (* Juli 1736, † 23. Okt. 1794)

Vater: George Wilhelm (1699–1767), seit 1715 im I-R Nr. 17, 1725 als Pl dim., Landrat im Krs. Randow, Erbherr auf ganz Woltersdorf, verlor dieses durch Unglücksfälle, hinterließ kein Vermögen; **Mutter**: Sabine Eleonore, geb. von Sydow (* 1697, † 17. Dez. 1777), sie bezog e. Pension von 100 T.; **Bruder**: Carl Ludwig (1731–1801), Ol, s.d. mehr zur Fam.; **Schwester**: Beata Louisa (* um 1737, † 15. Mai 1797), sie wurde seit 1773 von ihrem Bruder C.B. unterhalten, dieser zeigte im April 1788 an, B.L. nicht länger unterstützen zu können, habe bei e. Konkurs in Westpreußen d. Vermögen seiner Frau verloren, sein Haus in Stargard stünde vor d. Subhastation, müsse für sein unmündigen Kinder sorgen, d. Schwester bekam im Febr. 1789 e. Pension von 50 T.; **Laufbahn**: Okt. 1756 Fähnrich im I-R Nr. 22, Mai 1757 Sl, Sep. 1760 Pl, wurde im Krieg *blessirt*, Mrz. 1768 Stabs-Cap., Nov. 1771 Cap., Nov. 1786 Major im I-R Nr. 22, zuletzt beim Depot-Bat. d. I-R Nr. 7 in Kolberg, nach 40 Dj. als Major gest.; seit 1773 **verheiratet** mit Anna Eleonore Margaretha, e. To. d. poln. Gl Frhr. von der Goltz in Clausdorf, soll angeblich geglaubt haben, sich durch diese Verbindung zu verbessern, lebte zuletzt mit seiner Frau vom *Gnadenbrot*, aus d. Ehe fünf Töchter u. ein **Sohn**: Ehrenreich Ludwig (* 26. Sep. 1774, † Okt. 1794), Jan. 1793 Cornet im D-R Nr. 4, Mai 1794 Sl, Okt. 1794 im Alter von 20 Jahren in d. *Campagne* am Rhein an e. Lungenentzündung in Frankfurt am Main gest.; d. Major hinterließ A.E.M. Schulden von 8/m T., d. verwitw. Königin Elisabeth Christine setzte sich an 16. Dez. 1794 bei Min. Joachim Ewald Christian Graf von Blumenthal dafür ein, d. Witwe von Sydow e. Pension zu gewähren, 1799 bekamen ihre vier Töchter e. Pension von 100 T. aus d. Gen.-Kriegskasse;

Quellen: GStA, II. HA, Abt. 13 a, Tit. III, Litt S, Nr. 29 (Witwe), Nr. 32 (Schwester); IV. HA, Rep. 1, Nr. 89, Bl. 353 (C.B.), Bl. 355 (Sohn); Stabi, Ms. boruss. fol. 314; Genealogie Sydow 1897, S. 54;

Ol Daniel Friedrich von Sydow (* 1675, † 21. Dez. 1727)

Vater: Adam Wilhelm (1650–1711)*, Mrz. 1703 GM u. Kommandeur d. I-R Nr. 17, Erbherr auf Hanseberg u. Rehdorf im neumärk. Krs. Königsberg u. auf Klein Zarnow im Krs.

Greifenhagen; **Mutter**: Maria, geb. von Horcker (1659–1712); **Laufbahn**: avancierte bis zum Ol (vor 1715 abgegangen); **Ehefrau**: Luise, geb. von Schöning (1682–1705), in zweiter Ehe verh. mit Barbara Juliana, geb. von der Hagen aus Naulin; **Sohn**: Johann Sigismund (1710–1779), aus d. NM gebürtig, seit 1729 im Militär, Sep. 1731 Cornet im D-R Nr. 5, Aug. 1737 Sl, Okt. 1741 Pl, Juni 1751 als Cap. auf Wunsch dim., 1764 Ritter, dann Commendator d. St.-Johanniter-Ordens, Erbherr auf Hanseberg u. Rehdorf nach d. Tod seines Stief-Bruders Adam Friedrich (1720–1766), von 1766 bis 1773 auch auf Klein Zarnow;

Quellen: GStA, I. HA, Rep. 30, Nr. 243, Vas.tab. 1756 (Sohn A.F.); Stabi, Ms. boruss. fol. 313 (Sohn J.S.), fol. 319 (in d. Rangliste f. 1715 kein D.F.); Brüggemann, T. 2/1, S. 85–86; Beiträge 2, S. 96–97; Albedyll, Anhang, S. 53* (J.S.); Genealogie Sydow 1897, S. 40–41 (d. Vater danach gest. 12.7.1710); Priesdorff, Nr. 122 (Vater);

Obrist Ernst Friedrich von Sydow (* 16. Febr. 1666, † 11. Mai 1723)*

Vater: Hans Sigismund (1625–1666), Erbherr auf Adamsdorf im Krs. Soldin u. Görlsdorf (in d. NM); **Mutter**: Catharina, geb. von Puttkamer; **Bruder**: Wulf Ludwig (1659–1724), 1685 als Fähnrich im I-R Nr. 4 gen., 1707 Ol im I-R Nr. 23, 1708 Obrist u. Kommandeur d. I-R Nr. 4, Erbherr auf ½ Adamsdorf; **Laufbahn**: seit 1687 in brandenburg. Diensten, 1692 Rittmstr. im K-R Nr. 9, Mrz. 1705 Major, 1709 Ol, zuletzt Obrist im K-R Nr. 9; **Güter**: erwarb 1709 e. Anteil an Steinwehr im Krs. Greifenhagen, verkaufte 1710 Anteil Görlsdorf; **Ehefrau**: Luise, geb. von Gramm (* 1699);

Quellen: Stabi, Ms. boruss. fol. 312 (1710: E.F. ohne Angabe d. Provinz); fol. 313, fol. 319 (1715: E.F. u. W.L. aus d. NM); Brüggemann, T. 2/1, S. 83–84; Genealogie Sydow 1897, S. 14;

Ltnt. George Gottlieb von Sydow (* 1727)

aus Pommern gebürtig; **Laufbahn**: seit 1759 im Militär, 1764 Ltnt. im D-R Nr. 11, vor 1774 abgegangen;

Quellen: Stabi, Ms. boruss. fol. 313; nicht in IV. HA, Rep. 1, Nr. 89 (hier auf Bl. 352 nur F.L.von Sydow, aus d. NM, Mai 1779 als Ltnt. dim.);

Cap. George Gottlieb Leopold von Sydow (* 21. Juni 1751, † 1. Mrz. 1804)

Vater: Wilhelm Ehrenreich (1705–1760), 1719 Fähnrich, zuletzt Cap. im I-R Nr. 23, Juni 1736 wegen Brustkrankheit dim., bis 1750 Erbherr auf Hanseberg u. Raduhn im neumärk. Krs. Königsberg, 1750 verkauft, seit 1749 Erbherr auf Sanort u. Vorwerk Eulenburg, auf Dummerfitz im Krs. Neustettin; **Mutter**: Ernestine Henrietta, geb. Freiin von der Goltz (* 1717, † 26. Dez. 1799), sie bezog seit Nov. 1783 e. Pension von 100 T.; **Mutter-Bruder**: Gl (Carl Christoph Friedrich) Frhr. von der Goltz; **Bruder**: Otto Christoph August (1735–1821), seit 1751 im Militär, 1756 Gefr.corp., 1764 Sl im I-R Nr. 39, später Pl, im Aug. 1772 mit d. Charakter Cap. dim., (als Major) Erbherr auf Schildberg in d. NM, hinterließ keine Leibeserben; **Schwester**: Anna Johanna Ulrica (* 1752), verh. Prediger Ruschke, sie erhielt am 21. Juni 1800 d. Erlaubnis, Sanort u. Eulenburg, von ihren Brüdern übernehmen bzw. kaufen zu dürfen; **Laufbahn**: 1764 auf d. Ritterakademie in Brandenburg a.d. Havel, 1774 Sl im 1. Bat. Garde, Febr. 1785 Pl, Juli 1792 Stabs-Cap., Dez. 1794 Major d. Armee u. Kommandeur d. Leib-Comp., Mrz. 1795 Cap., Nov. 1797 zum I-R Nr. 26, Jan. 1798 zum I-R

Nr. 34, Dez. 1800 Chef d. Garn.-Bat. d. I-R Nr. 12 u. 34; **Ehefrau**: (Johanna Friederike bzw.) Jeanette (* 1777), e. To. d. GM Johann Wilhelm (von) Dittmar; unbeerbt verst.; **Güter**: besaß seit 1760 zs. mit seiner Mutter u.d. Geschwistern d. väterlichen Güter; diese wurden nach 1799 an d. Cap. von Rieben verkauft, ihr Wert betrug 10/m T.;

Quellen: GStA, I. HA, Rep. 30, Nr. 243, Vas.tab. 1793, 1804; Nr. 244, Paket 9992; II. HA, Abt. 13 a, Tit. III, Litt S, Nr. 7; IV. HA, Rep. 1, Nr. 89, Bl. 352–353; Stabi, Ms. boruss. fol. 316 (Vater, nur in d. Abgangsliste I-R 23, Bruder); Brüggemann, T. 2/2, S. 768–769; Reinhard, Garde, S. 550; Genealogie Sydow 1897, S. 41; Genealogie Sydow 1969, S. 83–84;

Major George Siegismund von Sydow (* 10. April 1723, † 19. Febr. 1765)

Vater: Curt Friedrich (* 1687, † 5. Aug. 1738), seit 1701 bzw. 1706 im Militär, 1710 Ltnt., 1722 Cap. u. Chef e. Comp. im I-R Nr. 12, 1738 als Major im I-R Nr. 12 dim., 1717 als Erbherr auf Gossow in d. NM gen.; **Mutter**: Anna Dorothea, geb. von Beeren; **Bruder**: Otto Christian (1724–1758), seit 1738 im Militär, 1740 Junker, seit Sep. 1745 Cornet (bzw. Ltnt.) im K-R Nr. 10, 1756 Rittmstr., 1758 Major, am 14. Okt. 1758 bei Hochkirch gefallen; **Laufbahn**: seit 1736 im Militär, stand im 1. Bat. Garde, 1749 Brigade-Major, (1752 bzw) Juli 1755 zum I-R Nr. 21 versetzt, 1756 hier als Cap. gen., 1765 als Major im I-R Nr. 21 in Halberstadt gest.;

Quellen: GStA, IV. HA, Rep. 1, Nr. 89, Bl. 352; Stabi, Ms. boruss., fol. 311 (danach aus d. NM geb., 1765 gest.); fol. 316 (Vater), fol. 319 (Vater, als Carl Fr., geb. 1687); Schwerin, K-R 10, T. 2, S. 4, S. 43, S. 47 (Bruder O.C., für diesen findet sich auch d. Sterbejahr 1745); Reinhard, Garde, S. 549 (G.S. danach 1777 gest.); Genealogie Sydow 1897, S. 29 (kein genaues Geb.datum d. Vaters);

GM Gustav Adolph von Sydow (* 15. Okt. 1715, † 13. Febr. 1772) *

Vater: George (bzw. Jürgen) Heinrich (1661–1725), dän. Cap., schwed. Major, preuß. Ol, Erbherr auf Blumberg im Krs. Randow; **Mutter**: Eleonore, geb. Freiin von Pufendorff (1674–1723); **Bruder**: Carl Friedrich (1698–1763)*, (Cap. im I-R Nr. 12), seit 1743 Landrat im Krs. Randow; **Bruder**: George Wilhelm (1699–1767), 1725 als Pl im I-R Nr. 17 dim., Erbherr auf Woltersdorf, seit 1754 Landrat im Krs. Randow, siehe bei dessen Sohn Carl Ludwig (1731–1801), Ol; **Bruder**: Anton Ulrich (* 1704), (stand 1721 im I-R Nr. 21), zuletzt Cap. im Garn.-Reg. Nr. 10, Juli 1746 dim., im Siebenjährigen Krieg Major u. Kommandeur d. pomm. Land-(Miliz-)Bataillons, hatte 1756 seinen Wohnsitz in Greifenhagen, 1763 in Alt-Damm, 1767 in Rosenfelde; **Bruder**: Balthasar Ludwig (1711–1780), seit 1721 im Militär, (1743 Cap. im I-R Nr. 8, zuletzt Cap. im I-R Nr. 43), April 1743 Cap. im Grenadier-Bat. Nr. 3, noch im Mrz. 1756 hier als Cap. gen., Juli 1756 dim.; **Laufbahn**: 1730 Gefr. corp. im I-R Nr. 23, Mai 1735 Fähnrich, Dez. 1738 Sl, Okt. 1741 Cap. u. Chef e. Comp. im Garn.-Reg. Nr. 5, Juli 1742 Major, Okt. 1743 Ol im Garn.-Reg. Nr. 5, Sep. 1747 Kommandeur d. Garn.-Reg. Nr. 10, Jan. 1759 Obrist., Febr. 1759 Chef d. Garn.-Reg. Nr. 5, Juni 1759 GM, Sep. 1763 dim.; in zweiter **Ehe** 1744 verh. mit Eva Beate verwitw. von Schlichting, geb. von Maxen (1706–1779);

Quellen: GStA, I. HA, Rep. 30, Nr. 243, Vas.tab. 1756, 1763, 1767; IV. HA, Rep. 1, Nr. 89, Bl. 352; Stabi, Ms. boruss. fol. 311 (Bruder B.L.), fol. 314, fol. 316 (1722 standen nur d. Cap. Curt Fr. u. Otto Chr. v. S. im I-R Nr. 12); Genealogie Sydow 1897, S. 53–54; Priesdorff, Nr. 507; biogr. Handbuch, S. 1000 (Bruder C.F.);

Obrist Hans Siegmund von Sydow (* 15. Jan. 1695, † 15. Mai 1773)*

Vater: Hans Christoph (1665–1696), Erbherr auf Anteil Neuengrape im Krs. Pyritz; **Mutter**: Em(m)erentia, geb. von Sydow; **Bruder**: Caspar Erdmann (1689–1737), seit 1704 im Militär, Dez. 1713 Stabs-Cap., 1721 Cap. u. Chef e. Comp. im I-R Nr. 17, 1730 Major im I-R Nr. 30, Erbherr auf Anteil Neuengrape A, Sohn: Friedrich Leopold, dieser erbte d. väterliche Gut; **Bruder**: Christoph Gottfried (* 1691), seit 1706 im Militär, Dez. 1715 Pl im I-R Nr. 27, Juni 1722 Cap. u. Chef e. Comp. im I-R Nr. 29, im Juli 1738 als Major ins Feld-Bat. von Kröcher versetzt (bzw. 1715 Pl im I-R Nr. 3, vor 1737 ohne Erben gest.); **Laufbahn**: seit 1711 im Militär, Febr. 1715 Fähnrich im I-R Nr. 9, stand 1730 hier als Cap., 1740 als Major, 1743 als Ol gen., 1744 Kommandeur e. Grenadier-Bat., (1745 Obrist im Garn.-Reg. Nr. 2), 1750 als Obrist im I-R Nr. 9 gen., 1751 Kommandeur, 1754 Chef d. Garn.-Reg. Nr. 2, 1773 in Pillau gest.; **Ehefrau**: Dorothea Maria, geb. von Wolde;

Quellen: GStA, IV. HA, Rep. 1, Nr. 89, Bl. 352 (für H.S. e. kz. Notiz); Stabi, Ms. boruss. fol. 311, fol. 314, fol. 315, fol. 316 (Brüder C.G. u. C.E.), fol. 319 (C.E. u. C.G.); Brüggemann, T. 2/1, S. 144–145; Gesch. I-R Nr. 3, S. 168 (hier e. Cap. George v. Sydow, seit 1702 im Reg., 1714 ins I-R Nr. 9); Genealogie Sydow 1897, S. 49–50;

Cap. Otto Heinrich von Sydow (* 27. April 1761, † 19. Febr. 1840)

Vater: Carl Friedrich (1726–1781), Erbherr auf Schönow im Krs. Randow, erheiratete mit seiner Frau d. Gut Woltersdorf; **Mutter**: Louise Charlotte Tugendreich (1730–1792), älteste To. von Carl Friedrich von Sydow (1698–1763) auf Blumberg; **Laufbahn**: engagierte sich im D-R Nr. 1 in Schwedt, 1782 Ltnt., erhielt auf sein Gesuch am 28.10.1782 die *venia aetatis*, war damals 22 Jahre alt, Nov. 1784 als Cap. dimittiert; **Ehefrau**: Helene Dorothea, geb. Nohren (1756–1792) aus Oppeln; **Güter**: besaß 1782 zs. mit seinem majorennen **Bruder** Friedrich August (1752–1798), 1767 Junker, 1774 Sl im D-R Nr. 1, Juni 1781 als Cap. dim., die Güter Woltersdorf u. Schönow, diese sollten bei der brüderlichen Teilung zu je 20 670 T. angesetzt werden, 1804 wurden sie jedoch mit 63 322 T. angegeben, mit ihren Schwestern hatten sich die beiden bereits auseinandergesetzt; verkaufte Schönow 1787 an d. Bruder F.A. für 37 103 T.; fungierte von 1802 bis mind. 1805 als Vormund seines **Neffen**, des Sohnes von F.A.: Friedrich Heinrich Otto Ludwig Colmar (1784–1854), Mrz. 1800 Cornet im K-R Nr. 10, Mrz. 1802 Sl, dessen Gesuch um die *venia aetatis* wurde Nov. 1805 wegen *restierender* Schulden abgelehnt, Febr. 1813 zum brandenburg. K-R, Sep. 1813 Pl, Mai 1814 Stabs-Rittmstr., Mrz. 1815 zum 2. Brandenbg. H-R, Juni 1815 Rittmstr., Mrz. 1820 mit Pension verabschiedet;

Quellen: GStA, I. HA, Rep. 30, Nr. 44, S 122 b, Paket 9 374; Nr. 243, Vas.tab. 1767; IV. HA, Rep. 1, Nr. 89, Bl. 352 (hier nur F.A., Juni 1781 als Cap. dim.), Bl. 355 (Neffe); Stabi, Ms. boruss. fol. 314 (F.A. danach aus d. UM gebürtig, lt. Abgangsliste wurde S. sen. Juni 1781 als Cap., S. jun. Nov. 1784 als Cap. dim.); Brüggemann, Beiträge, 1, S. 515–516; Jb. dt. Adel, 3. Bd., S. 554; Genealogie Sydow 1897, S. 77;

Cap. Christian Ernst von Tauentzien († 15. Dez. 1751)

aus Pommern gebürtig; **Laufbahn**: (Jan. 1742 vom Gefr.corp. im I-R Nr. 15 zum Pl bei d. Überkompletten befördert), stand zunächst im I-R Nr. 15, Dez. 1743 Cap. d. Grenadiere im I-R Nr. 44, 1751 als Cap. gest.;

Quellen: GStA, IV. HA, Rep. 1, Nr. 90, Bl. 25 (hier nur e. Cap. v. T. im Grenad.-Bat. Ingersleben, gest. am 19. Aug. 1751, beide identisch?); Stabi, Ms. boruss. fol. 310 (1742 gen., nicht in d. Abgangsliste 1. u. 2. Bat. Garde), fol. 311 (im Mrz. 1740 nicht im Reg. Kronprinz gen.), fol. 312 (Abgangsliste I-R 44); Gesch. I-R Nr. 44, S. 42;

Cap. Michael Ernst von Tauentzien (1764–1807)

Vater: Casimir († vor 1771), Erbherr auf Merzin B im Distrikt Lauenburg, 1773 im Wert von 12 500 fl.; **Laufbahn**: Mai 1774 *cadet* in Stolp, April 1776 *cadet* in Berlin, als sein Vormund fungierte damals George Ludwig von Thadden, Fähnrich im I-R Nr. 31, Febr. 1785 Sl, Jan. 1794 Pl, Okt. 1797 Stabs-Cap., Okt. 1805 Chef e. Comp., 1807 in Schlesien bei Baron von Gruttschreiber gest.;

Quellen: GStA, I. HA, Rep. 30, Nr. 249, Vas.tab. 1771, 1778; IV. HA, Rep. 1, Nr. 90, Bl. 25; Stabi, Ms. boruss. fol. 314; Stolper Kadetten, S. 7;

Cap. Michael Lorenz von Tauentzien (* um 1714, † 1775)

Vater: Joachim Christoph, Erbherr auf Tauentzien im Distrikt Lauenburg; **Mutter**: Dorothea Sophie, geb. von Rexin; **Bruder**: Bogislav Friedrich (1710–1791) *, Okt. 1735 Fähnrich im I-R Nr. 6, Juni 1740 Sl im I-R Nr. 15, Juli 1753 Cap. u. Chef e. Comp. beim 1. Bat. Garde, Nov. 1757 Kommandeur d. I-R Nr. 15 a, Sep. 1758 GM, Mai 1761 Schwarzer-Adler-Orden, Sep. 1763 Chef d. I-R Nr. 31, Juni 1775 General d. Infanterie, Söhne: Friedrich Bogislav Emanuel (1760–1824) *, Juli 1776 Fähnrich im I-R Nr. 35, Juni 1784 Sl, Aug., 1786 Cap. von d. Armee, 1792 Graf, Febr. 1793 Ol u. Flügel-Adjutant, Jan. 1795 Obrist, Juni 1801 GM, Sep. 1804 Chef d. I-R Nr. 56, Mai 1807 Gl; Carl Heinrich (1766–1807), seit 1780 im Militär, Sep. 1783 Sl im I-R Nr. 31, 1787 Sl u. Adjutant, Dez. 1790 Pl, Jan. 1795 Stabs-Cap., Juli 1799 dim als Major, 16. Okt. 1807 gest.; **Bruder**: Jochem Ludwig († 22. Juni 1757), stand zunächst im I-R Nr. 6, dann im I-R Nr. 15, 1755 vom I-R Nr. 44 zum I-R Nr. 41 versetzt, als Cap. im I-R Nr. 41 gest.; **Laufbahn**: engagierte sich um 1739 im Militärdienst, stand 1740 als Gefr.corp. im I-R Nr. 23, im Mai 1754 als Ltnt. nach 15 Dj. mit Pension dim.; **Güter**: saß 1756 als vorm. Cap. auf (Gr.-) Perlin im Distrikt Lauenburg; verkaufte 1770 seinen Anteil an (Gr.-)Perlin an d. Witwe von Wittke u. ging zu seinem Bruder B.F. nach Breslau; **Ehefrau**: Justine Adelheid Gottliebe, geb. von Diezelsky (* 1748, † 12. Juni 1802), sie bekam seit Mai 1800 e. Pension von 50 T.; (**verwandt**: Franz George von Tauentzien (1706–1743), seit 1720 im Militär, stand 1730 als Fähnrich, 1740 als Ltnt. im I-R Nr. 10, 1743 als Pl gest.: Stabi, Ms. boruss. fol. 316)

Quellen: GStA, I. HA, Rep. 30, Nr. 243, Vas.tab. 1756; II. HA, Abt. 13 a, Tit. III, Litt L, Nr. 1, Bd. 1; IV. HA, Rep. 1, Nr. 90, Bl. 25; Stabi, Ms. boruss. fol. 314, fol. 316; Gesch. I-R Nr. 41, S. 85 (Bruder J.L.); Gesch. I-R Nr. 44, S. 45 (J.L.); Priesdorff, Nr. 485 (Bruder B.F.), Nr. 1 576 (Neffe F.B.E.);

Major Carl Adolph Friedrich von Tesmar (* 1725, † 11. Juni 1787)

aus Pommern gebürtig; **Laufbahn**: seit 1740 im Militärdienst, 1750 u. 1756 Sl im I-R Nr. 37, Sep. 1767 (mit d. Charakter Cap.) dim., (stand 1774 als Major im Garn.-Reg. Nr. 1, in d. Rangliste f. Juni 1787 noch als Major gen., im gl. Monat gest.);

Quellen: GStA, IV. HA, Rep. 1, Nr. 90, Bl. 61 (hier d. 1767 dim. Ltnt. u.d. 1787 gest. Major, jener ohne Vornamen); Stabi, Ms. boruss., fol. 311 (lt. Altersangaben u. Dj. sind C.A.F. vom Garn.-Reg. 1 u. C.F.A. vom I-R Nr. 37 identisch), fol. 316;

Ltnt. Carl Otto von Tesmar (* 1757) *

aus Pommern gebürtig; **Laufbahn**: 1772 als Junker ins D-R Nr. 5, Mrz. 1774 Cornet, Sep. 1777 Sl, Jan. 1786 wegen *schlechter Conduite weggeschafft*;

Quellen: GStA, IV. HA, Rep. 1, Nr. 90, Bl. 61; Albedyll, Anhang, S. 72 *;

Cap. Christoph (Christian) Friedrich von Tesmar (* 1719, † 1. Sep. 1780)

aus Pommern gebürtig; **Laufbahn**: trat 1747 in d. Militärdienst ein, 1755 Gefr.corp. im I-R Nr. 13, Jan. 1762 Pl im Garn-Reg. Nr. 6, Aug. 1767 Stabs-Cap., Jan. 1777 Cap. u. Chef e. Comp., 1780 als Cap. gest.; **Schwester**: Anna Sophia (* 1722), verh. von Boe(h)mken, sie hielt sich 1780, 1782 als Witwe in Wussow auf; (**verwandt**: Christian Ferdinand (* 1720), aus Schurow im Krs. Stolp, seit 1737 im Militär, 1740 Gefr.corp. im I-R Nr. 7; **verwandt**: George von Tesmar (* 1743, † 31. Juli 1769), seit 1756 im Militär, Dez. 1763 Fähnrich im Garn.-Reg. Nr. 6, als solcher 1769 gest.: Stabi, Ms. boruss. fol. 315);

Quellen: GStA, I. HA, Rep. 30, Nr. 43, Paket 9237; IV. HA, Rep. 1, Nr. 90, Bl. 61; Stabi, Ms. boruss. fol. 311, fol. 314, fol. 315;

Cap. Johann Ferdinand von Tesmar (* 1764, † 2. Dez. 1832) *

Vater: Franz Bogislav (1739–1782), Cap. im Garn.-Reg. Nr. 6, in Kolberg gest. (bzw. Johann Wilhelm (* 1741), Cap. s.d.), J. F. war aus Groß Borkow im Distrikt Lauenburg gebürtig; **Bruder**: (Bernhard) Leonhard Friedrich (1769–1855), Juni 1777 *cadet* in Stolp, Juni 1783 *cadet* in Berlin, Jan. 1790 Fähnrich im I-R Nr. 32, Juni 1791 Sl, Mai 1801 Pl, Nov. 1805 Stabs-Cap., Juli 1811 Cap., Mrz. 1813 zum. 24. I-R, Aug. 1813 Chef e. Comp., Aug. 1814 als Major dim.; **Laufbahn**: Mai 1773 *cadet* in Stolp, April 1777 *cadet* in Berlin, Jan. 1786 Fähnrich im I-R Nr. 47, April 1788 Sl, April 1794 Pl, Nov. 1798 Stabs-Cap., Nov. 1805 Cap. u. Chef e. Comp., Juni 1813 beim 11. Schles. Landwehr-I-R, Dez. 1813 dim:,

Quellen: GStA, I. HA, Rep. 176, Nr. 9751; IV. HA, Rep. 1, Nr. 90, Bl. 61; Stabi, Ms. boruss. fol. 311, fol. 315 (1756 u. 1764 kein F.B. im Garn.-Reg. Nr. 6); Stolper Kadetten, S. 6, S. 10 (L.F.);

Major Johann Paul von Tesmar (* 1712, † 12. Jan. 1758)

aus Pommern gebürtig; **Laufbahn**: trat 1729 in d. Militärdienst ein, stand 1743 als Sl im I-R Nr. 26, 1748 als Cap. ins Garn-Reg. Nr. 7 versetzt, Mai 1756 Major im Garn.-Reg. Nr. 7, Jan. 1758 bei dem Überfall österr. Truppen unter Andreas Haddik von Futak auf Berlin gefallen; seine **Frau** soll um 1770 in Schwedt in elenden Umständen u. dem *Wahnwitz verfallen* gest. sein; hinterließ e. **Tochter** Charlotta Sophia Friederica (* 1755), diese hielt sich seit mind. 1775 bei ihrem Vormund auf, d. vorm. schwed. Cap. Balthasar Gottfried von Rosenstedt auf Jamikow im Krs. Randow, sie konnte sich von d. geringen Nachlaß ihrer Eltern nicht *souteniren*, sollte deshalb e. Pension aus d. pomm. Meliorationsfonds bekommen, wurde bis 1784 jedoch nicht bedacht;

Quellen: GStA, I. HA, Rep. 30, Nr. 43, Pakete 9234 u. 9235; Nr. 243, Vas.tab. 1763, 1767; IV. HA, Rep. 1, Nr. 90, Bl. 61; Stabi, Ms. boruss. fol. 313, fol. 314;

Cap. Johann Wilhelm von Tesmar (* 26. Mai 1741)

Vater: Franz Jacob (1703–1769), Ltnt. (im Bat. von Brünning), Erbherr auf Anteil Groß Borkow im Distrikt Lauenburg im Wert von 11 500 fl., hinterließ fünf Söhne u. drei Töchter; **Mutter**: Charlotte Louisa, geb. von Schlochow (1723–1793), sie besaß 1775 e. Kapital von 1 333 T., von dessen Zinsen sie sich u.d. Kinder ernähren mußte; **Bruder**: Franz (* um 1739), Ltnt., nach 1774 als Arrestant aus d. Festung Kolberg desertiert; **Bruder**: Nicolaus Ernst (* 1743), seit 1764 im Militär, stand 1775 als Sl im I-R Nr. 4, Mai 1786 versorgt, Mrz. 1791 dim., Salzinspektor in Elbing; **Bruder**: Adolph Friedrich (1751–1818), seit 1770 im Militärdienst, Juni 1777 Sl im I-R Nr. 3, Juni 1787 zum Füsilier-Bat. Nr. 1, April 1788 zum Garn.-Bat. Nr. 4, noch 1788 zum Depot-Bat. d. I-R Nr. 10, Jan. 1791 dim.; **Bruder**: Heinrich Ferdinand (* 1760, † 9. April 1838), Mai 1773 *cadet* in Stolp, April 1776 *cadet* in Berlin, Febr. 1783 Fähnrich im I-R Nr. 10, Dez. 1786 Sl, April 1795 Pl, Okt. 1800 mit d. Charakter Cap. u. Pension dim.; **Laufbahn**: April 1762 Fahnenjunker im I-R Nr. 44, Juni 1763 Fähnrich, Juni 1773 als Ltnt. dim. (erhielt später d. Charakter Cap.); **Güter**: saß 1778 als Erbherr auf d. väterl. Gut Groß Borkow A; 1801 auf Groß Borkow A u. B im Wert von 3 833 T.; 1804 auf A u. B im Wert von 3 833 u. 750 T.; **Sohn**: Friedrich (* um 1786);

Quellen: GStA, I. HA, Rep. 30, Nr. 43, Paket 9 236 (hier d. Söhne mit teils anderen Vornamen gen.); Nr. 243, Vas.tab. 1756; Nr. 249, Vas.tab. 1771, 1778, 1804; Rep. 176, Nr. 9 751; II. HA, Abt. 12, Materien, Vas.tab., Nr. 1; Abt. 13 a, Tit. III, Litt L, Nr. 1; Bd. 1; IV. HA, Rep. 1, Nr. 90, Bl. 61; Gesch. I-R Nr. 44, S. 69; Stolper Kadetten, S. 6 (H.F.);

Rittmstr. Carl Wilhelm von Tettenborn (* 1748, † 25,. Juni 1812)*

Vater: Offizier; **Mutter**: e. geb. von Dossow, **Laufbahn**: 1763 als Junker ins D-R Nr. 5, Nov. 1764 Cornet, Dez. 1767 Sl, Juni 1784 Pl, Febr. 1789 Stabs-Rittmstr., nach e. Sturz vom Pferd Juni 1792 mit Pension dim., in Ueckermünde gest.;

Quellen: GStA, IV. HA, Rep. 1, Nr. 90, Bl. 67; Stabi, Ms. boruss. fol. 313 (C.W. aus Pomm. geb.); Albedyll, Anhang, S. 77*;

Obrist Ernst Diederich von Thadden (* um 1746, † 16. Sep. 1799)

Vater: Franz Ludwig (1693–1779), seit 1712 im Militär, Dez. 1715 Fähnrich, 1721 Sl im I-R Nr. 17, vor 1730 (als Cap.) abgegangen, Erbherr auf Reddestow im Distrikt Lauenburg, hinterließ sechs Söhne; **Mutter**: Barbara Sophie Elisabeth, geb. von Zitzewitz (1702–1750); **Bruder**: George Wilhelm (1731–1771), Ltnt. im I-R Nr. 29, Dez. 1763 als Cap. dim., seit 1768 verh. mit Philippine Charlotte von Weiher (1739–1775); **Bruder**: Franz Heinrich (1734–1784), Major, s.d.; **Bruder**: Johann Leopold (1735–1817)*, Mrz. 1754 Uffz. im Grenad.-Garde-Bat. Nr. 6, Dez. 1769 Major im I-R Nr. 3, Mai 1774 Orden p.l.m., Juni 1778 Kommandeur, Sep. 1780 Obrist, Juni 1788 GM u. Chef d. I-R Nr. 3, Jan. 1794 Gl; **Bruder**: Carl Friedrich (1741–1816), seit 1757 im Militärdienst, stand 1764 als Pl im I-R Nr. 34, 1774 Stabs-Cap., dann Cap., Juli 1787 Major, Juni 1790 wegen Invalidität mit Pension dim.; **Bruder**: Christian Ludwig (1742–1794), seit 1754 im Militär, Nov. 1763 Sl im 1. Bat. Garde, 1775 für vier Monate nach Spandau, dann als Pl ins Garn.-Reg. Nr. 7 versetzt, Sep. 1786 Major, Chef e. neuen Füsilier-Bat. in Jauer, Sep. 1791 Orden p.l.m., Juni 1792 Ol,

Febr. 1794 Obrist, sechs Monate später gest.; **Laufbahn**: Juli 1763 Gefr.corp. im 2. Bat. Garde, Juni 1764 Fähnrich, April 1770 Sl, Mrz. 1772 Pl, Mai 1774 Cap., Nov. 1786 Major, Juni 1790 Flügel-Adjutant, Okt. 1792 Orden p.l.m., Febr. 1793 Ol, Assessor im 7. Dep. d. Ober-Kriegs-Collegiums, Febr. 1795 Obrist, Jan. 1797 d. I-R Nr.13 aggr., 1799 gest:; besaß offenbar keine Güter;

Quellen: GStA, I. HA, Rep. 30, Nr. 249, Vas.tab. 1771, 1778; IV. HA, Rep. 1, Nr. 90, Bl. 77; Stabi, Ms. boruss. fol. 311 (C.F.), fol. 313, fol. 316 (Vater, F.H., G.W.), fol. 319 (Vater); Reinhard, Garde, S. 529, S. 550 (Bruder L.C.); Lehmann, Ritter. S. 221; Priesdorff, Nr. 773 (J.L.); Tb. Briefadel 1925, S. 872–874;

Major Franz Heinrich von Thadden (* 1734, † 3. April 1784)

Vater: Franz Ludwig (1693–1779), Cap., Erbherr auf Reddestow in Lauenburg; **Mutter**: Barbara Sophie Elisabeth, geb. von Zitzewitz (1702–1750); **Bruder**: Ernst Diederich (1746–1799), s.d. mehr zur Fam.; **Laufbahn**: seit 1753 im Militärdienst, 1755 Gefr.corp., 1764 Pl im I-R Nr. 23, Nov. 1778 als Cap. Orden p.l.m., bat im Mrz. 1781 um e. Pension für seine Stief-Mutter, die e. Vermögen von nur 700 T. gehabt haben soll, 1784 als Major im I-R Nr. 23 gest.; **Ehefrau**: e. geb. Bredow aus Köslin (* 1757), ihr Vater wurde als Polizei-Inspektor in Berlin angesetzt, sie wuchs daher in Berlin auf, ihr ältester Bruder war 1797 Bürgermstr. in Sprottau, der zweite Polizeidirektor zu Posen; aus d. Ehe keine Kinder; sie lebte 1797 in Gollnow, ihr Mann hatte ihr kein Vermögen hinterlassen, sie lebte seit 14 Jahren vom väterlichen Vermögen, das bis auf 800 T. zs.geschmolzen war, d. Witwe wurde im Dez. 1797 auf d. Liste d. Expectanten für e. Pension gesetzt; sein unehelicher **Sohn** Franz Heinrich Wilhelm stand als Ltnt. beim Feld-Artillerie-Corps, wurde im Dez. 1797 legitimiert, Nov. 1806 als Pl bei Lübeck gefallen;

Quellen: GStA, II. HA, Abt. 13 a, Tit. III, Litt T, Nr. 6 (Witwe); IV. HA, Rep. 1, Nr. 90, Bl. 77 (kz. Notiz); Stabi, Ms. boruss. fol. 316 (als Friedrich Hr. bzw. Heinrich); Lehmann, Ritter, S. 138;

Ltnt. Franz Lorenz von Thadden (* 1719, † 30. Mrz. 1752)

aus Pommern gebürtig; **Laufbahn**: seit 1734 im Militär, 1750 Sl im I-R Nr. 17, 1752 als Ltnt. gest.;

Quellen: GStA, IV. HA, Rep. 1, Nr. 90, Bl. 77; Stabi, Ms. boruss. fol. 316;

Ltnt. Friedrich Wilhelm von Thadden (* 15. Dez. 1755, † nach 1811)*

Vater: Johann Friedrich (1716–1799), nahm keine Dienste, 1771 u. 1778 als Erbherr auf Ribienke A im Distrikt Lauenburg gen.; **Mutter**: Dorothea Gottlieb, geb. von Schlochow (* 1732), sie bat als Witwe 1804 um e. Pension; **Vater-Brüder**: Gneomar Wilhelm (* 1724), seit 1740 im Militär, 1743 Sl im I-R Nr. 46, Okt. 1753 dim.; George Ludwig (* 1721), Cornet im H-R Nr. 7, Mrz. 1752 dim.; **Laufbahn**: Juni 1769 *cadet* in Stolp, Mai 1771 *cadet* in Berlin, 1778 Fahnenjunker im I-R Nr. 12, Mai 1783 als Sl *cassirt*; **Güter**: verkaufte vor 1804 Ribienke A, saß damals auf Schluschow B; **Ehefrau**: Henriette Barbara (* 1765), e. Schwester d. Obristen Joh. Friedrich von Diezelsky; **Schwestern**: Louise Gottlieb, 1804 verh. mit Heinrich von Diezelsky auf Dzinzelitz; Renata Abigail, verheiratet mit Johann von Zelewsky auf (Sterbenin), Dorothea war 1804 noch ledig;

Quellen: GStA, I. HA, Rep. 30, Nr. 249, Vas.tab. 1771, 1778; II. HA, Abt. 13 a, Tit. III, Litt, T, Nr. 7 (Mutter); IV. HA, Rep. 1, Nr. 90, Bl. 77; Stabi, Ms. boruss. fol. 316 (G.W); Tb. Briefadel 1925, S. 877–878 (hier als Cap. bez.);

Cap. (Johann) Carl Friedrich von Thadden (* 1746)

Vater: Friedrich Wilhelm (* 1699, † 26. Nov. 1760), seit 1715 im Militär, Sep. 1719 Fähnrich im I-R Nr. 13, Mrz. 1727 Sl, 1732 als Cap. dim., Erbherr auf d. väterlichen Gut Bonswitz im Distrikt Lauenburg; **Mutter**: Auguste Marie Anna, geb. Cochius (* um 1715), sie hielt sich 1781 in Stolp auf, bekam damals e. Pension von 100 T., erbte 1784 von der Oberkonsistorialrätin Achard in Berlin 23 149 T., die Pension wurde eingezogen; **Großvater**: Raphael († vor 1729), Erbherr auf Bonswitz im Distrikt Lauenburg; **Bruder**: Johann Wilhelm (* 1745, † 26. Juni 1821), seit 1762 im Regiment, 1764 Fähnrich, 1774 als Sl im I-R Nr. 24 gen., später Pl, Dez. 1786 Stabs-Cap., Juni 1787 auf Wunsch dim., Aug. 1798 Charakter als Major; **Bruder**: August (* 1748, † Mai 1782), seit etwa 1763 im Militärdienst, 1772 Sl im H-R Nr. 8, als solcher 1782 gest., war verh. mit e. von Thile, diese will d. elterliche Vermögen von einigen 1/m T. durch ihren Mann verloren haben; **Laufbahn**: trat 1765 in d. Militärdienst ein, stand 1775 als Sl, 1787 als Pl im I-R Nr. 4, Dez. 1792 Stabs-Cap., Aug. 1793 Cap. u. Chef e. Comp., Nov. 1795 dim.;

Quellen: GStA, I. HA, Rep. 30, Nr. 43, Paket Nr. 9 237; Nr. 243, Vas.tab. 1756; IV. HA, Rep. 1, Nr. 90, Bl. 77; Stabi, Ms. boruss. fol. 311 (Vater), fol. 313, fol. 316; Schöning, 5. H-R, S. 125; Tb. Briefadel 1925, S. 876;

Cap. Friedrich August von Thermo (* 1723)

aus Stettin gebürtig; **Laufbahn**: seit 1746 im H-R Nr. 2, 1750 hier als Cornet gen., zuletzt Rittmstr., 1757 als Cap. ins Garn.-Bat. Nr. 3 versetzt, Juli 1763 nach 20 Dj. auf Wunsch dim.;

Quellen: GStA, IV. HA, Rep. 1, Nr. 90, Bl. 53 (unter d. Namen Termo, im Garn.-Reg. Nr. 4); Stabi, Ms. boruss. fol. 315, fol. 316; Ardenne, H-R Nr. 2, S. 414;

Cap. Heinrich Wilhelm von Thüm(en) bzw. Thun (* 1713)

aus Pommern gebürtig, **Laufbahn**: seit 1721 im Militär, Nov. 1735 Sl im I-R Nr. 14, 1750 Stabs-Cap., vor 1763 abgegangen;

Quellen: GStA, IV. HA, Rep. 1, Nr. 90, Bl. 161 (hier e. Cap. v. Thun im I-R Nr. 14, gest. am 23. Aug. 1754); Stabi, Ms. boruss. fol. 311 (hier als v. Thüm);

Major Christian Balthasar von Thun (* 1709)

aus Pommern gebürtig; **Laufbahn**: Jan. 1727 *cadet* in Berlin, 1734 Cornet, 1735 Ltnt. im D-R Nr. 1, noch 1743 als Ltnt. gen., 1755 Rittmstr. u. Chef e. Escadron im D-R Nr. 12, zuletzt Major, 1759 *cassirt*;

Quellen: GStA, IV. HA, Rep. 1, Nr. 90, Bl. 161; Stabi, Ms. boruss. fol. 311; Crousaz, Beilage C, S. 33 (hier als Baltzer Christian);

Major Otto Adrian von Thun (* 1701)

aus Stargard gebürtig; **Laufbahn**: Nov. 1716 *cadet* in Magdeburg, 1717 *cadet* in Berlin, Jan. 1723 Fähnrich, Mrz. 1725 Sl im I-R Nr. 28, 1740 als Pl gen., Mai 1745 Cap. u. Chef e. Comp. im I-R Nr. 33, Jan. 1753 Major, 1756 ins Garn.-Reg. Nr. 8 versetzt;

Quellen: nicht in IV. HA, Rep. 1, Nr. 90, Bl. 161; Stabi, Ms. boruss. fol. 311, fol. 314; Crousaz, Beilage C, S. 32; Koglin, S. 201 (e. Otto Christoph von T. saß 1719 auf Anteil Lessentin im Borckeschen Krs.);

Ltnt. Carl Gustav von Tiedemann (* 1704)

aus *Cassuben* gebürtig; **Laufbahn**: seit 1725 im Militär, Febr. 1727 Fähnrich im I-R Nr. 16, Febr. 1731 Sl, Dez. 1735 Pl, 1739 od. 1740 ausgeschieden; (**verwandt**: Carl Eduard von Tiedemann (1725–1792)*, aus Danzig gebürtig, Jan. 1746 Fähnrich im I-R Nr. 16, April 1749 Sl, Aug. 1763 Cap., Mrz. 1786 Obrist u. Kommandeur d. I-R Nr. 16, Aug. 1790 GM: Stabi, Ms. boruss. fol. 311; Kopka v. Lossow, Offz.liste, S. 11*; Priesdorff, Nr. 803);

Quellen: Stabi, Ms. boruss. fol. 311 (1730 aus Preußen, 1740 aus *Cassuben*); Kopka v. Lossow, Offz. liste, S. 6*;

Cap. Immanuel von Tilly (* 1728, † vor 1784)

(**Vater**: mecklenburg. GM), I. aus Mecklenburg gebürtig; **Laufbahn**: seit 1748 im preuß. Militärdienst, 1750 Gefr.corp. im I-R Nr. 43, vor 1764 als Stabs-Cap. (nach 24 Dj.) dim.; **Güter**: erwarb 1766 Lestin A (u. Damitz A) im Ftm. Cammin, vor 1784 gest., d. Gut fiel an seine Gläubiger; (**Ehefrau**: Barbara Sophia, geb. von Kameke, diese besaß um 1780 zs. mit ihrer Schwester Charlotta Amalia verwitw. von Brockhusen, d. Gut Jegelin im Krs. Greifenberg);

Quellen: GStA, I. HA, Rep. 30, Nr. 243, Vas.tab. 1767; nicht in IV. HA, Rep. 1, Nr. 90, Bl. 191; Stabi, Ms. boruss. fol. 316; Brüggemann, T. 2/1, S. 431; T. 2/2, S. 571–572;

Major Moritz Wilhelm von Tornow (* um 1728, † Mai 1795)

aus Hinterpommern gebürtig; **Laufbahn**: trat um 1748 in d. Militärdienst ein, 1764 Pl im I-R Nr. 37, (1770 versetzt), stand 1773 als Cap. im Garn.-Reg. Nr. 5, Juli 1786 Major, Nov. 1788 Major u. Kommandeur d. Depot-Bat. vom I-R Nr. 20; **Güter**: lag 1788 im Streit mit d. von Koellers auf Cantreck um d. Erbe d. am 15. Aug. 1775 verst. Majors Henning Bogislav von Koeller, dieser hatte M.W. und seine bereits verst. Schwestern zu Universalerben seines Allodialerbes gemacht, das aus d. Gut Bewerdieck im Wert von 6/m T. im Krs. Greifenberg bestand, d. hinterlassenen Lehngüter d. Majors gingen dagegen an d. Geschlecht von Koeller; d. Schwester d. Majors H.B von Koeller war Veronica Sophia, verh. von Tornow; um 1780 besaßen M.W. u. seine Schwester Barbara Elisabeth d. Gut Bewerdieck, 1793 besaß d. Major d. Gut allein, 1799 und 1804 seine **Witwe**, e. geb. Schumacher († 1806); **Sohn**: Johann Wilhelm (* um 1769), Febr. 1785 Fähnrich im Garn.-Reg. Nr. 5, 1788 im Depot-Bat. d. I-R Nr. 20, Aug. 1791 Sl, Mai 1795 zum Depot-Bat. Nr. 54, Juni 1796 dim. (vor 1799 gest.); **Sohn**: Philipp Ludwig Wilhelm (* um 1776), 1793 beim Vater in Burg, vor 1799 gest.; **Tochter**: Johanna Louisa (* 1780), 1804 verwitwete Obrist von Holly, ihr Mann stammte aus d. schlesischen Kreuzburg u. hatte 38 Jahre im D-R Nr. 5 gedient, zuletzt Ol, mit d. Charakter Obrist dim., gest. am 2. Juli 1804, sie schickte seinen Orden p.l.m. ein, bekam e. Pension von 200 T. aus d. Militär-Witwenkasse, aus d. Ehe zwei minderj. Söhne von fünf u. vier Jahren; (**verwandt**: Johann Albrecht von Tornow (* 1736), seit 1751 im Militär, 1764 Pl im I-R Nr. 23, Sep. 1766 *desertirt*: Stabi, Ms. boruss. fol. 316);

Quellen: GStA, I. HA, Rep. 30, Nr. 44, K 61 B, Paket 9300; Nr. 243, Vas.tab. 1794, 1799, 1804; IV. HA, Rep. 1, Nr. 90, Bl. 230; Stabi, Ms. boruss. fol. 314, fol. 316; Brüggemann, T. 2/1, S. 414;

Ltnt. Peter Ernst von Tornow (* 1701, † vor 1766)

aus (Wolchow bei Carzig im Dewitzschen Krs. bzw.) Pommern gebürtig; **Laufbahn**: seit 1717 im Militär, 1720 Sergant im I-R Nr. 7, zuletzt Pl im I-R Nr. 7, vor 1766 gest., hinterließ e. **Tochter** Dorothea Charlotta Juliane (* 1745), sie ernährte sich 1774 vom Nähen u. Spinnen, hatte e. lahmen Fuß, machte damals darauf aufmerksam, daß ihr Vater als Pl im I-R Nr. 7 gestanden u. ihr keinerlei Vermögen hinterlassen hat; d. **Schwester** ihres Vaters, e. Witwe von Münchow in Stargard, soll ihr nichts habe zufließen lassen; sie bat im Nov. 1785 immediat um e. Pension, lt. CO vom 16. Nov. d.J. wollte d. König *keine adlige Familie* u. keinen Offz. namens *von Tornow kennen*; d. Stettiner Regierung berichtete daraufhin am 21. Nov. 1785, daß d. Familie von Tornow ehedem d. pomm. Gut Schwarzow im Dewitzschen Krs. zum Lehn gehabt hat u. daß e. Cap. Moritz Wilhelm von Tornow, s.d., der in Pommern angesessen sei, im Garn.-Reg. Nr. 5 steht, d. Brüder d. Supplikantin sollen im Siebenjährigen Krieg gefallen sein; trotz dieser günstigen Auskünfte erhielt D.C.J., die in Stettin lebte, erst im Aug. 1798 e. Pension von 50 T.;

Quellen: GStA, I. HA, Rep. 30, Nr. 43, Pakete 9232 u. 9240; II. HA, Abt. 13 a, Tit. III, Litt T, Nr. 9 (Tochter); nicht in IV. HA, Rep. 1, Nr. 90, Bl. 230; Stabi, Ms. boruss. fol. 314 (1720 im I-R Nr. 7 gen., 1740, 1749 u. 1764 aber nicht, auch nicht in d. Abgangsliste 1756 bis 1764);

Cornet Alexander Julius von Trampe (* 1719)

aus Pommern gebürtig; **Laufbahn**: seit 1733 im Militär, 1739 Cornet im D-R Nr. 3, vor 1740 abgegangen;

Quellen: Stabi, Ms. boruss. fol. 313; nicht bei Schöning, D-R Nr. 3;

Cap. Carl Christian von Trampe (* 1711)

aus Vorpommern gebürtig; **Laufbahn**: seit 1727 im Militär, Aug. 1740 Fähnrich im I-R Nr. 35, 1750 als Pl genannt, Aug. 1756 als Stabs-Cap. in e. Garn.-Reg. versetzt;

Quellen: nicht in GStA, IV. HA, Rep. 1, Nr. 90; Stabi, Ms. boruss. fol. 311; (Brüggemann, T. 2/1, S. 86; Franz Joachim von Trampe verkaufte 1704 sein Gut Klein Zarnow im Krs. Greifenhagen); Taeglichsbeck, S. 263;

Ltnt. Johann Heinrich Wilhelm Ernst von Trebra (* 1778)

Vater: Hans Friedrich Wilhelm (* um 1724, † 26. Jan. 1800), aus Sachsen gebürtig, seit 1753 im preuß. Militärdienst, 1757 Fähnrich im I-R Nr. 30, 1766 als Cap. u. Chef e. Comp. gen., 1775 Major, Juni 1783 als Ol ins I-R Nr. 34, 1785 Obrist, Mai 1786 mit Pension dim., besaß zs. mit seiner Frau d. Gut Plötz im Krs. Demmin, 1797 auf 58/m T. geschätzt; **Mutter**: e. To. d. Majors Idel Adolph von Ramin († 4. April 1800); **Bruder**: Friedrich George Carl

(* 1774), Dez. 1790 Cornet im K-R Nr. 2, Mrz. 1793 dim.; **Laufbahn**: Dez. 1796 Fähnrich im I-R Nr. 46, Okt. 1797 Sl, Juni 1798 zum I-R Nr. 22, nahm im Herbst 1799 nach d. Erkrankung seines Vaters Urlaub vom Reg., Jan. 1800 wegen kränklicher Umstände u.d. Übernahme d. väterlichen Gutes dim., erhielt am 19. Mai 1800 d. *venia aetatis*; **Güter**: bewirtschaftete seit 1800 d. Gut Plötz im Krs. Demmin; in ihrem Testament von 1796 hatten d. Eltern d. Gut auf 20/m T. geschätzt, darauf Schulden von 5/m T., J.H.W. sollte seinen Bruder mit 10/m T. auszahlen;

Quellen: GStA, I. HA, Rep. 30, Nr. 44, T 123 a, Paket 9 382; Nr. 243, Vas.tab. 1793, 1804 (nicht genannt); IV. HA, Rep. 1, Nr. 90, Bl. 257; Stabi, Ms. boruss. fol. 311 (Vater);

Major Johann Friedrich (Malot(t)ky-) von Trzebiatowsky (* 1742, † 13. Mrz. 1794)*

aus Polen gebürtig; **Laufbahn**: seit 1759 im Militär, Juli 1763 Fähnrich im I-R Nr. 12, Mrz. 1766 Sl, Mrz. 1773 Pl, Mrz. 1785 Stabs-Cap., Juni 1788 Cap. u. Chef e. Comp., Sep. 1791 Major, Juli 1793 Orden p.l.m., 1794 am Faulfieber gest., hinterließ vier unmündige Kinder; **Güter**: war 1774 in Lauenburg-Bütow ansässig;

Quellen: GStA, IV. HA, Rep. 1, Nr. 90, Bl. 332; VIII. HA, Slg. A.B. König, Nr. 449; Stabi, Ms. boruss. fol. 316; Lehmann, Ritter, S. 267;

Major Friedrich Wilhelm von Tuchsen (* 1737, † 12. Nov. 1791)

Vater: Johann Ludwig (seit 1731: von) Tuchsen († vor 1752), Major, hinterließ drei Töchter u. drei Söhne, Erbherr auf Stoltenberg A im Ftm. Cammin; **Bruder**: Christoph Ludwig (* 1735), seit 1748 im Militär, Sep. 1756 Cornet im K-R Nr. 6, vor 1764 abgegangen; **Bruder**: Johann Friedrich (1730–1790)*, KD-rat; **Laufbahn**: trat um 1756 in d. Militärdienst ein, Mrz. 1768 Pl im 2. Bat. Garde, später Cap., Sep. 1783 Major, Juni 1785 ins I-R Nr. 54, bat am 16. Dez. 1786 um d. Orden p.l.m., den am Jahrestag d. Schlacht bei Leuthen alle damaligen Offz. vom 2. u. 3. Bat. Garde bekommen hatten, hätte ebenfalls bei Leuthen gefochten u. alle *Campagnen* mitgemacht, erhielt d. Orden am 21., 22. Dez. 1786, suchte am 26.12.1787 mit Hinweis auf seine 29 Jahre bei d. Garde u. erlittene Unfälle um e. Amtshauptmannschaft nach, Juni 1790 mit Wartegeld dim.; **Güter**: seit 1763 Erbherr auf Stoltenberg A im Ftm. Cammin, 1767 im Wert von 4 444 T., darauf Schulden von 4/m T., noch 1786 auf d. Gut genannt; 1791 auf Bärfelde in d. NM gest.; **Ehefrau**: Henriette Hedwig Emilia, e. To. d. Rittmstrs. Otto Christian Adolph von der Marwitz; **Schwester**: verh. mit d. Hofrat Wißmann auf Anteil Moizelwitz;

Quellen: GStA, I. HA, Rep. 30, Nr. 44, T 122 r, Paket 9 382; Nr. 186 d, Paket 9 835; Nr. 243, Vas.tab. 1756, 1763, 1767; Rep. 96, Nr. 260 T; IV. HA, Rep. 1, Nr. 90, Bl. 352; Stabi, Ms. boruss. fol. 314, fol. 315; Brüggemann, T. 2/2, S. 600; Reinhard, Garde, S. 530, S. 556; Lehmann, Ritter, S. 175;

Cap. George Heinrich von Tuchsen (* 1762, † Sep. 1813)

Vater: Johann Friedrich (1730–1790)*, KD-rat, saß 1767 auf Bonin u. Feldgut Charlottenhof im Ftm. Cammin im Wert von 11/m T., darauf Hypotheken von 7 663 T., seine anderen Schulden betrugen 4 150 T., lt. Hofgericht soll er von verschiedenen Kreditoren mehrfach wegen rückständiger Zahlungen belangt worden sein, 1768 ging d. Gut in andere Hände über; **Mutter**: e. geb. Schmidt († 1. April 1800), sie besaß nach d. Tod ihres Mannes kein Vermögen u. erhielt auf mehrfache Immediatgesuche d. Söhne u. persönl. Interventionen bei Fi-rat Johann Friedrich (von) Schütz im Jan. 1791 e. Pension von 100 T., hinterließ Schulden von 200 T., 50 T. d. Pension bekam fortan d. Tochter bzw. Schwester Augusta († 1801); **Bruder**: Otto Wilhelm Leopold (* 1763, † 8. Febr. 1821), Mai 1774 *cadet* in Stolp, April 1776 *cadet* in Berlin, Mai 1783 Fähnrich im I-R Nr. 13, Sep. 1786 Sl, Nov. 1794 Pl, Jan. 1795 Orden p.l.m., Dez. 1798 Stabs-Cap., Nov. 1804 Cap. u. Chef e. Comp., Dez. 1808 b. Leib-Reg. aggr., Febr. 1810 Major, Aug. 1812 zur Gendarmerie, Okt. 1813 Polizeidir. im Hauptquartier d. 3. Armee-Corps, Juni 1815 zur Gendarmerie, Dez. 1820 ausgeschieden; **Bruder**: Gustav Johann (* 1768, † Mai 1813), Mai 1776 *cadet* in Stolp, Mai 1782 *cadet* in Berlin, Juni 1787 Fähnrich im I-R Nr. 25, Mai 1789 Sl, Sep. 1797 Pl im I-R Nr. 58, Juli 1800 Stabs-Cap., Dez. 1806 Cap. u. Chef e. Comp., Jan. 1808 II. Westpreuß. I-R, Jan. 1813 Major, Mai 1813 gefallen; **Laufbahn**: Aug. 1769 *cadet* in Stolp, April 1775 *cadet* in Berlin, Sep. 1784 Sl im I-R Nr. 29, Jan. 1796 Pl, Nov. 1802 Stabs-Cap., Febr. 1806 Cap. u. Chef e. Comp., Febr. 1813 7. Res.-Reg., Aug. 1813 Major;

Quellen: GStA, I. HA, Rep. 30, Nr. 43, Paket 9 232; II. HA, Abt. 13 a, Tit. III, Litt T, Nr. 3 (Mutter); IV. HA, Rep. 1, Nr. 90, Bl. 352; Stabi, Ms. boruss. fol. 316; Stolper Kadetten, S. 3, S. 6, S. 9; Lehmann, Ritter, S. 394; biogr. Handbuch, S. 1030 (Vater);

Ltnt. Wilhelm Leopold von Tümpling (* um 1772, † 21. Jan. 1829)

Vater: Akziseinspektor in Labes († 12. Aug. 1785), hinterließ seiner Frau, zwei Töchtern u. drei Söhnen Schulden; **Mutter**: e. geb. von Braunschweig (* 1755), sie mußte ihre Habseligkeiten verkaufen, um sich u. d. Kinder ernähren zu können, lebte 1786 in großer Armut u. wurde deshalb im Juli d.J. auf d. Expectantenliste aufgenommen, erhielt im Dez. 1793 e. Pension von 100 T.; **Bruder**: Friedrich Ludwig Heinrich (* 1779), Febr. 1788 *cadet* in Stolp, April 1793 *cadet* in Berlin, Juli 1795 Fähnrich im I-R Nr. 22, Sep. 1796 Sl, Juli 1811 dim., Mrz. 1816 Akzise-Rendant in Daber; **Laufbahn**: 1786 Fahnenjunker, Mai 1790 Fähnrich im I-R Nr. 17, Juli 1793 Sl, Jan. 1795 dim., Wechsel in sächs. Dienste, Mrz. 1816 2. Merseburger Landwehr-Reg., Nov. 1817 3. Merseburger Landwehr-Reg.;

Quellen: GStA, II. HA, Abt. 13 a, Tit. III, Litt B, Nr. 2; Litt T, Nr. 5 (jeweils d. Mutter mit Angaben zur Fam.); IV. HA, Rep. 1, Nr. 90, Bl. 355; Stabi, Ms. boruss. fol. 316; Kadetten Stolp, S. 23 (Bruder);

Major Bogislav Rudolph von Uckermann (* um 1717, † 23. Mrz. 1757)

Vater: Henning Otto († 1727) (bzw. Otto (* 1666), seit 1680 im Militär, Sep. 1709 Ol im K-R Nr. 4, im Juni 1714 als Ol dim.), Obrist, Erbherr auf Anteil Groß Wachlin im Krs. Saatzig; **Laufbahn**: trat 1735 in d. Militärdienst ein, stand 1739 als Cornet im K-R Nr. 10, noch 1739 versetzt, erhielt Mitte 1745 als Stabs-Cap. bei d. Garde d. Orden p.l.m., 1756 Major im 2. Bat. Garde, 1757 in Dresden gest.; **Güter**: erbte von seinem Vater Anteile an Gr. Wachlin im Krs. Saatzig im Wert von 1 300 T., dazu größere Kapitalien; sein Lehnsfolger wurde d. Ltnt. Friedrich Leopold von Uckermann, s.d., dieser verklagte 1759 d. Allodialerbin, Amalia Carolina Jacobina, e. Nichte d. verst. Majors, verh. mit d. Major u. späteren GM Christian Rudolph von Weiher vom D-R Nr. 5, s.d., sie soll sich vom Erbe zuviel angemaßt haben u. wurde von d. Behörden aufgefordert, e. Inventar d. Vermögens vorzulegen; d. Prozeß wurde bis Kriegsende ausgesetzt;

Quellen: GStA, I. HA, Rep. 30, Nr. 44, U 125 f, Paket 9 382; Nr. 243, Vas.tab. 1756; nicht in IV. HA, Rep. 1, Nr. 91, Bl. 2; Stabi, Ms. boruss. fol. 310 (in d. Abgangsliste vom 2. Bat. Garde gen.), fol. 311 (in d. Abgangsliste K-R 10 1739 gen.), fol. 316 (Vater?); Ms. geneal. fol. 120; Brüggemann, T. 2/1, S. 284–285; Schwerin, K-R Nr. 10, T. 1, S. 164; Förster, K-R Nr. 4, S. 138, S. 542; Lehmann, Ritter, S. 29;

Cap. Cordt Felix von Uckermann (* 1700)

Vater: Baltzer Jürgen († vor 1730), Erbherr auf Anteil Karkow im Krs. Saatzig; **Bruder**: George Wilhelm (1703–1761), stand 1756 als Major in e. neuen Reg., Erbherr auf ganz Karkow, siehe bei F.A.C.; **Neffe**: Franz Alexander Conrad (1739–1808), Cap., s.d.; **Laufbahn**: seit 1717 im Militär, stand 1721 als Gefr.corp., 1730 als Sergant im I-R Nr. 9, 1740 Ltnt., 1750 Stabs-Cap., Juni 1751 versorgt, 1755 in Soest gen.;

Quellen: GStA, I. HA, Rep. 30, Nr. 243, Vas.tab. 1755, 1756; IV. HA, Rep. 1, Nr. 91, Bl. 2 (kz. Notiz); Stabi, Ms. boruss. fol. 315; Ms. geneal. fol. 120;

Cap. Franz Alexander Conrad von Uckermann (* 20. April 1739, † 23. Juni 1808)

Vater: George Wilhelm (* 1703, † 8. Okt. 1761), seit 1716 im Militär, 1730 Ltnt. im I-R Nr. 9, 1740 als Cap. versetzt, 1755 u. 1756 Cap. im I-R Nr. 38, als Major 1756 in d. sächs. Reg. von Wylich (I-R Nr. 51) versetzt, zuletzt Ol, Erbherr auf Karkow im Krs. Saatzig im Wert von 13/m T., darauf 1767 Schulden von 11 980 T., hinterließ einen Sohn u. eine Tochter; **Mutter**: Marie Elisabeth Alexandrine, geb. von Dombrock (1713–1759); **Laufbahn**: 1756 Fähnrich in d. Comp. seines Vaters im I-R Nr. 51 (von Wylich), 1762 Pl im Grenadier-Bat. Nr. 6, war *auf Parole* aus d. russ. Gefangenschaft entlassen worden, hielt sich nach d. Tod d. Vaters drei Monate auf d. Gut auf, um d. Verlassenschaft zu regulieren, wollte im Frühjahr 1762 zu seinem Bat. zurückkehren u. bat am 9. April d.J. aus Karkow um d. *venia aetatis*, hatte seinen Schwager mit d. nötigen Vollmachten ausgestattet, Aug. 1762 (mit d. Charakter Cap.) dim., hatte 1787 aus zwei Ehen sechs Söhne, die alle im Militär standen; **Schwester**: Engel Theodora Francisca (1736–1812), verh. mit d. Cap. Gottfried von Loewenclau; **Ehefrau**: Charlotta Henrietta Friederica († 1772), e. To. d. Hofgerichtspräs. Henning Franz von Münchow († 1747), in zweiter Ehe verh. mit Christine Friederike verw. von Zitzewitz (1746–1831), geb. Freiin von Mehling; **Güter**: verkaufte d. väterliche Gut 1768 an d. Hofrat Johann Friedrich von Beggerow für 11 750 T.; seine Frau besaß seit d. Auseinandersetzung mit ihren drei Schwestern seit Mrz. 1764 d. Güter Zarnefanz, Naffin u. Denzin im Krs. Belgard, hatte diese für 20/m T. angenommen; nach ihrem Tod fielen die Güter an die sieben Kinder von Uckermann; d. Cap. lag seit 1776 in Konflikt mit seiner **Schwägerin**, d. Frl. Caroline Wilhelmine von Münchow in Klein Schwirsen, das letzte noch lebende Kind d. Hofgerichtspräs., sie hatte auf d. Gütern e. Kapital von ca. 5 500 T. stehen u. verlangte dessen Auszahlung, sie warf ihm vor, die Mitgift ihrer Schwester verschleudert zu haben, sie zu verfolgen u. um ihr Vermögen bringen zu wollen; er seinerseits verklagte sie beim Kösliner Hofgericht als Verschwenderin u. *Blödsinnige*; e. Gutachten d. Kreis-Physicus attestierte ihr e. guten Gesundheitszustand, auch könne ihr d. Verfügung über ihr Vermögen nicht genommen werden; d. pomm. Regierung sprach sich am 6. Febr. 1778 jedoch gegen d. Auszahlung d. Kapitals aus, weil das zum Nachteil d. unmündigen Kinder von Uckermann wäre, ihr sollten nur die Zinsen regelmäßig gezahlt werden; e. 1783 angestellte Untersuchung gegen d. Cap. bestätigte d. Verdacht, wonach er als natürlicher Vormund d. Vermögen seiner Kinder erster Ehe geschmälert hat, daraufhin wurde e. Untersuchung gegen ihn eingeleitet; er verpachtete d. pomm. Güter seiner verst. Frau u. ging mit seiner zweiten Frau auf deren neumärk. Güter, sie saß 1801 auf Klützkow im Krs. Schivelbein; (**Sohn**: Johann Ludwig, Dez. 1787 Cornet im K-R Nr. 3, Dez. 1792 Sl, Febr. 1803 Pl, Febr. 1806 Stabs-Rittmstr., Aug. 1810 Rittmstr., 1816 als Major dim., 1823 gest. bzw. 1787 als Ltnt. im K-R Nr. 5 gen.); **Sohn**: Franz George Wilhelm (* 1764), seit 1779 im Militär, anfänglich Junker im I-R Nr. 22, seit 1781 Junker im Garn.-Bat. Nr. 3 (Juli 1791 als Fähnrich vom I-R Nr. 19 dim.); **Sohn**: Carl Anton Friedrich (1765–1824), 1780 Gefr.corp. im I-R Nr. 8, Okt. 1783 Fähnrich, Juni 1787 Sl, Jan. 1795 Pl, Okt. 1797 Stabs-Cap., Juli 1798 dim.; **Sohn**: Carl Friedrich August (1769–1799), Mrz. 1791 Fähnrich im I-R Nr. 17, Jan. 1794 Sl, Okt. 1799 dim.; **Sohn**: Friedrich Bernhard Julius (1770–1813), Mai 1782 *cadet* in Stolp, Juni 1785 *cadet* in Berlin, Dez. 1789 Cornet im D-R Nr. 3, Dez. 1790 Sl, Mai 1799 dim., Juni 1813 Cap. bei d. Landwehr, Aug. 1813 gefallen; **Sohn**: Friedrich Franz (1772–1803), Mai 1782 *cadet* in Stolp, Mai 1788 *cadet* in Berlin, Juni 1792 Sl bei d. Invaliden-Comp. d. I-R Nr. 51, Sep. 1795 Sl bei d. Invaliden-Comp. d. I-R Nr. 5; **Sohn**: Gebhard Friedrich (1780–1847), Dez. 1798 Cornet im H-R Nr. 8, Aug. 1799 dim., Juni 1813 Cap. beim 3. Neumärk.-Landwehr-I-R, Jan. 1816 dim., nach 1806 Erbherr auf Klützow, Cremzow, Crössin im Krs. Pyritz;

Quellen: GStA, I. HA, Rep. 30, Nr. 44, M 77, Paket 9330; Nr. 44, U 125 f, Paket 9382; IV. HA, Rep. 1, Nr. 91, Bl. 2–3; Stabi, Ms. boruss. fol. 315 (Vater), fol. 316; Brüggemann, T. 1, S. 266, T. 2/2, S. 678–679; Stolper Kadetten, S. 16; Priesdorff, Offz.stammliste, S. 175 (C.A.F.); Tb. Briefadel 1925, S. 893–896;

Cap. Friedrich Leopold von Uckermann (* 4. Sep. 1725, † 1. Nov. 1764)

Vater: Adam Heinrich (* um 1691, † 1738), Fähnrich, Erbherr auf Anteil Groß Wachlin, auf ½ Klein Wachlin u. Anteil Roggow im Krs. Saatzig; **Mutter**: e. geb. von Broecker; **Bruder**: George Heinrich (* 1727), trat nicht in d. Militärdienst ein, hielt sich 1755 in Kl. Wachlin auf; **Laufbahn**: seit April 1742 im Reg., April 1756 Sl im I-R Nr. 2, noch 1759 als Ltnt. gen, Mrz. 1761 als Stabs-Cap. dim., infolge von bei Kunersdorf erlittenen Blessuren *wahnwitzig geworden* u. auf Fort Preußen in Stettin untergebracht, sein **Bruder**, d. Ltnt. Johann Heinrich Otto (* um 1735, † April 1763), 1749 *cadet*, 1755 Fähnrich, vom I-R Nr. 12 wurde als Kurator eingesetzt; e. **Schwester** war verh. mit d. Cap. Friedrich Rudolph von Lentz, s.d.; **Güter**: besaß e. Anteil Gr. u. Kl. Wachlin sowie Anteil Roggow im Krs. Saatzig, diese trugen 1763 jährl. Netto-Revenuen von 908 T., nach Abzug d. Zinsen von 443 für d. Schulden in Höhe von 8 870 T. blieben jährlich freie Revenuen von 464 T., diese sollten überwiegend d. Unterhalt d. Cap. F.L. dienen; seine Lehnsfolger traten d. Güter 1765 d. Cap. Gottfried Ulrich von Loewenclau ab; (**verwandt**: George Carl (* 1708), seit 1724 im Militär, 1730 Gefr.corp. im I-R Nr. 10, Okt. 1737 als Fähnrich gest.: Stabi, Ms. boruss. fol. 316, IV. HA, Rep. 11, Nr. 90);

Quellen: GStA, I. HA, Rep. 30, Nr. 44, U 125 f, Paket 9382; Nr. 243, Vas.tab. 1756, 1763, 1767; IV. HA, Rep. 1, Nr. 91, Bl. 2; Stabi, Ms. boruss. fol. 316 (Bruder); Brüggemann, T. 2/2, S. 284–185; Oelsnitz, I-R Nr. 2, S. 433. S. 947; Tb. Briefadel 1925, S. 897;

Cap. Friedrich Rudolph von UCKERMANN (1696–1745)

aus Pommern gebürtig; **Laufbahn**: seit 1713 im Militär, Febr. 1737 Cap. im Bat. L'Hopital, Aug. 1739 ins I-R Nr. 2, 1740 Cap. u. Chef e. Comp. im I-R Nr. 2, Febr. 1745 an bei Habelschwerdt erlittenen Blessuren verst.;

Quellen: GStA, I. HA, Rep. 96, Nr. 518 K (1738 stand e. Cap. Fr. Rud. v. U. im Reg. d. Königs); Stabi, Ms. boruss. fol. 311; Oelsnitz, I-R Nr. 2, S. 387, S. 947; nicht in IV. HA, Rep. 1, Nr. 91;

Ltnt. Henning Otto von UCKERMANN (* 1690)

aus Pommern gebürtig; **Laufbahn**: stand seit 1711 im I-R Nr. 11, Febr. 1712 Fähnrich, Sep. 1714 Sl, 1721 zum Garn.-Bat. nach Memel versetzt, vor 1740 abgegangen;

Quellen: Stabi, Ms. boruss. fol. 319; Becker, I-R Nr. 11, S. 110, S. 411;

Major Joachim Ernst von UCKERMANN (* 1722)

aus Pommern gebürtig; **Laufbahn**: seit 1736 im Militär, 1742 Gefr.corp. im I-R Nr. 39, 1756 Pl, vor 1764 Cap. u. Chef e. Comp., (im Jan. bzw.) Mai 1764 mit d. Charakter Major dim.;

Quellen: GStA, IV, HA, Rep. 1, Nr. 91, Bl. 2; Stabi, Ms. boruss. fol. 316 (1742 u. 1756 aus Poln.-Preußen, 1764 aus Pomm.);

Obrist Joachim Ernst von UNFRIED (1733–1798)

(**Vater**: Aemilius (1683–1755)*, zeitweilig Major in Stettin, zuletzt Ol in Glogau, d. Sohn) aus Stettin gebürtig; **Laufbahn**: seit 1754 im Militär, 1756 Gefr.corp., 1779 als Cap. u. Chef e. Comp. im I-R Nr. 43 gen., Juni 1786 Major, Jan. 1794 Ol, Mrz. 1795 als Obrist mit Pension dim.;

Quellen: GStA, IV. HA, Rep. 1, Nr. 91, Bl. 36; Stabi, Ms. boruss. fol. 316; biogr. Handbuch, S. 1035 (Vater);

Ltnt. August Wilhelm von USTARBOWSKY (* 1764, † 25. Mrz. 1807)

Vater: Franz Albrecht († 1770), stand 22 Jahre im Militärdienst, zuletzt Cap. im I-R Nr. 5, am 25. April 1765 dim., A.W. aus Sterbenin im Distrikt Lauenburg geb.; **Mutter**: Marie Henriette, geb. Meyer, sie bat im Jan. 1786 mit Verweis auf d. Militärdienst ihres Mannes u. d. Sohnes aus Neuhaldensleben um e. Pension; **Laufbahn**: Mai 1774 *cadet* in Stolp, April 1781 *cadet* in Berlin, Sep. 1785 Fähnrich im I-R Nr. 2, Mrz. 1788 Sl, Mrz. 1792 dim., 1806 Lazarett-Offizier, 1807 gest.;

Quellen: GStA, I. HA, Rep. 30, Nr. 413 b, Paket 10 188; Rep. 96, Nr. 435 U; IV. HA, Rep. 1, Nr. 91, Bl. 70; Stolper Kadetten, S. 6;

Ltnt. Christian von USTARBOWSKY (1699–1739)

aus Pommern gebürtig; **Laufbahn**: seit 1720 im Militär, Aug. 1727 Fähnrich im I-R Nr. 16, Juli 1732 Sl, Jan. 1737 Pl, 1739 gest.;

Quellen: Stabi, Ms. boruss. fol. 311; Kopka v. Lossow, Offz.liste, S. 6*;

Ltnt. Johann Jacob von USTARBOWSKY (* 1778, † 22. Mai 1807)

Vater: Anton († 1799), nahm keine Dienste, Erbherr auf Schimmerwitz G im Distrikt Lauenburg, 1802 im Wert von (500 bzw.) 333 T., hinterließ fünf Kinder; **Mutter**: Anna Sophia, e. Tochter von Peter Adam von Gruben in Krampkewitz, sie besaß kein eigenes Vermögen, d. Gutsanteil gehörte ihren Kindern, nach Abzug d. Lasten blieb wenig für d. Erziehung d. Kinder, für d. Schulgeld d. Tochter, sie mußte sich von Handarbeit ernähren, erhielt nach Suppliken ihres Sohnes J.J. an d. König u. Kabinettsrat Carl Friedrich Beyme mit Resolution vom 8. Febr. 1802 e. Pension von 100 T.; **Mutter-Bruder**: Martin Heinrich von Gruben (1743–1809), Major, s.d.; **Bruder**: Ernst Heinrich (1783–1809), Mai 1792 *cadet* in Stolp, Mai 1795 *cadet* in Berlin, Mrz. 1800 Fähnrich im I-R Nr. 53, Aug. 1802 Sl, 1809 Suizid; **Bruder**: Michael (August bzw. Benjamin) (1786–1852), Okt. 1796 *cadet* in Stolp, Mai 1803 *cadet* in Berlin, Okt. 1805 Fähnrich im I-R Nr. 49, Mrz. 1812 Sl, Okt. 1812 zur Gendarmerie, Mai 1830 als Major dim.; **Laufbahn**: Aug. 1786 *cadet* in Stolp, April 1792 *cadet* in Berlin, Okt. 1797 Fähnrich im I-R Nr. 38, Mrz. 1800 Sl, gab in seiner Immediatsupplik vom 2. Mai 1801 an, seine Mutter nicht unterstützen zu können, weil er von seinem *Tractament* d. *Equipage* noch abzahlen mußte, 1807 beim Ausfall von Neiße gefallen;

Quellen: GStA, I. HA, Rep. 30, Nr. 249, Vas.tab. 1804; II. HA, Abt. 13 a, Tit. III, Litt L, Nr. 1, Bd. 2; Tit. U, Nr. 2 (Mutter); IV. HA, Rep. 1, Nr. 91, Bl. 70 (d. Bruder E.H. hier als Carl); Stolper Kadetten, S. 21, S. 28, S. 34;

Ltnt. Carl Gottlieb von VANGEROW (* 29. Aug. 1739, † 4. Juli 1790)

Vater: Joachim Christoph (* um 1708, † 1754), Erbherr auf Vangerow B u. Trocken Glienke B im Krs. Neustettin, 1767 im Wert von 5 023 T., darauf Hypotheken von 2/m T., andere Schulden von 1 471 T., es hieß damals, seine Söhne könnten sich nicht selbst helfen; **Mutter**: Dorothea Elisabeth, geb. von Hertzberg (1709–1782), sie besaß 1775 e. Vermögen von 200 T., stand auf d. Expectantenliste für e. Pension; **Großvater**: Christian, auf Vangerow B; **Bruder**: Christian Wilhelm (1742–1801), engagierte sich im Dez. 1759 im Militärdienst, seit 1760 im Regiment, Mrz. 1761 Fähnrich im I-R Nr. 3, Mai 1763 Sl, Juni 1770 Pl, Juni 1781 nach 20 Dj. als Ltnt. dim. u. in Halle im Salzfach versorgt; **Bruder**: Otto Heinrich Philipp (1744–1814), 1763 als Fahnenjunker ins I-R Nr. 3, Juni 1764 Fähnrich, Juli 1768 Sl, 1779 als Pl gen., 1782 zum Garn.-Bat. Nr. 4, 1788 zum Depot-Bat. d. I-R Nr. 10, Dez. 1788 Cap. u. Chef e. Comp., Mrz. 1795 Major, Sohn: Otto Friedrich Leopold (1769–1817), Mai 1792 Sl im I-R Nr. 10, Nov. 1800 Pl, stand 1806 im 3. Mousq.-Bat., als Cap. gest.; **Schwester**: Ilsa Margaretha (* 1738, † 9. Nov. 1805), sie bezog wegen ihrer kümmerlichen Umstände seit Dez. 1782 e. Pension von 50 T.; **Laufbahn**: weilte 1755 zs. mit C.W. auf d. Schule in Neustettin, trat um 1757 in d. Militärdienst ein, 1764 Sl im I-R Nr. 23, Juni 1766 wegen Blessuren dim., erhielt e. jährl. Pension von 65 T., stand 1782 als Ltnt. im Berliner Land-Bat.; **Ehefrau**: Caroline Christiane, verwitw. von Vangerow, geb. von Kameke **Güter**: seit Aug. 1769 Erbherr auf Vangerow B u. Trocken Glienke B; saß 1784 gemeinsam mit e. Stief-Sohn auf d. Gut, bekam mit Resolution vom 1. Juni 1784 vom König e. Geldgeschenk über 4/m T. für d. Wiederaufbau d. abgebrannten Vorwerksgebäude; 1793 u. 1804 befanden sich diese Güter in d. Händen seiner Erben; **Sohn**: Gottlob August Ferdinand (* 1776, † um 1810), Cap., s.d.;

Quellen: GStA, I. HA, Rep. 30, Nr. 43, Paket 9 232; Nr. 243, Vas.tab. 1756, 1763, 1767 (in d. Vas.listen für alle drei Brüder andere Vornamen u. Daten); 1793, 1804; II. HA, Abt. 13 a, Tit. I, Litt V,

Nr. 1, Nr. 4; IV. HA, Rep. 1, Nr. 91, Bl. 99; Stabi, Ms. boruss. fol. 316, fol. 907 a; Brüggemann, T. 2/2, S. 774; Gesch. I-R Nr. 3, S. 260, S. 268 (Bruder O.H.P.); Tb. Uradel 1921, S. 850–851;

Obrist George Caspar von VANGEROW (* 25. Sep. 1732, † 19. Jan. 1805)

Vater: Moritz Heinrich, Erbherr auf Anteil Vangerow im Krs. Neustettin; **Mutter**: Christiane Abigail, geb. von Hertzberg; **Laufbahn**: seit 1746 im Militär, Aug. 1755 Fähnrich im I-R Nr. 28, April 1763 Sl, im Juni 1774 als Stabs-Cap. gen., Juni 1782 Major im I-R Nr. 28, Sep. 1790 Ol, Juni 1792 Obrist, Dez. 1792 Kommandeur d. Depot-Bat. d. I-R Nr. 13; **Ehefrau**: Sophie Elisabeth, geb. von Walspreck; **Güter**: Erbherr auf Vorwerk Steinburg im Krs. Neustettin;

Quellen: GStA, IV. HA, Rep. 1, Nr. 91, Bl. 99; Stabi, Ms. boruss. fol. 314; Tb. Uradel 1921, S. 853;

Cap. Gottlob August Ferdinand von VANGEROW (* 15. Juni 1776, † um 1810)

Vater: Carl Gottlieb (1739–1790), Ltnt., s.d.; **Mutter**: Caroline Christiane, geb. von Kameke; **Laufbahn**: Dez. 1792 Fähnrich im I-R Nr. 24, Feb. 1795 Sl, Dez. 1804 Pl, im Mai 1805 auf Wunsch dim., Juli 1805 Charakter Cap.; **Güter**: erhielt am 16. Jan. 1797 d. *venia aetatis*, hatte damals e. Vermögen von 4603 T., besaß zs. mit seinen drei Schwestern d. väterlichen Güter Vangerow B u. Anteil Trocken Glienke B im Krs. Neustettin; **Schwester**: Henriette (* 1777), sie besaß 1805 e. Vermögen von 5 bis 600 T., wurde im Nov. 1805 auf d. Expectantenliste für e. Pension gesetzt, d. beiden anderen Schwestern waren verh. mit e. von Hertzberg zu Klein Hertzberg u. e. von Hertzberg zu Barenbusch;

Quellen: GStA, I. HA, Rep. 30, Nr. 44, V 125 g, Paket 9383; Nr. 243, Vas.tab. 1756, 1767; II. HA, Abt. 13 a, Tit. III, Litt V, Nr. 5; IV. HA, Rep. 1, Nr. 91, Bl. 99 (als Fr. Ferd.); Brüggemann, T. 2/2, S. 773–774; Tb. Uradel 1921, S. 850;

Ltnt. Otto Heinrich von VANGEROW (* 4. Nov. 1738, † 24. Aug. 1768)

Vater: Johann Friedrich (* 1701, † 1745), 1717 *cadet* in Berlin, Ltnt., seit 1728 Erbherr auf Vangerow A u. Trocken Glienke A, hinterließ fünf Töchter u. drei Söhne, d. Kinder besaßen 1750 e. Vermögen von zs. 2800 T.; **Mutter**: Charlotta Henrietta, geb. von Kameke; **Großvater**: Hans George, Major, Erbherr auf Vangerow A; **Bruder**: George Henning (* 1737); **Laufbahn**: avancierte im I-R Nr. 22 bis zum Fähnrich, Mai 1763 mit d. Charakter Ltnt. dim.; **Güter**: erbte von seinem **Vater-Bruder** Otto George von Vangerow (* 1701, † 1758), seit 1714 im Militär, 1726 Sl im I-R Nr. 6, 1737 Stabs-Cap., 1739 Cap. im I-R Nr. 6, 1740 Major im Garn.-Bat. Nr. 4, Abschied nach 26 Dj., d. Vorwerk Hohenhausen u. Nemmin B, dazu Pieleborg A u. Linde A im Krs. Neustettin, von seinem Vater 1759 Vangerow A u. Trocken Glienke A im Krs. Neustettin; seine Güter hatten 1767 e. Wert von 12/m T., darauf Hypotheken von 8170 T.; **Ehefrau**: e. geb. von Kameke; **Sohn**: Heinrich Henning Carl (* um 1767), dieser besaß seit 1769 d. väterlichen Güter, noch 1804 als Erbherr auf Vangerow A u. Trocken Glienke A im Wert von 14/m T. gen., Pieleborg A u. Linde A befanden sich 1793 im Besitz d. Erben d. Ltnt. Conrad Friedrich von Hertzberg;

Quellen: GStA, I. HA, Rep. 30, Nr. 43, Paket 9232; Nr. 186 d, Paket 9835; Nr. 243, Vas.tab. 1767, 1793, 1804; Rep. 96, Nr. 518 E bis H; IV. HA, Rep. 1, Nr. 91, Bl. 99; Stabi, Ms. boruss. fol. 312 (Onkel O.G.), fol. 314, fol. 318; Brüggemann, T. 2/2, S. 765, S. 773–774; Crousaz, Beilage C, S. 32 (Vater); Tb. Uradel 1921, S. 549;

Ltnt. George Ernst von VARCHMIN (* 1685)

aus Pommern gebürtig; **Laufbahn**: seit 1701 im Militär, Dez. 1714 Fähnrich im I-R Nr. 11, 1718 Ltnt., 1724 abgegangen;

Quellen: Stabi, Ms. boruss. fol. 319; Becker, I-R Nr. 11, S. 412;

Obrist Johann Ernst von VARCHMIN (* 1. Febr. 1701, † 11. Jan. 1779)

Vater: Siegfried Ernst (1681–1713), bis 1704 Erbherr auf Plümenhagen im Ftm. Cammin; **Mutter**: Anna Brigitta, geb. von Dallwitz († 1741); **Großvater**: Hans Sigismund, veräußerte d. Gut Datjow A im Ftm. Cammin; **Bruder**: Ernst Gottlieb, dessen Söhne Carl Albrecht u. Ernst Gottlieb wurden 1771 zu Warlack in Preußen gen.; **Laufbahn**: trat 1717 in d. Militärdienst ein, stand 1727, 1731 als Cornet im K-R Nr. 1, 1746 als Rittmstr., 1750 als Major, um 1760 als Obrist gen., April 1764 als Obrist im K-R Nr. 1 dim.; **Güter**: wollte um 1728 vergeblich d. Gut Datjow A *reluiren*; seit 1746 Erbherr auf Plümenhagen im Ftm. Cammin, d. früher in d. Hand seiner Familie gewesen war, 1756 hier gen.; verkaufte es 1766 d. Major Johann Carl von Froreich; hielt sich 1767 auf seinem schlesischen Gut Mechwitz bei Strehlen auf; in dritter **Ehe** verh. mit Eleonore Luise, geb. von Tschirschky (1722–1793);

Quellen: GStA, I. HA, Rep. 30, Nr. 44, V 125 a, Paket 9383; Nr. 241 b, Paket 9964; Nr. 243, Vas.tab. 1756, 1763, 1767 (hier als Hans Gustav); IV. HA, Rep. 1, Nr. 91, Bl. 106 (kz. Notiz); Stabi, Ms. boruss. fol. 312; Brüggemann, T. 2/2, S. 557, S. 587; Tb. Uradel 1917, S. 915;

Ol Alexander Ludwig Christoph von VERSEN (* 1749, † 14. Aug. 1805)

Vater: Friedrich Christoph (* um 1707, † 1766), seit 1727 im Militär, 1730 Quartier-Mstr. im K-R Nr. 5, 1740 Ltnt., 1750 Rittmstr. im K-R Nr. 5, Febr. 1750 als Rittmstr. dim., als Postmstr. in Stargard versorgt, hinterließ 1766 seine Frau (* geb. um 1725), zwei Tö u. e. Sohn, seine Witwe besaß 1778 e. Vermögen von 3/m T., mußte sich u. d. Töchter von d. Zinsen ernähren; **Laufbahn**: trat 1763 in d. Militärdienst ein, (1764 Gefr.corp.), 1770 Fähnrich, Mrz. 1781 Pl im I-R Nr. 39, Mai 1790 Stabs-Cap., Nov. 1792 Orden p.l.m., Nov. 1793 Cap. u. Chef e. Comp., Nov. 1797 Major, Dez. 1804 mit Pension dim., Jan. 1805 Charakter Ol; **Güter**: kaufte 1782 für 6015 T. Rakitt A im Krs. Pyritz von Carl Siegmund von Koethen, erhielt im Mai 1788 d. Consens zum Verkauf d. Anteils an e. Bürgerlichen; erwarb 1789 Pegelow A im Krs. Saatzig für 16500 T. vom Major Hans George Bernd von Ploetz, war diesem 1793 noch 5/m T. Kaufgeld schuldig; suchte am 1. Febr. 1795 mit Hinweis auf seine 32 Dj., auf e. erlittenen Brandschaden, die seit zwei Jahren ausgebliebene Pacht u. d. hinderliche *Communion* mit d. Amt Marienfließ um d. Verkauf an e. Bürgerlichen nach, nur so könne d. Ruin d. Familie verhindert werden, hätte sich seit zwei Jahren vergeblich um e. adligen Käufer bemüht, er besitze keine Holzung, ihm fehle d. Patronatsrecht, auch gebe es keine Untertanen u. d. Gebäude wären verfallen; erhielt am 22. Mrz. 1795 d. gewünschten *Consens*;

Quellen: GStA, I. HA, Rep. 30, Nr. 43, Paket 9232; Nr. 186 d, Paket 9839; Nr. 243, Vas.tab. 1793; Nr. 244, Pakete 9990 u. 9991; IV. HA, Rep. 1, Nr. 91, Bl. 139; Stabi, Ms. boruss. fol. 311 (Vater), fol. 316 (1764 als Carl Aug., 1782 als Ludwig); Lehmann, Ritter, S. 223;

Ltnt. Christoph Casimir von Versen (* 9. Febr. 1752)

Vater: Ernst Casimir (* um 1718, † vor 1776), vorm. Junker im D-R Nr. 9, Erbherr auf Burzlaff im Krs. Belgard, seit 1756 auch auf Crampe im Ftm. Cammin; **Vater-Bruder**: Lorenz Reinhold (* 1701, † 1756), 1717 cadet in Berlin, 1728 Sl im I-R Nr. 4, 1738 Pl, April 1743 Cap. u. Chef e. Comp., als aktiver Offz. im Juni 1756 gest., Erbherr auf Crampe im Ftm. Cammin; **Bruder**: Caspar Laurens Reimar (* 31. Mai 1748); **Bruder**: Friedrich Ernst Heinrich (* 19. Nov. 1750, † 1802), seit 1767 im Militär, 1772 als Junker, später als Ltnt. im D-R Nr. 9 gen., Dez. 1781 nach 18 Dj. dim., seit 1776 Erbherr auf Crampe im Ftm. Cammin im Wert von 6417 T., 1803 saß seine Witwe Friederike Charlotte, geb. von Borcke (* 1763), auf d. Gut, diese hatte drei Töchter u. zwei Söhne, alle unmündig, sie hatte ihrem Mann keine Mitgift eingebracht, zog aus d. Lehn d. Fam. von Borcke jährlich nur 30 T. *Alimente*, sie bekam im Dez. 1803 e. Pension von 100 T.; **Schwester**: Christina Sophia, verh. von Woedtke; **Laufbahn**: trat um 1766 in d. Militärdienst ein, 1770 Junker, stand im Nov. 1772 als Cornet im H-R Nr. 8, erhielt im Dez. 1773 d. *venia aetatis*, hatte wie sein Bruder e. freies Vermögen von 5536 T., Mrz. 1775 als Ltnt. dim; **Güter**: seit 1776 Erbherr auf Burzlaff, Klein Krössin u. Anteil, seit 1778 auf ganz Mandelatz im Krs. Belgard, d. Güter hatten e. Wert von rund 9/m T.; erwarb 1782 von d. Gebr. von Münchow Alt u. Neu Bukkow im Ftm. Cammin im Wert von 20/m T. sowie Schlennin u. Rottow; veräußerte Klein Krössin B im Juli 1797 für 3500 T., Burzlaff, Mandelatz A u. B, Schlennin u. Rottow hatten 1797 e. Wert von 38/m T., noch 1804 auf diesen Gütern gen.; **Sohn**: Franz Friedrich Casimir (* 1780), weilte 1797 auf d. Gymnasium in Stettin;

Quellen: GStA, I. HA, Rep. 30, Nr. 186 d, Paket 9839; Nr. 243, Vas.tab. 1756, 1767, 1793, 1797, 1804; II. HA, Abt. 13 a, Tit. III, Litt V, Nr. 3 (Witwe d. Bruders F.E.H.); IV. HA, Rep. 1, Nr. 91, Bl. 139; Stabi, Ms. boruss. fol. 312 (F.E.H.), fol. 313 (Onkel); Brüggemann, T. 2/2, S. 556, S. 640–641; Schöning, 5. H-R, S. 112, S. 124; Crousaz, Beilage C, S. 31 (L.R.); Tb. Uradel 1900, S. 839;

Ltnt. Jacob Dubislav von Versen (* 1708, † 28. Sep. 1750)

Vater: Christoph Wilhelm (* um 1678), Ltnt., Erbherr auf Gr. Tychow B im Krs. Belgard; (**Bruder**: Christoph (Christian) Friedrich (* 1724), 1743 Junker im D-R Nr. 9, 1756 als Uffz. im D-R Nr. 9 gen., vor 1768 gest. bzw. Dez. 1781 als Ltnt. dim., saß 1756 als Erbherr auf Gr. Tychow B im Krs. Belgard; **Bruder**: Carl Ludwig, wurde um 1768 für tot erklärt); **Laufbahn**: seit 1725 im Militär, stand 1743 als Ltnt. im D-R Nr. 9, 1750 als Ltnt. gest.;

Quellen: GStA, IV. HA, Rep. 1, Nr. 91, Bl. 139; Stabi, Ms. boruss. fol. 120 (hier Vater u. Söhne gen.), fol. 312; Brüggemann, T. 2/2, S. 673;

Rittmstr. Lorenz Wilhelm von Versen (* 21. Aug. 1714, † 9. Juni 1799)

Vater: Friedrich Wilhelm (1665–1715), Erbherr auf Tiezow u. Warnin im Krs. Belgard; **Mutter**: Anna Sophie, geb. von Hagen (1680–1746); **Bruder**: Otto Ernst Casimir (1705–1772)*, Sep. 1725 Junker im D-R Nr. 1, 1735 Ltnt., April 1741 Stabs-Cap. im D-R Nr. 9, Jan. 1759 Kommandeur d. D-R Nr. 9, April 1763 als GM dim.; **Laufbahn**: trat um 1735 in d. Militärdienst ein, 1740 Cornet im K-R Nr. 5, 1745 Ltnt., seit 1756 Rittmstr. u. Chef e. Escadron im K-R Nr. 5, im Jan. 1757 nach d. Verlust d. Gesichts dim.; **Güter**: seit 1747

Erbherr auf Pobanz im Ftm. Cammin, 1767 im Wert von 5490 T., d. Schulden betrugen 5266 T., seit 1763 Erbherr auf Tiezow im Krs. Belgard, 1767 im Wert von 10/m, darauf Hypotheken von 5500 T., hier noch 1793 im Wert von 12/m T. genannt, im Mai 1798 für 40/m T. verkauft an d. Rittmstr. Carl George Friedrich von Belling; bat im Juni 1786 aus Tiezow immediat um d. Heirats-*Consens* für seinen Sohn O.L., dieser wollte e. Tochter d. Majors von Kleist ehelichen u. durch d. ansehnliche Partie e. verschuldetes Fam.gut *reluiren*, O.L. erhielt d. Erlaubnis u. Charlotte Hedwig Jacobine (1769–1820), e. To. von Hans Joachim Gneomar von Kleist, brachte ihm 7/m T. Ehegeld ein, beide wurden später geschieden; **Ehefrau**: Ernestine Sophie Amalie, geb. von der Goltz (1723–1792); **Sohn**: Joachim Friedrich Wilhelm (1750–1811), seit etwa 1763 im Militärdienst, 1764 Gefr. corp., 1767 Fähnrich, Nov. 1771 Sl im I-R Nr. 22, Juni 1782 krankheitshalber nach 19 Dj. als Sl dim., bat noch im Juni d.J. um d. Charakter Cap., erneuerte sein Gesuch im Sep. u. Dez. 1782, seit 1791 auf Pobanz im Krs. Belgard, um 1793 verkauft, auf Steinbusch, Werder, Springe im Krs. Arnswalde im Wert von 30/m T.; **Sohn**: Otto Ludwig (* 1751), 1767 königl. Page, 1767 Uffz., 1770 Junker, Juni 1777 Sl im H-R Nr. 8, 1793 als Ltnt. gen., 1794 als Stabs-Rittmstr. dim., 1805 Charakter Major, erwarb 1801 Zarnefanz u. Naffin im Ftm. Cammin; **Sohn**: Gustav Friedrich (1761–1821), Juni 1783 Sl im D-R Nr. 4, Juli 1786 wegen *übler Conduite weggeschafft*, hielt sich 1793 in Kolberg auf; (**verwandt**: im Okt. 1744 stand e. Ltnt. Johann Wilhelm von Versen im D-R Nr. 8: Baerensprung, S. 509);

Quellen: GStA, I. HA, Rep. 30, Nr. 43, Paket 9232; Nr. 243, Vas.tab. 1756, 1767, 1793, 1804; Rep. 96, Nr. 435 V; IV, HA, Rep. 1, Nr. 91, Bl. 139 (Sohn G.F. hier als Joh. G.); Stabi, Ms. boruss. fol. 311, fol. 314 (Sohn J.F.W.), fol. 315; Brüggemann, T. 2/2, S. 588, S. 672; Schöning, 5. H-R, S. 138–139, S. 551; Fam.gesch. Kleist, Linie Muttrin-Damen, S. 426–427; Jb. dt. Adel, 3. Bd., S. 700–705; Priesdorff, Nr. 542 (Bruder O.E.C.);

Cap. Ludwig Siegmund von Versen (* 1732)

Vater: Rüdiger Ewald (* 1696), seit 1711 im Militär, April 1716 Fähnrich, Aug. 1721 Ltnt. im I-R Nr. 25, vor 1729 dim.; **Mutter**: Eleonore Barbara, geb. von Münchow, in zweiter Ehe verh. mit d. Cap. Caspar Friedrich Sylvester von Hertzberg auf Nelep im Krs. Schivelbein; **Bruder**: Carl Friedrich (* 1734), Juni 1754 Fähnrich im Garn.-Reg. Nr. 6, Mai 1758 als Ltnt. *cassirt*; **Bruder**: Gotthilf (* 1743, † 1814), 1754 *cadet* in Berlin, Jan. 1759 Fahnenjunker im I-R Nr. 36, Sep. 1760 Fähnrich, 1761 bis 1763 in österr. Gefangenschaft, Dez. 1764 Sl, Mrz. 1778 Pl, Mai 1785 Stabs-Cap., Juni 1787 Cap. u. Chef e. Comp., Juni 1795 Major, Mrz. 1805 mit Pension dim., wurde nach e. *unglücklichen Streit* mit d. Reg.quartiermstr. Fabricius gegen seinen Willen im Alter von 63 Jahren nach 45 Dj. entlassen, verlor seine *Compagnie* u. damit sein Brot, besaß kein Vermögen, hatte Frau u. fünf Kinder, erwirkte durch e. Immediatgesuch vom Febr. 1805, daß d. Pension seiner 72jährigen Schwester Amalia, die von ihm bisher unterstützt worden war, auf 100 T. erhöht wurde; **Schwester**: Antoinette Dorothea (* 1736), verh. mit d. Cap. Henning Wedig von Damitz, s.d.; **Laufbahn**: trat 1749 in d. Militärdienst ein, Juni 1756 Fahnenjunker im I-R Nr. 36, Febr. 1758 Fähnrich, Jan. 1759 Sl, 1759 bis 1763 in österr. Gefangenschaft, Juni 1767 Pl, April 1777 als Cap. dim.;

Quellen: GStA, I. HA, Rep. 30, Nr. 43, Paket 9232; II. HA, Abt. 13 a, Tit. IV, Generalia, Nr. 23; IV. HA, Rep. 1, Nr. 91, Bl. 139; Gesch. d. I-R Nr. 36, S. 100, S. 104; Stabi, Ms. boruss. fol. 314;

Cap. (bzw. Obrist) Ernst Joachim von VIRGIN (* 1705, † 1758)

Vater: Carl Gustav (1744 als Pl im I-R Nr. 47 gest.), Erbherr auf Anteil Schwessin im Krs. Rummelsburg; **Mutter**: Esther Elisabeth, geb. von Massow; **Bruder**: Carl Gustav (* 1701), seit 1718 im Militär, 1740 Sergant im I-R Nr. 23, (zuletzt Ltnt.); **Laufbahn**: seit 1723 im Militär, 1730 Corporal, Jan. 1736 Sl im I-R Nr. 7, 1740 hier noch als Sl gen., vor 1749 abgegangen, 1756 Cap., Kommandant auf d. Regenstein; **Güter**: erbte d. dritten Teil d. Gutes Schwessin von seinem Vater, hinterließ seine Frau u. zwei Töchter, d. Gut fiel 1764 an Peter Valentin von Roggenbuck;

Quellen: GStA, I. HA, Rep. 30, Nr. 241 b, Paket 9961; Nr. 243, Vas.tab. 1756; nicht in IV. HA, Rep. 1, Nr. 91; Stabi, Ms. boruss. fol. 311 (Vater), fol. 314, fol. 316 (Bruder C.G.); Brüggemann, T. 2/2, S. 806–807; d. Fam. bei Bagmihl nicht gen.; Siebmacher, Bd. 6/9, 1894, S. S. 104–105;

Ltnt. Johann Friedrich Albrecht von VOGELSANG (* 1737, † 5. Dez. 1757)

aus Pommern gebürtig; **Laufbahn**: seit 1753 im Militär, 1756 Gefr.corp. im I-R Nr. 1, im Dez. 1757 (als Ltnt.) gefallen;

Quellen: Stabi, Ms. boruss. fol. 313;

Cap. Ernst Ludwig von VOIGT (* 1691)

aus Pommern gebürtig; **Laufbahn**: seit 1704 im Militär, 1721 Ltnt. im I-R Nr. 17, 1730 Stabs-Cap., vor 1740 abgegangen;

Quellen: Stabi, Ms. boruss. fol. 316 (1721: aus Pomm., 1730: NM); nicht bei Siebmacher u. Zedlitz;

Rittmstr. Carl Wilhelm von VOLCKMANN (* 1694, † 18. Febr. 1750)*

(**Vater**: Johann, Bürgermstr. in Stargard, siehe aber unten bei M.D.); **Laufbahn**: seit 1713 im Militär, Juli 1717 als Corp. ins D-R von Schulenburg (D-R Nr. 5), hier Wachtmstr., dann Sekretär, Juni 1725 Sl u. Adjutant im D-R Nr. 5, 1727 als Rittmstr. gen., Dez. 1733 Reg. quartiermstr., gest. zu Pasewalk; (**verwandt**: 1713 stand ein Johann Friedrich von Volckmann (* 1677), aus Stargard gebürtig, seit 1704 im Militär, als Corp. im I-R Nr. 22: Ms. boruss. fol. 314);

Quellen: Stabi, Ms. boruss. fol. 313 (1727 als Rittmstr. gen.); Albedyll, Anhang, S. 43* (hier nur als Ltnt., dann als Reg.quartiermstr. gen., Verweis darauf, daß d. Vater evt. d. Stargarder Bg.mstr. war);

Ol Martin Daniel (seit Jan. 1701: von) VOLCKMANN (* 21. Aug. 1685, † 16. Mai 1734)

Vater: Johann († 28. Juli 1708), Bürgermstr. von Stargard u. hinterpomm. Landrat, am 18. Jan. 1701 nobilitiert, hinterließ einen Sohn; **Laufbahn**: 1701 *cadet* in Berlin, 1703 Uffz., Juni 1713 Fähnrich im I-R Nr. 16, Sep. 1716 Sl, April 1721 Pl, Juli 1724 Stabs-Cap., Mai 1728 Cap. u. Chef e. Comp., Mrz. 1734 als Ol ins Bat. Natalis, noch 1734 als Ol gest.; (**verwandt**: 1721 stand e. Serg. Caspar Jochen von Volckmann (* 1695), seit 1714 im Militär, im I-R Nr. 16: Stabi, Ms. boruss. fol. 311);

Quellen: Stabi, Ms. boruss. fol. 311; Vanselow, Helden-Register, S. 466–467; Siebmacher, Bd. 6/9, 1894, S. 105; Kopka v. Lossow, Offz.liste, S. 12*;

Cap. Carl Friedrich von VORMANN (* 1727, † 25. Juni 1778)

Vater: Johann George, Erbherr auf Anteil Schurow im Krs. Stolp; **Laufbahn**: seit 1745 im Militär, Sep. 1750 Fähnrich im I-R Nr. 13, Juli 1755 als Sl zu e. Garn.-Reg. in Preußen versetzt, 1763 als Sl gen., Sep. 1767 Cap. u. Chef e. Comp. im Garn.-Reg. Nr. 2, 1778 als Cap. gest.; **Güter**: erwarb als Cap. 1776 d. Gut Rexin A im Krs. Stolp für 4400 T.; ohne Leibeserben gest., d. Gut fiel seiner einzigen **Schwester** zu: Charlotta Friederika († um 1797), verh. mit d. Cap. Philipp Jacob Bogislav von Bonin (1740–1797), die es im Okt. 1779 verkaufte;

Quellen: GStA, IV. HA, Rep. 1, Nr. 91, Bl. 226 (kz. Notiz); Stabi, Ms. boruss. fol. 311, fol. 314 (1774 als Curd Fr.); Brüggemann, T. 2/2, S. 996–997 (hier als Vohrmann), S. 1 002–1 003 (d. Vater auf Schurow nicht genannt); Fam.gesch. Bonin, S. 132–133;

Cap. Christian Diedrich von VORMANN (* um 1695)

Vater: pomm. Vasall; **Laufbahn**: engagierte sich 1712 im Militärdienst, 1720 Fähnrich im I-R Nr. 21, 1730 Ltnt., 1740 Cap. im I-R Nr. 21, Mai 1744 dim.; **Güter**: *reluirte* 1742 d. Gut Gumbin im Krs. Stolp für 3750 T., verkaufte es 1763 für 7/m T. d. Verwalter Jacob Grothe, beglich aus d. Erlös d. Schulden von 4500 T.; **Bruder**: Joachim Friedrich, (dessen Sohn: d. Ltnt. George Friedrich); (**verwandt**: Laurens von Vormann (* 1716), seit 1733 im Militär, stand 1740 als Gefr.corp. im I-R Nr. 9: Stabi, Ms. boruss. fol. 315);

Quellen: GStA, I. HA, Rep. 30, Nr. 241 b, Paket 9962; Nr. 243, Vas.tab. 1756; IV. HA, Rep. 1, Nr. 91, Bl. 226 (kz. Notiz); Stabi, Ms. boruss. fol. 311; Brüggemann, T. 2/2, S. 971;

Ol Christian Heinrich von VORMANN (* 1715)

Vater: Michael Lorenz (1683–1725), Erbherr auf Kriwan im Krs. Stolp; **Bruder**: George Ludwig, Ltnt., s.d.; Stief-**Bruder**: Christoph Friedrich, Ltnt.; **Laufbahn**: Juni 1729 *cadet* in Berlin, 1737 Fähnrich bei d'Arbaud, Nov. 1738 (Sl bzw.) Pl im späteren I-R Nr. 33, Sep. 1751 Cap. u. Chef e. Comp. im I-R Nr. 33, zuletzt Ol, 1764 ins Garn.-Reg. (Nr. 8) versetzt, Sep. 1779 nach 50 Dj. als Ol im Garn.-Reg. Nr. 5 dim., bat anschließend um e. Pension;

Quellen: GStA, IV. HA, Rep. 1, Nr. 91, Bl. 226 (kz. Notiz): Stabi, Ms. boruss. fol. 311, fol. 314; Brüggemann, T. 2/2, S. 955; Crousaz, Beilage C, S. 33;

Ltnt. Friedrich Wilhelm von VORMANN (* 1724, † 26. Nov. 1753)

Vater: Ernst Friedrich († vor 1749), pomm. Vasall; **Bruder**: George Ernst Dietrich (* 1728), 1749 Ltnt. (im I-R Nr. 5 od. D-R Nr. 4); **Laufbahn**: seit 1741 im Militär, stand 1746 als Cornet im D-R Nr. 12, zuletzt Ltnt., 1753 als solcher gest.;

Quellen: GStA, IV. HA, Rep. 1, Nr. 91, Bl. 226 (hier nur F.W.); Stabi, Ms. boruss. fol. 311; Ms. geneal. fol. 120 (d. Brüder 1749 mit Hinweis auf d. Vater gen.)

Ltnt. George Ludwig von VORMANN (* 1715)

Vater: Michael Lorenz (1683–1725), Erbherr auf Kriwan im Krs. Stolp; **Bruder**: Christian Heinrich (* 1715), Ol, s.d.; Stief-**Bruder**: Christoph Friedrich (1708–1773), Major, siehe unten bei Otto; **Laufbahn**: Juni 1729 *cadet* in Berlin, 1737 Fähnrich, 1740 Ltnt. im Garn.-Bat. Nr. 3, (ein Pl George Ludwig von Vormann wurde 1757 aus d. Grenadier-Bat. Nr. 1 als

Cap. versetzt: fol. 311), vor 1757 abgegangen; (**verwandt**, nicht identisch: George Ludwig von Vormann (* 1729), seit 1747 im Militär, Nov. 1755 Fähnrich im I-R Nr. 33, 1760 als Sl bei Torgau gefallen: Stabi, Ms. boruss. fol. 311; nicht in IV. HA, Rep. 1, Nr. 91);

Quellen: Stabi, Ms. boruss. fol. 316; Brüggemann, T. 2/2, S. 955 (Hinweis auf Vater u. Brüder); Crousaz, Beilage C, S. 33;

Rittmstr. Otto (George Heinrich) von VORMANN (* um 1757, † 9. Aug. 1834)

Vater: Christoph Friedrich (1708–1773), seit 1724 im Militär, 1739 Cornet, 1740 Ltnt. im D-R Nr. 3, 1743 Ltnt. im D-R Nr. 4, 1751 als Stabs-Rittmstr. gen., 1756 Rittmstr. u. Chef e. Escadron im D-R Nr. 4, Febr. 1757 als Major nach 33 Dj. dim.; **Mutter**: Dorothea Amalia Adelheid verwitw. Ltnt. von Schöning, geb. von Lüskow († 1799), von 1751 bis 1775 auf Schönow im Krs. Pyritz, gekauft für 16 500 T., sie erwarb 1775 Billerbeck B für 5/m T., 1780 Billerbeck A für 4 255 T. u. 1775 Billerbeck C im Krs. Pyritz für 4 600 T.; **Großvater**: Michael Lorenz (1683–1725), Erbherr auf Kriwan im Krs. Stolp; **Bruder**: Casimir Friedrich Albrecht (* 1751, † 12. Okt. 1807), 1767 Junker, dann Sl im D-R Nr. 4, im Febr. 1785 nach über 20 Dj. wegen kränklicher Umstände als Ltnt. ohne Versorgung dim., bat im Mai 1785 um d. Charakter Cap., erwarb von seiner Mutter im Juli 1784 Billerbeck A, B u. C für 13 855 T., darauf 1788 Schulden von 9 393 T., ihm blieb damit e. freies Vermögen von 4 461 T., erlitt von 1784 bis 1788 auf d. Gut Schäden in Höhe von 4 440 T., bekam deshalb mit CO v. 20. Nov. 1788 e. Beihilfe über 2 220 T., zahlbar in zwei Raten, saß noch 1804 auf Billerbeck im Krs. Pyritz, jetzt im Wert von 30/m T., *reluirte* 1792 für 9 104 T. d. Gut Gumbin im Krs. Stolp; **Laufbahn**: Cornet im H-R Nr. 1, Sep. 1784 Sl, Aug. 1794 Pl, Aug. 1799 Stabs-Rittmstr., Dez. 1803 Rittmstr. u. Chef e. Escadron, Dez. 1812 Major, Nov. 1813 Kreis-Brigadier bei d. Gendarmerie, Dez. 1820 ausgeschieden; **Güter**: bat am 11. Nov. 1795 als Pl aus e. Ort nahe Sandomir darum, d. Lehngut Gumbin, das er zs. mit d. Bruder besaß, an e. Bürgerlichen verkaufen zu dürfen; er wollte im Dienst bleiben, d. Gut sei zu klein, um dafür e. guten Verwalter zu finden u. zu bezahlen; d. Brüder waren d. letzten d. Familie, es wären keine Lehnsverwandten vorhanden; d. Bruder reicht am 27. Dez. 1795 e. gleiches Gesuch ein; ihr Anliegen wurde am 1. Febr. 1796 abgewiesen;

Quellen: GStA, I. HA, Rep. 30, Nr. 243, Vas.tab. 1763, 1767, 1793, 1804 (d. Brüder als George Heinrich u. Casimir Friedrich); Nr. 244, Paket 9 991; II. HA, Abt. 13 a, Tit. I, Litt V, Nr. 3 (Bruder C.F.A); IV. HA, Rep. 1, Nr. 91, Bl. 226; Stabi, Ms. boruss. fol. 313 (Vater, als Christian Friedr.); Brüggemann, Beiträge, 2, S. 100; Schöning, D-R Nr. 3, S. 65, S. 84, S. 103, S. 421 (hier offenbar e. Verwechslung von Vormann u. Normann, in Cüstrin versorgt wurde N.); Tb. Briefadel 1925, S. 902 (Bruder C.F.A.);

Ltnt. Carl Alexander von WACHHOLZ (* 1732, † 26. Sep. 1758)

aus Pommern gebürtig; **Laufbahn**: seit 1746 Junker im K-R Nr. 6, Juni 1752 Cornet, 1758 als Ltnt. gest.;

Quellen: GStA, IV. HA, Rep. 1, Nr. 92, Bl. 4 (kz. Notiz, stand danach im K-R Nr. 9?); Stabi, Ms. boruss. fol. 315; Schwerin, K-R Nr. 10, T. 2, S. 71; Monteton, S. 80;

Ltnt. Carl Heinrich von WACHHOLZ († um 1762)

Vater: Carl Albrecht († vor 1763), erwarb 1754 d. Gut Natzmersdorf im Borckeschen Krs. für 6 500 T.; **Mutter**: Sophia Margaretha Louisa, geb. von Broecker; **Bruder**: Ewald Friedrich († vor 1763), stand 1762 als Referendar bei d. pomm. Regierung; **Laufbahn**: avancierte im I-R Nr. 13 bis zum Ltnt., Mrz. 1761 abgegangen; **Güter**: d. Mutter verkaufte Natzmersdorf 1762 an d. Verwalter Schmeling, ihr Antrag auf Allodifizierung wurde im Sep. 1763 abgelehnt;

Quellen: GStA, I. HA, Rep. 30, Nr. 44, W 133, Paket 9393; IV. HA, Rep. 1, Nr. 92, Bl. 4; Stabi, Ms. boruss. fol. 311 (nicht in d. Rangliste v. Dez. 1755, nicht in d. Abgangsliste); Brüggemann, T. 2/1, S. 343;

Obrist Caspar Joachim von Wachholz (* um 1677, † 1737)*

aus Pommern gebürtig; **Laufbahn**: seit 1697 im Militär, April 1707 Cap. im I-R Nr. 3, zuletzt hier Obrist, Okt. 1736 Kommandeur d. Bataillons Schwandes, 1737 gest.;

Quellen: Stabi, Ms. boruss., fol. 319; Gesch. I-R Nr. 3, S. 180;

Ltnt. Ewald Christoph von Wachholz (* 1727, † 24. Okt. 1757)

Vater: George Friedrich, seit 1733 Erbherr auf Nessin A im Ftm. Cammin, war dessen ältester Sohn; **Laufbahn**: seit 1744 Gefr.corp., Juni 1752 Sl im I-R Nr. 22, 1757 an e. bei Kolin erlittenen Blessur gest.;

Quellen: GStA, IV. HA, Rep. 1, Nr. 92, Bl. 4; Stabi, Ms. boruss. fol. 314; Brüggemann, T. 2/2, S. 581;

Ltnt. Ewald Christoph von Wachholz (* 1751, † 16. Juli 1800)

Vater: Jacob Ewald (1695–1758), seit 1712 im Militär, Okt. 1718 Cornet, 1724 Ltnt. im D-R Nr. 1, wechselte 1725 ins D-R Nr. 2, 1734 als Ltnt. gen., stand 27 Jahre im D-R Nr. 2, als Cap. vor 1743 dim., Erbherr auf Nessin B im Ftm. Cammin, auf Groß Jarchow, Molstow, auf Schwedt B im Krs. Greifenberg, 1767 im Wert von 14/m T., darauf Schulden von 13500 T.; **Bruder**: George Wilhelm (1740–1775), (nicht identisch mit d. Pl im I-R Nr. 8); **Laufbahn**: (seit 1766 Gefr.corp. im I-R Nr. 8, Jan. 1771 Fähnrich, Nov. 1775 Sl, Aug 1783 dim.), lt. Anzeige seiner Frau u. d. zuständigen Landrates vom Nov. 1800 u. Jan. 1801 hatte er 19 Jahre im I-R Nr. 8 gestanden, verließ d. Dienst, um d. väterl. Güter zu bewirtschaften; **Güter**: 1759 bis 1775 zs. mit d. Bruder Besitzer d. väterlichen Güter, seit d. Tod von G.W. alleiniger Erbherr auf Groß Jarchow, Molstow u. Schwedt B im Krs. Greifenberg, auch bis etwa 1768 auf Nessin B im Ftm. Cammin; erbte nach 1763 auch Klein Jarchow u. Althof; verkaufte um 1780 Molstow an Christoph Ludwig von Hülsen; noch 1799 auf Althof, Schwedt B bzw. ganz Schwedt, Münchgrund, Groß u. Klein Jarchow im Wert von 24/m T. gen.; d. Güter fielen um 1800 an seine drei minderj. Söhne; **Ehefrau**: Eleonora Philippina Magdalena, geb. von Podewils (* 1765), sie brachte 2/m T. in d. Ehe ein, aus dieser gingen vier Töchter u. drei Söhne hervor, sie wurde 1801 auf d. Expectantenliste für e. Pension gesetzt; **Sohn**: Heinrich Theodor George Jacob (* 1787), 1801 Junker im I-R Nr. 36, vor 1804 abgegangen; **Sohn**: Franz George Ewald August (* 17. Aug. 1787, † 4. Aug. 1844), 1800 Junker im I-R Nr. 39, Dez. 1803 Fähnrich, Juni 1806 Sl, 1810 mit d. Charakter Cap. dim.; **Sohn**: Ludwig Wilhelm (* um 1796);

Quellen: GStA, I. HA, Rep. 30, Nr. 43, Paket 9232; Nr. 243, Vas.tab. 1756, 1763, 1767, 1793, 1799, 1804 (danach stand F.G.E. im I-R Nr. 39); II. HA, Abt. 13 a, Tit. III, Litt W, Nr. 19 (Frau); IV. HA, Rep. 1, Nr. 92, Bl. 5 (hier als George); Stabi, Ms. boruss. fol. 311, fol. 314, fol. 315 (Vater, E.C. hier als George Ewald); Brüggemann, T. 2/1, S. 412 (d. Vater hier als Ewald Christoph), S. 436–437, T. 2/2,

S. 581; Brüggemann, Beiträge, 2, S. 207; Priesdorff, Offz.stammliste, S. 176 (hier als George, geb. 1750); Jb. dt. Adel, 2. Bd., S. 943–944 (hier nur d. Sohn F.G.E.A.);

Major Friedrich Wilhelm von Wachholz (1718–1760)

aus Pommern gebürtig; **Laufbahn**: seit 1731 im Militär, Mrz. 1739 Sl im I-R Nr. 33, Mai 1739 Pl, Jan. 1753 Cap. u. Chef e. Comp., 1760 als Major bei Landeshut gefallen;

Quellen: Stabi, Ms. boruss. fol. 311; nicht in IV. HA, Rep. 1, Nr. 92;

Ltnt. George von Wachholz (* um 1678)

aus Pommern gebürtig; **Laufbahn**: seit 1697 im Militär, April 1713 Pl im I-R Nr. 14, vor 1725 abgegangen;

Quellen: Stabi, Ms. boruss. fol. 311, fol. 319;

Ltnt. George Heinrich von Wachholz (* 1694)

aus Pommern gebürtig; **Laufbahn**: seit 1710 im Militärdienst, Nov. 1713 Fähnrich im I-R Nr. 6, 1716 hier als Sl gen., vor 1739 abgegangen;

Quellen: Stabi, Ms. boruss. fol. 319, fol. 246;

Obrist George Ludwig Ehrentreich von Wachholz (* 1733, † 31. Jan. 1788)

aus Pommern gebürtig; **Bruder**: Philipp Friedrich (* 1735), seit 1749 im Militär, Juli 1759 Sl im I-R Nr. 29, hier noch 1763 gen.; **Laufbahn**: trat 1749 in d. Militärdienst ein, 1757 Sl, 1764 Cap. u. Chef e. Comp. im I-R Nr. 1, Mai 1774 Major, Juni 1783 Ol, Jan. 1784 Kommandeur d. I-R Nr. 1, Mrz. 1786 Obrist, 1788 als aktiver Offz. gest.; **Ehefrau**: Constantia Christina Charlotta (* 1752), e. To. d. General-Auditeurs von Pawlowsky, aus d. Ehe keine Kinder, sie stand seit 1794 auf d. Expectantenliste für e. pomm. Pension im Krs. Greifenberg, gab damals an, ihr Vermögen zugesetzt zu haben, um seine Schulden zu bezahlen, erhielt erst im Juli 1805 e. Pension von 50 T.; **Güter**: seit 1766 als Lehnsfolger d. Regierungspräsidenten George Christoph von Wachholz Erbherr auf Dargislaff u. Schwedt C im Krs. Greifenberg, verkaufte sie 1768 für 21 00 T. an dessen Allodialerbinnen;

Quellen: GStA, I. HA, Rep. 30, Nr. 243, Vas.tab. 1763, 1767; II. HA, Abt. 13 a, Tit. III, Litt W Nr. 17; IV. HA, Rep. 1, Nr. 92, Bl. 5; Stabi, Ms. boruss. fol. 313, fol. 316 (Bruder); Brüggemann, T. 2/1, S. 420–421;

Rittmstr. Johann George von Wachholz (* um 1730, † 1763)

Vater: George Friedrich, Erbherr auf Althof, Klein Jarchow u. Schwedt B; **Mutter**: Christina Elisabeth, geb. von Wachholz; **Großvater**: Jacob Ewald, Cap., Erbherr auf Althof, Klein Jarchow u. Schwedt B; **Vater-Bruder**: Joachim Ernst († 3. Okt. 1746), seit 1717 bei d. Artillerie, Mrz. 1721 Sl, 1728 Pl, 1737 Cap., 1741 Major, 1746 in Berlin gest., zeitweilig Erbherr auf Klein Jarchow; **Laufbahn**: seit 1746 im Militärdienst, 1756 Ltnt. im D-R Nr. 2, vor 1763 Rittmstr., Juni 1763 dim.; **Güter**: 1756 u. 1763 als Erbherr auf Althof, Klein Jarchow u. Anteil Schwedt im Krs. Greifenberg im Wert von 6/m T. gen.; d. Güter fielen nach 1763 an seinen Bruder-Sohn, d. Ltnt. Ewald Christoph von Wachholz, s.d.;

Quellen: GStA, I. HA, Rep. 30, Nr. 243, Vas.tab. 1756, 1763; IV. HA, Rep. 1, Nr. 92, Bl. 4; Stabi, Ms. boruss. fol. 315; fol. 319 (J.E.); Brüggemann, T. 2/1, S. 412 (hier als Hans Jürgen);

Rittmstr. Joseph Erasmus von Wachholz (* um 1736)

Vater: Jacob Joachim, ging 1720 von Pommern nach Polen; **Laufbahn**: trat 1750 in d. Militärdienst ein, war in eben d. Jahr aus Polen in d. Monarchie gekommen; wies 1766 darauf hin, daß er 1740 erst vier Jahre alt gewesen ist u. daher seiner Lehnspflicht nicht genügen konnte, stand 1764 u. 1775 als Ltnt. im K-R Nr. 5, Mrz. 1781 als Stabs-Rittmstr. dim.; **Güter**: erhob im Mai 1799 aus Plate Anspruch auf d. Gut Rottenow d. verst. Cap. Christoph Heinrich von Manteuffel, s.d., der ein leiblicher Bruder-Sohn seiner verst. Mutter gewesen ist; in seinem Testament hatte d. Cap. jedoch seine Frau zur Universalerbin eingesetzt, wurde deshalb mehrfach mit seinen Anträgen von d. Stettiner Reg. abgewiesen; qualifizierte sich lt. e. Bericht vom 18. Juli 1800 nicht zum Armenrecht;

Quellen: GStA, I. HA, Rep. 30, Nr. 44, W 133, Paket 9 393; IV. HA, Rep. 1, Nr. 92, Bl. 4 (kz. Notiz); Stabi, Ms. boruss. fol. 311;

Major Ludwig Christoph von Wachholz (* 1734, † 1. Okt. 1781)

Vater: Lorenz Christoph (* um 1670), Cap., Erbherr auf Klein Dewsberg u. Luzig im Krs. Belgard, 1755 noch gen.; **Laufbahn**: engagierte sich um 1746 im Militärdienst, 1756 Uffz. bei d. Garde, Okt. 1771 Cap. im 2. Bat. Garde, 1781 als Major gest., hinterließ drei **Schwestern** in Polzin, die seit Mai 1772 e. Pension von 100, seit 1782 von 200 T. bezogen: d. jüngste Anna Lovisa heiratete 1780 d. gew. Pl Carl Christoph von Schmeisser vom I-R Nr. 7, als Akziseinspektor in Polzin versorgt; Eleonora Dorothea, Barbara Sophia († 19. Nov. 1797); **Güter**: L.C. erbte Klein Dewsberg u. Luzig, u. a. 1767 als Erbherr genannt, 1801 im Wert von 3/m T., sie fielen 1781 an seine Erben; (**Sohn**: Friedrich Wilhelm (* 1769), stand 1801 als Ltnt. im I-R Nr. 32, vor 1806 abgegangen);

Quellen: GStA, I. HA, Rep. 30, Nr. 243, Vas.tab. 1755, 1756 (d. Vater danach als Friedrich (* um 1675), Cap., d. Sohn L.C. als Friedrich); II. HA, Abt. 13 a, Tit. III, Generalia, Nr. 2, Bd. 9; Tit. III, Litt W, Nr. 22; IV. HA, Rep. 1, Nr. 92, Bl. 4 (kz. Notiz, gest. 26. Sep. 1781, hier kein Ltnt. im I-R 32, nur e. Fähnrich im I-R 28); Brüggemann, T. 2/2, S. 646–647; Reinhard, Garde, S. 530, S. 555;

Cornet Otto Friedrich von Wachholz (* 1705, † Juli 1734)

aus Pommern gebürtig; **Laufbahn**: seit 1721 im Militär, 1730 Cornet im K-R Nr. 4, im Juli 1734 am Schlagfluß gest.;

Quellen: Stabi, Ms. boruss. fol. 316; Förster, K-R Nr. 4, S. 542;

Rittmstr. Carl Christoph von Waldow (* 22. Jan. 1745, † 9. Juli 1785)

Vater: Carl Ludwig (1721–1790), Ltnt., in d. NM ansässig; **Laufbahn**: seit 1763 im Militärdienst, stand 1764 als Cornet, 1778 als Sl im D-R Nr. 4, Juni 1783 Stabs-Rittmstr., 1785 als aktiver Offz. gest.; **Güter**: erwarb 1774 mit d. Geld seiner **Ehefrau** Louisa Charlotte Vincentia, geb. von Schack (1755–1789), d. Gut Groß Latzkow im Krs. Pyritz für 20/m T. von Lorenz George von Wedel zu Fürstensee, auf d. Gut lagen Schulden von 18 500 T., blieb mit d. Zahlung in Rückstand u. wurde deshalb verklagt; d. Gut ging um 1789 in andere Hände über;

Quellen: GStA, I. HA, Rep. 30, Nr. 44, W 129 a, Paket 9338; Nr. 44, W 131 a, Paket 9393; Nr. 241 b, Paket 9965; IV. HA, Rep. 1, Nr. 92, Bl. 49; Stabi, Ms. boruss. fol. 313; Brüggemann, T. 2/1, S. 150; Schöning, D-R Nr. 3, S. 212, S. 424; Fam.gesch., Tafel M;

Cap. Friedrich Leopold von Waldow (* 1712, † Ende 1741)

Vater: Siegmund Rudolph (1672–1739) *, seit 1692 im Militär, Febr. 1699 Fähnrich im I-R Nr. 12, Okt. 1704 Cap., Okt. 1713 Ol im I-R Nr. 12, Sep. 1716 Kommandeur d. I-R Nr. 12, Juli 1731 GM, Erbherr auf Anteil Gottberg u. auf Hasselbusch im Krs. Pyritz; **Mutter**: Amalie, geb. von Lüderitz († 1739); **Großvater**: Joachim Ernst († 1682), Erbherr auf Osterwalde im Krs. Sternberg u. Hasselbusch im Krs. Pyritz; **Laufbahn**: trat 1727 in d. Militärdienst ein, stand im Mrz. 1730 als Fähnrich, im Mrz. 1740 als Pl im I-R Nr. 12, ging 1741 als Stabs-Cap. zs. mit seinem Chef, d. Markgrafen Heinrich Friedrich von Brandenburg-Schwedt, ins I-R Nr. 42, Ende 1741 (bzw. Jan. 1742) als Stabs-Cap. in Brieg gest.; **Güter**: erbte Hasselbusch, verkaufte dieses väterliche Gut 1740 für 16150 T. an d. Cap., Landrat Ludwig Imbert von Rosey; behielt d. väterlichen Anteil an Gottberg, mit seinem Tod wurde dieses Lehn d. Familie von Waldow vacant u. 1742 d. damaligen Major u. späteren GM Henning Alexander von Kahlden, s.d, verliehen;

Quellen: GStA, I. HA, Rep. 30, Nr. 243 G, Paket 9979; nicht in IV. HA, Rep. 1, Nr. 92; Stabi, Ms. boruss. fol. 312 (in d. Abgangsliste d. I-R Nr. 42 gen.), fol. 316 (im Mrz. 1740 noch als Pl im I-R Nr. 12 gen., lt. Abgangsliste d. I-R Nr. 12 1741 als Stabs-Cap. zu Prinz Heinrich), fol. 319 (Vater); Brüggemann, T. 2/1, S. 142–143; S. 145; Priesdorff, Nr. 240 (Vater);

Fähnrich Friedrich Wilhelm von Waldow (* 1720)

aus Pommern gebürtig; **Laufbahn**: seit 1736 im Militär, 1740 Fähnrich im I-R Nr. 31, vor 1755 abgegangen;

Quellen: Stabi, Ms. boruss. fol. 314; nicht in IV. HA, Rep. 1, Nr. 92;

Major Joachim August von Waldow (1706–1757)

Vater: Bernd Christian; **Laufbahn**: seit 1725 im Militär, 1730 Fähnrich, 1740 Pl im I-R Nr. 12, 1750 als Cap. u. Chef e. Companie gen., als Major 1757 bei Kolin gefallen; (**verwandt**: Christoph Otto (* 1712), seit 1731 im Militär, Jan. 1737 Pl, Juni 1750 Stabs-Cap. im I-R Nr. 4, 1763 Major, Sep. 1772 als Obrist dim.: GStA, IV. HA, Rep. 1, Nr. 92, Bl. 48; Stabi, Ms. boruss. fol. 313 (1747: aus Pommern, 1763: aus der Mark);

Quellen: GStA, IV. HA, Rep. 1, Nr. 92, Bl. 48; Stabi, Ms. boruss. fol. 316 (hier als Jochen Aug. v. Waldau, aus Pommern geb.); Fam.gesch., Tafel K;

Cap. Peter George von Walther (* 1718, † 10. Okt. 1757)

Vater: Hans Barthold, seit 1712 Erbherr auf Zowen im Krs. Schlawe, erwarb 1725 Ganzkow im Ftm. Cammin auf 30 Jahre von d. Fam. von Podewils; **Bruder**: Joachim (Johann) Friedrich, sechs Jahre *cadet*, sieben Jahre Uffz. beim Leib-Reg. in Potsdam, 1740 Sl im I-R Nr. 36, Nov. 1745 Pl, Dez. 1756 als Pl zum Invaliden-Corps nach Berlin versetzt, forderte 1755 vom Bruder H.C. e. väterliches Erbteil in Höhe von 1 100 T.; **Bruder**: Heinrich Christian (* 1708), seit 1725 im Militär, 1730 Corp im I-R Nr. 17, zuletzt Fähnrich, seit 1737 auf Zowen, 1753 verkauft, seit 1742 auf Ganzkow, trat dieses 1755 d. Cap. Martin von Gerlach ab; verh. mit Margaretha Elisabeth, geb. von Versen, aus d. Ehe drei Söhne: Henning George (* 1740), 1756 *cadet*, Peter Friedrich (* 1741), 1756 *cadet*, Johann Heinrich (1744–1770), seit 1758 im Militär, Juni 1763 Fähnrich im I-R Nr. 10, 1770 als Sl gest.; **Laufbahn**: seit 1732 im Militär, 1750 Sl, 1756 Stabs-Cap. im I-R Nr. 37, als Cap. im Okt. 1757 an Blessuren gest.; **Güter**: besaß zs. mit d. Bruder J.F. von 1737 bis 1742 d. Gut Ganzkow, beide traten es dann ihrem ältesten Bruder Heinrich Christian ab;

Quellen: GStA, I. HA, Rep. 30, Nr. 243, Vas.tab. 1756; Nr. 244, Paket 9 989; IV. HA, Rep. 1, Nr. 92, Bl. 83; Stabi, Ms. boruss. fol. 316 (J.H. u. H.C.); Gesch. I-R Nr. 36, S. 72 (J.F.); Brüggemann, T. 2/2, S. 560–561, S. 899;

Ltnt. Carl Friedrich von Warnshagen (* um 1730, † 12. Nov. 1760) *

aus Pommern gebürtig; **Laufbahn**: Gefr.corp. im I-R Nr. 8, Nov. 1751 Fähnrich, Juni 1756 Sl, an bei Torgau erlittenen Blessuren 1760 gest.;

Quellen: GStA, IV. HA, Rep. 1, Nr. 92, Bl. 124 (kz. Notiz); Priesdorff, Offz.stammliste, S. 178;

Cap. Constantin von Wars(z)ewsky (* 1706)

aus d. Distrikt Lauenburg gebürtig; **Laufbahn**: seit etwa 1724 im Militär, 1730 Sergant im I-R Nr. 17, 1750 hier als Pl gen., Sep. 1756 Cap. im Garn.-Reg. Nr. 11, vor 1763 abgegangen;

Quellen: Stabi, Ms. boruss. fol. 314, fol. 316; nicht in IV. Rep. 1, Nr. 92, Bl. 125 (d. Fam. hier als Warsewsky);

Cap. Jacob Ernst von Wars(z)ewsky (* 1721, † vor 1783)

Vater: (Erbherr auf Anteil Nawitz im Distrikt Lauenburg); **Bruder**: Ernst Matthias (* 1722), 1756 als vorm. Ltnt. vom I-R Nr. 30 in Ober-Lowitz im Distrikt Lauenburg gen.; **Laufbahn**: seit 1742 im Militär, 1750 Fähnrich, 1756 Sl im I-R Nr. 17, 1764 Cap., 1772 dim., ging nach Paraschin; **Güter**: erwarb d. Gut Chottschewke im Distrikt Lauenburg, um 1780 besaß dies seine **Witwe**, e. geb. von Parasky (* 1752), sie stand seit 1783 auf d. Expectantenliste für e. Pension; **Söhne**: Ernst Ludwig (* 1775), Carl Friedrich (* 1776), Ernst August (* 1777); (**verwandt**: Albrecht von Wars(z)ewsky (* 1725), 1772 als vorm. Pl auf Anteil Lowitz in Lauenburg gen.: Vas.tab. 1772);

Quellen: GStA, I. HA, Rep. 30, Nr. 243, Vas.tab. 1756; II. HA, Abt. 13 a, Tit. III, Litt C, Nr. 4 (Hinweis auf d. beiden Brüder, d. beide als Cap. gedient haben); nicht in IV. HA, Rep. 1, Nr. 92; Stabi, Ms. boruss. fol. 316 (1750: aus Lauenburg, 1756: aus Pommern, 1764: aus Polen); Brüggemann, T. 2/2, S. 1 068;

Major Christian Wilhelm Ludwig Graf von Wartensleben (* 1. Febr. 1742, † 18. Febr. 1812)

Vater: Friedrich Ludwig (1707–1782), Febr. 1719 Fähnrich im I-R Nr. 1, 1721 Ltnt., April 1723 Cap. u. Chef e. Comp., 1729 Abschied, Juni 1740 Hofmarschall d. Königin, 1763 Oberhofmeister bei d. Königin, Erbherr auf Schwirsen, Weichmühle, Anteil Plastchow, (Moratz B) u. Cretlow E im Flemmingschen Krs.; **Mutter**: Agnes Augusta (1716–1780), e.

To. d. Gl Bodo Bogislav Graf von Flemming; **Bruder**: Wilhelm Carl (1740–1817), seit 1758 im Dienst, stand zunächst im I-R Nr. 4, Mai 1772 als Ltnt. dim., 1773 als Stabs-Cap. mit 18 Dj. im I-R Nr. 52 angesetzt, im Sep. 1777 als solcher *cassirt*, später kgl. Schloßhauptmann, seit 1775 verh. mit Elisabeth Eleonore (* 1735), verwitw. Major von Rahden, To. d. poln. GM Hans Christoph von Bardeleben; **Laufbahn**: trat nach d. Studium 1759 in d. Militärdienst ein, stand 1764 als Sl im I-R Nr. 34, 1774 als Pl, 1782 als Cap. dim., erhielt später d. Charakter Major; in erster **Ehe** seit Juni 1782 verh. mit Dorothea Sophia, Tochter von Hans Felix von Pirch auf Groß Gluschen, s.d., beide wurden im Juli 1782 geschieden, in zweiter **Ehe** seit 1789 verh. mit Juliane Charlotte (1758–1841), e. To. d. GM Leopold von Platen; **Güter**: 1793 Erbherr auf Schwirsen im Flemmingschen Krs. im Wert von 38/m T., überließ Weichmühle auf Erbkauf für 3250 T. d. Eigentümer u. Müller Poppe;

Quellen: GStA, I. HA, Rep. 30, Nr. 243, Vas.tab. 1763 (d. Brüder standen danach im K-R 10 u. 13), 1767; Nr. 244, Paket 9991; IV. HA, Rep. 1, Nr. 92, Bl. 131–132 (hier: Juni 1787 als Sl dim.); Stabi, Ms. boruss. fol. 311, fol. 313 (W.C. nicht in d. Listen I-R Nr. 4 für 1757 u. 1763), fol. 315; Fam.gesch., T. 2, S. 108–109, S. 147–149 (danach wurde W.C. 1776 als Cap. im I-R 51 dim.);

Ltnt. Carl Christian von Watter (* 20. Jan. 1775)

Vater: Carl Bogislav (* um 1739, † 12. Okt. 1789), Erbherr auf Anteil Ziezeneff im Krs. Belgard; **Mutter**: Maria Charlotte (* 8. Okt. 1748), e. Tochter d. Ltnt.s Han(n)o Caspar von Krockow zu Kladow bei Landsberg an d. Warthe; **Großvater**: Carl Bogislav (* um 1683, † 1. Aug. 1764), Cap. bei d. poln. Garde, nach d. *Thornschen Affaire* dim., seit 1734 Erbherr auf Ziezeneff C u. Anteil Retzin im Krs. Belgard; (**Großmutter**: Barbara Herrata, geb. von Gantzkow); **Laufbahn**: Juli 1784 *cadet* in Stolp, Mai 1788 *cadet* in Berlin, Jan. 1795 Fähnrich im I-R Nr. 45, Okt. 1797 Sl, Mrz. 1809 als Cap. dim.; **Güter**: d. Nachlaß seines verst. Vaters befand sich 1791 im Konkurs, er galt als ungenügend für d. Befriedigung d. Gläubiger, seine Mutter konnte daher d. beiden Anteile an Ziezeneff u. Retzin nicht für d. Sohn konservieren, bei d. *Licitation* bekam e. von Blankenburg d. Zuschlag für d. Güter für 3312 T.; seine Mutter bat im Okt. 1789 um e. Pension, legte Atteste u. a. des Predigers G.G. Kobligk aus Ziezeneff vom 13. Nov. 1789 vor, wonach sie in größter Dürftigkeit lebte, sie bekam mit CO vom 16. Juni 1793 e. Pension von 100 T.;

Quellen: GStA, I. HA, Rep. 30, Nr. 243, Vas.tab. 1763, 1767; Nr. 244, Paket 9991; II. HA, Abt. 13 a, Tit. IV, Litt W, Nr. 1; IV. HA, Rep. 1, Nr. 92, Bl. 145; Brüggemann, T. 2/2, S. 665, S. 681; Stolper Kadetten, S. 18;

Ltnt. Bogislav Ludwig von Wedel (* 1727)

Vater: Martin Friedrich (1689–1764), aus d. NM geb., stand seit etwa 1708 im Militär, diente bei Heyden, Egeln u. Alt-Schulenburg, 1729 als Rittmstr. u. Chef e. Escadron ins K-R Nr. 12 versetzt, Mai 1732 Major, Juli 1738 auf Wunsch dim., Erbherr auf Denzig im Krs. Dramburg, ging drei **Ehen** ein, mit e. von Kleist, e. von Knobelsdorff, mit e. von Anklam (1718–1767), d. Sohn B.L. stammt aus d. ersten Ehe u. soll angeblich aus Pommern gebürtig gewesen sein; rechter **Bruder**: George Friedrich (* um 1732, † 27. Aug. 1776), aus d. NM gebürtig, seit 1748 im Militär, 1762 Pl im D-R Nr. 6, 1773 Stabs-Cap., d. beiden Brüder klagten seit mind. 1762 gegen ihren Vater und dann gegen dessen Erben auf Herausgabe ihres mütterlichen Vermögens; **Schwester**: Charlotte Helene (1738–1765), aus Sassenburg im Krs. Saatzig, verh. mit d. Cap. Justus Ernst von Besser (1732–1776), Cap. im Grenadier-Bat. Nr. 2 in Magdeburg; **Neffe**: Carl Ernst Wilhelm (1762–1803), Cap., s.d.; **Laufbahn**: seit 1742 im Militärdienst, Sep. 1749 Fähnrich im I-R Nr. 40, 1755 Sl, Jan. 1759 als Ltnt. dim.; **Güter**: erwarb im Nov. 1762 d. Gut Heidenau im Krs. Crossen bei d. Subhastation von d. Erben d. Gl von Kleist für 8 100 T.;

Quellen: GStA, I. HA, Rep. 22, Nr. 372, Paket 8 827; IV. HA, Rep. 1, Nr. 92, Bl. 166 (Vater), Bl. 167 (hier als Wilhelm Ludwig); Stabi, Ms. boruss. fol. 311 (Vater, Bruder), fol. 315; Jb. dt. Adel, Bd. 1, S. 950 (hier nur d. Vater u.d. Sohn Joh. Ernst Gottlob (1740–1802);

Ltnt. Carl Anton von Wedel (* 5. Sep. 1776, † 1844)

Vater: Caspar Otto (1735–1798), Ltnt., s.d.; **Mutter**: Caroline Wilhelmine, geb. von Krokkow († vor 1799); Stief-**Bruder**: Otto Julius Leopold (1769–1813), aus d. ersten Ehe d. Vaters, Juni 1787 Fähnrich im I-R Nr. 21, Jan. 1790 Sl, Dez. 1793 Orden p.l.m., Sep. 1797 Pl im I-R Nr. 58, Jan. 1801 Stabs-Cap., Dez. 1801 zum I-R Nr. 30, Dez. 1807 dim., Mrz. 1813 Führer d. 4. Jäger-Detach. d. 1. Garde-Reg. zu Fuß, April 1813 Major, Juli 1813 zum 5. Res.-I-R, bei Dennewitz im Sep. 1813 gefallen, hatte 1799 d. väterliche Gut Silligsdorf geerbt, 1804 im Wert von 28 708 T.; **Bruder**: Caspar Heinrich (1778–1858), Febr. 1795 Fähnrich im I-R Nr. 22, Mrz. 1796 Sl, Mai 1806 Pl, Mai 1808 dim., seit etwa 1801 Erbherr auf Vosberg A u. B im Wert von 24 383 T.; **Bruder**: Eberhard Heinrich Ludwig (1780–1816), Ltnt., s.d.; **Schwester**: Henriette Wilhelmine (* 25. Juni 1784), verh. mit d. herzogl-strelitz. Kammerjunker Otto Ludwig Christoph von Dewitz, sie erhielt am 30. April 1805 d. *venia aetatis*, sie hatte e. Vermögen von 18 687 T., ihre Stiefmutter war die Frau Kaufmann Lutze, ihr Vormund d. Landrat Sebastian George von Wedel auf Schwerin; **Laufbahn**: Nov. 1793 Fähnrich im I-R Nr. 36, Mrz. 1796 Sl, Okt. 1798 dim.; **Güter**: erhielt aufgrund guter Zeugnisse seines Regimentschefs u.d. Vormundes am 20. Jan. 1799 d. *venia aetatis*; Erbherr auf Großmellen, Altenfließ u. Horst, wollte 1804 seine verschuldeten Güter mit Vorteil verkaufen, auch im Interesse der Gläubiger, seine beiden Brüder besaßen d. erste Anrecht auf d. Güter; im Herbst 1804 wurde Konkurs über sein Vermögen eröffnet; C.A. hat 1799 e. freies Vermögen von ca. 30/m T. besessen, soll dieses binnen vier Jahren durch unwirtschaftl. Verwaltung u. v. a. durch kostspielige Bauten auf seinen Gütern durchgebracht, *dissipirt* haben; im Sep. 1804 lagen auf seinen Gütern Schulden von 91 138 T., dazu kamen Personalforderungen von 8/m T., zs. 99 138 T.; d. beiden älteren Brüder protestierten gegen d. beantragten Verkauf d. Güter auf 25 Jahre, d. Cap. O.J.L.drang auf d. ihm zustehende *beneficium taxae*; mit Resolution vom 25. Okt. 1804 lehnte d. König daher d. Wiederkauf an Bürgerliche wie Adlige ab; noch 1812 schwebte in Stettin e. Lehnsprozeß über d. Güter von Carl Anton, Kläger war dessen Stief-Bruder, d. Cap. von Wedel auf Silligsdorf, auf d. Gütern hafteten Schulden von 71 262 T., 1799 waren Großmellen auf 33 476, Altenfließ auf 16 172 taxiert, Horst war für 26 226 T. gekauft worden, zs. 75 874 T., die Lehnstaxe wies jedoch nur 53 975 T. aus, zu fordern hatten u. a. die Geschwister Caspar Heinrich, Eberhard Ludwig u. Henriette Wilhelmine von Wedel zs. 4 500 T., Helena Charlotte von Borcke, geb. von Wedel, e. Mitgift von 3 138 T.;

Quellen: GStA, I. HA, Rep. 30, Nr. 44, D 32, Paket 9 268 (venia für d. Schwester); Nr. 44, W 129 a, Paket 9 389; Nr. 243, Vas.tab. 1793, 1804; IV. HA, Rep. 1, Nr. 92, Bl. 169; Brüggemann, T. 2/1, S. 280; Jb. dt. Adel, Bd. 1, S. 893–895; Stammtafeln 1919, Linie Vivigenz; Lehmann, Ritter, S. 302;

Obrist Carl Friedrich von Wedel (1693–1764)

Vater: Heinrich Caspar (1626–1703), Offizier in frz. Diensten, Erbherr auf Vosberg A u. Freienwalde im Krs. Saatzig; **Bruder**: Ewald Joachim (1676–1750)*, Hofgerichtspräsident; **Bruder**: Heinrich Caspar (* 1670), seit 1688 im Militär, Mrz. 1705 Ltnt., Jan. 1711 Rittmstr. im K-R Nr. 9, 1720 hier noch gen., vor 1730 abgegangen; **Bruder**: Bogislav Ernst († 1739), poln. Cap., Erbherr auf Pegelow im Krs. Saatzig; **Laufbahn**: trat um 1709 in d. Militärdienst ein, Mai 1717 Cornet im K-R Nr. 4, Aug. 1722 Ltnt., Aug. 1733 Rittmstr., Mai 1742 Major, Okt. 1745 Ol, Sep. 1750 als Ol im K-R Nr. 4 nach (36 Dj.) mit d. Charakter Obrist dim., Träger d. Ordens p.l.m.; **Güter**: seit 1737 Erbherr auf Altenfließ, seit 1748 auf Anteil Silligsdorf im Krs. Saatzig im Wert von 14/m T.; vermachte diese in seinem Testament vom 1. Mai 1763 d. Neffen, Ltnt. Caspar Otto von Wedel, Sohn von Ewald Joachim;

Quellen: GStA, I. HA, Rep. 30, Nr. 243, Vas.tab. 1756, 1763; IV. HA, Rep. 1, Nr. 92, Bl. 167 (kz. Notiz); Stabi, Ms. boruss. fol. 312 (Bruder H.C.), fol. 316; Brüggemann, T. 2/1, S. 257; Stammtafeln 1919, Vivigenz-Linie; Förster, K-R Nr. 4, S. 157, S. 178, S. 544; Lehmann, Ritter, S. 170; biogr. Handbuch, S. 1071–1072 (Bruder E.J.);

Ltnt. Carl Friedrich Conrad August von Wedel (* Mrz. 1765, † 30. Nov. 1832)

Vater: Friedrich Wilhelm (1737–1788), Rittmstr., Erbherr auf Harmelsdorf A u. Sassenburg, s.d.; **Mutter**: Charlotte Juliane, geb. von Zanthier († 1814), d. Ehe d. Eltern wurde 1780 geschieden; **Laufbahn**: Juni 1784 Fähnrich im I-R Nr. 8, April 1788 Sl, Nov. 1791 *wegen blöden Gesichts* dim., Okt. 1799 Pl im I-R Nr. 14, Sep. 1807 Stabs-Cap., Nov. 1808 inaktiv, Charakter Cap., April 1813 zum 2. Garn.bat., 1826 Steuerrezeptor in Bernau; **Güter**: bat 14 Tage nach d. Tod seines Vaters um d. *venia aetatis*, stand damals im 23. Jahr; erbte d. väterl. Güter Sassenburg, Harmelsdorf A, Rossow, Uchtenhagen D im Krs. Saatzig; verkaufte seinen Anteil Harmelsdorf inkl. d. Holzungen im April 1790 für 17/m T. an Stettiner Kaufleute; auf Einspruch eines Agnaten wurde d. Verkauf 1791 rückgängig gemacht, 1794 saß Friedrich Bogislav von Heyden auf diesem Gut; trat Uchtenhagen D ab, veräußerte um 1796 auch Sassenburg u. Rossow; 1804 befanden sich diese im Besitz d. Cap. Otto Friedrich Wilhelm von Wolde; in erster **Ehe** verh. mit Charlotte Henriette, geb. von Bessel, beide wurden 1810 geschieden;

Quellen: GStA, I. HA, Rep. 30, Nr. 44, W 129 a, Paket 9388; Nr. 243, Vas.tab. 1756, 1763, 1767, 1793, 1799, 1804; IV. HA, Rep. 1, Nr. 92, Bl. 169; Brüggemann, T. 2/1, S. 277; Priesdorff, Offz. stammliste, S. 179 (hier als Carl Friedrich Ernst); Jb. dt. Adel, Bd. 1, S. 907;

Ltnt. Carl Friedrich Ernst von Wedel (* 25. Mrz. 1765, † 5. Jan. 1832)

Vater: Julius Heinrich Ernst (1740–1792), Erbherr auf Steinhöfel in d. NM, auf Trampke, Tolz, (Langenhagen), Uchtenhagen B im Krs. Saatzig; **Mutter**: Caroline Maria Catharina, geb. von Schmiedeberg (* 1741); **Bruder**: Magnus Otto Wilhelm (1768–1824), Cap., s.d.; **Laufbahn**: seit 1782 im Militär, Dez. 1783 Cornet im D-R Nr. 12, Juni 1784 Sl, Jan. 1789 dim., trug seit Juni 1805 d. Namen von Wedel-Parlow, amtierte nach 1806 als Landrat im Krs. Angermünde; **Ehefrau**: Philippine Auguste Elisabeth, geb. von Blankenburg (1769–1839); **Güter**: 1797 als Erbherr auf ¾ Roggow, Gr. u. Kl. Wachlin im Krs. Saatzig im Wert von 20/m T. gen., um 1801 verkauft, erwarb 1799 Chinnow, Reckow u. Swantust auf Wollin für 52/m T., nach 1806 Erbherr auf Greiffenberg in d. UM u. Hanseberg in d. NM;

Quellen: GStA, I. HA, HA, Rep. 30, Nr. 243, Vas.tab. 1797, 1804; IV. HA, Rep. 1, Nr. 92, Bl. 169; Stabi, Ms. boruss. fol. 311 (im Juni 1787 standen drei Wedels aus Pommern u. einer aus d. NM im D-R Nr. 12); Stammtafeln 1919, Otten-Linie, Nr. 111; Jb. dt. Adel, Bd. 1, S. 915–916; Tb. Uradel 1900, S. 869;

Ltnt. Caspar Otto von Wedel (1735–1798)

Vater: Ewald Joachim (1676–1750)*, Hofgerichtspräsident, Erbherr auf Vosberg A (u. Großmellen) im Krs. Saatzig; **Mutter**: Marie Helene, geb. von Massow († 1741); **Laufbahn**: trat 1751 in d. Militärdienst ein, Aug. 1754 Fähnrich im I-R Nr. 22, Mai 1760 (bzw. 1761) als invalider Ltnt. dim., ging auf d. **Güter** Altenfließ, Silligsdorf u. Horst B im Krs. Saatzig, die ihm d. **Vater-Bruder**, der Obrist Carl Friedrich (1693–1764) vom K-R Nr. 4, s.d., 1763 vermacht hatte; seit 1769 auch auf Großmellen u. Vosberg A im Krs. Saatzig, 1793 hatten seine Güter inkl. Wulkow e. Wert von zs. 43 284 T.; **Ehefrau**: Caroline Wilhelmine, geb. von Krockow († vor 1799); C.O. errichtete im Juli 1797 sein Testament, hinterließ lt. Inventar seinen neun Kindern e. Vermögen von 93 206 T., seine Frau hatte e. solches von 4 500 T.; **Söhne**: Otto Julius Leopold (1769–1813), Cap.; Carl Anton (1776–1844), Ltnt., siehe dort mehr; Caspar Heinrich (1778–1858), Ltnt., Eberhard Heinrich Ludwig (1780–1816), Ltnt.;

Quellen: GStA, I. HA, Rep. 30, Nr. 243, Vas.tab. 1755, 1763, 1767, 1793, 1804; IV. HA, Rep. 1, Nr. 92, Bl. 167 (kz. Notiz); Stabi, Ms. boruss. fol. 314; Brüggemann, T. 2/1, S. 260, S. 280; biogr. Handbuch, S. 1071–1072 (Vater);

Major Christian Fürchtegott Tugendreich von Wedel (* 1750, † Febr. 1819)

Vater: Friedrich (Leopold) Lupold (1714–1760), Cornet (bzw. Ltnt.), Erbherr auf Cremzow, Gerzlow B, Krüssow D u. Repplin im Krs. Pyritz, auf Schwerin im Krs. Saatzig, hinterließ 13 Kinder; **Mutter**: Auguste Margarethe, geb. von Kleist (1724–1794); **Bruder**: Lupold Christoph (1742–1803), Ltnt., seit 1769 Erbherr auf Cremzow, Repplin, Gerzlow A u. Schönenberg, dies vor 1778 verkauft, 1793 im Wert von insges. 116/m T., 1801 als Landschaftsrat gen.; **Bruder**: Johann Vivigenz (1745–1804), Ltnt., siehe dort mehr zur Familie; **Bruder**: Sebastian George (1747–1808), Ltnt., seit 1769 Erbherr auf Schwerin; **Laufbahn**: trat 1765 als Junker ins Regiment ein, Juni 1769 Cornet, Okt. 1775 Ltnt. im K-R Nr. 6, Dez. 1787 Stabs-Rittmstr., Dez. 1792 Rittmstr., Juli 1796 Major, Juli 1799 Chef e. Escadron, Juni 1807 als Ol mit Pension dim.; **Güter**: seit 1804 Erbherr auf Tarnow im Borckeschen Krs.;

Quellen: GStA, I. HA, Rep. 30, Nr. 243, Vas.tab. 1793; IV. HA, Rep. 1, Nr. 92, Bl. 168; Stabi, Ms. boruss. fol. 315; Brüggemann, T. 2/1, S. 137–138, S. 279; Schwerin, K-R Nr. 10, T. 2, S. 231, T. 3, S. 32; Monteton, S. 82; Stammtafeln 1919, Linie Vivigenz, Nr. 91;

Ltnt., Landrat Christoph Heinrich von Wedel (* 2. Nov. 1710, † 1772)*

Vater: Melchior Magnus (1686–1745), Erbherr auf Braunsforth, Marienhagen, Vehlingsdorf im Krs. Saatzig; **Mutter**: Esther, geb. von Podewils († 1720); **Bruder**: Magnus Leopold (* 1712), Mai 1755 als Major vom 2. Bat. Garde dim., Erbherr auf Grassee in d. NM u. seit 1744 auf Vosberg B im Krs. Saatzig; (Stief-)**Bruder**: Melchior Magnus Lupold (1726–1779), Domherr, s.d. mehr; **Laufbahn**: seit 1728 im Militär, Mai 1735 Sl im I-R Nr. 22, vor

1741 abgegangen; seit 1742 Landrat, seit 1765 Kammerpräsident im Ftm. Halberstadt, **Güter**: von 1744 bis 1768 Erbherr auf Marienhagen u. Vehlingsdorf, Erbherr auf Piesdorf im Saalekreis u. auf Eilenstedt im Ftm. Halberstadt; **Ehefrau**: Anna Louise Philippine, geb. von Preuß; **Sohn**: Magnus Joachim Philipp (1739–1784), Jan. 1757 Cornet im K-R Nr. 6, Mai 1763 Ltnt., zuletzt Rittmstr. im K-R Nr. 6, Okt. 1775 mit d. Charakter Major dim.;

Quellen: GStA, IV. HA, Rep. 1, Nr. 92, Bl. 167 (M.L. u. Sohn M.J.P); Stabi, Ms. boruss. fol. 314, fol. 315 (Sohn, aus Ha.stadt geb.); Brüggemann, T. 2/1, S. 260; Stammtafeln 1919, Melchior-Linie, Nr. 26; Jb. dt. Adel, Bd. 1, S. 921, S. 925; biogr. Handbuch, S. 1070–1071;

Ltnt. Eberhard Heinrich Ludwig von Wedel (* 4. Juni 1780, † 1816)

Vater: Caspar Otto (1735–1798), Ltnt., Erbherr auf Silligsdorf, Altenfließ u. Horst im Krs. Saatzig, s.d.; **Mutter**: Caroline Wilhelmine, geb. von Krockow; **Bruder**: Carl Anton (1776–1844), Ltnt., siehe dort mehr zur Familie; **Laufbahn**: erhielt bis zum zwölften Lebensjahr im Elternhaus durch e. Privatlehrer d. Unterricht in allen nötigen Wissenschaften, kam dann für zwei Jahre zum Prediger Poulet nach Stettin in Pension; Dez. 1794 Fahnenjunker im I-R Nr. 7, im Dez. 1796 wegen *schwacher Verstandeskräfte u. Unfähigkeit* zum Militärdienst als ältester Portepeé-Fähnrich verabschiedet; anschließend 1797 auf Fürsprache seines Stief-**Bruders**, d. damaligen Pl Otto Julius Leopold von Wedel (1769–1813) im I-R Nr. 58, in dessen Reg. in Bartenstein als Junker u. überkompletter Fähnrich angestellt, Juli 1800 Fähnrich im I-R Nr. 58, zeigte e. *unrühmliches Betragen*, konnte weder als Fähnrich denn als Ltnt. im Dienst gebraucht werden, wurde auf Wunsch d. Bruders im Dez. 1801 mit d. Charakter Ltnt. verabschiedet; kehrte Anfang 1802 zu seinem Vormund zurück, d. Landrat Sebastian George von Wedel zu Schwerin; sollte von d. Kurator jährlich 300 T. aus d. väterl. Vermögen erhalten u. d. Landwirtschaft erlernen; verhielt sich bei diesem unbesonnen u. machte Schulden; d. älteren Brüder beklagten sich beim Vormund über E.H.L.s Leichtsinn u. meinten, wäre er nicht minderjährig, müßte er *pro prodigo* erklärt werden; im väterl. Testament war er wegen schwachen Verstandes aufs Pflichtteil gesetzt, von d. Erbschaft d. Lehngüter ausgeschlossen u. mit Geld abgefunden worden, angelegt auf d. Gütern d. Brüder; d. frühere Ltnt. beklagte sich im Nov. 1802 über d. Vormund, der ihn gegen seinen Willen mit seiner Tochter verheiraten wollte, habe ihm nach seiner Weigerung d. Taschengeld gekürzt, mit Tätlichkeiten gedroht, ihm Sachen vorenthalten, verließ daraufhin dessen Haus und ging zu seinem Bruder C.H. nach Stargard; d. Stettiner Pupillenkollegium charakterisierte ihn im Jan. 1803 als *unwissend, störrisch, geneigt zum Verschwenden* u. forderte ihn zur Rückkehr ins Haus d. Vormundes auf; wurde 1804 wegen tätlicher Injurien zu e. Gefängnisstrafe von zwei Monaten verurteilt, hatte seine Wirtschafterin Charlotte Louise Pfeiffer, die die ihr *angetragene Liebe verschmäht* hatte, geohrfeigt, an d. Haaren gezogen, mit Schlägen *tractirt*;

Quellen: GStA, I. HA, Rep. 30, Nr. 44, W 129 a, Paket 9289; IV. HA, Rep. 1, Nr. 92, Bl. 170;

Cap. Ernst David Ludwig von Wedel (* 10. Mai 1757, † 1. Febr. 1827)

Vater: Lorenz George (1702–1780), Ritter d. St.-Johanniter-Ordens, seit 1731 Erbherr auf Fürstensee u. Gerzlow A im Krs. Pyritz, hinterließ dieses Gut seinen vier Söhnen; seit 1764 auch Erbherr auf Schwanteshagen, Bewerdieck u. Siegelkow im Krs. Greifenberg, 1767 im Wert von 27 600 T., darauf Schulden von 26/m T.; suchte 1771 um e. *Indult* nach; verkaufte 1774 schuldenhalber d. Gut Groß Latzkow im Krs. Pyritz, seit 1747 in seinem Besitz, für 20/m T. an d. Ltnt. Carl Christoph von Waldow, der jedoch mit d. Zahlung in Rückstand geriet u. deshalb verklagt wurde; sollte 1774 auf Drängen seiner Gläubiger wegen e. Forderung über 1 500 aus d. Gut Fürstensee *exmittirt* werden; drei seiner Söhne standen damals bei d. Kavallerie; **Mutter**: Dorothea Friederike, geb. Gräfin von Schlippenbach (1715–1774); **Vater-Bruder**: Friedrich Wilhelm (1708–1764), Cap., s.d.; **Bruder**: Carl Friedrich (1747–1770), 1763 Junker, 1767 Cornet im D-R Nr. 3, im Mrz. 1770 vom Pferd erschlagen; **Bruder**: George Dettloff (* 1748, † 4. April 1813), seit etwa 1766 im Militär, 1767 Junker, 1778 als Sl genannt, Juli 1785 Pl im D-R Nr. 4, Okt. 1789 Stabs-Cap., Okt. 1794 Orden p.l.m., Febr. 1797 Major, Okt. 1800 Chef e. Escadron, Juli 1807 Ol, Okt. 1808 als Kommandeur d. Neumärk. D-R pens.; **Bruder**: Otto Friedrich Wilhelm (1752–1808), Cornet im D-R Nr. 4, 1793, 1804 Erbherr auf Fürstensee u. Gerzlow (A bzw.) B im Wert von zs. 44/m T.; **Bruder**: August (Vivigenz) Vincenz (* 21. Dez. 1760, † 5. Sep. 1813), seit etwa 1777 im Militär, 1780 Cornet im D-R Nr. 4, erhielt am 4. Okt. 1780 zs. mit d. Bruder E.D.L. d. *venia aetatis*, 1789 als Sl gen., Mrz. 1793 Pl im D-R Nr. 4, Mrz. 1793 Stabs-Cap., Sep. 1800 Cap., Okt. 1805 Major, Sep. 1806 Chef e. Escadron, Sep. 1812 als Ol dim.; **Laufbahn**: 1774 Junker im D-R Nr. 3, 1787 als Sl gen., Okt. 1790 Pl, Dez. 1794 Stabs-Cap., Okt. 1795 dim.; **Güter**: erwarb im Mai 1795 d. Gut Blankensee im Krs. Pyritz für 36 250 T. von Carl Sigismund Andreas von Bornstedt, darauf Schulden von 18/m T.; besaß kein eigenes Vermögen, mußte deshalb für d. Erwerb u. für Verbesserungen weitere Schulden aufnehmen; d. Vasallentab. wiesen d. Gut nur mit e. Wert von 24 992 T. auf; bat Anfang 1799 darum, d. Gut an e. Bürgerlichen verkaufen zu dürfen, wollte sich auf die Weise von d. Schulden befreien u. noch e. Gewinn erzielen; am 14. Mai 1799 wurde sein Gesuch abgewiesen; saß noch 1804 auf Blankensee, hatte damals vier Söhne von unter acht Jahren;

Quellen: GStA, I. HA, Rep. 30, Nr. 44, W 129 a, Pakete 9 388 u. 9 389; Nr. 186 d 2, Paket 9 849; Nr. 243, Vas.tab. 1793, 1799, 1804; IV. HA, Rep. 1, Nr. 92, Bl. 168; Stabi, Ms. boruss. fol. 313 (1787 standen e. Ernst u. e. Joh. Ernst als Ltnt. im D-R Nr. 3); Brüggemann, T. 2/1, S. 141, S. 150; Schöning, D-R Nr. 3, S. 211, S. 213, S. 257, S. 413 (C.F.), S. 416 (hier als Johann Ernst), S. 259, S. 428 (Bruder G.D.); Jb. dt. Adel, Bd. 1, S. 903, S. 935; Stammtafeln 1919, Linie Reetz-Noerenberg; Lehmann, Ritter, S. 360;

Ltnt. Ernst Friedrich August von Wedel (* um 1733, † 14. Okt. 1758)

aus Pommern gebürtig; **Laufbahn**: 1755 Fähnrich, 1756 Ltnt. bei d. Garde in Potsdam, 1758 als Pl im 2. Bat. Garde gefallen; **Güter**: 1756 als Erbherr auf ¾ Uchtenhagen und ¾ Pegelow im Krs. Saatzig im Wert von 12/m T. gen.;

Quellen: GStA, I. HA, Rep. 30, Nr. 243, Vas.tab. 1755, 1756; nicht in IV. HA, Rep. 1, Nr. 92, Bl. 167; Stabi Ms. boruss. fol. 310 († 1758 als Pl bei d. Garde);

Rittmstr. Ernst Friedrich Leopold von Wedel (* 4. Mrz. 1770, † 5. April 1807) *

Vater: Sebastian George (1747–1808) *, Juli 1763 als Fähnrich im I-R Nr. 29 dim., Erbherr auf Dolgen u. Born in d. NM, auf Schwerin im Krs. Saatzig, seine Güter hatten 1804 e. Wert von insges. 84/m T., seit 1781 Landrat im pomm. Krs. Saatzig; **Mutter**: Catharina Sabina Charlotte, geb. von Lepel (* 1748); **Vater-Bruder**: Johann Vivigenz (1748–1804), Cap., s.d.; **Bruder**: George Wilhelm Sigismund (1772–1827), Okt. 1781 *cadet* in Stolp, Mrz.

1785 dim., Juli 1789 Sl im Füsilier-Bat. Nr. 11, April 1796 (zum Füsilier-Bat. Nr. 12), Mrz. 1800 dim., Juni 1813 als Cap. zum 1. Ostpreuß. Landwehr-I-R, Nov. 1813 dim.; **Bruder**: Hans Gottlieb Christian (1778–1831), Aug. 1794 Fähnrich im I-R Nr. 12, Okt. 1797 Sl, Okt. 1808 dim., Juni 1813 Cap. beim 2. Pomm. Landwehr-I-R; **Laufbahn**: Juni 1781 *cadet* in Stolp, Juni 1784 ins H-R Nr. 8, Okt. 1788 Cornet im H-R Nr. 8, Sep. 1791 Sl, Mrz. 1800 Pl, Dez. 1803 Stabs-Rittmstr., Okt. 1805 mit Wartegeld dim.;

Quellen: GStA, II. HA, Abt. 12, Pommern, Materien, Vas.-Tab. Nr. 5 a, (Vas.tab. NM für 1800); IV. HA, Rep. 1, Nr. 92, Bl. 167 (Vater), Bl. 169 (hier alle drei Brüder, H.G.C. als Hans Christoph Ferdinand); Schöning, 5. H-R, S. 169, S. 554; Stolper Kadetten, S. 15 (E.F.L. u. G.W.S. aus Schwerin gen.); Tb. Uradel 1900, S. 859–860 (hier als Fr. Lupold Ernst, gest. 4.4.1808); biogr. Handbuch, S.1074–1075 (Vater);

Cap. Ernst Ludwig Friedrich von Wedel (* 18. Okt. 1747, † 28. Jan. 1812)*

Vater: Ernst Sigismund (1704–1758), trat um 1723 in d. Militärdienst ein, stand 1740 als Pl im I-R Nr. 23, Juni 1747 Orden p.l.m., 1755 Cap., 1758 als Major im I-R Nr. 23 bei Zorndorf gefallen, Erbherr auf Cossin A im Krs. Pyritz; **Mutter**: Louise Henriette (1723–1756), e. To. d. GM Egidius Ehrenreich von Sydow; **Bruder**: Heinrich Sigismund (* um 1751), stand im I-R Nr. 23, im Juni 1775 *cassirt* (und auf Lebenszeit) auf d. Festung Spandau gebracht; **Laufbahn**: engagierte sich im I-R Nr. 19, stand 1767 als Fähnrich im Regiment, rückte bis zum Rang e. Ltnt.s auf, erhielt im Juni 1775 d. gewünschten Abschied, dieser Schritt stand evt. im Zs.hang mit d. *Cassation* seines Bruders, Juli 1775 Charakter Cap., Jan. 1810 Charakter Major; von 1787 bis 1798 überzähliger KD-rat bei d. Stettiner Kammer; **Güter**: besaß seit 1758 zs. mit d. Bruder d. Gut Cossin A; seit 1776 alleiniger Besitzer; verkaufte Cossin A 1791 für 23/m T. an d. Rittmstr. Richard Ehrentreich von Schöning vom H-R Nr. 6, s.d., der damit Besitzer von Cossin A u. B wurde; erwarb 1797 d. Gut Neubelz im Ftm. Cammin, dieses hatte zs. mit Giesekow 1804 e. Wert von 26/m T.; in erster **Ehe** verh. mit Charlotte Wilhelmine, geb. von der Goltz, erhielt mit CO vom 13. Aug. 1791 e. jährliche Pension von 200 T. für d. Erziehung seiner vier Kinder, bis die das 20. Lebensjahr erreicht hatten, die drei Tö. waren geb. in d. Jahren 1779 bis 1782, d. **Sohn** Heinrich Ernst (* 6. Dez. 1783);

Quellen: GStA, I. HA, Rep. 30, Nr. 243, Vas.tab. 1756, 1763, 1767, 1793, 1804; II. HA, Abt. 13 a, Tit. III, Litt W, Nr. 25 (Kinder); IV. HA, Rep. 1, Nr. 92, Bl. 167 (d. Vater gest. 17.9.1758); Stabi, Ms. boruss. fol. 314, fol. 316 (Vater u. Bruder); Gesch. I-R Nr. 19, S. 137; Brüggemann, T. 2/1, S. 136; Brüggemann, Beiträge, 2, S. 103; Jb. dt. Adel, Bd. 1, S. 940; biogr. Handbuch, S. 1071;

Major Ernst Sigmund von Wedel (* 1742, † Dez. 1804)

Vater: Johann Ernst, sächs. Cap., Erbherr auf Glambeck u. Nantikow im Krs. Arnswalde; **Laufbahn**: seit 1760 im Militär, Mrz. 1766 Sl im I-R Nr. 1, Sep. 1778 Pl, Okt. 1783 Cap., Nov. 1786 Chef e. Comp., Juni 1793 als Major zum Depot-Bat. d. I-R Nr. 20 versetzt, 1804 gest.;

Quellen: GStA, IV. HA, Rep. 1, Nr. 92, Bl. 168; Stabi, Ms. boruss., fol. 313 (lt. d. Ranglisten aus Pommern geb.); Stammtafeln 1919, Linie Reetz-Noerenberg;

Regierungsrat Ernst Wilhelm von Wedel (* 1720, † 27. Okt. 1797)*

Vater: Ernst Friedrich (1687–1751), Prälat in Cammin, Erbherr auf Kannenberg u. Teschendorf im Krs. Saatzig; **Mutter**: Agnesa Louisa, geb. von Wedel; **Laufbahn**: amtierte von 1745 bis 1753 als Regierungsrat in Stettin; **Güter**: seit 1751 Erbherr auf d. väterlichen Gütern, d. 1767 e. Wert von 28 749 T. u. 1804 von 50/m T. hatten, sie waren 1767 mit 12 647 T. belastet, d. anderen Schulden beliefen sich auf 4 300 T.; zweite **Ehefrau**: Ulrike Antonie Elisabeth, geb. von Borcke († 1767), dritte Frau: Charlotte Gottliebe Tugendreich, geb. von Schöning; **Sohn** (dritter Ehe): August Wilhelm Jacob (1771–1812), 1793 Referendar bei d. pomm. Regierung, verließ d. Zivildienst; hielt sich 1804 in Berlin auf, hatte damals drei Söhne von unter zehn Jahren, Erbherr auf Kannenberg u. Sassenburg;

Quellen: GStA, I. HA, Rep. 30, Nr. 243, Vas.tab. 1756, 1763, 1767, 1793, 1799, 1804; Brüggemann, T. 2/1, S. 277; Jb. dt. Adel, Bd. 1, S. 903; biogr. Handbuch, S. 1071;

Ltnt. Franz Rüdiger von Wedel (* 1701)

aus Pommern gebürtig; **Laufbahn**: seit 1717 im Militär, 1729 Pl im I-R Nr. 31, vor Juni 1740 abgegangen;

Quellen: Stabi, Ms. boruss. fol. 314;

Ltnt. Friedrich August von Wedel (* 4. Mrz. 1772, † 1. Okt. 1836)

Vater: Ewald Friedrich († Okt. 1784), (aus d. NM gebürtig), auf Steinbusch, nach 1780 Erbherr auf Falkenwalde u. Ziegenhagen im Krs. Saatzig, hinterließ sechs Kinder; **Mutter**: Johanna Friederike, e. geb. Freiin von der Goltz (1732–1805); **Bruder**: George Sigismund Gottlieb (* 1761), seit 1779 im Militärdienst, Juni 1783 Sl im D-R Nr. 12, Juni 1787 dim., erhielt 1786 d. väterl. Gut Steinbusch in d. NM, erwarb 1791 d. Gut Klützkow im Krs. Schivelbein vom Ritterschaftsrat Leopold Carl Friedrich von Heyden auf Camnitz für 27/m T., verklagte diesen 1792 wegen Übervorteilung, weil letzterer d. Gut erst 1791 vom Major von Putlitz für nur 18/m T. gekauft hatte; **Bruder**: Christian Wilhelm (* um 1764), absolvierte e. Studium, galt seit 1782 als *blödsinnig*, sollte lebenslang bei seinerm Bruder F.A. verbleiben; **Bruder**: Carl Leopold (* 1769, † 30. Juni 1794), Juli 1787 Fähnrich im I-R Nr. 22, Jan. 1792 Sl, Mitte 1794 an e. bei Rawka in Polen erhaltenen Blessur gest., hinterließ e. Vermögen von 4 691 T., das an seine Geschwister fiel; **Schwestern**: Christina Carolina Wilhelmina, geschiedene Cap. von Salisch, Johanna Amalia verw. von Lettow auf Hohenborn, 1794 sollten beide Schwestern d. neumärk. Gut Fürstenau im Wert von 16 708 T. bekommen; **Laufbahn**: Jan. 1790 Fähnrich im I-R Nr. 7, Mai 1793 Sl, Juli 1793 dim.; **Güter**: setzte sich im Okt. 1794 mit seinen Geschwistern auseinander; ihm fielen die väterlichen Güter Falkenwalde u. Ziegenhagen im Wert von 40/m, 1804 von 90/m T. zu; erhielt am 24. Aug. 1795 d. *venia aetatis*, noch 1804 auf d. Gütern im Krs. Saatzig genannt;

Quellen: GStA, I. HA, Rep. 30, Nr. 44, W 129 a, Pakete 9 388 u. 9 389; Nr. 243, Vas.tab. 1793, 1799, 1804; IV. HA, Rep. 1, Nr. 92, Bl. 168–169; Jb. dt. Adel, Bd. 1, S. 943;

Ltnt. Friedrich Conrad Ernst von Wedel (* Mrz. 1750, † 27. Okt. 1828)

Vater: Ernst Otto (1690–1756)*, seit 1755 Landrat im Krs. Saatzig, Erbherr auf Schönenbeck B u. C, 1767 im Wert von 10 657 T., d. Schulden lagen bei 6 548 T., auf Sassenburg u.

Uchtenhagen im Krs. Saatzig; **Mutter**: Eleonore Catharina Elisabeth, geb. von Wedel; **Bruder**: Carl Wilhelm (* 1751, † 29. Mrz. 1831), trat 1767 in d. Militärdienst ein, 1775 als Cornet, 1779 als Ltnt. im K-R Nr. 7 gen., 1787 Gen.-Adjutant, Sep. 1788 Rittmstr. u. Inspek.-Adjutant, Juli 1793 Major im K-R Nr. 7, Sep. 1793 Orden p.l.m., Sep. 1797 mit Pension dim.; **Laufbahn**: Gefr.corp. im I-R Nr. 8, Aug. 1772 Fähnrich, April 1777 Sl, Juni 1780 dim.; **Güter**: besaß seit 1767 d. ganze Gut Schönenbeck im Krs. Saatzig gemeinsam mit seinem Bruder; 1799, 1804 als alleiniger Besitzer aufgeführt, besaß dazu auch Uchtenhagen D (bzw. B), beide Güter hatten e. Wert von 32 200 T., amtierte als Landschaftsrat im Departement Stargard; **Ehefrau**: Juliane Dorothea Eleonore, geb. von Weiher (1756–1834), aus d. Ehe sieben Söhne, darunter **Sohn**: Hans Otto Ernst Wilhelm (1784–1856), April 1802 Cornet im D-R Nr. 1, Nov. 1807 Sl, Juni 1813 Rittmstr. beim 1. Pomm. Landwehr-Kav.-Reg.; **Sohn**: Wilhelm Friedrich August (1785–1820), Dez. 1799 Junker im D-R Nr. 5, Nov. 1801 Cornet, Okt. 1804 Sl, April 1816 Abschied als Pl, ledig verst:, **Sohn**: Otto Wilhelm Carl Heinrich (1786–1829), Febr. 1803 Fähnrich im I-R Nr. 4, Dez. 1805 Sl, Jan. 1808 beim 4. Ostpreuß. I-R einrang.; **Sohn**: George Ludwig Otto (* 1788), 1804 Portepée-Fähnrich im I-R Nr. 4, zuletzt Rittmstr.;

Quellen: GStA, I. HA, Rep. 30, Nr. 243, Vas.tab. 1756, 1763, 1793, 1804; IV. HA, Rep. 1, Nr. 92, Bl. 167–168; Stabi, Ms. boruss. fol. 315; Brüggemann, T. 2/1, S. 279; Albedyll, T. 2, Anhang S. 74* (Sohn W.F.A.: als A.W.F.); Monteton, S. 92 (Bruder C.W.); Jb. dt. Adel, Bd. 1, S. 907–908; Priesdorff, Offz.stammliste, S. 179; Stammtafeln 1919, Otten-Linie; biogr. Handbuch, S. 1074 (Vater);

Cap. Friedrich Wilhelm von Wedel (* 1708, † 8. Febr. 1764)

Vater: Friedrich Wilhelm (1664–1721), Cap., Legationsrat, Reisender, Erbherr auf Fürstensee u. Anteil Gerzlow im Krs. Pyritz; **Mutter**: Dorothea Elisabeth, geb. von Münchow; **Bruder**: Bogislav Ernst (1712–1754), Ltnt., seit 1737 Erbherr auf Bewerdieck, Rakitt, Schwanteshagen u. Siegelkow im Krs. Greifenberg; **Bruder**: Lorenz George (1702–1780), Erbherr auf Fürstensee, seit 1764 auf Schwanteshagen, Siegelkow u. Bewerdieck, siehe bei dessen Sohn E.D.L.; **Laufbahn**: trat um 1725 in d. Militärdienst ein, 1729 Fähnrich im I-R Nr. 31, im Juni 1740 als Pl im I-R Nr. 31 gen., Sep. 1740 Cap. u. Chef e. Comp. im I-R Nr. 33, Sep. 1751 als Cap. dim.; **Güter**: bis 1747 Erbherr auf Cossin B im Krs. Pyritz, seit 1756 Erbherr auf Schwanteshagen u. Siegelkow im Krs. Greifenberg, auch auf Bewerdieck u. Rakitt im Wert von zs. 36/m T.; nach seinem Tod fielen Bewerdieck, 1769 verkauft, Schwanteshagen u. Siegelkow an d. Bruder L.G., der sie wegen d. darauf liegenden Schulden von 20/m T. 1777 veräußerte;

Quellen: GStA, IV. HA, Rep. 1, Nr. 92, Bl. 167; Stabi, Ms. boruss. fol. 311, fol. 314; Brüggemann, T. 2/1, S. 414, S. 443, S. 448–449; Stammtafeln 1919, Linie Reetz-Noerenberg;

Rittmstr. Friedrich Wilhelm von Wedel (* 25. Mrz. 1737, † 1788)

Vater: Conrad Balzer († 1759), dän. Ol, Erbherr auf Sassenburg, Rossow, auf Uchtenhagen C u. Harmelsdorf A im Krs. Saatzig; **Vater-Bruder**: Ernst Otto von Wedel (* 1720), Landrat; **Laufbahn**: 1755 als Junker gen., 1756 Cornet im K-R Nr. 5, erhielt als Ltnt. am 26. April 1760 d. *venia aetatis*, zuletzt Stabs-Rittmstr., Juni 1764 nach zehn Dj. dim.; **Güter**: 1763 u. 1767 Erbherr auf Sassenburg, Rossow, Harmelsdorf A u. Uchtenhagen (C bzw.) D im Krs. Saatzig im Wert von 27 200 T., darauf Hypotheken von 17 990 T., d. anderen Schulden betrugen 4500 T., seine Güter standen 1786 unter Sequester, er sollte wegen d. Aufnahme neuer Schulden ggf. zum Verschwender erklärt werden, **Ehefrau**: Charlotte Juliane, geb. von Zanthier († 1814), beider Ehe wurde 1780 geschieden; aus d. Verbindung nur der **Sohn**: Carl Friedrich Conrad August (1765–1832), Ltnt., s.d.;

Quellen: GStA, I. HA, Rep. 30, Nr. 186 d, Paket 9836; Nr. 243, Vas.tab. 1755, 1756, 1763, 1767; IV. HA, Rep. 1, Nr. 92, Bl. 167; Brüggemann, T. 2/1, S. 277–278;

Ltnt. Friedrich Wilhelm von Wedel (* 1749)

aus Pommern gebürtig; **Laufbahn**: seit 1763 im Militär, Okt. 1770 Sl im I-R Nr. 49, Juni 1782 Pl, Febr. 1784 als Polizei-Bürgermstr. in Ottmachau versorgt;

Quellen: GStA, IV. HA, Rep. 1, Nr. 92, Bl. 168; Stabi, Ms. boruss. fol. 314;

Ltnt. Hans George von Wedel (* 17. Juni 1772, † 10. Juli 1826) *

Vater: George Ewald (1725–1800), seit 1743 im Militär, 1757 Sl, 1768 Major im I-R Nr. 30, 1773 als Ol ins I-R Nr. 53 versetzt, 1777 Obrist u. Kommandeur d. I-R Nr. 53, Juni 1783 mit 200 T. Pension dim., Erbherr auf Dolgenow in d. NM; **Mutter**: Luise, geb. von Podewils; **Laufbahn**: Mai 1795 Fähnrich im I-R Nr. 52, Okt. 1797 Sl, Mrz. 1807 Pl, Jan. 1808 1. Westpreuß. I-R, Aug. 1809 mit d. Charakter Cap. dim., Jan. 1823 als Salzfactor in Braunsberg versorgt;

Quellen: GStA, IV. HA, Rep. 1, Nr. 92, Bl. 168–169; Stabi, Ms. boruss., fol. 311 (Vater, aus d. NM geb.); Conrady, I-R Nr. 52, S. 336 (aus Pomm. geb.); Stammtafeln 1919, Linie Reetz-Noerenberg, Nr. 95;

Rittmstr. Hans Wilhelm von Wedel (* 1. Aug. 1757, † 1808)

Vater: Melchior Magnus Lupold (1726–1779), s.d., Domherr zu Cammin, Erbherr auf Braunsforth, Marienhagen, Beweringen im Krs. Saatzig, hinterließ drei Kinder; **Laufbahn**: seit 1772 Junker im K-R Nr. 5, Dez. 1775 Cornet; um 1780 Ltnt., Mrz. 1786 als Rittmstr. dim., nahm in seiner Dienstzeit Wechselschulden von 15/m T. auf, stellte zuletzt ungedeckte Wechsel aus; wurde von d. Gläubigern bedrängt, trat aus Furcht vor e. Wechsel-Arrest um 1787 nach Sachsen aus, hielt sich 1788 bis 1791 zs. mit seiner Frau in Kriegsdorf bei Merseburg auf; **Ehefrau**: Louise Charlotte Ernestine verw. von Bülow, geb. von Griesheim (* 1761), diese bat im Jan. 1788 um e. Moratorium f. ihren Mann u. freies Geleit, sein Vermögen soll hinreichend für d. Abdeckung d. Schulden gewesen sein; **Güter**: H.W. suchte am 30. Mai 1790 aus Kriegsdorf um e. *salvum conductum* auf zwei Jahre nach, gab d. Wert seiner Güter Braunsforth, Anteil Braunsberg u. Beweringen im Krs. Saatzig mit 50/m T. an, darauf hypothekarische Schulden von 34/m T., warf seinen Gläubigern Wucher vor, die Güter wurden damals administriert; am 18. Juli 1791 bekam er freies Geleit für d. Rückkehr nach Pommern, um sich mit seinen Gläubigern einigen zu können; mußte d. Güter nach 1793 verkaufen; 1799, 1804 besaß d. Ltnt. Ludwig Magnus von Wedel (1750–1810), s.d., diese Güter; **Söhne**: Lupold Carl Magnus (1786–1809), Hans Gustav Carl Albert (1791–1809), beide als Schillsche Offiziere 1809 in Wesel erschossen;

Quellen: GStA, I. HA, Rep. 30, Nr. 44, W 129 a, Paket 9388; Nr. 243, Vas.tab. 1793, 1799, 1804; IV. HA, Rep. 1, Nr. 92, Bl. 168 (kz. Notiz); Stabi, Ms. boruss. fol. 311; Brüggemann, T. 2/1, S. 260; Jb. dt. Adel, Bd. 1, S. 925–926;

Ol. Joachim Philipp von Wedel (* 1739, † 18. Mrz. 1813)*

Vater: Otto Achaz († 1760), Ltnt., in Kolberg gest., Erbherr auf Sassenburg u. Anteil Rossow im Krs. Saatzig; **Mutter**: Anna Sophia, geb. von Wedel; **Laufbahn**: seit 1759 im Militär, Mai 1769 Cap. u. Chef e. Comp. im Garn.-Reg. Nr. 7, als solcher noch im 2. Quartal 1779 gen., Febr. 1788 Major im Depot-Bat. d. I-R Nr. 46, Sep. 1797 mit Pension dim., Febr. 1799 Chef d. Westpr. Invaliden-Comp. zu Konitz mit d. Charakter Ol, Sep. 1809 dim. mit 400 T. Pension;

Quellen: GStA, IV. HA, Rep. 1, Nr. 92, Bl. 168; Stabi, Ms. boruss. fol. 313; Stammtafeln 1919, Otten-Linie;

Ltnt. Joachim Wilhelm Friedrich von Wedel (* 1. Mai 1773)

Vater: Peter Friedrich (1723–1789), Erbherr auf Horst im Krs. Saatzig u. Winningen in d. NM, auf sein Gesuch wurde Mitte 1776 d. Administration d. Gutes Horst aufgehoben u. ihm wieder anvertraut; **Mutter**: Charlotta Augusta, geb. von Beneckendorff, sie hatte lebenslang d. Nießbrauch d. Güter; **Großvater**: Peter Friedrich, Regierungsrat; **Schwestern**: d. ältere war 1794 verh. mit Ernst Friedrich von Schmiedeberg zu Reinfeld im Krs. Belgard, s.d., d. jüngere Louisa Carolina Augusta noch ledig; **Laufbahn**: Juni 1789 Fähnrich im I-R Nr. 8, Mai 1790 Sl, Dez. 1791 wegen Schwächlichkeit dim., assistierte anschließend seiner Mutter in d. Wirtschaft; **Güter**: erhielt auf sein Gesuch am 7. April 1794 d. *venia aetatis*; setzte sich 1795 mit seiner Mutter u. d. Schwestern auseinander u. übernahm d. väterlichen Güter; Horst hatte damals e. Wert von 11/m T., Winningen von 12 321 T.; verkaufte bzw. vertauschte mit Genehmigung d. Pupillenkollegiums vom 20.3.1797 d. Gut Horst, das lt. Ertragstaxe zu 5% einen Wert von 17 317 T. besaß, für 26/m T. an d. Ltnt. Paul Friedrich von Brand vom I-R Nr. 7, übernahm dafür dessen Gut Runow im Krs. Saatzig im Wert von 45/m T. einschl. d. darauf liegenden Schulden von 21 450 T.; 1801 besaß J.W.F. d. Güter Runow u. Winningen, 1804 gehörten sie d. Cap. von der Marwitz; auf Horst saß 1804 Anton Carl von Wedel;

Quellen: GStA, I. HA, Rep. 30, Nr. 44, W 129 a, Paket 9 388; Nr. 243, Vas.tab. 1756, 1767, 1793, 1799, 1804; IV. HA, Rep. 1, Nr. 92, Bl. 169; Priesdorff, Offz.stammliste, S. 179 (Geb.datum: Juni 1777);

Major Johann Ernst von Wedel (* 1751, † 17. Juni 1818)

aus Pommern gebürtig; **Laufbahn**: trat 1768 in d. Militärdienst ein, stand 1774 als Sl im D-R Nr. 3, Juni 1787 Pl, Sep. 1791 Stabs-Cap., Nov. 1799 Major, Febr. 1814 pens., 1818 gest.;

Quellen: GStA, IV. HA, Rep. 1, Nr. 92, Bl. 168; Stabi, Ms. boruss. fol. 313; Schöning, D-R Nr. 3, S. 211, S. 257, S. 316, S. 418 (nicht zu verwechseln mit Ernst David Ludwig, s.d.);

Cap. Johann Vivigenz von Wedel (* um 1748, † 1804)

Vater: Friedrich Lupold (1714–1760), Cornet im D-R Nr. 3 (zuletzt Cap. im D-R Nr. 1), Erbherr auf Cremzow, Repplin, Schönenberg, Gerzlow B, Krüssow D, Anteil Suckow an d. Ihna im Krs. Pyritz, auf Schwerin im Krs. Saatzig, hinterließ neun Söhne, 1767 sollen seine Güter in d. Krs. Saatzig u. Pyritz e. Wert von 161 888 bzw. 120/m T. gehabt haben, darauf Schulden von 101 643 bzw. 99/m T.; seine **Witwe** Auguste Margarethe, geb. von Kleist (1724–1794) hielt sich 1767 mit d. drei jüngsten Söhnen in Temnick im Krs. Saatzig auf;

Bruder: Lupold Christoph (1742–1803), Ltnt., 1769 Erbherr auf Cremzow, Repplin, Schönenberg, Gerzlow B, Suckow im Wert von 110/m T., s.d.; **Bruder**: Joachim Berend (* geb. um 1744, † 2. Jan. 1772), seit 1760 im Militär, 1764 als Sl gen., 1767 Ltnt. im I-R 26, 1772 als Offz. gest., hatte bei d. Erbteilung Gerzlow B f. 10/m T. erhalten; **Bruder**: Sebastian George (1747–1808)*, Fähnrich im I-R Nr. 29, Juli 1763 (als Ltnt. dim.), seit 1769 Erbherr auf Schwerin im Krs. Saatzig, seit 1781 Landrat im Krs. Saatzig; **Bruder**: Carl Friedrich (* um 1747), 1767 Fähnrich im I-R Nr. 22, Juni 1777 als Ltnt. dim.; **Bruder**: Christian Fürchtegott Tugendreich (* 1749, † Febr. 1819), Major, s.d.; **Bruder**: Franz Heinrich Ferdinand (* 1752, † 2. Febr. 1822), seit 1767 im Militär, Juni 1775 Ltnt. im K-R Nr. 3, Nov. 1787 Stabs-Rittmstr., Jan. 1794 Rittmstr., Juli 1800 Major, Mai 1803 Chef e. Escadron, Nov. 1809 *cassirt* u. zwei Monate auf d. Festung; **Bruder**: Siegfried Leberecht (* 1752, † 16. Febr. 1825), seit 1768 im Militär, Juli 1769 Fähnrich im I-R Nr. 36, Mrz. 1778 Sl, Juli 1789 Pl, April 1794 Stabs-Cap., Mai 1801 Cap. u. Chef e. Comp., Mai 1809 Major, dann pens.; **Bruder**: Wilhelm Ludwig Rudolph (* um 1757, † 22. Dez. 1830), Febr. 1773 Gefr.corp. im I-R Nr. 18, Nov. 1776 Fähnrich, Mai 1782 Sl, (Juni 1785 bzw.) Mai 1790 Pl, Aug. 1793 Stabs-Cap., Jan. 1798 Cap. u. Chef e. Comp., Mai 1804 Major, Juni 1808 dim.; **Laufbahn**: stand 1767 als *cadet* in Potsdam, Mai 1768 Fähnrich, Sep. 1774 Sl im Grenadier-Garde-Bat. Nr. 6, Juni 1785 Pl, April 1788 Stabs-Cap., Nov. 1792 mit Pension dim., 1804 gest.; war wohl wie die meisten seiner Brüder bei d. Erbteilung 1769 mit Geld abgefunden worden; **Güter**: saß von mind. 1799 bis 1804 auf Tarnow im Borckeschen Krs. im Wert von 11/m T., dieses fiel nach seinem Tod an d. Bruder Christian Fürchtegott Tugendreich (1749–1819), Major, s.d.;

Quellen: GStA, I. HA, Rep. 30, Nr. 243, Vas.tab. 1797, 1799, 1803; IV. HA, Rep. 1, Nr. 92, Bl. 167–168; Stabi, Ms. boruss. fol. 313 (F.H.F.), fol. 314 (Bruder S.L.), fol. 315; Brüggemann, T. 2/1, S. 137–138, S. 161; Reinhard, Garde, S. 532, S. 536, S. 558; Jb. dt. Adel, Bd. 1, S. 882, S. 889; biogr. Handbuch, S. 1074–1075 (Bruder S.G.);

Cap. Ludwig von Wedel (* 1709)

aus Pommern gebürtig; **Laufbahn**: seit 1726 im Militär, Mai 1735 Ltnt. im Bat. von Kröcher, Dez. 1749 Cap. im I-R Nr. 32, noch 1756 hier als Cap. u. Chef e. Comp. gen., vor 1764 abgegangen;

Quellen: Stabi, Ms. boruss., fol. 312, fol. 314;

Ltnt. Ludwig Magnus von Wedel (1750–1810)

Vater: Magnus Leopold (* 1712), Major, Erbherr auf Vosberg B im Krs. Saatzig u. Grassee in d. NM; **Mutter**: Sophie Antoinette Auguste, geb. von Danckelman; **Bruder**: Carl Friedrich Heinrich (1750–1792), seit 1767 im Militär, Febr. 1770 Fähnrich im 2. Bat. Garde, Juli 1781 Pl, Febr. 1789 Stabs-Cap., Okt. 1790 dim.; **Laufbahn**: seit 1764 im Militär, Jan. 1769 Fähnrich im I-R Nr. 5, Febr. 1774 Sl, Okt. 1785 Pl, Febr. 1788 dim.; **Güter**: schloß 1784 mit seinem Bruder e. privaten Vergleich über die 1780, 1781 geerbten Güter, danach sollte der eine d. Gut in Pommern, der andere das in d. NM bekommen; 1785 bestätigte d. Regimentsgericht der Garde diesen Vergleich, beide mußten ihn aber noch von ordentlichen Gerichten bestätigen lassen; sie wandten sich daher nach Stettin und Küstrin; L.M. verkaufte Vosberg, erwarb dafür Braunsforth, ½ Braunsberg u. Beweringen im Krs. Saatzig, 1804 im Wert von 60/m T., hatte seinen Wohnsitz in Grassee;

Quellen: GStA, I. HA, Rep. 30, Nr. 44, W 129 a, Paket 9388; Nr. 243, Vas.tab. 1801, 1804; IV. HA, Rep. 1, Nr. 92, Bl. 169; Stabi, Ms. boruss. fol. 310; Reinhard, Garde, S. 531, S. 534, S. 556 (Bruder C.F.H.); Stammtafeln 1919, Linie Melchior (Nr. 27, 34 u. 35);

Ltnt. Lupold Christoph von Wedel (* 10. Dez. 1742, † 7. April 1803)

Vater: Friedrich Lupold (1714–1760), Cornet im D-R Nr. 3, Erbherr auf Cremzow, Repplin, Schönenberg, Gerzlow B, Krüssow D, Anteil Suckow an d. Ihna im Krs. Saatzig, auf Schwerin im Krs. Saatzig, hinterließ neun Söhne u. zwei Tö., sein Vermögen belief sich auf 140 347 T., die Schulden betrugen 107 619 T., jede To. bekam ca. 940 T., d. Söhne zw. 2 500 u. 4 500 T.; **Mutter**: Auguste Margarethe, geb. von Kleist (1724–1794), hielt sich 1767 mit d. drei jüngsten Söhnen in Temnick im Krs. Saatzig auf; **Großvater**: Lupold, Landrat; **Bruder**: Johann Vivigenz (1748–1804), Cap., siehe dort mehr zu d. Geschwistern; **Laufbahn**: seit 1757 im Militär, 1767 Ltnt. im K-R Nr. 7, April 1768 dim.; später Ritter d. St. Johanniter-Ordens u. Landschaftsrat; **Güter**: seit 1769 Erbherr auf Cremzow, Repplin, Schönenberg, Gerzlow (A bzw.) B im Krs. Pyritz, auf Suckow im Krs. Saatzig im Wert von 110/m T.; bat im Sep. 1770 um e. *Indult*, d. väterl. Güter waren 1760 hoch verschuldet, so daß d. elf Kindern nur e. freies Vermögen von einigen 20/m T. blieb; d. Suppl. u. d. Bruder Sebastian George hatten vom König d. Dimission bekommen, die anderen sieben Brüder standen noch im Militär; die drei ältesten Söhne hatten d. Güter angenommen u. suchten jetzt zs. um e. Moratorium von sechs Jahren nach; lt. e. Bericht d. Stettiner Regierung vom 24. Juli 1771 beliefen sich d. Aktiva d. Fam. auf 141 680 T., die Passia betrugen 86 402 T.; 1768 sollen d. Güter zu fünf Prozent so taxiert worden sein: Cremzow 50 205 T., Gerzlow 10 782, Schönenberg 22 246, Suckow 16 240, Repplin 25 072 u. Schwerin 14 521 T.; mit Dekret vom 6. Jan. 1772 bekamen d. drei Brüder e. *Indult* für sechs Jahre; L.C.s Güter im Krs. Pyritz wurden 1801 so veranschlagt: Cremzow 64 866 T., Gerzlow A 16/m, Repplin 42 900, Sandow u. Vorwerk Neu-Sandow 24/m T., saß damals auch auf Zernikow im Krs. Königsberg im Wert von 155/m T.; **Ehefrau**: Sophie Charlotte, geb. von Eimbeck (1743–1797); **Sohn**: Lupold Wilhelm Eberhard Carl (* 1771, † 20. Mai 1839), Sep. 1787 Cornet im D-R Nr. 3, Dez. 1799 Sl, Juli 1799 Pl, April 1803 als Cap. dim.; **Sohn**: Ernst George Bernhard (* 1783), 1797 auf d. Schule in Königsberg in d. NM, 1801 auf d. Ritterakademie in Brandenburg an d. Havel, studierte seit 1802 an d. Viadrina d. *Cameralia*; erhielt am 30. April 1804 auf sein Gesuch die *venia aetatis*; e. gute Führung u. Wirtschaftlichkeit attestiert hatten ihm zuvor sein Vormund, d. Onkel u. Landrat Sebastian George von Wedel zu Schwerin, u. seine Tante Anna Liebica Juliana Witwe Major von Berg(en), geb. von Wedel, aus Greifenhagen, sein mütterl. Vermögen betrug 2/m T., d. väterl. Nachlaß betrug lt. Inventar 1 387 095 T., der an drei Parteien fiel, an E.G.B, an d. Bruder L.W.E. u. d. Tochter e. bereits verst. Schwester;

Quellen: GStA, I. HA, Rep. 30 Nr. 44, W 129 a, Pakete 9388 u. 9389 (auch als Leopold Christian); II. HA, Abt. 12, Materien, Vas.tab. Nr. 6; IV. HA, Rep. 1, Nr. 92, Bl. 169; Stabi, Ms. boruss. fol. 315; Monteton, S. 91; Jb. dt. Adel, Bd. 1, S. 882; Schöning, D-R Nr. 3, S. 258, S. 417 (Sohn L.W.E.);

Cap. Magnus Otto Wilhelm von Wedel (* 24. April 1768, † 14. Dez. 1824) *

Vater: Julius Heinrich Ernst (1740–1792), Erbherr auf Sassenhagen, Uchtenhagen B u. Tolz im Krs. Saatzig, (auf Steinhöfel in d. NM); **Mutter**: Caroline Maria Catharina, geb. von Schmiedeberg (* 1741); **Bruder**: Carl Friedrich Ernst (1765–1832), Ltnt., s.d., hatte

1800 seinen Wohnsitz in Stargard, führte als Erbe von Carl Albrecht Franz von Parlow seit 1806 d. Namen von Wedel-Parlow; **Laufbahn**: trat 1782 in d. Militärdienst ein, Juni 1786 Cornet im D-R Nr. 12, Juni 1788 Sl, Mrz. 1795 Pl, Aug. 1803 mit d. Charakter Cap. dim. u. versorgt als Salz-Inspektor zu Sieradz, als Salz-Factor zu Zehdenick gest.;

Quellen: GStA, II. HA, Abt. 12, Pommern, Materien, Vas.tab., Nr. 5 a (Vas.tab. d. NM f. 1800); IV. HA, Rep. 1, Nr. 92, Bl. 169; Stabi, Ms. boruss. fol. 311; Tb. Uradel 1900, S. 869–871 (hier als Wilhelm Magnus Otto);

Cap. Melchior Magnus von Wedel (* 1762, † 8. Mrz. 1812)

Vater: Melchior Magnus Lupold (1726–1779), Domherr, s.d.; **Mutter**: Charlotte Louise, e. geb. von Knobelsdorff († 1794); **Laufbahn**: engagierte sich um 1774 im D-R Nr. 12, 1779 hier als Cornet, 1787 als Sl gen., Mai 1790 Pl, Juli 1792 dim., Dez. 1805 als Cap. beim Train-Depot in Kolberg *attachirt*; **Ehefrau**: Friederike, e. geb. von Woedtke, Nichte d. Ministers von Massow; **Güter**: erwarb 1781 bei d. Auseinandersetzung mit seinen Geschwistern Anteile an Freienwalde u. Uchtenhagen, dazu die Güter Marienhagen u. Vehlingsdorf im Krs. Saatzig für 38 820 T.; Marienhagen hatte lt. Taxe von 1797 e. Wert von 22 253 T., Vehlingsdorf mit Holzungen von 87 126 T., zs. also 109 379 T., darauf Schulden von 83 718 T.; Hauptgläubigerin war seine Frau, der insges. 16 875 T. zustanden, davon allein e. Ehegeld von 10 550 T.; sie hatte für ihren Mann 1797 e. Bürgschaft über 17/m T. übernommen; im Jahr 1800 setzte sich d. Cap. von seinen Gütern nach Anhalt-Köthen ab, um d. drohenden Personalarrest zu entgehen; d. Gesuch d. Frau um e. Verkauf d. Güter an Bürgerliche wurde am 3. Jan. 1801 mit d. Begründung, daß es sich um alte Lehn d. Familie von Wedel handele u. daß sie zu wertvoll seien, abgelehnt; d. Cap. wurde am 8. Mai 1801 im Ergebnis e. *Prodagilitätsprozesses* zum Verschwender erklärt u. e. Kuratel über sein Vermögen errichtet, Vormund wurde d. Landrat Friedrich Christian August von Dewitz zu Hoffelde; M.M. kehrte nach Zusagen freien Geleits nach Pommern zurück, saß seit Juli 1802 in Stettin im Gefängnis; im Mai wurde er wegen Urkundenfälschung u. falscher Anschuldigung zu e. zweijährigem Festungsarrest verurteilt, nach e. Immediatgesuch seiner Frau u. aus Mitleid mit ihr wurden ihm im Sep. 1803 sechs Monate erlassen, d. Cap. im Febr. 1804 auf freien Fuß gesetzt; sie suchte im Okt. 1803 um d. freien Verkauf d. Güter ohne Subhastation nach: räume man d. Agnaten d. *beneficium taxae* ein, könnten diese d. Güter für ca. 40/m T. übernehmen, ihr Mann würde dann auf Verbindlichkeiten von 60/m sitzenbleiben, sie wegen e. Bürgschaft über 20/m T. in Armut geraten; ihr Bruder, d. Cap. Ernst Wilhelm August Ewald von Woedtke auf Sydow, habe als freier Käufer 73/m T. geboten, bekomme er d. Zuschlag, könnten d. Hypothekengläubiger befriedigt werden, sie von d. Bürgschaft befreit u. e. Teil ihres Vermögens gerettet werden, d. Rechte d. Agnaten sollten deshalb zurückgesetzt werden; d. Stettiner Pupillenkollegium schloß sich diesem Vorschlag Ende 1803 an;

Quellen: GStA, I. HA, Rep. 30, Nr. 44, D 32, Paket 9 268; Nr. 44, W 129 a, Paket 9 389; Nr. 243, Vas. tab. 1804; IV. HA, Rep. 1, Nr. 92, Bl. 168; Stabi, Ms. boruss. fol. 311; Stammtafeln 1919, Melchior-Linie;

Domherr Melchior Magnus Lupold von Wedel (* 6. Nov. 1726, † 12. Jan. 1779)

Vater: Melchior Magnus (1686–1745), Erbherr auf Braunsforth, Marienhagen, Vehlingsdorf im Krs. Saatzig; **Mutter**: Libica Wilhelmine Elisabeth, geb. von Wedel († 1761);

(Stief-)**Bruder**: Melchior Felix (1708–1768), seit 1744 Erbherr auf Neu Damerow B, Uchtenhagen B; (Stief-) **Bruder**: Christoph Heinrich (1710–1772)*, Landrat, später Kammerpräs. in Halberstadt, seit 1744 Erbherr auf Marienhagen, Vehlingsdorf, s.d.; (Stief-) **Bruder**: Magnus Leopold (* 1712), Cap. beim 2. Bat. Garde, Mai 1755 als Major dim., seit 1744 Erbherr auf Vosberg B, auch auf Grassee in d. NM; **Laufbahn**: besaß e. Pfründe als Domherr in Cammin; **Güter**: seit 1744 Erbherr auf Braunsforth, Anteil Braunsberg, Anteil Karkow im Krs. Saatzig im Wert von 13/m T.; erwarb 1756 von d. Witwe Trib.rat von Baehr d. Gut Breitenfelde im Dewitzschen Krs. für 11 500 T., d. Kaufgeld blieb zunächst auf d. Gut stehen, wurde von M.M.L. jedoch gegen einschlägige Absprachen gekündigt u. 1759, 1760 u. 1761 in minderwertigen Münzsorten ausgezahlt, d. Witwe will dabei e. Verlust von 4 369 T. erlitten, er soll beim Kauf u. Wiederverkauf 1762 8 956 T. gewonnen haben; **Ehefrau**: Charlotte Louise, geb. von Knobelsdorff († 1794); **Söhne**: Hans Wilhelm (1757–1808), Rittmstr., s.d., Melchior Magnus (1762–1812), Cap., s.d.;

Quellen: GStA, I. HA, Rep. 30, Nr. 44, W 129 a, Paket 9 387; IV. HA, Rep. 1, Nr. 92, Bl. 167 (Bruder M.L.); Brüggemann, T. 2/1, S. 260, S. 306; Jb. dt. Adel, Bd. 1, S. 921, S. 925; biogr. Handbuch, S. 1070–1071 (Bruder C.H.);

Cap. Sebastian Ernst von Wedel (* um 1729)

Vater: (Ernst Bogislav, Cap.; **Mutter**: Eleonora Sophia, geb. von Steinbach); **Laufbahn**: avancierte im 3. Bat. Garde bis zum Cap., Mai 1751 dim.;

Quellen: GStA, IV. HA, Rep. 1, Nr. 92, Bl. 167; Stabi, Ms. boruss. fol. 310 (Juni 1751 dim.); Brüggemann, T. 2/1, S. 273–274 (E.B. u. Frau 1718 gen.);

Ltnt. Ewald Wilhelm von Wedelstaedt (* 1739)

aus Pommern gebürtig; **Laufbahn**: seit 1756 im Militär, Mrz. 1760 Sl im Garn.-Reg. Nr. 7, im Juni 1764 auf Wunsch dim.;

Quellen: GStA, IV. HA, Rep. 1, Nr. 92, Bl. 182; Stabi, Ms. boruss. fol. 313;

Cap. Franz Theodor von Wedelstaedt (1724–1782)

aus Pommern gebürtig; **Laufbahn**: trat 1746 in d. Militärdienst ein, 1753 Ltnt. im D-R Nr. 3, Juni 1772 als Stabs-Rittmstr. dim., Febr. 1773 als Chef e. Comp. ins Garn.-Reg. Nr. 2 versetzt, hier als Cap. 1782 gest.;

Quellen: GStA, IV. HA, Rep. 1, Nr. 92, Bl. 182–183; Stabi, Ms. boruss. fol. 313; Schöning, D-R Nr. 3, S. 102, S. 198, S. 413;

Ltnt. Wilhelm Moritz von Wedelstaedt (* 26. Juni 1782, † 17. Nov. 1837)

Vater: George Caspar (1728–1801), seit 1742 im Militärdienst, 1750 Gefr.corp., 1756 Fähnrich im I-R Nr. 38, 1764 Cap., 1779 Major, Sep. 1783 als Major im I-R Nr. 38 mit 200 T. Pension dim., bis 1781 Erbherr auf Gr. Herzberg A u. Klein Hertzberg im Krs. Neustettin, seit 1771 auf Gr. Volz im Krs. Rummelsburg, seit (1793 bzw.) 1797 auf Lodder A für 3 400 T.; **Mutter**: Friederike Helene Carolina, geb. von Lettow (1747–1816); **Großvater**: Carl Friedrich (* 1691), poln. Ltnt., Erbherr auf Anteil Hertzberg im Krs. Neustettin; **Vater-Bruder**: Johann Nicolaus (1724–1787)*, seit 1739 im Militär, 1750 Fähnrich im I-R Nr. 10, stand 16 Jahre im Regiment, 1755 als Steuerrat in Lippstadt angesetzt; **Bruder**: Johann George (1768–1852), Jan. 1783 Gefr.corp. im I-R Nr. 32, April 1787 Fähnrich, April 1789 Sl, Mai 1794 Pl, Mai 1802 Stabs-Cap., Dez. 1805 Cap. u. Chef e. Comp., Febr. 1813 zu e. Garn.-Bat., April 1820 abgegangen; **Bruder**: August Ludwig Leopold (1777–1816), Juli 1785 *cadet* in Stolp, Juli 1790 *cadet* in Berlin, Aug. 1794 Fähnrich im I-R Nr. 10, Aug. 1796 Sl, Juni 1802 dim., Juni 1814 Cap. beim 3. pomm. Landwehr-I-R; **Bruder**: Caspar Leopold (1786–1855), Aug. 1793 *cadet* in Stolp, Mai 1801 *cadet* in Berlin, April 1803 Gefr.corp. im I-R Nr. 32, Dez. 1804 Fähnrich, Mrz. 1810 Sl, Febr. 1813 d. 1. Westpr. I-R aggr., Juni 1813 beim 6. Reserve-I-R, Aug. 1814 Pl, Mai 1833 als Major dim.; **Laufbahn**: Juni 1790 *cadet* in Stolp, Mai 1795 *cadet* in Berlin, Juni 1799 Fähnrich im I-R Nr. 38, Okt. 1801 zum I-R Nr. 43 versetzt, Jan. 1803 Sl, April 1804 dim., Okt. 1815 zum 5. Rhein. Landwehr-I-R; **Güter**: saß seit 1804 zs. mit seiner Mutter auf d. Gut Lodder A u. B im Krs. Rummelsburg im Wert von 10/m T.; erhielt am 28. Jan. 1805 d. *venia aetatis*, d. Vermögen d. verst. Vaters betrug lt. Inventar 10727 T., in das sich vier Söhne teilen mußten, d. Mutter hatte d. Nießbrauch d. Gutsrevenuen; erwarb im Juli 1805 d. Gut Saviat im Krs. Stolp vom Cap. Christian Ludwig von Zeromsky, s.d., für 7550 T.; **heiratete** 1805 Amalie Charlotte Wilhelmine (* 24. Jan. 1788, † 1818), e. To. d. Liegnitzer Steuerrates Johann Arnold Christian Corvinus *; diese erhielt 1806 d. *venia aetatis*, sie hatte e. mütterl. Vermögen von 267 T.; (**verwandt**: ein Johann Friedrich von Wedelstaedt (* 1765, † 17. Jan. 1830), seit 1784 im Regiment, Juni 1788 Cornet im D-R Nr. 8, Mrz. 1790 Sl, Mai 1803 Pl, Dez. 1806 Cap., Nov. 1807 mit d. Charakter Major u. Pension dim.: IV. HA, Rep. 1, 92, Bl. 183; Stabi, Ms. boruss. fol. 310, fol. 907 a);

Quellen: GStA, I. HA, Rep. 30, Nr. 44, W 128, Paket 9386; Nr. 243, Vas.tab. 1756 (Vater, Großvater), 1793, 1799, 1804 (hier d. Vater als Jacob Ludwig); IV. HA, Rep. 1, Nr. 92, Bl. 183 (Bruder J.G. als George Friedrich Ernst); Stabi, Ms. boruss. fol. 316; Brüggemann, T. 2/2, S. 753–754, S. 811; Stolper Kadetten, S. 19 (A.L.), S. 25 (W.M.), S. 30 (C.L.); Tb. Uradel, 1936, S. 606, S. 608; biogr. Handbuch, S. 181–182 (Corvinus); biogr. Handbuch, S. 1075 (Onkel);

GM Adam von Weiher (* 1683, † 10. Okt. 1744) *

Vater: Christian, Erbherr auf Mulkenthin, Storkow u. Parlin im Krs. Saatzig; **Mutter**: Anna Elisabeth, geb. von Iwatzhoff; **Bruder**: Christian Friedrich († 1705), Ltnt. im I-R Nr. 14; **Bruder**: Hieronymus († 1708), Sl im I-R Nr. 3; **Bruder**: Joachim Friedrich († vor 1720); **Bruder**: George (* 1686, † 1738), 1702 *cadet* in Berlin, 1704 Uffz. im I-R Nr. 14, 1708 Fähnrich im I-R Nr. 3, 1713 Ltnt. im I-R Nr. 20, Nov. 1715 Major in d. Garnison Peitz (hier noch 1736 als Major gen.), Erbherr auf Mulkenthin, hinterließ e. minderj. Sohn; **Laufbahn**: 1702 Junker bei d. Garde, Febr. 1704 Fähnrich, Dez. 1709 Sl, Juni 1713 Cap. u. Chef e. Comp im I-R Nr. 6, Aug. 1720 Major, Mrz. 1725 Ol, Mai 1738 Obrist, Juni 1740 GM u. Chef d. neuen Garn.-Bat. Nr. 4; **Ehefrau**: Charlotte Sabine, geb. von Schlabrendorff (1715–1756), aus d. Ehe d. beiden Töchter Charlotta Sophia (* 1740) u. Wilhelmine Louise (1724); **Güter**: erhielt um 1737 d. Lehngüter Kölpin C, Grandhof, Streckenthin A, Schmuckenthin u. Pinnow B im Krs. Greifenberg u. im Ostenschen Krs. zugesprochen, zahlte dafür d. Ltnt. von Wenden 8366 T.; 1756 besaßen d. beiden Tö. d. väterlichen Güter im Wert von 24/m T.;

Quellen: GStA, I. HA, Rep. 30, Nr. 44, W 127, Paket 9384; Rep. 96, Nr. 518 E bis H; Vanselow, Helden-Register, S. 481–482 (Bruder George, gest. 1730 in Peitz); Brüggemann, T. 2/1, S. 419–420; Gesch. I-R Nr. 3, S. 165–167 (danach starb d. Major George bereits 1730); Priesdorff, Nr. 263;

Ltnt. Adam Friedrich von WEIHER (1762–1782)

aus Pommern gebürtig; **Laufbahn**: seit 1776 im Militär, 1779 Cornet im D-R Nr. 12, 1782 als Sl gest.;

Quellen: GStA, IV. HA, Rep. 1, Nr. 92, Bl. 405 (hier als Adam Wilhelm); Stabi, Ms. boruss. fol. 311;

Obrist Adam Jürgen von WEIHER (* um 1690, † 1757)

aus Pommern gebürtig; **Laufbahn**: trat um 1709 in d. Militärdienst ein, Dez. 1712 Fähnrich (im D-R Blankensee), Aug 1718 Ltnt. im K-R Nr. 4, 1730 Rittmstr., Mai 1734 als Rittmstr. v. W. jun. zum D-R Nr. 9 als Major; 1743 Ol im D-R Nr. 9, Mai 1745 Obrist, Juni 1752 als Obrist vom D-R Nr. 9 versorgt; 1757 als Oberforstmeister zu Thale im Ftm. Halberstadt verst.; **Güter**: Erbherr auf ¼ Faulen-Benz im Krs. Saatzig im Wert von 4/m T., lag 1737 im Konflikt mit Johann Ehrentreich von Weiher, der d. Gutsanteil *reluiren* wollte;

Quellen: GStA, I. HA, Rep. 30, Nr. 44, W 127, Paket 9 384; IV. HA, Rep. 1, Nr. 92, Bl. 406 (hier e. Obrist im K-R Nr. 4 (= Philipp Jacob), e. Obrist im D-R Nr. 9 = A.J.); Stabi, Ms. boruss. fol. 312 (A.J. im D-R Nr. 9), fol. 316 (1730 standen im K-R Nr. 4: Rittmstr. Adam Jürgen, geb. um 1690, seit 1709 im Dienst, u. Rittmstr. Philipp, geb um 1693, seit 1705 im Dienst); Förster, K-R Nr. 4, S. 154, S. 157, S. 542 (A.J. 1734 versetzt als v. W. jun.);

Major Adam Philipp Ernst von WEIHER (* 5. Jan. 1746, † 24. Mai 1816)

Vater: Philipp Jacob (* um 1693, † vor 1756), seit 1705 im Dienst, Jan. 1712 Fähnrich (im D-R Blankensee), April 1717 Ltnt. im K-R Nr. 4, als v. W. sen. bez., 1730 Rittmstr., April 1737 Major im K-R Nr. 4, Mrz. 1745 als Ol ins K-R Nr. 11, Mai 1745 Obrist, stand 41 Jahre in Diensten, Erbherr auf Faulen-Benz B im Krs. Saatzig; **Mutter**: Eva Charlotta, geb. von Wussow (* 1704, † 30. Nov. 1778), sie bekam seit 1774 e. Pension von 100 T., aus d. Ehe drei Töchter u. zwei Söhne; **Bruder**: Carl Christoph Ludwig (* 31. Mrz. 1747, † 1787)*, seit 1767 im Militär, 1772 Cornet im K-R Nr. 2, seit Aug. 1774 Landrat im Krs. Konitz; **Schwester**: Friederike Elisabeth (* 1740, † 17. Aug. 1801), sie besaß e. Vermögen von 400 T., bekam seit Febr. 1791 e. Pension von 50 T. u. hielt sich zuletzt bei ihrer mit d. magdebg. Reg.rat von Schenck verheirateten Schwester auf; **Laufbahn**: trat 1762 in d. Militärdienst ein, Mrz. 1767 Sl u. Adjutant im I-R Nr. 20, Juni 1775 Pl, Mrz. 1788 Stabs-Cap., Jan. 1792 Cap. u. Chef e. Comp., Mrz. 1796 als Major dim.; **Güter**: seit 1771 alleiniger Besitzer von Faulen-Benz B im Krs. Saatzig, 1767 im Wert von 9 266 T., darauf Hypotheken von 7 141 T.; hier noch 1793 als Erbherr gen., seit etwa 1799 saß d. Ritterschaftsrat Leopold Carl Friedrich von Heyden auf d. ganzen Gut;

Quellen: GStA, I. HA, Rep. 30, Nr. 44, W 127, Paket 9 384; Nr. 243, Vas.tab. 1756, 1763, 1793, 1804; IV. HA, Rep. 1, Nr. 92, Bl. 405 (A.P.E.), Bl. 406 (Vater u. Bruder); Stabi, Ms. boruss. fol. 310, fol. 311, fol. 316 (Vater); Brüggemann, T. 2/1, S. 258–259; Förster, K-R Nr. 4, S. 154, S. 157, S. 196, S. 543 (Vater P.J.); Schwerin, K-R Nr. 10, T. 2, S. 47, S. 64 (d. Vater im Juli 1747 nicht mehr gen.); Monteton, S. 56 (Bruder C.C.L.); biogr. Handbuch, S. 1078 (Bruder C.C.L.);

Cap. Carl Friedrich von WEIHER (* 1720, † 10. Sep. 1760)

Vater: Moritz Theodor (* 1676, † um 1763), poln. Obrist, Erbherr auf Malschitz im Distrikt Lauenburg; **Mutter**: Maria Eleonora, geb. von der Groeben; **Bruder**: Ernst Heinrich

(* 1715), seit 1731 im Militärdienst, stand 1742 als Ltnt. im D-R Nr. 9, Nov. 1752 dim., 1756 als vorm. Cap. gen.; **Bruder**: Bogislav Theodor (1713–1776), seit 1741 im Militär, 1750 Pl im I-R Nr. 43, Mrz. 1760 als Major dim., (Erbherr auf Malschitz, Stresow, Klein Borkow im Distrikt Lauenburg); **Bruder**: Claus (* um 1727), 1756 poln. Kammerjunker in Danzig; **Bruder**: Ludwig Wilhelm (Offz. im I-R Nr. 2, vor 1763 gefallen); **Bruder**: Philipp George (* 1733), 1756 Junker im D-R Nr. 7, im Mrz. 1760 als Ltnt. (nach 20 Dj.) dim., erhielt später d. Charakter Cap., (Erbherr auf Stresow u. Klein Borkow), verkaufte 1769 d. Güter Malschitz, ½ Dzechlin u. Lischnitz für 33 333 T. an d. Ltnt. Johann Ludwig von Foelkersamb; zeitweilig Erbherr auf Chottschow u. Chottschewke, erwarb um 1770 das im Siebenjährigen Krieg verwüstete Gut Goddentow in Lauenburg, bat 1788 um Meliorationsgelder für d. Gut; **Laufbahn**: engagierte sich um 1738 im Militärdienst, stand 1740 als Fähnrich im I-R Nr. 17, 1750 u. 1756 als Pl gen., 1760 als Cap. gest.; setzte in seinem Testament vom Mrz. 1758 seine zukünftige **Braut** Frl. Helene Modeste Tugendreich, e. To. d. GM George Friedrich von Oldenburg, d. früheren Kommandeurs d. I-R Nr. 17, zu seiner Erbin ein, sie heiratet später d. General Martin Ludwig von Eichmann; **Schwester**: Henrietta Augusta (* 1732), hielt sich 1792 in d. Stadt Lauenburg auf, hatte d. Gesicht verloren, besaß e. Vermögen von 1/m T., wurde im Dez. 1792 auf d. Expectantenliste für e. Pension gesetzt;

Quellen: GStA, I. HA, Rep. 30, Nr. 243, Vas.tab. 1756; Nr. 379 a, Paket 10161 (Cap. Ph. George auf Malschitz); II. HA, Abt. 13 a, Tit. III, Litt W, Nr. 39 (Schwester); IV. HA, Rep. 1, Nr. 92, Bl. 406 (C.F. u. Brüder); Stabi, Ms. boruss. fol. 312, fol. 316; Tyszka, D-R Nr. 7, S. 448; Tb. Uradel 1921, S. 898–899 (hier teils andere Angaben als in d. Akten, so für E.H. u. C.F.);

Cap. Carl Oswald von Weiher († Dez. 1757) *

aus Pommern gebürtig; **Laufbahn**: Juli 1744 Sl im I-R Nr. 19, Sep. 1753 Pl, 1757 Stabs-Cap., Ende 1757 an Blessuren gest.;

Quellen: GStA, IV. HA, Rep. 1, Nr. 92, Bl. 406 (danach im Jan. 1758 gest.); Gesch. I-R Nr. 19, S. 103–104;

GM Christian Rudolph von Weiher (* 19. April 1709, † 1782) *

Vater: George Rudolph († vor 1743), Cap., Erbherr auf Parlin u. Mulkenthin im Krs. Saatzig; **Bruder**: Adam Carl († vor 1742), Erbherr auf Parlin, verh. mit Charlotte, geb. von Hagen, Parlin wurde auf 12 400 T. taxiert, darauf 1742 Schulden von 11 149 T.; **Laufbahn**: 1725 als Junker ins D-R Nr. 5, Sep. 1731 Cornet, Aug. 1737 Sl, Juli 1741 Pl, Sep. 1756 Stabs-Rittmstr., Mrz. 1758 Rittmstr. u. Chef e. Escadron, Febr. 1759 Major, Juni 1769 Ol u. Kommandeur d. D-R Nr. 5, Mai 1772 Obrist, Jan. 1773 Orden p.l.m., Mrz. 1778 GM u. Chef d. K-R Nr. 2, 1782 gest.; **Ehefrau**: Amalia Jacobina, geb. von Weiher (1730–1784) aus d. Hs. Benz, sie heiratete als Witwe d. Ltnt. Gottlob George Ludwig von Wiersbitzky vom K-R Nr. 2; **Güter**: nahm bei d. Teilung d. väterl. Güter mit seinem Bruder ½ Mulkenthin sowie Anteile an Storkow u. Vorwerk Damerfitz im Wert von 8 666 T. an, um 1740, 1742 wurden d. Güter f. 7 504 T. d. Gläubigern zugeschlagen; lag 1751 im Streit mit d. Stief-Mutter seiner Frau wegen deren *illata*; löste Teile von Mulkenthin 1749 ein, andere kaufte er nach 1755, war 1771 Erbherr auf d. ganzen Gut;

Quellen: GStA, I. HA, Rep. 30, Nr. 44, W 127, Pakete 9 384 u. 9 385; nicht in IV. HA, Rep. 1, Nr. 92, Bl. 405–406; Brüggemann, T. 2/1, S. 271; Albedyll, Anhang, S. 69*; Lehmann, Ritter, S. 119; Priesdorff, Nr. 650;

Ltnt. Franz Adolph George Niclas von Weiher (* 7. Dez. 1763, † 25. Okt. 1835)

Vater: Johann Nicolaus Heinrich Christoph (1727–1768), poln. Kammerherr, Erbherr auf Buckowin u. Anteil Schimmerwitz im Distrikt Krs. Lauenburg; **Mutter**: Maria Henriette, geb. von Weiher (1740–1793), in zweiter Ehe verh. mit d. (polnischen) Kammerherrn (Joachim August) von Wobeser; **Mutter-Bruder**: Ernst Ludwig von Weiher, Erbherr auf (Dzechlin u. Lischnitz); **Vater-Brüder**: Bogislav Theodor (1713–1776), Major, soll 23 Jahre im Reg. Anhalt gestanden haben, erlitt im Siebenjährigen Blessuren, deshalb dim., bekam e. Gnaden-Pension, (1782) Pächter d. Gutes Buckowin; Philipp George (* 1733), 1778 als vorm. Cap. u. Erbherr auf Goddentow gen.; **Laufbahn**: seit 1779 Junker, stand 1782 als Cornet im D-R Nr. 6, erhielt am 4. Juni 1782 d. *venia aetatis*, Jan. 1784 Sl, Dez. 1789 dim.; **Güter**: besaß zs. mit seinen Geschwistern d. Gut Neu-Schottland bei Danzig im Wert von 35/m T., darauf Schulden von 31 870 T., weshalb es mit Erlaubnis d. Pupillenkollegiums 1777 an d. Oberpräs. Johann Friedrich (von) Domhardt verkauft werden durfte; besaß 1782 d. Allodialgut Buckowin u. Anteil Schimmerwitz im Distrikt Lauenburg; verkaufte Buckowin u. etablierte sich auf Smazin bei Neustadt in Westpreußen; seit 1794 Landrat im Krs. Dirschau; **Ehefrau**: Louisa Wilhelmina, geb. von Platen; **Schwester** Amalia (* 1764), sie besaß 1802 e. Vermögen von 400 T., wurde im Juni d.J. auf d. Expectantenliste für e. Pension gesetzt;

Quellen: GStA, I. HA, Rep. 30, Nr. 44, W 127, Paket 9 385; Nr. 249, Vas.tab. 1778; II. HA, Abt. 13 a, Tit. III, Litt W, Nr. 34 (Schwester); IV. HA, Rep. 1, Nr. 92, Bl. 405; Stabi, Ms. boruss. fol. 310, fol. 311; Brüggemann, T. 2/2, S. 1 066; biogr. Handbuch, S. 1079;

Obrist Jacob Lebrecht von Weiher (* 1742, † 29. Jan. 1823)

Vater: Adam Jacob (* 1709, † 1765), trat um 1724 in d. Militärdienst ein, Mai 1728 Cornet im K-R Nr. 5, 1735 Ltnt. im D-R Nr. 1, 1743 Ltnt. im D-R Nr. 10, um 1753 nach 29 Dj. als Cap. dim., nach 1756 Cap. beim Land-Regiment in Stettin, Erbherr auf ½ Parlin, Anteil Mulkenthin u. Storkow B im Krs. Saatzig im Wert von 40/m T., seine Güter wurden im Siebenjährigen Krieg von d. Russen dreimal geplündert, 1767 sollen Mulkenthin u. Anteil Storkow nur e. Wert von 6 871 T. gehabt haben, darauf Schulden von 6 489 T., d. Güter gerieten in Konkurs u. wurden veräußert; **Mutter**: Anna Louisa Juliana, geb. von Hagen, sie soll e. Mitgift von 4 100 T. gehabt haben; Stief-Mutter: e. To. (* 1725) d. Cap. Johann Sigismund von Eickstedt vom I-R Nr. 21, sie will beim Konkurs ihres Mannes 3 200 T. verloren haben; **Bruder**: Peter Caspar Leopold (1746–1773), Gefr.corp. im I-R Nr. 8, Mrz. 1764 Fähnrich, dann Adjutant, Juni 1772 Sl, Sep. 1773 zu Stettin gest.; bat 1773 als Ltnt. um e. Pension für seine Schwester Johanna Charlotte Tugendreich (* 1745); **Laufbahn**: trat 1755 in d. Militärdienst ein, 1756 Gefr.corp., 1764 Sl im I-R Nr. 39, Mrz. 1782 Pl, später Cap. u. Chef e. Comp., April 1792 Major, Mai 1793 Orden p.l.m., April 1794 als Invalide dim., Jan. 1795 Kommandeur d. neuen Inf.-Bat. Nr. 37 in Stettin, (Juni 1796) als Ol mit Pension dim., Sep. 1797 Kommandeur d. 3. Bat. d. I-R Nr. 35, Mai 1803 Obrist, Nov. 1809 *cassirt* u. lebenslang zur Festung Kolberg; **Güter**: erhielt am 12. April 1794 d. Erlaubnis, seine Einlösungsrechte an Storkow im Krs. Saatzig, das für 3 800 T. an Bürgerliche verpfändet worden war u. sich seit 60 Jahren in fremden

Händen befand, abzutreten; er wollte im Militär bleiben; besaß 1795 e. Anteil an Lenz im Krs. Saatzig, wollte diesen damals auf 30 Jahre an e. Bürgerlichen für 1 566 T. verkaufen;

Quellen: GStA, I. HA, Rep. 30, Nr. 43, Paket 9 233; Nr. 44, W 127, Paket 9 385; Nr. 243, Vas.tab. 1756, 1763, 1767; IV. HA, Rep. 1, Nr. 92, Bl. 405; Stabi, Ms. boruss. fol. 311 (Vater), fol. 316; Brüggemann, T. 2/1, S. 272–273; Priesdorff, Offz.stammliste, S. 183, Nr. 508 (Bruder P.C.L.);

Cap. Johann Ehrentreich von Weiher (* um 1714)

Vater: Ernst Jürgen, Erbherr auf Faulen-Benz A im Krs. Saatzig; **Laufbahn**: trat um 1730 in d. Militärdienst ein, stand 1741 als Sl im I-R Nr. 38, 1750 u. 1756 hier als Pl gen., um 1758 nach 28 Dj. als Cap. abgegangen; **Güter**: erbte d. väterlichen Gutsanteil, löste e. zweiten Anteil 1738 vom Major Philipp Jacob von Weiher († vor 1756) ein, besaß 1756 ganz Faulen-Benz A im Krs. Saatzig im Wert von 4/m T.; 1763 auch auf 1/3 Müggenhahl, mußte dieses d. Cap. Friedrich Rudolph von Lentz abtreten, s.d.; 1767 nur noch auf Faulen-Benz A im Wert von 6/m T. genannt; noch 1793 mit 80 Jahren auf seinem Gut gen.; **Ehefrau**: Anna Louisa, e. To. d. Ltnt. Adam George von Lentz († 1753) auf Müggenhahl, sie besaß von 1753 bis 1777 d. Gut Retzin B im Krs. Belgard; **Sohn**: Adam Wilhelm (1763–1781), 1778 Cornet im D-R 12; **Sohn**: Friedrich Christian (* 1765), 1781 Junker im D-R Nr. 12;

Quellen: GStA, I. HA, Rep. 30, Nr. 243, Vas.tab. 1756, 1763, 1767, 1794; nicht in IV. HA, Rep. 1, Nr. 82, Bl. 406; VIII. HA, Slg. A.B. König, Nr. 449; Stabi, Ms. boruss. fol. 316; Brüggemann, T. 2/1, S. 258–259, T. 2/2, S. 665;

Ltnt. Johann Ernst von Weiher (* um 1700, † um 1765)

aus Pommern gebürtig; **Laufbahn**: trat 1716 in d. Militärdienst ein, April 1717 Fähnrich im I-R Nr. 20, zuletzt Ltnt., nahm nach sieben Jahren seinen Abschied; **Güter**: erwarb 1728 auf Wiederkauf d. Gut Carow im Borckeschen Krs. im Wert von 8 500 T.; zweite **Ehefrau**: Dorothea Sabina, geb. von Schönbeck, aus beider Ehe keine Leibeserben, sie vermachte d. Gut 1776 ihrem (Stief-)**Enkel**, d. Ltnt. Philipp Friedrich von Lockstaedt, s.d.;

Quellen: GStA, I. HA, Rep. 30, Nr. 243, Vas.tab. 1756, 1763, 1767; Stabi, Ms. boruss. fol. 311; Brüggemann, T. 2/1, S. 333;

poln. Obrist Nicol(aus) Heinrich von Weiher (* um 1720)

aus Pommern bzw. Poln.-Preußen gebürtig; **Bruder**: Theodor (* um 1718), poln. Cap., hielt sich in Danzig auf; **Laufbahn**: avancierte in polnischen Diensten bis zum Ol bzw. Obristen, auch poln. Kammerherr; **Güter**: saß auf Neuhof u. Leba im Distrikt Lauenburg, auf Freist u. Gans, auf Scharschow u. Schönehr, seine pommerschen Güter hatten um 1770 e. Wert von 76/m fl., d. Güter Occalitz, Jablon u. Sakrzow in Polen hatten e. Wert von 60/m fl.; **Söhne**: Carl (* 1751); Nicolaus (* um 1753), befand sich 1771 in d. *École militaire* in Berlin;

Quellen: GStA, I. HA, Rep. 30, Nr. 249, Vas.tab. 1770, 1771, 1778; VIII. HA, Slg. A.B. König, Nr. 449;

Rittmstr. Christoph Ludwig von Wenckstern (* 1704)

aus Pommern gebürtig; **Laufbahn**: seit 1724 im Militär, 1735 Ltnt. im D-R Nr. 1, 1746 Stabs-Rittmstr., vor 1756 abgegangen;

Quellen: nicht in GStA, IV. HA, Rep. 1, Nr. 92, Bl. 285; Stabi, Ms. boruss. fol. 314 (1735 aus Pomm., 1746: Prignitz);

Major Johann Gustav von Wenckstern (* 1720, † 8. Jan. 1765)

aus Pommern gebürtig; **Laufbahn**: seit 1735 im Militär, 1746 Sl im I-R Nr. 1, 1756 als Cap. u. Chef e. Comp. geführt, als Major 1765 gest.;

Quellen: GStA, IV. HA, Rep. 1, Nr. 92, Bl. 285; Stabi, Ms. boruss. fol. 313 (1746: aus Pommern, 1756: aus d. NM);

Cap. Moritz Philipp von Wenden (* 21. Mai 1721, † 27. Mrz. 1786)

Vater: Franz Carl, Ltnt., Erbherr auf Schmuckenthin im Krs. Greifenberg; **Vater-Bruder**: Johann Jacob (1679–1732) *, Hofgerichtsrat, Erbherr auf Neuengrape u. Großenhagen im Krs. Saatzig; Vetter: Regierungsrat Adrian Joachim von Wenden (1711–1760); **Laufbahn**: trat 1743 in d. Militärdienst ein, Juni 1747 Fähnrich im I-R Nr. 33, Okt. 1754 als Ltnt. dim. (erhielt später d. Charakter Cap.); **Ehefrau**: Anna Charlotte Dorothea, geb. von Edling (1714–1791); **Güter**: erwarb im Sep. 1755 d. Gut Jatzel im Krs. Greifenberg im Wert von 6 666 T., dieses fiel 1786 an seine Witwe;

Quellen: GStA, I. HA, Rep. 30, Nr. 243, Vas.tab. 1763, 1767; IV. HA, Rep. 1, Nr. 92, Bl. 289 (kz. Notiz); Stabi, Ms. boruss. fol. 311; Brüggemann, T. 2/1, S. 430; Tb. Briefadel 1909, S. 889; biogr. Handbuch. S. 1083–1084;

Cap. Friedrich Wilhelm von Werbelow (* um 1720, † um 1777)

Vater: Friedrich Leonhard (* 1681), seit 1696 im Militär, 1724 als Major im I-R Nr. 12 auf Wunsch mit d. Charakter Ol dim., seit (1722 bzw.) 1725 Erbherr auf Käseke u. Vorwerk B im Krs. Demmin, erworben für 3 800 T. von d. Gebr. Zabel u. Bernd von Dollen; **Laufbahn**: trat um 1735 in d. Militärdienst ein, stand 1740 als Fähnrich im I-R Nr. 12, 1747 als Ltnt. wegen Blessuren (mit d. Charakter Cap.) dim.; **Güter**: saß 1756 auf Käseke u. 1/3 von Vorwerk im Krs. Demmin;

Quellen: GStA, I. HA, Rep. 30, Nr. 243, Vas.tab. 1756, 1763; Rep. 30 B, Nr. 28 a bis 28 b, Paket 10 225; Stabi, Ms. boruss. fol. 316; Brüggemann, Vorpommern, S. 102;

Ltnt. Gustav Otto Friedrich von Werner (1778–1856)

Vater: Daniel Gustav (* Dez. 1736, † um 1803), aus Mecklenburg gebürtig, Gefr.corp. im I-R Nr. 8, Mai 1757 Fähnrich, Mai 1759 Sl, Juni 1764 Pl, Dez. 1775 Stabs-Cap., Juni 1777 Cap. u. Chef e. Comp., Nov. 1785 *cassirt*, suchte im Dez. 1787 um d. Postamt in Stettin nach, kaufte 1782 d. Gut Tolz im Krs. Saatzig für 12 500 T. von Julius Heinrich Ernst von Wedel auf Steinhöfel in d. NM, darauf Kreditbriefe über 7/m T., dieses befand sich 1804 im Besitz seiner Witwe u. der drei Söhne; **Mutter**: Henriette, e. geb. von Schkopp (* 1748) aus Schlesien; **Bruder**: Johann Friedrich Ernst Julius (* 1787), Sep. 1803 Fähnrich im I-R Nr. 22, Jan. 1813 Sl im Kolberger I-R, Aug. 1813 Pl, Nov. 1814 als Stabs-Cap. dim.; **Bruder**: Carl Otto Magnus (* 1791), 1804 Junker im I-R Nr. 7; **Laufbahn**: Juni 1787 *cadet* in Stolp, April 1793 *cadet* in Berlin, Mrz. 1796 Fähnrich im I-R Nr. 50, Sep. 1797 Sl, 1804 Ltnt. im

Grenadier-Bat. von Eberhard, Mrz. 1808 dim., Mai 1813 zum Kolberger I-R, Juli 1814 Pl, Okt. 1814 zur Gendarmerie, Juli 1815 Cap.;

Quellen: GStA, I. HA, Rep. 30, Nr. 243, Vas.tab. 1793, 1799, 1804; Nr. 243 b, Paket 9967; II. HA, Abt. 13 a, Tit. III, Litt W, Nr. 21 b (Mutter); IV. HA, Rep. 1, Nr. 92, Bl. 340–341; Priesdorff, Offz.stammliste, S. 182 (Vater);

Ol Otto George Bernd von Werner (* Aug. 1738, † Febr. 1818) *

Vater: Otto, aus Mecklenburg geb.; **Laufbahn**: Juni 1755 Gefr.corp. im I-R Nr. 8, Mai 1757 Fähnrich, Nov. 1760 Sl, Juni 1764 Pl, Febr. 1776 Stabs-Cap., Okt. 1779 Cap. u. Chef e. Comp., Jan. 1787 Major, Juni 1788 Kommandeur d. I. Bat., Dez. 1788 Kommandeur d. II. Bat., Okt. 1794 mit Wartegeld nach 36 Dj. als Ol dim.; **Güter**: erwarb 1795 Rarvin A im Krs. Greifenberg für 3 700 T., brachte dafür aus d. eigenen Vermögen jedoch nur 200 T. auf, 2 500 T. blieben als Hypothek stehen; erhielt auf sein Gesuch am 23. Dez. 1799 d. *Consens*, d. Gut auf Wiederkauf für 25 Jahre für 5 800 T. an d. Ökonomen Bartelt zu verkaufen;

Quellen: GStA, I. HA, Rep. 30, Nr. 243, Vas.tab. 1797; Nr. 244, Paket 9992; Rep. 96, Nr. 257 W; Priesdorff, Offz.stammliste, S. 182–183;

Cap. Friedrich Graf von Wersowitz (* 1743)

Vater: Wilhelm Gottfried (* um 1710, † 18. Okt. 1777), Aug. 1737 Cornet im D-R Nr. 5, Sep. 1739 Sl, Sep. 1741 als Ltnt. dim., veräußerte seine Güter in Preußen, erwarb 1751 Sellin, Berg-Sellin u. Starkow im Krs. Rummelsburg für 17/m T. von Franz Jacob von Puttkamer, darauf 1767 Hypotheken von 11 731 T., d. anderen Schulden betrugen 5 296 T., diese Güter wurden vor 1770 von d. Major George Eggerd von Puttkamer eingelöst, erwarb 1764 Alt Gutzmerow im Krs. Stolp für 7/m T., darauf Schulden von 5 303 T., hinterließ 1777 zwölf Kinder aus vier Ehen; **Mutter**: Maria Anna Charlotta Augustina, geb. von der Osten aus Wartin im Krs. Randow; Stief-Mutter: e. geb. von Stojentin (* um 1728, † vor Juni 1795), sie hatte 1778 fünf Stief- und sieben eigene Kinder, letztere zwischen fünf u. 17 Jahren alt; **Bruder**: Ludwig (1739–1804), stand 1763 als Cornet im H-R Nr. 1, Sep. 1785 Rittmstr. u. Chef e. Escadron, Jan. 1790 Major, Okt. 1794 *cassirt*, im Mai 1804 als Major u. Direktor d. Invaliden-Instituts zu Rybnik gest.; **Bruder**: Adolph (* 1746), befand sich 1763 auf d. Univ.; **Bruder**: Wilhelm Alexander August (1761–1842), seit 1779 im Militär, Juni 1783 Fähnrich im I-R Nr. 22, April 1788 Sl, 1788 zum Depot-Bat., Sep. 1796 Pl, Sep. 1797 zum I-R Nr. 50, Okt. 1800 Stabs-Cap., Juli 1809 Cap., Sep. 1813 zum Garn.-Bat. d. 2. Schles. I-R, Dez. 1813 zum 7. Schles. Landwehr-I-R, 1816 Gnaden-Gehalt; **Bruder**: Franz (* um 1768), seit 1784 im Militär, 1787 Sl im Füsilier-Bat. Nr. 8 (bzw. 11), Aug. 1799 dim., hatte 1801 seinen Wohnsitz nahe Memel; **Schwester**: Marie Wilhelmine Friederica (* 23. Juli 1759), verh. mit George Dietrich (Frhr.) von Puttkamer auf Wollin u. Gr. Podel, sie erhielt im Juni 1779 d. *venia aetatis*, sie hatte zs. mit d. Brüdern e. mütterl. Vermögen von 11 800 T.; suchte im Mrz. 1789 um e. Pension für ihre fünf bedürftigen Schwestern nach, jede von ihnen soll nur e. jährliche Revenue von 12 Talern gehabt haben, mußten deshalb Handarbeit leisten, sie bekamen im Mai 1789 zs. e. Pension von 100 T.; **Laufbahn**: engagierte sich 1759 im Militärdienst, stand 1766 als Sl im I-R Nr. 30, Okt. 1773 als Pl d. gewünschte Dimission mit d. Charakter Cap.; **Güter**: 1794 Erbherr auf Alt u. Neu Gutzmerow im Krs. Stolp Wert von zs. 7/m T.;

Quellen: GStA, I. HA, Rep. 30, Nr. 186 d, Paket 9 843; Nr. 243, Vas.tab. 1756; II. HA, Abt. 13 a, Tit. III, Litt S, Nr. 3 (Schwester verw. von Pirch, Hinweis auf ihre vier Stief-Brüder); Litt W, Nr. 27; IV. HA, Rep. 1, Nr. 92, Bl. 357 (d. Bruder im H-R Nr. 1 hier als Wilhelm); Stabi, Ms. boruss. fol. 311, fol. 314 (Bruder W.A.A., 1788 als Heinrich Aug.); Brüggemann, T. 2/2, S. 808; Albedyll, Anhang S. 48* (Vater);

Rittmstr. Friedrich Wilhelm von Wesenbeck (* 1698, † vor 1776)

aus d. Neumark gebürtig; **Laufbahn**: seit 1716 im Militärdienst, 1730 Cornet im K-R Nr. 4, Nov. 1741 nach 26 Dj. als Rittmstr. dim., stand im Siebenjährigen Krieg ein Jahr im Land-Bataillon von Grumbkow; **Güter**: erwarb 1751 das halbe Gut Daberkow im Dewitzschen Krs. im Wert von 4 200 T., auf Wiederkauf, 1767 mit 2 200 T. belastet; seine **Witwe** Sophia Charlotta, geb. von Ker(c)kow, trat ½ Daberkow 1776 für 3 900 T. an Joseph Friedrich von Dewitz ab;

Quellen: GStA, I. HA, Rep. 30, Nr. 43, Paket 9 232; Nr. 243, Vas.tab. 1756, 1763; IV. HA, Rep. 1, Nr. 92, Bl. 364; Ms. boruss. fol. 316; Brüggemann, Beiträge, 2, S. 165;

Obrist Friedrich August von West(d)orff (* 1744, † 26. Febr. 1812)*

aus Pommern gebürtig; **Laufbahn**: seit 1759 im Regiment, 1764 Fähnrich im I-R Nr. 31, 1774 Pl, 1787 Cap., Febr. 1792 Major, Mai 1800 Ol, April 1802 Kommandeur d. I-R Nr. 31, Mai 1802 Obrist, Okt. 1805 mit 500 T. pens.; (**verwandt**: 1713 stand e. Heinrich von Westorff (* 1688) aus Kolberg als Sergant im I-R Nr. 22: Ms. boruss. fol. 314);

Quellen: GStA, IV. HA, Rep. 1, Nr. 92, Bl. 371; Stabi, Ms. boruss. fol. 314;

Cap. Carl August Theodor Frhr von Weydenberg
(* um 1759, † 9. Aug. 1833)

Vater: Johann George Bernhard (* um 1733, † 1789), Frhr., Landedelmann, aus d. Reich gebürtig, Erbherr auf Enzow, Lissow u. Tadden im Distrikt Lauenburg; **Mutter**: Constantia, geb. von Hepbrun; Stief-Mutter: Eva Edelgunde (* um 1753), e. To. d. Rittmeisters (von) Meyer, ihre Mitgift von 3/m T. ging im Konkurs ihres Mannes verloren, der nach ihrer Aussage e. *schlechter Wirt* gewesen sein soll, sie bekam seit 1799 e. Pension von 50 T.; **Vater-Bruder**: Johann George von Weydenberg (* 1697, † vor 1774), aus Kursachsen geb., seit 1741 im Reg., 1747 Ol u. Chef e. Escadron im H-R Nr. 8, hinterließ nur d. Tochter Christina Eleonora (* 1732, † 10. Juli 1791), sie bekam seit Aug. 1788 e. Pension von 50 T.; **Bruder**: Johann George Bernhard (* um 1754), stand seit 1770 im Militärdienst, 1772 Junker im D-R Nr. 9, später Sl im D-R Nr. 10, Mrz. 1785 Pl, Jan. 1791 Stabs-Cap., Nov. 1795 Major, Okt. 1797 Chef e. Escadron, Mai 1806 Ol, Mai 1813 auf halbes Gehalt gesetzt; **Bruder**: George Reinhold (* 1760), Juni 1771 *cadet* in Stolp, April 1775 *cadet* in Berlin, Junker im D-R Nr. 8, April 1778 Cornet, Nov. 1782 Sl, Mai 1790 zum Train versetzt, 1793 als Kreis-Steuereinnehmer in Insterburg versorgt; **Bruder**: Johann Alexander Philipp (* 1764), Okt. 1774 *cadet* in Stolp, April 1776 *cadet* in Berlin, Nov. 1783 Fähnrich, Okt. 1787 als Ltnt. vom Garn.-Reg. Nr. 5 dim.; **Laufbahn**: engagierte sich 1775 im Militärdienst, Fähnrich im I-R Nr. 23, Juli 1785 Sl, Febr. 1795 Pl, Okt. 1799 Stabs-Cap., Juni 1802 als Fouragemagazin-Kassenkontrolleur versorgt; **Güter**: d. Vater hatte 1763 die im Distrikt Lauenburg gelegenen Güter Enzow, Lissow u. Tadden von Ernst Christoph von Prebentow für 13 333 T. gekauft u. mit Hilfe e. Kredites der Landschaft über 11 250 T. die Summe bis auf

2 100 T. beglichen; vor 1789 wurden von d. Erben von Prebentow diese 2 100 T. eingeklagt; d. Nachlaß d. verst. Vaters hatte inkl. von Gütern u. Aktiva e. Wert von 17 446 T., demgegenüber beliefen sich die Passiva auf 22 958 T., darunter v. a. die Pfandbriefe u. 3 630 T. *illata* der dritten noch lebenden Frau Eva Adelgunde; die vier Gebr. von Weydenberg, alle damals im Rang e. Ltnts., konnten die Güter nur konservieren, wenn ihnen d. Darlehen der Landschaft geschenkt würde, ihr entsprechendes Gesuch wurde im Febr. 1789 abgewiesen,

Quellen: GStA, I. HA, Rep. 30, Nr. 44, W 143 I, Paket 9 400; Nr. 249, Vas.tab. 1778; II. HA, Abt. 13 a, Tit. III, Litt W, Nr. 13, 16, 23; IV. HA, Rep. 1, Nr. 92, Bl. 219 (als Weidenberg); Stabi, Ms. boruss. fol. 310 (Bruder als George Hr.), fol. 311, fol. 315 (1747 Onkel), fol. 316; Schöning, 5. H-R, S. 61–62 (im Nov. 1760 kein W. genannt); Stolper Kadetten, S. 4, S. 7;

Cap. Anton Gustav von Wien(s)kowsky (* 11. April 1766, † 24. Febr. 1837) *

Vater: Joachim Christoph (1717–1805), Ltnt., zuletzt Ltnt. im Garn.-Reg. Nr. 2, Febr. 1750 *cassirt*; (auf Vangerow), Pächter in Waldau im Krs. Neustettin; **Mutter**: Eleonore Modesta Tugendreich, geb. von Vangerow (1730–1805); **Bruder**: Franz Caspar (1765–1845), Okt. 1785 Fähnrich im I-R Nr. 40, April 1788 Sl, April 1799 Pl, preuß. Adelsanerkennung für ihn u. seine Vettern 25. Juni 1803, Okt. 1804 Stabs-Cap., Mrz. 1813 zum 3. Res.-Bat. d. 1. Schles. I-R, April 1813 Cap. u. Chef e. Comp., April 1815 Major u. Bat.Führer beim 5. Kurmärk. Landwehr-I-R, Mrz. 1816 Wartegeld; **Laufbahn**: Mai 1775 *cadet* in Stolp, Mai 1779 *cadet* in Berlin, Mrz. 1781 Gefr.corp., Dez. 1785 Fähnrich im I-R Nr. 38, April 1788 Sl, April 1794 Pl, Juli 1799 Stabs-Cap., Mrz. 1810 Cap., Juli 1813 ins 7. Res. I-R, Aug. 1813 Major, Mrz. 1814 Ol, April 1815 Kommandeur d. 23. I-R, Okt. 1815 Obrist, Okt. 1816 Kommandant in Neiße, Jan. 1830 als GM dim., 1837 in Schlesien gest.; **Ehefrau**: Catharina Christiane Friederike, geb. Freiin von Frank (1778–1859);

Quellen: GStA, IV. HA, Rep. 1, Nr. 93, Bl. 35 (F.C.), Bl. 152 (Vater, A.G.); Stabi, Ms. boruss. fol. 316; Tb. Briefadel 1928, S. 725; Priesdorff, Nr. 1 446;

Cap. Christian Wilhelm von Wien(s)kowsky (* 1768, † Sep. 1803) *

Vater: Johann Christian (1729–1809), (Erbherr auf Trabehn, Soltenitz, Hohenholtz u. Anteil Heinrichswald, dann) Pächter von Barenbusch im Krs. Neustettin; in erster Ehe verh. mit Anna Louisa, geb. von Vangerow (1728–1762); **Mutter**: Friederike Charlotte Marie, geb. von Lem(b)cke (1742–1810), (sie zeigte im Juni 1780 aus Trabehn im Krs. Neustettin an, vor 20 Jahren aus Polen nach Hinterpommern gezogen zu sein, will bei d. russ. Invasion 1761 ihr Vermögen verloren haben, sechs ihrer Söhne sollen sich 1788 bereits im Militärdienst befunden haben, darunter ein Ltnt. u. ein Fähnrich bei d. Garde, ihr Gesuch um e. Pension wurde abgelehnt); Stief-**Bruder**: Carl Friedrich (1755–1820), Febr. 1785 Sl im 1. Bat. Garde, Okt. 1789 dim.; **Bruder**: George Caspar Ägidius (1764–1810), Dez. 1783 Fähnrich im 1. Bat. Garde, Nov. 1790 Sl, Jan. 1798 Pl, Nov. 1801 Stabs-Cap., Dez. 1804 Major, Okt. 1805 Chef e. Comp., Dez. 1808 Direktor d. Geh. Kriegskanzlei; **Bruder**: Johann Christian (1770–1846), Juni 1781 *cadet* in Stolp, Juni 1785 *cadet* in Berlin, 1789 Gefr.corp., Nov. 1791 Fähnrich im I-R Nr. 38, Mai 1793 Sl, Sep. 1798 mit Pension dim., Sep. 1809 als Steuer-Einnehmer in Falkenberg versorgt, 1846 in Berlin gest.; **Bruder**: Bogislav Ernst (1772–1847), Juni 1781 *cadet* in Stolp, Juni 1787 *cadet* in Berlin, Nov. 1790 aggr. Ltnt. bei d. Garde, Jan. 1795 Cap. e. Invaliden-Comp., Sep. 1797 Major, 1814 Ol, 1817

Obrist, 1817 dim.; **Bruder**: Heinrich Wilhelm Adrian (1777–1822), Juni 1787 *cadet* in Stolp, April 1792 *cadet* in Berlin, Aug. 1795 Fähnrich im Grenadier-Garde-Bat., Febr. 1798 Sl, Mai 1809 bei d. Garn.-Comp. d. Garde-Reg. angestellt, Juli 1809 Pl, Mrz. 1813 Stabs-Cap., April 1816 Cap.; **Bruder**: Gustav Ewald (1780–1814), Juni 1789 *cadet* in Stolp, April 1794 *cadet* in Berlin, Mai 1797 Sl bei d. 2. Warschauer Füsilier-Brigade, April 1808 dim., Mai 1810 Charakter Cap.; **Bruder**: Gottlieb Reinhold Conrad (1780–1863), Juni 1789 *cadet* in Stolp, April 1794 *cadet* in Berlin, nach 1806 Major; **Laufbahn**: trat 1784 in d. Militärdienst ein, Aug. 1785 Fähnrich im I-R Nr. 1, Mrz. 1788 Sl, Nov. 1796 Pl, Mrz. 1802 Stabs-Cap., Aug. 1803 dim.;

Quellen: GStA, I. HA, Rep. 30, Nr. 43, Paket 9232; IV. HA, Rep. 1, Nr. 93, Bl. 35, Bl. 152; Ms. boruss., fol. 313; Reinhard, Garde, S. 533, S. 537, S. 540, S. 543, S. 551; Stolper Kadetten, S. 15, S. 22, S. 25; Tb. Briefadel 1928, S. 725–727 (danach e. Christoph Wilhelm, geb. Trabehn 5.2.1775, evt. d. Angaben von J.C. u. C.W. verwechselt; auch stimmen d. Angaben für d. Eltern im Paket 9232 nicht überein mit denen im Tb. Briefadel);

Obrist Gottlob George Ludwig von Corvin-WIERSBITZKY (12. Nov. 1756, † 4. Jan. 1817) *

Vater: George Ludwig (1717–1778), aus Preußen gebürtig, stand von 1733 bis 1745 im I-R Nr. 23, Mrz. 1746 Stabs-Rittmstr. im K-R Nr. 2, Sep. 1768 Chef d. K-R Nr. 2, Sep. 1769 GM; **Mutter**: Juliane Sophie, geb. von Graevenitz (1729–1811); **Laufbahn**: Sep. 1772 Cornet im K-R Nr. 7, Mai 1778 Ltnt., Sep. 1787 Orden p.l.m., April 1791 aggr. Rittmstr. im H-R Nr. 6, Mai 1792 Chef e. Escadron im H-R Nr. 6, Dez. 1792 Major, Mai 1803 Ol, Mai 1805 Obrist, Aug. 1805 für ein Jahr Festungsarrest in Glogau, Sep. 1806 zum H-R Nr. 7, Juli 1807 GM, Juli 1813 pens.; in erster **Ehe** verheiratet mit Amalia Jacobina, geb. von Weiher (1730–1784), d. Witwe d. GM Christian Rudolph von Weiher, sie brachte ihm vier Anteile d. **Gutes** Mulkenthin im Krs. Saatzig ein; 1786 als Erbherr auf d. Gut genannt; verkaufte dieses vor 1793;

Quellen: GStA, I. HA, Rep. 30, Nr. 44, W 127, Paket 9385; IV. HA, Rep. 1, Nr. 93, Bl. 39; Priesdorff, Nr. 581 (Vater, als von Corvin-Wiersbitzky), Nr. 1 119 (aus Perleberg gebürtig, d. 1. Frau hier als Amalie Caroline);

Major Siegmund Adam von WILDBERG (* um 1731, † 19. Okt. 1805)

aus Liefland gebürtig; **Laufbahn**: seit 1758 im preuß. Militärdienst, 1761 Cornet im H-R Nr. 8, 1778 als Stabs-Rittmstr. im H-R Nr. 8 gen., Mrz. 1786 Rittmstr. u. Chef e. Escadron, Jan. 1788 nach 34 Dj. als Major dim.; **Güter**: erwarb 1781 d. Gut Groß Rakitt nebst Vorwerk Wottnogge im Krs. Stolp von seinem Schwiegervater, d. Amtmann Carl Grundeiss, für 14/m T., besaß kein eigenes Vermögen, konnte daher d. Gut nicht verbessern, auf Groß Rakitt hafteten Pfandbriefe über 8/m T., außerdem hatten d. früheren Besitzer Meliorationsgelder in Höhe von 5 800 T. erhalten, wofür ein jährlichen *Canon* von 58, für die Ablassung d. Lupow-Sees weitere 22 T. zu zahlen waren; von d. Pächtern waren nur d. Interessen u. d. *Canon* erwirtschaftet worden, deshalb befand sich d. Gut in schlechtem Zustand; im Mai 1789 bat d. Major um e. Beihilfe für d. Retablierung d. verfallenen Wohn- u. Wirtschaftsgebäude, d. dafür veranschlagten Kosten betrugen 3 050 T., er erneuerte d. Gesuch mehrfach, wurde bis 1799 jedoch stets abgewiesen, noch 1804 als Besitzer des Gutes genannt;

Quellen: GStA, I. HA, Rep. 30, Nr. 243, Vas.tab. 1793, 1804; II. HA, Abt. 13 a, Tit. I, Litt W, Nr. 4; IV. HA, Rep. 1, Nr. 93, Bl. 70; Brüggemann, T. 2/2, S. 952, S. 995–996; Schöning, 5. H-R, S. 66, S. 139,

Ltnt. Achatius Wilhelm von Willenson (* 1730, † vor 1804)

Vater: Alexander Friedrich Siegismund (1685–1750), aus d. Gfsch. Mark gebürtig, 1698 Eintritt in d. Militärdienst, Okt. 1715 Rittmstr. bei Heyden zu Pferd, April 1717 als Chef e. Escadron ins D-R Nr. 5 versetzt, Aug. 1721 Major, Aug. 1727 Ol, Juli 1737 auf Wunsch dim., ging auf sein Gut Priemen bei Anklam, das er 1728 von d. Cap. Johann Axel von Keffenbrinck für 17/m T. erworben hatte, Priemen wurde 1730 allodifiziert; **Großvater**: Dietrich Wilhelm, Obrist († 1724); **Laufbahn**: seit Sep. 1746 Junker im D-R Nr. 1, noch 1756 als solcher geführt, (mit d. Charakter Ltnt.) 1757 nach elf Dj. dim.; **Güter**: saß 1755, 1763, 1794 auf Priemen, noch 1801 auf Priemen im Krs. Anklam im Wert von 40/m T. genannt, vor 1804 unbeerbt verst., die Anwartschaft auf d. Lehngut hatte d. Regierungspräsident George von Eickstedt; **Schwestern**: Agathe Wilhelmine u. Sophia Philippine;

Quellen: GStA, I. HA, Rep. 30, Nr. 243, Vas.tab. 1794, 1799, 1804; Rep. 30 B, Nr. 28 b, Litt P, Paket 10 226; Stabi, Ms. boruss. fol. 314; Brüggemann, Vorpommern, S., 66; Albedyll, Anhang S. 45* (Vater);

Ltnt. (Christoph) August Wilhelm von Windisch (* 1772, † 27. Dez. 1838)

Vater: (Johann Gottlob (* 1724), aus Schlesien gebürtig, seit 1741 im Militär, stand 1764 als Pl im I-R Nr. 22, wurde als Stabs-Cap. am 10. Juli 1769 nobilitiert, 1773 Cap. im I-R Nr. 51, Mai 1782 als Major dim.), d. Sohn aus Stargard gebürtig; **Laufbahn**: 1787 Gefr. corp. im I-R Nr. 51, Mai 1789 Fähnrich, Mrz. 1793 Sl, Okt. 1804 Pl, noch 1806 als Pl genannt, Aug. 1808 als Cap. dim., Juni 1813 beim 3. Westpreuß. I-R, April 1814 d. 2. Westpreuß. Landwehr-Res.-Bat. aggr., April 1814 dim., 1838 in Danzig gest.;

Quellen: GStA, IV. HA, Rep. 1, Nr. 93, Bl. 140; Stabi, Ms. boruss. fol. 313, fol. 314 (Vater), fol. 907 a; Rangliste 1806, S. 54; Zedlitz, 4. Bd., S. 340;

Cap. Franz Bogislav von Winning (* 1700)

aus Pommern gebürtig; **Laufbahn**: seit 1716 im Militär, Okt. 1723 Fähnrich im I-R Nr. 22, April 1731 Sl, Juni 1735 Pl, Nov. 1741 Stabs-Cap., Juli 1743 anderweit versorgt;

Quellen: Stabi, Ms. boruss. fol. 314; Fam.gesch., S. 214, Tafel XXX

Major Ernst Ludwig von Wins(s) (* 1738)

aus Pommern gebürtig; **Laufbahn**: trat 1754 in d. Militärdienst ein, stand 1773 als Pl im I-R Nr. 52, Mai 1788 Major, Mrz. 1795 mit Pension dim.;

Quellen: GStA, IV. HA, Rep. 1, Nr. 93, Bl. 150; Stabi, Ms. boruss. fol. 315 (1787: aus d. Prignitz);

Ltnt. Abraham Gotthilf von Winterfeld (get. 11. Okt. 1761, † 10. Aug. 1821)

Vater: Sigismund Detlof (1705–1764), Cap., Erbherr auf Menkin, Kutzerow, Güterberg in d. UM; **Mutter**: Luise Sophie, geb. von Arnim (1722–1783); **Laufbahn**: Cornet im D-R Nr. 5, Juni 1784 Sl, Dez. 1792 Pl, Juni 1796 dim., 1821 als Cap. gest.; in erster **Ehe** verh. mit

Dorothea Albertine Friederike von Arnim (1780–1861) aus Plantikow, beide wurden vor 1800 geschieden, sie heiratete im Nov. 1800 Wilhelm von Holleben, 1815 gefallen als Rittmstr. im D-R Königin; **Güter**: saß seit mind. 1796 auf Schwessow A im Krs. Greifenberg im Wert von 10/m T., noch 1804 hier gen.;

Quellen: GStA, I. HA, Rep. 30, Nr. 243, Vas.tab. 1797, 1804; IV. HA, Rep. 1, Nr. 93, Bl. 157; Tb. Uradel 1904, S. 919, S. 922,

Rittmstr. Carl (Friedrich) Wilhelm von Winterfeld (1757–1825)

Vater: (George Christian (1700–1773), Erbherr auf Freyenstein in d. Prignitz); **Laufbahn**: trat um 1773 in d. Militärdienst ein, 1775 Junker, Mai 1785 Ltnt. im K-R Nr. 6, April 1788 (mit d. Charakter Rittmstr.) dim.; **Güter**: erwarb Hoff im Flemmingschen Krs. 1786 für 22 500 T., verkaufte es im Mrz. 1796 für 36/m T. an d. Geh. Finanzrat Wilhelm Carl Adolph Graf von Dyhrn; machte damit innerhalb von e. Jahrzehnt e. Gewinn von mehr als 10/m T.;

Quellen: GStA, I. HA, Rep. 30, Nr. 243, Vas.tab. 1793; IV. HA, Rep. 1, Nr. 93, Bl. 157 (stand danach im K-R Nr. 6), Stabi, Ms. boruss. fol. 311 (im K-R Nr. 5, aus d. Prignitz geb.); Tb. Uradel 1904, S. 900 (hier als Carl Friedrich (1757–1825), Sohn von G.C.);

Cap., Landrat Friedrich Wilhelm von Winterfeld (* 1722, † 14. Febr. 1787) *

Vater: Levin Ernst (1695–1734), Aug. 1714 Cornet im Reg. von Heyden zu Pferd, April 1717 als Ltnt. ins D-R Nr. 5, Dez. 1719 Rittmstr. u. Chef e. Escadron, Mai 1733 Major; **Mutter**: Elisabeth Charlotte, geb. von der Osten († 1727); **Mutter-Bruder**: Balthasar Heinrich von der Osten, Major im I-R Nr. 8; **Laufbahn**: 1740 als Junker ins D-R Nr. 5, Nov. 1741 Cornet, Mrz. 1746 Sl, Sep. 1756 Pl, Mrz. 1758 wegen kränklicher Umstände als Cap. dim., seit 1770 Landrat im Krs. Belgard; **Güter**: erwarb 1763 Wusterbarth B, Lankow A u. Lasbeck B im Krs. Belgard im Wert von 24/m T. von d. sächs. Cap. Philipp Ferdinand von Wolde, darauf 1767 Hypotheken von 13 627 T., die anderen Schulden betrugen 2 520 T., vor 1793 verkauft; **Ehefrau**: Louise Christine, geb. von Eickstedt, sie besaß 1793 Redel im Wert von 13/m sowie Groß u. Klein Wardin für 6 800 T.; aus d. Ehe e. Tochter, diese erbte d. zuletzt gen. Güter, heiratete d. Cap. von Manteuffel;

Quellen: GStA, I. HA, Rep. 30, Nr. 43, Paket 9 232; Nr. 243, Vas.tab. 1763, 1767; IV. HA, Rep. 1, Nr. 93, Bl. 156; Brüggemann, T. 2/2, S. 677–678; Albedyll, Anhang, S. 44* (Vater), S. 59* (F.W.); biogr. Handbuch, S. 1 111;

Cap. Ludwig George Albrecht von Winterfeld (* 5. Mrz. 1746, † 18. Jan. 1806)

Vater: Joachim Gebhard (1704–1778), Ol, Erbherr auf Neuhausen u. Burow in d. Prignitz; **Mutter**: Catharina Elisabeth, geb. Gräfin von Katte (1714–1786); **Bruder**: Hans Heinrich Ludwig (1738–1819), Ltnt., Erbherr auf Neuhausen u. Burow; **Laufbahn**: seit 1767 im Militärdienst, Jan. 1782 Pl im I-R Nr. 46, Jan. 1785 als Cap. dim., als Licent-Inspector in Stettin versorgt, hier 1806 gest.; **Ehefrau**, seit 1792: Charlotta Friederica, geb. Friese († 1810), d. Tochter e. Stettiner Schmiedes, bat 1793 vergeblich um d. Legalisierung dieser Verbindung, die als nicht standesgemäß bezeichnet wurde; 1798 wurde e. neues Gesuch abgelehnt; **Sohn**: Ludwig Wilhelm Theodor (1798–1889), GM;

Quellen: GStA, I. HA, Rep. 30, Nr. 44, W 138, Paket 9 395; IV. HA, Rep. 1, Nr. 93, Bl. 157; Stabi, Ms. boruss. fol. 316, Tb. Uradel 1904, S. 903–905; Priesdorf, Nr. 2 089 (Sohn);

Cap. Philipp Otto von Winterfeld (* 5. Juli 1736, † 28. Mai 1801)

Vater: Adolph Heinrich (1689–1740), Cap., erwarb 1725 d. Gut Steinmocker im Krs. Anklam vom GM George Levin von Winterfeld (außerdem zeitweilig Erbherr auf Vorwerk Preetzen im Krs. Anklam); **Mutter**: Clementine Hedwig, geb. von Winterfeld aus Dambeck in Schwed.-Pommern; **Bruder**: Ernst (* um 1731, † Jan. 1762), 1756 Fähnrich im I-R Nr. 25, 1762 als Ltnt. gefallen; **Bruder**: Alexander Heinrich (* um 1738, † vor 1764), stand 1756 als Gefr.corp. im I-R Nr. 23; **Laufbahn**: 1756 als Fähnrich im I-R Nr. 25 gen., im Juni 1762 als Ltnt. (mit d. Charakter Cap.) nach 10 Dj. dim.; **Ehefrau**: Sophie Eleonore, geb. von Neetzow (1750–1813); **Güter**: nach d. Tod seiner Brüder u. e. Erbvergleich seit 1764 Erbherr auf Steinmocker im Krs. Anklam, 1767 im Wert von 22 600 T., d. ges. Schulden betrugen 21 212 T., 1799 hatte d. Gut hatte e. Wert von 50/m T.; **Sohn**: Peter Adolph Friedrich (1768–1851), 1793 beim Vater; **Sohn**: Franz Carl Ludwig (1769–1825), Juni 1787 Fähnrich im I-R Nr. 7, Juli 1789 Sl, Okt. 1797 Pl, Mai 1801 dim.; **Sohn**: Gustav Conrad Wilhelm (1772–1831), Mai 1790 Fähnrich im I-R Nr. 30, Okt. 1792 Sl, Mrz. 1798 Pl im I-R Nr. 30, Sep. 1799 dim., hatte seinen Wohnsitz ab 1799 in Liepen; **Sohn**: Philipp Ernst Wilhelm (1776–1807), Jan. 1793 Fähnrich im I-R Nr. 30, Aug. 1794 Sl, Nov. 1805 Pl, Juni 1807 bei d. Belagerung von Kolberg gefallen;

Quellen: GStA, I. HA, Rep. 30, Nr. 43, Paket 9 232; Nr. 243, Vas.tab. 1756, 1767, 1794, 1799, 1801, 1804; IV. HA, Rep. 1, Nr. 93, Bl. 156, Bl. 158; Brüggemann, Vorpommern, S. 69; Tb. Uradel 1904, S. 908–909;

Ltnt. Adam (Andreas) Friedrich von Wischetzky (* um 1750)

Vater: Johann († vor 1756), Erbherr auf Anteil Schluschow im Distrikt Lauenburg; **Mutter**: Anna, geb. von Stojentin (* um 1723), sie besaß um 1780 einen Hof in Schluschow **Laufbahn**: trat 1768 in d. Militärdienst ein, 1774 Gefr.corp. im I-R Nr. 12, 1778 als Fähnrich, 1801 u. 1804 als vorm. Pl gen.; **Güter**: Erbherr auf Schluschow A im Distrikt Lauenburg, 1771 im Wert von 2 500 fl., 1801 von 833 T.;

Quellen: GStA, I. HA, Rep. 30, Nr. 243, Vas.tab. 1756; Nr. 249, Vas.tab. 1771, 1778, 1801, 1804 (auch als Wyschetzki, Wyszecki); nicht in IV. HA, Rep. 1, Nr. 93; Stabi, Ms. boruss. fol. 316; Brüggemann, T. 2/2, S. 1081;

Justizrat, Domherr August Friedrich Hermann (seit April 1787: von) Wissmann (* 4. Mrz. 1740, † 22. Mrz. 1805)*

Vater: Christian Ludwig (1704–1759)*, Auditeur, dann pommerscher Steuerrat, zuletzt KD-rat bei der Stettiner Kammer, stand 40 Jahre im Militär- u. Zivildienst; **Mutter**: Maria Elisabeth, geb. Wilcken († 1745); **Laufbahn**: diente im Siebenjährigen Krieg der eigenen Angabe zufolge als Volontair im H-R Nr. 8, wurde bei Freiberg *blessirt*, arbeitete nach 1763 beim Bankkontor in Stettin, erhielt d. Charakter Justizrat, wurde im April 1789 nobilitiert, suchte im Mai 1790 darum nach, auch seine **Brüder** zu nobilitieren: August Wilhelm, Rat bei der Regierung des St. Johanniter-Ordens, Carl Ludwig und Christian Gustav, beide in Stettin, d. Supplikant war damals Domherr zu Kolberg u. besaß in Pommern Güter im Wert von 210 987 T., d. Antrag wurde 1790 ebenso abgelehnt wie ein weiterer im Dez. 1793; erste **Ehefrau**: Marie Elise, geb. von Braunschweig (1733–1769), in zweiter Ehe verheiratet mit Johanna Regina, eine Tochter des Kolberger Kaufmanns Daniel Kakopp, sie brachte ihm d. Gut Marrin ein, bat im Jan. 1782 um e. Konzession zum Besitz des Gutes; sein im Jan. 1789 eingebrachter Antrag um d. Prädikat Geh. Rat wurde abgewiesen; **Güter**: 1793 als Erbherr auf Hohenfelde mit Kordeshagen, Strippow u. Strachmin im Ftm. Cammin im Wert von 100 T. gen.; hinterließ keine Kinder; seine Erben, unter ihnen die **Neffen** Carl Gustav Hermann, Ltnt., u. Friedrich Ludwig August (1770–1856)*, KD-rat, besaßen nur noch Hohenfelde u. Kordeshagen für 56/m T.; Stief-**Tochter**: Johanna Elisabeth verheirate Empich, sie besaß 1793 zusammen mit ihrem Mann die Güter Marrin A u. B u. Vorwerk Kuhhagen, Puzernin u. Zürkow B im Ftm. Cammin im Wert von zs. 20/m T.;

Quellen: GStA, I. HA, Rep. 7, Nr. 13–1, Litt W, Nr. 37, Paket 510; Rep. 30, Nr. 243, Vas.tab. 1793, 1804; Rep. 96 B, Nr. 159, Nr. 169; Tb. Briefadel 1907, S. 824–825; biogr. Handbuch, S. 1115- 1116 (Vater u. Neffe F.L.A.);

Cap. Bernd Friedrich von Witten (* 12. Okt. 1712, † 14. Juni 1757)

Vater: Henning Bernd (1686–1757), Erbherr auf Mokratz B, Marquardsmühle u. Tribsow B im Krs. Greifenberg; **Mutter**: Sophie Juliane, geb. von Knuth; **Bruder**: George Julius (1719–1770), 1737 Junker im D-R Nr. 5, Nov. 1739 Cornet, Jan. 1742 Sl, Mai 1751 Pl, Aug. 1755 als Cap. dim., Erbherr auf Sommerfeld bei Stralsund (u. von 1763 bis 1772 auf Matzdorf u. Anteil Burow im Flemmingschen Krs.); **Laufbahn**: seit 1728 im Dienst, Juni 1735 Fähnrich im I-R Nr. 22, Nov. 1740 Sl, Febr. 1741 Pl, um 1748 nach 20 Dj. als Cap. dim.; **Güter**: seit 1752, 1757 Erbherr auf Tribsow B, Mokratz B u. Marquardsmühle im Wert von 10 700 T., 1767 wurde d. Wert mit 12 299 T., die Schulden mit 12 600 T. angegeben; **Ehefrau**: Amalie Louise, geb. von Wussow; **Sohn**: Carl Henning Gustav (* 16. Aug. 1753), Sl, s.d.; (**verwandt**: Johann George von Witten (* 1717), seit 1735 im Militär, 1740 Corp. im I-R Nr. 29: Stabi, Ms. boruss. fol. 316);

Quellen: GStA, I. HA, Rep. 30, Nr. 243, Vas.tab. 1756, 1763, 1767, 1793; Rep. 176, Nr. 19 356; IV. HA, Rep. 1, Nr. 93, Bl. 198; Stabi, Ms. boruss. fol. 314; Albedyll, Anhang, S. 56* (Bruder G.J); Tb. Uradel 1917, S. 980;

Obrist Carl Heinrich Gustav von Witten (* Juni 1735, † 15. Okt. 1794)

Vater: Joachim Ludwig (* 30. Jan. 1701, † 29. Mai 1782), 1717 *cadet* in Berlin, 1723 Fähnrich im I-R Nr. 8, 1733 als Ltnt. gen., stand 38 Jahre im Militärdienst, 1756 Cap., zuletzt Major im Stettiner Garn.-Reg., Erbherr auf Grambow im Krs. Greifenberg im Wert von 2/m T. bzw. 4/m T. (1767), darauf Schulden von 2 500 T., seit 1736 auch Erbherr auf Wittenfelde A, verkaufte 1751 bis 1753 einzelne Bauernhöfe in Wittenfelde zwecks Schuldentilgung; in erster Ehe verh. mit e. geb. Freiin Schenk von Winterstedt, zweite **Ehefrau**: Johanna Maria, geb. von Schwerin († vor 1794), e. Schwester d. Cap. u. Forstrates Wilhelm Heinrich von Schwerin in Halberstadt, s.d., dieser wollte seine älteste Nicht bei sich aufnehmen u. erziehen; **Vater-Bruder**: George Moritz (* um 1704), Major, s.d.; **Bruder**: Johann Christian Ludwig (1729–1762), seit 1746 im Militär, 1749 als *cadet* gen., 1756 Gefr.corp. (bzw. Fähnrich) im I-R Nr. 39, als Sl am 15. Aug. 1762 vor Schweidnitz erschossen; **Bruder**: Joachim Friedrich Leopold (* 11. Juli 1733, † 22. Nov. 1807), seit 1747 im Dienst, 1749 als *cadet* gen., 1756 Fähnrich im I-R Nr. 40, April 1760 Pl, Okt. 1768 Cap. u. Chef e. Comp., Sep. 1778 Major, Juni 1788 Ol, Aug. 1790 Obrist, Dez. 1792 Kommandeur d. I-R Nr. 40, Juni 1793 Kommandeur d. Depot-Bat. d. I-R Nr. 22, Juli 1795 pens., nach d. Tod d. Bruders 1799 u. 1804 als Erbherr auf Grambow gen., auch auf Wittenfelde A, jeweils zs. mit seinem Neffen F.C.W.; **Laufbahn**: Gefr.corp. im I-R Nr. 8, Nov. 1756 Fähnrich, Febr. 1758 Sl, Nov. 1763 Pl, Juni 1774 Stabs-Cap., Dez. 1775 Cap. u. Chef e. Comp., Juni 1785 Major, Juni 1792 Ol, Jan. 1794 Obrist im I-R Nr. 8 u. Chef d. Depot-Bat., erlitt beim Überfall polnischer *Insurgenten* auf Bromberg 1794 Blessuren, daran verst.; **Güter**: (1790 als Erbherr auf Brendemühle A im Krs. Greifenberg gen.), 1793 auf Grambow im Wert von 2/m T.; d. Obrist hinterließ 1794 e. ersten Bericht zufolge seinen sechs **Kindern** aus zwei Ehen kein Vermögen, nur einige wenige Mobilien, im Dez. 1794 bezifferte d. Pupillenkollegium d. Wert seines Nachlasses dann auf 8 413 T., Schulden wurden indes nicht erwähnt; e. Tochter erster Ehe war verheiratet mit d. Major von Kalckreuth in Beelitz, eine To. erster Ehe u. d. drei Töchter zweiter Ehe befanden sich 1794 in Köslin in Pension; **Sohn**: Ferdinand Carl Wolfgang (* 1776 (bzw. 1778), † 30. Sep. 1859), Nov. 1794 Fähnrich im I-R Nr. 8, Juli 1796 Sl, Mrz. 1807 beim Husaren-Commando d. Majors von Schill, April 1807 Pl beim Niederschles. H-R, Febr. 1809 als Rittmstr. dim., Juni 1813 Stabs-Cap. beim Elb-I-R, Mai 1814 d. Brandenburg. Artillerie-Brigade aggr., Aug. 1815 Cap., Mai 1816 Chef e. Comp., Okt. 1820 dim.;

Quellen: GStA, I. HA, Rep. 30, Nr. 243, Vas.tab. 1756, 1763, 1767, 1794, 1804; Rep. 176, Nr. 10 356 (für C.H.G. d. Daten 1734–1794); II. HA, Abt. 13 a, Tit. III, Litt W, Nr. 36 (Kinder); IV. HA, Rep. 1, Nr. 93, Bl. 198 (danach gest. Dez. 1794); Stabi, Ms. boruss. fol. 315 (Bruder J.F.L.), fol. 316 (Bruder J.C.L.); Brüggemann, T. 2/1, S. 428–429, S. 458; Tb. Uradel 1917, S. 977–978; Priesdorff, Offz.stammliste, S. 187, S. 517;

Ltnt. Carl Heinrich Ludwig von Witten (* 1781, † 4. Juli 1828)

Vater: George Wilhelm (* 1750), stand neun Monate als Junker im I-R Nr. 46, wegen *Fehlerhaftigkeit* entlassen, nahm beim brüderlichen Vergleich d. väterlichen Anteil von Brendemühle im Krs. Greifenberg für 2/m T. an, mußte d. Bruder 1/m T. auszahlen, brauchte sein u. d. Vermögen d. Frau bis etwa 1790 völlig auf, G.W. bekam bis an sein Lebensende e. jährliches Legat von 14 T. aus d. Gut Reckow, wohnte 1801 mit seiner Frau als Einlieger in Cammin, beide waren so arm, daß sie kaum d. Miete für e. Stube u. d. Mittel für Feuerung, Kleidung, Lebensmittel aufbringen konnten, sie lebten von Unterstützungen mitleidiger Einwohner Cammins, ihre vier Kinder besaßen *keinen Groschen Vermögen*, wurden von früher Jugend an bei Verwandten aufgezogen, die sie mit Kleidung, Wäsche, Lebensmitteln versorgten; im Dez. 1801 meinte d. Landrat, d. Eltern lebten noch, seien für die Kinder aber *moralisch tot*; **Mutter**: Antoinette Marie Hypolite (* 1756), e. To. d. Ltnt. Anton George von Kleist († vor 1778) zu Poberow im Krs. Greifenberg, sie hatte e. Mitgift von 910 T.; **Vater-Bruder**: Ernst Heinrich (* 1753, † 30. Dez. 1833), befand sich 1783 als Sl auf Werbung, 1786 Pl im I-R Nr. 46, Mrz. 1791 Stabs-Cap., Mai 1798 Cap. u. Chef e. Comp., Dez. 1806 Major, Aug. 1808 mit Pension dim.; **Bruder**: August Heinrich Philipp (* 1788, † 4. Febr. 1844), Mai 1796 *cadet* in Stolp, Mai 1803 *cadet* in Berlin, Sep. 1807 Fähnrich im I-R Nr. 31, Okt. 1810 aggr. Sl beim 2. Westpreuß. I-R, Mai 1814 Pl, April 1817 Cap. u. Chef e. Comp., Mai 1833 als Major dim.; **Laufbahn**: Aug. 1790 *cadet* in Stolp, April 1794 *cadet* in Berlin, Cadetten-Uffz., Sep. 1797 Fähnrich im I-R Nr. 58, Mai 1801 Sl, Jan. 1808 beim 2. Westpreuß. I-R, Mrz. 1812 Pl, Juni 1813 Stabs-Cap., Jan. 1814 Cap. u. Chef e. Comp., April 1816 Major, Jan. 1818 Kommandeur d. Füsilier-Bat., 1828 als aktiver Offz. gest.; **Schwester**: Caroline Juliane Friederike (* 1779), weilte 1801 bei d. Witwe Ol von Berg in Trebenow, wurde von dieser erzogen u. in *weiblichen* u. wirtschaftlichen Kenntnissen unterrichtet; **Schwester**: Auguste Juliane Ernestine (* 1784), wurde seit 1796 beim Prediger Fahrland zu Groß Justin erzogen, für ihren Unterhalt schoß d. Landrat Hans George Alexander von Koeller zu Cantreck jährlich 30 T. zu; ab 1802 sollten d. beiden Schwestern sich ihren Unterhalt als Wirtschafterin od. Gesellschafterin selbst verschaffen, weil d. Witwe von Berg u. d. Landrat sie nicht weiter unterstützen konnten, im Febr. 1802 bekamen sie zs. e. Pension von 50 T.; im Febr. 1806 heiratete Auguste mit *Consens* ihrer Verwandten d. Färbermeister Michael Wende in Greifenberg;

Quellen: GStA, II. HA, Abt. 13 a, Tit. III, Litt W, Nr. 35; IV. HA, Rep. 1, Nr. 93, Bl. 198; Stabi, Ms. boruss. fol. 316 (Onkel); Stolper Kadetten, S. 26, S. 34;

Ltnt. Carl Henning Gustav von Witten (* 16. Aug. 1753)

Vater: Bernd Friedrich (1712–1757), Cap., Erbherr auf Tribsow B, s.d.; **Mutter**: Amalie Luise, geb. von Wussow (1729–1805), in zweiter Ehe verh. mit d. GM Carl Ludwig von Ingersleben, sie lebte 1793 in Grünfelde bei Heiligenbeil in Preußen; **Laufbahn**: (1767 Fähnrich im I-R Nr. 29), 1772 Gefr.corp. im I-R Nr. 7, Nov. 1782 nach (17 Dj.) als Sl wegen *übler conduite* dim., hatte sich im Reg. d. Spiel ergeben, Schulden gemacht u. um d. Abschied nachgesucht; **Güter**: erbte d. väterliche Gut Tribsow B im Krs. Greifenberg, 1767 im Wert von 12 200, darauf Hypotheken von 12 600 T.; verkaufte dieses 1784 auf 20 Jahre für 11/m T. an d. Landrat George Christian von Puttkamer, brachte binnen kurzer Zeit d. Kaufgelder bzw. sein väterl. Vermögen in Höhe von 7 bis 8/m T. durch, soll sich e. *maitresse* gehalten haben, schaffte sich nach d. Abschied Kutsche u. Wagen an, konnte beide nach sechs Monaten nicht mehr finanzieren; sein Versuch, russ. Militärdienste zu nehmen, schlug fehl; fiel 1793 seinen Verwandten zur Last, galt als Verschwender u. sollte deshalb in Arrest auf Fort Preußen gebracht werden, e. mütterl. Verwandter in Curow wollte für d. Unterhalt auf d. Fort monatlich zehn Taler zahlen; damals hieß es, er *stamme aus e. Familie, in der es öfters Fälle von Zerrüttung des Verstandes gebe*; befand sich im Herbst 1793 im Arrest, den seine Mutter zs. mit ihrem Bruder Philipp Otto Ludwig von Wussow in Curow erwirkt hatte; entwich im Febr. 1794 heimlich aus d. Arrest; bat im Juni 1801 vergeblich um e. Reisepass nach Rußland, gedachte dort e. Rumbrennerei anzulegen; wollte in d. Jahren 1802 bis 1803 d. Gut Tribsow B vorzeitig wieder in Besitz nehmen, darauf lagen Schulden von 14 398 T., prozessierte gegen d. Pfandbesitzer; mit CO vom 29. Dez. 1803 sollte C.H.G. wegen seiner zahlreichen, unstatthaften Immediatgesuche wieder unter Kuratel gestellt werden;

Quellen: GStA, I. HA, Rep. 30, Nr. 44, W 135, Paket 9 393; Nr. 243, Vas.tab. 1767; Rep. 176, Nr. 10 356; IV. HA, Rep. 1, Nr. 93, Bl. 198; Stabi, Ms. boruss. fol. 314; Brüggemann, T. 2/1, S. 456;

Rittmstr. Ernst Ludwig von Witten (* 2. April 1700, † 12. Okt. 1783)

Vater: Joachim Ernst (1662–1733), Erbherr auf Brendemühle A im Krs. Greifenberg; **Mutter**: Eva Elisabeth, geb. von Gantzkow († 1726); **Bruder**: Joachim Bernd (1691–1765), Miterbe d. väterlichen Gutes; **Laufbahn**: Gefr.corp. im I-R Nr. 21, Juni 1725 Cornet im D-R Nr. 5, Mai 1726 Sl, Mrz. 1737 Pl, April 1738 Stabs-Rittmstr., Sep. 1739 dim.; **Güter**: seit

1765 alleiniger Erbherr auf Brendemühle A im Krs. Greifenberg im Wert von 2 666 T.; **Ehefrau**: Clara Sophie, geb. von Flemming (1722–1776); **Sohn**: Carl Friedrich Ludwig (* 1744), hielt sich 1767 beim Vater auf; **Sohn**: Johann George Wilhelm (* 1750), 1767 *cadet* in Berlin, seit 1777 Erbherr auf Brendemühle A; **Sohn**: Ernst Heinrich (* 10. Mai 1753, † 30. Dez. 1833), Mai 1766 (bzw. 1767) *cadet* in Berlin, 1773 Fähnrich, Nov. 1777 Sl im I-R Nr. 46, 1783 auf Werbung, 1786 Pl, Mrz. 1791 Stabs-Cap., Mai 1798 Cap. u. Chef e. Comp., Dez. 1806 Major, Aug. 1808 mit Pension dim.; **Tochter**: Louise Juliane Friederike (* 1748), sie stand seit Febr. 1783 auf d. Expectantenliste für e. Pension, d. zuständige Landrat bemerkte damals, ihr noch lebender Vater sei *so unvermögend*, daß man d. *Tochter als vaterlos rechnen kann*, 1788 betrug ihr Vermögen 400 T., die jährlichen Einkünfte lagen bei 20 bis 24 T., sie erhielt im Nov. 1791 e. Pension von 50 T., diese wurde aber wieder eingezogen, da sie *aus Mangel an Unterhalt* im Herbst 1790 d. Kaufmann u. Brauer Witte zu Cammin geheiratet hatte; (**verwandt**: e. Valentin George von Witte(n) (1699–1740), seit 1720 im Militär, stand 1730 als Ltnt. im I-R Nr. 9, 1740 Pl, nach Mrz. 1740 gest.: Stabi, Ms. boruss. fol. 315);

Quellen: GStA, I. HA, Rep. 30, Nr. 243, Vas.tab. 1756, 1763, 1767; Rep. 176, Nr. 10 356; II. HA, Abt. 13 a, Tit. III, Litt G, Nr. 1; Litt W, Nr. 26; IV. HA, Rep. 1, Nr. 93, Bl. 198; Stabi, Ms. boruss. fol. 313, fol. 316; Brüggemann, T. 2/1, S. 414–415; Crousaz, Beilage C, S. 36 (Sohn E.F.); Albedyll, Anhang, S. 46*; Tb. Uradel 1917, S. 678–679;

Major Jürgen (George) Moritz von Witte(n) (* um 1704)

Vater: Valentin Jürgen († vor 1730), Erbherr auf Grambow im Krs. Greifenberg; **Bruder**: Joachim Ludwig (1701–1782), Cap., auf Grambow, siehe bei dessen Sohn Carl Heinrich Gustav (1735–1794), Obrist; **Laufbahn**: seit 1717 im Militär, 1724 Sergant, Mrz. 1729 Sl im I-R Nr. 22, April 1741 Pl, Jan. 1746 Stabs-Cap., zuletzt Major im Garn.-Reg. Nr. 8, vor 1755 abgegangen;

Quellen: GStA, I. HA, Rep. 30, Nr. 243, Vas.tab. 1755, 1756; nicht in IV. HA, Rep. 1, Nr. 93; Stabi, Ms. boruss. fol. 314; Ms. geneal. fol. 120; Brüggemann, T. 2/1, S. 428–429;

Rittmstr. Lorenz Friedrich von Witten (* 1701, † April 1751)

aus Pommern gebürtig; **Laufbahn**: seit 1721 im Militär, 1730 Cornet im K-R Nr. 4, Sep. 1735 Ltnt., 1750 Rittmstr., 1751 als solcher im schlesischen Neustadt gest.;

Quellen: Stabi, Ms. boruss. fol. 316; W. Förster, K-R Nr. 4, S. 178, S. 544;

Cap. Christoph Heinrich von Wittig (* um 1695)

aus Pommern gebürtig; **Laufbahn**: seit 1708 im Militär, Febr. 1716 Pl im I-R Nr. 23, Juni 1718 Stabs-Cap., Juli 1722 abgegangen, als Kriegsrat in Freienwalde in d. Mark versorgt; (**verwandt,** identisch: Martin Henning von Wittig (* um 1695), seit 1708 im Militär, Mai 1714 Sl im I-R Nr. 1: Ms. boruss. fol. 319);

Quellen: Stabi, Ms. boruss. fol. 316;

Ltnt. Carl Friedrich (Martin) von Wittke
(* 25. Sep. 1758, † 20. Juli bzw. Nov. 1824)

Vater: Michael Ernst (1715–1776), Erbherr auf Jezow A (bzw. E) im Distrikt Lauenburg, hinterließ vier Söhne, d. zuständige Landrat meinte im Aug. 1787, d. Gutsanteil habe d.

Wert u. d. Größe e. vollen Bauernhofes im Krs. Pyritz; **Mutter**: Eva, geb. von Lublewska (1725–1784), ihr *Brautschatz* von 116 T. war auf d. Gut eingetragen, sie zog davon d. Zinsen u. ernährte sich vom Spinnen; **Bruder**: Paul Albrecht, saß 1779 auf d. achten Teil d. Gutes Jezow, erwarb durch Ankäufe weitere Anteile an Jezow, verkaufte diese 1794 an d. *Canonicus* Jacob von Mysczinsky, ließ sich in Prebendow nieder; **Bruder**: Christian Ernst (1762–1812), Mai 1775 *cadet* in Stolp, April 1777 *cadet* in Berlin, Aug. 1780 Fähnrich im I-R Nr. 8, Sep. 1784 (mit d. Charakter Cap.) dim., nach 1806 in herzogl. mecklenburg.-schwerinschen Diensten, verkaufte 1791 seinen Anteil an Jezow an d. Bruder P.A., machte sich anschließend in Poppow ansässig; **Bruder**: Franz Matthias (Ernst) (* 28. Nov. 1767, † 20. Okt. 1811), Juni 1778 *cadet* in Stolp, Sep. 1781 *cadet* in Berlin, Sep. 1784 Cornet im D-R Nr. 2, Sep. 1789 Sl, Febr. 1793 Pl, April 1794 Stabs-Cap., Sep. 1794 Orden p.l.m., Febr. 1801 Cap., Dez. 1804 mit 300 T. Pension dim., 1811 als Rittmstr. gest., verh. mit Amalie Sophie Louise, geschiedene Websky, geb. Helmich, aus Beuthen; **Laufbahn**: Mai 1772 *cadet* in Stolp, Sep. 1774 *cadet* in Berlin, 1779 Fähnrich im I-R Nr. 25, Aug. 1782 Sl, Nov. 1786 zum I-R Nr. 52 versetzt, hier im Juni 1787 als Sl gen., Jan. 1791 zum Depot-Bat., Dez. 1793 beim Hospital in Königsberg in Pr. angestellt (Febr. 1794 dim.); **Ehefrau**: Eva Eleonore Christiane, geb. von Malot(t)ky (1768–1842); **Güter**: Erbherr auf Anteil Groß Gustkow im Distrikt Bütow;

Quellen: GStA, I. HA, Rep. 30, Nr. 43, Paket 9236; Rep. 176, Nr. 10 633 (hier als Martin Fr.); II. HA, Abt. 13 a, Tit. I, Litt W, Nr. 12; IV. HA, Rep. 1, Nr. 93, Bl. 210 (als Carl Fr.); Stabi, Ms. boruss. fol. 314, fol. 315 (hier als C.F.); Conrady, I-R Nr. 52, S. 365); Stolper Kadetten, S. 5, 8, 11; Lehmann, Ritter, S. 354; Priesdorff, Offz.stammliste, S. 185 (Bruder C.E.); Tb. Uradel 1932, S. 603–604;

Ltnt. Carl Heinrich von Wittke (* 1727)

aus Hinterpommern gebürtig; **Laufbahn**: seit 1740 im Militär, 1755 Ltnt. im I-R Nr. 25, 1758 als Pl bei d. Invaliden versorgt;

Quellen: Stabi, Ms. boruss. fol. 314;

Cap. Carl Heinrich von Wittke (* 1745)*

aus Pommern gebürtig; **Laufbahn**: Gefr.corp. im I-R Nr. 8, Juli 1766 Fähnrich, Sep. 1773 Sl, Mai 1782 Pl, Sep. 1789 Kommandant von Alt Damm, Sep. 1789 Prädikat Cap.;

Quellen: GStA, IV. HA, Rep. 1, Nr. 93, Bl. 210; Stabi, Ms. boruss. fol. 315; Priesdorff, Offz.stammliste, S. 185;

Obrist Heinrich Wilhelm von Wittke (* 1700, † 3. Jan. 1770)

Vater: Casimir Heinrich († 1740), Erbherr auf Anteil Jezow im Distrikt Lauenburg; **Mutter**: Maria Clara, geb. von Stojentin († 1736); **Bruder**: Johann George (* 1717), erheiratete mit Eleonora von Keith e. Anteil an Lodder im Krs. Rummelsburg, verkaufte diesen 1763 an d. Cap. Joachim Christian Caspar von Reckow, s.d.; zwei Brüder standen 1763 als Ltnt. in e. H-R; **Laufbahn**: engagierte sich 1726 im Militärdienst, stand 1730 als Sergant im I-R Nr. 30, Mrz. 1735 Ltnt., Juni 1742 Stabs-Cap., Dez. 1745 Cap., Dez. 1757 Major, Mai 1765 Ol, Juli 1767 Obrist, Träger d. Ordens p.l.m., 1770 als Obrist im I-R Nr. 30 (nach 39 Dj.) gest.; **Ehefrau**: Ida (Elisabeth), geb. von Ramin; **Sohn**: Moritz Heinrich (1751–1812), Cap. s.d.;

Quellen: GStA, I. HA, Rep. 30, Nr. 243, Vas.tab. 1756, 1763 (Bruder J.G.); Rep. 176, Nr. 10 633; IV. HA, Rep. 1, Nr. 93, Bl. 210 (kz. Notiz); Stabi, Ms. boruss. fol. 311 (auch als Wilh. Fried.); Brüggemann, T. 2/2, S. 797 (Bruder); Lehmann, Ritter, S. 171 (als Fr. (Wilhelm) Heinrich);

Cap. Johann Christian von Wittke (* um 1746, † 9. Jan. 1794)

Vater: Franz Anthon († um 1756), aus Litauen gebürtig, stand zehn Jahre als Offz. in poln. Diensten, Erbherr auf Gr. Perlin B im Distrikt Lauenburg, hinterließ neun Kinder, darunter zwei Söhne; **Mutter**: Dorothea Elisabeth, geb. von Tauentzien (* um 1716, † 25. Febr. 1797), Schwester d. Breslauer Generals Bogislav Friedrich, im April 1792 meinte Landrat George Christoph von Wussow, d. General *habe zu Lebzeiten* nicht zu denen gehört, die sich *um ihre Verwandten gekümmert* haben; sie saß 1771 als Witwe auf d. Gut im Wert von 15/m fl., darauf 1774 Schulden von 2 890 T., sie zog d. Revenuen von e. freien Kapital von 1 401 T., D.E. stand seit 1783 auf d. Expectantenliste für e. Pension, bekam nach e. längeren Wartezeit e. solche von 100 T.; **Bruder**: Michael (Friedrich) Bogislav (* 1758, † Sep. 1813), Juni 1769 *cadet* in Stolp, April 1773 *cadet* in Berlin, Fähnrich, Juli 1784 Sl im I-R Nr. 29, Mrz. 1794 Pl, Aug. 1798 Stabs-Cap., Dez. 1804 Chef e. Comp., Mai 1809 zur Versorgung im Postfach notiert, 1813 gest., besaß 1797 d. väterliche Gut, auf diesem hielten sich seine Mutter u. drei ledige Schwestern auf; **Laufbahn**: trat 1762 in d. Militärdienst ein, Juni 1772 Sl, Aug. 1784 Pl im I-R Nr. 29, Mai 1790 Stabs-Cap., 1794 als aktiver Offz. gest., besaß keine Güter; drei ledige **Schwestern** von 64, 57, 42 Jahren besaßen 1797 je e. Vermögen von 140 T., konnten von d. Zinsen nicht leben, wurden daher auf d. Expectantenliste für e. Pension gesetzt, 1802 bekamen sie zs. e. Pension von 50 T.;

Quellen: GStA, I. HA, Rep. 30, Nr. 43, Paket 9234; Nr. 249, Vas.tab. 1771, 1778; II. HA, Abt. 13 a, Tit. III, Litt W, Nr. 30 (Schwestern); IV. HA, Rep. 1, Nr. 93, Bl. 210; Stabi, Ms. boruss. fol. 316 (Bruder als Wilh. Bog.); Stolper Kadetten, S. 2 (Bruder);

Gefr.corp. Johann George von Wittke (* um 1720)

Vater: Erbherr auf Anteil Jellentsch im Distrikt Bütow; **Laufbahn**: stand sechs Jahre im Militärdienst, als Gefr.corp. dim.; **Güter**: verkaufte 1763 d. väterlichen Gutsanteil, wurde 1764 wegen dessen väterlichen Erbes von seinem **Bruder** Jacob Reinhold (* 1723), seit 1746 im Militär, 1755 Gefr.corp. im I-R Nr. 23, später Offz. in e. anderen Reg., als Polizei-Bürgermeister zu Freiburg bei Schweidnitz versorgt, verklagt, es ging dabei um e. Betrag von 100 T. sowie rückständige Zinsen für 32 Jahre; (**verwandt**: Friedrich von Wittke (1740–1765), seit 1757 im Militär, 1764 Sl im I-R Nr. 9, 18. Febr. 1765 als Ltn. gest.: IV. HA, Rep. 1, Nr. 93, Bl. 210; Stabi, Ms. boruss. fol. 315);

Quellen: GStA, I. HA, Rep. 30, Nr. 243, Vas.tab. 1756; Nr. 413, Paket 10 185 (evt. identisch mit J.G., geb. 1717, siehe bei H.W.); Stabi, Ms. boruss. fol. 316 (Bruder J.R.);

Cap. Johann Ludwig von Wittke (* 1762, † 20. Dez. 1832)*

(**Vater**: Johann Ludwig (* um 1721), 1771, 1778 als Erbherr auf Anteil Dzinzelitz im Distrikt Lauenburg im Wert von 3 200 fl. gen.); **Laufbahn**: April 1775 *cadet* in Berlin, 1780 Fähnrich, April 1783 Sl im I-R Nr. 7, Dez. 1789 Pl, Juli 1795 Stabs-Cap., Okt. 1798 Cap. u.

Chef e. Comp. im 3. Mouseq.-Bat. d. I-R Nr. 7, Mai 1807 Major, Juni 1815 Ol, Juni 1815 Kommandeur d. 17. Garn.-Bat., Sep. 1818 Obrist, April 1820 ausgeschieden;

Quellen: GStA, I. HA, Rep. 30, Nr. 249, Vas.tab. 1771, 1778; IV. HA, Rep. 1, Nr. 93, Bl. 210; VI. HA, Nl Gneisenau, Nr. 691 (Rangliste 1807, hier als Wilhelm); Stabi, Ms. boruss. fol. 314; Crousaz, Beilage C, S. 36;

Cap. Lorenz von WITTKE (* 1729, † 1806)

Vater: Michael († 1746), Erbherr auf Jezow A im Distrikt Lauenburg; **Mutter**: Esther Sophie, geb. von Pirch; Stief-Mutter: Barbara, geb. von Poblotzky; **Bruder**: Michael Ernst (* 1725), 1773 Erbherr auf Jezow A im Wert von 4 100 fl., 1785 verkauft; **Laufbahn**: seit 1752 im Militär, Mai 1757 Fähnrich im I-R Nr. 33, April 1763 Sl, Aug. 1770 Pl, Jan. 1779 Stabs-Cap., Sep. 1781 Cap. im I-R Nr. 33, Febr. 1786 im Garn.-Reg. Nr. 6 versorgt, 1788 zum Depot-Bat. d. I-R Nr. 31, Juni 1790 mit Pension dim.;

Quellen: GStA, I. HA, Rep. 30, Nr. 249, Vas.tab. 1773 (Bruder); Rep. 176, Nr. 10 631; IV. HA, Rep. 1, Nr. 93, Bl. 210; Stabi, Ms. boruss. fol. 311, fol. 315;

Ltnt. (Matthias) Heinrich von WITTKE (* 27. April 1770, † Okt. 1806)

Vater: Franz Matthias (* 1712 bzw. 10. Febr. 1726, † 29. Febr. 1781), (seit 1745 im I-R Nr. 2, Febr. 1757 als Fähnrich zum Garn.-Reg. Nr. 1, 1763 hier als Pl, 1774 als Stabs-Cap. gen.), Erbherr auf Jezow B im Distrikt Lauenburg im Wert von 1 500 fl. bzw. 900 T., darauf Pfandbriefe für 775 T.; zweite Frau, **Mutter**: Hedwig Elisabeth, geb. von Mach (* 1738, † 18. Sep. 1788), sie hinterließ sechs Kinder, darunter fünf Töchter, sie stand wegen ihrer dürftigen Lage seit 1782 auf d. Expectantenliste für e. Pension; **Großvater**: Michael († 1736), Erbherr auf Anteil Jezow; **Vater-Bruder**: George Friedrich (* 1707, † 30. April 1757), seit 1722 Gefr.corp. im I-R Nr. 2, Sep. 1740 Pl, Febr. 1745 Cap., Febr. 1757 ins Garn.-Reg. Nr. 1 versetzt, als Major gest., verh. mit Wilhelmine Luise, geb. von Kannacher; **Laufbahn**: 1787 Gefr.corp. im I-R Nr. 35, Mrz. 1790 Fähnrich, Dez. 1792 Sl, Mrz. 1804 Pl, Okt. 1806 Suizid; **Güter**: verkaufte 1797 Jezow B;

Quellen: GStA, I. HA, Rep. 30, Nr. 43, Paket 9 237 (Eltern); Nr. 249, Vas.tab. 1778; Rep. 176, Nr. 10 634 (hier als Matthias Heinrich); II. HA, Abt. 13 a, Tit. III, Litt W, Nr. 1 (stand danach 1788 im I-R Nr. 34); IV. HA, Rep. 1, Nr. 93, Bl. 210 (hier als Heinrich, d. Vater danach 1788 gest. als Cap.); Stabi, Ms. boruss. fol. 311, fol. 315; Taeglichsbeck, S. 272; Oelsnitz, I-R Nr. 2, S. 387, S. 422, S. 951 (Onkel), S. 951 (Vater); Tb. Uradel 1932, S. 606;

Ltnt. Franz Ferdinand von WITTKEN (* 1. Sep. 1778, † 10. Aug. 1811) *

Vater: Michael Albrecht (1755–1788), Erbherr auf Anteil Jezow im Distrikt Lauenburg; **Mutter**: Anna Sophia, geb. von Lübtow (1751–1783), Stief-Mutter: Veronica Abigail, geb. von Lübtow (1754–1832); **Bruder**: Carl August (1784–1832), Mrz. 1804 Fähnrich im I-R Nr. 12, Jan. 1813 Sl, Mrz. 1815 zum 14. I-R, April 1815 Pl, Sep. 1819 Cap. u. Chef e. Comp., 1832 gest.; **Bruder**: Johann Wilhelm (1787–1847), Febr. 1806 Fähnrich im I-R Nr. 42, April 1807 Sl, Mrz. 1809 aggr. beim 1. Schles. I-R, Aug. 1814 Pl, Febr. 1816 zum 25. I-R, Mrz. 1818 ins 12. I-R, Mai 1832 Major, Nov. 1839 mit d. Charakter Ol dim.; **Laufbahn**: Febr. 1796 Fähnrich im I-R Nr. 7, Okt. 1797 Sl, Dez. 1798 zum I-R Nr. 58 versetzt,

Jan. 1807 Pl, Juli 1807 Adjutant d. Ol von Gneisenau, Kommandant von Kolberg, Aug. 1808 Stabs-Cap. beim Kolberger I-R, Juli 1811 Chef e. Comp., Aug. 1811 als solcher gest.;

Quellen: GStA, I. HA, Rep. 176, Nr. 10 633; IV. HA, Rep. 1, Nr. 93, Bl. 210; VI. HA, Nl Gneisenau, Nr. 691;

Major Friedrich von WITTKEN (* 1725, † Nov. 1788)

aus Pommern gebürtig; **Laufbahn**: stand anfänglich in österr. Diensten, wechselte 1745 in preußische, Juni 1759 Pl im H-R Nr. 6, April 1778 Rittmstr., Aug. 1783 Major, 1788 als aktiver Offz. gest.;

Quellen: GStA, IV. HA, Rep. 1, Nr. 93, Bl. 210 (kz. Notiz); Stabi, Ms. boruss. fol. 315; Wechmar, H-R Nr. 6, S. 252, S. 255, S. 258;

Cap. Johann Friedrich von WITTKE(N) (* 1761, † 26. Febr. 1807)

Vater: Erbherr auf Anteil Jellentsch im Distrikt Bütow; **Laufbahn**: Juni 1769 *cadet* in Stolp, April 1774 *cadet* in Berlin, seit 1777 im Regiment, Mai 1787 Sl im I-R Nr. 42, April 1800 Stabs-Cap., befand sich 1802 in Hamburg auf Werbung, Okt. 1804 Cap. u. Chef e. Comp., 1807 bei Braunsberg gefallen; Stief-**Schwester**: Anna verwitw. von Wrycz-Rekowska, geb. von Wittken (* 1740), sie hielt sich 1802 in Rekow auf, ihr verst. Mann hatte e. Gutsanteil von 9/10 Hufe besessen, nach Abzug d. Schulden in Höhe von 366 T. u.d. Erbteils d. beiden Töchter besaß sie e. Vermögen von 100 T., 1802 erklärte d. Witwe, noch e. Stief-**Bruder** zu haben, der als Major (Moritz Heinrich (1750–1812), s.d.) auf Werbung in Hamburg war;

Quellen: GStA, II. HA, Abt. 13 a, Tit. III, Litt W, Nr. 20 (Schwester); IV. HA, Rep. 1, Nr. 93, Bl. 210; Stabi, Ms. boruss. fol. 312; Stolper Kadetten, S. 2;

Ltnt. Johann Jacob von WITTKE(N) (* um 1733, † 3. Mai 1781)

Vater: Paul Albrecht (* 1692, † 25. Juni 1772), Erbherr auf Jezow D im Distrikt Lauenburg, 1771 im Wert von 5 600 fl.; (**Mutter**, zweite Ehefrau d. Vaters: Anna Maria, geb. von Wittke); **Bruder**: Martin (* um 1735), 1756 *cadet* in Berlin, 1771 Ltnt. im I-R Nr. 8; **Bruder**: Christian Ernst (1740–1809), 1777 Erbherr auf Jezow C; **Laufbahn**: 1756 mit 24 J. als *cadet* in Berlin gen., Mai 1762 Sl im I-R Nr. 42, Juni 1771 Pl, stand Sep. 1776 noch als Pl im Reg., 1781 als solcher gest.; (**verwandt**: Jacob von Wittke (* 1744), seit 1763 im Reg., 1764 Fähnrich im I-R Nr. 12, 1774 Sl, Okt. 1785 als Pl dim., Juni 1787 beim Invaliden-Corps plaziert, Jan. 1792 mit Pension dim.: IV. HA, Rep. 1, Nr. 93, Bl. 210; Stabi, Ms. boruss. fol. 316);

Quellen: GStA, I. HA, Rep. 30, Nr. 243, Vas.tab. 1756; Nr. 249, Vas.tab. 1771; Rep. 176, Nr. 10 634 (J.J. danach Ltnt. im I-R Nr. 35); IV. HA, Rep. 1, Nr. 93, Bl. 210 (J.J., hier kein Martin); Stabi, Ms. boruss. fol. 312 (danach im April 1781 gest.); Priesdorff, Offz.stammliste (kein Martin, S. 185, Nr. 515 nur Carl Heinrich);

Major Moritz Heinrich von WITTKE(N) (* 1751, † 2. Okt. 1812)

Vater: Heinrich Wilhelm (1700–1770), Obrist, s.d.; **Mutter**: Ida, geb. von Ramin; **Schwester**: Henriette Dorothea (1752–1836), verheiratet mit d. Cap. Johann Carl von Heyden auf Cartelow; **Laufbahn**: trat 1765 in d. Militärdienst ein, 1774 als Sl, 1779 als Pl im I-R Nr. 25 gen., Dez. 1786 Stabs-Cap., Dez. 1789 Cap. u. Chef e. Comp., Nov. 1798 Major im I-R Nr. 25, Febr. 1809 dim., Mrz. 1809 Charakter als Ol; **Güter**: besaß kein väterl. Lehngut, erbte nur Kapital, will 1793 keine weiteren Verwandten seiner Linie in Pommern gehabt haben; erwarb (1789 bzw.) 1794 d. Allodialgut, Vorwerk Cadow im Krs. Anklam im Wert von 23/m T., 1801 im Wert von 32/m T., verkaufte d. Gut 1803 an Peter Adolph Friedrich von Winterfeld, der d. *Contract* nicht erfüllte, weshalb es zu Prozessen zwischen beiden Parteien kam; **Sohn**: Moritz Heinrich (* 21. Sep. 1789), erhielt auf väterl. Antrag am 16. Dez. 1793 e. Legitimationspatent, aber ohne Eintritt in d. Familie; zeigte am 11. Nov. 1812 an, daß sein Vater im Herbst d. J. an e. Nervenschlag gest. sei;

Quellen: GStA, I. HA, Rep. 30, Nr. 44, W 138, Paket 9395; Rep. 47, Tit. XI b, Paket 15900; Rep. 176, Nr. 10633, Nr. 10635; IV. HA, Rep. 1, Nr. 93, Bl. 210; Stabi, Ms. boruss. fol. 314; Brüggemann, Beiträge, 1, S. 467;

Cap. Wilhelm Ehrentreich von WITTKE(N) (* um 1747, † 7. Juli 1792) *

aus Pommern gebürtig; **Laufbahn**: seit 1765 im Militär, stand 1785 als Pl im I-R Nr. 18, Mrz. 1788 Stabs-Cap., Okt. 1790 Cap. u. Chef e. Comp., 1792 an e. Krankheit gest.;

Quellen: GStA, IV. HA, Rep. 1, Nr. 93, Bl. 210; Stabi, Ms. boruss. fol. 313;

Cap. (Carl) Paul Lorenz von WITZON (* um 1742)

Vater: Land-Cavalier; **Bruder**: Martin Ludwig (* um 1737), Grodgerichtsrat, Erbherr auf Klein Gustkow B im Distrikt Bütow, 1771 im Wert von 6/m fl.; **Laufbahn**: 1761 als Junker ins Regiment, Febr. 1768 Sl, Okt. 1776 Pl im I-R Nr. 11, Okt. 1784 Stabs-Cap., Mrz. 1786 krankheitshalber nach 23 Dj. dim., bat im Febr. 1786 immediat um d. Charakter Major;

Quellen: GStA, I. HA, Rep. 30, Nr. 249, Vas.tab. 1771, 1778; Rep. 96, Nr. 95 W w w; IV. HA, Rep. 1, Nr. 93, Bl. 227; Becker, I-R Nr. 11, S. 310, S. 315, S. 326, S. 421; Siebmacher, Bd. 6/9, 1894, S. 111;

Fähnrich Franz Ludwig von WNUCK (* 3. Aug. 1782, † 8. Sep. 1838) *

Vater: Ernst Ludwig (* 29. Aug. 1749), seit 1786 Erbherr auf Zemmen A im Distrikt Bütow; **Mutter**: Hedwig Maria, geb. von Schmude; **Bruder**: Anton Ferdinand (* 1792); **Laufbahn**: 1802 *cadet* in Berlin, Sep. 1804 Fähnrich im I-R Nr. 12, Mrz. 1810 Sl, Mai 1812 aggr. d. 1. Pomm. I-R, Juni 1813 Cap. beim 3/2 Westpreuß. Landwehr-I-R, Mai 1816 beim 2. Ostpreuß. I-R aggr., April 1820 ausgeschieden;

Quellen: GStA, I. HA, Rep. 176, Nr. 10495; IV. HA, Rep. 1, Nr. 93, Bl. 230;

Ltnt. Johann Friedrich von WNUCK (* 1732)

(**Vater**: Paul, 1756 als Erbherr auf Anteil Trzebiatkow im Distrikt Bütow gen.; **Bruder**: Michel, 1756 cadet in Berlin), J.F. aus Pommern gebürtig; **Laufbahn**: Nov. 1751 *cadet* in Berlin, (Juli) 1756 Fähnrich im Garn.-Reg. Nr. 7, Juli 1756 Sl, Mai 1776 als Pl auf Wunsch dim.;

Quellen: GStA, I. HA, Rep. 30, Nr. 243, Vas.tab. 1756; IV. HA, Rep. 1, Nr. 93, Bl. 230; Stabi, Ms. boruss. fol. 313; Crousaz, Beilage C, S. 35;

Major Matthias Friedrich von Wnuck (* 14. Febr. 1754, † 1. April 1811)

Vater: Matthias (* 20. Sep. 1722, † 1788), Landedelmann, Erbherr auf Anteil Zemmen im Distrikt Bütow, sein Gut wurde im Siebenjährigen Krieg von d. Russen eingeäschert, er als Geisel verschleppt, suchte nach d. Rückkehr aus d. Gefangenschaft mittels Krediten d. Gut zu retablieren, 1778 Erbherr auf Zemmen C im Wert von 1 800 fl., hinterließ seine Frau, zwei Töchter u. sechs Söhne aus zwei Ehen, von denen fünf in d. Militärdienst eintraten, in *hilflosem Zustand*; **Mutter**: Marie Hedwig, geb. von Schmude († vor 1768); Stief-Mutter: Maria Juliana, geb. von Rüdgisch (* um 1748, † 15. April 1802), sie brachte ihrem Mann e. Mitgift von 233 T. ein, stand seit 1792 auf d. Expectantenliste für e. Pension, erhielt im Febr. 1792 50 T.; **Bruder**: Franz (* 1759, † Aug. 1807), April 1769 *cadet* in Stolp, April 1773 *cadet* in Berlin, seit 1778 im Reg., Febr. 1784 Sl im I-R Nr. 14, Febr. 1791 Pl, Juli 1794 Orden p.l.m., Mrz. 1795 Stabs-Cap., Febr. 1798 Cap. u. Chef e. Comp., 1806 noch als Cap. im I-R Nr. 14 gen., 1807 gest.; (Stief-)**Bruder**: Johann Jacob (* 1768, † 1837), 1779 *cadet* in Stolp, 1783 *cadet* in Berlin, Mai 1790 Fähnrich im I-R Nr. 47, Jan. 1792 Sl, Juli 1803 Pl, April 1810 als Stabs-Cap. dim.; (Stief-)**Bruder**: Wilhelm (* 1769, † um 1808), Okt. 1782 *cadet* in Stolp, Juni 1786 *cadet* in Berlin, Okt. 1792 Fähnrich im I-R Nr. 45, Nov. 1796 Sl, Okt. 1805 Pl, 1807, 1808 in d. Gefangenschaft gest.; (Stief-)**Bruder**: Martin Ferdinand (1774–1819), Juli 1786 *cadet* in Stolp, Mai 1789 *cadet* in Berlin, Juli 1793 Fähnrich im I-R Nr. 17, Febr. 1795 Sl, Jan. 1805 Pl, Okt. 1809 Stabs-Cap., April 1812 Cap., 1813 zur Landwehr; **Laufbahn**: 1778 Sl im Grenadier-Bat. Nr. 4, bat im Jan. 1786 mit Verweis auf seine Teilnahme an d. *Campagne* von 1778, 1779 um d. Versetzung als Pl in e. Feld-Regiment, April 1786 Pl, Mrz. 1788 Stabs-Cap., Juni 1789 zum I-R Nr. 11, Juni 1793 Cap. u. Chef e. Comp., April 1799 Major, April 1807 Ol, Jan. 1808 Chef d. Garn.-Comp. d. II. Ostpreuß. I-R, Aug. 1809 Obrist beim Garnison-Bat.; **Ehefrau**: Amalie Henriette, geb. von Maltitz (1780–1828); **Güter**: d. Ltnt. M.F. bat 1795 aus Danzig um e. Pension für seine Stief-Mutter, die in sehr ärmlichen Verhältnissen lebte, d. väterliche Gutsanteil war verschuldet u. befand sich im Konkurs, er verwies auf seine beiden Stief-Brüder und die beiden leiblichen Brüder, die gleich ihm bereits im Militär dienten; diese Supplik trug mit dazu bei, daß ihre Mutter im Febr. 1796 e. Pension von 50 T. aus d. pomm. Meliorationsfonds bekam; d. Ltnt. M.F. zeigte am 26. April 1802 aus Danzig d. Tod seiner Mutter an, zugleich bat er mit Hinweis darauf, daß er und seine fünf Brüder im Militär stünden, seiner einzigen Schwester Maria Florentina (* 1780) die Pension d. verst. Mutter in Höhe von 50 T. zu gewähren, diese besaß e. bares Vermögen von 60 T.; Landrat Ernst Carl Ludwig von Weiher merkte im Juli 1802 an, daß insges. neun Mutter-Bruder-Söhne im Militär stünden; mit CO vom 14. Aug. 1802 bekam d. Schwester d. mütterl. Pension von 50 T.;

Quellen: GStA, I. HA, Rep. 30, Nr. 243, Vas.tab. 1756; Nr. 249, Vas.tab. 1771, 1778; Rep. 96, Nr. 95 W w w, Nr. 257 W; Rep. 176, Nr. 10 494, Nr. 10 495; II. HA, Abt. 13, a, Tit. III, Litt W, Nr. 11, Nr. 33; IV. HA, Rep. 1, Nr. 93, Bl. 230; Ms. boruss. fol. 311 (Franz); Rangliste 1806, S. 44 (Franz); Becker, I-R Nr. 11, S. 341, S. 359; Pauly, I-R Nr. 11, S. 557, S. 560; Stolper Kadetten, S. 3, S. 12, S. 16, S. 21; Lehmann, Ritter, S. 334;

Ltnt. (Matthias) Friedrich von Wnuck (* 1784, † 18. Jan. 1809)

(**Vater**: Matthias Friedrich (1754–1811), Major s.d.), aus Hinterpommern gebürtig; **Laufbahn**: (Mai 1796 *cadet* in Stolp, Mai 1799 *cadet* in Berlin), seit 1801 im Regiment, Jan. 1803 Fähnrich im I-R Nr. 24, Jan. 1806 Sl, 1809 als Ltnt. gest.;

Quellen: GStA, IV. HA, Rep. 1, Nr. 93, Bl. 230; Stabi, Ms. boruss. fol. 316 (hier als Friedrich), fol. 907 a; Stolper Kadetten, S. 33 (aus Zemmen);

Ltnt. Paul Ludwig von WNUCK (* 28. Mrz. 1769, † 14. Mai 1843) *

Vater: Paul (* um 1735), Erbherr auf Trzebiatkow F im Distrikt Bütow, 1771 im Wert von 1/m fl.; **Mutter**: e. geb. von Kloschinsky; **Vater-Brüder**: Johann (* um 1733), seit 1751 im Militär, Juli 1756 Fähnrich im Garn.-Reg. Nr. 7 (Juli 1756 Sl), 1763 noch als Sl gen., Okt. 1773 Pl, Mai 1776 auf Wunsch (mit d. Charakter Cap.) dim., 1778 als vorm. Cap. gen.; Michael (* um 1740), stand 1778 als Ltnt. im I-R Nr. 8; **Bruder**: Friedrich (Johann) Wilhelm (* 1772, † 7. Sep. 1809), Nov. 1792 Fähnrich im I-R Nr. 21, Jan. 1794 Sl, Mai 1805 Pl, als solcher 1809 gest.; **Laufbahn**: Okt. 1781 *cadet* in Stolp, Juni 1784 *cadet* in Berlin, 1787 Gefr.corp., Mai 1790 Fähnrich im I-R Nr. 49, Mai 1793 Sl, Sep. 1793 Orden p.l.m., Juli 1802 Pl, Febr. 1809 zum 1. Schles. I-R, Mai 1809 Stabs-Cap., Sep. 1812 Cap. u. Chef e. Comp., Mai 1814 Major, seit April 1815 bei div. Landwehr-Reg., Mrz. 1829 mit d. Charakter Obrist pens.; **Ehefrau**: Wilhelmine Caroline Lucie, geb. von Metsch (1776–1838);

Quellen: GStA, I. HA, Rep. 30, Nr. 249, Vas.tab. 1771, 1778; Rep. 176, Nr. 10 771; IV. HA, Rep. 1, Nr. 93, Bl. 230; VIII. HA, C, Nr. 206, S. 131 (hier als Vater Erdmann Sylvester, P.L. geb. 21.3.); Stabi, Ms. boruss. fol. 313 (Onkel Joh., hier als Joh. Friedrich); fol. 314, fol. 315 (1774 im I-R 8 kein W.); Stolper Kadetten, S. 15; Panske, S. 268 (Paul, get. 28.3.1769, Vater Erdmann, Mutter: Catharina Lipinski; Bruder Joh. Wilhelm, get. 5. Juli 1772); Lehmann, Ritter, S. 281;

Ltnt. Adrian Friedrich von WOBERSNOW (* 1694)

aus Pommern gebürtig; **Laufbahn**: seit 1710 im Militär, Mai 1715 Fähnrich im I-R Nr. 21, als solcher noch 1720 gen., um 1723 als Ltnt. dim.;

Quellen: Stabi, Ms. boruss. fol. 311, fol. 319; (d. Fam. auch als Wopersnow)

Ltnt. Ernst Friedrich von WOBERSNOW (* um 1745)

Vater: Johann Friedrich Ludwig (1717–1771), mit 14 Jahren 1731 als Junker ins I-R Nr. 11, Mrz. 1739 Fähnrich, Mrz. 1741 Sl, Juli 1750 Pl, 1757 Stabs-Cap., April 1758 Cap. u. Chef e. Comp., Sep. 1767 Major, 1771 Kommandeur d. I-R Nr. 11, seit 1766, 1771 Erbherr auf ganz Standemin im Krs. Belgard, 1767 hatte es e. Wert von 17 250 T., darauf Hypotheken von 10/m T., d. weiteren Schulden d. Majors betrugen 7 834 T.; **Ehefrau**: Catharina Charlotte, geb. von Mülbe (* um 1712, † 11. Sep. 1798), sie lebte 1775 in kümmerlichen Umständen, hatte zwei Töchter bei sich, ihr Vermögen war in d. Standeminschen Konkurs verwickelt, die Kreditoren nahmen alle Gutsrevenuen in Beschlag, sie bezog seit Juni 1775 e. Pension von 100 T., eine d. Töchter war 1798 verh. mit d. Stabs-Cap. von Goetzen vom I-R Nr. 1; **Großvater**: George Joachim (* 1695), 1718 Fähnrich im I-R Nr. 11, 1721 Ltnt., Sep. 1731 Cap. im I-R Nr. 11, 1739 hier abgegangen, 1750 Cap. im Garn.-Reg. Nr. 1 in Memel, zuletzt Ol, noch 1767 als Erbherr auf Anteil Standemin gen.; **Laufbahn**: 1763 Fähnrich im I-R Nr. 11, April 1772 als Ltnt. dim.; **Güter**: erbte von George August von Wobersnow, Ltnt., s.d., d. Güter Kammissow u. Anteil Natztow im Krs. Belgard, 1771 geschätzt auf 26 506 T., darauf Schulden von 25 604 T., die dieser jedoch schon an d. Cap. Anton von Kleist für 27/m T. verkauft hatte, nach Abzug d. Schulden blieben 600 T. übrig, d. Verkauf wurde jedoch erst am 14. Sep. 1775 gebilligt; übernahm damals als einziger Lehnsberechtigter d. Familie auch d. väterliche Gut Standemin; *trat* 1776 *aus*, angeblich um sich in Mecklenburg Geld zu besorgen; im Jan. 1777 wurde e. Konfiskationsklage eingereicht, d. Gut Standemin u. d. Allodialvermögen d. Ltnt. wurden vom Fiskus in Beschlag genommen, sein Vermögen betrug 22 315 T., d. Schulden 22 028 T.; seit 1776 klagten d. Erben d. Majors Adolph Heinrich von Lockstaedt auf Klein Leistikow wegen e. Forderung über 3/m T. bzw. wegen d. Abtretung e. Teils d. Gutes gegen d. Ltnt.; E.F. kehrte 1780 noch einmal nach Pommern zurück, soll 1781 aber nach Holland gegangen sein; (**verwandt**: Ludwig von Wobersnow, Fähnrich im D-R Nr. 8, 1761 nach vier Dj. gest.: Stabi, Ms. boruss. fol. 310);

Quellen: GStA, I. HA, Rep. 30, Nr. 43, Paket 9 234; Nr. 44, W 143 a, Paket 9 399; IV. HA, Rep. 1, Nr. 93, Bl. 232 (Vater: gest. 2. Jan. 1772, d. Großvater hier nicht); Stabi, Ms. boruss. fol. 311 (Großvater); Brüggemann, T. 2/2, S. 671–672; Schöning, K-R Nr. 13, S. 298–299 (G.A.); Becker, I-R Nr. 11, S. 121 u. S. 413 (Großvater), S. 418 (Vater u. Sohn);

Rittmstr. George Adrian von Wobersnow (* um 1690)

Vater: Nicolaus Friedrich († vor 1724), Erbherr auf Anteil Kammissow u. Anteil Natztow im Krs. Belgard; **Bruder**: Johann Friedrich, Ltnt.; **Bruder**: Christoph Rüdiger (* um 1698), Ltnt. (bei Schliewitz); **Bruder**: Claus Heinrich (* um 1702), verkaufte 1741 d. Anteil Kammissow; **Laufbahn**: seit 1710 im Militär, Sep. 1718 Ltnt., 1730 Rittmstr. im K-R Nr. 7, vor 1740 abgegangen; **Güter** seit 1724 zs. mit d. Bruder C.R. Erbherr auf d. väterl. Gutsanteil Natztow;

Quellen: Stabi, Ms. boruss. fol. 315; Ms. geneal. fol. 120; Brüggemann, T. 2/2, S. 642–643, S. 657;

Ltnt. George August von Wobersnow (* 27. Okt. 1738, † 23. Jan. 1774)

Vater: Moritz Franz Casimir (1708–1759)*, 1723 Gefr.corp. im I-R Nr. 17, Nov. 1728 Fähnrich, April 1733 Sl, Mrz. 1737 Pl, Juni 1740 Stabs-Cap., Aug. 1740 Cap. u. Chef e. Comp. im neuen I-R Nr. 37, Juli 1747 Major, Febr. 1752 Pl u. Gen.-Adjutant d. Königs, Juni 1755 Obrist, Dez. 1757 GM, im Juli 1757 bei Kay gefallen, Träger d. Ordens p.l.m., Erbherr auf Kammissow u. Natztow im Krs. Belgard; **Mutter**: Marie Luise, geb. von Suckow (1717–1756); **Großvater**: Moritz Franz (* um 1688), Erbherr auf Anteil Natztow im Krs. Belgard; **Laufbahn**: seit 1756 im Regiment, 1757 Ltnt. im K-R Nr. 13, Dez. 1759 als Ltnt. auf Wunsch dim., 1774 im Duell gefallen; **Güter**: besaß 1767 als Lehnsfolger die Güter Natztow im Wert von 6/m T. u. Kammissow im Krs. Belgard, verkaufte diese im Nov. 1773 an d. Cap. Anton von Kleist;

Quellen: GStA, I. HA, Rep. 30, Nr. 243, Vas.tab. 1756, 1767; IV. HA, Rep. 1, Nr. 93, Bl. 232 (Vater, kz. Notiz, G.A.); Stabi, Ms. boruss. fol. 120 (Großvater, Vater); fol. 316 (Vater); Brüggemann, T. 2/2, S. 642–643, S. 656–657; Schöning, K-R Nr. 13, S. 83; Siebmacher, Bd. 6/9, 1894, S. 112–113; Priesdorff, Nr. 464 (Vater);

Cap. Johann (Hans) Friedrich von Wobersnow (* 1695)

Vater: Joachim Friedrich († vor 1730), Erbherr auf Anteil Standemin im Krs. Belgard; **Bruder**: George Joachim (* 1695), Ol; **Laufbahn**: 1713 als *cadet* genannt, (stand 1730 als Sl im I-R Nr. 9), im Mai 1735 als Cap. vom I-R Nr. 23 zum Garn.-Reg. Nr. 2 in Pillau als Chef e. Comp. versetzt, 1738 u. 1740 hier als Cap. u. Chef e. Comp. genannt, vor 1750 abgegangen;

Quellen: Stabi, Ms. boruss. fol. 314, fol 315, fol. 318; Ms. geneal. fol. 120; Brüggemann, T. 2/2, S. 671;

Major Peter Christian von Wobersnow (* 1712, † 10. Sep. 1760)

aus Pommern gebürtig; **Laufbahn**: seit 1729 im Regiment, 1730 Gefr.corp. im I-R Nr. 17, 1740 Sl, 1750 Cap. u. Chef e. Comp., Nov. 1756 Orden p.l.m., 1760 als Major an e. bei Landeshut erlittenen Blessur gest.;

Quellen: GStA, IV. HA, Rep. 1, Nr. 93, Bl. 232 (kz. Notiz); Stabi, Ms. boruss. fol. 316; Lehmann, Ritter, S. 50 (als P. Christoph);

Cap. Anton Ludwig von Wobeser (* um 1682)

aus Pommern gebürtig; **Laufbahn**: seit 1699 im Militärdienst, Juli 1714 Cap. u. Chef e. Comp. im I-R Nr. 15, 1721 noch als solcher gen., vor 1732 abgegangen;

Quellen: Stabi, Ms. boruss. fol. 311, fol. 319; nicht in d. Fam.gesch.;

Rittmstr., Landrat Balthasar Ludwig von Wobeser (* 1721, † 21. Juli 1796)

Vater: Ernst Bogislav († 1748), kaiserl. Cap., Erbherr auf Bellin in d. NM; **Mutter**: e. geb. von Schönbeck; **Bruder**: Christian Friedrich (* 1702), Regierungsrat in Küstrin; **Bruder**: Hans Wotislaw (1704–1776), seit 1725 im Militär, stand 1740 u. im Febr. 1742 als Ltnt. im K-R Nr. 3, um 1743 dim., seit 1744 Landrat im Krs. Friedeberg, Erbherr auf Dietersdorf; **Bruder**: Ernst Bogislav (1723–1801), Erbherr auf d. väterl. Gütern Bellin, Gossow, Belgen in d. NM, Sohn: Carl George Friedrich (1750–1821)*, aus d. NM gebürtig, Juni 1769 Cornet im D-R Nr. 3, Sep. 1790 Chef e. Escadron im D-R Nr. 7, Jan. 1803 Chef d. neuen D-R Nr. 14, Mai 1803 GM, Juni 1813 Gl; **Laufbahn**: stand im Febr. 1742 als Cornet im K-R Nr. 3, zuletzt Adjutant (u. Rittmstr.), vor Sep. 1751 abgegangen, von 1765 bis 1796 Landrat d. Krs. Rummelsburg; **Güter**: erwarb 1758 d. Gut Lubben mit Jassonke im Krs. Rummelsburg, 1767 im Wert von 15/m T., darauf Hypotheken von 11 299 T., seit 1773 auch Erbherr auf Wobeser u. Missow für 8/m T.; 1767 hieß es über ihn: *da possessor als Direktor d. Krs. die mehrste Zeit die Truppen führen müssen und wenig zu Hause sein können, hat er vorzüglich gelitten und ist ganz verarmt, hat außer den eingetragenen noch 3 645 T. andere Schulden*; zweite **Frau**: Dorothee Jacobine, geb. von Puttkamer (1745–1812); vier Söhne erster Ehe, u. a. **Sohn**: Ferdinand (1758–1788), 1777 Cornet im D-R Nr. 12, als Ltnt. abgegangen; **Sohn**: Benjamin Ludwig (1759–1814), 1778 Cornet im D-R Nr. 9, 1783 Sl, April 1791 Pl, Mrz. 1795 Stabs-Cap., Sep. 1798 Cap., Jan. 1803 Major im D-R Nr. 9, Dez. 1803 Chef e. Escadron, 1813 pens., seit 1796 Erbherr auf Wobeser u. Missow, 1801 befanden sich beide Güter in d. Hand von Anton Ludwig von Puttkamer, B.L. war seit 1795 verh. mit Constanze von Wilamowitz, aus d. Ehe keine Söhne;

Quellen: GStA, I. HA, Rep. 30, Nr. 43, Paket 9232; Nr. 243, Vas.tab. 1756, 1767, 1793, 1801; IV. HA, Rep. 1, Nr. 93, Bl. 234 (Söhne); Ms. boruss. fol. 310 (Sohn B.L.), fol. 313 (Bruder H.W.); Brüggemann, T. 2/2, S. 797–798; Fam.gesch., S. 27–30, Stammtafel F; Schwerin, K-R Nr. 10, T. 2, S. 25, S. 47, S. 62–63; Priesdorff, Nr. 1 048 (Neffe C.G.F.); biogr. Handbuch, S. 1 120;

Ltnt. Carl August Ludwig von Wobeser (* 1. Aug. 1778, † 20. Jan. 1817)*

Vater: Jacob Otto (1738–1811)*, Kammerdirektor, mehr zu ihm siehe bei Johann Jacob (1696–1746), Major; **Mutter**: Barbara Elisabeth, geb. von Rexin (* 1737); **Bruder**: Peter Friedrich Jacob (1762–1832), Jan. 1785 Cornet im D-R Nr. 1, Juli 1787 Sl, Dez. 1794 Pl,

Okt. 1800 als Cap. dim., Mrz. 1813 Stabs-Cap. bei d. Schles. Gendarmerie, Febr. 1814 Kreis-Brigadier, Sep. 1814 Cap., Dez. 1820 ausgeschieden, Erbherr auf Reichenbach im Krs. Saatzig, 1804 im Wert von 80/m T.; **Bruder**: George Wilhelm Tetzlaff (1767–1807), Febr. 1787 Cornet im H-R Nr. 5, Mai 1790 Sl, Juli 1796 (bzw. 1799) versorgt als Stadtinspektor in Warschau; **Laufbahn**: Mai 1794 Fähnrich im I-R Nr. 54, Dez. 1795 Sl, Dez. 1805 Pl, Febr. 1808 ausgeschieden, Okt. 1811 Stabs-Cap., Okt. 1812 zur Westpreuß. Gendarmerie, Juni 1813 beim 5. Ostpreuß. Landwehr-Kav.-Reg., Juni 1816 d. 3. D-R aggr., 1817 gest.; **Ehefrau**: Philippine Henriette Dorothea (* 1783), e. To. d. GM Christoph Friedrich von Mosch;

Quellen: GStA, IV. HA, Rep. 1, Nr. 93, Bl. 234 (Brüder, C.A.L. hier als Friedrich); Stabi, Ms. boruss. fol. 314 (Friedrich); Fam.gesch., S. 65–67, Stammtafel H; Mackensen, H-R Nr. 5, Bd. 2, Anhang S. 39 (Bruder G.W.T.); biogr. Handbuch, S. 1121–1122 (Vater),

Ltnt. Carl Ernst von Wobeser (* 1739, † Okt. 1760) *

aus Pommern gebürtig; **Laufbahn**: seit 1755 im Regiment, Mrz. 1758 Fähnrich im I-R Nr. 16, Jan. 1760 Ltnt., erlitt im Okt. 1760 bei Berlin e. Blessur, nach d. Amputation d. Beines gest.;

Quellen: nicht in IV. HA, Rep. 1, Nr. 93, Bl. 234; Kopka v. Lossow, Offz.liste, S. 14*;

Ltnt. Ewald Caspar Heinrich von Wobeser (1738–1775) *

Vater: Erdmann Bogislav (1717–1770), Erbherr auf Groß u. Klein Silkow im Krs. Stolp; **Mutter**: Sophia Catharina, geb. von Blumenthal (1718–1788); **Bruder**: Friedrich Bogislav (1739–1803), Obrist, s.d. mehr zur Fam.; **Laufbahn**: 1750 als Junker ins Regiment, Okt. 1756 Fähnrich im I-R Nr. 11, April 1758 Sl, Febr. 1768 Pl, im Juli 1772 als Invalide dim.; **Ehefrau**: Catharina Albertine Erdmuthe, geb. Schach von Wittenau; **Güter**: besaß d. Gut Junkerken bei Rastenburg;

Quellen: GStA, IV. HA, Rep. 1, Nr. 93, Bl. 233 (kz. Notiz); Becker, I-R Nr. 11, S. 183, S. 199, S. 298, S. 310, S. 418 (hier als Caspar Hr. Ewald); Fam.gesch., S. 39–40, Stammtafel G;

Cap., Landrat Franz Dietrich von Wobeser (1730–1807) *

Vater: Peter Heinrich (1688–1753), Kammerpräs. in Küstrin, Erbherr auf Gohren im Krs. Stolp; **Mutter**: Louisa Catharina, geb. von Weiher; **Bruder**: Johann Nicolaus (* 1728, † 30. Okt. 1776), seit 1745 im Militär, 1750 Corp., dann Sl im I-R Nr. 14, vor 1763 umgesetzt, erst Stabs-, dann Cap. im Garn.-Reg. Nr. 1, als solcher 1763 u. 1774 gen., 1776 als Cap. gest.; **Bruder**: Joachim August (* 1737), engagierte sich um 1753 im I-R Nr. 16, 1763 hier als Sl gen., im Mai 1770 dim., Erbherr auf Zewitz, poln. Kammerherr; **Laufbahn**: Fahnenjunker, Sep. 1750 Fähnrich im I-R Nr. 36, Juni 1756 Sl, Juli 1758 Pl, geriet 1759 bei Maxen in Gefangenschaft, (Juli bzw.) Aug 1763 als Pl nach 19 Dj. verabschiedet, bekam später d. Charakter Cap.; (erwarb nach 1763 d. Güter Landechow u. Wussow im Distrikt Lauenburg für zs. 64/m fl., verkaufte Wussow 1774 für 17/m T. an d. To. d. Gl Wilhelm Sebastian von Belling, s.d.); bat im April 1780 darum, ihm das Natzmersche Lehngut Langböse im Krs. Stolp zu übertragen, das d. ausgetretenen Gefr.corp. Carl Friedrich von Natzmer gehört hatte; d. Suppl. hatte sich seit seinem Abschied auf d. Landwirtschaft gelegt und vor 1778 d. große Examen in Berlin abgelegt, um e. mittleres Amt im Zivildienst zu bekommen; er wollte d. Gut Langböse bekommen, weil seine Vermögensumstände schlecht waren; sein Gesuch wurde verworfen, d. Gut blieb bei d. Familie von Natzmer; seit 1782 Landrat im westpreuß. Krs. Stargard; **Güter**: erwarb 1772 mittels d. Mitgift seiner ersten Frau Charlotta Elisabeth, To. d. Kaufmanns Valentin in Danzig, in Höhe von 8/m T., beide wurden später geschieden, d. Allodialgut Labuhn im Distrikt Lauenburg vom Hofrat Benjamin Boniventura von Koch, dieses geriet in Konkurs u. wurde um 1778 von seiner zweiten **Frau** Charlotta Friederica, geb. von Grell, für 14959 T. erworben, darauf aber landschaftl. Kredite über 13/m T., weil d. Zinsen nicht gezahlt wurden, nahm es d. Landschaft in Verwaltung; sie wollte es im Herbst 1793 f. 20/m T. an e. Bürgerlichen verkaufen, sollte vor Erteilung d. Genehmigung den Namen d. Käufers anzeigen; 1794 erwarb es d. Ltnt. George Christian Heinrich von Wobeser (* 1764);

Quellen: GStA, I. HA, Rep. 30, Nr. 44, N 81 a, Paket 9338, Nr. 44, W 136, Paket 9394; Nr. 379 a, Paket 10161 (hier als Cap. Franz Theodor); IV. HA, Rep. 1, Nr. 93, Bl. 233 (kz. Notiz); Gesch. I-R Nr. 36, S. 83; Fam.gesch., S. 59–60, Stammtafel H; biogr. Handbuch, S. 1 121;

Obrist Friedrich Bogislav von Wobeser (* 1739, † 30. Juli 1803)

Vater: Erdmann Bogislav (1707–1770), weilte auf d. Univ., trat nicht ins Militär ein, seit 1734 Erbherr auf Groß u. Klein Silkow im Krs. Stolp, übernahm diese von seiner Mutter Barbara Louise, geb. von Rahmel, für 3 150 u. 6/m T.; **Mutter**: Sophia Catharina (1718–1788), e. Schwester d. EM J.E.C. von Blumenthal (1718–1788), aus d. Ehe acht Töchter u. fünf Söhne, sie bezog seit 1772 e. Pension von 100 T.; **Großvater**: Jacob Caspar († 1714), Hofgerichtspräsident, Erbherr auf Groß u. Klein Silkow im Krs. Stolp; **Bruder**: Ewald Caspar Heinrich (1738–1775), Pl, s.d.; **Bruder**: Wilhelm Carl Christian (1741–1794), Major, s.d.; **Bruder**: Otto Ludwig (1745–1805) *, Nov. 1760 Fähnrich im I-R Nr. 17, 1763 Fähnrich im 1. Bat. Garde, 1768 Sl, Okt. 1775 Pl, Nov. 1784 Major, Mai 1792 Ol, Jan. 1794 Obrist, Juli 1794 Orden p.l.m., Juni 1800 GM u. Kommandant von Magdeburg, erheiratete d. Gut Lubow im Ftm. Cammin im Wert von 6/m T.; **Bruder**: Werner Albrecht (* 1748), seit 1774 in russ. Diensten; **Laufbahn**: 1756 Uffz., Mai 1757 Fähnrich im I-R Nr. 17, Jan. 1758 Sl, Mai 1762 Pl, Aug. 1773 Stabs-Cap., Mai 1778 Cap. u. Chef e. Comp., Nov. 1786 Major, Jan. 1793 Ol, Juli 1793 Kommandeur d. I-R Nr. 17 in Danzig, Jan. 1795 Obrist, Sep. 1798 mit 600 T. Pension dim., 1803 in Stolp gest.; **Güter**: nach d. Tod seines Bruders Wilhelm Carl Christian seit 1794 Erbherr auf Gr. u. Kl. Silkow, 1801 im Wert von 13/m T., seine Kinder waren nicht lehnsfähig, d. Gut fiel deshalb an d. Bruder O.L.; **Ehefrau**: Maria, e. geb. (Eisner) aus Köslin, aus beider Ehe drei Töchter, 1803 im Alter von zehn bis 19 Jahren, jede von ihnen hatte e. Vermögen von 2/m T., sie wurden auf d. Expectantenliste für eine Pension gesetzt, hatten jedoch keine Aussicht auf eine solche, u. drei Söhne: **Sohn**: Friedrich Wilhelm († 18. Aug. 1818), (nahm 1797 als Ltnt. im I-R Nr. 51 seinen Abschied), Mrz. 1798 Fähnrich im I-R Nr. 51, Nov. 1799 Sl, Okt. 1812 zur Gendarmerie, Nov. 1814 Pl, 1818 gest.; **Sohn**: Johann Christian Bogislav, studierte 1803 an d. Viadrina; **Sohn**: (Ferdinand bzw.) Johann Ludwig († 2. April 1812), Mrz. 1802 Fähnrich im I-R Nr. 5, Febr. 1806 Sl, Mrz. 1808 aggr. beim 2. Brandenburg. I-R, Dez. 1808 beim 4. Ostpreuß. I-R einrang., 1812 gest.;

Quellen: GStA, I. HA, Rep. 30, Nr. 243, Vas.tab. 1756, 1767, 1804; II. HA, Abt. 13 a, Tit. III, Litt S, Nr. 3 (Töchter), Litt W, Nr. 2, Nr. 41 (Töchter, mit Angaben zur Fam.); IV. HA, Rep. 1, Nr. 93, Bl. 234–235; Fam.geschichte, S. 39–43, Stammtafel G; Reinhard, Garde, S. 529, S. 533, S. 536, S. 551; Priesdorff Nr. 1 006 (Bruder Otto Ludwig);

Gl George Bogislav von Wobeser (* 4. Aug. 1653, † 1. Dez. 1722) *

Vater: Peter (1618–1658), Landrat d. Krs. Stolp, Erbherr auf Zirchow, Vieschen, Dresow, Alt u. Neu Gutzmerow im Krs. Stolp; **Mutter**: Priska Adelheid, geb. von Pirch; **Laufbahn**: 1675 Ltnt. in d. kurbrandenburg. Garde, 1684 Cap., April 1689 Major im Reg. Dohna, Juli 1692 Ol, Mai 1696 Obrist, Okt. 1697 Kommandant von Pillau, Sep. 1709 GM, Febr. 1717 Chef d. Garn.-Bat. Nr. 2, 1718 Gl; **Güter**: Erbherr auf d. väterlichen Gütern im Krs. Stolp; **Ehefrau**: Clara Erdmuthe, geb. von Stojentin; **Sohn**: Peter Heinrich (1688–1753) *, Chef d. neumärk. KDK, Erbherr auf Gohren im Krs. Stolp;

Quellen: Stabi, Ms. boruss. fol. 314; Priesdorff, Nr. 159; biogr. Handbuch, S. 1 121 (Sohn);

Obrist George Ernst Carl von Wobeser (* 1690, † Juli 1755) *

Vater: Hector Heino, kursächs. Obrist; **Mutter**: e. geb. von Hagemeister; **Laufbahn**: seit 1706 im Militär, stand zunächst bei d. Grenadieren, 1720 Cap. im I-R Nr. 18, als solcher noch 1730 gen., 1740 Major im I-R Nr. 18, seit 1744 als Obrist Kommandant d. Peenemünder Schanze; **Ehefrau**: e. geb. von Zersen aus Hannover;

Quellen: nicht in IV. HA, Rep. 1, Nr. 93, Bl. 233; Stabi, Ms. boruss. fol. 313; Fam.gesch., S. 39, Tafel G (Nr. 106, Nr. 107);

Ol George Heinrich von Wobeser (1714–1771)

Vater: Oswald († 1729), Erbherr auf Wobeser im Krs. Rummelsburg; **Mutter**: Dorothea Sophie, geb. von Miltitz († 1757); (Stief-)**Bruder**: Nicolaus Ewald (* 1701, † 5. Juli 1744), sächs. Cap.; (Stief)-**Bruder**: Jacob Franz (1704–1750), Cap. (im I-R Nr. 23), 1747 Abschied (Mrz. 1747 Cap. im Garn.-Reg. Nr. 10), unbeerbt verst.; (Stief-)**Bruder**: Michael Ernst (* 1707, † 1749), seit 1725 im Militär, 1736 S l im I-R Nr. 6, Juni 1742 Major im Garn.-Reg Nr. 6 in Namslau, als solcher 1749 gest.; **Laufbahn**: seit 1736 im Militär, 1740 Junker, Juli 1745 Ltnt. im K-R Nr. 7, Juni 1752 Rittmstr., im Mrz. 1763 als Major gen., zuletzt Kommandeur d. Regiments, April 1764 Abschied als Ol; **Güter**: nach d. Tod seiner drei Brüder alleiniger Erbherr auf Wobeser u. Missow; ohne Leibeserben 1771 gest., mit ihm starb diese Linie d. Familie aus, die Güter gingen 1773 an d. Landrat Balthasar Ludwig von Wobeser, s.d.;

Quellen: GStA, I. HA, Rep. 30, Nr. 243, Vas.tab. 1756, 1763, 1767; IV. HA, Rep. 1, Nr. 93, Bl. 233 (kz. Notiz, d. Brüder hier nicht); Stabi, Ms. boruss. fol. 314 (Bruder J.F.), fol. 315, fol. 318 (M.E.); Brüggemann, T. 2/2, S. 813; Schwerin, K-R Nr. 10, T. 2, S. 69, S. 71, S. 197; Monteton, S. 91; Fam. geschichte, S. 19–23, Stammtafel E;

Cap. George Heinrich von Wobeser (* 1724, † um 1795)

Vater: Peter Heinrich (1688–1753), Kammerpräsident in Küstrin, Erbherr auf Gohren im Krs. Stolp; **Mutter**: Louisa Catharina, geb. von Weiher; **Bruder**: Johann Nicolaus (1728–1776), stand 1750 als Corp., 1756 als Fähnrich im I-R Nr. 14, 1763 Cap. in Memel, 1767 als vorm. Offz. in Wussow; **Bruder**: Franz Dietrich (1730–1807), Landrat, s.d.; **Bruder**: Ludwig August (* 1734), 1753 ins Reg., Mrz. 1757 Fähnrich im I-R Nr. 16, Sep. 1758 Sl, Mai 1770 krankheitshalber dim., Erbherr auf Zewitz; **Laufbahn**: zunächst Referendar bei d. Breslauer KDK, wechselte dann (1748) zur Garde du Corps, 1756 Pl im D-R Nr. 12, Mrz.

1759 dim., erhielt später d. Charakter Cap.; **Güter**: seit 1762 Erbherr auf Gohren, das er für 15 633 T. übernommen hatte; zahlte 1764 seiner **Schwester** Louise Henriette Constantia (* 1736) ihre Erbportion in Höhe von 1 333 T. aus, sie erhielt auf Fürsprache d. Min. Carl George Heinrich Graf von Hoym im Sep. 1796 e. Pension von 50 T.; in zweiter **Ehe** seit 1763 verh. mit Friederike von Puttkamer (1743–1781) aus Fritzow, aus d. Ehe vier Söhne u. vier Töchter; **Sohn**: George Christian Heinrich (1764–1803), Ltnt.; **Sohn**: Johann Jacob Tetzlaff (1770–1813), Ltnt., s.d., mehr; **Sohn**: Friedrich Bogislav Carl (1770–1847), Ltnt.; **Sohn**: Theodor Wotislaw Nicolaus August (1772–1827), Ltnt.; d. vier **Töchter** hatten 1801 jeweils ein väterl. u. mütterl. Vermögen von 200 T., sie bekamen 1803 zs. e. Pension von 200 T.;

Quellen: GStA, I. HA, Rep. 30, Nr. 243, Vas.tab. 1756, 1767, 1804; II. HA, Abt. 13 a, Tit. III, Litt W, Nr. 32 (Töchter); IV. HA, Rep. 1, Nr. 93, Bl. 233 (kz. Notiz für G.H. u. L.A.), Bl. 234 (Söhne); Stabi, Ms. boruss. fol. 311, fol. 314 (Sohn G.C.H.); Brüggemann, T. 2/2, S. 969; Fam.gesch. S. 58–62, Stammtafel H (hier als Bruder Joachim Aug. (* 1737), 1756 cadet in Berlin, dann Offz. im I-R Nr. 16); Kopka v. Lossow, Offz.liste, S. 14* (L.A.);

Cap. George Ludwig von Wobeser (* um 1679, † 1730)

Vater: George († 1712), seit 1699 Landrat d. Krs. Rummelsburg, Erbherr auf Wobeser im Krs. Rummelsburg u. Anteil Wendisch Plassow im Krs. Stolp, erheiratet; **Mutter**: Marie Elisabeth, geb. von Boehn aus Kulsow; **Bruder**: Jacob Eckart († 1743), trat in sächs. Dienste, Landeshauptmann in d. Oberlausitz; **Bruder**: Ewald Reimar (1686–1739), sächs. Obrist, Erbherr auf Wendisch Plassow; **Bruder**: Oswald George († 1721), sächs. Cap.; **Laufbahn**: seit 1695 im Militär, Febr. 1711 Cap. im I-R Nr. 1, 1721 noch als Cap. gen.; **Ehefrau**: Elisabeth Juliane, geb. von Seiger; **Güter**: seit 1712 Erbherr auf Wendisch Plassow, seine Frau brachte ihm dazu d. Gut Stojentin ein; **Tochter**: Helene Juliane (1724–1800), in zweiter Ehe verh. mit d. Major Carl Friedrich du Faye († 1776) vom H-R Nr. 5;

Quellen: Stabi, Ms. boruss. fol. 313, fol. 319; Brüggemann, T. 2/2, S. 990–991; Fam.gesch., S. 18–22; Stammtafel E;

Ltnt. Johann George Friedrich von Wobeser (* 1774, † 28. Juli 1842)*

Vater: Johann Nicolaus (* 1728, † 30. Okt. 1776), Ltnt. im I-R Nr. 14, verlor bei Zorndorf d. linke Hand, daher als Cap. ins Garn.-Reg. Nr. 1 versetzt, 1776 als Cap. gest., hinterließ seinen acht Kindern, darunter ein Sohn erster u. drei Söhne zweiter Ehe, nur e. geringes Vermögen; **Mutter**: Christine Louise verwitw. Cap. von Miltitz, geb. Schiebel von Schiebelstein (* um 1743), sie erhielt aus d. Gen.-Kriegskasse e. jährl. Pension von 60 T., erwarb 1782 von ihrem Bruder, d. Ol Schiebel von Schiebelstein, d. Allodialgut Zirchow im Krs. Stolp für 6/m T., im Aug. 1786 brannte d. Vorwerk mit sechs Gebäuden u.d. Schulzenhof ab, sie erlitt dadurch e. großen Schaden, sollte für d. Wiederaufbau Hilfsgelder von 3 252 T. bekommen, die ihr bis 1792 ausgezahlt wurden; sie wollte d. Gut 1796 für 9 500 T. an e. Bürgerlichen verkaufen, bekam dafür keine Genehmigung; **Vater-Bruder**: George Heinrich (1724–1795), Cap., s.d.; **Bruder**: Theodor Carl (1775–1795), zunächst Hofpage, rückte im Herbst 1790 als Fähnrich ins I-R Nr. 44 ein, 1795 als Ltnt. im Lazarett gest.; **Bruder**: Friedrich Wilhelm (* 1777, † 28. Jan. 1813), sollte auf Wunsch d. Mutter im Herbst 1790 ins Hof-Pagen-Corps aufgenommen werden, Aug. 1793 Fähnrich im I-R Nr. 55, Sep. 1794

Orden p.l.m., Sep. 1794 Sl, Febr. 1807 Pl, Okt. 1812 zur Gendarmerie; (Stief-)**Bruder**: Fahnenjunker August Friedrich von Miltitz, s.d.; **Laufbahn**: Sep. 1793 Fähnrich im I-R Nr. 23, April 1797 Sl, Sep. 1804 Pl, Juli 1809 Stabs-Cap., Sep. 1813 pens., April 1815 Kreis-Brigadier bei d. Gendarmerie, Nov. 1820 entlassen mit Pension u. sechsmonatigem Festungsarrest; **Güter**: erwarb von seinem Vetter Johann Jacob Tetzlaff von Wobeser das in Konkurs gegangene Gut Gohren für 15 929 T., verkaufte dieses 1842 für 20 150 T.;

Quellen: GStA, I. HA, Rep. 30, Nr. 43, Paket 9236; Nr. 244, Paket 9991; Rep. 96, Nr. 257 W (danach hieß d. Bruder Alexander Theodor); II. HA, Abt. 13 a, Tit. I, Litt W, Nr. 10; IV. HA, Rep. 1, Nr. 93, Bl. 233 (Vater), Bl. 234; Stabi, Ms. boruss. fol. 311 (Vater, im Garn.-Reg. Nr. 1); Fam.gesch., S. 59–60, S. 62, Stammtafel H; Lehmann, Ritter, S. 344;

Major Johann Jacob von Wobeser (* 1696, † 15. Sep. 1746)

Vater: Jacob Wotislav (1655–1713), kurbrandenburg. Fähnrich, Erbherr auf Zirchow im Krs. Stolp; **Mutter**: Anna, geb. von Berghaus († 1733); **Bruder**: Peter Christian (* 1687, † 1759)*, seit 1711 im Militär, stand 1715 als Sl, 1720 als Rittmstr. im K-R Nr. 10, 1723 Abschied, seit 1723 Landrat d. Krs. Luckenwalde; **Laufbahn**: seit 1714 im Militär, Mai 1718 Cornet im K-R Nr. 8, 1730 hier als Ltnt., 1733 als Rittmstr., 1740 als Chef e. Escadron, 1742 als Major gen., Nov. 1742 dim.; **Ehefrau**: heiratete 1734 d. verwitw. von Wobeser, geb. Elisabeth Juliane von Seyges (* 1698), 1743 zweite Ehe mit Anna Elisabeth von Blumenthal; **Güter**: verkaufte vor 1739 d. väterl. Gut Zirchow, erwarb 1743 die Güter Bansekow, Liepen u. Dresow im Krs. Stolp für 13 500 T. von seinem Schwiegervater, d. EM Adam Ludwig von Blumenthal; **Sohn** erster Ehe: Jacob Otto (1738–1811)*, dieser besaß zs. mit seiner Schwester 1750 e. väterl. Vermögen von 6/m T., studierte von 1753 bis 1757 in Königsberg, heiratete 1758 Barbara Elisabeth von Rexin (* 1737), übernahm d. väterlichen Güter, verkaufte diese 1767, 1768 an d. Major George Ulrich von Massow, seit 1772 Landrat d. westpreuß. Krs. Dt.-Krone, 1777 Kammerdirektor in Gumbinnen, 1786 Direktor d. Bromberger Kammerdeputation, seit 1796 Erbherr auf Vieschen, erwarb nach 1797 Karwen f. 26 500 T., aus seiner Ehe drei Söhne u. Enkel von J.J.: Peter Friedrich Jacob (1762–1832), seit 1780 im Regiment, Jan. 1785 Cornet im D-R Nr. 1, Juli 1787 Sl, Dez. 1794 Pl, Okt. 1800 Abschied als Cap., Mrz. 1813 Stabs-Cap. bei d. Schles. Gendarmerie, seit 1801 zeitweilig Erbherr auf Reichenbach im Krs. Saatzig, das er für 80/m T. gekauft hatte, verh. mit d. ältesten To. d. Präs. von Rebeur; George Wilhelm Tetzlaff (1767–1807), Febr. 1787 Cornet im H-R Nr. 5, Mai 1790 Sl, Juli 1796 als Stadtinspektor in Warschau versorgt, unbeerbt verst., Carl August Ludwig (1776–1817), Ltnt., s.d.;

Quellen: GStA, I. HA, Rep. 30, Nr. 44, W 136; Nr. 243, Vas.tab. 1763, 1767; IV. HA, Rep. 1, Nr. 93, Bl. 233 (J.J.), Bl. 234 (P.F.J., G.W.); Stabi, Ms. boruss. fol. 312, fol. 314 (P.F.J.); Brüggemann, T. 2/2, S. 942; Probst, D-R Nr. 1, 1841, S. 159; Fam.gesch., S. 55, 62–67, Stammtafel H; biogr. Handbuch 1 121–1 122 (Sohn Jacob Otto u. Bruder P.C.);

Ltnt. Johann Jacob Tetzlaff von Wobeser (* 1770, † 14. Mai 1813)

Vater: George Heinrich (* 1724, † um 1795), Cap., Erbherr auf Gohren u. Stojentin, s.d.; **Mutter**: Friederike, geb. von Puttkamer (1743–1781) aus Fritzow; **Bruder**: George Christian Heinrich (* 1764, † 24. Dez. 1803), April 1784 Fähnrich im I-R Nr. 7, Juni 1787 Sl, Okt. 1788 (nach 20 Dj.) als Ltnt. dim., hatte sich durch Ausschweifung e. Krankheit zugezogen, seit 1794 zeitweilig Erbherr auf Labuhn, hinterließ seine Frau Renate Barbara Caroline (* 1767), e. Tochter d. Cap. Johann Nicolaus von Wobeser, mit sechs kl. Kindern; **Bruder**: Friedrich Bogislav Carl (1770–1847), Jan. 1790 Fähnrich im I-R Nr. 17, Jan. 1792 Sl, Sep. 1797 ohne Abschied dim., 1806, 1807 beim 5. Ostpreuß. Res.Bat., Dez. 1806 Pl, Juli 1813 12. Res. I-R, Dez. 1813 Cap., Mrz. 1815 zur Gendarmerie, Dez. 1820 ausgeschieden, Mrz. 1834 Major; **Bruder**: Theodor Wotislaw Nicolaus August (1772–1827), April 1789 Cornet im D-R Nr. 6, Dez. 1792 Sl, galt als fleißiger u. guter Offizier, Mrz. 1795 wegen schwacher Brust nach sieben Jahren u. sieben Monaten Dienst im D-R Nr. 6 dim., erhielt am 10. Aug. 1795 d. *venia aetatis*, hielt sich zu diesem Zeitpunkt im ostpreuß. Wehlau auf, besaß e. Kapital von 3 250 T. in pomm. Pfandbriefen, Dez. 1806 Wiedereintritt in d. Dienst, Cap. beim II. Westpreuß. Res.-Bat., Mai 1813 zum Garn.-Bataillon d. 1. Ostpreuß. I-R, Aug. 1822 Charakter Major; seine vier **Schwestern**, 1801 im Alter von 35, 32, 27 u. 26 Jahren, hatten ein väterl. u. mütterl. Vermögen von je 200 T., sie erhielten 1802 e. Pension von 100 T.; **Laufbahn**: seit 1782 im Regiment, Mrz. 1786 Cornet im K-R Nr. 5, Okt. 1790 Sl, Aug. 1792 dim., Dez. 1806 Pl beim 3. Pomm. Res.-Bat., Mrz. 1809 Stabs-Cap.; **Güter**: seit etwa 1795 Erbherr auf d. väterlichen Gütern Gohren u. Stojentin, die ihm bei der brüderlichen Teilung zugefallen waren, 1804 im Wert von 22/m T.; der Landwirtschaft unkundig, erlitt Mißernten, mußte deshalb Kredite aufnehmen, geriet unter Druck d. Gläubiger, bat Mitte 1800 vergeblich um e. *Indult*; seit 1792 (bzw. 1794) **verheiratet** mit Elisabeth Henriette Veronica verw. von Gottberg, geb. von Rahmel (* 1767), die ihm e. Mitgift von 8/m T. einbrachte, beider Ehe, aus der zwei Töchter u. ein Sohn hervorgingen, wurde (um 1802) geschieden, sie meldete Forderungen über 12/m T. an, eingetragen auf d. Gütern; im Sep. 1800 soll ihr Vermögen nur noch 2/m T. betragen haben, sie mußte von 80 T. jährlicher Zinsen mit ihren drei unmündigen Kindern leben, wurde auf d. Expectantenliste für e. Pension gesetzt, bekam im Dez. 1805 50 T. Pension; 1795 bis 1800 klagte d. ledige Johanna Müller (bzw. Mülbe) aus Dramburg Alimente für ihren unehelichen Sohn Wobeser (* 1789) ein, d. Ltnt. hatte sich zum Vater bekannt, zahlte aber seit 1794 keinen Unterhalt mehr, lt. Kösliner Hofgericht vom Mrz. 1800 konnte die Alimente nicht eingetrieben werden, weil er hoch verschuldet war; J.J.T. lebte über seine Verhältnisse, mußte daher beide Güter verkaufen; Gohren, ursprünglich taxiert auf 24 666 T., mußte aber auf 17 350 T. herabgesetzt werden, ging nach 1803 an d. Ltnt., Cap. Johann George Friedrich von Wobeser, s.d.; Gut Stojentin wurde 1804 für 31 600 an Caspar Wilhelm von Zitzewitz verkauft;

Quellen: GStA, I. HA, Rep. 30, Nr. 44, W 136, Paket 9 394; II. HA, Abt. 13 a, Tit. III, Litt L, Nr. 1, Bd. 2; Litt W, Nr. 14 (danach wurde seine Frau seit Sep. 1800 als Witwe geführt); IV. HA, Rep. 1, Nr. 93, Bl. 234 (J.J.T. u. Brüder, T.W.N.A. als A.T.); Fam.gesch., S. 58–59, S. 61–62, Stammtafel H (hier kein Sterbedatum);

Cap. Oswald Friedrich von Wobeser (1694–1749)

Vater: Oswald († 1729), Erbherr auf Wobeser u. Missow im Krs. Stolp; **Mutter**: Dorothea Adelheid von Hoym, aus Wobeser bei Stolp gebürtig; **Laufbahn**: seit 1709 im Militär, April 1714 Fähnrich, Jan. 1717 Ltnt. im I-R Nr. 7, 1726 zum Stettiner Garn.-Reg. versetzt, 1749 als lediger Cap. verst.; (**verwandt**: Fähnrich Johann Albrecht von Wobeser (* 1700), seit Juni 1719 Fähnrich im I-R Nr. 7, Nov. 1726 Sl, als solcher noch 1730 gen., vor 1740 abgegangen: Ms. boruss. fol. 314);

Quellen: Stabi, Ms. boruss. fol. 314, fol. 319, Fam.gesch., S. 22; Stammtafel E;

Major Peter Ernst von WOBESER (* 1707, † 1786)*

Vater: Johann (* 1651, † (1702 bzw.) nach 1713), Landrat im Krs. Stolp, Kammerdirektor in Königsberg, Erbherr auf Vieschen u. Dresow, ging zwei Ehen ein; **Bruder**: Joachim Wotislaw (1685–1746)*, 1702 Junker im I-R Nr. 4, Sep. 1704 Fähnrich, Jan. 1711 Stabs-Cap. im I-R Nr. 16, Febr. 1717 Cap., April 1720 Major im I-R Nr. 16, Dez. 1737 Kommandeur d. I-R Nr. 31, 1743 Chef d. I-R Nr. 48, Dez. 1745 GM, Sohn Alexander Bogislav (1719–1759), seit 1738 im Militär, 1740 Fähnrich, 1755 Cap. im I-R Nr. 31, 1759 als Cap. an Blessuren gest.; **Bruder**: Christoph Anton (1704–1749), Nov. 1718 Fähnrich im I-R Nr. 16, 1723 Sl, Mrz. 1728 Pl, Sep. 1731 Stabs-Cap., Dez. 1735 Cap., Juli 1740 Orden p.l.m., Sep. 1743 Major im I-R Nr. 16, erwarb in Preußen d. Güter Tikrigehnen (Cammershofen) u. Wangnicken; **Laufbahn**: trat 1726 in d. Militärdienst ein, Okt. 1727 Cornet im K-R Nr. 5, 1740 Ltnt., 1750 Rittmstr. u. Chef e. Escadron, Juni 1752 wegen schwacher Gesundheit Abschied als Major; **Güter**: erwarb 1752 zs. mit seiner **Frau** Antoinetta Sophia Charlotta, geb. von Borcke, d. Gut Altschlage im Krs. Belgard für 11/m T.; erbte 1760 von seinem Neffen Adam Ernst (1740–1760) drei Güter in Ostpreußen, die er jedoch wieder verkaufte; starb 1786 ohne leibliche Erben, setzte in seinem am 24. Jan. 1783 zs. mit seiner Frau errichteten Testament d. Kinder d. Landschaftsdirektors Peter Matthias George von Borcke zu Bernsdorf zu seinen Universalerben ein, Altschlage hatte 1791 e. Wert von 18300 T. u. trug e. jährliche Pacht von 915 T.; Stief-**Sohn**: Friedrich von Borcke (* um 1741);

Quellen: GStA, I. HA, Rep. 30, Nr. 243, Vas.tab. 1756, 1767; IV. HA, Rep. 1, Nr. 93, Bl. 233; Stabi, Ms. boruss. fol. 311, fol. 319; Brüggemann, T. 2/2, S. 668; Fam.geschichte, S. 53–57, Tafel H; Kopka v. Lossow, Offz.liste, S. 4* (C.A.); Lehmann, Ritter, S. 4; Priesdorff Nr. 362 (Bruder J.W., d. Vater danach Jacob Wotislaw (1655–1713), Fähnrich, auf Zirchow);

Major Wilhelm Carl Christian von Wobeser (* 1741, † 14. Okt. 1794)

Vater: Erdmann Bogislav (1707–1770), Erbherr auf Groß u. Klein Silkow; **Mutter**: Sophia Catharina, geb. von Blumenthal (1718–1788); **Brüder**: Friedrich Bogislav (1739–1803), Obrist im I-R Nr. 17, s.d. mehr; Otto Ludwig (1745–1805)*, Obrist bei d. Garde in Potsdam, zuletzt GM; **Laufbahn**: seit 1760 im Regiment, 1764 Sl im D-R Nr. 6, 1771 Pl, 1784 Stabs-Cap., Mai 1788 Major, Sep. 1793 Abschied wegen Kränklichkeit mit Wartegeld; **Güter**: Erbherr auf Groß u. Klein Silkow, diese wurden von 1770 bis 1793 von seiner Mutter bewirtschaftet; **Ehefrau**: Juliane, geb. Stürmer; aus beider Ehe ein Sohn u. eine Tochter; der **Sohn** Christian Carl Wilhelm (1779–1837) wurde ein Jahr vor d. Eheschließung gezeugt, galt daher als nicht lehnsfähig; die Mutter reichte zwischen Jan. u. Mai 1795 mehrere Gesuche ein, um d. Sohn lehnsfähig zu machen, die alle abgewiesen wurden, Groß u. Klein Silkow gingen 1794 deshalb an d. Obristen Friedrich Bogislav von Wobeser; die Witwe erwarb 1798 Labuhn f. 24/m T. von George Christian Heinrich von Wobeser; d. Sohn C.C.W. diente von 1793 bis 1803 im D-R Nr. 7: Okt. 1797 Cornet, Juli 1797 Sl, Jan. 1803 dim., Okt. 1813 Rittmstr. beim 3. Westpreuß.-Landwehr-Kav-Reg., Aug. 1816 bzw. 1835 dim., seit 1807 Erbherr auf Labuhn;

Quellen: GStA, I. HA, Rep. 30, Nr. 44, W 136, Paket 9394; IV. HA, Rep. 1, Nr. 93, Bl. 234 (W.C.C. u. C.C.W.); Stabi, Ms. boruss. fol. 311; Tyszka, D-R Nr. 7, S. 452 (Sohn); Fam.gesch., S. 41–45 (hier Geb.datum 1746, in d. Tafel 1741), Stammtafel G; Orlop, D-R Nr. 6, Anhang, S. 133*;

Ltnt. Ernst Friedrich Wilhelm von Woedtke (* 29. Mrz. 1780)

Mutter: Witwe Major von Kleist; **Laufbahn**: trat in d. Militärdienst ein, avancierte im I-R Nr. 7 bis zum Ltnt., vor 1806 abgegangen, erhielt am 4. Aug. 1801 d. *venia aetatis*, sein Vermögen bestand in Pfandbriefen im Wert von 2 480 T.;

Quellen: GStA, I. HA, Rep. 30, Nr. 44, W 142, Paket 9 398; Stabi, Ms. boruss. fol. 907 a;

Cap. Ernst Wilhelm August Ewald von Woedtke (* 13. April 1760)

Vater: Joachim Ewald († vor 1786), seit 1740 Erbherr auf Sydow B u. auf Breitenberg im Krs. Schlawe, erhielt von 1770 bis 1774 Meliorationsgelder in Höhe von 7 200 T.; Stief-**Bruder**: Joachim Bertram Ludwig (1768), stand in drei Reg. jeweils als Gefr.corp., zuletzt im I-R Nr. 55, wurde wegen schlechter Führung jeweils dim., besaß e. Anteil am Gut Breitenberg im Krs. Schlawe im Wert von 3 461 T, dazu noch Kapital von 565 T., konnte bei seinem unordentl. Leben von d. Revenuen nicht leben, e. Gesuch um d. *venia aetatis* wurde am 23. Okt. 1789 abgelehnt; **Schwester**: Friederike, verh. mit d. Cap. Melchior Magnus von Wedel auf Marienhagen, s.d.; **Vater-Bruder**: Franz Ludwig (* um 1715, † nach 1793), Erbherr auf Sydow A; **Laufbahn**: seit 1770 im Militär, Mrz. 1777 Fähnrich im Grenadier-Bat. von Rohdich, sein Vater bat am 6. Okt. 1782 immediat um d. Abschied für E.W.A., dieser sollte d. väterlichen Güter bewirtschaften, wozu d. Vater nach e. Schlag nicht mehr in d. Lage sei, wäre dazu von d. Pächtern betrogen worden, d. König verwarf d. Gesuch u. meinte: *warum soll denn sein Sohn nicht dienen. Er möchte nur bedenken, wie schlecht seine Familie sich aufgeführt hat*; im Dez. 1785 dim.; E.W.A. suchte am 15. Jan. 1786 um d. Prädikat Cap. nach, wollte e. poln. Starostentochter mit e. Vermögen von 15/m T. heiratet, Bedingung hierfür war d. Charakter Cap., d. Gesuch wurde so abgelehnt: *ist vom Bat. ohne Abschied weggeschafft worden*; bat am 1. Dez. 1786 immediat um d. Charakter Cap. u. e. Pension, habe 16 Jahre gedient u. im Bayer. Erbfolgekrieg seine Gesundheit verloren, könne von d. Gütern nicht leben, (erhielt anschließend d. Charakter Cap.); **Güter**: setzte sich im Juli 1786 mit seinen Geschwistern auseinander, übernahm d. väterlichen Lehngüter; wurde von d. Gläubigern bedrängt, sein Gesuch um e. *Indult* von drei Jahren wurde am 10. Aug. 1787 abgelehnt; saß 1793 u. 1803 auf Sydow B nebst Buschgut Globnitz u. Breitenberg im Krs. Schlawe; wollte 1803 d. Güter seines Schwagers für 73/m T. aus freier Hand kaufen;

Quellen: GStA, I. HA, Rep. 30, Nr. 44, W 129 a, Paket 9 389; Nr. 44, W 142, Paket 9 398; Nr. 243, Vas.tab. 1793, 1804; Rep. 96, Nr. 95 C c; Nr. 257 W; II. HA, Abt. 13 a, Tit. I, Litt G, Nr. 17; IV. HA, Rep. 1, Nr. 93, Bl. 245; Stabi, Ms. boruss. fol. 315; Brüggemann, T. 2/2, S. 892–893;

Cap. George Friedrich Ludwig von Woedtke (* um 1742, † 16. Okt. 1793)

Vater: Franz Ludwig (* um 1715, † nach 1793), absolvierte e. Studium; Erbherr auf Sydow A im Krs. Schlawe; **Bruder**: Franz Ludwig Wilhelm (* um 1744), 1767 Fähnrich im I-R Nr. 17, 1773 Sl, im Juni 1778 nach 18 Dj. dim., bat (vergeblich) um d. Prädikat Cap., 1797 als solcher gen., saß auf Groß Karzenburg im Ftm. Cammin im Wert von 14/m T., Sohn: Friedrich Carl (* 1783), Junker im H-R Nr. 8; **Bruder**: Christian (* um 1745), (1767 Fähnrich im I-R Nr. 17); **Laufbahn**: trat um 1758 in d. Militärdienst ein, stand 1764 als Fähnrich im I-R Nr. 17, 1773 als Sl gen., Febr. 1784 Cap. u. Chef e. Comp., Dez. 1789 zum Depot-

Bat. d. I-R Nr. 7, machte in e. Immediatsupplik vom 19. Jan. 1790 darauf aufmerksam, 31 Jahre im I-R Nr. 17 gestanden zu haben, war bis zum ältesten Cap. avanciert, wurde durch d. Ansetzung d. bisherigen pomm. Inspektions-Adjutanten von Zastrow zum aggr. Major beim Reg. auf kgl. Befehl zum Depot-Bat. d. I-R Nr. 7 versetzt, bat um d. Ernennung zum Major; **Güter**: seine beiden Brüder besaßen 1793 d. väterliche Gut Sydow A; (**verwandt**: Ernst Heinrich von Woedtke (* 1745), seit 1761 im Militär, 1764 Gefr.corp. im I-R Nr. 17, 1773 Sl (als Carl Heinrich), Juni 1776 dim., ging nach Chmelenz: Stabi, Ms. boruss. fol. 316);

Quellen: GStA, I. HA, Rep. 30, Nr. 44, W 142, Paket 9398; Nr. 243, Vas.tab. 1763, 1767, 1793 (in d. Tabellen als Ludwig bzw. Franz Ludwig), 1804; Rep. 96, Nr. 257 W; IV. HA, Rep. 1, Nr. 93, Bl. 243; Stabi, Ms. boruss. fol. 316;

Cap. Hermann Jacob von Woedtke (1720–1761)

Vater: Peter Henning, Erbherr auf Felstow im Distrikt Lauenburg, prozessierte gegen d. Witwe von Rexin; **Bruder**: Wilhelm Andreas (1725–1761), seit 1742 im Militär, Juli 1748 Sl im I-R Nr. 7, vor 1765 als Cap. gest., löste 1755 d. Gut Breitenberg im Krs. Schlawe ein, es fiel nach seinem Tod an d. Lehnsfolger; e. zweiter Bruder war vor 1745 als Grenadier-Cap. im Garn.-Reg. Nr. 8 verstorben; **Laufbahn**: seit 1739 im Militär, Juni 1745 Sl im I-R Nr. 7, als Cap. 1761 an e. Blessur gest.;

Quellen: GStA, I. HA, Rep. 30, Nr. 44, W 142, Paket 9397; IV. HA, Rep. 1, Nr. 93, Bl. 246 (danach gest.: 3.2.1762); Stabi, Ms. boruss. fol. 314 (1749 Bd. Brüder im I-R 7 gen.); Brüggemann, T. 2/2, S. 867 (Bruder hier als Andreas Wilhelm);

Major Joachim Ernst von Woedtke (* 21. Juni 1736, † 7. Febr. 1806)

Vater: Peter Ernst (1682–1766), Kammer-, Reg.rat in Küstrin, Erbherr auf Chmelenz im Distrikt Lauenburg, bis 1743 bzw. 1753 auch auf Zirkwitz u. Klein Zapplin im Krs. Greifenberg, hinterließ zwei Söhne u. zwei Töchter; **Mutter**: Sophie Elisabeth, geb. von Woedtke (* 1717); **Bruder**: Heinrich Eggard (1733–1806)*, (Major), Landrat, Direktor d. Landvogteigerichtes, Oberhauptmann in Lauenburg u. Bütow; **Laufbahn**: engagierte sich um 1752 im Militärdienst, 1756 Cornet im K-R Nr. 10, Sep. 1764 Stabs-Rittmstr., Jan. 1779 Major, Mai 1781 als Major dim.; **Ehefrau**: e. geb. von Woedtke aus Chmelenz; **Güter**: erbte 1767 zs. mit d. Bruder d. vier pomm. Güter d. verst. poln. GM Joachim Anton von Woedtke († 1767), darunter Strellentin u. Küssow im Distrikt Lauenburg, die beide an d. Bruder H.E. fielen; d. Witwe Kammerrat u. ihre vier Kinder nahmen 1767 auch d. poln. Gut Palschau im Distrikt Marienburg in Besitz, obwohl d. verst. GM das Gut seiner Schwester vermachte hatte, d. Witwe EM von Blumenthal; beide Parteien prozessierten deshalb gegeneinander; J.E. saß 1771 u. 1778 auf Aalbeck u. Anteil Groß Damerkow in Lauenburg im Wert von zs. 21/m fl.; erwarb vor 1793 d. Güter Schwellin im Ftm. Cammin u. Kl. Voldekow im Krs. Belgard im Wert von zs. 27/m T. von d. Witwe d. Gl Friedrich Wilhelm Loellhoefel von Loewensprung, s.d.; 1797 hatten seine Güter e. Wert von insges. 26 650 T., sein Wohnsitz war in Schwellin;

Quellen: GStA, I. HA, Rep. 30, Nr. 44, W 142, Paket 9397; Nr. 243, Vas.tab. 1756, 1793, 1804; Nr. 249, Vas.tab. 1771, 1778; IV. HA, Rep. 1, Nr. 93, Bl. 246 (kz. Notiz); Schwerin, K-R Nr. 10, T. 2, S. 220–221; Monteton, S. 107; Uradel 1923, S. 725; biogr. Handbuch, S. 1122–1123 (Bruder);

Major Leopold Christian von Woedtke (* 1737)

Vater: Eggert George (1698–1756)*, seit 1712 Gefr.corp. im I-R Nr. 13, Okt. 1714 Fähnrich, April 1732 Stabs-Cap. im I-R Nr. 25, 1737 als Cap. ins I-R Nr. 25, Nov. 1745 Kommandeur d. I-R Nr. 25, Mai 1747 Orden p.l.m., Nov. 1756 GM, Erbherr auf Woedtke u. Zirkwitz im Krs. Greifenberg, auf Groß Zapplin B im Ostenschen Krs., hinterließ vier Söhne; **Mutter**: Johanna Luise, geb. Freiin von Grapendorff († 28. Jan. 1781), sie kaufte im Nov. 1776 Klein Zapplin im Krs. Greifenberg für 16/m T. von ihrem Sohn, d. Major Leopold Christian, testamentarisch vermachte sie 1777 d. Gut d. Sohn W.C.M.; **Bruder**: Friedrich Wilhelm (* 1736, † 1776), seit 1751 im Militär, Sep. 1753 Cornet im K-R Nr. 2, Juli 1757 Ltnt., im Juni 1762 Ltnt., Brigade-Major beim König, zuletzt Rittmstr. u. Brigade-Major, Juni 1773 desertiert, ging nach Amerika, Kanada, hier 1776 gest., trat seinem Bruder A.H. Buslar D ab, dafür seit seit 1765 Erbherr auf Zirkwitz u. Groß Zapplin B im Wert von 16 500 T., darauf Schulden von 10 500, lieh auf d. freie Quantum von L.C. 5 100 u. 600 T., um seine Wechselschulden aus d. Krieg zu bezahlen, um seine *Equipage* zu verbessern u. sich e. Paradepferd zu kaufen, überließ d. Bruder 1770 Zirkwitz; **Bruder**: August Heinrich (* 1740), stand zunächst im D-R Nr. 4, August 1758 als Cornet d. Orden p.l.m., seit Jan. 1759 im K-R Nr. 13, Mai 1762 Ltnt., Febr. 1768 ins Garn.-Reg. Nr. 5 versetzt, noch 1768 desertiert (Jan. 1769 gest.), seit 1764 Erbherr auf Zirkwitz, vertauschte dieses 1765 gegen Buslar D im Krs. Pyritz im Wert von 10 500 T., darauf Hypotheken von 9 500 T., lag 1766 im Streit mit d. Hofrat Thomas Heinrich von Quickmann, der ¾ d. Gutes Buslar besaß, verkaufte diesem seinen Anteil 1768; **Bruder**: Wilhelm Carl Maximilian (* 1751), Cap., s.d.; **Laufbahn**: seit 1751 im Militär, 1755 Cornet, 1756 Ltnt., 1765 Rittmstr. im D-R Nr. 4, 1778 Major, Orden p.l.m., im Frühjahr 1782 im Zuge von Untersuchungen im Reg., in deren Ergebnis d. Reg.chef abgelöste wurde, desertiert, hatte sich kleinere Fehlgriffe zuschulden kommen lassen, ging in die Türkei; **Güter**: seit 1764 Erbherr auf Woedtke, 1767 im Wert von 32 500 T., darauf Hypotheken von 26 500 T.; seit 1770 auch auf Zirkwitz für 17 500 T., mit Ordre vom 12. Mai 1782 wurden seine Güter konfisziert, d. Landschaft übernahm d. Verwaltung u. sollte dafür sorgen, daß d. Major kein Kapital u. keine Revenuen an sich zieht, d. Gut wurde 1785 d. Bruder W.C.M. zugeschlagen; **Ehefrau**: Anna Louise Diliane verw. Ol von Ker(c)kow, geb. von Puttkamer, sie ließ sich nach seiner Flucht von ihm scheiden u. nahm mit behördlicher Genehmigung Ende 1782 wieder d. Namen von Ker(c)kow an; L.C. hatte e. uneheliche **Tochter** Caroline (* 1770), 1787 verh. mit d. Kriegsrat Schütze in Berlin, er hatte keine Genehmigung bekommen, die Mutter zu heiraten, die To. wurde 1782 aufgefordert, an sie gerichtete Briefe d. Vaters sofort den Behörden zu übergeben;

Quellen: GStA, I. HA, Rep. 30, Nr. 44, W 142, Paket 9 398; Nr. 243, Vas.tab. 1793, 1804; IV. HA, Rep. 1, Nr. 93, Bl. 243, Bl. 246 (kz. Notizen); Stabi, Ms. boruss. fol. 311 (Vater), fol. 313 (L.C. u. F.W.); Brüggemann, T. 2/1, S. 458–459; Schöning, D-R Nr. 3, S. 103, S. 199, S. 212, S. 423; Schwerin, K-R Nr. 10, T. 2, S. 195–196 (F.W.); Priesdorff, Nr. 436 (Vater);

Cap. Wedig George Gotthilf von Woedtke (* 7. Nov. 1721)

Vater: George Friedrich, Erbherr auf Breitenberg im Krs. Schlawe; **Mutter**: Anna Charlotta, geb. von Kleist; **Laufbahn**: seit 1734 *cadet*, rückte 1740 ins I-R Nr. 3 ein, 1743 Fähnrich, Dez. 1745 Sl, (Jan. bzw.) Juni 1754 Abschied als Cap.; **Güter**: löste 1750 ¾ d. Gutes

Klein Zapplin im Krs. Greifenberg wieder ein u. erwarb 1753 das letzte Viertel, verkaufte d. Gut 1765 im Wert von 8/m T. an d. Obristen Peter Christoph von Kleist; saß 1771, 1778 auf Chmelenz im Distrikt Lauenburg im Wert von 42/m fl.; wollte 1784 e. Familien-Fideikommiß errichten; **Ehefrau**: Erdmuth Elisabeth, To. d. Kammerrates Peter Ernst von Woedtke; **Söhne**: Anton Ernst Ludwig, Wilhelm Leopold Ewald;

Quellen: GStA, I. HA, Rep. 30, Nr. 243, Vas.tab. 1755; Nr. 249, Vas.tab. 1771, 1778; IV. HA, Rep. 1, Nr. 93, Bl. 245 (danach Juni 1754 dim.); Gesch. d. I-R Nr. 3, S. 198–199; Brüggemann, T. 2/1, S. 459;

Cap. Wilhelm Carl Maximilian von Woedtke (* 21. Febr. 1751)

Vater: Eggert George (1698–1756)* GM, Erbherr auf Woedtke u. Zirkwitz, auf Groß Zapplin B im Ostenschen Krs.; **Mutter**: Johanna Luise, geb. Freiin von Grapendorff († 28. Jan. 1781), seit 1776 auf Klein Zapplin im Krs. Greifenberg, vermachte 1777 d. Gut W.C.M.; **Brüder**: Friedrich Wilhelm (* 1736, † 1776), Rittmstr. u. Brigade-Major; Leopold Christian (* 1737), Major im D-R Nr. 4, siehe dort mehr zur Familie; August Heinrich (* 1740), Ltnt. im K-R Nr. 13; **Laufbahn**: engagierte sich im D-R Nr. 3, Nov. 1768 als Cornet dim., erhielt als Ltnt. am 14. Mai 1772 d. *venia aetatis*, hatte e. Vermögen von 6/m T., das auf d. Gütern seiner älteren Brüder stand, später Cap. im Land-Regiment; **Güter**: erwarb 1774 Klein Satspe im Ftm. Cammin, veräußerte d. Gut vor 1793 wieder; erwarb 1785 Woedtke im Krs. Greifenberg für 31 300 T., 1793 auch auf Klein Zapplin, beide zs. im Wert von 56/m T., veräußerte Klein Zapplin im Krs. Greifenberg um 1800 an den Landrat George Julius Felix von der Osten, noch 1804 als Erbherr auf Woedtke für 36/m T. gen.; **Ehefrau**: Luise Sophie, geb. von Versen; **Sohn**: Friedrich Wilhelm (1774–1851), Okt. 1792 Cornet im D-R Nr. 12, Febr. 1794 Sl, Jan. 1804 Pl im im K-R Nr. 13, Okt. 1805 Stabs-Rittmstr., Mai 1808 Chef e. Escadron, Mrz. 1810 Major, April 1814 als Obrist mit Pension dim.; **Sohn**: August Heinrich (* 1780), Okt. 1797 Fähnrich im I-R Nr. 13, Febr. 1801 Sl, Mrz. 1812 dim., 1813, 1814 bei d. Landwehr; **Sohn**: Carl Heinrich (Ferdinand) (* 1784), Nov. 1802 Fähnrich im I-R Nr. 36, Febr. 1805 Sl, Dez. 1807 aus d. I-R Nr. 8 ausgeschieden; **Sohn**: Ferdinand (* 1789), Mrz. 1806 Junker im D-R Nr. 5, Okt. 1806 in Gefangenschaft, Mai 1809 in Woedtke gest.;

Quellen: GStA, I. HA, Rep. 30, Nr. 44, W 142, Paket 9 398; Nr. 186 d, Paket 9 840; Nr. 243, Vas.tab. 1793, 1804; IV. HA, Rep. 1, Nr. 93, Bl. 243, Bl. 246; Brüggemann, T. 2/1, S. 458–459; Schöning, K-R Nr. 13, S. 316–317 (Sohn F.W.); Priesdorff, Nr. 436 (Vater);

ksl. Cornet Erasmus Philipp von Wolde (* um 1722)

Vater: Friedrich Bogislav († vor 1742), Ol in ksl. Diensten, Erbherr auf Anteil Coprieben u. Anteil Pazig im Krs. Neustettin; **Laufbahn**: avancierte in ksl. Diensten bis zum Cornet, stand 1744 im Reg. Hohenems, erhielt auf sein Gesuch am 13. April 1744 d. *venia aetatis*, klagte 1745 gegen seinen Vormund, d. Landrat (Caspar) von Wolde; **Güter**: erbte d. väterlichen Anteile an Coprieben u. Pazig, bat 1747 vergeblich um e. *Indult*, die Güter gerieten vor 1748 in Konkurs, d. Cornet wurde d. Felonie beschuldigt, hielt sich damals in Wien auf, d. Güter eingezogen u. 1751 an Otto Heinrich von Glasenapp verkauft,

Quellen: GStA, I. HA, Rep. 30, Nr. 44, W 141, Paket 9 396 (d. Fam. als Wolde u. Wolden); Brüggemann, T. 2/2, S. 746–747(Fam.: Wolde);

Cap. Moritz Heinrich von Wolde (* 10. Mai 1752, † 11. Febr. 1797)

Vater: Wilhelm Heinrich (1705–1762), aus Pommern gebürtig, seit 1720 im Militär, Juli 1722 Fähnrich im I-R Nr. 8, Juni 1725 Sl, Nov. 1730 Pl, Nov. 1735 Stabs-Cap., Nov. 1736 Cap., Jan. 1746 Grenadier-Major im I-R Nr. 8, Febr. 1746 Orden p.l.m., Juni 1755 als Ol dim., Erbherr auf Wusterbarth A, Lasbeck A u. Lankow B im Krs. Belgard; **Mutter**: Charlotte Marie, geb. von Papstein (1725–1774); **Bruder**: Otto Friedrich Wilhelm (1750–1833), seit 1764 im Militär, 1774 Ltnt. im D-R Nr. 3, Jan. 1776 dim., seit 1777 Erbherr auf Karkow im Krs. Saatzig, nach 1790 auch auf Rossow u. Sassenburg, 1804 im Wert von zs. 64/m T., 1793 auf Bergen u. Bolkow B im Krs. Belgard, außerdem auf Thunow u. Geritz im Ftm. Cammin, diese vier vor 1804 verkauft, Sohn: August Friedrich Wilhelm (* 1781), 1804 Assessor bei d. KDK in Stettin; **Laufbahn**: trat 1768 in d. Militärdienst ein, stand 1774 als Cornet im D-R Nr. 3, erhielt im Okt. 1774 d. *venia aetatis*, hatte e. Vermögen von 13/m T., dann Sl im D-R Nr. 3, Juni 1786 dim., bat am 24. Nov. 1786 um d. Charakter Cap., erhielt diesen später; **Güter**: besaß die väterl. Güter gemeinsam mit seinem Bruder, 1793 als alleiniger Besitzer von Lankow A u. B, Lasbeck A u. B, Wusterbarth A u. B im Wert von 30/m T. gen., 1804 sollen sie inkl. d. Feldgüter e. Wert von 60/m T. gehabt haben, hatte seinen Wohnsitz im Krs. Dramburg; **Ehefrau**: Antoinette Catharina Bernhardine, geb. von Borcke (1764–1828); **Sohn**: Heinrich Otto Ludwig (1792–1857), nach 1815 Ol;

Quellen: GStA, I. HA, Rep. 30, Nr. 241 b, Paket 9967; Nr. 243, Vas.tab. 1793, 1804; Rep. 96, Nr. 257 W; IV. HA, Rep. 1, Nr. 93, Bl. 268; Stabi, Ms. boruss. fol. 313, fol. 315 (Vater); Schöning, D-R Nr. 3, S. 211, S. 414; Tb. Uradel 1904, S. 938; Lehmann, Ritter, S. 34; Priesdorff, Offz.stammliste, S. 189–190;

sächs. Major Philipp Ferdinand von Wolde (* um 1714, † 4. Jan. 1784)

aus Pommern od. d. NM gebürtig; wurde zs. mit seinem Bruder C.E. Lehnsfolger von Bogislav Ernst von Wolde; **Bruder**: Carl Erdmann († 1759), Cap., seit 1750 Erbherr auf Wusterbarth B, Lasbeck B, Lankow A, Bergen, Bolkow B u. Bärwalde A; **Laufbahn**: avancierte in sächsischen Diensten bis zum Major; **Güter**: seit 1750 Erbherr auf Thunow, Geritz, Streckentin im Ftm. Cammin u. Bolkow A im Krs. Belgard; verkaufte die vom Bruder geerbten Güter Wusterbarth B, Lasbeck B u. Lankow A im Krs. Belgard, auf denen Schulden von 28 597 T. ruhten, für 24/m T. an d. Cap. Friedrich Wilhelm von Winterfeld, s.d.; seit 1762 auch auf Bergen, Bolkow B im Krs. Belgard u. Bärwalde A im Krs. Neustettin; seine neun Güter in d. Krs. Belgard u. Cammin hatten 1767 e. Wert von 41 187 T., darauf Hypotheken von 22 773 T., die sonstigen Schulden betrugen 823 T.; ohne Leibeserben verst., hinterließ 1784 e. Vermögen von 13 778 T., dieses sollte an die Kinder seiner beiden Nichten fallen, den Töchtern von Carl Erdmann: Sophia Eleonora, verh. mit d. Ltnt. von Damitz, Augusta Charlotta, verh. mit d. Bgmstr. Camman; 1797 saßen d. Erben d. Majors auf Bärwalde A u. Lucknitz B im Krs. Neustettin im Wert von 4/m T.; d. Ltnt. Otto Friedrich Wilhelm von Wolde saß 1793 auf d. Gütern Bergen u. Bolkow, Geritz u. Thunow B;

Quellen: GStA, I. HA, Rep. 30, Nr. 43, Paket 9 232; Nr. 44, W 141, Paket 9 396; Nr. 241 b, Paket 9 962; Nr. 243, Vas.tab. 1763, 1767, 1797; Brüggemann, T. 2/2, S. 677–678;

Rittmstr. Ernst Hermann von Wolffradt (* Sep. 1710, † 8. Aug. 1770)

Vater: Carl Gustav (1672–1741), schwed. Gl, Erbherr auf Lüssow, Schmatzin u. Schlatkow in Schwed.-Pommern, (auf Polzin u. Torstorp in Mecklenburg), (d. Sohn aus Pommern gebürtig); **Mutter**: Magdalene Sybille, geb. von Eickstedt, verwitw. (von der Osten); **Laufbahn**: seit 1725 im Militärdienst, stand 1731 als Cornet im K-R Nr. 1, im Juni 1740 als Ltnt. gen., 1743 als Rittmstr. dim.; **Ehefrau**: Sofie Luise, geb. Grubbe (1720–1771); **Güter**: Erbherr auf Lüssow, Schmatzin, Torstorp;

Quellen: Stabi, Ms. boruss. fol. 312; Zedlitz, 5. Bd., S. 484–485; Tb. Briefadel 1918, S. 991;

Rittmstr. Carl Chistian Ewald von Wolky (* 17. Juni 1765, † 24. Sep. 1807) *

Vater: Gideon Friedrich (* 1735, † 6. Mrz. 1803) *, aus Sachsen gebürtig, 1756 in Pirna in preuß. Militärdienste getreten, Okt. 1756 Cornet im D-R Nr. 12, Mrz. 1758 Sl im H-R Nr. 8, Sep. 1758 Pl, Jan. 1761 Rittmstr. u. Chef e. Escadron, Mai 1762 Major, Aug. 1778 Ol u. Orden p.l.m., Mai 1785 Obrist, Mrz. 1786 Chef d. H-R Nr. 10, Mai 1787 GM, Jan. 1794 Gl, Jan. 1797 mit Pension dim.; **Mutter**: Ulrike Barbara Sophie, geb. von Lüskow (1746–1822); (**Bruder**: Otto Friedrich (* 1759), 1770 Junker, April 1777 Cornet, Jan. (bzw. April) 1780 Sl im H-R Nr. 8, Dez. 1789 Train-Offz., Jan. 1790 dim.); **Bruder**: Hans (Johann) Friedrich Ludwig (1768–1812), Mai 1776 *cadet* in Stolp, Mai 1780 ins Regiment, Juni 1786 Cornet im H-R Nr. 8, Jan. 1790 Sl, Okt. 1793 (bzw. Juli 1794) Orden p.l.m., Juli 1794 Pl, Sep. 1800 Stabs-Rittmstr., Sep. 1807 Rittmstr., Jan. 1808 zum pomm. H-R, Dez. 1808 Major, 1812 gest.; **Bruder**: Heinrich Gideon (1774–1852), Juli 1792 Cornet im H-R Nr. 10, Aug. 1794 Sl, Mrz. 1800 Pl im H-R Nr. 12, Okt. 1806 Stabs-Rittmstr., Juli 1809 bis Okt. 1810 beim brandenburg. Ulanen-Reg., Juni 1813 Kommandeur d. 1. Ostpreuß. Landwehr-I-R, Mrz. 1820 als Obrist vom 1. Gumb. Landwehr-I-R dim.; **Laufbahn**: Mai 1776 *cadet* in Stolp, Nov. 1779 ins Regiment, Mrz. 1786 Cornet im H-R Nr. 8, Mrz. 1789 Sl, Juli 1794 Pl, Juni 1800 Stabs-Rittmstr., Aug. 1806 Rittmstr. u. Chef e. Escadron, 1807 gest.; **Ehefrau**: Wilhelmine Friederike Antoinette, geb. von Versen, sie besaß 1801 e. Anteil an Nelep im Krs. Schivelbein im Wert von 2 416 T., sie hatte ihren Wohnsitz zs. mit ihrem Mann in d. Stadt Belgard;

Quellen: GStA, II, HA, Abt. 12, Materien, Vas.tab. Nr. 6; IV. HA, Rep. 1, Nr. 93, Bl. 265 (O.F.), Bl. 295; Stabi, Ms. boruss. fol. 315 (1787 standen drei (Brüder) Wolcky im H-R Nr. 8, auch als Wollky); Schöning, 5. H-R, S. 19, S. 61, S. 102, S. 148, S. 160, S. 169, S. 375, S. 555, S. 558; Stolper Kadetten, S. 9 (d. Brüder aus Rummelsburg geb.); Lehmann, Ritter, S. 287; Priesdorff, Nr. 757 (Vater, als Wolky);

Ltnt. Carl Ludwig von Wollschlaeger (* 1735, † Nov. 1759)

aus Pommern gebürtig; **Laufbahn**: seit 1750 im Militär, 1756 Gefr.corp. im I-R Nr. 37, Nov. 1759 als Sl gefallen;

Quellen: GStA, IV. HA, Rep. 1, Nr. 93, Bl. 303 (danach gest. 29. Mrz. 1760); Stabi, Ms. boruss. fol. 316;

Ol Ewald Heinrich von Wollschlaeger (* Mrz. 1730) *

aus Pommern gebürtig; **Laufbahn**: Gefr.corp. im I-R Nr. 8, Mai 1755 Fähnrich, Jan. 1757 Sl, Nov. 1760 Pl, Juni 1772 Stabs-Cap., Juli 1774 Cap., Okt. 1783 Major, Jan. 1794 Ol, Dez. 1797 mit Pension dim.; (**verwandt**: Heinrich Sebastian von Wollschlaeger (* 1728), seit 1746 im Militär, 1756 Cornet im K-R Nr. 8, vor 1764 abgegangen: Ms. boruss. fol. 312);

Quellen: GStA, IV. HA, Rep. 1, Nr. 93, Bl. 304; Stabi, Ms. boruss. fol. 315; Priesdorff, Offz.stammliste, S. 190; d. Familie nicht bei Siebmacher, Bd. 6/9; bei Zedlitz, 4. Bd., S. 352, kz. Hinweis auf e. Fam. in Westpreußen;

Ltnt. Michael George von Wollschlaeger (* 1700, † 1733)

aus Pommern gebürtig; **Laufbahn**: trat 1715 in d. Militärdienst ein, stand 1725 als Ltnt. im I-R Nr. 26, als solcher 1733 in Maastricht *arquebusirt*;

Quellen: Stabi, Ms. boruss. fol. 314;

Ltnt. Claus Friedrich von Woyen (* um 1686, † 1716)

aus *Cassuben* gebürtig; **Laufbahn**: seit 1703 im Militär, im Febr. 1711 vom Fähnrich zum Sl im I-R Nr. 1 befördert, Mai 1711 Pl im I-R Nr. 23, 1716 als Ltnt. gest.; (**verwandt**: ein Franz Ernst von Woyen stand 1705 als Sergant im I-R Nr. 13: Ms. boruss. fol. 311);

Quellen: Stabi, Ms. boruss. fol. 316 (auch als Wojen), fol. 319; Siebmacher, Bd. 6/9, 1894, S. 113;

Ltnt. Nicolaus George von Woyen (* 1707)

aus *Cassuben* gebürtig; **Laufbahn**: seit 1721 im Militär, 1740 Fähnrich, 1748 Ltnt. im Garn.-Bat. Nr. 12, vor 1757 abgegangen;

Quellen: Stabi. Ms. boruss. fol. 311;

Ltnt. Gustav Carl Wilhelm von Wrangel (* 1780, † 21. Mai 1806) *

Vater: Friedrich Ernst (1720–1805) *, Sep. 1738 Gefr.corp. im I-R Nr. 17, avancierte in diesem Regiment bis zum Major, Dez. 1773 zum I-R Nr. 7 versetzt, Dez. 1783 Kommandeur d. I-R Nr. 7, Jan. 1787 Kommandant von Kolberg, Juni 1787 GM, Dez. 1804 dim., erwirkte 1775 d. Allodifikation von Pollnow nebst Feldgütern im Krs. Schlawe im Wert von 14700 T.; **Mutter**: Sophie Louise Elisabeth, geb. von Below (1752–1805); **Bruder**: August Friedrich Ludwig (1774–1851) *, Besuch d. *école militaire* in Berlin, Mrz. 1793 Fähnrich im I-R Nr. 13, Sep. 1793 Cornet im H-R Nr. 7, Mrz. 1795 Sl, Aug. 1803 Pl, Dez. 1804 Stabs-Rittmstr., Juni 1806 aggr. Rittmstr. im H-R Nr. 6, Dez. 1806 Orden p.l.m., Mai 1807 Major, Dez. 1809 Flügel-Adjutant von d. Kavallerie, Mrz. 1813 Ol, Juni 1813 Obrist, Mai 1814 GM, Mrz. 1824 Gl u. Gouverneur von Königsberg, Okt. 1832 Abschied mit Pension, seit Mai 1801 in erster Ehe verh. mit Caroline Sophie verwitw. Gräfin von Kameke, geb. Grafin Truchseß zu Waldburg (1777–1819), 1804 als Erbherr auf Pollnow, Jatzingen u. Feldgut Selberg im Krs. Schlawe gen.; **Bruder**: Friedrich Heinrich Ernst (1784–1877) *, Aug. 1796 Junker im D-R Nr. 6, Juni 1797 Cornet, Okt. 1798 Sl, Juli 1807 Orden p.l.m., Nov. 1807 zum ostpreuß. K-R, Mrz. 1808 Pl, Aug. 1813 Major, Mrz. 1823 GM, Aug. 1856 GFM; **Laufbahn**: Okt. 1796 Fähnrich im I-R Nr. 7, Sep. 1797 Sl im I-R Nr. 58, Dez. 1798 ins I-R Nr. 7 versetzt, 1806 als Sl gest.; **Güter**: 1804 als Erbherr auf Vettrin im Krs. Schlawe gen.;

Quellen: GStA, I. HA, Rep. 30, Nr. 243, Vas.tab. 1793, 1804; IV. HA, Rep. 1, Nr. 93, Bl. 336; Priesdorff, Nr. 746 (Vater), Nr. 1275 (A.F.L.), Nr. 1890 (F.H.E.);

Fahnenjunker Alexander Heinrich von Wrede (* 2. Juli 1756, † 1781)

Vater: Alexander Heinrich (* 1707, † 15. Mai 1757), aus Westfalen gebürtig, seit 1726 im Militär, Jan. 1733 Fähnrich im I-R Nr. 22, Okt. 1748 Cap. u. Chef e. Comp., als Major im I-R Nr. 22 an e. bei Prag erhaltenen Blessur gest., hinterließ zwei Söhne; **Mutter**: Sophia Dorothea, geb. von Podewils († 1776), sie erbte 1760 von ihrem Bruder, d. Ltnt. Adrian von Podewils, d. Güter Podewils im Krs. Belgard, 1762 ihrer jüngsten Schwester abgetreten, sowie Cantreck, Dieschen-, Lüttmannshagen, Hammer im Krs. Greifenberg, 1767 im Wert von 34/m T., darauf Hypotheken von 19 032 T.; **Vater-Bruder**: Ingenieur-Obrist von Wrede in Glatz, beide Brüder wurden um 1775 dessen Erben; **Bruder**: Friedrich Moritz (* Sep. 1753, † 1776), trat 1771 in d. Militärdienst ein, stand 1775 als Cornet im K-R Nr. 5, als solcher Mitte 1776 gest.; **Laufbahn**: seit 1774 im Militär, 1775 Junker im K-R Nr. 5, hielt sich im April 1776 wegen schwacher Gesundheit bei seiner Mutter in Cantreck auf, erhielt am 15. Aug. 1776 d. *venia aetatis*, hatte damals e. Vermögen von 12/m T., nahm nach d. Tod von Bruder u. Mutter d. Abschied, ging auf seinen Grundbesitz: **Güter**: seit 1776 Erbherr auf d. mütterl. Gütern Cantreck, Dieschenhagen, Hammer u. Lüttmannshagen im Krs. Greifenberg, mußte nach erfolgreicher *Reluition* von Agnaten d. Familie von Koeller 1780 d. Güter Dieschenhagen u. Hammer abtreten, blieb aber im Besitz von Cantreck u. Lüttmannshagen; nach seinem Tod 1781 fielen diese auch an die von Koellers;

Quellen: GStA, I. HA, Rep. 30, Nr. 43, Paket 9 232; Nr. 186 d, Paket 9 842; IV. HA, Rep. 1, Nr. 93, Bl. 339 (Vater, kz. Notiz); Stabi, Ms. boruss. fol. 311, fol. 314 (Vater); Brüggemann, T. 2/1, S. 416–417, T. 2, S. 658;

Ltnt. Anton Christoph von Wussow (* 12. Dez. 1724, † 28. Mai 1799)

Vater: Johann Lorenz (1683–1737), Erbherr auf Viezig im Distrikt Lauenburg; **Mutter**: Hedwig, geb. von Natzmer; **Bruder**: Nicolaus Friedrich (* um 1716), trat um 1733 in d. Militärdienst ein, Aug. 1740 Cornet im K-R Nr. 2, Juni 1742 Ltnt., Mrz. 1753 Rittmstr. Juni 1759 Major, April 1761 dim., bat im Febr. 1782 vergeblich darum, ihm d. vorpomm. Lehngüter Curow u. Lübzin zu überlassen, gab bei dieser Gelegenheit an, sechs Brüder zu haben, von denen fünf als Offiziere u. einer als Landrat dienten; verkaufte 1771 seine Güter Prebendow u. ½ Zelasen im Distrikt Lauenburg u. erwarb dafür Jatzkow u. Bebbrow, auf diesen noch 1778 als Erbherr gen.; **Bruder**: Johann Wilhelm, 1756 als Cap. genannt (im Krieg als Chef von zwei Frei-Companien gegen d. Russen gefallen); **Bruder**: George Christoph (1745–1794)*, seit 1779 Landrat in Lauenburg u. Bütow; **Laufbahn**: zunächst Hofpage bei König Friedrich II, engagierte sich dann im I-R Nr. 46, Dez. 1747 als Sl dim.; **Güter**: saß 1756 auf Buchwalde u. Wussowke im Distrikt Bütow, verkaufte seine Güter um 1764 für 13/m T. an d. Ltnt. Lorenz Heinrich (Frhr.) von Puttkamer, s.d., beide gerieten darüber in e. Prozeß, weil letzterer nur e. Bruchteil d. Kaufpretiums (1/m T.) erlegte, d. Prozeß schwebte noch 1779; gab 1790 an, durch d. Prozeß, der durch alle Instanzen in Lauenburg, Köslin, Marienwerder, Königsberg u. Berlin gegangen war, d. größten Teil seines Vermögens verloren u. für d. Unterhalt seiner Familie nur noch d. Zinsen von 4/m T. gehabt zu haben, konnte damit nicht auskommen u. bat um e. Beilhilfe od. e. Pension, lebte damals mit seiner Familie in Bütow; erste **Ehefrau**: Eleonore, geb. von Weiher; hinterließ seine zweite Frau Agnese Erdmuth, geb. von Massow, sowie neun Söhne u. vier Töchter von insges. 24 Kindern; **Sohn**: Johann Friedrich Theodor (1750–1818), seit 1770 im Militärdienst, Juli 1781 Sl im Grenadier-Garde-Bat., Mai 1792 Pl, Aug. 1796 Cap., Mrz. 1798 Major, Sep.

1801 mit d. Charakter Ol dim.; **Sohn**: Philipp Bernhard Franz (1751–1800), engagierte sich um 1770 im Militärdienst, Sep. 1772 überzähliger Fähnrich, Jan. 1783 Sl im Grenadier-Garde-Bat., erhob im April 1788 zs. mit d. Bruder vergeblich Ansprüche auf d. vorpomm. Lehngüter Curow u. Lübzin, Nov. 1792 Pl, Mrz. 1797 Cap., 1800 in Potsdam gest.; **Sohn**: Carl (1753–1824), seit 1771 im Reg., Fähnrich im I-R Nr. 4, 1775 als Sl gen., Mai 1787 Pl u. Adjutant, Jan. 1793 Stabs-Cap., Juli 1794 Cap. u. Chef e. Comp., Febr. 1801 Major, April 1815 dim., Mai 1815 Charakter Ol; **Sohn**: Christoph George (1760–1829), seit 1776 im Militär, Fähnrich im I-R Nr. 45, Mai 1787 Sl u. Adjutant, Okt. 1797 Pl, Mrz. 1800 Stabs-Cap., Dez. 1804 Cap. u. Chef e. Comp., Dez. 1812 Kreis-Brigad. bei d. Gendarmerie, Jan. 1814 Major, Dez. 1820 ausgesch.; **Sohn**: Otto Ewald (1774–1849), Aug. 1792 Cornet im D-R Nr. 2, Jan. 1793 Sl, Juli 1803 dim.; **Sohn**: Anton Ludwig († 20. Febr. 1813), Mai 1795 bis 1799 *cadet* in Berlin, Uffz. bei d. *cadets*, Mrz. 1799 Fähnrich im I-R Nr. 17, Febr. 1803 Sl, Aug. 1811 dim.; **Sohn**: Ferdinand Wilhelm († 30. Mai 1848), Juni 1805 Fähnrich im I-R Nr. 56, Dez. 1811 Sl, Okt. 1812 zur Gendarmerie, 1816 Salzfactor in Bonn; **Sohn**: Moritz Friedrich (1787–1818), Okt. 1805 Fähnrich im I-R Nr. 51, April 1809 als Ltnt. dim.; **Sohn**: George Friedrich († Juli 1815), 1804 *cadet* in Berlin, Gefr.corp. im I-R Nr. 4, Dez. 1810 Sl, Nov. 1814 Pl bei d. Gendarmerie; **Töchter**: e. To. war 1804 verh. mit d. Major von (Stendeck), die zweite mit d. Gutsbesitzer von Wien(s)kowsky, d. dritte mit e. von Kleist, d. vierte Jacobine Hedwig (* 1778) hielt sich bei ihrer Mutter in Bütow bzw. bei e. der verh. Schwestern auf, sie hatte e. väterl. Vermögen von 500 T. u. verrichtete daneben Handarbeit, e. Gesuch um e. Pension wurde im Okt. 1804 zu Lebzeiten d. Mutter abgelehnt;

Quellen: GStA, I. HA, Rep. 30, Nr. 44, W 130 b, Paket 9 390; Nr. 243, Vas.tab. 1756; II. HA, Abt. 13 a, Tit. I, Litt W, Nr. 7; Tit. III, Litt W, Nr. 40 (hier Auflistung d. Söhne); IV. HA, Rep. 1, Nr. 93, Bl. 379 (Söhne, O.E. hier als Carl Heinrich); Stabi, Ms. boruss. fol. 313, fol. 315 (Bruder N.F.), fol. 316 (Söhne); Reinhard, Garde, S. 536, S. 539, S. 558; Tb. Uradel 1903, S. 944–947; biogr. Handbuch, S. 1 132 (Bruder G.C.);

Gefr.corp., Erblandmundschenk Curt Heinrich von Wussow
(* 16. Juli 1728, † 31. Juli 1791)

Vater: Carl Heinrich (* 1705, † 1741), (vor 1730 Ltnt. im I-R Nr. 22), stand 1733 als Ltnt. im Stettiner Garn.-Reg., zuletzt Cap., Erbherr auf Curow, Güstow, Pargow u. Staffelde im Krs. Randow, auf Lübzin im Krs. Saatzig, hinterließ drei Söhne; Stief-**Mutter**: Veronica Dorothea, geb. von Sydow (* 1714, † 12. Febr. 1789), sie hielt sich 1774 in Güstow, dann in Curow im Krs. Randow auf, erhielt von ihren beiden Stief-Söhnen e. jährl. Alimente von 66 T., bezog seit Juli 1780 e. Pension von 100 T.; **Großvater**: Carl Heinrich, Major; Stief-**Bruder**: Friedrich Wilhelm (1741–1765), seit 1749 Erbherr auf Güstow im Wert von 18/m T., lt. Ertragstaxe von 1 382 T. betrug er 27 540, darauf Schulden v. 11 583 T.; F.W. ertrank 1765 bei e. Schlittenfahrt auf d. Oder, sein Gut fiel an die beiden Brüder; **Bruder**: Philipp Otto Ludwig (* 21. Mai 1732, † 1804), seit 1749 Erbherr auf Curow im Wert von 26/m T., bei d. Verpachtung d. Gutes wurde d. Reinertrag mit 1 872 T. angegeben, kapitalisiert waren das 37 250 T., darauf Schulden von 18 570 T.; P.O.L. verfiel um 1764 *in Melancholie*, bekam deshalb e. Kurator; erhielt nach 1765 auch Güstow; ihm wurde Ende 1772 e. *Indult* für drei Jahre gewährt, seine Güter hatten damals e. Wert von 53 389 T., darauf Schulden von 44 653 T; verkaufte Güstow 1774 an d. KD-rat Gustav Reinhold von Schmeling, blieb Erbherr auf Curow; im Nov. 1804 meldete sich d. Witwe Piper, geb. Duntzlaff, bei d. Behörden u. verlangte d. sechsten Teil des Vermögens d. verst. Erblandmundschenks für ihren unehelichen Sohn, den sie mit diesem gezeugt hatte, sie berief sich auf dessen mündliche Versprechungen, wurde aber abgewiesen, weil im Testament d. Verstorbenen kein Sohn erwähnt wurde; **Laufbahn**: diente vier Jahre als Gefr.corp. im I-R Nr. 17, 1751 *dimittirt*; im Febr. 1752 wurde sein Gesuch um d. *venia aetatis* abgelehnt; nach d. Tod d. Vaters Erblandmundschenk; **Güter**: seit 1749 Erbherr auf Lübzin im Krs. Saatzig im Wert von 19700 T., darauf 1765 Schulden von 13450 T.; d. väterlichen Güter Pargow u. Staffelde wurden 1755 für 33600 T. verpfändet; am 13. April 1765 wurde d. Ltnt. Gustav von der Osten mit seinem Gesuch auf d. Anwartschaft auf d. Wussowschen Lehngüter, die noch nicht vakant waren, abgewiesen; dagegen bekam d. damalige Obrist u. spätere GM Carl Ludwig von Ingersleben*, Schwager von Curt Heinrich, mit CO vom 16. Jan. 1766 die Anwartschaft auf d. Lehn von Wussow u. am 21. Nov. 1766 auch d. ges. Hand; d. Schwager erwirkte zs. mit d. Lübziner Pfarrer, daß Curt Heinrich Ende 1771 wegen *moralischer Blödsinnigkeit* unter *Curatel* gestellt wurde; aufgrund e. medizin. Gutachtens von Prof. Meckel wurde d. Vormundschaft im Mai 1772 wieder aufghoben; in erster **Ehe** *unglücklich* verheiratet mit Amalia Constantia (* 1728), e. To. d. Cap. Joachim Ewald von Kleist auf Woldisch Tychow, beide wurden nach zwölf Jahren 1760 geschieden; wollte im Okt. 1763 Anna Amalia Margaretha Elisabeth heiraten, To. von George Heinrich Brömse († 1745), der 20 Jahre als Wachtmstr. im D-R Nr. 5 gedient hatte, d. Pfarrer zu Lübzin widersetzte sich d. Trauung mit d. angebl. Dienstmagd, die indes d. Kammerjungfer, Gesellschafterin d. ersten Frau gewesen sein soll, auch d. Konsistorium verweigerte seine Zustimmung, ließ sich daher heimlich vom Feldprediger d. I-R Nr. 7 trauen, der dafür zur Verantwortung gezogen wurde; durch Urteile vom Nov. 1764 u. Mrz. 1765 wurde d. Verbindung als *Winkelehe* erklärt u. d. Erblandmundschenk wegen d. verbotenen Heirat mit e. fiskalischen Strafe von 100 T. belangt, Kinder aus dieser Verbindung konnten *niemals zur Succession kommen*; Curt Heinrich wurde seit 1785 in mehrere Verfahren wegen unterstellter *Holzdevastation* auf Lübzin verwickelt, die ihm viele hundert Taler kosteten u. viel Verdruß bereiteten; besaß vor 1790 auch d. Gut Deetz in d. NM; setzte in e. Testament seine Frau zur Universalerbin d. Allodialerbes ein, die deshalb von ihrem Schwager in Curow in Konflikte verwickelt wurde;

Quellen: GStA, I. HA, Rep. 30, Nr. 44, I 56 f, Paket 9293, O 83 a, Paket 9344; Nr. 44, W 130 b, Pakete 9390 u. 9392; Nr. 243, Vas.tab. 1756, 1763, 1767; II. HA, Abt. 13 a, Tit. III, Litt W, Nr. 8 (Stief-Mutter); Brüggemann, Vorpommern, S. 219; Priesdorff, Nr. 621 (GM v. Ingersleben);

Cap. Adam Friedrich von Wuthenow (* um 1681, † 1719)*

aus Pommern gebürtig; **Laufbahn**: seit 1699 im Militär, 1705 Fähnrich, 1709 Sl, Jan. 1711 Pl im I-R Nr. 11, Mrz. 1716 Stabs-Cap., 1719 gest.;

Quellen: Stabi, Ms. boruss. fol. 312, fol. 319; Becker, S. 410 (hier als Wutenau);

Major Carl Ludwig von Wuthenow (* 20. Aug. 1767, † 7. Aug. 1821)*

Vater: Christian Ludwig (1731–1788), 1747 als Junker ins D-R Nr. 5, Mai 1751 Cornet, Sep. 1753 Sl, Juli 1760 Pl, Juli 1770 Stabs-Rittmstr., Okt. 1780 Chef e. Escadron, Juni 1781 Major, 10. April 1788 in Treptow an der Tollense gest., hinterließ zwei Töchter u. zwei Söhne, seine Schulden überstiegen d. Aktiva; **Mutter**: Maria Josepha, geb. von Eben (1746–1798); **Bruder**: August Wilhelm (1773–1800), Okt. 1787 ins D-R Nr. 5, Dez. 1789 Cornet,

Jan. 1792 Sl, Mrz. 1793 Orden p.l.m., Mai 1800 Pl, im Okt. 1800 gest.; seine älteste **Schwester** war 1789 verh. mit d. Ltnt. von Willich vom H-R Nr. 10; **Laufbahn**: Mai 1782 als Junker ins D-R Nr. 5, Febr. 1785 Cornet, Dez. 1787 Sl, April 1793 Orden p.l.m., Aug. 1794 Pl, Okt. 1797 Stabs-Rittmstr., Juni 1800 (bzw. 1802) Rittmstr., Mai 1804 Major, Juni 1807 Ol, Mai 1809 Obrist, Sep. 1814 GM, Okt. 1815 Abschied mit Pension; **Ehefrau**: Agnes Friederike Charlotte, geb. Brandt von Lindau, gesch. von Kamptz (1764–1832);

Quellen: GStA, I. HA, Rep. 30, Nr. 186 d, Paket 9845; IV. HA, Rep. 1, Nr. 93, Bl. 384 (Vater u. Söhne); Albedyll, Anhang; S. 73* (Vater), S. 82* (C.L.), S. 84* (A.W.); Priesdorff, Nr. 1 220 (C.L. geb. im Krs. Randow);

Major Hunert (bzw. Herwarth) von Wuthenow (* 1697)

aus Pommern gebürtig; **Laufbahn**: seit etwa 1712 im Militär, 1728 als Ltnt., 1738 als Stabs-Cap. im I-R Nr. 4 gen., Jan. 1745 Major, als solcher noch 1749 im I-R Nr. 4 gen., vor 1757 abgegangen;

Quellen: GStA, IV. HA, Rep. 1, Nr. 93, Bl. 387 (hier e. Obrist Wuttginau, Juli 1755 dim.); Stabi, Ms. boruss. fol. 313 (1747: aus Pommern, 1749: aus d. NM);

General Friedrich Albrecht Carl Hermann Graf von Wylich u. Lottum (* 20. April 1721, † 3. Mrz. 1797) *

Vater: Johann Christoph (1681–1727)*, Nov. 1699 Cap. im I-R Nr. 1, Juli 1708 Ol im I-R Nr. 15, Juni 1717 Chef d. I-R Nr. 25, Juni 1721 GM; **Mutter**: Hermine Alexandrine Friederike, geb. Freiin von Wittenhorst-Sonsfeld (1685–1745); **Bruder**: Friedrich Wilhelm (1716–1774)*, Jan. 1733 Fähnrich im I-R Nr. 18, Okt. 1747 Cap., Sep. 1758 Kommandeur d. Reg., Juni 1762 GM, April 1763 Chef d. I-R Nr. 13; Sohn: Carl Friedrich Heinrich (1767–1841)*, Juni 1800 Major, Aug. 1827 General d. Kavallerie, Sohn: Friedrich Christoph Carl (1773–1801), Pl im I-R Nr. 13; **Laufbahn**: Besuch d. JG in Berlin, Jan. 1737 Cornet im K-R Nr. 8, Juni 1745 Ltnt., Aug. 1755 Stabs-Rittmstr., Sep. 1756 Rittmstr. u. Chef e. Escadron, 1758 Orden p.l.m., Aug. 1758 Major, Sep. 1763 Kommandeur d. K-R Nr. 8, Aug. 1767 Ol, Mai 1772 Obrist, Juni 1774 Chef d. D-R Nr. 1, Aug. 1777 GM, Mai 1787 Gl, Mrz. 1791 Ritter d. Schwarzen-Adler-Ordens, Dez. 1794 mit Pension dim., Jan. 1795 Charakter als General d. Kavallerie; **Ehefrau**: Sophie Beate, geb. von Schlichting (1736–1801); **Sohn**: Heinrich Christoph Carl Hermann (1773–1830)*, Juni 1786 Junker im D-R Nr. 1, Mrz. 1787 Cornet, Mai 1788 Sl, Aug. 1798 Pl, Mai 1803 Stabs-Cap., Febr. 1806 Cap., Juli 1808 Major, April 1809 Chef e. Escadron, Mrz. 1813 Kommandeur d. D-R Nr. 2, Aug. 1813 Ol, Dez. 1813 Obrist, Mrz. 1817 GM, Mrz. 1829 Gl; **Sohn**: Friedrich Ludwig August (1776–1851), Juni 1790 Cornet im D-R Nr. 3, Dez. 1792 Sl, April 1803 Pl, Juni 1810 ins Brandenburg. Ulanen-Reg., Jan. 1812 als Major dim., Mai 1815 Major bei d. Landwehr;

Quellen: GStA, IV. HA, Rep. 1, Nr. 80, Bl. 219; Stabi, Ms. boruss. fol. 312; Priesdorff, Nr. 211 (Vater), Nr. 534 (Bruder); Nr. 637 (F.A.C.H. geb. zu Anklam), Nr. 1 160 (Neffe), Nr. 1 303 (Sohn H.C.C.H.);

Ltnt. Adam (Andreas) Friedrich von Wyszecki (* 1750)

Vater: Jacob († vor 1775), besaß e. *geringen Hof* in Schluschow im Distrikt Lauenburg, 1778 als Schluschow A im Wert von 2 500 fl.; **Mutter**: Anna, geb. von Stojentin (* 1722), sie lebte 1775 mit e. Tochter auf d. *Gütchen*, das jährliche Revenuen von 60 T. eintrug, d.

Witwe stand seit 1775 auf d. Expectantenliste für e. Pension; **Laufbahn**: seit 1768 im Militär, stand 1774 als Gefr.corp., 1779 als Fähnrich, 1782 als Sl im I-R Nr. 12; **Güter**: Erbherr auf Anteil Schluschow;

Quellen: GStA, I. HA, Rep. 30, Nr. 43, Paket 9234 (hier als Wyszecki); Nr. 249, Vas.tab. 1778; Stabi, Ms. boruss. fol. 316 (hier als Wischetzky); nicht in IV. HA, Rep. 1, Nr. 93, Bl. 177 (Wischetzky), Bl. 394 (Wyschetzky u. Wyszecki);

Ltnt. August Friedrich Reimar von Zadow (* 17. April 1773, † 22. April 1808)

Vater: Reimer Bernd (* 1713), seit 1734 im Militär, im Dez. 1749 als Ltnt. im D-R Nr. 6 gen., Juni 1753 dim., erhielt später d. Charakter Cap., saß 1767 auf Spechtsdorf im Krs. Arnswalde im Wert von 11617 T., darauf Schulden von 7438 T.; **Vater-Bruder**: Johann Friedrich (* 1710, † 3. Jan. 1794), (seit 1726 im Militär, Mai 1745 Sl, Juli 1756 Pl, Febr. 1761 Cap. im I-R Nr. 28), zuletzt Major, Kommandant zu Spandau, April 1788 als Obrist mit 600 T. Pension dim.; **Bruder**: Joachim Leberecht (* 1768, † 13. Nov. 1849), Mai 1776 *cadet* in Stolp, Mai 1782 *cadet* in Berlin, Juni 1787 Fähnrich im I-R Nr. 12, Mrz. 1790 Sl, 1792 zum Depot-Bat., Juni 1792 dim., Juni 1813 Cap. im 2. Pomm. Landwehr-I-R, Mai 1823 dim., saß 1801 auf Spechtsdorf im Krs. Arnswalde; **Laufbahn**: weilte 1783 in Arnswalde in d. Schule, Dez. 1793 Fähnrich im I-R Nr. 26, Sep. 1796 Sl, Febr. 1797 dim.; **Ehefrau**: Amalia Leopoldina Sophia (1779–1846), e. Tochter von Otto Christoph von Schurff († 1783), Cap. im I-R Nr. 54, seit 1779 Erbherr auf Lazig B (bzw. C u. D) im Krs. Belgard im Wert von 6/m T.; **Güter**: beide hatten 1793 ihren Wohnsitz in Collatz im Krs. Belgard bzw. Neustettin, seine Frau besaß seit mind. 1798 d. Gut Lazig B im Krs. Belgard, sie wollten es 1804 im Erbkauf für 12500 T. an d. Pächter Carl Papke verkaufen, bekamen dafür keinen Consens; sie wohnte damals in Alt-Wuhrow in d. NM;

Quellen: GStA, I. HA, Rep. 30, Nr. 43, Paket 9232; Nr. 243, Vas.tab. 1793, 1804; Nr. 244, Paket 9994; IV. HA, Rep. 1, Nr. 94, Bl. 15; Stabi, Ms. boruss. fol. 311 (Vater), fol. 314 (Bruder als Joachim Christian, geb. 1711), Ms. geneal. fol. 120 (Vas.liste NM 1774); Stolper Kadetten, S. 9 (Bruder); Tb. Uradel 1924, S. 821 (d. Obrist als Joachim Christian, evt. † 28.10.88);

Ltnt. Johann Carl von Zamory (* um 1759, † Juni 1797)

Vater: Johann Anton († 1783), aus Ungarn gebürtig, Rittmstr. im H-R Nr. 8, 26 Dj., seit 1768 Erbherr auf Bonin im Ftm. Cammin, hinterließ fünf Söhne; **Mutter**: e. geb. von Natzmer, mit ihrem Vermögen wurde d. Gut gekauft, sie saß 1786 als Witwe auf Bonin; **Bruder**: Heinrich Ludwig Anton (1761–1822), Sep. 1769 *cadet* in Stolp, April 1774 *cadet* in Berlin, seit 1776 im Reg., 1778 Junker, Cornet im H-R Nr. 8, Juni 1786 Sl, Febr. 1793 mit Pension dim., saß 1799 auf Stepen im Ftm. Cammin im Wert von 12/m T.; **Bruder**: Friedrich Otto (1770–1845), Juli 1779 *cadet* in Stolp, Mai 1787 ins I-R Nr. 57, Mai 1790 Sl im Füsilier-Bat. Nr. 4, Okt. 1805 Pl, Juni 1810 als Stabs-Cap. dim., Juni 1813 Cap. beim 1. Westpreuß. Landwehr-I-R, Mrz. 1814 Major, April 1820 ausgeschieden; **Bruder**: Carl Wilhelm Hermann (1771–1832), Juli 1779 *cadet* in Stolp, Okt. 1786 nach Hause gekommen, Mai 1790 Fähnrich im I-R Nr. 17, Jan. 1793 Sl, Dez. 1799 Pl, Febr. 1804 als Cap. dim., Juni 1813 Cap. im 3. Neumärk. Landwehr-I-R, Mai 1827 Major; **Bruder**: August Sigismund (1774–1837), Juli 1785 *cadet* in Stolp, Aug. 1787 *cadet* in Berlin, Febr. 1794 Fähnrich im I-R Nr. 41, Mrz. 1795 Sl, Sep. 1798 dim., Aug. 1810 Charakter Cap., Juni 1813 Cap. beim 1. Westpreuß.

Landwehr-I-R, Juni 1816 als Major dim.; **Laufbahn**: (Juli 1769 *cadet* in Stolp, Mai 1772 *cadet* in Berlin), seit 1775 im Regiment, 1789 Sl im D-R Nr. 4, 1792 als Ltnt. nach 20 Dj. als Invalide dim. u. versorgt, 1793 als Stadtinspektor in Posen (bzw. 1794 als Konsumtions-Steuer-Rendant in Meseritz angestellt); **Güter**: d. fünf Söhne d. Rittmstrs. besaßen 1793 Bonin im Ftm. Cammin im Wert von 10/m T., sie verkauften es vor 1799 an August Ferdinand von Glasenapp; **Ehefrau**: Caroline Charlotte (* 1757), aus Sonnenburg gebürtig, e. To. d. Küstriner Konsistorialrates Dienemann († um 1760), ihr Mann verbrauchte beider Vermögen im Dienst, sie galt daher als bedürftig u. stand seit 1788 auf d. Expectantenliste für e. pomm. Pension; erhielt im Dez. 1800 e. Pension von 100 T.; beider **Sohn** besuchte 1788 d. Gymnasium zu Neustettin;

Quellen: GStA, I. HA, Rep. 30, Nr. 243, Vas.tab. 1793, 1800, 1804; II. HA, Abt. 13 a, Tit. III, Litt F, Nr. 2; Litt Z, Nr. 8; IV. HA, Rep. 1, Nr. 94, Bl. 23 (d. Vater hier nicht); Brüggemann, T. 2/2, S. 549; Schöning, D-R Nr. 3, S. 259, S. 424; Schöning, 5. H-R (der Vater hier nicht gen.); Stolper Kadetten, S. 3 (J.C.F.), S. 4, S. 12, S. 19;

Fähnrich Heinrich Zabel Leberecht von Zanthier
(* 9. Dez. 1778, † 29. April 1837)

Vater: Christian Heinrich (1723–1784), seit etwa 1745 im Militär, 1764 Sl, dann Pl im I-R Nr. 39, April 1778 (als Cap.) beim Schlesischen Lazarett plaziert, nach 1779 nach 38 Dj. als Postmstr. in Kolberg versorgt, hinterließ drei unmündige Kinder; **Mutter**: Charlotte Christiane, geb. Weber; **Laufbahn**: April 1797 Fähnrich im I-R Nr. 55, Nov. 1799 dim., 1806, 1807 beim 1. Pomm. Res.-Bat., Juni 1813 Cap. beim 3. Westpreuß. Landwehr-I-R, Dez. 1832 als Major dim.; **Güter**: erwarb im Jahre 1800 mittels Krediten Bichow im Krs. Lauenburg für 26/m T. von George Friedrich von Pirch, hatte darauf 1802 Schulden von 22 900 T., konnte es nicht halten u. wollte es daher an e. Bürgerlichen verkaufen, der das Gut durch Meliorationen verbessern wollte; sein Gesuch um d. Verkauf-*Consens* wurde am 22. Juni 1802 abgelehnt, auch deshalb, weil kein bestimmter Käufer genannt worden war; am 31. Dez. 1803 suchte George Wegely aus Berlin darum nach, d. Landgut Bichow in *Cassuben* kaufen zu dürfen, d. Supplikant hatte auf Bichow e. Forderung über 8 725 T. zu stehen, konnte dafür weder Zinsen noch d. Kapital erhalten; mit CO vom 25. Febr. 1804 bekam G. Wegely d. Konzession zum Erwerb; **Ehefrau**: Clara Friederica, geb. von Pirch (1771–1853) aus Gaffert;

Quellen: GStA, I. HA, Rep. 30, Nr. 379 a, Paket 10 161 (hier als Carl Heinrich); IV. HA, Rep. 1, Nr. 94, Bl. 26 (Vater u. Sohn); Stabi, Ms. boruss. fol. 316 (Vater); Tb. Uradel 1932, S. 639–640;

Ltnt. Jobst Heinrich von Zanthier (* 1703)

Vater: Jobst Heinrich, Oberforstmstr., Erbherr auf Wormsfelde in d. NM u. Buslar B im Krs. Pyritz; **Mutter**: Ursula Sophia, geb. von Rochow; **Bruder**: Friedrich George (1700–1769)*, nach 1744 Landrat im neumärk. Krs. Landsberg, von 1746 bis 1758 Erbherr auf d. väterl. Anteil Buslar B, 1767 auf Sadelberg im Krs. Dramburg im Wert von 14 050 T., d. Hypotheken betrugen 10/m bzw. 19 300 T.; **Bruder**: Casimir Christian (* um 1700, † Dez. 1745), seit 1718 im Militär, Okt. 1719 Cornet, Febr. 1726 Ltnt. im K-R Nr. 6, Sep. 1736 Rittmstr. u. Chef e. Escadron, als solcher in d. Schlacht bei Kesselsdorf gefallen; **Bruder**: Ludolph Ernst (* 1702), 1724 Gefr.corp. im I-R Nr. 22, später Cap. (im D-R Nr. 7), ging nach d. Abschied ohne Erlaubnis aus d. Land, sein Vermögen wurde deshalb eingezogen; **Laufbahn**: seit 1721 im Militär, Febr. 1724 Cornet, Aug. 1729 Ltnt. im K-R Nr. 6, 1740 dim., wurde später, weil *blödsinnig*, unter *Curatel* gestellt;

Quellen: GStA, I. HA, Rep. 30, Nr. 43, Paket 9 232; Nr. 243, Vas.tab. 1756; Stabi, Ms. boruss. fol. 314 (Bruder L.E.), fol. 315; Brüggemann, T. 2/1, S. 134; Monteton, K-R Nr. 6, S. 79; biogr. Handbuch, S. 1 134 (Bruder F.G.);

Fähnrich Christian Heinrich von Zarth (* 1698)

aus Pommern gebürtig; **Laufbahn**: seit 1715 im Militär, Febr. 1716 Fähnrich im I-R Nr. 27, 1717 *wegen einer Entleibung echappirt*;

Quellen: Stabi, Ms. boruss. fol. 316, fol. 319;

Major Hans Jürgen von Zarth (* 1696, † vor 1760)

Vater: Hans Jürgen (1664–1735), Erbherr auf Griebnitz, Sassenburg, Stepen, Priddargen u. Goldbeck im Ftm. Cammin; **Bruder**: Joachim Felix, Kammerjunker (* um 1695), seit etwa 1730 Erbherr auf Griebnitz; **Bruder**: Friedrich Wilhelm (* 1701), 1717 *cadet* in Berlin, 1722 Fähnrich, 1733 Ltnt. im I-R Nr. 24, als Cap. im I-R Nr. 24 im Winterquartier zu Neustadt 1741 gest., erbte um 1730 Stepen; **Bruder**: Paul Anton (* 1709, † vor 1751), seit etwa 1730 Erbherr auf Priddargen u. Goldbeck, stand 1734 als Cornet im D-R Nr. 2, vor 1743 abgegangen; **Laufbahn**: trat 1714 in d. Militärdienst ein, Mrz. 1716 Fähnrich im I-R Nr. 23, Jan. 1719 Sl, 1726 Ltnt., stand 1740 als Cap. im I-R Nr. 23, im Okt. 1741 als Major zum I-R Nr. 41 versetzt, im Febr. (bzw. Mai) 1746 dim., 1756 als vorm. Major gen.; **Güter**: erbte um 1730 d. väterliche Gut Sassenburg im Ftm. Cammin, ließ dieses 1751 allodifizieren; 1755 auch auf Stepen u. Priddargen;

Quellen: GStA, I. HA, Rep. 30, Nr. 243, Vas.tab. 1756; Nr. 243 G, Paket 9 979; IV. HA, Rep. 1, Nr. 94, Bl. 17 (als Zahrt, kz. Notiz, hier nur d. Major); Stabi, Ms. boruss. fol. 315 (Bruder P.A.); fol. 316 (als Hans Georg v. Zahrt); Gesch. I-R Nr. 41, S. 76; Brüggemann, T. 2/2, S. 562; Crousaz, Beilage C, S. 31 (Bruder F.W.);

Ltnt. Johann Philipp von Zarth (* 1. Aug. 1759, † Mrz. 1790)

Vater: Hans Christoph (* 1735), Ltnt. im I-R Nr. 24, wurde im Kriegsverlauf *außer Vermögen gesetzt*, 1763 in Freiberg an d. Blattern gest.; **Großvater**: Johann Friedrich (1696–1766), Kammerjunker, verh. mit e. geb. von Suckow, seine fünf Kinder hatten 1750 e. Vermögen von 7 268 T., hinterließ nach d. Tod d. einzigen Sohnes vier Töchter, Erbherr auf d. Allodialgütern Goldbeck, Priddargen, Sassenburg u. Stepen im Ftm. Cammin, nach d. Tod d. Kammerjunkers geriet sein Vermögen in Konkurs, 1772 hatten d. Güter e. Wert von 35 048 T., darauf Schulden von 35 750 T., die Güter wurden 1780 für 36 020 T. an Johann Joachim Carl von Wenden verkauft, zwei seiner ledigen Töchter gaben 1774 an, ihr mütterliches Vermögen von je 2/m T. beim Konkurs d. Vaters verloren zu haben; **Laufbahn**: stand anfänglich bei d. Garde, wegen seiner schwachen Gesundheit umgesetzt, dann zehn Jahre im I-R Nr. 14, als Ltnt. dim., zuerst als Kreis-Steuereinnehmer in Braunsberg angestellt, dann 1789 als Inspektor d. Zuchthauses in Königsberg in Pr. versorgt, hinterließ zwei Töchter; **Güter**: er besaß d. fünften Teil d. Güter Goldbeck, Priddargen, Sassenburg u. Stepen im

Ftm., diese mußten schuldenhalber veräußert werden; **Ehefrau**: Auguste Louisa, geb. Jonas (* 1767), To. d. Fourage-Rendanten Jonas in Bartenstein, d. Vermögen ihres verst. Mannes belief sich 1790 inkl. Mobilar auf 300 T.; sie hatte damals zwei unmündige Töchter namens Johanna Amalia u. Florentina Augusta u. bekam im Nov. 1798 e. Pension von 100 T.;

Quellen: GStA, I. HA, Rep. 30, Nr. 44, Z 146, Paket 9406; Nr. 243, Vas.tab. 1756, 1763, 1767; II. HA, Abt. 13a, Tit. III, Litt F, Nr. 2; Litt Z, Nr. 7; Brüggemann, T. 2/2, S. 562–563; Stabi, Ms. boruss. fol. 311 (nicht in d. Listen 1772, 1787); fol. 316 (Vater, Abgangsliste I-R Nr. 24);

Ltnt. Thomas Wedig von ZARTH (* 1696 † Aug. 1724)

aus Pommern gebürtig; **Laufbahn**: seit 1712 im Militär, Aug. 1722 Sl im I-R Nr. 1, wurde im Aug. 1724 vom Sl Rüdiger Christian von Wedel (1698), aus d. NM gebürtig, im Duell erstochen, letzterer wurde dim. u. ging außer Landes;

Quellen: Stabi, Ms. boruss. fol. 313, fol. 319;

Cap. Alexander Heinrich Gebhardt von ZASTROW (* 20. Aug. 1768, † 23. Juni 1815) *

Vater: Andreas Wedig (1726–1795), königl. Kammerherr, s.d.; **Mutter**: Wilhelmina Sabina Friederika († 1813), e. To. d. Reg.rates George Christoph von Blankensee auf Schönenwerder u. Hohenwalde; **Bruder**: George Friedrich Heinrich (1765–1841), nach d. Studium an d. Viadrina Auskultator u. Referendar beim Hofgericht in Köslin, Landschaftsrat, 1797, 1804 Erbherr auf Cölpin u. Vorwerk Neuhof, Osterfelde, Gr. u. Kl. Knick, Schmiltz, Ziegelei im Krs. Neustettin, 1797 im Wert von 44 700 T., hatte seinen Wohnsitz in Koldemanz im Krs. Greifenberg; **Bruder**: Anton Johann Bogislav (* 1765), seit 1780 im I-R Nr. 24, Sep. 1785 Fähnrich, Nov. 1787 Sl, 1797 Erbherr auf Pobanz u. Schözow im Ftm. Cammin im Wert von 16/m T.; **Bruder**: Ernst Wilhelm (1773–1854) *, Jan. 1787 Cornet im D-R Nr. 4, Okt. 1789 Sl, Mai 1797 Pl, (Dez. 1804 Stabs-Rittmstr.), Aug. 1802 Rittmstr., Febr. 1810 Major, April 1813 beim Pomm. Nat.-Kav.-Reg., Mai 1813 Kommandeur, Mai 1814 Ol, Okt. 1815 Obrist, Mrz. 1822 GM, Mrz. 1828 Ruhestand; **Laufbahn**: seit 1782 im Militär, Nov. 1785 Fähnrich im I-R Nr. 51, April 1788 Sl, Mrz. 1799 Pl, Mrz. 1803 Stabs-Cap., Dez. 1805 Cap. u. Chef e. Comp., Aug. 1808 zum Kolberger I-R, Febr. 1809 Major, Dez. 1813 Obrist; **Ehefrau**: Mathilde, e. To. d. Majors von Blankenstein vom I-R Nr. 51;

Quellen: GStA, I. HA, Rep. 30, Nr. 243, Vas.tab. 1793, 1799, 1804; IV. HA, Rep. 1, Nr. 94, Bl. 34; Stabi, Ms. boruss. fol. 313; Fam.gesch. 1872, S. 134–139, S. 141–154, S. 164–170; Priesdorff, Nr. 1 376 (Bruder E.W.);

kurpfälz. Rittmstr., Kammerherr Andreas Wedig von ZASTROW (* 1726, † 27. Jan. 1795)

Vater: Ludwig, hannöv. General, erbte von seinem Bruder Casimir Wedig, kurpfälz. GFM-Ltnt., die Güter Cölpin, Gr. u. Kl. Knick u. Gissolk im Krs. Neustettin; **Laufbahn**: avancierte in neun Dj. bis zum kurpälz. Rittmstr., hielt sich seit etwa 1750 in d. preuß. Monarchie auf, kgl. Kammerherr; **Ehefrau**: Henriette Louisa, e. To. d. verst. Majors Joachim Rüdiger von d. Goltz u. Schwester d. poln. Cap. von der Goltz im poln. Hoffstädt, sie brachte ihm 4/m T. Mitgift ein, die nach ihrem frühen Tod nicht gezahlt werden sollten;

dritte Frau: Wilhelmina Sabina Friederika, geb. von Blankensee; **Güter**: erbte von seinem Vater d. Güter Cölpin, Gr. u. Kl. Knick u. Gissolk im Krs. Neustettin, besaß diese noch 1793, saß damals außerdem auf Vorwerk Briesen, auf d. Vorwerken Osterfelde, Gr. u. Kl. Schmilz sowie Ziegelei, seine Güter hatten e. Wert von insgesamt 50 700 T., 1804 waren diese Güter im Besitz seines Sohnes, d. Landschaftsrates George Friedrich Heinrich von Zastrow (1765–1841); **Sohn**: Alexander Heinrich Gebhardt (1768–1815), Cap., s.d. mehr;

Quellen: GStA, I. HA, Rep. 30, Nr. 44, Z 145, Paket 9 404; Nr. 243, Vas.tab. 1756, 1763, 1793, 1804; Brüggemann, T. 2/2, S. 745; Fam.gesch. 1872, S. 134–138;

Rittmstr. Asmus Lorenz von Zastrow (* 4. April 1709, † 6. Mai 1757)

Vater: Franz († 1739), Erbherr auf Anteil Wusterhanse, auf Anteil Bärwalde u. Valm im Krs. Neustettin; **Mutter**: Adelheid, geb. von der Goltz; **Bruder**: Christoph Ulrich (* 1703), poln. Major; **Bruder**: Joachim Friedrich (* 1708), seit 1724 im Militär, Aug. 1736 Sl im I-R Nr. 14, 1744 Abschied, verh. mit e. von Rauter; **Bruder**: Christian Wilhelm (1714–1758), Major u. Kommandeur d. I-R Nr. 34, siehe bei dessen Sohn Friedrich Wilhelm Christian, GM; **Bruder**: Hans Heinrich (1691–1748), Major, s.d.; **Laufbahn**: April 1724 zu d. *cadets*, Mrz. 1728 Junker, Mai 1737 Cornet im K-R Nr. 4, Mai 1741 Ltnt., Mai 1751 Rittmstr., 1757 bei Prag als Rittmstr. gefallen; **Güter**: besaß e. Hof in Wusterhanse, zog daraus jährl. Revenuen von 22 T.;

Quellen: GStA, I. HA, Rep. 30, Nr. 44, Z 145, Paket 9 405; IV. HA, Rep. 1, Nr. 94, Bl. 33 (kz. Notiz); Stabi, Ms. boruss. fol. 316; Fam.gesch. 1872, S. 55, S. 61–64 (Brüder), S. 65–66; Förster, K-R Nr. 4, S. 178, S. 210, S. S. 544;

GM Bernhard Asmus von Zastrow (* 1696, † 25. April 1757) *

Vater: Bernd Christian (1644–1717), Erbherr auf Cölpin im Krs. Neustettin; **Mutter**: Anna Catharina, geb. von Bonin (* 1656); **Laufbahn**: Dez. 1716 Fähnrich im I-R Nr. 24, Mai 1720 Sl, April 1723 Pl, Mai 1726 Stabs-Cap., Mai 1735 Cap. u. Chef e. Comp., Juni 1740 Major im I-R Nr. 37, Juni 1742 wieder ins I-R Nr. 24, Juni 1742 Orden p.l.m., Jan. 1745 Ol, Mai 1747 Obrist, Sep. 1754 GM, Juli 1756 Chef d. I-R Nr. 20, April 1757 gefallen; **Ehefrau**: Erdmuthe Sophie, geb. von Bose (1706–1765);

Quellen: GStA, IV. HA, Rep. 1, Nr. 94, Bl. 33 (kz. Notiz); Stabi, Ms. boruss. fol. 316; Fam.gesch., 1872, S. 117, S. 174–175; Priesdorff, Nr. 426;

Gl Carl Anton Leopold von Zastrow (* 15. Okt. 1702, † 20. Febr. 1779) *

Vater: Anton Heinrich († 1733), kurhannöv. Obrist; **Mutter**: Dorothea, geb. von Brehmer; **Laufbahn**: 1717 in frz. Dienste, Mai 1738 als Cap. im I-R Nr. 23 angestellt, Okt. 1745 Major, Mai 1747 Orden p.l.m., Juni 1755 zum I-R Nr. 8, Mai 1756 Ol, Mai 1757 Orden p.l.m., Febr. 1757 Kommmandeur d. I-R Nr. 8, Mai 1757 Obrist, Sep. 1758 GM, Dez. 1758 Chef d. I-R Nr. 38, 1761 in Kriegsgefangenschaft, Okt. 1763 zu zwei Jahren Festungshaft verurteilt, Sep. 1766 als Gl dim.; **Ehefrau**: Dorothea Elisabeth verw. von Prittwitz, geb. von Reibnitz (1725–1808);

Quellen: GStA, IV. HA, Rep. 1, Nr. 94, Bl. 33 (kz. Notiz); Stabi, Ms. boruss. fol. 316 (hier als Anton Chr. L.); Fam.gesch. 1872, S. 123–125 (als L.C.A.); Priesdorff, Nr. 487;

Corporal Carl Ernst Erdmann von Zastrow (* 1754, † vor 1786)

Vater: Bogislav Ernst (* 1711, † um 1756), seit 1729 im Militär, 1736 Gefr.corp. im I-R Nr. 22, löste 1744 Risnow B im Flemmingschen Krs. wieder ein; **Mutter**: Agnese Anna Charlotte, geb. von Grape; **Laufbahn**: stand 1772 als Corporal im I-R Nr. 7; **Ehefrau**: (Anna Charlotte), geb. von Grape († 1785), hinterließ keine Söhne; d. **Gut** Risnow B, 1767 im Wert von 6666 T., darauf Hypotheken von 933 T., seine anderen Schulden betrugen 6375 T., fiel daher an die (Tochter) Charlotte Friederike Wilhelmine, verh. Prediger Krause zu Sarnow;

Quellen: GStA, I. HA, Rep. 30, Nr. 43, Paket 9232; Nr. 243, Vas.tab. 1763, 1793; Stabi, Ms. boruss. fol. 314; Brüggemann, T. 2/1, S. 42; Fam.gesch. 1872, S. 183;

Ltnt. Carl Heinrich Erdmann George von Zastrow (* 1. Aug. 1776, † 16. Nov. 1822)

Vater: Friedrich Ludwig (1741–1790), weilte 1756 auf d. *Collegium Fridericianum* in Königsberg, 1763 Cornet im D-R Nr. 9, Juni 1764 (als Ltnt.) dim., seit 1774 Erbherr auf Bartelin im Krs. Schlawe, nach d. Tod seines Vaters seit 1774 auch auf Zirchow; **Großvater**: Claus Jürgen, Major († 1774), seit 1747 Erbherr auf Bartelin, seit 1769 auf Zirchow, verh. mit e. geb. von Natzmer; **Laufbahn**: Gefr.corp. im 1. Bat. Garde, April 1792 Sl im H-R Nr. 11, Mrz. 1795 zum Depot-Bat. d. I-R Nr. 54, Jan. 1796 ins I-R Nr. 54, Mrz. 1799 (wegen e. Beinbruchs) dim.; erhielt am 29. Juli 1799 d. *venia aetatis*, sein freies Vermögen betrug 6/m T., hatte anfangs im Militärdienst Schulden gemacht, sich in d. letzten Jahren mit d. Zulage aus seinen Revenuen begnügt, sein Vormund war d. Cap. von Steinkeller, d. nächste Verwandte die Witwe Obrist (Ernst Ludwig) von Bandemer, geb. von Zastrow; trat im Mrz. 1813 wieder in d. Militärdienst ein, Mrz. 1815 Rittmstr. im 7. D-R, Juni 1816 Major u. Kreis-Brigadier; **Güter**: nahm bei d. Auseinandersetzung mit seinen Halb-Geschwistern um 1800 d. Gut Bartelin im Krs. Schlawe für 9007 T. an, erwarb außerdem Zowen für 4500 T., will auf beiden Gütern nur ¼ freigehabt haben, verkaufte Bartelin um 1804 an d. Major Graf von Goetzen; **Ehefrau**: Johanna Caroline Amalie (* 1783), e. To. d. Gl Ernst Friedrich Carl von Hanstein;

Quellen: GStA, I. HA, Rep. 30, Nr. 44, Z 145, Paket 9405; IV. HA, Rep. 1, Nr. 94, Bl. 33 (Vater), Bl. 34; Stabi, Ms. boruss. fol. 312 (Vater), fol. 314; Brüggemann, T. 2/2, S. 866, S. 898; Fam.gesch. 1872, S. 212–215;

Ltnt. Christian Ludwig von Zastrow (* um 1713, † 31. Dez. 1750) *

Vater: Balzer Christian (1686–1739), seit 1704 Erbherr auf d. Vorwerken Osterfeld, Gr. u. Kl. Schmilz, Ziegelei u. Lucknitz B im Krs. Neustettin; **Mutter**: e. geb. von Butzke; **Laufbahn**: Sep. 1728 zu d. *cadets*, Mrz. 1730 Gefr.corp. im I-R Nr. 1, zuletzt Fähnrich, Mrz. 1740 nach zehn Dj. als Sl dim., erbte d. väterlichen **Güter**; diese gerieten nach seinem Tod in Konkurs u. wurden 1753 für 16221 T. an Heinrich Christoph von Glasenapp verkauft; **Ehefrau**: Catharina Dorothea, geb. von Lohde;

Quellen: GStA, I. HA, Rep. 30, Nr. 44, Z 145, Paket 9404; Stabi, Ms. boruss. fol. 313; Brüggemann, T. 2/2, S. 772; Fam.gesch. 1872, S. 52;

Major Erdmann Friedrich (seit Mai 1764: von) Zastrow
(* 1747, † 12. Dez. 1821)*

Vater: Rüdiger Anshelm (1707–1757), Cap., s.d.; **Mutter**: Christiana, geb. Bielcke; **Bruder**: Carl Christian (1743–1810), seit 1759 im Militär, 1774 Sl im I-R Nr. 24, 1782 Pl, Juni 1787 Stabs-Cap., Mrz. 1790 Cap. u. Chef e. Comp., April 1795 Major, Jan. 1803 ins 3. Mousq.-Bat. d. Reg. versetzt, nach 1806 dim., 1810 in Frankfurt an d. Oder nach 49 Dj. ohne Leibeserben verst.; **Bruder**: Peter Lorenz (* 1754), 1767 bis 1769 *cadet*, 1776 u. 1778 als Fähnrich im I-R Nr. 23 gen., Juni 1782 Ltnt., Sep. 1787 Cap., 1800 Abschied, verh. mit e. To. d. GM Christian Ludwig von Winning, ließ sich im Krs. Sternberg nieder; **Bruder**: Ferdinand (1756–1827), seit 1770 im Militär, Juni 1778 Fähnrich im I-R Nr. 23, Okt. 1780 Sl, Juni 1793 Pl, Sep. 1795 Stabs-Cap., Okt. 1799 Cap. u. Chef e. Comp., Juni 1809 Major, Febr. 1814 pens., 1827 ohne Leibeserben verst.; **Laufbahn**: Jan. 1758 *cadet*, wurde am 1. Mai 1764 zs. mit seinen Brüdern in den Adelstand erhoben, sie erhielten d. Namen u.d. Wappen d. Vaters, Mai 1764 ins I-R Nr. 23, 1776 u. 1782 als Ltnt. gen., Sep. 1785 Pl, Okt. 1794 Stabs-Cap., Jan. 1795 Cap. u. Chef e. Comp. beim Bat. von Weiher, 1796 als wirkl. Cap. ins neue I-R Nr. 57, Sep. 1798 Major im I-R Nr. 50, Dez. 1805 Chef d. 3. Schles. Prov.-Invaliden-Comp., April 1809 Orden p.l.m., Dez. 1811 Kommandeur d. Invaliden-Hauses zu Stolp, Mrz. 1814 Ol, Mai 1817 als Obrist mit Pension dim.; **Güter**: d. Brüder bekamen auf ihr Immediatgesuch 1782 d. ges. Hand auf d. Lehn d. Familie von Zastrow in Pommern; 1821 ohne Leibeserben verst.;

Quellen: GStA, I. HA, Rep. 30, Nr. 242, Paket 9969 (E.F. auch als Fr. Erdmann); IV. HA, Rep. 1, Nr. 94, Bl. 33–34; Ms. boruss. fol. 316; Fam.gesch. 1872, S. 219–222; Tb. Uradel 1910, S. 799 (danach war d. Bruder P.L. verh. mit Sophie Auguste Amalie von Winning (1763–1816), To. d. Landrates Hans Friedrich von Winning);

Major Franz Henning von Zastrow (* um 1680, † nach 1751)

Vater: Matthias Moritz († 1708), Erbherr auf Bärwalde u. Nemmin im Krs. Neustettin, auf Bansekow u. zeitweilig auf Klein Machmin im Krs. Stolp; **Mutter**: (Catharina Anna, geb. von Rahmel); **Bruder**: Philipp Heinrich (* um 1676), poln. Cap., zeitweilig Erbherr auf Klein Machmin; **Laufbahn**: seit 1698 im Militär, Aug. 1714 Major im I-R Nr. 24, (1720 als Major in Spandau gest.); erste **Ehefrau**: Anna Maria, geb. von der Goltz († 1736); **Sohn**: Hans Christian (1751–1753);

Quellen: Stabi, Ms. boruss. fol. 316 (nicht mehr in d. Rangliste f. 1722, lt. Abgangsliste I-R 24 1720 gest.), fol. 319 (als Heinrich Franz, 1720 gest.); Brüggemann, T. 2/2, S. 984 (Vater u. Bruder); Fam. gesch. 1872, S. 28–30;

Cap. Friedrich Ehrentreich von Zastrow (* um 1710)

Vater: Balzer Christian Anton († 1732), 1719 Stabs-Cap. im Garn.-Bat. Nr. 2 in Pillau, Erbherr auf Nemmin A u. Anteil Valm im Krs. Neustettin; **Mutter**: Dorothea Perpetua, geb. von Hechthausen († 1717); **Bruder**: Henning Moritz (* um 1705, † 1747), seit 1735 im Militär, 1743 Sl im I-R Nr. 26, 1747 an e. Blessur gest.; **Laufbahn**: Aug. 1723 *cadet* in Berlin, Aug. 1726 als Gefr.corp. ins I-R Nr. 16, Juli 1731 Fähnrich, Nov. 1735 Sl, Juli 1740 Pl, Okt. 1742 nach 19 Dj. krankheitshalber dim., wechselte in kurpfälzische Dienste, hier 1746 als Cap. genannt, 1756 vorm. Cap.; **Güter**: saß 1756 auf Nemmin A, Pieleborg C u. Linde

C im Krs. Neustettin im Wert von 4/m T., verkaufte d. Güter 1764 an d. Witwe Obrist von Münchow;

Quellen: GStA, I. HA, Rep. 30, Nr. 243, Vas.tab. 1756 (hier als Ernst Friedr.); Stabi, Ms. boruss. fol. 311, fol. 314 (Vater, Bruder H.M.); Brüggemann, T. 2/2, S. 765; Kopka v. Lossow, Offz.liste, S. 7*; Fam.gesch. 1872, S. 53–54;

GM Friedrich Wilhelm Christian von Zastrow
(* 22. Dez. 1752, † 22. Juli 1830)*

Vater: Christian Wilhelm (1714–1758), von 1728 bis 1735 im *Cadetten-Corps*, April 1739 Fähnrich im I-R Nr. 17, Mai 1739 Sl, Aug. 1740 Cap. u. Chef e. Comp. im I-R Nr. 34, noch 1750 u. 1756 hier als Cap. gen., als Major u. Kommandeur d. I-R Nr. 34 bei Domstädtl 1758 gefallen; **Mutter**: Christiane Auguste, geb. von Boden († 1777); **Bruder**: August Friedrich Wilhelm Franz (1749–1833)*, stand von 1764 bis 1793 im K-R Nr. 11, zuletzt als Major, Mrz. 1793 dim., Jan. 1804 wiederangestellt als Assistent im Oberkriegskollegium, Jan. 1804 Obrist, Dez. 1808 als GM dim.; **Laufbahn**: Okt. 1762 auf d. Ritterakademie Brandenburg an d. Havel, Sep. 1766 Gefr.corp. im I-R Nr. 13, Mai 1768 Fähnrich, Mrz. 1774 Sl, Jan. 1778 Orden p.l.m., April 1785 Inspektions-Adjutant bei GM Wilhelm Magnus von Brünneck, Sep. 1786 Cap., Dez. 1789 Major u. Chef e. Comp. im I-R Nr. 17, Okt. 1790 zum I-R Nr. 7, Dez. 1792 Flügel-Adjutant, Juni 1794 Ol, Jan. 1796 Obrist, Jan. 1798 Chef d. Jägercorps zu Pferd, Nov. 1800 Chef d. I-R Nr. 39, Mai 1801 GM, April 1806 Generalinspekteur d. südpreuß. Infanterie-Inspektion, Dez. 1806 Minister d. Auswärtigen, Mai 1807 Gl, Juni 1807 Abschied, Mai 1813 Chef d. Landwehr in Schlesien, April 1817 a.o. Gesandter in München; **Ehefrau**: in zweiter Ehe verh. mit Friederike Dorothea, geb. Lüdemann (1767–1840); **Güter**: erhob im Jan. 1784 Anspruch auf e. Bauernhof in Valm, der seinem bei Prag gefallenen Onkel, d. Rittmstr. Asmus Lorenz von Zastrow, s.d., gehört u. den die von Zastrow auf Wusterhanse an sich genommen hatten; wurde aufgefordert, sich e. Bevollmächtigten in dieser Sache zu nehmen;

Quellen: GStA, I. HA, Rep. 30, Nr. 44, Z 145, Paket 9405; IV. HA, Rep. 1, Nr. 94, Bl. 33 (Vater u. Söhne); Stabi, Ms. boruss. fol. 311 (Vater); Fam.gesch. 1872, S. 55, S. 65, S. 67; Priesdorff, Nr. 1 023, Nr. 1 138 (Bruder);

Ltnt. George Ewald von Zastrow (* 1711, † 15. Dez. 1745)*

Vater: Rüdiger Woitzlaff, Erbherr auf Dargeröse im Krs. Stolp; **Mutter**: Sophia Gertrude, geb. von Podewils; **Bruder**: Rüdiger Ernst, Ltnt.; **Laufbahn**: 1726 *cadet*, Mai 1729 ins I-R Nr. 3, 1735 Fähnrich, 1737 Sl, 1741 Pl, 1745 bei Kesselsdorf gefallen;

Quellen: nicht in GStA, IV. HA, Rep. 1, Nr. 94, Bl. 33; Gesch. I-R Nr. 3, S. 189; Fam.gesch. 1872, S. 217–218;

Major George Ludwig von Zastrow (* um 1704, † 26. Mrz. 1762)

Vater: Dionysius Gerson (1668–1762), hinterließ vier Söhne; **Bruder**: Claus Jürgen (* um 1695, † 1774), 1756 Cap. im Stettiner Garn.-Reg., später Major, seit 1747 Erbherr auf Bartelin im Krs. Schlawe im Wert von 5 700 T.; **Bruder**: Bogislav Friedrich (1702–1785), seit 1724 als Bombardier bei d. Artillerie, Jan. 1731 Sl, Nov. 1739 Pl, 1741 Orden p.l.m., Nov.

1741 Stabs-Cap., Aug. 1748 Cap., Jan. 1758 Major, Mai 1759 dim.; **Bruder**: Peter Ernst (1711–1745), 1726 *cadet* in Berlin, Mai 1732 Gefr.corp. im I-R Nr. 15, Mrz. 1740 Sergant im I-R Nr. 15, Juli 1740 Pl im Feld-Artill.-Bat., Mai 1742 Stabs-Cap., gest. Juni 1745 an Blessuren bei Neiße; **Laufbahn**: trat 1723 in d. Militärdienst ein, zunächst im I-R Nr. 32, stand 1740 als Stabs-Cap. im I-R Nr. 13, (1740 Orden p.l.m.), Juli 1747 (vom I-R Nr. 32, bzw. 1750) Abschied als Major; **Güter**: erwarb 1753 d. Gut Deutsch Plassow im Krs. Stolp für 8 200 T., 1762 fiel es seinem Bruder, d. Major Bogislav Friedrich von Zastrow, zu;

Quellen: GStA, I. HA, Rep. 30, Nr. 243, Vas.tab. 1756 (Bruder C.J.); IV. HA, Rep. 1, Nr. 94, Bl. 33 (G.L. als Major im I-R 32, Juli 1747 dim., Bruder B.F.); Stabi, Ms. boruss. fol. 311; fol. 319 (B.F. u. P.E.) Brüggemann, T. 2/2, S. 990; Fam.gesch. 1872, S. 212, S. 215–217; Lehmann, Ritter, S. 23 (hier B.F.);

Ltnt. Gustav Jacob von Zastrow (* 29. Juli 1751)

Vater: Ernst Christian († 27. Dez. 1762), poln Major, Erbherr auf Reinfeld A, seit 1751 auch auf Heinrichsdorf im Krs. Rummelsburg, Pächter d. Güter Krojanke d. poln. Fürsten Sulkowski; **Mutter**: Margaretha Charlotte, geb. (Frein) von Mehling († 17. Mai 1763), hinterließ vier Söhne u. drei Töchter; **Bruder**: Alexander Christian (* 13. Mai 1742, † 1775), erhielt am 4. Mrz. 1765 als Rittmstr. d. *venia aetatis*, besaß d. väterl. Güter im Wert von zs. 6 626 T., d. poln. Vermögen d. Eltern betrug 20 219, das freie Vermögen aller sieben Kinder belief sich auf 25 735, das d. Rittmstrs. auf 3 892 T., d. Rittmstr. verließ Frau u. Kinder u. ging nach Batavia, dort verst.; e. **Bruder** (August Joachim, * 9. Sep. 1752) stand 1781 als Ltnt. im Grenadier-Bat. Nr. 3 in Magdeburg, in Kolberg 1785 gest.; **Mutter-Bruder**: poln. Obrist von Mehling; **Laufbahn**: seit 1764 im D-R Nr. 1, 1774 als Sl gen., erhielt Anfang 1776 Urlaub vom Reg., trieb 1/m T. seines Vermögens ein, e. gr. Teil davon soll ihm während e. Krankheit gestohlen worden sein, kehrte nicht ins Reg. zurück u. ging noch im Mrz. d.J. in d. kaiserl. Staaten; es kursierte d. Gerücht, wonach er am 10. Mai 1776 in Lenschitz gestorben sein soll, seit 1783 war bekannt, daß er in österr. Diensten stand; bat im Aug. u. Dez. 1789 darum, ihm seinen Abschied u.d. Erlaubnis zu geben, in d. ksl. Staaten bleiben zu dürfen, auch sollte ihm sein mit Arrest belegtes Vermögen von 666 T. ausgehändigt werden, stand als kaiserl. *Bancal-Beamter* in Teschen; im Okt. 1789 wurde e. Konfiskations- u. Desertionsprozeß gegen ihn eröffnet;

Quellen: GStA, I. HA, Rep. 30, Nr. 44, Z 145, Pakete 9 404 u. 9 405; IV. HA, Rep. 1, Nr. 94, Bl. 34 (als Ltnt. im D-R Nr. 1 1776 gest.); Stabi, Ms. boruss. fol. 314 (danach 1776 desertirt); Probst, D-R Nr. 1, 1841, S. 157; Fam.gesch. 1872, S. 198–206 (in d. Akten finden sich andere Namen für d. Brüder als in d. Fam.gesch.);

Major Hans Heinrich von Zastrow (* 19. Juni 1691, † 1748)

Vater: Franz († 1739), Erbherr auf Wusterhanse, auf Anteil Bärwalde u. Valm im Krs. Neustettin; **Mutter**: Adelheid, geb. von der Goltz; **Bruder**: Asmus Lorenz (1709–1757), Rittmstr., s.d.; **Laufbahn**: 1711 Gefr.corp. im I-R Nr. 9, Juni 1717 Fähnrich, April 1720 Sl, April 1726 Pl, Mai 1731 Stabs-Cap., Mai 1735 Cap. u. Chef e. Comp., Febr. 1745 Major, 1748 als solcher gest.; **Frau**: Philippina Wilhelmina, geb. von Versen; **Güter**: kaufte 1724 d. Gut Redel im Krs. Belgard, veräußerte es zs. mit seiner Frau 1745 an d. Ol Gotthilf Christian von Kleist für 10 150 T., über diesen Verkauf kam es zu Prozessen zwischen beiden Parteien; etablierte sich mit Hilfe d. *Kaufpretiums* mit seiner Familie in d. Gfsch. Mark; **Sohn**: Gotthard (1739–1812), seit 1755 im Militär, Mai 1756 Fähnrich, Aug. 1759 Sl, Juli 1765 Pl im I-R Nr. 9, Juli 1772 (bzw. 1774) als Cap. dim., als Zolleinnehmer in Emmerich versorgt; **Sohn**: Gottfried Dietrich Christian (1731–1805), seit 1746 im I-R Nr. 9, Nov. 1750 Fähnrich, Juni 1755 Sl, Febr. 1759 Pl, Sep. 1761 Stabs-Cap., Dez. 1761 Cap. u. Chef e. Comp., Mrz. 1779 Abschied als Major nach 32 Dj.;

Quellen: GStA, I. HA, Rep. 30, Nr. 44, Z 145, Paket 9404; IV. HA, Rep. 1, Nr. 94, Bl. 33; Stabi, Ms. boruss. fol. 315; Brüggemann, T. 2/2, S. 662; Fam.gesch. 1872, S. 55–56, 58–59;

GM Jacob Rüdiger von Zastrow (* 1707, † 30. Mrz. 1782) *

Vater: Rüdiger Ernst, Erbherr auf Reinfeld u. Kolziglow im Krs. Rummelsburg; **Mutter**: Eva, geb. von Massow; **Bruder**: Otto Bogislav (1722–1787), Obrist, s.d. mehr; **Laufbahn**: Mrz. 1723 *cadet* in Berlin, Mrz. 1726 Gefr.corp. im I-R Nr. 13, Juni 1737 Fähnrich, Dez. 1739 Sl, Juni 1742 Pl, Dez. 1745 Stabs-Cap., Jan. 1746 Cap. u. Chef e. Comp., Okt. 1756 Orden p.l.m., Mrz. 1758 Major, Febr. 1760 Kommandeur d. I-R Nr. 13, Juli 1762 zum I-R Nr. 5, Mai 1763 Kommandeur d. I-R Nr. 5, Juni 1765 Ol, Aug. 1767 Obrist, Juni 1776 Chef d. I-R Nr. 11, Jan. 1777 GM; **Ehefrau**: Luise Elisabeth, geb. von Blankenburg; **Güter**: bat im Juni 1768 um d. Anwartschaft auf d. auf d. Fall stehenden Lehngut Heinrichsdorf im Krs. Greifenhagen im Umfang von zwölf Hufen Acker, wies dabei auf sein Alter von 60 Jahren u. seine 43 Dj. hin, d. Gut war seit 1766 für 735 T. verpachtet u. befand sich im Besitz d. Landrates Gustav Eberhard Frhr. von Greiffenpfeil, der keine Leibeserben hatte; mit Ordre vom 4. Aug. 1768 erhielt d. damalige Obrist d. Anwartschaft auf d. Lehngut mit d. Auflage, nach d. Tod d. Landrates d. Allodialerben auszuzahlen; 1775 fiel d. Gut jedoch an d. Witwe d. Landrates;

Quellen: GStA, I. HA, Rep. 30, Nr. 44, Z 145, Pakete 9404 u. 9405; Brüggemann, T. 2/1, S. 85; Fam. gesch. 1872, S. 206–207; Priesdorff, Nr. 624;

GM Johann Wenzel von Zastrow (* 11. Dez. 1717, † 24. April 1773) *

Vater: George Berend, kursächs. Major; **Mutter**: Ernestine Charlotte Anna, geb. Jannewitz; **Laufbahn**: 1733 Junker im D-R Nr. 1, Aug. 1740 Cornet, Mai 1741 Sl, Aug. 1756 Stabs-Cap., Juni 1757 Orden p.l.m., Mrz. 1757 Cap. u. Chef e. Comp., Mai 1757 Major, Juli 1757 Ol, April 1759 Obrist, April 1761 Chef d. D-R Nr. 1, Sep. 1764 GM, Juni 1766 Amtshauptmann zu Stolp; **Ehefrau**: Charlotte Wilhelmine, geb. von Lehwald (1715–1795); **Güter**: Erbherr auf (Gr.- u. Kl.-Dippel) in (Ost-)Preußen;

Quellen: nicht in GStA, IV. HA, Rep. 1, Nr. 94, Bl. 33; Stabi, Ms. boruss. fol. 314; Fam.gesch. 1872, S. 218–219; Lehmann, Ritter, S. 57 (als Anton Wenzel); Priesdorff, Nr. 553 (in Pommern geb.);

Cap. Matthias George von Zastrow (* 1697, † 1743)

Vater: Otto George (1658–1731), Landrat d. Krs. Neustettin, Erbherr auf Wusterhanse, Valm, Linde (C), Bärwalde (C) im Krs. Neustettin; **Laufbahn**: trat 1716 in d. Militärdienst ein, April 1717 Fähnrich, Okt. 1722 Pl, Mai 1735 Cap. u. Chef e. Comp. im I-R Nr. 7, 1743 als aktiver Offz. gest.; **Güter**: saß seit 1732 auf d. väterlichen Gütern im Krs. Neustettin; **Ehefrau**: Juliane, geb. (von) Hagemeister;

Quellen: nicht in GStA, IV. HA, Rep. 1, Nr. 94, Bl. 33; Stabi, Ms. boruss. fol. 314; Fam.gesch. 1872, S. 42;

Ltnt. Matthias Joachim von Zastrow (* 28. Febr. 1709)

Vater: Hans Lorenz (* 1679), bis 1712 Erbherr auf Dargeröse im Krs. Stolp; **Mutter**: Eleonore, geb. von Podewils; **Bruder**: Rüdiger Anshelm (1707–1757), Cap. im I-R Nr. 23, s.d.; **Bruder**: Peter Lorenz (1713–1753), seit 1730 im Militär, (Uffz. im I-R Nr. 16, Nov. 1737 Fähnrich im Garn.-Bat. Nr. 2, stand noch 1740 hier als Fähnrich), Mai 1746 Pl im I-R Nr. 43, 1750 hier noch gen., **Bruder**: Ernst Ewald (* 1710), 1729 Gefr.corp. im I-R Nr. 31, dann in fremden Diensten verschollen; **Bruder**: George (Jürgen) Friedrich (* 1714, † 30. Mrz. 1768), 1728 *cadet* in Berlin, Mai 1737 ins I-R Nr. 31, Okt. 1739 Pl, Sep. 1752 Cap., Orden p.l.m., 1764 als Major gen., 1767 Amtshauptmann von Rastenburg, 1768 als Ol u. Kommandeur d. I-R Nr. 31 gest.; **Laufbahn**: Aug. 1736 Fähnrich im I-R Nr. 11, Juli 1745 Pl, 1755 mit Pension dim., ohne Leibeserben verst.;

Quellen: GStA, IV. HA, Rep. 1, Nr. 94, Bl. 33 (M.J., Mrz. 1754 als Ltnt. versorgt, Bruder G.F., kz. Notiz); Stabi, Ms. boruss. fol. 314 (Bruder J.F. als Georg Fr.), fol. 316 (P.L.); Becker, I-R Nr. 11, S. 124, S. 129, S. 174, S. 415; Fam.gesch. 1872, S. 219–224;

Ltnt. Matthias Ludwig von Zastrow (* 23. Dez. 1734, † 5. Juli 1753)

Vater: Caspar Heinrich († 1737), Ltnt., Landrat, Erbherr auf Borntin, auf Anteilen Luzig u. Gönne im Krs. Neustettin; auf Anteil Arnhausen im Krs. Belgard, hinterließ vier Söhne, diese besaßen 1750 e. Vermögen von zs. 17/m T.; **Mutter**: e. geb. von der Goltz, sie bat 1751 vergeblich um d. *venia aetatis* für d. beiden ältesten Söhne, d. Güter Wusterhanse sollen damals e. Wert von 26 794 T. gehabt haben; **Bruder**: Otto Rüdiger (* 1727), 1767 Erbherr auf ganz Wusterhanse u. Bärwalde D im Krs. Neustettin, (1774 auf Gönne), 1793 inkl. Pertinenzien u. Anteilen an Valm im Wert von 22/m T., 1804 befanden sich diese Güter in der Hand von Otto Heinrich von Zastrow (* 1774); **Bruder**: George Heinrich (* 4. Nov. 1730, † 11. Febr. 1807), weilte auf d. Univ. Königsberg, erhielt am 11. Dez. 1753 d. *venia aetatis*, besaß damals e. Güter-Kavel im Wert von 11 350 T., davon waren 4/m T. frei, seit 1754 auf Anteil, seit 1768 auf ganz Arnhausen im Krs. Belgard, im Jan. 1802 für 52 350 T. verkauft, seit etwa 1775 auch auf Borntin, 1793 auf ganz Luzig, 1804 als Erbherr auf Borntin u. Luzig im Wert von zs. 12/m T. gen.; **Bruder**: Friedrich Wilhelm (1732–1774), Fähnrich, zuletzt Cap., seit 1754 Erbherr auf Borntin u. Gönne, seit 1762 auch auf Vorwerk Groß Nemrin; **Laufbahn**: trat um 1746 in d. Militärdienst ein, 1753 Cornet im D-R Nr. 4, 1753 als Ltnt. nach sieben Dj. dim.; **Güter**: seit 1749 Erbherr auf Anteil Arnhausen u. Luzig im Krs. Neustettin; im Mrz. 1754 teilten sich d. Brüder seinen Nachlaß; (1756 u. 1767 auf Borntin u. Grünke im Wert von 10/m T. im Krs. Neustettin genannt);

Quellen: GStA, I. HA, Rep. 30, Nr. 44, Z 145, Paket 9 404; Nr. 186 d, Paket 9 834; Nr. 243, Vas.tab. 1756, 1767, 1793, 1804; IV. HA, Rep. 1, Nr. 94, Bl. 33; Brüggemann, T. 2/2, S. 776–777; Fam.gesch. 1872, S. 42–48; Schöning, D-R Nr. 3, S. 421 (e. Fähnrich v. Z. wurde 1754 dim.);

Obrist Otto Bogislav von Zastrow (* um 1722, † 2. Juni 1787)

Vater: Rüdiger Ernst, Erbherr auf Reinfeld u. Kolziglow im Krs. Rummelsburg; **Mutter**: Eva, geb. von Massow; **Bruder**: Jacob Rüdiger (1707–1782), GM, s.d.; **Bruder**: Ernst Christian, poln. Major; **Bruder**: Christian Ludwig (* um 1714, † 1774), seit 1732 im Militär, 1750 u. 1756 Sl im I-R Nr. 17, erhielt im Mrz. 1760 als Cap. d. Orden p.l.m., 1768 Abschied als Cap.; **Laufbahn**: Jan. 1742 Cornet im D-R Nr. 1, Nov. 1745 Sl, Mrz. 1758 Stabs-Rittmstr., Mrz. 1762 Rittmstr., Juni 1764 Major, Mai 1775 Ol, Dez. 1776 als Obrist mit Pension dim., Träger d. Ordens p.l.m.; **Ehefrau**: Friederica Gottliebe, e. To. d. Reg.rates Joachim Friedrich Graf von Küssow († 1777); **Güter**: seine Frau brachte ihm 1777 d. väterlichen Güter Klein Küssow, Cunow an d. Straße B u. Verchland im Krs. Pyritz ein, 1797 hatte Klein Küssow e. Wert von 34/m T., die drei Bauernhöfe in Cunow von 3/m T. u. Verchland von 34/m T.; e. Ltnt. von Zastrow von d. Invaliden-Comp. in Demmin erhob 1806 vergeblich Anspruch auf d. Erbe seines Onkels, dieser Ltnt. soll sein Vermögen durchgebracht u.d. Familie Schande gemacht haben, wurde deshalb auf Antrag d. Obristen zweimal zur *correction* auf d. Festung Graudenz gebracht; d. Witwe Obrist von Zastrow stiftete aus d. Güter e. Majorat, dessen erster Besitzer 1801 Friedrich August Christian Leopold von Zastrow wurde, der am 15. Aug. 1801 d. Erlaubnis erhielt, d. Namen von Küssow führen zu dürfen;

Quellen: GStA, I. HA, Rep. 30, Nr. 44, Z 145, Paket 9 405; IV. HA, Rep. 1, Nr. 94, Bl. 33; Stabi, Ms. boruss. fol. 314; Brüggemann, T. 2/1, S. 149; Probst, D-R Nr. 1, 1841, S. 157; Fam.gesch. 1872, S. 198–199, S. 207–210; Lehmann, Ritter, S. 83, S. 171;

Cap. Rüdiger Anshelm von Zastrow (* 30. Jan. 1707, † 8. Juni 1757)

Vater: Hans Lorenz (* 1679), Ltnt., verkaufte 1712 d. Gut Dargeröse im Krs. Stolp, hinterließ fünf Kinder; **Mutter**: Eleonore, geb. von Podewils; **Bruder**: Matthias Joachim (* 1709), Ltnt., s.d. mehr; **Bruder**: Peter Lorenz (1713–1753), Ltnt.; **Bruder**: George (Jürgen) Friedrich (1714–1768), Ol; **Laufbahn**: Mrz. 1723 *cadet*, Mrz. 1726 ins I-R Nr. 23, 1736, 1740 als Sl gen., Okt. 1741 Pl, Mai 1755 Cap. u. Chef e. Comp. im I-R Nr. 23, 1757 an bei Prag erlittenen Blessur gest.; seine unehelichen Söhne aus d. Verbindung mit Christiana Bielcke († 1787) wurden am 1. Mai 1764 in den Adelstand erhoben, sie erhielten d. Namen u.d. Wappen d. Vaters: **Sohn**: Carl Christian (1743–1810), Major; **Sohn**: Erdmann Friedrich (1747–1821), Major, siehe dort mehr; **Sohn**: Peter Lorenz (* 1754), Cap.; **Sohn**: Ferdinand (1756–1827), Cap.; **Tochter**: Caroline Christiane, bekam seit Juni 1785 e. Pension von 50 T., arbeitete zeitweilig als Hauswirtschafterin beim Cap. von Podewils in Großrambin; **Tochter**: Sophia Friederica, hielt sich bei d. Mutter in Berlin auf;

Quellen: GStA, I. HA, Rep. 30, Nr. 44, Z 145, Paket 9 404; Rep. 47, Tit. XI b, Paket 15 700; II. HA, Abt. 13 a, Tit. III, Litt Z, Nr. 11 (Töchter); IV. HA, Rep. 1, Nr. 94, Bl. 33; Stabi, Ms. boruss. fol. 314 (Bruder G.F.); fol. 316; Fam.gesch. 1872, S. 219–222 (d. Cap. auch als Anselm Rüdiger);

Corp. Johann von Zeminsky (* 1716)

(**Vater**: Erbherr auf Anteil Zemmin in Cassuben); **Laufbahn**: seit 1736 im Militär, stand 1740 als Corporal im I-R Nr. 7;

Quellen: Stabi, Ms. boruss. fol. 314;

Ltnt. Casimir Heinrich von Zeromsky (* 1777)

Vater: Michael Stanislaus (1726–1801), Cap., Erbherr auf Jerskewitz A im Krs. Stolp, 1767 hatte d. Gut e. Wert von 766 T., darauf Schulden von 511 T., erhielt 1773 u. 1776 Meliorationsgelder in Höhe von 4/m T.; **Bruder**: Christian Ludwig (* 1768), Cap., s.d. mehr zur Fam.; **Laufbahn**: Juli 1785 *cadet* in Stolp, Mai 1789 *cadet* in Berlin, Mrz. 1794 Fähnrich im

I-R Nr. 34, April 1795 Sl, Jan. 1796 zum I-R Nr. 35, Nov. 1801 dim.; **Güter**: besaß d. väterl. Gut Jerskewitz A, dieses war 100 Jahre in d. Hand von Pächtern gewesen, verließ d. Militärdienst, um selbst zu wirtschaften u. um d. Gut zu verbessern; bat 1802 um e. Beihilfe von 2/m T. für d. kleine u. baufällige Gut, saß 1804 auf d. ganzen Gut (A, B, C u. D) nebst. Pertin. für insges. 5/m T.;

Quellen: GStA, I. HA, Rep. 30, Nr. 43, Paket 9232; Nr. 243, Vas.tab. 1804 (Felix als Besitzer); II. HA, Abt. 13 a, Tit. I, Litt S, Nr. 32; IV. HA, Rep. 1, Nr. 94, Bl. 79 (hier als Casimir Heinrich); Brüggemann, T. 2/2, S. 973; Taeglichsbeck, S. 274; Stolper Kadetten, S. 18;

Cap. Christian Ludwig von Zeromsky (* 1766)

Vater: Michael Stanislaus (1726–1801), seit 1746 im Militär, 1750 Gefr.corp. im I-R Nr. 12, 1757 infolge bei Prag erlittener Blessuren als Ltnt. dim., als Cap. ins Garn.-Reg. von Lüderitz versetzt, auch als solcher dienstuntauglich, vom König als Proviant-Commissar in Stolp angesetzt, erwarb von seinem bei Prag gefallenen Onkel Nicolaus Heinrich von Puttkamer Jerskewitz A nebst Feldmark Damerkow (u. Neu-Zeromin), später auch Erbherr auf Saviat im Krs. Stolp u. Klein Gustkow im Distrikt Bütow, noch 1800 als Erbherr gen., (jetzt auch auf Großnossin B); **Mutter**: Marie Louise, geb. von Puttkamer ((1743–1822), **Bruder**: Jacob Friedrich (1768–1806), Mai 1776 *cadet* in Stolp, Mai 1782 *cadet* in Berlin, seit 1779 im Militär, Mai 1787 Fähnrich im I-R Nr. 33, Juli 1788 Sl, Okt. 1797 Pl, Okt. 1800 Stabs-Cap., Juli 1806 Cap. u. Chef e. Comp., Okt. 1806 bei Auerstedt gefallen; **Bruder**: Felix (* 1773), 1794 Ltnt.; **Bruder**: Casimir Heinrich (* 1777), Ltnt., s.d.; **Laufbahn**: Mai 1774 *cadet* in Stolp, Juni 1780 *cadet* in Berlin, Mrz. 1785 Fähnrich im I-R Nr. 12, Juni 1787 Sl, Mai 1796 Pl, Dez. 1798 als Cap. dim.; **Güter**: nach d. Erbteilung mit Mutter u. Brüdern seit Mai 1801 Erbherr auf Saviat im Krs. Stolp f. 2/m T. u. Klein Gustkow im Distrikt Bütow; verkaufte im Juli 1805 Saviat an d. Ltnt. Wilhelm Moritz von Wedelstaedt, s.d., für 7550 T.;

Quellen: GStA, I. HA, Rep. 30, Nr. 44, W 128, Paket 9386; Nr. 241 b, Paket 9962; Nr. 243, Vas.tab. 1793, 1794, 1804; IV. HA, Rep. 1, Nr. 94, Bl. 79 (hier kein Felix); Stabi, Ms. boruss. fol. 311 (Bruder J.F.); fol. 316 (Vater, nach IV. Rep. 1, April 1758 invalide); Stolper Kadetten, S. 7, S. 9, S. 18;

GM Carl Christoph von Zeuner (* 1703, † 19. Jan. 1768) *

Vater: Friedrich (1659–1716), schwed. Ol; **Mutter**: Christine Elisabeth, geb. von Sperling († 1721); **Bruder**: Gustav Friedrich (* 1702, † Sep. 1745), Cap., verh. mit Juliane Marie, e. To. d. Obristen von Berg, Sohn: Carl Bernhard Friedrich (* 1744), Nov. 1760 ins Reg., Fähnrich, April 1762 Sl im I-R Nr. 19, Mai 1776 als Ltnt. dim.; **Bruder**: Johann Bernhard (* 1702, † 30. Sep. 1745), seit 1716 im Militär, 1730 Sl im I-R Nr. 18, 1740 Pl, als Cap. im I-R Nr. 18 bei Soor gefallen; **Laufbahn**: 1718 Gefr.corp. im I-R Nr. 19, April 1727 Fähnrich, Febr. 1733 Sl, Mai 1737 Pl, Aug. 1740 Cap. u. Chef e. Comp. im I-R Nr. 1, Mai 1749 Major, Mai 1757 Ol, Dez. 1757 Kommandeur d. I-R Nr. 1, Febr. 1758 Obrist, Febr. 1760 GM u. Chef d. I-R Nr. 1, unbeerbt verst.;

Quellen: GStA, IV. HA, Rep. 1, Nr. 94, Bl. 85 (nur kz. Notizen f. d. GM u. f. C.B.F.); Stabi, Ms. boruss. fol. 313 (J.B.); Gesch. I-R Nr. 19, S. 90–91, S. 134; Priesdorff, Nr. 518 (d. GM wurde in Stettin geb.);

Major Hans Ernst Carl von Zieten (* 5. Mrz. 1770, † 3. Mai 1848) *

Vater: Ernst Dietrich (1739–1798), seit 1756 im Militärdienst, stand im Juni 1764 als Ltnt. im K-R Nr. 10, Mai 1765 dim., erhielt später d. Charakter Cap., Erbherr auf Dechtow in d. Mittelmark; **Mutter**: Charlotte Sophie Margarethe, geb. von Moeller; **Laufbahn**: Mai 1785 Junker im H-R Nr. 2, Febr. 1788 Cornet, Juni 1790 Sl, Dez. 1792 Orden p.l.m., Dez. 1793 Rittmstr., 1795 Inspek.-Adjutant d. westpreuß. Kav.-Inspektion, Juni 1800 Major u. Adjutant d. Kav.-Inspektion d. Generals Friedrich Adolph Graf von Kalckreuth, Juni 1807 Ol, Febr. 1809 Kommandeur d. 1. Schles. H-R, Mai 1809 Obrist, Mrz. 1813 GM, Dez. 1813 Gl, seit Sep. 1817 Graf, Febr. 1839 als GFM in d. Ruhestand; **Güter**: saß 1802 auf Malschitz im Distrikt Lauenburg im Wert von 46/m T.; (**Sohn**: Carl August (* 1784), stand 1802 Fähnrich im I-R Nr. 54 in Graudenz);

Quellen: GStA, I. HA, Rep. 30, Nr. 243, Vas.tab. 1802, 1804; IV. HA, Rep. 1, Nr. 94, Bl. 120; Stabi, Ms. boruss. fol. 311 (Vater, lt. Abg.liste 1766 als Rittmstr. dim.); Priesdorff, Nr. 1 315;

Ltnt. Bogislav Casimir von Zitzewitz (* 1711) *

aus Pommern gebürtig; **Laufbahn**: seit 1731 im I-R Nr. 3, 1735 Fähnrich, 1738 Sl, Mai 1743 wegen *Gemütsschwachhheit* dim. u. nach Magdeburg gebracht;

Quellen: Gesch. I-R Nr. 3, S. 187; Fam.gesch. 1927, erwähnt im Anhang, ausgest. 3. Linie, Hs. Turzig, Nr. 310;

Ltnt. Bogislav Siegmund von Zitzewitz (* 1728, † 4. Juli 1757) *

aus Pommern gebürtig; **Laufbahn**: seit 1747 im Reg., Juni 1747 Fähnrich im I-R Nr. 3, Mai 1753 Sl, 1757 gefallen;

Quellen: Gesch. I-R Nr. 3, S. 209–210;

Cap. Caspar Heinrich von Zitzewitz (* 1. Nov. 1730, † 24. Nov. 1803)

Vater: Jacob George (* um 1692, † 1737), poln. Cap., seit 1727 Erbherr auf Zitzewitz A u B u. Anteil Kussow, seit 1735 auf Groß Krien im Krs. Stolp, hinterließ zwei Tö. u. drei Söhne; **Mutter**: Ursula Margarethe, geb. von Zitzewitz (1700–1776), sie hatte e. Mitgift von 1 500 T.; **Vater-Bruder**: Heinrich Ernst (1694–1752), Mai 1717 Ltnt. im K-R Nr. 4, April 1722 Stabs-Rittmstr., Mrz. 1729 Rittmstr., Juli 1739 Major, Okt. 1741 dim., seit 1739 Erbherr auf Dumröse im Wert von 6/m T., seit 1743 auf Kussow f. 5 900 T., blieb unbeerbt, setzte die Kinder seines Bruders zu seinen Universalerben ein; **Bruder**: Jacob Ernst (1729–1797), Juli 1747 Fähnrich bei d. Garde Nr. 15, Aug. 1753 Sl, Febr. 1755 Abschied als Ltnt., erhielt später d. Charakter Cap., seit 1752 Erbherr auf Zitzewitz im Wert von 8 300 T., Sohn: Caspar Wilhelm (1768–1829), Ltnt., s.d. mehr; **Bruder**: George Ludwig (1736–1758), Mrz. 1755 Fähnrich im I-R Nr. 7, Febr. 1757 Sl, Aug. 1757 Pl, gest. an e. bei Zorndorf erlittenen Blessur; **Laufbahn**: trat um 1743 als Gefr.corp. ins I-R Nr. 7 ein, Okt. 1747 Fähnrich, Juni 1752 Sl, Juni 1756 auf Wunsch dim., erhielt vor 1770 d. Charakter Cap.; **Güter**: seit 1752 Erbherr auf Dumröse u. Kussow im Krs. Stolp, beide Güter hatten 1767 e. Wert von 12/m T.; übernahm 1763 Groß Krien für 8 500 T., das sein verst. Bruder G.L. besessen hatte; seit 1775 auch auf Mahnwitz; erwarb im Nov. 1798 d. Allodialgut Heinrichsdorf im Krs. Greifenhagen von d. Erben d. Landrates von Greiffenpfeil für 38/m T., wollte dieses im Jahr 1800 an d. Amtmann Vogt verkaufen, bekam dafür keine Erlaubnis; in zweiter **Ehe** verheiratet mit Christiane, geb. von Zitzewitz (1764–1815); **Sohn**: Ernst Heinrich (1783–1807), weilte 1801 auf d. Ritterakademie zu Brandenburg an d. Havel, ihm fielen nach d. Tod d. Vaters beträchtliche Lehngüter zu, sollte deshalb d. *venia aetatis* bekommen, um sich mit seiner Mutter u.d. vier Schwestern auseinanderzusetzen, seine Vormünder waren Bgmstr. Hoepner zu Stolp u. Ltnt. Leopold Nicolaus George von Zitzewitz (1762–1818), s.d., auf Kosemühl, diese gaben E.H. vorteilhafte Zeugnisse, erhielt am 16. Mrz. 1805 die *venia*; nach Abzug d. Schulden betrug d. väterl. Vermögen 132 699 T., darunter d. Lehngüter Dumröse, Kussow, Groß Krien, Klein Krien, Mahnwitz u. Jamrin für 75 214 T., dazu d. Allodialgut Heinrichsdorf für d. Kaufwert von 38/m T., zu d. Gütern f. 113 214 T. kamen noch Aktiva u. Mobilien f. 19 484 T.;

Quellen: GStA, I. HA, Rep. 30, Nr. 44, Z 144, Paket 9 403; IV. HA, Rep. 1, Nr. 94, Bl. 147; Stabi, Ms. boruss. fol. 314 (hier 1749 auch e. Nicolaus George (* um 1732), 1749 Gefr.corp. im I-R Nr. 7), fol. 316 (Onkel); Brüggemann, T. 2/2, S. 956–957, S. 961; Förster, K-R Nr. 4, S. 178, S. 543 (Onkel H.E.); Tb. Uradel 1903, S. 971–972; Fam.gesch. 1927, S. 443–445, S. 449–452, S. 500–505;

Ltnt. Caspar Wilhelm von Zitzewitz (* 1. Mrz. 1769, † 14. Juli 1829)

Vater: Jacob Ernst (1729–1797), Juli 1747 Fähnrich bei d. Garde (I-R Nr. 15), Aug. 1753 Sl, Febr. 1755 Abschied als Ltnt., erhielt später d. Charakter Cap., seit 1752 Erbherr auf Zitzewitz im Wert von 8 300 T.; **Mutter**: Sophie, geb. von Broesigke († 1773); **Bruder**: Anton Ernst (1756–1792), Aug. 1771 Eintritt ins I-R Nr. 39, 1773 Fähnrich, Okt. 1776 Sl, Juni 1790 Pl, Jan. 1792 Abschied als Cap., ledig verst.; **Bruder**: Friedrich Ludwig (1757–1803), 1772 Junker im K-R Nr. 5, Juni 1776 Cornet, Febr. 1784 Sl, Dez. 1791 als Sl dim., erhielt später d. Charakter Rittmstr., Erbherr auf Zemmin im Krs. Stolp, 1801 auf Prebentow u. Zemmin für zs. 20/m T., 1804 saß seine Witwe auf diesen Gütern; **Bruder**: Ferdinand (1766–1808), Okt. 1779 ins I-R Nr. 23, Jan. 1783 Fähnrich, Mrz. 1788 Sl, Sep. 1797 auf Wunsch dim., Dez. 1803 Charakter Cap., seit 1797 Erbherr auf Turzig, Anteil Börnen u. Gesifze im Krs. Rummelsburg, 1804 im Wert von 9/m T.; **Laufbahn**: seit 1783 im Regiment, Nov. 1786 Gefr.corp., Jan. 1787 Fähnrich im I-R Nr. 17, Nov. 1789 Sl, Mrz. 1796 als Ltnt. dim.; **Ehefrau**: Dorothea Charlotte, geb. Hering (1779–1832), sie brachte ihm 1796 die **Güter** Zezenow u. Dargeröse im Wert von 33/m T. ein, seit 1797 Erbherr auf Zitzewitz im Krs. Stolp im Wert von 20/m T.;

Quellen: GStA, I. HA, Rep. 30, Nr. 243, Vas.tab. 1756, 1793, 1804; IV. HA, Rep. 1, Nr. 94, Bl. 148; Stabi, Ms. boruss. fol. 311 (F.L.), fol. 316; Brüggemann, T. 2/2, S. 1023–1024; Fam.gesch. 1927, S. 449–458, S. 519–522 (Bruder Ferdiand);

Cap. Christoph Friedrich von Zitzewitz (* 1715, † Aug. 1758)

Vater: Arnd Friedrich (* um 1683, † 1748), veräußerte 1740 seine Anteile an Alt u. Neu Jugelow, erwarb dafür noch 1740 für 5/m T. Grapitz im Krs. Stolp; **Mutter**: Sophie Abigail verw. Anton Christoph von Massow, geb. von Krockow; Stief-**Bruder**: Cap. Caspar Otto von Massow; **Laufbahn**: (Juni 1729 *cadet* in Berlin bzw.) 1729 Gefr.corp. im I-R Nr. 26, Aug. 1737 Fähnrich im I-R Nr. 26, Sep. 1740 Sl, Aug. 1744 Adjutant d. GM von Kleist, im Okt. 1745 als Cap. in d. neue Grenadier-Bat. Nr. 4 nach Königsberg versetzt, im Aug. 1757 bei Gr.-Jägersdorf verwundet, im Aug. 1758 bei Zorndorf blessirt, an d. Wunden gest.; **Güter**: seit 1748 Erbherr auf Grapitz im Krs. Stolp; überschrieb in seinem Testament vom Juni 1757 d. Gut seinen beiden **Schwestern** Catharina Augusta (* um 1724, † um 1790) u. Margaretha Dorothea (* um 1722, † um 1790), die es im Okt. 1772 für 6/m T. d. Cap. Caspar Friedrich von Massow verkauften;

Quellen: GStA, I. HA, Rep. 30, Nr. 44, Z 144, Paket 9403 (in e. Bericht von 1772: C.F. gefallen bei Zorndorf); IV. HA, Rep. 1, Nr. 94, Bl. 147 (1758 dim.); Stabi, Ms. boruss. fol. 312, fol. 314, fol. 316; Brüggemann, T. 2/2, S. 970 (hier: gefallen bei Kunersdorf); Crousaz, Beilage C, S. 33; Fam.gesch. 1927, S. 418–420;

Ol Ernst Bogislav von Zitzewitz (* 1698, † 10. Juni 1764)*

Vater: Friedrich (* um 1665, † um 1698), Erbherr auf Anteil Neu Jugelow im Krs. Stolp; **Laufbahn**: trat 1714 ins I-R Nr. 10 ein, 1720 Sergant, Okt. 1721 Fähnrich, Okt. 1723 Sl, Mai 1729 Pl, Jan. 1733 Stabs-Cap., Dez. 1735 Cap. u. Chef e. Comp., Sep. 1750 Major, Okt. 1756 als Ol in e. sächs. Reg. versetzt (I-R Nr. 56: von Loen, Wietersheim, zuletzt Horn), Juli 1757 Kommandeur des Reg., 1763 wurde d. Reg. aufgelöst, Mrz. 1763 dim., 1764 in Roßwasser bei Neiße gest.; d. Ol besaß keine Lehngüter; **Ehefrau**: Maria, geb. Keßler († 1781); **Sohn**: Dietrich Siegismund (1747–1794), April 1760 Fähnrich im I-R Nr. 32, Febr. 1764 Sl, Okt. 1770 Pl, Febr. 1784 Stabs-Cap., Sep. 1787 Cap. u. Chef e. Comp., Okt. 1793 Major, 1793 Orden p.l.m.; **Sohn**: Ernst August (1749–1804), Febr. 1764 Fähnrich im I-R Nr. 32, Sep. 1766 Sl, April 1778 Pl, Dez. 1786 Stabs-Cap., Dez. 1788 Cap. u. Chef e. Comp., 1804 als Cap. gest.; **Sohn**: Heinrich (1752–1768), als Junker im K-R Nr. 4 gest.;

Quellen: GStA, IV. HA, Rep. 1, Nr. 94, Bl. 147; Stabi, Ms. boruss. fol. 316; Fam.gesch. 1927, S. 333–334, S. 338–339, S. 344–345;

Ltnt. Ewald von Zitzewitz (* 1715)

aus Pommern gebürtig; **Laufbahn**: seit 1734 im Militär, 1740 Sl im I-R Nr. 14, vor 1750 abgegangen;

Quellen: Stabi, Ms. boruss. fol 311;

Cap. Ewald Friedrich von Zitzewitz (* 3. Febr. 1744, † 29. Juli 1780)*

Vater: Friedrich Wilhelm (* 30. Okt. 1713, † 18. Aug. 1757), Schulbesuch in Danzig, Mai 1733 an d. Viadrina immatrikuliert, seit 1734 Erbherr auf Muttrin u. ½ Kottow im Krs. Stolp im Wert von 8800 T., 1756 von 11500 T.; **Mutter**: Agnes Margarethe, geb. von Massow († 25. Mai 1782), aus d. Ehe zwei Töchter u. vier Söhne; **Bruder**: Anton Adolph (* 31. Dez. 1742, † 14. Febr. 1770), 1757 Junker im 2. Bat. Garde, Mai 1762 Fähnrich, Juni 1764 Abschied, seit 1767 Erbherr auf d. väterl. Gütern im Wert von 18/m T., darauf Schulden von 12814 T.; **Bruder**: Nicolaus Otto Dettlav (* 27. Juli 1745, † 5. Sep. 1804), 1761 Junker im 2. Bat. Garde, Nov. 1765 als invalider Fähnrich dim., seit mind. 1793 Erbherr auf Muttrin, 1804 im Wert von 15/m T., in zweiter Ehe seit 1797 verh. mit Sophia Barbara Auguste, e. Tochter d. Cap. Michael Stanislaus von Zeromsky, s.d.; **Bruder**: Joachim Wilhelm (* 13. Juni 1748, † 28. Mrz. 1785), seit 1765 im Dienst, Aug. 1767 Cornet im D-R Nr. 9, April 1772 Sl, Aug. 1780 dim., seit 1782 Erbherr auf Muttrin im Krs. Stolp, dieses fiel nach 1785 d. Bruder N.O.D. zu; **Laufbahn**: stand im I-R Nr. 7, Dez. 1767 als Ltnt. dim., erhielt später d. Charakter Cap.; **Güter**: seit 1770 Erbherr auf Kottow im Krs. Stolp, verkaufte d. Gut 1780 seinem Vetter, d. Ltnt. u. späteren Cap. Otto George Valentin von Zitzewitz für 10 200 T.; **Ehefrau**: Johanna, geb. von Somnitz (* um 1734, † 1796), sie hatte e. Mitgift von 1 800 T., erhielt im Aug. 1784 e. Pension von 100 T.;

Quellen: GStA, I. HA, Rep. 30, Nr. 43, Paket 9232; IV. HA, Rep. 1, Nr. 94, Bl. 147 (kz. Notiz); Stabi, Ms. boruss. fol. 312 (Bruder J.W.); Brüggemann, T. 2/2, S. 986–987; Fam.gesch., 1927, S. 63–71;

Ltnt. Franz Martin George von Zitzewitz (* 10. Aug. 1768, † 16. Jan. 1842)*

Vater: Martin Friedrich (1729–1768), Cap., s.d.; **Mutter**: Christiane Friederike, geb. Freiin von Mehling (1746–1812); **Bruder**: Ernst Friedrich Wilhelm (1765–1785), gest. als Student an d. Viadrina; **Laufbahn**: April 1784 Junker im K-R Nr. 5, Febr. 1787 Cornet, Febr. 1791 Ltnt., Aug. 1792 auf Wunsch dim.; **Güter**: besaß seit 1768 zs. mit seinem Bruder d. väterlichen Güter, seit 1785 alleiniger Besitzer von Techlipp, Püstow, Plötzig, Klein Podel, Daber und Beßwitz; 1804 hatten d. Güter im Krs. Schlawe e. Wert von: Techlipp 8/m T., Beßwitz u. Seehof von zs. 17/m T., die im Krs. Stolp: Klein Podel 10/m u. Daber 6/m T.; **Ehefrau**: Philippine (1773–1813), e. To. d. Oberamtmanns Johann Samuel Runtze; aus d. Ehe fünf Söhne;

Quellen: GStA, I. HA, Rep. 30, Nr. 243, Vas.tab. 1763, 1767, 1793 (1793 u. 1797 Bruder E.F.W. auf Beßwitz u. Techlipp gen.), 1804; IV. HA, Rep. 1, Nr. 94, Bl. 147–148; Stabi, Ms. boruss. fol. 311, fol. 316; Brüggemann, T. 2/2, S. 787, S. 799, S. 893; Tb. Uradel 1903, S. 963; Fam.gesch. 1927, S. 221–229;

Major Friedrich Ernst von Zitzewitz (1708–1757)*

Vater: Ernst Friedrich (* um 1655, † um 1714), Major, bis 1683 Erbherr auf Lupow, dann auf Rowe im Krs. Stolp, beide verkauft, zuletzt auf Budow B; **Mutter**: Barbara, geb. von Zitzewitz; **Laufbahn**: April 1723 *cadet*, April 1725 Gefr.corp. im I-R Nr. 26, Sep. 1731 Fähnrich, Mai 1735 Sl, Mrz. 1737 Pl, Mrz. 1742 Stabs-Cap., Febr. 1748 Cap. und Chef e. Comp., Jan. 1756 Oberhofmstr. d. Prinzen Heinrich von Preußen (1747–1767), bei Kriegsausbruch wieder ins Regiment, Juni 1756 Major, bei Prag blessirt, an d. Wunden 1757 gest.;

Quellen: nicht in GStA, IV. HA, Rep. 1, Nr. 94, Bl. 147; Stabi, Ms. boruss., fol. 314 (hier als Ernst Friedrich); Fam.gesch. 1927, S. 317–320;

Rittmstr. Friedrich Wilhelm von Zitzewitz (* 8. Juni 1732, † 9. Jan. 1794)

Vater: George (Jürgen) Siegismund (* um 1695, † 1749), 1710 Junker im I-R Nr. 17, Jan. 1716 Fähnrich, Okt. 1720 Abschied als Fähnrich, stand zuletzt als Ltnt. im Garn.-Bat. Nr. 3, so seine Töchter 1775, an Blessuren gest., seit 1735 Erbherr auf ganz Notzkow im Krs. Schlawe, hinterließ fünf Tö. u. fünf Söhne, d. Kinder besaßen 1750 e. Vermögen von zs. 3 900 T.; **Mutter**: (Anna bzw.) Dorothea Catharina Charlotte, verw. von Woedtke, geb. von Münchow († 1763); **Bruder**: Otto Bogislav Siegismund (1728–1757), Juni 1747 Fähnrich im I-R Nr. 3, Mai 1753 Sl, 4. Juli 1757 bei Prag gefallen; **Bruder**: Ludwig Heinrich (1734–1792), Nov. 1752 Gefr.corp. im I-R Nr. 23, Juni 1756 Fähnrich, Dez. 1757 Sl, Nov. 1760 Pl,

Juni 1766 Stabs-Cap., Mrz. 1769 Cap. u. Chef e. Comp., Nov. 1778 Orden p.l.m., Febr. 1779 Major, Febr. 1788 Ol u. zum Garn.-Reg. Nr. 7 versetzt, Okt. 1792 als Ol beim Depot-Bat. von Lichnowsky in Küstrin gest., hinterließ keinen Leibeserben; **Bruder**: Caspar Carl Leopold (1737–1761), Mai 1754 Uffz. im I-R Nr. 23, 1755 ins I-R Nr. 15 versetzt, Febr. 1757 Fähnrich, Dez. 1758 Sl, Aug. 1760 bei Liegnitz verwundet, Jan. 1761 an d. Blessur gest.; **Bruder**: Paul Ferdinand (1741–1758), Mai 1757 Fähnrich im I-R Nr. 17, Sep. 1757 schwer *blessirt*, April 1758 an d. Wunde verst.; **Schwestern**: Gottliebe Ernestina (* 1736) u. Sophie Friederica (* 1738), beide hielten sich 1774 in Stolp auf, besaßen e. Vermögen von je 200 T., lebten vom Spinnen u. d. Güte ihrer verh. Schwester, ihre Verwandten ließen ihnen *nichts zukommen*, Sophie heiratete später e. Feldprediger; **Laufbahn**: Dez. 1749 als *cadet* ins K-R Nr. 6, Juni 1755 Cornet, Jan. 1758 Ltnt., Aug. 1764 Stabs-Rittmstr., Febr. 1765 als solcher (nach 25 Dj.) auf Wunsch dim.; **Güter**: nahm in d. brüderlichen Teilung 1764 Notzkow für 7 501 T. an, ließ es 1765 allodifizieren, 1767 betrugen d. Hypotheken 7 500 T., verbesserte d. Gut als guter Landwirt erheblich, die Landschaft taxierte es deshalb 1781 auf 24 096 T.; **Ehefrau**: Wilhelmine Henriette (1752–1836), e. To. d. kaiserl. Cap. Schmidt von Schmidtseck auf Warnin A im Ftm. Cammin, sie besaß 1797 e. eigenes Vermögen von 1 300 T. u. ernährte sich von d. Zinsen sowie d. Alimenten d. verkauften Gutes Notzkow; F.W. hinterließ fünf Kinder, in seinem am 27. Jan. 1794 publizierten Testament hatte er festgelegt, daß d. Gut Notzkow für 30/m T. verkauft werden sollte, weil es seinen höchsten Wert erreicht habe und sich bei e. Verpachtung nur verschlechtern würde; Landrat von Schmeling als Vormund und d. Witwe votierten für d. Verkauf, ebenso das Kösliner Pupillenkollegium; mit Verfügung vom 29. Juni 1795 durfte d. Gut ohne vorherige Tax- und Subhastation verkauft werden; es wurde 1796 für 33/m T. an d. Ltnt. Matthias von Below veräußert; nach Abzug d. Schulden betrug d. Nachlaß d. Rittmstrs. 1795 24 452 T.; d. älteste **Sohn** Wilhelm Heinrich (1770–1809)* war 1795 Zolleinnehmer in Emmerich, zuletzt Ober-Zollrat; **Sohn**: Leopold Ferdinand (1777–1844), 1793 *cadet* in Berlin, Okt. 1797 Fähnrich im I-R Nr. 47, Nov. 1798 Sl, Aug. 1804 dim., Mai 1813 zur Gendarmerie; d. älteste **Tochter** Albertine Friederike (1773–1833) war damals verh. mit d. Pl Samuel von Knobloch (1765–1799) vom D-R Nr. 6, dieser wurde vor 1797 vom Schlag getroffen u. mit 120 T. pensioniert;

Quellen: GStA, I. HA, Rep. 30, Nr. 44, Z 144, Paket 9 403; Nr. 243, Vas.tab. 1763, 1767, 1793, 1804; II. HA, Abt. 13 a, Tit. III, Litt Z, Nr. 9 (Witwe); IV. HA, Rep. 1, Nr. 94, Bl. 147–148; Stabi, Ms. boruss. fol. 315; Brüggemann, T. 2/2, S. 879; Tb. Uradel 1903, S. 975; Fam.gesch. 1927, S. 555–563 (d. Mutter danach: Anna, d. To. G.E. hier nicht); biog. Handbuch, S. 1147 (W.H.);

Major Gerhard Christian von Zitzewitz (* 29. April 1746, † 20. April 1818)

Vater: Franz Jacob (1700–1757), Aug. 1717 Cornet im K-R Nr. 9, Jan. 1720 Ltnt., Okt. 1731 Rittmstr., Febr. 1742 Major, Mitte 1742 auf Wunsch verabschiedet, seit 1738 Erbherr auf Mahnwitz im Wert von 8/m T., seit 1740 Erbherr auf Goschen u. Groß Gansen B im Krs. Stolp; **Mutter**: Charlotte Sabine, geb. von Below (1717–1800); **Bruder**: Friedrich Franz Gneomar (1743–1811), Juni 1759 Fähnrich im I-R Nr. 36, Juli 1761 Abschied als Fähnrich, seit 1766 Erbherr auf Goschen im Wert von 5/m T., auf Groß Gansen B, 1804 nur noch auf Goschen, Söhne: Franz (1781–1857), 1790 *cadet* in Stolp, 1794 *cadet* in Berlin, Febr. 1799 Fähnrich im I-R Nr. 22, Febr. 1802 Sl, Sep. 1809 Abschied als Pl, Heinrich (1784–1819), Febr. 1799 Fähnrich im I-R Nr. 22, Aug. 1802 Pl, Juni 1810 dim.; **Bruder**: Leopold Wilhelm (1748–1792), Mai 1766 Cornet im H-R Nr. 7, Juli 1771 Sl, Mai 1788 Pl,

Dez. 1789 Abschied als Rittmstr., ledig verst.; **Bruder**: Otto Wedig (1749–1829)*, Kammerdirektor in Südpreußen; **Laufbahn**: 1763 Junker im D-R Nr. 1, Juni 1764 Cornet, Mai 1769 Sl, Juni 1786 Pl, April 1788 Stabs-Rittmstr., Juni 1790 auf Wunsch dim., Sep. 1790 Charakter Major; **Güter**: von 1766 bis 1786 Erbherr auf Marsow B im Krs. Stolp; erwirkte zs. mit seinen Brüdern u. Lehnsvettern in e. *Reluitions*prozeß, daß d. Obermarschall Friedrich Werner Graf von Podewils d. Lehngüter d. Fam. von Zitzewitz Wussow, Varzin u. Jannewitz gegen d. Erlegung von 17 157 fl. auf Marien 1796 abtreten mußte; seit 1792 Erbherr auf Brotzen u. Börnen, auf Anteilen an Pöppeln u. Vangerin im Krs. Rummelsburg; diese Güter hatten 1804 e. Wert von 14 610 T.; 1818 ohne Leibeserben verst.;

Quellen: GStA, I. HA, Rep. 30, Nr. 44, Z 144, Paket 9 403; Nr. 243, Vas.tab. 1793, 1799, 1804; IV. HA, Rep. 1, Nr. 94, Bl. 148; Stabi, Ms. boruss. fol. 312 (Vater), fol. 313 (Bruder L.W.), fol. 314; Gesch. I-R Nr. 36, S. 83; Probst, D-R Nr. 1, 1841, S. 158; Tb Uradel 1903, S. 968; Fam.gesch. 1927, S. 194–205; biogr. Handbuch, S. 1147 (O.W.);

Major Joachim Friedrich von Zitzewitz (* um 1696, † 1747)

Vater: Otto Friedrich (1671–1741), Erbherr auf Anteil Alt u. Neu Jugelow u. Jamrin im Krs. Stolp für zs. 7/m T.; **Mutter**: Anna Charlotte, geb. von Zitzewitz; **Bruder**: Zabel Ger(har)d (* 1700, † 6. Okt. 1766), April 1719 Fähnrich im I-R Nr. 18, Juni 1722 Sl, Nov. 1727 Abschied mit d. Charakter Cap., (seit 1733 Erbherr auf Alt Jugelow B u. Neu Jugelow B f. 6/m T.), erwarb 1754 d. Güter seines verst. Bruders J.F., 1756 als Erbherr auf ganz Neu Jugelow im Wert von 16/m T. gen., unbeerbt gest., vermachte d. Grundbesitz im Wert von 16/m T. seinem Neffen A.F.; **Laufbahn**: seit 1712 im Militär, Jan 1717 Fähnrich im I-R Nr. 7, Sep. 1722 Sl, Mai 1729 Pl, Nov. 1734 Stabs-Cap., Mai 1735 Cap. u. Chef e. Comp., Juli 1743 Major, 1745 Orden p.l.m., als aktiver Offz. nach e. Sturz vom Pferd gest.; **Ehefrau**: Dorothea († 1779), e. To. d. Obristen von Uchtlaender vom I-R Nr. 7, sie hatte 1774 jährl. Revenuen von 25 T. aus d. Gut ihres Sohnes, bat daher um e. Pension; **Güter**: erwarb mittels Krediten 1740 Alt Jugelow A u. Neu Jugelow A nebst Vorwerken im Krs. Stolp von Arnd Friedrich von Zitzewitz für 9 500 T.; die Witwe war nach seinem Tod mit ihrem Sohn August Friedrich von 3,5 Jahren zu ihrem Vater nach Stettin zurückgegangen, bat von hier aus am 12. April 1751 in e. Immediatgesuch um e. *Indult* von sechs Jahren; die Güter sollen 14 bis 15/m T. wert gewesen sein, darauf Schulden von 8/m T.; d. Cap. Z.G. von Zitzewitz zu Alt Juglow, d. Bruder ihres Mannes, sei unbeerbt, habe e. größeres Vermögen u. ihre Söhne zu Universalerben eingesetzt; am 30. Nov. 1751 wurde ihr Gesuch abgewiesen, weil sie sich dafür nicht qualifiziere; lt. Kösliner Hofgericht forderten d. Gläubiger an Kapital u. Zinsen 9 294 T., die Gutsanteile hätten aber nur e. Wert von 9 500 T., dazu wären die Gebäude baufällig, auch sei schon e. Vorwerk für 800 T. verkauft worden, d. jährliche Ertrag betrage nur 559 T. (bzw. 599); d. Güter d. verst. Majors gerieten in Konkurs, wurden auf 13 217 T. taxiert u. im Sommer 1754 an d. Cap. Zabel Ger(har)d von Zitzewitz f. 9 350 T. verkauft, d. Schwager d. Witwe, dessen Güter hatten 1756 e. Wert von 16/m T.; **Sohn**: August Friedrich (1747–1800), trat nicht in d. Militärdienst ein, erbte von seinem Onkel Zabel Ger(har)d die Güter Neu Jugelow, erwarb nach 1788 auch Alt Jugelow, beide hatten 1804 e. Wert von zs. 20/m T.;

Quellen: GStA, I. HA, Rep. 30, Nr. 44, Z 144, Paket 9 403; Nr. 243, Vas.tab. 1756, 1767, 1804; in IV. HA, Rep. 1, Nr. 94, Bl. 147 J.F. u. Z.G. nicht gen.; Stabi, Ms. boruss. fol. 314; Brüggemann, T. 2/2, S. 973–974; Lehmann, Ritter, S. 27; Tb. Uradel 1903, S. 956 (J.F. danach gest. 1748); Fam.gesch. 1927, S. 301–306

Cap. Joachim Friedrich von Zitzewitz (* 9. Febr. 1736, † 24. Jan. 1803)

Vater: George Christian (1682–1765), Febr. 1709 Fähnrich im I-R Nr. 7, Mrz. 1711 Sl, Mrz. 1714 Pl, Jan. 1717 auf Wunsch als Pl dim., seit 1730 Erbherr auf Kleschinz B im Krs. Stolp, 1756 im Wert von 1 233 T., seit 1762 auch auf Klein Krien; **Mutter**: Maria Margarethe, geb. von Puttkamer († 1777 bzw. 1780), diese brachte ihrem Mann Kleschinz B ein sowie e. Mitgift von 4/m T.; **Bruder**: George Heinrich (1727–1757), Juli 1740 *cadet*, Juli 1743 Uffz. im I-R Nr. 46, Mai 1747 Fähnrich, Febr. 1750 Sl, im Mai 1757 an seinen bei Prag erhaltenen Blessuren gest.; **Bruder**: Ludwig Leopold (1732–1769), Dez. 1756 Fähnrich im I-R Nr. 46, Aug. 1758 Sl, Juni 1767 Pl, 1769 auf Werbung gest.; **Laufbahn**: April 1749 *cadet*, Nov. 1755 Gefr.corp. im I-R Nr. 23, Juni 1757 Fähnrich, Sep. 1758 Sl, Nov. 1761 Pl, April 1763 Abschied wegen Invalidität als Stabs-Cap.; **Güter**: von 1766 bis 1780 Erbherr auf Klein Krien im Krs. Stolp im Wert von 4 100 T., von 1772 bis 1785 auch auf Vorwerk Jamrin für 1 333 T.; seit 1775 Erbherr auf Kleschinz A u. B im Wert von 4 600 T., überließ d. Gut 1798 seinem Sohn C.H.; in erster **Ehe** verh. mit Albertine (Charlotte) von Goddentow, in zweiter mit Anna von Puttkamer; **Sohn**: Friedrich Ludwig Wilhelm (1768–1796), seit 1779 *cadet*, Mai 1790 Fähnrich im I-R Nr. 16, Dez. 1791 ins I-R Nr. 11 versetzt, Okt. 1794 Sl, 1796 als Sl im I-R Nr. 26 gest.; **Sohn**: Carl Heinrich (1772–1824), seit 1782 *cadet*, Sep. 1794 Fähnrich im I-R Nr. 23, Mai 1797 Sl, Mai 1797 auf Wunsch dim., trat 1800 Kleschinz an d. Landrat Lorenz Friedrich von Puttkamer ab, von 1800 bis 1803 Erbherr auf Gumbin im Wert von 7/m T., seit 1803 auf Langböse für 9/m T.;

Quellen: GStA, I. HA, Rep. 30, Nr. 243, Vas.tab. 1756, 1763; IV. HA, Rep. 1, Nr. 94, Bl. 147 (kz. Notiz); Stabi, Ms. boruss. fol. 316, fol. 319 (Vater); Brüggemann, T. 2/2, S. 954–955; Kopka v. Lossow, Offz.liste, S. 25* (F.L.W.); Tb. Uradel 1903, S. 957; Fam.gesch. 1927, S. 395–402;

Major Joachim Rüdiger von Zitzewitz (* um 1708, † 14. Okt. 1758)

Vater: Ewald Joachim (* 1660, † um 1720), seit 1700 Erbherr auf Vixow D im Krs. Stolp; **Mutter**: Maria Margarethe, geb. von Janitz; **Bruder**: Caspar Ewald (1712–1782), Nov. 1739 Fähnrich im I-R Nr. 33, Jan. 1744 Sl, Sep. 1747 Abschied, seit 1748 in holländ. Diensten, zuletzt Cap.; **Bruder**: Peter George (1714–1787), seit 1738 Ltnt. im österr. I-R Nr. 41, zuletzt Ol, unbeerbt verst.; **Laufbahn**: seit Okt. 1723 *cadet*, Mrz. 1726 Gefr.corp. im I-R Nr. 13, Nov. 1732 Fähnrich, Sep. 1736 Sl, Sep. 1740 Pl, Jan. 1745 Stabs-Cap., Okt. 1745 Cap. u. Chef e. Comp., Jan. 1756 Major, Okt. 1756 Orden p.l.m., 1758 bei Hochkirch gefallen; **Güter**: verkaufte zs. mit seinen Brüdern 1748 Vixow D; erwarb 1753 Kaltenhagen B im Ftm. Cammin vom vorm. Ltnt. Lorenz Wedig von Froreich für 6 666 T., der für d. Erlös Zowen im Krs. Schlawe kaufen wollte; im Febr. 1756 wurde Kalternhagen B allodifiziert, 1767 lagen auf d. Gut Hypotheken von 3 500 T.; **Ehefrau**: Eva Anna, geb. von Bomsdorff († 1774), sie saß seit 1758 als Witwe auf d. Gut, ihr Mann soll sie u. drei Kinder in d. größten Armut hinterlassen haben, sie sollte auf d. Expectantenliste für e. Pension gesetzt werden; **Sohn**: Carl Friedrich August Rüdiger (1754–1797), 1769 Junker im K-R Nr. 5, Mai 1771 Cornet, Juni 1780 Ltnt., Febr. 1787 Abschied, trat 1776 d. väterl. Gut seiner Schwester Louisa Charlotta Elisabeth (* 1752) ab, diese verkaufte es 1777 an d. Rittmstr. George Christoph von Heydebreck;

Quellen: GStA, I. HA, Rep. 30, Nr. 43, Paket 9 233; Nr. 44, Z 144, Paket 9 403; IV. HA, Rep. 1, Nr. 94, Bl. 147; Stabi, Ms. boruss. fol. 311; Brüggemann, T. 2/2, S. 567; Tb. Uradel 1903, S. 958; Fam. gesch. 1927, S. 381–391;

Ltnt. Johann Adolph von Zitzewitz (* 19. Sep. 1752, † 5. Mai 1790) *

Vater: Johann Adolph (1714–1754), Besuch e. Schule in Danzig, seit Mai 1733 Student d. Rechte in Halle, seit 1734 Erbherr auf Budow B im Krs. Stolp; **Mutter**: Sophie Elisabeth (* 1729), e. To. d. Cap. George Ernst von Pirch auf Klein Nossin, in zweiter Ehe verh. mit d. Cap. Gneomar George von Zitzewitz, nach dessen Tod 1772 saß sie auf Budow nebst Pertinenzien, darauf Schulden von 7/m T.; **Laufbahn**: *cadet* in Berlin, dann Page, Juli 1769 Fähnrich im I-R Nr. 36, Febr. 1772 *cassirt* u. zu Festungsarrest verurteilt, Abschied als Ltnt.; **Güter**: von 1779 bis 1789 Erbherr auf Budow B im Wert von 9/m T., seit 1785 Erbherr auf Jamrin im Krs. Stolp f. 2650 T., d. Gut geriet 1790 in Konkurs, dabei ging d. größte Teil d. Vermögens seiner **Frau** verloren: Charlotta Henriette Louisa, geb. von Zastrow (1752–1813), diese befand sich 1793 mit ihren drei Tö in e. kümmerlichen Lage, ihre drei Söhne waren damals bei d. *cadets* in Stolp, mit Kab.resolution vom Sep. 1797 bekam sie e. Pension von 100 T.; **Sohn**: Otto Christian Friedrich Wilhelm (1782–1836), Juli 1790 *cadet* in Stolp, Mai 1795 *cadet* in Berlin, Okt. 1797 ins I-R Nr. 54, Mrz. 1799 Fähnrich, Okt. 1802 Sl, Herbst 1806 in frz. Gefangenschaft, 1807 dim., Mai 1813 ins 4. Pom. Res.-Bat., dann im 9. Res.-I-R, Sep. 1815 Cap. u. Chef e. Comp., Okt. 1816 auf Wunsch als Major mit Pension dim., 1830 Charakter Ol; **Sohn**: George Julius Joachim Carl (1784–1815), *cadet*, Juni 1800 ins I-R Nr. 40, Aug. 1802 Fähnrich, Mrz. 1805 Sl, Herbst 1806 in frz. Gefangenschaft, 1807 dim., April 1813 ins 4. Pomm. Res.-Bat., seit Mai 1814 Pl im späteren 26. I-R, Juni 1815 Cap. im 25. I-R, Aug. 1815 gefallen;

Quellen: GStA, II. HA, Abt. 13 a, Tit. III, Litt Z, Nr. 6 (Frau); IV. HA, Rep. 1, Nr. 94, Bl. 148; Brüggemann, T. 2/2, S. 946–947; Fam.gesch. 1927, S. 113–115 (Vater), S. 353–361; Stolper Kadetten, S. 26 (hier nur O.C.F.W.),

GM Johann Bogislav von Zitzewitz (* 12. Febr. 1724, † 9. Jan. 1803) *

Vater: Hans Heinrich (* um 1689, † 1767), Erbherr auf Alt Jugelow (C) im Krs. Stolp im Wert von 4/m T.; **Mutter**: Marie, geb. von Stojentin; **Laufbahn**: 1744 Junker im K-R Nr. 4, Aug. 1746 Cornet, April 1750 Ltnt., vor 1758 Orden p.l.m., Mrz. 1758 Stabs-Rittmstr., Mai 1761 Rittmstr. u. Chef e. Escadron, Sep. 1764 Major, Juni 1775 Ol, Febr. 1778 Kommandeur d. K-R Nr. 4, Mai 1782 Obrist, Aug. 1785 Chef d. D-R Nr. 9, Sep. 1785 GM, Dez. 1788 dim. mit Pension; **Güter**: 1766 bis 1788 Erbherr auf Alt Jugelow (C) im Krs. Stolp, von 1796 bis 1800 auf Rettkewitz in Lauenburg; **Ehefrau**: Johanna Friederike, geb. von Köckritz (1749–1808), aus d. Ehe drei Söhne u. drei Töchter, darunter d. **Sohn** Gottlob Wilhelm (1783–1855), April 1800 Fähnrich im D-R Nr. 5, Dez. 1802 Sl, April 1808 dim.;

Quellen: GStA, IV. HA, Rep. 1, Nr. 94, Bl. 147; Stabi, Ms. boruss. fol. 316; Brüggemann, T. 2/2, S. 973; Albedyll, T. 2, Anhang, S. 60 * (Sohn); Tb. Uradel 1903, S. 959; Fam.gesch. 1927, S. 337–338, S. 340–344, S. 346; Priesdorff, Nr. 718;

Cap. Johann Christoph von Zitzewitz (* 22. Juli 1745, † 29. Nov. 1812)

Vater: George Albrecht (1707–1757), trat 1724 ins I-R Nr. 22 ein, Mrz. 1730 Fähnrich, Sep. 1733 dim., erhielt d. Charakter Ltnt., befand sich 1746, 1747 auf d. Festung Kolberg in Haft, angeblich als Cap. an e. Blessur am Kopf gest., so d. Sohn im Febr. 1780; **Mutter**: Margarethe Christine, geb. Bornemann (* 1713, † 7. Dez. 1788), sie besaß 1774 kein Vermögen, ihre ledige Tochter e. solches von 1/m T., M.C. verlor 1776 bei e. Brand ihr Haus in Lauenburg, erhielt nach 1780 e. Pension; **Laufbahn**: Juni 1759 *cadet*, trat im Jan. 1763 ins I-R Nr. 23 ein, Juli 1763 Gefr.corp., am 18. Okt. bzw. 1. Nov. 1767 als Fähnrich aus Berlin *desertirt*; seit Nov. 1779 Fähnrich im Garn.-Reg. Nr. 5, Mai 1781 Ltnt., Mitte 1781 Wechsel ins Grenadier-Bat. Nr. 5, Mai 1790 zum Depot-Bat. d. I-R Nr. 29, Juli 1790 Pl, Mai 1791 dim., Nov. 1797 Stabs-Cap. bei d. Invaliden-Comp. in Habelschwerdt, April 1798 zur Invaliden-Comp. nach Konitz, Juli 1807 dim.; suchte aus Jauer am 25. Febr. 1780 um e. Pension für seine Mutter nach, die damals in Lauenburg wohnte, außerdem benötigte er e. Beihilfe für seine *Equipage*; **Ehefrau**: Helene Auguste Heydebrand (1763–1828), To. e. Amtsmanns;

Quellen: GStA, I. HA, Rep. 30, Nr. 43, Paket 9236; IV. HA, Rep. 1, Nr. 94, Bl. 147–148 (hier zweimal aufgeführt: bei Rentzel u. Natalis); Fam.gesch. 1927, S. 516–518 (hier e. anderes Sterbedatum f. d. Mutter);

Ltnt. Leopold Nicolaus George von Zitzewitz
(* 6. April 1762, † 21. Nov. 1818) *

Vater: Gneomar George (1701–1772), seit 1717 Gefr.corp. im I-R Nr. 17, Aug. 1722 Fähnrich, Okt. 1727 Sl, Juli 1732 Pl, Mrz. 1736 auf Wunsch dim., im Siebenjährigen Krieg im Land-Bataillon von Schmeling in Kolberg zum Cap. befördert, 1733 bis 1772 Erbherr auf Gallensow u. Nippoglense, seit 1755 auf Budow B (u. Kosemühl) im Krs. Stolp; **Mutter**: Sophie Elisabeth verw. von Zitzewitz, geb. von Pirch (* 1729); **Laufbahn**: 1775 Junker im D-R Nr. 9, April 1778 Cornet, Nov. 1782 Sl, Dez. 1786 nach e. Sturz vom Pferd dim.; **Güter**: erbte vom Vater keinen Grundbesitz, erwarb d. Gut Rexin A, B u. C im Krs. Stolp 1787 für 11 200 T.; bat am 8. Juli 1793 darum, d. Gut an e. Bürgerlichen verkaufen zu dürfen, es wäre zu klein für d. Unterhalt seiner Familie, er habe keine Mittel für notwendige Verbesserungen; sein Antrag wurde am 19. Aug. 1793 verworfen, d. Gut sei noch ein Lehn d. Fam. von Rexin, es gehöre zu d. größeren des Kreises, auch habe er keine stichhaltigen Gründe vorgebracht; verkaufte 1797 Rexin an Carl Ludwig Koester von Koesteritz für 29 800 T., dieser saß seit 1801 auch auf Labehn u. Stresow, seine Güter wurden 1804 aber nur mit 18/m T. angegeben; L.N.G. erwarb 1799 Kosemühl, Kose, Klein Rakitt, Gloddow u. Swante von Caspar Friedrich von Massow für 77 500 T.; amtierte seit 1805 als Landrat d. Krs. Stolp; **Ehefrau**: Eleonore (1772–1842), e. To. d. Rittmstrs. Christian Wilhelm von Boehn (1733–1799) auf Kulsow;

Quellen: GStA, I. HA, Rep. 30, Nr. 44, Z 144, Paket 9403; Nr. 243, Vas.tab. 1767, 1793, 1800, 1804; IV. HA, Rep. 1, Nr. 94, Bl. 148; Stabi, Ms. boruss. fol. 316 (Vater); Brüggemann, T. 2/2, S. 996–997; Tb. Uradel 1903, S. 968; Fam.gesch. 1927, S. 178–184; biogr. Handbuch, S. 1146–1147;

Cap. Martin Ernst von Zitzewitz (* 1707, † 30. Sep. 1745) *

Vater: Claus (1652–1720), Erbherr auf Budow B, seit 1707 Erbherr auf Klein Gansen u. Groß Gansen A im Krs. Stolp; **Mutter**: Barbara, geb. von Puttkamer (1679–1749) aus Görshagen; **Bruder**: Franz Jacob (1700–1757), seit 1715 im Reg., Aug. 1717 Cornet im K-R Nr. 9, Jan. 1720 Ltnt., Okt. 1731 Rittmstr., Febr. 1742 Major, noch 1742 auf Wunsch dim., seit 1740 Erbherr auf Goschen im Krs. Stolp, Sohn: Gerhard Christian (1746–1818), Major s.d. mehr; **Bruder**: Gneomar George (1701–1772), Cap., siehe bei dessen Sohn Leopold Nicolaus George; **Bruder**: Claus Friedrich (1704–1751), 1723 Gefr.corp. im I-R Nr. 12,

1729 als Ltnt. abgegangen; **Laufbahn**: 1722 *cadet*, Nov. 1724 Gefr.corp. im I-R Nr. 13, Nov. 1729 Fähnrich, Mai 1733 Sl, Juni 1737 Pl, Mai 1741 Stabs-Cap., Jan. 1742 Cap. u. Chef e. Comp., Mrz. 1742 Orden p.l.m., im Sep. 1745 bei Soor gefallen; **Ehefrau**: Helene Juliane (* 1724, † 19. Juli 1800), e. To. d. Cap. George Ludwig von Wobeser auf Wendisch Plassow, sie saß 1756 auf Klein Gansen im Wert von 12/m T., in zweiter Ehe seit 1763 verh. mit d. Major Friedrich du Faye († 1776) vom H-R Nr. 5, sie gab in e. Immediatgesuch im Jan. 1788 an, daß beide Männer ihr kein Vermögen, d. zweite sogar noch Schulden hinterlassen hatte, sie mußte deshalb vom Ihrigen zusetzen, im Juli 1790 soll sie noch e. Vermögen von 1 300 T. besessen haben, bekam nach zahlreichen Anträgen erst im Mrz. 1796 e. Pension von 100 T.; **Sohn**: Friedrich Johann George Ernst (1745–1800), besaß 1750 e. väterl. Vermögen von 1 060 T., weilte 1756 auf d. Schule in Stolp, von 1762 bis 1764 auf d. Viadrina, Erbherr auf Klein Gansen u. Groß Gansen A, 1767 im Wert von 12/m T., d, Hypotheken betrugen 5 629 T., die anderen Schulden 2 913 T., später Landschaftsrat, erwarb kurz vor seinem Tod d. Gut Zirchow im Krs. Stolp im Wert von 6/m T., dieses befand sich 1804 in d. Hand seiner Witwe, geb. Juliane von Sydow, Sohn zweiter Ehe: Friedrich Carl Ferdinand (1773–1816), Dez. 1789 Junker im D-R Nr. 1, Juni 1790 Cornet, Aug. 1792 Sl, April 1797 auf Wunsch dim., Ltnt., übernahm im Mai 1798 d. väterlichen Güter, 1804 als Erbherr auf Groß u. Klein Gansen, Karzin, Gallensow u. Nippoglense im Wert von zs. 39/m T. gen.;

Quellen: GStA, I. HA, Rep. 30, Nr. 186 d, Paket 9 834; Nr. 243, Vas.tab. 1756, 1793, 1800, 1804; II. HA, Abt. 13 a, Tit. III, Litt F, Nr. 4 (Ehefrau); Brüggemann, T. 2/2, S. 963–964; Lehmann, Ritter, S. 18; Fam.gesch. 1927, S. 157–164, S. 178–180, S. 194–196;

Cap. Martin Friedrich von Zitzewitz (1729, † 9. Okt. 1768)

Vater: George Gneomar (1685–1743) seit 1700 im Militär, April 1705 Ltnt., Sep. 1712 Stabs-Rittmstr. im K-R Nr. 8, Mrz. 1716 als Rittmstr. u. Chef e. Escadron ins K-R Nr. 9 versetzt, Jan. 1719 auf Wunsch dim., Erbherr auf Techlipp im Krs. Schlawe, auf Anteil Daber u. Anteil Klein Podel im Krs. Stolp; **Mutter**: Veronica Maria, geb. von Zitzewitz († 1746), diese brachte Lojow in d. Ehe ein; **Laufbahn**: seit 1744 im Militär, 1750 Gefr.corp., Mrz. 1752 Fähnrich im I-R Nr. 17, Juli 1756 Sl, Okt. 1757 Pl, bei Leuthen schwer verwundet, Febr. 1758 als Cap. mit Pension dim.; **Güter**: seit 1745 Erbherr auf Techlipp im Krs. Schlawe, auch auf Klein Podel B u. Daber B im Krs. Stolp, kaufte 1766 Klein Podel A u. Daber A f. 7 100 T., seit 1752 auch Erbherr auf ganz Plötzig u. Püstow im Krs. Rummelsburg, (seit 1757 ferner auf Brotzen u. Turzig, beide Güter waren 1753 für 8 300 u. 12 900 T. *reluirt* worden, dazu Erbherr auf Vangerin u. Anteil Börnen); 1767 wurde d. Wert seiner Güter mit 23 500 T. angegeben, d. Schulden betrugen 5 800 u. 14 325 T.; **Ehefrau**: Christiane Friederike, geb. Freiin von Mehling (1746–1832); **Sohn**: Franz Martin George (1768–1842), Ltnt., s.d.;

Quellen: GStA, IV. HA, Rep. 1, Nr. 94, Bl. 147; Stabi, Ms. boruss. fol. 312 (Vater), fol. 316, fol. 319 (Vater); Brüggemann, T. 2/2, S. 787, S. 799, S. 993; Fam.gesch. 1927, S. 219, S. 221–225 (M.F. war d. einzige Sohn von George Gneomar);

Ltnt. Michael Henning von Zitzewitz (* 1724, † 18. Juni 1757)

Vater: Ernst Bogislav († vor 1747), seit 1732 Erbherr auf Stojenthin im Krs. Stolp (u. auf Brotzen im Krs. Rummelsburg), hatte drei Söhne; **Bruder**: Joachim († 1744), im Krieg gefallen; **Bruder**: Caspar Friedrich (* 1722, † 14. Juni 1781), seit 1737 im Militär, 1750 Sl im I-R Nr. 17, 1756 Pl, Febr. 1758 auf Wunsch mit d. Charakter Cap. dim., seit 1747 Erbherr auf Stojenthin im Wert von 7/m T., löste nach 1764 d. Gut Beßwitz wieder ein, 1758 bis 1781 Erbherr auf Brotzen (Pöppeln) u. Vangerin, unbeerbt verst.; **Laufbahn**: seit 1739 im Militär, 1744 u. 1750 als Fähnrich gen., 1756 Pl im I-R Nr. 17, 1757 als Pl an bei Kolin erlittenen Blessuren gest.; **Güter**: 1754 bis 1757 Erbherr auf Brotzen u. Vangerin im Krs. Rummelsburg, 1758 fielen diese an seinen Bruder Caspar Friedrich;

Quellen: GStA, I. HA, Rep. 30, Nr. 243, Vas.tab. 1756; IV. HA, Rep. 1, Nr. 94, Bl. 147 (M.H. u. C.F., hier kein Ltnt., der 1744 gefallen ist); Stabi, Ms. boruss. fol. 316; Brüggemann, T. 2/2, S. 787, S. 1008;

Cap. Otto George Valentin von Zitzewitz (* 10. Okt. 1747, † 9. Jan. 1813)

Vater: Otto Henning (1718–1764), 1735 Corporal im D-R Nr. 1, Okt. 1740 Cornet, 1741 dim.; Erbherr auf Budow A im Krs. Stolp, hinterließ vier Söhne u. zwei Tö.; **Mutter**: Sophie Elisabeth (1724–1807), e. To. d. Landrates Caspar von Zastrow auf Borntin; diese bat im Nov. 1769 um e. *Indult*, d. Gut ihres Mannes hatte e. Wert von 7 bis 8/m T., darauf Schulden von 9703 T., darunter ihre *illata* in Höhe von 3766 T., d. Gut trug jährlich netto 524 T., sie wurde vom Kösliner Hofgericht im Jan. 1770 angehalten, sich nach Ablauf d. General-Indultes um e. Spezial-Indult zu bemühen, ernährte sich u. d. Tochter Elisabeth Margarethe Dorothea (1752–1807) von d. Zinsen e. Kapitals von 2/m T., erhielt im Dez. 1803 e. Pension von 50 T.; **Bruder**: Johann Wilhelm Heinrich (1753–1829), stand 1773 als Fähnrich im I-R Nr. 51, Juli 1776 Sl, Juni 1786 Pl, Sep. 1787 Abschied; erwarb 1788 Klein Krien für 5600 T., verkaufte dieses 1802 für 13500, erwarb 1802 Gadjen im Krs. Rummelsburg für 14/m T.; **Laufbahn**: Juni 1762 Gefr.corp. im I-R Nr. 7, Juni 1763 Fähnrich, Juni 1768 Sl, Juni 1777 Abschied nach 15 Dj., erhielt später d. Charakter Cap.; **Güter**: seit 1777 Erbherr auf Budow A, saß 1794 u. 1804 auf Budow A u. B. im Wert von 23/m T., auch auf Kottow für 6/m T.; **Ehefrau**: Catharina Helene Ernestine, geb. von Zitzewitz (1757–1819); **Sohn**: Otto Wilhelm Leopld (1787–1859), 1800 Junker, Jan. 1802 Cornet im D-R Nr. 6, Juli 1805 Sl, Aug. 1808 Abschied als Pl;

Quellen: GStA, I. HA, Rep. 30, Nr. 44, Z 144, Paket 9403; Nr. 243, Vas.tab. 1756, 1763, 1767, 1794, 1804; II. HA, Abt. 13a, Tit. III, Litt Z, Nr. 14; IV. HA, Rep. 1, Nr. 94, Bl. 147; Stabi, Ms. boruss. fol. 313 (J.W.H.), fol. 314; Brüggemann, T. 2/2, S. 946–947; Tb. Uradel 1903, S. 961; Fam.gesch. 1927, S. 115–121, S. 373–374;

GM Peter Christoph von Zitzewitz (* 19. Juli 1721, † 23. Jan. 1800) *

Vater: Peter Friedrich (1689–1736), Erbherr auf Dumröse, Lojow u. Labehn im Krs. Stolp, seine zwei Tö. u. drei Söhne besaßen 1750 e. väterl. Vermögen von 303 T.; **Mutter**: Barbara Cordula, geb. von Hoym († 1753); **Bruder**: Joachim Reinhold (1723–1789), Mai 1744 Cornet im D-R Nr. 9, Juni 1750 Sl, Mrz. 1757 Pl, Mai 1762 Stabs-Rittmstr., April 1771 Rittmstr. u. Chef e. Escadron, Juni 1773 Major, Febr. 1780 Kommandeur d. Reg., Juni 1783 Ol, Mrz. 1786 Obrist, Jan. 1789 Abschied; **Bruder**: George Wilhelm (* um 1727, † 1744), 1744 als Fähnrich gefallen; **Bruder**: Ernst Friedrich (1731–1758), seit 1748 im Militär, 1750 Corp. im I-R Nr. 16, April 1751 Fähnrich, Mrz. 1757 Sl, Febr. 1758 an Blessuren gest.; **Laufbahn**: 1734 Gefr.corp. im I-R Nr. 17, Okt. 1738 Fähnrich, Juli 1741 Sl, Okt. 1745 Pl, Aug. 1756 Stabs-Cap., Dez. 1756 (bzw. 1757) Orden p.l.m., Juli 1757 Cap. u. Chef e. Comp., Sep. 1760 Major, Mai 1761 Ol, Mai 1768 Kommandeur d. I-R Nr. 17, Mai 1772

Obrist, Juni 1780 GM u. Chef d. I-R Nr. 36, April 1785 mit 1 500 T. Pension dim.; **Güter**: seit 1763 Erbherr auf Labehn im Krs. Stolp, 1756 im Wert von 6/m T., von 1766 bis 1799 auf Klein Gluschen mit Vorwerk Stresow, seit 1781 auch auf Sanskow (u. Marsow); **Ehefrau**: Esther Agnese (1732–1797), e. To. d. poln. Gl George Dietrich (Frhr.) von Puttkamer (1681–1754) auf Wollin; **Sohn**: Gustav Friedrich George (* 1770), als Kind verst.; lt. Bericht d. Hofgerichtes vom 16. April 1800 hatte d. GM in seinem Testament festgelegt, seinen gesamten Nachlaß in Pfandbriefen anzulegen, wobei d. Gut Labehn zu verkaufen war, sein Vermögen wurde auf ca. 100/m T. beziffert, die Zinsen dieses Kapitals sollten an die Senioren d. beiden Linien d. Familie von Zitzewitz gehen; außerdem setzte er e. Legat von 5/m T. aus, dessen Zinsen an d. Witwen u. ledigen Frl.s d. Geschlechts fließen sollten; im Jan. 1801 bezeichneten sich in e. Gesuch d. GM Johann Bogislav von Zitzewitz zu Rettkewitz u. d. Cap. von Zitzewitz zu Dumröse als die Senioren d. beiden Linien d. Familie;

Quellen: GStA, I. HA, Rep. 30, Nr. 44, Z 144, Paket 9403; Nr. 186 d, Paket 9834; Nr. 243, Vas.tab. 1756, 1767, 1800; IV. HA, Rep. 1, Nr. 94, Bl. 147; Stabi, Ms. boruss. fol. 312 (Bruder J.R.); Kopka v. Lossow, Offz.liste, S. 13* (Bruder E.F.); Fam.gesch. 1927, S. 484–487, S. 489–497; Priesdorff, Nr. 665;

Major Erdmann Otto Ferdinand von Zozenow (* 1744, † 8. Okt. 1807)*

Vater: Anton Friedrich (* um 1707, † 1757), Cap. im Berliner Garn.-Reg. von Lüderitz, wurde 1757 mit e. Kommando von 500 Mann nach Küstrin kommandiert, noch 1757 nach 30 Dj. an e. hitzigen Fieber gest., tauschte 1736 seinen Anteil an Altschlage gegen Damerow im Krs. Belgard ein, 1767 hatte Damerow e. Wert von 7/m T., darauf Hypotheken von 3 857 T., d. anderen Schulden betrugen 3 782 T.; **Mutter**: Helena Louisa, geb. von Schlieffen (* um 1716, † 27. Dez. 1795), aus ihrer Ehe vier Töchter u. drei Söhne, sie bezog seit Aug. 1775 e. Pension von 100 T.; **Mutter-Brüder**: d. Gl u. d. Obrist von Schlieffen; **Bruder**: Ernst Leopold Alexander (* 13. Jan. 1751), seit 1767 Gefr.corp., dann Fähnrich im I-R Nr. 32, Juni 1782 Sl, April 1791 Pl, Mrz. 1793 Stabs-Cap. beim Depot-Bat., Jan. 1796 *wahnsinnig*, dim.; **Bruder**: Gotthilf Friedrich (* 21. Juni 1756, † 1819), seit 1769 im Militär, 1787 Sl im I-R Nr. 28, Jan. 1793 Pl, Okt. 1797 Stabs-Cap., Mrz. 1809 dim.; **Laufbahn**: seit 1762 im Militärdienst, Mai 1763 Fähnrich im I-R Nr. 20, Mrz. 1767 Sl, Juni 1780 Pl, Okt. 1788 Stabs-Cap., Febr. 1793 Cap. u. Chef e. Comp., Febr. 1797 Major, stand noch 1806 als Major im I-R Nr. 20, 1807 gest.; **Güter**: E.O.F. besaß 1793 mit d. Mutter u. beiden Brüdern, 1799 und 1804 mit G.F. zusammen d. Gut Damerow im Wert von 6 600 T., 1796 darauf Schulden von 5/m T.; **Schwester**: Dorothea Charlotta (* um 1743), verh. mit d. Cap. Christian Heinrich von Münchow, s.d.; d. **Schwestern** Henriette Louisa Sophia (* 1747) u. Albertina Clara Elisabeth (* 1749) besaßen 1796 jeweils e. väterl. Erbteil von 300 T., 1804 lebten sie zs. mit d. Witwe Cap. von Münchow auf d. Gütchen Damerow *in Dürftigkeit*, weil sie von ihren Eltern *nichts geerbt* hatten;

Quellen: GStA, I. HA, Rep. 30, Nr. 44, Z 147, Paket 9406; Nr. 243, Vas.tab. 1755, 1793, 1799, 1804; II. HA, Abt. 13 a, Tit. III, Litt B, Nr. 1; Litt Z, Nr. 2 (Mutter), Nr. 13; IV. HA, Rep. 1, Nr. 94, Bl. 167; Stabi, Ms. boruss. fol. 310, fol. 311, fol. 312, fol. 314; Brüggemann, T. 2/2, S. 646;

GM Christian Gottlieb George (seit April 1787: von) Zschock (* 21. Mrz. 1737, † 29. April 1809) *

Vater: Carl Ludwig (* 1697), Bürgermeister zu Greifenberg; **Mutter**: Sophie Hedwig, geb. Ebel; **Laufbahn**: Aug. 1757 Musketier im I-R Nr. 18, Aug. 1759 Fähnrich im I-R Nr. 9, Dez. 1761 Sl, Aug. 1771 Pl, Aug. 1780 Stabs-Cap., April 1785 Cap. u. Chef e. Comp., Juli 1790 Major, Okt. 1792 Bat.Kommandeur, Juli 1793 Orden p.l.m., Juli 1794 Kommandeur d. I-R Nr. 9, Mai 1798 Ol, Mai 1800 Obrist, Jan. 1806 Abschied mit d. Charakter GM u. Pension; erste **Ehefrau**: Henriette Elisabeth Wilhelmine (1770–1794), e. To. d. KD-rates Hincke zu Hamm; **Sohn**: Siegfried Carl Christian (1768–1794), Sl im I-R Nr. 44, 1794 gefallen;

Quellen: GStA, IV. HA, Rep. 1, Nr. 94, Bl. 168 (hier nur d. GM); Stabi, Ms. boruss. fol. 315; Tb. Briefadel 1907, S. 839; Priesdorff, Nr. 1 111;

Cap. George Friedrich von Zühlsdorff (1728–1782)

Vater: Förster in Vorpommern; **Laufbahn**: seit 1757 im Militär, 1766 Sl im I-R Nr. 28, 1775 Pl, 1782 als Stabs-Cap. gest.;

Quellen: GStA, IV. HA, Rep. 1, Nr. 94, Bl. 173 (kz. Notiz); Stabi, Ms. boruss., fol. 311; d. Fam. nicht bei Bagmihl gen.;

Ol Ernst (Siegmund) Matthias von Zürson (* 1738, † 31. Okt. 1791)

Vater: Landedelmann in Groß Gustkow bei Bütow, um 1787 gest. (stammte urspr. aus Westpreußen); **Mutter**: Eleonora Gottlieb, geb. von Re(c)kowsky († 11. Mrz. 1801), sie erhielt im Jan. 1793 nach d. Tod ihres Sohnes E.M., der sie bis dahin unterstützt hatte, e. Pension von 100 T.; **Bruder**: Michael George (* 1742), seit 1758 im Militär, 1764 Gefr. corp., Nov. 1766 Sl im I-R Nr. 33, Dez. 1786 Stabs-Cap. im I-R Nr. 33, 1801 als Major gen., vor 1806 abgegangen; **Laufbahn**: trat 1756 in d. Militärdienst ein, stand 1764 als Ltnt., 1774 als Pl im D-R Nr. 1, Febr. 1779 als Stabs-Cap. Orden p.l.m., 1787 Major im D-R Nr. 1, 1791 als Ol nach 37 Dj. beim Exerzieren infolge e. Sturzes vom Pferd gest.; **Ehefrau**: Carolina Tugendreich, geb. von Diringshofen (* 1742, † 23. Mai 1800), sie zeigte am 3. Nov. 1791 an, daß ihr Mann erst vor zwei Jahren d. Escadron bekommen u. diese noch nicht bezahlt habe, hatte sie ohne Vermögen hinterlassen, sie wurde im Dez. d.J. auf d. Expectantenliste für e. Pension gesetzt, erhielt später e. solche aus d. neumärk. Meliorationsfonds; **Schwester**: Barbara Eleonora, verw. Ltnt. von Malot(t)ky (* um 1742), sie stand 1788 auf e. Liste für e. pomm. Pension; **Schwester**: Dorothea (* 1748), sie besaßen Vermögen von 100 T. u. erhielt als lediges Frl. wegen d. Militärdienstes ihrer beiden Brüder im Mai 1801 e. Pension von 50 T.;

Quellen: GStA, II. HA, Abt. 13 a, Tit. III, Litt L, Nr. 1, Bd. 1 (auch als Czyrson); Litt Z, Nr. 4 (Mutter, Schwester); Tit. IV, Litt S, Nr. 2 (Frau); in IV. HA, Rep. 1 nicht unter Zü-, Zie, Czyrson; Stabi, Ms. boruss. fol. 311 (Bruder), fol. 314 (1764 u. 1774 als E.S., 1787 als E.M.); Probst, D-R Nr. 1, 1841, S. 158; d. Familie bei Zedlitz, 5. Bd., S. 118, als von Czerson; Lehmann, Ritter, S. 142 (als Zürson);